全訂新版

學說判例 憲法學

(上)

金 哲 洙 著

博 英 社

全訂新版 머리말

작년에는 제17대 대통령이 취임하고 제18대 국회가 출범하였다. 좌파정권에서 우파정권으로의 정권교체였기에 헌정회복에 대한 기대는 컸다. 그러나 여대야소 국회에서도 정부정책은 잘 통과되지 않고 있으며, 범정부적인 법과 질서유지에도 소홀한 감이 있어 실망이 크다.

지나친 이념대립과 지역대립을 막기 위하여서는 권력독식을 가져오는 대통령제가 아닌 국회 중심의 정치체제로 통치구조를 개헌해야 한다는 주장이 나오고 있다. 그 동안 국회의원들로 구성된 미래헌법연구회에서 토론을 했고 서울뿐만 아니라 지방순회를 하여 여론을 환기했다. 국회의장 자문기관인 헌법연구자문위원회도 1년 동안 활동하여 연구보고서를 냈다. 한국헌법학회, 한국공법학회, 한국정치학회 등에서도 연구를 한 일이 있었다. 또 대화아카데미를 비롯한 민간단체도 활발한 연구를 진행중이다.

한국의 정당을 육성하고 이념대결과 지역대결을 어느 정도 완화하기 위하여 의원내각제를 하자든가 그렇지 않으면 분권형 대통령제로 하자는 주장이 나오고 있다. 금년에 국회의원들이 이성을 되찾으면 헌법개정논의가 활발해지고 내년까지는 헌법개정을 완성하여야 한다는 주장이 나오고 있다. 87년 체제에 대한 비판과 함께 새로운 체제론의 모색이 시작되고 있는 것이다.

지난 1년 동안 국회는 정쟁만 일삼으며 입법에는 소홀하였다. 이에 반하여 헌법재판소는 많은 사건을 심리하여 적체사건 해소에 노력하였다. 그 중에는 중요 판례도 많아 법조인, 국민, 학생이 꼭 알아야 할 판례가 늘어났다. 이번 신판에서는 그 동안의 헌재판례를 총정리하여 이론에 접목시키기로 하였다.

이 책에서는 헌법학의 기본서와 헌법판례집을 단권화하기 위하여 많은 판례를 수록하였다. 이론이나 판례의 단순한 암기를 하기 위한 것이 아니고 헌법 사건의 해결을 위한 사색의 도구로 하기 위하여 다수의견뿐만 아니라 반대의견, 소수의견도 거의 망라하였다.

새로운 헌법의 해석과 판례평석뿐만 아니라 사례해결까지 연구하여야 할 Law School 학생을 위하여 필수판례를 거의 모두 수록하도록 노력하였다. 일반독자들은 이 판례들을 보면 우리나라 헌정사도 알게 될 것이다. 또 필수적인 법률도 일부 전재하였다. 이로써 헌법의 전체상을 알 수 있게 될 것이다.

이번 신판에서는 2009년 7월말까지 나온 법령을 반영하였고 헌법판례도 2009년 7월 30일 선고분까지 인용하였다. 그 결과 분량이 많아서 上·中·下 三卷으로 분책하기로 하였다. 어려운 편집·교정을 맡아 힘써 주신 박규태 편집위원님과 홍익전자출판 여러분에게 감사한다. 원고 typing과 교정, 판례색인 등은 이창한 군이 담당하였다.

Law School 출범으로 법학부 재학생이 줄어들었는데도 신판을 출판해 준, 박영사의 안종만 회장과 조성호 부장에게 감사한다.

이 책이 Law School 학생, 법과대학원생과 법대 고학년생들의 교재가 되었으면 한다. 또 일반인들도 한국헌법의 개정과 해석 등을 위하여 참고해 주었으면 하는 바람이다.

2009年 8月 8日

金 哲 洙 씀

改訂初版 머리말

금년은 한국헌법제정 60주년이 되는 해이다. 1948년 5월 10일 국회의원 선거에서 선출된 제헌국회의원들이 심혈을 기울여 만든 대한민국 헌법은 미국 헌법의 인권존중주의와 바이마르 헌법의 2원정부제를 모범으로 한 현대적 헌법이었다. 좌우의 이데올로기 대립을 중화시켜 자본주의경제와 계획주의경제를 조화시킨 사회적 시장경제를 도입한 면에서도 선진적인 헌법이었다고 하겠다.

1950년 5·30선거에서 당선된 제2대 국회가 개회하자마자 6월 25일에는 북한이 남침하여 헌정은 일시 중단상태에 빠졌으나 피난수도 부산에서 다시 헌정이 부활되었고, 9·28 서울 수복 이후 1·4 후퇴 등의 곡절을 겪었으나 헌정은 계속되었다. 물론 내부적으로는 4·19혁명, 5·16쿠데타, 10월 유신, 5·17계엄확대 등 헌정을 위협하는 사태가 없지는 않았지만 1987년의 6·29명예혁명에 의하여 현행 제6공화국헌법이 성립하였다.

돌이켜 보면 한국헌정 60년은 파란만장하였다. 이 60년간 나는 헌법과 함께 생활하면서 학생들에게 헌법을 강의하면서 국가·사회의 입헌정치확립을 위하여 미력이나마 기여하였다. 개헌 때마다 쓴 글들은 「한국헌법사」로 묶어졌고 그동안의 업적에 대해서는 김효전 교수가 「헌법정치 60년과 김철수 헌법학」으로 정리해 주었다. 파란만장했던 한국 헌정사의 회고는 이 두 책을 읽어봐 주시기 바란다. 그동안 학생들 교재로는 「헌법학개론」, 「헌법학신론」, 「헌법질서론」 등을 출판하였고, 학술논문집으로는 「현대헌법론」, 「법과 정치」, 「위헌법률심사제도의 연구」, 「독일통일의 정치와 헌법」 등을 출판하였다. 일반시민을 위한 헌법계몽서로서는 「헌법이 지배하는 사회를 위하여」, 「정치개혁과 사법개혁」, 「한국입헌정치의 정착을 위하여」 등을 공간하였다.

헌정 60주년을 맞아 헌국헌법연구를 총정리하는 개설서를 쓰려고 하여 출판한 것이 이 「學說·判例 憲法學」이다. 이 책은 기존의 헌법학개론을 대본으로 하면서도, 그동안의 학설과 판례를 정리하여 일반국민의 헌법사전으로, 법률실무가들의 판례검색서로 하기 위하여 노력하였다. 한국헌법학도 60년간 많이 발전하였다. 학자 수는 많이 늘어났고, 학술지도 많이 출판되어 정리하기도 힘들었으나 이 책에서는 외국학설의 한국도입과정을 중심으로 정리해 보았다.

70년대 초 위헌법률심사제도에 관한 논문을 쓸 때만 해도 헌법판례는 거의 없었고 행정판례나 형사판례, 민사판례에서 검색해야 할 정도였으나, 1988년 헌법재판소가 성립한 후에는 많은 헌법판례가 나와 있어 헌법연구전문가들도 40책이나 되는 헌재판례집을 찾아보기는 어려운 것이 현실이다. 다행히 최근에는 헌법의 현실적인 적용인 판례에 대한 관심도 높아졌고 일상생활과 헌정현실에서 중요한 역할을 하고 있기에 이의 정리도 필수불가결한 것이었다. 특히 국민과 정치인, 변호사, 학생들이 꼭 알아야 할 중요 판례도 많이 나왔다. 학생들을 위한 판례집이 출판되기는 하였으나 판결요지 암기를 위한 것이 주된 것이었다.

이 책은 암기용책이 아니고 헌법사색을 위한 책이 되도록 노력하였다. 헌법의 이념과 역사에서 나아가 학설과 판례를 통합적으로 이해하게 하려고 노력하였다. 헌법판결에서는 법정의견만이 중요한 것이 아니고 반대의견도 중요하다. 소수의견이 항상 잘못된 것이 아니며 다수의견으로 판례변경도 될 수 있기 때문에 왜 의견이 대립하는지 알아보고 자기 나름의 헌법관을 확립할 수 있도록 하였다.

이제 헌법 60년이 지났기에 한국의 입헌정치도 정착될 때가 왔다. 제헌 60주년을 기념하여 한국입헌정치발전에 조그마한 기여라도 했으면 하는 마음에서 이 책을 출간하게 되었다. 이 책이 그동안의 연구정리서 역할도 할 것으로 생각된다.

앞으로의 법학교육은 암기 위주 교육에서 탈피하고, 사색 위주의 교육이 되어야 한다. 그러기 위하여 법학전문대학원이 설립되게 되었다. 법학전문대학원의 교수방법은 사례중심의 문제해결방식을 채택하여야 하며 사법시험의 출제도 그러한 방향으로 나아가야 할 것이다. 이 책은 법학생에게는 법학부 교재와 법학전문대학원 교재, 사법연수원 교재로서 연속적으로 사용될 것을 기대하고 있다. 학부 교재와 법학전문대학원 교재를 분리시키는 경우 논리적 사고의 단절 때문에 고생하게 될 것이고, 교수방법의 일관성에도 적응하기 힘들 것이다. 이 책에서는 초입부분에서는 판례요지중심으로 편집하였고 중반 후에는 실제 판결을 쓸 때를 대비하여 판결문원문을 거의 수용하였다. 중요관심판례는 국민 누구나 꼭 읽어보는 것이 바람직할 것이다.

이 책에서는 2008. 3. 15일까지의 입법을 다 반영하였고, 헌재판결은 2008. 2. 28선고분까지 반영하였다. 2008년 정권교체 후, 정부조직법을 비롯하여 많은 법률이 개정되었기에 이를 반영하기 위하여 출간이 늦어졌다. 부록으로는 새로운 정부조직법, 국회법, 법원조직법, 헌법재판소법을 수록하였다. 또 지난 정부에서 법률의 한글화 작업을 실시하여 많은 법령의 조문이 바뀌었기 때문에 이것도 반영하였다. 2008년 2월에 출간된 책들은 구법에 의한 것이었는데, 이 책은 신법에 의해 기술된 것이 특색이다.

사법시험이나 법학전문대학원 입시에서도 이 책이 유용하게 이용될 것이다. 원래 같으면 면 수가 많아 2권으로 분책하여 출판해야 하겠지만 책값이 너무 높아질 것을 염려하여 (上)(下) 양권으로 나누되, 반양장으로 하고 케이스에 묶기로 하였다. 무거운 책을 들고 다니지 않아도 되도록 실질적으로는 분책으로 하였으니 휴대에도 편리할 것 같다.

이 책이 이렇게 출판될 수 있게 된 데에는 50년 교수생활에서의 제자들의 협력이 컸다. 서울대학 재직시 20여명의 박사학위취득자와 70명에 가까운 석사학위취득자들이 수년간에 걸쳐 도와주었다. 대표적인 현역 학자를 꼽는다면, 양건, 박용상, 김효전, 황우려, 안경환, 조병윤, 장명봉, 권형준, 홍정선, 김문현, 성낙인, 문광삼, 이상돈, 정해방, 박홍우, 강구철, 한위수, 백윤기, 허종열, 고승덕, 정재황, 신평, 김영천, 김종서, 김학성, 정영화, 이헌환, 황도수, 송기춘, 서경석, 김수갑, 김대환, 이효원, 이현수, 장용근 교수(무순)들을 들 수 있다. 이들에게 깊이 감사한다. 또 각 대학에서 박사학위논문심사에도 참여하여 많은 논문을 심사하였는데 그들 학위논문도 저술에 많은 도움이 되었다.

이 책을 출판하는 데 있어 박영사의 안종만 회장의 도움이 컸으며 편집, 교정, 사항색인 등 어려운 일을 도맡아 준 박규태 편집위원님과 기획 등에 고생한 조성호 차장님에게 감사한다. 또 어려운 조판은 홍익전자출판 여러분께서 도와주셨다.

원고정리와 교정은 김수진 교수가 도와주었으며 박진우 강사도 판례정리 등을 도와주었다. 원고의 타이핑과 교정, 판례색인 등은 이창한 학사가 도와주었다. 이들 여러분에게도 감사를 드리며 학문적 대성이 있기를 바란다.

이 책이 우리 헌정발전에 도움이 되기를 바라며, 연구자, 학생, 수험생, 독자 여러분에게 행운에의 열쇠가 되기를 기원한다.

2008年 3月 26日

金 哲 洙 씀

目　次

제 1 편　憲法序說

제 4 장 憲法의 保障

제 2 편 韓國憲法의 基本秩序

제 1 장 韓國憲法의 制定·改正과 特色

《부 록》

제 1 편　憲法序說

제 1 장　立憲主義와 憲法規範

제 1 절　立憲主義의 意義와 沿革

Ⅰ. 立憲主義의 意義

1. 立憲主義와 憲法

(1) 정의·개념　입헌주의(constitutionalism, Konstitutionalismus, constitutionnalisme)란 국민의 자유와 권리가 국가권력으로부터 침해당하지 않도록 보호하기 위하여 통치관계를 헌법에 규정하고, 국가가 국민에 대하여 행하는 권력작용을 헌법에 구속되도록 하는 「헌법에 의한 통치」의 원리를 말한다. 이러한 내용을 규정한 헌법을 입헌주의적 헌법이라고 하며, 입헌주의적 헌법에 따라 운용되는 국가 내지 정치형태를 헌법국가(Verfassungsstaat) 또는 입헌정치(constitutional government)라고 한다.[1)]

권력보유자가 행사하는 권력을 제한하고 정치적 권위에 있어서 정신적·도덕적·윤리적인 정당성을 부여하는 규범의 체계를 고유한 의미의 헌법이라고 할 수 있다. 여기에서 헌법에 의한 통치라는 입헌주의의 당위성이 나타난다.

(2) 형식적 입헌주의　헌법 내지 법에 의한 통치는 일찍이 Platon(B.C. 427～347)의 말년의 저서 「법규론」에도 잘 나타나고 있다. Aristoteles(B.C. 384～322)는 politeia(이상국가)가 법규범에 의하여서만 이루어질 수 있다고 하였다.[2)] 중세사회에서는 근본법(lex fundamentalis) 개념이 발달하였고, 법에 의한 통치가 요청되었다.[3)]

이와 같은 헌법에 의한 통치의 원리는 Thomas Paine이 「헌법은 정부의 결의가 아니라 정부를 구성하는 인민의 결의이며, 헌법 없는 정부는 권리 없는 권력이다. 헌법은 정부

---

1) McIlwain, Constitutionalism: Ancient and Modern, 1940; Friedrich, Limited Government, 1974; Loewenstein, Verfassungslehre 참조.

2) 이와 같이 Aristoteles는 헌법을 철학적으로 고찰하여 polis에 성립되는 모든 질서로서의 politeia를 의미한다고 하였고, Hegel은 이를 구조적으로 파악하여 총체적 법질서를 의미한다고 하였다. Rousseau나 Locke에 이르러 법적인 헌법개념이 발달하였는데, 이들은 헌법을 국민의 합의에 의한 계약으로 보았으며, Bryce에 이르러 성문으로 된 문서로서의 헌법을 중요시하게 되었다. 특히 오늘날의 헌법은 개정이 곤란한 경성헌법을 말하게 되었다. 상세한 내용은 김철수, 비교헌법론(상), 33면 이하 참조.

3) 중세에 있어서도 근대적 입헌주의의 기본사상, 즉 정부의 법에의 구속, 인민대표의 공동참여, 정부의 책임의 원칙은 중세의 국제(Verfassung)의 기본선이었다고 한다(Kern, Recht und Verfassung in Mittelalter).

에 선행하는 것이며, 정부는 헌법의 소산일 뿐이다」라고 한 것에서 잘 나타나고 있다.[1)]

사실 입헌주의라는 개념은 다의적으로 사용되는데, 협의로는 헌법에 의하여 정치를 규율하는 것을 말하며, 광의로는 영국·미국·프랑스의 통설에 따라 자유민주주의 내지 입헌민주주의와 동일한 것으로 사용되기도 한다.

(3) 실질적 입헌주의　　영국의 경우에는 비록 형식적인 헌법전은 존재하지 않는다고 하더라도 전제정치에 대한 제한과 통제가 국가적 전통으로 확고하게 확립되어 있을 뿐만 아니라 헌법적 전통·습속으로써 통치권력을 잘 규제할 수 있으며, 역사적으로도 성문법전의 채택을 정당화할 만큼 심각한 입헌주의에 대한 위협이 없었기 때문에 입헌주의가 보다 발달하고 있다고 하겠다.

2. 立憲主義의 本質

(1) 헌법에 의한 통치　　입헌주의는 헌법에 규정된 모든 규정과 제한, 그리고 헌법이 전제하는 기본원칙들은 모든 국가작용의 권원과 정당성의 근거를 이루며, 따라서 헌법은 국가작용의 범위와 한계를 규정하게 되며 헌법에 따라 통치하여야 한다는 것이다.[2)]

입헌주의의 목적은 첫째, 국가권력의 통제로부터 피치자를 해방시키고, 둘째, 피치자에게 정당하게 권력과정에 참여하는 것을 인정하는 것이라고 할 것이다. 이러한 목적을 달성하기 위하여는 국가권력보유자도 준수할 의무를 가지는 일정한 규칙과 절차에 따라서 정치권력이 행사되어야 하며, 권력보유자가 국가권력을 독점하지 않고 다수의 권력보유자에 분배하여 상호 협동과 견제와 균형의 원리에 따라 국가권력을 행사할 것을 요구하게 되었다. 그러므로 입헌주의는 본질적으로 자유주의적 이데올로기의 산물이며, 代議制에 의한 被治者의 정치과정에의 참여를 보장하고 있다.[3)]

입헌주의는 미국이나 프랑스에 있어서는 근대시민혁명과 함께 정치생활의 원리로 등장하였다.[4)] 1789년 프랑스 인권선언의 제16조가 「권리의 보장이 확보되지 아니하고 권력분립이 규정되어 있지 않은 사회는 헌법을 가진 것이라고 할 수 없다」고 규정한 것이 입헌주의의 본질을 잘 나타내고 있다.

(2) 헌법의 요소　　입헌주의헌법에 관하여 K.C. Wheare는 진정한 의미에서의 헌법은 다음과 같은 최소한의 본질적인 구성요건을 갖출 것을 요구하고 있다. 첫째, 국가권

---

1) Rights of Man in the Complete Works of Thomas Paine, London, pp.302～303.

2) Loewenstein, Verfassungslehre, 2. Aufl., Tübingen, S.127 이하.

3) 입헌주의는 단순히 헌법에 의한 정치를 의미하는 것이 아니고, 국민의 기본적 인권이 보장되고 권력분립제도가 확보된 헌법에 의한 정치원리를 말한다고 하여 입헌주의와 헌법주의를 구별하는 견해도 있다(문홍주, 제6공화국 한국헌법, 해암사, 1987, 34면).

4) 1776년 Massachusetts의 Concord Town Meeting에서는 「that a Constitution in its proper idea intends a system of principles established to secure the subject in the possession and enjoyment of their rights and privileges, against any encroachments of the governing part」라고 하고 있다.

력이 단일의 독재적 권력담당자에게 집중되는 것을 방지하기 위하여 국가의 모든 기능을 분리시키고, 이들을 각각 상이한 국가기관 또는 권력담당자에게 위탁해야 한다. 둘째, 이러한 여러 권력담당자들의 견제와 균형의 원리가 필요하다. 셋째, 여러 자율적인 권력담당자들의 협동이 달성되지 못한 경우에 혼란과 독재의 발생을 억지할 수 있는 계획적인 기구도 필요한데, 결국은 주권자로서의 국민이 최고의 조정자로서 선거에 의하여 문제를 해결한다. 넷째, 비합법적인 폭력이나 혁명을 방지하기 위하여 국가의 기본적 질서를 변화하는 사회적·정치적 조건들에 평화적으로 적응시키는 합리적인 방법이 미리 확정되어 있어야 한다. 이것이 헌법개정의 합리성의 문제이다. 다섯째, 헌법은 개인의 권리와 기본적 자유를 명확하게 승인하고 국가권력의 침해로부터 보호되어야 한다.[1)]

Ⅱ. 立憲主義의 沿革

1. 古典的 立憲主義와 中世的 立憲主義

헌법을 국가의 조직·구조의 기본에 관한 근본원칙을 정한 것이라고 할 경우, 이러한 의미의 헌법은 모든 시대의 모든 국가에서 존재한다고 한다. 원래 국가의 초기단계에서는 권력담당자의 권력행사에 관하여 구속력 있는 명확한 규범이 없고, 종교적 신조나 관습 혹은 단순한 편의나 자의에 의하여 행하여졌다. 그러나 고대 로마시대 이후부터 권력담당자의 권력남용을 억제하고 권력복종자의 이익을 지키기 위한 여러 가지 노력이 계속되었는바, 권력담당자의 권력남용을 억제하고 권력복종자의 이익을 보호하는 것을 헌법의 목적으로 이해하는 경우에는 이 때에도 입헌주의가 적용되었다고 할 것이며, 이를 고전적 입헌주의라고 할 수 있다.[2)]

이에 대하여 중세입헌주의는 봉건사회의 군주와의 계약에 의하여 신분제의회나 신분제의회법률의 지배를 그 내용으로 하였다.

중세입헌주의의 구조는 군주와 등족간의 협정이나 계약의 체결로서 군주권력의 남용을 억제하는 법기술을 가지고 있었다(신분제적 다원적 질서, 영역국가민중대표제).[3)]

---

1) Wheare, Modern Constitutions, London, 1951, p.46 이하.

2) 상세한 것은 Dilcher, Zum Verhältnis von Verfassung und Verfassungstheorie im frühen Konstitutionalismus, Beiträge zur Rechtsgeschichte, Gedächtnisschrift Hermann Conrad, 1979; Hofmann, Zur Idee des Staatsgrundgesetzes, Politik-Recht-Verfassung, 1986; McIlwain, Constitutionalism, Ancient and Modern, 1940, 1966 참조.

3) 이는 고대입헌주의와 중세입헌주의를 포함한다. McIlwain은 고차법(higher law)의 관념과 그에 의한 통치권력의 구속이 입헌주의의 원리라고 생각하였다. Kern도 중세입헌주의가 있었다고 본다. 예를 들면 영국에서는 Magna Carta의 제정으로 왕권이 통제되었다. Friedrich도 입헌주의는 「권력을 분할하는 것에 의하여 통치행위에 대한 실효적인 억제의 체계를 제시하는 것」이라고 보았다. 영국의 입헌주의에 대해서는 김종철, 영국입헌주의의 본질과 특색, 공법연구 30−1, 2001, 97면 이하 참조.

2. 近代君主國家에 있어서의 立憲主義

원래 입헌정치라는 개념은 역사적으로 17·18세기의 절대군주정치에 대립하는 개념으로 등장한 것으로 군주정치의 한 유형이었다. 즉 G. Jellinek에 의하면 입헌주의란 의회가 입법권에 참여하여 군주를 통제하고, 군주의 권한행사에 있어서도 장관의 부서권을 인정하며, 법원이 군주로부터 독립하게 하여 군주의 권력행사에 있어서 헌법상의 제한과 한계를 인정하는 정치원리라고 하였으며, C. Schmitt도 이러한 정치원리의 시민적·법치국가적 성격을 인정하였다.

19세기의 독일의 입헌주의는 군주에 의한 국가권력과 국민대표로서 구성된 의회와의 이원적 구성을 전제로 하면서도 군주의 우월한 권한을 인정하였던 것이었다. 다만 1831년의 벨기에 헌법처럼 입헌군주정치를 기본으로 하면서도 독일과는 달리 국민주권주의의 원칙에서 군주의 특수한 독립적 지위를 인정하지 않고 모든 정치를 의회중심주의로 행하는(이른바 군주는 군림하나 통치하지 않는다는) 의회주의적 군주제를 채택하고 있는 경우도 있었다.[1)]

3. 近代民主國家에 있어서의 立憲主義

고전적 입헌주의나 입헌군주주의의 입헌주의는 근대시민혁명을 겪으면서 국가로부터 보호되는 자유와 권리의 존재와 범위를 명백히하고 이를 실현하기 위한 구체적인 제도적 장치가 헌법에 규정되어 국민의 자유와 권리, 그리고 이를 실현하기 위한 국가권력의 구조와 권한행사의 방법·제한 등을 정식의 문서로서 확인하게 되었다.

근대민주국가의 입헌주의는 1776년 버지니아 권리장전에서[2)] J. Locke의 사상인 천부인권·국민주권·혁명권 등을 규정하고 정부조직구조로서 권력분립을 규정한 이후, 1789년 프랑스 인권선언 제16조는 헌법은 인권보장과 권력분립이 그 내용이라는 근대 입헌주의의 본질을 잘 표현하고 있다.[3)] 이와 같이 근대민주국가의 입헌주의는 국가권력으로부터 국민의 자유와 권리를 실질적으로 보장하기 위한 자유주의를 원칙으로 하면서 국민에게 주권을 부여하여 국민주권주의를 바탕으로 행정권의 무제한한 행사로부터 국민의 기본권을 보장할 뿐만 아니라, 현실적으로 국민주권국가에서 발생하기 쉬운 의회의 전단주의로부터 국민의 자유를 방위하기 위하여 대표제를 원칙으로 하면서도 국민투표제와 같은 직접민주

---

1) 이 헌법은 민주주의적 입헌주의와 양립할 수 있는 현대적 군주제로 전환하여 국왕의 대권과 국민주권의 타협을 이루게 되었다.

2) 상세한 것은 Stourzh, Fundamental Laws and Individual Rights in the 18th Century Constitution, 1984 참조.

3) 프랑스혁명시의 입헌주의에 관해서는 Redslob, Die Staatstheorien der französischen Nationalversammlung von 1789, 1912; Schmale, Entchristianisierung, Revolution und Verfassung, 1988 참조.

제를 도입하고 있다.[1)]

미국이나 프랑스의 근대입헌주의는 권력담당자에 대한 불신에 근거하고 있었다. Thomas Jefferson은「신뢰는 어디에서나 전제의 어버이이다. 자유로운 정부는 신뢰에서가 아니고 시의(猜疑)에 기하여 건설된다. 우리들의 권력을 위탁하지 않으면 안 될 사람들을 제약적인 헌법에 의하여 구속하는 것은 신뢰에서가 아니고 시의에 유래한다. 권력의 문제에 있어서는 그러므로 사람에 대한 신뢰에 귀기울이지 아니하고 헌법의 쇠사슬에 의하여 비행을 하지 않도록 구속할 필요가 있다」[2)]고 하고 있다.

4. 外見的 立憲主義

전술한 바와 같이 프랑스 등의 근대적 민주주의국가에서는「아래로부터의 혁명」에 의하여 자유주의적 입헌주의가 성립하였지만, 독일의 경우에는「위로부터의 근대화」에 따라 외견적 입헌주의가 성립하였다. 즉 1848년의 3월혁명과 자유주의적인 Frankfurt 헌법에 의한 통일이 무산된 후 1871년 비스마르크가 주도가 되어 독일제국헌법에 의한 통일독일을 이룩하였다.

그러나 비스마르크헌법은 국왕의 권리는 신의 은총에 의한다고 하여 국민주권주의를 부인하였으며, 국민의 권리는 프로이센 국민의 권리로서 이를 인권으로 파악하지 아니하여 외견적으로만 국민의 권리를 보장하였다.[3)] 이러한 것을 기초로 하여 법실증주의적 헌법이론이 등장하였던 것이다. 일본의 명치헌법도 권력담당자를 구속한다는 외견을 보이면서도 그 내실에 있어서는 권력담당자를 구속하지 못함으로써 외견적 입헌주의에 흐르고 있었다.[4)] 우리나라의 군사정권도 같았다.[5)]

외견적 입헌주의에 있어서는 헌법상 자연권이 인정되지 않았다. 자본주의를 전개하기 위하여 재산권이나 거주·이전의 자유를 비롯하여 일정한 권리를 보장하고 있었으나, 그것은 입법권으로써도 침해할 수 없는 천부인권이 아니었고 법률로써 얼마든지 제한할 수 있는「신민의 권리」또는「국민의 권리」에 불과하였다. 또 헌법상 국민주권의 원리나 권력분립의 원리가 규정되지 아니하였고, 군주주권주의가 명문 또는 불문으로 인정되어 국왕의 권위가 우월하였다.

---

1) 근대입헌주의는 국가권력에 대하여 소극적이었으며 자유권을 우선하는 국가였다.
2) 켄터키주의회결의.
3) 19세기적 Preussen의 입헌주의는 군주의 권력의 의회에서의 독립을 강조하고 국민의 기본권보장을 소홀히 한 점에서 외견상으로만의 입헌주의였다.
4) 明治時代의 입헌주의 개념에는 穗積八束와 美濃部達吉와의 논쟁이 있었다. 이것은 군주와 의회와의 권력관계를 중심으로 한 논쟁이었다.
5) 우리나라에 있어서도 군사정권은 외견적 입헌주의를 채택하고 있었다. 비록 헌법을 흠정(欽定)하였으나 실제로 이를 적용하지 않았고 기본권이 잘 보장되지 않았다. 同旨: 한상범 교수.

Ⅲ. 近代的 立憲主義의 基本要素

1. 憲法에 의한 權力統制

입헌주의는 국가권력에 대한 헌법의 우위로서 다음과 같은 것들을 그 전제로 하고 있다.[1] 첫째, 입법·사법·행정을 포함한 모든 국가권력은 그 행사의 근거로서의 헌법에 구속되며, 둘째, 헌법은 국가권력에 선행하는 것이며, 셋째, 헌법이란 주권자로서의 국민이 국가권력의 근원이라는 권위로서의 의미를 가지기 때문에 국가권력이 그 권한행사에 있어서 헌법이 제한하는 한계를 넘어서서는 안 되며, 넷째, 만약 국가권력이 헌법이 규정하는 근거와 한계를 무시하고 헌법이 인정하지 아니한 권력을 행사하거나 그 제한을 넘어서 권한을 행사한다면 이를 규제할 수 있는 강제력과 실질적인 제도적 장치가 마련되어야 한다.

근대입헌주의는 인권의 목적성을 인정하고 국가권력의 수단성을 긍정한다. 권력과 그 담당자는 인권을 보장하기 위하여 존재한다. 이러한 수단으로서의 권력은 국민주권주의와 권력분립주의에 입각해야 한다. 또 헌법은 성문헌법이어야 하며, 국민이 제정한 헌법은 그 개정이 곤란하여야 한다. 따라서 근대입헌주의는 기본권보장주의·국민주권주의·권력분립주의·성문헌법주의·경성헌법주의를 그 기본요소로 하고 있다.[2]

2. 近代的 立憲主義의 內容

(1) 기본권보장주의 기본권보장주의는 원래 영국 스튜어트 왕조의 전제정치에 대한 청교도혁명에서 출발하여 J. Locke, J. J. Rousseau 등 자연법학자들에 의하여 체계화되었고, 미국의 독립전쟁, 프랑스 대혁명을 거치면서 확립되었는데, 이는 전제주의적 절대제에 반항하는 개인주의사상을 기초로 하고 있었다. 즉 인간은 각각의 개인이 독립해서 자기의 요구를 충족시킬 수 있으며, 국가는 개인을 위하여 존재하며 개인의 자유를 확보하고 실현하는 데 존재의의가 있는 것이다. 이 때 개인의 자유는 천부의 것으로서 절대로 침범할 수 없는 인권으로서 인간의 발달을 촉진시키는 것은 개인의 자유뿐이며, 국가 등 외부로부터의 간섭이나 자유의 제한은 그 발달을 저해한다는 것이다.[3]

---

1) 근대입헌주의는 대부분 성문헌법에 의한 통치였으며, 헌법에 따라 국가권력을 통제하려는 것이었다. 이 성문헌법에서 국가에 반대하는 개념으로 자유를 중시하였고, 소극국가 야경국가사상이 지배하였다.

2) 입헌주의헌법에 대하여 헌법재판소는 다음과 같이 판시하고 있다. 헌재 1994. 6. 30 선고, 92 헌가 18, 헌재판례집 제 6 권 1집, 557면 이하(568면). 「입헌주의적 헌법은 국민의 기본권 보장을 그 이념으로 하고 그것을 위한 권력분립과 법치주의를 그 수단으로 하기 때문에 국가권력은 언제나 헌법의 테두리 안에서 헌법에 규정된 절차에 따라 발동되지 않으면 안 된다」.

3) 근대입헌주의의 人間像은 개인주의적 인간상이었다. 인간은 ① 추상적 자연인으로서, 즉 자연권의 담당자로서 관념되며 평등하고 자유로운 존재로서 자기의 권리를 보장하기 위하여 그 가능적 위협체인 국가에 대하여 대치하는 원자적 개인이며, ② 경제인으로서는 경제주체로서 기능하며, ③ 기능적 인간으로서 국가생활에서는 「자율」인=「민주」인, 「신탁」인=「선거」인, 「규범」인으로서는 「입법」인으로 파악하고 있었다.

이와 같이 입헌주의는 이론적으로 天賦人權說을 기초로 자유와 평등의 원리를 중심사상으로 하여 이러한 자연권은 국가권력의 어떠한 기관도 이를 침해할 수가 없다고 한다. 영국에서는 이미 大憲章(Magna Carta)과 人身保護法(habeas corpus act)에서 이를 명시하였으며, 미국의 수정헌법 제 1 조에서도 이를 확인하고 있다.

근대적 입헌주의에서의 기본권보장은 자유가 주였으며, 자유권을 중심으로 하는 인권체계가 성립하고 있었다. 첫째로서는 국가에서의 자유가 중시되었으며 평등도 자유의 원리에 근거하는 추상적·형식적 평등이 주장되었다. 생존권 규정은 없었고 재산권의 절대적 보장이 강조되었다.

(2) 국민주권의 원칙 입헌주의는 국민주권주의와 결부되어 있다. 국가권력을 국민이 소유하는 것에 의하여 그것이 국민의 이익을 위한 것임을 확인하고 권력담당자의 것이 아님을 명확히 하여야 한다.

Siéyès는 프랑스 혁명의 전야(1788년 1월) 「제 3 신분이란 무엇이냐」에서 다음과 같이 말하고 있다.[1] 「국민대표가 권력을 행사하고 있는 경우에 있어서도 국민은 주권을 방기하지는 않는다. 그것은 국민의 불가양의 재산이며 국민은 그 행사를 위임하고 있는 데 불과하다. 대표는 자기에게 고유한 권리로서 이를 행사하는 것은 아니다. 그것은 타인의 권리이다. 대표는 헌법을 통하여 국민에게서 위임된 한도에서 통치권을 행사할 수 있음에 불과하다」.

따라서 입헌주의에 있어서는 국민의 권리와 의무에 관련된 법률사항은 반드시 국민의 대표로 구성된 의회의 의결을 거쳐서 입법하여야 하며, 이 때에는 반드시 국민의 의사를 반영시켜야 한다. 이와 같이 국민의 직접선거에 의하여 선출된 국민의 대표로 의회가 구성되고, 국가의사결정에 의회가 참가한다는 것은 입헌주의의 본질적 요소가 된다고 하겠다(국민대표제의 원칙).[2] 그러나 보통선거는 아직 실시되지 않았고 민주화가 철저히 실현되지는 않았다.

(3) 권력분립의 원칙 근대적 의미의 권력분립론은 근대 시민혁명을 거치면서 완성되었다. 국가권력의 작용을 분립하여 각각 별개의 기관에 나누어 맡김으로써 개인의 자유를 확보하려는 사상은 이미 영국의 청교도혁명 당시에도 있었으나, 이것을 이론적으로 완성한 것은 입법권과 집행권의 2권분립을 주장한 J. Locke와 입법권·사법권·행정권의 3권분립을 주장한 Montesquieu였으며, 미국의 독립과 프랑스 대혁명을 거치면서 제도적으로 실현되었다. 즉 권력을 가진 자는 이를 남용하기 쉬운데, 이러한 국가권력의 남용을 방지하기 위한 제도적 장치로서 국가권력을 분리하여 이를 각각 별개의 기관으로 하여금 행

---

1) E. J. 시예예스, 제 3 신분이란 무엇인가(한역, 박인수), 2003, 참조.

2) 이러한 것으로는 국회제도, 국민의 선거권 및 피선거권, 공무담임권, 복수정당제도, 지방자치제도와 국민투표에 의한 직접민주정치 등을 들 수 있다.

사하게 하며, 이러한 권력을 상호 牽制와 均衡의 원칙(checks and balances)에 따라 제한하여 국민의 자유와 권리를 확보하자는 것이다. 즉 입법은 국민의 대표로 구성된 의회에 전속시키며, 국민의 권리와 의무에 관련되는 사항에 관하여는 반드시 국민의 의사를 반영시키고, 행정과 사법은 의회가 제정한 입법에 따라 행사하게 하여 국가권력의 恣意로부터 국민의 자유와 권리를 보호한다는 것이다.

근대적 권력분립제도는 엄격한 권력분립을 결과하여 복지국가의 실현에 미흡하였고 전쟁 등 위기에는 국가긴급권이 남용되어 권력분립을 파괴하는 경우도 있었다.

(4) 성문헌법의 원칙 입헌주의는 국민의 기본적 인권의 보장을 명문으로 규정하여 이를 확인하고 안정성 있게 보장할 것을 요구하는데, 이에 따라 국가의 구성·조직·작용 및 국민의 기본적 인권에 관한 기본적 사항을 체계적으로 단일법전으로 제정하는 것을 성문헌법의 원칙이라고 한다.

사회규범을 성문법전으로 규범화하는 것은 영국의 청교도혁명에서 절대권력에 대한 대항으로서 처음 시도되었으며, 17·18세기에 와서 사회계약론자들에 의하여 비로소 헌법은 단일의 법전을 의미하게 되었으며, 성문헌법은 새로운 사회의 징표로서 입헌주의란 성문헌법에 의하여 규율되는 민주주의라고 하였다. 그 후 미국의 독립과 프랑스 대혁명을 거치면서 이러한 경향은 보편화되어 성문헌법은 민주주의적 입헌주의의 중요한 요소가 되었다.

영국과 같은 성문의 헌법전을 가지지 아니한 불문헌법국가의 경우에도 전술한 바와 같이 성문헌법을 가지지 않는다고 해서 일률적으로 입헌주의가 적용되지 않는다고 볼 것이 아니라, 각국의 역사적 전통이나 헌법현실을 종합적으로 고려하여 그 실질적인 내용에 따라 입헌주의가 실현되고 있는지 여부를 결정하여야 할 것이다.

(5) 경성헌법의 원칙 성문헌법의 원칙에 따라 헌법전을 마련한 경우에도 국민의 권리와 생활을 안정적으로 보호하기 위해서는 근본규범으로서의 헌법의 안정적인 보장이 필요한바, 성문헌법의 개정은 보통의 법률의 개정절차보다 엄격하게 하는 것이 필요하다. 이를 경성헌법의 원칙이라고 한다. 오늘날의 성문헌법은 대부분 경성헌법의 원리를 채택하여 헌법의 개정을 법률의 개정보다는 어렵게 하고 있으며, 헌법개정에 국민투표제를 도입하고 있는 나라도 많다.

Ⅳ. 現代的 立憲主義의 特徵

1. 現代的 立憲主義로의 變容

근대의 자유민주주의 국가에 있어서의 입헌주의는 개인의 자유와 권리를 보장하기 위하여 개인의 자유롭고 자율적인 활동을 보장하고, 국가는 최소한의 안전과 질서유지에 국한하여 활동하는 소극국가의 원리를 기초로 하고 있었다.

그러나 자본주의의 발달과 함께 격심한 빈부의 차이, 경제의 공황과 실업, 제국주의 전쟁의 발발 등 각종의 모순과 사회적 갈등이 초래되었다. 이와 함께 국가작용도 확대·강화되어 단순한 질서유지기능뿐만 아니라 국민의 실질적 권리향상을 위한 적극국가의 기능이 강조되었으며, 인간의 자유와 권리의 실질화와 실질적 평등의 보장, 생존권의 보장 등이 중요시 되고, 정당제도의 발달, 헌법보장제도의 발달, 국제적 평화주의의 확대에 따라 근대입헌주의는 현대에 와서 중대한 변화를 겪게 되었다.

독일 바이마르 헌법은 현대적 입헌주의의 효시였다. 그러나 나치스에 의하여 입헌주의가 유린된 뒤 제 2 차 세계대전 후에 현대적 입헌주의가 복권되게 되었다.

2. 現代的 立憲主義의 要素

현대적 입헌주의는 i) 국민주권주의의 실질화, ii) 기본권보장의 사회화·실질화, iii) 권력분립주의의 변용으로서의 권력융화주의 경향, iv) 실질적 법치주의, v) 적극국가화, vi) 헌법재판제도를 통한 헌법규범의 규범력확보 등을 내용으로 하고 있다.[1) 2)]

(1) 基本權保障主義=平等과 生存權의 重視 근대국가는 국민의 기본권을 침해한 절대왕권에 대항하여 천부인권으로서의 인간의 자유와 평등과 권리를 선언하고, 헌법에 기본권보장주의를 규정하게 되었다. 근대에서는 자유주의에 입각한 소극적인 자유권 중심의 기본권보장이었으나, 현대에 와서는 실질적 평등·생존권의 보장 등 적극적이고 실질적인 기본권보장이 입헌주의의 요소로 되었다.

(2) 國民主權主義의 實質化 입헌주의는 국민주권주의와 결부되어 있다. 국가의 존재목적이 주권자인 국민의 권리보장에 있고 모든 국가권력이 국민으로부터 나와야 하므로 헌법의 제정은 국민에 의하여야 한다. 이처럼 국민주권원칙이 입헌주의의 기본요소로 되고 있다. 넓은 국토, 거대한 인구 때문에 국민대표제 내지 대의제를 할 수밖에 없는 것이 현실이라고 하더라도 국민대표제를 보완하기 위해 국민의 직접 또는 대표기관을 통하여 간접적으로 국정에 참여할 수 있는 제도가 마련되어 있어야 한다. 오늘날 국민대표제에 모순이 나타나고 있어서 국민투표제 등 직접민주제가 혼용되고 있으며, 이로써 실질적

---

1) 현대적 입헌주의에 관해서 상세한 것은 김철수, 법과 정치, 교육과학사, 1995, 16면 이하 참조. 정치학자인 Sternberger는 「입헌국가(Verfassungsstaat)란 자유의 존중, 대표자와 그를 선거하는 시민, 통제된 정부, 법에 의한 행정, 독립의 법원, 지도자엘리트의 사회에서의 공개된 모집, 합의된 Rule에 의한 공무원직의 교체, 항상 열려진 정보와 토론, 저항하고 반항하는 권리, 결사·정당·선거 등을 통한 시민의 통치과정에의 참여 등 여러 가지 특징을 가진 '복잡한 구성체'」라고 보고 있다. Dolf Sternberger, Verfassungspatriotismus, 1990 참조.

2) 입헌주의헌법에 대해서 우리 헌법재판소는 다음과 같이 판시하고 있다.
「입헌주의적 헌법은 국민의 기본권 보장을 그 이념으로 하고 그것을 위한 권력분립과 법치주의를 그 수단으로 하기 때문에 국가권력은 언제나 헌법의 테두리 안에서 헌법에 규정된 절차에 따라 발동되지 않으면 안 된다」(헌재 1994. 6. 30 선고, 92 헌가 18, 헌재판례집 제 6 권 1 집, 557면 이하(568면)).

인 국민주권주의를 실현하려고 한다. 이것은 민주주의적 요청이며 오늘날 입헌민주주의가 강조되고 있다.

(3) 權力分立原則의 修正 권력분립원칙은 국가권력을 분리하여 각각 별개의 기관이 행사하게 하고, 서로간에 견제와 균형(checks and balances)을 유지하도록 하는 통치원리로서 권력의 남용을 방지하여 국민의 기본권을 보장하려는 것이 그 목적이므로 권력분립원칙도 입헌주의의 기본요소를 이룬다. 오늘날 사회국가, 적극국가의 원리에 따른 급부(복지)행정의 확대로 행정권이 강화, 확대되는 경향을 보임으로써 전통적인 권력분립주의에 변화가 나타나고 있다. 입법권의 우월에서 집행권의 우월로 이전하는 경향에 있다. 의회의 입법에 대하여 기본권의 보장을 위하여 법원이 위헌심사권을 행사하게 되었다.

(4) 成文憲法의 原則과 慣習憲法 국민의 기본권을 명문으로 규정해 둠으로써 이를 확인하고, 더욱 확실히, 안정적으로 보장하기 위하여, 국가조직의 기본적인 사항을 명확히 해 두기 위하여 입헌주의는 성문헌법을 요구한다. 그러나 영국과 같이 비록 불문헌법국가라 할지라도 헌법적 관습법에 의하여 민주적으로 통치되고 있고[1] 헌법의 현실도 입헌적이라면 입헌주의가 실현되고 있다고 할 것이다.[2]

(5) 硬性憲法의 原則과 修正 국민의 권리와 생활, 국가의 기본질서가 안정적으로 보장되기 위하여서는 기본권과 국가의 근본조직규범을 담고 있는 헌법이 쉽게 변경되지 못하도록 하여야 하고 이를 위하여 개정절차를 일반법률의 그것에 비하여 보다 엄격하고 어렵게 하는 것이 필요하다. 이를 경성헌법의 원칙이라고 한다.

미국의 헌법은 헌법개정을 어렵게 하고 있으며, 일본에서는 국민투표에서의 찬성을 필수적으로 하고 있다. 그러나 현대에 와서는 헌법개정의 합리화가 요청되고 있다.

(6) 實質的 法治主義의 採擇 현대적 입헌주의는 실질적 법치주의를 요구한다. 즉 법에 의한 통치라는 형식과 외견만으로는 부족하고 그 내용이 헌법에 합치되는 법에 의한 통치이어야 한다. 이를 위하여 위헌법률심사제 등 헌법재판이 강화될 것이 요구된다. 또 기본권의 실질적 보장, 특히 생존권의 보장 등이 강조되고 있다.

---

1) 영국의 입헌주의는 불문헌법 국가이지만 법의 지배(Rule of Law)의 원칙에 따라 실정법과 관습법에 따라 통치하였다. 관습법에는 불변의 법이라는 German법과 Roma법의 전통과, 봉건계약을 근간으로 하는 국왕과 제후의 제도적 관계 등이 지배하였다.

2) 헌재는「헌법은 국민적 합의에 의해 제정된 국민생활의 최고도덕규범이며 정치생활의 가치규범으로서 정치와 사회질서의 지침을 제공하고 있기 때문에 민주사회에서는 헌법의 규범을 준수하고 그 권위를 보존하는 것을 기본으로 한다」고 하고 있다(헌재 1989. 9. 8 선고, 88 헌가 6, 헌재판례집 제 1 권, 199면 이하(205면)).

제 2 절 憲法의 意義와 特性

Ⅰ. 憲法의 意義

헌법은 국가의 근본법으로서 국가의 통치조직과 통치작용의 원리를 정하고 국민의 기본권을 보장하는 최고법이다. 헌법(Constitution, Verfassung)은 최초에는 국가의 구조·조직·체제의 의미로 사용되었다.[1] 그것이 성문화됨으로써 헌법규범으로서의 의의를 가지게 되었다.

헌법은 국가의 통치질서를 정하는 법으로서는 행정법과 같이 공법에 속하며,[2] 국내법이란 점에서 국제법과 구별된다.

France의 1789년의 인권선언 제16조가 기본권보장과 권력분립주의를 내용으로 하는 입헌주의헌법을 선언하게 되었고, 헌법이 국민의 국가계약의 문서로서 중요한 의의를 가지게 되었다. 현대의 헌법은 Loewenstein이 말하고 있는 바와 같이 「권력과정에서 권력의 남용을 방지하기 위하여 권력담당자의 권력을 견제하는 수단이다」. 따라서 헌법은 i) 권력분산의 원칙, ii) 견제·균형의 원칙, iii) 국민주권의 원칙, iv) 기본권보장의 원리, v) 헌법개정방법의 합리성 등을 규정하게 되었다.

Ⅱ. 憲法의 概念

1. 憲法概念의 二重性(사회학적 개념과 법학적 개념)

이와 같이 역사적으로 생성·발전한 헌법은 국가의 조직·구조라는 의미에서는 사실로서의 국가의 통치형태를 말하나, 다른 면에서는 이와 같은 국가의 통치형태를 규정하는 당위로서의 법규범을 의미한다. 사실, 제도로서의 헌법은 Verfassung, constitution이라고 하고 규범으로서의 헌법은 Verfassungsrecht, constitutional law라고 한다.

(1) 사실로서의 헌법(사회학적 개념) 헌법은 국가의 정치적 통일 및 사회질서의 구체적 상태로서 파악된다. 이 설의 대표자로서는 Lassalle, Somlô, Jellinek, Smend, Carl

1) 헌법의 개념은 처음에는 constitutio 또는 institutio로 이해되었으나 그것이 성문화됨으로써 헌법규범으로서 Verfassung이라고 말하여졌다. 영국에서는 17세기에 와서 constitution이 form of government나 fundamental law와 동일시되게 되었다.

2) 행정법(Verwaltungsrecht)도 행정의 조직과 작용에 관한 법이란 점에서 마땅히 국내공법에 속하고 헌법과 가장 가까운 관계에 있는데, 양자는 전체법과 부분법, 기본법과 분과법, 상위법단계와 하위법단계의 관계라고 하여야 하며, 헌법은 국가의 입법·사법·행정의 전반에 걸친 기본적인 사항을 규율하는 법이고, 행정법은 헌법의 규정 중에서 행정에 관한 부분에 관하여 구체적으로 규율하는 법이다. 양자의 관계에 관하여 상세한 것은 김철수, 비교헌법론(상), 350면 이하 참조.

Schmitt 등이 있다.

1) 통치질서로서의 헌법 Lassalle는 「헌법의 본질은 국가에 존재하는 사실적 권력관계이다」라고 하고, Witvogel은 「어느 한 시대에 존재하는 모든 통치조직(government)은 일정한 pattern, 즉 헌법을 가진다」고 말하고, Hermens도 「말의 가장 일반적인 의미에 있어서의 헌법은 통치형태와 동의어이다」라고 하였다. Jellinek도 헌법규범으로만 보지 않고 질서로 보았다.[1] 또 전통과 관습으로서의 헌법을 말하기도 한다.[2]

2) 정치적 통일형성의 과정으로서의 헌법 Smend에 의하면 「헌법이란 근본에 있어서 작용하는 여러 힘과 에네르기에서 정치적 통일이 부단하게 새로이 형성되고 성립해 가는 과정의 원리」라고 하여 헌법은 법규범이 아니라 정치의 동태를 꿰뚫는 근본질서라고 하였다.[3] 그는 실정법으로서의 헌법은 규범만이 아니고 현실이라고 하였다.

3) 결단으로서의 헌법 Carl Schmitt는 「헌법이란 헌법제정권력의 행위에 의한 국가의 정치생활의 종류와 형태에 관한 근본결단이다」라고 하면서 이러한 근본결단은, 곧 정치적 사실이라고 하였다.[4] 그는 이를 절대적 헌법(Verfassung)이라고 하였다.

(2) 법규범으로서의 헌법(법학적 개념) 헌법은 현실(Sein)과 대립하여 현실을 규제하고 정치생활·국민생활이 있어야 할 모습을 실현하기 위한 법규범(Sollen)으로서 파악된다. 헌법을 사실로 파악하는 사람들도 법규범으로서의 헌법의 의의를 인정하고 있다.

1) 상대적 헌법개념 Carl Schmitt는 법규범으로서의 헌법은 「최고궁극의 규범의 통일적이고 완결된 체계를 의미한다」라고 하고, 이러한 당위로서의 헌법은 개별적인 중요한 법률이나 규범이 아니고, 국가생활의 총체를 규율하는 폐쇄된 통일체로서의 「법률의 법률」인 근본법을 의미한다고 하였다. 이것을 그는 憲法律(Verfassungsgesetz)이라고 하였다.

2) 최고규범으로서의 헌법 Stern은 「헌법은 국가의 통치질서와 가치질서의 기본원칙에 관한 최고위의 규범적 표현」이라고 하고 있다.

3) 법규범으로서의 헌법 이러한 법규범으로서의 헌법은 헌법을 지칭하는 서구국가들의 용어들, 즉 Verfassungsrecht(독), constitutional law(영·미), droit constitutionnel(불) 등이 법규범을 의미하는 Recht·law·droit 등의 용어를 포함하고 있음에도 나타나고 있으며, 이로써 헌법의 형식성이 강조되고 있다.

---

1) Jellinek, Allgemeine Staatslehre; Jellinek, Die Lehre von den Staatenverbindungen, 1882.

2) 영국에 있어서는 중요한 전통과 관습이 헌법이라고 보았다. 우리 헌법재판소는 전통의 헌법성에 관하여 설명하고 있다(헌재 2005. 2. 3 선고, 2001 헌가 9·10·11·12·13·14·15, 2004 헌가 5(병합), 헌재판례집 제17권 1집, 1면 이하). 또 관습도 헌법적 효력이 있음을 인정하여 관습헌법을 적용하고 있다(헌재 2004. 10. 21 선고, 2004 헌마 554·566(병합), 헌재판례집 제16권 2집(하), 1면 이하).

3) Smend, Verfassung und Verfassungsrecht, 1928.

4) Schmitt, in: Stern, Das Staatsrecht der Bundesrepublik Deutschland, Bd. I, 2. Aufl., S. 71.

2. 憲法槪念의 歷史的 發展

국가의 근본법으로서의 헌법은 그 역사적인 발전단계에 따라, i) 고유의 의미의 헌법, ii) 근대적 · 입헌주의적 의미의 헌법, iii) 현대적 · 복지주의적 의미의 헌법으로 나눌 수 있다.[1)]

(1) 고유의 의미의 헌법 고유의 의미의 헌법이란 국가의 최고기관(예를 들면 국회 · 정부 · 법원 등)의 조직 · 구성과 권한행사방법, 권력기관의 상호관계 및 활동범위를 규정하는 것이다. 따라서 이러한 의미에 있어서의 헌법이란 국가의 근본조직법을 말하는데, 어떠한 국가든지 고유한 의미의 헌법은 가지고 있다고 할 수 있다.[2)] 국가가 있으면 헌법이 있다고 할 때는 이 헌법을 말한다.

(2) 근대적 · 입헌주의적 의미의 헌법 그러나 근대적인 헌법은 국가권력을 조직하는 측면보다는 국가권력을 제한하는 측면에 더욱 중점을 두게 되었다. 근대입헌주의는 봉건적 전제군주에 대항하여 국민의 기본권을 쟁취하였고, 국민의 기본권을 보장한 헌법에 의하여 전제군주의 통치권을 제한하였다. 이것은 입헌군주제에서 비롯된 것이나, 입헌민주제에서도 헌법이라는 사회계약을 통하여 국가권력을 제한하였다. 프랑스 인권선언 제16조가 권리의 보장이 확보되지 아니하고 권력의 분립이 정해져 있지 않는 사회는 모두 헌법을 가진 것이 아니라고 할 경우는 이 헌법을 말한다.[3)]

입헌주의적 의미의 헌법은 그 구성원리로서 i) 국민주권의 원칙, ii) 기본권보장의 원칙, iii) 권력분립의 원칙을 그 내용으로 하고, 형식적인 면에서 iv) 성문헌법의 원칙, v) 경성헌법의 원칙을 필수적인 요소로 하였다. 이를 입헌주의적 의미의 헌법의 5대 요소라고 한다.

(3) 현대적 · 복지주의적 의미의 헌법 근대적 · 입헌주의적 의미의 헌법은 오늘날 현대적인 복지주의적 헌법개념으로 변천하고 있다. 현대적인 헌법은 생존권적 기본권을 보장하여 모든 국민에게 인간다운 생활을 보장하고, 나아가 국민의 복지향상을 위한 적극국가로 발전하여 사회적 법치주의의 이념에 입각하고 있다.[4)]

즉 근대적 · 입헌주의적 헌법이 재산권의 신성불가침과 개인의 경제활동의 절대적 자유와 형식적 평등에 기초하고 있었는 데 반하여, 현대적 · 복지주의적 의미의 헌법은 재산

---

1) 상세한 것은 Grimm, Verfassung(Ⅱ), Geschichtliche Grundbegriffe, Bd. 6; 杉原泰雄, 憲法の歷史 등 참조.

2) 문홍주 교수는 이를 본래의 의미의 헌법이라고 부르고 있다(전게서, 34면).

3) 오늘날의 입헌주의헌법은 성문헌법에서 고유의 의미의 헌법을 다 규정하고 있어 고유의 의미의 헌법을 강조할 필요는 없다고 할 것이다.

4) 현대적 · 복지주의적 의미의 헌법은 사회주의헌법에 대응하기 위한 일종의 수정자본주의적 헌법이라고도 말할 수 있을 것이다. 사회주의헌법은 사유재산제를 기본적으로 부정하고 권력분립을 부정하며, 주권기관으로서의 최고회의에 모든 국가권력을 귀일시키고 있다.

권의 상대화와 공공복리적합의무, 경제의 민주화와 경제에 관한 규제와 통제를 통하여 사회적 약자의 인간다운 생활을 보장하는 사회적 법치국가의 원리와 실질적 평등의 보장에 기초하고 있다.[1)]

현대적·복지주의적 의미의 헌법은 i) 국민주권주의의 실질화, ii) 기본권보장과 사회정의실현, iii) 사회적 법치주의, iv) 적극국가화, v) 권력분립의 변용으로서의 권력융화주의 경향, vi) 사회적 시장경제질서체제의 보장, vii) 헌법의 최고규범성확보를 위한 헌법재판제도의 확립을 그 내용으로 하고 있다.

3. 實質的 意味의 憲法과 形式的 意味의 憲法

헌법은 이를 실질적 의미의 헌법과 형식적 의미의 헌법으로 나누어 볼 수가 있다.

(1) 실질적 의미의 헌법 이는 국가의 조직·작용의 기본원칙을 정하는 국가의 기본법(fundamental law)의 전부를 말한다. 이 의미에 있어서의 헌법은 국가의 최고기관의 형성·조직·작용·권한, 이들 기관 상호간의 관계, 국가와 그 구성원인 국민과의 관계 등에 관한 규칙의 총칙이다. 이는 법에 규정된 내용이 국가의 기본원칙을 정하는 것이면 그 법형식을 불문하고 모두 헌법이라고 본다. 따라서 실질적 의미의 헌법개념은 헌법전은 물론 이러한 기본원칙을 정한 법률·명령·규칙 및 관습이나 조리까지도 모두 헌법개념에 포함한다.

실질적 의미의 헌법은 국가통치의 기본법을 의미하기 때문에 반드시 일정한 역사상의 이념이나 특정한 원리에 지배될 필요는 없다. 따라서 고대국가나 중세국가에도 실질적 의미의 헌법은 존재하였고,[2)] 사회주의국가는 물론 성문헌법전이 없는 영국 등의 불문헌법국가도 실질적 의미의 헌법은 가지고 있다 하겠다.[3)]

한편 실질적 의미의 헌법은 그 규정내용과 형식을 기준으로 한 것인 데 대하여, 고유한 의미의 헌법은 그 역사적 발전단계를 기준으로 한 것으로 양자는 구별된다 하겠다.[4)]

---

1) 문홍주 교수는 이를 현대의 자유민주주의헌법이라고 하면서 자유민주주의국가의 헌법에 사회국가적 복리국가의 이념을 포함하여 넓게 해석한다(전게서, 37~41면).

2) 실질적 의미로서의 관습헌법에 대하여 헌재는 다음과 같이 판시하고 있다. 「우리나라는 성문헌법을 가진 나라로서 기본적으로 우리 헌법전(憲法典)이 헌법의 법원(法源)이 된다. 그러나 성문헌법이라고 하여도 그 속에 모든 헌법사항을 빠짐없이 완전히 규율하는 것은 불가능하고 또한 헌법은 국가의 기본법으로서 간결성과 함축성을 추구하기 때문에 형식적 헌법전에는 기재되지 아니한 사항이라도 이를 불문헌법 내지 관습헌법으로 인정할 소지가 있다」고 하면서 수도서울은 관습헌법으로 인정된 것이라고 한다(헌재 2004.10.21 선고, 2004 헌마 554·566(병합), 헌재판례집 제16권 2집(하), 1면 이하(39면)). 그러나 행정복합도시건설특별법에서는 수도분할에 있어 수도의 관습헌법성을 부인하고 있다(헌재 2005.11.24 선고, 2005 헌마 579·763(병합), 헌재판례집 제17권 2집, 481면 이하). 또 호주제도는 관습이기는 하나 관습헌법은 아니라고 하였다(헌재 2005.2.3 선고, 2001 헌가 9·10·11 등 (병합), 헌재판례집 제17권 1집, 1면 이하).

3) 영국은 불문헌법의 국가이나 왕위계승법, 국민대표법, 기본권법 등이 제정되어 있어 사실상 성문헌법국가화하고 있다. 영연방(Commonwealth of Nations)의 여러 나라도 같다.

4) 고유의 의미의 헌법과 실질적 의미의 헌법이 어떤 관계에 있는가에 관해서는 견해가 다양하게 나뉘고

(2) 형식적 의미의 헌법 이는 법에 규정되어 있는 내용에 착안하지 않고, 그 성문형식·존재형식·형식적 효력 등의 외형적 특징에 따라서 정의한 헌법개념으로서 헌법전의 형식(written constitution)을 갖추고 있는 것을 말한다. 영국에는 헌법이 없다고 말하는 경우에는 형식적 의미의 헌법이 없다는 것을 의미한다.

(3) 양자의 관계 형식적 의미의 헌법은 대체로 실질적 의미의 헌법과 그 내용을 같이하나 반드시 완전히 일치하는 것은 아니다. 예컨대 구 Switz. 헌법에는 미리 마취하지 않는 한 식육동물을 도살해서는 안 된다는 것을 규정하고 있었는데,[1] 이러한 것은 실질적 의미의 헌법이라고 할 수는 없다.

Ⅲ. 憲法의 分類

헌법의 분류란 다양한 헌법들을 일정한 기준에 따라 유형화시키는 것을 말하는데, 전통적인 분류방법은 i) 성문화 여부에 따라 성문헌법과 불문헌법, ii) 제정주체에 따라 흠정헌법·민정헌법·협약헌법·국약헌법, iii) 개정의 難易에 따라 경성헌법·연성헌법으로 나누는 것이 일반적이었다.[2] 이에 따르면 우리나라의 헌법은 成文憲法·民定憲法·硬性憲法에 속한다고 보았다. 그러나 현대에 와서는 분류방법이 다양화되어서 헌법의 독창성 여부나 존재론적 분류 및 국가체계에 따른 분류가 행해지고 있다.

있다. 박일경 교수는 양자의 엄격한 구별을 주장하면서 「고유의 의미의 헌법은 입헌주의적 의미의 헌법에 대립되는 것이라고 볼 수 있는 데 대하여…, 실질적 의미의 헌법은 고유의 의미의 헌법과 입헌주의적 의미의 헌법의 양자를 통한 개념이다」라고 하고 있다(신헌법학원론, 법경출판사, 1990, 127면). 문홍주 교수는 「실질적 의미의 헌법은… 본래의 의미의 헌법과 공통하는 데가 있기는 하지만, 그러나 본래의 의미의 헌법이란 개념은… 입헌주의적 의미의 헌법개념에 대응해서 사용하는 것이고, 실질적 의미의 헌법개념은… 형식적 의미의 헌법개념에 대응해서 사용하는 것」이라고 하고 있다(전게서, 42면). 이에 대하여 김기범 교수는 양자는 동일한 개념으로서 관점에 따른 표현의 차이가 있을 뿐이라고 하고(한국헌법, 52면), 구병삭 교수는 양자의 관계에 대해 직접 언급하지 않고 있으나 고유한 의미의 헌법은 성문이든 불문이든 이를 가리지 않고 「국가의 법체계·법질서 등과 최고기관의 조직 및 작용에 관하여 가장 기본적인 사항만을 규정하고 있는 근본법」이라 보고, 실질적 의미의 헌법은 그 형식 여하를 불문하고 「그 내용이 성질상 국가의 구성·조직과 작용 및 국민과의 관계에 관한 근본원칙이 들어 있는 국가법체계의 기초를 이루고 있는 법」이라고 함으로써 양자를 거의 같은 것으로 보고 있다(증보 신헌법원론, 박영사, 1989, 4~6면). 권영성 교수는 양자가 표리의 관계에 있다고 하고 있다(신판 헌법학원론, 법문사, 1996, 9면). 계희열 교수는 실질적 의미의 헌법은 보통 형식적 의미의 헌법보다 넓은 개념이라고 보고 있다. 양자는 대체로 그 내용을 같이하나 완전히 일치하지는 않는다고 한다(계희열, 헌법학(상), 박영사, 1995, 5면).

1) 구 Switz. 헌법 제25조 2항. 이 조항은 헌법개정으로 삭제되었다.

2) 그러나 이러한 '전통적' 분류에는 문제가 없지 않다. 즉 현대에 있어서 흠정헌법은 찾아보기 어렵고, 협약헌법이나 국약헌법도 극소수의 예가 있을 뿐이므로 제정의 주체에 따른 헌법의 분류는 거의 무의미하다고 보지 않을 수 없다(同旨: 허영, 한국헌법론, 박영사, 1996, 33면). 또 경성헌법과 연성헌법은 헌법의 개정이 통상의 입법절차로 가능한가 혹은 엄격한 요건이나 절차가 필요한가에 따른 구별인데, 오늘날 연성헌법은 거의 없으며 이는 형식상 개정의 난이를 의미하는 것뿐이고 현실적으로 개정의 빈도를 결정하는 것은 아니다. 지나친 경성헌법은 헌법의 파괴를 가져올 뿐임을 역사는 증명하고 있다.

1. 成文化 與否에 따른 分類

헌법이 성문화되었느냐 되지 않았느냐에 따라 성문헌법과 불문헌법으로 나뉘어진다. 성문헌법이라 함은 성문화된 형식적 헌법전을 말하는데, 세계 각국은 대개 성문헌법을 가지고 있다. 이에 대하여 영국헌법을 비롯하여 Canada 헌법, New Zealand 헌법 등은 단일성문헌법전을 가지지 않고 여러 가지 헌법적 법률로 구성되고 있는데, 일반적으로 이들 헌법을 불문헌법(unwritten constitution)이라고 한다.

그러나 성문헌법과 불문헌법의 구별은 상대적인 것으로서 성문헌법국가에도 헌법적 관습법이 있고, 영국과 같은 불문헌법국가에도 1215 년의 대헌장을 비롯하여 1689 년의 권리장전, 1701 년의 왕위계승법, 1949 년의 선거법 등 여러 법이 헌법적인 효력을 가지고 있기도 하다.

2. 制定主體에 따른 分類

헌법의 제정주체를 기준으로 또는 그와 밀접한 관련을 가진 제정방법을 중심으로 하여 군주가 단독으로 제정하였느냐, 군주와 국민이 협약에 의하여 제정하였느냐, 국민이 단독으로 이를 제정하였느냐, 국가 간의 협약에 의하여 제정되었느냐에 따라 欽定憲法·協約憲法[1]·民定憲法·國約憲法[2]으로 나눌 수 있다. 군주가 단독으로 제정한 헌법이 흠정헌법이고, 국민과 협의하여 제정한 것이 협약헌법이며, 국민이 단독으로 제정한 것이 민정헌법이고, 국가 간의 협약에 의하여 제정된 것이 국약헌법이다.

3. 改正節次에 따른 分類

헌법의 개정이 법률의 개정절차에 비하여 보다 엄격한 절차를 거쳐야만 가능한 헌법을 硬性憲法이라고 하고, 법률개정과 동일한 절차로 헌법개정이 되는 헌법을 軟性憲法이라고 한다. 성문헌법은 대개 경성헌법이나, 1848 년의 Italy 헌법, 1876 년의 Spain 헌법, 1947 년의 New Zealand 헌법과 같이 성문헌법이면서도 연성헌법인 경우도 있다. 경성헌법 중에는 헌법개정 자체를 금지하고 있는 헌법도 과거에는 있었다. 그러나 경성헌법이 연성헌법에 비하여 반드시 우선적 효력을 갖거나 헌법보장의 실효성이 있는 것은 아니다.

4. 獨創性 與否에 따른 分類

Loewenstein 은 헌법이 독창적인가 모방적인가에 따라 독창적 헌법과 모방적 헌법으로

---

1) 협약헌법의 예로는 1830년 7월 혁명을 거쳐 성립한 프랑스 오를레앙 왕정의 헌장(charte)을 말할 수 있다.

2) 국약헌법의 예로는 1871년의 독일제국헌법이 있으며, 미국의 연방헌법도 처음에는 13개국의 협약으로 이루어진 것으로 그 뒤 신생국가가 가입함으로써 만들어진 것이기에 국약헌법이라고도 할 수 있다.

나누고 있다.[1)]

(1) 독창적 헌법　독창적 헌법이란 새로이 창조되고 기존의 다른 헌법에서 유래되지 않은 원천적인 헌법을 말하는데, 영국의 의회주권주의헌법, 미국의 대통령제 헌법, 프랑스의 Napoléon헌법, 勞農소비에트의 독재를 규정한 구 소련방헌법, 5권분립을 규정한 1931년의 중화민국헌법 등을 들 수 있다.[2)]

(2) 모방적 헌법　모방적 헌법이란 규정의 대부분을 외국의 현재 혹은 과거의 헌법들 또는 국내의 과거의 헌법을 모방하여 만든 헌법을 말하는데, 英聯邦의 여러 헌법들, 남미의 헌법들, 아시아의 여러 헌법들을 들 수 있으며, 일본이나 Turkey, 한국헌법들도 모방적 헌법이라고 할 수 있다.

5. 憲法의 效力에 따른 分類

헌법의 효력에 따른 분류란 헌법의 존재론적 분류라고 부를 수 있는데, 이 분류는 헌법규범이 헌법현실을 규율하고 있는가 여부 또는 헌법상의 권력행사가 헌법절차에 따르고 있는가 여부에 따른 구분으로서, Loewenstein은 規範的 헌법(die normative Verfassung)·名目的 헌법(die nominalische Verfassung)·假飾的 헌법(die semantische Verfassung)으로 분류하고 있다.[3)]

(1) 규범적 헌법　규범적 헌법이란 영국·미국·독일·Switz. 등의 헌법과 같이 헌법규범이 헌법현실을 제대로 규율함으로써 헌법규정과 헌법현실이 일치하는 헌법을 말한다. 이것은 자기체격에 맞추어 만든 맞춤양복과 같은 것으로 그 국가의 체제현실에 알맞게 헌법을 제정한 것을 말한다. 이것은 살아 있는 헌법(living constitution)이라고 하겠다.

(2) 명목적 헌법　명목적 헌법이란 헌법규범이 아직까지 현실을 규율하지 못하고 교육적인 효과만을 가진 것을 말한다. 즉 헌법은 이상적으로 만들어졌으나 사회여건이 헌법의 이상을 따를 수 없는 것을 말하며, Argentina헌법 등 남미의 헌법들, 인도 등 아시아의 헌법들이 대개 이에 속한다. 의복에 비한다면 어린이가 어른이 될 때 대비하여 만든

---

1) Loewenstein, Verfassungslehre.

2) 북한헌법은 처음에는 소련식 사회주의헌법을 모방했으나 현재는 주석에게 권력을 집중시키는 등 소비에트체제와는 달리 군주적 공산주의체제를 채택하고 있다.

3) 문홍주 교수는 이 Loewenstein의 분류방법은 그대로 따를 수 없다고 비판하면서 「…헌법의 일부분이 가지고 있는 성격을 헌법의 전면적인 성격인 것같이 전제하여 분류하고 있는데, 이는 분류의 기준으로서 곤란하다고 생각한다. 이를테면 헌법의 전 조항이 모두 명목적일 수 없고 장식적일 수 없다」고 하고 있으며, Loewenstein이 말하는 명목적·장식적 헌법 속에도 규범적 헌법조항이 많이 있음을 지적하고 있다(전게서, 63면). 허영 교수는 이 분류가 헌법의 실현, 헌법규범과 헌법현실의 갭 내지는 헌법의 변천의 문제이지 헌법유형에 속하는 사항은 아니라고 보고 있다(전게서, 34면). 구병삭 교수는 이 방법에 대해 그 차이는 상대적이고 논자의 주관에 따라 좌우될 수 있는 것으로 객관성·보편성이 충분히 일관되어 있지 아니하며, 특히 「아시아·아프리카 신생독립국가의 헌법체제에 대해서도 정당한 평가가 되어 있지 못하다」고 한다(전게서, 20~21면). 그러나 헌법규범의 효력 내지 기능에 관한 분류이기 때문에 통치조직 전반의 규범성을 따지는 이 분류는 적절한 분류라고 하겠다.

어른옷이다.

(3) 가식적 헌법　　가식적 헌법이란 어의만이 헌법일 뿐 현실을 규율하려는 목적에서가 아니고 헌법을 가졌다는 것을 외국에 과시하기 위하여 만들어진 헌법을 말한다. 이것은 의복에 비한다면 입기 위한 의복이 아니고 가장무도회용의 가식복과 같은 것으로 공산주의국가나 독재국가의 헌법은 대부분 가식적 헌법이다. 이것은 휴지헌법(paper constitution)이라고도 할 수 있다.

6. 國家體制에 따른 分類

현대의 헌법은 국가형태와 사회체제에 따라 이를 분류할 수도 있는데, 자본주의국가의 헌법과 사회주의국가의 헌법, 입헌주의국가의 헌법과 전제주의국가의 헌법 등으로 나눌 수 있다.

(1) 자본주의헌법과 발전도상국헌법·사회주의헌법　　자본주의헌법은 자본주의경제를 기초로 하는 국가의 헌법을 말하며, 사회주의헌법은 사회주의경제를 기반으로 하는 국가의 헌법을 말한다. 사회주의헌법은 사유재산제를 부인하고 프롤레타리아의 계급독재, 전인민의 프롤레타리아화를 규정하고 있는데, 그 과도기적 헌법으로서 인민민주주의헌법이 있다. 사회주의헌법으로는 구 소련·구 동구의 헌법들이 있었다.[1] 사회주의헌법은 프롤레타리아 독재를 규정했으며 일당독재제도를 채택하고 있었으나 구 소련의 멸망과 함께 자취를 감추었다. 발전도상국(developing countries)은 대개 봉건주의에서 시장경제로 나아가는 단계에 있는 헌법을 말한다.

(2) 입헌주의헌법과 전제주의헌법·체제이행적 헌법　　입헌주의헌법은 국가권력이 분립되어 있고 복수정당제도가 보장되고 있으며, 헌법이 규범적 효력을 가지고 있는 헌법을 말한다. 이에 대하여 전제주의헌법은 국가권력이 통합되어 있고 일당전제가 행해지고 있으며, 헌법이 규범력을 발휘하지 못하는 헌법을 말한다. 전제주의헌법의 대표적인 사회주의 국가도 구 소련의 붕괴와 함께 시장경제주의제도를 채택하고 헌법재판소제도를 채택하여 입헌주의헌법으로 이행하고 있다.[2] [3]

---

1) 그러나 러시아(1990년 헌법개정)를 비롯한 동구의 여러 나라들은 복수정당제도와 대통령제, 자본주의 경제원리를 부분적으로 수용하는 등의 변화를 보이고 있어 그 경과가 주목되고 있다. 러시아헌법은 완전히 공산주의에서 탈퇴하여 민주적인 대통령제를 도입하고 있다. 기본권조항도 어느 선진국헌법에 못지 않을 정도로 화려하게 규정하고 있다. 현재 남아 있는 사회주의국가는 중국, 북한, 베트남, 쿠바 등이지만 이러한 헌법도 자본주의화가 가속화되고 있다. 중국은 사회주의시장경제를 표방하여 생산수단의 사유와 법치주의의 확립을 기하고 있다. 북한은 아직도 1당독재, 최고인민회의체제를 유지하고 있으나 사실상에 있어서는 국가원수인 주석을 선출하지 않고 국방위원회위원장이 독재하고 있어 이는 일종의 세습적·왕조적 전제제도라고 하겠다.

2) 체제이행국가헌법이란 러시아 헌법, 동구헌법 등으로 1990년대에 많은 국가들이 체제를 변경하는 헌법을 새로이 채택하였다.

3) 元山健·稻正樹, 憲法の類型, 現代の憲法理論, 1990. p.121 이하.

(3) 국가형태 내지 정부형태에 따른 분류 국가형태 내지 정부형태에 따른 분류로는 ① 전제제헌법, 군주제헌법, 공화제헌법, ② 대통령제헌법, 의원내각제헌법, 이원정부제헌법, ③ 단일국가헌법, 연방헌법 등을 구분할 수 있다.

Ⅳ. 憲法의 特性

헌법은 그 개념상 사실(Sein)으로서의 측면과 규범(Sollen)으로서의 측면의 이중성을 가지는데, 사실로서의 헌법은 정치성과 역사성, 이념성을 가지며, 법규범으로서의 헌법은 수권적 조직규범, 기본권보장규범·권력제한규범, 최고규범, 헌법제정규범 및 헌법개정규범으로서의 성격을 가진다. 또한 헌법규범은 헌법규정의 내용과 효력에 따라 단계구조를 가지며, 최고의 법규범으로서 타당성과 실효성을 가진다.

1. 憲法制度의 特性

(1) 헌법의 정치성 헌법규범은 사실적인 실력적 지배관계와 불가분의 밀접한 관계에 있기 때문에 정치성을 띠고 있다. 특히 헌법의 생성과 변혁, 제정과 파괴라는 중대한 헌법현상은 정치 그 자체라고도 할 수 있다. 헌법의 제정행위는 한 정치세력의 승리의 결과이건, 여러 가지 정치세력의 타협의 결과이건 간에 정치투쟁의 소산이다. 따라서 헌법은 그 내용도 정치적이며 결과적으로 정치투쟁결론의 문서화·공증화라고도 할 수 있다. 이 점에서 Carl Schmitt가 말한 바와 같이 「헌법이란 국민의 정치적 통일의 형식과 종류에 관한 결정」이라고 할 수 있다. 헌법에는 군주제를 택할 것인가 공화제를 택할 것인가, 자본주의를 택할 것인가 사회주의를 택할 것인가, 의원내각제를 택할 것인가 대통령제를 택할 것인가 등등 정치적 근본결단을 요청하고 있는 요소가 많다. 헌법은 정치적 기능을 가지고 있는바, 국가를 구성하고 질서를 유지하며 사회안정을 기하여야 한다. 헌법은 질서유지기능을 가지는바, 헌법은 조성된 질서를 규율하는 것이 아니고 공개성과 가치성을 가지고 있어 그의 보완이 요구된다. 예를 들면 선거제도에 관한 기본원칙이나 행정부, 사법부의 조직에 관해서는 원칙만 정하고 있기 때문에 정치적 입법에 의하여 이것이 보완되어야 한다. 헌법은 또 계속성을 가져야 하며 사회안전을 유지해야 한다. 또 비교적 안정된 사회에 있어서도 헌법적인 정치문제가 헌법에 의하여 완전히 해결되는 것은 아니므로 헌법이 정치에 대한 규제력을 발휘하여야 할 당위성을 가지고 있는 것이며, 격동하는 정치현실에서는 헌법이 유린되는 경우도 많다.

(2) 헌법의 이념성·역사성·가치성·개방성 헌법에 의하여 실력이나 정치를 규제하려고 하는 것은 입헌주의의 본지이다. 따라서 헌법은 정치적 통제의 규범으로서 역사적 조건과 지배상황에 따라서 제약된 역사적 가치이며, 결국 이데올로기적 성격을 면할 수는

없다. 오늘날의 헌법은 정부가 실현하여야 할 기본가치를 포함하고 있다.

헌법의 역사성의 문제는 헌법이 역사적인 제 조건, 정치·경제·사상 등의 상황과 밀접한 관련성을 가진다는 것을 의미한다. 따라서 헌법은 직접적 강제성이 적고, 강령적·계몽적·추상적·일반적인 성격을 가지고 정책의 기본방향을 지시하는 정책선언적인 성격을 가진다. 그렇다고 하더라도 헌법은 단순한 사실이나 청원·희망·요구·선언이 아니고 「당위」이기 때문에, 정치적 권력관계의 규제라는 측면을 지나치게 경시해서는 안 될 것이다. 그러므로 헌법은 정치권력을 제한하고 통제하며, 국가에 통일성을 부여하고, 국가의 목적, 국가의 기본조직을 확정하는 중요한 의의를 가지고 있다.

헌법은 국가의 통일성을 유지하고 권력을 견제·균형해야 한다. 또 개인의 자율성과 자유를 보장할 의무를 부과하고 있다. 헌법은 모든 사항을 다 규정할 수 없기 때문에 자연히 입법자나 헌법개정권자에 의한 보완을 요구하게 되고 헌법재판에 의하여 구체화될 수 있다.

(3) 헌법의 규범성 헌법규범은 역사적으로 제약된 일정한 이념을 갖는 정치성을 가지기 때문에 법률에 비하여 상대적으로 강제규범으로서의 기능이 약하다고 할 수 있다. 헌법에서 국가기관에 대하여 일정한 행위를 명하거나 금지한 경우, 그 위반에 대하여 처벌 또는 의무의 이행을 강요하는 것은 어려우며 심지어 방침규정에 불과한 것도 있다. 그러나 헌법이 강제규범 내지 재판규범으로서의 역할을 다하지 못한다고 하여 그 규범성이 부인될 수는 없을 것이다. 오히려 오늘날 헌법의 규범성은 사법적 헌법보장제(위헌법률심사제 등)에 의하여 점점 더 강하게 확보되어 가고 있다.

2. 憲法規範의 特性[1)]

(1) 수권적 조직규범으로서의 헌법 헌법은 국가권력을 조직하는 규범으로서 국회

1) 헌법규범의 특성에 관해서는 학자마다 학설이 약간씩 다르다. 이를 보면 다음과 같다.

1. 문홍주 교수의 분류: (1) 기초법으로서의 헌법, ① 수권적 기초법, ② 제한적 기초법, i) 인권보장법으로서의 헌법, ii) 권력분립적 통치조직법으로서의 헌법, (2) 최고법으로서의 헌법, (3) 근본규범으로서의 헌법, (4) 헌법의 자율성, (5) 헌법의 항구성

2. 박일경 교수의 분류: i) 최고규범으로서의 헌법, ii) 수권규범으로서의 헌법, iii) 제한규범으로서의 헌법

3. 구병삭 교수의 분류: Ⅰ. 헌법의 규범적 의미, i) 헌법의 정당성, ii) 권력제한의 질서, iii) 헌법의 자기입법과 생활규범성, iv) 헌법의 조직(수권)규범성, v) 근본·최고규범성, vi) 헌법제정·개정규범성, Ⅱ. 헌법의 실존성(현실성), i) 헌법의 정치성, ii) 헌법의 이념성, iii) 헌법의 역사성, iv) 헌법의 영속성

4. 허영 교수의 분류: i) 헌법의 최고규범성, ii) 헌법의 정치규범성, iii) 헌법의 조직규범성, iv) 헌법의 생활규범성, v) 헌법의 권력제한규범성, vi) 헌법의 역사성

5. 권영성 교수의 분류: 헌법의 사실적 특질로는 i) 정치성, ii) 이념성, iii) 역사성을 들고, 헌법의 규범적 특질로는 i) 최고규범성, ii) 기본권보장규범성, iii) 조직·수권규범성, iv) 권력제한규범성, v) 자기보장규범성을 든다(권영성 교수는 1994년판에서 자기보장규범성과 생활규범성을 첨가하였다가 1996년 판에서는 다시 생활규범성을 제외하고 있다).

6. 안용교 교수의 분류: i)규범성, ii) 수권규범성, iii) 권력제한규범성, iv) 최고규범성, v) 사인 간에 있어서의 헌법의 효력

에는 입법권을 부여하고, 정부에는 행정권을 부여하며, 법원에는 사법권을 부여하는 수권규범이다. 모든 국가기관은 헌법에서 위임된 권한만을 행사할 수 있을 뿐이며, 헌법에서 수권하지 않은 권한은 이를 행사할 수 없다. 만약에 국가기관이 헌법이 위임한 권한을 초월하여 권력을 행사하면 위헌이 된다. 헌법은 다른 법규범의 존재와 제정기관·절차 및 그 타당범위를 정하는 의미에서 수권규범이며, 다른 법규범은 헌법에 의하여 권한을 받은 수권규범인 점에서 구별된다.

(2) 기본권보장·권력제한규범으로서의 헌법 헌법은 국가기관을 분립시키고 상호견제하게 하는 제한규범의 역할을 한다. 그런데 이러한 성격은 원래 헌법이 기본권을 보장하기 위하여 국가권력을 제한한 데에서 비롯된 것이다. 따라서 헌법은 국민의 기본권을 보장하는 인권보장규범으로서의 특성을 가지는바, 이것을 헌법의 가장 중요한 기능이라고 보아야 한다. 이에 따라 국가는 국가의 안전보장·질서유지 또는 공공복리를 위하여 필요한 경우에만 국민의 기본권을 법률로써 제한할 수 있을 뿐이며, 이 경우에도 기본권의 본질적인 내용을 침해할 수 없도록 하고 있다. 따라서 행정권과 입법권과 사법권은 헌법의 기본권규정에 의하여 제한받고, 나아가 헌법은 기본권을 보장하기 위하여 국가권력 상호간의 견제와 균형을 규정하고 있다.

(3) 최고규범으로서의 헌법 헌법은 국가의 최고규범으로서 다른 법규범의 존재나 효력을 수권한다. 이 점에서 헌법은 근본규범(Grundnorm)이라고도 말하여진다.[1] 따라서 이에 위반되는 법률이나 명령·처분·재판은 효력을 가지지 않는다. 헌법의 최고규범성을 보장하기 위하여 각국 헌법은 위헌입법심사기관을 두고 위헌입법심사를 하도록 규정하고 있다.[2] 헌법은 실질적인 면에서 모든 사회질서와 국가조직의 근본을 규율하고 있는 점에서 최고성을 지니고 있으며, 형식적인 면에서도 최고의 경성을 가지며, 헌법의 개정은 법률이나 명령의 개정보다 훨씬 어렵게 하고 있다. 헌법의 최고성은 조약과 관련하여 상당히 문제가 되는데, 국제평화와 국제협조를 위하여 일정한 조약이 헌법에 우선한다는 규정을 둔 헌법도 있으나, 일반적으로 헌법이 조약에 우월한 것으로 인정되고 있다.[3]

---

7. 계희열 교수의 분류: i) 헌법의 최고규범성, ii) 헌법의 개방성, iii) 헌법의 자기보장성, iv) 헌법의 정치성

8. 성낙인 교수의 분류: Ⅰ. 헌법의 사실적 특성, i) 헌법의 정치성·개방성, ii) 헌법의 이념성·역사성·가치성, Ⅱ. 헌법의 규범적 특성, i) 국법질서체계상 최고규범으로서의 헌법, ii) 자유(기본권)의 장전으로서의 헌법, iii) 정치제도를 설계하는 권력의 체계로서의 헌법, iv) 헌법보장을 위한 규범으로서의 헌법, v) 통일된 가치체계로서의 헌법.

1) 헌법의 효력근거로서 Kelsen은 근본규범(Grundnorm)을 말하고, Nawiasky는 국가기초규범(Staatsfundamentalnorm)을 말하고 있다. 근본규범은 헌법의 효력을 발생케 하는 原規範(Urnorm)이라고 한다.

2) 일본헌법은 제10장에서 최고법규에 관해서 규정하고 있다. 특히 제98조는 「이 헌법은 국의 최고법규로서 이 조항에 반하는 법률, 명령, 조칙 및 국무에 관한 기타의 행위의 전부 또는 일부는 그 효력을 가지지 아니한다」고 규정하고 있다.

3) 독일기본법은 명문으로 조약의 법률우위를 규정하고 있으며, 조약과 헌법의 우월관계에 대해서도 일반적인 국제법규가 헌법보다 우위에 있다고 보는 학설이 지배적이다. 한국헌법재판소도 「국가의 법질서는

(4) 헌법제정규범 및 헌법개정규범으로서의 헌법 헌법은 헌법제정규범의 성격을 가지고 헌법제정권력의 주체를 규정하고 이들에게 헌법제정권력을 부여한다(시원규범). 헌법제정권력의 주체는 과거에는 欽定憲法과 協約憲法의 경우처럼 여럿인 경우도 있었으나 오늘날 거의 모든 헌법은 民定憲法으로서 국민만을 헌법제정권력자로 규정하고 있다. 헌법제정의 절차에 관해서는 헌법이 전문에서 선언하고 있는 경우가 많다.1)

또한 헌법은 헌법개정규범으로서의 성격도 함께 가지는데, 헌법개정의 주체와 방법을 규정하고 헌법개정권력을 부여한다. 헌법개정권자는 오늘날의 민정헌법에 있어서는 국민이다. 헌법개정의 절차가 법률개정의 절차와 같은가, 보다 더 어려운가에 따라 경성헌법과 연성헌법의 차이가 생긴다.

3. 憲法規範의 段階構造

헌법규범도 그 내용과 효력에 따라 헌법·헌법률 등으로 나눌 수 있고, 그 규범들 간에 단계구조를 이루고 있다고 할 것이다.

(1) 헌법과 헌법률 헌법규범을 절대적 의미의 헌법과 상대적 의미의 헌법으로 나누는 견해와 헌법핵·헌법개정규범·헌법률로 나누는 견해 등이 있다. C. Schmitt는 절대적 의미의 헌법을 「헌법」(Verfassung)이라고 하며, 상대적 의미의 헌법을 「헌법률」(Verfassungsgesetz)이라고 하고 있다. 「헌법」은 규범의 규범이요 형태의 형태로서 헌법제정권자의 근본결단이며, 헌법개정에 의해서는 개정될 수 없는 최고규범이라고 한다. 이에 대하여 「헌법률」은 법률과 같은 내용을 가지고 있으나 형식적으로 헌법규범으로 되어 있는 것을 말하며, 헌법개정의 대상이 된다고 한다.

(2) 헌법규범의 단계구조

(a) 학 설 헌법규범 간에도 헌법적 효력의 상하관계를 인정하려는 이론이 다수설이다.2) 헌법규범에는 헌법을 만드는 헌법제정규범과 헌법제정권력자의 근본결단인 헌법핵과 헌법개정권력의 주체와 행사를 규정한 헌법개정규범, 그리고 이 헌법개정권력에 의하여 개정될 수 있는 헌법률이 있다고 볼 것이며, 이 규범들간에 헌법적 효력의 우열관계를 보아 헌법에는 「헌법제정규범—헌법핵—헌법개정규범—헌법률」의 단계구조가 있다

헌법을 최고법규로 하여…상위규범은 하위규범의 효력근거가 되는 동시에 해석근거가 되는 것」이라고 판시하고 있다(헌재 1989. 7. 21 선고, 89 헌마 38, 헌재판례집 제 1 권, 131면 이하(145면)).

1) 주권자인 국민은 관습헌법으로도 헌법을 직접 형성할 수 있다고 한다(헌재 2004. 10. 21 선고, 2004 헌마 554·566(병합), 헌재판례집 제16권 2집(하), 1면 이하).
「헌법 제1조 제2항에 따라 국민은 대한민국의 주권자이며, 최고의 헌법제정권력이기 때문에 성문헌법의 제·개정에 참여할 뿐만 아니라 헌법전에 포함되지 아니한 헌법사항을 필요에 따라 관습의 형태로 직접 형성할 수 있다. 그렇다면 관습헌법도 성문헌법과 마찬가지로 국민의 헌법적 결단의 의사의 표현이며, 성문헌법과 동등한 효력을 가진다고 보아야 한다. 그러므로 국민에 의하여 정립된 관습헌법은 입법권자를 구속하며 헌법으로서의 효력을 가진다」.

2) 상세한 것은 Herzog, Hierarchie der Verfassungsnormen, EuGRZ, 1990, S. 483 참조.

고 말할 수 있다.

헌법개정규범 및 헌법률이 헌법제정규범이나 憲法核에 위반하는 경우, 이는 위헌적인 헌법개정 혹은 위헌적인 헌법률(verfassungswidrige Verfassungsgesetze)로서 그것이 혁명이나 신헌법제정으로 정당화되지 않는 한 그 효력이 부정된다.

(b) 판 례 헌법재판소는 헌법규범의 단계구조는 이론상 인정될 수 있으나 헌법의 각 개별규정의 효력상의 차이를 인정하여야 할 형식적 이유가 없다고 하고 있다. 유신헌법에서 삽입되었던 군인 등에 대한 이중배상금지를 규정하고 있는 헌법 제29조 2항이 국가배상청구권의 원칙을 선언한 동조 1항과 평등원칙을 선언한 헌법 제11조 등에 위반한다는 주장의 헌법소원심판에서 계속 헌법규범 간의 효력의 차이를 부정하고 있다.[1] 이에 대해서는 효력의 차이를 인정해야 한다는 반대의견이 있다.[2] [3]

(c) 私 見 반대의견이 타당하다. 헌법 제29조 2항은 성립사적인 면에서나 체계적인 면에서나 위헌성을 면하기는 어려울 것이다.[4]

(3) 헌법규범의 효력

(a) 이 론 헌법규범은 최고의 법규범으로서 타당성(Gültigkeit)과 실효성(Wirksamkeit)을 가진다. 헌법규범도 강제규범으로서 국가기관과 국민 및 사회의 여러 권

1) 헌재 2001. 2. 22 선고, 2000 헌바 38, 헌재판례집 제13권 1집, 289면; 헌재 1995. 12. 28 선고, 95 헌바 3, 국가배상법 제 2 조 제 1 항 등 위헌소원, 헌재판례집 제 7 권 2집, 841면 이하(847면).

「물론 헌법은 전문과 단순한 개별조항의 상호관련성이 없는 집합에 지나지 않는 것이 아니고 하나의 통일된 가치체계를 이루고 있는 것이므로, 헌법의 전문과 각 개별규정은 서로 밀접한 관련을 맺고 있고, 따라서 헌법의 제규정 가운데는 헌법의 근본가치를 보다 추상적으로 선언한 것도 있고, 이를 보다 구체적으로 표현한 것도 있어서 이념적·논리적으로는 규범 상호간의 우열을 인정할 수 있는 것이 사실이다. 그러나, 그렇다 하더라도, 이 때에 인정되는 규범 상호간의 우열은 추상적 가치규범의 구체화에 따른 것으로 헌법의 통일적 해석에 있어서는 유용할 것이지만, 그것이 헌법의 어느 특정규정이 다른 규정의 효력을 전면 부인할 수 있는 정도의 개별적 헌법규정 상호간에 효력상의 차등을 의미하는 것이라고는 볼 수 없다」.

2) [하경철 재판관의 반대의견]

「헌법에는 보다 상위의 근본규정에 해당하는 헌법규정이 있는가 하면 그러한 근본규정에는 해당하지 않는 보다 하위의 헌법규정이 있을 수 있다. 이 때 하위의 헌법규정이 상위의 헌법규정과 합치하지 않는다고 해서 모든 경우에 다 그 효력을 부인할 수 있는 것은 아니나, 더 이상 감내할 수 없을 정도로 일반인의 정의감정에 합치되지 아니하는 경우에는 헌법의 개별조항도 헌법 제111조 제 1 항 제 1 호 및 제 5 호, 헌법재판소법 제41조 제 1 항 및 헌법재판소법 제68조 제 2 항 소정의 법률의 개념에 포함되는 것으로 해석하여 헌법재판소가 그 위헌성을 확인할 수 있어야 할 것이다」(헌재 2001.2.22 선고, 2000 헌바 38, 헌재판례집 제13권 1집, 299면 이하).

3) 헌재 1994. 12. 29 선고, 93 헌바 21, 헌재판례집 제 6 권 2집, 379면 이하.

「헌법재판소는 1994. 12. 29. 93 헌바 21, 국가배상법 제 2 조 제 1 항 단서에 대한 헌법소원사건의 결정문에서, "국가는 국민의 기본권을 보장할 의무가 있고, 헌법 제29조 제 2 항은 제 1 항에 의하여 보장되는 국가배상청구권을 헌법내재적으로 제한하는 규정이므로 그 적용범위에 대하여는 엄격하고도 제한적으로 해석하여야 할 것이다"라고 판시하였는바, 이는 헌법직접적인 기본권제한규정에 대하여도 만연히 문언적 해석에 안주할 것이 아니라, 헌법의 일반원칙과 정신에 비추어 엄격하고 제한적으로 해석, 적용하여야 함을 표명한 바 있다」.

4) 헌재 1995. 12. 28 선고, 95 헌바 3, 헌재판례집 제 7 권 2집, 841면 이하.

「헌법의 제규정 가운데는 헌법의 근본가치를 보다 추상적으로 선언한 것도 있고, 이를 보다 구체적으로 표현한 것도 있어서 이념적·논리적으로 규범 상호간의 우열은 추상적 가치규범의 구체화에 따른 것으로 헌법의 통일적 해석에 있어서는 유용할 것이지만, 그것이 헌법의 어느 특정규정이 다른 규정의 효력을 전면 부인할 수 있는 정도의 개별적 헌법규정 상호간에 효력상의 차이를 의미하는 것이라고 볼 수 없다」.

력을 구속한다. 그러나 헌법규범은 일반적·추상적 원칙을 둘 뿐이며, 개별적·구체적 강제규정을 두지 않고 있어 강제력이 없는 것처럼 보인다. 그러나 헌법규범도 입법·행정·재판에 의하여 강제력을 가진다. 이러한 헌법규범의 실효성을 확보하기 위해서는 사법적 집행과 입법적 집행뿐만 아니라 헌법보장제도가 중시되고 있는데, 헌법보장에 있어서는 헌법재판소나 사법재판소에 의한 사법적 보장이 특히 요청되고 있다.

(b) 판 례 헌법은 한 국가의 최고규범으로서 입법·행정·사법과 같은 모든 공권력의 행사가 헌법에 의한 제약을 받는 것은 물론, 私法上의 법률관계도 직·간접적으로 헌법의 영향을 받게 된다. 헌법재판소는 일찍이 「헌법은 국민의 합의에 의해 제정된 국민생활의 최고도덕규범이며 정치생활의 가치규범으로서 정치와 사회질서의 지침을 제공하고 있기 때문에 민주사회에서는 헌법의 규범을 준수하고 그 권위를 보존하는 것을 기본으로 한다」고 판시한 바 있다.[1)]

4. 憲法規範의 實定的 分類

헌법규범은 이를 조직법적 규정과 실질적 권한규정으로 나눌 수 있다. Weimar헌법도 이에 따라 제 1 부를 조직규범으로 하였고, 제 2 부를 시민에 대한 국가권력의 행사와 한계, 즉 기본권을 규정하였다. 이러한 분류기준에 따라 헌법규범을 구분하면 대략 다음과 같다.[2)]

(1) 권한규범(Kompetenznormen) 특정한 국가기관에게 권한을 수여하거나 국가기관 간의 관할영역을 한정하는 헌법규정을 말한다.

(2) 창설규범(Kreationsnormen) 특정한 국가기관을 창설하는 헌법규정을 말한다. 창설규범은 기관의 존재와 구성(선거나 다른 기관에 의한 구성)에 관해서 규정한다. 그러나 창설규범 중에는 특정한 권한규범과 복합적으로 규정한 것이 많다.

(3) 절차규범(Verfahrensnormen) 국가기관의 활동절차에 관한 규정을 말한다. 그러나 헌법이 이를 직접 규정하는 일은 드물고 법률에 유보하는 경우가 많다. 예컨대 대통령의 선거절차라든가 탄핵절차, 법률의 제정절차 등에 관해서 헌법은 원칙만 규정하고 그 상세한 것은 법률로 정하도록 한 경우가 많다.

(4) 개정규범(Revisionsnormen) 특정한 절차규범으로서 헌법의 개정이나 증보에 관한 규정을 말한다. 헌법개정절차는 법률제정절차의 특별법규라고도 할 수 있다.

(5) 규율적 규범(Normativbestimmungen) 이는 연방국가에 있어서 지분국의 의무와 연방에 의한 보장(Gewährleistung)에 관해 정하는 규정을 말한다. 예를 들면 지분국 헌법은 연방헌법에 구속되며, 그 원리 내에서 규율되어야 한다는 것을 규정한 조항 등

1) 헌재 1989. 9. 8 선고, 88 헌가 6, 헌재판례집 제 1 권, 199면 이하(205면); 헌재 2005. 2. 3 선고, 2001 헌가 9-15, 2004 헌가 5(병합), 헌재판례집 제17권 1집, 1면 이하(16~18면).

2) 이는 Stern에 따른 구분이다. Stern, Das Staatsrecht der Bundesrepublik Deutschland, Bd. I, 2. Aufl., 118 ff.

이다.

(6) 기본권규범(Grundrechtsnormen) 이는 개인에게 권리를 보장하는 규범을 말한다. 이에는 존엄권·평등권·자유권·생존권·청구권·참정권 등을 보장하는 규범들이 포함된다. 기본권규범은 국가와 국민간의 질서를 위한 국가적 행위의 행위규범인 동시에 제한규범이다.

(7) 보장규범(Gewährleistungen) 보장규범은 공·사법적인 제도, 즉 지방자치나 직업공무원제 등을 보장하는 규정들을 말한다. 이와 유사한 것으로는 특정한 국가기관에게 특정한 원칙에 입각하여 특정한 행동을 요청하는 규범이 있다. 오늘날 특정한 헌법규정은 기본권규범인 동시에 보장규범의 역할을 겸하고 있다.

(8) 국가구조·국가목적규범(Staatsstruktur- und Staatszielnormen) 이는 헌법원리와 국가목적을 담고 있는 헌법규범을 말한다. 그러한 것으로는 민주적 기본질서·공화국·민주국가·연방국가·법치국가·사회국가 등에 관한 규정이 있으며, 이 밖에도 국가목적을 지정한 규정이 있다.

(9) 헌법적 요청규범(Verfassungsauftragsnormen) 이는 헌법이 입법자에게 일정한 행위를 위탁하는 규범을 말한다. 예를 들면 평화적 통일요청규범이라든가, 특정한 사회복지제도의 창설 등을 요청하는 규정이 이에 속한다.

[判] 憲法規範에 관한 重要 判例

1. 新行政首都의 建設을 위한 特別措置法은 慣習憲法인 수도서울을 이전하는 것으로 위헌이다[1)]

[다수의견]

(1) 우리나라는 성문헌법을 가진 나라로서 기본적으로 우리 헌법전(憲法典)이 헌법의 법원(法源)이 된다. 그러나 성문헌법이라고 하여도 그 속에 모든 헌법사항을 빠짐없이 완전히 규율하는 것은 불가능하고 또한 헌법은 국가의 기본법으로서 간결성과 함축성을 추구하기 때문에 형식적 헌법전에는 기재되지 아니한 사항이라도 이를 불문헌법(不文憲法) 내지 관습헌법으로 인정할 소지가 있다. 특히 헌법제정 당시 자명(自明)하거나 전제(前提)된 사항 및 보편적 헌법원리와 같은 것은 반드시 명문의 규정을 두지 아니하는 경우도 있다. 그렇다고 해서 헌법사항에 관하여 형성되는 관행 내지 관례가 전부 관습헌법이 되는 것은 아니고 강제력이 있는 헌법규범으로서 인정되려면 엄격한 요건들이 충족되어야만 하며, 이러한 요건이 충족된 관습만이 관습헌법으로서 성문의 헌법과 동일한 법적 효력을 가진다.

(2) 헌법 제 1 조 제 2 항은 '대한민국의 주권은 국민에게 있고, 모든 권력은 국민으로부터 나온다'고 규정한다. 이와 같이 국민이 대한민국의 주권자이며, 국민은 최고의 헌법제정권력이기 때문에 성문헌법의 제·개정에 참여할 뿐만 아니라 헌법전에 포함되지 아니한 헌법사항

1) 헌재 2004.10.21 선고, 2004 헌마 554·566(병합), 헌재판례집 제16권 2집(하), 1면 이하.

을 필요에 따라 관습의 형태로 직접 형성할 수 있다. 그렇다면 관습헌법도 성문헌법과 마찬가지로 주권자인 국민의 헌법적 결단의 의사의 표현이며 성문헌법과 동등한 효력을 가진다고 보아야 한다. 국민주권주의는 성문이든 관습이든 실정법 전체의 정립에의 국민의 참여를 요구한다고 할 것이며, 국민에 의하여 정립된 관습헌법은 입법권자를 구속하며 헌법으로서의 효력을 가진다.

(3) 관습헌법이 성립하기 위하여서는 관습이 성립하는 사항이 단지 법률로 정할 사항이 아니라 반드시 헌법에 의하여 규율되어 법률에 대하여 효력상 우위를 가져야 할 만큼 헌법적으로 중요한 기본적 사항이 되어야 한다. 일반적으로 실질적인 헌법사항이라고 함은 널리 국가의 조직에 관한 사항이나 국가기관의 권한 구성에 관한 사항 혹은 개인의 국가권력에 대한 지위를 포함하여 말하는 것이지만, 관습헌법은 이와 같은 일반적인 헌법사항에 해당하는 내용 중에서도 특히 국가의 기본적이고 핵심적인 사항으로서 법률에 의하여 규율하는 것이 적합하지 아니한 사항을 대상으로 한다. 일반적인 헌법사항 중 과연 어디까지가 이러한 기본적이고 핵심적인 헌법사항에 해당하는지 여부는 일반추상적인 기준을 설정하여 재단할 수는 없고, 개별적 문제사항에서 헌법적 원칙성과 중요성 및 헌법원리를 통하여 평가하는 구체적 판단에 의하여 확정하여야 한다.

(4) 관습헌법이 성립하기 위하여서는 관습법의 성립에서 요구되는 일반적 성립 요건이 충족되어야 한다. 첫째, 기본적 헌법사항에 관하여 어떠한 관행 내지 관례가 존재하고, 둘째, 그 관행은 국민이 그 존재를 인식하고 사라지지 않을 관행이라고 인정할 만큼 충분한 기간 동안 반복 내지 계속되어야 하며(반복·계속성), 셋째, 관행은 지속성을 가져야 하는 것으로서 그 중간에 반대되는 관행이 이루어져서는 아니 되고(항상성), 넷째, 관행은 여러 가지 해석이 가능할 정도로 모호한 것이 아닌 명확한 내용을 가진 것이어야 한다(명료성). 또한 다섯째, 이러한 관행이 헌법관습으로서 국민들의 승인 내지 확신 또는 폭넓은 컨센서스를 얻어 국민이 강제력을 가진다고 믿고 있어야 한다(국민적 합의).

(5) 헌법기관의 소재지, 특히 국가를 대표하는 대통령과 민주주의적 통치원리에 핵심적 역할을 하는 의회의 소재지를 정하는 문제는 국가의 정체성(正體性)을 표현하는 실질적 헌법사항의 하나이다. 여기서 국가의 정체성이란 국가의 정서적 통일의 원천으로서 그 국민의 역사와 경험, 문화와 정치 및 경제, 그 권력구조나 정신적 상징 등이 종합적으로 표출됨으로써 형성되는 국가적 특성이라 할 수 있다. 수도를 설정하는 것 이외에도 국명(國名)을 정하는 것, 우리말을 국어(國語)로 하고 우리글을 한글로 하는 것, 영토를 획정하고 국가주권의 소재를 밝히는 것 등이 국가의 정체성에 관한 기본적 헌법사항이 된다고 할 것이다. 수도를 설정하거나 이전하는 것은 국회와 대통령 등 최고 헌법기관들의 위치를 설정하여 국가조직의 근간을 장소적으로 배치하는 것으로서, 국가생활에 관한 국민의 근본적 결단임과 동시에 국가를 구성하는 기반이 되는 핵심적 헌법사항에 속한다.

(6) 우리 헌법전상으로는 '수도가 서울'이라는 명문의 조항이 존재하지 아니한다. 그러나 현재의 서울 지역이 수도인 것은 그 명칭상으로도 자명한 것으로서, 대한민국의 성립 이전부터 국민들이 이미 역사적·전통적 사실로 의식적 혹은 무의식적으로 인식하고 있었으며, 대한민국의 건국에 즈음하여서도 국가의 기본구성에 관한 당연한 전제사실 내지 자명한 사실로서 아무런 의문도 제기될 수 없는 것이었다. 따라서 제헌헌법 등 우리 헌법제정의 시초부터 '서울에 수도(서울)를 둔다'는 등의 동어반복적인 당연한 사실을 확인하는 헌법조항을 설치하는 것은 무의미하고 불필요한 것이었다. 서울이 바로 수도인 것은 국가생활의 오랜 전통과 관습

에서 확고하게 형성된 자명한 사실 또는 전제된 사실로서 모든 국민이 우리나라의 국가구성에 관한 강제력 있는 법규범으로 인식하고 있는 것이다.

(7) 관습헌법의 제 요건을 갖추고 있는 '서울이 수도인 사실'은 단순한 사실명제가 아니고 헌법적 효력을 가지는 불문의 헌법규범으로 승화된 것이며, 사실명제로부터 당위명제를 도출해 낸 것이 아니라 그 규범력에 대한 다툼이 없이 이어져 오면서 그 규범성이 사실명제의 뒤에 잠재되어 왔을 뿐이다.

(8) 어느 법규범이 관습헌법으로 인정된다면 그 개정가능성을 가지게 된다. 관습헌법도 헌법의 일부로서 성문헌법의 경우와 동일한 효력을 가지기 때문에 그 법규범은 최소한 헌법 제130조에 의거한 헌법개정의 방법에 의하여만 개정될 수 있다. 따라서 재적의원 3분의 2 이상의 찬성에 의한 국회의 의결을 얻은 다음(헌법 제130조 제 1 항) 국민투표에 붙여 국회의원 선거권자 과반수의 투표와 투표자 과반수의 찬성을 얻어야 한다(헌법 제130조 제 3 항). 다만 이 경우 관습헌법규범은 헌법전에 그에 상반하는 법규범을 첨가함에 의하여 폐지하게 되는 점에서, 헌법전으로부터 관계되는 헌법조항을 삭제함으로써 폐지되는 성문헌법규범과는 구분된다. 한편 이러한 형식적인 헌법개정 외에도, 관습헌법은 그것을 지탱하고 있는 국민적 합의성을 상실함에 의하여 법적 효력을 상실할 수 있다. 관습헌법은 주권자인 국민에 의하여 유효한 헌법규범으로 인정되는 동안에만 존속하는 것이며, 관습법의 존속요건의 하나인 국민적 합의성이 소멸되면 관습헌법으로서의 법적 효력도 상실하게 된다. 관습헌법의 요건들은 그 성립의 요건일 뿐만 아니라 효력 유지의 요건이다.

(9) 우리나라와 같은 성문의 경성헌법 체제에서 인정되는 관습헌법사항은 하위규범형식인 법률에 의하여 개정될 수 없다. 영국과 같이 불문의 연성헌법 체제에서는 법률에 대하여 우위를 가지는 헌법전이라는 규범형식이 존재하지 아니하므로 헌법사항의 개정은 일반적으로 법률개정의 방법에 의할 수밖에 없을 것이다. 그러나 우리 헌법의 경우 헌법 제10장 제128조 내지 제130조는 일반법률의 개정절차와는 다른 엄격한 헌법개정절차를 정하고 있으며, 동 헌법개정절차의 대상을 단지 '헌법'이라고만 하고 있다. 따라서 관습헌법도 헌법에 해당하는 이상 여기서 말하는 헌법개정의 대상인 헌법에 포함된다고 보아야 한다. 이와 같이 헌법의 개정절차와 법률의 개정절차를 준별하고 헌법의 개정절차를 엄격히 한 우리 헌법의 체제 내에서 만약 관습헌법을 법률에 의하여 개정할 수 있다고 한다면 이는 관습헌법을 더 이상 '헌법'으로 인정한 것이 아니고 단지 관습 '법률'로 인정하는 것이며, 결국 관습헌법의 존재를 부정하는 것이 된다. 이러한 결과는 성문헌법체제하에서도 관습헌법을 인정하는 대전제와 논리적으로 모순된 것이므로 우리 헌법체제상 수용될 수 없다.

(10) 우리나라의 수도가 서울이라는 점에 대한 관습헌법을 폐지하기 위해서는 헌법이 정한 절차에 따른 헌법개정이 이루어져야 한다. 이 경우 성문의 조항과 다른 것은 성문의 수도조항이 존재한다면 이를 삭제하는 내용의 개정이 필요하겠지만 관습헌법은 이에 반하는 내용의 새로운 수도설정조항을 헌법에 넣는 것만으로 그 폐지가 이루어지는 점에 있다. 다만 헌법규범으로 정립된 관습이라고 하더라도 세월의 흐름과 헌법적 상황의 변화에 따라 이에 대한 침범이 발생하고 나아가 그 위반이 일반화되어 그 법적 효력에 대한 국민적 합의가 상실되기에 이른 경우에는 관습헌법은 자연히 사멸하게 된다. 이와 같은 사멸을 인정하기 위하여서는 국민에 대한 종합적 의사의 확인으로서 국민투표 등 모두가 신뢰할 수 있는 방법이 고려될 여지도 있을 것이다. 그러나 이 사건의 경우에 이러한 사멸의 사정은 확인되지 않는다. 따라서 우리나라의 수도가 서울인 것은 우리 헌법상 관습헌법으로 정립된 사항이며 여기에는 아무런

사정의 변화도 없다고 할 것이므로 이를 폐지하기 위해서는 반드시 헌법개정의 절차에 의하여야 한다.

(11) 서울이 우리나라의 수도인 점은 불문의 관습헌법이므로 헌법개정절차에 의하여 새로운 수도 설정의 헌법조항을 신설함으로써 실효되지 아니하는 한 헌법으로서의 효력을 가진다. 따라서 헌법개정의 절차를 거치지 아니한 채 수도를 충청권의 일부지역으로 이전하는 것을 내용으로 한 이 사건 법률을 제정하는 것은 헌법개정사항을 헌법보다 하위의 일반 법률에 의하여 개정하는 것이 된다. 한편 헌법 제130조에 의하면 헌법의 개정은 반드시 국민투표를 거쳐야만 하므로 국민은 헌법개정에 관하여 찬반투표를 통하여 그 의견을 표명할 권리를 가진다. 그런데 이 사건 법률은 헌법개정사항인 수도의 이전을 헌법개정의 절차를 밟지 아니하고 단지 단순법률의 형태로 실현시킨 것으로서 결국 헌법 제130조에 따라 헌법개정에 있어서 국민이 가지는 참정권적 기본권인 국민투표권의 행사를 배제한 것이므로 동 권리를 침해하여 헌법에 위반된다.

[재판관 김영일의 별개의견]

가. 수도이전에 관한 의사결정은 헌법 제72조 국민투표의 대상이다.

(1) 수도의 위치는 국가존재의 의미에 영향을 미치는 것이어서 국가안위에 관한 문제이고, 통일과정 및 통일의 전후에 있어 중요한 의미를 가지기 때문에 통일에 관한 문제이며, 국가방위전략에 중요한 고려요소가 되기 때문에 국방에 관한 문제이므로, 수도이전에 관한 의사결정은 헌법 제72조가 정한 '국방·통일 기타 국가안위에 관한 정책'에 해당한다.

(2) 수도이전문제는 대의기관의 의사를 통하여 추정되는 국민의사와 별도로 현실적인 국민의사를 확인할 필요가 있을 만큼 충분한 가치가 있는 것이므로, 수도이전에 관한 의사결정은 헌법 제72조가 정한 '중요정책'에 해당한다.

(3) 따라서 수도이전에 관한 의사결정은 헌법 제72조가 정한 '외교·국방·통일 기타 국가안위에 관한 중요정책'에 해당하여 국민투표의 대상이 된다.

나. 대통령의 국민투표부의행위는 자유재량행위이지만, 수도이전에 관한 의사결정을 국민투표에 붙이지 아니하는 것은 재량권을 일탈·남용한 것으로서 재량권이 부여된 근거되는 법규범인 헌법 제72조에 위반된다.

(1) 법치주의의 원리는 어떠한 공권력작용이라도 법으로부터 자유로울 수 없음을 요구하므로 대통령의 국민투표부의행위가 자유재량행위라 하더라도 법으로부터 자유로울 수 없는바, 재량권의 일탈·남용이 있는 재량권 행사는 그 재량권을 부여한 근거되는 법규범에 위반되며, 이와 같은 법리는 행정법 분야뿐만 아니라 공권력작용 일반에 대하여 적용된다.

(2) 헌법 제72조는 단순히 국민투표부의에 관한 대통령의 권한만을 규정한 조문이 아니라 국민의 국민투표권을 아울러 규정하여 우리 헌법상 통치구조의 제도적 근간을 규정한 조문이라고 이해되고, 우리 헌법은 대의제를 원칙으로 하면서도 국민투표의 대상이 되는 정책에 관하여는 직접민주제의 요소를 채택하였다고 할 것이므로, 이러한 정책에 관하여 대의기관은 국민들의 현실의사에 기속된다. 따라서 국민이 대의기관에 의한 정책결정을 하지 아니하고 직접 국민투표로 결정하려는 의사를 가지고 있다고 볼 상당한 이유가 있는 경우 대의기관이 이러한 의사를 무시하고 스스로 결정을 하거나, 대의기관의 의사가 국민의 현실의사와 다르다고 볼 상당한 이유가 있는 경우 대의기관이 국민의 현실의사로 추정되는 것을 무시하고 반대되는 결정을 한다면, 헌법 제72조의 입법정신과 입법목적에 반하여 재량권을 일탈·남용한 것이 된다. 그런데 우리 국민은 수도이전에 관한 의사결정을 대통령이나 국회와 같은 대의기

관에 위임하지 아니하고 직접 결정하겠다는 의사를 가지고 있다고 볼 상당한 이유가 있고 신행정수도로 이전하는 것에 반대하는 의사를 가지고 있다고 볼 상당한 이유가 있다. 그러므로 이를 국민투표에 붙이지 아니하는 것은 재량권을 일탈·남용하는 것이다.

(3) 수도이전에 관한 의사결정을 국민투표에 붙이지 아니하는 것은 합리성을 결하였음이 객관적으로 명백하여 자의금지원칙에 반하고, 또 국민들은 수도이전문제를 국민투표에 붙이리라는 신뢰와 대의기관이 국민들의 의사에 반하여 행동하지는 않으리라는 신뢰를 가지고 있음을 추인할 수 있어 신뢰보호원칙에도 반하므로, 이를 국민투표에 붙이지 아니하는 것은 재량권을 일탈·남용하는 것이다.

다. 그리하여 대통령이 재량권을 적법하게 행사한다면 수도이전에 관한 의사결정을 국민투표에 붙이는 선택 외에는 다른 선택을 할 수 없고, 따라서 대통령은 이를 국민투표에 붙일 의무가 있으며, 이에 따라 국민은 이를 국민투표에 붙이도록 요구할 권리가 있고 대통령이 현실적으로 부의하기 전이라도 이에 관한 구체적 국민투표권을 가진다.

라. 이 사건 법률은 수도이전에 관한 국가의사를 결정함에 있어 국민투표를 확정적으로 배제하는 내용이고, 또한 대통령의 법률안제출행위에 있는 헌법 제72조를 위반한 흠이 그 자체로 법률제정의 흠이라고 평가되거나 적어도 국회의 법률안의결행위에 승계되어 법률제정에 흠이 있게 되어, 국민의 한사람들인 청구인들은 이 사건 법률의 제정·시행으로 헌법 제72조의 국민투표권을 침해당하였다.

마. 다수의견과 같이 수도의 위치가 관습헌법규범이라는 입장에 서더라도, 청구인들은 이 경우 헌법 제130조의 국민투표권뿐만 아니라 헌법 제130조의 국민투표가 실시됨을 해제조건으로 하는 헌법 제72조의 국민투표권과 헌법 제130조의 국민투표권과 선택적 권리인 헌법 제72조의 국민투표권을 가지고 있는데, 이 사건 법률은 이 모두를 배제한 것으로 각 국민투표권 모두를 침해한 법률이 된다.

바. 국민의 법적 확신이 변화·소멸되었음이 확인되지 않는다는 이유로 헌법개정절차에 의하여야 한다는 다수의견의 논리에 의문이 있고, 다수의견에 따른 헌법재판소의 이 사건 결정으로 수도위치에 관한 규범의 형태가 관습헌법규범에서 성문헌법규범으로 변경되는 결과가 된다면 규범의 존재양식을 선택하는 헌법개정권력의 권한을 헌법재판소가 실질적으로 행사하는 것이 되며, 헌법규범이 아닌 사항에 관하여 국민투표권이 침해되는 상황이 발생할 경우 다수의견은 어떠한 방법으로 국민의 기본권을 보장할 것인지 분명하지 아니하고, 관습헌법이라고 단정하기 어려운 면이 있는 수도문제에 관하여 현행헌법의 틀 내에서 위헌적 상황을 교정할 방법이 있는데도 다수의견은 헌법개정의 방법을 전제로 하는 무리한 길을 택하는 것이 아닌가 한다.

사. 이 사건 법률이 청구인들의 국민투표권을 제한한 것에는 정당한 사유가 없다.

[재판관 전효숙의 반대의견]

가. 다수의견의 논지는 우리 헌법의 해석상 받아들일 수 없다.

(1) 역사적으로 수도의 소재지는 국가 정체성에 관한 중요한 사항이었으나, 자유민주주의와 입헌주의를 주된 가치로 하는 우리 헌법은, 국가권력의 통제와 합리화를 통하여 국민의 자유와 권리를 최대한 실현하려는 것이 그 목적이며, 수도의 소재지가 어디냐는 그 목적을 위한 "도구"에 불과하다. 그러므로 헌법상 수도의 위치가 반드시 헌법제정권자나 헌법개정권자가 직접 결정해야 할 사항이라 할 수 없다.

(2) 서울이 수도라는 사실이 오랫동안 우리 민족에게 자명하게 인식되어 온 관행에 속한다

하더라도, 우리 국민이 그것을 강제력 있는 법규범으로 확신하고 있었다고 인정하기 어렵다. 수도이전 문제는 이 사건 심판청구 무렵에야 우리 사회의 주된 쟁점이 되었고, 여야 국회의원들은 수도이전 사안이 국민의 헌법적 확신을 지니는 헌법사항이라든가, 헌법개정절차를 통하여야 하므로 입법권의 대상이 될 수 없다든가 하는 점에 관한 인식을 전혀 드러내지 않았다. 결국 "서울이 수도"라는 관행적 "사실"에서 관습헌법이라는 "당위규범"이 인정될 수 없다.

(3) 성문헌법을 지닌 법체제에서, 관습헌법을 성문헌법과 "동일한" 혹은 "특정 성문헌법 조항을 무력화시킬 수 있는" 효력을 가진 것으로 볼 수 없다. 성문의 헌법전은 헌법제정권자인 국민들이 직접 "명시적" 의사표시로써 제정한 최고법규범으로서 모든 국가권력을 기속하는 강한 힘을 보유하는 것이며, 그 내용의 개정은 엄격한 절차를 거치도록 하고 있는데, 그러한 성문헌법의 강한 힘은 국민주권의 명시적 의사가 특정한 헌법제정절차를 거쳐서 수렴되었다는 점에서 가능한 것이다. 관습만으로는 헌법을 특징화하는 그러한 우세한 힘을 보유할 수 없다. 관습헌법은 성문헌법으로부터 동떨어져 성립하거나 존속할 수 없고 항상 성문헌법의 여러 원리와 조화를 이룸으로써만 성립하고 존속하는 "보완적 효력"만을 지닌다. 이러한 법리는 관습헌법의 내용이 "중요한 헌법사항"이라 하더라도 동일하다.

(4) 관습헌법이란 실질적 의미의 헌법사항이 관습으로 규율되고 있다는 것을 뜻할 뿐이며, 관습헌법이라고 해서 성문헌법과 똑같은 효력이 인정된다고 볼 근거가 없다. 또한 헌법의 개정은 "형식적 의미"의 헌법, 즉 성문헌법과 관련된 개념이므로, 관습헌법의 변경은 헌법의 개정에 속하지 않으며 헌법이 마련한 대의민주주의 절차인 법률의 제정, 개정을 통하여 다루어질 수 있다.

(5) "서울이 수도"라는 관습헌법의 변경은 헌법개정에 의해야 한다면, 이는 관습헌법에 대하여 헌법이 부여한 국회의 입법권보다 우월적인 힘을 인정하는 것이 된다. 수도이전과 같은 헌법관습의 변경의 경우에도, 별도로 이를 제한하는 헌법규정이 없으므로, 국회의 입법으로 가능하다. 이 사건 법률은 국회의원들의 압도적 다수로 통과되었는데, 그러한 입법이 국민의 민의를 제대로 반영하지 못하였다는, 혹은 민의를 배신하였다는 정치적 비난을 받을 수 있는 것은 별도로 하고, 헌법적 측면에서 그것이 "국회의원들의 권한이 아니다"고 단정할 수 없는 것이다.

(6) 이러한 이유에서 이 사건 법률이 헌법 제130조 제 2 항의 국민투표권을 침해할 가능성은 없다.

나. 한편 별개의견은 이 사건 법률이 헌법 제72조의 국민투표권을 침해하였다고 하나, 헌법 제72조는 대통령에게 '국가안위에 관한 중요정책'의 국민투표를 실시할 것인지 여부에 관하여 재량을 주고 있는데, 사안의 중대성에 따라 그 재량이 달라진다고 해석할 수 없다. 또한 그러한 재량은 헌법이 직접 부여한 것이므로, 행정법상의 재량권의 일탈·남용 법리는 적용될 수 없다. 따라서 이 사건에서 헌법 제72조의 국민투표권이 침해될 가능성은 없다.

다. 결국 청구인들의 국민투표권 침해 주장은 권리의 침해가능성 자체가 인정되지 않으므로 부적법하다. 청구인들의 다른 기본권 침해 주장 역시 기본권 침해의 자기관련성, 직접성 혹은 현재성 요건을 갖추지 못하였다. 이 사건은 기본권 침해를 구제하기 위한 헌법소원절차에서 헌법재판소가 본안판단을 하기에 부적법한 것이다.

2. 新行政首都 후속대책을 위한 연기·공주지역 行政中心複合都市 건설을 위한 특별법은 慣習憲法인 수도서울의 분할이 아니다[1)]

[법정의견]

재판관 윤영철(재판장) 김경일(주심) 송인준 주선회

이 사건 법률에 의하여 행정중심복합도시가 건설되고 그 곳으로 중앙행정기관들이 일부 이전하는 경우 서울의 수도로서의 기능이 해체되는지 여부를 살펴본다.

신행정수도사건 결정에 의하면 대한민국의 수도가 서울이라는 관습헌법은 헌법기관이나 그 하위 조직을 모두 서울에 두어야 한다는 엄격한 요구를 내용으로 하고 있지 않다. 따라서 서울에 국회와 대통령 등 상당수의 비중 있는 국가기관들이 계속 소재하고 국내 최대 도시로서의 서울이 가진 정치외적인 역량과 결합하여 서울이 여전히 정치·행정의 중추기능과 국가상징 기능을 수행하고 있다면 서울의 수도로서의 기능이 해체되는 것으로 볼 수 없을 것이다.

위와 같은 제반사정들을 종합해 보면 이 사건 법률에 의한 행정중심복합도시가 건설된다고 하더라도 서울은 대내적으로 국가통합의 계기를 이루는 국민정서상의 상징가치를 가지는 장소이면서 대외적으로 국가를 대표하는 곳으로서 국가의 상징기능을 여전히 수행할 수 있는 것으로 판단된다.

이와 같이 서울은 이 사건 법률에 의한 행정중심복합도시의 건설에도 불구하고 계속하여 정치·행정의 중추기능과 국가의 상징기능을 수행하는 장소로 인정할 수 있으므로 이 사건 법률에 의하여 수도로서의 기능이 해체된다고 볼 수 없다.

[재판관 전효숙, 재판관 이공현, 재판관 조대현의 별개의견]

우리는 청구인들의 심판청구가 모두 부적법하므로 각하되어야 한다는 다수의견의 결론과 그 이유 중 다음에서 설시하는 부분을 제외한 나머지 부분에는 동의한다.

다수의견은, 이 사건 법률이 신행정수도사건에서 판시한 관습헌법에 위반되어 헌법 제130조 제2항의 국민투표권을 침해할 가능성이 있다는 청구인들의 주장에 대하여, 이 사건 법률에도 불구하고 행정중심복합도시가 수도로서의 지위를 획득하지 않고, 서울의 수도로서의 기능 역시 해체되지 아니하므로 이 사건 법률은 관습헌법에 위반되지 않으며 그 개정을 시도하는 것으로 볼 수 없다는 이유로 청구인들의 주장을 배척하고 있다.

그러나 우리는, 이 사건 법률에 의해 행정중심복합도시가 수도로서의 지위를 획득하거나 서울의 수도로서의 기능이 해체되지 아니한다는 점을 수긍하지만 그에 앞서 서울이 수도라는 관습헌법이 존재한다고 인정할 수 없고, 설령 이를 인정하더라도 관습헌법을 변경하려면 반드시 성문헌법의 개정절차를 거쳐야 한다고 보지 아니한다. 그 이유에 관하여는 헌법재판소가 2004.10.21. 선고한 2004 헌마 554 신행정수도사건의 결정문 중 반대의견에 설시된 논거를 원용한다.

따라서 우리는 다수의견과 다른 이유로 청구인들의 주장을 받아들이지 않는 것이 타당하다고 생각한다.

[재판관 권 성, 재판관 김효종의 위헌의견]

우리는 이 사건 청구를 각하할 것이 아니라 본안판단에 들어가 이 사건 법률에 대하여 위헌을 선고하여야 한다고 생각한다.

---

1) 헌재 2005.11.24 선고, 2005 헌마 579·763(병합), 헌재판례집 제17권 2집, 481면 이하.

우선 이 사건 법률은 이미 위헌으로 선언된 신행정수도법의 대체 법률로서 양자 사이의 동일성 내지 유사성이 별 어려움 없이 쉽게 간취된다. 따라서 이 법률도 신행정수도법과 마찬가지로 국민의 정치적 기본권의 하나인 헌법개정에 관한 국민투표권을 침해할 가능성이 있다. 이 점은 적법요건의 심사단계에서도 벌써 드러난다. 기본권을 침해할 개연성의 존재는 최소한 두 개의 법률을 형식적으로 비교하는 것만으로도 충분히 인정되기 때문이다. 더구나 신행정수도법이 위헌의 선고를 받은 지 얼마 되지 아니하여 그것과 동일 내지 유사한 것으로 의심할만한 이 사건 법률이 다시 입법되었다는 것은 헌법의 준수, 헌법의 권위 그리고 헌법재판의 효력과 관련하여 중대한 문제를 일으킨다. 그러므로 헌법재판소로서는 이 법률이, 위에서 본 바와 같이 기본권을 침해할 최소한의 가능성을 내포하고 있는 이상, 이를 각하할 것이 아니라 본안의 심리에 들어가 본격적으로 그 위헌 여부를 해명하여야 한다. 그러므로 우리는 이 사건 소원을 각하해서는 안 된다고 생각한다.

수도의 분할은 비유컨대 머리와 몸통이 분리되어 따로 노는 것과 같은 사태를 자칫 유발할 우려가 있다. 이렇게 되면 수도가 갖는 정치나 행정의 중추적 기능을 결정적으로 약화, 마비, 훼손한다. 정치나 행정작용의 중추점이 모호하여지기 때문이다.

한편으로는 국가의 정통성을 유지하고 다른 한편으로는 분단된 국토의 통일을 실현하며 나아가 냉혹한 국제경쟁 속에서 국민의 분열을 막고 민족의 자유롭고 민주적인 생존을 유지하기 위하여는, 그 추진력의 지정학적 중심점이 되는 수도를 분열시켜 정치나 행정의 중추를 흔들어버리는 일은 있어서는 안 된다. 한 지역에서의 득실의 중요성보다도, 서울을 중심으로 하는 한강유역 일대가 한반도에서 차지하는 지정학적 무게의 중요성을 더욱 신중히 고려하여야만 한다. 이러한 고려를 한 뒤에도 여전히 수도를 분할하여야 할 당위성이 존재한다고 믿어 그러한 분할을 시도하는 것이라면 먼저 국민적 합의의 형성이 전제되어야 한다. 왜냐하면 이러한 분할은 국민의 합의가 그러한 방향으로 적법한 절차에 따라 형성될 때에만 허용되는 것이기 때문이다. 이 문제에 관하여 국민적 합의를 형성하는 적법한 절차라는 것이 바로 국민투표와 같은 헌법개정의 절차임은 말할 것도 없다.

그러므로 헌법개정절차에 따르지 아니하고 수도를 분할하는 이 사건 법률은 위헌인 것이고 이로 말미암아 국민투표를 통하여 헌법개정절차에 참여할 국민의 기본권이 침해되기에 이르는 것이다.

3. 戶主制度는 慣習憲法이 아니다[1)]

[다수의견]

헌법 전문은 "유구한 역사와 전통에 빛나는 우리 대한국민"을 강조하고 있으며, 헌법 제 9 조는 "국가는 전통문화의 계승·발전과 민족문화의 창달에 노력하여야 한다"고 규정하고 있다. 한편 헌법 제36조 제 1 항은 "혼인과 가족생활은 개인의 존엄과 양성의 평등을 기초로 성립되고 유지되어야 하며, 국가는 이를 보장한다"고 규정하고 있다. 여기서 헌법 제 9 조와 제36조 제 1 항 간의 관계를 어떻게 설정할 것인지, 어떻게 조화롭게 해석할 것인지 문제되는 바, 그 해답의 단초는 헌법 제36조 제 1 항의 특별한 입헌취지에 더하여 전통 내지 전통문화의 헌법적 의미를 조명하는 데에서 찾을 수 있다.

헌법 제36조 제 1 항의 연혁을 살펴보면, 제헌헌법 제20조에서 "혼인은 남녀동권(男女同權)

1) 헌재 2005. 2. 3 선고, 2001 헌가 9·10·11·12·13·14·15, 2004 헌가 5(병합), 민법 제781조 제 1 항 본문 후단부분 위헌제청 등, 헌재판례집 제17권 1집, 1면 이하.

을 기본으로 하며, 혼인의 순결과 가족의 건강은 국가의 특별한 보호를 받는다"고 규정한 것이 그 시초로서, 헌법제정 당시부터 평등원칙과 남녀평등을 일반적으로 천명하는 것(제헌헌법 제 8 조)에 덧붙여 특별히 혼인의 남녀동권을 헌법적 혼인질서의 기초로 선언한 것은 우리 사회 전래의 혼인·가족제도는 인간의 존엄과 남녀평등을 기초로 하는 혼인·가족제도라고 보기 어렵다는 판단 하에 근대적·시민적 입헌국가를 건설하려는 마당에 종래의 가부장적인 봉건적 혼인질서를 더 이상 용인하지 않겠다는 헌법적 결단의 표현으로 보아야 할 것이다. 이러한 헌법의 의지는 1980년 헌법에서 더욱 강화되었다. 양성평등 명령이 혼인관계뿐만 아니라 모든 가족생활로 확장되었고, 양성평등에 더하여 개인의 존엄까지 요구하였다. 여기에 현행 헌법은 국가의 보장의무를 덧붙임으로써 이제 양성평등과 개인의 존엄은 혼인과 가족제도에 관한 최고의 가치규범으로 확고히 자리잡았다.

한편, 헌법 전문과 헌법 제 9 조에서 말하는 '전통,' '전통문화'란 역사성과 시대성을 띤 개념으로 이해하여야 한다. 과거의 어느 일정 시점에서 역사적으로 존재하였다는 사실만으로 모두 헌법의 보호를 받는 전통이 되는 것은 아니다. 전통이란 과거와 현재를 다 포함하고 있는 문화적 개념이다. 만약 전통의 근거를 과거에만 두는 복고주의적 전통개념을 취한다면 시대적으로 특수한 정치적·사회적 이해관계를 전통이라는 이름하에 보편적인 문화양식으로 은폐·강요하는 부작용을 낳기 쉬우며, 현재의 사회구조에 걸맞는 규범 정립이나 미래지향적 사회발전을 가로막는 장애요소로 기능하기 쉽다. 헌법재판소는 이미 "헌법 제 9 조의 정신에 따라 우리가 진정으로 계승·발전시켜야 할 전통문화는 이 시대의 제반 사회·경제적 환경에 맞고 또 오늘날에 있어서도 보편타당한 전통윤리 내지 도덕관념이라 할 것이다"(헌재 1997. 7. 16 선고, 95 헌가 6 등, 헌재판례집 제 9 권 2집, 1, 19)고 하여 전통의 이러한 역사성과 시대성을 확인한 바 있다.

따라서 우리 헌법에서 말하는 '전통,' '전통문화'란 오늘날의 의미로 재해석된 것이 되지 않으면 안 된다. 그리고 오늘날의 의미를 포착함에 있어서는 헌법이념과 헌법의 가치질서가 가장 중요한 척도의 하나가 되어야 할 것임은 두말할 나위가 없고 여기에 인류의 보편가치, 정의와 인도의 정신 같은 것이 아울러 고려되어야 할 것이다. 따라서 가족제도에 관한 전통·전통문화란 적어도 그것이 가족제도에 관한 헌법이념인 개인의 존엄과 양성의 평등에 반하는 것이어서는 안 된다는 자명한 한계가 도출된다. 역사적 전승으로서 오늘의 헌법이념에 반하는 것은 헌법 전문에서 타파의 대상으로 선언한 '사회적 폐습'이 될 수 있을지언정 헌법 제 9 조가 '계승·발전'시키라고 한 전통문화에는 해당하지 않는다고 보는 것이 우리 헌법의 자유민주주의 원리, 전문, 제 9 조, 제36조 제 1 항을 아우르는 조화적 헌법해석이라 할 것이다.

결론적으로 전래의 어떤 가족제도가 헌법 제36조 제 1 항이 요구하는 개인의 존엄과 양성평등에 반한다면 헌법 제 9 조를 근거로 그 헌법적 정당성을 주장할 수는 없다.

[재판관 김영일, 재판관 권성의 반대의견]

다수의견은 호주제 자체가 헌법 제36조 제 1 항에 위반된다고 한 다음, 호주제의 핵심적 구성부분으로서 호주제가 지닌 위헌성을 고스란히 지니고 있는 민법 제778조, 제781조 제 1 항 본문 후단 및 제826조 제 3 항 본문도 모두 위헌이라고 한다.

그런데 우리는 호주제가 헌법에 위반된다는 다수의견에 대하여 반대하므로, 다음과 같은 반대의견을 밝히기로 한다.

가. 호주제의 의의와 호주의 지위

호주제란 호주를 중심으로 가(家)를 구성하고, 이러한 가를 원칙적으로 직계비속남자에게 승계시키는 제도이다. 이러한 호주제는 부계혈통주의(父系血統主義)에 입각한 가의 구성 및 가통의 계승을 위한 제도라는 점에서 그 의의를 찾을 수 있을 것이다.

헌법 제36조 제 1 항은 "혼인과 가족생활은 개인의 존엄과 양성의 평등을 기초로 성립되고 유지되어야 하며, 국가는 이를 보장한다"라고 규정함으로써 민주적인 혼인제도와 가족제도를 헌법적 차원에서 보장하고 있다.

그러나 혼인과 가족생활은 인류의 역사와 더불어 전통과 관습의 모습으로 존재하면서 오늘에까지 이어져 온 것이므로, 혼인과 가족관계를 규율하는 가족법은 전통성·보수성·윤리성을 강하게 가질 수밖에 없다. 따라서 혼인과 가족관계에 관한 헌법규정을 해석함에 있어서도 가족법의 전통적 성격을 고려하지 않을 수 없고, 이를 도외시한 헌법해석은 규범과 현실의 괴리를 심화시켜 헌법생활의 혼란을 초래할 우려가 크다고 할 것이다.

그렇다면 헌법 제36조 제 1 항이 보장하고 있는 혼인과 가족생활에 대한 제도적 보장도 혼인과 가족생활의 민족문화적 전통성 때문에 당연히 이에 바탕을 둔 혼인제도와 가족제도의 보장을 뜻한다고 보아야 한다.

더욱이 헌법 제 9 조는 "국가는 전통문화의 계승·발전과 민족문화의 창달에 노력하여야 한다"라고 하여 국가의 전통문화의 계승·발전 의무를 명문으로 규정하고 있는 터이므로, 현재의 혼인제도 및 가족제도가 전통문화의 근간을 이룬다고 할 수 있는 우리 고유의 혼인제도와 가족제도를 그대로 답습해야 하는 것은 물론 아니라 하더라도, 그로부터 완전히 유리된 형태의 것이 되어서는 안 될 것이다.

이와 같은 이유로 혼인과 가족생활에 관한 헌법 또는 가족법의 규정을 해석·판단함에 있어서는 그 성격상 긴장관계에 있는 양성평등의 요청과 전통존중의 요청을 함께 충족시킬 수 있는 조화로운 방안을 모색하여야 할 것이나, 오늘의 시점에서 우리의 혼인과 가족생활에서 요구되는 평등의 내용이 구체적으로 어떠한 것이어야 하는지를 규명하는 것은 결코 쉬운 일이 아니다.

평등사상이 역사적으로 다양한 변천과정을 거쳐오면서 약자에 대한 억압과 소외를 해소하는 데 결정적인 기여를 해 온 것은 부인할 수 없다.

그러나 현대의 사회는 기존의 전통과 질서, 권위가 부정되고 해체되어 가는 경향을 띰으로써 '해체의 시대'로 특징지어지기도 하는바, 평등의 이념이 전통부정과 질서해체의 논리로 남용될 가능성도 경계하지 않을 수 없다. 특히 가족법의 영역에서 도식적인 평등의 잣대로 우리의 전통문화를 함부로 재단함으로써 전통가족문화가 송두리째 부정되고 해체되는 결과를 초래해서는 안 될 것이다.

헌법 제36조 제 1 항은 "혼인과 가족생활은 개인의 존엄과 양성의 평등을 기초로 성립되고 유지되어야 하며, 국가는 이를 보장한다"고 규정하고 있다. 이 조항은 혼인과 가족생활은 개인의 존엄과 양성의 평등을 기초로 성립되고 유지되어야 한다는 내용과 국가는 혼인과 가족생활을 보장하여야 한다는 내용을 아우르고 있다. 논리적으로 보자면, 국가가 혼인과 가족생활의 존재를 보장하여야 한다는 일차적인 당위명제와 나아가 이를 토대로 그 구체적 내용이 개인의 존엄과 양성의 평등을 기초로 형성되어야 한다는 이차적인 당위명제를 함께 담고 있다고 봄이 상당하다. 다른 한편 헌법은 제 9 조에서 "국가는 전통문화의 계승·발전과 민족문화의 창달에 노력하여야 한다"고 규정하여 만일 가족제도에 담겨 있는 내용이 전통문화 또는 민족문화에 맞닿아 있다면, 이것 역시 헌법적인 보호의 대상이 될 수 있고, 경우에 따라서는 헌법 제36조 제 1 항이 정한 헌법적 가치, 즉 혼인과 가족생활에서의 개인의 존엄과 양성의 평등이라는 가치와 상충되어 이를 해결하기 위한 헌법적 해석이 요구될 수 있다. 그런데 여기서 간과해서는 아니 될 것은, 헌법 제36조 제 1 항은 일차적으로 어떤 경우에도 혼인과 가족생활 자체는 보장하겠다는 것을 분명히 하고 있으므로, 혼인제도와 가족제도의 존재 그 자체는 서로 상이한 가치관의 대립에도 불구하고 유지되어야 한다는 것이 헌법제정권력자의 가치적 결단이라는 점이다.

그러면 가족제도를 보장하는 헌법 제36조 제 1 항의 헌법적 의미를 어떻게 이해하여야 하는 것인가?

우선 헌법 제36조 제 1 항은 전래된 가족제도를 입법자의 자유로운 처분으로부터 보호하기 위하여 가족제도에 대한 제도보장을 규정한 것으로 보아야 한다(헌재 2002. 8. 29. 2001 헌바 82, 헌재판례집 14-2, 180 참조).

제도보장은 객관적 제도를 헌법에 규정하여 당해 제도의 본질을 유지하려는 것으로서 헌법제정권력자가 특히 중요하고도 가치가 있다고 인정되고 헌법적으로도 보장할 필요가 있다고 생각하는 제도를 헌법에 규정함으로써 장래의 법 발전, 법 형성의 방침과 범주를 미리 규율하려는 데 그 목적이 있다. 이러한 제도보장은 주관적 권리가 아닌 객관적 범규범이라는 점에서 기본권과 구별되기는 하지만 헌법에 의하여 일정한 제도가 보장되면 입법자는 그 제도를 설정하고 유지할 입법의무를 지게 될 뿐만 아니라 헌법에 규정되어 있기 때문에 법률로써 이를 폐지할 수 없고, 비록 내용을 제한하더라도 그 본질적 내용을 침해할 수 없다(헌재 1997. 4. 24. 95 헌바 48, 헌재판례집 9-1, 444, 445 참조).

따라서 입법자는 헌법적으로 보호되는 가족제도를 법률로써 구체적으로 형성할 수 있지만, 이러한 입법적 형성은 가족제도 자체를 폐지할 수 없음은 물론이고 그 본질적 내용을 침해할 수 없다는 한계 내에서 이루어져야 한다. 그리고 제도보장의 대상인 가족제도는 그 존재 자체 또는 본질적 내용을 보장하기 위하여 필요한 범위 내에서는 일정 부분 국민의 기본권 제한을 정당화하는 사유가 될 수 있고, 그 범위 내에서 입법자는 가족제도 존치의 정당성에 대한 논증책임에서 해방될 수 있다고 보아야 한다.

[재판관 김영일의 위 반대의견에 대한 별개의견]

나는 민법 제781조 제 1 항 본문 후단이 규정하고 있는 자의 부가입적 원칙이 그 자체로서 위헌이라고는 보지 아니하나, 민법 제781조 제 1 항 본문 후단은 그 원칙에 대한 예외의 설정과 관련하여 다음과 같은 이유로 위헌이라고 생각하므로, 별개의견을 밝히기로 한다.

처의 부가입적 원칙에 대하여는 혼인의 취소 또는 이혼이나 부의 사망의 경우에 친가복적, 친가부흥, 일가창립 등으로 부의 가적에서 이탈할 수 있는 길이 열려 있다(민법 제787조). 그런데 자의 부가입적 원칙에 대하여는 부가 외국인인 때(민법 제781조 제 1 항 단서), 부를 알 수 없을 때(동조 제 2 항), 입부혼의 경우(민법 제826조 제 4 항) 등 모가에 입적할 수 있는 예외적 규정을 두고 있기는 하나, 이는 모두 부가로의 입적이 불가능한 경우로 한정되어 그 범위가 너무 좁다는 점에서, 다수의견이 지적하는 바와 같이, 다음과 같은 문제가 있다.

우선 부모가 이혼한 경우에는 모가 자녀를 양육하는 경우가 훨씬 더 많은 실정에서 현실적으로 모가 자녀의 양육자로 지정되어 생활공동체를 형성하더라도, 자녀는 민법 제781조 제 1 항 본문 후단에 따라 여전히 부의 호적에 남아 있게 된다. 즉, 이러한 경우 당사자인 자녀가 아무리 부가를 떠나 모가에의 입적을 원하더라도 그 자녀는 여전히 부가에 소속되고 그 부가 자녀들의 호주가 되며, 반면 모는 주민등록상의 동거인에 불과하게 된다.

또한 미혼모가 자녀를 출산한 경우 부가 인지하지 않으면 '부를 알 수 없는 자'로서 모가에 입적하지만(민법 제781조 제 2 항), 생부가 인지하면 모나 자녀의 의사에 상관없이 부의 호적에 입적된다. 생부가 모와 혼인할 의사가 없고, 자녀를 양육할 의사가 없는 경우에도 그러하다.

위와 같은 경우는 자의 입적과 관련하여 현실에 맞지 않고 불합리하게 자의 의사를 지나치게 제한하고 모를 실질적으로 차별하는 것으로서 개인의 존엄 및 평등의 원칙에 반하는 것으로서 위헌이라고 하지 않을 수 없는바, 이러한 문제는 모두 자의 부가입적 원칙에 대한 예외가 협소하게 설정되어 있는 데 따른 것으로서, 이 경우 위헌의 책임은 자의 부가입적 원칙을 정하고 있는 민법 제781조 제 1 항 본문 후단에서 찾을 수밖에 없을 것이다.

한편, 부가 처의 혈족이 아닌 직계비속을 입적함에는 처의 동의라는 제한이 없는 데(민법 제781조 제 1 항 본문 후단 또는 제782조 제 1 항) 비하여, 인수입적에 관하여 규정하고 있는 민법 제784조는 처가 부의 혈족이 아닌 직계비속을 가에 입적시키려면 부의 동의가 있어야 하며, 이 경우에 그 직계비속이 타가의 가족인 때에는 그 호주의 동의를 얻도록 규정하고 있다. 위 조항 또한 호주제와 관련하여 여성을 실질적으로 차별하는 조항으로 지적되고 있으나, 이 사건 심판대상과 직접 관련이 있는 것으로 보기는 어렵다.

결론적으로, 나는 이 사건 심판대상 중 민법 제778조, 제826조 제 3 항 본문은 헌법에 위반되지 아니한다고 보나, 다만, 자의 부가입적 원칙을 규정하고 있는 제781조 제 1 항 본문 후단은 그 원칙 자체가 위헌은 아니나 원칙에 대한 예외의 협소한 설정으로 개인의 존엄 및 평등의 원칙에 반하는 결과가 되어 헌법에 위반된다고 보는 것이다.

[재판관 김효종의 반대의견]

나는 이 사건 각 심판대상조항 중 민법 제781조 제 1 항 본문 후단, 제826조 제 3 항 본문에 관하여는 위헌이라는 다수의견과 견해를 같이 하지만 민법 제778조에 관하여는 다수의견과 견해를 달리 하므로 아래와 같이 반대의견을 밝힌다.

헌법 제36조 제 1 항은 "혼인과 가족생활은 개인의 존엄과 양성의 평등을 기초로 성립되고 유지되어야 하며, 국가는 이를 보장한다"고 규정하고 있다. 이 조항은 혼인과 가족생활은 개인의 존엄과 양성의 평등을 기초로 성립되고 유지되어야 한다는 내용과 국가는 혼인과 가족생활을 보장하여야 한다는 내용을 아우르고 있다. 논리적으로 보자면, 국가가 혼인과 가족생활의 존재를 보장하여야 한다는 일차적인 당위명제와 나아가 이를 토대로 그 구체적 내용이 개인의 존엄과 양성의 평등을 기초로 형성되어야 한다는 이차적인 당위명제를 함께 담고 있다고 봄이 상당하다. 다른 한편 헌법은 제 9 조에서 "국가는 전통문화의 계승·발전과 민족문화의 창달에 노력하여야 한다"고 규정하여 만일 가족제도에 담겨 있는 내용이 전통문화 또는 민족문화에 맞닿아 있다면, 이것 역시 헌법적인 보호의 대상이 될 수 있고, 경우에 따라서는 헌법 제36조 제 1 항이 정한 헌법적 가치, 즉 혼인과 가족생활에서의 개인의 존엄과 양성의 평등이라는 가치와 상충되어 이를 해결하기 위한 헌법적 해석이 요구될 수 있다. 그런데 여기서 간과해서는 아니 될 것은, 헌법 제36조 제 1 항은 일차적으로 어떤 경우에도 혼인과 가족생활 자체는 보장하겠다는 것을 분명히 하고 있으므로, 혼인제도와 가족제도의 존재 그 자체는 서로 상이한 가치관의 대립에도 불구하고 유지되어야 한다는 것이 헌법제정권력자의 가치적 결단이라는 점이다.

그러면 가족제도를 보장하는 헌법 제36조 제 1 항의 헌법적 의미를 어떻게 이해하여야 하는 것인가?

우선 헌법 제36조 제 1 항은 전래된 가족제도를 입법자의 자유로운 처분으로부터 보호하기 위하여 가족제도에 대한 제도보장을 규정한 것으로 보아야 한다(헌재 2002. 8. 29. 2001 헌바 82, 헌재판례집 14-2, 180 참조).

제도보장은 객관적 제도를 헌법에 규정하여 당해 제도의 본질을 유지하려는 것으로서 헌법제정권력자가 특히 중요하고도 가치가 있다고 인정되고 헌법적으로도 보장할 필요가 있다고 생각하는 제도를 헌법에 규정함으로써 장래의 법발전, 법형성의 방침과 범주를 미리 규율하려는 데 그 목적이 있다. 이러한 제도보장은 주관적 권리가 아닌 객관적 범규범이라는 점에서 기본권과 구별되기는 하지만 헌법에 의하여 일정한 제도가 보장되면 입법자는 그 제도를 설정하고 유지할 입법의무를 지게 될 뿐만 아니라 헌법에 규정되어 있기 때문에 법률로써 이를 폐지할 수 없고, 비록 내용을 제한하더라도 그 본질적 내용을 침해할 수 없다(헌재 1997. 4. 24. 95 헌바 48, 헌재판례집 9-1, 444, 445 참조).

따라서 입법자는 헌법적으로 보호되는 가족제도를 법률로써 구체적으로 형성할 수 있지만, 이러한 입법적 형성은 가족제도 자체를 폐지할 수 없음은 물론이고 그 본질적 내용을 침해할 수 없다는 한계 내에서 이루어져야 한다. 그리고 제도보장의 대상인 가족제도는 그 존재 자체 또는 본질적 내용을 보장하기 위하여 필요한 범위 내에서는 일정 부분 국민의 기본권 제한을 정당화하는 사유가 될 수 있고, 그 범위 내에서 입법자는 가족제도 존치의 정당성에 대한 논증책임에서 해방될 수 있다고 보아야 한다.

4. 國家賠償法 제 2 조 제 1 항 등은 違憲이 아니다[1)]

[다수의견]

가. 헌법 제29조 제 2 항에 대한 부분

(1) 이 사건 심판청구는 헌법 제29조 제 2 항을 그 대상의 일부로 하고 있으므로, 우선적으로 헌법의 개별조항이 헌법재판소법 제68조 제 2 항에 의한 헌법소원심판의 대상이 되는지 여부가 문제된다.

(2) 헌법 제111조 제 1 항 제 1 호 및 헌법재판소법 제41조 제 1 항은 위헌법률심판의 대상에 관하여, 헌법 제111조 제 1 항 제 5 호 및 헌법재판소법 제68조 제 2 항, 제41조 제 1 항은 헌법소원심판의 대상에 관하여 그것이 법률임을 명문으로 규정하고 있으며, 여기서 위헌심사의 대상이 되는 법률이 국회의 의결을 거친 이른바 형식적 의미의 법률을 의미하는 것에는 아무런 의문이 있을 수 없다. 따라서 형식적 의미의 법률과 동일한 효력을 갖는 조약 등은 포함된다고 볼 것이지만 헌법의 개별규정 자체는 그 대상이 아님이 명백하다.

(3) 그럼에도 불구하고, 이른바 헌법제정권력과 헌법개정권력을 준별하고, 헌법의 개별규정 상호간의 효력의 차이를 인정하는 전제하에서 헌법제정규범에 위반한 헌법개정에 의한 규정, 상위의 헌법규정에 위배되는 하위의 헌법규정은 위헌으로 위헌심사의 대상이 된다거나, 혹은 헌법규정도 입법작용이라는 공권력 행사의 결과이므로 헌법재판소법 제68조 제 1 항에 의한 헌법소원의 대상이 된다는 견해가 있을 수는 있다.

(4) 그러나, 우리나라의 헌법은 제헌헌법이 초대국회에 의하여 제정된 반면 그 후의 제 5 차, 제 7 차, 제 8 차 및 현행의 제 9 차 헌법 개정에 있어서는 국민투표를 거친 바 있고, 그간 각 헌법의 개정절차조항 자체가 여러 번 개정된 적이 있으며, 형식적으로도 부분개정이 아니라 전문까지를 포함한 전면개정이 이루어졌던 점과 우리의 현행 헌법이 독일기본법 제79조 제 3 항과 같은 헌법개정의 한계에 관한 규정을 두고 있지 아니하고, 독일기본법 제79조 제 1 항 제 1 문과 같이 헌법의 개정을 법률의 형식으로 하도록 규정하고 있지도 아니한 점 등을 감안할 때, 우리 헌법의 각 개별규정 가운데 무엇이 헌법제정규정이고 무엇이 헌법개정규정인지를 구분하는 것이 가능하지 아니할 뿐 아니라, 각 개별규정에 그 효력상의 차이를 인정하여야 할 형식적인 이유를 찾을 수 없다. 이러한 점과 앞에서 검토한 현행 헌법 및 헌법재

1) 헌재 1995. 12. 28 선고, 95 헌바 3, 헌재판례집 제 7 권 2 집, 841면 이하.

판소법의 명문의 규정취지에 비추어, 헌법제정권과 헌법개정권의 구별론이나 헌법개정한계론은 그 자체로서의 이론적 타당성 여부와 상관없이 우리 헌법재판소가 헌법의 개별규정에 대하여 위헌심사를 할 수 있다는 논거로 원용될 수 있는 것이 아니다.

또한 국민투표에 의하여 확정된 현행 헌법의 성립과정과 헌법 제130조 제 2 항이 헌법의 개정을 국민투표에 의하여 확정하도록 하고 있음에 비추어, 헌법은 그 전체로서 주권자인 국민의 결단 내지 국민적 합의의 결과라고 보아야 할 것으로, 헌법의 규정을 헌법재판소법 제68조 제 1 항 소정의 공권력 행사의 결과라고 볼 수도 없다.

(5) 물론 헌법은 전문과 단순한 개별조항의 상호관련성이 없는 집합에 지나지 않는 것이 아니고 하나의 통일된 가치체계를 이루고 있는 것이므로, 헌법의 전문과 각 개별규정은 서로 밀접한 관련을 맺고 있고, 따라서 헌법의 제규정 가운데는 헌법의 근본가치를 보다 추상적으로 선언한 것도 있고, 이를 보다 구체적으로 표현한 것도 있어서 이념적·논리적으로는 규범 상호간의 우열을 인정할 수 있는 것이 사실이다. 그러나, 그렇다 하더라도, 이때에 인정되는 규범 상호간의 우열은 추상적 가치규범의 구체화에 따른 것으로 헌법의 통일적 해석에 있어서는 유용할 것이지만, 그것이 헌법의 어느 특정규정이 다른 규정의 효력을 전면 부인할 수 있는 정도의 개별적 헌법규정 상호간에 효력상의 차등을 의미하는 것이라고는 볼 수 없다.

(6) 우리 헌법재판소가 이 사건의 심판대상이기도한 국가배상법 제 2 조 제 1 항 단서에 대하여 동 규정이 "일반국민이 직무집행중인군인과의 공동불법행위로 직무집행중인 다른 군인에게 공상을 입혀 그 피해자에게 공동의 불법행위로 인한 손해를 배상한 다음 공동불법행위자인 군인의 부담부분에 관하여 국가에 대하여 구상권을 행사하는 것을 허용하지 아니한다고 해석하는 한, 헌법에 위반된다"고 판시한 것(헌법재판소 1994. 12. 29. 선고, 93 헌바 21 결정)은 헌법상의 제규정을 가치통일적으로 조화롭게 해석·적용하기 위하여 개별 헌법규정의 의미를 제한적으로 해석하였던 대표적인 예라고 할 수 있는데, 이를 넘어서서 명시적으로 헌법의 개별규정 그 자체의 위헌 여부를 판단하는 것은 헌법재판소의 관장사항에 속하는 것이 아니다.

(7) 따라서 이 사건심판청구 중 헌법 제29조 제 2 항을 대상으로 한 부분은 부적법하다.

나. 국가배상법 제 2 조 제 1 항 단서에 대한 부분

(1) 국가배상법 제 2 조 제 1 항 단서는 헌법 제29조 제 1 항에 의하여 보장되는 국가배상청구권을 헌법 내재적으로 제한하는 헌법 제29조 제 2 항에 직접 근거하고, 실질적으로 그 내용을 같이하는 것이므로 헌법에 위반된다고 할 수 없다.

(2) 다만 위와 같은 결론은 이 사건 관련소송에서와 같이 국가배상법 제 2 조 제 1 항 단서가 피해자인 군인과 국가 사이에 직접 적용되는 경우에 관한 것으로서, 일반국민이 직무집행중인 군인과의 공동불법행위로 직무집행중인 다른 군인에게 공상을 입혀 그 피해자에게 공동의 불법행위로 인한 손해를 배상한 다음 공동불법행위자인 군인의 부담부분에 관하여 국가에 대하여 구상권을 행사하는 경우에 관하여 국가배상법 제 2 조 제 1 항 단서가 한정위헌이라고 판시한 헌법재판소 1994. 12. 29 선고, 93 헌바 21 결정에는 아무런 영향을 미치는 것이 아니라는 점을 첨언한다.

그러므로, 이 사건 심판청구 중 헌법(1987. 10. 29. 전문개정) 제29조 제 2 항에 대한 부분은 부적법하므로 이를 각하하고, 국가배상법(1967. 3. 3. 법률 제1899호로 제정되어 1981. 12. 17. 법률 제3464호로 개정된 것) 제 2 조 제 1 항 단서는 헌법에 위반되지 아니한다 할 것이므로, 제 5 항과 같은 재판관 조승형의 주문 제 2 항의 주문표시에 대한 별개의견이 있는 외에는, 나머지 재판관 전원의 일치된 의견으로 주문과 같이 결정한다.

[재판관 조승형의 주문 제 2 항의 주문표시에 대한 별개의견]

나는 주문 제 2 항의 주문표시 중 "국가배상법(……) 제 2 조 제 1 항 단서는 헌법에 위반되지 아니한다"는 "국가배상법(……) 제 2 조 제 1 항 단서에 대한 심판청구는 이를 기각한다"로 함이 상당하다고 생각한다. 그 이유는 이류재판소가 1995. 10. 26. 선고한 92 헌바 45 군형법 제75조 제 1 항 제 1 호 위헌소원, 93 헌바 62 구주택건설촉진법 제52조 제 1 항 제 3 호 등 위헌소원, 94 헌바 7·8(병합) 구조세감면규제법 제62조 제 3 항 위헌소원, 95 헌바 22 징발재산정리에관한특별조치법 제20조 제 1 항 위헌소원, 94 헌바 28 소액사건심판법 제 3 조 위헌소원의 각 사건 결정시에 주문표시에 관한 별개의견에서 상세하게 설명한 바와 같이, 헌법재판소법 제75조 제 7 항, 제47조 소정의 기속력이 인정되지 아니하는 합헌결정을 굳이 할 필요가 없으며, 이 사건의 경우는 국민이 위헌이라고 주장하여 심판을 청구하는 것이므로 그 뜻을 받아들일 수 없는 결론 즉 합헌이라면 굳이 아무런 실효도 없이 국민이 청구한 바도 없는 "합헌"임을 주문에 표시할 필요가 없기 때문이다.

제 3 절 憲法學의 意義와 研究方法

I. 憲法學의 概念

헌법학이란 헌법을 대상으로 연구하는 학문이다. 그러나 헌법이란 개념은 매우 다의적이어서 이를 규범적인 측면과 현상적인 측면에서 파악할 수 있으므로 헌법을 연구대상으로 하는 헌법학의 의의나 분과도 다양하다. 규범적인 측면에서 헌법이라고 할 때에는 헌법규범, 즉 헌법전을 말하며, 현상적인 측면에서 헌법을 파악할 때에는 헌법현상, 즉 헌법제도·헌법의식·헌법질서 등을 말하는바, 헌법학도 이에 따라 여러 분과 또는 분야로 나눌 수 있다.[1] [2]

---

1) 한국헌법학의 의의·방법에 대해서는 김철수, 한국헌법학의 의의·연구방법·과제, 공법연구 제26권 3호(1998. 6.), 43~76면; 유제열, 헌법연구방법으로서의 기초존재론적 憲法思惟, 고려대 박사학위논문, 1992. 2; 양건, 한국헌법학의 과제, 공법연구 제23권 3호(1995. 6.); 윤재만, 헌법적 논증의 법철학적 기초에 대한 소고, 사회과학연구(대구대) 3. 1(1996. 9.), 1~20면; 김기범, 헌법학의 현대적 과제, 문교부 사회과학계 지원논문 14, 1974 등 참조.

2) 小林直樹교수는 다음과 같이 분류하고 있다.

- (廣義의) 헌법학
  - 헌법철학(헌법원리론): 헌법학방법론·인식론·존재론·가치론
  - (협의의) 헌법학
    - 이론헌법학
      - 일반헌법학
      - 개별헌법학
        - 헌법사회학
        - 헌법사학
        - 비교헌법학
    - 응용(실용)헌법학
      - 헌법해석학
      - 헌법정책학

(小林直樹, 憲法學の基本問題, 2002)

1. 廣義의 憲法學(Verfassungslehre, Staatslehre)

광의에 있어서의 헌법학이란 헌법규범·헌법제도·헌법의식·헌법질서 등을 연구하는 학문을 뜻하는 것으로 이에는 헌법철학과 헌법과학이 포함된다.

헌법철학은 헌법학설사·헌법사상사·헌법원리론·헌법학방법론·헌법가치론·헌법존재론 등을 포함한다. 이는 헌법에 관한 이념·가치·본질·존재 등을 탐구하는 것을 그 목적으로 하는 것으로서 법철학의 한 분과로 파악된다.

이에 반하여 헌법과학은 그 대상에 따라 일반헌법학·비교헌법학·특수헌법학 등으로 나눌 수 있다. 또 헌법과학의 연구방법에 따라 헌법사학·헌법해석학·헌법사회학·헌법정책학 등으로 나눌 수도 있다. 헌법학의 여러 분야를 도시해 보면 다음과 같다.

- 헌법학
  - 헌법철학
    - 헌법철학사·학설사·사상사
    - 헌법존재론·헌법가치론
    - 헌법학방법론·헌법원리론
  - 헌법과학
    - ① 대상에 따른 분류
      - 일반헌법학
      - 비교헌법학
      - 특수헌법학
    - ② 방법에 따른 분류
      - 헌법사학
      - 헌법이론학
        - 헌법해석학
        - 헌법사회학
      - 헌법정책학

2. 狹義의 憲法學(Verfassungsrechtslehre, Staatsrechtslehre)

협의의 헌법학은 헌법과학을 말한다. 헌법과학은 헌법규범과 헌법현상을 연구하는 사회과학으로서 헌법규범과 헌법현상을 역사적·비교법적·해석학적·사회학적 방법으로 파악하는 학문을 말한다.

보다 협의에 있어서의 헌법학은 헌법이론학을 뜻한다. 헌법이론학은 이를 헌법해석학과 헌법사회학으로 나눌 수 있으며, 가장 좁은 의미(최협의)에 있어서의 헌법학은 헌법해석학만을 말한다.

Ⅱ. 憲法學의 研究方法

1. 憲法學의 分類

협의의 헌법과학도 연구방법에 따라 여러 학문으로 분류된다. 역사학적인 헌법의 기원과 발전경과와 발전경향을 구명하려는 헌법사학이 있고 현재 있는 헌법을 연구하는 헌법이론학이 있고 특수한 헌법의 제정이나 개정을 연구하는 헌법정책학이 있다.

현재 있는 헌법을 연구하는 헌법이론학도 당위로서의 있어야 할 헌법을 연구하는 헌법규범학과 현재하는 존재로서의 헌법학을 연구하는 헌법사회학이 있다. 이러한 헌법과학의 연구방법론은 사회과학적 방법론에 입각하고 있다.[1)]

2. 憲法學硏究의 思想的 基礎

(1) 경험주의적 방법 헌법을 관념론적으로 파악하지 않고 경험론적으로 연구하는 방법이다. 이는 헌법사회학적인 연구방법이라고 하겠다. 이 학파는 인간의 세계인식에 있어서 경험이 차지하는 불가침의 역할을 역설함과 함께 이성이나 직관에도 응분의 의의를 인정하고 있다. 경험주의 입장에서는 규범으로서의 헌법이 아니라 존재하는 헌법의 측면을 사회과학적 조사방법론을 통하여 조사하여 그 실태를 구명하려고 한다. 이들은 헌법해석학에 있어서 가치의 중요성을 부인하고 오늘날에 있어서는 분석철학적 방법을 응용하고 있다.

(2) 마르크스주의 방법론 마르크스주의 방법론에 따르면 헌법은 헌법규범·헌법의식·헌법제도의 합성품이며 현실의 사회관계가 헌법적 관계로 되기 위해서는 이 삼자가 결합되어야 한다고 한다. 마르크스주의에 의하면 국가와 법이란 계급지배의 무기로써 기능하고 있다고 보고 헌법도 그 이상의 것은 아니며 상부구조의 일부로 보고 있다.[2)]

마르크스주의 헌법학은 사회과학으로서의 헌법학임을 강조하고 있다. 그 특색은 헌법현상의 총체를 통일적으로 파악하려고 할 뿐만 아니라 헌법현상을 사회현상 전체 중에 위치시키면서 이해하려고 하고 있다. 마르크스주의 헌법학은 하부구조를 대상으로 하는 경제학과 사회구성체 발전법칙을 취급하는 역사학을 당연한 전제로 하고 있으며 국가학, 철학 등 인접과학의 도움을 받도록 요청하고 있다.

(3) 법실증주의적 연구방법 법실증주의적 연구방법은 헌법학의 대상을 실정헌법(헌법전)에 국한하고 헌법은 국가에 의하여 정립된 것이며 實定憲法은 흠결이 없기 때문에 실정법을 초월한 이념이나 가치를 부정하고 실정헌법의 만능을 주장하였다.[3)] 국민의 자유란 국가가 간섭하지 않음으로써 생기는 자유의 반사적 이익으로 보는 등 실정법이 없는 경우에는 권리도 없다고 생각하였다. 법실증주의는 Laband, Bergbohm이 先驅한 것으로 Jellinek, Kelsen 등이 이를 계승하였다.[4)] 이들은 헌법규범의 절대성을 과신한 나머지 헌법의 이념이나 가치를 헌법학의 대상에서 제외하고 실정법만능주의를 주장한 점에서 실

1) 법학방법론에 관해서는 Larenz, Methodenlehre der Rechtswissenschaft, 1960; Fikentscher, Methoden des Rechts in vergleichender Darstellung, 1977; Müller, Juristische Methodik 등 참조.

2) 공산주의법학에 관해서는 Paschukanis, Allgemeine Rechtslehre und Maxismus, 1929. 일본에 있어서는 鈴木安藏, 長谷川正安 등의 저서 참조.

3) Rechtspositivismus 입장에서는 강제규범만이 법이고 법의 규정요소인 정의나 이념은 이를 법학의 영역에서 배제하였다. Jestaedt, Verfassungsgerichtpositivismus, FS für Isensee, 2002, S.183; 일본에 있어서는 佐々木惣一, 田畑忍 등 京都學派를 들 수 있다.

4) Bergbohm, Jurisprudenz und Rechtsphilosophie; Jellinek, Allgemeine Staatslehre, 3. Aufl.; Kelsen, Reine Rechtslehre, 2. Aufl.

정법의 철학=일반법학의 영역을 벗어날 수 없었다.

법실증주의는 실정법만능주의였기에 법률문제에 대한 해석의 과정을 마치 三段論法에 의한 것으로 보고 사건의 해결을 법의 기능이라고 하고 있다. 이러한 법실증주의는 실정헌법이나 실정법에 흠결이 있는 경우 이를 해결할 수 없게 되며 실정헌법이나 실정법이 법의 이념인 정의·평화·자유에 위반한 경우에도 그 효력을 인정하게 되므로 권위주의·독재주의적 헌법관행을 가져온 결함이 있다.[1] 나찌스의 경우 악법도 실정법이기 때문에 법이라는 주장 때문에 인권이 침해되었고 자연적 정의가 무시되었다.

(4) 자연법론적 연구방법 자연법론은 실정법의 상위에 자연법이 있으며 이 자연법은 인간의 이성에 근거하고 있거나 사물의 본성에 근거하고 있다고 본다. 물론 과거에는 자연법이란 신의 명령이나 자연에 내재하는 객관적인 가치라고 보거나 자연법칙적인 것으로 이해되기도 했다. 그러나 현대적 자연법론은 실정법만능주의에 대한 반발로서 실정법을 규율하는 자연법을 인정하고 국가의 실정법이 자연법에 위반하는 경우에는 그 효력을 부인하는 학설이다.[2]

자연권론으로서의 근대자연법사상은 i) 합리주의, ii) 개인주의, iii) 급진주의의 세 가지 점에서 고대나 중세의 자연법론과는 다른 역사적 의미를 가졌고 사회적 기능을 다해 왔다. 기본적 인권은 자연권을 의미한다고 주장한 근대자연법론은 사회가 국민 개인의 사회계약에서 성립하는 것이며 그러므로 부정·불법한 정부에 대해서는 반항할 권리가 있으며 때에 따라서는 혁명에 의한 정부의 전복도 가능하다고 본다.

현대적 자연법론에 의하면 민주주의헌법은 주권자인 국민의 국가계약의 문서로 보고 이 실정헌법에 자연권과 자연법이 내재한다고 본다. 따라서 실정헌법은 구체적 자연법이며 모든 국가권력행사의 정당성의 계기가 되는 것이며 국가권력의 행사가 헌법에 위반되거나 헌법제정권력자의 제헌행위가 자연법에 위배되면 무효이고, 부정·불법한 국가권력의 행사에는 저항권을 행사할 수 있다고 보고 있다.[3] 비록 실정헌법에는 저항권행사에 관한 규정이 없다고 하더라도 저항권은 국민의 고유의 자연권이라고 보는 설이다. 오늘날 이러한 자연법의 재생에 따라 미국에서도 Rawls나 Nozick 등에 의한 정의론, 신자유주의론 등이 주장되었다.

3. 憲法學의 硏究方法

(1) 실정헌법의 연구방법 국민인 헌법제정권자가 만든 국가계약의 문서인 헌법은

1) Carl Schmitt를 결단론자로 보면서 이를 자연법론자로 보는 것은 잘못이다. Über die drei Arten des rechtswissenschaftlichen Denkens, Hamburg, 1934에서 구체적 질서사상을 주장하고 있다.

2) Rommen, Die ewige Wiederkehr des Naturrechts, 1947; Welzel, Naturrecht und materiale Gerechtigkeit; Coing, Rechtsphilosophie; J. Rawls, Eine Theorie der Gerechtigkeit, 1971.

3) Dreier, Widerstandsrecht im Rechtsstaat, Festschrift f. Ulrich Scupin, 1983; 김철수, 저항권 소고, 서울대학교 법학, 1980. 5 참조.

단순한 규범일 뿐만 아니라 국가와 사회의 존재를 규정하고 있다. 사실로서의 헌법연구에 있어서는 Kelsen과 같은 순수법학적 방법론으로서는 불가능하다. 사회설문적 조사방법을 통하여 살아 있는 헌법을 연구하는 것이 필요하다. 이 방법에 입각한 것이 헌법사회학이며 현실과학으로서 그 존재를 규명하는 것이 필요하다.[1)]

협의의 헌법해석학의 연구방법으로서는 Kelsen의 순수법학적인 3단논법에 의한 논리적 해석 등이 요구된다. 여기에는 오늘날 논리실증주의나 분석철학 등의 방법이 동원될 수도 있다. 정치학적인 방법론은 그것이 헌법의 존재형태를 구명하는 면에서는 일리가 있을 것이나 규범해석학적인 측면에서는 오히려 오용될 수도 있다. 통합론의 경우 가치를 Konsens라는 명목으로 유동적으로 해석하는 경우 헌법의 변천을 가져와 실정헌법을 파괴할 위험성이 있다. 실정헌법의 연구는 해석에 머무는 한에 있어서는 그 나라의 고유한 헌법전을 대상으로 하여야 하며 헌법전에 포함되어 있지 않는 가치나 합의를 강조하는 것은 잘못이며, 특수국가의 헌법을 연구하는 경우에는 헌법전의 구조와 문언을 중시하여야 한다.[2)]

(2) 헌법철학과 헌법정책학의 연구방법 그러나 헌법철학이라든가 헌법정책학의 경우에는 헌법전의 구속에서 탈피하여야 한다. 헌법정책학의 경우에는 현행헌법전의 평가에서 출발하여 새로운 개정방향과 제정방향을 논의하는 점에서 정책학적인 연구가 필수적이다.

실정헌법의 해석에 있어 일의적이 아니거나 정의에 위반되는 경우에는 자연법론적 연구방법이 필수적이다. 헌법에 상위하는 이념으로서의 근거규범은 헌법제정권자의 결정의 소산이기에 헌법제정자의 의지라든가 가치의 탐구가 필요하게 된다. 당위로서의 실정헌법규범도 상호간 모순이 있게 되고 상반되는 이념을 가지고 있는 경우 헌법철학적 고찰이 요망된다. 오늘날의 헌법들은 대부분이 자연법 내지 자연권을 헌법내재적으로 규정하고 있다. 우리 헌법도 예외가 아니기 때문에 헌법의 실천이나 적용에 있어서 자연법론적 입장에 입각하는 것이 요망된다.

1) 법실증주의 헌법학에 대해서는 김효전편, 독일헌법학설사; v. Hippel, Rechtspositivismus, in: Staatslexikon, Bd. 6., S. 675; Bärsch, Gerber-Laband'sche Positivismus, 1972; Oertzen, Die soziale Funktion des staatsrechtlichen Positivismus, 1953 참조.

2) 일본과 독일에서의 헌법학의 연구방법에 대해서는 小林直樹, 憲法學の基本問題, 2002; 小林直樹, 憲法政策論, 日本評論社; 小林直樹, 憲法學の課題と對象, 法學協會雜誌 100卷 8號(1993); 內野正幸, 憲法解釋の論理と體系, 1991; 內野正幸, 憲法學の性格, 樋口陽一編, 講座憲法學 1(憲法と 憲法學), 1995; 小林孝輔, 憲法における法と政治, 1980; 樋口陽一, 憲法學と政治學との關係; 小林孝輔編, 法と政治, 1972; 金子勝, 現代日本の憲法學, 現代の憲法理論, 1990; 이부하, 독일에서의 헌법해석학의 방법론, 공법연구 32-4, 2004, 191면 이하; 김명재, 현대헌법해석방법론에 대한 비판적 고찰, 공법연구 29-1, 2000, 1면 이하; 은승표, 프리드리히 뮐러의 법구조화이론과 헌법의 해석, 공법연구 32-1, 2003, 333면 이하 등 참조.

Ⅲ. 憲法解釋學의 研究方法

1. 憲法解釋學의 意義

헌법해석학이란 성문법인 헌법전을 대상으로 하여 개개의 조문을 논리적·체계적으로 해석하여 헌법규범의 원리·원칙을 연구하는 법해석학의 한 분과이다. 이는 헌법해석에 이론적 기초를 부여하여 이를 체계화하는 것으로서, 그것을 과연 과학이라고 할 수 있느냐 하는 것이 많이 논란되었다. 그러나 헌법해석학도 해석의 방법 여하에 따라서는 과학이 될 수 있을 것이다.

헌법의 해석(interpretation, Auslegung)이란 실정헌법법규의 의미내용을 명백히 하는 것이다. 법문이 일의적이고 명확한 경우에는 해석의 필요 없이 곧 적용될 수 있으나, 헌법규정은 간결하고 개괄적이기 때문에 해석의 필요성이 크다. 헌법의 해석도 법해석 일반과 마찬가지로 구체적·개별적 사건에 일반적·추상적 규범을 적용시키는 실천적 작용이라고 할 수 있다. K. Hesse는 헌법규범의 내용은 해석에 의하여 완성된다고 하여 헌법의 해석을 「구체화」(Konkretisierung)라고 하고 있다. 그러나 헌법은 정치과정을 규율하는 정치적 법이기 때문에 동태적인 정치현실과도 밀접하게 관련된다. 이와 같이 헌법은 법으로서의 정태적인 면과 정치적 법으로서의 동태적인 면을 아울러 가지고 있기 때문에 헌법해석에는 발전적·조정적 또는 창조적 기능이 요망되고 있다.[1] 헌법의 해석에는 헌법의 인식과 실천을 아우르는 것이 되어야 할 것이다(실천적 조화).

2. 憲法解釋의 種類와 方法

(1) 헌법해석의 종류 헌법해석은 해석주체에 따라 유권해석과 학리해석으로 나눌 수 있다.

1) 유권해석 유권해석은 해석권한 있는 국가기관이 행하는 해석을 말하며, 이에는 입법부의 유권해석, 행정부의 유권해석, 사법부의 유권해석이 있다. 입법부의 헌법에 대한 유권해석은 입법의 형태로 나타난다. 그러나 국회 내에서의 유권해석은 법제사법위원

1) 헌법의 해석에 관해서는 Chemerinsky, Interpreting the Constitution, 1987, Berger, Government by Judiciary, 1977; Garvey/Aleinikoff(ed), Modern Consttutional Theory, 3rd ed., 1994; Tushnet(ed.), Constitutional Law, 1992; Murphy/Fleming/Harris, American Constitutional Interpretation, 1986; Müller, Juristische Methodik, 2. Aufl., 1979 참조; Starck, Die Verfassungsauslegung(한역, 계희열, 헌법의 해석, 1993, 309~383면); Zippelius/Würtenberger, Deutsches Staatsrecht, 32. Aufl. §7. Verfassungsauslegung und Lückenergänzang, S. 59f; Bidlinski, Juristische Methodenlehre und Rechtsbegriff, 2. Aufl. 1991; Dreier/Schwegmann (Hrsg.), Probleme der Verfassungsinterpretation, 1976; Zippelius, Juristische Methodenlehre 10. Aufl., 2006; Kriele, Theorie der Rechtsgewinnung, 2. Aufl. 1976; 長谷川正安, 憲法解釋學の研究, 1974; 結城洋一郎, 現代憲法解釋の課題と方法, 現代の憲法理論, 1990; 小林直樹, 憲法解釋の基本問題, 公法の理論 下 I, 1977; 杉原泰雄 編, 憲法學の方法, 1984; 계희열, 헌법학(상), 58~85면; 계희열 편역, 헌법의 해석; 이강국, 헌법합치적 법률해석, 고려대 박사학위논문, 1980; 김운용, 헌법해석과 합헌성 추정의 법리, 강원대 논문집 15, 1981; 이명웅, 법률의 해석·적용과 기본권, 공법연구 22-2, 1994 등 참조.

회에서 담당하고 있다. 행정부의 유권해석은 명령이나 처분으로서 나타나는데, 행정부의 질의응답권은 법무부장관이 행사하는 것이 원칙이다. 사법부의 유권해석은 법원의 판결의 형태로 나타나는데, 사법부의 최종적인 해석권은 대법원에 있다. 그런데 우리 헌법은 헌법재판소를 두고 있으므로 최종적인 유권해석권자는 헌법재판소라고 보아야 하며, 따라서 행정부·입법부·사법부의 유권적인 해석은 국민을 최종적으로 구속하는 것은 아니며, 헌법재판소의 유권적인 해석만이 국민과 모든 국가기관을 궁극적으로 구속한다.

2) 학리해석 학리해석은 헌법의 법리를 명확히 하기 위하여 사인이 행하는 해석이며, 법의 적용을 직접적인 목적으로 하지 않고 「학리를 위한 목적」으로 해석하는 것을 말한다. 이 학리해석은 영국과 같은 불문헌법국가에서는 法源으로 인정되고 있으나, 성문헌법주의를 채택하는 대륙법계국가에서는 법원으로 인정되지 않는다.[1)]

(2) 헌법해석의 방법 헌법해석의 방법에 있어서는 유권해석이나 학리해석이나 다를 바 없다. 헌법해석의 방법에는 i) 문리해석, ii) 주관적·역사적 해석, iii) 객관적·체계적 해석, iv) 비교법적 해석, v) 목적론적 해석, vi) 정치적·사회학적 해석 등이 있다.

1) 문리해석 이는 헌법조문의 다의적인 법문이나 개별적인 용어의 의미를 어학적·문법적 방법을 통하여 명백히 하는 방법이다. 문리해석은 헌법해석의 제 1 단계이며, 이에 따라 법규의 일의적인 해석이 얻어지는 경우에는 이에 그치더라도 그 객관성과 엄밀성이 충분하므로 중요한 해석원리가 될 것이다. 헌법의 명문에 위반되는 해석을 해서는 안 된다. 그러나 헌법의 문언은 대개 다의적이므로 이에만 의존할 수는 없다. 그리하여 헌법의 판례법에 의한 발전이 허용된다.[2)]

2) 주관적·역사적 해석 헌법에는 헌법제정권자의 의사가 표명되어 있으므로 그 의사를 탐구하여 헌법을 해석하려고 한다. 이것은 제헌자의 주관적 의사를 파악하려는 것이므로 주관적·역사적 해석이라고 한다. 그러나 헌법은 일단 제정된 이상 그 제정자의 의사에서 독립하여 존재의의를 갖는 것이기에 헌법제정의 자료는 참고적인 가치를 지니고 있을 뿐이다. 역사적인 해석은 그 동안 헌법사에 있어서의 헌법의 발전도 고려할 수 있다.

3) 객관적·체계적 해석 이는 제헌자의 의사보다는 헌법조문에 표현된 객관화된 의사를 탐구하려는 것이다. 그 방법으로서는 개개의 법규나 개념을 고립된 것으로서가 아니고, 법체계의 통일적 원리하에서 사물의 본질·조리에 따라서 통합적 관점(Einheit der

1) 일본에서는 헌법의 해석이 인식이냐 실천이냐가 많이 논란되었다. 일반적으로 학리해석은 인식이 주로 될 것이요 유권해석은 실천이 주로 될 것이며 적용이라고 할 수 있다.

2) 우리 헌법재판소는 헌법해석에 있어서 창조적 기능을 인정한다(헌재 1989. 9. 8 선고, 88 헌가 6, 헌재판례집 제 1 권, 199면 이하).
「헌법의 해석은 헌법이 담고 추구하는 이상과 이념에 따른 역사적·사회적 요구를 올바르게 수용하여 헌법적 방향을 제시하는 헌법의 창조적 기능을 수행하여 국민적 욕구와 의식에 알맞은 실질적 국민주권의 실현을 보장하는 것이어야 한다. 그러므로 헌법의 해석과 헌법의 적용이 우리 헌법이 지향하고 추구하는 방향에 부합하는 것이 아닐 때에는, 헌법적용의 방향제시와 헌법적 지도로써 정치적 불안과 사회적 혼란을 막는 가치관을 설정하여야 한다」.

Verfassung)에서 파악하는 것이다. 그러나 헌법규범은 정태적으로 볼 때는 통일성이 있으나 동태적으로 볼 때에는 통일적이 아니기 때문에 논리적·체계적 해석이 완결적일 수는 없다. 실천적 조화를 위해서는 타협(Kompromis)도 중요시된다.

4) 비교법적 해석 헌법이 모방적인 경우에는 그 원헌법과의 비교연구가 필수불가결하다. 이 경우 원헌법과 모방헌법과의 조문비교뿐만 아니라 그 법체제의 비교, 헌법적용의 비교 등도 바람직하다고 하겠다. 그러나 비교법적 해석은 모방헌법의 역사적·현실적 상태에 결부시켜 해석하여야 할 것이요, 외국헌법이론을 곧바로 수용·적용하는 경우에는 오류를 범하기 쉬운 단점이 있음을 주의하여야 할 것이다. 오늘날에는 헌법의 국제법 합치적인 해석이 요망되고 있다.

5) 목적론적 해석 헌법에는 일정한 목적 또는 가치가 내재한다. 이 규범목적을 탐구하고 이를 지도이념으로 하여 헌법조문을 해석하는 것을 가리켜 목적론적 해석(teleologische Auslegung)이라고 한다. 이는 헌법을 고찰할 때에 일체의 가치나 목적 등의 계기를 배제하는 순수법학의 입장과는 반대되는 것이다. 그러나 목적론적 해석은 해석자의 정치적 목적에 합치하는 결과를 이끌어 내기 위한 수단으로서 정책적 해석의 뜻으로 사용될 수도 있으며, 또한 해석자의 주관적 가치판단이나 정치목적이 개입될 위험성도 있다.

6) 정치적·사회학적 해석 오늘날 동태적 헌법현실을 파악하고 이를 해석하기 위하여는 이에 관련되는 사회적 사실을 충분히 검토하여 이에 제1차적인 중요성을 두고 정치적 양식에 합치하도록 하는 해석이 주장되고 있는데, 이를 정치적·사회학적 해석이라고 한다. 그러나 이것은 헌법을 정치현실에 적합하도록 해석하라는 것은 아니고, 불확정한 헌법요소를 정치사회의 현실에 따라 보완하려는 목적을 가진 것이다. 따라서 이는 어디까지나 헌법규범의 논리적·체계적 해석을 행한 후에 나타나는 해석방법으로, 전자가 불가능한 경우에만 보충적으로 인정된다.

(3) 헌법해석의 기술

헌법해석도 일반적 법해석과 마찬가지로 실정헌법을 해석하는 경우에도 그 흠결을 보완하는 여러 기법이 사용되고 있다.[1)]

1) 확장해석 헌법규범의 문언이나 문장에 있어서 본래 예정되어 있는 것보다도 넓은 의미를 부여하는 해석이다. 원래 예정되어 있지 않는 것도 해석상으로 확대 포섭하는 것을 말한다. 특히 헌법제정 후에 생긴 이익이나 사항을 포섭하기 위한 방법으로 사용된다.

2) 축소한정해석 법의 문언을 일상사용되는 의미보다도 축소하여 해석하는 방법이다. 문장의 뜻을 한정하여 「…하는 한 헌법에 위반되지 않는다」고 하는 한정합헌결정 등이 이에 속한다.

3) 반대해석 어떤 헌법문장이 있는 경우 그 규정의 취지는 법문 이외의 사항에

1) 법학개론, 민법총론 등의 교과서 참조.

대해서는 미치지 않는다고 보는 해석이다.

4) 유추해석·물론해석 어떤 사안을 직접 규정하고 있는 법규가 없는 경우에 그와 유사한 성질·관계를 가지는 사안에 대하여 규정된 법규를 간접적으로 적용하는 것이다. 이것은 헌법의 흠결이 존재한다는 것을 전제로 하여 이것을 보충하는 작업이다. 물론해석은 유추의 허용성이 확실한 경우에 취해지는 방법이다.

(4) 헌법해석의 현실

1) 이 론 결론적으로 Maunz가 적절히 지적하고 있는 바와 같이 헌법해석은 문리해석에서 시작하여 객관적·체계적 해석으로 끝나는 것이 바람직하다고 하겠다.[1] 그러나 이것으로도 명확하지 않은 경우에는 목적론적 해석이 불가피하며, 결국 헌법의 해석은 이 모든 수단을 통합하는 것이 필요하다(그런데 이러한 전통적인 해석방법에 대해서는 오늘날 많은 비판이 행해지고 있다).[2]

헌법해석의 원칙에 대해서는 다음과 같이 일반적인 합의가 이루어지고 있다. 첫째로, 헌법은 통일체를 이루고 있기 때문에 헌법의 규정이나 조문을 고립시켜서 해석해서는 안된다(통일성의 원칙). 둘째로, 긴장관계에 있는 헌법규정들은 모순이 되지 않도록 조화적으로 해석되어야 한다. 따라서 국민의 자유와 국가안전보장의 긴장관계에 있어서도 조화적으로 해석하여야 한다(실천적 조화의 원칙). 셋째로, 헌법이 통합기능을 발휘할 수 있도록 권한규정을 해석하여야 한다(헌법의 기능적 과제). 넷째로, 법률은 가능한 한 헌법합치적으로 해석되어야 한다(합헌적 법률해석). 다섯째로, 헌법의 기본원리는 해석을 통한 구체화를 요청하고 있다(해석적 구체화).

2) 판 례 독일연방헌법재판소도 객관적 해석방법을 원칙으로 하고 있다. 객관적 해석을 위하여서는 문리해석, 체계적 해석, 목적론적 해석, 역사적 해석방법 등을 동원하고 있다. 위헌판결의 실제에 있어서는 헌법합치적 해석을 하는 경우가 많다. 그러나 여기에는 일정한 한계가 있다.[3] 우리나라 헌법재판소도 헌법해석은 실질적 국민주권주의의 실현을 보장하는 방향제시적인 것이어야 한다고 한다.[4]

---

1) Maunz-Zippelius, Deutsches Staatsrecht, 29. Aufl., §7, S. 43～47; Zippelius, Recht und Gerechtigkeit in der offenen Gesellschaft, 1994. Zippelius/Würtenberger는 회의적이다. a.a.O., S. 64.

2) 구병삭 교수는 헌법해석학에 과하여진 문제로서 헌법의 흠결(Verfassungslücken)을 현재적 흠결과 잠재적 흠결로 나누고 있으며, 이러한 흠결은 주로 정부기관의 공무원, 국회의원, 법원 또는 헌법재판소, 학자에 의해서 보완된다고 한다(전게서, 34～35면).

3) 독일헌법재판소의 헌법해석에 대해서는 Müller, Subjektiv und objektiv Auslegungstheorie in der Rechtsprechung des Bundesverfassungsgerichts, Juristen Zeitung, 1962, S. 471; Roellecke, Prinzipien der Verfassungsinterpretation in der Rechtsprechung des Bundesverfassungsgerichts, Festschrift für das Bundesverfassungsgericht, Bd. Ⅱ, 1976, S. 22; Zippelius, Verfassungskonforme Auslegung von Gesetzen, F. f. d. BVerfG, Bd. Ⅱ, 1976, S. 108 등 참조.

4) 헌재 1989. 9. 8 선고, 88 헌가 6, 헌재판례집 제 1 권, 199면 이하(205면); 헌재 1989. 7. 21 선고, 89 헌마 38, 헌재판례집 제 1 권, 131면 이하.

「일반적으로 어떤 법률에 대한 여러 갈래의 해석이 가능할 때에는 원칙적으로 헌법에 합치되는 해석을 하여야 한다. 왜냐하면 국가의 법질서는 헌법을 최고법규로 하여 그 가치질서에 의하여 지배되는 통일체를 형성하는 것이며 그러한 통일체 내에서 상위규범을 하위규범의 효력근거가 되는 동시에 해석근거가

3) 私 見 헌법은 넓게 개방된 조문이고, 개념이 다양하기 때문에 헌법의 해석은 불가피하다. 이 경우에 흠결이 있는 경우에는 법관에 의한 흠결의 보완이 가능하다. 헌법은 상호 단절된 각 개별조항들의 단순한 집합체가 아니라, 각 조항들이 전체적으로 유기적인 관계에서 통일적인 가치체계를 이루고 있는 것이다. 따라서, 특정헌법조항의 의미를 파악, 해석함에 있어 1차적으로 당해 규정의 문언적 의미에 주목해야 하는 것은 물론이나 나아가, 헌법의 기본정신과 지도원리, 다른 개별헌법조항의 내용과 상호관계, 당해 헌법 조항 제정 또는 개정의 연혁적 취지 등 여러 점들을 폭넓게 고려하여 그에 부합되도록 해석하여야 할 것이다.[1]

(5) 헌법재판소의 헌법해석

1) 합헌적 법률해석

(a) 이 론 우리 헌법재판소도 법률의 문언·의미·목적을 살펴야 한다고 하고 있다. 헌법의 해석에 있어 법률의 위헌 여부의 결정에만 치중하지 않고 법률의 합헌성을 추정하는 방향으로 나아가고 있다. 합헌적 법률해석이란 외형상 위헌적으로 보이는 법률이라 할지라도 그것이 헌법의 정신에 맞도록 해석될 여지가 조금이라도 있는 한 이를 쉽사리 위헌이라고 판단해서는 안 된다는 법률의 해석지침이다. 그러나 법률의 합헌적 해석에도 어의적 한계·법목적적 한계 등이 있다.

(b) 판 례 우리 헌법재판소는「법률의 합헌적 해석은 헌법의 최고규범성에서 나오는 법질서의 통일성에 바탕을 두고, 법률이 헌법에 조화하여 해석될 수 있는 경우에는 위헌으로 판단하여서는 아니 된다는 것을 뜻하는 것으로서 권력분립과 입법권을 존중하는 정신에 그 뿌리를 두고 있다. 따라서 법률 또는 법률의 위 조항은 원칙적으로 가능한 범위 안에서 합헌적으로 해석함이 마땅하나 그 해석은 법의 문구와 목적에 따른 한계에 있다. 즉, 법률의 조항의 문구가 간직하고 있는 말의 뜻을 넘어서 말의 뜻이 완전히 다른 의미로 변질되지 아니하는 범위 내이어야 한다는 문의적 한계와 입법권자가 그 법률의 제정으로써 추구하고자 하는 입법자의 명백한 의지와 입법의 목적을 헛되게 하는 내용으로 해석할 수 없다는 법목적에 따른 한계가 바로 그것이다」고 한다.[2] 김영일 재판관은「무릇 입법형성권에 대한 존중은 합헌적 법률해석의 헌법적 근거이자 동시에 그 한계이다. 헌법재판소는 합헌적 법률해석을 통하여 입법자의 원래의사를 왜곡·변형하거나 대체해서는 아니 되므로, 법률을 해석함에 있어서 문의적 한계와 법목적적 한계를 넘지 않도록 유의해야 한다」고 한다.[3]

2) 한정합헌해석과 한정위헌해석 헌재는 한정위헌과 한정합헌논리를 적용하고 있

되는 것이므로, 헌법은 법률에 대하여 형식적인 효력의 근거가 될 뿐만 아니라 내용적인 합치를 요구하고 있기 때문이다」.

1) 헌재 2008.4.24 선고, 2004 헌바 47, 헌재판례집 제20권 1집(상), 490면(조대현의 반대의견).

2) 자세한 것은 후술 제3편 제6장 제4절 Ⅰ. 위헌법률심판권 참조. 우리 헌법재판소는 합헌적 법률해석과 그 한계에 대하여 판단하고 있다(헌재 1989.7.14 선고, 88 헌가 5 등, 헌재판례집 제1권, 69면 이하(86면)).

3) 헌재 2002.11.28 선고, 98 헌바 101 등, 헌재판례집 제14권 2집, 609면 이하(619면). 이 밖에도 합헌적 법률해석을 한 판결은 많다. 최근 것으로는 헌재 2009.2.26 선고, 2007 헌마 279, 헌재공보 제149호, 186면 이하 참조.

다.[1] 다수의견은 「합헌적인 한정축소해석은 위헌적인 해석가능성과 그에 따른 법적용을 소극적으로 배제하고, 적용범위의 축소에 의한 한정적 위헌선언은 위헌적인 법적용영역과 그에 상응하는 해석가능성을 적극적으로 배제한다는 뜻에서 차이가 있다」고 하여 이를 인정하고 있다. 이에 대하여 소수의견은 「우리말 어법에도 맞지 않고 국민이 그 뜻을 이해하기도 힘들며 법률적으로 여러 가지 문제점을 안고 있으므로 헌법재판소의 재판형식으로 사용되어서는 아니 된다」고 하여 반대하고 있다.[2]

그러나 문리해석이나 목적론적 해석에 반해서는 안 되는 한계를 인정하는 면에서 한정합헌해석,[3][4] 한정위헌해석을 하고 있다.

1) 「법률의 합헌성여부가 헌법재판소의 심판대상이 되었을 경우, 전제사건과의 상관관계하에서 법률의 문언·의미·목적을 살펴 부분적으로는 합헌이고 부분적으로는 위헌으로 판단되는 등 다의적인 해석가능성이 생길 때 헌법재판소는 일반적인 해석작용이 용인되는 범위 내에서 어느 해석가능성이 가장 헌법에 합치되는가를 가려 한정축소적 해석방법을 통하여 합헌적인 일정한 범위 내의 의미내용을 확정하여 이것이 그 법률의 본래적인 의미라고 말할 수 있고(따라서 그 이외의 해석가능성은 위헌임을 지시), 또 하나의 방법으로는 위와 같은 합헌적인 한정 축소해석의 타당영역 밖에 있는 사안례에까지 법률의 적용범위를 넓히는 것은 위헌이라는 취지로 법률의 문언자체는 그대로 둔 채 한정조항을 붙여 한정적(질적) 위헌을 선언할 수도 있다.

이 사건 머리에 적은 주문 "…로 해석하는 한, 헌법에 위반되지 아니한다"라는 문구의 취지는 다의적인 해석가능성 중 한정축소해석을 통하여 얻어진 일정한 합헌적 의미를 천명한 것이며, 그 의미를 넘어선 확대해석은 바로 헌법에 합치하지 아니하는 것으로서 채택될 수 없다는 뜻이다. 헌법재판소는 다른 방법으로, 즉 합헌적 한정축소해석이 지닌 의미내용을 벗어난 영역에 속하는 사안례에까지 법률적용의 폭을 확대하는 것을 막기 위하여 "…경우에도 적용하는 한, 헌법에 위반된다"라고 정반대의 말로 표현할 수도 있다. 이 경우는 헌법재판소가 합헌으로 해석하는 의미 밖의 영역에 속하는 사안례군에까지 법률의 적용범위를 넓힐 수 없으며, 그러한 뜻에서 당해 법률의 적용범위를 정당한 해석선내로 좁히는 한정적 위헌을 선언하는 것이다.

합헌적인 한정축소해석은 위헌적인 해석가능성과 그에 따른 법적용을 소극적으로 배제하고, 적용범위의 축소에 의한 한정적 위헌선언은 위헌적인 법적용 영역과 그에 상응하는 해석가능성을 적극적으로 배제한다는 뜻에서 차이가 있을 뿐 이 사건에 관한 한 다 같이 본질적으로는 일종의 부분적 위헌선언이며 그 효과를 달리하는 것이 아니다. 다만 양자는 법문의미가 미치는 사정거리를 파악하는 관점, 법문의미의 평가에 대한 접근방법 그리고 개개 헌법재판사건에서의 실무적인 적의성 등에 따라 그 중 한 가지 방법을 선호할 수 있을 따름이거니와 헌법규범질서의 전체적인 통일성과 조화성으로 보아 의심의 여지가 있을 때에는 합헌적 해석이 우선한다는 법칙과 충격적인 위헌선언은 가급적 회피하는 것이 바람직하다는 일반적인 고려가 있을 따름이다」(조규광 재판관 보충의견, 헌재 1989.7.21 선고, 89 헌마 38, 헌재판례집 제1권, 131면 이하).

2) 헌재는 변형결정의 유형으로서 여러 가지를 들고 있다. 「헌법재판소가 행하는 위헌 여부 판단이란 위헌 아니면 합헌이라는 양자택일에만 그치는 것이 아니라 그 성질상 사안에 따라 위 양자의 사이에 개재하는 중간영역으로서의 여러 가지 변형재판이 필수적으로 요청된다. 그 예로는 법률의 한정적 적용을 뜻하는 한정무효, 위헌법률의 효력을 당분간 지속시킬 수 있는 헌법불합치, 조건부위헌, 위헌성의 소지 있는 법률에 대한 경고 혹은 개정촉구 등을 들 수 있다」(헌재 1989.9.8 선고, 88 헌가 6, 헌재판례집 제1권, 199면 이하(259~260면)).

3) 한정합헌결정례: 상속세법 제32조의 2에 대한 결정(헌재 1989.7.21 선고, 89 헌마 38, 헌재판례집 제1권, 131면 이하), 국가보안법 제7조 1항·5항에 대한 결정(헌재 1990. 4.2 선고, 89 헌가 113, 헌재판례집 제2권, 49면 이하; 헌재 1990.6.25 선고, 90 헌가 11, 헌재판례집 제2권, 165면 이하), 도로교통법 제50조 2항, 제111조 3호에 대한 결정(헌재 1990.8.27 선고, 89 헌가 118, 헌재판례집 제2권, 222면 이하), 국가보안법 제9조 2항에 대한 결정(헌재 1992.4.14 선고, 90 헌바 23, 헌재판례집 제2권, 165면 이하), 군사기밀보호법 제6조·제7조·제10조에 대한 결정(헌재 1992.2.25 선고, 89 헌가 104, 헌재판례집 제4권, 64면 이하), 집회및시위에관한법률 제3조 1항 제4호·제14조 1항에 대한 결정(헌재 1992.1.28 선고, 89 헌가 8, 헌재판례집 제4권, 4면 이하).

3) 헌법불합치결정 헌재는 위헌이라고 생각하는 법률의 효력을 즉시 정지시키지 않고 일정기간 국회가 개정할 때까지 계속적용을 인정하는 헌법불합치결정[1]을 하고 있다.

4) 특 색 헌법재판소는 문리적 해석, 목적론적 해석, 합헌적 법률해석, 한정합헌해석, 한정위헌해석, 헌법불합치결정 등의 여러 가지 방법을 동원하고 있다.[2] [3]

---

4) 헌재는 법률문언을 위배하는 합헌해석을 하여서는 안 된다고 했다.「구 사회보호법 제 5 조 1항의 요건에 해당하는 경우에는 법원으로 하여금 감호청구의 이유 유무 즉, 재범의 위험성의 유무를 불문하고 반드시 감호의 선고를 하도록 강제한 것임이 위 법률의 조항의 문의임은 물론 입법권자의 의지임을 알 수 있으므로 위 조항에 대한 합헌적 해석은 문의의 한계를 벗어난 것이다(헌재 1989. 7. 14 선고, 88 헌가 5 등, 헌재판례집 제 1 권, 69면 이하(87면))」.

1) 헌법불합치결정례:「특허쟁송제도와 관련된 강한 법적 안정성의 요구와 이미 확인된 입법자의 합헌적인 의사를 존중하여 입법자가 마련한 합헌적인 제도가 유효하게 시행될 수 있을 때까지는 비록 위헌성이 내포되어 있기는 하나 현행제도를 그대로 유지하는 것이 오히려 여러 가지 충격과 혼란을 방지하고 과학기술자들의 권리를 두텁게 보호하는 효과적인 방안이 될 것이라고 판단되므로 심판대상 법률조항에 대하여 헌법불합치를 선언함에 그친다」(헌재 1995. 9. 28 선고, 92 헌가 11 등 병합, 특허법 제186조 제 1 항 등 위헌제청, 헌재판례집 제 7 권 2집, 264면 이하).

「이 사건 위임조항(소득세법 제60조)은 헌법에 위반되므로 원칙으로 위헌결정을 하여야 할 것이나 이에 대하여 단순위헌결정을 선고하여 당장 그 효력을 상실시킬 경우에는 기준시가에 의한 양도소득세를 부과할 수 없게 됨은 물론, 이 법률조항의 위임에 근거한 소득세법시행령 제115조를 인용하고 있는 구 법인세법시행령 제124조의2 제 8 항(1978. 12. 30 개정) 등도 이를 시행할 수 없게 되는 등 법적 공백상태를 야기하게 되고 이에 따라 조세수입을 감소시키고 국가재정에 상당한 영향을 줌과 아울러 이미 이 조항에 따른 양도소득세를 납부한 납세의무자들과 사이에 형평에 어긋나는 결과를 초래하는 데다가, 이 사건 위임조항의 위헌성은 국회에서 법률로 제정하지 아니한 단지 입법형식의 잘못에 기인하는 것으로서 이를 한시적으로 계속 적용한다고 하더라도 그것이 반드시 구체적 타당성을 크게 해쳐 정의와 형평 등 헌법적 이념에 심히 배치되는 것이라고는 생각되지 아니하고, 더욱이 이 사건의 경우에는 1994. 12. 22 법률 제4803호로 헌법에 합치하는 내용의 개정입법이 이미 행하여져 위헌조항이 합헌적으로 개정되어 시행되고 있으므로, 당 재판소는 단순위헌결정을 하지 아니하고 이 사건 위임조항을 적용하여 행한 양도소득세 부과처분 중 확정되지 아니한 모든 사건과 앞으로 행할 양도소득세 부과처분 모두에 대하여 위 개정법률을 적용할 것을 내용으로 하는 헌법불합치결정을 하기로 한다」(헌재 1995. 11. 30 선고, 91 헌바 1 등 병합, 소득세법 제60조, 구 소득세법 제23조 제 4 항 등에 대한 헌법소원, 헌재판례집 제 7 권 2집, 562면 이하).

2) 상세한 것은 헌재 1997. 12. 24 선고, 96 헌마 172·173(병합), 헌법재판소법 제68조 1항 위헌확인 등, 헌재판례집 제 9 권 2집, 842면 이하.

「헌법재판소는 법률의 위헌여부가 심판의 대상이 되었을 경우, 재판의 전제가 된 사건과의 관계에서 법률의 문언, 의미, 목적 등을 살펴, 한편으로 보면 합헌으로, 다른 한편으로 보면 위헌으로 판단될 수 있는 등 다의적인 해석가능성이 있을 때 일반적인 해석작용이 용인되는 범위 내에서 종국적으로 어느 쪽이 가장 헌법에 합치되는가를 가려, 한정축소적 해석을 통하여 합헌적인 일정한 범위 내의 의미내용을 확정하여 이것이 그 법률의 본래적인 의미이며 그 의미 범위 내에 있어서는 합헌이라고 결정할 수도 있고, 또 하나의 방법으로는 위와 같은 합헌적인 한정축소해석의 타당영역 밖에 있는 경우에까지 법률의 적용범위를 넓히는 것은 위헌이라는 취지로 법률의 문언자체는 그대로 둔 채 위헌의 범위를 정하여 한정위헌의 결정을 선고할 수도 있다.

위 두 가지 방법은 서로 표리관계에 있는 것이어서 실제적으로는 차이가 있는 것이 아니다. 합헌적인 한정축소해석은 위헌적인 해석가능성과 그에 따른 법적용을 소극적으로 배제한 것이고, 적용범위의 축소에 의한 한정적 위헌선언은 위헌적인 법적용 영역과 그에 상응하는 해석가능성을 적극적으로 배제한다는 뜻에서 차이가 있을 뿐, 본질적으로는 다 같은 부분위헌결정이다(헌재 1992. 2. 25 선고, 89 헌가 104 결정, 헌재판례집 제 4 권, 74면 이하).

헌법재판소의 또 다른 변형결정의 하나인 헌법불합치결정의 경우에도 개정입법시까지 심판의 대상인 법률조항은 법률문언의 변화없이 계속 존속하나, 헌법재판소에 의한 위헌성 확인의 효력은 그 기속력을 가지는 것이다」. 또 2002. 11. 28 선고, 98 헌바 101 사건에서는 합헌의견과 한정적 위헌의견, 헌법불합치의견이 대립하고 있다.

3) 헌재의 헌법해석에 관해서 상세한 것은 제 3 편 제 6 장 제 4 절 Ⅰ. 7. 참조.

헌재는 헌법해석과 법령해석의 기준은 자유민주적 기본질서 및 시장경제원리에 따라야 한다고 강조한다.[1)]

헌법해석의 주체인 헌법재판소는 법률제정자인 국회의 입법재량권을 존중하는 합헌적 법률해석을 많이 하여 사법소극주의라는 비판도 받고 있다.[2)]

[判] 憲法解釋에 관한 重要 判例

1. 憲法解釋의 創造的 機能[3)]

(헌법해석의 창조적 기능) 헌법상의 국민주권 원리가 형식논리에 급급하여 그 본질이 제대로 해석 적용되지 못하고 공권력의 남용으로부터 국민의 기본권을 보호하는 데에 실제적으로 충분히 그 기능을 다 하지 못한 이유를 먼저 살펴 보지 않을 수 없다.

그 본질적인 이유는 국민주권주의가 두 가지의 서로 상반되는 내용 즉, 형식적이고 명목적인 정치용 국민주권주의 이론과 실질적이고 능동적인 국민용 국민주권주의 이론이 혼동되어 헌법적 가치규범으로서 도덕성을 확립하지 못한 데에 기인한다. 이 두 가지의 국민주권이론은 권력과 인권, 주권과 자유와의 상관관계를 정확히 인식할 때 비로소 그 진정한 의미를 가지게 된다. 권력, 인권, 주권, 자유의 문제는 고리와 같이 서로 연결된 하나의 문제이지 각각 떨어진 각개의 별개문제가 아니다.

그러므로 권력원리의 분석과 주권이론에 대한 본질적인 통찰과 대책이 없이 인권이나 자유나 평등을 아무리 주장한다 하더라도 그것은 공허한 주장이 되기 일쑤이며, 헌법전상 인권규정이 아무리 풍부히 열거되고 예리한 해석론으로 뒷받침되고 있다 하더라도, 권력이나 주권자체가 실제로 국민의 것이 되지 아니하는 한 인간의 존엄성과 자유의 침해는 근절되기 어렵다는 것은 역사와 이론이 증명하고 있다.

지금까지 우리나라의 헌법체제하에서의 국민주권론은 실질적인 국민주권론이 되지 못하고 형식적인 국민주권론을 합리화하는 데 공헌하였으며, 국민대표론은 민의를 실제로 반영하는 현대적 대표론이 되지 못하고 민의와 동떨어진 권력의 자의적·독단적 행사만을 합리화하는 전근대적 대표론에 머무르고 있는 점이 적지 않았다.

헌법이 국가의 현실적인 정치제도와 국민의 사회적 생활 속에서 활용되고 본래의 취지대로 법률적 기능을 다하기 위하여는, 그에 맞는 해석론이 뒷받침되어야 한다는 것은 자명한 일이다.

헌법의 해석은 헌법이 담고 추구하는 이상과 이념에 따른 역사적·사회적 요구를 올바르게 수용하여 헌법적 방향을 제시하는 헌법의 창조적 기능을 수행하여 국민적 욕구와 의식에 알맞는 실질적 국민주권의 실현을 보장하는 것이어야 한다. 그러므로 헌법의 해석과 헌법의 적용이 우리 헌법이 지향하고 추구하는 방향에 부합하는 것이 아닐 때에는, 헌법적용의 방향제시와 헌법적 지도로써 정치적 불안과 사회적 혼란을 막는 가치관을 설정하여야 한다.

여기에 국민주권과 국민대표론에 관한 헌법해석상의 혼동에 대하여 깊은 성찰과 확실한 방

---

1) 헌재 2001. 9. 27 선고, 2000 헌마 238 등, 국회의원입후보 기탁금 사건, 헌재판례집 제13권 2집, 383면 이하(402면).

2) 사법적극주의와 사법소극주의에 대해서는 헌법재판소에 관한 설명 참조.

3) 헌재 1989. 9. 8 선고, 88 헌가 6, 헌재판례집 제 1 권, 199면 이하.

향정립이 필요한 이유가 있다. 헌법상의 국민주권론을 추상적으로 보면 전체국민이 이념적으로 주권의 근원이라는 전제 아래 형식적인 이론으로 만족할 수 있으나, 현실적으로 보면 구체적인 주권의 행사는 투표권 행사인 선거를 통하여 이루어지는 것이다. 실질적 국민주권을 보장하기 위하여 유권자들이 자기들의 권익과 전체국민의 이익을 위해 적절하게 주권을 행할 수 있도록 민주적인 선거제도가 마련되어야 하고, 국민 각자의 참정권을 합리적이고 합헌적으로 보장하는 선거법을 제정하지 않으면 안 된다.

2. 合憲解釋: 相續稅法 제32조의2는 違憲이 아니다[1]

(합헌해석의 필요성) 위에 설시한 바와 같이 이 사건 심판의 대상이 된 위 법률조항은 조세법률주의 및 조세평등주의의 이념에 비추어 헌법위반의 소지가 있다. 더구나 실질소유자와 명의자의 불일치라는 결과만을 중시하여 모든 경우를 막론하고 무차별적으로 증여의제하는 것은 재산권보장의 원리와 평등의 원칙에 위배될 소지가 있다. 그러나 명의신탁이 증여의 은폐수단으로 악용되는 조세현실을 방치할 수도 없고 실질과세의 원칙에 대한 예외규정의 설정이 전혀 금지되는 것도 아니다.

그렇기 때문에 종래 대법원은 위 법률조항이 헌법의 정신에 배치된다고 볼 수 없다라고 판시하면서도, 실질소유자와 명의자 사이에 합의 또는 의사소통이 없는 경우나 제3자 명의의 등기가 원인무효의 등기인 경우에는 위 법률조항이 적용되지 않는 것으로 제한 해석하고 있다. 또한 재무부와 국세청에서도 제 3 자 명의의 등기가 원인무효인 경우나, 법인이 부동산을 취득함에 있어서 불가피한 사정으로 개인명의의 중간등기를 거쳐 법인 앞으로 다시 등기한 경우, 사실상 법인이 직접 취득한 것이 객관적으로 확인되고, 양도자에 대한 양도소득세의 과세가 실지 거래가액에 의하여 과세될 때에는, 위 법률조항을 적용하지 아니하는 것으로 해석하고 있다. 이와 같은 판례 및 과세관청의 태도는 조세회피의 방지를 위하여 위 법률조항의 합헌성을 인정하면서도 실질소유자와 명의자가 다른 경우에 증여의제 조항을 무차별적으로 적용함으로써 생기는 불합리성을 시정하기 위한 축소해석의 시도(試圖)라고 보여진다.

결국 위 법률조항은 명의신탁을 이용한 조세회피 행위를 효과적으로 방지하기 위하여 실질과세의 원칙까지 배제하면서 획일적인 증여의제 제도를 마련한 것이지만, 명의신탁 제도는 판례에 의하여 그 유효성이 인정되고 있을 뿐만 아니라 사법질서의 일부로서 정착되고 있으므로, 전혀 조세회피의 목적이 없이 실정법상의 제약이나 제 3 자의 협력거부 기타 사정으로 인하여 부득이 명의신탁의 형식을 빌린 경우에도 무차별적으로 증여세를 과세한다면 재산권보장을 전제로 한 조세법률주의 또는 평등의 원칙을 전제로 한 조세평등주의의 헌법정신에 위배되는 결과를 낳을 염려가 있다.

일반적으로 어떤 법률에 대한 여러 갈래의 해석이 가능할 때에는 원칙적으로 헌법에 합치되는 해석, 즉 합헌해석(合憲解釋)을 하여야 한다. 왜냐하면 국가의 법질서는 헌법을 최고법규로 하여 그 가치질서에 의하여 지배되는 통일체를 형성하는 것이며 그러한 통일체 내에서 상위규범은 하위규범의 효력근거가 되는 동시에 해석근거가 되는 것이므로, 헌법은 법률에 대하여 형식적인 효력의 근거가 될 뿐만 아니라 내용적인 합치를 요구하고 있기 때문이다. 그러한 관점에서 볼 때 이 사건 심판의 대상인 위 법률 조항은 조세법률주의와 조세평등주의를 규정한 헌법정신에 위배될 소지도 없지 않지만, 명의신탁을 이용한 조세회피를 방지하여

1) 헌재 1989. 7. 21 선고, 89 헌마 38, 헌재판례집 제 1 권, 131면 이하.

야 한다는 당위성과 실질과세의 원칙에 대한 특례설정의 가능성을 고려하여 합헌해석을 할 필요가 있다고 판단된다.

그렇다면 위 법률조항은 원칙적으로 권리의 이전이나 행사에 등기 등을 요하는 재산에 있어서, 실질소유자와 명의자를 다르게 한 경우에는 그 등기 등을 한 날에 실질소유자가 명의자에게 그 재산을 증여한 것으로 해석하되, 예외적으로 조세회피의 목적이 없이 실정법상의 제약이나 제 3 자의 협력거부 기타 사정으로 인하여 실질소유자와 명의자를 다르게 한 것이 명백한 경우에는 이를 증여로 보지 않는다고 해석하여야 할 것이다. 물론 이 경우에 그와 같은 사정은 납세의무자가 적극적으로 주장 · 입증할 책임을 부담한다고 새겨야 할 것이다. 위 법률조항을 위와 같이 합헌적으로 해석하게 되면, 명의신탁을 이용한 조세회피 행위를 효과적으로 방지함으로써 조세정의를 실현하려는 입법목적도 달성할 수 있을 뿐만 아니라, 명의신탁 등으로 인한 실질소유자와 명의자의 불일치에 대하여 증여의제제도를 무차별적으로 적용함으로써 생길 수 있는 헌법위반의 소지도 말끔히 해소할 수 있을 것으로 판단된다.

[결　　론]

이상과 같은 이유로 상속세법 제32조의2 제 1 항(1981. 12. 31. 법률 제3474호 개정)은, 조세회피의 목적이 없이 실질소유자와 명의자를 다르게 등기 등을 한 경우에는 적용되지 아니하는 것으로 해석하는 한, 헌법에 위반되지 아니한다는 합헌해석을 하기로 하여 주문과 같이 결정한다.

이 결정은 관여재판관 중 재판관 조규광의 다수의견에 대한 보충의견과 재판관 변정수, 재판관 김진우의 반대의견이 있은 외에는 나머지 재판관의 의견일치에 따른 것이다.

[재판관 조규광의 보충의견]

1. 이 사건 판단에 필요한 범위 내에서 다음과 같이 말할 수 있다.

전제사건의 사실관계에 대하여 적용하게 될 법률의 합헌성 여부가 헌법재판소의 심사대상이 되었을 경우, 전제사건과의 상관관계하에서 법률의 문언, 의미, 목적을 살펴 부분적으로는 합헌이고 부분적으로는 위헌으로 판단되는 등 다의적인 해석 가능성이 생길 때 헌법재판소는 일반적인 해석작용이 용인되는 범위 내에서 어느 해석 가능성이 가장 헌법에 합치되는가를 가려 한정축소적 해석방법을 통하여 합헌적인 일정한 범위 내의 의미내용을 확정하여 이것이 그 법률의 본래적인 의미라고 말할 수 있고(따라서 그 이외의 해석가능성은 위헌임을 지시), 또 하나의 방법으로는 위와 같은 합헌적인 한정축소 해석의 타당영역 밖에 있는 사안례에까지 법률의 적용범위를 넓히는 것은 위헌이라는 취지로 법률의 문언 자체는 그대로 둔 채 한정조항을 붙여 한정적(질적) 위헌의 선언을 할 수도 있다.

이 사건 머리에 적은 주문 "……로 해석하는 한, 헌법에 위반되지 아니한다"라는 문귀의 취지는 이유란에서 밝혀졌듯이 상속세법 제32조의2 제 1 항에 관한 다의적인 해석가능성 중 한정 축소해석을 통하여 얻어진 일정한 합헌적 의미를 천명한 것이며 그 의미를 넘어선 확대해석은 바로 헌법에 합치하지 아니하는 것으로서 채택될 수 없다는 뜻이다. 헌법재판소는 다른 방법으로 즉 합헌적 한정 축소해석이 지닌 의미내용을 벗어난 영역에 속하는 사안례에까지 법률적용의 폭을 확대하는 것을 막기 위하여 "…… 경우에도 적용하는 한, 헌법에 위반된다"라고 정반대의 말로 표현할 수도 있다. 이 경우는 헌법재판소가 합헌으로 해석하는 의미밖의 영역에 속하는 사안례군에까지 법률의 적용범위를 넓힐 수 없으며 그러한 뜻에서 당해 법률의 적용범위를 정당한 해석선 내로 좁히는 한정적 위헌을 선언하는 것이다.

합헌적인 한정축소 해석은 위헌적인 해석가능성과 그에 따른 법적용을 소극적으로 배제하고, 적용범위의 축소에 의한 한정적 위헌선언은 위헌적인 법적용 영역과 그에 상응하는 해석가능성을 적극적으로 배제한다는 뜻에서 차이가 있을 뿐 이 사건에 관한 한 다 같이 본질적으로는 일종의 부분적 위헌선언이며 그 효과를 달리하는 것이 아니다. 다만 양자는 법문의미가 미치는 사정거리를 파악하는 관점, 법문의미의 평가에 대한 접근방법 그리고 개개 헌법재판 사건에서의 실무적인 적의성 등에 따라 그 중 한 가지 방법을 선호할 수 있을 따름이거니와 헌법 규범질서의 전체적인 통일성과 조화성으로 보아 의심의 여지가 있을 때에는 합헌적 해석이 우선한다는 법칙과 충격적인 위헌선언은 가급적 회피하는 것이 바람직하다는 일반적인 고려가 있을 따름이다.

이 사건 판단에는 한정축소적 합헌해석방법을 취하여 머리주문과 같은 표현을 할 수도 있고, 한정적 위헌 선언방법을 택하여 "상속세법 제32조의2 제 1 항은, 조세회피의 목적이 없이 실질소유자와 명의자를 다르게 등기 등을 한 경우에도 적용하는 한, 헌법에 위반된다"라고 하여 일정한 사안례군을 법률의 적용범위로부터 제외시킬 수도 있다.

2. 명의신탁이 행정법규상의 제반규제를 회피키 위하여 이용되는 사례를 많이 볼 수 있고 이들 중 그것이 건전한 사회관념상 용인될 수 없는 것, 사회정의에 반하는 것 등 명의신탁을 악용하는 것은 법의 보호를 받을 자격이 없다 하겠다.

그러나 그것은 그것대로 별도의 방법으로 제재 시정하여야 할 문제이고 그 해결방법을 본질적으로 입법목적을 달리하는 상속세법의 적용으로서 규제할 수 있는 것은 아니다.

[재판관 변정수, 재판관 김진우의 반대의견]

1. 우리는 다수의견과 견해를 달리하여 상속세법 제32조의2 제 1 항은 헌법 합치적 해석을 할 여지가 없는 단순 위헌법률이라고 본다. 헌법 제38조는 "모든 국민은 법률이 정하는 바에 의하여 납세의 의무를 진다"라고 하였고, 헌법 제59조는 "조세의 종목과 세율은 법률로써 정한다"라고 하였는데 위 두 개의 규정은 조세행정에 있어서의 법치주의를 선언하는 규정이다. 조세행정에 있어서의 법치주의 적용은 조세징수로부터 국민의 재산권을 보호하고 법적 생활의 안정을 도모하려는 데 그 목적이 있는 것인바, 오늘날의 법치주의는 국민의 권리·의무에 관한 사항을 법률로써 정해야 한다는 형식적 법치주의에 그치는 것이 아니라 비록 국회에서 제정한 법률이라 할지라도 그 법률의 목적과 내용 또한 헌법이념에 부합하는 등 정의에 합치되는 것이라야 한다는 실질적 법치주의를 의미하여 헌법 제38조, 제59조가 선언하는 조세법치주의는 이러한 실질적 법치주의를 뜻하는 것이므로 조세에 관한 법률도 그 목적이나 내용이 헌법이념과 정의에 합치되는 것이 아니면 아니 되고 그렇지 아니하면 위헌법률이 되는 것이다.

가) 다수의견은, 상속세법 제32조의2 제 1 항의 규정은 그 내용이 과세대상, 과세요건, 증여로 의제되는 범위 등에 있어 불명확하여 조세법률주의에 위배될 소지가 있고, 조세평등주의의 이념을 실현하기 위한 실질과세의 원칙에 대한 예외를 인정하였다는 점에서도 조세정의의 헌법정신에 위배될 소지가 있다. 또한 명의신탁제도는 판례에 의하여 그 유효성이 인정되고 있을 뿐만 아니라 사법질서의 일부로서 정착되고 있으므로 전혀 조세회피의 목적 없이 실정법상의 제약이나 제 3 자의 협력 거부 기타 부득이한 사정으로 인하여 부득이 명의신탁의 형식을 빌린 경우에도 무차별적으로 증여세를 과세한다면 재산권보장을 전제로 한 조세법률주의 또는 평등의 원칙을 전제로 한 조세평등주의의 헌법정신에 위배되는 소지도 없지 않다. 그러나 명의신탁을 이용한 조세회피를 방지하여야 한다는 당위성과 실질과세의 원칙에 대한 특례설정의 가능성을 고려하여 합헌해석을 할 필요가 있다. 그리하여 상속세법 제32조의2 제 1항을, 조세회피의 목적이 없이 실질소유자와 명의자를 다르게 등기 등을 한 경우에는 적용

되지 아니하는 것으로 해석한다면(그와 같은 사정은 납세의무자가 주장, 입증할 책임이 있다) 위헌의 소지도 없어지고 명의신탁이 조세회피 수단으로 이용되는 것을 막을 수 있을 것이라는 취지로 요약된다.

나) 그러나 다수의견에는 다음과 같이 위법·부당한 점이 있다.

첫째, 법률은 될 수 있으면 헌법에 합치되는 것으로 해석해야 한다는 점에는 이론(異論)의 여지가 없다. 그러나 헌법 합치적 해석은 그 법률문언의 뜻이 분명하지 아니하여 다의적(多義的)으로 해석될 수 있는 경우에 가능한 것인지 법률문언이 뚜렷하여 한 가지 뜻으로 밖에 해석할 여지가 없을 경우에는 헌법 합치적 해석은 불가능하며 이 때에는 입법기관이 법률을 개정함으로써만이 위헌 요소를 없앨 수 있는 것이다.

그런데 상속세법 제32조의2 제 1 항은 앞서 1항에서 설명한 바와 같이 법률문언 내용으로 보아서나 입법취지로 보아서나, 실질소유자와 명의자가 다른 경우에는 그들의 내부관계가 어떠하던간에, 즉 그들 간에 실질적인 증여가 있었거나 없었거나, 신탁법상의 신탁이 설정되었거나 아니면 단순한 명의신탁이었거나간에, 조세 회피의 목적 유무에 상관 없이 그들 간에 그 등기 등을 한 날에 증여가 있는 것으로 간주하여 설사 다른 주장 입증이 있더라도 그에 상관 없이 증여세를 부과하도록 한 규정인 것이 너무도 뚜렷하여 달리 해석할 여지가 없는 법률인 것이다.

그럼에도 불구하고 다수의견이 너무도 뚜렷한 위 규정을 가지고 주문과 같이 헌법 합치적으로 해석하는 것은 이른바 헌법 합치적 법률해석의 한계를 벗어난 것이라고 생각한다.

둘째, 위헌법률심판의 결정주문은 명확하여야 한다. 그런데 "상속세법 제32조의2 제 1 항은 조세회피의 목적이 없이 실질소유자와 명의자를 다르게 등기 등을 한 경우에는 적용되지 아니하는 것으로 해석하는 한 헌법에 위반되지 아니한다"라는 결정주문은 결국 위 법률이 위와 같이 해석되는 것을 조건으로 그 한도에서 헌법에 위반되지 아니한다는 것이므로 다른 한편으로는 위 법률이 조세회피의 목적 없이 실질소유자와 명의자를 다르게 등기 등을 한 경우에도 적용되는 것으로 해석하는 한 위 법률은 헌법에 위반된다는 것으로도 되어 매우 불명확한 결정주문이어서 위 법률이 위헌인지 합헌인지를 결정하여 달라는 청구인의 헌법소원에 대하여 명백한 대답을 아니하고 법률해석에 따라서 합헌으로도 되고 위헌으로도 될 수 있다는 애매한 대답을 한 것이 되어 헌법재판소가 위헌 여부의 결정을 회피하였다는 비난을 받을 수도 있을 것이다. 다수의견은 위 법률이 조세회피의 목적이 없이 실질소유자와 명의자를 다르게 등기 등을 한 경우에는 적용되지 아니하는 것으로 해석이 가능한 것이냐 아니냐의 점은 문제로 삼지 아니하고 헌법재판소가 위와 같은 해석을 하면 설사 그것이 근거 없는 해석이라고 하더라도 당연히 그 해석에 기속력이 있는 것으로 보고 위와 같은 결정을 한 것으로 보인다.

그러나 우리 법제는, 헌법재판소의 모든 재판(위헌결정이건, 합헌결정이건)이 법원과 행정기관 등 모든 국가기관을 구속할 뿐더러 헌법재판소가 재판의 집행권까지도 가지고 있고 또한 법원의 재판에 대하여도 심판권을 갖는 서독(西獨) 등 외국제도와는 달리 위헌결정에 한하여 기속력을 인정하고(헌법재판소법 제47조 제 1 항) 헌법재판소에 재판의 집행권도 없으며, 법원의 재판을 헌법소원의 대상에서 제외하고 있는데(헌법재판소법 제68조 제 1 항), 이러한 제도 아래서 우리 헌법재판소가 헌법재판소법 제47조 제 1 항에 의한 기속력이 있는 것인지 조차 의심스럽고, 서독 등 외국 헌법재판소에서나 하는 주문과 같은 조건부 합헌결정을 하는 것이 바람직한 일인지 생각해 볼 일이다.

셋째, 다수의견은 "조세회피의 목적이 없이……"라고만 하여 회피대상의 조세를 한정하지 아니하고 모든 조세를 그 대상에 포함시켰는데 만약 조세관청에서 위 문구를 확대 해석한다면 조세회피 목적 없는 명의신탁은 거의 인정되지 아니할 것이므로 다수의견이 어떠한 실익을 거둘 수 있을지 의문이다. 다수의견이 위 법률규정의 위헌성을 시인하면서도 주문과 같은 변칙적 결정을 한 것은 단순위헌결정을 하였을 경우에 있어서의 법의 공백을 염려하는 것으로 보이나, 위와 같은 법률이 없다고 하더라도 명의신탁을 가장한 증여 등에 대하여서는 실질과세의 원칙에 따라 얼마든지 세금을 부과할 수 있는 것이므로 다수의견의 염려는 기우에 지나지 않는다.

위에서 본 바와 같이 법리에도 맞지 않고 실정법에 비추어도 문제가 있는 다수의견에는 찬동할 수 없다. 상속세법 제32조의2 제 1 항은 세수증대와 조세행정의 편의만을 위한 나머지 국민의 기본권을 염두에 두지 아니한 위헌법률이고 헌법 합치적 해석의 여지도 없는 법률이므로 마땅히 위헌선언이 되어야 한다.

3. 國家賠償法 제 2 조 제 1 항 단서는 違憲이 아니다[1)]

[다수의견]

이 사건에서는 일반국민이 직무집행중인 군인과의 공동불법행위로 직무집행중인 다른 군인에게 공상을 입혀 그 피해군인에게 공동의 불법행위로 인한 손해를 전부 배상한 다음 공동불법행위자인 군인의 부담부분에 관하여 그 군인의 사용자인 국가에 대하여 구상권을 행사하는 것이 이 사건 심판대상부분에 의하여 허용되지 아니한다고 해석하는 경우 이 사건 심판대상부분이 헌법에 위반되는지 여부가 쟁점이다.

이 사건 심판대상 부분의 헌법상 근거는 헌법 제29조 제 2 항이므로 먼저 헌법 제29조 제 2 항이 위와 같은 경우 구상권의 행사를 배제하고 있는지 여부를 살펴본 다음, 이 사건 심판대상 부분의 위헌 여부를 살펴보기로 한다.

가. 헌법 제29조 제 2 항의 구상권행사 배제 여부에 관하여

헌법 제29조 제 1 항은 "공무원의 직무상 불법행위로 손해를 받은 국민은 법률이 정하는 바에 의하여 국가 또는 공공단체에 정당한 배상을 청구할 수 있다. 이 경우 공무원 자신의 책임은 면제되지 아니한다"고 규정하면서, 같은 조 제 2 항에서 "군인·군무원·경찰공무원 기타 법률이 정하는 자가 전투·훈련 등 직무집행과 관련하여 받은 손해에 대하여는 법률이 정하는 보상 외에 국가 또는 공공단체에 공무원의 직무상 불법행위로 인한 배상은 청구할 수 없다"고 규정하여, 국가배상청구권이 인정되는 국민 중에서 군인 등에 한하여 국가배상청구권을 제한하고 있다. 따라서 문리해석상 헌법 제29조 제 2 항은, 공무원의 직무상 불법행위로 직무집행과 관련하여 손해를 입은 군인 등이 법률이 정하는 보상을 지급받을 수 있을 때에는 직접 국가 또는 공공단체에 대하여 손해배상청구권을 행사하는 것을 허용하지 아니한 것은 명백하다. 그러나 위 규정이 이 사건과 같은 사안에서 일반국민이 국가에 대하여 구상권을 행사하는 것까지 허용하지 아니하는가 여부는 분명하지 아니하다. 그렇다면 이 문제는 위 규정의 입법목적과 헌법의 일반원칙에 따라 해석하여야 할 것이다.

(1) 일반국민이 직무집행중인 군인과의 공동불법행위로 직무집행중인 다른 군인에게 공상을 입힌 경우 그 일반국민은 피해군인이 법률로 정하는 보상을 지급받는 것과는 별도로 공동불법행위이론에 의하여 공동불법행위자인 군인의 부담부분을 포함한 전부의 손해를 배상할

1) 헌재 1994.12.29 선고, 93 헌바 21, 헌재판례집 제 6 권 2 집, 379면 이하.

책임을 지게 된다.

그런데 헌법 제29조 제 2 항을 피해군인 등에게 발생한 국가에 대한 손해배상청구권을 그 군인 등과 국가 사이에서만 상대적으로 소멸시키는 규정으로 해석한다면, 일반국민은 공동불법행위자인 군인의 부담부분에 관하여 국가에 대하여 구상권을 행사할 수 있게 된다. 이리하여 일반국민은 다른 공동불법행위로 인한 손해배상사건에서와 마찬가지로 자신의 부담부분에 한하여만 손해를 배상하고 국가도 공동불법행위자인 군인의 사용자로서의 책임을 부담하는 결과가 되어 형평의 원칙에 부합하게 된다. 이와 반대로 헌법 제29조 제 2 항을 국가의 불법행위책임 자체를 절대적으로 배제하는 규정으로 해석한다면, 이 사건과 같은 사안에서 일반국민은 공동불법행위자인 군인의 부담부분에 관하여 국가에 대하여 구상권을 행사할 수 없게 되고, 설사 공동불법행위자인 군인 개인에 대하여 구상권을 행사할 수 있다고 하더라도 그 군인 자신에게 변제할 자력이 없을 경우에는 일반국민은 현실적으로 구상을 받을 수 없게 된다. 그 결과 국가는 공동불법행위자인 군인의 사용자로서 그 군인의 불법행위로 인한 손해배상책임을 전혀 지지 아니하고 그 부담부분을 일반국민에게 전가시키거나 전가시키는 결과가 되어 형평의 원칙에 위배되고 아울러 법률에 근거 없이 일반국민에게 재산상의 의무를 부과하는 것으로 국민의 재산권을 침해하게 된다.

국가는 국민의 기본권을 보장할 의무가 있고, 헌법 제29조 제 2 항은 제 1 항에 의하여 보장되는 국가배상청구권을 헌법 내재적으로 제한하는 규정이므로 그 적용범위에 대하여는 엄격하고도 제한적으로 해석하여야 할 것이다. 그러므로 헌법 제29조 제 2 항의 입법목적은, 피해자인 군인 등이 법률이 정하는 보상 외에 국가에 대하여 직접 손해배상청구권을 행사하지 못하게 하는 범위 내에서, 즉 일반국민에게 경제적 부담을 전가시키지 아니하는 범위 내에서 군인 등의 국가에 대한 손해배상청구권을 상대적으로 소멸시킴으로써 군인 등에 대한 이중배상을 금지하여 국가의 재정적 부담을 줄인다고 하는 의미로 제한하여 이해하여야 할 것이다.

그러므로 헌법 제29조 제 2 항은 이 사건의 쟁점이 되고 있는 사안에서와 같이 일반국민이 직무집행중인 군인과 공동불법행위를 한 경우에는 일반국민의 국가에 대한 구상권의 행사를 허용하지 아니한다고 해석하여서는 아니 될 것이다.

더욱이 이 사건과 같은 교통사고의 경우 위 승용차의 운전자는 위 오토바이의 승객이 누구인지 전혀 알 수 없는 상태에서 사고를 일으켰는데, 위 오토바이의 승객이 일반국민이면 국가가 구상책임을 지고, 군인 등이면 국가가 구상책임을 지지 아니한다고 한다면 위 승용차의 운전자는 우연한 사정에 의하여 그 손해배상의 부담부분이 크게 달라지게 되어 법적 안정성을 해하게 된다.

나. 이 사건 심판대상 부분의 위헌 여부에 대하여

이 사건 심판대상 부분은 그 규정의 내용이 헌법상 근거규정인 헌법 제29조 제 2 항과 동일하므로 위 가항에서 살펴본 바와 같이 일반국민의 국가에 대한 구상권의 행사를 허용하지 아니한다고 해석되지 아니한다. 그런데 법원은 이 사건 심판대상 부분을 근거로 일반국민의 국가에 대한 구상권의 행사를 허용하지 아니한다고 해석하고 있으므로 그와 같이 해석하는 경우 이 사건 심판대상 부분이 헌법에 위반되는지 여부를 살펴보기로 한다.

(1) 이 사건 심판대상 부분의 입법목적은 헌법 제29조 제 2 항의 입법목적과 동일하다고 할 수 있다. 그 입법목적의 정당성 여부는 헌법 제29조 제 2 항에 의하여 헌법적으로 해결되어 있다고 하더라도 헌법상 보장되는 일반국민의 국가배상청구권을 제한하는 범위와 정도는 헌법 제37조 제 2 항에 의한 기본권제한의 한계 내에서만 가능한 것이다. 앞서 일반국민의 국가

에 대한 구상권의 행사가 인정되는지 여부를 검토하면서 살펴본 바와 같이, 이 사건 심판대상 부분이 일반국민의 국가에 대한 구상권의 행사를 허용하지 아니한다고 해석한다면, 이는 국가가 공동불법행위자인 군인의 사용자로서 그 군인의 불법행위로 인한 손해배상책임을 합리적인 이유 없이 일반국민에게 전가시키거나 전가시키는 결과가 되어, 입법목적을 달성하기 위한 정당한 입법수단의 한계를 벗어나는 것이 된다고 할 것이다.

(2) 더구나 1994. 1. 5. 법률 제4705호로 공포되어 7. 1.부터 시행된 군인연금법 제41조 제 2 항은, "국방부장관은 제 3 자의 행위로 인하여 급여의 사유가 발생하여 급여를 지급하는 때에는 그 급여액의 범위 안에서 수급권자가 제 3 자에 대하여 가지는 손해배상청구권을 취득 한다"고 규정하고 있고, 같은 조 제 3 항은, "제 2 항의 수급권자가 제 3 자로부터 동일한 사유로 인하여 이미 손해배상을 받은 때에는 그 배상액의 범위 안에서 급여를 지급하지 아니한다"고 규정하고 있다. 위 규정에 의하여, 직무집행중인 군인과 공동불법행위를 한 일반국민이 직무집행과 관련하여 공상을 입은 다른 피해군인에게 손해배상을 하지 아니하면, 국가의 피용자인 군인의 복리증진 등을 위한 군인연금기금의 관리운용자인 국방부장관은 피해자인 군인에게 지급한 재해보상금·유족연금·상이연금 등의 범위 내에서 군인연금법 제41조 제 2 항에 의하여 공상을 입은 그 군인의 일반국민에 대한 손해배상청구권을 취득하여 공동불법행위자인 일반국민에게 손해배상을 청구할 수 있다. 반대로 공동불법행위자인 일반국민이 직무집행과 관련하여 공상을 입은 피해자인 군인에게 손해배상을 하게 되면, 그 금액의 범위 안에서 그 군인에게 군인연금법에 의한 재해보상금·유족연금·상이연금 등을 지급하지 아니하게 된다.

이와 같이 국방부장관은 피해자인 군인에게 국고의 부담에 의한 재해보상금(군인연금법 제31조, 제32조), 군인연금기금의 부담에 의한 상이연금·유족연금 등(군인연금법 제23조, 제26조, 제37조 등 참조)을 취급한 때에는 그 군인의 일반국민에 대한 손해배상청구권을 취득하는 방식으로 사실상 일반국민에게 구상권을 행사할 수 있게 되고, 그 군인측이 일반국민으로부터 손해배상을 받은 경우에는 그 금액의 범위 안에서 재해보상금·유족연금·상이연금 등을 지급하지 아니하여 국고 또는 군인연금기금은 사실상 재정적인 이득을 얻게 된다. 그럼에도 불구하고 이 사건 심판대상 부분에 의하여 이 사건과 같은 사안에서 일반국민은 공동불법행위자인 군인의 부담부분에 관하여 국가에 대하여 구상권을 행사할 수 없다고 한다면, 이는 불법행위로 인한 손해배상문제를 둘러싼 사경제적 법률관계에서 합리적인 이유 없이 국가를 지나치게 우월하게 취급함으로써 입법목적을 달성하기 위한 정당한 입법수단의 한계를 더욱 벗어나게 된다.

(3) 이상과 같은 이유로 이 사건 심판대상 부분에 의하여 이 사건의 쟁점이 되고 있는 사안에서 일반국민이 공동불법행위자인 군인의 부담부분에 관하여 국가에 대하여 구상권을 행사할 수 없다고 해석한다면, 이는 이 사건 심판대상 부분의 헌법상 근거규정인 헌법 제29조가 구상권의 행사를 배제하지 아니하는데도 이를 배제하는 것으로 해석하는 것으로서 합리적인 이유 없이 일반국민을 국가에 대하여 지나치게 차별하는 경우에 해당하므로 헌법 제11조, 제29조에 위반된다. 또한 국가에 대한 구상권은 헌법 제23조 제 1 항에 의하여 보장되는 재산권이고 위와 같은 해석은 그러한 재산권의 제한에 해당하며 재산권의 제한은 헌법 제37조 제 2 항에 의한 기본권 제한의 한계 내에서만 가능한데, 위와 같은 해석은 헌법 제37조 제 2 항에 의하여 기본권을 제한할 때 요구되는 비례의 원칙에 위배하여 일반국민의 재산권을 과잉제한하는 경우에 해당하여 헌법 제23조 제 1 항 및 제37조 제 2 항에도 위반된다고 할 것이다.

다. 이해관계기관의 의견에 대한 판단

그런데 법무부장관은, 헌법 제29조 제 2 항은 입법적으로 해결된 것이며 그 입법목적에 비추어 보더라도 이 사건에서 일반국민의 국가에 대한 구상권의 행사가 허용되지 아니한다고 주장하고 있으므로 이에 관하여 판단하기로 한다.

(1) 먼저 입법적으로 해결된 것이란 주장에 대하여 살펴본다. 헌법 제29조 제 2 항은 1972. 12. 27. 제 7 차 개헌시 처음으로 헌법 제26조 제 2 항(다만 당시 "군무원"은 "군인"으로 표시되었다)으로 규정되었고, 1980. 10. 27. 제 8 차 개헌시 헌법 제28조 제 2 항으로 조문의 위치가 변경되었다가 1987. 10. 29. 제 9 차 개헌시 현행헌법과 같이 개정되었다. 그런데 제 7 차 개헌 이전인 1967. 3. 3. 법률 제1899호로 제정된 구 국가배상법 제 2 조 제 1 항 단서는 현행 국가배상법 제 2 조 제 1 항 단서와 유사한 내용으로 군인·군속에 대한 이중배상금지를 규정하였고, 그 규정이 이들의 국가에 대한 국가배상법 또는 민법에 의한 손해배상청구를 배제하는 것의 위헌 여부가 논의되어 오던중, 대법원은 1971. 6. 22 선고, 70 다 1010 사건 판결에서 공무원의 직무상 불법행위로 인하여 피해를 입은 때에 그 피해자가 군인이라 하여 손해배상청구권을 부인하는 구 국가배상법 제2조 제1항 단서는 헌법에 위반된다고 위헌판결을 하였던 것이다. 이리하여 군인 등의 이중배상금지를 규정한 구 국가배상법 제 2 조 제 1 항 단서의 위헌문제를 헌법적으로 해결하기 위하여 제 7 차 개헌에서 위와 같이 헌법 제26조 제 2 항이 신설된 것이다.

대법원에서 위헌판결이 선고된 위 사건에서는 피해자인 군인이 직접 국가에 대하여 손해배상청구권을 행사하는 것을 배제하는 것이 쟁점으로 되어 있었기 때문에, 연혁적으로 보더라도 헌법 제29조 제 2 항은 피해자인 군인이 법률에 의한 보상 이외에 공무원의 사용자인 국가 또는 공공단체에 직접 손해배상청구권을 행사하는 것을 허용하지 아니한다고 주장하고 있다. 그러나 헌법 제29조 제 2 항은 피해자인 군인이 불법행위자인 일반국민에 대하여 손해배상청구권을 행사하는 것을 금하지는 아니하므로, 비록 구 국가배상법 제 2 조 제 1 항 단서는 군인 등이 전사한 경우보다 후방에서 안전사고로 사망한 경우 더 많은 배상을 받게 되는 모순을 방지하기 위하여 제정되었다고 하는 사정을 고려한다 하더라도, 그와 같은 사정은 위에서 본 바와 같이 일반국민의 직무집행 중인 군인과 공동불법행위를 한 경우 일반국민의 국가에 대한 구상권의 행사를 허용하지 아니한다고 해석할 수 있는 합리적인 이유가 될 수 없다고 할 것이다.

(2) 다음으로 입법목적과 관련한 주장을 살펴본다.

첫째, 법무부장관은 헌법 제29조 제 2 항의 입법목적은 소송절차상 군사기밀 내지 수사기밀이 누설되어 고유업무에 지장을 초래할 우려가 있으므로 이를 방지하기 위한 것이라고 주장한다. 그러나 소송절차상 군사기밀 내지 수사기밀이 누설될 위험이 있으면 재판을 비공개로 진행하여 이를 방지할 수 있을 것이고, 나아가 피해자인 군인이 가해자인 국민을 상대로 손해배상청구소송을 할 경우에도 군사기밀 내지 수사기밀이 누설될 위험은 있는 것인데도 이를 금지하지 아니하고 있다.

둘째, 법무부장관은 전우·동료끼리 원·피고가 되어 소송을 하거나 업무수행 중 사상한 경우 손해배상청구권이 인정되는 자와 그러하지 아니한 자가 있게 되면 군인·경찰관 등의 사기와 단합에 나쁜 영향을 줄 수 있으므로 이를 방지하기 위한 것도 헌법 제29조 제 2 항의 입법목적의 하나라고 주장한다. 그러나 국가가 가해자인 군인 등에게 구상권을 행사하는 경우에도 전우·동료끼리 원·피고가 되어 소송을 하는 것과 유사한 결과가 발생하고, 손해배상청구권이 인정되는 자와 그러하지 아니한 자가 있다고 하더라도 이는 사고발생의 경위가 다르기 때문에 발생하는 것이지 동일한 사안에서 그와 같은 차별이 발생하는 것은 아니다.

셋째, 그 외 법무부장관은 지휘관이 업무 중 손해배상책임의 발생 여부를 항상 염두에 두게 되어 업무수행의 부담을 가중시키므로 이를 방지하기 위한 것도 헌법 제29조 제2항의 입법목적의 하나라고 주장한다. 그러나 지휘관은 항상 업무수행 중 사상자가 발생하지 않도록 주의할 의무가 있는 것이다.

이상과 같이 법무부장관이 주장하는 헌법 제29조 제2항의 입법목적은 그 정당성이 미약하고, 비록 그 정당성을 인정한다 하더라도 이는 어디까지나 부차적인 입법목적이 될 수 있을 뿐이다. 또한 이와 같은 입법목적을 달성하기 위한 헌법 제29조 제2항의 적용범위는 입법수단의 정당성을 인정할 수 있는 범위 내로 제한적으로 해석되어야 하는데, 이 사건의 쟁점이 되고 있는 사안에서 일반국민이 국가에 대하여 구상권을 행사하는 것을 허용하지 아니한 것은 법무부장관이 주장하는 입법목적을 달성하기 위하여 반드시 필요한 것도 아니므로 이는 정당한 입법수단이 될 수 없는 경우에 해당한다고 하겠다.

그러므로 법무부장관이 주장하는 입법목적도 헌법 제29조 제2항이 이 사건의 쟁점이 되고 있는 사안에서 일반국민의 국가에 대한 구상권의 행사를 허용하지 아니한다고 해석할 수 있는 합리적인 이유가 될 수 없다고 할 것이다.

[결　론]

그렇다면, 이 사건 심판대상 부분은, 일반국민이 직무집행중인 군인과의 공동불법행위로 직무집행중인 다른 군인에게 공상을 입혀 그 피해자에게 공동의 불법행위로 인한 손해를 배상한 다음 공동불법행위자인 군인의 부담부분에 관하여 국가에 대하여 구상권을 행사하는 것을 허용하지 아니한다고 해석하는 한, 헌법 제117조, 제23조 제1항, 제29조 및 제37조 제2항에 위반되어 위헌이므로 주문과 같이 결정한다.

이 결정은 관여재판관 전원의 의견일치에 의한 것이다.

4. 類推解釋判決에 대한 決定[1)]

[다수의견]

이 사건 심판청구의 적법요건에 관하여 본다.

가. 먼저 민법 제70조 제3항 및 민사소송법 제48조에 관한 심판청구를 본다.

헌법재판소법 제68조 제2항에 의한 헌법소원의 심판대상은 법률에 한정되므로, 그 심판청구는 '법률' 자체의 위헌성을 다투는 것이어야 한다.

청구취지와 청구이유를 종합하여 보건대, 청구인이 이 헌법소원에서 다투고자 하는 것은 심판대상조항으로 삼은 위 각 조항들 자체가 헌법에 위반된다는 것이 아니라, 위 각 조항들을 '법인 아닌 사단'에 대하여 유추적용하는 것, 그리하여 법인 아닌 사단의 소수사원에게 법원의 허가를 얻어 임시총회를 소집할 수 있게 하는 것이 법인 아닌 사단의 결사의 자유를 침해한다는 것이다.

그런데, 민법 제70조 제3항은 '사단법인'의 소수사원이 법원의 허가를 얻어 임시총회를 소집할 수 있음을 규정하고 있을 뿐이어서, 법인 아닌 사단의 소수사원이 법원의 허가를 얻어 임시총회를 소집할 수 있게 되는 법적 결과는 위 조항 자체로부터는 창출되지 않는다. 청구인이 주장하는 위헌사유는 위 법률조항의 규율범위 내에서 발생한 것이 아니라, 그 밖에서,

1) 헌재 2000.7.20 선고, 98 헌바 74, 민사소송법 제48조 등 위헌소원, 헌재판례집 제12권 2집, 68면 이하.

법원이 '사단법인'에 관한 위 조항을 '법인 아닌 사단'에게도 '유추적용'함으로써 비로소 발생한 것이다.

민사소송법 제48조에 대한 위헌주장 또한 마찬가지이다. 청구인이 주장하는 위헌사유, 즉 법인 아닌 사단이 임시총회 소집허가신청이라는 '비송'사건의 상대방이 될 수 있다는 법적 결과는 비법인의 당사자능력에 관한 위 법률조항 자체에 기인하는 것이 아니라, 이 조항을 비송사건에도 '유추적용'함으로써 비로소 발생한 것이다.

한편 헌법재판소법 제68조 제 2 항의 헌법소원에서 법률조항 자체의 위헌판단을 구하는 것이 아니라, 법률조항을 "……하는 것으로 해석하는 한 위헌"이라는 판단을 구하는 청구는, 그것이 법률조항 자체의 위헌성을 다투는 것으로 볼 여지가 있는 한도 내에서 허용된다(헌재 1995. 7. 21. 92 헌바 40, 헌재판례집 7-2, 34, 37; 헌재 1997. 2. 20. 95 헌바 27, 헌재판례집 9-1, 156, 161~162).

헌법재판소의 한정위헌결정은 법률조항의 위헌적인 요소를 배제하고 합헌적인 의미 또는 적용범위를 확정하기 위하여 행하여지는 것이므로, 그러한 한정위헌결정을 구하는 심판청구는 법률조항에 다의적인 해석가능성이나 다양한 적용범위가 있을 것과, 그에 대하여 합헌적 법률해석을 할 수 있을 것을 전제로 한다(헌재 1994. 4. 28. 92 헌가 3, 헌재판례집 6-1, 203, 221~222 참조).

그런데 민법 제70조 제 3 항은 사단법인의 경우에만 적용되고, 법인 아닌 사단의 경우에는 적용되지 않음이 문언상 명백하고, 여기에 다의적 해석가능성이나 다양한 적용범위가 문제될 여지가 없고, 청구인이 이 조항에 관하여 다투는 것은 이 조항 자체에 내포된 어떤 위헌적 해석방법이나 적용범위가 아니라, 이 조항을 법인 아닌 사단에 '적용'하는 것의 위헌 여부이다. 따라서 청구인의 심판청구는 이 법률조항 자체의 위헌성을 다투는 것으로 볼 수 있는 한정위헌청구로 받아들일 여지도 없다. 민사소송법 제48조의 경우에도 마찬가지이다.

[재판관 이영모, 재판관 하경철의 반대의견]

우리는, 법원이 재판에서 유추적용을 한 법률에 대한 위헌 여부 심판을 각하하는 다수의견에 동조할 수 없으므로 아래와 같이 그 이유를 밝혀 두기로 한다.

가. 법원이 유추적용한 법률에 대한 위헌 여부의 심판

(1) 유추적용한 법률에 대한 헌법판단의 적격성

헌법의 구속을 받는 모든 국가기관은 국민의 기본권을 존중·준수할 의무와 책임이 있으므로, 입법부가 법률을 제정하거나 행정부가 이 법률을 집행하기 위한 하위규범(대통령령, 부령 등)을 마련할 때는 물론, 법원이 재판에서 그 법률을 적용하는 경우에도 헌법이 요구하는 정당성과 합리성을 갖추어야 한다.

법원이 구체적인 법률상의 쟁송을 심판하면서 그 사건에 적용할 법률을 표현된 문자의 의미에 포함되지 아니하는 부분에도 확장하여 유추적용을 할 것인지 또는 그 규정의 표현을 망라적·한정적인 것으로 축소할 것인지의 여부는 원칙적으로 법원의 재량영역에 속한다. 그러나 헌법은 재량영역인 법원의 법률적용에 관하여, 위헌인 법률을 합헌으로 판단할 권한을 주지 아니한 것처럼, 권력분립의 원칙에 따라 법률적용을 빌미로 하여 입법형성영역을 침해하지 못하도록 명령하고 있다.

청구인은, 이 법률조항 중 사단법인에 관한 민법 제70조 제 2 항, 제 3 항과 비송사건절차법 제34조를 그 규정의 문언에 명시하지 아니한 법인 아닌 사단에 이를 유추적용한 것은, 단체의 자율권인 결사의 자유를 침해한 것으로서 해석의 범위를 일탈한 것이라고 주장하고 있다. 그런데 이러한 법률의 유추적용이 법원의 재량영역으로서 헌법상의 정당성과 합리성이 있는 적정한 것인지, 입법형성영역을 침해한 것은 아닌지 등에 대한 심사는, 헌법을 정점으로 하는 법체계의 통일성과 정합성을 유지·도모하는 것을 주된 임무로 하는 헌법재판소의 심판영역에 속하는 것이다. 헌법 제107조 제 1 항과 헌법재판소법 제41조 제1항에서 "법률이 헌법에 위반되는 여부가 재판의 전제"라고 한 그 법률에, 법원이 유추적용한 법률을 제외하는 뜻으로는 해석되지 아니하기 때문에 헌법판단의 적격성이 있다고 할 것이다.

5. 補充的 合憲解釋[1)]

[다수의견]

가. 이 사건 법률조항은 "지방자치단체의 장은 다른 지방자치단체의 장의 동의를 얻어 그 소속 공무원을 전입할 수 있다"라고만 규정하고 있어, 이러한 전입에 있어 지방공무원 본인의 동의가 필요한지에 관하여 다툼의 여지 없이 명백한 것은 아니다. 법문상으로 보면 지방공무원의 전입에 관하여 공무원 본인의 동의가 필요하다는 것이 명기되어 있지 않으므로 지방공무원의 의사와 관계 없이 지방자치단체의 장 사이의 상호 동의만으로 지방공무원을 전출·전입시킬 수 있다는 해석의 여지가 없는 것도 아니다.

일반적으로 어떤 법률에 대한 여러 갈래의 해석이 가능할 때에는 원칙적으로 헌법에 합치되는 해석을 하여야 한다. 왜냐하면 국가의 법질서는 헌법을 최고법규로 하여 그 가치질서에 의하여 지배되는 통일체를 형성하는 것이며 그러한 통일체 내에서 상위규범은 하위규범의 효력근거가 되는 동시에 해석근거가 되기 때문이다(헌재 1989. 7. 21. 89 헌마 38, 헌재판례집 1, 131, 145).

그런데 이 사건 법률조항을, 지방공무원의 의사와 관계 없이 지방자치단체의 장 사이의 동의만으로 지방공무원을 전출·전입시킬 수 있는 것으로 풀이하는 것은 헌법에 합치되는 올바른 해석이라 할 수 없다. 그 이유를 상세히 살펴보기로 한다.

지방공무원의 경우, 그 사용자인 지방자치단체에 소속되어 있는 한 그 직무의 내용과 장소를 다소 달리한다고 하여 이를 두고 그 직장선택의 자유를 침해하는 것으로는 볼 수 없을 것이다. 하지만 국가공무원과는 달리 지방공무원은 특정 지방자치단체와의 쌍방적 행위를 통하여 임용되므로 특별한 사정이 없는 한 임용된 당해 지방자치단체에 소속된 공무원으로서 그 관할구역 내에서 근무하는 것을 근무관계의 본질로 한다. 그러므로 지방공무원을 그 소속 지방자치단체로부터 분리하여 다른 지방자치단체 소속으로 옮긴다는 것은 그 지방공무원의 공무원으로서의 지위에 근본적 변동을 초래하게 된다. 각 지방자치단체는 지역적 특성, 인구, 재정자립도 등 여러 가지 면에서 대단히 큰 편차를 보이므로, 지방자치단체마다 직무의 내용, 보직관리 기준, 근무여건 등이 크게 달라질 수 있다. 소속 지방자치단체가 옮겨지면 근무지, 이에 따라 삶의 기초가 되는 주거지 또한 변경되는 것이 통상적일 것이다. 따라서 지방공무원의 의사에 반하여 그 직장(소속 지방자치단체)의 변경을 강제한다는 것은 이를 정당화할 만한 정도의 공익적 요청 없이는 그 지방공무원의 직장선택의 자유를 침해하는 것이 되므로 헌법적으로 허용되지 아니한다. 그런데 이 사건 법률조항에 의한 전출·전입으로 목적하고자 하는 공익이란 인사교류를 통한 행정의 능률성 이외에는 달리 상정하기 어려운바, 이는 공무원의 신분보장, 민주적인 공직제도라고 하는 헌법적 가치에 대하여 양보를 요구할 만한 것이라고 보기 어렵다.

나. 이상 살펴본 바와 같이 이 사건 법률조항을, 해당 지방공무원의 동의 없이도 지방자치단체의 장 사이의 동의만으로 지방공무원에 대한 전출 및 전입명령이 가능하다고 풀이하는

1) 헌재 2002. 11. 28 선고, 98 헌바 101, 99 헌바 8(병합), 지방공무원법 제29조의3 위헌소원, 헌재판례집 제14권 2집, 609면 이하.

것은 헌법적으로 용인되지 아니한다. 헌법 제 7 조에 규정된 공무원의 신분보장 및 헌법 제15조에서 보장하는 직업선택의 자유의 의미와 효력에 비추어 볼 때, 이 사건 법률조항은 해당 지방공무원의 동의가 있을 것을 당연한 전제로 하여 그 공무원이 소속된 지방자치단체의 장의 동의를 얻어서만 그 공무원을 전입할 수 있음을 규정하고 있는 것으로 보는 것이 올바른 해석이다. 이렇게 본다면 인사교류를 통한 행정의 능률성이라는 입법목적도 적절히 달성할 수 있을 뿐만 아니라 지방공무원의 신분보장이라는 헌법적 요청도 충족할 수 있게 된다.

대법원은 이 사건 법률조항에 관하여, '지방자치단체의 장이 소속 공무원을 전출하는 것은 임명권자를 달리하는 지방자치단체로의 이동인 점에 비추어 반드시 당해 공무원 본인의 동의를 전제로 하는 것'이라고 해석하고 있는데(대법원 2001. 12. 11 선고, 99 두 1823 판결; 대법원 2001. 12. 28 선고, 98 두 19704 판결), 이는 지방공무원 본인의 동의라는 요건이 이 사건 법률조항에 의한 전출·전입의 당연한 전제임을 잘 보여주고 있다 하겠다.

이 사건 법률조항을 이와 같이 해석하는 것은 이 사건 법률조항의 내용을 왜곡하거나 변경하는 것이 아니라, 법률의 본래 의미를 헌법정신에 비추어 분명히 하는 것이므로 법률해석의 한계를 벗어나는 것이라 할 수 없다.

다. 결론적으로 이 사건 법률조항은, 지방자치단체의 장은 소속 지방공무원의 전출·전입에 서로 동의하였더라도 해당 지방공무원 본인의 동의를 얻어야만 그를 전출·전입할 수 있다는 것으로 해석하는 것이 타당하고, 따라서 이 사건 법률조항은 헌법에 위반되지 아니한다 할 것이다.

[결 론]

이 사건 법률조항은 헌법에 위반되지 아니하므로 주문과 같이 결정한다. 이 결정은 재판관 김효종, 재판관 김경일, 재판관 송인준의 아래와 같은 한정위헌의견 및 재판관 김영일의 아래과 같은 헌법불합치의견이 있는 외에는 나머지 관여 재판관의 일치된 의견에 의한 것이다.

[재판관 김효종, 재판관 김경일, 재판관 송인준의 한정위헌의견]

우리는 이 사건 법률조항을 합헌적으로 해석하여 당해 공무원 본인의 동의를 받는 경우에 한하여 적용할 경우 이 사건 법률조항이 갖는 위헌성이 제거될 수 있다는 점에서는 다수 의견과 뜻을 같이하나 이 사건 법률조항에 관한 대법원의 동일한 해석이 있다고 하여 이 사건 법률조항에 존재하는 위헌적 부분을 결정주문에 명시적으로 밝히지 않고 단순하게 이 사건 법률조항이 헌법에 위반되지 아니한다는 주문으로 선고하는 것에 대하여는 다음과 같은 이유로 반대한다.

가. 다수의견은 기본적으로 대법원의 위와 같은 해석으로 이 사건 법률조항이 갖는 위헌성이 종국적으로 제거되었다는 것을 전제로 한 것으로 보인다.

그러나 이러한 견해는 대법원의 판결의 기속력과 헌법재판소의 위헌결정의 기속력의 내용 내지 범위에 관한 이해의 결여에서 비롯된 것으로 생각한다. 대법원의 판결이 갖는 기속력은 당해 사건에 관하여 하급심을 기속하는 것(법원조직법 제 8 조)인데 반하여 헌법재판소의 결정 주문에서 표현된 위헌결정이 갖는 기속력은 "법원 기타 국가기관 및 지방자치단체"(헌법재판소법 제75조 제 6 항, 제47조 제 1 항)에게 미친다. 이렇듯 헌법재판소의 위헌결정의 기속력은 대법원의 판결에서는 통상적으로 볼 수 없는 광범위한 효력, 즉 법원을 비롯한 모든 국가기관 및 지방자치단체에 대하여 장차 헌법재판소의 결정을 준수하여야 하고 헌법재판소의 결정에 모순되는 행위를 금지하여야 하는 실체법적인 의무를 부과하는 효력인 것이다.

한편 헌법재판소는 그동안 한정위헌결정의 효력과 관련하여, 어떤 법률조항에 대하여 다의적인 해석가능성이 있을 때 합헌적인 한정축소 해석의 타당영역 밖에 있는 위헌적인 법적용 영역과 그에 상응하는 해석가능성을 적극적으로 배제하는 뜻으로 한정위헌결정을 할 수 있고, 이러한 한정위헌결정의 효력은 헌법에 위반된다는 이유로 그 적용이 배제된 범위 내에서 법원을 비롯하여 모든 국가기관 및 지방자치단체를 기속한다는 확립된 견해(헌재 1997. 12. 24. 96 헌마 172 등, 헌재판례집 9-2, 860~863)를 밝혀 왔다.

결국 우리는, 법률의 위헌선언권을 유일하게 갖고 있는 헌법재판소로서는 어떤 법률조항에 대하여 위헌적인 법적용 영역과 그에 상응하는 해석가능성이 존재할 경우 그러한 위헌적인 부분을 종국적으로 배제하는 결정을 선고함으로써 그 결정에 따른 기속력을 법원을 비롯한 모든 국가기관 및 지방자치단체에게 미치도록 하는 것을 원칙으로 삼아야 하고, 그 기속력의 수범자중의 하나인 법원이 그 법률조항에 대하여 헌법재판소와 동일한 합헌적인 해석을 하고 있다고 하여 그 법률조항에 여전히 존재하고 있는 위헌적인 부분을 제거하지 않은 채 방치할 수는 없다고 생각한다. 다만, 어떤 법률조항에 관하여 비교적 오랜 기간 동안에 걸쳐 이를 합헌적으로 해석해 온 대법원의 확립된 판례들이 있고, 위헌결정의 다른 수범자들인 법원 이외의 국가기관 및 지방자치단체 등도 그 법률조항의 규범적 의미를 위와 같은 대법원의 해석에 따른 내용으로 이해하고 있는 등 그 법률조항의 위헌적인 부분이 실질적으로 이미 배제되었다고 보여지는 예외적인 사정이 존재할 경우에는 굳이 그 위헌적인 부분을 종국적으로 배제하는 뜻의 한정위헌결정을 선고할 필요성이 적어질 뿐이라고 본다.

이 사건의 경우, 우리는 이 사건 법률조항이 갖고 있는 위헌적인 해석가능성을 결정주문을 통하여 명시적으로 배제하지 않아도 될 예외적 사정을 찾을 수 없다고 생각한다. 오히려 이 사건 법률조항에 관한 대법원의 위와 같은 해석은 이 사건 심판 계속중에 나온 최근의 것일 뿐만 아니라 나아가 이 사건 법률조항 자체에서 해당 공무원 본인의 동의를 받는 것을 전제로 이 사건 법률조항이 적용된다는 해석을 도출하는 것이 누구에게나 용이하지는 아니하므로 법원을 제외한 다른 국가기관, 특히 지방자치단체들이 이 사건 법률조항의 운용을 대법원의 판례와 같이 할 것이라고 확실히 보장할 수 없는 상황이라고 보여지는바, 그렇다면 헌법재판소로서는 위헌결정의 기속력이 미치는 수범자들 특히 법원 이외의 다른 국가기관 및 지방자치단체에 대한 기속력을 명백히 하기 위하여 헌법재판소가 이 사건 법률조항에 대하여 갖게 된 평가, 즉 이 사건 법률조항의 위헌적인 해석 가능성 및 적용 범위를 결정 주문에 명확히 밝혀야 하고, 그럼으로써 헌법재판소가 가진 규범통제의 기능을 다하는 것이라고 생각한다.

나. 우리는, 다수의견이 이 사건과 기본적으로 동일한 쟁점에 대하여 밝힌 헌법재판소의 선례(헌재 2002. 7. 18. 2000 헌바 57)와 다소 일관되지 않은 것임을 지적하고자 한다. 위 선례에서도 이 사건과 마찬가지로 헌법재판소법 제68조 제 2 항의 헌법소원 심판 계속중에 선고된 심판대상 법률조항에 관한 대법원의 합헌적 해석이 헌법재판소의 견해와 일치할 경우에 헌법재판소가 어떤 내용의 결정을 선고할 것인가가 쟁점이 되었었다. 다만 위 선례의 경우는 당해 사건에서 헌법소원심판 청구인에 대한 패소판결이 확정되어 있었으므로 그 청구인을 재심을 통하여 구제받도록 하여야 할 필요성이 존재하였다는 점에서 이 사건과 달랐을 뿐이다. 위 선례에서는 관여 재판관 전원일치의 의견으로 심판 대상 법률조항에 관한 합헌적 해석의 타당영역 밖에 있는 위헌적인 해석가능성을 적극적으로 배제하는 한정위헌결정이 선고되었던바, 이 사건 역시 위 선례와 기본적으로 동일한 구조를 갖고 있다는 점에서 다수의견은 위 선례의 뜻과 선뜻 조화되지 않는다. 만일 다수의견이 헌법소원심판 청구인의 재심을 통한 구제가능성을 주문의 내용을 결정하는 변수로 고려한 것이라면 우리는 그 견해를 받아들일 수 없다. 왜냐하

면 헌법재판소의 규범통제의 결과로서의 결정 주문은 오로지 심판대상 법률조항에 대한 위헌성 여부에만 대응하여야 하는 것이고, 당사자의 구제가능성은 심판대상 법률조항에 대한 판단을 표현한 헌법재판소의 결정주문의 내용에 따라 결정되는 것뿐이기 때문이다.

다. 이상의 이유로 우리는 "이 사건 법률조항은 지방공무원 본인의 동의를 요하지 않는다고 해석하는 한 헌법에 위반된다"는 내용의 한정위헌결정을 선고하여야 한다는 견해를 밝힌다.

[재판관 김영일의 헌법불합치의견]

다수의견과 한정위헌의견이 이 사건 법률조항의 위헌성을 조목조목 적절히 논증하면서도, 이 사건 법률조항에는 전입·전출대상 공무원의 동의가 내재 또는 전제되어 있다는 것을 근거로 하여 그 결론을 합헌 또는 한정위헌으로 귀착시키는 것은 헌법재판의 대상인 법률조항의 해석과 그 위헌 여부의 판단기준이 되는 헌법규범의 해석을 혼동하는 것으로 도저히 받아들일 수 없어, 나는 다음과 같이 헌법불합치의견을 밝히는 바이다.

무릇 입법형성권에 대한 존중은 합헌적 법률해석의 헌법적 근거이자 동시에 그 한계이다. 헌법재판소는 합헌적 법률해석을 통하여 입법자의 원래 의사를 왜곡·변형하거나 대체해서는 아니되므로, 법률을 해석함에 있어서 문의적 한계와 법목적적 한계를 넘지 않도록 유의해야 한다. 헌법재판소가 입법권에 대한 존중이라는 이름 아래 무리한 법률해석을 통하여 문제되는 법률의 효력을 유지시킨다면, 오히려 입법자의 입법권이 제한될 위험이 있다. 이러한 경우에는 차라리 법률을 단순위헌으로 선언하여 그 규율대상을 입법자로 하여금 새로이 입법하도록 되돌려 주는 것이 오히려 헌법적으로 타당하다(헌재 1989. 7. 14. 88 헌가 5 등, 헌재판례집 1, 69, 86~87 참조).

먼저, 이 사건 법률조항의 조문형식과 내용 및 입법목적에 '전입·전출대상 공무원의 동의'라는 요건이 내재 또는 전제되어 있다고 볼 근거가 있는지의 여부에 관하여 본다.

이 사건 법률조항은 '전입'이라는 제목으로 "지방자치단체의 장은 다른 지방자치단체의 장의 동의를 얻어 그 소속 공무원을 전입할 수 있다"라고 규정하고 있는데, 이는 문언 그대로 지방자치단체장이 다른 지방자치단체 소속의 공무원을 전입할 수 있는 권한과 그러한 전입권한을 행사함에 있어 지방자치단체장이 지켜야 할 절차를 정함에 그 취지가 있다. 그리고 이러한 지방자치단체장의 다른 지방자치단체 소속의 공무원에 대한 전입권한은 지방자치단체장의 인사권의 일종으로 휴직·강임 또는 면직이 아닌 한 원칙적으로 그 권한의 행사에 있어 당사자의 동의 여부가 전제되는 것도 아니라고 할 것이고, 다만, 인사교류를 통한 행정의 능률성이라는 공익을 달성하기 위하여 지방자치단체장에게 전입권한을 부여하는 경우에 발생할 다른 지방자치단체장의 인사권에 대한 침해를 방지하기 위하여 그 동의를 요하는 것뿐이다. 따라서, 이 사건 법률조항의 문언이나 입법목적을 아무리 넓게 파악한다고 하더라도 전입대상이 되는 공무원 본인의 동의라는 요건이 내재되어 있다거나 전제되어 있는 것으로 해석하거나 적용할 수는 없는 것이고, 또한 그와 같은 해석을 도출할 만한 어떤 다른 관련규정도 찾아볼 수 없다.

나아가 이 사건 법률조항 개정 당시의 입법자의 의사나 지방자치제도의 실시라는 상황변화에 비추어 보아도 다음과 같은 이유로 이 사건 법률조항에 전입대상 공무원의 동의가 전제되어 있다거나 포함되어 있다고 볼 수는 없다.

첫째, 이 사건 법률조항이 개정되어 공포될 때인 1981. 4. 20. 당시는 지방자치제도에 대한 기본법인 지방자치법이 제정되기 전으로 지방자치단체장의 인사권의 행사는 국가기관의 권한을 위임받은 범위 내에서만 행사되었고, 따라서, 이 사건 법률조항에서의 '전입'은 실질적으로 전국 일원이 하나의 근무지이므로 근무지를 바꾼다는 의미의 '전임' 이상의 효과나 대상 공무원의 입장에서 '근무지의 변경' 이상의 의미를 가진다고 볼 수는 없었다. 그러므로 당시의 입법자는 위와 같은 전입의 의미를 염두에 두면서 다만, 그 대상 공무원 소속의 지방자치단체장의 동의 즉, 위임받은 권한의 관할권에 대한 동의를 요건으로 지방자치단체장이 전입권한을 행사할 수 있도록 이 사건 법률조항을 규정하였다고 볼 것이다.

그리고 이 사건 법률조항은 1981. 3. 27. 국가보위입법회의 내무위원회에서 의결되어 같은 해 4. 20. 법률 제3448호로 개정공포된 법률로서, 이 사건 법률조항의 구체적인 입법취지나 목적을 추단할 수 있는 직접적인 자료는 발견할 수 없다. 다만, 이 사건 법률조항을 포함한 당시 개정법안의 제안경위·제안이유 및 그 주요골자는 다음과 같다.

즉, 그 제안경위 내지 제안이유는, "지방공무원의 인사관리를 능력과 실적에 의하여 공정하게 운영되도록 하고 성실한 공무원에 대하여는 신분보장을 강화하는 등 새 시대에 맞는 직업공무원제도를 정착시키기 위해 국가공무원법의 개정내용과 균형을 맞추어 지방공무원제도를 개선하려는 것"이다. 그리고 그 주요골자는, "1. 공무원의 종류를 경력직과 특수경력직으로 대별하고, 경력직은 일반직, 특정직 및 기능직으로, 특수경력직은 정무직, 별정직, 전문직 및 고용직으로 세분하고(제2조), 2. 일반직공무원의 계급명칭을 1급에서 9급까지로 변급하고(제4조), 3. 공무원의 근무조건 및 인사관리 기타 신상문제에 대한 불만이나 갈등의 해결을 위하여 고충처리제도를 신설하고(제67조), 4. 징계종류에 해임, 정직 및 감봉기간을 3월 이내로 하며(제70조, 제71조), 5. 20년 이상 장기근속한 공무원인 자가 정년 이전에 퇴직하는 경우에는 예산의 범위 안에서 명예퇴직수당을 지급할 수 있도록 한다(제46조)"라는 것이다.

위 개정이유 중 "성실한 공무원에 대하여는 신분보장을 강화한다"라는 것은 위 법률의 일반적인 개정이유일 뿐만 아니라, 이 사건 법률조항은 위 개정의 주요골자 항목에도 포함되지 아니하므로, 이것을 이 사건 법률조항의 구체적이고 직접적인 입법이유로 삼기에는 부적당하고, 더구나 이를 이유로 이 사건 법률조항에 '전입 대상 공무원의 동의'라는 요건이 내재되어 있다고 보기도 어렵다고 할 것이다.

둘째, 그 후 지방자치법이 제정·시행되고, 지방자치단체장 및 지방의회의원에 대한 선거가 실시되어 우리나라에 지방자치제도가 본격적으로 실시될 무렵, 입법자가 지방자치제도와 관련한 법률을 제·개정 및 정비하면서도 이 사건 법률조항에 대하여 전혀 개정하지 않았다는 것은, 지방자치제도가 실시된 후에도 다른 지방자치단체의 자치권의 한 내용으로서 인사권을 보장한다는 의미에서 '다른 지방자치단체장의 동의'만을 요건으로 지방자치단체장이 전입권한을 행사할 수 있다고 본 것이다. 즉, 지방자치제도가 본격적으로 실시 된 후에 전입·전출 대상 공무원의 입장에서는 이 사건 법률조항이 정하는 전입 또는 전출의 의미가 실질적으로 전에 속한 지방자치단체와의 공무원관계의 해소와 새로운 지방자치단체에서의 임용으로 변경되었음에도 불구하고, 입법자는 종전의 입법목적을 고수하여 새로운 입법을 하지 않거나 적어도 상황변화에 따른 개정입법을 하지 아니한 것이라 볼 것이고, 또 그렇게 볼 수밖에 없는 것이다.

다음으로, 다수의견이나 한정위헌의견이 들고 있는 이유에서 발견되는 논증의 오류에 관하여 본다.

통상 어떠한 법률조항이 헌법재판의 대상이 되었을 때, 그 조항 자체가 심판의 대상이 되는 것이지, 그 조항에 대한 어떠한 해석이 심판의 대상이 되는 것은 아니다. 다만, 그 심판대상조항에 대한 위헌 여부의 심사결과 그 조항에 대한 일정한 해석이나 적용의 영역을 제한함으로써 위헌성이 제거될 수 있는 경우에만 헌법합치적 해석을 통하여 한정위헌 등의 주문을 낼 수 있는 것이다. 따라서, 이러한 헌법합치적 해석은 글자 그대로 법률조항의 해석이나 적용의 범위 내에서 위헌적으로 해석될 수 있는 부분을 단지 제거함에 그 목적이 있는 것이지, 합헌성을 회복할 수 있는 전혀 다른 요건을 추가하여 적극적으로 그 조항의 내용을 합헌적으로 변경하는 것에 그 목적이 있는 것은 아니다.

그런데도 합헌의견은 그 이유의 첫머리에서 아무런 근거도 제시함이 없이 이 사건 법률조항이 정하는 전입권한의 행사에 있어 지방공무원 본인의 동의가 필요한지의 여부가 명확하지 않다고 하면서, 동의를 요한다는 해석과 동의를 요하지 않는다는 해석을 각 심판의 대상으로 하여, 어느 해석이 헌법에 더 부합하는지를 따져, 동의를 요한다고 해석하여야만 헌법에 합치되므로, 결국 이 사건 법률조항이 헌법에 위반되지 않는다는 결론을 내리고 있다.

이러한 논증방법이 어디에 근거를 두고 있는지는 모르겠으나, 어떠한 법률조항에 명문상 있지도 않은 요건을 추가하여, 그러한 요건이 있는 경우와 없는 경우를 각 심판의 대상으로 하여, 어느 경우가 헌법에 더 부합하는지를 따지는 것은, 하나는 이미 합헌의 상태를 만들어 놓고 그것의 위헌 여부를, 다른 하나는 헌법에 위반되는 상태를 만들어 놓고 그것의 위헌 여부를 따져, 어느 것이 헌법에 더 합치하는지를 선택하는 것이나 다름없다고 할 것이고, 이러한 논증은 결국 헌법합치적 해석의 기능을 적극적으로 확장하여 보아 심판대상조항의 내용마저 변경하게 된 것이라 보지 않을 수 없다.

나아가 합헌의견이 당연히 이 사건 법률조항이 정하는 전입권한의 행사에 내재되어 있다고 보고, 이 사건 법률조항이 위헌성을 회복하기 위한 해석의 방법으로 들고 있는 '전입대상 공무원의 동의'라는 요건이 어떠한 체계적 지위를 갖는 것이고, 이를 들어 합헌성을 회복할 수 있다는 논증이 어떠한 결과를 초래하는 것인지에 대하여 본다.

이 사건의 쟁점은 지방자치단체장에게 다른 지방자치단체 소속 공무원에 대한 전입권한을 부여한 이 사건 법률조항이 직업공무원제도에 위배되고, 전입 또는 전출대상 공무원의 직업의 자유 등을 침해하여 헌법에 위반되는지의 여부에 있다.

이 사건 법률조항은 지방자치단체 간의 인사교류를 통한 행정의 능률성을 확보한다는 입법목적을 달성하기 위하여 지방자치단체장에게 다른 지방자치단체장의 동의를 얻어 그 소속 공무원을 전입할 수 있는 권한을 부여하는 입법수단을 선택하고 있으므로 기본권제한입법이 준수하여야 할 한계로서 입법목적의 정당성과 방법의 적절성을 갖추고 있다. 그러나, 전입 또는 전출의 당사자인 공무원의 입장에서 볼 때, 다른 지방자치단체로의 전입이나 전출이라는 것이 형식적으로는 불이익한 공무원관계의 변동이 아니어서 공무원 관계에 내재하는 법률관계의 특수성으로 인하여 그 동의가 필요한 것은 아니겠지만, 실질적으로는 면직에 해당하는 정도의 불이익한 공무원관계의 변동이라 할 것이어서, 그 범위에서 직업공무원제도와 당해 공무원의 직업선택의 자유가 제한되는 것이다. 그러므로 이러한 경우에는 전입 또는 전출의 대상이 되는 '공무원의 동의 등 덜 제한적인 방법'으로도 입법목적을 달성할 수 있으므로, 이 사건 법률조항은 최소침해성의 원칙에 반한다. 그렇다면, 당사자의 동의라는 요건은 이 사건 법률조항이 기본권제한입법의 한계로서 최소침해성의 원칙에 위배되는지를 판단하는 과정에서 사유적(思惟的)으로 도출되는 '덜 제한적인 방법'의 하나로 제시되는 것에 불과하다.

따라서, 이러한 경우에 헌법재판소로서는 최소침해성의 원칙에 위배된다는 이유로 위헌결정을 하여야 할 것이지, 덜 제한적인 방법을 그 요건에 추가하거나 심판대상조항을 합헌적 법률해석이란 명목으로 덜 제한적인 방법으로 해석하여 그 합헌성을 회복시키는 무리한 해석을 할 것은 아니다. 만일 그렇지 않다면, 헌법재판소가 입법자의 의사를 무시하고 새로운 입법을 하는 것이나 다름 없고, 나아가 과잉금지의 원칙이 위헌심사의 기준이 되는 경우에는 애당초 위헌결정이란 주문형식이 존재할 수도 없게 되기 때문이다.

이러한 다수의견과 한정위헌의견의 논증방법을 논리형식으로 단순화시키면, 다음과 같이 요약할 수 있다.

헌법합치적 해석은 어떤 법률조항(A)이 b라는 요건만 두는 경우(A=b)에는 헌법에 위반되지만, b라는 요건에 내재되어 있거나 법률의 해석범위 내에서 도출될 수 있는 b1이나 b2라는 요건을 추가{A=b+(b1 또는 b2)}하면, 그 위헌성이 치유되고 합헌인 상태를 회복할 수 있다는 데 그 본래의 의미와 기능이 있다.

그러나, 다른 지방자치단체장의 동의(b)만으로 지방자치단체장의 다른 지방자치단체 소속 공무원에 대한 전입권한의 행사요건을 정한 이 사건 법률조항(A)에 '전입대상 공무원의 동의(c)'라는 요건을 추가하면, 이 사건 법률조항의 합헌성이 회복된다는 논리형식의 다수의견과 한정위헌의견은, 이 사건 법률조항의 문언은 A=b이지만 A=b+c인 것으로 해석·적용하면, 합헌 또는 합헌성을 회복할 수 있다는 것으로서 위에서 본 헌법합치적 해석의 한계를 넘는 것이다. 이 경우 'c'라는 요건이 'b'라는 요건 자체에 내재되어 있거나 법률의 해석범위 내에서 도출될 수 있는 'b1'이나 'b2'의 의미라면, 이러한 다수의견이나 한정위헌의견의 논증형식도 성립할 수 있는 것이라 하겠지만, 'c', 즉, '다른 지방자치단체장의 동의(b)'라는 요건과 전혀 별개의 독립적이고 실체적인 의미와 기능을 가지는 '전입대상 공무원의 동의'라는 요건을 추가함으로써 이 사건 법률조항의 위헌성이 치유된다거나 합헌인 상태로 회복된다는 논리형식은 도저히 성립될 수 없는 것이기 때문이다.

마지막으로 이 사건 법률조항의 위헌성과 관련하여, '전입·전출대상 공무원의 동의'없이 지방자치단체장이 다른 지방자치단체 소속공무원을 전입·전출시키는 것이 헌법에 위반된다는 데에는 대법원과 이 사건에 대한 우리재판소의 모든 의견이 그 뜻을 같이 하고 있다. 그럼에도 불구하고 이 사건 법률조항에 대하여 헌법재판소가 합헌 또는 한정위헌결정을 하게 된다면, 그 위헌성에도 불구하고(원래는 국회가 지방자치제도 실시 무렵에 이 부분에 대한 개정입법을 마련함이 마땅했다), 그것을 이유로 또다시 국회가 이 사건 법률조항을 개정하지 않아도 될 명분을 헌법재판소 스스로가 부여하는 결과가 된다.

이와 같은 헌법재판소의 결정은 입법권에 대한 조력이 아니라, 다만, 입법권에 대한 침해일 따름이다.

그러므로 이 사건 법률조항은 헌법 제 7 조 제 2 항의 공무원의 신분보장에 위배될 뿐만 아니라, 직업선택의 자유 및 거주이전의 자유를 침해하여 헌법에 위반된다고 선언하여야 할 것이나, 지방자치단체 공무원 인사관리의 혼란 등 위헌선언으로 야기될 혼란을 방지하기 위하여, 위 조항이 헌법에 합치되도록 개정될 때까지 잠정적으로 적용할 것을 명하는 헌법불합치결정을 함이 타당하다고 판단되는 것이다.

나는 이 사건 법률조항에 대하여 합헌의 다수의견이나 한정위헌의 소수의견에 반대하여 이상과 같은 헌법불합치의견을 밝히는 바이다.

6. 合憲的 法律解釋[1)]

[다수의견]

교육감 선거에 관하여 공직선거법을 준용하도록 한 '지방교육자치에 관한 법률' 제22조 제 3 항은 2006. 12. 20. 구 '지방교육자치에 관한 법률'을 전면개정하면서 신설된 것이다. 그러므로 청구인이 교육감에 입후보하려면 선거일 전 60일까지 교육위원직을 그만두어야 하느냐 하는 문제는 '지방교육자치에 관한 법률' 제22조 제 3 항을 해석함에 있어 청구인과 같은 교육위원이 교육감 후보자가 되려는 경우에도 공직선거법 제53조 제 1 항 본문이(제53조 제 1 항은 그 본문에서 교육위원이 후보자가 되려면 60일 전에 그 직을 그만두어야 한다고 하고 있고, 단서에서는 교육위원이 아닌 국회의원이나 지방자치단체의 의회의원이나 그 장이 대통령·국회의원 선거, 지방의회의원 선거와 지방자치단체의 장 선거에서 입후보하는 경우를 규정하고 있으므로, 교육위원의 공직후보제한에 관한 규정은 제53조 제 1 항 본문이지 단서는 아니다. 따라서 단서의 취지를 살려 해석해야 함은 별론으로 하고 동 단서가 교육위원이 교육감에 입후보하는 경우에 직접 적용되는 규정은 아니다) 준용될 수 있어야 가능하다.

그런데 만약 공직선거법 제53조 제 1 항 본문 부분이 청구인의 교육감 입후보 시에 준용되지 않고 따라서 청구인이 교육감 선거일 전 60일까지 교육위원직을 사퇴할 필요가 없다고 본다면 심판대상의 법령으로 인해 청구인의 기본권이 침해될 가능성은 없게 된다.

살피건대, 교육감 선거에 대한 기본조항은 '지방교육자치에 관한 법률' 제22조 제 3 항이고, 위 법 제22조 제 3 항은 "교육감 선거에 관하여 이 법에 정한 것을 제외하고는 그 성질에 반하지 않는 범위 안에서 공직선거법의 시·도지사 선거에 관한 규정을 준용한다"고 규정되어 있으므로 교육감 선거에 관해 이 법에 다른 정함이 있거나 또는 성질에 반하는 경우에는 시·도지사 선거에 관한 공직선거법 제53조 제 1 항 본문이 준용되지 않는다 할 것인데 아래서 보는 이유들을 종합해 보면, 교육위원의 교육감 입후보 시에는 위 법 제53조 제 1 항 본문이 준용되지 않는다고 할 것이다.

첫째, 교육위원이 교육감 후보가 될 경우에 관해서는 '지방교육자치에 관한 법률'에 다른 정함이 있다고 본다.

'지방교육자치에 관한 법률' 제23조(교육감의 겸직제한)는 교육감이 교육의원(교육위원)이나 공무원 등 일정한 직을 겸할 수 없고, 교육감이 당선 전에 그 직을 가진 경우에는 임기개시일 전일에 그 직에서 당연 퇴직된다고 규정하고 있는바, 이는 교육위원이 그 직을 가진 채 교육감 후보가 될 수 있음을 반증하고 있다. 따라서 이같이 교육위원이 교육감 후보로 나설 경우에는 일반 공직선거에 입후보할 경우와는 다른 규정이 있다 할 것이므로 그 경우에는 공직선거법 제53조는 준용의 여지가 없고, 교육위원은 그 직을 가진 채로 교육감 선거에 나설 수 있다.

둘째, 교육위원이 교육감 선거에 입후보하는 것은 교육위원이 다른 공직선거 후보자가 되는 것과 성질이 다르다. 오히려 교육위원이 교육감 선거에 나가는 것은 지방의회 의원이 지방자치단체장의 선거에 나가는 것과 그 성질이 같다고 봄이 상당하다. 그러므로 지방의회 의원이 지방자치단체장의 선거에 나갈 때 사퇴조항의 적용을 받지 않는 것처럼(공직선거법 제53조 제 1 항 단서) 교육위원이 교육감 선거에 출마할 때도 사퇴조항의 적용을 받지 않는다고 보는 것이 그 성질에 부합한다. 결국 60일 전 사퇴조항은 교육감 선거의 성질에 반하여 적용되지 않고, 교육위원은 사퇴조항의 제한 없이 교육감 선거에 입후보할 수 있다고 할 것이다.

셋째, 공직선거법 제53조 제 1 항을 기계적으로 해석하면 동 조 제 2 호의 교육위원뿐 아니

1) 헌재 2009. 2. 26 선고, 2007 헌마 279, 지방교육자치에 관한 법률 제22조 제 3 항 등 위헌확인, 헌재공보 제149호, 186면 이하.

라 동 조 제 1 호의 공무원에 해당하는 교육감조차도 교육감 선거에 입후보하려면 60일 전에 교육감 직에서 사퇴해야 하는데, 이는 교육감의 연임을 허용하는 '지방교육자치에 관한 법률' 제21조(교육감의 계속 재임은 3기에 한한다)에 반한다. 이 점도 제53조 제 1 항의 후보자에 교육감 후보자를 기계적으로 대입하는 것은 부당하다는 것을 반증한다.

따라서 교육감 선출을 위한 후보제한에 관해서는 '지방교육자치에 관한 법률' 제22조 제 3 항의 해석상 공직선거법 제53조 제 1 항 본문 제 2 호 중 교육위원회의 교육위원 부분은 준용되지 않고, 따라서 교육위원은 교육감 선거일 전 60일까지 그 직을 그만두지 않고도 교육감 선거의 후보자가 될 수 있다. 그러므로 이 사건 법률조항은 청구인의 법적 지위에 아무런 영향을 미치지 아니하므로 애당초 기본권침해의 가능성이나 위험성이 없어 이 사건 심판청구는 부적법하다.

이상과 같은 이유로 이 사건 심판청구는 부적법하므로 이를 각하하기로 하여 주문과 같이 결정한다. 이 결정은 재판관 조대현, 재판관 송두환의 아래와 같은 반대의견이 있는 외에는 나머지 재판관 전원의 일치된 의견에 의한 것이다.

[재판관 조대현, 재판관 송두환의 반대의견(한정위헌)]

'지방교육자치에 관한 법률'과 공직선거법의 해석상 교육위원이 교육위원의 직을 사퇴하지 않고 교육위원의 직을 유지한 채로 당해 시·도의 교육감 선거의 후보자로 될 수 있다는 점에 대해서는 다수의견과 같다. 그런데 중앙선거관리위원회는 이와 달리 교육위원이 당해 시·도의 교육감 선거의 후보자로 되려면 교육위원의 직을 사퇴하여야 한다고 해석하였고, '지방교육자치에 관한 법률' 제22조 제 3 항과 공직선거법 제53조 제 1 항의 문언상 그러한 해석도 충분히 가능하다고 보인다. 결국 '지방교육자치에 관한 법률' 제22조 제 3 항과 공직선거법 제53조 제 1 항의 규정은 교육위원이 당해 시·도의 교육감 선거의 후보자로 되고자 하는 경우에 교육위원의 직을 사퇴하여야 한다는 해석과 사퇴할 필요가 없다는 해석이 모두 가능하다고 할 것이다.

그런데 중앙선거관리위원회와 같이 교육위원이 당해 시·도의 교육감 선거의 후보자로 되고자 하는 경우에 교육위원의 직을 사퇴하여야 한다고 해석하면 청구인과 같이 교육위원의 직을 유지한 채로 교육감 선거의 후보자로 되고자 하는 사람의 공무담임권을 침해하게 된다. 실제로 중앙선거관리위원회의 그릇된 유권해석으로 인하여 경상남도 교육위원이던 청구인은 경상남도 교육감 선거의 후보자로 되지 못했다.

이 사건 법률조항을 합헌적으로 해석하면 청구인의 기본권을 침해하지 않게 된다고 하더라도, 중앙선거관리위원회가 이 사건 법률조항을 위헌적으로 유권해석하여 청구인의 공무담임권을 현실적으로 침해한 이상, 헌법재판소는 이 사건 법률조항에 대한 위헌적인 법률해석이 청구인의 기본권을 침해하여 헌법에 위반된다는 점을 확인하여 헌법에 위반되는 법률해석의 규범력을 제거하여야 한다. 다수의견과 같이 이 사건 법률조항 자체는 기본권을 침해하는 것이 아닌데 중앙선거관리위원회가 법률해석을 잘못하였을 뿐이라고 보아 이 사건 헌법소원심판청구를 각하하는 것은, 중앙선거관리위원회의 위헌적 유권해석으로 인하여 청구인의 기본권이 현실적으로 침해된 사실을 외면하거나 헌법에 위반되는 법률해석의 규범력을 제거하여야 하는 헌법재판소의 책무를 포기하는 것이다. 더구나 헌법재판소가 이 사건 헌법소원심판청구를 각하하면 기본권을 침해하는 위헌적 법률해석을 제거하지 못할 뿐만 아니라, 헌법재판소의 각하결정의 이유는 중앙선거관리위원회를 기속하지 못하기 때문에 중앙선거관리위원회가 앞으로도 계속하여 위헌적인 법률해석을 유지하고 적용하여 기본권을 침해하는 것을 막지 못하게 된다.

따라서 이 사건 법률조항을 교육위원이 당해 시·도의 교육감 선거의 후보자로 되려면 교육위원의 직을 사퇴하여야 한다고 해석하여 적용하는 것은, 이 사건 법률조항의 취지를 잘못 해석하여 교육위원의 직을 유지한 채 교육감 선거의 후보자로 되고자 하는 사람의 공무담임권을 법률의 근거도 없이 침해하는 것이어서 헌법 제25조와 제37조 제 2 항에 위반된다고 선언하여야 한다.

7. 憲法不合致決定[1)]

국선법 제33조의 고액기탁금제도 위헌성이 인정되므로 헌법재판소법 제42조 2항에 따라 위헌결정이 있는 날로부터 그 효력을 상실한다고 하여야 할 것이나, 다음과 같은 이유로 이 법조항을 개정할, 늦어도 1991년 5월말까지 계속 적용될 수 있게 불합치 판결을 하는 것이 타당하다고 판단되어 주문과 같은 변형판결을 하는 것이다.

① 첫째, 국회의 권위를 존중하고 국민대표기관으로서의 본질적 기능을 보장하기 위해서이다.

법률의 개폐는 원칙적으로 국회의 입법형성권에 의해 이루어지는 것이 헌법상의 권력분립원칙에 합치된다. 따라서 국회 스스로가 보통, 평등선거제도와 참정권의 본질에 반하는 선거법을 헌법정신과 사회현실을 종합하여 합리적으로 개정하여, 국민의 기본권을 수호하는 국민의 진정한 대변자로서의 기능을 수행할 수 있게 국회의 권위와 지위가 보장되어야 한다. 이것이 의회민주주의 국가에 있어서 법적 정의와 법의 합목적성을 확보하는 가장 합리적이고 객관적인 방법일 뿐만 아니라, 법치주의 국가에 있어서 요구되는 법적 안정성을 보장하는 길이라고 판단된다.

국회의원선거법은 위에 설시한 바와 같이, 국민주권과 국민의 참정권, 자유민주주의 기본질서, 인간의 존엄성과 가치 및 기본권 보장에 직결되고, 우리나라 민주주의의 정착과 발전에 기여할 정치관계 기본법이라는 성질과 특색을 가지고 있다.

국선법 제33조 제 1 항은 동조 제 2 항, 제 3 항과, 동 제34조는 동 제35조와 불가분의 관계가 있고 직접 또는 간접으로 선거법의 다른 조항과 연관이 되어 있으므로 차제에 불합리한 관계 규정들과 함께 정리되어야 할 선거관계 법률이다. 때문에 그 제정과 개정은, 다른 일반법률보다도 더욱, 국회가 스스로 위헌성을 제거하고 국민주권 행사의 실질적 보장과 보다 민주적인 선거가 되도록 관계조문을 체계적으로 조정하는 것이 동법의 기본성격과 국회의 본질적 기능에 맞는다고 본다.

그러므로 의회 민주정치의 기본 구도에 크게 영향을 미칠 국회의원선거법은 국회 스스로가 민의의 소재와 정치적·경제적·사회적 현실여건을 충분히 고려하여, 국민주권의 행사를 실질적으로 헌법정신에 맞게 현실화시키는 방향으로 개선하여 나아가는 것이 가장 합리적이라고 보고 주문과 같이 결정하는 것이다.

② 둘째는, 국회의 동질성을 보장하고 선출조건에 있어서 평등성을 확보하기 위해서이다.

1988년 4월 26일의 총선거에 의한 제13대 국회는 이 국선법 제33조와 제34조의 기탁금제도 하에서 선출된 의원들로 구성되어 있다.

만약 이 사건 위헌심판 대상이 된 기탁금제도에 대해 당재판소에서 단순 위헌 결정을 선고하면 그 결정이 있는 날로부터 그 효력이 상실되기 때문에, 이후에 재선거나 보궐선거 등에

1) 헌재 1989. 9. 8 선고, 88 헌가 6, 국회의원선거법 제33조 제34조의 위헌심판, 헌재판례집 제 1 권, 199면 이하.

의해 새로이 당선되어 동원하는 의원은 기왕에 당선되어 국회의원의 직에 있는 다른 의원들과는 달리, 위 기탁금의 제한을 받지 아니하고 선출되게 되어, 제13대 국회의 구성원 간에 동질성이 문제가 되고, 그 선출 조건에 있어 다른 의원들 간에 차별이 생기게 된다.

이는 총선거에서 선출된 제13대 국회의 구성원인 국회의원들 간의 동질성과 그 선출조건 내지 지위에 있어서의 평등성을 확보하기 위하여는, 재선거나 보궐선거의 가능성이 사실상 없어지는 시점까지 위 국선법 조항의 효력이 적용될 수 있도록 하여야 할 것이다.

현행 선거법상 재선거나 보궐선거의 가능성이 없어지는 시점을 살펴보면 국선법 제144조는 "재선거…… 보궐선거는 그 선거 또는 투표에 의하여 당선되는 의원의 잔여 임기가 1년 미만인 경우에는 실시하지 아니할 수 있다"고 규정하고 있고, 동법 제138조 제 2 항은 "재선거는 그 사유가 확정된 날로부터 90일 이내에 실시하여야 한다" 동법 제99조 제 2 항에서 "보궐선거는 국회의장의 결원통지를 받은 후 90일 이내에 실시한다"고 규정되어 있으므로, 제13대 국회의 임기만료일인 1992년 5월 29일로부터 사실상 재선거, 보궐선거 등의 가능성이 없어지는 1년 전이 되는 시기는 1991년 5월 말일이 된다.

그러므로 위 법률조항은 1991년 5월말까지 위 개정이 이루어질 경우, 그 개정시로부터 재선거나 보궐선거의 가능성이 없기 때문이며, 그 외의 특단의 사정은 개정시 경과규정을 두어 해결될 수 있을 것이다.

③ 다음은, 차기 총선거부터는 실질적 주권론에 부합하는 합리적인 선거제도와 평등한 참정권의 보장이 확보되는 새로운 국회의원 선거법에 의하여 선출된 국회를 구성하는 것이 합당하다는 것이다.

고액 기탁금제도에 의해 불합리하게 국민의 참정권을 제한하여 보통, 평등, 자유선거 원칙을 위반함으로써, 국민주권을 형식화시키는 불평등하고 불합리한 선거제도는 시정되어야 한다. 이를 위하여, 늦어도 1991년 5월말까지는 위 국선법의 기탁금 조항이 개정되어야만 하고 차기 국회의원 총선거에 있어서는 새로운 국선법에 따라 민주적 선거를 실시하기 위한 시간적 여유가 필요하기 때문이다.

현실적으로는 재선거나 보궐선거의 가능성이 희박하므로 위 국선법 조항의 효력상실 시점을 이 사건 결정 선고시로 하는 단순위헌 결정을 하더라도 실제적으로 별 차이가 없지 않느냐는 이론도 있을 수 있으나, 결과발생의 개연성이 존재하는 한 그 법률효력은 지속되어야 하며 국회의 권위와 동질성 확보와 법익의 균형적 보장 등 큰 국가적 이익을 아울러 달성할 수 있다는 점에서 더 큰 실익을 가지고 있다.

④ 위헌심판 결정의 주문에 헌법에 합치하지 아니한다고 선고하면서 일정기한까지 그 법률의 효력을 지속시키는 법적 이유는 다음과 같다.

헌법재판소법 제45조 본문의 "헌법재판소는 제청된 법률 또는 법률조항의 위헌여부만을 결정한다"라는 뜻은 헌법재판소는 법률의 위헌여부만을 심사하는 것이지 결코 위헌제청된 전제사건에 관하여 사실적, 법률적 판단을 내려 그 당부를 심판하는 것은 아니라는 것으로 해석하여야 한다. 전제사건에 관한 재판은 법원의 고유권한에 속하기 때문이다.

그리고 현대의 복잡다양한 사회현상, 헌법상황에 비추어 볼 때 헌법재판은 심사대상 법률의 위헌 또는 합헌이라는 양자택일 판단만을 능사로 할 수 없다. 양자택일 판단만이 가능하다고 본다면 다양한 정치·경제·사회현상을 규율하는 법률에 대한 합헌성을 확보하기 위한 헌법재판소의 유연 신축성 있는 적절한 판단을 가로막아 오히려 법적 공백, 법적 혼란 등 법적 안정성을 해치고, 입법자의 건전한 형성자유를 제약하는 등 하여, 나아가 국가사회의 질서와 국민의 기본권마저 침해할 사태를 초래할 수도 있다. 이리하여 헌법재판소가 행하는 위헌 여부 판단이란 위헌 아니면 합헌이라는 양자택일에만 그치는 것이 아니라 그 성질상 사안에 따라 위 양자의 사이에 개재하는 중간영역으로서의 여러 가지 변형재판이 필수적으로 요청된다. 그 예로는 법률의 한정적 적용을 뜻하는 한정무효, 위헌법률의 효력을 당분간 지속시킬 수 있는 헌법불합치, 조건부 위헌, 위헌성의 소지있는 법률에 대한 경고 혹은 개정촉구 등을 들 수 있고, 이러한 변형재판은 일찍이 헌법재판제도를 도입하여 정비한 서독 등 국가에서 헌법재판소가 그 지혜로운 운영에서 얻어 낸 판례의 축적에 의한 것이다. 헌법재판소법 제45조의 취지가 위와 같다면 동법 제47조 제 2 항 본문의 "위헌으로 결정된 법률 또는 법률의 조항은 그 결정이 있는 날로부터 효력을 상실한다"라는 규정취지도 이에 상응하여 변형해석하는 것이 논리의 필연귀결이다. 즉 제45조에 근거하여 한 변형재판에 대응하여 위헌법률의 실효 여부 또는 그 시기도 헌법재판소가 재량으로 정할 수 있는 것으로 보아야 하며, 이렇게 함으로써 비로소 헌법재판의 본질에 적합한 통일적·조화적인 해석을 얻을 수 있는 것이다.

단순위헌의 결정을 하여 그 결정이 있은 날로부터 법률의 효력을 즉시 상실하게 하는 하나의 극에서부터 단순합헌의 결정을 하여 법률의 효력을 그대로 유지시키는 또 하나의 극 사이에서, 문제된 법률의 효력 상실의 시기를 결정한 날로부터 곧바로가 아니라 새 법률이 개정될 때까지 일정기간 뒤로 미루는 방안을 택하는 형태의 결정주문을 우리는 "헌법에 합치되지 아니한다"로 표현하기로 한 것이다. 재판 주문을 어떻게 내느냐의 주문의 방식문제는 민사소송에서 그러하듯 헌법재판에 대하여서도 아무런 명문의 규정이 없으며, 따라서 재판의 본질상 주문을 어떻게 표시할 것인지는 재판관의 재량에 일임된 사항이라 할 것이다.

후술의 반대의견에 서독의 경우 연방헌법재판소법 제78조, 제31조 제 2 항이 있음으로써 앞서 말한 바와 같은 변형재판이 가능한 것같이 말하고 있는바, 서독 연방헌법재판소법 제31조, 제78조 제79조 등은 1970년도의 수정을 거쳐 현재에 이르는 것으로서 현행법 자체의 해석이 객관적으로 명백하다 할 수 없을 뿐만 아니라 서독의 법률개정으로 인한 설정법에 근거하여 여러 가지 형태의 변형재판이 나온 것이 아니라 법개정 이전부터 서독 헌법재판소가 실정법에는 그 뚜렷한 문언을 찾을 수 없는 불합치주문 등 변형재판을 해왔기 때문에 입법자가 이에 뒤따라 판례에 어느 정도나마 부합키 위한 노력으로서 법률개정을 시도하여 왔던 것에 지나지 않는다.

주문 제1, 2항의 변형재판은 헌법재판소법 제47조 제 1 항에 정한 위헌결정의 일종이며 타 국가기관에 대한 기속력이 있음은 당연한 것이다.

[재판관 변정수의 주문 제2항에 대한 반대의견]

① 국회의원선거법 제33조와 제34조의 규정이 헌법에 위반된다는 다수의견에는 찬성한다.

그런데 다수의견은 결정이유에서 위 두 개의 법률조항이 헌법의 여러 규정에 명백히 위반된다고 설명하면서도 주문에서는 이제까지의 헌법재판소 위헌결정 주문형식인 무슨 무슨 법률이 "헌법에 위반된다" 또는 "위헌이다"라는 표현을 아니하고 주문 제1항에 "국회의원선거법(1988. 3. 17. 법률 제4003호 전문개정) 제33조 및 제34조는 헌법에 합치되지 아니한다"라고 하고, 제 2 항에서 "위 법률조항은 1991. 5월말을 시한으로 입법자가 개정할 때까지 그 효력을 지속한다"라고 하여 이른바 변형적인 결정을 하였는바, 나는 이러한 변형결정에 반대한다.

② "법률이 헌법에 위반되는 여부가 재판의 전제가 된 경우에는 법원은 헌법재판소에 제청하여 그 심판에 의하여 재판한다"라는 헌법 제107조 제 1 항의 규정과 "헌법재판소는 제청

된 법률 또는 법률조항의 위헌 여부만을 결정한다"라는 헌법재판소법 제45조 제 1 항 본문의 규정에 비추어 볼 때 헌법재판소는 제청된 법률이 위헌인지, 합헌인지를 분명히 결정해야 할 의무가 있고, 위헌이라고 결정하면 그에 대한 효력은 "위헌으로 결정된 법률 또는 법률의 조항은 그 결정이 있는 날로부터 효력을 상실한다. 다만 형벌에 관한 법률 또는 법률의 조항은 소급하여 그 효력을 상실한다"라는 헌법재판소법 제47조 제 2 항에 정해진 대로 발생하는 것이지 헌법재판소가 그 효력을 변경하거나 그 효력발생을 유보시킬 수 없다고 생각한다. 그리고 위헌결정의 표현방법에는 법률에 정해진 형식이 따로 없으므로 반드시 "위헌이다" 또는 "헌법에 위반된다"라는 표현이 아니더라도 결정문언의 내용이 위헌이라는 취지로 해석될 수 있으면 되고 표현방법이 어떠하던간에 위헌결정이라는 취지로 해석되면 그 효력은 헌법재판소법 제47조에 의하여 발생하는 것이다. 그런데 다수의견은 이제까지 써 오던 "헌법에 위반된다"라는 위헌결정의 표현방법과는 달리 "헌법에 합치되지 아니한다"라는 표현을 쓰고 이 표현은 "헌법에 위반된다"라는 표현과는 달리 주문 제 2 항과 관련하여 위헌결정의 장래효를 규정한 헌법재판소법 제47조 제 2 항의 적용을 배제하고 위헌결정의 효력발생을 일시적으로 유보시키는 개념으로 그러한 표현을 하는 것이라고 하나 "헌법에 합치되지 아니한다"는 말이나 "헌법에 위반된다"라는 말이나, 위헌이라는 뜻에 아무런 차이가 없으므로 주문 제1항은 국회의원선거법 제33조 및 제34조가 헌법에 위반된다는 위헌결정의 주문에 다름이 없고, 그렇다면 아무리 주문 제 2 항에서 위헌결정의 효력발생을 유보시켰다고 하더라도 그에 상관없이 법 제47조 제 2 항에 의하여 국회의원선거법 제33조 및 제34조는 주문 제1항의 위헌결정을 한 날에 효력을 상실하였다고 보아야 할 것이다.

그렇지 아니하고 만약 주문 제 1 항이 국회의원선거법 제33조 및 제34조가 헌법에 위반된다는 위헌결정이 아니라고 한다면 그것에 의하여 위 국회의원선거법 조항의 효력을 상실시키는 효력이 발생할 여지가 없으므로 주문 제 2 항에서 효력상실을 일정시한까지 유보시킬 여지도 없고, 또 우리 헌법재판소법은 서독 연방헌법재판소법 제31조 제 1 항이 "연방헌법재판소의 모든 결정은 연방과 주의 헌법기관 및 모든 법원과 행정청을 구속한다"라고 규정하고 있는 것과는 달리 법률의 위헌결정만이 법원 기타 국가기관 및 지방자치단체를 기속하도록 되어 있으므로(헌법재판소법 제47조 제 1 항) 입법권자에게 일정한 시한까지 법률 개정을 촉구하는 취지의 주문 제 2 항은 법적인 기속력이 없는 것이 분명한데도 불구하고 법제가 우리와 다른 서독 등의 헌법재판소의 재판을 본떠서 굳이 이러한 결정을 해야 하는 것인지 이해할 수 없다.

③ 주문과 같은 결정형식은 위헌결정의 효력에 대하여 원칙적 소급효를 인정하고 있는 서독 등의 국가에서 위헌결정으로 인하여 초래될 법의 공백과 사회적 혼란을 방지하기 위하여 법률이 위헌인 경우에도 결정주문에서 위헌 무효 선언을 보류한 채 불합치 선언만을 하고 입법권자에게 입법을 촉구하는 형식으로 사용되고 있는데(서독 연방헌법재판소법은 제78조에 "연방헌법재판소가 연방법이 기본법과, 또는 주법이 기본법 또는 그 밖의 연방법과 합치하지 아니한다는 확신에 이르게 되면 연방헌법재판소는 그 법의 무효를 선언한다. 그 법률의 다른 규정들이 동일한 이유로 기본법 또는 그 밖의 연방법과 합치하지 아니하는 경우에는 연방헌법재판소는 마찬가지로 그 규정의 무효를 선언할 수 있다"라는 규정 및 제31조 제 2 항에 "헌법소원의 경우에도 연방헌법재판소가 어떠한 법률을 기본법에 합치하거나 또 합치하지 않는 것으로 또는 무효로 선언한 경우에도 그 결정은 법률적 효력이 있다"라는 규정 등을 두어 연방헌법재판소는 법률이 헌법에 위반되는 경우에는 소급무효선언 뿐만 아니라 소급효가 없는 불합치 선언도 할 수 있는 근거를 두고 있다), 우리 법제는 앞서 본 바와 같이 위헌결정

의 표현방법에 관하여 형식이 따로 정해져 있지도 아니하여 표현형식이 어떠하던간에 위헌결정의 취지로 해석되면 헌법재판소법 제47조에 정해진 효력이 당연히 발생하고 위헌결정의 효력에 원칙적 장래효를 인정하고 있으며, 위헌결정이 아닌 그 밖의 결정에는 기속력을 인정하지 아니하고 있으므로 주문과 같은 이른바 변형결정의 형식은 채택하여서는 아니 된다고 생각한다. 나는 다수의견이 "헌법에 합치되지 아니한다"라는 말을 "헌법에 위반된다"라는 말과 다른 개념으로 사용하고자 하는 데 대하여서는 반대하지만 "헌법에 합치되지 아니한다"는 말은 "헌법에 위반된다"는 말과 아무런 차이가 없고 결국 위헌결정의 주문에 다름없다고 보아 주문 제 1 항에는 찬성하는 것이다.

④ 다수의견은 주문과 같은 변형결정을 하는 주된 이유로서, 1988. 4. 26.의 총선거에 의한 제13대 국회는 국회의원선거법 제33조 및 제34조의 기탁금제도 하에서 선출된 의원들로 구성되어 있는데 만약 위 법률조항에 대하여 위헌결정이 선고되면 그 결정이 있는 날로부터 그 효력이 상실되기 때문에 앞으로 있을지 모르는 재선거나 보궐선거 등에 의하여 새로이 당선된 의원은 기왕에 당선된 다른 의원들과는 달리 기탁금제도의 제한을 받지 아니하고 선출되게 되어 제13대 국회의 구성원 간에 동질성이 문제가 될 것이므로 제13대 국회의 구성원인 국회의원들 간의 동질성과 그 선출조건 내지 지위에 있어서의 평등성 확보를 위하여 제13대 국회의 재선거나 보궐선거의 가능성이 사실상 없어지는 시점(1991년 5월말)까지는 위 법률조항의 효력을 지속시킬 필요가 있기 때문이라고 한다.

그러나 위 법률조항이 위헌이라면 위헌결정으로 그 효력을 상실시켜 앞으로 있을지도 모르는 재선거나 보궐선거나마 합헌적 선거가 될 수 있게끔 해야 하는 것이지 기왕에 선출된 제13대 국회의원들이 위헌적인 기탁금 제도 하에서 당선되었으니 재선거나 보궐선거에서 선출될 국회의원도 합헌적 제도 하에서 선출되어서는 아니 되고 똑같이 위헌적인 제도 하에서 선출되어야만 한다는 다수의견의 논리는 더 이상 설명을 붙일 것 없이 정당하지 않다.

이상과 같은 이유로 주문 제 2 항에 반대하는 것이다.

[재판관 김진우의 주문 제 2 항에 대한 반대의견]

재판관 김진우는 재판관 변정수의 주문 제 2 항에 대한 반대의견과 결론을 같이 하는바, 그 이유는 다음과 같다.

① 국회의원선거법 제33조 및 제34조가 다수의견이 설시한 바와 같은 위헌성이 있어서 주문 제 1 항으로 이 법률조항들이 헌법에 합치하지 아니한다고 결정한 점에는 찬성한다. 다만 주문 제 2 항에 대하여는 의견을 달리한다. 주문 제 2 항에 관한 다수의견이 헌법재판의 창조적 기능은 존중되어야 하고 국회의원 입후보 기탁금제도 자체에는 위헌성이 없다는 점과 입법권자의 권위 존중과 제13대 국회의원 사이의 동질성 보장 등의 점을 중시한 결과임은 충분히 이해되기는 한다. 그러나 그렇다고 하여도 그 설시의 정도와 내용의 위헌성이 있다면 단순한 위헌결정으로서의 주문 제 1 항의 결정만하고 주문 제 2 항의 결정은 하지 아니함이 헌법재판소법 제47조 제 2 항에 비추어 보다 타당하다. 뿐만 아니라 이 사건의 경우 주문 제 2 항과 같은 결정은 꼭 필요한 것도 아니라고 생각한다.

② 우리 헌법재판소법은 외국의 제도와 상이하다. 이 사건의 경우와 같이 법원의 위헌심판제청이 있는 경우 헌법재판소는 반드시 그 위헌 여부만을 결정하게 하였고 위헌결정만에 기속력을 부여하였다(제45조, 제47조 제 1 항). 그리고 이 위헌 여부의 결정에서 위헌성 확인과 위헌성 제거를 위한 입법촉구의 부수적 결정을 배제하는 것은 아니라고 해석된다. 그러나 그 위헌결정의 효력은 이 사건의 경우와 같이 형벌법규에 대한 것이 아닌 경우는 소급효를 인정하지 아니한

다. 또 장래 헌법재판소가 임의로 선택하는 시기로부터 법률 또는 법률조항의 효력을 상실하게 하는 결정을 할 수 있는 법적 근거를 규정함이 없이 위헌 결정일로부터 위헌으로 결정된 법률 또는 법률조항의 효력을 상실한다고 규정하였다(제47조 제 2 항). 그러므로 국회의원선거법의 위 조항들에 다수의견이 설시한 정도의 질적·양적 위헌성이 있다면 위헌결정일로부터 그 법률조항을 실효시킬 때 국가존립에 위해가 미칠 우려가 있는 정도의 법의 공백이나 사회적 혼란이 예상되는 등 헌법재판소법 제47조 제 2 항에 명문으로 정한 위헌결정의 효력을 일시 배제하여야 할 극히 이례적인 특별한 사유가 있는 경우가 아닌 이상 결정일로부터 위 법률조항들의 효력을 상실케 함이 위 헌법재판소법 제47조 제 2 항 등이 요청하는 바라고 할 것이다.

그런데 이 사건의 경우 다음 ③에서 보는 바 다수의견이 주문 제 2 항의 결정을 필요로 하는 사유로서 주장하는 사유들은 이러한 특별한 사정에 해당한다고 보기에는 부족하고 달리 입법권자의 법개정을 기다릴 것 없이 결정일로부터 즉시 위 법률조항의 효력을 상실케 하여도 국가존립에 위험을 미칠 법의 공백이나 사회적 혼란이 생길 사정이나 이에 준할 위에서 설시한 바와 같은 특별한 사정이 있는 것도 아니다. 그러므로 입법권자의 법개정을 기다릴 것 없이 헌법재판소법 제47조 제 2 항에 정한대로 이 결정일로부터 위 법률 조항들의 효력을 상실케 하는 것이 우리의 현재의 헌법재판 제도 하에서 보다 타당하다고 생각한다.

③ 다수의견은 제13대 국회의원의 지위보장과 국회의 권위보장 그리고 이 결정 전에 당선된 제13대 국회의원과 그 후에 당선된 국회의원 사이의 동질성 보장 및 평등성 확보를 위하여 주문 제 2 항의 결정이 필요하다고 한다.

그러나 제 2 항의 결정 없이 단순히 위헌선언만을 하여도 위헌결정은 이 결정 전의 선거의 효력에까지 소급하는 것이 아니고 결정일로부터 효력이 생하는 것이므로 이 결정 전에 당선된 국회의원의 지위나 국회의 권위에 영향이 있다고 할 수 없다. 또 지난 제13대 국회의원 총선거 때 국회의원선거법 제33조와 제34조 때문에 국회의원 선거에 입후보하지 못한 실례가 있다고 나타난 것도 아니고 이 결정의 효력을 즉시 발생하게 함으로써 입후보 등록시의 기탁금제도에 차이가 있다는 점만으로 이 결정 전에 당선된 제13대 국회의원과 이 결정 후에 있을 재선거 또는 보궐선거에서 선출될 소수의 국회의원과의 사이에 동질성이나 평등성이 금이 간다고 할 수도 없다. 그러므로 다수의견이 설시하는 사유만으로 주문 제2항의 결정이 꼭 필요한 것도 아니라도 생각된다.

국회의 권위 존중의 면에서도 단순히 위헌선언을 하고 그 후 법개정문제는 입법권자가 위헌성이 없는 범위 내에서 그 고유의 권한을 행사케 함이 가하다고 생각된다.

우리의 오랜 전통적인 언어관습과 언어감각에 비추어 위헌정도를 나타냄이 없이 "위 법률조항이 헌법에 합치되지 아니한다"라고 하는 표현은 헌법재판소법 제47조 제 2 항에 의하여 그 법률조항의 효력을 결정일로부터 상실시키는 효력이 생하는 위헌결정으로 이해된다. 이렇게 이해되는 표현을 제 1 항으로 하고서, 제 2 항으로 위 법률조항의 효력을 장래 일정시기까지 지속시키는 결정을 첨가하는 것은 언어관습과 언어감각이 꼭 같다고 할 수 없는 외국의 헌법재판소의 결정주문 예와 그 역사를 모르고 우리의 언어관습과 언어감각에만 젖은 일반 국민으로는 논리적으로 오해하기 쉽고 쉽사리 이해하기 어려우므로 국민에 대한 봉사태도로서도 재고할 점이 있다고 생각된다.

④ 물론 헌법재판소는 현대사회의 다양한 많은 사건들을 처리하여야 하고 그러자면 이에 상응한 적정한 신축성 있는 처리를 하여야 할 것이고 이를 위하여는 위헌결정의 효력을 헌법재판소가 정하는 장래의 시점에서부터 생하게 함이 타당한 사건도 많을 것인데 그러한 사건

처리에 있어서 그렇게 못한다면 헌법재판소가 맡은 바 역할을 다하지 못하는 어려움이 있을 것으로 생각되므로 이 점에 관한 헌법재판소법의 개정이 요망된다.

그러나 한편 다시 생각하면 법률이 위헌결정 즉시 그 효력을 생하게 한 취지는 위헌결정 즉시 위헌인 법률 또는 법률조항의 효력을 상실하게 하는 것이 일반적으로 국민의 기본권 보호에 더 유익하다고 본 까닭이라고 생각된다. 그리고 이 사건의 경우도 위헌제청 신청인이나 이 결정 후에 있을 선거에 있어서도 이 결정 즉시 위 법률 조항들의 효력을 상실하게 함이 보다 국민의 기본권보호에 유익하다고 생각된다.

⑤ 그러므로 법률이 헌법재판소가 위헌결정의 효력을 장래 일정시기부터 발생하게 할 수 있는 명문 규정을 두어 법 개정을 할 때까지는, 이 사건의 경우와 같이 법률조항이 헌법에 전혀 합치하지 아니하는 경우에는 위에서 본 바와 같은 특히 특별한 사정이 있는 예외적인 사정이 있는 경우가 아닌 한 가급적 원칙에 돌아가서 주문 제 2 항과 같은 결정을 첨가함이 없이 단순히 위헌결정만을 하고, 법률이나 법률조항이 위헌성이 있으되 그 정도가 그 법률 또는 그 법률조항을 즉시 실효시켜야 할 정도는 아니고 상당기간 내에 입법권자가 그 법률 또는 그 법률조항을 개정할 때까지 그 효력을 지속시킬 필요가 있다고 인정되는 때는, 주문에는 그 위헌성의 정도에 따라 양적·질적으로 헌법에 합치되지 않는 정도를 나타내어 헌법에 합치하지 않는지를 선언하여 위헌성을 확인하는 결정을 하고 여기에 위헌성 있는 법률 또는 법률조항의 효력지속 기간을 정하지 아니한 채 단순히 상당기간 내에 위헌성 제거를 위한 입법의 촉구 내지 권고 결정을 첨가하던지, 주문에는 아직 헌법에 합치한다든지의 결정만을 하고, 그 이유에서 위헌성의 정도를 설시하고 입법권자에 있어 일정기간 또는 상당한 시일 내에 그 법률을 개정함이 요망되는 점을 아울러 설시하여 법개정입법을 촉구 내지 권고하고 그 입법은 위헌성이 없는 범위 내에서의 입법권자의 고유의 권한 행사에 맡기는 것이, 그 목적도 이루면서 우리 헌법재판소법 제47조 제 2 항의 규정과 입법권자의 권위 존중과 국민에 대한 봉사적 태도와 기본권보호에도 보다 합치된다고 생각된다.

이상과 같은 이유로 주문 제 2 항에 관하여 다수의견에 반대한다.

제 2 장 憲法의 制定과 改正

제 1 절 憲法의 制定

I. 憲法制定權力

1. 憲法制定權力의 意義

헌법제정권력(verfassunggebende Gewalt, pouvoir constituant, constituent power) 또는 제헌권은 국가법질서의 근본법인 헌법을 창조하는 힘이라고 할 수 있다. 그러나 헌법제정권력은 사실적인 힘만이 아니고 헌법을 정당화시키는 권위 또는 가치를 아울러 가지지 않으면 아니 된다. 헌법제정권력론은 지배계약론과 국민주권주의에 근거하고 있다.[1)]

C. Schmitt의 표현에 따른다면 「헌법제정권력이란 고유의 정치적 실존의 종류와 형태에 관하여 구체적인 근본결단을 내릴 수 있는 권력이나 권위를 가진 정치적 의사」라고 한다. 이것은 C. Schmitt의 결단주의에서 나온 설명이나, 헌법제정권력의 권력적 측면과 가치적 측면을 잘 지적한 것이라고 하겠다.

Maunz도 「헌법제정권력이란 국민의 정치적 존재에 관한 근본결단을 내릴 정치적 의사이며 그 권한이다」라고 말하고 있다.

2. 憲法制定權力理論의 歷史的 發展

(1) Siéyès의 이론 헌법제정권력이라는 관념을 통일적으로 체계화한 것은 A. Siéyès였다. 「제 3 계급이란 무엇인가」(1788)를 중심으로 하여 전개된 Siéyès의 헌법제정권력이론은 다음과 같다.

1) 헌법은 「공권력의 필요한 교류 및 그 상호의 독립을 조직」하고, 「인간 및 시민의 권리를 선언하고 확장하고 확보하는」 것에 의하여 공권력의 제한·규제를 목적으로 한다. 이 공권력은 헌법에 의하여 조직되고 규제된 권력으로서 의사하는 권력(입법권)과 행동하는 권력(집행권)으로 나뉜다고 본다.

---

1) 헌법제정권력에 대해서는 Zweig, Die Lehre von Pouvoir Constituant, 1909; Murswiek, Die verfassunggebende Gewalt nach dem Grundgesetz für die Bundesrepublik Deutschland, 1978; Böckenförde, Die verfassunggebende Gewalt des Volkes, 1986; Steiner, Verfassunggebung und verfassunggebende Gewalt des Volkes, 1966; Keung, Théorie constitutionnel des Siéyès, 1934; 芦部信喜, 憲法制定權力, 1983; 小林直樹, 憲法秩序の理論, 1986; 김명재, 헌법제정권력론에 관한 비판적 고찰, 공법연구 제27집 1호, 1998, 205~228면 참조.

2) 즉 헌법은 어떠한 부분에 있어서도… 이 헌법제정권력의 작품이다. 그리하여「헌법에 의하여 만들어진 권력」, 바꾸어 말하면 어떠한 종류의 위임된 권력도 결코 그 위임의 조건을 변경시킬 수는 없으며, 어떠한 방법에 의하여서도 일반적인 입법권은 헌법제정권력의 행사에 개입할 수 없다. 입법권이 헌법제정권력을 행사할 수 없는 것은 기본적인 헌법원칙이다.

3) 이러한 헌법제정권력을 가지고 있는 것은「국민만」이다. 그리하여 이 국민의 헌법제정권력은 유일불가분이며, 실질적으로든 절차적으로든 법적 제한을 받지 않는다.[1)]

(2) 독일의 법실증주의자의 이론 G. Anschütz, Laband, G. Jellinek 등 독일의 법실증주의자들은 법적 개념으로서의 헌법제정권력의 개념을 부인하였다. 이들은 국가법인설에 입각하여 헌법제정권력＝헌법개정권력＝입법권으로 보고, 헌법의 실질적인 최고법규성을 부인하였다. 헌법과 법률의 차이는 그 개정의 곤란성에 근거한다고 하였다.

(3) C. Schmitt의 이론 법실증주의적 국법학에 의하여 헌법제정권력이론이 변용 내지 말살되었던 것이 C. Schmitt에 의하여 새로운 발전을 보게 되었다.[2)] C. Schmitt는 결단주의에 근거하여 헌법제정권력은 정치적 공동체에서 나타난 독자적인 존재의 종류와 형태에 관한 정치적 결단에 근거하고 있다고 하였다. 그는「헌법제정권력—헌법—헌법률—헌법에 의해서 만들어진 권력」의 위계질서를 인정하여 헌법제정권력은 통일적이고 불가분적이며 모든 권력의 포괄적인 근거라고 보았다. 헌법제정권력에 의하여 형성된 헌법규범을, 헌법개정권력으로 개정할 수 없는 헌법(Verfassung)과 헌법개정권력으로 개정할 수 있는 헌법률(Verfassungsgesetz)로 구별하여 헌법률은 헌법제정의사의 집행적인 규범화로 보았다. 따라서 그는 헌법제정권력과 헌법개정권력을 구별하였으며, 헌법개정권력은 법적으로 규제된 권한이므로 그 근거를 이루는 헌법상의 규제의 범위를 깨뜨릴 수 없다고 하여 헌법개정권력의 한계를 지적하였다. 그 외에도 그는 헌법제정권력의 주체를 국민에게만 한정하지 않고, 헌법제정권력을 그 주체에서 분리할 수 있다고 하였다.

(4) Kelsen의 이론 Kelsen은 초기에는 헌법제정권력도 원규범에서 도출될 수 있는 것으로 보았으나 1964년에 학설을 변경하여 헌법제정권력은 전헌법적인 권력이라고 하여 권력의 권력이라고 하고 있다.[3)]

(5) 영미의 이론 오늘날 영미에서는 헌법제정권력의 개념 내지 이론은 헌법의 주체적 구조나 헌법개정권력과의 관계 등의 문제를 명백히 함에 있어서 사용되는 개념 내지 이론이긴 하나, 이것은 순수한 이론상의 개념이고, 나아가 이데올로기적 개념이며 역사적인 헌법제정의 사실과는 무관계하다고 하여 그 실체에 중점을 두고 있다. 미국에서는 헌법제정을 위하여 조직된 제헌의회에 의하거나 의회가 만든 초안을 정식으로 국민투표에 회부하여야 한다고 주장되었다.

3. 憲法制定權力의 本質과 法的 性格

(1) 헌법제정권력의 본질 헌법제정권력은 법질서를 유지할 수 있는 권위를 가지지 않으면 안 되며 헌법규범의 정당성의 문제와도 독립되어 존재할 수 없으므로, 실존의 계기만을 들어 이를 순수한 사실력에 환원할 수는 없다. 그러한 의미에서 법실증주의이론

1) Siéyès, Quést-ce-que le Tiers-Etat, 1789(박인수 역, 제 3 계급이란 무엇인가).
2) Schmitt, Verfassungslehre, 1928.
3) Kelsen, Allgemeine Staatslehre Neu Druck, 1966.

과 같이 헌법제정권력을 순전히 사회적 권력요소로 보아 법학의 대상에서 추방할 수는 없을 것이며, 또 규범적 구속에서 자유로운 결단을 내릴 수 있는 절대적인 힘이라고도 할 수 없을 것이다. 오늘날 근대헌법의 헌법제정권력은 인간의 존엄을 중심으로 하는 근본규범에 제약을 받는다고 하겠다.[1)]

(2) 헌법제정권력의 법적 성격

1) 始原性과 자율성 헌법제정권력의 근본성격은 무엇보다도 그 시원적인 창조성과 자율성에서 구할 수 있을 것이다. 그것이 헌법질서를 만드는 시원적인 힘인 이상 헌법제정권을 합법화시키는 상위의 실정법규범은 존재하지 않는다.[2)] 헌법제정권력은 그에 의하여 만들어진 국가권력, 즉 조직화된 권력에 근거하는 것은 아니며, 자기 자신에 의하여 자신을 정당화할 수밖에 없는 근원적인 권력이므로 자율성을 가진다. 그러한 자율성은 따라서 당연히「헌법제정권에 의하여 만들어진 권력」에 대한 본질적인 우위를 의미할 것이다.

이와 관련하여 헌법제정권력과 주권과의 관계가 문제되는데, 헌법제정권력은 주권에 포함되는 주권의 일부분이라고 할 수 있다.[3)]

2) 불가분성 헌법제정권력은 다른 모든 제권력이나 권력분립제도의 포괄적인 기초이기 때문에 그 자체는 통일성과 불가분성을 가진다고 할 수 있다. 즉 헌법질서는 전체의 통일을 종국적으로 보장하고 질서로서의 체계적 성격을 부여할 수 있기 때문에 헌법제정권력의 이러한 통일성은 조직화된 권력에 있어서의 기능분화나 입법·사법·행정의 권력분립이 국가의 일체적인 통일체로서의 성격과 모순되지 않음을 충분히 설명할 수 있다. 이 의미에서 헌법제정권력은 국가법질서의 근원적인 구성원리로서 헌법개정권력이나 통치권과 구별된다고 할 수 있다.

3) 항 구 성 헌법제정권력은 항구성(Permanenz)을 가지는 것인가가 문제된다. 이에 대해서는 이를 긍정하는 설과 이를 비판하여「헌법제정권은 비상시에만 발동하는 권력」이라고 보는 설이 있다. 헌법제정권력은 위기에 나타나는 권력이라고 할 것이고 평상시에는 헌법개정권력이 작용하여 합법적인 변혁에 따라 혁명을 미연에 방지한다고 하겠다. 따라서 헌법개정권은 *始原的 制憲權*(pouvoir constituant originaire)인 헌법제정권력에

1) 芦部信喜, 憲法制定權力, 1983.

2) 성낙인 교수는 시원적 제헌권이라는 표현을 사용하고 있다(성낙인, 헌법학 33면).

3) 헌법제정권력의 개념과 주권의 개념과의 관계에 대하여 C. Schmitt는 양자를 동일한 것으로 파악하고 있다. 문홍주 교수는「헌법은 국가에 있어서 가장 근본적인 법이며, 주권을 가진 자가 이 헌법을 결정한다. 이러한 의미에 있어서의 주권은 또한 헌법제정권력을 의미한다」고 보며(전게서, 88면), 박일경 교수는 법적 의미에서의 주권은 헌법제정권력 내지 헌법개정권력을 의미한다고 본다(전게서, 53면). 생각건대 주권의 개념이 i) 국가의사를 결정하는 최고의 원동력으로서도 파악되고, ii) 국가형태의 최고결정권으로서도 인정되며, iii) 국가권력 자체의 의미로도 사용되고, iv) 국가권력의 최고독립성을 나타내는 것으로도 사용되는 등 다양하나, 주권이 국가통치형태의 최고결정권을 내포한다고 보면 헌법제정권력도 이에 속한다고 보겠다. 그러나 주권은 헌법제정권력 자체라고는 할 수 없을 것이요, 헌법제정권력+α이다. 상세한 것은 김철수, 현대헌법론, 169면 이하 참조.

비하여 제도화된 제헌권(pouvoir constituant institué)으로서 파악하여야만 할 것이다.[1)]

4. 憲法制定權力의 限界

헌법제정권력은 시원적·자율적·통일적·불가분적 권력인데, 그것은 한계가 없고 절대적인 것인지 또는 한계가 있는 것인지에 대해서는 학설의 대립이 있다. 이는 헌법제정권력과 근본규범·근본가치와의 관계에 관한 것이다.

(1) 학 설

1) 한계부정설 법실증주의의 입장에서는 한계를 인정하지 아니하며, C. Schmitt도 헌법제정권력은 모든 규범적 구속에서 자유로운 절대적 실력이라 하였다.

2) 한계긍정설 근대헌법은 그 기본가치로서의 일련의 인간의 기본권보장의 원리를 내포하고 있으며, 이 근대헌법의 근본규범이 헌법제정권력을 규제하고 있다고 보는 것이 현재의 다수설이다. Kägi와 Maunz도 헌법제정권력의 한계를 인정하였으며, Maunz는 헌법제정권력이 초국가적인 인권에 구속됨을 인정하였다. 제헌권을 구속하는 이 초실정적인 법원칙이 구체적으로 무엇을 말하는가는 논자에 따라 반드시 일치하지는 않는다. Sternberger는 완결된 자연법에 구속된다고 보지 않고 법질서와 평화질서의 본질적 개념에 구속된다고 한다.

(2) 私 見 그러나 현실적으로는 인격불가침의 기본가치, 법치국가의 원리, 민주주의의 원리 등이 될 것이다.[2)] 이러한 민주법치국가의 기본가치를 내용으로 하는 근본규범은 헌법제정권력이 자기의 존재를 주장하기 위한 기본적 전제이며 제헌권의 활동을 구속하는 내재적인 제약원리이다. 따라서 이 근본규범을 유린하는 새로운 질서의 창설은 제헌권의 발동이 아니고 새로운 사실력에 의한 파괴이며, 그 정당성을 주장할 수 없다고 하겠다.

그러나 헌법내용의 정당성과 헌법제정의 합법성과는 구별하지 않으면 안 된다. 따라서 헌법제정권력은 초실정적인 법원칙에 구속되면서도 법질서를 창조하는 권력인 이상 당연히 형식 또는 절차규정에는 구속되지 않으며, 법치국가적인 합법성의 원리를 배제하는 제헌권의 발동도 앞서 언급한 근본규범에 합치되는 한 정당성을 획득하여 법규범으로서 타당하게 되는 것이다.

---

1) 여기에서 「제도화」된 제헌권이란 헌법개정권력을 「시원적」 제헌권으로서의 헌법제정권력에 대비시키기 위하여 사용된 용어이며, 「제도화된」이란 헌법개정권력이 헌법제정권력에 의하여 조직되고 그 근거가 주어졌으며 구체화되었다는 의미이다(Burdeau, Droit constitutionnel et institutions politiques, 9e éd., 1962, p. 72 참조).

2) 同旨: 문홍주, 전게서, 74면; 김기범, 전게서, 89면; 윤세창, 전정판 신헌법, 84면; 구병삭, 전게서, 42면; 김현규 외, 전정판 신헌법학, 52면; 안용교, 한국헌법, 83면; 성낙인, 전게서, 36면.

한편 제헌권에 한계를 부여하는 초실정적 계약원리의 구체적 내용에 관하여는 다소간 표현의 상이가 있다. 문홍주 교수는 「민주주의국가에 있어서는 민주주의의 기본원리, 즉 인간의 존엄과 가치를 기초로 하는 기본적 인권의 존중과 국민주권의 원칙」이라고 하며, 허영 교수는 이데올로기적 한계, 법원리적 한계 이외에 국제법적 한계도 인정하고 있다(전게서, 47면).

5. 憲法制定權力의 主體

(1) 이 론 헌법제정권력의 주체는 시대에 따라 다르다고 할 수 있을 것이다. 역사적으로 본다면 중세에는 신만이 헌법제정권자였고, 프랑스 혁명 당시에는 Siéyès에 의하여 국민이 헌법제정권력의 주체로서 등장하였으며, 왕정복고기(1815~1830)에 있어서는 왕이 헌법제정권력의 주체였고, 귀족국가나 과두국가에 있어서는 소수자의 조직이 헌법제정권력의 주체였다. 그러나 민주정치를 지향하고 있는 현대에 있어서 헌법제정권력의 주체는 국민일 수밖에 없다.[1] 헌법제정권력론은 근본법으로서의 헌법을 전제로 하고 국민주권의 원리와 불가분의 관계에서 생성된 이데올로기적 개념이다. 이것은 권력의 정당성의 근거가 국민에게 존재한다는 것과 국내에 있어서의 최고권력의 궁극적인 행사자는 선거인단이라는 것을 내용으로 하는 국민주권주의의 권력적 요소에 중점을 둔 개념이다. 따라서 헌법제정권력이론의 참다운 의미는 전 국민 중 정치적 결단을 행할 수 있는 사람들이 헌법제정에 참여하여야 한다는 것이다.

(2) 판 례 헌재는 국민주권주의하에서는 국민이 헌법제정권자임을 확인하고 있다. 헌법 제1조 제2항은 "대한민국의 주권은 국민에게 있고, 모든 권력은 국민으로부터 나온다"고 규정한다. 이와같이 국민이 대한민국의 주권자이며, 국민은 최고의 헌법제정권력이기 때문에 성문헌법의 제·개정에 참여할 뿐만 아니라 헌법전에 포함되지 아니한 헌법사항을 필요에 따라 관습의 형태로 직접 형성할 수 있다. … 국민주권주의는 성문이든 관습이든 실정법 전체의 정립에의 국민의 참여를 요구한다고 할 것이며, 국민에 의하여 정립된 관습헌법은 입법권자를 구속하며 헌법으로서의 효력을 가진다.[2]

6. 憲法制定權力의 行使

(1) 헌법제정권력의 행사방법 일반적으로 헌법제정권력이 의식적으로 행사되어 신헌법이 제정되는 경우는 i) 이제까지 헌법이 없던 국가에서 새로이 헌법을 제정하는 경우와, ii) 신국가의 성립시에 헌법을 제정하는 경우, iii) 혁명 등의 결과 신헌법을 제정하는 경우 등이 있다. 이 때 헌법제정권력의 행사방법에 관해서는 그 성질상 이를 규제하는 법규범적 절차는 존재하지 않는다. 그러나 오늘날 관용되는 민주적 제헌방법으로서는 국민의 보통·직접·비밀·평등선거에 의한 헌법제정회의에서 의결하는 방법과 헌법제정회의의 의결과 국민투표를 결부시키는 경우가 있다. 현대헌법들을 개관해 보면 헌법제정권력의 소재와 주체를 헌법의 전문에 밝혀 놓은 헌법들이 많으며(미국헌법전문·독일기본법전문·일본헌법전문), 또 그 제정경위를 전문의 형식으로 밝힌 것이 많다.

1) 박일경 교수는 국민주권이 엄격한 법적 개념이 될 수 없다고 보는 것과 마찬가지로 국민이 헌법제정권력보유자란 개념도 법적으로는 성립할 수 없는 정치적·이데올로기적 개념으로 볼 수밖에 없다고 한다(전게서, 56면).

2) 헌재 2004.10.21 선고, 2004 헌마 554·566(병합), 헌재판례집 제16권 2집(하), 1면 이하(40면).

(2) 헌법제정권력의 행사요건 신헌법의 제정을 위한 헌법제정권력의 결단으로서는 다음과 같은 요건이 필요하다. 첫째로, 결단은 단독인이나 극단적인 소수가 아닌 다수에 의하여 행하여지지 않으면 안 된다. 둘째로, 피치자가 그 결단에 참여하지 않으면 안 된다. 피치자가 참여하지 않는 결단은 쿠데타(coup d'État)이며 제헌행위가 아니다. 셋째로, 결단은 그에 참여하는 사람들의 숙려의 결과 도달한 것이 아니면 안 된다. 헌재판례는 관습헌법의 성립요건으로서 국민적 합의를 들고 있다.[1) 「이러한 관행이 헌법관습으로서 국민들의 승인 내지 확신 또는 폭넓은 컨센서스를 얻어 국민이 강제력을 가진다고 믿고 있어야 한다」.

(3) 헌법제정권력의 행사상 문제점 헌법제정권력이 국민에게 있는 경우의 헌법제정권력행사는 국민의 직접적인 총의의 표현으로서 나타난다. 그러나 여기에 다음과 같은 여러 가지 어려운 문제가 있다. i) 제헌권자로서의 국민은 확고히 조직화된 집단이 아니다. ii) 또 국민의 직접적 의사표시의 자연적 형태는 집합한 민중의 찬부의 표시인 여론의 형태로 나타나는데, 현대대중국가에 있어서는 그 명확성이 문제된다.[2) iii) 국민의 제헌의사는 직접적인 의사로서 헌법상 절차가 규정되었다 하여도 이에 구속되지 아니한다.

(4) 민주적 제헌방법 오늘날 관용되는 민주적 제헌방법으로서는 국민의 보통·직접·비밀·평등선거에 의한 헌법제정회의에서 의결하는 간접적 방법이 있다. 또 헌법안을 국민투표로서 의결하는 직접민주적인 방법도 있다. 이 이외에도 헌법제정회의의 의결과 국민투표를 결부시키는 경우가 있다.

7. 憲法制定權力과 憲法改正權力의 關係

(1) 학 설 헌법제정권력은 헌법개정권력이나 입법권과는 구별되어야 할 것이다. 따라서 이들 권력간에는 「헌법제정권력—헌법개정권력—입법권」의 위계질서가 존재한다. 이런 의미에서 C. Schmitt가 헌법개정권을 헌법핵에 구속되는 「헌법에 의하여 만들어진 권력」이라고 말한 것은 타당하다.

헌법개정권은 헌법규범을 개정하는 힘을 가지며, 이에 따라 입법·집행·사법이 활동할 수 있는 점에서 일반적인 국가권력에 우월한다. 말하자면 헌법개정권은 Burdeau의 말처럼 헌법에 의하여 제도화된 제헌권[3)이라고도 할 수 있을 것이므로 헌법개정이 국민투표에 의해서 결정되는 경우에도 국민이 갖는 이 헌법개정국민투표권은 시원적인 헌법제정권력이 아니고 헌법제정권력보다 하위에 있다. 사실상에 있어서는 헌법제정권과 헌법개정

1) 헌재 2004. 10. 21 선고, 2004 헌마 554·566(병합), 헌재판례집 제16권 2집(하), 1면 이하(40~41면).

2) 헌법재판소의 소수의견은 국민의 정당한 의사가 반영되지 아니한 헌법제정은 비록 국민투표에 의하였다고 하더라도 정당성을 가질 수 없다고 하고 있다(헌재 1995. 12. 15 선고, 95 헌마 221 등 병합, 5. 17행위 불기소처분 취소, 헌재판례집 제 7 권 2 집, 697면 이하).

3) Burdeau는 헌법개정권력은 pouvoir constituant "constitué"라고 하거나 pouvoir constituant "institué"라고 한다(*op. cit.*, 9ᵉ éd., 1962, p. 72).

권이 국민이라는 같은 주체에 속한다고 하여도 법적으로는 결코 같은 것이라고는 볼 수 없다. 또한 국민이 비상시에 제헌권을 발동하여 헌법을 제정하는 경우와 국민이 국가기관으로서 헌법을 개정하는 경우는 전혀 그 성격을 달리하고 있다.[1)]

(2) 판　례　　헌법재판소는 헌법제정권력과 헌법개정권력의 구분에 대하여 한편으로는 인정하면서도 구분의 명문규정이 없다고 부정하고 있다.[2)]

「헌법 제111조 제 1 항 제 1 호 및 헌법재판소법 제41조 제 1 항은 위헌법률심판의 대상에 관하여, 헌법 제111조 제 1 항 제 5 호 및 헌법재판소법 제68조 제 2 항, 제41조 제 1 항은 헌법소원심판의 대상에 관하여 그것이 법률임을 명문으로 규정하고 있고, 여기서 위헌심사의 대상이 되는 법률이 국회의 의결을 거친 이른바 형식적 의미의 법률을 의미하는 것이므로, 헌법의 개별규정 자체는 헌법소원에 의한 위헌심사의 대상이 아니다. 한편, 헌법은 전문과 각 개별조항이 서로 밀접한 관련을 맺으면서 하나의 통일된 가치체계를 이루고 있는 것으로서 이념적·논리적으로는 규범 상호간의 우열이 헌법의 어느 특정규정이 다른 규정의 효력을 전면적으로 부인할 수 있을 정도의 개별적 헌법규정 상호간에 효력상의 차등을 의미하는 것이라고는 볼 수 없으므로, 이 점에서도 헌법의 개별규정에 대한 위헌심사는 허용될 수 없다」.

그러나 반대의견이 있다. 반대의견은 유신헌법으로의 개정은 비록 국민투표를 거쳤다고 하더라도 적헌법적인 개정이 아님을 명시하고 있다.[3)]

(3) 私　見　　위 판례의 반대의견이 옳다. 헌법제정권력과 헌법개정권력을 동일시하는 법실증주의론자도 있으나 헌법제정권력과 헌법개정권력을 다르다고 보아야 한다.

Ⅱ. 憲法制定의 意義와 類型

1. 憲法制定의 意義

헌법의 제정(Verfassungsgebung, constitution-making)은 헌법제정권력자가 헌법제정권력을 행사하여 성문헌법을 제정하는 것을 말한다.[4)] 헌법은 헌법제정권력자의 일방적인 정치적 결정으로서도 성립될 수 있으며, 또 복수의 주체에 의하여 쌍방적인 협의에 의하여서도 성립할 수 있다. 이러한 헌법제정권력자의 권력행사방법, 즉 흠정의 방법에 의하는 것, 민정의 방법에 의하는 것, 군주와 국민간의 협약에 의하는 것, 국가간의 협약에 의하는 것 등에 따라 欽定憲法·民定憲法·協約憲法·國約憲法 등으로 나누어지고 있다.

1) 同旨: 문홍주, 전게서, 75면; 김기범, 전게서, 48면; 김남진·이강혁, 주제중심헌법, 114면. 반대: 박일경, 전게서, 140~141면. 상세한 것은 김철수, 현대헌법론, 172면 이하 참조.

2) 헌법재판소는 1995. 12. 28. 선고한 95 헌바 3 사건에서 헌법의 개별조항인 이 사건 헌법조항을 대상으로 한 헌법소원심판청구가 부적법하다고 판시하였다.

이 사건의 경우에 판시이유와 달리 판단하여야 할 새로운 사정변경이 있다고 볼 수 없으므로 위 판시이유를 그대로 유지함이 상당하다」(헌재 2001. 2. 22 선고, 2000 헌바 38, 헌재판례집 제13권 1집, 289면 이하).

3) [하경철 재판관의 반대의견]

헌재 2001. 2. 22 선고, 2000 헌바 38, 헌재판례집 제13권 1집, 289면 이하(297~298면).

4) 「헌법의 성립」은 정치사회학적인 현상이고, 「헌법의 제정」은 헌법학적인 현상이라고 보는 견해가 있다(허영, 전게서, 41면).

그런데 이러한 분류방법은 헌법제정의 주체에 근거한 것으로, 헌법의 내용이나 성격을 기준으로 한 것이 아니다. 또 흠정헌법이라고 하더라도 군주가 직접 기초하는 것은 아니며, 협약헌법의 경우에도 국왕과 국민과의 협약뿐만 아니라 Würtemberg헌법(1819)이나 Sachsen헌법(1831)과 같이 국왕과 봉건적 귀족과의 타협의 경우도 포함하여야 할 것이다. 그리고 민정헌법의 경우도 현실적으로 국민이 직접 제정했다고 하기보다 헌법체제를 결정하고 이를 유지하는 권위의 소재가 국민임을 표시하는 관념이라고 보는 것이 타당할 것이다. 또한 민정헌법이라 하더라도 자본주의헌법과 사회주의헌법을 동일시할 수는 없을 것이다.

이러한 여러 가지 점에서 흠정헌법·협약헌법·민정헌법의 구별은 적합하다고는 할 수 없고, 제정의 실태에 따른 새로운 분류가 바람직하다고 하겠다.

2. 憲法制定의 類型

헌법제정의 유형을 흠정·협약·민정·국약으로 단순화할 것이 아니라 이를 보다 세분하여 보는 것이 적합할 것이다. 헌법제정권력의 주체와 제정권력의 행사방법에 따라 헌법제정의 유형을 구분해 보면 다음과 같다.

(1) 흠정헌법의 제정　전제군주정에 있어서는 제헌권은 군주에 속하기 때문에 전제군주제하의 헌법제정은 형식적으로 보아서는 흠정이다. 입헌주의적 의미의 헌법의 제정에 있어서도 군주가 자기의 의사에 따라서 제정하고 공포·시행하는 것은 흠정이라고 한다.

(2) 협약헌법의 제정 유형

1) Magna Carta의 제정방법과 같은 협약헌법의 제정　영국의 Magna Carta는 근대적 의미에 있어서의 성문헌법은 아니나 헌법적 조항을 포함하고 있는데, 귀족들이 국왕군에 이겨 귀족군의 요구에 의하여 국왕이 이에 부득이 동의한 유형을 말한다. 이러한 유형은 사실상의 혁명행위로서 군주에 반항하여 군주로 하여금 이에 동의하게 하는 방식이다.

2) 군주와 등족의회(Ständerat)와의 협약헌법의 제정　군주가 국민대표를 선출케 하고 이에 헌법초안을 부의하여 만드는 경우가 있는데, 대표적인 것으로는 Würtemberg헌법의 제정을 들 수 있다.

3) 군주와 국민대표(Volksvertretung)와의 협약헌법의 제정　이것은 국왕을 새로이 옹립함에 있어서 국민대표회의에서 먼저 헌법을 의결하여 국왕으로 하여금 이를 승인하게 한 뒤 왕위에 즉위시키는 경우이다. 영국에 있어서 1689년 명예혁명으로 William왕을 옹립함에 있어서 권리장전을 먼저 의결한 뒤 국왕으로 하여금 이를 준수할 것을 서약케 한 것과 프랑스에 있어서 1830년 혁명(7월혁명)에 의하여 Philip을 국왕으로 옹립함에 있어서 헌법을 변경하여 국왕으로 하여금 이를 승인케 한 것이 그 예이다.

(3) 민정헌법의 제정 유형

1) 군주정에서 공화정으로 변경하는 경우의 헌법제정　종래 군주국가였던 나라에 있어서 혁명에 의하여 종래의 정체를 변경하고 국민의회가 사실상의 최고권력을 장악하여 신헌법을 제정하는 경우가 있다. France의 제 2·3 공화국헌법, 독일의 Weimar헌법 등이 이에 속한다.

2) 신생독립국가의 헌법제정 종래에는 타국의 지배하에 있었으나 새로이 독립한 국가에 있어서 제헌의회나 국민대표자회의에 의하여 새로이 헌법을 제정하는 경우가 있다. 미국 각 주의 헌법이나 Belgium이 독립한 뒤에 제정한 1831년 헌법과 같은 것이 그 예이다. 오늘날 아시아·아프리카 각국의 신헌법제정은 대개가 이 유형에 속한다.

3) 독재정치에서 민주정치로 변경하는 경우의 헌법제정 독재정치를 하던 파쇼 정권들이 멸망하고 새로이 민주적인 헌법을 제정하는 경우를 들 수 있는데, 1946년의 Italy헌법, 1970년대의 Portugal·Spain헌법의 제정 등이 이에 속한다.

4) 인민민주주의에서 사회주의로 변경하는 경우의 헌법제정 공산당의 독재—인민민주주의헌법에서 프롤레타리아의 독재를 지양하고 전 인민의 주권을 인정하는 자칭 「사회주의」(공산주의)에로 변경하는 경우의 헌법제정 등을 들 수 있다. 그 예로서는 1972년의 북한헌법의 제정을 들 수 있다.

5) 사회주의에서 민주주의로 변경하는 경우의 헌법제정 사회주의국가 헌법에서 시장경제를 받아들이고 복수정당제를 인정하는 새로운 헌법을 제정하는 경우를 들 수 있다. 1990년대의 동구헌법들이 그 예이다.

(4) 국약헌법의 제정유형 독일의 1849년의 Frankfurt헌법 제정이나 13개의 주가 연합한 미국의 경우 등과 같이 연방국가헌법에서 그 예를 볼 수 있다. 여기서는 지방국가가 전체국가에 선존하고 헌법제정으로 통일을 이룩하였다.

(5) 관습헌법의 성립 관습헌법이 성립하기 위하여는 관습이 헌법적으로 중요한 기본적 사항이어야 하고, ① 관행 내지 관례가 존재하고, ② 반복성·계속성이 있어야 하며, ③ 항상성이 있어야 하고, ④ 명료성이 있어야 하며, ⑤ 국민적 합의가 있어야 한다.[1)]

Ⅲ. 韓國憲法의 制定

우리 현행헌법은 전문에서 우리 「대한국민」이 이 헌법을 제정했고, 국회의 의결을 거쳐 국민투표로써 개정하였음을 명시하고 있다. 제헌헌법은 전문에서 「우리들 대한국민」은 「우리들의 정당 또 자유로이 선거된 대표로서 구성된 국회에서… 이 헌법을 제정한다」고 하여 국민이 제헌권자이며 국민의 대표기관에서 이를 제정한 것임을 명백히 하였다. 그 뒤 제 3 공화국부터의 헌법들은 전문에서 국민투표에 의하여 개정하였음을(제 2 공화국헌법은 국회에서 개정됨) 강조하고 있다. 또 憲法總綱에서도 「대한민국의 주권은 국민에게 있고, 모든 권력은 국민으로부터 나온다」(제1조 2항)고 하여 헌법제정권력이 국민에게 있음을 명시하고 있다.

그런데 이러한 헌법제정권력의 행사는 직접적으로 국민투표로써 행사할 수도 있고, 간접적으로 제헌의회를 통하여서도 행사할 수 있다. 따라서 국회에 의해 통과된 제 2 공화국헌법과 국민투표에 의해 통과된 제 3 공화국헌법·제 4 공화국헌법·제 5 공화국헌법·제 6 공화국헌법은 개정의 형식을 채택하고 있으나, 이는 헌법개정권력의 행사가 아닌 헌법제

1) 헌재 2004. 10. 21 선고, 2004 헌마 554·566(병합), 신행정수도이전을 위한 특별조치법 위헌확인, 헌재판례집 제16권 2집(하), 1면 이하.

정권력의 행사라고 보아 헌법의 제정이라고 해야 할 것이다.[1]

제 2 절 憲法의 改正

I. 憲法改正權力

1. 憲法改正權力의 意義와 法的 性格

헌법개정권력(verfassungsändernde Gewalt, pouvoir constituant institué, amendment power) 또는 개헌권은 헌법을 개정하는 힘이라고 할 수 있다. 헌법개정권력은 헌법에 의하여 그 주체와 행사방법이 규정된 제도화된 제헌권이라고 할 수 있으며, 그것은 입법권의 상위권력이다.

(1) 학 설

1) 법실증주의 법실증주의자는 헌법제정권력과 헌법개정권력의 구별을 부인하고 있다. Hildesheimer는 헌법을 초월하는 헌법제정권력은 국가성립의 기초로 되는 사회적인 권력요소에 불과하며 법적 속성을 전혀 가지지 않는다고 하고, 국법상의 제도로서 존재가능한 것은 「헌법의 제정 이후에 그 규정에 따라서 장래 헌법에 관한 모든 사항, 특히 그 해석과 개정에 관하여 전권을 가진 특정한 권력」만이며, 이 헌법정립권(verfassungssetzende Gewalt)이라고 할 수 있는 권력에서 다른 국가권력(입법·집행·사법)이 파생한다고 하고 있으며,[2] Vedel은 헌법제정권력은 헌법을 만드는 힘과 개정하는 힘이라고 하여 이의 구별을 인정하지 않고 있다.[3] 우리나라에서도 헌법제정권력과 헌법개정권력을 구분하지 않는 견해가 있다.[4] 즉 법실증주의자들은 헌법제정권＝헌법개정권＝입법권이라고 보고 있다.

2) 자연법론 그러나 Burdeau는 헌법제정권력을 시원적 제헌권(pouvoir constituant originaire)이라고 하고, 헌법개정권력은 제도화된 제헌권(pouvoir constituant institué)이라고 하여 구별하고 있다. 그리하여 헌법개정권은 시원적 제헌권에 의한 헌법질서의 파괴를 미연에 방지하기 위한 사명을 가졌으며, 개정권은 시원적 권력에 대한 호위병이라고 하였다.[5] 이것은 C. Schmitt의 이론과도 흡사한 것이다. 문홍주 교수도 「헌법제정권력은 국민의 전체적 정치결단인 헌법을 창조하는 권력이고 헌법개정권은 헌법제정권력에 의하여 조직된 권력이다」라고 하고 있다.[6]

1) 同旨: 문홍주, 전게서, 78면. 상세한 것은 김철수, 현대헌법론, 169면 이하; 김철수, 한국헌법사. 반대: 한태연, 헌법학(2정판), 1977, 53면; 권영성, 전게서, 51면 참조.
한편 대법원은 제5공화국헌법이 헌법의 개정인지 제정인지의 여부에 관하여 1985. 1. 29, 74 도 3501 (공보 1985, 392면) 판결에서 「…1980. 10. 27 제5공화국헌법의 제정·공포에 따라…」라고 함으로써 제5공화국헌법이 헌법의 개정이 아니라 신헌법의 제정이라는 견해를 취하고 있다.

2) Hildesheimer, Über die Revision moderner Staatsverfassungen, 1918, S. 39～42.

3) Vedel, Cours de droit constitutionnel et d'institutions politiques, 1960～1961, pp. 532～533, p. 537; Vedel, Manuel élémentaire de droit constitutionnel, 1949, pp. 114～117.

4) 박일경, 전게서, 140～141면.

5) Burdeau, *op. cit.*, 9e éd., 1962, p. 72.

6) 문홍주, 전게서, 75면.

(2) **私　見**　　오늘날 헌법개정권력은 헌법에 의하여 만들어진 권력이며, 이것은 헌법제정권력에 구속되는 것으로서 헌법제정권력과는 구별함이 당연하다.[1] 따라서 헌법개정권력은 실정헌법에 의하여 창조된 권력이며, 그 행사는 이에 구속된다. 따라서 헌법개정권력은 한계가 있으며 실정헌법에서 한계를 규정한 것도 있다.[2]

2. 憲法改正權力의 主體와 行使方法

(1) **헌법개정권력의 주체**　　헌법개정권력의 주체는 각 국가의 헌법에 규정되어 있다. 역사적으로 보아 헌법은 군주제헌법에서 공화제헌법으로 변천되었는데, 군주제에 있어서 헌법의 개정권은 군주가 가지고 있었으나, 입헌군주제에 있어서는 의회가 헌법개정권을 행사하게 되었다. 그 후 공화제에 있어서는 국민이 헌법개정권을 가지게 되었으며, 대표제민주국가에서는 국민대표기관인 의회가 헌법개정권을 가졌고 직접민주제국가에서는 국민투표기관인 국민이 헌법개정권을 가지게 되었다. 국민이 국민투표로 헌법을 개정한다고 하여도 국민의 헌법개정권은 제도화된 제헌권이요, 그것이 시원적인 제헌권이 아님은 명백하다. 따라서 국민주권주의국가에서의 헌법제정권자는 조직화되지 않은 전체로서의 국민인 데 대하여, 헌법개정권자는 국민투표권을 가진 국가기관으로서의 국민 혹은 그 대표자이다.[3]

(2) **헌법개정권력의 행사방법**　　헌법개정권력은 제도화된 권력이기 때문에 헌법제정권력과 달리 헌법개정규범에 구속되어 헌법이 정한 절차에 따라 행사되어야 한다. 헌법개정규범은 헌법개정권력의 행사방법을 규정하고 있는데, 국민주권주의국가에서는 「제안—공고—심의—의결—확정—공포—시행」의 절차를 거치는바, 국민의 여론이 최대한으로 반영되도록 하여야 한다. 헌법개정규범에 위반되는 헌법개정은 위헌이며 무효이다. 법실증주의론자는 무효선언기관이 존재하지 않는다는 이유를 들어 헌법개정규범에 위반되는 헌법개정도 효력이 있다고 하는데, 이는 실효성은 있을지 모르나 정당성은 없다고 하겠다.

3. 憲法改正權力의 限界

(1) **학　설**

1) 한계부정설　　헌법제정권력과 헌법개정권력의 구별을 부인하는 법실증주의자는 헌법개정권력의 한계를 부인한다. Laband, Jellinek, Anschütz, Kelsen, Loewenstein 등은 「헌법은

1) 同旨: 김기범, 전게서, 48면; 윤세창, 전게서, 84면; 권영성, 전게서, 50면; 한태연, 헌법학—근대헌법의 일반이론, 1983, 56면; 성낙인, 전게서, 37면.

2) Loewenstein, Über Wesen, Technik und Grenzen der Verfassungsänderung, 1961; Bushart, Verfassungsänderung in Band und Ländern, 1989; Bauer/Jestaedt, Das Grundgesetz im Wortlaut, 1997; Even, Die Bedeutung der Unantastbarkeitsgarantie des Art. 79 Abs. 3 GG für die Grundrechte, 1988.

3) 우리나라에서의 헌법개정행위는 국회와 대통령의 발의에 대한 국민의 승인에 의해서 비로소 성립한다. 국민투표에 의한 국민의 승인은 헌법개정을 결정하는 행위이다.

입법의 형식으로 개정된다」는 Weimar헌법에 따라 입법권=헌법개정권=헌법제정권이라고 보아, 입법권이 국가최고의 권력이며 헌법제정권력도 그 중에 포함되고 있다고 하였다. 이것이 Weimar시대의 다수설이었다.

2) 한계긍정설 이에 대하여 헌법개정권력의 한계를 주장하기 시작한 것은 C. Schmitt이다. 그는 헌법개정권력은 헌법제정권력에 의하여 창조된 권력이기 때문에 헌법제정권력의 소재를 변경시키거나 헌법의 동질성을 파괴하는 절대적 헌법에 대한 개정은 불가능하다고 하여 헌법개정권력의 한계를 인정하고 이를 주장하였던바, Triepel과 Bilfinger도 이에 동조하였으며,[1] Burdeau도 헌법개정권을 헌법제정권과 구별하여 개정권의 한계를 인정하고 있다.[2]

(2) 판 례 ① 헌법재판소는 헌법개정한계론에 대해서는 부정적이다. 「현행헌법 및 헌법재판소법의 명문의 규정취지에 비추어, …헌법개정한계론은 그 자체로서의 타당성 여부와 상관 없이 우리 헌법재판소가 헌법의 개별규정에 대하여 위헌심사를 할 수 있다는 논거로 원용될 수 있는 것이 아니다」.[3] ② 헌재는 법률에 의한 헌법개정을 부정하고 있다. 「서울이 우리나라의 수도인 점은 불문의 관습헌법이므로 헌법개정절차에 의하여 새로운 수도설정의 헌법조항을 신설함으로써 실효되지 아니하는 한 헌법으로서의 효력을 가진 것이다. 따라서 헌법개정의 절차를 거치지 아니한 채 수도를 충청권의 일부지역으로 이전하는 것을 내용으로 한 법률을 제정하는 것은 헌법개정사항을 헌법보다 하위의 일반 법률에 의하여 개정하는 것이 된다」.[4]

(3) 私 見 독일기본법은 헌법개정권의 한계긍정설에 입각하여 실정법적 한계를 규정하고 있는바, 동법 제79조 3항은 헌법개정권의 한계, 즉 개정할 수 없는 사항으로 「연방제, 사회적 법치국가, 기본권의 존중제도 등의 기본원칙」을 들고 있다. 헌법개정권력은 헌법제정권력과 달라 한계가 인정된다고 하겠다.

Ⅱ. 憲法改正節次와 限界

1. 憲法改正의 槪念과 形式

(1) 헌법개정의 개념 헌법개정이란 일반적으로 헌법전이 정한 개정절차에 따라 의식적으로 헌법전 중의 어떤 조항을 수정·삭제하거나 또는 이에 새로운 조항을 추가하는 것을 의미한다.

헌법개정(Verfassungsrevision, Verfassungsänderung, amendment, révision)은 헌법에 규정된 개정절차에 따라 행해진다는 점에서 헌법제정과 구별되며, 헌법의 기본적인 동일성을

---

1) Schmitt, Verfassungslehre, S. 102ff.; Bilfinger, AöR, Bd. 50(1926), S. 173ff.(194); Triepel, Das Abdrosselungsgesetz, DJZ, Bd. 31(1926), S. 845ff. C. Schmitt는 Weimar헌법의 개정권의 한계로서 민주제, 공화제, 연방제, 의회주의적·대의적인 입법 및 행정의 형식, 시민적 법치국가의 원리(즉 기본권보장과 권력분립) 등을 들고 있다.

2) Burdeau, Traité de sciences politiques, t. Ⅲ. 245 et suiv.

3) 헌재 1995. 12. 28 선고, 95 헌바 3, 국가배상법 제 2 조 1항 등 위헌소원결정, 헌재판례집 제 7 권 2집, 846면.

4) 헌재 2004. 10. 21 선고, 2004 헌마 554·566(병합), 헌재판례집 제16권 2집(하), 1면 이하(50면).

유지한다는 점에서 헌법의 파기나 폐지(광의의 혁명)와 구별되며, 의식적인 개정작용인 점에서 헌법변천과 다르고, 헌법절차에 따라 합헌적으로 당해 조항의 효력을 상실케 한다는 점에서 헌법의 침훼나 정지와 다르다.

(2) 헌법개정의 형식　　헌법개정의 형식에는 전면개정·일부개정·증보 등의 방식이 있다.

1) 전면개정　　현재의 헌법전의 체제를 완전히 바꾸어 재구성하는 개정방법을 말한다.

2) 일부개정　　헌법전의 하나 또는 여러 개의 조항을 변경하는 체제를 취하는 개정방법을 말한다. 이 방법에는 삭제·개서·추가·자구수정 등이 포함된다.

3) 증　보　　기존의 헌법전 자체에는 손을 가하지 않고 그와 별개의 새로운 조항을 추가하는 체제의 개정방법을 말한다.

2. 憲法改正의 方法과 節次

(1) 헌법개정의 방법　　헌법개정의 방법에는 여러 가지가 있으나 경성헌법의 개정방법에는 대체적으로 다음 4종류를 들 수 있다.

1) 의회만에 의한 개정　　보통의 입법절차보다는 곤란한 개정절차를 규정하면서도 통상의 의회만으로써 개정을 완료하는 방법이다. 예를 들면 독일기본법·Hungary 헌법에 있어서는 일반의회가 특별다수의 출석수와 의결수로써 헌법개정을 행할 수 있다. 또 Belgium·Netherlands·Norway 등의 헌법에 있어서는 개정안의 성립 후에 의회가 해산되어 총선거 후의 의회가 특별다수에 의하여 개정을 행할 수 있도록 규정하고 있다.

2) 국민투표를 필수적으로 요구하는 것　　Switz.·Denmark·일본·한국 등의 헌법은 헌법개정에 있어 국민투표에 의한 승인을 개정의 요건으로 하고 있다. 특히 일본헌법과 제 6 공화국 한국헌법은 국민투표에 회부하기 전에 의회의 특별다수에 의한 승인을 요구하고 있다.

3) 연방을 구성하는 지방의 동의를 개정요건으로 하는 것　　이것은 연방헌법에 특유한 것으로서 지분국가의 동의를 필수요건으로 하고 있다. 예를 들면 Switz.에 있어서는 과반수의 주에 있어서의 주민의 승인을 얻을 것을 요구하고 있다. 미국에 있어서는 모든 주의회의 4분의 3 이상 또는 주헌법회의의 4분의 3 이상의 승인을 요하도록 하고 있다.

4) 헌법개정의회의 승인을 요건으로 하는 것　　이는 헌법개정만을 담당하는 특별의회의 승인을 요구하는 방법이다. 미국헌법은 주가 연방헌법을 개정할 것을 발안하려면 전체 주의 3분의 1 이상의 주의회가 개헌안을 심의·의결하기 위한 헌법회의(convention)의 소집을 요구해야 하도록 규정하고 있으며, 하원이 개헌을 발안한 경우 주가 따로 소집하는 헌법회의에서 다루도록 하고 있다.

(2) 헌법개정의 구체적 절차　　헌법개정은 일반적으로 i) 발안, ii) 공고, iii) 국회에서의 의결, iv) 국민투표, v) 공포 등의 절차를 거쳐야 한다.

1) 발　안　　헌법개정의 발안권은 i) 국회만이 가지는 경우, ii) 일반법률과 마찬가지로 국회와 정부가 가지는 경우, iii) 국회와 국민과 정부가 가지는 경우, iv) 국회와

국민만이 가지는 경우로 나눌 수 있다.

2) 국회에서의 의결 국회에서 헌법개정안을 의결하는 경우에도 1회의 의결로써 족하도록 한 경우와 2회의 의결을 반드시 거치도록 한 경우가 있다.

3) 국민투표에 의한 승인 국회의 의결을 거친 뒤에도 국민투표를 실시하도록 한 헌법도 있다. 국민투표에 의한 승인이 필수적인 것으로는 Philippines, Australia, Switz., Denmark, 일본, 한국 제 3 공화국 · 제 5 공화국 · 제 6 공화국 등의 헌법이 있으며, 선택적으로 국민투표제도를 도입한 것으로는 France · Italy · Portugal · 한국 제 4 공화국 등의 헌법이 있다.

4) 재가 · 서명 · 공포 군주국가에 있어서는 헌법개정은 국왕의 재가를 받아 공포 · 시행하고, 공화국가에 있어서는 대통령이 서명 · 공포한다.

3. 憲法改正의 限界

(1) 헌법개정한계의 의의 헌법개정의 한계란 헌법개정의 방법으로써 모든 헌법규정을 개정할 수 있는가 여부의 문제로서, 법리상 한계가 있다는 학설과 없다는 학설로 나누어지고 있다. 한계긍정론에도 여러 가지 학설이 대립되어 있으며, 실정헌법에 개정한계를 규정한 헌법도 있다. 실정법상의 한계에는 내용상 제한, 방법상 제한, 시간적 제한 등이 있다.

(2) 학 설

1) 한계부정론 헌법개정의 한계를 부인하는 학설에 따르면, 헌법개정의 실정법적 제한이 없는 한 헌법개정권자는 어떠한 부분이라도 개정할 수 있다고 한다.[1] 나아가 헌법에 개정금지조항이 있다고 하더라도 이것도 헌법개정의 대상이 되기 때문에 이것을 개정하면 모든 헌법규정을 개정할 수 있다고 한다.

한계부정론자들의 일반적인 논거를 보면, 첫째, 국가성립과 동시에 헌법이 제정되어 일단 헌법이 성립한 후에는 폐기되는 일은 없고 개정될 뿐이라고 한다. 따라서 헌법의 파기나 폐지 등도 어디까지나 헌법의 개정에 불과하다고 한다.

둘째, 헌법규정에 효력의 차이를 두는 것은 인정할 수 없다고 한다. 왜냐하면 동일 헌법전 중에 효력을 달리하는 두 종류의 규정이 존재한다고 하는 법적 근거를 발견할 수 없으며, 어느 것이나 최고법규이기 때문에 한계를 인정할 수 없다고 한다.

셋째, 헌법규범 중에는 자연법적 규범이 있다고 하는 한계긍정론에 대하여 이러한 규정도 실정헌법화함에 따라 여타의 헌법규정과 마찬가지로 동일한 효력을 가지는 실정헌법규범으로서의 효력을 가지는 데 불과하다고 본다.

넷째, 한계긍정론자들은 헌법제정권력과 헌법개정권력을 구분하여 전자에 의한 헌법개정의

---

1) 우리나라에는 박일경 교수가 이 입장을 취하고 있으며, 그 근거로서 i) 설사 개정의 한계를 넘는 헌법개정이 행해졌을 경우에도 그것을 무효로 선언할 수 있는 어떤 기관이 법적으로 인정되지 않는다는 점, ii) 한계긍정론자들이 내세우는 한계란 개인에 따라 차이가 있는 주관적 표준에 의한 것이라는 점, iii) 헌법제정권과 헌법개정권의 구분을 인정할 수 없다는 점, iv) 헌법개정금지조항이 있는 경우에도 그 조항을 개정하면 결국 모든 조항이 개정가능하다는 점을 들고 있다(전게서, 139~141면).

한계를 인정하려고 하지만, 헌법제정권력도 법외의 실력에 불과하기 때문에 그것에 의하여 헌법에 규정된 헌법개정권을 제한하려는 것은 법적으로 불가능하다고 한다.

결국 한계부정론은 헌법의 운명을 결정할 수 있는 국가최고의 법적 권력은 헌법개정권 이외에는 존재하지 않는 것이며, 그 때문에 헌법개정권의 행사에 한계가 있다고 하는 것은 불가능하다고 한다. 이 학설은 한마디로 법실증주의적인 헌법관에 입각한 것이라고 하겠다.

2) 한계긍정론 헌법개정의 한계를 인정하는 이론은 그 근거가 다양하다.[1] 그 근거를 i) 헌법제정권력과 헌법개정권력의 구분에서 찾으려는 것과, ii) 헌법규범의 단계구조에서 이를 찾으려는 것, iii) 헌법의 동일성에서 이를 찾으려는 것, iv) 자연법규범에서 이를 찾으려는 것 등이 있다.

한계긍정론은 또 이를 외재적 한계론과 내재적 한계론으로 크게 구분해서 설명할 수 있다.[2]

(a) 외재적 한계론 이는 헌법개정은 외부적 요인에 의한 제한을 받는다고 보는 이론으로서 다음과 같은 학설들이 여기에 속한다.

첫째, 헌법의 동일성을 파괴해서는 안 된다는 주장이 있다. 즉 헌법개정에 있어서 헌법의 동일성과 계속성이 보전되어야 하며, 이 동일성이 파괴되는 것은 헌법개정의 한계를 넘는 것으로 이는 헌법의 파괴나 폐지이지 개정이 될 수는 없다는 것이다.

둘째, 헌법의 실정규범 위에는 자연법이 있다고 보고 헌법개정은 인류 보편의 원리인 자연법에 의하여 제한을 받는다는 이론이다. 이러한 자연법을 인정할 것인가 아닌가는 법철학문제로 귀착될 것이나, 오늘날 인권존중과 같은 자연법적 원리는 헌법에 규정되어 있다고 볼 수 있을 것이다.

셋째, 헌법개정의 한계를 법질서 내에서 차지하는 헌법의 위치와 그에 따른 기능에서 찾으려는 학설이 있다. 헌법은 최고법으로서 국가의 근본체제를 규정하는 본질적 기능을 가지므로 그 개정에 한계가 없을 수 없다고 본다.

넷째, 헌법의 개정은 진보적 방향으로만 가능하고 개악을 해서는 안 된다는 개정한계가 있다는 주장이 있다.

다섯째, 헌법개정에 대한 국제법상의 제약을 드는 견해가 있다.[3] 「일반적으로 확립된 국제법규」에는 위배될 수 없다는 주장이다. 예를 들면 UN헌장 등에 위반되는 개정을 할 수 없다는 것이다. 이는 國際法優位論의 입장에서 취하여진 것이다.

(b) 내재적 한계론 내재적 한계론은 헌법제정권력 내지는 헌법개정권력의 본질 등을 근거로 헌법개정권에는 일정한 한계가 있다고 보는 이론으로서 다음과 같은 것들을 들 수 있다.

첫째, 헌법개정권은 헌법에 의하여 비로소 인정된 권한이므로, 이 권한으로써는 헌법 자체의 본질을 변경하는 개정을 할 수 없다는 것이다. 이 이론은 헌법개정규범이 그 상위규범인 근본규범을 개정하는 것은 권한의 일탈이므로 불가능하다는 것이다. 그리하여 이 이론은 헌법규범 자체의 단계구조를 인정하고 있다. 헌법규범의 단계구조로는 i) 근본규범(憲法核),

---

1) 한계긍정설은 우리나라 대부분 학자가 취하는 입장이다. 김기범, 전게서, 101면; 문홍주, 전게서, 82면; 윤세창, 전게서, 88면; 한태연, 전게서, 1983, 66면; 구병삭, 전게서, 46면; 김남진·이강혁, 전게서, 118면; 권영성, 전게서, 56～58면; 허영, 전게서, 61～62면; 안용교, 전게서, 82면; 성낙인, 전게서, 47면. 독일에서도 Schmitt, Bilfinger, Kägi, Ehmke 등이 주장하고 있다.

2) 문홍주 교수는 내재적 한계·초월적 한계·실정법적 한계로 나누어 설명한다(전게서, 82～83면).

3) 김남진 교수는 「국내의 민주주의와 국제적인 평화주의와의 불가분성에 비추어 볼 때 국제협조의 원리나 평화주의에 반하는 헌법의 개정은 허용되지 않는다」고 하고, 권영성 교수도 이에 찬성하고 있다(김남진·이강혁, 전게서, 119면; 권영성, 전게서, 57면).

ii) 헌법개정규범, iii) 헌법률의 셋으로 나눌 수 있으며, 헌법개정규범은 그 하위규범인 헌법률만을 개정할 수 있다고 한다.

둘째, 헌법제정권력과 헌법에 의하여 만들어진 권력과를 구분한다. Carl Schmitt는 「헌법제정권력」과 「헌법에 의하여 설정된 권력」, 즉 「헌법률상의 권력」과의 구별을 역설하고 있다. 이러한 구분은 Burdeau에 의한 시원적 제헌권(pouvoir constituant originaire)와 제도화된 제헌권(pouvoir constituant institué)의 구별에 따른 것이라고도 할 수 있을 것이다.

(3) 판 례 이른바 헌법제정권력과 헌법개정권력을 준별하고, 헌법의 개별규정 상호간의 효력의 차이를 인정하는 전제하에서 헌법제정규범에 위반한 헌법개정에 의한 규정, 상위의 헌법규정에 위배되는 하위의 헌법규정은 위헌으로 위헌심사의 대상이 된다거나, 혹은 헌법규정도 입법작용이라는 공권력 행사의 결과이므로 헌법재판소법 제68조 제 1 항에 의한 헌법소원의 대상이 된다는 견해가 있을 수는 있다.

그러나, 우리나라의 헌법은 제헌헌법이 초대국회에 의하여 제정된 반면 그 후의 제 5 차, 제 7 차, 제 8 차 및 현행의 제 9 차 헌법 개정에 있어서는 국민투표를 거친 바 있고, 그간 각 헌법의 개정절차조항 자체가 여러 번 개정된 적이 있으며, 형식적으로도 부분개정이 아니라 전문까지를 포함한 전면개정이 이루어졌던 점과 우리의 현행 헌법이 독일기본법 제79조 제 3 항과 같은 헌법개정의 한계에 관한 규정을 두고 있지 아니하고, 독일기본법 제79조 제 1 항 제 1 문과 같이 헌법의 개정을 법률의 형식으로 하도록 규정하고 있지도 아니한 점 등을 감안할 때, 우리 헌법의 각 개별규정 가운데 무엇이 헌법제정규정이고 무엇이 헌법개정규정인지를 구분하는 것이 가능하지 아니할 뿐 아니라, 각 개별규정에 그 효력상의 차이를 인정하여야 할 형식적인 이유를 찾을 수 없다. 이러한 점과 앞에서 검토한 현행 헌법 및 헌법재판소법의 명문의 규정취지에 비추어, 헌법제정권과 헌법개정권의 구별론이나 헌법개정한계론은 그 자체로서의 이론적 타당성 여부와 상관없이 우리 헌법재판소가 헌법의 개별규정에 대하여 위헌심사를 할 수 있다는 논거로 원용될 수 있는 것이 아니다.[1]

(4) 私 見 생각건대 헌법개정에는 한계가 있다고 보아야 할 것이다. 한계부정론자는 형식적 합법성에만 관심을 두었지 정당성이나 실질적 합법성을 외면하여 헌법개정작용의 본질을 실질적으로 파악하고 있지 못한 것 같으며, 위에서 본 한계긍정론의 논거에 따라 개정금지규정의 유무에도 불구하고 헌법개정에는 법이론상 일정한 한계가 있다고 보아야 할 것이다. 결론적으로 헌법개정한계긍정론의 근거는 헌법개정권력이란 헌법제정권력에 의하여 제도화된 권력이기 때문에 헌법개정권자는 헌법제정권자의 근본결정을 변경하는 것과 같은 개정은 할 수 없다고 하겠다.[2]

(5) 실정법상의 한계 실정헌법 중에는 개정의 내용이나 행위 자체에 대하여 명

---

1) 헌재 1995. 12. 28 선고, 95 헌바 3, 국가배상법 제 2 조 1항 등 위헌소원, 헌재판례집 제 7 권 2집, 841면 이하(846면).

2) 구병삭 교수는 개정한계설의 입장에 서면서도 한계설의 문제점을 다음과 같이 지적하고 있다(전게서, 46면).

① 어떤 헌법조항이 개정의 한계를 넘었을 때 실질적으로 그것을 어떻게 할 것인가. 즉 헌법개정이 한계를 넘어 무효인 경우, 이에 대한 위헌심사가 가능할 것인가, 특히 국민투표에 의한 개정이 위헌적일 때 이를 어떻게 저지할 것인가.

② 따라서 위헌적인 개정기도에 대하여 저항권을 행사하도록 하여야 한다.

문으로써 일정한 제약을 가하고 있는 것이 있다.[1] 이러한 실정헌법에 규정된 한계를 가리켜 실정법상의 한계라고 한다. 이러한 실정법상의 한계에는 i) 내용상 제한, ii) 방법상 제한, iii) 시간적 제한 등이 있다.

1) 내용상 제한 실정헌법에서 내용에 따라 개정한계를 규정한 것으로는 여러 가지가 있는데, 그 중에서 중요한 것은 공화제도인 국가형태는 개정할 수 없다든가 연방제는 개정할 수 없다는 것 등이 있다.

첫째, 공화제국가형태는 이를 개정할 수 없다고 규정한 것으로는 Italy 헌법 제139조, France 제 4 공화국헌법 제95조, France 제 5 공화국헌법 제89조 5항, Turkey 공화국헌법 제102조 등이 있다. 이들 헌법은 모두가 공화제국가형태는 개정할 수 없다고 하고 있다.

둘째, 연방제국가에 있어서는 연방주의와 이에 부수되는 여러 원칙의 개정금지를 규정하고 있다. 몇 개의 예를 들면 미국의 연방헌법과 독일기본법이 이를 규정하고 있다. Brazil 헌법도 제217조(부) 6항에서 「연방제 또는 공화제를 폐지하고자 하는 헌법개정안은 심의할 수 없다」라고 하였고, 독일기본법 제79조 3항도 「연방제, 사회적 법치국가, 기본권의 존중제도 등의 기본원칙에 영향을 미치는 기본법개정은 할 수 없다」라고 하고 있다.

셋째, 헌법개정절차를 규정한 조항을 개정할 수 있는가가 문제되는데, 한계부정론은 이를 긍정하지만 헌법제정권력자의 의사를 존중한다는 의미에서 경성헌법을 연성헌법으로 개정하는 것은 불가능하나,[2] 연성헌법을 경성헌법으로 개정하는 것은 가능하다고 할 것이다.[3]

넷째, 특정조항의 개정을 금지하는 개정금지조항 자체를 개정할 수 있는가도 문제되는데, 한계부정론은 물론 이를 긍정하지만 헌법개정권력이 헌법제정권력과 구별된다고 할 때 개정금지조항은 헌법제정권력자의 근본결정으로서 이는 개정할 수 없다고 하겠다.[4]

2) 방법상 제한 헌법개정의 방식에 대하여 제한하고 있는 헌법이 있는데, 예를 들어 헌법의 전면개정을 금지하거나, 헌법의 정문에 직접 변경을 가하지 아니하고 우회적인 방법으로 헌법에 저촉되는 법률로써 헌법을 침훼할 수 없도록 하는 등 여러 가지 규제방식이 있다(독일기본법 제79조). 독일기본법은 이에 따라 부분개정만이 가능하고 전면개정은 불가능하다. 다만 통일 후의 헌법개정은 헌법개정권력에 의한 제한을 받지 않기 때문에 가능하다.

3) 시간적 제한 헌법개정에 대하여 일정한 시기에 있어서는 헌법을 개정할 수 없다는 규정을 둔 나라들이 있다. 시간적 제한은 두 가지로 나눌 수 있는데, 첫째, 일반적

---

1) 同旨: 문홍주, 전게서, 84 면; 김기범, 전게서, 104 면; 권영성, 전게서, 57～58 면. 반대: 박일경, 전게서, 141 면.

2) 同旨: 권영성, 전게서, 58 면. 반대: 박일경, 전게서, 141 면. 다만 한동섭 교수는 개정금지조항의 대상이 된 조항의 개정은 물론 금지되지만, 개정금지조항 자체는 통상의 개정절차에 의하여 개정될 수 있는 것으로 보았다(헌법, 43 면).

3) 同旨: 문홍주, 전게서, 84 면; 김기범, 전게서, 104 면.

4) 반대: 박일경, 전게서, 141 면.

으로 공정한 개정을 기할 수가 없다고 인정되는 시기에 있어서의 헌법개정을 금하기 위한 것이고, 둘째, 지나치게 자주 개정하는 폐단을 억제하기 위한 것이다.

첫째의 제한으로는 섭정하라든가, 본국영토의 전부 또는 일부가 외국군대의 점령하에 있는 경우라든가, 계엄실시중인 경우에는 헌법을 개정할 수 없다고 규정한 것 등을 들 수 있다.

둘째의 제한은 헌법개정의 빈도를 제한하는 것으로서 헌법개정과 개정 사이에는 적어도 4년 이상 경과되어야 한다고 하거나, 시행 후 5년 내에는 개정할 수 없다고 하는 것 등을 들 수 있다.

4. 憲法改正의 司法審査

(1) 의 의　헌법개정규범이 사법심사의 대상이 되는가에 대해서는 많은 논란이 있다. 헌법개정의 한계를 인정하는 경우 이에 위반한 헌법개정은 위헌심사의 대상이 된다고 보겠다.

(2) 외국의 예　프랑스에서는 1962년 10월 28일 헌법평의회는 헌법개정절차에 위반되는 헌법개정에 대하여 심사하고 있다. 헌법개정절차는 제89조에 규정되어 있는데 발안은 총리의 제안을 받은 대통령과 국회의원이 할 수 있고, 그 개정안은 양원의 의결을 거친 후 국민투표에 의하여 최종적으로 확정되도록 규정하고 있었다. 이에 반하여 드골대통령은 이 정식절차를 거치지 않고 헌법 제11조의 국민투표회부권에 따라 회부하여 통과시켰다. 이 사건에 대하여 헌법평의회는 1962년 11월 6일 이 논점을 회피하여 헌법이나 어떤 조직법에 의하여도 국민투표에서 채택된 법률에 대한 위헌심사권을 규정하지 않았다고 하여 위헌심사를 하지 않았다.

이에 대하여 독일의 헌법재판소는 1970년 12월 15일의 결정에서 헌법개정법률에 따른 기본법개정의 합헌성을 심사하고 있다. 기본법 제79조는 3항에서 개정의 한계로서 1조와 20조에 든 기본원칙에 위배되는 헌법개정을 금지하고 있다.

연방헌법재판소는 이 개정이 전투적 민주주의를 규정하고 있는 헌법의 기본원칙에 따라 비상사태법개정이 통신의 자유에 대하여 제한을 하고 있더라도 합헌이라고 판단하였다(다수의견). 독일에서는 헌법위반의 헌법률은 위헌·무효로 인정되어 있으므로 소수의견에서는 이 헌법개정조항이 위헌·무효라고 하였다.

(3) 우리의 경우　우리나라에서는 헌법 제29조 2항이 평등의 원칙에 위반된다는 주장에 대하여 헌법재판소는 헌법개정법률에 대해서도 위헌심사를 할 수 없다고 판시하였다.[1] 우리나라에서도 독일에서와 같이 위헌심사를 했어야만 했을 것이다.

---

1) 헌재 2001. 2. 22 선고, 2000 헌마 38, 헌재판례집 제13권 1집, 289면 이하.

Ⅲ. 韓國憲法의 改正

1. 憲法改正의 節次

(1) 일원적 절차 제4공화국헌법은 대통령이 제안한 헌법개정안은 국민투표로 확정되고, 국회의원이 제안한 헌법개정안은 국회의결을 거쳐 통일주체국민회의의 의결로 확정되도록 하여 헌법개정방법을 이원화하고 있었으나 제5·6공화국헌법은 이를 일원화하고 있다. 즉 제3공화국헌법의 헌법개정방법과 같이 헌법개정안이 제안되면 국회의 의결을 거쳐 국민투표로 확정하게 하고 있다. 구체적으로 헌법개정은 제안·공고·의결·국민투표·공포의 절차를 거쳐야 한다. 헌재는 관습헌법의 개정도 성문헌법의 개정방식에 따라야 한다고 했다.[1]

(2) 제 안

1) 대 통 령 대통령은 국무회의의 심의를 거쳐(제89조 3호) 헌법개정안을 제안한다(제128조 1항). 제3공화국헌법에서는 대통령과 정부에게 헌법개정제안권을 인정하지 아니 하였는데, 제4공화국헌법은 대통령에게 헌법개정제안권을 부여하고 국회의 의결을 거침 없이 직접 국민투표에 회부하여 확정할 수 있게 함으로써 헌법개정을 쉽게 하였다. 그러나 제5·6공화국헌법은 대통령이 제안한 경우나 국회의원이 제안한 경우나 다같이 동일한 의결방식을 채택하여 헌법개정을 어렵게 하고 있다.

2) 국회의원 국회의원은 재적의원 과반수로써 헌법개정을 발의할 수 있다(제128조 1항). 제3공화국헌법에서는 국회의 재적의원 3분의 1이상의 찬성으로써 제안할 수 있었는데, 제6공화국헌법은 제4·5공화국헌법과 마찬가지로 제안정족수를 재적과반수로 하여 제안을 어렵게 하고 있다.

(3) 공 고 대통령은 제안된 헌법개정안을 20일 이상의 기간 동안 공고하여야 한다(제129조). 제3공화국헌법에서는 공고기간을 30일 이상 두게 하였는데, 현행헌법에서는 제4·5공화국헌법에서와 마찬가지로 이 기간을 20일 이상으로 단축하여 신속하게 처리할 수 있게 하고 있다.

(4) 국회의 의결 국회는 헌법개정안이 공고된 날로부터 60일 이내에 이를 의결

---

1) 어느 법규범이 관습헌법으로 인정된다면 그 개정가능성을 가지게 된다. 관습헌법도 헌법의 일부로서 성문헌법의 경우와 동일한 효력을 가지기 때문에 그 법규범은 최소한 헌법 제130조에 의거한 헌법개정의 방법에 의하여만 개정될 수 있다. 따라서 재적의원 3분의 2 이상의 찬성에 의한 국회의 의결을 얻은 다음(헌법 제130조 제1항) 국민투표에 붙여 국회의원 선거권자 과반수의 투표와 투표자 과반수의 찬성을 얻어야 한다(헌법 제130조 제3항)(헌재 2004.10.21 선고, 2004 헌마 554·566(병합), 헌재판례집 제16권 2집(하), 1면 이하).

[반대의견] 전효숙 재판관과 이공현, 조대현 재판관은 관습헌법의 존재를 부인하면서 만약 관습헌법을 인정한다고 하더라도 실정헌법의 개정방식에 따를 필요가 없다고 하였다(헌재 2005.11.24 선고, 2005 헌마 579·763(병합), 헌재판례집 제17권 2집, 481면 이하). 상세한 것은 헌재 2004.10.21 선고, 2004 헌마 554·566(병합)의 전효숙 재판관 반대의견 참조(헌재판례집 제16권 2집(하), 67~75면).

하여야 한다(제130조 1항 전단). 헌법개정안에 대한 의결에 시간적인 제약을 두고 있는 것은 공고된 날로부터 2개월 내에 헌법개정 여부에 종지부를 찍어 법적 안정성을 확보하기 위한 것이다.

헌법개정안은 일반법률안과는 달리 수정통과시킬 수 없으며, 전부로써 가부투표에 회부되어야 한다. 헌법개정안에 대한 대체토론은 필요한 절차로서 인정되어온 것이 관례이다. 국회의 헌법개정안에 대한 표결은 기명투표로 한다(국회법 제112조 4항). 헌법개정안에 대한 국회의 의결은 재적의원 3분의 2 이상의 찬성을 얻어야 한다(제130조 1항 후단).

(5) 국민투표 국회의 의결을 거친 헌법개정안은 국회가 의결한 후 30일 이내에 국민투표에 부쳐 국회의원선거권자 과반수의 투표와 투표자 과반수의 찬성을 얻어야 확정된다(제130조 2항).

(6) 공 포 헌법개정안이 국민투표에서 찬성을 얻으면 헌법개정은 확정되며 대통령은 즉시 이를 공포하여야 한다(제130조 3항).[1] 헌법개정공포문에는 전문을 붙이고 대통령이 서명한 후 국무총리와 국무위원이 副署한다(법령등공포에관한법률 제4조). 대통령은 헌법개정에 관하여 거부권을 행사할 수 없다.

2. 憲法改正의 對象과 限界

우리 나라 헌법개정의 대상과 한계로도 실정법적 한계와 헌법내재적 한계 및 헌법초월적 한계를 들 수 있다. 헌법재판소는 헌법개정의 대상은 성문헌법뿐만 아니라 관습헌법도 그 대상이 된다고 한다.[2]

(1) 실정법적 한계 헌법 자체에 명문규정을 두어 헌법개정을 금지한 경우 이를 실정법적 한계라고 한다. 제 1 공화국의 제 2 차개정헌법은 「국민주권주의·민주공화국가·국민투표에 관한 규정은 개폐할 수 없다」라고 규정하고 있었다. 한편 제 6 공화국헌법 제128조 2항은 제 5 공화국헌법에서와 같이 「대통령의 임기연장 또는 중임변경을 위한 헌법

---

1) [발효시기]: 이 경우 부칙에 발효시기에 관한 규정이 있으면 그에 따라 효력이 발생하는 것은 물론이지만, 그런 규정이 없는 경우에 대해 공포한 날로부터 그 효력이 발생한다는 견해(구병삭, 전게서, 47면)와 헌법 제53조 7항을 준용하여 공포 후 20일이 경과함으로써 효력이 발생한다는 견해(김기범, 전게서, 99면; 권영성, 전게서, 60면)가 있다. 생각건대 제53조 7항의 입법취지에서 보면 법률제정의 경우나 개헌의 경우나 동일하기 때문에 부칙에 별단의 규정이 없는 한 제53조 7항을 준용함이 옳지 않을까 한다.

2) 「헌법의 경우 헌법 제10장 제128조 내지 제130조는 일반법률의 개정절차와는 다른 엄격한 헌법개정절차를 정하고 있으며, 동 헌법개정절차의 대상을 단지 '헌법'이라고만 하고 있다. 따라서 관습헌법도 헌법에 해당하는 이상 여기서 말하는 헌법개정의 대상인 헌법에 포함된다고 보아야 한다. 이와 같이 헌법의 개정절차와 법률의 개정절차를 준별하고 헌법의 개정절차를 엄격히 한 우리 헌법의 체제 내에서 만약 관습헌법을 법률에 의하여 개정할 수 있다고 한다면 이는 관습헌법을 더 이상 '헌법'으로 인정한 것이 아니고 단지 관습 '법률'로 인정하는 것이며, 결국 관습헌법의 존재를 부정하는 것이 된다. 이러한 결과는 성문헌법체제하에서도 관습헌법을 인정하는 대전제와 논리적으로 모순된 것이므로 우리 헌법체제상 수용될 수 없다」(헌재 2004. 10. 21 선고, 2004 헌마 554·566(병합), 헌재판례집 제16권 2집(하), 1면 이하(48면)).

개정은 그 헌법개정제안 당시의 대통령에 대하여는 효력이 없다」고 규정하고 있는데, 이 규정이 대통령임기조항에 대한 개정의 실정법적 한계인지가 문제된다. 생각건대 개정 자체를 금지한 규정이 아니므로 이를 실정법적 한계라고 하기는 어렵고 헌법개정효력의 소급적용제한이라고 하겠다.[1)]

(2) 헌법내재적 한계(법논리적 한계) 법실증주의자들은 이 실정법적 한계 이외에는 다른 한계를 인정하지 않으려고 한다.[2)] 그러나 헌법개정권력은 헌법제정권력에 의하여 만들어진 권력이기 때문에 헌법제정권자의 근본 결단인 헌법핵은 이를 개정할 수 없다고 하겠다. 따라서 헌법전문, 제 1 조의 민주공화국·국민주권주의, 제 4 조의 평화통일주의, 제 5 조의 국제평화주의, 제 8 조의 복수정당제도의 보장원칙, 제10조의 기본권보장주의, 제 119조의 사회적 시장경제의 원칙 등에 관하여는 헌법을 개정하더라도 그 근본원칙은 변경할 수 없다고 하겠다.[3)] 물론 근본원칙을 파괴하지 않는 한에서의 자구수정·개서 등은 가능하다고 하겠다. 또 헌법개정조항을 개정하여 경성헌법의 원칙을 파괴할 수 없다고 하겠다.[4)]

(3) 헌법초월적 한계(외재적 한계·자연법적 한계) 이는 자연법론자들이 주장하고 있는 것으로, 초헌법적인 인간의 존엄과 가치 등 자연권은 헌법개정권력에 의해서도 개정할 수 없다고 한다.[5)] 이것은 자연법이 실정헌법의 상위에 있다고 보아 자연권의 침해를

---

1) 구병삭 교수는 이 조항은 특별한 의미가 없다고 하여 이 조항을 삭제하고 대통령의 임기조항에 중임·연임을 규정하면 그 시점부터 새 헌법의 효력이 발생하기 때문에 그에 따르면 중임·연임될 수 있다고 보고 있는데(전게서, 48면), 이는 이론상 타당할지 모르나 현행헌법의 단임조항은 평화적 정권교체를 위한 의지를 표명한 근본규정이요, 헌법제정권자의 의사이기 때문에 그러한 개정으로 개정제안 당시의 대통령이 연임할 수는 없다고 보아야 할 것이다.

2) 박일경, 전게서, 141면.

3) 김기범 교수는 헌법개정의 한계를 이루는 내용으로서 공화주의·국민주권주의·기본권보장·권력분립주의·평등주의·국제평화주의·문화국가주의·통일제주의를 들고 있다(전게서, 103면). 허영 교수는 개헌의 구체적 한계는 개헌 당시의 시대사상·정치이념·생활감각 등에 의해서 정해질 문제이므로 개헌대상이 되지 않는 조항을 처음부터 광범위하게 확정할 수는 없다고 한다(전게서, 64면). 이러한 이론은 헌법개정의 현실을 중요시한 것으로 보인다. 그러나 헌법핵은 헌법제정권자의 결정이므로 이를 개정하는 것은 새로운 헌법의 제정일 수는 있으나 그 개정일 수는 없다.

4) 일본에서도 헌법개정조항은 원칙으로 개정불가능하다고 보고 있다. 그 이유는 「개정규정은 헌법제정권에 기하는 것이며 헌법개정권에 기하는 것은 아니고, 개정권자가 자신의 행위의 근거로 된 개정규정을 같은 개정규정에 기초하여 개정하는 것은 법논리적으로 불가능할 뿐만 아니라 개정권자에 의한 개정규정의 자유로운 개정을 인정하는 것은 헌법제정권과 헌법개정권의 혼동이 되며, 헌법제정권의 의의를 상실시키게 하는 결과로 된다」고 한다. 그러나 「제정권과 개정권과의 혼동이 되지 않고, 나아가 개정권의 근본에 저촉되지 않는 범위의 개정은 가능하다」고 본다. 同旨: 권영성.

5) 허영 교수는 헌법초월적 한계는 헌법개정시에만 문제되는 것이 아니고 국가의 생활과정에서 항상 영향을 미치는 요인들이므로 헌법의 실현(Verwirklichung der Verfassung)과 더욱 밀접한 관계가 있다고 한다(전게서, 62면). 헌법의 실현이란 헌법의 규범성에 입각해서 헌법정신에 맞도록 사회현실을 형성해 나가는 것, 즉 헌법규범을 사회현실에 적용해서 구체화하는 것을 말한다고 한다. 이는 Smend의 이론을 직수입한 것인바 Smend학파인 Hesse나 Häberle도 헌법개정의 무한계성을 부정하고 있다. 헌법제정규범에 위반하는 헌법개정을 인정하는 것은 헌법의 규범성을 침해할 우려가 있기에 이러한 주장은 부정되어야 한다.

내용으로 하는 헌법개정은 그 효력이 없다고 한다. 그러나 우리 헌법과 같이 천부인권, 불가양·불가침의 기본권을 인정하고 있는 헌법은 이것이 헌법의 이념으로 되어 있으므로 헌법내재적 한계로도 설명할 수 있을 것이다.

3. 憲裁判例

(1) 서 설 헌재는 헌법개정의 한계는 부정하는 것 같으며 헌법개정절차에 합치되게 국민투표로 확정되면 유효한 것으로 본다. 이에 대하여는 하경철 재판관의 반대의견이 있다.

(2) 다수의견 「우리 헌법에는 독일기본법 제79조 제 3 항과 같은 헌법개정의 한계에 관한 규정을 두고 있지 않는 점 등을 감안할 때, 우리 헌법의 각 개별규정 가운데 무엇이 헌법제정규범이고 무엇이 헌법개정규범인지를 구분하는 것이 가능하지 아니할 뿐 아니라, 각 개별규정에 그 효력상의 차이를 인정하여야 할 형식적 이유를 찾을 수 없다. …또한 국민투표에 의하여 확정된 현행헌법의 성립과정…을 볼 때 헌법은 그 전체로서 주권자인 국민의 합의의 결과라고 보아야 할 것이다」고 하여 헌법 제29조 2항이 합헌이라고 결정하였다.[1) 2)]

(3) 소수의견 「유신헌법은 1972. 10. 17. 전국에 비상계엄령을 선포하고 이른바 10. 17. 비상조치에 따라서 국회를 해산시키고, 정당의 정치활동을 중지시키는 등 헌법의 일부조항의 효력을 정지시킨 상태에서 개헌에 관한 찬반토론도 없이 제정된 것이다.…국민투표에 의한 이 헌법제정도 진정한 민의를 반영한 헌법제정권력의 결단의 산물이라고 할 수 있을지 의문

1) 헌재 1995. 12. 28 선고, 95 헌바 3, 헌재판례집 제 7 권 2 집, 841 면 이하; 헌재 2001. 2. 22 선고, 2000 헌바 38, 헌재판례집 제13권 1 집, 289 면 이하.

2) 헌재 1995. 12. 28 선고, 95 헌바 3, 헌재판례집 제 7 권 2 집, 841 면 이하.

「헌법제정권력과 헌법개정권력을 준별하고, 헌법의 개별규정 상호간의 효력의 차이를 인정하는 전제 하에서 헌법제정규범에 위반한 헌법개정에 의한 규정, 상위의 헌법규정에 위배되는 하위의 헌법규정은 위헌으로 위헌심사의 대상이 된다거나, 혹은 헌법규정도 입법작용이라는 공권력 행사의 결과이므로 헌법재판소법 제68조 제 1 항에 의한 헌법소원의 대상이 된다는 견해가 있을 수는 있다.

그러나, 우리나라의 헌법은 제헌헌법이 초대국회에 의하여 제정된 반면 그 후의 제 5 차, 제 7 차, 제 8 차 및 현행의 제 9 차 헌법개정에 있어서는 국민투표를 거친 바 있고, 그간 각 헌법의 개정절차 조항 자체가 여러 번 개정된 적이 있으며, 형식적으로도 부분개정이 아니라 전문까지를 포함한 전면개정이 이루어졌던 점과 우리의 현행 헌법이 독일기본법 제79조 제 3 항과 같은 헌법개정의 한계에 관한 규정을 두고 있지 아니하고, 독일기본법 제79조 제 1 항 제 1 문과 같이 헌법의 개정을 법률의 형식으로 하도록 규정하고 있지도 아니한 점 등을 감안할 때, 우리 헌법의 각 개별규정 가운데 무엇이 헌법제정규정이고 무엇이 헌법개정규정인지를 구분하는 것이 가능하지 아니할 뿐 아니라, 각 개별규정에 그 효력상의 차이를 인정하여야 할 형식적인 이유를 찾을 수 없다. 이러한 점과 앞에서 검토한 현행 헌법 및 헌법재판소법의 명문의 규정취지에 비추어, 헌법제정권과 헌법개정권의 구별론이나 헌법개정한계론은 그 자체로서의 이론적 타당성 여부와 상관 없이 우리 헌법재판소가 헌법의 개별규정에 대하여 위헌심사를 할 수 있다는 논거로 원용될 수 있는 것이 아니다.

물론 헌법은 전문과 단순한 개별조항의 상호관련성이 없는 집합에 지나지 않는 것은 아니고 하나의 통일된 가치체계를 이루고 있는 것이므로, 헌법의 전문과 각 개별규정은 서로 밀접한 관련을 맺고 있고, 따라서 헌법의 제 규정 가운데는 헌법의 근본가치를 보다 추상적으로 선언한 것도 있고, 이를 보다 구체적으로 표현한 것도 있어서 이념적·논리적으로는 규범 상호간의 우열을 인정할 수 있는 것이 사실이다. 그러나, 그렇다 하더라도, 이 때에 인정되는 규범 상호간의 우열은 추상적 가치규범의 구체화에 따른 것으로 헌법의 통일적 해석에 있어서는 유용할 것이지만, 그것이 헌법의 어느 특정규정이 다른 규정의 효력을 전면 부인할 수 있는 정도의 개별적 헌법규정 상호간에 효력상의 차등을 의미하는 것이라고는 볼 수 없다」.

이다. 국민투표를 거쳤다고 하여서 절차적 합법성의 결여가 치유되는 것은 아니다. 국민투표를 거쳐서 헌법개정이 되었다 하여 국민투표를 거치지 않은 헌법개정의 경우보다 더욱 높은 정당성을 부여할 수는 없는 것이다」.[1)]

(4) 私 見 헌재의 이 결정은 헌법제정권력과 헌법개정권력의 본질에 직접 관계되는 사안이 아닌 국가배상법 제 2 조 1항 단서에 대한 결정에서 방론으로 논의된 것이기는 하나 아주 중요한 결정이라고 하겠다. 헌법제정권력의 행사나 헌법개정권력의 한계를 인정한 하경철 재판관의 의견이 옳다고 하겠다.

[判] 憲法改正에 관한 重要 判例

1. 國家賠償法 제 2 조 1항 단서[2)]

[다수의견]

가. 이 사건 헌법조항에 대한 부분

(1) 헌법재판소는 1995. 12. 28. 선고한 95 헌바 3 사건에서 헌법의 개별조항인 이 사건 헌법조항을 대상으로 한 헌법소원심판청구가 부적법하다고 판시하였는바, 그 이유의 요지는 아래 (2)와 같다.

(2) 헌법 제111조 제 1 항 제 1 호 및 헌법재판소법 제41조 제 1 항은 위헌법률심판의 대상에 관하여, 헌법 제111조 제 1 항 제 5 호 및 헌법재판소법 제68조 제 2 항, 제41조 제 1 항은 헌법소원심판의 대상에 관하여 그것이 법률임을 명문으로 규정하고 있고, 여기서 위헌심사의 대상이 되는 법률이 국회의 의결을 거친 이른바 형식적 의미의 법률을 의미하는 것이므로, 헌법의 개별규정 자체는 헌법소원에 의한 위헌심사의 대상이 아니다. 한편, 헌법은 전문과 각 개별조항이 서로 밀접한 관련을 맺으면서 하나의 통일된 가치체계를 이루고 있는 것으로서

1) 헌재 2001. 2. 22 선고, 2000 헌바 38, 헌재판례집 제13권 1집, 295면 이하.

[재판관 하경철의 반대의견]: 주지하듯이 유신헌법은 1972. 10. 17. 전국에 비상계엄을 선포하고 이른바 10·17 비상조치에 따라서 국회를 해산시키고, 정당의 정치활동을 중지시키는 등 헌법의 일부조항의 효력을 정지시킨 상태에서 개헌에 관한 찬반토론도 없이 제정된 것이고, 그 후로도 유신체제 내내 긴급조치 제 1 호와 제 9 호 등에 의하여 개헌논의와 비판 등은 금지되었고 엄벌되어 왔다.

이 사건 헌법조항은 이와 같이 위헌적인 절차로 개정된 비민주적 유신헌법에서 탄생하여 제5공화국 헌법을 거쳐 제6공화국 헌법에까지 이어져 오고 있는 권위주의 시대의 잔재이다. 그리고 이들 헌법이 비록 국민투표에 의하여 확정되기는 하였으나, 국민투표제도가 이론적인 장점에도 불구하고 집권자에 의한 정치적 이용 가능성이라는 폐해가 있으며, 실제로 과거 권위주의 권력이 이를 악용한 사실, 또 그 방식이 이 사건 헌법조항과 같은 개별조항별로 찬반을 묻는 것이 아니라 개정헌법 전체에 대한 일괄적인 찬반투표이기 때문에 개별조항에 대한 반대방법이 없었다는 점 및 계엄 등 공포분위기와 그 연장선 아래서 국민투표가 시행된 점 등을 고려할 때, 이 사건 헌법조항이 진정한 민의를 반영한 헌법개정권력의 결단의 산물이라고 할 수 있을지 의문이다.

국민투표를 거쳤다고 하여서 절차적 합법성의 결여가 치유되는 것은 아니다. 만일 국민투표에 의하여 확정되기만 하면 어떠한 내용의 헌법개정도 가능하다고 본다면, 국민투표는 불법적 "힘"의 결단을 곧 "법"으로 되고 만다는 합법화수단 외에 다른 아무 것도 아닐 것이며, 독재권력에 의하여 언제든지 남용될 수 있는 가능성을 내포하고 있는 것이다. 그러므로 국민투표를 거쳐서 헌법개정이 되었다 하여 국민투표를 거치지 않은 헌법개정의 경우보다 더욱 높은 정당성을 부여하거나 우위의 효력을 부여할 수 없는 것이며 또 이를 이유로 하여 위헌심사가능성을 부인할 수도 없다 할 것이다.

2) 헌재 2001. 2. 22 선고, 2000 헌마 38, 헌재판례집 제13권 1집, 289면 이하.

이념적·논리적으로는 규범 상호간의 우열을 인정할 수 있다 하더라도, 그러한 규범 상호간의 우열이 헌법의 어느 특정규정이 다른 규정의 효력을 전면적으로 부인할 수 있을 정도의 개별적 헌법규정 상호간에 효력 상의 차등을 의미하는 것이라고는 볼 수 없으므로, 이 점에서도 헌법의 개별규정에 대한 위헌심사는 허용될 수 없다(헌재 1995. 12. 28. 95 헌바 3, 헌재판례집 7-2, 841, 845~848).

(3) 이 사건의 경우에 위 판시이유와 달리 판단하여야 할 새로운 사정변경이 있다고 볼 수 없으므로 위 판시이유를 그대로 유지함이 상당하다.

나. 이 사건 법률조항에 대한 부분

헌법재판소는 앞에서 본 사건에서 이 사건 법률조항은 헌법 제29조 제 1 항에 의하여 보장되는 국가배상청구권을 헌법 내재적으로 제한하는 헌법 제29조 제 2 항에 직접 근거하고, 실질적으로 그 내용을 같이하는 것이므로 헌법에 위반되지 아니한다고 판시하였다(헌재 1995. 12. 28. 95 헌바 3, 헌재판례집 7-2, 841, 848).

이 사건의 경우에 위 판시이유와 달리 판단하여야 할 새로운 사정변경이 있다고 볼 수 없으므로 위 판시이유를 그대로 유지함이 상당하다.

따라서 이 사건 심판청구 중 이 사건 헌법조항에 대한 부분은 부적법하므로 이를 각하하고, 이 사건 법률조항은 헌법에 위반되지 아니하므로 재판관 하경철을 제외한 나머지 관여재판관 전원의 일치된 의견으로 주문과 같이 결정한다.

[재판관 하경철의 반대의견]

나는 다수의견의 논리를 모르는 바 아니고 이를 충분히 이해하고 있지만, 다음과 같은 이유로 이제는 위헌을 선고해야 한다고 생각한다.

가. 헌법 제29조 제 1 항이 규정한 국가배상청구권은 피해를 입은 국민이면 누구나 다 향유할 수 있는 기본권으로서 그 국민의 신분에 따라 차별되지 아니하는 것이 원칙이다. 그러함에도 불구하고 같은 조 제 2 항은 군인·군무원·경찰공무원 등에 대하여는 이 권리를 박탈하는 특별유보조항(이 사건 헌법조항)을 두었는데 다수의견은 바로 이 조항에 터 잡고 있다.

나. 이 사건 헌법조항의 입법연혁

이 사건 헌법조항과 같은 특별유보조항은 당초에는 없다가 유신헌법에서 처음 도입된 규정으로 그 이전까지는 헌법 제29조 제 1 항과 같은 취지의 기본권 규정만 있었다(제헌헌법 제27조). 그런데 5·16 군사혁명 이후 제정된 구 국가배상법(1967. 3. 3. 법률 제1899호) 제 2 조 제 1 항 단서가 군인 등에 대한 국가배상청구권의 제한을 규정하고, 대법원이 1971. 6. 22. 동 단서의 규정은 구 헌법 제26조에 의하여 보장된 국가배상청구권을 구 헌법 제 9 조의 평등의 원칙, 구 헌법 제 8 조의 인간으로서의 존엄과 가치 및 국가의 기본권최대보장규정에 위반하고, 구 헌법 제32조 제 2 항에 의한 한계를 넘어 기본권의 본질적 내용을 침해한 것이라며 위헌판결(70다1010)을 선고하자, 1972. 12. 27. 유신헌법(제26조 제 2 항)은 위헌시비를 제거하려는 의도에서 이 사건 헌법조항과 같은 취지의 규정을 헌법전으로 끌어올려 명문화함과 동시에 위헌판결된 구 국가배상법 제 2 조 제 1 항 단서를 1973. 2. 5. 법률 제2459호로 개정하였다.

그 후 1980. 10. 27 제 8 차 개헌(제 5 공화국 헌법)과 1987. 10. 29 제 9 차 개헌(제 6 공화국 헌법)에서도 조문의 순서만 바뀌었을 뿐 지금까지 그대로 유지되고 있다.

다. 그러나 주지하듯이 유신헌법은 1972. 10. 17. 전국에 비상계엄을 선포하고 이른바 10·17 비상조치에 따라서 국회를 해산시키고, 정당의 정치활동을 중지시키는 등 헌법의 일부조항의 효력을 정지시킨 상태에서 개헌에 관한 찬반토론도 없이 제정된 것이고, 그 후로도 유신체제 내내 긴급조치 제 1 호와 제 9 호 등에 의하여 개헌논의와 비판 등은 금지되었고 엄벌되어 왔다.

이 사건 헌법조항은 이와 같이 위헌적인 절차로 개정된 비민주적 유신헌법에서 탄생하여 제5공화국 헌법을 거쳐 제 6 공화국 헌법에까지 이어져 오고 있는 권위주의 시대의 잔재이다. 그리고 이들 헌법이 비록 국민투표에 의하여 확정되기는 하였으나, 국민투표제도가 이론적인 장점에도 불구하고 집권자에 의한 정치적 이용가능성이라는 폐해가 있으며, 실제로 과거 권위주의 권력이 이를 악용한 사실, 또 그 방식이 이 사건 헌법조항과 같은 개별조항별로 찬반을 묻는 것이 아니라 개정헌법 전체에 대한 일괄적인 찬반 투표이기 때문에 개별조항에 대한 반대방법이 없었다는 점 및 계엄 등 공포 분위기와 그 연장선 아래서 국민투표가 시행된 점 등을 고려할 때, 이 사건 헌법조항이 진정한 민의를 반영한 헌법개정권력의 결단의 산물이라고 할 수 있을지 의문이다.

국민투표를 거쳤다고 하여서 절차적 합법성의 결여가 치유되는 것은 아니다. 만일 국민투표에 의하여 확정되기만 하면 어떠한 내용의 헌법개정도 가능하다고 본다면, 국민투표는 불법적 "힘"의 결단을 곧 "법"으로 만드는 합법화수단 외에 다른 아무 것도 아닐 것이며, 독재권력에 의하여 언제든지 남용될 수 있는 가능성을 내포하고 있는 것이다. 그러므로 국민투표를 거쳐서 헌법개정이 되었다 하여 국민투표를 거치지 않은 헌법개정의 경우보다 더욱 높은 정당성을 부여하거나 우위의 효력을 부여할 수 없는 것이며 또 이를 이유로 하여 위헌심사가능성을 부인할 수도 없다 할 것이다.

라. 공익상 목적에서 군인 등의 국가배상청구권에 제한을 가할 필요가 있다면 기본권의 일반유보조항인 헌법 제37조 제 2 항에 의하여 권리의 본질적 내용을 침해하지 아니하는 한도에서 법률로써 제한할 수 있는 것인데도 불구하고, 헌법이 이 사건 헌법조항과 같은 특별유보 조항을 둔 것은 헌법에 근거규정만 두면 어떠한 법률을 만들어도 괜찮다는 지극히 권위주위적인 발상에서 나온 것이라고 아니할 수 없다. 실제로 이 사건 헌법조항은 위헌판결에 대한 반동으로 법률로만 제한하던 형식을 헌법으로 격상하여 위헌시비를 차단하였을 뿐이지 위헌판결이 지적한 위헌성을 제거하거나 개선한 내용을 담고 있는 것은 아니다. 군인 등 신분이라는 이유만으로 국가배상청구권을 박탈한 이 사건 헌법조항은 여전히 그보다 상위규정이며 민주주의 헌법의 기본이념이고 근본규정이라고 할 수 있는 헌법 제11조 제 1 항의 평등원칙에 위배되고 인간의 존엄과 가치를 보장한 헌법 제10조에도 위배되는 내용을 담고 있는 것이다.

마. 이 사건 헌법조항이 군인 등을 일반국민, 좀 더 좁게는 일반공무원과도 차별 대우하는 입법목적이 당초에는 명백히 밝혀진 바 없었으나 대체로 국가의 재정사정이 그 주요 이유였다는 데는 별 이론이 없다. 그러나 당시의 열악했던 국가재정이 그로부터 30여년이 지난 지금에 와서는 비교할 수 없을 정도로 비약적으로 호전되어 있다(세입규모가 이백배로 증대된 반면 군인 등의 사상건수는 오히려 약간 감소되었다). 따라서 입법당시의 주요 입법목적이 이제는 소멸되었다 할 것이다.

바. 이상에서 본 바와 같이 이 사건 헌법조항은 대법원의 위헌판결에 대한 반동과 권위주의적 발상에서 입법목적마저 불명인 채로 탄생되었다고 하는 일련의 입법 동기와 과정부터가 우리의 정의감에 반하였던 터에 이제는 그 주요 입법목적마저 소멸되었다면 이를 더 이상 존치하여 둘 명분이 상실되었다 할 것이다. 더욱이 국가재정의 호전에는 긴 세월동안 그 권리를 제한당해 온 이들의 희생도 한몫하였음을 부인할 수 없고, 이들이 국토방위와 사회의 안녕질서 유지를 위하여 봉사하며 기여하고 있다는 점을 참작하면 더욱 그러하다. 이렇게 볼 때 권위주의 시대를 마감하고 민주화시대에 들어선 지금 그 잔재를 그대로 계속 유지한다는

것은 정의의 수인한계를 넘어서는 것이 아닌가 생각된다.

사. 헌법에는 보다 상위의 근본규정에 해당하는 헌법규정이 있는가 하면 그러한 근본규정에는 해당하지 않는 보다 하위의 헌법규정이 있을 수 있다. 이 때 하위의 헌법규정이 상위의 헌법규정과 합치하지 않는다고 해서 모든 경우에 다 그 효력을 부인할 수 있는 것은 아니나, 더 이상 감내할 수 없을 정도로 일반인의 정의감정에 합치되지 아니하는 경우에는 헌법의 개별조항도 헌법 제111조 제 1 항 제 1 호 및 제 5 호, 헌법재판소법 제41조 제 1 항 및 헌법재판소법 제68조 제 2 항 소정의 법률의 개념에 포함되는 것으로 해석하여 헌법재판소가 그 위헌성을 확인할 수 있어야 할 것이다.

이러한 경우까지도 헌법재판소가 심판할 수 없다고 한다면 이는 헌법의 기본원칙과 기본권보장에 역행하는 어떠한 내용의 헌법규정을 두어도 괜찮다는 것이 되어 헌법의 본질과 기본권 보장은 형해화되고 말 것이며 독재권력에 의한 헌법유린과 국민투표를 악용한 횡포를 막을 길이 없게 될 것이기 때문이다.

따라서 이와 같은 경우에 해당하는 것으로 보이는 이 사건 헌법조항에 대하여는 위헌성을 확인할 수 있다고 생각되며 당장 위헌선고하는 것이 부적당하다면 적어도 개정의 촉구는 할 수 있을 것으로 생각되어 다수의견에 반대하는 것이다.

1987년의 헌법개정때 여야 모두 이 사건 헌법조항의 문제점을 인식하고 여당은 이를 상당폭 완화하는 내용으로, 야당들은 동 조항을 삭제하기로 하는 헌법개정안(제135회 국회, 헌법개정특별위원회회의록 제 7 호[부록], 7, 29, 63, 74면 각 참조)을 각각 제출하였음에도 불구하고, 대 타협을 도출하는 과정에서 동 조항의 개정필요성은 별다른 주목을 받지 못한 채 종전의 규정대로 존치되었던 사실을 안타깝게 생각하며 다음에 있을 헌법개정시에는 반드시 개정되기를 기대한다.

제 3 장 憲法의 變遷과 廢止

제 1 절 憲法의 變遷

I. 憲法變遷의 意義

1. 憲法變遷의 槪念

헌법규정은 특정한 사회적 시점에 있어서 생성된 권력관계나 사회적·경제적 질서의 유지 내지 고정화를 주된 목적으로 하고 있는 헌법제정권자의 결단이라고 할 수 있다. 그런데 권력관계나 사회적·경제적 질서는 고정되어 있는 것이 아니고 시간이 경과함에 따라서 변화한다. 그리하여 권력담당자는 사회·경제관계의 변화에 따라서 행동하려고 하여 헌법규범과 헌법현실간에는 모순이 생기게 되고 헌법현실이 헌법규범을 이탈하게 된다. 이 경우에 이를 극복하기 위해서는 헌법규범에서 정한 절차에 따라서 헌법규범을 변경하여 헌법현실과 일치시키는 헌법개정(Verfassungsänderung)의 방법 외에 헌법규범을 변경하겠다는 직접적인 의사가 없이 헌법규범을 달리 적용함으로써 헌법에 실질적 변화현상이 생기는 경우가 있는데, 이를 헌법의 변천(Verfassungswandlung)이라고 한다. 따라서 헌법변천은 명시적이지 않은 변화이며, 이 점에서 명시적인 의사의 표시와 헌법에서 정한 절차에 따라 헌법을 변경하는 헌법개정과는 구별되는 개념이다.[1)]

2. 憲法變遷의 態樣

G. Jellinek는 헌법변천의 형태를 다음과 같이 나누고 있다.[2)]

첫째, 의회·정부·법원의 해석(Interpretation)에 의한 변천으로서, 이러한 변천은 의회·법원 등이 헌법해석을 통해 헌법조항의 규정내용을 해석하거나 부연하거나 그 미비점을 보완함으로써 이를 변경시키는 것을 말한다.

---

1) Laband, Wandlungen der deutschen Reichsverfassung, 1906; Böckenförde, Anmerkungen zum Begriff Verfassungswandel, Festschrift für Peter Lerche zum 65. Geburtstag, 1993; Guggenberger/Würtenberger (Hrsg.), Hüter der Verfassung oder Lenker der Politik?, 1998; Würtenberger, Zeitgeist und Recht 2. Aufl. 1991; Lerche, Stiller Verfassungwandel als aktuelles Politikum, FS für Maunz, 1971; Voßkuhle, Gibt es und wozu nützt eine Lehre vom Verfassungswandel? Der Staat 43(2004); 芦部信喜, 憲法制定權力, 1983; 小林直樹, 憲法秩序の理論, 1986 참조.

2) Jellinek, Verfassungsänderung und Verfassungswandlung, 1906. 이에 대한 비판으로는 小林孝輔, 憲法の改正と變遷, 憲法における法と政治, 76면 이하 참조.

둘째, 정치상의 필요(Notwendigkeit)에 의한 변천으로서, 이는 행정부와 입법부의 정치상의 습률·관례 또는 관행 등에 의하여 헌법규범의 실질이 시대에 따라 변천하는 것을 말한다.

셋째, 헌법상의 관행(Praxis)에 의한 변천으로서, 관행에 의하여 헌법에 적합하게 변천될 수도 있고 헌법에 부적합하게 변천될 수도 있다.

넷째, 국권의 불행사(Nichtausübung)에 의한 변천으로서, 헌법상 인정된 국가권력을 장기간 행사하지 않음으로써 헌법의 규범력을 상실한 것을 말하는데, 이는 헌법의 정지(Verfassungssuspension)라고도 말할 수 있을 것이다.

다섯째, 헌법의 결함을 보충시키기 위한(Verfassungslücken und ihre Ausfüllung) 근본적 변천으로서, 이는 헌법규범에 흠결이 있는 경우 이를 보완하기 위하여 또한 보충함으로써 이루어지는 변천이다.

3. 憲法變遷의 法的 性格

헌법변천의 법적 성격에 대해서는 학설이 나누어진다.

(1) 사 실 설 　이 설은 헌법의 성문규범에 위반되는 헌법상태 중에서 살아 있는 헌법규범의 성립으로 보는 것을 철저히 거부하는 주장이다. 이것은 단순한 헌법침해적 사실에 불과한 것이라고 본다.

(2) 관습법설 　이 설은 사실설이 부정하고 있는 살아 있는 헌법규범의 성립을 관습법으로서 인정하자는 것이다.[1] 성문헌법규범은 그 실효성이 상실되고 이에 대체하여 헌법상의 관습법이 그 내용의 합리성과 사회의 규범의사에 지지를 얻어 실효성과 타당성을 획득하지 않으면 안 된다고 한다.

(3) 습 률 설 　이 설은 성문헌법규범에 위반하는 실효규범을 단순한 위헌의 사실로 보지 않고, 또 관습법으로서의 법적 성격도 완전히 인정하지 않는다. 이 실효규범을 영국헌법과 같이 습률로서 설명하려고 한다. 습률은 법의 전단계를 의미하는 것으로 관습법에 비해서는 보다 하위의 법으로 보는 입장이다.

(4) 판례법설 　이 설은 법원의 판례에 의하여 실효성을 가지게 된다고 보는 설이다. 헌법재판소나 법원의 해석에 의한 헌법변동을 인정하는 주장이다.

4. 憲法變遷의 價値

이와 같은 헌법변천의 존재의의를 인정할 것이냐 아니냐에 대해서는 두 가지 견해가 대립되어 있다.

(1) 학 　설

1) 긍 정 설 　헌법과 모순되는 국가적 행위가 반복 내지 계속하여 행하여져 헌법적 관습으로서의 성격을 갖고 있으며, 국민의 법적 확신이 명시적으로나 묵시적으로 이를 긍정하

---

1) Capitant, La coutume constitutionelle, Rervue de droits public, 1979, no. 4.

는 경우에는 당해 헌법조항이 개폐되어 憲法法源으로 인정되며, 이 때 헌법의 변천이 행해진다고 하는 학설이다.

2) 부 정 설 헌법과 모순되는 국가행위는 그것이 아무리 반복 내지 계속되어 존재한다고 하더라도 기존의 헌법하에서 헌법법원으로 될 수 없으며, 헌법은 헌법개정절차에 의하지 않는 한 합법적으로 변경할 수 없는 것이라고 하는 학설이다.

(2) 私 見 생각건대 헌법의 변천은 헌법을 존중하는 변천과 헌법을 부정하는 변천으로 나눌 수 있다. 기술한 바와 같이 헌법규범은 막연한 개념이 많을 뿐만 아니라 많은 흠결을 가지고 있기 때문에 헌법을 존중하는, 즉 헌법정신에 따르는 해석이나 흠결 보완은 가능하다고 생각된다. 그러나 국가권력의 불행사에 의한 헌법의 일부적인 정지나 정치상의 필요에 의한 헌법의 일부침해는 이를 허용할 수 없다고 하겠다. 왜냐하면 헌법은 경성헌법의 원칙을 채택하여 합리적인 헌법개정절차를 헌법에 명시하고 있으므로, 사정의 변화 등으로 헌법을 변경할 필요성이 있으면 헌법변천이 아니라 헌법개정의 방법에 의하여서만 변경하여야 할 것이기 때문이다.

5. 憲法變遷의 態樣

헌법의 정상적인 변천은 ① 법원의 판례에 의한 변천, ② 국가기관의 관행에 의한 변천, ③ 관계법규개정에 의한 변천, ④ 조약에 의한 변천 등이 있으나 이러한 절차는 합헌법적이어야 할 것이요, 사실적으로 헌법을 개정해서는 안 된다.

6. 憲法變遷의 限界

헌법의 변천은 정치적·경제적·사회적 변동의 결과 행해지는 것이 일반적이다. 이러한 변천은 헌법의 해석에 의하여 행해지는 경우가 많다. 헌법의 해석을 잘못하여 사실적으로 헌법을 개정해서는 안 되며, 헌법개정의 한계에 위배되는 변천은 허용되지 않는다.[1]

헌법의 변천은 인정하면서도「헌법규정의 명문에 반해서는 안 되며, 헌법 전체의 이념·논리구조를 파괴하지 않는 범위 내에서 시대적 요청·필요성·경험 등을 가미하여 헌법규정을 해석하는 것도 불가피하며, 이러한 해석이 국민의 일반적인 헌법의식에 의하여 뒷받침되어, 헌법규정의 객관적 의미내용이 변화하는 것은 승인되어야 할 것이다.[2]

헌법규범은 이에 대한 침해의 경우 헌법규범의 실효성을 강제할 수 있는 강제규범의 성격이 약하기 때문에 오늘날 헌법의 위헌적인 변천을 막고 헌법의 재판규범성을 확보하기 위해서는 실효성 있는 헌법보장제도가 요망되고 있다.

1) 상세한 것은 Hesse, Grenzen der Verfassungswandlung, Fests. für Scheuner, 1973. S. 123-141 참조.
2) 佐藤幸治, 憲法, 34頁.

Ⅱ. 憲法變遷의 實例[1)]

1. 美國憲法의 變遷

미국헌법이 200년의 수명을 가지고 있는 것은 헌법개정에 의하기보다는 헌법의 변천으로써 현실의 정치적·경제적 상황에 대처해 나가는 지혜를 가졌기 때문이라고 하겠다.[2)] 미국의 대통령선거는 간접선거의 원칙을 채택하고 있지만 오늘날 직접선거처럼 운용되고 있으며, 미국의 대법원은 헌법해석에 의하여 헌법이 명시하지 않은 위헌법률심사권을 행사함으로써 타 기관에 우월하는 위헌심사기구로서의 지위를 가지게 되었다.

2. 日本憲法의 變遷

일본에서는 헌법 제9조에서 전력의 보유를 금지하고 있으나, 자위대라는 명목으로 전력을 가지게 되었다. 일본에서는 총리대신의 신사참배 등으로 정교분리의 원칙이 형해화되고 있고 군대의 설치·해외파병 등이 행해지고 있다.[3)]

3. 英國憲法의 變遷

영국의 의원내각제도 헌법변천의 결과이며, 영국은 불문헌법국가이므로 이러한 영국헌법의 변천은 불문헌법변천의 좋은 예가 된다. 영국의 왕은 군림하나 통치하지 않게 되어 의원내각제로 발전했던 것이다.

4. 韓國憲法의 變遷

우리나라에서는 그 동안 여러 번 부정적인 측면의 헌법변천이 있었다. 즉 예컨대 제1공화국헌법하에서는 참의원을 두지 아니하여 국권의 불행사에 의하여 단원제로 운용하였고, 제3공화국헌법하에서는 지방자치제도가 헌법상 규정되어 있었으나 입법의 태만으로 관치행정을 하고 있었던 사실을 들 수 있다. 제5공화국헌법하에서는 헌법의 권력분립규정을 위반하여 국회나 법원의 대통령예속을 가져온 적도 있었으며, 권위주의헌법으로 변천하기도 하였다. 제6공화국 헌법하에서도 제왕제대통령제로 운영된 적도 있었고 국가원로자문회의를 구성하지 아니하고 국무총리의 권한, 책임, 행정각부장관의 임명과 해임 등에서 국무총리의 권한을 인정하지 않아 많은 변천을 겪었다.

---

1) 헌법의 변천은 각 국가에서 성행하고 있다. 상세한 것은 김철수, 비교헌법론(상), 83~84면 참조.

2) 미국의 헌법변천은 ① 법원의 판례에 의한 변천, ② 국가기관이 행한 관행에 의한 변천, ③ 관계법규에 의한 변천, ④ 조약체결에 의한 변천을 들 수 있다(Bryce, American Commonwealth, Vol. 1, p. 1.).

3) 예로서 杉木安藏은 천황의 지위변천, 공무원에 대한 노동삼권의 제한 등을 헌법변천의 예로 들고 있다. 杉木安藏, 憲法改正, 58면 이하. 일본자위대는 위헌이라는 설이 많으며 헌법개정에 의하여 변경되어야 한다고 보고 있다. 그러나 현실은 헌법개정 없이 세계유수의 군비를 가지고 있다. 三輪隆, 戰後社會と改憲問題, 講座 憲法學 別卷, P.297면 이하.

제 2 절 憲法의 廢棄·廢止·侵毁 및 停止

I. 憲法의 廢棄 등의 意義와 態樣

1. 憲法의 廢棄 등의 概念

헌법의 변천·개정과 관련되어 문제되는 것은 혁명 등에 의한 헌법의 파괴, 헌법의 배제·효력정지·침해 등이다. 정치권력의 담당자들은 헌법변천이 국민의 지지를 받기 어려운 경우나 헌법개정이 합법적인 방법으로 불가능한 경우에 헌법을 폐지하거나 헌법을 배제하여 새로운 헌법을 제정하는 경우가 많다. 또 헌법을 새로이 제정하지 아니하면서도 헌법의 효력을 정지하고 입헌정치를 포기하는 경우가 있다. 이는 헌법에 대한 명시적이고 확고한 변경인 점에서 헌법의 변천과는 다르고, 합헌적인 절차에 의한 개정이 아닌 점에서 헌법개정과도 구별된다.

2. 憲法의 廢棄·廢止·侵毁·停止의 態様

(1) Carl Schmitt의 분류 Carl Schmitt는 헌법개정과 관련된 개념을 다음과 같이 설명하고 있다.[1)]

1) 헌법의 파기(Verfassungsvernichtung) 또는 헌법의 폐기 이는 성문헌법을 폐기할 뿐만 아니라 동시에 그 헌법의 기초로 되어 있는 헌법제정권력을 배제하는 것이다. 이것은 협의의 혁명(Revolution)에 속한다. 군주의 헌법제정권력이 민주주의혁명에 의하여 배제되고, 국민의 헌법제정권력이 군주주의혁명에 의하여 배제되는 경우가 그 예이다. 따라서 헌법의 파기란 헌법제정권력에 경질이 행해지는 경우를 말한다.[2)] France혁명이나 1917년의 Russia혁명, Weimar공화국헌법의 제정, 일본의 명치헌법에서 전후의 일본국헌법의 제정 등이 이에 속한다고 하겠다.[3)]

2) 헌법의 폐지(Verfassungsbeseitigung) 이는 헌법제정권력의 주체는 그대로 두고 기존헌법을 폐지하는 것을 말한다. 따라서 헌법의 폐지는 헌법의 대체(Verfassungswechsel)라고도 말하여지고, 헌법제정권력의 주체에는 변경이 없는 점에서 헌법의 파기와는 다르다. 그런데 헌법의 폐기와 헌법의 폐지 둘을 합하여 넓은 의미의 혁명이라고 한다. 헌법폐지의 예로서는 4월혁명의 결과 행해진 France의 1830년 헌법에서 1848년 헌법에의 이행이나 헌법개정의 형식을 취하여 행해진 1958년의 De Gaulle헌법의 성립 등을 들 수 있을 것이다.[4)]

---

1) Schmitt, Verfassungslehre, 1954.

2) 김철수, 혁명입법의 비교입법정책학적 一考察, 고시계 1962. 7.

3) 문홍주 교수는 우리 나라의 제 5 차헌법개정은 개정이 아니라 제 3 공화국헌법의 제정이라고 한다. 즉 「구헌법 제98조만에 의한 개헌은 혁명정부 밑에서는 현실적으로 불가능한 것이다. 민선의회가 아닌 국가재건최고회의에 의해서 헌법을 개정한다면 이것은 민정헌법이라 할 수 없게 된다」고 한다(전게서, 116면). 나아가 그는 제 4 공화국헌법에 언급하여 「이것은 그 절차상 혁명에 의한 새 헌법의 제정이라고 볼 수밖에 없다」고 한다(전게서, 122면).

4) 문홍주 교수는 제 4 공화국헌법에 관해 10월유신의 조치는 구헌법하에서는 법적으로 불가능한 것이기

3) 헌법의 침훼(Verfassungsdurchbrechung) 이는 특정한 경우에 헌법의 1개조항 또는 수개조항을 배제 또는 정지함이 없이 일시적으로 이를 침범하는 경우를 말한다. 이것이 헌법폐지와 다른 점은 헌법조항의 효력은 계속되나 특정한 경우에 헌법조항에 반대되는 또는 이에 위배되는 조치를 하는 것에 있다.

헌법의 침훼에는 헌법에서 이를 인정하고 있는 경우와 인정하지 않는 경우가 있다.[1] 헌법이 이를 인정하는 경우는 국가비상사태에 있어서의 국가긴급권의 행사 등을 헌법에서 규정하고 있는 경우를 말한다. Weimar 헌법 제48조 2항에 따른 대통령의 비상조치와 같은 것은 이미 헌법에서 이를 인정하고 있는 헌법침훼의 보기이다. 우리나라에서는 헌법 제77조에서 비상계엄이 선포된 경우에는 개별적인 특정조항을 침훼할 수 있도록 규정하고 있다. 이에 반하여 헌법이 인정하고 있지 않는 경우는 정치적 필요에 의하여 헌법을 침훼하는 경우에 나타나며,[2] 이 위헌적인 명령·규칙·처분은 사법심사의 대상이 될 것이다.

4) 헌법의 정지(Verfassungssuspension) 헌법의 정지란 헌법의 개별규정이나 많은 규정의 효력을 과도적으로 상실시키는 경우를 말한다. 헌법의 정지에도 헌법이 인정하는 경우와 헌법이 인정하지 않는 경우가 있다.[3] 헌법이 인정하는 경우는 일본 명치헌법 제31조와 같이 헌법 자체가 일정한 요건하에서 헌법의 정지를 인정하고 있는 경우로 그 요건에 따라서 행해지는 정지이다. 한편 헌법이 인정하지 않는 정지에는 헌법이 예정하고 있지 않은 정지와 헌법의 요건을 위반한 헌법의 정지가 있으며, 이러한 헌법이 인정하지 않는 헌법의 정지는 위헌심사의 대상이 된다고 하겠다.

(2) **Loewenstein의 분류** Loewenstein은 헌법의 개정의 형태로서,[4] i) 헌법증보, ii) 헌법의 일부삭제, iii) 헌법의 일부추가, iv) 헌법침훼, v) 헌법정지, vi) 헌법유월(Verfassungsüberschreitung)을 들고 있는데, 전 3 자만이 헌법의 개정이고 후 3 자는 헌법의 변동으로 헌법에 위반되는 조치라고 하였다. Loewenstein은 정치적·사회적 견지에서 헌법의 변동을 분류한 것이라고 하겠다.

Ⅱ. 革命 등 憲法破棄의 現實

1. 革命 등의 正當性

혁명은 기존의 헌법에 의하여서는 용인될 수 없는 헌법외적 행위이므로 기존의 헌법에 의하여 합법화될 수는 없는 것이다. 따라서 혁명으로 새로운 헌법이 제정되는 것이 일반적이다.[5]

때문에 사실상 「하향식 혁명조치」이며, 이리하여 「제 3 공화국헌법은 폐지되고 제 4 공화국헌법이 제정된 것」이라 한다(전게서, 118면). 상세한 것은 김철수, 주권·헌법제정권력·헌법개정권력, 법정 1977. 3 참조.

1) 한태연 교수는 헌법의 침해, 즉 헌법의 특별조치를 헌법무시적 특별조치와 헌법존중적 특별조치로 나누고 있다(전게서, 62면).

2) 국가비상사태하의 기본권제한을 위한 입법 등도 이에 포함될 것이다.

3) 한태연 교수는 헌법의 정지도 헌법무시적 헌법정지와 헌법존중적 헌법정지로 나누고 있다(전게서, 62면).

4) Loewenstein, Verfassungslehre, 1959, 1969.

5) Zippelius, Allgemeine Staatslehre, 13. Aufl., S. 147～150.

그리하여 혁명에 의하여 새로이 제정되는 헌법의 정당성이 문제된다. 통상적으로 헌법의 정당성의 근거로서는 i) 전통, ii) 혈통, iii) 종교, iv) 선거, v) 국민에 의한 수권 등을 들 수 있을 것이다. 민주주의국가에 있어서의 정당성의 근거는 무엇보다도 국민의 수권에 의한 정당성만을 인정할 수 있을 것이다. 따라서 민주국가에 있어서의 혁명의 정당성은 국민의 수권에서만 찾을 수 있을 것이다.[1] 이는 헌법제정권력의 행사로서 새 헌법을 제정하게 된다.

2. 韓國에서의 憲法破壞

4·19혁명, 6·8민주항쟁 등은 혁명이며 국민적 정당성이 있었다. 이에 반하여 유신쿠데타, 5·16군사쿠데타, 5·17군사쿠데타[2] 등은 광의에 있어서는 혁명이나, 국민적 정당성이 없는 헌정파괴행위였다.[3] 그런데 헌정파괴행위도 승리하는 경우에는 사실의 규범력에 따라 혁명으로 정당화될 수 있다고 한다.[4]

그러나 국민의 수권에 근거한 혁명이나 헌법대체가 자주 있을 수 없기 때문에 이를 억제하기 위한 절차가 점차 모색되어지고 있다. 그러한 모색이 바로 헌법의 보장에 대한 논의라고 하겠다. 우리 헌법은 헌법의 파괴를 막기 위하여 여러 제도를 두고 있다.

3. 憲政秩序破壞犯에 대한 處罰

(1) 헌정질서파괴행위 헌정질서를 파괴하는 범죄로 형법상의 내란죄, 외환의 죄, 군형법상 반란의 죄와 이적의 죄 등을 들 수 있다(법 제 2 조).[5] 이들 범죄는 국헌을 문란하게 할 목적으로 행해져야 하는데, 이는 ① 헌법 또는 법률에 정한 절차에 의하지 아니하고 헌법 또는 법률의 기능을 소멸시키는 것, ② 헌법에 의하여 설치된 국가기관을 강압에 의하여 전복 또는 그 기능행사를 불가능하게 하는 것을 포함한다.

---

1) 5·16혁명의 정당성, 특히 국가재건비상조치법의 합법성에 관한 것으로는 한태연, 국가비상조치법과 헌법 등 참조. 국가긴급구제로서 비상조치법의 정당성을 발견하려는 노력이 보인다. 그러나 이러한 주장은 근거 없는 것이다.

2) 대법원은 전·노 사건에 대해서 다음과 같이 판시하고 있다. 군사반란과 내란을 통하여 정권을 장악한 경우의 가벌성 여부에 대하여 적극적 입장이며, 5·18내란 행위의 종료 시점을 1981년 1월 24일로 보며 5·18민주화운동등에관한특별법 제 2 조가 같은 법 시행 당시 공소시효가 완성된 헌정질서 파괴범죄행위에 대하여도 적용된다고 보며, 군형법상 반란죄의 의미 및 군의 지휘권 장악을 위하여 적법한 체포절차를 거치지 아니하고 육군참모총장을 체포한 행위가 반란에 해당한다고 본다. 그리고 헌법 수호를 위하여 시위하는 국민의 결집이 국헌문란의 강압 대상인 '헌법에 의하여 설치된 국가기관'에 해당하지 않는다고 한다. 5·18민주화 운동에 대한 폭동적 시위진압행위가 국헌문란에 해당한다고 보며, 내란죄의 구성요건인 '폭동'의 의미와 정도 및 내란행위자들에 의하여 이루어진 비상계엄 전국확대조치의 폭동성 여부에 대하여 적극적 입장이다(대판 전원합의체 1997. 4. 17, 96 도 3376, 공보 1997 상, 1303).

3) 이재승, 쿠데타의 법리, 민주법학 16, 1999, 195~225면.

4) Bertram, Widerstand und Revolution, 1964; Zippelius, a.a.O., S. 150.

5) 헌정질서파괴범죄의 공소시효에 관한 법률은 헌정질서파괴범죄라 함은 형법상 내란의 죄, 외환의 죄와 군형법상 반란의 죄, 이적의 죄를 말한다고 한다(법 제 2 조).

(2) 헌정질서파괴범죄에 대한 공소시효 등에 관한 특례 헌법의 존립을 해하거나 헌정질서의 파괴를 목적으로 하는 헌정질서파괴범에 대해서는 헌법상 자유민주적 기본질서의 수호를 목적으로 공소시효를 배제한다(동법 제1조). 헌정질서파괴범 뿐만 아니라 집단살인죄도 여기에 포함된다.

(3) 5·18 민주화운동에 관한 특별법 1979년 12월 12일과 1980년 5월 18일을 전후하여 발생한 헌정질서파괴행위를 처벌하여 국가기강을 바로잡고 민주화를 정착시키며 민족정기를 함양하기 위하여 공소시효를 정지한다(동법 제1조). 공소시효의 정지기간은 범죄행위의 종료일부터 1993년 2월 24일까지이다. 이 법률은 12·12사태주동자와 5·17, 5·18주동자를 처벌하기 위한 것으로 개별적 처벌법이 아닌가가 문제되었다.

4. 憲法破壞行爲에 대한 判例

(1) 12·12 사태에 대한 불기소 12·12 사태에 대한 고소에 대하여 검사는 불기소처분하였고 이에 청구인들이 헌법소원을 제기하여 헌법재판소는 청구인들의 이 사건 심판청구 중 내란수괴죄, 내란목적살인죄 및 내란 목적 살인미수죄에 관한 부분은 이를 모두 각하하고, 그 나머지 죄들에 관한 부분은 이를 모두 기각하였다. 이에 관한 이유를 보면 다음과 같다.[1)]

「이 사건 심판의 대상은 피청구인의 피의자 전○환에 대한 불기소처분으로서 그 내용은 동인의 내란수괴(형법 제87조 제1호), 내란목적살인(형법 제88조), 내란목적살인미수(형법 제89조, 제88조), 반란목적군용물탈취(군형법 제6조) 및 일반이적(군형법 제14조 제8호)의 점에 대한 각 "혐의 없음"의 처분과 기타 군형법 위반의 점(반란수괴, 불법진퇴, 지휘관계엄지역守所이탈, 상관살해, 상관살해미수 및 초병살해)에 대한 각 "기소유예"의 처분인바, 위에서 본 바와 같이 그 중 ① 내란수괴, 내란목적살인 및 내란목적살인미수의 점에 관한 심판청구는 위 각 죄의 피의사실에 대한 공소시효가 완성되어 권리보호의 이익이 없다 할 것이므로 부적법하여 이를 모두 각하하여야 할 것이고, ② 반란목적군용물탈취 및 일반이적의 점에 관한 심판청구는 이유 없는 것이므로 이를 모두 기각하여야 할 것이며, ③ 기타 군형법위반의 점에 대한 "기소유예"처분의 취소를 구하는 심판청구도 이유 없는 것이어서 이를 모두 기각하여야 할 것이다.

따라서, 청구인들의 이 사건 심판청구 중 내란수괴, 내란목적살인 및 내란목적살인미수죄에 관한 부분은 이를 모두 각하하고 그 나머지 범죄들(군형법위반의 각 범죄)에 관한 부분은 이를 모두 기각하기로 하여, 이에 주문과 같이 결정한다.

[반대의견]

이 결정에는 재판관 김진우, 재판관 조승형의 위 다수의견에 대한 아래의 기재와 같은 보충의견이 있는 외에, 위 ①부분 결론에 관하여 재판관 이재화, 재판관 조승형의 아래와 같은, ②부분 결론에 관하여 재판관 김문희, 재판관 황도연의 아래 기재와 같은, ③부분 결론에 관하여 재판관 조승형, 재판관 고중석의 아래 기재와 같은, 재판관 김문희, 재판관 황도연의 아래 기재와 같은, 각 반대의견이 있다」.

---

1) 헌재 1995. 1. 20 선고, 94 헌마 246, 헌재판례집 제 7 권 1집, 22면 이하.

(2) 5·18 불기소사건 5·18 사건에 대한 검찰의 불기소처분에 대하여 청구인은 헌법소원을 제기하였는데[1)] 판결선고 전일에 소를 취하하여 다수의견은 심판절차종료결정을 하였고 소수의견은 반대하여 종국결정을 선고하여야 한다는 입장을 취하였다. 이 반대의견은 성공한 내란에 대해서도 처벌할 수 있다고 선언하였다.[2)]

[재판관 김진우, 이재화, 조승형의 반대의견]

「집권에 성공한 내란의 가벌 여부는 헌법질서를 파괴하는 방법에 의한 집권이 우리의 헌법상 허용되는지 여부에 관한 것이므로 국가운영과 전국민의 기본권에 직접 관련되어 특히 중대한 의미를 갖는 헌법적 해명이 요청되는 경우이다. 이 부분은 헌법재판소의 재판관회의에서 집권에 성공한 내란의 가벌성을 인정하는 의견이 헌법재판소법상 인용결정에 필요한 정족수를 넘었다. 따라서 심판청구의 취하가 있었다고 하더라도, 이 부분에 대하여는 헌법적 해명을 하는 결정을 선고함이 마땅하다」.

(3) 5·18 민주화운동 등에 관한 특별조치법 제 2 조 5·18 민주화운동등에 관한 특별조치법 제 2 조가 공소시효를 배제한 것에 대하여 위헌심사가 행하여졌다. 여기서 다수의견은 공소시효의 배제가 위헌이라고 하였으나 법정의견은 합헌이라고 결정하였다.[3)] 다수의견은 다음과 같다.

[재판관 김용준, 재판관 김문희, 재판관 황도연, 재판관 고중석, 재판관 신창언의 한정위헌의견]

「형사실체법의 영역에서 형벌은 바로 신체의 자유와 직결되기 때문에 적어도 범죄구성요건과 형벌에 관한 한, 어떠한 공익상의 이유도, 국가적인 이익도 개인의 신뢰보호의 요청과 법적 안정성에 우선할 수 없고, 공소시효가 이미 완성되어 소추할 수 없는 상태에 이른 뒤에 뒤늦게 소추가 가능하도록 하는 새로운 법률을 제정하는 것은 결과적으로 형벌에 미치는 사실적 영향에서는 형벌을 사후적으로 가능하게 하는 새로운 범죄구성요건의 제정과 실질에 있어서는 마찬가지이므로, 공소시효가 이미 완성된 경우에 그 뒤 다시 소추할 수 있도록 법률로써 규정하는 것은 헌법 제12조 제 1 항 후단의 적법절차의 원칙과 제13조 제 1 항의 형벌불소급의 원칙 정신에 비추어 헌법적으로 받아들일 수 없는 위헌적인 것이다」.

(4) 5·18 민주화운동 등에 관한 특별조치법 제 4 조 5·18 민주화 운동에 가담한 시기가 명확하지 않다는 한정위헌심판청구에 대해서 다수의견은 명확성을 인정하고 있으나 반대의견은 명확성을 부인하고 있다. 반대의견(재판관 권성, 송인준)을 보면 다음과 같다.[4)]

「5·18 민주화운동등에 관한 특별법의 입법목적, 이 사건 법률조항의 입법취지, 특별법 제 2 조 및 광주민주화운동관련자보상등에관한법률을 연관하여 고찰한다고 하더라도, 어느 시기의 행위가 5·18 민주화 운동에 해당하는지 여부에 대한 합리적인 해석기준을 찾아내기 어렵고, 대법원의 판례에 나타난 법관의 보충적인 해석을 통하여서도 그 시적 범위를 명확하게 알아 낼 수 없으므로 건전한 양식과 통상적인 법감정을 가진 일반인이 어느 시기의 행위가

1) 정태호, 5·18 민주화운동과 저항권, 공법연구 제28권 2호, 2000, 217~240면.
2) 헌재 1995.12.15 선고, 95 헌마 221·233·297(병합), 헌재판례집 제 7 권 2 집, 697~759면.
3) 헌재 1996.2.16 선고, 96 헌가 2등, 헌재판례집 제 8 권 1 집, 51면 이하.
4) 헌재 2002.10.31 선고, 2000 헌마 76, 헌재판례집 제14권 2 집, 461면 이하.

5·18 민주화운동에 해당되는지를 충분히 예측할 수 없다. 따라서 이 사건 법률조항은 5·18 민주화운동의 시적 범위를 모호하게 하였기 때문에 헌법상의 명확성 원칙에 위배된다」.

[判] 憲法破壞行爲에 대한 重要 判例

1. 5·18 民主化運動 등에 관한 特別法 제 2 조는 違憲이 아니다[1]

[다수의견]

가. 특별법 제 2 조가 개별사건법률이기 때문에 위헌인가

(1) 청구인들은 이 법률조항이 "1979. 12. 12.과 1980. 5. 18.을 전후하여 발생한 헌정질서파괴범죄행위"라고 특정함으로써 청구인 등이 범하였다는 이른바 12·12 군사반란행위와 5·18 내란행위를 지칭하는 것이 명백하여 특별법은 결국 청구인 등 특정인의 특정사건에 대하여 국가형벌권이 특정기간동안 연장하는 것을 규정하고 있어 '개인대상법률'이며 '개별사건법률'이므로 헌법상 평등의 원칙에 반할 뿐만 아니라 나아가 권력분립의 원칙과 무죄추정의 원칙에 반하여 헌법에 위반된다고 주장한다.

그러므로 먼저 이 법률조항이 개별사건법률이기 때문에 헌법에 위반되는 것인지의 여부에 관하여 판단한다.

특별법 제 2 조는 제 1 항에서 "1979년 12월 12일과 1980년 5월 18일을 전후하여 발생한 …… 헌정질서파괴행위에 대하여…… 공소시효의 진행이 정지된 것으로 본다"라고 규정함으로써, 특별법이 이른바 12·12 사건과 5·18 사건에만 적용됨을 명백히 밝히고 있으므로 다른 유사한 상황의 불특정다수의 사건에 적용될 가능성을 배제하고 오로지 위 두 사건에 관련된 헌정질서파괴범만을 그 대상으로 하고 있어 특별법 제정당시 이미 적용의 인적범위가 확정되거나 확정될 수 있는 내용의 것이므로 개별사건법률임을 부인할 수는 없다.

(2) 그러나 우리 헌법은 개별사건법률에 대한 정의를 하고 있지 않음은 물론 개별사건법률의 입법을 금하는 명문의 규정도 없다.

개별사건법률금지의 원칙은 "법률은 일반적으로 적용되어야지 어떤 개별사건에만 적용되어서는 아니된다"는 법원칙으로서 헌법상의 평등원칙에 근거하고 있는 것으로 풀이되고, 그 기본정신은 입법자에 대하여 기본권을 침해하는 법률은 일반적 성격을 가져야 한다는 형식을 요구함으로써 평등원칙위반의 위험성을 입법과정에서 미리 제거하려는 데 있다 할 것이다.

개별사건법률은 개별사건에만 적용되는 것이므로 원칙적으로 평등원칙에 위배되는 자의적인 규정이라는 강한 의심을 불러일으킨다. 그러나 개별사건법률금지의 원칙이 법률제정에 있어서 입법자가 평등원칙을 준수할 것을 요구하는 것이기 때문에, 특정규범이 개별사건법률에 해당한다 하여 곧바로 위헌을 뜻하는 것은 아니다. 비록 특정법률 또는 법률조항이 단지 하나의 사건만을 규율하려고 한다 하더라도 이러한 차별적 규율이 합리적인 이유로 정당화될 수 있는 경우에는 합헌적일 수 있다. 따라서 개별사건법률의 위헌 여부는, 그 형식만으로 가려지는 것이 아니라, 나아가 평등의 원칙이 추구하는 실질적 내용이 정당한지 아닌지를 따져야 비로소 가려진다.

(3) 이른바 12·12 및 5·18 사건의 경우 그 이전에 있었던 다른 헌정질서파괴범과 비교해 보면, 공소시효의 완성 여부에 관한 논의가 아직 진행중이고, 집권과정에서의 불법적 요소나

---

1) 헌재 1996. 2. 16 선고, 96 헌가 2, 96 헌바 7·13(병합), 헌재판례집 제 8 권 1 집, 51면 이하.

올바른 헌정사의 정립을 위한 과거청산의 요청에 미루어볼 때 비록 특별법이 개별적 사건법률이라고 하더라도 입법을 정당화할 수 있는 공익이 인정될 수 있다고 판단된다. 따라서 이 법률조항은 개별사건법률에 내재된 불평등요소를 정당화할 수 있는 합리적인 이유가 있으므로 헌법에 위반되지 아니한다.

[재판관 김용준, 정경식, 고중석, 신창언의 의견]

이 사건의 경우를 보면, 1979. 12. 12. 당시 보안사령관이었던 피의자 전두환이 노태우 등 군내의 추종세력을 규합하여 일으킨 군사반란은 내란행위와 결합되어 1980. 5. 18.사태와 같은 불행한 사태를 야기하고 마침내는 이른바 제5공화국의 성립으로 이어지고 이른바 제6공화국이 종료한 1993. 2. 24.까지 위 사건들에 가담한 자들에 의하여 국가권력이 실효적으로 장악되었다.

1979. 12. 12. 당시는 박정희 전직 대통령이 살해되어 정치·사회적으로 불안정한 상태였을 뿐만 아니라, 비상계엄이 선포되어 계엄지역 안의 모든 행정기관(정보 및 보안업무를 관장하는 기관을 포함한다) 및 사법기관이 계엄사령관의 지휘·감독을 받게 되어 있었으므로(계엄법 제8조 참조), 위와 같이 피의자 전○환과 노○우 등이 12·12 군사반란을 통하여 대통령의 재가 없이 계엄사령관겸 육군참모총장인 청구 외 정승화를 체포하고, 대통령의 관저인 총리공관의 경비자의 무장을 병력을 동원하여 협박하여 해제하고, 대통령 최규하를 협박하여 국가의 모든 군권을 장악하고 보안사, 중앙정보부, 경찰 등 모든 수사·정보기관을 장악하였음에 비추어 당시 이 사건 군사반란행위와 내란행위에 대한 수사와 소추는 제도적으로도 불가능하고 도리어 위 군사반란을 방지하려던 청구 외 장태완 등을 처벌하는 등 반란죄에 대한 법률기능이 왜곡된 상태를 야기한 국가적인 중대한 장애사유가 있었다고 할 것이고, 그 후 전두환이 제11대 대통령에 취임하고 헌법을 개정한 다음, 1981. 2. 25. 개정헌법에 따라 실시한 선거인단에 의한 대통령선거에서 다시 대통령으로 당선되어 동년 3. 3. 제12대 대통령에 취임한 후 1988. 2. 24. 그 임기가 만료할 때까지 7년 5월 24일간 집권하고, 그 후 노태우가 제13대 대통령으로 당선되어 1988. 2. 25. 취임한 이래 1993. 2. 24. 그 임기가 만료하기까지 5년간 국가권력을 장악함으로써 전두환·노태우의 위 1979년 12월 12일과 1980. 5. 18.의 군사반란죄 및 내란죄는 위 각 범죄행위에 가담한 공범들에 대하여도 위에서 본 소추와 처벌이 전혀 불가능한 상태가 지속되었던 사실은 당재판소가 처리한 12·12사건과 5. 18사건에 관한 사건기록을 통하여 현저하다.

그리고 1979. 12. 12. 사태는 군사반란의 방법에 의하여 전국의 군권과 수사권을 장악하고 대통령의 관저의 무장까지 불법적으로 해제하고 대통령에게 협박하는 등 헌정질서파괴행위였고, 1980. 5. 18.의 사태는 전두환 내란행위자가 헌정질서를 파괴한 행위임도 명백하다.

그러므로 국가소추기관이 이 사건 군사반란과 내란행위자들인 위 전두환 및 노태우가 이 사건 군사반란행위가 성공한 이후 이들의 대통령 재직기간 동안 이들에 의해 장악되거나 억압당함으로써 위 행위자들의 의사에 반하여 이 사건 범죄들에 대하여 소추를 할 수 없게 되어 적어도 위 행위자들에 관한 한 자유민주적 법치국가질서의 내용에 부합하는 법집행이 불가능하여 군사반란죄와 내란죄에 대한 법률기능 자체가 왜곡되는 법규범 내지 법제도 자체에 관련된 장애로 위 전두환, 노태우와 그 공범자들에 대한 위 군사반란죄와 내란죄에 대한 소추가 불가능하였다고 할 것이다. 그러므로 이 사건 각 범죄행위의 종료일로부터 1993. 2. 24.까지 사이에는 이 사건 각 범죄행위에 대하여는 당연히 공소시효의 진행이 정지된다고 해석함이 타당하다.

[결 론]

그렇다면 이 사건 범죄행위의 종료일로부터 전두환·노태우의 대통령 재직기간이 만료된 1993. 2. 24.까지의 기간 동안에 그러한 이 사건 군사반란죄와 내란죄 등에 대한 공소시효의 진행이 정지된 것으로 본다고 규정한 이 법률조항은 확인입법에 지나지 아니하고 이 점에서도 헌법위반의 법률조항이 아니라고 할 것이다.

[재판관 김문희, 재판관 황도연의 의견]

우리 헌법재판소는 이른바 12·12 사건에 관한 1995. 1. 20 선고, 94 헌마 246사건의 결정에서 헌법 제84조의 해석과 관련하여 공소시효의 정지사유에 대하여 다음과 같이 판시한 바 있다. 즉 "위 헌법규정의 근본취지를 대통령의 재직중 형사상의 소추를 할 수 없는 범죄에 대한 공소시효의 진행은 정지되는 것으로 해석하는 것이 원칙일 것이다. 즉 위 헌법규정은 바로 공소시효진행의 소극적 사유가 되는 국가의 소추권행사의 법률상의 장애사유에 해당하므로, 대통령의 재직중에는 공소시효의 진행이 당연히 정지되는 것으로 보아야 한다"든가 "검사가 법률상의 장애사유로 인하여 소추권을 행사할 수 없는 경우에는 공소시효가 진행하지 않는것이 원칙이다" "따라서 헌법 제84조에 따라 소추가 불가능할 경우에는 공소시효의 진행이 정지되어야 한다는 것은 위와 같은 당연하고도 정당한 법리가 적용된 결과일 뿐"이라고 판시하였고, 한편 우리는 그 결정의 반대의견에서 공소시효는 법률로써 명문규정을 둔 경우에 한하여 정지되는 것이고, 헌법 제84조의 규정도 공소시효의 정지에 관한 명문규정으로 볼 수 없다는 의견을 분명히 밝힌 바 있고, 지금도 그 의견에는 변함이 없다.

따라서 우리의 의견에 의하면 이 법률조항에서 공소시효가 정지되는 것으로 규정한 전 기간, 모든 피의자에 대하여 이 법률조항으로 말미암아 비로소 공소시효의 진행이 정지되는 것으로 본다. 그렇다면 이 법률조항은 소급적 효력을 가진 형성적 법률이어서 당연히 위헌 여부의 문제가 제기될 수밖에 없는 것이다.

가. 공소시효와 형벌불소급의 원칙

이 법률조항에 의한 공소시효의 정지 곧 결과적으로 그 기간을 연장하는 것이 헌법 제12조 제 1 항 후단과 제13조 제 1 항 전단의 죄형법정주의에 위반되는지를 살펴보기로 한다.

(1) 헌법 제12조 제 1 항 후단은 "……법률과 적법한 절차에 의하지 아니하고는 처벌·보안처분 또는 강제노역을 받지 아니한다"라고 규정하고, 제13조 제 1 항 전단은 "모든 국민은 행위시의 법률에 의하여 범죄를 구성하지 않는 행위로 소추되지 아니하며……"라고 하여 죄형법정주의와 형벌불소급의 원칙을 규정하고 있다. 헌법 제12조 제 1 항과 제13조 제 1 항의 근본 뜻은 형벌법규는 허용된 행위와 금지된 행위의 경계를 명확히 설정하여 어떠한 행위가 금지되어 있고, 그에 위반한 경우 어떠한 형벌이 정해져 있는가를 미리 개인에 알려 자신의 행위를 그에 맞출 수 있도록 하자는 데 있다. 이로써 위 헌법조항은 실체적 형사법 영역에서의 어떠한 소급효력도 금지하고 있고, "범죄를 구성하지 않는 행위"라고 표현함으로써 절대적 소급효금지의 대상은 "범죄구성요건"과 관련되는 것임을 밝히고 있다.

헌법이 위 조항에서 비록 범죄구성요건만을 언급하고 있으나, 책임 없는 형벌을 금하고 행위의 불법과 행위자의 책임은 형벌과 적정한 비례관계를 유지하여야 한다는 적법절차의 원칙과 법치주의원칙에서 파생되는 책임원칙에 따라 범죄구성요건과 형벌은 불가분의 내적인 연관관계에 있기 때문에, 결국 죄형법정주의는 이 두 가지 요소로 구성되는 "가벌성"을 그 내용으로 하고 있는 것이다. 즉 가벌성의 조건을 사후적으로 변경할 것을 요구하는 공익의 요청도 개인의 신뢰보호와 법적 안정성에 우선할 수 없다는 것을 명백히 규정함으로써, 위 헌법조항은 소급적인 범죄구성요건의 제정과 소급적인 형벌의 가중을 엄격히 금하고 있다.

(2) 그러므로 우리 헌법이 규정한 형벌불소급의 원칙은 형사소추가 "언제부터 어떠한 조건하에서" 가능한가의 문제에 관한 것이고, "얼마동안" 가능한가의 문제에 관한 것은 아니다. 다시 말하면 헌법의 규정은 "행위의 가벌성"에 관한 것이기 때문에 소추가능성에만 연관될 뿐, 가벌성에는 영향을 미치지 않는 공소시효에 관한 규정은 원칙적으로 그 효력범위에 포함되지 않는다. 행위의 가벌성은 행위에 대한 소추가능성의 전제조건이지만 소추가능성은 가벌성의 조건이 아니므로 공소시효의 정지규정을 과거에 이미 행한 범죄에 대하여 적용하도록 하는 법률이라 하더라도 그 사유만으로 헌법 제12조 제 1 항 및 제13조 제 1 항에 규정한 죄형법정주의의 파생원칙인 형벌불소급의 원칙에 언제나 위배되는 것으로 단정할 수는 없다.

나. 특별법과 법치주의의 원칙

공소시효제도가 헌법 제12조 제 1 항 및 제13조 제 1 항에 정한 죄형법정주의의 보호범위에 바로 속하지 않는다면, 소급입법의 헌법적 한계는 법적 안정성과 신뢰보호원칙을 포함하는 법치주의의 원칙에 따른 기준으로 판단하여야 한다. 법적 안정성은 객관적 요소로서 법질서의 신뢰성·항구성·법적 투명성과 법적 평화를 의미하고, 이와 내적인 상호연관관계에 있는 법적 안정성의 주관적 측면은 한번 제정된 법규범은 원칙적으로 존속력을 갖고 자신의 행위기준으로 작용하리라는 개인의 신뢰보호원칙이다. 법적 안정성과 신뢰보호원칙에 있어서 특히 중요한 것은 시간적인 요소이다. 특정한 법률에 의하여 발생한 법률관계는 그 법에 따라 파악되고 판단되어야 하고, 개인은 과거의 사실관계가 그 뒤에 생긴 새로운 법률의 기준에 따라 판단되지 않는다는 것을 믿을 수 있어야 한다. 그러므로 법치국가적 요청으로서의 법적 안정성과 신뢰보호원칙은 무엇보다도 바로 소급효력을 갖는 법률에 대하여 민감하게 대립할 수밖에 없고, 구체적으로는 어떤 법률이 이미 종료된 사실관계에 예상치 못했던 불리한 결과를 가져오게 하는 경우인가 아니면 현재 진행중이나 아직 종료되지 않은 사실관계에 작용하는 경우인가에 따라 헌법적 의미를 달리하게 된다.

그렇다면 이 법률조항에 대한 위헌 여부를 판단하기 위하여는 먼저 이 법률조항이 이미 종료된 사실관계(이른바 진정소급효)에 관련된 것인지, 아니면 현재 진행중인 사실관계(이른바 부진정소급효)에 관련된 것인지를 밝혀야 할 것이고, 이는 결국 특별법 시행당시 특별법 소정 피의자들에 대한 공소시효가 이미 완성되었는지의 여부에 따라 판가름될 성질의 것이다.

공소시효는 범죄행위가 종료한 때(범죄의 기수시기와 다를 수 있다)로부터 진행하고, 그 정지사유 없이 공소시효기간이 경과함으로써 완성된다(형사소송법 제252조 제 1 항, 형사소송법 제249조 제 1 항). 따라서 공소시효의 완성시점을 확정하려면 범죄행위가 언제 종료한 것인지, 종료 후에 공소시효의 정지사유가 있었는지, 있었다면 정지기간은 어느 정도인지를 확정하는 것이 그 선결문제이므로 구체적 범죄행위에 관한 공소시효의 완성 여부 및 그 완성시점 등은 당해 사건을 재판하는 법원이 이를 판단할 성질의 것이지 헌법재판소가 판단할 수 있는 사항이 아니다. 따라서 법원의 판단에 따라 특별법 시행 당시 공소시효가 이미 완성되었다면, 특별법은 이미 과거에 완성된 사실 또는 법률관계를 규율대상으로 하여 사후에 그 전과 다른 법적 효과를 생기게 하는(진정소급효) 법률이라 할 것이고, 한편 공소시효가 아직 완성되지 않았다면, 특별법은 과거에 이미 개시되었지만 아직 완결되지 않고 진행과정에 있는 사실 또는 법률관계와 그 법적 효과에 장래적으로 개입하여 법적 지위를 사후에 침해하는(부진정소급효) 법률이라 할 것이다.

그러므로 헌법재판소로서는 당해 사건을 재판하는 법원에 의하여 특별법 시행 당시 공소시효가 완성된 것인지의 여부가 아직 확정되지 아니한 터이므로 위 두 가지 경우를 가정하여 판단할 수밖에 없다.

(1) 공소시효가 완성되지 않았다고 보는 경우

만일 법원이 특별법이 처벌하려는 대상범죄의 공소시효가 아직 완성되지 않았다고 판단한다면, 특별법은 단지 진행중인 공소시효를 연장하는 법률로서 이른바 부진정소급효를 갖게 된다.

헌법 제13조 제 1 항에서의 가벌성을 결정하는 범죄구성요건과 형벌의 영역(이에 관한 한 절대적 소급효의 금지)을 제외한다면 소급효력을 갖는 법률이 헌법상 절대적으로 허용되지 않는 것은 아니다. 다만 소급입법은 법치주의원칙의 중요한 요소인 법적 안정성의 요청에 따른 제한을 받을 뿐이다. 헌법재판소의 판례도 형벌규정에 관한 법률 이외의 법률은 부진정소급효를 갖는 경우에는 원칙적으로 허용되고, 단지 소급효를 요구하는 공익상의 사유와 신뢰보호의 요청 사이의 교량과정에서 신뢰보호의 관점이 입법자의 형성권에 제한을 가할 뿐이라는 것이다.

즉 공소시효제도에 근거한 개인의 신뢰와 공소시효의 연장을 통하여 달성하려는 공익을 비교형량하여 개인의 신뢰보호이익이 공익에 우선하는 경우에는 소급효를 갖는 법률은 헌법상 정당화될 수 없다. 그러나 특별법의 경우에는 왜곡된 한국 반세기 헌정사의 흐름을 바로 잡아야 하는 시대적 당위성과 아울러 집권과정에서의 헌정질서파괴범죄를 범한 자들을 응징하여 정의를 회복하여야 한다는 중대한 공익이 있다. 또한 특별법은 모든 범죄의 공소시효를 일정시간 동안 포괄적으로 정지시키는 일반적인 법률이 아니고, 그 대상범위를 헌정질서파괴범죄에만 한정함으로써 예외적인 성격을 강조하고 있다. 이에 비하면 공소시효는 일정 기간이 경과되면 어떠한 경우이거나 시효가 완성되는 것은 아니며, 행위자의 의사와 관계 없이 정지될 수도 있는 것이므로 아직 공소시효가 완성되지 않은 이상 예상된 시기에 이르러 반드시 시효가 완성되리라는 것에 대한 보장이 없는 불확실한 기대일 뿐이므로 공소시효에 의하여 보호될 수 있는 신뢰보호이익은 상대적으로 미약하다 할 것이다. 따라서 공소시효가 완성되지 아니하고 아직 진행중이라고 보는 경우에는 헌법적으로 허용될 수 있다 할 것이므로 위에서 본 여러 사정에 미루어 이 법률조항은 헌법에 위반되지 아니한다.

(2) 공소시효가 완성되었다고 보는 경우

법원이 특별법 소정 헌정질서파괴범죄의 공소시효가 이미 완성되었다고 판단한다면, 특별법은 이미 과거에 완성된 사실 또는 법률관계를 규율대상으로 사후에 이전과 다른 법적효과를 생기게 하는 이른바 진정소급효를 갖게 되고, 이 부분에 대한 재판관들의 의견은 다음과 같다.

[재판관 김진우, 재판관 이재화, 재판관 조승형, 재판관 정경식의 합헌의견]

우리는 특별법이 처벌하려는 범죄의 공소시효가 이미 완성되었다고 법원이 판단하여, 동법이 진정소급효를 갖게 된다고 하더라도 다음과 같은 이유로 합헌이라고 본다.

1) 진정소급효금지의 예외와 법치국가원리

기존의 법에 의하여 형성되어 이미 굳어진 개인의 법적 지위를 사후입법을 통하여 박탈하는 것 등을 내용으로 하는 진정소급입법은 개인의 신뢰보호와 법적 안정성을 내용으로 하는 법치국가원리에 의하여 헌법적으로 허용되지 않는 것이 원칙이지만, 특단의 사정이 있는 경우, 즉 기존의 법을 변경하여야 할 공익적 필요는 심히 중대한 반면에 그 법적 지위에 대한 개인의 신뢰를 보호하여야 할 필요가 상대적으로 정당화될 수 없는 경우에는 예외적으로 허용될 수 있다(헌법재판소 1989. 3. 17 선고, 88 헌마 1 결정; 1989. 12. 18 선고, 89 헌마 32·33 결정 등 참조). 그러한 진정소급입법이 허용되는 예외적인 경우로는 일반적으로, 국민이 소급입법을 예상할 수 있었거나, 법적 상태가 불확실하고 혼란스러웠거나 하여 보호할 만한 신뢰의 이익이 적은 경우와 소급입법에 의한 당사자의 손실이 없거나 아주 경미한 경우, 그리고 신뢰보호의 요청에 우선하는 심히 중대한 공익상의 사유가 소급입법을 정당화하는 경우를 들 수 있다. 이를 대별하면 진정소급입법이 허용되는 경우는 구법에 의하여 보장된 국민의 법적 지위에 대한 신뢰가 보호할 만한 가치가 없거나 지극히 적은 경우와 소급입법을 통하여 달성하려는 공익이 매우 중대하여 예외적으로 구법에 의한 법적 상태의 존속을 요구하는 국민의 신뢰보호이익에 비하여 현저히 우선하는 경우로 크게 나누어 볼 수 있다.

물론 그러한 "공익"적 필요가 존재하는지 여부의 문제를 심사함에 있어서는, 부진정소급입법의 경우에 있어서의 신뢰보호의 요청과 서로 비교형량되는 단순한 공익상의 사유보다도 훨씬 엄격한 조건이 적용되지 않으면 아니 된다. 즉 매우 중대한 공익이 존재하는 예외적인 경우에만 그러한 진정소급입법은 정당화될 수 있다. 또한 진정소급입법을 헌법적으로 정당화할 수 있는 이러한 예외사유가 존재하는 여부는 특별법과 같이 신체의 자유에 대한 제한과 직결되는 등 중요한 기본권에 대한 침해를 유발하는 입법에 있어서는 더욱 엄격한 기준으로 판단하여야 할 것이다.

이 사건 헌정질서파괴범의 공소시효의 완성으로 인한 법적 지위에 대한 신뢰를 보호하여야 할 필요는 다음과 같은 이유로 매우 미약하다. 즉 이 사건 반란행위 및 내란행위자들이 반란행위 및 내란행위를 통하여 우리 헌법질서의 근간을 이루고 있는 자유민주적 기본질서를 파괴하였고, 그로 인하여 우리의 민주주의가 장기간 후퇴한 것은 말할 것도 없고, 많은 국민의 그 생명과 신체가 침해되었으며, 전국민의 자유가 장기간 억압되는 등 국민에게 끼친 고통과 해악이 너무도 심대하였다. 또한 이 사건 군사반란행위자들 및 내란행위자들 중 주모자인 전두환·노태우 양인이 쿠데타를 통하여 정권을 장악한 뒤에 대를 이어 대통령직에 오름으로써 이 사건 군사반란행위자들 및 내란행위자들에 대한 형사소추가 그들이 정권을 장악하고 있는 동안에는 사실상 불가능하였다. 그러한 기간 동안에도 공소시효의 진행이 정지되지 않는다고 볼 때에는 형사소송법에 규정된 이 사건 군사반란죄와 내란죄에 대한 공소시효의 대부분이 그 기간 동안에 이미 진행되었다고 볼 수밖에 없다. 뿐만 아니라 공소시효완성으로 인한 이익은 단순한 법률적 차원의 이익이고, 헌법상 보장된 기본권적 법익에 속하지는 않는다. 이에 비하여 이 사건 법률조항을 정당화하는 공익적 필요는 매우 중대하다. 즉 집권과정에서 헌정질서파괴범죄를 범한 자들을 응징하여 정의를 회복하여 왜곡된 우리 헌정사의 흐름을 바로 잡아야 할 뿐만 아니라, 앞으로는 우리 헌정사에 다시는 그와 같은 불행한 사태가 반복되지 않도록 자유민주적 기본질서의 확립을 위한 헌정사적 이정표를 마련하는 것이 국민의 줄기찬 요구이자 여망이며, 작금의 시대적 과제이다.

그러므로 이 사건 반란행위자들 및 내란행위자들의 군사반란죄나 내란죄의 공소시효완성으로 인한 법적 지위에 대한 신뢰이익이 보호받을 가치가 별로 크지 않음에 비하여 이 법률조항은 위 행위자들의 신뢰이익이나 법적 안정성을 물리치고도 남을 만큼 월등히 중대한 공익을 추구하고 있다고 평가할 수 있다. 그렇다면 이 법률조항이 위 행위자들의 공소시효완성에 따르는 법적 지위를 소급적으로 박탈하고, 그들에 대한 형사소추를 가능하게 하는 결과를 초래하여 그 합헌성 인정에 있어서 위에서 본 바와 같은 심히 엄격한 심사기준이 적용되어야 한다고 하더라도, 이 법률조항이 공소시효의 완성이라는 헌법상의 기본권이 아닌 단순한 법률적 이익에 대한 위와 같은 미약한 신뢰보호의 필요성에 현저히 우선하는 중대한 공익을 추구하고 있으므로 헌법적으로 정당화된다고 할 것이다. 우리 헌정사에 공소시효에 관한 진정소급입법을 단 한번 예외적으로 허용한다면 바로 이러한 경우에 허용하여야 한다고 할 것이다. 이러한 경우가 진정소급입법의 원칙적 금지의 예외에 해당하지 않는다면, 그 예외는 대체 어디에 해당되고 무엇을 위한 예외인지 진지한 의문을 제기하지 않을 수 없다.

[재판관 김용준, 재판관 김문희, 재판관 황도연, 재판관 고중석, 재판관 신창언의 한정위헌의견]

법치국가원칙은 그 양대요소로서, 법적 안정성의 요청뿐 아니라 실질적 정의의 요청도 함께 포함한다. 이러한 이유에서 집권과정에서의 헌정질서의 파괴와 범죄행위에 대한 처벌을 통하여 왜곡된 헌정질서를 민주적으로 바로잡고 정의를 회복한다는 측면에서 당연히 범법자들에 대한 처벌을 요구할 수 있다 하더라도 공소시효제도 또한 입법자가 형사소추에 있어서의 범인필벌의 요청과 법적 안정성의 요청을 함께 고려하여 상충하는 양 법익을 정책적으로 조화시킨 결과이고, 이러한 공소시효규정은 시간의 경과로 인하여 발생하는 새로운 사실관계를 법적으로 존중하는 인권보장을 위한 장치로서 실질적 정의에 기여하고 있다. 법치국가는 법적 안정성과 실질적 정의와의 조화를 생명으로 하는 것이므로 서로 대립하는 법익에 대한 조화를 이루려는 진지한 노력을 하여야 하며, 헌정질서파괴범죄를 범한 자들을 엄벌하여야 할 당위성이 아무리 크다 하더라도 그것 역시 헌법의 테두리 안에서 적법절차의 원리에 따라 이루어져야 마땅하다. 이러한 노력만이 궁극적으로 이 나라 민주법치국가의 기반을 굳건히 다지는 길이기 때문이다.

따라서 이 법률조항이 특별법 시행일 이전에 특별법 소정의 범죄행위에 대한 공소시효가 이미 완성된 경우에도 적용하는 한 헌법에 위반된다.

2. 國憲紊亂罪(김재규 사건)[1]

[다수의견]

「국헌문란」의 목적

상고이유 중 내란목적살인죄와 내란미수죄의 구성요건으로서의 목적인 형법 제91조 소정의 「국헌문란」은 결국 국가의 정치적 기본조직 자체를 불법으로 파기하는 모든 것을 말하는 것으로서 우리나라의 정치적 기본조직은 말할 것도 없이 자유민주주의 정치체제라고 할 것이고, 따라서 국민주권의 원리와 국민의 기본적 자유와 평등을 실질적 혹은 형식적으로 파괴하는 행위라야 곧 국헌을 문란한 경우에 해당하고, 구체적인 정부, 내각의 도괴나 타도를 외치고 혹은 그 도괴타도의 방법이 폭력에 의한 경우거나 구체적인 헌법기관인 자연인을 살해하고, 그 계승 혹은 개선을 기도하는 것은 이에 해당되지 않는다고 할 것인바,

첫째, 피고인 김재규의 경우 유신체제는 그 성립과 존속 자체로도 주권을 찬탈한 불법적인 범법상태일 뿐만 아니라 그 내용과 운영결과는 민주국가의 정치적 기본조직을 파괴하는 상태를 지속한 것이라고 할 것이어서 피고인 김재규로서는 오로지 민주회복을 위하여 오래 전부터 계획한 바대로 불가피하게 자연인인 대통령을 살해한 것이고, 그렇지 않다고 하더라도 이건 범행 후 민주적 헌법을 제정하여 민주적 방법으로 국회와 정부를 구성하려한 것이었으므로 국헌을 문란할 목적이 없었고,

둘째, 피고인 김계원의 경우 헌법에 의하여 설치된 국가 기관도 아닌 대통령 경호실장인 차지철을 살해하였다고 하여 상 피고인들과 같이 「국헌문란」의 목적이 있다고 단정하기 어

1) 대법원 1980. 5. 20 선고, 80 도 306 판결, 전원합의체 판결집 (형2) 49.

렵고, 그의 위 피고인에게는 그 본인의 진술이나 외형적 거동이건간에 「국헌문란」의 목적이 있었다고 할 수 없고,

셋째, 피고인 박선호의 경우 이건 범행에 있어 단순히 몇 사람만 죽고 대통령을 납치하는 정도로만 생각했을 뿐으로서 그가 자인하고 있는 상관의 명령에 따른 경호원 정인형과 동 안재송에 대한 살해행위가 국헌을 문란한 경우로는 되지 않고, 더구나 상 피고인 김재규의 변소내용도 자유민주주의 회복을 위하여 이건 범행에 이르렀다고 하고 있어 「국헌문란」의 목적이 있었다고 할 수 없으며,

넷째, 피고인 이기주, 유성옥, 김태원의 경우 피고인들은 중정식당 경비원 또는 중정식당 행정차량 운전수로서 단순히 선택의 여지가 없는 그곳의 총책임자인 의전과장 상 피고인 박선호의 지시에 따라 맹목적이고 기계적으로 그 명령을 실행하였을 뿐으로 구체적인 피해내용과 그 결과가 어떻게 된다는 것은 전혀 상상조차 할 수 없고, 특히 피고인 김태원은 대통령 살해 사실이나 그 기도조차도 모르고 있었던 것이므로 「국헌문란」의 목적이 있을 수 없음에도 불구하고,

원심은 피고인 김계원에 대하여 그 변소와는 달리 그 판시와 같이 「국헌문란」의 목적에 해당하는 사실을 인정하고, 다른 피고인들에 대하여도 국가변란사태인 정을 알았다는 등 「국헌문란」의 목적으로 폭동 또는 살상행위를 감행한 것으로 인정하였음은 증거(엄격한 증명에 있어서의 보강증거 포함) 없이 사실을 인정한 잘못과 논리칙과 경험칙에 어긋난 채증법칙위배의 위법 및 심리미진(특히 거사 후의 구체적인 방법 등에 대하여)과 이유불비(국헌문란의 목적이 될 만한 사실적시가 없는)의 위법 등이 있거나, 내란목적살인죄와 내란미수죄에 있어서의 「국헌문란」의 목적에 관한 법리를 오해한 위법이 있다는 주장에 대하여 판단한다.

(1) 먼저 「국헌문란」의 목적에 대한 법리에 관하여 살피기로 한다.

형법 제91조는 「본장에서 국헌을 문란할 목적이라 함은 다음 각호의 1에 해당함을 말한다. 1. 헌법 또는 법률에 정한 절차에 의하지 아니하고 헌법 또는 법률의 기능을 소멸시키는 것. 2. 헌법에 의하여 설치된 국가기관을 강압에 의하여 전복 또는 그 기능행사를 불가능하게 하는 것」라고 규정하여 「국헌문란」에 관하여 그 정의를 내리고 있다. 이는 결국 현행의 헌법 또는 법률이 정한 정치적 기본조직을 불법으로 파괴하는 것을 말하고, 소론과 같이 반드시 초법규적인 의미는 아니라고 할 것이며, 공산, 군주 또는 독재제도로 변경하여야 하는 것을 더욱 아니다. 물론 구체적인 국가기관인 자연인만을 살해하거나, 그 계승을 기도하는 것은 이에 해당되지 않음은 소론과 같다. 그리고 내란죄가 목적범으로서 목적범 일반에 관한 원칙이 적용된다 할 것인바, 그 목적은 엄격한 증명사항에 속하고, 직접적임을 요하나, 결과발생의 희망, 의욕임을 필요로 한다고는 할 수 없고, 또 확정적 인식임을 요하지 아니하며, 다만 미필적 인식이 있으면 족하다 할 것이다(대법원 1968. 4. 2 선고, 68 도 61 판결 참조).

[대법원 판사 임항준의 소수의견](민문기 동조)

1. 형법 제87조에는 국토를 참절하거나 국헌을 문란할 목적으로 폭동한 자는 …이라고 규정하여 폭동을 그 구성요건으로 하고 있는바 여기에 폭동이란 다수인이 결합하여 폭행이나 협박으로 한 지방의 평온을 해지는 정도가 되는 것을 말하는 것이어서 내란죄가 성립되려면 반드시 다수인의 결합을 필요로 한다고 할 것이다.

그러므로 내란죄는 소요죄와 더불어 군집범죄 또는 다중범죄 내지 집단범죄라고 칭하여지고 있다.

그러면 내란죄나 소요죄에 있어서 범죄의 주체가 반드시 다수인의 결합임을 요하는 이유는

무엇인가 그것은 다수인이 집합하게 되면 그 다수인이 군집되어 있다는 사실만으로 소위 군집심리가 발생되어 그 집단을 구성하고 있는 개개인이 가지고 있는 이성적인 사고 작용은 후퇴 내지 저하되고 그 군집된 다중은 오직 암시 모방감정 이입 등으로 인하여 그들 각자가 단독으로 있을 경우와는 전연 다르고 평상시에는 예기할 수 없는 비합리적인 감정이 폭발되거나 파괴적 행동으로 나오는 경향이 있으므로 형법은 다중의 힘이 집결 폭발되어 예측할 수 없는 결과를 가져오게 되는 것을 경계하여 집단범·군집범의 처벌규정을 따로 규정한 것이라고 할 것이다.

따라서 우선 내란죄가 성립되려면 반드시 다수인의 결합이 필요하다고 할 것이고 여기에서 말하는 다수인이란 위와 같이 군집의식, 군집심리가 형성되어 그 구성원 개개인의 사고와 행위의 단순한 산수적 집계가 아닌 전연 별다른 맹목적인 감정이나 비합리적이고 파괴적인 행동이 촉발되어 한 지방의 평온을 해치기에 충분하고 폭행협박을 하기에 족한 다수인이어야 할 것이므로 10명 내외의 사람의 집합만으로는 위와 같은 군집의식이나 군집심리가 발생될 수 있는 다수인이라고 볼 수는 없다 할 것인바 이 사건에 있어서는 김재규, 박흥주, 박선호, 3인만이 대통령을 위시한 몇 사람을 저격한다는 것을 모의하였다는 것이고 구체적으로 누가 누구를 무슨 이유로 살해하는지 그 이유를 모르고 범행한 자를 전부 다 합치더라도 6, 7명에 불과하니 동 인원으로는 형법 87조 소정의 폭동을 할 만한 다수인이라고 볼 수 없어 피고인 등의 행위가 형법 87조에 해당할 수 없을 것임에도 불구하고 이에 해당한다고 본 원심의 조치는 폭동에 관한 법리를 오해한 위법이 있다고 아니할 수 없다.

3. 東義大 事件 大法院 判決[1]

[이 유]

(1) 집회및시위에관한법률위반죄에 대한 상고이유를 본다.

원심이 적법하게 조사 채택한 증거들을 기록에 의하여 살펴본 바, 피고인 1, 3, 4, 5, 6, 7 등이 원심판시 범죄사실 1, 2항 기재의 시위를 주최하고 주관한 사실, 원심판시 내용과 같이 위 시위에 동원된 인원이 수백 명 이상의 다수이고 그 수단이나 방법에 있어서 미리 준비하여 소지하고 있던 돌과 화염병을 던지고, 쇠파이프와 각목을 휘두르며 구호를 외치면서 행진하는 등 비평화적인 방법을 사용하는 외에, 파출소를 습격하여 화염병을 던지고 부근에 있던 전경들을 체포한 사실을 인정한 원심의 조치에 수긍이 가고 거기에 채증법칙을 위배하여 사실을 오인한 위법은 없으며, 위와 같은 시위는 집회및시위에관한법률 제 5 조 제 1 항 제 2 호에서 규정한 집단적인 폭행, 협박, 손괴, 방화 등으로 공공의 안녕질서에 직접적인 위협을 가할 것이 명백한 시위에 해당한다 할 것이고, 이 사건 시위의 목적, 사전 준비상황, 그 진행과정, 그 시위의 방법 등에 비추어 볼 때 피고인들로서는 집단적인 폭행이나 손괴 등의 행위를 의도하였거나 쉽사리 예상할 수 있었다고 보아야 할 것이므로, 피고인들에게 이 사건 금지된 시위에 참가하거나, 이를 주최한 책임을 인정한 원심의 조치는 정당하고, 이 사건 시위가 공공의 안녕질서에 직접적인 위협을 가할 것이 명백한 시위가 아닐 뿐만 아니라 설사 그와 같은 시위에 해당한다 하더라도 피고인들이 주최한 평화적 시위가 일부 학생들에 의하여 이 사건 금지된 시위로 발전하게 된 것을 예상하지 못하였다는 논지는 모두 이유 없다.

---

1) 대법원 1990. 6. 22 선고, 90 도 767 판결[현존건조물방화치사, 현존건조물방화치상, 살인, 살인미수, 특수공무집행방해치사, 특수공무집행방해치상, 국가보안법위반, 폭력행위등처벌에관한법률위반, 집회및시위에관한법률위반] [공보 1990. 8. 15. (878), 1627].

(2) 폭력행위등처벌에관한법률위반(감금)죄에 대한 상고이유를 본다.

원심이 적법하게 조사 채택한 증거에 의하면, 원심판시와 같이 피고인들은 공모하여 시위도중 연행된 학생 9명의 석방을 요구하면서, 시위도중 체포한 전경 5명을 동의대학교 가정대학 지하실, 학생회관 내 총학생회 사무실 및 제 4 세미나실, 이 사건 농성장소인 도서관 건물 등으로 장소를 옮겨가며 1989. 5. 3. 구출될 때까지 감금하여 둔 사실을 인정할 수 있고 거기에 채증법칙위배로 인한 사실오인의 위법은 없으며, 피고인 1이 전경 5명을 체포할 당시에 관여하지 않았다고 하여 위와 같은 감금죄를 구성하지 않는다고 할 수 없으므로 논지는 이유 없다.

(3) 특수공무방해치사상에 관한 상고이유를 본다.

(가) 원심인정과 같이 피고인들은 전경 5명을 불법으로 납치하여 감금하고 있었던 중이었고, 경찰의 수회에 걸친 즉시 석방요구에도 불구하고 불가능한 조건(경찰이 연행된 학생 8명을 석방하겠다고 하였으나 구속영장이 신청되어 임의석방이 불가능한 공소외인까지 석방요구)을 내세워 이에 불응하였으며, 경찰이 납치된 전경 5명을 구출하기 위하여 농성장소인 도서관 건물에 진입하기 직전 이를 통고받아 알고 있는 동 대학교 총장의 설득에도 응하지 아니한 상황 아래에서는 현행의 불법감금상태를 제거하고 범인을 체포할 긴급한 필요가 있다고 보여지므로, 경찰이 압수수색영장 없이 도서관 건물에 진입한 것은 적법한 공무원의 직무집행이라 할 것이고, 감금된 전경 5명의 신변이 안전하였다던가 또는 도서관 건물 내에서 학생들의 저항으로 인하여 생길지도 모를 사태를 고려하여 경찰이 학생들을 더 설득하고 선무방송을 하는 외에 소화준비, 고층에서의 추락에 따른 대비 등 사고방지조치를 철저히 하였어야 할 텐데 이를 소홀히 하였다는 주장들은 이 사건 공무집행의 적법성을 부정할만한 사유가 되지 않는다. 논지는 이유 없다.

(나) 원심이 적법하게 조사 채택한 증거에 의하면 피고인들이 도서관에 농성중인 학생들과 함께 경찰의 도서관 건물에로의 진입에 대항하여 바리케이트 등을 치고 화염병을 투척하는 등 방법으로 강력히 저지하기로 하여, 도서관 건물의 현관입구에는 빈드럼통 등으로, 도서관 1층 홀과 1층에서 4층 사이의 계단 등에는 책상과 걸상 등으로 각 장애물을 설치하고, 화염병이 든 상자, 천조각, 두루마리 휴지 등 가연물질이 많이 모여 있는 7층 세미나실 복도와 8, 9층으로 통하는 계단에는 석유를 뿌려놓고 경찰이 도서관 건물에 진입하자 현관입구, 1, 2층 사이의 계단, 7층 세미나실 복도, 8, 9층으로 통하는 계단에 화염병을 투척하여 경찰관의 직무집행을 방해하고, 이로 인하여 7층 세미나실 복도에서 대형 화재가 발생한 결과 7명의 전경이 사망하고 6명이 부상을 당하였으며, 학생들이 던진 화염병과 돌, 의자 등에 경찰이 맞거나 미끄러져 원심판시 범죄사실 3 기재의 상해를 입었다는 사실을 인정할 수 있고 거기에 채증법칙위배로 인한 사실오인의 위법은 없다.

(다) 특수공무집행방해치사상죄는 단체 또는 다중의 위력을 보이거나 위험한 물건을 휴대하고 직무를 집행하는 공무원에 대하여 폭행, 협박을 하여 공무원을 사상에 이르게 한 경우에 성립하는 결과적 가중범으로서 행위자가 그 결과를 의도할 필요는 없고 그 결과의 발생을 예견할 수 있으면 족하다고 할 것인바, 위 인정과 같이 가연물질이 많은 옥내에 화염병이 투척되면 화염병의 불씨에 의하여 발화할 가능성이 있고 행동반경이 좁은 고층건물의 옥내인 점을 감안하여 볼 때, 불이 날 경우 많은 사람이 다치거나 사망할 수 있다는 것은 일반경험칙 상 넉넉히 예상할 수 있는 것이므로(당원 1983. 3. 8 선고, 82 도 3248 판결 참조) 피고인 등에게 위와 같은 화재로 인한 사망 등의 결과발생에 관하여 예견가능성이 없었다는 상고논지는 이를 받아들일 수 없다. 논지는 이유 없다.

(4) 현존건조물방화치사상죄에 대한 상고이유를 본다.

(가) 검사가 작성한 피의자신문조서는, 그 피의자였던 피고인이 공판정에서 서명무인을 시인하여 진정성립을 인정하는 경우에는 검찰에서의 진술이 특히 임의로 되지 아니하여 신빙할 수 없는 상태 하에서 된 것이라고 의심할 만한 사유가 없으면 증거능력이 있다고 할 것인바(당원 1983. 6. 14 선고, 83 도 1011 판결 참조), 기록에 의하면 피고인 2, 7, 9가 제 1 심 법정에서 검사가 작성한 위 피고인들에 대한 각 피의자신문조서의 서명무인 사실을 인정하고 있고, 또 피고인들이 검찰에서 이 사건 범행사실을 자백하기에 이른 경과와 그 조서의 내용, 피고인들의 학력과 지능정도 등을 종합하여 볼 때 위 피고인들이 검찰에서 조사를 받을 때 고문이나 기망 등에 의하여 임의성이 없는 진술을 하였다고는 보여지지 아니하므로 상고논지는 이유 없다.

(나) 공동정범의 주관적 요건인 공모는 공범자 상호간에 범죄의 공동실행에 관한 의사의 결합만 있으면 족한 것이고, 그 의사의 결합이 공범자 전원이 동일한 일시, 장소에서 모의하지 아니하고 순차적으로 그리고 암묵적으로 상통하여 이루어져도 공범관계는 성립하는 것이고, 이와 같은 공모가 이루어진 이상 실행위에 관여하지 않았더라도 다른 공범자의 행위에 대하여 형사책임을 지는 것인바, 원심이 적법하게 조사 채택한 증거에 의하면, 피고인 3, 4를 제외한 나머지 피고인들은 경찰들이 피랍전경 구출을 위하여 도서관으로 진입하여 오자 원심판시와 같이 명시적으로 또는 암묵리에 화염병과 화염병제조를 위하여 그 곳에 있던 석유류 등으로 불을 놓아 그 진입을 강력 저지하기로 의사의 결합이 이루어져 위 피고인들이 각 그 실행 행위를 분담하여 현존건조물에 방화를 함으로써 도서관 건물 7층 세미나실 복도에서 대형화재가 발생한 결과 전경이 사망하고 부상을 당한 사실이 인정되고 거기에 소론과 같은 채증법칙위반, 공동정범의 공모에 관한 법리오해의 위법은 없으므로 논지는 이유 없다.

(5) 피고인 1에 대한 국가보안법 위반부분에 대한 상고이유를 본다.

피고인 1이 취득 소지하였던 원심판시 표현물들은 그 내용이 우리나라의 자주독립성을 부정하고 김일성 주체사상을 찬양하며 적화통일을 부르짖은 내용의 것으로, 이는 국가의 존립, 안정을 위태롭게 하거나 자유민주적 기본질서에 위해를 줄 명백한 위험성이 있는 것들이라고 인정되므로, 원심판결에 소론과 같은 심리미진이나 국가보안법에 관한 법리오해의 위법은 없다. 논지는 이유 없다.

(6) 양형에 관하여,

상고인들이 주장하는 바와 같이 피고인들은 모두 초범인 학생들이고, 방화의 목적이 경찰의 진입을 저지하거나 늦추자는 것이었지 경찰관들을 사상케 하려는 의도가 아니었으며, 경찰이 진입작전을 함에 있어서 건물주변에 안전그물과 안전매트리스 등을 늦게 설치하고 화염병투척으로 인한 화재에 철저하게 대비하지 못하여 피해가 증폭된 바가 있었다고 하더라도, 이 사건 범죄로 인한 결과가 중대하여 사회에 큰 충격을 주었고, 폭력적인 수단을 사용하여 자기의 주장을 관철하려는 사고방식이 우리사회에서 용납되어서는 안 된다는 점과 기록에 나타난 양형의 조건이 되는 피고인들의 성행, 지능과 환경, 피해자에 대한 관계, 이 사건 범행에 이른 과정, 범행 후의 정황 등을 종합하여 볼 때 형사소송법 제383조 제 4 호에서 정한 원심의 양형이 심히 부당하다고 인정할 현저한 사유가 있는 때에 해당한다고 볼 수 없으며, 징역 각 7년과 징역 3년이 각 선고된 피고인 3, 8, 9의 양형부당의 주장은 상고이유로 삼을 수도 없는 것이다. 논지는 이유 없다.

(7) 검사의 상고이유를 본다.

원심판결과 제 1 심판결을 기록에 의하여 살펴보니 원심이 피고인 2에 대한 살인, 살인미수

부분에 대한 공소사실과 피고인 3, 4에 대한 현존건조물방화치사상의 공소사실에 관하여 각 그 살인과 방화의 고의를 인정할 증거가 없다고 한 조치는 수긍이 가고 거기에 소론과 같은 채증법칙 위반의 잘못은 없으며, 또 원심이 피고인 2에게 가사 살인의 범의가 인정된다고 하더라도 현존건조물방화치사상죄가 성립되는 이상 따로 살인죄는 성립하지 아니한다고 판시한 것은 살인의 범의가 인정되는 경우의 가정적 판단인데, 위와 같이 살인의 범의가 인정되지 아니한 이상 이 점에 대한 주장은 그 판단을 생략하기로 한다.

그러므로 피고인들과 검사의 상고를 모두 기각하고, 상고 후의 구금일수 중 110일씩을 피고인 1, 5, 6, 7, 8, 9에 대한 징역형에 각 산입키로 하여 관여 법관의 일치된 의견으로 주문과 같이 판결한다.

4. 東義大 事件 憲裁決定[1]

[판 단]

가. 이 사건 조항에 대한 부분

(1) 법률 또는 법률조항 자체가 헌법소원의 대상이 될 수 있으려면 구체적인 집행행위를 기다리지 아니하고 그 법률 또는 법률조항 자체에 의하여 직접·현재·자기의 기본권을 침해받아야 하는 것을 요건으로 하고, 여기서 말하는 기본권침해의 직접성이란 집행행위에 의하지 아니하고 법률 그 자체에 의하여 자유의 제한, 의무의 부과, 권리 또는 법적 지위의 박탈이 생긴 경우를 뜻한다(헌재 1998. 5. 28. 96 헌마 151, 헌재판례집 10-1, 695, 701). 따라서 청구인 스스로가 헌법소원의 대상인 법률조항과 법적으로 관련되어 있어야 하며, 정의규정이나 선언규정과 같이 그 법률조항 자체에 의하여는 기본권의 침해가 발생할 수 없는 경우(헌재 1998. 10. 15. 96 헌바 77, 헌재판례집 10-2, 573, 585 참조) 또는 법률 또는 법률조항이 구체적인 집행행위를 예정하고 있는 경우(헌재 1999. 4. 29. 96 헌마 352 등, 헌재판례집 11-1, 477, 495)에는 직접성 요건이 결여된다.

(2) 이 사건 조항 중 제 2 조는 '민주화운동' 및 '민주화운동관련자'에 대한 정의 규정이고, 제 4 조는 위원회의 설치 및 그 기능에 관한 규정이며, 제 7 조는 민주화운동관련자 또는 그 유족에게 지급할 보상금의 산정방법에 관한 규정일 뿐이다. 청구인들이 주장하는 기본권침해는 이 사건 조항 자체에 의하여 직접 발생하는 것이 아니라, 민주화운동관련자명예회복및보상심의위원회의 '민주화운동관련자' 결정이라는 구체적 집행행위를 통하여 비로소 발생하는 것이므로 이 사건 조항만으로는 직접 기본권을 침해하는 것이 아니다.

따라서 이 사건 조항에 대한 심판청구는 헌법소원의 요건을 갖추지 못하여 부적법하다.

나. 이 사건 결정에 대한 부분

피청구인의 이 사건 결정에 관하여 청구인들에게 기본권 침해의 자기관련성이 인정되지 않으므로 이 부분 심판청구 또한 부적법하다.

(1) 이 사건 결정은 청구외 윤○호 외 45인을 이 법 제 2 조 제 2 호 소정의 민주화운동관련자로 인정한 것이다. 그러므로 이러한 공권력 작용의 직접 상대방은 위 46인이고, 청구인들은 이에 관하여 어디까지나 제 3 자일뿐이다. 청구인들과 같이 공권력 작용의 직접 상대방이 아닌 제 3 자가 헌법소원을 청구한 경우에는 그 제 3 자의 기본권이 직접, 법적으로 침해당하고 있는 경우에만 자기관련성이 인정될 수 있고, 단지 간접적·사실적 또는 경제적인 이해관계로만 관련되어 있는 경우에는 자기관련성이 부인된다는 것이 헌법재판소의 확립된 판례이

1) 헌재 2005. 10. 27 선고, 2002 헌마 425, 민주화운동관련자명예회복및보상등에관한법률 제 2 조 제 1 호 등 위헌확인, 헌재판례집 제17권 2집, 311면 이하.

다(헌재 1992. 9. 4. 92 헌마 175, 헌재판례집 4, 579, 580). 제 3 자의 자기관련성을 판단함에 있어서는 입법의 목적, 실질적인 규율대상, 법 규정에서의 제한이나 금지가 제 3 자에게 미치는 효과나 진지성의 정도 등을 종합적으로 고려하여야 한다(헌재 1997. 9. 25. 96 헌마 133, 헌재판례집 9-2, 410, 416~417).

(2) 이 사건 결정으로 인하여 침해될 수 있는 청구인들의 기본권으로는 일반적 인격권을 상정할 수 있다. 헌법 제10조로부터 도출되는 일반적 인격권에는 개인의 명예에 관한 권리도 포함될 수 있으나(헌재 1999. 6. 24. 97 헌마 265, 헌재판례집 11-1, 768, 774), 여기서 말하는 '명예'는 사람이나 그 인격에 대한 '사회적 평가,' 즉 객관적·외부적 가치평가를 말하는 것이지 단순히 주관적·내면적인 명예감정은 포함하지 않는다고 보아야 한다. 그와 같은 주관적·내면적·정신적 사항은 객관성과 구체성이 미약한 것이므로 법적인 개념이나 이익으로 파악하는 데는 대단히 신중을 기하지 않을 수 없기 때문이다. 헌법이 인격권으로 보호하는 명예의 개념을 사회적·외부적 징표에 국한하지 않는다면 대단히 주관적이고 개별적인 내심의 명예감정까지 모두 여기에 포함되어 입법이나 공권력 작용은 물론 사인(私人) 간의 생활관계에서도 전혀 의도하지도 않았고 예측할 수도 없었던 상황에서 명예권 침해의 주장이 제기되고 법적 분쟁화하는 것을 막을 수 없다. 명예권의 개념을 그와 같이 확장하여서는 오늘날 다양한 이해관계가 그물망처럼 얽혀 있는 복잡다단한 사회에서 명예분쟁이 어떤 양상으로 분출될지 조감하기 어려워 비단 입법자나 공권력 주체뿐만 아니라 언론의 자유나 학문의 자유 등의 기본권을 행사하는 사인들에게도 무수한 명예권 침해 항변에 맞닥뜨리도록 하는 부담을 안겨주게 될 것이다.

(3) 헌법이 보호하는 위와 같은 의미의 청구인들의 명예가 이 사건 결정으로 말미암아 훼손되었는지 본다.

먼저 이 사건 결정의 근거가 된 이 법의 목적이나 취지를 보건대, 이 법은 민주화운동관련자에 대하여 국가가 명예회복 및 보상을 행함으로써 민주주의 발전과 국민화합에 기여함을 목적으로 한다(제 1 조). 이 법은 과거의 불행한 역사를 화해와 미래지향적 발전의 입장에서 바라보면서 민주화운동에 앞장서다 불법의 낙인이 찍혔던 사람들에게 긍정의 역사적 평가를 하는 것을 내용으로 한다. 민주화운동관련자에게 전과기록의 말소(제 5 조의2), 복직권고(제 5 조의4), 보상금 지급(제 7 조), 의료지원·생활지원 제공(제 8 조, 제 9 조) 등 역사적 재평가에 필요한 조치들을 규정하고 있다. 반면 당시의 상황에서 그들과 반대의 입장에 설 수밖에 없었던 사람들에게 어떠한 불이익이나 보복을 가한다든지 책임을 추궁하는 내용을 전혀 담고 있지 않다. 이는 화해와 화합을 지향하는 이 법의 성격을 잘 보여준다.

이 사건 결정 또한 이러한 이 법의 연장선상에서 행해진 것이다. 이 사건 결정은 이른바 '○○대 사건'과 관련하여 유죄판결을 받은 46인을 민주화운동관련자로 인정한 것이다. 위 46인이 민주화운동관련자로 인정됨으로써 이 법에 따라 받을 수 있는 혜택은 특별사면·복권의 건의, 전과기록의 말소, 복직 권고, 학사징계기록 말소의 권고 정도이다(제 5 조의3 내지 제 5 조의5).

이와 같은 내용의 이 사건 결정으로 말미암아 당시의 순직경찰관들 또는 그들의 유족인 청구인들의 명예가 손상되었다고 할 수 없다. 청구인들 주장의 요지는 결국 위 46인을 민주화운동관련자로 인정한 것은 곧 이들을 '자유민주적 기본질서를 문란하게 하고 헌법에 보장된 국민의 기본권을 침해한 권위주의적 통치에 항거하여 민주헌정질서의 확립에 기여하고 국민의 자유와 권리를 회복·신장시킨 활동'(제 2 조 제 1 호)을 한 자로 인정한 것이고, 그렇다면 그들과 대립관계에 있던 순직경찰관들은 위 46인이 항거하였던 '자유민주적 기본질서를 문란하게 하고 헌법에 보장된 국민의 기본권을 침해한 권위주의적 통치'를 위하여 활동한 자로 평가될 수밖에 없으니 이들의 사회적 명예가 훼손되었다는 데 있다.

그러나 이 사건 결정이 그 자체로 순직경찰관들에 대하여 어떠한 부정적 평가를 직접적으로 행하지도 의도하지도 않고 있음은 분명하다.

그렇다고 하여 청구인들 주장의 논리와 같이 이 사건 결정이 대립당사자였던 한 쪽의 명예를 회복시켜 주었으니 그 반대 당사자의 명예는 필연적으로 훼손당할 수밖에 없다고 보기도 어렵다.

무엇보다도 순직경찰관들은 의연히 국가유공자로서 명예로운 사회적 예우를 받고 있다. 사회적 명예의 가장 중요한 징표는 법적 평가일진대 이들에 대한 법적 평가는 아무런 변화가 없는 것이고, 이 사건 결정은 여기에 아무런 영향도 미칠 수 없다.

다음으로 순직경찰관들에 대한 일반사회의 평가가 일변하여 이들을 이제 권위주의 정권의 하수인 또는 법을 가장한 불법의 집행자라고 매도하고 있는가? 그렇지 않을 것이다. 역사의 어느 시점에서 합법과 불법으로 상반된 평가를 받은 이상 어떠한 경우에도 화해는 있을 수 없고, 한 쪽에 대한 명예는 다른 쪽에 대한 수치라는 이분법적 사고에 기초한다면 모르거니와 화해를 통한 역사의 발전을 믿고, 이 법의 목적이나 성격을 정당하게 고려하는 한 이 법이 시행되었다고 하여, 이 사건 결정이 있었다고 하여 이들의 안타까운 희생을 하루아침에 매도할 수 없는 것이다. 이들은 여전히 법집행을 위하여 순직하였다는 고귀한 명예를 마땅히 누려야 한다.

이와 같이 이 사건 결정 및 그 근거법률의 목적과 내용, 이 사건 결정이 위 46인 및 청구인들에게 미치는 실질적 효과 등을 종합적으로 고려할 때 이 사건 결정은 청구인들의 내면의 명예감정에 관계될지언정 법적으로 의미 있는 명예를 직접 훼손한다고 할 수 없으므로 이 사건 결정에 관하여 청구인들은 간접적·사실적인 이해관계로만 관련되어 있을 뿐이다. 따라서 청구인들에게 기본권 침해의 자기관련성이 인정되지 않는다.

(4) 순직경찰관들의 유족인 청구인들이 내심의 동요와 혼란을 겪었을 수도 있음을 부인하는바 아니다. 특정한 역사의 현장에서 양 당사자는 때로 스스로의 의지와 무관하게 완전히 상반되는 가치관과 입장을 대변하며 격렬한 대치관계에 놓여 있었기 때문에, 어느 한 쪽에 대한 처우와 평가에 대해 다른 쪽 당사자는 민감할 수밖에 없을 것이다.

그러나 아무리 청구인들의 처지에 공감을 한다손 치더라도 청구인들이 훼손당한 것은 헌법이 보호하는 법익인 명예가 아니라 내면의 명예감정이나 내적인 자긍심이라 할 것인데, 이러한 주관적·내면적 대립관계를 소송의 대상으로 삼아 법적인 잣대를 들이대는 것은 사법의 한계를 넘는 일이며, 법적 의미관련성이 희미한 헌법소원의 사태(沙汰)현상을 방지하려한 자기관련성 법리의 여과기능을 허물어뜨리는 일이 된다.

[결　　론]

이 사건 심판청구는 모두 부적법하므로 이를 각하하기로 하여 주문과 같이 결정한다. 이 결정은 재판관 권 성, 재판관 김효종, 재판관 송인준, 재판관 주선회의 아래와 같은 반대의견이 있는 외에는 나머지 관여 재판관들의 의견이 일치되었다.

[재판관 권 성, 재판관 김효종, 재판관 송인준, 재판관 주선회의 반대의견]

우리는 청구인들의 이 사건 결정에 대한 심판청구는 적법하며, 이 사건 결정 중 경찰관들의 사망에 직접 개입한 윤○호 외 6인에 대한 민주화운동관련자 인정 부분은 청구인들의 기본권을 침해한 것이므로 취소되어야 한다고 보므로 아래와 같이 반대의견을 밝힌다.

가. 이 사건 결정에 대한 심판청구의 적법성

헌법 제10조로부터 도출되는 일반적 인격권에는 개인의 명예에 관한 권리도 포함되고, 여기서 말하는 '명예'는 사람이나 그 인격에 대한 '사회적 평가,' 즉 객관적·외부적 가치평가를 말한다는 것에는 우리도 다수의견과 견해를 같이 한다. 그러나 이 사건 결정이 청구인들의 내면의 명예감정에 관계될지언정 법적으로 의미 있는 명예를 직접 훼손하는 것은 아니라고 본 다수의견과는 견해를 달리 한다.

다수의견은 이 사건 결정에도 불구하고 순직경찰관들에게 주어진 국가유공자로서의 법적 명예는 변함이 없으며, 사회적 명예 또한 마땅히 누릴 수 있다고 한다. 그러나 이 사건 결정은 공무집행중인 경찰관들을 방화로 사망케 한 ○○대 사건 가담자들을 "민주화운동관련자"로 인정하여 명예와 보상을 부여하고 있는데, 이 법에 의할 때 "민주화운동관련자"란 "자유민주적 기본질서를 문란케 하고 헌법에 보장된 국민의 기본권을 침해한 권위주의적 통치에 항거하여 민주헌정질서의 확립에 기여"(제 2 조 제 1 호)한 사람을 뜻한다. 그렇다면 이들과 반대되는 입장에서 이들과 대치하다 죽음을 맞이한 경찰관들에 대해서는 논리필연적으로 "자유민주적 기본질서를 문란케 하고 국민의 기본권을 침해한 권위주의적 통치"의 대행자라는 평가가 내려지지 않을 수 없으며, 이는 다름 아닌 이 법 및 이 사건 결정에 의해 주어진 법적 평가이다.

이 법 및 이 사건 결정에 의해 내려진 이러한 법적 평가는 당연히 순직경찰관들의 사회적 평가, 즉 이들에 대한 객관적·외부적 평가에 영향을 미친다고 보아야 한다. 다수의견은 국가유공자의 지위에 변함이 없다는 점만을 중시하여 순직경찰관들에 대한 법적·사회적 평가에 아무런 변화가 없다고 한다. 그러나 과연 그렇다고 할 수 있을 것인가? ○○대 사건 가담자들과 순직경찰관들은 특정한 역사의 현장에서 상반되는 가치관과 입장을 대변하며 격렬한 대치관계에 놓여 있었던 두 당사자이다. 그렇기 때문에 어느 한 쪽에 대한 사회적 평가는 중립적일 수 없고, 그 자체로 다른 쪽에 대한 사회적 평가에 영향을 미칠 수밖에 없다. ○○대 사건 가담자들에게 명예와 보상을 부여하는 순간 법질서의 수호자로서 순직경찰관들이 받아야 마땅한 사회적 평가와 추모는 격하될 수밖에 없는 것이다. 이 사건 결정에도 불구하고 순직경찰관들에 대한 법적·사회적 평가에 아무런 변화가 없다고 보는 것은 법의 정신과 실질을 도외시한 형식적인 법이해라 하지 않을 수 없다.

순직경찰관들에 대한 이러한 사회적 명예와 평가의 훼손은 사자(死者)와의 관계를 통하여 스스로의 인격상(人格像)을 형성하고 명예를 지켜온 그들의 유가족에게도 미친다. 이 사건 결정으로 인하여 청구인들은 더 이상 '법을 지키려 순직한 경찰관의 유족'으로서의 명예와 정체감을 지킬 수 없게 되었고, '민주화운동을 억압한 부당한 공권력 측 하수인의 유족'으로 격하되는 불명예를 짊어지게 되었기 때문이다.

따라서 청구인들은 이 사건 결정에 대하여 그 헌법상 보호되는 명예(인격권)의 침해를 주장하며 헌법소원을 청구할 자기관련성이 있다 할 것이고, 다른 적법요건상의 흠결이 없으므로 이 사건 심판청구는 적법하다 할 것이다.

나. 청구인들의 기본권 침해

이 사건 결정 중 적어도 경찰관들의 사망에 직접 개입한 윤○호, 오○봉, 김○권, 이○현, 이○우, 하○호, 이○경에 대한 민주화운동관련자 인정 부분(이하 '이 부분 결정'이라 한다)은 청구인들의 헌법상 보호되는 인격권(명예)을 침해한 것이므로 취소되어야 한다.

(1) 위 7인의 범행경위는 다음과 같다. 1989. 5. 3. 5시 30분경 ○○대 도서관 7층에서 위 윤○호 등은 공모하여, 복도에 화염병 상자, 천조각 등을 쌓아놓고 석유를 뿌린 다음, 감금된 동료들을 구출하러 경찰이 진입해 왔을 때 윤○호가 불붙은 화염병을 화염병 상자 근처로 던

졌고, 이로 인하여 화염병 상자의 인화물질과 그 전날부터 복도에 퍼져 있던 신나와 석유가스 등이 인화, 폭발하면서 고열과 함께 시커먼 연기, 유독가스가 다량 발생하는 화재가 나서, 이로 인하여 순경 1인은 현장에서 전신 화상으로 소사하고, 순경 4인은 불길을 피해 세미나실 북쪽 창밖에 매달려 있다가 7층 아래의 지상으로 추락하여 병원으로 후송 도중 사망하고, 병원에서 가료 중 전경 1인은 흡인성 기도화상으로, 수경 1인은 전신 3도 화상으로 인한 패혈증으로 각 사망하였다(부산지방법원 1989.10.24 선고, 89고합 464, 89고합 545(병합) 판결).

이러한 범행에 대하여 윤○호는 무기징역에, 오○봉과 김○권은 각 징역 15년에, 이○현은 징역 13년 및 자격정지 2년에, 이○우는 징역 10년에, 하○호와 이○경은 각 징역 7년에 처해졌다.

(2) 이 법은 민주화운동과 관련하여 희생된 자와 그 유족에 대하여 명예회복 및 보상을 행함으로써 민주주의의 발전과 국민화합에 기여함을 목적으로 한다(이 법 제 1 조). 그러므로 민주화운동관련자에 해당하는지 여부의 심의·결정권한을 가진 피청구인으로서는 이 법 제 2 조 제 2 호 라목에 규정된 "민주화운동을 이유로 유죄판결을 받은 자"로 인정할 것인지를 결정함에 있어서 유죄판결을 받게 된 행위의 동기와 목적, 수단과 방법, 그로 인하여 초래된 결과 등을 종합적으로 고려하여 이 법의 입법목적 달성에 합당한 자들만을 민주화운동관련자로 인정하여야 할 직무상의 의무를 부담한다.

○○대 사건의 위 가담자들의 행위는 비록 그 출발에 있어 권위주의적 통치에 항거하려는 것이었다 하더라도 그 행위의 수단은 자유민주적 기본질서 하에서 도저히 용납될 수 없는 대단히 폭력적인 것이었고 그 결과는 무고한 경찰관의 사망이라는 대단히 중대한 것이었다. 당시 경찰의 진입은 시위를 진압하기 위한 것이 아니라 납치 감금된 동료경찰관 5인을 구출하기 위한 것이었고 위 가담자들이 생명의 위협을 느낄 상황도 아니었다. 이러한 상황에서 미리 석유를 뿌려 준비해 두었던 표적물에 불붙은 화염병을 던져 공무를 집행하던 경찰관들 7인을 사망에 이르게 하였다. 비록 살인의 고의는 인정되지 않는다하더라도 자신들의 행위로 인하여 많은 사람들이 다치거나 사망할 수 있다는 것을 알면서도 이를 감행하였던 것이다(대법원 1990.6.22 선고, 90 도 767 판결).

이와 같이 그 불법성이 중대한 행위를 주도하고 직접 가담한 자들을 민주화운동관련자로 인정하려면 그 만큼 그로 인하여 "민주헌정질서의 확립에 기여하고 국민의 자유와 권리를 회복·신장시킨"(이 법 제2조 제1호) 정도가 크다는 점이 인정되어야 할 것이다. 그러나 위 가담자들의 행위는 치명적 폭력을 동원한 범죄행위로서 무고한 경찰관들의 생명이라는 존엄한 가치를 빼앗은 것이고, 오히려 민주헌정질서를 후퇴시킨 것일 뿐, 그것이 민주헌정질서의 확립에 어떤 기여를 하였다고는 도저히 볼 수 없다.

한편, 이들을 민주화운동관련자로 인정함으로써 이 법의 목적인 "민주주의의 발전과 국민화합에 기여"할 것이라고 기대하기는 어렵다. 민주주의는 대화와 타협의 절차를 본질로 하는 것이어서 치명적 폭력행위에 대해 긍정적 평가를 하는 것이 민주주의 발전에 기여할 수 없는 것이고, 대립적 관계에 있던 양 당사자 중의 한 쪽에 상대방의 진정한 동의없는 일방적인 편애를 보임으로써 양 당사자 간에 진정한 화합을 구할 수도 없기 때문이다.

그럼에도 불구하고 이들을 민주화운동관련자로 인정한 이 부분 결정으로 말미암아 청구인들의 명예는 결정적으로 실추되었다. 청구인들은 위 순직자들의 유족으로서 비단 자신의 가족들이 국가유공자로 예우받고 있기 때문이 아니라 법집행을 위하여 진력하다 고귀한 생명을 희생한 사람의 가족이라는 자긍심을 가지고 살아 왔을 것인데, 바로 이러한 자긍심은 청구인들을 명예롭게 여기는 사회적 평가가 뒷받침되었기에 가능한 것이었다. 그런데 이 부분 결정은 위와 같이 용납하기 어려운 폭력적 범죄행위를 적극적으로 저지른 위 가담자들을 민주화운동관련자로 인정함으로써 청구인들의 자긍심의 원천인 사회적 명예를 한 순간에 앗아가 버렸다.

결론적으로 피청구인은 이 법의 목적 달성을 위하여 고려하여야 할 여러 요소들을 제대로 평가·형량하지 못한 채, 위 가담자들을 민주화운동관련자로 인정함으로써 순직자들이나 유족들에게 초래될 인격권의 침해 및 그 의미와 비중을 제대로 살피지 못한 가운데 이 사건 결정에 이른 것이라 할 것이고 그로 인하여 청구인들의 헌법상 보호되는 인격권(명예)을 침해하였다 할 것이다. 이 부분 결정은 헌법재판소법 제75조 제 3 항에 따라 취소되어야 마땅하다.

(3) 주지하는 바와 같이 자유민주적 기본질서와 법치주의는 우리 헌법을 지탱하고 있는 근본원리로서 법의 존중과 수호를 그 공통의 기초로 삼고 있다. 법을 무시하고 타기하는 행위는 그 법의 정당화원리인 민주주의원리 뿐만 아니라 법에 의한 지배라는 법치주의원리에도 반하기 때문이다.

불법으로 납치·감금된 동료 경찰관들을 구출하려는 공권력의 집행에 대항하여 밀폐된 옥내에서 화염병과 석유라는 폭력도구를 사용함으로써 7인의 무고한 경찰관을 고통스럽게 사망케 한 중대한 결과를 초래하였다면 이는 단순한 법위반행위라기보다는 법이 부여한 정당한 공권력의 권위를 부인하는 것으로서 자유민주주의와 법치주의에 대한 중대한 도전이라 보아야 한다. 그에 대하여 당시 법집행기관에 의하여 엄정한 심판이 있었던 것은 이러한 법의 부인을 부인함으로써 법을 회복시키는 것에 다름 아니었다.

아무리 민주적 목적을 지녔더라도 허용될 수 없는 폭력수단을 통하여 이를 성취하고자 한다면 이는 민주주의를 추구하는 '민주화운동'이라고 불릴 수 없다. "인간의 정치적 예지의 산물이라 할 민주주의는 수단 내지 절차의 존중이지 목적만을 제일의(第一義)로 하는 것이 아니다"(헌재 1993. 7. 29. 89 헌마 31, 헌재판례집 5-2, 87, 119).

그런데 이 부분 결정은 자유민주주의와 법치주의 아래 도저히 '민주화운동'으로 정당화될 수 없고, 그런 명명(命名)조차 허용되어서는 아니 되는 치명적 폭력을 동반한 범죄행위를 저지른 자들을 '민주화운동관련자'로 인정함으로써 명예와 보상을 베풀겠다고 하고 있는 것이다.

민주주의 발전과정에서 벌어진 갈등과 모순을 인정하고 이에 대해 역사적 평가와 화해를 하는 것이 필요하다손치더라도 그것은 정치적으로 해결할 일이다. ○○대 사건 유족들의 마음의 상처가 아직 채 아물지도 않은 상황에서 정치적 화해의 차원을 넘어 법률로써 가해자들에게 명예와 보상을 준다는 것은 법적 수단의 남용이자, 법률의 월권이다.

헌법수호의 최후의 보루인 우리 헌법재판소로서는 이와 같이 국가의 근본질서인 자유민주적 기본질서와 법치주의의 정신과 가치에 부합할 수 없는 이 부분 결정을 그대로 방치하여서는 아니 될 것이라고 보아 이상과 같이 반대의견을 개진하여 둔다.

제 4 장 憲法의 保障

제 1 절 憲法保障의 意義와 方法

I. 憲法保障의 意義와 類型

1. 憲法保障의 意義

헌법도 다른 법과 마찬가지로 자체의 안정성과 항구성이 요청되고 있으나 그 중에서도 헌법의 안정성, 특히 실효성(Wirksamkeit)의 보장이 문제되고 있다. 그러나 헌법은 일반적인 다른 법률과는 달리 국가권력 자체를 규제하는 법이고 헌법질서를 확보하는 것은 헌법의 규제대상인 국가권력이며, 헌법질서는 여러 정치적 세력의 상호관계에 의하여 항상 동적으로 전개되기 때문에 헌법의 실효성이 동요되기 쉬운 것이다. 따라서 이와 같이 헌법질서는 규범과 사실의 긴장관계 중에서 전개되는 것이 원칙이며, 규범과 사실의 괴리현상을 부인할 수 없을 것이다. 이러한 현상으로부터 헌법의 존속을 확보하는 것이 헌법보장이다.[1] 그런데 헌법보장의 문제는 극히 광범한 문제이고 어려운 문제를 내포하고 있다. 즉 헌법의 보장은 우선 문화영역과 개별국가에 따라 다르며, 따라서 헌법보장의 문제는 단순한 제도론·기구론에 그치는 것이 아니고, 동시에 정치학적 문제이며 또한 법철학적 문제이기도 하다.

(1) 협의의 헌법보장 협의의 헌법보장(Verfassungsschutz od. Verfassungsgarantie)은 국가의 최고규범으로서의 헌법 자체의 효력의 보장을 말한다. 바꾸어 말하면 새로운 「정치적·사회적 이념과의 타협의 산물」인 헌법에 강력한 영속성을 부여하고, 헌법이 「정치·사회상황의 변화에 대해서도 탄력성」을 가지도록 함으로써 헌법규범의 실효성을 확보하려는 것이 헌법보장제도(Verfassungssicherung)의 의의라고 하겠다.

(2) 광의의 헌법보장 광의의 헌법보장은 헌법 자체의 보장에 그치는 것이 아니

1) 헌법보장에 관한 문헌은 매우 많다. Stern, Das Staatsrecht der Bundesrepublik Deutschland, Bd. I, 2. Aufl., S. 180 ff.; Denninger, Verfassungstreue und Schutz der Verfassung, VVDStRL, 37, 1979, 26 ff.; Droste, Handbuch des Verfassungsschutzrechts, 2007; Bundesamt für Verfassungsschutzes(Hrsg.), Verfassungsschutz in der Demokratie, 1990; Thiel(Hrsg), Wehrhafte Demokratie, 2003; 김효전 역, 헌법의 수호자논쟁, 1991; 小林直樹, 憲法秩序の理論, 1986; 小林直樹, 憲法の變動と保障; 石村修, 憲法の保障; 有倉遼吉, 憲法秩序の保障, 現代法 2; 佐藤功, 憲法の保障, 日本國憲法大系(I); 김철수, 헌법보장제도, 서돈각 교수 회갑기념논문집, 법과 법학의 제문제, 1981, 1면 이하 등 참조.

라 나아가 국가보장(Staatsschutz)을 말한다. 이는 헌법의 규범력뿐만 아니라 이를 포함하는 특정한 국가의 법적 제도·사실적 존재 그 자체를 내외로부터의 침해에서 보호하는 것을 말한다.

2. 憲法保障의 保護法益

오늘날 헌법보장은 국가보장과 밀접한 관계를 가지고 있다. 헌법보장의 보호법익(Schutzgüter des Verfassungsschutzes)은 「헌법질서의 기초, 특히 국가형태, 국가조직, 정치적 국가생활의 자유, 자유권과 타기본권의 존립」이라고 할 것이다. 독일기본법과 한국헌법에 있어서의 보호법익은 자유민주적 기본질서이다.[1]

헌법의 破壞는 「아래로부터」 올 수 있을 뿐만 아니라 「위로부터」도 올 수 있는 것이므로 헌법보장 내지 헌법수호는 모든 종류의 헌법침해 그리고 모든 자들로부터의 헌법침해에서 이를 수호하려는 것이다. 즉 예컨대 형법 등에서의 반란이나 내란, 국헌문란의 범죄를 구성하는 자는 비단 국민만이 아니라 국가공무원들도 될 수 있는 것처럼 모든 자로부터의 침해를 생각할 수 있고, 이에 대해 헌법을 수호해야 하는 것이다. 오늘날 대부분의 민주국가에서는 헌법보장을 위하여 헌법수호기관(Verfassungsschutzamt)이 구성되고 있으며, 헌법 자체 내에서 그 보장방법을 규정하는 것이 일반적이다.

3. 憲法保障의 類型

헌법보장제도의 유형에 대해서는 학자들마다 분류를 달리한다.

(1) Jellinek의 유형 고전적인 유형으로는 G. Jellinek의 분류를 들 수 있다.[2]

1) 사회적 보장 이는 모든 강력한 사회적 세력에 의해 헌법의 실효성이 보장되는 것을 말한다. 즉 종교·습속·사회윤리 등 문화적인 힘 전체와 그에 의해서 형성된 사회적 이익과 조직은 부단히 법의 조직과 계속적인 생성에 작용하여, 헌법의 실효성을 유지하는 가장 강력한 담보를 이루고 있다. 이러한 사회적 보장은 어떠한 국법질서에 있어서도 항존하며 권력자에게 권력행사의 한계를 부여한다.

2) 정치적 보장 이는 특정한 국가체제를 형성하는 정치질서의 힘의 관계에 의하여 헌법의 실효성을 보장하는 것으로서, 국가질서의 가장 중요한 정치적 보장에는 국가권력의 분립과 헌법준수의 선서와 같은 것이 있다. 오늘날 권력분립은 어느 한 특정권력의 남용을 방지하여 헌법질서의 유지를 확보하려는 것으로서 의회·정부·법원 사이의 견제·균형을 그 내용으로 한다.

3) 법적 보장 이는 위헌적인 헌법침해에 대하여 엄격한 법적 절차에 따라 강제력으로 규제하는 것으로서, 그 효용이 확실하게 예측되는 점에서 사회적·정치적 보장과는 구별된다. 법적 보장은 크게 법질서보장이냐 권리보장이냐의 둘로 나눌 수 있으며, 법적 보장을 가능하

1) Zippelius/Würtenberger, Deutsches Staatsrecht, 32. Aufl., S. 593.

2) Jellinek, Allgemeine Staatslehre, S. 788 ff.(김효전 역, 일반국가학, 643면 이하). 林田和博, 憲法保障制度論, 1985.

게 하는 제도로서는 통제 · 개별적 책임제도 · 재판 · 소송수단의 4가지가 있다.

(a) 통 제(Kontrolle) 이는 국가기관이나 구성원의 행위가 특정한 규범의 척도에 합치되는가 여부를 심사하는 것으로, 행정적 · 재정적 · 의회적 통제가 있다. 또 정부의 의회에 대한 통제도 생각할 수 있다.

(b) 개별적 책임제도(individuelle Verantwortlichkeit) 헌법위반행위자에 대한 개별적인 법적 책임을 추궁하는 것으로서, 국가공무원의 형사상 · 민사상 · 징계상 책임과 장관 등에 대한 탄핵소추, 장관의 책임제도 등이 여기에 속한다.

(c) 재 판(Rechtsprechung) 사법은 全法秩序 보장의 중요한 국가작용으로서, 사법권의 독립, 특히 헌법재판과 행정재판이 요청된다.

(d) 법적 구제수단(Rechtsmittel) 이는 공권의 보호 내지 추구를 위하여 중요성을 가지는데, 이에는 행정구제의 여러 방법, 행정심판, 청원, 의회에의 청원 등 여러 수단이 포함된다.

(2) Kelsen의 유형 Kelsen은 헌법의 보장이란 오로지 헌법위반의 입법을 저지하기 위한 수단을 말한다고 하고, 그 수단으로서 i) 사전적 · 예방적 보장, ii) 사후적 · 광정적 보장, iii) 인적 보장, iv) 물적 보장으로 구별하고 있다.[1)]

1) 사전적 · 예방적 보장 사전적 · 예방적 보장이란 헌법이 정하는 입헌주의적 통치조직 속에서 헌법규범에 부적합한 국가행위의 발생을 사전에 방지하기 위하여 헌법 스스로가 정하는 보장형식을 말한다.

2) 사후적 · 광정적 보장 하위의 법규범이 헌법규범에 위반되는 여부를 사후에 심사하여 이것이 부적합하다고 인정한 경우에는 그 효력이 어떠하든간에 부인하는 보장형식을 말한다.

3) 인적 보장 위헌행위를 한 기관에 대하여 인적인 책임, 즉 형사적 · 민사적 · 징계적 책임을 지움으로써 이루어지는 보장형식을 말한다.

4) 물적 보장 위헌행위 자체를 성립하지 못하게 하거나 헌법재판소 등에 의하여 실질적으로 그것을 취소하는 보장형식을 말한다.

(3) Merk의 유형 그 뒤 독일헌법사에 있어서 헌법보장제도를 고찰한 W. Merk는 「헌법의 보장」에 있어서 상세한 유형화를 행하고 있다. 그는 형사법상 · 민사법상의 헌법보장을 제외한 국법상의 헌법보장을 광 · 협 둘로 나누고 있다.[2)]

1) 광의의 헌법보장 광의의 헌법보장으로 i) 국가권력의 헌법상의 제한, ii) 공법상의 보상, iii) 헌법상의 선서, iv) 공무원 · 諸支邦의 책임, v) 공무원의 법적 지위의 보장을 들고 있다.

2) 협의의 헌법보장 협의의 헌법보장으로 i) 감독적 보장, ii) 재판적 보장을 들고 있다.

(4) Burdeau의 유형 Burdeau는 헌법보장을 조직적 보장과 미조직적 보장으로 나누고 있다.

1) 조직적 보장 조직적 보장이란 제도화된 보장을 말한다. 이것은 실체적 보장과 절

---

1) Kelsen, Allgemeine Staatslehre, 1920.
2) Merk, Verfassungsschutz, 1935.

차적 보장으로 나눌 수 있는데, 가장 중요한 것은 절차적 보장으로서의 사법적 보장이다.

2) 미조직적 보장 미조직적 보장이란 예외적인 것으로 아직 제도화되어 있지 않은 보장수단을 말한다. 미조직적 보장에는 국민에 의한 저항권의 행사와 국가권력에 의한 초헌법적인 국가긴급권의 행사 등이 있다.

(5) Stern의 유형

1) 형사법적 보장 형법에 의하여 국가보호를 하는 방법

2) 기본권의 실효제도에 의한 보장 독일에서 처음으로 도입되었다.

3) 정당과 결사의 해산에 의한 보장

4) 결사의 금지에 의한 보장

5) 행정적 헌법보장을 들고 있다.[1)]

(6) Würtenberger의 유형 뷔르텐베르거는 협의의 실정법상의 보장방법으로 ① 헌법규범에 의한 헌법보장 ② 형사법적인 헌법보장 ③ 행정법적인 헌법보장으로 나누고 있다. 헌법적 헌법보장방법으로는 헌법재판소에 의한 보장을 들고 있고, 형사법적인 보장방법으로는 내란, 외환, 침략전쟁의 처벌 등을 들고 있다. 행정법적인 보장방법으로는 연방헌법수호청(Bundesamt für Verfassungsschutz)에 의한 것을 들고 있다.[2)]

(7) 新正幸의 유형 일본학자인 新正幸은 헌법보장의 유형을 다음과 같이 圖式化하고 있다.[3)]

憲法保障
- Ⅰ. 憲法內在的 憲法保障
  - (1) 平常的 憲法保障
    - (i) 豫防的 憲法保障
    - (ii) 匡正的 憲法保障
  - (2) 非常的 憲法保障
    - (i) 實定憲法上の國家緊急權
    - (ii) 實定憲法上の抵抗權
- Ⅱ. 超憲法的 憲法保障
  - (1) 自然法上の國家緊急權
  - (2) 自然法上の抵抗權

(8) 기 타 이 헌법보장의 유형을 법적 보장에 한정해서 생각해 보면, 이는 다시 집행적(감독적·강제적) 보장과 재판적 보장으로 나눌 수 있을 것이다. 집행적 보장 중에서 감독적 보장은 예방적 관점에서 행하여지며, 강제적 보장과 재판적 보장이 사후광정적인 제도로서 공통성을 가진다.[4)]

---

1) Stern, a.a.O., S. 180 ff.

2) Zippelius/Würtenberger, Deutsches Staatsrecht, 32. Aufl., 594면 이하.

3) 新正幸, 有斐閣 大學叢書, 憲法講義 I, 339면.

4) 허영 교수는 헌법침해를 하향식 헌법침해와 상향식 헌법침해로 나누고, 하향식 헌법침해 중 헌법개정권력에 대한 보호수단으로서는 헌법개정절차를 엄격히 하거나 헌법개정의 한계를 두는 것이고, 기타 국가권력에 대한 보호수단으로는 헌법소송제도와 권력분립제도를 들고 있으며, 예비적인 보호수단으로 저항권을

4. 憲法保障의 手段·方法

일반적으로 인정할 수 있는 헌법보장의 수단·방법들을 다음과 같이 i) 정치적 보장방법, ii) 사법적 보장방법, iii) 선언적 보장방법, iv) 미조직적 보장방법으로 나누어 설명할 수 있다.[1)]

(1) 정치적 보장방법 정치적 보장의 방법으로서는 i) 권력분립제도, ii) 양원제, iii) 의원내각제, iv) 정부불신임제, v) 공무원의 정치적 중립성 보장, vi) 법치행정의 원칙, vii) 헌법개정의 국민투표, viii) 비상사태에 있어서의 헌법보장 등 여러 가지가 있다.

1) 권력분립제도 시민적 법치국가의 조직원리로서의 권력분립은 국가권력의 남용 내지 자의적 행사를 방지하여 국민의 자유를 보장하기 위한 소극적인 정치기술로서 간주되는데, 이러한 소극적인 원리가 헌법보장의 적극적인 원리로 될 수 있는가가 문제된다. 권력의 억제·균형이 헌법의 보장에 유용하다는 것은 각 국가기관의 위헌적인 권력행사를 상호간 견제함으로써 위헌행위를 방지하여 소극적으로 헌법이 보장되는 것을 말한다고 하겠다. 따라서 억제·균형이 광범하게 또 강력히 인정되면 될수록 헌법보장에는 효과적이라고 말할 수 있을 것이다.

Loewenstein도 헌법의 특색은 정치권력의 제한과 통제를 위한 모든 수단의 연결에 있다고 보고, 헌법의 최소한의 내포의 하나로서 i) 국가작용의 구분과 권력집중의 금지, ii) 정치권력행사의 배분과 그 제한을 위한 억제·균형을 들고, 이러한 억제·균형의 제도로서 기관 내부의 통제(Intraorgan Kontrol)와 기관 상호간의 통제(Interorgan Kontrol)를 들고 있다.[2)]

2) 권력의 통제제도 Loewenstein은 기관 상호간의 통제에 있어서는 i) 정부에 대한 의회의 통제, ii) 의회에 대한 정부의 통제, iii) 정부 및 의회에 대한 사법부의 통제, iv) 정부 및 의회에 대한 선거민의 통제가 요구되고 있다. 기관내부의 통제로는 i) 합의제(입법부에 있어서는 양원제, 내각에 있어서는 회의제, 법원에 있어서는 합의제 등), ii) 이원정부제, iii) 스위스의 執政府制, iv) 구 소련의 집단지도체제 등을 들고 있다.

들고 있다. 상향식 헌법침해에 대해서는 헌법내재적 보호수단으로 기본권의 실효제도와 정당해산제도가 있으며, 헌법외적 보호수단으로 형사법적 보호수단과 행정절차상의 보호수단으로 나누고 있다(전게서, 87～94면). 이 이론은 독일기본법을 중심으로 한 분류이다.

1) 小林直樹 교수는 헌법보장의 유형화를 하지 않고 입헌제도하에서의 보장방법을 들고 있다. ① 권력분립의 기구 ② 의회에 있어서의 기관내부의 control ③ 의원내각제 및「법에 의한 행정」등의 원리 ④ 재판의 독립과 사법심사제 ⑤ 헌법개정절차. 그러나 이러한 제도에도 불구하고 헌법보장에는 한계가 있다고 보고 있다. (新版) 憲法講義(下), 581면 이하. 방법의 보다 상세한 분류로는 ① 성문헌법 자체의 개정절차, ② 권력분립제, ③ 의회대표민주제, ④ 양원제, ⑤ 법원, 독립된 사법권, ⑥ 헌법위원회제, ⑦ 감찰기관, ⑧ 법치주의의 제원칙, ⑨ 공무원의 책임제도, ⑩ 지방자치제도의 보장, ⑪ 헌법존중, 준수의 의무화를 들고 있다. 同, 憲法秩序の理論, 271면 이하, 특히 281면 이하.

2) Loewenstein, Verfassungslehre, 1963; Loewenstein, Political Power and the Governmental Process, 1957.

이러한 여러 통제수단 이외에도 i) 국가권력의 지역적 분산, 지방분권제, 연방제 등이 요구되며, ii) 직업공무원의 정치적 중립성의 보장, 이 밖에도 iii) 법치행정의 원칙, iv) 철저한 감찰제도, v) 공무원의 책임제도 등이 요구되고 있다.

(2) 사법적 보장방법 사법적 절차에 따라서 헌법을 보장하는 방법으로는 i) 위헌법률심사제, ii) 탄핵심판제, iii) 위헌정당해산제, iv) 위헌행위를 한 인물의 기본권상실제, v) 위헌명령·규칙·처분심사제 등 여러 가지가 있다. 헌법은 보장하기 위해서는 사법부의 독립이 보장되어야 한다.

1) 위헌법률심사제 사법적 헌법보장기능은 국가작용으로서의 사법에 포함되기 때문에 이를 행하는 국가기관은 원칙적으로는 법원이나, 법원 이외의 기관에서 행하는 경우도 있다. 기본권침해를 예방하기 위한 사법제도의 기능도 중시된다.

그리하여 위헌법률심사제에 의한 사법적 보장의 경우에는 세 가지 유형을 생각할 수 있다. 즉 특별히 헌법재판소를 설치하는 경우(독일·오스트리아형), 일반법원 내에 특별한 조직을 설정하는 경우(Switz. 형) 및 일반법원에 의한 경우(미국형) 등이 그것이다. 이 기관별에 의한 3유형은 각각의 특징을 가지고 있는데, 일반법원에 의하여 행하여지는 헌법보장기능은 일반의 사법적 절차, 즉 민사·형사·행정사건 등에 관한 재판과정에서 거기에 적용되는 법령이나 국가행위에 관하여 위헌·합헌의 판단을 행하나(구체적 규범통제), 헌법재판소에 의한 경우는 쟁송의 범위를 확대하고 또 통상의 재판과 다른 절차에 의하여 행하여지는 경우가 많으며, 구체적 규범통제뿐 아니라 추상적 규범통제가 행하여진다.

전자의 경우는 헌법보장 그 자체가 직접의 목적이 아니고 오히려 통상의 재판을 진행하기 위한 전제로서 헌법판단이 행하여지는 것(부수적 위헌심사)인 데 대하여, 후자의 경우는 법령이나 국가행위의 위헌·합헌의 판단 그 자체를 직접의 목적으로서 행하는 것이다(독립적 위헌심사라고도 말하여진다).

헌법보장제도로서는 그 효과가 일반적이고 보다 조속한 해결이 기대될 수 있는 방법인 헌법재판소제도가 적합하다고 생각된다. 그와 함께 헌법재판은 단순한 헌법질서의 유지뿐만 아니라 널리 인권의 보장을 포함하지 않으면 안 된다. 그리하여 한계가 없지 않다고 하더라도 법원에 의한 헌법재판도 헌법의 실효성을 보장하는 수단으로서 중요시되고 있다.

2) 탄핵재판제 헌법의 수호를 위하여 위헌적인 행위를 하는 고위공무원에 대한 탄핵을 함으로써 헌법을 수호하고 있다.

3) 위헌정당해산제 정당이 위헌적인 행위를 하는 경우에는 정당을 해산함으로써 헌법을 수호한다. 이것은 전투적 민주주의의 이념에 따른 것이다.

4) 위헌명령·규칙·처분심사제도 대부분의 국가에서는 법치행정의 확보를 위하여 명령·규칙·처분의 심사제도를 인정하고 있는데, 그 심사를 일반법원이 담당하게 하는 국

가도 있고 또는 독립된 별개의 행정재판소가 담당하게 하는 국가도 있다.

5) 형사적 절차에 의한 보장방법 법원이나 헌법재판소는 위헌행위를 한 자의 기본권상실결정을 내리며, 국헌문란자를 단죄하고 헌법위반행위를 금지하고 이를 판단하여 처벌하는 기능을 가지고 있다. 형법에 의한 내란죄, 국헌문란죄의 처벌도 헌법보장의 수단이 된다.

(3) 선언적 보장방법 헌법에서 i) 헌법의 최고법규성을 선언하고, ii) 헌법준수의무를 선언하며, iii) 헌법개정을 어렵게 하고, iv) 헌법정지나 헌법파괴 등을 금지하고, v) 인권침해행위를 금지하는 등의 선언적 방법에 의하여 헌법을 보장하는 경우도 있다. 세계 각국의 실정헌법들은 이를 헌법에서 미리 규정하고 있다.

(4) 조직적 보장방법과 미조직적 보장방법 조직적 보장은 헌법의 틀 안에서 보장하는 것을 말하고 여기에는 직접적 보장과 간접적 보장이 있으며, 또 예방적 보장과 사후적 보장으로 분류할 수도 있다. 예방적 보장방법으로는 엄격한 헌법개정규범, 헌법개정의 한계규정, 공무원의 헌법존중의 의무 등이 있고, 사후적 보장방법으로는 위헌법률심사제도 등이 있다. 헌법에 제도화되지 않은 것으로는 자연법적이고 초헌법적인 방법으로서 i) 국가긴급구제권의 행사라든가, ii) 저항권의 행사를 들 수 있다. 그러나 이에 대하여는 법적인 규제가 확보되지 않기 때문에 그 남용으로 인한 헌법파괴를 방지하기 위하여 보다 엄격하고 신중한 발동이 요구된다.

5. 憲法의 守護者

(1) Schmitt와 Kelsen의 논쟁 헌법의 수호자가 누구인가는 C. Schmitt와 Kelsen에 의한 논쟁 이래 지금까지 계속되고 있는 문제이다. C. Schmitt는 정당들의 직접적 각축의 무대인 국회가 헌법적합성의 보장의 역할을 다 할 수는 없으며 법원의 판결도 마찬가지로 각 정당의 자의적인 헌법해석의 대변에 불과하므로, 헌법의 수호자의 역할은 국민에 의하여 선출된 중립적 권력으로서의 대통령에게 담당시켜야 한다고 하였다. 이에 대하여 Kelsen은 헌법의 보장이란 오로지 헌법위반의 법률을 저지하기 위한 수단을 의미하는 것이므로 Schmitt와 같이 헌법의 수호자를 그 파괴자인 의회에 대립하는 대통령의 수중에서만 구할 것이 아니고 대통령도, 의회도, 헌법재판소도 다 같이 헌법의 수호자라고 하였다.[1)]

(2) 헌법수호자로서의 공무원

1) 공무원의 헌법수호의무 헌법의 수호자는 제 1 차적으로는 공무원이다. 즉 공권력의 담당자인 광의의 공무원은 헌법을 준수할 제 1 차적 의무를 진다. 공무원의 헌법준수의무는 공무원선서제도와도 결부되어 있다. 각 국가의 실정헌법은 이를 명문으로 규정하

1) 상세한 것은 김효전 역, 헌법의 수호자논쟁, 1991; 김효전, 헌법의 수호자, 2000 참조.

고 있다[1](일본헌법 제99조, 미국헌법 제 6 조 3 절, Preußen헌법 제78조, Mexico헌법 제121조 등).

이와 같이 실정헌법이 공무원의 헌법준수의무를 규정하고 헌법수호를 의무화하고 있는 것은 권력소지자들에게 헌법의 수호자일 것을 기대하고 동시에 일개의 조문으로써 헌법의 수호자의 의무와 권능을 위임한 것이라고 말할 수 있을 것이다. 그러나 공무원 중에서도 정치적 중립성을 가진 직업공무원이나 법관이 우수한 헌법수호자의 소질을 갖고 있다고 하더라도 권력 자체는 부패하기 쉬운 것이고, 공무원 또한 절대적인 신임을 할 수 없기 때문에 헌법보장을 제도나 그것을 움직이는 공권력주체에게만 의존할 수 없을 뿐만 아니라, 기타 여러 가지 조건에 비추어 볼 때 공무원에게 충분한 민주적인 광정작용을 희망하기는 어렵다.

2) 국가원수의 헌법수호 국가의 비상사태에 당면하여 입헌질서를 최후의 선에서 지키려고 할 때에 통상의 입헌적 틀을 벗어나서 그러한 사태에 대처하는 수단, 즉 긴급권제도도 명목상의 이유에서 본다면 헌법보장을 위한 비상대책이라고 할 수 있을 것이다. 즉 헌법질서를 수호하기 위하여 평상시에는 권력에 제한을 과하고 있는 규정들을 일시 정지 또는 파훼하는 것이 필요할 것이다. 그러나 긴급권은 헌법보장의 명목하에 독재권력의 집중과 남용을 가져와 입헌제도를 그 내부에서 붕괴시킬 원인으로도 될 수 있으므로, 그러한 면에서 긴급권의 문제는 헌법보장의 수단으로서는 재고되어져야 할 것이라는 의견이 지배적이다. 국가원수는 이 밖에도 법률안거부권, 정당해산제소권, 국민투표회부권, 공무원파면권 등으로 헌법을 수호할 수 있다.

3) 헌법수호를 위한 특별기관 헌법의 파괴를 예방하기 위하여 정보의 수집, 수사, 적발 등을 위한 특별한 기관을 설치하는 예도 있다. 독일은 헌법수호청(Verfassungsschutzamt)을 두고 있다.[2] 또 헌법위반행위를 목적으로 하거나 행동을 하는 결사를 금지할 수 있으며 이들의 정보수집도 담당하고 있다.

4) 헌법재판소 헌법의 사법적 수호자로서는 헌법재판소가 있다. 헌법재판소는 탄핵결정권, 위헌정당해산권, 위헌법률심사권 등을 가져 헌법의 수호자로서 기능하고 있다. 미국에서는 대법원이, 프랑스에서는 헌법평의회(헌법원)가 사법적 헌법보장자로서 기능한다.

(3) 최후의 헌법수호자로서의 국민

1) 헌법수호자로서의 국민 헌법의 보장자로서는 의회——하원, 그 다수당——가 헌법을 수호하는 제 1 차적 임무를 가지고 있으나, 의회는 현실적으로 헌법을 침해·파괴하는 위험도 가지고 있다. 또한 공권력의 주체인 대통령이나 공무원이나 법원에게서 충분한 헌

1) 정문식, 유럽헌법의 수호, 헌법학연구 제14권 3호, 2008. 9, 131~158.

2) Bundesamt für Verfassungsschutzes(Hrsg.), Verfassungsschutz in der Demokratie, 1990. 이 연방헌법수호청은 헌법보장의 목적을 위한 정보수집의 중앙관청이다. 독일기본법 제87조에는 연방행정의 대상으로서 헌법파괴혐의자에 대한 정보수집권이 규정되어 있으며, 헌법수호법에 의하여 설립되었다.

법보장의 기능을 확신할 수도 없다. 따라서 이와 같이 국회·정부·법원의 3기관에 의한 헌법보장에도 각각 한계가 있으므로 결국 국민에게 거는 기대가 결정적으로 크고 중요한 것이다. 이러한 의미에서 국민이야말로 헌법의 수호자 중의 수호자라고 할 수 있다. 특히 모든 국가기관이 그 호헌의 임무를 다할 수 없을 때 또는 그 임무를 다하지 아니하고 저버릴 때 민주헌법을 지탱하는 힘을 국민 이외에는 발견할 수 없을 것이며, 설사 그러한 극단적인 경우가 아니더라도 일반적으로 국민의 헌법의식의 고저·강약이 입헌적인 여러 제도의 운영의 良否를 결정하는 것은 자명한 사실이다.

헌법보장의 문제는 궁극적으로 민주주권의 원리와 밀접한 관계가 있다. 즉 국민이 헌법의 최종적인 수호자란 것은, 말하자면 국민이 주권자라는 원리의 다른 표현이다. 그러나 이는 이론적으로는 항상 타당한 것이지만, 현실적으로는 항상 국민이 헌법을 최종적으로 수호한다는 것을 의미하는 것은 아니다.

2) 저 항 권 그런데 최종적인 헌법의 수호자의 손에는 최종적인 수단으로서 남겨진 저항권이라는 무기가 있다고 하는 학설이 있다.[1] 반면 저항권은 정치적 이데올로기적 성격을 가지는 데 불과하므로 헌법보장을 위한 제도적 장치로서 보기는 힘들다는 설도 있다.[2] 그러나 독일헌법에서는 저항권을 인정하고 있다.[3]

Ⅱ. 우리나라의 憲法保障制度

1. 憲法保障에 관한 憲法規定

제 6 공화국헌법은 구헌법들과 마찬가지로 여러 가지 헌법보장수단을 규정하고 있다. 이를 유형화해 보면, 1) 정치적 보장방법으로서 i) 권력분립제도, ii) 국무총리와 국무위원 해임건의제도, iii) 공무원의 정치적 중립성보장, iv) 헌법개정의 국민투표, v) 국가긴급권 제도 등을 규정하였고, 2) 사법적 보장방법으로서 i) 위헌명령심사제도, ii) 국헌문란자 처벌제도가 있고, 3) 헌법재판소에 의한 보장방법으로서 i) 탄핵제도, ii) 위헌정당해산제도, iii) 위헌법률심사제도, 4) 선언적 보장방법으로서 i) 헌법준수의무 선서제도, ii) 경성헌법 제도 등이 규정되고 있다. 이하에서는 헌법보장제도로서 특징적인 것만을 주체별로 보기

1) 문홍주, 전게서, 594면; 김기범, 전게서, 127면; 안용교, 전게서, 78면; 권영성, 전게서, 76면; 성낙인, 전게서, 64면; 김철수, 저항권소고, 서울대학교 법학 제20권 2호, 174~190면 참조. 허영 교수는 국가권력에 의한 헌법침해에 대한 최종적·초실정법적 보호수단이 저항권이라고 보며, 저항권은 기본권적 성격과 헌법보호수단으로서의 성격의 양면성을 가진다고 한다(전게서, 88면).

2) 박일경, 전게서, 558면. 우리 대법원은 1975년 4월 8일 긴급조치위반사건판결과 1980년 5월 20일「김재규사건」판결에서, 저항권이론을 극히 일부소수의 이론이며 이는 자연법상의 권리로서 재판규범으로 원용할 수 없다고 하면서 이를 부정하고 있다(대판 1975. 4. 8 선고, 74 도 3323; 대판 1980. 5. 20, 80 도 306, 내란목적살인, 대법원전원합의체판례집(형사편 Ⅱ), 49면 이하).

3) Bertram, Das Widerstandsrecht des GG, 1970; Isensee, Das Legalisierte Widerstandsrecht, 1969; Schneider, Widerstand im Rechtsstaat, 1969.

로 하고, 내용적으로 오늘날 특히 중요한 제도들인 위헌법률심사제 · 탄핵제도 · 위헌정당해산제도 · 국가긴급권제도에 대해서는 별도의 절을 마련하여 각각 살펴보고자 한다.[1)]

2. 憲法裁判所에 의한 憲法保障

헌법재판소는 사법적인 헌법보장기능을 담당하고 있다. 헌법재판소는 입법부의 위헌입법행위에 대해서는 위헌법률심사권을 가지고 이를 무효로 함으로써 입법부의 위헌입법으로부터 헌법을 보장하고, 정당활동의 위헌성 여부를 판단하여 정당을 해산시킴으로써 정당의 위헌행위로부터 헌법을 수호한다. 또 공무원의 위헌행위를 판단하여 탄핵결정함으로써 공무원의 위헌행위로부터 헌법을 보장한다. 이와 같이 헌법재판소는 우리 헌법에 있어서의 헌법보장기관으로서 중요한 의의를 가지고 있다.

3. 大統領에 의한 憲法保障

대통령은 헌법준수를 선언함으로써 헌법을 수호하는 의무를 지고 있으며, 헌법을 보장하기 위하여 국회의 위헌입법에 대하여 거부권을 행사하여 헌법을 보장하고, 정당이 위헌행위를 하는 경우 헌법재판소에 정당의 해산제소를 할 수 있다. 또한 대통령은 교전상태와 그에 준하는 중대한 비상사태에서 긴급명령권과 계엄권을 발동하여 국가위기에서 헌법을 수호하고, 외적의 침입에 대해서는 선전포고권과 군통수권을 가지고 국가를 수호할 수 있다. 이 밖에도 대통령은 행정부의 수반으로서 기타 행정적인 헌법보장권을 가지고 있다. 헌법보장을 위한 특별기구로는 국가정보원을 두고 있다. 국가정보원의 업무는 국가정보원법 제 1 조, 2조, 3조에 규정되어 있다.

4. 國會에 의한 憲法保障

국회는 대통령을 비롯한 국가공무원이 헌법이나 법률을 위반했을 때에는 헌법재판소에 탄핵을 소추할 수 있으며, 국무총리와 국무위원의 위헌행위에 대하여는 해임건의권을 행사하여 정부의 위헌행위를 견제할 수 있다. 또 대통령이 위헌적으로 국가긴급권을 남용한 경우에는 그 승인을 거부하거나 해제를 요구할 수 있다.

5. 法院에 의한 憲法保障

법원은 국회의 위헌입법에 대해서는 위헌법률심판제청을 하여 헌법보장에 기여할 수 있으며, 정부의 위헌행정명령과 위헌처분에 관해서는 이를 무효로 판단하여 적용을 거부하거나 처분의 변경을 명할 수 있다. 또 국헌문란사범에 대해 재판을 함으로써 헌법을 보장할 수 있다(형법 제87조, 국가보안법 제 1 조).

1) 후술 제 2 절, 제 3 절, 제 4 절, 제 5 절.

6. 國民에 의한 憲法保障

국민은 헌법개정에 대한 국민투표권을 통하여 헌법을 보장할 수 있으며, 미조직적 보장방법으로서 초헌법적인 저항권을 가짐으로써 최후의 수호자로서 헌법을 보장할 수 있다.

[判] 憲法保障에 관한 重要 判例

1. 憲法保障의 利益＝民主的 基本秩序 守護[1)]

[다수의견]

한편 우리 헌법은 자유민주적 기본질서의 일부인 시장경제 및 사유재산권의 보장에 대하여도 제23조 제 1 항 전문에서 "모든 국민의 재산권은 보장된다," 제119조 제 1 항에서 "대한민국의 경제질서는 개인과 기업의 경제상의 자유와 창의를 존중함을 기본으로 한다"고 각 규정하고 있다. 우리 재판소도 이를 구체화하여 "우리 헌법은 사유재산제도와 경제활동에 관한 사적 자치의 원칙을 기초로 하는 자본주의 시장경제질서를 기본으로 하고 있음을 선언하고 있다. 국민 개개인에게 자유스러운 경제활동을 통하여 생활의 기본적 수요를 스스로 충족시킬 수 있도록 하고 사유재산의 자유로운 이용·수익과 그 처분 및 상속을 보장해 주는 것이 인간의 자유와 창의를 보장하는 지름길이고 궁극적으로는 인간의 존엄과 가치를 증대시키는 최선의 방법이라는 이상을 배경으로 하고 있다"고 밝힌 것이다(헌재 1997. 8. 21. 88 헌가 19 등, 헌재판례집 9-2, 243, 257~258).

물론 우리 헌법은 그 전문에서 "모든 영역에 있어서 각인의 기회를 균등히 하고 ……안으로는 국민생활의 균등한 향상을 기하고"라고 천명하고, 제23조 제 2 항과 여러 '사회적 기본권' 관련 조항, 제119조 제 2 항 이하의 경제질서에 관한 조항 등에서 모든 국민에게 그 생활의 기본적 수요를 충족시키려는 이른바 사회국가의 원리를 동시에 채택하여 구현하려하고 있다. 그러나 이러한 사회국가의 원리는 자유민주적 기본질서의 범위 내에서 이루어져야 하고, 국민 개인의 자유와 창의를 보완하는 범위 내에서 이루어지는 내재적 한계를 지니고 있다 할 것이다. 우리 재판소도 "우리 헌법은 자유민주적 기본질서 및 시장경제질서를 기본으로 하면서 위 질서들에 수반되는 모순을 제거하기 위하여 사회국가원리를 수용하여 실질적인 자유와 평등을 아울러 달성하려는 근본이념을 가지고 있다"라고 판시한 것은 이러한 맥락에서 이루어 진 것이다(헌재 1998. 5. 28. 96 헌가 4 등, 헌재판례집 10-1, 522, 533~534; 헌재 1996. 4. 25. 92 헌바 47, 헌재판례집 8-1, 370, 380 참조).

따라서 우리 헌법은 폭력적, 자의적인 지배 즉 일인 내지 일당독재를 지지하거나, 국민들의 기본적 인권을 말살하는 어떠한 지배원리도 용인하지 않는다. 형식적으로는 권력분립·의회제도·복수정당제도·선거제도를 유지하면서 실질적으로는 권력집중을 획책하여 비판과 견제기능을 무력화하고, 자유·비밀선거의 외형만을 갖춰 구성된 일당독재를 통하여 의회제도를 형해화하거나, 또는 헌법상 보장된 기본권을 인정하지 아니함으로써 사유재산 및 시장경제질서를 부정하는 공산주의를 신봉하는 정당이나 집단은 우리 헌법의 이념과 배치되고, 이러한 이념을 추구한 정당 또는 단체와 그 구성원들의 활동도 헌법과 법률에 의하여 보호되지 아니한다고 할 것이다.

결국 우리 국민들의 정치적 결단인 자유민주적 기본질서 및 시장경제원리에 대한 깊은 신

1) 헌재 2001. 9. 27 선고, 2000 헌마 238·302(병합), 제주 4·3사건진상규명및희생자명예회복에관한특별법의결행위취소등, 헌재판례집 제13권 2집, 383면 이하.

념과 준엄한 원칙은 현재뿐 아니라 과거와 미래를 통틀어 일관되게 우리 헌법을 관류하는 지배원리로서 모든 법령의 해석기준이 되므로 이 법의 해석 및 적용도 이러한 틀 안에서 이루어져야 할 것이다.

그런데 이 법은 자유민주적 기본질서를 옹호하였던 청구인들의 부모와 가족을 살해하고 가옥을 방화하였던 집단과 그 구성원들에 대한 동조자들이 오히려 그들의 당시 행위가 '강요된 저항'이었고 미제국주의자와 그 하수인인 한민당 또는 이승만 정권의 무차별적인 탄압에 맞선 '자력구제행위'였다고 강력히 주장하고 있음에도, 그들을 희생자로 인정하여 명예를 회복하고, 국가예산으로 위령탑을 건립하는 등으로 추모하도록 함으로써 공산무장유격대원들에 의하여 가족들이 희생당한 청구인들의 헌법상 보장된 평화적 생존권과 피해자의 권리 및 재판절차진술권을 직접 침해하는 것이라고 할 수 있다.

또한 이 법은 청구인들로 하여금 가해자들에 대한 위령과 추모를 강제함으로써 청구인들의 인간으로서의 존엄과 가치를 침해하였다. 즉 이 법에 의하면 용서와 화합이라는 명분으로 제주 4·3 사건의 가해자와 희생자를 한꺼번에 위령하고 추모하도록 하고 있고, 이러한 위령과 추모는 동일한 장소에서 이루어질 것이 분명하다. 그러나 청구인 박○경, 정○휴의 가족들을 살해하였던 공산무장유격대와 이념적으로 같은 목표를 지향하고 있는 집단이 현재에도 우리와 대치하고 있으며, 그 집단은 공산무장유격대의 위와 같은 살상행위를 찬양하면서 일부 공산무장유격대장을 애국열사로 숭배하고 있는 현실에서, 가해자였던 공산무장유격대원들과 그들에 의하여 살해당한 피해자들을 동일한 장소에서 위령한다거나 추모하도록 하는 것은 무장유격대원들로부터 살해당한 자들과 그들의 후손인 청구인들의 명예가 한꺼번에 훼손될 뿐만 아니라 후손들로 하여금 가해자에 대한 위령과 추모를 강제하는 것이 되어 그들의 인간으로서의 존엄과 가치를 침해하는 것이 될 것이다.

2. 國家保安法 第 7 條 1項; 讚揚·鼓舞·同調罪[1)]

이상 본 바 문제의 소재는 법문의 다의성과 그 적용범위의 광범성에 있으며, 이 때문에 국가존립·안전을 위태롭게 하거나 자유민주적 기본질서에 해악을 줄 구체적인 위험이 없는 경우까지도 형사처벌이 확대될 위헌적 요소가 생기게 되어 있는 점이며, 이는 단순한 입법 정책의 문제를 떠난 것이다. 그러나 제 7 조 제 1 항의 그 다의성 때문에 위헌문제가 생길 수 있다고 해서 전면위헌으로 완전폐기되어야 할 규정으로는 보지 않으며 완전폐기에서 오는 법의 공백과 혼란도 문제지만, 남북 간에 일찍이 전쟁이 있었고 아직도 휴전상태에서 남북이 막강한 군사력으로 대치하며 긴장상태가 계속되고 있는 마당에서는 완전폐기함에서 오는 국가적 불이익이 폐기함으로써 오는 이익보다는 이익형량상 더 클 것이다. 분명히 평화시대를 기조로 한 형법상의 내란죄나 외환죄는 고전적이어서 오늘날 우리가 처한 국가의 자기안전·방어에는 다소 미흡하다. 따라서 제 7 조 제 1 항은 이와 별도로 그 존재의의가 있다고 할 것이며 또 침략행위나 민주체제전복을 부추기는 내용의 언동까지도 표현의 자유라는 이름으로 보호하는 것이 헌법이 아닐진대 여기에 합헌적이고 긍정적인 면도 간과할 수 없을 것으로, 다만 위헌적 요소가 있어서 정비되어야 할 불완전한 것일 뿐이다. 어떤 법률의 개념이 다의적이고 그 어의의 테두리 안에서 여러 가지 해석이 가능할 때 헌법을 그 최고 법규로 하는 통일적인 법질서의 형성을 위하여 헌법에 합치되는 해석 즉, 합헌적인 해석을 택하여야 하며, 이에 의

---

1) 헌재 1990. 4. 2 선고, 89 헌가 113, 국가보안법 제 7 조에 대한 위헌심판, 헌재판례집 제 2 권, 49면 이하.

하여 위헌적인 결과가 될 해석을 배제하면서 합헌적이고 긍정적인 면은 살려야 한다는 것이 헌법의 일반 법리이다. 이러한 합헌적 제한해석과 주문 예는 헌법재판제도가 정착된 여러 나라에 있어서 널리 활용되는 통례인 것으로서 법률에 일부합헌적 요소가 있음에도 불구하고 위헌적 요소 때문에 전면위헌을 선언할 때 생길 수 있는 큰 충격을 완화하기 위한 방안이기도 하다. 국가보안법 제 7 조 제 1 항 소정의 찬양·고무·동조 그리고 이롭게 하는 행위 모두가 곧바로 국가의 존립·안전을 위태롭게 하거나 또는 자유민주적 기본질서에 위해를 줄 위험이 있는 것이 아니므로 그 행위 일체를 어의대로 해석하여 모두 처벌한다면 합헌적인 행위까지도 처벌하게 되어 위헌이 되게 된다는 것은 앞서 본 바이다. 그렇다면 그 가운데서 국가의 존립·안전이나 자유민주적 기본질서에 무해한 행위는 처벌에서 배제하고, 이에 실질적 해악을 미칠 명백한 위험성이 있는 경우로 처벌을 축소제한하는 것이 헌법 전문·제 4 조·제 8 조 제 4 항·제37조 제 2 항에 합치되는 해석일 것이다. 이러한 제한해석은 표현의 자유의 우월적 지위에 비추어 당연한 요청이라 하겠다. 여기에 해당되는가의 여부는 제 7 조 제 1 항 소정의 행위와 위험과의 근접정도도 기준이 되겠지만 특히 해악이 크냐, 작으냐의 정도에 따라 결정함이 합당할 것이다. 국가보안법 제 1 조는 "이 법은 국가의 안전을 위태롭게 하는 반국가활동을 규제함으로써 국가의 안전과 국민의 생존 및 자유를 확보함을 목적으로 한다"고 규정하고 있다. 결국 국가보안법은 국가의 안전을 보장하고 자유민주적 기본질서의 파괴에 대처하기 위한 데 그 목적이 있는 것이므로 위에 밝힌 제한해석은 그 입법목적에도 부합하는 것이 될 것이다. 구 국가보안법(1958. 12. 26. 법률 제500호) 제 2 조에서도 "본 법은 헌법에 보장된 국민의 권리, 자유와 밀접한 관련이 있으므로 본 법을 적용하고 해석함에 있어서는 국민이 향유하는 모든 권리와 자유가 부당하게 제한되는 일이 없도록 특히 주의하여야 한다"고 규정된 것을 상기할 필요가 있다. 이처럼 입법목적 등 합리적 기준으로 위 다의적인 규정을 한정적 제한해석을 할 때 제 7 조 제 1 항의 보호법익을 살리면서도 전면 위헌의 문제를 피할 길이 열릴 것이며 이로써 언론·출판의 자유나 학문·예술 또는 양심의 자유의 위축문제나 이와 같은 기본권의 본질적 침해의 우려는 해소될 것이고, 허용될 행위와 금지되는 행위의 기준제시로 법운영 당국의 제도외적 오용 내지 남용으로 인한 기본권침해의 사태는 피해질 것이며, 이 정도의 기준제시로 처벌범위를 좁히면 외국의 입법례나 판례·학설에 비추어 법운영 당국의 해석권에 의하여 제도 본지를 충분히 살릴 수 있을 것으로 처벌범위의 불명확성 때문에 생기는 죄형법정주의 위배의 소지는 없어지고, 나아가 국가의 존립·안전을 저해함이 없이 자유민주적 기본질서에 입각한 평화적 통일정책추진의 헌법적 과제는 이룩할 수 있을 것이다. 그러므로 제 7 조 제 1 항이 헌법의 규정에 전면 위배된다는 주장은 받아들이기 어렵다고 할 것이다. 다만 여기에서 국가의 존립·안전을 위태롭게 한다 함은 대한민국의 독립을 위협침해하고 영토를 침략하여 헌법과 법률의 기능 및 헌법기관을 파괴 마비시키는 것으로 외형적인 적화공작 등일 것이며, 자유민주적 기본질서에 위해를 준다 함은 모든 폭력적 지배와 자의적 지배, 즉 반국가단체의 일인독재 내지 일당독재를 배제하고 다수의 의사에 의한 국민의 자치, 자유·평등의 기본 원칙에 의한 법치주의적 통치질서의 유지를 어렵게 만드는 것이고, 이를 보다 구체적으로 말하면 기본적 인권의 존중, 권력분립, 의회제도, 복수정당제도, 선거제도, 사유재산과 시장경제를 골간으로 한 경제질서 및 사법권의 독립 등 우리의 내부 체제를 파괴·변혁시키려는 것으로 풀이할 수 있을 것이다.

제 2 절 違憲法律審査制

Ⅰ. 違憲法律審査制의 意義와 類型

1. 違憲法律審査制의 意義와 沿革

(1) 위헌법률심사제의 의의　　위헌법률심사제는 입법부의 위헌법률제정에 대항하여 헌법을 보장하는 사법적 수단으로서 중요시되고 있다. 위헌법률심사제란 법률이 그 상위규범인 헌법에 합치하는가 여부를 사법부 내지 특별한 재판기관이 심사하여, 헌법에 위배된다고 생각하는 경우에는 그 효력을 상실케 하거나 그 법률의 적용을 거부하는 제도를 말한다.

오늘날에 있어서 입법부의 입법행위에 대하여 견제하는 기능이 필요하고, 따라서 위헌법률심사를 한층 더 요구하게 된 것은 정당국가화의 경향에 따라 입법부가 정략적인 입법을 하는 것을 견제하고 헌법의 최고규범성을 확보할 필요가 있기 때문이다.[1)]

(2) 위헌법률심사제도의 연혁　　위헌입법심사제도에는 역사적 발전경로에서 보면 미국식인 사법심사제도와 독일식인 헌법재판소제도가 주요 유형을 이루고 있다. 이들의 제도는 각기의 특성과 장단점을 가지고 있기 때문에 다 같은 위헌법률심사제도라고 하여 동일하게 다룰 수는 없을 것이다.

일반적으로 사법심사제는 일반법원에 의한 위헌심사제이나 헌법재판소제는 헌법재판소라는 특별한 기관을 두어 위헌심사를 하고 있는 것이 특색이며, 또 사법심사제는 구체적 규범통제를 주로 하는 데 대하여 헌법재판소제도는 일반적으로 구체적 규범통제뿐 아니라 추상적 규범통제도 행하는 것을 그 특색으로 하고 있다. 그 밖에도 사법심사제와 헌법재판소제는 그 기구·조직·관할·절차·심사대상·심사권의 한계·판결의 효력 등에 있어서 상당한 차이가 있다. 그러나 오늘날 사법심사제와 헌법재판소제도는 점차 그 차이가 줄어들어 서로 보충·융화하여 사법심사제하의 대법원이 헌법재판소적 역할을 하는 경우가 늘어나고 있을 뿐만 아니라 사법심사제와 헌법재판소제를 혼합하여 이용하고 있는 나라도 있다. 그리하여 오늘날 다음과 같은 여러 유형을 볼 수 있다.

2. 違憲法律審査制의 類型

각국의 위헌법률심사제를 분류하여 유형을 살펴보는 데에는 여러 기준이 있을 수 있다.

1) 위헌법률심사제에 관하여 상세한 것은 김철수, 위헌법률심사제도론, 1983; 김철수, 법과 정치, 1995; 김운용, 위헌심사론, 1998; 김효전, 미국의 위헌심사제가 일본과 한국에 미친 영향, 서울대 박사학위논문; 日本書 ジュリスト 特集, 違憲審査制の現在, ジュリスト No. 1037, 1994. 1; 芦部信喜編, 憲法訴訟 제 1 편, 제 2 편, 제 3 편; 佐藤幸治, 現代國家と司法權 참조.

(1) 심사기관에 따른 유형

1) 헌법재판소 내지 특별재판기관을 설치하는 국가 제 1 차세계대전 후 유럽의 여러 나라는 헌법보장제도의 요구에 응해서 권력의 균형과 억제의 원칙 및 소수자보호라는 목적으로 헌법재판소 등의 특별재판기관을 설치하고 있다. 독일 · Italy · Austria 등의 유럽 헌법재판소와 France 제 4 공화국의 헌법위원회, France 제 5 공화국의 헌법평의회가 그것이다. 프랑스는 2008. 7. 21 헌법개정에서 헌법평의회에 사후적인 기본권침해에 대한 헌법소원을 인정하고 있다(헌법 제61-1조). 일반적으로 이 헌법재판소 내지 헌법평의회 등은 사법재판소의 성질과는 달리 개개의 구체적 사건을 대상으로 하는 것이 아니고 위헌법률 자체의 효력을 재판대상으로 한다. 우리나라의 제 2 공화국헌법도 여기에 속한다. 현행 우리나라 제 6 공화국헌법하의 헌법재판소도 형식적으로는 이 유형에 속하나 추상적 규범통제를 인정하지 않아 어느 정도 구별된다.

2) 법원이 위헌법률심사권을 가지는 국가 미국이 그 대표적 국가이며, 이를 따른 중남미제국 · 일본 · 제 3 공화국헌법하의 우리나라가 이에 속한다. 미국의 경우, 이론적으로나 실천적으로 사법권의 우위를 확립하여 법원에 위헌법률심사권을 부여하여 의회가 제정한 법률이 헌법에 위반된다고 인정될 때에는 사법법원은 그 적용을 거부하며 행정부의 명령이나 행정처분도 법원이 그 적부를 심사할 수 있는 권한을 가진다. 이 위헌심사는 민 · 형사와 행정재판 등에 있어 법률의 적용에서 위헌문제가 있는 경우 이를 심사하기 때문에 부수적 위헌심사라고도 한다.

3) 혼합형국가 법원에게 구체적 규범통제권을 인정하면서도 헌법재판소제를 채택하고 있는 나라가 있다. 그 대표적인 것으로는 Portugal의 1976년 헌법을 들 수 있다. 법원은 구체적 규범통제권을 가져 위헌법률의 적용거부권을 가지는데, 이에 불복하는 경우 헌법위원회에 최종적인 결정을 요구할 수 있다. 헌법위원회는 이 제청에 대한 결정권 외에도 추상적 규범통제권과 사전적 · 예방적 규범통제권을 가지고 있다. 2005년 헌법개정에서 포르투갈도 헌법재판소제도로 일원화하고 있다.

(2) 심사방식 내지 범위에 따른 분류

1) 구체적 규범통제만 행하는 국가 미국 등의 사법심사제를 택하는 국가에서는 일반적으로 구체적 재판에서 적용되는 법률의 위헌 여부가 문제될 때에만 위헌법률심사를 행하여 구체적 규범통제만 주로 행해진다. 우리 현행 헌법재판소도 이에 속한다.

2) 구체적 · 추상적 규범통제 모두 행하는 국가 독일과 이탈리아 등 헌법재판소를 두고 있는 국가에서는 일반적으로 구체적 규범통제 외에 추상적 규범통제도 행한다.

3) 추상적 규범통제만 행하는 국가 이에 속하는 대표적인 국가로 France를 들 수 있었다. France는 법률이 의회를 통과한 뒤 공포 전에 위헌법률심사를 행하고 원칙적으로 법률 시행 이후에는 심사를 할 수 없었다. 그러나 최근 헌법개정으로 구체적 규범통제도 할 수 있게 되었으나 원칙적으로는 추상적 규범통제를 행하는 국가로 볼 수 있다.

(3) 심사시기에 따른 분류 법률에 대한 심사가 법률이 공포되기 전에 행해지는가 아니면 공포 후 시행 전에 행해지는가에 따라 사전적 위헌법률심사제와 사후적 위헌법률심사제로 나눌 수 있다.

1) 사전적 · 예방적 위헌법률심사제의 국가 이에 속하는 대표적인 국가가 바로 France이다. France에서는 법률이 의회를 통과한 뒤 시행 전에 위헌심사가 행해진다. 특히 조직법률에 대해서는 반드시 심사가 이루어진다. 한편 France에서는 법률사항 · 법규명령사항의 구분심사가 행해지는바(France 헌법 제37조 2항), 이는 사후적 심사라고 할 수 있다. 그것은 이 구분심사가 기

존의 법률이 법규명령영역을 침범하여 규정하였다고 판단될 때 정부의 제소로 이러한 시행중인 법률에 대해 심사하는 것이기 때문이다. 그러나 이를 일반적으로 합헌성 심사(contrôle de la constitutionnalité)라고 부르지는 않고 있다.

2) 사후적 위헌법률심사제의 국가 그 외의 나머지 국가들은 대개 헌법재판소제도를 택하든 사법심사제를 택하든 사후적 심사를 행하고 있다.

3. 司法審査制의 根據와 特性

(1) 사법심사제의 이론적 기초 미국에서 Marbury v. Madison사건 이래 발달한 사법심사제의 이론적 기초로서는 i) 입법권에 대한 불신과, ii) 헌법의 최고법규성, iii) 권력분립이론을 들 수 있을 것이다. 이러한 사상 때문에 미국의 사법심사제는 대륙법적인 헌법재판소제와 다른 특색을 가지고 있다고 하겠다.[1)]

1) 입법권에 대한 불신 미국에서는 식민지인에게 압제적으로 보였던 영국의회의 제정법만능주의에 대한 비판이 강력히 나와 있었고, 개인의 천부인권을 침해한 혁명기의 주입법에 대한 불신사상에서 입법권은 제약되어야 한다고 생각하게 되었다. 이러한 입법권불신의 정치적 이데올로기가 자연권리론과 최고법(higher law)사상에 근거하여 사법심사(judicial review)제도를 가능하게 했다고 할 것이다.

2) 헌법의 최고법규성 사법심사제는 헌법의 최고법이론에 근거를 두고 있다. 즉 첫째로는 헌법은 통상의 법률보다 상위에 있는 최고법규이고, 둘째로는 사법심사는 권력분립원리에서 이론적으로 귀결되는 것이며, 셋째로는 법관은 법의 해석자이며 그 해석의 기능은 헌법에도 미치기 때문에 헌법과 법률이 충돌하는 경우에는 어느 것이 모순인가를 결정할 권한이 있다는 사상에 근거하고 있다.

3) 권력분립원리 미국에서는 3권은 엄밀한 의미에서 동격으로 상호간 독립된 것이며, 헌법에 의하여 만들어진 권력으로서 헌법하에서 평등한 지위를 차지하고 있다. 따라서 입법권은 헌법의 범위 내에서 법률을 제정하는 것을, 사법권은 헌법의 범위 내에서 법률을 해석하는 것을 그 직무로 한다. 이와 같이 사법권이 타권력과 완전히 동격인 입장에서 헌법에 구속된다고 한다면, 법원이 헌법에 위반하는 법규범을 구체적 사건에 적용할 수 없는 것은 논리상 당연하다.

4) 사법권의 우월 헌법에는 규정되어 있지 않은 위헌법률심사권을 쟁취한 Marbury v. Madison 사건 이후 사법권의 우월사상이 지배하게 되었다. 판사들은 헌법의 존립

1) 상세한 것은 Levy(ed.), Judicial Review and the Supreme Court: Selected Essays, 1967; Ely, Democracy and Distrust: A Theory of Judicial Review, 1980; Perry, The Constitution, the Courts and Human Rights, 1982; Choper, Judicial Review and the National Political Process, 1980; The Washington Post, Supreme Court, Year in Review, 2009 참조. 이상돈, 미국대법원과 사법적극주의, 서울대학교 석사학위논문, 1977; 김운용, 미국의 위헌심사제도, 미국헌법연구 8, 1997, 161~198면; 木下毅, 「アメリカの司法審査」, 憲法訴訟 I; 高柳賢三, 司法權の優位; 松井茂記, 司法審査と民主主義, 1991; 김학근, 일본의 헌법재판과 헌법소송이론, 헌법논총 8, 1997, 401~456면 참조.

을 보장하고 법을 형성하는 기능을 가지고 있다고 생각되었다.

(2) 사법심사제의 특성 　사법심사제는 사법기관인 법원에 위헌법률심사권을 부여하고 있으므로 그에 따른 특성과 제약이 나타난다.

첫째, 사법심사제는 법령 기타의 국가행위를 위헌으로 적용을 거부하는 기능 이외에 위헌 여부의 판단결과에 따라서 입법권과 행정권을 억제하는 기능(checking function) 혹은 국가행위를 정당화하는 기능(legitimating function)도 행한다.

둘째, 사법심사제는 사법부의 구체적 위헌심사권에 의존하고 있기 때문에 이에 해당하는 판사들의 인권의식, 사법철학에 따라 변화할 가능성이 있다. 특히 최고법원이 위헌심사를 담당하는 경우에는 최고법원이 판결하는 것이 곧 헌법이 될 것이기에 이들의 능력 기타 개인적인 세계관에 따라 헌법이 변천하게 될 위험성을 내포하게 된다.

셋째, 사법심사제에 있어서는 사법부는 사법의 본질상 한계를 갖고 있을 뿐만 아니라 정치적 중립성을 유지하기 위하여 위헌심사에 있어 자기제약을 하게 되고, 따라서 소극성을 면하기 어렵다.

사법부의 헌법판단에 대한 사법소극주의의 논거로서는 i) 사법부는 국민에 의해 직선된 기관이 아니기 때문에 국민의 대표자인 의회의 의견을 최대한으로 존중하여야 한다는 이론과, ii) 가장 약한 통치기관이 자기를 방위하기 위하여는 타권력과의 충돌을 피하고 자기제한의 기술을 터득하는 것이 필요하다는 이론, iii) 정치문제에 대한 판단을 함으로써 사법기관의 중립성을 해칠 우려가 있으므로 소극적인 판단에 그쳐야 한다는 이론이 그 주된 것이다.[1)]

그러나 사법심사제에 있어서 사법심사를 행하는 기관이 헌법판단에 대하여 지나치게 자제하는 경우, 위헌심사제의 본래의 목적을 달성할 수 없을 우려가 있다.

4. 憲法裁判所制의 意義와 特性

(1) 헌법재판소제의 의의 　헌법재판소제(Verfassungsgericht, constitutional court)는 헌법재판소에 의한 헌법의 보장을 뜻한다. 이 제도는 재판에 의한 헌법보장을 위한 재판소제도이다. 바꾸어 말하면 헌법재판이란 헌법보호를 위한 재판적 절차(gerichtliche Verfahren zum Schutze der Verfassung)라고 할 수 있는데, 이러한 헌법재판작용을 행하는 재판소를 두는 제도를 말한다. 어쨌든 독일형의 헌법재판소제는 이러한 헌법재판작용을 일반의 재판작용과 구별하여 그 특수한 성격에 따라서 헌법재판작용을 행하는 기관을 그에 적합한 것으로 특별히 조직하는 데에 그 특색이 있다.[2)]

1) Bickel, The Least Dangerous Branch: The Supreme Court at the Bar of Politis, 1962; van Alstyne, Judicial Activism and Judicial Restraint, Encyclopedia of the American Constitution, vol. 3, 1442-1449; Bork, The Tempting of America: The Political Seduction of the Law, 1990.

2) 상세한 것은 김철수, 독일연방헌법재판소의 지위와 권한, 서울대학교 법학 특별호 제 4 권, 1979; 김학

1) 헌법재판의 개념　그러나 이러한 기관을 조직하더라도 이론적으로 헌법재판작용이라고 생각되는 모든 것을 이 기관의 권한으로 포괄할 수는 없고, 또 이론적으로 헌법재판작용이 아닌 것도 정치적 견지에서 편의상 이 기관의 권한으로 할 수도 있기 때문에 제도상 이 기관의 권한으로 되어 있는 작용만을 포괄하여 헌법재판의 개념을 정의하고 이를 주관적 의미의 헌법재판이라고 할 수 있다.

2) 헌법재판소의 권한　독일형의 헌법재판소제도는 여러 가지 종류의 재판·소송을 포괄하고 있는 것으로, 각각의 작용의 성질은 다르며 목적도 서로 다르다. 입법의 심사는 그 중의 하나일 뿐이며, 그 외에도 장관탄핵심판, 기관쟁의 및 연방과 지방·지방 상호간의 권한쟁의의 재결, 헌법소원의 재결 등을 그 권한으로 하고 있다. 여기에서 입법의 심사는 구체적 소송사건에 있어서 적용법률에 대한 합헌성을 심판하는 구체적 규범통제와 구체적인 법률상의 쟁송을 전제로 하지 아니하고, 추상적으로 법률의 합헌성을 심판하는 추상적 규범통제까지 포함하는 것이 일반적이다. 독일의 헌법재판소의 권한에는 이 밖에도 어떤 국제법규가 연방법의 일부를 이루고 있는가의 결정, 시·읍·면 등의 자치권이 침해되었다고 하는 소송, 기본권남용에 의한 기본권 정지, 정당의 위헌성의 판결, 선거의 효력에 관한 소송 등을 포함하고 있다.

(2) 헌법재판소제의 특성　헌법재판소제는 헌법보장을 위한 재판적인 기관에 의한 사법적 절차라고 생각되고 있으나, 과연 이러한 작용이 삼권분립론에 있어서의 사법작용에 포함될 것인가가 문제된다.[1)]

1) 학설의 대립

(a) 사법작용설　특히 추상적 규범통제의 기능이 사법작용인가에 대해서는 많은 논란이 행해지고 있다. 구체적 규범통제의 경우의 부수적 심사는 사법작용 일반의 요건인 구체성·청구적격 등의 요건이 충족되는 한에서 이루어지고, 또한 그 심사의 결과가 구체적 사건에만 미치기 때문에 국가의 입법행위 그 자체를 무효로 하는 것이 아닌 한 사법작용이라고 할 수 있을 것이다. 그러나 추상적 규범통제에 대해서는 그 법적 성격을 두고 견해가 나누어지고 있다. 즉 추상적 규범통제도 헌법재판이긴 하나 사법작용은 아니라는 견해가 있는가 하면, 반면에 추상적으로 무효를 선언하여 법률의 파기를 행하는 헌법재판도 재판과 같은 기능을 하는 것으로서 참다운 사법작용이라고 하는 설이 대립되어 있다.[2)]

성, 독일연방헌법재판소제도, 서울대학교 석사학위논문, 1982; 헌법재판의 이론과 실제, 금랑 김철수 교수 화갑기념논문집 참조; Schlaich/Korioth, Das Bundesverfassungsgericht, 6. Aufl., 2004; Pestalozza, Verfassungsprozeßrecht, 3. Aufl., 1991; Umbach/Clemens, Bundesverfassungsgerichtgesetz, Bd. 1, Bd. 2, 1992; Hildegruber/Goos, Verfassungsprozeßrecht 2. Aufl., 2006; Fleury, Verfassungsprozeßrecht, 6. Aufl., 2004; Sachs, Verfassungsprozeßrecht, 2004; FS 50 Jahre Bundesverfassungsgericht, I, II, 2001 참조.

1) 상세한 것은 Friesenhahn, Über Begriff und Arten der Rechtsprechung; Forsthoff, Rechtsstaat oder Richterstaat; Stern, Staatsrecht Bd. II; Ki-chool Lee, Schonung des Gesetzgebers bei Normenkontroleentscheidungen durch das Bundesverfassungsgericht, Diss, Göttingen, 1993.

2) 독일의 다수설 Pestalozza, Schlaich, Bettermann, Bachof, Stern, Friesenhahn, Scheuner, Krüger, Katz, Bryde, Adamovich, Merten, Häberle, v.d. Heydte, Menger, Eichenberger, Simon, Wintrich, etc.

(b) 정치작용설 헌법재판은 재판이기는 하나 이 재판은 다른 재판과는 구별되는 특성을 가지고 있다고 한다. 즉 헌법은 정치적 타협이나 결단에 의하여 제정되고 그 자체가 정치권력투쟁의 반영이기 때문에 헌법문제는 대부분이 정치문제로 된다. 또한 헌법은 근본규범으로서 상세한 규정은 법률에 위임하며, 헌법은 추상적인 규정이 많고 또 다의적 개념을 사용하고 있는 경우가 많다. 그렇기 때문에 해석에 있어서도 상이한 견해가 나타날 수밖에 없고, 이 때 그 해석을 유권적으로 확정하는 것은 동시에 중대한 정치문제를 결정하게 되기에 정치작용이라고 한다.[1)]

(c) 입법작용설 헌법재판은 헌법해석을 통한 헌법의 실현작용으로 보고 헌법규범의 불완전성 때문에 결국 헌법의 보충 내지 형성적 기능을 하는 것이며 추상적 규제통제에 있어 위헌결정은 법률규정의 실효를 가져오기 때문에 법률개정이나 법률폐지와도 같다 하여 입법작용이라고 한다.[2)]

(d) 제 4 의 권력설 독일에 있어서는 헌법재판소제에 대해서 일반적으로 지지하고 있다. 다만, 일부에서는 헌법재판소의 기능에 대해서 제 4 의 권력으로 보아 헌법재판소가 다른 기관에 우월하다고 보는 견해도 있다.[3)] 심지어 헌법재판을 국회의 입법을 취소하는 입법기능을 가지고 있다는 학설까지 있다. 그러나 헌법재판은 헌법의 해석인 면에서 사법작용이며 제 4 의 권력이라고는 볼 수 없다.

2) 私 見 헌법재판소는 주권을 가지지 않고 법에 따라 주권을 행사하는 기관이며, 법규범에 엄격하게 구속되어 헌법의 척도에 따라서 해석·판단하는 최고기관의 하나라고 보는 견해가 옳다. 이 점에서 헌법재판의 본질은 입법작용이나 정치작용 혹은 제 4 의 권력이 아니고 사법작용이라고 할 수 있다. 우리나라에서는 특별한 규정은 없으나 헌법재판작용은 사법작용이라고 보아야 할 것이다.

(3) 헌법재판의 한계문제 헌법재판은 헌법의 해석·적용이라는 점에서 자연히 정치적인 문제에 관여하지 않을 수 없게 된다. 그리하여 정치적 문제에 대하여 재판적 해결이 적절한가, 또는 그로 인해 헌법재판소가 정치적 法廷으로 전락할 수 있음을 받아들여야 할지 아니면 정치적 영향을 피하기 위해 재판권행사를 포기해야 할지 등의 선택의 문제가 나타나게 된다. 그러한 선택의 결과에 따라 헌법재판의 범위도 달라지는데, 이를 어느 정도까지 인정하여야 할 것인가가 논란된다. 독일형 헌법재판소제에 있어서는 미국의 사법심사제에 비해서 절차상의 제약은 적으나 재판권의 한계를 인정하려는 이론으로서 재판에서 자유로운 高權行爲(gerichtsfreie Hoheitsakte)나 統治行爲(Regierungsakt)의 관념이 거론되고 있다. 그러나 행정재판에 있어서는 통치행위의 개념을 인정하는 사람이 많으나, 법률의 위헌심사에서는 통치행위이론을 부정하는 것이 다수설이다.[4)]

1) Schmitt. 반대비판자: Scheuner, Stern, Doehring 등.
2) Starck, Weber, Grimm, Böckenförde, Drath, Rüfner.
3) Doehring, Benjamin Constant.
4) 헌법재판의 한계에 관해서는 Hesse, Funktionelle Grenzen der Verfassungsgerichtbarkeit, Festschrift für Hans Huber zum 80. Geburtstag, Bern, 1981, S. 261～272; Ehmke, Prinzipien der Verfassungsinterpretation, VVDSTRL, 1963. S. 53～102; Schneider, Richterrecht, Gesetzesrecht und Verfassungsrecht; Schneider, Gerichtsfreie Hoheitsakte, 1951; Stern, Verfassungsgerichtbarkeit zwischen Recht und Politik, 1980 등 참조.

5. 우리나라의 違憲法律審査制度

우리나라의 위헌법률심사제도[1]는 그 동안 많은 변천을 거쳤다. 제 1 공화국헌법에서는 헌법위원회제도를 두어 부통령을 위원장으로 하고 대법관 5 인과 국회의원 5 인의 위원으로써 조직하여, 사법부와 입법부간의 정치적 타협을 모색하는 정치적 심판기구로 하였다.

이러한 헌법위원회에 대한 불만 때문에 제 2 공화국헌법은 독일식인 헌법재판소제도를 도입하였다. 이 헌법재판소는 9 인의 심판관으로써 구성하되, 대통령 · 대법원 · 참의원이 각각 3 명씩 선출하게 하였다. 헌법재판소의 심판관은 법관의 자격이 있는 자로서 선임된 자이기 때문에 진정한 사법기관으로 예정되었으나 5·16군사쿠데타로 실제로 설치되지는 못하였다.

그러나 제 3 공화국헌법에서는 미국식인 사법심사제도를 채택하였다. 제 3 공화국하에서는 대법원과 각급법원이 사법심사권을 장악하여 헌법의 해석기관으로 등장하였으나 위헌판결은 활발하지 못하였다.

이에 제 4 공화국헌법은 헌법위원회제도를 채택하게 되었다. 제 4 공화국헌법의 헌법위원회는 헌법의 보장기관으로서 정치적 심판기관인 점에 특색이 있었다. 제 5 공화국헌법은 제 4 공화국헌법의 헌법위원회제도를 답습하고 있었다. 그러나 제 4 공화국 · 제 5 공화국의 헌법위원회는 단 한 건의 위헌심판도 행하지 않아 休眠機關이라는 오명을 얻기도 하였다.

이에 제 6 공화국헌법은 다시 헌법재판소제도를 도입하였으나, 제 2 공화국헌법과는 달리 추상적 규범통제를 인정하지 않고 있다. 헌법의 수호를 위해서는 위헌법률심사뿐만 아니라 헌법소원,[2] 탄핵심판, 정당해산 등을 담당하고 있다.

---

1) 상세한 것은 김철수, 헌법학(하), 2009, 제 4 편 제 6 장 제 1 절 Ⅱ. 우리나라 헌법재판소의 지위 및 제 4 절 Ⅰ. 위헌법률심판권 참조. 그리고 김철수, 위헌법률심사제도론, 1983; 김철수, 한국의 헌법재판제도, 韓日學術交流論文, 학술원 2006; 김효전, 미국의 위헌법률심사제가 일본과 한국에 미친 영향, 서울대학교 박사학위논문, 1981; 정재황, 헌법재판개론; 신평, 헌법재판론; 정종섭, 헌법소송법; 허영, 헌법소송법; Young-chul Chang, Die konkrete Normenkontrolle in der Verfassung der Republik Korea, 세계헌법연구 3, 1998, 441～466 면; Yung Huh, Entwicklung und Stand der Verfassungsgerichtsbarkeit in Korea, Starck(Hrsg.), Fortschritte der Verfassungsgerichtsbarkeit in der Welt, Teil Ⅰ, 2004, S. 85 ff. 등도 참조.

2) 헌재의 소수의견은 「헌법재판소법 제68조 제 1 항의 헌법소원심판은 기본권을 보호하여 헌법질서를 수호하기 위한 것이다」고 하고 있다(헌재 2007. 10. 4 선고, 2006 헌마 648, 헌재판례집 제19권 2 집, 423면 이하(429면)). 헌재의 다수의견도 「헌법소원은 주관적인 권리구제뿐만 아니라 객관적 헌법질서보장의 기능도 겸하고 있으므로」라고 하고 「헌법질서의 수호를 위하여 그에 대한 헌법적 해명이 긴요한 사항에 관하여」는 권리보호의 이익을 인정하고 있다(헌재 2008. 2. 28 선고, 2005 헌마 396, 헌재판례집 제20권 1 집(상), 268면 이하(275면)).

[判] 憲法裁判制度에 관한 重要 判例

1. 國會議員의 國會議長을 相對로 한 權限爭議 適格與否[1)]

[판 단]

가. 심판청구의 적법성에 관한 판단

(1) 국회의원과 국회의장이 권한쟁의심판의 당사자가 될 수 있는지 여부

(가) 헌법 제111조 제 1 항 제 4 호에서 헌법재판소의 관장사항의 하나로 "국가기관 상호간, 국가기관과 지방자치단체 간 및 지방자치단체 상호간의 권한쟁의에 관한 심판"이라고 규정하고 있을 뿐 권한쟁의심판의 당사자가 될 수 있는 국가기관의 종류나 범위에 관하여는 아무런 규정을 두고 있지 않고, 이에 관하여 특별히 법률로 정하도록 위임하고 있지도 않다. 따라서 입법자인 국회는 권한쟁의심판의 종류나 당사자를 제한할 입법형성의 자유가 있다고 할 수 없고, 헌법 제111조 제 1 항 제 4 호에서 말하는 국가기관의 의미와 권한쟁의심판의 당사자가 될 수 있는 국가기관의 범위는 결국 헌법해석을 통하여 확정하여야 할 문제이다.

그렇다면 헌법재판소법 제62조 제 1 항 제 1 호가 비록 국가기관 상호간의 권한쟁의심판을 "국회, 정부, 법원 및 중앙선거관리위원회 상호간의 권한쟁의심판"이라고 규정하고 있다고 할지라도 이 법률조항의 문언에 얽매여 곧바로 이들 기관 외에는 권한쟁의심판의 당사자가 될 수 없다고 단정할 수는 없다.

(나) 국가기관 상호간에는 그 권한의 존부와 행사를 둘러싸고 항시 다툼과 대립이 생길 수 있고, 그러한 분쟁이 자체적으로 조정, 해결되지 아니하는 한 제 3 의 국가기관에 의한 해결을 도모할 수밖에 없다. 우리나라에서는 이를 위한 제도로서 헌법 제111조 제 1 항 제 4 호에 의하여 헌법재판소가 관장하는 권한쟁의심판제도와 행정소송법 제 3 조 제 4 호에 의하여 법원이 관할하는 기관소송제도를 마련하고 있다.

그런데 헌법이 특별히 권한쟁의심판의 권한을 법원의 권한에 속하는 기관소송과 달리 헌법의 최고 해석·판단기관인 헌법재판소에 맡기고 있는 취지에 비추어 보면, 헌법 제111조 제 1 항 제 4 호가 규정하고 있는 '국가기관 상호간'의 권한쟁의심판은 헌법상의 국가기관 상호간에 권한의 존부나 범위에 관한 다툼이 있고 이를 해결할 수 있는 적당한 기관이나 방법이 없는 경우에 헌법재판소가 헌법해석을 통하여 그 분쟁을 해결함으로써 국가기능의 원활한 수행을 도모하고 국가권력 간의 균형을 유지하여 헌법질서를 수호·유지하고자 하는 제도라고 할 것이다.

따라서 헌법 제111조 제 1 항 제 4 호 소정의 '국가기관'에 해당하는지 아닌지를 판별함에 있어서는 그 국가기관이 헌법에 의하여 설치되고 헌법과 법률에 의하여 독자적인 권한을 부여받고 있는지 여부, 헌법에 의하여 설치된 국가기관 상호간의 권한쟁의를 해결할 수 있는 적당한 기관이나 방법이 있는지 여부 등을 종합적으로 고려하여야 할 것이다.

(다) 이 사건 심판청구의 청구인인 국회의원은 헌법 제41조 제 1 항에 따라 국민의 선거에 의하여 선출된 헌법상의 국가기관으로서 헌법과 법률에 의하여 법률안 제출권, 법률안 심의·표결권 등 여러 가지 독자적인 권한을 부여받고 있으며, 피청구인인 국회의장도 헌법 제48조에 따라 국회에서 선출되는 헌법상의 국가기관으로서 헌법과 법률에 의하여 국회를 대표하고 의사를 정리하며, 질서를 유지하고 사무를 감독할 지위에 있고, 이러한 지위에서 본회의 개

---

1) 헌재 1997. 7. 16 선고, 96 헌라 2, 헌재판례집 제 9 권 2 집, 154면 이하.

의시의 변경, 의사일정의 작성과 변경, 의안의 상정, 의안의 가결선포 등의 권한을 행사하게 되어 있다.

따라서 국회의원과 국회의장 사이에 위와 같은 각자 권한의 존부 및 범위와 행사를 둘러싸고 언제나 다툼이 생길 수 있고, 이와 같은 분쟁은 단순히 국회의 구성원인 국회의원과 국회의장 간의 국가기관 내부의 분쟁이 아니라 각각 별개의 헌법상의 국가기관으로서의 권한을 둘러싸고 발생하는 분쟁이라고 할 것인데, 이와 같은 분쟁을 행정소송법상의 기관소송으로 해결할 수 없고 권한쟁의심판 이외에 달리 해결할 적당한 기관이나 방법이 없으므로(행정소송법 제 3 조 제 4 호 단서는 헌법재판소의 관장사항으로 되는 소송을 기관소송의 대상에서 제외하고 있으며, 같은 법 제45조는 기관소송을 법률이 정한 경우에 법률이 정한 자에 한하여 제기할 수 있도록 규정하고 있다) 국회의원과 국회의장은 헌법 제111조 제 1 항 제 4 호 소정의 권한쟁의심판의 당사자가 될 수 있다고 보아야 할 것이다.

한편 복수정당제도하에서 여당과 야당의 대립과 타협에 의하여 국회가 운영되는 정당국가적 현실에 비추어 보거나 우리와 유사한 권한쟁의심판제도를 두고 있는 다른 나라의 예(예컨대 독일의 경우 국회의원이나 국회의장을 당사자로 하는 권한쟁의심판이 허용되고 있다)에 견주어 보더라도 국회의원과 국회의장은 권한쟁의심판의 당사자가 될 수 있다고 해석하여야 할 것이다.

(라) 그리고 위와 같이 국회의원과 국회의장을 헌법 제111조 제 1 항 제 4 호의 '국가기관'에 해당하는 것으로 해석하는 이상 국회의원과 국회의장을 권한쟁의심판을 할 수 있는 국가기관으로 열거하지 아니한 헌법재판소법 제62조 제 1 항 제 1 호의 규정도 한정적, 열거적인 조항이 아니라 예시적인 조항으로 해석하는 것이 헌법에 합치된다고 할 것이다.

(2) 이 사건 심판의 대상이 헌법재판소가 심사할 수 없는 국회 내부의 자율에 관한 문제인지 여부

국회는 국민의 대표기관, 입법기관으로서 폭넓은 자율권을 가지고 있고, 그 자율권은 권력분립의 원칙이나 국회의 지위, 기능에 비추어 존중되어야 하는 것이지만, 한편 법치주의의 원리상 모든 국가기관은 헌법과 법률에 의하여 기속을 받는 것이므로 국회의 자율권도 헌법이나 법률을 위반하지 않는 범위 내에서 허용되어야 하고 따라서 국회의 의사절차나 입법절차에 헌법이나 법률의 규정을 명백히 위반한 흠이 있는 경우에도 국회가 자율권을 가진다고는 할 수 없다.

헌법 제64조도 국회의 자율권에 관하여 국회는 법률에 저촉되지 아니하는 범위 안에서 의사와 내부규율에 관한 규칙을 제정할 수 있고, 의원의 자격심사·징계·제명에 관하여 자율적 결정을 할 수 있다고 규정하고 있다.

이 사건은 국회의장이 국회의원의 헌법상 권한을 침해하였다는 이유로 국회의원인 청구인들이 국회의장을 상대로 권한쟁의심판을 청구한 사건이므로 이 사건 심판대상은 국회의 자율권이 허용되는 사항이라고 볼 수 없고, 따라서 헌법재판소가 심사할 수 없는 국회 내부의 자율에 관한 문제라고 할 수는 없다.

(3) 그렇다면 이 사건 심판청구는 권한쟁의심판을 청구할 수 있는 국회의원인 청구인들이 국회의장을 상대로 국회의장의 본회의 개의, 법률안 상정, 가결선포행위가 그들의 권한을 침해하였다고 주장하여 권한침해의 확인과 아울러 그 행위의 위헌확인을 구하는 것으로서 적법하다.

따라서 우리 재판소가 종전에 1995.2.23 선고, 90 헌라 1 결정에서 이와 견해를 달리하여 헌법재판소법 제62조 제 1 항 제 1 호를 한정적·열거적인 조항으로 보아 국회의원은 권한쟁의

심판의 청구인이 될 수 없다고 판시한 의견은 재판관 황도연, 재판관 정경식, 재판관 신창언을 제외한 나머지 재판관 6인의 찬성으로 이를 변경하기로 한다.

[재판관 황도연, 재판관 정경식, 재판관 신창언의 반대의견]

우리는 국회의원이 국회의장을 상대로 적법하게 권한쟁의심판을 청구할 수 있다고 보아 본안판단에 나아간 다수의견에 대하여 다음과 같은 이유로 반대한다.

(가) 우리 재판소는 1995. 2. 23 선고, 90 헌라 1 결정에서 관여재판관 전원의 일치된 의견으로 국회의원이나 교섭단체는 권한쟁의심판의 청구인이 될 수 없다고 한 바 있는데, 그 이유의 요지는 다음과 같다.

(나) 헌법 제111조 제 1 항 제 4 호에 규정된 권한쟁의심판제도는 국가기관이나 지방자치단체와 다른 국가기관 또는 지방자치단체 사이에 권한의 존부 또는 범위에 관하여 다툼이 있는 경우 헌법재판소가 이를 심판하여 그 권한과 의무의 한계를 명확히 함으로써 국가기능의 원활한 수행을 도모하고 권력 상호간의 견제와 균형을 유지시켜 헌법질서를 보호하려는 제도이다. 이와 같은 권한쟁의심판제도의 목적에 비추어 볼 때 헌법 제111조 제 1 항 제 4 호 소정의 '국가기관 상호간의 권한쟁의'는 상호 견제와 균형을 유지하도록 권한이 분배된 대등한 권력행사기관 사이의 권한에 관한 다툼을 의미한다 할 것이므로, 헌법재판소법 제62조 제 1 항 제 1 호에서 국가기관 상호간의 권한쟁의심판을 "국회, 정부, 법원 및 중앙선거관리위원회 상호간의 권한쟁의심판"이라고 규정한 것은 국가기관 상호간의 권한쟁의심판을 이들 기관 상호간의 권한쟁의심판으로 열거하여 헌법의 위 규정을 명확하게 구체화한 것이라 할 것이다.

따라서 이에 열거되지 아니한 기관이나 열거된 기관 내의 각급기관은 권한쟁의심판의 당사자가 될 수 없으며 또 위 열거된 국가기관 내부의 권한에 관한 다툼은 권한쟁의심판의 대상이 되지 않으며, 다만 법률의 규정에 의하여 행정소송법상 기관소송의 대상이 되는 경우 그 방법에 의하여 권한의 존부 등에 관한 다툼을 해결할 수 있을 뿐이다. 그러므로 국회의 경우 현행 권한쟁의심판제도하에서는 국회만이 당사자로 되어 권한쟁의심판을 수행할 수 있을 뿐이고, 국회의 구성원이거나 국회 내의 일부기관인 국회의원 및 교섭단체 등이 국회 내의 다른 기관인 국회의장을 상대로 권한쟁의심판을 청구할 수는 없다고 보아야 한다.

(다) 그런데 그간 위 결정을 변경하여야 할 특별한 사정변경이 있었다고 볼 수도 없고, 이 사건 권한쟁의심판청구에 위 결정과는 다른 법리가 적용되어야 할 사유가 있다고 보기도 어렵다. 따라서 우리는 다수의견과는 달리 위 결정을 그대로 유지하여야 한다고 판단되어 반대의견을 개진하는 것이고, 우리 의견의 자세한 내용은 위 90 헌라 1 결정의 판시내용을 그대로 원용한다.

다만 이 사건에서 한 가지 말해 두고 싶은 것은, 우리의 견해대로 풀이하면 이 사건에서 청구인들은 자기들의 국회의원으로서의 권한이 침해되었다고 주장하면서 그 권한침해에 대한 확인을 구하고 있는데도 이를 해결해 줄 법적 구제방법이 없게 된다는 점에 관한 것이다. 헌법은 명문으로 복수정당제를 보장하고 있으며(제 8 조 제 1 항) 우리나라 국회가 생긴 이래 언제나 여당과 야당 및 다수당과 소수당의 대립이 있어 왔고 그 각자의 정책기조나 정책판단의 차이에 따라 이해관계가 첨예하게 대립되는 법률안이나 의안의 경우 그 심의 내지 표결절차 등에 흠이 있다 하여 국회 내부에서 흔히 분쟁이 있었는데도 국회법에 이에 관한 아무런 해결규정이 없는바, 기관소송은 법률이 정한 경우에 법률에 정한 자에 한하여 이를 제기할 수 있도록 한 기관소송의 성격(입법정책성) 및 현행 행정소송법제(행정소송법 제45조)에 비추어 이는 명백한 입법의 불비로서, 조속한 시일 내에 그 입법이 있어야 할 것이다. 그러나 이러한 입법의 불비를 해결하기 위하여 기관소송에 관한 헌법재판소와 법원 간의 권한분배(헌법재판소법 제 2 조, 제62조, 행정소송법 제 3 조 제 4 호 참조) 및 헌법재판소법 제62조의 명문규정에 반하여 권한쟁의심판의 당사자의 범위를 확장하는 것은 문제해결의 본말을 그르친 것이 아닌가 생각된다.

나. 이 사건 법률안 가결선포행위의 위헌확인청구에 대한 판단

이 부분 청구의 인용 여부에 관하여는 아래와 같이 재판관들 사이에 의견이 나뉜다.

[재판관 김용준, 재판관 김문희, 재판관 이영모의 의견]

권한쟁의심판의 결정내용에 관한 헌법재판소법 제66조는 제 1 항에서 "헌법재판소는 심판의 대상이 된 국가기관 또는 지방자치단체의 권한의 존부 또는 범위에 관하여 판단한다"고 규정하면서, 제 2 항에서 "제 1 항의 경우 피청구기관의 처분 또는 부작위가 이미 청구인의 권한을 침해한 때에는 이를 취소하거나 그 무효를 확인할 수 있다"고 규정하고 있다.

그런데 청구인들은 이 사건에서 권한침해 여부에 대한 확인을 구함에 그치지 않고 나아가 피청구인의 이 사건 법률안 가결선포행위에 대한 위헌확인까지 구하고 있는바, 권한쟁의심판청구서, 준비서면 등과 변론에 나타난 청구인들의 주장을 종합하여 보면, 이 부분 확인청구는 결국 피청구인의 행위의 효력을 제거해 달라는 취지로 보이므로 심판청구서에 기재된 표현문구에 구애될 필요없이 이를 헌법재판소법 제66조 제 2 항의 무효확인청구로 받아들여 판단함이 상당하다.

국회의 입법절차는 법률안의 제출로부터 심의·표결 및 가결선포와 정부에의 이송에 이르기까지 여러 과정을 거쳐 진행되며, 그 과정에 국회의 구성원인 다수의 국회의원들이 참여하여 국민의 의사나 상충하는 이익집단 간의 이해를 반영하게 된다. 이와 같은 국회 입법절차의 특성상 그 개개의 과정에서 의도적이든 아니든 헌법이나 법률의 규정을 제대로 준수하지 못하는 잘못이 있을 수 있다. 그러한 잘못이 현실로 나타날 경우 그로 인하여 일부 국회의원들의 입법에 관한 각종의 권한이 침해될 수 있는 데, 이러한 사정만으로 곧바로 법률안의 가결선포행위를 무효로 한다면 이는 곧 그 법률의 소급적 무효로 되어 국법질서의 안정에 위해를 초래하게 된다.

따라서 국회의 입법과 관련하여 일부 국회의원들의 권한이 침해되었다 하더라도 그것이 입법절차에 관한 헌법의 규정을 명백히 위반한 흠에 해당하는 것이 아니라면 그 법률안의 가결선포행위를 무효로 볼 것은 아니라고 할 것인바, 우리 헌법은 국회의 의사절차에 관한 기본원칙으로 제49조에서 '다수결의 원칙'을, 제50조에서 '회의공개의 원칙'을 각 선언하고 있으므로, 이 사건 법률안의 가결선포행위의 효력 유무는 결국 그 절차상에 위 헌법규정을 명백히 위반한 흠이 있는지 여부에 의하여 가려져야 할 것이다.

그러므로 나아가 이 사건 기록과 변론에 나타난 자료를 토대로 이 사건 법률안의 의결절차에 과연 위 헌법규정을 명백히 위반한 흠이 있는지에 관하여 보건대, 이 사건 법률안은 재적의원의 과반수인 국회의원 155인이 출석한 가운데 개의된 본회의에서 출석의원 전원의 찬성으로(결국 재적의원 과반수의 찬성으로) 의결처리되었고, 그 본회의에 관하여 일반국민의 방청이나 언론의 취재를 금지하는 조치가 취하여지지도 않았음이 분명하므로, 그 의결절차에 위 헌법규정을 명백히 위반한 흠이 있다고는 볼 수 없다.

청구인들은 위 본회의의 소집과정에서 상당수 국회의원들에 대하여 적법한 개회통지가 이루어지지 않았고 또 전격적인 개의로 말미암아 일반국민의 방청이나 언론의 취재도 사실상 곤란하였다는 점을 들어 이 사건 법률안이 입법절차에 관한 헌법의 규정을 위반하여 가결선포된 것이라고 주장하고 있으나, 이러한 문제는 모두 의사절차상의 국회법위반 여부나 의사

절차의 적정성 여부에 관련된 것에 불과한 것으로 보아야 할 것이다.

그렇다면 피청구인의 이 사건 법률안의 가결선포행위에는 위에서 본 바와 같은 국회법위반의 하자는 있을지언정 입법절차에 관한 헌법의 규정을 명백히 위반한 흠이 있다고 볼 수 없으므로, 이를 무효라고 할 수는 없다.

[재판관 이재화, 재판관 조승형, 재판관 고중석의 의견]

의회민주주의의 기본원리의 하나인 다수결원리는 의사형성과정에서 소수파에게 토론에 참가하여 다수파의 견해를 비판하고 반대의견을 밝힐 수 있는 기회를 보장하여 다수파와 소수파가 공개적이고 합리적인 토론을 거쳐 다수의 의사로 결정을 한다는 데 그 정당성의 근거가 있는 것이다. 따라서 입법과정에서 소수파에게 출석할 기회를 주지 않고 토론과정을 거치지 아니한 채 다수파만으로 단독 처리하는 것은 다수결원리에 의한 의사결정이라고 볼 수 없다.

헌법 제49조는 "국회는 헌법 또는 법률에 특별한 규정이 없는 한 재적의원 과반수의 출석과 출석의원 과반수의 찬성으로 의결한다. 가부동수인 때에는 부결된 것으로 본다"고 규정하고 있다.

이 규정은 의회민주주의의 기본원리인 다수결원리를 선언한 것으로서 이는 단순히 재적의원 과반수의 출석과 출석의원 과반수에 의한 찬성을 형식적으로 요구하는 것에 그치지 않는다. 헌법 제49조는 국회의 의결은 통지가 가능한 국회의원 모두에게 회의에 출석할 기회가 부여된 바탕 위에 재적의원 과반수의 출석과 출석의원 과반수의 찬성으로 이루어져야 한다는 것으로 해석하여야 한다.

이러한 풀이는 의회민주주의와 다수결원리의 헌법적 의미를 고려하면 당연한 것이다. 헌법 제49조를 형식적으로 풀이하여 재적의원 과반수를 충족하는 다수파에게만 출석의 가능성을 준 다음 그들만의 회의로 국가의사를 결정하여도 헌법위반이 아니라고 해석하는 것은 의회민주주의의 기본원리인 공개와 토론의 원리 및 다수결원리의 정당성의 근거를 외면한 것이고, 복수정당제도를 채택하고 있는 헌법의 정신에 정면배치될 뿐만 아니라 결과적으로 국민의 다원적 의사를 대표하는 국민대표기관으로서의 국회의 본질적 기능을 무너뜨리는 것이다.

헌법 제49조의 다수결원리를 구체화하는 규정으로 국회법은 제72조와 제76조에서 국회 본회의의 개의와 의사일정에 관한 규정을 두고 있는 것인데, 위에서 본 바와 같이 피청구인은 위 국회법규정에 위반하여 청구인들에게 본회의 개의일시를 알리지 않음으로써 본회의에의 출석가능성을 배제한 가운데 본회의를 개의하여, 신한국당 소속의원들만 출석한 가운데 그들만의 표결로 이 사건 법률들이 가결되었음을 선포한 것이므로, 피청구인의 이 사건 법률안의 가결선포행위는 국회의원인 청구인들의 권한을 침해한 것임과 아울러 다수결원리를 규정한 헌법 제49조에 명백히 위반되는 것이라고 아니할 수 없다.

[결 론]

그러므로 피청구인이 이 사건 본회의를 개의하고 이 사건 법률안을 상정하여 가결선포한 행위는 헌법에 의하여 부여받은 청구인들의 법률안 심의·표결의 권한을 침해한 것이므로 그 확인을 구하는 심판청구는 이유 있어 이를 받아들이고, 청구인들의 나머지 청구는 인용의견이 재판관 과반수에 이르지 못하므로 이를 기각하기로 하여 주문과 같이 결정하는 것이다.

이 결정의 주문 제 1 항에 관하여는 재판관 황도연, 재판관 정경식, 재판관 신창언의 각하의견이 있는 외에 나머지 재판관 전원의 의견이 일치되었고, 주문 제 2 항에 관하여는 재판관 황도연, 재판관 정경식, 재판관 신창언의 각하의견과 재판관 김용준, 재판관 김문희, 재판관 이영모의 기각의견 및 재판관 이재화, 재판관 조승형, 재판관 고중석의 인용의견으로 나뉘었다.

2. 國會議長과 國會議員 間의 權限爭議[1)]

헌법 제64조는 국회가 법률에 저촉되지 아니하는 범위 안에서 의사와 내부규율에 관한 규칙을 제정할 수 있고, 의원의 자격심사·징계·제명에 관하여 자율적 결정을 할 수 있음을 규정하여 국회의 자율권을 보장하고 있는바, 국회는 국민의 대표기관이자 입법기관으로서 의사(議事)와 내부규율 등 국회운영에 관하여 폭넓은 자율권을 가지므로 국회의 의사절차나 입법절차에 헌법이나 법률의 규정을 명백히 위반한 흠이 있는 경우가 아닌 한 그 자율권은 권력분립의 원칙이나 국회의 위상과 기능에 비추어 존중되어야 한다(헌재 1997. 7. 16. 96 헌라 2, 헌재판례집 9-2, 154). 따라서 그 자율권의 범위 내에 속하는 사항에 관한 국회의 판단에 대하여 다른 국가기관이 개입하여 그 정당성을 가리는 것은 바람직하지 않고, 헌법재판소도 그 예외는 아니다.

이 사건의 경우를 보건대, 임명동의안에 대한 투표절차의 적법 여부 등에 관하여 국회법에 분명한 규정이 없어 논란의 여지가 많으므로 그 투표절차를 둘러싼 여러 문제를 어떻게 처리할 것인지는 국회의 자율권의 범위 내에 속하는 문제라 할 것이고, 따라서 대립당사자인 여·야의 타협과 절충을 통하여 자율적으로 해결할 수 있었다. 그러나 이를 위하여 열린 3당 총무회담마저 위에서 본 바와 같이 결렬되고 말았다.

이러한 사정하에서라면 이 사건 투표절차에 관한 최종적 판단권은 결국 국회의 대표자로서 의사진행에 관한 전반적이고 포괄적인 권한과 책임이 부여된 국회의장, 즉 피청구인에게 유보되어 있다고 하여야 한다(국회법 제76조 제 2 항 참조). 피청구인으로서는 이미 행해진 투표의 효력을 어떻게 볼 것인지, 투표가 중단된 것으로 볼 것인지, 그렇지 않고 투표가 종결된 것으로 보아 개표절차를 진행할 것인지, 재투표를 실시할 것인지, 아니면 이러한 판단 일체를 미루고 계속 여·야 간의 대화와 타협을 촉구할 것인지 등 가능한 여러 방안에 대한 선택권을 가진다. 피청구인에게 인정되는 이러한 자율적 의사진행권한은 넓게 보아 국회의 자율권의 일종이고, 피청구인이 이처럼 논란의 여지가 많은 사실관계하에서 개표절차를 진행하여 표결결과를 선포하지 아니하였다 하여 그것이 헌법이나 법률에 명백히 위배되는 행위라고는 인정되지 않으므로 다른 국가기관은 이를 존중하여야 한다. 따라서 이 사건 본회의의 투표가 정상적으로 종결되었는지에 관하여 헌법재판소가 독자적으로 판단하는 것은 바람직하지 않고, 그 결과 피청구인에게 개표절차를 진행하여 표결결과를 선포할 의무가 있음을 인정할 수도 없다. 이를 인정한다면 헌법재판소의 법적 판단으로 피청구인의 자율적 판단을 배척하는 것이 되어 국회의 자율권을 존중하지 않는 것이 되기 때문이다.

그렇다면 피청구인에게 임명동의안에 대한 투표에 관하여 개표절차를 진행하여 표결결과를 선포하여야 할 작위의무가 있다고 할 수 없고, 그러한 작위의무가 인정되지 않는 이상 피청구인의 부작위에 의한 권한침해를 다투는 권한쟁의심판은 허용되지 않으므로 이 사건 심판청구는 부적법하다.

[재판관 정경식, 재판관 신창언의 별개의견]

우리는 이 사건 심판청구가 부적법하므로 각하하여야 한다는 데에는 다수의견과 결론을 같이 하나, 결론에 이르는 이유에 있어서는 다수의견과 견해를 달리하므로 이를 밝혀 두고자 한다.

우리는 국회의원이 대통령이나 국회의장을 상대로 적법하게 권한쟁의심판을 청구할 수 없다고 본다.

(1) 헌법 제111조 제 1 항 제 4 호는 헌법재판소의 관장사항의 하나로서 "국가기관 상호간,

1) 헌재 1998. 7. 14 선고, 98 헌라 3, 헌재판례집 제10권 2집, 74면 이하.

국가기관과 지방자치단체 간 및 지방자치단체 상호간의 권한쟁의에 관한 심판"을 규정하고 있으며, 위 규정에 의한 권한쟁의심판제도는 공권력을 행사하는 국가기관이나 지방자치단체와 다른 국가기관 또는 지방자치단체 사이에 권한의 존부 또는 범위에 관하여 다툼이 있는 경우 헌법재판소가 이를 심판하여 그 권한과 의무의 한계를 명확히 함으로써 국가기능의 원활한 수행을 도모하고 권력 상호간의 견제와 균형을 유지시켜 헌법질서를 보호하려는 제도이다. 그리고 위 헌법규정에 근거하여 헌법재판소법 제61조는 "① 국가기관 상호간, 국가기관과 지방자치단체 간 및 지방자치단체 상호간에 권한의 존부 또는 범위에 관하여 다툼이 있을 때에는 당해 국가기관 또는 지방자치단체는 헌법재판소에 권한쟁의심판을 청구할 수 있다. ② 제 1 항의 심판청구는 피청구인의 처분 또는 부작위가 헌법과 법률에 의하여 부여받은 청구인의 권한을 침해하였거나 침해할 현저한 위험이 있는 때에 한하여 이를 할 수 있다"고 권한쟁의심판의 청구사유를 규정하고 있으며, 권한쟁의심판의 종류를 규정한 제62조는 제 1 항 제 1 호에서 "국가기관 상호간의 권한쟁의심판"을 "국회, 정부, 법원 및 중앙선거관리위원회 상호간의 권한쟁의심판"이라고 열거하고 있다.

(2) 위와 같은 권한쟁의심판제도의 목적에 비추어 볼 때 헌법 제111조 제 1 항 제 4 호 소정의 "국가기관 상호간의 권한쟁의"는 우리 헌법이 국민주권주의와 권력분립의 원칙에 따라 주권자인 국민으로부터 나온 국가권력을 나누어 상호 견제와 균형을 유지하도록 권한을 분배한 대등한 권력행사기관 사이의 권한에 관한 다툼을 의미한다고 할 것이므로, 헌법재판소법 제62조 제 1 항 제 1 호가 "국가기관 상호간의 권한쟁의심판"을 "국회, 정부, 법원 및 중앙선거관리위원회 상호간의 권한쟁의심판"이라고 규정한 것은 국가의 입법권, 행정권 및 사법권을 행사하는 국가기관인 국회, 정부 및 법원과 선거관리사무를 담당하는 중앙선거관리위원회를 열거하여 헌법의 위 규정을 명확하게 구체화한 것이라고 할 것이다.

(3) 따라서 헌법재판소법 제62조 제 1 항 제 1 호에 열거되지 아니한 기관이나 또는 열거된 기관 내의 각급 기관은 비록 그들이 공권적 처분을 할 수 있는 지위에 있을지라도 권한쟁의심판의 당사자가 될 수 없으며 또 위에 열거된 국가기관 내부의 권한에 관한 다툼은 권한쟁의심판의 대상이 되지 않는다고 볼 수밖에 없다. 그러므로 국회의 경우 현행 권한쟁의심판제도하에서는 국가기관으로서의 국회만이 당사자로 되어 권한쟁의심판을 수행할 수 있을 뿐이고, 국회의 구성원이나 국회 내의 일부기관인 국회의원 및 교섭단체 등이 국회 내의 다른 기관인 국회의장을 상대로 권한쟁의심판을 청구할 수는 없다고 할 것이다.

(4) 다만 우리의 견해대로 풀이하면 이 사건에서와 같이 국회의원으로서의 권한이 침해되었다고 주장할 경우 이를 확인하고 해결해 줄 법적 구제방법이 없게 된다. 헌법은 명문으로 복수정당제를 보장하고 있으며(제 8 조 제 1 항), 우리나라 국회가 생긴 이래 언제나 여당과 야당 및 다수당과 소수당의 대립이 있어 왔고, 각자의 정책과 이해관계가 첨예하게 대립되는 법률안이나 의안의 경우 그 심의 내지 표결절차 등에 흠이 있다 하여 국회 내부에서 흔히 분쟁이 있었는데도 국회법에 이에 관한 아무런 해결규정이 없는바, 행정소송법상의 기관소송은 법률이 정한 경우에 법률에 정한 자에 한하여 이를 제기할 수 있도록 한 기관소송의 성격(입법정책성) 및 현행 행정소송법제(행정소송법 제45조)에 비추어 이는 명백한 입법의 불비로서, 조속한 시일 내에 그 입법이 있어야 할 것이다. 그러나 이러한 입법의 불비를 해결하기 위하여 기관소송에 관한 헌법재판소와 법원 간의 권한분배(헌법재판소법 제 2 조, 제62조, 행정소송법 제 3 조 제 4 호 참조) 및 헌법재판소법 제62조의 명문규정에 반하여 권한쟁의심판의 당사자의 범위를 확장하는 것은 문제해결의 본말을 그르친 것이 아닌가 생각된다.

3. 國會의 自律權[1]

국회는 국민의 대표기관이자 입법기관으로서 의사(議事)와 내부규율 등 국회운영에 관하여 폭넓은 자율권을 가지므로 국회의 의사절차나 입법절차에 헌법이나 법률의 규정을 명백히 위반한 흠이 있는 경우가 아닌 한, 그 자율권은 권력분립의 원칙이나 국회의 위상과 기능에 비추어 존중되어야 하며, 따라서 그 자율권의 범위 내에 속하는 사항에 관한 국회의 판단에 대하여 다른 국가기관이 개입하여 그 정당성을 가리는 것은 바람직하지 않고, 헌법재판소도 그 예외는 아니다(헌재 1998. 7. 14. 98 헌라 3, 헌재판례집 10-2, 74, 83).

또한, 국회의장은 국회법 제10조에 의거 원칙적으로 의사진행에 관한 전반적이고 포괄적인 권한과 책임이 부여되어 있으므로, 본회의의 의사절차에 다툼이 있거나 정상적인 의사진행이 불가능한 경우에 의사진행과 의사결정에 대한 방법을 선택하는 문제는 국회의장이 자율적으로 결정하여야 할 사항으로서, 이러한 국회의장의 의사진행권은 넓게 보아 국회자율권의 일종으로서 그 재량의 한계를 현저하게 벗어난 것이 아닌 한 존중되어야 하므로 헌법재판소도 이에 관여할 수 없는 것이 원칙이다(헌재 2000. 2. 24. 99 헌라 1, 헌재판례집 12-1, 115, 128).

[국회에서의 충분한 조사 및 심사가 결여되었다는 주장에 관하여]

피청구인은 국회가 대통령에 대한 탄핵소추를 하려면 소추의 사유와 그 증거를 충분히 조사하여 헌법재판소가 즉시 탄핵심판의 당부를 판단할 수 있을 정도로 소추사유와 증거를 명백하게 밝혀야 한다고 주장한다. 물론, 국회가 탄핵소추를 하기 전에 소추사유에 관하여 충분한 조사를 하는 것이 바람직하나, 국회법 제130조 제 1 항에 의하면 "탄핵소추의 발의가 있은 때에는 …본회의는 의결로 법제사법위원회에 회부하여 조사하게 할 수 있다"고 하여, 조사의 여부를 국회의 재량으로 규정하고 있으므로, 이 사건에서 국회가 별도의 조사를 하지 않았다 하더라도 헌법이나 법률을 위반하였다고 할 수 없다.

4. 國會와 行政立法[2]

이 사건과 같이, 기본권을 제한하는 법률의 위헌성여부가 미래에 나타날 법률 효과에 달려 있다면, 헌법재판소가 과연 어느 정도로 이에 관한 입법자의 예측판단을 심사할 수 있으며, 입법자의 불확실한 예측판단을 자신의 예측판단으로 대체할 수 있는 것일까?

법률이 제정되면 미래에 있어서 작용하고 효과를 발생시키므로, 입법자는 법률의 형태로써 정치적 결정을 내리는 과정에서 법률과 법현실과의 관계에 관한 일정한 예측으로부터 출발한다. 그러나 이러한 예측판단에는 항상 불확실한 요소가 내재되어 있다.

따라서 헌법재판소의 규범심사과정에서 결정의 전제가 되는 중요한 사실관계가 밝혀지지 않는다든지 특히 법률의 효과가 예측되기 어렵다면, 이러한 불확실성이 공익실현을 위하여 국민의 기본권을 침해하는 입법자와 기본권을 침해당하는 국민 중에서 누구의 부담으로 돌아가야 하는가 하는 문제가 제기된다. 법률이 개인의 핵심적 자유영역(생명권, 신체의 자유, 직업선택의 자유 등)을 침해하는 경우 이러한 자유에 대한 보호는 더욱 강화되어야 하므로, 입법자는 입법의 동기가 된 구체적 위험이나 공익의 존재 및 법률에 의하여 입법목적이 달성될 수 있다는 구체적 인과관계를 헌법재판소가 납득하게끔 소명·입증해야 할 책임을 진다고 할 것이다. 반면에, 개인이 기본권의 행사를 통하여 일반적으로 타인과 사회적 연관관계에 놓여

1) 헌재 2004. 5. 14 선고, 2004 헌나 1, 헌재판례집 제16권 1집, 609면 이하.
2) 헌재 2002. 10. 31 선고, 99 헌바 76, 2000 헌마 505(병합), 헌재판례집 제14권 2집, 410면 이하.

지는 경제적 활동을 규제하는 사회·경제정책적 법률을 제정함에 있어서는 입법자에게 보다 광범위한 형성권이 인정되므로, 이 경우 입법자의 예측판단이나 평가가 명백히 반박될 수 있는가 아니면 현저하게 잘못되었는가 하는 것만을 심사하는 것이 타당하다고 본다. 이러한 한계까지는 입법자가 무엇을 공익으로 보는가, 공익을 어떠한 방법으로 실현하려고 하는가는 입법자의 형성권에 맡겨져야 한다.

[재판관 한대현, 재판관 권성의 반대의견]

가. 헌법은 한 사회가 지향하는 문화의 틀을 법률적으로 구성하여 놓은 것이므로 어떤 제도가 이 틀에 맞지 않는다면 이 제도는 위헌이 된다고 할 것인데, 다수의견이 지칭하는 소위 요양기관 강제지정제(당연 요양기관제를 포함한다. 이하 같다)는 우리 헌법이 지향하는 문화의 틀에 어긋나서 위헌이라고 생각한다.

우리 헌법은 자유와 창의를 존중하고 이로써 삶의 질이 계속 향상되는 문화사회를 지향한다. 의료는 인류문화의 중요한 한 요소로서 학문과 기술의 결합체인데 학문과 기술은 그 속성상 자고로 통제와 답습 속에서는 그 생명을 유지, 발전시켜 나가는 것이 불가능한 영역이다. 요양기관 강제지정제가 의료에 대한 국가의 획일적 통제시스템임을 부정할 수 없는 이상, 그리고 의료가 학문과 기술의 결합체임을 역시 부정할 수 없는 이상, 이 제도는, 모든 국민에게 적은 비용으로 양질의 의료를 제공한다는 훌륭한 목표에도 불구하고, 뒤에 보는 바와 같이 그 채택한 바의 수단이 자유와 창의에 역행하고 이로써 문화의 발전에 장애가 되어 위헌의 판정을 받지 않을 수 없다.

나. 다수의견은, 직업의 자유를 직업선택의 자유와 직업수행의 자유로 구분한 뒤 직업수행의 자유에 대하여는 공익을 위하여 직업선택의 자유보다 더 광범위한 제한이 가능하다고 하면서 요양기관 강제지정제는 의사의 직업수행의 자유를 사회보험이라는 공익을 위하여 합리적으로 제한하는 정도에 불과하여 합헌이라는 결론을 내리고 있다. 그러나 직업선택의 자유와 직업수행의 자유는 따로 존재하는 별개의 것이 아니라, 하나의 대상이 분석 각도의 차이에 따라 별개로 이름을 얻은 것이어서 원래 불가분의 관계에 있고 따라서 직업수행의 자유라고 하더라도 그것이 제한되는 방식과 정도에 따라서는 그 직업의 선택을 무의미하게 하여 그 직업의 본질을 해치는 경우가 있게 되고 이렇게 되면 그 제한은 위헌이 되는 것이다. 다수의견이 강제지정제의 단점에 대한 설명에서 이를 일부 인정하고 있는 바와 마찬가지로 의사가 요양기관 강제지정제 때문에 법이 정한 일정한 방법과 절차에 따라 치료를 하게 마련이고 자기의 배우고 연구하고 익힌 바에 따라 소신껏 치료를 하기 어렵다면 의사라는 직업의 보람과 본질은 결정적으로 훼손된다.

다. 통제를 하는 국가기관이 신과 같은 무오류의 존재라고 하더라도 자유와 창의의 위축이라는 측면에서 오히려 문제를 제기할 수 있을 터인데 항차 실제로 통제권을 행사하는 기구가 국가의 일상적 관료라고 한다면 문제는 자못 심각하게 된다. 요양기관 강제지정제가 관료제도와 결합하게 되면 관료제도의 속성상 그 관리기구는 점점 방대하여지고 그 권한은 점점 더 커지며 그 비용은 날로 늘어나는 폐단을 일으키기 쉬워서 양질의 의료를 합리적으로 분배하는 데 기여한다는 본래의 과제는 뒷전으로 밀려나고 의료의 측면에서 보면 부수적이라고 할 인사, 조직, 처우, 노사 등의 문제 처리에 영일이 없게 된다.

한 가지만 예를 들어 본다면 다수의견이 설명하고 있는 바와 같이 현재의 의료보험수가제도는, 의료행위의 내용과 양에 따라 진료비가 정하여지는 진료행위별 수가제를 바탕으로 하여 진료행위를 약 3,500여 가지로 세분하여 각각의 금액을 합산하여 진료비를 결정하고 있는

데, 진료행위별 수가제라는 것은, 진료에 사용된 약값 또는 재료비를 별도로 산정하고 의료인이 제공한 진료행위 하나하나마다 일정한 값을 정하여 의료비를 지급토록 하는 제도이므로 이에 따라 우리나라의 의료보험수가는 요양급여에 소요되는 시간·노력 등 업무량, 인력·시설·장비 등 자원의 양과 요양급여의 위험도를 고려하여 산정된다.

이와 같은 복잡한 과정이 관료제도에 의지하여 시행되면서는 불가피하게 앞에서 본 바와 같이 인사, 조직, 처우, 노사 등의 문제 때문에 본래의 일이 제대로 수행되기 어려운 폐단이 생기게 되는 것이다.

5. 行政立法不作爲 違憲確認[1)]

가. 행정입법 의무의 성격

행정권력의 부작위에 대한 헌법소원은 공권력의 주체에게 헌법에서 유래하는 작위의무가 특별히 구체적으로 규정되어 이에 의거하여 기본권의 주체가 행정행위를 청구할 수 있음에도 공권력의 주체가 그 의무를 해태하는 경우에 허용되고, 특히 행정명령의 제정 또는 개정의 지체가 위법으로 되어 그에 대한 법적 통제가 가능하기 위하여는 첫째, 행정청에게 시행명령을 제정(개정)할 법적 의무가 있어야 하고 둘째, 상당한 기간이 지났음에도 불구하고 셋째, 명령제정(개정)권이 행사되지 않아야 한다(헌재 1998. 7. 16. 96 헌마 246, 헌재판례집 10-2, 283, 305~306).

이 사건에 있어서 대통령령의 제정의무는 구법 제 5 조 제 3 항 내지 법 제 6 조에 의한 위임에 의하여 부여된 것이지만, 입법부가 법률로써 행정부에게 특정한 사항을 위임했음에도 불구하고 행정부(대통령)가 이러한 법적 의무를 이행하지 않는다면 이는 위법한 것인 동시에 위헌적인 것이 된다. 우리 헌법은 국가권력의 남용으로부터 국민의 기본권을 보호하려는 법치국가의 실현을 기본이념으로 하고 있고, 근대 자유민주주의 헌법의 원리에 따라 국가의 기능을 입법·행정·사법으로 분립하여 상호간의 견제와 균형을 이루게 하는 권력분립제도를 채택하고 있다(헌재 1992. 4. 28. 90 헌바 24, 헌재판례집 4, 225, 229~230). 따라서 행정과 사법은 법률에 기속되므로(헌재 1990. 9. 3. 89 헌가 95, 헌재판례집 2, 245, 267), 국회가 특정한 사항에 대하여 행정부에 위임하였음에도 불구하고 행정부가 정당한 이유 없이 이를 이행하지 않는다면 권력분립의 원칙과 법치국가 내지 법치행정의 원칙에 위배되는 것이다.

따라서 이 사건과 같이 군법무관의 보수의 지급에 관하여 대통령령을 제정하여야 하는 것은 헌법에서 유래하는 작위의무를 구성한다.

나. 행정입법 부작위의 정당성 유무

(1) 구법 제 5 조 제 3 항은 1967. 3. 3. 일부 개정시 처음 신설되었고, 법 제 6 조는 2000. 12. 26. 전문개정 당시에 위 구법의 규정이 개정된 것이다(공포 후 3개월 후부터 시행). 그러나 해당 시행령은 지금까지 제정된 바 없다.

그런데 법이 2000. 12. 26. 개정되었으므로 입법부작위 상태로 있는 기간을 구법 당시부터 기산할 것인지, 신법 시행 후부터 볼 것인지가 문제된다. 국방부장관은 현행 규정이 새로 효력을 발휘한 이상 그 시행일부터 입법부작위의 지체기간을 계산하여야 한다고 주장한다.

그런데 구법의 내용과 신법의 내용은 자구의 변동에 불과한바, 종전의 "군법무관의 대우는 법관 및 검사의 대우에 준하여 대통령령으로 정한다"는 규정이 "군법무관의 봉급과 그 밖의 보수는 법관 및 검사의 예에 준하여 대통령령으로 정한다"로 바뀐 것에 불과하다. 그러므로 시행령 제정의무의 측면에서 보면 그 불이행 기간은 구법과 신법 시행시의 기간을 합쳐서 보

---

1) 헌재 2004. 2. 26 선고, 2001 헌마 718, 헌재판례집 제16권 1집, 313면 이하.

아야 할 것이다. 만일 구법이 이미 신법에 의하여 효력이 정지되었다는 이유로 신법 시행 이후에만 입법부작위 기간을 계산한다면, 자구 수정만 이루어지는 법개정이 있기만 해도 구법상의 입법부작위 기간은 무시된다는 불합리한 결과가 발생하는데, 이 사건에서 입법자가 그러한 자구 수정으로 인하여 행정부의 구법상의 입법의무 불이행을 면책하려는 의도가 있었다고 볼 수 없다. 오히려 "대우"를 "봉급과 그 밖의 보수"라고 개정함으로써 좀 더 명확하게 입법의무를 부과하기 위한 것이라고 보여진다.

그러므로 현재 구법 시행 기간 동안인 약 34년간과 신법 시행 기간인 약 3년 간 입법부작위의 상태가 지속되고 있다고 볼 것이며, 또한 달리 현재 해당 시행령의 제정이 추진되고 있다고 볼 만한 사정도 발견되지 않는다.

(2) 행정부가 위임 입법에 따른 시행명령을 제정하지 않거나 개정하지 않은 것에 정당한 이유가 있었다면 그런 경우에는 헌법재판소가 위헌확인을 할 수는 없을 것이다. 그런데 그러한 정당한 이유가 인정되기 위해서는 그 위임입법 자체가 헌법에 위반된다는 것이 누가 보아도 명백하거나, 위임 입법에 따른 행정입법의 제정이나 개정이 당시 실시되고 있는 전체적인 법질서 체계와 조화되지 아니하여 그 위임입법에 따른 행정입법 의무의 이행이 오히려 헌법질서를 파괴하는 결과를 가져옴이 명백할 정도는 되어야 할 것이다.

그런데 구법 제5조 제3항 및 법 제6조는 군법무관의 보수 수준에 관한 것으로서, 이러한 사항은 헌법에서 특별히 평등을 요구하고 있는 경우라거나, 차별적 취급으로 인하여 다른 기본권에 대한 중대한 제한을 초래하는 경우가 아니므로 엄격한 비례성 심사가 아니라 자의금지원칙에 따른 합리적 이유 유무의 심사가 필요한바, 이 심사 기준에 따라 위헌성 여부를 살펴보면, 이 사건 규정은 문제점이 없는 것은 아니지만 위헌임이 명백할 만큼 자의적이라고는 할 수 없고, 군법무관 직무의 특수성을 고려할 때 위 규정이 입법자의 입법형성의 헌법적 한계를 벗어난 것이라고도 볼 수 없으며, 청구인들도 위 규정이 합헌이라고 전제하여 이 사건 청구를 하고 있다.

(3) 국방부장관은 답변서에서 '타 병과 장교들과의 형평성 및 사기 고려,' '예산상 제약'을 거론하면서 이를 해당 시행령의 제정의무 불이행의 사유로 삼고 있다.

그러나 위에서 본 바와 같이 이 사건 규정이 비합리적이라거나 입법자의 입법형성의 헌법적 한계를 벗어났다고 볼 수 없는 한, '타 병과 장교와의 형평성 문제'는, 필요하다면 새로이 입법(법률)적 개선을 추구하는 계기가 될 수는 있겠지만 시행령 제정을 거부할 사유는 될 수 없고, '예산상의 제약'도, 정부가 법률에 근거하여 군법무관의 보수를 상향조정하는 예산안을 편성하게 되면, 예산의 심의·확정권을 가진 국회는 이를 거부할 수 없을 것이므로 위와 같은 이유들은 모두 입법부작위의 정당한 사유가 될 수 없다. 그렇다면 입법부가 일단 해당 시행령의 제정을 아무런 유보조항 없이 행정부에 명한 이상, 대통령(소관 국방부장관)은 그 시행령을 제정하여야 할 헌법상의 의무가 있는 것이다.

(4) 통상 상위법령을 시행하기 위하여 하위법령을 제정하거나 필요한 조치를 함에 있어서는 상당한 기간을 필요로 하며 합리적인 기간 내의 지체를 위헌적인 부작위로 볼 수 없지만 (헌재 1998. 7. 16. 96 헌마 246, 헌재판례집 10-2, 283, 306), 이 사건의 경우 구법 조항이 신설된 때로부터 현재까지 약 37년 간 행정입법 부작위의 상태가 지속되고 있다. 이러한 기간은 합리적인 기간 내의 지체라고 볼 수 없다.

다. 침해되는 기본권

청구인들은 이 사건 입법부작위로 인하여 직업의 자유, 평등권, 재산권, 행복추구권이 침해되었다고 주장한다.

그런데 시행령이 제정되지 않아 법관, 검사와 같은 보수를 받지 못한다 하더라도, 직업의 자유에 '해당 직업에 합당한 보수를 받을 권리'까지 포함되어 있다고 보기 어려우므로 청구인들의 직업선택이나 직업수행의 자유가 침해되었다고 할 수 없다.

또한 이 사건 입법부작위가 평등권을 침해한다고 보기도 어렵다. 군법무관이 처음부터 법관, 검사와 똑같은 보수를 받을 권리를 가진다고 전제하기 어렵고, 달리 시행령 제정상의 차별이라는 비교 관점도 성립하기 어려운 것이다.

그러나 이 사건 입법부작위는 청구인들의 재산권을 침해하고 있는 것이라 할 것이다.

헌법 제23조 제 1 항은 "모든 국민의 재산권은 보장된다. 그 내용과 한계는 법률로 정한다"고 규정한다. 우리 헌법이 보장하고 있는 재산권은 경제적 가치가 있는 모든 공법상·사법상의 권리를 뜻한다(헌재 1992. 6. 26. 90 헌바 26, 헌재판례집 4, 362, 372). 법 제 6 조 내지 구법 제 5 조 제 3 항은 군법무관의 보수를 법관, 검사의 예에 의할 것이라고 규정하고 다만 그 구체적 내용을 시행령에 위임하고 있다. 이러한 법조항들은 군법무관의 보수의 내용을 법률로써 일차적으로 형성한 것이고, 이 법률들에 의하여 상당한 수준의 보수(급료)청구권이 인정되는 것이라 해석될 여지가 있다. 그렇다면 그러한 보수청구권은 단순한 기대이익을 넘어서는 것으로서 법률의 규정에 의하여 인정된 재산권의 한 내용으로 봄이 상당하다. 따라서 대통령이 정당한 이유 없이 해당 시행령을 만들지 않아 그러한 보수청구권이 보장되지 않고 있다면 이는 재산권의 침해에 해당된다고 볼 것이다.

한편 청구인들은 행복추구권 침해를 주장하나, 동 기본권은 일반조항적 성격을 지니며, 보충적 성격을 지닌 기본권이므로 같은 사항에 대하여 재산권 침해를 판단한 이상 행복추구권의 침해 여부를 독자적으로 판단할 필요는 없는 것이다(헌재 2000. 12. 14. 99 헌마 112 등, 헌재판례집 12-2, 399, 408).

[결 론]

이 사건에서 피청구인이 구법 제 5 조 제 3 항 및 법 제 6 조의 위임에도 불구하고 지금까지 해당 시행령을 제정하지 않고 있는 입법부작위는 정당한 이유 없이 청구인들의 재산권을 침해한 것으로서 헌법에 위반되므로 재판관 권성의 아래와 같은 반대의견을 제외하고 나머지 관여 재판관들의 일치된 의견으로 주문과 같이 결정한다.

[재판관 권성의 반대의견]

실정법은 헌법을 정점으로 하여 그 밑에 다수의 의회입법 즉 법률이 위치하고 각개의 법률 아래에 다시 시행령과 같은 다수의 행정입법(위임입법을 포함한다)이 위치하는 체계로 구성되어 있다. 비유하자면 실정법은 헌법을 정점으로 하는 하나의 피라미드(pyramid)와 같은 체계의 연결망을 형성하는 것이다. 그러므로 이 연결망에서 벗어나는 법률이나 시행령은 존재할 수 없고 또 존재하여서는 안 된다. 바꾸어 말하면 이 연결망에서 벗어나는 의회입법은 위헌인 것이고 마찬가지로 이 연결망을 일탈하는 행정입법은 위법임과 동시에 위헌이 된다. 똑같은 비유를 다시 한번 사용한다면 헌법을 정점으로 하는 법(法) 피라미드의 평면적(平面的) 사면(斜面)을 깨고 돌출하여 나온 일부 암석괴(岩石塊)와 같은 것이 위헌입법인 것이다. 따라서 위헌법률의 아래에 존재하는 행정입법은 다른 점을 더 따질 것도 없이 바로 위헌이 되는 것이다.

결국 위헌의 법률은 그 아래에 행정입법을 거느릴 수 없고 거느려서도 안 되는 것이다. 그러므로 어떤 법률의 아래에 그 시행을 위한 행정입법이 존재하지 아니하는 경우에 이러한 행정입법의 부존재를 행정입법부작위로 논단(論斷)하려면 그 전제로 먼저 모법인 법률의 합헌이 확인되어야만 한다. 물론 모법의 합헌성이 명백히 인정되거나 전혀 도전받지 않는 경우에는 그 합법성의 논증이 사실상 생략될 것이고 이러한 생략은 별다른 문제가 없을 것이다.

그러나 법률의 합헌 여부가 명백하다고 보기 어렵거나 그것이 의심되는 경우에는 행정입법의 부존재를 위헌적인 입법부작위로 논란(論難)하기 전에 먼저 법률의 위헌 여부를 검토하여야만 한다.

이러한 이치는 헌법재판에 있어서는 당연한 일이다. 왜냐하면 위헌법률의 아래에 시행령이 없는 것을 위헌적인 입법부작위라고 헌법재판소가 선언하는 것은 위헌법률의 집행을 행정부에 대하여 명령하는 것인데(헌법재판소법 제47조 제 1 항 참조) 이것은 헌법을 수호하고 헌법질서의 정합적(整合的)인 체계를 유지할 책임을 가진 헌법재판소에 부여된 권한이 아니기 때문이다.

요컨대 합헌적인 법률의 시행이 행정입법의 부존재로 인하여 부당하게 지연되는 경우에 그 행정입법의 부작위가 위헌임을 선언하여 행정부로 하여금 법률을 제대로 집행하도록 조치하는 것은 헌법재판소의 권한이고 책임이지만, 위헌의 법률이 집행되지 않는 경우에 이것까지를 집행하도록 조치하는 일은 헌법재판소의 권한이 아니기 때문이다.

그러므로 행정입법의 부작위가 위헌인지 여부를 다루는 헌법재판에서 그 행정입법의 근거가 되는 법률의 합헌 여부가 의심되는 때에는 헌법재판소로서는 당연히 직권으로 그 법률의 위헌 여부를 먼저 심리하여야 하고 그 결과 법률의 위헌성이 확인될 경우에는, 헌법재판소의 권한에 속하지 않는 사항에 대한 재판을 요청하는 부적법한 청구임을 이유로 하여, 사건을 각하하여야 할 것이다.

이것은 헌법재판소법 제75조 제 5 항을 원용하여 심판대상을 확장하는 것과는 전혀 차원이 다른 것이다.

6. 憲法裁判所와 法院의 關係[1]

(1) 헌법 제111조 제 1 항 제 5 호의 '법률이 정하는 헌법소원'의 의미

헌법재판소법 제68조 제 1 항은 "공권력의 행사 또는 불행사로 인하여 헌법상 보장된 기본권을 침해받은 자는 법원의 재판을 제외하고는 헌법재판소에 헌법소원심판을 청구할 수 있다"고 규정함으로써 명문으로 "법원의 재판"을 헌법소원심판의 대상에서 제외하고 있다.

헌법 제107조 제 1 항은 "법률이 헌법에 위반되는 여부가 재판의 전제가 된 경우에는 법원은 헌법재판소에 제청하여 그 심판에 의하여 판단한다"고 규정하고, 제 2 항은 "명령·규칙 또는 처분이 헌법이나 법률에 위반되는 여부가 재판의 전제가 된 경우에는 대법원은 이를 최종적으로 심사할 권한을 가진다"고 규정하여 구체적 규범통제절차에서의 법률에 대한 위헌심사권과 명령·규칙·처분에 대한 위헌심사권을 분리하여 각각 헌법재판소와 대법원에 귀속시킴으로써 헌법의 수호 및 기본권의 보호가 오로지 헌법재판소만의 과제가 아니라 헌법재판소와 법원의 공동과제라는 것을 밝히고 있다.

그런데 헌법소원에 관한 헌법의 규정은 헌법 제111조 제 1 항 제 5 호가 '법률이 정하는 헌법소원에 관한 심판'이라고 규정하여 그 구체적인 형성을 입법자에게 위임함으로써, 입법자에게 헌법소원제도의 본질적 내용을 구체적인 입법을 통하여 보장할 의무를 부과하고 있다.

헌법소원제도는 일반사법제도와 같이 보편화된 제도가 아니고 헌법소원을 채택하고 있는 나라마다 헌법소원제도를 구체적으로 형성함에 있어서, 특히 헌법소원의 심판범위에 있어서도 그 내용을 서로 달리하는 경우가 많으므로 일반적으로 인정된 보편·타당한 형태가 있는 것이 아니다. 그러나 오늘날 헌법소원제도를 두고 있는 나라들은 모두 한결같이 헌법소원이

1) 헌재 1997. 12. 24 선고, 96 헌마 172·173(병합), 헌재판례집 제 9 권 2 집, 842면 이하.

공권력작용으로 인하여 헌법상의 권리를 침해받은 자가 그 권리를 구제받기 위한 이른바 주관적 권리구제절차라는 것을 그 본질적 요소로 하고 있다.

헌법 제111조 제 1 항 제 5 호가 '법률이 정하는 헌법소원에 관한 심판'이라고 규정한 뜻은 결국 헌법이 입법자에게 공권력작용으로 인하여 헌법상의 권리를 침해받은 자가 그 권리를 구제받기 위한 주관적 권리구제절차를 우리의 사법체계, 헌법재판의 역사, 법률문화와 정치적·사회적 현황 등을 고려하여 헌법의 이념과 현실에 맞게 구체적인 입법을 통하여 구현하게끔 위임한 것으로 보아야 할 것이므로, 헌법소원은 언제나 '법원의 재판에 대한 소원'을 그 심판의 대상에 포함하여야만 비로소 헌법소원제도의 본질에 부합한다고 단정할 수 없다 할 것이다.

(2) 재판청구권의 침해 여부

헌법재판소법 제68조 제 1 항이 법원의 재판을 헌법소원심판의 대상에서 제외한 것은 법치국가의 원리와 조화되기 어렵고, 헌법 제27조에 보장된 국민의 재판청구권을 침해한다는 주장이 있을 수 있다.

법치국가는 기본권의 보장, 권력분립, 사법에 의한 권리구제절차 등을 통하여 비로소 구체화되고 실현되므로 재판청구권은 법치국가의 실현을 위한 중요한 요소이다. 재판청구권은 국민의 헌법상의 기본권과 법률상의 권리가 법원의 재판절차에서 관철되는 것을 요청하는 것이기 때문에, 헌법이 특별히 달리 규정하고 있지 아니하는 한 하나의 독립된 법원이 법적 분쟁을 사실관계와 법률관계에 관하여 적어도 한번 포괄적으로 심사하고 결정하도록 소송을 제기할 수 있는 권리를 보장하는 기본권이다.

따라서 재판청구권은 사실관계와 법률관계에 관하여 최소한 한 번의 재판을 받을 기회가 제공될 것을 국가에게 요구할 수 있는 절차적 기본권을 뜻하므로 기본권의 침해에 대한 구제절차가 반드시 헌법소원의 형태로 독립된 헌법재판기관에 의하여 이루어질 것만을 요구하지는 않는다. 법원의 재판은 법률상 권리의 구제절차이자 동시에 기본권의 구제절차를 의미하므로, 법원의 재판에 의한 기본권의 보호는 이미 기본권의 영역에서의 재판청구권을 충족시키고 있기 때문이다.

헌법재판소법 제68조 제 1 항은 청구인의 재판청구권을 침해하였다거나 되도록이면 흠결없는 효율적인 권리구제절차의 형성을 요청하는 법치국가원칙에 위반된다고 할 수 없다.

(3) 소 결 론

법원의 재판도 헌법소원심판의 대상으로 하는 것이 국민의 기본권보호의 실효성 측면에서 바람직한 것은 분명하다. 그러나 현재의 법적 상태가 보다 이상적인 것으로 개선되어야 할 여지가 있다는 것이 곧 위헌을 의미하지는 않는다. 법원의 재판을 헌법소원심판의 대상에 포함시켜야 한다는 견해는 기본권보호의 측면에서는 보다 이상적이지만, 이는 헌법재판소의 위헌결정을 통하여 이루어질 문제라기보다 입법자가 해결해야 할 과제이다.

그렇다면 헌법재판소법 제68조 제 1 항은 국민의 기본권(평등권 및 재판청구권 등)의 관점에서는 입법형성권의 헌법적 한계를 넘는 위헌적인 법률조항이라고 할 수 없다.

그러므로 헌법재판소법 제45조에 따라 헌법재판소법 제68조 제 1 항은 원칙적으로 헌법에 위반되는 것이 아니지만, 위 법률조항의 "법원의 재판"에 헌법재판소가 위헌으로 결정한 법령을 적용함으로써 국민의 기본권을 침해한 재판도 포함되는 것으로 해석하는 한도내에서 헌법에 위반된 것임을 선언하고, 헌법재판소가 위헌으로 결정한 위 각 구 소득세법조항이 헌법에 위반된 것이 아님을 전제로 청구인의 상고를 기각한 이 사건 대법원판결과 위 각 법률조항에 근거한 이 사건 과세처분을 헌법재판소법 제75조 제 3 항에 따라 모두 취소하기로 하여 주문과 같이 결정한다.

[재판관 이재화, 재판관 고중석, 재판관 한대현의 반대의견]

우리는 다음과 같은 이유로 다수의견에 반대한다.

가. 헌법재판소법 제68조 제 1 항의 위헌 여부

(1) 헌법 제111조 제 1 항 제 5 호는 헌법재판소의 관장사항의 하나로 "법률이 정하는 헌법소원에 관한 심판"이라고 규정하여 헌법소원의 구체적인 내용과 범위를 입법자에게 위임하고 이에 따라 헌법재판소법 제68조 제 1 항은 "법원의 재판"을 헌법소원심판의 대상에서 제외하고 있다.

(2) 헌법 제101조는 "사법권은 법관으로 구성된 법원에 속한다(제1항). 법원은 최고법원인 대법원과 각급 법원으로 조직된다(제2항)"고 규정하고 헌법 제107조는 "법률이 헌법에 위반되는 여부가 재판의 전제가 된 경우에는 법원은 헌법재판소에 제청하여 그 심판에 의하여 재판한다(제1항). 명령·규칙 또는 처분이 헌법이나 법률에 위반되는 여부가 재판의 전제가 된 경우에는 대법원은 이를 최종적으로 심사할 권한을 가진다(제2항)"고 규정하는 한편 헌법 제111조 제 1 항은 헌법재판소는 법원의 제청에 의한 법률의 위헌여부심판(제1호), 탄핵의 심판(제2호), 정당의 해산심판(제3호), 국가기관 상호간, 국가기관과 지방자치단체 및 지방자치단체 상호간의 권한쟁의에 관한 심판(제4호), 법률이 정하는 헌법소원에 관한 심판(제5호)을 관장한다고 규정하고 있다.

이와 같이 헌법은 국가의 사법작용 중 구체적 쟁송에 관한 재판 등 고유한 사법기능과 명령·규칙·처분에 대한 위헌심사는 대법원을 최고법원으로하여 조직된 법원에 맡기는 한편 법원과는 별개의 독립한 헌법재판소를 설치하여 법률에 대한 위헌심판 등 헌법재판기능을 관장하게 하는 이원적인 사법제도를 채택하고 있다.

(3) 입법자가 법원의 재판을 헌법소원심판의 대상에서 제외한 것은 위에서 본 바와 같이 이원적인 사법제도를 채택하여 구체적 쟁송에 관한 재판을 법원에 맡긴 헌법의 근본취지와 헌법재판소와 법원의 권한 및 상호간의 독립, 우리의 재판제도와 법적 안정성 등 여러 가지 사정을 고려하여 입법정책적으로 결정한 것이므로 그것이 입법형성권의 범위를 일탈하였다고는 할 수 없다.

그리고 위와 같이 헌법상 법원의 고유기능으로 되어 있는 법원의 재판을 다른 공권력행사와 달리 헌법소원심판의 대상에서 제외한 것이 평등의 원칙이나 법치주의 원리에 위반되거나 재판청구권을 침해한 것이라고 할 수도 없으므로 헌법재판소법 제68조 제 1 항은 헌법에 위반되지 아니한다.

나. 이 사건 판결이 헌법소원심판의 대상이 되는지 여부

이 사건 판결은 다수의견이 밝힌 바와 같이 헌법재판소가 위헌으로 결정하여 이미 효력을 상실한 법률을 적용하여 한 재판으로서 청구인의 기본권을 침해한 공권력행사에 해당함은 명백하다.

그런데 다수의견도 지적하고 있듯이 이 사건 재판과 같이 법원이 헌법재판소가 한 법률에 대한 위헌결정의 효력을 부정하고 위헌으로 결정된 법률을 그대로 적용하여 재판을 한 것은 법원이 실질적으로 헌법상 헌법재판소의 권한으로 되어 있는 법률에 대한 위헌심판을 한 것으로서 법원과 헌법재판소의 기능과 권한을 규정한 헌법 제101조, 제107조, 제111조에 정면으로 위반되는 것이므로 국민의 기본권 보장이나 헌법질서의 수호, 유지를 위하여 도저히 허용될 수 없고, 한편 입법자가 법원의 재판을 헌법소원심판대상에서 제외한 의도는 헌법이 법원에 부여한 구체적 쟁송에 관한 재판이나 명령·규칙·처분에 대한 위헌심사를 제외하려는

것일 뿐 법원이 헌법을 위반하여 법률에 대한 위헌심판을 한 경우까지를 제외하려는 것은 아니라고 할 것이므로 이 사건 판결은 법원이 스스로 법률에 대한 위헌심판을 하였다는 점에서 헌법재판소법 제68조 제 1 항이 헌법소원심판의 대상에서 제외한 법원의 재판에 포함되지 않는다고 보아야 할 것이다.

그러므로 이 사건 판결에 대하여는 위 법 제68조 제 1 항이 합헌인 것과는 상관 없이 헌법소원심판을 청구할 수 있다.

7. 憲法裁判所法 第68條 第 1 項 違憲確認 등[1)]

헌법재판소법 제68조 제 1 항 중 "법원의 재판을 제외하고는"이라고 한 부분에 대하여 이미 헌법재판소는 "헌법재판소법 제68조 제 1 항 본문의 '법원의 재판'에 헌법재판소가 위헌으로 결정한 법령을 적용함으로써 국민의 기본권을 침해한 재판도 포함되는 것으로 해석하는 한도 내에서 헌법재판소법 제68조 제1항은 헌법에 위반된다"는 내용의 한정위헌결정을 선고하였는바(헌재 1997.12.24. 96 헌마 172 등, 헌재판례집 9-2, 842, 854~862), 그 이유의 요지는 다음과 같다.

재판은 원칙적으로는 헌법소원의 대상이 되지 아니하지만 헌법재판소에 의하여 위헌이 선언된 법률을 적용한 재판은 예외로 헌법소원의 대상이 된다.

왜냐하면 헌법은 위헌법률심사를 사법부의 권한이 아니고 헌법재판소의 권한으로 규정하면서 법률에 대한 헌법재판소의 위헌여부심사에 대한 불복을 허용하지 아니함으로써 이를 최종적인 것으로 규정하였는데, 그럼에도 불구하고 헌법재판소가 위헌이라고 선언한 법률을 법원이 합헌이라고 하여 이를 적용한다면 그것은 비록 형식은 재판이지만 실제로는 법원이 위헌법률심사를 다시 하는 측면이 있는 것이고 이러한 위헌심사의 측면은 헌법 제111조 제 1 항, 제107조 제 1 항 및 제101조에 위반된다.

따라서 이는 중대한 헌법위반의 공권력 행사에 해당되어 이 부분은 취소의 대상이 된다. 다만, 하나의 재판이라는 형식 속에 통상의 재판이라고 할 부분과 위헌심사에 해당하는 부분이 불가분리적으로 결합되어 있어 위헌심사 부분만을 분리하여 취소하는 것이 불가능하고 또 위헌심사 부분이 그 재판의 실질적 핵심이므로 불가불 그 재판 전체를 취소할 수밖에 없는 것이다. 이러한 재판의 취소는 단순한 통상적 재판의 취소가 아니라 헌법에 위반된 공권력의 행사를 취소하는 헌법소원 본래의 영역에 속하는 것이다.

그러나 통상의 사법절차 이외에 법률의 위헌 여부를 재판하는 제도와 절차가 별도로 마련되어 있지 않은 나라에서라면 판사가 법률의 위헌 여부를 스스로 심사하여 위헌이라고 판단되는 법률의 적용을 거부하는 것이 가능할 수도 있을 것이지만 법률의 위헌 여부를 심사하는 헌법재판절차를 헌법과 법률에 의하여 따로 제도화하고 있는 우리나라의 경우에는 헌법재판소가 위헌을 선언하기 전까지는 모든 법률은 합헌으로 인정되어 법원에서도 그 적용을 거부할 수 없다. 위헌의 의심이 있어 헌법재판소에 위헌제청신청을 하여 그 적용을 일시 유보하는 수는 있지만 그렇지 아니한 경우에는 그 적용을 거부할 수는 없는 것이다.

그러므로 비록 후일 그 법률이 헌법재판소에 의하여 위헌으로 판명된 경우라고 하더라도 그 이전의 단계에 있어서는 그 법률을 판사가 적용하는 것은 제도적으로 정당성이 보장된 것이다. 위헌일지도 모른다는 의심을 하지 못한 점에서 그 판사가 비난을 받는 것과는 별개로 그 적용 자체는 제도적으로 정당성이 보장되어 있는 것이다.

따라서 비록 위헌이기는 하지만 아직 헌법재판소에 의하여 위헌으로 선언된 바가 없는 법률

1) 헌재 2001.2.22 선고, 99 헌마 461, 2000 헌마 258(병합), 헌재판례집 제13권 1집, 328면 이하.

이 적용된 재판을 위법한 공권력의 행사라고 하여 헌법소원의 대상으로 삼을 수는 없는 것이다.

물론 법원이나 당사자가 어느 법률의 위헌성을 재판 중에 미처 인식하지 못하다가 대법원의 재판까지 모두 끝난 뒤에 비로소 알게 된 경우에는 위헌심판의 제청 또는 그 신청을 할 수 없어 구제를 받지 못하게 되는 수가 있다. 그러나 제도라는 측면에서 볼 때, 재판계속중에는 어느 심급에서든지 언제나 위헌심판의 제청 또는 그 신청이 가능토록 하여 위헌여부의 심사를 받을 수 있는 충분한 기회를 제공하고 있는 이상, 그것으로 제도의 적정성은 확보된 것이고 이러한 적정성의 수준 이상으로 기회를 확대하지 않는다고 하여 이를 위헌이라고 할 수는 없다.

그러므로 청구인의 주장은 이유가 없다.

특례법 제 4 조 제 1 항 및 같은 법 제 5 조 제 1 항 중 제 4 조에 관한 부분에 대하여 헌법재판소는 합헌결정을 선고한 바 있는데(헌재 1997. 10. 30. 97 헌바 37 등, 헌재판례집 9-2, 502, 514~520), 그 이유의 요지는 다음과 같다.

「헌법이 대법원을 최고법원으로 규정하였다고 하여 대법원이 곧바로 모든 사건을 상고심으로서 관할하여야 한다는 결론이 당연히 도출되는 것은 아니며, "헌법과 법률이 정하는 법관에 의하여 법률에 의한 재판을 받을 권리"가 사건의 경중을 가리지 않고 모든 사건에 대하여 대법원을 구성하는 법관에 의한 균등한 재판을 받을 권리를 의미한다거나 또는 상고심재판을 받을 권리를 의미하는 것이라고 할 수는 없다. 또한 심급제도는 사법에 의한 권리보호에 관하여 한정된 법발견 자원의 합리적인 분배의 문제인 동시에 재판의 적정과 신속이라는 서로 상반되는 두 가지의 요청을 어떻게 조화시키느냐의 문제로 돌아가므로…… 이 사건 법률조항은 비록 국민의 재판청구권을 제약하고 있기는 하지만 위 심급제도와 대법원의 기능에 비추어 볼 때 헌법이 요구하는 대법원의 최고법원성을 존중하면서 민사, 가사, 행정 등 소송사건에 있어서 상고심재판을 받을 수 있는 객관적 기준을 정함에 있어 개별적 사건에서의 권리구제보다 법령해석의 통일을 더 우위에 둔 규정으로서 그 합리성이 있다. 특히 특례법 제 4 조 제 1 항 각호에서는 심리불속행의 예외사유를 객관적이고 구체적으로 규정하여 구체적 사건의 상고이유와 관계없는 우연한 사정이나 법원의 자의에 의한 결정을 배제하고 있고, 특례법 제 5 조 제 1 항 중 제 4 조에 관한 부분은 단지 특례법 제 4 조에 의한 판결의 보다 신속한 처리를 목적으로 한 것에 지나지 아니한 것이므로 특례법 제 4 조가 헌법에 위반되지 아니한 터에 이를 헌법에 위반되는 것으로 볼 수 없다」.

이 사건에서는 위 합헌결정과 달리 판단하여야 할 아무런 사정변경도 없으므로, 특례법 제 4 조 제 1 항 및 같은 법 제 5 조 제 1 항 중 제 4 조에 관한 부분이 청구인 송○신의 재판청구권, 평등권, 행복추구권 등의 기본권을 침해하여 헌법에 위반된다는 주장은 이유가 없다.

[결 론]

이상과 같은 이유로 청구인들의 심판청구 중 이 사건 판결들에 관한 부분은 부적법하므로 이를 모두 각하하고(주문 제 1 항), 나머지 심판청구는 이유 없으므로 이를 모두 기각하기로 한다(주문 제 2 항). 주문 제 1 항에 대하여 재판관 이영모의 아래와 같은 별개의견이 있는 외에는, 이 결정에 관하여 관여재판관 전원의 의견이 일치된다.

[재판관 이영모의 주문 제 1 항에 대한 별개의견]

가. 나는, 다수의견이 청구인의 심판청구를 각하한다는 결론에는 찬성하나 "헌법재판소법 제68조 제 1 항 본문의 '법원의 재판'에 헌법재판소가 위헌으로 결정한 법령을 적용함으로써 국민의 기본권을 침해한 재판도 포함되는 것으로 해석하는 한도 내에서, 헌법재판소법 제68조 제 1 항은 헌법에 위반된다"(이하 '위헌으로 결정한 법령을 적용한 재판'이라 한다)고 한 헌법재판소의 1997. 12. 24. 96 헌마 172 등 결정(헌재판례집 9-2, 842)을 인용한 부분은 동조(同調)하지 아니한다. 그 이유는, 헌법재판소

의 1998. 4. 30. 92 헌마 239 결정에서 법원의 재판에 대한 헌법소원 심판대상의 허용범위를 "헌법재판소법 제68조 제 1 항 본문의 '법원의 재판'에 위헌인 법률을 적용함으로써 국민의 기본권을 침해한 재판도 포함되는 것으로 해석하는 한도 내에서, 헌법재판소법(이하 '법'이라 한다) 제68조 제 1 항은 헌법에 위반된다"(이하 '위헌인 법률을 적용한 재판'이라 한다)고 인정하여 그 범위를 넓혀야 한다는 반대의견을 개진하였기 때문이다(헌재판례집, 10-1, 435, 442).

나. 헌법은, 헌법재판소와 법원을 독립된 별개기관으로 규정하고 있다. 그런데도 불구하고 국민의 기본권 보장수단인 법률의 위헌 여부에 대한 헌법소원 심판청구권을 굳이 재판계류중에 당사자가 법원에 신청(청구)한 경우에 한하도록 그 시기에 제한을 둔 것(법 제68조 제 2 항에 의한 소원사건)은 법 제75조 제 7 항에 따라 재심청구를 할 수 있게 한 것 외에 다른 이유를 찾아볼 수 없다. 이 청구권을 재판상의 공격방어 방법인 변제, 위법성조각사유 등과 같은 주장이나 항변과 동일한 반열에 두어 제한하지 않으면 안 될 사정이 있는 것도 아니다.

법원이 재판의 전제가 되는 법률이 위헌인데도 불구하고 합헌으로 잘못 보는 경우와 당사자가 재판중에는 미처 그 법률이 위헌임을 알지 못하다가 끝난 뒤에 비로소 깨닫게 되는 경우, '법원의 재판을 제외하고'라는 제한규정으로 당해사건에 적용한 법률에 대한 위헌심판청구권을 봉쇄하는 것은 위헌의 소지가 있는 것이다.

헌법소원 심판청구권을 재판계류중에 행사하도록 한 이 제한규정을 위헌으로 선언하여 법원의 재판이 끝난 모든 사건에 대하여 헌법소원 심판청구를 할 수 있게 한다면 4심제의 허용이라는 비난을 할 수도 있겠으나, 이 제한규정 중 법원의 관할에 속하지 않는 '위헌인 법률을 적용한 재판'까지도 이 청구권을 행사하지 못하도록 제한하는 것은 재판 이외의 공권력의 행사 또는 불행사로 인하여 국민이 기본권을 침해당한 경우와 비교할 때에 특별히 이를 차별하지 않으면 안 될 필수불가결한 입법목적이 있다거나 필요최소한의 제한요건을 갖추어 헌법상 정당성이 있는 것으로 인정할만한 이유를 발견할 수 없다.

(1) 헌법은 우리의 사법제도를, 법원에 대하여는 헌법에 특별한 규정이 있는 경우를 제외한 법률상의 쟁송 심판권 일체를 주는 것과 동시에 법률이 헌법에 위반되는 여부가 재판의 전제가 된 경우에는 헌법재판소에 제청하여 그 심판에 의하여 재판하도록 의무를 지우는(헌법 제107조 제 1 항, 법원조직법 제 2 조) 한편, 법률의 위헌여부심판과 헌법소원에 관한 심판은 헌법재판소의 권한에 속하는 것으로(헌법 제111조 제 1 항 제 1 호 및 제 5 호, 법 제41조 제 1 항, 제68조 제 2 항) 규정하는 이원적 구조를 채택하여, 법률의 위헌 여부에 대한 합헌적인 해석권만 법원이 갖는다고 규정하고 있다. 이와 같은 이원적인 사법제도를 둔 이유에 의하면, 법 제68조 제 1 항 중 '법원의 재판을 제외하고'라는 규정은 헌법에 위반되지 않는 법률을 합헌으로 인정하여 재판하는 것은 법원의 고유 관할에 속하나, '위헌인 법률을 적용한 재판'은 헌법이 명시하는 헌법재판소의 법률의 위헌여부심판 영역이므로 이 부분은 헌법소원 심판대상에 해당된다고 판단하는 것은 헌법의 명령이자 우리의 사법제도에 부합하는 결론인 것이다.

따라서 헌법재판소의 법률의 위헌여부심판 영역인 '위헌인 법률을 적용한 재판'은 헌법에 위반됨이 분명하므로, '법원의 재판을 제외하고'라는 규정은 이 한도 내에서 위헌임을 면할 수 없다. 법 제68조 제 1 항에 의하여 예외적으로 헌법소원 심판청구가 허용되는 법원의 재판은, 재판에 적용한 법률이 위헌인데도 불구하고 법원이 헌법 제107조 제 1 항에 따라 헌법재판소에 위헌 여부의 심판을 제청하지 않고 스스로 합헌이라고 해석하여 재판한 것을 판결문에서 확인할 수 있는 사건에 한하는 것이다.

법률의 위헌여부심사제도는 공권력의 행사 또는 불행사의 오·남용으로 인한 기본권 침해의 가능성을 봉쇄하는 필요하고도 적절한 제도라는 점에 이견(異見)이 있을 수 없다. 그러므로 공권력의 주체인 법원이 하는 재판 또한 다른 공권력의 행사·불행사와 마찬가지로 위에서 본 예외적인 경우에 한하여 법 제68조 제 1 항 소정의 헌법소원 심판대상이 되는 것으로 인정한다면, 법원은 재판의 전제가 되는 법률이 헌법에 위반되는지 여부를 심사 숙고하게 되어 위헌의 의심이 있는 법률을 헌법재판소에 제청하지 않고 재판에 바로 적용하는 일은 사라지게 될 것이다.

위와 같은 일련의 해석은, 쿠크 경(Sir Edward Coke, Chief Justice of Court of Common Pleas)의 본햄 의사(Dr. Bonham) 사건(1610)이나 마샬 소장(Chief Justice Marshal)이 마브리 대 메디슨(Marbury v. Madison) 사건(1803)을 통하여, 재판에 적용되는 법률에 대한 '위헌심사권을 창조하는 것'과 같은 유형에 속한다기보다는, 대법원이 1971. 6. 22. 9대7의 상대적 다수로 국가배상법 제 2 조 제 1 항 단서를 위헌으로 판결하면서 법원조직법 제59조 제 1 항 단서(대법원판사 전원의 3분의 2 이상의 출석과 출석인원 3분의 2 이상의 찬성이 필요하다는 규정)도 헌법에 위반된다고 선언한 것과 유사한 '헌법이 우리에게 준 권한을 확인하는 것'에 불과한 것이다.

(2) 다수의견은 법원의 재판에 대한 법 제68조 제 1 항에 의한 헌법소원의 허용범위를 '위헌으로 결정한 법령을 적용한 재판'에 한한다고 한 종전선례(96 헌마 172 등 결정)를 따른다는 결론을 내렸다(이 의견은 7명의 재판관이 새로 평의에 관여한 결론이다). 이 결정은 헌법문제에 관한 최종·최고 결정권을 가진 헌법재판소의 해석이므로, 재판관의 구성이 변경되지 않는 한 그대로 유지될 것으로 보인다.

그러나, 나는 다수의견에 찬성하지 아니한다. 그 이유는 이미 92 헌마 239 사건의 반대의견에서 밝힌 바가 있지만, 이 사건에서 다수의견을 다시 생각해 보면, '위헌인 법률을 적용한 재판'에 대한 법률의 위헌여부심판을 못하게 하는 규정을 합헌으로 보는 것은, 위헌법률도 법원에서 합헌으로 해석·적용하여 재판하면 적법한 것으로 인정하는 것에 다름 아닌 결론인 것이다. 이와 같은 입론(立論)은 법률의 위헌여부심판권을 헌법재판소에 부여한 취지에 정면으로 어긋날 뿐만 아니라 헌법이 추구하는 법체계의 통일성과 정합성을 크게 해치게 되는 것이다. 이것은 국민의 권리구제를 외면하고 나아가서 법의 지배와 권력분립의 원리를 뒤흔들어 헌법의 최고이념인 민주주의의 근간(根幹)을 파괴하는 결론이라고 말하지 아니할 수 없다. 헌법에 의하면, 법원은 법률상의 쟁송을 심판할 권한만 있는 기관이지 법률의 위헌여부 심판권은 물론 입법권이 있는 기관도 아니기 때문이다.

다. 대한민국 헌법은 우리의 상징이자 최상위에 있는 법이다. 헌법재판소 건물의 앞면 5층 위쪽에 아홉 송이의 무궁화 조각(彫刻)이 있다. 이 건물의 중앙 3층에 자리잡은 평의실은 아홉 분의 헌법의 파수꾼들이, 공권력이 국민의 기본권을 침해하는지, 공권력이 국민과 한 약속을 파기하는 것은 아닌지를 감시하고 심사하는 곳이다. 헌법이 있어야 할 평의실 원탁 위에 재판관들의 손발을 묶는 '법원의 재판을 제외하고'라는 헌법재판소법이 있다면, 이것은 국민의 권리구제와 법의 지배 및 권력분립의 실현·유지를 가로막는 장애물이므로 우리 스스로가 이를 치워야 한다는 것이 나의 별개의견의 결론이다.

라. 끝으로, 재판에 대한 헌법소원의 허용범위는 입법형성 영역에 맡겨야 한다는 견해에 대해서는 더 이상 헌법을 말할 필요를 느끼지 아니하므로, 다음과 같은 덴닝 경(Lord Denning, Master of the Rolls)의 글을 읽어 드리고 싶다.

"법률가 중에는 모든 악(惡)에 대한 최상의 구제는 국회가 제정하는 법률이라고 생각하는 분들이 있다. 그들은 국회가 모든 것을 알고 또 어떠한 것도 할 수 있다고 상정(想定)하는 것 같다.

그러나 국회를 구성하는 분들도 우리와 같은 인간이므로 그들은 자유가 위협받는 여러 문제점을 일일이 경계할 시간도 능력도 갖고 있지 않다. 끊임없는 경계는 우리 자신이 행하여야 하고 우리들 한 사람 한 사람이 그 역할을 맡아야 한다. 이것이 바로 신(神)이 인간에게 자유를 준 조건이다."

8. 公權力에 의한 基本權 侵害의 救濟[1]

가. 법 제68조 제 1 항의 헌법소원심판은 개별적인 공권력의 행사 또는 불행사로 인하여 헌법상 보장된 기본권을 침해받은 자가 제기하는 주관적 권리구제형 헌법소원이다. 헌법 제10조에서 규정하듯이 모든 국가권력은 국민의 기본권에 기속되므로 원칙적으로 기본권에 기속되는 국가권력은 모두 헌법소원의 대상이 된다고 하여야 할 것이다.

그런데, 법 제68조 제 1 항의 헌법소원심판은 예외적이고 보충적인 특별권리구제수단으로서 다른 법률이 규정하는 권리구제수단에 의하여 구제되지 않는 기본권 보장의 사각지대를 막기 위한 구제수단으로서의 의미를 가지므로 모든 공권력의 행사나 불행사를 심판대상으로 삼을 것은 아니고, 상대적으로 기본권 침해의 위험성이 적거나 그에 대한 권리구제수단이 잘 갖추어져 있는 경우에는 법률로 헌법소원의 대상에서 배제함으로써 심판청구를 제한할 수 있다. 헌법 제27조 제 1 항은 "모든 국민은 헌법과 법률이 정한 법관에 의하여 법률에 의한 재판을 받을 권리를 가진다"고 규정함으로써 재판청구권을 보장하고 있는바, 법원에서의 재판절차가 법률상 권리의 구제절차이자 동시에 기본권 침해에 대한 기본적인 구제절차로서 이미 마련되어 있기 때문이다.

한편, 일반적으로도 재판청구권의 실현은 법원의 조직과 절차에 관한 입법에 의존하고 있기 때문에 입법자에 의한 재판청구권의 구체적 형성은 불가피하며, 따라서 원칙적으로 소송법상의 재판청구권과 관계되는 제 제도는 입법자의 광범위한 입법형성권 하에 놓여 있는 것인바(헌재 1996. 8. 29. 93 헌바 57, 헌재판례집 8-2, 46, 60 참조), 헌법 제111조 제 1 항 제 5 호도 헌법재판소의 다른 관장사항과 달리 '법률이 정하는' 헌법소원에 관한 심판이라고 규정하여 헌법소원제도의 구체적 형성을 입법자에게 위임하고 있다. 이는 헌법소원의 구체적 내용에 관해서 우리나라의 사법체계나 기본권 상황, 그리고 제도적 폐해 등을 고려하여 입법자가 형성하라는 취지라 할 것이다.

나. 법 제68조 제 1 항 본문은 "공권력의 행사 또는 불행사로 인하여 헌법상 보장된 기본권을 침해받은 자는 …… 헌법재판소에 헌법소원심판을 청구할 수 있다"고 하고 있는바, 이는 공권력의 행사 또는 불행사로 인하여 헌법상 보장된 자신의 기본권을 현재 직접적으로 침해당한 자만이 헌법소원을 청구할 수 있다는 것을 의미한다. 따라서 기본권 침해의 직접성을 결여하는 경우 그 공권력 행사에 대한 헌법소원은 부적법하게 된다는 점에서 이 사건 조항은 국민의 헌법재판을 받을 권리를 제한한다고 할 수 있다.

기본권 침해의 직접성의 요건은 법령에 대한 헌법소원에서 특히 중요한 의미를 갖는데, 기본권 침해의 직접성은 집행행위에 의하지 아니하고 법률 그 자체에 의하여 자유의 제한, 의무의 부과, 권리 또는 법적 지위의 박탈이 생긴 경우를 의미하므로(헌재 1992. 11. 12. 91 헌마 192, 헌재판례집 4, 814, 823; 1998. 7. 16. 96 헌마 268, 헌재판례집 10-2, 312, 334; 2004. 9. 23. 2003 헌마 19), 구체적인 집행행위를 통하여 비로소 기본권 침해의 법률효과가 발생하는 경우에는 직접성의 요건이 결여된다(헌재 1998. 3. 26. 96 헌마 166, 헌재판례집 10-1, 285, 293~294 참조). 집행행위에는 입법행위도 포함되므로, 법령규정이 그 규정의 구체화를 위하여 하위규범의 시행을 예정하고 있는 경우에도 당해 법령규정의 직접성은 부인된다고 할 것이다(헌재 2002. 12. 18. 2001 헌마 111, 헌재판례집 14-2, 872, 878; 2004. 9. 23. 2003

1) 헌재 2005. 5. 26 선고, 2004 헌마 671, 헌재판례집 제17권 1집, 785면 이하.

(헌마 231 등 참조).

다. 법령에 대한 헌법소원에 있어서 '기본권 침해의 직접성'을 요구하는 이유에 대하여 우리 재판소는 "법령은 일반적으로 구체적인 집행행위를 매개로 하여 비로소 기본권을 침해하게 되므로 기본권의 침해를 받은 개인은 먼저 일반 쟁송의 방법으로 집행행위를 대상으로 하여 기본권 침해에 대한 구제절차를 밟는 것이 헌법소원의 성격상 요청되기 때문"이라 판시하였는바(헌재 1998. 4. 30. 97 헌마 141, 헌재판례집 10-1, 503 등), 이는 헌법소원의 본질이 앞서 본 바와 같이 예외적이고 보충적인 특별권리수단이라는 성격을 반영한 것이라 할 수 있다.

특히, 법령에 근거한 구체적인 집행행위가 재량행위인 경우에는 법령은 집행기관에게 기본권 침해의 가능성만을 부여할 뿐 법령 스스로가 기본권의 침해행위를 규정하고 행정청이 이에 따르도록 구속하는 것이 아니고, 이 때의 기본권의 침해는 집행기관의 의사에 따른 집행행위, 즉 재량권의 행사에 의하여 비로소 이루어지고 현실화되므로 이러한 경우에는 법령에 의한 기본권 침해가 인정될 여지가 없다.

우리 재판소는 법 제68조 제 1 항의 헌법소원 사건에서 기본권 침해의 직접성이 요구됨을 반복하여 판시하여 왔는바, 직접성 요건이 헌법소원의 적법요건이라는 점은 우리 재판소의 확립된 견해라 할 것이다.

라. 이와 같이 헌법소원심판의 직접성 요건이 다른 권리구제수단에 의해서는 구제되지 않는 기본권 보장을 위한 특별하고도 보충적인 수단이라는 헌법소원의 본질로부터 비롯된 것이라는 점 및 우리 재판소 판례를 통하여 직접성 요건에 관하여 그 예외가 넓게 인정되고 있다는 점을 고려하면, 이 사건 조항이 헌법소원심판청구의 적법요건 중 하나로 기본권 침해의 직접성을 요구하는 것이 청구인의 헌법소원심판청구를 지나치게 제한하여 재판을 받을 권리의 본질적인 부분을 침해한다고 볼 수는 없다.

[결 론]

따라서 이 사건 법률조항은 헌법에 위반되지 아니하므로 재판관 전원의 일치된 의견으로 주문과 같이 결정한다.

제 3 절 彈劾制度

I. 彈劾制度의 意義와 類型

1. 彈劾制度의 意義

탄핵제도(impeachment, accusation, Ministeranklage)란 일반적으로 형벌 또는 통상의 징계절차로써 처벌하기 곤란한 대통령·국무총리 및 국무위원을 비롯한 정부고위공무원과 특수직에 있는 법관 등에 대하여 국민의 대표기관인 국회가 헌법 또는 법률이 정한 바의 절차에 따라 소추하여 헌법재판소의 결정으로써 해임하는 민주적인 공무원파면제도이다.

이러한 탄핵제도는 고대 Greece나 Rome시대에도 있었으나, 근대적 형태로서는 14세기 말의 영국에서 그 기원을 찾는 것이 보통이다.[1] 당시 영국에서는 정부고관과 대귀족에

1) 세계 각국의 탄핵제도에 관한 간단한 소개는 김철수, 비교헌법론(상), 137면 이하; Berger, Impeach-

대하여 일반법원에서 처벌할 수 있는 방도가 없었기 때문에 이를 보충하여 통제하기 위한 제도로서 확립되었던 것이나, 왕권의 강화 또는 의원내각제도의 실현으로 그 실효를 거두지 못하였다. 그 후 미국헌법을 비롯하여 France·독일·일본 등 여러 나라에서 이 제도를 채택하고 있다.

2. 彈劾制度의 有用性

탄핵제도는 상술한 바와 같이 정부 및 법원에 대한 의회의 중요한 통제수단으로 성립·발전한 것이나, 오늘날에 있어서는 이것이 과연 국가조직에 있어서 필요하고도 유용한 제도인가에 대해서 논의되고 있다.

(1) 무 용 론 이 설은 역사적 경험에 의하면 탄핵제도의 의의는 점점 감소되고 있기 때문에 오늘날에 있어서는 단지 사회심리적 효과를 노리는 이외에는 아무런 실효성이 없는 헌법의 장식물에 지나지 않는다고 한다. 왜냐하면 첫째, 영미에서 본 바와 같이 실제상으로 운영되지 않으며, 둘째, 영국과 같은 의원내각제를 취하고 있는 국가에서는 탄핵제도에 의하지 않고 불신임권을 통하여 그 목적을 달성할 수 있으며, 셋째, 정당정치의 발달에 따른 당파감정으로 예상 외의 폐해, 즉 경미한 실책에 비하여 그 처벌이 너무 가혹하여 정쟁을 유발하기 쉽기 때문이라고 한다.[1]

(2) 유 용 론 이 설은 대통령제나 의원내각제 등 정부형태를 막론하고 탄핵제도는 현재까지도 국민의 대표가 가지는 행정부의 고급공무원에 대한 감독수단으로서 법적으로나 정치적으로 중요한 의의를 가지고 있다고 본다. 왜냐하면 미국과 같은 대통령제를 취하고 있는 국가에서는 대통령을 비롯한 정부고관에 대해서는 탄핵제도 이외의 감독수단이 없으므로 심리적으로나 실제적으로 실익이 있으며, 의원내각제하에서도 예컨대 특히 법관과 같이 엄격한 독립적 지위를 가지는 자에 대하여 무시할 수 없는 제도적 실효를 가질 수 있기 때문이라고 한다.[2]

(3) 私 見 생각건대 탄핵제도는 현실적으로 별반 실효성을 가지고 있다고는 할 수 없으나, 헌법제도상으로는 극히 중요한 의의를 가지고 있다고 하겠다.

오늘날 검찰이 공소권을 독점하고 있고 법원은 불고불리의 원칙에 따라서 검찰이 기소하지 않는 고급공무원에 의한 위헌·위법행위를 법원이 기소·재판하여 면직할 수는 없는 것이다. 따라서 검찰이 기소하기 어려운 고급공무원의 위헌·위법행위에 대하여 국민대표기관인 국회에서 소추하고 헌법보장기관인 헌법재판소에서 심판하게 하는 것은 헌법의 수호를 위하여서도 필요한 제도라고 하겠다.

우리 헌법이 국회에 탄핵소추권만을 인정하고 헌법재판소에 심판권을 부여한 것은 탄핵제도가 헌법과 법률의 보호제도와 직결되고 있는 것을 인식한 점에서 타당하다고 하겠다.

---

ment, 1973; Brant, Impeachment, 1972 참조.

1) 한태연, 전게서, 405~406면.

2) 박일경, 전게서, 432면; 구병삭, 전게서 787면; 권영성, 전게서, 800면.

Ⅱ. 우리나라의 彈劾制度

1. 우리나라 彈劾制度의 變遷

우리나라도 제헌 이래 탄핵제도를 두고 있다.[1] 탄핵소추권은 국회에 주어 왔으나 그 심판권을 행사하는 기관은 여러 차례 변화되어 왔다. 즉 제 1 공화국헌법에서는 탄핵재판소를 두었고, 제 2 공화국헌법에서는 헌법재판소에서 탄핵심판을 담당하도록 하였다가 제 3 공화국헌법에서는 탄핵심판위원회라는 특별기관에서 담당하게 하였다. 그 뒤 제 4 · 제 5 공화국헌법에서는 헌법위원회에 심판권을 부여하였다.

2. 現行憲法下의 彈劾制度

헌법은 탄핵소추권을 국회에 부여하고 있고(제65조), 탄핵심판권을 헌법재판소에 인정하여(제111조) 탄핵절차를 2단계로 하고 있다.

(1) 탄핵소추 국회는 대통령 · 국무총리 · 국무위원 · 행정각부의 장 · 헌법재판소 재판관 · 법관 · 중앙선거관리위원회 위원 · 감사원장 · 감사위원 기타 법률이 정한 공무원이 그 직무집행에 있어서 헌법이나 법률을 위배한 때에는 탄핵의 소추를 의결할 수 있다(제65조 1항). 본 제도는 검찰이 기소하지 않거나 기소한다고 하더라도 일반법원에 의한 판결이 곤란한 고급공무원에 대한 면직을 목적으로 하고 있는 만큼, 헌법 제65조가 명시하지 않은 정부위원 · 각군 참모총장 등도 입법에 의하여 포함시켜야 할 것이다. 또한 직무집행에 관한 위헌 · 위법행위의 범위에 관해서 현직에서의 직무집행뿐만 아니라 전직의 공무수행도 포함되는가의 문제가 있으나, 탄핵의 사유를 현직의 공무수행에 한정할 필요는 없을 것이다.

대통령에 대한 탄핵소추는 국회재적의원 과반수의 발의와 국회재적의원 3분의 2 이상의 찬성에 의한 의결이 있어야 하며, 그 외의 공무원에 대한 탄핵소추는 국회재적의원 3분의 1 이상의 발의와 국회재적의원 과반수의 찬성에 의한 의결이 있어야 한다. 탄핵소추의 의결을 받은 자는 탄핵심판이 있을 때까지 그 권한행사가 정지된다(제65조 2항 · 3항).

(2) 탄핵심판 헌법재판소는 국회의 탄핵소추의 의결에 대하여 탄핵심판을[2] 한다(제111조 1항). 탄핵의 결정은 재판관 6인 이상의 찬성이 있어야 한다(제113조 1항). 탄핵결정은 공직으로부터 파면함에 그친다. 그러나 이에 의하여 민사상이나 형사상의 책임이 면제되지는 아니한다(제65조 4항). 탄핵결정을 함에 있어서 헌법과 법률에 대한 단순한 위배가 아니고 그 사유가 중대해야 한다고 보고 있다.[3]

(3) 탄핵선례 과거 대법원장에 대한 탄핵소추 논의가 있었다. 2004년에는 노무

---

1) 상세한 것은 김철수, 헌법학(하), 2009 참조.

2) 상세한 것은 후술 제 4 편 제 6 장 제 4 절 Ⅱ. 탄핵심판권 참조.

3) 헌재 2004. 5. 14 선고, 2004 헌나 1, 헌재판례집 제16권 1집, 609면 이하(658~659면).

현대통령에 대하여 국회가 탄핵을 소추하였으나, 헌법재판소는 심판청구를 기각했다. 그러나 그 이유에서 헌재는 대통령의 헌법과 법률준수의무를 강조했으며 앞으로의 경고도 한 점에서 그 의의가 컸다.[1)]

[判] 彈劾審判에 관한 重要 判例

1. 彈劾制度의 意義[2)]

[헌법 제65조의 탄핵심판절차의 본질 및 탄핵사유]

가. 탄핵심판절차는 행정부와 사법부의 고위공직자에 의한 헌법침해로부터 헌법을 수호하고 유지하기 위한 제도이다.

헌법 제65조는 행정부와 사법부의 고위공직자에 의한 헌법위반이나 법률위반에 대하여 탄핵소추의 가능성을 규정함으로써, 그들에 의한 헌법위반을 경고하고 사전에 방지하는 기능을 하며, 국민에 의하여 국가권력을 위임받은 국가기관이 그 권한을 남용하여 헌법이나 법률에 위반하는 경우에는 다시 그 권한을 박탈하는 기능을 한다. 즉, 공직자가 직무수행에 있어서 헌법에 위반한 경우 그에 대한 법적 책임을 추궁함으로써, 헌법의 규범력을 확보하고자 하는 것이 바로 탄핵심판절차의 목적과 기능인 것이다.

헌법 제65조는 대통령도 탄핵대상 공무원에 포함시킴으로써, 비록 국민에 의하여 선출되어 직접적으로 민주적 정당성을 부여받은 대통령이라 하더라도 헌법질서의 수호를 위해서는 파면될 수 있으며, 파면결정으로 인하여 발생하는 상당한 정치적 혼란조차도 국가공동체가 자유민주적 기본질서를 수호하기 위하여 불가피하게 치러야 하는 민주주의 비용으로 간주하는 결연한 자세를 보이고 있다. 대통령에 대한 탄핵제도는 누구든지 법 아래에 있고, 아무리 강한 국가권력의 소유자라도 법 위에 있지 않다는 법의 지배 내지 법치국가원리를 구현하고자 하는 것이다.

우리 헌법은 헌법수호절차로서의 탄핵심판절차의 기능을 이행하도록 하기 위하여, 제65조에서 탄핵소추의 사유를 '헌법이나 법률에 대한 위배'로 명시하고 헌법재판소가 탄핵심판을 관장하게 함으로써 탄핵절차를 정치적 심판절차가 아니라 규범적 심판절차로 규정하였고, 이에 따라 탄핵제도의 목적이 '정치적 이유가 아니라 법위반을 이유로 하는' 대통령의 파면임을 밝히고 있다.

나. 헌법은 제65조 제 1 항에서 "대통령…이 그 직무집행에 있어서 헌법이나 법률에 위배한 때에는 국회는 탄핵의 소추를 의결할 수 있다"고 하여 탄핵사유를 규정하고 있다.

(1) 모든 국가기관은 헌법의 구속을 받으며, 특히 입법자는 입법작용에 있어서 헌법을 준수해야 하고, 행정부와 사법부는 각 헌법상 부여받은 국가권력을 행사함에 있어서 헌법과 법률의 구속을 받는다. 헌법 제65조는 행정부와 사법부의 국가기관이 헌법과 법률의 구속을 받는다는 것을 다시 한 번 강조하면서, 바로 이러한 이유에서 탄핵사유를 헌법위반에 제한하지 아니하고 헌법과 법률에 대한 위반으로 규정하고 있다. 행정부·사법부가 입법자에 의하여 제정된 법률을 준수하는가의 문제는 헌법상의 권력분립원칙을 비롯하여 법치국가원칙을 준수하는지의 문제와 직결되기 때문에, 행정부와 사법부에 의한 법률의 준수는 곧 헌법질서에 대

1) 헌재 2004. 5. 14 선고, 2004 헌나 1, 헌재판례집 제16권 1집, 609면 이하.
2) 헌재 2004. 5. 14 선고, 2004 헌나 1, 헌재판례집 제16권 1집, 609면 이하.

한 준수를 의미하는 것이다.

(2) 여기서 헌법 제65조에 규정된 탄핵사유를 구체적으로 살펴보면, '직무집행에 있어서'의 '직무'란, 법제상 소관 직무에 속하는 고유 업무 및 통념상 이와 관련된 업무를 말한다. 따라서 직무상의 행위란, 법령·조례 또는 행정관행·관례에 의하여 그 지위의 성질상 필요로 하거나 수반되는 모든 행위나 활동을 의미한다. 이에 따라 대통령의 직무상 행위는 법령에 근거한 행위뿐만 아니라, '대통령의 지위에서 국정수행과 관련하여 행하는 모든 행위'를 포괄하는 개념으로서, 예컨대 각종 단체·산업현장 등 방문행위, 준공식·공식만찬 등 각종 행사에 참석하는 행위, 대통령이 국민의 이해를 구하고 국가정책을 효율적으로 수행하기 위하여 방송에 출연하여 정부의 정책을 설명하는 행위, 기자회견에 응하는 행위 등을 모두 포함한다.

헌법은 탄핵사유를 "헌법이나 법률에 위배한 때"로 규정하고 있는데, '헌법'에는 명문의 헌법규정뿐만 아니라 헌법재판소의 결정에 의하여 형성되어 확립된 불문헌법도 포함된다. '법률'이란 단지 형식적 의미의 법률 및 그와 등등한 효력을 가지는 국제조약, 일반적으로 승인된 국제법규 등을 의미한다.

헌법 제65조 제 1 항은 탄핵사유를 '헌법이나 법률에 위배한 때'로 제한하고 있고, 헌법재판소의 탄핵심판절차는 법적인 관점에서 단지 탄핵사유의 존부만을 판단하는 것이므로, 이 사건에서 청구인이 주장하는 바와 같은 정치적 무능력이나 정책결정상의 잘못 등 직책수행의 성실성 여부는 그 자체로서 소추사유가 될 수 없어, 탄핵심판절차의 판단대상이 되지 아니한다.

다. 소 결 론

(1) 대통령의 2004. 2. 18. 경인지역 6개 언론사와의 기자회견에서의 발언, 2004. 2. 24. 한국방송기자클럽 초청 대통령 기자회견에서의 발언은 공선법 제9조의 공무원의 중립의무에 위반하였다.

(2) 2004. 3. 4. 중앙선거관리위원회의 선거법 위반결정에 대한 대통령의 행위는 법치국가이념에 위반되어 대통령의 헌법수호의무에 위반하였고, 2003. 10. 13. 대통령의 재신임 국민투표 제안행위는 헌법 제72조에 반하는 것으로 헌법수호의무에 위반하였다.

[결　론]

가. 이 심판청구는 헌법재판소법 제23조 제 2 항에서 요구하는 탄핵결정에 필요한 재판관 수의 찬성을 얻지 못하였으므로 이를 기각하기로 하여, 헌법재판소법 제34조 제 1 항, 제36조 제 3 항에 따라 주문과 같이 결정한다.

나. 헌법재판소법 제34조 제 1 항에 의하면 헌법재판소 심판의 변론과 결정의 선고는 공개하여야 하지만, 평의는 공개하지 아니하도록 되어 있다. 이 때 헌법재판소 재판관들의 평의를 공개하지 않는다는 의미는 평의의 경과뿐만 아니라 재판관 개개인의 개별적 의견 및 그 의견의 수 등을 공개하지 않는다는 뜻이다. 그러므로 개별 재판관의 의견을 결정문에 표시하기 위해서는 이와 같은 평의의 비밀에 대해 예외를 인정하는 특별규정이 있어야만 가능하다. 그런데 법률의 위헌심판, 권한쟁의심판, 헌법소원심판에 대해서는 평의의 비밀에 관한 예외를 인정하는 특별규정이 헌법재판소법 제36조 제 3 항에 있으나, 탄핵심판에 관해서는 평의의 비밀에 대한 예외를 인정하는 법률규정이 없다. 따라서 이 탄핵심판사건에 관해서도 재판관 개개인의 개별적 의견 및 그 의견의 수 등을 결정문에 표시할 수는 없다고 할 것이다.

그러나 위의 견해에 대하여, 헌법재판소법 제34조 제 1 항의 취지는 최종결론에 이르기까지 그 외형적인 진행과정과 교환된 의견 내용에 관하여는 공개하지 아니한다는 평의과정의 비공개를 규정한 것이지, 평의의 결과 확정된 각 관여재판관의 최종적 의견마저 공개하여서는 아니 된다는 취지라고 할 수는 없으며, 동법 제36조 제 3 항은 탄핵심판과 정당해산심판에 있어 일률적으로 의견표시를 강제할 경우 의견표시를 하는 것이 부적절함에도 의견표시를 하여야만 하는 문제점이 있을 수 있기 때문에 이를 방지하고자 하는 고려에 그 바탕을 둔 법규정으로서, 탄핵심판에 있어 의견을 표시할지 여부는 관여한 재판관의 재량판단에 맡기는 의미로 보아 해석해야 할 것이므로 다수의견과 다른 의견도 표시할 수 있다는 견해가 있었다.

제 4 절 違憲政黨解散制度

I. 違憲政黨解散制度의 意義와 內容

1. 違憲政黨解散制度의 意義와 目的

(1) 위헌정당해산제도의 의의·연혁 집단으로 조직화된 헌법의 적으로부터 헌법을 보장하기 위한 제도가 위헌정당해산제도와 위헌결사의 해산제도이다. 위헌정당해산제도는 민주적 기본질서를 침해하려는 조직적 투쟁이 매우 위험하기 때문에 예방적으로 헌법을 보장하기 위한 제도이다. 과거에는 정당이나 결사가 위헌적인 파괴활동을 했을 때에는 행정관청이 이를 해산할 수 있었다. 그러나 민주정치에 있어서의 정당과 결사의 중요성이 인식되자 행정부의 자의적인 해산으로부터 이를 보장하기 위하여 행정청에 의한 해산을 금지하고 사법부 내지 독립한 재판기관의 심판으로 해산할 수 있게 하였다.

Nazis에 의한 정당해산의 남용을 경험한 독일기본법은 정당의 존립을 보장하고, 정당이 자유를 남용하여 민주적 기본질서를 파괴하려고 할 때에만 해산하도록 규정하였다(동법 제21조). 이 제도가 Turkey헌법과 한국헌법 등에 계수되었다.[1]

(2) 위헌정당해산제도의 목적 정당해산제도의 목적은 방어적 민주정치(abwehrbereite Demokratie) 또는 투쟁적 민주정치(streitbare Demokratie)를 채택하는 국가에서 헌법질서를 보장하기 위한 것이다.[2] 독일기본법은 정당해산의 요건을 「자유민주적 기본질서를 침해하거나 폐제(廢除)하거나 또는 독일연방공화국의 존립을 위태롭게 하려는 정당」으로 하고 있어, 헌법보장과 국가존립유지를 위하여 정당해산을 하고 있음을 명시하고 있다.

이와 같이 정당해산제도의 목적은 조직된 정당의 위헌행위를 규제함으로써 헌법의 기본질서 내지는 헌법핵을 보장하기 위한 것임을 알 수 있다.

---

1) 상세한 입법례에 관하여는 김철수, 입법자료교재 헌법(증보판), 337면 이하 참조.
2) Mintzel/Oberreuter(Hrgb.), Parteien in der BRD, 2. Aufl., 1992; Henke, Das Recht der politischen Parteien, 2. Aufl., 1972; Meier, Parteiverbote und demokratische Republik, 1993; Volkmann, Die Dilemma des Parteiverbots, DÖV 2007, S.577; Thiel, Das Verbot verfassungswidriger Parteien: Wehrhaft Demokratie, 2003.

2. 政黨解散의 要件

(1) 실질적 요건　　정당해산의 실질적 요건은 헌법의 기본질서 내지는 헌법핵을 침해하는 정당의 활동이 있어야 한다. 정당은 헌법의 기본질서 내지는 민주적 기본질서를 침해해서는 안 된다. 이는 몇몇 국가의 헌법에서 그 예를 직접 볼 수 있다. 즉「복수정당제 및 기본적 인권의 보장을 기반으로 하는 민주주의체제에 반하는 강령 또는 행동을 가진 모든 정당 혹은 결사의 조직과 등록 내지 활동은 금지된다」(Brazil 헌법 제141조 부칙 13항),「정당과 정치단체는 국민주권과 민주주의의 원칙을 존중하여야 한다」(France 제5공화국 헌법 제4조),「정당은 국민의 의사를 표현하고 집약하며, 국가의 독립과 정치적 민주주의의 원칙을 존중하여야 한다」(Portugal 헌법 제3조 3항) 등으로 여러 국가의 헌법들이 명시하고 있다. 정당이 이러한 의무에 위반하여 민주적 기본질서를 침해하여 국가존립에 위해가 된 경우에는 해산할 수 있도록 규정하고 있다. 한편 이는 정당이 헌법의 기본질서 및 헌법핵이 아닌 단순한 헌법률을 위반한 경우에는 해산할 수 없다는 의미에서 실질적으로 정당을 보다 더 보호하는 기능을 갖기도 한다.

(2) 형식적 요건　　위헌정당해산권은 헌법재판소와 같은 헌법보장기관에 독점되어 있다. 독일기본법은 연방헌법재판소가 정당의 위헌성 여부에 대해서 판단할 수 있게 하고 있다.

정당해산의 제소는 원칙적으로 정부에서 하게 된다. 헌법에는 명문의 규정이 없더라도 정부 내지는 검찰청에서 제소하는 것이 일반적인 경향이다. 그러나 독일기본법은 연방정부뿐만 아니라 연방의회와 연방참의원도 해산제소를 할 수 있게 하고 있다.

정당해산의 결정에 있어서는 보다 신중을 기하기 위하여 헌법재판소구성원의 단순다수에 의하지 아니하고 절대다수의 찬성을 요구하는 경우가 있으며, 정당해산의 집행은 정당의 위헌결정이 확정됨에 따라 행정부가 집행하는 것이 일반적인 경향이다.

3. 政黨解散의 效果

(1) 정당의 자격상실　　정당의 해산결정이 선고되면 그 결정은 창설적 효력을 가지고 그 때부터 그 정당은 정당으로서의 자격을 상실하고 정당으로서의 특권을 상실한다. 정당의 위헌성결정은 정당의 선거참여자격의 상실뿐만 아니라 정당의 활동자유 등에도 미쳐 정당활동은 금지된다.

(2) 대체정당의 금지　　정당이 위헌선언되면 그 代替政黨(Ersatzorganisation)의 설립이 금지되고, 정당의 산하단체의 활동도 금지된다. 해산된 정당의 산하단체나 대체조직이 민주적 기본질서를 침해하거나 국가의 존립에 위해가 될 경우에는 법원이나 행정부에 의하여서도 해산될 수 있다.

(3) 정당소속의원의 의원직상실 여부 위헌으로 선언된 정당의 소속의원의 의원직 상실 여부에 관해서는 논란이 있다. 과거 독일연방헌법재판소는 SRP 소속의원의 의원직을 박탈하는 판결을 하였는바, 이에 관한 입법이 없음에도 불구하고 의원직을 박탈한 데 대하여서는 많은 논란이 있었으나 독일의회는 연방선거법개정으로 위헌선언된 정당소속의원의 자격상실을 법률로써 규정하여 논쟁의 종지부를 찍었다. 그러나 우리나라에는 이러한 자동상실의 규정이 없다.

(4) 정당재산의 몰수 위헌선언된 정당의 재산에 관해서 독일연방헌법재판소법은 연방헌법재판소의 재량에 일임하였다. 독일연방헌법재판소는 그간 두 건의 위헌정당판결에서 정당재산의 몰수를 선언한 바 있다.

Ⅱ. 우리나라의 違憲政黨解散制度

1. 政黨解散制度의 變遷

우리나라에서는 제헌헌법에 정당의 보호조항이 없었기 때문에 많은 정당이 행정권에 의하여 해산되었다.[1] 이에 제 2 공화국헌법은 정당의 존립을 보장하고(제 2 공화국헌법 제13조 2 항), 정당의 해산제도를 도입하여 헌법재판소의 판결에 의해서만 해산되도록 규정하였다. 제 3 공화국헌법에서는 복수정당제를 처음 명시하였고, 대법원에 의한 정당해산조항을 두었다. 제 4 공화국헌법은 정당조항을 그대로 유지하는 한편 헌법위원회에서 정당해산을 하도록 하였고, 제 5 공화국헌법은 제 4 공화국의 제도를 그대로 유지하고 있었으나, 제 6 공화국헌법은 헌법재판소제도를 두어 이를 심판케 하고 있다.

2. 第 2 共和國憲法의 政黨解散制度

제 2 공화국헌법은 독일기본법을 본받아 제13조 2항에서 「정당은 법률이 정하는 바에 의하여 국가의 보호를 받는다. 단 정당의 목적이나 활동이 헌법의 민주적 기본질서에 위배될 때에는 정부가 대통령의 승인을 얻어 소추하고 헌법재판소가 판결로써 그 정당의 해산을 명한다」고 규정하였다. 또 정당의 해산은 헌법재판소 심판관의 단순다수에 의하여 결정할 수 있게 하였다.

3. 第 3 共和國憲法의 政黨解散制度

제 3 공화국헌법은 제 7 조에서 정당조항을 두어 「정당은 국가의 보호를 받는다. 다만, 정당의 목적이나 활동이 민주적 기본질서에 위배될 때에는 정부는 대법원에 그 해산을 제소할 수 있고, 정당은 대법원의 판결에 의하여 해산된다」고 규정하고, 대법원의 「정당해산

1) 이에 관한 상세한 것은 후술 제 3 편 제 6 장 제 4 절 Ⅲ. 위헌정당해산심판권 참조.

을 명하는 판결은 대법원법관 정수의 5분의 3 이상의 찬성을 얻어야 한다」(제103조)고 규정하여 해산결정권자를 대법원으로 변경하고 해산판결정족수를 늘렸다.

4. 第 4 共和國憲法의 政黨解散制度

제 4 공화국헌법은 제 3 공화국헌법과 마찬가지로 정당의 해산규정을 제 7 조에 두었고, 정당해산사유로서 「국가의 존립에 위해가 될 때」를 추가하였다. 다만 정당의 해산결정권을 헌법위원회로 이관하였으며, 정당해산의 결정에는 위원 6인 이상의 찬성이 있어야 하도록 규정하였다(제111조).

5. 第 5 共和國憲法의 政黨解散制度

제 5 공화국헌법의 정당해산제도는 정당해산사유 중에서 「국가의 존립에 위해가 될 때」를 제외하고 있을 뿐 제 4 공화국헌법의 정당해산제도와 완전히 일치하고 있었다(제112조, 제114조).

6. 第 6 共和國憲法의 政黨解散制度

제 6 공화국헌법은 헌법재판소제도를 두어 정당해산을 심판하게 하고 있다. 정당해산의 결정은 헌법재판소 재판관 6인 이상의 찬성이 있어야 한다(제113조 1항). 위헌정당이 해산되면 소속의원의 자격이 박탈되느냐의 문제가 있다. 현재는 이에 관한 명확한 규정이 없기에 정당법이나 국회법 등에서 의원직을 박탈하는 것을 명백히 규정하는 것이 필요할 것이다.

제 5 절 國家緊急權制度

I. 國家緊急權制度의 意義와 類型

1. 憲法保障手段으로서의 國家緊急權制度

(1) 국가긴급권의 의의 국가긴급권(emergency power, Staatsnotrecht)은 전쟁·내란·경제공황, 대규모의 자연재해 등 평상시의 입헌주의적 통치기구로써는 대처할 수 없는 긴급사태에 있어서 국가의 존립을 보전하기 위하여 특정한 국가기관에게 인정되는, 긴급조치를 취할 수 있는 비상의 예외적인 권한이라고 할 수 있다.[1] 국가긴급권은 실정헌법에 규정되어 실정권으로 되어 있는 경우와 이것이 규정되어 있지 않아 자연법적 권한으로 인

1) 국가긴급권에 관해서는 김도창, 계엄론, 1968; 정해방, 국가긴급권에 관한 연구, 서울대학교 석사학위논문, 1976; 김철수, 국가긴급권, 고시연구 1978. 12; 성낙인, 프랑스 대통령의 국가긴급권, 현대공법의 제문제, 1993, 298∼315면 등 참조.

정되는 두 가지 경우가 있다. 이러한 국가긴급권은 그것이 실정권이든 자연권이든 간에 헌법보장을 위한 비상수단의 하나로 보고 있다.

(2) 실정헌법상의 국가긴급권과 헌법보장 실정헌법상의 국가긴급권(입헌주의비상조치권)은 헌법에 미리 규정하고 있는 것으로 대륙형이라고 하겠다. 일시적이기는 하나 다소간 권력분립규정과 인권보장규정의 정지를 가져오기 때문에 개개의 헌법조항을 대상으로 하는 헌법보장과 원리상 모순·대립하는 것이다. 그러나 그것은 명분에 있어서는 개개의 헌법조항을 정지하는 것에 의하여 국가의 존립을 보전하려고 하는 것이며, 이 점에서 그것이 정당화되는 이유가 있다. 여기서의 국가의 존립이란 엄밀한 법적 의미에 있어서는 헌법을 원점으로 하는 국법질서(헌법질서)를 의미하기 때문에 「국가의 존립을 보전」하는 것은 헌법질서의 동일성을 확보하는 것, 즉 근본규범을 보장하는 것을 말하는 것일 뿐 다른 의미는 아니다.

이 점에서 실정헌법상의 국가긴급권이란 적어도 명분상으로는 비상사태에 처하여 개개의 헌법조항을 일시적으로 정지하는 것에 의하여 헌법의 동일성을 확보하려고 하는 비상적이고 또 예방적인 헌법보장형식이라고 할 수 있다. 따라서 여기서의 보장의 대상은 개개의 헌법조항이 아니고, 그것 전체의 효력근거인 근본규범 그 자체이다.

(3) 자연법상의 국가긴급권과 헌법보장 실정헌법상 특정의 규정을 두지 않고 긴급시에 법률이나 국회의 의결에 따라 긴급사태에 수시로 대처하는 제도로 영미식이라고 하겠다. 자연법상의 국가긴급권도 적어도 그 명분상으로는 국가의 존립을 보전하기 위한 것이라고 표방되고 있으나 현실은 반드시 그렇지만은 않다. 원래 자연법상의 국가긴급권은 실정법화될 수 없다고 하여 실정헌법에 규정되지 않았던 것이기 때문에 이를 확대해석하여 국가의 「생존」을 위하여 무제한적이고 무조건적인 국가긴급권이 존재한다고 하는 것은 헌법보장보다는 헌법파괴를 결과하는 것이 된다고 볼 것이다.

2. 國家緊急權의 類型

국가긴급권은 여러 가지 관점에 따라서 분류될 수 있으나, 다음에서는 i) 긴급의 정도에 따른 분류, ii) 위기정부의 성격에 따른 분류, iii) 시간적 관점에 따른 분류, iv) 法系에 따른 분류 등으로 나누어 고찰하기로 한다.

(1) 긴급의 정도에 따른 분류

1) 입헌주의적 임시조치권 이는 평상시의 상태를 유지한 채로 비상사태에 대응하기 위한 임시적인 조치를 취하는 권한으로서 제도의 임시적인 기능화를 꾀하는 것이다. 그 전형적인 예로서는 양원제를 채택하는 국가에서의 참의원의 긴급집회, 독일계 헌법에서 널리 퍼져 있는 긴급명령(Notverordnung)[1]이나 긴급재정처분의 제도를 들 수 있다. 이것은 권력구

1) 입법례로는 중국헌법 제43조, 태국 제146조, 인도 제123조, 말레이지아 제150조, 스페인 국회창설법 제

조의 비통상적인 강화와 그에 따르는 입헌정치의 정지에까지는 이르지 않으며, 말하자면 기구의 임시적인 변동에 그친다는 의미에서 다음에 보는 초입헌주의적 비상조치권과 초헌법적 국가긴급권보다 그 긴급도가 훨씬 약하다.

2) 초입헌주의적 비상조치권 　이는 헌법 자체가 보다 긴박한 비상사태를 예정하고 입헌주의를 일시적으로 정지하여 일정조건하에서 독재적 권력행사를 인정하는 경우의 권한을 말한다.[1)]

헌법이 명문으로 이러한 비상조치권을 인정한 전형적인 예로는 비상독재권(일본명치헌법 제31조의 천황의 비상대권, Weimar헌법 제48조 2 항의 대통령독재권, France 제 5 공화국헌법 제16조의 대통령의 비상대권 등),[2)] 계엄권(프랑스계 헌법의 포위상태(état de siège), 독일계 헌법의 계엄(Belagerungszustand))[3)] 등을 들 수 있다. 우리 현행헌법 제77조의 대통령의 계엄선포권도 여기에 속한다. 헌법에 명시되어 있지는 않으나 합법적 조치로서 동종의 긴급권을 인정한 영국과 미국의 martial rule 또는 martial law도 이에 속한다고 볼 수 있을 것이다.

3) 초헌법적 국가긴급권 　극도의 비상사태에 있어서의 헌법의 일체의 틀이나 수권을 초월한 비법의 독재정치가 있다. 이러한 독재정치의 권한을 초헌법적 국가긴급권이라 한다. 이것은 1)의 긴급권이 헌법의 부분적·일시적 정지를 법적으로 용인한 데 대하여, 여기서는 초비상시의 최후의 수단으로서의 국법체제의 합법성을 일탈한 형태라고 하겠다. 2)가 합헌적인 제도인 점에서 입헌적 독재(constitutional dictatorship) 또는 C. Schmitt의 소위 위임적 독재(kommissarische Diktatur)라고 부를 수 있다면 이것은 초입헌적 독재 또는 C. Schmitt의 주권적 독재(souveräne Diktatur)라고 할 수 있을 것이다.

(2) 위기정부의 성격에 따른 분류 　국가의 위기를 극복하는 통치형태를 위기정부라고 하는데, 그 위기극복방법이 행정적인 것인가 아니면 입법적인 것인가 아니면 복합적인 것인가에 따라 행정형·입법형·기타형으로 나눌 수 있다.

1) 행 정 형 　행정적 성질의 위기정부는 기본권 정지·행정권 강화 기타 모든 종류의 행정적 성질의 긴급독재를 의미하는바, 특히 군사정부·군사법원 등 군사권력의 확대의 형태를 취할 때가 많기 때문에 군사적 독재(military dictatorship)가 그 전형으로 되어 있다.

이에 속하는 가장 기본적인 제도가 계엄인데, 계엄제도에는 여러 가지 형태가 있으나 그 중 가장 중요한 제도로서는 영연방이나 미합중국에서의 martial law, 유럽제국이나 Latin-America제국에 많은 포위상태(état de siège) 및 계엄(Belagerungszustand)이 있다.

이 행정형독재는 비교적 한정된 지역에 있어서 돌발적으로 발생한 폭력적 성질의 비상사태(폭력·내란 등)에 대항해서 사용되어지는 방법으로서 그 지역에 있어서의 치안유지를 주목적으로 하는, 말하자면 소극적인 성질의 긴급조치이다.

2) 입 법 형 　위기에 대처하기 위하여 의회에서 행정부에 입법권을 위임하여 위기입법을 신속히 하는 방식으로서, 헌법상의 제도로서는 긴급명령권의 형태를 취하거나 또는 행정권이 법률과 동등한 효력이 있는 명령을 발할 수 있는 실질적인 입법권을 취득하는 형태가

13조, 덴마크 제23조, 이탈리아 제77조, 아이슬란드 제28조, 오스트리아 제18조, 그리스 제48조, 포르투갈 제109조, 브라질 제58조, 이집트 제147조 등이 있다. 우리나라 현행헌법의 긴급명령, 긴급재정·경제처분도 이에 해당된다.

1) 김효전, 위임독재와 주권적 독재, 고시연구 19. 8, 1992. 8, 76～87면.

2) 비상독재권에 대한 입법례로는 태국헌법 제17조, 모로코 제35조, 가봉 제19조, 중앙아프리카 제12조, 니제르 제19조 등 아시아·아프리카 제국의 헌법에서 많이 찾아볼 수 있다.

3) 계엄에 관한 입법례는 중국헌법 제39조, 인도 제34조, 버마 제76조, 필리핀 제 9 조 12절, 남아연방 제 7 조, 아르헨티나 제23조·제67조·제86조, 브라질 제 2 장 5절, 네덜란드 제202조, 포르투갈 제91조, 프랑스 제36조, 그리스 제25조, 키프로스 제50조, 터키 제124조 등.

된다. 그리고 입법권의 위임이 대규모로 이루어지는 경우, 즉 행정부에게 주요한 국가적 문제의 일부 또는 전부의 해결을 위한 긴급법의 제정권이 부여되는 경우를 보통 授權法(enabling act, Ermächtigungsgesetz)이라고 부른다.[1]

입법형독재는 행정형과 달리 위기가 지역적으로는 전국적이며 또 시간적으로도 비교적 장기에 걸치는 경우에 있어서 개개의 구체적 행정처분에 의하여서는 위기의 극복이 곤란하여 응급적인 법질서를 형성함으로써 위기의 극복이 가능한 경우에 사용되어지는 방법이다. 이 방법은 주로 일시적이건 지속적이건 간에 경제적 성질의 위기극복과 관련이 있다. 교통기관이 발달하고 사회관계에 있어서의 연대성이 점점 더 긴급해진 현대에 있어서는 국지적인 위기는 비교적 적어지며 단순한 폭력적 위기상황은 차차로 감소하는 대신 오히려 경제적·사회적인 모습을 띠며, 시민생활의 전체가 관련되는 위기상황이 증대하고 있다. 따라서 현대의 긴급권은 행정형에서 입법형으로 이행하거나 또는 양자를 혼용하는 **3**)의 기타형으로 나아가고 있는 경향이다.

3) 기 타 형 행정형이나 입법형의 어느 일방과 유사하기는 하나 그 쌍방을 합한 형태의 위기정부로서는 내각독재(cabinet dictatorship)·대통령독재[2](presidential dictatorship)·전시확대행정(wartime expansion of administration)·평시긴급계획기관(peacetime emergency planning agency)·전시내각(war cabinet) 등 여러 가지가 있다. 특히 전시정부는 자유를 보장하기 위한 최종정부라고 할 수 있는 것으로, 전면전쟁의 경우에는 모든 종류의 국가긴급권이 일시에 발동되는 경우도 많다.

(3) 시간적 관점에 따른 분류

1) 사후적·교정적 긴급권 이는 국가의 안전보장이나 공공의 안녕질서를 위협하는 비상사태가 발생한 후에 그 비상사태를 극복·제거하기 위해서 행사되는 국가긴급권을 말한다. 제 1 차세계대전 이전의 소위 전통적·고전적 국가긴급권은 모두 이에 해당한다. 현존의 위험을 제거하기 위한 것이니만큼 비상입법(außerordentliche Legislation)보다 군사력이나 경찰력의 행사와 같은 비상집행의 방법(außerordentliche Exekution)이 주로 사용된다.

독일기본법 제10a장에서 방위사태, 영미에서의 martial rule, 우리나라 제 5 공화국헌법 제51조 1항 1단에서의 비상조치, 제52조에서의 계엄 등이 이에 해당한다.

2) 사전적·예방적 긴급권 이는 국가의 안전보장이나 공공의 안녕질서를 위협하는 비상사태가 이미 발생한 경우가 아니라,「발생할 우려가 있을 때」에도 그런 사태의 발생을 미리 방지하기 위해서 행사되는 국가긴급권을 말한다. 이른바 20세기적 의미의 국가긴급권이다. 이는 제 1 차세계대전 이후 정치적 위기뿐 아니라 경제적·재정적 위기(예컨대 1929년의 대공황)가 새로이 등장하고 사회적 불안의 장기화 등으로 위기가 오히려 원칙이 되어버린 오늘날 이에 적시적으로 대처하고 적절하게 대응하기 위해서 인정된 것으로, 과거와 같은 비상집행보다는 고차적인 비상입법의 수단에 더 많이 의존하는 것이 특징이라 할 수 있다.

Weimar헌법 제48조 2항의 대통령 비상대권, France 제 5 공화국헌법 제16조의 비상대권, 우리 제 4 공화국헌법 제53조 1항 2단(국가의 안전보장 또는 공공의 안녕질서가 중대한 위협을 받을 우려가 있을 때…)에서의 긴급조치권은 이에 해당한다.

---

1) 수권법이 제정된 실례를 들어보면 1923~1924년의 독일수권법, 1931년의 영국수권법, 1933년의 미국산업복홍법(The National Industrial Recovery Act), 1930년대의 France 수권법, 1993년의 Nazis수권법 등이 있다.

2) 대통령독재의 입법례로는 France의 De Gaulle 대통령의 독재와 미국의 Lincoln 대통령, Roosevelt 대통령에 의한 독재를 들 수 있다.

(4) 法系에 따른 분류

1) 대 륙 형 독일과 프랑스의 국가긴급권은 성문헌법으로 규정되어 제도화되어 있으며, 의회나 법원에 의한 통제가 미약한 것이 특징이다. Weimar헌법 제48조 2항의 대통령비상대권, 독일기본법 제10a장의 방위사태, France 제 5 공화국헌법 제16조의 대통령비상대권에서 이를 찾아볼 수 있다.

2) 영 미 형 영미형의 국가긴급권은 헌법에 제도화되어 있지 않고 개별입법으로 인정되고 있으며, 의회(책임면제권)와 법원(위헌판결)이 긴급권행사에 대하여 강력하게 통제할 수 있다는 것이 특징이다.

전술한 바와 같이 영국은 1920년에 긴급권법이 제정되어 수많은 개정·변천을 겪어 오늘에 이르고 있으며, 제 1 차세계대전 중에 국방법이 제정되어 이들에 의한 긴급권행사가 인정되었고, 미국은 martial law가 아직도 제정법적 근거는 얻지 못하고 있으나 양차대전을 치르면서 관행에 의하여 긴급권의 강화가 있었고, 이에 의회가 적극적으로 기능하여 시민의 자유도 크게 침해되지 않았던 것이다.

3. 各國의 國家緊急權制度

(1) 개 관 국가긴급권이 문제가 된 것은 입헌주의헌법에서이다. 군주나 개인에게 모든 국가권력이 집중되어 있는 전제국가에 있어서는 국가의 비상사태에 있어 평상시와 다른 통치가 행하여지더라도 그것은 말하자면 권력의 양의 문제이지 통치기구나 통치방법의 원칙적인 변경은 아닌 것이다. 이 점에서 긴급권의 문제는 입헌주의와 함께 영국에서 발단되었다.[1)]

영국에 있어서는 1766년의 국내기근시에 대 Pitt내각에 의하여 각령(Order in Council)에 의한 일반적인 소맥수출의 금지가 명하여진 것을 계기로 하여 긴급명령의 이론이 명확히 되었다. 즉 의회에 있어서의 이론은 「긴급시에 있어서도 정부에 긴급명령권은 인정하지 않는다. 비록 그것이 국가의 긴급사태를 구제하려고 하는 선의에서 나온 것이라고 하더라도 정부의 명령은 어디까지나 위헌이며, 다만 객관적으로 사태의 필요상 불가결한 것으로 인정된 때에 의회의 면책법(Indemnity Act)에 의하여 그 위법성이 조각된다」는 것이었다. 이것이 잘못 전파되어 1814년의 France헌법에 긴급명령제도로서 확립되었다. 즉 일정한 긴급사태가 있는 경우 정부는 권리로서 긴급명령을 발하고, 사후에 의회에 의한 정치적 책임의 면제를 얻을 수 있다는 것이다. 이것이 남독일 여러 지방의 헌법을 통하여 독일 여러 지방의 입헌주의헌법에 채용된 것이다.

한편 영국에 있어서는 전쟁 또는 내란이 일어난 경우 군의 점령지역에 대한 martial law제도가 있었다. 이것은 군사령관에게 일반적인 명령권을 주는 것이 아니고 개개의 구체적 경우에 있어서 인신보호법의 규정을 정지하여 구체적 처분권을 주는 것이었다. 프랑스는 이 martial law의 취지를 계수하여 1848년 헌법 및 1849년 법률에서 계엄(état de siège) 제도를 성문화하였다. 영국의 martial law는 순전히 군사적인 것이었으나, 프랑스의 계엄은 전쟁·반란뿐만 아니라 기타의 원인에 의한 치안유지에까지 확대되었다.

이리하여 유럽대륙제국에는 행정권의 확대인 계엄과 행정권의 입법권흡수인 긴급명령의 두 가지 긴급권의 형태가 나타났으며, 전자를 행정형, 후자를 입법형이라고 말한다.

(2) 독일 Weimar헌법 제48조 2항 Weimar헌법 제48조 2항은 긴급권행사의 요건과

---

1) 김도창, 영미계엄제도, 법정 20. 2, 1965. 1; 김기범, 영국에 있어서의 국가긴급권, 헌법연구 2, 1972. 5; 박일경, 미국대통령의 국가긴급권, 헌법연구 2, 1972. 5.

효과에 대한 선례로서 헌법학사상 가장 중요한 의의를 가지고 있다.[1]

이 조항은 「독일국 내에 있어서 공공의 안녕질서에 중대한 장애가 생기거나 또는 장해를 생기게 할 우려가 있을 때에는, 대통령은 공공의 안녕질서를 회복하는 데 필요한 조치를 하고, 필요할 때에는 병력을 사용할 수 있다. 이 목적을 위해서 대통령은 일시 제114조·제115조·제117조·제123조·제124조 및 제153조에 규정된 기본권의 전부 또는 일부를 정지할 수 있다. 본조 제 1 항 또는 제 2 항에 의하여 취하여진 조치는 지체없이 국대통령이 국의회에 보고하지 않으면 안 된다. 국의회의 요청에 따라 그 조치는 효력을 상실한다」라고 규정하고 있다.

이 규정에 따라 국대통령은 독재를 할 수 있었기 때문에 이를 대통령의 독재권(Diktaturgewalt des Reichspräsidenten)이라고 말하여졌다. 이것은 의회의 통제하에 있는 「입헌적 독재」의 대표적인 형태라고 할 수 있다. 이 규정은 긴급명령과 계엄권을 함께 규정한 것이라고 하겠다. 나아가 「필요한 조치」가 무엇이냐에 대하여서는 여러 가지 논의가 행해지고 있었다.

(3) France 제 5 공화국헌법 제16조 France 제 5 공화국헌법은 De Gaulle의 뜻에 따라 국가긴급권에 관한 헌법 제16조를 두고 있다. 이 조항은 「공화국의 제도, 국가의 독립, 영토의 보전 또는 국제적 협정의 집행이 중대하고도 즉각적으로 위협을 받을 때 또는 헌법상의 공권력의 정상적인 운용이 중단되었을 때에는 공화국대통령은 수상, 양의원의 의장 및 헌법평의회에 공적인 자문을 얻은 후에 이러한 상황에 따른 필요한 조치를 행한다. 공화국대통령은 이에 관하여 教書로써 고지하여야 한다.

이러한 조치는 헌법상의 공권력에 대하여 최소의 기간 내에 그 사명을 다하는 수단을 보장한다는 취지로써 이루어져야 한다. 헌법평의회는 이러한 문제에 대하여 자문을 받는다. 의회는 당연히 집회하며, 국민의회는 이 예외적 권한이 행사되는 기간중에는 해산될 수 없다」라고 규정하고 있다.

France 제 5 공화국헌법 제16조의 규정은 이것이 예방적 목적을 위하여 국가긴급권을 행사할 수 있도록 한 것, 그리고 그 요건과 내용이 막연하기 때문에 공화국대통령에게 지나친 자유재량권을 부여한 것이라고 하여 많은 비판을 받았다. 특히 「필요한 조치」(les mesures exigées)의 내용이 무엇인가에 대해서는 명확한 개념규정이 없기 때문에 그 해석에 많은 혼선이 있다. 이 필요한 조치는 법규명령과 행정처분의 성격을 아울러 가지는 것으로 인정된다. 그런데 이 조치에 헌법개정까지도 포함되느냐에 관하여는 논쟁이 있다.[2]

(4) 독일기본법의 국가비상사태규정 독일기본법은 최초에는 긴급권에 관한 규정을 두지 않았으나, 1968년 6월 24일의 개정에 의하여 이를 규정하고 있다(Notstandgesetzgebung vom 24. 6. 1968).

독일기본법은 긴급사태를 5가지로 나누어, 이에 따른 조치를 규정하고 있다. i) 천재·지변, ii) 자유민주적 기본질서에 대한 위해, iii) 방위사태(Verteidigungsfall, 외적 긴급사태), iv) 긴장사태(Spannungsfall), v) 방위사태의 전단계(Für den Verteidigungsfall)의 경우마다 이에 대처하는 방법이 상세하게 규정되어 있다.[3]

방위사태선포 여부의 결정권은 연방의회와 연방참의원이 투표자 3분의 2 이상의 찬성으로써(적어도 재적과반수의 찬성으로써) 결정한다. 방위사태가 선포되면 i) 군사법원이 설치되

---

1) 칼 슈미트(김효전 역), 라이히 대통령의 독재-바이마르 헌법 제48조에 따른; Huber, Deutsche Verfassungsgeschichte, Bd. 6. 참조.

2) 김기범, 불란서에 있어서의 국가긴급권, 성곡논총 1, 1970. 1; 성낙인, 프랑스대통령의 국가긴급권, 현대공법의 제문제, 1993, 340~362면; 갈봉근, 프랑스 제 5 공화국대통령의 비상대권, 1972.

3) 김기범, 독일에 있어서의 국가긴급권, 연세논총 6, 1969. 5.

어 군인에 대한 관할권이 일반법원에서 군사법원으로 이관되며, ii) 징병의무를 다하지 않는 자는 민사적 징용을 할 수 있고, iii) 18세 이상 55세 이하의 여자도 징용을 할 수 있으며, iv) 직업선택의 자유를 제한하여 노동장소의 변경을 명할 수 있으며, v) 군대는 민사목적물을 보호하고 교통규제를 할 수 있으며, vi) 군통수권이 국방부장관에서 연방재상으로 이관되며, vii) 양원합동회의를 통한 신속한 입법을 할 수 있게 하며, viii) 양원공동위원회는 하원과 상원이 실질적으로 집회할 수 없는 경우 그 권한을 행사하며, ix) 연방국경경비대를 동원할 수 있으며, x) 방위사태가 진행중인 경우에는 연방의회를 비롯한 기타의 선거가 연기된다.

4. 國家緊急權의 認定根據

(1) 제도적 긴급권 입헌적 독재라고 불리는 제도적 긴급권을 정당화하는 근거로는 다음과 같은 세 가지 이유를 들 수 있다.

첫째, 평상시의 법치주의기구로서는 국가적 위기에 대응하기 어렵다는 사실이다. 입헌민주국가에 있어서의 다양한 정치조직은 본질에 있어서 정상적인 평화적 상태하에서 기능하도록 설계되어 있으므로 중대한 국가적 위기를 극복하기에는 부적당한 경우가 많다. 그러므로 위기에 있어서 민주적 입헌정부는 그 위기를 극복하고 정상상태를 회복하기 위하여 어느 정도이든간에 필요한 만큼 잠정적으로 개편되어야 한다는 것이다.

둘째, 이와 같은 비상조치를 필요로 하는 사태가 예측되는 이상 헌법에 처음부터 비상조치권을 합법적인 제도로서 규정해 두는 것이 비상조치를 합법적으로 할 수 있고 또 헌법의 파괴를 가져오지 않게 하기 위해서도 필요하다는 것이다.

셋째, 실제로는 이것이 가장 중요한 이유인데, 헌법에 실정화함으로써 긴급시의 합헌적 독재권력의 행사를 인정하는 대신에, 그 발동의 조건·기간·형식 등을 정하여 무제약적 긴급권의 남용을 다소라도 방지하는 기능을 기대할 수 있다는 것이다. 긴급권의 남용으로 점철된 인류의 헌정사를 볼 때 헌법이 침묵을 지킴으로써 정치적 목적을 위한 긴급권의 무제약적 발동을 방관하는 것보다는 적극적으로 그 제도적 한계를 규정하여 남용을 방지하고 통제를 도모한다는 것은 충분한 현실적인 이유가 된다고 할 수 있을 것이다.

(2) 초헌법적 긴급권 제도적 긴급권과는 반대로 초헌법적 긴급권, 이른바 주권적 독재(souveräne Diktatur)가 헌법상 인정될 수 있을 것인가(법적으로 정당화될 것인가), 그리고 그 근거는 무엇인가 하는 문제는 지극히 어려운 법철학적 문제를 내포하고 있다.

1) 부 정 설 초헌법적 국가긴급권을 부인하는 견해는 다음과 같은 이유를 든다. 헌법의 틀을 벗어난 독재권력의 발동이나 기본권의 정지 등이 위헌인 것은 물론이며, 또한 법치주의를 고수하는 한 이 원칙을 부인하는 행위는 여하한 긴급사태에 있어서도 정당화될 수 없는 불법(Unrecht)이다. 특히 근대의 입헌국가나 법치국가에 있어서는 자연법의 기반 위에 발생한 긴급권(jus eminens)의 개념은 이미 그 존재이유를 가지지 않는다고 말할 수 있다.

2) 긍 정 설 초헌법적 국가긴급권을 긍정하는 견해는 이는 결코 어떤 경우에도 정당

화될 수 없는 것은 아니라고 주장한다. 즉 국가의 존재나 공공의 안녕질서를 회복하기 위해서는 일정한 조치를 취할 수 있다는 것이며, 그 근거로는 그것이 긴급하고 부득이한 것이라면 국가를 위한 자위행위로 볼 수 있다거나, 法理論이 아니라 독자적인 논리에 의하여 정당화될 수 있다고 주장한다.

3) 결 론 생각건대 입헌주의의 입장에서는 초헌법적 국가긴급권은 정당화될 수 없다. 명칭 그 자체가 보여주듯이 위헌이기 때문이다. 다만 정치적으로는 사정에 따라서 정당화될 수도 있다고 하겠다.

실정법질서는 Coing이 적절히 지적하고 있는 바와 같이 폭거(Gewaltstreich)나 coup d'État(Staatsstreich), 혁명(Revolution)에 의하여 배제될 수 있는 것이며, Kelsen에 의한다면 coup d'État를 포함하는 광의에 있어서의 혁명은 헌법의 규정에 적합하지 않은 헌법의 변경이나 신헌법으로의 대체이다. 어쨌든 이러한 헌법유월적인 국가긴급권이나 혁명권이 인정되는 것은 법적 논리가 아니라, Jellinek의 이른바 사실의 규범력(normative Kraft der Faktischen)에 의한 것이라고 하겠다.

5. 國家緊急權의 限界

전술한 바와 같이 위기정부는 세계의 대다수의 나라에서 예외가 아니라 원칙이 되고 있기는 하지만, 입헌주의의 원칙을 전제로 하는 한 국가긴급권의 발동과 행사에는 그 한계가 없을 수 없다.

(1) 목적에 따른 한계 국가긴급권은 목적에 의하여 내재적으로 제한된다. 긴급권은 국가의 독립을 유지하고 현존하는 입헌질서를 유지하며, 국민의 정치적·사회적 자유를 방위하는 것 이외의 목적을 가질 수 없다. 왜냐하면 자유민주주의국가에 있어서의 위기정부의 목적은 평상적인 헌법의 침해에 있는 것이 아니고 오히려 위기를 극복하여 헌법질서를 보충하고 강화하는 데 있는 것이기 때문이다.

(2) 시간적 한계 긴급권은 시간적인 한계를 가진다. 위기정부의 무제한한 영속화는 입헌체제를 사실상 변경하게 되는 것이기 때문에 비상사태에 대응하는 조치는 일시적·임시적이어야 하며 한시적인 것이 아니면 안 된다.

(3) 절차적 한계 긴급권은 발동의 조건과 효력에 있어서도 내재적 한계를 가진다. 그것은 통상의 헌법절차로써는 처리할 수 없는 비상사태하에서의 예외적 수단이기 때문이다.

그러한 의미에서 i) 긴급권의 조건과 효과는 헌법 또는 법률에 규정되어야 하고, ii) 긴급권의 발동의 결정권은 의회에 유보되어야 하며, iii) 긴급권의 종기는 그 발동시에 이미 결정되어야 하고, iv) 긴급권의 효력은 필요한 최소한도를 넘어서는 안 되고 또 영구적이어서도 안 되며, v) 긴급권의 행사에 있어서는 책임을 추궁할 제도가 설정되어 있지 않으면 안 된다고 할 수 있다.

6. 國家緊急權에 대한 統制

(1) 입법적 통제 긴급권의 목적·조건·내용·절차·효과 등을 헌법이나 법률에 명시함으로써 긴급권의 발동을 통제할 수 있다. 그러나 긴급권을 실정화함에 있어 지나치게 엄격하고 상세한 규정을 둔다면 이를 무시하거나 배제하기 쉽고, 너무 느슨한 규정을 두면 남용의 가능성이 있어 적정한 제도화가 요청된다.

(2) 정치적 통제 정치적 통제방법으로는 의회에 의한 통제와 국민투표[1]를 들 수 있다. 의회에 의한 통제의 범위와 강도는 시간과 장소에 따라서 다르나, 의회가 긴급사태 선포에 대한 승인·보고청취·해제요구·사후면책[2] 등의 권한을 갖는 수동적 통제와 의회가 긴급사태의 확인·선포·폐지권을 직접 장악하는 능동적 통제[3]가 있다.

(3) 사법적 통제 「사태가 사법적으로 처리될 수 있는 정도라면 아마도 위기는 아닐 것이다」라는 말이 시사하는 바와 같이, 비상사태하에서의 긴급권발동에 대한 사법적 통제의 어려움은 부정할 수 없다.

국가긴급권의 행사가 통치행위로서 사법심사의 대상에서 제외되는가 아니면 사법심사 대상이 되는가에 관하여는 논의가 많지만, 심사대상이 된다고 보는 경우에도 사후심사를 하는 것이 일반적이다. 이와 같이 국가긴급조치를 사법적으로 통제하기는 어렵고, 정치현실적으로는 거의 불가능하다고 하더라도 이론적으로는 사법적 통제가 행해져야 할 것이다.[4]

(4) 사회적 통제 이상의 여러 가지 통제방식이 있기는 하지만 모두 불충분하며 실제로 어느 정도 통제력을 발휘할 수 있는가는 심히 의문스럽다. 가장 중요한 것은 긴급권의 남용을 허용하지 아니하는 국민의 헌법의식과 정치적 억제력이라고 할 것이다. 독일기본법이 국가긴급권을 규정함과 동시에 저항권을 국민에게 인정하고 있는 것은 많은 時事를 준다.[5]

---

1) 1949년의 개정 Switz. 연방헌법은 헌법내적 긴급권을 위임하는 연방결의는 임의적으로, 헌법외적 긴급권을 위임하는 연방결의는 필요적으로 국민투표에 붙이도록 하고 있다(동 헌법 제89조의2).

2) 영국에서는 객관적 긴급상태이론에 따라 어떤 긴급상태에 있어서 취하여지는 행동은 그것이 현행법을 초월하는 한 무조건 위법이고, 면책법(Act of Indemnity)의 제정만이 객관적 권리의 보호자를 그 법적 효과에서 보호할 수 있다고 본다. 다시 말하면 행정부의 전책임하에서 긴급권이 발동되고 의회의 사후심판에 의해 면책된다는 방식이다. 이에 관한 것은 김기범, 국가긴급권, 연세논총 5 참조.

3) 이에 관한 입법례로는 De Gaulle헌법 이전의 France에 있어서의 의회의 계엄선포권·계엄사태결정권, Switz.의 긴급시의 연방의회의 권한, 독일기본법의 연방의회의 비상사태에 대한 권한 등이 있다.

4) 독일헌법의 비상사태규정은 「연방헌법재판소와 그 판사의 헌법상의 지위 및 헌법상의 직무수행은 침해될 수 없다」(제115조 g)고 하여 사법적 통제를 강화하는 방향으로 나아가고 있다.

5) 和田英夫, 緊急權と抵抗權, 國家權力と人權, 現代法 2.

Ⅱ. 우리나라의 國家緊急權制度[1)]

1. 第 1 共和國의 國家緊急權制度

제헌헌법은 제57조에서 긴급명령권·긴급재정처분권을 규정하고 제64조에서 계엄선포권을 규정하고 있다. 이와 같이 계엄 및 긴급명령권과 긴급재정처분권을 규정한 것은 구일본제국헌법을 모방한 것이라고 하겠다. 대통령은 법률이 정하는 바에 의하여 계엄을 선포하게 되어 있었다(제64조). 그러나 계엄법은 전시·사변 또는 이에 준하는 국가비상사태에 있어서 병력으로써 군사상의 필요 또는 공공의 안녕질서를 유지할 필요가 있을 때에만 계엄을 선포할 수 있게 했으며, 대통령이 비상계엄을 선포하면 계엄사령관은 영장제도, 언론·출판·집회·결사의 자유, 정부나 법원의 권한에 관하여 특별한 조치를 할 수 있게 하였다.

또한 내우·외환·천재·지변 또는 중대한 재정·경제상의 위기에 처하여 공공의 안녕질서를 유지하기 위하여 긴급한 조치를 할 필요가 있는 때에는 대통령은 국회의 집회를 기다릴 여유가 없는 경우에 한하여 법률의 효력을 가진 명령을 발하거나 또는 재정상 필요한 처분을 할 수 있게 하였다. 그러나 이 명령 또는 처분은 지체없이 국회에 보고하여 승인을 얻어야 했으며, 만일 국회의 승인을 얻지 못한 때에는 그 때부터 효력을 상실하고, 대통령은 지체없이 이를 공포하도록 하였다(제57조).

제 1 공화국하에서는 6·25사변을 맞아 이 긴급권이 요긴하게 사용되었으나, 휴전 이후에도 계속 그 효력을 인정하여 남용되는 폐단이 많았다.

2. 第 2 共和國의 國家緊急權制度

제 2 공화국헌법은 제헌헌법하의 긴급권남용을 거울삼아 이에 대한 견제장치를 두고 있었다. 제57조에서 1항·2항을 개정하여 긴급명령제도를 없애고 긴급재정처분과 긴급재정명령만을 인정하였다. 또한 제58조를 신설하여 긴급재정처분이나 명령은 지체없이 국회에 보고하여 그 승인을 얻어야 하며, 민의원이 해산된 때에는 참의원의 승인을 얻도록 하였다. 이 승인을 얻지 못한 때에는 처분이나 명령은 그 때부터 효력을 상실하도록 하였다.

그리고 제64조를 개정하여 계엄에 관하여 상세히 규정하고 있었다. 즉 「대통령은 국무회의의 의결에 의하여 계엄을 선포한다. 계엄의 선포가 부당하다고 인정될 때에는 대통령은 국무회의의 의결에도 불구하고 그 선포를 거부할 수 있다. 계엄이 선포되었을 때에는 법률이 정하는 바에 의하여 국민의 권리와 행정기관이나 법원의 권한에 관하여 특별한 조치를 할 수 있다」고 하여 대통령에게 계엄선포거부권을 인정하였다.[2)]

---

1) 상세한 것은 후술 제 3 편 제 4 장 제 1 절 Ⅲ. 대통령의 권한 8. 국가긴급권 참조.
2) 이경호, 계엄령선포와 효과, 고시계 5.5, 1960.5.

3. 第 3 共和國의 國家緊急權制度

제 3 공화국헌법은 제 1 공화국헌법의 긴급명령제도를 부활하였고, 긴급재정·경제명령이나 처분에 대한 규정을 보다 상세히 보완하였다.[1] 또 제75조에서 계엄의 요건을 보다 상세히 규정하고, 그 법적 효과 등을 규정하였다. 이 규정은 계엄법규정의 일부를 헌법화한 데 의의가 있었다. 긴급명령제도는 국회의 집회가 불가능할 때에 한하여 발동되는 것이며, 국회에 보고하여 승인을 얻어야 하고 승인을 얻지 못한 때에는 그 때부터 효력을 상실하되, 그 명령에 의하여 개정되었던 법률은 그 명령이 승인을 얻지 못한 때부터 당연히 효력을 회복하도록 하였다.

제 3 공화국에 있어서는 헌법상의 국가긴급권으로도 부족하여 초헌법적인 긴급권의 행사를 규정한 국가보위에관한특별조치법이 제정되었다. 1972년 10월 17일에는 초헌법적인 비상조치가 단행되어 국회가 해산되고 국민의 기본권이 일부 정지되는 10월유신 쿠데타가 단행되었다.

4. 第 4 共和國의 國家緊急權制度

제 4 공화국헌법은 국가긴급권에 관하여 이를 보다 강화하기 위하여 대통령에게 방대한 긴급조치권을 부여하였고(제53조), 나아가 계엄선포권을 부여하고 있었다(제54조). 이러한 강력한 긴급권을 대통령에게 부여한 것은 양단된 한국의 평화통일을 위하여 극히 필요한 것이라고 설명되었다. 한태연 교수는 「전통적 국가긴급권은 사후대책적인 것이나 긴급조치권은 사전예방적 긴급권이며, 전통적인 국가긴급권개념에서는 비상권의 행위자일지라도 전통적인 긴급권론의 테두리 안에서는 자율적인 권한을 갖지 못했으며 항상 의회의 사전적 혹은 사후적인 통제를 받음으로써 입법부에 대한 하위통치기관의 자리에 머물고 있었다. 이에 반해서 제53조의 대통령의 긴급조치권은 원칙적으로는 긴급권 이론의 전통적 제한을 받지 않는다」고 하였다.[2] 제 4 공화국에서는 9차의 긴급조치가 발동되어 긴급조치의 풍년을 기록하였다.

또 제54조에서 계엄에 관하여 규정하였는데, 그 내용은 제 3 공화국헌법과 비슷하였다.

5. 第 5 共和國의 國家緊急權制度

제 5 공화국헌법은 제 4 공화국헌법의 긴급조치권이 너무 강력하여 논란의 대상이 되었

1) 김기범, 한국에 있어서의 국가긴급권, 연세논총 9, 1972.5; 김기범, 대통령의 긴급재정·경제처분권과 긴급명령권, 고시계 8.12, 1963.12; 김기범, 계엄, 고시계 12.9, 1967.9; 김도창, 국가긴급권에 관한 연구, 1965; 한동섭, 헌법 제75조 3항 해석에 異議 있다, 법전월보 13, 1965.8.

2) 한태연, 한국헌법에 있어서의 국가긴급권——특히 국가보위에 관한 특별조치법에 대하여, 헌법연구 제2집, 3~43면; 한국헌법연구회, 헌법개정안해설——특징과 내용, 18면; 이강혁, 국가긴급권에 관한 연구, 조선대 박사학위논문, 1975.

기 때문에 이에 대한 반성으로서 비상대권을 인정하되, 그 권한을 축소하고 남용의 폐단을 없게 하였다(제51조). 첫째로 긴급조치를 비상조치로 명칭을 변경하였고, 둘째로 발동요건을 제한하여 사전조치를 불가능하게 하고 사후적으로도 「교전상태나 그에 준하는 중대한 비상사태」에 한정하였고, 셋째로 발동기간을 비상조치의 목적을 달성할 수 있는 최단기간 내로 한정하였고, 넷째로 국회의 사후승인을 필요로 하게 하였고, 다섯째로 국회의 해제요구가 있으면 즉시 해제토록 하였으며, 여섯째로 사법심사를 가능하게 하였다.[1) 2)]

계엄은 제52조에서 규정하고 있었는데, 제 4 공화국헌법과 같았다. 그러나 계엄법을 개정하여 비상계엄의 요건을 대폭 완화하고 계엄의 효력 등에 관하여 조문정리를 단행하였다(1981. 4. 17, 법률 3442호).

한편 국가보위에관한특별조치법의 위헌성이 문제되어 1981년 12월 17일 폐지되기에 이르렀다(국가보위에관한특별조치법 폐지법률, 법률 제3470호).[3)]

6. 第 6 共和國의 國家緊急權制度

제 6 공화국헌법은 제 5 공화국의 비상조치제도를 폐지하고 긴급명령, 긴급재정·경제명령·처분 및 계엄제도만을 인정하고 있다(제76조, 제77조). 이는 제 3 공화국헌법으로 복귀한 것이다. 이러한 긴급권의 행사에 대해서는 입법적 통제와 사법적 통제가 가능하다고 하겠다.[4)]

1) 한태연 교수는 다시금 비상조치의 사법심사불가능성을 주장하는 논문을 발표하여 긴급조치의 절대성, 비상조치의 절대성을 강조하였다(제 5 공화국헌법에 있어서의 비상조치권, 고시연구 1981. 3, 34면).

2) 김영수, 국가긴급권에 관한 연구, 성균관법학 창간호, 1987, 1~42면; 서홍명, 헌법상 국가긴급권에 관한 연구, 청주대 석사학위논문, 1986. 2 참조.

3) 국가보위에 관한 특별조치법의 위헌성 판단에서 헌재는 「국가보위에 관한 특별조치법은 초헌법적인 국가긴급권을 대통령에게 부여하고 있다는 점에서 이는 헌법을 부정하고 파괴하는 반입헌주의, 반법치주의의 위헌법률이고, 국가긴급권발동(비상사태선포)의 조건을 규정한 위 특별조치법 제 2 조의 "국가 안전보장에 대한 중대한 위협에 효율적으로 대처하고 사회의 안녕질서를 유지하여 국가를 보위하기 위하여 신속한 사태대비조치를 취할 필요가 있을 경우"라는 규정내용은 너무 추상적이고 광범위한 개념으로 되어 있어 남용·악용의 소지가 매우 크므로 기본권제한법률 특히 형벌법규의 명확성의 원칙에 반하고 그럼에도 불구하고 국회에 의한 사후통제장치도 전무하다는 점에서 비상사태선포에 관한 위 특별조치법 제 2 조는 위헌·무효이고, 이 사건 심판대상 법률조항을 포함하여 비상사태선포가 합헌·유효인 것을 전제로 하여서만 합헌·유효가 될 수 있는 위 특별조치법의 그 밖의 규정은 모두 위헌이다.

뿐만 아니라 위 특별조치법 제 5 조 제 4 항은 "대통령은 동원대상지역 내의 토지 및 시설의 사용과 수용에 대한 특별조치를 할 수 있다. 이에 대한 보상은 징발법에 준하되 그 절차는 대통령령으로 정한다"라고 규정하여 보상을 징발법에 준하도록 하고 있을 뿐 토지수용·사용의 요건과 범위 및 한계 등에 관한 기본적인 사항조차도 규정하지 않은 채 포괄적으로 대통령령에 위임하고 있어, 재산권제한을 법률로써 하도록 규정한 헌법 제23조 제 3 항 및 위임입법의 한계를 규정한 헌법 제75조에 위반되고, 또 징발법에 의한 보상은 사용에 대한 보상이므로 그 보상규정은 위 특별조치법에 의한 토지수용의 경우에 보상기준이 될 수 없을 뿐만 아니라 징발법의 규정대로 과세표준을 기준으로 보상을 한다면 이는 정당한 보상이 될 수도 없어 위 특별조치법 제 5 조 제 4 항은 재산권을 수용하는 경우 정당한 보상을 지급하도록 규정한 헌법 제23조 제 3 항에 위배된다」고 판시한 바 있다(헌재 1994. 6. 30 선고, 92 헌가 18, 헌재판례집 제 6 권 1집, 557면).

4) 제 6 공화국의 국가긴급권에 관한 상세한 것은 헌법학(상) 제 3 편 제 4 장 제 1 절 Ⅲ. 8. 국가긴급권 참조. 대통령긴급재정명령의 검토, 한국법제연구원, 1993, 38면; 성낙인, 긴급재정경제명령에 대한 사법심사, 고시계 1997. 4, 165~175면; 이강혁, 국가긴급권제도, 고시계 394, 1989. 12, 54~66면.

대통령은 국가긴급권의 하나로서 비상사태의 극복을 위한 입법수단으로서 법률의 효력을 가지는 명령을 발할 수 있다(제76조 2항). 이것이 긴급명령(Notverordnung, gesetzvertretende Notverordnung)이다. 우리 헌법 제76조 2항에 있어서의 긴급명령은 「국가의 안위에 관계되는 중대한 교전상태에 있어서 국가를 보위하기 위하여 긴급한 조치가 필요하고 국회의 집회가 불가능한 때에 한하여」 대통령이 발하는 법률의 효력을 가지는 명령을 말한다. 헌법 제76조 1항은 「대통령은 내우·외환·천재·지변 또는 중대한 재정·경제상의 위기에 있어서 국가의 안전보장 또는 공공의 안녕질서를 유지하기 위하여 긴급한 조치가 필요하고 국회의 집회를 기다릴 여유가 없을 때에 한하여 최소한으로 필요한 재정·경제상의 처분을 하거나 이에 관하여 법률의 효력을 가지는 명령을 발할 수 있다」고 규정하고 있다. 이것이 긴급재정·경제처분과 긴급재정·경제명령권이다.[1]

헌법 제77조 1항은 「대통령은 전시·사변 또는 이에 준하는 국가비상사태에 있어서 병력으로써 군사상의 필요에 응하거나 공공의 안녕질서를 유지할 필요가 있을 때에는 법률이 정하는 바에 의하여 계엄을 선포할 수 있다」고 규정하여 대통령의 계엄선포권과 계엄법의 근거를 부여하고 있다. 이 대통령의 계엄선포권은 제76조의 긴급명령과 함께 대통령의 국가긴급권이며, 비상사태의 권한(Recht des Ausnahmezustandes)이라고 하겠다. 계엄이란 전시·사변 또는 이에 준하는 국가비상사태에 있어서 병력으로써 군사상의 필요 또는 공공의 질서를 유지할 필요가 있는 경우에 한해서, 그 지역 내의 행정권 또는 사법권을 군대의 권력 밑에 이관하고 헌법에 보장된 개인의 기본권의 일부에 대하여 예외조치를 할 수 있는 법제도를 말한다.

7. 國家緊急權 濫用의 現實

제 1 공화국하의 6·25 직후에는 국가긴급권의 행사가 불가피했으나 부산정치파동을 일으켜 계엄을 선포한 것은 국가긴급권인 계엄권을 남용한 것이었다. 5·16 군사쿠데타는 소위 국가긴급구제라고 주장되었으나 이것은 성공한 쿠데타에 불과하였다. 1972년 10월 17일에는 초헌법적인 비상조치가 단행되어 국회가 해산되고, 국민의 기본권이 일부정지되는 10월 유신이 단행되었다. 이 조치는 초헌법적 긴급권의 행사라고 주장되었다.

---

1) 헌재도 「긴급재정경제명령은 정상적인 재정운용·경제운용이 불가능한 중대한 재정·경제상의 위기가 현실적으로 발생하여(그러므로 위기가 발생할 우려가 있다는 이유로 사전적·예방적으로 발할 수는 없다) 긴급한 조치가 필요함에도 국회의 폐회 등으로 국회가 현실적으로 집회될 수 없고 국회의 집회를 기다려서는 그 목적을 달할 수 없는 경우에 이를 사후적으로 수습함으로써 기존질서를 유지·회복하기 위하여(그러므로 공공복리의 증진과 같은 적극적 목적을 위하여는 발할 수 없다) 위기의 직접적 원인의 제거에 필수불가결한 최소의 한도 내에서 헌법이 정한 절차에 따라 행사되어야 한다. 그리고 긴급재정경제명령은 평상시의 헌법질서에 따른 권력행사방법으로서는 대처할 수 없는 중대한 위기상황에 대비하여 헌법이 인정한 비상수단으로서 의회주의 및 권력분립의 원칙에 대한 중대한 침해가 되므로 위 요건은 엄격히 해석되어야 할 것이다」라고 판시하였다(헌재 1996. 2. 29 선고, 93 헌마 186, 대통령의 금융실명거래및비밀보장에관한긴급재정경제명령에 대한 헌법소원사건, 헌재판례집 제 8 권 1 집, 111면 이하(120~121면)).

제 4 공화국에서는 남북통일과 국가비상사태를 빙자하여 계엄통치를 하고 긴급조치의 남용으로 헌정이 파괴되었다. 12·12사태와 5·18사태는 쿠데타였다. 다행히 제 6 공화국에서는 국가긴급재정경제명령만이 발동되었다. 정권의 연장이나 쿠데타의 명분으로 국가긴급권이 남용되어 왔다.

[判] 國家緊急權에 관한 重要 判例

1. 超憲法的 國家緊急權[1)]

특별조치법은 결국 그 법이 공포시행된 당시의 제3공화국 헌법(제73조, 제75조)이나 현행 헌법(제76조, 제77조)이 국가안전보장에 관계되는 비상사태수습을 위하여 대통령에게 부여한 국가긴급권, 즉 긴급재정처분 및 명령권이나 긴급명령권 또는 계엄선포권 이외에 또 하나의 국가긴급권을 대통령에게 부여한 법률이고 그 발동요건이나 국회에 의한 사후통제 면에서는 헌법이 정한 세 가지의 국가긴급권보다 강력한 권한을 대통령에게 부여하고 있다. 즉 헌법상의 국가긴급권 발동요건은, 긴급재정처분 및 명령권의 경우, 내우·외환·천재·지변 또는 중대한 재정·경제상의 위기에 있어서 국가안전보장 또는 공공의 안녕질서를 유지하기 위하여 긴급한 조치가 필요한 경우라야 하고 이러한 경우라도 국회의 집회를 기다릴 여유가 없는 경우에 한하여 발할 수 있고(제76조 제1항), 긴급명령권의 경우, 국가의 안위에 관계되는 중대한 교전상태에 있어서 국가를 방위하기 위하여 긴급한 조치가 필요함에도 불구하고 국회의 집회가 불가능한 경우에 한하여 발할 수 있으며(제76조 제2항), 계엄선포권의 경우 전시·사변 또는 이에 준하는 국가비상사태에 있어서 병력으로써 군사상의 필요에 응하거나 공공의 안녕질서를 유지할 필요가 있을 경우에 한하여 발할 수 있게 되어 있어(제77조) 어느 경우이던 헌법상의 국가긴급권은 그 발동요건이 구체적이며 매우 엄격하고 부득이 국가긴급권을 발동하였을 경우에 있어서도 긴급재정처분 및 명령이나 긴급명령의 경우에는 대통령은 지체 없이 국회에 보고하여 그 승인을 얻어야 하고 만약 승인을 얻지 못하면 그 처분이나 명령은 그 때부터 효력을 상실하며 계엄선포의 경우, 대통령은 지체 없이 국회에 통고하여야 하고 국회가 계엄해제를 요구하면 대통령은 반드시 이를 해제하도록 되어 있는 등 국회의 엄격한 사후통제를 받게 되어 있다. 그런데 특별조치법은 대통령이 국가비상사태를 선포할 수 있는 요건으로 "국가안전보장에 대한 중대한 위협에 효율적으로 대처하고 사회의 안녕질서를 유지하여 국가를 보위하기 위하여 신속한 사태대비조치를 취할 필요가 있을 경우"라고만 규정하여 국가긴급권 발동요건이 매우 추상적이어서 대통령의 주관적 판단에 따라 용이하게 발동할 수 있을 뿐더러 대통령이 비상사태의 선포를 하고 나서도 국회에 보고 또는 통고하거나 국회의 승인을 받아야 할 의무도 없고(제4조의 경제에 관한 규제명령과 제5조의 국가동원령을 발하였을 때에만 국회에 통고할 의무가 있다) 다만 국회가 해제를 건의해 오면 대통령은 비상사태를 해제하여야 하는데 이 때에도 대통령은 특별한 사유가 있음을 이유로 해제를 아니 할 수도 있다(제3조 제2항). 결국 헌법상의 국가긴급권은 그 요건도 엄격하고 국회의 사후통제도 강력하여 대통령이 함부로 이를 발동할 수 없게 되어 있는데 비하여 특별조치법상의 국가긴급권은 그 발동이 매우 용이하게 되어 있으며 이렇게 볼 때 특별조치법은 대통령으로 하여금 국

1) 헌재 1994. 6. 30 선고, 92 헌가 18, 국가보위에관한특별조치법 제 5 조 제 4 항 위헌제청, 헌재판례집 제 6 권 1 집, 557면 이하.

가긴급권 발동에 관한 헌법상의 엄격한 통제를 벗어나게 하기 위하여 제정한 법률이라고 볼 수 있다(북한의 남침위협을 이유로 내려진 위수령 및 비상사태선포의 공포분위기 아래서 국회는 박정희 대통령의 협박 아래 야당의 반대에도 불구하고 적법절차를 생략한 채 날치기 통과시켰다). 그러므로 헌법에 엄연히 국가긴급권의 종류, 발동요건과 절차 및 효력, 통제와 한계 등이 규정되어 있음에도 불구하고 헌법에 규정된 것과 별도로 대통령에게 또 다른 국가긴급권을 부여하고 있는 특별조치법 자체의 위헌이 문제되지 않을 수 없다.

주지하다시피 입헌주의적 헌법은 국민의 기본권 보장을 그 이념으로 하고 그것을 위한 권력분립과 법치주의를 그 수단으로 하기 때문에 국가권력은 언제나 헌법의 테두리 안에서 헌법에 규정된 절차에 따라 발동되지 않으면 안 된다. 그러나 입헌주의국가에서도 전쟁이나 내란, 경제공황 등과 같은 비상사태가 발발하여 국가의 존립이나 헌법질서의 유지가 위태롭게 된 때에는 정상적인 헌법체제의 유지와 헌법에 규정된 정상적인 권력행사방식을 고집할 수 없게 된다. 그와 같은 비상사태 하에서는 국가적·헌법적 위기를 극복하기 위하여 비상적 조치가 강구되지 않을 수 없다. 그와 같은 비상적 수단을 발동할 수 있는 권한이 국가긴급권이다. 즉 국가긴급권은 국가의 존립이나 헌법질서를 위태롭게 하는 비상사태가 발생한 경우에 국가를 보전하고 헌법질서를 유지하기 위한 헌법보장의 한 수단이다. 그러나 국가긴급권의 인정은 국가권력에 대한 헌법상의 제약을 해제하여 주는 것이 되므로 국가긴급권의 인정은 일면 국가의 위기를 극복하여야 한다는 필요성 때문이기는 하지만 그것은 동시에 권력의 집중과 입헌주의의 일시적 정지로 말미암아 입헌주의 그 자체를 파괴할 위험을 초래하게 된다. 따라서 헌법에서 국가긴급권의 발동기준과 내용 그리고 그 한계에 관해서 상세히 규정함으로써 그 남용 또는 약용의 소지를 줄이고 심지어는 국가긴급권의 과잉행사 때는 저항권을 인정하는 등 필요한 제동장치도 함께 마련해 두는 것이 현대의 민주적인 헌법국가의 일반적인 태도이다. 우리 헌법도 국가긴급권을 대통령의 권한으로 규정하면서도 국가긴급권의 내용과 효력 통제와 한계를 분명히 함으로써 그 남용과 악용을 막아 국가긴급권이 헌법보호의 비상수단으로서 제 기능을 나타내도록 하고 있다.

이상과 같은 이론에서 볼 때 특별조치법은,

첫째, 초헌법적인 국가긴급권을 대통령에게 부여하고 있다는 점에서 이는 헌법을 부정하고 파괴하는 반입헌주의, 반법치주의의 위헌법률이다.

둘째, 국가긴급권 발동(비상사태선포)의 조건을 규정한 특별조치법 제 2 조의 "국가안전보장(이하 "국가안보"라 한다)에 대한 중대한 위협에 효율적으로 대처하고 사회의 안녕질서를 유지하여 국가를 보위하기 위하여 신속한 사태대비조치를 취할 필요가 있을 경우"라는 규정내용은 너무 추상적이고 광범위한 개념으로 되어 있어 거의 대통령이 마음 내키는 대로 적용할 수 있게 되어 있으므로 남용·악용의 소지가 매우 크다. 이는 기본권 제한법률, 특히 형벌법규의 명확성의 원칙에 반한다. 그럼에도 불구하고 국회에 의한 사후통제장치도 전무한 상태이다. 이러한 점에서 비상사태선포에 관한 특별조치법 제 2 조는 위헌무효이고 비상사태선포가 합헌·유효인 것을 전제로 하여서만 합헌·유효가 될 수 있는 특별조치법의 그 밖의 규정은 모두 위헌이다.

결국 이 사건 위헌제청 법률인 특별조치법 제 5 조 제 4 항도 당연히 위헌이다.

2. 緊急財政命令[1]

[다수의견]

⑴ 이 사건 긴급명령 부분

(가) 통치행위 주장에 대한 판단

통치행위란 고도의 정치적 결단에 의한 국가행위로서 사법적 심사의 대상으로 삼기에 적절하지 못한 행위라고 일반적으로 정의되고 있는바, 이 사건 긴급명령이 통치행위로서 헌법재판소의 심사 대상에서 제외되는지에 관하여 살피건대, 고도의 정치적 결단에 의한 행위로서 그 결단을 존중하여야 할 필요성이 있는 행위라는 의미에서 이른바 통치행위의 개념을 인정할 수 있고, 대통령의 긴급재정경제명령은 중대한 재정 경제상의 위기에 처하여 국회의 집회를 기다릴 여유가 없을 때에 국가의 안전보장 또는 공공의 안녕질서를 유지하기 위하여 필요한 경우에 발동되는 일종의 국가긴급권으로서 대통령이 고도의 정치적 결단을 요하고 가급적 그 결단이 존중되어야 할 것임은 법무부장관의 의견과 같다.

그러나 이른바 통치행위를 포함하여 모든 국가작용은 국민의 기본권적 가치를 실현하기 위한 수단이라는 한계를 반드시 지켜야 하는 것이고, 헌법재판소는 헌법의 수호와 국민의 기본권 보장을 사명으로 하는 국가기관이므로 비록 고도의 정치적 결단에 의하여 행해지는 국가작용이라고 할지라도 그것이 국민의 기본권 침해와 직접 관련되는 경우에는 당연히 헌법재판소의 심판대상이 될 수 있는 것일 뿐만 아니라, 긴급재정경제명령은 법률의 효력을 갖는 것이므로 마땅히 헌법에 기속되어야 할 것이다.

따라서 이 사건 긴급명령이 통치행위이므로 헌법재판의 대상이 될 수 없다는 법무부장관의 주장은 받아들일 수 없다.

(나) 기본권침해의 직접성 결여 주장에 대한 판단

기본권침해를 이유로 헌법소원을 제기하기 위하여는 공권력의 행사 또는 불행사로 인하여 청구인의 기본권이 직접, 현재 침해받을 것을 요건으로 한다.

그러므로 먼저 청구인이 침해받았다고 주장하는 기본권 중 청원권과 알 권리에 대하여 살피건대, 청원권은 국민이 국가기관에 대하여 법률·명령·규칙의 제정·개정 또는 폐지 등 청원법 제 4 조가 정하는 사항에 관하여 의견이나 희망을 진술할 권리(헌법 제26조)이고, 알 권리는 헌법 제21조의 표현의 자유에 의하여 직접 보장되는 권리로서 일반적으로 정보에 접근하고 수집, 처리함에 있어 국가권력의 방해를 받지 아니하는 자유권적 성질과 의사형성이나 여론형성에 필요한 정보를 적극적으로 수집하고 그 방해에 대한 제거를 요구할 수 있는 청구권적 성질을 아울러 가지는 것인바, 이 사건에 있어 비록 1982. 7. 이른바 이철희, 장영자 부부의 거액 어음부도 사건 이후 금융실명제에 관한 논의가 되어 1982. 12. 31. 금융실명거래에관한법률(법률 제3607호, 이하 '금융실명법'이라 한다)이 제정·공표되기까지 하고도 위 법률의 시행에 관련된 문제점들 때문에 금융실명제의 실시가 지연되어 왔으나 그 간의 논의 및 대통령의 선고공약 등에 비추어 금융실명제가 조만간 실시될 것이라는 점과 그 대강의 내용은 알 수 있었고 또 그에 따른 청원도 가능하였던 것은 사실이나, 이 사건 금융실명제를 입법예고 등을 거치는 통상의 입법절차에 의하지 아니하고 대통령의 긴급명령의 형태로 전격적으로 시행함으로 인하여 청구인이 구체적으로 실시될 금융실명제의 내용이나 실시시기에 관한 정보에 접근·수집할 권리나 이에 관하여 청원할 권리는 직접 침해되었다고 할 것이다.

---

1) 헌재 1996. 2. 29 선고, 93 헌마 186, 긴급재정명령 등 위헌확인, 헌재판례집 제 8 권 1 집, 111면 이하.

다음으로 이 사건 긴급명령의 실시로 인하여 청구인의 소유 주식 11주의 시가가 하락함으로써 재산권이 침해되었다는 청구인의 주장에 관하여 살피건대, 청구인이 제출한 자료에 의하면 청구인이 주장하는 주식의 소유자는 청구인이 아니라 청구 외 최명숙인 점을 알 수 있어 재산권침해 부분은 기본권침해의 자기관련성이 흠결되어 부적법하므로 더 이상 판단하지 않는다.

(2) 국회의 부작위 부분

탄핵이란 일반적인 사법절차나 징계절차에 따라 소추하거나 징계하기가 곤란한 행정부의 고위직 공무원이나 법관 등과 같이 신분이 보장된 공무원이 직무상 중대한 비위를 범한 경우에 이를 의회가 소추하여 처벌하거나 파면하는 절차로서, 헌법 제65조는 대통령이 그 직무집행에 있어서 헌법이나 법률을 위배한 때에는 국회가 재적의원 과반수의 발의와 재적의원 3분의 2 이상의 찬성으로 탄핵소추의 의결을 할 수 있고 탄핵결정이 있게 되면 공직으로부터 파면되는 것으로 규정하고 있다.

청구인은 국회가 위 탄핵소추의결을 하지 아니한 것을 위헌적인 공권력의 불행사라고 주장하므로 살피건대, 부작위위헌확인소원은 기본권보장을 위하여 헌법상 명문으로 또는 헌법의 해석상 특별히 공권력주체에게 작위의무가 규정되어 있어 청구인에게 그와 같은 작위를 청구할 헌법상 기본권이 인정되는 경우에 한하여 인정되는 것인바(헌법재판소 1992. 12. 24 선고, 90 헌마 174 결정 참조), 국회에게 대통령의 헌법 등 위배행위가 있을 경우에 탄핵소추의결을 하여야 할 헌법상의 작위의무가 있다거나 청구인에게 탄핵소추의결을 청구할 헌법상 기본권이 있다고 할 수 없다. 왜냐하면 헌법은 "대통령……이 그 직무집행에 있어서 헌법이나 법률을 위배한 때에는 국회는 탄핵의 소추를 의결할 수 있다"(제65조 제 1 항)라고 규정함으로써 명문규정상 국회의 탄핵소추의결이 국회의 재량행위임을 밝히고 있고 헌법해석상으로도 국정통제를 위하여 헌법상 국회에게 인정된 다양한 권한 중 어떠한 것을 행사하는 것이 적절한 것인가에 대한 판단권은 오로지 국회에 있다고 보아야 할 것이며, 나아가 청구인에게 국회의 탄핵소추의결을 청구할 권리에 관하여도 아무런 명문규정이 없고, 헌법해석상으로도 그와 같은 권리를 인정할 수 없기 때문이다(다만 청원법에 의하여 청구인은 국회에 탄핵소추의결을 청원할 수는 있으나 이에 대하여 국회는 성실히 심사처리할 의무만 있을 뿐 반드시 탄핵소추의결을 하여야 할 의무는 없다).

따라서 국회의 탄핵소추의결의 부작위는 헌법소원의 대상이 되는 공권력의 불행사에 해당한다고 할 수 없어 이 부분에 대한 헌법소원청구는 부적법하다.

제 6 절 抵 抗 權

I. 抵抗權의 意義·沿革

1. 抵抗權의 意義

저항권(Widerstandsrecht, right of resistance)이란 국가권력의 불법적인 행사에 대해서 저항할 수 있는 권리를 말한다.[1] 최근 신헌법에 저항권을 규정해야 한다는 주장이 높다. 이 저항권사상은 옛날부터 내려왔으나 제 2 차세계대전 이후에 특히 많이 논란되게 되

1) 저항권에 관한 보다 상세한 내용 및 문헌은 김철수, 법과 정치, 96면 이하 참조.

었다.

나치스독일의 반인도적인 압제에 대한 비판과 반성에서 전후의 유럽제국에서는 일반적으로 저항권에 관한 관심이 강하여졌다. 제 2 차세계대전 전에는 「법률은 법률이다」(Gesetz ist Gesetz)라는 법실증주의가 전성했던 독일에서는 제 2 차대전이 종결되자 저항권의 문제는 곧 나치스독재의 극단적인 압제에 대한 반발로써 논의되기에 이르렀다.[1)]

저항권은 원래 자연법적인 권리였으나 이를 실정법으로 규정하는 입법례도 나타나고 있다. 서독의 1946 년 Hessen 헌법과 1947 년의 Bremen 헌법, 1950 년의 Berlin 헌법이 이를 실정법으로 규정하였다. 독일기본법에는 당초에는 이에 관한 규정이 없었으나 1968 년 6월 24 일의 국가긴급사태헌법개정에서 국가에게 국가긴급권을 인정하면서 국민에게는 저항권을 인정하여 국가권력의 위헌적인 행사를 억제하려고 하고 있다. 이 조항은 「이러한 질서를 배제하려는 모든 자에 대하여 모든 독일인은 다른 구제수단이 불가능한 경우에는 저항할 권리를 가진다」고 규정하고 있다. 이러한 실정법의 규정이 없는 경우에는 자연권으로서의 저항권이 인정되고 있다.

2. 抵抗權思想의 史的 發展

이와 같은 저항권사상은 고대와 중세에 있어서는 暴君放伐論의 형태로 나타났었다. 서양에 있어서는 폭군에 대한 국민의 저항권은 고대 희랍인이 폭군의 刺殺者에게 재보(財宝)를 주어 장려하였고, 로마인도 제정시대에는 종종 그 군주를 자살하였다. Platon, Aristoteles에 의하여 그 철학적·국민적 비판이 가하여진 후 수세기간 하등 주목할 만한 발전을 하지 못하였으나, 중세에 이르러 국가권력에 대한 강력한 법왕의 권력의 발생과 함께 재연되었다. 그런데 동양에서도 폭군에 대한 국민의 저항은 易姓革命의 사상으로써 발전을 보았던 것이나, 자연권으로서의 저항권의 사상은 별반 발달을 보지 못했다고 해야 할 것이다.

저항권은 이미 중세 전기부터 German 민족법, 봉건법, 교회법상 인정되어 왔고, 그 후 성문화되기도 하였으나 17세기의 중엽 절대국가에의 이행과 함께 실정법상의 제도로서의 저항권은 부인되었다.

기독교에서도 Luther, Calvin 등이 신에 불복하는 군주에 대한 저항을 인정하였다. Bodin과 Hobbes는 저항권을 부정하였다. 그러나 그 뒤에 있어서 자연법사상은 저항권을

---

1) 저항권에 관하여 상세한 것은 김철수, 저항권소고, 서울대학교 법학, 제20권 2호(1980. 5) 및 동, 법과 정치, 교육과학사, 1995, 96면 이하; 심재우, 저항권, 2000; 한국법철학회편, 법치국가와 시민불복종, 2001; 小林直樹, 法·道德·抵抗權, 1988; 初宿正典, 抵抗權; 杉原泰雄編, 憲法學の基礎概念, 1983; Heyland, Das Widerstandsrecht des Volkes, 1950; Schönfeld, Zur Frage des Widerstandsrechts, 1955; Zippelius, Allgemeine Staatslehre, 13. Aufl., S. 150~153; Rhinow, Widerstandsrecht im Rechtsstaat?, 1984; Dobler, Recht auf demokratischen Ungehorsam, 1995, S. 93f.; Herzog, in: Maunz-Dürig, GG Kommentar §20 Ⅳ; Dolzer, Der Widerstandsfall, HbStR Ⅶ, 1993, §171 참조.

지지하고 있었다. 18세기에서 19세기에 결쳐서 자연법사상이 차차로 쇠약해짐에 따라서 저항권사상은 쇠퇴하였다. Kant는 「최고의 입법권 자체에 대하여 국민이 저항하는 것은 위법 이외의 아무것도 아니며, 정당한 헌법 전체를 부인하는 것이라고 생각하지 않으면 안 된다」고 하여 저항권을 부인하였다. Fichte는 실정법상의 저항권만을 인정하였다. 그 이후 독일의 법학자는 저항권의 문제에 관심을 잃고 대표적인 국법의 저서에 있어서도 거의 언급이 되지 않거나, 또는 법제사적으로 말하여짐에 불과하였다. 그것이 법실증주의 전성기의 독일학계의 양상이었다. Ernst von Hippel만이 법원의 심사권의 범위에서 저항권을 법제도로서 인정하고 있었다.

그러나 제 2 차대전중의 국가권력의 부정행사에 대한 경험에 의하여 독일에서도 저항권을 인정하기에 이르렀다. 오늘날 저항권을 실정법상 규정하지 않더라도 자연법상의 권리로 보고 있다. 이와 같이 저항권을 인정하는 것은 현대의 통설로 되었다.

3. 抵抗權의 實定憲法化 傾向

저항권이 성문화된 것은 1215년의 Magna Carta부터라고 할 수 있다. 영국왕은 이 문서에서 왕이 법적 의무를 지키지 않는 경우에는 귀족들이 저항할 권리를 인정하고 있었다. 또 Sachsenspiegel은 국왕 및 법관이 위법한 짓을 했을 때에는 국민이 이에 반대하지 않으면 안 된다고 하여 저항의 권리와 의무를 규정하고 있었다. 중세 국가에 있어서도 저항권은 실정법적으로 인정되고 있었다. 법왕 Gregori 7세는 로마법왕청의 결정을 俗權의 위에 서는 최고재판권으로서 인정하고 있었다.

(1) 미국에 있어서의 저항권 미국에서도 1776년의 독립선언이나 Virginia주를 비롯하여 諸州의 權利章典은 天賦不可讓의 인권을 선언하고 저항권의 존재를 선언하고 있다. 독립선언은 「어떠한 정부의 형태라 할지라도 이들 목적을 파괴하게 되었을 때에는 정부를 변경하고 또는 폐지하고 안전한 행복을 가장 잘 초래할 수 있는 원리에 따라 이러한 형태의 권한을 조직하여 신정부를 수립하는 것은 인민의 권리임을 믿는다」고 하고 있다. 1776년의 Virginia 권리장전 제 3 조에 의하면 「정부가 이들의 諸目的을 달성하는 데 부적당하다고 인정되며 또는 이들 제목적에 반한다고 인정될 때에는 공동사회의 다수인은 공공의 복지에 가장 적합하다고 인정되는 방법에 의하여 그 정부를 개혁하고 변경하고 또는 폐지하는 명백하고 절대적인 권리를 가진다」고 규정하고 있다.

Pennsylvania헌법(1780년) 제 5 조, Maryland헌법(1776년) 제 4 조, Vermont헌법(1777년) 제 6 조, Massachusetts헌법(1780년) 제 7 조도 그와 같은 규정을 두고 있다. Maryland헌법은 더 나아가 그 제 4 조에 「전제권력 및 압제에 대하여 저항하지 않는다는 주의를 취하는 것은 背理的·奴隸的이며 인류의 선 및 행복을 파괴하는 것이다」고 선언하고 있다. New Hampshire헌법(1784년)도 마찬가지의 규정을 두고 있다.

(2) 프랑스에 있어서의 저항권 프랑스는 미국의 영향을 받아 인권선언을 두게 되었다. 이 「인간과 시민의 권리선언」(1789. 8. 26)은 제 2 조에서 「일절의 정치적 결합의 목적은 자연적이고 절대적인 인권을 보장하는 데 있다. 이들의 권리란 자유, 재산, 안전 및 압제에 대한 저항이다」라고 선언하고 있다. 이 선언은 1791년 헌법에도 채택되어 저항권은 자연법상의 불

가양의 인권으로서 헌법상 인정되게 되었다.

1946년 4월 19일의 헌법초안은 저항권을 규정하였으나 이는 부결되었다. 1946년 10월 27일 헌법과 1958년 헌법은 저항권에 관하여 명문을 두고 있지 않으나 전문에서 인권선언을 계승하고 있으므로 당연한 것으로 인정된다.

(3) 독일에 있어서의 저항권　독일에 와서는 제 2 차대전 전까지는 실정헌법에 저항권을 규정하지 않았다. 그러나 제 2 차대전 이후에 저항권을 실정법화하는 경향이 나타났다. 예를 들면 1946년의 Hessen헌법 제147조는 「헌법에 위반하여 행사된 공권력에 저항하는 것은 각인의 권리이며 의무이다. 헌법위반 또는 헌법위반의 기도를 안 자는 국사재판소에 제소하여 책임자의 형사소추를 구할 의무가 있다. 상세한 것은 법률로써 정한다」고 규정하고 있다. 이것은 현대 독일에 있어서 저항권사상의 재생을 표시하는 것으로서 주목된다.

Hessen헌법 제147조와 유사한 규정은 그 후에도 약간의 헌법에 나타났다. 즉 1947년의 Bremen헌법 제19조는 「헌법에 확립된 인권이 공권력에 의하여 헌법에 위반하여 침해된 때에 저항하는 것은 각인의 권리이며 의무이다」고 규정하고, 또 1950년의 Berlin헌법 제23조 제 3 항은 「헌법에 확립된 기본권이 명백히 침해된 때에는 각인은 저항하는 권리를 가진다」고 규정하고 있다.

이에 대하여 1949년의 독일연방공화국 기본법은 제정 당시에는 저항권에 관하여 하등의 규정을 두지 않았고, 상기를 제외한 기타 서독 諸邦憲法도 마찬가지이다.

이러한 저항권의 문제는 정치가, 신학자, 법학자 간에서 열심히 토의가 계속되었다. 저항권을 실정법으로 가능한 한 제도화하려는 주장도 있으며, 저항권은 제도화할 수 없는 자연법상의 권리라고 하는 주장도 있다. 그런데 서독연방헌법재판소는 1956년 8월 17일의 독일공산당을 위헌으로 한 판결 중에서 다음과 같은 견해를 표명하고 있다.

「우선 명백히 불법한 정부에 대한 저항권은 새로운 법률관에 있어서는 이미 미지의 것은 아니다. 이러한 정부에 대하여 통상의 법적 수단이 소용되지 않는다는 것은 경험이 표시한 바이다」고 말하여, 불법한 정부에 대한 저항권이 존재하는 것을 명백히 인정하고 있다(KPD Urteil S. 737).

그러나 이러한 자연법적인 저항권은 보수적으로만 행사되어야 한다고 보고 있다. 연방헌법재판소가 자연법적인 저항권을 인정하고 있는데도 불구하고 실정법적으로 저항권을 규정하여야 한다는 이론이 있었다. 그리하여 1968년에는 제20조에 4항을 추가하여 저항권규정을 두게 되었다. 그러나 저항권의 실정법화에 대해서는 상당한 반론이 있다. 그 이유는 구성요건을 규정하고 있으나 그 전제가 불명확하기 때문에 오해를 일으킬 수도 있으며 남용될 우려도 없지 않다고 보고 있다.[1]

Ⅱ. 抵抗權의 類型과 本質

1. 抵抗權의 類型

저항권의 이론적 근거는 자연법론에 의거하고 있었다. 카톨릭의 자연법관에 의하여 저항권의 제 형태를 구별할 수도 있을 것이다.

---

1) 상세한 것은 Herzog, in: Maunz-Dürig, GG Kommentar §20 Ⅳ 참조.

(1) Messner의 구분　　현대에 있어서의 신Thomas주의의 1파를 대표하는 Messner의 「자연법」에 의하면 저항권에는 4개의 형태가 있다. 제 1 은 수동적 저항(passiver Widerstand), 제 2 는 능동적 저항(aktiver Widerstand), 제 3 은 혁명(Revolution), 제 4 는 폭군살해(Tyrannenmord)이다.

(2) Davin의 구분　　Davin은 저항에는 다음과 같은 단계가 있다고 한다. 제 1 단계는 악법에 복종하지 않는다는 수동적 저항(resistance passive), 제 2 는 단독 또는 협동으로 필요하다면 실력으로써 지배자의 강제수단에 대하여 자신을 방위하는 방위적 저항(resistance defensive), 최후에는 공격으로써 반항하고 또는 법률의 철회나 적용배제를 또는 지배자의 퇴진이나 제도의 변혁을 달성하려고 하는 능동적 저항(resistance active)이라 하는 세 단계의 저항양식이 있다고 한다. Davin은 이러한 저항은 최후적인 구제수단이기 때문에 그 전에 가능한 한 世論에 호소하는 등 저항행사의 조건이 있는 것을 상술하고 있다.

(3) Scheidle의 구분　　Scheidle는 통설에 따라 비폭력적 저항과 폭력적 저항을 구분하고 있다. 그는 Erdsiek에 따라 능동적 저항과 수동적 저항을 구분하면서 나아가 저항권행사의 수단이 폭력적인가 비폭력적인가에 따라 폭력적 저항과 비폭력적 저항을 들고 있다. 비폭력적 저항으로는 3·1운동과 Gandhi의 비폭력적 저항의 예를 들 수 있을 것이다.

(4) 私　見　　Messner가 저항권에 혁명이나 폭군살해까지 포함시킨 것은 지나치게 개념을 확장한 것이라고 하겠다. 혁명이나 폭군살해는 넓은 의미의 혁명이고 저항권의 행사는 수동적 저항과 능동적 저항의 두 가지로 보는 것이 옳지 않을까 한다. Lassalle는 수동적 저항은 저항이 아니라고 하여 부정하나 이 수동적 저항도 그것이 부작위에 의한 저항인 점에서 저항의 1형태로 보는 것이 정당할 것이다. 능동적 저항은 수동적 저항이 효과가 없는 경우에야 정당성이 발견된다. Herzog도 수동적 저항권과 능동적 저항권으로 구분하고 있는데 이는 타당하다고 하겠다.[1)]

2. 抵抗權의 性質

(1) 저항권의 자연권성　　저항권은 이상에서 보아온 바와 같이, 실정법규 또는 권력행사의 타당성, 가치성을 부인하고 그에의 복종을 거부하고 나아가서는 철회 또는 폐지를 요구하는 데 있다. 따라서 저항권은 보다 고차의 법 또는 비법의 가치에 기하여 「악법」이나 「압제」에 저항하여 이를 배제하는 것이 정당하다고 인정된다는 사상에 입각한다. 그런데 이러한 고차의 법 또는 비법의 가치를 일률적으로 자연법이라고는 할 수 없으나, 우선 이 「실정법초월적」인 가치를 「자연법」이라고 명명한다면, 「저항권은 실정법이 정한 의무와 자연법이 정한 의무가 상호 모순하고 충돌할 때 자연법을 근거로 하여 실정법의 의무를 거부하는 권리」라고도 정의할 수 있을 것이다. 많은 학자들은 위에서 보아온 바와

1) Herzog, in: Maunz-Dürig, GG Kommentar §20 Ⅳ, S. 326 ff.

같이, 저항권은 자연법 혹은 영원불변의 가치나 절대적 규범에 의하여 기초지워진다고 본다. 이와 같이 저항권이 자연법상의 권리라고 보는 사람으로는 Laun, Merkl, Rüstow, Schmitt 등이 있으며 그 밖에도 Del Vecchio나 Radbruch도 이에 속한다. 일본에 있어서의 이 학설의 대표자는 宮澤俊義이다. 자연법론적 저항권사상에 의거하면서도 실정법상의 권리임을 인정하고 있는 일본학자로서는 橋本公亘이 있으며, 이를 헌법상의 실정법적 권리라고 보는 학자로서는 田畑忍이 있다. 그는 저항권에 관한 명문규정은 없으나, 일본헌법의 정신과 조문 안에 이 저항권이 내포되어 있다고 보는 것 같다. 왜냐하면 일본헌법 자체가 이러한 자연성을 중핵으로 하여 성립하여 있기 때문이라고 한다. 사실이지 고유의 의미의 저항권은 실정헌법의 규정의 유무에 불구하고 인정될 것이다. 비록 헌법에 저항권을 부정하는 규정이 있다고 하더라도 자연법상의 저항권은 인정된다고 본다.

(2) 저항권의 헌법수호기능 국가권력행사가 헌법의 개개의 조항에 위반하는 경우에는 헌법 소정의 위헌심사 등에 의하여 구제되어야 할 것이며, 또 국민의 참정권에 의하여 정치적 콘트롤이 행해지는 것에 의하여 광정되어야 할 것이다. 이것은 헌법이 예상하는 바이며 저항권의 존재를 인정할 여지가 없다. 그러나 이 헌법의 원리를 근본적으로 부인하는 것 같은 정치세력이 출현하여 국가권력을 남용하고 인권 및 이를 인정하는 민주적 헌법 자체가 중대한 침해를 받아 그 존재가 부인되기에 이르렀을 때에도 방관해야 할 것인가는 문제이다. 이 경우에 헌법을 수호하기 위한 저항권이 인정되어야 할 것이다. 이러한 의미에서 독일기본법은 국가에게 긴급권을 인정하면서 긴급권남용의 경우 헌법수호권으로서의 저항권을 인정한 것이다. 이 의미에서 볼 때 저항권은 헌법보장의 수단이라고 할 것이다. 인간의 존엄·가치를 중심이념으로 하는 민주주의질서의 부정에 대한 저항은 인간의 초국가적·전국가적인 인권이라고 보아야 할 것이다. 헌법에 권리보장의 제도가 완벽하게 규정되어 있다고 하더라도 이것을 국민주권주의적으로 운영하지 아니하고 위헌·불법적으로 행사하는 경우에는 저항하여야 할 권리와 의무가 있다고 보아야 할 것이다.

(3) 저항권의 실정화·제도화 문제 그런데 이러한 저항권이 실정화될 수 있는가? 제도화될 수 있다면 그 한계는 어디에 있는가에 관해서도 많은 이론이 있다. Carl Schmitt는 저항권은 조직화할 수 없는 권리(unorganisierbares Recht)이며, 조직화될 수 없는 초국가성(unorganisierbares Überstaatlichkeit)을 갖고 있다고 하고, Theodor Maunz도 이를 초국가적 권리(überstaatliches Recht)라고 부르고 있다. Laun도 허용된 저항은 저항이 아니며 헌법의 집행이고 저항권은 자연권의 문제라고 하여 실정화를 부인하고 있다. 이러한 실정화 부인학설은 Carl Schmitt의 제자인 Peter Schneider도 주장하고 있다. Schneider는 우선 실정법을 「주권자의 구체적 결단에 기한 사회적 총질서」라고 해석하고, 이러한 실정법 파악은 「권위」와 「진리」와의 일치를 전제하고 있으므로, 저항권이 실정법의 문제가 되기 위해서는 실정법 중에서 「권위」와 「진리」와의 괴리의 가능성이 인정되는 것이 필요하다

고 한다. 이와 같이 저항권은 「권위에 대한 진리의 반항」으로서 포착하고 있으므로, 본질적으로는 권위와 진리와의 괴리의 가능성을 고려하여 그 구조가 실정법의 문제로서의 저항권의 문제로 된다고 한다. Schneider는 이러한 질서에 있어서도 「권위」의 원리가 확립되지 않으면 안 된다고 하고, 「권위」에 「진리」의 추정을 귀속시킨다. 나아가 Schneider는 자유주의적·민주주의적 법질서는 이 추정을 반복하기 위하여 많은 저항의 가능성을 보장하고 있다고 말하고 있다.

다음에 Schneider는 이러한 저항의 가능성을 참고하여 그를 초월하는 특수한 저항권을 법정하는 것이 필요·有意義·정당한가를 문제로 삼고 있다. Hessen헌법의 저항권에 관한 Heyland의 연구나 연방헌법재판소의 판결을 참조하면서, 자유로운 법치국에 본질적으로 존재하는 위헌인 권력행사에 대한 법적 대항수단을 초과하는 특수한 저항권은 통상의 경우에는 존재하지 않는다고 하고, 권위와 진리가 동일화되고 권위가 절대화되는 것과 같은 예외상태(Ausnahmezustand)에 있어서만 본래적 의미에서의 저항권이 법치국의 입장에서 정당화된다고 결론한다.

이러한 반대에도 불구하고 독일에서는 저항권이 실정헌법으로서 입법화되게 되었다. 연방의회가 이러한 입법을 한 것은 제20조에서 저항권의 보호법익을 규정하고 있고 국가의 긴급권남용에서 헌법을 수호하기 위한 것이다.

Ⅲ. 抵抗權의 行使

1. 抵抗權의 享有者(=主體)와 對象者(=客體)

중세에 있어서의 저항권의 향유자는 봉건적 지배계약의 담보였던 관계로 계약당사자로 되는 자격을 갖는 적극적 신분, 즉 등족(Stände)에 국한되어 있었다. 그것이 국민주권주의국가에 와서는 전 국민의 권리로 인정되고 있다. 오늘날 저항권의 주체는 국민 개개인과 단체, 정당 등이 될 수 있다.

외국인의 경우에는 저항권의 행사에 약간의 제약이 있을 것이다. 그 이유는 주권의 주체가 아니기 때문이다. 국가기관은 저항권을 주장할 수 없다.

저항이 행해질 상대자는 공권력을 위헌적으로 행사하여 민주질서, 정치질서, 사회국가질서를 파괴하는 모든 자연인 또는 법인 및 그 집단에 대해서 행사할 수 있다.

2. 抵抗權의 行使要件

저항권의 성립요건에 대해서는 Condorcet의 선험적 의의를 강조하지 않을 수 없다. Condorcet는 1793년 2월에 제안된 지롱드헌법초안에서 저항권에 관하여 입안하고 있다. 그는 인간은 압제에 대한 저항에 대해서는 법적 방법이 없으면 안 된다고 하고 저항권행사에 대한 법적 방법을 규정하고 있다.

또 독일연방헌법재판소도 독일공산당해산판결에서 개개의 기본법위반에 대한 저항권에 관해서는 다음과 같이 말하고 있다. 「개개의 위법에 대한 저항권은 단순히 보수적인 의미로, 즉 법질서의 유지 또는 재건을 위한 긴급권으로서만 존재할 수 있다. 또 저항권으로써 싸워지는 불법은 명백하지 않으면 안 된다. 법질서에 의하여 사용되는 모든 법적 수단에 의한 유효한 구제의 가능성이 거의 없고, 저항권의 행사가 법의 유지 또는 재건을 위하여 최종적으로 남겨진 수단이 아니면 안 된다」고 저항권의 성립요건을 논하고 있다.

독일기본법 제20조 4항도 민주적·사회적·연방국가적 질서를 배제하려고 하는 자에 대하여 다른 구제수단이 불가능한 경우로 명정하고 있다. 여기서 저항권의 행사는 불법행위자의 존재와 구제에 있어서의 보충성이 규정되고 있다. 저항권의 행사에 있어서 필요성과 적합성 등은 엄격히 해석되어야 한다.

이상을 종합하여 볼 때 저항권의 성립은,

(1) 헌법의 각 조항에 대한 단순한 위반이 아니고, 민주주의기본질서에 대한 중대한 침해가 행하여지고 헌법의 존재 자체가 부인되려고 하는 경우임이 필요하다(Beseitigung der Verfassungsordnung).

(2) 불법인 것이 객관적으로 명백하지 않으면 안 된다. 각인의 주관적 입장에서가 아니고 객관적으로 불법이 존재하지 않으면 안 된다(Offenkundigkeit des Angriffs).

(3) 헌법·법률 등에 의하여 정해진 일체의 법적 수단이 이미 유효히 목적을 달성할 가망이 없으며, 법질서재건을 위한 최후의 수단으로서 저항만이 남아 있는 것이 필요하다(Subsidiarität). 달리 취할 수단이나 여유가 있을 때에 폭력적 저항으로 나오는 것은 과잉방위가 될 것이다. 이것이 저항권행사의 필요성과 적합성, 비례성의 문제이다.

3. 抵抗權行使의 目的

저항권은 합법성의 「테두리」를 벗어난 「자연적 권리」이며 실정법상의 진정한 「권리」는 아니다. 그럼에도 불구하고 그것은 인간의 존엄을 수호하기 위한 가장 순수한 자연권으로 그 궁극의 목적은 인간의 존엄을 수호하는 데 있다. Neumann은 인간이 인간으로서 합리적인 인간으로 취급되기 위하여서는 당연히 나타나는 4개의 최소한도의 원리가 있다고 하고 그러한 것으로, ① 모든 인간의 평등, ② 생명 및 자유에 관한 법률은 일반적 성격을 가질 것, ③ 사후입법의 금지, ④ 생명 및 자유에 관한 법률의 집행기관은 그 입법기관에서 구분되어야 한다는 것을 들고 있다. 어쨌든 ① 자유와 생명, ② 법 앞의 평등, ③ 사후입법의 금지, ④ 권력의 분립 등은 인간의 존엄과 직결되는 것이기 때문에 이의 수호를 목적으로 하여 저항권행사가 인정될 것이다.

인간의 존엄을 부정하는 것과 같은 법질서가 종래부터 존속하고 있을 때에는(예를 들면, 제국주의적인 식민지의 법질서와 같다) 저항권은 정당한 민주주의질서의 실현을 위하여 행사됨으로써 전면적인 저항권——혁명권——으로 발전할 것이다.

이에 대하여 민주주의헌법을 갖고 있는 곳에서는 민주주의기본질서를 유지하기 위하여 저항권이 행사된다. 그러나 보수적인 의미, 즉 법질서의 유지 또는 재건을 위한 긴급권 행사는 허용되지 않는다고 볼 수 있다. 바꿔 말하면 민주주의헌법을 수호하기 위하여서만 저항권을 인정할 수 있다.

독일기본법의 저항권은 헌법수호권으로서 기본법 제20조의 헌법원칙의 회복을 위해서만 인정되고 있다.

Herzog는 저항권의 행사가능목적을 ① 위로부터 오는 쿠데타, ② 아래로부터 오는 쿠데타를 방지하기 위한 경우로 한정하고 있다.[1] 이 경우 이를 방지하기 위한 주관적 목적만 존재하면 가능하다고 하고 있다.

4. 抵抗權行使의 方法

저항권행사의 방법을 미리 정할 수 없는 것에 관해서는 이미 말하였다. 저항권행사에 있어서는 불법권력을 배제하고 법질서를 유지 또는 재건한다는 목적을 달성함에 필요한 정도로 모든 가능한 실력을 행사할 수 있다.

저항권의 행사는 최초는 비폭력적 저항으로 시작하고 이것이 효용이 없는 경우에는 폭력에 호소하는 폭력적 저항이 허용될 것이다. 처음에는 수동적 저항이 행사될 것이며, 이로써 불법적인 권력행사를 광정할 수 없을 때에는 능동적인 저항을 하여야만 할 것이다.

5. 抵抗權行使의 自制

저항권의 행사에 의하여 무정부상태가 출현할 우려가 있기 때문에 이를 막고 저항권이 인권담보의 제도적 보장으로서 진가를 발휘하기 위하여서는 권리자 자신의 자제와 결단의 조화에 기대할 수밖에 없다. 저항권의 행사는 「신중」하게 해야 한다. 예상에 입각한 사전적인 저항이나 침해가 정지된 데 대한 과잉한 저항행사는 저항권이라고 하는 본래적 의미에서 허용되지 않는다.

6. 抵抗權行使의 效果＝違法性阻却事由

저항권의 행사는 외형상 반드시 공무집행방해죄를 구성할 뿐만 아니라 이를 단서로 하여 그에 수반한 여러 가지의 범죄구성요건에 해당하는 경우가 있다. 저항이 성공하여 저항세력이 정치권력을 담당한 경우에는 별문제로 하고, 저항이 실패한 경우에는 물론 저항이 성공하더라도 사후에 그 행위가 공무집행방해죄 기타의 죄명으로써 소추를 받을 수

1) Herzog, a.a.O.

있다. 그러나 부당한 권력에 대한 정당한 권리의 행사에 대하여 유죄라고 하는 것은 비리이다. 따라서 저항권의 행사에 있어서의 위법성조각의 문제가 발생한다.

7. 抵抗權의 最後的 憲法保障方法性

국민이 모두 정당한 저항권사상을 가질 때에 불법의 정부는 출연할 수 없다. Karl Dietrich Bracher는 독일 나치스독재는 독일국민의 저항의식의 결여에 의하여 초래되었다고 한다. Laski는 자유의 비결은 궁극에 있어서는 저항의 용기라고 한다. 우리는 독일국민이 경험한 쓰라림을 반복하지 않기 위하여 각인의 올바른 저항권사상을 필요로 한다. 물론 Schmitt가 말한 바와 같이 국가의 흥망은 저항권행사의 방법 여하에 있다 함을 잊어서는 안 된다.

그와 관련하여 우리는 Rauschning이 적절히 지적한 바와 같이 저항이 법침범이 생긴 뒤에 행해질 것이 아니고, 부단한 정치적 의사형성의 과정중에서 준비되어 있어야 할 것을 강조한다. 위법·불법·압제에 대한 법적 수단은 그것이 비록 가처분이나 가집행제도를 가지고 있다고 하더라도 시기에 늦는 일이 많으며, 저항권의 발동은 그만큼 위험성을 내포하고 있기 때문에 저항권발동에의 요건을 주지 않도록 국민은 언론의 자유를 수호하여 국가의 의사형성에 부단히 참여하여야 한다. 저항권의 행사는 그것이 헌법수호의 수단임을 인정하여 헌법수호를 위하여 불가피한 경우에는 저항의 권리와 함께 저항의 의무가 있다고 하겠다.[1)]

Ⅳ. 우리나라에 있어서의 抵抗權

1. 學 說

한국헌법도 저항권에 관한 명문을 둔 적은 없었다. 그런데 4·19혁명에 대하여 이를 저항권의 행사로 보아 저항권이론이 성행한 적이 있었다. 일반적으로 4·19는 저항권의 행사로 보았고 이의 정당성이 인정되고 있었다. 제 6 공화국헌법은 전문에서 「불의에 항거한 4·19민주

---

1) 小林直樹 교수는 저항권에 관한 문제를 잘 정리하고 있다.

① 저항권은 압제나 악법에 대한 저항이 어떤 근거에 의하여 정당하다고 인정된다는 사상에 근거하고 있다.

② 민주주의 질서하에서는 저항권은 기본질서와 가치를 수호하기 위하여 실정법상의 권리로서 인정되며 어느 정도까지 제도화될 수 있다.

③ 그러나 저항권의 등장은 항상 실정법 질서를 초월할 가능성이 있으므로 그 근거는 궁극적으로는 초법적 가치(특히 도덕) 다른 말을 한다면 「자연법」에 구하게 된다.

④ 민주체제하의 그것은 본래 보수적인 성격을 가지는 것이어서 이 점에서 혁명권과는 명확히 다르다.

⑤ 저항권의 행사는 압제의 정도에 따라 형태를 달리하고 있으나 그 성질이나 기능에서 보아 합리적인 요건을 필요로 한다.

⑥ 자연법을 부정하는 주장에서는 저항권을 실정법상의 것으로 한정하는 견해가 있으나 소위 「자연법상의 저항권」의 의미와 필연성을 부인할 수는 없게 될 것이다(小林直樹, 法·道德·抵抗權, 310면).

이념을 계승하고」라고 하고 있으므로 저항권을 인정하는 긍정설이 있다. 또한 저항권의 자연권성을 인정하되 실정권으로서는 인정할 수 없다는 설이 있다. 저항권을 자연법상의 권리로 인정하고 있는 것이 우리나라의 다수설이다.

2. 判　例

(1) 저항권의 의의와 성격 　저항권에 관해서는 1975년 4월 8일의 대법원판결이 있다. 요지는 「소위 저항권에 의한 행위이므로 위법성이 조각된다고 하는 주장은 그 「저항권」 자체의 개념이 막연할 뿐만 아니라, 논지에 있어서도 구체적인 설시가 없어 주장의 진의를 파악하기 어려우나 이 점에 관한 극일부소수의 이론이 주장하는 개념을 살핀다면, 그것은 실존하는 실정법질서를 무시한 초실정법적인 자연법질서에서의 권리주장이며 이러한 전제하에서의 권리로써 실존적 법질서를 무시한 행위를 정당화하려는 것으로 해석되는바, 실존하는 헌법적 질서를 전제로 한 실정법의 범주 내에서 국가의 법적 질서의 유지를 그 사명으로 하는 사법기능을 담당하는 재판권 행사에 대하여 실존하는 헌법질서를 무시하고 초법규적인 권리개념으로써 현행 실정법에 위배된 행위의 정당화를 주장하는 것은 그 자체만으로서도 이를 받아들일 수 없다」고 하고 있다.[1]

헌재는 「저항권은 국가권력에 의하여 헌법의 기본원리에 대한 중대한 침해가 행하여지고 그 침해가 헌법의 존재 자체를 부인하는 것으로서 다른 합법적인 구제수단으로는 목적을 달성할 수 없을 때에 국민이 자기의 권리·자유를 지키기 위하여 실력으로 저항하는 권리이다」라고 판시하고 있다.[2]

(2) 저항권의 대상 　헌재는 소위 날치기통과된 법률에 대한 위헌제청사건에서 「국회법 소정의 협의 없는 개의시간의 변경과 회의일시를 통지하지 아니한 입법과정의 하자는 저항권 행사의 대상이 되지 아니한다」고 판시하였다.[3]

---

1) 저항권에 관해서는 민청학련사건(대판 1975. 4. 8, 74 도 3323)과 김재규내란사건(대판 1980. 5. 20, 80 도 306, 대법원전원합의체판례집(형사편 Ⅱ), 49면 이하)에서 주장되었으나 대법원은 이를 부인하였다. 김재규내란사건의 재판에서는 저항권을 인정하여야 한다는 소수의견이 있었다.

대법원의 판례: 1. 「소위 저항권에 의한 행위이므로 위법성이 조각된다고 하는 주장은 그 '저항권' 자체의 개념이 막연할 뿐만 아니라, …이 점에 관한 일부 극소수의 이론이 주장하는 개념을 살핀다면, 그것은 실존하는 실정법적 질서를 무시한 초실정법적인 자연법질서 내에서의 권리주장이 이러한 전제하에서의 권리로써 실존적 법질서를 무시한 행위를 정당화하려는 것으로 해석되는바, 실존하는 헌법적 질서를 전제로 한 실정법의 범주 내에서 국가의 법적 질서의 유지를 그 사명으로 하는 사법기능을 담당하는 재판권행사에 대하여는 실존하는 헌법적 질서를 무시하고 초법규적인 권리개념으로써 현행실정법에 위배된 행위의 정당화를 주장하는 것은 그 자체만으로서도 이를 받아들일 수 없는 것이다」(대판 1975. 4. 8, 74 도 3323, 긴급조치 위반).

2. 「저항권이 비록 존재한다고 인정하더라도 그 저항권이 실정법에 근거를 두지 못하고 자연법에만 근거하고 있는 한, 법관은 그것을 재판규범으로 원용할 수 없다」(대판 1980. 5. 20, 80 도 306).

3. 저항권이 정당행위인지 여부: 「저항권의 개념 그 자체가 초실정법적 자연법질서 내의 권리주장으로서 그 개념 자체가 막연할 뿐 아니라 실정법을 근거로 국가사회의 법질서 위반 여부를 판단하는 재판권행사에 있어 이를 주장할 수 없다」(대판 1980. 8. 26, 80 도 1278, 공보 642, 13136).

4. 변호인이 법정에서 한 저항권행사의 주장이 법정모욕인지 여부: 「저항권이론이 반드시 힘의 행사, 폭력의 행사인 것으로 볼 수 없는 이상 보편적이고 영구적인 정의·질서가 존재한다는 자연법론적인 법철학입장에서 변호인이 법정에서 악법에 대한 저항투쟁으로서 저항권행사의 주장을 하였다 하여 재판을 방해하거나 위협할 목적으로 법정을 모욕하였다고 단정할 수 없다」(서울고판 1983. 3. 4, 85 노 503).

2) 헌재 1997. 9. 25 선고, 97 헌가 4, 헌재판례집 제 9 권 2집, 332면 이하.

3) 헌재 1997. 9. 25 선고, 97 헌가 4, 헌재판례집 제 9 권 2집, 332면 이하(이 사건은 1996년 말 소위 날치

(3) 저항권과 위법성조각사유　　우리 형법은 제136조에서 공무집행방해죄를 규정하고 있는데 직무집행의 위법성의 경우에 관해서는 규정하고 있지 않다. 그러나 학설과 판례는 공무집행의 합법성을 전제로 하고 있다. 저항권에 관한 판례는 앞에서 언급한 대법원판결이 있는바 「피고인 등의 행위는 위법성이 없는 행위라고 주장하므로 이 부분을 요약하면 피고인들의 행위는 민주수호행위로서 정당성이 있는 것이고, 애국적 민주운동인 학생운동으로서 민주적 당연성과 역사적 진실성 있는 정당한 투쟁행위인 것이며, 또 이는 소위 저항권에 의한 행위이므로 위법성이 없다는 데 귀론되는 것이나… 그것은 실정법적 질서를 무시한 초실정법적인 자연법질서 내에서의 권리주장이며…」라고 하여 그 위법성조각사유를 부정하고 있다.

3. 抵抗權行使의 實際

(1) 군사정권에 대한 민주화운동 입법　　과거에는 저항권의 행사를 부정하였으나 군사정권에서 문민정권으로 옮긴 뒤에는 과거 군사정권에 대한 긴급조치 등에 대한 저항행위와 5·18 광주운동에서의 저항행위를 다 저항권 행사로 인정하였다. 2000년 1월 12일 민주화운동관련자명예회복 및 보상 등에 관한 법률은 「1969년 8월 7일 이후 자유민주적 기본질서를 문란하게 하고, 헌법에 보장된 국민의 기본권을 침해한 권위주의적 통치에 항거하여 민주헌정질서의 확립에 기여하고 국민의 자유와 권리를 신장」시킨 활동은 이를 민주화운동으로 간주하여(법 제2조) 정당성을 인정하고 「민주화운동과 관련하여 유죄판결을 받은 자와 이로 인하여 법령이 정한 바에 따라 자격이 상실 또는 정지된 자」에 대해서 특별사면과 복권을 할 수 있는 근거를 마련하고 있다(제5조의3). 또 「민주화 운동과 관련하여 작성·관리되고 있는 관련자의 전과기록을 삭제 또는 폐기할」 근거도 마련하고 있다.

이것은 과거 박정권의 3선개헌 이후 통치만을 불법적으로 본 것으로 저항권행사의 대상으로 삼고 있어 문제이다. 5·16 군사 쿠데타에 대한 저항권 행사는 인정하고 있지 않는 점에서 논리일관성이 없다. 이 법은 2006. 12. 22. 국회에서 법을 개정하여 시기를 1964년 3월 24일로 변경하여 6·3 학생운동에 참여한 자까지 대상으로 인정하고 있다.

또 5·16 군사 쿠데타에 대한 저항권은 인정하지 않으면서 5·18광주항쟁행위에 대한 진압행위에 대해서는 저항권의 행사를 인정하고 있다. 5·18 민주화운동 등에 관한 특별법은 「1979년 12월 12일과 1980년 5월 18일을 전후하여 발생한 헌정질서파괴범죄행위에 대한 항쟁」은 이를 민주화운동으로 인정하고 있다. 또 5·18 민주화 운동과 관련된 행위 또는 헌정질서파괴범죄행위를 저지하거나 반대한 행위로 유죄의 확정판결을 선고받은 사람은 재심을 청구할 수 있다고 하여 대부분 재심에서 무죄가 선고되었다.

기통과된 노동관계법들이 위헌이라는 이유로 쟁의행위를 하자 회사가 쟁의행위금지가처분 신청을 하였고 담당법원이 동법이 「위헌일 경우 그 시행을 저지하기 위한 쟁의행위는 헌법질서 수호를 위한 저항권의 행사이므로 정당한 것」이라는 이유 등을 들어 직권으로 이 노동관계법들에 대해 위헌제청한 것이다). 대법원은 국회가 법률을 제정 개폐함에 있어 입법절차를 무시한 하자가 있다고 하더라도 이는 저항권 행사의 대상이 되지 않는다고 한다(대법원 2000. 9. 5 선고, 99 도 3865).

과거 재판에서는 인정되지 않았던 저항권이 입법에 의하여 인정되고 그것은 정당행위로 인정될 뿐만 아니라 민주화 운동으로 포상되고 생계비까지 지원받게 되어 있다.

이러한 입법과 판결에 대해서는 비판이 행해지고 있다.[1] 헌정질서파괴범죄에 대한 저항권의 행사는 인정되어야 하나 무엇이 헌정질서파괴범죄냐 하는 문제는 신중한 결정을 요한다.[2]

(2) 판 례

① 대 법 원 저항권에 관해서는 1975년 4월 8일의 대법원판결이 있다.[3] 요지는 「소위 저항권에 의한 행위이므로 위법성이 조각된다고 하는 주장은 그 '저항권' 자체의 개념이 막연할 뿐만 아니라 논지에 있어서도 구체적인 설시가 없어 주장의 진의를 파악하기 어려우나, 이 점에 관한 극소수의 이론이 주장하는 개념을 살핀다면 그것은 실존하는 실정법질서를 무시한 초실정법적인 자연법질서 내에서의 권리주장이며, 이러한 전제하에서의 권리로써 실존적 법질서를 무시한 행위를 정당화하려는 것으로 해석되는바, 실존하는 헌법적 질서를 전제로 한 실정법의 범주 내에서 국가의 법적 질서의 유지를 그 사명으로 하는 사법기능을 담당하는 재판권행사에 대하여 실존하는 헌법질서를 무시하고 초법규적인 권리개념으로써 현행 실정법에 위배된 행위의 정당화를 주장하는 것은 그 자체만으로서도 이를 받아들일 수 없다」고 하고 있다.[4] 이는 저항권의 자연권성을 인정하되 실정권으로서는 인정할 수 없다는 것이다.[5]

② 헌법재판소 헌법재판소는 「저항권은 국가권력에 의하여 헌법의 기본원리에 대한 중대한 침해가 행하여지고, 그 침해가 헌법의 존재 자체를 부인하는 것으로서 다른 합법적인 구제수단으로는 목적을 달성할 수 없을 때에 국민이 자기의 권리·자유를 지키기 위하여 실력으로 저항하는 권리」라고 보고 있다.[6] 그리고 저항권의 행사의 정당성 여부의 판단은 법원의 소관이라고 하고 있다.[7]

---

1) 상세한 것은 이치호, 성공과 중단, 2006, 249～289면.

2) 김문현, 초헌법적 국가긴급권과 저항권(사례연구), 고시계 507호, 1999.5, 5～14면.

3) 민청학련 사건에서의 판결(대판 1975.4.8, 74 도 3323)과 김재규 내란사건에서의 대법원판결(대판 1980.5.20, 80 도 306)이 저항권을 부정하고 있다. 그러나 김재규 사건의 소수의견에서는 저항권을 인정해야 한다는 이론도 있었다.

4) 대법원은 국회가 법률을 제정·개폐함에 있어 입법절차를 무시한 하자가 있다고 하더라도 이는 저항권 행사의 대상이 되지 않는다고 한다(대판 2000.9.5, 99 도 3865).

5) 저항권에 관하여 앞서 인용한 대법원 판결은 「피고인 등의 행위는 위법성이 없는 행위라고 주장하므로, 이 부분을 요약하면 피고인들의 행위는 민주수호행위로서 정당성이 있는 것이고, 애국적 민주운동인 학생운동으로서 민주적 당연성과 역사적 진실성 있는 정당한 투쟁행위인 것이며, 또 이는 소위 저항권에 의한 행위이므로 위법성이 없다는데 귀론되는 것이…나 그것은 실정법적 질서를 무시한 초실정법적인 자연법질서 내에서의 권리주장이며…」라고 하여 그 위법성조각사유가 아니라고 하고 있다.

6) 「제청법원은 피신청인의 쟁의행위가 헌법질서수호를 위한 저항권행사로서 이유있다는 주장이 받아들여질 여지가 있다면, 심판대상개정법의 국회통과절차의 위헌여부는 재판의 전제가 된다고 주장한다. 그러나 저항권이 헌법이나 실정법에 규정이 있는지 여부를 가려 볼 필요도 없이 제청법원이 주장하는 국회법 소정의 협의없는 개의시간의 변경과 회의일시를 통지하지 아니한 입법과정의 하자는 저항권행사의 대상이 되지 아니한다. 왜냐하면 저항권은 국가권력에 의하여 헌법의 기본원리에 대한 중대한 침해가 행하여지고, 그 침해가 헌법의 존재자체를 부인하는 것으로서 다른 합법적인 구제수단으로는 목적을 달성할 수 없을 때에 국민이 자기의 권리·자유를 지키기 위하여 실력으로 저항하는 권리이기 때문이다」(헌재 1997.9.25 선고, 97 헌가 4, 헌재판례집 제9권 2집, 332면 이하).

7) 대의민주제에서 법률의 제정·개폐는 입법부의 몫이고, 국민은 헌법이 보장하는 입법청원 또는 언론활

4. 私 見

저항권은 실정법상의 권리는 아니나 국민주권을 근간으로 하는 민주국가에서는 초헌법적인 권리로서 인정되고 있다. 우리 헌법이 전문에서 「불의에 항거한 4·19 민주이념」의 계승을 다짐하고 있는데 이는 4·19가 민주주의를 말살한 불법정권에 대한 저항권의 행사임을 인정한 것이다.

5. 抵抗權行使와 民主化運動

판례에서와 같은 공무집행방해죄와 같은 경우 저항권을 주장할 수는 없으나 민주적 기본질서를 침해하는 국가권력에 대한 다른 구제수단이 없는 경우 저항권주장은 인정되어야 할 것이다.

4·19의거나 6·8항쟁과 같은 민주화투쟁은 저항권의 행사로 인정되어야 할 것이다. 민주화운동 관련자 명예회복 및 보상 등에 관한 법률은 6·3 사태 6·8항쟁 등을 민주화운동으로 사후 합법화하였으며 광주 5·18항쟁도 5·18민주화관련자 보상 등에 관한 법률에서 정당한 민주화운동으로 인정되어 보상하고 있다. 이러한 입법조치는 저항권을 사후적으로 인정한 것이라고 하겠다.

저항권의 행사는 개인으로서의 권리이기보다는 주권자로서의 국민의 권리라고 보아야 하겠다. 따라서 일부 국민의 촛불시위는 청원권의 행사로서는 인정될 수 있으나 그것이 저항권의 행사로서는 인정될 수 없다. 그것은 국가의 불법위헌행위에 대한 반항은 아니었기 때문이다.[2] 또 대의민주주의를 부정하는 직접행동민주주의는 민주주의를 파괴할 가능성이 많다.[3]

동을 통하여 정치적 의사결정에 관여할 수 있을 뿐이다. 이 사건은 대내외적인 경제여건의 변화로 인한 노동관계법개정에 즈음하여 상대적으로 열등한 지위에 있다고 느낀 근로자들이 근로기본권과 직결된 위 관계법개정에 집회·결사 등 집단행동과 집단시위로 자기들의 의견을 표현한 것으로 이해할 수 있다. 즉 입법부와 정부당국은 물론 일반국민들에게 자기들의 의견을 호소하고, 이를 관철하기 위한 수단으로 통상 언론에 의한 방법과는 다른 수단을 선택한 것이다. 이와 같은 집단행동과 집단시위에 의한 의견의 표현도 언론·집회·결사의 자유와 관련되므로 헌법 제21조에 의하여 보장을 받는다. 그러나 일반적으로 집단행동과 집단시위는 순수한 언론과는 달리 일정한 행동이 수반되므로 다른 권리·자유와의 관계에서 조정을 필요로 하고, 특별한 규제를 받는 경우도 있다(예컨대 집회및시위에관한법률 제 6 조, 제 8 조, 도로교통법 제 6 조 등 참조).

이와 관련하여 제청신청인의 행위가 위헌법률의 제정과 시행이라는 위헌적인 행위에 대한 헌법수호행위의 일환으로서 그에 상응한 정도의 정당성을 갖는지, 이 사건 영장기재범죄사실의 성립 여부와 제청신청인의 구속 여부의 판단 등 제청법원이 주장하는 사실들은 사실인정 및 그에 대한 평가, 관계법률의 해석과 개별사례에서의 적용에 관한 문제로서 이것은 일반적인 권한을 갖고 있는 법원의 임무에 속하는 것이다.(헌재 1997. 9. 25 선고, 97 헌가 5, 헌재판례집 제 9 권 2 집, 344면 이하).

2) 최장집, 촛불집회가 제기하는 한국민주주의의 과제, 2008. 6. 16.

3) 반대: 이주원, 직접행동민주주의와 헌법수호, 헌법학연구 제14권 3호, 103~129.

[判] 抵抗權에 관한 重要 判例

1. 大法院 判決[1)]

[다수의견]

(1)「저항권」이론

상고이유 중의 많은 학자들에 의하여 자연법적으로 논의되어 오다가 이제 그 실정적인 근거까지 찾아볼 수 있는 등 현대헌법이론이 일반적으로 인정하고 있는「저항권」은 헌법에 규정되어 있고 없음을 가림이 없이 당연한 권리로 인정되어야 하고, 자유민주주의의 헌법질서 유지와 기본적 인권의 수호를 위하여 수동적 저항이든 능동적 저항이든 폭력적 저항이든 비폭력적 저항이든 가리지 않고 다른 권리구제방법이 없을 때 최종적으로 적용되는 권리인바, 이 사건에 있어서 유신체제는 그 성립과 운영에 있어서 반민주적 법질서와 반인권적 체제이어서 이를 회복함에 있어서는 제도적으로나 실제에 있어서 다른 합법적 구제절차가 불가능하였으므로 피고인 김재규, 박선호의 이 사건 범행을 위「저항권」을 행사한 경우에 해당함에도 불구하고 원심이 그 적용을 배척하였음은 저항권과 형법 제20조가 정한 정당행위에 관한 법리를 오해한 위법이 있고, 그리고 이 점에 관한 대법원 1975. 4. 8. 선고, 74 도 3323 판결은 변경되어야 한다는 주장에 대하여 판단한다.

살피건대 당원은 일찍이 "소위 저항권의 주장은 실존하는 실정법질서를 무시한 초실정법적인 자연법질서 내에서의 권리주장이며 이러한 전제하에서의 권리로써 실존적 법질서를 무시한 행위를 정당화하려는 것으로 해석되는바 실존하는 헌법적 질서를 전제로 한 실정법의 범위 내에서 국가의 법질서유지를 그 사명으로 하는 사법기능을 담당하는 재판권행사에 대하여는 실존하는 헌법적 질서를 무시하고 초법규적인 권리개념으로써 현행실정법에 위배된 행위의 정당화를 주장하는 것은 받아들일 수 없다"는 취지로 판시한 바 있다.

한편 생각하건대 현대 입헌 자유민주주의국가의 헌법이론상 자연법에서 우러나온 자연권으로서의 소위 저항권이 헌법 기타 실정법에 규정되어 있든 없든 간에 엄존하는 권리로 인정되어야 한다는 논지가 시인된다 하더라도 그 저항권이 실정법에 근거를 두지 못하고 오직 자연법에만 근거하고 있는 한 법관은 이를 재판규범으로 원용할 수 없다. 더구나 오늘날 저항권의 존재를 긍인하는 학자 사이에도 그 구체적 개념의 의무내용이나 그 성립요건에 관해서는 그 견해가 구구하여 일치된다 할 수 없어 결국 막연하고 추상적인 개념이란 말을 면할 수 없고, 이미 헌법에 저항권의 존재를 선언한 몇개의 입법례도 그 구체적 요건은 서로 다르다 할 것이니 헌법 및 법률에 저항권에 관하여 아무런 규정도 없는(소론 헌법전문 중 "4·19의거운운"은 저항권 규정으로 볼 수 없다) 우리나라의 현 단계에서는 더욱이 이 저항권이론을 재판의 준거규범으로 채용적용하기를 주저 아니 할 수 없다. 따라서 위 당원의 판례를 변경할 필요를 느끼지 아니한다 할 것이어서 원심에 이 점에 관한 법리오해 있다는 논지는 받아들일 수 없다.

[저항권에 관한 대법원판사 임항준의 의견](민문기 동조)

(2) 저항권문제

다수의견은 이 문제에 관하여 실정법에 위배된 행위에 대하여 초법규적인 권리 개념인 저항권을 내세워 이를 정당화하려는 주장은 받아들일 수 없다는 당원의 1975. 4. 8. 선고, 74 도 3323의 판례를 그대로 유지한다고 설시하고 있는바, 위 당원의 판례가 우리나라에 있어서 저

1) 대법원 1980. 5. 20 선고, 80 도 306(김재규 사건, 전원합의체 판결집(형2)).

항권자체의 존재를 부정하는 것인지 저항권을 재판규범으로는 적용할 수 없다는 취지인지 분명하지 아니하나 이 사건에 있어서 피고인 김재규 등의 행위는 그 범행내용으로 보아 이를 저항권의 행사라고는 볼 수 없다 할 것이므로 이 사건과 관련하여 저항권 문제를 논할 필요는 없다 하겠으나 일반적인 문제로 우리나라에서 저항권의 존재를 부정하거나 이를 재판규범으로 적용할 수 없다는 판단에서 이를 그대로 수긍하기 어려운 다음과 같은 의문점이 있음을 지적해 두고자 한다.

우리나라에 있어서의 정치의 기본질서인 인간존엄을 중심가치로 하는 민주주의 질서에 대하여 중대한 침해가 국가기관에 의하여 행하여져서 민주적 헌법의 존재 자체가 객관적으로 보아 부정되어 가고 있다고 국민 대다수에 의하여 판단되는 경우에 그 당시의 실정법상의 수단으로는 이를 광정할 수 있는 방법이 없는 경우에는 국민으로서 이를 수수방관하거나 이를 조장할 수는 없다 할 것이므로 이러한 경우에는 인권과 민주적 헌법의 기본 질서의 옹호를 위하여 최후의 수단으로서 형식적으로 보면 합법적으로 성립된 실정법이지만 실질적으로는 국민의 인권을 유린하고 민주적 기본 질서를 문란케 하는 내용의 실정법상의 의무 이행이나 이에 대한 복종을 거부하는 등을 내용으로 하는 저항권은 헌법에 명문화되어 있지 않았더라도 일종의 자연법상의 권리로서 이를 인정하는 것이 타당하다 할 것이고 이러한 저항권이 인정된다면 재판규범으로서의 기능을 배제할 근거가 없다고 할 것이다.

위와 같은 저항권의 존재를 부정할 수 없는 근거로는 4·19 의거의 이념을 계승하여…… 새로운 민주공화국을 건설한다고 선언하여 4·19 사태가 당시의 실정법에 비추어 보면 완전한 범법행위로 위법행위임에도 불구하고 이를 우리나라의 기본법인 헌법의 전문에서 의거라고 규정짓고 그 의거의 정신을 계승한다고 선언하고 있어 위 헌법 전문을 법률적으로 평가하면 우리나라 헌법은 4·19의 거사를 파괴되어가는 민주질서를 유지 또는 옹호하려는 국민의 저항권 행사로 보았다고 해석할 수밖에 없는데 우리나라 헌법이 인정한 것으로 보여지는 저항권을 사법적 판단에서는 이를 부정할 수가 있었을는지 의문이고 또 저항권이 인정되는 이상 재판규범으로는 적용될 수 없다고 판단하여 그 실효성을 상실시킬 합리적 이유가 있다고 볼 수도 없다. 다수의견은 저항권이 실정법에 근거를 두지 못하고 있어서 이를 재판규범으로 적용할 수 없다는 취지로 설시하고 있으나 자연법상의 권리는 일률적으로 재판규범으로 기능될 수 없다는 법리도 있을 수 없거니와 위에 적시한 우리나라 헌법의 전문은 저항권의 실정법상의 근거로 볼 수도 있다고 할 것이다.

2. 憲裁決定[1)]

가. 제청법원은 피신청인의 쟁의행위가 헌법질서 수호를 위한 저항권 행사로서 이유 있다는 주장이 받아들여질 여지가 있다면, 심판대상개정법의 국회통과절차의 위헌 여부는 재판의 전제가 된다고 주장한다. 그러나 저항권이 헌법이나 실정법에 규정이 있는지 여부를 가려볼 필요도 없이 제청법원이 주장하는 국회법 소정의 협의 없는 개의시간의 변경과 회의일시를 통지하지 아니한 입법과정의 하자는 저항권행사의 대상이 되지 아니한다. 왜냐하면 저항권은 국가권력에 의하여 헌법의 기본원리에 대한 중대한 침해가 행하여지고 그 침해가 헌법의 존재 자체를 부인하는 것으로서 다른 합법적인 구제수단으로는 목적을 달성할 수 없을 때에 국민이 자기의 권리·자유를 지키기 위하여 실력으로 저항하는 권리이기 때문이다. 그리고 헌

1) 헌재 1997. 9. 25 선고, 97 헌가 4, 노동조합및노동관계조정법 등 위헌제청, 헌재판례집 제 9 권 2집, 332면 이하.

법의 수호자이고 인권의 보장자인 헌법재판소는 심판대상법률과 관련하여 국회 본회의에 참석하지 못한 국회의원 125명이 국회의장을 상대로 제기한 국회의원과 국회의장 간의 권한쟁의 심판청구 사건에서 "피청구인(국회의장)이 1996. 12. 26. 06:00경 제182회 임시회 제 1 차 본회의를 개의하고 국가안전기획부법중개정법률안, 노동조합및노동관계조정법안, 근로기준법중개정법률안, 노동위원회법중개정법률안, 노사협의회법중개정법률안을 상정하여 가결선포한 것은 청구인들(국회의원)의 법률안 심의·표결의 권한을 침해한 것이다"라는 취지의 결정을 한 바 있다(헌법재판소 1997. 7. 16. 선고, 96 헌라 2 결정).

나. 대의민주제에서 법률의 제정 개폐는 입법부의 몫이고, 국민은 헌법이 보장하는 입법청원 또는 언론활동을 통하여 정치적 의사결정에 관여할 수 있을 뿐이다. 이 사건은 대내외적인 경제여건의 변화로 인한 노동관계법개정에 즈음하여 상대적으로 열등한 지위에 있다고 느낀 근로자들이 근로기본권과 직결된 위 관계법 개정에 집회, 결사 등 집단행동과 집단시위로 자기들의 의견을 표현한 것으로 이해할 수 있다. 즉 입법부와 정부당국은 물론 일반 국민들에게 자기들의 의견을 호소하고 이를 관철하기 위한 수단으로 통상 언론에 의한 방법과는 다른 수단을 선택한 것이다. 이와 같은 집단행동과 집단시위에 의한 의견의 표현도 언론, 집회, 결사의 자유와 관련되므로 헌법 제21조에 의하여 보장을 받는다. 그러나 일반적으로 집단행동과 집단시위는 순수한 언론과는 달리 일정한 행동이 수반되므로 다른 권리, 자유와의 관계에서 조정을 필요로 하고 특별한 규제를 받는 경우도 있다(예컨대 집회및시위에관한법률 제 6 조, 제 8 조, 도로교통법 제 6 조 등 참조).

이와 관련하여 당해사건의 신청인에 대한 관계에서는 피신청인 조합원들이 집단행동에 의한 자기들의 의사표현 수단으로 쟁의행위(전면파업)를 선택한 것이 당해사건의 신청원인에서 주장하는 실정법과 단체협약 의무위반과는 어떤 관계가 있으며 쟁의행위(전면파업)가 근로기본권인 단체행동권에 해당되는지 여부, 이와 관련된 사실인정 및 평가, 관계법률의 해석과 개별사례에서의 적용에 관한 문제가 생기는데 이것은 일반적인 권한을 갖고 있는 법원의 임무에 속하는 것이다. 그리고 당해사건의 피신청인 조합원들이 집단행동과 집단시위 등으로 쟁의행위(전면파업)를 할 당시 심판대상 개정법의 국회통과 절차가 다른 합법적인 구제수단으로는 목적을 달성할 수 없는 국가권력에 의한 헌법의 기본원리에 대한 중대한 침해였고 이 침해행위에 대한 구제수단으로 실력에 의한 쟁의행위(전면파업)를 선택한 것이 자기들의 권리 자유를 지키기 위한 불가피한 유일한 수단으로 인정할 수 있는지 그 밖에 제청법원이 주장하는 저항권의 행사로 정당화할 수 있는 다른 사정이 존재하는지 여부 또한 법원이 판단할 문제이다.

다. 이상의 이유로 이 심판대상법률은 헌법에 위반되는 여부가 재판의 전제가 되는 법률의 요건을 갖추지 못한 부적법한 제청이라고 할 것이다.

제 2 편　韓國憲法의 基本秩序

제 1 장　韓國憲法의 制定·改正과 特色

제 1 절　韓國憲法의 制定과 改正

Ⅰ. 第 1 共和國憲法

1. 制憲憲法의 制定

(1) **5·10선거와 국회구성**　　1948년 2월 27일 UN소총회는 가능한 지역 내에서의 총선거를 실시하여 정부를 수립할 것을 결정하였고, 미군정은 5월 10일에 선거를 실시하게 되었다. 5·10선거에는 남한의 모든 정당·사회단체가 참여한 것은 아니나, 그래도 국민대다수의 투표에 의하여 초대국회가 구성되었기에 정당성이 인정된다고 하겠다.

(2) **헌법제정의 경과**　　5·10선거의 결과, 선출된 198명의 국회의원이 1948년 5월 31일에 국회를 구성하고, 헌법과 정부조직법 등을 제정할 준비를 하였다.[1)]

6월 3일에는 헌법기초위원 30명과 전문위원 10명으로 헌법기초위원회를 구성하여 6월 3일부터 22일까지 20일에 걸쳐 초안을 토의·결정하였다. 이 때 기초위원회는 유진오씨안을 원안으로 하고 권승렬씨안을 참고안으로 하여 초안을 작성하였다. 유진오씨의 원안은 i) 국회를 양원제로 하고, ii) 정부형태를 의원내각제로 하며, iii) 법률의 위헌심사권을 대법원에 부여한 것이었다.[2)] 그러나 기초위원회의 토의과정에서 이 박사의 의견에 따라 i) 단원제국회, ii) 대통령중심제로 변경되었으며, iii) 또 위헌법률심사권은 헌법위원회에 부여하는 것으로 변경되었다.

6월 23일에는 헌법초안이 국회본회의에 상정되어 국회본회의에서 상당히 활발한 토론이 진행되었고, 수많은 수정안이 나와 한때는 헌법의 조속한 제정이 곤란한 것처럼 보였다. 그러나 국내외의 여건으로 보아 8월 15일까지는 정부수립을 세계에 선포하여야 할 필요를 느껴 헌법안의 심의가 일사천리로 진행되었다. 그리하여 6월 30일에는 제1독회를, 7월 11일에는 제2독회를, 7월 12일에는 제3독회를 마쳐 국회를 통과하게 되었다.

---

1) 헌법의 제정과 개정의 역사에 관해서 상세한 것은 김철수, 헌법개정, 과거와 미래, 진원사, 2008; 김효전 편, 헌법정치 60년과 김철수 헌법학, 2005 참조.

2) 유진오씨 안에 대해서는 김철수, 유진오의 정부구상, 시민한국사강좌 제20권; 유진오, 헌법제정회고록 등.

이 헌법은 7월 17일 국회의장이 서명하여 공포하고 즉일 시행하였다.[1)]

(3) 제헌헌법의 내용과 운용 이 제헌헌법은 자유권의 보장, 권력분립, 단원제국회, 대통령중심(이원적 집정부)제, 통제경제정책 등을 그 내용으로 한 것이었다. 이 헌법이 이박사의 뜻에 따라 권력구조면에서 대통령중심제를 채택한 것은 우리 헌법의 장래에 암영을 던져 주었다. 이박사는 제헌헌법의 규정에 따라 국회에서 대통령으로 간선되어 4년의 임기를 가지게 되었는데, 국무총리 지명과 그 인준과정에서 많은 파란을 겪게 되었다. 이 헌법은 기본권보장·정부형태·경제조항 등에서 바이마르헌법의 영향을 많이 받아 만들어진 것이다.

2. 第1次 憲法改正

(1) 韓民黨의 의원내각제개헌안 부결 이박사가 대통령으로서 국회를 경시하고 독주하였기 때문에 한민당에서는 1950년 1월 28일 내각책임제로의 개헌안을 제출하였다. 그 내용은 i) 대통령제를 의원내각제로 할 것, ii) 위헌여부가 문제되던 특별법원의 헌법적 근거를 둘 것, iii) 천재·지변 기타 불가항력의 사태가 발생할 때에는 행정부에 선거를 연기할 수 있는 권한을 부여하는 것 등으로 되어 있었다. 이 안은 정부와 여당계 의원들의 극렬한 반대와 백지투표로 재석 179명 중 가 79, 부 33, 기권 66, 무효 1로 헌법개정에 필요한 재적의원 3분의 2 이상의 찬성투표를 얻지 못하여 부결되었다. 이 날이 1950년 3월 13일로서 헌법제정 후 1년 반 만에 있었던 일이었다.

(2) 5·30선거의 시행 제헌국회는 1950년 4월 12일에 새로운 국회의원선거법을 제정·공포하였다. 이 법은 선거권을 만 21세 이상인 자에게 인정하고 반민족행위자에 대한 선거권제한을 해제하였다.

1950년 5월 30일에는 제2대 국회의원선거가 실시되었다. 5·30총선에는 1948년 5·10선거 때 총선을 거부했던 중도파들도 대거참여하여 많은 사람이 당선되었고, 이박사의 지지세력은 극소수에 불과하였다. 5·30선거의 결과 210명의 국회의원이 당선되어 개원을 하였는데, 며칠 되지 않아 6·25사변이 일어났다. 대통령은 비상계엄령을 선포하고 긴급명령으로 통치하였다. 1951년 6월 2일에는 국회의원선거법을 개정하여 국무위원의 피선거권을 인정하여 국무위원도 국회의원이 될 수 있게 하였다.

(3) 정부의 직선제개헌안 부결 이박사는 국회의원들이 간접선거로는 자기를 대

---

1) 정부가 건국 60주년 기념사업위원회를 설치하여 2008. 8. 15. 행사를 광복절보다는 '건국절'이 더욱 강조되도록 건국 60주년 기념행사를 준비하는 것은 한민족의 역사를 단절시키며, 대한민국임시정부의 정통성도 부인하는 것으로서 청구인들의 명예권, 행복추구권, 납세자로서의 권리, 재산권, 영토권 등 기본권을 침해하는 동시에 헌법전문, 국민주권원리(헌법 제1조 제2항), 영토조항 및 통일정신(헌법 제3조, 제4조), 헌법개정절차 등에 위배된다는 헌법소원에 대하여 이는 청구인들의 기본권이 현실적으로 침해된다고 볼 수 없다고 하여 소원을 각하하였다(헌재 2008. 11. 27 선고, 2008 헌마 517, 헌재판례집 제20권 2집(하), 509면 이하).

통령으로 선출해 주지 않을 것을 알고 직선제로 개헌을 하기로 작정하였다. 1951년 11월 30일에는 정부에서 정·부통령을 직선하고 국회를 상·하양원제로 하는 헌법개정안을 국회에 제출하였다. 정부의 이 직선제개헌안은 1952년 1월 18일에 국회에서 표결되었는데, 출석의원 163명 중 가 19, 부 143, 기권 1로 부결되었다.

(4) 拔萃(발췌)改憲 통과　　야당은 이에 기승하여 1952년 4월 17일 국회의원 123명의 찬성으로 내각책임제개헌안을 제출하였고, 이 박사는 이에 대항하여 5월 14일 지난해에 부결된 것과 같은 내용의 정·부통령직선제, 국회양원제로의 헌법개정안을 제출하였다. 그리고는 5월 26일부터 국회의원들을 강제연행하여 의사당에 연금하는 등 국회의원소환운동을 전국적으로 벌이고, 땃벌대·백골단 등 폭력단이 난무하게 되었다. 정부는 이러한 공포분위기를 조성한 다음에 국회의원들을 의사당에 강제로 연행해 와서는 1952년 7월 4일 정부측의 직선제개헌과 야당측의 국무원불신임제가 절충된 발췌개헌안을 심야국회에서 기립투표로 통과시켰다.

(5) 발췌개헌의 문제점　　발췌개헌은 야당제안의 의원내각제와 정부제안의 대통령직선제를 발췌하여 이를 절충한 것이다. 그러나 야당안과 정부안은 각각 공고되었으나, 이를 발췌·절충한 개헌안은 공고됨이 없이 국회에서 정식으로 讀會를 거치지도 않고 가결된 것이기에 공고의 절차에 위반된 개헌이라고 말하여진다. 또한 국회의사당이 이중삼중으로 포위되고 비상계엄령이 선포된 가운데 국회의원의 토론의 자유 없이 강행된 것이기에 투표의 자유에 하자가 있는 것으로 위헌이라고 해야만 할 것이다.

(6) 발췌개헌의 내용 및 운용　　정부가 제안한 양원제·대통령직선제안과 야당이 제안한 의원내각제안이 가미된 이 발췌개헌은 국무총리인준과 국무원불신임 등의 권한을 국회에 부여하였다. 이 정부제도는 오스트리아식 이원정부제와 유사한 것이었다. 이 대통령은 이 헌법개정에 의하여 직선으로 대통령에 당선된 뒤 국무총리를 임명하지 않고 국회 비준 없이 서리를 독자적으로 임명하여 사실상 국무원제도를 유명무실하게 하였고, 국회도 자유당이 다수를 차지하여 國務院不信任權을 행사하지 못하였다.

3. 第2次 憲法改正

(1) 경제조항개정안 제출철회　　1954년 1월 23일 정부는 경제조항이 지나치게 통제경제적이어서 외국인이 잘 투자하지 않는다는 이유로 경제조항을 자유화하는 개정안을 제출하였으나 1954년 3월 9일 돌연 이를 철회하였다. 그 이유는 3선을 위한 헌법개정안과 결부시키기 위한 것이었다.

(2) 제2차 헌법개정의 경과　　1954년 5월 20일 선거에 의하여 자유당이 원내 절대다수를 차지하자 이 정권은 이 대통령의 3선을 가능하게 하기 위한 개헌안을 1954년 9월 8일에 제출했다. 1954년 11월 27일 민의원에서 표결한 결과 재적 203명 중 가 135표

로서 헌법개정에 필요한 3분의 2에 1표가 부족되었다. 그래서 국회는 부결을 선포하였으나, 4捨5入理論을 도입하여 이틀 후에 자유당의원만이 참석한 가운데 가결로 번복 결의하였다.

(3) 제 2 차 헌법개정의 문제점　　제 2 차 헌법개정은 형식적인 면에서는 4사5입이라는 수학적 이론을 헌법개정에 도입하여 부결선언을 가결로 전복 결의한 개헌이었던바, 정족수에 미달한 위헌적인 개정이었고, 실질적인 면에서는 초대대통령에 한하여 중임제한을 철폐함으로써 평등의 원칙에 위반되는 위헌무효의 헌법개정이라고 할 것이다.

(4) 제 2 차 헌법개정의 내용 및 운용　　제 2 차 헌법개정은 제 7 조의 2를 신설하여 주권의 제약이나 영토의 할양의 경우에 필수적인 국민투표를 도입한 것과, 발췌개헌시에 가미되었던 의원내각제적 요소를 완전히 배제하여 국무총리와 국무원제도를 없애 순수한 미국식 대통령제로 변경한 점, 경제조항을 통제경제에서 자유경제체제로 대폭 수정한 것, 초대대통령에 한하여 중임제한규정을 철폐한 것, 국무총리제 및 국무위원연대책임제의 폐지, 대통령궐위시의 부통령승계제도, 군법회의의 헌법적 근거 부여 등이 특색이다.

1960년에는 제 4 대 대통령선거를 조기시행키로 하여 3월 15일에 대통령선거를 공고했는데, 민주당공천 대통령후보인 조병옥씨가 2월 15일 급사하여 이 박사는 단독 입후보로 당선되었다. 국회는 3월 17일 이승만 박사가 대통령에, 이기붕씨가 부통령에 당선되었다고 공표하였으나, 야당은 부정선거라고 하여 무효를 주장하였다.

Ⅱ. 第 2 共和國憲法

1. 4·19革命과 過渡政府의 樹立

1960년 4월 19일 학생들이 부정선거에 반대하는 데모를 했는데, 정부의 발포로 사태는 악화되고 혁명사태로 진전되었다. 정부는 비상계엄령을 선포하였으나, 학생들의 데모는 그치지 않아 4월 24일에는 이승만 박사가 자유당총재를 사임하고 이기붕씨는 부통령 당선을 사퇴하였다. 그래도 데모는 끊이지 않았고 25일에는 교수들까지 데모하였으며, 4월 26일에는 이승만 박사가 하야할 뜻을 비쳤고, 4월 27일에는 대통령 사임서를 국회에 제출하여 국회가 수리하였다.

국회는 4월 26일 개헌과 총선거로써 시국수습을 단행하기로 결의하였으며, 5월 2일에 허정 과도정부가 수립되었다.

2. 第 3 次 憲法改正

(1) 제 3 차 헌법개정의 경과　　국회는 4월 28일에 내각책임제 헌법개정을 위한 기초위원을 선임하였고, 이에 따라서 본격적인 개헌작업이 시작되었다. 4월 29일부터 활동

을 시작한 기초작업은 6월 초에 완료되었다. 국회는 6월 7일 국회법을 개정하여 헌법개정안의 표결은 기명투표로 하도록 하였고, 6월 11일에는 개헌안이 국회에 제출되어 6월 15일에는 가 208, 부 3의 압도적 다수로 통과되었다. 이는 최초의 여야합의에 의한 개헌이라고 하겠다.

(2) 제 3 차 헌법개정의 내용 이 헌법개정은 국민의 기본권의 강화, 내각책임제의 채택, 헌법재판소의 설치, 대법원장과 대법관 선거제의 채택, 중앙선거관리위원회의 헌법기관화, 경찰의 중립, 지방자치단체장의 선거제 채택 등을 주요 내용으로 하는 본문 52개 항목, 부칙 15개 항목에 달하는 광범위한 것으로, 민주정치의 재건과 정치적 자유의 전면적 회복을 골자로 한 것이었다. 이 헌법개정은 기본권보장과 헌법재판소 설치 등에서 독일기본법을 모방한 것이었다.

(3) 제 3 차 헌법개정의 성격 이는 형식적으로는 개정의 방법에 의한 것이나 실질적으로는 헌법의 제정과 같은 성격의 것이었다. 즉 이 대통령의 권위주의적 신대통령제를 전복하고 민주혁명으로 진정한 의미에서의 새로운 민주공화국을 건설하였으며, 국민의 기본권보장을 철저히 한 면에 있어서 제 3 차 헌법개정은 제 2 공화국헌법의 제정이라고 보아야 하겠다.

(4) 제 3 차 개정헌법의 운용 국회는 7월 28일 자진해산하고 7월 29일에는 민의원과 참의원선거가 행하여졌다. 이 결과 민의원의원 233명과 참의원의원 58명이 선출되었다. 8월 2일에는 국회양원합동회의에서 윤보선씨를 대통령으로 선출하고, 8월 19일에는 장면씨가 국무총리로 인준되었다. 그러나 국민 절대다수의 지지를 획득하여 원내의 3분의 2 이상의 의석을 차지한 민주당은 신·구파로 분열되었고, 신·구파간의 알력으로 정부의 행정력은 상당히 약화되었다.

3. 第 4 次 憲法改正

(1) 제 4 차 헌법개정의 경과 자유당 치하에서 억압되었던 국민들은 새로운 헌법이 보장하고 있는 언론·출판·집회·결사의 자유를 마음껏 누렸고, 의사당난입·횃불데모·야간데모·야간시위 등이 잇따랐으며, 정부는 이러한 자유의 남용을 규제할 입법을 구상하고 있었다. 특히 3·15부정선거의 원흉들에 대한 처벌이 너무 경하다고 하여 10월 11일에는 학생들이 의사당을 일시 점거하고, 민주반역자를 처벌하는 특별법의 제정을 호소하였다. 이에 민의원은 10월 17일 헌법부칙에 특별처벌법제정의 근거를 설치함을 목적으로 하는 개헌안을 제출하였다. 국회는 1960년 11월 29일 반민주행위자처벌을 위한 소급입법의 근거를 마련하는 제 4 차 헌법개정안을 통과시켰다.

(2) 제 4 차 헌법개정의 내용 및 문제점 제 4 차 헌법개정은 부칙에 신설조항을 두어 소급입법에 의하여 3·15선거의 부정행위자를 처벌하기 위한, 그리고 반민주행위자의

공민권을 제한하기 위한 특별입법의 근거를 부여했고, 또 부정축재자의 처벌에 관한 소급입법을 제정할 수 있는 근거를 부여하였다. 나아가 이들 형사사건을 관장하기 위하여 특별재판소와 특별검찰부를 둘 수 있도록 하였다. 그러나 이 규정은 소급입법에 의하여 처벌 또는 참정권과 재산권 등을 제한할 수 있게 한 점에서 위헌이라는 논란이 많았다.

Ⅲ. 軍事政府와 憲法效力 喪失

1. 非常措置法의 制定

1961년 5·16에 의해 수립된 군사정부는 6개항의 혁명공약을 발표하고 포고령과 계엄령으로 통치하다가 6월 6일에는 국가재건비상조치법을 제정·공포하였다.[1] 국가재건비상조치법은 혁명과업수행에 지장이 없는 범위 안에서만 기본권을 보장하고, 국가권력을 국가재건최고회의에 통합한 일종의 회의제정부였다. 군사혁명 정권은 부정과 부패를 일소하기 위해 과감한 투쟁을 벌여 부정선거관련자와 부정축재자를 처벌하기 위한 특별법을 제정하고, 이들에 대하여 혁명재판으로 엄한 처벌을 하였으며, 기아와 빈곤에서 국민을 해방하기 위한 경제개발 5개년계획에 착수하였다. 1961년 6월 9일에는 대법관을 전원해임하였으며, 7월 3일에는 장도영씨가 최고회의의장에서 해임되고 박정희씨가 의장에 취임하였다.

비상조치법의 제정으로 정부는 총사퇴하였으며, 국회는 해산되고 헌법재판소는 기능이 정지되는 등 일대개혁이 일어났다. 제 2 공화국헌법은 비상조치법에 위배되지 않는 범위 내에서만 효력을 유지하고 있었다.

2. 新憲法 改正準備

그러므로 민정이양을 위해서는 새로운 헌법의 제정이 시급하였다. 이에 1961년 8월 12일 박정희 최고회의의장은 정권이양·정치활동문제 등에 대한 의견을 발표하고 새로운 헌법을 제정할 뜻을 밝혔다. 혁명정부는 헌법을 개정함에 있어 비상조치법 개정의 방법으로써 헌법을 개정하기로 하여 1962년 9월 8일에 비상조치법을 개정하였다. 나아가 10월 12일에는 국민투표법을 제정·공포하였다.

Ⅳ. 第 3 共和國憲法

1. 第 5 次 憲法改正

(1) 제 5 차 헌법개정의 경과 1962년 7월 11일 최고회의는 최고회의의원 9인과

1) 대법원은 비상조치법을 헌법과 같은 효력이 있는 기본법이라고 하였다(대재 1963. 11. 7, 63 초 8, 판례집 11(2형)), 43면; 김철수, 판례교재 헌법, 57면 참조.

민간인, 학자 및 전문가 21명으로 구성되는 헌법심의위원회를 구성하고, 동 위원회는 7월 16일부터 업무를 시작하여 10월 23일에는 새 헌법요강이 결정되었으며, 이는 11월 5일 공고된 뒤 12월 6일 최고회의의 의결을 거쳐 1962년 12월 17일 국민투표에서 확정되었다.

(2) 제 5 차 헌법개정의 내용 이 헌법은 i) 자유권·생존권·참정권 등의 국민의 기본권을 체계적으로 정리하였고, ii) 현대적인 정당제도를 확립하기 위하여 정당조항을 두고, iii) 국회를 단원제로 하여 국회의 조직과 운영을 간소화하고 국회의 권한을 상당히 약화시켰으며, iv) 삼권분립에 근거한 대통령중심제를 채택하여 행정의 신속성과 효율성을 기하고, v) 경제과학심의회의·국가안전보장회의 등을 두었으며, vi) 사법권을 강화하여 사법권의 독립을 확보하고 대법원에 위헌법률심사권을 부여하여 司法權優位의 원칙을 확립하였으며, vii) 헌법개정에 국민투표를 필수적인 것으로 하였다.

이 헌법은 국가권력이 분산되어 있으나 미국식의 완전한 권력분립적 대통령제는 아니고 대통령에게 행정권뿐만 아니라 국가긴급권·법률안거부권 등을 부여하여 새로운 집행권 우월적인 경향을 띠게 되었다. 또한 실제 정치에 있어서 정당우월적인 경향이 나타났고, 이에 따라 여당의 당수인 대통령의 권한이 상당히 강력해졌다.

(3) 제 5 차 헌법개정의 성격 제 5 차 헌법개정은 헌법개정의 방법에 의한 것이 아니고 비상조치법개정의 방법에 의하여 구헌법을 전면개정한 점이 특색이다. 이것은 형식상으로는 제 5 차 헌법개정이었으나 실질적으로는 제 3 공화국헌법의 제정이라고 하겠다.[1)]

(4) 제 5 차 개정헌법의 운용 이 헌법은 1962년 12월 22일에 최고회의에서 확정·선포되었고, 1962년 12월 26일에 공포식이 있었다.

군사정부는 1963년 2월 27일 세칭 2.27선서를 행하였다. 그러나 1963년 3월 16일에는 헌법시행을 4년간 연기하고 4년간 군정을 연장하는 내용의 개헌안을 제출·공고하고, 나아가 비상사태수습을 위한 임시조치법을 제정하여 정당의 조직·확장 기타 그 목적달성을 위한 활동 및 선거를 목적으로 하는 정치활동을 금하고 언론·출판과 집회 및 시위를 제한하였다. 그러나 이 임시조치법과 헌법개정안은 국민들의 반대로 4월 8일에 철회·폐기되었다.

군사정권은 대통령선거법과 국회의원선거법을 1963년 8월에 부분적으로 개정한 뒤 제 5 대 대통령선거와 제 6 대 국회의원선거를 실시하였다. 대통령에는 박정희씨가 윤보선씨를 15만표차로 누르고 당선되었고, 국회의원선거에 있어서도 소선거구제의 결과 공화당이 절대다수의 의석을 차지하였다. 국회는 1963년 12월 17일에 개원하여 헌법은 이 날부

1) 同旨: 문홍주, 전게서, 116면. 그러나 한태연 교수는 제 3 공화국헌법이나 유신헌법은 구 헌법과의 헌법적 자동성을 유지한다는 점에서 새로운 헌법의 제정이 아니라 어디까지나 구헌법의 전면적 개정이라고 보고 있다(전게서, 1983, 60면).

터 효력을 발생하였다. 박 대통령은 권위주의적으로 통치하였고 여당을 일사불란하게 규합하여 군정을 계속 실시하는 듯한 인상이었다. 박 대통령은 1967년에 직선으로 대통령에 재선되었고, 그 권위주의적 색채는 더욱 농후해졌다.[1)]

2. 第6次 憲法改正

(1) 제6차 헌법개정의 경과 제7대 국회에서는 여당이 개헌선을 유지하였으므로 개헌 여부가 관심의 초점이 되었다. 여당은 박 대통령의 계속집권을 가능하게 하기 위하여 3선금지규정을 완화하여 4선을 금지하는 개헌안을 1969년 8월 7일 국회에 제출하였고, 심한 우여곡절 끝에 9월 14일 국회에서 처리되고 10월 17일에 실시된 국민투표에서 가결되었다.

(2) 제6차 헌법개정의 내용 제6차 헌법개정은 i) 국회의원 정수의 상한을 250명으로 늘렸고, ii) 국회의원은 각료를 겸할 수 있도록 법률에 위임할 수 있게 하고, iii) 대통령에 대한 탄핵소추의 요건을 엄격히 하고, iv) 대통령의 계속재임은 3기에 한하도록 하고 있었다.

(3) 제6차 개정헌법의 운용 제8대 국회에서는 여당이 헌법개정에 필요한 의석수를 확보하지 못했다. 대통령선거에서와 국회의원선거에서 야당은 예상 외로 많은 국민의 지지를 얻었고, 또 국회운영은 여·야의 극한적인 대립을 보였다. 한편 북한은 호시탐탐 남침의 기회만을 노린다고 하여 박 대통령은 1971년 11월 비상사태를 선포하였는바, 그 법적 근거가 없어 1971년 12월 27일에는 「국가보위에관한특별조치법」을 국회에서 통과시켰다. 이 법률은 국가의 위기를 극복하기 위한 것이라는 명목으로 제정된 것으로 초헌법적인 국가긴급권의 행사를 가능하게 한 것으로 위헌적인 것이었다.[2)]

Ⅴ. 第4共和國憲法

1. 第7次 憲法改正의 經過

(1) 10월 유신선언에 의한 헌정중단 1972년에 들어와서도 대통령은 「국가보위에관한특별조치법」에 규정된 비상조치를 별로 단행하지 않았다. 그런데 7월 4일에는 남북공동성명을 발표하여 남·북한 쌍방은 i) 자주적으로 조국통일을 하고, ii) 평화적 방법으로 통일을 실현하며, iii) 사상과 이념, 제도의 차이를 초월하고 민족적 대단결을 도모하기로 합의하고, 남북 간에 통일문제를 해결하기 위한 남북조절위원회를 구성·운영하기로 하

1) 상세한 것은 김철수, 헌법개정, 과거와 미래 참조.

2) 同旨의 헌재결정: 「위 특별조치법은 초헌법적인 국가긴급권을 대통령에게 부여하고 있다는 점에서 이는 헌법을 부정하고 파괴하는 반입헌주의, 반법치주의의 위헌법률이다」(헌재 1994. 6. 30 선고, 92 헌가 18, 헌재판례집 제6권 1집, 557면 이하).

였다.

이 평화통일에 관한 원칙합의는 북한의 남침야욕을 막기 위한 것으로서 이제까지의 통일정책에 대한 일대수정을 의미하는 것이었으므로, 남북공동성명의 발표나 직접교섭의 헌법적 성격과 그 정당성이 국회에서도 논의되기에 이르렀다. 그러나 이 남북접촉은 전쟁의 비극에서 동포를 구하고 준전시적인 분단에서 오는 국민의 고통을 덜어주기 위하여 필요한 것이었으나 남북양측의 체제강화를 위한 목적으로 이용되었다.

박 대통령은 10월 17일 「정상적인 방법이 아닌 비상조치로써 남북대화의 적극적인 전개와 주변정세의 급변하는 사태에 대처하기 위한 체제개혁을 단행하기」 위하여 약 2개월간 헌법일부조항의 효력을 중지시키는 비상조치를 국민 앞에 선언하였다. 이 선언은 국회를 해산하고 정당 및 정치활동을 중지시켰으며, 국회의 권한은 비상국무회의가 수행하도록 하였고, 또 조국의 평화통일을 지향하는 헌법개정안을 공고하고, 이를 국민투표에 회부하도록 하였다. 이로써 헌정은 일시 중단되었으며 헌법의 일부효력정지와 폐지가 뒤따르게 되었다.

(2) 제 4 공화국헌법의 확정　1972년 10월 26일 비상국무회의는 헌법안을 의결하고 이를 27일에 공고하였으며, 11월 21일에 실시된 국민투표에서 이 헌법안은 유권자 91.9%의 투표와 투표자 91.5%의 찬성으로 확정되었다.

이 「유신헌법」은 「당면한 우리의 헌법생활에 맞춘 헌법이다. 즉 이 헌법의 기본적 성격은 조국의 평화적 통일지향, 토착적 민주주의 확립, 균등하고 실질적이며 경제적 평등을 이룩하기 위한 자유경제질서 확립, 그리고 자유와 평화수호의 재확인이라는 데 있다」고 하였다.[1] 그러나 실질적으로는 계속집권을 위한 쿠데타적인 성격의 것이었다.

(3) 제 4 공화국헌법의 시행　이 제 4 공화국헌법은 그 부칙에서 공포일부터 시행하도록 하고 있었는데, 대통령의 계속적인 집무에 관한 경과규정이 없었기 때문에 새 대통령의 취임일부터 공포·시행하게 되었다. 동 부칙은 나아가 「이 헌법을 시행하기 위하여 필요한 법률의 제정과 이 헌법에 의한 대통령·통일주체국민회의 대의원 및 국회의원의 선거와 기타 이 헌법시행에 관한 준비는 이 헌법시행 전에 할 수 있다」고 규정하고 있었다(부칙 제1조). 이에 따라 1972년 11월 25일에는 통일주체국민회의대의원선거법이 공포·시행되었고, 12월 15일에는 통일주체국민회의대의원의 선거가 행하여졌으며, 12월 23일에는 이 헌법에 의한 초대대통령선거가 행하여졌고, 12월 27일 대통령이 취임하여 헌법도 공포·시행되었다.

유신헌법에 의한 국회의원의 선거는 1973년 2월 27일에 시행되었으며, 국회가 구성될 때까지는 비상국무회의가 입법권을 가지게 되어 많은 입법이 행하여졌다. 국회의 구성

1) 한국헌법연구회, 헌법개정안해설=그 특징과 내용, 2면. 유신헌법에 대한 부정적 견해로는 김철수, 헌법학개론, 1973. 1. 3(초판) 참조.

후에 국무총리와 대법원장의 임명이 행하여졌고, 헌법위원회위원이 임명되어 헌법기관의 구성이 완성되었다.

2. 第 4 共和國憲法의 內容

전문, 본문 12장 126조, 부칙으로 구성된 유신헌법에서는 i) 전문에 민족의 평화통일의 이념을 규정하고, ii) 기본권조항에 법률유보조항을 두어 기본권의 제한을 보다 쉽도록 했으며, iii) 평화적 통일의 추진체로서 통일주체국민회의를 설치하고, iv) 대통령의 권한을 강화하여 신대통령제[1]적인 국가원수로 하였으며, v) 정당국가적 경향을 완화하고, vi) 정부가 국무총리를 중심으로 연대성을 가지게 하였으며, vii) 국회의 회기를 단축하고 권한을 약화시켰으며, viii) 헌법위원회를 설치하여 위헌법률심사를 담당하게 하였고, ix) 법관을 대통령이 임명하게 하였으며, x) 지역 간의 균형발전을 모색하도록 하였다.

3. 第 4 共和國憲法의 性格

유신헌법의 성립은 형식적으로는 제 7 차 헌법개정이나 실질적으로는 헌법전반에 대한 변혁이기 때문에 새로운 헌법의 제정으로서 제 4 공화국헌법의 제정이라고 보아야 할 것이다.[2] 제 7 차 헌법개정은 신헌법의 제정일 뿐만 아니라 자유민주주의를 일시 정지하고 권위주의적인 신대통령제를 채택한 점에서 헌법개정의 한계를 초월한 것이었다.

4. 第 4 共和國憲法의 運用

제 4 공화국헌법이 시행된 뒤 정부는 외교정책에 대한 대전환을 하였다. 이것이 6·23 선언인 바, 평화통일외교의 기반이 되는 중대한 정책선언이었다. 이 선언에 따라 유엔총회에 남북한이 동시 초청되어 옵서버로서 참가하게 되었고, 유엔에서의 대결은 완화되었다. 그러나 국내에서는 긴장이 완화되자 개헌청원운동이 벌어졌고 정부는 긴급조치를 선포하였다. 긴급조치가 9호까지 발동되는 동안[3] 정상적인 헌정질서의 운영이 국가긴급권의 행사에 의하여 대체되는 듯한 느낌을 주었다. 학생과 지식인, 야당들의 체제반대운동과 이에 대한 과격한 반격의 연속으로 국내정세는 상당히 불안하였다. 특히 부마사태와 10·26사태

---

1) 신대통령제에 대해서는 본서 헌법학(상) 제 3 편 제 1 장 제 4 절 정부형태 참조.

2) 제 4 공화국헌법이 구헌법의 개정인가, 신헌법의 제정인가에 관하여도 학설의 대립이 있다. 박일경 교수는 구헌법의 개정으로(전게서, 147~48면), 한태연 교수는 헌법의 전면적 개정으로(전게서, 60면), 문홍주 교수는 신헌법의 제정으로(전게서, 118면) 보고 있다. 상세한 것은 김철수, 현대헌법론, 169~180면 참조. 권영성 교수는 헌법개혁 또는 「구 헌법의 폐제에 따른 헌법전의 신편성 내지 헌법전의 교체(Verfassungswechsel)」에 해당한다고 한다(전게서, 51면). 그러나 제 4 공화국헌법은 형식적으로는 헌법개혁(Verfassungsreform)은 아니고 헌법의 전면개정이나 실질적으로는 헌법의 제정이라고 보아야 한다. 상세한 것은 한국공법학회, 유신헌법 30년—회고와 반성, 2002. 10. 18 참조.

3) 긴급조치의 선포내용에 관해서는 한국헌법학회 편, 헌법연구 제 5 집; 한국공법학회 편, 유신헌법자료집 2002 참조.

를 계기로 불안정을 극복하기 위한 비상계엄이 선포되기도 하였다. 1979년 10월 26일의 박 대통령 살해와 1979년 11월 10일의 최규하 대통령 권한대행의 담화로 새로운 헌법질서가 모색되기 시작하였다. 통일주체국민회의의 대통령보선에서 최 대통령이 당선되어 새 정부를 구성하였다.

국회와 정당, 학계에서도 헌법개정의 기운이 일어났고, 많은 사안이 발표되었으며,[1] 국회공청회가 경향 각지에서 열리기도 하였다. 국회는 헌법개정에 있어 주도권을 장악하려고 하였고, 정부는 정부대로 주도권을 장악하려고 하여, 개헌안에 대한 단일안작성이 어려운 것처럼 보였다. 국회가 헌법개정심의특별위원회를 만들어 공청회를 거쳐 국회안을 5월 15일에 마무리짓게 되었다. 이 때 12·12군사반란[2]에 성공한 군부세력이 학생시위를 빌미로 계엄을 전국에 확대하는 내란행위인 5·17사태[3]가 일어나 헌정이 중단되었다. 이리하여 국회의 헌법개정작업은 정부로 이양되게 되었다.

Ⅵ. 第5共和國憲法

1. 第8次 憲法改正의 經過

(1) 5·17조치와 대통령 보선 정부는 5월 17일 비상계엄을 전국에 확대실시하고 국회·정당·정치활동을 금지하여 대숙청작업에 들어갔다. 6월에는 국가보위비상대책위원

1) 상세한 것은 김철수, 신한국헌법요론, 558~627면; 김철수, 입법자료교재 헌법(증보판), 182~279면 참조.

2) 12·12사태의 성격에 관해서는 이를 군사반란으로 보아야 할 것이다. 同旨의 헌재결정: 「피의자의 범행이 군권장악을 위한 불법한 병력동원과 무력행사를 통하여 인명을 살상하고 저질러진 하극상의 군사반란으로서 국민들로 하여금 좌절감과 굴욕감을 느끼게 하였고, 우리 헌정사에는 왜곡과 퇴행의 오점을 남기게 한 범죄행위이며, …」(헌재 1995.1.20 선고, 94 헌마 246, 헌재판례집 제7권 1집, 15(59)면 이하). 그러나 헌재는 전두환 등이 기왕에 행한 수많은 직무상 행위의 정당성이 부정됨으로 인한 국정전반의 불확실 초래가능성, 국제적인 국위와 국익, 전두환 등을 대통령으로 선출한 국민들의 자존심, 어두운 과거사의 재현으로 인한 사회적 대립과 갈등의 증폭 및 이로 인한 국민정서의 혼란과 국력낭비 등을 고려하여 검사의 기소유예는 정당하다고 판단하였다.

3) 검사의 불기소처분의 취소를 구하는 헌법소원의 형태로 5·17내란행위에 대한 합헌성이 다투어졌으나 헌재의 선고전날 청구인들이 헌법소원을 취하하여 헌법소원심판절차가 종료되었음이 선언되었을 뿐 실체판단을 하지 못하였다. 그러나 이 결정의 반대의견에서 설시한 바에 따르면 다음과 같은 이유로 헌재의 최초결정은 소위 '성공한 내란'(5·17내란행위)에 대하여 가벌성을 인정하였다고 한다.

「내란행위의 정당성은 내란행위가 정의·인도(人道)와 동포애에 입각하여 사회적 폐습과 불의를 타파하고 자유민주적 기본질서를 더욱 확고히 하기 위한 것으로서 국민의 주권을 회복하거나 확립하기 위한 것인지의 여부, 내란행위에 나아가기 이전에 헌법과 법률이 정하는 절차에 따라 평화적으로 정치·사회적 모순과 갈등을 해소하기 위한 최선의 노력을 했는지의 여부, 그 행위에 나아가게 된 배경과 명분 및 당시의 시대적 상황에 비추어 그 행위가 다른 선택이 여지가 없을 정도로 불가피한 것이었는지의 여부, 그 행위로 인한 국민의 피해를 최소화하기 위하여 최선의 조치를 취했는지의 여부, 피해보상 등 권리구제를 위한 충분한 조치를 다했는지의 여부 등을 종합적으로 고려하여 객관적으로 판단되어야 할 것이다.

따라서 위와 같은 여러 기준에 비추어 보아 내란행위의 정당성이 인정되지 아니할 경우에는 설사 내란행위자들이 그 목적을 달성하여 국가권력을 장악하고 국민을 지배하였다고 하더라도 그 행위의 위법성은 소멸되지 아니하며 처벌될 수 있다고 보아야 한다」(헌재 1995.12.15 선고, 95 헌마 221 등 병합, 헌재판례집 제7권 2집, 697(756)면 이하).

회가 설치되었다. 1980년 8월 16일 위기관리정부를 이끌어오던 최 대통령이 사임하였으며, 8월 27일 통일주체국민회의에서 후임자로 전두환 씨가 보선되어 9월 1일에 대통령에 취임하고, 9월 2일 새로이 내각을 구성하였다. 1980년 3월에 구성되었던 헌법심의위원회 소위원회에서는 국회안과 각계각층의 안을 참조하여 요강을 작성한 뒤 이를 8월에 헌법심의위원회 전체회의에 회부하였다. 9월 9일 신총리가 주재한 헌법심의위원회는 심의위원회안을 확정하고 9월 12일에는 대통령에게 보고하였다. 이 심의위원회안은 국무회의에서 의결되어 9월 29일에 공고되었고, 10월 22일에는 확정을 위한 국민투표가 실시되었다.

(2) 국민투표에 의한 확정 1980년 10월 22일에 실시된 국민투표에서는 유권자의 95.48%가 투표하였고, 투표자 중 91.6%가 찬성하여 헌법개정안이 확정되었다.[1)]

(3) 제5공화국헌법의 시행 정부는 1980년 10월 27일에 제5공화국헌법을 공포하여 즉일 시행하게 되었다. 이로써 국회의원의 임기는 종료되었고(부칙 제5조), 또 정당이 당연 해산되었으며(부칙 제7조), 통일주체국민회의는 폐지되고 그 대의원의 임기도 종료되었다(부칙 제4조). 국회의 권한은 국가보위입법회의가 대행하게 되어 국가보위입법회의를 각계의 대표자로 구성하여 이 날부터 입법활동을 개시하였다(부칙 제6조). 입법회의는 헌법부속법률들을 제정하여 1981년 2월까지 거의 마무리지었다. 1981년 2월에는 대통령간접선거가 실시되었고, 3월에는 국회의원 선거가 실시되었으며, 4월에는 대법원장 임명이 있어 제5공화국헌정이 시작되었다.

2. 第5共和國憲法의 內容

제5공화국헌법은 전문, 본문 10장 131조, 부칙으로 구성되어 있었다. 구질서의 청산과 새시대의 전개를 구호로 한 제5공화국헌법에서는 i) 前文에서 제5공화국의 출범을 명시하고, ii) 總綱에서 전통문화의 창달, 재외국민보호, 국가의 정당보조금 지급, 국군의 사명 조항을 신설하였으며, iii) 基本權條項에서는 개별유보조항을 없애고 대체로 제3공화국시대의 것으로 복귀하였고, 연좌제 금지·사생활비밀보호·환경권·행복추구권·적정임금

1) 제5공화국헌법 제정을 위한 국민투표는 정당한 국민의 의사표현이라고 볼 수 없다는 것이 헌재 소수의견의 논리다(소수의견). 「피청구인은 여기에서 피의자들이 그들의 내란행위에 대하여 국민적 심판을 받아 새로운 정권창출에 성공한 이상 새 정권과 헌법질서의 창출을 위한 행위의 법적효력을 다투거나 법적책임을 물을 수 없는 것이라고 주장하나, 피의자 전두환이 통일주체국민회의 등을 통한 간접선거에 의하여 두 차례 대통령으로 당선된 것이나 제5공화국 헌법개정안이 국민투표에 의하여 통과된 것은 그것이 비록 형식적으로는 당시의 헌법과 법률의 규정에 따른 것이기는 하지만 그 진상이 은폐되고 계엄령하의 강압적인 분위기하에서 이루어진 것이어서 이를 가리켜 국민이 자유롭게 그들의 주권적 의사를 결정할 수 있는 상태에서 피의자들의 이 사건 내란행위에 대하여 승인을 한 것이라고는 볼 수 없고, 피의자 노태우가 제13대 대통령으로 당선된 것은 이 사건 내란행위에 의하여 창출된 제5공화국의 질서가 국민의 저항으로 더 이상 유지되지 못하고 국민의 의사에 따른 새로운 헌법질서로 이행하는 과정에서 그 진상이 정확히 규명되지 아니한 채 국민의 상대적인 다수의 지지를 얻음으로써 이루어진 것에 불과하여 이로써 이 사건 내란행위에 대하여 국민의 승인이 있는 것으로 볼 수도 없으므로 피청구인의 주장은 받아들일 수 없다」(헌재 1995.12.15 선고, 95 헌마 221 등 병합, 헌재판례집 제7권 2집, 697(755)면 이하).

보장조항 등이 새로 추가되었으며, iv) 대통령의 권한을 유신헌법과 비교하여서 어느 정도 제한하였고, 대통령은 선거인단에 의해 간접선출하도록 하고 임기는 7년 단임제로 하였으며, v) 상대적으로 국회의 권한을 강화하였으며 비례대표제의 근거조항을 신설하였고 국회의원의 임기는 4년으로 하였다. vi) 一般法官은 대법원장이 임명하게 하였고, 대법원 구성의 2원화를 가능하게 하고, 행정·조세·노동·군사 등의 전담부를 설치할 수 있게 하였다. vii) 獨寡占禁止·中小企業保護·消費者保護條項을 신설하였으며, viii) 附則에서 과도입법기관으로서 국가보위입법회의를 규정하고 소급적으로 참정권을 제한하는 특별입법의 근거를 명시하였다(부칙 제6조 4항).

3. 第5共和國憲法의 性格

제8차 헌법개정은 개헌안이 구체제의 모순을 청산하려는 동기에서 준비되었던 만큼 유신헌법 전반에 걸쳐 변화가 가해졌다. 따라서 이것은 형식적으로는 제8차 헌법개정이나, 실질적으로는 전문이 「제5민주공화국의 출발에 즈음하여」라고 밝힌 것을 보더라도 제5공화국헌법의 제정이라고 보아야 한다.[1] 그것은 과거의 독재주의통치체제에서 권위주의통치체제로 전환하였기 때문이기도 하다.

4. 第5共和國憲法의 運用

국가보위입법회의는 과거의 긴급조치의 내용을 대부분 법률의 형식으로 수용하였고,[2]

1) 同旨: 문홍주, 전게서, 122면; 허영, 전게서, 121면. 그러나 윤세창 교수는 헌법의 변동을 실질적 관점에서 파악한다면 우리 헌법개정사에 있어서 헌법제정권력의 변동이 없기 때문에 대한민국은 공화국일 따름이고 제1·제2의 호칭은 부당하며, 형식적 관점에서 본다면 제3차 개헌이나 제5차 개헌은 제2·제3공화국헌법의 제정이라고 볼 수 있지만, 유신헌법이나 제8차 개헌은 헌법제정이 아니라 헌법개정이라고 하고 있다(전게서, 89~90면). 한편 대법원은 제8차 헌법개정을 제5공화국헌법의 제정으로 보고 있다(대판 1985.1.29, 74 도 3501, 공보 748, 392(45가)).

2) 국가보위입법회의가 제정하거나 개정한 법률의 효력에 대해서는 합헌설과 위헌설이 대립되고 있다. 판례는 합헌설(헌재 1997.1.16 선고, 92 헌바 6·26, 93 헌바 34·35·36(병합), 헌재판례집 제9권 1집, 1면 이하(21면); 헌재 1997.1.16 선고, 89 헌마 240, 국가보위입법회의법, 국가보안법의 위헌 여부, 헌재판례집 제9권 1집, 45면 이하; 헌재 1995.1.20 선고, 90 헌바 1, 헌재판례집 제7권 1집, 1면 이하(8면); 헌재 1992.4.14 선고, 90 헌바 23, 헌재판례집 제4권, 162면 이하; 대판 1993.1.29, 90 도 450, 공보 1993, 881면)을 채택하고 있다.

「1980.10.27. 공포된 구 헌법 부칙 제6조 제1항은 국가보위입법회의에 입법권을 부여하는 합헌적 근거규정을 마련하였고, 그 제3항은 국가보위입법회의가 제정한 법률이 지속효를 가지며 그 법률에 대한 제소나 이의를 할 수 없도록 하여 그 헌법하에서 그 제정절차를 다툴 수 없는 유효한 법률임을 명백히 하였다. 또한 1987.10.29. 공포된 현행헌법 부칙 제5조는 현행헌법 시행 당시의 법령은 현행헌법에 위배되지 아니하는 한 효력을 지속한다고 하여 법령의 지속효에 관한 규정을 두고 있으므로, 국가보위입법회의에서 제정된 법률의 내용이 현행 헌법에 저촉된다고 하여 다투는 것은 별론으로 하되, 현행헌법 아래에서도 제정절차에 위헌적 하자가 있음을 이유로 이를 다툴 수는 없다고 함이 헌법재판소의 확립된 판례이다(헌법재판소 1994.4.28 선고, 91 헌바 15, 19 결정; 1992.4.14 선고, 90 헌바 23 결정 등 참조). 따라서 이 사건 개정 전 특례법이 국가보위입법회의에서 제정된 법이어서 무효라는 청구인의 주장은 받아들일 수 없다」. 同旨: 헌재 1997.1.16 선고, 92 헌바 6·26, 93 헌바 34·35·36(병합), 헌재판례집 제9권 1집, 1면 이하. 그러나 국가보위입법회의가 국민대표로 구성되지 않은 점에서 이 판례의 태도는 실정법정당의 정비·조직·조정, 참정권 제한으로 사실상 일당 국회를 만들어 야당정치인의 활동을 사전봉쇄하였다. 국회의 권한행사가 사실상 봉쇄된 상황하에서 5공비리가 성행하였다. 국민의 기본적 인권은 법률의 미명하에서 많이 제한되었으나 사법부가 위축되어 위헌법률에 대한 위헌심판제청조차 하지 못하였으며, 사법부의 재판의 독립성이 부정되는 상황이 계속되었다.[1)]

Ⅶ. 第 6 共和國憲法

1. 第 9 次 憲法改正의 經過

제 5 공화국헌법이 시행된 이후 대통령선거인단에 의한 대통령간선제가 논란의 대상이 되었으며, 국회의 권한약화와 사법권의 종속화에 대한 비판이 강력하게 대두되었다. 특히 통치권의 정당성의 문제와 관련하여 1983년 이후 대통령직선제로의 헌법개정이 요구되었고, 1985년 2월 12일 국회의원선거에서는 대통령직선제개헌이 선거구호로 되어 신생야당이 많은 득표를 얻게 되어 헌법개정은 중대한 정치적 쟁점으로 되었다. 여당은 처음에는 개헌요구에 응하지 않고 의원내각제에로의 개헌을 시도하였으나, 국민과 야당의 6월항쟁에 의하여 직선제개헌이 불가피하게 되어 1987년 6월 29일 여당도 직선제개헌을 받아들이는 6·29항복선언이 있었다. 9월 18일에는 여야합의에 의한 대통령직선제헌법개정안이 국회에서 발의되고, 10월 12일에는 국회에서 의결되었으며, 10월 27일에는 국민투표로써 확정되었고, 10월 29일 공포되었다.

2. 第 6 共和國憲法의 內容

현행 제 6 공화국헌법은 전문, 본문 10장 130조, 부칙 6조로 구성되어 있다.[2)] 국민 모두의 동의와 자발적 참여를 바탕으로 한 참다운 민주화시대의 전개를 구호로 한 현행헌법에서는

1) 전문에서 대한민국임시정부의 법통과 불의에 항거한 4·19민주이념의 계승 및 조

적 해석으로 법적 안정성 유지에 급급한 면이 있다. 헌재도 구헌법 제 6 조 3항에서의 제소금지규정은 효력이 없다고 보고 그때 제정된 법률도 위헌심사의 대상이 된다고 하였다(헌재 1989.12.18 선고, 89 헌마 32 등, 헌재판례집 제 1 권, 343면 이하(350면～351면)).

1) 제 5 공화국헌법하의 법규제정과 처분의 효력은 인정하고 있다. 참조헌재결정: 「내란행위에 의하여 성립된 국가권력도 일응 사회질서유지를 위하여 법규를 제정하고 처분을 할 권한을 가지는 것이고, 사후에 내란행위자를 처벌하더라도 특단의 사정이 없는 한 그 법규나 처분의 효력은 소멸하지 아니하는 것이다. 이는 법적 안정성이라는 법의 또 다른 요구에 기하여 내란행위로 수립된 질서에 대하여도 일응의 규범력을 인정하는 것이며, 따라서 내란으로 성립한 통치체제가 그 후 내란정부로 단정된다고 해서 그 정부가 행한 대내외적인 행위의 법적 효력이 인정될 수 없게 되어 법적 공백상태와 혼란이 초래되는 것은 아니며 헌정질서가 중단되는 것도 아니다」(헌재 1995.12.15 선고, 95 헌마 221·233·297(병합), 헌재판례집 제 7 권 2집, 697(757)면 이하의 소수의견).

2) 신헌법의 특색에 관해서는 김철수, 신헌법의 특색, 저스티스 1987.12 참조.

국의 민주개혁의 사명을 명시하고,

2) 총강에서 재외국민에 대한 국가의 보호의무, 국군의 정치적 중립성 준수를 명시하고, 자유민주적 기본질서에 입각한 평화적 통일정책의 수립·추진규정을 신설하였으며,

3) 기본권조항에서는 적법절차조항, 구속이유고지·구속통지의무규정, 언론·출판·집회·결사에 대한 허가제나 검열제의 금지규정, 범죄피해구조청구권규정, 최저임금제실시, 여자·노인·청소년의 복지향상을 위한 정책을 실시할 국가의 의무 및 재해예방의무, 주택개발정책의 실시 및 모성보호규정이 신설 또는 추가되었고, 구속적부심사제도 및 형사보상제도가 확대되었으며,

4) 국정감사권을 부활하는 등 국회의 권한을 강화하고, 국회의 연간 회기제한규정을 삭제하여 그 기능을 활성화하는 한편, 대통령의 국회해산권을 삭제하여 국회에 대한 대통령의 관여를 배제하였고,

5) 대통령직선제를 채택하여 국민의 직접선거에 의한 정부선택을 보장함과 아울러 5년 단임제를 채택하여 평화적 정권교체의 가능성을 열고, 대통령의 비상조치권을 폐지하는 대신 긴급명령제도를 신설하여 대통령의 권한을 합리적으로 조정하고,

6) 대법관은 대법원장의 제청으로 국회의 동의를 얻어 대통령이 임명하게 하고, 一般法官은 대법관회의의 동의를 얻어 대법원장이 임명하도록 함으로써 사법부의 인사독립을 보장하였으며,

7) 헌법재판소를 설치하여 법원의 제청에 의한 법률의 위헌여부심판, 탄핵심판, 정당해산심판, 권한쟁의심판 및 헌법소원심판을 관장하게 함으로써 헌법의 실효성을 제고하게 하였고,

8) 경제질서에 관하여는 자유경제체제의 원리를 근간으로 하면서 적정한 소득의 분배, 지역경제의 균형발전, 중소기업과 농·어민 보호 등을 통하여 모든 국민의 복리를 증진시키고, 국민생활의 균등한 향상을 기하고 있다.

3. 第 6 共和國憲法의 施行

제 6 공화국헌법은 1987년 10월 29일 공포되었으나, 그 시행은 1988년 2월 25일부터 하게 되었다(부칙 제1조). 다만, 이 헌법을 시행하기 위하여 필요한 법률의 제정·개정과 이 헌법에 의한 대통령 및 국회의원의 선거 기타 이 헌법시행에 관한 준비는 이 헌법시행 전에 할 수 있도록 하였다(동조 단서). 1987년 12월 16일에는 신헌법에 의한 대통령선거가 실시되었고, 1988년 4월 26일에 국회의원선거가 행하여졌다.

4. 第 6 共和國憲法의 性格과 問題點

제 9 차 헌법개정은 형식적으로는 「헌법의 개정」이라고 할 것이나 실질적으로는 새로

운 「헌법의 제정」이라고 하여야 할 것이다. 그 이유는 6월항쟁을 전후한 국민적 저항과 6·29선언이 명예혁명이며, 여야합의로 대통령직선제, 국회의 복권 등을 통하여 권위주의적인 정부형태가 민주화되었으며, 정권의 교체가능성이 부여되었기 때문이다.[1)]

문제는 대통령선거에 있어서 상대적 다수에 의한 당선을 인정하고 있기 때문에 30% 대통령이 당선될 수 있다는 점과, 대통령이 국회의 다수의석을 확보하지 못하는 경우에 올 수 있는 불안정과 갈등(분할된 정부(divided government)의 위험)을 조정할 수 있는 제도적 장치가 마련되어 있지 않아 장기적인 불안정이 우려된다는 점이다.[2)] 이에 1997년 대통령선거에 있어서는 권력분점론, 의원내각제개헌론이 대두되었다. 대통령의 독재를 막기 위한 권력구조의 개혁이 검토되기 시작하였다.

5. 第6共和國憲法의 運用

제6공화국헌법에 따라 1988년 취임한 대통령은 4·26총선에서 여당이 다수의석을 확보하지 못하여 여소야대국회가 되었다. 여소야대하의 정부는 분할된 정부(divided government)로서 야당이 지배하는 국회 때문에 과감한 통치를 할 수 없었으며 5공청산을 할 수 밖에 없었다. 국회는 5공청문회를 개최한 뒤 5공청산에 합의하였다. 또 여·야합의로 많은 악법을 개정하여 민주화가 이루어지는 듯하였다.

그러나 1990년 1월 22일에는 민정당과 야당인 민주당과 공화당이 합당하여 거대여당인 민주자유당을 만듦으로써 다시 여권에 의한 독주가 시작되었다. 이에 대한 반발로 1992년 3월 24일에 실시된 제14대국회의원선거에서 여당이 신승하였고, 그 뒤 정당 간의 이합집산으로 다시 여대야소가 되었다.

1992년 12월 18일의 제14대대통령선거에서 여당후보였던 김영삼씨가 당선되어 1993년 2월 25일 취임식을 가졌다. 취임 이후 김 대통령은 개혁정책을 펴 왔으며 과감한 국면전환을 기하였다. 그러나 1995년 6월 27일의 지방자치단체장 선거와 지방의회의원 선거에서 여당이 참패하였다. 1995년 후반기에 와서 김영삼 정부는 야당의 주장을 받아들여 5·18특별법 제정을 제시하였고, 5·17불기소처분에 대한 헌법소원이 처리종료되고,[3)] 국회에서 5·18

1) 同旨: 계희열, 헌법학(상), 144면; 기타 통설. 반대: 허영. 허영 교수는 제6공화국헌법은 헌법의 제정이 아니고 헌법의 개혁이라고 한다(전게서, 126면). 그러나 이는 6월항쟁과 6.29선언이 일종의 명예혁명의 결과임을 간과한 것이다. 만약에 허 교수의 이론에 따르면 제2공화국헌법도 제정이 아니라 개정이라고 보아야 한다. 이는 6월 명예혁명의 정치적 중요성과 헌법적 성격을 잘못 이해하고 있다고 해야 할 것이다. 1991.9.10 선거공판에서 대법원도 「원고 등의 횡포사항이 제5공화국출범과… 제6공화국이 출범한 1988.2.25경까지 그대로 지속되었다고는 한정할 수 없다」고 하여 제6공화국임을 명시적으로 언급함으로써 헌법의 제정으로 본다(대판 1991.9.10, 91 다 18989, 공보 907, 2518). 헌법재판소도 6공을 이야기하고 있으므로(헌재 1995.12.15 선고, 95 헌마 221·233·297(병합), 헌재판례집 제7권 2집, 697면 이하) 제6공화국임을 부인하는 주장은 받아들일 수 없다.

2) 상세한 것은 김철수, 새 헌법의 권력구조문제(권두언), 고시계 1987.12 참조.

3) 헌재 1995.12.15 선고, 95 헌마 221·233·297(병합), 헌재판례집 제7권 2집, 697면 이하.

특별법이 제정되었다. 이로써 5공·6공청산이라는 역사바로잡기에 들어갔다. 1996년 4월 11일에 실시된 제15대 국회의원선거에서는 여당인 신한국당이 과반수에 미달하고 야당 및 무소속이 승리하였으나 여당이 활발한 영입작업을 거쳐 과반수를 확보하게 되었다.

1997년 12월에 있은 제15대대통령선거에서는 야당인 새정치국민회의와 민주공화당이 연합하여 후보를 당선시켜 정권교체가 이루어졌다. 그러나 여소야대여서 정치가 효율적이지 못하였고 二與間에 의원내각제개헌문제 등으로 논란이 있었다. 국민의 정부는 여소야대국회를 극복하기 위하여 36명의 야당의원을 끌어와 여대야소로 만들었으나 2000년 총선에서 참패하여 여소야대국회로 되었다. 헌법에 따라 동거정부를 구성하는 것이 바람직하였으나, 여당은 다수결의 룰을 지키지 않아 정국은 파국일보 전이었다.

2002년의 대선에서도 권력분점형대통령제, 이원정부제로의 개헌론이 주장되었다. 2003년에는 노무현 정부가 출범했는데 야당이 국회의 절대다수를 차지하고 있어 권력분점 동거정부가 바람직했었다.[1] 그러나 여·야의 극한대립으로 정국은 불안하였다. 2004년에는 대통령에 대한 탄핵소추가 행하여졌고 이에 반대하는 政派가 2004년 총선에 승리하여 여대야소 국회가 성립하였다. 여·야당은 지도력 부재로 혼란이 가중되었다. 2004년 5월에는 헌법재판소가 탄핵소추를 기각하여 노 대통령이 복직하였다.[2]

수도 이전 문제가 헌재에 제소되어 위헌선언되었다.[3] 소위 4대입법 때문에 정국이 파탄일보에 있었다. 정국불안이 헌법의 잘못 때문이라고 하여 일부에서는 權力分占型 대통령제나 의원내각제개헌을 주장하고 있었다. 노 대통령도 임기중 권력분점대통령제로 개헌할 것을 공약하였기에 앞으로 개헌론쟁이 뜨거워질 것으로 예상되었다.[4]

2007년 1월에는 노대통령이 4년연임제개헌을 제의하였으나 국민과 여·야 정치권의 반대로 4월에는 철회하면서 차기대통령에게 그 관철을 요구하였다.[5] 제헌절에는 임채정 국회의장이 개헌연구를 제안하였다. 서울변호사회 등은 헌법개정을 논의하였다.[6] 17대 대통령선거에서는, 대선후보로는 국민중심당의 심대평 후보만이 의원내각제 개헌을 공약하였으며, 이회창 후보는 전반적인 헌정제도개편을 주장하였다. 2007년 12월 19일의 대통령선거에서는 한나라당의 이명박 후보가 48.7%의 압도적 다수를 얻어 당선되었다.

---

1) 개헌논의 등에 관해서는 김철수, 헌법개정, 과거와 미래, 진원사, 2008; 김철수, 한국입헌주의의 정착을 위하여, 법서출판사, 2003; 김철수, 헌법과 교육, 교육과학사, 2002; 김철수, 한국헌법사, 대학출판사, 1998; 김효전 편, 헌법정치 60년과 김철수 헌법학, 박영사, 2005 참조.

2) 탄핵소추와 탄핵심판의 경과에 대해서는 헌재 2004.5.14 선고, 2004 헌나 1, 헌재판례집 제16권 1집, 609면 이하 참조.

3) 신행정수도건설특조법의 위헌결정에 대해서는 헌재 2004.10.21 선고, 2004 헌마 554·566(병합), 헌재판례집 제16권 2집(하), 1면 이하 참조.

4) 상세한 것은 김철수, 한국입헌주의의 정착을 위하여, 2003.7; 한국헌법학회, 헌법개정의 과제와 정책방향, 2003.12.12 참조.

5) 김철수, 자유공론 2007.1. 및 국민일보, 문화일보에 발표한 시론 참조.

6) 서울변호사회 창립 백주년 기념대회, 김철수, 권력구조의 개헌방향, 동대회발제문 2007.9. 참조.

이는 국민의 좌파정권 10년에 대한 심판이었다. 이명박 대통령은 2008년 2월 25일에 취임하였다. 그러나 아직도 국회는 통합민주당이 다수당이어서 취임일까지 정부조직법조차 제정하지 못하였다. 대통령취임 후인 2008년 2월 29일에야 정부조직법을 제정하였으며 국무의원 인준을 받게 되었다. 이명박 대통령은 장관 인사에서 고소영내각이라는 비판을 받았고 강부자정권이라는 별칭을 얻었다. 그럼에도 불구하고 제18대 국회의원선거에서 한나라당 37.48%, 친박연대 13.18%, 자유선진당 6.84%를 얻어 보수진영이 얻은 표는 57.50%에 달하였다. 반면에 진보파는 통합민주당 25.17%, 민주노동당 5.68%, 창조한국당 3.8%, 합계 34.65%를 얻는 데 그쳤다. 소선거구제의 결과 한나라당은 153석을 얻었고 친박연대는 14석, 자유선진당은 18석을 얻었으며, 무소속까지 합하면 보수정당이 200석에 육박하였다.

민주당이 81석을 얻어 야당이 되자 국회개원을 보이콧하고 쇠고기촛불시위에 편승하여 장외투쟁을 벌였다. 그 결과 의정은 실종하고 아스팔트정치가 한국경제를 좀먹었다. 제헌절이 되어서야 국회는 개원하였으나 원 구성도 옳게 하지 못하여 공전을 거듭하였다. 2009년도 예산을 가까스로 통과한 뒤 폭력국회가 되어 버려 민생법률의 통과는 지지부진하였다. 한마디로 야당이 국민의 뜻을 어기고 선거에 나타난 민심을 무시하고, 대의민주정치를 파괴한 1년이었다고 하겠다. 한나라당은 친박연대와 무소속을 영입하여 171석의 거대여당이 되었다. 그러나 내부통합을 이루지 못하고 국회운영에 주도권을 장악하지 못한 아쉬움이 있다.

국회의원선거 후 국회의원들이 주동이 되어 헌법개정연구를 시작하였고, 민간단체에서도 헌법개정논의를 시작하였다. 또 김형오 국회의장도 자문기구로 헌법연구자문위원회를 구성하여 활동중이다.

헌정제도를 정상화하기 위하여서는 우선 국회폭력추방을 위한 법률을 제정하고 국회의원의 등원거부나 출석거부시에는 무노동 무임금 원칙을 지키도록 하며 정당정치를 활성화하기 위한 비례대표제선거제도가 도입되어야 할 것 같다. 국회의장자문기구가 국회운영제도개선안을 내었는데 하루 빨리 정치개혁이 단행되어 민주정치 대의정치를 궤도에 올려야 할 것이다.[1)]

노무현 전 대통령의 자살로 대통령제의 폐단이 노골화되어 이제 제왕적 대통령제를 폐지하고 권력분산적 정부형태를 채택해야 한다는 여론도 나타나고 있다. 2009. 7. 17. 제헌절을 기하여 국회를 중심으로 한 개헌논의가 활발해 질 것으로 보인다. 그러나 정치권의 향배를 볼 때 연내개헌은 어려울 것으로 보인다.

---

1) 상세한 것은 김철수, 18대 국회개혁, 자유공론, 2008. 9. 참조.

[判] 韓國憲政史에 관한 重要 判例

1. 國家再建非常措置法에 관한 大法院 裁定[1)]

1963. 3. 14 오전 11시 20분경 시민회관과 최고회의 앞에서 발생한 데모사건은 그 주모자인 영등포구 오류동 10번지에 사는 공소외 10 외 1명을 수사기관에서 구속하여 1963. 3. 18 서울지방검찰청에 각각 송치되었고 대한건설청년단 준비위원회는 그 당시 준비중에 있어서 박정희의장이 위 청년단의 총재로 추대된 사실이 없음에도 불구하고 피고인은 1963. 3. 13 오전 11시 20분부터 12시경까지 사이에 자기집에서 일간 신문인 동아일보 외 10여개사의 신문기자를 불러 기자회견을 하던중 "박의장의 애국심에 호소한다"고 전재하고 22일 대모로 구금된 정치인은 전원을 석방하여야 한다. 만약 이들을 구금하여야 한다면 의장공관앞 데모대나 박의장이 총재인 건설청년단의 최고회의 앞 데모대도 잡아넣어야 한다는 등의 말을 함으로써 마치 박의장이 대한건설청년단의 총재이며 그 건설단이 데모를 하고 동 데모대에 대한 정부의 처리가 불공정한 것 같은 내용의 허위사실을 날조 발표하여 위 각 일간신문의 1963. 3. 23 일자 제 1 면에 게재보도케 하여서 정부를 비방하였다는 것이며, 그 적용 법조에 의하면 위 (1) (2) 기소사실에 대하여는 형법 제250조 동 제34조를 (3)에 대하여는 특정범죄처벌에관한임시특례법 제 3 조의3을 각각 적용하였음이 명백하다.

그러므로 살피건대 1962. 12. 5 법률 제1,198호로서 공포 실시된 "혁명과업 수행에 관련되는 범죄의 재판관할에 관한 임시조치법"(이하 임시조치법이라 약칭함) 제 2 조 제 1 항에 의하면 "특정범죄처벌에 관한 임시특례법에 규정된"죄를 범한 자는 당해 지역을 관할하는 군법회의에서 이를 심판한다라고 규정하였고, 같은 법 제 3 조에 의하면 "제 2 조 제 1 항 각 호에 규정된 죄와 본법이외의 법령에 규정된 죄가 경합하는 경우에는 군법회의가 이를 심판한다"라고 규정하였는바 본건 기소사실 중 위 (3)의 범죄사실이 위 임시조치법 제 2 조 제 1 항 제 9 호에 해당함이 명백하고 위 (1) (2)의 기소사실이 위 (3)의 기소사실과 같은 법 제 3 조 소정의 "경합하는 경우"에 해당된다 할 것이므로 본건 기소사실에 대하여는 기소장에 의하여 육군본부 보통군법회의에 재판권이 있다고 아니할 수 없다. 변호인들의 주장은 계엄이 해제된 오늘에 있어서 일반인을 군법회의에서 심판을 함은 헌법 제 1 조의 정신에 위배될 뿐 아니라 위의 임시조치법 자체가 헌법에 위배된다 운운의 취지인바 국가재건비상조치법 제 3 조에 의하면 "헌법에 규정된 국민의 기본적 권리는 혁명과업 수행에 저촉되지 아니하는 범위 내에서 보장된다"라고 규정하였고 같은 법 제24조에 의하면 "헌법의 규정 중 이 비상조치법에서 저촉되는 규정은 이 비상조치법에 의한다"라고 규정하였고, 같은 법 제 9 조에 의하면 "헌법에 규정된 국회의 권한은 국가재건최고회의가 이를 행한다"라고 규정하였으므로 위의 국가재건비상조치법이 헌법과 같은 효력이 있는 기본법임을 알 수 있고 위의 임시 조치법이 위 국가재건비상조치법에 의하여 제정되었음이 명백하므로 소론의 헌법 위반 운운의 주장은 이유 없으며 또 변호인들은 주장하기를 위 임시조치법 제 3 조에서 말하는 "경합하는 경우"라 함은 임시조치법 제 2 조 제 1 항에 규정된 죄와 다른 법령에 규정될 죄가 한 개의 행위로서 수 개의 죄에 해당하는 것은 즉 "상상적 경합"의 경우만을 말하는 것이고 본건과 같이 한 사람이 여러 죄를 범한 경우에는 해당하지 아니 한다는 취지인바 위의 임시조치법 제 3 조의 입법 취지는 같은 사람이 일반법원의 재판권에 속한 죄와 군법회의의 재판권에 속한 죄를 범한 경우에 이를 분리

1) 대법원 1963. 11. 7. 63 초 8, [판례집11(2)민, 043].

하여 재판케 하는 경우에 있어서의 혼란과 번잡을 피하자는 데 그 입법취지가 있다고 해석되므로 위 임시조치법 제 3 조에서 말하는 "경합하는 경우"라 함은 한 사람이 「같은 법 제 2 조 제 1 항 각 호의 죄와 그 외의 법령에 규정된 죄를 범하여 그것이 소위 "경합범"의 경우를 말하는 것이라」 해석함이 타당하므로 소론의 "상상적 경합" 운운의 주장은 이유 없다 할 것이며, 또 변호인들의 주장은 위 임시조치법 제 2 조 제 2 항에 "군법회의 관할관은 상당한 이유가 있는 때에는 전항에 규정된 죄를 당해 관할 법원으로 하여금 재판하게 할 수 있다"라고 규정하였고 위 (3)의 기소사실이 죄가 된다 하여도 경미하다 할 것인바 경미한 (3)의 기소사실에 대하여 군법회의에 재판권이 있다 하여 일반법원의 사건인 (1) (2)의 기소사실을 같이 군법회의에서 재판케 한다고 함은 부당할 뿐 아니라 (1) 기소사실은 이미 검찰관으로부터 불기소 처분을 받은 사건이며 (2)의 기소사실만이 새로 기소된 것에 불과하며 살인죄에 대하여는 위 임시조치법 제 2 조의 규정에서 제외되었음이 명백하므로 본건을 일반법원으로 하여금 취급케 함이 타당하다는 취지인바 재판권 쟁의에 대한 재정은 일반법원과 군법회의와의 사이에 어느 쪽에 재판권이 있느냐의 여부를 기본적으로 결정하는 것이요 어느 기관에서 재판케 함이 타당하느냐의 타당성 여부는 재판권 유무에 대한 판단의 자료가 되지 못하며 "범죄사실 중의 일부에 대하여 이미 검찰관으로부터 불기소 처분이 있었음에도 불구하고 또 다시 기소를 하였다 하여도 그와 같은 사실은 재판권 유무에 관한 판단에 아무 영향이 없다 할 것"이며 범죄가 경미하다 운운의 주장 역시 재판권 유무를 판단하는 데 있어서는 자료가 될 수 없다.

2. 第 5 共和國憲法[1)]

[판　단]

가. ……

나. 국가보위입법회의법 전부에 대한 위헌 여부의 판단이 필수적인가.

청구인들은 위에서 살펴본 바와 같은 경위로 헌법소원심판청구를 하면서 우선 국가보위입법회의법 전부가 정상적인 입법권을 갖고 있는 국회에서 제정된 것이 아니므로 그 성립에 하자가 있어 위헌이라고 주장하고 있다. 여기서는 국가보위입법회의법의 위헌 여부를 따지기에 앞서 위 법률 전부의 위헌 여부가 「면직처분무효 확인청구의 소」 재판의 전제가 되고 있는가의 여부를 먼저 검토해 보기로 한다.

어떤 법률관계에 적용되는 법률조항의 위헌을 주장하면서 그 법률조항이 속하는 법률 중 당해 법률관계와는 직접 관련이 없는 법률조항 또는 그 법률 전체의 위헌성을 주장하는 것은 원칙적으로 허용되지 않는다. 따라서 헌법소원심판청구인은 자신의 권리침해와 관련이 있는 법률 또는 법률조항의 위헌 여부만 심판청구할 수 있고 헌법재판소도 원칙적으로 법원의 재판에 전제가 되는 법률 또는 법률조항의 위헌 여부만을 결정하여야 하는 제한을 받는다고 할 것이다. 다만 헌법재판소법 제45조, 제75조 제 6 항에 의하여 헌법소원을 인용하는 경우 법률조항의 위헌결정으로 인하여 당해 법률 전부를 시행할 수 없다고 인정될 때 또는 위헌결정되는 법률조항과 밀접불가분의 관계에 있는 법률조항일 때에 한하여 법률 전부 또는 관계 법률조항에 대하여 위헌의 결정을 할 수 있을 뿐이다.

그런데 위 법률은 8 장과 부칙으로 구성되어 있는데 제 1 장 총칙으로부터 제 8 장 보칙까지 그 내용을 훑어봐도 청구인등이 소송 수행중에 있는 「면직처분무효확인청구의 소」와 관련이

1) 헌재 1989. 12. 18 선고, 89 헌마 32, 33(병합), 국가보위입법회의법 등의 위헌 여부에 관한 헌법소원, 헌재판례집 제 1 권, 343면 이하.

있는 조문을 찾아내기가 어려우며 다만 위 법률 중 부칙 제 4 항 후단만이 관련이 있을 뿐임을 확인할 수 있다. 즉 국가보위입법회의법 부칙 제 4 항 후단을 제외하고는 재판의 전제성이 인정되지 않기 때문에 그 부분에 관한 위헌 여부를 판단할 수 없으며 그것은 구체적 규범통제절차를 규정하고 있는 헌법의 규정(제107조 제 1 항, 제111조 제 1 항 제 1 호)과 헌법재판소법(제41조 제 1 항, 제45조, 제68조 제 2 항)의 해석상 당연한 논리라 할 것이다. 따라서 부칙 제 4 항 후단을 제외한 위 법률 전부에 대한 이 사건 헌법소원심판청구는 부적법하다고 할 것이다.

다. 구 헌법 부칙 제 6 조 제 3 항의 위헌 여부의 판단이 필수적인가.

구 헌법은 그 부칙 제 6 조 제 3 항에서 "국가보위입법회의가 제정한 법률과 이에 따라 행하여진 재판 및 예산 기타 처분 등은 그 효력을 지속하며, 이 헌법 기타의 이유로 제소하거나 이의를 할 수 없다"라고 규정하여 국민의 기본권을 일부 제한하고 있는데 청구인들은 이 규정이 헌법상 보장되고 있는 국민의 기본권인 재판청구권이나 청원권(헌법 제26조, 제27조 제 1 항, 구 헌법 제25조, 제26조 제 1 항)을 제한하고 있기 때문에 위헌이라고 주장하고 헌법재판소가 이를 가려줄 것을 청구하고 있다. 그러나 여기서도 재판의 전제성의 유무가 검토되어야 할 것이다.

구체적 사건에 대한 법적 평가는 그 사건 당시의 헌법 및 법률상태를 기준으로 하여야 하고 그 당시의 헌법에 의하여 제소가 금지된 결과 그 적부를 다툴 수 없는 상태 하에서 유효한 것으로 간주된 경우라면 설사 사정이 변경되었다고 하더라도 추후에 당해사건의 적부를 판단하여 그 효력을 부정할 수 없다는 견해가 있다.

그러나 구 헌법의 제소금지 규정의 배경을 살펴보면 국가보위입법회의라는 비상기관에서 비상절차에 의하여 제정한 각종 법률에 대하여 헌법적 근거를 부여함과 동시에 그 제정절차, 즉 성립의 하자를 문제삼는 것을 예방하기 위한 비상제동장치를 마련하는 데 있었다고 사료되며 그 내용의 합헌성 여부를 다투는 것을 봉쇄하는 데 그 의도가 있었던 것이라고는 보여지지 않는다.

그렇다면 구 헌법 부칙 제 6 조 제 3 항의 규정은 구 헌법의 기본권보장 규정과도 모순, 충돌되는 것이었던만큼 현행 헌법에서는 국민의 민주화요구에 부응하여 반성적 견지에서 제소금지 조항을 승계하지 않았다고 봐야 할 것이고 따라서 모든 국민은 아무런 제약이 따르지 않는 기본권에 의하여 언제 어떤 절차로 만들어졌느냐에 관계 없이 모든 법률에 대하여 법정절차에 의해서 그 위헌성 유무를 따지는 것이 가능하다고 할 것이다. 따라서 청구인들의 주된 공격대상이 되고 있는 국가보위입법회의법 부칙 제 4 항 후단의 위헌성 유무를 밝히는 것은 구 헌법 부칙 제 6 조 제 3 항에 대한 위헌 여부심판을 기다릴 것 없이 가능하기 때문에 결국 이에 대한 헌법소원심판청구도 부적법하다고 할 것이다.

라. 국가보위입법회의법 부칙 제 4 항 후단의 위헌 여부

국가보위입법회의법 부칙 제 4 항 후단이 규정하고 있는 "…… 그 소속 공무원은 이 법에 의한 후임자가 임명될 때까지 그 직을 가진다"라는 내용은 행정집행이나 사법재판을 매개로 하지 아니하고 직접 국민에게 권리나 의무를 발생하게 하는 법률, 즉 법률이 직접 자동집행력을 갖는 처분적 법률의 예에 해당하는 것이며 따라서 국가보위입법회의 의장 등의 면직발령은 위 법률의 후속조치로서 당연히 행하여져야 할 사무적 행위에 불과하다고 할 것이다. 그런데 위 부칙 제 4 항은 공무원에게 귀책사유의 유무를 불문하고 면직시키는 것으로 규정하고 있기 때문에 헌법상 보장되고 있는 공무원의 신분보장규정(구 헌법 제 6 조 제 2 항, 헌법 제 7 조 제 2 항)과의 관계에서 그 위헌 여부가 문제되는 것이다.

우리나라는 직업공무원제도를 채택하고 있는데, 이는 공무원이 집권세력의 논공행상의 제

물이 되는 엽관제도(獵官制度)를 지양하고 정권교체에 따른 국가작용의 중단과 혼란을 예방하고 일관성 있는 공무수행의 독자성을 유지하기 위하여 헌법과 법률에 의하여 공무원의 신분이 보장되는 공직구조에 관한 제도이다. 여기서 말하는 공무원은 국가 또는 공공단체와 근로관계를 맺고 이른바 공법상 특별권력관계 내지 특별행정법관계 아래 공무를 담당하는 것을 직업으로 하는 협의의 공무원을 말하며 정치적 공무원이라든가 임시적 공무원은 포함되지 않는 것이다.

직업공무원제도하에 있어서는 과학적 직위분류제(職位分類制), 성적주의 등에 따른 인사의 공정성을 유지하는 장치가 중요하지만 특히 공무원의 정치적 중립과 신분보장은 그 중추적 요소라고 할 수 있는 것이다. 그러나 보장이 있음으로 해서 공무원은 어떤 특정정당이나 특정상급자를 위하여 충성하는 것이 아니고 국민 전체에 대한 공복으로서 법에 따라 그 소임을 다할 수 있게 되는 것으로서 이는 당해 공무원의 권리나 이익의 보호에 그치지 않고 국가통치 차원에서의 정치적 안정의 유지와 공무원으로 하여금 상급자의 불법부당한 지시나 정실(情實)에 속박되지 않고 오직 법과 정의에 따라 공직을 수행하게 하는 법치주의의 이념과 고도의 합리성, 전문성, 연속성이 요구되는 공무의 차질 없는 수행을 보장하기 위한 것이다.

헌법이 "공무원은 국민 전체에 대한 봉사자이며, 국민에 대하여 책임을 진다. 공무원의 신분과 정치적 중립성은 법률이 정하는 바에 의하여 보장된다"(헌법 제7조, 구 헌법 제6조)라고 명문으로 규정하고 있는 것은 바로 직업공무원제도가 국민주권원리에 바탕을 둔 민주적이고 법치주의적인 공직제도임을 천명하고 정권담당자에 따라 영향받지 않는 것은 물론, 같은 정권하에서도 정당한 이유 없이 해임당하지 않는 것을 불가결의 요건으로 하는 직업공무원제도의 확립을 내용으로 하는 입법의 원리를 지시하고 있는 것으로서 법률로서 관계규정을 마련함에 있어서도 헌법의 위와 같은 기속적 방향(羈束的 方向) 제시에 따라 공무원의 신분보장이라는 본질적 내용이 침해되지 않는 범위 내라는 입법의 한계가 확정되어진 것이라 할 것이다.

그렇기 때문에 공무원에 대한 기본법인 국가공무원법이나 지방공무원법에서도 이 원리를 받들어 공무원은 형의 선고, 징계 또는 위 공무원법이 정하는 사유에 의하지 아니하고는 그 의사에 반하여 휴직, 강임 또는 면직당하지 아니하도록 하고, 직권에 의한 면직사유를 제한적으로 열거하여 직제와 정원의 개폐 또는 예산의 감소 등에 의하여 폐직 또는 과원이 되었을 때를 제외하고는 공무원의 귀책사유 없이 인사상 불이익을 받는 일이 없도록 규정하고 있는 것이다. 이는 조직의 운영 및 개편상 불가피한 경우 외에는 임명권자의 자의적 판단에 의하여 직업공무원에게 면직 등 불리한 인사조치를 함부로 할 수 없음을 의미하는 것으로서 이에 어긋나는 것일 때에는 직업공무원제도의 본질적 내용을 침해하는 것이 되기 때문이다.

그런데 국가보위입법회의법 부칙 제4항 전단은 "이 법 시행 당시의 국회사무처와 국회도서관은 이 법에 의한 사무처 및 도서관으로 보며……"라고 규정하고 있는바, 같은 법 제7조와 제8조를 모두 판단하건대, 국회사무처와 국가보위입법회의사무처 상호간, 국회도서관과 국가보위입법회의도서관 상호간에 각 그 동질성과 연속성을 인정하고 있어 적어도 규범상으로는 국가공무원법 제70조 제1항 제3호에서 직권면직사유로 규정하고 있는 직제와 정원의 개폐 등 조직변경의 사정은 인정되지 않는다. 그러함에도 그 후단에서는 "그 소속 공무원은 이 법에 의한 후임자가 임명될 때까지 그 직을 가진다"라고 규정함으로써 조직의 변경과 관련이 없음은 물론 소속공무원의 귀책사유의 유무라던가 다른 공무원과의 관계에서 형평성이나 합리적 근거 등을 제시하지 아니한 채 임명권자의 후임자임명이라는 처분에 의하여 그 직을 상실하는 것으로 규정하였으니, 이는 결국 임기만료되거나 정년시까지는 그 신분이 보장된다는 직업공무원제도의 본질적 내용을 침해하는 것으로서 헌법에서 보장하고 있는 공무원의 신분보장 규정에 정면으로 위반된다고 아니할 수 없는 것이다.

또한 본건의 경우에 있어서는 위 법률이 제정될 당시에 이미 공무원의 신분을 취득하여 이를 보유하고 있는 청구인들에게 적용되었던 것으로서 이는 실질적으로 소급입법에 의한 공무원의 신분보장 규정 침해라고 할 것이다. 무릇 과거의 사실관계 또는 법률관계를 규율하기 위한 소급입법의 태양에는 이미 과거에 완성된 사실 또는 법률관계를 규율의 대상으로 하는 이른바 '진정소급효'(眞正遡及效)의 입법과 이미 과거에 시작하였으나 아직 완성되지 아니하고 진행과정에 있는 사실 또는 법률관계를 규율의 대상으로 하는 이른바 '부진정소급효'의 입법을 상정(想定)할 수 있는데, 전자의 경우에는 입법권자의 입법형성권보다도 당사자가 구법질서에 기대했던 신뢰보호와 법적 안정성을 위하여 특단의 사정이 없는 한 구법에 의하여 이미 얻은 자격 또는 권리를 그대로 존중할 의무가 있고 그것이 입법의 한계라고 할 것이다(헌법재판소 1989. 3. 17 선고, 88 헌마 1 결정 참조). 그런데 본건 청구인들의 경우에는 정당한 이유가 있는 경우를 제외하고는 당사자의 귀책사유 없이 인사상 불이익을 받지 않는다는 공무원으로서의 법적 지위를 기존의 법질서에 의하여 이미 확보하고 있었고 그와 같은 법적 지위는 구 헌법의 공무원의 신분보장규정에 의하여 보호되고 있었는데 국가보위입법회의법이라는 새로운 법률에서 공무원의 위와 같은 기득권(既得權)을 부칙규정으로 박탈하고 있는 것은 신뢰보호(信賴保護)의 원칙에 위배되는 것으로서 입법형성권(立法形成權)의 한계를 벗어난 위헌적인 것이라 할 것이다.

위와 같이 공무원의 신분보장 규정은 헌법에서 새로이 규정한 것이 아니고 신·구 헌법이 일관해서 이를 보장(헌법 제 7 조 제 2 항, 구헌법 제 6 조 제 2 항)해 오고 있었던 만큼 그 위헌성은 명백하다고 할 것이다.

그렇다면 이 사건 헌법소원심판청구 중 국가보위입법회의법 부칙 제 4 항 후단은 구 헌법 제 6 조 제 2 항, 헌법 제 7 조 제 2 항에 위반되고, 위 부칙 제 4 항 후단을 제외한 이 법률 전부와 구 헌법 부칙 제 6 조 제 3 항에 대한 것은 청구인들의 나머지 주장에 대하여 판단할 필요도 없이 재판의 전제성이라는 제소요건 불비로 부적법하여 관여재판관 전원의 일치된 의견으로 주문과 같이 결정한다.

3. 12 · 12 事態 不起訴處分[1)]

[범죄사실]

(가) 범행동기

피청구인의 이 사건 불기소처분 결정서에 따르면,

1979. 10. 26. 속칭 김재규사건이 발생한 이후 같은 해 11. 8. 최규하 대통령 권한대행이 정치발전을 약속하고 국회에 헌법개정특별위원회가 구성되는 등 유신체제의 폐지가 기정사실화되고 대다수 국민들이 같은 해 12. 6. 선출된 최규하 대통령의 점진적인 민주화 조치에 기대를 하는 등 정국이 점차 안정국면에 들어서고 있는데, 고소인 정승화 당시 계엄사령관과 소장군부의 리더인 피의자 간에 군인사 등 문제로 서로 마찰을 일으키고, 같은 해 12월 초경에는 위 고소인이 노재현 당시 국방부장관에게 피의자를 보안사령관직에서 한직으로 좌천시킬 것을 건의하였다는 풍문이 나돌자, 피의자는 자신에 대한 인사조치를 차단하고 군내입지를 보전할 목적으로 위 고소인을 위 10 · 26 김재규사건에 연루시켜 연행 · 조사하여 제거하고 군주도권을 장악할 것을 결심한 끝에 이 사건을 일으킨 것임을 살필 수 있다. 따라서 범행의

1) 헌재 1995. 1. 20 선고, 94 헌마 246, 헌재판례집 제 7 권 1 집, 15면 이하.

동기는 오로지 피의자 자신의 사욕에서 비롯되었을 뿐 결코 국가자존이나 국민주권을 회복하고자 하는 공분심에서 비롯된 것이 아님을 인정할 수 있다.

(나) 범행의 수단

위 결정서에 따르면 그 수단은 다음과 같다.

당시 육군참모총장 겸 계엄사령관인 위 고소인을 연행조사하려면 의당 군통수계통에 따라 노재현 당시 국방부장관과 최규하 당시 대통령의 사전재가나 적법한 군 관할관 발부의 구속영장을 받아야 함에도 불구하고, 병기를 휴대한 병력을 동원하여 총격함으로써 위 고소인 주변의 수행·경호요원을 사상케 하여 연행하였으며, 남북이 휴전선을 두고 군사대치를 하고 있는 긴장상태임에도 불구하고 국가의 안위에 관하여는 아랑곳함이 없이, "수경사" 제30경비단장실에 당시 수도권 주요부대지휘관인 청구 외 유학성 국방부군수차관보, 황영시 육군 제1군단장, 차규헌 수도군단장, 노태우 육군 제9사단장, 박준병 육군 제20사단장, 백운택 육군 71방위사단장, 박희도 "특전사" 제1공수여단장, 최세창 "특전사" 제 3 공수여단장, 장기오 "특전사" 제 5 공수여단장, 김진영 "수경사" 제33경비단장, 장세동 "수경사" 제30경비단장을 집결시켜 두고, 육군 정식지휘계통의 병력출동을 차단하는 한편, 최규하 당시 대통령이 2회에 걸쳐 위 고소인에 대한 연행·조사를 재가하지 아니하자 피의자는 당시 대통령이 집무하고 있던 총리공관의 경비병력의 무장을 해제시키고 자파인 청구 외 정동호 준장으로 하여금 종전의 대통령경호실 병력으로 총리공관을 장악하여, 위 공관의 출입자를 일일이 통제하게 하는 등 사실상 최대통령에 대하여 위협을 가하였으며, 노재현 당시 국방부장관이 미 8 군 영내의 한미연합사령부에서, 전화로 피의자에게 같은 사령부로 직접 와서 위 고소인 연행에 대한 결재를 받으라고 하여도 피의자는 오히려 자신의 직속상관인 동인에게 "보안사"에 와서 결재하라 하는 등 노골적으로 군지휘계통을 문란시켰으며, 동인이 "그러면 자신이 국방부로 들어가겠으니 장관실까지 직접 와서 결재를 받으라"고 하자 사술을 농하여 그렇게 할 듯이 대답한 후, 즉시 청구 외 박희도 "특전사" 제 1 공수여단장에게 병력을 출동시켜 국방부와 육군본부를 점령하고 노장관을 체포한 후 "보안사"로 연행하라고 지시하였으며, 동 여단장이 국방부를 점령하고 청구 외 김종환 합참의장, 유병현 한미연합사령부 부사령관을 무장해제시키고, 이건영 육군 제3군사령관과 노국방장관을 체포하고 노장관을 "보안사"로 연행하자 피의자는 그를 강압하여 위 결재를 하게 하고, 한편으로는 청구 외 최세창 "특전사" 제3공수여단장에게 그의 상관인 청구 외 정병주 특전사령관을 체포하라고 지시하여 그의 예하 병력으로 하여금 총격전 끝에 동 정병주를 체포하고, 청구 외 조홍 "수경사" 헌병단장에게 그의 상관인 청구인 장태완 수경사령관과 동 사령부에 육군본부지휘부를 이동한 육군수뇌 장성들을 체포하라고 지시하여 그의 예하 병력으로 하여금 총격전 끝에 위 청구인과 청구 외 윤성민 육본참모차장, 문홍구 합참본부장을 체포하게 하였다. 또한 피의자는 청구 외 노태우로 하여금 육군 제 9 사단 제29연대, 1,390명의 병력을 출동시켜 중앙청을 점령하게 하고 청구 외 황영시로 하여금 그 예하의 기갑여단소속 제16전차대대(고폭탄·대전차포탄 적재의 전차 35대 병력 180명)를 출동시켜 중앙청 광장에 진주시키고, 박희모 육군 제30사단장의 예하 1개 연대병력을 고려대학교에 진주시키고, 앞서 본 최세창으로 하여금 그 예하의 제 3 공수여단 640여명의 병력을 경복궁과 국립박물관에 진주시키고, 청구 외 장기오 "특전사" 제 5 공수여단장으로 하여금 그 예하의 480여명의 병력을 효창운동장에 진주시켰다. 이와 같이 군지휘권을 사실상 탈취한 뒤, 이와 같은 상황을 직간접으로 최대통령에게 알려 피의자의 실력을 은근히 과시하는 가운데 1979. 12. 13. 05:10경 피의자는 위 노재현 국방부장관을 앞세워 최대통령을 상면하여 동 장관으로 하여금

"참모총장공관과 국방부에서의 총격사태 등 부득이한 사정"을 보고하게 하고 "사태가 더 이상 확대되지 아니하도록 재가함이 옳다"고 건의하게 하는 등 공포분위기를 조성하여 최대통령이 사후재가를 거절하지 못하게 하였다. 이는 실로 피의자가 이 나라의 모든 헌법기관을 좌지우지하는 순간이었다.

(다) 범행의 결과

고소인의 당시 수행부관 이재천, 경호장교 김인선, 육본 작전참모부장 하소곤, 특전사령관 정병주, "특전사" 김오랑 소령, 국방부 초병 등을 총격하여 사상에 이르게 하였으며, 육군참모총장 겸 계엄사령관에 이희성, 육군참모차장에 황영시, 육군 제 3 군사령관에 유학성, 수경사령관에 노태우, 특전사령관에 정호용, 육군 제 1 군단장에 김윤호, 육군 제 9 사단장에 백운택, 육군사관학교장에 차규헌 등 피의자와 이 사건 반란에 주도적 역할을 하였거나 그에 동조한 자들을 피의자 의사대로 보임하는 등 일체의 군권을 장악하고 피의자 자신은 보안사령관에 계속 있으면서 중앙정보부장을 겸임하고 이후 정부조직법상 아무런 근거도 없는 국가보위비상대책위원회를 임의로 설치하여 그 상임위원장에 취임하여 사실상 대통령 이상의 권한을 행사하는 등 권부조차 장악하였다. 그 후 5·17 3김 제거작업, 5·18 광주사태를 야기하여 무수한 민주시민을 폭도로 몰아세워 학살하거나 내란죄의 굴레를 씌워 중형에 처하는 등 정치권마저 장악하기에 이르고 하늘에 이르도록 그 악명이 높았던 속칭 삼청교육대사업을 벌여 이를 빌미로 피의자에 대한 반대세력을 제거하는가 하면, 최규하 대통령으로 하여금 그의 뜻에 반하여 하야하게 한 후 자신이 통일주체국민회의의 속칭 잠실운동장선거로 대통령에 당선하여 명실상부한 대권을 손아귀에 쥐는가 하면, 국회의 기능을 마비시켜 헌법상 근거도 없는 국가보위입법회의를 설치하는 등 3권을 장악하였고, 그의 재임기간 중 그의 독재체제에 대한 학생·재야단체의 반독재 민주화투쟁과 박종철 고문살해 등 극심한 인권탄압이 상호반복되면서 사회는 극도로 불안하였고, 국가는 발전보다는 퇴락일로에 처하여 결국 1987. 6. 10. 국민저항에 굴복하여 속칭 노태우의 6. 29. 선언이 있기에 이르렀다.

(라) 범행 후의 정황

앞서 피해자에 대한 관계에서 본 바와 같이, 이 사건 피해자들과는 지금까지도 원만하지 못하며, 피해자들은 피의자에 대한 엄단을 구하고 있는 실정이다.

한편 피의자가 개과천선한 흔적이 있는지를 보면,

피의자는 6공정부가 들어서자 피의자를 구속하라는 학생·재야단체의 끈질긴 요구가 정국을 불안하게 하자, 6공정부의 요청에 따라 구속처형을 면할 목적으로 그가 대통령 재임시에 모았던 정치자금과 연희동 자택을 국가에 헌납하고 백담사에서 은둔하였던 바는 있으나, 이는 그가 개과천선하여 스스로 행한 것이 아니라 그의 구명과 교환조건이라는 6공정부의 요청에 못이겨 행한 것이고, 후일 국회 5공청문회가 종료되어 백담사에서 연희동으로 귀환하게 되자, 자신의 문제가 해결된 것으로 착각한 끝에 변심하여 국가에 헌납하기로 한 연희동 자택을 현재까지도 헌납하지 않는 등 국민과의 약속을 헌신짝 버리듯이 어기고 있다. 국회회의록에 따르면 그는 1989. 12. 31. 국회 5공청문회에서 증인으로 선서를 하였음에도 불구하고 허위증언을 하다가 5공비리조사특별위원회위원이나 5·18 광주민주화운동 진상조사특별위원회위원들로부터 수차 경고와 야유를 당하는 수모를 겪었고, 동 회의록과 피청구인의 불기소결정서를 비교하여 살피면 피의자가 위증을 하고 있음이 다음과 같이 명백하게 드러난다.

가사 이와 같은 죄책감 운운을 국민에 대한 사죄라고 간주한다 하더라도, 피의자는 그 후 이 사건 수사에 있어 수사기관에 대하여 비협조적이며, 오히려 그의 수하들로 하여금 청구인

등을 무고로 고소하게 하는 등 자신의 사죄를 번복하는 처사를 하고 있을 뿐 아니라 검찰에 출석하여 진술할 것을 거부하고 서면으로 갈음하여 검사의 추문을 회피하고 범행을 순순히 자백하지 아니하는 등 아직도 자신이 대통령의 특전을 누리고자 함이 분명한바 그가 개과천선하기를 기대하기란 연목구어격이다.

[다수의견]

(1) ……

(2) "대통령 재직중"에는 그의 범행(내란 또는 외환의 죄 이외의 범죄)에 대한 공소시효가 정지되는지의 여부

(가) 청구인들은 피의자 전두환의 군형법상의 반란죄 등에 대한 공소시효는 그가 대통령으로 재직한 기간인 7년 5월 24일간은 진행이 정지되므로 현재 공소시효가 완성되지 아니하였다고 주장하는 데 대하여, 피청구인은 대통령 재직중 그의 범행에 대한 공소시효가 정지된다는 명문규정이 없으므로 위 각 범죄행위에 대하여도 그 공소시효가 완성되는 날은 1994. 12. 12.이라고 주장하고 있다.

피의자 전두환은 1980. 9. 1. 대통령에 취임하여 1988. 2. 24. 임기가 만료되었는데, 위 피의자가 대통령으로 재직하는 동안 시행된 헌법인 1972. 12. 27. 개정 헌법 제62조와 1980. 10. 27. 개정 헌법 제60조는 각 "대통령은 내란 또는 외환의 죄를 범한 경우를 제외하고는 재직중 형사상의 소추를 받지 아니한다"고 규정하고 있었다(1988. 2. 25.부터 시행된 현행 1987. 10. 29. 개정 헌법 제84조에도 똑같이 규정되어 있다). 헌법 제84조에 의하면 대통령은 내란 또는 외환의 죄를 범한 경우를 제외하고는 재직중 형사상의 소추를 받지 아니하게 되어 있으므로 대통령으로 재직하는 기간 동안 소추할 수 없는 범죄행위에 대하여는 그 공소시효의 진행이 정지된다고 보아야 할 것인지의 여부가 문제로 된다. 즉 위 헌법규정은 단지 대통령은 내란 또는 외환의 죄를 범한 경우를 제외하고는 재직중 소추되지 아니한다고만 규정하고 있을 뿐, 형사상의 책임이 면제된다고는 규정하지 아니하고 있는바, 위 헌법규정 이외에 헌법이나 형사소송법 등 다른 법률에 대통령의 재직중 공소시효의 진행이 정지되는지의 여부에 관하여 명백히 규정되어 있지 않기 때문에, 대통령의 재직중 공소시효의 진행이 정지되지 않는 것으로 봄으로써 대통령의 재직기간보다 공소시효의 기간이 짧은 대통령의 범죄행위에 대하여 실질적으로 형사상의 책임을 면제해 주는 결과가 되는 해석이 가능한지가 문제로 되는 것이다.

(나) 이 문제는 일반적으로 대통령의 헌법상 "불소추특권"이라고 일컬어지고 있는 위 헌법규정 자체의 근본취지와 함께 공소시효와 공소시효의 정지 등 제도의 존재이유를 규명함으로써 해결될 수 있는 문제라고 생각된다.

국가의 원수에 대하여 형사상 특권을 인정할 것인지의 여부에 관하여는 미국과 같이 헌법에 전혀 규정하고 있지 아니한 국가를 제외하고는, 각국의 헌법이 대통령의 형사상 특권의 범위 등 내용에 관하여 대체로 다음과 같은 세 가지의 형태로 규정하고 있다.

첫째, 프랑스·이태리 등의 헌법과 같이 특정한 범죄(예컨대 대역죄 등)를 제외하고는 직무집행중에 행한 행위에 대하여 일체의 형사상의 책임을 지지 아니하도록 규정하고 있으나, 직무와 관련이 없는 범죄에 대하여는 전혀 규정하고 있지 않은 경우,

둘째, 우리나라·자유중국·필리핀·케냐·1991년 개정 전의 싱가폴 등의 헌법과 같이 특정한 범죄를 제외한 나머지 범죄에 대하여 재직 중의 소추만을 금지할 뿐, 형사상의 면책이나 재직 후의 소추금지를 규정하고 있지는 않은 경우(케냐 헌법은 재직기간 동안의 공소시효의 정지를 명문으로 규정하고 있다),

셋째, 그리스·싱가폴·1987. 2. 11.개정 전의 필리핀 등의 헌법과 같이 재직중의 직무행위에 대한 형사상의 면책과 그 이외의 행위에 대한 재직중의 소추의 금지만을 규정하고 있는 경우

(싱가폴 헌법은 불소추기간에 관하여는 공소시효의 정지를 명문으로 규정하고 있다).

위에서 본 바와 같이 우리나라를 비롯한 세계의 많은 나라가 헌법에서 국가의 원수에 대한 형사상 특권을 규정하고 있는데, 이는 어디까지나 대통령의 직무집행과 관련된 행위에 대한 형사책임의 면제나 재직중의 형사상 소추의 유예에 그치고 있음을 알 수 있다. 이는 바로 오늘날 자유민주주의를 기본질서로 삼고 있는 국가에서 국가의 원수에 대한 형사상 특권을 어느 범위 내에서 부여할 것인지에 관한 문제는, 과거 절대주의적 전제왕정제하의 국가에서 국가나 법과 국왕의 존재를 혼동하거나 동일시하여 국왕이 곧 법이라는 사상적 배경으로부터 국왕에게 부여되었던 면책특권과는 그 존재이유나 이념적 기초를 달리 하고 있음을 보여주는 것이다.

우리 헌법이 채택하고 있는 국민주권주의(제 1 조 제 2 항)와 법 앞의 평등(제11조 제 1 항), 특수계급제도의 부인(제11조 제 2 항), 영전에 따른 특권의 부인(제11조 제 3 항) 등의 기본적 이념에 비추어 볼 때, 대통령의 불소추특권에 관한 헌법의 규정이, 대통령이라는 특수한 신분에 따라 일반국민과는 달리 대통령 개인에게 특권을 부여한 것으로 볼 것이 아니라, 단지 국가의 원수로서 외국에 대하여 국가를 대표하는 지위에 있는 대통령이라는 특수한 직책의 원활한 수행을 보장하고, 그 권위를 확보하여 국가의 체면과 권위를 유지하여야 할 실제상의 필요 때문에 대통령으로 재직중인 동안만 형사상 특권을 부여하고 있음에 지나지 않는 것으로 보아야 할 것이다.

헌법 제84조의 근본취지를 이와 같이 해석하는 한, 그 규정에 의하여 부여되는 대통령의 형사상 특권은 문언 그대로 "재직중 형사상의 소추를 받지 아니하는" 것에 그칠 뿐, 대통령에게 일반국민과는 다른 그 이상의 형사상 특권을 부여하고 있는 것으로 보아서는 안 될 것이다. 그런데 만일 헌법 제84조 때문에 대통령의 재직중 국가의 소추권행사가 금지되어 있음에도 불구하고, 대통령의 범죄행위에 대한 공소시효의 진행이 대통령의 재직중에도 정지되지 않는다고 본다면, 대통령은 재직 전이나 재직중에 범한 대부분의 죄에 관하여 공소시효가 완성되는 특별한 혜택을 받게 되는 결과 일반국민이 누릴 수 없는 특권을 부여받는 셈이 되는 것이다. 이와 같은 결과가 앞에서 본 헌법 제84조의 근본취지의 그 어느 것에 비추어 보더라도 정당성이 뒷받침될 수 없음은 분명하다고 할 것이다. 또 만일 대통령의 재직중에도 공소시효가 진행된다고 해석한다면 임기 중에 공소시효가 완성되는 범죄가 상당히 있게 되어 정의와 형평에 반하는 결과가 될 것이다.

우리 헌법은 법치주의를 기본적인 이념의 하나로 삼고 있고, 특히 제69조에서는 "대통령은 취임에 즈음하여 다음의 선서를 한다. '나는 헌법을 준수하고 국가를 보위하며 조국의 평화적 통일과 국민의 자유와 복리의 증진 및 민족문화의 창달에 노력하여 대통령으로서의 직책을 성실히 수행할 것을 국민 앞에 엄숙히 선서합니다'"고 규정하고 있는 만큼(1972. 12. 27. 개정 헌법 제46조와 1980. 10. 27. 개정 헌법 제44조에도 같은 취지로 규정되어 있다), 대통령은 누구보다도 성실히 헌법상의 법치주의의 이념에 따라 헌법과 법률을 준수할 의무가 있다고 할 것인바, 우리 헌정사의 경험에 비추어 대통령이 그 직책을 수행함에 있어서 헌법을 준수하여 법치주의의 이념을 실현하도록 하기 위하여도 헌법 제84조를 위와 같이 해석하여야 할 것이다.

[재판관 김문회, 황도연의 의견]

(1) ……

(2) 헌법 제84조의 뜻

(가) 헌법 제84조는 "대통령은 내란 또는 외환의 죄를 범한 경우를 제외하고는 재직중 형

사상의 소추를 받지 아니한다"라고 규정하고 있고, 위 헌법조항의 입법목적이 다수의견이 지적한 것처럼 국가의 원수로서 외국에 대하여 국가를 대표하는 지위에 있는 대통령이라는 특수한 직책의 원활한 수행을 보장하고, 그 권위를 확보하여 나라의 체면을 유지해야 한다는 실제상의 필요에 있음은 분명하고, 그렇기 때문에 위 조항에 의한 대통령의 형사상의 불소추특권은 대통령으로 재직하고 있는 동안에만 인정하여야 한다 함은 당연하다.

그러나 우리는 위 헌법조항의 뜻은 글자 그대로 대통령은 내란 또는 외환의 죄를 범한 경우를 제외한 다른 범죄에 대하여는 재직중 형사상의 소추를 받지 아니한다는 것을 밝힌 것일 뿐, 위 헌법조항으로 말미암아 소추가 금지된 범죄에 대하여 대통령으로 재직한 기간 동안은 공소시효가 정지되는 것인지의 여부에 관하여는 아무런 답을 하고 있지 않다고 풀이한다. 다시 말하면 헌법은 그 어느 조항에서도 공소시효의 정지는 물론 공소시효 자체에 관하여 어떠한 규정도 하고 있지 아니하여, 대통령의 불소추특권으로 인한 공소시효의 정지 여부에 관하여 중립적이며, 그 어느 편에도 서 있지 않다고 말할 수 있다. 이것이 위 헌법조항에 대한 가장 평명(平明)한 해석이다. 따라서 대통령으로 재직하는 동안 소추가 금지된 범죄에 대한 공소시효의 정지 여부는 헌법의 규정에 의하여서는 이를 밝힐 수가 없으므로, 앞서 우리가 여러 차례 강조한 바와 같이 오로지 공소시효와 그 정지를 규정한 형사소송법 등 우리 실정법체계 안에서 밝힐 수밖에 없고, 우리 형사소송법은 "공소의 제기"가 바로 공소시효의 정지사유임을 밝히고 있을 뿐 "법률상의 장애 사유로 말미암아 공소를 제기할 수 없는 경우"를 공소시효의 정지사유로 규정하고 있지 아니하다는 것이다.

그런데 다수의견은 헌법 제84조의 뜻을, 우리의 의견과 같이 재직중 소추가 금지되는 범죄에 대하여도 재직기간 동안 시효가 정지되지 않고 진행한다고 본다면, 대통령은 재직 전이나 재직중에 저지른 상당수의 범죄에 관하여 공소시효의 완성이라는 특별한 혜택을 받게 되는 결과 일반국민이 누릴 수 없는 형사상의 특혜를 받게 되어 특권적 지위를 인정받는 것으로 되고, 나아가 정의와 형평에 반하는 결과에 이르게 되는 것이 아닌가 하는 의문을 제기한다. 그러나 위와 같은 일부 불합리한 결과가 생긴다고 하더라도 이는 위 헌법조항으로 말미암은 것이 아니라는 데 주목하여야 한다. 이러한 결과는 우리 형사소송법이 공소시효의 정지사유를 공소의 제기와 이에 준하는 사유로 한정하고, 법률상의 장애사유로 말미암아 공소를 제기할 수 없는 경우에는 그 기간 동안 시효의 진행이 정지된다는 규정을 하고 있지 아니한 데에서 비롯된 것으로 보아야 한다. 따라서 우리는 이를 바로 잡는 길도, 위 헌법조항의 뜻을 바로 공소시효가 정지되는 것으로 문언에 표현된 내용을 넘어 무리하게 넓혀 해석할 것이 아니라, 형사소송법의 공소시효의 정지에 관한 규정을 개정함으로써 바로 잡는 것이, 바른 길이라 믿는다.

왜냐하면, 만일 헌법 제84조의 뜻을 다수의견과 같이 풀이할 때에는, 공소시효제도의 실질이 형사피의자의 이익을 위한 제도임에도 불구하고 그 진행을 정지시킬 수 있는 예외적인 사유를 법률로써 명문으로 규정하지 아니한 경우에도 헌법이나 법률의 해석을 통하여 이를 인정하는 것으로 되어, 앞서 본 바와 같이 공소시효제도에 의하여 보장되는 피의자의 법적 이익을 법률의 근거 없이 침해하는 것으로 되어 우리 헌법의 기본이념의 하나인 법치주의에 반하는 결과에 이르게 되고, 이러한 결과는 헌법재판소의 결정으로 새로운 공소시효의 정지사유를 신설하는 내용의 적극적인 입법을 하는 것으로 되기 때문에 권력분립의 원칙에 따른 헌법재판제도의 한계를 벗어난 것이 아닌가 하는 문제가 생길 수 있기 때문이다.

(나) 끝으로 다수의견은 헌법 제84조가 적용되는 사람은 오로지 대통령 1인뿐이므로 설사

헌법이나 법률에 명문으로 규정되어 있지 아니함에도 불구하고 위 헌법조항 자체의 해석만으로 공소시효의 정지를 인정한다고 하더라도, 그것 때문에 일반국민의 법적 안정성을 해할 우려가 있다고는 보기 어렵다고 말하고 있다. 그러나 우리는 다수의견의 이 부분 설시를 이해할 수가 없다.

법은 언제 어떠한 경우에도 제자리에 있어야 하는 것, 상황에 따라 자리를 옮겨 다닐 수 있는 것이 아니다. 헌법이나 법률의 해석은 그 적용대상인 사람의 지위가 높고 낮다거나 그 적용대상인 사람의 수가 많다거나 적다하여 그 해석을 달리할 수 있는 것이 아니다. 비록 헌법 제84조에 해당하는 사람이 대통령직에 있었던 사람으로 국한된다 하더라도 그 사람 역시 국민의 한 사람임에 다름 아니고, 그 해석에 따른 결과는 일반국민에게도 당연히 미친다는 점을 유의하지 않으면 아니된다. 다수의견에 의하면 헌법 제84조의 해석은 결국 "법률상 소추가 불가능한 경우에는 불가능한 기간 동안은 공소시효가 정지된다"는 것으로 풀이하는 것이 되는데, 그러한 경우는 헌법 제84조의 경우에만 한정되는 것이 아니라 죄를 범한 뒤에 치외법권을 가지게 된 사람의 경우 등에도 당연히 적용되어야 하기 때문이다. 이러한 확대해석은 한 걸음만 더 나아가면 "법률상 소추 불가능한 경우"를 "사실상 소추의 불가능" 또는 이에 준하는 경우에까지 확대의 길을 열어주는 계기가 되지 말라는 보장도 없다.

(다) 요컨대 우리는, 헌법 제84조는 공소시효의 정지 여부와는 아무런 관련이 없는 조항이라는 것이고, 위 헌법조항을 대통령 재직중 공소시효가 정지된다고 해석하지 아니한다 하여 법치주의에 반하거나 정의와 형평에 반하는 것으로 생각하지 아니한다.

시효제도는 본래 그 적용을 받게 되는 사람과 그렇지 못한 사람사이에 차별이 생기기 마련인 제도이고, 형평에 반하는 결과의 근본원인이 위 헌법조항의 탓이 아니라 바로 공소시효와 그 정지사유를 규정한 형사소송법 등 관계법률에 있음은 이미 앞서 밝힌 바이다. 따라서 헌법 제84조를 우리와 같이 풀이한다 하여 조금도 법치주의에 반하는 것이 아니고, 오히려 다수의견과 같이 풀이하는 것이 바로 법치주의에 반한다고 우리는 보고 있다.

⑶ 결 론

위에서 본 바와 같이, 공소시효는 법률로써 명문규정을 둔 경우에 한하여 정지된다. 그런데 헌법 제84조는 공소시효의 정지에 관한 명문규정이라고 볼 수 없다. 그리고 헌법에는 물론 형사소송법이나 우리 실정법 체계의 다른 어느 법률에도 대통령 재직중 그의 범행에 대한 공소시효의 진행이 정지된다고 한 명문규정이 없다. 따라서 대통령 재직중 그의 범행에 대한 공소시효는 정지되지 아니한다고 보아야 할 것이다.

그렇다면, 피의자 전두환의 이 사건 피의사실에 대하여는 그 공소시효가 모두 완성되었음이 앞서 본 바에 의하여 명백하므로 결국 청구인들의 이 사건 심판청구는 권리보호의 이익이 없어 모두 각하되어야 한다는 것이, 우리의 결론이다.

위와 같은 이유로 다수의견에 반대한다.

[재판관 조승형의 의견]

[사정판결]

……

㈔ 피청구인의 "기소유예"처분의 이유에 관하여 본다.

① 피청구인은 "기소유예"처분의 이유의 하나로 "피의자들을 기소하는 경우, 재판과정에서 과거사가 반복 거론되고 법적 논쟁이 계속되어 국론 분열과 대립 양상을 재연함으로써 불필요하게 국력을 소모할 우려가 있고, 이러한 혼란상은 결국 장래적으로 국가안정을 저해하

고, 자칫하면 국가발전에도 지장을 초래하는 결과를 야기할 수 있음을 고려하지 아니할 수 없음"이라고 하고 있다.

첫째, 모든 형사사건이 과거에 발생한 혐의사실에 대하여 사실인정과 법적인 판단을 하는 것이므로 과거사의 반복거론을 우려하여 기소를 하지 않는다는 주장은 과거사를 사법부의 판단 없이 불명하게 묻어두자는 주장에 불과하여 부당하다.

둘째, 이런 재판의 과정은 국론 분열과 대립 양상을 재연하여 국력이 소모될 우려가 있고, 장래적으로 국가안정을 저해하며 국가발전에 지장을 초래하는 결과를 야기할 수 있다는 주장은 객관적인 자료가 뒷받침되지 아니한 매우 주관적인 주장에 불과하여 부당하다. 즉 민주주의 국가에서는 어떤 사건이든 그 사건을 보는 시각은 서로 다를 수 있고, 자연 여기에는 의견의 차이가 생겨날 수 있는 것이다. 그러나 그런 현상이 국론을 분열시킨다고 볼 수는 없는 것이며 특히 피청구인이 "기소유예"처분을 한 후 여론상 나타난 대다수의 국민의사는 12·12사건을 기소하여야 한다(중앙일보 1994. 11. 2.자 1쪽, 한겨레신문 1994. 11. 25.자 3쪽, 한겨레신문 1994. 12. 2.자 22쪽 참조)는 것이므로 오히려 피청구인이 국가형벌권의 합리적인 행사를 하지 아니함으로써 문제를 야기시켜 국민을 분노하게 하였고 국가의 안정을 해하였다고 볼 수 있다. 뿐만 아니라 피청구인의 처분은 한편으로 국회의 정상적인 활동에 나쁜 영향을 미쳐 국회의 정상적인 업무에 국회의원들이 종사하지 못하게 하였다. 이 사건이 기소되면 그 다음 절차는 법원이 관장하게 되므로 국회의원들이 정상적인 업무를 밀쳐두고 12·12 사건에 대하여 논의할 필요가 없다. 그런데 피청구인이 "기소유예"처분을 함으로 말미암아 국회의원들이 이를 문제삼아 속칭 12·12 기소관철 장외투쟁에 나서고 검찰총장에 대한 탄핵소추결의안을 제출하는 등 국회의 정상적인 운영에 막대한 지장을 초래하였다. 결국 피청구인의 이러한 주장은 객관적인 근거가 없는 것으로서 자의적인 견해에 불과하여 부당하다.

② 피청구인은 "기소유예"처분 이유의 하나로 "검찰이 이 사건의 진상을 철저히 규명하고 그것이 범법 행위이었음을 명백히 인정한 이상 불행하였던 과거를 청산하고 불법적 실력행사를 경고하는 냉엄한 역사적 교훈을 남겨 역사 발전의 계기가 될 것이므로, 이 사건에 대한 역사적인 평가는 후세에 맡기고 관련자들에 대한 사법적 판단은 이번 검찰의 결정으로 마무리하는 것이 바람직하다고 할 것이며, 대다수 국민들도 더 이상 지난 일로 갈등과 반목을 지속하여 국가적 혼란을 초래함으로써 국가 발전에 지장을 주는 것을 바라지 아니할 것임"이라고 하고 있다. 살피면,

첫째, 피청구인은 피청구인이 사건의 진상을 철저히 규명하였다는 것과 그것이 범법행위이었음이 명백히 인정되었다고 하나, 형사사건의 실체가 어떠한 것인지는 법원의 형사재판절차를 통하여 밝혀지는 것이며 법원의 확정판결에 의하여서만 확정되고 기판력이 생기는 것이다. 법원의 재판절차에서 새로운 증거가 제시될 수도 있고 기존의 증거가 탄핵될 수도 있다. 따라서 이 사건의 진상이 피청구인의 수사로 철저히 규명되었다고 하는 것은 국가형벌권 행사의 법리와 형사재판의 법리를 무시한 독단적 견해에 불과하여 부당하다.

둘째, 이 사건의 피의자들의 행위가 범법행위이었음을 피청구인이 명백히 인정한 이상 이에 대한 평가는 후세에 맡기고 관련자들에 대한 사법적 판단은 피청구인의 결정으로 마무리하는 것이 바람직하다고 하나, 검찰의 혐의사실인정이 유죄임을 확정하는 것은 아니기 때문에 그 견해 역시 부당하다. 즉 피청구인이 군사상반란죄의 혐의가 있다고 인정하였다 하더라도 이는 어디까지나 기소를 할 수 있는 요건이 갖추어져 있다는 것일 뿐, 해당 피의자들의 행위가 군사상 반란죄에 해당되는 것으로 확정되는 것은 아니다. 과연 해당 피의자들의 행위

가 내란죄가 되는지 군사상 반란죄가 되는지 하는 문제는 형사재판과정을 통하여 확정되고, 그때까지 해당 피의자들은 헌법 제27조 제 4 항에 의해 무죄로 추정되는 것이다. 따라서 해당 피의자들은 검찰의 주장에도 불구하고 현상태에서 그들은 그들의 행위가 무죄임을 주장할 수 있고 이는 헌법에 의해 추정이 보장되고 있다. 그렇다면 검찰의 "기소유예"처분은 "사법적 판단"도 아닐 뿐 아니라, 법적 판단을 회피하는 것이 되고, 결국 "역사적 평가를 후세에 맡긴다"라 함은 검찰이 법원의 형사재판권의 행사까지 봉쇄하고, 기소를 하지 아니함으로써 진실 여부를 둘러싼 국론분열상태를 영원히 방치해 두자는 논리에 불과하여 부당하다.

셋째, 대다수 국민들도 더 이상 지난 일로 갈등과 반목을 지속하여 국가적 혼란을 초래함으로써 국가발전에 지장을 주는 것을 바라지 않을 것이라고 예단까지 서슴치 않고 있으나, 이는 앞에서 본 바와 같이 대다수 국민들이 기소할 것을 바라고 있는 바를 알고 있을 피청구인이 이를 고의로 외면한 예단에 불과하여 부당하다. 즉 국민들이 일상사에서 지난 일로 갈등과 반목을 지속하는 것이거나 그로 인해 국가적 혼란을 초래하여 국가발전에 지장을 주는 것을 바라는 사람은 없다. 그러나 군병력을 불법적으로 동원하여 국가권력을 장악하고 그 과정에서 앞서 본 바와 같은 결과가 발생하고, 아직도 피해자들의 피해가 회복되지 않은 상태에서는 대다수 국민들이 법원의 형사재판을 통한 진상규명을 바라고 있음이 현실(전술 언론기관의 여론조사 참조)이므로 피청구인의 위와 같은 예단은 부당하다.

③ 피청구인은 또 하나의 이유로 "피의자들이 지난 14년간 우리나라를 통치하면서 나름대로 국가 발전에 기여한 면이 있음을 인정하지 아니할 수 없고, 이 사건이 선거 쟁점으로 부각되었던 제13대 대통령선거에서 이 사건의 주역의 한 사람인 대통령 후보가 당선되고, 이른바 5공청문회를 거치는 등으로 이미 국민적 심판을 받았다고도 볼 수 있으며, 특히 전직 대통령 등을 법정에 세워 단죄하는 경우에는, 그 동안 형성된 제반 기성질서와 관련하여 국민들에게 심정적으로 혼돈을 느끼게 할 우려가 있는 점 등 여러 가지 정황도 참작하지 아니할 수 없다"라고 적시하고 있다. 그러나 "나름대로"라는 극히 추상적이고 애매모호한 형용사를 구사하여 아무런 논증을 제시함이 없이 국가발전에 기여했다 함은 피의자와 그 동조세력이 우리나라의 민주주의와 법치주의의 발전을 가로막고 국민의 권리와 자유를 침해한 수많은 행적에 비추어 볼 때(앞서 본 범행의 결과 참조) 이를 뒤집을 만한 구체적인 행적을 들 수 없었기 때문이었음을 오히려 반증하고 있을 뿐이다.

국민적 심판이 끝났다 함은, 앞서 본 5공청문회에 있어서의 피의자의 태도를 보아서도 그 심판이 끝난 것이 결코 아니며 제13대 대통령선거의 결과가 곧 국민의 심판이라고 볼 적법한 논증이라고 인정하기도 어려우므로, 허황된 변명에 불과하다. 또한 피의자를 단죄할 경우에 이미 형성된 기성질서와 관련하여 국민들에게 심정적 혼돈을 느끼게 한다 함은, 앞서 본 대다수 국민의사에 비추어 볼 때에 불필요한 노파심에 불과하다.

④ 피청구인은 다른 하나의 이유로 "지금은 전국민이 힘을 합하여 치열한 국제경쟁을 이겨내고 숙원인 남북통일에 대비해야 할 시기이고, 이러한 시기에 그 어떤 명제보다도 가장 절실히 요구되는 것은 국민화합을 토대로 정치와 사회의 안정을 기하고, 이를 바탕으로 국가경쟁력을 강화하여 지속적인 국가발전을 도모하는 것이며, 이러한 시점에서 과거에 집착하여 미래를 그르치는 것은 결코 바람직하지 아니하다는 점을 심각하게 고려하지 아니할 수 없다"라고 적시하고 있다. 그러나 피청구인의 위 적시이유에 의하면 정치적 성격을 띠고 있는 사건의 경우에는 모두가 그런 이유로 법원의 재판대상에서 배제될 수 있다는 것이 된다. 사람은 언제나 법적인 논거가 불충분할 때 애매모호한 말을 사용한다. 피청구인이 반복해서 사용

하고 있는 "국민화합," "국가경쟁력," "사회의 안정," "국론의 분열"등의 수사적 표현이 그것이다. 이 사건의 핵심은 이와 같이 수사적 낱말을 동원하고 그 의미를 따지는 것이 아니라, 피청구인이, 증거를 바탕으로 피의자의 군사상 반란죄 혐의를 인정하고, 또 이런 행위가 사법적 심사에서 배제될 수 없음을 명백히 했음에도 법원의 형사재판의 개시를 봉쇄하고 그 상태에서 이 사건을 방치해 두는 것이, 고소인의 기본권을 침해하는 것이냐 아니냐에 있다. 그렇다면 위에서 본 바와 같이 피청구인이 "기소유예"처분의 이유로 든 내용들은 결국 구체적인 논증이 없는 것들로서 오히려 피청구인이 검찰권을 남용한 전형적인 실례에 해당할 뿐 고소인의 기본권 침해 여부에 관하여는 전혀 무관심한 것들임을 알 수 있다. 따라서 그 어느 이유도 이 사건 기소를 유예하는 합리성을 구비하지 못하고 있다. 특히 이 사건의 경우에 경계해야 할 점은 앞으로 군사상 반란죄나 내란죄와 같은 범죄의 경우 일단 성공하기만 하면 검찰이 동원한 것과 같은 허황된 논리로 법원의 형사재판의 대상에서 배제되는 선례를 만들어 주는 것이 되고, 이는 결국 법이 불법을 용인하고, 불법에 대해 피난처를 마련해 주는 모순에 도달하게 된다는 점이다.

(아) 다수의견이 내세우고 있는 범행 후 정황 즉 범행 후의 사회정세의 변화, 시간의 경과, 가벌성 평가의 변화 등 제반사정은 도대체 무엇이란 말인지 애매모호하다. 범행 후의 사회정세가 어떻게 변하여서 현재는 피의자를 기소할 수 없다는 것인지, 범행당시의 가벌성 평가는 어떻게 하였는데 현재는 그 평가를 어떻게 하여 피의자를 기소할 수 없다는 것인지, 공소시효제도가 있음에도 시간의 경과라는 사정이 다시 운위되어야 할 특단의 사정이 있다면 시간의 경과로 인하여 피해자들이나 온 국민이 이 사건을 망각하고 있다는 사정을 말하는 것인지 다수의견은 그에 대하여 아무런 설명이나 논증을 하지 못하고 있다. 오히려 사회정세의 변화가 있다면 그 길고 긴 권위주의 군사독재시대가 종언을 고하고 형식상이나마 문민정부가 들어서서 변화와 개혁을 추구하고 구시대의 권위주의를 청산하자는 사회가 형성되어 가는 등의 변화가 있었으므로 이 사건 피의자가 구시대의 권위주의의 장본인이었던 점을 감안하면 피의자에 대한 처벌에 관하여 묵비하였던 사회정세가 이제는 처벌하여야 한다는 정세로 변하였다고 보여진다. 가벌성 평가도 변하였다면 사회정세의 변화에 따라 함께 변하는 것이므로 오히려 가벌성을 더 크게 평가하는 쪽으로 변하였다고 보여진다. 따라서 다수의견이 주장하는 변화는 피의자를 기소해야 한다는 사정을 설명할 수 있을 뿐 기소를 유예해야 할 사정을 설명할 수는 없으므로 다수의견은 그 점에서 모순을 범하고 있다 할 것이다.

4. 5·17 內亂行爲 不起訴處分 = 제 6 공화국헌법[1)]

[판 단]

헌법재판소법 제40조는 제 1 항에서 "헌법재판소의 심판절차에 관하여는 이 법에 특별한 규정이 있는 경우를 제외하고는 민사소송에 관한 법령의 규정을 준용한다. 이 경우 탄핵심판의 경우에는 형사소송에 관한 법령을, 권한쟁의심판 및 헌법소원심판의 경우에는 행정소송법을 함께 준용한다"고 규정하고, 제 2 항에서 "제 1 항 후단의 경우에 형사소송에 관한 법령 또는 행정소송법이 민사소송에 관한 법령과 저촉될 때에는 민사소송에 관한 법령은 준용하지 아니한다"고 규정하고 있는바, 헌법재판소법이나 행정소송법에 헌법소원심판청구의 취하와 이에 대한 피청구인의 동의나 그 효력에 관하여 특별한 규정이 없으므로, 소의 취하에 관한 민사소송법 제239조는 이 사건과 같이 검사가 한 불기소처분의 취소를 구하는 헌법소원심판

1) 헌재 1995. 12. 15 선고, 95 헌마 221 등(병합), 헌재판례집 제 7 권 2집, 697면 이하.

절차에 준용된다고 보아야 한다.

기록에 의하면 청구인들이 1995. 11. 29. 서면으로 이 사건 헌법소원심판청구를 모두 취하하였고, 이미 본안에 관한 답변서를 제출한 피청구인에게 취하의 서면이 그날 송달되었는바, 피청구인이 그 날로부터 2주일 내에 이의를 하지 아니하였음이 분명하므로, 민사소송법 제239조에 따라 피청구인이 청구인들의 심판청구의 취하에 동의한 것으로 본다.

그렇다면 이 사건 헌법소원심판절차는 청구인들의 심판청구의 취하로 1995. 12. 14. 종료되었음이 명백하므로, 헌법재판소로서는 이 사건 헌법소원심판청구가 적법한 것인지 여부와 이유가 있는 것인지 여부에 대하여 판단할 수 없게 되었다.

다만 청구인들의 심판청구의 취하로 인하여 이 사건 헌법소원심판절차가 종료되었다고 보는 다수의견에 대하여, 재판관 신창언의 아래에 기재된 바와 같은 반대의견과 재판관 김진우, 재판관 이재화, 재판관 조승형의 아래에 기재된 바와 같은 반대의견이 있으므로, 이 사건 헌법소원심판절차가 이미 종료되었음을 명확하게 선언하기로 하여 주문과 같이 결정한다.

[재판관 신창언의 반대의견]

나는 이 사건 헌법소원심판절차가 청구인들의 심판청구의 취하로 종료되었다는 다수의견에 대하여 다음과 같은 이유로 반대한다.

헌법소원심판절차에 있어서 일반적인 경우에는 다수의견과 같이 헌법재판소법 제40조의 규정에 의하여 민사소송법이 준용되어 심판청구의 취하가 있으면 심판절차가 종료된다.

그러나 헌법소원제도는 청구인 개인의 주관적인 권리구제뿐만 아니라 객관적인 헌법질서를 수호·유지하는 기능도 함께 가지고 있는 것이므로, 헌법소원사건에 대한 심판이 청구인의 권리구제에는 도움이 되지 않는다 하더라도 헌법질서의 수호·유지를 위하여 중요한 의미가 있는 경우에는 예외적으로 청구인이 심판청구를 취하하여도 그 심판절차는 종료되지 않는다고 보아야 할 것이다.

그리고 이 사건은 그에 대한 헌법적 해명이 객관적인 헌법질서의 수호와 유지를 위하여 중대한 의미를 지니고 있어 헌법재판의 필요성이 대단히 크다고 할 것이므로 심판청구의 취하에도 불구하고 심판절차는 종료되지 않는다고 보아야 하고, 따라서 헌법재판소로서는 재판부에서 평의한 대로 종국 결정을 선고하는 것이 옳다고 생각한다.

[재판관 김진우, 재판관 이재화, 재판관 조승형의 반대의견]

우리는, 다수의견 중 이 사건 헌법소원심판청구 사건이 취하로써, 민사소송법 제239조가 준용되어 그 심판절차가 모두 종료되었다는 견해에 대하여, 다음과 같은 이유로 반대한다.

가. 헌법소원심판의 본질과 청구취하의 효력

헌법소원심판은 공권력의 행사 또는 불행사로 인하여 기본권 침해를 당한 피해자의 주관적 권리구제에 관한 심판인 점에서, 구체적·개별적인 쟁송사건에 대한 재판인 민사·형사·행정소송 등에 관한 일반법원의 재판과 유사하다고는 하나, 헌법질서의 보장이라는 객관적인 기능도 겸하고 있으므로 그 점에서 위 일반법원의 재판과는 법적 성질을 달리하고 있다 할 것이다(헌법재판소 1992. 1. 28 선고, 91 헌마 111; 1992. 4. 14 선고, 90 헌마 82; 1992. 6. 26 선고, 90 헌아 1 각 결정 참조). 또한 헌법소원을 인용하는 결정은 모든 국가기관과 지방자치단체를 기속하는 효력 이른바 일반적 기속력과 대세적·법규적 효력을 가지는 것이고, 이러한 효력은 일반법원의 재판이 원칙적으로 소송당사자에게만 한정하여 미치는 것과는 크게 다르다(헌법재판소 1995. 1. 20 선고, 93 헌아 1 결정 참조).

따라서 청구 중 주관적 권리구제에 관한 점 이외에, 헌법질서의 수호·유지를 위하여 긴요한 사항으로서 그 해명이 헌법적으로 특히 중대한 의미를 지니고 있는 부분이 있는 경우에는, 비록 헌법소원심판청구의 취하가 있는 경우라 하더라도, 전자의 부분에 한하여 민사소송법 제239조의 준용에 따라 사건의 심판절차가 종료될 뿐이고, 후자의 부분에 대하여서는 헌법소원심판의 본질에 반하는 위 법률조항의 준용은 배제된다고 할 것이므로 위 취하로 말미암아 사건의 심판절차가 종료되는 것이 아니라 할 것이다.

나. 헌법소원심판절차에 있어서의 당사자처분주의의 제한

구체적·개별적인 쟁송사건을 다루는 일반법원의 소송절차에 있어서도, 일반 민사소송절차에서는 철저한 당사자처분주의가 인정되고 있으나 일반행정소송이나 형사소송절차에 있어서는 소송의 공익적인 측면을 고려하여 당사자처분주의가 제한된 범위 안에서 인정되고 있는 등 소송의 성질이 다름에 따라서 당사자처분주의를 인정하는 폭이 다르다.

따라서 앞서 본 바와 같이 이들 일반쟁송과는 법적 성질을 달리하고 있는 헌법소원심판의 소송절차에서 인정되는 당사자처분주의는 이들 쟁송의 경우보다는 훨씬 더 제한된다고 하여야 할 것이다. 그러므로 전국민의 기본권과 관계되는 등 헌법질서의 수호·유지를 위한 헌법적 해명이 특히 필요한 경우에는 당사자처분주의는 제한된다고 할 것이다.

다. 이 사건의 경우를 살피면,

첫째, 집권에 성공한 내란을 처벌할 수 있는지 여부인 헌법적 해명이 반드시 있어야 할 부분, 둘째, 그 나머지 부분으로 크게 나누어 볼 수 있는바,

먼저 첫째 부분은 집권에 성공한 내란의 가벌 여부에 관한 헌법적 해명에 관한 것이고 이는 헌법질서를 파괴하는 방법에 의한 집권이 우리의 헌법상 허용되는지 여부에 관한 것이므로 국가운명과 전국민의 기본권에 직접 관련되어 특히 중대한 의미를 갖는 헌법적 해명이 요청되는 경우라 할 것이다. 그럼에도 불구하고 건국 이래 현재까지 어떠한 국가기관에 의해서도 그 해명이 된 바 없다. 비록 1995. 11. 24. 대통령의 특별법제정에 관한 담화에 따라 검찰이 수사를 진행시키고 있으며, 국회에서는 이른바 5·18 특별법 제정 등이 추진되고 있으나, 이는 정치적 논리에 따른 정치적 결단행위에 불과한 현실일 뿐, 헌법재판소의 유권적인 헌법해석이나 사법기관의 기타 유권적인 법률해석을 거친 법적 논리에 따른 현실이 아니므로 위와 같은 특히 중대한 의미를 갖는 헌법적 해명의 필요성은 상존하고 있다 할 것이다. 따라서 이 사건 청구취하는 위 부분에 대한 심판절차종료의 효력이 발생하지 아니한다 할 것이다. 다음 둘째 부분은 사실인정이나 법률해석의 문제로서 헌법적 해명이 필요하지 아니하므로 당사자가 헌법소원청구를 취하하였다면 그 심판절차는 종료되었다고 할 것이다.

첫째부분은, 우리재판소가 1995. 11. 23. 최종평의를 하고 선고기일을 1995. 11. 30. 10:00로 확정하였고 1995. 11. 27.에는 선고할 결정문 초고마저 전체 재판관회의에서 확정한 후 그 날 당사자들에게 선고기일을 통지하였으며 집권에 성공한 내란의 가벌성을 인정하는 의견이 헌법재판소법 제23조 제 2 항 제 1 호 소정의 인용결정에 필요한 정족수를 넘었고, 그 의견이 다음과 같이 특히 중대한 헌법해석 내지 헌법적 해명이었으며 우리는 이 의견에 찬성한 바 있으므로, 비록 그 후인 1995. 11. 29. 이 사건 청구인 전원의 청구취하가 있었다고 하더라도, 앞서 본 둘째부분으로 인하여 부득이 민사소송법 제239조 소정의 절차를 취하고 청구인의 청구취하에 대한 피청구인의 동의가 있거나 동의한 것으로 간주되면, 위 둘째부분은 심판절차의 종료선언을 하되 위 첫째부분에 대하여는 헌법적 해명을 하는 결정선고를 함이 마땅하다고 본다.

위 첫째부분에 관하여 성공한 내란의 가벌성을 인정한 의견의 요지는 다음과 같다.

(1) 우리 헌법 제 1 조는 제 1 항에서 "대한민국은 민주공화국이다"라고 규정하고, 제 2 항에서 "대한민국의 주권은 국민에게 있고, 모든 권력은 국민으로부터 나온다"고 규정하고 있다.

이와 같이 우리 대한민국은 국민주권주의를 바탕으로 하고 있으므로 모든 국가권력은 주권자인 국민에게 귀속되는 것이며, 다만 국민이 직접 국가권력을 행사하는 것이 불가능하므로 이를 국민이 선출한 국가기관에 위탁하는 대의정치제도를 채택하고 있는 것이다. 또한 우리나라는 자율과 조화를 존중하는 민주주의를 바탕으로 하고 있으므로 설사 그 내부에 정치·사회적 모순과 갈등이 존재하는 경우에도 헌법과 법률이 정하는 절차에 따라 평화적으로 해소해 나갈 수 있도록 보장하고 있다.

그런데 어떤 집단이나 세력이 폭력에 의하여 국민의 주권을 찬탈하고 입헌제도를 파괴, 교란한다면 국민주권주의를 바탕으로 한 우리나라의 자유민주적 기본질서는 본질적으로 침해될 위험에 처하게 된다. 따라서 형법은 국민주권주의와 자유민주적 기본질서를 내용으로 하는 헌법질서에 대한 침해행위로 인하여 대한민국의 존립이 위태롭게 되는 것을 방지하기 위하여 내란행위를 범죄로 규정하여 엄하게 처벌하도록 하고 있다.

즉 형법은 국토를 참절하거나 국헌을 문란할 목적으로 폭동한 자 중에서 ① 수괴는 사형, 무기징역 또는 무기금고에 처하고, ② 모의에 참여하거나 지휘하거나 기타 중요한 임무에 종사한 자와 살상, 파괴 또는 약탈의 행위를 실행한 자는 사형, 무기 또는 5년 이상의 징역이나 금고에 처하며, ③ 부화수행하거나 단순히 폭동에만 관여한 자는 5년 이하의 징역 또는 금고에 처한다고 하고(제87조), 국토를 참절하거나 국헌을 문란할 목적으로 사람을 살해한 자는 사형, 무기징역 또는 무기금고에 처한다고 하면서(제88조), 그 미수범도 처벌하도록 규정하고 있는 것이다(제89조).

여기서 국헌문란이라 함은 국민의 주권을 실력으로 배제함으로써 자유민주적 기본질서를 파괴하거나 또는 의회제도의 부인, 사법제도의 폐지, 정부조직의 변혁 기타 국가의 정치적 기본조직을 파괴하는 것을 말하고, 국토참절이라 함은 대한민국 영토의 전부 또는 일부에 대하여 국민의 영토주권을 배제하고 불법적으로 지배하는 것을 말한다. 형법도 국헌을 문란할 목적이라 함은 ① 헌법 또는 법률에 정한 절차에 의하지 아니하고 헌법 또는 법률의 기능을 소멸시키는 것, ② 헌법에 의하여 설치된 국가기관을 강압에 의하여 전복 또는 그 권능행사를 불가능하게 하는 것을 말한다고 규정하고 있다(제91조).

한편 헌법이 자율과 조화를 바탕으로 자유민주적 기본질서를 더욱 확고히 할 것을 다짐한다고 천명하면서(헌법 전문), 대한민국은 민주공화국이며 대한민국의 주권은 국민에게 있고 모든 권력은 국민으로부터 나온다고 규정하고 있는 점(제1조)에 비추어 보면, 형법이 내란죄를 범죄로 규정함으로써 보호하고자 하는 헌법질서는 국민주권주의와 자유민주적 기본질서에 바탕을 둔 헌법질서를 의미하며, 단순히 집권중인 정치권력이나 그 권력에 의해 유지되는 헌법질서를 의미하는 것이라고 볼 수는 없다.

(2) 국가의 정치적 기본조직을 변혁할 것을 목적으로 폭동에 착수하였다가 미수에 그치거나, 폭동이 한 지방의 평온을 해할 정도에 이르러 일단 기수에 달했지만 곧이어 진압된 경우에는 그 행위가 내란죄로 처벌될 것임은 물론이다. 그러나 내란의 목적을 달성하여 사실상 국가권력을 장악한 때에는 그 내란행위자에 대하여 국가의 형벌권을 발동하여 내란죄로 처벌할 방법이 사실상 없으므로 불처벌의 상태로 남아 있을 수밖에 없는 사태가 발생할 수도 있다. 여기서 내란이 그 목적을 달성하여 국가의 정치적 기본조직이 변경되거나 지배권력이 교체되는 등 변혁에 성공하였을 경우에는 내란행위자들을 내란죄로 처벌할 수 없는 것인가 하는 의문이 제기된다.

생각건대, 내란행위자를 사실상 처벌할 수 없는 상태는 국가형벌권을 담당하는 국가기관이 내란행위자에 의해 억압되고 주권자인 국민도 현실적으로 그를 배제할 힘을 갖지 못함으로써 발생되는 것일 뿐이며, 법리상 당위로서 도출되는 규범적 결과라고 말할 수는 없다. 왜냐하면 형벌법규는 피청구인이 주장하듯이 그것이 금지하는 범죄행위의 성공사실 자체로 인하여 곧바로 폐지되거나 그 내용이 변경되는 것으로 볼 수 없기 때문이다. 범죄행위가 그 성공 여부에 의하여 형벌법규의 존폐를 좌우할 수 있다는 논리는 법의 본질에 반하고 법의 존엄을 해치는 것으로 결코 용인될 수 없는 것이다. 따라서 국가권력의 장악에 성공한 내란행위자에 대하여는 국민으로부터 정당하게 국가권력을 위탁받은 국가기관이 그 기능을 회복하기까지 사실상 처벌되지 않는 상태가 지속되는 것뿐이며, 훗날 정당한 국가기관이 그 기능을 회복한 이후에는 그 동안 사실상 불가능하였던 처벌이 실현될 수 있는 것으로 보아야 한다.

다만 봉건적 전제국가나 독재국가에서 억압·배제되었던 국민의 주권을 회복하여 민주적 시민국가를 건설하기 위한 수단으로서 내란행위에 나아간 경우에는 사전 또는 사후에 국민 전체의 의사에 의하여 정당화됨으로써 처벌을 받지 않게 되는 경우도 있을 수 있으며(프랑스의 시민혁명이 바로 그 대표적인 사례라고 할 수 있다), 만일 국민이 완전히 자유롭게 주권적인 의사를 결정할 수 있는 상태에서 내란행위에 대하여 승인을 하였다면 그 내란행위는 국민 전체의 의사에 의하여 정당화된 것으로 보아야 할 것이다.

피청구인은 여기에서 피의자들이 그들의 내란행위에 대하여 국민적 심판을 받아 새로운 정권창출에 성공한 이상 새 정권과 헌법질서의 창출을 위한 행위의 법적 효력을 다투거나 법적 책임을 물을 수 없는 것이라고 주장하나, 피의자 전○환이 통일주체국민회의 등을 통한 간접선거에 의하여 두 차례 대통령으로 당선된 것이나 제5공화국 헌법개정안이 국민투표에 의하여 통과된 것은 그것이 비록 형식적으로는 당시의 헌법과 법률의 규정에 따른 것이기는 하지만, 그 진상이 은폐되고 계엄령 하의 강압적인 분위기 하에서 이루어진 것이거나 국민의 의사를 정확히 반영할 수 없었던 대의기관에 의하여 이루어진 것이어서 이를 가리켜 국민이 자유롭게 그들의 주권적 의사를 결정할 수 있는 상태에서 피의자들의 이 사건 내란행위에 대하여 승인을 한 것이라고는 볼 수 없고, 피의자 노○우가 제13대 대통령으로 당선된 것은 이 사건 내란행위에 의하여 창출된 제5공화국의 질서가 국민의 저항으로 더 이상 유지되지 못하고 국민의 의사에 따른 새로운 헌법질서로 이행하는 과정에서 그 진상이 정확히 규명되지 아니한 채 국민의 상대적인 다수의 지지를 얻음으로써 이루어진 것에 불과하여 이로써 이 사건 내란행위에 대하여 국민의 승인이 있은 것으로 볼 수도 없으므로, 피청구인의 주장은 받아들일 수 없다.

내란행위의 정당성은 내란행위가 정의·인도(人道)와 동포애에 입각하여 사회적 폐습과 불의를 타파하고 자유민주적 기본질서를 더욱 확고히 하기 위한 것으로서 국민의 주권을 회복하거나 확립하기 위한 것인지의 여부, 내란행위에 나아가기 이전에 헌법과 법률이 정하는 절차에 따라 평화적으로 정치·사회적 모순과 갈등을 해소하기 위한 최선의 노력을 했는지의 여부, 그 행위에 나아가게 된 배경과 명분 및 당시의 시대적 상황에 비추어 그 행위가 다른 선택의 여지가 없을 정도로 불가피한 것이었는지의 여부, 그 행위로 인한 국민의 피해를 최소화하기 위하여 최선의 조치를 취했는지의 여부, 피해보상 등 권리구제를 위한 충분한 조치를 다했는지의 여부 등을 종합적으로 고려하여 객관적으로 판단되어야 할 것이다.

따라서 위와 같은 여러 기준에 비추어 보아 내란행위의 정당성이 인정되지 아니할 경우에는 설사 내란행위자들이 그 목적을 달성하여 국가권력을 장악하고 국민을 지배하였다고 하더라도 그 행위의 위법성은 소멸되지 아니하며 처벌될 수 있다고 보아야 한다.

더욱이 우리 헌법 第84조는 "대통령은 내란 또는 외환의 죄를 범한 경우를 제외하고는 재직중 형사상의 소추를 받지 아니한다"고 규정함으로써(구 헌법도 모두 동일하게 규정하고 있었다), 대통령도 퇴직한 후에는 일반국민과 다름없이 모든 범죄에 대하여 당연히 소추받을 수 있음을 전제로, 특별히 내란 또는 외환의 죄에 대하여만 다른 범죄와는 달리 재직중에도 소추받을 수 있다는 뜻을 밝히고 있는 것이므로, 결국 내란의 죄에 대하여는 내란의 성공 여부를 불문하고 언제든지 처벌할 수 있다는 헌법적 결단을 내리고 있는 것임이 명백하다.

(3) 돌이켜 이 사건에 관하여 보건대, 피청구인이 인정한 사실관계나 그 밖에 수사기록에 나타난 사실관계만으로는 피의자들의 이 사건 내란행위에 대하여 정당성을 부여할 수 있을 만한 사정이 보이지 아니한다.

이 점에 관하여 피청구인은 이 사건 내란행위에 의하여 창출된 통치체제를 내란정부로 단정할 경우 그와 같은 불법정부가 행한 대내외적인 행위의 법적 효력이 부인될 수 있어 걷잡을 수 없는 혼란이 야기될 수 있으므로 그 내란행위에 대하여 법적 책임을 물어서는 아니 된다고 주장한다.

그러나 내란행위에 의하여 성립된 국가권력도 일응 사회질서유지를 위하여 법규를 제정하고 처분을 할 권한을 가지는 것이고, 사후에 내란행위자를 처벌하더라도 특단의 사정이 없는 한 그 법규나 처분의 효력은 소멸하지 아니하는 것이다. 이는 법적 안정성이라는 법의 또 다른 요구에 기하여 내란행위로 수집된 질서에 대하여도 일응의 규범력을 인정하는 것이며, 따라서 내란으로 성립한 통치체제가 그 후 내란정부로 단정된다고 해서 그 정부가 행한 대내외적인 행위의 법적 효력이 인정될 수 없게 되어 법적 공백상태와 혼란이 초래되는 것은 아니며 헌정질서가 중단되는 것도 아니다.

그러므로 피청구인이 피의자들의 피의사실에 대하여 "내란죄는 현존하는 국가의 기본조직을 변혁할 것을 목적으로 하는 집단적 행위로부터 헌법질서를 보호하기 위한 것으로서, 정치적 변혁과정에서 새로운 정권과 헌법질서를 창출하기에 이른 일련의 행위에 대하여는 무너진 구 헌정질서에 근거하여 그 행위들의 법적 효력을 다투거나 법적 책임을 물을 수 없으며 결국 사법심사가 배제된다"거나, "내란에 의해 정치권력의 변혁에 성공한 때에는 내란행위시에 현존하던 법질서는 새로운 법질서에 의하여 보호받지 못하는 구질서에 불과한 것으로서 구질서를 지키기 위한 내란죄로 새로운 체제의 주체를 처벌할 수 없다"는 등의 이유로 "공소권없음"의 처분을 한 것은 결국 헌법의 이념이나 내란죄에 관한 법리를 오해한 위법을 범한 것이라 아니할 수 없다.

그러므로 우리는 피청구인이 한 이 사건 각 불기소처분(1995. 7. 18. 서울지방검찰청 1994년 형제47925호, 형제110643호, 형제131023호 사건에 관하여 한 불기소처분) 중 집권에 성공한 내란은 처벌할 수 없다는 이유로 한 부분은 청구인들의 평등권과 형사재판절차상의 진술권을 침해하였으므로 이를 취소하고 나머지 부분에 관한 심판절차는 1995. 11. 29. 청구취하로 종료되었음을 선언하여야 할 것으로 생각한다.

라. 이상과 같은 이유로 우리는 다수의견을 반대하는 바이다.

5. 12·12 事件과 5·18 事件의 處罰[1)]

[다수의견 합헌의견] 4명

이 사건의 경우를 보면, 1979. 12. 12. 당시 보안사령관이었던 피의자 전두환이 노태우 등

1) 헌재 1996. 2. 16 선고, 96 헌가 2, 96 헌바 7·13(병합), 5·18민주화운동(民主化運動)등에관한특별법(特別法) 제 2 조 위헌제청(違憲提請) 등, 헌재판례집 제8권 1 집, 51면 이하.

군내의 추종세력을 규합하여 일으킨 군사반란은 내란행위와 결합되어 1980.5.18.사태와 같은 불행한 사태를 야기하고 마침내는 이른바 제5공화국의 성립으로 이어지고 이른바 제6공화국이 종료한 1993.2.24.까지 위 사건들에 가담한 자들에 의하여 국가권력이 실효적으로 장악되었다.

1979.12.12. 당시는 박정희 전직 대통령이 살해되어 정치·사회적으로 불안정한 상태였을 뿐만 아니라, 비상계엄이 선포되어 계엄지역 안의 모든 행정기관(정보 및 보안업무를 관장하는 기관을 포함한다) 및 사법기관이 계엄사령관의 지휘·감독을 받게 되어 있었으므로(계엄법 제8조 참조), 위와 같이 피의자 전○환과 노○우 등이 12·12 군사반란을 통하여 대통령의 재가 없이 계엄사령관 겸 육군참모총장인 청구 외 정승화를 체포하고, 대통령의 관저인 총리공관의 경비자의 무장을 병력을 동원하여 협박하여 해제하고, 대통령 최규하를 협박하여 국가의 모든 군권을 장악하고 보안사, 중앙정보부, 경찰 등 모든 수사·정보기관을 장악하였음에 비추어 당시 이 사건 군사반란행위와 내란행위에 대한 수사와 소추는 제도적으로도 불가능하고 도리어 위 군사반란을 방지하려던 청구 외 장태완 등을 처벌하는 등 반란죄에 대한 법률기능이 왜곡된 상태를 야기한 국가적인 중대한 장애사유가 있었다고 할 것이고, 그 후 전두환이 제11대 대통령에 취임하고 헌법을 개정한 다음, 1981.2.25. 개정헌법에 따라 실시한 선거인단에 의한 대통령선거에서 다시 대통령으로 당선되어 동년 3.3. 제12대 대통령에 취임한 후 1988.2.24. 그 임기가 만료할 때까지 7년 5월 24일간 집권하고, 그 후 노태우가 제13대 대통령으로 당선되어 1988.2.25. 취임한 이래 1993.2.24. 그 임기가 만료하기까지 5년간 국가권력을 장악함으로써 전두환·노태우의 위 1979년 12월 12일과 1980.5.18.의 군사반란죄 및 내란죄는 위 각 범죄행위에 가담한 공범들에 대하여도 위에서 본 소추와 처벌이 전혀 불가능한 상태가 지속되었던 사실은 당재판소가 처리한 12·12사건과 5·18사건에 관한 사건기록을 통하여 현저하다.

그리고 1979.12.12. 사태는 군사반란의 방법에 의하여 전국의 군권과 수사권을 장악하고 대통령의 관저의 무장까지 불법적으로 해제하고 대통령에게 협박하는 등 헌정질서파괴행위였고, 1980.5.18.의 사태는 전두환 내란행위자가 헌정질서를 파괴한 행위임도 명백하다.

[재판관 김용준, 재판관 김문희, 재판관 황도연, 재판관 고중석, 재판관 신창언의 한정위헌의견] 5명

헌법은 형사실체법의 영역에서는 형벌은 바로 신체의 자유와 직결되기 때문에 적어도 범죄구성요건과 형벌에 관한 한, 어떠한 공익상의 이유도, 국가적인 이익도 개인의 신뢰보호의 요청과 법적 안정성에 우선할 수 없다 하여 절대적인 소급효의 금지를 밝히고 있다. 그러므로 소급효의 문제는 신뢰보호를 요청하는 법익이 무엇이냐에 따라 구분하여 다르게 판단되어야 하고, 신체의 자유에 대한 소급적 침해에 대한 신뢰보호의 문제는 다른 권리의 사후적 침해에 대한 신뢰보호의 문제와 같은 잣대로 판단할 수는 없다.

우리는 앞에서 비록 공소시효제도가 헌법 제12조 제1항 후단 및 제13조 제1항 전단에 정한 죄형법정주의의 직접적인 적용을 받는 영역으로 볼 수 없다 하여 절대적 소급효금지의 대상인 것은 아니라고 판단한 바 있다. 그러나 개인의 인권보장을 위한 기본장치로서 피의자의 처지를 대변하는 신뢰보호원칙이나 법적 안정성의 측면에서 보면, 형벌을 사후적으로 가능하게 하는 새로운 범죄구성요건의 제정이나, 공소시효가 이미 완성되어 소추할 수 없는 상태에 이른 뒤에 뒤늦게 소추가 가능하도록 하는 새로운 법률을 제정하는 것은 결과적으로 형벌에 미치는 사실적 영향에서는 차이가 없어 실질에 있어서는 마찬가지이다. 일반적으로 절차법의 존속에 대한 신뢰가 실체법의 존속에 대한 신뢰보다 헌법적으로 어느 정도 적게 보호

된다 하더라도, 절차법적 지위가 경우에 따라서는 그의 의미와 중요성 때문에 실체법적 지위와 동일한 보호를 요청할 수 있고, 공소시효가 완성된 뒤에 새로이 처벌될 수 있도록 하는 경우가 바로 그러한 예라 할 것이다. 따라서 비록 공소시효에 관한 것이라 하더라도 공소시효가 이미 완성된 경우에 그 뒤 다시 소추할 수 있도록 법률로써 규정하는 것은 헌법 제12조 제 1 항 후단의 적법절차의 원칙과 제13조 제 1 항의 형벌불소급의 원칙 정신에 비추어 헌법적으로 받아들일 수 없는 위헌적인 것이라 아니할 수 없다.

법치국가원칙은 그 양대요소로서, 법적 안정성의 요청뿐 아니라 실질적 정의의 요청도 함께 포함한다. 이러한 이유에서 집권과정에서의 헌정질서의 파괴와 범죄행위에 대한 처벌을 통하여 왜곡된 헌정질서를 민주적으로 바로잡고 정의를 회복한다는 측면에서 당연히 범법자들에 대한 처벌을 요구할 수 있다 하더라도 공소시효제도 또한 입법자가 형사소추에 있어서의 범인필벌의 요청과 법적 안정성의 요청을 함께 고려하여 상충하는 양 법익을 정책적으로 조화시킨 결과이고, 이러한 공소시효규정은 시간의 경과로 인하여 발생하는 새로운 사실관계를 법적으로 존중하는 인권보장을 위한 장치로서 실질적 정의에 기여하고 있다. 법치국가는 법적 안정성과 실질적 정의와의 조화를 생명으로 하는 것이므로 서로 대립하는 법익에 대한 조화를 이루려는 진지한 노력을 하여야 하며, 헌정질서파괴범죄를 범한 자들을 엄벌하여야 할 당위성이 아무리 크다 하더라도 그것 역시 헌법의 테두리 안에서 적법절차의 원리에 따라 이루어져야 마땅하다. 이러한 노력만이 궁극적으로 이 나라 민주법치국가의 기반을 굳건히 다지는 길이기 때문이다.

따라서 이 법률조항이 특별법 시행일 이전에 특별법 소정의 범죄행위에 대한 공소시효가 이미 완성된 경우에도 적용하는 한 헌법에 위반된다.

6. 建國 60周年 紀念事業[1)]

[헌법전문, 통일정신, 국민주권 원리에 반한다는 부분]

공권력의 행사 또는 불행사로 헌법의 기본원리 혹은 헌법상 보장된 제도의 본질이 훼손되었다고 하여 그 점만으로 바로 국민의 기본권이 현실적으로 침해된 것이라고 할 수는 없다 (헌재 1995. 2. 23. 90 헌마 125, 헌재판례집 7-1, 238, 243; 헌재 1998. 10. 29. 96 헌마 186, 헌재판례집 10-2, 600, 606).

살피건대, 청구인들이 주장하는 것 가운데 통일정신, 국민주권원리 등은 우리나라 헌법의 연혁적·이념적 기초로서 헌법이나 법률해석에서의 해석기준으로 작용한다고 할 수 있지만, 그에 기하여 곧바로 국민의 개별적 기본권성을 도출해 내기는 어렵다. 한편, 헌법전문에 기재된 대한민국임시정부의 법통을 계승하는 부분이 침해되었다는 부분은 청구인들의 법적 지위에 현실적이고 구체적인 영향을 미친다고 볼 수 없으므로 기본권침해의 가능성이 인정되지 않는다. 따라서 이 사건 위원회의 설치 및 운영, 기념사업 추진행위가 역사정신을 왜곡하여 헌법전문 및 헌법에 규정된 헌법정신을 훼손한다는 점만으로는 청구인들의 기본권이 현실적으로 침해된 것이라고 할 수 없다.

[국민투표권 침해부분]

청구인들은 이 사건 위원회의 설치·운영 및 이 사건 기념사업 추진행위는 헌법전문의 규정에 반하는 것으로서 실질적으로 헌법개정에 해당하는바, 국민투표 없이 헌법개정을 한 것은 헌법 제130조 제 2 항의 국민투표권을 침해하는 것이라고 주장한다. 그러나 설령 "건국60

1) 헌재 2008. 11. 27 선고, 2008 헌마 517, 대한민국건국60년기념사업위원회의 설치 및 운영에 관한 규정 위헌확인, 헌재판례집 제20권 2집(하), 509면 이하.

년"이라는 표현이 적절하지 못한 면이 있고 헌법전문의 취지에 어긋난다고 볼 여지가 있다고 하더라도, 이것만으로 이를 헌법개정에 해당한다고는 볼 수 없으므로 국민들에게는 헌법개정에 관여할 국민투표권 자체가 발생할 여지가 없어 헌법 제130조 제 2 항이 규정한 청구인들의 국민투표권의 침해가능성은 인정되지 않는다.

[행복추구권, 명예권 침해 부분]

이 사건 기념사업 추진행위로 침해될 수 있는 청구인들의 기본권 중 일반적 인격권, 행복추구권 등을 상정할 수 있는지에 관하여 보건대, 헌법 제10조로부터 도출되는 일반적 인격권에는 개인의 명예에 관한 권리도 포함될 수 있으나(헌재 1999. 6. 24. 97 헌마 265, 헌재판례집 11-1, 768, 774), 여기서 말하는 '명예'는 사람이나 그 인격에 대한 '사회적 평가,' 즉 객관적·외부적 가치평가를 말하는 것이지 단순히 주관적·내면적인 명예감정은 포함되지 않는다고 보아야 한다(헌재 2005. 10. 27. 2002 헌마 425, 헌재판례집 17-2, 311, 319).

이 사건 위원회의 설치 목적 및 기념사업 추진내용 등을 종합적으로 고려할 때 청구인들은 기념사업의 추진 등에 관하여 일반 국민의 지위에서 사실상의 또는 간접적인 이해관계를 가진다고 할 수는 있으나, 청구인들이 주장하는 바와 같이 헌법상 보장된 청구인들 자신의 기본권을 현재 그리고 직접적으로 침해받는다고는 할 수 없다. 설령, 건국일을 1948. 8. 15.로 보지 않는 청구인들의 입장에서는 건국일을 1948. 8. 15.로 보는 이 사건 위원회의 설치·운영 및 이 사건 기념사업 추진행위에 의해 내심의 동요와 혼란을 겪었을 수도 있으나, 이는 헌법이 보호하는 법익인 명예가 아니라 내면의 명예감정이나 내적인 자긍심에 불과하다고 할 것이다. 따라서 청구인들은 이 사건 위원회의 설치·운영 및 이 사건 기념사업 추진행위에 대해 적법하게 헌법소원을 제기할 수 있는 자기관련성이 인정되지 않는다.

제 2 절 韓國憲法의 基本原理와 特色

I. 韓國憲法의 法源과 構造

1. 韓國憲法의 法源

한국헌법을 이해하기 위하여서는 먼저 그 法源을 알아야 할 것이다. 법원(sources of law, Rechtsquelle, source du droit)이란 말은 다의적이나, 보통 법의 연원, 즉 무엇이 법인가를 결정하기 위한 근거로 되는 것을 말한다.

바꿔 말하면 법을 구체적으로 해석·적용하는 경우, 그 기초가 되는 법의 존재형식이라고 할 수 있다. 헌법의 법원도 일반법의 법원과 마찬가지로 성문법과 불문법으로 구성되어 있다. 그러나 오늘날 실질적 의미의 헌법은 대부분이 성문화되어 있으므로 헌법의 주된 법원은 성문법이다.

(1) 한국헌법전　우리 헌법의 제 1 차 법원으로서는 1988년 2월 25일부터 시행된 「대한민국헌법」을 들 수 있다. 이는 제 6 공화국헌법으로서 前文과 10장, 附則으로 구성되어 있으며, 우리 국법질서의 최고규범으로서 중요성을 가진다. 이 헌법전은 현대적·복지

주의적 의미의 헌법으로서의 특성을 가진다.

(2) **헌법부속법령** 광의의 헌법의 법원에는 대한민국헌법의 위임에 따라 헌법적 사항을 구체적으로 규정한 법령이 포함된다. 즉 국가권력의 조직규범이라든가, 국민의 기본권보장규범 등을 정한 소위 헌법부속법령이 부차적 의미로서의 憲法法源으로 인정된다.

헌법의 위임에 따라 만들어진 헌법부속법률은 헌법전의 위임을 전제로 하는 제 2 차적 법원이며, 그 자체가 헌법규정으로서의 특성을 가지는 것은 아니다. 이러한 헌법부속법률은 헌법을 구체화한 것이기는 하나 불변적인 것이 아니며, 가변적인 것이요, 위헌법률심사의 대상이 되는 것이다. 현행헌법 이전에 제정된 법령도 「이 헌법시행 당시의 법령과 조약은 이 헌법에 위배되지 아니하는 한 그 효력을 지속한다」라는 현행헌법부칙(부칙 제 5 조)의 규정에 따라 효력을 가진다.

헌법부속법령 중 중요한 것은 다음과 같다.

1) **기본권관계법률** 기본권에 관한 헌법부속법률로는 교육기본법, 국가배상법, 근로기준법, 노동위원회법, 노동조합및노동관계조정법, 정치자금법, 신문 등의 자유와 기능보장에 관한 법률, 방송법, 집회및시위에관한법률, 형사보상법, 청원법, 사회보장기본법, 형사소송법, 범죄피해자구조법 등이 있다.

2) **국가권력조직법률** 국가권력조직에 관한 헌법부속법률로는 정부조직법 · 공직선거법 · 국회법 · 선거관리위원회법 · 민주평화통일자문회의법 · 국가과학기술자문회의법 · 국가안전보장회의법 · 법원조직법 · 헌법재판소법 · 감사원법 · 지방자치법 등이 있다.

(3) **조약과 국제법규** 헌법에 의하여 체결 · 공포된 조약과 일반적으로 승인된 국제법규는 국내법과 같은 효력을 가지므로(제 6 조 1 항) 이 또한 제 2 차적 법원으로서 인정되고 있다. 특히 국제연합헌장이라든가 UNESCO 헌장 · 국제인권규약 · 한미상호방위조약 등이 중요한 의의를 가진다.

(4) **불문법원** 불문법원으로는 자연법과 국제관습법 · 국내관습법 · 판례법 등을 들 수 있다. 자연법은 우리 헌법 제10조의 천부불가양 · 불가침의 인권선언에 의하여 헌법내재적으로 되었다고 하겠다. 관습헌법은 성문헌법의 요청에 따라 배격되는 경향이 있으나, 성문헌법에 위배되지 않는 국내외관습헌법도 인정된다고 하겠다.[1)] 그러나 성문헌법에 위배

1) 관습헌법의 법원성에 대해서는 헌재의 신행정수도건설특조법에 대한 위헌결정을 참조할 것.
「우리나라는 성문헌법을 가진 나라로서 기본적으로 우리 憲法典이 헌법의 法源이 된다. 그러나 성문헌법이라고 하여도 그 속에 모든 헌법사항을 빠짐없이 완전히 규율하는 것은 불가능하고 또한 헌법은 국가의 기본법으로서 간결성과 함축성을 추구하기 때문에 형식적 헌법전에는 기재되지 아니한 사항이라도 이를 불문헌법 내지 관습헌법으로 인정할 소지가 있다. 특히 헌법제정 당시 自明하거나 前提된 사항 및 보편적 헌법원리와 같은 것은 반드시 명문의 규정을 두지 아니하는 경우도 있다. 그렇다고 해서 헌법사항에 관하여 형성되는 관행 내지 관례가 전부 관습헌법이 되는 것은 아니고 강제력이 있는 헌법규범으로서 인정되려면 엄격한 요건들이 충족되어야만 하며, 이러한 요건이 충족된 관습만이 관습헌법으로서 성문의 헌법과 동일한 법적 효력을 가진다.
헌법 제 1 조 제 2 항은 "대한민국의 주권은 국민에게 있고, 모든 권력은 국민으로부터 나온다"고 규정한

되는 관습이나 전통은 법원으로 인정되지 아니한다.[1)]

(5) 판 례 법 판례가 헌법의 법원이 될 수 있는가 논란된다. 부정설은 실정법관념에 의한다면 판례는 법이 될 수 없다고 한다. 긍정설은 판례에 의한 법형성은 사법권에 내재하는 기능으로서 선례구속의 원칙에 따라 법원이 될 수 있다고 한다. 선례구속의 문제도 과거에는 사실상의 구속력설이 지배했으나 최근에는 법적 구속력을 주장하는 것이 유력하다. 우리나라에서는 헌법재판제도를 두고 있어 법원성이 인정될 수 있으며, 우리나라에서도 헌법판례가 많이 나오고 있는 것이 현실이다.[2)] 헌재판례의 변경은 가능하나 일

다. 이와 같이 국민이 대한민국의 주권자이며, 국민은 최고의 헌법제정권력이기 때문에 성문헌법의 제·개정에 참여할 뿐만 아니라 헌법전에 포함되지 아니한 헌법사항을 필요에 따라 관습의 형태로 직접 형성할 수 있다. 그렇다면 관습헌법도 성문헌법과 마찬가지로 주권자인 국민의 헌법적 결단의 의사의 표현이며 성문헌법과 동등한 효력을 가진다고 보아야 한다. 국민주권주의는 성문이든 관습이든 실정법 전체의 정립에의 국민의 참여를 요구한다고 할 것이며, 국민에 의하여 정립된 관습헌법은 입법권자를 구속하며 헌법으로서의 효력을 가진다.

관습헌법이 성립하기 위하여서는 관습이 성립하는 사항이 단지 법률로 정할 사항이 아니라 반드시 헌법에 의하여 규율되어 법률에 대하여 효력상 우위를 가져야 할 만큼 헌법적으로 중요한 기본적 사항이 되어야 한다. 일반적으로 실질적인 헌법사항이라고 함은 널리 국가의 조직에 관한 사항이나 국가기관의 권한 구성에 관한 사항 혹은 개인의 국가권력에 대한 지위를 포함하여 말하는 것이지만, 관습헌법은 이와 같은 일반적인 헌법사항에 해당하는 내용 중에서도 특히 국가의 기본적이고 핵심적인 사항으로서 법률에 의하여 규율하는 것이 적합하지 아니한 사항을 대상으로 한다. 일반적인 헌법사항 중 과연 어디까지가 이러한 기본적이고 핵심적인 헌법사항에 해당하는지 여부는 일반추상적인 기준을 설정하여 재단할 수는 없고, 개별적 문제사항에서 헌법적 원칙성과 중요성 및 헌법원리를 통하여 평가하는 구체적 판단에 의하여 확정하여야 한다.

관습헌법이 성립하기 위하여서는 관습법의 성립에서 요구되는 일반적 성립 요건이 충족되어야 한다. 첫째, 기본적 헌법사항에 관하여 어떠한 관행 내지 관례가 존재하고, 둘째, 그 관행은 국민이 그 존재를 인식하고 사라지지 않을 관행이라고 인정할 만큼 충분한 기간 동안 반복 내지 계속되어야 하며(반복·계속성), 셋째, 관행은 지속성을 가져야 하는 것으로서 그 중간에 반대되는 관행이 이루어져서는 아니 되고(항상성), 넷째, 관행은 여러 가지 해석이 가능할 정도로 모호한 것이 아닌 명확한 내용을 가진 것이어야 한다(명료성). 또한 다섯째, 이러한 관행이 헌법관습으로서 국민들의 승인 내지 확신 또는 폭넓은 컨센서스를 얻어 국민이 강제력을 가진다고 믿고 있어야 한다(국민적 합의)」(헌재 2004.10.21 선고, 2004 헌마 554·566(병합), 헌재판례집 제16권 2집(하), 1면 이하).

「관습헌법 인정 여부 문제」: 이 결정에서는 전효숙 재판관만이 관습헌법의 부존재를 이유로 반대하였으나 행정복합도시에 관한 결정에서는 2004.10.21 이후 임명된 이공현, 조대현 재판관이 반대의견에 가담하였다.

「우리는 이 사건 법률에 의해 행정중심복합도시가 수도로서의 지위를 획득하거나 서울의 수도로서의 기능이 해체되지 아니한다는 점을 수긍하지만 그에 앞서 서울이 수도라는 관습헌법이 존재한다고 인정할 수 없고, 설령 이를 인정하더라도 관습헌법을 변경하려면 반드시 성문헌법의 개정절차를 거쳐야 한다고 보지 아니 한다. 그 이유에 관하여는 헌법재판소가 2004년 10월 21일 선고한 2004 헌마 554 신행정수도 사건의 결정문 중 반대의견에 설시된 논거를 원용한다」(헌재 2005.11.24 선고, 2005 헌마 579·763(병합), 헌재판례집 제17권 2집, 481면 이하).

1) 반대의견: 호주제도나 姓氏제도는 우리나라의 고유의 전통이고 관습이라 하여 그 法源性을 인정하려는 반대의견이 있다(권성 재판관, 호주제도, 헌재 2005.2.3 선고, 2001 헌가 9·10·11·12·13·14·15, 2004 헌가 5(병합), 헌재판례집 제17권 1집, 15면 이하; 姓氏제도, 헌재 2005.12.22 선고, 2003 헌가 5·6, 헌재판례집 제17권 2집, 567면 이하).

2) 헌법판례의 법원성에 관해서는 L. Seufert, Die nicht erfüllten Gesetzgebungsgebote des Grundgesetzes und ihre verfassungsgerichtliche Durchsetzung, Diss. Würzburg, 1969; 헌법판례평석에 관해서는 법과 정의, 이회창 변호사 회갑기념논문집, 1995 등 참조.

반적으로 국민의 권리·이익을 확대하는 방향으로의 판례변경은 가능하나 국민의 기본적 인권을 축소하는 방향으로의 판례변경은 평등위반 문제가 생길 수 있다.

2. 韓國憲法의 構造

대한민국헌법은 전문과 본문 및 부칙으로 구성되어 있다.

(1) 전 문 대한민국헌법의 전문은 그 제명 뒤 본문 앞에 두어져 헌법본문과 함께 헌법전의 일부를 이루고 있다. 우리 헌법의 전문은 헌법의 성립유래와 헌법의 기본정신을 천명하고 있다.

(2) 본 문 헌법본문은 전 10장 130조로 구성되어 있다.

1) 제 1 장 총강 제 1 장 총강에서는 대한민국의 구성요소와 대한민국의 국가형태, 평화통일주의, 국제평화주의, 국제협조주의, 직업공무원제, 복수정당제, 문화국가주의를 선언하고 있다.

2) 제 2 장 국민의 권리와 의무 제 2 장에서는 국민의 기본적 권리와 기본의무에 관하여 규정하고 있다. 헌법 제10조·제37조 등이 기본권보장의 일반원칙에 관하여 규정하고, 기타 조문에서 개별적 기본권에 관하여 규정하고 있다.

3) 제 3 장 국회 제 3 장은 입법부에 관하여 규정하고 있다. 국회의 구성, 국회의원의 지위, 국회의 회의, 국회의 권한 등에 관하여 규정하고 있다.

4) 제 4 장 정부 제 4 장에서는 제 1 절 대통령, 제 2 절 행정부에 관하여 규정하고 있다. 국가원수이며 행정권의 수반으로서의 대통령과, 국무총리와 국무위원, 국무회의, 행정각부, 감사원에 관하여 규정하고 있다.

5) 제 5 장 법원 제 5 장은 사법부에 관하여 규정하고 있다. 법원의 조직과 법원의 지위, 법원의 권한에 관하여 규정하고 있다.

6) 제 6 장 헌법재판소 제 6 장은 헌법보장기관으로서의 헌법재판소에 관하여 규정하고 있다.

7) 제 7 장 선거관리 제 7 장은 선거관리위원회의 조직과 선거관리에 관한 사항을 규정하고 있다.

8) 제 8 장 지방자치 제 8 장은 지방자치단체의 조직과 권한에 관하여 규정하고 있다.

9) 제 9 장 경제 제 9 장에서는 경제헌법에 관하여 규정하고 있다. 경제질서의 기본원칙과 개별적 경제조항을 두고 있다.

10) 제10장 헌법개정 제10장은 헌법개정권자와 헌법개정의 방법에 관하여 규정하고 있다.

(3) 부 칙 부칙은 6조로 구성되어 있는데, 헌법의 효력발생일, 이 헌법에 의

한 최초의 대통령 선거와 국회의원 선거, 헌법기관의 임기에 관한 경과조치, 신설기관의 권한에 속하는 직무의 수행에 관한 경과조치 등에 관하여 규정하고 있다.

(4) 기타 성문헌법에 열거되지 않는 관습헌법 헌재는 관습헌법의 존부를 판단하고 있다.[1)]

Ⅱ. 韓國憲法의 前文

1. 憲法前文의 意義

헌법에 전문(preamble, Präambel, Eingangsformel, préambule)을 붙여 그 전문에서 헌법제정의 유래와 헌법이 채택하고 있는 기본원리를 선언하고 있는 것은 대다수의 헌법에서 보편적으로 볼 수 있는 것이다.[2)] 우리 헌법도 이 예에 따라서 전문을 두고 헌법제정의 취지와 헌법이 입각하고 있는 기본적 입장, 그리고 이에 근거하여 헌법이 채택하고 있는 기본원리 내지는 근본사상을 명시하고 있다.[3)]

이 헌법전문은 헌법본문의 여러 조항들과 같이 헌법전의 일부를 구성하고 있는 것으로서, 그 내용을 보면 대체로 우리 헌법의 성립유래, 헌법제정권력자, 헌법의 제정목적과 기본원칙 등을 명시하고 있다.

2. 憲法前文의 法的 性格

(1) 학 설 헌법전문의 법적 성격에 대해서는 학설이 대립되고 있는데, 법적 성격을 인정하지 않는 견해와 이를 인정하는 견해로 크게 나눌 수 있다.

1) 부 정 설 이 설은 헌법전문에 대하여 법적 성격을 인정하지 아니하는 견해로서, 헌법전문은 헌법제정의 역사적 설명에 불과하거나 제정유래나 목적 또는 헌법제정에 있어서의 국민의 의사를 선언한 것에 불과하다고 본다. 이 설은 Anschütz · O. Mayer 등 19세기 독일공법학자들의 다수설이었으며, 미국헌법에 있어서도 이것이 미연방대법원의 판례 및 다수설이다.[4)]

---

1) 헌재가 관습헌법으로 본 것은 서울이 수도라는 것이고 국무총리의 존재는 수도라는 관습헌법의 요소가 아니라고 하였다(헌재 2004. 10. 21 선고, 2004 헌마 554 · 566(병합), 헌재판례집 제16권 2집, 1면 이하와 헌재 2005. 2. 3 선고, 2001 헌가 9 · 10(병합), 헌재판례집 제17권 1집, 1면 이하).

2) 대부분의 헌법에는 전문이 있지만 예외적으로 벨기에 · 네덜란드 · 룩셈부르크 · 덴마크 · 노르웨이 · 오스트리아 · 이태리의 헌법, 1936년의 소련 헌법, 1961년의 포르투갈 헌법에는 전문이 없다.

3) 헌재는 헌법의 기본원리의 의의 및 기능에 대하여 다음과 같이 설시하고 있다. 「헌법의 기본원리는 헌법의 이념적 기초인 동시에 헌법을 지배하는 지도원리로서 입법이나 정책결정의 방향을 제시하며, 공무원을 비롯한 모든 국민 · 국가기관이 헌법을 존중하고 수호하도록 하는 지침이 되며, 구체적 기본권을 도출하는 근거로 될 수는 없으나 기본권의 해석 및 기본권제한입법의 합헌성 심사에 있어 해석기준의 하나로서 작용한다」(헌재 1996. 4. 25 선고, 92 헌바 47, 헌재판례집 제8권 1집, 370면 이하).

4) 부정설의 근거로 ① 전문의 내용이 헌법의 이념 내지 목적의 표출에 불과하고 구체성 · 개별성을 결여한 추상적인 규정인 점, ② 본문의 규정이라고 하더라도 재판규범으로 될 수 없는 것이 있으며 재판규범성의 유무는 전문만의 문제가 아닌 점, ③ 본문의 각 조항에 흠결이 있다고는 생각할 수 없으며 따라서 적용되

2) 인 정 설 이 설은 헌법전문은 헌법제정권력의 소재를 밝힌 것으로서, 국민의 전체적 결단으로서의 헌법의 본질적 부분을 내포하고 있다고 본다. 독일연방헌법재판소는「헌법전문으로부터 현행법에 관한 해석규칙과 장래의 입법기준을 얻을 수는 있지만, 그 이상의 것을 도출할 수 있는지는 확실하지 않다」라고 한다. France 제 4 공화국헌법 전문은 권리장전을 내포하고 있었으며, 현행 제 5 공화국의 헌법평의회는 이 제 4 공화국헌법 전문에 대한 헌법적 성격을 인정하고 있고, 일본국헌법 전문에 있어서도 그 근본결단으로서의 헌법적 성격을 인정하고 있으며, 우리나라에 있어서도 법적 성격을 인정하고 있는 것이 통설이다.[1]

그러나 법적 성격을 어느 정도까지 인정할 것인가, 특히 재판규범으로도 직접 적용될 수 있을 것인가를 두고 인정설도 다시 나누어지고 있다.[2]

(a) 재판규범부정설 법적 성격을 인정하면서도 재판규범으로서의 성격을 부인하는 견해가 있다.[3]

(b) 재판규범인정설 재판규범으로서 직접 적용할 수 있다고 보는 학설이다.[4]

(c) 절 충 설 본문 각조항에서 구체화되어 있지 않은 권리나 불명확한 권리를 인정하고 있으며, 또 근본원칙위반의 국가행위에 대해서는 직접 전문위반으로 다툴 수 있다고 한다.

(2) 판 례 헌법재판소는 헌법전문의 재판규범성을 인정하여 이를 판결문에서 인용하고 있으며[5] 법률이 헌법전문에 위반하는 경우 무효임을 인정하고 있다.

는 것은 본문조항이라고 한다.

1) 김기범, 전게서, 63면; 구병삭, 전게서, 143면; 권영성, 전게서, 126~127면; 문홍주, 우리 헌법전문의 내용과 법적 성격, 법정 1967.12, 28면; 안용교, 전게서, 141~142면; 김현규 외, 전게서, 109면; 김남진·이강혁, 전게서, 183면 등; 성낙인, 전게서, 113~114면.

2) 일본에서는 평화적 생존권의 보장은 전문을 근거해서만 가능하다고 보아 이를 인정하고 있다.

3) 佐藤功, 憲法學入門(上), 205면; 大西芳雄, 憲法講座 1卷, 170면.

4) 프랑스의 헌법평의회는 1971년 7월 16일의 판결을 비롯하여 여러 판결에서 1946년 헌법전문의 헌법규범성을 인정하고 있다. 일본에서도 헌법전문의 재판규범성을 인정하는 설이 최초에는 없었으나, 오늘날 많은 학자들이 재판규범성을 인정하고 있다. 일본판례도 최근에 와서는 재판규범성을 승인하는 경향으로 나아가고 있다(東京地判 昭 32.4.25, 行政判例集 8-4-754). 일본최고재판소의 태도는 명확하지 아니하다. 헌법전문에 위반하는 것은 아니라는 판결이 있다. 하급심에서는 긍정적 판결도 있다. 재판규범성을 강조하는 입장에서는 헌법전문의 헌법원리가 본문에서 구체화되어 있다는 이유만으로는 그 규범성을 부인할 수 없다. 예를 들어 평화적 생존권과 같은 것은 헌법전문에서 도출될 수 있는 기본권이다.

5) 헌재 1989.1.25 선고, 88 헌가 7, 헌재판례집 제 1 권, 1면; 헌재 1989.9.4 선고, 88 헌마 22, 헌재판례집 제 1 권, 176면; 헌재 1990.9.3 선고, 89 헌가 95, 헌재판례집 제 2 권, 245면; 헌재 1991.11.25 선고, 91 헌가 6, 헌재판례집 제 3 권, 569면; 헌재 1992.3.13 선고, 92 헌마 37 등 병합, 헌재판례집 제 4 권, 137면; 헌재 1997.1.16 선고, 92 헌바 6·26, 92 헌바 34·35·36(병합), 국가보안법위헌소원, 헌재판례집 제 9 권 1집, 1면 이하; 헌재 1997.1.16 선고, 89 헌마 240, 국가보위입법회의법, 국가보안법의 위헌 여부에 관한 헌법소원, 헌재판례집 제 9 권 1집, 45면 이하 등.

(헌재 1989.9.8 선고, 88 헌가 6, 헌재판례집 제 1 권, 199, 205면). 우리 헌법 전문은 "유구한 역사와 전통에 빛나는 우리 대한민국은 3·1운동으로 건립된 대한민국임시정부의 법통…을 계승하고"라고 하여, 대한민국헌법이 성립된 유래와 대한민국이 대한민국임시정부의 법통을 계승하고 있음을 밝히고 있다(헌재 2006.3.30 선고, 2003 헌마 806, 헌재판례집 제18권 1집(상), 391면).

「헌법전문은 "유구한 역사와 전통이 빛나는 우리 대한국민"을 강조하고 있으며 헌법 제 9 조는 "국가는 전통문화의 계승·발전과 민족문화의 창달에 노력하여야 한다"고 규정하고 있다. … 한편 헌법전문과 헌법 제 9 조에서 말하는 '전통' '전통문화'란 역사성과 시대성을 띤 개념으로 이해하여야 한다. … 역사적 전승으로서 오늘의 헌법이념에 반하는 것은 헌법전문에서 타파의 대상으로 선언한 사회적 폐습이 될 수 있을지언정 헌법 제 9 조가 계승·발전시키라고 한 전통문화에는 해당하지 않는다고 보는 것이 우리 헌법의 자유민주주의원리 전문 제 9 조 제36조 1항을 아우르는 조화적 헌법해석이라 할 것이다」(헌재 2005.2.3 선고, 2001 헌가 9, 2004 헌가 5(병합), 헌재판례집 제17권 1집, 17~18면).

「헌법은 국가유공자 인정에 관하여 명문규정을 두고 있지 않다. 그러나 헌법은 전문에서 "3·1운동으로

「헌법 전문은 헌법의 이념 내지 가치를 제시하고 있는 헌법규범의 일부로서 헌법으로서의 규범적 효력을 나타내기 때문에 구체적으로는 헌법소송에서의 재판규범인 동시에 헌법이나 법률해석에서의 해석기준이 되고, 입법형성권 행사의 한계와 정책결정의 방향을 제시하며, 나아가 모든 국가기관과 국민이 존중하고 지켜가야 하는 최고의 가치규범이다」. 그러나 전문의 정신 등에서는 곧 기본권이 보장되어 있다고 할 수 없다.[1)]

(3) 私 見 헌법전문은 헌법제정권력자의 근본적 결단을 내포하고 있는 점에서 헌법의 근본규범으로서의 성질을 가진다고 보아야 할 것이다. 헌법전문은 국가근본질서의 형성과 국가적 과제에 관한 지도원리가 나타난 것이다. 이는 국민의 정치적 존재형태에 관한 기본적 결정이므로 모든 법규범에 대한 기초가 된다고 할 수 있을 것이다. 이렇게 볼 때 헌법전문은 헌법의 본문과 일체를 이루고 있으며, 그 법적 효력 내지 규범성은 구체적으로 다음과 같다고 할 것이다.

1) 최고규범성 헌법전문은 국내 모든 법질서에 있어서의 최고규범으로서 헌법본문을 비롯한 모든 법령에 우월한 효력을 가지며, 그 내용을 한정하고 그 타당성의 근거가 된다.

2) 재판규범성 헌법전문은 헌법본문을 비롯한 모든 법령의 해석에 궁극적인 지침을 제공하며, 헌법조문이 서로 모순되거나 충돌되는 경우에 무엇이 헌법의 의미인가를 결정할 수 있게 한다. 헌법의 본문이 일의적이 아닌 경우이거나 침묵한 경우 헌법전문이 구체적 사건에 직접 적용될 수 있는 재판규범으로서의 성격을 가지느냐에 대해서는 학설이 대립되고 있으나 그 재판규범성을 가지고 있다고 볼 것이다.[2)] 그러나 헌재는 헌법전문의 3·1정신으로부터는 국민의 개별적인 권리는 도출될 수 없다고 한다.[3)] 또 평화적 생존권도 도출할 수 없다고 한다.[4)]

건립된 대한민국임시정부의 법통을 계승"한다고 선언하고 있다. 이는 대한민국이 일제에 항거한 독립운동가의 공헌과 희생을 바탕으로 이룩된 것임을 선언한 것이고, 그렇다면 국가는 일제로부터 조국의 독립을 위하여 공헌한 독립유공자와 그 유족에 대하여는 응분의 예우를 하여야 할 헌법적 의무를 지닌다고 보아야 할 것이다. 다만 그러한 의무는 국가가 독립유공자의 인정절차를 합리적으로 마련하고 독립유공자에 대한 기본적 예우를 해 주어야 한다는 것을 뜻할 뿐이며, 당사자가 주장하는 특정인을 반드시 독립유공자로 인정하여야 하는 것을 뜻할 수는 없다」(헌재 2005.6.30 선고, 2004 헌마 859, 헌재판례집 제17권 1집, 1020~1021면). 법률이 헌법전문에 위반하는 경우 무효임을 인정하고 있다.

1) 헌재 2008.11.27 선고, 2008 헌마 517(대한민국 건국 60주년 기념사업위원회의 설치 및 운영에 관한 규정), 헌재판례집 제20권 2집(하), 509면 이하. 이 규정이 정한 것은 청구인의 기본권이 침해될 수 있는 근거가 없다. 통일정신, 국민주권 원리 등은 우리나라 헌법의 이념적·역사적 기초로서 그에 기하여 곧바로 국민의 개별적 기본권을 도출해 내기는 어려우며, 헌법전문의 헌법정신에 반한다는 점만으로는 청구인의 기본권을 현실적으로 침해되었다고 볼 수 없다.

2) 반대: 문홍주, 전게논문, 29면. 최고규범성을 인정하면서 재판규범성을 인정하지 않는 것은 모순이라고 하겠다(同旨: 안용교, 전게서, 144면).

3) 헌재 2001.3.21 선고, 99 헌마 139·142·156·160(병합), 헌재판례집 제13권 1집, 676면 이하.「청구인들이 침해받았다고 주장하는 기본권 가운데 "헌법전문에 기재된 3·1 정신"은 우리나라 헌법의 연혁적·이념적 기초로서 헌법이나 법률해석의 해석기준으로 작용한다고 할 수 있지만, 그에 기하여 곧바로 국민의 개별적 기본권성을 도출해 낼 수는 없다」.

4) 헌재 2009.5.28 선고, 2007 헌마 369, 헌재공보 제152호, 190면 이하. 평화적 생존권을 부정하는 의견 6명과 인정하는 의견 3명이 대립하고 있다.

3) 헌법개정의 한계　헌법전문은 헌법제정권력자의 근본결정이며 헌법의 지도이념이므로, 헌법개정에 있어서도 자구수정의 정도를 넘어선 지도이념 그 자체의 폐기나 전면개정은 그 한계를 벗어난 것이라고 하겠다.

3. 憲法前文의 內容과 精神

(1) 헌법의 성립유래　우리 헌법전문은「유구한 역사와 전통에 빛나는 우리 대한국민은… 1948년 7월 12일에 제정되고 8차에 걸쳐 개정된 헌법을 이제 국회의 의결을 거쳐 국민투표에 의하여 개정한다」라고 함으로써 i) 국민이 헌법제정권자임과, ii) 제헌헌법과의 관계를 규정하고, iii) 헌법개정경과를 명백히 하고 있다.

(2) 헌법전문의 정신　헌법전문은 이러한 형식적 절차면 이외에도 실질적 내용면에서 i) 대한민국의 건국이념과 임시정부의 법통계승, ii) 민족단결과 정의·인도·동포애의 실현, iii) 자율과 조화를 바탕으로 한 자유민주적 기본질서의 확립, iv) 국민의 기본권보장, v) 책임과 의무의 강조, vi) 항구적 국제평화의 추구 등을 규정하고 있다.

1) 대한민국의 건국이념과 임정의 법통계승　전문 첫머리에는「우리 대한국민은 3·1운동으로 건립된 대한민국임시정부의 법통과 불의에 항거한 4·19민주이념을 계승하고, 조국의 민주개혁과 평화적 통일의 사명에 입각하여」라고 규정되어 있다.[1] 이것은 평화적 통일·민주개혁·독립정신을 천명한 것이고, 대한민국이 단일국가로서 진정한 민주공화국을 지향하고 있음을 선언한 것이다. 이는 특히 대한민국이 상해임시정부의 법통을 계승한 민주국가임을 선언한 것이며,[2] 4·19민주이념의 계승은 4·19저항권행사 내지 혁명이념을 계승하여 불의와 타협하지 않을 것임을 명시하고 있는 것이다.

2) 민족단결과 정의·인도·동포애의 실현　전문은 유구한 역사와 전통을 계승하여「정의·인도와 동포애로써 민족의 단결을 공고히 하고, 모든 사회적 폐습과 불의를 타파하며」라고 하여 유구한 전통을 자랑하고 민족단결과 정의사회의 구현을 강조하고 있다.

3) 자유민주적 기본질서의 확립　전문은 계속하여「자율과 조화를 바탕으로 자유민주적 기본질서를 더욱 확고히 하여」라고 하여 대한민국이 자유민주주의에 입각한 민주정치질서를 확립할 것을 다짐하고 있다.[3]

4) 기본권보장주의　그러나 자유민주적 기본질서도 형식에만 그쳐서는 안 되며

---

1) 헌법재판소는 이 규정에서 곧 중국에 살고 있는 동포에게 이중국적을 해소하게 하는 특별법 제정의무가 나오는 것이 아니라고 하였다.「헌법 전문의 '대한민국임시정부 법통의 계승' 또는 제2조 제2항의 '재외국민 보호의무' 규정이 중국동포와 같이 특수한 국적상황에 처해 있는 자들의 이중국적 해소 또는 국적선택을 위한 특별법 제정의무를 명시적으로 위임한 것이라고 볼 수 없고, 뿐만 아니라 동 규정 및 그 밖의 헌법규정으로부터 그와 같은 해석을 도출해 낼 수도 없다고 할 것이다」(헌재 2006.3.30 선고, 2003 헌마 806, 헌재판례집 제18권 1집(상), 392면).

2) 헌재는 헌법에 규정된 3·1정신이 헌법상 보장된 기본권은 아니라고 한다(헌재 2001.3.21 선고, 99 헌마 139·142·156·160(병합), 헌재판례집 제13권 1집, 676면 이하).

3) 자유민주적 기본질서에 대한 판례는 많다. 뒤의 헌법의 기본질서에 관한 설명 참조.

실질적 내용이 민주적이어야 할 것인바, 이를 위하여는 국민의 실질적 평등과 자유를 확보하여야 한다. 전문은 계속하여 「정치·경제·사회·문화의 모든 영역에 있어서 각인의 기회를 균등히 하고, 능력을 최고도로 발휘하게 하며, … 안으로는 국민생활의 균등한 향상을 기하고」라고 하여 실질적인 평등을 보장하며, 또 「우리들과 우리들의 자손의 안전과 자유와 행복을 영원히 확보」할 것을 다짐함으로써 안전과 자유와 행복을 추구할 것을 보장하고 있다.

5) 책임과 의무의 강조 국민이 「자유와 권리에 따르는 책임과 의무를 완수하게 하여」라고 하여 권리의 반면인 책임과 의무를 강조하고 있다.

6) 항구적 국제평화주의 전문은 「밖으로는 항구적인 세계평화와 인류공영에 이바지함으로써」라고 함으로써 항구적인 세계평화가 유지되어야만 국민의 안전과 자유와 행복을 영원히 확보할 수 있음을 강조하고 있다. 이는 침략전쟁의 부인, 국제평화주의 등으로 헌법총강에 구체화되어 있다.

Ⅲ. 韓國憲法의 基本原理

우리 헌법의 전문과 본문을 보면 거기에는 우리 헌법의 기본원리 내지 지도원리라고 할 수 있는 것이 규정되어 있다. 헌법의 기본원리는 첫째, 헌법조항을 비롯한 모든 법령의 해석의 기준을 제공할 뿐 아니라 헌법조항 내지 법령의 흠결시 이를 보완하는 원리가 되며, 둘째, 입법이나 정책결정의 방향을 제시하며 공무원을 비롯한 모든 국민·국가기관이 헌법을 존중하고 수호하도록 하는 지침이 되며, 셋째, 헌법의 개정에 있어서 헌법의 기본원리는 개정의 한계를 이룬다고 볼 것이다.[1)]

구체적으로 헌법의 기본원리는 헌법이 직접 기본원리임을 밝히지 않는 한 헌법의 전문이나 본문에서 추론할 수밖에 없는데, 우리 헌법의 기본원리는 어떠한 것이며 어떻게 이를 분류하느냐에 관하여는 학자들의 견해가 약간씩 다르다.[2)] 생각건대 우리 헌법의 기

1) 헌법의 기본원리는 헌법의 이념적 기초인 동시에 헌법을 지배하는 지도원리로서 입법이나 정책결정의 방향을 제시하여 공무원을 비롯한 모든 국가기관이 헌법을 존중하고 수호하도록 하는 지침이 되며 …… 헌법의 지도원리는 국가기관 및 국민이 준수하여야 할 최고의 가치규범이고, 헌법의 각 조항을 비롯한 모든 법령의 해석기준이며, 입법권의 범위와 한계 그리고 국가정책결정의 방향을 제시한다(헌재 2001. 9. 27 선고, 2000 헌마 238 등(제주 4·3사건진상규명및피해자명예회복에관한특별법 의결행위 등 취소), 헌재판례집 제13권 2집, 383면 이하).

2) 제 6 공화국헌법의 기본원리로서, 문홍주 교수는 i) 제 6 공화국헌법의 성립기반, ii) 민족의 단결과 정의사회의 구현, iii) 평화적 통일지향, iv) 민족문화의 발전, v) 자유민주적 기본질서, vi) 기회균등과 책임의무의 완수, vii) 국민생활의 균등한 향상, viii) 기본적 인권보장에 있어서의 기본원칙, ix) 국가권력구조에 있어서의 특색, x) 국제관계에 있어서의 특징을 들고 있고(전게서, 128~149면), 권영성 교수는 국민주권의 원리, 자유민주주의, 사회국가의 원리, 문화국가의 원리, 법치국가의 원리, 평화국가의 원리 등을 들고 있으며(전게서, 127~147면), 허영 교수는 근본이념과 기본원리로서 국민주권의 이념, 정의사회의 이념, 문화민족의 이념, 평화추구의 이념 등을 들고 그 실현원리로서 자유민주주의원리, 법치주의원리, 사회국

본원리는 헌법전문에서 개괄적으로 선언되어 있고, 그 외에도 헌법총강과 경제조항 등에서 우리 헌법의 기본원리를 천명하고 있는데, 구체적으로는 i) 국민주권주의, ii) 자유민주주의와 권력분립주의, iii) 평화통일주의, iv) 문화국가주의, v) 국제평화주의, vi) 군의 정치적 중립성보장, vii) 기본권존중주의, viii) 복지국가주의, ix) 사회적 시장경제주의 등을 들 수 있을 것이다.

1. 國民主權主義

우리 헌법은 제1조 2항에서 「대한민국의 주권은 국민에게 있고, 모든 권력은 국민으로부터 나온다」라고 하여 국민주권의 원칙을 선언하고, 또 헌법전문에서 국민이 헌법을 제정했고 그 헌법을 국민투표에 의해 개정하였음을 선언하고 있으며, 제1조 1항은 「대한민국은 민주공화국이다」라고 하여 국민주권의 원칙의 채택을 간접적으로 규정하고 있다. 대한민국의 주권자는 국민이며 또 국민으로부터 모든 권력이 연원되는 민주공화국이기 때문에 주권자인 국민은 참정권(공무담임권 제25조, 공무원선거권 제24조)을 가지며, 또한 대통령과 국회의원의 선거권을 가지는(제67조 1항, 제41조 1항) 동시에 국민투표권(제72조, 제130조)을 가진다. 우리 헌법은 간접민주정치를 채택하면서도 국민투표제도를 도입함으로써 직접민주정치의 요소를 어느 정도 가미하고 있다.

2. 自由民主主義와 權力分立主義

입헌주의헌법은 자유민주주의와 권력분립주의에 입각하고 있다.[1] 우리 헌법은 전문에서 「자유민주적 기본질서를 더욱 공고히 하여」라고 하여 자유민주주의에 입각하고 있음을 강조하고 있다. 이 자유민주주의는 권력분립주의를 그 한 내포(요소)로 하고 있다. 현행헌법은 구헌법에 비하여 권력분립주의를 보다 강화하고 있다.

권력분립주의는 국가권력의 남용을 방지하고 국민의 자유를 확보하기 위하여, 입법·

가원리, 문화국가원리, 혼인·가족제도, 평화통일의 원칙, 국제법존중의 원칙 등을 들고 있으며(전게서, 135면 이하), 계희열 교수는 i) 민주주의의 원리, ii) 법치주의의 원리, iii) 사회국가의 원리, iv) 문화국가의 원리, v) 국제평화주의를 들고 있다(전게서, 177면 이하). 성낙인 교수는 i) 이념적·법적 기초: 국민주권주의, ii) 정치적 기본원리: 자유민주주의, iii) 경제·사회·문화의 기본원리: 사회복지국가, iv) 국제질서의 기본원리: 국제평화 주의를 들고 있다(전게서, 115면 이하). 정종섭 교수는 근본이념과 기본원리를 분리하여 근본이념으로는 ① 국민주권, ② 입헌주의, ③ 기본권보장, ④ 공동체보장을 들고, 기본원리로는 ① 국가구조원리, ② 경제영역의 기본원리, ③ 사회영역의 기본원리, ④ 문화영역의 기본원리, ⑤ 국제영역의 기본원리로 나누고 있다(212~258면).

1) 헌재 2008. 5. 29 선고, 2005 헌마 1173, 헌재판례집 제20권 1집(하), 216면 이하(230면).
「우리 헌법재판소는 "자유민주적 기본질서란 모든 폭력적 지배와 자의적 지배, 즉 반국가단체의 일인독재 내지 일당독재를 배제하고 다수의 의사에 의한 국민의 자치, 자유·평등의 기본원칙에 의한 법치주의적 통치질서를 말한다. 구체적으로는 기본적 인권의 존중, 권력분립, 의회제도, 복수정당제도, 선거제도, 사유재산과 시장경제를 골간으로 한 경제질서 및 사법권의 독립 등을 의미한다."고 천명한 바 있다(헌재 1990. 4. 2. 89 헌가 113, 헌재판례집 2, 49, 64; 헌재 1994. 4. 28. 89 헌마 221, 헌재판례집 6-1, 239, 259~260 각 참조)」 등 참조.

행정·사법의 각 작용을 분리·독립시켜 이들을 각각의 기관에 담당케 함으로써 기관 상호간의 억제를 인정하고 균형을 유지하기 위한 통치조직에 관한 원리로서 삼권분립주의라고도 말하여진다.

현행헌법은 주권이 국민에게 있으며 이 주권의 내포로서의 통치권이 국가기관에 분립되어 행사되고 있음을 인정하고 있다. 행정권은 대통령과 정부에, 입법권은 국회에, 사법권은 법원에 위탁하여 이를 행사케 하고 있다. 국회는 국무총리임명동의권, 예산심의확정권, 국무총리·국무위원해임건의권, 행정에 관한 입법권, 탄핵소추권, 국정감사권, 국정조사권, 대법원장임명동의권, 일반사면동의권, 계엄해제요구권, 긴급명령승인권, 긴급재정·경제명령승인권 등을 통하여 행정부를 견제할 수 있다. 행정부는 임시국회집회요구권, 법률안제출권, 법률안거부권, 국회출석발언권, 긴급재정·경제처분권, 계엄선포권 등으로 입법부를 견제할 수 있다. 법원은 위헌위법명령·규칙·처분심사권과 헌법재판소 재판관지명권, 중앙선거관리위원회 위원지명권 등으로 행정부를 견제할 수 있다. 행정부는 대법원장과 대법관임명권, 예산안제출권, 사면권 등으로 법원을 견제할 수 있다. 국회는 사법에 관한 입법권과 예산심의권, 대법원장 및 대법관임명동의권, 탄핵소추권 등으로 사법부를 견제할 수 있다. 헌법재판소는 위헌법률심판권·탄핵결정권·정당해산결정권·헌법소원심판권·기관 간 권한쟁의심판권을 가지고 입법부·행정부·사법부를 견제할 수 있다.

3. 平和統一主義

헌법전문은 「조국의… 평화적 통일의 사명에 입각하여」라고 규정하고 있으며, 나아가 제 4 조에서 「대한민국은 통일을 지향하며, 자유민주적 기본질서에 입각한 평화적 통일정책을 수립하고 이를 추진한다」고 함으로써 조국의 평화적 통일주의에 입각하고 있다. 이는 공산주의에 입각한 무력통일을 배격하고 자유민주주의에 입각한 통일정책을 추구함을 강조한 것이다. 이는 6·23선언 이후의 평화통일정책을 헌법상 의무화한 데 의의가 있으며, 평화통일을 위한 남북교류협력 등에 대하여는 법률로 보호하고 있다[1)](남북교류협력에 관한법률, 남북협력기금법, 남북관계발전에관한법률). 또한 남북합의서 체결 등으로 통일의 전단계로 국가연합을 결성하는 것도 상상할 수 있다.

4. 文化國家主義=傳統文化의 繼承發展

헌법전문은 「유구한 역사와 전통」을 강조하고 있으며, 총강에서는 민족문화의 창달조항을 신설하고 있다(제9조). 이 밖에도 대통령의 취임선서에서 「민족문화의 창달에 노력한다」고 하여 헌법 제 9 조의 「국가는 전통문화의 계승·발전과 민족문화의 창달에 노력하여

1) 평화통일주의에 관해서는 후술 영토조항 참조(헌재 2000. 7. 20 선고, 98 헌바 63, 헌재판례집 제12권 2집, 52면 이하).

야 한다」는 의무를 보다 강력히 다짐하고 있다.[1] [2] 또 교육조항에서는 「국가는 평생교육을 진흥하여야 한다」(제31조 5항)고 하여 국가의 문화책임을 강조하고 있어 이들 제 조문을 종합·검토하여 볼 때 우리나라는 문화국가(Kulturstaat)를 지향하고 있음을 알 수 있다. 헌재는 이 문화국가원리에 따른 국가의 의무를 명확히 인정하고 있다.[3] 민족문화유산을 보존하는 것은 국가의 은혜적 시혜가 아니라 국가기관의 의무이다. 이를 위하여 문화재보호법이라든가 구전통사찰보전법 등이 있었다.[4]

문예진흥기금의 부과가 문화국가주의에 합치되는가에 대하여 헌재는 위헌이라고 결정하였다.[5] 2007년 1월에 개정된 영화및비디오물의진흥에관한법률 일부개정은 영화상영관

---

1) 헌법 전문과 헌법 제 9 조에서 말하는 '전통,' '전통문화'란 역사성과 시대성을 띤 개념으로 이해하여야 한다. 과거의 어느 일정 시점에서 역사적으로 존재하였다는 사실만으로 모두 헌법의 보호를 받는 전통이 되는 것은 아니다. 전통이란 과거와 현재를 다 포함하고 있는 문화적 개념이다. 만약 전통의 근거를 과거에만 두는 복고주의적 전통개념을 취한다면 시대적으로 특수한 정치적·사회적 이해관계를 전통이라는 이름하에 보편적인 문화양식으로 은폐·강요하는 부작용을 낳기 쉬우며, 현재의 사회구조에 걸맞는 규범 정립이나 미래지향적인 사회발전을 가로막는 장애요소로 기능하기 쉽다. 헌법재판소는 이미 "헌법 제 9 조의 정신에 따라 우리가 진정으로 계승·발전시켜야 할 전통문화는 이 시대의 제반 사회·경제적 환경에 맞고 또 오늘날에 있어서도 보편타당한 전통윤리 내지 도덕관념이라 할 것이다"고 하여 전통의 이러한 역사성과 시대성을 확인한 바 있다(헌재 2005. 2. 3 선고, 2001 헌가 9·10·11·12·13·14·15, 2004 헌가 5(병합), 헌재판례집 제17권 1집, 1면 이하).

반대의견: 현행헌법상의 호주제도는 고대 이래 조선 중기까지 이어져 온 우리 고유의 합리적 부계혈통주의의 전통을 이어 받아 … 여성에 대한 실질적 차별을 내용으로 하고 있는 것으로 보기 어렵다는 점에서 평등원칙에 위반되지 아니한다(권성, 김영일).

민법의 가(家) 제도는 … 헌법상 제도보장으로 각개의 가 제도를 형성하고 유지하는 데 기여한다고 할 것이고, 각개의 가에 호주를 두고 있는 것은 우리의 전통문화에 터 잡은 것으로 봄이 상당하므로 … 호주의 관념을 도입하였다 하여 헌법에 위배된다고 볼 수 없다(김효종).

2) 제사상속과 재사용부동산상속에 관한 민법 제1008조의3 위헌소원에서 이는 전통에 합치된다고 한다(헌재 2008. 2. 28 선고, 2005 헌바 7, 헌재판례집 제20권 1집(상), 221면 이하(228면)).

「우리나라에서는 예로부터 조상숭배의 전통과 이를 기반으로 한 제사문화가 발전되어 왔고, 우리나라의 상속법제는 근대에 이르기까지 재산상속과 더불어 제사상속이 큰 비중을 차지하고 있었으며, 이러한 제사상속제도는 선조를 숭배하여 보은반은지성(報恩反恩之誠)을 극진히 하려는 유교의 예교사상에서 나온 것으로서 우리 고래의 순풍양속의 하나로 평가되었다(민의원 법제사법위원회 민법안심의 소위원회, 상속편 심의요강 심의록, 1956, 66-67쪽 참조).

제사용 재산은 이러한 우리의 전통적인 제사상속제도에 수반되는 것이고, 제사비용의 마련 등 선조에 대한 제사의 계속성을 확보하기 위하여 필요한 것일 뿐만 아니라 가통의 상징이 되는 정신적·문화적 가치를 갖는 특별한 재산으로서 가문의 자랑이자 종족 단결의 매개물이라는 특성을 지니고 있는바, 이 사건 법률조항이 정하고 있는 제사용 재산의 승계제도는 이와 같이 특별한 의미를 갖는 제사용 재산을 유지·보존함으로써 조상숭배와 제사봉행이라는 우리의 전통을 보존하는 것을 일차적인 목적으로 하고 있다. 또한 이 사건 법률조항은 제사용 재산의 승계자를 '제사를 주재하는 자'로 정하여 제사용 재산을 둘러싼 법적 분쟁, 예컨대 제사용 재산인 분묘의 철거, 분묘가 속한 임야 등의 인도 등 법적 분쟁이 발생하는 경우 그 당사자 적격과 제사용 재산에 관한 권리관계를 명확히 함으로써 '법적 안정성'이라는 공익도 도모하고 있다. 그러므로 이 사건 법률조항은 헌법 전문과 헌법 제 9 조에서 선언하고 있는 '전통문화의 계승·발전'과 '법적 안정성'이라는 공익을 입법목적으로 하고 있는 것으로서 그 정당성을 수긍할 수 있다」.

3) 헌재 2003. 12. 18 선고, 2002 헌가 2, 헌재판례집 제15권 2집(하), 367면 이하.

4) 「전통사찰보전법의 입법목적은 민족문화의 유산으로서 역사적 의의를 가진 전통사찰을 보전함으로써 민족문화의 향상을 위하여 헌법 제 9 조에 근거하여 제정된 것이다」(헌재 2003. 1. 30 선고, 2001 헌바 64, 헌재판례집 제15권 1집, 48면 이하(58면)).

5) 헌재는 문화진흥기금의 징수는 문화국가원리를 침해하는 것으로 보았다(헌재 2003. 12. 18 선고, 2002

에서 입장권 가액의 5% 이내의 범위에서 부담금을 징수하도록 하고 있다(법 제25조의2). 이것이 합헌인가도 문제된다. 헌재는 학생들의 문화향유권을 제한하는 학교보건법 규정은 헌법에 위반한다고 하여 헌법불합치 결정을 하였다.[1] 문화국가의 원리상 문화재에 대한 재산권행사는 사회적 제약성을 강하게 받기는 하나 재산권의 본질적 내용인 사적 유용성과 처분권을 부인해서는 안 된다.[2]

5. 國際平和主義

우리 헌법은 전문에서 「밖으로는 항구적인 세계평화에 이바지함으로써」라고 하여 국제평화주의를 선언하고, 그 구체적인 표현으로 헌법 제5조는 헌법전문의 평화사상을 받아 「대한민국은 국제평화의 유지에 노력하고 침략적 전쟁을 부인한다」라고 규정하고 있다. 국제평화의 유지를 위하여서는 국제협조적인 국제활동에 참여하고 국제법질서를 존중해야만 한다. 또한 헌법 제6조 1항은 「헌법에 의하여 체결·공포된 조약과 일반적으로 승인된 국제법규는 국내법과 같은 효력을 가진다」라고 규정하여, 우리나라가 국제법을 존중하며 국제사회질서에 대하여 협동할 것을 표명하고 있으며, 이에 따라 UN에도 가입하고 있다. 동조 2항은 「외국인은 국제법과 조약이 정하는 바에 의하여 그 지위가 보장된다」라고 하고 있는데, 외국인도 특별한 경우를 제외하고는 내국인과 평등한 대우를 받는다.

6. 軍의 政治的 中立性 保障

현행헌법은 「국군은 국가의 안전보장과 국토방위의 신성한 의무를 수행함을 사명으로 하며, 그 정치적 중립성은 준수된다」라고 규정하여(제5조 2항), 군의 정치개입폐단을 방지하려는 의지를 천명하고 있다. 이로써 우리 헌법사상 최초로 문민정치의 대원칙을 실효성 있

헌가 2, 헌재판례집 제15권 2집(하), 367면 이하). 「공연관람자 등이 예술감상에 의한 정신적 풍요를 느낀다면 그것은 헌법상의 문화국가원리에 따라 국가가 적극 장려할 일이지, 이것을 일정한 집단에 의한 수익으로 인정하여 그들에게 경제적 부담을 지우는 것은 헌법의 문화국가이념(제9조)에 역행하는 것이다. … 문화국가원리를 표방하고 있는 헌법정신, 공연 등을 관람하려는 수많은 국민들의 문화향유권을 직접 제약하는 것이 문화진흥기금이다」.

1) 헌재 2004.5.27 선고, 2003 헌가 1, 2004 헌가 4(병합), 헌재판례집 제16권 1집, 670면 이하(688~689면).

2) 「문화재는 '인위적·자연적으로 형성된 국가적·민족적·세계적 유산으로서 역사적·예술적·학술적·경관적 가치가 큰 것'으로, 그 성질상 수가 한정적이고, 대체불가능하며, 손상되는 경우 회복이나 재생이 현저히 곤란한 재화라는 점, 국가의 전통문화 계승·발전과 민족문화 창달에 노력할 의무를 규정한 우리 헌법 제9조의 정신에 비추어 그에 관한 재산권 행사에 일반적인 재산권 행사보다 강한 사회적 의무성이 인정된다. 따라서 일정한 문화재에 대한 보유·보관을 금지하는 것은 문화재에 관한 재산권 행사의 사회적 제약을 구체화한 것으로 재산권의 내용과 한계를 정하는 것이며 헌법 제23조 제3항의 보상을 요하는 수용 등과는 구별된다. 다만 위와 같은 입법 역시 다른 기본권에 대한 제한입법과 마찬가지로 비례의 원칙을 준수하여야 하며, 재산권의 본질적 내용인 사적 유용성과 처분권을 부인해서는 아니 된다」(헌재 2007.7.26 선고, 2003 헌마 377, 헌재판례집 제19권 2집, 105~106면).

게 하는 규범을 명문화하게 되었다.

7. 基本權尊重主義

기본권의 보장은 근대입헌주의의 특징을 이루는 것이며, 오늘날 헌법은 기본권보장규범으로서의 의의를 가지고 있다. 우리 헌법도 기본권보장주의를 헌법전문에서 선언하고, 헌법 제 2 장에서 이를 개별적으로 규정하고 있다. 특히 헌법 제10조는 기본권보장의 대원칙을, 제37조는 기본권의 존중과 제한을 규정함으로써 기본권보장의 일반원칙을 선언하고 있다.

우리 헌법상의 기본권규정은 헌법 제10조의 인간의 존엄과 가치·행복추구권을 주기본권으로 하고, 이러한 인간의 존엄과 가치·행복추구권이 개별적인 기본권으로 분화한다고 파악하여야 할 것이다. 이러한 개별적인 기본권으로서는 협의에 있어서의 인간의 존엄과 가치·행복추구권, 평등권, 자유권, 생존권, 청구권, 참정권이 있다. 또한 기본권은 직접적으로 국가권력을 구속하는 규범이며, 이 규정은 원칙적으로 민법의 공서양속의 규정에 따라 사법관계에도 (간접)적용된다고 보아야 할 것이다.

8. 福祉國家主義

현행헌법은 기본권보장에 있어서 자유권적 기본권의 보장에만 그치는 것이 아니라 생존권적 기본권보장에도 중점을 두어 복지국가의 건설을 꾀하고 있다. 복지국가(welfare state, Wohlfahrtsstaat)란 기본적으로 개인의 정치적·경제적·사회적 활동의 자유를 허용하는 자유주의에 입각하면서 경제적 자유경쟁의 결과가 낳은 여러 모순을 국가권력의 적극적 활동에 의하여 해소하는 것을 목적으로 하는 국가이다. 즉 사회적·경제적 원인에 의한 실업·질병·빈곤 등을 제거함으로써 인간으로 하여금 「인간다운 생활」을 하게 하기 위하여 재산권이나 경제활동을 규제하거나 또는 적극적으로 경제정책·사회정책을 실시하는 국가이다. 근대사회에 있어서 사회악의 근원은 빈곤이었으며, 이러한 빈곤을 해소하는 데 복지국가의 목적이 있었다. 그러나 오늘날 광공업의 발전은 필연적으로 인간의 생활환경의 파괴를 가져왔기 때문에 이러한 생활환경의 파괴에서 인간을 보호하는 것이 복지국가의 목적 가운데 하나로 추가되기에 이르렀다.

우리 헌법은 전문에서 「국민생활의 균등한 향상」을 선언하고 있으며, 기본권조항에서 「모든 국민의 인간다운 생활」을 보장하고(제34조 1항), 「사회보장·사회복지에 관한 국가의무」를 규정하며(제34조 2항), 「건강하고 쾌적한 환경에서 생활할 권리」를 보장하여(제35조 1항) 복지국가건설을 그 목적으로 하고 있음을 천명하고 있으며, 나아가서 「근로자의 고용의 증진과 적정임금을 보장하고 최저임금제를 시행하며」(제32조 1항), 근로조건의 기준을 「인간의 존엄성을 보장하도록 법률로 정할 것」을 규정하고 있고(제32조 3항), 여자·노인·청소년 및 신체장애자의 복지를 규정하고 있으며(제32조 2항, 제34조 3항·4항·5항), 상이군경과 전몰군경 및 국가유공자의 유가족에 대한 우선취업권을 부여하고(제32조 6항), 혼인과 가족생활이 「개인의 존엄과 양성의 평등」에 기초하도록 하여(제36조 1항) 복지국가주의를 실질화하고 있다. 이러한 복지국가의 달성을 위하여 경제조항을 두어 사회적 시장경제주의의 원칙을 선언하고 있다.

9. 社會的 市場經濟主義

경제사회질서의 근본원칙을 규정한 제119조는 「국가는 균형 있는 국민경제의 성장 및 안정과 적정한 소득의 분배를 유지하고, 시장의 지배와 경제력의 남용을 방지하며, 경제주체 간의 조화를 통한 경제의 민주화를 위하여 경제에 관한 규제와 조정」을 할 수 있도록 하고, 「대한민국의 경제질서는 개인과 기업의 경제상의 자유와 창의를 존중함을 기본으로 한다」라고 하고 있다.[1] 이것은 대한민국의 경제사회질서가 「모든 국민의 인간다운 생활의 보장」(제34조 1항)에 그 목적이 있음을 천명한 것이며, 우리의 경제질서의 원칙이 빈익빈 부익부를 허용하지 않고 「생활의 균등한 향상」을 기하고자 하는 사회적 시장경제주의에 근거하고 있음을 말하고 있다.[2]

그러므로 우리 헌법상의 경제질서는 원칙적으로 「개인과 기업의 자유와 창의」를 바탕으로 하는 자본주의적 경제질서가 그 본바탕이 될 것이나, 헌법은 사회적 약자를 보호하기 위한 경제사회정책에 따라 어느 정도의 경제계획과 국가의 경제규제를 예정하여 시장의 지배와 경제력의 남용을 방지하고(제119조 2항), 소비자보호운동을 보장하며(제124조), 경제적 약자의 자조조직을 육성하도록 하고 있다(제123조 5항). 농지의 소작제도는 원칙적으로 금지되며(제121조 1항), 국토의 효율적인 이용개발을 위하여 필요한 제한과 의무를 부과할 수 있고(제122조), 농·어촌 종합개발과 그 지원 등 필요한 계획을 수립·시행하며, 지역 간의 균형 있는 발전을 위하여 지역경제를 육성하며 중소기업을 보호·육성하고(제123조 1항·2항·3항), 대외무역을 육성하고 이를 규제·조정할 수 있으며(제125조), 사영기업의 국·공유로의 이전이나 경영의 통제·관리를 예외적으로 할 수 있다(제126조). 또한 국가는 과학기술의 혁신과 정보 및 인력의 개발을 통하여 국민경제의 발전에 노력하여야 하며, 대통령은 이를 위한 자문기구를 둘 수 있다(제127조).

---

1) 헌재 2008. 4. 24 선고, 2006 헌바 68(인삼산업법 제31조 제 1 항 제 3 호 등 위헌소원), 헌재판례집 제20권 1집(상), 570면 이하(580면).

「헌법 제119조는 제 1 항에서 "대한민국의 경제질서는 개인과 기업의 경제상의 자유와 창의를 존중함을 기본으로 한다"고 규정하여 자유시장경제질서를 기본으로 하고 있음을 선언하고 있으나, 한편 제 2 항에서 "국가는 균형 있는 국민경제의 성장 및 안정과 적정한 소득의 분배를 유지하고, 시장의 지배와 경제력의 남용을 방지하며 경제주체 간의 조화를 통한 경제의 민주화를 위하여 경제에 관한 규제와 조정을 할 수 있다"고 규정하여, 우리 헌법이 자유시장경제질서를 기본으로 하면서 사회국가원리를 수용하여 실질적인 자유와 평등을 아울러 달성하려는 것을 근본이념으로 하고 있음을 밝히고 있다(헌재 1998. 5. 28. 96 헌가 4 등, 헌재판례집 10-1, 522, 533～534; 헌재 2002. 7. 18. 2001 헌마 605, 헌재공보 71, 667, 673; 헌재 2003. 2. 27. 2002 헌바 4, 헌재판례집 15-1, 205, 216)」.

2) 상세한 것은 김철수, 현대헌법론, 913면 이하 참조.

Ⅳ. 韓國憲法의 特色

1. 現行憲法의 一般的 特色

(1) **제 6 공화국헌법으로서의 특색** 현행헌법은 형식적으로는 제 9 차 개정헌법이나, 실질적으로는 제 6 공화국헌법이라고 하겠다. 즉 현행헌법은 성립면에서 본다면 제 5 공화국헌법의 개정절차에 따라 국회가 성안하여 국회의 의결을 거쳐 국민투표에 회부된 것이므로 형식적으로는 개정헌법이라고 할 수 있다.

그러나 일부개정의 형식이 아닌 전면개정의 형식으로 이루어졌으며, 대통령의 권한을 축소조정하고 국회의 국정감사권을 부활하는 등 국회의 복권을 행함으로써 대통령우월적인 정부형태를 탈피하여 권력분립적 정부형태를 채택하였다는 점 및 대통령직선제를 채택함으로써 권위주의적 정부형태가 민주화되고, 정권교체의 가능성이 실질적으로 보장되었다는 점 등에 비추어 볼 때 실질적으로는 제 6 공화국의 제정헌법이라고 보는 것이 옳을 것이다.

(2) **현대적·복지주의적 헌법으로서의 특색** 현행헌법은 그것이 국민주권주의·기본권존중주의·권력분립주의·성문헌법주의·경성헌법주의에 입각하고 있기 때문에 입헌주의헌법이라고도 할 수 있다. 그러나 현행헌법은 복지국가주의에 입각하여 생존권적 기본권을 광범위하게 보장하고 있고, 국가권력에 의한 사회보장·사회복지의 증진을 꾀하고 있는 점에서, 또 사회적 시장경제주의에 입각하여 경제에 관한 규제와 조정을 예정하고 있는 점에서 현대적·복지주의적 헌법이라고 할 것이다.

(3) **자유민주국가헌법으로서의 특색** 현행헌법은 국민주권주의에 입각하면서 주권의 행사방법을 국민투표와 대표자선출에 한정하지 않고 여론을 통한 참정을 인정하고 있으며, 또 복수정당제도를 보장하여 정당의 단독지배를 부인하고 있고 권력분립주의를 채택하고 있는 점에서 공산당의 독재를 인정하고 권력의 집중을 꾀하여 최고회의를 주권기관으로 인정하는 공산국가의 헌법과는 다르다. 유신헌법은 권력집중주의에 입각한 독재주의헌법이었으며[1] 제 5 공화국헌법도 권위주의적으로 운영되었으나, 현행헌법은 자유민주국가헌법의 유형에 속한다고 할 것이다.

(4) **제 3 공화국헌법에의 복귀경향** 현행헌법은 대통령에의 권력집중을 어느 정도 완화하고 대통령직선제를 도입했으며, 제 5 공화국헌법의 이원정부제적인 면을 많이 완화하여 대통령제정부형태를 채택하고 있어 제 3 공화국헌법의 정부형태와 비슷하다. 또 국회의 국정감사권을 부활하고 연간개회일수제한을 없앴으며, 대통령의 국회해산권을 없애고 긴급명령제도를 도입하여 국가긴급권을 약화시키고 있다. 또한 기본권에 있어서도 상당수의 기본권을 새로이 추가하고 있긴 하지만, 제 3 공화국헌법에 있었던 중요 규정들을 다시

1) 제 4 공화국헌법의 특색에 관해서는 김철수, (제 4 공화국) 헌법학개론, 법문사, 1973. 1 참조.

부활하여 전반적인 기본권체제는 제 3 공화국과 비슷하다고 하겠다.

2. 基本權保障의 特色

(1) 천부인권의 불가침성 강조　현행헌법은 기본권의 천부인권성을 강조한 것이 한 특색이다. 헌법 제10조는 「모든 국민은 인간으로서의 존엄과 가치를 가지며, 행복을 추구할 권리를 가진다. 국가는 개인이 가지는 불가침의 기본적 인권을 확인하고 이를 보장할 의무를 진다」고 규정하여 기본권의 천부인권성을 강조하고 있다. 이 규정은 우리 헌법상의 기본권존중주의를 규정한 근본규범으로서 모든 기본권규정을 해석하는 근본원리이며 헌법개정의 한계를 이룬다. 이 규정은 전국가적인 국민의 기본권을 헌법상 보장함으로써 자연법규범을 실정법화하고 있으며, 국민의 인간으로서의 존엄과 가치·행복추구권이 다른 국가권력이나 국가이익에 우선함을 선언한 것이다.

구체적으로 보면 인간의 존엄과 가치는 인격의 내용을 이루는 것으로 헌법 제10조는 인격권을 규정한 것이라고 하겠다. 인격권은 넓은 의미에 있어서는 모든 기본권의 근거가 되는 주기본권이며, 좁은 의미로는 명예권, 일반적 인격권, 사생활의 비밀을 침해당하지 않을 권리 등을 포함하고 있다.

(2) 평등권의 보장　헌법은 전문에서 「정치·경제·사회·문화의 모든 영역에 있어서 각인의 기회를 균등히」 한다고 선언하고, 헌법 제11조는 「모든 국민은 법 앞에 평등하다. 누구든지 성별·종교 또는 사회적 신분에 의하여 정치적·경제적·사회적·문화적 생활의 모든 영역에 있어서 차별을 받지 아니한다」라고 규정하고 있다. 이는 법 앞의 평등을 보장하고 불합리한 차별을 금지한 것으로서, 헌법전문의 실질적 평등의 원리와 함께 민주정치에 있어 가장 중요한 기본권을 보장하고 있는 것이다. 또한 헌법 제32조 4항은 근로에 있어서의 남녀평등을 보장하고, 제36조 1항은 혼인과 가족생활에 있어서의 양성평등을 강조하고 있다.

(3) 자유권적 기본권의 보장　기본적 인권의 관념은 근세에 있어서 인간의 자아의 발견에 기한 개인주의의 토대 위에서 확립되었는데, 이에 따라서 근대헌법은 봉건적인 정치권력의 압제로부터 국민의 자유를 확보하여 기본적 인권을 확립시키려고 하였다. 따라서 기본적 인권의 보장은 근대헌법의 중핵이며, 특히 자유권의 보장이 중요한 지위를 차지하고 있었다.

자유권은 국민 각자의 자유로운 활동을 국가권력으로부터 제한·구속받지 아니하는 권리인데, 우리 헌법은 i) 신체의 자유, ii) 사회적·경제적 자유, iii) 정신적 자유, iv) 정치적 자유를 보장하고 있다.

첫째, 신체의 자유는 헌법 제12조에서 보장하고 있는데, 죄형법정주의와 적법절차조항 및 체포·구속·압수·수색의 법률주의, 묵비권의 행사, 고문을 받지 않을 권리, 영장제도와 적법절차, 변호인의 조력을 받을 권리, 체포 또는 구속이유 등을 고지·통지받을 권리, 구속적부심사를 청구할 권리, 자백의 증거능력제한 등이 규정되어 있다. 나아가 헌법 제13조는 형벌법규의 불소급을 규정하고 있으며, 모든 국민이 친족의 행위에 의하여 불이익처우를 받지 않을 권리를 인정하고 있다(제13조 3항). 형사피고인은 신속한 공개재판을 받을 권리를 가지며(제27조 3항), 무죄의 추정을 받을 권리를 가지고(제27조 4항), 불기소처분을 받거나 무죄선고를 받은 자는 정당한 형사보상청구권을 가진다(제28조).

둘째, 헌법은 사회적·경제적 자유로서 거주·이전의 자유(제14조), 직업선택의 자유(제15조), 사생활의 비밀과 자유(제17조), 주거의 불가침(제16조), 통신의 비밀보장(제18조), 재산권의 보장(제23조)을 규정하고 있다. 이들 사회적·경제적 자유는 자본주의적 자유경제체제에 있어서 필수불가결한 자유이며, 인간의 사회생활에 있어서 안전을 보장하기 위한 중요한 권리이다. 나아가 경제조항에서는 개인과 기업의 자유와 창의를 보장하고 있다.

셋째, 정신적 자유권의 중요성을 참작하여 종교의 자유(제20조), 양심의 자유(제19조), 언론·출판·집회·결사의 자유(제21조), 학문과 예술의 자유(제22조)를 보장하고 있다. 이 정신적 자유는 인격형성의 자유와 발표의 자유를 총칭하는 것으로 민주정치의 제도적 근거를 이루는 가장 중요한 자유권이다.

넷째, 정치적 자유가 규정되고 있다. 이 중 정치적 표현의 자유와 정당활동의 자유, 선거의 자유 등은 정치적 자유로서 민주정치의 필수적 요소이다.

(4) 생존권적 기본권의 보장 생존권적 기본권은 국민이 국가에 대하여 현실의 생존 또는 생활을 위하여 필요한 조건들을 국가권력이 적극적으로 관여하여 확보해 줄 것을 청구할 수 있는 권리라고 할 수 있다. 이 기본권은 사적 자치의 영역에 대한 권력적 개입을 배척하고 최대한의 경제적 자유를 용인하려는 자본주의의 분배체계의 모순으로 인한 부의 격심한 편재와 그에 따른 경제적 약자의 생존의 위협이라는 문제에 국가가 개입하여 국민 각자의 최저한도의 문화생활을 보장해 주기 위한 경제적·사회적 기본권으로서 요청되는 것이다.

우리 헌법은 생존권적 기본권(사회권적 기본권)에 관해서도 상세한 규정을 두어 국민의 인간다운 생활을 보장하고 있는데, 전문에서 실질적 평등사회건설의 이념을 계승하고, 제10조에서 인간의 존엄과 가치·행복추구권 등을 보장하며, 제34조 1항에서 「모든 국민은 인간다운 생활을 할 권리를 가진다」라고 선언함으로써 생존권적 기본권보장의 원칙을 규정하고 있다. 이를 위하여 헌법 제119조는 「국가는 균형 있는 국민경제의 성장 및 안정과 적정한 소득의 분배를 유지하고, 시장의 지배와 경제력의 남용을 방지하며, 경제주체간의 조화를 통한 경제의 민주화를 위하여 경제에 관한 규제와 조정을 할 수 있다」고 규정하고 있다. 나아가 교육을 받을 권리(제31조), 근로의 권리(제32조), 근로자의 권리(제33조), 사회보장의 권리(제34조), 혼인과 가족생활의 보장과 보건에 관한 권리(제36조) 등을 규정하고 있다. 그 밖에도 현행헌법은 복지국가주의에 입각하여 국가의 평생교육진흥의무와 사회복지증진의무, 상이군경과 그 유가족의 특별보호 등을 규정하고, 환경권(제35조), 소비자권리보호(제124조), 인간의 존엄성을 보장하는 근로조건을 법정하며(제32조 2항), 적정임금보장을 규정하고 있고(제32조 1항), 새로이 최저임금제의 시행(제32조 1항), 여자·노인·청소년의 복지향상 및 신체장애자 등의 생활보호(제34조 3항·4항·5항), 국가의 재해예방의무(동조 6항), 쾌적한 주거환경권(제35조 3항), 모성보호(제36조 2항) 등을 규정하여 복지국가주의를 보다 실효화하고 있다.

(5) 청구권적 기본권의 보장 청구권적 기본권은 Jellinek가 말한 적극적인 지위에서 나온 수익권을 생존권적 기본권과 청구권적 기본권으로 나누어, 그 중 생존권적 기본권을 제외한 전통적 수익권만을 말하는 것이다.

청구권적 기본권은 국가에 대하여 특정한 행위를 요구한다든가, 국가의 보호를 요청한다든가 하는 적극적 공권이며, 이것은 국가내적인 권리로서 국가에 대한 청구를 내용으로 하는 공권이며, 결코 법의 反射的 利益이 아니다. 우리 헌법은 i) 청원권(제26조), ii) 재판청구권(제27조), iii) 형사보상청구권(제28조), iv) 공무원의 불법행위로 인한 손해배상청구권(제29조), v) 범죄피해구조청구권(제30조), vi) 헌법소원심판청구권(제111조) 등을 규정하고 있다. 현행헌법은 특히 헌법소원심판청구권을 인정함으로써 기본권보장에 실효성을 담보하고 있다.

(6) 참정권의 보장 우리 헌법은 국민주권주의를 채택하고 있으므로 모든 국가권력은 국민으로부터 나오며 국민이 능동적으로 국정에 참여하는 권리가 인정된다.

참정권은 정치적 기본권이며, 개인으로서의 국민의 능동적인 권리라 하겠다. 이 기본권은 국민 개인의 불가양·불가침의 권리로서 대리행사시킬 수 없는 극히 개인적인 권리라고 할 것이다. 우리 헌법은 참정권에 관하여 선거권(제24조), 공무담임권(제25조)과 국민투표권(제130조, 제72조)을 규정하고 있다. 현행헌법은 대통령선거를 직선제로 함으로써 국민대표성을 강화하고 있으며, 또 선거연령을 법률로 정할 수 있게 하여 법률로써 선거연령의 인하를 가능하게 하고 따라서 참정권의 확대를 기할 수 있게 한 것이 특색이다.

(7) 기본권보장의 한계 국민의 기본권은 절대적인 것이 아니고, 국가안전보장·질서유지와 공공복리를 위하여 필요한 경우에는 법률로써 제한할 수 있다(제37조 2항). 또한 기본권은 비상계엄 아래에서나 국가긴급시에는 법률이 아닌 대통령의 긴급명령과 비상계엄령 등으로 예외적으로 제한할 수 있도록 하고 있다(제76조 2항, 제77조 3항). 또 거의 모든 기본권에 법률유보조항을 없애 기본권보장을 강화하고 있다. 기본권의 본질적 내용 침해금지규정을 두어 법률에 의한 기본권의 공동화를 막고 있으며(제37조 2항 단서), 대통령의 긴급명령, 긴급재정·경제명령의 요건을 엄격히 하고, 이에 대한 국회승인을 필수적인 것으로 하고, 국회에 계엄해제요구권을 부여함으로써 기본권제한의 예외적 조치에 제한을 가하여 기본권침해를 어렵게 하고 있다.

3. 權力構造上의 特色

(1) **권력분립주의** 제 4 공화국헌법은 권력분립주의에 입각하기보다는 권력통합주의 내지는 권력융화주의의 입장을 채택하고 있었으나 제 5 공화국헌법은 이러한 폐단을 완화하여 권력분립제도를 채택하고 있었으며, 현재의 제 6 공화국헌법은 권력분립을 보다 엄격히 하고 있다.[1] 즉 과거의 대통령에의 권력집중의 폐단을 없애고 대통령제를 채택하여 입법·행정·사법부의 분립에 의한 상호 견제·균형을 기하고 있으며,[2)3)] 대통령의 비상조치권을 폐지하고 긴급명령권·계엄선포권만을 인정하여 국가위기에 있어서 국가보위를 가능케 하면서도 국가긴급권의 남용을 억제하고 있다.

(2) **권력분산** 국가권력은 입법권·행정권·사법권으로 분리되어 각기의 담당기관에 분산되고 있다. 그러나 국가권력은 입법권·행정권·사법권의 3권으로만 분리되지 아니하고, 국민결정권과 국가긴급권, 헌법보장권 등으로도 분리되고 있다. 즉 주권행사기관으로서의 국민은 국민투표권을 행사함으로써 주권을 행사하며, 선거권을 행사하여 국회와

1) 헌법상의 정부조직을 도식화해 보면 다음과 같다.

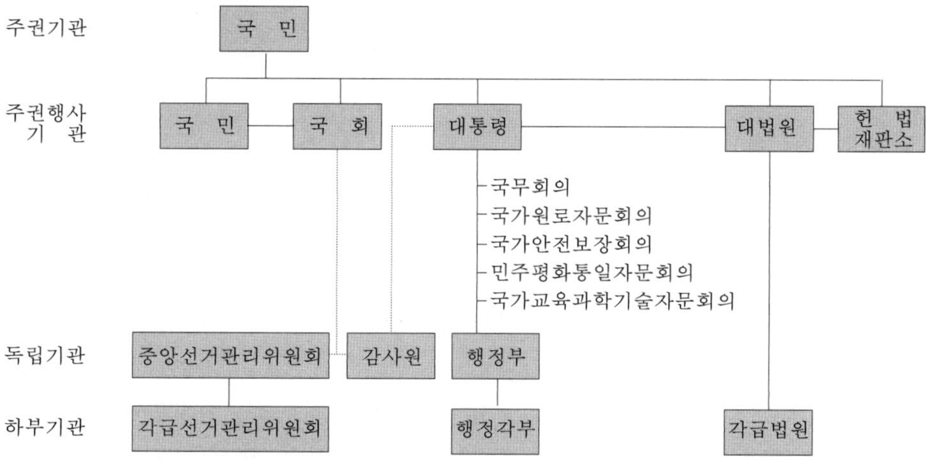

2) 헌재는 권력분립제도를 자유민주적 기본질서의 내용으로 보고 있다(헌재 1992. 4. 28 선고, 90 헌바 24, 헌재판례집 제 4 권, 225 면 이하(229 면). 同旨: 헌재 1994. 4. 28 선고, 89 헌마 221, 헌재판례집 제 6 권 1 집, 239 면 이하(259~260 면)).

「우리 헌법은 자유민주적 기본질서의 보호를 그 최고의 가치로 하여, 이를 구현할 통치기구로서 입법권은 국회에 행정권은 대통령을 수반으로 하는 정부에, 사법권은 법관으로 구성된 법원에 속하게 하는 권력분립의 원칙을 취하는 한편, 대통령은 국가의 원수로서 외국에 대하여 국가를 대표하며, 그에게 국가의 독립·영토의 보전, 국가의 계속성과 헌법을 수호할 책무를 부여하고 조국의 평화적 통일을 위한 성실한 의무를 지우고 있는 등 이른바 대통령중심제의 통치기구를 채택하고 있다」.

3) 헌법상 권력분립의 원칙이란 국가권력의 기계적 분립과 엄격한 절연을 의미하는 것이 아니라, 권력상호간의 견제와 균형을 통한 국가권력의 견제를 의미하는 것이다. 따라서 특정한 국가기관을 구성함에 있어 입법부, 행정부, 사법부가 그 권한을 나누어 가지거나 기능적인 분담을 하는 것은 권력분립의 원칙에 반하는 것이 아니라 권력분립의 원칙을 실현하는 것으로 볼 수 있다(헌재 2008. 1. 10 선고, 2007 헌마 1468, 헌재판례집 제20권 1집(상), 1면 이하(33면)).

정부를 구성하여 이들 대표기관을 통하여 주권을 행사한다. 또한 대통령은 행정권 이외에도 긴급명령권 등을 가지며, 헌법재판소는 헌법보장권을 가진다. 국가기관으로서의 국민과 대통령, 헌법재판소, 대법원, 국회는 국가권력의 최고기관 가운데 하나의 최고기관으로서 상호 견제와 균형을 할 수 있다. 국가기관으로서의 국민은 대통령을 선출하여 대통령에게 국민적 정당성을 부여하며, 대통령은 헌법재판소재판관을 임명하고(제111조 2항), 헌법재판소는 대통령에 대한 탄핵결정을 할 수 있음으로써(제111조 1항) 상호 견제관계에 있다. 또 헌법재판소는 국회의 입법을 심사함으로써 국회를 견제할 수 있고, 국회는 헌법재판소법을 만들어 헌법재판소를 견제할 수 있다.

(3) 국회·행정부·법원의 견제와 균형　　입법·행정·사법을 담당하는 국가기관으로서의 국회·행정부·법원은 어느 정도 상호 견제와 균형을 유지하고 있다.

첫째, 국회는 행정부에 대하여 국무총리임명동의권(제86조 1항), 국무총리·국무위원의 해임건의권(제63조), 중요 공무원에 대한 탄핵소추권(제65조), 예산안의결권(제54조~제57조), 조약체결·비준동의권(제60조 1항), 선전포고·국군해외파견동의권(제60조 2항), 국무총리·국무위원·정부위원 출석답변요구권(제62조 2항), 긴급명령 및 긴급재정·경제명령에 대한 승인권(제76조 3항), 계엄해제요구권(제77조 5항), 국정감사권 및 국정조사권(제61조) 등을 가져 견제할 수 있다. 또 국회는 법원에 대하여 대법원장·대법관임명동의권(제104조 1항·2항), 법원조직법률제정권(제102조 3항), 일반사면동의권(제79조 2항), 법원예산심의확정권(제54조), 긴급명령권 및 긴급재정·경제명령승인권(제76조), 계엄선포해제요구권(제77조) 등을 통하여 어느 정도의 견제를 할 수 있다.

둘째, 행정부는 국회에 대하여 국회임시회집회요구권(제47조)·법률안거부권(제53조)·국회출석발언권(제62조)·긴급명령권(제76조)·계엄선포권(제77조)·헌법개정발의권(제128조) 등을 가지고 견제할 수 있다. 또 법원에 대하여 대법원장 및 대법관임명권(제104조), 법원예산편성권(제54조), 사면·감형·복권권(제79조), 긴급명령권 및 긴급재정·경제명령권(제76조), 계엄선포권(제77조) 등을 가져 견제할 수 있다.

셋째, 법원은 국회에 대하여 위헌법률심사제청권(제107조 1항)으로, 행정부에 대하여 위헌위법명령심사권과 행정재판권(제107조 2항·3항)으로써 약간의 견제작용을 할 수 있다.

(4) 대통령제의 특색　　이와 같이 입법권과 행정권·사법권은 상호 독립하여 견제·균형하고 있으나, 기본적으로 대통령중심제를 채택하여 대통령에게 행정부의 수반으로서의 지위 이외에 국가원수로서의 지위를 부여하고 있다. 국가원수로서의 대통령은 국가의 중요정책을 국민투표에 의해 결정할 것을 발의할 수 있는 권한(제72조), 헌법개정안을 발안할 수 있는 권한(제128조), 긴급명령, 긴급재정·경제명령권(제76조)과 계엄선포권(제77조)을 가지며, 헌법재판소소장·대법원장·국무총리·감사원장·대법관·헌법재판소재판관·감사위원 기타 각급 공무원을 임명하는 권한을 가지고 있으며, 국가원로자문회의와 민주평화통일자문회의, 국가안전보장회의, 국민경제자문회의의 자문을 구할 수 있다. 대통령은 이러한 권한을

가지고 국가권력의 조정자로서 기능할 수 있으며 정당당적을 가지지 않는 경우에는 정당정치에서 초월한 중재자로서도 기능할 수 있다. 이 점에서 제 4 공화국시대의 영도자적 지위에서는 상당히 후퇴했다고 하겠다. 또 대통령선거에 있어서 국민에 의한 직선제도를 채택했으며, 임기를 5년으로 제한하고 중임을 금지한 것은 장기집권의 폐단을 막기 위한 것이다. 따라서 장기집권의 예방, 국가긴급권의 약화, 국회해산권의 배제 등이 현행헌법상의 대통령제의 특색이라고 할 수 있다.

그러나 현행헌법의 대통령제에 대해서는 여러 가지 비판이 나오고 있다. 미국식 대통령과 다르기 때문에 대통령제적으로 운영될 수 없다는 것이다. 첫째, 대통령의 재선이 금지되어 있기 때문에 대통령에게 책임을 물을 수 없으며,[1] 대통령선거시 결선투표제도가 없기 때문에 소수파 대통령이 탄생할 수 있다는 것이다. 둘째, 의원내각제의 요소가 혼합되어 있기 때문에 대통령이 국회의원과반수의 지지를 얻지 못하는 경우에는 강력한 행정권을 행사할 수 없으며, 또 대통령궐위시 민주적 정당성이 없는 국무총리가 권한대행을 하게 된다는 것이다.

이들 비판에도 불구하고 현행대통령제는 단임제이기에 장기집권에서 오는 대통령의 독재를 막고 국회와의 협조하에 민주적으로 국정을 운영할 수 있는 장점이 있다. 대통령의 전제를 막기 위하여서는 국무총리의 지위를 강화하고, 국무총리와 국무위원의 국회의원겸직을 원칙으로 하여 의원내각제적으로 운영하여야 한다는 주장도 있으며, 대통령과 국무총리가 집행권을 분점하여 二元政府制的으로 운영하여야 한다는 주장이 있다.

4. 代表制民主政治의 特色

현행헌법은 대통령에게 국가중요정책에 대한 국민투표회부권을 인정하고 있으나, 외교·국방·통일 기타 국가안위에 관한 중요정책에 한정하고 있으므로, 국민투표는 예외적인 것이며 대표제민주정치가 원칙이다.[2][3] 따라서 직접민주제적인 국민투표에 의한 통치는 위헌이며 대통령의 신임투표나 국회해산을 위한 국민투표는 부정된다. 이는 대중민주정치 내지는 우민정치, 홍위병정치를 막기 위한 것이다.[4] 과거 南美式인 대중영합정치에

1) 허영 교수는 국민이 직선한 대통령에 대해서 국민이 다음 선거를 통해 심판의 기회를 갖는 것은 대통령직선제가 추구하는 민주정치의 본질적인 요청이라고 한다(전게서, 910면). 그러나 대통령이 재임중 저지른 부정과 부패 때문에 준엄한 법의 심판을 회피하기 위하여 재선에 그치지 않고 3선·4선을 하여 죽을 때까지 재임한 이승만 대통령과 박정희 대통령의 역사적 경험을 무시한 이론이다.

2) 헌재도 「대의제민주주의도 헌법의 기본원리에 속한다」고 하고 있다(헌재 1998.10.29 선고, 96 헌마 186, 헌재판례집 제10권 2집, 600면 이하(606면)).

3) 「오늘날의 민주주의는 사실상 대의제의 형태를 띨 수밖에 없고, 선거는 국민주권 및 대의민주주의를 실현하는 핵심적인 수단인 것이다」(헌재 1995.5.25 선고, 91 헌마 44, 헌재판례집 제 7 권 1집, 687면 이하(708면). 同旨: 헌재 1994.7.29 선고, 93 헌가 3·7(병합), 헌재판례집 제 6 권 2집, 15면 이하(27면)).

4) 「우리 헌법이 국민주권의 실현에 있어서 대의제를 원칙으로 삼고 예외적으로 단 두 가지의 경우에 한하여 그것도 國民發案을 배제하는 매우 제약적인 직접민주주의적 요소를 수용하고 있다는 점에 비추어

대한 향수를 부정하는 원리이기도 하다. 따라서 선거제도가 중요한 기능을 한다.[1] 민주주의를 파괴하려는 민주주의의 적에 대해서 투쟁하는 방어적 민주주의(전투적 민주주의)가 보장되어 있다.[2]

5. 憲法裁判所制度의 特色

현행헌법은 제 2 공화국헌법과 같이 헌법재판소제도를 두고 있다. 헌법재판소는 헌법보장기구로서 위헌법률심사권과 헌법소원심판권, 탄핵결정권, 정당해산결정권, 권한쟁의심판권 등을 가져 국가권력의 남용을 규제하고 있다. 특히 공권력의 행사 또는 불행사로 인한 기본권침해의 구제를 위한 헌법소원제도는 국민의 기본권보장을 위한 중요한 기능을 다하고 있다.

그러나 독일과는 달리 추상적 규범통제권을 인정하지 않고 재판에 대한 憲法訴願을 인정하지 않는 점 등 개선할 점이 많다.

6. 憲法改正節次의 特色

현행헌법은 제 5 공화국헌법과 마찬가지로 헌법개정절차를 일원화하고 있다. 발안은 대통령과 국회의원이 할 수 있도록 했으며, 국회의 의결과 국민투표를 필수적으로 한 것이 특색이라고 하겠다. 헌법개정에 관하여는 「대통령의 임기연장 또는 중임변경을 위한 헌법개정은 그 헌법개정제안 당시의 대통령에 대하여는 효력이 없다」(제128조 2항)고 하는 헌법개정효력의 한정적 不遡及規定을 두어 과거의 장기집권의 폐습을 시정하고자 한 것이 특색이다.

헌법 제72조는 예외조항에 해당하며, 이와 같은 원칙과 예외의 관계에서 볼 때, 예외에 속하는 규정은 확장적으로 해석되어서는 아니 되고 축소적이고 엄격하게 해석되어야 하며, 또한 헌법규범 상호간의 긴장관계와 부조화현상을 가능한 한 최대한으로 완화시켜 헌법 전체로서의 조화가 이루어질 수 있도록 해석하여야 할 것이다」(헌재 2003.11.27 선고, 2003 헌마 694·700·742(병합), 헌재판례집 제15권 2집(하), 350면 이하(반대의견)).

1) 「국민투표는 직접민주주의를 실현하기 위한 수단으로서 '사안에 대한 결정' 즉, 특정한 국가정책이나 법안을 그 대상으로 한다. 따라서 국민투표의 본질상 '대표자에 대한 신임'은 국민투표의 대상이 될 수 없으며, 우리 헌법에서 대표자의 선출과 그에 대한 신임은 단지 선거의 형태로써 이루어져야 한다. 대통령이 자신에 대한 재신임을 국민투표의 형태로 묻고자 하는 것은 헌법 제72조에 의하여 부여받은 국민투표부의권을 위헌적으로 행사하는 경우에 해당하는 것으로, 국민투표제도를 자신의 정치적 입지를 강화하기 위한 정치적 도구로 남용해서는 안 된다는 헌법적 의무를 위반한 것이다」(헌재 2004.5.14 선고, 2004 헌나 1, 헌재판례집 제16권 1집, 609면 이하).

2) 방어적 민주주의는 나치스가 바이마르 헌법을 파괴한 데 대한 반성으로 민주주의의 절대적 적에서부터 민주주의를 보호하려는 제도이다. 우리나라에서도 위헌정당의 해산, 국민기본권의 제한 등을 통하여 보호하고 있다.

제 2 장　大韓民國의 構成要素와 國家形態

제 1 절　國家의 槪念

Ⅰ. 國家의 槪念과 特質

1. 國家의 槪念

국가(State, Staat, État)의 개념은 다의적이나, 일반적으로 국가란 「일정한 지역을 지배하는 최고권력에 의하여 결합된 인류의 집단」이라고 할 수 있을 것이다. 즉 국가는 지역적 사회이며, 일정한 토지에 정착한 인민의 사회계약이나 지배복종계약에 의하여 지배관계가 성립된 인간의 집단이라 할 것이다.

2. 國家의 特質

(1) 지역사회　　국가는 일정한 지역을 존립의 기초로 하는 지역사회이다. 이 점에서 국가는 주식회사나 사회단체와 같이 일정한 지역을 존립요건으로 하지 않는 사회와 구별된다.[1)]

(2) 통치권에 의하여 조직된 사회　　국가는 일정한 강제력에 의하여 그 구성원의 의사와 행위를 통제하고 복종시켜 국가의 목적을 달성하는 지배적 권력을 가지고 있다. 물론 어떤 사회든지 질서유지를 위하여 그 구성원에 대하여 어느 정도의 지배권을 가진다. 그러나 국가 이외의 다른 사회는 그 지배권의 행사가 구성원의 임의적 가입·탈퇴 및

---

1) 국가와 사회의 관계에 대해서는 여러가지 학설이 대립되고 있다. 이것은 정치학이나 국가론에서 다루고 있기 때문에 생략한다. 약간의 논문을 보면 다음과 같은 논문들이 있다. Ermacora, Allgemeine Staatslehre, 2 Bde, 1970; Kelsen, Allgemeine Staatslehre, 1925; Loewenstein, Verfassungslehre, 1959; von Hippel, Allgemeine Staatslehre 2. Aufl. 1967; Nawiasky, Allgemeine Staatslehre, 3 Bde, 1945-1952; Goldwin(ed.), A Nation of State, 1962; 杉原泰雄, 憲法と國家論, 2006; 이성환, 국민국가의 변천과 헌법의 과제, 법학논총(국민대) 10권, 1998; 김일영, 한국역대헌법에 나타난 국가-사회관계, 한국정치학회보 34.2, 2000. 8; 권영설, 21세기의 국가체제와 헌법적 과제, 법학논문집(중앙대) 25권 1호, 2001; 김효전, 근대한국의 국가사상, 철학과 현실사, 2000; 슈나이더, 시민사회와 국가-「시민국가」의 헌법이론에 관한 고찰(동아법학 26권, 1999); Depenheuer, Der Gedanke der Kooperation von Staat und Gesellschaft(법제연구 제20권, 2001); Heller, Staatslehre(홍성방 역, 민음사 1997); Jellinek, Allgemeine Staatslehre(김효전역, 일반국가학); Böckenförde, Die verfassungstheoretische Unterscheidung von Staat und Gesellschaft als Bedingung der individuellen Freiheit(김효전 역, 국가와 사회의 헌법 이론적 구별), 1989; Kriele, Einführung in die Staatslehre(국순옥 역, 일반국가학).

자발적인 복종을 전제로 하는 데 반하여, 국가는 그 행사가 구성원의 의사와는 관계 없이 이루어지는 무조건적인 지배권, 즉 통치권을 가진다. 따라서 국가는 통치권에 의하여 조직된 사회라고 할 수 있다.[1)]

(3) 최고독립의 지역사회　　국가는 식민지·지방자치단체 등의 다른 지역적 사회단체와는 달리 주권을 보유하고 있으므로 최고독립성을 가진 지역적 사회인 점에 그 특색이 있다.

Ⅱ. 國家의 發生 및 本質에 관한 理論

1. 國家의 發生에 관한 學說

국가의 성립은 두 가지 경우를 구별하여 생각할 필요가 있다. 하나는 국가일반의 성립이고, 다른 하나는 개별국가의 성립이다. 여기에서는 국가일반의 성립, 즉 국가의 발생은 어떻게 하여 이루어졌는가가 문제된다. 국가의 발생에 관해서는 다음과 같은 이론들이 있다.[2)]

(1) 가 족 설　　이 설은 국가가 가족에서 발생하였다는 학설로서, 가족이 씨족을 형성하고 씨족이 부족을 형성하고 부족이 국가를 형성하였다는 생물학적 학설이다. 그러나 역사적인 사실로 보아서는 그 근거가 희박하다.

(2) 실 력 설　　이 설은 국가를 권력관계로 인정하여 한 종족의 다른 종족에 대한 또는 한 종족 내에 있어서의 한 계급의 다른 계급에 대한 폭력적 지배의 성립에서 국가의 발생근거를 찾으려는 학설이다. 이에는 i) 중농학파의 주장인 농경시대에 있어서의 토지소유자의 지배복종설과, ii) 경제이론파가 주장하는 부자가 빈자로부터 소유권을 확보하기 위한 부자의 빈자에 대한 지배관계설, iii) 진화론자들이 주장하는 정복설, iv) 빈자계급을 착취하기 위하여 국가가 발생했다는 착취설 등이 있다.

(3) 계 약 설　　이 설은 국가발생의 원인을 계약에서 구하는 것으로서, 유럽의 전통적인 계약사상에 그 근거를 가지고 있다. 이에도 i) Hobbes의 국가적 지배설정을 위한 복종계약설, ii) Locke의 국가적 지배설정을 위한 위임계약설, iii) Rousseau와 Kant의 개인의 권리의 국가신탁설 등이 있다. 계약설은 국가의 성립을 역사적으로 해명하려는 것이 아니고, 국가의 본질을 설명하기 위한 이론적 가설로서 중요한 의의를 지니고 있다.

---

1) 국가에 관한 문헌은 부지기수로 많다. 그 중 중요한 것을 들면, Jellinek, Allgemeine Staatslehre(김효전 역, 일반국가학); Krüger, Allgemeine Staatslehre, 1970; Zippelius, Allgemeine Staatslehre, 13. Aufl., 1999; Herzog, Allgemeine Staatslehre, 1971; Isensee, Staat und Verfassung, in: Handbuch des Staatsrechts, (앞으로는 HbStR로 약칭) Bd. I, S. 591ff.; 강경근, 헌법국가론, 법학논총(숭실대) 11, 1998, 191～212면; 강경근, 국가의 헌법상 본질, 고시 Journal 15, 1996. 6, 14～24면.

2) 한스 켈젠, 통합으로서의 국가(김효전역), 1994; 김효전, 국가개념의 구체성과 역사성, 성균법학 19, 1986, 133～141면; 권영설, 한국헌법학에 있어서의 국가이론의 과제, 중앙대논문집(사회과학) 31, 1989. 1, 79～98면; 이승우, 국가와 국가권력의 본질과 과제, 헌법학연구 7. 4, 2001, 9～31면; 佐藤立夫, 新版憲法原論; 杉原泰雄, 憲法總論; 清宮四郎, 國家構造論 등 참조. 허영 교수는 이에 대하여 외생적 국가발생설과 내생적 국가발생설로 구분하고, 후자는 분업설, 가족설, 영토설, 계약설, 실력설, 계급투쟁설 등으로 나누어진다고 한다(헌법이론과 헌법, 박영사, 1995, 134～137면).

오늘날 이성적 자연법 이론에서는 인간이 이성에 근거한 자연법에 따라 국가를 형성했다는 자연법적 계약이론이 지배적이다.

2. 國家의 本質에 관한 學說

(1) 학 설　　국가는 이를 파악하는 사람의 입장에 따라서 생물학·철학·사회학·경제학·정치학·법학 등의 관점에서 설명된다. 또 국가의 본질에 관하여 이를 특정한 일관점에서만 고찰하는 일원론과 국가는 복잡하고 다면적인 성질을 가지고 있으므로 이러한 성질을 충분히 설명하기 위해서는 두 가지 내지 다원적 방법에 의하지 않으면 안 된다는 이원론 및 다원론이 대립하고 있다.

1) 일원적 국가론　　일원론은 그 관점과 방법에 따라 여러 가지로 나누어지나 사회학적 방법·경제학적 방법·법학적 방법으로 대별할 수 있다.

(a) 사회학적 국가론　　사회학적 국가론은 그 수가 많으나, 그 공통적인 특색은 국가론의 기초를 사회학에 두는 점이다. 이 설은 사회 또는 국가를 개인의 총화를 초월한 특수한 실체라든가 단체적 단일체 또는 유기체라고 보지 아니하고, 개개인의 관계나 활동이 있어야만 이에 따라 사회나 국가가 성립한다고 보는 것이다.

(b) 경제학적 국가론　　경제학적 국가론이란 국가를 경제적 관점에서 파악하는 이론으로서 Marxist들이 주장하고 있다. 그들은 국가의 성립과 국가의 본질을 일정한 생산관계의 유지를 목적으로 하는 지배조직으로서 파악하고 있다. 이 학설은 Marx·Engels 등에 의하여 주장되고 있다.

(c) 법학적 국가론　　법학적 국가론은 국가를 법학적 관점에서 파악하여 국가가 다른 사회와 구분되는 결정적인 점은 법에 있다고 보아 국가의 본질을 설명하고 있다. Kelsen의 법·국가 동일론은 그 대표적인 학설인데, 그에 의하면 국가는 규범질서로서의 법질서 이외의 아무것도 아니라고 한다.

2) 이원적 국가론　　이원적 국가론을 주장하는 사람은 많은데, 그 대표적인 학자인 Jellinek의 학설을 살펴보면, Jellinek는 국가의 완전한 인식에는 국가의 사회학적 인식과 국가의 법학적 인식이 필요하다고 주장한다. 그는 사회학적 국가개념을 「원시적 통치권을 갖는 정주하는 인간의 단체적 통일체」라고 정의하고, 법학적 국가개념을 「원시적 통치권력을 가진 정주하는 국민의 사단(Körperschaft)」이라고 정의하고 있다. 그는 국가법인설을 주장하여 통치권의 주체는 법인인 국가라고 보아 군주주권주의나 국민주권주의에 반대하였다.[1)]

3) 다원적 국가론　　다원적 국가론은 국가는 그 영역 안의 모든 사회를 포함하는 이른바 전체사회(community)가 아니고 노동조합·학교·교회 등과 같이 하나의 부분사회(association)에 불과하며, 치안유지를 유일의 목적으로 한다고 파악하는 이론으로서 MacIver·Cole·Laski 등의 사회학적 국가론자들이 주장하는 것이다. MacIver는 community와 association을 구분하여 국가도 association의 일종이며, 다른 association과 구분될 따름이라고 하고 있으며, Cole은 community와 society를 구분하여 국가는 society(결사)에 불과하다고 한다.

---

1) 국가법인설에 관해서는 Jellinek, Allgemeine Staatslehre, 3. Aufl., 1966. 栗木壽夫, 19世紀ドイツ憲法理論の硏究, 1997; 杉原泰雄, 憲法と國家論, 2006; 家永三郎, 日本近代憲法思想史硏究, 1967; 杉原泰雄, 講座 憲法學の基礎 4, 憲法思想; 김효전 편, 독일의 국가관에 관한 연구 등 참조.

(2) 私 見　이와 같이 국가의 본질에는 여러 가지 학설이 있으나 국가의 지역사회성, 국가의 인적조직성, 국가의 통치조직성은 부인할 수 없을 것이다. 이 점에서 국가의 구성요소가 타사회와의 구별요인이 된다고 할 것이다.

제 2 절 大韓民國의 構成要素

국가는 일정한 지역을 존립요건으로 하고 나아가 그 주민을 지배하는 통치단체이기 때문에 국가는 주권과 국민과 영토를 필수적인 구성요소로 하고 있다. 주권과 국민과 영토를 국가의 3요소라고 한다.1)

우리 헌법도 대한민국의 3요소로서 주권과 국민과 영토에 관해 규정하고 있다. 헌법 제 1 조 2항은 주권은 국민에게 있음을 규정하고, 제 2 조는 국민이 되는 요건은 법률로 정하도록 하고 있으며, 제 3 조는 영토를 규정하여 한반도와 그 부속도서로 한다고 규정하고 있다.

I. 大韓民國의 主權과 國家權力

1. 主權槪念의 歷史的 發展

(1) 주권개념의 성립　주권(sovereignty, Souveränität, souveraineté)이라는 말은 라틴어 superanus로부터 유래한 것으로 근세에 이르러 국가의 최고독립성을 상징하는 개념으로 사용되었다. Bodin은 1576년의 「국가에 관한 6편」에서 주권을 통치권에서 구별하여 「주권이라 함은 공화국의 절대적이고 항구적인 권력이다」(La souveraineté est la puissance absolue et perpétuelle d'une République)라고 말하고 있다. 이러한 Bodin의 주장에 따라 그 뒤 근세국가의 성립과 더불어 국가권력의 최고독립성을 의미하는 주권개념이 확립되었다.2)

(2) 주권이론의 발전　Bodin에 의하여 주권개념이 정립된 후 주권이 최종적으로 누구에게 있느냐 하는 것이 논의되었다. 그 대표적인 학설이 군주주권설·국민주권설·국가주권설이다.

---

1) 주권 대신에 국가권력을 드는 사람들이 있다(Jellinek). 이러한 요소설에 대해서는 찬반양론이 있다. 반대론자로는 Smend(Verfassung und Verfassungsrecht[1928], S.8/9, 55); Burdeau(Traité de sciences politiques Ⅱ[Paris, 1949], p.68f., 198; Burdeau, Ⅲ[Paris, 1950], p.34)가 있다. 1933년 12월 26일의 국가의 권리의무에 관한 Montevideo 조약 제 1 조는 국가의 개념을 다음과 같이 규정하고 있다. "The State as a person of international law should possess the following qualifications (a) permanent population (b) a defined territory (c) government, and (d) capacity of enter into relations with the other state." 이 정의도 三要素說에 근거하고 있다고 하겠다. 3요소설은 법실증주의라고 하여 비판되고 있다. 그러나 우리 헌법은 명백히 3요소설에 입각하고 있다.

2) 주권이론의 발전에 관해 상세한 것은 김철수, 비교헌법론(상), 147~149면 참조.

1) 군주주권설 Bodin에 의하여 대표되는 학설로서 주로 왕권신수설 등에서 유래하는데, 초국가적인 교황이 아닌 국왕의 권력이 절대적·항구적인 최고권이며, 그것은 단일·불가분·불가양의 주권이라고 주장하였다. Hobbes는 국민의 복종계약설에서 군주주권론을 주장하였다.

2) 국민주권설 이에 대하여 Althusius·Locke·Rousseau는 국민에게 주권이 있다는 국민주권설을 주장하였다. 국민주권설은 자연법학자에 의하여 주장된 것으로, 사회계약설에 따라서 국민은 자연권을 국가권력에 전면적으로 이양한 것이 아니며, 따라서 국가권력의 정당성은 국민에게 있음을 명백히 하였다. Rousseau는「국가권력의 기초는 총의에 있는바, 총의는 국민의 의사이며, 따라서 국민이 주권자이다」라고 말하고 있다.

3) 국가주권설 이에 대하여 19세기 후반부터 독일의 법실증주의자들은 국가법인설과 국가주권설을 주장하게 되었다. 이것은 국민주권설에 반대하는 보수적 입헌군주제의 이념에서 나온 것이라 하겠다.

4) 현대국가의 주권이론 국가주권설은 제1차 세계대전 후 C.Schmitt를 거쳐 Heller에 이르러 국민주권론으로 복귀하게 되었고 제2차 세계대전 후에는 국민주권론의 전성기를 맞이하였다.[1] 일본에서는 국민주권론은 국민주권과 인민주권으로 구분하여 논의하고 있다. 이것은 국민이 전체국민을 말하느냐 유권자 전체를 말하는가에 따른 구분이라고 하겠다.[2] 국민주권(nation 주권)과 인민주권(peuple 주권)의 대립을 지양하려는 시민주권론도 나오고 있다.[3]

2. 主權과 國家權力

(1) 주권의 개념 「주권」(Souveränität)은 i) 국가의사를 결정하는 최고의 원동력으로서도 파악되고, ii) 국가의 정치형태의 최고결정권으로서도 인정되며, iii) 국가권력 자체의 의미로도 사용되고, iv) 국가권력의 최고독립성을 나타내는 의미로도 사용된다. 주권은 대내주권과 대외주권으로 나누어진다.

1) 대내주권 주권은 대내적으로는 다른 어떤 권력에 대해서도 우월한 최고의 권력을 말한다. 이를 대내주권이라고 하며 주권은 다른 어떤 자의 의사에도 우월하기 때문에 이를 최고성이라고 한다.

2) 대외주권 주권은 대외적으로는 다른 자의 의사로부터 독립하여 활동할 수 있는 독립성을 가진다. 이것을 대외주권이라고 하며 외부세력에 대하여 자주독립적임이

---

1) 주권개념에 대해서는 찬반양론이 있다. 상세한 것은 Gierke, Althusius, 4. Aufl., S.285. 반대론자는 Lord Coke, Arumäus, Althusius.

2) 우리나라에서도 주권개념의 실체성을 부정하는 견해가 있다. 그들은 주권개념실체긍정설은 선재하는 주권을 전제로 하나 오늘날 국민을 떠난 주권은 존재할 수 없다. 또한 주권을 행사하는 행동통일체로서 국민 또한 존재할 수 없는 허구적·의제적인 것이라 한다(허영, 전게서, 137면; 정종섭, 헌법연구 Ⅰ, 290～292면).

3) 일본에 있어서의 주권론에 대해서 간단한 것으로는 渡辺康行, 國民主權論の榮枯, 憲法の爭点, 10면 참조. 상세한 것으로는 杉原泰雄, 國民主權の研究, 1971; 杉原泰雄, 國民主權と國民代表, 1983; 樋口陽一編, 講座憲法學 2, 主權と國際社會, 1995 참조.

특색이다. 이것을 국제법적 주권이라고 하는 설도 있다(Doehring).[1)]

(2) 주권의 내용 주권은 일반적으로 실질적 내용에 따라[2)] 自主組織權·領民高權·領土高權으로 나눌 수 있다.

1) 자주조직권(Selbstorganisationsfähigkeit, Verfassungsautonomie) 주권의 일내포로서 외부로부터 독립하여 자주적으로 국가기관을 조직하고 국가권력을 수권하는 권한이 나온다. 이것은 국가통치형태의 최고결정권으로서, 헌법제정권이 이에 속한다고 하겠다.[3)]

2) 영민고권(Personalhoheit) 주권의 일부로서 국민을 지배하는 국가의 권력이 나온다. 국가권력은 국민에 대한 지배권을 포함하므로 국내거주국민뿐만 아니라 해외에 거주하는 국민도 지배하고 보호할 수 있는 권한을 가진다.

3) 영토고권(Gebietshoheit) 주권의 일부로서 영토를 지배하는 국가권력이 나온다. 이것은 영역 안에 거주하는 사람과 물건을 지배할 수 있는 권력으로서, 국내거주 외국인에 대하여서도 지배권이 미치는 것은 이 때문이다.

(3) 주권과 국가권력·통치권

1) 통치권의 개념과 주권과의 관계 통치권(Herrschaftsrechte)은 국가목적의 실현을 위한 지배권을 총괄적으로 말하는 것이다. 프랑스 제 5 공화국헌법이 「국가의 주권은 국민에게 속하며, 국민은 그들의 대표자나 국민투표를 통하여 이를 행사한다」고 한 것은 주권을 통치권으로 파악한 것이다.[4)]

우리 헌법이 「주권은 국민에게 있고 모든 권력은 국민으로부터 나온다」고 할 때 모든 권력은 국가권력을 말하는 것으로 이것은 통치권과 같은 의미이다.[5)] 주권은 국민에게 있

---

1) 오늘날 대외주권의 최고절대성은 점차로 부정되고 있다. 처음에는 최고절대적인 것으로 인정되었으나 국제관계의 변화, 특히 국제법의 진화에 따라서 그 절대성은 차차로 후퇴하여 오늘날에는 국가의 독립성을 의미하는 데 그치고 있다.

2) 국가법인설을 주장하는 입장에서는 주권을 통치권으로 보아 국가에 귀속한다고 보나 주권은 국민에게 있고 국가는 통치권한을 가진 법인(Persönlichkeit)이며, 국회·정부·법원은 이들 국가권한을 나누어 행사한다고 보아야 할 것이다.

3) 주권을 국가의사를 결정하는 원동력으로 보고 통치권을 주권의 일부로 보는 입장에서는 자주조직권에 헌법제정권이 포함된다고 보는 것은 당연하다. 권영성 교수는 연방국가의 지분국가는 주권을 가지지 않는다고 하고 있는데(전게서, 108면), 지분국가가 헌법제정권력을 가지고 지분국헌법을 제정한 뒤 국약헌법으로 연방헌법을 제정한 역사적 과정에서 볼 때 헌법제정권은 지분국국민에게 있었는데 지분국에는 주권이 없다고 할 수 있을지 의문이다. 권 교수도 주권에는 한계가 있다고 본다(전게서, 114면).

4) 구병삭, 전게서, 87～88면. 반대: 권영성 교수는 주권을 헌법제정권력으로 보고, 통치권은 주권의 위임에 따라 조직되고 주권에 종속하는 권력이라고 한다(전게서, 60면). 주권을 헌법제정권력이라고 보고, 절대성·독립성만을 강조하는 견해는 타당하다고 할 수 없다. 주권의 절대성·독립성의 원칙은 실정헌법에 의해서도 포기되고 있는 것이 현실이다. 독일기본법은 제24조에서 주권의 일부를 국제기관에 이양할 수 있게 규정하고 있으며, 평화유지를 위한 주권의 제한에도 동의하고 있다. 프랑스 제 5 공화국헌법도 공동체의 구성국가가 독립할 수 있도록 규정하고 있다(제12장 공동체 참조). 주권을 통치권과 완전히 구분하는 경우 주권은 공허한 것이 되고 만다. 헌법제정권력은 1회 행사되면 새 헌법 제정시까지 기능하지 않는 데 대하여 주권은 항존하여 항시 행사되는 것이다.

5) 국가권력을 주권과 통치권의 합인 것으로 설명하는 사람이 있으나, 주권은 국민이 가진 권력이고 통치권은 국가가 가진 권력이기 때문에 이것을 구분해야 하며, 국가권력(Staatsgewalt)이라고 할 때는 통치권

으나 통치권은 국가에 있다고 하겠다.[1]

2) 통치권의 특성 이 통치권은 주권과 달리 다음과 같은 특성을 가진다.

(a) 가분적 권력 통치권은 국가목적을 수행하기 위하여 조직된 권력으로 가분적이다.

(b) 제한적·상대적 권력 통치권이 주권에서 나오는 권력이라고 하더라도 그것이 절대적·무제한적 권력인 것은 아니다. 주권자가 이를 제한할 수도 있으며 필요에 따라 그 행사방법을 제약할 수 있는 상대적 권력이다.

3. 大韓民國의 主權과 國家權力

(1) 대한민국의 주권과 국가권력 대한민국의 주권에 관하여 헌법은 제 1 조 2항에서 「대한민국의 주권은 국민에게 있고, 모든 권력은 국민으로부터 나온다」고 규정하고 있다.[2] 이것은 우리 헌법이 국민주권주의를 채택하고 있음을 천명한 것이다. 여기서의 「주권」은 국가권력의 최고독립성 또는 국가의사를 결정하는 원동력을 말하며, 「모든 권력」은 주권의 내용으로서의 국가권력, 통치권을 말한다고 할 것이다. 국가권력으로서의 통치권은 그 기능에 따라 입법권·집행권·사법권으로 구분된다.

(2) 북한의 헌법상 지위 북한지역에도 대한민국의 주권이 미치는지와 북한의 헌법상 지위에 관해서는 학설과 판례가 대립되고 있다.

1) 학 설

(a) 국 가 설 국제법우위론을 주장하는 국제법학자들은 남북한이 UN에 동시

을 말한다. 법실증주의자는 국가권력과 주권, 통치권을 엄밀히 구분한다. Jellinek는 국가법인설을 주장하면서 법인격을 가지고 권리의 주체인 국가의 의사를 국권(Staatsgewalt), 이 국가의사의 속성으로서의 최고독립성을 주권(Souveränität), 국가의사의 내용을 이루는 제권리(입법·행정·사법 등)를 통치권(Herrschaftsrechte)이라고 구분하고 있다. 통치권은 국가의 권력을 말한다. 독일은 2차대전 후 주권을 가지지 못하였다고 하여 헌법제정권력을 행사할 수 없었다고 한다. 그러나 통일이 되면서 주권을 회복하였다고 본다. Blumenwitz, Die Souveränität der BRD, FS für Lerche, 1993, S. 385; Zippelius/Würtenberger, Deutsches Staatsrecht, 32. Aufl, S. 27f.

1) 이를 도식화하면 다음과 같다.

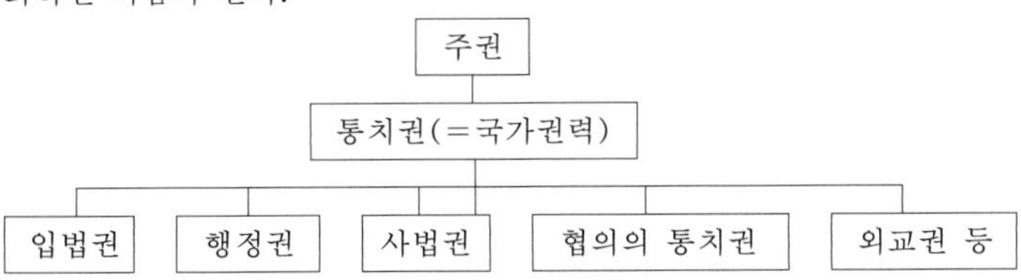

2) 「대한민국의 주권은 국민에게 있고, 모든 권력은 국민으로부터 나온다(헌법 제 1 조 제 2 항). 따라서 누가 대한민국의 국민인가는 필수적인 헌법사항이다. 우리 헌법은 제헌 헌법 이래 지금까지 대한민국의 국민이 되는 요건을 법률로 정하도록 하여 왔다. 그런데 우리 국적법은 혈통주의를 택하여 대한민국 국민의 자녀는 대한민국 국적을 취득한다고 규정하고 있을 뿐 1948. 12. 20. 국적법 제정 이래 누가 최초의 대한민국 국민인지에 관해서는 명문의 규정을 두지 아니하여 왔다」(헌재 2006. 3. 30 선고, 2003 헌마 806, 헌재판례집 제18권 1집(상), 381면 이하(396면)).

가입하였기 때문에 북한에도 주권이 있다고 하여 독립국가로 인정하고 있다.[1]

(b) 반국가단체설 국내법우위론을 주장하는 국내법학자들은 북한에는 주권이 없고 대한민국만이 유일합법국가이고 북한은 영토를 참절한 반국가단체라고 한다.[2]

(c) 사실상 정부설 헌법 제 3 조의 규범력을 인정하면서 남북기본합의서 등을 체결한 점을 감안하여 법적 국가가 아니고 사실상의 정부로 인정하되 대한민국과 북한과의 관계는 특수관계라고 본다.[3]

2) 판 례 대법원과 헌법재판소의 판례는 북한을 반국가단체로 보고 있다.

(a) 대법원 판례 「북한은 6·25 전쟁을 도발하여 남침을 강행하였고, 휴전 이후에도 대한민국에 대하여 도발행위를 계속하고 있으며, 그 헌법과 형법에 적화통일의 의지를 드러내고 있을 뿐 아니라 막강한 군사력으로 대한민국과 대치하면서 대한민국의 자유민주적 기본체제를 전복할 것을 완전히 포기하였다는 명백한 징후를 보이지 않고 있어 우리의 자유민주적 기본질서에 대한 위협이 되고 있음이 분명한 상황에서, 대한민국의 헌법과 남북교류협력에 관한 법률이 평화통일원칙을 선언하고 제한적인 남북교류를 규정하고 있다거나, 우리 정부가 북한당국자의 명칭을 쓰면서 남북국회회담과 총리회담을 병행하고 정상회담을 도모하며 유엔 동시가입을 추진하는 등 한다 하여 북한이 국가보안법상의 반국가단체가 아니라 할 수 없다」.[4]

(b) 헌법재판소 판례 「우리 헌법재판소는 현단계에서의 북한은 조국의 평화적 통일을 위한 대화와 협력의 동반자임과 동시에 대남적화노선을 고수하면서 우리 자유민주주의체제의 전복을 획책하고 있는 반국가단체의 성격도 함께 가지고 있다고 보았고(헌재 1997.1.16. 92 헌바 6등, 헌재판례집 9-1, 1, 23~24), 이 같은 시각은 '북한은 대남적화혁명노선을 변경함이 없어 그 노선에 따른 각종 공작과 도발을 여전히 자행하면서 대한민국의 존립·안전이나 자유민주적 기본질서를 위태롭게 할 각종 활동을 계속하고 있으므로…'라는 결정까지 계속 유지되어 왔다(헌재 1998.8.27. 97 헌바 85, 헌재판례집 10-2, 407, 415; 그 밖에 1997.6.26. 96 헌가 8 등, 헌재판례집 9-1, 578, 592 참조). 북한의 위와 같은 대남적화전략이 변경되었다고 확신할 상황의 변화가 없고, 남북한이 엄연히 정전협정에 의하여 군사적 대치관계를 유지하고 있으며, 북한이 6·25 도발에 대한 사죄와 민간인 학살 등 그 동안의 비인도적 행위에 대한 반성의 태도를 전혀 나타내지 않고 있다」.[5]

3) 私 見 헌법 제 3 조에 의하여 북한지역에도 대한민국의 주권이 미치고 있는 점에서 헌법을 개정하거나 명시적으로 북한을 국가로 승인하지 않는 한 주권국가라고

1) 이장희, 남북한통일방안의 법제도적 수렴가능성, 사법행정 390 호(93.6), 33 면.

2) 박윤흔, 남북기본합의서의 이행에 따른 남북교류협력법령의 보완·발전방향, 서울대학교 법학 34 권 1 호(93.2), 1 면 이하 참조.

3) 북한의 헌법상 지위에 대한 학설대립에 대해서는 양건, 헌법강의, 2009, 127면 이하, 138면 참조.

4) 대판 1991.4.23, 91 도 212, 공보 1991, 1558. 同旨: 대판 1991.2.8, 90 도 2607, 공보 1991, 1007; 대판 1992.8.14, 92 도 1211, 공보 1992, 2711; 대판 1992.8.18, 92 도 1244, 공보 1992, 2799; 대판 1993.9.28, 93 도 1730, 공보 1993, 3008; 대판 1993.10.8, 93 도 1951, 공보 1993, 3120; 대판 1994.5.24, 94 도 930, 공보 1994, 971(70).

「북한이 우리의 자유민주적 기본질서에 위협이 되고 있음이 분명한 상황에서 남·북한이 동시에 유엔에 가입하였고 남·북한 총리들이 남북 사이의 화해, 불가침 및 교류에 관한 합의서에 서명하였으며 남한과 북한 간에 대화가 계속되고 있다는 등의 사정이 있다고 하더라도 북한이 국가보안법상 반국가단체가 아니라고 할 수는 없다.」(대판 1997.2.28, 96 도 1817, 공보 1997 상, 1026).

5) 헌재 2001.9.27 선고, 2000 헌마 238·302(병합), 헌재판례집 제13권 2집, 383 면 이하.

할 수 없다. 국제관계에서 보아 하나의 사실상의 정부(de facto government)로 인정되고 있다고 하겠다. 1991년 12월 13일에 체결된 남북 사이의 화해와 불가침 및 교류·협력에 관한 합의서에서「쌍방 사이의 관계가 나라와 나라 사이의 관계가 아닌 통일을 지향하는 과정에서 잠정적으로 형성되는 특수관계」라고 하고 있다. 그러나 이 합의서는 지켜지고 있지 않아 효력이 있는지 불분명하다. 남북교류협력법과 남북관계기본법도 같은 규정을 두고 있다. 이것은 대한민국정부의 견해이다. 국내법적으로는 판례가 설시하고 있는 바와 같이 반국가단체라고 하겠다.

[判] 大韓民國의 主權에 관한 重要 判例

1. 主權者로서의 國民[1)]

(1) 민주정치는 주권자인 국민이 되도록 정치과정에 참여하는 기회가 폭 넓게 보장될 것을 요구한다. 이는 국민주권의 원리로부터 나오는 당연한 요청이다. 특히 대의민주주의를 원칙으로 하는 오늘날의 민주정치 아래에서의 선거는 국민의 참여가 필수적이고, 주권자인 국민이 자신의 정치적 의사를 자유로이 결정하고 표명하여 선거에 참여함으로써 민주사회를 구성하고 움직이게 하는 것이다. 따라서 국민의 주권행사 내지 참정권 행사의 의미를 지니는 선거과정에의 참여행위는 원칙적으로 자유롭게 행하여질 수 있도록 최대한 보장하여야 한다.

한편 자유선거의 원칙은 비록 우리 헌법에 명시되지는 않았지만 민주국가의 선거제도에 내재하는 법원리인 것으로서 국민주권의 원리, 의회민주주의의 원리 및 참정권에 관한 규정에서 그 근거를 찾을 수 있다. 이러한 자유선거의 원칙은 선거의 전 과정에 요구되는 선거권자의 의사형성의 자유와 의사실현의 자유를 말하고, 구체적으로는 투표의 자유, 입후보의 자유, 나아가 선거운동의 자유를 뜻한다.

선거운동의 자유는 널리 선거과정에서 자유로이 의사를 표현할 자유의 일환이므로 표현의 자유의 한 태양이기도 하다. 표현의 자유, 특히 정치적 표현의 자유는 선거과정에서의 선거운동을 통하여 국민이 정치적 의견을 자유로이 발표·교환함으로써 비로소 그 기능을 다하게 된다 할 것이므로 선거운동의 자유는 헌법에 정한 언론·출판·집회·결사의 자유 보장규정에 의한 보호를 받는다.

또한 우리 헌법은 참정권의 내용으로서 모든 국민에게 법률이 정하는 바에 따라 선거권을 부여하고 있는데, 선거권이 제대로 행사되기 위하여는 후보자에 대한 정보의 자유 교환이 필연적으로 요청된다 할 것이므로, 선거운동의 자유는 선거권 행사의 전제 내지 선거권의 중요한 내용을 이룬다고 할 수 있다. 그러므로 선거운동의 제한은 선거권, 곧 참정권의 제한으로도 귀결된다.

(2) 민주적 의회정치의 기초인 선거는 본래 자유로와야 하는 것이지만 그것은 동시에 공정하게 행하여지지 아니하면 아니 된다. 금권, 관권, 폭력 등에 의한 타락선거를 방지하고, 무제한적이고 과열된 선거운동으로 말미암아 발생할 사회경제적 손실과 부작용을 방지하고, 실질적인 선거운동의 기회균등을 보장하기 위하여는 선거의 공정성이 확보되어야 한다. 선거의 공정성 확보를 위하여는 어느 정도 선거운동에 대한 규제가 행하여지지 않을 수 없고, 이는

1) 헌재 1994. 7. 29 선고, 93 헌가 4·6(병합), 헌재판례집 제 6 권 2집, 15면 이하.

곧 선거운동의 자유를 제한하는 셈이 되므로 기본권제한의 요건과 한계에 따라야 한다. 그러므로 우리 헌법상 선거운동의 자유도 다른 기본권과 마찬가지로 헌법 제37조 제 2 항에 따라 국가안전보장·질서유지·공공복리를 위하여 필요한 경우에 한하여 법률로 제한할 수 있되, 다만 선거운동의 자유에 대한 본질적 내용은 침해할 수 없다.

한편 헌법 제116조 제 1 항은 "선거운동은 각급 선거관리위원회의 관리하에 법률이 정하는 범위 안에서 하되, 균등한 기회가 보장되어야 한다"라는 별도의 규정을 두고 있다. 그러나 이 규정의 의미를 선거운동의 허용범위를 아무런 제약 없이 입법자의 재량에 맡기는 것으로 해석하여서는 아니 된다. 오히려 위에서 본 바와 같이 선거운동은 국민주권 행사의 일환일 뿐 아니라 정치적 표현의 자유의 한 형태로서 민주사회를 구성하고 움직이게 하는 요소이므로 그 제한입법에 있어서도 엄격한 심사기준이 적용된다 할 것이다.

(3) 민주정치는 선거를 바탕으로 유지·발전되는 것이고, 선거는 국민의 자유로운 의사결정과 후보자들의 공정한 경쟁을 통하여 훌륭한 대표자를 선출하는 것을 그 이상으로 한다. 따라서 입법자는 선거에 관한 입법을 함에 있어서 위와 같은 선거의 이상이 실현될 수 있도록 선거의 공정성을 크게 해치지 아니하는 한 국민의 선거운동의 자유를 최대한 보장하여야 하고, 그 시대에 있어서의 국민총체의 정치·사회발전단계, 민주시민의식의 성숙도, 종래에 있어왔던 선거풍토 기타 제반상황을 종합하여 자유·공정의 두 이념이 슬기롭게 조화되도록 정하여야 한다.

법은 "국민의 자유의사에 의하여 대통령을 공정히 선거함으로써 민주정치의 발전에 기여함을 목적으로"(제1조) 제정된 것으로, 제 6 장 선거운동의 장에서 선거운동의 기간, 방법, 주체에 관한 제한들을 규정하고 있다.

2. 反國家團體로서의 北韓[1)]

[북한의 반국가단체성(反國家團體性)]

국가보안법은 구법이건 신법이건 모두 북한을 바로 "반국가단체"로 규정하고 있지는 아니하다(구법 제 2 조, 신법 제 2 조 참조). 따라서 국가보안법이 북한을 반국가단체로 규정하고 있음을 전제로 한 위헌주장은 형사절차상의 사실인정 내지 법적용의 문제를 헌법문제로 오해한 것이어서, 이러한 주장은 남·북한관계의 변화 여부에 불구하고 이유 없는 것이다.

청구인들의 주장과 같이 비록 남·북한이 유엔(U.N)에 동시가입하였다고 하더라도, 이는 "유엔헌장"이라는 다변조약(多邊條約)에의 가입을 의미하는 것으로서 유엔헌장 제 4 조 제 1 항의 해석상 신규가맹국이 "유엔(U.N)"이라는 국제기구에 의하여 국가로 승인받는 효과가 발생하는 것은 별론으로 하고, 그것만으로 곧 다른 가맹국과의 관계에 있어서도 당연히 상호간에 국가승인이 있었다고는 볼 수 없다는 것이 현실 국제정치상의 관례이고 국제법상의 통설적인 입장이다.

또 소위 남북합의서는 남북관계를 "나라와 나라 사이의 관계가 아닌 통일을 지향하는 과정에서 잠정적으로 형성되는 특수관계"(전문 참조)임을 전제로 하여 이루어진 합의문서인바, 이는 한민족공동체 내부의 특수관계를 바탕으로 한 당국간의 합의로서 남북당국의 성의 있는 이행을 상호 약속하는 일종의 공동성명 또는 신사협정에 준하는 성격을 가짐에 불과하다. 따라서 남북합의서의 채택·발효 후에도 북한이 여전히 적화통일의 목표를 버리지 않고 각종 도발을 자행하고 있으며 남·북한의 정치, 군사적 대결이나 긴장관계가 조금도 해소되지 않

1) 헌재 1997. 1. 16 선고, 92 헌바 6·26, 93 헌바 34·35·36(병합), 헌재판례집 제 9 권 1 집, 1 면 이하.

고 있음이 엄연한 현실인 이상, 북한의 반국가단체성이나 국가보안법의 필요성에 관하여는 아무런 상황변화가 있었다고 할 수 없다.

또 1990. 8. 1. 법률 제4239호로 "남북교류협력에관한법률"이 공포·시행된 바 있으나, 이 법률은 남·북한 간의 상호교류와 협력을 촉진하기 위하여 필요한 사항을 규정할 목적으로 제정된 것인데(제1조) 남·북한 간의 왕래·교역·협력사업 및 통신역무의 제공 등 남북교류와 협력을 목적으로 하는 행위에 관하여는 정당하다고 인정되는 범위 안에서 다른 법률에 우선하여 이 법을 적용하도록 되어 있어(제3조) 이 요건을 충족하지 아니하는 경우에는 이 법률의 적용은 배제된다고 할 것이므로 국가보안법이 이 법률과 상충되는 것이라고는 볼 수 없다. 요컨대, 현단계에 있어서의 북한은 조국의 평화적 통일을 위한 대화와 협력의 동반자임과 동시에 대남적화노선을 고수하면서 우리 자유민주주의체제의 전복을 획책하고 있는 반국가단체라는 성격도 함께 갖고 있음이 엄연한 현실인 점에 비추어, 헌법의 전문과 제 4 조가 천명하는 자유민주적 기본질서에 입각한 평화적 통일정책을 수립하고 이를 추진하는 법적 장치로서 남북교류협력에관한법률 등을 제정·시행하는 한편, 국가의 안전을 위태롭게 하는 반국가활동을 규제하기 위한 법적 장치로서 국가보안법을 제정·시행하고 있는 것으로서, 위 두 법률은 상호 그 입법목적과 규제대상을 달리하고 있는 것이므로 남북교류협력에관한법률 등이 공포·시행되었다 하여 국가보안법의 필요성이 소멸되었다거나 북한의 반국가단체성이 소멸되었다고는 할 수 없다(헌법재판소 1993. 7. 29. 선고, 92 헌바 48 결정 참조).

그러므로 국가의 존립·안전과 국민의 생존 및 자유를 수호하기 위하여 국가보안법의 해석·적용상 북한을 반국가단체로 보고 이에 동조하는 반국가활동을 규제하는 것 자체가 헌법이 규정하는 국제평화주의나 평화통일의 원칙에 위반된다고 할 수 있다.

3. 統一對象으로서의 北韓[1)]

[판 단]

가. 이 법의 입법경위 및 이 사건 법률조항의 입법목적

1988. 7. 7. 남북한 간의 인사교류를 적극적으로 추진하고, 해외동포들의 남북한 자유왕래를 위하여 문호를 개방하며, 이산가족의 서신왕래·방문 등 교류를 적극적으로 주선·지원하고, 남북한 교역의 문호를 개방하면서 남북교역을 민족 내부 교역으로 간주하는 것 등을 주된 내용으로 하는 남북한 간의 화해를 위한 6개항의 대북한 제의인 이른바 '7. 7. 선언'이 발표되었다.

그 후 위 선언에 따라 그 동안 원칙적으로 금지되었던 북한주민과의 접촉, 왕래 및 교류 등을 허용·지원하고, 국민들의 북한 방문 및 남북한 왕래·교류에 대한 요구를 적절히 수용하기 위한 법률적 후속조치로서 이 법이 제정되었는바, 그 제 1 조는 남북한 간의 상호교류와 협력을 촉진하기 위하여 필요한 사항을 규정함을 목적으로 한다고 규정하고 있다. 그리고 제 3 조 및 입법제안이유에 따르면 남북한의 인적·물적 교류사업과 통신역무의 제공 등에 관하여는 다른 법률에 우선하여 이 법이 적용되고, 이 법에 따라 행하여지는 행위에 대하여는 국가보안법이 적용되지 아니하므로, 이 법은 남북한 간의 교류확대 및 긴장완화에 기여하는 역할을 하고 있다고 할 것이다.

한편, 이 사건 법률조항은 북한주민 접촉 등에 대한 승인 등의 업무를 통일부로 일원화하여 국민편익을 도모하고, 각종 남북교류협력이 일관성을 유지한 채 원활히 추진되도록 하기

1) 헌재 2000. 7. 20 선고, 98 헌바 63, 헌재판례집 제12권 2 집, 52면 이하.

위한 규정으로서, 정부의 책임소재를 명확히 하고 다양한 대북한 접촉과 협력이 일정한 기준하에서 종합적·체계적·안정적으로 수행되도록 하려는 데에 그 입법목적이 있다고 보여진다.

나. 이 사건 법률조항의 위헌 여부

(1) 우리 헌법은 그 전문에서 "……우리 대한국민은……평화적 통일의 사명에 입각하여 정의·인도와 동포애로써 민족의 단결을 공고히 하고……"라고 규정하고 있고, 제 4 조에서는 "대한민국은 통일을 지향하며, 자유민주적 기본질서에 입각한 평화적 통일정책을 수립하고 이를 추진한다"고 규정하고 있으며, 제66조 제 3 항에서는 "대통령은 조국의 평화적 통일을 위한 성실한 의무를 진다"고 규정하고 있다.

위와 같은 헌법상 통일 관련 규정들은 통일의 달성이 우리의 국민적·국가적 과제요 사명임을 밝힘과 동시에 자유민주적 기본질서에 입각한 평화적 통일 원칙을 천명하고 있는 것이다. 따라서 우리 헌법에서 지향하는 통일은 대한민국의 존립과 안전을 부정하는 것이 아니고, 또 자유민주적 기본질서에 위해를 주는 것이 아니라 그것에 바탕을 둔 통일인 것이다. 그러나 평화적 통일을 위하여서는 북한과 적대관계를 지속하면서 접촉·대화를 무조건 피하는 것으로 일관할 수는 없고, 자유민주적 기본질서에 입각하여 상호 접촉하고 대화하면서 협력과 교류의 길로 나아가는 것이 평화적 통일을 위한 초석이 되는 것이며, 순수한 동포애의 발휘로서 서로 도와주고 일정한 범위 내에서 경제적·기술적 지원과 협조를 도모하여 단일민족으로서의 공감대를 형성하는 것이야말로 헌법 전문의 평화적 통일의 사명에 입각하여 민족의 단결을 공고히 하는 방편으로서 헌법정신에 합치되는 것이다(헌재 1990. 4. 2. 89 헌가 113, 헌재판례집 2, 49, 60~61 참조).

(2) 그런데 이 법은 앞서 본 바와 같이 기본적으로 북한을 평화적 통일을 위한 대화와 협력의 동반자로 인정하면서 남북대결을 지양하고, 자유왕래를 위한 문호개방의 단계로 나아가기 위하여 종전에 원칙적으로 금지되었던 대북한 접촉을 허용하며, 이를 법률적으로 지원하기 위하여 제정된 것으로서, 그 입법목적은 평화적 통일을 지향하는 헌법의 제반규정에 부합하는 것이다. 이 법이 없다면 남북한 간의 교류, 협력행위는 국가보안법에 의하여 처벌될 수 있으나, 이 법에서 남북관계에 관한 기본적 용어정리, 통신·왕래·교역·협력사업 등에 관한 포괄적 규정(제 9 조 내지 제23조)과 타법률에 대한 우선적용(제 3 조) 등을 규정하고 있는 관계로 그 적용범위 내에서 국가보안법의 적용이 배제된다는 점에서, 이 법은 평화적 통일을 지향하기 위한 기본법으로서의 성격을 갖고 있다고 할 수 있다.

(3) 그러나 북한과의 접촉이나 교류가 일정한 원칙이나 제한 없이 방만하게 이루어진다면, 국가의 안전보장과 자유민주적 기본질서의 유지에 어려움을 가져올 수 있을 뿐만 아니라, 평화적 통일을 이루어 나가는 데에 지장을 초래할 수 있으며, 한편으로 북한주민과 접촉·교류하는 개개 당사자들의 목적달성이나 안전에도 장애를 가져올 수 있다. 따라서 정부가 남북한 간의 접촉과 대화, 교류·협력의 기본방향을 정하고, 그에 따라 각 분야에서 필요한 민간부문의 교류·협력을 지속적으로 지원하고 보장하기 위하여 북한주민 등과의 접촉에 대하여 일정한 조정과 규제를 하는 것은 헌법상의 평화통일의 원칙과 국가안전보장 및 자유민주주의질서의 유지, 그리고 국민의 기본권보장이라는 원리들을 조화롭게 실현하기 위한 방편이 될 것이다.

(4) 이 사건 법률조항은 남한의 주민이 북한의 주민 등과 회합·통신 기타의 방법으로 접촉하고자 할 때에는 통일부장관의 승인을 받도록 하는 것을 그 내용으로 하고 있다.

북한주민 등과의 접촉은 대체로 남북한 간의 교류를 촉진시키고 민족의 동질성을 회복하여 평화통일의 길로 나아가는 데에 기여하겠지만, 때로는 접촉과정에서 불필요한 마찰과 오해를 유발하여 긴장이 조성되거나, 무절제한 경쟁적 접촉으로 남북한 간의 원만한 협력관계에 나쁜 영향을 미칠 수도 있을 것으로 보인다. 뿐만 아니라 접촉의 시기와 장소, 대상과 목적 등을 정부에서 전혀 파악하지 못하고 있다면 접촉 당사자의 안위에 관계되는 일이 발생하였을 때 시의적절하게 대처하기 힘들고, 또한 북한의 정치적 목적에 이용되거나 국가의 안전보장이나 자유민주적 기본질서에 부정적인 영향을 미치는 통로로 이용될 가능성도 완전히 배제할 수 없다.

따라서 통일부장관이 북한주민 등과의 접촉을 원하는 자로부터 승인신청을 받아 그 접촉의 시기와 장소, 대상과 목적 등 구체적인 내용을 검토하여 승인 여부를 결정하는 절차는 현 단계에서는 불가피하다고 할 것이다.

그렇다면 국가의 안전과 자유민주적 기본질서를 보장하고 국민의 안전을 확보하는 가운데 평화적 통일을 이루기 위한 기반을 조성하기 위하여 북한주민 등과의 접촉에 관하여 남북관계의 전문기관인 통일부장관에게 그 승인권을 준 이 사건 법률조항은 평화통일의 사명을 천명한 헌법 전문이나 평화통일원칙을 규정한 헌법 제 4 조, 대통령의 평화통일의무에 관하여 규정한 헌법 제66조 제 3 항의 규정 및 기타 헌법상의 통일관련조항에 위반된다고 볼 수 없다.

또한 이 사건 법률조항은 헌법 제10조에서 유래되는 일반적인 행동의 자유나 제14조에서 규정한 거주 · 이전의 자유, 제18조에서 규정한 통신의 자유 등을 제한하는 측면이 있으나, 그것은 헌법 제37조 제 2 항에서 규정하고 있는 국가안전보장을 위하여 필요한 경우의 제한으로서, 앞서 본 입법목적의 정당성, 방법의 적절성, 피해의 최소성, 법익의 균형성 등에 비추어 볼 때 과잉금지의 원칙에 위반된다고 볼 수도 없다.

(5) 청구인은 이 사건 법률조항이 국민의 통일에 대한 기본권을 침해하여 헌법상의 통일관련 조항들에 위반된다고 주장하나, 앞서 본 헌법상의 여러 통일관련 조항들은 국가의 통일의무를 선언한 것이기는 하지만, 그로부터 국민 개개인의 통일에 대한 기본권, 특히 국가기관에 대하여 통일과 관련된 구체적인 행위를 요구하거나 일정한 행동을 할 수 있는 권리가 도출된다고 볼 수는 없다.

(6) 청구인은 또 이 사건 법률조항이 남북합의서의 자유로운 남북교류협력조항에 반하여 헌법에 위반된다고 주장하고 있으나, 일찍이 헌법재판소는 "남북합의서는 남북관계를 '나라와 나라 사이의 관계가 아닌 통일을 지향하는 과정에서 잠정적으로 형성되는 특수관계'임을 전제로 하여 이루어진 합의문서인바, 이는 한민족공동체 내부의 특수관계를 바탕으로 한 당국 간의 합의로서 남북당국의 성의 있는 이행을 상호 약속하는 일종의 공동성명 또는 신사협정에 준하는 성격을 가짐에 불과"하다고 판시하였고(헌재 1997. 1. 16. 92 헌바 6 등, 헌재판례집 9-1, 1, 23), 대법원도 "남북합의서는 ……남북한 당국이 각기 정치적인 책임을 지고 상호간에 그 성의 있는 이행을 약속한 것이기는 하나 법적 구속력이 있는 것은 아니어서 이를 국가 간의 조약 또는 이에 준하는 것으로 볼 수 없고, 따라서 국내법과 동일한 효력이 인정되는 것도 아니다"고 판시하여(대법원 1999. 7. 23 선고, 98 두 14525 판결), 남북합의서가 법률이 아님은 물론 국내법과 동일한 효력이 있는 조약이나 이에 준하는 것으로 볼 수 없다는 것을 명백히 하였다.

따라서 설사 이 사건 법률조항이 남북합의서의 내용과 배치되는 점을 포함하고 있다고 하더라도, 그것은 이 사건 법률조항이 헌법에 위반되는지의 여부를 판단하는 데에 아무런 관련이 없다고 할 것이다.

Ⅱ. 大韓民國의 國民

1. 國民의 槪念

국민(nation, Staatsvolk, nation)이란 국가의 인적 요소 내지 항구적 소속원으로서 국가의 통치권에 복종할 의무를 가진 개개인의 전체집합을 의미하는데, 경우에 따라서는 국가에 소속하는 개개의 자연인을 의미하기도 한다.[1] 국민이 되는 자격을 국적이라고 하며,[2] 국민이 법적인 개념인 데 반하여 민족은 혈연을 기초로 한 자연적·문화적 개념이라는 점에서 단일민족인 경우라도 국민과 민족은 개념상으로 구분되며, 생물학적 내지 인류학적 개념인 인종 내지 종족과도 구별되는 개념이다. 또한 국민이 국가적 질서를 전제로 한 법적인 개념인 점에서 국가적 질서와 대립되는 사회적 개념으로서 사회의 구성원을 의미하는 인민(people)의 개념과도 서로 다른 것이다.

국적은 그 국가의 국민임을 입증하는 것이며, 국적을 가진 사람을 국민이라고 하고, 외국의 국적을 가진 사람을 외국인이라고 하며, 아무 국적도 가지지 않은 사람을 무국적자(Staatenlose)라고 한다.

2. 大韓民國 國民의 要件

(1) 대한민국 국민 헌법은 제2조 1항에서 「국민이 되는 요건은 법률로 정하도록」 하고 있다. 국적에 대하여는 이를 규정하는 법형식에 따라 이를 헌법에서 규정하는 국적헌법주의와 이를 민법에서 규정하는 국적민법주의, 그리고 단행법을 제정하여 이를 따로 규정하는 국적단행법주의 등이 있는데, 우리나라는 국적단행법주의를 채택하여 국적법(2008. 3. 14 일부개정)이라는 단행법을 제정하여 여기에서 국민의 국적취득과 상실 등을 규정하고 있다. 대한민국 성립 이전의 국민의 국적보유 여부에 대하여 우리나라의 국적법에는 독일기본법과[3]는 달리 경과규정이 없어 여러 가지 의문이 있으나, 과거의 대한제국 국민의 후손은 미군정법령에 의하여 전부 우리나라 국민으로 보고 있다고 할 것이다.

(2) 건국 이전 출생인의 국적

1) 입 법 국적법제정 이전에 출생한 자의 국적은 남조선과도정부법률 제11

---

1) 헌재 2003. 1. 30 선고, 2001 헌바 95, 헌재판례집 제15권 1집, 69면 이하(78면). 「국민은 국가이전에 실존하는 자연인으로서 국가를 형성하는 사실상의 구성요소이고 헌법제정권력의 주체로서 국가질서를 창설하며 국민주권에 입각한 국가권력의 이념적 행사자로서 현실적인 국가의 활동을 가능하게 한다. 따라서 국민은 국가창설, 국가의 정당성 부여 및 국가활동의 근원적인 단위가 되는 것이다」(권성 반대의견).

2) 국적은 국가의 생성과 더불어 발생하고 국가의 소멸은 바로 국적의 상실사유인 것이다. 국적은 성문의 법령을 통해서가 아니라 국가의 생성과 더불어 존재하는 것이므로, 헌법의 위임에 따라 국적법이 제정되나 그 내용은 국가의 구성요소인 국민의 범위를 구체화·현실화하는 헌법사항을 규율하고 있는 것이다(헌재 2000. 8. 31 선고, 97 헌가 12, 헌재판례집 제12권 2집, 167면 이하(176면)).

3) 독일에서는 국적에 대한 법적 근거가 여러 가지였으나 1999년에 국적법(Staatsangehörigkeitsgesetz (StAG))로 통합 개혁되었다.

호 국적에 관한 임시 조례에 따라 조선인을 부친으로 하여 출생한 자는 조선의 국적을 가지도록 하였다.

2) 판 례

① 대법원판결 「남조선과도정부법률 제11호 국적에 관한 임시조례 제 2 조 제 1 호는 조선인을 부친으로 하여 출생한 자는 조선의 국적을 가지는 것으로 규정하고 있고, 제헌헌법은 제 3 조에서 대한민국의 국민되는 요건을 법률로써 정한다고 규정하면서 제100조에서 현행 법령은 이 헌법에 저촉되지 아니하는 한 효력을 가진다고 규정하고 있는바, 원고는 조선인인 위 이승호를 부친으로 하여 출생함으로써 위 임시조례의 규정에 따라 조선국적을 취득하였다가 1948. 7. 17. 제헌헌법의 공포와 동시에 대한민국 국적을 취득하였다고 할 것이다」.[1)]

② 헌재판결 「국적법 제정 시까지 조선인의 국적을 확립하여 법률관계의 귀속을 명백히 하기 위하여 1948. 5. 11. 공포된 남조선과도정부 법률 제11호 국적에관한임시조례(이하 '임시조례'라 한다) 제 2 조는 조선인을 부친으로 하여 출생한 자 등은 조선의 국적을 가진다고 규정하였고, 1948. 7. 17. 공포된 제헌 헌법 제 3 조는 대한민국의 국민되는 요건은 법률로써 정하도록 하고, 제헌 헌법 제100조는 현행 법령은 이 헌법에 저촉되지 아니하는 한 효력을 가진다고 규정하였다」.[2)]

(3) 북한주민 특히 북한지역에 살고 있는 주민[3)]은 그 조상이 대한제국의 후손이며 대한민국의 영토 내에 거주하고 있기 때문에 대한민국의 국민이라고 하겠다. 현실적으로는 귀순동포가 남한지역에 기준지를 가지지 않는 경우에는 본인의 의사에 따라 기준지를 정하고 서울가정법원에 취적허가를 신청하여 취적허가로 가족관계등록표가 편성된다(북한이탈주민의보호및정착지원에관한법률 제19조). 대법원판결로는 북한주민의 한국국적을 인정한 것이 있다.[4)] 이 판결

---

1) 대판 1996. 11. 12, 96 누 1221.

2) 헌재 2006. 3. 30 선고, 2003 헌마 806, 헌재판례집 제18권 1집(상), 381면 이하(396면).

3) 「당해사건과 같이 남한과 북한 주민 사이의 외국환 거래에 대하여는 법 제15조 제 3 항에 규정되어 있는 "거주자 또는 비거주자" 부분, 즉 대한민국 안에 주소를 둔 개인 또는 법인인지 여부가 문제되는 것이 아니라 남북교류협력에관한법률(이하 '남북교류법'이라 한다) 제26조 제 3 항의 "남한과 북한" 즉 군사분계선 이남지역과 그 이북지역의 주민인지 여부가 문제되는 것이다. 즉 외국환거래의 일방 당사자가 북한의 주민일 경우 그는 이 사건 법률조항의 '거주자' 또는 '비거주자'가 아니라 남북교류법의 '북한의 주민'에 해당하는 것이다. 그러므로 당해사건에서 아태위원회가 법 제15조 제 3 항에서 말하는 '거주자'나 '비거주자'에 해당하는지 또는 남북교류법상 '북한의 주민'에 해당하는지 여부는 법률해석의 문제에 불과한 것이고 헌법 제 3 조의 영토조항과는 관련이 없다」(헌재 2005. 6. 30 선고, 2003 헌바 114, 헌재판례집 제17권 1집, 879면 이하).

4) 헌재 2000. 8. 31 선고, 97 헌가 12, 헌재판례집 제12권 2집, 167면 이하(179~180면).

「우리 헌법은 제헌헌법 이래로 "대한민국의 영토는 한반도와 그 부속도서로 한다"(제헌헌법 제 4 조, 현행헌법 제 3 조)는 규정을 두고 있다.

대법원은 이를 근거로 하여 북한지역도 대한민국의 영토에 속하는 한반도의 일부를 이루는 것이어서 대한민국의 주권이 미치고 북한주민도 대한민국 국적을 취득·유지하는 데 아무런 영향이 없는 것으로 해석하고 있다. 그리하여, 국적에관한임시조례(1948. 5. 11. 남조선과도정부법률 제11호) 제 2 조 제 1 호는 조선인을 부친으로 하여 출생한 자는 조선의 국적을 가지는 것으로 규정하고 있고, 제헌헌법은 제 3 조에서 대한민국의 국민되는 요건을 법률로써 정한다고 규정하면서 제100조에서 현행법령은 이 헌법에 저촉되지 아니하는 한 효력을 가진다고 규정하고 있으므로, 조선인을 부친으로 하여 출생한 자는 설사 그가 북한법의 규정에 따라 북한국적을 취득하였다고 하더라도, 위 임시조례의 규정에 따라 조선국적을 취득하였다가 1948. 7. 17. 제헌헌법의 공포와 동시에 대한민국 국적을 취득하였다고 한다(대법원 1996. 11. 12, 96 누 1221, 공보 1996 하, 3602)」.

은 타당하다. 대한민국의 국민은 국내외거주 여부를 불문하고 대한민국의 보호를 받을 권리를 가지며, 「국가는 법률이 정하는 바에 의하여 재외국민을 보호할 의무를 진다」(제2조 2항). 대한민국은 외국에 체류하고 있는 북한이탈 주민에 대하여 보호·지원을 위한 외교적 노력을 다하여야 한다(법 제4조 2항).

북한주민의 북한 또는 외국에서 취득한 자격인정에 관해서는 북한이탈주민의 보호 및 정착에 관한 법률 제14조가 규정하고 있고 그것이 불허되는 경우 행정소송을 제기할 수 있다.[1)]

3. 大韓民國國籍의 取得과 喪失

(1) 국적득실에 관한 일반원리 국적의 득실에 관한 규율은 국가에 따라 일정하지 않다. 그런데 일반적으로 부자동일국적주의, 부부동일국적주의, 이중국적의 배제 등의 원리가 채택되고 있다. 그런데 우리나라는 양성평등의 원칙에 따라 부모양계혈통주의, 부부개별국적주의, 이중국적시 국적선택의 자유를 인정하고 있다. 출생에 의하여 국적을 취득하는 경우 속인주의(혈통주의)와 속지주의(출생지주의)의 두 원칙이 있다. 속인주의는 출생지를 불문하고 그 부모의 국적에 따라 국적을 부여하는 주의로서, 오스트레일리아·스위스·일본·한국 등이 이에 속하며, 속지주의는 출생지를 기준으로 하여 출생지의 국적을 부여하는 주의로서, 라틴아메리카 제국과 미국·영국 등이 이에 속한다.[2)] 또한 귀화에는 일반적으로 허가주의를 채택하나 국적이탈의 자유는 인정된다.[3)] 한편 국적을 상실하면 국민으로서의 권리가 상실되며 권리의무에 변동이 생긴다(국적법 제18조).

(2) 국적의 취득 국적법은 국적의 취득에 관하여 규정하고 있는데, 이에는 선천적 취득과 후천적 취득이 있다.

1) 선천적 취득 선천적 취득은 출생이란 사실에 의하여 국적을 취득하는 것을 말하며 국적취득의 가장 보편적인 방법이다.

우리나라는 혈통주의(속인주의)를 원칙으로 하고 있으며 양성평등의 원칙에 따라 父母兩系血統主義를 채택하고 있다.[4)] 다만 부모가 모두 분명하지 않을 때 또는 부모가 무국

1) 「청구인은 북한이탈주민의 보호 및 정착지원에 관한 법률 제14조와 같은 법 시행령 제28조에 따라 통일부장관에게 한의사자격인정신청서를 제출함으로써 한의사 면허를 신청할 수 있고, 관련 절차에 따른 보건복지부장관의 결정 및 통일부장관의 통지에 따라 행정소송을 제기할 수 있다」(헌재 2006. 11. 30 선고, 2006 헌마 679, 헌재판례집 제18권 2집, 549면 이하).

2) 독일에서는 혈통주의(Abstammungsprinzip)를 원칙으로 하였으나, 출생지주의에 의하여 제한되고 있다. 부모 한 쪽이 법적으로 그 주소를 8년 이상 독일에 두었을 경우 독일에 출생한 자는 독일국적을 가지게 되고, 부모 중 독일인이 1999. 12. 31. 이후에 외국에서 살고 있을 때 출생한 자는 원칙적으로 독일의 국적을 취득하지 아니한다(StAG §4, Abs. 3, Abs. 4).

3) 독일에서는 재량귀화(Ermessenseinbürgerung)와 청구귀화(Anspruchseinbürgerung)가 있다. 청구귀화는 8년 이상 독일에서 법적으로 거주하고 생계를 유지할 수 있는 경우, 범죄경력이 없는 경우에 외국인이 귀화를 청구할 수 있다.

4) 헌재는 출생에 의한 국적취득에 있어 부계혈통주의를 규정한 것은 위헌이라고 판시하고 있다. 「부계혈

적일 때에 대한민국에서 출생한 자와 대한민국에서 발견된 기아는 대한민국에서 출생한 것으로 추정하여 속지주의를 채택하고 있다(국적법 제 2 조).

2) 후천적 취득 후천적 취득은 출생 이외의 사실에 의하여 국적을 취득하는 경우이며, 인지·귀화 및 국적회복 등이 있다. 대한민국의 국민인 부 또는 모가 미성년자를 인지하는 경우에는 우리나라의 국적을 취득한다(동법 제 3 조). 상세한 것은 대통령령으로 정한다(동법 제 3 조 3항).

(a) 귀 화 귀화에 의하여서도 국적을 취득할 수 있는데, 귀화에는 일반귀화와 간이귀화, 특별귀화가 있다. 일반귀화는 5년 이상 계속하여 대한민국에 주소를 가져야 하는 등의 요건(동법 제 5 조 1 호~5 호)을 갖춘 외국인이 법무부장관의 허가를 얻어서 할 수 있고(동법 제 5 조) 일반귀화의 요건을 갖추지 않는 경우라도 3년 이상 대한민국에 주소를 둔 특정외국인에 대해서는 간이귀화로 법무부장관의 허가로써 가능하며, 배우자가 대한민국의 국민인 외국인은 2년 이상 계속하여 대한민국에 주소가 있는 사람은 간이귀화할 수 있다(동법 제 6 조 2항). 특별귀화는 특별유공자 등에 대하여 법무부장관이 대통령의 승인을 얻어서 허가한다(동법 제 7 조 2항).

(b) 수반취득 외국인이 대한민국 민법상 미성년인 자는 그 부 또는 모가 귀화신청을 할 때 함께 국적취득을 신청할 수 있으며 그 부 또는 모가 귀화허가를 얻은 때에는 함께 국적을 취득한다(동법 제 8 조).

(c) 국적회복 대한민국의 국민이었던 외국인도 국적회복허가를 받아 국적을 취득할 수 있다(동법 제 9 조).[1] 법무부장관은 국적회복허가신청을 받아도 특정한 경우에는 국적회복을 허가하지 아니한다.

(d) 국적의 재취득 한국국적을 취득한 사람이 외국의 국적을 이탈하지 않는 경우는 6개월 내에 한국국적을 상실한다(동법 제10조). 국적을 상실한 자가 그 이후 1년 내에 그 외국국적을 포기한 때에는 신고로써 국적을 재취득할 수 있다(동법 제11조).

3) 국적취득자의 외국국적포기의무(이중국적의 금지) 한국의 국적을 취득한 외국인으로서 외국국적을 가지고 있는 자는 한국국적을 취득한 날부터 6월 내에 그 외국국적을

통주의 원칙을 채택한 구 국적법 조항은 출생할 당시의 자녀의 국적을 부의 국적에만 맞추고 모의 국적은 단지 보충적인 의미만을 부여하는 차별을 하고 있다. 이렇게 한국인 부와 외국인 모 사이의 자녀와 한국인 모, 외국인 부 사이의 자녀를 차별 취급하는 것은, 모가 한국인인 자녀와 그 모에게 불리한 영향을 끼치므로 헌법 제11조 제 1 항의 남녀평등원칙에 어긋난다」(헌재 2000. 8. 31 선고, 97 헌가 12, 헌재판례집 제12권 2 집, 167 면 이하). 또 국적법 부칙 제 7 조 중 "…10년 동안"에 부분은 헌법에 합치되지 아니한다.

현행 국적법이 제정되기 전에는 부계혈통주의를 채택하여 모계혈통에 따른 국적취득이 불가능하였다. 법 개정 전 10년 이내 규정이 헌법 불합치되자 경과조치로 1978년 6월 14일부터 1998년 6월 13일까지에 출생한 사람은 2004년 12월 31일까지 신고하여 국적을 취득할 수 있게 하였다(국적법중개정법률 2001. 12. 19).

1) 국적회복절차에 의한 국적취득의 효력발생시기: 「국적법 제14조에는 대한민국의 국적을 상실한 자는 법무부장관의 허가를 얻어 대한민국의 국적을 회복할 수 있다고 규정하고 있는바, 여기서 위 회복절차에 의한 국적취득의 효력은 당연히 국적회복허가로써 즉시 발생한다고 할 것이다」(대판 1991. 12. 27, 91 다 32596, 공보 1992, 777 면 이하).

포기하여야 한다(동법 제10조 1항). 그 기간 내에 외국국적을 포기하지 않으면 한국국적을 소급하여 상실한다(2항). 이중국적자는 한 국적을 선택하여야 한다(동법 제12조). 병역과 관련하여 국적선택의 자유를 제한하고 있다.[1)]

(3) 국적의 상실

1) 국적이탈 이중국적자는 신고에 의하여 한국국적을 이탈할 수 있다. 국적이탈을 신고한 경우에는 한국국적을 상실한다(법 제14조).

2) 외국국적 취득 자진하여 외국의 국적을 취득한 자는 우리나라 국적을 상실한다(법 제15조). 다음 각호에 해당하는 자도 국적보유를 신고하지 아니하면 국적을 상실한다. 1) 외국인과 혼인으로 그 배우자의 국적을 취득하게 된 자, 2) 외국인에게 입양되어 외국인의 국적을 취득하게 된 자, 3) 국민이 외국인인 부모의 인지로 인하여 외국의 국적을 취득하게 된 자, 4) 한국의 국적을 상실하게 된 자의 배우자 또는 미성년자인 자로서 그 외국의 법률에 따라 함께 그 외국의 국적을 취득한 때(동법 제15조), 5) 외국인으로서 우리나라의 국적을 취득한 후 6월이 경과하여도 그 외국의 국적을 상실하지 아니한 때(이상 동법 제12조) 등이다.

대한민국 남자와 결혼하여 국적을 취득한 女는 이혼하였다고 하여 한국국적을 상실하는 것은 아니다.[2)] 외국영주권을 취득한 경우에는 한국국적을 상실하지 않는다.[3)]

국적의 취득과 상실에는 기술한 대로 종래 부자동일국적주의·부부동일국적주의가 원칙이었으나, 오늘날 여자의 법적 지위의 향상에 따라 이원주의가 행해지고 있다.

(4) 국적상실의 효과 국적을 상실한 자는 한국국민이 아니면 누릴 수 없는 권리를 향유할 수 없다. 이 권리 중 국민이었을 때 취득한 것으로서 양도가능한 것은 그 권리가 관련된 법령에서 따로 정한 바가 없으면 3년 이내에 한국민에게 양도하여야 한다(동법 제18조).[4)]

---

1) 병역과 관련하여 이중국적자의 국적선택의 자유를 제한할 수 있는바 그 사유를 대통령령으로 정할 수 있도록 한 국적법 제12조 제 1 항 단서는 포괄위임금지원칙에 위반하는 것이 아니다(헌재 2004. 8. 26 선고, 2002 헌바 13, 헌재판례집 제16권 2집(상), 195면 이하).
헌재 2006. 11. 30 선고, 2005 헌마 739, 헌재판례집 제18권 2집, 528면 이하.
「이중국적자의 국적이탈의 자유를 시기적으로 제한을 한다 하더라도 입법자가 국방과 병역형평이라는 헌법적 가치를 한 축으로 국적이탈이라는 개인의 기본권적 가치를 다른 한 축으로 하여 어느 한쪽을 일방적으로 희생시키지 아니하고 나름의 조정과 형량을 한 결과라 할 수 있다. 그러므로 주된 생활의 근거를 외국에 두고 있는 이중국적자들에 대하여 위 법률조항들의 적용을 명시적으로 배제하는 규정을 두지 않았다 하더라도 그 점만으로 이들의 국적이탈의 자유를 침해한 것이라 할 수 없다」.

2) 대법원은 한국인 남자와 혼인한 일본인 여자의 이혼과 국적상실 여부에 대하여 다음과 같이 판시하고 있다. 「일본인 여자가 한국인 남자와의 혼인으로 인하여 한국의 국적을 취득하는 동시에 일본의 국적을 상실한 뒤 이혼하였다 하여 한국국적을 상실하고 일본국적을 다시 취득하는 것은 아니고 동녀가 일본국에 복적할 때까지는 여전히 한국의 국적을 그대로 유지한다」(대결 1976. 4. 23, 73 마 1051, 공보 1976, 9147면 이하).

3) 대법원은 영주권을 취득한 재일교포의 국적상실 여부와 그에게 외국인토지법의 준용 여부에 대하여 다음과 같이 판시하고 있다. 「대한민국 국민이 일본국에서 영주권을 취득하였다 하여 우리 국적을 상실하지 아니하며, 영주권을 가진 재일교포를 준외국인으로 보아 외국인토지법을 준용하여야 하는 것도 아니다」(대판 1981. 10. 13, 80 다 1235, 공보 1981, 14437면 이하).

4) 판례에 의하면 외국인토지법에 의한 토지에 대한 권리에는 동법 제16조가 적용되지 않는다고 한다(대

국내거소신고를 한 외국국적동포는 대한민국 안에서 부동산을 취득·보유·이용 및 처분할 때는 대한민국국민과 같은 권리를 가진다. 다만 외국인토지법에 따라 신고하여야 한다(재외동포의 출입국과 법적지위에 관한 법률 제11조).

4. 國民의 保護義務

(1) 국내거주국민의 보호의무　헌법은 국내거주국민에 대한 보호의무에 관해서는 규정하지 않고 있다. 그러나 이는 당연한 것으로 받아들여지고 있다. 헌재는「헌법의 국민보호의무는 논리필연적으로 인정된다」고 하고,[1]「국민의 범죄인인도에 있어서도 적법절차에 따라 행해진 경우에는 국민의 보호의무를 침해한 것은 아니다」라고 한다.[2]

(2) 재외국민의 보호

(a) 보호입법　헌법 제 2 조 2항은「국가는 법률이 정하는 바에 의하여 재외국민을 보호할 의무를 진다」고 규정하여 재외국민에 대한 국가의 보호의무를 명시하고 있고, 재외동포의 출입국과 법적지위에 관한 법률(2008. 12. 19. 일부개정)은 재외국민의 법적 보호를 명시하고 있다. 재외국민이란 대한민국의 국적을 가지고 있으면서 외국에 생활근거를 가지고 거주하는 자를 말하는데 재외국민은 등록을 하여야 한다(재외국민등록법 제 3 조). 해외여행지를 제한하여 재외국민도 보호하고 있다.[3]

(b) 판　례　헌법재판소는 그동안 移民者의 기본권을 보장하여 왔으나, 재외국민의 보호란 외교적인 보호에 한정하는 듯한 결정을 해 왔다.[4] 재외국민의 선거권·공무담임권을

판 1968. 6. 25, 67 다 1776, 판례집 16(2민), 163면; 대판 1969. 6. 10, 69 다 384, 판례집 17(2민), 190면; 대판 1979. 7. 10, 78 다 1985, 판례집 27(2민), 130).

1) 헌재 2003. 1. 30 선고, 2001 헌바 95, 헌재판례집 제15권 1집, 69면 이하(78면).「국민은 국가의 창설과 존속의 당연한 전제이기 때문에 그 생존과 안전에 대한 국가의 보호가 논리필연적으로 뒤따르게 되며 국민은 기본권 주체로서 다양한 생활영역에서 그 기본권을 국가에 의하여 보호 받는다」.

2) 헌재 2003. 1. 30 선고, 2001 헌바 95, 범죄인인도법 제 8 조 위헌소원, 헌재판례집 제15권 1집, 69면 이하(75면).

3) 헌재 2008. 6. 26 선고, 2007 헌마 1366(여권의 사용제한 등에 관한 고시 위헌확인), 헌재판례집 제20권 1집(하), 472면 이하(481면).

「우리 헌법 제14조 제 1 항은 "모든 국민은 거주·이전의 자유를 가진다"고 규정하고 있고, 이러한 거주·이전의 자유에는 국내에서의 거주·이전의 자유뿐 아니라 국외 이주의 자유, 해외여행의 자유 및 귀국의 자유가 포함되는바, 아프가니스탄 등 일정한 국가로의 이주, 해외여행 등을 제한하는 이 사건 고시로 인하여 청구인들의 거주·이전의 자유가 일부 제한된 점은 인정된다.

그러나 이 사건 고시는 국가의 국민에 대한 기본권 보장의무(헌법 제10조) 및 재외국민 보호의무(헌법 제 2 조 제 2 항)를 이행하며 국민의 생명·신체 및 재산을 보호하기 위한 것으로서 그 목적의 정당성이 인정되고, 천재지변·내란·폭동·테러 등 해외 위난상황이 발생한 지역에 대하여 여권의 사용제한 등의 조치를 함으로써 해당 지역으로 출국하는 것을 사전에 방지하는 것은 위와 같은 목적을 달성하기 위한 적절한 수단이라고 할 수 있다」.

4) 헌재 1993. 12. 23 선고, 89 헌마 189, 헌재판례집 제 5 권 2집, 622면 이하.「이민이라 함은 우리나라 국민이 생업에 종사하기 위하여 외국에 거주하거나 외국인과의 혼인 및 연고관계로 인하여 이주하는 자를 의미하는데(해외이주법 제 2 조 1항) 실제는 국외에서 직장을 구하여 외화를 벌어들이기 위하여 편의상 이민의 절차를 밟는 경우가 적지 아니하며 이러한 경우에는 국적법 제12조 소정의 사유에 의하여 국적을 상실하지 않는 한, 대한민국의 재외국민으로서의 기본권을 의연 향유한다」.

인정한 것이 헌법재판소의 판례이다.[1] 재외동포 즉 외국국적을 취득한 사람의 재산권의 제한은 인정하고 있다.[2] 재외동포법이 제정된 후에는 국내거주의 권리까지 보장하는 방향으로 나아갔으며, 이 법이 정부수립 이전동포를 그 적용대상에서 제외하는 것은 그 차별의 기준이나 정도가 적합하지 않다고 하여 헌법불합치선언하였다.[3] 국회는 재외동포출입국과법적지위에 관한 법률을 개정하여 재외동포의 정의규정 중 대한민국의 국적을 보유하였던 자의 범위에 대한민국 정부수립 이전에 국외로 이주한 동포를 포함하였다(법 제 2 조 제 2 호, 2004. 3. 5 개정).

(c) 이중국적자의 국적선택권 이중국적자는 국적선택의 권리가 있다. 그러나 중국동포들에게 국적선택을 위한 특별법제정의무는 없다는 것이 헌재의 판례이다.[4] 이 국

---

1) 헌재 2007. 6. 28 선고, 2004 헌마 644, 2005 헌마 360(병합), 헌재판례집 제19권 1집, 859면 이하(879면).

2) 헌재 2001. 12. 20 선고, 2001 헌바 25, 헌재판례집 제13권 2집, 863면 이하.

「"재외국민"이란 함은 우리 국적을 가지고 있으면서 외국에서 영주하거나 장기간 외국에서 체류하며 생활하는 사람을 말하는바, 헌법 제 2 조 제 2 항은 "국가는 법률이 정하는 바에 의하여 재외국민을 보호할 의무를 진다"고 규정하였다. 그러나, 헌법 제 2 조 제 2 항에서 정한 국가의 재외국민 보호의무에 의하여 재외국민이 거류국에 있는 동안 받게 되는 보호는, 조약 기타 일반적으로 승인된 국제법규와 당해 거류국의 법령에 의하여 누릴 수 있는 모든 분야에서 정당한 대우를 받도록 거류국과의 관계에서 국가가 하는 외교적 보호와 국외 거주 국민에 대하여 정치적인 고려에서 특별히 법률로써 정하여 베푸는 법률·문화·교육 기타 제반영역에서의 지원을 뜻하는 것이므로, 국내에 주소를 두지 아니한 피상속인의 국내 소재 재산에 대하여 상속세를 부과함에 있어서 그 과세표준 산정시 인적 공제를 적용하지 않도록 규정한 구상속세법 제11조 제 1 항 부분에 대한 관계에서 위 헌법규정의 보호법익은 그대로 적용된다고 보기 어려운 것이고, 따라서 위 법률조항이 비거주자에 대하여 상속세 인적 공제 적용을 배제하였다 하더라도 국가가 헌법 제 2 조 제 2 항에 규정한 재외국민을 보호할 의무를 행하지 않은 경우라고는 볼 수 없다(헌재 1993. 12. 23 선고, 89 헌마 189, 헌재판례집 제 5 권 2 집, 622면 이하(646면))」.

3) 헌재 2001. 11. 29 선고, 99 헌마 494, 헌재판례집 제13권 2집, 714면 이하.

「재외동포법은 외국국적동포 등에게 광범한 혜택을 부여하고 있는바, 이 사건 심판대상규정은 대한민국 정부수립 이전에 국외로 이주한 동포와 그 이후 국외로 이주한 동포를 구분하여 후자에게는 위와 같은 혜택을 부여하고 있고, 전자는 그 적용대상에서 제외하고 있다. 그런데, 정부수립 이후 이주동포와 정부수립 이전 이주동포는 이미 대한민국을 떠나 그들이 거주하고 있는 외국의 국적을 취득한 우리의 동포라는 점에서 같고, 국외로 이주한 시기가 대한민국 정부수립 이전인가 이후인가는 결정적인 기준이 될 수 없는데도, 정부수립 이후 이주동포(주로 재미동포, 그 중에서도 시민권을 취득한 재미동포 1세)의 요망사항은 재외동포법에 의하여 거의 완전히 해결된 반면, 정부수립 이전 이주동포(주로 중국동포 및 구소련동포)는 재외동포법의 적용대상에서 제외됨으로써 그들이 절실히 필요로 하는 출입국 기회와 대한민국 내에서의 취업기회를 차단당하였고, 사회경제적 또는 안보적 이유로 거론하는 우려도, 당초 재외동포법의 적용범위에 정부수립 이전 이주동포도 포함시키려 하였다가 제외시킨 입법과정에 비추어 보면 엄밀한 검증을 거친 것이라고 볼 수 없으며, 또한 재외동포법상 외국국적동포에 대한 정의규정에는 일응 중립적인 과거국적주의를 표방하고, 시행령으로 일제시대 독립운동을 위하여 또는 일제의 강제징용이나 수탈을 피하기 위해 조국을 떠날 수밖에 없었던 중국 동포나 구소련 동포가 대부분인 대한민국 정부수립 이전에 이주한 자들에게 외국국적 취득 이전에 대한민국의 국적을 명시적으로 확인 받은 사실을 입증하도록 요구함으로써 이들을 재외동포법의 수혜대상에서 제외한 것은 정당성을 인정받기 어렵다.

요컨대, 이 사건 심판대상규정이 청구인들과 같은 정부수립 이전 이주동포를 재외동포법의 적용대상에서 제외한 것은 합리적 이유 없이 정부수립 이전 이주동포를 차별하는 자의적인 입법이어서 헌법 제11조의 평등원칙에 위배된다」.

4) 「따라서 청구인들의 주장과 같이 중국동포들이 대한민국과 중국의 이중국적을 갖고 있었다면 이들에게도 이러한 국적선택 및 국적판정의 기회가 주어진 것으로 볼 수 있다. 그럼에도 불구하고, 이와는 별도로 헌법 전문의 '대한민국임시정부 법통의 계승' 또는 제 2 조 제 2 항의 '재외국민 보호의무' 규정이 중국동포와 같이 특수한 국적상황에 처해 있는 자들의 이중국적 해소 또는 국적 선택을 위한 특별법 제정의무를 명시적으로 위임한 것이라고 볼 수 없고, 뿐만 아니라 동 규정 및 그 밖의 헌법규정으로부터 그와 같은 해석을 도출해 낼 수도 없다고 할 것이다」(헌재 2006. 3. 30 선고, 2003 헌마 806, 헌재판례집 제18권 1집(상), 381면 이하(391면)).

적선택권은 병역미필자에게는[1] 제한될 수 있다(국적법 제12조).[2]

(d) 재외국민의 참정권 보장 재외국민을 보호하기 위하여 공관이 설치되어 있으며, 재외국민의 의사를 국정에 반영시키기 위하여서는 부재자투표가 행하여져야 하며, 일정한 범위 내의 참정권행사가 인정되어야 한다.[3] 그리고 재외국민의 대표자는 민주평화통일자문위원으로 임명될 수 있다(민주평화통일자문회의법 제10조 2호).[4]

(3) 구 한국적보유자인 외국인 국가 및 지방자치단체는 과거 대한민국의 국적을 보유하였던 자 또는 그의 직계비속(대한민국의 국적을 보유한 자를 제외한다)으로서 대통령령으로 정하는 자에 대하여 대한민국의 안전보장·질서유지·공공복리 그 밖에 대한민국의 이익을 해치지 아니하는 범위 안에서 대한민국으로의 입국·체류 또는 대한민국 안에서의 경제활동 등을 보장할 수 있다(재한 외국인 처우기본법(2007년 제정) 제17조).

[判] 國籍에 관한 重要 判例

1. 國籍法 第2條 第1項 第1號는 憲法에 合致하지 않는다[5]

[판 단]

가. 국적의 개념과 성격

(1) 국민은 영토, 주권과 더불어 국가의 3대 구성요소 중의 하나다. 국적은 국민이 되는 자격·신분을 의미하므로 국민이 아닌 자는 외국인(외국국적자, 이중국적자, 무국적자 포함. 이하 같다)이라고 한다. 국민은 항구적 소속원이므로 어느 곳에 있던지 그가 속하는 국가의 통치권에 복종할 의무를 부담하고, 국외에 있을 때에는 예외적으로 거주국의 통치권에 복종하여야 한다.

역사적으로 보면, 근대국가 성립 이전의 영민(領民)은 토지에 종속되어 영주(領主)의 소유물과 같은 처우를 받았다. 근대국가에서도 개인은 출생지 또는 혈통에 기속되고 충성의무를 강요당하는 지위에 있었으므로 국적선택권이 인정될 여지가 없었다. 그러나 천부인권(天

1) 헌재 2004.8.26 선고, 2002 헌바 13, 헌재판례집 제16권 2집(상), 195면 이하.

2) 「법 제12조 제1항 단서 및 그에 관한 제14조 제1항 단서에 의하더라도 국적선택의 자유가 완전히 박탈되는 것이 아니라 부분적인 제한을 받을 뿐이다. 18세가 되어 제1국민역에 편입된 때부터 3월이 지나기 전이라면 자유롭게 국적을 이탈할 수 있고, 그 이후부터 입영의무 등이 해소되는 시점(36세)까지만 국적이탈이 금지되므로 일정한 시기적인 제약을 받을 뿐이다. 제1국민역에 편입된 때부터 3월이 지났더라도 병역의무를 이행하거나 면제받는 등으로 병역문제를 해소한 때에는 역시 자유롭게 국적을 이탈할 수 있음은 물론이다.

주된 생활의 근거를 외국에 두고 있는 이중국적자들의 경우 적극적으로 국적이탈을 함으로써 병역의무를 조기에 해소할 수도 있고, 관련 병역법 규정에 따라 소극적인 방법으로 병역의 문제를 자연스럽게 해결할 수도 있다. 이들에 대하여 국적선택제한조항의 적용을 명시적으로 배제하는 규정을 두지 않았다 하더라도 그 점만으로 이들의 국적이탈의 자유를 침해하는 것이라 할 수 없다」(헌재 2006.11.30 선고, 2005 헌마 739, 헌재판례집 제18권 2집, 528면 이하).

3) 同旨: 헌재 2007.6.28 선고, 2004 헌마 644, 2005 헌마 360(병합), 헌재판례집 제19권 1집, 859면 이하(879면).

4) 이민한 국민도 재외국민으로서의 기본권을 향유한다(헌재 1993.12.23 선고, 89 헌마 189, 헌재판례집 제5권 2집, 622면 이하).

5) 헌재 2000.8.31 선고, 97 헌가 12, 헌재판례집 제12권 2집, 167면 이하.

賦人權) 사상은 국민주권을 기반으로 하는 자유민주주의 헌법을 낳았고 이 헌법은 인간의 존엄과 가치를 존중하므로, 개인은 자신의 운명에 지대한 영향을 미치는 정치적 공동체인 국가를 선택할 수 있는 권리, 즉 국적선택권을 기본권으로 인식하기에 이르렀다. 세계인권선언(1948. 12. 10.)이 제15조에서 "① 사람은 누구를 막론하고 국적을 가질 권리를 가진다. ② 누구를 막론하고 불법하게 그 국적을 박탈당하지 아니하여야 하며 그 국적변경의 권리가 거부되어서는 아니 된다"는 규정을 둔 것은 이를 뒷받침하는 좋은 예다. 그러나 개인의 국적선택에 대하여는 나라마다 그들의 국내법에서 많은 제약을 두고 있는 것이 현실이므로 국적은 아직도 자유롭게 선택할 수 있는 권리에는 이르지 못하였다고 할 것이다.

(2) 국적의 취득은 대체로 출생에 의한 경우와 귀화에 의한 경우로 나눌 수 있고, 출생에 의한 것은 다시 혈통주의(속인주의)와 출생지주의(속지주의)로 나누어진다(법무부 조사로는, 118개국 중 72개국은 혈통주의를, 나머지 46개국은 출생지주의를 채택하고 있다).

혈통주의를 취하는 국가 중 유럽지역은 모두 부모양계혈통주의를, 아시아지역은 우리나라의 구법과 중동의 회교권국가 및 대만, 인도네시아, 태국은 부계혈통주의를 취하나, 일본과 중국을 포함한 대부분의 국가는 부모양계혈통주의를 채택하고 있다. 한편, 북미와 남미지역 국가는 대부분 출생지주의에 의하나, 국외에서 출생한 자녀에게는 부모양계혈통주의의 원칙에 따라 국적을 부여하고 있다.

(3) 국적은 국가와 그의 구성원 간의 법적 유대(法的 紐帶)이고 보호와 복종관계를 뜻하므로 이를 분리하여 생각할 수 없다. 즉 국적은 국가의 생성과 더불어 발생하고 국가의 소멸은 바로 국적의 상실 사유인 것이다. 국적은 성문의 법령을 통해서가 아니라 국가의 생성과 더불어 존재하는 것이므로, 헌법의 위임에 따라 국적법이 제정되나 그 내용은 국가의 구성요소인 국민의 범위를 구체화, 현실화하는 헌법사항을 규율하고 있는 것이다.

나. 국민의 범위

(1) 1948. 7. 17. 제정된 제헌헌법이 "대한민국의 국민이 되는 요건은 법률로써 정한다(제3조)"는 규정에 따라 같은 해 12. 20. 법률 제16호로 국적법을 제정하였다. 국적법은 3차에 걸쳐서 개정되었는데 이중국적의 발생 여지를 줄임으로써 국적단일주의를 강화하였을 뿐 골격은 그대로 유지하고 있었다. 구법의 기본원칙은 국적법정주의, 부계우선혈통주의, 부중심주의, 국적단일주의, 가족국적동일주의 등으로 요약할 수 있다.

1997. 12. 13. 법률 제5431호로 전문개정된 신법은 1984년 유엔의 「여성에 대한 모든 형태의 차별 철폐에 관한 협약」에 가입할 당시 국적취득에서의 남녀평등조항을 유보했던 것을 철회하여, 구법의 부계혈통주의 조항을 평등원칙에 부합되게 개정함과 아울러 현실에 맞지 않거나 미비한 조항을 합리적으로 개선·보완한 것이다.

(2) 우리 헌법은 제헌헌법 이래로 "대한민국의 영토는 한반도와 그 부속도서로 한다"(제헌헌법 제4조, 현행헌법 제3조)는 규정을 두고 있다.

대법원은 이를 근거로 하여 북한지역도 대한민국의 영토에 속하는 한반도의 일부를 이루는 것이어서 대한민국의 주권이 미치고 북한주민도 대한민국 국적을 취득·유지하는 데 아무런 영향이 없는 것으로 해석하고 있다. 그리하여, 국적에관한임시조례(1948. 5. 11. 남조선과도정부법률 제11호) 제2조 제1호는 조선인을 부친으로 하여 출생한 자는 조선의 국적을 가지는 것으로 규정하고 있고, 제헌헌법은 제3조에서 대한민국의 국민되는 요건을 법률로써 정한다고 규정하면서 제100조에서 현행법령은 이 헌법에 저촉되지 아니하는 한 효력을 가진다고 규정하고 있으므로, 조선인을 부친으로 하여 출생한 자는 설사 그가 북한법의 규정에 따라 북한국적을 취득하였다고 하더라도, 위 임시조례의 규정에 따라 조선국적을 취득하였다가 1948. 7. 17. 제헌헌법의 공포와 동시에 대한민국 국적을 취득하였다고 한다(대법원 1996. 11. 12. 96 누 1221, 공보 1996 하, 3602).

외교통상부장관은, 우리의 실효적 지배권이 현실적으로 미치지 못하는 북한지역 거주자 또는 제 3 국에 체류하는 북한주민들에 대해서 우리 국적을 인정하는 것은 북한당국과의 마찰 또는 제 3 국과의 관계에서 외교적인 문제가 생길 가능성이 있지만, 최소한 북한주민이 이미 국내에 들어와 있는 경우에 그가 원하는 한 우리 국적을 인정하는 것은 문제가 없다는 의견을 개진하고 있다.

(3) 제청법원은 제청신청인의 모가 대한민국 국민이라고 인정하였으므로, 이 사건에서는 오로지 제청신청인이 출생에 의하여 우리 헌법 및 국적법에 따라 대한민국 국적을 취득하는지 여부에 한정하여 판단하기로 한다.

다. 부칙조항에 대한 판단

(1) 부칙조항의 성격

부칙조항은 신법이 구법상의 부계혈통주의를 부모양계혈통주의로 개정하면서 구법상 부가 외국인이기 때문에 대한민국 국적을 취득할 수 없었던 한국인 모의 자녀 중에서 신법 시행 전 10년 동안에 태어난 자에게 신고 등 일정한 절차를 거쳐 대한민국 국적을 취득하도록 하는 경과규정이다.

그러므로 부칙조항의 위헌 여부, 즉 '10년'의 경과규정을 둔 것이 헌법에 위반되는지 여부를 판단하기 위하여는 출생에 의한 국적취득에 있어 부계혈통주의를 규정한 구법조항의 위헌 여부에 대한 판단이 전제가 된다.

(2) 구법조항의 위헌성

(가) 헌법전문은 헌법을 제정한 주체는 국민임을 밝히고 있고, 제 1 조 제 2 항은 "대한민국의 주권은 국민에게 있다"고 하여 '국민'이 주권자임을 선언하고 있다. 제 2 장은 「국민의 권리와 의무」라고 제목을 붙이고 각 조항에서 '국민'이 기본권의 주체임을 명시하고 있을 뿐만 아니라, 제 2 조 제 1 항은 "대한민국의 국민이 되는 요건은 법률로 정한다"고 하여 기본권의 주체인 국민에 관한 내용을 입법자가 형성하도록 하였다.

법무부장관은, 헌법 제 2 조에 의하여 입법자는 국민의 요건을 결정함에 있어서 광범한 재량권이 있으므로 출생지주의를 택할 것인지 혈통주의에 의할 것인지는 입법재량 영역이고, 혈통주의를 택하는 경우에도 출생의 장소나 부모쌍방이 대한민국 국민인지, 출생에 의하여 이중국적자가 될 것인지의 여부 또한 입법재량 문제라고 주장한다. 그러나 헌법의 위임에 따라 국민되는 요건을 법률로 정할 때에는 인간의 존엄과 가치, 평등원칙 등 헌법의 요청인 기본권 보장원칙을 준수하여야 하는 입법상의 제한을 받기 때문에, 국적에 관한 모든 규정은 정책의 당부 즉 입법자가 합리적인 재량의 범위를 벗어난 것인지 여부가 심사기준이 된다는 법무부장관의 주장은 받아들이지 아니한다.

(나) 헌법 제11조 제 1 항은 "모든 국민은 법 앞에 평등하다. 누구든지 성별·종교 또는 사회적 신분에 의하여 정치적·경제적·사회적·문화적 생활의 모든 영역에 있어서 차별을 받지 아니한다"고 하여 평등원칙을 선언하고 있다.

헌법 제11조 제 1 항이 규정하고 있는 평등원칙은 법치국가질서의 근본요청으로서 모든 국가기관에게 법을 적용함에 있어서 정당한 근거 없이 개인이나 일정한 인적 집단을 불평등하게 대우하는 것을 금지한다. 따라서 모든 사람은 평등하게 법규범을 통해서 의무를 부담하고 권리를 부여받으며, 반대로 모든 공권력주체에 대해서는 일정한 사람들에게 유리하거나 불리하게 법을 적용하거나 적용하지 않는 것이 금지된다. 그러나 헌법 제11조 제1항의 규범적 의미는 이와 같은 '법 적용의 평등'에서 끝나지 않고, 더 나아가 입법자에 대해서도 그가 입법을 통해서 권리와 의무를 분배함에 있어서 적용할 가치평가의 기준을 정당화할 것을 요구하는 '법 제정의 평등'을 포함한다. 따라서 평등원칙은 입법자가 법률을 제정함에 있어서 법적 효과를 달리 부여하기 위하여 선택한 차별의 기준이 객관적으로 정당화될 수 없을 때에는 그 기준을 법적 차별의 근거로 삼는 것을 금지한다. 이때 입법자가 헌법 제11조 제1항의 평등원칙에 어느 정도로 구속되는가는 그 규율대상과 차별기준의 특성을 고려하여 구체적으로 결정된다.

헌법재판소는 제대군인지원에관한법률 제8조 제1항 등 위헌확인 사건에서 판시하기를, "평등원칙 위반 여부에 대한 심사척도는 입법자에게 인정되는 입법형성권의 정도에 따라 달라지게 될 것이나 헌법에서 특별히 평등을 요구하고 있는 경우와 차별적 취급으로 인하여 관련 기본권에 대한 중대한 제한을 초래하게 된다면 입법형성권은 축소되어 보다 엄격한 심사척도가 적용되어야 한다. 제대군인에 대한 가산점제도는 헌법 제32조 제4항이 특별히 남녀평등을 요구하고 있는 '근로' 내지 '고용'의 영역에서 남성과 여성을 달리 취급하는 제도이고, 헌법 제25조에 의하여 보장된 공무담임권이라는 기본권의 행사에 중대한 제약을 초래하는 것이기 때문에 엄격한 심사척도에 의하여야 한다. 가산점제도는 결과적으로 여성과 장애인 등 이른바 사회적 약자들이 희생당하고 있으며, 각종 국제협약, 실질적 평등 및 사회적 법치국가를 표방하고 있는 우리 헌법과 이를 구체화하고 있는 전체 법체계 등에 비추어 우리 법체계 내에 확고히 정립된 기본질서라고 할 '여성과 장애인에 대한 차별금지와 보호'에도 저촉되므로 정책수단으로서의 적합성과 합리성을 상실한 것"이라고 하였다(헌재 1999. 12. 23. 98 헌마 363, 헌재판례집 11-2, 770, 787~791).

이 결정에서 설시한 평등원칙 위반에 대한 위헌심사기준과 남녀차별이 위헌이라는 취지의 논증은 이 사건에 그대로 이끌어 쓸 수 있다. 그 결과, 부계혈통주의 원칙을 채택한 구법조항은 출생한 당시의 자녀의 국적을 부의 국적에만 맞추고 모의 국적은 단지 보충적인 의미만을 부여하는 차별을 하고 있으므로 위헌이라는 결론에 이르게 된다. 다시 말하면, 한국인 부와 외국인 모 사이의 자녀와 한국인 모와 외국인 부 사이의 자녀를 차별취급하는 것은, 모가 한국인인 자녀와 그 모에게 불리한 영향을 끼치므로 헌법 제11조 제1항의 남녀평등원칙에 어긋남이 분명하고 이러한 차별취급은 헌법상 허용되지 않는 것이다.

(다) 헌법은 제36조 제1항에서 "혼인과 가족생활은 개인의 존엄과 양성의 평등을 기초로 성립되고 유지되어야 하며 국가는 이를 보장한다"고 규정하고 있다.

헌법 제36조 제1항은 혼인제도와 가족제도에 관한 헌법원리를 규정한 것으로서 혼인제도와 가족제도는 인간의 존엄성 존중과 민주주의의 원리에 따라 규정되어야 함을 천명한 것이다(헌재 1997. 7. 16. 95 헌가 6 등, 헌재판례집 9-2, 1, 17). 이 규정은 가족생활이 '양성의 평등'을 기초로 성립, 유지될 것을 명문화한 것으로 이해되므로 입법자가 가족제도를 형성함에 있어서는 이를 반드시 고려할 것을 요구하고 있다.

구법조항이 규율하는 사실관계를 다시 살펴보면, 한국인과 외국인 간의 혼인에서 배우자의 한쪽이 한국인 부인 경우와 한국인 모인 경우 사이에 성별에 따른 특별한 차이가 있는 것도 아니고, 양쪽 모두 그 자녀는 한국의 법질서와 문화에 적응하고 공동체에서 흠없이 생활해 나갈 수 있는 동등한 능력과 자질을 갖추었는데도 불구하고 전체 가족의 국적을 가부(家父)에만 연결시키고 있다. 그러나 이와 같이 가족의 장(長) 또는 중심을 부로 정하는 것은 가족생활에서 양성평등의 원칙을 선언하고 있는 헌법의 명문에 비추어 타당성이 있는지 의심스럽다.

국적취득에서 혈통주의는 사회적 단위인 가족에로의 귀속을 보장하는 한편 특정한 국가공동체로의 귀속을 담보하며 부모와 자녀간의 밀접한 연관관계를 잇는 기본이 된다. 만약 이러한 연관관계를 부와 자녀 관계에서만 인정하고 모와 자녀 관계에서는 인정하지 않는다면, 이는 가족 내에서의 여성의 지위를 폄하(貶下)하고 모의 지위를 침해하는 것이다.

그러므로 구법조항은 헌법 제36조 제 1 항이 규정한 "가족생활에 있어서의 양성의 평등원칙"에 위배된다.

(라) 국적이 다른 부모로부터 출생한 자녀의 국적을 규율하고 있는 구법조항은 한국인 부모 일방의 성별에 따른 차별을 하고 있다. 그 결과, 한국인 모와 그 자녀의 법적 지위는 한국인 부와 그 자녀의 법적 지위에 비교하여 보면 현저한 차별취급을 받고 있다.

모가 한국인인 자녀들은 외국인이므로 병역의무의 면제와 같은 혜택을 누릴 수 있으나, 국적에 따른 차별은 대체로 불리한 쪽으로 연관된다. 즉, 그들은 외국인이므로 원칙적으로 대한민국의 공무원이 될 수 없고(국가공무원법 제35조, 지방공무원법 제33조, 외무공무원법 제 8 조), 거주·이전의 자유(헌법 제14조, 출입국관리법 제 7 조, 제17조), 직업선택의 자유(헌법 제15조, 수산업법 제 5 조, 도선법 제 6 조), 재산권(헌법 제23조, 외국인토지법 제 3 조, 특허법 제25조, 항공법 제 6 조), 선거권 및 피선거권(헌법 제24조, 제25조, 공직선거및선거부정방지법 제15조, 제16조), 국가배상청구권(헌법 제29조 제 2 항, 국가배상법 제 7 조), 범죄피해자구조청구권(헌법 제30조, 범죄피해자구조법 제10조), 국민투표권(헌법 제72조, 제130조 제 2 항, 국민투표법 제 7 조) 및 사회적 기본권 등을 누릴 수 없거나 제한적으로밖에 향유하지 못하게 된다. 그러나 외국인과 혼인을 한 한국인인 부 또는 모의 국적에 따라 그들 자녀의 국적을 다르게 함으로써 생기는 이러한 차별을 정당화하는 실질적인 공익이 있는 것도 아니다.

법무부장관은, 구법은 출생시의 적출자는 부의 국적을, 비적출자는 모의 국적을 기준으로 각 국적을 취득할 수 있게 한 것이므로 남녀를 차별하는 것이 아니고, 외국인 부의 적출자는 통상 그 부의 국적을 취득하게 되므로 부계혈통주의는 이중국적 방지를 위한 합리성이 있다고 주장한다. 그러나 구법조항이 자녀와 국가의 관계에서 이중국적을 방지하는 데 기여한다는 사유로도 위와 같은 차별이 정당한 것으로 되는 것은 아니다. 자녀의 입장에서 볼 때, 이중국적으로 인한 불이익은 추가로 모의 국적을 취득함으로써 얻는 이익보다 더 크지 않고 그 자녀가 국가공동체에 들어오는 것을 막아야 할 절대적인 공익이 있는 것도 아니므로 법무부장관의 위 주장은 받아들이지 아니한다.

그러므로 구법조항은 자녀의 입장에서 볼 때에도 한국인 모의 자녀를 한국인 부의 자녀에 비교하여 현저하게 차별취급을 하고 있으므로 헌법상의 평등원칙에 위배되는 것이다.

(마) 이상 살펴본 이유에 의하면, 구법조항은 부계혈통주의를 채택함으로써 헌법 제11조 제 1 항의 평등원칙과 헌법 제36조 제 1 항의 가족생활에 있어서의 양성의 평등원칙에 위배되는 조항이고, 그와 같은 차별로 인하여 그 자녀의 기본권에 중대한 제한을 초래한 것이므로 헌법에 위반되는 규정이었다.

(3) 부칙조항의 헌법불합치

(가) 입법자는 1997. 12. 13. 법률 제5431호로 구법을 전문개정하면서 출생에 의한 국적취득에 있어 부계혈통주의를 부모양계혈통주의로 바꾸었다(신법 제 2 조 제 1 항 제 1 호). 이로써 구법조항의 위헌성은 제거되었으나 신법 시행 이전에 출생한, 모가 한국인인 자녀가 구법조항으로 인하여 침해받은 기본권을 회복시켜 줌에 있어 부칙조항은 신법 시행 전 10년 동안에 출생한 자녀에게는 대한민국 국적을 부여한 반면, 청구인과 같이 신법 시행 10년 이전에 출생한 자에게는 국적을 부여하지 아니하였다. 그러므로 이와 같은 '10년'의 기간제한이 헌법적으로 정당화될

수 있는지 여부가 문제된다.

법무부장관은, 신법 시행 전에 대한민국 국민인 모와 외국인 부 사이에 출생한 소위 모계 출생의 10세 이상인 자들은 구법이나 신법에 의하여 대부분 귀화나 인지 등의 방법으로 우리 국적을 취득하였기 때문에 이미 국적문제가 해결되었다고 주장한다. 그러나 10세 이상의 자들의 국적문제가 해결되었다는 점에 대하여 합리적인 논증을 하지 아니하였고, 10세 이상의 자로서 무국적상태로 남아 있는 자에 대한 믿을 수 있는 통계도 제시한 바가 없다.

또한 부칙조항이 신법 시행 전 10년 동안에 출생한 자들에 대해서만 국적취득의 기회를 부여한 것은 성별에 관한 가치관이 근래에 변천한 데 따른 것이라는 주장도 있을 수 있으나, 성별에 의한 차별금지의 법의식이 신법 시행 전 10년 동안에 생긴 것으로 단정할 합리적인 자료가 있는 것도 아니다. 제헌헌법 제 8 조는 "모든 국민은 법률 앞에 평등이며 성별, 신앙 또는 사회적 신분에 의하여 정치적, 경제적, 사회적 생활의 모든 영역에 있어서 차별을 받지 아니한다"고 규정하고 있었기 때문에, 성별에 의한 차별금지라는 법의식의 변화는 늦어도 이 때부터 시작된 것으로 볼 수 있다.

따라서 그 적용범위를 구법조항의 모든 피해자에게 확대하는 것은 소급입법으로 인한 법적 안정성을 해칠 우려가 있다는 법무부장관의 주장에 더 무게를 둘 필요는 없다. 구법조항의 위헌적인 차별로 인하여 불이익을 받은 자를 구제하는 데 신법 시행 당시의 연령이 10세가 되는지 여부는 헌법상 적정한 기준이 아닌 또 다른 차별취급이므로 부칙조항은 헌법 제11조 제 1 항의 평등원칙에 위배된다.

(나) 법률이 헌법에 위반되는 경우, 헌법의 규범성을 보장하기 위하여 원칙적으로 그 법률에 대하여 위헌결정을 하여야 하는 것이지만, 위헌결정을 통하여 법률조항을 법전(法典)에서 제거하는 것이 법적 공백이나 혼란을 초래할 우려가 있는 경우에는 위헌조항의 잠정적 적용을 명하는 헌법불합치결정을 할 수 있다. 다시 말하면, 위헌적인 법률조항을 잠정적으로 적용하는 위헌적인 상태가, 위헌결정으로 말미암아 발생하는 법적 공백의 합헌적인 상태보다 오히려 헌법적으로 더욱 바람직하다고 판단되는 경우에는, 헌법재판소는 법적 안정성의 관점에서 법치국가적으로 용인하기 어려운 법적 공백과 그로 인한 혼란을 방지하기 위하여 입법자가 합헌적인 방향으로 법률을 개선할 때까지 일정 기간 동안 위헌적인 법규정을 존속케 하고 또한 잠정적으로 적용하게 할 필요가 있다(헌재 1999. 10. 21. 97 헌바 26, 헌재판례집 11-2, 383, 417).

이 사건의 경우, 구법조항으로 인하여 국적을 취득할 수 없었던 자를 구제하기 위하여는 신법 시행 전에 출생한, 모가 한국인인 자녀에게 대한민국 국적을 취득할 수 있도록 하는 경과규정이 반드시 필요한데, 헌법재판소가 위헌결정 또는 단순한 헌법불합치결정만을 선고할 경우 부칙조항은 헌법재판소가 결정을 선고한 때부터 더 이상 적용할 수 없게 된다. 이 경우 그나마 신법 시행 전 10년 동안에 태어난 자녀에게 국적취득의 길을 열어 놓고 있는 근거규정이 효력을 잃게 됨으로써 법치국가적으로 용인하기 어려운 법적 공백이 생기게 된다. 이와 같이 이 규정으로 혜택을 입을 국적에 관련된 자에 대하여 법을 다시 개정할 때까지 일시적이나마 법적 공백상태를 야기하거나 관련 행정기관 및 해당 가족에 대하여 법적 불안정이라는 새 불씨를 만들고 이를 방치하는 것은 또 다른 위헌 사태에 다름 아니므로, 이 규정은 법률이 개정될 때까지 그 요건에 맞아 한국국적을 취득할 수 있는 자에게는 그대로 적용할 수 있게 하여야 한다.

따라서 부칙조항은 헌법에 합치하지 아니하나 입법자가 새로운 입법을 할 때까지 이를 잠정적으로 적용하도록 명하는 것이다.

[결 론]

이상과 같은 이유로, 구법 제2조 제1항 제1호에 대한 위헌여부심판제청을 각하하고, 신법 부칙 제7조 제1항 중 "…10년 동안에" 부분은 헌법에 합치하지 아니하나 경과규정에 관한 새로운 입법이 이루어질 때까지 잠정적으로 적용하도록 명하기로 하여 관여한 재판관 전원의 일치된 의견으로 주문과 같이 결정한다.

2. 在外同胞의出入國과法的地位에관한法律 第2條 第2號는 憲法에 合致하지 않는다[1]

가. 재외동포법의 입법목적과 주요 내용

(1) 재외동포법의 입법목적 중 외국국적 동포에 해당하는 부분은 다음과 같다(대한민국 관보 1999. 9. 2.자 8~9면). 즉, 지구촌시대 세계경제체제에 부응하여 재외동포에게 모국의 국경문턱을 낮춤으로써 재외동포의 생활권을 광역화·국제화함과 동시에 우리 국민의 의식형태와 활동영역의 국제화·세계화를 촉진하고, 재외동포의 모국에의 출입국 및 체류에 대한 제한과 부동산 취득·금융·외국환거래 등에 있어서의 각종 제약을 완화함으로써 모국투자를 촉진하고 경제회생 동참 분위기를 확산시키며, 재외동포들이 요구하는 이중국적을 허용할 경우 나타날 수 있는 병역·납세·외교관계에서의 문제점과 국민적 일체감 저해 등의 부작용을 제거하면서 이중국적 허용요구에 담긴 애로사항을 선별수용함으로써 모국에 대한 불만을 해소하기 위한 것이다.

(2) 재외동포법의 주요 내용을 보면, 재외동포를 재외국민과 외국국적동포로 구분하여(제2조), 재외국민과 재외동포체류자격을 가진 외국국적동포의 출입국과 국내에서의 법적 지위에 관하여 적용하되(제3조), 외국국적동포는 재외동포체류자격으로 2년 동안 체류할 수 있고 그 기간의 연장도 가능하며 재입국허가 없이 자유롭게 출입국할 수 있고(제10조 제1항 내지 제3항), 재외동포체류자격의 활동범위 안에서 자유롭게 취업 기타 경제활동을 할 수 있으며(제10조 제5항), 군사시설보호구역을 제외한 국내 토지의 취득·보유·이용 및 처분이 가능하고(제11조 제1항), 이 법 시행 후 1년 이내에 비실명부동산을 실명으로 전환하거나 매각처분 등을 한 경우 이행강제금과 과태료를 면제하고(제11조 제2항), 외국환거래법 제18조의 규정에 의한 자본거래 제한조치를 제외하고는 국내 금융기관을 이용함에 있어서 거주자인 국민과 동등한 권리를 갖고(제12조), 90일 이상 국내에 체류하는 때에는 의료보험 관계법령이 정하는 바에 의하여 의료보험을 적용받을 수 있도록(제14조) 하는 등 광범한 혜택을 부여하고 있다.

(3) 한편, 당초 1998. 9. 29. 입법예고된 재외동포법(안)에서는 '외국국적동포'의 정의를 "한민족 혈통을 지닌 자로서 외국국적을 취득한 자 중 대통령령으로 정하는 자"로 규정하고 있었으나(대한민국 관보 1998. 9. 29.자 15~16면), 우리나라 주변 일부국가의 자국 내 소수민족(조선족)을 자극할 우려가 있다는 의견을 받아들여 국회통과 과정에서 이 사건 심판대상규정과 같이 수정되었다.

나. 침해되는 기본권

청구인들은, 이 사건 심판대상규정이 헌법 제11조의 평등권 외에 헌법 제10조의 인간의 존엄과 가치 및 행복추구권 내지 대한민국이 3·1운동으로 건립된 대한민국임시정부의 법통을 계승한다고 선언한 헌법전문에 어긋난다고 주장한다.

그러나, 청구인들 주장의 핵심은 이 사건 심판대상규정으로 말미암아 재외동포법이 부여하는 혜택을 받지 못하게 되었다는 것이고, 이 사건 심판대상규정으로 인하여 비로소 청구인들이 종래에 누리던 인간의 존엄과 가치 및 행복추구권이 침해되었다는 것은 아니라고 할 것이므로, 이 사건은 결국 재외동포법의 혜택을 받게 되는 다른 외국국적동포들과의 관계에서 청구

1) 헌재 2001. 11. 29 선고, 99 헌마 494, 헌재판례집 제13권 2집, 714면 이하.

인들의 평등권을 침해하는지 여부의 문제로 귀착된다.

다. 이 사건 심판대상규정의 위헌성

(1) 평등원칙의 의의

우리 헌법 제11조 제 1 항은 "모든 국민은 법 앞에 평등하다. 누구든지 성별·종교 또는 사회적 신분에 의하여 정치적·경제적·사회적·문화적 생활의 모든 영역에 있어서 차별을 받지 아니한다"라고 규정하여 평등원칙을 선언하고 있는바, 평등의 원칙은 국민의 기본권 보장에 관한 우리 헌법의 최고원리로서 국가가 입법을 하거나 법을 해석 및 집행함에 있어 따라야 할 기준인 동시에, 국가에 대하여 합리적 이유 없이 불평등한 대우를 하지 말 것과, 평등한 대우를 요구할 수 있는 모든 국민의 권리로서, 국민의 기본권 중의 기본권인 것이다(헌재 1989. 1. 25. 88 헌가 7, 헌재판례집 1, 1, 2). 헌법 제11조 제 1 항의 평등의 원칙은 일체의 차별적 대우를 부정하는 절대적 평등을 의미하는 것이 아니라 입법과 법의 적용에 있어서 합리적 근거 없는 차별을 하여서는 아니 된다는 상대적 평등을 뜻하고 따라서 합리적 근거 있는 차별 내지 불평등은 평등의 원칙에 반하는 것이 아니다. 그리고 합리적 근거 있는 차별인가의 여부는 그 차별이 인간의 존엄성 존중이라는 헌법원리에 반하지 아니하면서 정당한 입법목적을 달성하기 위하여 필요하고도 적정한 것인가를 기준으로 판단되어야 한다(헌재 1994. 2. 24. 92 헌바 43, 헌재판례집 6-1, 72, 75; 헌재 1998. 9. 30. 98 헌가 7 등, 헌재판례집 10-2, 461, 476).

(2) 차별의 기준과 효과

(가) 이 사건 심판대상규정이 나누고 있는 입법구분을 보면, 외국국적동포(재외동포법 제 2 조 제 2 호)란 "대한민국 정부수립 이후에 국외로 이주한 자 중 대한민국의 국적을 상실한 자와 그 직계비속(재외동포법시행령 제 3 조 제 1 호), 그리고 대한민국 정부수립 이전에 국외로 이주한 자 중 외국국적 취득 이전에 대한민국의 국적을 명시적으로 확인받은 자와 그 직계비속(재외동포법시행령 제 3 조 제 2 호)"만을 의미하므로, 대한민국 정부수립 이전에 국외로 이주한 자 중에 외국국적 취득 이전에 대한민국의 국적을 명시적으로 확인받지 않은 자, 즉 대부분의 중국거주동포와 구소련거주동포 등 정부수립이전이주동포는 재외동포법의 위와 같은 혜택을 누리지 못하게 된다. 왜냐하면, 재외동포법시행령 제 3 조 제 2 호에서 말하는 "대한민국의 국적을 명시적으로 확인받은 자"라 함은 거주국 소재 대한민국 재외공관 또는 대한민국정부의 위임을 받은 기관·단체에 재외국민등록법(제정 1949. 11. 24. 법률 제70호, 전문개정 1999. 12. 28. 법률 제6057호)에 의한 등록을 한 자를 말하는바(재외동포법시행규칙 제 2 조 제 1 항), 예컨대 청구인들과 같은 중국동포의 경우 우리나라가 중국과 외교관계를 수립한 것은 1992. 8. 24.이고 중국주재 한국대사관이 개설된 것은 같은 달 28.{대한무역진흥공사(KOTRA) 북경대표부는 1991. 1. 30. 개설되었다}이므로, 물리적으로 이 요건을 충족시킬 수 없게 되어 있다. 이와 같은 사정은 구소련지역에 거주하고 있는 동포들의 경우에도 마찬가지이다(국회법제사법위원회의재외동포법(안)에 대한 「심사보고서」(1999. 8), 8면 참조).

(나) 이 사건 심판대상규정은 재외국민과 함께 재외동포법의 적용을 받는 외국국적동포에 관한 '정의규정'으로서 외국국적동포에 해당하는 자는 앞에서 본 바와 같은 광범한 혜택을 누릴 수 있게 된다. 즉, 원래 외국국적동포는 '외국인'이므로 원칙적으로 대한민국의 공무원이 될 수 없고(국가공무원법 제35조, 지방공무원법 제33조, 외무공무원법 제 9 조), 거주·이전의 자유(헌법 제14조, 출입국관리법 제 7 조, 제17조), 직업선택의 자유(헌법 제15조, 수산업법 제 5 조, 도선법 제 6 조), 재산권(헌법 제23조, 외국인토지법 제 3 조, 특허법 제25조, 항공법 제 6 조), 선거권 및 피선거권(헌법 제24조, 제25조, 공직선거및선거부정방지법 제15조, 제16조), 국가배상청구권(헌법 제29조 제 2 항, 국가배상법 제 7 조), 범죄피해자구조청구권(헌법 제30조, 범죄피해자구조법 제10조), 국민투표권(헌법 제72조, 제130조 제 2 항, 국민투표법 제 7 조) 및 사회적 기본권 등을 누릴 수 없거나 제한적으로 밖에 향유하지 못하던 것(헌재 2000. 8. 31. 97 헌가 12, 헌재판례집 12-2, 167, 183 참조)을 재외동포법의 시행으로 일정한 범위에서 그 제한을 완화한 것으로서, 이 사건 심판대상규정이 나누고 있는 입법구분에 의하여 재외동포법이 부

여하는 혜택에서 배제된 청구인들과 같은 정부수립이전이주동포는 이러한 기본권 내지 법적 권리의 행사에 있어 차별을 받게 된 것이다.

(3) 평등권의 침해 여부

(가) 평등의 원칙은 입법자에게 본질적으로 같은 것을 자의적으로 다르게, 본질적으로 다른 것을 자의적으로 같게 취급하는 것을 금하고 있다. 그러므로 비교의 대상을 이루는 두 개의 사실관계 사이에 서로 상이한 취급을 정당화할 수 있을 정도의 차이가 없음에도 불구하고 두 사실관계를 서로 다르게 취급한다면, 입법자는 이로써 평등권을 침해하게 된다. 그런데 서로 비교될 수 있는 사실관계가 모든 관점에서 완전히 동일한 것이 아니라 단지 일정 요소에 있어서만 동일한 경우에, 비교되는 두 사실관계를 법적으로 동일한 것으로 볼 것인지 아니면 다른 것으로 볼 것인지를 판단하기 위하여는 어떠한 요소가 결정적인 기준이 되는가가 문제된다. 두 개의 사실관계가 본질적으로 동일한가의 판단은 일반적으로 당해 법률조항의 의미와 목적에 달려 있다(헌재 1996. 12. 26. 96 헌가 18, 헌재판례집 8-2, 680, 701).

앞에서 본 바와 같이 이 사건 심판대상규정은 실질적으로 대부분 미주지역이나 유럽 등에 거주하는 정부수립 이후 이주동포와 대부분 중국과 구소련지역에 거주하는 정부수립 이전 이주동포를 구분하여 전자에게는 재외동포법의 광범위한 혜택을 부여하고 있고, 후자는 이러한 수혜대상에서 제외하고 있다. 그런데, 정부수립 이후 이주동포와 정부수립 이전 이주동포는 이미 대한민국을 떠나 그들이 거주하고 있는 외국의 국적을 취득한 우리의 동포라는 점에서 같고, 다만 대한민국 정부수립 이후에 국외로 이주한 자인가 또는 대한민국 정부수립 이전에 국외로 이주한 자인가 하는 점에서만 다른 것이다. 이와 같은 차이는 정부수립 이후 이주동포와 정부수립 이전 이주동포가 법적으로 같게 취급되어야 할 동일성을 훼손할 만한 본질적인 성격이 아니다. 즉, 정부수립 이후 이주동포인지 아니면 정부수립 이전 이주동포인지는 결정적인 기준이 될 수 없는 것이다.

(나) 차별을 두는 입법은 그 차별에 의하여 달성하려고 하는 목적과 그 목적을 달성하기 위한 차별을 두기 마련인데, 국민의 기본권에 관한 차별에 있어서 합리적 근거에 의한 차별이라고 하기 위하여서는 우선 그 차별의 목적이 헌법에 합치하는 정당한 목적이어야 하고 다음으로 차별의 기준이 목적의 실현을 위하여 실질적인 관계가 있어야 하며 차별의 정도 또한 적정한 것이어야 한다(헌재 1996. 8. 29. 93 헌바 57, 헌재판례집 8-2, 46, 56).

재외동포법은 그 적용대상에 포함된 정부수립 이후 이주동포에 대하여는 위에서 본 바와 같은 광범위한 혜택을 주어 사실상 이중국적을 허용한 것과 같은 지위를 부여하고 있으면서도, 같은 동포 중 이 사건 심판대상규정에 의하여 그 적용범위에서 제외된 정부수립 이전 이주동포는 기본적으로 다른 일반 외국인과 동일한 취급을 받게 되는 결과가 되었다. 그리하여 정부수립 이후 이주동포(주로 재미동포, 그 중에서도 시민권을 취득한 재미동포 1세)의 요망사항은 재외동포법에 의하여 거의 완전히 해결된 반면, 정부수립 이전 이주동포(주로 중국동포 및 구소련동포)는 재외동포법의 적용대상에서 제외됨으로써 그들이 절실히 필요로 하는 출입국기회와 대한민국 내에서의 취업기회를 차단당하였고, 법무부가 이를 완화한다는 취지에서 마련한 보완대책도 정부수립 이전 이주동포에게 실질적인 도움이 되지 못하고 있다. 재외동포법이 정부수립 이후 이주동포의 요구에 의하여 제정되었다는 연혁적 이유가 그 자체만으로 이와 같은 커다란 차별을 정당화할 정도의 비중을 가진다고 할 수 없을 뿐만 아니라, 정부수립 이전 이주동포에게도 정부수립 이후 이주동포에 못지 않거나 더욱 절실한 필요가 있음을 고려하지 않으면 안 된다. 사회경제적 또는 안보적 이유로 거론하는 우려도, 당초 재외동포법의 적용범위에 정부수립 이전 이주동포도 포함시키려 하였다가 제외시킨 입법과정에 비추어 보면 정부수립 이전 이주동포를 재외동포법의 적용범위에 포함하는 것이 어느 정도의 영향을 가져올 것인지에 대한 엄밀한 검증을 거친 것이라고 볼 수 없다.

정부는 재외동포법에서 외국국적동포를 정의하면서 국제관행에 따라 '과거국적주의'를 채택함으로써 정부수립 이전 이주동포가 그 적용대상에서 제외되었다고 전제한 다음 그렇지 아니하고 '혈통주의'에 따라 외국국적동포를 정의하여 입법을 한다면, 국제법원칙 및 국제관행에 반하고, 외교마찰을 초래할 수 있으며, 그 개념이 불명확하여 대상이 무한정 확대될 우려가 있다는 점을 강조한다. 그러나, 외국국적을 취득한 자국동포에게 출입국 등에서 특례를 인정하는 나라로 과거국적주의를 채택하였다는 아일랜드, 그리이스, 폴란드 등(국회법제사법위원회의 위「심사보고서」, 8면)의 나라에서의 과거국적의 의미와 이 사건 심판대상규정이 정하고 있는 대한민국 정부수립(1948년)까지 국적의 과거로의 소급은 그 제한의 정도가 현저하게 다르다는 점이 지적될 수 있다. 또한 외교마찰의 우려라는 사정이 있다 하더라도 외국국적동포에 대한 이 사건 심판대상규정이 충분한 정책 검토 끝에 나온 필요하고도 적정한 입법이라고 보기는 어렵다. 정부로서는 외국국적동포의 현실적인 애로를 수용하기 위하여 단일특별법을 제정하기보다 제반 상황을 고려한 개별적인 제한 완화로 실질적으로 대처할 수는 없는지 우선 살펴 보았어야 할 것이다. 나아가, 혈통주의 입법에 문제가 있다면 당초부터 외국국적동포의 법적 지위보다는 외국인 처우의 전반적 개선이라는 시각에서 출발하되, 재외동포에 대하여는 정착한 현지에서 민족적 정체성을 자각하고 문화적 유대감을 강화시키는 활동을 지원하는 데 초점을 맞추는 것이 바람직할 수도 있다.

(다) 재외동포법의 적용범위에서 정부수립 이전 이주동포가 제외된 것은 당초부터 과거국적주의를 채택하였기 때문이 아님은 앞에서 본 바와 같고, 사실은 그와 같은 사정 때문에 재외동포법상 외국국적동포에 대한 정의규정에는 일응 중립적인 과거국적주의를 표방하고 시행령으로, 일제시대 독립운동을 위하여 또는 일제의 강제징용이나 수탈을 피하기 위해 조국을 떠날 수밖에 없었던 중국동포나 구소련동포가 대부분인 대한민국 정부수립 이전에 이주한 자들에게 외국국적 취득 이전에 대한민국의 국적을 명시적으로 확인받은 사실을 입증하도록 요구함으로써 이들을 재외동포법의 수혜대상에서 제외한 것으로 볼 수밖에 없다. 암울했던 역사적 상황으로 인하여 어쩔 수 없이 조국을 떠나야 했던 동포들을 돕지는 못할지언정, 오히려 법적으로 차별하는 정책을 취하는 외국의 예를 찾을 수 없다는 점에서, 이 사건에서의 차별은 민족적 입장은 차치하고라도 인도적 견지에서조차 정당성을 인정받기가 심히 어렵다고 할 것이다. 이 사건 차별로써 달성하고자 하는 정부의 이익은 그로 인하여 야기되는 같은 동포 사이의 커다란 상처와 분열을 덮기에는 너무나도 미약하다고 하지 않을 수 없는 것이다.

한편, 재외동포법보다 먼저 제정된 재외동포재단법(1997. 3. 27. 법률 제5313호) 제 2 조에서는 재외동포의 정의를 "대한민국 국민으로서 외국에 장기체류하거나 영주권을 취득한 자"(제 1 호) 및 "국적을 불문하고 한민족의 혈통을 지닌 자로서 외국에서 거주·생활하는 자"(제 2 호)로 규정하고 있다. 여기에서 전자는 재외동포법의 "재외국민"의 정의에, 후자는 "외국국적동포"의 정의에 각 대응하는 개념이라고 할 수 있는바, 비록 이 법과 재외동포법은 그 입법목적이 다르다고 하더라도 한 나라의 법률에서 같은 용어(재외동포)의 개념을 다르게 정의하여 그 규율대상을 달리한다는 것은 입법체계상으로도 문제가 있다고 아니할 수 없다.

(4) 소 결 론

요컨대, 이 사건 심판대상규정이 청구인들과 같은 정부수립 이전 이주동포를 재외동포법의 적용대상에서 제외하는 차별취급은 그 차별의 기준이 목적의 실현을 위하여 실질적인 관계가 있다고 할 수 없고, 차별의 정도 또한 적정한 것이라고는 도저히 볼 수 없으므로, 이 사건 심판대상규정은 합리적 이유 없이 정부수립 이전 이주동포를 차별하는 자의적인 입법이어서 헌법 제11조의 평등원칙에 위배되고, 이로 인하여 청구인들의 평등권을 침해하는 것이다.

라. 헌법불합치결정과 잠정적용명령

(1) 법률이 헌법에 위반되는 경우 헌법의 규범성을 보장하기 위하여 원칙적으로 그 법률에 대하여 위헌결정을 하여야 하는 것이지만, 위헌결정을 통하여 법률조항을 법질서에서 제거하는 것이 법적 공백이나 혼란을 초래할 우려가 있는 경우에는 위헌조항의 잠정적 적용을 명하는 헌법불합치결정을 할 수 있다. 즉 위헌적인 법률조항을 잠정적으로 적용하는 위헌적인 상태가 위헌결정으로 말미암아 발생하는 법이 없어 규율 없는 합헌적인 상태보다 오히려 헌법적으로 더욱 바람직하다고 판단되는 경우에는, 헌법재판소는 법적 안정성의 관점에서 법치국가적으로 용인하기 어려운 법적 공백과 그로 인한 혼란을 방지하기 위하여 입법자가 합헌적인 방향으로 법률을 개선할 때까지 일정 기간 동안 위헌적인 법규정을 존속케 하고 또한 잠정적으로 적용하게 할 필요가 있다(헌재 1999. 10. 21. 97 헌바 26, 헌재판례집 11-2, 383, 417).

또한 이 사건과 같이 법률이 평등원칙에 위반된다고 판단되는 경우에도 그것이 어떠한 방법으로 치유되어야 하는가에 관하여는 헌법에 규정되어 있지 않고, 그 위헌적 상태를 제거하여 평등원칙에 합치되는 상태를 실현할 수 있는 여러 가지 선택가능성이 있을 수 있으며, 그러한 선택의 문제는 입법자에게 맡겨진 일이다. 그러한 경우에 헌법재판소가 평등원칙에 위반되었음을 이유로 단순위헌결정을 한다면 위헌적 상태가 제거되기는 하지만 입법자의 의사와 관계 없이 헌법적으로 규정되지 않은 법적 상태를 일방적으로 형성하는 결과가 되고, 결국 입법자의 형성의 자유를 침해하게 된다. 이러한 이유 때문에 헌법재판소로서는 입법자의 형성권을 존중하여 법률의 위헌선언을 피하고 단지 법률의 위헌성만을 확인하는 결정으로서 헌법불합치결정을 하게 되는 것이다.

(2) 이 사건의 경우 앞에서 본 바와 같이 재외동포법은 이미 1999. 12. 3.부터 시행되었고, 법무부 자료에 의하면 2001. 8. 30. 현재 동법 제 6 조 소정의 국내거소신고를 한 자가 23,664명에 이르렀다. 이 중 재외국민은 10,532명이고 외국국적동포는 13,132명이다. 따라서 이들은 재외동포법에서 보장하는 여러 가지 혜택을 누리고 있는바, 헌법재판소가 이 사건 심판대상규정에 대하여 단순위헌결정을 선고하면 이들 중 외국국적동포의 경우는 재외동포법이 부여하는 지위가 그 순간부터 상실되어 당장 출국을 해야 하고 이들이 그동안 국내에서 행한 취업 기타 경제활동, 부동산의 취득, 국내 금융기관의 이용, 의료보험혜택 등이 일시에 정지되게 된다. 이와 같은 상태는 법적 안정성의 관점에서 법치국가적으로 용인하기 어려운 법적 공백과 그로 인한 혼란을 야기할 수 있으므로, 입법자가 합헌적인 방향으로 법률을 개선할 때까지 일정 기간 동안 위헌적인 법규정을 존속케 하고 또한 잠정적으로 적용하게 할 필요가 있는 것이다. 그러나 앞에서 본 바와 같은 이 사건 심판대상규정의 위헌성을 고려할 때 입법자는 되도록 빠른 시일 내에, 늦어도 2003. 12. 31.까지 개선입법을 마련함으로써 이 사건 심판대상규정의 위헌적 상태를 제거하여야 할 것이다.

(3) 그런데 이 사건 심판대상규정은 '정의규정'이므로 이에 대한 위헌성의 확인은 관련조문에 대한 위헌성의 확인을 수반하게 된다. 즉, 재외동포법 중 외국국적동포에만 해당하는 규정인 제 5 조, 제10조, 제11조, 제16조(그 중 제16조는 2000. 12. 29. 법률 제6307호로 개정된 것)는 물론이고, 재외국민과 외국국적동포를 포함하는 개념인 '재외동포'를 규율대상으로 하는 제 6 조 내지 제 8 조, 제12조, 제14조, 제17조는 그 중 '외국국적동포' 부분의 위헌성도 아울러 확인되는 것이다. 이와 같은

사정은 하위법규인 시행령과 시행규칙의 경우에도 같다. 법률이 일정한 사항에 관하여 구체적인 내용의 입법을 대통령령 등 하위법규에 위임하고 있는 경우에 그 위임규정인 법률조항에 대하여 헌법재판소의 위헌결정이 선고되면, 당해 법률조항이 효력을 상실하게 됨은 물론, 그 법률조항의 위임에 의하여 제정된 대통령령 등 하위법규 역시 그 존립의 근거를 상실함에 따라 당연히 그 효력을 상실하기 때문이다(대법원 1996. 4. 9 선고, 95 누 11405 판결, 공보 1996 상, 1442). 따라서 입법자가 2003. 12. 31.까지 입법개선의무를 이행하지 않는다면 2004. 1. 1.부터는 재외동포법의 관련규정뿐만 아니라 하위법규인 시행령과 시행규칙도 그 관련 부분은 효력을 상실하므로 법원 기타 국가기관 및 지방자치단체는 효력을 상실한 부분을 적용할 수 없다.

[결 론]

그러므로, 이 사건 심판대상규정은 헌법에 합치하지 아니하나 입법자의 개선입법이 이루어질 때까지 잠정적으로 적용하도록 함이 상당하여 주문과 같이 결정한다. 이 결정은 아래와 같은 재판관 권성의 별개의견과 재판관 윤영철, 재판관 한대현, 재판관 하경철의 반대의견이 있는 외에는 나머지 재판관들의 의견일치에 따른 것이다.

[다수의견에 대한 재판관 권성의 별개의견]

이 사건에서는 심판대상규정의 위헌성을 엄격한 평등권 심사에 의하여 밝히는 것이 필요하고 또 가능하다고 생각한다.

가. 다수의견이 이미 설시하고 있는 바와 같이, 재외동포법의 적용을 받는 자는 "재외국민," 즉 대한민국의 국민으로서 외국의 영주권을 취득한 자 또는 영주할 목적으로 외국에 거주하고 있는 자(재외동포법 제2조 제1호) 그리고 "외국국적동포," 즉 대한민국의 국적을 보유하였던 자 또는 그 직계비속으로서 외국국적을 취득한 자 중 대통령령이 정하는 자(재외동포법 제2조 제2호)이다. 그런데 외국국적동포에 대하여는 재외동포법시행령 제 3 조에서 대한민국 정부수립 이후에 국외로 이주한 자 중 대한민국의 국적을 상실한 자와 그 직계비속(같은 조 제1호), 그리고 대한민국 정부수립 이전에 국외로 이주한 자 중 외국국적 취득 이전에 대한민국의 국적을 명시적으로 확인받은 자와 그 직계비속(같은 조 제2호)으로 구체화하여 구분하고 있다. 그러므로 재외동포법의 적용에서 배제되는 재외동포집단은 외국국적동포 중에서 "대한민국 정부수립 이전에 국외로 이주한 자 중 외국국적 취득 이전에 대한민국의 국적을 명시적으로 확인받지 않은 자와 그 직계비속"(이하 '국적미확인동포'라 한다)이다.

결국 대한민국 정부수립 이전[1]에 국외로 이주하여 외국국적을 취득한[2] 동포 가운데에는 대한민국의 국적을 명시적으로 확인받은 뒤 외국국적을 취득한 동포도 있을 것이고 이와 달리 대한민국의 국적을 확인받지 못한 상태에서 외국국적을 취득한 동포도 있을 것인데 후자, 즉 국적미확인동포는 재외동포법의 적용과 혜택을 받지 못하게 된 것이다.

나. 그런데 대한민국의 국적을 명시적으로 확인받는다는 것은 국적법[3]과 재외국민등록법[4]과 대한민국재외공관설치법[5]의 정한 바에 따라 대한민국의 재외공관(또는 대한민국정부의 위임을 받은 기관·단체)에 등록하는 것[6]을 의미하므로 1948. 8. 14. 이전에 국외로 이주하였

1) 참고로 군인연금법시행령 제31조는 "정부수립의 年 이전"이라 함은 1948년 8월 14일 이전을 말한다고 규정한다.
2) 외국국적의 취득시기는 정부수립의 이전이 될 수도 있고 이후가 될 수도 있다.
3) 1948. 12. 20. 공포·시행되었다.
4) 1949. 11. 24. 공포·시행되었다.
5) 1950. 3. 9. 공포·시행되었다.
6) 재외동포의출입국과법적지위에관한법률시행규칙(1999. 12. 2. 제정 법무부령 제490호) 제 2 조 제 1 항.

으나 1948. 8. 14. 이전에 외국국적을 취득한 동포는, 당시에는 대한민국의 재외공관이라는 것이 있을 수 없었으므로, 대한민국의 국적을 명시적으로 확인받는 것이 원시적으로 불가능하였고 1948. 8. 14. 이전에 국외로 이주하고도 1948. 8. 15. 이후에 비로소 외국국적을 취득한 동포 가운데에도 그 취득당시 대한민국의 재외공관이 설치되지 않은 외국에서 거주 또는 생활하다가 외국국적을 취득한 동포 역시 대한민국의 국적을 명시적으로 확인받는 것이 원시적으로 불가능하였다고 할 것이다.

다. 이러한 사정은 정부수립 이전에 국외로 이주한 동포를 두 가지 기준으로 분류하여 차별적인 대우를 하고 있는 것이다.

그 첫째 기준은 외국국적의 취득시기가 정부수립 이전인가 아니면 그 이후인가 하는 것인데 이전의 경우에는 재외동포법의 적용이 전면적으로 배제되고(왜냐하면 국적의 명시적 확인이 원시적으로 불가능한 시기이었기 때문이다) 이후인 때에는 뒤에 보는 바와 같이 재외공관의 유무에 따라 그 적용이 가능한 경우도 있고 불가능한 경우도 있게 된다.

그 둘째 기준은 외국국적의 취득 당시에 그 외국에 대한민국의 재외공관이 설치되어 있는가 여부인데 설치되어 있지 아니하였다면 재외동포법의 적용이 전면적으로 배제되고(국적의 명시적 확인이 불가능한 지역이기 때문이다) 설치되어 있었다면 그 적용이 가능할 수도 있게 된다.

라. 위에서 본 첫째 기준 즉 시적(時的) 기준에 의하면 외국국적의 취득시기가 정부수립 이전인 동포는 재외동포법의 적용이 전면적으로 배제되는 차별을 받는데, 현실적으로 시적 기준의 설정이 불가피하고 기준시점의 선택이 입법재량의 문제임을 고려할 때 시적 기준의 합헌성은 논외로 하는 것이 온당하므로 둘째 기준의 합헌성 유무에 대하여 본다.

이 기준은 정부수립 이전에 국외로 이주한 동포의 정부수립 이후의 생활근거지(직계비속의 경우에는 출생지를 포함한다. 이하 같다)에 재외공관이 설치되어 있는지 여부를 기준으로 하는 것이므로 이것은 지역적 요소를 기준으로 삼고 있는 것이다.

물론 재외공관의 설치문제는 고도의 정책적 선택의 문제이지만 그렇다고 하여 그 설치 여부의 기준을 가지고 재외동포에 대하여 우리 국민과 유사한 대우를 제공할 것인지 여부에 대한 기준으로까지 삼을 수는 없는 것이다. 다시 말하면 재외공관의 설치 기준과 재외동포에 대한 법적 대우의 기준은 당연히 별개인 것이다.

이러한 관점에서 볼 때에는 재외공관이 설치되어 있는 곳인지 아닌지 하는 지역적 요소를 기준으로 하여, 재외공관이 설치되어 있지 아니한 곳을 생활근거지로 하는 동포를 국적미확인동포로 분류하여 이들을 법률상 차별하는 것은 이른바 엄격한 심사기준에 의하여 평등의 원칙에 대한 위배 여부가 가려져야 한다고 생각한다. 그 이유는 다음과 같다.

헌법 제11조 제 1 항 후문은 성별·종교 또는 사회적 신분에 의한 차별을 특히 금지하고 있으므로 이러한 세 가지 기준에 의한 차별이 헌법적으로 용인될 수 있는 것인가의 여부는 특히 엄격하게 심사되어야만 할 것이다(헌재 1999. 12. 23. 98 헌바 33, 헌재판례집 11-2, 732; 98 헌마 363, 헌재판례집 11-2, 770 참조).

그런데 헌법 제11조 제 1 항 후문이 열거하고 있는 세 가지 기준에 의한 차별은 헌법제정 당시의 대표적인 사회적 폐습에 속하는 차별로서, 반드시 극복되어야만 할 비인도적이고 반민주적이며 반문명적인 질곡이었으므로 헌법에서 특히 그 불평등의 제거를 요청할 필요가 있었던 것이다. 그러나 헌법제정 당시에는 그 불평등이 이미 관념상으로는 완전히 극복되었고 실제상으로도 상당부분 극복되었다고 판단되어, 헌법 조문을 통하여 특히 그 불평등의 제거까지를 요청할 필요가 없었지만, 그 폐습의 악성(惡性)정도가 성별·종교 또는 사회적 신분에 의한 차별 못지 않은 다른 차별이, 비록 흔한 것은 아니지만, 있을 수 있는 것이고 만일 그러한 폐습이 지금에 와서 새삼 등장한다면, 비록 그것이 헌법 제11조 제 1 항 후문에 열거된 사항은 아닐지라도, 엄격한 평등권심사에 의하여 반드시 저지되어야 할 것이다.

비록 헌법 제11조 제 1 항 후문에 열거된 것은 아니지만 당연히 그에 못지 않게, 엄격심사를 통하여 제거되어야 할 불평등에 해당하는 것으로는 사람의 출생지 내지 생활근거지와 같은 지역적 요소에 의한 차별과 인종적 요소에 의한 차별을 들 수 있다.

지역적 요소에 의한 차별은 인종적 차별 이상으로 비인도적이며, 사회통합에 역행하는 것이며, 국민통합을 저해하는 것이며, 개인의 자유롭고 창의적인 능력발휘를 봉쇄하는 것이므로[1] 보다 엄격히 금지되어야 한다.

이 사건에서 심판대상규정은 이미 앞에서 본 바와 같이 재외공관이 설치된 외국을 생활근거지로 하는 재외동포와 그렇지 아니한 재외동포를 차별적으로 대우하는 것이고 그 기준은 결국 재외공관이 설치된 지역인가 아닌가 하는 지역적 요소를 기준으로 하는 것이어서 이는 마땅히 엄격한 평등권심사를 받아야 하는 것이다.

마. 엄격한 심사가 아닌 보다 완화된 심사에 의하더라도 문제의 법률이 합리성을 결하여 위헌이라고 이미 판단되었고 그 논증의 경과는 다수의견이 앞에서 이미 상세히 밝힌 바이므로 그보다 더 엄격한 심사에 의한 위헌판정의 논증경과는 굳이 설명할 필요가 없을 것이지만 결론만을 요약하여 말한다면, 국적미확인동포를 차별하는 목적은 경제적 이익과 행정규제의 편의를 위주로 한 것이어서 그 정당성이 의심스럽고 국적미확인동포를 똑같이 대우할 경우에 예상되는 어려움을 회피하면서 그들의 차별취급을 최소화할 수 있는 대체적인 조치가 그렇게 곤란한 것은 결코 아닐 뿐만 아니라, 재외공관이라는 것은 없다가도 새로 생길 수 있고 있다가도 없어질 수 있는 것이어서 동일한 지역의 경우에도 외국국적의 취득시기에 따라서 그 있고 없음이 달라지는 가변적인 사항이기 때문에 이를 기준으로 한다는 것 자체가 적절한 것이 되지 못하므로 수단의 적정성과 차별의 최소성도 확보되지 아니한 것이며, 나아가 차별취급에 의하여 달성되는 공익이 차별취급에 의하여 입게 되는 국적미확인동포의 불이익보다 현저히 크다고 보기도 어려워 법익의 균형 또한 고려되어 있지 아니하므로, 이 사건 심판대상규정에 의한 국적미확인동포에 대한 차별은 비례의 원칙에 어긋난 차별에 해당하고 따라서 평등의 원칙에 위배된다.

[재판관 윤영철, 재판관 한대현, 재판관 하경철의 반대의견]

우리는 다수의견과는 달리 이 사건 심판대상규정이 헌법에 위반된다고 생각하지 아니하므로 그 이유를 밝혀둔다.

가. 헌법재판소와 입법자는 모두 헌법에 기속되나, 그 기속의 성질은 서로 다르다. 헌법은, 입법자와 같이 적극적으로 형성적 활동을 하는 국가기관에게는 행위의 지침이자 한계인 행위규범을 의미하나 헌법재판소에게는 다른 국가기관의 행위의 합헌성을 심사하는 기준으로서의 재판규범 즉 통제규범을 의미한다. 그러므로 헌법상의 평등원칙도 행위규범으로서는 입법자에게 "객관적으로 같은 것은 같게 다른 것은 다르게" 규범의 대상을 실질적으로 평등하게 규율할 것을 요구하게 되나, 통제규범으로서는 단지 자의적인 입법의 금지기준만을 의미하게 되므로 헌법재판소는 입법자의 결정에서 차별을 정당화할 수 있는 합리적인 이유를 찾아볼 수 없는 경우에만 평등원칙의 위반을 선언하게 된다. 즉, 헌법에 따른 입법자의 평등실현의무는 헌법재판소에 대하여는 단지 자의금지원칙으로 그 의미가 한정축소되어, 평등원칙의 위반이 문제되는 헌법재판에서는 원칙적으로 어떤 입법이 "가장 합리적이고 타당한 수단인가 여부"를

1) 헌법 전문은 "각인의 기회를 균등히 하고, 능력을 최고도로 발휘하게" 할 것을 요구하고 있다.

심사하는 것이 아니라, “입법자의 정치적 형성이 헌법적 한계 내에 머물고 있는가 여부,” 즉 “자의적인 것인가 여부”를 심사하여야 하며, 그럼으로써 입법자의 형성의 자유와 민주국가의 권력분립적 기능질서가 보장될 수 있는 것이다(헌재 1997. 1. 16. 90 헌마 110 등, 헌재판례집 9-1, 91, 115; 헌재 1998. 9. 30. 98 헌가 7 등, 헌재판례집 10-2, 504).

나. 자의금지심사에 의하는 경우, 재외동포법과 같은 혜택부여적 법률에 관하여는 입법수단이 입법목적과의 관계에서 과소규율이라 하더라도 합헌적인 것으로서 허용된다. 즉, 규율내용이 입법목적에 의하여 상정되는 모든 경우를 한꺼번에 만족시키는 것이 아니라 그보다 좁은 범위만을 포함하는 것도 “한 번에 한 걸음씩” 현실을 개선하여 나가는 것으로서 가능하다. 이러한 경우 입법자는 그 입법의 목적, 수혜자의 상황, 국가예산 내지 보상능력 등 제반상황을 고려하여 그에 합당하다고 스스로 판단하는 내용의 입법을 할 권한이 있으며, 우리재판소도 여러 차례에 걸쳐 “헌법상 평등의 원칙은 국가가 언제 어디서 어떤 계층을 대상으로 하여 기본권에 관한 상황이나 제도의 개선을 시작할 것인지를 선택하는 것을 방해하지는 않는다. 말하자면 국가는 합리적인 기준에 따라 능력이 허용하는 범위 내에서 법적 가치의 상향적 구현을 위한 제도의 단계적 개선을 추진할 수 있는 길을 선택할 수 있어야 한다. 그것이 허용되지 않는다면 모든 사항과 계층을 대상으로 하여 동시에 제도의 개선을 추진하는 예외적 경우를 제외하고는 어떠한 제도의 개선도 평등의 원칙 때문에 그 시행이 불가능하다는 결과에 이르게 되어 불합리할 뿐 아니라 평등의 원칙이 실현하고자 하는 가치와도 어긋나기 때문이다”(헌재 1990. 6. 25. 89 헌마 107, 헌재판례집 2, 178, 197; 헌재 1991. 2. 11. 90 헌가 27, 헌재판례집 3, 11, 25; 헌재 1993. 12. 23. 89 헌마 189, 헌재판례집 5-2, 622, 640; 헌재 1998. 12. 24. 98 헌가 1, 헌재판례집 10-2, 819, 834)라고 판시한 바 있다.

다. 재외국민과 외국국적동포 간에는 물론이고 외국국적동포들 서로간에도 그들이 거주하는 나라들에 따라 정치적·외교적·경제적·사회적 환경이 서로 다른 현실을 도외시 하여서는 아니 될 뿐 아니라, 국회가 재외동포법의 제정과 동시에 법무부 및 외교통상부에 대하여 중국동포 등의 한국 국적 취득 용이화, 한국 내 불법체류 동포들의 안정적 생활과 귀국 보장을 위한 제도개혁 및 지원, 국내체류 조선족을 우리가 돌보아야 할 동포로 간주하는 정책 채택 등 “재외동포에 대한 제도개선사항” 3개항을 권고한 바 있고, 이에 따라 법무부가 재외동포법의 시행과 때를 맞추어 1999. 12. 2. 법무부예규 제525호로 “중국동포국적업무처리지침”을 개정·시행하여 중국동포에 대한 국적부여기회를 확대하고, “재외동포법시행령 관련 보완대책(중국동포의 입국 및 체류관리)”을 제정·시행하여 다각적인 제한 완화책을 강구하였으므로 차등대우가 상당 부분 완화된 점도 고려하여야 한다. 또한, 가능한 한 이중국적의 발생을 회피하려는 국제법적인 원칙은 오늘날에도 엄존하고 있는바, 재외동포법이 부여하는 혜택은 사실상 이중국적을 허용한 것과 같다고 할 것이므로 그로 인하여 외국과의 간에 외교적 마찰이 있다면 이를 고려하는 것이 반드시 부당하다고는 할 수 없다.

그렇다면, 이 사건 심판대상규정에 의한 입법적 구분은 나름대로의 합리성을 지니고 있다고 할 것이므로 그것이 현저히 불합리하여 자의적이라고는 도저히 볼 수 없다.

라. 비록 민족적·인도적 견지에서 중국동포등에 대한 추가적인 지원이 필요하다고 하더라도 이는 국회의 판단에 따라 차후의 개선입법에 의하여 해결할 수 있는 것이고, 이는 입법정책의 문제이므로, “전부 아니면 전무”라는 사고방식에 의한 위헌판단은 권력분립의 원칙에 뿌리를 두고 있는 자의금지심사에 부합되지 아니한다.

3. 中國同胞의 法的 地位: 國籍選擇權[1)]

[판 단]

가. 국적선택권의 의의 및 중국동포의 법적 지위

(1) 국적선택권의 의의

근대국가 성립 이전의 영민(領民)은 토지에 종속되어 영주(領主)의 소유물과 같은 처우를 받았다. 근대국가에서도 개인은 출생지 또는 혈통에 기속되고 충성의무를 강요당하는 지위에 있었으므로 국적선택권이 인정될 여지가 없었다. 그러나 천부인권(天賦人權) 사상은 국민주권을 기반으로 하는 자유민주주의 헌법을 낳았고 이 헌법은 인간의 존엄과 가치를 존중하므로, 개인은 자신의 운명에 지대한 영향을 미치는 정치적 공동체인 국가를 선택할 수 있는 권리, 즉 국적선택권을 기본권으로 인식하기에 이르렀다. 세계인권선언(1948. 12. 10.)이 제15조에서 "① 사람은 누구를 막론하고 국적을 가질 권리를 가진다. ② 누구를 막론하고 불법하게 그 국적을 박탈당하지 아니하여야 하며 그 국적변경의 권리가 거부되어서는 아니된다"는 규정을 둔 것은 이를 뒷받침하는 좋은 예다. 그러나 개인의 국적선택에 대하여는 나라마다 그들의 국내법에서 많은 제약을 두고 있는 것이 현실이므로, 국적은 아직도 자유롭게 선택할 수 있는 권리에는 이르지 못하였다고 할 것이다(헌재 2000. 8. 31. 97 헌가 12, 헌재판례집 12-2, 167, 175).

그러므로 "이중국적자의 국적선택권"이라는 개념은 별론으로 하더라도, 일반적으로 외국인인 개인이 특정한 국가의 국적을 선택할 권리가 자연권으로서 또는 우리 헌법상 당연히 인정된다고는 할 수 없다고 할 것이다.

(2) 중국동포의 법적 지위

국적의 선택은 그 개념상 이중국적의 가능성을 전제로 한다. 따라서 과연 청구인들과 같은 중국동포들이 이미 중국국적을 취득했음에도 불구하고 여전히 대한민국의 국적을 보유하고 있는지 여부를 먼저 살핀다.

(가) 정부의 입장

1992년 8월 한중수교가 이루어지기 이전인 1988년 노태우 대통령의 이른바 '7·7선언'을 계기로 1980년대 후반 무렵부터 극소수이지만 독립유공자 후손을 비롯한 일부 중국동포들의 한국방문 또는 영주귀국이 이루어지기 시작하였다. 당시는 중국과 정식으로 수교가 이루어지지 않아서 중국 국적을 인정할 수 없었던 관계로 한국으로 입국하는 중국동포들에 대하여는 중국여권이 아닌 우리 정부가 발급한 "여행증명서"로 입국하도록 하였고, 영주를 목적으로 귀국한 독립유공자 후손들에 대하여 한국국적을 부여함에 있어서는 중국국적을 전제로 한 국적변경절차 대신 한국 국적을 계속 보유하고 있던 자로서 "국적판정"을 하는 등 당시 시대상황에 따라 예외적 조치를 취하였다. 그러다가 1992년 한중수교에 따라 중국동포를 중국 국적을 보유한 중국공민으로 보게 되었다. 이와 같이 정부는 출입국관리사무나 국적사무와 관련하여 중국 국적 동포들을 중국 국적만을 보유한 중국인으로 취급하고 있다.

(나) 대법원과 헌법재판소의 입장

대법원은 1998. 9. 18. 선고한 98 다 25825 손해배상 사건에서 중화인민공화국 흑룡강성에서 거주하다가 국내에 입국한 조선족 김 아무개 씨에 대하여 "일시적으로 국내에 체류한 후 장래 출국할 것이 예정되어 있는 외국인"이라고 판시하였고(공보 1998 하, 2521), 헌법재판소도 2001. 11. 29. 선고한 소위 '재외동포법' 헌법소원 사건에서 중국동포들은 중국국적의 "외국인"이라

---

1) 헌재 2006. 3. 30 선고, 2003 헌마 806, 헌재판례집 제18권 1집(상), 381면 이하.

는 점을 전제로 판단하였다(헌재 2001.11.29. 99 헌마 494, 헌재판례집 13-2, 714, 723~724).

(다) 소 결

이상 살펴본 바와 같이 정부와 대법원 및 헌법재판소는 중국동포를 중국 국적만을 보유한 "외국인"으로 보고 있다. 그러나 청구인들은 1997년 전문개정된 국적법 제12조 내지 제14조, 부칙 제5조 등은 출생이라는 사유 또는 자진하여 이중국적자가 된 자들의 일반적 이중국적 해소에 관하여 규율하고 있을 뿐이므로, 중국동포와 같이 특수한 국적상황에 있는 자들의 이중국적 해소 또는 대한민국 국적 선택의 요건과 절차에 관한 입법이라고 볼 수 없다고 주장한다. 그러므로 이하에서는 우리 헌법상 중국동포와 같이 특수한 국적상황에 있는 자들의 이중국적 해소 또는 대한민국 국적 선택의 요건과 절차에 관한 법률의 제정 또는 조약체결의 의무가 인정되는지 여부를 살펴 보기로 한다.

나. 입법부작위 부분에 대한 판단

(1) 청구인들의 주장과 같이 대한민국 정부에게 1992년 한중수교 당시 또는 그 이후 이중국적자인 중국동포들이 대한민국 국적을 선택할 수 있는 절차에 관한 법률을 제정하거나(이하 '법률부작위' 부분이라 한다) 또는 중국정부와의 조약을 체결할(이하 '조약부작위' 부분이라 한다) 헌법적 의무가 있는지 여부를 본다.

(가) 법률부작위 부분에 대한 판단

1) 어떠한 사항을 법규로 규율할 것인가의 여부는 특단의 사정이 없는 한 입법자의 정치적·경제적·사회적 각종 고려하에서 정하여지는 입법정책의 문제이므로, 국민이 국회에 대하여 일정한 입법을 해달라는 청원을 함은 별론으로 하고, 법률의 제정을 청구하는 헌법소원은 헌법에서 기본권보장을 위해 법령에 명시적인 입법위임을 하였음에도 입법자가 이를 방치하고 있거나 헌법해석상 특정인에게 구체적인 기본권이 생겨 이를 보장하기 위한 국가의 행위의무 내지 보호의무가 발생하였음이 명백함에도 입법자가 전혀 아무런 입법조치를 취하고 있지 않은 경우가 아니면 원칙적으로 인정될 수 없다(헌재 1995.5.25. 90 헌마 196, 헌재판례집 7-1, 669, 676).

2) 그러므로 헌법 전문이나 제2조 제2항에서 청구인들 주장의 구체적인 입법의무가 도출될 수 있는지 여부를 살펴 본다.

헌법 전문은 헌법의 이념 내지 가치를 제시하고 있는 헌법규범의 일부로서 헌법으로서의 규범적 효력을 나타내기 때문에 구체적으로는 헌법소송에서의 재판규범인 동시에 헌법이나 법률해석에서의 해석기준이 되고, 입법형성권 행사의 한계와 정책결정의 방향을 제시하며, 나아가 모든 국가기관과 국민이 존중하고 지켜가야 하는 최고의 가치규범이다(헌재 1989.9.8. 88 헌가 6, 헌재판례집 1, 199, 205). 우리 헌법 전문은 "유구한 역사와 전통에 빛나는 우리 대한민국은 3·1운동으로 건립된 대한민국임시정부의 법통 … 을 계승하고"라고 하여, 대한민국헌법이 성립된 유래와 대한민국이 대한민국임시정부의 법통을 계승하고 있음을 밝히고 있다.

또한 헌법 제2조 제2항은 "국가는 법률이 정하는 바에 의하여 재외국민을 보호할 의무를 진다"고 규정하고 있다. 여기에서 '재외국민'이란 대한민국의 국적을 가지고 있으면서 외국에서 영주하거나 장기간 외국에서 체류하며 생활하는 사람을 말하는데, 재외국민을 국가가 보호해야 하는 이유는 그들도 우리 나라의 인적인 존립기반을 이루고 있기 때문이다.

살피건대, 청구인들과 같은 중국동포들의 현재의 법적 지위는 일반적으로 중국 국적을 가진 외국인으로 보고 있고, 가사 중국동포들은 어쩔 수 없이 중국 국적을 취득한 것이므로 당시 그들의 중국 국적 취득에도 불구하고 대한민국 국적을 상실한 것이 아니라고 보는 경우에도, 1997년 전문개정된 국적법은 국적선택 및 판정제도를 규정하고 있다. 즉, 이중국적자로서 대한민국의 국적을 선택하고자 하는 자는 만 22세가 되기 전까지 외국 국적을 포기한 후 법무부장관에게 대한민국의 국적을 선택한다는 뜻을 신고하여야 하고 그 때까지 국적을 선택하지 아니하는 경우에는 그 기간이 경과한 때에 대한민국의 국적을 상실한다(동법 제12조, 제13조). 다만, 동법 시행 전에 대한민국의 국적과 외국 국적을 함께 가지게 된 자로서 만 20세 이상인 자는 동법의 시행일(1998. 6. 14.)로부터 2년 내에 대한민국 국적 선택의 신고를 하여야 한다(동법부칙 제 5 조).

나아가, 법무부장관은 대한민국 국적의 취득 또는 보유 여부가 분명하지 아니한 자에 대하여 이를 심사한 후 판정할 수 있다(동법 제20조). 이와 같은 국적판정제도는 법무부예규인 "국적업무처리지침"에 기하여 중국 및 사할린 동포에 대하여 시행되다가 위와 같이 개정 국적법에서 실정화되어, 이들뿐만 아니라 한반도 및 그 부속도서에서 국외로 이주한 자와 그 비속으로서 출생 이력면에서는 대한민국 혈통으로 추정되면서도 혈통의 연원이나 대한민국 국적 취득경과의 입증이 어려운 사람 모두를 대상으로 한다.

따라서 청구인들의 주장과 같이 중국동포들이 대한민국과 중국의 이중국적을 갖고 있었다면 이들에게도 이러한 국적선택 및 국적판정의 기회가 주어진 것으로 볼 수 있다. 그럼에도 불구하고, 이와는 별도로 헌법 전문의 '대한민국임시정부 법통의 계승' 또는 제 2 조 제 2 항의 '재외국민 보호의무' 규정이 중국동포와 같이 특수한 국적상황에 처해 있는 자들의 이중국적 해소 또는 국적선택을 위한 특별법 제정의무를 명시적으로 위임한 것이라고 볼 수 없고, 뿐만 아니라 동 규정 및 그 밖의 헌법규정으로부터 그와 같은 해석을 도출해 낼 수도 없다고 할 것이다.

(나) 조약부작위 부분에 대한 판단

헌법 제 6 조 제 1 항은 "헌법에 의하여 체결·공포된 조약과 일반적으로 승인된 국제법규는 국내법과 같은 효력을 가진다"고 규정하고 있고, 제60조 제 1 항은 "국회는 상호원조 또는 안전보장에 관한 조약, 중요한 국제조직에 관한 조약, 우호통상항해조약, 주권의 제약에 관한 조약, 강화조약, 국가나 국민에게 중대한 재정적 부담을 지우는 조약 또는 입법사항에 관한 조약의 체결·비준에 대한 동의권을 가진다"고 규정하고 있다.

조약이란 국가 간에 법률상의 권리·의무를 창설·변경·소멸시키는 2개 국 또는 그 이상의 국가 간의 약속을 말한다. 국가 간의 합의인 조약의 체결은 대통령의 권한에 속하는 것으로서(헌법 제73조), 고도의 정치적 판단을 요하는 사항이다. 대통령은 조약을 체결·비준함에 앞서 국무회의의 심의를 거쳐야 하고(헌법 제89조 제 3 호), 특히 중요한 사항에 관한 조약의 체결·비준에는 사전에 국회의 동의를 얻어야 한다(제60조 제 1 항).

살피건대, 앞에서 본 바와 같이 청구인들이 심판청구 당시나 현재에도 대한민국과 중국의 이중국적을 보유하고 있다는 전제가 성립한다고 볼 수 없고, 설사 그렇다고 본다 하더라도 고도의 정치적 판단 및 국가 간의 합의를 요하는 조약체결의 성격에 비추어 볼 때, 우리 헌법 전문이나 제 2 조 제 2 항이 청구인들이 주장하듯 중국동포와 같이 특수한 국적상황에 처해 있는 자들의 이중국적 해소 또는 국적선택을 위한 조약을 우리 정부가 중국과 체결할 의무를 명시적으로 위임하고 있다고 볼 수 없고, 뿐만 아니라 동 규정 및 그 밖의 헌법규정으로부터 그와 같은 해석을 도출해 낼 수도 없다고 할 것이다.

(2) 청구인들의 추가주장에 대한 판단

청구인들은 2005. 8. 10. 제출한 「의견서」에서 종전의 주장에서 나아가, 비록 청구인들과 같은 중국동포들이 대한민국의 국적을 상실한 것으로 본다 하더라도 국가에게는 이들에 대하여 대한민국 "국적회복"의 요건과 절차 등에 관한 법률의 제정 또는 조약의 체결의무가 있다고 주장하고 있으므로 이에 대하여 살펴 본다.

1948년 제정된 구 국적법은 제14조에서 "전 2조의 규정에 의하여 대한민국의 국적을 상실한 자가 대한민국에 주소를 가진 때에는 법무부장관의 허가를 얻어 대한민국의 국적을 회복할 수 있다"고 규정하였고, 1997년 전문개정된 국적법도 제 9 조(국적회복에 의한 국적취득) 제 1 항에서 "대한민국의 국민이었던 외국인은 법무부장관의 국적회복허가를 받아 대한민국의 국적을 취득할 수 있다"고 규정하고 있다.

따라서 일반적인 대한민국 국적회복에 대하여는 이미 입법이 이루어진 것이고 이들 조항이 중국동포의 경우에도 적용됨은 물론이다. 그러므로, 이와는 별도로 헌법 전문이나 제 2 조 제 2 항이 청구인들이 주장하는 바와 같이 중국동포의 특수한 상황을 고려하여 그들의 국적회복을 위한 특별법을 제정하거나 조약을 체결할 헌법상 의무가 국가에게 있다는 명시적인 위임으로 볼 수 없고, 뿐만 아니라 동 규정 및 그 밖의 헌법규정의 해석상 그와 같은 법률의 제정 또는 조약체결 의무가 국가에게 있다고 할 수도 없다.

(3) 소　　결

이상 살펴본 바와 같이, 헌법 전문이나 제 2 조 제 2 항의 규정이 중국동포와 같은 특수한 상황에 처한 자들의 이중국적 해소 또는 대한민국 국적 선택이나 회복에 관한 법률의 제정 혹은 조약의 체결을 명시적으로 위임하고 있지 않고, 이들 규정 또는 헌법의 다른 어떤 규정의 해석으로부터도 국가의 이와 같은 헌법적 의무를 도출해 낼 수 없으므로, 이 사건 헌법소원 중 입법부작위 부분에 대한 심판청구는 부적법하다.

다. 업무처리지침 부분에 대한 판단

(1) 업무처리지침은 2001. 5. 7. 법무부예규 제551호로 개정된 것으로서, 중국동포에 대한 국적업무처리에 필요한 사항을 정함을 목적으로 한다(동 지침 제 1 조).

동 지침 제 3 조의 규정에 의하면, 중국동포 중 중국국적자 또는 무국적자는 국적법, 동법 시행령, 동법시행규칙 및 동 지침이 정하는 요건을 갖춘 때에 한하여 법무부장관의 "국적회복"허가 또는 "귀화"허가를 받아 대한민국의 국적을 취득할 수 있는데(제 1 항), 한반도 및 그 부속도서에서 중국으로 이주한 자 및 그 부계혈통 직계비속으로서 중화인민공화국의 수립일인 "1949년 10월 1일" 전에 출생한 자는 국적회복허가 대상자이고(제 2 항 제 1 호), 1949년 10월 1일 이후에 중국에서 출생한 자는 귀화허가 대상자이다(제 2 항 제 2 호).

국적법 제 9 조는 대한민국의 국민이었던 외국인이 국적회복허가를 받기 위한 요건을 규정하고 있고, 국적법시행령 제 8 조(국적회복허가의 신청) 및 제 9 조(국적회복허가신청에 대한 심사), 그리고 국적법시행규칙 제 6 조(국적회복허가신청서의 서식 및 첨부서류)는 그 절차에 관하여 자세히 규정하고 있다. 그런데, 이 사건 업무처리지침은 위와 같은 일반적인 국적회복신청과는 별도로 중국동포에 대한 국적업무처리에 필요한 사항을 정하기 위하여 법무부예규로 마련된 행정규칙으로서 중국동포들에게만 적용되는 것이라는 점에서, 법령의 규정에 의하여 행정관청에 법령의 구체적 내용을 보충할 권한을 부여한 경우나 법령의 직접적인 위임에 따라 수임행정기관이 그 법령을 시행하는 데 필요한 구체적 사항을 정한 것이라고는 할 수 없다.

즉, 업무처리지침은 법무부장관이 반복적으로 행하는 국적업무에 관한 행정사무의 통일을 기하고 그 직무집행에 있어서 지침을 정해 주기 위한 사무처리준칙에 불과할 뿐 대외적으로 국민이나 법원을 기속하는 법규적 효력은 없는 것이라고 보아야 하고, 따라서 헌법소원의 대상이 되는 공권력의 행사에 해당하지 아니한다고 할 것이다.

(2) 가사 이 사건 업무처리지침에 대하여, 재량권행사의 준칙인 행정규칙이 그 정한 바에

따라 되풀이 시행되어 행정관행이 이룩되게 된 경우이어서 헌법소원의 대상이 될 수 있는 공권력의 행사에 해당한다고 보더라도(헌재 1990. 9. 3. 90 헌마 13, 헌재판례집 2, 298, 303 참조), 업무처리지침의 위헌확인을 구하는 심판청구 부분은 아래와 같은 이유로 권리보호의 이익이 없다.

법무부는 이 사건 헌법소원심판청구 후인 2004. 4. 1. 법무부예규 제703호로 "외국국적 동포의 국적회복 등에 관한 업무처리지침"을 제정하면서 이 사건 업무처리지침을 실질적으로 폐지하였다(공식적으로는 2005. 6. 17. 법무부예규 제729호로 개정하면서 그 부칙 제 2 조의 규정에 의하여 폐지된 것으로 보인다). 새 지침은 외국국적 동포가 국적법령에 따라 대한민국의 국적을 회복하거나 대한민국에 귀화함에 있어 그 업무처리에 필요한 사항을 정함을 목적으로 제정되었다(새 지침 제 1 조). 새 지침은 "외국국적 동포"를 대한민국의 국적을 보유하였던 자 또는 그 직계비속으로서 외국국적을 취득한 자를 말한다고 규정함으로써(제 2 조) 중국동포와 그 밖의 동포를 차별하는 규정을 두지 않고 있고, 종전의 업무처리지침보다 국적회복이 제한되는 범위를 대폭 축소하고 있다. 이와 같이, 이 사건 업무처리지침과 위 새 지침은 그 제정목적이 다르고 또한 그 규율대상, 즉 국적회복 허가가 제한되는 인적 범위도 다르므로 동일성을 갖는다고 할 수 없다. 요컨대, 이 사건 업무처리지침은 위 새 지침의 시행으로 폐지되어 더 이상 중국동포들에게 적용되지 않으므로, 이 사건 업무처리지침을 대상으로 한 심판청구 부분은 권리보호의 이익이 없어 부적법하다고 할 것이다.

(3) 이와 같이 이 사건 업무처리지침은 헌법소원의 대상이 되는 공권력의 행사에 해당하지 아니하거나 이미 폐지되어 권리보호이익이 상실되었으므로, 이 부분에 대한 심판청구도 역시 부적법하다.

[결 론]

이상 살펴본 바와 같이 이 사건 심판청구는 모두 부적법하므로 이를 각하하기로 하여 주문과 같이 결정한다. 이 결정은 재판관 조대현의 아래와 같은 일부 반대의견이 있는 외에는 나머지 재판관 전원의 의견일치에 의한 것이다.

[재판관 조대현의 일부 반대의견]

이 사건 청구 중 입법부작위 부분은 받아들일 수 없지만, 이 사건 업무처리지침은 재외국민의 기본권을 침해하는 것이라고 선언하여야 한다.

가. 최초의 대한민국 국민의 범위

대한민국의 주권은 국민에게 있고, 모든 권력은 국민으로부터 나온다(헌법 제 1 조 제 2 항). 따라서 누가 대한민국의 국민인가는 필수적인 헌법사항이다. 우리 헌법은 제헌 헌법 이래 지금까지 대한민국의 국민이 되는 요건을 법률로 정하도록 하여 왔다. 그런데 우리 국적법은 혈통주의를 택하여 대한민국 국민의 자녀는 대한민국 국적을 취득한다고 규정하고 있을 뿐 1948. 12. 20. 국적법 제정 이래 누가 최초의 대한민국 국민인지에 관해서는 명문의 규정을 두지 아니하여 왔다.

국적법 제정 시까지 조선인의 국적을 확립하여 법률관계의 귀속을 명백히 하기 위하여 1948. 5. 11. 공포된 남조선과도정부 법률 제11호 국적에관한임시조례(이하 '임시조례'라 한다) 제 2 조는 조선인을 부친으로 하여 출생한 자 등은 조선의 국적을 가진다고 규정하였고, 1948. 7. 17. 공포된 제헌 헌법 제 3 조는 대한민국의 국민되는 요건은 법률로써 정하도록 하고, 제헌 헌법 제100조는 현행 법령은 이 헌법에 저촉되지 아니하는 한 효력을 가진다고 규정하였다.

그리고 제헌 헌법 전문(前文)이 "유구한 역사와 전통에 빛나는 우리들 대한국민은 기미 3·1운동으로 대한민국을 건립하여 세계에 선포한 위대한 독립정신을 계승하여 이제 민주독립국가를 재건"한다고 밝히고 있고, 1919년 3·1운동을 계기로 수립된 대한민국임시정부의 헌법인 대한민국임시헌법(1919. 9. 11.) 제 1 조는 "대한민국은 대한인민으로 조직함"이라고 규정하고 있고, 대한민국임시헌장(1944. 4. 22.) 제 3 조는 "대한민국의 인민은 원칙상 한국민족으로 함"이라고 규정하고 있는 점에 비추어, 위 임시조례 제 2 조의 내용은 제헌 헌법에 저촉되지 아니한다고 할 것이므로, 1948. 5. 11. 임시조례에 의하여 조선의 국적을 부여받은 조선인 및 그의 후손들은 1948. 7. 17. 제헌 헌법 제 3 조, 제100조에 의하여 대한민국의 국적을 취득하였다고 할 것이다.

그렇다면 최초의 대한민국 국민은 임시조례상의 조선인, 즉 조선호적 입적자 또는 입적대상자라고 할 것이다.

나. 재중동포의 국적

청구인들을 비롯한 재중동포들도 재일동포나 재소련동포 등과 마찬가지로 조선인을 부친으로 하여 출생하는 등 임시조례상의 국적취득의 요건을 충족한다면, 1948. 7. 17. 제헌 헌법 공포와 동시에 대한민국의 국적을 취득하였다고 보아야 한다. 그리고 위와 같이 대한민국 국적을 취득한 재중동포의 자녀들 역시 혈통주의를 취한 우리 국적법에 따라 대한민국의 국적을 취득하였다고 할 것이다. 그리고 재중동포들은 이에 더하여 1949. 10. 1. '56개 민족 대가정'을 표방하는 중화인민공화국의 성립과 더불어 중국 국적도 취득하였다고 할 것이다.

우리 국적법은 자진하여 외국 국적을 취득하면 대한민국 국적을 상실한다고 규정하고 있다. 그러나 재중동포들은 일제의 수탈을 피하여, 또는 일제에 항거하기 위하여, 또는 일제의 만주이주정책에 의하여 조국을 떠나 중국에 정착한 뒤, 중국 공산당 정부에 의하여 일방적으로 중국 국민으로 인정된 것이고, 광복 후 분단과 한국전쟁, 냉전시대를 거치면서 장기간 왕래나 연락이 두절되고 대한민국 정부의 보호도 받지 못한 채 현지 주민으로 생활할 수밖에 없었으므로, 그들이 삶을 영위하기 위한 방편으로 중국 국적을 수용하고 장기간 생활하여 왔다든지, 광복 후에 조국으로 귀국하지 않았다든지, 중국 여권을 소지하고 대한민국을 방문하였다는 등의 사정을 내세워 그들이 자진하여 중국 국적을 취득하였다고 단정하기 어렵다고 할 것이다.

한편 1997. 12. 13. 법률 제5431호로 개정되어 1998. 6. 14.부터 시행된 국적법 제12조는 출생 기타 국적법의 규정에 의하여 만 20세가 되기 전에 대한민국의 국적과 외국 국적을 함께 가지게 된 이중국적자에 대하여는 만 22세가 되기 전까지, 만 20세가 된 후에 이중국적자가 된 사람에 대하여는 그때부터 만 2년 내에 하나의 국적을 선택하도록 국적선택의무를 부과한 후 국적선택의무를 이행하지 아니하면 대한민국 국적을 상실한다고 규정하였고, 국적법시행령 제16조는 위 국적법 제12조에서 말하는 '출생 이외의 사유에 의한 이중국적자'의 범위를 규정하였다.[1)]

---

1) 국적법시행령 제16조(이중국적자의 의의 등) ① 법 제12조 제 1 항에서 "기타 이 법의 규정에 의하여 만 20세가 되기 전에 대한민국의 국적과 외국 국적을 함께 가지게 된 자"라 함은 다음 각 호의 1에 해당하는 자를 말한다.

1. 만 20세가 되기 전에 법 제 3 조, 법 제 4 조, 법 제 8 조, 법 제 9 조 또는 법률 제5431호 국적법개정법률 부칙 제 7 조의 규정에 의하여 대한민국의 국적을 취득한 외국인으로서 법 제10조 제 2 항 단서의 규정에 의하여 그 외국 국적의 포기가 유보된 자
2. 대한민국의 국민으로서 만 20세가 되기 전에 법 제15조 제 2 항의 규정에 의하여 외국 국적을 취득하게 된 후 법무부장관에게 대한민국 국적의 보유의사를 신고한 자

② 법 제12조 제 1 항에서 "만 20세가 된 후에 이중국적자가 된 자"라 함은 다음 각 호의 1에 해당하는 자를 말한다.

1. 만 20세가 된 후에 법 제 4 조 또는 법 제 9 조의 규정에 의하여 대한민국의 국적을 취득한 외국인으로서 법 제10조 제 2 항 단서의 규정에 의하여 그 외국 국적의 포기가 유보된 자

그런데 1948. 7. 17.부터 1949. 9. 30. 사이에 제헌 헌법과 임시조례, 국적법에 따라 대한민국 국적을 취득한 후 1949. 10. 1. 중화인민공화국의 성립으로 중국 국적을 취득한 재중동포(즉 1949. 9. 30. 이전 출생자, 이하 '재중동포 1세대'라 한다)의 경우는 출생에 의하여 이중국적자가 된 것도 아니고 국적법시행령 제16조에서 정하는 사유로 이중국적자가 된 것도 아니어서 국적법상 국적선택의무가 없다고 할 것이므로, 국적선택을 하지 아니하였다는 이유로 대한민국 국적이 상실되지 않는다. 따라서 재중동포 1세대의 경우는 여전히 대한민국과 중국의 이중국적자이다.

그러나 재중동포 1세대의 자녀들(1949. 10. 1. 이후 출생자, 이하 '재중동포 2세대'라 한다)은 출생에 의하여 대한민국의 국적과 중국의 국적을 아울러 취득한 이중국적자로서 국적법상 국적선택의무가 있으므로, 국적법에서 정한 기간 내에 대한민국과 중국 중 하나의 국적을 선택하지 아니하였다면 대한민국 국적을 상실하였다고 할 것이다.

다. 재중동포에 대한 국적 판정 절차의 필요

이와 같이 재중동포 1·2세대의 국적은 그 혈통(조선인을 부친으로 하여 출생하였는지 여부 등), 그 출생시기와 국적선택 여부에 따라 '대한민국과 중국의 이중국적자,' '대한민국 국적을 상실한 중국 국적자' 또는 '대한민국 국적을 취득한 적이 없는 자'로 나뉠 수 있다. 따라서 재중동포에 대해서는 위와 같은 점을 살펴서 대한민국의 국적의 취득·보유 여부를 판단할 필요가 있다.

라. 국적법의 정비

1997. 12. 13. 법률 제5431호로 국적법이 전면 개정되면서 그 제20조에서 대한민국 국적의 취득·보유 여부가 불분명한 사람에 대하여 국적을 판정하는 제도를 마련하고, 그 시행령 제24조에서 국적판정절차에서 신청자의 혈통관계, 국외이주경위, 대한민국 국적을 취득한 사실 여부, 그가 대한민국 국적을 취득한 후 자진하여 외국 국적을 취득함으로써 대한민국 국적을 상실한 사실이 있는지 여부 등을 심사하도록 규정하였다. 그 밖에도 국적법은 이중국적자의 국적선택제도(제13조), 국적상실자에 대한 국적회복제도(제9조), 대한민국 국민이었거나 국민인 자의 자녀의 간이귀화(제6조)·특별귀화(제7조) 등의 제도를 정비하였다. 따라서 청구인들과 같은 재중동포의 국적문제를 해결하기 위하여 더 이상 법률을 제정하거나 중국과 이중국적자 처리를 위한 조약을 체결하여야 할 필요가 있다고 보기 어렵다. 청구인들이 주장하는 입법부작위의 상태는 위와 같은 국적법의 정비로 해소되었다고 할 것이다.

마. 정부 방침의 개선 필요

그런데 정부는 청구인들과 같은 재중동포를 그 출생 시기를 가리지 않고 모두 '대한민국 국적을 상실한 중국 국적자'로 취급하여 왔고, 이 사건 업무처리지침도 같은 입장을 취하고 있다.[1)] 이 사건 업무처리지침으로 인하여 대한민국 국적을 보유하고 있는 재중동포들이 대한민국 국민으로서 보호받지 못하고 중국인으로서 취급받게 되었고, 재외국민이 아니라 재외동포로 취급되어 국내체류기간의 제한을 받았고, 국내체류기간을 넘겼다는 이유로 국적회복신청까지 거부되었다. 이 사건 업무처리지침은 재중동포 중 대한민국 국적을 가지고 있는 사람까지도 재외국민이 아니라 재외동포로 취급하는 점에서 국가의 재외국민 보호의무(헌법 제2조 제2항)를 저버린 것이라고 할 수 있다. 이 사건 업무처리지침은 재중동포 중 대한민국 국적을 가진 사람들이 대한민국 국민으로서 보호받을 기본권을 송두리째 침해하는 원인으로 작용하였고,

---

2. 만 20세 이상의 대한민국의 국민으로서 법 제15조 제2항의 규정에 의하여 외국 국적을 취득하게 된 후 법무부장관에게 대한민국 국적의 보유의사를 신고한 자

1) 다수의견은 대법원과 헌법재판소도 재중동포를 외국인으로 보고 있다고 하지만, 다수의견이 제시하는 대법원 판결과 헌법재판소 결정이 재중동포의 국적에 관하여 정면으로 판단한 것이라고 보기는 어렵다.

그러한 기본권 침해를 다수인에게 계속적·반복적으로 일으키는 근본원인이 되었다고 할 것이다. 따라서 그 지침이 법무부 내부의 사무처리준칙에 불과하다 하여 방치할 수는 없다고 할 것이다.

그와 같은 기본권침해의 결과는 이 사건 업무처리지침으로부터 직접 생긴 것이 아니고 이 사건 업무처리지침에 따른 행정처분으로 인하여 생긴 것이라고 볼 수도 있다. 그러나 기본권을 침해하는 구체적인 행정처분에 대한 심판은 법원의 행정소송절차가 담당할 일이지만, 그러한 행정처분 및 기본권침해의 근본원인이 된 업무처리지침과 정부 방침에 대해서는 헌법재판소가 심판하여 이를 취소하거나 위헌임을 선언하여야 한다(헌법재판소법 제75조 제3항). 기본권침해를 반복적으로 발생시키는 근본원인이 있을 때에는 그 근원을 해소하는 것이야말로 헌법질서를 수호하기 위하여 긴요한 일이고, 그것은 법원이 아니라 헌법재판소에게 맡겨진 사명이기 때문이다.

이 사건 업무처리지침이 2005. 6. 17. 폐지되어 권리보호의 이익이 없어졌다고 볼 수도 있다. 그러나 그 지침의 바탕이 된 정부의 기본방침은 변하지 않았고, 그 지침이 폐지되기 전에 이미 대한민국 국적을 보유하고 있는 재중동포의 기본권을 침해한 이상, 이를 분명히 밝힐 필요가 있다. 이미 폐지된 업무처리지침을 취소할 법률상 이익은 없어졌다고 하더라도, 그 지침으로 인하여 과거에 기본권이 침해되었던 사실은 분명히 밝혀 주어야 한다. 헌법재판소법 제68조 제1항의 헌법소원제도는 현존의 기본권침해를 배제하는 기능뿐만 아니라 과거의 기본권 침해 여부를 확인하는 사명도 담당하는 것이다. 더구나 재중동포를 모두 재외동포로 보는 정부의 기본방침이 변하지 않은 이상 그들 중 재외국민이라고 보아야 하는 사람들에 대해서는 여전히 기본권을 침해할 가능성이 상존하고 있는 것이다. 따라서 이 사건 업무처리지침은 재중동포를 출생시기와 관계없이 무조건 중국 국적을 가진 재외동포로 취급함으로서 재중동포 중 대한민국 국적을 가지고 있는 사람들의 기본권을 침해하였음을 분명하게 선언하여야 한다. 그리하여 청구인들과 같은 재중동포들을 무조건 중국 국적을 가진 재외동포로 취급할 것이 아니라 그들이 대한민국 국적을 취득하였는지 여부와 아직도 보유하고 있는지 여부를 판정한 뒤 그 결과에 따라 적절히 대우하도록 개선시킬 필요가 있다.

4. 二重國籍者의 國籍選擇權＝國籍法 第12條 第1項 등은 違憲이 아니다[1)]

가. 심판의 대상

심판의 대상은 국적법(2005. 5. 24. 법률 제7499호로 개정된 것, 이하 '법'이라 한다) 제12조 제1항 단서·제3항, 제14조 제1항 단서, 부칙 제2항이 청구인의 기본권을 침해하는지 여부이고, 심판대상조항 및 관련 조항의 내용은 다음과 같다.

법 제12조(이중국적자의 국적선택의무) ① 출생 기타 이 법의 규정에 의하여 만 20세가 되기 전에 대한민국의 국적과 외국 국적을 함께 가지게 된 자(이하 "이중국적자"라 한다)는 만 22세가 되기 전까지, 만 20세가 된 후에 이중국적자가 된 자는 그 때부터 2년 내에 제13조 및 제14조의 규정에 의하여 하나의 국적을 선택하여야 한다. 다만, 병역법 제8조의 규정에 따라 제1국민역에 편입된 자는 편입된 때부터 3월 이내에, 제3항 각 호의 어느 하나에 해당하는 때부터 2년 이내에 하나의 국적을 선택하여야 한다.

② 제1항의 규정에 의하여 국적을 선택하지 아니한 자는 제1항의 만 22세 또는 2년을 경과한 때에 대한민국의 국적을 상실한다.

③ 직계존속이 외국에서 영주할 목적 없이 체류한 상태에서 출생한 자는 병역의무의 이행

1) 헌재 2006. 11. 30 선고, 2005 헌마 739, 헌재판례집 제18권 2집, 528면 이하.

과 관련하여 다음 각 호의 어느 하나에 해당하는 때에 한하여 제14조의 규정에 따른 국적이탈신고를 할 수 있다.

법무부장관은, 이중국적자에 대해 병역의무의 이행 없는 국적이탈을 제한하는 것은 구법이나 신법이나 다름이 없고, 특히 청구인은 구법하에서 제1국민역에 편입되기 전까지는 국적이탈 신고를 할 수 있었음에도 불구하고 이를 하지 않았고, 구법 시행 당시인 2004. 1. 1. 제 1 국민역에 편입되어 병역의무를 해소하지 않고는 국적이탈을 할 수 없는 법적 지위에 들어섰으므로 그 때부터 청구기간을 기산하여야 하고, 그렇다면 이 헌법소원은 청구기간을 도과한 것이라고 주장한다.

그러나 법 제12조 제 1 항 단서 전단 부분은 구법에서는 전혀 없었던 내용으로서 신법 개정시에 새로 도입된 규정(국적선택기간의 연장)이고, 제12조 제 1 항 단서 후단 부분은 비록 그 법적 내용은 구법과 동일하나, 구법의 경우 실체적 내용을 대통령령에 위임하고 있었던 반면, 신법은 이를 법률에서 직접 규정하고 있어 그 입법형식상 차이를 보이고 있다. 이와 같이 구법 조항과 신법 조항은 엄연히 별개의 법률규정이고 청구인은 신법에 의한 국적이탈의 제한을 다투고 있으므로 청구기간의 계산에 있어서도 신법을 기준으로 함이 상당하다.

나. 소 결

법 제12조 제 3 항, 법 제14조 제 1 항 단서 중 법 제12조 제 3 항에 관한 부분, 부칙 제 2 항 중 앞의 법률조항들에 관한 부분에 대한 심판청구는 모두 부적법하다. 그 밖의 심판대상조항에 대한 심판청구는 적법하다.

[본안에 관한 판단]

가. 이중국적자에 대한 국적이탈의 제한

법 제12조는 국적선택의 기본적 내용을 규율하고 있는데, 만 20세가 되기 전에 이중국적자가 된 자는 만 22세가 되기 전까지, 만 20세가 된 후에 이중국적자가 된 자는 그 때부터 2년 내에 하나의 국적을 선택하도록 하고(제12조 제 1 항 본문), 그 때까지 국적을 선택하지 아니한 자는 그 기간의 경과로 대한민국의 국적을 자동적으로 상실시키고 있다(제12조 제 2 항). 국적법 제13조는 대한민국 국적을 선택할 때의, 제14조는 대한민국 국적을 포기할 때의 절차에 관하여 규정하고 있다.

병역법 제 8 조에 따라 남자는 18세부터 제 1 국민역에 편입되는데, 제 1 국민역에 편입된 이중국적자는 그 때부터 3월 이내에 국적선택(국적이탈)을 할 수 있으며(제12조 제 1 항 단서 전단, 제14조 제 1 항 단서), 이 때까지 국적선택을 하지 않은 때에는 현역·상근예비역 또는 보충역으로 복무를 마치거나 마친 것으로 보는 때, 병역면제처분을 받은 때, 제 2 국민역에 편입된 때가 아니고서는 국적선택을 할 수 없으며 이러한 사유에 해당하는 때부터 2년 이내에 국적선택을 하여야 한다(제12조 제 1 항 단서 후단, 제12조 제 3 항 각 호, 제14조 제 1 항 단서).

법 제12조 제 1 항 단서 및 그에 관한 제14조 제 1 항 단서는 결국 청구인과 같은 이중국적자인 남자로 하여금 ① 제 1 국민역에 편입되기 이전, 그리고 제 1 국민역에 편입되었다 하더라도 그 때부터 3월 이내까지는 자유롭게 국적선택을 할 수 있으나, ② 그 이후부터는 병역문제를 해소하지 않는 한 국적선택을 할 수 없게끔 하고 있으며, 36세가 되어 징병검사 등이 면제될 때까지(병역법 제71조 제 1 항 제 7 호 등) 이러한 상태는 계속된다.

국적을 이탈하거나 변경하는 것은 헌법 제14조가 보장하는 거주·이전의 자유에 포함되므로 법 제12조 제 1 항 단서 및 그에 관한 제14조 제 1 항 단서는 이중국적자의 국적선택(국적이탈)의 자유를 제한하는 것이라 할 것이고, 그것이 병역의무이행의 확보라는 공익을 위하여 정당화될 수 있는 것인지가 문제된다.

나. 위헌 여부

(1) 이중국적자에 대한 병역부과와 병역면탈 차단의 필요성

법 제12조 제 1 항 단서 및 그에 관한 제14조 제 1 항 단서는 이중국적자라 하더라도 대한민국 국민인 이상 병역의무를 이행하여야 한다는 것을 원칙적인 전제로 하여, 이중국적자로서 구체적인 병역의무 발생(제 1 국민역 편입) 시부터 일정기간(3월) 내에 한국 국적을 이탈함으로써 한국의 병역의무를 면하는 것은 허용하되, 위 기간 내에 국적이탈을 하지 않은 이중국적자는 병역문제를 해소하지 않는 한 한국 국적을 이탈하지 못하게 함으로써 국적선택제도를 통하여 병역의무를 면탈하지 못하게 하려는 데에 그 입법취지가 있다.

민주국가에서 병역의무는 납세의무와 더불어 국가라는 정치적 공동체의 존립·유지를 위하여 국가 구성원인 국민에게 그 부담이 돌아갈 수밖에 없는 것으로서, 병역의무의 부과를 통하여 국가방위를 도모하는 것은 국가공동체에 필연적으로 내재하는 헌법적 가치라 할 수 있다. 우리 헌법 제 5 조 제 2 항, 제39조는 국방과 병역의무가 지닌 이러한 헌법적 가치성을 분명히 밝히고 있다(헌재 2004. 8. 26. 2002 헌바 13, 헌재판례집 16-2 상, 195, 202). 그러므로 이중국적자라 하더라도 다른 국민과 마찬가지로 그에 대하여 병역의무를 관철하겠다는 원칙적 출발점을 탓할 수는 없다.

선천적 이중국적을 허용하고 국적선택제도를 두고 있는 현행 제도에서 법 제12조 제 1 항 단서 및 그에 관한 제14조 제 1 항 단서와 같은 규제가 없다면 이중국적자로서는 국적선택제도를 이용하여 병역을 면탈하는 것이 보다 용이하게 된다. 현행 법제상 한국 국적의 이탈로 인한 불이익·불편이 병역면탈 의도의 국적이탈을 저지할 만큼 심각하지도 않다. 외국인이라 할지라도 성질상 허용되지 않는 것이 아닌 한 한국헌법에서 보장하는 기본권의 주체가 되고, 출입국관리법에 의하여 출입국, 체류, 취업 등의 활동범위에 제약을 받지만, 반면에 기업투자, 유학, 무역경영, 교수, 회화지도, 예술흥행 등의 체류자격을 가지고 국내에서 활동할 수 있으며(출입국관리법 제10조, 동법시행령 제12조, 별표 1, 동법시행규칙 제18조의2, 별표 1 참조), 외국인토지법에 의하여 일정하게 토지취득도 할 수 있다. 더욱이 재외동포의출입국과법적지위에관한법률은 외국국적동포에게 '재외동포체류자격'으로 출입국, 체류, 취업 기타 경제활동, 국내토지에 대한 취득·이용·처분, 금융거래 및 외국환거래, 의료보험 적용 등에 있어서 내국인과 별반 다를 바 없는 대우를 하고 있다(동법 제10조 내지 제14조 참조). 따라서 특히 한국 국적을 필요로 하는 생활을 영위하려는 사람이 아니라면 재외동포의 지위로서도 특별한 불편 없이 한국 내에 근거를 두거나 이를 활용하는 사회적·경제적 생활을 영위할 수 있다. 그리하여 법 제12조 제 1 항 단서 및 그에 관한 제14조 제 1 항 단서의 규제가 없다면 국적선택제도를 이용하여 병역의무를 면한 후부터는 재외동포로서 한국인에 버금가는 지위로 사는 데 별다른 장애를 받지 않게 되는 것이다.

이런 상태를 방치한다면 다음과 같은 폐해가 발생하거나 발생할 우려가 높다.

첫째, 병역자원의 일정한 손실을 초래한다. 병력자원의 유지는 국방이라는 헌법적 가치를 수호하기 위한 중요한 요소임에 틀림없고, 이중국적자의 수도 적지 않은데 남자인 이중국적자의 상당수는 국적선택제도를 통하여 병역을 회피할 수 있게 된다.

둘째, 국민개병주의를 규정한 헌법 제39조, 평등의 원칙을 규정한 헌법 제11조에서 나오는 병역부담평등의 원칙은 헌법적 요청일 뿐만 아니라, 우리 나라에서 그것은 다른 어느 사회와도 비교할 수 없을 정도로 강력하고도 절대적인 사회적 요구이다. 이중국적자가 생활의 근거를 한국에 두면서 한국인으로서 누릴 각종 혜택을 누리다가 정작 국민으로서 의무를 다해야 할 때에는 한국 국적을 버리는 기회주의적 행태가 허용된다면 병역부담평등의 원칙은 심각하

게 훼손된다. 특히 이중국적자들은 사회지도층이나 부유층 인사들의 자녀가 많아서 이들의 기회주의적 병역면탈을 일정하게나마 규제하지 않는다면 병역정의에 대한 일반국민의 불신은 커지고, 병역부담에 관한 국민적 일체감이 저해되어 국방이라는 국민의 총체적 역량에 손상을 미치게 된다(헌재판례집 16-2 상, 195, 202).

(2) 국적이탈의 자유에 대한 과잉규제인지 여부

법 제12조 제 1 항 단서 및 그에 관한 제14조 제 1 항 단서에 의하더라도 국적선택의 자유가 완전히 박탈되는 것이 아니라 부분적인 제한을 받을 뿐이다. 18세가 되어 제 1 국민역에 편입된 때부터 3월이 지나기 전이라면 자유롭게 국적을 이탈할 수 있고, 그 이후부터 입영의무 등이 해소되는 시점(36세)까지만 국적이탈이 금지되므로 일정한 시기적인 제약을 받을 뿐이다. 제 1 국민역에 편입된 때부터 3월이 지났더라도 병역의무를 이행하거나 면제받는 등으로 병역문제를 해소한 때에는 역시 자유롭게 국적을 이탈할 수 있음은 물론이다.

국적이탈에 관한 이 정도의 시기적 제한마저 두지 않는다면 병역의무 이행을 위한 절차가 진행중 어느 때라도, 심지어 군복무중에라도 한국 국적을 이탈함으로써 병역의무를 면할 수 있게 된다. 이는 현행 병역법체계와 커다란 부조화를 야기할 뿐만 아니라 성실한 대다수의 병역의무 이행자와의 관계에서도 결코 바람직하지 않다. 그렇다면 이것은 입법자가 국방과 병역형평이라는 헌법적 가치를 한 축으로, 국적이탈이라는 개인의 기본권적 가치를 다른 한 축으로 하여 어느 한 쪽을 일방적으로 희생시키지 아니하고 나름의 조정과 형량을 한 결과라 할 수 있다.

다만, 주된 생활의 근거를 외국에 두고 있는 이중국적자에 대해서는 그 정도의 국적이탈의 제한조차 부당한 것이라는 의문이 제기될 여지가 있다. 그러나 병역법에 의하면 국외에 체재 또는 거주하고 있는 사람은 징병검사나 징집·소집을 연기할 수 있고(병역법 제60조 제 1 항 제 2 호), 국외에서 출생한 사람 또는 해외이주법에 의한 해외이주신고를 하고 국외에 거주하고 있는 사람은 재외공관의 장, 법무부출입국관리소의 장이나 법무부출입국관리소출장소의 장의 사실확인에 의하여 징병검사 또는 입영을 연기할 수 있다(동법시행령 제128조 제 2 항). 따라서 상주거소를 외국에 두고 있는 이중국적자는 징병검사 또는 징집의 연기를 통하여 36세에 이르러 징병검사 또는 입영의무를 면제받을 수 있고, 이를 통하여 사실상 병역의무를 면할 수 있다. 법 제12조 제 1 항 단서 및 그에 관한 제14조 제 1 항 단서에 따라 적극적으로 국적이탈을 함으로써 병역의무를 조기에 해소할 수도 있고, 소극적인 방법으로 병역의 문제를 자연스럽게 해결할 수도 있다. 그렇다면 주된 생활의 근거를 외국에 두고 있는 이중국적자들에 대하여 위 법률조항들의 적용을 명시적으로 배제하는 규정을 두지 않았다 하더라도 그 점만으로 이들의 국적이탈의 자유를 침해하는 것이라 할 수 없다.

(3) 신뢰보호원칙 등 위반 여부

법 부칙 제 1 항은 법이 공포된 날부터 시행하도록 규정하고 있으며, 부칙 제 2 항은 개정된 심판대상조항을 "이 법 시행 후 최초로 국적이탈신고를 하는 사람부터 적용한다"고 규정하고 있는데, 그 취지는 '이 법 시행 전에 이미 출생한 사람에게도 개정안이 효력을 미칠 수 있도록' 하기 위한 것이다. 부칙 제 2 항의 법문과 개정입법의 취지에 비추어 보면 청구인과 같이 신법 시행일(2005. 5. 24.) 이후 국적이탈신고를 하고자 하는 사람에게는 개정규정이 적용됨이 분명하다. 따라서 명확성원칙에 반한다는 취지의 청구인의 주장은 이유 없다.

한편 부칙 제 2 항은 신법 시행 전에 이미 출생한 사람으로서 구법에 의해 병역관계가 확정되지 않은 사람들에게 신법을 적용토록 하는 것이지만, 개정규정 중 법 제12조 제 1 항 단서 및 그에 관련된 제14조 제 1 항 단서는 구법에 비하여 이중국적자의 국적선택의 기간을 3개월 더 연장하는 이익을 부여할지언정 구법에 비하여 더 불이익한 내용을 규정하고 있지 않다. 따라서 신뢰보호원칙에 위배될 여지가 없다.

[결　　론]

국적법(2005. 5. 24. 법률 제7499호로 개정된 것) 제12조 제 1 항 단서, 제14조 제 1 항 단서 중 제12조 제 1 항 단서에 관한 부분, 부칙 제 2 항 중 앞의 법률조항들에 관한 부분에 대한 심판청구를 기각하고, 위 같은 법 제12조 제 3 항, 제14조 제 1 항 단서 중 제12조 제 3 항에 관한 부분, 부칙 제2항 중 앞의 법률조항들에 관한 부분에 대한 심판청구를 각하하기로 하여 주문과 같이 결정한다. 이 결정은 관여 재판관 전원의 일치된 의견에 의한 것이다.

5. 國民保護義務[1)]

[본안에 관한 판단]

가. 생명·신체의 안전에 관한 보호의무 위반 여부

(1) 심사구조와 심사기준

이 사건 고시의 수입위생조건은 가축전염병예방법 제34조 제 2 항에 근거하여 미국산 쇠고기 수입으로 인한 소해면상뇌증 발병 가능성 등에 대응하기 위하여 취해진 보호조치의 일환으로, 이 사건에 있어서는 고시상의 보호조치가 국가의 기본권 보호의무를 위반함으로써 생명·신체의 안전과 같은 청구인들의 중요한 기본권이 침해되었는지 여부가 문제된다 할 것이다.

그런데 국가가 국민의 생명·신체의 안전을 보호할 의무를 진다 하더라도 국가의 보호의무를 입법자 또는 그로부터 위임받은 집행자가 어떻게 실현하여야 할 것인가 하는 문제는 원칙적으로 권력분립과 민주주의의 원칙에 따라 국민에 의하여 직접 민주적 정당성을 부여받고 자신의 결정에 대하여 정치적 책임을 지는 입법자의 책임범위에 속하므로, 헌법재판소는 단지 제한적으로만 입법자 또는 그로부터 위임받은 집행자에 의한 보호의무의 이행을 심사할 수 있는 것이다(헌재 1997. 1. 16. 90 헌마 110 등, 헌재판례집 9-1, 90, 121; 헌재 2007. 7. 31. 2006 헌마 711, 헌재공보 142, 1146, 1149 참조).

따라서 국가가 국민의 생명·신체의 안전에 대한 보호의무를 다 하지 않았는지 여부를 헌법재판소가 심사할 때에는 국가가 이를 보호하기 위하여 적어도 적절하고 효율적인 최소한의 보호조치를 취하였는가 하는 이른바 '과소보호 금지원칙'의 위반 여부를 기준으로 삼아, 국민의 생명·신체의 안전을 보호하기 위한 조치가 필요한 상황인데도 국가가 아무런 보호조치를 취하지 않았든지 아니면 취한 조치가 법익을 보호하기에 전적으로 부적합하거나 매우 불충분한 것임이 명백한 경우에 한하여 국가의 보호의무의 위반을 확인하여야 하는 것이다(헌재 1997. 1. 16. 90 헌마 110 등, 헌재판례집 9-1, 90, 122 참조).

(2) 과소보호금지 원칙 위반 여부

(가) 판단 기준 개관

미국산 쇠고기의 수입과 관련하여 국가의 보호조치가 필요한 상황 그 자체가 예상된다는 것은 앞서 본 바와 같으나, 그 일환으로 행하여진 이 사건 고시에 구체적으로 어떠한 내용의 수입위생조건을 정할 것인지는 농림수산식품부장관이 그 근거규정인 가축전염병예방법 제34조 제 2 항의 위임 범위 내에서 구체적 상황에 맞게 정할 수 있는 것으로서 원칙적으로 그 직무상의 재량영역에 속하는 것이라 할 것이다.

---

1) 헌재 2008. 12. 26 선고, 2008 헌마 419·423·436(병합), 미국산 쇠고기 및 쇠고기제품 수입위생조건 위헌확인, 헌재판례집 제20권 2집(하), 960면 이하.

그런데 앞서 본 바와 같이 이 사건 고시 제정자가 구체적인 위험상황에서 국민의 생명·신체의 안전을 보호하기 위하여 적어도 적절하고 효율적인 최소한의 보호조치를 취했는가를 살펴 그 보호조치 위반이 명백할 경우 이 사건 고시는 기본권 보호의무 위반에 해당한다 할 것인바, 그렇다면 구체적으로 이러한 판단을 하기 위하여는 이 사건에서 문제되는 위험상황과 보호조치의 성격 등을 고려할 필요가 있을 것이다. 특히 미국산 쇠고기 수입과 관련된 위험상황과 그에 대한 보호조치로서의 수입위생조건 등은 지금까지 밝혀진 과학적 사실과 대외적 통상 등에 관련한 국제기준 등을 기초로 하는 것으로서 상당히 전문적이고 기술적인 영역에 속할 뿐 아니라 과학기술 및 무역환경 등과 상호 밀접하게 관련되어 있으므로, 그 위험성 등은 과학기술과 국제통상 환경 등에 근거하여 객관적으로 검토되어야 할 것이다.

(나) 소해면상뇌증의 위험방지조치에 대한 국제 기준 등

1) 세계무역기구(WTO) 체제와 위생 및 검역 조치

앞서 본 바와 같이 지금까지 역학적으로 확인된 바에 의하면, 소해면상뇌증 및 변형 크로이츠펠트야콥병은 특별한 예방이나 치료책이 없이 거의 100%에 가까운 치사율을 나타내는 질병이므로, 소해면상뇌증에 감염된 쇠고기를 원천적으로 차단하는 것이야말로 변형 크로이츠펠트야콥병을 예방하는 데 필수적인 보호조치가 될 것이다.

그런데 세계무역기구(WTO)는 부속협정인 '위생 및 검역협정'(Agreement on the Application of Sanitary and Phytosanitary Measures, SPS 협정)을 통하여 자유무역에 대한 일정한 예외를 두고, 인간이나 동식물의 생명 또는 건강을 위하여 필요한 위생 및 검역조치로서 취할 수 있는 표준과 평가방법을 규정하면서, 위생 및 검역조치의 과학적 정당성과 명료성 및 예측가능성을 요구함으로써 위생 및 검역조치가 자의적인 통상규제 수단으로 사용되는 것을 방지하는 한편, 과학적 정당성 등이 있는 경우에는 회원국이 국제기준 등에 기초한 조치보다 높은 보호수준의 위생 및 검역조치를 도입·유지할 권리도 함께 인정하고 있다(제3조 제2항·제3항).

이러한 위생 및 검역조치와 관련하여, 국제수역사무국(OIE)은 세계무역기구의 회원국 간에 동물과 동물성 제품의 무역에 관한 규정을 조화시키는 역할을 수행하는 국제기구로 공인되어, 현재 국제수역사무국의 후원에 따라 개발된 표준·지침·권고(이하 'OIE 국제기준'이라 한다)가 기본적인 국제표준으로 평가받고 있고, 회원국으로서는 소해면상뇌증에 대하여 특별히 OIE 국제기준보다 높은 보호수준의 위생·검역조치를 도입할만한 과학적인 정당성 등을 내세우지 못하는 한 OIE 국제기준에 따라 위생 및 검역조치를 설정하도록 하는 것이 일반적인 상황이다.

2) OIE 국제기준과 미국에서의 위험방지조치

가) 쇠고기의 수입 등과 관련하여 OIE 국제기준은 소해면상뇌증의 위험성에 대한 평가기준 등을 규정하고 있고, 구체적으로는 소해면상뇌증과 관련하여 위험성 단계에 따른 경미한 위험국가, 위험통제국가, 미확인 위험국가의 분류 등에 관한 내용을 담고 있으며, 특히 OIE 국제기준은 여러 통계 및 실험 자료를 바탕으로 국가별 위험성 단계에 따라 교역이 제한되는 쇠고기 부위의 범위에 대하여 도축된 소의 연령별로 차등을 두어 위험통제국가에 대하여는 30개월 이상이 되어 도축된 소의 뇌, 눈, 척수, 머리뼈, 척주 및 모든 연령의 소의 편도와 회장원위부를 국가 간 거래금지 부위로 규정하고 있다(OIE 육상동물위생규약 제2장, 제3장, 제13장 제14조).

국제수역사무국이 그와 같이 정한 것은 이러한 부위가 소해면상뇌증의 발병 위험과 관련한 중요 요소인 이른바 특정위험물질(SRM)에 해당되고, 현재까지 확인된 과학적인 연구 결과에 의하면, 소해면상뇌증의 원인물질인 변형 프리온 단백질은 주로 그와 같은 특정위험물질 부위에 축적되고, 소해면상뇌증의 확산 및 변형 크로이츠펠트야콥병으로의 전이를 방지하기

위하여는 특정위험물질의 범위를 정하고 이를 안전하게 분리·제거할 필요가 있으며, 또한 이러한 방법은 소해면상뇌증 원인물질을 제거하고 그 전염과 확산을 줄일 수 있는 가장 효과적인 방법 중 하나로 평가되고 있기 때문이다.

나아가 OIE 국제기준에서 30개월령을 기준으로 달리 정한 것은 소해면상뇌증의 원인물질인 변형 프리온 단백질이 특정위험물질 부위에 축적되는 데에 상당한 시간이 걸린다는 점을 반영한 것이고, 통계상으로도 전 세계적으로 소해면상뇌증에 감염된 소의 90% 이상이 30개월령 이상의 소로 알려져 있다.

나) 미국의 경우 2003년 12월에 농무부가 미국소의 소해면상뇌증의 발생사실을 공식적으로 발표한 이후 3건의 발병사례가 확인되고 있지만, 1989년 이래 영국 및 기타 소해면상뇌증 발생국가로부터의 반추동물과 반추동물 유래 육골분의 수입을 금지하였을 뿐만 아니라 특정위험물질 제거를 의무화하고 사료 금지조치의 개선으로 인하여 이른바 교차감염의 위험성도 줄어들었고, 이러한 제반 조치 이후 미국은 2007년 5월 국제수역사무국에 의해 소해면상뇌증의 위험통제국으로 분류되고 있으며, 그 위험통제 조치는 OIE 국제기준에 기초한 것으로서 최근 추가 발병사례가 확인된 바 없는 등에 비추어 적절한 것으로 평가되고 있다.

(다) 미국산 쇠고기에 대한 이 사건 고시상의 위험방지 조치

1) 미국산쇠고기에 대한 수입규제 연혁

미국산 쇠고기에 대한 수입규제는 미국 내의 소해면상뇌증 발생과 그에 대한 위험방지 조치의 변화에 따라 그 내용을 달리하였는데, 종래 수입이 허용되던 미국산 쇠고기는 2003년 12월 경 미국 내에서 소해면상뇌증이 발생하자 2004. 5. 3. 농림부고시 제2004-23호로 미국을 수입금지 지역에 포함시켜 수입을 금지하였다가, 2006. 3. 6. 이 사건 개정 전 고시로 수입위생조건을 제정·고시하면서 수입금지 지역에서 제외함으로써 이 사건 개정 전 고시에서 정한 조건을 충족시킬 경우 수입이 허용되게 되었다.

그 때까지 미국은 국제수역사무국의 국가별 분류기준상 소해면상뇌증의 미확인 위험국가에 포함되어 OIE 국제기준으로 보더라도 외국에 대하여 최소한의 수입 범위만을 요구할 수 있었으나, 그 후 2007년 5월 경 국제수역사무국으로부터 위험통제국가로 분류받자 국제수역사무국에서 정한 기준에 맞추어 이 사건 개정 전 고시의 개정을 요구하였고, 이에 우리 정부는 수입위험 분석절차를 거쳐 수입위생조건 개정 작업에 착수하여 2008. 4. 18. 미국과 국내 수입위생조건의 개정에 대한 합의에 이르게 되었다.

그런데 미국산 쇠고기에 대한 국내 수입위생조건을 완화하기로 한 합의에 대하여 미국산 쇠고기의 안전 등에 대한 국민적인 우려가 높아지자, 우리 정부는 미국 정부와의 추가적인 협의를 거쳐 2008. 6. 26. 이 사건 고시를 발령하게 되었고, 이후 국회는 2008. 9. 11. 이 사건 고시의 위임근거가 된 가축전염병예방법을 법률 제9130호로 개정하여 소해면상뇌증이 발생한 국가로부터의 쇠고기 수입규제 등에 관한 내용을 포함시키기에 이르렀다.

2) 이 사건 고시에 의한 위험방지조치

세계무역기구 회원국인 우리나라로서는 앞서 본 바와 같이 소해면상뇌증 등에 대한 위생 및 검역조치와 관련하여 OIE 국제기준을 존중할 필요가 있고, 이를 반영하여 가축전염병예방법은 미국산 쇠고기와 같은 지정검역물에 대하여 사전 예방적 보호조치로서 수입검역 절차를 거치도록 하면서 수입금지지역으로 지정하거나(제32조) 수입위생조건을 고시하는 방법(제34조) 등으로 규정하는 한편, 그 중 수입위생조건에 의한 위생 및 검역조치의 하나인 이 사건 고시에는 '미국 정부가 OIE 위험통제국 지위에 대한 지침에 부합되거나 그 이상의 조치를 지속

적으로 유지하여야 한다'는 취지의 규정을 두고 있다(제4조).

이와 같이 이 사건 고시는 OIE 국제기준에 따라 소해면상뇌증의 위험을 통제한다는 전제 아래 OIE 국제기준 및 미국의 위험통제 등을 고려하여 취한 조치로서, 그 개정 연혁 및 취지 등에 비추어 위험방지에 관한 국제기준에 부합하는 것으로 볼 수 있다.

나아가 이 사건 고시는 수입단계 별로 특정위험물질 등의 유입을 차단하기 위한 보호조치를 정함에 있어 수출국인 미국에 대해 식품 위험관리의 책임을 분배하면서도 수입검역 등 단계에서 위험관리와 관련된 검역절차를 정하고 있는데, 이 사건 개정 전 고시와 비교할 때 종전보다 완화된 수입위생조건을 정하고 있는 것은 분명하므로 수입단계 별로 해당 조항들이 국가의 보호조치로서 과소한 것인지 여부를 살펴볼 필요가 있을 것이다.

3) 이 사건 고시상의 주요 보호조치

가) 특정위험물질 및 30개월령 이상 쇠고기 규제에 관한 조치

우선 이 사건 고시는 수입이 금지되는 특정위험물질과 관련하여 개정 전 고시보다 그 범위를 축소하여 '모든 연령의 소의 편도, 회장원위부 및 도축 당시 30개월령 이상 소의 뇌, 눈, 척수, 머리뼈, 등배신경절, 척주'를 특정위험물질로 규정하고 있다(제1조 (9) 및 부칙 제5항, 제8항).

이는 수출국의 소해면상뇌증에 대한 통제의 정도에 따라 도축된 소를 연령별로 차등을 두어 특정위험물질의 범위를 규정한 OIE 국제기준에 따른 것으로서, 국제수역사무국으로부터 위험통제국가의 지위를 인정받은 미국의 통제조치를 고려하여 규정한 것이므로 그와 같이 규정한 것이 불합리하다고 보기는 어렵다.

나아가 이 사건 고시는 30개월령 미만 소에 국한하여 수입을 허용했던 개정 전 고시와 달리 강화된 사료금지조치의 공포를 조건으로 30개월령 제한을 해제하는 등 그 수입 허용범위를 확대하여 규정하고 있는데(제1조 (1), 부칙 제2항), 이것 역시 소해면상뇌증 위험통제국가에 대한 OIE 국제기준에 부합하는 것이고, 설령 미국의 강화된 사료금지조치 공포로 국내에 30개월령 이상 미국산 쇠고기의 수입이 가능하게 되더라도 소비자의 미국산 쇠고기에 대한 신뢰가 회복될 때까지 '30개월 미만 연령 검증 품질체계 평가(QSA) 프로그램' 등을 규정한 부칙 제7항에 따라 30개월령 이상 미국산 쇠고기의 국내 반입이 실질적으로 제한되도록 하였을 뿐만 아니라, 그 취지를 명확히 하기 위하여 2008. 9. 11. 개정된 가축전염병예방법 부칙 제2조 제1항에서 소비자의 신뢰가 회복되었다고 판단되어 30개월령 이상 쇠고기를 반입하고자 하는 경우에는 국회의 심의를 받도록 한 점 등에 비추어 볼 때, 이와 같이 수입 허용범위를 정함에 있어 특별한 문제가 있다고 볼 수도 없다. 따라서 이 사건 고시 중 특정위험물질 및 30개월령 이상 쇠고기 규제를 정한 조항들은 미국이 인정받은 소해면상뇌증 위험통제국가에 대한 OIE 국제기준에 부합하고 지금까지의 과학기술 지식에 근거한 것으로서 특별히 부적합하다거나 불충분한 조치라고 단정하기 어렵다.

나) 소해면상뇌증 발병 시 수입중단 조치(제5조, 부칙 제6항)

이 사건 고시 제5조에 의하면 미국에서 소해면상뇌증이 추가로 발생하는 경우, 국제수역사무국이 미국에 대하여 소해면상뇌증 지위 분류에 부정적인 변경을 인정할 경우 우리 정부는 수입을 중단할 것이라고 되어 있으므로, 여기에서 국제수역사무국이 지위변경 결정을 내리기 이전이라도 예외적으로 수입중단 등 비상조치를 취할 수 있는지 문제될 수 있다.

이는 검역절차와 관계없이 미국에서 추가로 소해면상뇌증이 발생한 경우 바로 수입을 중단할 수 있는지에 관한 것으로서, 미국이 2007년 5월 국제수역사무국으로부터 위험통제국가로 인정받았다는 점을 반영하여 개정 전 고시와 달리 규정한 것이지만, 이 사건 고시 부칙 제6

항에서 제 5 조의 적용과 관련하여 우리 정부는 GATT 제20조 및 WTO SPS협정에 따라 수입중단 등 필요한 조치를 취할 권리를 가진다는 점을 밝히고 있을 뿐 아니라, 2008. 9. 11. 개정된 가축전염병예방법 제32조의 2에서 수출국에서 소해면상뇌증이 추가로 발생하여 그에 대한 긴급한 보호조치가 필요한 경우 농림수산식품부장관이 일시적 수입중단 등 조치를 취할 수 있다는 내용을 신설하면서 그 이전에 정하여진 이 사건 고시에도 적용된다는 점을 같은 법 부칙 제 2 조 제 2 항을 통하여 보다 분명하게 밝히고 있기 때문에, 미국 내에서 소해면상뇌증이 추가로 발생하여 수입중단 등 긴급한 조치가 필요한 경우에는 그러한 조치를 취할 수 있을 것이므로, 이 사건 고시가 소해면상뇌증이 추가로 발생할 경우의 보호조치로서 부족하다고 평가할 수는 없다.

다) 미국 육류작업장 등 수입이전 단계에서의 위생관리 조치(제 6 조 내지 제 9 조, 부칙 제 3 항)

이 조항들은 미국 내 육류작업장에 대하여 개정 전 고시와 달리 우리 정부의 관여 정도를 낮추어 규정하고 있는데, 미국산 쇠고기에 대하여 수입검역 단계에서 전수검사를 실시하지 않는 점 등이 보호조치로서 과소한 것이 아닌가 하는 의문이 있을 수 있다.

그러나 육류 등의 교역에 있어서는 상대국의 가축방역 및 육류위생에 대한 시스템을 점검한 후 자국과 동등한 수준 이상이라고 판단되면 수출국 내의 육류작업장에 대하여 수출국 정부의 관리 하에 검사 및 통제 등이 행해지는 것이 일반적인 교역관행이므로, 기본적으로 우리 정부가 미국 내 육류작업장에 대하여서까지 직접적으로 관여할 필요가 없는 것이고, 또한 이 조항들에 의하더라도 미국의 수출 육류작업장이 이 사건 고시상의 수입위생조건과 미국 규정을 준수하는지 여부에 대하여 미국 정부가 취하여야 할 여러 조치를 규정하는 한편 미국 수출 육류작업장 중 대표성 있는 표본에 대하여 우리 정부가 관여할 수 있는 규정을 두고 있으므로, 이 조항들에 의하여 우리 정부가 미국산 쇠고기 수입위생조건과 관련한 범위 내에서 미국 육류작업장에 대하여 적정하게 관리할 수 있을 것이다.

따라서 이 조항들에 의하여 종전과 달리 미국의 모든 육류작업장에 대하여 우리 정부의 관여사항이 축소되었다 하더라도 이 조항들에 의한 미국 내 육류작업장에 관련한 보호조치가 과소하다고 평가할 수는 없다.

라) 수입 검역검사 및 규제조치 부분(제23조, 제24조, 부칙 제 9 항)

우리 정부는 검역·검사 과정 중 한 로트에서 특정위험물질 등 식품안전의 위해가 발견되면 이를 전량 불합격 조치하여 국내에 수입될 수 없도록 하고, 그 사실을 미국 정부에 통보하여 개선조치를 요구하며, 미국 정부는 해당 작업장에 대하여 문제의 원인을 밝히기 위한 조사를 실시하도록 하였고, 또 해당 육류작업장에서 이후 수입되는 쇠고기에 대한 검사비율을 높이되 동일 제품의 동등 이상 물량 5개 로트에 대한 검사에서 식품안전 위해가 발견되지 않았을 경우 정상 검사절차 및 비율을 적용하도록 하였으며(제23조), 동일한 육류작업장에서 생산된 별개의 로트에서 최소 2회의 식품안전 위해가 발견된 경우 해당 육류작업장은 개선조치가 취해질 때까지 수입검역이 중단될 수 있도록 하였다(제24조).

이 조항들 역시 개정 전 고시 이후 미국이 국제수역사무국으로부터 위험통제국으로서의 지위를 인정받은 것을 고려한 것으로서, 2회 이상 식품안전 위해가 발견될 경우 미국 정부는 우리 정부의 중단 요청을 받는대로 해당 작업장을 중단시켜야 한다는 규정(부칙 제 9 항)을 두고 있으며, 또한 미국산 쇠고기 검역·검사 지침 단계에서는 소의 소장과 혀 부위에 대한 전수검사가 가능하게 되어 내장 부위의 특정위험물질이 국내에 유입되는 것을 차단하는 별도의 장치까지 두고 있는 점(국립수의과학검역원의 2008. 6. 24.자 '미국산 쇠고기 검역·검사 지침')

등에 비추어 이 조항들이 미국산 쇠고기의 수입검역 검사 등과 관련하여 부족한 조치임이 분명하다고 보기 어렵다.

마) 기타 조항

개정 전 고시와 달리, 월령 판정에 관한 내용이나 소해면상뇌증이 의심되거나 감염이 확인된 소가 아니라는 내용에 대하여 이 사건 고시 제22조에서는 미국 정부가 발행하는 수출위생증명서 등의 기재대상에 포함시키지 않고 있으나, 월령 판정에 관한 내용이나 소해면뇌상증이 의심되거나 감염된 소인지 여부에 관한 내용은 OIE 국제기준 등에서 요구하는 사항이 아니므로 이 사건 고시 제22조에서 이를 제외하였다 하여 이를 과소한 보호조치라고 평가할 수는 없을 것이다.

(라) 소 결 론

이 사건 고시는 미국산 쇠고기 수입과 관련하여 미국에서의 소해면상뇌증 발병 이후 그 위험상황에 대응하고자 취해진 보호조치로서, 앞서 본 바와 같이 그 속성상 수출국인 미국에서의 위험상황과 국제무역 환경 그리고 관련 과학기술 지식 등에 기초하여 합리적인 범위 내에서 그 보호조치의 내용을 정할 수밖에 없는 것이고, 또한 OIE 국제기준은 소해면상뇌증 발병위험과 관련한 특정위험물질의 범위 등에 관한 과학적 연구결과에 기초한 것이다.

따라서 이 사건 고시가 개정 전 고시에 비하여 완화된 수입위생조건을 정하였다고 하더라도, 미국이 2000년 7월 국제수역사무국으로부터 소해면상뇌증 위험통제국가의 지위를 획득한 점과 미국산 쇠고기의 수입과 관련한 위험상황 등과 관련하여 개정 전 고시 이후에 달라진 여러 요인들을 고려하고 지금까지의 관련 과학기술 지식과 OIE 국제기준 등을 종합하여 보호조치를 취한 것이라면, 이를 들어 피청구인이 자의적으로 재량권을 행사하였다거나 합리성을 상실하였다고 하기 어렵다 할 것이다.

그리고 최근 들어 미국에서 소해면상뇌증이 추가로 발병되었음이 확인되지 아니하고 소해면상뇌증에 대한 위험통제 조치에 특별한 문제점이 발견된 적이 없으며, 이 사건 고시에 따른 특정위험물질의 수입허용 범위를 비롯한 제반 수입위생조건을 보더라도 소해면상뇌증 감염 우려가 있는 미국산 쇠고기의 국내유입을 막기 위한 여러 보호조치를 마련하고 있다고 보일 뿐만 아니라, 그 밖에 이 사건 고시를 보완하기 위하여 가축전염병예방법이 개정된 데다가 추가로 검역 및 검사 지침과 원산지표시제 등이 시행된 점 등을 종합하여 보면, 이 사건 고시상의 보호조치가 완벽한 것은 아니라 할지라도, 앞서 본 기준과 내용에 비추어 쇠고기 소비자인 국민의 생명·신체의 안전을 보호하기에 전적으로 부적합하거나 매우 부족하여 그 보호의무를 명백히 위반한 것이라고 단정하기는 어렵다 할 것이다.

나. 청구인들의 나머지 주장에 대한 판단

(1) 기타의 기본권 침해

청구인들은 이 사건 고시로 인하여 인간의 존엄과 가치, 행복추구권, 자기결정권 및 일반적 행동자유권, 소비자의 권리, 보건권 등이 침해되었다고 주장하나, 이 사건 고시는 그 근거 법률인 가축전염병예방법 제34조에서 보듯이 가축방역 및 공중위생이라는 공익을 위하여 미국산 쇠고기의 수입자를 상대로 그 수입위생조건을 설정한 것으로서, 이 사건 고시의 직접적인 수범자인 쇠고기 수입자에 대하여 미국산 쇠고기 수입을 제한하는 내용으로 되어 있는바, 이러한 수입 제한으로 인하여 쇠고기 소비자인 청구인들이 내세우는 위 기본권 등이 침해될 수 있는 것이 아님은 명백하다.

다만, 이 사건 고시는 미국산 쇠고기 수입과 관련하여 소비자인 국민의 생명·신체의 안전을 보호하기 위한 위험방지 조치인 측면이 있고, 이에 대하여는 기본권 보호의무에 위반한 것인지 여부가 문제되므로 그와 관련된 범위에서 위 기본권 침해의 주장을 살펴보면 충분할 것인데, 앞서 본 바와 같은 이유로 이 사건 고시가 기본권 보호의무에 위반하지 않은 것으로 판단되므로, 국가의 보호의무와 관련하여서도 청구인들의 위 기본권 등이 침해된 것으로 볼 수는 없다 할 것이다.

(2) 기타의 헌법원리 및 헌법원칙 위반

청구인들은 이 사건 고시가 국민주권 원리의 내용을 이루는 검역주권, 헌법 제 6 조 제 1 항 및 제60조 제 1 항, 제37조 제 2 항의 법률유보, 적법절차원칙, 명확성원칙 등에 위배된다고도 주장하나, 이와 같이 단순히 일반 헌법규정이나 헌법원칙에 위반된다는 주장만으로는 특별한 사정이 없는 한 기본권침해의 가능성을 인정하기 어렵다고 할 것이므로(헌재 2006. 2. 23. 2005 헌마268, 헌재판례집 18-1 상, 298, 304 참조), 청구인들의 이 부분 주장에 대하여도 이 사건 고시가 생명·신체의 안전에 관한 보호의무에 위반된 것인지 여부와 관련된 범위에서 살펴보면 충분할 것이다.

(가) 검역주권 위반

이 사건 고시는 개정 전 고시에 비하여 다소 완화된 수입위생조건을 정하고 있으나, 이는 지금까지의 과학기술 지식과 OIE 국제기준 등에 근거하여 보호조치를 취한 것으로서 그 합리성을 상실하였다고 보기 어려울 뿐만 아니라, 구체적으로 미국에서 소해면상뇌증 발병시 수입중단 조치(제 5 조, 부칙 제 6 항), 미국 육류작업장 등에 대한 위생관리 조치(제 6 조 내지 제 9 조, 부칙 제 3 항), 수입 검역검사 및 규제 조치(제23조, 제24조, 부칙 제 9 항) 등 개별 조항들을 보더라도 앞서 살펴 본 바와 같이 OIE 국제기준 등에 따라 수입단계 별로 특정위험물질 등의 유입을 차단하기 위한 여러 보호조치를 규정하고 있는 점 등에 비추어 보면, 이 사건 고시가 검역주권을 포기하였다거나 이로 인하여 생명·신체의 안전에 관한 국가의 보호의무에 위반한 것으로 보기는 어려우므로, 이와 다른 전제에 입각한 청구인들의 이 부분 주장은 받아들일 수 없다.

(나) 헌법 제 6 조 제 1 항 및 제60조 제 1 항 위반

이 사건 고시가 헌법 제60조 제 1 항에서 말하는 조약에 해당하지 아니함이 분명하므로 국회의 동의를 받아야 하는 것은 아니고, 한편 이 사건 고시에서 "미국 연방 육류검사법에 기술된 대로" 미국산 쇠고기를 정의한다거나(제 1 조(1)), 미국 정부가 제 1 조(9)(나)의 적용과 관련하여 "미국 규정(9CFR310. 22(a))에 정의된" 것을 제거한다(부칙 제 5 항)고 규정함으로써 미국의 법률 또는 규정을 원용하고 있으나, 이는 미국과의 이 사건 쇠고기 협상 내용을 반영할 수밖에 없는 이 사건 고시의 국제통상적인 성격과 전문적이고 기술적인 규율 내용 등을 고려한 표기방식에 불과한 만큼 이러한 표기에 의하여 미국의 법령이 국내법과 같은 효력을 가질 수는 없는 것이므로, 이와 다른 전제에 선 청구인들의 이 부분 주장은 위 헌법규정 위반이 기본권 보호의무 위반으로 귀결되는 것인지 여부에 대하여 더 나아가 살펴볼 필요 없이 이유 없다.

(다) 법률유보 위반

청구인들은, 이 사건 고시의 위임규정인 가축전염병예방법 제34조 제 1 항은 "지정검역물을 수입하는 자는 수출국의 정부기관이 가축전염병의 병원체를 퍼뜨릴 우려가 없다고 증명한 검역증명서를 첨부하여야 한다"고 규정하고, 같은 조 제 2 항은 "농림수산식품부장관은 가축방역 및 공중위생상 필요하다고 인정하는 경우에는 제 1 항의 규정에 의한 검역증명서의 내용에 관련된 수출국의 검역내용 및 위생상황 등 위생조건을 정하여 고시할 수 있다"고 규정하여, 쇠고기와 같은 지정검역물을 수입하는 자가 제출하여야 하는 검역증명서의 내용에 관련된 수출국의 검역내용 및 위생상황 등 위생조건에 관하여 비교적 명확하게 위임하고 있는바, 이

사건 고시와 관련하여 청구인들은 법령이 아닌 고시의 형식으로 기본권을 제한하는 데 문제가 있을 뿐만 아니라, 이 사건 고시가 수권법률에서 위임받은 범위를 벗어나 기본권을 제한하는 새로운 내용을 규정하고 있으므로 헌법 제37조 제 2 항이 정한 법률유보에 위반한 것으로서 청구인들의 기본권을 침해하는 것이라는 취지로 주장한다.

먼저 쇠고기 소비자인 청구인들은 쇠고기 수입자와는 달리 이 사건 고시의 규율 내용으로 인하여 직접 기본권을 제한받는 자가 아니라, 이 사건 고시가 쇠고기 수입의 자유를 제한함으로써 도모하려고 하는 생명·신체의 안전에 관한 보호대상자일 뿐이므로, 설사 이 사건 고시가 쇠고기 수입자의 기본권을 제한함에 있어서 헌법 제37조 제 2 항에 위반한 것이라고 하더라도, 이로 인하여 자기의 기본권 침해를 주장할 수 있는 지위에 있는 것이 아니다.

한편 국가가 국민의 기본권 보호의무를 이행함에 있어 그 행위의 형식에 관하여도 폭 넓은 형성의 자유가 인정되고, 그것도 반드시 법령에 의하여 이행하여야 하는 것은 아니며, 이 사건 고시와 같이 국가가 쇠고기 소비자의 생명·신체의 안전에 관한 보호의무를 이행하기 위하여 취한 행위의 경우 법령의 위임이 없거나 그 위임의 범위를 벗어난 것이라는 사유만으로는 보호의무를 위반하거나 그로 인하여 소비자의 기본권을 침해한 것으로 볼 수 없으므로, 청구인들의 이 부분 주장은 더 나아가 판단할 필요 없이 이유 없다.

(라) 적법절차원칙 위반

헌법 제12조 제 1 항이 천명하고 있는 적법절차원칙은 형사소송 절차에 국한되지 않고 모든 국가작용 전반에 대하여 적용된다고 할 것이나(헌재 1992.12.24. 92 헌가 8, 헌재판례집 4, 853, 876~877; 헌재 1998.5.28. 96 헌바 4, 헌재판례집 10-1, 610, 618; 헌재 2007.4.26. 2006 헌바 10, 헌재공보 127, 503, 508), 이 원칙이 구체적으로 어떠한 절차를 어느 정도로 요구하는지 일률적으로 정하기 어렵고, 이는 규율되는 사항의 성질, 관련 당사자의 사익, 절차의 이행으로 제고될 가치, 국가작용의 효율성, 절차에 소요되는 비용, 불복의 기회 등 다양한 요소들을 형량하여 개별적으로 판단할 수밖에 없는 것이다(헌재 2003.7.28. 2001 헌가 25, 헌재판례집 15-2 상, 1, 18; 헌재 2005.12.22. 2005 헌마 19, 헌재판례집 17-2, 785, 796; 헌재 2006.5.25. 2004 헌바 12, 헌재판례집 18-1 하, 58, 67). 이 사건 기록 등에 의하면, 농림수산식품부장관은 2008.4.22. 농림수산식품부 공고 제2008-45호로 미국산 쇠고기 수입위생조건 개정안에 대하여 '입안예고'라는 명칭으로 예고절차를 거친 이후 미국과의 쇠고기 추가협상을 통해 부칙 제 5 항 내지 제 9 항을 비롯한 일부 내용을 추가하거나 변경함에 있어 별도의 예고절차 없이 2008.6.26. 이 사건 고시를 관보에 게재하였으므로, 이러한 예고절차 등과 관련하여 적법절차원칙에 위반되는지 여부가 문제될 수 있다.

그러나 원래 국민의 생명·신체의 안전 등 기본권을 보호할 의무를 어떠한 절차를 통하여 실현할 것인가에 대하여도 국가에게 폭 넓은 형성의 자유가 인정된다 할 것이므로, 농림수산식품부장관 등 관련 국가기관이 국민의 생명·신체의 안전에 영향을 미치는 고시 등의 내용을 결정함에 있어서 이해관계인의 의견을 사전에 충분히 수렴하는 것이 바람직하기는 하지만, 그것이 헌법의 적법절차 원칙상 필수적으로 요구되는 것이라고 할 수는 없다.

한편 이 사건 고시는 입법예고의 대상인 '법령 등'에 해당하지 아니하므로(행정절차법 제 2 조 제 1 호, 제41조 제 1 항 참조) 비록 입안예고를 하였다고 하더라도 법령 등에 관한 입법예고를 거칠 사항으로는 볼 수 없는 점, 행정절차법 제46조에 의한 행정예고의 경우에도 관련 법령에서 일정한 사항에 대한 정책·제도 및 계획을 수립·시행하거나 변경하고자 할 때 특별한 사정이 없는 한 20일 이상 이를 예고하도록 규정하고 있을 뿐 별도로 '재예고' 절차를 두고 있지 않은 점, 나아가 당초의 입안예고와 언론보도 등을 통하여 이 사건 고시의 주요 내용이 널리 알려졌다고 보일 뿐만 아니라 새로이 추가되거나 변경된 사항의 경우 그 경위와 내용 등에 비추어 당초 예고된 사항에 비하여 쇠고기 소비자 등에게 불리하거나 중대한 변경이 발생하였다고 보기 어려우므로 재예고 절차를 반드시 거칠 필요가 없어 보이는 점, 한편 청구인들은 WTO SPS 협정 등을 근거로 이 사건 고시에 대하여 최소 60일 전에 입법예고를 하여야 한다고 하나 위 협정 등에 따른 기간은 위생검역정책 변경 시 회원국들 간에 적용되는 것으로서 이 사건 고시에 이를 적용할 수는 없는 점, 그 밖에 이 사건 고시의 개정 경위와 내용, 그 예고절차의 이행 등으로 제고될 관련 이익과 국가 작용의 효율성 등 제반 상황을 종합하여 보면, 이 사건 고시와 관련하여 청구인들이 주장하는 재예고 절차 등을 거치지 않았다고 하여 그것만으로 법률이 정한 절차를 위반하였거나 이로 인하여 국민의 생명·신체의 안전에 관한 보호의무를 위반한 것으로 보기는 어렵다.

(마) 명확성원칙 위반

이 사건 고시의 경우 미국산 쇠고기 수입과 관련한 수입위생조건을 정한 것으로 앞서 본 바와 같이 쇠고기 수입자를 수범자로 하여 그 성질상 전문적이고 기술적인 사항을 규정할 수밖에 없는 영역에 속해 있는 점, 나아가 앞서 보호의무 위반에 대한 판단 등에서 본 바와 같이 30개월령 이상 쇠고기의 수입 허용 여부 등에 관하여 그 조항들의 의미가 상호 모순된다거나 불명확하다고 보기 어려울 뿐 아니라 이를 보다 명확히 하기 위한 보완조치까지 이루어진 점 등을 종합하여 보면, 이 사건 고시의 명확성 여부에 대하여는 그 수범자를 기준으로 판단하여야 할 것이고, 설령 보호대상자인 쇠고기 소비자를 기준으로 보더라도 이 사건 고시의 의미 내용이 불명확하다고 보기 어렵다 할 것이므로, 이 사건 고시의 내용이 국민의 생명·신체의 안전을 보호하기에 부족할 정도로 불명확하다고 단정할 수 없다.

다. 소 결 론

따라서 이 사건 고시는 청구인들의 헌법상 보장된 기본권을 침해한다 할 수 없다.

[결 론]

그렇다면 청구인 진보신당의 심판청구는 부적법하므로 이를 각하하고, 나머지 청구인들의 심판청구는 이유 없으므로 이를 기각하기로 하여, 재판관 김종대의 기각의견, 재판관 이공현, 재판관 조대현, 재판관 이동흡의 각하의견, 재판관 송두환의 반대의견을 제외한 나머지 관여 재판관 전원의 일치된 의견으로 주문과 같이 결정한다.

[재판관 송두환의 위헌의견]

나는 이 사건 고시가 국민의 생명·신체의 안전에 관한 기본권 보호의무를 위반하였음이 명백하지 아니하다는 다수의견에 찬성하지 아니하므로, 다음과 같이 그 이유를 밝혀 둔다.

가. 기본권 보호의무 위반의 구체적 심사기준

(1) 국가가 어떠한 입법·행정상의 조치를 통하여 국민의 생명·신체의 안전을 유지, 보호하고 그에 대한 침해의 위험을 방지할 것인지는 원칙적으로 국가의 폭 넓은 재량에 맡겨져 있다 할 것이고, 따라서 헌법재판소로서는 원칙적으로 국가가 기본권 보호의무를 위반한 것이 명백한 경우에만 국가의 해당 작위나 부작위의 위헌성을 확인할 수 있다 할 것이다. 우리 헌법재판소는 그 기준을 "과소보호 금지원칙"이라 하여 이를 기본권 보호의무 위반에 관한 심사의 기준으로 삼아 왔다.

그런데 구체적 사안에서 국가의 기본권 보호의무 이행조치가 과소보호 금지원칙에 위반된 것인지 여부를 실제로 판단함에 있어서 그 기준의 엄격 정도는 일률적으로 정할 수 있는 것이 아니고, 문제되는 기본권 보호법익의 종류 및 중요도, 위험의 정도와 내용 등을 종합적으로 비교 형량하여 구체적으로 확정하여야 할 것이다.

(2) 이 사건 사안과 같이 국민의 생명·신체 내지 보건 등 매우 중요한 사항에 관한 것인 경우, 특히 이 사건 고시와 같이 위험성을 내포한 식재료가 대량으로 수입되어 국내에서 제대로 검역되지 못한 채 유통됨으로써 일반 소비자에게 초래될 수 있는 위험의 정도와 내용이 매우 중대하고 심각할 뿐 아니라 이를 돌이키거나 통제하는 것이 불가능한 사안에 있어서는, 단순히 기본권 보호의무 위반이 명백한 경우에만 그 보호조치가 헌법에 위반된다고 보는 것은 국가에게 국민의 기본적 인권을 확인하고 보장할 의무를 부과한 헌법의 기본정신에 부합한다고 보기 어렵고, 제 3 자의 권리나 공익을 침해함이 없이 채택할 수 있는 더 개선된 다른 보호수단이 존재하거나, 보호법익에 대한 위험을 최소화하기 위한 충분한 노력과 시도를 다하였다는 점이 명백하지 아니한 한, 헌법상 충분한 보호조치를 취한 것이라고 판단할 수 없다 할 것이다.

더구나, 국가 보호조치의 수준을 권력분립원칙과 민주주의원칙에 따라 국민에 의해 직접 민주적 정당성을 부여받은 의회가 직접 정하지 않고 이 사건 고시와 같이 하위의 법령에 의하여 보호조치의 수준이 결정되도록 하고 있는 경우에는, 보다 엄격한 기준에 의하여 심사할 필요가 있다 할 것이다.

나. 이 사건 고시의 문제점

(1) 다수의견도 지적하는 바와 같이, 변형 크로이츠펠트야콥병은 소해면상뇌증에 감염된 소에 축적된 변형 프리온 단백질을 섭취한 사람에게 전이되는 것으로, 발병될 경우 거의 100%에 가까운 치사율을 보이는 것으로 알려져 있고, 그에 대한 특별한 예방이나 치료방법이 밝혀지지 않은 현재의 과학기술지식으로서는 소해면상뇌증에 감염된 소에 축적된 변형 프리온 단백질을 차단시키는 조치가 필요한 것으로 확인되고 있다. 그런데 미국에서는 이미 소해면상뇌증과 변형 크로이츠펠트야콥병이 발병한 사실이 객관적으로 확인된 바 있을 뿐 아니라, 지금까지의 과학기술지식에 의하더라도 소해면상뇌증에 감염된 미국산 쇠고기가 수입·유통됨으로써 소해면상뇌증이 확산되거나 변형 크로이츠펠트야콥병으로 전이될 가능성을 배제할 수 없다 할 것이다.

다수의견은 이러한 사실을 전제로 미국산 쇠고기 수입과 관련하여 국민의 생명과 신체 등 기본권적 법익을 보호하여야 할 위험상황에 처해 있다는 점과 그 위험을 방지하기 위하여 국가에게 구체적 보호의무가 있다는 점을 인정하면서도, 미국이 OIE 국제기준에 따라 소해면상뇌증 위험통제국의 지위를 취득한 것과 관련하여 그 자체로써 미국산 쇠고기 수입으로 인한 소해면상뇌증 및 변형 크로이츠펠트야콥병이 발병·전이될 위험성이 실제로 감소된 것으로 본 나머지, 미국산 쇠고기의 수입위생조건 및 검역조건을 종전보다 완화시킨 이 사건 고시가 관련 과학기술 지식과 OIE 국제기준 등에 근거한 보호조치로서 자의적으로 재량권을 행사하였다거나 합리성을 상실하였다고 보기 어렵다고 판단하였다.

(2) 그러나 이와 같이 다수의견이 이 사건 고시의 위험성과 관련하여 중요한 판단기준으로 내세우는 OIE 국제기준은 국제수역사무국에서 세계무역기구 회원국 간에 동물과 동물성 제품의 무역과 관련하여 개발한 표준 내지 기준으로서 단지 권고적 의미만을 가질 뿐이므로, 이에 기초하여 이 사건 고시의 기본권보호의무 위반 여부를 판단할 수는 없다고 할 것이다(회원국의 위생 검역조치가 자의적인 무역제한조치로 악용되는 것을 방지하기 위한 목적으로 체결된 SPS 협정은 각국의 조치가 관련 국제기준에 부합할 것을 요구하면서도, 회원국의 특수성에 기반하여 과학적 정당성 등이 있는 경우에는 회원국이 국제기준 등에 기초한 조치보다 높은 보호수준의 위생 및 검역조치를 도입·유지할 권리를 배제하지 않고 있다. SPS 협정 제 3 조 제 2 항·제 3 항 참조). 다만, 세계무역기구 회원국인 우리나라로서는 소해면상뇌증 등에 대한 위생 및 검역조치와 관련하여 국제무역환경 속에서 OIE 국제기준과 과학기술지식에 터잡아 위생 및 검역조치를 취할 필요가 있다는 측면까지

부정하기는 어려우므로, 개정 전 고시에 비하여 전반적으로 완화된 내용의 수입위생조건을 담고 있는 이 사건 고시의 위험방지조치로서의 합리성 등을 판단함에 있어, 한편으로는 OIE 국제기준 및 과학기술지식 등을 염두에 두면서, 다른 한편 수입위생조건에서 정한 수입허용 범위가 적정한 것인지, 미국에서 수출용 쇠고기에 대한 위생검역조치가 합리적인 것인지, 국내 수입검역장에서의 위생 및 검역조치가 제대로 갖추어져 있는지 여부 등을 종합적으로 확인할 필요가 있을 것이다. 물론 여기에는 미국산 쇠고기를 섭취하는 우리 국민의 식생활 습관과 국내 시장에서의 쇠고기 유통현황 등도 함께 고려되어야 할 것이다.

(3) 이 사건 고시는 개정 전 고시에 비하여 수입허용 범위를 더 넓히면서 검역과 통제는 더 축소하는 등 미국산 쇠고기에 대한 수입위생조건을 완화하여 설정하고 있다.

먼저, 개정 전 고시는 30개월령 미만 소에서 생산된 지육으로부터 뼈를 제거한 골격근육만을 수입하도록 하면서 모든 소의 뇌, 눈, 척수, 머리뼈, 척주, 편도, 회장원위부 및 이들로부터 생산된 단백질 제품을 제외한 반면, 이 사건 고시는 30개월령 이상 소의 경우에도 뇌, 눈, 척수, 머리뼈, 등뼈, 등배신경절, 척주를 제외하고는 수입이 가능한 것으로 규정함으로써 수입허용범위를 지나치게 넓게 설정하고 있다. 비록 이 사건 고시 부칙에서 30개월령 이상 쇠고기에 대해서는 소비자 신뢰 개선 시까지 수입을 일시 유예하면서(제7항), 미국이 '강화된 사료조치'를 공포할 경우에 수입이 허용될 수 있도록 하였으나(제2항), 여기서 말하는 유예조치는 한시적인 것에 불과할 뿐 아니라 '강화된 사료조치'가 무엇인지 불분명하며, 나아가 30개월령 미만의 소의 경우 눈, 머리뼈, 척수에 대해서도 수입업자의 주문만으로 수입이 가능하다는 문제가 있다(부칙 제8항). 특히 이 사건 고시에서 특정위험물질(SRM, 제1조 제9항)을 정함에 있어 막연히 내장 부위 중 회장원위부 정도만을 특정위험물질로 정하고 있는데(기록에 편철된 우리 정부의 2007. 9. 11.자 제2차 전문가회의 자료에 의하면, 위, 창자 등 내장 전체를 수입금지할 것을 제안한 바 있음), 이는 국내 수입검역과정에서 소장 부위 중 특정위험물질인 회장원위부가 제대로 제거됐는지 확인하는 것이 어렵다는 점과 국내에서 소장을 비롯한 소의 내장을 광범위하게 식재료로 사용하고 있다는 점을 제대로 고려하지 아니한 것으로서, 미국산 쇠고기 수입과 관련한 이 사건 고시의 수입위생조건을 정함에 있어 내장 및 뼈 부위를 식재료로 광범위하게 사용하여 온 우리 국민의 식생활 습관을 충분히 고려하지 않았다는 데 문제의 심각성이 있다고 할 것이다.

나아가 수출작업장의 관리·감독권과 관련하여, 개정 전 고시는 수출 쇠고기의 작업장 선정에 대한 한국정부의 현지 점검 및 승인권을 인정함과 아울러(제5조), 수출 쇠고기의 작업장에 대한 현지점검권을 인정하면서 수입위생조건 중 중대한 위반사실을 발견한 때에는 미국 정부에 해당 작업장에서 처리된 쇠고기의 한국수출 중단을 요구할 수 있다고 하였으나(제7조), 이 사건 고시에서는 미국 농업부의 검사 하에 운영되는 미국의 모든 육류작업장에 대하여 수출 쇠고기 또는 쇠고기 제품의 생산자격을 부여하였고(제6조), 수출 작업장에 대한 감독권한을 미국 정부에 부여하였으며(제7조), 한국 정부는 단지 쇠고기 및 쇠고기 제품을 수출하는 육류작업장 중 대표성 있는 표본에 대하여 현지 점검을 실시할 수 있는 정도로 규정함으로써(제8조) 미국 내 수출작업장에 대한 우리 정부의 관여 정도를 개정 전 고시에 비하여 현저하게 약화시켜 놓았다.

또한 수입검역 단계에서도 이 사건 고시는 개정 전 고시와는 달리 수출검역서의 기재사항에서 소해면상뇌증 의심 또는 감염소가 아니라는 확인을 제외시킴으로써 종래 수출국인 미국측의 검역사항으로 되어 있던 것을 상당 부분 수입국인 우리 정부의 검역사항으로 전환시킨 결과가 되었고, 국립수의과학검역원의 지침인 '미국산 쇠고기 검역·검사 지침'에 따르면, 수입된 물량 중 일부에 대한 개봉검사(관능검사) 비율(제22조의 '정상 검사절차 및 비율'을 의미함)이 3% 정도에 불과하여, 우리 정부가 설사 검역 검사 과정 중 식품 안전에 대한 위해를 발견한다고 하더라도 생산단위인 당해 로트를 불합격 조치할 수 있을 뿐 해당 육류작업장에서 생산된 제품은 여전히 수입검역검사를 받을 수 있으며, 동일 제품의 동등 이상 물량 5개 로트에 대한 검사에서 식품 안전 위해가 발견되지 않는다면 여전히 정상 검사절차 및 비율을 적용하여야 한다고 하여(이 사건 고시 제23조), 수입 검역의 내용에 대하여 특별한 제한을 두지 않았던 개정 전 고시(제20조 참조)에 비하여 검역권한 자체를 상당히 축소함으로써 미국산 쇠고기 수입으로 인한 위험방지조치로서 취해진 이 사건 수입위생조건 자체를 유명무실하게 만들 만큼 수입검역조치가 부실화될 우려를 배제할 수 없게 되었다.

(4) 정부가 위와 같이 수입위생조건을 완화하여 설정한 것은 미국에서 OIE 국제기준에 따라 소해면상뇌증의 위험을 통제하고 있다는 전제에 선 것이나, 앞서 보았듯이 OIE 국제기준은 소해면상뇌증으로 인한 위험성 판단 요소 중 하나에 불과하고, 나아가 미국에서의 소해면상뇌증 위험통제에 대하여 볼 때 동물성 단백질 사료를 소 이외에 다른 가축의 사료로 사용함으로써 비롯되는 이른바 교차오염의 위험을 해결하지 못하고 있을 뿐만 아니라(교차위험은 OIE 국제기준에 나와 있지는 않으나, 소해면상뇌증의 위험성을 증대시키는 요인으로 알려져 있음), 2008. 4. 25. 미국 연방 관보에 입법예고된 미국의 사료금지조치(2009. 4. 27. 시행)에 의하더라도 30개월령 미만이나 소해면상뇌증의 감염 의심이 있는 소로부터 유래된 동물성 사료의 사용 금지 여부를 규제하지 않아 여전히 소해면상뇌증 발병 위험성이 상존한다고 볼 수 있는 점 등에 비추어 미국에서 소해면상뇌증에 대한 위험통제가 제대로 이루어진다고 판단할 수는 없을 것이다.

그럼에도 불구하고 우리 정부는 미국에서 소해면상뇌증에 대한 위험통제가 충분히 적정하게 이루어질 것이라고 안이하게 판단하여 개정 전 고시보다 수입허용범위를 더 넓히면서 수출작업장에 대한 통제와 수입검역단계에서의 검역조치를 축소하거나 약화시키는 내용의 이 사건 수입위생조건을 설정한 것이다.

(5) 이 사건 고시는 국민의 생명·신체의 안전에 관한 기본권을 보호하기 위한 조치로서의 성격을 지니는 것이므로, 개정 전의 고시에 비하여 전반적으로 그 보호조치를 완화함에 있어서는 단지 OIE 국제기준만을 고려하는 것을 넘어서, 미국산 쇠고기의 실질적 위험성의 감소 여부에 대한 독자적인 판단과 우리나라의 특수한 사정에 대한 고려를 통하여 그 보호조치가 부족함이 없는지를 보다 세심히 살폈어야 할 것이다.

특히, 내장 및 뼈 부위를 식재료로 광범위하게 사용하여 온 우리나라의 식문화의 특수성은 어느 정도 인정되는 것인 만큼, 정부는 과학적인 지식에 입각한 전문적인 위험성 조사 및 그 결과에 대한 투명한 공개를 통하여 국민의 막연한 우려와 공포심을 합리적인 이성에 입각한 판단으로 전환시킬 수 있는 사전적 절차를 충분히 마련하였어야 할 것이다.

또한, 수입쇠고기의 불투명한 유통과정, 군대·학교 등 대규모 급식의 불충분한 관리 상태, 당초 원산지 표시제가 시행되고 있지 않았던 점 등 법률적·제도적인 측면에서도 이 사건 고시의 제정 무렵에는 소비자의 선택권이 충분히 보장되기 어려운 상황이었다.

이 사건 고시를 발령할 당시 정부가 이러한 사정을 종합적으로 충분히 고려하여 미국산 쇠고기 수입으로 인한 위험방지조치를 취하였다고는 보기 어렵고, 위와 같은 이 사건 고시의 미비점은 엄청난 국민적 저항에 부딪쳐 뒤늦게 일부 보완되기도 하였으나, 그렇다고 하여 이 사건 고시 자체의 미비점이 완전히 치유되었다고는 보기 어렵다.

(6) 위에서 본 바와 같이, 미국이 비록 OIE 국제기준에 따라 소해면상뇌증 위험통제국 지

위를 취득하였다고 하더라도 이 점만으로 미국에서 소해면상뇌증의 위험성이 감소하였다고 평가하기는 어려울 뿐만 아니라, 이 사건 고시에서 정한 수입허용 범위, 수출국 검역장에 대한 조치 및 수입검역단계에서의 조치 등을 종합적으로 볼 때, 이 사건 고시는 미국에서의 소해면상뇌증에 대한 위험통제 상황과 관련 과학기술지식 및 우리 국민의 식생활 습관 등에 대하여 충분히 고려하지 아니한 채 성급하게 이루어진 것이라고 할 것이다.

다. 결 론

이 사건 고시는 미국이 OIE 국제기준상 소해면상뇌증 위험통제국 지위를 얻은 것에 기초하여 특별한 사정변경 없이 개정 전 고시보다 수입위생조건을 완화시킴으로써 미국산 쇠고기에 대한 위험방지조치의 정도를 현저히 낮춘 것으로서, 이를 정당화할만한 특별한 사정변경이나 공익적 필요성을 발견할 수 없는 반면, 미국산 쇠고기의 수입·유통으로 국민의 생명, 신체의 안전 등 기본권적 법익을 해할 위험성이 여전히 남아 있다 할 것이다.

그렇다면, 이 사건 고시는 국가의 기본권 보호의무를 불충분하게 이행한 것이라고 아니할 수 없고, 따라서 이 사건 고시는 국가의 기본권 보호의무에 위배하여 청구인들의 기본권을 침해한다고 봄이 상당하다 할 것이다.

Ⅲ. 大韓民國의 領域

1. 領域의 槪念과 範圍

(1) 영역의 개념 영역(territory, Staatsgebiet, territoire)이란 국가가 국제법상의 제한이 없는 한 원칙적으로 배타적 지배를 할 수 있는 장소적 한계인 공간이다. 이 영역에 대한 국가권력을 영역권 또는 領土高權이라 하는데, 이것은 첫째, 영역 자체를 자유로이 사용·수익·처분할 수 있는 권리와, 둘째, 영역 내에서 자유로이 통치할 수 있는 권리를 포함한다.[1)]

국가의 영역은 일정범위의 육지인 영토, 이 영토에 접속한 일정범위의 수역의 영해, 그리고 이 육지 및 수역의 상공인 영공으로 구성되며, 영토 및 영해의 지하도 국가영역에 포함된다.

(2) 영 토 영토는 토지로써 성립하는 국가영역이다. 영토에 대한 국가의 지배권, 즉 영토고권은 독점적·배타적이며 또 이것은 공권이다. 타국영토와의 한계를 국경이라고 하며, 영토에 대한 국가의 지배권은 국경 내의 토지의 표면과 지하에까지 미친다. 영토의 경계를 국경이라고 하며 조약이나 국제법에 의해서 확정된다.

국가영토의 범위는 이를 성문헌법으로 규정하는 나라도 있고, 미국처럼 이를 규정하지 않는 나라도 있는데, 전자의 경우에는 영역의 변경에 헌법개정이 필요한 것은 물론이다.

---

1) 영역에 관해서는 Kahn, Die deutschen Staatsgrenzen, 2004; Stern, I, §7; Vitzthum, HbStR §18; Schade, Wesen und Umfang des Staatsgebiets, 1936; Berber, Völkerrecht, I, §§45ff; Henrich, Kritik der Gebietstheorien, 1926; Verdross/Simma, Völkerrecht, 634ff; Vitzthum(Hrsg.), Seerecht, 1984; 國際法事例硏究會, 領土. 이한기, 한국의 영토, 서울대 박사논문.

(3) 영해와 접속수역 영해는 그 나라의 주권이 미치는 영역을 말하는 것으로, 영해의 범위에 대하여서는 아직 정설이 없다. 세계각국은 각기 3해리·6해리·12해리 또는 200해리를 주장하고 있다. 영해에 대한 국가권능의 행사는 평시 외국선박에 대하여 인정되는 국제연합해양법상의 무해통항권(right of innocent passage)에 의하여 약간의 제한을 받는다. 무해통항권이란 외국선박이 연안국의 안전, 공공질서 또는 재정적 이익을 해하지 않는 한 자유로이 그 연안을 항행할 수 있는 권리를 말하며, 여기에는 이러한 목적을 위한 연안국의 법령에 복종할 의무가 포함된다.

해양법에 관한 국제연합협약은 배타적 경제수역을 인정하고 있다. 배타적 경제수역에서는 해저의 상류수역, 해저 및 그 하층토의 천연자원의 탐사개발 및 보전관리를 할 수 있다.

또한 수산자원이나 지하자원의 관리를 위한 목적으로 대륙붕(continental shelf)에 대한 연안국의 지배권행사가 인정되고 있다. 대륙붕이라 함은 영해 밖으로 육지영토의 자연적 연장을 통하여 대륙변계의 외연까지, 또는 대륙변계의 외연이 200해리에 미달하는 경우는 영해의 폭을 측정하는 기선으로부터 200해리까지의 해저지역의 해상(sea-bed) 및 하층토(subsoil)를 말한다(U.N. 해양법 협약 제76조).

(4) 영 공 영공은 영토와 영해의 상공을 말한다. 영공의 범위에 관해서는 무한계라는 설도 있으나, 지배가능한 상공에 한정되고 우주권에 대해서는 새로운 법적 규제가 필요할 것이다.

영공의 경우에도 영해에 있어서와 같이 무해항공(항행)권이 인정된다고 할 것이며, 민간외국비행기의 이착륙의 경우에는 사전허가를 요구할 수 있다.

2. 領土의 變更과 法的 效果

(1) 영토의 변경원인 국가의 영토는 불변인 것이 아니고 자연적 조건 내지 사실행위 또는 국제조약에 의해서 변경이 있을 수 있다.[1)]

첫째, 자연적 조건 내지 사실행위에 의한 영토변경으로서는 무주지의 선점, 자연적 영토형성 등의 새 영토의 취득과 화산의 폭발 등에 의해 지역의 일부가 해중에 함몰되는 등의 영토상실이 포함된다. 그러나 이러한 자연적 변경은 극히 드물고 국제조약에 의한 변경이 많다.

둘째, 국제조약에 의한 영토변경에는 영토의 병합과 할양 등을 들 수 있다. 평화시에 있어서는 매매·교환·병합 등에 의하여, 전시에는 정복·점령 등 사실상의 영토취득이 강화조약의 체결로 확정되는 것을 말한다.

(2) 영토변경의 법적 성격 영토변경의 성격에 관하여는 두 가지 학설이 대립하고

1) Habscheid/Rudolf, Territoriale Grenzen der Rechtsetzung, 1973; Geiger, Grundgesetz und Völkerrecht, 3. Aufl. 2002; Hamel, Das Wesen des Staatsgebiets, 1933.

있다. 첫째, 신영토가 취득되면 그 지역에 대한 구 영유국의 통치권이 신 영유국에 승계취득된다고 하는 견해와, 둘째 이 경우에 구 영유국의 통치권이 신 영유국에 승계되는 것이 아니고 신 영유국 그 자체의 통치권의 행사범위가 확대된다고 하는 견해가 있다. 그러나 이 양설은 실제상의 효과나 취급에 있어서는 별 차이가 없다.

결국 영토의 변경은 통치권의 지역적 범위를 변경하는 것을 말하는데, 이를 변경원인에 따라 살펴보면, 첫째, 무주지의 선점 등의 자연적 조건에 의한 영토변경의 경우는 통치권의 원시취득이나 이 경우는 오늘날 드물며, 둘째, 타국영토를 할양받는 경우에는 통치권이 승계취득되고, 특히 국가를 병합하는 경우에는 피병합국의 일체의 권리의무의 포괄적 이전이 있게 되며, 국내법상의 상속과 같은 효과가 발생한다.

(3) 영토변경의 효과 영토변경에 따르는 법상의 효과는 주민의 국적에 대한 것과 그 지역의 법에 대한 것의 두 가지로 고찰할 수 있다.

1) 주민의 국적에 대한 효과 국가병합의 경우에는 피병합국은 국가로서의 존재를 완전히 상실하므로 모든 주민은 당연히 병합국의 국적을 취득하게 된다. 그러나 일부할양의 경우에는 그 주민의 국적은 할양조약에 의하여 결정된다. 일반적인 관례로는 주민에게 일정한 기한을 주어서 국적을 자유로이 선택하도록 하고 있다.

2) 할양지의 법에 대한 효과 할양지의 법은 영토의 변경에 의하여 당연히 효력을 상실하는 것은 아니고, 신법에 의하여 변경될 때까지 계속 효력을 가진다. 다만 이 경우에도 할양지의 종래의 법은 구 영유국의 법으로서 시행되는 것이 아니고 신 영유국의 법으로서 수용되어 시행되는 것이다. 그러나 국가의 근본통치조직에 관한 가장 기본적인 법은 할양과 함께 당연히 변경되어 신 영유국의 통치조직법이 적용된다.

3. 大韓民國의 領域

(1) 헌법의 영토규정과 영역의 범위

1) 영토규정 우리 헌법은 제 3 조에서 「대한민국의 영토는 한반도와 그 부속도서로 한다」라고 규정하고 있을 뿐 영해와 영공에 대하여는 규정이 없다. 그러나 영해와 영공은 영토에 종속적인 것이기 때문에 이를 규정하고 있지 않은 것이라고 할 것이다. 제 3 조의 「한반도와 그 부속도서」는 지리적·역사적 개념이라고 할 것이다.[1] 부속도서에 독도가 포함되어 있음은 공지의 사실이다.[2]

---

1) 헌재는 영토조항에 근거한 권리를, 이를테면 영토권이라 구성하여 이를 헌법소원의 대상인 기본권의 하나로 간주하는 것은 가능하다고 하고 있다(헌재 2001. 3. 21 선고, 99 헌마 139·143·156·160(병합), 헌재판례집 제13권 1집, 676면).

2) 헌재 2008. 11. 27 선고, 2008 헌마 517, 헌재판례집 제20권 2집(하), 509면 이하.

「헌법 제 3 조는 "대한민국의 영토는 한반도와 그 부속도서로 한다"고 규정하여 대한민국의 주권이 미치는 공간적 범위를 명백히 선언하고 있다. 이 같은 영토조항은 우리나라의 공간적인 존립기반을 선언하는 것인바, 영토변경은 우리나라의 공간적인 존립기반에 변동을 가져오고, 또한 국가의 법질서에도 변화

2) 북한지역의 지위 우리 영토는 한반도와 그 부속도서이므로 북한지역도 당연히 대한민국의 영토로 인정할 것인가에 학설의 대립이 있다.

(a) 학 설 학설 중에는 이 헌법 제 3 조의 규정은 비현실적인 것이며 헌법 제 4 조의 규정에 의하여 신법우선의 원칙에 따라 이미 극복된 것으로 북한지역은 사실상 북한의 영토라고 보는 설이 있다.[1] 이에 대하여 북한도 대한민국의 영토의 일부분임을 강조하는 설도 있다.[2]

(b) 판 례 ① 대법원 판례: 「헌법 제 3 조는 "대한민국의 영토는 한반도와 그 부속도서로 한다"고 규정하고 있어 법리상 이 지역에서는 대한민국의 주권과 부딪치는 어떠한 국가단체도 인정할 수가 없는 것이므로 비록 북한이 국제사회에서 하나의 주권국가로 존속하고 있고, 우리 정부가 북한 당국자의 명칭을 쓰면서 정상회담 등을 제의하였다 하여 북한이 대한민국의 영토고권을 침해하는 반국가단체가 아니라고 단정할 수 없다」고 한다.[3]

② 헌재결정: 우리 헌법이 "대한민국의 영토는 한반도와 그 부속도서 한다"는 영토조항(제 3 조)을 두고 있는 이상 대한민국의 헌법은 북한지역을 포함한 한반도 전체에 그 효력이 미치고 따라서 북한지역은 당연히 대한민국의 영토가 되므로 북한을 법 소정의 "외국"으로 북한의 주민 또는 법인 등을 "비거주자"로 바로 인정하기는 어렵지만 개별 법률의 적용 내지 준용에 있어서는 남북한의 특수관계적 성격을 고려하여 북한지역을 외국에 준하는 지역으로 북한주민 등을 외국인에 준하는 지위에 있는 자로 규정할 수 있다고 할 것이다(대법원 2004. 11. 12 선고, 2004 도 4044 판결 참조).[4]

(c) 私 見 대한민국의 통치권은 현재는 휴전선 남방에서만 실효적으로 행사되고 있고 그 북방에는 미치지 못하고 있으나, 헌법 제 3 조는 그럼에도 불구하고 대한민국의 헌법과 법률이 북방지역에도 적용된다는 것을 규정한 것이라고 보아야 할 것이다. 헌법 제 3 조는 우리 국법의 적용의 장소적인 범위와 한계를 규정한 것 뿐 아니라 다음과

를 가져옴으로써, 필연적으로 국민의 주관적 기본권에도 영향을 미치지 않을 수 없다. 이러한 관점에서 살펴본다면, 국민의 개별적 기본권이 아니라 할지라도 기본권 보장의 실질화를 위하여서는, 영토조항만을 근거로 하여 독자적으로는 헌법소원을 청구할 수 없다 할지라도, 모든 국가권능의 정당성의 근원인 국민의 기본권 침해에 대한 권리구제를 위하여 그 전제조건으로서 영토에 관한 권리를, 이를테면 영토권이라 구성하여 이를 헌법소원의 대상인 기본권의 하나로 간주하는 것은 가능하다(헌재 2001. 3. 21. 99 헌마 139, 헌재판례집 13-1, 676, 677 참조). 그러나 이 사건 기념사업 추진행위에는 독도 영유권 포기와 관련된 사업내용이 전혀 포함되어 있지 않을 뿐만 아니라, 오히려 영토 주권 이론교육 및 독도탐방 훈련교육을 목적으로 하는 '영토사랑 청소년 독도캠프' 및 '독도 아카데미' 등이 사업내용에 포함되어 있는바, 이 사건 기념사업 추진행위에 의하여 청구인들이 주장하는 영토권이라는 기본권 침해가능성은 존재하지 않는다고 보아야 할 것이다」.

1) 권영성, 전게서, 122 면.

2) 계희열, 전게서, 163 면.

3) 대판 1990. 9. 25, 90 도 1451, 공보 1990, 2224. 따라서 판례는 저작권법의 효력이 북한지역에도 미친다고 본다(대판 1990. 9. 28, 89 누 6396, 공보 1990, 2187 참조). 대판 1961. 9. 28, 4292 행상 48.

4) 헌재 2005. 6. 30 선고, 2003 헌바 114, 헌재판례집 제17권 1집, 879면 이하(891·892면).

同旨: 헌재 2006. 7. 27 선고, 2004 헌바 68, 헌재판례집 제18권 2집, 80면 이하(92·93면). 「이 사건 법률조항들과 남북교류협력에 관한 법률과의 상호관계 등을 종합하여 보면 청구인의 주장취지는 결국 당해 사건에서 북한 문화재가 단순경유지가 아닌 제 3 국으로부터 남한지역에 도착한 경우에도 이를 관세법상의 수입에 해당하는 것으로 보아 이 사건 법률조항들을 적용할 것인가의 문제, 즉 순수한 법률의 해석과 적용에 관한 문제로서 원칙적으로 헌법재판소의 심판대상이라고 할 수 없고(헌재 1992. 6. 26. 90 헌마 73, 헌재판례집 4, 429, 433; 헌재 2003. 2. 27. 2002 헌바 4, 헌재판례집 15-1, 205, 213 등 참조) 또한 헌법 제 3 조의 영토조항과도 관련이 없다고 할 것이다(헌재 2005. 6. 30. 2003 헌바 114, 헌재판례집 17-1, 879, 893 참조)」.

같은 의미도 내포하고 있다. 즉 대한민국이 한반도의 유일한 합법정부이고, 대한민국의 영역은 구한말시대의 국가영역 위에 입각한 것이며, 휴전선의 북방지역은 이른바 인민공화국이 불법적으로 점령한 미수복지역이라는 것을 선언하고 있는 것이다.[1] 따라서 헌법 제 3 조는 북한의 지배체제를 찬양·지지하는 행위를 처벌하는 국가보안법의 근거가 되고 있다. 또 통일부장관의 허가 없는 북한지역에의 여행에는 탈출죄를 적용하고 있다.[2] 이 지위에서 국민의 영토권이라는 기본권을 도출하려는 노력도 보인다.[3]

(2) 영해와 접속수역 등

1) 영 해 헌법은 영해에 대하여 규정하지 않았으나 우리나라에서는 법률로써 영해의 범위를 12해리로 규정하고 있다(영해및접속수역법 제 1 조, 법률 3037호 1977. 12. 31). 동법시행령은 대한해협에 대하여는 국제해협이란 특성과 일본측의 대응조치를 고려하여 3해리를 잠정적으로 적용하고 있다.

2) 접속수역 접속수역은 24해리까지에 이르는 수역에서 대한민국의 영해를 제외한 수역으로 한다(법 제 3 조의 2). 관계당국은 이 접속수역에서 대한민국의 법규를 위반하는 행위를 방지하거나 제재할 수 있다(법 제 6 조의 2). 국제조약은 접속수역은 12해리를 초과할 수 없다고 하고 있다(영해및접속수역에관한협약, 제네바협약).[4]

대한민국의 접속수역에서 관계당국은 법령이 정하는 바에 따라 그 직무권한을 행사할 수 있다.

정부는 한일 간에 어업협정을 체결하였는바 이는 영토권침해라는 이유로 헌법소원이 제기되었으나 헌재는 이를 기각하였다.[5]

---

1) 헌재는 헌법 제 3 조의 영토조항에도 불구하고 북한의 대학은 한국의 대학이 아니라고 한다.
「의료법 제 5 조는 의료면허의 취득에 관하여 국내대학졸업자와 외국대학졸업자를 구별하여 그 요건을 달리 정하고 있는데, 북한의 의과대학이 헌법 제 3 조의 영토조항에 불구하고 국내대학으로 인정될 수 없고, 그렇다고 외국의 대학에도 해당하지 아니하므로, 탈북의료인의 국내면허취득에 관하여 명확한 입법이 없는 상태이다」(헌재 2006. 11. 30 선고, 2006 헌마 679, 헌재판례집 제18권 2집, 549면 이하).

2) 대판 1997. 11. 20, 97 도 202.
「형사법에 있어서 일반적으로 신분범의 경우를 제외하고는 행위의 주체에 따라 행위의 구성요건해당성이 달라지는 것은 아니므로, 국가보안법 제 6 조 제 2 항의 법문에 그 행위주체가 내국인으로 제한되어 있지 아니한 이상, 외국인이라고 하더라도 그가 자의로 대한민국의 통치권이 실지로 행사되는 지역으로부터 벗어나는 행위와 제 3 국에서 거주하다가 반국가단체의 지배하에 있는 지역으로 들어가는 행위는 외국인의 국외범 해당여부의 문제는 별론으로 하고 모두 위 법조항에 정한 「탈출」행위에는 해당한다고 할 것이다」.

3) 헌재 2001. 3. 21 선고, 99 헌마 139, 헌재판례집 제13권 1 집, 676면 이하.
「국민의 개별적 기본권이라 할지라도 기본권 조항의 실질화를 위하여서는, 영토조항만을 근거로 하여 독자적으로 헌법소원을 청구할 수 없다고 판단해 왔다. 그러나 모든 국가권능의 정당성의 근원인 국민의 기본권 침해에 대한 권리구제를 위하여 그 전제조건으로서 영토에 관한 권리를, 이를테면 영토권이라 구성하여, 이를 헌법소원의 대상인 기본권의 하나로 간주하는 것은 가능한 것으로 판단된다」.

4) 영해와 접속수역 등에 대해서는 해양법관계문헌 참조. Debrück(Hrsg.), Das Neue Seerecht, 1984; Platzöder/Vitzthum(Hrsg.), Seerecht, 1984; 林久茂/山手治之/香西茂(共編), 海洋法の新秩序; 山本草二, 海洋法; 桑原輝路, 海洋國際法; 栗林忠男, 注解 國連海洋法條約(上)(下) 등 참조.

5) 「이 사건 협정과 영해와의 관계를 살펴보면, 해양법협약에서는 배타적 경제수역을 영해 밖에 인접한 수역으로서 영해기선으로부터 200해리를 넘을 수 없도록 규정하고 있고(제55 · 57조 참조), 이에 따라서 한

3) 배타적 경제수역 배타적 경제수역법과 국제조약(영해및접속수역에관한협약, 제네바협약)과 국제관습에 의존하고 있다. 배타적 경제수역은 200해리로 되어 있다(법 제 2 조). 배타적 경제수역에서는 광물체취 등 경제활동을 할 수 있다.

4) 대 륙 붕 헌재는 한일어업협정이 대한민국과 일본국 간의 양국에 인접한 대륙붕 남북구의 공동개발에 관한 협정이 우리의 대륙붕을 침해하였느냐에 대해서도 소극적으로 결정하고 있다.[1]

4. 大韓民國의 領土와 平和的 共存을 위한 特例法

(1) 헌법의 평화통일조항 헌법은 평화통일조항을 두고 있다. 전문과 제 4 조는 자유민주적 기본질서에 입각한 통일정책의 추구를 규정하고 있다. 영토조항에 따르면 북한과의 통일은 흡수통일이어야 하나[2] 북이 북한지역을 사실상 점거하고 있는 현실에서 평화적 통일을 위해서는 법률상 특례를 규정하는 것이 필요하다.

(2) 분단국가의 영토조항과 통일

1) 독일기본법과 통일 독일통일 전의 서독기본법은 그 전문에서 독일국민의 통일을 위한 노력을 규정하고 기본법의 효력범위는 11개 Land에 국한되어 있음을 선언하는 한편, 제146조에서 통일헌법의 제정과 함께 실효함을 규정하고 있었다. 따라서 서독기본법

일 양국의 국내법에서도 동일한 취지의 규정을 두고 있다(우리나라의 배타적 경제수역법 제 2 조 제 1 항 및 일본의 배타적 경제수역및대륙붕에관한법률 제 1 조 제 2 항 참조). 따라서 이 사건 협정은 배타적 경제수역을 직접 규정한 것이 아닐 뿐만 아니라 배타적 경제수역이 설정된다 하더라도 영해를 제외한 수역을 의미하며, 이러한 점들은 이 사건 협정에서의 이른바 중간수역에 대해서도 동일하다고 할 것이므로 독도가 중간수역에 속해 있다 할지라도 독도의 영유권문제나 영해문제와는 직접적인 관련을 가지지 아니한 것임은 명백하다 할 것이다」(헌재 2001. 3. 21 선고, 99 헌마 139·142·156·160(병합), 헌재판례집 제13권 1집, 676면 이하(708~711면)).

同旨: 이 사건 협정이 영해 및 배타적 경제수역에 대한 국민의 주권과 영토권을 침해하고, 독도를 한일 중간수역에 포함시킨 것이 우리나라 영토의 일부인 독도의 영유권을 포기한 것이기 때문에 헌법상 보장된 영토에 관한 권리를 침해한 것인지의 여부를 살펴보기로 한다. 먼저, 이 사건 협정과 배타적 경제수역과의 관계를 살펴보면, 이 사건 협정의 명칭과 본문 및 부속서의 각 조항의 내용으로부터 알 수 있듯이 이 사건 협정은 '어업에 관한' 협정이라는 점이다. 따라서 배타적 경제수역의 경계획정문제와는 직접적인 관련을 가지지 아니하며, 이 점은 부속서 I 제 1 항이 "양 체약국은 배타적 경제수역의 조속한 경계획정을 위하여 성의를 가지고 계속 교섭한다"고 규정하고 있는 점으로부터도 확인할 수 있다(헌재 2009. 2. 26 선고, 2007 헌바 35, 헌재공보 제149호, 115면 이하).

1) 「협정과 대륙붕문제와의 관계를 살펴보면, 제주도 남부의 대륙붕개발에 관한 "대한민국과 일본국간의 양국에 인접한 대륙붕 남부구역 공동개발에 관한 협정"(이하 "남부대륙붕협정"이라 한다)은, 제주도 남부구역에서의 석유자원 탐사와 채취를 위한 공동개발을 목적으로 한 것으로, 이러한 목적 이외의 "본 협정의 어느 규정도 공동개발구역의 전부나 어느 부분에 대한 주권적 권리의 문제를 결정하는 것으로 볼 수 없으며, 대륙붕 경계확정에 관한 각 당사국의 입장을 침해하는 것으로 볼 수 없다"(동 협정 제28조 참조)는 규정에서 알 수 있듯이 남부대륙붕협정과 이 사건 협정은 그 목적과 적용대상에서 전혀 별개의 것으로서, 이러한 점을 무시한 채 양자를 동일 선상에서 비교하는 청구인의 주장은 타당하다 할 수 없다」(헌재 2001. 3. 21 선고, 99 헌마 139·142·156·160(병합), 헌재판례집 제13권 1집, 676면).

2) 헌법 제 3 조와 제 4 조의 관계에 대하여는 여러 가지 학설이 대립되고 있다. 3조 우선설과 4조 우선설, 절충설 등이 있다.

은 서독영역 내에서만 효력을 가졌다. 統獨時에 신헌법을 제정할 것이냐가 논의되었으나 기본법의 효력범위를 동독영역에 확장하기로 하여 동독에 5개 Land를 부활시켜 독일기본법의 효력범위를 16개의 Land에 확장함으로써 통일을 달성하였다.[1)]

2) 한국헌법과 영토통일 그러나 우리나라의 헌법은 한반도 전역에 효력을 가지고 있다는 것을 영토조항에서 규정하고 있다. 대한민국의 통치권은 현재는 휴전선 남방에서만 실효적으로 시행되고 있고 그 북방에는 미치지 못하고 있으나, 헌법 제3조는 그럼에도 불구하고 대한민국의 헌법과 법률이 북방지역에도 적용되는 것을 규정한 것이다. 따라서 헌법 제3조는 국가보안법의 근거가 되고 있다.

3) 영토보전을 위한 법률 영토의 보전·참절을 막기 위하여는 형법이 내란·외환죄를 규정하고 있으며, 특별법으로 국가보안법을 제정하고 있다. 이 국가보안법에 대해서 위헌설과 합헌설이 대립되고 있다.

(a) 위헌설(소수설) 변정수 재판관은 국가보안법의 모든 규정들은 헌법의 평화통일이념에 저촉되는 위헌법률이라고 주장하고 있다(소수의견).「헌법은 그 전문에서 "평화적 통일의 사명에 입각하여 정의·인도와 동포애로써 민족의 단결을 공고히 하고"라고 하였고, 제4조에서 "대한민국은 통일을 지향하며, 자유민주적 기본질서에 입각한 평화적 통일정책을 수립하고 이를 추진한다"라고 하여 평화통일을 헌법이념의 하나로 선언하고 있다. …그런데 국가보안법은 처벌규정의 핵심근거로서 "반국가단체"라는 개념을 설정하고 있으며, 그 동안의 국가보안법 운영실정에서 볼 때 북한이 으뜸가는 반국가단체에 해당되는 것은 분명한 사실이다. 따라서 북한을 반국가단체로 규정지음으로써 북한을 정부를 참칭하거나 국가를 변란할 것을 목적으로 하는 범죄단체임을 전제로 하는 국가보안법의 여러 규정은 헌법의 평화통일조항과 상충된다」.[2)]

(b) 합헌설(다수설) ① 대법원은 국가보안법의 합헌성을 인정하고 있다.「우리 헌법 전문과 제4조, 제5조에서 천명한 국제평화주의와 평화통일의 원칙은 자유민주적 기본질서라는 우리 헌법의 대전제를 해치지 않는 것을 전제로 하므로 북한이 막강한 군사력으로 우리와 대치하면서 우리 사회의 자유민주적 기본체제를 전복할 것을 포기하였다는 명백한 징후를 보이지 않고 있어 우리의 자유민주적 기본질서에 대한 위협이 되고 있음이 분명한 상황에 국가의 안전을 위태롭게 하는 반국가활동을 규제함으로써 국가의 안전과 국민의 생존 및 자유를 확보함을 목적으로 하는 국가보안법이 평화통일의 원칙과 모순되는 법률이라고 할 수 없다」.[3)]

---

1) 상세한 것은 김철수, 한국헌법과 통일헌법제정문제, 헌법논총 제3집(1992), 121~168면; 김철수, 법과 정치(1995); 김철수, 동독헌법과 統獨憲法, 미국헌법연구 제8호(1997), 461~514면; 김철수, 독일통일의 정치와 헌법 2004 참조.

2) 헌재 1990.4.2 선고, 89 헌가 113, 헌재판례집 제2권, 47(71)면. 同旨: 헌재 1990.6.25 선고, 90 헌가 11, 헌재판례집 제2권, 165면; 헌재 1992.4.14 선고, 90 헌바 23, 헌재판례집 제4권, 162면. 국가보안법은 헌재의 결정이 있은 후 개정(1991.5.31.)되었으나 1995.1.17에「개정 국가보안법 제7조 1항의 "국가의 존립·안전이나 자유민주적 기본질서를 위태롭게 한다는 정을 알면서"라는 부분은 주관적이고 모호한 표현으로 해석기관의 자의에 따라 해석이 다를 수 있다」는 이유로 동법 제7조 1·3·5항에 대한 위헌여부심판이 부산지방법원에 의해 제청되었다. 그러나 헌법재판소는 이를 합헌으로 결정하였다.

3) 대판 1993.9.28, 93 도 1730, 공보 1993, 3008면.

「우리 헌법이 전문과 제4조, 제5조에서 천명한 국제평화주의와 평화통일의 원칙은 자유민주주의적 기본질서라는 우리 헌법의 대전제를 해치지 않는 것을 전제로 하는 것이므로, 아직도 북한이 우리의 자유민

② 헌재도 국가보안법의 합헌성을 인정하고 있다.[1] 「국가의 존립·안전과 국민의 생존 및 자유를 수호하기 위하여 국가보안법의 해석·적용상 북한을 반국가단체로 보고 이에 동조하는 반국가활동을 규제하는 것 자체가 헌법이 규정하는 국제평화주의나 평화통일의 원칙에 위반된다고 할 수 없다」.

(3) 평화적 공존을 위한 법률 헌법은 영토조항을 한반도와 부속도서로 하고 있으나 평화적 공존과 통일을 위하여 법률로 약간의 특례를 두고 있다. 예를 들면 남북교류협력에관한법률(일부개정 2005.5.31)과 남북관계발전에관한법률(2005.12.29 제정 법률 제7763호)이 있다.

헌법의 영토조항에 특례를 규정한 이 법률들이 합헌인가 아닌가에 대해서는 많은 논란이 있고 판례도 축적되어 있다.[2]

1) 북한지역과의 왕래에 관한 법률 정부는 북한영토를 반국가단체에 의한 참절지역으로 보면서도 북한영토에 대한 출입국에 관하여 규정하고 있다.

(a) 남북기본합의서의 법적 성격 정부는 7·4성명 이후 북한정책에 변화를 보이고 있다. 대한민국은 헌법을 개정하지 않고 1991년 북한과 UN동시가입을 단행하였고, 「남북사이의화해와불가침및교류협력에관한합의서」를 체결하여 북한을 사실상의 정부로 인정하고 있다.

(b) 판 례 헌재는 남북기본합의서를 합헌이라고 보고 그 성격은 법률이나 국내법

주적 기본질서에 위협이 되고 있음이 분명한 상황에서, 국가의 안전을 위태롭게 하는 반국가활동을 규제함으로써 국가의 안전과 국민의 생존 및 자유를 확보함을 목적으로 하는 국가보안법이 헌법에 위배되는 법률이라고 할 수 없고, 국가보안법의 규정을 그 법률의 목적에 비추어 합리적으로 해석하는 한 국가보안법 소정의 각 범죄구성요건의 개념이 애매모호하고 광범위하여 죄형법정주의의 본질적 내용을 침해하는 것이라고 볼 수 없다」(대판 1997.7.25, 97 도 1386, 공보 1997 하, 2775면). 同旨: 대판 1997.5.16, 96 도 2696, 공보 1997 상, 1802면; 대판 1999.12.28 선고, 99 도 4027 참조.

1) 헌재 1996.10.4 선고, 95 헌가 2, 헌재판례집 제8권 2집, 292~296면; 헌재 1997.1.16 선고, 92 헌바 6·26, 93 헌바 34·35·36(병합), 헌재판례집 제9권 1집, 1면 이하. 同旨: 헌재 1997.1.16 선고, 89 헌마 240, 헌재판례집 제9권 1집, 45면 이하; 헌재 2004.8.26 선고, 2003 헌바 85·102(병합), 헌재판례집 제16권 2집(상), 297면 이하.

「구법과 달리 현행 국가보안법 제7조 제1항에는 "국가의 존립·안전이나 자유민주적 기본질서를 위태롭게 한다는 정을 알면서"라는 주관적 구성요건이 추가되었는바, 그 중 "자유민주적기본질서 및 위태롭게 한다는 정을 알면서"라는 부분은 헌법재판소의 기존결정의 판시요지에 따라 이를 합법적·합리적으로 해석한다면 개념의 불명확성은 제거될 수 있다」.

2) 헌재 2006.7.27 선고, 2004 헌바 68, 헌재판례집 제18권 2집, 80면 이하.

[헌법 제3조 위반 여부에 대한 판단]

청구인은 이 사건 법률조항들에 북한 물품을 포함하는 것은 헌법 제3조에 위반된다고 주장한다. 하지만 위에서 살펴 본 바와 같이 이 사건 법률조항들이 예정하고 있는 수입의 개념은 제조국이나 가공국을 불문하고 '외국으로부터 우리나라에 도착된 물품'을 인취하는 것으로 법률상 명확히 규정되고 있다.

남한과 북한과의 왕래·접촉·교역·협력사업 및 통신역무의 제공 등 남북교류와 협력을 목적으로 하는 행위에 관하여서는 남북교류협력에 관한 법률이 다른 법률에 우선하여 적용되고(남북 교류 협력에 관한 법률 제3조) 남한과 북한 간의 투자, 물품의 반출·반입 기타 경제에 관한 협력사업 및 이에 수반되는 거래에 대하여는 대통령령이 정하는 바에 의하여 관세법 등이 준용되며(남북교류협력에 관한 법률 제26조 제3항 제10호) 물품의 반입·반출에 따른 관세의 부과·징수·감면 및 환급 등에 관한 규정을 제외한 관세법의 규정이 준용된다(남북교류협력에 관한 법률시행령 제50조 제3항 제1호). 즉, 남한과 북한의 교역당사자 사이에 교역 등의 행위를 하는 경우에는 남북교류협력에 관한 법률이 우선 적용되고, 필요한 범위 내에서 관세법 등이 준용된다.

그 결과 당해 사건과 같이 단순경유지가 아닌, 북한 이외의 제3국에서 남한으로 물품이 도착된 경우에는 남북교류협력에 관한 법률이 적용될 여지가 없고 관세법 등의 적용만이 문제되는 것이다.

과 동일한 효력을 가지는 조약이나 이에 준하는 것이 아니고, 일종의 공동성명 또는 신사협정에 준하는 성격을 가지는 것에 불과하다고 판시하고 있다.[1)]

「소위 남북합의서는 남북관계를 "나라와 나라 사이의 관계가 아닌 통일을 지향하는 과정에서 잠정적으로 형성되는 특수관계"(전문 참조)임을 전제로 하여 이루어진 합의문서인바, 이는 한민족공동체 내부의 특수관계를 바탕으로 한 당국간의 합의로서 남북당국의 성의 있는 이행을 상호 약속하는 일종의 공동성명 또는 신사협정에 준하는 성격을 가짐에 불과하다.[2)]

이 합의서에서는 제 5 조에서 「평화상태가 이룩될 때까지 현 군사정전협정을 준수한다」고 하고 있고, 제 3 장에서 남북교류·협력을 규정하며 이산가족의 상호왕래와 서신교류 등을 규정했었다. 이 기본합의서에 대한 명백한 파기선언은 없었으나 거의 지켜지고 있지 않아 그 효력이 계속되는지 의문이다.

2) 기타 법률 법률로는 남북교류협력에관한법률과 남북관계발전에관한법률이 있다. 여기에 대해서는 후술한다.

(4) 남북정상 합의서 한국 대통령과 북측 국방위원장은 남북정상회담의 결과로서 6·15 공동선언과 2007.10·4 합의서에 서명하였다. 이 합의들의 합헌성 여부가 논란되고 있다. 이는 일종의 신사협정이라고 보아야 할 것이다.

[判] 領土에 관한 重要 判例

1. 大韓民國의 領土[3)]

헌법 제 3 조는 "대한민국의 영토는 한반도와 그 부속도서로 한다"고 규정하여 대한민국의 주권이 미치는 공간적 범위를 명백히 선언하고 있다. 이 같은 영토조항은 우리나라의 공간적인 존립기반을 선언하는 것인바, 영토변경은 우리나라의 공간적인 존립기반에 변동을 가져오고, 또한 국가의 법질서에도 변화를 가져옴으로써, 필연적으로 국민의 주관적 기본권에도 영향을 미치지 않을 수 없다. 이러한 관점에서 살펴본다면, 국민의 개별적 기본권이 아니라 할지라도 기본권 보장의 실질화를 위하여서는, 영토조항만을 근거로 하여 독자적으로는 헌법소원을 청구할 수 없다 할지라도, 모든 국가권능의 정당성의 근원인 국민의 기본권 침해에 대한 권리구제를 위하여 그 전제조건으로서 영토에 관한 권리를, 이를테면 영토권이라 구성하여 이를 헌법소원의 대상인 기본권의 하나로 간주하는 것은 가능하다(헌재 2001.3.21. 99 헌마 139, 헌재판례집 13-1, 676, 677 참조).

그러나 이 사건 기념사업 추진행위에는 독도 영유권 포기와 관련된 사업내용이 전혀 포함되어 있지 않을 뿐만 아니라, 오히려 영토 주권 이론교육 및 독도탐방 훈련교육을 목적으로 하는 '영토사랑 청소년 독도캠프' 및 '독도 아카데미' 등이 사업내용에 포함되어 있는바, 이 사건 기념사업 추진행위에 의하여 청구인들이 주장하는 영토권이라는 기본권 침해가능성은 존재하지 않는다고 보아야 할 것이다.

---

1) 헌재 2000.7.20 선고, 98 헌바 63, 남북교류협력에관한법률 제 9 조 제 3 항 위헌소원, 헌재판례집 제12권 2집, 52면 이하.
2) 헌재 2000.7.20 선고, 98 헌바 63, 헌재판례집 제12권 2집, 52면 이하.
3) 헌재 2008.11.27 선고, 2008 헌마 517, 대한민국건국60년기념사업위원회의 설치 및 운영에 관한 규정 위헌확인, 헌재판례집 제20권 2집(하), 509면 이하.

2. 韓日漁業協定과 領土條項[1)]

[판 단]

가. 이 사건 협정이 조약의 비준에 있어서의 국회동의절차를 위반하였는지 여부

청구인 등은, 이 사건 협정이 국회의 적법한 비준동의절차를 거치지 않아 헌법에 위반된다고 주장하므로, 과연 이 사건 협정에 대한 국회의 비준동의에 있어서 헌법상 절차, 즉 헌법 제49조를 위반하였는지에 대하여 살핀다.

우리 재판소는 이 사건 협정에 관한 국회의장과 국회의원 간의 권한쟁의사건(헌재 2000. 2. 24, 99 헌라 2 참조)과 이 사건 협정에 대한 비준 등 위헌확인사건(헌재 2001. 3. 21. 99 헌마 139 · 142 · 156 · 169(병합), 헌재판례집 13-1, 676)에서 이 사건 협정안에 대한 국회의장의 가결·선포행위 및 비준동의 의결절차 시 헌법 제49조를 위반하였다고 인정할 증거가 없다는 이유로 위 각 심판청구를 기각하였는바, 이 사건 심판청구에 있어서 위와 같은 결정들과 달리 판단하여야 할 사정변경이나 합리적인 이유가 없으므로, 청구인 등의 위 주장은 이유 없다.

나. 이 사건 협정조항이 헌법상 영토조항 등을 위반하였는지 여부

우리 재판소는 앞에서 본 99 헌마 139 등 사건에서, 이 사건 협정으로 인하여 독도의 영해와 배타적 경제수역에 대한 영토권이 침해되었다거나, 헌법상 보장된 청구인들의 행복추구권, 직업선택의 자유, 재산권, 평등권, 보건권 등이 침해되었다고 볼 수 없다고 판시하였다.

위 선례는, 이 사건 협정조항이 헌법상 영토조항에 위배되고 청구인 등의 직업선택의 자유 등을 침해하였다고 주장되는 이 사건과 그 심판의 대상과 범위가 다르지 않고, 나아가 그러한 결정과 달리 판단해야 할 사정변경이나 합리적 이유가 없으므로, 이하에서는 청구인 등의 위 주장을 받아들이지 않는 이유로서 선례의 판단 요지를 원용하기로 한다.

(1) 영토권 침해 여부

이 사건 협정이 영해 및 배타적 경제수역에 대한 국민의 주권과 영토권을 침해하고, 독도를 한일 중간수역에 포함시킨 것이 우리나라 영토의 일부인 독도의 영유권을 포기한 것이기 때문에 헌법상 보장된 영토에 관한 권리를 침해한 것인지의 여부를 살펴보기로 한다.

먼저, 이 사건 협정과 배타적 경제수역과의 관계를 살펴보면, 이 사건 협정의 명칭과 본문 및 부속서의 각 조항의 내용으로부터 알 수 있듯이 이 사건 협정은 '어업에 관한' 협정이라는 점이다. 따라서 배타적 경제수역의 경계획정문제와는 직접적인 관련을 가지지 아니하며, 이 점은 부속서 I 제 1 항이 "양 체약국은 배타적 경제수역의 조속한 경계획정을 위하여 성의를 가지고 계속 교섭한다"고 규정하고 있는 점으로부터도 확인할 수 있다.

또한, 이 사건 협정이 채택하는 배타적 경제수역으로 간주되는 수역과 이른바 중간수역과의 구별은, 전자가 연안국에 인접해 있고 200해리 배타적 경제수역을 채택한다 하더라도 한일 양국 간에 문제가 발생할 여지가 없는 수역을 정하여, 그 수역에서는 연안국이 어업에 관한 주권적 권리를 행사하는 배타적 경제수역으로 간주한다는 것이며(제 7 조 제 1 항 참조), 후자는 한일 양국의 200해리 배타적 경제수역의 외측 한계선이 서로 중첩되거나 200해리 측정을 위한 영해기선을 정하는 것이 용이하지 아니해서 일정한 수역을 정하여 일단 어업에 관해서는 양국의 국민과 어선들이 그곳에서 조업가능하도록 타방 체약국의 국민 및 어선에 대하여 어업에 관한 자국의 관계법령을 적용하지 아니하도록 한 것이다(부속서 I 제 2 항 가호 참조). 이러한 중간수역은 동해와 제주도 남부 동중국해 일대의 2개소에 걸쳐 존재한다(제 9 조 참조). 이들 중간수역은 한일 양

1) 헌재 2009. 2. 26 선고, 2007 헌바 35, 헌재공보 제149호, 115면 이하.

국이 배타적 경제수역에 관한 합의가 없으면 각기 채택하도록 되어 있는 각자의 중간선보다 양국이 각각 자국 측 배타적 경제수역 쪽으로 서로 양보하여 설정한 것으로서 중간수역의 설정에 있어서 어느 일국의 일방적인 양보로는 보이지 않고, 또한 상호간에 현저히 균형을 잃은 설정으로는 보이지 않는다(우리나라의 배타적 경제수역법 제 5 조 제 2 항 및 일본의 배타적 경제수역 및 대륙붕에 관한 법률 제 1 조 제 2 항 참조).

다음으로, 이 사건 협정과 영해와의 관계를 살펴보면, 해양법협약에서는 배타적 경제수역을 영해 밖에 인접한 수역으로서 영해기선으로부터 200해리를 넘을 수 없도록 규정하고 있고(제55·57조 참조), 이에 따라서 한일 양국의 국내법에서도 동일한 취지의 규정을 두고 있다(우리나라의 배타적 경제수역법 제 2 조 제 1 항 및 일본의 배타적 경제수역 및 대륙붕에 관한 법률 제 1 조 제 2 항 참조). 따라서 이 사건 협정은 배타적 경제수역을 직접 규정한 것이 아닐 뿐만 아니라 배타적 경제수역이 설정된다 하더라도 영해를 제외한 수역을 의미하며, 이러한 점들은 이 사건 협정에서의 이른바 중간수역에 대해서도 동일하다고 할 것이므로 독도가 중간수역에 속해 있다 할지라도 독도의 영유권문제나 영해문제와는 직접적인 관련을 가지지 아니한 것임은 명백하다 할 것이다.

이상에서 살펴본 바와 같이, 이 사건 협정으로 인하여 독도의 영해와 배타적 경제수역에 대한 영토권이 침해되었다는 청구인들의 주장은 이유 없다 할 것이다.

[재판관 조대현, 재판관 김종대의 반대의견]

이 사건의 쟁점은 이 사건 신한일어업협정을 체결하면서 독도가 대한민국의 영토임에도 불구하고 그 영토로서의 지위와 성격을 인정하지 아니한 채 독도와 그 인근수역을 대한민국과 일본국의 공동어업구역 내에 들어가도록 정한 것이 헌법 제 3 조에 위반되는지 여부인바, 우리는 이 협정이 헌법 제 3 조 영토조항을 위반하여 위헌이라고 판단하므로 아래와 같이 그 이유를 밝힌다. 다만 다수의견은 선례인 우리 재판소의 99 헌마 139 등 사건의 판단요지를 원용하고 있으므로 우리는 이 사건의 요지와 선례의 요지를 아울러 검토하여 그에 대한 반대의견을 개진하는 바이다. 의견개진의 순서는 먼저 헌법 제 3 조의 영토조항의 규범적 의의와 독도의 법적 지위를 살펴본 뒤 다수의견의 문제점을 항목별로 살펴보고 마지막으로 결론을 내고자 한다.

가. 영토조항의 규범적 의의와 독도의 법적 지위

(1) 조약체결에 있어서 영토보전의 의무

헌법 제 3 조 영토조항은 단지 역사적 사실을 기술한 것이거나 국가 영역의 지리적 경계를 사실상 선언한 것에 불과한 규정이 아니다. 한반도와 그 부속도서를 대한민국의 영토로 한다고 함은 그 영역에 대한민국의 주권이 미친다는 것을 규범적으로 확정한 것이며 한반도의 역사적 주인이 바로 대한민국임을 선포함으로서 대한민국이 한반도와 그 부속도서를 지배하는 유일한 합법정부라는 점을 규범적으로 확정한 것이다. 따라서 이와 같은 영토조항은, 대한민국 존립의 기본적 조건을 규정하는 근본법으로서 우리 헌법이 내포하고 있는 최고가치 중 하나이자, 기본권 조항을 위시하여 수많은 헌법조항들의 실현을 가능하게 하는 근본적인 전제가 되는 조항에 해당하므로 이 영역 내에서 대한민국의 주권과 부딪치는 어떠한 행위도 용납될 수 없다는 헌법제정자의 규범적 명령이 이로부터 도출되는 것이다.

이러한 규범적 명령은 대한민국의 영토를 침범하는 적대세력에 대하여 영토를 수호하는 활동에 있어서 뿐만 아니라 대한민국의 모든 국가기관이 국가권력을 행사함에 있어서 준수해야 할 헌법적인 명령이다.

(2) 영토주권, 영해주권, 배타적 경제수역

영토는 한 국가의 존립기반으로서 해당 국가의 국민이 삶을 형성·유지하는 생존의 근거이기도 하다. 영토는 해당 국민이 실효적으로 지배하고 있는 육지(좁은 의미의 영토)에만 국한하는 것이 아니라, 수평으로는 육지의 연안·도서 및 도서의 인접 해역(영해)에 이르는 범위까지, 수직으로는 영토와 영해의 항공(영공) 및 해저와 그 하층토까지를 포함하는 것이며, 영해 내에서 해당 국가가 행사하는 국권의 성질도 주권이므로 우리는 특히 영해에 미치는 주권을 일러 영해주권이라 부른다.

과거 연안국의 주권이 미치는 범위를 영해기선으로부터 3해리까지로 인정하여 이를 영해주권이 미치는 범위로 이해하여 온 것은 사실이다. 그러나 오늘날 해양에 관한 연안국의 권한범위가 확장되어 국제법상 영해의 범위도 12해리까지로 승인되고 있을 뿐만 아니라 24해리까지는 접속수역, 나아가 200해리까지는 배타적 경제수역이라 하여 국제법상 연안국의 배타적인 권리를 인정하고 있는 점도 연안국의 영해주권과 무관하다고는 할 수 없다. 따라서 배타적 경제수역이 국제법상 영해와는 다른 별도의 수역이라 하더라도, 헌법상의 영토조항 규정의 취지에 비추어 볼 때, 거기에도 영해와 같은 정도는 아니어도 그에 준하는 수준의 영토보전적 책무가 헌법상 있다고 보아야 할 것이며 이는 국제 해양법질서의 변화가 요청하는 바이기도 하다.

(3) 독도와 인근수역의 법적 지위

우리 헌법 제 3 조는 "대한민국의 영토는 한반도와 그 부속도서로 한다"고 규정하고 있는바, 독도는 울릉도의 속도로서 울릉도와 함께 한반도에 부속된 도서이므로 대한민국의 영토에 속하는 것이 명백하다. 이는 '세종실록지리지(世宗實錄地理志)' 등 오랜 역사적 기록에서부터 확인할 수 있을 뿐 아니라 실제로 독도에는 주민등록이 되어 있는 경북도민이 살고 있고 주거시설이 있는 섬으로서, 일제강점기 동안을 제외하고는 해방과 건국 이후 대한민국이 그 실효적 지배권을 행사해 오고 있음을 보아 알 수 있다.

영토라 함은 육지뿐만 아니고 그 상공과 지하 및 그에 연하여 있는 바다까지 포함하므로 독도가 인간이 거주할 수 없거나 독자적인 경제활동을 유지할 수 없는 암석(UN해양법협약 제121조 참조)이 아닌 이상, 독도에 연하여 있는 일정범위의 해역 역시 대한민국의 영토이어서 거기에도 주권(해양주권)이 미친다. 따라서 독도는 독도와 그 자체의 영해뿐만 아니고 그 자체의 접속수역과 배타적 경제수역을 가질 수 있고 대한민국의 영토적 권한범위는 여기에까지 미친다 할 것이다.

나. 다수의견의 논거들에 대한 비판

(1) 이 사건 협정이 영토조항을 규율대상으로 하고 있지 않다는 견해에 대하여

(가) 다수의견은 이 사건 협정은 제1조에서 "이 협정은 대한민국의 배타적 경제수역과 일본국의 배타적 경제수역(이하 "협정수역"이라 한다)에 적용한다"고 규정하여 배타적 경제수역만을 대상으로 할 뿐, 영해에는 적용되지 않아 독도 영유권 문제와 무관하다고 주장하고 있다.

그러나 배타적 경제수역의 폭은 영해기선으로부터 측정하는 것이고 영해기선은 영토에서 나오는 것이므로 배타적 경제수역이 결코 영토와 무관하다고 할 수는 없다.

독도가 우리 영토인 이상, 울릉도를 기선으로 배타적 경제수역을 설정할 수 없고 반드시 독도를 기선으로 배타적 경제수역을 설정해야 한다. 울릉도를 기선으로 하고 독도를 중간수역에 넣어 놓고도 독도를 우리 영토라 주장하는 것이 무방하다 한다면 울릉도조차 우리 영토인 채로 중간수역에 넣을 수도 있다는 것인데 이는 명백히 부당하다 하지 않을 수 없다.

(나) 또 다수의견은 이 사건 협정은 그 명칭이 "어업에 관한 협정"이고 협정의 내용도 어업 문제만을 다루고 있을 뿐 영토문제와는 무관하다고 주장하고 있다.

그러나 어업권의 귀속 문제는 영토주권의 주요한 내용 중 하나이므로 어업에 관한 사항만

을 다룬다고 하여 영토문제와 무관하게 되는 것은 아니다. 어업 자원의 관리 등 자원에 대한 포괄적인 지배권의 행사는 영토주권의 배타적 성격에 본질적으로 결부되는 주권의 핵심 영역이므로 어업권도 영토에 대한 배타적 지배와 분리하기 힘든 주권적 내용에 당연히 포함되어야 하는 것이기 때문이다.

(2) 이 사건 협정이 잠정협정에 불과하여 영토조항을 침해하지 않는다는 견해에 대하여

다수의견은 이 사건 협정이 이른바 무협정상태를 예방하는 잠정협정에 불과한 것이고 최종적인 배타적 경제수역 경계획정에는 영향을 미치지 않을 것이므로 영토문제와 무관하다고 주장한다.

그러나 이러한 주장은 첫째, 아주 특별한 사정이 전제되지 않는 한, 일시적·잠정적이라 하여 영토주권은 제약이 허용될 수 있는 성질의 것이 아니라는 점 둘째, 이 사건과 같은 경우 독도 영유권과 관련한 사안의 성질상 조속한 합의를 기대할 수 없기 때문에 잠정적 합의가 그대로 고착될 우려가 있고 결국 영토주권의 지속적 침해로 연결될 수 있다는 점에서 납득하기 어려운 주장이라 판단된다.

제 3 절 大韓民國의 國家形態

I. 國家形態의 槪念과 分類

1. 國家形態의 槪念

근대헌법에는 국가의 전체적 성격을 나타내는 의미를 가진 국가형태에 관한 규정을 두는 것이 원칙이다. 민주공화국·인민공화국·사회주의연방공화국 등이 그 일례이다. 이와 같은 국가형태를 나타내는 용어들은 국가의 전체적 성격을 선언한 것이며, 국가의 동일성과도 밀접한 관계가 있다.[1] 구체적으로 국가형태가 무엇이냐에 대하여는 견해가 반드시 일정하지 않으며, 그 용어에 있어서도 국가형태·헌법형태·정부형태 등 다양하게 사용되나, 일반적으로 국가형태라는 말이 사용된다.

2. 國家形態의 分類標準

(1) 고전적 견해 고대 그리스의 Platon은 군주국과 민주국으로 구분하였다. 그의 뒤를 이은 Aristoteles는 주권이 누구에게 있는가에 따라 군주국·귀족국·민주국으로 3분하고, 통치권이 정당하게 행사되고 있는가의 여부에 따라 정당한 정부형태(제한정체)와 부

---

1) 국가형태에 관해서는 von Fritz, The Theory of Mixed Constitution in Antiquity, 1954; Friedrich, Der Verfassungsstaat der Neuzeit, 1953; Loewenstein, Verfassungslehre, Friedrich, Demokratie als Herrschafts- und Lebensform, 1959; Zippelius, Allgemeine Staatslehre, 1988; Jellinek, Allgemeine Staatslehre, Imboden, Die Staatsformen, 1959; 杉原泰雄, 憲法と國家論, 2006 참조.

당한 정부형태(전제정체)로 구분하였다.[1] 중세 말 이탈리아의 Machiavelli는 그의 「군주론」에서 군주국과 민주국으로 대별하였고, Montesquieu는 민주적 공화국·귀족적 공화국·군주국·전제국으로 4분하였다.

(2) 근대적 견해

1) 단일표준에 구하는 견해 Jellinek에 의해 대표되는 이 학설은 국가형태의 분류표준을 「국가의사의 구성방법」이라는 단일표준에서 구한다. 즉 국가의사가 헌법상 「일개인의 자연적 의사에 의해 구성되는가, 또는 다수인의 기술적 방법에 의한 법적 의사에 의해 구성되는가」에 따라 군주국과 공화국으로 구분하고, 대의제도·정부조직·권력행사방법 등에 따라 군주국을 세습군주국과 선거군주국, 전제군주국과 제한군주국(제한군주국은 다시 귀족군주국과 입헌군주국, 의회주의적 군주국으로 나눈다)으로 나누고, 공화국은 귀족공화국과 민주공화국으로 나눈다.[2]

그러나 Jellinek에 의하면 국가주권설의 입장에 따라 주권은 국민에게 있는 것이 아니고 국가에 있으므로, 주권을 누가 담당하느냐에 따른 국체의 분류는 있을 수 없고 오직 국가의사의 구성방법에 따른 국가형태의 분류만이 가능하게 된다. 그러나 이러한 견해에 대하여는 국가의사의 구성방법이란 결국 법질서의 창설방법에 지나지 않으며 자연적 의사도 그것이 국가의사로 구성될 때에는 이미 자연적 의사가 아닌 법적 의사가 되므로 자연적 의사와 법적 의사를 기준으로 한 분류는 무의미하다는 비판이 가해지고 있다.[3]

2) 복수표준에 구하는 견해 복수표준의 대표자인 Rehm은 국가형태를 헌법형태와 정부형태로 나누고, 헌법형태는 국가권력의 담당자에 의한 분류이고 정부형태는 국가권력의 최고행사자에 의한 분류라고 한다.

그러나 Rehm도 Jellinek와 같이 국가주권설·국가법인설의 입장에 있으므로 주권은 국가에 있고, 국가권력의 담당자 내지 행사자라 함은 주권자가 아니고 주권자가 제정한 헌법에서 파생된 통치권의 담당자를 의미하는 것이 된다. 따라서 Rehm이 구분하는 국가권력의 담당자와 국가권력의 최고행사자는 엄격히 구별되지 않으므로 타당한 분류라고 하기 어렵다.[4]

3) 국체와 정체분류의 모순 종래의 일반적인 견해는 주권자가 누구냐에 따른 분류가 국체이고, 주권을 어떻게 행사하느냐에 따른 분류가 정체라고 보고 있다. 그러나 이러한 분류는 오늘날 모순을 나타내고 있다. 즉 종래의 이론과 같이 국체를 분류하다면, 주권

---

1) Aristoteles의 국가분류

- 정당한 국가(제한국가) — 부당한 국가(전제국가)
  - 군주국 — 폭군제
  - 귀족국 — 과두제
  - 민주국 — 폭민제

2) Jellinek의 국가분류

- 군주국
  - 군주선거 여부
    - 세습군주국
    - 선거군주국
  - 군주권력의 제한 여부
    - 전제군주국
    - 제한군주국
      - 귀족군주국
      - 입헌군주국
      - 의회주의적 군주국
- 공화국
  - 귀족공화국
  - 민주공화국

3) 문홍주, 전게서, 98면.

4) 상게서, 99면.

이 군주에게 있는 나라는 군주국이요, 주권이 국민에게 있는 나라는 공화국이라 하여야 할 것이다. 그렇다면 비록 군주제도를 두고 있으나 실질적으로 주권이 국민에게 있는 영국·일본·Belgium도 공화국이라 해야 할 것이나, 통상적으로 군주국이라고 부르고 있기 때문에 이 분류는 정확하다고 할 수 없다.

또 정체의 분류는 통치권의 행사가 전제적이냐 제한적이냐에 따라 전제정체와 제한정체로 나누고 있는데, 오늘날 전제정체로 자처하는 정부는 거의 없으며 거의 전부가 입헌정체임을 공언하고 있다. 따라서 Loewenstein 교수는 국가권력의 행사가 통합되어 행사되는 국가를 전제정체라고 하고, 국가권력이 분산되어 행사되는 국가를 입헌정체라고 구분하고 있다.[1) 2)]

3. 國　體

(1) 국체의 분류　종래의 학설에 의하면 국체의 분류는 주권의 소재를 기준으로 하는 국가분류를 말하며, 주권이 군주 1인에게 있는 국가를 군주국이라 하고, 주권이 다수인인 국민에게 있는 국가를 공화국이라고 한다.[3)] 그러나 전술한 바와 같이 오늘날 주권이 군주 1인에게 있는 군주국이란 거의 없고 주권은 대부분 국민에게 있기 때문에 주권의 소재 여하에 따라서 국체를 분류하는 것은 거의 의미를 상실하였다. 그리하여 현재에 있어서는 군주국이란 「군주제도」를 가진 나라를 말하고, 「군주제도」가 없는 국가를 공화국이라고 말하고 있다.

(2) 군 주 국　군주국가는 「군주제도」를 가진 나라를 말한다. 그러나 전통적인 분류에 의하면 군주국가란 군주주권국가라고 할 것이다.

Jellinek에 의하면 군주국가는 i) 군주의 취임방법에 따라 선거군주제와 세습군주제, ii) 그 권능의 범위에 따라 전제군주제와 제한군주제로 나누어지고, 제한군주제는 귀족군주제·입헌군주제·의회주의적 군주제로 세분된다고 한다. 그러나 오늘날 전제군주제는 존재하지 않으며, 제한군주제도 입헌군주제에서 의회주의적 군주제로 발전하고 있다. 의회주

---

1) Montesquieu는 전통적·형식적 분류방법을 이용하면서도 민주제는 덕성을, 귀족제는 절제를, 군주제는 명예를, 그리고 전제에는 공포를 사용한다고 하여 심리적 내지는 이데올로기적 원리를 결부시켰다. Kant는 지배형식에 따른 3분법 이외에 통치의 형식, 즉 헌법에 기하여 국가가 그 절대적 권력을 행사하는 방법에 따라 공화정체와 전제정체를 구분하였다. 오늘날에 있어서는 전제국가와 입헌국가, 자유주의국가와 전체주의국가, 민주주의국가와 권위주의국가 등으로 나누어진다. Loewenstein은 전제국가와 입헌국가를 나눈 뒤 다시 세분하고 있다.

2) 허영 교수는 국가형태를 사회와 국가의 상호 관계의 문제로 보고, 사회의 국가에 대한 영향(input)과 국가의 사회에 대한 영향(output)의 상호 관계를 기준으로 i) 전체주의적 모델, ii) 자유민주주의적 모델, iii) 권위주의적 모델, iv) 제도적 모델로 나누고 있는 점이 특이하다(전게서, 191～192면).

3) Zippelius는 일인체제(Monokratie), 과두체제(Oligarchie), 대표민주제(Repräsentative Demokratie)로 나누고 있다. Allgemeine Staatslehre, S.150 이하. 그는 일인체제를 ① 절대군주제, ② 입헌군주제, ③ 독재제로 나누고, 과두제를 ① 군사정치, ② 일당정치로 나누고, 민주정치체제를 ① 민주적 요소와, ② 과두제적 엘리트적 요소로 나누어 설명하고 있다. 민주정치에 있어서는 자치가 중요하다고 한다.

의적 군주제에 있어서의 군주의 권능은 형식적·의례적 권한으로 제한되고, 주권은 정치적으로 또는 실질적으로 국민에게 있다.[1)]

(3) 공 화 국 　공화국이란 국민주권주의국가를 말한다는 것이 종래의 학설이었으나, 오늘날에 있어서는 군주제가 없는 국가를 말한다. 공화국은 또 전제공화국과 입헌공화국으로 구분할 수 있다.[2)] i) 전제공화국에는 구 소련식인 노농공화국과 구 동구식인 인민공화국이 있으며, 현대판 군주주의국가라고도 할 수 있는 신대통령제 등 1인전제가 있다. 이에 대하여 ii) 입헌공화제로는 대통령제·의원내각제·내각책임제·직접민주제 등을 들 수 있다. 이들 공화국에 대한 구분은 정체에 대한 구분과 중복되기 때문에 다음의 정체의 분류에서 설명하기로 한다.[3)]

(4) 군주국과 공화국의 차이 　이렇게 볼 때 첫째로 공화국과 군주국의 구별은 군주의 존재 자체에 있다고 하겠으며, 둘째로 군주제의 변용에 따라 군주의 지위에도 변화를 가져왔는바, 전통적 표지인 i) 독립기관, ii) 통치권의 중요 부분, 적어도 행정권의 담당자, iii) 대외적인 국가의 대표, iv) 일반국민과 다른 신분·세습적 지위, v) 전통적 위엄, vi) 국가의 상징이라는 지위 중에서 ii)·iii)의 지위는 오늘날 실질적으로 부인되고 있다.

4. 政 　體

(1) 정체의 분류 　정체란 국가권력의 행사가 제한되어 있는가, 그렇지 않은가에 따른 정부형태의 분류이다. 정체는 다시 여러 가지로 분류되는데, 그 주요한 것으로 먼저 전제정체와 입헌정체의 구별을 들 수 있다. 국가권력이 어떠한 제한 없이 전단적으로 행사되는 나라를 전제정체라고 하고 권력행사가 제한되어 있는 나라를 제한정체라고 하는데, 제한정체는 일반적으로 헌법에 의하여 국가권력의 행사를 제한하고 있기 때문에 이를 입헌정체라고도 한다. 다만 오늘날에 있어서 전제정체와 입헌정체의 구별을 국가권력이 통합되어 행사되는가 분산되어 행사되는가에 따라서 분류하려는 경향이 있는데, Loewenstein이 그 대표적인 학자이다. 이 외에도 자유주의국가와 전체주의국가, 민주주의국가와 권위주의국가 등으로 나누는 견해도 있으며, 또 단일국가와 연방국가로 구별하기도 한다.[4)]

(2) 전제정체 　전제정체란 국가권력의 행사에 있어 국가의 모든 권력이 1인·1계급·1정당 등에 집중되어 지배자가 하등의 구속을 받지 않고 그 권력을 행사할 수 있는 정

1) Loewenstein, Die Monarchie im modernen Staat, 1952; Kaufmann, Studien zur Staatslehre des monarchischen Prinzips, 1906.

2) 문홍주 교수는 귀족공화국·계급공화국·민주공화국으로 구분하고(전게서, 101면), 구병삭 교수는 귀족공화국·민주공화제·독재공화제(노농독재공화제·전제적 독재공화제)로 나누며(전게서, 91~93면), 한태연 교수는 민주공화국과 전체주의적 독재공화국으로(전게서, 103~114면), 권영성 교수는 민주공화국과 전제공화국으로 나누고 있다(전게서, 107면).

3) Bernatzik, Republik und Monarchie 2. Aufl. 1919; Mager, Republik, Geschichtliche Grundbegriffe, Bd. 5, 1984, S. 549; Schulz-Schaeffer, Die Staatsform der Bundesrepublik Deutschland, 1966.

4) 이하에서는 Loewenstein의 Verfassungslehre의 구분을 주로 참조하였다.

치체제라고 말하여진다.[1)]

현대적인 전제정체로서는 인민공화제와 신대통령제를 들 수 있다.

1) 인민공화제 인민공화제는 소비에트 공화제라고도 말할 수 있는데, i) 권력분립의 원칙이 지양되고 의회절대주의인 의회정부제를 채택하고 있고, ii) 사회주의적인 경제제도를 채택하고 있으며, iii) 공산당의 일당독재정치 등을 그 특색으로 한다.

2) 신대통령제 신대통령제는 Loewenstein이 명명한 것이다. 그것은 「미국의 대통령제와는 명칭을 제외하고는 실제상 하등의 공통점을 가지지 않는다. 그것은 특정한 헌법상의 여러 제도를 통하여 정부의 수반이 다른 모든 국가기관에 우월하는 바의 정치권력을 가지는 정치체제이다」라고 설명된다. 따라서 i) 일당전제, ii) 1인의 지배, iii) 기본적 인권의 배제 등의 특색을 지닌다.

(3) 입헌정체 입헌정체는 일반적으로 근대헌법의 특징이라고 말하여지는 기본권의 존중, 권력분립, 국민주권주의, 법치주의를 내용으로 하고 있는 헌법에 의하여 국가권력이 제한되는 정체를 말한다. 입헌정체는 국가권력의 제한된 행사라는 점에서 그 특색을 찾을 수 있을 것이다.[2)]

입헌정체는 직접민주제 · 의원내각제 · 내각책임제 · 대통령제 · 이원정부제 · Switz식 집정부제 등으로 나누어진다.[3)]

1) 직접민주제 선거인으로서의 국민이 가장 우월한 권력담당자로서 치자와 피치자의 자동성의 원리에 따라 국민이 직접 입법 기타의 통치작용에 참여하는 정부형태를 말한다. 직접민주제는 고대 Greece 등에서 행해졌으나, 오늘날에는 국가영역의 확대와 현대행정의 고도의 기술성 때문에 그 집행이 어려워지고 있다. 오늘날 간접민주제를 보완하기 위하여 직접민주정치제도로서 국민투표제가 성행하고 있는데, 국민투표제에는 국민발(창)안 · 國民表決 · 國民解免(recall) · 信任投票(Plebiszit) 등의 방법이 있다. 이를 반직접민주정치라고도 한다.

2) 집정부제 Switz.식 정부형태를 말하는 것으로서, 의회로부터 완전독립한 7인의 장관이 이사회와 같은 형식으로 정부를 구성하고 이를 운영하는 제도이다. Switz.에

---

1) 전제주의(despotism)란 말과 비슷하게 사용되는 것으로는 독재(autocracy, dictatorship), 권위주의(authoritarianism), 전체주의(totalitarianism), 폭군제(tyranny), 절대주의(absolutism) 또는 경찰국가(police state) 등 극히 많다.

2) Zippelius는 현대의 중요국가유형으로서, ① 의회민주정치, ② 미국식 대통령제, ③ 의회구속적인 대통령제, ④ 러시아적인 의회정부제(Räterepublik)로 나누고 있다.
Zippelius, Allgemeine Staatslehre, 13. Aufl., 1999, S. 416～458 참조.

3) 현대적 입헌국가는 민주정치국가라고 할 수 있다. 민주국가에 대한 문헌은 부지기수이다. Fraenkel, Deutschland und die westlichen Demokratien, 7. Aufl. 1979; Leibholz, Strukturprobleme der modernen Demokratie, 3. Aufl. 1967; Tschentscher, Demokratische Legitimation der dritten Gewalt, 2006; Saward (ed.), Democracy, Critical Concept in political Science, 5. Vols. 2007; Democratie Systems, institutions and measures, Democracy Critical Concepts, Vol. Ⅱ, p. 1-192; Janda/Berry/Goldman, The Challenge of Democracy, 9th ed. 2008.

서의 연방정부의 구성원은 양원합동의회에서 선출되나 의원내각제의 각료와는 완전히 다른 지위를 가지고 있으며, 장관들은 호선에 의하여 임기 1년의 대통령에 취임하며 1년마다 교체된다.

3) 의원내각제 의원내각제는 국회와 정부가 동등한 비중을 가져 상호간 의존관계에 있는 것을 말한다. 의원내각제도 국회와 정부의 관계에 따라 국회가 정부에 우월한 프랑스식 의원내각제와 정부가 국회에 우월한 독일식 의원내각제, 그리고 내각이 국회의 다수에 의하여 구성되는 영국식 내각책임제로 나눌 수 있다.[1)]

4) 대통령제 대통령제는 정부와 국회가 독립된 채로 서로 분리되어 있는 완전한 권력분립적 정부형태를 말한다. 그 대표적인 제도로서는 미국식 대통령제도를 들 수 있다. 미국식 대통령제는 국민이 대통령을 직접선거하고, 대통령은 4년의 임기가 보장되며 국회에 대해서 행정에 대한 책임을 지지 않는다. 또 국회는 상하 양원으로 구성되며, 정부의 국회해산권과 법률안제안권 등이 없다. 법원도 독립하여 위헌법률심사권을 행사하고 있다.[2)]

5) 이원정부제 이원정부제란 의원내각제적 요소와 대통령제적 요소를 결합하여 가지고 있는 절충형을 말한다. 이것은 행정부의 이원적 조직을 그 특징으로 하는 것으로, 대통령은 국가원수로서 통치권을 행사하고 국무총리는 행정권을 행사하되 위기에 있어서는 대통령이 국가긴급권을 행사하여 행정부의 일원화를 가져오는 제도이다. Duverger는 이를 반(준)대통령제라고 부른다.[3)]

5. 單一國家와 聯邦國家

(1) 단일국가와 연방국가의 의의 단일국가(unitary state, Einheitsstaat)란 주권이 하나밖에 없는 국가로서 국가의 하부조직이 지방자치단체이거나 하나의 행정구역인 경우를 말한다. 이에 대하여 연방국가(federal state, Bundesstaat)란 각 지분국이 각각 국가적 성격을 보유하면서 서로 결합하여 국가결합체를 형성하는 것을 말한다.[4)]

(2) 단일국가 단일국가는 국가의 구성이 단일한 통일적 국가를 말한다. 단일국가

1) Lijphart, the Westminster model of democracy, in Democracy vol. II, p. 32~49; Mettenheim(ed.), Presidential Institutions and Democratic Politics; Comparing Regional and National Contexts, 1997; Gallager/Lawer/Mair, Representative Government in Modern Europe, 1995.

2) Ackerman, The New Separation of Powers, Harvard Law Review, vol. 113, No 3(2000), pp. 634~729; Linz/Valenzuela(eds.), The Failure of Presidential Democracy, 1994; Pious, The American Presidency, 1979.

3) Pactet, Institutions politiques, Droit constitutionnel 12^{e} ed, 1993; Burdeau, Droit constitutionnel et institution politiques 22^{e} ed, 1991; Duverger, Institution politiques et droit constitutionnele tom 2, Le systẽme politique française, 20^{e} ed. 1990.

4) Elazar, American Federalism: A View from the States, 1984; Vile, The Structure of American Federalism, 1961; Armin/Armin(Hrgb.), Föderalismus, 2000; Laufer/Münch, Das föderative System, der BRD, 1998; Männle(Hrsg.), Föderalismus zwischen Konsens und Konkurrenz, 1998.

는 일반적으로 권력집중형이라고 말하여지고 있으나, 단일국가도 지방자치단체에 광범한 자치권을 부여할 수 있는 점에서 권력분산주의에도 입각할 수 있다. 권력분산적인 단일국가가 국가 내의 자치단체에 주권을 인정한 것이 아니라, 단지 자주권만을 부여하고 있는 점에서 연방국가와 다르다 하겠다.

(3) 연방국가

1) 연방국가의 특색　　연방국가란 지분국이 국가의 성격을 가지며 전체국가를 형성하는 것이기 때문에 지분국에도 헌법이 있으며 연방에도 헌법이 있다. 연방국가는 일반적으로 지분국의 권리와 관할권을 존중하고 연방에 대한 지분국의 독립을 보장하려고 노력한다. 이러한 경향이 강해지면 국가연합의 방향으로 흐르게 된다. 그러나 오늘날에 있어서는 연방국가에 있어서도 단일주의의 경향이 농후하여 미국 등에서는 연방제의 중앙집권화 현상이 나타나고 있다고 비판되기도 한다.

2) 지분국의 주권

(a) 학　설　　연방국가의 법적 성격의 문제로서 지분국이 주권을 가지느냐에 대해서는 여러 가지 이론이 있다. 즉 i) 연방만이 참다운 국가이며 지분국은 넓은 자치권을 가진 자치단체의 일종에 불과하여 주권을 가지지 않는다는 설, ii) 지분국만이 주권을 가지며 연방은 하등의 국가적 성질을 가지지 않는다는 설, iii) 주권은 연방 및 지분국에 총유적으로 귀속한다는 설, iv) 연방만이 주권을 가지고, 지분국은 주권을 가지지 않으나 참다운 국가라는 설 등이 나누어지고 있다.[1]

(b) 私　見　　우리나라의 다수설은 지분국은 주권을 가지지 않으나 참다운 국가라고 한다. 그러나 주권을 가지지 않은 참다운 국가라고 하는 것은 국가개념에 혼란을 초래하는 것으로 이는 수긍하기 어렵다. 지분국은 주권을 가지나 외교권 등만은 연방헌법을 제정하여 연방정부에 위탁하고 있으며, 대내적으로 자주조직권을 가진 일종의 주권국가라고 보아야 할 것이다.[2]

국가주권이라도 절대적으로 최고성이 있는 것은 아니다. 만약 주권을 전통적 개념과 같이 절대최고라고 한다면 연방 자체도 대내주권에 있어서는 최고가 아니기 때문에 주권국가라고 할 수 없다. 따라서 지분국도 주권을 가진 주권국가이며, 다만 외교권과 같은 권력은 국약헌법인 연방헌법을 제정하여 연방정부에게 위임하고 있다고 보아야 한다. 연방국가는 주권이 지분국에도 있고 연방정부에도 있기 때문에 주권의 복수성으로서도 특정지

1) 지분국이 국가로서의 성격을 가지고 있다는 것이 독일의 지배적인 학설이다.

2) 반대: 문홍주, 전게서, 105면; 구병삭, 전게서, 96면; 권영성, 전게서, 108면; 강경근, 헌법학 111면. 지분국도 헌법을 가진 국가인 것이며 지방자치단체는 아니다. 권 교수는 주권은 헌법제정권력이라고 하고 있는데, 지분국들이 헌법을 가지고 있는 데도 헌법제정권력이 없다고 할 것인지 이해할 수 없다. 독일기본법은 지방에게도 조약체결권을 인정하고 있다(제32조 3항). 독일의 연방제도에 관해서는 Zippelius/Würtenberger, Deutsches Staatsrecht, §14; 김철수, 독일통일의 정치와 헌법, 2004 참조.

워진다.[1)]

(4) 국가연합 국가연합은 국제법적으로 성립한 국가간의 연합이며, 사회경제적 내지는 행정적인 특정한 목적을 가지고 복수국가 간에 결합된 국제협정에 기한 국제기구와는 다르다. 국가연합은 국제적으로는 단일체로 나타나나 그 자체가 단일국가인 것은 아니다. 구성개별국가의 국가성과 독자성, 그리고 통치권의 시원성은 개별국가에 유보되며, 구성국가는 자유로이 탈퇴할 수 있다. 蘇聯邦은 1992년 독립국가연합(Commonwealth of Independent States)으로 개편되었으며, 英聯邦共同體(Commonwealth of Nations)도 국가연합의 한 형태이다. 유럽연합(EU)도 국가연합의 한 형태이나 헌법을 제정하여 연방국가로 되려고 하고 있다. 이에는 가입국가의 만장일치 찬성이 요청되나 상당 국가의 반대가 예상된다.

6. 政治體制에 따른 分類

(1) 자본주의국가와 사회주의국가 자본주의국가란 자본이 생산활동의 주체가 되는 사회경제체제를 가지는 나라를 말한다. 자본주의국가는 자본주의의 기본구조에 따른 역할을 하면서 자본주의의 생성·전개에 따라 그 역할을 변화해가고 있다.[2)]

사회주의국가는 근대자본주의에 대항해서 생긴 국가였으나 이제는 몰락하고 말았다. 러시아에서 레닌이 주동이 된 사회주의국가와 제 2 차세계대전 이후에 동유럽에 나타난 인민민주주의국가와 아세아·아프리카·남미에 있어서의 다양한 사회주의국가를 들 수 있다. 사회주의국가는 계획경제가 몰락한 뒤 사회주의적 시장경제국가로 변용하고 있다. 중국이 그 예이다.

(2) 자유국가와 사회국가 자유국가는 근세에 있어서의 자유방임국가와 현대의 신자유주의국가를 들 수 있다. 자유국가는 국가의 불간섭을 내건 소극국가였으며 초기에는 야경국가라고도 불리었다. 시민혁명의 결과 국가는 자유를 보장하는 국가로 되었으며 자유권의 보장이 국가의 기본권보장의 핵심으로 인정되었다. 특히 경제적 자유를 중시하고 국가는 경제에 대해서 불간섭을 기조로 하였다. 신자유주의는 경제공황 후에 경제정책에 대한 조정을 하되 시장경제를 위주로 하였다.

사회국가는 복지국가라고도 말하여지는데 미국의 New Deal 정책을 비롯하여 영국에서도 Liberalism이 발전하였다. 복지국가는 국민의 복지를 증진하기 위하여 국가가 경제에

1) 대외적으로 연방국가만이 주권국가이나 지분국은 대내적으로 주권을 가지는 주권국가라는 설이 있다(김기영, 헌법 560면).

2) 국가의 정치체제에 따른 분류에 대해서는 Pactet, Institution politique, Droit constitutionnel 12^e ed, p. 143-354; Saward(ed.), Democracy vol. 2, part 5, p. 193-392; Linz/Stephan, Problems of Democratic Transition and Consolidation, 1996; Verney, The Analysis of Political Systems, 1959; 두베르제, 정치제도와 헌법(김병규 역), 1986; 양건, 정부형태론에 관한 최근 미국학계의 논의, 고시연구, 1994. 10; 양건, 정부형태에 관한 연구, 법학논총(한양대) 12, 1995. 197~210; 진영제(편), 한국권력구조의 이해, 2004; 린쯔·바렌주엘라(공편), 신명순·조정관(공역), 내각제와 대통령제, 1995; 山口定, 政治體制; 白鳥令 編, 政治制度論 등 참조.

대해서 개입하고 조정을 하는 경제체제를 가지고 있다. 오늘날에는 적극적으로 국민의 생존권보장에 힘쓰고 있으므로 적극국가라고도 말하여진다. 1949년의 서독기본법은 사회국가로서 기능하고 있었다. 유럽 여러나라에서는 오늘날 많은 국가헌법들이 사회국가건설을 지향하고 있다.

(3) 중앙집권국가와 지방분권국가 중앙집권국가는 중앙정부에 권력이 집중되어 있는 국가를 말한다. 근대국가형성기에는 중앙집권주의가 민족국가·주권국가의 상징처럼 생각되었다. 그러나 근대통일국가가 완성된 다음에는 시민참가 등의 요청이 강해지고 지방자치의 요구가 강화되어 지방분권을 하게 되었다. 특히 연방제를 하는 경우 지분국의 자치가 대폭 인정되고 있다.

지방분권국가는 지방자치를 원칙으로 하면서, 행정에서는 지방분권을 하고 있다. 프랑스에서는 통치에 있어서는 중앙집권을 하면서 지방행정에서는 분권을 하고 있다. 2003년 3월 28일의 프랑스헌법개정에서 공화국의 조직은 지방분권화된다고 규정하여 지방분권개혁을 하고 있다. 지방분권과 함께 지방사무분산이 행해지고 있다. 단일국가에 있어서도 지방자치단체의 조례제정권의 독립성이 요구되고 있다.

(4) 선진국가와 발전도상국가 선진국가는 G7 국가를 비롯하여 사회적 복지가 보장되는 나라를 말한다. 이들 나라에 있어서의 국민소득은 1인당 2만불을 넘으며 과학·기술·무역의 발달로 풍요로운 생활을 하고 있다.

발전도상국가는 아직도 1인당 GDP가 200불 정도밖에 되지 않아 빈곤에 허덕이고 있으며 국민생활의 질이 떨어지고 있다. 이들 발전도상국가에서는 발전의 권리를 주장하며 세계의 부의 분배를 요구하고 있다. 발전도상국가의 개발을 위하여 UN에서는 빈곤과 기아의 박멸을 위하여 노력하고 있다. 이들 발전도상국가에서는 세계적인 인권정책에 반대하고 연대의 권리, 개발의 권리, 발전의 권리를 강조하고 있다.

Ⅱ. 大韓民國의 國家形態

1. 國家形態에 관한 憲法規定

헌법 제1조 1항은 「대한민국은 민주공화국이다」라고 규정하여 우리나라의 국호가 「대한민국」이라는 것과 대한민국의 국가형태가 민주공화국임을 선언하고 있다. 이것은 첫째, 우리나라의 국호는 「대한민국」인바, 우리나라는 3·1운동의 결과 수립된 「대한민국임시정부」의 *法統*을 이은 것이라는 뜻에서이며, 둘째, 민주공화국이 국체냐 정체냐에 관해 학설의 대립이 있으나, 우리 헌법이 민주공화국이라고 하고 있음은 권력분립주의적인 공화국임을 강조한 것이고, 셋째, 우리 나라에서는 어떠한 명목으로서도 군주제도를 도입해서는 안 된다는 것을 뜻한다.

2. 民主共和國에 관한 學說

우리 헌법 제 1 조 1항의 「민주공화국」이 우리나라의 국가형태를 의미한다는 점에 있어서는 이견이 없으나, 2항과 더불어 이것이 구체적으로 무엇을 뜻하는가 하는 점에 대해서는 학설이 대립된다.

(1) 학 설

1) 제 1 설 1항의 민주공화국에 있어서 「민주」는 정체를, 「공화국」은 국체를 규정한 것이고, 2항의 「국민주권원리」는 1항을 구체적으로 부연한 것이라 한다.[1)]

2) 제 2 설 1항의 민주공화국에 있어서는 「민주」는 민주정체를, 「공화국」은 공화정체를 의미하며, 따라서 민주공화국은 우리나라의 민주정체와 공화정체를 의미하는 것으로서 오로지 정체에 관한 규정으로 보고, 2항의 「主權在民·權力由民」에 관한 규정이 우리나라 국체를 민주국체로 규정한 것으로 보고 있다.[2)]

3) 제 3 설 국가형태를 국체와 정체라는 두 가지 기준에 의해 분류하지 않고, 「민주공화국」이라는 규정 자체를 우리나라의 국가형태에 관한 규정으로 본다. 여기에서 「민주」는 공화국의 정치적 내용이 민주주의적으로 형성될 것을 요구하는, 말하자면 공화국에 있어서의 그 내용에 관한 것으로 본다.[3)]

(2) 私 見 학설의 대립은 정체와 국체를 구별하는 과거의 전통적인 國法學에서 유래한다. 그러나 국체와 정체를 엄격히 구별할 실익은 없고,[4)] 오늘날 Loewenstein과 같이 정치체계를 분류하는 경우 그 구별은 무의미하다. 따라서 우리는 민주공화국 자체를 국가형태로서 파악하기로 한다. 민주공화국은 군주제를 부정하고 독재공화국이나 전제공화국을 부인한다. 이 점에서 군주제의 배제, 국민주권주의의 실현 등을 그 내용으로 한다.[5)]

3. 民主共和國의 規範性

헌법 제 1 조 1항은 憲法核으로 근본규범적 효력을 가지고 있으며, 당연히 헌법의 다른 규정을 구속한다.[6)] 따라서 이는 우리나라 헌법의 기본성격을 선언한 것으로서 소극적

1) 유진오, 신고 헌법해의, 45면. 다만 문홍주 교수는 헌법 제 1 조는 오로지 국체에 관한 규정으로 보고, 정체는 민주·혼합·단일제 정체로 보고 있다(전게서, 106~107면).

2) 박일경, 전게서, 70~72면.

3) 구병삭, 전게서, 102면; 권영성, 전게서, 109면; 김현규 외, 전게서, 96면.

4) 허영 교수는 국체와 정체의 구별을 전제로 하는 「민주공화국」에 관한 논쟁은 아무런 실익이 없다고 보고, 독특한 input-output 모델에 의하여 볼 때 현행헌법상의 국가형태는 대의민주체제를 그 기본으로 하는 제도적 모델에 가깝지만, 권위주의적 모델의 색채도 띠고 있다고 본다(전게서, 195면).

5) 同旨: 계희열, 전게서, 192면; 양건, 헌법강의, 112면; 성낙인, 전게서, 94면. 독일도 Demokratische Republik이라고 할 수 있다.

6) 국민주권주의와 자유민주주의에 입각한 입헌민주헌법의 본질적 기본질서에 기초하고 있다. 기타 헌법의 제원칙도 여기에서 연유되는 것이므로, 이는 헌법전을 비롯한 모든 법령해석의 기준이 되고, 입법형성권 행사의 한계와 정책결정의 방향을 제시하며, 나아가 모든 국가기관과 국민이 존중하고 지켜가야 하는 최고의 가치규범이다(헌재 1989. 9. 8 선고, 88 헌가 6, 헌재판례집 제 1 권, 199면 이하(205면)).

으로는 민주공화국개념이 권력분립적 공화국이라는 점에서 인민공화제를 부인하고, 나아가 독재공화제의 국가형태도 부인하며, 적극적으로는 국가의 통치조직이 국민에 의해서 형성되고 국민의 자유·평등을 보장하는 민주주의적 정치기구를 통하여 그 권력이 행사되어야 할 것을 요구한다.[1][2]

또 헌법 제1조 1항은 대한민국의 기본적 국가형태를 선언하는 우리 헌법의 핵이므로, 헌법개정의 절차에 따르더라도 개정할 수 없다.

그리고 우리나라의 민주공화국으로서 성격을 보장하기 위하여 헌법은 특히 제8조 4항에서 정당의 목적이나 활동이 민주적 기본질서에 위배될 때에는 해산을 할 수 있도록 규정하였고, 또 이와 관련된 법률로는 헌법 제37조 2항의 일반적 법률유보조항을 근거로 하여 제정된 형법·국가보안법 등이 있다. 이 경향을 방어적 민주국가라고도 한다.

4. 大韓民國 國家形態의 特色

(1) 간접민주정치의 채택 우리 헌법은 민주공화국임을 강조하고 있으나, 직접민주정치에 의할 것인지 간접민주정치에 의할 것인지는 헌법개정에 의하여 선택할 가능성이 있다. 현행헌법은 원칙적으로 간접민주정치인 대표제민주정치를 채택하고 있다.[3]

(2) 직접민주정치의 가미 우리 헌법은 대통령이 「외교·국방·통일 기타 국가안위에 관한 중요 정책」결정을 국민투표에 회부할 수 있도록 하고(제72조), 또 헌법개정안에 대하여 국민투표를 거치도록 하여(제130조 2항) 직접민주정치적인 요소를 가미하고 있다.

(3) 방어적 민주정치의 채택 헌법은 제8조 4항에서 위헌정당의 해산을 규정함으로써 방어적 민주정치(abwehrbereite Demokratie 또는 streitbare Demokratie)를 채용하고 있다. 민주정치는 일반적으로 상대적이라고 말해지고 있으나 절대주의에 대해서까지 상대적일 수는 없기 때문에, 절대주의를 주장하고 민주정치의 전복을 기도하는 이른바 민주주의의 적에 대해서는 이를 방어하지 않을 수 없을 것이다(Radbruch). 이를 위하여 현행헌법

---

1) 국민주권·민주주의원리는 그 작용영역, 즉 공권력의 종류와 내용에 따라 구현방법이 상이할 수 있다. 국회, 대통령과 같은 정치적 권력기관은 헌법규정에 따라 국민으로부터 직선된다(헌재 2000. 3. 30 선고, 99 헌바 113, 헌재판례집 제12권 1집, 359면 이하).

2) 민주주의는 참정권의 주체가 국가권력의 지배를 받는 국민이 되도록 일치할 것을 요청한다. 국민의 참정권에 대한 이러한 민주주의적 요청의 결과가 바로 보통선거의 원칙이다. 즉, 원칙적으로 모든 국민이 균등하게 선거에 참여할 것을 요청하는 보통·평등선거원칙은 국민의 자기지배를 의미하는 국민주권의 원리에 입각한 민주국가를 실현하기 위한 필수적 요건이다. 원칙적으로 모든 국민이 선거권과 피선거권을 가진다는 것은 바로 국민의 자기지배를 의미하는 민주국가에의 최대한의 접근을 의미하기 때문이다(헌재 1999. 5. 27 선고, 98 헌마 214, 헌재판례집 제11권 1집, 675면 이하).

3) 대한민국은 대표제민주주의를 채택하고 있다. 독일기본법은 Repräsentative Demokratie를 채택하고 있다. 상세한 것은 Magiera, Parlament und Staatsleitung in der Verfassungsordnung des GG, 1979; Scheuner, Staatstheorie und Staatsrecht, 1978; Stern, Das Staatsrecht, §18, Bd I, S. 583ff.; Zippelius/Würtenberger, Deutsches Staatsrecht, 32. Aufl, S. 88ff. 등 참조.

은 민주정치와 헌법의 보장을 위하여 여러 가지 헌법보장방법을 마련하고 있다.[1)]

(4) 정당제민주정치의 도입 헌법은 제 8 조에서 정당을 헌법에 편입하여 정당제민주정치를 채택하고 있으며, 정당이 국민의 정치적 의사형성에 참여하는 역할을 중시하여 복수정당제를 보장하고 있다.[2)]

(5) 사회적 법치국가 내지는 복지국가의 경향 헌법은 전문에서 복지국가의 원칙을 선언하고, 헌법 제10조와 제34조 및 제119조 2항 등 여러 조항에서 복지국가주의를 내세우고 있다.[3)] 오늘날의 국가는 소극적 국가가 아니고 국민의 복지를 향상하기 위한 적극국가로 되고 있는데, 우리나라도 이 경향에 따르고 있다.

Ⅲ. 大韓民國의 象徵

대한민국 헌법은 국기와 국가, 국어, 수도 등에 관해서는 규정하지 않고 있다. 그러나 관습헌법상 국기는 태극기이고 국가는 애국가이며 국어는 한국어이고 수도는 서울이다. 이의 변경에는 헌법개정절차에 따라야 한다는 것이 헌재결정의 취지이다.[4)]

1) 방어적 민주주의는 독일기본법이 채택한 원리이다. 이는 전투적 민주주의라고 하는데, 민주주의의 적에 대해서는 이를 방어하고 민주주의를 수호하는 민주주의제도이다. 우리나라도 헌법의 민주적 기본질서를 보장하기 위하여 자유민주적 기본질서를 침해하는 정당의 해산을 인정하고 있다(헌법 제 8 조). 헌재는 많은 국가보안법판결에서 국가의 존립·안전이나 자유민주적기본질서에 실질적 해악을 주는 행위의 가벌성을 인정하고 있다. 예를 들면 헌재 1990. 4. 2 선고, 89 헌가 113, 헌재판례집 제 2 권, 49~74 면; 헌재 1990. 6. 25 선고, 90 헌가 11, 헌재판례집 제 2 권, 165~177 면 참조.

2) 독일도 정당제 민주정치를 채택하고 있다. Döring/Smith(Hrsg.), Party Government and Political Culture in Western Germany, 1982; Henke, Das Recht der politischen Parteien, 2. Aufl., 1972; Zippelius/Würtenberger, § 11, a.a.O., S. 93ff.

3) 우리 헌법은 사회국가원리를 명문으로 규정하고 있지는 않지만, 헌법의 전문, 사회적 기본권의 보장(헌법 제31조 내지 제36조), 경제영역에서 적극적으로 계획하고 유도하고 재분배하여야 할 국가의 의무를 규정하는 경제에 관한 조항(헌법 제119조 2항 이하) 등과 같이 사회국가원리를 구체화한 여러 표현을 통하여 사회국가원리를 수용하였다(헌재 2002. 12. 18 선고, 2002 헌마 52, 헌재판례집 제14권 2집, 904 면 이하(909 면)).

4) 헌재 2004. 10. 21 선고, 2004 헌마 554·566(병합), 헌재판례집 제16권 2집(하), 1면 이하.

제 3 장 大韓民國의 基本秩序

제 1 절 民主秩序

Ⅰ. 國民主權主義

1. 沿革 및 立法例

(1) 국민주권이론의 발전　　고대나 중세에도 국민주권사상이 없었던 것은 아니나, 사회계약론에서 출발하여 국민주권이론을 제창한 것은 독일법학자 Johannes Althusius 라고 하겠다. 근대국가의 이론으로서의 국민주권이론은 전제군주정하에서 근대민주국가의 수립을 위한 항의적 이데올로기로서 주장되었던바, 역사적으로 본다면 Bodin 에서 Hobbes 에의 군주주권이론이 다시금 Hobbes 에서 Locke 에의 중간단계를 거쳐 1764 년의 사회계약론(Du contrat social)에 있어서의 Rousseau 의 국민주권이론으로 발전한 것이라고 할 것이다.[1)]

프랑스혁명 당시의 국민주권론이 nation 주권론이냐 peuple 주권론이냐에 대하여 학설이 대립되고 있다. nation 주권(국민주권)에 있어서는 주권자인 국민은 추상적 통일체로서의 국민이며 그 자체는 구체적인 의사·활동능력이 없으므로 위임이 불가피하다고 한다. 이에 대하여 인민주권에 있어서는 주권자인 peuple(인민)은 사회계약참가자의 총체, 정치에 참가할 수 있는 연령에 달한 자(시민) 전체를 의미하고, 그 구성에서 보아 peuple 은 스스로 주권을 행사할 수 있다고 한다.

(2) 국민주권의 입법례　　이러한 국민주권이론이 헌법에 규정되기에 이른 것은 미국의 여러 헌법과 France 헌법을 그 효시로 한다. 즉 미국의 Virginia 인권선언(1776) 제 2 조는「모든 권력은 인민에게 있고, 따라서 인민에 유래하는 것이다. 행정관은 인민의 수탁자이며, 또 공복으로서 항상 인민에 대하여 책임을 지는 것이다」라고 하였고, 미국의 독립선언(1776), France 인권선언(1789)도 같은 취지의 규정을 두었다. 또 제 1 차 대전 후의 독일은「아래로부터의 혁명」에 의하여 국민주권이론을 헌법에 실정법화하게 되어 Weimar

1) 국민주권주의에 관해서는 김철수, 비교헌법론(상), 147~170 면; 同, 국민주권주의, 법과 정치, 1995 참조; Bugiel, Volkswille und repräsentative Entscheidung, 1991; Kluth, Funktionale Selbstverwaltung, 1997; Maurer, Plebiszitäre Elemente in der repräsentative Demokratie, 1997; Jürgens, Direkte Demokratie in der Bundesländern, 1993; Fisan, Demokratie und Öffentlichkeitsbeteiligung, 2002 등 참조.

헌법 제 1 조 2항은 「국가권력은 국민에게서 나온다」라고 하여 국민주권주의를 선언하였고, 다른 지방헌법도 이에 따르게 되었다. 그 외에도 제 1 차 대전 후의 여러 나라의 새 헌법들이 국민주권의 원칙을 선언하였으며, 제 2 차 대전이 끝난 오늘날 거의 모든 헌법이 국민주권주의를 선언하고 있다. 우리 헌법도 이러한 경향에 따라 제헌헌법 이래 줄곧 국민주권주의를 선언하고 있다(제 1 조 2 항).[1)]

2. 國民主權主義의 意義

(1) 국민「주권」의 의미　　국민주권주의는 주권이 국민에게 있음을 선언한 것이다. 여기서 주권이란 무엇인가, 주권의 주체로서의 국민이란 무엇이냐에 대하여 논란되고 있다. 우선 국민주권에 있어 주권이란 무엇이냐에 관해서 학설이 대립되고 있다.

1) 학　설

(a) 헌법상 최고권한설　　국민주권에 있어서의 주권이란 국가의 의사력을 구성하는 최고의 원동력인 기관의사, 국가조직의 내부에 있어서 국가의 의사를 결정하는 최고의 힘을 의미한다고 한다. 이것은 헌법에 의해서 창설된 권력 중 최고의 것이라고 한다.

(b) 헌법제정권력설　　국민주권에 있어서의 주권이란 국정에 있어서의 최고의 결정권, 즉 헌법제정권력을 의미한다고 한다. 이것은 C. Schmitt의 주권이론의 영향하에 있는 것으로서, 박일경 교수는 「법적 의미에서의 주권은 결국 국가의 최고법규인 헌법을 제정 내지 개정할 수 있는 권력, 즉 헌법제정권력 내지 헌법개정권력을 의미한다」고 본다.[2)]

(c) 국정의 최종적 권위설　　국민주권에 있어서의 주권이란 「국가정치의 있어야 할 방향을 최종적으로 결정하는 권력 또는 권위」로서 헌법제정행위 기타 일체의 국가행위를 정당화하는 권위를 의미한다고 본다.[3)] 따라서 국민주권이란 국정의 권위가 국민으로부터 유래하고, 국정의 권력을 행사하는 모든 국가기관이 「국민의 대표자」로 간주된다고 하는 이념을 말한다고 한다.

(d) 국가권력설　　국민주권이라고 할 때의 주권은 국가권력 자체를 의미한다고 한다. 이것은 Bodin 이래 France의 통설이라고 하며 일본에서는 杉原 교수가 주장하고 있다.

(e) 혼 합 설　　이 학설은 주권이란 첫째로 주권자의 최고의 정치적 결정권으로서 이 정치적 결정권이 정치적 공동체에 대한 결단, 헌법의 제정에 대한 결단을 의미할 때에는 그것은 또한 동시에 헌법제정권력을 의미하며, 둘째로 주권은 헌법에 규정된 국가적 권력, 즉 법적으로 조직된 정치적 권력을 말한다고 한다. 따라서 이러한 경우에 있어서의 주권은 헌법에

---

1) 구병삭 교수는 국가주권은 사적 사회권력에서의 독립성과 대외적인 독립성을 의미하며, 이러한 국가주권의 독립성이 침해되지 않는 것이 오늘날의 국가주권의 원리라고 한다. 그러므로 국가의 대내적·대외적 독립성·최고성인 국가주권이 보장되지 않으면 국민주권은 불가능하므로 헌법 제 1 조 2항은 국민주권의 원리와 국가주권의 원리를 통합한 근본원칙이라고 볼 수 있다고 한다(헌법학(상), 233～234 면).

2) 박일경, 전게서, 56～57 면. 同旨: 권영성, 전게서, 51 면. 이 학설은 국가법인설에 입각하고 있다. 국가법인설에 의하면 주권이란 「국가의사를 구성하는 최고의 원동력인 기관의사」를 의미하며, 이에 의하면 모든 권력은 헌법에 유래하는 것이기 때문에 국민에 최고기관권한을 귀속시키는 원리로서의 국민주권은 적어도 헌법개정권을 국민에게 귀속시키는 것을 불가결로 하는 것이라고 한다. 박일경 교수는 헌법제정권력=헌법개정권력으로 파악하고 있다. 상세한 것은 김철수, 현대헌법론, 169 면 이하 참조.

3) 문홍주 교수는 주권개념이 여러 가지 의미로 사용된다고 하면서, 주권은 국민의사를 결정하는 최후의 원동력 내지 근본적 연원을 의미하는 경우가 있다고 한다(전게서, 88 면).

규정된 국가의 독점적인 법적 관할권을 의미한다고 한다.[1]

2) 판 례 헌법 제1조는 "대한민국은 민주공화국이다," "대한민국의 주권은 국민에게 있고 모든 권력은 국민으로부터 나온다"라고 규정하여 국민주권의 원리를 천명하고 있다. 그 중요한 의미는 국민의 합의로 국가권력을 조직한다는 것이다(헌재 1989. 9. 8. 88 헌가 6, 헌재판례집 1, 199, 205). 이를 위해서는 주권자인 국민이 정치과정에 참여하는 기회가 되도록 폭넓게 보장될 것이 요구된다. 대의민주주의를 원칙으로 하는 오늘날의 민주정치 아래에서 국민의 참여는 기본적으로 선거를 통하여 이루어진다. 따라서, 선거는 주권자인 국민이 그 주권을 행사하는 통로인 것이다(헌재 2001. 7. 19. 2000 헌마 91 등, 헌재판례집 13-2, 77, 93).[2]

3) 私 見 국민주권주의에 있어서의 「주권」이란 「국정의 방향을 최종적으로 결정하는 권력 또는 권위」를 말하는 것이며, 국민주권이란 이러한 주권이 국민에게 있으므로 국민이 최종적인 결정권, 즉 헌법제정권력과 일체의 국가권력을 가진다는 것을 의미하고, 이러한 국가권력의 행사는 국민투표에 의해서나 국민대표에 의해서 행해지는바, 이 모든 것이 국민에 의해서 정당화된다는 것을 말한다고 볼 것이다.[3] 우리 헌법은 이를 명시하여 「대한민국의 주권은 국민에게 있고, 모든 권력은 국민으로부터 나온다」고 규정하고 있다(제1조 2항).

(2) 주권보유자인 「국민」의 의미 주권의 주체 내지는 주권의 보유자로서의 국민이 무엇을 뜻하는가에 대해서도 학설이 대립되고 있다.[4] [5]

1) 학 설

(a) 유권자전체설 이 학설은 주권을 헌법에 의하여 만들어진 권한으로 보는 사람들이 취하는 학설로서, 국민주권에 있어서의 국민이란 현재 생존하는 국민 중에서 현실적으로 정치에 참가할 권리를 가지는 자, 즉 선거권자의 전체를 의미하며, 정치에 참가할 자격을 갖지 않는 아동·정신병자·수형자 등은 이에 포함되지 않는다고 한다. 이것은 Weimar 헌법하의 다수설로서 우리 나라에서는 박일경 교수가 「그러므로 이른바 주권자로서의 국민의 지위는 앞에서 말한 바 참정권의 주체로서의 능동적 지위로부터 결과적으로 유래되는 것이지, 참정권의 주체로서의 국민의 지위와 별개로 독립·병존하는 다른 지위는 아닌 것이다」라고 하여 이 학설을 주장하고 있다.[6]

---

1) 한태연, 전게서, 119 면.

2) 헌재 2007. 6. 28 선고, 2004 헌마 644, 2005 헌마 360(병합), 헌재판례집 제19권 1집, 873면 이하.

3) 독일에서도 제 2 차대전 전에는 주권론이 성행하였으나 제 2 차대전 후에는 주권논의가 후퇴하고 있다. 그 이유는 ① 오늘날의 입헌국가에서는 일상적으로 생기는 여러 가지 문제를 처리하기 곤란한 점, ② 전후의 협동적 연방제하에서는, 분할주권, 이중주권, 주권적 자결과 같은 종래의 개념이 통용되지 않게 되었고, 연방주의를 둘러싼 의론에서 주권개념이 완전히 후퇴한 점을 들 수 있다. Häberle, Zur gegenwärtigen Diskussion um Problem der Souveränität, 1967.

4) 상세한 것은 김철수, 주권자로서 국민의 의의 변천——주권의 보유자와 주권의 행사자에 대한 서독학설, 고시계 64. 4; Kurz, Volkssouveränität und Volksrepräsentation, 1965 참조.

5) 권영성 교수는 신판에서 종래의 견해를 바꾸어 국민개념 이분설에 의거하여 설명하고 있다. 그리하여 전체로서의 국민은 정치적·이데올로기적 개념으로 이해하고 유권적 시민의 총체(주권의 현실적 행사자)는 주권자가 국가의사를 직접결정하거나 아니면 적어도 국가의사의 결정이 국민적 합의에 기초하는 것이어야 한다는 법적 원리를 의미하는 것으로 이해한다(전게서, 118 면).

6) 박일경, 전게서, 192～193 면.

(b) 국민전체설　　주권자로서의 국민은 특정한 자격을 가진 사람이 아니라 전 국민의 의미로서 일체의 자연인인 국민의 총체를 말한다고 한다. 문홍주 교수는「헌법제정권력 내지 주권의 주체로서의 국민은 국민 전체를 하나의 이념적 통일체로서 파악한 것이다. 이것은 개개의 국민과는 그 개념이 다르며, 성별·연령에 관계 없이 선거권자는 물론이고 선거권이 없는 모든 국민도 다 포함해서 관념한 것이다」[1]라고 한다. 이것을 국민주권(la souveraineté de la nation)론이라고 한다.

(c) 인민주권설　　주권의 보유자인 국민은 부르주아적인 국민(nation)이 아니고 개인으로서의 인민(peuple)이라고 한다. 인민주권(la souveraineté populaire, la souveraineté du peuple)론을 국민주권론과 구분하고 있는 학자들은 주권자로서의 국민과 인민을 구분하고 있다. 그들에 의하면 인민주권에서의 주권주체인 인민은 사회계약참가자의 총체로 본다. 이 의미에서의 인민은 그 자체 의사능력을 가지며 스스로 이를 행사할 수 있다고 한다. 인민의 각 구성원(시민)은 주권의 행사에 참가하는 당연한 권리를 가지며, 집행권의 담당자에 대한 감독권을 당연히 가지고 있는 것으로 생각되었다. 루소는 일반의사(총의)는 시민의 참가에 의해서만 귀결되며, 국가의 각 구성원은 주권을 전체국민수로 나누어 분유(分有)하고 있다고 생각하였다.[2]

2) 私　見　　주권자를 국민 개개인으로 보아 주권을 분유(分有)하고 있다는 이론은 주권의 唯一不可分性에 위배되는 이론이다. 그러므로 주권보유자인 국민과 주권행사자인 국민을 구분하여 주권행사자인 국민은 유권자의 총체이나, 주권보유자로서의 국민은 정치적·이념적 통일체로서의 전체국민을 말한다고 보아야 할 것이다. 비유권자를 포함한 전체국민이 주권자라고 하는 것은 전체국민이 여론의 주체로서 국가의 최고결정권을 행사한다는 것을 뜻한다. 따라서 주권의 주체인 국민은 개인의 단순한 총체가 아니고 하나의 추상적인 존재이며, 구체적인 시점에 있어서의 시민을 초월한 법적 존재로서 인식된다.

---

1) 문홍주, 전게서, 181면.

2) 한태연 교수는 국민주권의 원리와 인민주권의 원리는 대립과 거부와 같은 이율배반적 성향을 보여주고 있다고 하면서, 첫째로 국민주권의 원리에 있어서는 주권의 주체는 인격화된 국민으로서의 '전체국민,' 즉 가치공동체를 의미하는 데 대하여, 인민주권의 원리에 있어서의 그 주권의 주체는 현실적이며 구체적인 개인, 즉 유권적 시민의 총체이며, 둘째로 국민주권의 원리에 있어서는 전체로서의 국민의 주권은 대의제를 그 이상으로 하지만, 인민주권의 원리에 있어서는 직접민주제를 그 이상으로 하며, 셋째로 국민주권의 원리에 있어서는 권력분립을 전제로 한 무기속위임의 대의제를 그 본질로 하지만, 인민주권의 원리에 있어서는 권력분립을 부인하고 기속적 위임을 그 본질로 하며, 넷째로 국민주권의 원리에 있어서는 그 선거에의 참가는 주권자로서의 권리가 아닌, 국민의 이름으로 국민에 대한 봉사로써 하는 하나의 기능, 하나의 의무를 의미하며 제한선거도 인정하지만, 인민주권의 원리에 있어서는 선거에의 참가는 그 주권을 행사하는 주권자의 권리를 의미하여 제한선거는 인정되지 아니하고, 다섯째로 국민주권의 원리에서는 대의제에 따라서 주권의 주체와 그 행사자가 분리되어 군주제의 원리와 결합할 수 있지만, 인민주권의 원리에서는 C.Schmitt의 자동성의 원리(Prinzip der Identität)에 따라서 주권의 주체와 그 행사자는 대체로 일치하여 군주제의 원리와 결합할 수 없다는 점에서 구별된다고 하면서 오늘의 헌법에 있어서는 순수한 국민주권의 원리나 순수한 인민주권의 원리만을 그 정치적 구성원리로 하는 헌법은 없고, 그 헌법의 규정여하를 막론하고 국민주권의 원리와 인민주권의 원리의 조화를 그 헌법의 기본으로 하고 있다고 한다(헌법학, 법문사, 1983, 143~145면). 성낙인 교수 역시 Nation 주권과 Peuple 주권의 대비를 통하여 주권이론을 이해하고 있으며, 현대에 들어 Nation 주권과 Peuple 주권의 대립이 권력분립의 원리, 보통선거의 일반화, 반대표의 원리 등으로 나타남으로써 그 융합화되어가는 경향을 지적한다(성낙인, 전게서, 117~121면). 이러한 이론은 杉原泰雄의 國民主權論, 人民主權論과 대동소이하다. 杉原泰雄, 國民主權の硏究; 同, 國民主權と國民代表制, 同, 人民主權の史的展開 등 참조.

주권의 보유자로서의 국민은 정치적·이념적 통일체로서의 국민의 총체이며, 비록 조직화되지 않았고 그 크기가 고정되지 않고 인적으로나 물적으로나 유동적이기는 하나, 어떤 순간이나 구체적인 이념적 통일체로서 현존한다.

(3) 「주권보유자로서의 국민」의 법적 성격 주권 보유자로서의 국민이 과연 법적 개념인가, 아니면 정치적·이데올로기적 개념에 불과한가에 관하여 논란이 있다.

1) 학 설

(a) 정치적·이데올로기적 개념설 이 학설은 국민이 주권자라는 개념이 엄격한 의미의 법적 개념이 될 수 없다고 보는 견해이다. 국민이 주권의 주체 내지 주권의 보유자로서의 지위를 가지려면 국민전체가 권리주체로서의 법인격을 가져야 하며 그러기 위해서는 국민 전체가 자연인이 아닌 이상 법인격을 가진 법인으로서 조직되지 않으면 안 되는데, 통일체로서의 전 국민은 존재하지 않는 까닭에, 또는 주권의 주체로서의 국민의 법적 구성이 실정법적으로 불가능하기 때문에 이른바 「주권자로서의 국민」 내지 「주권의 주체로서의 국민」의 개념은 「정치적·이데올로기적 개념이지 엄격한 법적 개념이라고 할 수 없으며, 국가권력행사에 있어서 그 정당성의 근거가 될 뿐」이라고 한다.[1)]

(b) 법적 개념설 국민전체라는 것은 그 구체적 구성원이 유동적이긴 하지만 이를 이념적으로 관념할 수 있으며, 최고실정법인 헌법조항이 명백히 주권이 국민에게 있다고 하였으므로 법적 개념으로 인정하는 것이 타당하다는 견해이다.[2)] 그리고 이것은 헌법의 정치적 가치의 근원 내지 법적 구속력의 근원을 의미하는 법적(헌법적) 개념이라고 한다.

2) 私 見 생각건대 주권의 보유자, 즉 주권의 주체로서의 국민은 국가 또는 헌법 이전의 국민이며, 이는 조직화된 크기는 아닐지라도 유동적이나마 구체적인 이념적 통일체로서 현존하기 때문에 비록 실정법적으로 법적 의사를 형성할 수 없다고 하더라도 여론의 주체로서 또 주권자로서 주권을 보유함에 아무런 지장이 없다고 하겠다.

주권의 보유자로서의 전체국민의 개념을 극히 정치적·이념적인 것으로 배격하고 순수법학적인 논리조작을 하는 법실증주의는 헌법이념이나 헌법정신도 또한 헌법의 핵심인 절대적 의미의 헌법이 된다는 사실을 무시한 것이라 하겠다. 우리 헌법 제 1 조 2 항은 결코 Programm 적 규정이 아니며 최고규범이므로, 주권의 보유자로서의 국민이 전체국민이라고 하는 것은 법적 의의를 가지는 것이라고 하겠다.

주권의 행사자로서의 국민은 국가기관으로서의 국민이며, 이들은 선거권을 가진 국민으로 구성되어 국민투표기관으로서 또 선거기관으로서 기능하고 있다. 우리 나라의 대부분의 학자들도 주권자로서의 국민과 국가기관으로서의 국민을 구별하고 있는데, 이는 타당한 구별이라 할 것이다.[3)]

1) 박일경, 전게서, 65～67 면. 나아가서 박일경 교수는 엄격한 의미에 있어서의 주권의 보유자는 헌법제정권자이며, 헌법이 제정된 후에는 헌법개정권자가 주권의 보유자라고 한다.

2) 문홍주, 전게서, 182 면, 문홍주 교수는 헌법도 하나의 실정법으로 볼 수 있다는 입장에서 정치적·이데올로기적 개념설에 의문을 품고 있다.

3) 문홍주, 전게서, 183 면; 김기범, 전게서, 66 면; 구병삭, 전게서, 152 면. 다만 박일경 교수는 이에 반대하여 Jellinek 의 분류방법에 따라 국민의 지위를 구별한다(전게서, 190 면).

(4) 주권보유자로서의 국민의 범위　　주권의 보유자로서의 국민은 국적을 가진 국민의 이념적 통일체로서의 전체국민을 말하며, 선거권자의 전체인 선거인단을 말하는 것이 아니다. 국적법은 국민의 자격인 국적의 취득과 상실을 구체적으로 규정하고 있다. 주권자로서의 국민은 연령·성별·조건 등에 관계 없이 모든 국민을 포함하는 자연인의 이념적 통일체로서의 국민을 의미하므로 법인은 제외된다. 그리고 외국인도 국가구성원으로서의 국민이 아니기 때문에 제외된다.

3. 國民主權主義의 法的 性格

국민주권주의를 규정하고 있는 헌법 제 1 조 2항은 정당성의 원리로서의 측면과 실정헌법상의 구성원리로서의 측면을 아울러 가지고 있다. 이 조항은 전체국민이 국가정책의 최종적인 결정권을 가지고 있다는 것을 말한다. 나아가 「모든 권력이 국민으로부터 나온다」는 것은 국민에 의해서 국가권력이 구성되고 또 행사되어진다는 것을 의미한다. 이 점에서 헌법 제 1 조 2항은 포괄적·통일적 지배권=국가권력이 국민에게서 나온다고 하여 국가권력의 정당성을 규정한 것이라고 하겠다. 오늘날 주권자로서의 국민은 주권행사자로서의 국민을 통하여서 또 국민대표기관을 통하여 주권을 행사하고 있다.

이 헌법 제 1 조 2항은 우리 헌법의 근본규범에 해당된다.[1] 따라서 이 규정은 헌법 각 조항의 해석기준이 되며,[2] 헌법개정의 한계가 되어 어떠한 경우에 있어서도 헌법개정에 의하여 국민주권주의를 부인할 수 없다. 국민주권주의를 부정하는 헌법개정은 혁명으로 새로운 헌법의 제정이 될 뿐이다.

4. 우리 憲法上의 國民主權原理

(1) 국민주권의 선언　　헌법 제 1 조 2항은 「대한민국의 주권은 국민에게 있고, 모든 권력은 국민으로부터 나온다」라고 하여 국민주권의 원리를 명문으로 선언하고, 전문은 국민이 헌법을 제정했고 그 헌법을 국민투표에 의해 개정했음을 선언하고 있으며, 또 제

---

1) 헌법 제 1 조를 우리나라의 근본규범으로 인정하고 있으면서도 이를 이데올로기적·정치적 성격의 것으로 변용하는 이론이 있다. 그 첫째는 주권자로서의 국민개념을 부정하는 이론이며, 둘째는 국민대표기관을 정치적 대표기관으로 보는 이론이다. 엄격한 민법적 개념을 적용하여 주권자로서의 국민개념을 부정하는 것은 법실증주의에 철저하기 때문에 인정될 수 있으나, 주권자로서의 국민이 법적 개념임을 인정하면서도 국민대표기관을 정치적 대표로 보는 견해는 논리적 일관성이 없어 인정될 수 없다. 일본에서는 국민주권주의를 비과학적·이데올로기적 개념으로 보아 이를 재구성하려는 노력이 나타나고 있다.

2) 헌재는 국민주권주의를 최고가치규범으로 인정하고 있다. 헌재 1989. 9. 8 선고, 88 헌가 6, 헌재판례집 제 1 권, 199 면 이하(205 면). 「우리 헌법의 전문과 본문의 전체에 담겨 있는 최고 이념은 국민주권주의와 자유민주주의에 입각한 입헌민주헌법의 본질적 기본원리에 기초하고 있다. 기타 헌법상의 제원칙도 여기에서 연유되는 것이므로 이는 헌법전을 비롯한 모든 법령해석의 기준이 되고, 입법형성권 행사의 한계와 정책결정의 방향을 제시하며, 나아가 모든 국가기관과 국민이 존중하고 지켜야 하는 최고의 가치규범이다」.

1조 1항은 민주공화국임을 규정하여 국민주권원리의 채택을 간접적으로 규정하고 있다.[1] 그리고 이를 구체화하기 위하여 헌법은 원칙적으로 간접민주정치를 채택하면서 예외적으로 직접민주정치의 방법(제130조, 제72조)을 규정하여 이를 보충하고 있다.[2] [3]

(2) 국민주권원리의 구현형태

1) 국민대표제 전체국민이 주권자라 하더라고 현실적으로 이러한 전체국민은 주권을 직접 행사할 수는 없다. 주권자인 국민은 모든 국가권력의 연원으로서 다른 국가기관에 국가권력을 위탁하여 이를 행사하게 한다. 주권의 내용인 통치권은 국가기관으로서의 국민과 국민대표기관에 의하여 행사된다. 국가의 권력은 헌법에 의하여 국민의 대표기관인 대통령·헌법재판소 및 국회·행정부·법원에 수권되고 있다.

우리 헌법상 국민주권원리의 구현을 위한 국민대표제의 표현으로 의회제도를 보장하고(제3장), 주권행사기관인 국민이 국민의 대표인 국회의원을 직접선거하며(제41조 1항), 대통령을 직접선거한다(제67조 1항). 이를 위하여 국민 개인에게는 공무원선거권(제24조)·공무담임권(제25조)이 보장되며, 보통·평등·직접·비밀·자유선거제가 채택되고 있다(제41조).[4]

헌법재판소는 이를 명시적으로 설시하고 있다. 「국민주권의 원리와 선거를 통한 국민의 참여를 위하여 헌법 제24조는 모든 국민에게 법률이 정하는 바에 의하여 선거권을 보장하고 있

1) 헌법 제1조는 "대한민국은 민주공화국이다," "대한민국의 주권은 국민에게 있고 모든 권력은 국민으로부터 나온다"라고 규정하여 국민주권의 원리를 천명하고 있다. 그 중요한 의미는 국민의 합의로 국가권력을 조직한다는 것이다(헌재 1989.9.8. 88 헌가 6, 헌재판례집 1, 199, 205). 이를 위해서는 주권자인 국민이 정치과정에 참여하는 기회가 되도록 폭넓게 보장될 것이 요구된다. 대의민주주의를 원칙으로 하는 오늘날의 민주정치 아래에서 국민의 참여는 기본적으로 선거를 통하여 이루어진다. 따라서, 선거는 주권자인 국민이 그 주권을 행사하는 통로인 것이다(헌재 2001.7.19. 2000 헌마 91 등, 헌재판례집 13-2, 77, 93)(헌재 2007.6.28 선고, 2004 헌마 644, 2005 헌마 360(병합), 헌재판례집 제19권 1집, 859면 이하(873면)).

2) 국민주권의 구현원리로서 허영 교수는 ① 기본권에 기속되는 통치권, ② 자유민주주의원리, ③ 법치주의원리를 들고 있다. 그러나 이것은 자유민주주의의 구현원리로 보아야 하겠다(허영, 전게서, 139면 이하). 계희열 교수는 헌법의 국민주권의 원리로서 ① 군주주권론, ② 국민주권론, ③ 의회주권론, 국가주권론 및 법주권론, ④ 현대민주주의헌법에 있어서 국민주권의 의의와 한계를 나누어 설명하고 있다(계희열, 전게서, 210면 이하). 성낙인 교수는 i) 대한민국헌법의 법적 기초로서의 국민주권주의, ii) 자유와 권리보장을 통한 국민주권의 실질화, iii) 간접민주제(대의제)와 직접민주제의 조화: 반대표민주주의, iv) 대의제의 병폐를 시정하기 위한 권력분립주의, v) 대의제의 실질화를 위한 복수정당제의 보장, vi) 국민전체에 봉사하는 직업공무원제의 보장으로 설명하고 있다(성낙인, 전게서, 121~124면).

3) 헌재는 국민주권주의에 대해서 다음과 같이 판시하고 있다. 헌재 1989.9.8 선고, 88 헌가 6, 헌재판례집 제1권, 199면 이하(205면). 「헌법 제1조는 대한민국은 민주공화국이다. 대한민국의 주권은 국민에게 있고 모든 권력은 국민으로부터 나온다고 하여 국민적 합의로 국가권력을 조직하고 그 국민의 기본권을 최대한으로 보장한다(헌법 제10조)는 국민주권론의 원칙을 채택하여 국민에게 선언하고, 헌법전문은 각인의 기회를 균등히 보장하고 자유민주적 기본질서를 더욱 확고히 하는 헌법을 국민이 제정하고 그 헌법을 국민투표에 의하여 개정한다고 밝히고 있다」.

4) 민주정치는 주권자인 국민이 정치과정에 참여하는 기회가 폭 넓게 보장될 것을 요구하므로, 국민의 주권행사 내지 참정권행사의 의미를 지니는 선거과정에 대한 참여행위는 원칙적으로 자유롭게 행하여질 수 있도록 최대한 보장되어야 한다. 이러한 선거자유의 원칙은 민주국가의 선거제도에 내재하는 법원리로서 국민주권의 원리, 대의민주주의의 원리 및 참정권에 관한 헌법규정들(제1조, 제24조, 제25조, 제41조 제1항, 제67조 제1항 등)을 근거로 하며, 그 내용으로 선거권자의 의사형성의 자유와 의사실현의 자유, 구체적으로는 투표의 자유, 입후보의 자유 나아가 선거운동의 자유가 있다(헌재 2006.7.27 선고, 2004 헌마 215, 헌재판례집 제18권 2집, 200면 이하).

고, 헌법 제11조는 정치적 생활영역에서의 평등권을 규정하고 있으며, 또한 헌법 제41조 제 1 항 및 제67조 제 1 항은 국회의원선거와 대통령선거에 있어서 보통·평등·직접·비밀선거의 원칙을 보장하고 있다. 헌법이 선거권과 선거원칙을 이같이 명문으로 보장하고 있는 것은 국민주권주의와 대의민주주의 하에서는 국민의 선거권 행사를 통해서만 국가와 국가권력의 구성과 창설이 비로소 가능해지고 국가와 국가권력의 민주적 정당성이 마련되기 때문이다(헌재 1999. 5. 27. 98 헌마 214, 헌재판례집 11-1, 675, 697).

이러한 국민의 선거권 행사는 국민주권의 현실적 행사수단으로서 한편으로는 국민의 의사를 국정에 반영할 수 있는 중요한 통로로서 기능하며, 다른 한편으로는 주기적 선거를 통하여 국가권력을 통제하는 수단으로서의 기능도 수행한다. 국회의원과 대통령에 대한 선거권(이하 이를 편의상 '국정선거권'이라 한다)을 비롯한 국민의 참정권이 국민주권의 원칙을 실현하기 위한 가장 기본적이고 필수적인 권리로서 다른 기본권에 대하여 우월한 지위를 갖는 것(헌재 1989. 9. 8. 88 헌가 6, 헌재판례집 1, 199, 207 참조)으로 평가되는 것도 바로 그러한 이유 때문이다」.[1] [2]

2) 직접민주제 그러나 의회의 부패와 무능력으로부터 오는 간접민주주의의 여러 폐단을 최소로 줄이기 위하여 직접민주제적인 여러 제도가 등장하였는데, 직접민주정치란 국민이 직접 주권을 행사할 수 있는 제도로서 이에는 「동일성·자동성의 원리」가 지배한다.

현대국가에 있어서는 그 방식으로 국민투표제를 채택하고 있는데, 이를 넓은 의미로 해석하는 경우 국민발안·국민표결·국민해면제(recall)가 포함된다.

우리 헌법은 제72조에서 중요한 국가정책에 대한 국민표결을 규정하고, 제130조 2항에서 헌법개정안에 대한 국민표결제를 규정함으로써 직접민주제를 도입하여 간접민주제와 조화된 혼합민주제를 택하고 있다.[3]

3) 정당제도 오늘날의 민주정치는 대중민주정치인데, 대중의 다양하고 유동적인 의사를 매개·형성하기 위해 그 필수적 존재로 정당이 등장하였다. 오늘날의 정당국가에 있어서는 선거의 의의와 의회의 기능도 변질되는데, 특히 헌법에 특별한 정당조항을 두는 경우에는 그 범위에서 국민주권원리는 제약되며, 정당제도는 국민주권원리를 실현하는 하나의 새로운 제도로 간주될 수 있다. 우리 헌법도 제 8 조 1항에서 「정당의 설립은

1) 헌재 2007. 6. 28 선고, 2004 헌마 644, 2005 헌마 360(병합), 헌재판례집 제19권 1집, 859면 이하.

2) 헌재는 주권의 행사에 대하여 다음과 같이 설시하고 있다. 헌재 1989. 9. 8 선고, 88 헌가 6, 헌재판례집 제 1 권, 199면(208면). 「헌법상의 국민주권론을 추상적으로 보면 전체국민이 이념적으로 주권의 근원이라는 전제 아래 형식적인 이론으로 만족할 수 있으나 현실적으로 보면 구체적인 주권의 행사는 투표권 행사인 선거를 통하여 이루어지는 것이다. 실질적 국민주권을 보장하기 위하여 유권자들이 자기들의 권익과 전체 국민의 이익을 위해 적절하게 주권을 행할 수 있도록 민주적인 선거제도가 마련되어야 하고, 국민 각자의 참정권을 합리적이고 합헌적으로 보장하는 선거법을 제정하지 않으면 안 된다」.

3) 우리 헌법은 선거권(헌법 제24조)과 같은 간접적인 참정권과 함께 직접적인 참정권으로서 국민투표권(헌법 제72조, 제130조)을 규정하고 있으므로 국민투표권은 헌법상 보장되는 기본권의 하나이다(헌재 2001. 6. 28. 2000 헌마 735, 헌재판례집 13-1, 1431, 1439 참조). 그러므로 대통령의 의사결정이 국민의 국민투표권을 침해한다면, 가사 위 의사결정이 고도의 정치적 결단을 요하는 행위라고 하더라도 이는 국민의 기본권침해와 직접 관련되는 것으로서 헌법재판소의 심판대상이 될 수 있고, 따라서 이 사건 법률의 위헌성이 대통령의 의사결정과 관련하여 문제되는 경우라도 헌법소원의 대상이 될 수 있다(헌재 2004. 10. 21 선고, 2004 헌마 554·566(병합), 헌재판례집 제16권 2집(하), 1면 이하).

자유이며, 복수정당제는 보장된다」라고 규정하고, 2항에서 정당은 「국민의 정치적 의사형성에 참여하는 데 필요한 조직을 가져야 한다」라고 규정하여 정당이 국민주권원리를 구현하는 새로운 제도임을 보여주고 있다.[1)]

4) 국민주권원리를 구현하는 기타의 제도 우리 헌법은 이상의 제도 이외에도 지방자치제(제117조, 제118조)·직업공무원제(제7조)·청원권(제26조) 등 기본권보장과 그 목적을 실현하기 위한 권력분립주의 및 법치주의, 특히 헌법재판소제도(제111조) 등을 두어 직접 또는 간접으로 국민주권주의의 이념을 현실화하고 있다.

[判] 國民主權主義에 관한 重要 判例

1. 憲法의 基本原理와 國民主權[2)]

1. 헌법상의 국민주권론과 선거제도의 기본이념

본건의 심판에 있어서 기초가 되는 헌법상 국민주권 및 국민대표제와 선거제도의 기본원리에 관하여 먼저 살펴본다.

가. 국민주권과 국민대표제

우리 헌법의 전문과 본문의 전체에 담겨 있는 최고 이념은 국민주권주의와 자유민주주에 입각한 입헌민주헌법의 본질적 기본원리에 기초하고 있다. 기타 헌법상의 제원칙도 여기에서 연유되는 것이므로 이는 헌법전을 비롯한 모든 법령해석의 기준이 되고, 입법형성권 행사의 한계와 정책결정의 방향을 제시하며, 나아가 모든 국가기관과 국민이 존중하고 지켜가야 하는 최고의 가치규범이다.

(1) (헌법적 약속과 국민적 합의) 헌법 제1조는 "대한민국은 민주공화국이다" "대한민국의 주권은 국민에게 있고 모든 권력은 국민으로부터 나온다"라고 하여 국민적 합의로 국가권력을 조직하고 그 국민의 기본권을 최대한으로 보장한다(헌법 제10조)는 국민주권론의 원칙을 채택하여 국민에게 선언하고, 헌법전문은 각인의 기회를 균등히 보장하고 자유민주적 기본질서를 더욱 확고히 하는 헌법을 국민이 제정하고 그 헌법을 국민투표에 의하여 개정한다고 밝히고 있다.

헌법은 국민적 합의에 의해 제정된 국민생활의 최고 도덕규범이며 정치생활의 가치규범으로서 정치와 사회질서의 지침을 제공하고 있기 때문에 민주사회에서는 헌법의 규범을 준수하고 그 권위를 보존하는 것을 기본으로 한다.

우리 국민은 이러한 헌법적 약속을 알고 있으며 이 상식으로 정치와 사회를 보고 비판하는 높은 의식수준을 가지고 있다는 현실을 직시한다면 사회적 혼란과 가치관의 혼동이 어디에서 비롯되는 것인지 알 수 있다.

우리는 이러한 기초적인 원리와 현실을 망각하고, 헌법규범을 정치적으로만 이용하고 현실에 적용하지 않았기 때문에 헌법의 권위가 제대로 유지되지 못하고 민주주의의 토착과 기본권 보호에 차질을 가져왔고 그것이 정치적·사회적 불안의 요인이 되어 왔다.

---

1) 헌법이 요구하는 정당민주주의의 요청을 충족시키려면, 비례대표후보자의 선정과 순위확정이 당원총회나 대의원대회 등을 통하여 민주적 절차를 거쳐 이루어져야 한다(헌재 2001. 7. 19 선고, 2000 헌마 91 등, 헌재판례집 제13권 2집, 77면 이하(95면)).

2) 헌재 1989. 9. 8 선고, 88 헌가 6, 헌재판례집 제1권, 199면 이하.

현재 우리 국민의 의식수준이나 교육수준과 경제적·사회적인 여러가지 환경을 고려해 볼 때 국민주권론과 국민대표제를 정치적 구호용으로만 인식하고 이용해서는 안 되는 시점에 왔고 근대생활의 지표가 되는 헌법규범이 지켜지지 않을 때 오는 그 저항과 비판을 무엇으로 어떻게 풀어야 하는가를 생각하고 제도적으로 확립하여야 할 역사적 단계에 왔다. 각자의 정치적 신념에 따라 나름대로 나라를 구하여야 한다는 젊은 계층의 절규가 무엇을 의미하는 것인가, 그 정치적·사회적 불안의 원인을 수렴하고 그 대책을 마련하여야 할 정치세력이 어떻게 구성되고 이루어져 왔는가, 그 근본을 찾아 해결하는 데에는 민주적인 방법의 국민적 합의와 협조 없이는 어렵다는 것을 알 것이다.

여기에서 우리는 헌법의 올바른 해석과 헌법상의 국민주권이 실질적으로 행사될 수 있도록 선거법이 합리적으로 개정되어야 할 당위성이 얼마나 중요한 것인가를 알 수 있다.

(2) ……

(3) (참정권과 인격주의) 우리 헌법은 민주정치의 실현을 위해 모든 국민이 자유롭고 평등하게 국가 의사의 형성과정에 참여하고, 국가기관의 구성원으로서 공무를 담임하는 권리와 기회를 갖도록 국민의 참정권을 필수적인 것으로 인정하고 있다.

국민이 국정에 참여하는 참정권은 국민주권의 상징적 표현으로서 국민의 가장 중요한 기본적 권리의 하나이며 다른 기본권에 대하여 우월적 지위를 가진다. 따라서 이러한 국민주권이 현실적으로 행사될 때에는 국민 개인이 가지는 불가침의 기본권으로 보장된다. 그 기본권은 대리 행사를 시킬 수 없는 국민 각자의 고유한 주관적인 권리이고, 참정권의 행사와 보장도 개인주의 사상에 기초를 두고 그 개인의 인격을 기본으로 하고 있다.

참정권의 주체는 국민 각자의 개인의 인격과 그 의사결정을 단위로 하고 있으며, 그것은 개인의 주권성과 인간의 존엄성을 최대한 보장하여 자유계약과 자유경쟁으로 국가조직과 사회 번영을 유지한다는 사회철학에서 비롯된 것이다.

주권자인 국민은 선거를 통하여 직접적으로는 국가기관의 구성원을 선출하고 간접적으로는 여하한 정부를 원하느냐에 관한 국민의 의사를 표시한다. 이러한 정치행위를 참정권이라고 하고, 이를 모아 집합적인 총의로 최종결정을 하는 것을 헌법상 주권의 행사라고 하나 그 본질은 국민 개인이 갖는 기본권이라는 데에서 비롯되기 때문에 본건을 다룸에 있어서도 실질적인 주권행사인 개개인의 참정권을 존중하고 보호한다는 원칙을 망각해서는 안 된다.

그러므로 참정권은 국민이 국가의 구성원으로서 국정에 참여한다는 전체주의적 의미보다 "사람은 정치적 동물이다"라고 하듯 인간의 본능적인 정치적 욕구를 충족할 수 있도록 국민 각자를 단위로 개개인의 기본권으로서 국정을 창조하고 형성하는 개인의 정치적 권리이며 정치적 의사로서 자기의 권익과 행복을 추구하는 가장 중요한 수단으로서 보장받고, 개인의 정치적 주장과 의사를 선거를 통하여 그 주권을 행사하는 데 기초를 둔 것이 민주국가의 생명이며, 민주정치의 장점이기 때문에, 이와 같은 적극적인 의의를 선거제도에 수용하지 않으면 안 된다.

나. 선거제도의 기본원칙

우리 헌법 체제와 원리에 비추어 선거제도의 기본 원리가 무엇이며 이를 어떻게 선거법에 규정하는 것이 합헌적인가를 살펴보지 않을 수 없다.

(1) (새로운 정치질서) 민주주의의 기본적 가치라고 할 수 있는 주권재민의 원리(헌법 제1조)가 현실적인 제도로 구체적으로 현출되는 것이 선거제도이고 선거법이다.

민주주의의 존립에 가장 중요한 문제는 선거에 달려 있고 선거와 관련되어 정치적·법률적 문제가 제기되고 부침한다.

우리 정치사에서 항상 문제되었던 통치의 정당성과 정통성으로 정국을 불안케 한 것도 선거제도와 선거과정의 정당성 문제 때문에 제기된 것이다. 공정하고 합리적인 선거를 통해 정치가 사회의 모든 것을 수렴하고 이끌어 가는 정치풍토가 이루어질 때 모든 국가 권력의 권위와 국법질서의 확립을 이룩하게 되고 통치의 정당성이나 법치주의 원칙이 확립될 수 있다. 나아가 선거를 통하여 사회의 모순과 갈등을 정치적으로 수렴하고, 정치적 불만세력을 해소하는 정치문화를 이루게 되는 것이므로 그 기본원리에 따라 본건을 다루지 않을 수 없다.

오늘날 정치적으로나 사회적으로 부각되고 있는 세대 간, 계층 간의 대립과 갈등을 융화시키고 조화를 이루기 위해서는 젊은 세대와 소외계층을 정치권에 수용하는 길을 열어가는 새로운 정치질서와 정치문화를 조성하여야 한다.

국민에게 주권의 보유만을 인정하고 그 행사를 부정하는 형식적인 정치용 국민주권론은 이념적 통일체로서의 추상적 전체국민을 주권자로 보려는 자연법적 이념성을 가지고 있다는 장점이 있기는 하지만, 그 이념만을 명분상 주장하는 것은 허구적 이데올로기 내지 환상으로 이용되는 데 그칠 수 있다.

그러므로 가능한한 주권의 보유와 행사를 일치시키는 방향으로 국민주권을 구체적이고 실질적인 것이 되도록 권력과 인권, 주권과 자유의 필연적 상관관계에 대한 종합적인 결론에 부합하는 타당한 헌법해석을 하여야 하는 것이 불가피하다 하겠다.

권력원리, 주권원리를 그 실질성과 구체성이 배제된 단편적인 자연법론에 따른 형식적·추상적 국민주권론의 입장에서만 파악하여 선거법을 다룰 것이 아니라, 유권자에게 사회발전에 부응해 갈 수 있도록 주권의 행사를 실질적으로 할 수 있게 제도와 권리를 보장하여 새로운 정치질서를 형성해 갈 수 있게 하는 것이 우리 헌법상의 국민주권을 실질화하는 것이며, 우리 헌법전문과 본문의 원칙에 부합되는 것이라는 논리 위에서 선거법을 보고 다루어야 한다.

(4) (선거는 국법질서의 기초) 여기에서 합리적인 선거제도가 의회정치의 이상을 실현하는 유일한 최선의 수단이라는 본질을 이탈할 수 없는 한계를 가지지 않을 수 없다.

선거제도는 민주정치의 대전제로 존재하며, 민주정치는 선거로써 시작되고 선거로써 끝난다는 말과 같이 의회정치의 부침은 오로지 선거제도의 여하에 달려 있다고 해도 과언이 아니다. 국민은 오직 선거에 의해서만 국정에 참가하는 것이며 선거를 통하여 여론정치가 행해지므로 민주정치에 있어서의 선거는 가장 중요한 국가적 행사의 하나이며 국법질서의 기초가 된다.

선거법은 국민이 정부를 구성하고 국정을 심판할 수 있는 것이어야 하며, 그렇지 않은 상태에서의 민주화 주장은 구호나 선동에 불과하게 된다.

선거는 단순히 권력자를 위한 장식이나 정치인들을 위한 도구로써 이용만 되어서는 안 되고, 이를 관리하는 선거법이 정치적 성격이 강하다고 하더라도 정치세력 간의 타협에도 원칙이 있어야 하고, 선거법의 제정과 개정에도 국민주권과 국민 대표제의 본질을 침해하거나 제한할 수 없다는 한계가 설정되는 것이다. 국민의 의사에 의하여 정치의 방향이 설정되고 국민의 자유와 권리를 수호하는 의회정치를 확립하는 데 기본 원칙을 두어야 한다.

국회의원 선거법에 규정하는 선거제도의 여하는 민주주의의 사활의 문제이고 국민의 정치적 생존권에 관계되는 문제이며 자유민주주의의 기본질서와 법치주의를 구현하는 근본이다.

보통, 평등, 비밀, 직접, 자유선거의 원칙들은 현대의 제 민주국가에서 채택되고 있는 바와 같이 국민주권이 광범위하게 실질화되고, 또 국민이 능동적으로 평등하게 그 주권을 행사할 수 있도록 하기 위한 것이다. 이러한 민주적 정신은 모든 국민의 공무담임에 있어서도 자유롭고 평등하게 기회를 주어야 한다는 헌법 제25조에도 그대로 나타나고 있다. 따라서 국회의원에 입후보할 수 있는 자격과 조건을 법률로 정함에 있어서도 위의 헌법규정과 그 정신을 침해하는 것이어서는 안 된다는 것은 너무나 당연한 것이다.

그러므로 국선법 제33조, 동 제34조의 기탁금제도에 관하여 위헌 여부를 판단하려면 위에서 본 헌법의 기본원리와 국법질서의 기초인 선거의 본질을 파악하여 이 선거법이 선거제도의 근본원리에 맞게 제정 내지 개정되었는지를 보아야 한다.

2. 國民主權主義와 그 實現[1)]

가. 국민주권의 원리와 구현 방법

(1) 국민주권의 원리

헌법 제 1 조 제 2 항은 "대한민국의 주권은 국민에게 있고 모든 권력은 국민으로부터 나온다"고 규정하여 국민주권주의를 천명하고 있다.

이러한 국민주권의 원리는 일반적으로 어떤 실천적인 의미보다는 국가권력의 정당성이 국민에게 있고 모든 통치권력의 행사를 최후적으로 국민의 의사에 귀착시킬 수 있어야 한다는 등 국가권력 내지 통치권을 정당화하는 원리로 이해되고(헌재 2000. 3. 30. 99 헌바 113, 헌재판례집 12-1, 359, 368～369, 헌재 2006. 2. 23. 2003 헌바 84, 헌재판례집 18-1 상, 110～127 등 참조), 선거운동의 자유의 근거인 선거제도나 죄형법정주의 등 헌법상의 제도나 원칙의 근거로 작용하고 있다(헌재 2004. 8. 26. 2004 헌바 14, 헌재판례집 16-2상, 306～323; 헌재 2004. 3. 25. 2001 헌마 710, 헌재판례집 16-1, 422～440 참조).

(2) 국민주권의 실현

국민주권주의를 구현하기 위하여 헌법은 국가의 의사결정 방식으로 대의제를 채택하고, 이를 가능하게 하는 선거 제도를 규정함과 아울러 선거권, 피선거권을 기본권으로 보장하며, 대의제를 보완하기 위한 방법으로 직접민주제 방식의 하나인 국민투표 제도를 두고 있다(제72조, 제130조 제 2 항).

이러한 국민주권주의는 국가권력의 민주적 정당성을 의미하는 것이기는 하나, 그렇다고 하여 국민전체가 직접 국가기관으로서 통치권을 행사하여야 한다는 것은 아니므로 주권의 소재와 통치권의 담당자가 언제나 같을 것을 요구하는 것이 아니고, 예외적으로 국민이 주권을 직접 행사하는 경우 이외에는 국민의 의사에 따라 통치권의 담당자가 정해짐으로써 국가권력의 행사도 궁극적으로 국민의 의사에 의하여 정당화될 것을 요구하는 것이다.

이러한 대의제는 국민주권의 이념을 존중하면서도 현대국가가 지니는 민주정치에 대한 현실적인 장애요인들을 극복하기 위하여 마련된 통치구조의 구성원리로서, 기관구성권과 정책결정권의 분리, 정책결정권의 자유위임을 기본적 요소로 하고, 특히 국민이 선출한 대의기관은 일단 국민에 의하여 선출된 후에는 법적으로 국민의 의사와 관계없이 독자적인 양식과 판단에 따라 정책 결정에 임하기 때문에 자유위임 관계에 있게 된다는 것을 본질로 하고 있다.

그러나 오늘날 세계 각국은 전통적인 의미의 대의제가 문제점들을 노출하자 이를 보완하기 위하여 각자의 고유한 사정을 감안하여 국민발안·국민투표 및 국민소환과 같은 직접민주주의의 방식을 일부 도입하고 있는 실정이다.

그런데 대의제는 국가의사를 간접적으로, 직접민주제는 직접적으로 결정하는 방식으로서, 상호 본질적으로 성격을 달리하므로 이들을 근본적으로 결합하기에는 어려움이 있다 할 것이나, 그렇다고 하더라도 어느 한 원리를 원칙으로 하면서 그 본질적인 요소를 훼손하지 않는 범위 내에서 이를 보완하기 위하여 다른 원리에서 유래된 제도를 일부 도입할 수는 있다

---

1) 헌재 2009. 3. 26 선고, 2007 헌마 843, 헌재공보 제150호, 210면 이하.

할 것이다.

근대국가가 대부분 대의제를 채택하고도 후에 이르러 직접민주제적인 요소를 일부 도입한 역사적인 사정에 비추어 볼 때, 직접민주제는 대의제가 안고 있는 문제점과 한계를 극복하기 위하여 예외적으로 도입된 제도라 할 것이므로, 헌법적인 차원에서 직접민주제를 직접 헌법에 규정하는 것은 별론으로 하더라도 법률에 의하여 직접민주제를 도입하는 경우에는 기본적으로 대의제와 조화를 이루어야 하고, 대의제의 본질적인 요소나 근본적인 취지를 부정하여서는 아니 된다는 내재적인 한계를 지닌다 할 것이다.

Ⅱ. 國民의 憲法上 地位

1. 序　論

(1) 국민의 의의　　국민이란 용어는 헌법상 다양하게 사용되고 있다. 헌법 제 1 조에서는 주권자로서의 국민을 규정하고, 헌법 제 2 조에서는 국적보유자로서의 국민을, 헌법 제 10 조에서는 기본권의 주체로서의 국민을 규정하고 있다. 그런데 주권보유기관을 형성하는 국민이란 개인적으로는 국가의 인적 구성요소 내지 항구적 소속원으로서 국가의 통치권에 복종할 의무를 가진 사람을 말하며, 전체로서는 주권자로서의 국민을 구성한다. 이러한 국민이 되는 자격을 국적이라고 하는데, 그 요건은 법률로 정하도록 하고 있다(제2조). 따라서 국가가 단일민족으로 구성된다 하더라도 국민은 법적 개념인 데 반하여, 민족은 혈연을 기초로 한 자연적·문화적 개념을 의미하기 때문에 국민과 민족은 반드시 동일하지는 않다.

(2) 국민의 헌법상 지위　　국민의 헌법상 지위에 관해서는 많은 학설이 대립하고 있는데[1] 그 중요한 대립근거는 단체로서의 국민 또는 이념적 통일체로서의 국민을 법적 개념으로 인정할 수 있을 것인가에 있다.

법실증주의자들은 단체로서의 국민은 조직화된 단체나 법인이 아니기 때문에 권리능

---

1) 국민의 헌법상의 지위에 관한 국내의 학설은 다음과 같다.

① 박일경 교수는 Jellinek의 분류방법에 따라 소극적 지위·적극적 지위·능동적 지위·수동적 지위로 분류하고(전게서, 190면),

② 문홍주 교수는 주권자로서의 국민, 헌법상 국가기관으로서 국민, 기본적 인권의 주체로서의 국민, 통치대상으로서의 국민으로(전게서, 180～186면),

③ 윤세창 교수는 주권보유자, 주권행사자, 기본적 권리의무의 주체로서 구분하며(전게서, 18～20면),

④ 김기범 교수는 주권자 또는 헌법제정권자로서의 국민의 지위, 국가기관으로서의 국민의 지위, 피지배자 또는 기본권보장의 대상으로서의 국민의 지위로(전게서, 47면),

⑤ 구병삭 교수는 주권자로서의 국민, 국가기관으로서의 국민, 개인으로서의 국민, 의무주체로서의 국민으로(전게서, 152～154면),

⑥ 권영성 교수는 주권자로서의 국민, 최고국가기관으로서의 국민, 기본권의 주체로서의 국민, 피치자(공의무의 주체)로서의 국민으로 구분하고 있었다(헌법학원론, 법문사, 1992, 151～154면). 그러나 1994년판부터는 주권의 주체로서의 국민(이념적 주권자: 주권의 귀속주체), 주권의 행사자로서의 국민(현실적 주권자: 주권의 행사자), 기본권의 주체로서의 국민, 피치자로서의 국민으로 구분함으로써 국가기관으로서의 국민이론은 폐기하였다(전게서, 117～119면).

력이 없다고 한다. 그러나 헌법에서 기관·단체로서의 국민에게 특정한 권리를 인정하고 있으므로 이를 부인하는 것은 타당하지 않다.[1] 이하에서는 단체로서의 국민=이념적 통일체로서의 국민의 지위를 인정하여 i) 주권자로서의 국민, ii) 주권행사기관으로서의 국민으로 나누고, 개인으로서의 국민의 지위를 iii) 기본권의 주체로서의 국민과, iv) 의무주체로서의 국민으로 나누어 고찰해 보기로 한다.

2. 理念的 統一體로서의 國民

(1) 주권자로서의 국민

1) 국민주권주의의 선언 우리 헌법 제 1 조 2항은 국민주권주의를 규정하고 있는데, 이는 국민이 국가권력의 원천이며 정당성의 근거가 되고 있음을 표시한 것이다. 주권이론은 군주주권론·국가주권론·국민주권론 등으로 전개되었지만, 오늘날 대다수의 헌법과 같이 우리 헌법은 제헌 이래 국민주권주의를 채택하고 있다.[2]

2) 주권자로서의 국민의 의의 주권자로서의 국민이란 주권의 주체, 즉 주권의 보유자로서의 국민을 말한다. 주권의 보유자로서의 국민은 국적을 가진 국민의 이념적 통일체로서의 국민을 말한다. 주권의 보유자로서의 국민은 정치적·이념적 통일체로서의 국민의 총체이며, 비록 조직화되지 않았고 그 크기도 고정되지 않아 인적으로나 물적으로나 유동적이기는 하지만 어떤 순간이나 구체적인 정신적 통일체로서 현존한다.

이 주권보유자로서의 국민은 국가의 최고권력기관으로서 대통령·헌법재판소·국회·행정부·법원 위에 군림한다. 주권보유자로서의 국민은 국가를 형성하는 중요한 기능을 가지고 있다. 특히 헌법제정권력을 가지며, 여론의 주체로서 국정을 비판·감시하는 기능을 다하고 있다.

3) 주권자로서의 국민의 법적 성격 그러면 주권의 보유자로서의 국민이 과연 법적인 개념인가가 문제되고 있다. 일설에서는「국민주권의 개념은 정치적·이데올로기적 개념이지 엄격한 법적 개념은 아니다. 그러므로 주권자로서의 국민 내지 주권의 주체로서의

---

1) 다수설: 문홍주, 전게서, 183면; 김기범, 전게서, 66면; 구병삭, 전게서, 152면; 윤세창, 전게서, 19면; 한태연, 전게서, 137면; 김남진·이강혁, 전게서, 108면; 김현규 외, 전게서, 103면. 반대: 박일경, 전게서, 65면. 박일경 교수는 이념적 통일체로서의 국민의 지위를 부인하고, 이는 법인이 아니기 때문에 권리능력을 가질 수 없다고 한다. 그러나 이념적 통일체로서의 국민은 민법상의 법인은 아니라고 하더라도 헌법상 기관으로서 인정된다고 할 것이다.

2) (헌법적 약속과 국민적 합의) 헌법 제 1 조는 "대한민국은 민주공화국이다," "대한민국의 주권은 국민에게 있고 모든 권력은 국민으로부터 나온다"라고 하여 국민적 합의로 국가권력을 조직하고 그 국민의 기본권을 최대한으로 보장한다(헌법 제10조)는 국민주권론의 원칙을 채택하여 국민에게 선언하고, 헌법 전문은 각인의 기회를 균등히 보장하고 자유민주적 기본질서를 더욱 확고히 하는 헌법을 국민이 제정하고 그 헌법을 국민투표에 의하여 개정한다고 밝히고 있다. 헌법은 국민적 합의에 의해 제정된 국민생활의 최고 도덕규범이며 정치생활의 가치규범으로서 정치와 사회질서의 지침을 제공하고 있기 때문에 민주사회에서는 헌법의 규범을 준수하고 그 권위를 보존하는 것을 기본으로 한다(헌재 1989. 9. 8 선고, 88 헌가 6, 헌재판례집 제 1 권, 199면 이하).

국민의 개념도 엄격한 법적 개념으로는 성립할 수 없다」라고 주장한다.[1]

그러나 앞에서 설명한 바와 같이 주권의 보유자(주권의 주체)로서의 국민은 국가 또는 헌법 이전의 국민이며, 그것이 조직화된 것이 아니고 또 그 크기가 유동적이라고 하더라도 구체적인 정신적 통일체로서 현존하기 때문에 비록 실정법적으로 법적 의견을 형성할 수 없다고 하더라도 여론의 주체로서 또한 주권기관으로서 주권을 보유함에 아무런 지장이 없다고 하겠다.[2]

주권의 보유자로서의 전체국민의 개념을 극히 정치적·이념적인 것으로 배격하고 순수법학적인 논리조작을 하는 법실증주의자의 견해는 헌법 제 1 조의 규정을 무시한 것이며, 헌법이념이나 헌법정신도 또한 헌법의 핵심인 절대적 의미의 헌법의 구성요소가 됨을 무시한 때문이 아닐까 생각한다. 외국의 헌법판례는 헌법해석의 준칙으로서 헌법의 일반적 기초, 그 근본원칙 및 구조원리를 등장시킴으로써 헌법정신 등을 실정헌법으로 취급하고 있는 것이다. 따라서 주권의 보유자로서의 국민이 전체 국민이라는 것은 헌법 제 1 조의 규정에서 보아 헌법적 의의를 가진다.[3]

4) 주권자로서의 국민의 범위 주권자로서의 국민에는 연령·성별·출신성분 등이나 유권자인가의 여부에 관계 없이 모든 국민이 포함된다.[4] 다만 여기서의 국민은 자연인의 이념적 통일체로서의 국민을 의미하므로 법인은 제외되며, 또한 외국인도 물론 제외된다. 국적법은 국민의 자격인 국적의 취득과 상실에 관하여 구체적으로 규율하고 있다. 국적을 가진 국민 전체는 여론의 주체로서 주권의 보유자로서 주권을 가진다.

(2) 주권행사기관으로서의 국민

1) 주권행사기관으로서의 국민의 의의 주권의 보유자로서의 국민은 전체국민을 말하는 데 대하여, 주권의 행사자로서의 국민은 넓은 의미의 국가기관으로서 행동가능한 크기로 나타난다. 주권행사기관으로서의 국민은 국가기관으로서의 국민이라고도 한다. 이 의미에 있어서의 국민은 조직규범의 근거하에 헌법적으로 형성되고 조직된 크기로서 국민투표를 하고, 국회를 구성하며, 국민투표로 정책을 결정하는 기관이다. 즉 이는 유권자의 총체이며 능동적 시민의 총체이다. 이러한 사실적인 권력담당자는 결코 주권의 보유자로서의 국민과 같지 않으며, 또 같을 수도 없다. 즉 주권행사기관으로서의 국민은 객관적·법적으로 형성된 기능체로 주권의 일부를 행사한다.

2) 주권행사기관으로서의 국민의 법적 성격 일설에서는 주권행사기관으로서의 국민

---

1) 박일경, 전게서, 65, 192～193면. 나아가서 주권의 보유자로서의 지위는 참정권의 주체로서의 개개 국민의 능동적 지위로부터 유래된 결과에 불과하다고 한다.

2) 민법상에서도 행위능력은 없더라도 권리능력이 있는 것을 인정하고 있다.

3) 同旨: 문홍주, 전게서, 184면.

4) 우리나라의 주권자는 국민이기 때문에 해외에 거주하는 한국적국민에게 선거권과 피선거권을 부인하는 것은 국민주권원리에 위배된다(헌재 2007. 6. 28 선고, 2004 헌마 644, 2005 헌마 360(병합), 헌재판례집 제19권 1집, 859면 이하(875～879면)).

이란 개념을 부인하고, 주권행사(국가)기관으로서의 국민이 가지는 지위 및 권한은 개개 국민의 참정권이 불가결의 전제가 되므로 참정권의 주체로서의 국민의 능동적 지위로부터 결과적으로 유래하는 것이지 이것과 별개로 독립·병존하는 다른 지위는 아니라고 주장한다.[1)]

그러나 이 학설은 집단으로서의 이념적 통일체로서의 국민의 지위를 부인하는 데서 나온 것이다. 국민 개개인이 참정권을 가지는 것은 주권행사기관의 구성원이라는 지위에서 나오는 필연적인 귀결이지 반대로 국민이 참정권을 가지기 때문에 국민에게 주권이 있는 것은 아니다. 따라서 개개의 국민이 참정권을 가지므로 국민 개인의 능동적 지위에서 국민결정권이 나온다는 이유를 들어 국가기관으로서의 국민의 개념을 부인함은 타당하지 못하다고 할 것이다.[2)]

3) 주권행사기관으로서의 국민의 권한 주권행사(국가)기관으로서의 국민은 헌법상 국가기관으로서 국민결정권과 국민대표선출권을 가진다. 우리 헌법상 인정된 것으로는 헌법개정에 관한 국민투표권(제130조 2항), 국가의 중요정책에 관한 국민투표권(제72조), 국회구성권(제41조 1항), 대통령선출권(제67조 1항)이 있다. 여기에서의 선거권은 국가기관의 구성을 위한 것이므로, 국가기관으로서의 국민은 다른 국가기관을 창설·구성하기 위한 제 1 차 기관이라고 할 수 있으며 원시기관(das primäre Organ)이라고도 한다. 따라서 국민 이외의 국가기관은 국민이 직접·간접으로 선출한 기관을 통하여 권한을 행사하는 기관이므로, 직접 통치행위에 참여하는 국가기관으로서의 국민과는 다르다. 또한 이 국가기관으로서의 국민은 국민결정기관 및 선거기관으로서 기능한다는 점에서 국민 개개인이 가지는 선거권 및 투표권과는 구별된다.[3)]

4) 주권행사기관으로서의 국민의 범위 주권행사(국가)기관으로서의 국민은 법률이 정하는 바에 따라 선거권과 투표권을 가진 자연인인 국민의 총체, 즉 선거인단을 말한다.

---

1) 박일경, 전게서, 192~193면. 한편 박 교수는 주권자로서의 국민과 주권의 행사자(국가기관)로서의 국민의 지위를 구별하지 않고 주권자라는 지위도 결국 국가기관으로서 가지는 참정권이 인정되지 않는다면 존립할 수 없는 것이라고 한다(193면). 허영 교수도 국민의 선거권행사나 국민투표 등은 주권자로서 국가기관을 창조하고 국가정책의 결정에 민주적 정당성을 부여해주기 위한 국민주권원리의 표현이지 그 자체가 국가기관으로서의 행위를 뜻하는 것은 아니라고 한다(전게서, 137~138면).

2) 同旨: 문홍주, 전게서, 183면. 문홍주 교수는 박일경 교수의 주장에 대하여 「주권자로서의 지위와 참정권의 주체로서의 능동적 지위와는 별개이며, 국민에게 참정권이 인정되어도 주권이 국민에게 없는 예가 많다」고 한다.

3) 헌재는 국민의 주권행사방법에 대하여 판단하고 있다.
「헌법 제 1 조는 "대한민국은 민주공화국이다," "대한민국의 주권은 국민에게 있고 모든 권력은 국민으로부터 나온다"라고 하여 '국민주권의 원리'를 선언하고 있다. 이러한 국민주권을 실현하기 위한 수단으로 헌법은 제24조에서 국민에게 선거권을 보장하고, 제41조 제 1 항 및 제67조 제 1 항에서 보통·평등·직접·비밀선거를 아울러 보장하고 있다. 선거권은 국민주권을 현실적으로 행사할 수 있는 수단이자 국민의 의사를 국정에 반영할 수 있는 필수적인 장치일 뿐만 아니라, 국가권력을 구성하고 통제하는 방편이 되고, 국민주권의 원리를 실현하기 위한 헌법상 가장 기본적이고 필수적인 권리로서 다른 기본권에 비하여 상대적으로 우월한 지위를 갖는다(헌재 1989. 9. 8. 88 헌가 6, 헌재판례집 1, 199, 207 참조)」(헌재 2007. 6. 28 선고, 2005 헌마 772, 헌재판례집 제19권 1집, 899면 이하(906면)).

선거인단에 참가할 수 있는 국민은 법률이 정한 나이에 이른 국민이어야 하며(제24조), 선거권을 박탈당하고 있지 않은 자라야 한다. 선거권이 없는 자는 공직선거법에 열거되어 있으며, 국회의원선거권이 없는 자는 국민투표결정권기관의 구성원도 아니다. 외국인과 법인은 선거권이 없으므로 국가기관으로서의 국민에서는 제외된다. 일정한 정주외국인은 거주하는 지역에서의 지방자치단체의 장과 지방의회의원의 선거권을 가지므로 지방주민기관으로서 인정될 수 있다.

3. 個人으로서의 國民

(1) 序　　개인으로서의 국민은 i) 기본권주체로서의 국민과, ii) 의무주체로서의 국민으로 나누어진다. 개인으로서의 국민의 지위에 대하여는 여러 가지 학설의 대립이 있다.

19세기의 독일법학자 Jellinek는 국가에 대하여 국민이 갖는 지위를 소극적 지위·적극적 지위·능동적 지위·피동적 지위의 4가지로 나누어서 설명하고 있다. 그는 국민의 국가에 대한 소극적 지위에서 자유권이, 적극적 지위에서 수익권이, 능동적 지위에서 참정권이, 피동적 지위에서 국민의 의무가 나온다고 설명하였다. 우리나라에서도 국민의 지위를 위와 같이 설명하려는 학자가 있으나[1] Jellinek의 이 이론은 국가주권설에 입각한 것이기 때문에 국민주권설을 채택하고 있는 우리 헌법에서는 타당하지 않으며, 국민주권설의 입장에서는 새로운 태도를 취하여야 할 것이다.[2]

(2) 기본권주체로서의 국민

1) 기본권주체로서의 국민의 의의　　기본권주체로서의 국민 또는 기본권향유자로서의 국민은 개인으로서의 국민을 말하며, 이는 헌법 제10조가 「모든 국민은 인간으로서의 존엄과 가치를 가지며, 행복을 추구할 권리를 가진다. 국가는 개인이 가지는 불가침의 기본적 인권을 확인하고 이를 보장할 의무를 진다」라고 할 때의 국민 개개인을 말한다.

2) 기본권의 향유주체　　개인은 i) 존엄권·인격권·행복추구권의 향유자, ii) 평등권의 향유자, iii) 자유권의 향유자, iv) 생존권의 향유자, v) 청구권적 기본권의 향유자, vi) 참정권의 향유자로서의 지위를 가진다.

3) 기본권주체로서의 국민의 범위　　기본권주체로서의 국민은 일반적으로는 모든 국민 개개인을 말하고, 이에는 미성년자나 정신병자 등도 포함된다. 다만 참정권의 주체로서는 선거연령에 달하여야 하며, 또 일정한 피선거연령에 달하여야 한다. 참정권 이외의 기본권은 국민 누구나 그 향유자가 될 수 있으며, 국가에 대하여 기본권의 보호를 받을 권리를 가진다. 대통령은 개인으로서는 기본권의 주체가 될 수 있으나 국가기관으로서는

1) 박일경, 전게서, 190면.

2) 국가주권설의 입장에서 보면 주권은 국가에 있으므로 주권의 보유자 또는 주권의 행사자(국가기관)로서의 지위는 인정될 여지가 없으며, 오늘날 국민에게 주권이 있는 국민주권국가에 있어서의 국민의 헌법상 지위를 설명하는 데는 Jellinek의 이론은 적합하지 않다.

정치활동권의 주체가 될 수 없다.[1] 외국인에게도 기본권의 향유를 인정하는 경우가 있다. 법인은 개별기본권의 성격에 따라 그 향유주체가 될 수도 있다(후술 기본권의 주체 참조).

(3) 의무주체로서의 국민

1) 의무주체로서의 국민의 의의 의무주체로서의 국민 또는 피치자로서의 국민이란 국가구성원으로서의 국민을 말한다. 단체로서의 전체 국민은 주권자이나, 개인으로서의 국민은 국가권력에 의하여 지배되는 대상으로서 공의무의 주체로서의 지위를 가진다.

2) 기본의무의 주체 국민은 국가에 대한 의무의 주체로서 i) 납세의 의무주체, ii) 국방의 의무주체, iii) 근로의 의무주체, iv) 교육의 의무주체, v) 재산권의 공공복리적합행사의 의무주체, vi) 환경보전의무주체로서의 지위를 가진다.

3) 의무주체로서의 국민의 범위 의무주체로서의 국민에는 자연인과 법인이 포함되는 것은 물론, 치외법권을 가지지 않는 외국인도 영토고권의 지배를 받아 국민과 같이 다루어진다.[2]

[判] 國民의 地位에 관한 重要 判例

1. 主權者로서의 國民[3]

헌법 제 1 조는 "대한민국은 민주공화국이다," "대한민국의 주권은 국민에게 있고 모든 권력은 국민으로부터 나온다"라고 규정하여 국민주권의 원리를 천명하고 있다. 그 중요한 의미는 국민의 합의로 국가권력을 조직한다는 것이다(헌재 1989. 9. 8. 88 헌가 6, 헌재판례집 1, 199, 205). 이를 위해서는 주권자인 국민이 정치과정에 참여하는 기회가 되도록 폭넓게 보장될 것이 요구된다. 대의민주주의를 원칙으로 하는 오늘날의 민주정치 아래에서 국민의 참여는 기본적으로 선거를 통하여 이루어진다. 따라서 선거는 주권자인 국민이 그 주권을 행사하는 통로인 것이다(헌재 2001. 7. 19. 2000 헌마 91 등, 헌재판례집 13-2, 77, 93).

그러한 국민주권의 원리와 선거를 통한 국민의 참여를 위하여 헌법 제24조는 모든 국민에게 법률이 정하는 바에 의하여 선거권을 보장하고 있고, 헌법 제11조는 정치적 생활영역에서의 평등권을 규정하고 있으며, 또한 헌법 제41조 제 1 항 및 제67조 제 1 항은 국회의원선거와 대통령선거에 있어서 보통·평등·직접·비밀선거의 원칙을 보장하고 있다. 헌법이 선거권과 선거원칙을 이같이 명문으로 보장하고 있는 것은 국민주권주의와 대의민주주의 하에서는 국민의 선거권 행사를 통해서만 국가와 국가권력의 구성과 창설이 비로소 가능해지고 국가와 국가권력의 민주적 정당성이 마련되기 때문이다(헌재 1999. 5. 27. 98 헌마 214, 헌재판례집 11-1, 675, 697).

---

1) 헌재 2008. 1. 17 선고, 2007 헌마 700, 헌재판례집 제20권 1집(상), 139면 이하(159면). 「심판대상조항이나 공권력작용이 넓은 의미의 국가조직영역 내에서 공적 과제를 수행하는 주체의 권한 내지 직무영역을 제한하는 성격이 강한 경우에는 그 기본권 주체성이 부정될 것이지만, 그것이 일반국민으로서 국가에 대하여 가지는 헌법상의 기본권을 제약하는 성격이 강한 경우에는 기본권 주체성을 인정할 수 있다(헌재 1995. 3. 23. 95 헌마 53, 헌재판례집 7-1, 463; 헌재 1998. 4. 30. 97 헌마 100, 헌재판례집 10-1, 480; 헌재 1999. 5. 27. 96 헌마 214, 헌재판례집 11-1, 675; 헌재 2006. 7. 27. 2003 헌마 758 등, 헌재판례집 18-2, 190)」.

2) 同旨: 문홍주, 전게서, 186면.

3) 헌재 2007. 6. 28 선고, 2004 헌마 644, 2005 헌마 360(병합), 공직선거 및 부정방지법 제15조 제 2 항 등 위헌확인 등, 헌재판례집 제19권 1집, 859면 이하.

이러한 국민의 선거권 행사는 국민주권의 현실적 행사수단으로서 한편으로는 국민의 의사를 국정에 반영할 수 있는 중요한 통로로서 기능하며, 다른 한편으로는 주기적 선거를 통하여 국가권력을 통제하는 수단으로서의 기능도 수행한다. 국회의원과 대통령에 대한 선거권(이하 이를 편의상 '국정선거권'이라 한다)을 비롯한 국민의 참정권이 국민주권의 원칙을 실현하기 위한 가장 기본적이고 필수적인 권리로서 다른 기본권에 대하여 우월한 지위를 갖는 것(헌재 1989. 9. 8. 88 헌가 6, 헌재판례집 1, 199, 207 참조)으로 평가되는 것도 바로 그러한 이유 때문이다.

헌법 제24조는 모든 국민은 '법률이 정하는 바에 의하여' 선거권을 가진다고 규정함으로써 법률유보의 형식을 취하고 있지만, 이것은 국민의 선거권이 '법률이 정하는 바에 따라서만 인정될 수 있다'는 포괄적인 입법권의 유보하에 있음을 의미하는 것이 아니다. 국민의 기본권을 법률에 의하여 구체화하라는 뜻이며 선거권을 법률을 통해 구체적으로 실현하라는 의미이다.

이러한 법률유보는 선거권을 실현하고 보장하기 위한 것이지 제한하기 위한 것이 아니므로, 선거권의 내용과 절차를 법률로 규정하는 경우에도 국민주권을 선언하고 있는 헌법 제 1 조, 평등권에 관한 헌법 제11조, 국회의원선거와 대통령선거에 있어서 보통·평등·직접·비밀선거를 보장하는 헌법 제41조 및 제67조의 취지에 부합하도록 하여야 한다. 그리고 민주주의 국가에서 국민주권과 대의제 민주주의의 실현수단으로서 선거권이 갖는 이 같은 중요성으로 인해 한편으로 입법자는 선거권을 최대한 보장하는 방향으로 입법을 하여야 하며, 또 다른 한편에서 선거권을 제한하는 법률의 합헌성을 심사하는 경우에는 그 심사의 강도도 엄격하여야 하는 것이다.

따라서 선거권을 제한하는 입법은 위 헌법 제24조에 의해서 곧바로 정당화될 수는 없고, 헌법 제37조 제 2 항의 규정에 따라 국가안전보장·질서유지 또는 공공복리를 위하여 필요하고 불가피한 예외적인 경우에만 그 제한이 정당화될 수 있으며, 그 경우에도 선거권의 본질적인 내용을 침해할 수 없다.

더욱이 보통선거의 원칙은 선거권자의 능력, 재산, 사회적 지위 등의 실질적인 요소를 배제하고 성년자이면 누구라도 당연히 선거권을 갖는 것을 요구하므로 보통선거의 원칙에 반하는 선거권 제한의 입법을 하기 위해서는 헌법 제37조 제 2 항의 규정에 따른 한계가 한층 엄격히 지켜져야 한다(헌재 1999. 1. 28. 97 헌마 253 등, 헌재판례집 11-1, 54, 60 참조).

2. 主權者와 選擧權者로서의 國民[1)]

헌법 제 1 조는 "대한민국은 민주공화국이다," "대한민국의 주권은 국민에게 있고 모든 권력은 국민으로부터 나온다"라고 하여 '국민주권의 원리'를 선언하고 있다.

이러한 국민주권을 실현하기 위한 수단으로 헌법은 제24조에서 국민에게 선거권을 보장하고, 제41조 제 1 항 및 제67조 제 1 항에서 보통·평등·직접·비밀선거를 아울러 보장하고 있다.

선거권은 국민주권을 현실적으로 행사할 수 있는 수단이자 국민의 의사를 국정에 반영할 수 있는 필수적인 장치일 뿐만 아니라, 국가권력을 구성하고 통제하는 방편이 되고, 국민주권의 원리를 실현하기 위한 헌법상 가장 기본적이고 필수적인 권리로서 다른 기본권에 비하여 상대적으로 우월한 지위를 갖는다(헌재 1989. 9. 8. 88 헌가 6, 헌재판례집 1, 199, 207 참조).

헌법 제24조는 "모든 국민은 법률이 정하는 바에 의하여 선거권을 가진다"고 규정하고 있는데, 이는 선거권의 내용을 포괄적인 입법형성에 맡긴다는 것이 아니라, 그 권리의 행사 절차나 내용이 법률에 의하여 구체화된다는 의미에 있어서의 법률유보를 뜻하는 것이고, 이러

1) 헌재 2007. 8. 30 선고, 2004 헌바 49, 헌재판례집 제19권 1집, 906면 이하.

한 형성적인 법률유보는 기본적으로 선거권을 실현하고 보장하기 위한 수단이 될 뿐, 결코 이를 제한하기 위한 것이 아니다.

선거권 역시 헌법 제37조 제 2 항의 규정에 따라 국가안전보장·질서유지 또는 공공복리를 위하여 필요한 경우에 한하여 제한할 수 있지만, 선거권이 지닌 헌법적 중요성을 고려할 때, 적어도 일반인에 대한 이러한 제한은 불가피한 예외적 사유가 존재할 경우에만 정당화될 수 있는 것이다.

나. 이 사건 법률조항에 의한 선거권의 제한

(1) 공직선거법은 부재자투표 방식을, 관할 구·시·군 선거관리위원회가 당해 사무소 소재지에 설치하거나 병원·요양소·수용소·교도소 등의 장이 관할 구·시·군 선거관리위원회의 허가를 받아 설치한 부재자투표소에서 투표하는 방법과(제38조 제 1 항, 제148조 제 1 항, 제149조 제 1 항, 제158조 제 1 항), 부재자투표소에 가기 어려운 자들이 할 수 있는 거소투표, 즉 통상 거소에서 우편으로 투표하는 방법(제38조 제 3 항, 제158조 제 4 항)으로 나누어 규정하고 있다.

(2) 그런데 대한민국 국외의 구역을 항해하는 선박에 장기 기거하게 되는 선원들은 관할 구·시·군 선거관리위원회가 그 사무소 소재지에 설치한 부재자투표소에서 투표할 수 없으므로, 따로 선박에 부재자투표소를 설치하거나 거소투표를 통하여 투표할 수밖에 없는데, 공직선거법 제149조 제 1 항은 부재자투표소를 설치할 장소에 선박을 포함시키지 않고, 제38조 제 3 항은 거소투표를 할 수 있는 자를 규정하면서 그 대상에 원양구역을 항해하는 선박에 장기 기거하는 선원도 포함시키지 않아 거소투표조차 할 수 없다.

(3) 다만 공직선거법 제38조 제 3 항 제 5 호는 '부재자투표소를 설치할 수 없는 지역에 장기 기거하는 자로서 중앙선거관리위원회규칙으로 정하는 자'도 거소투표를 할 수 있다고 규정하고, 그에 따라 중앙선거관리위원회 규칙인 공직선거관리규칙 제11조 제 6 항은 "중앙선거관리위원회는 법 제38조 제 3 항 제 5 호의 규정에 의하여 부재자투표소를 설치할 수 없는 지역에 장기 기거하는 자로서 거소투표를 할 수 있는 자를 선거인명부 작성기준일 전 10일까지 지정·공고하여야 한다"고 규정하고 있지만, 이 규정은 공직선거법이 예정하고 있는 통상적인 거소투표의 사정이 있는 경우 이외에 구체적인 선거 기간 중 특별히 발생하는 사정에 대처하기 위한 규정으로서, 실제로 지정·공고된 예는 거의 없는 실정이다.

3. 基本權 主體로서의 國民[1)]

(1) 형법 제41조 제 1 호는 형의 종류의 하나로서 사형을 규정하고 있고, 사형은 인간존재의 바탕인 생명을 빼앗아 사람의 사회적 존재를 말살하는 형벌이므로 생명의 소멸을 가져온다는 의미에서 생명형이자, 성질상 모든 형벌 중에서 가장 무거운 형벌이라는 의미에서 극형인 궁극의 형벌이다.

사형은 국가형사정책적인 측면과 인도적인 측면에서 비판이 되어 오기도 하였으나 인류 역사상 가장 오랜 역사를 가진 형벌의 하나로서 범죄에 대한 근원적인 응보방법이며 또한 가장 효과적인 일반예방법으로 인식되어 왔고, 우리나라에서는 고대의 소위 기자 8조금법(箕子八條禁法)에 "상살자 이사상(相殺者 以死償)"이라고 규정된 이래 현행의 형법 및 특별형법에 이르기까지 계속하여 하나의 형벌로 인정되어 오고 있다.

(2) 우리 헌법은 개별적인 인간존재의 근원인 생명을 빼앗는 사형에 대하여 정면으로 이를 허용하거나 부정하는 명시적인 규정을 두고 있지 아니하지만, 헌법 제12조 제 1 항이 "모든

---

1) 헌재 1996. 11. 28 선고, 95 헌바 1, 헌재판례집 제 8 권 2집, 537면 이하(545면).

국민은 … 법률과 적법절차에 의하지 아니하고는 처벌·보안처분 또는 강제노역을 받지 아니한다"고 규정하는 한편, 헌법 제110조 제 4 항이 "비상계엄하의 군사재판은 … 법률이 정하는 경우에 한하여 단심으로 할 수 있다. 다만, 사형을 선고한 경우에는 그러하지 아니하다"고 규정함으로써 적어도 문언의 해석상으로는 간접적이나마 법률에 의하여 사형이 형벌로서 정해지고 또 적용될 수 있음을 인정하고 있는 것으로 보인다.

(3) 인간의 생명은 고귀하고, 이 세상에서 무엇과도 바꿀 수 없는 존엄한 인간존재의 근원이다. 이러한 생명에 대한 권리는 비록 헌법에 명문의 규정이 없다 하더라도 인간의 생존본능과 존재목적에 바탕을 둔 선험적이고 자연법적인 권리로서 헌법에 규정된 모든 기본권의 전제로서 기능하는 기본권 중의 기본권이라 할 것이다. 따라서 사형은 이러한 생명권에 대한 박탈을 의미하므로, 만약 그것이 인간의 존엄에 반하는 잔혹하고 이상한 형벌이라고 평가되거나, 형벌의 목적달성에 필요한 정도를 넘는 과도한 것으로 평가된다면 앞서 본 헌법 제12조 제 1 항 및 제110조 제 4 항의 문언에도 불구하고 우리 헌법의 해석상 허용될 수 없는 위헌적인 형벌이라고 하지 않을 수 없을 것이다.

인간의 생명에 대하여는 함부로 사회과학적 혹은 법적인 평가가 행하여져서는 안 될 것이지만, 비록 생명에 대한 권리라고 하더라도 그것이 헌법상의 기본권으로서 법률상의 의미가 조영되어야 할 때에는 그 자체로서 모든 규범을 초월하여 영구히 타당한 권리로서 남아 있어야 하는 것이라고 볼 수는 없다.

다시 말하면 한 생명의 가치만을 놓고 본다면 인간존엄성의 활력적인 기초를 의미하는 생명권은 절대적 기본권으로 보아야 함이 당연하고, 따라서 인간존엄성의 존중과 생명권의 보장이란 헌법정신에 비추어 볼 때 생명권에 대한 법률유보를 인정한다는 것은 이념적으로는 법리상 모순이라고 할 수도 있다. 그러나 현실적인 측면에서 볼 때 정당한 이유 없이 타인의 생명을 부정하거나 그에 못지 아니한 중대한 공공이익을 침해한 경우에 국법은 그 중에서 타인의 생명이나 공공의 이익을 우선하여 보호할 것인가의 규준을 제시하지 않을 수 없게 되고, 이러한 경우에는 비록 생명이 이념적으로 절대적 가치를 지닌 것이라 하더라도 생명에 대한 법적 평가가 예외적으로 허용될 수 있다고 할 것이므로, 생명권 역시 헌법 제37조 제 2 항에 의한 일반적 법률유보의 대상이 될 수밖에 없다 할 것이다.

이에 대하여 청구인은 사형이란 헌법에 의하여 국민에게 보장된 생명권의 본질적 내용을 침해하는 것으로 되어 헌법 제37조 제 2 항 단서에 위반된다는 취지로 주장한다.

(4) 결국 모든 인간의 생명은 자연적 존재로서 동등한 가치를 갖는다고 할 것이나 그 동등한 가치가 서로 충돌하게 되거나 생명의 침해에 못지 아니한 중대한 공익을 침해하는 등의 경우에는 국민의 생명·재산 등을 보호할 책임이 있는 국가는 어떠한 생명 또는 법익이 보호되어야 할 것인지 그 규준을 제시할 수 있는 것이다. 인간의 생명을 부정하는 등의 범죄행위에 대한 불법적 효과로서 지극히 한정적인 경우에만 부과되는 사형은 죽음에 대한 인간의 본능적인 공포심과 범죄에 대한 응보욕구가 서로 맞물려 고안된 "필요악"으로서 불가피하게 선택된 것이며 지금도 여전히 제 기능을 하고 있다는 점에서 정당화될 수 있다. 따라서 사형은 이러한 측면에서 헌법상의 비례의 원칙에 반하지 아니한다 할 것이고, 적어도 우리의 현행 헌법이 스스로 예상하고 있는 형벌의 한 종류이기도 하므로 아직은 우리의 헌법질서에 반하는 것이라고는 판단되지 아니한다.

(5) 그러나 우리는 형벌로서의 사형이 우리의 문화수준이나 사회현실에 미루어 보아 지금 곧 이를 완전히 무효화시키는 것이 타당하지 아니하므로 아직은 우리의 현행 헌법질서에 위반되지 아니한다고 판단하는 바이지만, 사형이란 형벌이 무엇보다 고귀한 인간의 생명을 국

가가 법의 이름으로 빼앗는 일종의 "제도살인(制度殺人)"의 속성을 벗어날 수 없는 점에 비추어 우리의 형사관계법령에 폭넓게 사형을 법정형으로 규정하고 있는 이들 법률조항들(반대의견의 참조, 모두 89개조항임)이 과연 행위의 불법과의 간에 적정한 비례관계를 유지하고 있는지를 개별적으로 따져야 할 것임은 물론 나아가 비록 법정형으로서의 사형이 적정한 것이라 하더라도 이를 선고함에 있어서는 특히 신중을 기하여야 한다는 생각이다.

또한 우리는 위헌·합헌의 논의를 떠나 사형을 형벌로서 계속 존치시키는 것이 반드시 필요하고 바람직한 것인가에 대한 진지한 찬반의 논의도 계속되어야 할 것이고, 한 나라의 문화가 고도로 발전하고 인지가 발달하여 평화롭고 안정된 사회가 실현되는 등 시대상황이 바뀌어 생명을 빼앗는 사형이 가진 위하에 의한 범죄예방의 필요성이 거의 없게 된다거나 국민의 법감정이 그렇다고 인식하는 시기에 이르게 되면 사형은 곧바로 폐지되어야 하며, 그럼에도 불구하고 형벌로서 사형이 그대로 남아 있다면 당연히 헌법에도 위반되는 것으로 보아야 한다는 의견이다.

이 결정은 재판관 김진우 재판관 조승형의 반대의견이 있는 외에 나머지 재판관들의 의견일치에 따른 것이다.

[재판관 김진우의 반대의견]

나는 사형제도가 합헌이라는 다수의견에 대하여 다음과 같은 이유로 반대의견을 개진한다.

가. (1) 헌법은 제10조에서 "모든 국민은 인간으로서의 존엄과 가치를 가지며, 행복을 추구할 권리를 가진다. 국가는 개인이 가지는 불가침의 기본적 인권을 확인하고 이를 보장할 의무를 진다"고 규정하여 모든 국민이 이 세상 무엇과도 바꿀 수 없는 인간으로서의 존엄과 가치를 갖는 존재임을 명확히 확인하고 있다. 헌법 제10조에서 이와 같이 확인된 인간의 존엄과 가치는 헌법개정에 의해서도 삭제되거나 제한되어서는 아니 되는 것이고, 헌법의 다른 규정들에 의하여도 제한되어서는 아니 되는 헌법의 최고의 가치이며, 위와 같은 확인은 가장 중요한 가치결단인 것이다. 다른 기본권들은 이와 같이 최고의 의미를 갖는 인간의 존엄과 가치를 각 생활영역에서 구체화하고 있는 것이며, 따라서 인간의 존엄과 가치는 다른 기본권 규정들에 대한 해석의 지침인 동시에 다른 기본권의 제한에 있어서의 절대적 한계를 이룬다. 뿐만 아니라 헌법 제10조의 인간의 존엄과 가치는 기본권보장규범들 이외의 다른 규정들에 대한 해석의 지침으로 작용한다.

(2) 헌법 제10조에 규정된 인간의 존엄성에 대한 존중과 보호의 요청은 형사입법, 형사법의 적용과 집행의 모든 영역에서 지도적 원리로서 작용한다. 그러므로 형사법의 영역에서 입법자가 인간의 존엄성을 유린하는 악법의 제정을 통하여 국민의 생명과 자유를 박탈 내지 제한하는 것이나 잔인하고 비인간적인 형벌제도를 채택하는 것은 헌법 제10조에 반한다. 이는, 극악한 범죄를 범함으로써 스스로 인간임을 포기한 자라도 여전히 인간으로서의 존엄과 가치를 갖고 있는 인간존재인 한, 그에 대하여도 피해자 내지 그 가족 또는 사회의 보복감정을 충족시키기 위해서 또는 유사 범죄의 일반적 예방이라는 목적의 달성을 위해서 비인간적인 형벌을 적용해서는 아니 된다는 것을 의미한다. 그런데 형벌로서의 사형은 자유형과는 달리 사형선고를 받은 자에게 개과천선할 수 있는 도덕적 자유조차 남겨 주지 아니하는 형벌제도로서 개인을 전적으로 국가 또는 사회 전체의 이익을 위한 단순한 수단 내지 대상으로 삼는 것으로서 사형수의 인간의 존엄과 가치를 침해하는 것이다. 사형제도는 나아가 양심에 반하여 법규정에 의하여 사형을 언도해야 하는 법관은 물론, 또 그 양심에 반하여 직무상 어쩔 수 없이 사형의 집행에 관여하는 자들의 양심의 자유와 인간으로서의 존엄과 가치를 침해하는 비인간적인 형벌제도이기도 하다.

Ⅲ. 民主的 基本秩序

1. 民主的 基本秩序의 意義

(1) 한국헌법의 민주적 기본질서 현행헌법은 「민주적 기본질서」와 「자유민주적 기본질서」를 구분하여 규정하고 있는바, 헌법전문과 제 4 조에서는 「자유민주적 기본질서」라는 용어를 쓰고 있으며, 제 8 조 4항에서는 「민주적 기본질서」라는 용어를 쓰고 있다. 즉 헌법은 전문에서 「자유민주적 기본질서를 더욱 확고히 하여」라고 하고 있고, 제 4 조에서 「…자유민주적 기본질서에 입각한 평화적 통일정책을 수립하고 이를 추진한다」고 하고 있으며, 제 8 조 4항에서 「정당의 목적이나 활동이 민주적 기본질서에 위배될 때에는… 해산된다」고 규정하여 이 두 가지 개념을 구분하고 있다. 그리하여 양자의 異同에 관하여 해석상 혼란이 야기되고 있다.[1)]

(2) 독일기본법의 자유민주적 기본질서 독일기본법은 자유민주적 기본질서를 제21조의 정당조항에서 뿐만 아니라 기본권남용에 의한 기본권상실을 규정한 제18조에서도 사용하고 있다. 따라서 독일기본법상에서는 제18조에 의해서 자유민주적 기본질서가 기본권행사에 있어서 헌법적 행위의 한계를 이루고 있다. 또 제10조 2항·제11조 2항·제87a조 4항·제91조 1항 등에서도 자유민주적 기본질서를 규정하고 있다. Leibholz 교수는 민주적 기본질서와 자유민주적 기본질서를 구별하여 소위 민주적 기본질서 중에서도 서구적 자유민주주의의 개념과 결부된 것만이 자유민주적 기본질서라고 하고 있다. 이러한 견해는 의회평의회에서의 헌법초안심의에서도 명백히 하였다.

(3) 민주적 기본질서와 자유민주적 기본질서의 차이 이러한 관점에서 볼 때 개념상 독일의 「자유민주적 기본질서」와 한국헌법의 「민주적 기본질서」는 다르다는 것을 알 수 있다. 형식이론상 민주적 기본질서는 자유민주주의와 사회민주주의 등을 내포하는 상위개념이며 그 공통개념이라고 하겠다. 특히 현행헌법이 「민주적 기본질서」와 「자유민주적 기본질서」를 구분하고 있는 것은 현행헌법이 자유민주적 기본질서를 지향하는 헌법임을 강조하고 있는 것이라고 하겠다. 따라서 자유민주적 기본질서는 지향하여야 할 이념이며, 현실은 자유민주적 기본질서만이라고는 할 수 없을 것이다.[2)]

1) 상세한 것은 김철수, 민주적 기본질서, 서울대학교 「법학」 제20권 1호, 1979. 9; Huber/Möler/Stock, Zur Lage der parlamentarischen Demokratie, 1995; Mehde, Neues Steuerungsmodell und Demokratieprinzip, 2000; Meier, Parteiverbot und demokratische Republik, 1993; Michaelis, Politische Parteien unter der Beobachtung des Verfassungsschutzes, Die streitbare Demokratie zwischen Toleranz und Abwehrbereitschaft, 2000; Denninger, Freiheitliche demokratische Grundordnung 2Bde, 1976; Lankenau, Die freiheitliche demokratische Grundordnung im Sinne des Grundgesetzes und ihre rechtliche Wirksamkeit, 1974; Lautner, Die freiheitliche demokratische Grundordnung 2. Aufl., 1982; Steinberger, Konseption und Grenzen freiheitliche Demokratie, 1974 참조.

2) 우리나라의 학설에 관해서는 김남진·이강혁, 전게서, 56～64면 참조.

2. 民主的 基本秩序의 理念과 形態

(1) 민주적 기본질서의 이념 이러한 민주적 기본질서의 이념과 가치는 민주주의의 이념과 가치에 직결된다. 민주정치의 이념에 대해서는 자유·평등·복지 등이 제시되고 있다.[1] 그 중에서도 평등의 이념을 중시하느냐, 자유의 이념을 중시하느냐, 복지의 이념을 중시하느냐에 따라 많은 뉘앙스의 차이가 있다. 프랑스 혁명시의 구호인 자유·평등·박애를 민주정치의 요소로 보는 사람으로는 Ernst v. Hippel이 있다. 그러나 민주정치의 요소로서 자유와 평등을 들고 있는 것이 다수설이다(R. Thoma, Leibholz, 宮澤俊義).

생각건대 오늘날 민주정치의 이념은 평등·자유·복지의 세 가지라고 보아야 하겠다. 이 점에서 인간의 존엄성의 보장을 위한 기본권의 존중이 가장 중요한 이념이라고 하겠다.

(2) 민주적 기본질서의 형태

1) 민주정치의 형태적 개념 형태개념으로서의 민주정치는 지배자와 피지배자, 통치자와 피통치자 또는 명령자와 피명령자의 자동성(C. Schmitt)이라고도 한다. Kelsen도 이러한 의미에서 민주정치를 영도자와 피영도자의 자동성을 기초로 한 국민의 지배라고 보고 있다. 어쨌든 현대적 민주정치는 국민의 지배(Herrschaft des Volkes)라고 말할 수 있으며, 국민은 주권자로 치자인 동시에 자기 자신을 통치하는 피치자로 되어 치자와 피치자의 자동성(Identität)의 관계에 있다고 할 수가 있다.[2]

일반적인 견해에 의하면, 민주정치는 「국민이 국가권력의 담당자이고, 능동적 시민의 대다수가 직접으로 국가행위에 참여하거나(직접적 또는 국민투표적 민주정치) 또는 국민대표나 다른 간접적인 국가기관이 국가권력의 행사에 참가하는(간접적 또는 대표적 민주정치) 통치형태」라고 말할 수 있을 것이다.

2) 민주정치의 내용적 개념 이러한 민주정치는 일반적인 견해에 따른다면 다음과 같은 요소들을 포함하고 있다. 첫째, 국민의 국정에의 참여이다. 이에는 국민이 행동하는 기관으로서 선거나 국민투표에 의하여 직접적으로, 혹은 대표기관(국민의 대변기관)을 통하여 간접적으로 참여하는 것이 요청된다. 둘째, 다수의 지배로서 국가의 의사형성행위는 선거권이나 투표권이 있는 시민의 다수로 또는 피선된 국민대표의 다수에 의하여 결정되어야 하며, 셋째, 시민의 대다수가 능동적 참정권을 향유하여야 하며, 넷째, 자유·평등·복지가 보장되어야 한다. 과거에는 독일과 일본에서 평등만을 민주주의의 요소로 보는 학

1) 헌재는 자유민주적 기본질서의 이념의 의의를 설명하고 있다(헌재 1990. 4. 2 선고, 89 헌가 113, 헌재판례집 제 2 권, 49면 이하). 「국가는 헌법이 수호하려는 최고의 가치인 자유민주적 기본질서를 전복하려는 언동 등에 대해서는 단호히 대책할 수밖에 없다」.

2) 민주정치를 국민주권＝국민의사＝투표권이 있는 시민의 다수의 의사＝결정에 참여하는 유권자의 다수의 의사로 보는 것을 Kägi는 민주정치의 결정론적·전체주의적 견해라고 하여 이를 배격하고 있다(Kägi, Rechtsstaat und Demokratie, Matz(Hrsg.), Grundprobleme der Demokratie, S. 107ff.). 同旨: 헌재 1991. 3. 11 선고, 90 헌마 28, 헌재판례집 제 3 권, 63면 이하.

설이 지배적이었으나, 민주주의의 실행에는 그 전제로서의 개인의 자유를 결여할 수도 없고, 민주정치에 의하여 도달하려고 하는 한 큰 목표가 자유와 복지의 실현에 있다고 한다면 3자는 상호 조화하고 제휴할 수 있으며, 그것이 바람직하기 때문에 자유·평등·복지의 3자를 민주주의의 요소로 보아야 할 것이다. 다섯째, 실제적으로는 다수의 지배가 행하여져야 한다. 따라서 특권정당이나 특권계층이 존재해서는 안 된다.

3) 민주정치의 중요 징표 Martin Kriele는 민주정치의 요소로서 i) 평등, ii) 다수의 지배, iii) 관용, iv) 다원주의, v) 권력 엘리트의 경쟁, vi) 이익의 균형조화, vii) 복합성(Komplexität), viii) 타협(Kompromiß), ix) 파트너십(Partnerschaft)이라고 보고 있다. 물론 이것은 독일의 서구적 민주정치의 징표이나, 이에 대해서도 견해가 일치되고 있는 것은 아니다.

3. 民主的 基本秩序의 內容

(1) 민주적 기본질서의 내용 오늘날 민주정치는 이념이나 형태에 의하여 개념이 확정되기보다는 그 내용에 의하여 특정지워지고 있다. 평등이 민주정치의 이념이라고 보는 Maunz의 학설에 따른다면 민주정치의 개념에는 다음과 같은 것이 내포되어 있다.

(a) 국민주권주의 모든 국가권력의 근원적인 담당자는 국민이다. 이 원칙은 헌법에 의하여 규제되고 시기적으로 반복된 국민의 동의하에 통치되는 통치형태를 말한다.

(b) 국민의 국정참여 능동적 시민이 직접 또는 간접으로 국가권력의 행사에 참여하는 것을 말한다.

(c) 다수의 지배 다수결의 원칙과 소수자의 보호

(d) 자유로운 투표에 의한 다수의 확정 선거와 국민투표의 정규적인 반복이 필수적이다.

(e) 시민의 정치적 평등, 특히 선거권의 평등과 투표평가의 평등 평등선거

(f) 대다수국민에 의한 참정권의 향유 보통선거

(g) 의견과 반대의견의 자유로운 형성 그 중에서도 i) 표현의 자유가 보장되어야 하며, ii) 특히 언론·출판·집회·결사의 자유가 보장되어야 하고, iii) 원내야당의 존립가능성이 보장되어야 하고, iv) 소수가 다수로 될 수 있는 기회가 법적으로 보장될 것이 요청된다.

(h) 국가에서 자유로운 여론의 형성 신문과 radio 기타의 통신매체를 통하여 국가에서 자유로운 여론이 형성되어야 하며, 국가의 통신·언론기관도 사기업과 동등한 권리를 향유해야 할 것이고, 신문이나 radio, TV에 대한 지도(Lenkung)나 검열을 금지함이 그 특색이다.

(i) 특정한 세계관에 구속되지 아니하고, 자유로운 인격의 발현을 위한 만인에게 공

개되어 있는 교육제도의 확립과 교육의 기회균등

(j) 공직취임의 평등과 자유

(k) 정치적 의의에 있어서의 자치행정

(l) 이상의 원칙들이 국가뿐만 아니라 다른 공적 영역, 즉 i) 공법상의 단체, 지방자치단체나 영조물, ii) 사회보험단체, iii) 정당 등에까지 적용될 것이 요청된다.

(2) 자유민주적 기본질서와 사회민주적 기본질서의 내용 위에 든 것은 민주적 기본질서의 내용을 약술한 것이지만, 민주주의의 다른 요소인 자유나 복지와 결부하여 보다 많은 내용이 각기 자유민주적 기본질서나 사회민주적 기본질서에 포함되어질 것이다.

1) 자유민주적 기본질서의 내용 자유민주적 기본질서의 내용으로서는 위의 민주적 기본질서의 내용 외에 법치적 기본질서가 가미된다. 법치주의의 내용으로서는 i) 권력분립, ii) 개인의 기본권보장, iii) 형식적 의미의 법률(의회입법), iv) 사법과 행정의 합법성, v) 국가권력행사의 예측가능성, vi) 인적·물적 독립을 가진 법관에 의한 사법적 보장, 특히 공권력에 의한 권리침해에 대한 사법적 권리보장 등을 들 수 있다. 이 법치주의적 요청은 자유주의에서 출발하여 권력분립주의와 함께 국가권력을 국민의 자유와 권리를 위하여 제한하려고 하는 것이다. 요컨대 서구적 민주정치에 있어서는 법치주의가 민주적 기본질서의 필수적 요소로 간주되고 있으나, 이러한 자유민주적 기본질서하의 법치주의는 형식적 법치주의에 입각하고 있을 뿐이다.

2) 사회민주적 기본질서의 내용 이에 대하여 사회민주적 기본질서의 내용은 상기의 민주정치의 요소에 사회적 정의·복지와 평화주의를 가미한 것이라고 할 수 있다. 이것은 사회적 복지주의와 국제평화주의라고도 할 수 있으며, 사회적 정의와 국제적 정의를 민주정치의 내용에 첨가한 것이라고 볼 수 있다. 실질적 평등과 복지를 지향하는 민주정치는 반드시 자유민주주의가 아니라도 가능하다고 보는 것이 일반적 견해이다.

사회민주적 기본질서는 자유주의를 배격하는 것이 아니고 사회적 정의의 실현, 사회복지의 실현을 위하여 자유에 어느 정도의 제한을 인정하는 것이다. 사회민주적 기본질서에서는 기본권보장에 있어서 생존권적 기본권의 보장이 중시되고 법치주의에 있어서 사회적 법치주의의 원리가 강조되며, 실질적 법치주의에 입각하고 있다.

(3) 독일기본법상의 자유민주적 기본질서의 내용 독일연방헌법재판소는 자유민주적 기본질서는 「궁극적으로는 만들어진 질서 내의 인간이라는 고유의 독자적인 가치를 가지며, 자유와 평등이 국가적 통일의 항구적인 근본법에 의하여 내려진 헌법정책적인 결단에 의한 표상에 근거하고 있다. 그러므로 기본질서는 가치구속적인 질서이다. 이는 인간의 존엄과 자유와 평등을 거부하는 전속적인 통치권력으로서의 전체국가의 반대개념이다. …그러므로 자유민주적 기본질서는 어떠한 폭력지배나 자의지배도 배제하고 그때그때의 다수의 의사에 따른 국민의 자치에 근거한 법치국가적 통치질서와 자유와 평등이 확보되는 질서라

고 규정할 수 있을 것이다. 이 질서의 근본적 원칙으로서는 적어도 다음의 것을 포함시켜야만 할 것이다. 기본법에 구체화되어 있는 기본적 인권, 특히 생명과 그 자유로운 발현을 위한 인격권의 존중, 국민주권, 권력분립, 정부의 책임성, 행정의 합법률성, 사법권의 독립, 다수정당원리와 합법적인 반대당의 구성권과 행동권을 가진 모든 정당의 기회균등」이라고 판시하였다.[1] 이러한 민주적 기본질서의 설명에 대해서 학설은 대부분 찬성하고 있다.

나아가 자유민주적 기본질서의 내용으로 사회국가의 원칙이 포함되는가가 논란되고 있다. Hamann-Lenz 나 Mattey 는 사회국가원칙도 자유민주적 기본질서에 포함된다고 보고 있는데, 그 이유는 독일기본법은 경제정책면에 있어서는 상대주의를 채택하고 있기 때문이라고 한다. 그리하여 그는 사유재산제도의 전면폐지를 주장하는 정당까지도 해산될 수 없는 것이라고 보고 있다. 그러나 이 이론은 경제적 자유가 자유민주주의의 가장 중요한 요소임을 간과한 주장이라고 할 것이며, Dürig 도 사회국가원칙을 자유민주적 기본질서에 포함시킬 수는 없다고 하고 있다.[2]

4. 우리 憲法上의 民主的 基本秩序

(1) 민주적 기본질서의 개념 제 6 공화국헌법은 헌법 전문에서 「자유민주적 기본질서」라고 하고, 제 4 조에서도 「자유민주적 기본질서」라고 하고 있으나, 제 8 조에서는 「민주적 기본질서」라고 하고 있어 개념상의 혼동이 일어나고 있다.

1) 민주적 기본질서 헌법 전문은 「조국의 민주개혁과 평화적 통일의 사명에 입각하여… 자율과 조화를 바탕으로 자유민주적 기본질서를 더욱 확고히 하여」라고 하고 있는데, 이는 새로운 민주공화국이 사회민주적 기본질서를 배척하고 자유민주적 기본질서만을 그 이념으로 하고 있다는 뜻이 아니라, 자유민주적 기본질서를 더욱 확고히 하려는 것임을 나타낸 것이며, 제 4 조의 「자유민주적 기본질서에 입각한 평화적 통일…」의 원칙은 인민민주주의에 입각한 통일을 규정한 북한헌법에 대응하여 서구적 민주주의하의 통일을 강조하고 있는 것이다. 한편 헌법 제 8 조의 정당해산요건으로서의 민주적 기본질서는 민주정치의 기본원리 내지는 기본질서를 의미하는 것으로서 자유민주적 기본질서뿐만 아니라 사회민주적 기본질서까지 포함하는 것이라고 하겠다.

2) 민주적 기본질서와 자유민주적 기본질서 이에 대하여 민주적 기본질서란 곧 자유민주적 기본질서라고 하여 사회민주적 기본질서를 배척하는 견해도 있으나,[3] 이는 타당

---

1) SRP Urteil, 1952. 10. 23, BVerfGE 2, 1; KPD Urteil, 1956. 8. 17, BVerfGE 5, 85.
2) 자유주의헌법으로의 결정이라고 보는 것이 다수설이다.
3) 한태연, 전게서, 188 면; 윤세창, 전게서, 53 면; 권영성, 전게서, 153 면. 그러나 이러한 이론은 민주적 기본질서를 자유주의와의 결합만으로 보고, 민주주의와 복지주의의 결합을 무시한 점에서 타당하다고 할 수 없다. 권 교수는 복지국가·사회적 법치국가의 원리라든가 사회정의의 실현 또는 사회적 시장경제질서 등은 이미 다른 여러 헌법조항에서 규정하고 있으므로, 제 8 조 4 항의 민주적 기본질서 중에 반드시 사회민주주의를 포함시켜야 할 필연적인 이유가 없다고 하고 있으나(전게서, 191～192 면), 자유주의와 이질

하다고 할 수 없다. 첫째, 기술한 바와 같이 민주적 기본질서는 자유민주적 기본질서와 사회민주적 기본질서의 공통개념이지 자유민주적 기본질서만이 유일한 민주적 기본질서라고 할 수 없을 것이다. 둘째, 민주적 기본질서는 공산주의와 전체주의의 국가질서에 대한 반대개념이지 사회적 법치주의를 배척하는 개념은 아니다. 민주적 기본질서가 곧 자유민주적 기본질서라고 하는 것은 민주주의의 이념을 자유와 평등만으로 국한하려는 사고이며, 복지와 사회정의의 요청을 무시한 이론이다.[1] 셋째, 우리나라의 헌법의 민주적 기본질서는 독일기본법상의「자유민주적 기본질서」와 구별하여야 하며, 자유민주주의와 사회민주주의의 복합개념인 민주적 기본질서는 자유주의나 보수주의를 배격하는 것이 아니라 부익부·빈익빈을 조장하는 경제적 자유와 독점자본주의를 배격하는 것이라고 하겠다. 넷째, 우리 헌법의 현실은 자유민주주의에 대한 수정을 의미하고 있는데, 그것은 경제적 자유에 대한 규제와 조정, 권력분립원리에 약간의 수정, 공공복리를 위한 자유와 권리의 제한 등에서 잘 나타나고 있다. 만약에 자유주의의 요소를 절대적으로 고집하는 경우, 우리의 헌법현실은 자유민주적 기본질서에 위배된다는 논리도 성립할 수 있어 모순이다. 다섯째, 우리 나라 정당의 정강정책을 보더라도 고전적 자유민주주의를 채택하고 있는 정당은 없으며, 모두가 복지국가적·사회적 법치주의를 지향하고 있는 것을 볼 때 우리의 민주적 기본질서는 사회민주적 기본질서를 배격하는 것이 아님이 명백하다. 따라서 민주적 기본질서 중에는 자유·평등·복지의 요소가 아울러 들어 있는 것으로 보아야 하고 복지의 요소를 배격하는 정당은 우리 헌법상 그 존재가치를 발견할 수 없을 것이다. 따라서 민주적 기본질서는 자유민주적 기본질서와 사회민주적 기본질서의 택일을 가능하게 하는 공개된 민주질서라고 하겠다.[2]

3) 판 례 「우리 헌법은 자유민주적 기본질서의 보호를 그 최고의 가치로 인정하고 있고, 그 내용은 모든 폭력적 지배와 자의적 지배, 즉 반국가단체의 일인독재 내지 일당독재를 배제하고 다수의 의사에 의한 국민의 자치, 자유·평등의 기본원칙에 의한 법치주의적 통치질서를 말한다. 구체적으로는 기본적 인권의 존중, 권력분립, 의회제도, 복수정당제도, 선거제도, 사유재산과 시장경제를 골간으로 한 경제질서 및 사법권의 독립 등을 의미한다」고 천명한 바 있다.[3]

(2) 민주적 기본질서의 법적 성격

1) 민주적 기본질서와 헌법질서 민주적 기본질서는 헌법제정권자의 근본결정으로

적인 복지주의적인 요소를 인정하는 한 민주적 기본질서=자유민주적 기본질서로 볼 수는 없을 것이다.

1) 독일학설은 자유민주적 기본질서라는 용어를 사용하고 있음에도 이를 확장해석하여 사회국가의 원리를 이에 포함시키려고 하고 있다. 그런데 민주적 기본질서라고 하고 있는 우리 헌법에서 사회국가의 원리를 배격하고 자유민주적 기본질서로 국한하려는 것은 이해하기 힘들다.

2) 이는 민주적 기본질서가 자유민주적 기본질서와 각기 다른 별개의 개념이란 뜻이 아니고 민주적 기본질서란 자유민주적 기본질서 및 사회민주적 기본질서를 함께 포함하고 있으며 택일적일 수도 있다는 의미이다.

3) 자유민주적 기본질서: 제주 4·3사건진상규명및희생자명예회복에관한특별법 의결행위취소(헌재 2001. 9. 27 선고, 2000 헌마 238·302(병합), 헌재판례집 제13권 2집, 383면 이하(400면)).

서 헌법 제 1 조에서 규정하고 있으므로 헌법질서를 이루고 있다.[1] 그러나 민주적 기본질서는 단순한 헌법질서와 동일한 것이 아니라 헌법질서 중에서 중요한 자유·평등·복지에 관한 기본적인 질서만을 뜻한다.

2) 민주적 기본질서와 기본권의 제한 우리 헌법에 있어서 자유민주적 기본질서는 헌법유보의 내용이 되는 것이고, 제37조 2항의 국가안전보장·질서유지는 법률유보의 내용이 되는 것이므로 양질서개념은 그 차원을 달리하는 것이라는 견해가 있으나,[2] 우리나라에서는 독일기본법과 달리 민주적 기본질서를 기본권제한의 헌법유보로 보고 있지 않으며, 민주적 기본질서는 헌법 제37조 2항의 국가안전보장·질서유지에 포함된다고 보는 것이 타당하다. 따라서 민주적 기본질서를 유지하기 위하여 부득이한 경우에는 법률에 의한 제한이 가능할 것이다(그 예로 방송법 제 4 조 등을 들 수 있다).

3) 민주적 기본질서와 기본권의 내재적 한계 민주적 기본질서를 기본권의 내재적 한계로 보아 민주적 기본질서에 위배되는 사상·양심까지도 헌법에 위배되므로 가질 수 없다는 견해가 있으나,[3] 이는 타당하지 않다 하겠다. 즉 내심의 자유는 절대적이기 때문에 민주적 기본질서에 위배했다고 하더라도 이를 처벌할 수는 없으며, 민주적 기본질서를 기본권의 내재적 한계로 보는 독일기본법의 태도와 달리 우리 헌법은 이보다 넓은 개념인 국가안전보장·질서유지로도 기본권을 제한할 수 있게 하고 있다. 이 점에서 양자의 입법례는 다르다고 하겠다.

(3) 민주적 기본질서의 내용 현행헌법상 「민주적 기본질서」라는 용어는 정당조항인 제 8 조에만 사용되고 있으나, 헌법제정권자의 근본결단으로서의 민주적 기본질서는 이미 형태개념으로서 헌법 제 1 조에 규정되어 있다고 볼 것이다. 이것은 제 3 공화국헌법 제정에 참여한 학자들이 민주적 기본질서의 내용과 민주공화국의 근본요청이 합치한다고 보는 것(강병두·한태연)으로도 알 수 있다.[4]

우리 헌법은 독일의 자유민주적 기본질서와는 달리 사회적 정의의 원리도 아울러 채택하고 있다고 보아야 할 것이며, 헌법 제34조나 헌법 제119조의 규정에서 보아 우리 헌법의 민주적 기본질서는 자유민주적 기본질서와 사회민주적 기본질서의 총합개념으로 파악하여야 할 것이다. 따라서 자유주의의 요소와 복지주의의 요소가 결합된 것이 우리 나

---

1) 헌법재판소는 「우리 헌법은 자유민주적 기본질서의 보호를 그 최고의 가치로 하고 있다」고 한다(헌재 1994. 4. 28 선고, 89 헌마 221, 헌재판례집 제 6 권 1집, 239면 이하(259~260면)).

2) 권영성, 구판(1992), 전게서, 149면. 그러나 1994년판부터는 「자유민주적 기본질서도 제37조 제 2 항의 질서 중에 포함되고 그 질서의 핵심이 된다고 할 수 있다」고 함으로써 학설을 변경하였다(전게서, 153면). 2004년도에는 다시 학설을 변경하여 민주적 기본질서는 자유민주적 기본질서와 사회민주적 기본질서를 포괄하는 개념이며, 제37조 2항의 질서는 최상위질서개념이므로 이 질서는 헌법적 질서를 비롯하여 모든 질서를 포함하는 광의의 질서를 의미한다. 따라서 민주적 기본질서까지도 제37조 2항의 질서개념에 포함된다고 한다(160면). 과거에 그는 민주적 기본질서는 자유민주적 기본질서만이라고 강조해 왔다.

3) 한태연, 전게서, 903면. 권영성 교수도 민주적 기본질서를 내재적 한계로 보고 있다(전게서, 363면).

4) 우리 헌법재판소도 대체적으로 독일헌법재판소의 판결을 따르고 있다.

라의 민주적 기본질서의 내용이라 할 것이다.

구체적으로 우리 헌법상 민주적 기본질서의 내용으로는 i) 헌법상의 기본권의 존중, 특히 생명과 그 자유로운 발현을 위한 인격권의 존중, ii) 국민주권, iii) 권력분립, iv) 정부의 책임성, v) 법치주의, vi) 사법권의 독립, vii) 복수정당제 외에도, viii) 사회적 시장경제질서, ix) 인간다운 생활을 보장하는 생존권의 존중, x) 평화의 보장을 들 수 있을 것이다.[1)]

1) 기본권 존중 민주주의의 이념은 자유와 평등, 복지이다. 따라서 민주정치는 이러한 인간의 자유와 안전과 행복, 평등을 보장하는 것을 그 목표로 하고 있다. 우리 헌법은 전문에서「우리 대한국민은… 우리들과 우리들의 자손의 (평등과) 안전과 자유와 행복을 영원히 확보할 것을 다짐하면서… 헌법을 제정」했음을 선언하고 있고, 헌법 제10조는 인간의 존엄과 가치·행복추구권을 확인하고 나아가 국가권력의 기본권보장의무를 규정하고 있다.

우리 헌법의 기본권 존중은 자유민주주의에 있어서와 같이 자유권의 보장에 국한되는 것이 아니고 사회민주주의의 요소인 복지향상을 위한 생존권적 기본권의 보장도 포괄하고 있다. 뿐만 아니라 헌법 제37조 2항은「국민의 모든 자유와 권리는 국가안전보장·질서유지 또는 공공복리를 위하여 필요한 경우에 한하여 법률로써 제한할 수 있다」고 하여 자유권도 복지향상과 공공복리인 생존권의 보장을 위하여 법률로써 제한할 수 있음을 인정하고 있다.

2) 국민주권 민주주의는 국가권력이 국민으로부터 유래함을 그 근본요청으로 하고 있다. 우리 헌법은 제 1 조 2항에서「대한민국의 주권은 국민에게 있고, 모든 권력은 국민으로부터 나온다」고 하여 주권재민과 국권유민의 원칙을 규정하고 있다. 민주정치는 국민의 지배이어야 하며 또 국민의 자치로서 특징지워진다. 국민은 국민투표로써 직접

---

1) 민주적 기본질서의 내용에 대하여는 대개 독일의 학설을 따르고 있는 것 같다. 이에 평화주의를 추가하고 있는 사람으로는 문홍주 교수와 권영성 교수가 있다. 그런데 이것은 자유민주적 기본질서의 내용이 될 수 없는 것이다. 독일의 자유민주적 기본질서에 관한 연방헌법재판소판결에서도 평화주의는 포함되지 않았다. 오히려 자유민주주의의 전성기에는 약육강식적인 팽창주의가 횡행하였다. 따라서 국제평화주의는 사회적 민주주의의 이념에 속한다.

권 교수는 헌법학원론(상)(1979)에서 의회주의를 그 요소로 보는 경우와(240면) 보지 않는 경우(196면)가 있어 상호간 통일성이 없고 모순되어 있었는데, 신고 헌법학원론(1981)에서는 이를 삭제하였고 정부의 책임성을 새로이 추가하고 있다(150면). 한편 1994년판부터는 새로이 학설을 변경하여 현재의 견해와 동일하게 i) 기본적 인권의 존중, ii) 권력분립의 원리, iii) 의회제도, iv) 복수정당제도, v) 선거제도, vi) 사유재산과 시장경제를 골간으로 한 경제질서, vii) 사법권의 독립 등을 들고 있다(전게서, 133~135면).

계희열 교수는 헌법에 구현된 민주주의의 원리로서 i) 국민주권의 원리, ii) 국민의 직접적 정치의사 형성, iii) 통치의 정당화와 소수자의 기회균등 및 그 보호, iv) 정치과정의 자유와 개방 및 방어적 민주주의, v) 다수결의 원리, vi) 정당제도, vii) 선거제도를 들고 있다(계희열, 전게서, 210~295면 참조).

성낙인 교수는 "민주적 기본질서라고 하든 자유민주적 기본질서라고 하든 법문의 표현에 너무 지나치게 집착하는 것은 바람직하지 않다. 즉 자유민주적 기본질서이건 민주적 기본질서이건 간에 그 표현 여하를 떠나서 한국헌법이 지향하는 기본원리는 다름아닌 자유민주주의라는 점을 염두에 두어야 하고, 그 속에는 현대적인 사회복지국가 원리가 당연히 내포되어야 한다"고 한다(성낙인, 전게서, 127면).

적으로 정치에 참여할 수 있으며, 대표자를 선출함으로써 간접적으로 정치에 참여할 수 있다.

국민자치에 입각한 민주정치는 일반적으로 다음의 징표를 가지고 있다. i) 국민대표기관의 선출을 위한 정상적인 주기로 행해지는 보통·평등·직접·비밀·자유선거, ii) 특정한 기간 동안 결정적인 권한을 행사할 수 있는 피선된 국민대표기관의 존재, iii) 근본적 결정에 대한 합의가 국민에게 유보되고, iv) 소수가 다수로 될 수 있는 기회가 제공되는 다수결원리, v) 선거권의 평등과 공무담임권의 기회균등을 포함하는 법적 평등원리, vi) 여론형성에 있어서의 국가로부터의 자유, vii) 복수정당원리 등이다. 이러한 원칙 중의 어느 하나라도 결여되면 국민자치가 행해진다고는 볼 수 없을 것이며, 이러한 국민자치의 원칙이야말로 민주정치의 형태적 개념으로서 매우 중요한 것이다.

3) 권력분립 권력분립의 원리는 국민의 자유권을 보장하고 국가권력을 제한하기 위한 자유주의의 요청이라고 하겠다. 그런데 권력분립이 민주주의와 합치될 수 있는가에 대해서는 많은 논란이 있었다. 프랑스 혁명 당시에 Rousseau는 국민주권론을 주장하면서 국가권력의 불가분성을 주장하여 입법권의 우월을 주장하고 권력집중제를 주장하였다. 그러나 오늘날에도 만약 권력분립론을 입법권의 우월을 전제로 한 권력배분론으로 이해한다면 민주주의와 대립되는 것은 아니라고 할 수 있다.

권력분립은 민주주의에서는 절대적인 요소는 아니라고 하더라도 자유주의와 결합된 자유민주주의에 있어서는 결정적 의의를 가진다. 즉 오늘날 국민의 의사를 빙자하여 자의적 폭력지배가 행하여질 수 있으므로 이를 예방하기 위한 권력분립은 중요한 의의를 가진다고 하겠다. 제 6 공화국헌법은 제 5 공화국헌법에 비하여 보다 권력분립주의를 강화하고 있다.

4) 정부의 책임성 정부의 국민에 대한 책임은 민주정치의 한 요청이라고 할 수 있을 것이다. 이것은 Responsible Government의 원리이며, 국가권력기관은 그 국가권력행사의 정당성을 제공해 준 국민에 대하여 책임을 져야 한다는 것을 뜻한다. 이 정부의 책임성은 각 국가의 헌법에 따라 다양하게 규정될 수 있다. 예를 들어 국민소환제라든가 국민결정에 의한 국회해산제 등을 규정할 수도 있을 것이고, 정부의 국회에 대한 책임을 규정할 수도 있을 것이다. 독일에서는 국회를 국민대표기관으로 하여 정부의 책임을 추궁할 수 있게 하고 있다.

우리 헌법은 국민이 정부의 책임을 직접 물을 수 있는 제도를 두고 있지는 않고, 다만 국회의 대정부견제권으로 정부의 책임을 물을 수 있게 하고 있다.

5) 법치주의 법치주의는 국민의 의사의 표현인 헌법이나 법률에 의한 통치를 말하는 것으로 헌법과 법률에 의한 국가권력의 제한을 의미한다. 법치주의는 민주주의의 요소로 인정될 수 있는데, 이것은 입법권의 우월사상과 국민총의의 표현인 법에 의한 지

배에 그 근거를 두고 있다. 또한 법치주의는 원래 자유주의의 원리로서 발달한 것으로 오늘날에도 권력분립주의와 함께 자유민주주의의 구성요소로 인정되고 있다. 그러나 오늘날에는 실질적 법치주의 내지 사회적 법치주의의 이념이 등장하고 있어 사회민주주의의 구성요소로서도 인정되고 있다. 우리 헌법도 사회적 법치주의에 입각하고 있다.

법치주의의 요소로는 i) 입헌주의, ii) 자유와 법적 평등, iii) 권력분립과 권력통제, iv) 법의 구속과 법의 지배, v) 권리의 사법적 보장, vi) 손실보상제도, vii) 과잉처분금지, viii) 행정처분의 비례의 원칙 등을 들 수 있다. 그러나 여기서 중요한 것은 헌법과 법률의 지배, 권리의 사법적 보장, 법치행정의 원칙이라고 하겠다.

6) 사법권의 독립 국민의 기본권의 사법적 보장은 법치주의의 중요한 요소이다. 이러한 기본권보장기구로서의 사법부가 독립되어 있지 않으면 행정처분이나 행정명령·규칙의 사법심사는 물론 법률의 위헌심사제청도 할 수 없을 것이다. 이 점에서 사법권의 독립이 요망되며, 사법권의 독립은 입헌민주주의 법치국가구조의 초석이며, 시민적 법치국가의 중요한 조직적 징표라고 할 수 있다.

사법권의 독립은 i) 사법부의 입법부와 행정부에서의 독립, ii) 법관의 지위의 독립, 법관의 신분보장, iii) 법관의 재판상의 독립으로 구성되어 있다. 현행헌법은 제101조 1항에서 「사법권은 법관으로 구성된 법원에 속한다」고 하여 사법부의 독립을 규정하고, 제103조에서 「법관은 헌법과 법률에 의하여 그 양심에 따라 독립하여 심판한다」고 하여 물적 독립 내지는 재판상의 독립을 규정하고, 제106조에서 법관의 신분보장을 규정하고 있다.

7) 복수정당제 민주주의원칙은 다양한 의견과 이익의 존재를 기초로 하고 있다. 즉 동일성이 아니라 반대와 갈등에 근거한 다양성이 특징적이며, 오늘날 다원주의(Pluralismus)는 자유법치국가적 민주정치의 구성요소로 되고 있다. 다원주의에 입각하여 다양한 국민의 여론을 반영하기 위하여 복수정당제가 요구되고 있는데, 이에 따라 국가정당제도나 단일정당제도는 민주적 원칙에 위배되는 것으로서 현대민주주의국가에서는 인정되지 않는다. 즉 단일정당제도는 현대적 과두정치로서, 이는 정책결정이나 인물선정에 선택의 여지를 남겨 두지 아니한다.

복수정당제만이 정치과정의 공개성과 의견의 다양성, 정권의 평화적 교체의 가능성을 보장하며, 민주정치는 야당의 존재를 전제로 하고 있다. 따라서 야당의 활동의 자유가 보장되는 복수정당제야말로 민주적 기본질서의 중요한 요소가 된다. 우리 헌법은 제 8 조에서 복수정당제를 보장하고 정당활동의 자유를 보장하고 있다.

8) 사회정의 원리=경제적·사회적 민주주의 민주주의는 정치적 영역에서 뿐만 아니라 경제적·사회적 영역에서도 보장되어야 한다. 이 사회적 정의와 사회적 안전에 관한 원리를 사회국가(Sozialstaat)원리라고도 한다. 사회국가에서는 국가의 급부행정과 생활보

호행정이 중요시되며, 특히 경제분야에 있어서 중산층 형성정책이라든가 주택개발정책·교육정책 등이 요망된다. 이 사회국가적 원리는 사회민주적 기본질서의 요소로서 Radbruch에 따르면 민주주의는 궁극적으로는 사회민주주의에로 합류한다고 한다.

우리 헌법은 제10조·제34조·제119조에서 이 사회정의원리를 규정하고 있다. 헌법 제119조 2항은 「국가는 균형 있는 국민경제의 성장 및 안정과 적정한 소득의 분배를 유지하고, 시장의 지배와 경제력의 남용을 방지하며, 경제주체 간의 조화를 통한 경제의 민주화를 위하여 경제에 관한 규제와 조정을 할 수 있다」고 하여 사회정의의 실현을 규정하고 있는데, 이는 사회적 시장경제의 원리를 포함한 경제적 민주주의의 실현을 규정한 것이라고 하겠다. 또한 이러한 사회정의의 원리는 생존권적 기본권의 보장으로 헌법에 구체화되어 있다. 즉 헌법 제34조는 「① 모든 국민은 인간다운 생활을 할 권리를 가진다. ② 국가는 사회보장·사회복지의 증진에 노력할 의무를 진다. ③ 국가는 여자의 복지와 권익의 향상을 위하여 노력하여야 한다. ④ 국가는 노인과 청소년의 복지향상을 위한 정책을 실시할 의무를 진다. ⑤ 신체장애자 및 질병·노령 기타의 사유로 생활능력이 없는 국민은 법률이 정하는 바에 의하여 국가의 보호를 받는다. ⑥ 국가는 재해를 예방하고 그 위험으로부터 국민을 보호하기 위하여 노력하여야 한다」고 규정하고 있다.[1)]

9) 국제평화주의 국제사회에 있어서의 민주주의가 달성되기 위해서는 국제평화주의가 요망된다. 오늘날 국제평화주의의 선언은 서구적 민주주의의 공통적인 현상으로 전쟁의 금지와 평화의 보장은 국제적 민주주의의 보장을 위하여 불가결한 것이다. 우리 헌법은 전문에서 「밖으로는 항구적인 세계평화와 인류공영에 이바지함으로써」라고 하여 항구평화주의를 규정하였고, 제 5 조에서 「대한민국은 국제평화의 유지에 노력하고」라고 하여 국제평화주의의 대원칙을 선언하고 있다. 뿐만 아니라 제 4 조는 국내적으로도 무력에 의한 실지회복을 포기하고 조국의 평화통일을 지향하며, 평화적 통일정책을 수립·추진할 것을 규정하고 있다.

(4) 민주적 기본질서의 위배와 그 효과

1) 민주적 기본질서의 위배의 의의 민주적 기본질서의 위배란 위에 든 민주적 기본질서의 내용을 비의회적인 방법에 의하여 폭력으로 배제하는 것으로서, 특히 폭력지배와 자의지배를 위한 정당활동을 말한다. 민주적 기본질서는 헌법질서 중에서 극히 중요한 자유·평등·복지에 관한 근본적인 질서만을 말하기 때문에 단순한 헌법질서의 침해는 민주적 기본질서의 침해가 되지 않는다.

1) 헌재도 「"우리 헌법은 자유민주적 기본질서 및 시장경제질서를 기본으로 하면서 위 질서들에 수반되는 모순을 제거하기 위하여 사회국가원리를 수용하여 실질적인 자유와 평등을 아울러 달성하려는 근본이념을 가지고 있다"라고 판시한 것은 이러한 맥락에서 이루어진 것이다(헌재 1998. 5. 28 선고, 96 헌가 4 등, 헌재판례집 제10권 1집, 522면 이하; 헌재 1996. 4. 25 선고, 92 헌바 47, 헌재판례집 제 8 권 1집, 370면 이하(380면) 참조)」고 판시하고 있다(헌재 2001. 9. 27 선고, 2000 헌마 238·302(병합), 헌재판례집 제13권 2집, 383면 이하).

2) 민주적 기본질서의 침해의 유형 민주적 기본질서를 침해하는 태양은 매우 다양하다.[1] 즉 생명권의 박탈, 인격권의 경시 등과 같이 인간의 존엄을 침해하는 것, 국민의 다수에 의한 지배원칙을 배제하고 1인정치나 과두정치를 자행하는 것, 선거제도를 부정하거나 일당제도를 도입하거나 정치적 자유를 침해하려고 정치과정을 비공개로 하는 것, 권력집중적인 인민공화제를 채택하거나 정부의 독선, 법치주의의 배제, 사법권독립의 침해, 경제적 자유를 절대시하고 부익부·빈익빈정책을 실시하려는 정당, 독점자본주의나 공산주의경제제도의 채택, 무력통일정책이나 침략전쟁의 수행 등이 민주적 기본질서를 침해하는 것이라고 하겠다.[2]

3) 민주적 기본질서 위배의 효과 민주적 기본질서에 위배되는 정당은 헌법재판소의 심판으로 해산될 수 있다. 그러나 이 때 정당의 목적과 활동은 엄격히 해석하여 민주적 기본질서에 위배하여 그 결과 국가의 존립에 위해를 초래하는 경우에 한정된다고 보아야 할 것이다. 예를 들어 군주제도를 찬성하는 정당·권력융화적인 정강정책을 가진 정당·계획경제를 주장하는 정당이라고 하더라도 의회를 통한 합헌적인 활동을 하여 국가존립에 위해가 없는 경우에는 해산할 수 없을 것이다(정당법 제 1 조 참조).

집회및시위에관한법률은 헌법재판소의 결정에 의하여 해산된 정당의 목적을 달성하기 위한 집회 또는 시위를 금지하고 있다(집시법 제 5 조 1 항 1 호).

[判] 自由民主的 基本秩序에 관한 重要 判例

1. 濟州 4·3 事件 眞相糾明 등 特別法議決行爲取消 등[3]

[다수의견]

가. 우리 헌법에서의 자유민주적 기본질서와 그 내용

(2) 먼저 우리 헌법은 전문에 "자율과 조화를 바탕으로 자유민주적 기본질서를 더욱 확고히 하여……"라고 선언하고, 제 4 조에 "자유민주적 기본질서에 입각한 평화적 통일정책을 수립하고 이를 추진한다"라고 규정함으로써 자유민주주의 실현을 헌법의 지향이념으로 삼고

1) 헌재는 민주적 기본질서의 침해에서 국가의 존립, 안전을 보호하려는 것이라고 보고 있다. 「국가의 존립·안전을 위태롭게 한다 함은 대한민국의 독립을 위협침해하고 영토를 침략하여 헌법과 법률의 기능 및 헌법기관을 파괴·마비·파훼시키는 것으로 외형적인 적화공작 등일 것이다」(헌재 1990. 4. 2 선고, 89 헌마 113, 헌재판례집 제 2 권, 49면 이하).

2) 헌재는 국가보안법이 자유민주적 기본질서의 유지를 목적으로 규정한 것이라고 보고 국가보안법 제 7 조 등에 대하여 한정합헌결정을 내리고 있다(헌재 1990. 4. 2 선고, 89 헌가 113, 헌재판례집 제 2 권, 49면 이하; 헌재 1990. 6. 25 선고, 90 헌가 11, 헌재판례집 제 2 권, 165면 이하; 헌재 1992. 1. 28 선고, 89 헌가 8, 헌재판례집 제 4 권, 4면 이하). 그 뒤 국가보안법이 개정된 후에는 이를 합헌으로 결정하고 있다. 예를 들면 1996. 10. 4 선고, 95 헌가 2, 헌재판례집 제 8 권 2집, 292~296면; 1997. 1. 16 선고, 92 헌바 6 등 결정, 헌재판례집 제 9 권 1집, 1~44면; 헌재 2002. 4. 25 선고, 99 헌바 27·51(병합), 헌재판례집 제14권 1집, 279면 이하; 헌재 2004. 8. 26 선고, 2003 헌바 85·102(병합), 헌재판례집 제16권 2집(상), 297면 이하.

3) 헌재 2001. 9. 27 선고, 2000 헌마 238·302(병합), 헌재판례집 제13권 2집, 383면 이하.

있다. 즉 국가권력의 간섭을 배제하고, 개인의 자유와 창의를 존중하며 다양성을 포용하는 자유주의와 국가권력이 국민에게 귀속되고, 국민에 의한 지배가 이루어지는 것을 내용적 특징으로 하는 민주주의가 결합된 개념인 자유민주주의를 헌법질서의 최고 기본가치로 파악하고, 이러한 헌법질서의 근간을 이루는 기본적 가치를 '기본질서'로 선언한 것이다. 우리 재판소도 "우리 헌법은 자유민주적 기본질서의 보호를 그 최고의 가치로 인정하고 있고, 그 내용은 모든 폭력적 지배와 자의적 지배 즉 반국가단체의 일인독재 내지 일당독재를 배제하고 다수의 의사에 의한 국민의 자치, 자유·평등의 기본원칙에 의한 법치주의적 통치질서를 말한다. 구체적으로는 기본적 인권의 존중, 권력분립, 의회제도, 복수정당제도, 선거제도, 사유재산과 시장경제를 골간으로 한 경제질서 및 사법권의 독립 등을 의미한다"고 천명한 바 있다(헌재 1990.4.2. 89 헌가 113, 헌재판례집 2, 49, 64; 헌재 1994.4.28. 89 헌마 221, 헌재판례집 6-1, 239, 259~260 참조).

(3) 또한 우리 헌법은 정당에 대하여도 민주적 기본질서를 해하지 않는 범위 내에서의 정당활동을 보장하고 있다. 즉 헌법 제 8 조 제 2 항 및 제 4 항에 "정당은 그 목적·조직과 활동이 민주적이어야 하며……," "정당의 목적이나 활동이 민주적 기본질서에 위배될 때에는 ……헌법재판소의 심판에 의하여 해산된다"고 명시하고 있다. 따라서 어떠한 정당이 외형상 민주적 기본질서를 추구한다고 하더라도 그 구체적인 강령 및 활동이 폭력적 지배를 추구함으로써 자유민주적 기본질서를 위반되는 경우 우리 헌법 질서에서는 용인될 수 없는 것이다.

(4) 한편 우리 헌법은 자유민주적 기본질서의 일부인 시장경제 및 사유재산권의 보장에 대하여도 제23조 제 1 항 전문에서 "모든 국민의 재산권은 보장된다," 제119조 제 1 항에서 "대한민국의 경제질서는 개인과 기업의 경제상의 자유와 창의를 존중함을 기본으로 한다"고 각 규정하고 있다. 우리 재판소도 이를 구체화하여 "우리 헌법은 사유재산제도와 경제활동에 관한 사적 자치의 원칙을 기초로 하는 자본주의 시장경제질서를 기본으로 하고 있음을 선언하고 있다. 국민 개개인에게 자유스러운 경제활동을 통하여 생활의 기본적 수요를 스스로 충족시킬 수 있도록 하고 사유재산의 자유로운 이용·수익과 그 처분 및 상속을 보장해 주는 것이 인간의 자유와 창의를 보장하는 지름길이고 궁극적으로는 인간의 존엄과 가치를 증대시키는 최선의 방법이라는 이상을 배경으로 하고 있다"고 밝힌 것이다(헌재 1997.8.21. 88 헌가 19 등, 헌재판례집 9-2, 243, 257~258).

물론 우리 헌법은 그 전문에서 "모든 영역에 있어서 각인의 기회를 균등히 하고 ……안으로는 국민생활의 균등한 향상을 기하고"라고 천명하고, 제23조 제 2 항과 여러 '사회적 기본권' 관련 조항, 제119조 제 2 항 이하의 경제질서에 관한 조항 등에서 모든 국민에게 그 생활의 기본적 수요를 충족시키려는 이른바 사회국가의 원리를 동시에 채택하여 구현하려 하고 있다. 그러나 이러한 사회국가의 원리는 자유민주적 기본질서의 범위 내에서 이루어져야 하고, 국민 개인의 자유와 창의를 보완하는 범위 내에서 이루어지는 내재적 한계를 지니고 있다 할 것이다. 우리 재판소도 "우리 헌법은 자유민주적 기본질서 및 시장경제질서를 기본으로 하면서 위 질서들에 수반되는 모순을 제거하기 위하여 사회국가원리를 수용하여 실질적인 자유와 평등을 아울러 달성하려는 근본이념을 가지고 있다"라고 판시한 것은 이러한 맥락에서 이루어진 것이다(헌재 1998.5.28. 96 헌가 4 등, 헌재판례집 10-1, 522, 533~534; 헌재 1996.4.25. 92 헌바 47, 헌재판례집 8-1, 370, 380 참조).

(5) 따라서 우리 헌법은 폭력적·자의적인 지배 즉 일인 내지 일당독재를 지지하거나, 국민들의 기본적 인권을 말살하는 어떠한 지배원리도 용인하지 않는다. 형식적으로는 권력분립·의회제도·복수정당제도·선거제도를 유지하면서 실질적으로는 권력집중을 획책하여 비판과 견제기능을 무력화하고, 자유·비밀선거의 외형만을 갖춰 구성된 일당독재를 통하여 의회제

도를 형해화하거나, 또는 헌법상 보장된 기본권을 인정하지 아니함으로써 사유재산 및 시장경제질서를 부정하는 공산주의를 신봉하는 정당이나 집단은 우리 헌법의 이념과 배치되고, 이러한 이념을 추구한 정당 또는 단체와 그 구성원들의 활동도 헌법과 법률에 의하여 보호되지 아니한다고 할 것이다.

나. 자유민주적 기본질서의 위배

(가) 헌법의 기본원리는 헌법의 이념적 기초인 동시에 헌법을 지배하는 지도원리로서 입법이나 정책결정의 방향을 제시하며 공무원을 비롯한 모든 국민·국가기관이 헌법을 존중하고 수호하도록 하는 지침이 되며, 구체적 기본권을 도출하는 근거로 될 수는 없으나 기본권의 해석 및 기본권제한입법의 합헌성 심사에 있어 해석기준의 하나로서 작용한다(헌재 1996. 4. 25. 92 헌바 47, 헌재판례집 8-1, 370, 380). 자유민주적 기본질서는 우리 헌법의 지도이념이고, 현재 우리가 누리고 있는 자유와 번영의 초석이다. 뿐만 아니라 우리 헌법재판소는 "헌법상 통일 관련 규정들은 통일의 달성이 우리의 국민적·국가적 과제요 사명임을 밝힘과 동시에 자유민주적 기본질서에 입각한 평화적 통일 원칙을 천명하고 있는 것이다. 따라서 우리 헌법에서 지향하는 통일은 대한민국의 존립과 안전을 부정하는 것이 아니고, 또 자유민주적 기본질서에 위해를 주는 것이 아니라 그것에 바탕을 둔 통일인 것이다"라고 설시하여 자유민주적 기본질서에 입각한 통일이 이루어져할 할 것임을 밝힌 바 있다(헌재 2000. 7. 20. 98 헌바 63, 헌재판례집 12-2, 52, 62). 이러한 자유민주적 기본질서는 우리 헌정사상 여러 차례 도전을 받았는데, 위에서 본 것처럼 제주 4·3 사건은 자유민주적 기본질서의 수립에 필수적이었던 제헌의회선거를 조직적으로 저지하려는 시도였고, 가장 심각한 위협이었던 북한의 6·25 남침은 자유민주적 기본질서에 대한 결정적인 도전이었다.

(나) 우리 헌법재판소는 현단계에서의 북한은 조국의 평화적 통일을 위한 대화와 협력의 동반자임과 동시에 대남적화노선을 고수하면서 우리 자유민주주의체제의 전복을 획책하고 있는 반국가단체의 성격도 함께 가지고 있다고 보았고(헌재 1997. 1. 16. 92 헌바 6 등, 헌재판례집 9-1, 1, 23~24), 이같은 시각은 "북한은 대남적화혁명노선을 변경함이 없이 그 노선에 따른 각종 공작과 도발을 여전히 자행하면서 대한민국의 존립·안전이나 자유민주적 기본질서를 위태롭게 할 각종 활동을 계속하고 있으므로…"라는 결정까지 계속 유지되어 왔다(헌재 1998. 8. 27. 97 헌바 85, 헌재판례집 10-2, 407, 415; 그 밖에 헌재 1997. 6. 26. 96 헌가 8 등, 헌재판례집 9-1, 578, 592 참조). 북한의 위와 같은 대남적화전략이 변경되었다고 확신할 상황의 변화가 없고, 남북한이 엄연히 정전협정에 의하여 군사적 대치관계를 유지하고 있으며, 북한이 6·25 도발에 대한 사죄와 민간인 학살 등 그 동안의 비인도적 행위에 대한 반성의 태도를 전혀 나타내지 않고 있는 반면에, 우리 대한민국 내에서도 북한의 통일정책을 지지하는 일부 세력이 엄연히 존재하고 있는 현실에 비추어 볼 때 과거 자유민주적 기본질서를 전복하려고 하였거나, 북한체제를 지지하였던 자들을 모두 역사의 희생자로 간주하여 무조건적으로 관용하고, 화해하는 방편으로 그들의 명예를 회복시켜 주는 것은 우리 스스로 자유민주적 기본질서의 토대를 약화시키고, 결과적으로 현재 우리가 누리고 있는 자유와 번영을 일순간에 무너뜨릴 수 있는 단초를 제공할 수도 있다는 우려를 자아내게 하는 것이다.

제 2 절 政治秩序

Ⅰ. 政黨制度

1. 序 論

(1) 민주정치와 정당

1) 현대적 정당국가로의 구조변화 현대민주정치는 국민에 의한 지배라고 말하여지는데, 이 때 국민이란 그에게서 모든 정치적 권위가 도출되는 일반적·종국적인 결정권자로서 최고의 헌법상 지위를 가지는 주권자를 의미한다. 그러나 국민은 일반적으로 직접 국가권력을 행사하지 않고 특수한 국가기관을 통하여 행사한다. 19세기에 있어서는 능력있는 명사를 선출하여 이들에게 국정을 위임하는 名望家民主政治였다. 그러나 현대에 있어서는 모든 국민이 국가의 정치적 의사형성에 있어서 절대적으로 평등하게 취급됨이 요청되고 있다.

이와 같은 현대적·대중적 민주정치에 있어서 실질적으로 정치를 결정하는 것은 이미 총체로서의 국민도 아니고, 고립된 개인으로서의 대중도 아니며, 각각의 공동적 이익과 공동적 권력추구에 의하여 결합되어 있는 정당이다. 따라서 현대적 정당에 근거하고 있는 대중적 민주정치는 이를 정당적 민주국가라고 하기에 이르렀으며, 현대국가는 민주정치에 있어서나 단일정당국가에 있어서나 정당을 떠나서는 생각할 수 없게 되었다.

현대적인 통치기구 내지 국가형태는 정당의 수에 따라 분류할 수 있는데, 이에 따르면 단일정당국가와 2대정당국가 및 다수정당국가의 세 가지로 분류할 수 있을 것이다. 단일정당국가에서는 헌법상으로는 국가권력이 여러 통치기관으로 분배되어 있더라도 그것은 다만 허구적인 것에 불과하고, 모든 실권은 정당의 지도자에 의해 장악되고 있어 권위주의적 독재정권이 된다. 이에 반해서 양당국가나 다수정당국가에서의 정당은 이와는 달리 권력분립이 인정되는 권력구조를 가지고 있으며, 국민의 정치적 의사형성에 중대한 역할을 담당하고 있다.[1) 2)]

---

1) 독일연방헌법재판소는 이를 정당국가적 민주정치라고 하고 있다. BVerfGE 4, 144(149).

일본최고재판소도 정당은 정치적 의사형성에 관여하는 가장 유력한 매체라고 할 수 있다고 하고 … 헌법이 정한 의회제민주주의는 정당을 무시하여서는 도저히 그 원활한 적용을 기대할 수는 없으므로 헌법은 정당의 존재를 당연히 예정되어 있다고 보아야 하며, 정당은 의회제민주주의를 지탱하는 불가침의 요소이며, 그리고 동시에 정당은 국민의 정치의사를 형성하는 가장 유력한 매체라고 하고 있다(最大判 昭和 45. 6. 24 선고, 民集 24卷 6號, 625면).

우리 헌법재판소도 「정당은 정치적 결사로서 국민의 의사를 적극적으로 형성하고 각계각층의 이익을 대변하며, 정부를 비판하고 정책적 대안을 제시할 뿐만 아니라 국민 일반이 정치나 국가작용에 영향력을 행사하는 매개체의 역할을 수행하는 등 현대의 대의제민주주의에 없어서는 안 될 중요한 공적 기능을 수행하고 있다」고 하고 있다(헌재 1996. 3. 28 선고, 96 헌마 18·37·64·66(병합), 헌재판례집 제8권 1집,

2) 정당국가적 민주정치의 특성

(a) 학 설 대중적 민주정치로서의 정당국가는 이제까지의 명망가민주정치의 형태와는 명백히 구분되는데, Leibholz는 20세기의 정당국가적 민주정치를 민주주의의 형태에 있어서 이제까지의 자유주의적·대표적·의회적 민주정치의 원칙적 구조와는 본질적인 점에 있어서 뿐만 아니라 기술적인 세부사항에 이르기까지 완전히 다른 형태로 보고, 그 결과 정당국가적 민주주의와 대의제적 의회민주주의와는 다음과 같은 본질적인 상이를 나타내고 있다고 한다. 즉 첫째, 현대적 정당국가는 국민표결적 민주주의의 합리적 형태로서 직접민주정치의 대용품을 의미한다. 둘째, 따라서 정당국가적 민주정치에 있어서의 국민의 의사는 정당에 의해서만 형성되며, 정당민주국가에 있어서의 국민의 총의는 정부와 의회의 그때그때의 다수당의 의사와 동일시된다. 셋째, 정당국가에 있어서의 의회는 정당대리인의 집회소로 되어 원내정당(Fraktion)은 의회법상의 기구에서 정당국가의 제도로 변화된다. 따라서 원내정당의 소속국회의원은 강제위임금지의 원칙에 따르는 것이 아니라 원내정당강제(Fraktionszwang)와 원내정당규율(Fraktionsdisziplin)에 의하여 정당과 원내정당이 결정한 의결을 따르게 된다. 넷째, 정당국가에 있어서는 선거의 성격이 국민투표의 성격으로 변화된다. 즉 정당국가에 있어서의 선거는 정당에 의하여 지명된 입후보자에 대한 선거민의 국민투표를 의미하기 때문에 정당국가에 있어서는 국민표결이란 제도는 필요가 없어진다. 다섯째, 정부의 의회에 대한 해산권은 새로운 총선으로 정부에 대한 신임을 묻는 국민투표의 성격을 띠게 된다.

(b) 판 례 헌재는 정당국가적 경향에 대하여 인정하고 있으나 그 한계도 인정하고 있다. 헌재는 「현대의 민주주의가 종래의 순수한 대의제 민주주의에서 정당국가적 민주주의의 경향으로 변화하고 있음은 주지하는 바와 같다. 다만, 국회의원의 국민대표성보다는 오늘날 복수정당제하에서 실제적으로 정당에 의하여 국회가 운영되고 있는 점(헌재 1997.7.16 선고, 96 헌라 2, 헌재판례집 제9권 2집, 154면 이하(164면) 참조)을 강조하는 견해와 반대로 대의제 민주주의원리를 중시하고 정당국가적 현실은 기본적으로 국회의원의 전체국민대표성을 침해하지 않는 범위 내에서 인정하려는 입장이 서로 맞서고 있다」고 한다.[1)]

정당국가의 긍정적인 면과 부정적인 면에 대해서는 권성 재판관이 반대의견에서 상세히 설명하고 있다.[2)] 긍정적인 판례로는 다음과 같은 것이 있다.

323면 이하; 헌재 1996.8.29 선고, 96 헌마 99, 헌재판례집 제8권 2집, 199면 이하(207면); 헌재 1999.11.25 선고, 99 헌바 28, 헌재판례집 제11권 2집, 543면 이하(546~547면)).「우리 헌법은 정당제민주주의를 채택하고 있다」(헌재 1996.8.29 선고, 96 헌마 99, 헌재판례집 제8권 2집, 199면 이하(207면); 헌재 2008.3.27 선고, 2004 헌마 654, 헌재판례집 제20권 1집(상), 375면 이하(381면)).

2) 헌재 2008.1.17 선고, 2007 헌마 700, 대통령의 선거중립의무 준수요청 등 조치 취소, 헌재판례집 제20권 1집(상), 139면 이하(166면).「현대 민주주의는 종래의 순수한 대의제 민주주의에서 정당국가적 민주주의로 변화하였는바, 정당은 국민과 국가의 중개자로서 정치적 도관(導管)의 기능을 수행하여 주체적·능동적으로 국민의 다원적 정치의사를 유도·통합함으로써 국가정책의 결정에 직접 영향을 미칠 수 있는 규모의 정치적 의사를 형성하고 있다. 보다 구체적으로는 정당은 각종 선거에서의 입후보자 추천과 선거활동, 의회에서의 입법 활동, 정부의 정치적 중요결정에의 영향력 행사, 대중운동의 지도 등의 과정에 실질적으로 주도권을 행사함으로써(헌재 2003.10.30. 2002 헌라 1, 헌재판례집 15-2 하, 17, 32) 정치과정은 물론 선거과정에서도 실질적인 주체로서의 역할을 담당하고 있으므로, 우리 헌법도 정당설립의 자유와 복수정당제를 보장하고 있는 것이다(헌법 제8조 제1·2항)」.

1) 헌재 2003.10.30 선고, 2002 헌라 1, 국회의원과 국회의장 간의 권한쟁의, 헌재판례집 제15권 2집(하), 17면 이하(32면).

2) 상기 판례 반대의견에 대해서는 헌재판례집 제15권 2집(하), 35면 참조.

「오늘날 대의제민주주의는 국민의 정치적 의사형성을 위한 매개체로서의 정당의 역할이 증대됨에 따라 정당국가적 민주주의로 변화하여, 국회는 국민의 대표인 의원들의 의사에 따라 운영되는 것이 아니라 정당의 구성원인 의원들이 정당을 통하여, 그리고 정당 속에서 결합하여 운영되고 있고, 정당의 국회 내에서의 활동도 교섭단체를 중심으로 이루어짐에 따라 국민의 정치적 의사를 형성하여 국가기관의 의사결정에 영향을 미치는 정당의 공적 기능을 수행하는 데 국회에 진출한 정당과 진출하지 못한 정당 사이, 그리고 국회에 진출하여 교섭단체를 구성한 정당과 이를 구성하지 못한 정당 사이에 상당한 차이가 나타날 수밖에 없다」.[1)]

(2) 정당에 관한 헌법규정

1) 정당에 대한 헌법의 태도 Triepel은 정당에 대한 헌법의 태도를 다음과 같은 네 가지의 단계로 나누고 있다.[2)]

(a) 敵對視(Bekämpfung) 단계 근대헌법은 名望家民主政治를 고집하여 정당을 적대시하려는 태도를 취하였다. 이는 미국헌법제정자들의 사상이나 Rousseau 등의 반정당사상에서 나온 것으로, 정당은 국민주권사상에 반대되는 것이라 하여 헌법상 정당에 관한 규정을 두지 않을 뿐만 아니라 정당활동에 대하여도 적대시하는 태도를 취하였다.

(b) 무시(Ignorierung) 단계 그러나 그 후 정당에 관한 정치적 현실을 명백히 헌법에 반영시키지도 아니하고 또 적극적으로 방해하지 아니하여 헌법이 이를 무시하는 태도를 취하였다. 이와 같은 적대시 또는 무시의 태도는 정당이 초기입헌주의헌법들이 전제로 하고 있던 의회주의관과 합치할 수 없었던 데서 유래했다고 볼 수 있다.

(c) 승인 및 합법화(Anerkennung und Legalisierung) 단계 그 후 의회제도가 발달하여 정치현실에 있어서 정당의 존재가 전제되고 국민주권의 원리가 다수결·대표제·자동성의 원리에 의하여 현실적으로 그 합리적 실현이 보장되고 정당의 매개를 통하여 국민의 정치참여가 현실화됨에 따라 점점 정당은 그 존재가 인정·승인되고, 선거절차에 있어서도 일종의 매개적 수단으로서 합법화되어졌다. 즉 국회법이 정당의 각 파의 존재를 전제하여 그 내용을 규정하고 있고, 또한 비례대표제를 채택하여 정당별로 그 대표를 국민의 대표로 국회에 배당하게 되었다.

(d) 헌법에의 편입(verfassungsmäßige Inkorporation) 단계 정당을 헌법에 적극적으로 규정한 것으로 헌법상 정당의 지위가 보장되고 정당을 국가기관화하게 되었다. 이것은 독재정권이 정당을 국가와 불가분의 일체라고 보고 단일정당국가화한 데서 비롯되었다. 그러나 제 2 차 대전 후의 Brazil·Equador 등 남미의 여러 나라의 헌법들이 정당을 헌법에 편입하게 되었고 獨·佛·伊 헌법에서도 정당의 헌법상 지위를 규정하게 되었다.

2) 외국의 헌법규정 서구적 민주주의국가에서 정당에 관한 규정을 헌법에 최초로 두기 시작한 것은 독일의 1947년 Baden지방헌법을 들 수 있다. Baden헌법은 정당에

1) 헌재 2006. 7. 27 선고, 2004 헌마 655, 헌재판례집 제18권 2집, 242면 이하.
2) Triepel, Die Staatsverfassung und die politischen Parteien, Berlin, 1928, 29 f.

관하여 4개조를 두고 있었다. 그러나 연방에서는 1949년 독일기본법이 그 제21조에서 처음으로 이에 관하여 규정하였다.[1] 이 정당조항은 1958년 France헌법 제 4 조, 1961년의 Turkey헌법 제56조와 제57조에 계수되었으며, 1960년 한국의 제 2 공화국헌법에도 계수되었다. 그 후 1970년대에 들어와 민주화되기 시작한 Portugal헌법과 Greece헌법 · Spain헌법들도 정당조항을 두고 있으며, 이 밖에도 태국헌법 · Brazil헌법 · Costa Rica헌법들이 정당조항을 두고 있다. 이러한 헌법들은 정당을 헌법에 편입하여 그 중요한 기능을 인정하고 있다.[2] 프랑스헌법은 주권에 관한 장에서 정당 및 정치단체는 선거에 의한 의사표명에 협력하고, 자유로이 결성되어 그 활동을 행하며, 국민주권과 민주주의원리를 존중하여야 한다는 규정을 두고 있다(제4조). 유럽연합의 기본권 헌장에서도 정당에 관하여 규정하고 있다. 일본헌법에는 정당규정이 없으며 정당법도 제정되지 않고 있다. 그러나 정당의 정치자금 등을 규정하는 개별적인 정당관계법이 제정되어 있다.

3) 한국헌법의 정당규정 우리나라는 제 1 공화국헌법에서 정당에 대해서 묵시적인 태도를 취하였다가 제 2 공화국헌법에서 비로소 제13조 2항에 정당의 보호규정을 두었다. 그 후 제 3 공화국헌법은 정당에 관하여 많은 규정을 두어 정당국가적 경향을 띠었다. 이에 대하여 제 4 공화국헌법은 정당국가적 경향을 약화시킨 것이 특색이다. 제 5 공화국헌법은 정당조항을 추가하여 정당의 지위를 상당히 강화하였고, 제 6 공화국헌법은 여기에다 정당의 조직과 활동 이외에 그 목적도 민주적이어야 함을 추가하였고, 헌법재판소를 설치하여 위헌정당의 해산을 심판하게 하였다.

현행헌법 제 8 조는 「① 정당의 설립은 자유이며, 복수정당제는 보장된다. ② 정당은 그 목적 · 조직과 활동이 민주적이어야 하며, 국민의 정치적 의사형성에 참여하는 데 필요한 조직을 가져야 한다. ③ 정당은 법률이 정하는 바에 의하여 국가의 보호를 받으며, 국가는 법률이 정하는 바에 의하여 정당운영에 필요한 자금을 보조할 수 있다. ④ 정당의 목적이나 활동이 민주적 기본질서에 위배될 때에는 정부는 헌법재판소에 그 해산을 제소할 수 있고, 정당은 헌법재판소의 심판에 의하여 해산된다」라고 하여 정당의 헌법상 지위를 규정하고 있다. 그 외에도 제41조 3항에서 국회의원의 비례대표제선거의 근거를 규정하고 있으며, 또 제113조 1항에서 헌법재판소에서의 정당해산결정의 정족수를, 제112조 2항에서 헌법재판소 재판관의 정당가입금지를, 제114조 4항에서 중앙선거관리위원회위원은 정당에 가입하거나 정치에 참여할 수 없음을, 또 제116조 2항에서 선거에 관한 경비는 법률이 정하는 경우를 제외하고는 정당 또는 후보자에게 부담시킬 수 없음을, 제114조 6항

1) 독일기본법 제21조의 규정을 유지할 것인가에 대하여 논란이 있다. 특히 해산규정을 반민주적이라고 보는 견해(Ridder, in: J. Mück(Hrsg.), Verfassungsrecht, 1975, S. 85)와 둘 필요가 없다는 견해(von Pestalozza, VVDStRL 44, 1986, S. 122~123)와 기본법의 가장 중요한 규정이라고 보는 견해(von Münch, Grundgesetz Kommentar, Bd. 2, 1983, S. 1) 등이 있다.

2) 상세한 것은 김철수, 비교헌법론(상), 189~194면 및 입법자료교재 헌법(증보판), 337면 이하 참조.

에서 선거관리위원회의 정당사무처리와 정당사무에 대한 규칙제정권을 규정하고 있다. 그리고 공직선거법은 공직후보자의 정당추천을 규정하고 있다(동법 제47조). 또 정치자금법은 정당의 정치자금조달에 관하여 규정하고 있다.

2. 政黨의 概念

(1) 우리 헌법의 정당개념 정당(political party, politische Partei)은 우선 사회학적 또는 법학적 견지에서 개념을 규정할 수 있다. 사회학적으로 보면 정당은 정치적 영역에 있어서의 필수적인 사회적 행동통일체(Handlungseinheit)라고 할 수 있으며, 법적으로는 국가 내에 있어서의 특수한 과업 때문에 특별한 법적 지위를 가지는 인적 결사(menschliche Vereinigung)라고 할 수 있을 것이다.[1] 달리 말하면 일정한 공동정책을 가지고 국민을 대표하는 국회의원 선거를 통하여 정치권력의 획득을 목적으로 하는 정치적 결사라고 하겠다.

우리 헌법 제 8 조 2항에서는「정당은 그 목적·조직과 활동이 민주적이어야 하며, 국민의 정치적 의사형성에 참여하는 데 필요한 조직을 가져야 한다」라고 그 개념규정을 하고 있다. 정당에 관해서는 정당법(2005년 8월 4일 전개법률, 2008 2월 29일 일부개정)이 규율하고 있다. 정당법 제 2 조는 이를 구체화하여「정당이라 함은 국민의 이익을 위하여 책임 있는 정치적 주장이나 정책을 추진하고, 공직선거의 후보자를 추천 또는 지지함으로써 국민의 정치적 의사형성에 참여함을 목적으로 하는 국민의 자발적 조직을 말한다」라고 하여 정당의 정의를 내리고 있다.[2]

(2) 정당의 개념적 특징

1) 헌법질서의 긍정 헌법이 인정하는 정당이 되기 위해서는 헌법의 근본질서를 긍정해야 한다. 정당의 목적이나 활동이 국가의 존립을 긍정해야 하고 민주적 기본질서를 존중하여야 하며, 이것을 위반하는 정당은 헌법상의 정당으로서 존립할 수 없고 헌법재판소의 심판으로 해산된다(제 8 조 4 항).

2) 선거에의 참여 정당은 공직선거의 후보자를 추천 또는 지지하여 당선을 지원하여야 한다(정당법 제 2 조, 제44조 1항 2호 3호 참조). 선거를 부정하고 폭력에 의하여 정권을 획득하려는 단체는 정당이 아니다.[3]

---

1) 독일연방헌법재판소는 1994년 11월 17일 결정에서 정당의 개념에 관하여 판시하고 있다(BVerfGE 91, 262 Ⅱ; BVerfGE 91, 279 Ⅱ). 이는 극우단체인 자유독일노동당과 민족전선(Nationale Front)의 위헌해산신청에 대하여 자유독일노동당과 민족전선은 정당의 자격이 없으므로 위헌해산소송의 대상이 되지 않는다고 판시하였다.
「시민의 결사로서 정치적 의사형성에 참여하겠다는 목적을 가지고 의회의원선거에 참여하려는 것만으로는 정당이라고 할 수 없고 실제적으로 조직과 구성원수에 따라 그 조직의 크기와 견고성이 있어야 한다.… 이 두 개의 단체는 정당으로서의 자격이 없다. 따라서 정당이 아닌 정치결사로서 그 해산은 집행기관이 행하는 것이다」.

2) 우리 헌재도 같은 취지로 해석하고 있다.
헌재 2006. 3. 30 선고, 2004 헌마 246, 헌재판례집 제18권 1집(상), 402면 이하(412면).

3) 독일연방헌법재판소는 정당을 선거준비조직으로 파악하고 있다. BVerfGE 8, 51(63); 20, 56; 61, 1.
정당은 국민의 정치의사형성의 중핵을 이루고 있다고 보고 정당은 의회제민주주의를 지탱하는 불가결

3) 정치적 의사형성에 대한 직접적인 영향력의 행사 정치적 의사형성이란 책임 있는 정치적 주장이나 정책을 추진하고 공직선거에 후보자를 추천하고 지지하는 것 외에 입법에 참여하고 정부의 형성, 야당의 조직, 정책의 입안과 선전, 여론의 형성, 정부의 책임추궁 등이 이에 해당된다.[1)]

그리고 직접적인 영향력을 행사하는 단체만이 정당이라고 할 수 있으며, 간접적인 영향을 주는 이익단체는 정당이 아니다(동법 제2조 참조).

4) 정치적 목적—정강의 소유 정당은 그 정치적 주장이나 정책을 추진하기 위하여 반드시 일정한 정강을 가져야 한다. 정강은 단순히 정권획득에 그치는 것이거나 공상적이고 무책임한 내용을 가져서는 안 되며, 정치적 의사형성에 영향을 주는 국민을 위한 강령이어야 한다.[2)]

5) 계속성과 항구성 정당은 국민의 정치적 의사형성에 참여하는 단체이므로 다소 계속성과 항구성을 가져야 한다. 이를 위하여 정당은 일정한 법적 기준에 따른 조직을 가져야 한다(헌법 제8조 2항, 정당법 제17조 · 제18조 참조).[3)]

(3) 판 례 「헌법은 제8조 제2항에서 "정당은 … 국민의 정치적 의사형성에 참여하는 데 필요한 조직을 가져야 한다"고 규정하고 있고, 정당법 제2조는 "이 법에서 정당이라 함은 국민의 이익을 위하여 책임 있는 정치적 주장이나 정책을 추진하고 공직선거의 후보자를 추천 또는 지지함으로써 국민의 정치적 의사형성에 참여함을 목적으로 하는 국민의 자발적 조직을 말한다"고 규정하고 있다.

이와 같은 우리 헌법 및 정당법상 정당의 개념적 징표로서는 ① 국가와 자유민주주의 또는 헌법질서를 긍정할 것, ② 공익의 실현에 노력할 것, ③ 선거에 참여할 것, ④ 정강이나 정책을 가질 것, ⑤ 국민의 정치적 의사형성에 참여할 것, ⑥ 계속적이고 공고한 조직을 구비할 것, ⑦ 구성원들이 당원이 될 수 있는 자격을 구비할 것 등을 들고 있다. 즉, 정당은 정당법 제2조에 의한 정당의 개념표지 외에 예컨대 독일의 정당법(제2조)이 규정하고 있는 바와 같이 "상당한 기간 또는 계속해서," "상당한 지역에서" 국민의 정치적 의사형성에 참여해야 한다는 개념표지가 요청된다고 할 것이다」.[4)]

의 요소로 보고 있다(日本最高裁判例 昭和 45. 6. 24 선고, 民集 24卷 6號 625면).

1) 이를 정치적 지도자의 선발과 육성이라는 측면에서도 보아야 할 것이다(Ipsen).

2) 정강 · 정책에서 정치적 목적을 천명해야 한다(BVerfGE 1, 208).

3) 조직 필요성에 대해서는 전기 독일연방헌법재판소판례(BVerfGE 91, 262 Ⅱ; 91, 279 Ⅱ) 참조.

4) 헌재 2006. 4. 27 선고, 2004 헌마 562, 헌재판례집 제18권 1집(상), 574면 이하(584면).
「헌법은 제8조 제2항에서 "정당은 그 목적 · 조직과 활동이 민주적이어야 하며, 국민의 정치적 의사형성에 참여하는 데 필요한 조직을 가져야 한다"고 규정하고 있는바, 이러한 헌법규정 및 해석으로부터 파악될 수 있는 헌법상 정당의 개념을 확정해 보면, 헌법적 의미의 정당이란 선거가 선출된 대표자에게 민주적 정당성을 매개해 줄 수 있도록 유권자가 자유롭고 공개적인 의사형성의 과정에서 판단을 내릴 수 있고 새로운 정치적 표상이 국민의 정치의사 형성과정에서 실현될 수 있도록 언제든지 새로운 정당을 결성할 수 있는 가능성을 전제로 국민의 정치적 의사형성에 영향을 미치고 정권을 획득하는 것을 목적으로 선거에 참여하는 것을 비롯하여 "상당한 기간," "상당한 지역에서" 국민의 정치의사형성에 참여하는 결사를 말한다(헌재 2006. 3. 30 선고, 2004 헌마 246, 헌재판례집 제18권 1집(상), 402면 이하(412면) 참조)」.

3. 政黨의 憲法上 地位와 法的 形態

(1) 정당의 헌법상 지위

1) 학 설

(a) 헌법(국가)기관설 정당은 헌법에 편입됨으로써 단순한 정치적·사회적 조직으로부터 헌법기관의 지위에 올랐으며, 헌법기관으로서의 기능을 하고 있다고 본다. 이 설은 특히 헌법이 정당으로 하여금 국민의 정치적 의사형성에 참여함을 그 존재목적으로 하고 있으므로(제8조 2항), 이는 단순한 정치적·사회적 결사에 그치는 것이 아니라 헌법이 부여한 일정한 중요 기능을 담당해야 할 헌법상의 기관을 의미한다고 한다.[1)]

(b) 제도적 보장설(중개적 기관(권력)설) 정당은 헌법상의 기관은 아니나 헌법의 영역으로서 정치적·사회적·제도적으로 보장되어야 하고, 국민이나 국가간의 정치적 의사형성에 중개적 역할을 하는 기관(권력)이라고 보는 설이 있다. 이 설이 현재로서는 다수설이라 할 수 있고,[2)] 또한 우리 헌법재판소의 판례이기도 하다.

(c) 사법적 결사설 정당이 정치적 의사의 형성에 협조함으로써 그 중심적인 헌법기능의 행사를 인정하나, 그 본질은 국가조직외의 자유로운 구성인 동시에 자유로운 사회적 결사임을 결코 부인할 수 없다는 입장이다.[3)] 이 입장은 독일정당법초안의 입장이기도 하다.

2) 판 례

(a) 독일판례 독일판례는 그 동안 많은 변천을 보였다. 초기에는 헌법기관의 기능을 한다고 했다가 중간에는 사회단체설을 주장하다가 1992년에는 중개적 매체설에 입각하고 있다고 하였다. 정당에 대한 국고보조문제와 관련된 판결에서 1차판결에서 6차판결까지 입장이 변화하였다.[4)]

(b) 한국판례 헌재는 중개적 권력설에 입각하고 있는 것으로 보인다. 즉 헌법재판소는 「정당은 자발적 조직이기는 하지만 다른 집단과는 달리 그 자유로운 지도력을 통하여 무정형적이고 무질서적인 개개인의 정치적 의사를 집약하여 정리하고 구체적인 진로와 방향을 제시하며 국정을 책임지는 공권력으로까지 매개하는 중요한 공적 기능을 수행하기 때문에 헌법은 정당의 기능에 상응하는 지위와 권한을 보장함과 동시에 그 헌법질서를 존중해 줄 것을 요구하고 있는 것이다」라고 판시한 바 있다.[5)]

---

1) 문홍주 교수는 신헌법에서는 정당의 국가기관설을 부인하고 있다(168면). 제5공화국헌법에서는 정당조항이 변경되었기 때문에 현재 국가기관설을 지지하는 분은 없다. 독일연방헌법재판소의 판결도 「헌법기관으로서의 기능」을 하고 있다고 함에 그치고 있다(BVerfGE 8, 51(1958)). 상세한 것은 김철수, 정당의 헌법상 지위(상), 사법행정 1979. 10.

2) 문홍주, 전게서, 168면; 한태연, 전게서, 249면; 구병삭, 전게서, 196면; 김남진·이강혁, 전게서, 159면; 권영성, 전게서, 185면; 허영, 전게서, 141면; 김현규 외, 전게서, 140면; 계희열, 전게서, 254면; 정만희, 현대헌법과 의회주의, 194~195면.

3) 순수한 사법적 결사설을 주장하는 분은 박일경, 전게서, 113~115면. 윤세창 교수는 「정당은 결사와 마찬가지로 임의적인 결사에 지나지 않는 것인데, 다만 그의 정치적 의사형성의 중요성을 감안하여 그 설립의 자유성과 기능이 헌법에 의하여 보장될 따름」이라고 한다(전게서, 148면).

4) H. Sendler, "Verfassungsgemäße Parteienfinanzierung?," NJW 1994. 11. 6, S. 365; Kaltefleiter/Nußmacher, Das Parteiengesetz, 1994; Maurer, Die Rechtstellung der politischen Parteien, JuS 1991, 881; Herzog, Verfassungsrechtliche Grundlagen des Parteienstaates, 1993; Wietschel, Der Parteibegriff, Zur verfassungsrechtlichen und verfassungspolitischen Funktion des Parteibegriffs unter besonderer Berücksichtigung der Verbotsproblematik, 1996 참조.

5) 헌재 1991. 3. 11 선고, 91 헌마 21, 헌재판례집 제3권, 91면 이하 참조.

「또한 정치적 결사로서의 정당은 국민의 정치적 의사를 적극적으로 형성하고 각계 각층의 이익을 대변하며, 정부를 비판하고 정책적 대안을 제시할 뿐만 아니라, 국민 일반이 정치나 국가작용에 영향력을 행사하는 매개체의 역할을 수행하는 등 현대의 대의제민주주의에 없어서는 안 될 중요한 공적 기능을 수행하고 있다」고 판시하고 있다.[1)]

근자에는 「정당은 국민과 국가의 중개자로서 정치적 도관(導管)의 기능을 수행하여 주체적·능동적으로 국민의 다원적 정치의사를 유도·통합함으로써 국가정책의 결정에 직접 영향을 미칠 수 있는 규모의 정치적 의사를 형성하고 있다」고 한다.[2) 3)]

3) 私　見　　먼저 정당의 국가기관설에 대해서는 우리 헌법상 많은 법해석상의 의문이 제기되고 있다. 첫째로, 헌법상의 국가기관은 그 설립이 엄격히 제한되어 있는 데 반하여, 정당은 그 설립의 자유가 보장될 뿐만 아니라 복수정당제가 헌법상 보장되어 있다. 둘째, 다른 국가기관은 공권력을 행사하고 국가의 의사결정을 스스로 할 수 있으나 정당은 다만 국민의 정치적 의사형성에 참여할 수 있을 뿐이요,[4)] 어디까지나 국민과 그 대의기관인 국회 간을 중개하는 중개기구 내지는 중간정류장(Zwischenstation)에 불과한 것이기 때문에 이를 국가기관이라고 하기는 어렵다. 셋째, 국민의 자발적 조직인 정당은 내부조직이 국가기관과 같은 조직원칙을 따르지 않으며 직업공무원제도에 따른 국가공무원이 아닌 사인들의 조직이라는 점 등으로 보아 국가기관설은 이를 채택할 수 없다. 또한 사법적 결사설도 그 자체가 내면적 모순을 내포하고 있다고 하겠다. 즉 정당이 헌법생활에 참여하면서도 정당의 순수한 사회적 성격에 변경이 없다는 견해는 타당성을 가질 수 없다. 왜냐하면 헌법제도로서 보장을 받으려면 사법적 결사가 가지는 이익단체적인 기본성격을 그대로 유지할 수는 없기 때문이다.

우리 헌법에서 정당의 설립의 자유가 보장되고 복수정당제가 보장되며, 정당의 존립이 보장되는 동시에 당운영비의 국고보조 등 국가의 보호를 받는다고 규정된 점에서, 정당의 헌법상 지위는 국민의 정치적 의사를 중개하는 헌법적 기능을 가진 정당제도가 헌법상 보장되는 제도보장(Einrichtungsgarantie, Institutsgarantie)이라고 하겠다.[5)]

정당은 그에 상응한 지위와 권한을 보호받고 있다.[6)]

---

1) 헌재 1996. 3. 28 선고, 96 헌마 18·37·64·66(병합), 헌재판례집 제 8 권 1 집, 323 면 이하.

2) 헌재 2003. 10. 30 선고, 2002 헌라 1, 헌재판례집 제15권 2집(하), 17면 이하(32면).

3) 「정당은 국민과 국가의 중개자로서 정치적 도관의 기능을 수행하여 주체적·능동적으로 국민의 다원적 정치의사를 유도·통합함으로써 국가정책의 결정에 직접 영향을 미칠 수 있는 규모의 정치적 의사를 형성하고 있다. 이와 같이, 정당은 오늘날 대중민주주의에 있어서 국민의 정치의사형성의 담당자이며 매개자이자 민주주의에 있어서 필수불가결한 요소이기 때문에, 정당의 자유로운 설립과 활동은 민주주의 실현의 전제조건이라고 할 수 있다」(헌재 2004. 3. 25 선고, 2001 헌마 710, 헌재판례집 제16권 1집, 422면 이하(434면); 헌재 2006. 3. 30 선고, 2004 헌마 246, 헌재판례집 제18권 1집(상), 402면 이하(411면)).

4) Stein은 정당은 국가구조에 영향을 미친다고 하더라도 국가기관은 아니고 국민의 助力機關(Hilfsorgan)으로서 국민을 위하여 활동하여야 한다고 한다. Stein, Staatsrecht, 9. Aufl., 1984, S. 141.

5) 독일의 연방헌법재판소는 정당을 헌법제도(verfassungsrechtliche Institution)의 지위를 가진다고 하고 있다. BVerfGE 24, 260(264); 41, 399(416); Stern, a.a.O., Bd. I, S. 338.

6) 헌재는 정당의 보호에 관하여 설시하고 있다. 「우리 헌법은 정당제 민주주의에 바탕을 두고 정당설립의

(2) 정당의 법적 형태

1) 학 설 물론 정당의 공적 지위는 강조되어야 할 것이다.[1] 그러나 정당의 법적 형태에 관하여는 그것이 공법적인 社團인지 민법적인 結社인지를 확정하지 않고 있으므로 문제가 된다. 우선 정당을 국가기관으로 보는 경우에는 공법기관임이 명백하나 앞에서 본 바와 같이 이 견해는 타당하지 않으며, 따라서 공법인으로 보는 견해와 민사결사로 보는 견해가 대립되어 있다고 할 수 있다. 이에 대하여 우리나라 학설로는 정당은 「사적·정치적 결사」라고 하거나[2)3)] 「민법상의 법인격 없는 사단」이라고 할 수 있다는 설[4)]도 있다.[5)]

2) 판 례 헌재는 정당의 재산귀속관계에 있어서는 정당을 「법인격 없는 사단」으로 본다. 즉 「정당의 법적 지위는 적어도 그 소유재산의 귀속관계에 있어서는 법인격 없는 사단으로 보아야 하고, 중앙당과 지구당과의 복합적 구조에 비추어 정당의 지구당은 단순한 중앙당의 하부조직이 아니라 어느 정도의 독자성을 가진 단체로서 역시 법인격 없는 사단에 해당한다고 보아야 할 것이다. 그런데 민법은 법인이 아닌 사단의 재산은 그 구성원의 總有로 보고, 그 구성원은 정관 기타 규약에 좇아 總有物을 사용·수익할 수 있다고 규정하고 있다」(민법 제275조 및 제276조 2항 참조).[6)]

3) 私 見 생각건대 정당이 공법인이냐 민사결사이냐의 문제는 각 국가의 실정법에 따라서 상이할 것이나, 우리 실정법상 명백한 규정이 없으므로 판단하기 곤란하다. 현재로는 정당은 결사로서의 본질을 가지나 사적 결사와는 달리 그 존립이 헌법에 의하여 보장되고 국가의 특별한 보호를 받고 있으며 공적 임무를 다하고 있기 때문에 헌법제도와 사적 결사의 혼성체로 보는 것이 타당하다고 생각한다.

(3) 정당과 일반결사의 관계 헌법은 제 8 조에서 정당에 관한 규정을 두고 있는 동시에 제21조에서는 일반결사에 관하여 규정하고 있으므로 다른 결사와의 관계에서 정당

자유와 복수정당제를 보장하고(헌법 제 8 조 제 1 항), 정당의 목적·조직·활동이 민주적인 한 법률이 정하는 바에 의하여 국가가 이를 보호하며, 정당운영에 필요한 자금을 보조할 수 있도록 하는 등 (헌법 제 8 조 제 2 항 내지 제 4 항) 정당을 일반결사에 비하여 특별히 두텁게 보호하고 있다. 헌법의 정당에 대한 위와 같은 보호는 정당이 국민의 이익을 위하여 책임있는 정치적 주장이나 정책을 추진하고 공직선거의 후보자를 추천 또는 지지함으로써 국민의 정치적 의사형성에 참여함을 목적으로 하는 국민의 자발적 조직으로서 다른 집단과는 달리 그 자유로운 지도력을 통하여 무정형적이고 무질서한 개개인의 정치적 의사를 집약하여 정리하고 구체적인 진로와 방향을 제시하며 국정을 책임지는 공권력으로까지 매개하는 중요한 공적 기능을 수행하기 때문인 것이며 그와 같은 정당의 기능에 상응하는 지위와 권한을 보장하고자 하는 헌법정신의 표현이라 할 수 있다(헌재 1991. 3. 11 선고, 91 헌마 21 결정참조)」(헌재 1997. 5. 29 선고, 96 헌마 85, 헌재판례집 제 9 권 1집, 558면 이하(566~567면)).

1) Häberle는 국가재단도 사회단체도 아닌 공적 지위를 가진 존재로 보고 있으며, Hesse는 결사일반과는 명백히 구별되는 공적 지위를 가지는 존재로 보고 있다. 권 교수도 Hesse의 견해에 따르고 있다.

2) 문홍주, 전게서, 168면.

3) 정당은 국가에 대해서 양면적 지위를 가진다고 본다. 첫째로는 종속적인 관계이고 둘째로는 능동적 관계이다. 종속적 관계에서는 국가권력에 복종하는 점에서 모든 단체와 같다. 그러나 능동적 관계에 있어서는 정당이 국가의사에 적극적으로 관여하는 관계에 있다. 그러나 직접적으로 국가권력을 행사하는 기관은 아니다.

4) 박일경, 전게서, 115면; 권영성, 전게서, 186면; 성낙인, 전게서, 141면.

5) 1979년 9월 8일에 내려진 이른바 신민당총재단직무집행정지가처분결정(서울민사지방법원 제16부, 79 카 21709)은 정당의 본질을 私法上의 社團으로 보고 있다(김철수, 정당의 헌법상 지위(상), 사법행정 1979. 10 참조).

6) 헌재 1993. 7. 29 선고, 92 헌마 262, 헌재판례집 제 5 권 2집, 211면 이하 참조.

의 지위가 문제된다. 그러나 정당도 역시 광의에 있어서는 일반결사의 일종이며, 정당과 다른 일반결사와의 사이에 본질적인 성격의 차이는 없다. 따라서 정당에 대해서도 헌법 또는 정당법이 규정하고 있는 외에는 일반결사에 관한 헌법 제21조가 적용된다고 할 수 있다.[1)2)] 그러한 의미에서 헌법 제 8 조의 정당조항은 결사의 자유에 관한 일반규정인 헌법 제21조에 대한 특별규정(lex specialis)이라고 할 수 있을 것이다.

그러나 정당은 헌법 제 8 조 4항에 의하여 그 목적이나 활동이 민주적 기본질서에 위배되지 않는 한 해산되지 않는 점에서 일반결사보다 월등히 강한 존립보장을 받으며 일반결사는 법원의 판결에 의하여 해산될 수 있는데 정당은 헌법재판소의 심판에 의해서만 해산시킬 수 있다는 점에서 다른 결사와는 구별된다.[3)] 또 정당은 일정한 조직을 가지고 중앙선거관리위원회에 등록을 하여야만 성립하는 점에서 성립에 차이가 있고 특별한 보호를 받고 있다.[4)]

(4) 복수정당제의 불가침성 복수정당제는 민주주의의 초석이며 헌법의 기본질서이므로 이에 대한 침해는 민주주의의 원리에 대한 침해로 되기 때문에 불가침성의 대상이 된다.[5)] 단일정당제의 강요나 정당설립을 제한하는 것은 독재정치의 강요 외에는 아무 것도 아니다. 그러므로 복수정당제의 규정은 정당설립의 자유와 함께 헌법개정으로도 이를

1) 同旨: 문홍주, 전게서, 168면; 박일경, 전게서, 115~116면; 한태연, 전게서, 249면; 구병삭, 전게서, 196면; 김남진·이강혁, 전게서, 151면; 김현규 외, 전게서, 143면.

2) 정당과 일반결사의 관계에 대하여 헌재는 다음과 같이 설시하고 있다.「헌법이 정당에 대하여 일반결사와는 다른 특별한 보호와 규제를 하고 있는 이유는 정당이 "국민의 이익을 위하여 책임 있는 정치적 주장이나 정책을 추진하고 공직선거의 후보자를 추천 또는 지지함으로써 국민의 정치적 의사형성에 참여함을 목적으로"하여 조직된 단체이고 또 그러한 목적수행에 필요한 조직을 갖추고 있기 때문인 것으로 이해되고(정당법 제 1 조, 제 2 조 참조) 반대로 일반결사에 대하여 정당의 경우와 같은 헌법상의 보호와 규제가 없는 것은 그러한 단체는 각기 자기 고유의 설립목적이 따로 있고 국민의 정치적 의사형성에 참여하는 데 필요한 조직도 갖추고 있지 않기 때문인 것으로 이해된다」(헌재 1995. 5. 25 선고, 95 헌마 105, 헌재판례집 제 7 권 1집, 826면 이하(842면)).

3)「오늘날 민주주의에서 차지하는 정당의 이러한 의의와 기능을 고려하여 우리 헌법은 정당을 일반적인 결사의 자유로부터 분리하여 제 8 조에 독자적으로 규율함으로써, 정당의 특별한 지위를 강조하고 있다. 헌법 제 8 조는 제 1 항에서 "정당의 설립은 자유이며, 복수정당제는 보장된다"고 규정하여 국민 누구나가 원칙적으로 국가의 간섭을 받지 아니하고 정당을 설립할 권리를 국민의 기본권으로 보장하면서, 아울러 정당설립의 자유를 보장한 것의 당연한 법적 산물인 복수정당제를 제도적으로 보장하고 있다」(헌재 1999. 12. 23 선고, 99 헌마 135, 헌재판례집 제11권 2집, 800면 이하(813면) 참조). 헌재 2006. 3. 30 선고, 2004 헌마 246, 헌재판례집 제18권 1집(상), 402면 이하(411면).

4)「정당법은 제 4 조 제 1 항에서 "정당은 중앙당이 중앙선거관리위원회에 등록함으로써 성립한다"고 하여 정당등록을 정당설립의 요건으로 규정하고 있다. 따라서 어떤 정치적 결사가 비록 국민의 정치적 의사형성에 참여하려는 의도를 가지고 정당으로 활동하고자 하더라도, 중앙선거관리위원회에 정당으로 등록되지 않는 한 정당법상의 정당으로 인정받지 못하게 된다.

정당등록제도는 정당임을 자처하는 정치적 결사가 일정한 법률상의 요건을 갖추어 관할 행정기관에 등록을 신청하고, 이 요건이 충족된 경우 정당등록부에 등록하여 비로소 그 결사가 정당임을 법적으로 확인시켜 주는 제도이다. 이러한 정당의 등록제도는 어떤 정치적 결사가 정당에 해당되는지의 여부를 쉽게 확인할 수 있게 해 주며, 이에 따라 정당에게 부여되는 법률상의 권리·의무관계도 비교적 명확하게 판단할 수 있게 해 준다. 이러한 점에서 정당등록제는 법적 안정성과 확실성에 기여한다고 평가할 수 있다」(헌재 2006. 3. 30 선고, 2004 헌마 246, 헌재판례집 제18권 1집(상), 402면 이하(412면)).

5) 同旨: 문홍주, 전게서, 169면; 안용교, 전게서, 205면.

폐지할 수 없는 헌법개정의 한계를 이룬다.

4. 政黨의 權能·權利·義務(법적 지위)

(1) 서 설　위에서 본 바와 같이 정당은 그 헌법상 지위가 국가기관이 아니고, 어디까지나 국민의 정치적 의사형성에 대한 참여자로서의 정치적 결사의 제도보장인 것이다.[1] 따라서 정당은 어디까지나 국가 외적인 존재로 정치적 의사형성에의 참여에 대해서 헌법적 보장을 받고 있는 것이다. 그러나 정당만이 정치적 의사형성을 독점하고 있는 것은 아니다. 따라서 정당은 헌법에 의하여 정치적 의사형성에의 참여가 보장되고, 동시에 제한받고 있다고 할 수 있다.[2]

정당은 이러한 헌법상 지위에 따라 국가에 대하여 권리와 의무를 진다. 이것은 정당의 국가로부터의 자유권과 정당의 국가에 대한 보호청구권과 평등권, 국민의사 형성에의 참여권, 국가에 대한 의무를 포함하고 있다. 또한 정당의 권능과 권리·의무에 관한 것은 헌법조항과 이에 근거한 정당법, 정치자금법, 공직선거법, 선거관리위원회법 등 여러 법률에 규정되어 있다.[3]

(2) 정당의 권능(능동적 지위)　정당은 국민의 이익을 위하여 책임 있는 정치적 주장이나 정책을 추진하고,[4] 공직선거의 후보자를 추천 또는 지지함으로써 국민의 정치적 의사형성에 참여하는 기능을 가지고 있다(정당법 제 2 조). 그러나 정당은 국민의 정치적 의사형성에의 참여권을 독점하고 있는 것은 아니며, 다른 결사·단체·노동조합·경제단체·종교단체 등과 경합적으로 국민의 정치적 의사형성에 참여하고 있다. 정당은 또한 선거준비기관으로서의 지위를 가지므로 선거의 후보자를 추천할 수 있으며, 그 외에도 각급 선거관리위

1) Stern은 정당의 헌법적 보장에 따라 다음과 같은 일련의 효과를 이끌어 낼 수 있다고 한다. 첫째로 정당설립의 허가제는 금지된다. 둘째로 정당에는 그 법적 지위를 확보하기 위한 사법적 구제방법이 인정된다. 셋째로 정당과 국회의원 간에는 자유대표적 관계에 많은 문제가 나타나고 있다(Stern, a.a.O., Bd. I, S. 341ff.).

2) 독일에서는 정당의 기본권으로서 ① 정당자유, ② 정당평등, ③ 의사표현의 자유, ④ 집회의 자유, ⑤ 통신의 비밀·자유, ⑥ 거주이전의 자유, ⑦ 주거의 안전, ⑧ 재산권보장 등이 인정된다고 본다. Ipsen, Art. 21. Anm. 27ff. in: Sachs, Grundgesetz Kommentar, 1996 참조. 이 밖에도 재판청구권, 헌법소원권 등 절차적 기본권이 인정된다.

3) 「그런데 우리 헌법 제 8 조 소정의 '정당의 특권과 자유'의 주체가 될 수 있는 정당은 정당법 소정의 요건을 구비하여 중앙선거관리위원회에 등록함으로써 성립되고 정당법 소정의 등록취소사유에 해당하는 경우 중앙선거관리위원회의 등록취소에 의하여 비로소 소멸하게 된다.

그렇다면 이 사건 등록취소규정에 의하여 곧바로 청구 외 사회당이 소멸하여 그 결과 청구인 주장의 기본권이 침해되는 것이 아니라 위 규정 소정의 등록취소사유에 해당되는지 여부에 대한 중앙선거관리위원회의 심사 및 그에 이은 등록취소라는 집행행위에 의하여 비로소 정당이 소멸하게 된다고 할 것이다」(헌재 2006. 4. 27 선고, 2004 헌마 562, 헌재판례집 제18권 1집(상), 574면 이하(580면)).

4) 헌재는 정당의 기능에 대하여 다음과 같이 판시하고 있다. 「정당은 정치적 결사로서 국민의 정치적 의사를 적극적으로 형성하고 각계 각층의 이익을 대변하며, 정부를 비판하고 정책적 대안을 제시할 뿐만 아니라, 국민 일반이 정치나 국가작용에 영향력을 행사하는 매개체의 역할을 수행하는 등 현대의 대의제민주주의에 없어서는 안 될 중요한 공적 기능을 수행하고 있다(헌재 1996. 3. 28 선고, 96 헌마 18·37·64·66(병합) 결정 참조)」(헌재 1996. 8. 29 선고, 96 헌마 99, 헌재판례집 제 8 권 2집, 199면 이하(207면)).

원회위원 추천권, 각급 선거에 있어서의 참관인 지명권 등 많은 참정권적 기능을 행사할 수 있다.

헌재는 기초의회의원후보의 정당표명금지는 위헌이라고 판시하였다.[1] 이것은 정당의 기초의회의원후보자의 공천권을 인정한 것이다.

(3) 정당의 자유(소극적 지위)

1) 학 설 정당은 국가로부터 자유로운 지위를 가지는데, 정당의 자유는 민주정치의 전제인 자유롭고 공개된 정치적 의사형성을 가능하게 한다. 정당의 자유는 i) 정당조직에 있어서의 국가로부터의 자유와, ii) 외부적 압력에 의한 자유침해에 대한 구제, iii) 정당활동의 자유 등을 들 수 있는데, 그 중에서도 중요한 것은 정당조직에 있어서의 설립의 자유, 국가기관화·관제화의 금지 등이다.[2]

2) 입 법 정당의 활동은 보장된다(정당법 제 6 장). 정당은 헌법과 법률에 의하여 활동의 자유를 가진다(정당법 제37조 1항). 정당이 정책이나 정치적 현안에 대한 입장을 인쇄물·시설물·광고물 등을 이용하여 홍보하는 행위와 당원을 모집하는 활동은 통상적인 정당활동으로 보장되어야 한다(정당법 제37조 2항).

3) 판 례 또 정당활동에 있어서도 국가로부터의 자유가 보장되어 설립의 자유와 활동의 자유가 보장된다.

① 대법원 판례 「헌법 제 8 조는 정당설립의 자유를 보장하고 국가의 보호를 받도록 규정하고 있으므로 정당활동의 자유는 헌법에 의하여 보장되고 보호된다고 할 것이고, 이에 터잡아 정당법 제30조는 정당활동의 자유를 명시하여 규정하고 있는바, 이러한 정당활동의 자유를 제한하기 위하여는 헌법 제37조 제 2 항에 따라 국가안전보장, 질서유지 또는 공공복리를 위하여 필요한 경우에 법률의 규정에 의하여야만 가능하다」.[3]

② 헌법재판소 판례 「우리 헌법은 정당제민주주의를 바탕으로 하여 정당설립의 자유를 규정함으로써(제 8 조 제 1 항) 정당활동의 자유를 포함한 정당의 자유를 광범위하게 보장하고 있다. 헌법 제 8 조 1항은 결국 정당설립의 자유, 정당조직의 자유, 정당활동의 자유 등을 포괄한 정당의 자유를 보장하고 있다」.[4][5]

---

1) 헌재 2003. 1. 30 선고, 2001 헌가 4, 헌재판례집 제15권 1집, 7면 이하; 헌재 2003. 5. 15 선고, 2003 헌가 9·10(병합), 헌재판례집 제15권 1집, 503면 이하.

2) 同旨: 문홍주, 전게서, 171면; 안용교, 전게서, 207면. 그러나 박일경 교수(전게서, 117면)는 「정당은 헌법이 정한 요건만 갖추기만 하면 그것으로써 자동적으로 성립하며 등록 기타 정부에의 보고가 정당설립요건이 될 수 없고, 정당법이 등록을 정당성립의 요건으로 한다면 이는 정당설립의 자유를 보장한 헌법의 뜻에 괴리되므로 등록은 어디까지나 확인적 성격을 가진다」고 본다.

3) 대판 1994. 4. 12, 93 도 2712, 공보 1994, 1549면. 이 판례는 계속하여서 「이를 제한하는 경우에도 정당활동의 자유와 권리의 본질적인 내용을 침해할 수 없는 것인데, 대통령선거법이 선거운동기간 전의 정당활동에 관하여 제70조 제 2 항 등에서 일정한 제한을 가하고 있지만 전면적인 제한을 하고 있지는 아니하므로(전면적인 제한을 하는 경우는 헌법 제37조 제 2 항에 위반될 수가 있다고 본다), 같은 법 제33조 제 1 항, 제34조에 의하여 금지되는 사전선거운동에는 정당의 통상적인 활동은 포함되지 아니한다」고 하고 있다.

4) 헌재 1996. 3. 28 선고, 96 헌마 9·77·84·90(병합), 헌재판례집 제 8 권 1집, 289면 이하; 헌재 2004. 12. 16 선고, 2004 헌마 456, 헌재판례집 제16권 2집(하), 618면 이하.

5) 「헌법 제 8 조 제 1 항 전단의 정당설립의 자유는 정당설립의 자유만이 아니라 정당활동의 자유를 포함

「민주적 의사형성과정의 개방성을 보장하기 위하여 정당설립의 자유를 최대한으로 보호하려는 헌법 제8조의 정신에 비추어, 정당의 설립 및 가입을 금지하는 법률조항은 이를 정당화하는 사유의 중대성에 있어서 적어도 '민주적 기본질서에 대한 위반'에 버금가는 것이어야 한다고 판단된다. 다시 말하면, 오늘날의 의회민주주의가 정당의 존재 없이는 기능할 수 없다는 점에서 심지어 '위헌적인 정당을 금지해야 할 공익'도 정당설립의 자유에 대한 입법적 제한을 정당화하지 못하도록 규정한 것이 헌법의 객관적인 의사라면, 입법자가 그 외의 공익적 고려에 의하여 정당설립금지조항을 도입하는 것은 원칙적으로 헌법에 위반된다」.[1]

4) 私 見 우리 헌법은 제 8 조에서 정당설립의 자유를 규정하고, 복수정당제도를 보장하며, 법에 의한 일당제도나 양당제도의 강제를 금지하고 있다. 따라서 정당설립에 있어서 허가제는 위헌으로 금지되며, 정당설립의 자유의 필연적 귀결로서 복수정당제가 반드시 보장되어야 한다. 따라서 적어도 2개 이상의 정당은 존재하여야 하며 단일정당만의 인정은 위헌이 된다. 다만 올바른 의회정치의 육성과 질서유지를 위하여 최소한 필요한 등록제를 채택하는 것은 허용된다고 하겠다.

국가의 간섭을 배제하기 위하여 당원명부와 기부자명단의 비밀 등이 보장되며, 정당의 입당의 자유, 탈당의 자유, 당내 의사발표의 자유 등이 인정된다.

(4) 정당의 보호(적극적 지위)

1) 평등보호

(a) 학 설 정당은 국가의 보호를 받는다(제 8 조 3 항). 이것은 국가에 대한 정당의 보호청구권을 규정한 것이라고 할 수 있는데, 그 중에서도 중요한 것은 평등의 보장이다.[2] 이 정당의 평등은 국가에 대한 기본권으로서 인정되며 정당의 설립과 조직, 당원포섭, 선전,[3] 공직선거후보자추천, 선거과정, 정당활동 등에 있어서 정당 간의 평등이 보장되어야 한다.[4]

한다. 즉, 헌법 제 8 조 제 1 항은 정당설립의 자유만을 명시적으로 규정하고 있지만, 정당설립의 자유만이 아니라 누구나 국가의 간섭을 받지 아니하고 자유롭게 정당에 가입하고 정당으로부터 탈퇴할 수 있는 자유를 함께 보장한다. 정당의 설립만이 보장될 뿐 설립된 정당이 언제든지 다시 금지될 수 있거나 정당의 활동이 임의로 제한될 수 있다면, 정당설립의 자유는 사실상 아무런 의미가 없기 때문이다. 따라서 정당설립의 자유는 당연히 정당의 존속과 정당활동의 자유도 보장하는 것이다」(헌재 2006. 3. 30 선고, 2004 헌마 246, 헌재판례집 제18권 1집(상), 402면 이하(411～412면)).

1) 헌재 1999. 12. 23 선고, 99 헌마 135, 헌재판례집 제11권 2집, 800면 이하.

2) 헌재 1992. 3. 13 선고, 92 헌마 37 등 병합, 헌재판례집 제 4 권, 137면 이하.
「정당의 설립과 활동의 자유를 보장하고 있는 것은 선거제도의 민주화와 국민주권을 실질적으로 현실화하고 정치적으로 자유민주주의 구현에 기여하는 데 그 목적이 있는 것이지 정치의 독점이나 무소속후보자의 진출을 봉쇄하는 정당의 특권을 설정할 수 있는 것을 의미하는 것이 아니다」(헌재 1992. 3. 13 선고, 92 헌마 37 등 병합, 헌재판례집 제 4 권, 137면 이하).

3) 정당추천후보자에게 별도로 정당연설회를 할 수 있도록 한 국회의원선거법 제55조의 3 규정은 무소속후보자에 비교하여 월등하게 유리한 위치에서 선거운동을 하게 한 불평등한 규정이므로 헌법전문, 헌법 제11조 제 1 항의 법 앞의 평등, 제25조의 공무담임권, 제41조 제 1 항의 평등선거의 원칙, 제116조 제 1 항의 선거운동기회균등의 보장원칙에 위반된다고 할 것이나 무소속후보자에게도 정당연설회에 준하는 개인연설회를 허용하는 경우에는 위헌성의 소지가 제거될 수 있다.

4) 정당의 평등보호에 대해서는 많은 판례가 축적되어 있다. 예를 들면 정치자금 모금이나 후원회를 통한

(b) 판 례 　헌재는 정당의 보호에 관하여 판시하고 있다.

「정당제민주주의에 바탕을 둔 우리 헌법은 정당설립의 자유와 복수정당제를 보장하고(헌법 제8조 제1항), 정당의 목적·조직·활동이 민주적인 한 법률이 정하는 바에 의하여 국가의 보호를 받으며, 정당운영에 필요한 자금도 보조받을 수 있도록 하는 등(같은 조 제2항 내지 제4조) 정당을 일반결사에 비하여 특별히 두텁게 보호하고 있다. 그리고 정당이 국민의 정치적 의사형성에 참여하는 가장 중요한 형태는 공직선거에 있어서 후보자를 추천·지지함으로써 행하는 선거를 통한 참여라고 할 것이고, 여기에 정당 본래의 존재의의가 있다 할 것이다(헌법재판소 1991. 3. 11 선고, 91 헌마 21 결정). 따라서 공직선거에 있어서 정당후보자에게 무소속후보자보다 우선순위의 기호를 부여하는 제도는 정당제도의 존재의의에 비추어 그 목적이 정당하다 할 것이다」.[1)]

헌재는 국회에서 원내교섭단체를 구성하지 못한 정당에게 정책연구위원을 배정하지 않는 것은 평등보호의 원칙에 위반되지 않아 합헌이라고 판시하였다.[2)]

(c) 私 見 　정당의 재정면에 있어서도 국가가 재정원조를 하는 경우에 있어서의 평등, 선거선전 등에 있어서의 평등이 중요시된다. 이 때 평등은 야당과 여당의 평등, 다수당과 소수당의 평등 등이 절대적으로 보장되어야 한다는 것이 아니고, 비례적인 평등의 보장을 요청하는 것이다.

2) 정당에 대한 국고보조 　정당에 대한 국가의 보호규정으로서 제6공화국헌법은 특별한 규정을 두고 있는데, 제8조 3항은 「정당은 법률이 정하는 바에 의하여 국가의 보호를 받으며, 국가는 법률이 정하는 바에 의하여 정당운영에 필요한 자금을 보조할 수 있다」고 규정하고 있다. 정당에 이와 같은 보호와 특혜를 규정한 예는 그리 흔하지 않다.[3)] 정치자금법은 제5장에서 국고보조금에 대한 상세한 규정을 두고 있다(정치자금법 제25조, 제26조, 제27조, 제28조, 제29조, 제30조).

우대라든가 선거후보자 번호 등의 우대를 인정하고 있다. 예를 들면 헌재 1997. 5. 29 선고, 96 헌마 85, 정치자금에관한법률 제5조 등 위헌확인, 헌재판례집 제9권 1집, 558면 이하; 헌재 1997. 10. 30 선고, 96 헌마 94, 공직선거및선거부정방지법 제77조 제3항 등 위헌확인, 헌재판례집 제9권 2집, 523면 이하 등 참조.

1) 헌재 1996. 3. 28 선고, 96 헌마 9 등 병합, 헌재판례집 제8권 1집, 289면 이하.

헌재는 「정당이 선거에 있어서 기회균등의 보장을 받을 수 있는 헌법적 권리는 정당활동의 기회균등의 보장과 헌법상 참정권 보장에 내포되어 있다고 보고, 구 지방의회의원선거법이 정당추천후보자에 대하여 과다한 기탁금을 요구하는 규정은 정당이 선거에서 차별대우를 받는 것과 같은 결과가 된다」고 하여 헌법불합치결정을 내린 바 있다(헌재 1991. 3. 11 선고, 91 헌마 21, 헌재판례집 제3권, 91면 이하 참조).

2) 헌재 2008. 3. 27 선고, 2004 헌마 654, 헌재판례집 제20권 1집(상), 375면 이하(383면).

「교섭단체에만 정책연구위원을 배정할 합리적 이유가 있을 뿐 아니라, 비교섭단체인 정당도 다른 비교섭단체인 정당 또는 무소속 의원들과 함께 교섭단체를 구성함으로써 정책연구위원을 배정받을 수 있으므로, 이 사건 규정이 입법재량을 넘어 비교섭단체인 정당을 불합리하게 차별한다고 볼 수 없다.

결국 이 사건 규정이 교섭단체를 구성한 정당에게만 정책연구위원을 배정하고 그렇지 못한 정당에게는 정책연구위원을 배정하고 있지 않더라도 그 차별에는 앞에서 본 바와 같은 합리적인 이유가 있으므로, 이 사건 규정이 헌법상 보장된 청구인 민주노동당의 평등권을 침해하였다고 볼 수 없다」.

3) 「헌법의 정당에 대한 위와 같은 보호는 정당이 국민의 이익을 위하여 책임있는 정치적 주장이나 정책을 추진하고 공직선거의 후보자를 추천 또는 지지함으로써 국민의 정치적 의사형성에 참여함을 목적으로 하는 국민의 자발적 조직으로서 다른 집단과는 달리 그 자유로운 지도력을 통하여 무정형적(無定型的)이고 무질서한 개개인의 정치적 의사를 집약하여 정리하고 구체적인 진로와 방향을 제시하며 국정을 책임지는 공권력으로까지 매개하는 중요한 공적 기능을 수행하기 때문인 것이며 그와 같은 정당의 기능에 상응하는 지위와 권한을 보장하고자 하는 헌법정신의 표현이라 할 수 있다(헌재 1991. 3. 11 선고, 91 헌마 21, 헌재판례집 제3권, 91면 이하 참조).

3) 기타 정당에 관한 국가보호 정당에 대한 국가의 보호규정으로서는 선거에 관한 경비를 원칙적으로 부담하지 않는 선거공영제(제116조 2항), 정당이 수령하는 기부·찬조 기타 재산상의 출연(出捐)에 대한 면세(정치자금법 제59조) 등이 있다. 또 정당은 헌법재판소의 해산결정에 의하지 아니하고는 해산되지 않는 존립의 보장을 받고 있으며, 법적 절차에 의하지 아니하고는 정당등록이 취소되지 아니하고, 정당의 권리침해에 대해서는 소송을 제기할 수 있는 권리 등이 부여되고 있다.[1] 헌법재판소는 정당의 헌법소원 청구인적격을 인정하고 있다.[2]

(**5**) 정당의 의무(수동적 지위) 정당은 권리뿐만 아니라 의무도 가지고 있는데, 그 중 중요한 것은 다음과 같다.

1) 조직의무 정당은 국민의 정치적 의사형성에 참여하는 데 필요한 조직을 가져야 한다. 정당법은 정당의 조직기준을 정하고, 정당의 창당준비와 당의 등록·성립 등을 규정하고 있다. 정당은 5 이상의 시·도당을 가져야 한다(정당법 제17조). 시·도당은 1천인 이상의 당원을 가져야 한다(정당법 제18조). 이것은 군소정당과 지역정당을 배제하기 위한 것이다.[3]

2) 당의 재정통제와 공개 정당은 정치자금법에 의하지 아니하고는 정치자금을 기부받을 수 없다(정치자금법 제 2 조 1항). 정치자금이라 함은 당비, 후원금, 기탁금, 보조금과 정당의 당헌·당규 등에서 정한 부대수입 그 밖에 정치활동을 위하여 정당, 공직선거에 의하여 당선된 자, 공직선거의 후보자 또는 후보자가 되고자 하는 자, 후원회·정당의 간부 또는 유급사무직원 그 밖의 정치활동을 하는 자에 제공되는 금전이나 유가증권 그 밖의 물건과 그 자의 정치활동에 소요되는 비용을 말한다(동법 제 3 조 1항). 정치자금은 국민의 의혹을 사는 일이 없도록 공명정대하게 운용되어야 하고, 그 회계는 공개되어야 한다(동법 제 2 조 2 항). 정당은 소속당원으로부터 당비를 받을 수 있다. 정당의 회계책임자는 타인의 명의나 가명으로 납부된 당비는 국고에 귀속시켜야 한다(정치자금법 제 4 조). 정당의 회계책임자는 당비를 납부받은 때에는 연도말까지 당비 영수증을 당원에게 교부하고 일부는 보관하여야 한다. 당비 영수증의 서식 기타 필요한 사항은 중앙선거관리위원회 규칙으로 정한다(정치자금법 제 5 조).

그 동안 정치자금법은 자주 개정되었는바, 2005년 8월 4일에 전면개정되고 2008년 2월 29일에 일부 개정되었다. 정치자금법은 제 6 장에서 기부제한을 규정하고 있다. 외국인,

---

1) 「정당은 정치적 결사로서 국민의 정치적 의사를 적극적으로 형성하고 각계각층의 이익을 대변하며, 정부를 비판하고 정책적 대안을 제시할 뿐만 아니라, 국민 일반이 정치나 국가작용에 영향력을 행사하는 매개체의 역할을 수행하는 등 현대의 대의제민주주의에 없어서는 안 될 중요한 공적 기능을 수행하고 있다(헌재 1996. 8. 29 선고, 96 헌마 99, 헌재판례집 제 8 권 2집, 199면 이하(207면) 참조). 때문에 헌법도 정당의 기능에 상응하는 지위와 권한을 보장하고 있는데, 우리 헌법상 정당설립의 자유와 복수정당제는 보장되고(제 8 조 제 1 항), 정당의 목적·조직·활동이 민주적인 한, 정당은 국가의 보호를 받으며 정당운영에 필요한 자금을 보조받을 수 있다(같은 조 제 2 항 내지 제 4 항)」(헌재 2006. 7. 27 선고, 2004 헌마 655, 헌재판례집 제18권 2집, 242면 이하).

2) 헌재 1991. 3. 11 선고, 91 헌마 21, 헌재판례집 제 3 권, 91면 이하 참조.

3) 군소정당의 배제를 목적으로 한 이 조직강제는, 헌재는 합헌이라고 보았다(헌재 2006. 3. 30 선고, 2004 헌마 246, 헌재판례집 제18권 1집(상), 402면 이하(414면)).

국내·외의 법인 또는 단체는 정치자금을 기부할 수 없다. 누구든지 국내·외의 법인 또는 단체와 관련된 자금으로 정치자금을 기부할 수 없다(정치자금법 제31조 1항). 누구든지 국내·외의 법인 또는 단체와 관련된 자금으로 정치자금을 기부할 수 없다(정치자금법 제31조 2항). 또 특정행위와 관련된 기부를 제한하고 있다(정치자금법 제32조). 정치자금 수입, 지출의 투명화를 위해 정당, 후원회, 후원회를 둔 국회의원, 공직선거후보자들이 정치자금을 수입, 지출하는 경우에는 회계책임자만이 할 수 있도록 하고, 자금의 공개를 의무화하고 있다(정치자금법 제 7 장). 후원회는 국회의원, 대통령 선거의 후보자, 예비후보자, 지역구 국회의원 후보자, 당내경선후보자, 시·도지지사 후보자만이 만들 수 있다(정당법 제 6 조).

또 후원회의 모금방법을 다양화하여 우편, 신용카드, 예금계좌입금, 전화, 인터넷전자결제시스템 등에 의한 방법을 인정하고, 집회에 의한 방법으로는 모금할 수 없도록 하였다(정치자금법 제14조). 후원회의 모금에는 한도가 있고 후원회마다 기부한도액이 있다(정치자금법 제12조).

3) 내부질서의 민주성 정당은 그 목적·조직과 활동이 민주적이어야 하는데(제 8 조 2 항), 정당은 그 강령과 당헌을 공개해야 하고(정당법 제28조), 민주적인 내부질서를 유지하기 위하여 당원의 총의를 반영할 수 있는 대의기관 및 집행기관과 소속국회의원이 있는 경우에는 의원총회를 가져야 한다(동법 제29조). 또한 정당의 공직선거후보자 추천은 민주적이어야 하며, 정당은 공직후보자를 추천하기 위하여 경선을 할 수 있다(공직선거법 제 6 장의2).

4) 국가와 민주적 기본질서의 긍정 정당은 국가를 긍정할 의무가 있으며, 헌법의 민주적 기본질서를 침해해서는 안 된다. 정당의 목적이나 활동이 민주적 기본질서에 위배되거나 국가존립에 위해가 될 때에는 정부의 제소에 의한 헌법재판소의 심판으로 해산된다(제 8 조 4항, 제111조).

5) 그 밖의 행정적 의무 그 외에도 정당은 많은 행정적 의무를 부담하고 있는데, 정당법은 의무의 측면에서 볼 때 정당규제에 치우친 감이 없지 않은데, 의무위반에 대하여 벌칙을 두어 이를 강요하고 있음은 우리 정당법의 통제법규적인 면을 나타내고 있다.

5. 政黨의 組織·機能·運營資金補助

(1) 정당의 조직 헌법은 제 8 조 2항에서 「정당은 그 목적·조직과 활동이 민주적이어야 하며, 국민의 정치적 의사형성에 참여하는 데 필요한 조직을 가져야 한다」라고 규정하고 있다.[1] 여기의 「민주적」이어야 한다는 것은 우리 헌법의 기초이념인 민주주의——서구형 민주주의——를 의미하는 것으로 이해하여야 할 것이다. 그리고 정당의 목적이 민주적이어야 한다는 것은 그 목적이 민주적 기본질서에 합치하여야 한다는 것이며, 정당의 조직이 민주적이어야 한다는 것은 정당의 내부에 있어서 그 의사형성, 당원의 권리의

1) 「헌법 제 8 조 제 1 항이 명시하는 정당설립의 자유는 설립할 정당의 조직형태를 어떠한 내용으로 할 것인가에 관한 정당조직선택의 자유 및 그와 같이 선택된 조직을 결성할 자유를 포괄하는 '정당조직'의 자유를 포함한다」(헌재 2004.12.16 선고, 2004 헌마 456, 헌재판례집 제16권 2집(하), 618면 이하).

무, 당의 운영 등에 있어서 민주적이어야 함을 말하며, 예컨대 다수결의 원리, 평등의 원칙, 의견과 반대의사의 존중, 기회의 균등 등의 여러 원칙이 적용될 것이 요구된다.[1)]

정당의 조직은 구체적으로 당헌에 의하여 규정되는데, 당헌의 내용은 정당의 이념·목적에 따라 임의적으로 정할 수 있지만, 당헌에 독재주의적 요소를 가미하는 것은 인정되지 않는다. 정당은 또한 국민의 정치적 의사형성에 참여하는 데 필요한 조직을 가져야 한다. 국민의 정치적 의사형성에의 참여가 그 요건이므로 정당은 그 조직이 일지방에만 편중되는 것이어서는 안 되며 전국적인 조직일 것이 요구된다. 이러한 정당의 조직에 관한 일반원칙은 정당법에 구체적으로 규정되어 있다.

1) 정당의 조직기준 정당은 수도에 소재하는 중앙당과 서울특별시, 광역시, 도에 두는 시·도당으로 구성한다.[2)] 정당은 5 이상의 시·도당을 가져야 한다(정당법 제17조). 시·도당의 법정당원수인 1,000명의 당원은 당해 지역 안에 거주하여야 한다(동법 제18조 1항·2항).[3)] 정당에 둘 수 있는 유급사무직원의 수는 중앙당은 100인을 초과할 수 없으며, 시·도당에는 총 100인 이내에서 각 시·도당별로 중앙당이 정한다(동법 제30조 제1항).[4)] 국고보조금의 배분대상이 되는 정당은 중앙당에 정책연구소를 별도 법인으로 설치·운영하여야 한다(정당법 제38조).

2) 정당의 창당·합당 정당의 창당활동은 발기인으로 구성되는 창당준비위원회가 이를 한다(정당법 제5조). 창당준비위원회는 중앙당의 경우에는 20인 이상의 시·도당의 경우에는 10인 이상의 발기인으로 구성된다(동법 제6조). 정당의 창당집회는 공개하여야 한다(동법 제10조). 정당은 중앙당이 중앙선거관리위원회에 등록함으로써 성립한다(동법 제4조). 합당에는 신설합당과 흡수합당이 있다. 합당은 합당을 하는 정당들의 대의기관이나 그 수임기관의 합동회의의

1) 「민주적」이 무엇을 의미하는가의 내용이 불명확하다는 견해가 있다. 그러나 그 내용은 다음과 같은 것을 내포하고 있다. ① 당직을 선거로서 선출하고, ② 선거공천권이 당원집회에서나 당원의 의사가 반영되는 방향으로 해야 하며, ③ 선거직은 한시적이어야 하고 주기적으로 선거가 행해져야 하고, ④ 다수결이 지배함과 동시에 소수자를 보호해야 하며 권력교체의 가능성이 있어야 하고, ⑤ 수직적 조직에서도 하의가 상달될 수 있어야 한다고 보고 있다(Ipsen, Art. 21. Anm. 52～61, in: Sachs, GGKommentor).

2) 정당법이 지구당이나 연락사무소를 폐지한 것은 합헌이라고 한다. 헌재 2004. 12. 16 선고, 2004 헌마 456, 헌재판례집 제16권 2집(하), 618면 이하.

3) 이 조항은 합헌결정되었다(헌재 2006. 3. 30 선고, 2004 헌마 246, 정당법 제25조 등 위헌확인, 헌재판례집 제18권 1집(상), 402면 이하).

「정당법 제25조가 비록 정당으로 등록되기에 필요한 요건으로서 5개 이상의 시·도당 및 각 시·도당마다 1,000명 이상의 당원을 갖출 것을 요구하고 있기 때문에 국민의 정당활동의 자유에 어느 정도 제한을 가하는 점이 있는 것은 사실이나, 이러한 제한은 "상당한 기간" 또는 "계속해서," "상당한 지역에서" 국민의 정치적 의사형성과정에 참여해야 한다는 헌법상 정당의 개념표지를 구현하기 위한 합리적인 제한이라고 할 것이므로, 그러한 제한은 합헌적으로 정당화된다고 할 것이다」.

4) 「우선 우리 헌법의 대의민주적 기본질서가 제기능을 수행하기 위해서는 의회 내의 안정된 다수세력의 확보를 필요로 한다는 점에서, 군소정당의 배제는 그 목적의 정당성이 인정될 수 있다. 다만 지역정당의 배제가 정당한 목적으로 인정될 수 있는가에 대해서는 이론이 제기될 수 있다. 그러나, 지역적 연고에 지나치게 의존하는 정당정치풍토가 우리의 정치현실에서 자주 문제시되고 있다는 점에서 볼 때, 단지 특정지역의 정치적 의사만을 반영하려는 지역정당을 배제하려는 취지가 헌법적 정당성에 어긋난 입법목적이라고 단정하기는 어렵다. 따라서 이 사건 법률조항의 입법목적은 정당한 것이라고 할 것이다」(헌재 2006. 3. 30 선고, 2004 헌마 246, 헌재판례집 제18권 1집(상), 402면 이하(414면)).

결의로써 할 수 있다(동법 第19조). 신설합당이나 흡수합당하는 경우에는 중앙선거관리위원회에 등록하여야 한다(동법 第20조).

3) 정당의 내부질서 정당은 강령과 당헌을 가져야 하며, 이를 공개하여야 한다(동법 第28조). 정당은 헌법과 법률에 의하여 활동의 자유를 가지는데(동법 第37조), 민주적인 내부질서를 유지하기 위하여 당원의 총의를 반영할 수 있는 대의기관 및 집행기관과 소속국회의원이 있는 경우에는 의원총회를 가져야 한다(동법 第29조 1항).

중앙당에는 예산결산위원회를 두어야 한다(법 제29조 2항, 정치자금법 제38조 2항). 정당원과 정당대표 간의 내부분쟁에 대해서는 원칙적으로 사법심사를 하지 않고 자율에 맡기고 있다(판례).[1]

(2) 정당의 공직후보자 추천

1) 입 법 정당은 공직후보자를 추천하기 위한 구체적인 절차는 당헌으로 정한다(정당법 第28조). 정당은 공직후보자를 추천하기 위하여 당내경선을 실시할 수 있다(공직선거법 第57조의2 1항). 당대표 경선에 관한 사무 중 투표 및 개표에 관한 사무의 관리를 중앙선거관리위원회에 위탁할 수 있다(정당법 第48조의2). 수탁관리의 경비는 정당이 부담한다. 당내 경선의 후보자로 등재된 자로서 후보자로 선출되지 않은 경우에는 원칙적으로 당해 공직선거에서 후보자로 등록할 수 없도록 하였다(공직선거법 第57조의2 2항). 정당은 선거에 있어 그 소속당원을 후보자로 추천할 수 있다(공직선거법 第47조).

정당은 선거에 있어 선거구별로 선거할 정수 범위 안에서 그 소속당원을 후보자(정당추천후보자)로 추천할 수 있다. 다만 비례대표자치구·시·군의원의 경우에는 그 정수범위를 초과하여 추천할 수 있다. 정당이 후보자를 추천하는 때에는 민주적인 절차에 따라야 한다(공직선거법 第47조). 정당이 비례대표국회의원선거 및 비례대표지방의회의원선거에 후보자를 추천하는 때에는 그 후보자 중 100분의 50 이상을 여성으로 추천하되, 그 후보자명부의 순위의 매 홀수에는 여성을 추천하여야 한다. 정당이 임기만료에 따른 지역구국회의원 및 지역구지방의회의원선거에 후보자를 추천하는 경우에는 각각 전국지역구 총수의 100분의 30 이상을 여성으로 추천하도록 노력하여야 한다(공직선거법 第47조). 정당은 공직선거후보자를 추천하기 위하여 경선(당내경선)을 실시할 수 있다(공직선거법 제 6 장의2). 당원이 될 수 없는 자는 당내경선의 선거인이 될 수 없다(공직선거법 第57조의2). 정당이 당원과 당원이 아닌 자에게 투표권을 부여하여 실시하는 당내경선에서는 법률이 정하는 방법 외의 방법으로 경선운동을 할 수 없다(공직선거법 第57조의3).

2) 판 례 「현대국가에서는 정당정치가 바로 민주정치라고 인정하게 되었으나 그 정당은 국민 각자의 선거의 자유와 기회균등을 보장하는 민주사회의 기반 위에서 존립하는 것이므로 당내 민주주의가 확립되고 민의에 따라 정당이 구성되고 공천되는 것을 전제로 하고 있다. 이러한 민주정당이 육성되고 발전하는 것 역시 국민의 주권이 실질적으로 행사되도

---

1) 독일 등에서는 정당에 규율위원회 등을 두고 있다.

록 현실적으로 보장하는 데 있으며 정당정치를 우리 헌법이 보호(헌법 제8조)하는 이유도 여기에 있기 때문에 정당의 보호는 선거제도의 민주화와 함께 국민주권을 실질적으로 현실화하는 데 있는 것이며 정치의 정당독점을 의미하는 것은 아니다. 정당만이 의석을 독점할 수 있도록 선거법을 협상하고 선거제도를 만드는 법의 제정이나 개정은 선거의 자유와 입후보자의 기회균등을 부정하는 것으로 민주국가에서는 원칙으로 있을 수 없다」.[1)]

6. 政黨의 運營資金과 政治資金

(1) 정당운영자금의 국고보조 정당은 법률이 정하는 바에 의하여 국가의 보호를 받으며, 국가는 법률이 정하는 바에 의하여 정당운영에 필요한 자금을 보조할 수 있다(제8조 3항).[2)] 정당운영자금에 대한 국고보조를 헌법에 규정한 입법례로는 Costa Rica헌법이 있다.[3)] 독일에서는 국고에서 정당운영경비를 보조했는데, 이것이 위헌으로 판결되자 법률로써 정당의 선거운동보상비 명목으로 지급하고 있다.[4)] 1965년에는 Sweden, 1969년에는 Finland, 1970년에는 Norway, 1974년에는 이탈리아, 1988년에는 프랑스, 1994년에는 일본에서도 정당선거비용보조제도를 도입하고 있다. 우리나라도 정당의 부정부패를 막기 위

1) 헌재 1989. 9. 8 선고, 88 헌가 6, 헌재판례집 제1권, 199면 이하(211~212면).

2) 「헌법(1980. 10. 27. 헌법 제9호로 전문 개정된 것) 제7조 제3항(정당은 법률이 정하는 바에 의하여 국가의 보호를 받으며, 국가는 법률이 정하는 바에 의하여 정당의 운영에 필요한 자금을 보조할 수 있다)의 규정에 근거하여 1980. 12. 31. 제3차 정치자금법 개정시 처음 신설된 보조금제도는 정당이 위와 같은 역할을 수행하는 데 소요되는 정치자금을 마련함에 있어 정치자금의 기부자인 각종 이익집단으로부터의 부당한 영향력을 배제함으로써 정치 부패를 방지하고, 정당 간의 자금조달의 격차를 줄여 공평한 경쟁을 유도하며, 선거비용과 정당의 경비지출의 증가추세에 따른 재정압박을 완화하여 정당의 원만한 기능을 보장하고 유능한 후보자의 당선가능성을 높이는 데에 그 입법목적이 있다」(헌재 2006. 7. 27 선고, 2004 헌마 655, 헌재판례집 제18권 2집, 242면 이하).

3) 「보조금제도에 관한 각국의 입법례를 보면, 우리나라와 일본, 독일 등은 정당활동을 위한 보조금을 지급하고 있는 데 반해 미국이나 영국 등은 정당활동에 대한 직접적인 국고보조는 없고 다만 선거비용에 대한 보조나 야당에 대한 보조 등을 하여 줄 뿐이다. 또한 보조금을 배분하는 기준도 의석수나 총득표수, 정당득표율(또는 대정당후보자의 평균 득표수에 대한 소정당 및 신정당후보자의 득표율) 등으로 각 나라마다의 역사 및 정치풍토 내지 정치환경에 따라 다양한 모습을 보이고 있다」(헌재 2006. 7. 27 선고, 2004 헌마 655, 헌재판례집 제18권 2집, 242면 이하).

4) 정당의 국고보조청구권은 헌법상 요청은 아니었다. 독일연방헌법재판소는 1958년 제1차 정당재정원조판결에서는 「선거를 담당하는 정당을 위하여 국가가 재정자금을 대주는 것은 허용된다」(BVerfGE 8, 51(1958))고 하였다가 1966년의 제2차 정당재정원조판결에서는 「그러나 본법정은 정당에 정치적 의사형성의 분야에 있어서, 정당의 전체적 활동을 위하여 예산자금에서 보조금을 공여하는 것은 기본법 제21조 및 제20조 2항과는 일치하지 않는다는 확신을 가지게 되었다. 단 정당은 제일차적으로는 의회선거의 참가를 통하여 국민의 정치적 의사형성에 협력함으로, 이 점에 대하여 적절한 선거운동의 필요경비를 예산자금에서 지출하는 것은 기본법과 합치한다」(BVerfGE 20, 56(1966))고 하였다. 이것은 정당의 국가로부터의 자유에서 도출된 이론이었다. 이 판례는 1992년에 변경되었는데, 「종래 본법정에 의하여 지지된 것과는 달리 국가는 기본법에 근거한 정당에 과하여진 일반활동에 대하여 재정원조로서 예산자금을 보장하는 것은 헌법상 무방하다」(BVerfGE 85, 264(1992))고 하고 있다. 나아가 「기초액의 폐지에 대신하는 조정을 행하기 위하여 정당법 18조에 의한 각 유권자마다 6.50DM씩의 일률산정총계화를 행하는 것은 입법자의 자유재량이라고 하고 있다(S. 327f.)」. von Arnim, Die Partei, der Abgeordnete und das Geld, 1996; Boyken, Die neue Parteifinanzierung, 1998; Horn, Die Rechtsprechung des Bundesverfassungsgerichts zur Parteifinanzierung, Diss. Giessen, 1999; Tsatsos(Hrsg.), Politikfinanzierung in Deutschland und in Europa, 1997 참조.

하여 정당운영자금의 국고보조를 헌법에서 규정하고 있다.[1)]

1) 보조금의 지급 정치자금법은 정당에 대하여 국고에서 보조금을 지급하도록 강제하고 있다(정치자금법 제25조). 국가는 정당에 대한 보조금으로 최근 실시한 국회의원 총선거의 선거권자 총수에 보조금계산단가를 곱한 금액을 매년 예산에 계상하여야 한다. 대통령선거, 임기만료에 의한 국회의원선거 또는 동시지방선거가 있는 연도에는 각 선거마다 보조금계산단가를 추가하여 계상하여야 한다(정치자금법 제25조 2항). 공직후보자의 여성추천보조금으로 임기만료에 의한 국회의원선거권자 총수에 100원을 곱한 금액을 선거가 있는 연도의 예산에 계상하여야 한다(정치자금법 제26조 1항).

보조금은 지급 당시 동일정당의 소속의원으로 교섭단체를 구성한 정당에 대하여 그 100분의 50을 정당별로 균등하게 분할하여 배분·지급한다. 보조금의 지급 당시 위의 배분·지급대상이 아닌(원내교섭단체를 구성할 수 없는) 정당으로서 5석 이상의 의석을 가진 정당에 대하여는 100분의 5씩을, 의석이 없거나 5석 미만을 얻은 정당 중 일정요건을 갖춘 정당에 대해서는 100분의 2씩을 배분·지급한다. 그 잔여분 중 100분의 50을 지급 당시 국회의석을 가진 정당에 그 의석수의 비율에 따라 배분·지급하며, 그 잔여분은 최근에 실시된 국회의원총선거 득표수비율에 따라 배분·지급한다(동법 제27조).[2)]

2) 보조금의 용도제한 보조금은 정당의 운영에 소요되는 경비 이외에는 사용할 수 없다(동법 제28조). 경비란 i) 인건비, ii) 사무용비품 및 소모품비, iii) 사무소 설치·운영비, iv) 공공요금, v) 정책개발비, vi) 당원교육훈련비, vii) 조직활동비, viii) 선전비, ix) 선거관계비용을 말한다(동법 제28조 1항). 경상보조금을 지급받은 정당은 그 경상보조금 총액의 100분의 30 이상은 정책연구소에, 100분의 10 이상은 시·도당에 배분·지급하여야 하며, 100분의 10 이상은 여성정치발전을 위한 용도로 사용하여야 한다(법 제28조 2항).

3) 보조금의 감액 중앙선거관리위원회는 보조금을 지급받은 정당이 용도제한규

---

1) 헌법 제 8 조 제 3 항의 규정에 의하여 정당에게 주어지는 보조금을 배분받는 권리는 보조금의 액수, 지급기준 및 대상, 용도 등에 관한 구체적 사항이 법률에 규정됨으로써 비로소 구체적인 법적 권리로 형성되므로, 입법자는 정당에 대한 보조금의 배분기준을 정함에 있어 입법정책적인 재량권을 가지나 합리적인 이유 없이 정당을 불평등하게 취급해서는 안 될 것이다(헌재 2006. 7. 27 선고, 2004 헌마 655, 헌재판례집 제18권 2집, 242면 이하).

2) 「이 사건 법률조항은 교섭단체를 구성할 정도로 다수정당에 대해서만 보조금을 배분하는 것이 아니라 그에 미치지 못하는 소수정당에게도 일정 범위의 보조금 배분을 인정하여 소수정당의 보호·육성도 도모하고 있고, 교섭단체의 구성 여부만을 보조금 배분의 유일한 기준으로 삼은 것이 아니라 정당의 의석수비율이나 득표수비율도 고려하여 정당에 대한 국민의 지지도도 반영되고 있다. 또한 아래 표에 나타난 바와 같이 이 사건 법률조항에 의한 현행의 보조금 배분비율과 의석수비율 또는 득표수비율(비례대표전국선거구 및 지역구에서 당해 정당이 득표한 득표수 비율의 평균)을 비교하면 현행의 보조금 배분비율은 의석수비율보다는 오히려 소수정당에 유리하고, 득표수비율과는 큰 차이가 나지 않아 결과적으로 교섭단체 구성 여부에 따라 차이가 크게 나타나지 않고 있다. 위와 같은 사정들을 종합해 볼 때, 교섭단체의 구성여부에 따라 보조금의 배분규모에 차이가 있더라도 그러한 차등 정도는 각 정당 간의 경쟁상태를 현저하게 변경시킬 정도로 합리성을 결여한 차별이라고 보기 어렵다」(헌재 2006. 7. 27 선고, 2004 헌마 655, 헌재판례집 제18권 2집, 242면 이하).

정에 위반하여 보조금을 사용하거나 허위보고를 한 경우에는 정당법 제29조의 규정에 따라 당해 금액을 회수하고, 회수가 어려운 경우에는 그 이후 정당에 보조할 금액에서 감액하여 지급할 수 있다(동법 제29조).

4) 보조금의 반환 보조금을 지급받은 정당이 해산되거나 그 등록이 취소된 경우에는 지체없이 보조금의 지출내역을 중앙선거관리위원회에 보고하고 그 잔액이 있을 때에는 이를 반환하여야 한다(동법 제30조).

(2) 정치자금 모집

1) 기부금 모집 정당은 정치자금법에 따라 기부금을 받을 수 있으나, 일정한 경우 수령제한의 규정이 있다(동법 제31조). 외국인, 국내·외의 법인 또는 단체는 정치자금을 기부할 수 없다. 누구든지 국·내외의 법인 또는 단체와 관련된 자금으로 정치자금을 기부할 수 없다(동법 제31조). 또 특정한 행위와 관련하여 정치자금을 기부하거나 받을 수 없다(동법 제32조).

정치자금은 정치활동을 위하여 소요되는 경비로만 지출해야 하며, 사적 경비로 지출하거나 부정한 용도로 지출하여서는 아니 된다(동법 제2조 3항). 또 재산 및 수입·지출에 관한 명세를 매년 관할선거관리위원회에 보고해야 한다(동법 제40조). 이 보고는 관할선거관리위원회에 의해 공고된다(동법 제42조). 새로운 정치자금법은 새로운 규제를 하고 있다.

2) 정당후원회의 후원금 정당이 정치자금을 조달하는 방법의 하나로 후원회에 의한 모금이 있다. 후원회는 국회의원, 정당의 대통령후보자 및 예비후보자, 대통령후보를 선출을 위한 당내 경선후보자 또는 지역선거구 국회의원선거의 후보자 및 예비후보자, 정당의 중앙당 대표의 당내 경선후보자, 특별시장·광역시장·도지사 선거의 후보자만이 후원회를 둘 수 있다. 후원회는 정치자금의 기부를 목적으로 설립·운영되는 단체로서 관할선거관리위원회에 등록된 것을 말한다(정치자금법 제6조·7조).[1] [2] [3] 후원회의 회원인 개인이 납입 또는

1) 정치자금에관한법률 제5조 제1항, 제6조 제1항·제3항은 정치자금 모집을 위한 후원회의 설립을 정당, 국회의원과는 달리 무소속 후보자(입후보예정자)는 입후보등록을 한 후에야 비로소 할 수 있도록 하고, 동법 제11조는 정당에 정치자금을 기탁하는 것을, 동법 제17조는 국가의 정당에 대한 보조금을 특히 선거가 있는 해에는 추가로 계상할 것을 규정하고 있는 것이 무소속 후보자에 대한 평등권침해의 위헌이라는 헌법소원사건에서 헌재는 운용에 있어서 공명정대하여야 하는 정치자금의 조달이 허용되는 대상자도 객관적으로 명확할 것을 요하는데 단순한 국회의원입후보예정자는 어느 시점을 기준으로 그러한 위치를 인정할 것인지가 객관적으로 불분명하고, 또 정치자금법의 기탁금제, 국고보조금제는 우리 헌법이 정당제민주주의를 채택하고 정당에 대하여 특별한 보호를 하도록 한 헌법정신에 따른 것으로 합리적 차별이라고 하면서 합헌으로 보았다(헌재 1997.5.29 선고, 96 헌마 85, 헌재판례집 제9권 1집, 558면. 후원회에 관한 同旨의 선판례들: 헌재 1995.11.30 선고, 94 헌마 97, 공직선거및선거부정방지법 제59조 등 위헌확인, 헌재판례집 제7권 2집, 677면; 헌재 1996.8.29 선고, 96 헌마 99, 공직선거및선거부정방지법 제48조 등 위헌확인, 헌재판례집 제8권 2집, 199면).

2) 개인후원회를 둘 수 있는 자의 범위를 국회의원 또는 국회의원 입후보 등록을 한 자로 한정한 정치자금에 관한 법률 제3조 제8호 및 이를 위반한 자를 처벌하는 동법 제30조 1항은 헌법에 위배되지 않는다(헌재 2001.10.25 선고, 2000 헌바 5, 헌재판례집 제13권 2집, 469면 이하). 헌재 2004.6.24 선고, 2004 헌바 16, 헌재판례집 제16권 1집, 759면 이하.

3) 구 정치자금법(2004.3.12 법률 제7191호로 개정되기 전의 것)에 의하면 국회의원 후보자등록을 하기 전인 국회의원 입후보예정자는 후원회를 둘 수 없었다. 이러한 내용의 구 정치자금법 제3조 제8호에 대

기부할 수 있는 금액은 연간 2천만원이고 법인(단체)은 기부할 수 없다. 중앙당후원회 또는 대통령경선후보자의 후원회에 각각 연간 1천만원, 기타 후원회에는 연간 500만원을 초과할 수 없다(정치자금법 제11조 2항). 국회의원, 국회의원후보자 및 당대표경선후보자의 후원회는 각각 1억 5천만원, 대통령후보자후원회, 대통령선거경선후보자후원회는 선거비용 제한액의 5%, 시·도지사후보자후원회는 선거비용 제한액의 100분의 50의 가액을 초과하는 모금을 할 수 없다(정자법 제12조). 다만 공직선거가 있는 연도에는 그 2배의 금액을 모금·기부할 수 있다.

3) 후원회의 모금방법 후원회는 우편·통신(전화·인터넷·전자결제시스템 등을 말한다)에 의한 모금, 중앙선거관리위원회가 제작한 정치자금영수증과의 교환에 의한 모금 또는 신용카드·예금계좌 등에 의한 모금, 그 밖에 정치자금법과 정당법 및 공직선거법에 위반되지 아니하는 방법으로 후원금을 모금할 수 있다. 다만 집회에 의한 방법으로는 후원금을 모금할 수 없다(정치자금법 제14조). 불법후원금은 이를 반환하여야 한다(정치자금법 제18조). 개인(당원이 될 수 없는 공무원과 사립학교교원을 포함한다)은 선거관리위원회에 기탁금을 기탁하여야 한다(동법 제22조).

4) 정당의 정치자금 공개 후원회를 둔 정당(정당의 중앙당의 정책연구소, 정당선거사무소를 포함한다)의 회계책임자는 회계장부를 비치하고 모든 수입과 지출에 관한 사항을 기재하여야 한다(동법 제37조).[1] 중앙당의

하여 우리 재판소는 다음과 같은 취지로 그것이 헌법상 평등원칙에 위배되는 것이라고 할 수 없다고 판시하였다.

정치자금은 애당초 정치활동을 위하여 소요되는 경비로만 지출되어야 하고 사적 경비로 지출하거나 부정한 용도로 지출하여서는 아니 되는 것이며(정치자금법 제 2 조 제 3 항) 또 그 운용에 있어서 국민의 의혹을 사는 일이 없도록 공명정대하여야 하고 그 회계는 공개되어야 하는 것이므로(정치자금법 제 2 조 제 2 항), 그러한 정치자금의 조달이 허용되는 대상자도 위와 같은 요구들에 합당하도록 객관적으로 명확할 것을 요한다.

그런데 정당이나 국회의원 그리고 국회의원입후보등록자는 이미 정치활동을 위한 경비의 지출이 객관적으로 예상되는 명확한 위치에 있는 자들인 반면, 단순한 국회의원입후보예정자는 어느 시점을 기준으로 그러한 위치를 인정할 것인지가 객관적으로 명확하지 아니하다.

따라서 엄격한 절차와 방법에 의한 정치자금의 조달을 통하여 정치자금의 적정한 제공을 보장하고 나아가 민주정치의 건전한 발전에 기여함(제 1 조)을 그 목적으로 하는 정치자금법으로서는 후원회를 통한 정치자금조달이 허용되는 대상자로서 입후보등록을 한 입후보자만을 그 대상으로 하고 그 특정이 객관적으로 명확하지 아니한 단순한 입후보예정자를 그 대상에서 제외하였다 하더라도, 이는 위와 같은 입법목적을 실현하기 위한 불가피한 선택인 것이며 그것이 우리 재판소가 관여하여야 할 정도로 입법재량을 현저히 불합리하게 또는 자의적으로 행사한 것이라고 단정할 수도 없다.

그렇다면 정치자금법 제 5 조 제 1 항과 제 6 조 제 1 항·제 3 항으로 인하여 무소속 입후보예정자인 청구인이 사실상 차별적인 불이익을 입었다 하더라도 이는 합리적 이유가 있는 차별로서 그것이 헌법상 평등원칙에 위배되는 것이라 할 수 없다(헌재 2005. 2. 3 선고, 2004 헌마 216, 헌재판례집 제17권 1집, 184면).

1) 헌재 2005. 12. 22 선고, 2004 헌바 25, 헌재판례집 제17권 2집, 695면 이하.

위 조항들을 통하여 달성하고자 하는 정치자금의 투명한 공개라는 공익은 불법 정치자금을 수수한 사실을 회계장부에 기재하고 신고해야 할 의무를 지키지 않은 채 진술거부권을 주장하는 사익보다 우월하다. 그렇다면 정당의 회계책임자가 불법 정치자금이라도 그 수수 내역을 회계장부에 기재하고 이를 신고할 의무가 있다고 규정하고 있는 위 조항들은 우리 헌법이 보장하는 진술거부권을 침해한다고 할 수 없다.

정치자금법 제31조 제 6 호에 의하면, 정당의 회계책임자는 정치자금의 수입·지출에 관한 명세서 및 영수증을 정치자금법이 정하는 회계보고를 마친 후 3년간 보존하여야 하는데, 이 조항이 규정하고 있는 회계장부·명세서·영수증을 보존하는 행위는 진술거부권의 보호대상이 되는 "진술" 즉 언어적 표출의 등가물로 볼 수 없다고 할 것이므로, 더 나아가 살필 필요 없이 이 조항은 헌법 제12조 제 2 항의 진술거부권을 침해하지 않는다고 할 것이다.

회계책임자는 정치자금의 수입·지출에 관한 회계보고를 매년 12월 31일 현재로 다음 해 2월 15일까지 관할선거관리위원회에 이를 보고하여야 한다(동법 제40조). 이 서류와 증빙서류는 관할선거관리위원회가 3개월간 공개해야 하며, 누구든지 이를 열람할 수 있다(동법 제42조). 이러한 정당의 정치자금의 공개에 대하여 헌법재판소는「유권자는 정당의 정책을 결정하는 세력에 관하여 알아야 하고, 정치자금의 제공을 통하여 정당에 영향력을 행사하려는 사회적 세력의 실체가 정당의 방향이나 정책과 일치하는가를 스스로 판단할 수 있는 기회를 가져야 하기 때문」이라고 하였다.[1] 정치자금고액기부자의 인적 사항을 공개해야 한다. 대상은 국회의원 후원회의 경우는 연간 300만원, 대통령후보자·대통령경선예비후보자 후원회의 경우는 연간 500만원을 초과한 기부자이다(제42조 4항).

5) 정치자금의 한계 정치자금 등의 명목으로 금품을 수수하는 것은 제한되고 있다.[2] 정치자금이라고 하더라도 대가성이 있는 경우 뇌물로서의 성격을 띤다고 하겠다.[3] 외국인, 국내외의 법인 또는 단체는 정치자금을 기부할 수 없다. 누구든지 국내외의 법인 또는 단체와 관련된 자금으로 정치자금을 기부할 수 없다(법 제31조). 정치자금법에 규정되지 아니한 방법으로 정치자금을 수수하는 행위는 처벌된다.[4] 정치자금을 부정수수하여 100만원 이상의 벌금형이 확정된 경우 국회의원의 직이 상실된다.[5] 불법정치자금 등은 몰수한

1) 헌재 1999.11.25 선고, 95 헌마 154, 헌재판례집 제11권 2집, 555면 이하.

2)「정치자금의 조달을 정당 또는 정치인에게 맡겨 두고 아무런 규제를 하지 않는다면 정치권력과 금력의 결탁이 만연해지고, 필연적으로 기부자의 정치적 영향력이 증대될 것이다. 금력을 가진 소수 기득권자에게 유리한 정치적 결정이 이루어진다면 민주주의의 기초라 할 수 있는 1인 1표의 기회균등 원리가 심각하게 훼손할 수 있다. 그러므로 정치자금에 대한 규제는 대의적 민주주의의 필연적 귀결이다」(헌재 2004.6.24 선고, 2004 헌바 16, 헌재판례집 제16권 1집, 759면 이하).

3) 대법원은 정치자금과 뇌물의 관계에 대하여 다음과 같이 판시하고 있다.
「정치자금, 선거자금, 성금 등의 명목으로 이루어진 금품의 수수라 하더라도, 그것이 정치인인 공무원의 직무행위에 대한 대가로서의 실체를 가지는 한 뇌물로서의 성격을 잃지 않는다」(대판 전원합의체 1997.4.17, 96 도 3377, 공보 1997 상, 1354).

4)「이 법에 정하지 아니한 방법이 정치자금법에서 구체적으로 정하고 있는 방법 이외의 모든 방법이라는 의미로 충분히 이해될 수 있으므로, 거기에는 불확정 개념의 사용으로부터 오는 문언적 불명확성의 문제는 없다. 또, 정치자금을 수수하고자 한다면 정치자금법에 정해진 방법대로 하지 아니하면 처벌된다는 점은 이 사건 법률조항에 의해 명백하다 … 따라서 "이 법이 정하지 아니한 방법" 부분이 불명확하다고 할 수 없다」(헌재 2004.6.24 선고, 2004 헌바 16, 헌재판례집 제16권 1집, 759면 이하).

5) 이 규정은 합헌선언되었다(헌재 2008.1.17 선고, 2006 헌마 1075, 정치자금법 제57조 등 위헌확인, 헌재판례집 제20권 1집(상), 124면 이하(138면)).
「심판대상조항은 불법적인 정치자금 수수를 예방하고, 금권·타락선거를 방지하고 선거의 공정성과 공직의 청렴성을 확보하기 위한 것이며, 정치자금을 부정수수한 범죄는 공직선거의 공정성을 침해하는 행위로서 공직의 계속수행에 대한 국민적 신임이 유지되기 어려울 정도로 비난가능성이 크고, 법관이 100만원 이상의 벌금형을 양정함에 있어서는 형사처벌뿐만 아니라 공직의 계속수행 여부에 대한 합리적 평가를 하게 되며, 기본적으로 선거법이나 정치자금법 위반에 대하여 어떤 신분상 제재를 할 것인지에 대해서는 입법자의 정책적 재량이 존중되는 것이다. 따라서 심판대상조항은 청구인의 공무담임권이나 평등권을 침해하는 것이라 볼 수 없다.
[재판관 김희옥, 재판관 김종대의 반대의견(위헌의견)]
심판대상조항은 국회의원직의 상실 여부를 법률 스스로 정하지 아니하고 단지 100만원 벌금형이라는 객관적이거나 합리적 근거가 없는 기준만으로 법관의 과도한 재량에 위임하고 있는데, 이는 국회의원직의

다(불법정치자금 등의 몰수에 관한 특례법).

7. 政黨의 解散과 登錄取消

(1) 정당해산의 종류　　정당의 소멸에는 ① 등록취소, ② 자진해산, ③ 강제해산이 있다. 정당이 일정요건에 해당하는 경우 당해 선거관리위원회는 정당의 등록을 취소할 수 있다(정당법 제44조). 정당의 해산에는 자진해산과 강제해산이 있다. 정당은 그 대의기관의 의결로써 자진해산할 수 있다(동법 제45조 1항). 자진해산을 결의한 경우 그 대표자는 지체없이 그 뜻을 당해 선거관리위원회에 신고하여야 한다(동법 제45조 2항). 또한 정당은 그 목적이나 활동이 민주적 기본질서에 위배된 경우, 정부의 제소와 헌법재판소의 심판결정에 의하여 강제해산된다(제8조 4항).

(2) 정당의 강제해산

1) 정당강제해산의 의의　　헌법은 제8조 4항에서 「정당의 목적이나 활동이 민주적 기본질서에 위배될 때에는 정부는 헌법재판소에 그 해산을 제소할 수 있고, 정당은 헌법재판소의 심판에 의하여 해산된다」라고 규정하고 있다.[1)][2)] 이는 민주적 기본질서와 국가의 긍정과 같은 정당의 의무에 관한 규정인 동시에 또한 정당의 특권에 관한 규정이라고 할 수 있다.[3)]

정당의 설립은 자유이다. 그러나 정당의 설립이 자유라고 해도 정당의 무한정한 행동의 자유를 인정하는 것은 아니다. 민주주의 자체를 부인하는 정당은 이미 민주주의적 정당으로서 존재할 수 없으며, 따라서 정당이 그 국가를 긍정하고 민주적 기본질서를 존중하지 않으면 안 된다. 즉 정당은 민주적 기본질서의 근거 위에 서 있을 때에만 정치적으로 의의가 있는 것이다.

(a) 학　설　　정당은 기본권에 대한 일반적 유보조항인 국가안전보장·질서유지 또는 공공복리 중에서도 민주적 기본질서에 위배될 때에 한하여 헌법재판소의 심판으로써만 해산된다. 헌법 제21조의 적용을 받는 일반결사는 그 해산에 있어서 행정처분의 대상이 됨에 반하여, 정당은 국민의 정치적 의사형성에 참여하는 특수한 성격으로 보아 이를 특히 보호하

상실이라는 중차대한 기본권 제한 및 국민주권과 민주주의의 중요한 제약을 위한 적정한 방법이라고 볼 수 없어, 청구인의 공무담임권(참정권)을 침해한다」.

1) 정당해산판결제도를 도입한 헌법은 독일기본법 제21조와 Costa Rica 헌법 제98조, Turkey 헌법 제57조, 한국헌법 제8조 등이 있다. Costa Rica 헌법은 국회의원 3분의 2 이상의 다수로 위헌정당을 해산하게 하고 있으며, 다른 나라에서는 헌법재판소에서 해산판결을 하게 하고 있다.

Kersten, Parteiverbote in der Weimarer, der Bonner und in der Berliner Republik, NJ 2000, 1; Kunig, Vereinsverbot, Parteienverbot, Jura 1995, 384; Meier, Parteiverbot und demokratische Republik, 1993; Sattler, Die rechtliche Bedeutung der Entscheidung für die streitbare Demokratie, untersucht unter besonderer Berücksichtigung der Rechtsprechung des Bundesverfassungsgerichts, 1982 참조.

2) 정당해산조항이 직접적 효력규정인가에 관하여 이를 긍정하는 것이 다수설이다(구병삭, 증보 헌법학 I, 261면; 권영성, 1994년판, 224면).

3) 관권의 개입에 의한 정당의 해산의 경우에 있어서는 일반결사와는 달리 헌법이 정당에 특별한 특권을 인정하고 있는 것이 보통인데, 이를 정당특권(Parteiprivileg)이라고 한다.

고자 하는 이른바 정당의 특권을 인정하는 것이다.[1] 그리고 정당이 「국가의 보호를 받는다」는 것은 정당이 재정적 원조·면세 등의 특혜조치를 받는 것 등을 말하지만, 특히 집권당의 탄압으로부터 야당의 존립을 보호하자는 데 그 의의가 있다.

(b) 판 례 「헌법 제 8 조 제 4 항은 "정당의 목적이나 활동이 민주적 기본질서에 위배될 때에는 정부는 헌법재판소에 그 해산을 제소할 수 있고, 정당은 헌법재판소의 심판에 의하여 해산된다"고 규정하고 있는바, 이는 '방어적 민주주의'의 한 요소를 규정함과 아울러 헌법 스스로가 되도록 정당의 금지를 민주적 정치과정의 개방성에 대한 중대한 침해로 이해하여 오로지 제 8 조 제 4 항의 엄격한 요건 하에서만 정당설립의 자유에 대한 예외를 허용하여 민주적 정치과정의 개방성을 최대한으로 보장하려는 것으로 정당의 정치적 내용 및 활동에 관하여는 헌법재판소가 위헌성을 확인한 경우에만 정치생활의 영역에서 축출될 수 있게 하려는 것이다(헌재 1999. 12. 23 선고, 99 헌마 135, 헌재판례집 11-2, 800, 814~815면)」.[2]

2) 정당강제해산의 요건

(a) 실질적 요건 정당의 목적이나 활동이 민주적 기본질서에 위배될 것이 필요하다.

① 여기에 불확정개념으로서의 「민주적 기본질서」에의 위배라 함은 자유민주적 기본질서와 사회민주적 기본질서의 총합개념으로서의 민주주의적 기본원리에의 위배를 의미한다.[3] 이는 독재주의 정당에 의한 민주주의적 정치질서의 파괴를 방지하기 위하여 반국가적·반민주주의적 정당의 결성과 활동을 막으려는 것이다. 물론 반국가적·반민주주의적 정당은 형법 또는 국가보안법에 의하여 처벌할 수 있다. 그러나 이것은 어디까지나 그 구성원인 자연인에 대한 처벌이며, 또한 그것은 이미 행한 행위에 대한 사후의 처벌을 의미한다. 그러나 본조에 의한 정당의 해산은 정당 그 자체에 대한 처벌이라 할 것이며, 또한 반민주주의적 정당의 활동을 사전에 방지하고자 하는 이른바 헌법의 예방적 수호(vorbeugender oder präventiver Schutz der Verfassung)를 의미함에 그 의의가 있다.

② 민주적 기본질서에의 「위배」는 「정당의 목적이나 활동」에 의한 것이어야 한다. 정당의 목적에 의한 위배란 그 강령과 당헌의 내용이 민주적 기본질서에 위배되는 경우는 물론 그 내용이 직접적으로 민주적 기본질서에 위배되지 않을지라도 연설·출판물·선전자료 기타 하부기관과 당원의 행동이나 구성 등으로 보아 그 정당의 정치적 성격이 민주적

1) 과거에 진보당의 위헌성이 논란되었는바, 진보당의 강령 자체는 합헌이라고 대법원은 판시하였지만, 정당해산에 대한 특권이 없었기 때문에 행정적으로 해산되었다.

2) 헌재 2006. 4. 27 선고, 2004 헌마 562, 헌재판례집 제18권 1집(상), 574면 이하(584면).

3) 권영성 교수는 민주적 기본질서를 자유민주적 기본질서라고 재차 강조하면서 정당해산의 구실을 극소화하기 위하여 민주적 기본질서를 제한적으로 해석하여야 한다고 하고 있다(전게서, 191~192면). 그렇다고 하여 헌법의 가장 중요한 이념인 사회정의·사회적 복지국가의 원리에 어긋나는 극단적인 정당(예컨대 빈익빈·부익부정책을 추구하거나 경제적 평등실현을 위한 경제조정까지를 반대하는 정당)의 존립까지도 보장해야 하는 것은 아니다. 우리 헌법은 경제적 자유 못지 않게 경제의 민주화, 복지사회실현의 이념을 규정하고 있는 것이다. 근자에는 현대의 자유민주적 기본질서에는 사회국가원리의 내용이 포함되어 있으므로 민주적 기본질서와 자유민주적 기본질서를 같은 의미로 보아야 한다는 주장이 있다(홍성방, 헌법 Ⅰ, 82면; 성낙인, 전게서, 163면). 자유주의와 사회복지주의가 대립하고 있는데 이를 동일시할 수 있는지 의문이다.

기본질서에 위배되는 경우를 말한다. 민주적 기본질서에 「위배」된다고 하는 것은 민주적 기본질서를 침해 또는 파괴하는 경우를 말하며 그러한 위험성이 있어야 한다.

③ 해산의 대상이 되는 「정당」은 원칙적으로 정당으로서의 등록을 마친 기성정당에 한한다. 정당의 방계조직·위장조직 등은 여기서의 정당의 범위에서 제외된다. 이들은 일반결사에 불과하므로 행정처분에 의하여도 해산될 수 있기 때문이다.

한편 결성단계에 있는 정당에 관하여는 문제가 있다. 즉 창당준비위원회가 결성되고 중앙선거관리위원회에 창당준비신고를 마친 결성단계에 있는 정당에 관하여는 헌법재판소의 심판에 의하여 해산시켜야 할 것인가, 아니면 행정처분에 의하여서도 해산시킬 수 있을 것인가 하는 문제이다. 실질적으로는 정당에 준하는 것이므로 기성정당과 동일하게 취급되는 것이 타당하다는 견해가 있다.[1] 그러나 실제로는 행정적으로 중앙당결성이 저지될 것으로 보인다.

(b) 절차적 요건　민주적 기본질서에 위배되는 정당은 헌법재판소의 심판에 의해서만 해산된다. 이는 정당의 특권을 의미하며, 집권당의 자의적인 행정적 해산으로부터 야당을 보호하기 위한 것이다.

① 정당강제해산의 제소　정당해산의 실질적 요건이 구비되면 정부는 국무회의의 심의를 거쳐(제89조 14호) 헌법재판소에 그 해산을 제소할 수 있다. 정부는 국가의 존립이나 헌법질서유지의 의무를 지므로 특정정당의 위헌성이 인정되면 그 해산을 반드시 제소하여야 한다는 이론이 있으나, 해산제소 여부는 정부의 자유재량사항이라고 보아야 한다.[2]

② 헌법재판소의 심판　정당해산의 결정은 헌법재판소의 권한이며, 정당해산의 결정에는 9인의 재판관 중 6인 이상의 찬성이 있어야 한다(제113조 1항). 위헌정당이 아니라는 결정이 내려진 경우에는 다시 제소할 수 없다(헌법재판소법 제39조).

③ 해산결정의 집행　헌법재판소의 해산결정이 있으면 그 결정서는 피청구인 외에도 국회·정부 및 중앙선거관리위원회에도 이를 송달하여야 한다(헌법재판소법 제58조). 통지를 받은 당해 선거관리위원회는 해산결정을 받은 정당의 등록을 말소하고 그 뜻을 지체없이 공고하여야 한다(정당법 제47조).

3) 정당강제해산의 효과

(a) 정당의 해산결정이 선고되면 그 때부터 정당은 모든 특권을 상실한다.[3] 헌법재판소의 심판은 정당의 위헌성을 인정하는 창설적 효력을 갖는 것이므로, 이 결정에 의하

---

1) 권영성, 전게서, 190면의 주 3) 참조.

2) 同旨: 허영, 전게서, 815면; 강경근, 전게서, 163면. 반대: 권영성, 전게서, 197면.

3) 자유민주적 기본질서를 부정하고 이를 적극적으로 제거하려는 조직도, 국민의 정치적 의사형성에 참여하는 한, '정당의 자유'의 보호를 받는 정당에 해당하며, 오로지 헌법재판소가 그의 위헌성을 확인한 경우에만 정당은 정치생활의 영역으로부터 축출될 수 있다(헌재 1999.12.23 선고, 99 헌마 135, 헌재판례집 제11권 2집, 800면 이하).

여 정당은 비로소 위헌정당으로 확정되고 정당은 해산결정에 의해 자동적으로 해산되며(헌법재판소법 제59조 참조), 당해 선거관리위원회의 해산 공고는 단지 선언적·확인적 효력밖에 없다(정당법 제47조).

(b) 해산된 정당의 강령 또는 기본정책과 동일하거나 유사한 대체정당의 설립도 금지된다(정당법 제40조). 대체정당이 설립된 경우 더 이상 정당의 특권을 인정받을 수 없고 행정처분에 의한 해산의 대상이 된다.

헌법재판소의 해산결정에 의하여 해산된 정당의 명칭과 같은 명칭은 정당의 명칭으로 다시 사용하지 못한다(동법 제41조 2항).

(c) 헌법재판소의 결정에 의하여 해산된 정당의 잔여재산은 국고에 귀속한다(동법 제48조 2항).

(d) 소속의원의 자격이 상실되는가에 관하여는 문제가 있으나, 우리 헌법상 무소속입후보금지규정이 없고 현행 공직선거법도 무소속입후보를 허용하고 있으므로 국회의원의 자격은 그대로 유지되며 무소속의원으로 남는다고 하겠다.[1] 전국구비례대표제국회의원의 경우 공직선거법 제192조 4항이 「소속정당의 합당, 해산 또는 제명 외의 사유로 당적을 이탈·변경하거나 2 이상의 당적을 가지고 있는 때에는」 퇴직하도록 규정하여 해산에 있어서도 의원직을 유지하게 하고 있다.[2] 다만 국회에서의 징계나 자격심사에 의하여 그 직을 상실하게 할 수는 있다. 또 입법에 의하여(정당법, 공직선거법, 국회법, 헌법재판소법) 국회의원직을 상실하게 할 수 있다.

(3) 정당의 등록취소

1) 조직기준에 미달한 등록취소 정당은 5개 이상의 시·도당을 가져야 한다. 시·도당은 1,000인 이상의 당원을 가져야 정당으로서 등록할 수 있는데, 일단 유효하게 등록된 정당은 사후에 위의 조직기준에 흠결이 생겼을 때에는 당해 선거관리위원회가 직권으로써 그 등록을 취소하며, 이에 따라 정당자격이 상실된다. 다만, 요건의 흠결이 공직선거의 선거일 전 3월 이내에 생긴 때에는 선거일 후 3월까지, 그 외의 경우에는 요건흠결시부터 3월까지 최소를 유예한다(정당법 제44조 1항 1호 단서). 당해 선거관리위원회가 조직기준 미달인 정당의 등록을 취소하게 한 것은 문제가 있다는 견해가 있으나, 헌법 제 8 조 2항의 「일정한 조직을 가져야 한다」는 규정에 비추어 합헌이라고 볼 것이다.[3]

2) 선거불참여로 인한 등록취소 최근 4년간 임기만료 국회의원총선거 또는 임기만료에 의한 지방자치단체의 장의 선거나 시·도의회 의원의 선거에 참여하지 아니한 때에는 등록이 취소된다.[4]

---

1) 同旨: 구병삭, 신헌법원론, 1989, 205면. 반대: 문홍주, 전게서, 175면; 권영성, 전게서, 193면; 허영, 전게서, 816면; 홍성방, 전게서, 83면. 상세한 것은 김철수, 국회의원의 헌법상 지위, 고시계 1979.3 참조.

2) 독일의 경우에는 연방선거법 제46조 1항 5호와 유럽선거법 제22조 2항 5호에서 정당이 위헌으로 선언된 경우에는 소속의원은 의원직을 상실한다고 규정하고 있다. 우리도 선거법에서 위헌으로 선언된 정당의 의원직을 상실하게 규정할 수 있을 것이며 헌법재판소법에서도 규정 가능하다고 하겠다.

3) 同旨: 문홍주, 전게서, 171면.

4) 「우리 헌법 제 8 조 소정의 '정당의 특권과 자유'의 주체가 될 수 있는 정당은 정당법 소정의 요건을 구

3) 군소정당의 등록취소 임기만료에 의한 국회의원총선거에 참여하여 의석을 얻지 못하고 유효투표 총수의 1백분의 2 이상을 득표하지 못한 때에는 중앙선거관리위원회는 정당의 등록을 취소한다.[1)]

4) 등록취소의 효과 등록을 취소한 때에는 당해 선거관리위원회는 지체없이 그 뜻을 공고하여야 한다(동법 제44조 2항). 정당등록이 취소되면 잔여재산은 당헌이 정하는 바에 따라 처분한다(동법 제48조 1항). 처분되지 아니한 정당의 잔여재산은 국고에 귀속된다(동법 제48조 2항). 정당의 등록이 취소되면 권리능력 없는 사단으로 존재하게 된다.[2)] 등록이 취소된 정당은 정당의 권리를 상실한다.[3)]

[判] 政黨에 관한 重要 判例

1. 初·中等教員의 政黨加入禁止는 合憲이다[4)]

헌법재판소는 재판관 전원의 일치된 의견으로 이 사건 법률조항들은 헌법에 위반되지 아니하므로 청구를 기각한다는 결정을 선고하였는바, 그 이유의 요지는 다음과 같다.

첫째, 헌법 제7조 제1항은 "공무원은 국민전체에 대한 봉사자이며, 국민에 대하여 책임을 진다"고 규정하여 공무원은 국민전체의 이익을 위해 봉사해야 하는 입장에 있으며 일부의

비하여 중앙선거관리위원회에 등록함으로써 성립되고 정당법 소정의 등록취소사유에 해당하는 경우 중앙선거관리위원회의 등록취소에 의하여 비로소 소멸하게 된다.

그렇다면 이 사건 등록취소규정에 의하여 곧바로 청구 외 사회당이 소멸하여 그 결과 청구인 주장의 기본권이 침해되는 것이 아니라 위 규정 소정의 등록취소사유에 해당하는지 여부에 대한 중앙선거관리위원회의 심사 및 그에 이은 등록취소라는 집행행위에 의하여 비로소 정당이 소멸하게 된다고 할 것이다」(헌재 2006.4.27 선고, 2004 헌마 562, 헌재판례집 제18권 1집(상), 574면 이하(580면)).

1) 「중앙선거관리위원회의 이 사건 사회당에 대한 등록취소처분이 행정소송의 대상이 됨은 명백하다고 할 것이고, 그 정당 등록취소처분의 취소소송절차에서 위 규정에 의한 등록취소사유(예컨대 소정의 득표율에 미달되었는지 여부)에 대한 사실관계 확정과 더불어 얼마든지 위 규정에 대한 위헌 여부에 제청을 구할 수 있는 것이며 그 외 달리 그러한 절차경유가 곤란하거나 부당하다고 볼 사정 또는 그러한 절차의 경유가 실효성이 없다고 볼 사정은 찾아보기 어렵다.

따라서 이 사건 등록취소 규정은 기본권 침해의 직접성을 결하고 있으므로 그에 대한 위헌확인 청구는 부적법하다」(헌재 2006.4.27 선고, 2004 헌마 562, 헌재판례집 제18권 1집(상), 574면 이하(580면)).

2) 「청구인은 2004.4.20.자로 등록이 취소된 이후에도, 취소 전 사회당의 명칭을 사용하면서 대외적인 정치활동을 계속하고 있고, 대내외 조직 구성과 선거에 참여할 것을 전제로 하는 당헌과 대내적 최고의사결정기구로서 당대회와, 대표단 및 중앙위원회, 지역조직으로 시·도위원회를 두는 등 계속적인 조직을 구비하고 있고, 사회당의 대표인 신석준(2005년 4월 7차 당대회에서 다시 선출됨)은 '사회당 2004,' '사회당 2005'라는 명칭으로 창당준비위원회 결성신고를 하였으나 각 그 활동기간 만료일까지 정당등록을 못하여 정당등록이 좌절된 사실 등에 비추어 보면, 사회당은 등록이 취소된 이후에도 '등록정당'에 준하는 '권리능력 없는 사단'으로서의 실질을 유지하고 있다고 볼 수 있으므로 이 사건 헌법소원의 청구인능력을 인정할 수 있다고 할 것이다. 정당의 청구인능력은 정당법상의 등록요건을 구비함으로써 생기는 것이 아니고, 그 법적 성격이 권리능력 없는 사단이라는 점에서 인정되는 것이기 때문이다」(헌재 2006.3.30 선고, 2004 헌마 246, 헌재판례집 제18권 1집(상), 402면 이하(410면)).

3) 「청구인 녹색사민당은 2004.4.20. 정당법 제44조 제1항 제3호에 의하여 정당등록이 취소되어 더 이상 등록된 정당이 아니어서 청구인 주장의 기본권을 향유할 수 있는 주체가 될 수 없으므로 청구인의 심판청구는 부적법하다」(헌재 2006.2.23 선고, 2004 헌마 208, 헌재공보 제113호, 108면 이하).

4) 헌재 2004.3.25 선고, 2001 헌마 710, 헌재판례집 제16권 1집, 422면 이하.

국민이나 특정 정파 혹은 정당의 이익을 위해 봉사하는 입장이 아님을 분명히 밝히고 있다. 헌법 제 7 조 제 2 항은 "공무원의 정치적 중립성은 법률이 정하는 바에 의하여 보장된다"고 명시함으로써 정권교체로 행정의 일관성과 계속성이 상실되지 않도록 하고 공무원의 정치적 신조에 따라서 행정이 좌우되지 않도록 "공무원의 정치적 중립성"을 규정하고 있다.

둘째, 헌법 제31조 제 4 항은 "교육의 … 정치적 중립성 … 은 법률이 정하는 바에 의하여 보장된다"고 선언함으로써 공무원에 대한 정치적 중립성의 요청을 교육분야에서 종사하는 교육공무원에게까지 제도적으로 보장하고 있다. 교육의 정치적 중립성은 교육이 국가권력이나 정치적 세력으로부터 부당한 간섭을 받지 아니할 뿐만 아니라, 교육이 본연의 기능을 벗어나 정치영역에 개입하지 않아야 한다는 것을 말한다. 헌법이 "교육의 정치적 중립성"을 요구하는 이유는, 교육은 본질상 이상적이고 비권력적인 것인 반면 정치는 현실적이고 권력적인 것이기 때문에, 교육과 정치가 일정한 거리를 유지하는 것이 바람직하기 때문이다.

셋째, 초·중등학교 교사의 정당가입 및 선거운동의 자유를 근무시간 외 등에도 전면적으로 금지함으로써 청구인들의 정치적 기본권을 제한하고 있음은 사실이다. 그러나 감수성과 모방성·수용성이 왕성한 초·중등학교 학생들에게 교사의 정치활동이 미치는 영향은 매우 크고, 교사의 활동은 근무시간 내외를 불문하고 학생들의 인격 및 기본생활습관 형성 등에 중요한 영향을 끼치는 잠재적 교육과정의 일부분이며, 교사의 정치활동은 교육수혜자인 학생의 입장에서 수업권의 침해가 될 수 있다. 현 시점에서는 국민의 교육기본권을 더욱 보장함으로써 얻을 수 있는 공익을 우선해야 할 것이라는 점 등을 종합적으로 감안할 때, 초·중등학교 교육공무원의 정당가입 및 선거운동의 자유를 제한하는 것은 헌법적으로 정당화될 수 있다.

2. 陰性的 政治資金 收受의 禁止는 合憲이다[1)]

헌법재판소는 재판관 전원의 일치된 의견으로 이 사건 법률조항은 헌법에 위반되지 아니한다는 결정을 선고하였는바, 그 이유의 요지는 다음과 같다.

헌법 제 8 조 제 3 항에서 국가는 법률이 정하는 바에 의하여 정당운영에 필요한 자금을 보조할 수 있다고 규정하고 있으나, 재정적 제약 아래에서 충분한 자금을 보조하기는 어렵다. 또한 헌법 제116조 제 1 항에서 선거운동 법정주의와 기회균등원칙을 천명하고, 같은 조 제 2 항에서 법률이 정하는 경우를 제외하고는 선거에 관한 경비는 정당 또는 후보자에게 부담시킬 수 없다고 규정하고 있기는 하나, 그 밖에 정치인 개인의 정치활동에 필요한 비용을 보조하는 규정은 없다. 반면에 근대국가를 거쳐서 현대국가에 이르러 정치활동이 고도로 조직화되어감에 따라 불가피하게 정치활동에 필요한 비용도 크게 증가하였다. 이에 따라 정당 또는 정치인에게 정치자금 조달은 중요한 정치활동의 하나가 될 수밖에 없다. 그런데, 정치자금의 조달을 정당 또는 정치인에게 맡겨 두고 아무런 규제를 하지 않는다면 정치권력과 금력의 결탁이 만연해지고, 필연적으로 기부자의 정치적 영향력이 증대될 것이다. 그러나 금력을 가진 소수 기득권자에게 유리한 정치적 결정이 이루어진다면 민주주의의 기초라 할 수 있는 1인 1표의 기회균등원리가 심각하게 훼손될 수 있으므로, 정치자금에 대한 규제는 대의제 민주주의의 필연적 귀결이다.

---

1) 헌재 2004. 6. 24 선고, 2004 헌바 16, 헌재판례집 제16권 1집, 759면 이하.

3. 基礎議會議員選擧候補者의 政黨標榜禁止는 違憲이다[1)]

헌법재판소는 6:3의 의견으로 정당표방금지조항을 위헌으로 선언하였다. 선거에 당하여 정당이냐 아니면 인물이냐에 대한 선택은 궁극적으로 주권자인 국민의 몫이고, 입법자가 후견인적 시각에서 입법을 통하여 그러한 국민의 선택을 대신하거나 간섭하는 것은 민주주의 이념에 비추어 바람직하지 않기 때문에, 기초의회의원선거에서 정당의 영향을 배제하고 인물본위의 투표가 이루어지도록 하겠다는 구체적 입법의도는 그 정당성이 의심스럽다.

그리고, 후보자가 정당의 지지·추천을 받았는지 여부를 유권자들이 알았다고 하여 이것이 곧 지방분권 및 지방의 자율성 저해를 가져올 것이라고 보기에는 그 인과관계가 지나치게 막연하므로, 법 제84조의 규율내용이 과연 지방분권 및 지방의 자율성 확보라는 목적의 달성에 실효성이 있는지도 매우 의심스럽다.

나아가, 법 제84조가 지방자치 본래의 취지 구현이라는 입법목적의 달성에 기여하는 효과가 매우 불확실하거나 미미한 반면에, 이 조항으로 인해 기본권이 제한되는 정도는 현저하다. 즉, 후보자로서는 심지어 정당의 지지·추천 여부를 물어오는 유권자들에 대해서도 침묵하지 않으면 안 되는바, 이는 정당을 통해 정계에 입문하려는 기초의회의원 후보자에게 지나치게 가혹하다. 또한, 지방의회의원 선거의 선거기간이 14일로 규정되어 있고 사전선거운동이 금지되는 등 선거의 공정성을 담보하는 각종의 규제들이 마련되어 있어서 실제로 유권자들이 기초의회의원 후보자와 접촉할 수 있는 기회는 그리 많지 않은 데다가 이른바 4대 지방선거가 동시에 실시되고 있는 탓으로 유권자들이 후보자들 개개인의 자질과 능력을 일일이 분석·평가하기란 매우 힘든 실정이므로 현실적으로 후보자에 대한 정당의 지지·추천 여부는 유권자들이 선거권을 행사함에 있어서 중요한 참고사항이 될 수밖에 없는데도 불구하고, 무리하게 후보자의 정당표방을 금지하는 경우에는 유권자들은 누가 누구이고 어느 후보가 어떠한 정치적 성향을 가졌는지도 모르는 상태에서 투표를 하거나 아니면 선거에 무관심하게 되어 아예 투표 자체를 포기할 수도 있다. 이러한 점들을 종합할 때, 정당표방을 금지함으로써 얻는 공익적 성과와 그로부터 초래되는 부정적인 효과 사이에 합리적인 비례관계를 인정하기 어려워, 법익의 균형성을 현저히 잃고 있다고 판단된다.

이에 덧붙여, 법 제84조 단서에서는 후보자의 당원경력의 표시를 허용하고 있는데, 이러한 당원경력의 표시는 사실상 정당표방의 일환으로 행해지는 것이 통상적이어서 법 제84조는 본문과 단서는 서로 중첩되는 규율영역을 가지게 되는바, 이로 말미암아 법 제84조는 기초의회의원 후보자로 하여금 선거운동 과정에서 소속정당에 관한 정보를 어느 만큼 표방해도 좋은지 예측하기 힘들게 하고 국가형벌권의 자의적 행사의 빌미마저 제공하고 있으므로 명확성원칙에 위배되는 측면이 있다.

그렇다면, 법 제84조는 불확실한 입법목적을 실현하기 위하여 그다지 실효성도 없고 불분명한 방법으로 과잉금지원칙에 위배하여 후보자의 정치적 표현의 자유를 과도하게 침해하고 있다고 할 것이다.

4. 政黨設立의 要件으로 일정한 組織基準을 정하는 것은 合憲이다[2)]

1) 이 사건 법률조항 중 구 정당법 제25조의 규정은 이른바 "지역정당"을 배제하려는 취

1) 헌재 2003. 1. 30 선고, 2001 헌가 4, 헌재판례집 제15권 1집, 7면 이하.
2) 헌재 2006. 3. 30 선고, 2004 헌마 246, 헌재판례집 제18권 1집(상), 402면 이하.

지로 볼 수 있고, 제27조의 규정은 이른바 "군소정당"을 배제하려는 취지로 볼 수 있다. 우선 우리 헌법의 대의민주적 기본질서가 제기능을 수행하기 위해서는 의회 내의 안정된 다수세력의 확보를 필요로 한다는 점에서, 군소정당의 배제는 그 목적의 정당성이 인정될 수 있다. 또한 지역적 연고에 지나치게 의존하는 정당정치풍토가 우리의 정치현실에서 자주 문제시되고 있다는 점에서 볼 때, 단지 특정지역의 정치적 의사만을 반영하려는 지역정당을 배제하려는 취지가 헌법에 어긋난 입법목적이라고 단정하기는 어렵다. 따라서 이 사건 법률조항의 입법목적은 정당한 것이라고 할 것이다.

2) 이 사건 법률조항은 "5 이상의 시·도당"과 "각 시·도당 1,000명 이상의 당원"이라는 두 가지 상수(常數)를 정당등록의 기준으로 하고 있는바, 이는 앞에서 본 바와 같이 지역정당 및 군소정당을 배제하려는 취지이며, 이와 같은 규정내용은 특정 지역에만 조직이 형성되는 것을 막고, 5개 이상의 시·도에 각 조직이 구성되고 그 조직 내에 일정 수 이상의 당원이 활동할 것을 요구함으로써 선거단체 및 소규모 지역정치단체들이 무분별하게 정당에 편입되는 것을 억제하기에 적합한 수단이라고 할 것이다. 또한, 이 사건 법률조항은 헌법 제8조 제2항이 규정하고 있는 "국민의 정치적 의사형성에 참여하는 데 필요한 조직" 요건을 구체화함에 있어서 5개 이상의 시·도당 및 각 시·도당마다 1,000명 이상의 당원을 갖추도록 규정하고 있는바, 이와 같이 전국 정당으로서의 기능 및 위상을 충실히 하기 위해서 5개의 시·도당을 구성하는 것이 필요하다고 본 입법자의 판단이 자의적이라고 볼 수 없고, 각 시·도당 내에 1,000명 이상의 당원을 요구하는 것도 우리 나라 전체 및 각 시·도의 인구를 고려해 볼 때, 청구인과 같은 군소정당 또는 신생정당이라 하더라도 과도한 부담이라고 할 수 없다.

3) 따라서 이 사건 법률조항이 비록 정당으로 등록되기에 필요한 요건으로서 5개 이상의 시·도당 및 각 시·도당마다 1,000명 이상의 당원을 갖출 것을 요구하고 있기 때문에 국민의 정당설립의 자유에 어느 정도 제한을 가하는 점이 있는 것은 사실이나, 이러한 제한은 "상당한 기간 또는 계속해서," "상당한 지역에서" 국민의 정치적 의사형성 과정에 참여해야 한다는 헌법상 정당의 개념표지를 구현하기 위한 합리적인 제한이라고 할 것이므로, 그러한 제한은 헌법적으로 정당화된다고 할 것이다.

5. 政黨設立의 自由[1)]

[적법요건에 대한 판단]

청구인은 2004. 4. 20.자로 등록이 취소된 이후에도, 취소 전 사회당의 명칭을 사용하면서 대외적인 정치활동을 계속하고 있고, 대내외 조직 구성과 선거에 참여할 것을 전제로 하는 당헌과 대내적 최고의사결정기구로서 당대회와, 대표단 및 중앙위원회, 지역조직으로 시·도위원회를 두는 등 계속적인 조직을 구비하고 있고,[2)] 사회당의 대표인 신석준(2005년 4월 7차 당대회에서 다시 선출됨)은 '사회당 2004,' '사회당 2005'라는 명칭으로 창당준비위원회 결성신고를 하였으나 각 그 활동기간 만료일까지 정당등록을 못하여 정당등록이 좌절된 사실 등에 비추어 보면, 사회당은 등록이 취소된 이후에도 '등록정당'에 준하는 '권리능력 없는 사단'으로서의 실질을 유지하고 있다고 볼 수 있으므로 이 사건 헌법소원의 청구인능력을 인정할 수 있다고 할 것이다. 정당의 청구인능력은 정당법상의 등록요건을 구비함으로써 생기는 것이 아니고, 그 법적 성격이 권리능력 없는 사단이라는 점에서 인정되는 것이기 때문이다.

1) 헌재 2006. 3. 30 선고, 2004 헌마 246, 헌재판례집 제18권 1집(상), 402면 이하.
2) 사회당 홈페이지(www.sp.or.kr) 참조.

또한, 정당설립의 자유는 그 성질상 등록된 정당에게만 인정되는 기본권이 아니라 청구인과 같이 등록정당은 아니지만 권리능력 없는 사단의 실체를 가지고 있는 정당에게도 인정되는 기본권이라고 할 수 있고, 비록 이 사건 법률조항이 위헌으로 결정되더라도 청구인이 종래의 등록정당으로서의 지위를 회복하지 못한다고 하더라도, 위 신석준의 반복적인 시도에도 불구하고 청구인이 등록정당으로서의 지위를 갖추지 못한 것은 결국 이 사건 법률조항 및 같은 내용의 현행 정당법(제17조, 제18조)의 정당등록요건규정 때문이고, 장래에도 이 사건 법률조항과 같은 내용의 현행 정당법 규정에 따라 같은 내용의 기본권제한이 반복될 위험이 있다고 할 것이므로, 심판청구의 이익을 인정할 수 있다고 할 것이다.

[본안에 대한 판단]

가. 침해 여부가 문제되는 기본권

(1) 정당설립의 자유와 결사의 자유와의 관계

정당설립의 자유는 비록 헌법 제 8 조 제 1 항 전단에 규정되어 있지만 국민 개인과 정당의 '기본권'이라 할 수 있고, 당연히 이를 근거로 하여 헌법소원심판을 청구할 수 있다고 보아야 할 것이다. 이 사건에서도 헌법 제21조 제 1 항 결사의 자유의 특별규정으로서(헌재 1999. 12. 23. 99 헌마 135, 헌재판례집 11-2, 800, 810 참조), 헌법 제 8 조 제 1 항 전단의 정당설립의 자유의 침해 여부가 문제된다고 할 것이다.

(2) 평등권침해의 문제

이 사건 법률조항은 정당의 등록요건을 설정해 놓은 것이고 이 규정은 모든 국민이나 정당에게 차별 없이 적용되는 것이다. 그러므로 그 요건을 충족하기 어려운 개인이나 정당의 입장에서 이 규정으로 말미암아 정당으로 등록하지 못하거나 또는 정당의 지위를 유지하지 못하게 되는 것은 이 규정이 적용된 결과일 뿐이고, 이로 말미암아 정당설립의 자유가 침해되는가는 별론으로 하고 평등권침해 문제가 따로 제기되는 것은 아니라고 할 것이다.

(3) 소 결

이상 살펴 본 바와 같이 이 사건 법률조항으로 말미암아 침해가 문제되는 기본권은 헌법 제 8 조 제 1 항 전단의 "정당설립의 자유"라고 보아야 할 것이다.

나. 정당설립의 자유의 의의와 내용

(1) 정당은 국민과 국가의 중개자로서 정치적 도관(導管)의 기능을 수행하여 주체적·능동적으로 국민의 다원적 정치의사를 유도·통합함으로써 국가정책의 결정에 직접 영향을 미칠 수 있는 규모의 정치적 의사를 형성하고 있다. 이와 같이, 정당은 오늘날 대중민주주의에 있어서 국민의 정치의사형성의 담당자이며 매개자이자 민주주의에 있어서 필수불가결한 요소이기 때문에, 정당의 자유로운 설립과 활동은 민주주의 실현의 전제조건이라고 할 수 있다(헌재 2004. 3. 25. 2001 헌마 710, 헌재판례집 16-1, 422, 434).

오늘날 민주주의에서 차지하는 정당의 이러한 의의와 기능을 고려하여 우리 헌법은 정당을 일반적인 결사의 자유로부터 분리하여 제 8 조에 독자적으로 규율함으로써, 정당의 특별한 지위를 강조하고 있다. 헌법 제 8 조는 제 1 항에서 "정당의 설립은 자유이며, 복수정당제는 보장된다"고 규정하여 국민 누구나가 원칙적으로 국가의 간섭을 받지 아니하고 정당을 설립할 권리를 국민의 기본권으로 보장하면서, 아울러 정당설립의 자유를 보장한 것의 당연한 법적 산물인 복수정당제를 제도적으로 보장하고 있다(헌재 1999. 12. 23. 99 헌마 135, 헌재판례집 11-2, 800, 813 참조).

(2) 헌법 제 8 조 제 1 항 전단의 정당설립의 자유는 정당설립의 자유만이 아니라 정당활동의 자유를 포함한다. 즉, 헌법 제 8 조 제 1 항은 정당설립의 자유만을 명시적으로 규정하고 있지만, 정당설립의 자유만이 아니라 누구나 국가의 간섭을 받지 아니하고 자유롭게 정당에 가입하고 정당으로부터 탈퇴할 수 있는 자유를 함께 보장한다. 정당의 설립만이 보장될 뿐

설립된 정당이 언제든지 다시 금지될 수 있거나 정당의 활동이 임의로 제한될 수 있다면, 정당설립의 자유는 사실상 아무런 의미가 없기 때문이다. 따라서 정당설립의 자유는 당연히 정당의 존속과 정당활동의 자유도 보장하는 것이다.

따라서 정당의 자유의 주체는 정당을 설립하려는 개개인과 이를 통해 조직된 정당 모두에게 인정되는 것이다. 구체적으로 정당의 자유는 개개인의 자유로운 정당설립 및 정당가입의 자유, 조직형식 내지 법형식 선택의 자유를 포함한다. 또한 정당설립의 자유는 설립에 대응하는 정당해산의 자유, 합당의 자유, 분당의 자유도 포함한다. 뿐만 아니라 정당설립의 자유는 개인이 정당 일반 또는 특정 정당에 가입하지 아니할 자유, 가입했던 정당으로부터 탈퇴할 자유 등 소극적 자유도 포함한다.

다. 이 사건 법률조항의 위헌 여부

(1) 정당의 개념표지 및 정당등록제도의 의의

(가) 헌법은 제 8 조 제 2 항에서 "정당은 … 국민의 정치적 의사형성에 참여하는 데 필요한 조직을 가져야 한다"고 규정하고 있고, 정당법 제 2 조는 "이 법에서 정당이라 함은 국민의 이익을 위하여 책임 있는 정치적 주장이나 정책을 추진하고 공직선거의 후보자를 추천 또는 지지함으로써 국민의 정치적 의사형성에 참여함을 목적으로 하는 국민의 자발적 조직을 말한다"고 규정하고 있다.

이와 같은 우리 헌법 및 정당법상 정당의 개념적 징표로서는 ① 국가와 자유민주주의 또는 헌법질서를 긍정할 것, ② 공익의 실현에 노력할 것, ③ 선거에 참여할 것, ④ 정강이나 정책을 가질 것, ⑤ 국민의 정치적 의사형성에 참여할 것, ⑥ 계속적이고 공고한 조직을 구비할 것, ⑦ 구성원들이 당원이 될 수 있는 자격을 구비할 것 등을 들 수 있다. 즉, 정당은 정당법 제 2 조에 의한 정당의 개념표지 외에 예컨대 독일의 정당법(제2조)이 규정하고 있는 바와 같이 "상당한 기간 또는 계속해서" "상당한 지역에서" 국민의 정치적 의사형성에 참여해야 한다는 개념표지가 요청된다고 할 것이다.

(나) 정당법은 제 4 조 제 1 항에서 "정당은 중앙당이 중앙선거관리위원회에 등록함으로써 성립한다"고 하여 정당등록을 정당설립의 요건으로 규정하고 있다. 따라서 어떤 정치적 결사가 비록 국민의 정치적 의사형성에 참여하려는 의도를 가지고 정당으로 활동하고자 하더라도, 중앙선거관리위원회에 정당으로 등록되지 않는 한 정당법상의 정당으로 인정받지 못하게 된다.

정당등록제도는 정당임을 자처하는 정치적 결사가 일정한 법률상의 요건을 갖추어 관할 행정기관에 등록을 신청하고, 이 요건이 충족된 경우 정당등록부에 등록하여 비로소 그 결사가 정당임을 법적으로 확인시켜 주는 제도이다. 이러한 정당의 등록제도는 어떤 정치적 결사가 정당에 해당되는지의 여부를 쉽게 확인할 수 있게 해 주며, 이에 따라 정당에게 부여되는 법률상의 권리·의무관계도 비교적 명확하게 판단할 수 있게 해 준다. 이러한 점에서 정당등록제는 법적 안정성과 확실성에 기여한다고 평가할 수 있다.

(2) 정당설립의 자유의 침해 여부

(가) 심사기준

이와 같이 "상당한 기간 또는 계속해서" "상당한 지역"에서 국민의 정치적 의사형성에 참여해야 한다는 개념표지를 법률규정을 통해 구체화하는 것은 원칙적으로 입법자의 재량영역에 속한 것이라고 할 수 있다. 즉, 입법자는 우리 나라 정당정치의 역사, 현재 정당정치의 시대적 상황 및 지역적 특성, 국민 일반의 가치관 내지 법감정, 그리고 그 규율로 인한 파급효과 등을 종합적으로 고려하여 정당의 시간적 계속성, 조직성 및 지역적 광범위성의 표지를 구체화할 수 있다고 보아야 할 것이다.

그러므로 이 사건 법률조항으로 말미암아 청구인의 정당설립의 자유가 침해되는지 여부를 판담함에 있어 심사기준은 우선 그 입법목적이 헌법상 입법자가 추구할 수 있는 정당한 목적인지 여부에 대한 판단과, 그러한 입법목적의 달성을 위하여 이 사건 법률조항이 취하고 있는 수단이 합리적인 비례관계를 유지하고 있는지 여부라고 할 것이다.

(나) 입법목적의 정당성

이 사건 법률조항의 입법목적은 이른바 지역정당과 군소정당을 배제하려는 것으로 판단된다. 즉, 정당에게 5 이상의 시·도당을 요구한 제25조의 규정은 특정 지역에 지역적 연고를 두고 설립·활동하려는 이른바 "지역정당"을 배제하려는 취지로 볼 수 있고, 각 시·도당에게 1천인 이상의 당원을 요구한 제27조의 규정은 아직 당원을 충분히 확보하지 못하여 일정규모 이상 국민의 지지를 받지 못하거나 이익을 대변하지 못한다고 판단되는 이른바 "군소정당"을 배제하려는 취지로 볼 수 있다.

우선 우리 헌법의 대의민주적 기본질서가 제기능을 수행하기 위해서는 의회 내의 안정된 다수세력의 확보를 필요로 한다는 점에서, 군소정당의 배제는 그 목적의 정당성이 인정될 수 있다. 다만 지역정당의 배제가 정당한 목적으로 인정될 수 있는가에 대해서는 이론이 제기될 수 있다. 그러나, 지역적 연고에 지나치게 의존하는 정당정치풍토가 우리의 정치현실에서 자주 문제시되고 있다는 점에서 볼 때, 단지 특정지역의 정치적 의사만을 반영하려는 지역정당을 배제하려는 취지가 헌법적 정당성에 어긋난 입법목적이라고 단정하기는 어렵다. 따라서 이 사건 법률조항의 입법목적은 정당한 것이라고 할 것이다.

(다) 목적과 수단 간의 비례성

이 사건 법률조항은 위와 같은 정당법규정의 연혁에서 보는 바와 같이 "지역선거구 총수의 일정 비율"이라는 변수(變數)와 "각 지구당 최소 당원수 이상"이라는 상수(常數)를 매개로 하여 법정당원 수가 결정되었던 종전의 규정과 달리, 국회의원선거의 지역선거구가 아닌 "5 이상의 시·도당"과 "각 시·도당 1,000명 이상의 당원"이라는 두 가지 상수를 기준으로 하고 있기 때문에, 공직선거법의 개정 여부에 관계없이 법정당원수 5,000명 이상을 확보해야만 정당으로서 등록할 수 있다는 점에서 그 규정형식을 달리한다.

그러나 이는 앞에서 본 바와 같이 "지역정당" 및 "군소정당"을 배제하려는 취지이며, 이와 같은 규정내용은 특정 지역에만 조직이 형성되는 것을 막고, 5개 이상의 시·도에 각 조직이 구성되고 그 조직 내에 일정 수 이상의 당원이 활동할 것을 요구함으로써 선거단체 및 소규모 지역정치단체들이 무분별하게 정당에 편입되는 것을 억제하기에 적합한 수단이라고 할 것이다.

한편 이 사건 법률조항은 헌법 제 8 조 제 2 항이 규정하고 있는바 "국민의 정치적 의사형성에 참여하는데 필요한 조직" 요건을 구체화함에 있어서 5개 이상의 시·도당 및 각 시·도당마다 1,000명 이상의 당원을 갖추도록 규정하고 있는바, 이와 같이 전국 정당으로서의 기능 및 위상을 충실히 하기 위해서 5개의 시·도당을 구성하는 것이 필요하다고 본 입법자의 판단이 자의적이라고 볼 수 없고, 각 시·도당 내에 1,000명 이상의 당원을 요구하는 것도 우리나라 전체 및 각 시·도의 인구를 고려해 볼 때, 청구인과 같은 군소정당 또는 신생정당이라 하더라도 과도한 부담이라고 할 수 없다.

따라서 이 사건 법률조항이 비록 정당으로 등록되기에 필요한 요건으로서 5개 이상의 시·도당 및 각 시·도당마다 1,000명 이상의 당원을 갖출 것을 요구하고 있기 때문에 국민의 정당설립의 자유에 어느 정도 제한을 가하는 점이 있는 것은 사실이나, 이러한 제한은 "상당한 기간 또는 계속해서," "상당한 지역에서" 국민의 정치적 의사형성 과정에 참여해야 한다는 정당의 개념표지를 구현하기 위한 합리적인 제한이라고 할 것이므로, 그러한 제한은 헌법적으로 정당화된다고 할 것이다.

[결　론]

이상 살펴본 바와 같이 이 사건 심판청구는 그 이유 없으므로 이를 기각하기로 하여 재판관 전원의 의견일치에 따라 주문과 같이 결정한다.

6. 群少政黨의 登錄取消規定은 合憲이다[1)]

헌법재판소는 6:3의 의견으로 군소정당의 등록취소 규정에 대한 헌법소원은 부적법이라고 선언하였다(침해의 직접성 결여).

그런데 우리 헌법 제 8 조 소정의 '정당의 특권과 자유'의 주체가 될 수 있는 정당은 정당법 소정의 요건을 구비하여 중앙선거관리위원회에 등록함으로써 성립되고 정당법 소정의 등록취소사유에 해당되는 경우 중앙선거관리위원회의 등록취소에 의하여 비로소 소멸하게 된다.

그렇다면 이 사건 등록취소규정에 의하여 곧바로 청구외 사회당이 소멸하여 그 결과 청구인 주장의 기본권이 침해되는 것이 아니라 위 규정 소정의 등록취소사유에 해당되는지 여부에 대한 중앙선거관리위원회의 심사 및 그에 이은 등록취소라는 집행행위에 의하여 비로소 정당이 소멸하게 된다고 할 것이다.

그리고 중앙선거관리위원회의 이 사건 사회당에 대한 등록취소처분이 행정소송의 대상이 됨은 명백하다고 할 것이고 그 정당 등록취소처분의 취소소송절차에서 위 규정에 의한 등록취소사유(예컨대 소정의 득표율에 미달되었는지 여부)에 대한 사실관계 확정과 더불어 얼마든지 위 규정에 대한 위헌 여부의 제청을 구할 수 있는 것이며, 그 외 달리 그러한 절차경유가 곤란하거나 부당하다고 볼 사정 또는 그러한 절차의 경유가 실효성이 없다고 볼 사정은 찾아보기 어렵다.

따라서 이 사건 등록취소 규정은 기본권 침해의 직접성을 결하고 있으므로 그에 대한 위헌확인 청구는 부적법하다.

1) 정당명칭사용금지규정에 대한 청구 부분　　이 사건 명칭사용금지규정 자체에 의하여 바로 청구 외 사회당이 그 정당명칭을 사용하지 못하게 되는 것이 아니라 중앙선거관리위원회의 등록취소규정에 의한 정당등록취소라는 집행행위가 있을 때 비로소 그 금지효과가 발생한다.

그렇다면 이 명칭사용금지규정은 기본권 침해의 직접성을 결하는 것이고 따라서 그 위헌확인을 구하는 청구 역시 부적법하다.

[반대의견](송인준, 주선회, 조대현)　헌법은 제 8 조 제 2 항에서 "정당은 그 목적·조직과 활동이 민주적이어야 하며, 국민의 정치적 의사형성에 참여하는 데 필요한 조직을 가져야 한다"고 규정하고 있는바, 이러한 헌법규정 및 해석으로부터 파악될 수 있는 헌법상 정당의 개념을 확정해 보면, 헌법적 의미의 정당이란 선거가 선출된 대표자에게 민주적 정당성을 매개해 줄 수 있도록 유권자가 자유롭고 공개적인 의사형성의 과정에서 판단을 내릴 수 있고 새로운 정치적 표상이 국민의 정치의사 형성과정에서 실현될 수 있도록 언제든지 새로운 정당을 결성할 수 있는 가능성을 전제로 국민의 정치적 의사형성에 영향을 미치고 정권을 획득하는 것을 목적으로 선거에 참여하는 것을 비롯하여 "상당한 기간," "상당한 지역에서" 국민의 정치의사형성에 참여하는 결사를 말한다(헌재 2006. 3. 30 선고, 2004 헌마 246, 헌재공보 114, 553, 557 참조).

헌법재판소는 이와 같은 헌법상 정당개념을 법률로 구체화하여 1천 인 이상의 당원을 가진 5 이상의 시·도당을 가져야 한다고 정한 정당법상의 등록요건규정에 대하여 "상당한 기

1) 헌재 2006. 4. 27 선고, 2004 헌마 562, 헌재판례집 제18권 1집(상), 574면 이하.

간 또는 계속해서," "상당한 지역에서" 국민의 정치적 의사형성 과정에 참여해야 한다는 헌법상 정당의 개념표지를 구현하기 위한 합리적인 제한으로서 헌법상 정당화된다고 판시한 바 있다(헌재 2006. 3. 30 선고, 2004 헌마 246, 헌재공보 114, 553, 557).

헌법 제 8 조 제 4 항은 "정당의 목적이나 활동이 민주적 기본질서에 위배될 때에는 정부는 헌법재판소에 그 해산을 제소할 수 있고, 정당은 헌법재판소의 심판에 의하여 해산된다"고 규정하고 있는바, 이는 '방어적 민주주의'의 한 요소를 규정함과 아울러 헌법 스스로가 되도록 정당의 금지를 민주적 정치과정의 개방성에 대한 중대한 침해로 이해하여 오로지 제 8 조 제 4 항의 엄격한 요건 하에서만 정당설립의 자유에 대한 예외를 허용하여 민주적 정치과정의 개방성을 최대한으로 보장하려는 것으로 정당의 정치적 내용 및 활동에 관하여는 헌법재판소가 위헌성을 확인한 경우에만 정치생활의 영역에서 축출될 수 있게 하려는 것이다(헌재 1999. 12. 23 선고, 99 헌마 135, 헌재판례집 11-2, 800, 814~815).

그런데 이 사건 등록취소규정은 아직 원내에 진출하지 못하고 득표율이 저조하다는 이유로 헌법상 정당의 개념 표지를 갖추고 적법하게 그 요건을 충족하여 등록된 정당을 사후적인 등록취소를 통해 그 존립을 불가능하게 하는 것으로 정당의 개념표지와는 무관한 국회의원총선거에서의 결과적 성공이라는 우연한 사정에 기초하여 정당을 소멸시킴으로써 정당의 존속을 불가능하게 하고, 계속적으로 진지하게 정당활동을 수행하는 과정에서 국민대중의 지지를 획득하여 보다 굳건한 정당으로 성장할 수 있는 신생정당들을 정치생활의 영역으로부터 축출하여 신생정당의 진입을 가로막으며 소수의견의 정치적 결집을 봉쇄하고 기성의 정당체제를 고착화시키는 데 기여하므로 정당설립의 자유를 제한함에 있어 헌법상 준수하여야 할 비례성을 지키지 못하고 있다.

예컨대 이 사건 등록취소 규정에 의하여 제16대 총선거 직후 등록이 취소되었던 민주노동당은 재등록 후 바로 다음 17대 총선거에 참여하여 원내 제3당의 지위를 차지하였는바, 이는 이 사건 등록취소규정이 정당설립의 자유 제한에 있어서 적정한 비례성을 지키고 있지 못하다는 점을 현실적으로 입증하는 분명한 사례라 할 것이다. 따라서 이 사건 등록취소규정이 적법하게 등록요건을 갖추어 등록한 정당을 국회의원총선거에서 지지가 미미하다는 우연한 결과에 근거하여 등록을 취소함으로써 정당을 소멸시키는 것은 헌법상 보장된 정당설립의 자유를 침해하여 헌법에 위반된다 할 것이다.

2) 이 사건 명칭사용금지규정의 정당설립의 자유 침해 여부 　이 사건 명칭사용금지규정은 정당법상의 등록취소규정에 의하여 등록이 취소된 정당의 명칭을 차기 국회의원총선거까지 사용할 수 없게 하는 조항인바, 이 사건 명칭사용금지규정 중 이 사건 등록취소규정의 해당 부분은 위에서 본 바와 같이 정당설립의 자유를 침해하는 규정을 전제로 하고 있으므로 같은 이유에서 헌법에 위반된다 할 것이다.

7. 政治資金의 差等支給을 規定한 政治資金에 관한 法律 第18條는 憲法에 違反되지 않는다[1)]

1) 정당의 기능과 보조금제도 　① 정당은 정치적 결사로서 국민의 정치적 의사를 적극적으로 형성하고 각계각층의 이익을 대변하며, 정부를 비판하고 정책적 대안을 제시할 뿐만 아니라, 국민 일반이 정치나 국가작용에 영향력을 행사하는 매개체의 역할을 수행하는 등 현대의 대의제민주주의에 없어서는 안 될 중요한 공적 기능을 수행하고 있다(헌재 1996. 8. 29 선고, 96 헌마 99, 판례집 8-2, 207 참조).

1) 헌재 2006. 7. 27 선고, 2004 헌마 655, 헌재판례집 제18권 2집, 242면 이하.

때문에 헌법도 정당의 기능에 상응하는 지위와 권한을 보장하고 있는데, 우리 헌법상 정당설립의 자유와 복수정당제는 보장되고(제 8 조 제 1 항), 정당의 목적·조직·활동이 민주적인 한, 정당은 국가의 보호를 받으며 정당운영에 필요한 자금을 보조받을 수 있다(같은 조 제 2 항 내지 제 4 항).

② 헌법(1980. 10. 27. 헌법 제 9 호로 전문 개정된 것) 제 7 조 제 3 항(정당은 법률이 정하는 바에 의하여 국가의 보호를 받으며, 국가는 법률이 정하는 바에 의하여 정당의 운영에 필요한 자금을 보조할 수 있다)의 규정에 근거하여 1980. 12. 31. 제 3 차 정치자금법 개정 시 처음 신설된 보조금제도는 정당이 위와 같은 역할을 수행하는 데 소요되는 정치자금을 마련함에 있어 정치자금의 기부자인 각종 이익집단으로부터의 부당한 영향력을 배제함으로써 정치부패를 방지하고, 정당 간의 자금조달의 격차를 줄여 공평한 경쟁을 유도하며, 선거비용과 정당의 경비지출의 증가추세에 따른 재정압박을 완화하여 정당의 원만한 기능을 보장하고 유능한 후보자의 당선가능성을 높이는 데에 그 입법목적이 있다.

③ 보조금제도에 관한 각국의 입법례를 보면, 우리 나라와 일본, 독일 등은 정당활동을 위한 보조금을 지급하고 있는 데 반해 미국이나 영국 등은 정당활동에 대한 직접적인 국고보조는 없고 다만 선거비용에 대한 보조나 야당에 대한 보조 등을 하여 줄 뿐이다. 또한 보조금을 배분하는 기준도 의석수나 총득표수, 정당득표율(또는 대정당후보자의 평균 득표수에 대한 소정당 및 신정당후보자의 득표율) 등으로 각 나라마다의 역사 및 정치풍토 내지 정치환경에 따라 다양한 모습을 보이고 있다.

2) 이 사건 법률조항의 위헌 여부 　① 헌법 제 8 조 제 3 항의 규정에 의하여 정당에게 주어지는 보조금을 배분받을 권리는 보조금의 액수, 지급기준 및 대상, 용도 등에 관한 구체적 사항이 법률에 규정됨으로써 비로소 구체적인 법적 권리로 형성되므로, 입법자는 정당에 대한 보조금의 배분기준을 정함에 있어 입법정책적인 재량권을 가지나 합리적인 이유 없이 정당을 불평등하게 취급해서는 안 될 것이다.

다만, 정당의 기회균등원칙은 각 정당에 보조금을 균등하게 배분할 것을 요구하는 것이 아니라 보조금제도의 취지에 비추어 각 정당의 규모나 정치적 영향력, 정당이 선거에서 거둔 실적 등에 따라 어느 정도 차별을 할 수 있고, 그 내용이 현재의 각 정당들 사이의 경쟁상태를 현저하게 변경시킬 정도가 아니면 합리성을 인정할 수 있을 것이다.

② 이 사건 법률조항은 교섭단체를 구성할 정도로 다수 의석을 가진 정당들에 보조금의 50/100을 우선 배분하여 줌으로써 '다수 의석을 가진 원내정당 중심주의'를 채택하고 있다. 그 입법목적에 대하여는 '4 대 정당 체제'를 예상하고 만들어진 보조금 배분비율을 현 정치상황의 정당구조에 맞게 고치기 위하여 이 사건 법률조항과 같이 보조금 배분비율을 개정하였다는 개정이유만 있을 뿐 교섭단체를 구성할 정도로 다수 의석을 가진 정당을 더 우대하려는 취지를 알 수 있는 자료는 없다.

그런데 우리 나라와 같이 정당제가 불안정하고 정당과 국민 간의 동일성이 희박한 정당정치풍토에서 대의민주적 기본질서가 제기능을 수행하기 위해서는 의회 내에 안정된 다수세력을 확보할 필요가 있으므로, 다수 의석을 가지고 있는 원내정당을 우대하고자 하는 이 사건 법률조항이 부당하다고 하기는 어렵다.

③ 다만 이 사건 법률조항은 교섭단체를 구성한 정당과 이를 구성하지 못하는 정당 사이에 보조금의 배분규모에 있어 상당한 차이(50/100과 5/100 또는 2/100)를 두고 있으므로, 그러한 차등지급의 정도가 합리성이 있는가가 문제된다.

오늘날 대의제민주주의는 국민의 정치적 의사형성을 위한 매개체로서의 정당의 역할이 증대됨에 따라 정당국가적 민주주의로 변화하여, 국회는 국민의 대표인 의원들의 의사에 따라 운영되는 것이 아니라 정당의 구성원인 의원들이 정당을 통하여 그리고 정당 속에서 결합하여 운영되고 있고, 정당의 국회 내에서의 활동도 교섭단체를 중심으로 이루어짐에 따라 국민의 정치적 의사를 형성하여 국가기관의 의사결정에 영향을 미치는 정당의 공적 기능을 수행하는 데 국회에 진출한 정당과 진출하지 못한 정당 사이, 그리고 국회에 진출하여 교섭단체를 구성한 정당과 이를 구성하지 못한 정당 사이에 상당한 차이가 나타날 수밖에 없다. 그리고 이 사건 법률조항은 교섭단체를 구성할 정도의 다수 정당에 대해서만 보조금을 배분하는 것이 아니라 그에 미치지 못하는 소수정당에게도 일정 범위의 보조금 배분을 인정하여 소수정당의 보호·육성도 도모하고 있고, 교섭단체의 구성 여부만을 보조금 배분의 유일한 기준으로 삼은 것이 아니라 정당의 의석수비율이나 득표수비율도 고려하여 정당에 대한 국민의 지지도도 반영하고 있다. 또한 아래 표에 나타난 바와 같이 이 사건 법률조항에 의한 현행의 보조금 배분비율과 의석수비율 또는 득표수비율(비례대표전국선거구 및 지역구에서 당해 정당이 득표한 득표수 비율의 평균)을 비교하면 현행의 보조금 배분비율은 의석수비율보다는 오히려 소수 정당에 유리하고, 득표수비율과는 큰 차이가 나지 않아 결과적으로 교섭단체 구성 여부에 따른 차이가 크게 나타나지 않고 있다. 위와 같은 사정들을 종합해 볼 때, 교섭단체의 구성 여부에 따라 보조금의 배분규모에 차이가 있더라도 그러한 차등정도는 각 정당 간의 경쟁상태를 현저하게 변경시킬 정도로 합리성을 결여한 차별이라고 보기 어렵다.

따라서 이 사건 법률조항에 의한 보조금 배분으로 인하여 청구인 민주당의 보조금을 평등하게 배분받을 권리가 침해되었다고 볼 수 없으므로, 위 조항은 헌법에 위반되지 아니한다.

8. 政治資金法 違反으로 100만원 이상의 罰金刑을 받는 경우 國會議員職을 喪失하게 한 規定은 合憲이다[1)]

가. 공무담임권의 침해 여부

(1) 제한되는 기본권 및 심사기준

이 사건 조항은 정치자금법 제45조(구 '정치자금에 관한 법률' 제30조)를 위반하여 100만 원 이상의 벌금형을 선고받아 확정되었을 때에는 국회의원직(공직)에서 자동적으로 퇴직되도록 규정한다.

공무담임권은 기본적으로 공무담임에 관하여 자의적이지 않고 평등한 기회를 보장받음을 의미하지만, 그 보호영역에는 공직취임 기회의 자의적인 배제뿐 아니라 공무원 신분의 부당한 박탈까지 포함된다(헌재 1997. 3. 27. 96 헌바 86, 헌재판례집 9-1, 325, 332; 헌재 2000. 12. 14. 99 헌마 112 등, 헌재판례집 12-2, 399, 407 참조). 이 사건 조항에 의하여 이미 선출된 국회의원직이 박탈되게 되므로 이는 공무담임권의 제한에 속한다.

공무담임권의 제한에 관하여는 공직에 내포된 공익추구적 특수성을 감안하여 공직의 본질에 반하지 아니하고 결과적으로 다른 기본권의 침해를 야기하지 아니하는 한 상대적으로 강한 합헌성이 추정된다 할 것이므로 주로 평등의 원칙이나 목적과 수단의 합리적인 연관성 여부가 심사대상이 될 것이고, 법익형량의 판단에 있어서도 상대적으로 완화된 심사를 하게 된다(헌재 2005. 10. 27. 2004 헌바 41, 헌재판례집 17-2, 292, 303). 그러나 이 사건의 경우 국민들이 직접 선출한 국회의원의 신분을 법원이 100만 원 이상의 벌금형의 선고에 의하여 박탈할 수 있도록 한 것이고, 이는 국민이 선출한 국회의원의 신분 상실이라는 중대한 법익의 침해에 관련되는 것이므로, 이 사건 조항에 의한 공무담임권의 제한에 대하여는 그에 상응하는 비례의 원칙 심사가 엄격하게 이루어져야 한다.

(2) 입법목적의 정당성 및 수단의 적정성

이 사건 조항은 정치자금을 부정수수한 죄로 100만 원 이상의 벌금형이 확정될 경우 국회

1) 헌재 2008. 1. 17 선고, 2006 헌마 1075, 헌재판례집 제20권 1집(상), 124면 이하.

의원 당선자의 지위를 박탈함으로써 불법적인 정치자금 수수를 예방하고, 금권·타락선거를 방지하며, 선거의 공정성과 공직의 청렴성을 확보하기 위한 것이다. 이러한 입법목적은 헌법 제37조 제 2 항의 공공복리를 위한 것으로서 그 정당성이 인정된다.

한편, 이 사건 조항에 따라 100만 원 이상의 벌금형을 받은 경우 공직에서 퇴직하도록 하는 것은 정치자금의 부정수수에 대한 효과적인 제재수단이며, 불법적인 정치자금을 받은 공직자에 의한 부적절한 공직수행을 차단하기 위한 것이므로 입법목적을 달성하기 위한 수단의 적정성을 갖추고 있다.

(3) 피해의 최소성

(가) 일반적으로 100만 원의 벌금형은 형벌체제상 중한 형이 아니고 그 대상이 되는 범죄행위도 중대한 것이 아니라고 볼 수 있다. 그런 점에서 100만 원 이상의 벌금형이 확정될 경우 의원직을 박탈하는 것은 해당 범죄행위에 대하여 과도한 제재를 가하는 것이 아닌지 의심이 있을 수 있다.

일반 범죄에서 법관이 100만 원의 벌금형을 결정할 때는 공소사실이 지닌 위법성과 비난가능성만을 고려하면 되지만, 이 사건 조항의 경우 100만 원 이상의 벌금형을 선고하는 것은 형사적인 제재를 가하는 동시에 국회의원직의 박탈이라는 정치적 혹은 행정적 제재를 가하는 것이 된다.

그런데, 이 사건 조항에 의한 공직퇴임의 대상이 되는 범죄는 정치자금법 제45조 위반과 선거법 위반 및 뇌물죄에 한정되고 있으며, 이 범죄들은 공직 후보자가 선거의 공정성을 해하면서 공직에 당선되거나 불법적인 정치자금을 받아 공직을 훼손하는 것에 직접 관련되는 것들이다. 따라서 그러한 행위는 100만 원 이상의 벌금형에 처해질 다른 일반의 범죄행위와는 성격상 차이가 있다.

법관은 이러한 범죄에 있어서 공직의 당연퇴직을 고려하여 양형판단을 하게 될 것인바, 법관에게 100만 원의 벌금형을 기준으로 삼아 공직의 당연퇴직 여부까지 고려, 판단하도록 재량을 부여한 것은 입법자가 이 문제에 대하여 합리적인 사법적 판단이 가능하다고 전제하였기 때문이다(헌재 1993.7.29. 93 헌마 23, 헌재판례집 5-2, 221; 헌재 2005.10.27. 2004 헌바 41, 헌재판례집 17-2, 292 참조).

그 경우에 법관이 범죄의 태양과 죄질에 따른 양형판단을 하는 외에 공직의 당연퇴직 여부를 위주로 한 양형판단을 병행하게 되는 것이 형사사법에 있어서 범죄와 형벌 간의 비례성에 기반한 양형체계를 왜곡시킬 개연성이 있다는 비판이 있을 수 있으나, 이 사건 조항이 입법형성권의 재량범위 내에 있다고 보는 이상, 설사 다소간의 양형체계상 왜곡 가능성이 있다고 하더라도 이는 용인되어야 할 범위 내에 있다고 볼 것이다.

(나) 이 사건 조항은 선거법이나 정치자금법을 위반한 당선자에게 강력한 제재수단이 필요하다고 본 입법자의 선택의 결과인바, 일반적으로 선거법이나 정치자금법을 위반한 공직자가 있을 경우 어떤 처벌을 받았을 때 어떤 신분상의 불이익을 가할 것인지에 관하여는 입법자가 정치문화와 선거풍토 등을 고려하여 정책적으로 정할 수 있다고 볼 것이다(헌재 2005.10.27. 2004 헌바 41, 헌재판례집 17-2, 292, 303).

정치자금법 제45조 위반으로 유죄가 인정되었다면 그 후에 어떤 정도의 형사처벌 수준을 의원직 박탈 여부의 기준으로 삼을 것인지에 대하여는 기본적으로 입법자의 정책적 재량이 존중되어야 한다.

(다) ……

(라) 이러한 제도는 주권자인 국민의 직접 선거에 의하여 당선된 당선자의 민주적 정당성에 반하는 결과가 될 것이라는 비판이 있을 수 있으나, 당선자는 선거법이나 정치자금법을

위반한 불공정한 절차를 통하여 당선된 것이므로 비난가능성이 클 뿐만 아니라, 선거 당시에는 그러한 범법사실을 알 수 없었던 상태에서 한 국민들의 선택이 후보자에 대한 전적인 신임을 의미하거나 법원의 유죄판결에 의한 당연퇴직까지 배제하는 취지의 것이라고 보기는 어려우므로, 이 사건 조항이 국민주권주의나 권력분립원칙에 어긋나는 것이라고도 볼 수 없다.

(마) 청구인은 경미한 법위반으로 사법부가 국회의원을 당연퇴직시킬 것이 아니라 국회 내부의 자율적 징계절차로서 충분하므로 이 사건 조항이 국회의 자율권을 침해한다고 주장한다.

국회는 국민의 대표기관이자 입법기관으로서 의사(議事)와 내부규율 등 국회운영에 관하여 폭넓은 자율권을 지니며 이는 다른 국가기관에 의하여 존중되어야 하지만(헌재 1998. 7. 14. 98헌라 3, 헌재판례집 10-2, 74, 83), 국회의 어떤 사항을 국회의 자율적 사항으로 할 것인지 여부를 결정할 주체는 다름 아닌 국회라고 할 것인데, 이 사건 조항은 국회가 스스로 법관에 의하여 100만 원 이상의 벌금형이 선고, 확정되면 의원직에서 자동적으로 퇴직되도록 입법재량을 행사한 것이며, 그러한 입법과정에서 적법절차가 위배되었다고 볼만한 사정도 없다. 또한 국회의 내부 징계가 이 사건 조항과 마찬가지의 입법목적을 효과적으로 달성하게 될 것인지 여부도 불명확하다.

따라서, 이 사건 조항이 국회의 자율권을 침해한다는 청구인의 주장은 받아들일 수 없다.

(바) 결론적으로, 이 사건 조항은 100만 원 이상이라는 벌금형만으로 국회의원 당선자를 퇴직하게 하고 있으나, 정치자금법 제45조를 위반한 범죄는 공직선거의 공정성을 침해하는 행위로서 공직의 계속 수행에 대한 국민적 신임이 유지되기 어려울 정도로 비난가능성이 크다는 점, 법관이 100만 원 이상의 벌금형을 양정함에 있어서는 형사처벌뿐만 아니라 공직의 계속수행 여부에 대한 합리적 평가를 하게 될 것이라는 점, 그러한 양형재량 제도가 이미 오랫동안 유지되어 온 점, 선거법이나 정치자금법 위반에 대하여 어떤 신분상의 제재를 할 것인지는 기본적으로 입법자의 정책적 재량에 속하는 점, 이 사건에서 달리 덜 제약적인 대체적 입법수단이 명백히 존재한다고 볼 수도 없는 점을 종합하면, 이 사건 조항은 청구인의 공무담임권을 '피해의 최소성'에 위배하여 과잉제한하는 것이라고 볼 수 없다.

(4) 법익의 균형성

이 사건 조항으로 인하여 청구인은 당연퇴직에 이르게 되었다 하더라도 이는 선거의 자유와 공정성을 보장하고, 정치자금의 투명성을 확보하여 부정부패를 예방하고, 공직의 청렴성을 유지하고자 하는 중대한 공익을 위한 것이고, 그러한 범죄로 인하여 100만 원 이상의 형사처벌을 받은 국회의원에게 계속 그 직무를 수행하게 하는 것은 공직과 공정한 선거에 대한 국민의 신뢰를 저해하고 원활한 공무수행에 지장을 줄 수 있으므로, 공익에 비하여 제한되는 사익이 더 중대하다고 볼 수 없다.

따라서 이 사건 조항은 '법익의 균형성'에 위배되지 않는다.

(5) 소 결 론

이 사건 조항은 청구인의 공무담임권을 침해하지 않는다.

나. 평등권 침해 여부

이 사건 조항에서의 100만 원 이상의 벌금형은 국회의원직의 퇴직을 수반하게 된다는 점에서 다른 일반 범죄로 인한 벌금형과 효과면에서 차이가 있으므로 평등권을 침해하는 것이 아닌지 의문이 있을 수 있다. 그러나 이와 같은 차이는, 위에서 이 사건 조항의 입법목적과 수단의 적정성, 법익균형성 등을 살펴본 바에 비추어 볼 때, 자의적이거나 불합리한 차별이라고 볼 수 없고, 입법자의 정책적 입법재량의 범위 내에 있다고 볼 것이다.

한편, 일반 공무원의 당연퇴직 사유는 형사처벌로 금고 이상의 형을 받거나 판결로 자격이 상실되거나 정지된 경우인데(국가공무원법 제69조, 제33조 제 1 항 제 3 호, 제 4 호, 제 6 호) 정치자금법 제45조 위반의 경우는 벌금형만으로 당연퇴직이 가능하다는 점에서 차이가 있으나, 후자의 경우 국회의원 당선자가 부정한 정치자금을 수수함으로써 선거절차의 공정성을 훼손하여 당선되었거나 그러한 불법행위로 말미암아 국회의원직의 계속적인 수행이 부적절하게 되었다는 점에서 차별의 합리적 이유가 있다 할 것이며, 차별의 목적과 수단 사이에 비례성이 없다고 볼 수 없다.

따라서, 이 사건 조항은 청구인의 평등권을 침해하지 않는다.

다. 기타 기본권 침해주장 부분

청구인은 이 사건 조항이 헌법 제10조에 규정된 인간으로서의 존엄과 가치를 침해한다고 주장하나, 이 사건 조항이 공직에 당선된 자의 지위를 박탈하는 것은 법위반 행위에 대한 제재의 결과이고, 그 과정에서 해당 개인에게 일정한 불명예 또는 수치심을 초래하는 경우가 있다 하더라도 이는 법위반행위에 대한 입법자의 합리적 규율과 제재에 따른 결과일 뿐 대상자의 인격을 직접 침해하는 것이라고는 볼 수 없으므로, 청구인의 위 주장은 받아들일 수 없다.

그렇다면 청구인의 이 사건 심판청구는 이유 없으므로 이를 기각하기로 하여, 아래 재판관 김희옥, 재판관 김종대의 반대의견을 제외한 나머지 관여 재판관의 일치된 의견으로 주문과 같이 결정한다.

[재판관 김희옥, 재판관 김종대의 반대의견]

우리는 이 사건 법률조항이 정치자금부정수수죄로 벌금 100만 원 이상을 선고받아 그 형이 확정된 자를 국회의원직에서 퇴직하도록 한 것은, 합리성이 없고 적정하지 못한 방법에 의하여 공무담임권의 한 내용인 참정권을 제한함으로써 기본권제한에 관한 헌법원리에 어긋나 위헌이라고 보므로 다수의견에 반대하여 아래와 같은 의견을 밝힌다.

가. 중대한 기본권 제한과 법원의 과도한 재량

(1) 공무담임권의 보호영역에는 공직취임의 기회의 자의적인 배제 뿐 아니라 공무원 신분의 부당한 박탈도 포함된다(헌재 2002. 8. 29. 2001 헌마 788, 헌재판례집 14-2, 219, 224).

특히 국회의원은 선거를 통한 대표의 선출과 대표를 통한 국정의 참여를 기본원리로 하는 현대 민주주의에 있어 가장 중요하고도 직접적인 국민의 대표기관으로, 그 지위와 신분이 헌법을 통해 보장되는 헌법기관이다. 따라서 국회의원을 그 의사에 반하여 퇴직하도록 하는 것은 공무담임권(참정권)에 대한 중대한 제한인 동시에 국민주권과 민주주의 원리에 대해서도 중요한 제약이 되지 않을 수 없다.

그런데 이 사건 법률조항은 정치자금부정수수죄를 범한 국회의원의 의원직 상실 여부를 법관이 선고하는 벌금액수에 따라 좌우되도록 규정함으로써, 국회의원의 의원직 상실이라는 중차대한 기본권 제한 및 헌법원리의 제약 여부를 결과적으로 법관의 자유로운 재량에 위임하고 있다.

(2) 형사재판은 사실의 인정과 형의 선고를 위해 마련된 절차일 뿐, 국회의원직의 보유 또는 상실의 정당성 여부를 심리하고 판단하기 위한 재판절차가 아니다. 게다가 우리의 형사재판제도에는 구속력 있는 양형 기준이 없어, 양형에 관한 한 법관의 재량이 폭넓게 인정되고 있으며 법정형의 범위 내에서 구체적인 사건에 대한 벌금액을 얼마로 할 것인지는 사실상 거의 전적으로 법관의 자유재량에 맡겨져 있다고 볼 수 있다.

따라서 정치자금부정수수라는 범죄를 심리할 때 과연 피고인을 국회의원직에서 퇴직하도록 하는 것이 정치자금법의 입법목적 달성을 위해 필요한 정도의 참정권 제한이자 민주주의 원리에 대한 불가피한 제약인지, 아니면 기본권에 대한 과도한 제한인 동시에 민주주의 원리에 대한 부당한 제약인지 여부에 대해서는 어떠한 특별한 심리도 이루어지지 않는다. 국회의원의 의원직 상실 여부는 객관적으로 전혀 확인할 수 없는 기준에 의해 법원이 자유재량으로 결정한 벌금의 액수에 따라 결정되며, 피고인이 국회의원직에서 퇴직될 것인지 여부를 법원이 형을 선고하기 전까지는 전혀 예측할 수 없으므로 근소한 벌금액의 차이로 국회의원직을 상실한 자로서는 법원이 자의적으로 불평등한 법집행을 한 것으로 받아들일 가능성도 크다.

결국 형사재판이 정치재판화됨으로써 마치 법원이 정치적인 목적에 따라 자의적인 판단을 하는 것처럼 비춰질 우려도 있으며, 그러한 우려를 불식하기 위해 법원이 본래의 양형 요소보다도 피고인의 국회의원직 상실 여부를 사실상 우선적으로 고려하다 보면 형사재판의 양형 왜곡이 초래될 수밖에 없게 된다.

(3) 요컨대 이 사건 법률조항이, 국회의원직의 상실 여부를 법률 스스로 정하지 아니하고 법관의 선고 형량에 의존하도록 규정함으로써 결과적으로 국회의원직의 상실 여부를 법관의 과도한 재량에 위임하고 있는 것은, 민주주의와 국민주권을 선언한 헌법 제 1 조와 사법권을 법원에 부여한 헌법 제101조 제 1 항에 비추어 볼 때 헌법원리에 반하는 방법에 의한 기본권 제한이라 할 것이다.

나. "100만 원 이상의 벌금"이라는 기준의 자의성

(1) 이 사건 법률조항은 선고형 "벌금 100만 원"을 기준으로 국회의원직의 상실 여부를 결정하고 있으나, 왜 굳이 선고형이 "벌금 100만 원"이면 국회의원직이 상실되어야 하고 그 미만이면 상실되지 않아도 되는지에 대한 아무런 합리적인 이유를 찾을 수 없다. 그것은 정치자금부정수수죄로 벌금 100만 원이 선고될 때의 그 100만 원이란 기준이 나타내는 불법의 크기와 죄질의 정도가 과연 어떠한 것인지에 대해 이를 객관적으로 인식하거나 예측할 수가 없고, 직접 재판을 담당하는 법관이라 할지라도 이를 객관적으로 판단하는 것이 불가능할 만큼 그 기준이 자의적이고 추상적일 수밖에 없기 때문이다.

(2) 결국 이 사건 법률조항은 객관적이거나 합리적인 근거가 전혀 없는 선고형 "100만 원 이상의 벌금"이라는 기준을 들어 국회의원직의 상실 여부가 결정되도록 규정함으로써 기본권 제한에 필요한 방법의 적정성을 결여하였다.

다. 결 론

이 사건 법률조항은 민주주의와 국민주권의 원리에 부합하지 않으면서, 객관적이거나 합리적이지도 않은 자의적인 방법을 통하여 참정권을 제한함으로써 그 방법의 적정성에 있어 입법재량의 한계를 벗어나 부당하게 청구인의 공무담임권(참정권)을 침해하였다.

Ⅱ. 選擧制度

1. 選擧의 意義와 法的 性格

(1) 선거의 의의

1) 이 론 선거란 다수의 선거인에 의한 공무원의 선임행위를 말한다.[1] 즉 선거인

---

1) 선거제도에 관한 문헌은 많다. Jesse, Wahlrecht zwischen Kontinuität und Reform, 1985; Meyer, Wahlsystem und Verfassungsordnung, 1973; Nohlen, Wahlrecht und Parteiensystem, 2. Aufl., 1990; Sehreiber, Handbuch des Wahlrechts zum Deutschen Bundestag, 6. Aufl., 1998; Boetcher/Högner, Bundeswahlgesetz, Bundeswahlordnung, 12. Aufl., 1990; Jesse/Löw(Hrsg.), Wahlen in Deutschland, 1998; Löwer, Aktuelle wahlrechtliche Verfassungsfragen, 1997; Pauly, Das Wahlrecht in der neueren Rechtsprechung des Bundesverfassungsgerichts, AöR, 123(1998); Schneider/Zeh, Parlamentsrecht.

은 전체로써 국가기관으로서의 선거인단을 구성하고, 이 합의체에 의하여 공무원을 지명한다. 따라서 선거는 다수인이 하는 합성행위를 말하는 것이지 개개 선거인단의 구성분자의 투표행위를 말하는 것은 아니다.[1] 그리하여 선거권이라고 할 때에는 개개의 국민이 선거인단에 참여하는 권리를 의미하는 것이지 개개의 국민이 직접 투표에 참가하는 권리와는 다르다. 각 선거인의 투표는 선거의 한 방법에 불과하다.[2] 선거권에 관하여는 기본권편으로 미루어 여기서는 생략한다(후술 제 3 편 기본권, 제 6 장 참정권 참조). 선거는 이에 참가하는 각 선거인의 투표에 의하여 행하여지고, 유효투표의 최다수를 얻은 자가 당선되는 것이 통례이다.

2) 판　례　현대민주국가에 있어서 선거는 국가권력에 대하여 민주적 정당성을 부여하고 국민을 정치적으로 통합하는 중요한 방식이라고 할 수 있다.[3] 따라서 선거에 있어서 모든 국민이 평등하게 참여할 수 있는 기회를 보장하는 것은 필수불가결한 요소이며 이에 따라 헌법은 평등선거의 원칙과 선거운동의 균등한 기회의 보장을 규정하고 있다.[4]

(2) 선거의 기능

1) 이　론　우리 헌법은 국민주권을 그 근본원리로 하고 있기 때문에 국민은 국정의 연원으로서 지위를 가지며, 국가작용은 직접이든 간접이든 국민의 의사에 따라서 행하여져야 한다. 이러한 요청을 완전히 충족시키기 위해서는 국민이 능동적으로 현실의 국정에 참가해야만 할 것이나, 국민의 수나 국정의 규모로 보아 현실적으로 국민의 직접적 국정참가를 바라는 것은 불가능하며 또한 적당하지도 않다. 따라서 우리 헌법은 헌법개정을 위한 국민투표와 대통령이 회부한 중요국정에 대한 국민투표의 경우에 국민의 직접적 결정을 구하는 외에는 국민이 선정한 대표자를 통해서 국정을 운용하는 대표민주제(간접민주제)를 원칙으로 하고 있다. 국민이 그의 대표자, 즉 공무원을 선정하는 데에 선거의 방법을 사용한다.

선거는 대표자를 결정하는 방법으로 사용되는 것 외에도 대표자를 교체시킴으로써 입법부의 쇄신을 기할 수 있고, 정권의 담당자를 국민이 선거를 통하여 교체시킴으로써 민의에 의한 정치를 가능하게 하며, 민의에 반하는 지배를 방지하여 혁명을 예방하는 역할도 한다. 그러나 한편 선거는 국민의 무관심, 금력·폭력 등의 개입으로 공정성이 상실될 경우에는 지배자의 지배를 정당화시켜 주는 도구로 타락할 위험성도 있다.

2) 판　례　「민주국가에서의 국민주권의 원리는 무엇보다도 대의기관의 선출을 의미하는 선거와 일정사항에 대한 국민의 직접적 결단을 의미하는 국민투표에 의하여 결정된다. 특히 선거는 오늘날의 대의민주주의에서 주권자인 국민이 주권을 행사할 수 있는 가장 의미있는 수단이며, 모든 국민이 선거권과 피선거권을 가지며 균등하게 선거에 참여할 기회를 가진다는 것은 민주국가에서 국가권력의 민주적 정당성을 담보하는 불가결의 전제이다」.[5]

渡辺重範編, 選擧と議席配分の制度, 1991; 吉田善明, 選擧制度改革の理論, 昭 54; 芦部信喜, 議會制と選擧; 水木惣太郎, 選擧制度論; 성낙인, 선거법론, 1998; 강상근, 선거제도와 정당제도와의 관계에 관한 연구, 단국대 박사학위논문, 1998. 8; 안순철, 선거체제비교, 1998; 김문현, 현대민주국가에 있어서의 선거의 의미와 과제, 공법연구 28. 4(1), 2000, 57~78면; 김철수, 법과 정치, 1995, 239~384면 등 참조.

1) 선거는 국가기관을 선임한다는 점에서 공무원의 임명과 성질이 같으나, 선거는 다수선거인의 집합의사에 의하여 결정된다는 점에서 단일임명권자의 결정에 의하는 공무원의 임명과 다르다.

2) 선거는 투표에 의하는 것이 보통이지만, 무투표당선·지명·추천과 같은 방법으로 행하여지는 것도 넓은 의미의 선거에 해당한다(김기범, 전게서, 282면).

3) 헌재 1995. 7. 21 선고, 92 헌마 177 등, 헌재판례집 제 7 권 2 집, 112면 이하(122면).

4) 헌재는 통치기구원리로서의 선거제도에 관하여 상세히 설명하고 있다(헌재 1996. 8. 29 선고, 96 헌마 99, 헌재판례집 제 8 권 2 집, 199면 이하(206~209면)).

5) 헌재 2003. 9. 25 선고, 2003 헌마 106, 헌재판례집 제15권 2집(상), 516면 이하(528면); 헌재 1995. 7.

오늘날의 대의민주주의하에서 선거는 국민이 통치기관을 결정·구성하는 방법이고 선출된 대표자에게 민주적 정당성을 부여함으로써 국민주권주의 원리를 실현하는 핵심적인 역할을 하고 있으므로 선거에서의 공정성 요청은 매우 중요하고 필연적인바, 공명선거의 책무는 우선적으로 국정의 책임자인 대통령에게 있다. 왜냐하면 대통령은 기본적으로 소속 정당의 정책을 집행하는 기관에 그치는 것이 아니라 행정권을 총괄하는 행정부의 수반으로서 공익실현의 의무가 있는 헌법기관이고, 지난 선거에서 자신을 지지한 국민 일부나 정치적 세력의 대통령이 아니라 국가로서 조직된 공동체 및 국민 모두의 대통령이며, 대통령은 자신을 지지하는 국민의 범위를 초월하여 국민 전체에 대하여 봉사함으로써 사회공동체를 통합시켜야 할 책무를 지고 있기 때문이다(헌재 2004. 5. 14. 2004 헌나 1, 헌재판례집 16-1, 609, 637).[1]

(3) 선거의 법적 성격 선거는 다수선거인에 의하여 공무원을 선임하는 합성행위임을 위에서 보았다. 그런데 선거의 법적 성격과 관련하여 선거인과 당선인 간에는 어떠한 법률관계가 있는가가 문제된다. 즉 선거인단에서 당선인에로의 권능의 위임이 행하여지는가에 관하여 여러 학설이 대립되어 있다. 이 문제는 국민대표주의에서 재론할 것이므로 여기서는 간단히 알아보기로 한다.[2]

1) 학 설

(a) 법적 무관계설 이 학설은 대표자의 의사결정은 선거인의 의사와 법적으로 전혀 관계 없이 행해지기 때문에 의회 등의 의사와 국민의 의사간에는 전혀 법적 관계가 없다고 본다. 따라서 대표자의 의사와 국민의 의사가 구체적으로 일치하지 않더라도 아무런 법적 문제가 없다고 보며, 대표자도 국민의 의사에 엄격히 구속될 필요는 없다고 보아 강제위임을 부정하는 입장이다.

(b) 강제위임설 이 학설에 의하면 선거는 의회 등에 대한 국민의 권리의 강제위임으로 본다. 즉 대표자는 선거인의 지시와 명령에 강제적으로 따라야 할 관계가 선거로 형성된다고 본다. 따라서 의회 등의 의사는 의회 등을 구성할 권한을 가진 국민의 의사에 따라야 하며, 선거인과 대표자와의 관계는 국가기관 상호간의 관계의 성질(제 1 차 국가기관과 제 2 차 국가기관과의 관계)을 가진다고 본다.

(c) 대표위임설 이 학설은 국민과 대표자와의 관계를 전혀 무관한 것으로 보지 않고, 또 강제적으로 국민의 권한을 위임한 관계로도 보지 않는 절충적 입장으로서 대표자인 당선인과 선거인 간에는 대표위임관계가 있다고 보는 입장이다.

2) 판 례 보통, 평등, 비밀, 직접, 자유선거의 원칙들은 현대의 제 민주국가에서 채택되고 있는 바와 같이 국민주권이 광범위하게 실질화되고, 또 국민이 능동적으로 평등하게 그 주권을 행사할 수 있도록 하기 위한 것이다. 이러한 민주적 정신은 모든 국민의 공무담임에 있어서도 자유롭고 평등하게 기회를 주어야 한다는 헌법 제25조에도 그대로 나타나

---

21 선고, 92 헌마 177 등, 헌재판례집 제 7 권 2 집, 112 면 이하(122 면).

1) 헌재 2008. 1. 17 선고, 2007 헌마 700, 헌재판례집 제20권 1집(상), 139면 이하.

2) 민주정치에서의 통치형태를 프랑스에서는 이를 3유형으로 나누는 견해와 4유형으로 구분하는 견해가 대립하고 있다. 3유형설은 통치형태를 ① 代表制, ② 半代表制 또는 半直接制, ③ 直接制의 셋으로 나누는 것이고, 4유형설은 ① 대표제, ② 반대표제, ③ 반직접제, ④ 직접제로 나누고 있다. 그 중 대표제에 있어서는 여러 대표기관이 국민의 이름으로 주권을 행사하고 국민은 단순히 대표자를 선출하는 데 불과하고 이 때 국민은 선거시에만 주권자이고 선거 후에는 노예라고 하여 많이 비판되고 있다(辻村みよ子, 憲法).

고 있다. 따라서 국회의원에 입후보할 수 있는 자격과 조건을 법률로 정함에 있어서도 위의 헌법규정과 그 정신을 침해하는 것이어서는 안 된다.[1]

3) 私 見 선거 자체는 국회의원이나 대통령의 당선결정이라는 선임행위이고 국민의 권리의 위임은 아니라고 하겠다. 그러나 선임된 자는 헌법 자체에 의하여 국민대표기관으로서의 국회나 대통령으로 지정되어 헌법에 규정된 국가권력을 위임받아 헌법의 규정에 따라 국민을 대표하여 행사하는 것이다. 이를 헌법적 대표설이라고 한다.

(4) 선거의 의의 변천

1) 학 설 현대에 있어서의 선거방법의 결정에 영향을 미치는 중요한 요소의 하나는 정당이다. 그런데 선거방법 그 자체도 정당의 수와 구조에 영향을 미쳐 양자는 상호간에 영향을 주고 있다. 따라서 선거제도는 헌법의 조문에 규정되어 있는 제도뿐만 아니라 그 배후에서 정치를 운영하고 있는 정당과 선거의 상호관련을 파악한 뒤에라야만 현실적으로 파악할 수 있을 것이다.

현대적 정당국가는 선거의 의의에 있어서 많은 변천을 가져왔고 선거법의 기본원칙에도 많은 변용을 나타내고 있다. 요컨대 정당국가적 대중민주정치에 있어서는 불가피하게 선거는 개인후보자에 대한 인물선거(Persönlichkeitswahl)로서의 성격을 다소 상실하고, 두 개의 가능한 정부 중 하나를 결정하는 신임투표(Plebiszit)의 성격을 가지게 되었다고 볼 수 있다.

2) 판 례 헌재는 인물선거냐 정당선거냐의 택일을 강제할 수 없다고 판시하였다. 「선거에서 정당이냐 아니면 인물이냐를 선택하는 것은 궁극적으로 주권자인 국민의 몫이고 입법자가 후견인적 시각에서 입법을 통하여 그러한 국민의 선택을 대신하거나 간섭하는 것은 민주주의 이념에 비추어 바람직하지 않다는 점에서 정당의 영향을 배제하고 인물 본위의 투표를 유도하겠다는 이 사건 법률조항의 구체적 입법의도는 정당성이 의심스럽다.

그리고 후보자가 정당의 지지·추천을 받았는지 여부를 유권자들이 알았다고 하여 이것이 곧 지방분권 및 지방의 자율성 저해를 가져올 것이라고 보기에는 그 인과관계가 지나치게 막연하므로 이 사건 법률조항의 규율내용이 과연 지방분권 및 지방의 자율성 확보라는 목적의 달성에 실효성이 있는지도 매우 의문이다」.[2]

2. 選擧制度의 基本原理——普通·平等·直接·秘密·自由選擧

(1) 원 칙

1) 이 론 자연법사상에 기반을 둔 사회계약설의 필연적 귀결은 국민주권사상인데, 국민에게 주권이 있다고 하면 국민 개개인은 평등하게 스스로 국정에 참여할 권리와 의무를 가져야 할 것이다. 이러한 의미에서는 직접민주정치가 가장 이상적이나 현실적으로 실현 불가능하기 때문에 대표제민주정치를 채택하게 되었다. 따라서 참정권, 그 중에서도 가장 중요한 선거권은 국민이 개인의 인격의 존엄성과 개인의 평등을 확보하기 위

1) 헌재 1989.9.8 선고, 88 헌가 6, 헌재판례집 제1권, 199면 이하(214면).

2) 헌재 2003.1.30 선고, 2001 헌가 4, 헌재판례집 제15권 1집, 7면 이하; 헌재 2003.5.15 선고, 2003 헌가 9·10(병합), 헌재판례집 제15권 1집, 503면 이하.

하여 갖는 기본적인 인권으로서 인정되어 왔다.[1]

이러한 근대의 선거제도를 지배하는 기본원리는 보통·평등·직접·비밀·자유의 5원칙이며, 거의 모든 헌법이 이 원칙을 선언하고 있다. 이 선거제도의 기본원리는 일반적인 법원칙으로서 파악되어야 할 것이며, 선거권뿐만 아니라 입후보를 비롯한 피선거권 등 선거 전반에 대해서 적용된다.[2]

2) 판 례 憲裁는 선거제도의 원칙에 대하여 판시하고 있다.「헌법 제1조는 "대한민국은 민주공화국이다," "대한민국의 주권은 국민에게 있고 모든 권력은 국민으로부터 나온다"라고 하여 '국민주권의 원리'를 선언하고 있다. 이러한 국민주권을 실현하기 위한 수단으로 헌법은 제24조에서 국민에게 선거권을 보장하고, 제41조 제1항 및 제67조 제1항에서 보통·평등·직접·비밀선거를 아울러 보장하고 있다. 선거권은 국민주권을 현실적으로 행사할 수 있는 수단이자 국민의 의사를 국정에 반영할 수 있는 필수적인 장치일 뿐만 아니라, 국가권력을 구성하고 통제하는 방편이 되고, 국민주권의 원리를 실현하기 위한 헌법상 가장 기본적이고 필수적인 권리로서 다른 기본권에 비하여 상대적으로 우월한 지위를 갖는다(헌재 1989. 9. 8. 88 헌가 6, 헌재판례집 1, 199, 207 참조)」.[3]

헌재는「선거는 주권자인 국민이 그 주권을 행사하는 통로이므로 선거제도는 첫째, 국민의 의사를 제대로 반영하고 둘째, 국민의 자유로운 선택을 보장하여야 하고 셋째, 정당의 공직선거후보자의 결정과정이 민주적이어야 하며 그렇지 않으면 민주주의원리 나아가 국민주권의 원리에 부합한다고 볼 수 없다」고 한다.[4]

「국민주권의 원리와 의회민주주의에 바탕을 둔 우리 헌법상의 선거제도는 국민의 주권행사 내지 참정권행사를 위한 필수적인 과정으로서, 국가권력의 창출과 국가 내에서 행사되는 모든 권력의 정당성을 뒷받침하고 담보하는 민주주의 실현을 위한 불가결한 수단이다. 따라서 국민의 선거과정에의 참여행위는 원칙적으로 자유롭게 행하여질 수 있도록 최대한 보장되어야 하며, 공정한 선거에 영향을 미칠 수 있는 금권이나 관권, 폭력 등의 개입을 배제하여 불공정·타락선거를 방지함으로써 선거의 공정성이 확보되도록 하여야 한다.

한편 선거의 공정성을 해친 바 있는 선거범에 대하여는 주권자인 국민의 정치적 의사형성과 표현의 과정인 참정권의 행사를 공명하게 담보하기 위하여 일정기간 피선거권의 행사를 정지시키는 등으로 부정선거의 소지를 차단할 필요가 있다」.[5]

(2) 보통선거

1) 이 론 보통선거는 제한선거에 반대되는 것으로서, 사회적 신분·재산·교양 등에 의한 자격요건을 정함이 없이 일정연령에 달한 모든 자에게 원칙적으로 선거권을 인정하는 제도이다. 보통선거의 기본원리는 특정한 인종, 민족, 정치적·경제적 집단에 속해 있다는 이유로 또는 특정한 종교·직업을 가졌다는 이유로 선거권을 박탈하는 것을 금하고, 여성이

---

1) 상세한 것은 BVerfGE 47, 253(276f.) 참조.
Meyer, Wahlsystem und Verfassungsordnung, 1973; Meyer, Demokratische Wahl und Wahlsystem, Handbuch des Staatsrechts Ⅱ, §37, §38; H.-J. Rinck, Herkunft und Entfaltung der Allgemeinheit und Gleichheit der Wahl, FS Zeidler Ⅱ, 1987, S. 1119 참조.

2) 헌재도 같은 뜻이다(헌재 1989. 9. 8 선고, 88 헌가 6, 헌재판례집 제1권, 199면 이하(211면)).

3) 헌재 2007. 6. 28 선고, 2005 헌마 772, 헌재판례집 제19권 1집, 899면 이하(906면).

4) 헌재 2001. 7. 19 선고, 2000 헌마 91 등, 헌재판례집 제13권 2집, 77면 이하(93면).

5) 헌재 2008. 4. 24 선고, 2006 헌마 402·531(병합), 헌재판례집 제20권 1집(상), 674면 이하(682면).

나 소수민족이나 경제적 약자에게도 선거권을 부여하도록 하는 것이다. 또 선거권자의 자격제한도 최소화해야 한다.

2) 판 례 헌법재판소는 보통선거를 평등선거와 더불어「국민의 자기지배를 의미하는 국민주권의 원리에 입각한 민주국가를 실현하기 위한 필수적 요건」이라고 그 의의를 설명하고 있다.[1] 보통선거에서도 일정한 연령에 이르지 못한 국민에 대하여 선거권을 제한하는 것을 당연한 전제로 삼고 있고 헌법 제24조는 모든 국민은 '법률이 정하는 바'에 의하여 선거권을 가진다고 하고 있으므로 선거권연령을 몇 살로 할 것인가는 입법재량에 속하는 것으로 보고 있다.[2] 선거연령을 만 20세로 한 것은 보통선거의 원칙을 침해하는 것이 아니라고 한다. 그럼에도 불구하고 국회는 공직선거법을 개정하여 선거연령을 만 19세로 인하하였다. 보통선거의 원칙에 반하는 입법은 헌법 제37조 2항의 규정을 엄격히 준수하여야 한다.[3] 보통선거의 원칙은 피선거권에도 적용되며 공탁금을 과도하게 요구하거나 지나치게 많은 추천자서명을 요구하는 등의 입후보제한도 허용하지 않는다.[4] 국회의원선거에 있어 피선거권 연령을 만 25세로 한 것은 합헌이다.[5] 재외국민이 선거인명부에 등재되지 않았다는 이유로 투표권을 제한하는 것은 헌법에 위반된다.[6]

(3) 평등선거

(a) 이 론 평등선거는 차등선거에 반대되는 것으로서, 선거인의 투표가치가 평등하게 취급되어지는 선거를 말한다.[7] 오늘날 평등선거의 원칙은 1인 1표를 요구할 뿐만 아니라

---

1) 헌재 1999.5.27 선고, 98 헌마 214, 헌재판례집 제11권 1집, 675면 이하.

2) 헌재 2001.6.28 선고, 2000 헌마 111, 헌재판례집 제13권 1집, 1418면 이하(1429면); 헌재 2003.11.27 선고, 2003 헌마 259·250(병합), 헌재판례집 제15권 2집(하), 339면 이하(346면). 또 선거시 선거인의 신분을 증명하도록 강제하는 것도 보통선거의 원칙에 반하지 않는다고 한다(헌재 2003.7.24 선고, 2002 헌마 508, 헌재판례집 제15권 2집(상), 158면 이하 (165면)).

3) 더욱이 보통선거의 원칙은 선거권자의 능력, 재산, 사회적 지위 등의 실질적인 요소를 배제하고 성년자이면 누구라도 당연히 선거권을 갖는 것을 요구하므로 보통선거의 원칙에 반하는 선거권 제한의 입법을 하기 위해서는 헌법 제37조 제2항의 규정에 따른 한계가 한층 엄격히 지켜져야 한다(헌재 1999.1.28 선고, 97 헌마 253 등, 헌재판례집 제11권 1집, 54면 이하(60면) 참조)(헌재 2007.6.28 선고, 2004 헌마 644, 2005 헌마 360, 헌재판례집 제19권 1집, 859면 이하(874면)).

4) 우리나라 헌법재판소도 구 국회의원선거법 제33조·제34조의 위헌심판(헌재 1989.9.8 선고, 88 헌가 6, 헌재판례집 제1권, 199면 이하 참조)과 구지방의회의원선거법 제36조 1항에 대한 헌법소원(헌재 1991.3.11 선고, 91 헌마 21, 헌재판례집 제3권, 91면 이하 참조)에서 과도한 기탁금에 대하여 헌법불합치결정을 하였다.

5) 피선거권의 행사연령을 지나치게 높게 설정하는 경우에는 국회의원으로서 지위와 권한에 상응하는 직무를 수행하기에 충분한 지적·정치적 능력과 자질을 갖춘 국민이라 할지라도 선거에 참여하여 국회의원으로 당선될 수 없다는 점에서 국민의 공무담임권과 평등권 등이 침해될 수 있으므로 피선거권을 행사할 수 있는 연령의 설정은 이로써 달성하려는 공익과 그로 인한 기본권에 대한 제한 사이에 서로 균형과 조화를 이루도록 적정하게 정해져야 한다는 헌법적 한계가 있지만, 입법자가 정한 구체적인 연령기준이 입법형성권의 범위와 한계 내의 것으로 그 기준이 현저히 높다거나 불합리하지 않다면 이를 두고 헌법에 위반된다고 쉽사리 단정할 것은 아니다. 국회의원의 피선거권선거연령을 25세 이상으로 정한 공직선거법 및부정선거방지법 제6조 제2항은 … 공무담임권 등 기본권의 본질적 내용을 침해할 정도로 과도한 것이라 볼 수 없다(헌재 2005.4.28 선고, 2004 헌마 219, 헌재판례집 제17권 1집, 547면 이하).

6) 헌재 2007.6.28 선고, 2004 헌마 644 등, 헌재판례집 제19권 1집, 859면 이하. 일본최고재판소도 재외국민의 선거권을 제한하는 것은 헌법위반이라고 판시한 바 있다(2005년).

7) 정당에 대한 특권도 인정되지 않는다.「평등권 및 평등선거의 원칙으로부터 나오는 (선거에 있어서의) 기회균등의 원칙은 후보자에 대하여서는 물론 정당에 대하여서도 보장되는 것이며, 따라서 정당추천의 후보자가 선거에서 차등대우를 받는 것은 바로 정당이 선거에서 차등대우를 받는 것과 같은 결과가 되는 것이다…정당이 선거에 있어서 기회균등의 보장을 받을 수 있는 헌법적 권리는 정당활동의 기회균등의

1표 1가(one vote one value)를 요구한다.[1) 2)] 따라서 선거구 간의 인구분포 등으로 투표의 평가(성과)가치가 불평등한 경우에는 평등선거에 위반된다. 차등선거는 불평등선거인데, 이에는 복수투표제와 등급투표제가 있다. 복수투표제는 선거인의 재산·교육·연령·학식·신분 등에 따라 투표권에 차이를 두어 어떤 사람은 1표만 인정하고 어떤 사람은 2~3표까지 인정하는 것을 말하며, 등급투표제는 선거인을 재산·교육·연령·신분·문벌 등에 따라 구분하여 각급별로 투표하게 하는 것을 말한다.

평등선거의 원칙도 다수대표제와 비례대표제에 있어 각기 상이한 내용을 가지는데, 다수대표제에 있어서는 표수의 계산가치의 평등만을 의미하는 데 대하여, 비례대표제에 있어서는 표수의 계산가치와 성과가치의 평등을 아울러 요구한다.[3)]

(b) 판 례 헌재는 「우리 헌법 제11조 제 1 항은 "모든 국민은 법 앞에 평등하다. 누구든지 성별·종교 또는 사회적 신분에 의하여 정치적·경제적·사회적·문화적 생활의 모든 영역에 있어서 차별을 받지 아니한다"고 규정하고, 제24조는 "모든 국민은 법률이 정하는 바에 의하여 선거권을 가진다"고 규정하며, 제41조 제 1 항은 "국회는 국민의 보통·평등·직접·비밀선거에 의하여 선출된 국회의원으로 구성한다"고 규정함으로써 평등선거의 원칙을 선언하고 있다. 이러한 평등선거의 원칙은 평등의 원칙이 선거제도에 적용된 것으로서 투표

보장과 헌법상 참정권보장에 내포되어 있다」(헌재 1992. 3. 11 선고, 91 헌마 21, 헌재판례집 제 3 권, 91면 이하(113~114면)).

1) 헌재는 평등선거에 관하여 다음과 같이 판시하고 있다. 「대의제 민주주의에 바탕을 둔 우리 헌법의 통치구조에서 선거제도는 국민의 주권행사 내지 참정권행사의 과정으로서 국가권력의 창출과 국가 내에서 행사되는 모든 권력의 정당성을 국민의 정치적인 합의에 근거하게 되는 통치기구의 조직원리이다. 따라서 선거에 있어서 모든 국민이 평등하게 참여할 수 있는 기회를 보장하는 것은 필수불가결한 요소이며{헌법재판소 1996. 3. 28 선고, 96 헌마 9·77·84·90(병합) 결정 참조}, 이에 따라 헌법은 평등선거의 원칙과 선거운동의 균등한 기회의 보장을 규정하고 있다(헌법 제41조 제 1 항, 제67조 제 1 항, 제116조 제 1 항) 헌재 1996. 8. 29 선고, 96 헌마 99, 헌재판례집 제 8 권 2 집, 199면 이하(206~207면).

2) 일본에서도 중의원소선거구의 인구편차가 사법심사의 대상이 되었는데 9:6으로 인구편차 2.17배의 선거구인구편차를 합헌이라고 판시하였다(最高裁(大法廷) 2007. 6. 13 선고). 학계에서는 인구격차가 2배이상 되는 구획규정의 합헌성 여부가 논란되었다. 日本最高裁는 5:1, 4:1, 3:1은 위헌이라고 판결해 왔다. 그러나 2.3:1, 2.17:1의 격차는 합헌이라고 하고 있다.

3) 독일연방헌법재판소는 비례대표제 의석배정에 있어서 5% 봉쇄조항을 두는 것은 헌법에 합치된다고 보았다.

「독일에 있어서의 諸선거법에서 취해지는 현시점에서의 일반적인 법적 확신에서 다음과 같은 두 개의 원칙이 명백해진다. ⓐ 최저득표율이 5%를 초과하지 않도록 설정되어 있는 경우 그 선거법은 문제시되지 않는다. 이러한 최저득표율이 허용되지 않는 것은 개별사례에 있어서의 특별한 사정이 있는 경우이다. ⓑ 독일에 공통적인 5%라는 율을 초과하여 최저득표율을 정하는 것은 특별히 불가피한 이유가 없으면 안 된다」고 하여 7.5%의 봉쇄조항을 둔 Schleswig-Holstein주법을 위헌선언하였다(BVerfGE 1, 208). 이와 관련하여 5%조항의 연방의회선거에의 적용을 용인한 것이 있다. 「입법자는 비례대표에 있어서의 투표의 결과가치에 차등을 둠으로써 정당을 차별적으로 취급하는 것이 허용된다. 물론 그것은 국민의 정치적 의사형성에 있어서 통합과정으로서의 선거의 성질을 확보하고 …의회선거에 의하여 수행하는 국가·정치적 목적을 확보하기 위하여 필요불가결한 경우에 한정된다. 투표총수의 일정비율에 달하지 않는 정당을 불리하게 취급하는 봉쇄조항은 그 허용된 논리(수단)의 하나이다. …5%라는 定量이, 일반적인 법적 확신에 따라서 의회 내부에 있어서 이 정당의 破片化를 방지하고, 선거의 통합작용을 保持하기 위하여 정당화하는 것은 본 법정이 이미 1952년 4월 5일 판결에 있어서 표시한 바이다」고 하며 합헌판결을 내렸다(BVerfGE 6, 84(1957)). 그 뒤에도 시읍면선거법의 5%조항을 합헌으로 한 1961년 12월 6일의 제2법정판결(BVerfGE 13, 243(246f.)), 유럽의회선거법의 5%조항을 합헌으로 한 1979년 3월 22일의 제2법정판결(BVerfGE 51, 222), 독일통일 후 최초의 연방의회선거에 있어서 연방 전역에 5%조항을 적용하는 것은 구 동독만을 지반으로 하는 정당에 현저히 불리함으로써 5%조항이 연방 전역에 적용되는 한도에서 위헌이라고 한 1990년 9월 29일의 판결(BVerfGE 82, 322(337ff.)) 등에 답습되고 있다.

의 수적(數的) 평등, 즉 1인 1표의 원칙(one person, one vote)과 투표의 성과가치(成果價値)의 평등, 즉 1표의 투표가치가 대표자 선정이라는 선거의 결과에 대하여 기여한 정도에 있어서도 평등하여야 한다는 원칙(one vote, one value)을 그 내용으로 할 뿐만 아니라(헌재 1995. 12. 27. 95 헌마 224 등, 헌재판례집 7-2, 760, 771; 헌재 2001. 10. 25. 2000 헌마 92 등, 헌재판례집 13-2, 502, 509~510), 일정한 집단의 의사가 정치과정에서 반영될 수 없도록 차별적으로 선거구를 획정하는 이른바 '게리맨더링'에 대한 부정을 의미하기도 한다(헌재 2001. 10. 25. 2000 헌마 92 등, 헌재판례집 13-2, 502, 510)」고 했다.[1)]

「선거구획정에 따른 선거구간의 인구편차가 다시 문제된 사건(헌재 2001. 10. 25. 2000 헌마 92 등)에 대한 결정에서 당시 심판의 대상이 된 국회의원지역선거구구역표를 헌법에 합치되지 아니한다고 선언하면서, 선거구획정 시 인구편차의 허용범위에 관하여 다음과 같은 기준을 제시한 바 있다(헌재판례집 13-2, 502, 513~516).

즉 재판관 윤영철, 김영일, 권 성, 김효종, 김경일, 송인준, 주선회 등 7인의 재판관은, 인구편차의 허용한계에 관한 다양한 견해 중 현시점에서 선택가능한 방안으로 상하 33 1/3% 편차(이 경우 상한 인구수와 하한 인구수의 비율은 2:1)를 기준으로 하는 방안, 또는 상하 50% 편차(이 경우 상한 인구수와 하한 인구수의 비율은 3:1)를 기준으로 하는 방안이 고려될 수 있는데, 이 중 상하 33 1/3% 편차 기준에 의할 때 행정구역 및 국회의원정수를 비롯한 인구비례의 원칙 이외의 요소를 고려함에 있어 적지 않은 난점이 예상되므로, 우리 재판소가 선거구획정에 따른 선거구 간의 인구편차의 문제를 다루기 시작한 지 겨우 5년여가 지난 현재의 시점에서 너무 이상에 치우친 나머지 현실적인 문제를 전적으로 도외시하기는 어렵다고 할 것이어서, 이번에는 평균인구수 기준 상하 50%의 편차를 기준으로 위헌 여부를 판단하기로 하나 앞으로 상당한 기간이 지난 후에는 인구편차가 상하 33 1/3% 또는 그 미만의 기준에 따라 위헌 여부를 판단하여야 할 것이라고 하였다.

한편, 재판관 한대현, 하경철 등 2인의 재판관은 반대의견에서, 우리 재판소가 1995. 12. 27. 선고한 위 95 헌마 224 등 결정의 취지에 의하면 적어도 어떤 선거구가 전국 선거구의 평균인구수를 기준으로 상하 60%의 편차를 초과하지 아니하는 한 그 선거구는 헌법에 위반되는 것으로 볼 수 없다고 할 것인데, 2000. 3. 22. 현재 "경기 안양시 동안구 선거구"의 인구수는 328,383명으로서 당시 전국 선거구의 평균인구수 208,917명을 기준으로 +57%의 편차를 보이고 있으므로, 위 결정에서 제시한 기준에 의할 때 위 선거구가 헌법에 위반된다고 할 수는 없다고 하였다」.[2)]

1) 국회의원지역구선거와 평등선거

(a) 이 론 오늘날 선거구인구에 따른 평가가치의 불평등이 문제되고 있다.[3)] 선거구인구는 원래 같아야 하나 지역의 형세나 판도에 따라 인구수가 다를 수밖에 없다. 이 경우 선거구인구의 편차가 어느 정도까지 허용되는가가 문제이다. 이론적으로는 10%, 20%, 30%까지 편차를 인정하는 학설이 대립되고 있다. 일반적으로 학설은 최대선거구인구와 최소선거구인구가 2:1을 초과하면 위헌이라고 본다. 그러나 헌재는 3:1까지 허용하고 있어 논란이 되어 왔다. 일본에서는 학설은 2:1까지 인정하고 있으며 최고재판소는 3:1까지 인정하기도 했다.

(b) 판 례 헌재는 공직선거법이 정한 선거구구획이 인구편차가 심하다고 하여 헌

---

1) 헌재 2009. 3. 26 선고, 2006 헌마 67, 헌재공보 제150호, 133면 이하; 헌재 2009. 3. 26 선고, 2006 헌마 14, 헌재공보 제150호, 120면 이하.

2) 헌재 2007. 3. 29 선고, 2005 헌마 985·1037, 2006 헌마 11(병합), 헌재판례집 제19권 1집, 303면 이하.

3) 선거구인구수에 따른 투표의 평가가치의 불평등에 관하여는 후술 제 4 편 제 2 장 제 2 절 V. 3. 차별금지생활영역, (1) 정치적 생활영역 참조.

법불합치선언 하였다.[1] 헌재는 1995. 12. 27 선고, 95 헌마 224, 결정1)과 2001. 10. 25 선고, 2000 헌마 92, 결정2)에서 선거구의 인구편차가 심한 경우 불평등으로 위헌이라고 하여 헌법불합치선고를 하였다.

「구체적으로 선거구 획정에 대한 입법재량의 한계, 즉 헌법상 용인되는 각 선거구 사이의 인구편차의 한계를 어디까지 용인할 것인가는 인구비례의 원칙 이외에 고려되어야 할 2차적 요소들을 얼마나 고려하여 선거구 사이의 인구비례에 의한 투표가치 평등의 원칙을 완화할 것이냐의 문제인데, 인구편차의 허용한계에 관한 다양한 견해 중 인구편차가 상하 33 1/3% (이 경우 상한 인구수와 하한 인구수의 비율은 2:1) 미만인 경우에도 그 편차를 정당화할 합리적인 사유의 존재 여부에 따라서 그 위헌 여부를 따지는 견해는 그 기준이 너무 엄격하여 우리나라의 현실에서 이를 채택하는 것은 시기상조인 것으로 보이고, 국회가 지역선거구의 획정을 함에 있어 인구 이외에 행정구역, 국회의원정수, 도농간의 인구격차 등 다른 요소를 고려하여 배분할 수 있다 하더라도, 헌법상의 요청인 평등선거의 원칙에 비추어 원칙적으로 지역선거구획정에 따른 선거구간의 인구의 편차는 적어도 최대선거구의 인구가 최소선거구의 인구 2배를 넘지 않도록 조정해야 함이 마땅하다 할 것이고, 앞으로 상당한 기간이 지난 후에는 인구편차가 상하 33 1/3%(이 경우 상한 인구수와 하한 인구수의 비율은 2:1), 또는 그 미만의 기준에 따라 위헌 여부를 판단하여야 할 것이라는 점을 다시 한번 명백히 밝혀 두는 바이다」.[2]

2) 지방의원지역구의 인구불평등

(a) 이 론 지방자치단체의 의회의원선거에서도 인구비례의 원칙이 지켜져야 한다, 공직선거법 제26조 2항은 「자치구 · 시 · 군의원 지역구는 인구 · 행정구역 · 지세 · 교통 그 밖의 조건을 고려하여 획정하되, 하나의 자치구 · 시 · 군의원 지역구에서 선출할 지역자치구 · 시 · 군의원 정수는 2인 이상 4인으로 한다」고 규정하고 있다. 이러한 평등선거의 원칙은 국회의원선거에서 뿐만 아니라 지방의회의원선거에서도 적용된다. 헌법 제118조 2항의 규정은 지방의회의원선거에 있어서도 그대로 적용된다고 보아야 한다.

(b) 판 례 「선거권의 평등은 투표가치의 평등을 의미하므로 시 · 도의회의원 선거구 획정에 있어서도 인구비례원칙에 의한 투표가치의 평등은 가장 중요하고도 우선적인, 일차적인 기준으로 고려되어야 한다. 다만 시 · 도의원이 지방 주민 전체의 대표이기는 하나 지역대표성도 겸하고 있고, 급격한 산업화 · 도시화의 과정에서 인구의 도시집중으로 인하여 발생한 도시와 농어촌 간의 인구편차와 각 분야에 있어서의 개발불균형이 존재하는 우리 나라의 특수성 등을 고려할 때, 시 · 도의원 지역구 선거구획정에 있어서는 행정구역 등도 인구비례원칙에 못지 않게 함께 고려해야 할 필요성도 크다고 할 것이다. 그렇다면 시 · 도의회의원 선거구획정에 있어서는 인구비례의 원칙 이외에 행정구역, 지세, 교통 등 2차적 요소들을 적절하게 고려하여 선거구들 사이에 인구비례에 의한 투표가치 평등의 원칙을 완화하고, 이를 통해서 합리적인 인구편차기준을 설정하는 것이 과제라고 할 것이다」.[3]

---

1) 헌재 2001. 10. 25 선고, 2000 헌마 92·240(병합), 헌재판례집 제13권 2집, 502면 이하.

2) 헌재 1995. 12. 27 선고, 95 헌마 224, 헌재판례집 제 7 권 2집, 760면 이하.

3) 헌재 2007. 3. 29 선고, 2005 헌마 985 · 1037, 2006 헌마 11(병합), 헌재판례집 제19권 1집, 287면 이하 (302~303면).

「결국 시 · 도의회의원지역선거구, 특히 이 사건 선거구구역표가 인구편차에 의한 투표가치 불평등의 문제를 야기하게 되는 것은 법 제22조 제 1 항이 인구비례가 아니라 행정구역(국회의원지역선거구)을 기준으로 지역구 시 · 도의원정수를 정하는 데에 근본적인 원인이 있다고 할 것이다(게다가 관할구역 안의 자치구 · 시 · 군이 2 이상의 국회의원지역선거구로 된 경우 국회의원지역선거구마다 2인의 시 · 도의원을 배

구체적으로 선거구 획정에 있어 입법재량의 한계, 즉 헌법상 용인되는 각 자치구·시·군의원 선거구 사이의 인구편차의 한계를 어디까지 용인할 것인가는, 인구비례의 원칙 이외에 참작하여야 할 2차적 요소들을 얼마나 고려하여 선거구 사이의 인구비례에 의한 투표가치 평등의 원칙을 완화할 것이냐의 문제인바, 이러한 인구편차의 허용한계에 관하여는, 의원 1인당 평균인구수 기준 상하 33 1/3% 편차를 기준으로 하는 방안, 50% 편차를 기준으로 하는 방안 또는 60% 편차를 기준으로 하는 방안 등이 제시될 수 있다.

우선 상하 33 1/3% 편차를 기준으로 하는 방안은 선거권 평등의 이상(理想)에 접근하는 안이지만, 자치구·시·군의원 선거구 획정에 있어서 인구비례의 원칙 이외에 행정구역 내지 지역대표성 등을 사실상 제대로 고려할 수 없어 현실적인 방안이 되기 어렵다.

다음으로 상하 50% 편차를 기준으로 하는 방안은 자치구·시·군의원 선거구 획정시 인구비례의 원칙 이외의 제 2 차적 요소인 행정구역, 지역대표성 등을 보다 폭넓게 고려하고 있으나, 인구의 도시집중으로 인한 도시와 농어촌 간의 극심한 인구편차, 행정구역의 세분화 등 우리나라가 처한 특수한 사정에 비추어 볼 때, 지역대표성을 갖춘 자치구·시·군의원을 선출하기에 적절하다고 볼 수 없다.

끝으로 상하 60% 편차를 기준으로 하는 방안에 대하여 본다. 자치구·시·군의원의 선거구를 획정하는 데 있어서는, 투표가치의 평등으로서 가장 중요한 요소인 인구비례의 원칙을 기준으로 하되, 자치구·시·군의원의 지역대표성 및 인구의 도시집중으로 인한 농어촌 간의 극심한 인구편차가 존재하는 사정이 합리적으로 참작되어야 한다. 이러한 사정에 비추어 볼 때, 자치구·시·군의원 선거구 획정에는 인구비례, 지역대표성, 도농편차 등 고려할 사정이 유사한 시·도의회의원 선거구 획정시의 기준(헌재 2007. 3. 29. 2005 헌마 985 등)과 동등한 기준을 적용하되, 국회의원 선거구 획정시의 기준(헌재 2001. 10. 25. 2000 헌마 92 등)보다는 완화된 기준을 적용하는 것이 상당하다고 할 것이다.

결국 현 시점에서는 해당 선거구가 속한 각 자치구·시·군의회의원 1인당 평균인구수 대비 상하 60%의 인구편차 기준을 헌법상 허용되는 인구편차 기준으로 삼는 것이 가장 적절하다고 할 것이다[1]고 하면서 인구편차가 60% 이상인 선거구는 평등선거의 원칙에 위배한다

분하고 있지만, 자치구·시·군 상호 간에 인구편차가 큼에도 불구하고 국회의원지역선거구구역표가 그 인구편차를 제대로 반영하지 못하고 있는 경우에는 시·도의회 의원정수도 그에 따라 확정됨으로써 인구편차에 의한 투표가치의 불평등 상황은 그대로 재연될 수밖에 없다). 앞서 본 바와 같이, 경기도 용인시 제 1 선거구의 인구수가 197,810명으로 경기도 선거구 평균인구수 97,279명과 대비하여 +103%의, 경기도내 최소선거구인 연천군 제 1 선거구 인구수 19,885명과 대비하여 10배에 달하는 편차가 있게 되는데, 이로 인한 투표가치 불평등의 문제도 결국 법 제22조 제 1 항이 인구비례가 아니라 행정구역을 기준으로 하여 지역선거구별 시·도의원정수를 정하는 데에 근본적인 원인이 있다고 할 것이며, 이러한 사정은 용인시 제 3 선거구, 제 4 선거구 및 군산시 제 1 선거구에서도 마찬가지라고 할 것이다. 그렇다면, 인구편차에 의한 투표가치의 불평등은 이 사건 선거구구역표 중 용인시 제1, 3, 4선거구 및 군산시 제 1 선거구 부분의 획정에서 뿐만 아니라 행정구역별로 시·도의원 정수를 2인으로 배분하고 있는 법 제22조 제 1 항에서 시원적(始原的)으로 생기고 있으며, 따라서 이 사건 선거구구역표 중 해당 부분뿐만 아니라 법 제22조 제 1 항도 결과적으로 청구인들의 헌법상 보장된 선거권과 평등권을 침해한다고 할 것이다」.

1) 2009년 3월 26일에 지방자치단체의 시·군 의회의원 선거구가 인구불평등이라 하여 헌법불합치선언되거나 기각결정이 있었다. 헌재 2009. 3. 26 선고, 2006 헌마 240, 371(병합), 충청남도 시·군 의회의원 선거구와 선거구 의원 정수에 관한 조례[별표 2] 위헌확인(헌법불합치결정), 헌재공보 제150호, 177면 이하; 헌재 2009. 3. 26 선고, 2006 헌마 203, 강원도 시·군 의회의원정수 및 선거구 등에 관한 조례 제 3 조 별표 2 등, 청원군 부분 위헌확인(기각), 헌재공보 제150호, 174면 이하; 헌재 2009. 3. 26 선고, 2006 헌마 14, 서울특별시 자치구의회의원선거구와 선거구별 의원 정수에 관한 조례[별표] 위헌확인(각하), 헌재공보 제150호, 120면 이하; 헌재 2009. 3. 26 선고, 2006 헌마 72, 서울특별시 자치구 의회의원 선거구와

고 하면서 헌법불합치결정을 하고 있다.

3) 비례대표제와 평등선거

(a) 이 론 비례대표제는 정당에 대한 합동명부에 대해 투표하고 득표에 따라 의석을 배분하는 점에서 정당평등의 원리에 합치한다. 그러나 1인1표제에 따라 정당명부에 대한 투표 없이 지역구당선자의 비율을 기준으로 비례대표의석을 배분하는 것은 평등선거 위반이라고 헌재는 결정했다.[1]

(b) 판 례 「현행 1인1표제에서의 비례대표의석배분방식에서, 지역구후보자에 대한 투표는 지역구의원의 선출에 기여함과 아울러 그가 속한 정당의 비례대표의원의 선출에도 기여하는 2중의 가치를 지니게 되는 데 반하여, 무소속후보자에 대한 투표는 그 무소속후보자의 선출에만 기여할 뿐 비례대표의원의 선출에는 전혀 기여하지 못하므로 투표가치의 불평등이 발생하는바, 자신이 지지하는 정당이 자신의 지역구에 후보자를 추천하지 않아 어쩔 수 없이 무소속후보자에게 투표하는 유권자들로서는 자신의 의사에 반하여 투표가치의 불평등을 강요당하게 되는바, 이는 합리적 이유 없이 무소속 후보자에게 투표하는 유권자를 차별하는 것이라 할 것이므로 평등선거의 원칙에 위배된다」.

4) 정당과 평등선거

(a) 이 론 정당은 선거준비기관으로서 또 선거운동기관으로서 평등한 보호를 받을 권리를 가진다. 헌법은 정당간의 평등보호를 규정하고 있다.

(b) 판 례 「평등권 및 평등선거원칙으로부터 나오는 선거에 있어서 기회균등의 원칙은 후보자에 대하여는 물론 정당에 대하여서도 보장되는 것이며, 따라서 정당추천의 후보자가 선거에서 차등대우를 받는 것은 바로 정당이 선거에서 차등대우를 받는 것과 같은 결과가 되는 것이다. … 정당이 선거에 있어서 기회균등의 보장을 받을 수 있는 헌법적 권리는 정당활동의 기회균등의 보장과 헌법상 참정권 보장에 대표되어 있다」.[2]

그러나 대선거구제를 채택하지 아니하고 2인 선거구제를 채택한 것은 정당의 자유를 침해하는 것이 아니라고 하였다. 「우선 선거구제나 한 선거구에서 선출되는 의원수를 정하는 문제는 헌법이 직접 규정한 것이 아니라 기본적으로 입법에 맡겨져 있는 것인바, 국가가 특정한 선거구제의 채택을 통하여 특정 정당이나 소수 정당의 지방의회 진출을 반드시 보장하여야 한다거나 모든 정당에 대하여 지방의회에 현실적으로 진출하도록 할 의무가 있는 것은 아니다. 또한 위 [별표]가 기본적으로 2인 선거구제를 채택하고 있다고 하더라도 이는 선거권자의 후보자 선택을 제한하거나 소수 정당 후보자의 당선기회를 봉쇄하는 것이 아니고, 단지 하나의 선거구에서 선출할 의원의 수에 관한 규정일 뿐이다. 결국 선거구제에 관한 입법에 의하여 일부 정당의 정치참여 기회에 현실적인 영향을 미친다고 하여도, 이는 사실적·간접적 효과에 불과하므로 입법 자체가 위 청구인의 정당활동의 자유를 제한하는 것이라 볼 수 없다」.[3]

5) 최저투표율과 최저당선율 제도 국회의원선거에서 국민의 기권율이 높아 당선

선거구별 의원정수에 관한 조례위헌확인(기각), 헌재공보 제150호, 146면 이하; 헌재 2009.3.26 선고, 2006 헌마 67, 경상북도 시·군의회의원 선거구와 선거구별 의원정수에 관한 조례 별표 위헌확인(일부 헌법불합치), 헌재공보 제150호, 133면 이하; 헌재 2009.3.26 선고, 2006 헌마 188, 부산광역시 구·군 의회의원 선거구와 선거구별 의원정수 조례 등 위헌확인(각하, 기각), 헌재공보 제150호, 161면 이하.

1) 헌재 2001.7.19 선고, 2000 헌마 91·112·134(병합), 헌재판례집 제13권 2집, 77면 이하.

2) 헌재 1991.3.11 선고, 91 헌마 21, 헌재판례집 제3권, 91면 이하.

3) 헌재 2009.3.26 선고, 2006 헌마 67, 헌재공보 제150호, 133면 이하.

자가 유권자들에 대비하여 득표율이 아주 낮은 경우, 평등선거위반이 아닌가 하는 주장에 대하여 헌재는 이는 평등선거위반이 아니라고 결정하였다.[1] 그러나 입법자가 당선인 결정을 유효하도록 하기 위하여 선거권자의 일정비율 이상이 반드시 투표에 참여해야 한다는 의미의 최소투표율을 도입할 것인지 여부, 또는 그러한 제도를 도입할 때 어느 정도로 지정할 것인지에 대한 명확한 헌법적 기준은 없고, 입법재량에 속하는 것으로 보고 있다. 재보궐선거투표율 제고를 위하여 재보궐선거투표시간을 오후 8시까지로 2시간 연장하고 있다(법 제155조 1항).

6) 기탁금 제도

(a) 의 의　　피선거권에도 평등선거원칙이 적용되며 입후보요건으로 과도한 기탁금을 요구하는 것 등은 자력자와 무자력자 간의 차별이므로 헌법에 위반된다.

(b) 판 례　　「결론적으로, 이 사건 조항이 설정한 5억원의 기탁금은 대통령선거에서 후보자 난립을 방지하기 위한 입법목적의 달성수단으로서는 개인에게 현저하게 과다한 부담을 초래하며, 이는 고액 재산의 다과에 의하여 공무담임권 행사기회를 비합리적으로 차별하므로, 입법자에게 허용된 재량의 범위를 넘어선 것이다. 이 사건 조항은 청구인의 공무담임권을 침해한다」.

주문, 헌법불합치: 이강국, 김희옥, 민형기, 목영준, 송두환; 단순위헌: 김종대, 이동흡; 합헌: 이공현.[2]

이 결정은 1995. 5. 25 선고, 92 헌마 269에서의 기탁금 3억원을 합헌이라고 한 것을, 법의 개정으로 현행 선거법에서 대통령선거의 기탁금 액수가 종전과 같이 3억원이 되어야 할 필요성이 오히려 약해졌는데도, 기탁금이 5억으로 증가된 것은 헌법에 불합치한 것으로 판단할 것이다.

(4) 직접선거

1) 이 론　　직접선거는 간접선거에 반대되는 개념으로서, 의원의 선거가 일반유권자에 의하여 직접 행하여지는 경우를 말한다. 간접선거는 일반유권자가 우선 특정수의 중간선거인을 선정할 뿐이고, 이 중간선거인이 대표자를 선거하는 경우를 말한다. 중간선거인을 선출하여 대표자를 선출하는 것은 중간선거인이 선거인의 의사를 왜곡하는 결과가 되기 때문에 부인되고 있다. 직접선거에 있어서 문제가 되는 것은 비례대표제선거에 있어서의 구속명부제이다. 구속명부제는 실질적으로 정당이 정한 후보자명부에 선거인이 구속되므로 정당에 의한 간접선거와 같은 결과를 가져오기 쉽다. 일본에서도 후보자명부에 대한 선거는 간접선거라는 비난이 있다.

2) 판 례　　비례대표제의 경우 1인 1표식명부제는 헌법에 위반한다는 헌재결정이 있다.[3] 비례대표제를 채택하는 경우 직접선거의 원칙은 의원의 선출 뿐만 아니라 정당의 비례적인 의석확보도 선거권자의 투표에 의하여 직접 결정될 것을 요구하는바, 비례대표의원의 선거는 지역구의원의 선거와는 별도의 선거이므로 이에 관한 유권자의 별도의 의사표시, 즉

1) 헌재 2003. 11. 27 선고, 2003 헌마 259 · 250(병합), 헌재판례집 제15권 2집(하), 339면 이하.

2) 헌재 2008. 11. 27 선고, 2007 헌마 1024, 헌재판례집 제20권 2집(하), 477면 이하; 헌재 2001. 7. 19 선고, 2000 헌마 91 · 112 · 134(병합), 헌재판례집 제13권 2집, 77면 이하.

3) 헌재 2001. 7. 19 선고, 2000 헌마 91·112·134(병합), 헌재판례집 제13권 2집, 77면 이하.

정당명부에 대한 별도의 투표가 있어야 함에도 현행제도는 정당명부에 대한 투표가 따로 없으므로 결국 비례대표의원의 선출에 있어서는 정당의 명부작성행위가 최종적·결정적인 의의를 지니게 되고, 선거권자들의 투표행위로써 비례대표의원의 선출을 직접·결정적으로 좌우할 수 없으므로 직접선거의 원칙에 위배된다. 독일에서는 비례대표후보자 명부순위는 지방의 정당지부에서 투표로 정하고 있다. 일본에서는 참의원선거에서 비구속명부식 비례대표제를 채택하고 있는데, 이에 대한 위헌소송에서 최고재판소는 「투표의 결과 즉 선거인의 총의에 의하여 당선인이 결정된 점에서 선거인이 후보자 개인을 직접 선택하여 투표하는 방식과 다르지 않기 때문에 직접선거가 아니라고는 할 수 없다」고 판시하였다(最大判 平成 16年 1月 14日).

(5) 비밀선거

1) 이 론 비밀선거는 공개선거에 반대되는 개념으로, 선거인이 누구에게 투표하였는가를 알 수 없는 상태로 투표하는 것을 말한다. 공개투표제에는 기명투표제 또는 구두투표제가 있는데, 공개투표제는 선거인에게 책임을 지울 수 있는 점에서 좋으나 선거간섭·매표 등의 우려가 있기 때문에 공개투표를 금지하고 비밀투표를 채택하게 되었다. 비밀투표를 보장하기 위한 것으로는 i) 무기명투표, ii) 투표의 비밀유지와 그 침해에 대한 벌칙, iii) 투표용지관급주의, iv) 투표에 관한 증언의 거부 등 여러 제도를 들 수 있다.

2) 판 례 「비밀선거는 선거민이 누구를 선택하였는지 제 3 자가 알지 못하도록 하는 상태로 투표하는 것을 말하는데, 모사전송 시스템을 이용하여 선상에서 투표를 할 수 있는 방안이 마련된다면, 전송과정에서 투표의 내용이 직·간접적으로 노출되어 비밀선거원칙이 침해될 우려가 있다는 지적이 있다. 직접선거의 원칙은 선거결과가 선거권자의 투표에 의하여 직접 결정될 것을 요구하는 것인데(헌재 2001. 7. 10. 2000 헌마 91 등 헌재판례집 13-2, 77, 95), 이러한 선상투표도 선거권자가 직접 의사결정을 하고 단지 그 송부만이 모사전송 시스템에 의하여 이루어지는 것이므로, 직접선거 원칙에 위배되는 것이 아니다.[1]

「국민주권의 원리를 실현하고 국민의 근본적인 권리인 선거권의 행사를 보장하려면, 비밀선거의 원칙에 일부 저촉되는 면이 있다 하더라도, 이 사건과 같은 경우 '선거권' 내지 '보통선거 원칙'과 '비밀선거 원칙'을 조화적으로 해석하여 이들 관계를 합리적으로 조정할 필요가 있다」.[2]

(6) 자유선거

1) 이 론 자유선거는 강제선거에 반대되는 것으로, 직접적이나 간접적인 압력 없이 자유롭게 투표가 행해지는 선거제도를 말한다.[3] 우리 헌법재판소는 선거운동의 자유는 헌법상 국민주권의 원칙과 참정권조항 등에 의하여 보장되는 기본권의 성격을 가진다고 보아 그 헌법적 근거로 헌법 제 1 조와 제24조를 들고 있다. 자유선거는 모든 선거인이 어떠한 강제도 받지 아니하고 외부의 어떠한 영향도 없이 자유롭게 자기의 선거권을 행사할 수 있는 것을 말한다.[4]

---

1) 헌재 2007. 6. 28 선고, 2005 헌마 772, 헌재판례집 제19권 1집, 899면 이하(910면).

2) 헌재 2007. 6. 28 선고, 2005 헌마 772, 헌재판례집 제19권 1집, 899면 이하(910면).

3) 후보자의 추천권을 정당에게만 독점시키는 것은 자유선거의 원칙, 보통·평등선거의 원칙에 위반되고, 선거의무를 헌법차원이 아닌 법률로 규정하는 것은 자유선거의 원칙에 위반된다는 것이 독일헌법재판소 판례이다.

4) 헌재 1994. 7. 29 선고, 93 헌가 4 등 병합, 헌재판례집 제 6 권 2집, 15면 이하(28면); 헌재 1995. 4. 20 선고, 92 헌바 29, 헌재판례집 제 7 권 1집, 499면 이하(506면); 헌재 1999. 9. 16 선고, 99 헌바 5, 헌재판례집 제11권 2집, 326면 이하(336면). 同旨: 헌재 2001. 8. 30 선고, 99 헌바 92 등, 헌재판례집 제13권 2집, 174면 이하(193면).

2) 판 례 헌재는 자유선거의 원칙에 관해서 판시하고 있다.[1] 「민주정치는 주권자인 국민이 되도록 정치과정에 참여하는 기회가 폭넓게 보장될 것을 요구한다. 이는 국민주권의 원리로부터 나오는 당연한 요청이다. 특히 대의민주주의를 원칙으로 하는 오늘날의 민주정치 아래에서의 선거는 국민의 참여가 필수적이고, 주권자인 국민이 자신의 정치적 의사를 자유로이 결정하고 표명하여 선거에 표명함으로써 민주사회를 구성하고 움직이게 하는 것이다. 따라서 국민의 주권행사 내지 참정권 행사의 의미를 지니는 선거과정에의 참여행위는 원칙적으로 자유롭게 행하여질 수 있도록 최대한 보장하여야 한다. 한편 자유선거의 원칙은 비록 우리 헌법에 명시되지는 않았지만 민주국가의 선거제도에 내재하는 법원리인 것으로서 국민주권의 원리, 의회민주주의의 원리 및 참정권에 관한 규정에서 그 근거를 찾을 수 있다」.

3) 私 見 따라서 선거권의 행사를 의무화시키는 것은 자유선거의 원칙과 합치하지 않는다고 하겠다.[2] 대통령선거에 있어 후보자 및 가족이나 공식선거운동원이 아닌 일반국민에게 일체의 선거운동을 금하고 있는 구 대통령선거법 제36조 1항은 국민의 선거운동의 자유를 전면적으로 박탈하는 것으로서 헌법에 규정된 국민의 참정권의 본질적 내용을 침해하여 위헌이라는 헌재결정이 있다.[3]

공선법은 선거운동의 자유에 대하여 선거의 공정을 위하여 많은 제한을 하고 있는데 대부분 합헌선언되었다.[4]

---

1) 「민주정치는 주권자인 국민이 정치과정에 참여하는 기회가 폭 넓게 보장될 것을 요구하므로, 국민의 주권행사 내지 참정권 행사의 의미를 지니는 선거과정에 대한 참여행위는 원칙적으로 자유롭게 행하여 질 수 있도록 최대한 보장되어야 한다. 이러한 선거자유의 원칙은 민주국가의 선거제도에 내재하는 법원리로서 국민주권의 원리, 대의민주주의의 원리 및 참정권에 관한 헌법규정들(제 1 조, 제24조, 제25조, 제41조 제 1 항, 제67조 제 1 항 등)을 근거로 하며, 그 내용으로 선거권자의 의사형성의 자유와 의사실현의 자유, 구체적으로는 투표의 자유, 입후보의 자유 나아가 선거운동의 자유가 있다.

이 중 선거운동의 자유는 널리 선거과정에서 자유로이 의사를 표현할 자유로서 표현의 자유의 한 형태이기도 하므로 언론, 출판, 집회, 결사의 자유를 보장한 헌법 제21조에 의하여도 보호받는다. 한편, 선거권이 제대로 행사되기 위하여는 후보자에 대한 정보의 자유교환이 필연적으로 요청되므로, 선거운동의 자유는 선거권 행사의 전제 내지 선거권의 중요한 내용을 이룬다. 그러므로 선거운동의 제한은 후보자에 관한 정보에 자유롭게 접근할 수 있는 권리를 제한하는 것으로서 선거권, 곧 참정권의 제한으로 파악될 수도 있다」(헌재 2006. 7. 27 선고, 2004 헌마 215, 헌재판례집 제18권 2집, 200면 이하).

2) 선거권자들로 하여금 투표를 하도록 강제하는 과태료나 벌금 등의 수단을 채택하게 된다면 자발적으로 투표에 참가하지 않은 선거권자의 의사형성의 자유 내지 결심의 자유를 부당하게 축소하고 그 결과로 투표의 자유를 침해하여 결국 자유선거의 원칙을 위반할 우려도 있게 된다(헌재 1995. 4. 20 선고, 92 헌바 29, 헌재판례집 제 7 권 1집, 499면 이하; 헌재 2003. 11. 27 선고, 2003 헌마 259·250(병합), 헌재판례집 제15권 2집(하), 339면 이하).

3) 헌재 1994. 7. 29 선고, 93 헌가 4 등 병합, 헌재판례집 제 6 권 2 집, 15면 이하.

4) 상세한 것은 후술 정치적 기본권 중 선거운동의 자유 참조.

「한편 민주적 의회정치의 기초인 선거는 본래 자유로워야 하는 것이지만 동시에 공정하게 이루어져야 한다. 부정선거와 과열된 선거운동으로 말미암아 발생할 사회경제적 손실과 부작용을 방지하고 실질적인 선거운동의 기회균등을 보장하기 위하여는 선거의 공정성이 확보되어야 하며 어느 정도 선거운동에 대한 규제가 불가피하다. 따라서 헌법 제116조 제 1 항은 "선거운동은 각급 선거관리위원회의 관리하에 법률이 정하는 범위 안에서 하되, 균등한 기회가 보장되어야 한다"라고 규정하여 선거운동의 범위를 정함에 있어 균등한 기회 보장, 즉 공정성을 선거운동제도를 구성하는 헌법적 가치로 규정하고 이를 실현하기 위한 임무를 입법자에게 부여하고 있다.

물론 그렇다고 선거운동의 허용범위가 아무런 제약 없이 입법자의 재량에 맡겨져 있는 것은 아니다. 입법자는 선거에 관한 입법을 함에 있어서 위와 같은 선거의 이상이 실현될 수 있도록 선거의 공정성을 해

3. 代表制

(1) 대표제의 의의와 성격 대표제라 함은 의원정수의 당선결정방법을 말하는바, 여기에는 일반적으로 다수대표제·소수대표제·비례대표제 및 직능대표제의 네 가지를 들 수 있다.[1)]

1) 선거의 목적 선거의 목적에는 세 가지가 있는데, 그 첫째로는 선거인단에 의하여 표명되어지는 여론의 동향을 아는 것이며, 둘째로는 의회에 있어서의 다수파를 형성하는 것이다. 각 국가들은 대개 그들의 전통과 정치현실 기타 사정에 의하여 여러 가지 선거방법을 채용하고 있는바, 이에는 몇 가지 문제점이 있다. 첫째로는 대중민주정치의 발전에 따라 어떻게 하면 이 대중을 지역적으로 기능할 수 있는 선거구역으로 구분할 것인가, 또 어떻게 선거당선정족수를 결정할 것인가, 즉 서로 다른 정당이 획득한 표수와 제한된 의회의석간에 어떻게 정당한 비례를 발견할 수 있을 것인가의 문제이다.

둘째로는 오늘날 선거인의 급속한 팽창에 따라 선거민에게 상호 경쟁하는 정당들이 자기 정당의 인물과 강령을 알려 주는 새로운 기술적 수단이 요청된다. 오늘날의 선거운동은 선거민대중에게 향하여져 있고, 따라서 오늘의 선거전은 정당선전기관의 격렬한 전투로 되었다.

셋째로는 오늘날 대중민주정치에서는 다양한 정당들이 급격히 증가하고 있는데 이에 따라 새로운 문제가 야기되며, 특히 비례대표제의 문제와 관련하여 많은 논쟁의 대상이 되고 있는데 「선거제도와 정당수와는 필연적으로 직접적인 관계가 있는 것이 아님」은 여러 사람들이 실증적으로 명시하고 있는 바이지만, 그럼에도 불구하고 선거제도와 정당수간에는 긴밀한 관계가 있는 것을 부인할 수는 없다.

2) 판 례 헌재는 당선자가 대표성을 가지기 위하여서는 최저득표율을 정하여야 한다는 주장에 부정적이다.[2)]

> 「선거는 일정한 절차에 따라 대표자를 선출하는 행위로서 대의기관을 구성하는 민주주의의 실현수단이다. 따라서 선거제도는 대의기관구성과 국가의 정책결정·집행과정에 국민의 의사가 가능한 한 굴절없이 정확하게 반영될 수 있도록 마련되어야 한다. 그러므로 선거제도가 갖추어야 할 제 1 차적 요소가 대표형성의 정확성에 있음은 더 말할 나위도 없다.

치지 아니하는 한 국민의 선거운동의 자유를 최대한 보장하여야 하고, 그 시대에 있어서의 국민전체의 정치·사회발전단계, 민주시민의식의 성숙도, 종래에 있어왔던 선거풍토 기타 제반상황을 종합하여 자유·공정의 두 이념이 슬기롭게 조화되도록 정하여야 한다」(헌재 2006. 7. 27 선고, 2004 헌마 217, 헌재판례집 제18권 2집, 117면 이하).

1) 선거제도에 관해서는 많은 저서가 있다. 대표적인 것으로 Nohlen, Elections and Electoral Systems, 1966; Nohlen, Electoral Systems in Comparative Perspective; Nohlen, Wahlrecht und Parteiensystem, 1986; Nohlen, Wahlsysteme der Welt, 1978; Schreiber, Handbuch des Wahlrechts zum Deutschen Bundestag, 7. Aufl., 2002 Wild, Die Gleichheit der Wahl, 2003 등 참조.

2) 헌재 2003. 11. 27 선고, 2003 헌마 259·250(병합), 헌재판례집 제15권 2집(하), 339면 이하.

그럼에도 불구하고 저조한 투표율이 국민의 평등선거에 위반한다 하여 당선인 결정방식을 선거권자들의 일정 비율 이상이 반드시 투표에 참여해야만 가능하다는 최소투표율제에 의해야 한다고 하면 결과적으로 선거인의 결정의 자유 내지 결심의 자유를 침해할 수도 있게 되는 것이다. 그러므로 저조한 투표율에 의해 실시된 재·보궐선거에서 유효투표의 다수를 얻은 후보자를 당선인으로 결정하는 것이 선거의 대표성을 훼손한다고 하기는 어렵다.

결국 이 사건 공선법 제188조가 이른바 최소투표율제를 택하고 있지 않다는 이유만으로 헌법상 요구된 선거의 대표성의 본질을 침해한다거나 그로 인해 국민주권원리를 침해하고 있다고 하기 어렵다」.

(2) 다수대표제(Mehrheitswahl)

1) 의 의 다수대표제는 대표자의 선거를 선거구에 있는 다수자의 의사에 따르게 하는 방법, 즉 다수파만이 대표자를 낼 수 있으며 소수파는 대표자를 내는 것이 거의 불가능한 방법을 말한다. 일반적으로 다수대표제는 소선거구제를 취하는데, 다수대표제의 극단적인 형태는 소선거구에서 단기방법을 채택하는 경우이다. 이 방법은 영국·France·미국 등에서 채용되고 있다.

2) 상대적 다수대표제와 절대적 다수대표제 다수대표제에는 상대적 다수대표제와 절대적 다수대표제가 있다.[1] 상대적 다수대표제는 한 선거구에서 상대적으로 다수를 얻은 사람이 당선되는 제도이며, 절대적 다수대표제는 투표자의 과반수 이상의 득표를 얻은 자를 당선자로 하는 제도이다. 영국과 미국에서는 주로 상대적 다수대표제를 채택하고, France에서는 대통령선거·하원의원선거 등에서 절대적 다수대표제를 채택하고 있는데, 제 1 회투표에서 절대다수를 얻은 자가 없으면 결선투표를 한다.[2]

3) 장 단 점 다수대표제는 2대 정당화에 따른 정국의 안정을 기할 수 있고 지역이 좁기 때문에 선거비용이 적게 드는 장점이 있는 반면 사표가 많아지며 민의를 잘 반영할 수 없고 선거부정부패가 심한 단점이 있다. 이것은 소선거구제의 장단점과 비슷하다.

---

1) 이 외에도 불란서식과 영국식 소선거구제의 불합리성을 제거하기 위하여 고안된 것으로 영국과 그 식민지에 있어서의 선택투표제(alternative vote)와 미국의 각 지방에 있어서의 Bucklin 식 우선투표제(preferential ballot) 및 결합(apparentment)방식 등이 있다.

a) 선택투표제 선택투표제는 정수 1 인제선거구에 있어서 선거인이 자기가 투표하려고 생각하는 후보자 외에, 타 1 인의 후보자의 성명을 제 2 위로 지명하고 투표용지에 기재하여, 후보자로서 절대다수의 득표자가 없는 경우에는 제 2 위에 있어서 최저위의 득표수의 후보자에게 던져진 표를 처분하여 제 2 순위로 지명된 후보자의 득표에 귀속시키고, 그 과반수를 얻은 후보자를 당선자로 하는 방법이다. 또 그래도 과반수를 얻은 자가 없는 경우에는 다음 순위에 있는 득표수의 후보자의 투표를 처분하는 것과 같은 방법으로 처분하여, 궁극적으로 절대다수에 도달하는 방법이다.

b) Bucklin 식 우선투표제 이는 마찬가지로 정수 1인제선거구에 있어서 투표시에 ①·②·③의 순위를 붙여, 절대다수의 득표자가 없는 경우에 한하여 제 2 순위로 주어진 투표를 계산하여 제 1 순위로서 얻은 투표수와 합계하여 그 전체의 과반수를 얻은 자를 당선자로 하는 방법이다. 또 그래도 과반수를 얻은 자가 없는 경우에는 제 3 순위로 얻은 표수를 합계하여 결정한다.

c) 결합방식 비교적 강령이 유사한 정당이 미리 결합을 계출한 후 이들 당은 각각 별도로 운동하고, 선거인도 그가 좋아하는 후보자에 투표한다. 어떤 후보자도 절대다수를 얻지 않는 경우에 결합이 작용하여 결합한 후보자간에 그 득표를 결합시켜 절대다수를 얻게 하는 것을 목적으로 한다.

2) 독일에서는 다수대표제를 인물선거제로 보고 비례대표제를 정당선거제로 보는 경향이 있다.

(3) 소수대표제(Minderheitenvertretung)

1) 의 의 다수대표제의 경우에는 다수당이 의석을 독점할 우려가 있고 소수파가 의회에 평등하게 대표되지 못할 가능성이 있다. 이러한 불공평을 시정하고 소수당에게도 국회에 있어서의 최소한의 대표를 보장하게 하려고 하는 것이 소수대표제이다.

2) 방 법 소수대표제에 있어서도 소수당에 어느 정도의 대표를 보장하는가에 대해서는 일정한 기준이 없고, 여러 가지 방법에 의하여 소수자가 대표될 수 있는 기회를 부여하고 있는데, 오늘날에 있어서의 대표적인 방법으로서는 累積投票法·制限連記投票法·順序遞減法·大選擧區單記非委讓式投票法 등을 들 수 있다.[1)]

3) 장 단 점 소수대표제는 사표가 적으며 선택의 범위가 넓어지나 동일정당에서 복수후보자가 입후보하여 정책정당선거가 어려워지며, 구역이 넓어지기 때문에 선거비용이 많이 드는 단점이 있다. 소수대표제는 중·대선거구제를 전제로 하기 때문에 장단점도 비슷하다.

(4) 비례대표제(Verhältniswahl)

1) 비례대표제의 의의 비례대표제는 다수대표제나 소수대표제가 다수나 소수에게 부당하게 유리한 결과를 가져오는 것을 시정하기 위하여 고안된 제도이다. 비례대표제는 소수와 다수를 불문하고 그 실세력에 상응하여 가능한 한 공정하게 대표의 기회를 주려고 하는 것으로서 수학적인 선거법이라고도 말하여진다.

2) 비례대표제의 방법 비례대표제의 종류는 3백여 종이 있으며 모두 각각의 이론과 장단점을 가지고 있으나, 본래 목적은 死票를 가능한 한 적게 하고 이를 살려서 선거에 있어서의 국민의 진의를 정확하게 의회에 반영시키려고 함에 있다. 일반적으로 비례대표제선거법의 공통적인 기술은 i) 일정한 當選基數(quota)를 산출하고, ii) 이 당선기수를 초과한 표를 타정당 또는 타후보자에게 이양(transfer)하는 것이다.

그러나 현대적인 비례대표제는 일반적으로 명부식 비례대표제를 채택하고 있으며, 국

---

1) a) 누적투표법(Stimmenhäufung, vote cumulatif) 이것은 소수를 기술적으로 강화하기 위한 방도로 선거인은 그 선거구에서 선출되는 의원정수와 동수의 투표권을 동일한 후보자에 누적하여 행사되는 것이 허용된다. 이에 따라 선거인은 그의 지지하는 선거인에게 그 처분할 수 있는 표를 한 사람에게 集中累積할 수 있으며, 그렇게 함으로써 소수파도 의석을 확보할 수 있다.

b) 제한연기투표법(beschränkte Stimmgebung) 이것은 다수의 기술적인 약소화방법으로서, 1선거 3인 이상의 의원정수가 있는 것을 전제로 하고, 선거인에 복수의 투표권을 인정하나, 당해 선거구의 의원정수와 동수까지에는 이르지 않는 제한된 투표수를 인정하는 것이다.

c) 순서체감법(System der Rangordnungsziffer) 이 방법도 연기투표제이며, 그 선거구 내의 의원정수에 달할 때까지의 연기투표를 인정하나, 그 투표의 효력에 차등을 주는 것으로, 제1순위의 후보자에 대하여 1의 효력을 인정한다고 하면 제2순위의 후보자에 대하여서는 1/2, 제3순위의 후보자에 대하여는 1/3의 효력을 인정하는 방법이다.

d) 대선거구단기비위양식투표법 이것은 선거구의 의원정수를 2인 이상으로 하고, 선거인은 單記의 투표를 행하며, 그 후보자에게 투표되어진 표는 타에 위양될 수 없는 경우를 말한다. 이 방법에 의하면 그 선거구 내의 선출의원은 반드시 그 선거구 내의 다수당에게 독점되지 않으며, 소수당에도 대표선출의 기회가 주어지게 된다.

민은 정당이 제시한 합동명부에 대하여 투표하고 여기에 투표되어진 표수를 當選基數方式이나 除數(d'Hondt)방식에 의하여 당선자를 결정하고 있다.[1)]

3) 비례대표제의 장단점 비례대표제의 장단점은 대체로 소선거구다수대표제의 장단점과는 반대이다.

(a) 비례대표제의 장점 첫째, 비례대표제는 소수에게도 의회진출의 기회를 줌으로써 소수자보호의 민주정치원리에 합치된다.

둘째, 비례대표제는 각인이 투표하는 1표의 평가가치를 평등하게 취급한다고 하는 점에서 참다운 선거권의 평등을 보장하고 민주정치에 있어서의 합리성의 요청에 합치된다.

셋째, 비례대표제는 민주정치의 본질인 정당정치에 적합하여 정당·정강을 위주로 한 정당본위의 선거를 유지·발전시킬 수 있다. 현대의 대중민주정치는 정당정치이며 정당을 무시한 순수한 개인본위의 선거제도는 부적합하다.

(b) 비례대표제의 단점 첫째, 비례대표제는 대선거구정당대표제이기 때문에 정당다수의 난립, 군소정당의 출현을 초래할 위험성이 있다고 한다.

둘째, 비례대표제는 기술적으로 시행하기 어려운 점이 많고 절차가 번잡하여 개표에서 당선인결정까지 불안정이 오래 계속된다고 한다.

셋째, 비례대표제는 선거의 직접성의 원칙에 모순된다고 한다. 즉 선거인과 국회의원간에 정당이 개입하고 투표는 어느 정도 간접선거로 되기 쉽다는 것이다.[2)]

넷째, 후보자명부는 정당에 의하여 작성되고 선거인은 후보자의 선정에 거의 영향을 미치지 못하며, 따라서 정당간부의 횡포를 가져오기 쉽다고 한다.

(c) 비례대표제의 가치 비례대표제는 위와 같은 비판을 받고 있으나, 비례대표제가 다수대표제보다 훨씬 합리적이고 또한 민주적이기 때문에 비례대표제의 단점을 교정하고 장점을 살리는 수정비례대표제가 요망된다고 하겠다.[3)]

---

1) 名簿式比例代表制에도 拘束名簿制(System der gebundenen Listen)(여기에도 절대구속제와 단순구속제가 있다)와 自由名簿制가 있으며, 각 당의 득표수에 비례하여 의석을 분배하는 방법으로서 다음과 같은 방법이 있다.

a) 當選基數(quota, quotient électoral) 이 방법은 당해 선거구에 있어서의 유효투표(V)를 의원정수(M)로 나누어 당선기수(Q)를 산출한다. 이를 수식으로 표시하면 $Q=\frac{V}{M}$이다. 이외에도 $Q=\frac{V}{M+1}+1$로 표시되는 Droop식 quota도 있다.

b) 統一當選基數方式(nombre unique 또는 quotient national) 이것은 自動式固定 quota라고도 하며, 이 방식에 의하는 경우 의원총수는 사전에 확정되지 않고 유권자총수, 종래의 총선거에 있어서의 기권, 희망되는 대체의 의원총수를 고려하여 일정한 統一當選基數를 미리 정해둔다.

c) d'Hondt식 quota 또는 除數方式(diviseur électoral) d'Hondt의 고안에 의한 것으로, 이 방법은 우선 각 후보자의 득표수를 결정하여 그 득표수의 큰 것에서 작은 것으로 차례로 배열하여, 이를 1·2·3·4 등의 차례로 나누어 그 결과로 남은 것 중에서 그 수가 큰 것에서 순차로 배열하여 선거할 의원정수에 상당하는 순위의 것을 구하고, 이 최후의 것을 quota로 한다.

2) 옛날에 행해졌던 지역구 국회의원에 대한 투표를 정당에 대한 투표로 의제하여 그 득표수에 따라 의석을 배분한 1인 1표 제도는 직접선거와 평등선거에 위반된다는 것이 헌재의 견해이다(헌재 2001. 7. 19 선고, 2000 헌마 91·112·134(병합), 헌재판례집 제13권 2집, 77면 이하).

3) 수정비례대표제로는 독일선거법을 들 수 있다. 독일선거법은 인격화된 비례대표제(Personalisierte Ver-

4) 판 례

(a) 비례대표제의 장점 헌재는 비례대표제에 대하여 호의적이다. 「비례대표선거제란 정당이나 후보자에 대한 선거권자의 지지에 비례하여 의석을 배분하는 선거제도를 말한다. 비례대표제는 거대정당에게 일방적으로 유리하고, 다양해진 국민의 목소리를 제대로 대표하지 못하며 사표를 양산하는 다수대표제의 문제점에 대한 보완책으로 고안·시행되는 것이다. 비례대표제는 그것이 적절히 운용될 경우 사회세력에 상응한 대표를 형성하고, 정당정치를 활성화하며, 정당간의 경쟁을 촉진하여 정치적 독점을 배제하는 장점을 가질 수 있다」.[1)]

(b) 비례대표제와 정당공천방법 「헌법 제8조 2항은 정당은 그 목적·조직과 활동이 민주적이어야 한다고 규정함으로써 민주주의원리를 정당제도에서도 관철하려고 하고 있다. 정당은 선거에 있어 후보자를 추천·지지하는 것이 중요 목적이자 활동의 하나인바, 그렇다면 비례대표 국회의원선거에 있어서는 비례대표후보자의 선정과 그 순위의 확정이 민주적 절차에 따라 이루어져야 한다. 헌법이 요구하는 정당민주주의의 요청을 충족시키려면 비례대표후보자의 선정과 순위확정이 당원총회나 대의원대회 등을 통하여 민주적 절차를 거쳐 이루어져야 한다」.[2)]

(5) 직능대표제(Functional Representation)

1) 의 의 직능대표제란 지역대표제(Regional Representation)에 대응하는 것으로서, 이상에서 본 선거제도는 지역구를 대표하는 의원을 선거하는 것을 목적으로 한 데 대하여, 직능대표제는 선거인을 각 직역별로 나누고 그 직역을 단위로 하여 대표를 선출하는 방법이다. 이런 대표방법이 채택되는 원인은 정치의 경제화에서 구할 수 있다.

2) 직능대표제의 방법 직능대표제는 오늘날 다음과 같은 여러 계기에 따라 실현된다. 첫째로는 특정한 경제정책이나 경제이익을 주장하는 단체정당이 의회에서 의석을 차지함으로써 나타날 수 있고, 둘째는 상원에서의 직능대표적 대표로서 나타나며, 셋째로는 입법기능을 의회의 정치적 영역과 경제적 영역으로 구분하여 수행함으로써 나타날 수 있으며, 넷째로는 정치의회를 경제의회의 기능도 가지도록 보강함으로써 나타날 수도 있으며, 다섯째로는 의회가 각 직능의 대표들을 통합하여 하나의 단체로서 나타날 수도 있다. 그러나 직능대표제가 제도화된 가장 대표적인 형태는 職能上院을 구성하는 것이며, 이외에 經濟評議會를 구성하는 경우가 있다.

3) 직능대표제의 결함 직능대표제는 국민의 복잡한 직역을 합리적으로 분할하고, 이에 대한 대표자수의 합리적인 할당이 곤란하다는 점 등이다. 따라서 직능대표로써 진정한 엘리트가 선출될 것인가는 의문이고, 또한 직능대표제의 가장 교묘한 기술에도 불구하고 모든 이익단체의 투쟁이 종결되지는 않을 것이라고 한다. 그러나 Weimar헌법에서와 같은 경제의회는 필요하며, 職能代表制上院도 존재의의가 있다고 보아야 할 것이다.

---

hältiniswahl), 소선거구비례대표병용제 등이라고도 불린다. 이것은 비례대표제에 소선거구다수대표제를 결합한 것이다.

1) 헌재 2001.7.19 선고, 2000 헌마 91·112·134(병합), 헌재판례집 제13권 2집, 77면 이하(93면).

2) 헌재 2001.7.19 선고, 2000 헌마 91·112·134(병합), 헌재판례집 제13권 2집, 77면 이하(95면).

4. 選擧區制度

(1) 선거구제도의 의의

(a) 이 론 선거구(Wahlkreis)란 국회의원을 선출하는 단위인 지구를 말한다. 이론적으로는 선거구제도는 국민의 평등성을 제약하는 까닭에 전국을 한 선거구로 하는 것이 국민주권의 원리에 합치한다고 할 수 있으나, 그것은 기술적으로 어려운 점이 많기 때문에 전국을 여러 개의 선거구로 구분하는 것이 원칙이다. 선거구는 대선거구와 소선거구의 둘로 나누어지는데, 소선거구는 의원정수가 1인인 선거구를 말하고[1)]대선거구는 한 선거구에서 2인 이상을 선출하는 구를 말한다. 관례적으로 대선거구제를 중선거구와 대선거구로 구분하여 1선거구에서 2인 내지 5인을 선출하는 경우를 중선거구제라고 하고, 그 이상을 선출하는 것을 대선거구제라고 한다.[2)]

(b) 판 례 선거제도의 중요한 요소인 선거구를 획정함에 있어서 1인 1표와 투표가치평등의 원칙을 고려한 선거구간의 인구의 균형뿐만 아니라, 그 나라의 행정구역, 지세, 교통사정, 생활권 내지 역사적, 전통적 일체감 등 여러가지 정책적 기술적 요소가 고려될 수 있을 것이다.[3)] 선거구 획정은 공선법 제25조 2항에 의한 (별표 1)「국회의원지역선거구구역표」의 내용이 되어 위 법률에 편입되므로 그 법적 성격은 입법행위이다.[4)]

(2) 대선거구제의 장단점

1) 대선거구제의 장점 첫째, 가능한 한 사표를 적게 한다. 따라서 소수대표를 가능하게 하며 비례대표제의 이상을 실천할 수 있다.

둘째, 소선거구제에 있어서와 같은 선거간섭·정실인연·매수·기타에 의한 부정투표의 위험성이 적다.

셋째, 인물선택의 범위를 확대하고 따라서 전국의 대표자임에 적합한 유식자(有識者) 선정을 가능하게 한다.

2) 대선거구제의 단점 첫째, 소정당의 출현을 촉진하고 정부의 불안정을 초래할 가능성이 많다.

둘째, 같은 지역구에 동일정당에서 복수후보가 나와 정당선거에 부적합하다.

셋째, 소수대표가 되어 군소정당에게 유리하여 강력한 정권창출이 어렵다.

---

1) 소선거구제에 있어서의 투표는 단기를 원칙으로 하고 당선결정은 다수결에 의한다. 이 다수결에는 절대다수결주의와 상대다수결주의가 있다.

2) 선거구에 있어서의 Gerrymandering이 문제된다. 미국에서는 Davis v. Bandemer, 478 U. S. 109(1986)에서 Gerrymandering에 관해서도 사법심사할 수 있다고 하고 있다. Shaw v. Reno, 113 S. Ct. 2816(1993), Miller v. Johnson, 63 U. S. L. W. 4726(June 29, 1995) 등에서 인종에 의한 Gerrymandering은 엄격심사해야 한다고 하고 있다(5대4). 그리하여 선거구구획의 이유가 人種이 결정적인 요소인 경우에는 위헌이라고 하고 있다.

3) 헌재 1998. 11. 26 선고, 96 헌마 54, 헌재판례집 제10권 2집, 742면 이하(747~748면); 헌재 1998. 11. 26 선고, 96 헌마 74 등, 헌재판례집 제10권 2집, 764면 이하(774면).

4) 헌재 2004. 2. 26 선고, 2003 헌마 285, 헌재판례집 제16권 1집, 327면 이하(334면).

넷째, 보궐선거와 재선거가 행하여지기 어렵다.

다섯째, 유권자가 후보자의 인격이나 식견을 자세히 알기 어렵다.

(3) 소선거구제의 장단점

1) 소선거구제의 장점 첫째, 소정당의 진출을 억제하고 2대 정당의 육성을 가능하게 하여 정부의 안정을 가져올 수 있다.

둘째, 선거단속이 철저히 행하여질 수 있어서 선거의 공정을 기하기 쉽다.

셋째, 의원과 선거민과의 유대가 밀접하다.

넷째, 선거비용이 소액으로써 족하다.

다섯째, 보궐선거와 재선거를 행하기 쉽다.

2) 소선거구제의 단점 첫째, 사표가 나올 가능성이 많고 대정당에 부당하게 유리하며, 따라서 평등원칙에 위배된다.[1]

둘째, Gerrymandering의 위험성이 가장 강하다.[2]

셋째, 전 국민의 대표자로서의 적격을 갖지 않는 지방적인 소인물의 배출이 가능하며, 지방 보스의 당선을 가져오기 쉽다.

넷째, 선거간섭·정실인연·매수 기타의 부정투표의 가능성이 많다.[3]

(4) 중선거구제의 장단점 중선거구제는 대·소선거구의 장점을 다 가지려고 한 것이었으나, 그 결과는 일반적으로 양자의 장단점을 모두 갖추고 있다. 이 중선거구제의 장단점을 보면 다음과 같다.

첫째, 중선거구단기제로는 사표가 생길 가능성이 있으며, 이 선거구제는 소수당에 유

---

1) 일본에서는 소선거구제가 위헌이라는 주장이 있었다. 그 이유는 사표율이 50%를 넘는 것이 일반적이라서 평등선거에 위반되며, 민의의 충실한 반영이 되지 않기 때문이라고 한다. 이에 대하여 최고재판소는 소선거구 하에 있어서 사표가 많이 생길 가능성은 있으나, 사표는 어느 제도에서도 생길 수 있는 것이며, 당선인은 원칙으로 상대다수를 얻으면 된다는 점 등을 소선거구에서 선출된 의원도 국민의 대표라는 성격과 모순되지 않는다고 하여 합헌으로 결정하였다(最大判 平成 11年 11月 10日).

2) 이러한 위험을 방지하기 위하여 영국·인도·캐나다·뉴질랜드 등에서는 독립·공정한 제3자적 기능을 가진 선거구획정위원회를 두고 있다. 우리나라에는 선거구구획위원회를 두고 있다.

자의적 선거구 획정이라고 한 사례: 「선거구의 획정은 사회적·지리적·역사적·경제적·행정적 연관성 및 생활권 등을 고려하여 특단의 불가피한 사정이 없는 한 인접지역이 1개의 선거구를 구성하도록 함이 상당하며, 이 또한 선거구 획정에 관한 국회의 재량권의 한계라고 할 것이다. 그런데 이 사건 선거구구역표는 위와 같은 원칙을 무시한 채, 특단의 불가피한 사정이 있다고 볼 만한 사유를 찾아볼 수 없는데도, 충북 옥천군을 사이에 두고 접경지역 없이 완전히 분리되어 있는 충북 보은군과 영동군을 "충북 보은군·영동군 선거구"라는 1개의 선거구로 획정하였는바, 이는 재량의 범위를 일탈한 자의적인 선거구 획정이라고 아니할 수 없다」(헌재 1995.12.27 선고, 95 헌마 224 등 병합, 헌재판례집 제7권 2집, 760면 이하).

인접하지 않는 2개 지역을 1개의 선거구로 한 경우에는 특별한 사정이 없는 경우에는 위헌이라고 보아야 할 것이다. 헌재는 특별한 사정이 있다고 하여 합헌선언된 선거구로는 인천시 서구·강화군 을구를 합헌선언하였다(헌재 2001.10.25 선고, 2000 헌마 92·240(병합), 헌재판례집 제13권 2집, 502면 이하(517~518면)).

3) 투표에 관하여는 투표용지는 官給制, 單記投票制, 投票自書制, 本人出頭投票制, 候補者投票制, 1인 1표제, 임의투표제 등의 기본원칙을 채택하고 있다고들 한다.

리하고 다수당에 불리하다.[1]

둘째, 중선거구제는 지역의 광역화로 개인선거비용이 많이 들며, 적격자의 입후보를 어렵게 하고 정계의 부패를 초래할 가능성이 많다.

셋째, 선거간섭·정실인연·매수 기타의 부정선거를 완전히 막기 어렵다.

(6) 선거구제도의 개선방안 오늘날 선거구를 어떻게 할 것인가에 대해서는 많은 개선방법이 연구되고 있다. 독일에서는 비례대표제는 지방단위의 대선거구에서 정당이 득표한 비율에 따라서 의석을 배분하나 그 중 반수는 지역소선거구에서 인물본위로 투표하여 상대다수를 얻은 사람을 직선하게 하여 정당선거와 인물선거를 결합하고 있다. 이에 따라 비례대표제에서의 직접선거원칙도 지켜지고 있다.

5. 우리 憲法上의 選擧制度

(1) 국회의원선거제도

1) 국회의원선거제도의 연혁 우리나라의 국회는 제헌헌법에서는 단원제를 채택하였으나 제 2 공화국헌법에서는 양원제를 채택하였고, 제 3 · 제 4 · 제 5 공화국헌법과 제 6 공화국헌법에서는 단원제를 채택하였다.

2) 국회의원선거구제의 연혁 제헌국회의원의 선거제도는 소선거구다수대표제였다. 제 2 공화국의 민의원의원선거제도도 소선거구다수대표제였으나 참의원의원선거제는 대선거구소수대표제였다. 제 3 공화국헌법은 소선거구다수대표제와 전국구비례대표제를 혼용하였다. 제 4 공화국헌법은 국회의원을 직선제와 간선제로 이원화하여 직선의원은 한 선거구에서 2인씩 선출하였고, 간선의원은 통일주체국민회의가 대통령의 추천에 따라 선거하도록 하였다.[2] 제 5 공화국헌법은 국회의원선거를 지역구와 전국구 비례대표제에 따라 행하도록 하여 지역구의원은 92개의 선거구에서 각 2인씩 선출하고, 전국구의석은 92석으로 지역구에서 얻은 의석수에 따라 정당에게 배분하도록 했었다.

제 3 공화국 선거제도를 독일식 비례대표제라고 주장한 사람도 있었으나 이는 옳지 않다. 독일에서는 정당에 투표한 제 2 표의 비율에 따라 정당의 국회의석이 결정되는 비례대표제이나, 제 3 공화국헌법에서는 오히려 지역구 후보자에 대한 투표수가 전국구의 당선자수를 결정하기 때문에 독일식 비례대표제와는 구별된다.[3] 이것을 독일식 비례대표제라고

1) 지방자치의회의원선거구가 2인 선거구제라서 군소정당의 후보자가 당선될 수 없다는 주장에 대하여 헌재는 합헌이라고 선언하였다(헌재 2009. 3. 26 선고, 2006 헌마 67, 헌재공보 제150호, 133면 이하).

2) 상세한 것은 중앙선거관리위원회 편, 대한민국선거사 참조.

3) 비례대표전국구의원선거제도에 관해서는 공직선거법개정시 1인1표제와 1인2표제주장이 대립되었으나 1인1표제가 유지되었다. 민주당은 이에 대해 간접선거라고 하여 위헌제소하였었다. 헌재는 선거에서의 정당독점을 부인하고 있다. 공선법 제189조 제 1 항은 헌법에 위반되며, 공선법 제146조 제 2 항 중 "1인1표로 한다"부분은 국회의원 선거에 있어 지역구 국회의원 선거와 병행하여 정당명부식 비례대표제를 실시하면서도 별도의 정당투표를 허용하지 않는 범위에서 헌법에 위반된다 할 것인바, 그로 인하여 유권자인 국민들의 비례대표 국회의원에 대한 선거권, 무소속 후보자에 대하여 투표하는 유권자들의 평등권 등

는 하기 어려우며 일본식 소선거구비례대표병립제라고 할 수 있다.[1] 이 1인 1 표주의에 따른 한국식 비례대표제는 정당명부에 대한 투표 없이 지역구 당선자의 비율을 기준으로 비례대표의석을 배분하기 때문에 직접선거의 원칙과 평등선거의 원칙에 위배된다고 하여 위헌선언되었다.[2] 현 공직선거법은 1인2표로 하여 비례대표는 정당에 대한 투표를 기준으로 비례하여 의석을 배분하게 된다.

3) 제 6 공화국 국회의원선거제도 현행헌법은 국회의원을 국민의 보통·평등·직접·비밀선거로 선출하도록 하고[3] 선거구와 비례대표제 기타 선거에 관한 사항은 법률로 정하도록 하고 있다(제41조). 새로 개정된 공직선거법은 국회의원선거구로 지역구와 비례대표전국구를 두고 있다. 지역구선거에서는 1개 지역구에서 1인의 국회의원을 선출하게 하고 있으며, 전국구의 의석배정은 중앙선거관리위원회가 지역구총선거에서 5석 이상의 의석을 차지하였거나 비례대표국회의원선거에서 유효투표총수의 100분의 3 이상을 얻은 각 정당에 대하여 비례대표국회의원선거에서 얻은 득표비율에 따라 배분하도록 하였다.

4) 현행의 선거구제도와 선거구획정위원회 국회의원선거구에 관한 것은 법률로 정하게 되어 있다(제41조). 이에 따라 공직선거법은 소선거구의 의원정수와 비례대표국회의원을 합하여 299인으로 하되, 각 시·도의 지역구국회의원 정수는 최소 3인으로 하였다. 선거구의 인구의 편차는 평등선거와 관련되므로 1표의 가치를 같게 하기 위하여(one vote one value) 선거구의 인구수는 평등하여야 한다. 선거구의 인구불균형인 경우에는 선거권의 불평등으로 위헌이 된다.[4] 선거구의 획정을 국회의원에게 맡기는 경우에는 Gerrymandering이 행해질 수 있기 때문에[5] 국회의원 지역선거구와 자치구·시·군의원 지역선거구의 공정한 획정을 위하여 국회에 국회의원선거구획정위원회를, 시·도에 자치구·시·군의원선거구획정위원회를 둔다. 국회의원선거구획정위원회는 국회의장이 교섭단체 대표의원과 협

의 기본권이 침해된다(헌재 2001. 7. 19 선고, 2000 헌마 91·112·134(병합), 헌재판례집 제13권 2집, 77면 이하).

[부수적 위헌선언]: 비례대표 국회의원 선거의 근간이 되는 공선법 제189조 제 1 항이 위헌이라면 그에 부수되는 동조 제 2 항 내지 제 7 항은 독자적인 규범적 존재로서의 의미를 잃게 되는바, 그렇다면 이 조항들이 비록 심판대상이 아니지만 함께 위헌선언을 함으로써 법적 명확성을 기하는 것이 상당하므로 그에 대하여도 아울러 위헌선언을 한다(헌재 2001. 7. 19 선고, 2000 헌마 91·112·134(병합), 헌재판례집 제13권 2집, 77면 이하).

1) 우리나라 선거제도에 관하여 상세한 것은 김철수, 법과정치, 239면 이하 참조.

2) 헌재 2001. 7. 19 선고, 2000 헌마 91·112·134(병합), 헌재판례집 제13권 2집, 77면 이하.

3) 이에 관하여 상세한 것은 후술 제 4 편 제 3 장 제 3 절 Ⅰ. 국회의 구성 참조.

4) 상세한 것은 前述 평등선거의 원칙 참조. 최근판례로는 헌재 2007. 3. 29 선고, 2005 헌마 985·1037, 2006 헌마 11(병합), 헌재판례집 제19권 1집, 287면 이하(300면 이하).

5) 국회의 선거구입법재량권의 한계가 강조된다. 「국회가 실시한 구체적인 선거구획정에서 투표가치의 불평등이 발생한 경우에, 이러한 불평등이 여러 가지 비인구적 요소를 모두 참작한다고 하더라도 합리적이라고 판단할 수 없을 경우에는 국회의 입법재량을 일탈한 것으로서 헌법에 위반된다고 할 것이다(헌재 1995. 12. 27, 95 헌마 224 등, 헌재판례집 제 7 권 2집, 760, 773; 헌재 2001. 10. 25. 2000 헌마 92 등, 헌재판례집 제13권 2집, 502, 511)」(헌재 2007. 3. 29 선고, 2005 헌마 985·1037, 2006 헌마 11(병합), 헌재판례집 제19권 1집, 287면 이하(302면)).

의하여 11인 이내의 위원으로 구성한다.

자치구·시·군의원선거구획정위원회는 11인 이내의 위원으로 구성하되, 도지사가 위촉하여야 한다(공직선거법 제24조). 그 의원정수는 당해 시·도의 자치구·시·군의원선거구구획위원회가 정한다.

(2) 대통령선거제도

1) 대통령선거제도의 연혁　제헌헌법의 대통령은 국회에서 간접선거하였고, 1952년 헌법개정에 의하여 대통령을 직접선거케 하였다. 제 2 공화국헌법에서는 다시 국회에서 간접선거하였고, 제 3 공화국헌법에서는 대통령을 직접선거하도록 하였다. 제 4 공화국헌법에서는 통일주체국민회의에서 대통령을 간접선거하도록 하였고, 제 5 공화국헌법에서는 대통령을 대통령선거인단에서 무기명투표로 간접선거하도록 하고 있었다.[1]

2) 제 6 공화국 대통령선거제도　대통령은 국민의 보통·평등·직접·비밀선거에 의하여 전국을 단위로 하여 선거하는데(제67조 1 항), 대통령후보자가 1인일 때에는 그 득표수가 선거권자 총수의 3분의 1 이상이 아니면 당선될 수 없으며(동조 3 항), 최고득표자가 2인 이상인 때에는 국회의 재적의원과반수가 출석한 공개회의에서 다수표를 얻은 자를 당선자로 한다(동조 2 항). 이 규정은 최고득표자가 2인 이상이 될 수 없는 직선제를 잘못 이해한 것으로 삭제하는 것이 바람직하다. 대통령선거방법에 관해서는 공직선거법이 규정하고 있다.[2] 대통령선거에 있어 후보자에게 5억원의 기탁금을 내게 한 규정은 위헌으로 헌법불합치결정되었다.[3]

(3) 지방의회의원 및 지방자치단체의 장 선거제도　제 6 공화국에 들어와 제 3 공화국 이래 중단되었던 지방의회의원선거 및 지방자치단체의 장 선거가 부활되었다. 이러한 지방선거는 시·군·구의 기초의회와 시·도의 광역의회로 나누어 이루어지고, 지방의회의원뿐만 아니라 지방자치단체의 장도 주민의 직선에 의해 선출된다(지방자치법 제94조). 지방선거에 관한 법률로는 공직선거법(1994. 3. 15 제정, 2005. 6. 29 일부개정)이 상세히 규정하고 있다. 광역의회의원은 지역구와 비례대표제에서 선출한다. 주민은 1인 2 표를 가지며 지역구후보와 비례대표후보에 대하여 각 1표씩 행사한다. 비례대표 시·도의원은 당해 시·도를 단위로 선출한다. 기초의회의원선거의 경우 구 공직선거법 제84조가 정당표방을 금지하였는데 1999. 11. 25에는 헌재가 합헌이라고 하다가 2003. 1. 30 선고에서 이는 정치적 표현의 자유를 침해하고 다른 지방선거후보자와 차별하고 있으므로 위헌이라고 판시하였다.[4] 2005년 개정법은 자치

1) 상세한 것은 중앙선거관리위원회 편, 대한민국선거사 참조.
2) 상세한 것은 후술 제 4 편 제 4 장 제 1 절의 Ⅱ. 1. 참조.
3) 헌재 2008. 11. 27 선고, 2007 헌마 1024, 헌재판례집 제20권 2집(하), 477면 이하.
4) 헌재 2003. 1. 30 선고, 2001 헌가 4, 헌재판례집 제15권 1집, 7 면 이하.
「또한, 이 사건 법률조항 단서에서는 후보자의 당원경력의 표시를 허용하고 있는데, 그러한 표시는 사실상 정당표방의 일환으로 행해지는 것이 통상적이므로, 결국 이 사건 법률조항 본문과 단서는 서로 중첩되는 규율영역을 가지게 되는바, 이로 말미암아 기초의회의원 후보자는 선거운동 과정에서 소속정당에 관한 정보를 어느 만큼 표방해도 좋은지 예측하기 힘들어지고 자칫 국가형벌권이 자의적으로 행사될 여지도 있다. 이러한 점에서 이 사건 법률조항은 명확성 원칙에 위배되는 측면이 있다.

구·시·군 의원선거의 경우에도 정당추천을 할 수 있게 하였다(법조 제47 1항). 비례대표 자치구·시·군 의원은 당해 자치구·시·군을 단위로 선거한다. 지역구지방의회의원(지역구 시·도 의원 및 자치구·시·군의원)은 당해 의원의 선거구를 단위로 하여 선거한다(법조 제20 3항). 지방의회의원선거에서도 선거구인구의 평등이 보장되어야 한다.[1)]

(4) 지방교육의원선거 지방교육위원선거를 규정한 구 지방교육자치에관한법률 제11조는 선거에서 다수득표자 중 교육경력자가 선출인원의 2분의 1미만인 경우에는 득표율에 관계없이 경력자 중 다수득표순으로 선출인원의 2분의 1까지 우선 당선시키고 있었다. 이 조항에 대해서는 찬반양론이 있었다. 헌법재판소의 5인의 재판관은 평등권을 침해하여 위헌이라고 하였고, 4인의 재판관은 교육의 자주성·전문성을 보장하기 위한 것으로 합헌이라고 보았다.[2)] 신 지방교육자치법은 이 규정을 삭제하고 교육경력과 교육행정경력 10년 이상인 자를 교육의원으로 국민이 직접 선거하도록 하였다.

(5) 교육감선거 지방교육자치에 관한 법률(2006.12.20. 전문개정)은 교육감을 직선으로 선출하게 하고 있는데 제22조 3항이 교육감 선거에 공직선거법 규정을 준용하도록 한 규정이 교육위원이 교육감에 입후보하는 경우에는 그 직을 그만 두지 않고도 입후보할 수 있다고 해석하여 합헌이라고 한다.[3)]

(6) 지방자치단체선거의 국고불부담 지방자치단체선거에서 선거비용을 지방자치단체에게 전가하는 것은 헌법 제116조 2항 위반이라는 주장에 대하여 헌재는 합헌이라고

그렇다면, 이 사건 법률조항은 불확실한 입법목적을 실현하기 위하여 그다지 실효성도 없고 불분명한 방법으로 후보자의 정치적 표현의 자유를 과도하게 침해하고 있다고 할 것이다.

[재판관 한대현, 재판관 하경철, 재판관 김경일의 반대의견]

생각건대, 이 사건 법률조항은 기초의회의 구성 및 활동에 정당의 영향이 배제된 지역실정에 맞는 순수한 지방자치를 실현하는 필요불가결한 조항이다. 이 조항으로 말미암아 후보자는 직접 선거권자에게 자신이 추구하는 정치적 이념이나 정당과 관련된 정보를 줄 수 없고, 선거권자로서는 이러한 정보를 알 기회가 제한된다고 할지라도, 간접적이나마 자신의 정치적 이념 및 정당과 관련된 정보는 정당의 당원경력의 표시를 통하여 알리도록 배려하고 있으며(법 제84조 단서), 후보자의 정당표방금지로 인한 지방자치의 제도적 보장이라는 이익은 후보자의 공무담임권 및 선거운동 자유의 침해로 입게 되는 손해보다 이익이 더 크므로, 이 법률조항은 과잉입법금지의 원칙에 위반되지 아니한다」(헌재 2003.5.15 선고, 2003 헌가 9·10(병합), 헌재판례집 제15권 1집, 503면 이하).

1) 헌재 2007.3.29 선고, 2005 헌마 985·1037, 2006 헌마 11(병합), 헌재판례집 제19권 1집, 287면 이하 (302면~303면).

2) 헌재 2003.3.27 선고, 2002 헌마 573, 헌재판례집 제15권 1집, 319면 이하.

「비경력자의 교육위원에의 피선거권, 즉 헌법 제25조가 보장하는 국민의 기본권인 공무담임권을 제한하는 규정이지만 과잉금지의 원칙에 위배되어 공무담임권을 침해하는 것은 아니다. … 교육위원선거에서 비경력자를 교육경력자에 비하여 차별취급하고 있고 이로 인하여 비경력자가 다수득표를 하고도 낙선하게 되는 것은 공무담임권에 대한 중대한 제한을 초래하는 것이나 … 이 차별은 헌법상 보호되는 교육의 자주성·전문성을 보장하기 위한 것으로서 입법목적이 정당하고 … 차별취급으로 인한 공익과 침해되는 이익간의 비례성도 있다고 인정되므로 … 평등원칙에 위반되는 것도 아니다(위헌 판단 재판관 5인, 합헌 판단 재판관 4인)」.

3) 헌재 2009.2.26 선고, 2007 헌마 279, 헌재공보 제149호, 186면 이하. 재판관 2인(조대현, 송두환)의 반대의견 있음(한정위헌).

했다.[1)]

[判] 選擧에 관한 重要 判例

1. 代議制 民主主義와 選擧의 原則[2)]

우리 헌법 제 1 조 제 2 항은 국민주권주의 원리를 명문으로 규정하고 있으나, 오늘날의 대의제민주주의하에서는, 예외적인 경우를 제외하고는, 주권자인 국민이 다른 국가기관에 국가권력을 위탁하여 이를 행사하고 있다.

대의제민주주의의 성공 여부는 국민들의 의사가 얼마나 정확히, 그리고 효과적으로 정치의사결정에 반영되는지 여부에 달려 있다고 할 것이므로, 선거에 있어 선거구의 획정은 선거결과가 가능한 한 국민의 의사를 바르게 반영할 수 있도록 마련되어야 함은 물론이다. 그릇된 선거구획정으로 말미암아 선거에 있어서 선거권의 평등이 침해된다면, 국민의 의사가 왜곡되는 결과가 되고, 이로 인하여 대의제민주주의의 본질과 정당성이 훼손된다고 할 것이다.

우리 헌법은 제11조 제 1 항에서 일반적인 '평등의 원칙'을 선언함과 동시에, 제41조 제 1 항에서 "국회는 국민의 보통·평등·직접·비밀선거에 의하여 선출된 국회의원으로 구성한다"고 규정함으로써 국회의원의 선거에 있어서 '평등선거의 원칙'을 선언하고 있다.

평등선거의 원칙은 평등의 원칙이 선거제도에 적용된 것으로서 투표의 수적 평등, 즉 1인 1표의 원칙(one person, one vote)과 투표의 성과가치의 평등, 즉 1표의 투표가치가 대표자 선정이라는 선거의 결과에 대하여 기여한 정도에 있어서도 평등하여야 한다는 원칙(one vote, one value)을 그 내용으로 할 뿐만 아니라[3)] 일정한 집단의 의사가 정치과정에서 반영될 수 없도록 차별적으로 선거구를 획정하는 이른바 '게리맨더링'에 대한 부정을 의미하기도 한다.

---

1) 헌재 2008. 6. 26 선고, 2005 헌라 7, 강남구 등과 국회 등 간의 권한쟁의, 헌재판례집 제20권 1집(하), 340면 이하(357면).

「우리 헌법은 제116조 제 2 항에서 '선거에 관한 경비는 법률이 정하는 경우를 제외하고는 정당 또는 후보자에게 부담시킬 수 없다'고 규정하고 있는바, 이는 단지 선거공영제도를 천명하고 있는 것이므로(헌재 1991. 3. 11. 91 헌마 21, 헌재판례집 제 3 권, 91, 102 참조) 위 규정이 있다고 하여 각종 선거의 선거비용 부담 주체가 정당이나 후보자 이외에는 반드시 국가여야 한다는 것은 아니며, 선거의 성격이 무엇이냐에 그 경비 부담 주체도 달라질 수 있다.

한편, 구 지방자치법 제132조 본문과 단서, 지방재정법 제20조에 비추어 보면, 지방자치단체의 사무를 다른 기관이 맡아 하고 있는 경우에도 그 비용은 원칙적으로 당해 지방자치단체가 부담하여야 한다. 지방자치단체가 자신의 사무처리 비용을 스스로 부담하는 것은 지방자치제도 실시의 취지에 비추어 당연한 귀결이다. 따라서 이 사건의 경우와 같이 지방선거의 선거사무를 비록 구·시·군 선거관리위원회가 담당하고 있더라도 그 사무가 지방자치단체의 사무인 이상 비용은 지방자치단체가 부담하여야 하며, 이에 피청구인 국회가 지방선거의 선거비용을 지방자치단체가 부담하도록 공직선거법을 개정한 것은 지방자치단체의 자치권한을 침해한 것이라고 볼 수 없다」.

2) 헌재 1995. 12. 27 선고, 95 헌마 224 등, 헌재판례집 제 7 권 2 집, 760면 이하(771면).

3) 헌재 1998. 11. 26 선고, 96 헌마 54, 헌재판례집 제10권 2집, 742면 이하(747면); 헌재 1998. 11. 26 선고, 96 헌마 74 등, 헌재판례집 제10권 2집, 764면 이하(773면); 헌재 2001. 10. 25 선고, 2000 헌마 92·240(병합), 헌재판례집 제13권 2집, 502면 이하.

2. 國會議員候補者登錄時 寄託金 2,000만원은 過多하다[1)]

[다수의견] 「헌법재판소는 7인 재판관의 다수의견으로 다음과 같이 국회의원선거법 제33조, 제34조가 헌법 제11조, 제24조, 제25조, 제41조, 제116조를 위반하였다고 하면서 헌법불합치결정을 하였다.

우리나라의 경제활동인구의 평균저축액이 1989년 5월말 현재 6백 93만원임에 비추어 보면 국회의원선거법상의 1,000만원 내지 2,000만원의 기탁금액은 서민계층이나 20, 30대 젊은 세대의 입후보를 제한하고 재력 있는 사람만이 입후보할 수 있도록 하는 등 그 금액이 너무 과다하여 국민주권주의와 자유민주주의의 기본원칙과 관련하여 헌법 제11조의 평등원리, 제24조의 참정권, 제25조의 공무담임권을 침해한다.

오늘날 정당 없이는 민주정치가 제대로 기능할 수 없을 정도로 정당이 중요한 역할을 하고 또 헌법이 정당을 특별히 보호하고 있다고 하더라도 무소속 입후보자에게 정당추천 입후보자보다 두배나 되는 금액을 기탁하도록 하여 선거에 있어서의 경쟁조건을 무소속 입후보자에게 현저하게 불리하게 만들고 그 입후보를 억제하는 것은 헌법 제41조의 평등선거원칙에 반하고 헌법 제11조의 평등보장규정에 위배되는 것이다.

국회의원선거법이 유효투표 총수의 3분의 1을 얻지 못한 낙선자의 기탁금을 금고에 귀속시키게 하는 것은 비교법적으로 유례가 없을 정도로 그 기준이 너무 엄격하여 국가 존립의 기초가 되는 선거제도의 원리에 반하고 선거경비를 후보자에게 부담시킬 수 없다는 헌법 제116조에도 위반된다.

다만 국회의 권위와 동질성을 유지하기 위하여 선거법의 개정은 국회가 스스로 하고 그간에 재선거나 보궐선거가 있을 때까지 그 효력을 지속시키는 것이 합당하기 때문에 주문에 헌법에 합치되지 아니한다고 선고하면서 일정기한까지 그 효력을 지키도록 한다」.

[반대의견] 「변정수 재판관은 헌법재판소는 위헌 여부만을 분명히 결정하여야 하며 위헌결정은 선고일로부터 즉시 그 효력을 발생하는 것이지 임의로 그 효력발생시기를 정할 수 없다며 헌법불합치의 변형결정에 대하여 반대의견을 제시하였고, 김진우 재판관은 법률조항을 실효시킬 때 국가의 존립에 위배를 미칠 법의 공백 등과 같이 위헌결정의 효력을 일시 배제하여야 할 극히 이례적인 경우에만 예외가 가능하다면서 이 사건의 경우 위헌결정일로부터 그 효력을 상실케 하는 것이 타당하다는 의견을 제시하였다」.

[同旨 결정] 1. 기탁금의 액수는 불성실한 입후보를 차단하는 데 필요한 최소한으로 정하여야지, 진지한 자세로 입후보하려는 국민의 피선거권을 제한하는 정도여서는 아니될 것인바, 공선법 제56조 제1항 제2호는 국회의원 후보자 등록을 신청하는 후보자로 하여금 2천만원을 기탁금으로 납부하도록 하고 있는데, 이 금액은 평균적으로 일반국민의 경제력으로는 피선거권 행사를 위하여 손쉽게 조달할 수 있는 금액이라고 할 수 없으며, 이와같이 과도한 기탁금은 기탁금을 마련할 자력이 없으면 아무리 훌륭한 자질을 지니고 있다 할지라도 국회의원 입후보를 사실상 봉쇄당하게 하며, 그로 말미암아 서민층과 젊은 세대를 대표할 자가 국민의 대표기관인 국회에 진출하지 못하게 하는 반면, 재력이 풍부하여 그 정도의 돈을 쉽게 조달·활용할 수 있는 사람들에게는 아무런 입후보 난립방지의 효과를 갖지 못하여 결국 후보자의 난립 방지라는 목적을 공평하고 적절히 달성하지도 못하면서, 진실된 입후보의 의사를 가진 많은 국민들로 하여금 입후보 등록을 포기하지 않을 수 없게 하고 있으므로 이들

1) 헌재 1989.9.8 선고, 88 헌가 6, 헌재판례집 제1권, 199면.

의 평등권과 피선거권, 이들을 뽑으려는 유권자들의 선택의 자유를 침해하는 것이다.[1]

2. 선거는 그 과정을 통하여 국민의 다양한 정치적 의사가 표출되는 장으로서 낙선한 후보자라고 하여 결과적으로 '난립후보'라고 보아 제재를 가하여서는 아니되므로 기탁금 반환의 기준으로 득표율을 사용하고자 한다면 그 기준득표율은 유효투표총수의 미미한 수준에 머물러야 할 것인바, 공선법 제57조 제 1 항, 제 2 항은 지역구국회의원선거에 있어 후보자의 득표수가 유효투표총수를 후보자수로 나눈 수 이상이거나 유효투표총수의 100분의 20 이상인 때에 해당하지 않으면 기탁금을 반환하지 아니하고 국고에 귀속시키도록 하고 있으며, 또한 일단 입후보한 자로서 진지하게 당선을 위한 노력을 다한 입후보자에게 선거결과에 따라 부당한 제재를 가하는 것이 되고, 특히 2, 3개의 거대정당이 존재하는 경우 군소정당이나 신생정당 후보자로서는 위 기준을 충족하기가 힘들게 될 것이므로 결국 이들의 정치참여 기회를 제약하는 효과를 낳게 된다 할 것이므로 위 조항은 국민의 피선거권을 침해하는 것이다.

3. 國會議員選擧에서의 寄託金 1,500만원은 合憲이다[2]

가. 국회의원선거에 있어 기탁금 관련 조항의 개정경위

(1) 1948. 3. 17. 법률 제175호로 제정된 국회의원선거법은 기탁금조항을 두지 않아 국회의원에 출마하려는 자는 법정의 유권자추천요건만 갖추면 자유로이 입후보할 수 있었다. 그러나 1954. 11. 29. 단원제국회를 양원제국회로 변경하는 헌법개정 후 국회의원선거법을 폐지하고, 새로이 제정된 민의원의원선거법과 참의원의원선거법은 각 50만환과 유효투표총수의 6분의 1이라는 기탁금 및 기탁금반환기준을 규정하였고, 이어 4·19 이후인 1960. 6. 23. 새로 제정된 국회의원선거법에서도 기탁금액과 반환기준에 차이가 있긴 하지만, 기탁금조항과 기탁금반환조항을 그대로 존치하였다.

(2) 5·16 쿠데타 이후인 1963. 1. 16. 법률 제1256호로 폐지제정된 국회의원선거법은 다시 기탁금 관련 조항을 삭제하였으나, 유신헌법에 따라 1972. 12. 30. 법률 제2404호로 폐지제정된 국회의원선거법은 다시 정당추천후보자의 경우 200만원, 무소속후보자의 경우 300만원으로 기탁금을, 유효투표총수의 3분의 1로 기탁금반환기준을 다시 설정하였다. 이어 1981. 1. 29. 법률 제3359호로 폐지제정된 국회의원선거법에서는 정당추천의 경우 700만원, 무소속의 경우 1,500만원으로 기탁금을 대폭 인상하였고, 1988. 3. 17. 법률 제4003호로 전문개정된 국회의원선거법에서는 정당추천의 경우 1,000만원, 무소속인 경우 2,000만원으로 다시 기탁금을 인상하였다.

(3) 그러나 1989. 9. 8. 헌법재판소가 88헌가6결정으로 위 기탁금조항 및 기탁금반환조항에 대하여 헌법불합치결정을 함에 따라 1991. 12. 31. 법률 제4462호로 개정된 국회의원선거법은 정당추천후보자와 무소속후보자의 기탁금을 모두 1,000만원으로 동일하게 정하면서 그 반환기준도 같이 유효투표총수를 후보자수로 나눈 수의 2분의 1로 정하였다.

그 후 국회의원선거법을 폐지하고 새로 제정된 법 제56조 제1항 제2호는 기탁금을 1,000만원으로, 반환기준을 유효투표총수를 후보자수로 나눈 수의 2분의 1로 각 정하였고, 1998. 4. 30. 법률 제5537호로 개정된 법은 기탁금의 반환기준만 유효투표총수를 후보자수로 나눈 수 또는 유효투표총수의 100분의 20 이상인 때로 정하였으며, 2000. 2. 16. 법률 제6265호로

1) 헌재 2001. 7. 19 선고, 2000 헌마 91·112·134(병합), 헌재판례집 제13권 2집, 77면 이하.
2) 헌재 2003. 8. 21 선고, 2001 헌마 687·691(병합), 공직선거법 제56조 제 1 항 제 2 호 등 위헌확인, 헌재판례집 제15권 2집(상), 220면 이하.

개정된 법은 다시 기탁금을 2,000만원으로 인상하였다.

(4) 이에 헌법재판소가 2001. 7. 19. 2000헌마91 등 결정으로 위 2,000만원의 기탁금과 기탁금반환조항에 대하여 위헌결정을 선고함에 따라, 2001. 10. 25. 실시될 예정인 서울 동대문(을)선거구 등 지역구국회의원재선거 및 보궐선거를 앞두고 법을 개정하여 기탁금을 1,500만원으로, 기탁금의 반환기준을 유효투표총수를 후보자수로 나눈 수 또는 유효투표총수의 100분의 15 이상인 때로 각 정하게 된 것이다.

나. 국회의원선거에 있어서 기탁금제도의 목적과 성격

(1) 기탁금조항은 국회의원선거에 입후보하려는 자가 후보자등록을 신청할 때에는 관할선거구선거관리위원회에 기탁금으로 1,500만원을 납부하여야 한다고 규정하고, 기탁금반환조항은 후보자의 득표수가 유효투표총수를 후보자수로 나눈 수 이상이거나 유효투표총수의 100분의 15 이상인 경우에 기탁금에서 과태료 및 불법시설물 등에 대한 대집행비용을 뺀 나머지를 기탁자에게 다시 반환하도록 규정하고 있다.

한편 이러한 기탁금제도의 목적 및 성격과 관련하여 우리 재판소는 "불성실한 입후보자의 난립방지를 통하여 선거의 과열·혼탁을 방지하고, 선거관리비용·업무의 증가를 방지하며, 공영선거비용을 예납하고, 당선자로 하여금 다수표를 획득할 수 있도록 하여 민주적 정당성을 강화시킨다(헌재 1989. 9. 8. 88 헌가 6, 헌재판례집 1, 199, 217; 헌재 1995. 5. 25. 91 헌마 44, 헌재판례집 7-1, 687, 695~696; 헌재 1995. 5. 25. 92 헌마 269 등, 헌재판례집 7-1, 768, 778 각 참조)"라고 하여 적극적으로 그 목적을 파악한 사례도 있었고, 또한 "후보자난립의 저지를 통하여 선거관리의 효율성을 꾀하는 한편, 불법행위에 대한 제재금을 사전확보하는 데 그 목적이 있다(헌재 2001. 7. 19. 2000 헌마 91 등, 헌재판례집 13-2, 77, 88 참조)"라고 하여 기탁금의 목적을 오로지 선거관리차원의 순수한 행정목적으로 파악한 사례도 있었다.

(2) 기탁금제도는 선거에 출마하려는 자에게 입후보의 요건으로 기탁금을 납부할 것을 요구하고, 선거결과 일정한 득표수에 미달되는 경우에는 이를 반환하지 않고 국고에 귀속시킴으로써 선거에 자유롭게 입후보할 자유를 제한함과 동시에 과태료나 대집행비용을 사전확보하는 법적 효과를 갖는 것으로, 그 목적과 성격은 구체적인 기탁금의 액수와 그 반환의 기준, 정치문화와 선거풍토, 선거를 통하여 선출하려는 공직의 종류와 선거의 유형, 1인당 국민소득 등 경제적 사정과 국민의 법감정 등을 모두 고려하여 개별적·구체적으로 파악하여야 한다.

기탁금에 대한 세계 각국의 입법례를 살펴보면, 10만원 이하의 비교적 낮은 수준에서부터 우리나라나 일본 등과 같이 비교적 고액의 기탁금을 요구하는 국가에 이르기까지 매우 다양하게 나타나고 있는데, 기탁금액이 낮은 경우는 오로지 후보자등록과 선거과정에서 필수적으로 소요되는 행정비용을 사전확보(예납)하는 것에만 그 목적이 있다고 보아야 할 것이고, 비교적 고액인 경우에는 이러한 행정목적에 더하여 선거에 출마하려는 입후보자의 수를 적정한 범위로 제한함으로써 후보자난립으로 인한 선거관리사무와 비용의 증가를 방지하고, 이로써 유권자의 후보자선택을 용이하게 하며, 선거의 신뢰성 및 후보자의 진지성과 성실성을 담보하는 중대한 공익의 실현에도 그 목적이 있다고 할 것이다.

다. 기탁금조항의 위헌여부에 관한 판단

(1) 헌법 제25조는 "모든 국민은 법률이 정하는 바에 의하여 공무담임권을 가진다"라고 하여 선거직공무원을 비롯한 모든 국가기관의 공직에 취임할 수 있는 권리를 보장하고 있다. 그러나 이러한 공무담임권은 원하는 경우에 언제나 공직에 취임할 수 있는 현실적 권리를 보장하는 것이 아니라, 공무담임의 기회보장적 성격을 갖는 것이기 때문에 법이 정하는 선거에 당선되거나 공직채용시험에 합격하는 등 주관적인 전제요건이 충족되는 경우에만 공직에 취

임할 권리가 보장되는 것이므로, 입법자에게는 공무담임권이 현실적이고 실제적인 권리로서 행사되기 위한 전제조건으로 선거절차나 시험제도를 구체적으로 형성할 권한과 책임이 있는 것이다.

따라서 국회의원을 선출하기 위한 선거에 입후보하기 위한 요건으로서 후보자가 납부하여야 할 기탁금을 어느 정도로 할 것인지, 그리고 그 반환에 필요한 득표수를 어떻게 정할 것인가의 문제 즉, 기탁금의 액수와 그 반환의 요건을 정하는 문제 또한 우리의 선거문화와 풍토, 정치문화와 풍토, 국민경제적 여건, 그리고 국민의 법감정 등 여러 가지 요소를 종합적으로 고려하여 입법자가 정책적으로 결정할 사항이라 할 것이다.

그러나 기탁금을 납부하지 아니하면, 국회의원선거에 출마할 수 없게 된다는 점에서 선거에 자유로이 입후보할 자유가 제한되며, 기탁금이 과다하여 당선가능성이 있음에도 입후보하지 못한다면, 경제적 능력이 부족한 자의 참정권, 공무담임권, 평등권 등이 침해될 수도 있으므로, 기탁금액은 기탁금제도에 의하여 달성하려는 공익목적과 그로 인한 기본권제한 사이에 균형과 조화를 이루도록 적정하게 책정되어야 하는 헌법적 한계가 있다고 할 것이고, 입법자가 정한 구체적인 기탁금액이 입법자에게 허용된 입법형성권의 범위와 한계 내에서 설정되어 그 금액이 현저하게 과다하거나 불합리하지 않다면, 이를 두고 헌법에 위반된다고 단정할 수는 없다고 할 것이다(헌재 1995. 5. 25. 92 헌마 269 등, 헌재판례집 7-1, 768, 779~780 참조).

(2) 선거는 국민이 주권자로서 직접 국가의사를 형성하는 가장 중요한 수단이 된다는 기능도 있지만, 대의기관 구성권과 국가의사 결정권의 분리(헌법 제41조, 제67조 등), 국가의사 결정권의 자유위임(제46조 제1항) 등을 근간으로 하는 우리 헌법이 추구하는 대의민주주의의 통치질서에서 선거는 주권자인 국민이 그들의 대의기관을 구성하는 민주적인 방법인 동시에 통치기관으로 하여금 민주적 정당성을 확보하게 함으로써 대의민주주의를 실현하고 책임정치를 보장하는 수단이라는 데 그 본질적인 기능이 있다.

따라서 대의민주주의를 실현하는 수단으로서 선거제도를 입법자가 구체적으로 형성함에 있어서는 국민의 의사가 대의기관의 구성에 굴절 없이 반영되고, 선거를 통하여 구성된 대의기관이 행사하는 권한에 상응하는 크기의 민주적 정당성이 부여될 수 있는 제도적 장치를 마련하는 것이 무엇보다도 중요하다고 할 것이다.

특히 선거를 통하여 국가정책을 결정할 정치세력들 간의 세력구도를 결정하게 되는 국회의원선거에 있어서는 그 당선자로 하여금 다수표를 획득하게 함으로써 그 권한에 상응하는 민주적 정당성을 확보하게 하고, 이로써 정국의 안정을 가져오는 것이 무엇보다도 중요하다고 할 것인데, 이를 위해서는 선거의 신뢰성 확보와 유권자가 주권자로서 진지하게 그 자신을 대표할 대의기관으로서 국회의원을 선택할 수 있도록 입후보자의 수를 적정한 범위로 제한하는 것이 반드시 필요하다.

(3) 한편 선거에 출마하려는 후보자를 적정한 범위로 제한하는 방법으로는 유권자의 추천을 요구한다거나 유권자의 추천과 기탁금제도를 병행하는 것을 생각할 수 있고, 대의기관으로 하여금 그 권한에 상응하는 민주적 정당성을 확보하게 하는 방법으로는 절대다수대표제 또는 결선투표제를 도입하는 것을 생각할 수 있다. 그리고 이러한 방법들이 입후보자들의 공무담임권 등을 덜 제한하면서 위와 같은 공익목적을 실현할 수 있는 더 적절한 수단이 된다고 볼 여지도 없지 않다.

그러나 우리의 정치문화와 선거풍토에서는 선거의 신뢰성과 공정성을 확보하는 것이 무엇보다도 중요하고 시급한 과제이고, 이를 위해서는 특히 사전선거운동 등 선거운동의 과열을 막는 것이 반드시 필요하다고 할 것인데, 유권자추천제도는 유권자의 추천을 받는 과정에서 사실상 사전선거운동이 행해져 선거가 과열 또는 혼탁하게 될 위험성이 클 뿐 아니라, 진지하지 못한 추천이 남발될 경우에는 애당초 후보자를 적정한 범위로 제한하는 기능을 전혀 할 수 없게 될 가능성도 적지 않은 것이다.

그리고 선거에 소요되는 경비를 원칙적으로 국가가 부담하는 선거공영제(헌법 제116조 제2항) 하에서 결선투표제나 절대다수투표제를 도입하여 민주적 정당성을 확보하는 것도 결국 선거의 반복으로 이어져 국민의 경제적 부담을 가중시키고, 정국의 불안정으로 이어져 쉽게 채택할 것이 못된다.

그렇다면 대의민주주의에서 선거의 기능과 기탁금제도의 목적 및 성격, 그리고 우리의 정치문화와 선거풍토에 있어서 현실적인 필요성 등을 감안할 때, 선거의 신뢰성과 공정성을 확보하고, 유권자가 후보자 선택을 용이하게 하며, 입법권과 국정의 통제 및 감시권한에 상응하는 민주적 정당성을 부여하기 위하여 후보자에게 기탁금의 납부를 요구하는 것은 필요불가결한 입후보요건의 설정이라 할 것이다.

(4) 나아가 기탁금제도 그 자체의 정당성과 필요성을 긍정하는 한, 기탁금의 액수는 후보자의 난립을 방지하고, 선거의 신뢰성과 선거운동의 성실성을 담보할 정도에 이르는 수준의 금액이어야 한다. 물론 적정한 후보자의 수가 몇 명이며, 후보자가 몇 명 이상일 때, 과연 '후보자의 난립'이라고 평가할 수 있을 것인지의 여부와 관련하여 분명하고 일의적인 기준을 제시하기 어렵고, 기탁금제도가 후보자의 난립방지에 얼마나 효과가 있을 것인지에 관하여 실증적인 연구결과나 통계가 있는 것은 아니지만, 적어도 우리 사회의 근간을 이루는 평균적인 생활인이 그의 소득조건에서 국회의원선거에 출마하는 데 어느 정도 부담을 느껴 입후보할 것인지의 여부를 신중하고 진지하게 고려할 정도의 수준에는 머물러야 하고, 불성실한 후보자에게는 실질적인 제재효과가 미칠 수 있는 정도에 이르러야 하는 것이다.

만일 그렇지 않고 기탁금의 액수가 너무 적어 실제로 후보자들이 기탁금을 납부하는 것에 대하여 아무런 부담도 느끼지 않는다면, 이는 후보자난립방지와 선거의 신뢰성 및 진지성의 확보라는 입법목적의 달성에 아무런 기여도 할 수 없는 형식적인 기탁금의 설정에 불과한 것이다.

먼저 1,500만원의 기탁금이 후보자의 난립방지와 선거의 신뢰성확보라는 입법목적의 달성에 적절하고도 실질적인 효과를 가진 정도의 금액인지에 관하여 본다.

기탁금액의 변동에 따른 국회의원선거입후보자수의 변동추이를 살펴보면, 기탁금이 없었던 2대 국회의원선거의 경우 선거구당 평균 입후보자수가 약 8명이었던 것이 기탁금이 처음 신설되었던 3대 총선에서는 5.9명으로 낮아졌고, 기탁금이 다시 폐지되었던 6대에서 8대 총선에서는 각 6.5명, 5.4명, 3.8명에 이르렀다가 다시 신설된 9대와 10대 총선에서는 2.3명과 1.8명으로 다시 낮아졌다.

그 후 기탁금이 지금과 같이 비교적 고액으로 설정된 12대 총선부터는 각 2.1명, 4.7명 등으로 다시 낮아졌다가 2001년 헌법재판소가 2,000만원의 기탁금에 대하여 위헌결정을 하기 전에 실시된 제16대 총선의 경우 4.6명이었던 것이 지금과 같이 1,500만원으로 법이 개정된 후 처음 실시된 서울 동대문(을)선거구 등의 국회의원 재·보궐선거에서는 5명으로 다소 후보자수가 늘어난 것으로 나타나고 있다.

이들 통계자료를 분석하여 보면, 기탁금제도를 두지 않았던 국회의원선거에 있어서는 후보자난립이라고 단정할 수는 없지만, 당시의 선거구당 인구수나 유권자수를 감안할 때, 비교적 많은 수의 후보자가 입후보한 것으로 나타나고 있으나, 비교적 고액의 기탁금액이 계속 유지된 제11대 총선부터는 그 이전과는 달리 선거구당 후보자수가 줄어들어 4명 내지 5명 정도로 후보자수가 고정되는 경향을 보이고 있다.

따라서 이러한 기탁금액의 변동에 따른 후보자수의 변동추이에 의하면, 1,000만원에서 2,000만원 정도의 비교적 높은 기탁금액의 수준에서 후보자의 수가 4명 내지 5명 정도로 고정되는 경향을 보이고 있으므로, 현행 기탁금조항이 정하고 있는 1,500만원의 기탁금은 기탁금제도의 목적과 취지를 실현하는 데 적절하고도 실효적인 범위 내의 금액일 뿐 아니라, 후보자의 성실성을 담보할 수 있을 정도의 실질적인 제재수단이 되는 금액에 해당하는 것으로 판단된다.

다음으로, 1,500만원의 기탁금이 당선가능성이 큰 입후보예정자의 후보등록을 불가능하게 하거나 현저히 어렵게 할 정도로 과다하여 공무담임권의 본질적 내용을 침해하는지의 여부에 관하여 본다.

국민이 국회의원선거에 입후보할 자유는 헌법이 공무담임권으로 보장하는 기본권으로서 민주주의의 실현을 위한 가장 중요한 자유와 권리이지, 규제받고 관리받아야 할 행위는 아니다(헌재 2001. 7. 19. 2000 헌마 91 등, 헌재판례집 13-2, 77, 88). 그러나 이러한 공무담임권도 절대적인 기본권은 아니라고 할 것이어서 헌법 제37조 제2항이 정하는 기본권제한입법의 한계 내에서 이를 제한할 수 있는 것이고, 그 결과 당선가능성은 있으나 경제적 능력이 부족하여 국회의원선거에 입후보할 수 없는 자가 비록 생긴다고 하더라도, 이를 두고 기본권제한입법의 한계를 넘었다거나 공무담임권의 본질적 내용을 침해한다고 단정할 수는 없는 것이다.

기탁금이 후보자난립을 방지하고, 후보자의 진지성과 성실성, 그리고 선거의 신뢰성을 담보하기 위해서는 기탁금에 대하여 입후보예정자들이 어느 정도 부담을 느껴 선거에 입후보할 것인지의 여부를 심각하게 고민할 수 있을 정도의 수준에 달할 것이 요구되고, 그렇지 않고 1~2개월 정도의 수입을 저축하거나 여유분의 재산으로도 기탁금을 충분히 납부할 정도로 부담을 느끼지 않는다면, 애당초 기탁금을 설정할 필요조차 없는 것이다.

그러므로 보건대, 우리 재판소가 국회의원선거에서 기탁금 1,000만원(정당추천후보자)에 대하여 헌법불합치결정을 선고한 1989. 9. 우리나라의 산업별 상용종업원의 월평균 임금은 540,611원이었고, 임금이 비교적 높은 금융·보험업의 경우에도 737,546원에 불과하였으나, 2,000만원의 기탁금에 대하여 위헌결정을 선고한 2001. 7.에는 평균임금이 1,802,909원, 금융·보험업의 경우 2,830,382원으로 인상되었다. 그리고 2003. 1.의 경우에는 평균임금이 2,511,545원이고, 금융·보험업의 경우에는 4,682,667원에까지 이르게 되었다.

이러한 월평균임금의 추이과정에서 볼 때, 현재 1,500만원의 기탁금은 다른 재산이 전혀 없는 통상적인 평균임금을 수령하는 도시근로자가 그 임금을 6개월 정도 저축하면, 어렵지 않게 모을 수 있는 정도이고, 금융·보험업에 종사하는 근로자의 경우에는 불과 3개월 정도 임금을 저축하면, 마련할 수 있는 정도의 금액에 해당하는 것으로 나타나고 있다.

물론 1,500만원이란 금액을 일률적으로 적용하여 입후보자들에게 미치는 영향을 평가하는 것은 불가능하고, 또한 개별적·구체적인 상황에서는 당선가능성이 충분히 있으면서도 기탁금을 마련할 방법이 없어 입후보를 포기하게 되는 안타까운 상황도 발생할 수 있기는 하지만, 우리의 선거문화와 정치풍토에서 후보자난립의 방지와 선거의 신뢰성을 확보하는 것은 입법자가 추구하여야 할 중대한 공익이라 할 것이고, 이를 위하여 아무리 노력하여도 기탁금을 마련할 수 없거나 기탁금 때문에 입후보를 포기하는 자가 일부 있을 수 있다고 하여도 이를 두고 공무담임권의 본질적 내용을 침해하였다거나 경제력의 차이를 이유로 입후보자들을 합리적 이유도 없이 차별하는 것이라 할 수는 없는 것이다.

실제로도 기탁금이 2,000만원이었던 제16대 국회의원선거에서 한 선거구당 후보자수가 평균 4.3명이었는데 반하여, 1,500만원으로 기탁금이 인하된 2001년 동대문(을)선거구 등 국회의원 재·보궐선거에서는 후보자수가 평균 5명으로 늘어난 것으로 나타나고 있는데, 5명 정도의 후보자수를 선거의 신뢰성와 후보자의 진지성 및 성실성을 담보할 수 있는 적정한 수준이라고 단언할 수도 없겠지만, 우리의 정당구조나 정치문화, 선거풍토를 감안하면, 이 정도의 기탁금수준으로 인하여 입후보희망자의 공무담임권 등이 헌법이 용인하기 어려울 정도로 침해된 것도 아니라고 볼 것이다.

(5) 그렇다면 기탁금조항이 정한 1,500만원이라는 기탁금은 입법자가 기탁금을 통하여 추구하려는 공익목적과 국민의 공무담임권 및 참정권의 보호, 그리고 우리의 선거풍토와 경제적 여건 등을 고려하여 그 입법형성권의 범위와 한계 내에서 설정한 것으로 청구인들의 공무담임권 등 기본권의 본질적 내용을 침해할 정도로 과도한 것이라 할 수 없으므로 헌법에 위반된다고 할 수 없다.

라. 기탁금반환조항의 위헌 여부에 관한 판단

(1) 기탁금반환조항은 지역구국회의원선거에 있어 후보자가 당선되거나 사망한 때와 후보자의 득표수가 유효투표총수를 후보자수로 나눈 수 이상이거나 유효투표총수의 100분의 15 이상인 때에만 기탁금에서 불법행위에 대한 제재금을 뺀 나머지금액을 후보자에게 반환하고, 득표율이 이에 미달되는 경우에는 위 제재금을 뺀 나머지금액을 국가에 귀속시키고 있다.

(2) 기탁금제도가 단지 행정비용(후보자등록에 필요한 행정비용)을 보전하는 성격만 가지고 있고, 또 실제 기탁금액도 그 범위를 벗어나지 않는 한, 선거 후 기탁금반환기준을 아무리 높게 정하거나 심지어 이를 반환하지 않는다고 하더라도 문제가 될 것은 없다. 그러나 행정비용이나 불법행위에 대한 제재금의 사전확보라는 목적 외에 선거결과에 따라 난립후보로 평가된 경우에는 경제적 제재를 가함으로써 후보자의 난립을 방지하는 효과를 가지도록 기탁금액이 비교적 높게 정해지고, 또 그러한 방향으로 기탁금제도가 운용되는 경우에는 후보자가 난립후보자가 아닌 것으로 선거결과 나타난 경우 이를 반드시 반환하여야 하며, 또한 이러한 기탁금제도의 실효성을 유지하기 위하여 일정한 반환기준에 미달하는 경우에는 기탁금을 국가에 귀속시키는 것 또한 반드시 필요하다고 할 것이다.

그러나 기탁금반환의 기준이 너무 높아 이를 충족시키기 어렵다면, 이는 결국 고액의 기탁금과 결합하여 피선거권행사의 위축이라는 효과를 가져오게 되므로 기탁금반환의 기준 또한 입후보예정자가 기탁금을 반환받지 못하게 되는 부담에도 불구하고 선거에 입후보할 것인지의 여부를 진지하게 고려할 정도에 이르러야 하고, 지나치게 그 반환기준이 높아 진지하게 입후보자를 고려하는 예정자가 입후보를 포기할 정도로 높아서는 안 될 헌법적 한계를 갖는다.

(3) 그러므로 보건대, 기탁금제도의 대안으로 앞에서 검토한 유권자추천제도를 실시할 경우에 후보자난립을 방지할 정도에 이르는 유권자의 추천수, 역대 선거에서의 기탁금반환비율의 추이, 기탁금제도의 취지와 기탁금제도의 실효성을 유지하기 위한다는 기탁금반환제도 및 국가귀속제도의 입법취지 등을 감안하면, 유효투표총수를 후보자수로 나눈 수 또는 유효투표총수의 100분의 15 이상으로 정한 기탁금반환기준은 입법자의 기술적이고 정책적 판단에 근거한 것으로서 현저히 불합리하거나 자의적인 기준이라고 할 수는 없다.

실제 사례를 보면, 기탁금의 반환기준을 100분의 20 이상에서 100분의 15 이상으로 내린 후 처음으로 실시된 국회의원 재·보궐선거에서 동대문(을)선거구의 경우에는 4명의 후보자

중 2명이, 구로(을)선거구의 경우에는 6명의 후보자 중 4명이, 강릉시 선거구의 경우에는 5명의 후보자 중 3명이 각 기탁금을 반환받지 못하게 되는 결과가 되어 후보자의 과반수 이상이 결과적으로 난립후보에 해당되어 그 제재로서 기탁금을 반환받지 못하게 되었다.

물론 기탁금을 반환받지 못하게 된 이러한 후보자들을 모두 난립후보라든가 진지하지 못한 후보자라고 평가할 수는 없지만, 이들 기탁금을 반환받지 못하는 후보자의 수가 낮다는 이유만으로 1,500만원의 기탁금이 입법자의 입법형성권의 범위를 일탈하였다고 단정할 수는 없고, 오히려 기탁금반환기준을 낮추는 경우에는 기탁금의 목적과 취지가 훼손된다는 점에서 입법자의 불가피한 입법적 선택이라 아니할 수 없는 것이다.

따라서 청구인들의 이 사건 심판청구 중 청구인 원용수의 심판청구부분은 부적법하므로 이를 각하하고, 기탁금조항 및 기탁금반환조항은 헌법에 위반되지 아니하므로 나머지 청구인들의 심판청구는 이를 모두 기각하기로 하여 관여재판관 전원의 일치된 의견으로 주문과 같이 결정한다.

4. 大統領候補者의 寄託金 5억원은 過多하다[1)]

가. ……

나. 이 사건 조항의 위헌 여부

⑴ 제한되는 기본권

청구인은 이 사건 조항이 평등권, 행복추구권, 직업선택의 자유, 공무담임권, 재산권을 침해한다고 주장한다.

이 사건 조항은 후보자등록에 5억 원을 요구함으로써 재산에 따라 공직기회를 차별하고 있으므로, 평등권, 재산권, 공무담임권이 모두 관련된다. 이는 하나의 규제로 인해 여러 기본권이 동시에 제약을 받는 기본권경합에 해당하는데, 그러한 경우 기본권 침해를 주장하는 의도 및 기본권을 제한하는 입법자의 객관적 동기 등을 참작하여 사안과 가장 밀접한 관계에 있고 또 침해의 정도가 큰 주된 기본권을 중심으로 해서 그 제한의 한계를 따져 보게 된다(헌재 1998. 4. 30. 95 헌가 16, 헌재판례집 10-1, 327, 337; 헌재 2002. 4. 25. 2001 헌마 614, 헌재판례집 14-1, 410, 426).

공무담임권의 내용은 일반적으로 국민이 공무담임에 관한 자의적이지 않고 평등한 기회를 보장받음을 의미하는데(헌재 2002. 8. 29. 2001 헌마 788 등, 헌재판례집 14-2, 219, 224; 헌재 2005. 5. 26. 2002 헌마 699 등, 헌재판례집 17-1, 734, 743), 이 사건은 공직취임의 기회 자체가 기탁금 납부 여부에 의하여 제한되고 있다는 측면에서 공무담임권이 사안과 가장 밀접한 관계에 있는 기본권이라고 할 것이다. 그러므로 공직취임 기회를 제한하는 기탁금 액수가 과다하여 공무담임권을 침해하는지 여부가 주된 판단대상이 된다.

한편 청구인이 주장한 기본권 중 직업선택의 자유는 공무담임권 판단시 별도로 판단할 필요가 없으며(헌재 1999. 12. 23. 99 헌마 135, 헌재판례집 11-2, 800, 811), 행복추구권은 다른 기본권의 침해 여부를 논하는 한 독자적으로 판단할 필요가 없다(헌재 2000. 12. 14. 99 헌마 112 등, 헌재판례집 12-2, 399, 408).

⑵ 공무담임권의 침해 여부

(가) 대통령선거에서 진지하지 못한 불성실한 후보자들이 난립할 경우 불법선거운동의 감시와 투개표 등 선거관리에 지장이 초래되며, 선거에 관한 국가비용이 증가하게 된다. 또 후보자들에게 불법선거에 대한 과태료나 불법시설물 등에 대한 대집행비용이 발생하는 경우를 대비하여 기탁금을 예납하게 할 필요성도 있다. 한편 지나친 후보자 난립으로 인하여 표가

---

1) 헌재 2008. 11. 27 선고, 2007 헌마 1024, 헌재판례집 제20권 2집(하), 477면 이하.

분산되어 당선자의 민주적 정당성이 약화되는 것은 바람직하지 못하다. 후보자 난립을 방지하기 위한 기탁금 제도는 그러한 목적에 기인한 것이며 이는 공공복리를 위한 것으로서 입법목적의 정당성이 인정된다(헌재 1991. 3. 11. 91 헌마 21, 헌재판례집 3, 91, 101; 헌재 1995. 5. 25. 92 헌마 269 등, 헌재판례집 7-1, 768, 779).

그런데 기탁금을 납부해야만 대통령선거 후보자가 될 수 있게 하는 것은 필연적으로 후보자의 재력에 따라 공직취임 기회를 차별하는 결과가 되고, 아무리 자격 있는 후보라도 기탁금을 마련할 수 없는 자는 참정권 내지 피선거권을 행사할 기회가 박탈되는 결과가 된다. 비록 대통령이 국가의 원수이자 행정부 수반으로서 특수한 지위를 지니나, 국민주권주의와 대의민주주의를 기반으로 하고 모든 국민에게 참정권과 정치적 표현의 자유 그리고 개인의 기회 균등을 보장하는 우리 헌법의 체제 하에서 피선거권을 가진 국민으로서 다른 국민들의 신임을 얻을만한 능력과 자질을 갖추고 있다고 한다면 대통령직에 도전할 수 있는 균등한 기회가 허용되어야 하며, 재산의 다과에 의하여 그 기회를 박탈하게 되는 것은 특별한 정당화 사유가 없는 한 허용되어서는 안 될 것이다.

대통령선거에 입후보한다는 것은 그 당락을 떠나서 정치적 쟁점을 공론화하고 시민의 참여와 국민토론의 장을 마련한다는 의미도 지니며, 이는 국정의 현안에 대한 진지한 관심을 제고시키고 능력 있는 정치인을 육성하는 계기가 된다. 그러므로 후보자난립 방지를 위하여 기탁금제도를 두더라도 후보예정자의 참정권과 정치적 의사표현의 자유를 과도하게 제약하지 않는 한도 내에서 입법자의 정책적 재량이 행사되어야 한다.

구체적으로 대통령선거에서 어느 정도의 기탁금이 위와 같은 입법목적과 헌법적 가치를 조화시키는 합당한 범위인지는 원칙적으로 입법자의 판단에 맡겨져야 할 것이나, 그 금액이 현저하게 과다하거나 불합리하게 책정된 것이라면 허용될 수 없다(헌재 1995. 5. 25. 92 헌마 269 등, 헌재판례집 7-1, 768, 780 참조).

(나) 이 사건 조항이 정한 5억 원의 기탁금은 청구인과 같은 대통령선거 입후보예정자가 조달하기에는 매우 높은 액수임이 명백하다. 주요 정당의 경우 정기적으로 지급되는 국고보조금을 받으므로 그러한 정당추천 후보예정자의 경우 5억 원의 기탁금 마련이 가능할 것이나(2007. 8. 14. 지급된 정당에 대한 경상보조금(연 4회 중 1회분)은 한나라당이 22억, 대통합민주신당 15억, 열린우리당이 20억, 민주노동당이 5억, 중도통합민주당이 5억, 국민중심당이 3억여 원이었다. 경상보조금 외에 선거가 있는 해에는 선거보조금도 따로 지급된다. 정치자금법 제25조 제 3 항), 국고보조금이 지급되지 않는 군소 정당의 추천을 받을 후보예정자이거나 무소속 후보예정자의 경우 특별히 재력가가 아니라면 부채를 지거나 다른 사람들의 기부를 받지 않는 한 5억 원 마련은 사실상 어려울 것이다. 대통령선거 후보자가 부채를 지고 마련하기에는 5억 원은 지나치게 큰 액수이며, 그러한 고액의 부채를 공직후보자가 부담하는 것은 사회적·정치적으로 바람직하지 않다. 기탁금의 전액 반환을 위해서는 유효투표총수의 15% 이상을 득표하여야 하며 이에 해당되기 쉽지 않다는 점에서 기탁금 마련을 위한 부채는 결국 후보자와 주위 사람들에게 지나친 부담이 될 가능성이 크다.

(라) 헌법재판소는 1995. 5. 25. 선고 92 헌마 269 등 결정에서 대통령선거에 3억 원의 기탁금을 규정한 구 대통령선거법 제26조 제 1 항을 합헌으로 결정하였다.

그런데 당시의 선거법은 기탁금으로 선거인명부 및 부재자신고인명부의 사본작성비용을 부담하도록 하였으며, TV와 라디오를 통한 각 1회의 후보자 및 연설원의 연설비용을 국가가 부담하도록 하였다(그러나 기탁금에서 이를 공제하고 다만 후보자가 유효투표총수의 7% 이상 득표시 공제하지 않음). 그러므로 무분별한 후보자가 난립할 경우를 대비하여 그러한 선거비용의 담보를 위해 기탁금이 3억 원이 되어야 할 필요성이 있었다. 실제로 당시 국고에서 부담한 연설비용은 후보자 중 최저가 3억여 원이었고 최고는 6억여 원에 이르렀으므로 모두 기탁금 3억 원을 초과하였다(헌재 1995. 5. 25. 92 헌마 269 등, 헌재판례집 7-1, 768, 780). 그런데 현행 공직선거법에서는 선거인명부 작성비용을 기탁금으로 부담하게 하는 제도가 폐지되었고 선거방송비용도 선거방송토론위원회가 주관하는 대담·토론회 및 정책토론회(공직선거법 제122조의2 제 3 항 제 4 호, 제 5 호) 외에는 전적으로 후보자 개인부담이 된다(득표율 10% 이상시 국가가 사후에 이를 보전함).

선거방송토론위원회가 주관하는 위 대담·토론회는 기본적으로 대상이 '국회의원 5인 이상 소속 정당의 후보자, 직전 선거에서 3% 이상 득표한 정당의 후보자, 여론조사 평균지지율 5% 이상 후보자'(공직선거법 제82조의2)에 한정되고, 위 정책토론회는 '국회의원 5인 이상 소속 정당 혹은 직전 선거에서 3% 이상 득표한 정당의 대표자나 지정자'(공직선거법 제82조의3)에 한정되므로, 후보자가 난립한다고 해서 그 비용이 증가할 것이라고 단정할 수 없다.

그렇다면 이 사건 조항의 기탁금이 왜 5억 원으로 되어야 했는지에 대해서는 합리적 설명이 존재하지 않는다. 기탁금이 3억 원일 때 후보자가 난립되었으므로 기탁금 액수를 더 상향하여야 한다거나, 그 정도의 상향은 물가인상으로 인한 것이라고 볼 수도 없다.

(마) 기탁금이 고액이 아닐 경우 후보자가 늘어날 가능성은 있지만, 무소속 후보자의 경우 검인된 추천장을 사용하여 5 이상의 시·도에 나누어 총 선거권자 2500명 내지 5000명의 추천을 받아야 하고(공직선거법 제48조 제 2 항 제 1 호), 통상 대통령선거에서 소요되는 많은 비용과 노력을 감안하면 기탁금 액수만 가지고 후보자 난립 문제를 대처할 필요는 없다고 볼 것이다. 또한 정당정치의 발전과 국민들의 정치문화의 성숙도에 따라 진지하지 못한 후보자의 난립현상은 줄어들 수 있다.

(바) 통상 대통령선거에서 사후에 보고되는 총 선거비용이 정당추천 후보자에 따라서는 3~400여억 원에 이르는 상황을 보면 기탁금 5억 원은 상대적으로 적은 금액이라고 볼 수 있다. 그러나 모든 후보자가 그 정도의 선거비용을 사용할 수 있는 것은 아니며, 일단 후보자 등록단계에서 5억 원을 조달할 수 없으면 후보자가 될 수 없으며, 아무리 훌륭한 자질을 가지고 있거나 사회적으로 지지를 받는 사람들이라도 후보자등록 시 5억 원이 지나친 부담이 되어 입후보를 포기하게 한다면 이들에게는 대통령직에 대한 피선거권의 행사가 봉쇄당하게 된다. 비록 그러한 사람들이 소수에 그치더라도 그러한 소수자들의 기회가 박탈당하는 것은 정당하지 않다. 일부 소수층의 참정권 제한은 문제될 것이 없다고 한다면 다수결의 원리에 의하여 지배되는 정치과정에서 필연적으로 발생하는 '소외된 소수자'들의 인권을 헌법보장의 사각지대에 방치하는 결과가 되어 결국 헌법의 기본권 보장정신에 어긋나기 때문이다(헌재 2001. 7. 19. 2000 헌마 91 등, 헌재판례집 13-2, 77, 90).

대통령제를 둔 외국에서는 대통령선거에 기탁금제도를 두는 나라 자체를 찾아볼 수 없으며(중앙선거관리위원회 발행, 외국의 선거제도 비교분석집, 2005), 유일하게 프랑스에서 기탁금제도를 찾아볼 수 있으나 우리 돈 260만 원 정도에 그치고 있다. 선거제도의 차이점을 감안한다고 하더라도 지구상에 유래가 없는 그런 고액의 기탁금제도를 우리나라에서만 두어야 하는 합리적 이유를 발견하기 어렵다.

(사) 결론적으로, 이 사건 조항이 설정한 5억 원의 기탁금은 대통령선거에서 후보자 난립을 방지하기 위한 입법목적의 달성수단으로서는 개인에게 현저하게 과다한 부담을 초래하며, 이는 고액 재산의 다과에 의하여 공무담임권 행사기회를 비합리적으로 차별하므로, 입법자에게 허용된 재량의 범위를 넘어선 것이다.

(3) 소 결 론

이 사건 조항은 청구인의 공무담임권을 침해한다.

다. 주문에 관한 의견

(1) 재판관 이강국, 재판관 김희옥, 재판관 민형기, 재판관 목영준, 재판관 송두환의 헌법불

합치의견

이 사건 조항이 헌법에 위반되는 이유는, 기탁금제도 자체에 있는 것이 아니라 기탁금 액수가 지나치게 고액이라는 데에 있다. 그러므로 위 기탁금 액수는 대통령선거에 출마하는 진지하고 성실한 후보자라면 적법한 범위 내에서 충분히 조달할 수 있는 금액으로 조정되어야 한다.

한편 대통령선거에서 지나친 후보자 난립을 방지할 필요성이 있음은 앞에서 본 바와 같은 바, 우리 공직선거법은 이를 위하여 기탁금제도와 함께, 선거권자의 추천제도를 두고 있다. 즉, 대통령선거의 무소속후보자가 되고자 하는 자는 검인된 추천장을 사용하여 5 이상의 시·도에 나누어 하나의 시·도에 주민등록이 되어 있는 선거권자의 수를 500인 이상으로 한 2500인 이상 5000인 이하 선거권자의 추천을 받도록 하고 있다(법 제48조 제2항 제1호).

그렇다면 후보자 난립을 방지하면서도 후보자에게 과도한 금전적 부담을 주지 않기 위하여는, 기탁금 액수를 합헌적 범위 내로 조정하는 것과 함께 무소속후보자의 추천요건을 강화하는 방안이 고려될 수 있는바, 이러한 권한은 입법자에게 있다고 할 것이다.

따라서 이 사건 조항에 대하여 단순위헌 선언을 하여 조항 자체를 폐지시키는 것보다는 추후 입법자가 여러 사정을 고려하여 합헌적으로 개정할 수 있도록 헌법불합치선언을 하고, 입법자가 2009. 12. 31.을 시한으로 하여 개정할 때까지 이를 계속 적용하는 것이 상당하다 할 것이다.

(2) 재판관 김종대, 재판관 이동흡의 단순위헌의견

이 사건 조항이 청구인의 기본권을 침해하는 이유는 다수의견과 같으나 주문에 대해서는 다수의견에 동의할 수 없다.

이 사건 조항은 공무담임권을 침해하는 것이므로 특별한 사정이 없으면 단순위헌결정이 선고되어야 한다. 다음 대통령선거는 2012년으로 예정되어 있으므로, 헌법재판소가 이 사건 조항을 단순위헌으로 선언하더라도 입법자는 충분한 기간 내에서 기탁금제도를 후보자가 조달할 수 있는 합헌적인 범위로 정할 수 있다.

헌법재판소는 선거가 종료된 후에 기탁금제도의 위헌성을 확인하는 경우 헌법불합치결정을 한 적이 있으나(국회의원선거 기탁금 사건. 헌재 1989. 9. 8. 88 헌가 6 결정), 당시는 국회의원의 재선거나 보궐선거가 있을 것을 고려한 것이었고, 그러한 고려사항이 없을 경우 해당 선거가 종료된 후에는 기탁금제도에 대하여 단순위헌결정을 하였다(헌재 2001. 7. 19. 2000 헌마 91 등 결정). 이 사건에서 재선거나 보궐선거를 고려할 필요성이 없다.

그러므로 이 사건에서 굳이 잠정적용을 명하는 헌법불합치결정을 할 필요가 없이 단순위헌결정을 하여야 한다.

이 사건 조항이 헌법에 위반되는지 여부에 관하여 재판관들의 의견이 위와 같다면, 이에 대하여는 헌법에 합치되지 아니한다는 선언을 하여야 하므로 이에 주문과 같이 결정한다. 이 결정에는 재판관 조대현의 아래와 같은 위헌의견과 재판관 이공현의 아래와 같은 반대의견이 있다.

[재판관 조대현의 위헌의견]

공직선거의 후보자로 등록하려면 기탁금을 납부하여야 하고 일정한 비율 이상의 득표를 하지 못하면 기탁금을 반환하지 아니하는 제도는 전부 헌법에 위반된다고 생각한다.

공직선거는 대의제 민주주의를 실현하기 위한 핵심절차이고 공직선거의 후보자로 되는 것은 헌법이 보장하는 공무담임권과 정치적 표현의 자유를 구현하는 수단이다. 공직선거의 후보자 등록요건으로서 기탁금의 납부를 요구하고 선거결과 유효투표의 일정 비율 이상을 득표하지 못할 경우에 기탁금의 전부 또는 일부를 몰수하도록 하는 것은 선거제도의 민주주의 실현 기능을 억제하고 공무담임권과 정치적 표현의 자유를 제한하는 것이며, 기탁금을 납부하거나 포기할 경제적 능력이 없는 국민의 후보자 등록을 어렵게 하는 것이다.

따라서 기탁금제도에 의하여 공직선거의 후보자로 되는 것을 제한하려면, 공무담임권과 정치적 표현의 자유를 제한할 필요성(국가안전보장·질서유지 또는 공공복리)이 있어야 하고, 공직선거의 후보자 등록에 관하여 경제적 능력이 없는 국민을 차별하여야 할 합리적 이유가 있어야 한다.

기탁금제도는 후보자의 난립을 방지하기 위한 것이라고 한다. 그러나 공직선거는 대의제 민주주의를 실현하기 위한 핵심절차이고 그 후보자 등록은 공무담임권과 정치적 표현의 자유를 구현하는 수단인 점에 비추어 보면, 공직선거의 후보자가 가급적 많이 등록하도록 유도함이 마땅하다고 할 것이고, 공직선거의 후보자가 난립할 우려가 있다고 하여 그 후보자 등록을 제한할 필요가 있다고 보기 어렵다. 그리고 헌법 제8조 제1항은 복수정당제를 보장하고 있으므로 정당추천 후보자의 난립을 막기 위하여 기탁금제도를 두는 것은 허용되기 어렵다. 무소속후보자로 되고자 하는 자는 일정한 수 이상의 선거권자의 추천을 받도록 요구하고 있는바, 이처럼 선거권자의 추천을 받은 후보자에 대하여 다시 후보자의 난립을 방지한다는 이유로 기탁금을 요구할 필요가 있다고 보기 어렵다.

기탁금은 선거비용에 충당되는 것이 아니라 과태료나 불법선거에 대한 대집행비용으로 충당되는데, 기탁금제도가 매우 중요한 정치적 자유를 제한하는 점에 비추어 보면, 공직선거법 위반에 대한 제재수단을 위법행위가 있기도 전에 미리 확보하기 위하여 기탁금을 예납하게 하는 것도 합리적이라고 보기 어렵다.

결국 공직선거의 기탁금제도와 그 몰수제도는 헌법 제37조 제2항이 요구하는 기본권 제한사유도 없이 공무담임권과 정치적 표현의 자유를 제한하는 것이고, 합리적 사유도 없이 기탁금을 납부하거나 포기할 경제적 능력이 없는 국민의 후보자 등록을 어렵게 하여 차별하는 것이어서 헌법에 위반된다고 하지 않을 수 없다.

[재판관 이공현의 반대의견]

나는 이 사건 법률조항이 헌법에 위반되지 아니한다고 보므로 아래와 같이 견해를 밝힌다.

가. 후보난립 방지 필요성의 절실성

오늘날 민주국가에서 선거제도의 중요성은 아무리 강조해도 지나치지 않을 것이다. 선거는 국민이 직접 정치적 의사형성에 참여할 수 있도록 하는 중요한 제도로서 통치권 또는 국정담당자를 결정하는 주권행사의 수단으로 민주적 정당성 부여의 계기이고, 우리 사회의 소수자의 목소리를 들을 수 있는 소중한 기회이며, 나아가 소수가 다수가 될 수 있는 균등한 기회를 제공하는 장이 된다.

위와 같은 이념적 중요성을 가지는 외에 선거에 참여하는 국민들에 대한 관계에서 선거는 스스로의 이해관계나 정치적 지향, 변화의 요구를 정책과 제도에 관철시킬 수 있는 구체적 기회가 되고, 막대한 선거비용 중 상당부분은 궁극적으로 국민의 세금으로 충당되는 것이라는 점에서 현실적으로도 국민들의 이해와 직접적이고 중요한 연관을 맺고 있다.

그러나 한편으로 선거는 후보자에 대한 정보제공 및 후보자의 공약 또는 비전의 제시 과정에서 개인과 집단의 이익을 위하여 악용될 가능성도 있다. 사업적 목적이나 종교적 목적을 위하여, 또는 병적인 과시욕 등으로 자신의 존재를 세상에 알리고, 허황된 약속이나 자신에 대한 신화적 포장을 통해 대중을 미혹하여 이익을 얻고자 하는 이들에게 선거는 더할 나위 없는 수단이 될 우려가 있으며, 후보자에 대한 신분보장(공직선거법 제11조)을 남용하고자 하는 이들 또한 있을 수 있다. 이러한 진지하지 못하고 불성실하며, 경우에 따라 사회에 해악을 끼치는 후보자의 출현은 선거의 순기능을 저해하고, 국민의 정치에 대한 냉소를 심화시켜 선거를 단순한 유희로 전락시킨다.

이 사건 법률조항이 규정하는 기탁금제도는 직접적으로는 위와 같은 무분별한 후보난립을 방지하고, 궁극적으로는 선거의 진지성을 확보하여 선거의 순기능을 극대화하기 위한 것으로 그 입법목적의 정당성이 인정된다.

특히 대통령선거는 국가의 원수이자 행정부의 수반으로서 국가의 독립, 영토의 보전, 국가의 계속성과 헌법을 수호해야 할 책무를 지는 가장 중요한 국가권력담당자인 대통령을 선출하는 것이다. 일정한 나이에 달한 국민 모두를 선거권자로 하고, 우리 사회가 그에 쏟는 에너지가 천문학적이라고 해도 과언이 아닐 정도라는 점을 고려하면 후보난립으로 인한 폐해가 다른 어느 선거에서 보다 크다고 할 것이고, 후보난립을 방지할 필요성은 매우 절실하다.

그러므로 이 사건 법률조항이 규정하는 대통령 선거에서의 기탁금제도는 그 기탁금액이 과다하지 않는 한 헌법상 허용된다고 할 것이다(헌재 1995. 5. 25. 92 헌마 269 등, 헌재판례집 7-1, 768, 779 참조).

나. 기탁금액의 과다 여부

대통령선거에서 기탁금제도 자체의 정당성이 인정된다고 하더라도 기탁금을 납부하지 아니하면 후보등록을 할 수 없게 된다는 점에서 자유로운 입후보에 대한 제한이 되고, 그 금액이 과다하여 당선가능성이 있음에도 이를 납부할 경제적 능력이 없는 자로 하여금 입후보를 할 수 없게 하는 정도라면 참정권, 공무담임권, 평등권 등을 침해하는 것이 될 수 있으므로 기탁금액은 기탁금제도에 의하여 달성하려는 공익목적과 그로 인한 기본권 제한 사이에 균형과 조화를 이루도록 책정되어야 한다. 다만 구체적인 기탁금액은 입법자가 정책적 판단에 따라 재량으로 결정할 사항이라 할 것이므로 그 금액이 입법자에게 허용된 재량의 범위를 넘어 현저하게 과다하거나 불합리하게 책정되어 위 기본권의 본질적 내용을 침해하는 정도에 이르지 않는 한 위헌이라고 할 수 없다 할 것이다(헌재 1995. 5. 25, 92 헌마 269 등, 헌재판례집 7-1, 768, 779~780).

또한 선거비용의 과다지출과 선거부정 및 과열 등으로 공명선거에의 요청이 큰 우리의 선거풍토에서 단순히 외국의 예를 기준으로 위 기탁금액이 과다하다고 할 수는 없다. 무소속 후보자에 대한 추천제도가 무분별한 후보난립을 방지하는 유력한 방법이기는 하지만 단순한 추천제도만으로는 정치적 냉소가 심각한 현실 속에서 진지하지 못한 추천의 가능성이 높아 기탁금제도를 전적으로 대체할 수단이라고 보기 어려우므로 입법자가 이러한 여러 가지 사정을 고려하여 추천제도를 두면서 아울러 5억 원을 기탁하도록 정한 것이 현저히 불합리하다고 할 수도 없다(헌재 1995. 5. 25, 92 헌마 269 등, 헌재판례집 7-1, 768, 781~782 참조).

한편 후보난립의 폐해를 막기 위한 기탁금 제도의 취지상 기탁금 반환에 일정한 제한을 둘 수밖에 없는데, 그 제한의 엄격성이 곧 기탁금 액수의 과다함을 추정하도록 하는 것은 아니다. 반환요건의 엄격성으로 인한 문제는 기탁금 액수가 적은 경우에도 동일하게 발생할 수 있음을 상기할 필요가 있다. 반환요건의 엄격성으로 인하여 기탁금액에 대한 부담이 더 커질 수 있다는 점을 고려하더라도, 공직선거법 제57조에 따르면 최대 6인(유효투표총수의 15% 이상의 득표자)에 대하여 과태료 및 대집행 비용을 공제한 전액의 반환이 가능하다는 점, 그리고 위와 같은 국민적 지지를 통하여 능력과 자질이 검증된 이들에 대하여는 과거 대통령선거법과 달리 선거인명부 및 부재자신고인명부의 사본작성비용을 기탁금에서 공제하지 아니하도록 하여 더욱 실질적인 반환보장을 하고 있다는 점 및 그에 미치지 않더라도 유효투표총수의 10% 이상을 득표한 경우에는 50%의 기탁금을 반환하도록 하면서 과거 대통령선거법 하에서와는 달리 국고연설비용부담을 공제하지 아니하여 명목상의 반환에 그치지 않도록 한 점 등에서 위와 같은 반환요건으로 인하여 이 사건 법률조항이 입법목적 달성의 필요를 넘어 자의적으로 과도한 기탁금을 정한 것이라 보기 어렵다.

따라서 이 사건 법률조항이 규정하는 기탁금 5억원은 대통령선거에서 기탁금제도의 목적 달성에 필요한 금액을 넘지 아니하고 입후보하려는 국민의 공무담임권의 본질적 내용을 침해하는 정도에 이르지도 아니하여 입법재량의 범위를 일탈한 과다한 금액이라고 할 수 없으므로 헌법에 위반되지 아니한다.

5. 選擧區間 過度한 人口偏差는 違憲이다[1]

헌법재판소는 평등선거의 원칙과 인구편차의 허용한계에 관하여 의견을 제시한 다음 국회의원지역선거구구역표 중, '부산 해운대구·기장군 선거구'는 선거구 간 인구편차에 관한 허용한계를 넘어선 것이고, '충북 보은군·영동군 선거구'는 자의적인 선거구획정이라고 판단하고 위 선거구구역표의 불가분성에 따라 선거구구역표 전체에 대하여 위헌결정을 하였다.

평등선거의 원칙이란 평등의 원칙이 선거제도에 적용된 것으로서 투표의 수적(數的) 평등, 즉 복수투표제 등을 부인하고 모든 선거인에게 1인 1표를 인정함을 의미할 뿐만 아니라 투표의 성과가치(成果價値)의 평등, 즉 1표의 투표가치가 대표자선정이라는 선거의 결과에 대하여 기여한 정도에 있어서도 평등하여야 함을 의미한다. 헌법이 요구하는 투표가치의 평등은 선거제도의 결정에 있어서 유일, 절대의 기준이라고는 할 수 없으며 국회는 구체적인 선거제도를 정함에 있어서 합리적인 다른 정책적 목표도 고려할 수 있는 것이지만 적어도 선거구의 획정에 있어서는 인구비례의 원칙을 가장 중요하고 기본적인 기준으로 삼아야 할 것이고 여타의 조건들은 그 다음으로 고려되어야 할 것이다.

투표가치의 불평등이 발생한 경우에 그것이 헌법적 요청에 의한 한계 내의 재량권행사로서 그 합리성을 시인할 수 있는지의 여부를 검토하여 국회가 통상 고려할 수 있는 제반사정, 즉 여러 가지 비인구적 요소를 모두 참작한다고 하더라도 일반적으로 합리성이 있다고는 도저히 볼 수 없을 정도로 투표가치의 불평등이 생긴 경우에는 헌법에 위반된다.

그러나 인구편차의 허용한계에 관하여는 재판관들의 의견이 나뉘었다.

김용준, 김진우, 김문희, 황도연, 신창언 등 5인의 재판관은 전국 선거구의 평균인구수를 기준으로 할 때 선거구 사이의 인구편차가 4:1을 초과하는 경우, 즉 전국 선거구의 평균 인구수(175,460명)의 상하 60%의 편차(상한 280,736명, 하한 70,184명)를 초과하는 경우에는 평등선거원칙에 위반된다는 의견을 제시하면서 '부산 해운대구·기장군 선거구'와 '서울 강남구 을 선거구'는 그 편차를 초과하였으므로 위 선거구의 획정은 국회의 재량의 한계를 일탈한 것으로서 위헌이라고 하였다. 이에 반하여 이재화, 조승형, 정경식, 고중석 등 4인의 재판관은 전국 선거구 평균 인구수에서 상하 60%의 편차를 초과함과 동시에 같은 유형의 선거구 평균 인구수에서 상하 50%의 편차를 초과하는 선거구가 있을 경우에 그러한 선거구의 획정은 국회의 재량의 범위를 일탈하여 평등선거의 원칙에 위반하는 것이라고 하면서 '부산 해운대구·기장군 선거구'는 위에서 정한 각 편차를 넘어선 것으로서 그 선거구의 획정은 국

1) 헌재 1995. 12. 27 선고, 95 헌마 224 등, 헌재판례집 제 7 권 2 집, 760면 이하.

회의 재량의 범위를 일탈하였다고 하였다.

소위 게리맨더링의 문제에 관하여는 재판관 전원일치의 의견으로 선거구의 획정은 특단의 불가피한 사정이 없는 한 인접지역이 1개의 선거구를 구성하도록 함이 상당한바, 위 선거구 구역표는 특단의 불가피한 사정이 있다고 볼만한 사유가 없는데도 위와 같은 원칙을 무시하고 충북 옥천군을 사이에 두고 접경지역 없이 완전히 분리되어 있는 충북 보은군과 영동군을 '충북 보은군·영동군 선거구'라는 1개의 선거구로 획정하고 있으므로 이는 재량의 범위를 일탈한 자의적인 선거구획정으로 위헌이라고 하였다.

[同旨 결정][1] 가. 선거구획정에 관하여 국회의 광범한 재량이 인정되지만 그 재량에는 평등선거의 실현이라는 헌법적 요청에 의하여 일정한 한계가 있을 수밖에 없는바, 첫째로, 선거구획정에 있어서 인구비례원칙에 의한 투표가치의 평등은 헌법적 요청으로서 다른 요소에 비하여 기본적이고 일차적인 기준이기 때문에, 합리적 이유 없이 투표가치의 평등을 침해하는 선거구획정은 자의적인 것으로서 헌법에 위반된다는 것이고, 둘째로, 특정 지역의 선거인들이 자의적인 선거구획정으로 인하여 정치과정에 참여할 기회를 잃게 되었거나, 그들이 지지하는 후보가 당선될 가능성을 의도적으로 박탈당하고 있음이 입증되어 특정 지역의 선거인들에 대하여 차별하고자 하는 국가권력의 의도와 그 집단에 대한 실질적인 차별효과가 명백히 드러난 경우, 즉 게리맨더링에 해당하는 경우에는, 그 선거구획정은 입법재량의 한계를 벗어난 것으로서 헌법에 위반된다는 것이다.

나. 인구편차의 허용한계에 관한 다양한 견해 중 현시점에서 선택가능한 방안으로 상하 $33^1/_3$% 편차(이 경우 상한 인구수와 하한 인구수의 비율은 2:1)를 기준으로 하는 방안, 또는 상하 50% 편차(이 경우 상한 인구수와 하한 인구수의 비율은 3:1)를 기준으로 하는 방안이 고려될 수 있는데, 이 중 상하 $33^1/_3$% 편차 기준에 의할 때 행정구역 및 국회의원정수를 비롯한 인구비례의 원칙 이외의 요소를 고려함에 있어 적지 않은 난점이 예상되므로, 우리 재판소가 선거구획정에 따른 선거구 간의 인구편차의 문제를 다루기 시작한 지 겨우 5년여가 지난 현재의 시점에서 너무 이상에 치우친 나머지 현실적인 문제를 전적으로 도외시하기는 어렵다고 할 것이어서, 이번에는 평균인구수 기준 상하 50%의 편차를 기준으로 위헌 여부를 판단하기로 한다. 그러나 앞으로 상당한 기간이 지난 후에는 인구편차가 상하 $33^1/_3$% 또는 그 미만의 기준에 따라 위헌 여부를 판단하여야 할 것이다.

"경기 안양시 동안구 선거구"의 경우 전국 선거구의 평균인구수로부터 +57%의 편차를 보이고 있으므로, 그 선거구의 획정은 국회의 재량의 범위를 일탈한 것으로서 청구인의 헌법상 보장된 선거권 및 평등권을 침해하는 것임이 분명하다.

[별개의견] (권성) 선거구의 획정에 있어서 투표가치의 평등이라는 것은 가장 우선시되어야 할 이념은 아니고, 선거구 획정에 있어서 고려하여야 할 여러 가지 중요한 기준의 하나에 불과하다. 다른 기준의 하나로 생각할 수 있는 의원의 대표성은 의원이 어느 정도의 독자성을 갖는 지역(예컨대 행정구역)의 주민을 대표한다고 할 때 가장 확실하여지고, 의원의 주민대표성을 살리는 것은 의회제도 발전의 역사적 연원, 소수자보호의 원리 및 국가통합의 원리에 비추어 그 합리성과 정당성이 인정되므로, 소선거구제를 택하는 이상 의원의 지역주민대표성은 투표가치의 평등성과 대등한 이념으로 인정할 필요가 있다.

따라서 투표가치의 산술적 평등에 보다 접근시키기 위하여 어느 행정구역의 일부 주민을 다른 행정구역에 편입하여 하나의 선거구를 만드는 것은 의원의 주민대표성을 약화시키고 이

1) 헌재 2001. 10. 25 선고, 2000 헌마 92·240(병합), 헌재판례집 제13권 2집, 502면 이하.

것은 자기 구역에서 분리되어 타구역에 편입당한 주민들의 선거권을 침해하므로 위헌이 된다. 현행 공선법상 부산광역시 북구·강서구 을 선거구, 해운대구·기장군 을 선거구 및 인천광역시 서구·강화군 을 선거구 등 3개의 지역구는 원래의 행정구역에서 분리되어 그 선거구에 편입된 일부 주민들의 선거권을 침해하므로 위헌이고 국회의원 지역선거구 구역표의 불가분성에 의하여 위 구역표 전부가 위헌이 되며, 아울러 헌법재판소는 공선법 제25조 제 1 항 후단의 규정에 불구하고 예외적으로 행정구역의 일부를 분할하여 위의 3개 지역구를 획정하는 것을 허용하고 있는 공선법 부칙 제 3 조의 위헌성을 함께 지적하여야 할 것이다.

[재판관 한대현, 재판관 하경철의 반대의견] 우리 재판소가 1995. 12. 27. 선고한 위 95 헌마 224 등 결정의 취지에 의하면 적어도 어떤 선거구가 전국 선거구의 평균 인구수를 기준으로 상하 60%의 편차를 초과하지 아니하는 한 그 선거구는 헌법에 위반되는 것으로 볼 수 없다고 할 것인데, 2000. 3. 22. 현재 위 "경기 안양시 동안구 선거구"의 인구수는 328,383명으로서 당시 전국 선거구의 평균인구수 208,917를 기준으로 +57%의 편차를 보이고 있으므로, 위 결정에서 제시한 기준에 의할 때 위 선거구가 헌법에 위반된다고 할 수는 없음은 명백하다.

현재로서는 국회 입법권의 존중 차원에서 위 결정의 태도를 바꾸는 것은 바람직하지 않으나, 2004년 실시되는 국회의원총선거에 적용될 선거구구역표에 대하여는 다수의견과 견해를 같이 한다. 따라서 위 선거 1 구란이 위헌임을 이유로 이 사건 선거구구역표 전체에 대하여 헌법불합치의 결정을 하기보다는 이 사건 심판청구를 기각하면서 2004년에 실시되는 국회의원총선거에 적용될 선거구구역표는 평균인구수 기준 상하 50%의 편차를 넘지 않아야 하고, 이후에는 이러한 기준에 따라 위헌 여부를 판단할 것임을 밝히는 것으로 족하다고 할 것이다.

6. 地方議會議員 選擧區의 人口偏差 許容基準[1)]

⑴ 시·도의회의원 선거구획정에서의 고려요소

선거권의 평등은 투표가치의 평등을 의미하므로 시·도의회의원 선거구획정에 있어서도 인구비례원칙에 의한 투표가치의 평등은 가장 중요하고도 우선적인, 일차적인 기준으로 고려되어야 한다. 다만 시·도의원이 지방 주민 전체의 대표이기는 하나 지역대표성도 겸하고 있고, 급격한 산업화·도시화의 과정에서 인구의 도시집중으로 인하여 발생한 도시와 농어촌 간의 인구편차와 각 분야에 있어서의 개발불균형이 존재하는 우리 나라의 특수성 등을 고려할 때, 시·도의원 지역구 선거구획정에 있어서는 행정구역 등도 인구비례원칙에 못지 않게 함께 고려해야 할 필요성도 크다고 할 것이다.

그렇다면 시·도의회의원 선거구획정에 있어서는 인구비례의 원칙 이외에 행정구역, 지세, 교통 등 2차적 요소들을 적절하게 고려하여 선거구들 사이에 인구비례에 의한 투표가치 평등의 원칙을 완화하고, 이를 통해서 합리적인 인구편차기준을 설정하는 것이 과제라고 할 것이다.

⑵ 지방의회의원 지역선거구 인구편차에 관한 외국 입법례와 판례

미국 연방대법원은 연방하원의 경우와 주(州)의회의원의 경우에 그 기준을 달리하여 연방하원의 의원정수배분에 관하여는 매우 엄격한 기준을 적용하고 있으나, 주(州)의회의원의 의원정수배분에 관하여는 평등의 원칙을 적용하되 상대적으로 관대하여 선거구 평균인구수로부터 상하 10% 미만의 편차는 일응 합헌인 것으로 보고 있다. 일본 최고재판소는 중의원의원

1) 헌재 2007. 3. 29 선고, 2005 헌마 985·1037, 2006 헌마 11(병합), 헌재판례집 제19권 1집, 287면 이하; 同旨: 헌재 2009. 3. 26 선고, 2006 헌마 14, 헌재공보 제150호, 120면 이하.

선거의 경우에는 최대선거구와 최소선거구의 인구비율 3:1 정도를 선거권평등 위반 여부의 기준으로 삼고 있으나, 참의원의 경우에는 이보다 더 기준을 완화하여 심지어 5.85:1의 인구 불균형도 위헌의 정도에는 이르지 아니한다고 판시하고 있다. 1996.11.15. 개정된 독일연방선거법 제 3 조 제 1 항 제 3 호는 선거구획정 시 준수하여야 할 원칙의 하나로서 "한 선거구의 인구수가 선거구의 평균인구수로부터 상하 각 100분의 15를 초과하는 편차를 보여서는 아니되며, 편차가 100분의 25를 초과한다면 새로운 선거구획정이 이루어져야 한다"고 규정하고 있는데, 이는 원칙적으로 상하 편차 25%를 허용한도로 하되, 상하 편차 33 1/3%는 반드시 준수해야 한다는 종전규정보다 엄격한 것이라 할 수 있으며, 이와 같이 연방선거법이 개정되기 전에 연방헌법재판소는 선거구의 인구편차가 선거구의 평균인구수로부터 위, 아래로 그 33 1/3%를 초과하는 경우에는 위헌이라고 선언하고 있다.

(3) 시·도의회의원 지역선거구 간 인구편차의 허용기준

이상에서 살펴본 외국입법례와 판례 및 여러 가지 요소들을 기본으로 하여, 시·도의회의원 지역선거구 간에 인정되는 인구편차기준을 살펴보기로 한다.

(가) 우선 인구편차의 허용기준에 관하여, 최소선거구의 인구수를 기준으로 할 것인가 아니면 시·도 선거구의 평균인구수를 기준으로 할 것인가가 문제된다. 우리 재판소는 국회의원지역선거구구역표에 관한 95 헌마 224 등 결정에서 독일연방선거법의 규정이나 독일연방헌법재판소의 판시기준 및 당시 중앙선거관리위원회의 의견 등의 예에 따라 전국 선거구의 평균인구수를 기준으로 하여 인구편차의 허용기준을 제시하였으므로, 여기서도 시·도 선거구의 평균인구수를 기준으로 한다.

(나) 한편 구체적으로 선거구획정에 있어 입법재량의 한계, 즉 헌법상 용인되는 각 선거구 사이의 인구편차의 한계를 어디까지 용인할 것인가는 인구비례의 원칙 이외에 고려되어야 할 2차적 요소들을 얼마나 고려하여 선거구 사이의 인구비례에 의한 투표가치 평등의 원칙을 완화할 것이냐의 문제이다. 지금까지 앞에서 살펴본 여러 가지 사정을 종합하여 보건대, 인구편차의 허용한계에 관한 다양한 견해 중 인구편차가 상하 33 1/3% 편차(이 경우 상한 인구수와 하한 인구수의 비율은 2:1)를 기준으로 하는 방안, 상하 50% 편차(이 경우 상한 인구수와 하한 인구수의 비율은 3:1)를 기준으로 하는 방안, 상하 60% 편차(이 경우 상한 인구수와 하한 인구수의 비율은 4:1)를 기준으로 하는 방안 등이 고려될 수 있다.

우선 상하 33 1/3% 편차를 기준으로 하는 방안은 시·도의원 지역선거구를 획정함에 있어 인구 이외의 다른 요소도 고려하여 배분할 수 있지만 적어도 투표가치를 한 사람에게 두 사람 몫 이상이 되게 해서는 아니 된다는 평등의 원칙이 지켜져야 하는 것으로서, 원칙적으로 지역선거구 획정에 따른 선거구 간의 인구의 편차는 최대선거구의 인구가 최소선거구의 인구 2배를 넘지 않도록 조정해야 한다는 것이다. 그러나 이 방안은 선거권 평등의 이상(理想)에 보다 접근하는 안이지만, 우리 나라의 현실에서 인구비례의 원칙 이외의 요소인 행정구역 내지 지역대표성 등을 제대로 고려할 수 없어서 현실적인 방안이 될 수 없다고 할 것이다.

다음으로 상하 50% 편차를 기준으로 하는 방안은 최다인구선거구와 최소인구선거구의 투표가치의 비율은 제1차적 고려사항인 인구비례를 기준으로 볼 때의 등가의 한계인 2:1의 비율에 그 50%를 가산한 3:1 미만이 되어야 한다는 것으로서, 제2차적 고려요소인 행정구역 및 도농 간의 차이 등 지역의 특수성 등을 선거구획정에 반영하여야 한다고 하여도, 전국에서 최다인구선거구와 최소인구선거구의 투표가치의 비율이 3:1의 비율을 넘어 위 2:1의 두 배나 되는 4:1의 비율에 근접한다면, 이는 제1차적 고려요소보다 제2차적 고려요소가 더 중시된 결과라고 보여지고, 각 유권자의 투표가치를 합리적 이유 없이 차별하는 것이 된다는

것이다. 그러나 이 방안은 시·도의원 선거구획정 시 인구비례의 원칙 이외의 2차적인 요소인 행정구역, 지역대표성 등을 보다 폭넓게 고려할 수 있어서 상당히 진전된 현실적인 방안이라고 할 수 있으나, 우리나라가 처한 특수한 사정에 비추어 볼 때 행정구역 내지 지역대표성 등의 2차적인 요소들을 충분히 고려하고 있다고 볼 수 없다.

끝으로 상하 60% 편차를 기준으로 하는 방안은 선거구획정에 있어 각 시·도 선거구의 평균인구수에 100분의 60을 더하거나 뺀 수를 넘거나 미달하는(즉, 상하 60%의 편차를 초과하는) 선거구가 있을 경우에는 그러한 선거구의 획정은 국회의 합리적 재량의 범위를 일탈한 것으로서 헌법에 위반된다고 보는 것이다.

단순한 논리적 법리만으로 선거구획정의 위헌 여부를 결정하는 기준을 정한다면, 적어도 최대선거구의 인구수가 최소선거구의 인구수의 2배를 넘을 경우에는 평등의 원칙에 반하는 것으로서 위헌이라고 볼 여지도 있으나, 시·도의원 지역선거구의 획정에는 인구 외에 행정구역·지세·교통 등 여러 가지 조건을 고려하여야 하므로, 그 기준은 선거구 획정에 있어서 투표가치의 평등으로서 가장 중요한 요소인 인구비례의 원칙과 우리 나라의 특수사정으로서 시·도의원의 지역대표성 및 인구의 도시집중으로 인한 도시와 농어촌 간의 극심한 인구편차 등 3개의 요소를 합리적으로 참작하여 결정되어야 할 것이다. 선거구의 획정에 있어서는 인구비례의 원칙이 가장 중요하고 기본적인 기준이며, 평등선거의 원칙을 엄격히 적용하는 경우에는 적어도 최대선거구의 인구수가 최소선거구의 인구수의 2배 이상인 때에는 위헌이라고 한다면, 그 여타의 제 2 차적 고려요소를 아무리 크게 고려한다고 하더라도 그 갑절인 4배를 넘는 경우, 즉 최대선거구와 최소선거구의 인구비율이 4:1을 넘는 경우에는 헌법합치적 설명이 불가능할 것이고, 이를 각 시·도 선거구의 평균인구수를 기준으로 하여 그 상하의 편차를 계산하면 그 평균인구수의 상하 60%의 편차가 되므로, 이를 기준으로 하는 것은 상당한 정도의 합리성을 가지고 있다고 할 것이다. 즉 이 방안은 시·도의원 선거구획정에 있어서는 제 1 차적인 기준인 인구비례 기준뿐만 아니라 행정구역 내지 지역대표성 및 도시와 농촌의 극심한 인구편차 등의 요소를 조화롭게 고려할 수 있는 방안이라고 할 것이며, 우리나라의 특수한 사정을 가장 잘 반영할 수 있어서 가장 현실적인 방안이라고 할 수 있다.

또 외국 입법례와 확립된 판례에서 본 바와 같이, 미국 연방대법원은 연방하원의 의원정수배분과는 달리 주 의회의원의 의원정수배분에 관하여는 상대적으로 관대한 기준을 적용하고 있고, 일본 최고재판소도 중의원의 경우에는 최대선거구와 최소선거구의 인구비율 3:1을 헌법상 선거권평등 위반 여부 기준으로 삼고 있으나, 참의원의 경우에는 이보다 기준을 완화하여 심지어 5.85:1의 인구불균형도 합헌으로 판시하고 있는 점 등에 비추어 보고, 특히 우리나라의 각 자치구·시·군이 가지는 역사적·문화적·경제적인 측면에서의 지역대표성을 반영하고 농촌과 도시 사이에 극심한 인구격차가 존재하고 있다는 특수한 사정을 고려할 때, 시·도의원지역선거구 획정에서는 국회의원지역선거구 획정에서 요구되는 기준보다 더 완화된 인구편차 허용기준을 적용하는 것이 타당하다고 할 것이다.

따라서 현시점에서는 상하 60%의 인구편차(이 경우 상한 인구수와 하한 인구수의 비율은 4:1) 기준을 시·도의원지역선거구 획정에서 헌법상 허용되는 인구편차기준으로 삼는 것이 가장 적절하다고 할 것이다.

(4) 이 사건 선거구란들이 헌법상 허용된 인구편차기준에 위배되는지 여부

(가) 이 사건 선거구구역표의 선거구별 인구편차

2005. 8. 4. 공직선거법이 개정되어 이 사건 선거구구역표가 획정될 당시에 기초로 하였던 2005. 4. 30.자 전국 인구를 기준으로 하여 경기도 및 전라북도의회의원 지역 선거구별 인구편

차를 분석하여 보면, 다음과 같다(행정자치부가 국회에 참고자료로 제출한 광역의 원선거구별 인구현황(2005. 4. 30. 기준) 참조).

1) 경기도의 경우

경기도 내 최소선거구는 연천군 제 1 선거구로서 그 인구수(엄밀하게는 선거인수를 기준으로 하여야 할 것이나, 선거인수와 인구수는 대체로 비례한다고 볼 수 있으므로, 이하 모두 '인구수'를 기준으로 설명한다)는 19,885명인 데 비하여, 청구인들(2005헌마985)이 거주하는 용인시 제 1 선거구의 인구수는 197,810명으로(최대선거구이기도 함) 최소선거구 대비 10배, 용인시 제 2 선거구의 인구수는 123,928명으로 최소선거구 대비 6 배, 용인시 제 3 선거구의 인구수는 163,295명으로 최소선거구 대비 8 배, 용인시 제 4 선거구의 인구수는 192,918명으로 최소선거구 대비 10배에 이르고 있다.

또한 경기도 선거구의 평균인구수는 97,279명(경기도 인구수 10,506,160명 ÷ 선거구수 108개)으로서, 청구인들이 거주하는 용인시 제1선거구는 이로부터 +103%의, 용인시 제 2 선거구는 이로부터 +27%의, 용인시 제3선거구는 이로부터 +68%, 용인시 제 4 선거구는 이로부터 +98%의 편차를 보이고 있다.

한편 경기도 선거구 평균인구수로부터 상하 60% 이상(이 경우 상한 인구수와 하한 인구수의 비율은 4:1이다)의 편차를 보이는 선거구는 모두 15개(하한 기준으로는 8개)이고, 상하 50% 이상(이 경우 상한 인구수와 하한 인구수의 비율은 3:1이다) 60% 미만의 편차를 보이는 선거구는 2개(하한 기준으로는 1개)이다.

2) 전라북도의 경우

전라북도 내 최소선거구는 진안군 제 2 선거구로서 그 인구수는 10,618명인데 비하여, 최대선거구인 군산시 제2선거구의 인구수는 141,153명으로 최소선거구 대비 13배, 청구인들(2005헌마1037, 2006헌마11)이 거주하는 군산시 제 1 선거구의 인구수는 123,331명으로 최소선거구 대비 11배에 이르고 있다.

또한 전라북도 선거구의 평균인구수는 55,816명(전라북도 인구수 1,897,738명 ÷ 선거구수 34개)으로서, 청구인들이 거주하는 군산시 제1선거구는 이로부터 +121%의 편차를 보이고 있다.

한편 전라북도 선거구 평균인구수로부터 상하 60% 이상의 편차를 보이는 선거구는 모두 16개(하한 기준으로는 10개)이고, 상하 50% 이상 60% 미만의 편차를 보이는 선거구는 4 개(하한 기준으로는 1개)이다.

(나) 이 사건 선거구란들이 헌법상 허용되는 인구편차기준에 합치되는지 여부

앞서 본 바와 같이, 이 사건 선거구구역표 중 용인시 제 1 선거구의 인구수는 경기도 최소선거구의 인구수 대비 10배, 선거구 평균인구수로부터 +103%의 편차, 용인시 제 3 선거구의 인구수는 경기도 최소선거구의 인구수 대비 8 배, 선거구 평균인구수로부터 +68%의 편차, 용인시 제4선거구의 인구수는 경기도 최소선거구의 인구수 대비 10배, 선거구 평균인구수로부터 +98%의 편차를 각각 보이고 있고, 군산시 제 1 선거구의 인구수는 전라북도 최소선거구의 인구수 대비 11배, 선거구 평균인구수로부터 +121%의 편차를 보이고 있는바, 이 사건 선거구구역표 중 용인시 제 2 선거구를 제외한 이 사건 선거구란들의 인구수는 헌법상 인구편차 허용기준인 상하 60%의 편차를 넘어서는 것이어서, 이러한 인구편차를 통해서 발생한 투표가치의 불평등은 합리적 사유에 의하여 정당화될 수 없다고 할 것이다.

따라서 용인시 제 2 선거구를 제외한 이 사건 선거구란들의 획정은 시·도의회의원지역선거구 획정에서 헌법상 허용되는 국회의 재량 범위를 일탈한 것으로서 해당 선거구에 거주하는 청구인들의 헌법상 보장된 선거권과 평등권을 침해하는 것임이 분명하다.

그러나 용인시 제2선거구의 인구수는 경기도 최소선거구의 인구수와 대비하여 6배에 해당할 뿐 경기도 선거구 평균인구수로부터 +27%의 편차를 보이는데 불과하여 이러한 선거구의 획정이 헌법상 허용되는 국회의 재량 범위를 명백히 일탈한 것이라고 단정하기 어려우므로, 위 선거구에 거주하는 청구인들의 선거권이나 평등권을 침해한다고 보기 어렵다 할 것이다.

[同旨決定][1)]

[다수의견]

(3) 허용한계 초과 여부에 대한 검토

청구인들이 속한 각 선거구란이 포함된 자치구·시·군의원 선거구들 간에는 아래에서 보는 바와 같이 인구수의 편차가 존재하고 있는바, 이와 같은 인구편차는 투표가치의 불평등을 초래하고 있고, 이러한 투표가치의 불평등이 헌법상 보장된 평등권과 선거권을 침해하는지가 문제된다.

(가) 선거구별 인구편차

획정위원회가 기초로 하였던 2005. 8. 31.자 인구(갑제1호증, 심판기록 11 내지 14면)를 기준으로 하여 청구인들의 선거구가 속한 구로구, 강동구의 각 자치구·시·군의회의원 선거구별 인구편차를 분석하여 보면 다음과 같다.

구 분	선 거 구	인 구 수	의원정수 (지역구)	의원1인당 인구수
구 로 구	가	66,093	3	22,031
	나	65,668	2	32,834
	다	58,962	2	29,481
	라	77,095	2	38,548
	마	57,765	2	28,883
	바	92,125	3	30,708
합 계		417,708	14	
의원 1인당 평균인구수	29,836			
강 동 구	가	45,749	2	22,875
	나	60,770	2	30,385
	다	51,113	2	25,557
	라	81,913	2	40,957
	마	62,822	2	31,411
	바	37,709	2	18,855
	사	74,737	2	37,369
	아	52,384	2	26,192
합 계		467,197	16	
의원 1인당 평균인구수	29,200			

1) 헌재 2009. 3. 26 선고, 2006 헌마 14, 헌재공보 제150호, 120면 이하.

1) 구로구의 경우

청구인 정○권이 거주하는 구로구 가 선거구의 의원 1인당 인구수(1인 미만은 버림, 이하 인구수 계산에서 모두 같다. 엄밀하게는 선거인수를 기준으로 하여야 할 것이나, 선거인수와 인구수는 대체로 비례한다고 볼 수 있으므로 이하 모두 '인구수'를 기준으로 설명한다)는 22,031명으로서 구로구의회의원 1인당 평균인구수 29,836명(구로구 인구수 합계 417,708명÷의원총수 14명)에 비교하면 −26%의 편차를 보이고 있고, 한편 구로구의 나머지 5개 선거구 중 위 평균인구수 29,836명으로부터 상하 60% 이상의 편차를 보이는 선거구는 없다.

2) 강동구의 경우

청구인 황○용이 거주하는 강동구 마 선거구의 의원 1인당 인구수는 31,411명으로 강동구의회의원 1인당 평균인구수 29,200명(강동구 인구수 합계 467,197명÷의원총수 16명)에 비교하면 +7%의 편차를 보이고 있고 한편 강동구의 나머지 7개 선거구 중 위 평균인구수 29,200명으로부터 상하 60% 이상의 편차를 보이는 선거구는 없다.

(나) 소 결 론

결국 이 사건 각 선거구의 획정은 헌법상 허용되는 시·도의회의 재량 범위를 일탈한 것이라고 단정하기 어려우므로, 그 선거구에 거주하는 청구인들의 평등권이나 선거권을 침해한다고 보기 어렵다.

나. 기타 주장에 대하여

(1) 정당활동의 자유 침해 주장

청구인 정○권은 [별표]가 2인 선거구제를 채택함으로써 2위까지의 정당만이 자치구·시·군의회에 진출할 수 있어 정당의 세력이 2위에 이르지 못한 민주노동당은 자치구·시·군의회 진출이 사실상 불가능하기 때문에 선거에 참여만 할 수 있을 뿐 자치구·시·군의회를 통한 정치참여가 봉쇄되므로 민주노동당의 당원인 위 청구인의 정당활동의 자유가 침해된다는 취지로 주장한다.

헌법 제8조 제1항 전단의 정당설립의 자유는 정당설립의 자유만이 아니라 정당활동의 자유를 포함한다. 정당의 설립만이 보장될 뿐 설립된 정당이 언제든지 다시 금지될 수 있거나 정당의 활동이 임의로 제한될 수 있다면 정당설립의 자유는 사실상 아무런 의미가 없기 때문이다. 따라서 정당의 자유의 주체는 정당을 설립하려는 개개인과 이를 통해 조직된 정당 모두에게 인정되는 것이다. 구체적으로는 정당의 자유는 개개인의 자유로운 정당설립 및 정당가입의 자유, 조직형식 내지 법형식 선택의 자유를 포함한다. 또한 정당설립의 자유는 설립에 대응하는 정당해산의 자유, 합당의 자유, 분당의 자유도 포함할 뿐만 아니라 개인이 정당일반 또는 특정 정당에 가입하지 아니할 자유, 가입했던 정당으로부터 탈퇴할 자유 등 소극적 자유도 포함한다(헌재 2006. 3. 30. 2004 헌마 246, 헌재판례집 18-1 상, 402, 412).

그런데 선거구제나 한 선거구에서 선출되는 의원수를 정하는 문제는 헌법이 직접 규정한 것이 아니라 기본적으로 입법에 맡겨져 있는 것이며, 국가가 특정한 선거구제의 채택을 통하여 특정 정당이나 소수 정당의 지방의회 진출을 반드시 보장하여야 한다거나 모든 정당에 대하여 지방의회에 현실적으로 진출하도록 할 의무가 있는 것은 아니다. [별표]가 기본적으로 2인 선거구제를 채택하고 있다고 하더라도 이는 선거권자의 후보자 선택을 제한하거나 다수의석을 가진 정당 후보자 이외의 후보자나 소수 정당 후보자의 당선기회를 봉쇄하는 것이 아니며, 단지 하나의 선거구에서 선출할 의원의 수에 관한 규정일 뿐이다. 그러한 입법에 따라서 일부 정당의 정치참여 기회에 현실적인 영향을 미칠 수 있다고 하더라도, 이는 사실적·

간접적 효과에 불과하므로 입법 자체가 위 청구인의 정당활동의 자유를 제한하는 것이라 볼 수 없다.

(2) 선거권 침해 주장

청구인 황○용은 4인 선거구를 원칙으로 하고 예외적으로 이를 분할할 수 있도록 한 것이 공직선거법의 취지인데 [별표]는 이에 반하여 공직선거법이 위임한 한계를 일탈하여 선거구를 분할함으로써 위 청구인의 선거권을 침해하였다고 주장한다.

앞서 본 바와 같이 공직선거법은 2인, 3인, 4인 자치구·시·군의원 선거구를 모두 허용하고 있으므로 [별표]는 공직선거법의 위임범위 내의 규율이고, 한 선거에서 선출될 의원수를 특정한 수로 제한하는 내용이 선거권의 보호범위에 포함되는 사항이라고 할 수도 없으므로 결국 [별표]가 공직선거법이 위임한 한계를 일탈하여 위 청구인의 선거권을 침해하였다고 볼 수 없다.

5. 결 론

그렇다면, 청구인들의 심판청구는 모두 이유 없으므로 이를 기각하기로 한다. 이 결정은 평등선거권 침해 주장에 대한 재판관 조대현의 아래와 같은 재판관 김종대의 아래와 같은 각 별개의견 및 반대의견, 재판관 송두환의 아래와 같은 별개의견이 있는 외에 나머지 재판관 전원의 일치된 의견에 의한 것이다.

[재판관 조대현의 별개의견 및 반대의견]

라. 이 사건의 경우

이 사건에서 별표와 같이 서울특별시 구로구 기초의원지역구의 의원 1인당 인구수의 편차는 2:1 미만이므로 평등선거의 원칙에 위반된다고 볼 수 없지만, 서울특별시 강동구 기초의원지역구의 인구편차는 2:1을 초과하여 평등선거의 원칙에 위반된다고 할 것이다. 서울특별시 강동구의 기초의원지역구 중에는 평등선거의 원칙에 위반되지 않는 지역구도 많지만, 라 선거구가 평등선거의 원칙에 위반되고 라 선거구의 불평등을 시정하기 위해서는 서울특별시 강동구의 기초의원지역구 획정과 의원정수 배정을 전체적으로 재조정하여야 하므로, 서울특별시 강동구 기초의원지역구에 관한 부분 전부가 헌법에 합치되지 아니한다고 봄이 상당하다.

따라서 청구인 정○권의 심판청구는 이유 없으므로 기각하고, 청구인 황○용의 심판청구는 이유 있으므로 이를 받아들여 이 사건 조례의 별표 중 서울특별시 강동구의 기초의원지역구 부분은 전부 헌법에 합치되지 아니한다고 선언하고 그 개선을 촉구하여야 한다.

청구인	기초자치단체	기초지방의원 1인당 인구	편 차
정○권	서울특별시 구로구	최대 38,548인 (라 선거구) 최소 22,031인 (가 선거구)	2:1 미만
황○용	서울특별시 강동구	최대 40,957인 (라 선거구) 최소 18,855인 (바 선거구)	2:1 초과

[재판관 김종대의 별개의견 및 반대의견]

나는 선거구 획정의 위헌 여부를 판단함에 있어서, 선거구 간 인구차의 비교방식(최대선거구 인구수와 최소선거구 인구수를 비교하는 방식을 취한다)과 그 허용기준(최대선거구와 최소선거구의 인구수의 비율을 비교해 2:1을 넘어서는 안 된다)에 관해 다수의견과 견해를 달리하므로, 청구인 정○권에 대해서는 다수의견에 대한 별개의견을, 청구인 황○용에 대해서는 반대의견을 내고자 한다.

가. 합일·확정의 필요성

(1) 다수의견처럼 심판의 대상을 청구인이 속한 선거구만으로 한정한 다음, 이를 평균인구수에 대비하여 허용편차 초과 여부로써 위헌판단을 한 후 이른바 '불가분설'을 채택하여 당해 의회의원 선거구들 전부에 대하여 위헌선언의 범위를 확장하는 방식은, 불가분설을 채택한 근본취지와는 맞지 아니하고 판단의 절차에 있어서 번거로움만 더할 뿐이다.

(2) 다수의견이 인용한 선례는 "선거구구역표는 각 선거구가 서로 유기적으로 관련을 가짐으로써 한 부분에서의 변동은 다른 부분에도 연쇄적으로 영향을 미치는 성질을 가지며, 이러한 의미에서 선거구구역표는 전체로서 '불가분(不可分)의 일체'를 이루는 것으로서 어느 한 부분에 위헌적인 요소가 있다면 선거구구역표 전체가 위헌의 하자를 띠는 것이라고 보아야 한다.…… 제소된 당해 선거구에 대하여서만 인구과다를 이유로 위헌선언을 할 경우 헌법소원 제소기간(헌법재판소법 제69조 참조)의 적용 때문에 제소된 선거구보다 인구의 불균형이 더 심한 선거구의 선거구획정이 그대로 효력을 유지하게 되는 불공평한 결과를 초래할 수도 있다.…… 이 점도 선거구획정문제의 '공익성'에 비추어 현실적으로는 간과할 수 없는 문제이다"(헌재 1995. 12. 27. 95 헌마 224, 헌재판례집 7-2, 760, 789~791)라고 하고 있다.

(3) 즉, 당해 선거구가 위헌이라는 판단을 받으면 그 의회의 선거구구역표 전부가 위헌이 되어 선거구구역표 내의 모든 사람들의 법률관계에 변동을 가져오는 형성의 소인 것이다. 그러나 심판의 대상을 청구인의 선거구에만 한정하는 다수의견에 따르면 청구인이 속한 선거구는 평균인구수의 허용편차 범위 내에 있으나 제소되지 아니한 다른 선거구가 평균인구수의 허용편차 범위를 초과하는 경우 논리 필연적으로 청구인의 청구를 기각하여야 할 것이고, 허용편차 범위를 초과하는 위 다른 선거구가 청구한 경우에는 같은 선거구구역표 전부에 대하여 위헌을 선언하여야 하는 결과에 이르므로 결국 하나의 의회에서 어느 선거구에서 제소하느냐에 따라 당해 의회의 선거구구역표 전체가 위헌이 되기도 하고 합헌이 되어 기각되기도 한다.

(4) 이러한 결과는 위 '불가분의 일체'의 이론이 말하는 선거구구역표 재획정에 관한 입법재량 보장이라는 측면 외에, 제소되지 아니한 선거구와의 형평성, 선거구획정문제의 공익성과 선거구 획정을 다투는 소송은 주관적 권리관계에 대한 쟁송의 성격보다는 객관적 공익소송의 성격을 띨 수밖에 없다는 선거구 소송의 근본취지와는 부합하지 아니하는 결론이다. 따라서 나는 청구인의 선거구와는 관계없이 청구인이 속한 의회 전체의 선거구들 중 최대선거구와 최소선거구의 인구수의 비율로써 위헌 여부를 판단하는 것이 선거구구역표에 대한 위헌심사의 방법으로 가장 간명하고 공익성에 부합하는 방식이라고 생각한다.

나. 허용편차 기준

(1) 선거제도는 통치기구의 구성원리의 하나인 대의제도를 실현하는 도구로서, 선거구획정에 있어서도 당연히 대표자를 뽑는 사람 내지 인구(즉 유권자를 지칭한다)가 가장 중요한 기본적인 고려 사항이 되어야 한다. 전국을 단일선거구로 하는 대통령선거나 국민투표의 경우에는 애초부터 선거가치의 평등·불평등 문제는 생기지 않는다. 그러나 국회의원선거나 지방의회의원선거에서는 선거구가 여럿 나눠짐에 따라 기술상 선거구의 획정이 따르게 마련이고 여러 선거구의 획정이 전제되면 자연 선거구의 인구 불평등의 문제가 나타난다. 이 때 필연적으로 따를 그 불평등 문제를 해결하자면 합리적으로 타당한 범위에서 인구수만에 의한 약간의 불평등을 감내해야 하므로 선거구를 획정함에 있어 인구수만 유일하게 고려할 수는 없을 것이고 행정구역, 지세, 교통, 도시와 농어촌과의 차이점, 기타 여러 가지 정책적 요소

도 종합적으로 고려할 수밖에 없는 것이다. 그러나 이는 어디까지나 부수적인 고려 사항이지, 선거구획정에 있어서 기본 틀이 되는 핵심적인 사항은 아니다. 선거구 획정에 있어서 본질적 고려 사항이자 기준은 어디까지나 인구비례의 원칙이고, 기타의 비인구적 요소는 그 다음으로 고려되어야 할 것이다. 따라서 선거구획정에 있어서 제1차적으로 인구수를 토대로 한 평등선거의 원칙이 관철되어야 하고 국민·주민 개개인의 투표가치를 합리적 범위를 넘어 제한함으로써 불평등선거를 초래해서는 안 된다 할 것이다.

(2) 다수의견에서도 밝힌 바와 같이 평등선거의 원칙은 선거의 기본원칙 중 하나로서 이는 투표의 산술적인 평등뿐 아니라 투표의 성과가치의 평등을 의미한다. 물론 투표의 성과가치의 평등만을 놓고 볼 때 이상적으로는 유권자의 인구편차가 1:1이 되어야 할 것이지만, 현실적·기술적인 어려움, 그리고 인구 이외에 입법자가 고려해야 할 다양한 요소 등을 감안할 때 1:1을 초과하는 인구편차가 투표의 성과가치의 평등을 침해하여 위헌이라고 보기는 어렵다. 따라서 인구편차가 2:1 미만의 경우에는 최소선거구의 선거인의 표가 최대선거구의 표와 비교하여 2배 내지 2표 미만의 가치를 가지므로 실질적으로는 1표의 가치를 가지는 것이 되기 때문에 1인 1표의 원칙 등 평등선거 원칙의 한계 내라고 할 것이다. 그러나 최대선거구와 최소선거구 간의 인구편차가 2:1을 초과하여 벌어진 경우에는 최소선거구의 선거인에게 최대선거구의 선거인과 비교하여 두 사람 몫 이상의 투표가치를 인정하는 것이 되어 현저한 불평등을 초래하므로 인구편차 2:1은 선거구 획정에서 꼭 지켜져야 할 논리적이고 산술적인 평등선거 제한의 한계가 되는 것이다.

모든 선거구의 국민에게 투표가치의 평등을 보장하는 것은 헌법의 요청이며, 국민주권, 대의민주주의 등의 본질과 직결되는 문제일 뿐만 아니라 인간의 존엄에 바탕을 둔 정치적 자기실현의 중요한 요소이다. 그러므로 투표가치의 평등은 통치구조의 조직과 작용에 관한 기본적인 사항이자 선거인의 선거권과 평등권 등 국민의 기본권에 관한 본질적 사항이므로, 소선거구제냐 중선거구제냐 하는 구체적인 선거제도와 선거구 획정의 문제보다 상위의 헌법적 가치를 지닌다고 할 것이고, 다른 한편 모든 국가작용은 국민의 기본권적 가치를 실현하기 위한 수단이라는 한계를 반드시 지켜야만 하므로(헌재 1996. 2. 29. 93 헌마 186) 결국 국가는 현행 선거제도 하에서 인구 이외의 제 2 차적 고려요소 때문에 위에서 본 선거구 간 인구편차 허용한계를 지킬 수 없다면, 선거제도의 개혁을 통해서라도 선거인의 선거에 있어서의 평등권을 보장해야 하는 것이지, 기성 선거제도를 유지하자니 어찌할 수가 없다고 하는 것은 본말이 전도되었다는 비판을 면할 수가 없는 것이다. 특히 소선거구제를 택한 국회의원 지역선거구 및 광역의회의원 지역선거구와는 다르게, 기초의원지역구는 선거구획정으로 인한 인구불평등과 투표가치의 평등 문제를 수월하게 해결할 수 있도록 1개 선거구에서 2인~4인을 선출하는 중선거구제를 채택하고 있으므로 중선거구제하에서는 인구편차 2:1이 더 한층 지켜질 수 있고 또 지켜져야 한다.

따라서 국가가 선거구를 획정함에 있어서 '1인 1표의 원칙'과 '투표의 성과가치의 평등'을 내용으로 하는 헌법상 평등선거의 원칙을 지키려면 인구편차의 허용기준을 반드시 2:1 미만이 되도록 하여야 할 것이고, 인구 이외의 다양한 요소를 고려해야 할 입법자의 입법형성의 자유는 이러한 2:1 미만의 범위 내에서 가능하다고 보아야 한다.

외국의 예를 보더라도 독일의 경우 원칙적으로 상하 편차 15%를 허용한도로 하되, 상하 편차 25%를 반드시 준수해야 할 최대 허용한도로 하여 연방선거법에 규정하고 있고, 프랑스도 동일한 데파르트망(도) 내부에서의 선거구획정은 평균인구의 상하 20% 이내의 편차라고 하는 등 대체로 상하 인구편차 2:1 미만의 한계 내에서 선거구 획정을 허용하고 있는바, 우리가 인구편차의 허용한계를 60%로 하는 것은 다른 선진국에 비하여 그 허용한도를 지나치게 넓게 인정하는 것으로 보인다.

(4) 그러므로 이 사건 선거구들 중 청구인 정○석이 속한 구로구는 최대선거구와 최소선거구의 비율이 2:1을 넘지 아니하므로 위 청구인의 청구를 기각하고, 청구인 황○용이 속한 강동구는 최대선거구와 최소선거구의 비율이 2:1을 넘으므로 위헌이라고 할 것이며, 다만 이에 대하여는 법적 공백으로 인한 혼란을 막기 위하여 헌법불합치결정을 하여야 할 것이므로, 청구인 정○석에 대하여는 다수의견과 결론은 같이 하나 그 이유는 달리하므로 별개의견을, 청구인 황○용에 대하여는 다수의견과 결론을 달리하므로 반대의견을 각 개진하는 바이다.

[재판관 송두환의 별개의견]

나는 다수의견이 선거구 인구편차의 헌법적 허용 여부를 판단함에 있어서 각 선거구의 인구수 비율 여하 대신에 선거구 평균인구수와의 편차 여하를 기준으로 삼는 것에 동의하지 아니하고, 또한 위 편차의 허용한계를 상하 60%로 함으로써 선거구별 인구수 비율의 허용범위를 4:1로 보는 것에도 동의하지 아니하므로, 아래에서 그 의견을 밝혀두고자 한다.

그러나, 이미 획정된 선거구 표를 심판대상으로 놓고 투표가치의 불평등 여부를 검토하는 단계에서는, 위 '평균인구수 기준 상하 60% 편차'라는 것이 '최대선거구와 최소선거구 사이의 인구수 비율이 4:1을 넘지 않게 보장'하지 아니한다.

이는 몇 가지 사례를 상정하여 보면 쉽게 이해될 수 있다.

① 어떤 자치구역의 여러 선거구들 중 대다수 선거구들의 각 인구수는 평균인구수 부근에 분포하고 특정 소수의 선거구만 평균인구수에서 벗어나 있는 경우(예컨대, 1 내지 9 선거구의 각 인구수는 각 100명, 10선거구의 인구수는 180명인 경우)에는, 평균인구수 상하 60%의 편차를 넘으면서도 최소선거구와의 인구수 비율은 2:1의 범위를 넘지 않는 경우가 발생할 수 있다.

이와 같은 경우는 인구수 비율에 관하여 상당히 엄격한 기준(예컨대 2:1 기준)에 의하여도 위헌적 사태라고 보기 어려운 경우라 할 것인데도, 위 평균인구수 대비 편차 기준에 의하면 위헌이라고 판단하지 않을 수 없게 되는바, 이는 당초 위 평균인구수 대비 편차비율을 고안해 낸 본래의 의도 및 취지와 동떨어진 결론이 되는 것이며, 결국 위 평균인구수 대비 편차를 기준으로 하는 방식의 불합리성, 부적절성을 보여주는 것이다.

② 반면에, 어떤 심판청구인이 속한 선거구의 인구수가 다른 대다수 선거구와 함께 평균인구수 부근에 분포하여 위 편차 60%의 범위 내에 있으면서도 최소선거구 인구수와 대비한 비율은 4:1을 훨씬 넘는 경우도 발생할 수 있다.

실제로 헌재 2007. 3. 29. 선고 2005 헌마 985 사건에서는 '용인시 제 2 선거구의 인구수가 경기도 최소선거구의 인구수와 대비하여 6배(정확히는 6.23배)에 해당하지만, 경기도 선거구 평균인구수로부터 +27%의 편차를 보이는 데 불과하므로, 이러한 선거구 획정이 헌법상 허용되는 국회의 재량 범위를 명백히 일탈한 것이라고 단정하기 어려워, 위 선거구에 거주하는 청구인들의 선거권이나 평등권을 침해한다고 보기 어렵다'는 취지로 판시한 사례가 발견되는 바(헌재 2007. 3. 29. 2005 헌마 985, 헌재판례집 19-1, 287, 309), 이와 같이 어떤 선거구의 선거인 1인의 투표가치와 다른 선거구 선거인 1인의 투표가치가 6.23배에 달하는 경우에도 선거권에 관한 평등권의 침해가 인정되지 않는다는 기이한 결론에 이르게 된 것은, 위 평균인구수 대비 편차 기준 방식의 본말전도 기능이 발휘된 결과라 할 것이고, 결국 위 방식의 불합리성과 부적절성을 다시 한번 명확히 드러내 주는 것이다.

그렇다면, 다수의견이 선례의 입장을 이어받아 채택하고 있는 평균인구수 대비 편차 기준방식은 (중앙선거관리위원회 등의 의견에 따랐다는 선례의 설시에서 짐작할 수 있듯이) 선거구 획정의 단계에서 미리 산출된 평균인구수를 기준으로 하여 많은 선거구를 동시에 분할, 획정함에 있어서는 유용한 도구가 될 수 있을 것이나, 선거구 인구수의 불평등으로 인하여 청구인 개인의 평등선거권 등이 침해받았는지 여부를 판단하는 헌법소원심판 사건에서의 판단기준으로 삼기에는 본질적으로 부적합한 것이라고 할 것이다.

따라서, 이 사건과 같이 선거구 인구수의 불평등으로 인하여 청구인 개인의 평등선거권 등이 침해받았는지 여부를 판단하는 헌법소원심판 사건에서는 해당 선거구의 인구수와 해당 자치구·시·군 내의 최소선거구 인구수와의 비율 여하를 기준으로 하여야 할 것이다.

나아가, 이와 같이 해당 선거구의 인구수와 최소선거구 인구수와의 비율 여하를 기준으로 하여 평등선거권의 침해 여부를 판단하는 경우 그 한계적 비율을 어떻게 설정할 것인지를 잠시 생각해 보건대, 이 사건 기초의회의원 지역선거구도 광역의회의원 지역선거구와 마찬가지로 인구비례, 지역대표성, 도·농 간의 인구격차 등을 고려할 사정이 있다는 점은 유사한 측면이 있는 반면, 그 지역이 상대적으로 좁은 범위여서 지역대표성의 필요성은 상대적으로 약화되는 점, 기초의회의원은 선거구당 2인 이상 4인 이하로서 탄력적 운용이 가능하고, 필요한 경우 4인 이상 선출하는 선거구를 2개 이상의 선거구로 분할할 수 있는 점 등을 고려하면, 자치구·시·군의회의원 지역선거구에 있어서 선거구별 인구수의 허용비율은 최대 3:1을 넘지 않도록 하여야 한다 할 것이다(이 3:1의 비율이 이른바 평균인구수 대비 상하 50% 편차와는 다소 차이가 있음은 물론이다).

위와 같은 견지에서 이 사건의 경우를 살피건대, 청구인들이 속한 구로구의회의원 가 선거구 및 강동구의회의원의 마 선거구와 그 최소선거구의 각 인구수를 대비하여 볼 때 3:1의 비율을 초과하지 아니하여 청구인들의 심판청구를 모두 기각한다는 것에는 다수의견과 결론을 같이 하므로, 위와 같이 별개의견을 제시하는 것이다.

7. 게리맨더링의 違憲性 與否[1)]

2000. 2. 16. 공직선거및선거부정방지법이 개정되기 전에는 인천광역시의 서구, 계양구 및 강화군 지역의 선거구는 "계양구·강화군 갑 선거구," "계양구·강화군 을 선거구," "서구 선거구"로 나뉘어 있었고, 이 중 서구는 단일선거구로 하면서, "계양구·강화군 갑 선거구"는 계양구 중 계양 1 동을 제외한 나머지 지역을 선거구역으로 하고, "계양구·강화군 을 선거구"는 계양구 계양 1 동과 강화군 일원을 선거구역으로 하고 있었다.

그런데, 이에 대하여 계양구 중 유독 계양 1 동만을 분리하여 강화군 선거구에 편입시킨 것은 위헌이라고 하여 위 "계양구·강화군 을 선거구란"에 대한 헌법소원이 제기되었고, 우리 재판소는 1998. 11. 26. 96 헌마 54 결정에서, 위 선거구란에 대하여 특별한 사정이 없는 한 입법재량의 범위를 일탈한 것으로서 위헌적 요소를 지닌 선거구획정으로 보아야 한다고 하면서도, 입법 당시 제15대 국회의원선거가 임박한 상태에서의 시간부족, 위 선거구란의 한시적 성격 등 특수한 사정을 고려하여 합헌이라고 판시하였다.

우리 재판소는 위 결정에서 인천 계양구와 강화군은 인천 서구 및 경기도 김포군(현재는

---

1) 헌재 2001. 10. 25 선고, 2000 헌마 92·240(병합), 헌재판례집 제13권 2집, 502면 이하.

김포시)을 사이에 두고 있으므로, 강화군은 같은 도서지역으로서 지리적·행정적 입지조건이 유사한 인천 옹진군과 통합하여 1개의 선거구를 구성하거나, 지리적으로 계양구보다는 인접한 인천 서구의 일부 동(洞)과 통합하여 1개의 선거구를 구성하는 것이 더 합리적임을 지적한 바 있다.

위 선거구란의 제정경위와 위 인정사실에 의하여 살피건대, 국회는 제16대 국회의원선거를 앞두고 인구편차의 조정을 위하여 선거구의 최소인구수를 90,000명으로 하기로 정하면서 강화군의 인구수는 그에 미달하여 강화군을 하나의 독립한 선거구로 할 수 없게 되자, 같은 도서지역인 옹진군과 합하더라도 위 최소인구수 기준에 미달되게 되므로, 지리적으로 계양구보다 가까운 서구의 일부를 분할하여 강화군에 합쳐 하나의 선거구로 하는 선택을 할 수밖에 없게 된 것이라고 할 수 있다. 한편, 서구 중에서 유독 검단동을 분할하기로 한 것은 검단동이 서구의 북쪽에 위치하여 강화군과 비교적 가까운 위치에 있는 데다가, 서구의 여러 동 중에서 가장 인구수가 많아 위 최소인구수의 기준을 충족시키기에 가장 적합하다고 판단하였기 때문으로 보인다.

그렇다면, 이러한 선거구획정은 위 96 헌마 54 결정에서 지적한 취지에 어긋나지 아니할 뿐만 아니라, 인구비율에 있어서도 검단동의 인구수가 "서구·강화군 을선거구" 전체 인구수의 약 43%에 달하여 검단동이 강화군에 일방적으로 편입되었다고 보기도 어렵다는 점 등을 고려해 볼 때, 위와 같이 인정되는 사실을 감안하더라도 입법자가 서구 검단동에 대하여 차별의 의도를 가지고 자의적인 선거구획정을 하였다고 볼 수 없다.

따라서, 위 선거구란은 청구인들의 선거권, 평등권을 침해한다거나 기타 사유로 헌법에 위반된다고 할 수 없다.

8. 地域區選擧와 連繫한 比例代表制(1人 1票制)는 위헌이다[1)]

(a) 공선법은 이른바 1인 1표제를 채택하여(제146조 제 2 항) 유권자에게 별도의 정당투표를 인정하지 않고 있으며, 지역구선거에서 표출된 유권자의 의사를 그대로 정당에 대한 지지의사로 의제하여 비례대표의석을 배분토록 하고 있는바(제189조 제 1 항), 이러한 비례대표제 방식에 의하면, 유권자가 지역구후보자나 그가 속한 정당 중 어느 일방만을 지지할 경우 지역구후보자 개인을 기준으로 투표하든, 정당을 기준으로 투표하든 어느 경우에나 자신의 진정한 의사는 반영시킬 수 없으며, 후보자든 정당이든 절반의 선택권을 박탈당할 수밖에 없을 뿐만 아니라, 신생정당에 대한 국민의 지지도를 제대로 반영할 수 없어 기존의 세력정당에 대한 국민의 실제 지지도를 초과하여 그 세력정당에 의석을 배분하여 주게 되는바, 이는 선거에 있어 국민의 의사를 제대로 반영하고, 국민의 자유로운 선택권을 보장할 것 등을 요구하는 민주주의원리에 부합하지 않는다.

(b) 비례대표제를 채택하는 경우 직접선거의 원칙은 의원의 선출 뿐만 아니라 정당의 비례적인 의석확보도 선거권자의 투표에 의하여 직접 결정될 것을 요구하는바, 비례대표의원의 선거는 지역구의원의 선거와는 별도의 선거이므로 이에 관한 유권자의 별도의 의사표시, 즉 정당명부에 대한 별도의 투표가 있어야 함에도 현행제도는 정당명부에 대한 투표가 따로 없으므로 결국 비례대표의원의 선출에 있어서는 정당의 명부작성행위가 최종적·결정적인 의의를 지니게 되고, 선거권자들의 투표행위로써 비례대표의원의 선출을 직접·결정적으로 좌우

1) 헌재 2001. 7. 19 선고, 2000 헌마 91·112·134(병합), 헌재판례집 제13권 2집, 77면 이하.

할 수 없으므로 직접선거의 원칙에 위배된다.

(c) 현행 1인 1표제하에서의 비례대표의석배분방식에서, 지역구후보자에 대한 투표는 지역구의원의 선출에 기여함과 아울러 그가 속한 정당의 비례대표의원의 선출에도 기여하는 2중의 가치를 지니게 되는 데 반하여, 무소속후보자에 대한 투표는 그 무소속후보자의 선출에만 기여할 뿐 비례대표의원의 선출에는 전혀 기여하지 못하므로 투표가치의 불평등이 발생하는바, 자신이 지지하는 정당이 자신의 지역구에 후보자를 추천하지 않아 어쩔 수 없이 무소속후보자에게 투표하는 유권자들로서는 자신의 의사에 반하여 투표가치의 불평등을 강요당하게 되는바, 이는 합리적 이유없이 무소속 후보자에게 투표하는 유권자를 차별하는 것이라 할 것이므로 평등선거의 원칙에 위배된다.

(d) 공선법 제189조 제 1 항은 위와 같은 이유로 헌법에 위반되며, 공선법 제146조 제 2 항 중 "1인 1표로 한다"부분은 국회의원선거에 있어 지역구국회의원선거와 병행하여 정당명부식 비례대표제를 실시하면서도 별도의 정당투표를 허용하지 않는 범위에서 헌법에 위반된다 할 것인바, 그로 인하여 유권자인 국민들의 비례대표국회의원에 대한 선거권, 무소속후보자에 대하여 투표하는 유권자들의 평등권 등의 기본권이 침해된다.

[재판관 권 성의 보충의견] 1인 1표제 하에서는 유권자가 지지하는 후보자와 지지하는 정당이 다를 경우 유권자는 후보자와 정당 중 어느 한 쪽에 대한 지지를 포기하지 않을 수 없게 되는데 이것은 지지하는 후보자나 정당을 위하여, 지지하지 않는 정당측이나 후보자측에게, 투표하지 않을 수 없도록 강제하는 것이고 경우에 따라서는 후보자와 정당 중 하나를 선택하기 어려워 투표 자체를 포기하고 말게 강제하는 것을 의미하므로 결국 유권자의 의사형성의 자유 내지 결심의 자유를 부당하게 축소하고 그 결과로 투표의 자유를 침해하는 것이 되므로 자유선거의 원칙에도 어긋난다.

9. 比例代表當選人의 議員職喪失 후 後順位者의 承繼禁止는 위헌이다[1]

[청구인의 주장 및 중앙선거관리위원회위원장의 의견]

가. 청구인의 주장 요지

(1) 헌법 제 1 조 제 2 항은 국민주권의 원리를 천명하고 있고, 이를 구체화하기 위하여 간접민주정치를 채택하고 있으며, 이러한 간접민주정치에 의한 국민주권의 원리는 국민의 보통·평등·직접·비밀 선거에 의하여 선임한 대표자를 통하여 운용되고 있다. 특히 우리 헌법 제41조 제 3 항과 공직선거법 제189조, 제190조의2에서는 정당명부식 비례대표제를 채택하고 있고, 이는 선거인이 정당이라는 사회·정치세력에 대하여 표방한 진의를 정확하게 반영함으로써 실질적인 투표가치의 평등을 실현하고자 함이나, 이러한 정당명부식 비례대표제에도 불구하고 비례대표의원은 단순히 정당의 대표인 것이 아니고 헌법의 근본원리인 대의제 민주주의 원리에 비추어 전체 국민 내지 당해 지방자치단체 주민의 대표자라고 볼 것이다.

(2) 심판대상조항은 비례대표의원의 선거법위반범죄로 인한 의원직 상실의 경우에는 그 소속 정당에 징벌적 불이익을 주고자 정당의 비례대표의원후보자명부상의 차순위 후보자의 궐원된 의석 승계를 인정하지 않고 있는데, 이는 의원의 정당 기속성만을 강조하여 소속 정당에 책임을 전가한 것으로 선거에 나타난 민의에 반하여 국민주권원리에 위배되는 것이다. 설사 심판대상조항이 민주적 책임정당을 구현하려는 의도에서 규정된 것이라 하더라도, 정당의

1) 헌재 2009.6.25 선고, 2007 헌마 40, 공직선거법 제200조 제 2 항 단서 위헌확인, 헌재공보 제153호, 61면 이하.

책임이 인정되기 어려운 당선인 개인의 선거법위반범죄에 대하여서까지 정당과 차순위 후보자에게 불이익을 전가하는 것은 자기책임의 원칙에도 반하고, 차순위 후보자의 공무담임권 제한에 있어서 법익형량을 전제로 하는 과잉금지원칙에도 위배되는 것이다.

(3) 헌법 제 8 조는 정당에 대한 보호규정을 두고 있는바, 정당에 대한 법적 규제는 민주적인 내부 질서 규율이라는 한정된 목적에 필요한 범위에서 행하여져야 하지, 그것이 국민의 정치활동의 자유나 정당에 대한 부당한 간섭으로 작용해서는 안 된다. 그런데 심판대상조항은 선거에 표출된 국민의 선택과 뜻을 왜곡함으로써 정당 소속 의원들의 의정활동을 축소시키고, 정당의 자유로운 활동을 침해하고 있다.

(4) 심판대상조항은 정당 추천 후보자의 선거법위반범죄에 대하여 사후에 그 소속 정당에 대하여 책임을 추궁하는 것이므로 국민주권원리에 위배되고 정당활동을 사실상 제한하게 된다는 점에서 입법목적의 정당성이나 수단의 적합성을 인정할 수 없다. 나아가 공무담임권과 정당의 활동을 제한할 필요가 있다 하더라도 다음 선거에서 해당 정당에 불이익을 부과한다든가, 정당에 대한 보조금 감축 등 당해 선거에서 표출된 민의에 위배되지 않는 범위에서 침해를 최소화 할 수 있는 방법이 있으므로, 최소 침해성 원칙에도 위배되고, 국민주권의 원리와 공무담임권을 침해하면서까지 달성하고자 하는 가치가 무엇인지도 불분명하므로 법익 균형성에도 위배된다.

나. 중앙선거관리위원회위원장의 의견 요지

(1) 심판대상조항은 비례대표의원선거에서 당선인이 선거범죄로 당선이 무효된 경우 그 의석 승계를 금지함으로써 왜곡된 선거인의 의사를 바로잡고, 당선인의 선거범죄에 대하여 소속 정당에 연대책임을 물음으로써 선거범죄를 예방하기 위한 것으로, 선거의 공정을 확보하고, 깨끗한 선거의 실현에 도움이 된다는 점에서 그 필요성이 인정된다.

(2) 공직선거법 제265조(선거사무장, 배우자 등이 선거범죄로 징역형 또는 300만원 이상의 벌금형의 선고를 받은 때에는 그 후보자의 당선을 무효로 하도록 하는 규정)에서도 후보자의 무과실책임을 인정하는 유사 규정을 두고 있고, 헌법재판소는 이에 대하여도 헌법에 위반되지 않는다고 결정한 바 있다.

(3) 그러나 다른 방법으로도 입법목적을 달성할 수 있고, 이 사건 심판대상조항은 선거인의 의사를 무시하는 결과를 낳을 수도 있는 점, 선거범죄에 관여하지 않은 정당에까지 책임을 묻는 것은 지나치고 자기책임의 원칙에도 부합하지 않는 점, 기초자치단체의회의 경우 전체 230개 의회 중 절반 이상인 117개 의회가 비례대표의원정수가 1인으로 그 의석승계를 인정하지 않는다면 비례대표선거제도를 두는 의미가 없어진다는 점에서 문제점도 있다.

[판 단]

가. 비례대표선거제와 입법형성권의 한계

(1) 비례대표선거제란 정당이나 후보자에 대한 선거권자의 지지에 비례하여 의석을 배분하는 선거제도를 말한다. 비례대표제는 거대정당에게 일방적으로 유리하고 다양해진 국민의 목소리를 제대로 대표하지 못하며 사표를 양산하는 다수대표제의 문제점에 대한 보완책으로 고안·시행된 것이다. 비례대표제는 그것이 적절히 운용될 경우 사회세력에 상응한 대표를 형성하고, 정당정치를 활성화하며, 정당 간의 경쟁을 촉진하여 정치적 독점을 배제하는 장점을 가질 수 있다. 헌법 제41조 제 3 항은 "국회의원의 선거구와 비례대표제 기타 선거에 관한 사항은 법률로 정한다"고 규정하고 있으므로 비례대표제를 실시할 경우 구체적으로 어떤 형태로 구현할지는 일차적으로 입법자의 형성에 맡겨져 있다고 할 것이다. 그러나 비례대표제는

국회를 구성하는 방식에 관한 문제이므로 통치구조의 헌법원리인 민주주의원리에 저촉되지 않아야 함은 물론이고, "국회는 국민의 보통·평등·직접·비밀선거에 의하여 선출된 국회의원으로 구성한다"고 규정하고 있는 헌법 제41조 제 1 항을 준수하여야 한다. 선거는 주권자인 국민이 그 주권을 행사하는 통로이므로 선거제도는 첫째, 국민의 의사를 제대로 반영하고, 둘째, 국민의 자유로운 선택을 보장하여야 하고, 셋째, 정당의 공직선거 후보자의 결정과정이 민주적이어야 하며, 그렇지 않으면 민주주의 원리 나아가 국민주권의 원리에 부합한다고 볼 수 없다(헌재 2001. 7. 19. 2000 헌마 91 등, 헌재판례집 13-2, 77, 93).

(2) 공직선거법은 비례대표시·도의원은 당해 시·도를 단위로 선거하고, 비례대표자치구·시·군의원은 당해 자치구·시·군을 단위로 선거하며(제20조 제 2 항), 비례대표지방의회의원선거의 후보자의 추천과 후보자의 등록은 정당에 의해서만 이루어지도록 하고, 후보자의 등록에 있어서 추천정당이 그 순위를 정한 후보자명부를 함께 첨부하도록 하며(제47조 제 1 항, 제49조 제 2 항), 정당은 후보자등록 후에는 비례대표지방의회의원 후보자명부에 후보자를 추가하거나 그 순위를 변경할 수 없도록 하고 있다(제50조 제 1 항). 또한, 공직선거법은 투표의 방식에 관해서도 지역구의원선거 및 비례대표의원선거마다 1인 1표를 행사하고(제146조 제 2 항), 비례대표지방의회의원선거에 있어서 투표용지에는 후보자를 추천한 정당의 기호와 정당명을 표시하며(제150조 제 1 항), 비례대표지방의회의원선거에 있어 의석의 배분은 원칙적으로 각 정당이 당해 선거에서 얻은 득표비율에 따라 비례대표지방의회의원의석을 할당받을 정당에 배분하고(제190조의2 제 1 항, 제 2 항), 관할선거구선거관리위원회는 제출된 정당별 비례대표지방의회의원 후보자명부에 기재된 순위에 따라 당선인을 결정하도록 하고 있다(제189조 제 4 항, 제190조의2 제 4 항). 특히 공직선거법은 비례대표의원선거에 있어 지역구의원선거와는 별도로 정당에 대한 투표권을 인정하고 있는바, 이는 비례대표의원선거에 있어서 민주주의원리와 직접선거의 원칙, 평등선거의 원칙을 구현하기 위한 조치라 평가할 수 있다(헌재 2001. 7. 19. 2000 헌마 91 등, 헌재판례집 13-2, 77, 92~99 참조).

(3) 이와 같이 비례대표의원선거제에 있어 비례대표의원의 선출은 유권자의 정당에 대한 투표와 정당에 의한 후보자명부에 기재된 순위에 따라 이루어지는 것이므로, 비례대표의원에 궐원이 생긴 경우 지역구의원에 궐원이 생긴 경우와는 달리 후보자등록 당시에 제출된 정당의 후보자명부에 기재된 순위에 따라 궐원된 비례대표의원의 의석 승계가 이루어지는 것은 지극히 자연스러운 것이라 할 수 있고, 이는 비례대표제를 채택하고 있는 독일과 일본의 경우에도 마찬가지인 것이다.

그러한 견지에서 공직선거법은, 비례대표국회의원선거 또는 비례대표지방의회의원선거의 당선인이 그 임기 개시 전에 사퇴·사망하거나 공직선거법 제192조(피선거권 상실로 인한 당선무효 등) 제 2 항의 규정에 의하여 당선의 효력이 상실되거나 같은 조 제 3 항, 즉 당선인이 임기개시 전에 선거일에 피선거권이 없거나 등록무효사유에 해당하는 사실이 발견되거나 비례대표국회의원 또는 비례대표지방의회의원의 당선인이 소속정당의 합당·해산 또는 제명 외의 사유로 당적을 이탈·변경하거나 2 이상의 당적을 가지고 있는 때(당선인결정시 2 이상의 당적을 가진 자를 포함한다)에는 당선무효에도 불구하고 그 선거 당시의 소속정당이 추천한 후보자를 비례대표국회의원후보자명부 또는 비례대표지방의회의원후보자명부에 기재된 순위에 따라 당선인으로 결정하도록 규정하고 있고(제194조 제 3 항), 또한 비례대표국회의원 및 비례대표지방의회의원에 궐원이 생긴 때에는 선거구선거관리위원회는 궐원통지를 받은 후 10일 이내에 그 궐원된 의원이 그 선거 당시에 소속한 정당의 비례대표국회의원후보자명부 및 비례대표지방의회의원후보자명부에 기재된 순위에 따라 궐원된 국회의원 및 지방의회의원의 의석을 승계할 자를 결정하도록 규정하고 있는 것이다(제200조 제2항 본문).

⑷ 결국 비례대표지방의회의원에 궐원이 생긴 때에 그 궐원된 의석의 승계를 어떻게 정할 것인지는 입법자가 입법형성권의 범위 내에서 스스로 정할 사항이지만, 이때에도 통치구조의 헌법 원리인 민주주의 원리에 저촉되지 않아야 함은 물론이고 헌법이 공무담임권을 기본권으로 보장하는 취지와 대의제 민주주의 통치질서에서 선거가 가지는 의미와 기능이 충분히 고려되어야 한다는 헌법적인 한계가 있다(헌재 2005. 4. 28. 2004 헌마 219, 헌재판례집 17-1, 547, 553 참조).

나. 심판대상조항의 위헌성 여부에 대한 판단

⑴ 사건의 쟁점

심판대상조항은 일반적인 경우와 달리 비례대표지방의회의원 당선인이 선거범죄로 비례대표지방의회의원직을 상실하여 비례대표지방의회의원에 결원이 생긴 때에는 소속 정당의 비례대표지방의회의원 후보자명부에 기재된 순위에 따른 의원직 승계를 인정하지 않고 있는바, 과연 이와 같은 예외사유를 두는 것이 헌법 원리인 대의제 민주주의 원리 내지 자기책임의 원리에 위배되는 것이 아닌지, 그리하여 정당의 비례대표지방의회의원 후보자명부상의 차순위 후보자인 청구인의 공무담임권을 침해하는 것이 아닌지가 문제된다.

⑵ 대의제 민주주의 원리에 위배되는지 여부

(가) 대의제 민주주의는 헌법의 기본원리에 속하는 것으로서, 대의제 민주주의를 원칙으로 하는 오늘날의 민주정치 아래에서의 선거는 국민의 참여가 필수적이고, 주권자인 국민이 자신의 정치적 의사를 자유로이 결정하고 표명하여 선거에 참여함으로써 민주사회를 구성하고 움직이게 하는 것이다(헌재 1994. 7. 29. 93 헌가 4 등, 헌재판례집 6-2, 15, 28). 공직선거법은 비례대표지방의회의원선거에 있어 앞에서 본 바와 같이 정당의 비례대표지방의회의원 후보자명부상의 순위가 처음부터 정당에 의하여 고정적으로 결정되는 이른바 고정명부식 비례대표제를 택하고 있고, 투표의 방식에 관해서도 시·도의원선거 및 자치구·시·군의원선거에 있어서 지역구의원선거 및 비례대표의원선거마다 1인 1표를 행사하도록 하고 있으며, 비례대표지방의회의원의석의 할당은 원칙적으로 당해 선거에서 얻은 정당의 득표비율에 따라 이루어지도록 되어 규정하고 있으므로, 결국 선거에 참여한 선거권자들의 정치적 의사표명에 의하여 직접 결정되는 것은, 어떠한 비례대표지방의회의원후보자가 비례대표지방의회의원으로 선출되느냐의 문제라기보다는 비례대표지방의회의원의석을 할당받을 정당에 배분되는 비례대표지방의회의원의 의석수라고 할 수 있다.

(나) 그런데 심판대상조항은 선거범죄를 범한 비례대표지방의회의원 당선인 본인의 의원직 박탈로 그치지 아니하고 그로 인하여 궐원된 비례대표지방의회의원의석에 대하여 소속 정당의 비례대표지방의회의원 후보자명부에 의한 의석 승계를 인정하지 아니함으로써 결과적으로 그 정당에 비례대표지방의회의원의석을 할당받도록 한 선거권자들의 정치적 의사표명을 무시하고 왜곡하는 결과가 된다. 이는 국민주권의 원리 내지 대의제 민주주의를 근간으로 하는 우리 법체계하에서는 원칙적으로 용인되기 어려운 것이다. 더욱이 2006. 5. 31. 실시된 제 4 회 전국동시지방선거에서의 자치구·시·군의회의원선거구 및 의원정수 현황을 보면, 230개 자치구·시·군의회 중 절반 이상인 117개 자치구·시·군의회의 비례대표지방의회의원 정수가 1인에 불과하여, 그 의석승계를 인정하지 않는다면 극단적으로는 상당수의 자치구·시·군의회에서 비례대표지방의회의원이 없게 될 수도 있으므로, 비례대표선거제를 둔 취지가 퇴색될 수도 있다고 할 것이다.

(다) 또한 심판대상조항이 정한 예외사유, 즉 당선인이 당해 선거에 있어 공직선거법에 규

정된 죄와「정치자금법」제49조(선거비용 관련 위반행위에 관한 벌칙)의 죄를 범함으로 인하여 징역 또는 100만 원 이상의 벌금형의 선고를 받아 당선이 무효로 된 경우를, 정당의 비례대표지방의회의원 후보자명부에 의한 승계가 허용되는 공직선거법 제194조 제3항에서 정한 당선 무효의 경우 및 일반적 궐원 사유인 당선인의 사직 또는 퇴직 등의 경우와 달리 취급하여 그로 인하여 궐원된 비례대표지방의회의원 의석의 승계까지 허용하지 않아야 될 합리적인 이유가 있는 것으로 보기도 어렵다. 독일의 연방선거법에서 궐원된 비례대표의원의 의석 승계에 있어 당선인의 선거범죄로 인한 궐원의 경우를 주명부에 의한 승계원칙의 예외로 규정하고 있지 아니하고(독일연방선거법 제46조 제4항, 제48조 제1항 참조), 일본의 공직선거법에서 중의원비례대표선출의원 또는 참의원비례대표선출의원이 선거범죄로 인하여 당선이 무효가 된 경우에도 명부에 의한 등재순위에 따라 승계결정을 하도록 규정하고 있는 것(일본공직선거법 제97조의2 제1항, 제3항 참조)도 이와 같은 맥락에서 이해할 수 있는 것이다. 특히 비례대표지방의회의원 당선인의 선거범죄로 인한 당선무효의 경우에 그 구체적인 경위나 사정을 따지지 아니한 채 일률적으로 의석승계를 허용하지 아니함으로써 소속 정당이나 그 정당의 비례대표지방의회의원 후보자명부에 기재된 다른 후보자의 불이익으로 돌리는 것은 뒤에서 보는 바와 같이 헌법 원리인 자기책임의 원리에도 반하는 것이라 할 것이다.

(라) 따라서 심판대상조항은 선거권자의 의사를 무시하고 왜곡하는 결과를 초래할 수 있다는 점에서 헌법의 기본원리인 대의제 민주주의 원리에 부합되지 않는다고 할 것이다.

(3) 자기책임의 원리에 반하는지 여부

(가) 우리 재판소는 헌법 원리로서의 자기책임의 원리에 관하여, "어떠한 행위를 법률로 금지하고 그 위반을 어떻게 제재할 것인가 하는 문제는 원칙적으로 위반행위의 성질, 위반이 초래하는 사회적·경제적 해악의 정도, 제재로 인한 예방효과 기타 사회적·경제적 현실과 그 행위에 대한 국민의 일반적 인식이나 법 감정 등을 종합적으로 고려하여 입법자가 결정하여야 할 분야이나, 법적 제재가 위반행위에 대한 책임의 소재와 전혀 상관없이 이루어지도록 법률이 규정하고 있다면 이는 자기책임의 범위를 벗어나는 제재로서 헌법위반의 문제를 일으킨다. 헌법 제10조가 정하고 있는 행복추구권에서 파생되는 자기결정권 내지 일반적 행동자유권은 이성적이고 책임감 있는 사람의 자기의 운명에 대한 결정·선택을 존중하되, 그에 대한 책임은 스스로 부담함을 전제로 한다. 자기책임의 원리는 이와 같이 자기결정권의 한계논리로서 책임부담의 근거로 기능하는 동시에 자기가 결정하지 않은 것이나 결정할 수 없는 것에 대하여는 책임을 지지 않고 책임부담의 범위도 스스로 결정한 결과 내지 그와 상관관계가 있는 부분에 국한됨을 의미하는 책임의 한정원리로 기능한다. 이러한 자기책임의 원리는 인간의 자유와 유책성, 그리고 인간의 존엄성을 진지하게 반영한 원리로서 그것이 비단 민사법이나 형사법에 국한된 원리라기보다는 근대법의 기본이념으로서 법치주의에 당연히 내재하는 원리로 볼 것이고 헌법 제13조 제3항은 그 한 표현에 해당하는 것으로서 자기책임의 원리에 반하는 제재는 그 자체로서 헌법위반을 구성한다고 할 것이다"라고 판시한 바 있다(헌재 2004. 6. 24. 2002헌가 27, 헌재판례집 16-1, 706, 714~715).

(나) 심판대상조항에서 정하고 있는 정당의 비례대표지방의회의원 후보자명부에 의한 승계원칙의 예외사유는, 궐원된 비례대표지방의회의원의 의석 승계가 허용되지 아니함으로써 불이익을 입게 되는 소속 정당이나 후보자명부상의 차순위 후보자의 귀책사유에서 비롯된 것이 아니라 당선이 무효가 된 비례대표지방의회의원 당선인의 귀책사유인 당선인의 선거범죄에서 비롯된 것이다. 즉, 심판대상조항에 의하여 불이익을 당하는 것은 선거범죄를 범하여

당선이 무효가 된 비례대표지방의회의원 당선인이 아니라 그 당선인이 소속된 정당과 심판대상조항이 없었더라면 궐원된 비례대표의석을 승계하였을 정당의 비례대표지방의회의원 후보자명부상의 차순위 후보자라 할 것임에도, 심판대상조항이 정한 법률효과의 원인이 되는 위반행위는 정당이나 비례대표지방의회의원 후보자명부상의 차순위 후보자의 귀책사유를 원인으로 한 것이 아니라 비례대표지방의회의원 당선인의 범죄행위에 불과한 것이다. 그런데 심판대상조항에서는 당해 당선인의 선거범죄에 그 소속 정당이나 차순위 후보자의 개입 내지는 관여 여부를 전혀 묻고 있지 않고, 비례대표지방의회의원 당선인의 선거범죄가 비례대표지방의회의원선거에 있어 정당에 대한 투표결과에 영향을 미치기 위한 것이었는지, 또 실제로 그러한 결과를 초래하였는지에 대해서도 전혀 고려대상으로 하고 있지 아니하며, 나아가 당선이 무효로 되는 개개의 선거범죄의 내용이나 법정지구당이 폐지되고 5 이상의 시·도당을 법정시·도당으로 정하고 있는 정당제도의 현황에 비추어 정당이 비례대표지방의회의원 후보자의 선거범죄를 미리 예방할 수 있다거나 후보자에 대한 실질적인 감독·통제가 가능한 여건이 조성되어 있는 것으로 보이지도 않는다. 이와 같은 점을 종합해 볼 때, 정당 또는 비례대표지방의회의원 후보자명부상의 차순위 후보자에 대한 불이익을 규정한 심판대상조항은 자기책임의 범위를 벗어나는 제재라고 하지 않을 수 없다.

(다) 한편 우리 재판소는, 공직선거법 제265조(선거사무장 등의 선거범죄로 인한 당선무효) 본문 중 배우자에 관한 부분의 위헌 여부에 관하여, "……이 사건 법률조항은 '친족인 배우자의 행위와 본인 간에 실질적으로 의미 있는 아무런 관련성을 인정할 수 없음에도 불구하고 오로지 배우자라는 사유 그 자체만으로' 불이익한 처우를 가하는 것이 아니다. 배우자가 죄를 저질렀다는 이유만으로 후보자에게 불이익을 주는 것이 아니라, 후보자와 불가분의 선거운명공동체를 형성하여 활동하게 마련인 배우자의 실질적 지위와 역할을 근거로 후보자에게 연대책임을 부여한 것이므로, 이 사건 법률조항은 헌법 제13조 제 3 항에서 금지하고 있는 연좌제에 해당하지 아니한다"고 판시한 바 있다(헌재 2005.12.22. 2005 헌마 19, 헌재판례집 17-2, 785, 794). 그런데 지역구선거에 출마한 후보자와 그 배우자의 관계는 불가분의 선거운명공동체로 볼 수 있는 것이라 하더라도, 비례대표지방의회의원 당선인과 그 소속 정당의 관계를 이와 동일시하기는 어려울 것이고, 더욱이 소선거구별로 투표가 진행되는 지역구의원선거에 있어서는 후보자의 선거사무장 또는 그 배우자 등의 선거범죄가 그 선거의 공정성과 결과에 영향을 미칠 가능성이 크다고 할 수 있는 반면, 이와는 달리 정당차원에서 선거운동이 이루어지고 정당에 대한 투표의 성격을 갖는 비례대표의원선거에 있어 비례대표지방의회의원 당선인의 선거범죄가 선거결과, 즉 정당별 득표율에 영향을 미치게 될 가능성은 매우 미미한 것이므로, 이를 같이 취급할 수는 없다고 할 것이다. 공직선거법 제265조에서 선거사무장, 후보자의 배우자 등의 선거범죄를 후보자의 당선무효사유로 규정하면서도 대통령후보자, 비례대표국회의원 후보자 및 비례대표지방의회의원 후보자에 대하여는 예외로 취급하고 있는 것도 이와 같은 점을 고려한 입법자의 판단이 반영된 것이라 할 수 있다.

(4) 공무담임권의 침해 여부

(가) 헌법 제25조는 "모든 국민은 법률이 정하는 바에 의하여 공무담임권을 가진다"라고 규정하여 국회의원을 비롯한 각종 선거직공무원과 기타 국가기관의 공직에 취임하여 이를 수행할 권리를 기본권으로 보장하고 있는바, 공무담임권은 각종 선거에 입후보하여 당선될 수 있는 피선거권과 공직에 임명될 수 있는 공직취임권을 포괄하고 있고(헌재 1996.6.26. 96 헌마 200, 헌재판례집 8-1, 550, 557), 그 보호영역에는 공직취임의 기회의 자의적인 배제가 포함된다(헌재 2005.12.22. 2004 헌마 947, 헌재판례집 17-2, 774, 781). 이

사건에서 청구인은 심판대상조항이 규정한 승계의 예외사유에 해당하여 비례대표지방의회의원직에 취임할 권리를 제한 당하게 되었으므로, 심판대상조항이 청구인의 공무담임권을 과잉침해하는 것인지의 여부가 문제된다.

(나) 심판대상조항의 입법취지는 국회회의록 등에서 분명하게 언급되어 있지는 아니하지만, 비례대표지방의회의원 당선인이 선거범죄로 인하여 당선무효로 되는 경우 그 소속 정당에 책임을 물어 후보자명부상의 후순위자에게 궐원된 의원의 의석을 승계하지 못하는 엄한 제재를 부과함으로써, 왜곡된 선거인의 의사를 바로잡고 선거범죄를 예방하여 깨끗한 선거풍토를 확립하기 위한 목적에서 비롯된 것이라고 볼 수 있다. 따라서 이는 공공복리를 위한 것이므로, 그 입법목적의 정당성을 인정할 수 있다.

(다) 그런데, 심판대상조항은 앞에서 본 바와 같이 헌법의 기본원리인 대의제 민주주의 원리와 자기책임의 원리에 부합되지 아니하는 것으로서 입법재량의 한계를 벗어난 것이므로 심판대상조항이 입법목적, 즉 선거의 공정성 확보에 기여할 수 있는 적합한 수단이라고 보기 어렵다.

심판대상조항이 선거범죄를 범한 당선인이 소속된 정당 또는 그 정당의 비례대표지방의회의원 후보자명부상의 차순위 후보자에 대하여 불이익을 부과함으로써 선거의 공정성 확보라는 공익에 기여할 수 있는 수단이 되기 위해서는 적어도 비례대표지방의회의원 당선인의 선거범죄에 정당 또는 차순위 후보자가 개입 내지 관여하는 등 당해 선거범죄에 정당 등의 책임이 인정될 수 있다거나 또는 비례대표지방의회의원 당선인의 선거범죄로 인하여 비례대표지방의회의원선거 자체의 공정성 내지 그 선거결과에 영향을 미친다거나 또는 정당에 의한 비례대표지방의회의원 후보자에 대한 실질적인 감독·통제가 가능하다는 전제가 성립되어야만 할 것이다. 그런데 앞에서 본 바와 같이 심판대상조항은 불이익을 받는 당사자인 정당 및 차순위 후보자의 책임 여부에 대하여는 전혀 묻고 있지 아니하고, 비례대표지방의회의원 당선인의 선거범죄가 비례대표선거에 있어 정당별 득표율에 영향을 미쳐 선거인의 의사를 왜곡하였는지의 여부도 고려대상으로 하고 있지 아니하며, 나아가 정당의 후보자에 대한 실질적인 감독·통제가 가능한 여건이 조성되어 있다고 할 수도 없다.

뿐만 아니라 심판대상조항에 의하면 비례대표지방의회의원 당선인이 선거범죄로 당선이 무효로 되는 경우에는 그 궐원된 비례대표지방의회의원의 의석 승계를 할 수 없지만, 선거범죄를 범한 비례대표지방의회의원 당선인이 형 확정판결이 있기 전에 스스로 사직하는 경우에는 당선이 무효로 되는 경우에 해당하지 않아 비례대표지방의회의원 후보자명부상의 차순위자가 그 궐원된 의석을 승계할 수 있게 되므로, 이러한 점에 있어서도 정당의 후보자에 대한 통제력을 바탕으로 정당에 대한 제재를 통하여 선거의 공정성을 확보하겠다는 의도에서 비롯된 심판대상조항은 그 의미를 찾을 수 없는 것이라 할 것이다.

따라서 심판대상조항은 왜곡된 선거인의 의사를 바로잡고 선거의 공정성 확보라는 구체적 입법목적 달성에 기여하는 것이라기보다는 오로지 선거범죄에 대한 엄정한 제재를 통한 공명한 선거 분위기의 창출이라는 추상적이고도 막연한 구호에 이끌려 비례대표지방의회의원선거를 통하여 표출된 선거권자들의 정치적 의사표명을 무시, 왜곡하는 결과를 초래할 뿐이라 할 것이므로, 수단의 적합성 요건을 충족한 것으로 보기 어렵다.

(라) 또한 심판대상조항이 선거의 공정성 확보라는 공익에 기여하는 것이라 가정하더라도, 선거범죄 예방을 통한 선거의 공정성 확보라는 공익은 선거범죄를 규정한 각종 처벌조항과 선거범죄를 범한 당선인의 당선을 무효로 하는 것만으로도 어느 정도 달성될 수 있다는 점에서, 심판대상조항이 침해의 최소성 원칙을 충족하는 필요한 수단이라고 보기도 어렵다. 나아

가 심판대상조항이 정당 및 후보자명부상의 차순위 후보자에 대한 실질적인 제재를 통하여 선거의 공정성 확보라는 입법목적 달성에 어느 정도 기여하는 것이라 가정하더라도, 그에 필요한 수단으로는 반드시 심판대상조항과 같이 궐원된 비례대표지방의회의원의 의석 승계를 일률적으로 금지함으로써 당해 선거에 표출된 선거권자들의 의사를 무시하고 당해 선거범죄와 직접적인 관련성이 없는 정당이나 비례대표지방의회의원 후보자명부상의 차순위 후보자에게 실질적인 제재를 가하는 방안만이 제시될 수 있는 것이 아니라, 선거권자의 의사를 최대한 반영하면서도 다른 기본권의 제한을 보다 완화할 수 있는 대체수단, 예컨대 공직선거법 제264조에서 정하고 있는 선거범죄 중 당해 선거결과에 직접적인 영향을 미칠 수 있는 범죄를 범한 경우에 한하여 후보자명부에 의한 승계의 예외를 인정한다거나, 또는 정당 및 차순위 후보자가 선거범죄에 직접 개입 내지 관여하여 그 책임이 인정되는 경우에만 승계의 예외를 인정하는 등 다양한 방법을 통해서도 가능한 것이므로, 결국 심판대상조항은 필요 이상의 지나친 규제를 정하고 있는 것이라고 보지 않을 수 없다.

(마) 이와 같이 심판대상조항을 통하여 달성하려는 입법목적은 매우 추상적일 뿐만 아니라 그 실효성도 의심되는 것인 반면, 이로 인하여 비례대표지방의회의원 후보자명부상의 차순위 후보자인 청구인은 궐원된 비례대표지방의회의원의 의석 승계를 통한 공직취임의 기회 자체를 박탈당하게 된 것이므로, 심판대상조항은 기본권 제한을 통하여 얻는 공익적 성과와 제한이 초래하는 효과가 합리적인 비례관계를 현저히 일탈하고 있는 것이다.

(바) 따라서 심판대상조항은 과잉금지원칙에 위배하여 청구인의 공무담임권을 침해한 것이다.

(5) 소 결 론

앞에서 본 바와 같이, 심판대상조항은 대의제 민주주의 원리 및 자기책임의 원리에 반하는 것으로서, 청구인의 궐원된 비례대표지방의회의원직 승계를 통한 공직취임의 기회를 자의적으로 배제하여 헌법상 보장된 공무담임권을 침해한 것이므로, 합리적인 입법재량의 범위를 벗어난 것이다.

[결 론]

그렇다면, 공직선거법 제200조 제 2 항 단서 중 '비례대표지방의회의원 당선인이 제264조(당선인의 선거범죄로 인한 당선무효)의 규정에 의하여 당선이 무효로 된 때' 부분은 청구인의 공무담임권을 침해하는 것으로서 헌법에 위반되므로, 주문과 같이 결정한다. 이 결정은 재판관 이강국의 아래와 같은 반대의견이 있는 외에는 나머지 관여 재판관 전원의 일치된 의견에 의한 것이다.

[재판관 이강국의 반대의견]

나는 심판대상조항이 대의제 민주주의 원리 및 자기책임의 원리에 위배된다거나 청구인의 공무담임권을 침해한다고 볼 수 없어 이 사건 심판청구를 기각하여야 한다고 생각하므로, 아래와 같이 반대의견을 밝힌다.

가. 비례대표선거제도와 정당과의 관계

(1) 비례대표선거제도는 현대의 다원적 산업사회에 있어서 대중 민주주의의 이념을 합리적으로 실현하고 투표의 '산술적 계산가치의 평등' 뿐만 아니라 그 '성과가치의 평등'까지 함께 보장함으로써 소수정치세력의 보호와 아울러 사회의 다양한 이해관계나 정치적인 세력관계를 대의기관 구성에 반영하기 위하여 창안된 정치제도이다. 따라서 비례대표선거제도는 20세기 정당제도의 발달과 정당 국가적 경향에 의하여 도입된 것인 만큼 선거과정에서 정당의 역할은

필수적이고 절대적이다. 즉 비례대표제선거에 있어서 후보자의 선정과 그 순위결정권은 정당에 의하여 결정되고, 그 선거절차와 과정도 정당의 일방적 주도 아래 행해지게 되는 것이다.

(2) 우리 헌법 제41조 제 3 항은 "국회의원의 선거구와 비례대표제 기타 선거에 관한 사항은 법률로 정한다"고 규정하여, 비례대표제선거의 구체적인 방식은 입법자의 형성에 맡겨 놓고 있다. 그에 따라 공직선거법은 고정명부식 비례대표제 방식을 채택하여 비례대표지방의회의원선거의 후보자 추천과 등록은 정당에 의해서만 이루어지며, 선거인은 지역구 선거구와 별도로 정당이 작성·등록한 후보자 명부와 당선순위를 참고하여 정당에 대하여 투표하고(제47조 제 1 항, 제49조 제 2 항, 제146조 제 2 항, 제150조 제 1 항), 그 선거운동도 실질적으로 정당이 주도하며(제68조 제 1 항 등), 투표용지에도 후보자를 추천한 정당의 기호와 정당명만을 표시하고(제150조 제 1 항), 당선의석은 비례대표선거에서 얻은 정당의 득표비율에 따라 배분하며(제190조의2 제 1 항, 제 2 항), 당선인은 정당이 정한 후보자 순위에 따라 결정하는(제190조의2, 제 4 항, 제189조 제 4 항) 방식 등을 채택하고 있어, 비례대표제선거에 있어 정당의 주도적이고 직접적인 역할을 구체적으로 표현하고 있다.

나. 심판대상조항에 대한 판단

(1) 이 사건 심판대상조항의 입법취지

이 사건 심판대상조항의 입법취지는, 비례대표지방의회의원선거에 있어서 당선인이 선거범죄로 당선무효가 된 경우에는 그러한 선거범죄로 인하여 선거인들의 선거의사는 크게 왜곡된 것이므로 그 과정에서, 선거운동의 주체로서 선거의사를 왜곡하는 데 주도적 책임이 있고 당선 후보자와 불가분의 일체를 이루고 있는 정당에 대해서도 그에 대한 연대책임을 물어 그 의석 승계를 금지함으로써 왜곡된 선거인들의 선거의사를 바로잡고 선거범죄를 예방하여 깨끗하고 공정한 선거 풍토를 정착시키고자 하는 것이다.

(2) 대의제 민주주의의 원리 및 자기책임의 원리에 반하는지 여부

(가) 비례대표지방의회의원선거에 있어서 정당에 배분되는 의석수는 선거인들의 직접 선거에 의한 것이지만, 당선인의 당선이 무효가 된 경우에 그 궐원된 의석의 승계를 어떤 기준과 방식에 의하여 정할 것인지는 원칙적으로 입법자의 형성에 맡겨져 있는 것이다.

(나) 앞서 본 바와 같이 심판대상조항은 당선인의 선거범죄로 인하여 왜곡된 선거인들의 선거의사를 바로잡기 위한 것이므로, 대의제 민주주의 원리에 반하는 것이라고 할 수 없다. 특히 비례대표지방의회의원선거에 있어서는 비례대표국회의원선거와는 달리 당해 시·도, 자치구·시·군 차원에서 비교적 소수의 비례대표의원이 선출되는 것이므로, 이 경우에는 당선인의 선거범죄로 인하여 선거인들의 선거의사가 왜곡될 위험성은 더욱 높아질 수 있는 것이므로 이를 예방하여야 할 필요성은 더욱 크다고 할 것이다.

(다) 나아가 앞에서 논급한 바와 같이 현행 비례대표지방의회의원선거에서의 정당의 주도적이고 총체적인 역할과 기능, 정당과 후보자와의 불가분적 관계 등을 종합적으로 고려하여 보면, 심판대상조항은 후보자 추천과 등록, 선거운동과정 전반에 걸친 정당의 책임을 강조하여 선거부정방지를 도모하고자 하는 입법자의 입법재량에 따른 것이고, 그 판단이 현저히 잘못되었거나 부당하다고 보기도 어려운 이상, 심판대상조항이 자기책임의 원리에 반하는 것이라고 볼 수도 없다.

(3) 공무담임권의 침해 여부

(가) 심판대상조항은 앞서 검토한 바와 같이 그 소속 정당에 책임을 물어 궐원된 의원의 의석을 승계하지 못하게 함으로써, 선거범죄로 인하여 왜곡된 선거인들의 선거의사를 바로잡기 위한 것이므로, 그 입법목적의 정당성이 인정된다.

(나) 심판대상조항은 자동승계원칙의 예외를 규정함으로써, 소속 정당에게 선거범죄 예방을 위한 책임을 더욱 엄격하게 부과하기 위한 것이므로 입법목적 달성에 기여할 수 있는 적합한 수단이 될 수 있다.

(다) 나아가 공정하고 투명한 선거는 민주주의 실현을 위하여 필수불가결한 요소이고, 특히 앞에서 본 바와 같이 비례대표지방의회의원선거에서의 정당의 주도적이고 총제적인 기능과 역할에 비추어, 당선된 후보자의 선거범죄를 정당의 책임으로 귀속시킴으로써 선거부정방지를 도모하고자 하는 입법자의 결단이 현저히 잘못되었거나 크게 부당하다고 보기 어려운 이상, 심판대상규정이 반드시 필요 이상의 지나친 규제를 가하는 것이라고 단정하기 어렵고, 입법목적 달성에 기여할 수 있는 보다 덜 제약적인 수단을 상정하기도 쉽지 않다.

(라) 또한 심판대상조항을 통하여 달성하려는 공익은 선거의 공정성 확보와 정치문화의 선진화로서 대의 민주제의 확립을 위하여 매우 중요한 법익인데 비하여, 이로 인하여 공무담임권을 제한 당하는 그 소속 정당이나 후보자명부상의 차순위 후보자는, 궐원이 발생한 모든 경우에 의석 승계의 기회를 박탈당하는 것이 아니라 당선인의 선거범죄로 당선이 무효로 된 경우에만 후보자명부에 의한 승계의 기회를 얻지 못하게 되는 것일 뿐이므로, 기본권 제한의 정도가 상대적으로 크다고 볼 수 없다. 따라서 심판대상조항은 법익균형성의 원칙에도 위반되지 아니한다.

(마) 그러므로 심판대상조항이 입법재량을 현저히 일탈하여 청구인의 공무담임권을 과잉침해한 것이라고 볼 수 없다.

다. 결 론

그렇다면, 이 사건 심판대상조항은 헌법에 위반되지 아니하므로 이 사건 심판청구는 기각되어야 할 것이다.

10. 比例代表當選人의 承繼期間 制限은 憲法에 不合致한다[1)]

[적법요건에 대한 판단]

가. 헌법소원제도는 국민의 기본권침해를 구제하기 위한 제도이므로, 그 제도의 목적에 비추어 권리보호이익이 있는 경우에만 이를 제기할 수 있고, 헌법소원이 비록 적법하게 제기되었더라도 권리보호이익은 헌법재판소의 결정 당시에도 존재해야 한다. 그러므로 헌법소원심판청구 당시 권리보호이익이 인정되더라도 심판계속중에 사실관계 또는 법률관계의 변동으로 말미암아 청구인이 주장하는 기본권의 침해가 종료된 경우에는 권리보호이익이 없으므로 원칙적으로 심판청구는 부적법하게 된다(헌재 1994. 7. 29. 91 헌마 137, 헌재판례집 6-2, 122, 133 참조). 그런데 이미 2008. 5. 29. 제17대 국회의원의 임기가 만료되고 2008. 5. 30. 제18대 국회의원의 임기가 개시되었으므로, 한나라당의 제17대 비례대표국회의원 후보자명부상의 차순위 후보자였던 청구인들은, 심판대상조항이 위헌으로 결정되더라도 더 이상 궐원이 발생한 제17대 비례대표국회의원 의석을 승계할 수 없게 되었다. 따라서 심판대상조항이 위헌으로 결정되더라도 청구인들의 주관적 권리구제에는 도움이 되지 않는다고 할 것이다.

나. 다만 헌법소원제도는 개인의 권리구제뿐만 아니라 객관적인 헌법질서보장의 기능도 가지므로, 헌법소원심판청구가 청구인의 주관적 권리구제에는 도움이 되지 아니한다 하더라도 같은 유형의 침해행위가 앞으로도 반복될 위험이 있거나 당해 분쟁의 해결이 헌법질서의 수

1) 헌재 2009. 6. 25 선고, 2008 헌마 413, 공직선거법 제200조 2항 단서 위헌확인, 헌재공보 제153호, 97면 이하.

호·유지를 위하여 긴요한 사항이어서 헌법적으로 그 해명이 중대한 의미를 지니고 있는 경우에는 예외적으로 심판청구의 이익을 인정하여야 할 것인바(헌재 1992.1.28. 91 헌마 111, 헌재판례집 4, 51, 56~57), 비록 제17대 국회의원의 임기가 이미 만료되어 청구인들의 주관적 권리구제에는 도움이 되지 않는다고 하더라도 심판대상조항이 존재하는 한 계속하여 동종의 기본권 침해는 계속될 것이고, 또한 심판대상조항의 위헌 여부는 헌법질서 수호·유지를 위하여 그 헌법적 해명이 중대한 의미를 지니고 있는 경우라 할 수 있을 것이므로, 이 사건 심판청구는 예외적으로 심판청구의 이익을 인정할 수 있다.

[본안에 대한 판단]

가. 비례대표선거제와 입법형성권의 한계

(1) 비례대표선거제란 정당이나 후보자에 대한 선거권자의 지지에 비례하여 의석을 배분하는 선거제도를 말한다. 비례대표제는 거대정당에게 일방적으로 유리하고 다양해진 국민의 목소리를 제대로 대표하지 못하며 사표를 양산하는 다수대표제의 문제점에 대한 보완책으로 고안·시행된 것이다. 비례대표제는 그것이 적절히 운용될 경우 사회세력에 상응한 대표를 형성하고, 정당정치를 활성화하며, 정당 간의 경쟁을 촉진하여 정치적 독점을 배제하는 장점을 가질 수 있다. 헌법 제41조 제 3 항은 "국회의원의 선거구와 비례대표제 기타 선거에 관한 사항은 법률로 정한다"고 규정하고 있으므로 비례대표제를 실시할 경우 구체적으로 어떤 형태로 구현할지는 일차적으로 입법자의 형성에 맡겨져 있다고 할 것이다. 그러나 비례대표제는 국회를 구성하는 방식에 관한 문제이므로 통치구조의 헌법 원리인 민주주의원리에 저촉되지 않아야 함은 물론이고, "국회는 국민의 보통·평등·직접·비밀선거에 의하여 선출된 국회의원으로 구성한다"고 규정하고 있는 헌법 제41조 제 1 항을 준수하여야 한다. 선거는 주권자인 국민이 그 주권을 행사하는 통로이므로 선거제도는 첫째, 국민의 의사를 제대로 반영하고, 둘째, 국민의 자유로운 선택을 보장하여야 하고, 셋째, 정당의 공직선거 후보자의 결정과정이 민주적이어야 하며, 그렇지 않으면 민주주의 원리 나아가 국민주권의 원리에 부합한다고 볼 수 없다(헌재 2001.7.19. 2000 헌마 91 등, 헌재판례집 13-2, 77, 93).

(2) 공직선거법은, 비례대표국회의원은 전국을 단위로 하여 선거하고(제20조 제 1 항), 비례대표국회의원선거의 후보자 추천과 후보자 등록은 정당에 의해서만 이루어지도록 하되, 후보자의 등록에 있어서 추천정당이 그 순위를 정한 후보자명부를 함께 첨부하도록 하며(제47조 제 1 항, 제49조 제 2 항), 정당은 후보자등록 후에는 비례대표국회의원 후보자명부에 후보자를 추가하거나 그 순위를 변경할 수 없도록 하고 있다(제50조 제 1 항). 또한, 공직선거법은 투표의 방식에 관해서도 지역구의원선거 및 비례대표의원선거마다 1인 1표를 행사하고(제146조 제 2 항), 비례대표국회의원선거에 있어서 투표용지에는 후보자를 추천한 정당의 기호와 정당명을 표시하며(제150조 제 1 항), 비례대표국회의원선거에 있어 의석의 배분은 원칙적으로 의석할당정당의 당해 비례대표국회의원선거에서 얻은 득표비율에 따라 이루어지고(제189조 제 1 항, 제 2 항), 중앙선거관리위원회는 제출된 정당별 비례대표국회의원 후보자명부에 기재된 당선인으로 될 순위에 따라 정당에 배분된 비례대표국회의원의 당선인을 결정하도록 하고 있다(제189조 제 4 항). 특히 공직선거법은 비례대표의원선거에 있어 지역구의원선거와는 별도로 정당에 대한 투표권을 인정하고 있는바, 이는 비례대표의원선거에 있어서 민주주의원리와 직접선거의 원칙, 평등선거의 원칙을 구현하기 위한 조치라 평가할 수 있다(헌재 2001.7.19. 2000 헌마 91 등, 헌재판례집 13-2, 77, 92~99 참조).

(3) 이와 같이 비례대표의원선거제에 있어 비례대표의원의 선출은 유권자의 정당에 대한 투표와 정당에 의한 후보자명부에 기재된 순위에 따라 이루어지는 것이므로, 비례대표의원에 궐원이 생긴 경우 지역구의원에 궐원이 생긴 경우와는 달리 후보자등록 당시에 제출된 정당

의 후보자명부에 기재된 순위에 따라 궐원된 비례대표의원의 의석 승계가 이루어지는 것은 지극히 자연스러운 것이라 할 수 있고, 이는 비례대표제를 채택하고 있는 독일과 일본의 경우에도 마찬가지인 것이다.

그러한 견지에서 공직선거법은, 비례대표국회의원선거 또는 비례대표지방의회의원선거의 당선인이 그 임기 개시 전에 사퇴·사망하거나 공직선거법 제192조(피선거권상실로 인한 당선무효 등) 제 2 항의 규정에 의하여 당선의 효력이 상실되거나 같은 조 제 3 항, 즉 당선인이 임기개시 전에 선거일에 피선거권이 없거나 등록무효사유에 해당하는 사실이 발견되거나 비례대표국회의원 또는 비례대표지방의회의원의 당선인이 소속정당의 합당·해산 또는 제명외의 사유로 당적을 이탈·변경하거나 2 이상의 당적을 가지고 있는 때(당선인결정시 2 이상의 당적을 가진 자를 포함한다)에는 당선무효에도 불구하고 그 선거 당시의 소속정당이 추천한 후보자를 비례대표국회의원후보자명부 또는 비례대표지방의회의원후보자명부에 기재된 순위에 따라 당선인으로 결정하도록 규정하고 있고(제194조 제 3 항), 또한 비례대표국회의원 및 비례대표지방의회의원에 궐원이 생긴 때에는 선거구선거관리위원회는 궐원통지를 받은 후 10일 이내에 그 궐원된 의원이 그 선거 당시에 소속한 정당의 비례대표국회의원후보자명부 및 비례대표지방의회의원후보자명부에 기재된 순위에 따라 궐원된 국회의원 및 지방의회의원의 의석을 승계할 자를 결정하도록 규정하고 있는 것이다(제200조 제 2 항 본문).

(4) 결국 비례대표국회의원에 궐원이 생긴 때에 그 궐원된 의석의 승계를 어떻게 정할 것인지는 입법자가 입법형성권의 범위 내에서 스스로 정할 사항이지만, 이때에도 통치구조의 헌법 원리인 민주주의 원리에 저촉되지 않아야 함은 물론이고 헌법이 공무담임권을 기본권으로 보장하는 취지와 대의제 민주주의 통치질서에서 선거가 가지는 의미와 기능이 충분히 고려되어야 한다는 헌법적인 한계가 있다(헌재 2005. 4. 28. 2004 헌마 219, 헌재판례집 17-1, 547, 553 참조).

나. 심판대상조항의 위헌성 여부에 대한 판단

(1) 사건의 쟁점

심판대상조항은 일반적인 경우와 달리 '임기만료일 전 180일 이내에 비례대표국회의원에 궐원이 생긴 때'에는 그 궐원된 의원이 소속한 정당의 비례대표국회의원 후보자명부에 기재된 순위에 따른 의원직 승계를 인정하지 않고 있는바, 과연 이와 같은 예외사유를 두는 것이 헌법 원리인 대의제 민주주의 원리에 위배되는 것이 아닌지, 그리하여 정당의 비례대표국회의원 후보자명부상의 차순위 후보자인 청구인들의 공무담임권을 침해하는 것이 아닌지가 문제된다.

(2) 대의제 민주주의 원리에 위배되는지 여부

(가) 대의제 민주주의는 헌법의 기본원리에 속하는 것으로서, 대의제 민주주의를 원칙으로 하는 오늘날의 민주정치 아래에서의 선거는 국민의 참여가 필수적이고, 주권자인 국민이 자신의 정치적 의사를 자유로이 결정하고 표명하여 선거에 참여함으로써 민주사회를 구성하고 움직이게 하는 것이다(헌재 1994. 7. 29. 93 헌가 4 등, 헌재판례집 6-2, 15, 28). 공직선거법은 비례대표국회의원선거에 있어 앞에서 본 바와 같이 정당의 비례대표국회의원 후보자명부상의 순위가 처음부터 정당에 의하여 고정적으로 결정되는 이른바 고정명부식 비례대표제를 택하고 있고, 투표의 방식에 관해서도 국회의원선거에 있어서 지역구의원선거 및 비례대표의원선거마다 1인 1표를 행사하도록 하고 있으며, 비례대표국회의원의석의 할당은 원칙적으로 당해 선거에서 얻은 정당의 득표비율에 따라 이루어지도록 규정하고 있으므로, 결국 선거에 참여한 선거권자들의 정치적 의사표명에 의하여 직접 결정되는 것은, 어떠한 비례대표국회의원후보자가 비례대표국회의원으로 선출되느냐의 문제라기보다는 비례대표국회의원의석을 할당받을 정당에 배분되는 비례대표

국회의원의 의석수라고 할 수 있다.

(나) 그런데 심판대상조항은 임기만료일 전 180일 이내에 비례대표국회의원에 궐원이 생긴 때에는 정당의 비례대표국회의원 후보자명부에 의한 의석 승계를 인정하지 아니함으로써 결과적으로 그 정당에 비례대표국회의원의석을 할당받도록 한 선거권자들의 정치적 의사표명을 무시하고 왜곡하는 결과가 된다. 이는 국민주권의 원리 내지 대의제 민주주의를 근간으로 하는 우리 법체계하에서는 원칙적으로 용인되기 어려운 것이다.

(다) 또한 다음과 같은 사정, 즉 비례대표국회의원에 궐원이 생긴 때에는 지역구국회의원에 궐원이 생긴 때와는 달리 원칙적으로 상당한 비용이나 시간이 소요되는 보궐선거나 재선거가 요구되지 아니하고 정당이 제출한 후보자명부에 기재된 순위에 따라서 간명하게 승계여부가 결정되는 점, 헌법에서 정한 국회의원의 임기는 4년이고(제42조), 정기회의 회기는 100일을, 임시회의 회기는 30일을 초과할 수 없도록 되어 있는바(제47조 제2항), 국회의원으로서의 의정활동준비나 업무수행이 임기만료일 전부터 180일이라는 기간 내에는 불가능하다거나 현저히 곤란한 것으로 단정하기는 어려운 점 등을 종합해 볼 때, '임기만료일 전 180일 이내에 비례대표국회의원에 궐원이 생긴 때'를 일반적인 경우와 달리 취급하여 특별히 그 궐원된 의석의 승계를 허용하지 않아야 될 합리적인 이유가 있는 것으로 보기도 어렵다. 독일의 연방선거법이나 일본의 공직선거법에서도 궐원된 비례대표의원의 의석 승계가 명부에 의하여 이루어지는 경우에 있어서는, 보궐선거가 필요한 경우를 제외하고는 심판대상조항과 같은 승계원칙의 예외를 규정하고 있지 아니한 것도 이와 같은 맥락에서 이해할 수 있는 것이다.

(라) 더욱이 심판대상조항과 같이 임기만료일 전 180일 이내에 비례대표국회의원에 궐원이 생긴 때에 그 의석의 승계를 허용하지 아니할 경우에는, 극단적으로는 임기만료일 전 180일 이내에 비례대표국회의원에 상당수의 궐원이 생길 수도 있어 의회의 정상적인 기능수행을 부당하게 제약하는 결과를 초래할 수도 있다. 임기만료일로부터 180일이라는 기간은 대의제 민주주의 하에서의 의회의 기능 측면에서나 국민의 대표자인 비례대표국회의원의 의정수행활동 측면에서 결코 무시될 수 없는 기간이기 때문이다.

(마) 따라서 심판대상조항은 선거권자의 의사를 무시하고 왜곡하는 결과를 낳을 수 있고, 의회의 정상적인 기능 수행에 장애가 될 수 있다는 점에서 헌법의 기본원리인 대의제 민주주의 원리에 부합되지 않는다고 할 것이다.

(3) 공무담임권의 침해 여부

(가) 헌법 제25조는 "모든 국민은 법률이 정하는 바에 의하여 공무담임권을 가진다"라고 규정하여 국회의원을 비롯한 각종 선거직공무원과 기타 국가기관의 공직에 취임하여 이를 수행할 권리를 기본권으로 보장하고 있는바, 공무담임권은 각종 선거에 입후보하여 당선될 수 있는 피선거권과 공직에 임명될 수 있는 공직취임권을 포괄하고 있고(헌재 1996. 6. 26. 96 헌마 200, 헌재판례집 8-1, 550, 557), 그 보호영역에는 공직취임의 기회의 자의적인 배제가 포함된다(헌재 2005. 12. 22. 2004 헌마 947, 헌재판례집 17-2, 774, 781). 이 사건에서 청구인들은 심판대상조항이 규정한 승계의 예외사유에 해당하여 비례대표국회의원직에 취임할 권리를 제한 당하게 되었으므로, 심판대상조항이 청구인들의 공무담임권을 과잉침해하는 것인지의 여부가 문제된다.

(나) 심판대상조항의 입법취지는 임기만료일 전 180일 이내에 비례대표국회의원에 궐원이 생긴 때에도 궐원된 의석의 승계를 허용하게 되면 명목상으로만 비례대표국회의원으로서의 신분을 유지할 뿐 의정활동의 기간이 짧아 비례대표의원으로서의 직무를 제대로 수행하기 어렵고, 머지않아 시행될 선거에서 다시 비례대표의원이 선출될 것이므로, 불필요한 의석승계 절차의 진행을 사전에 방지함으로써 비용을 절감하는 등 정치문화의 선진화에 기여하기 위한

것이라고 할 수 있다. 따라서 이는 공공복리를 위한 것이므로, 그 입법목적의 정당성을 인정할 수 있다.

(다) 그런데 심판대상조항은 앞에서 본 바와 같이 헌법의 기본원리인 대의제 민주주의 원리에 부합되지 아니하는 것으로서 입법재량의 한계를 벗어난 것이므로 입법목적, 즉 정치문화의 선진화라는 공익에 기여할 수 있는 적합한 수단이라고 보기 어렵다. 심판대상조항이 비용의 절감 등을 통하여 정치의 선진화라는 공익에 기여할 수 있는 수단이 되기 위해서는 임기만료일 전 180일 이내에 비례대표국회의원에 궐원이 생긴 때에는 그 의석승계를 허용하더라도 그 의정활동기간이 너무 짧아 비례대표의원으로서의 직무수행이 현저히 곤란하다거나 그 의석 승계를 위한 절차 등에 상당한 비용이나 시간이 소요되는 등의 사정이 인정될 수 있어야 한다. 그런데 앞에서 본 바와 같이 국회의원으로서의 의정활동준비나 업무수행이 임기만료일 전부터 180일이라는 기간 내에는 불가능하다거나 현저히 곤란한 것으로 단정할 수 없고, 나아가 지역구국회의원에 궐원이 생긴 때에는 상당한 비용 및 시간이 소요되는 보궐선거가 실시되어야 하는 것이지만 비례대표국회의원에 궐원이 생긴 때에는 정당의 후보자명부에 기재된 순위에 따라 그 의석승계가 결정되는 것이므로 그 승계절차에 상당한 비용이나 시간이 소요된다고 보기도 어려우므로, 결국 심판대상조항은 합리적 이유 없이 비례대표국회의원선거를 통하여 표출된 선거권자들의 정치적 의사표명을 무시, 왜곡하는 결과를 초래할 뿐이라 할 것이므로, 수단의 적합성 요건을 충족한 것으로 보기 어렵다.

(라) 나아가 설사 심판대상조항이 비용절감 등을 통하여 정치의 선진화라는 공익에 기여하는 것이라 가정하더라도, 비례대표국회의원의 전체 임기(4년)의 1/8 정도에 해당하는 180일이라는 기간은 비례대표국회의원으로서 국정을 수행함에 있어 결코 짧지 않은 기간이라 할 수 있고, 잔여임기가 180일 이내인 경우에 궐원된 비례대표국회의원의 의석 승계를 일체 허용하지 아니하는 것은 그 입법목적에 비추어 지나친 것이어서 침해의 최소성 원칙에도 위배된다.

(마) 또한 청구인들이 심판대상조항으로 인하여 비례대표국회의원이라는 공직취임의 기회 자체를 박탈당하는 불이익은, 정치문화의 선진화라는 입법목적에 비추어 훨씬 중대하다고 할 것이므로, 법익의 균형성 원칙에도 어긋난다.

(바) 따라서 심판대상조항은 과잉금지원칙에 위배하여 청구인들의 공무담임권을 침해한 것이다.

(4) 소급입법금지원칙에 위배되는지 여부

(가) 헌법 제13조 제 2 항은 모든 국민은 소급입법에 의하여 참정권의 제한을 받지 아니한다고 규정하고 있다. 과거의 사실관계 또는 법률관계를 규율하기 위한 소급입법의 태양에는 이미 과거에 완성된 사실·법률관계를 규율의 대상으로 하는 이른바 진정소급효의 입법과 이미 과거에 시작하였으나 아직 완성되지 아니하고 진행과정에 있는 사실·법률관계를 규율의 대상으로 하는 이른바 부진정소급효의 입법이 있고(헌재 1989. 3. 17. 88 헌마 1, 헌재판례집 1, 9, 17~18; 헌재 1989. 12. 18. 89 헌마 32 등, 헌재판례집 1, 343, 355), 헌법 제13조 제 2 항이 금하고 있는 소급입법은 전자, 즉 진정소급효를 가지는 법률만을 의미하는 것으로서, 기존의 법에 의하여 형성되어 이미 굳어진 개인의 법적 지위를 사후입법을 통하여 박탈하는 것 등을 내용으로 하는 진정소급입법은 개인의 신뢰보호와 법적 안정성을 내용으로 하는 법치국가원리에 의하여 헌법적으로 허용되지 아니하는 것이 원칙이다(헌재 1996. 2. 16. 96 헌가 2 등, 헌재판례집 8-1, 51, 87~88; 헌재 1998. 9. 30. 97 헌바 38, 헌재판례집 10-2, 530, 539).

(나) 청구인들은 제17대 국회의원 선거 당시 한나라당의 비례대표국회의원 후보자명부에 등록되어 제17대 비례대표국회의원에 궐원이 생길 경우 그 순위에 따라 의석을 승계할 권리를 취득하고 있었는데, 제17대 국회의원의 임기 도중에 심판대상조항이 신설됨으로써, 공무

담임권을 소급적으로 박탈당하게 되었으므로, 심판대상조항은 진정소급입법에 해당한다고 주장한다. 그러나 2005. 8. 4. 시행된 심판대상조항은 제17대 비례대표국회의원의 임기만료일인 2008. 5. 29.로부터 180일 이전에 궐원이 생긴 때에 비로소 적용되는 것이고, 심판대상조항이 마련될 당시에는 한나라당의 제17대 비례대표국회의원 후보자명부상의 후보자인 청구인들도 궐원된 비례대표국회의원의 의석승계에 대한 기대권을 가지고 있을 뿐, 궐원된 비례대표국회의원의 의석을 승계할 구체적인 법적 권리 내지 법적 지위를 취득하였다고 보기는 어려우므로, 심판대상조항은 과거에 완성된 사실·법률관계를 규율의 대상으로 하는 진정소급효의 입법과는 구별되는 것으로서, 헌법 제13조 제 2 항이 금하고 있는 소급입법에는 해당하지 않는다고 할 것이다.

[소 결 론]

따라서, 심판대상조항은 대의제 민주주의 원리에 부합하지 아니하는 부적합한 수단으로서, 청구인들의 궐원된 비례대표국회의원직 승계를 통한 공직취임의 기회를 자의적으로 배제하여 헌법상 보장된 공무담임권을 침해하는 것이므로, 합리적인 입법재량의 범위를 벗어난 것이다.

다. 주문의 형식

(1) 재판관 이공현, 재판관 조대현, 재판관 김희옥, 재판관 이동흡의 단순위헌의견

비례대표국회의원에 궐원이 생긴 때에 정당의 비례대표국회의원후보자명부에 의한 승계원칙의 예외를 규정한 심판대상조항은, 비례대표국회의원의 잔여임기를 기준으로 승계원칙의 예외를 두는 것 자체의 합리성·정당성을 인정할 수 없는 것으로서, 청구인들의 공무담임권을 침해하여 헌법에 위반되는 것이므로 단순위헌을 선고하여야 한다.

더욱이 심판대상조항은 임기만료일 전 180일 이내에 비례대표국회의원에 궐원이 생긴 때에 비로소 적용될 수 있는 것이므로 제18대 국회의원의 임기만료일인 2012. 5. 29.로부터 180일 이전까지는 애초에 심판대상조항이 적용될 여지도 없는 것이어서, 단순위헌결정을 하더라도 법적 공백이나 혼란 상태를 초래할 우려도 없는 것임은 물론 심판대상조항에 대하여 헌법불합치결정을 하고 계속적용을 명할 실익도 없는 것이다.

(2) 재판관 이강국, 재판관 목영준, 재판관 송두환의 헌법불합치의견

앞에서 본 바와 같이, 심판대상조항은 비례대표국회의원으로서의 직무를 수행할 수 없을 만큼 짧은 임기를 남겨 두고 비례대표국회의원에 궐원이 생긴 경우에 그 의석의 승계를 금지함으로써 의정활동의 효율성을 높이고 정치문화를 선진화하기 위한 데 그 입법목적이 있다. 그러나 이러한 목적을 달성하기 위하여 심판대상조항이 '임기만료일 전 180일 이내'라는 짧지 않은 기간 내에 궐원된 의석의 승계를 금지하는 것은 수단의 적합성이나 침해의 최소성 원칙에 위반하여 청구인들의 공무담임권을 과도하게 침해하므로, 헌법에 위반되는 것이다.

그런데 심판대상조항의 그러한 내용이 헌법에 위반된다고 하더라도, 이와 같이 위헌적인 부분을 구체적으로 어떠한 내용으로 합헌적으로 조정할 것인지는 원칙적으로 입법자의 형성재량에 속한다고 할 것이다. 즉, 비례대표국회의원에 궐원이 생긴 경우 의정활동의 효율성을 유지하고 정치를 선진화하기 위하여, 구체적으로 어느 정도의 잔여임기가 남아있을 때 궐원된 의석의 승계를 금지하는 것이 대의제 민주주의 원리에 부합하면서 후순위 승계권자의 공무담임권을 정당하고 합리적으로 제한하는 것인지는 궁극적으로 입법형성의 권한을 가진 입법자가 제반 사정을 참작하여 결정하여야 할 사항이라고 할 것이다.

이와 같이 심판대상조항에는 합헌적 부분과 위헌적 부분이 혼재되어 있어 이에 대하여 단순위헌결정을 하여 그 효력을 상실시키는 것은 적절하지 아니하므로, 입법자의 입법형성의 권한을 존중하는 차원에서 헌법불합치 선언을 하되, 입법자가 위헌적 부분을 제거하는 법률

개정을 할 때까지 이를 계속 적용하기로 한다. 다만, 그 입법시한은 2010. 12. 31.까지로 함이 상당하다고 할 것이다.

[결 론]

이상과 같이 심판대상조항이 헌법에 위반된다는 점에 있어서는 재판관 김종대, 재판관 민형기를 제외한 나머지 재판관 전원의 의견이 일치되었으나, 재판관 이공현, 재판관 조대현, 재판관 김희옥, 재판관 이동흡은 단순위헌의견을 개진하였고, 재판관 이강국, 재판관 목영준, 재판관 송두환은 헌법불합치의견을 개진하였는바, 단순위헌의견도 헌법불합치의견의 범위 내에서는 헌법불합치의견과 견해를 같이 하는 것이라고 볼 수 있으므로, 심판대상조항에 대하여 헌법불합치결정을 선고하되, 2010. 12. 31.을 시한으로 입법자의 개선입법이 이루어질 때까지 계속 적용을 명하기로 하여 주문과 같이 결정한다.

이 결정에는 재판관 김종대, 재판관 민형기의 반대의견이 있다.

[재판관 김종대, 재판관 민형기의 반대의견]

우리는 심판대상조항이 대의제 민주주의 원리에 위배된다거나 청구인들의 공무담임권을 침해한다고 볼 수 없어 이 사건 심판청구를 기각하여야 한다고 생각하므로, 아래와 같이 반대의견을 개진한다.

가. 대의제 민주주의 원리에 위배되는지 여부

(1) 심판대상조항이 정하고 있는 예외 사유는, 정치의 선진화라는 공익달성을 위하여 궐원된 비례대표국회의원 의석을 그대로 남겨두는 것에 불과한 것일 뿐, 특별히 정당이나 후보자명부상의 차순위 후보자를 불리하게 취급하려는 것을 직접적인 목적으로 하는 것이 아니다.

(2) 또한 국회의 의원정수는 지역구국회의원과 비례대표국회의원을 합하여 299인으로 규정되어 있고(공직선거법 제21조 제1항), 제18대 국회의원 299명 중 비례대표국회의원은 54명인바, 실제로 청구인들과 같이 임기만료일 전 180일 이내에 비례대표국회의원에 궐원이 발생하여 그 의석승계가 문제되는 경우는 매우 드물 것으로 예상되고, 따라서 그로 인하여 궐원된 비례대표국회의원의 의석수도 전체 299명의 국회의원 중 극소수에 지나지 않을 것이므로, 심판대상조항이 선거권자들의 정치적 의사표명을 왜곡한 것이라고 보기 어려운 것임은 물론이고 국회의 정상적인 기능수행에 장애를 일으킬 가능성도 거의 없다고 보아야 할 것이다.

(3) 한편 제17대 국회의원의 임기만료일은 2008. 5. 29.이고, 임기만료에 의한 국회의원선거의 선거일은 원칙적으로 그 임기만료일 전 50일 이후 첫 번째 수요일로 규정되어 있으므로(공직선거법 제34조 제1항 제2호), 심판대상조항이 정한 '임기만료일 전 180일 이내에 비례대표국회의원에 궐원이 생긴 때'라 함은 사실상 본격적인 의정활동수행이 곤란한 연말, 연시와 선거운동기간, 선거일 이후 기간을 제외하면 약 한 달 정도의 기간만이 남게 될 뿐이다. 그런데 정상적인 의정수행활동을 위해서는 비례대표국회의원 스스로의 충실한 사전준비가 선행되어야 함은 말할 것도 없고 그 밖에 보좌직원 임용과 재산등록 등 많은 절차가 선행되어야 하므로, 잔여임기가 180일이 채 남지도 않은 때에는 궐원된 비례대표국회의원 의석을 승계하더라도 그 직무를 정상적으로 수행한다는 것은 사실상 불가능하거나 현저히 곤란하다고 볼 수 있다.

(4) 뿐만 아니라 선거구 주민들의 의사가 지역구국회의원후보자에 대한 투표를 통하여 직접 반영되는 지역구국회의원에 궐원이 생긴 때에도 그 선거일부터 임기만료일까지의 기간이 1년 미만인 경우에는 보궐선거를 실시하지 아니할 수 있도록 규정되어 있는 점(공직선거법 제200조 제1항, 제201조 제1항)에 비추어 보면, 선거구 주민들의 의사가 정당에 대한 투표를 통하여 간접적으로 반영될 뿐인 비례대표국회의원에 궐원이 생긴 때에 잔여임기가 180일 미만이라는 이유로 그 궐원된 의석의 승계를 허용하지 아니한 것이 대의제 민주주의 원리에 위배된다고 볼 수도 없는 것이다.

⑸ 따라서 입법자가 "임기만료일 전 180일 이내에 궐원이 발생한 때"를 정당의 비례대표국회의원 후보자명부에 의한 승계원칙의 예외로 규정하였다고 하여도, 이는 대의 민주주의 원리를 선거기술상의 사유로 최소한도로 제한하는 것으로서 그 판단이 현저히 잘못되었거나 부당하다고 보기 어려우므로, 심판대상조항이 대의제 민주주의 원리에 반한다고 보기는 어렵다.

나. 공무담임권의 침해 여부

⑴ 모든 국민은 법률이 정하는 바에 의하여 공무담임권을 가지는 것인바, 정당의 비례대표국회의원 후보자명부에 등록된 차순위 후보자들이 궐원된 비례대표국회의원 의석을 승계할 권리 내지 법적 지위는 일종의 기대권에 불과한 것이고, 설사 청구인들의 이러한 기대권을 공무담임권의 보호범위에 포함된다고 보더라도 선거에서 당선된 국회의원당선인과 비례대표국회의원 후보자명부상의 차순위 후보자의 공무담임권이 같은 정도로 보호받아야 되는 것이라고는 할 수 없다.

⑵ 심판대상조항의 입법취지는 비용의 절감 등을 통하여 정치문화의 선진화에 기여하기 위한 것으로 그 입법목적의 정당성이 인정되고, 또한 심판대상조항은 앞에서 본 바와 같은 국회의 의원정수와 의정수행활동에 필수적인 준비기간 및 선거일정 등을 종합해 볼 때, 국회의 기능수행에 별다른 지장을 초래하지 않는 한도 내에서 명목상에 불과한 비례대표국회의원직 승계를 허용하지 아니함으로써 입법목적 달성에 기여할 수 있는 적합한 수단이라 할 것이다.

⑶ 나아가 임기만료일 전 180일 이내에 비례대표국회의원에 궐원이 생긴 때에 그 의석 승계를 금지한 입법자의 결단이 현저히 잘못되었다거나 자의적인 것이라고 보기 어려운 이상, 심판대상조항이 비례대표국회의원 후보자명부상의 차순위 후보자들에게 필요 이상의 지나친 규제를 가하는 것이라고 보기도 어렵고, 또한 심판대상조항이 달성하려는 정치의 선진화라는 공익에 비하여 심판대상조항으로 인하여 제한되는 비례대표국회의원 후보자명부상의 차순위 후보자들의 사익이라는 것은 '임기만료일 전 180일 이내에 궐원이 생긴 때'라는 매우 제한된 기간 내에서의 궐원된 비례대표국회의원의 의석 승계를 통한 공직취임기회의 배제에 불과하므로, 그 기본권 제한의 정도가 그리 크다고 할 수도 없다.

⑷ 따라서 심판대상조항이 입법재량을 현저히 일탈하여 청구인들의 공무담임권을 과잉침해한 것이라고 볼 수 없다.

다. 입법재량과 헌법불합치결정에 대하여

⑴ 비례대표국회의원에 궐원이 생긴 때에 그 궐원된 의석의 승계를 어떻게 정할 것인지, 특히 잔여임기가 얼마 남지 않아 그 의석 승계를 허용하지 않는다고 할 때, 그 잔여임기의 기준을 어떻게 정할 것인지는 원칙적으로 입법자가 입법형성권의 범위 내에서 스스로 정할 입법재량사항에 해당하는 것이고, 입법자의 판단이 합리적 재량의 범위를 벗어나 현저하게 불합리하고 불공정한 것이 아닌 한 헌법에 위반된다고 할 수 없다.

⑵ 그런데 심판대상조항은 국회의원의 임기인 4년의 7/8에 해당하는 3년 6개월이 경과하여 잔여임기가 180일 이내인 경우에 한하여 비례대표국회의원 후보자명부상의 차순위 후보자들의 공무담임권을 제한하고 있는 것인바, 이러한 기간의 제한 설정은 정상적인 의정활동을 위한 준비기간 등을 감안할 때 입법자가 입법형성권을 현저히 자의적으로 행사하여 차순위 후보자들의 공무담임권을 지나치게 제한하고 있는 것이라고 볼 수 없으므로, 합리적 재량의 범위를 벗어난 것이라고 할 수 없다.

⑶ 한편 법정의견(헌법불합치의견)은 심판대상조항이 합리적인 입법재량의 범위를 벗어나 헌법에 위반된다고 하면서도, 비례대표국회의원 후보자명부상의 차순위 후보자의 공무담임권

을 보다 덜 제한하는 입법수단, 예컨대 "임기만료일 전 180일 이내에 궐원이 생긴 때"의 180일 부분을 더 짧은 기간으로 규정할 경우에는 헌법에 위반되지 않을 수도 있다고 하고 있다. 그러나 180일을 다시 나누어 얼마의 기간까지는 위헌이고 이보다 더 짧은 기간이면 합헌일 수도 있다는 것은 심판대상조항의 규율영역을 입법형성권의 영역으로 보는 것과 일관된다고 보기 어렵고, 또 실제로 얼마의 기간까지가 위헌인지 구분해 내는 것 자체가 불가능하거나 불합리할 수밖에 없으므로, 입법자에게 이 같은 개선입법을 요구하는 것은 입법자의 입법재량권을 무시하고 그 권한을 침해하는 것이라는 비판을 면하기 어렵다고 할 것이다.

라. 결 론

따라서 심판대상조항은 대의제 민주주의 원리에 반하는 것이라거나 청구인들의 공무담임권을 침해한 것으로 볼 수 없으므로, 헌법에 위반된다고 할 수 없다. 그렇다면, 이 사건 심판청구는 마땅히 기각되어야 한다.

11. 立候補制限과 選擧權侵害 與否[1]

(a) 청구인 주민들은, 이 사건 법률조항은 3기 계속 재임하는 자치단체 장의 입후보 자격을 박탈함으로서 청구인 주민들이 능력과 인품이 검증된 인물을 선출할 선거권을 침해한다고 주장한다.

(b) 헌법 제24조는 "모든 국민은 법률이 정하는 바에 의하여 선거권을 가진다"고 규정하고 있는바, 여기서 선거권이란 국민이 공무원을 선거하는 권리를 말하고, 원칙적으로 간접민주정치를 채택하고 있는 우리 나라에서는 공무원선거권은 국민의 참정권 중 가장 중요한 것이다. 그리고 위에서 말하는 공무원은 가장 광의의 공무원으로서 일반직공무원은 물론 대통령·국회의원·지방자치단체 장·지방의회의원·법관 등 국가기관과 지방자치단체를 구성하는 모든 자를 말한다.[2] 따라서 청구인 주민들은 법률이 정하는 바에 따라 자치단체 장을 선거하는 권리를 가지고 있다.

그러나 자치단체 장에 대한 선거권을 행사함에 있어서 투표할 대상자가 스스로 또는 법률상의 제한으로 입후보를 하지 아니하는 경우 입후보자의 입장에서 공무담임권 제한의 문제가 발생하겠지만, 선거권자로서는 후보자의 선택에 있어서의 간접적이고 사실상의 제한에 불과할 뿐 그로 인하여 선거권자가 자신의 선거권을 행사함에 있어서 침해를 받게 된다고 보기 어렵다.

12. 選擧運動의 自由와 制限[3]

(a) 민주정치는 주권자인 국민이 정치과정에 참여하는 기회가 폭 넓게 보장될 것을 요구하므로, 국민의 주권행사 내지 참정권행사의 의미를 지니는 선거과정에 대한 참여행위는 원칙적으로 자유롭게 행하여질 수 있도록 최대한 보장되어야 한다. 이러한 선거자유의 원칙은 민주국가의 선거제도에 내재하는 법원리로서 국민주권의 원리, 대의민주주의의 원리 및 참정권에 관한 헌법규정들(제 1 조, 제24조, 제25조, 제41조 제 1 항, 제67조 제 1 항 등)을 근거로 하며, 그 내용으로 선거권자의 의사형성의 자유와 의사실현의 자유, 구체적으로는 투표의 자유, 입후보의 자유 나아가 선거운동의

1) 헌재 2002. 3. 28 선고, 2000 헌마 283 등, 헌재판례집 제14권 1집, 211면 이하(223면).
2) 헌재 2006. 2. 23 선고, 2005 헌마 403, 헌재판례집 제18권 1집(상), 320면 이하(333면).
3) 헌재 1994. 7. 29 선고, 93 헌가 4 등, 헌재판례집 제 6 권 2집, 15면 이하(28~29면); 헌재 1995. 4. 20 선고, 92 헌바 29, 헌재판례집 제 7 권 1집, 499면 이하(507~508면).

자유가 있다.

이 중 선거운동의 자유는 널리 선거과정에서 자유로이 의사를 표현할 자유로서 표현의 자유의 한 형태이기도 하므로 언론, 출판, 집회, 결사의 자유를 보장한 헌법 제21조에 의하여도 보호받는다. 한편, 선거권이 제대로 행사되기 위하여는 후보자에 대한 정보의 자유교환이 필연적으로 요청되므로, 선거운동의 자유는 선거권 행사의 전제 내지 선거권의 중요한 내용을 이룬다. 그러므로 선거운동의 제한은 후보자에 관한 정보에 자유롭게 접근할 수 있는 권리를 제한하는 것으로서 선거권, 곧 참정권의 제한으로 파악될 수도 있다.

(b) 한편 민주적 의회정치의 기초인 선거는 본래 자유로워야 하는 것이지만 동시에 공정하게 이루어져야 한다. 부정선거와 과열된 선거운동으로 말미암아 발생할 사회경제적 손실과 부작용을 방지하고 실질적인 선거운동의 기회균등을 보장하기 위하여는 선거의 공정성이 확보되어야 하며, 어느 정도 선거운동에 대한 규제가 불가피하다. 따라서 헌법 제116조 제 1 항은 "선거운동은 각급 선거관리위원회의 관리하에 법률이 정하는 범위 안에서 하되, 균등한 기회가 보장되어야 한다"라고 규정하여 선거운동의 범위를 정함에 있어 균등한 기회 보장, 즉 공정성을 선거운동제도를 구성하는 헌법적 가치로 규정하고 이를 실현하기 위한 임무를 입법자에게 부여하고 있다.

물론 그렇다고 선거운동의 허용범위가 아무런 제약 없이 입법자의 재량에 맡겨져 있는 것은 아니다. 입법자는 선거에 관한 입법을 함에 있어서 위와 같은 선거의 이상이 실현될 수 있도록 선거의 공정성을 해치지 아니하는 한 국민의 선거운동의 자유를 최대한 보장하여야 하고, 그 시대에 있어서의 국민전체의 정치·사회발전단계, 민주시민의식의 성숙도, 종래에 있어 왔던 선거풍토 기타 제반상황을 종합하여 자유·공정의 두 이념이 슬기롭게 조화되도록 정하여야 한다.

따라서 선거의 공정을 위하여 선거운동의 자유를 제한하는 경우에도 다른 기본권과 마찬가지로 헌법 제37조 제 2 항에 따라 국가안전보장, 질서유지, 공공복리를 위하여 필요한 경우에 한하여 법률로 제한할 수 있고 그 경우에도 선거운동의 자유에 대한 본질적 내용은 침해할 수 없다고 보아야 한다.

13. 比例代表制立候補者에 대한 選擧運動 制限[1)]

(a) 그동안 우리 나라의 비례대표국회의원선거는 유권자가 지역구국회의원을 뽑는 1표를 행사하면 그 표를 정당별로 합산하여 득표율에 따라 비례대표 국회의원의 의석수를 배분하는 제도였다. 그러나 구 공직선거법의 개정으로 비례대표국회의원선거제도는 유권자가 지역구국회의원후보자에게 투표하는 것과는 별도로 정당이 제시한 비례대표들의 명부를 보고 정당에 투표하여 각 정당이 얻은 득표율에 따라 비례대표국회의원 의석을 배분하는 정당명부식비례대표제로 바뀌게 되었다. 이 정당명부식비례대표제하에서 유권자는 정당이 제안한 후보자 명부의 내용이나 순서를 바꿀 수 없고, 이러한 비례대표국회의원선거제도는 정당에 대한 선거로서의 성격을 가지게 된다. 따라서 선거운동방법도 이러한 선거의 성격에 맞춰 고안될 필요가 있는바, 후보자의 인물, 정견, 신념 등을 특정 선거구의 유권자에게 알리는 것이 필요한 지역구국회의원선거에 있어서는 후보자 개인의 홍보에 효과가 있는 선거운동방법이, 정당의 정강·정책 등을 전국적으로 알리는 것이 필요한 비례대표국회의원선거에 있어서는 전국적으

1) 헌재 2006.7.27 선고, 2004 헌마 217, 헌재판례집 제18권 2집, 212면 이하.

로 정당 홍보에 효과가 있는 선거운동방법이 허용될 필요가 있다. 그런데 구 공직선거법 제79조 제 1 항과 제101조에서 정하고 있는 선거운동방법은 비례대표국회의원후보자를 추천한 정당이나 그 후보자가 전국의 유권자를 대상으로 하여 그 정강이나 정책을 알리는 데 있어 그렇게 효과적인 선거운동방법으로 보이지는 않는다. 위 규정에서 정하고 있는 선거운동방법은 전파성의 한계로 인해 그 현장에 있던 유권자들 이외에는 선거운동의 효과를 크게 기대하기 어렵다. 따라서 전국이 선거구가 되는 비례대표국회의원선거에 있어서 이러한 선거운동방법이 반드시 허용되어야 하는 것은 아니다.

(b) 한편, 구 공직선거법은 비례대표국회의원후보자나 정당을 전국적으로 알릴 수 있는 선거운동방법에 대해서 규정하고 있는데, 제69조 제 1 항 제 2 호에 의하면 비례대표국회의원선거에서 후보자를 추천한 정당은 총 20회 내에서 소속정당의 정강·정책이나 후보자의 정견, 기타 홍보에 필요한 사항을 일간신문에 게재하여 유권자에게 알릴 수 있고, 제70조에 의하면 각 15회 이내에서 선거운동기간 중 소속정당의 정강·정책이나 후보자의 정견 등을 텔레비전 및 라디오 방송시설을 이용하여 유권자에게 알릴 수 있다.

이 밖에 구 공직선거법 제71조 제 1 항 제 2 호는 비례대표국회의원선거에서 후보자와 후보자가 지명하는 연설원이 선거운동기간중에 소속정당의 정강·정책이나 후보자의 정견 등에 관해 텔레비전 및 라디오 방송시설을 이용하여 연설할 수 있도록 하고 있고, 제82조의2는 중앙선거방송토론위원회가 주관하는 대담·토론회에 정당의 대표자가 지정하는 1인 또는 수인의 비례대표국회의원후보자가 참가하여 소속정당의 정강·정책이나 후보자의 정견 등을 유권자에게 알릴 수 있도록 하고 있다.

위와 같은 선거운동방법들은 모두 개인 중심의 인물경쟁보다는 정당 중심의 정책경쟁이 주가 되는 비례대표국회의원선거에 적합한 선거운동방법으로, 특히 제69조의 신문광고와 제70조의 방송광고는 전국적인 영향력을 발휘하는 매체라는 특성에 맞게 비례대표국회의원선거에서만 허용되고 있는 선거운동방법이다. 다만 제71조의 방송연설이나 제82조의2의 선거방송토론위원회 주관의 대담·토론회는 전국적인 영향력을 미치는 선거운동방법이지만 지역구국회의원후보자에게도 허용되는데, 이러한 경우에도 자세히 들여다 보면 제71조의 경우 지역구국회의원후보자의 경우는 지역방송시설을 이용하여야 함에 반해, 비례대표국회의원후보자의 경우에는 방송시설에 대한 제한을 받지 않으며, 제82조의2는 비례대표국회의원선거에 있어서는 공영방송사가 전국을 방송권역으로 텔레비전방송을 통하여 중계 방송하도록 하고 있음에 반해, 지역구국회의원선거에 있어서는 지상파방송사업자나 종합유선방송사업자의 방송시설을 이용해서도 중계를 할 수 있도록 함으로써 비례대표국회의원선거가 전국을 단위로 하는 선거라는 점을 구별하여 반영하고 있다. 방송이나 신문 매체를 통한 위와 같은 선거운동방법은 정당이나 비례대표국회의원후보자가 가장 효율적으로 유권자에게 다가설 수 있게 하고, 유권자가 안방에서 편안하게 정당이나 후보자의 정책, 정치이념, 정치철학 등을 파악할 수 있게 할 것이다.

(c) 이상에서 본 바와 같이 비례대표국회의원선거에 있어서 공개장소에서의 연설이나 대담을 금지하고 있더라도 그 대신에 신문이나 방송을 통한 선거운동을 허용하고 있으므로 이러한 금지가 비례대표국회의원후보자나 그를 추천한 정당의 선거운동의 자유를 침해하는 것이라고 볼 수 없다.

14. 在外國民에 대한 選擧權行使 不能規定은 違憲이다[1)]

국민주권의 원리와 선거를 통한 국민의 참여를 위하여 헌법 제24조는 모든 국민에게 법률이 정하는 바에 의하여 선거권을 보장하고 있고, 헌법 제11조는 정치적 생활영역에서의 평등권을 규정하고 있으며, 또한 헌법 제41조 제 1 항 및 제67조 제 1 항은 국회의원선거와 대통령선거에 있어서 보통·평등·직접·비밀선거의 원칙을 보장하고 있다. 헌법이 선거권과 선거원칙을 이같이 명문으로 보장하고 있는 것은 국민주권주의와 대의민주주의 하에서는 국민의 선거권 행사를 통해서만 국가와 국가권력의 구성과 창설이 비로소 가능해지고 국가와 국가권력의 민주적 정당성이 마련되기 때문이다(헌재 1999. 5. 27. 98 헌마 214, 헌재판례집 제11권 1집, 675, 697면).

이러한 국민의 선거권 행사는 국민주권의 현실적 행사수단으로서 한편으로는 국민의 의사를 국정에 반영할 수 있는 중요한 통로로서 기능하며, 다른 한편으로는 주기적 선거를 통하여 국가권력을 통제하는 수단으로서의 기능도 수행한다. 국회의원과 대통령에 대한 선거권(이하 이를 편의상 '국정선거권'이라 한다)을 비롯한 국민의 참정권이 국민주권의 원칙을 실현하기 위한 가장 기본적이고 필수적인 권리로서 다른 기본권에 대하여 우월한 지위를 갖는 것(헌재 1989. 9. 8. 88 헌가 6, 헌재판례집 1, 199, 207면 참조)으로 평가되는 것도 바로 그러한 이유 때문이다.

헌법 제24조는 모든 국민은 '법률이 정하는 바에 의하여' 선거권을 가진다고 규정함으로써 법률유보의 형식을 취하고 있지만, 이것은 국민의 선거권이 '법률이 정하는 바에 따라서만 인정될 수 있다'는 포괄적인 입법권의 유보하에 있음을 의미하는 것이 아니다. 국민의 기본권을 법률에 의하여 구체화하라는 뜻이며 선거권을 법률을 통해 구체적으로 실현하라는 의미이다.

이러한 법률유보는 선거권을 실현하고 보장하기 위한 것이지 제한하기 위한 것이 아니므로, 선거권의 내용과 절차를 법률로 규정하는 경우에도 국민주권을 선언하고 있는 헌법 제1조, 평등권에 관한 헌법 제11조, 국회의원선거와 대통령선거에 있어서 보통·평등·직접·비밀선거를 보장하는 헌법 제41조 및 제67조의 취지에 부합하도록 하여야 한다. 그리고 민주주의 국가에서 국민주권과 대의제 민주주의의 실현수단으로서 선거권이 갖는 이 같은 중요성으로 인해 한편으로 입법자는 선거권을 최대한 보장하는 방향으로 입법을 하여야 하며, 또 다른 한편에서 선거권을 제한하는 법률의 합헌성을 심사하는 경우에는 그 심사의 강도도 엄격하여야 하는 것이다.

따라서 선거권을 제한하는 입법은 위 헌법 제24조에 의해서 곧바로 정당화될 수는 없고, 헌법 제37조 제 2 항의 규정에 따라 국가안전보장·질서유지 또는 공공복리를 위하여 필요하고 불가피한 예외적인 경우에만 그 제한이 정당화될 수 있으며, 그 경우에도 선거권의 본질적인 내용을 침해할 수 없다.

더욱이 보통선거의 원칙은 선거권자의 능력, 재산, 사회적 지위 등의 실질적인 요소를 배제하고 성년자이면 누구라도 당연히 선거권을 갖는 것을 요구하므로 보통선거의 원칙에 반하는 선거권 제한의 입법을 하기 위해서는 헌법 제37조 제 2 항의 규정에 따른 한계가 한층 엄격히 지켜져야 한다(헌재 1999. 1. 28. 97 헌마 253 등, 헌재판례집 제11권 1집, 54, 60면 참조).

(a) 법 제37조 제 1 항의 위헌 여부

① 법 제37조 제 1 항의 의미　　법 제37조 제 1 항은 선거인명부 작성책임자로 하여금 선거를 실시할 때마다 선거인명부작성기준일로부터 일정기간 내에 그 관할 구역 안에 주민등록이 되어 있는 선거권자를 조사하여 선거인명부를 작성하도록 의무지우고 있다. 이 규정에

1) 헌재 2007. 6. 28 선고, 2004 헌마 644, 2005 헌마 360(병합), 헌재판례집 제19권 1집, 859면 이하.

의해 국내에 '주민등록이 되어 있지 않은 자'는 법 제15조 제 1 항이 부여하고 있는 국정선거권을 행사할 수 없게 되므로, 이 규정은 외형상 선거절차에 관한 규율의 형태를 취하고 있지만 실질적으로는 주민등록이 되어 있지 않은 자의 국정선거권행사를 불가능하게 하는 법적 효과를 발휘하고 있다.

이 사건 청구인들 중 외국의 영주권을 취득하고 국내에 거주하고 있지 않은 재외국민은 국내에 주민등록이 되어 있지 않으므로 법 제37조 제 1 항에 따라 국정선거권을 행사할 수 없게 된다. 한편 청구인들 중 재외국민으로서 국내에 거주하고 있는 자들의 경우에도, 주민등록법 제 6 조 제 3 항이 해외이주를 포기한 후가 아니면 주민등록을 할 수 없도록 하고 있으므로 해외이주를 포기하지 않는 한 국외거주 재외국민과 마찬가지로 국정선거권을 행사할 수 없게 된다. 결국 법 제37조 제 1 항은 해외이주의 포기의사를 밝힘으로써 주민등록이 가능해진 국내거주 재외국민을 제외한 모든 재외국민에 대해 전면적, 획일적으로 국정선거권의 행사를 불가능하게 하고 있는 규정이다.

나아가 법 제37조 제 1 항은 아직 영주권을 취득하지 않은 상태에 있는 해외이주목적의 해외장기체류자 또는 해외이주목적 없는 해외장기체류자 및 단기해외체류자(예컨대 유학생, 상사주재원, 외교관 등)로서 주민등록이 말소된(주민등록법 제17조의2, 제10조 참조) 자들에 대해서는, 이들이 국내에 체류하는지 여부와는 무관하게, 국정선거권을 박탈하고 있다.

② 법 제37조 제 1 항의 위헌 여부(종전 헌법재판소 결정의 재검토) 법 제37조 제 1 항에 대해서는 다양한 논거가 합헌의 근거로 제시된 바 있고 헌법재판소는 1999. 1. 28. 선고 97 헌마 253 등 결정에서 그러한 논거들에 기초하여 법 제37조 제 1 항과 동일한 내용을 규정하고 있던 구 '공직선거 및 선거부정방지법' 제37조 제 1 항(1994. 12. 22. 법률 제4796호로 개정되고, 2002. 3. 7. 법률 제6663호로 개정되기 전의 것)을 합헌으로 판단한 바 있다. 하지만 위 결정에 대해서는, 그간의 정보기술의 발달, 경제규모의 성장과 국제화로 인한 재외국민의 증가, 공직선거의 자유와 공정에 대한 국민의식의 성장, 그리고 법리적 관점의 변경 필요성 등을 고려할 때 다음과 같이 재검토가 필요하다.

첫째, 북한주민이나 조총련계 재일동포가 선거에 영향을 미칠 위험성이 있다는 것이 재외국민의 선거권 행사를 부정하는 근거가 되기는 어렵다.

그 이유는 설사 재외국민에게 선거권 행사를 인정할 경우라도, 남북한의 대치상태가 종식되지 않고 있는 우리의 특수한 상황하에서는, 북한주민이나 조총련계 재일동포의 선거권 행사에 대한 제한은 어느 정도 허용될 수 있을 것으로 보기 때문이다. 한편 북한주민이나 조총련계 재일동포가 신분을 위장하여 선거권을 행사할 위험성도 존재한다고 하지만 현행 재외국민등록법에 의한 재외국민등록제도 및 현행 '재외동포의 출입국과 법적 지위에 관한 법률'에 의한 재외국민 국내거소신고제도를 활용하여 그러한 위험성을 예방하는 것이 선거기술상 불가능한 것은 아니다. 또한 북한주민이나 조총련계 재일동포가 아닌 재외국민의 경우에는 북한주민이나 조총련계 재일동포와는 달리 우리 나라 여권을 소지하고 있으므로 양자의 구분이 가능하다. 따라서 북한주민이나 조총련계 재일동포가 선거에 영향을 미칠지도 모른다는 막연하고 추상적인 위험성만으로 재외국민의 선거권 행사를 전면적으로 부정하는 것을 정당화할 수는 없다.

둘째, 재외국민 모두에게 선거권 행사를 인정한다면, 근소한 표 차이로 당락이 결정되는 경우에는 재외국민이 결정권(casting vote)을 행사하게 될 위험성이 있으므로 재외국민의 선거권 행사를 제한해야 한다는 주장도 있는데, 이는 보통선거의원칙에 반하는 주장이다.

보통선거의 원칙은 선거권자의 능력, 재산, 사회적 지위 등의 실질적인 요소를 배제하고 일정 연령에 도달한 국민이면 누구라도 당연히 선거권을 가진다는 원칙으로, 일정 연령에 도달한 국민인 이상 누구든지 선거의 결과에 영향을 미칠 수 있고, 또 영향을 미칠 수 있어야 한다는 것은 보통선거원칙의 이념적 전제인 동시에 필연적 귀결이다. 따라서 선거의 결과에 영향을 미칠 수 있으므로 선거권을 행사할 수 없도록 해야 한다는 주장은 보통선거원칙에 어긋나는 부적절한 주장이다.

셋째, 외국 영주권자를 포함한 재외국민에게 전면적으로 국정선거권 행사를 인정할 경우 선거의 공정성 확보가 어렵다는 점, 예컨대 투표용지의 분실이나 교체가능성, 부정한 선거운동비용의 지출, 2중투표나 대리투표의 가능성, 선거권자의 의사의 왜곡, 금품매수 현상 등 현지에서의 선거과정이 불공정하게 진행될 가능성을 배제할 수 없다는 우려도 재외국민에게 선거권 행사를 전면적으로 배제하는 정당한 논거가 되기 곤란하다.

선거의 공정성을 확보하는 것은 일차적으로 국가의 과제이므로 이를 선거권자의 책임으로 돌리는 것은 타당치 못하며, 선거의 공정성에 대한 우려가 있다는 이유로 민주국가의 기능적 전제인 선거권 행사를 특정 국민들에 대해 부정할 수는 없다. 외국에서의 선거관리가 국내에서와 비교할 때 더 어려우리라는 것은 짐작할 수 있지만, 그렇다고 선거권 행사를 전면 부정해야 할 만큼 선거의 공정성 확보가 불가능할 정도라고 볼 수는 없다. 예상되는 부정선거가능성은 해외에서 이루어지는 선거운동방법의 적절한 제한, 투표자 본인의 신분확인방법의 도입, 선거운동비용 지출에 대한 사전 사후의 관리 등 필요한 조치를 통하여 차단하는 방법이 있으며, 법원의 재판 등을 통한 사후적 통제도 가능하다. 또한 과거에 비하여 오늘날 우리 국민들의 선거문화는 선거의 공정성과 투명성에 대하여 타율적 규제가 줄어도 될 만큼 성숙하였다고 볼 것이다.

넷째, 선거기술상의 어려움, 예컨대 선거운동기간 내에 외국에 있는 모든 국민에게 선거의 실시와 후보자를 홍보하고, 선거운동을 하며, 투표용지를 발송하여 기표된 용지를 회수하는 등 각종 실무상 어려움이 있다는 것도 재외국민의 선거권 행사를 전면 배제할만한 정당한 이유가 될 수 없다.

선거운동기간을 어느 정도 늘이는 방안으로 그러한 어려움을 줄일 수 있고, 후보자홍보의 경우 정보통신기술이 세계적인 규모로 발달하고 있는 오늘날의 상황에서 재외국민에게 후보자 개인에 관한 정보를 적정하게 전달하는 것이 현저히 곤란하다고 할 수 없으며, 재외국민의 입장에서도 인터넷 등을 통해 후보자의 정보에 대한 접근이 용이해지고 있다. 나아가 오늘날의 선거가 인물투표로서의 성격보다 정당투표로서의 성격을 강하게 가지는 경향을 보이고 있다는 점, 선거운동의 경우 재외국민을 상대로 한 선거운동이 선거운동기간의 전 기간에 걸쳐 국내에서와 같은 정도로 이루어지지 못하더라도 이는 선거권자인 재외국민의 입장에서 감수해야 할 사정이라는 점, 투표용지 발송과 기표용지 회수의 경우에도 현지인쇄 등 대안이 없다 할 수 없고 기표용지 회수 및 개표는 시기적으로 선거 이후 상당한 시간이 지난 후에도 가능한 점 등에 비추어 볼 때, 선거기술상의 어려움 역시 재외국민의 선거권 행사를 전면적으로 박탈하기 위한 합당한 사유라 보기 어렵다.

다섯째, 재외국민의 선거권을 인정할 경우, 우선 우편제도가 발달한 일부 국가에 거주하는 재외국민에 대해서만 선거권 행사를 인정하게 되면 그렇지 못한 국가에 거주하는 재외국민과의 사이에서 또 다른 평등의 문제가 야기될 것으로 볼 수도 있다.

그러나 우편제도를 제대로 못 갖춘 일부 국가에 거주하는 재외국민이 당분간 선거권을 행사할 수 없게 되더라도 이는 애초부터 차별적 목적이 있었던 것이 아닌 사실상의 결과일 뿐이므로 그러한 사유 때문에 재외국민 전부에 대해 선거권 행사를 부정할 수는 없다. 헌법상 평등의 원칙은 국가가 언제 어디에서 어떤 계층을 대상으로 하여 제도의 개선을 시작할 것인지를 선택하는 것을 방해하지 않으며, 국가는 합리적인 기준에 따라 능력이 허용하는 범위 내에서 법적 가치의 상향적 구현을 위한 제도의 단계적 개선을 추진할 수 있으므로(헌재 1991. 2. 11. 90 헌가 27, 헌재판례집 3, 11, 25 참조), 가능한 지역에서 먼저 재외국민의 투표를 실시한다고 하여 평등원칙에 대한 침해가 문제될 여지는 없다.

여섯째, 선거권이 국가에 대한 납세, 병역의무와 결부되기 때문에 이와 같은 의무이행을 하지 아니하는 재외국민에게 선거권 행사를 허용하기 곤란하다는 주장도 다시 생각해 봐야 한다.

헌법 제 1 조 제 2 항은 "대한민국의 주권은 국민에게 있고, 모든 권력은 국민으로부터 나온다"라고 규정할 뿐 주권자인 국민의 지위를 국민의 의무를 전제로 인정하고 있지는 않다. 역사적으로 납세 및 국방의 의무이행을 선거권 부여의 조건으로 하고 있었는지의 여부는 별론으로 하고, 현행 헌법의 다른 규정들도 국민의 기본권 행사를 납세나 국방의 의무 이행에 대한 반대급부로 예정하고 있지 않다.

특히 이 사건 재외국민들은 '이중과세 방지협정'에서 정한 바에 따라 납세의무가 면제되는 것일 뿐이므로 재외국민이 국가에 대한 납세의무를 다하지 않고 있다고 볼 수도 없으며, 병역의무의 경우에도 재외국민에게 병역의무 이행의 길이 열려 있는 점, 이 사건 청구인들 중에는 이미 국내에서 병역의무를 필한 사람도 있는 점, 오늘날 넓은 의미의 국방은 재외국민의 애국심과 협력에 의존하는 바도 적지 않다는 점, 현재 병역의무가 남자에게만 부여되고 있다는 점 등을 감안하면 선거권과 병역의무 간에 필연적 견련관계를 인정하기 어렵다.

끝으로, 재외국민도 엄연히 대한민국의 국민으로서 국가기관의 구성에 참여할 헌법적 권리가 인정되어야 한다는 점에서, 뿐만 아니라 나날이 심화되고 있는 국제화, 지구촌화 시대의 국민통합은 재외국민의 의사 역시 대한국민의 의사의 한 부분으로 편입될 것을 요구하고 있다는 점에서 재외국민의 선거권 행사를 전면적으로 박탈하는 법 제37조 제 1 항은 헌법적 정당성을 발견하기 어렵다.

③ 판 단 국민이면 누구나 그가 어디에 거주하든지간에 주권자로서 평등한 선거권을 향유하여야 하고, 국가는 국민의 이러한 평등한 선거권의 실현을 위해 최대한의 노력을 기울여야 할 의무를 진다는 것은 국민주권과 민주주의의 원리에 따른 헌법적 요청이다. 입법자는 국민의 선거권 행사를 제한함에 있어서 주권자로서의 국민이 갖는 선거권의 의의를 최대한 존중하여야만 하고, 선거권 행사를 제한하는 법률이 헌법 제37조 제 2 항의 과잉금지원칙을 준수하고 있는지 여부를 심사함에 있어서는 특별히 엄격한 심사가 행해져야 한다.

따라서 선거권의 제한은 그 제한을 불가피하게 요청하는 개별적, 구체적 사유가 존재함이 명백할 경우에만 정당화될 수 있으며, 막연하고 추상적 위험이라든지 국가의 노력에 의해 극복될 수 있는 기술상의 어려움이나 장애 등의 사유로는 그 제한이 정당화될 수 없다.

그런데 법 제37조 제 1 항은 단지 주민등록이 되어 있는지 여부에 따라 선거인명부에 오를 자격을 결정하여 그에 따라 선거권 행사 여부가 결정되도록 함으로써, 엄연히 대한민국의 국민임에도 불구하고 주민등록법상 주민등록을 할 수 없는 재외국민의 선거권 행사를 전면적으로 부정하고 있는바, 그와 같은 재외국민의 선거권 행사에 대한 전면적인 부정에 관해서는 위에서 살펴본 바와 같이 어떠한 정당한 목적도 찾기 어렵다.

그러므로 법 제37조 제 1 항은 헌법 제37조 제 2 항에 위반하여 재외국민의 선거권과 평등권을 침해하고 헌법 제41조 제1항 및 제67조 제1항이 규정한 보통선거원칙에도 위반된다.

(b) 법 제38조 제1항의 위헌 여부

① 법 제37조 제1항과의 관계 법 제38조 제1항은 선거인명부에 오를 자격이 있는 국내거주자에 대해서만 부재자신고를 허용하고 있다. 따라서 법 제37조 제1항이 위헌으로 선언됨으로써 이 사건 청구인들이 선거인명부에 오를 자격을 갖추게 되더라도 법 제38조 제1항으로 인해 이 사건 청구인들 중 국외거주자에 해당하는 경우에는 부재자신고를 할 수 없어 여전히 국정선거권을 행사할 수 없게 된다. 즉 법 제37조 제1항은 주민등록을 할 수 없는 재외국민에 대해 선거인명부에 오를 수 있는 자격 자체를 박탈하고 있는 것임에 비해, 법 제38조 제1항은 선거권 행사를 위한 요건으로서 국내거주 요건을 추가함으로써 실질적으로는 국외거주자의 선거권 행사를 불가능하게 하는 규정이다. 따라서 법 제38조 제1항은 법 제37조 제1항과 결합하여 중첩적으로 국외거주 재외국민의 선거권 행사를 부인하는 규정이다.

한편 재외국민이 아니고 현행법상 주민등록이 되어 있는 국민이더라도, 국외여행자는 물론 재외공관원, 상사주재원, 유학생 등 단기 해외체류자로서 국내에 주민등록이 말소되지 않고 있는 국민은 법 제38조 제1항으로 인해 선거당일까지 국내에 귀국하지 않으면 선거권을 행사할 수 없게 된다.

② 법 제38조 제1항의 위헌 여부(종전 헌법재판소 결정의 재검토) 헌법재판소는 1999. 3. 25. 선고 97 헌마 99 결정에서, 법 제38조 제1항과 동일한 내용을 규정하고 있던 구 '공직선거 및 선거부정방지법' 제38조 제1항(2004. 3. 12. 법률 제7189호로 개정되기 전의 것)이 헌법에 위반되지 않는 것으로 판단한바 있으나, 앞에서 본 법 제37조 제1항에 대한 판단과 마찬가지의 관점에서 위 결정의 내용을 재검토할 필요성이 있다.

첫째, 선거기술상의 이유와 선거의 공정성에 대한 우려는 국외거주 재외국민에게 선거권 행사를 허용할 경우에 동일하게 발생하는 문제로서, 그와 같은 논거들이 타당하지 않음은 앞에서 검토한 바와 같다.

둘째, 선거기간의 연장에 따른 후보자들의 선거비용증가 및 국가적 부담증가를 우려하여 선거권 행사를 제한할 수 있다는 논거 역시 부적절한 측면이 있다.

중앙선거관리위원회가 간행한 '국외부재자투표 도입방안 연구'에서는 국외선거운동비용을 선거비용제한액에 포함시키지 않도록 하는 방안을 제시하고 있으며, 국외부재자에 대한 일부 선거운동(방송광고, 방송연설 중계 및 예비후보자 홍보물 우편발송 등)이 허용되는 경우에 선거비용이 발생할 수는 있으나, 이는 국내에서 그 비용이 발생하는 것이어서 선거비용에 대한 관리가 가능하다고 본다. 그리고 일정한 정도 비용부담의 증가가 예상되더라도 우리 나라의 경제력으로 감당할 수 없을 정도라고 볼 수 없으며, 그러한 선거비용의 부담 우려만으로 민주국가에서 가장 근본적이고도 중요한 국민의 선거권 행사를 제한하는 것은 더 이상 타당성을 인정하기 어렵다.

더욱이 우리 선거법 역사를 뒤돌아보면 1960년대와 1970년대 초에 이미 국회의원 및 대통령 선거에서 해외체류 재외국민의 부재자투표를 허용하였던 경험이 있다. 이러한 경험을 바탕으로 현재 재외국민의 선거권을 인정하고 있는 선진 국가들의 다양한 사례를 참조하면 재외국민의 부재자투표제도를 도입하는 것이 불가능하지는 않다고 판단된다.

셋째, 자발적으로 출국한 자에 대해서는 선거권을 보장해 주지 않는다 해도 부당할 것이 없다는 주장이 있으나 이 또한 타당하지 아니하다.

직업이나 학문 등의 사유로 자진 출국한 자들이 선거권을 행사하려고 하면 반드시 귀국해야 하고 귀국하지 않으면 선거권 행사를 못하도록 하는 것은 헌법이 보장하는 해외체류자의 국외 거주·이전의 자유, 직업의 자유, 공무담임권, 학문의 자유 등의 기본권을 희생하도록 강요한다는 점에서 부적절하다. 나아가 오늘날 점점 가속화되고 있는 국제화시대에 해외로 이주하여 살 가능성이 높아지고 있는 상황에서, 그것이 자발적 계기에 의해 이루어졌다는 이유만으로 국민이면 누구나 향유해야 할 가장 기본적인 권리인 선거권의 행사가 부인되는 것은 타당성을 갖기 어렵다.

넷째, 재외공관원이나 상사주재원, 유학생 등과 같이 국내에 이미 주민등록이 되어 있는 단기해외체류자들에 대해서는, 법 제38조 제 1 항이 단지 선거권 행사에 대한 편의제공 여부에 관한 규정에 불과하고, 선거권의 제한 여부와는 직접 관련이 없는 조항으로 보는 것도 잘못이다.

많은 여행비용을 들이면서 스스로 귀국하여 투표당일에 투표를 하고 다시 출국할 것을 요구하는 것은 사실상 불가능을 강요하는 것으로서 실질적으로는 그들의 선거권을 부정하는 것과 같은 효과를 지니기 때문이다.

[판　　단]

이상에서 살핀 바와 같이, 선거인명부에 오를 자격이 있는 국내거주자에 대해서만 부재자 신고를 허용함으로써 재외국민과 단기해외체류자 등 국외거주자 전부에 대해 국정선거권의 행사 가능성을 부인하고 있는 법 제38조 제 1 항은 정당한 입법목적을 갖추지 못하여 헌법 제37조 제 2 항에 위반하여 국외거주자의 선거권과 평등권을 침해하고 보통선거원칙에도 위반된다.

제 3 절　行政秩序

Ⅰ. 法治主義

1. 法治主義의 意義와 要素

법치주의란 국가가 국민의 자유와 권리를 제한하든가, 국민에게 새로운 의무를 부과하려 할 때에는 국민의 의사를 대표하는 국회가 제정한 법률에 의하거나 법률에 근거가 있어야 한다는 것을 말한다.[1] 또 법률은 국민만이 아니고 국가권력의 담당자도 규율한다

---

1) Kuing, Das Rechtsstaatsprinzip, 1986; Schmidt-Aßmann, Der Rechtsstaat in: Handbuch des Staatsrechts Ⅱ, 2004, §26; Sobota, Das Prinzip Rechtsstaat, 1997; Gilles, Rechtstaat und Justizstaat in der Krise zur gegenwärtigen Misere hochentwickelter Rechts- und Justizsystem am Beispiel Deutschland, 서강법학연구 3, 2001, 341～362면(정선주역, 363～380면); Forsthoff, Rechtstaat im Wandel 2. Aufl., 1976; Pieroth, Rückwirkung und Übergangsrecht, 1981; Stern, Das rechtsstaatliche Prinzip, StR Ⅰ, 1984, §20; Starck, Theorie des Rechtsstaates, 1970; 김상겸, 법치국가와 정의, 헌법학연구 6. 1, 2000, 97～129면; 김상겸, 법치국가의 실현가능성에 관한 고찰, 공법연구 28. 4(2), 2000, 131～150면; 杉村正敏, 法の支配と行政法; 元山健, 法治主義と法の支配, 憲法學の基礎概念 I, 245～258면; 鵜飼信成, 法治國家と法の支配, 法と政治, 151～161면; 伊藤正己, 法の支配, 1956; 手島孝, 現代行政國家論 등 참조.

는 원리를 말한다.[1] 이것은 국가권력에 대하여 국민의 자유와 권리를 보장하려는 것을 이념으로 하는 것으로서, 이와 같은 합리적 지배의 원리를 실현하기 위하여서는 먼저 법의 제정이 의회에 의하여 이루어져야 한다는 것을 전제로 한다. 그리고 이 법은 독립된 법원에 의하여 그 법에 따라서 적용되어야 하며, 행정은 소정의 법에 근거하여 집행되어야(소위 법률에 의한 행정) 함이 요구된다. 말하자면 권력분립주의가 법치주의의 기초를 이루고 있으며, 국민의 자유권을 보장하기 위한 자유주의적 원리가 법치주의의 내용을 이루게 되는 것이라고 하겠다.

C. Schmitt에 따르면 현대헌법의 법치주의원리는 분배원리(Verteilungsprinzip)와 조직원리(Organisationsprinzip)로 나누어지는데, 분배원리는 개인의 기본권의 보장에, 조직원리는 권력분립원리에 각각 표현되어 있다고 한다.

법치주의의 요소는 i) 기본권의 보장, ii) 권력의 분리와 분할, iii) 형식적 법률의 개념, iv) 집행의 법률 적합성, v) 국가권력행사의 예측가능성, vi) 사법적 권리보장을 들 수 있고, 기타 입헌주의를 법치주의의 전제조건의 하나로 보고, vii) 성문헌법의 존재와 헌법의 민주적인 형성을 법치주의의 요소로 보거나, viii) 입법의 헌법에 대한 구속과 위임입법의 제한 등을 더 들 수도 있을 것이다.[2] 법치주의는 사전에 입법함으로써 행정의 내용을 인식할 수 있게 함으로써 법적 예견성·예측가능성을 가지게 하고 법적 안정성을 도모하려는 것이다. 또 적법절차의 요청이 나오고 있다.

법치주의는 독일에서는 법치국가의 이론으로 전개되었는데, 오늘날의 법치국가는 법기술적인 수단보다는 기본권의 실질적인 보장을 의미하는 실질적 법치국가로 전환하게 되었다.[3]

오늘날 헌법상에 법치국가 내지 법치주의를 명문으로 선언한 나라는 그리 많지 않으나(독일 Art. 20 · Art. 28, Poland Art. 4, Bayern Art. 3 등),[4] 헌법상에 명시되어 있지 않더라도 법치주의의 원칙은 인정되고 있다.

---

1) 헌재 2007. 6. 28 선고, 2004 헌마 644, 2005 헌마 360(병합), 헌재판례집 제19권 1집, 859면 이하.

2) 상세한 것은 김철수, 비교헌법론(상), 275～291면; 김철수, 법과 정치, 28면 이하 참조.

3) 법치국가의 요소로서 입헌주의를 포함하는 견해가 있다. 이에 따르면 법치국가의 요소로서 ① 헌법의 존재, ② 인간의 존엄과 자유와 평등의 보장, ③ 권력분립과 권력통제, ④ 사법적 권리보장, ⑤ 보상체제의 완비, ⑥ 과잉금지 등을 들고 있다(Stern, a.a.O., Bd. I, 2. Aufl., S. 784).

4) Böckenförde는 법치국가의 조직원리로서 ① 기본적시민권의 승인 ② 법적 평등 ③ 법관의 독립 ④ 책임정치 ⑤ 법률의 지배 ⑥ 국민대표기관의 존재 등을 들고 있다(Böckenförde, Entstehung und Wandel des Rechtsstaatsbegriffs, 1969).

Katz는 법치국가의 요소로서 ① 권력분립주의 ② 국가행위의 합법률성의 원칙 ③ 개인적 기본권의 보장 ④ 명확성, 법적 안정성 신뢰보호의 명제 ⑤ 비례성의 원칙(과잉금지) ⑥ 독립된 법원에 의한 권리보호 ⑦ 사회국가의 구성요소를 들고 있다(Katz, Staatsrecht, 16. Aufl., S. 88 ff.).

2. 法治主義의 歷史的 展開

(1) 영국에 있어서의 법의 지배 독일공법에 있어서는 「법률의 지배」(Herrschaft des Gesetzes)가 법치주의라고 말할 수 있다면 영미법에 있어서는 「법의 지배」(Rule of Law)가 그에 상응하는 개념이라고 할 수 있는데, 「법률의 지배」와 「법의 지배」는 완전히 일치하는 개념은 아니다. 영국에서 법의 지배이론은 Dicey의 이론이 대표적이라고 간주되고 있는데, 그에 의하면 법의 지배는 「영국헌법 아래서 개인의 권리에 부여된 보장」이라고 하면서 세 가지 원칙을 제시하고 있다. 첫째로는 전제권력의 불인정과 그에 대신하는 일반법의 절대적 우월이며, 둘째로는 법 앞의 평등으로서 이는 국가나 그의 관리에 대한 시민의 소송은 특별재판소로서의 행정재판소가 아닌 보통재판소의 심리를 받는다는 것이며, 셋째로는 영국의 헌법은 개인의 권리의 원천이 아니고 그 결과이며 이들 권리는 법원이 그 내용이나 범위를 규정하고 이를 집행하는 것이라 한다.[1] 그러나 Dicey의 이론은 오늘날 여러 사람에 의하여 비판되고 있으며, 특히 자유국가에서 복지국가로의 추세라고 말하여지는 자본주의사회에 있어서의 국가기능의 변천, 따라서 이에 수반하여 생긴 행정기관의 권한의 확대에 의하여 오늘날 상당히 많은 수정이 가하여지고 있다. 오늘날의 법의 지배는 인신의 자유, 언론의 자유, 집회의 자유 등 기본적 인권의 존중의 요청을 그 본질이라고 하여 새로운 구체적 내용을 갖게 되었다. 그런데 미국에 있어서의 법의 지배는 성문경성헌법에 규정된 기본권의 보장을 중심으로 의회의 입법권에 대한 헌법의 우위가 위헌법률심사제에 의해 보장되고 있다는 점이 영국과는 다르다. 영국에서도 대법원제도를 도입하는 등 법의 지배의 보장을 강화하고 있다.[2]

(2) 미국에서의 법의 지배 영국과 달리 기본권의 천부인권성이 인정되었고 Marbury v. Madison사건에서 사법심사제를 쟁취함에 따라 사법부의 입법부에 대한 우위가 확보되었고 성문헌법에 의한 사법권의 독립이 보장되었고, 인권규정의 최고법규성에 따라 법의 지배가 확립되게 되었다. 사법부에 의한 인권개념의 확장에 따라 미국에서는 시민적 자유가 적극적으로 보호되게 되었고 privacy의 권리라든가 affirmative action 등에 따른 인권이 신장되고 있다. 미국에서는 사법권의 우위의 원칙에 따라 법의 지배가 잘 보장되고 있으며 사법권에 의한 인권보장과 헌법상 권력분립주의가 잘 보장되고 있다.[3]

(3) 독일의 형식적 법치국가론의 전개 Pufendorf · Kant · Fichte · Humboldt의 고전적 법치국가론에서 출발하여 19세기 후반에 확립된 형식적 법치국가론은 국가가 목적으로 하는 내용과 그것을 실현할 방법 또는 형식을 완전히 분리하여 국가의 목적은 인륜국(das sittliche Reich)이며 그것을 실현하는 방법이 곧 법치국이라고 함으로써 법치국가의 개념을 형식화한 것으로서, 형식적 법치국가는 군주의 전제권을 제한하기 위한 헌법질서에 근거하고 있었다. 「법치주의는 전혀 국가의 목적이나 내용을 의미하는 것이 아니며, 오히려 그것을 실현하기 위한 방법과 성격을 의미하는 데 불과하다」고 정의한 Stahl 이래로 법치주의는 국가의 목적

---

1) Dicey, An Introduction to Constitution(한역 안경환 · 김종철, 영국헌법론) 참조.

2) 특히 1998년의 인권법에 있어서 법률이 유럽 인권조약에 적합하지 않는다는 것을 법원이 선언할 수 있게 되었고 2005년의 헌법개혁법에 의하여 모두에서 법의 지배가 헌법상의 원칙임을 명문으로 확인하고 2009년부터는 대법원을 설치하는 등 귀족원 및 사법제도가 개혁되어 영국에서의 법의 지배는 대전환기를 맞고 있다.

3) 미국에서의 법의 지배에 대해서는 Tribe, American Constitutional Law, 1978; Chemerinsky, Constitutional Law: Principles and Policies, 1997; Stone/Seidman/Sunstein/Tushnet, Constitutional Law, 1996 등 헌법교과서 참조.

과 내용을 말하는 것이 아니라 법기술적인 수단이라고 생각되어 왔다. 이것은 법치주의이론의 대가 Gneist에서도 그러하였고, 현대에 와서도 C. Schmitt를 비롯하여 Forsthoff에 이르기까지 이 이론을 따르고 있다.

(4) 실질적 법치주의의 등장　Weimar헌법에 있어서의 형식적 법치주의, 형식적 법치국가는 일부의 민족적 법치국가론의 주장과 Nazis의 권력장악에 의하여 기본권 보장이라는 가치를 실현할 수 없게 되었다. Weimar공화국 말기에는 의회의 무력화로 인한 긴급명령과 포괄적 수권법 등으로 이른바 법치주의의 위기가 도래하였고, 급기야는 「독재는 외견상 합리적 수단으로 형성될 수 있었고 헌법상 보장된 형식적 법치국가의 제도 그 자체는 거의 침해할 필요가 없었다」. 결국 형식적 법치국가는 형식적 합법성의 원칙과 법률의 내용과는 관계없이 법률의 형식만 갖추면 된다는 법실증주의적 세계관에 의하여 불법국가가 되고 만 것이었다.

Weimar공화국의 이러한 경험을 살려 독일기본법은 법치국가의 체제를 확립하고 국민의 사회공동생활에 있어서의 인간적 가치를 보장하기 위하여 국가의 적극적인 사회정책의 실시를 촉구하는 새로운 사회적 법치국가를 규정하고 있다. 독일기본법에서는 행정·사법뿐 아니라 입법을 포함한 모든 국가권력은 기본권과 헌법질서와 법과 법률의 구속을 받으며, 따라서 위헌입법에 대해서는 헌법재판소에 의한 심사, 위헌·위법행정에 대해서는 행정재판소의 심사, 또 일반적인 국민의 기본권침해에 대해서는 사법적 구제가 규정되고 있다. 과거의 법치국가에서는 자유의 주체인 개인과 국가를 권력적인 대립관계로 파악하였으나, 사회적 법치국가에서는 이를 극복하고 양자의 융합에 의하여 권력적인 요인을 제거하려고 하였다. 이러한 정치국가는 당연히 입헌국가이어야 한다.

(5) 법의 지배론과 법치국가론의 융합

법의 지배론은 영미법적인 개념으로 사법형 질서형성모델이라고 말하여진다. 법원의 판례에 따른 판례법이 제정법보다도 더 구체성을 띠게 되고 행정도 국민도 법에 의하여 권한·권리를 인정하는 경향이 있었다. 법의 지배는 사후처리형의 법체계라고 할 수 있으며 자유로운 활동영역을 유지하게 할 수 있는 장점이 있었다. 법치국가원리는 행정형 질서형성모델이라고도 할 수 있다. 국가에 의한 질서형성관은 판례법주의보다는 제정법주의에 입각하고 있으며 법률에 의한 행정이 강조되었다. 법의 지배 및 법치국가원리모델은 각각 장점과 단점을 가지고 있으며 그 상호보완관계가 중시되어야 한다. 오늘날 판례법주의와 제정법주의, 사법형 질서형성과 행정형 질서형성, 법의 지배와 법치국가원리의 통합과 균형이 중시되고 있다.

우리나라에서는 영미법식인 법의 지배원리와 독일법식인 실질적 법치국가원리가 통합계수되고 있다. 법률도 민법이나 형법 등을 대륙법의 영향 하에 있으며 상법이나 지적재산권법 등은 영미법의 영향 하에 있다. 대법원의 위헌위법명령규칙심사제도는 미국식이고 헌법재판소의 위헌법률심사제도는 독일식이라고 하겠다. 우리 헌법은 법의 지배 또는 법치주의에 관한 규정을 두고 있지 않으나 헌법의 통치구조와 인권조항에서 이를 규정하고 있다. 예를 들면 적법절차규정 등이 있다.

3. 法治行政의 原則

입헌주의의 한 내용으로서 자유주의와 결합한 법치주의는 입법과 행정과의 관계에 있어서는 법치행정의 원칙으로 나타났는데, 법치행정의 원칙이란 행정권의 행사는 법률에 근거해서만 할 수 있고[1] 헌법과 법률에 위배된 행정처분의 효력은 법원에서 부인할 수 있는 것을 말한다.[2] O. Mayer는 법치행정의 내용으로서 i) 법률의 우위(Vorrang des Gesetzes), ii) 법률의 유보(Vorbehalt des Gesetzes), iii) 법률의 법규창조력(rechtssatzschaffende Kraft des Gesetzes)을 들고 있으며, Fleiner는 이 세 요소 외에 법적 평등을 들고 있었다. 그러나 이러한 이론은 형식적 법치주의의 개념에 얽매였던 것이라고 할 수 있다.

새로운 실질적 법치국가에 있어서는 행정의 형식적 합법성만으로는 충분하지 않고 행정은 실질적으로 그 내용에 있어서도 헌법과 법과 법률에 적합하여야만 한다.[3][4] 행정의 적헌법성과 적법성의 원칙은 i) 소극적 의의에 있어서의 적법성의 원칙으로서의 법의 우월성, ii) 이러한 원칙에서 나오는 행정행위의 예측가능성을 보장해 주는 법률의 규정, iii) 기본권을 침해할 경우의 법률의 근거와 법률의 유보, iv) 이러한 행정의 적법성의 보장으로서의 재판에 의한 행정작용의 법적 통제(협의의 법치행정의 원칙) 등의 여러 원리를 요청하고 있다.[5] 헌재는 체계정당성의 원리도 법치주의원리에서 도출된다고 한다.[6]

---

1) 전통적으로 자유확보를 위한 권력분산과 법률에 의한 통치의 원리는 고전적 법치주의라고 하며 권력분립주의를 필수적으로 하였다. 그러나 오늘날 행정권의 이상한 비대(행정국가화)와 정당의 개재에 의한 입법권과 행정권의 유착현상은 행정권에 대한 견제가 약화되게 되었다. 이에 효과적인 행정권에 대한 견제로서 사법권에 의한 행정권의 통제가 요구되고 있다. 고전적 법치주의도 전통적 권력분립제도에 입각하고 있었는데 행정권의 견제를 위한 실질적인 통제수단이 요구되고 있다. 권력분립제도의 변모가 행해지고 있다.

2) 법치행정에 관해서는 행정법 교과서 참조. 이 밖에도 Schneider, Gesetzgebung, 1982; Jesch, Gesetz und Verwaltung, 1961; Pitschas, Verwaltungsverantwortung und Verwaltungsverfahren, 1990; 杉原敏正, 法の支配と行政法, 1970; 現代行政と法の支配, 磯崎辰五郎 先生 喜壽紀念, 1979; 김해룡, 한국에서의 법치국가의 위기와 극복방안, 공법연구 25.6, 1998.6, 97～118면; Lerche, 법치국가의 기초이론, 허영 Lerche 논문선집 1996 등 참조.

3) 헌재는 우리 헌법이 법치국가이념에 입각하고 있다고 판시하고 있다. 「우리 헌법은 국가권력의 남용으로부터 국민의 기본권을 보호하려는 법치국가의 실현을 기본이념으로 하고 있다」(헌재 1992.4.28 선고, 90 헌바 24, 헌재판례집 제4권, 225면 이하(230면)). 법치주의의 요소로서 법적 안정성과 신뢰보호를 들고 있으며(헌재 1996.2.16 선고, 96 헌가 2 등, 헌재판례집 제8권 1집, 51면 이하(84면)). 또 일반적 명확성의 원칙을 들고 있다(헌재 2000.2.24 선고, 98 헌바 37, 헌재판례집 제12권 1집, 169면 이하 등).

4) 헌재 2008.5.29 선고, 2006 헌마 170, 공무원 보수규정 제5조 등 위헌확인, 헌재판례집 제20권 1집(하), 252면 이하. 김종대·목영준의 반대의견.

「우리 헌법은 국가권력의 남용으로부터 국민의 기본권을 보호하려는 법치국가의 실현을 기본이념으로 하고 있고, 근대 자유민주주의 헌법의 원리에 따라 국가의 기능을 입법·행정·사법으로 분립하여 상호간의 견제와 균형을 이루게 하는 권력분립 제도를 채택하고 있다(헌재 1992.4.28. 90 헌바 24, 헌재판례집 4, 225, 229～230).

따라서 행정과 사법은 법률에 기속되므로, 국회가 특정한 사항에 대하여 행정부에 위임하였음에도 불구하고 행정부가 정당한 이유 없이 이를 이행하지 않는다면 권력분립의 원칙과 법치국가 내지 법치행정의 원칙에 위배되는 것이다.

즉, 입법부가 법률로써 행정부에게 특정한 사항을 위임했음에도 불구하고 행정부(대통령)가 이러한 법적 의무를 이행하지 않는다면 이는 위법한 것인 동시에 위헌적인 것이 된다(헌재 2004.2.26. 2001 헌마 718, 헌재판례집 16-1, 313, 320)」.

5) 이에 관하여 상세한 것은 김철수, 비교헌법론(상), 283～284면 참조.

6) 체계정당성의 원리는 동일 규범 내에서 또는 상이한 규범간에 그 규범의 구조나 내용 또는 규범의 근거가 되는 원칙면에서 상호 배치되거나 모순되어서는 안 된다는 하나의 헌법적 요청이며, 국가공권력에 대한 통제와 이를 통한 국민의 자유와 권리의 보장을 이념으로 하는 법치주의원리로부터 도출되는데, 이

4. 우리 憲法上의 法治主義

우리 헌법은 제헌헌법에서 실질적인 법치주의를[1] 도입한 이래 비상조치법 등에 의한 일시적 후퇴도 있었지만 기본권보장·권력분립·사법적 권리보장 등을 채택하여 왔다.[2] 현행헌법에 있어서도 직접적으로 법치주의를 명시하고 있지는 않지만 헌법 전반에 걸쳐 그 이념을 선언하고 있는 규정들이 많다. 즉 인간의 존엄과 가치·행복추구권 및 기본적 인권의 보장을 규정한 제10조, 경제의 민주화를 규정한 제119조 2항, 인간다운 생활을 할 권리의 보장을 규정한 제34조, 국민의 자유와 권리는 반드시 법률로써만 제한할 수 있다는 제37조 2항·제11조 등에서 우리 헌법은 형식적 법치주의뿐 아니라 사회적 법치국가의 이념을 선언하고 있다. 우리 헌법재판소도 실질적 법치주의에 입각하고 있다.[3] 헌재는 법치주의의 내용의 하나로 법률의 유보를 들고 있으며 이는 이른바 의회유보에 속한다고 보고 있다.[4]

러한 체계정당성 위반은 비례의 원칙이나 평등의 원칙 등 일정한 헌법의 규정이나 원칙을 위반하여야만 비로소 위헌이 되며, 체계정당성의 위반을 정당화할 합리적인 사유의 존재에 대하여는 입법 재량이 인정된다(헌재 2005.6.30 선고, 2004 헌바 40, 2005 헌바 24(병합), 헌재판례집 제17권 1집, 946면 이하).

1) 「헌법의 기본원칙인 법치국가원리의 본질적 요소는 한마디로 표현하자면, 국가의 모든 작용은 '헌법'과 국민의 대표로써 구성된 의회의 '법률'에 의하여야 한다는 것과, 국가의 모든 권력행사는 행정에 대해서는 행정재판, 입법에 대해서는 헌법재판의 형태로써 사법적 통제의 대상이 된다는 것이다. 이에 따라, 입법자는 헌법의 구속을 받고, 법을 집행하고 적용하는 행정부와 법원은 헌법과 법률의 구속을 받는다. 따라서 행정부의 수반인 대통령은 헌법과 법률을 존중하고 준수할 헌법적 의무를 지고 있는 것이다」(헌재 2004.5.14 선고, 2004 헌나 1, 헌재판례집 제16권 1집, 609면 이하(646면)).

2) 「우리 헌법은 국가권력의 남용으로부터 국민의 자유와 권리를 보호하려는 법치국가의 실현을 기본이념으로 하고 있고, 자유민주주의 헌법의 원리에 따라 국가의 기능을 입법·행정·사법으로 분립하여 견제와 균형을 이루게 하는 권력분립제도를 채택하고 있어, 행정과 사법은 법률에 기속되므로, 국회가 특정한 사항에 대하여 행정부에 위임하였음에도 불구하고 행정부가 정당한 이유없이 이를 이행하지 않는다면 권력분립의 원칙과 법치국가의 원칙에 반한다」(헌재 2004.2.26 선고, 2001 헌마 718, 헌재판례집 제16권 1집, 313면 이하).

3) 예컨대 헌재 1992.2.25 선고, 90 헌가 69 등 병합, 헌재판례집 제 4 권, 114면 이하(121면) 참조.
「우리 헌법은 국가권력의 남용으로부터 국민의 기본권을 보호하려는 법치국가의 실현을 기본이념으로 하고 있고…실질적 법치국가의 실현이라는 이념도 포함되는 것이다. 이는 국회의 입법재량 내지 입법정책적 고려에 있어서도 국민의 자유와 권리의 제한은 필요한 최소한에 그쳐야 하며, 기본권의 본질적 내용을 침해하는 입법을 할 수 없는 것을 뜻한다」. 법치주의의 내용에 관해서는 헌재 1999.5.27 선고, 98 헌바 70, 헌재판례집 제11권 1집, 633면 이하 참조.

4) 헌법은 법치주의를 그 기본원리의 하나로 하고 있으며, 법치주의는 행정작용에 국회가 제정한 형식적 법률의 근거가 요청된다는 법률유보를 그 핵심적 내용의 하나로 하고 있다. 그런데 오늘날 법률유보원칙은 단순히 행정작용이 법률에 근거를 두기만 하면 충분한 것이 아니라, 국가공동체와 그 구성원에게 기본적이고도 중요한 의미를 갖는 영역, 특히 국민의 기본권실현에 관련된 영역에 있어서는 행정에 맡길 것이 아니라 국민의 대표자인 입법자 스스로 그 본질적 사항에 대하여 결정하여야 한다는 요구까지 내포하는 것으로 이해하여야 한다(이른바 의회유보원칙). 그리고 행정작용이 미치는 범위가 광범위하게 확산되고 있으며, 그 내용도 복잡·다양하게 전개되는 것이 현대행정의 양상임을 고려할 때, 형식상 법률상의 근거를 갖출 것을 요구하는 것만으로는 국가작용과 국민생활의 기본적이고도 중요한 요소마저 행정에 의하여 결정되는 결과를 초래하게 될 것인바, 이러한 결과는 국가의사의 근본적 결정권한이 국민의 대표기관인 의회에 있다고 하는 의회민주주의의 원리에 배치되는 것이라 할 것이다(헌재 1999.5.27 선고, 98 헌바 70, 헌재판례집 제11권 1집, 633면 이하).

(1) 헌법상의 법치주의원리의 구현　우리 헌법상 법치주의의 원리는 다음과 같이 보장되고 있다.[1) 2)]

1) 기본권 보장　우리 헌법은 국가적 안전과 양립될 수 있는 범위 내에서는 최대한으로 개인의 기본권을 보장하고 있다. 즉 헌법 제10조는「모든 국민은 인간으로서의 존엄과 가치를 가지며, 행복을 추구할 권리를 가진다. 국가는 개인이 가지는 불가침의 기본적 인권을 확인하고 이를 보장할 의무를 진다」라고 규정하고 있다. 또 제37조는「① 국민의 자유와 권리는 헌법에 열거되지 아니한 이유로 경시되지 아니한다. ② 국민의 모든 자유와 권리는 국가안전보장·질서유지 또는 공공복리를 위하여 필요한 경우에 한하여 법률로써 제한할 수 있으며, 제한하는 경우에도 자유와 권리의 본질적인 내용을 침해할 수 없다」라고 하여 법치주의를 단적으로 표현하고 있다.[3)] 또 죄형법정주의를 규정하고 있으며 명확성이 요구되고 있다.[4)]

---

1) 헌재 1999. 5. 27 선고, 98 헌바 70, 헌재판례집 제11권 1집, 633면 이하.

2) 우리 헌법상 입헌주의와 법치주의를 구별하지 않고 넓은 의미의 법치주의의 요소로 들고 있는 것은 학자에 따라 각기 다르다.

① 박일경 교수는 성문헌법주의, 기본권보장, 국민의 권리와 의무에 관한 사항의 법률에의 유보, 입법권의 국회에의 부여, 법률우위주의, 행정쟁송제도, 법령심사제, 헌법소원 등을 들고 있다(전게서, 150~151면).

② 구병삭 교수는 헌법이 최고법규라는 관념, 기본적 인권보장제도, 권력분립주의, 적법한 절차에 의한 법치주의 실현, 사법권의 보장, 포괄적 위임입법의 금지, 국가권력행사의 예측 가능성 보장, 의회민주제와 법의 지배 등을 들고 있다(전게서, 67~71면).

③ 권영성 교수는 성문헌법주의, 기본권과 적법절차의 보장, 권력분립의 확립, 위헌법률심사제의 채택, 포괄적 위임입법의 금지, 행정의 합법률성과 사법적 통제, 공권력행사의 예측가능성의 보장과 신뢰보호의 원칙 등을 들고 있다(전게서, 153~154면).

④ 계희열 교수는 i) 법치주의의 실질적 요소, ii) 법치주의의 형식적 요소로 나누고 있다. 실질적 요소로서는 ⓐ 인간의 존엄성, ⓑ 자유, ⓒ 평등을 들고 있고, 형식적 요소로서는 ⓐ 법의 최고성, ⓑ 기본권 보장, ⓒ 권력분립, ⓓ 행정의 합법률성, ⓔ 포괄적 위임입법의 금지, ⓕ 사법적 권리보장, ⓖ 법치주의와 국가긴급사태를 들고 있다(전게서, 311면 이하).

⑤ 성낙인 교수는 ⓐ 성문(경성)헌법, ⓑ 기본권과 실질적 적법절차의 보장, ⓒ 권력분립, ⓓ 사법적 권리보장, ⓔ 포괄적 위임입법의 금지, ⓕ 파생원칙인 신뢰보호의 원칙을 들고 있다(전게서, 155~158면).

⑥ 허영 교수는 ⓐ 기본권보장, ⓑ 권력분립제도, ⓒ 입법작용의 헌법 및 법기속, ⓓ 법치행정의 보장, ⓔ 효과적인 권리구제제도, ⓕ 신뢰의 보호 내지 소급효력의 금지 및 명확성의 원칙, ⓖ 과잉금지의 원칙(전게서 144~146면).

3)「우리 헌법은 국가권력의 남용으로부터 국민의 기본권을 보호하려는 법치국가의 실현을 기본이념으로 하고 있다(헌재 1992. 4. 28 선고, 90 헌바 24, 헌재판례집 제 4 권, 225면 이하(230면))」.

4) 우리는 이 사건 법률조항이 합헌이라고 하는 다수의견에 대하여 아래와 같은 이유로 반대한다.

우리 헌법은 국가권력의 남용으로부터 국민의 기본권을 보호하려는 법치국가의 실현을 기본이념으로 하고 있고, 법치국가의 개념은 범죄에 대한 법정형을 정함에 있어 죄질과 그에 따른 행위자의 책임 사이에 적절한 비례관계가 지켜질 것을 요구하는 실질적 법치국가의 이념을 포함하고 있다(헌재 1992. 4. 8. 90 헌바 24, 헌재판례집 4, 225, 230). 따라서, 어떤 행위를 범죄로 규정하여 어떠한 형벌을 과할 것인가 하는 데 대한 입법자의 입법형성권이 무제한으로 인정될 수는 없다. 즉 법정형의 종류와 범위를 정할 때는 형벌의 위협으로부터 인간의 존엄과 가치를 존중하고 보호하여야 한다는 헌법 제10조의 요구에 따라야 하고, 헌법 제37조 제 2 항이 규정하고 있는 과잉입법금지의 정신에 따라 형벌개별화의 원칙이 적용될 수 있는 범위의 법정형을 설정하여 실질적 법치국가의 원리를 구현하도록 하여야 하며, 형벌이 죄질과 책임에 상응하도록 적절한 비례성을 지켜야 한다.

이러한 요구는 특별형법의 경우도 마찬가지여서(헌재 1992. 4. 28. 90 헌바 24, 헌재판례집 4, 225, 230)

이 밖에도 제29조에서 공무원의 직무상 불법행위로 손해를 받은 국민은 국가 또는 공공단체에 대하여 정당한 배상을 청구할 수 있도록 하는 등 국민의 기본적 인권을 보장하고 있다.

2) 권력의 분립　　우리 헌법도 국민의 자유와 권리를 보장하기 위하여 권력분립의 원칙을 채택하고 있다. 즉 입법권을 국회에서 행하고(제40조), 행정권은 대통령을 수반으로 하는 정부에 속하며(제66조 4항), 사법권은 법원에 속하게 하고 있다(제101조). 이러한 권력분립제도는 억제와 균형의 원리에 입각하고 있는데, 오늘날에는 이에 대한 변용이 행해지고 있다. 포괄적 위임입법이 금지되고 있다.[1]

3) 사법적 권리보장　　우리 헌법은 사법권의 독립을 보장하여 사법에 의한 국민의 권리보장을 꾀하고 있다. 즉 명령·규칙 또는 처분이 헌법이나 법률에 위반되는 여부가 재판의 전제가 된 경우에는 법원에서 이를 심사하여 국민의 권리를 보장하고(제107조 2항), 행정재판에 대해서도 司法一元主義를 채택하여 일반법원에서 이를 심판하며, 군사재판은 군사법원에서 담당하나 대법원에 최종심으로서 상고할 수 있게 하여 인권보장에 이바지하고 있다(제110조 2항).

그리고 헌법재판소에 위헌법률심판권과 헌법소원심판권 등을 부여하고 있는데(제111조 1항), 헌법재판소는 헌법소원심판권을 통하여 국민의 기본권을 최종적으로 보장하게 되었다.

4) 법치행정의 원칙과 위임입법의 한계

(a) 입　　법　　그 외에도 법치행정의 원칙이 지배하고[2] 법적 안정성이 유지되고 행정권 행사의 예측가능성이 보장되고 있으며, 대통령의 행정은 법률에 따라야 하고[3]

그 입법취지에서 보아 중벌(重罰)주의로 대처할 필요성이 인정되는 경우라 하더라도 범죄의 실태와 죄질의 경중, 이에 대한 행위자의 책임, 처벌규정의 보호법익 및 형벌의 범죄예방효과 등에 비추어 전체 형벌체계상 지나치게 가혹한 것이어서, 그러한 유형의 범죄에 대한 형벌 본래의 기능과 목적을 달성함에 있어 필요한 정도를 현저히 일탈함으로써 입법재량권이 헌법규정이나 헌법상의 제 원리에 반하여 자의적으로 행사된 것으로 평가되는 경우에는, 이와 같은 법정형을 규정한 법률조항은 헌법에 반한다고 보아야 한다(헌재 2004. 12. 16. 2003 헌가 12, 헌재판례집 16-2 하, 446, 457 참조)(헌재 2006. 12. 28 선고, 2005 헌바 85, 성폭력범죄의 처벌 및 피해자보호 등에 관한 법률 제 5 조 위헌소원, 헌재판례집 제18권 2집, 621면 이하(632면))(재판관 주선회, 재판관 조대현의 반대의견).

1) 국민주권주의, 권력분립주의 및 법치주의를 기본원리로 하고 있는 우리 헌법 하에서 포괄적 위임입법은 금지된다(헌재 1995. 11. 30 선고, 94 헌바 40, 헌재판례집 제 7 권 2집, 616면 이하(634면)).

2) 한국에서도 법치행정의 원칙이 준수되고 있다. 주권은 국민에게 있으며 그 대표로 구성된 의회는 입법권을 가지고 법률을 제정한다. 법률에 근거하지 않은 행정입법은 존재할 수 없다. 만약에 그러한 행정입법이 있는 경우 사법심사의 결과 실효로 될 것이다. 국민의 권리·의무에 관계되는 권력적 행정은 모두 법률의 근거를 요하며 그 행사도 행정절차법에 따라 행해져야 하고 법률에 위반된 행정처분도 독립한 사법부에 의하여 취소 또는 변경된다. 그럼에도 불구하고 행정권의 침월(侵越)이 우려되고 있다.

3) 헌재는 대통령의 헌법준수의무를 법치국가 원리의 하나로 인정하고 있다. 「헌법 제66조 제 2 항 및 제69조에 규정된 대통령의 '헌법을 준수하고 수호해야 할 의무'는 헌법상 법치국가 원리가 대통령의 직무집행과 관련하여 구체화된 헌법적 표현이다. '헌법을 준수하고 수호해야 할 의무'가 이미 법치국가 원리에서 파생되는 지극히 당연한 것임에도, 헌법은 국가의 원수이자 행정부의 수반이라는 대통령의 막중한 지위를 감안하여 제66조 제 2 항 및 제69조에서 이를 다시 한번 강조하고 있다. 이러한 헌법의 정신에 의한다면, 대통령은 국민 모두에 대한 '법치와 준법의 상징적 존재'인 것이다」(헌재 2004. 5. 14 선고, 2004 헌나 1,

법률에서 구체적으로 범위를 정하여 위임받은 사항과 법률을 집행하기 위하여 필요한 사항에 한하여 명령을 발할 수 있도록 하여 포괄적 위임입법이 금지되고 있다(제75조).[1)] [2)]

(b) 판 례 헌재는 자기책임의 원리도 법치주의에 내포되는 헌법에 내재하는 원리로 보아야 한다고 한다.[3)] 또 헌재는 실질적 법치국가의 이념으로 범죄에 대한 법정형을 정함에 있어 죄질과 그에 따른 행위자의 책임 사이에 적절한 비례관계가 지켜질 것을 들고 있다.[4)]

또 헌재는 법치국가원리의 한 표현으로서 명확성의 원칙을 들고 있다.[5)] 명확성의 원

헌재판례집 제16권 1집, 609면 이하).

1) 헌재는 법치주의의 원칙에 포괄적 위임금지의 원칙이 포함되어 있다고 본다. 헌재 1995.7.21 선고, 94 헌마 125, 헌재판례집 제7권 2집, 155~156면.

「헌법은…일반적이고 포괄적인 위임입법은 허용되지 않는다는 것을 명백히 하고 있는데, 이는 국민주권주의, 권력분립주의 및 법치주의를 기본원리로 하고 있는 우리 헌법 하에서 국민의 헌법상 기본권 및 기본 의무와 관련된 중요한 사항 내지 본질적인 내용에 대한 정책형성기능은 원칙적으로 주권자인 국민에 의하여 선출된 대표자들로 구성되는 입법부가 담당하여 법률의 형식으로써 이를 수행하여야 하고, 이와 같이 입법화된 정책을 집행하거나 적용함을 임무로 하는 행정부나 사법부에 그 기능을 넘겨서는 안 되기 때문이다」.

입법을 위임할 경우에는 법률에 미리 대통령령으로 규정될 내용 및 범위의 기본사항을 구체적으로 규정하여 둠으로써 행정권에 의한 자의적인 법률의 해석과 집행을 방지하고 의회입법과 법치주의의 원칙을 달성하고자 하는 헌법 제75조의 입법취지에 비추어 볼 때, '구체적으로 범위를 정하여'라 함은 법률에 대통령령 등 하위법규에 규정될 내용 및 범위의 기본사항이 가능한 한 구체적이고도 명확하게 규정되어 있어서 누구라도 당해 법률 그 자체로부터 대통령령 등에 규정될 내용의 대강을 예측할 수 있어야 함을 의미한다고 할 것이고, 그 예측가능성의 유무는 당해 특정조항 하나만을 가지고 판단할 것은 아니고 관련 법조항 전체를 유기적·체계적으로 종합판단하여야 하며, 각 대상법률의 성질에 따라 구체적·개별적으로 검토하여야 한다(헌재 2005.4.28 선고, 2003 헌가 23, 헌재판례집 제17권 1집, 478면 이하).

2) 헌재 2007.4.26 선고, 2005 헌바 51, 헌재판례집 제19권 1집, 444면 이하.

「우리 헌법은 권력분립주의에 입각하여 국민의 권리와 의무에 관한 중요한 사항은 주권자인 국민에 의하여 선출된 대표자들로 구성되는 국회에 의하여 법률의 형식으로 결정되도록 하고 있다. 이러한 의회주의 내지 법치주의의 기본원리는 입법부가 그 입법의 권한을 행정부 내지 사법부에 위임하는 것을 금지함을 내포하고 있다.

그러나 현대국가에 있어서 국민의 권리·의무에 관한 것이라 하여 모든 사항을 국회에서 제정한 법률만으로 규정하는 것은 불가능한데 이는 행정영역이 복잡·다기하여 상황의 변화에 따라 다양한 방식으로 적절히 대처할 필요성이 요구되는 반면, 국회의 기술적·전문적 능력이나 시간적 적응능력에는 한계가 있기 때문이다(헌재 2002.6.27. 2000 헌가 10, 헌재판례집 14-1, 565, 569~570). 따라서 경제현실의 변화나 전문적 기술의 발달 등에 즉응하여야 하는 세부적인 사항에 관하여는 국회제정의 형식적 법률보다 더 탄력성이 있는 행정입법에 이를 위임할 필요가 있다.

하지만 법률의 위임은 반드시 구체적이고 개별적으로 한정된 사항에 대하여 행해져야 한다. 그렇지 아니하고 일반적이고 포괄적인 위임을 한다면 이는 사실상 입법권을 백지위임하는 것이나 다름없어 의회입법의 원칙이나 법치주의를 부인하는 것이 되고 행정권의 부당한 자의와 기본권 행사에 대한 무제한적 침해를 초래할 위험이 있기 때문이다」.

3) 헌재는 「자기책임의 원리를 민사법이나 형사법에 국한된 원리라기보다는 근대법의 기본이념으로서 헌법의 기본원리의 하나인 법치주의에 당연히 내재하는 원리로 보아야 하고 따라서 이는 헌법에 내재하는 하나의 헌법상 원칙이라고 할 것이다」고 하고 있다(헌재 2004.6.24 선고, 2002 헌가 27, 헌재판례집 제16권 1집, 706면 이하(714~715면); 헌재 2005.12.22 선고, 2005 헌마 19, 헌재판례집 제17권 2집, 785면 이하).

4) 헌재 2003.11.27 선고, 2002 헌바 24, 특정범죄가중처벌등에관한법률 제11조 제1항 위헌소원, 헌재판례집 제15권 2집(하), 242면 이하.

5) 법률의 명확성의 원칙은 법치주의와 신뢰보호의 원칙에서 비롯되는 것이며, 불명확한 법률이 무효가 되어야 하는 것은 그것이 수범자에 대하여 '공정한 경고'를 흠결하기 때문이다. 여기서의 수범자는 준법정신을 가진 사회의 평균적 일반인을 의미하는데, 준법정신을 가진 평균인은 애매한 법문을 자신이 해석할 수 없을 때 자신만의 판단에 의할 것이 아니라 법률전문가나 당해 법령에 보다 정통한 지식을 가진 사람 등의 의견이나 조언을 직접 간접적으로 듣거나 참조하여 자신의 행동 여부를 결정하게 된다. 특정의 금지규

칙[1])은 기본권을 제한하는 법규범의 내용은 명확하여야 한다는 헌법원칙이다. 법규범의 의미내용이 불확실하면 법적 안정성과 예측가능성을 확보할 수 없고, 법집행당국의 자의적인 법해석과 집행을 가능하게 한다는 것을 그 근거로 한다.[2])

또 헌재는 자기책임의 원리를 들고 있다. 헌재는 자기책임의 원리가 민사법이나 형사법에 국한된 원리라기보다는 근대법의 기본이념으로서 법치주의에 당연히 내재하는 원리로 보아야 한다고 판시하였다.[3]) 헌재는 법치주의는 국민에게 국법질서의 준수의무를 부과하고 있다고 본다.[4])

5) 신뢰보호의 원칙

(a) 이 론 　법치주의의 내용의 하나로 신뢰보호의 원칙이 보장되고 있다. 법률의 제정이나 개정에 있어 기존의 법질서에 대한 당사자의 신뢰가 합리적이고 정당한 것이라면 이를 보호해 주어야 한다.

(b) 판 례 　헌재는 신뢰보호의 원칙을 법치주의의 요소로서 인정하고 있다.[5]) 「신뢰보호의 원칙은 헌법상 법치국가 원리로부터 파생되는 것으로, 법률을 제정하거나 개정할 때 기존의 법질서에 대한 당사자의 신뢰가 합리적이고 정당한 반면, 법률의 제정이나 개정으로 야기되는 당사자의 손해가 극심하여 새로운 입법으로 달성코자 하는 공익적 목적이 그러한 당사자의 신뢰가 파괴되는 것을 정당화할 수 없는 경우, 그러한 입법이 허용될 수 없다는 것

정 내지 처벌규정의 내용을 파악함에 있어서 평균인의 입장에서 전문가의 조언이나 전문서적 등을 참고하여 자기의 책임하에 행동방향을 잡을 수 있고 그러한 결론이 보편성을 띠어 대부분 같은 결론에 도달할 수 있다면 명확성을 인정할 수 있고, 법률전문가 등의 조언을 구하여도 자신의 행위가 금지되는 것인지 아닌지를 도저히 예측할 수 없다면 그 규정은 불명확하여 무효가 될 수밖에 없는 것이다. 이와 같이 법령 특히 형벌법규의 내용은 일반인에 명확한 고지가 이루어져야 하는 것이나 다만 당해 법령의 특성에 맞추어 그 일반인이 어떤 행위를 결정할 때 통상 어느 정도 법적 전문지식에 의한 보완을 받게 된다는 점을 감안하여 명확성 여부를 판단하여야 한다(헌재 2005. 3. 31 선고, 2003 헌바 12, 헌재판례집 제17권 1집, 340면 이하).

1) 명확성 원칙의 적용은 상대적이라고 한다.
「명확성의 원칙은 모두 법률에 있어서 동일한 정도로 요구되는 것은 아니고 개개의 법률이나 법조항의 성격에 따라 요구되는 정도에 차이가 있을 수 있으며, 각각의 구성요건의 특수성과 그러한 법률이 제정되게 된 배경이나 상황에 따라 달라질 수 있다고 할 것이다. 일반론으로는 어떠한 규정이 수익적 성격을 가지는 경우에는 부담적 성격을 가지는 경우에 비하여 명확성의 요구가 완화되어 요구된다고 할 것이다(헌재 1992. 2. 25. 89 헌가 104, 헌재판례집 4, 64, 78～79; 헌재 2002. 1. 31. 2000 헌가 8, 헌재판례집 14-1, 1, 8)」(헌재 2006. 2. 23 선고, 2004 헌바 80, 헌재판례집 제18권 1집(상), 218면).

2) 즉 법률은 명확한 용어로 규정함으로써 적용대상자에게 그 규제내용을 미리 알 수 있도록 공정한 고지를 하여 장래의 행동지침을 주어야 차별적이거나 자의적인 법해석을 예방할 수 있는 것인데, 법규범의 의미내용으로부터 무엇이 금지되는 행위이고 무엇이 허용되는 행위인지를 국민이 알 수 없다면 법적 안정성과 예측가능성은 확보될 수 없게 될 것이고, 법집행당국에 의한 자의적 집행이 가능하게 될 것이다(헌재 1998. 4. 30 선고, 95 헌가 16, 헌재판례집 제10권 1집, 327면 이하(341～342면)); 헌재 2000. 2. 24 선고, 98 헌바 37, 헌재판례집 제12권 1집, 169면 이하(179면); 헌재 2001. 10. 25 선고, 2001 헌바 9, 헌재판례집 제13권 2집, 491면 이하(498면); 헌재 2002. 7. 18 선고, 2000 헌바 57, 헌재판례집 제14권 2집, 1면 이하(16면)).

3) 헌재 2004. 6. 24 선고, 2002 헌가 27, 헌재판례집 제16권 1집, 714면 이하; 헌재 2009. 7. 30 선고, 2008 헌가 16, 의료법 제91조 1항 위헌제청, 헌재판례집 제20권 2집; 헌재 2009. 7. 30 선고, 2008 헌가 24, 의료기사 등에 관한 법률 제32조 위헌제청, 헌재판례집 제20권 2집 등.

4) 헌재 2002. 4. 25 선고, 98 헌마 425, 헌재판례집 제14권 1집, 351면 이하(363면).

5) 헌재 1998. 11. 26 선고, 97 헌바 58, 헌재판례집 제10권 2집, 673면 이하(681면); 헌재 2001. 2. 22 선고, 98 헌바 19, 헌재판례집 제13권 1집, 212면 이하(219～220면); 헌재 2001. 4. 26 선고, 99 헌바 55, 헌재판례집 제13권 1집, 869면 이하(885～886면); 헌재 2002. 11. 28 선고, 2002 헌바 45, 헌재판례집 제14권 2집, 704면 이하. 헌재 2009. 5. 28 선고, 2005 헌바 20·22, 2009 헌바 30(병합), 산업재해보상보험법 제38조 6항 위헌소원, 헌재공보 제152호, 47면 이하(위헌 8:1).

이고, 이러한 신뢰보호원칙의 위반 여부는 한편으로는 침해되는 이익의 보호가치, 침해의 정도, 신뢰의 손상 정도, 신뢰 침해의 방법 등과, 또 다른 한편으로는 새로운 입법을 통하여 실현하고자 하는 공익적 목적 등을 종합적으로 형량하여 판단하여야 한다」.[1) 2)]

(2) 법치주의의 예외 이상과 같이 우리 헌법은 법치주의 또는 법치국가원리를 광범위하게 채택하고 있으나, 첫째, 국가긴급시에는 일정한 예외를 인정하고 있다.[3)] 즉 헌법은 대통령에게 긴급명령, 긴급재정·경제명령권을 인정하고 있으며(제76조), 또 계엄선포권도 인정하고 있다(제77조). 그러나 이는 법치국가원리 내지 법치행정원리에 대한 예외이기는 하나 국가긴급시의 부득이한 조치라고 할 것이다. 따라서 국가긴급시의 법치주의에 대한 예외는 극히 제한된 예외적인 경우에 한정되어야 하고, 그것도 질서유지를 위한 최소한에 그쳐야 한다는 점에서 그 한계가 인정되는 것이다. 둘째, 이른바 특별권력관계를 인정하여 이는 일반권력관계와 구별되며, 이에 대하여는 법치주의의 예외가 인정된다는 견해가 있다. 그러나 여기에도 법치주의가 원칙적으로 적용되며, 다만 그 목적달성을 위하여 합리적인 범위 안에서 그 적용의 제한을 인정하는 군인·군무원 등의 특수신분관계에 의한 제한이라 할 것이다.

[判] 法治主義에 관한 重要 判例

1. 實質的 法治主義[4)]

청구인은 그 외에도 이 사건 심판대상 조항이 법적 안정성과 예측가능성을 해함으로써 실질적 법치주의와 적법절차에 위반된다고 주장한다.

그런데 실질적 법치주의 위반의 주장은 결국 그로부터 도출되는 신뢰보호원칙 위반의 문제로 돌아간다 할 것이나, 이 사건 심판대상 조항은 청구인들에게 기존의 특례법에 따라 일정한 사실관계 또는 법률관계가 형성된 이후 법률이 개정된 것이 아니라 새로이 제정된 특례법 자체의 부칙에서 그 계속 적용의 요건에 관하여 규율하고 있으므로 신뢰보호원칙과는 무관하다 할 것이다(헌재 2003. 3. 27. 2002 헌바 35, 헌재판례집 15-1, 266, 280~281 참조).

다음 적법절차의 원칙은 법률의 위헌 여부에 관한 심사기준으로 그 적용대상을 형사소송절차에 국한하지 않고 모든 국가작용 특히 입법작용 전반에 대하여 문제된 법률의 실체적 내용

---

1) 헌재 2008. 2. 28 선고, 2005 헌마 872·918(병합), 헌재판례집 제20권 1집(상), 279면 이하(296면).

2) 「헌법상의 법치국가원리의 파생원칙인 신뢰보호의 원칙은 국민이 법률적 규율이나 제도가 장래에도 지속할 것이라는 합리적인 신뢰를 바탕으로 이에 적응하여 개인의 법적 지위를 형성해 왔을 때에는 국가로 하여금 그와 같은 국민의 신뢰를 되도록 보호할 것을 요구한다. 따라서 법규나 제도의 존속에 대한 개개인의 신뢰가 그 법규나 제도의 개정으로 침해되는 경우에 상실된 신뢰의 근거 및 종류와 신뢰이익의 상실로 인한 손해의 정도 등과 개정규정이 공헌하는 공공복리의 중요성을 비교교량하여 현존상태의 지속에 대한 신뢰가 우선되어야 한다고 인정될 때에는 규범정립자는 지속적 또는 과도적으로 그 신뢰보호에 필요한 조치를 취하여야 할 의무가 있다. 이 원칙은 법률이나 그 하위법규뿐만 아니라 국가관리의 입시제도와 같이 국·공립대학의 입시전형을 구속하여 국민의 권리에 직접 영향을 미치는 제도운영지침의 개폐에도 적용되는 것이다」(헌재 1997. 7. 16 선고, 97 헌마 38, 종합생활기록부제도개선보완시행지침 위헌확인, 기각, 헌재판례집 제 9 권 2집, 94면 이하).

3) 同旨: 권영성, 전게서, 147면, 반대: 허영, 전게서, 148면; 계희열, 전게서(상), 322면.

4) 헌재 2007. 11. 29 선고, 2006 헌바 106, 공유토지분할에 관한 특례법 부칙 제 2 항 위헌소원, 헌재판례집 제19권 2집, 607면 이하.

이 합리성과 정당성을 갖추고 있는지 여부를 판단하는 기준으로 적용되기는 하나(헌재 1989. 9. 8. 88 헌가 6, 헌재판례집 1, 199, 249~251; 헌재 1992. 12. 24. 92 헌가 8, 헌재판례집 4, 853, 875~878 참조), 앞서 본 평등권의 침해 또는 평등원칙 위반 여부를 통하여 심판대상 조항의 합리성과 정당성을 판단한 바 있으므로 적법절차원칙의 위반 여부에 대하여는 더 나아가 별도로 판단할 필요가 없다 할 것이다.

그렇다면 이 사건 심판대상 조항은 헌법에 위반되지 아니하므로, 재판관 조대현, 재판관 김희옥, 재판관 목영준, 재판관 송두환의 반대의견을 제외한 나머지 관여 재판관의 일치된 의견으로 주문과 같이 결정한다.

2. 法治主義(反對意見)[1)]

[재판관 김종대, 재판관 목영준의 반대의견]

우리는 이 사건 심판대상조항들은 헌법에 위반된다고 판단하므로 아래와 같이 그 의견을 밝힌다.

가. 우리 헌법은 국가권력의 남용으로부터 국민의 기본권을 보호하려는 법치국가의 실현을 기본이념으로 하고 있고, 근대 자유민주주의 헌법의 원리에 따라 국가의 기능을 입법·행정·사법으로 분립하여 상호간의 견제와 균형을 이루게 하는 권력분립 제도를 채택하고 있다(헌재 1992. 4. 28. 90 헌바 24, 헌재판례집 4, 225, 229~230).

따라서 행정과 사법은 법률에 기속되므로, 국회가 특정한 사항에 대하여 행정부에 위임하였음에도 불구하고 행정부가 정당한 이유 없이 이를 이행하지 않는다면 권력분립의 원칙과 법치국가 내지 법치행정의 원칙에 위배되는 것이다.

즉, 입법부가 법률로써 행정부에게 특정한 사항을 위임했음에도 불구하고 행정부(대통령)가 이러한 법적 의무를 이행하지 않는다면 이는 위법한 것인 동시에 위헌적인 것이 된다(헌재 2004. 2. 26. 2001 헌마 718, 헌재판례집 16-1, 313, 320).

나. 2000. 12. 26. 법률 제6291호로 전부 개정된 군법무관임용법 제 6 조는 "군법무관의 봉급과 그 밖의 보수는 법관 및 검사의 예에 준하여 대통령령으로 정한다"고 규정하고 있는바,[2)] 이는 다수의견이 설시한 입법연혁에서도 알 수 있듯이, 당시 우수한 군법무관을 확보하고 장기 복무를 유도하기 위하여, 1967. 3. 3. 법률 제1904호로 개정된 구 군법무관임용법에서 군법무관임용시험 제도와 군법무관에 대한 변호사자격 부여제도와 함께 입법된 것의 연장선상이다.

비록 군법무관임용법 제 6 조를 입법하면서 군법무관의 대우를 '법관 및 검사의 예에 준하여' 대통령령으로 정한다는 의미에 대하여 밝힌 입법자료는 찾을 수 없으나, 위와 같은 입법연혁과 '준(準)하다'의 국어학적 의미가 '어떤 본보기에 비추어 그대로 좇다'라는 의미(이희승 편저, 국어대사전, 민중서림, 1993, 3403면; 한글학회, 우리말큰사전 3, 어문각, 1992, 3822면)임을 고려할 때, 군법무관의 보수에 대하여는 '법관의 보수에 관한 법률' 또는 '검사의 보수에 관한 법률'의 예에 따라 따로 대통령령(예컨대 '군법무관 보수령')으로 정하라는 의미로 보아야 한다.

그리고 그 의미가 군법무관과 법관 등의 신분상의 차이, 그 기능과 역할, 직무의 곤란성 및

---

1) 헌재 2008. 5. 29 선고, 2006 헌마 170, 헌재판례집 제20권 1집(하), 252면 이하.

2) 헌법재판소는 위 2001헌마718 결정에서, 이 조항은 군법무관의 보수 수준에 관한 것으로서, 이러한 사항은 헌법에서 특별히 평등을 요구하고 있는 경우라거나 차별적 취급으로 인하여 다른 기본권에 대한 중대한 제한을 초래하는 경우가 아니므로, 엄격한 비례성 심사가 아니라 자의금지원칙에 따른 합리적 이유 유무의 심사가 필요한바, 이 심사 기준에 따라 위헌성 여부를 살펴보면, 이 조항은 문제점이 없는 것은 아니지만 위헌임이 명백할 만큼 자의적이라고 할 수 없고, 군법무관 직무의 특수성을 고려할 때 입법자의 입법형성의 헌법적 한계를 벗어난 것이라고도 볼 수 없다고 판시하였다(헌재판례집 16-1, 313, 321~322).

책임의 정도, 업무의 질과 강도 등을 고려할 때 법관이나 검사의 보수와 동일하게 해야만 한다는 의미가 아닌 점은 분명하지만, 이 경우에도 어디까지나 보수의 기준을 법관 등의 보수에다 놓고 일정한 범위의 한도 내에서 정할 수 있다는 의미라고 보아야 할 것이고, 이는 헌법재판소가 2004. 2. 26. 선고한 2001헌마718 행정입법부작위 위헌확인 결정의 취지이기도 하다.

그럼에도 불구하고 위 공무원보수규정(제5조)과 '공무원수당 등에 관한 규정'(제14조의3, 제18조의6)은 여전히 계급구조를 바탕으로 한 군인의 보수를 기준으로 군법무관의 보수를 정하고 있다.

그러므로, 위 공무원보수규정의 개정조항이나 '공무원수당 등에 관한 규정'의 개정조항은 위 2001헌마718 결정에서 헌법재판소가 확인한 바 있는 대통령령 제정의무를 제대로 이행치 아니한 위헌성을 가진 규정에 해당되고, 이로 말미암아 청구인들의 평등권 등 기본권을 침해하는 것으로 평가해야 마땅하다.

다. 나아가 이 사건 대통령령의 모법인 군법무관임용법 제 6 조에서 군법무관의 봉급과 그 밖의 보수는 "대통령령으로 정한다"고 규정하고 있음에도 불구하고, 그 '공무원수당 등에 관한 규정' 제14조의3은 군법무관 수당을 40퍼센트 범위 안에서 그 지급액을 '국방부령'('군인 등의 특수근무수당에 관한 규칙'의 개정조항(제 4 조)임)에서 정하도록 재위임함으로써 실질적으로 국방부장관이 제한없이 군법무관의 보수를 일반군인의 보수 수준으로 낮출 수 있도록 규정하고 있고, 이와 같이 부당하게 재위임한 대통령령이나 그 부당한 위임을 받아 제정된 국방부령 역시 모법인 군법무관임용법 제 6 조에 어긋나 위헌임을 면할 수 없다.

라. 이상과 같은 이유로 우리는 이 사건 심판대상조항 모두에 대하여 헌법에 위반된다는 결정을 선고해야 한다고 생각하므로 다수의견에 반대하는 것이다.

3. 行政節次와 適法節次原則[1)]

가. 적법절차원칙의 위배 여부에 대한 판단

(1) 적법절차원칙의 내용 및 그 범위

헌법 제12조 제 1 항 및 제 3 항에 규정된 적법절차의 원칙은 일반적 헌법원리로서 모든 공권력의 행사에 적용되는바, 이는 절차의 적법성뿐만 아니라 절차의 적정성까지 보장되어야 한다는 뜻으로 이해된다(헌재 1993. 7. 29. 90 헌바 35, 헌재판례집 5-2, 14, 30). 즉 형식적인 절차뿐만 아니라 실체적 법률내용이 합리성과 정당성을 갖춘 것이어야 한다는 실질적인 의미로 확대 해석되고 있다(헌재 1992. 12. 24. 92 헌가 8, 헌재판례집 4, 853, 877). 나아가 우리 헌법재판소는 이 적법절차의 원칙의 적용범위를 형사소송절차에 국한하지 않고 모든 국가작용에 대하여 문제된 법률의 실체적 내용이 합리성과 정당성을 갖추고 있는지 여부를 판단하는 기준으로 적용된다고 판시함으로써(헌재 1998. 5. 28. 96 헌바 4, 헌재판례집 10-1, 610, 617~618), 행정절차에도 적법절차의 원칙이 적용됨을 명백히 하고 있다.

(2) 이 사건 법률조항들이 적법절차원칙에 위배되는지 여부

적법절차원칙에서 도출할 수 있는 가장 중요한 절차적 요청 중의 하나로, 당사자에게 적절한 고지를 행할 것, 당사자에게 의견 및 자료제출의 기회를 부여할 것을 들 수 있는데(헌재 2003. 7. 24. 2001 헌가 25, 헌재판례집 15-2상, 1, 18 참조), 이 사건 법률조항들이 위와 같은 절차적 요청을 충족하였는지 살펴본다.

국가 또는 지방자치단체 외의 자로서 일반지방산업단지의 지정을 요청하는 자는 산업단지개발계획을 작성하여 시·도지사에게 지정을 요청할 수 있고, 위와 같은 지정·개발을 요청하고자 하는 경우에는 시장·군수 또는 구청장을 거쳐야 한다(산업입지법 제11조 제 1 항, 제 2 항). 또한 시·도지사가 일반지방산업단지를 지정하고자 할 때에는 시장·군수 또는 구청장의 의견을 듣고 관계기

1) 헌재 2007. 4. 26 선고, 2006 헌바 10, 헌재판례집 제19권 1 집, 499면 이하.

관의 장과 협의한 후 건설교통부장관의 승인을 얻어야 하고, 건설교통부장관이 일반지방산업단지의 지정을 승인하고자 할 때에는 산업입지정책심의회(이하 '심의회'라 한다)의 심의를 거쳐야 한다(산업입지법 제 7 조 제 1 항 내지 제 3 항). 한편 시·도지사는 관계 행정기관의 장과의 협의과정에서 관계 기관 간의 의견조정을 위하여 필요하다고 인정되는 경우에는 건설교통부장관에게 조정을 요청할 수 있으며 조정을 요청받은 건설교통부장관은 심의회의 심의를 거쳐 이를 조정할 수 있다(산업입지법 제 7 조 제 6 항).

나아가 시·도지사가 일반지방산업단지를 지정하고자 할 때에는 주민 및 관계 전문가 등의 의견을 들어야 하고, 그 의견이 타당하다고 인정하는 때에는 이를 반영하여야 하며(산업입지법 제10조 제 1 항), 일반지방산업단지를 지정함에 있어서는 대통령령이 정하는 사항을 관보 또는 공보에 고시하고, 관계 서류의 사본을 관할 시장·군수 또는 구청장에게 송부하고 관계 서류를 송부받은 시장·군수 또는 구청장은 이를 일반인이 열람할 수 있도록 하는 동시에 산업단지로 지정되는 지역 안에 수용·사용할 토지·건축물 기타 물건이나 권리가 있는 경우에는 위 고시내용에 그 토지 등의 세목을 포함하게 하여야 한다(산업입지법 제 7 조의3).

위와 같은 절차를 종합하여 본다면, 민간기업의 지정신청에 의하여 시·도지사가 일반지방산업단지를 지정하는 경우에는 고시의 방법을 통한 통지, 주민 및 관계전문가 등의 의견제출의 기회부여, 건설교통부장관의 지정승인을 위한 심의회의 심의 등이 보장되어 있음을 알 수 있고 또한 행정소송을 통한 사후심사도 보장되어 있다.

한편 산업입지법 제11조 제 3 항은 "…… 산업단지의 지정을 요청한 자는 제16조의 규정에 따라 사업시행자로 지정받을 수 있다"라고 규정되어 있으므로, 지정권자의 사업시행자 지정은 재량행위라고 할 것이다. 그러므로 청구인들의 주장과 같이 누구든지 산업입지법이 정하는 요건에 해당하면 아무런 제재 없이 사업시행자로 지정받을 수 있다고 할 수 없다.

따라서 이 사건 법률조항들은 적법절차원칙에 위배되지 아니한다.

4. 選擧管理의 適法節次[1)]

(1) 우리 헌법 제12조 제 1 항은 "……법률과 적법한 절차에 의하지 아니하고는 처벌·보안처분 또는 강제노역을 받지 아니한다"라고 하여 적법절차원칙을 천명하고 있는데, 이 원칙은 형사소송절차에 국한되지 않고 모든 국가작용 전반에 대하여 적용된다(헌재 1992. 12. 24. 92 헌가 8, 헌재판례집 4, 853, 876~877; 헌재 1998. 5. 28. 96 헌바 4, 헌재판례집 10-1, 610, 618; 헌재 2007. 4. 26. 2006 헌바 10, 헌재공보 127, 503, 508). 이러한 적법절차원칙에서 도출할 수 있는 중요한 절차적 요청 중의 하나로, 당사자에게 적절한 고지를 행할 것 및 당사자에게 의견 및 자료제출의 기회를 부여할 것 등이 있으나(헌재 1994. 7. 29. 93 헌가 3 등, 헌재판례집 6-2, 1, 11; 헌재 1996. 1. 25. 95 헌가 5, 헌재판례집 8-1, 1, 16~17; 헌재 2002. 6. 27. 99 헌마 480, 헌재판례집 14-1, 616, 634 참조), 이 원칙이 구체적으로 어떠한 절차를 어느 정도로 요구하는지 일률적으로 말하기 어렵고, 규율되는 사항의 성질, 관련 당사자의 사익(私益), 절차의 이행으로 제고될 가치, 국가작용의 효율성, 절차에 소요되는 비용, 불복의 기회 등 다양한 요소들을 형량하여 개별적으로 판단할 수밖에 없다(헌재 2003. 7. 28. 2001 헌가 25, 헌재판례집 15-2 상, 1, 18; 헌재 2005. 12. 22. 2005 헌마 19, 헌재판례집 17-2, 785, 796; 헌재 2006. 5. 25. 2004 헌바 12, 헌재판례집 18-1 하, 58, 67).

(2) 먼저 각급 선거관리위원회의 의결을 거쳐 행하는 사항에 대하여는 원칙적으로 행정절차에 관한 규정이 적용되지 않는바(행정절차법 제 3 조 제 2 항 제 4 호), 이는 권력분립의 원리와 선거관리위원회 의결절차의 합리성을 고려한 것으로 보인다. 또한 선거운동의 특성상 선거법 위반행위인지 여부와 그에 대한 조치는 가능하면 신속하게 결정되어야 할 뿐 아니라, 선거관리위원회법 제14조의2의 조치가 위반행위자에 대하여 종국적 법률효과를 발생시키는 것도 아니므로, 위반행위자에게 의견진술의 기회를 보장하는 것이 반드시 필요하거나 적절하다고 보기는 어렵다.

---

1) 헌재 2008. 1. 17 선고, 2007 헌마 700, 헌재판례집 제20권 1 집(상), 172면 이하.

(3) 이와 같이 선거관리의 특성, 이 사건 조치가 규율하는 행위의 성격, 위 조치의 제재효과 및 기본권침해의 정도 등을 종합하여 볼 때, 청구인에게 위 조치 전에 의견진술의 기회를 부여하지 않은 것이 적법절차원칙에 어긋나서 청구인의 기본권을 침해한다고 볼 수 없다.

5. 美國産 쇠고기輸入告示와 適法節次[1)]

[적법절차원칙 위반]

헌법 제12조 제1항이 천명하고 있는 적법절차원칙은 형사소송 절차에 국한되지 않고 모든 국가작용 전반에 대하여 적용된다고 할 것이나(헌재 1992.12.24. 92 헌가 8, 헌재판례집 4, 853, 876~877; 헌재 1998.5.28. 96 헌바 4, 헌재판례집 10-1, 610, 618; 헌재 2007.4.26. 2006 헌바 10, 헌재공보 127, 503, 508), 이 원칙이 구체적으로 어떠한 절차를 어느 정도로 요구하는지 일률적으로 정하기 어렵고, 이는 규율되는 사항의 성질, 관련 당사자의 사익, 절차의 이행으로 제고될 가치, 국가작용의 효율성, 절차에 소요되는 비용, 불복의 기회 등 다양한 요소들을 형량하여 개별적으로 판단할 수밖에 없는 것이다(헌재 2003.7.28. 2001 헌가 25, 헌재판례집 15-2 상, 1, 18; 헌재 2005.12.22. 2005 헌마 19, 헌재판례집 17-2, 785, 796; 헌재 2006.5.25. 2004 헌바 12, 헌재판례집 18-1 하, 58, 67). 이 사건 기록 등에 의하면, 농림수산식품부장관은 2008.4.22. 농림수산식품부 공고 제2008-45호로 미국산 쇠고기 수입위생조건 개정안에 대하여 '입안예고'라는 명칭으로 예고절차를 거친 이후 미국과의 쇠고기 추가협상을 통해 부칙 제5항 내지 제9항을 비롯한 일부 내용을 추가하거나 변경함에 있어 별도의 예고절차 없이 2008.6.26. 이 사건 고시를 관보에 게재하였으므로, 이러한 예고절차 등과 관련하여 적법절차원칙에 위반되는지 여부가 문제될 수 있다.

그러나 원래 국민의 생명·신체의 안전 등 기본권을 보호할 의무를 어떠한 절차를 통하여 실현할 것인가에 대하여도 국가에게 폭 넓은 형성의 자유가 인정된다 할 것이므로, 농림수산식품부장관 등 관련 국가기관이 국민의 생명·신체의 안전에 영향을 미치는 고시 등의 내용을 결정함에 있어서 이해관계인의 의견을 사전에 충분히 수렴하는 것이 바람직하기는 하지만, 그것이 헌법의 적법절차 원칙상 필수적으로 요구되는 것이라고 할 수는 없다.

한편 이 사건 고시는 입법예고의 대상인 '법령 등'에 해당하지 아니하므로(행정절차법 제2조 제1호, 제41조 제1항 참조) 비록 입안예고를 하였다고 하더라도 법령 등에 관한 입법예고를 거칠 사항으로는 볼 수 없는 점, 행정절차법 제46조에 의한 행정예고의 경우에도 관련 법령에서 일정한 사항에 대한 정책·제도 및 계획을 수립·시행하거나 변경하고자 할 때 특별한 사정이 없는 한 20일 이상 이를 예고하도록 규정하고 있을 뿐 별도로 '재예고' 절차를 두고 있지 않은 점, 나아가 당초의 입안예고와 언론보도 등을 통하여 이 사건 고시의 주요 내용이 널리 알려졌다고 보일 뿐만 아니라 새로이 추가되거나 변경된 사항의 경우 그 경위와 내용 등에 비추어 당초 예고된 사항에 비하여 쇠고기 소비자 등에게 불리하거나 중대한 변경이 발생하였다고 보기 어려우므로 재예고 절차를 반드시 거칠 필요가 없어 보이는 점, 한편 청구인들은 WTO SPS 협정 등을 근거로 이 사건 고시에 대하여 최소 60일 전에 입법예고를 하여야 한다고 하나 위 협정 등에 따른 기간은 위생검역정책 변경 시 회원국들 간에 적용되는 것으로서 이 사건 고시에 이를 적용할 수는 없는 점, 그 밖에 이 사건 고시의 개정 경위와 내용, 그 예고절차의 이행 등으로 제고될 관련 이익과 국가 작용의 효율성 등 제반 상황을 종합하여 보면, 이 사건 고시와 관련하여 청구인들이 주장하는 재예고 절차 등을 거치지 않았다고 하여 그것만으로 법률이 정한 절차를 위반하였거나 이로 인하여 국민의 생명·신체의 안전에 관한 보호의무를

1) 헌재 2008.12.26 선고, 2008 헌마 419·423·436(병합), 미국산쇠고기수입고시, 헌재판례집 제20권 2집(하), 960면 이하.

위반한 것으로 보기는 어렵다.

6. 信賴保護原則[1])의 審査

⑴ 신뢰보호의 원칙의 심사방법

이 사건 심판대상 규정이 시행되기 전에 식품접객업 영업신고를 한 청구인들의 경우, 종전 시행규칙에 따라 가능하였던 영업이 이 사건 심판대상 규정으로 인하여 상당히 제한될 가능성이 있으므로 헌법상의 신뢰보호원칙에 위배되는지가 문제된다.

일반적으로 국민이 어떤 법률이나 제도가 장래에도 그대로 존속될 것이라는 합리적인 신뢰를 바탕으로 하여 일정한 법적 지위를 형성한 경우, 국가는 그와 같은 법적 지위와 관련된 법규나 제도의 개폐에 있어서 법치국가의 원칙에 따라 국민의 신뢰를 최대한 보호하여 법적 안정성을 도모하여야 한다(헌재 1997. 11. 27. 97 헌바 10, 헌재판례집 9-2, 651, 668; 2001. 9. 27. 2000 헌마 152, 헌재판례집 13-2, 338, 346). 따라서 법률의 제정이나 개정시 구법질서에 대한 당사자의 신뢰가 합리적이고도 정당하며 법률의 제정이나 개정으로 야기되는 당사자의 손해가 극심하여 새로운 입법으로 달성하고자 하는 공익적 목적이 그러한 당사자의 신뢰의 파괴를 정당화할 수 없다면, 그러한 새로운 입법은 허용될 수 없다(헌재 2002. 11. 28. 2002 헌바 45, 헌재판례집 14-2, 704, 712~713).

그런데 사회환경이나 경제여건의 변화에 따른 필요성에 의하여 법률은 신축적으로 변할 수밖에 없고, 변경된 새로운 법질서와 기존의 법질서 사이에는 이해관계의 상충이 불가피하다. 따라서 국민이 가지는 모든 기대 내지 신뢰가 헌법상 권리로서 보호될 것은 아니고, 신뢰의 근거 및 종류, 상실된 이익의 중요성, 침해의 방법 등에 의하여 개정된 법규·제도의 존속에 대한 개인의 신뢰가 합리적이어서 권리로서 보호할 필요성이 인정되어야 한다(헌재 2002. 2. 28. 99 헌바 4, 헌재판례집 14-1, 106, 116). 그러므로 신뢰보호원칙의 위반 여부는 한편으로는 침해받은 신뢰이익의 보호가치, 침해의 중한 정도, 신뢰침해의 방법 등과 다른 한편으로는 새 입법을 통해 실현코자 하는 공익목적을 종합적으로 비교형량하여 판단하여야 한다(헌재 1995. 10. 26. 94 헌바 12, 헌재판례집 7-2, 447, 460~461).

⑵ 판　단

(가) 신뢰이익의 존재와 보호의 필요성

먼저, 청구인들 중 이 사건 시행규칙 개정 후 그 시행 전에 식품접객업 영업신고를 하고 영업을 시작한 청구인들은 위 시행규칙의 개정사실을 알고서 위와 같이 식품접객업에 종사하게 되었다는 점에서 합성수지 도시락 용기 규제와 관련하여 헌법적 보호의 대상이 될만한 신뢰가 존재한다거나 신뢰보호의 필요성이 있다고 할 수 없다.

한편 시행규칙 개정 이전에 사업자등록을 하고 영업을 시작한 청구인들은 일응 구 시행규칙에 의하여 배달 등의 경우에 합성수지 도시락 용기를 사용할 수 있는 것으로 신뢰하였다고 할 수 있으나, 앞에서 본 이 사건 심판대상의 입법연혁과 관련 법령의 내용을 살펴보면, 1995년부터 도시락제조업자의 합성수지 도시락 용기의 사용이 금지되었고, 1999년에는 식품제조·가공업, 즉석판매제조·가공업에서 도시락에 사용되는 1회용 합성수지 용기의 사용억제를 하였고, 이후 도시락업자들이 식품접객업으로 영업신고를 한 후 도시락영업을 함으로써 위 제한을 회피하자 2002. 12. 30. 시행규칙을 개정하여 2003. 7. 1.부터 배달되는 경우에도 위 용기의 사용을 금지하는 등 합성수지 도시락 용기의 사용제한이 확대되어 왔던 점을 알 수 있고, 또한 청구인들 대부분은 ○○도시락의 각 가맹점주들로서 주로 도시락을 판매하는 자들인바, 식품접객업 이외의 경쟁 도시락 업종에서는 이미 합성수지 도시락 용기의 사용이 금

1) 헌재 2007. 2. 22 선고, 2003 헌마 428·600(병합), 헌재판례집 제19권 1집, 145면 이하.

지되어 있다는 사정을 충분히 알았을 것으로 보이는 점 등을 고려하면, 위 청구인들은 배달 등의 경우에 예외를 인정한 종전의 시행규칙 조항이 향후 개정될 것이라고 충분히 예상할 수 있었다고 할 것이어서 위 청구인들의 신뢰는 존재하지 않거나 존재한다고 하더라도 매우 미약하여 헌법적 보호의 대상이 될만한 현저한 신뢰라고 보기 어렵고 그 신뢰보호의 필요성도 인정하기 어렵다고 할 것이다.

(나) 이익형량과 신뢰보호방법

한편, 합성수지 폐기물이나 1회용품의 발생량을 줄이는 것은 지속적으로 추구할 필요가 있는 국가의 정책이고, 그 맥락에서 합성수지 도시락 용기의 사용금지는 우선적으로 합성수지 폐기물량을 원천적으로 감소하게 하는 직접적인 효과가 있고 그 결과 합성수지의 매립·소각에 따른 환경 문제도 줄게 하는 환경개선과 국민건강 증진 효과를 가져올 수 있어 그 공익적 가치가 매우 크다. 그리고 이 사건 심판대상 조항은 청구인들에게 합성수지 도시락 용기의 사용을 금지하는 것일 뿐 대체용기의 사용에 의한 도시락 영업이 가능하도록 하였고, 시행규칙의 개정 후 시행일까지 6개월의 적응기간을 둠으로써 식품접객업으로 도시락 영업을 하는 자들의 피해를 최소화하고 그 신뢰를 보호하는 방법도 취하고 있다. 따라서 청구인들이 주장하는 것과 같은 신뢰 내지 신뢰이익이 존재한다고 하더라도 앞에서 본 바와 같은 이유로 구 시행규칙의 존속에 대한 신뢰의 보호가치는 크다고 할 수 없고, 이러한 신뢰이익의 침해를 위 공익과 비교·형량하여 보더라도 위 공익이 더욱 중요하다고 할 것이고 그 신뢰를 보호할 수단도 갖추고 있는 이상 이 사건 심판대상 조항은 신뢰보호의 원칙에 위배되지 않는다.

[결　론]

그렇다면, [별지 1] 청구인들 중 청구인 11., 12.의 심판청구와 [별지 2] 청구인들의 심판청구 중 규제개혁위원회의 권고에 따르지 아니한 환경부장관의 공권력의 불행사에 대한 부분은 부적법하여 각하하고, [별지 1] 청구인들 중 청구인 1. 내지 10.의 심판청구와 [별지 2] 청구인들의 나머지 심판청구는 이유 없어 이를 모두 기각하기로 하여 주문과 같이 결정한다. 이 결정은 이 사건 심판대상 규정들 중 시행규칙 제4조 [별표 2] 비고 1.의 나. 중 단서 부분에 대하여 재판관 조대현의 반대의견이 있는 외에는 관여 재판관 전원의 일치된 의견에 의한 것이다.

7. 遡及立法과 信賴保護[1)]

(1) ……

(2) 소급입법의 유형과 허용 여부

소급입법은 신법이 이미 종료된 사실관계에 작용하는지 아니면 현재 진행중인 사실관계에 작용하는지에 따라 '진정소급입법'과 '부진정소급입법'으로 구분되고, 전자는 헌법적으로 허용되지 않는 것이 원칙이며 특단의 사정이 있는 경우에만 예외적으로 허용될 수 있는 반면, 후자는 원칙적으로 허용되지만 소급효를 요구하는 공익상의 사유와 신뢰보호의 요청 사이의 교량과정에서 신뢰보호의 관점이 입법자의 형성권에 제한을 가하게 된다(헌재 1995. 10. 26. 94 헌바 12, 헌재판례집 7-2, 447, 457～459; 헌재 1999. 7. 22. 97 헌바 76 등, 헌재판례집 11-2, 175, 195 참조).

(3) 이 사건 부칙조항에 대한 판단

(가) 법인세와 같이 과세단위가 시간적으로 정해지는 기간세에 있어서는 이미 종료된 사업연도분에 대하여 개정법령을 적용하는 것은 진정소급입법에 해당된다고 봄이 일반적이나

1) 헌재 2008. 5. 29 선고, 2006 헌바 99, 헌재판례집 제20권 1집(하), 142면 이하.

(헌재 1998. 11. 26. 97 헌바 58, 헌재판례집 10-2, 673, 680 참조), '사업연도의 종료 여부'를 기준으로 진정소급입법인지를 판단하는 것은 과세요건이나 세액감면요건과 같이 '사업연도의 종료와 동시에 그 적용 여부가 결정되는' 조세법령이 개정된 경우에만 국한되는 것이고, 이 사건에서 문제되는 법 제128조 제 3 항과 같이 '사업연도의 종료 이후에 비로소 그 적용 여부가 결정되는' 세액감면배제에 관한 규정이 개정된 경우에는 이와 달리 보아야 한다.

즉, 법 제128조 제 3 항은 납세의무 성립 당시 적용되는 것이 아니라, '납세의무의 확정단계에서' 과세관청으로부터 부당과소신고금액에 대한 경정결정이 있는 경우 또는 납세의무자가 세무조사의 사전통지를 받은 후 수정신고를 하는 경우에 비로소 적용되는 것이므로, 위 조항의 개정·시행으로 인한 소급입법의 판단은 납세의무의 '성립 여부'가 아닌 '경정결정 또는 수정신고 여부'를 기준으로 하여야 할 것이다. 따라서 '이미 경정결정 또는 수정신고된 납세의무'에 대하여 개정법령을 적용하는 것은 진정소급입법으로서 허용되지 않는다고 보아야 할 것인바, 이 사건 부칙조항은 누락세액에 대하여 과세관청의 경정결정이 있거나 납세의무자가 수정신고를 하기 전인 납세의무에 대하여만 개정된 법 제128조 제 3 항을 적용하도록 규정하고 있으므로 진정소급입법이라고 볼 수 없다.

(나) 한편, 법 제128조 제 3 항은 비록 '세무조사 사전통지 후 수정신고'라는 행위 요건만을 신설하였지만, 위 조항에 의하여 감면배제의 대상이 되는 것은 특정 사업연도의 '소득'이라는 점에서, '과세대상인 소득의 발생(사업연도의 종료),' '기한 내 부당과소신고,' '세무조사 사전통지 후 수정신고'라는 일련의 단계가 모두 충족되어야 적용될 수 있다. 그렇다면 청구인의 2003 사업연도분과 같이 법 제128조 제 3 항의 개정·시행일 전에 이미 종료된 사업연도분의 경우, 비록 수정신고는 위 조항의 개정 후에 이루어졌다고 하더라도 개정법에 따라 감면이 배제되는 '소득의 귀속연도'와 '납세의무자의 과소신고시기'는 위 조항의 개정 전이 될 것이므로, 개정된 법 제128조 제3항의 적용대상 및 요건이 위 조항의 시행일 전후에 걸쳐 있다고 볼 수 있다. 따라서 사업연도가 종료되었으나 아직 확정되지 않은 납세의무의 경우 법 제128조 제 3 항의 적용에 관한 법적 지위 내지 상태가 진행 중인 단계에서 위 조항의 요건이 개정된 것이므로, 이 사건 부칙조항은 현재 계속 진행되고 있는 사실에 대하여 개정법의 효력을 미치도록 하는 부진정소급입법에 해당한다고 봄이 상당하다.

(4) 소　　결

그렇다면, 이 사건 부칙조항은 진정소급입법에 해당하지 아니하므로 소급입법 과세금지원칙에 반한다고 볼 수 없다.

다만, 청구인으로서는 종전 법에 의하면 '세무조사의 통지를 받고 수정신고한 경우에도 세액감면이 배제되지 아니할 것이라는 신뢰'를 가지고 있었다고 볼 수 있으므로, 이 사건 부칙조항이 구법질서에 대한 납세의무자의 신뢰를 침해하는 것으로서 헌법에 위반되는지 여부를 살펴보아야 한다.

[신뢰보호원칙 위배 여부]

(1) 조세영역에 있어서의 신뢰보호원칙

헌법상 법치국가의 원칙으로부터 신뢰보호의 원리가 도출된다. 법률의 개정시 구법질서에 대한 당사자의 신뢰가 합리적이고도 정당하며 법률의 개정으로 야기되는 당사자의 손해가 극심하여 새로운 입법으로 달성하고자 하는 공익적 목적이 그러한 당사자의 신뢰의 파괴를 정당화할 수 없다면 그러한 새 입법은 신뢰보호의 원칙상 허용될 수 없다. 그러나 사회환경이나 경제여건의 변화에 따른 필요성에 의하여 법률은 신축적으로 변할 수밖에 없고, 변경된 새로운 법질서와 기존의 법질서 사이에는 이해관계의 상충이 불가피하므로, 국민이 가지는 모든 기대 내지 신뢰가 헌법상 권리로서 보호될 것은 아니고, 신뢰의 근거 및 종류, 상실된 이익의 중요성, 침해의 방법 등에 의하여 개정된 법규·제도의 존속에 대한 개인의 신뢰가 합리적이어서 권리로서 보호할 필요성이 인정되어야 한다(헌재 1992. 10. 1. 92 헌마 68 등, 헌재판례집 4, 659, 683; 헌재 1995. 6. 29. 94 헌바 39, 헌재판례집 7-1, 896, 910 등 참조). 더구나 조세법의 영역에 있어서는 국가가 조세·재정정책을 탄력적·합리적으로 운용할 필요성이 매우 큰 만큼, 조세에 관한 법규·제도는 신축적으로 변할 수밖에 없다는 점에서 납세의무자로서는 구법질서에 의거한 신뢰를 바탕으로 적극적으로 새로운 법률관계를 형성하였다든지 하는 특별한 사정이 없는 한 원칙적으로 세율 등 현재의 세법이 변함없이 유지되리라고 기대하거나 신뢰할 수는 없다(헌재 1998. 11. 26. 97 헌바 58, 헌재판례집 10-2, 673, 680~683 참조).

신뢰보호원칙의 위배 여부를 판단하기 위하여는 한편으로는 침해받은 이익의 보호가치, 침해의 중한 정도, 신뢰가 손상된 정도, 신뢰침해의 방법 등과 다른 한편으로는 새 입법을 통해 실현하고자 하는 공익적 목적을 종합적으로 비교·형량하여야 한다(헌재 1995. 10. 26. 94 헌바 12, 헌재판례집 7-2, 447, 460~461; 헌재 1999. 7. 22. 97 헌바 76 등, 헌재판례집 11-2, 175, 195 참조).

(2) 이 사건 부칙조항에 대한 판단

(가) 청구인의 신뢰이익

1) 이 사건에서 청구인은 구 법 제128조 제 3 항에 의하여 '2003 사업연도분에 대한 세액누락사실이 발각되어 세무조사를 받게 되더라도 과세관청의 경정결정이 있기 전까지 수정신고를 하게 되면 자발적으로 수정신고한 경우와 마찬가지로 중소기업특별세액감면혜택을 박탈당하지 않을 것'이라는 기대 내지 신뢰를 가졌다고 볼 수 있다.

그러나 조세공평의 원칙에 배치되는 비과세나 감면과 같은 조세우대조치에 대한 기대나 신뢰를 영구히 보호할 필요나 가치가 있다고 할 수 없고, 또한 복잡다양한 경제현상에 따라 신축적인 개정이 요구되는 조세법에 있어서 그러한 조세우대조치는 잠정적인 것으로서 장래에 축소 내지 폐지되는 방향으로 개정될 수 있으리라는 것을 충분히 예측할 수 있으므로 청구인에게 인정될 수 있는 법률의 존속에 대한 신뢰가 존재한다고 하더라도 신뢰의 보호가치는 크다고 할 수 없으며(헌재 1995. 3. 23. 93 헌바 18, 헌재판례집 7-1, 376; 헌재 2004. 7. 15. 2002 헌바 63, 헌재판례집 16-2, 59, 73 참조), 납세의무자가 종전 규정에 의한 조세감면 등을 신뢰하였다 하더라도 이는 단순한 기대에 불과할 뿐 기득권에 갈음하는 것으로서 마땅히 보호되어야 할 정도의 것으로 볼 수는 없다(대법원 2001. 5. 29 선고, 98 두 13713 판결(공보 2001, 134) 참조).

이 사건에서 세무조사 사전통지를 받은 후라도 경정결정 전에 수정신고하면 중소기업특별세액감면이 배제되지 않을 것이라는 구 법 제128조 제 3 항에 대한 납세의무자의 신뢰는 신축적·잠정적인 조세우대조치에 대한 것으로서 단순한 기대에 불과하고, 청구인이 구법질서에 의거한 신뢰를 바탕으로 적극적으로 새로운 법률관계를 형성하였다든지 하는 특별한 사정도 보이지 않는다. 또한 세무조사의 사전통지를 받고 수정신고한 납세의무자는 당초 일부 세액을 누락하여 신고하였던 이상 언제든지 경정결정이 내려질 수 있는 상태였으므로, 종전 법에 의하더라도 세액감면혜택의 존속 여부가 확실하였다고 볼 수 없어 그 신뢰의 보호가치가 적다. 특히 세액누락사실이 발각되더라도 과세관청의 경정결정이 있기 전까지 수정신고를 하게 되면 자발적으로 수정신고한 경우와 마찬가지로 중소기업세액감면의 혜택을 계속 누릴 수 있을 것이라는 점에 대한 납세의무자의 신뢰는, 구법상의 입법미비사항을 악용하면 일부 세액을 누락하고 신고하여도 감면규정을 계속 적용받을 수 있을 것이라는 점에 대한 신뢰, 즉 세법상의 흠결을 계속 이용할 수 있을 것이라는 점에 대한 신뢰에 해당한다고 볼 수 있어 그 보호가치와 필요성은 극히 적다고 할 것이다.

2) 한편, 납세자가 법정신고기한 내에 과세표준신고서를 제출한 경우로서 신고한 과세표준이 세법에 따라 신고하여야 할 과세표준에 미달한 경우에는 과소신고가산세가 부과된다(구 법인세법 제76조 제 1 항 제 2 호). 다만 법정신고기한의 경과 후 6개월 이내에 수정신고한 경우에는 최초의 과소신고로 인하여 부과하여야 할 가산세의 100분의 50에 상당하는 세액을 경감하되, 과세표준과 세액에 관하여 경정이 있을 것을 미리 알고 수정신고한 경우에는 감면되지 아니한다(기본법 제49조). 여기서 '경정이 있을 것을 미리 알고 한 경우'라 함은 당해 국세에 관하여 세무공무원이 조사에 착수한 것을 알고 과세표준수정신고서를 제출한 경우를 말하는바(위 법 시행령 제29조 제 2 항), 세무조사 사전통지를 받고 수정신고한 자는 당해 국세에 관하여 세무공무원이 조사에 착수한 것을 알고 한 경우에 해당하므로, 법정신고기한 경과 후 6개월 이내에 수정신고하였다고 하더라도 가산세를 감면받을 수 없다.

위와 같은 가산세에 관한 내용들은 법 제128조 제 3 항과 비교할 때 입법취지나 감면배제 사유에 있어서 거의 동일하다고 볼 수 있는바, 과소신고 납세자로서는 경정결정이 있을 것을 알고 수정신고한 경우에는 위 가산세규정에 의하여 가산세감면이 배제된다는 사실을 이미 알고 있었다고 할 것이므로, 중소기업특별세액감면과 같은 다른 세액감면에 있어서도 조세형평상의 문제점을 제거하기 위하여 위 가산세규정과 유사한 내용의 입법이 이루어질 수 있음을 충분히 예상할 수 있었을 것이다.

3) 이러한 사정을 고려할 때, 현재의 세법이 변함없이 유지되어 중소기업특별세액감면의 혜택을 계속 적용받을 수 있을 것이라는 청구인의 신뢰는 헌법상 특별히 보호하여야 할 가치나 필요성이 있다고 보기 어렵다.

(나) 공익의 중대성

앞서 본 바와 같이 법 제128조 제 3 항은, 누락세액에 대하여 세무조사의 사전통지를 받은 후 뒤늦게 수정신고를 하는 경우에는 수정신고 전에 경정결정이 있는 경우와 비교하여 비성실신고자라는 점에 있어서 본질적인 차이가 없으므로, 전자의 경우에도 세액감면규정의 적용을 배제함으로써 조세형평의 원칙을 실현하고 납세자의 성실신고를 유도한다는 데 그 입법목적이 있다.

또한 이 사건 부칙조항은, 자발적인 수정신고의 기회가 있었음에도 세무조사 통지를 받은 후에야 수정신고를 하였다는 '불성실한 신고로서의 행위태양'과 '세액탈루의 혐의'가 동일한 비성실납세자에 대하여 사업연도의 경과 여부를 불문하고 누락세액에 대한 감면을 배제함으로써 비성실납세자간의 조세형평을 실현하는 한편, 위 조항이 개정·시행되기 전에 수정신고를 마친 분에 대하여는 개정법령을 적용하지 않음으로써 이미 확정된 납세의무에 대한 납세자의 신뢰 및 법적 안정성을 보호하기 위한 것이다.

이러한 조세형평의 실현과 납세의무자의 성실신고 유도, 납세의무가 확정된 자의 신뢰 및 법적 안정성 보호라는 위 조항들의 입법목적은 매우 중대한 공익에 해당한다고 볼 수 있다.

(다) 소　　결

구 법에 따르더라도 중소기업특별세액감면에 대한 청구인의 법적 상태가 불확실하고 혼란스러워 보호할만한 신뢰의 이익이 적다는 점, 누락세액에 대한 자진신고를 미루다가 사후에 발각되더라도 경정결정이 있기 전에만 수정신고하면 세액감면이 배제되지 않을 것이라는 청구인의 신뢰는 입법의 흠결에 대한 신뢰로서 보호가치가 적다는 점, 반면 법 제128조 제 3 항과 이 사건 부칙조항이 달성하고자 하는 공익목적은 청구인이 침해받는 신뢰이익에 비하여 매우 중대한 것이라는 점을 고려할 때, 이 사건 부칙조항은 헌법상 신뢰보호원칙에 위반된다고 볼 수 없다.

8. 産災保險과 信賴保護의 原則[1)]

[심판대상 조항의 위헌 여부에 대한 판단]

가. 쟁점의 정리

청구인들은 이 사건에서, 위 제도가 시행된 2000. 7. 1. 이전에 업무상 재해를 입은 근로자에 대하여도 2003. 1. 1.부터는 최고보상제도를 적용하도록 규정한 심판대상 조항이 소급입법금지원칙이나 신뢰보호원칙에 위배하여 청구인들의 재산권을 침해하는지 여부를 주로 다투고, 2000. 7. 1. 이전에 장해보상일시금을 받은 자들 또는 휴업급여·상병보상연금 수령자들과 비교하여 심판대상 조항이 청구인들의 평등권을 침해하는지를 문제삼고 있으며, 일부 청구인들은 나아가 최고보상제도를 규정한 법 제38조 제 6 항이 과잉금지의 원칙이나 포괄위임금지원칙을 위배한 재산권의 침해에 해당한다는 주장도 덧붙이고 있다.

그러나 앞서 심판의 대상에서 살펴보았듯이, 청구인들이 주로 문제삼고 있는 것은 법 제38조 제 6 항을 2000. 7. 1. 이전의 피재 근로자에게도 2003. 1. 1. 이후 전면적으로 적용하는 것, 즉 심판대상 조항의 위헌성이고, 법 제38조 제 6 항이 규정한 최고보상제도 자체의 위헌성은 청구인들이 당초 위헌법률심판 제청신청 당시에는 주장하지 아니하였던 것이며, 따라서 당해사건 법원의 위헌법률심판 제청신청에 대한 기각결정에도 판단이 없었던 것이므로, 이 부분은 판단의 대상으로 삼지 아니한다.

한편, 기본권 경합의 경우에는 기본권 침해를 주장하는 청구인의 의도 및 기본권을 제한하는 입법자의 객관적 동기 등을 참작하여 사안과 가장 밀접한 관계에 있고 또 침해의 정도가 큰 주된 기본권을 중심으로 해서 그 제한의 한계를 따져 보아야 할 것인바(헌재 1998. 4. 30. 95헌가 16, 헌재판례집 10-1, 327, 336~337), 이 사건의 핵심적인 쟁점은 법 제38조 제 6 항이 새로이 규정하고 있는 최고보상제도를 위 제도 시행 이전에 업무상 재해를 입은 자에게도 2003. 1. 1.부터 적용하도록 규정한 심판대상 조항이 소급입법금지원칙(진정소급입법으로 볼 경우)이나 신뢰보호의 원칙(부진정소급입법으로 볼 경우)에 위배하여 청구인들의 재산권을 침해하는지 여부라 할 것이다.

따라서 이하에서는, 심판대상 조항이 소급입법금지의 원칙이나 신뢰보호의 원칙에 위배하여 청구인들의 재산권을 침해하는지를 먼저 살펴보고, 심판대상 조항이 청구인들의 재산권을 침해하는 것이 아니라고 판단될 경우에는 나아가 심판대상 조항이 청구인들의 평등권을 침해하는지 여부를 판단하기로 한다.

나. 소급입법에 의한 재산권의 침해 여부

헌법 제13조 제 2 항은 "모든 국민은 소급입법에 의하여 참정권의 제한을 받거나 재산권을 박탈당하지 아니한다"라고 규정하여 소급입법에 의한 재산권의 박탈을 금지하고 있다.

청구인들은 기존의 장해보상연금 수급자에 대하여도 최고보상제도를 적용하도록 하는 것은 소급입법에 의한 재산권의 침해에 해당하여 헌법에 위반된다고 주장한다.

청구인들이 심판대상 조항으로 인하여 각 감액된 장해보상연금만을 지급받게 됨으로써 재산권의 제한을 받게 되었다는 것은 인정할 수 있으므로, 심판대상 조항이 소급입법에 의하여 청구인들의 재산권을 침해하는 것인지를 먼저 살펴본다.

소급입법은 신법이 이미 종료된 사실관계나 법률관계에 적용되는지, 아니면 현재 진행중인 사실관계나 법률관계에 적용되는지에 따라 '진정소급입법'과 '부진정소급입법'으로 구분되는

1) 헌재 2009. 5. 28 선고, 2005 헌바 20·22, 2009 헌바 30(병합), 산업재해보상보험법 제38조 제 6 항 위헌소원, 헌재공보 제152호, 47면 이하.

데, 전자는 헌법상 원칙적으로 허용되지 않고 특단의 사정이 있는 경우에만 예외적으로 허용되는 반면, 후자는 원칙적으로 허용되지만 소급효를 요구하는 공익상의 사유와 신뢰보호 요청 사이의 교량과정에서 신뢰보호의 관점이 입법자의 입법형성권에 일정한 제한을 가하게 된다는 데 차이가 있다(헌재 2001. 4. 26. 99 헌바 55, 헌재판례집 13-1, 869, 884; 헌재 2002. 7. 18. 99 헌마 574, 헌재판례집 14-2, 29, 43 참조).

이 사건 심판대상 조항에 의하면, 기존에 장해급여를 연금형태로 수급하여 오던 자에 대하여는 최고보상제도가 시행되는 2000. 7. 1.부터 2년 6월의 유예기간이 경과한 다음 날인 2003. 1. 1. 이후 지급받는 장해급여부터 최고보상제도가 적용된다. 즉, 심판대상 조항은 청구인들과 같은 기존의 장해보상연금 수급권자들에 대하여 이미 발생하여 이행기가 도래한 장해연금 수급권의 내용을 변경하지는 아니하고, 심판대상 조항 시행 이후의 법률관계, 즉 장래 이행기가 도래하는 장해연금 수급권의 내용을 변경하는 것에 불과하므로, 이미 종료된 과거의 사실관계 또는 법률관계에 새로운 법률이 소급적으로 적용되어 과거를 법적으로 새로이 평가하는 진정 소급입법에는 해당하지 아니한다(헌재 2005. 6. 30. 2004 헌바 42, 헌재판례집 17-1, 973, 983 참조).

따라서 이 사건에서는 소급입법에 의한 재산권 침해는 문제될 여지가 없고, 다만 청구인들이 지니고 있는 기존의 법상태에 대한 신뢰를 법치국가적인 관점에서 헌법적으로 보호해 주어야 할 것인지 여부가 문제된다 할 것이다(헌재 2003. 9. 25. 2001 헌마 93 등, 헌재판례집 15-2 상, 319, 363 참조).

다. 신뢰보호의 원칙을 위반하여 재산권을 침해하는지 여부

(1) 신뢰보호원칙의 의의 및 심사기준

신뢰보호의 원칙은 헌법상 법치국가 원리로부터 파생되는 것으로, 법률이 개정되는 경우에는 기존 법질서와의 사이에 어느 정도의 이해관계의 상충은 불가피하다고 할 것인바, 이 경우 기존의 법질서에 대한 당사자의 신뢰가 합리적이고 정당한 반면, 법률의 제정이나 개정으로 야기되는 당사자의 손해가 극심하여 새로운 입법으로 달성코자 하는 공익적 목적이 그러한 당사자의 신뢰가 파괴되는 것을 정당화할 수 없는 경우, 그러한 새 입법은 허용될 수 없다는 것이다(헌재 1995. 6. 29. 94 헌바 39, 헌재판례집 7-1, 896, 910 참조).

이러한 신뢰보호원칙의 위반 여부는 한편으로는 침해되는 이익의 보호가치, 침해의 정도, 신뢰의 손상 정도, 신뢰 침해의 방법 등과 또 다른 한편으로는 새로운 입법을 통하여 실현하고자 하는 공익적 목적 등을 종합적으로 형량하여야 한다(헌재 2001. 2. 22. 98 헌바 19, 헌재판례집 13-1, 212, 219~220; 헌재 2001. 4. 26. 99 헌바 55, 헌재판례집 13-1, 869, 885~886 참조).

따라서 신뢰보호 원칙의 위반 여부를 판단함에 있어서는, 첫째, 보호가치 있는 신뢰이익이 존재하는가, 둘째, 과거에 발생한 생활관계를 현재의 법으로 규율함으로써 달성되는 공익이 무엇인가, 셋째, 개인의 신뢰이익과 공익상의 이익을 비교 형량하여 어떠한 법익이 우위를 차지하는가를 살펴보아야 할 것이다.

(2) 보호가치 있는 신뢰이익의 존부에 대한 판단

심판대상 조항으로 인하여 침해되는 사익에 관하여 살핀다.

(가) 신뢰의 근거와 내용

장해급여가 일시금 외에 연금으로도 지급되기 시작한 것은 1970. 12. 31. 법률 제2271호로 개정된 법이 장해등급 제 1 급 내지 제 3 급 장해자에 대한 연금지급을 규정하면서부터였고, 현재와 같이 제 1 급 내지 제 7 급 장해를 입은 피재 근로자에게 장해보상연금을 지급하는 장해보상연금의 산정제도는 1981. 12. 17. 법률 제3467호로 개정된 법에서 채택되어 1999. 12. 31. 법으로 최고보상제도가 도입되기까지 20년 가까이 지속되어 왔던 것이다.

더욱이 산재보상보험제도는 국가에 의하여 강제적으로 시행·관리되고, 제 1 급 내지 제 3

급 장해를 입은 피재 근로자들의 경우 장해급여는 원칙적으로 연금의 형태로 지급되므로 (법 제42조 제 3 항 단서, 법시행령 제31조 제 5 항, 법시행령 [별표9] 참조), 개인으로서는 제도의 이용 여부에 관한 선택의 여지도 없었던 것이다.

청구인들은 산재를 입은 후 공단으로부터 장해급여를 연금형태로 지급받기 시작할 당시, 공단으로부터 자신이 종전에 지급받던 평균임금에 자신의 장해등급에 따른 법령 소정의 지급률을 적용하여 산출한 연금, 즉 평균임금을 기준으로 장해등급에 따라 증감 변동하는 연금을 지급받는다는 사실을 통지받았다. 그리하여 청구인들은 그 당시 '산재사고에 따라서 받는 장해연금은 평균임금을 기준으로 하여 장해율에 따라 소정의 비율을 적용한 금액이고, 평균임금이란 실제임금을 기준으로 한다'고 믿고, 그 무렵부터 자신이 종전에 지급받던 평균임금에 자신의 장해등급에 따른 지급률을 적용하여 산정된 장해보상연금을 지급받아 왔으며, 향후 법 개정에 의하여 위와 같은 방식의 지급기준이 변경됨으로써 장해보상연금이 감액될 것이라고는 예상할 수 없었을 것으로 보인다(이 점에서 청구인들의 신뢰는 최고보상제도 실시 이후 피재 근로자들의 신뢰와 근본적으로 차이가 있다).

그런데, 법 개정으로 시행되게 된 최고보상제도는 실제의 평균임금이 노동부장관이 고시하는 한도금액 이상일 경우 그 한도금액을 실제임금으로 의제하는 것이므로, 만약 위 최고보상제도가 기존의 피재 근로자로서 장해보상연금 수급자들인 청구인들에게도 그대로 적용된다면 이는 평균임금 및 장해보상연금 지급수준에 대한 청구인들의 정당한 신뢰를 침해하는 것이라고 할 것이다.

물론, 예상하지 못한 급격한 경제사정의 변동이 있을 경우 평균임금 대비 장해 등급에 따른 연금 지급율 자체를 다소 하향 조정한다거나 하는 것까지 예측할 수 없다고는 보기 어려우므로, 기존의 피재 근로자로서 최고보상제도 시행 이전에 장해보상연금을 수급하여 온 청구인들의 장해보상연금제도에 대한 신뢰의 내용을 '영원불변의 급여액을 받는다'는 것으로는 볼 수 없을 것이나, 그렇다 하더라도 청구인들의 신뢰를 액수와 무관하게 얼마가 삭감되든 단지 매월 일정한 연금을 지급받기만 하면 충족되는 것으로 볼 수는 없다.

따라서, 심판대상 조항은 기존의 장해보상연금 수급자인 청구인들에게 최고보상제도가 적용되도록 함으로써 청구인들의 산재보상연금 산정기준에 대한 정당한 법적 신뢰를 심각하고 예상치 못한 방법으로 해하는 것이라고 할 것이다.

(나) 사적 이익의 중대성

1) 청구인들은 근무중 산재를 입으면 청구인들의 평균임금을 기준으로 한 일정비율의 산재보험금을 받는다는 기대를 가지고 있었고, 실제로 최고보상제도가 시행되어 심판대상 조항이 적용되기 전에는 공단으로부터 고액의 연봉에 따른 평균임금을 기준으로 장해등급에 따른 지급률을 적용하여 산출한 장해보상연금{노동능력 상실률 100%인 장해등급 제 1 급의 경우 종전 평균임금의 90%(연간 329일분), 제 7 급의 경우 평균임금의 30%(연간 138일분)가 장해보상연금액으로 책정되어 전체적으로 종전 평균임금의 90% 내지 30%를 지급받아 왔다. 법 시행령 [별표6] 장해등급의 기준, [별표3] 장해급여표 각 참조}을 지급받아, 산재 이전에 유지하던 생활수준의 골격을 어느 정도 유지해 오고 있었다.

2) 그런데 청구인들은 심판대상 조항으로 말미암아 2003. 1. 1.부터 기존의 장해보상연금액 중 최고보상기준금액을 기준으로 산정한 최고보상금액을 초과한 부분을 일괄 삭감당하였다. 2005헌바20 사건의 청구인 김○경의 경우 심판대상 조항이 적용되기 전에는 월 7,630,670원의 연금을 지급받고 있었으나, 심판대상 조항의 적용으로 말미암아 2003년 1월분으로 2,140,

200원으로 감액된 연금을 지급받았는바, 이는 원래 받던 금액의 28% 정도밖에 되지 않는 것으로 최고보상제의 적용으로 인한 연금 삭감률이 72%에 이른다. 2005헌바22 사건의 청구인들의 경우 최소 2%([별지 2] 청구인 9. 김○용)부터 최대 82%([별지 2] 청구인 34. 서○수)로 다양하나, 평균 삭감률이 40%를 초과한다. 2009헌바30사건의 청구인들도 심판대상 조항으로 말미암아 [별지 3] 기재와 같이 최고보상제 적용 이전에 받던 장애연금액의 30% 내지 60% 가량을 삭감당하였다.

3) 청구인들은 장해등급 제 1 급 내지 제 7 급에 해당하는 중증 장애인들로서 장해정도에 따라 계속적인 치료를 받아야 하고, 의족, 의수 등 보조기구를 주기적으로 구입하여야 하는 경우도 있으며, 높은 노동능력상실률로 말미암아 장해보상연금 외에 달리 생계수단이 없는 경우가 대부분이고, 의료보조기 구입, 치료, 간병 등으로 산재를 입기 전보다 생활비에 소요되는 비용이 늘어나는 것이 일반적인 데 반하여 장해급여 수준은 종전 평균임금의 90% 내지 30%로서, 잔존 노동능력의 범위 내에서 다른 소득활동을 하지 않는 이상 종전의 생활수준을 유지하는 것이 불가능한 가운데 장해보상연금의 수급으로 종전보다 위축된 상태로나마 그 생활수준의 골격을 유지하여 오고 있었다.

그런데 심판대상 조항은 기존의 피재 근로자로서 장해보상연금을 수급하여 온 청구인들에 대하여 잔존 노동능력을 이용하여 다른 소득활동을 하고 있는지 여부, 그로 인한 소득이 어느 정도인지 등은 일체 불문하고 최고보상기준금액을 일률적으로 적용하고, 그 기준금액에다가 장해정도에 따른 지급률을 곱하여 산정한 최고보상액과 종전 장해보상연금과의 차액 상당을 일시에 대폭적으로 일괄 삭감하였다.

4) 청구인들 대부분은 40대 전후의 피재 근로자들로서 중고생이나 대학생 자녀를 두는 등 경제적 지출이 많은 연령으로, 장해급여의 갑작스런 삭감으로 곤경에 처하였음을 호소하고 있기도 하다.

또한 청구인들 중의 상당수는 산재를 입었던 무렵 그 당시의 법령에 의한 장해보상연금 수준이 대체로 유지될 것을 전제로, 이중보상금지원칙(현행 근로기준법 제87조, 2007. 1. 26. 개정 전의 근로기준법 제90조 각 참조)을 고려하여 사용자와 민사상 손해배상에 대해 적은 액수로 합의하거나 사용자에 대한 민사상 손해배상을 포기하였다는 측면도 있다.

5) 청구인들이 장해보상일시금과 장해보상연금 중에서 장해보상연금을 선택한 것은 남은 여생을 연금에 의존하여 살겠다는 결단을 한 것이라고 볼 것인바, 법이 당시에는 존재하지 않았던 최고보상제도를 새로이 만들어 시행함에 있어 이를 제도 시행 이전의 피재 근로자인 청구인들에게까지 적용하여 기존의 장해보상연금액을 최고보상기준금액에 의한 급여수준으로 일괄하여 감액하는 것은 장해보상연금에 의존하여 생활하는 청구인들에게 미치는 손해가 다대하다고 보지 않을 수 없다.

(3) 심판대상 조항으로 달성하려는 공익의 내용

심판대상 조항이 최고보상제도 시행 이전의 기존 장해보상연금 수급자들에게도 2003. 1. 1. 이후 최고보상제도를 적용함으로써 달성하려는 공익은, 한정된 재원으로 보다 많은 재해근로자와 그 유족들에게 적정한 사회보장적 급여를 실시하고 재해근로자 사이에 보험급여의 형평성을 제고하며 소득재분배 기능을 수행하려는 것과 아울러, 최고보상제도를 기존의 장해급여 수급자에게도 적용함으로써 절감되는 보험급여액으로 다수의 근로자에게 혜택이 돌아가는 간병급여의 신설, 유족급여의 확대, 후유증상 진료제도를 도입하여 보험급여의 폭을 확대하고, 휴업급여 등의 최저기준을 인상하여 보험급여의 지급수준을 상향조정하는 등의 재원으로 삼고자 하는 데 있는 것으로 보인다.

(4) 신뢰이익과 공익 간의 비교형량

1) 단순한 입법정책의 변경에 의한 법률개정과 같이 구법과 신법이 모두 일정한 합리성을 가지고 있는 경우와 구법질서의 불합리성에 대한 반성적 고려에 의하여 법률이 개정되는 경우는 그 각각에 대한 신뢰보호의 필요성이 달라진다. 따라서 이 사건에 있어서 신뢰보호원칙 위반 여부를 판단하기 위하여는 장해급여제도와 최고보상제도가 각 추구하는 목적, 도모하고자 하는 법적 이익 등을 비교형량하고 나아가 그 충돌 또는 조화의 가능성 등을 검토할 필요가 있다.

2) 장해급여제도는 본질적으로 소득재분배를 위한 제도가 아니고, 사업자가 근로자 및 사용자 자신을 위하여 근로자의 평균임금에 상응하게 일정 비율로 납입한 보험료를 바탕으로 불의의 산재사고에 대비하여 피재 근로자에게 산재 사고 이전의 생활수준의 골격을 보장해 주기 위하여 마련된 제도로서 손해배상 내지 손실보상적 급부인 점에 그 본질이 있으므로, 장해급여는 손해배상에서의 일실수입에 대응하는 개념이며, 산재보상보험의 두 가지 성격 중 사회보장적 급부로서의 성격은 상대적으로 약하고 재산권적인 보호의 필요성은 보다 강하다고 볼 수 있어 다른 사회보험수급권에 비하여 보다 엄격한 보호가 필요하다 할 것이다.

이와 달리 최고보상제도는 소득의 재분배를 주요한 목적 내지 기능으로 하는 제도인바, 손해배상 내지 손실보상적 급부인 장해급여제도를 운영함에 있어서 최고보상제도의 시행이 필수적인 요소라고 볼 수는 없다. 따라서 장해보상연금수급권이 사회보장수급권의 성격을 가지고 있어 그 형성에 입법자의 재량이 인정된다 하더라도 일반적으로 입법자의 광범위한 입법재량이 허용되는 공적 부조의 경우에 비하여 입법형성권의 범위는 상당히 축소되는 것으로 보아야 할 것이고, 산업재해보상보험이 사회보험적 성격이 있다는 이유만으로 법이 최고보상제도를 신설하여 기존 장해보상연금 수급자의 정당한 신뢰를 침해하는 것은 정당화되기 어렵다 할 것이다.

장해급여제도에 사회보장 수급권으로서의 성격도 있는 이상 소득재분배의 도모나 새로운 산재보상사업의 확대를 위한 재원 마련의 목적으로 최고보상제를 도입하는 것 자체는 입법자의 결단으로서 입법자의 형성적 재량권의 범위 내에 있다고 볼 여지도 있을 것이다. 그러나, 그러한 경우에도 원칙적으로 최고보상제도 시행 이후 산재를 입는 근로자들부터 적용하는 것은 별론으로 하고, 제도의 시행 이전에 이미 재해를 입고 산재보상수급권이 확정적으로 발생한 청구인들에 대하여 그 수급권의 내용을 일시에 급격히 변경하여 가면서까지 적용할 수 있는 것은 아니라고 보아야 할 것이다.

3) 한편, 심판대상 조항의 주요한 입법목적이라 할 수 있는 소득재분배는 국가의 정책적 문제로서 근본적으로 조세정책 또는 다른 사회보장제도의 확충을 통해서 해결하여야 할 문제이지, 산재를 입은 근로자들에게 업무상 재해로 상실된 수입을 일정 수준까지 보장하여 줌으로써 산재 이전의 생활수준의 골격을 유지해 주는 것을 주목적으로 하는 제도인 장해급여제도(산재보험)의 변경을 통하여 해결할 문제는 아니다.

가사 장해보상연금액의 조정으로 소득재분배를 이루고자 하는 경우에도, 최고보상제도를 신설한 법 시행 이후에 발생한 산재사고의 피재 근로자들부터 적용되는 것으로 하거나, 공단이 현재까지 보험료 징수를 통하여 이미 확보한 자체자금을 활용하여 산재보험의 혜택을 확대하거나, 누진 보험료율을 채택하여 평균임금이 높은 근로자를 고용하는 사업주로부터 보다 높은 비율의 보험료를 징수하여 저소득 근로자에게 혜택을 확대하는 방안 등을 우선적으로 고려하였어야 할 것이다.

4) 나아가, 신설된 최고보상제도를 기존의 장해보상연금 수급자들에게까지 적용함으로써 얻는 실제적 효과에 관하여 보건대, 헌법재판소의 사실조회에 대한 공단의 2008. 6. 30.자 회보결과에 의하면, 2003. 1. 1. 기준으로 최고보상기준금액의 적용을 받는 장해보상연금 수급자의 수는 이 사건 청구인들을 포함하여 총 843명, 최고보상제도 적용 직전인 2002. 12. 현재 위 843명에 대한 월 지급 총액은 2,721,317,550원, 최고보상제도 적용 직후인 2003. 1. 기준 위 843명에 대한 월 지급 총액은 2,075,276,390원으로 그 차액이 월 646,041,160원이다. 이를 2007년 기준 장해보상연금 총 지급액 667,380,000,000원에 비교하여 보면, 위 최고보상제도를 적용함으로써 월간 절감되는 비용은 위 총 지급액의 0.097%, 연간 절감되는 비용은 1.16%에 불과하다(장해보상연금 지급액의 기준이 2007년인 점에 비추어 보면, 최고보상제도의 적용을 받는 장해보상연금 수령자의 수가 자연감소하였을 것이고, 최고보상기준금액의 상승으로 2002. 12. 기준 장해보상연금과의 차액 또한 감소하였을 것이므로, 실제 차지하는 비율은 위 비율보다도 훨씬 낮을 것으로 보인다).

또한 공단의 보험수지를 보면, 2006년 기준 수지율(급여지급액/보험료 등 수납액)은 86.03%, 2007년 기준 수지율은 74.24%로서, 공단의 보험수지가 흑자인데다 그 흑자율 또한 증가하고 있다. 거기에 더하여 산재보상보험의 경우 법이 설계한대로 보험제도를 운영한다면 운영구조상 적자가 될 가능성은 없다고 할 것이다.

이러한 점들에 비추어 보면, 새로운 산재보상사업의 확대실시를 위하여 신설된 최고보상제도를 기존의 장해보상연금 수급자에게도 적용하지 않으면 안 될 필연성이 있었다고 보기 어렵다.

5) 산재보험제도는 보험가입자인 사업주가 납부하는 보험료(법 제57조, 제62조)와 국고부담(법 제64조 제 3 항)을 재원으로 하여 근로자에게 발생하는 업무상 재해라는 사회적 위험을 보험방식에 의하여 대처하는 사회보험제도이나, 사회보험방식으로 운영되는 여타 연금제도와 달리 그 재정부담에 대한 국가의 기여 정도는 극히 미미하여, 사업주가 자신 및 그 근로자를 위하여 해당 사업체의 임금 총액에 소정의 보험료율을 적용하여 부담하는 보험료에 거의 전적으로 재원을 의존하고 있다(정부출연금은 사업주가 내는 보험료의 1%에도 미치지 못하는 금액으로 공단관리비용의 일부에 충당되는 것으로 보인다. 법 제 3 조 참조).

업무상 재해에 대하여는 근로기준법에서 사용자에게 직접 보상책임을 부과하고 있지만 사용자의 무자력 등으로 보상이 실시되지 못하는 경우가 있을 수 있으므로, 이러한 경우에 피재 근로자나 그 유족에게 재해보상을 확실히 보장하기 위하여 사회보험방식을 도입하여 산재보험제도가 마련된 것으로, 산재보험이 사업주가 부담하는 보험료에 거의 전적으로 재원을 의존하고 있는 것은 이와 같은 산재보험제도의 특성이 반영된 것이다.

따라서, 산재보험제도는 개인의 생활 그 자체를 보호하는 순수한 사회정책적 목적에 그 취지를 두고 재정조달에 있어서도 국가재정이 차지하는 비율이 큰 연금보험 등 여타 사회보험에 비하여 국가가 가지는 입법형성권의 범위가 상대적으로 좁다고 볼 것이고, 산재보험급여 중에서도 손해배상 또는 손실보상급부로서의 본질을 가지는 장해급여의 경우는 더욱 그러하다 할 것이다.

6) 한편, 이 사건 청구인들은 산재로 노동능력을 50% 이상 상실한 중증 장애인들이므로, 이 사건에서 공익과 사익을 비교형량함에 있어서는 장애인 보호에 관한 헌법 규정의 취지를 마땅히 감안하지 않으면 아니 될 것이다.

즉, 헌법 제34조 제 5 항은 "신체장애자 및 질병·노령 기타의 사유로 생활능력이 없는 국민은 법률이 정하는 바에 의하여 국가의 보호를 받는다"라고 하여 신체장애자에 대한 특별한 보호를 규정하고 있는바, 장애인과 같은 사회적 약자의 경우에는 개인 스스로가 자유행사의 실질적 조건을 갖추는 데 어려움이 많으므로 국가가 특히 이들에 대하여 자유를 실질적으로 행사할 수 있는 조건을 형성하고 유지해야 한다는 점을 강조하고자 하는 것이다(헌재 2002. 12. 18. 2002헌마 52 결정 참조).

위 헌법조항의 취지에 비추어 보더라도, 신체장애자를 위하여 자유행사의 실질적 조건을 형성, 유지하기 위한 특별한 입법적 조치를 취할 의무를 부담하는 국가가, 국가의 재정부담능력과는 무관하게 단지 '소득재분배'와 '새로운 보상사업을 위한 재원 마련'을 목적으로, 사업주가 기존의 법에 따라 근로자를 위하여 부담하여 왔던 보험료에 상응하여 지급받아 오던 장해 근로자의 장해급여를 일시에 삭감함으로써 피재 전의 생활수준을 그 골격조차 유지할 수 없도록 위축시키는 것은 정당화되기 어렵다 할 것이다.

7) 더욱이 입법자로서는 법 개정에 따른 경과규정, 즉 심판대상 조항을 마련함에 있어, 예컨대 ① 장해보상연금 외에 직업을 갖는 등 소득이 있는 자와 그렇지 아니한 자를 구분하여, 전자의 경우 별도의 소득 액수에 따라 차등하여 감액하고 후자와 같이 전적으로 장해보상연금만으로 생활하는 자에 대하여는 연금감액을 하지 않거나, ② 상당한 장기간에 걸쳐 단계적으로 감액의 비율을 조정하거나, ③ 평균임금 자체는 고정시킨 채 통상임금, 물가 등의 변동에 따라 대통령령이 정하는 기준에 따라 평균임금을 조정하는 규정(법 제38조 제 3 항, 법시행령 제25조 참조)의 적용을 중지함으로써 갑작스런 연금액의 축소로 인한 충격을 완화하면서 실질연금액의 점진적 감소를 꾀하는 방법 등을 통하여 공·사익의 조화를 도모하고 기존 수급자들의 신뢰를 최대한 배려하는 수단을 택할 수도 있었을 것으로 보인다.

그런데, 심판대상 조항은 그와 같은 최소한의 배려조차 하지 아니하고 기존의 장해연금 수급자들에 대하여 장해보상일시금 수급의 경우와 비교하여 개략적으로 산출된 2년 6개월의 경과기간 동안만 구법을 적용하도록 하고, 2003. 1. 1.부터는 일률적이고 전면적으로 최고보상제도를 적용하도록 하고 있으므로, 심판대상 조항은 이 점에서 보더라도 신뢰보호원칙에 위배되는 것으로 평가하지 않을 수 없다.

(5) 소　　결

이상에서 살펴본 바에 의하면, 청구인들의 구법에 대한 신뢰이익은 그 보호가치가 중대하고 그 침해의 정도가 극심하며 신뢰침해의 방법이 과중한 것인 반면, 피재 근로자들 간의 소득격차를 완화하고 새로운 산재보상사업을 실시하기 위한 자금을 마련한다는 공익상의 필요성은 청구인들에 대한 신뢰보호의 요청에 우선할 정도로 충분히 크다고 보기 어렵다.

따라서 심판대상 조항은 신뢰보호의 원칙에 위배되어 청구인들의 재산권을 침해하는 것으로서 헌법에 위반된다 할 것이다.

[결　　론]

그렇다면 심판대상 조항은 신뢰보호의 원칙에 위배하여 청구인들의 재산권을 침해하는 것으로서, 기존의 장해보상 일시금 수급자와의 관계에서 평등권을 침해하는지 여부에 대하여 나아가 판단할 필요 없이 헌법에 위반되므로 주문과 같이 결정한다. 이 결정에는 아래와 같은 재판관 이동흡의 별개의견과 아래와 같은 재판관 김희옥의 반대의견이 있는 외에는 나머지 관여재판관들의 의견이 일치되었다.

[재판관 이동흡의 별개의견]

나는 다수의견과 마찬가지로 심판대상 조항이 신뢰보호의 원칙을 위배하여 청구인들의 재산권을 침해한다고 생각하나 다수의견과는 그 주된 이유를 달리하고, 심판대상 조항에 대하여 단순위헌을 선언할 것이 아니라 법 부칙 제 7 조 전체에 대하여 헌법불합치를 선언하여야 한다고 생각하므로, 다음과 같이 따로 의견을 밝힌다.

가. 다수의견은 심판대상 조항이 최고보상제도를 기존 피재 근로자들에게도 적용하는 것 자체가 신뢰보호의 원칙에 위배되어 청구인들의 재산권을 침해한다는 입장이나, 나는 신뢰보호의 원칙상 최고보상제도를 일정 시점 이후 기존 피재 근로자들에게도 적용하는 것이 전적으로 금지된다고는 생각하지 아니한다. 다만, 기존의 법제도를 신뢰한 기존 피재 근로자들의 신뢰보호를 위하여 단지 2년 6개월 동안만 기존의 제도를 계속 적용하도록 하고, 그 기간이 경과한 2003. 1. 1.부터 이들에 대하여도 최고보상제도가 전면적으로 적용되도록 한 법 부칙 제 7 조가 기존 장해보상연금 수급자인 청구인들의 헌법적으로 정당한 신뢰를 충분히 보호하지 못한다는 점에 법 부칙 제 7 조의 위헌성이 있다고 생각한다.

나. 심판대상 조항에 의하여 실현하고자 하는 공익적 목적을 살펴보면, 심판대상 조항이 최고보상제도 시행 이전의 기존의 장해보상연금 수급자들에게도 2003. 1. 1. 이후 최고보상제도를 적용함으로써 달성하려는 공익은 장해급여에 있어서도 소득재분배의 효과를 도모하려는 것과 최고보상제도를 기존의 장해보상연금 수급자에게도 적용함으로써 절감되는 보험급여액으로 다수의 근로자에게 혜택이 돌아가는 간병급여의 신설, 유족급여의 확대, 후유증상 진료제도를 도입하여 보험급여의 폭을 확대하고, 휴업급여 등의 최저기준을 인상하여 보험급여의 지급수준을 상향조정하는 재원으로 사용하기 위한 것, 즉, 다른 보험사업 실시를 위한 재원마련에 있는 것으로, 그 공익적 가치가 결코 적다고 할 수 없다.

다. 그러나 한편, 침해되는 사익에 관하여 보건대, 청구인들은 대부분 경제적 지출이 많은 40대 전후의 피재 근로자들로서 최고보상제의 적용으로 말미암아 일시에 최소 2%부터 최대 82%까지 평균 40%가 넘는 연금 삭감을 당하였으며, 청구인들은 모두 노동능력을 50% 이상 상실한 장해등급 제 7 급 이상의 중증 장애인들로서 현실적으로 남아 있는 노동능력의 범위 내에서 다른 소득활동을 하기가 용이하지 않아 보이고, 피재 이후의 경제현실에 대한 적응능력도 일반인에 비하여 현격히 떨어질 것으로 예상되어 법상 보다 중한 보호를 필요로 하는 사람들인 점 등을 감안하여 볼 때 침해되는 사익도 위 공익에 비하여 결코 가볍다 할 수 없다.

라. 따라서 입법자로서는 구법 하에서 장해를 입고 연금수급을 개시한 청구인들의 신뢰를 보호하기 위하여 경과규정을 마련함에 있어 예컨대, ① 장해보상연금 이외에 다른 직업을 갖는 등 소득이 있는 자와 그렇지 아니한 자를 구분하여 전자의 경우 별도의 소득의 범위 내에서 그 소득의 액수에 따라 차등하여 감액하고 후자와 같이 전적으로 장해보상연금만으로 생활하는 장해연금 수급자에 대하여는 연금을 감액하지 않는다거나, ② 청구인들과 같이 제도 시행 이전에 이미 산재를 당한 사람들에 대하여는 상당히 오랜 시간을 두고 자신의 평균임금과 최고보상제하의 최고보상기준금액과의 차이가 줄어들어 결국은 일치하도록 서서히 감액의 비율을 높여 매년 단계적으로 감액의 비율을 조정하든지, ③ 최고보상제 시행 당시 적용되던 평균임금을 고정시킨채 그 액수가 최고보상제하에서 평균임금 상승 및 물가상승을 반영하여 인상될 최고보상기준금액과 같아질 때까지 통상임금, 물가 등의 변동에 따라 대통령령이 정하는 기준에 따라 평균임금을 조정하는 규정(법 제38조 제 3 항, 법 시행령 제25조 참조)의 적용을 중지함으로써, 즉 기존 피재 근로자들의 명목 급여액을 최고보상기준금액을 기준으로 산정한 최고보상금액과 일치할 때까지 동결시킴으로써(이렇게 될 경우 실질 급여액은 매년 평균임금 상승률 또는 물가상승률 만큼 감소하는 결과가 된다) 갑작스런 연금액의 축소로 인한 충격을 완화하면서 실질

연금액의 점진적 감소를 꾀하는 방법으로 충분히 오랜 시간을 두고 공·사익의 조화를 도모하여 기존 수급자들의 신뢰를 넉넉히 보호하는 조치를 취할 수도 있었을 것으로 보인다.

더욱이 장해급여를 연금으로 수급할 수 있는 대상은 장해등급 제 7 급 이상의 피재 근로자들로서 그 노동능력상실률이 50%를 넘는 중증 장애인들에 한하고, 이들의 경우 상당한 노동능력의 상실로 취업 등 경제적 수익을 얻을 수 있는 새로운 기회를 얻기가 힘들며 경제적 환경변화에 대한 대응능력 또한 일반인과 현격한 차이가 있다는 점, 신체장애자에 대한 특별한 보호를 규정하고 있는 헌법 제34조 제 5 항의 취지 등을 아울러 고려하여 볼 때 더욱 그러하다.

그런데, 심판대상 조항은 그와 같은 배려를 하지 아니한 채 장해연금의 일시금 수급자의 경우와 비교하여 시간의 흐름에 따른 가치 차이를 무시한 채 연금 수급자들이 매월 수급하는 연금의 단순 합산액이 일시금으로 장해연금을 수급한 경우의 장해보상일시금과 비슷해지는 시점인 4년 6개월을 기준으로 삼아 개략적으로 산출된 2년 6개월의 경과기간 동안만 구법을 적용하도록 하고, 2003. 1. 1.부터는 일률적이고 전면적으로 장해보상연금의 기 수령자에게도 최고보상제도를 적용하도록 하여, 앞서 본 바와 같이 심한 경우 일시에 70~80%에 이르는 연금삭감이 이루어지는 경우가 발생하는 결과를 초래한바, 심판대상 조항은 이 점에서 신뢰보호원칙에 위배되는 것으로 평가되어야 한다.

마. 장해급여제도는 본질적으로 소득재분배를 위한 제도가 아니고, 장해급여의 본질은 사업자가 근로자의 평균임금에 상응하게 일정 비율로 납입한 보험료를 바탕으로 불의의 산재사고에 대비하여 피재 근로자에게 산재 사고 이전의 생활수준의 골격을 보장해 주는 데 그 취지가 있는 것으로, 손해배상 내지 손실보상적 급부인 점에 그 본질이 있는 것이므로 다른 사회보험수급권에 비하여 재산권적인 성질이 강하고 사회보장적 급부로서의 성격은 상대적으로 약하다고 볼 수 있다. 또한 다수의견도 지적하였듯이 장해급여제도의 운영에 최고보상제의 시행이 필수적인 요소인 것은 아니다.

그러나 장해급여가 비록 손실보상적 급부인 점에 본질이 있다 하여도 장해급여제도에 사회보장 수급권으로서의 성격도 있는 이상, 소득재분배의 도모나 새로운 산재보상사업의 확대를 위한 자금마련의 목적으로 최고보상제를 도입하는 것 자체가 입법자가 내린 합리성 있는 결단으로서 입법자의 형성적 재량권의 범위 내에 있다고 한다면, 기존 피재 근로자들의 헌법적으로 정당한 신뢰보호를 위하여 충분한 경과규정을 마련하는 한도 내에서 궁극적으로 기존 피재 근로자들에 대하여도 최고보상제를 적용하는 것 또한 입법자에게 주어진 재량권의 범주를 벗어난다고 보기는 어렵다. 다만, 그것은 기존 피재 근로자들의 신뢰를 충분히 보호한다는 전제하에서 그러한 것인바, 법 부칙 제 7 조는 기존 피재 근로자인 청구인들의 신뢰를 충분히 보호하고 있다고 보기 어렵다.

따라서 심판대상 조항의 위헌성은 최고보상제를 제도 시행 이전의 피재 근로자자에게도 적용되도록 한 점 자체에 있는 것이 아니라, 최고보상제도를 기존 피재자에게 적용함에 있어 구 제도에 대한 기존 피재 근로자들의 신뢰를 보호하기 위하여 마련된 경과규정이 기존 피재 근로자들의 신뢰를 보호하기에 지나치게 미흡하다는 점에 그 중점이 있다고 생각한다.

바. 그러므로, 결정 주문에 있어서도 기존 피재 근로자들에 대하여도 2003. 1. 1.부터 최고보상제도를 전면적으로 적용되도록 한 심판대상 조항에 대하여 단순위헌을 선언할 것이 아니라, 신설제도를 기존 피재 근로자들에 대하여도 적용하는 것과 관련하여 기존 피재 근로자들의 신뢰를 보호하기 위하여 마련된 경과규정인 법 부칙 제 7 조 전체에 대하여 헌법불합치를

선언하고, 기존 피재 근로자로서 장해연금을 이미 수급하여 온 청구인들의 신뢰를 헌법정신에 합치되게 충분히 보호할 수 있는 내용의 입법개선을 촉구하는 것이 옳다고 생각한다.

[재판관 김희옥의 반대의견]

나는 심판대상 조항이 청구인들의 기본권을 침해한 것으로 볼 수 없다고 판단하므로 다음과 같이 그 의견을 밝힌다.

가. 먼저, 법적 상태의 존속에 대한 개인의 신뢰는 그가 어느 정도로 법적 상태의 변화를 예측할 수 있는지 여부에 따라 상이한 강도를 가진다고 할 것인바, 일반적으로 법률은 현실 상황의 변화나 입법정책의 변경 등으로 언제라도 개정될 수는 있는 것이기 때문에 원칙적으로 법률의 개정은 예측할 수 있다고 보아야 한다(헌재 2004. 8. 26. 2003 헌마 337, 헌재판례집 16-2 상, 334, 352). 또한 장해보상연금의 성격상 그 급여의 구체적인 내용은 국회가 사회정책적 고려, 국가의 재정 및 산업재해보상보험기금의 상황 등 여러 가지 사정을 참작하여 보다 폭넓은 입법재량으로 결정할 수 있다고 할 것이고, 사회보장제도에 관한 입법은 한정된 재원으로 산재근로자나 기타 수급권자의 생활안정과 복리향상에 기여함과 아울러 사회보험으로서 소득재분배 기능이 제대로 작동할 수 있도록 하여야 하므로, 입법에 의한 연금수급권의 제한은 불가피한 것으로 이러한 입법이 명백히 자의적인 것으로서 입법적 한계를 벗어나지 않는 한 헌법에 위반된다고 할 수 없다.

나. 한편 심판대상 조항에 의하여 기존의 장해보상연금 수급자들에게 최고보상제도를 적용함으로써 달성하려는 공익은 최고보상제도의 적용으로 절감되는 보험급여액으로 다수의 근로자에게 혜택이 돌아가는 간병급여의 신설, 유족급여의 확대, 후유증상 진료제도를 도입하여 보험급여의 폭을 확대하고, 휴업급여 등의 최저기준을 인상하여 보험급여의 지급수준을 상향 조정하는 재원으로 사용하기 위한 것으로서, 그와 같은 공익적 가치는 매우 크다고 하지 않을 수 없다.

그러나 장해보상연금 수급권의 성격상 급여의 구체적인 내용은 국가의 재정, 사업주의 부담 정도, 사회정책적 상황 등에 따라 변경될 수 있는 것인 점, 근로자는 산재보험사업에 소요되는 비용을 전혀 부담하지 않는 점 등에 비추어 보면, 연금수급자들의 장해보상연금제도에 대한 신뢰는 반드시 '업무상 재해로 인정받은 후에 현 제도 그대로의 연금액을 받는다'는 데에 대한 것으로 볼 수 없고, 장해보상연금 수급자는 단순히 기존의 기준에 의하여 연금이 지속적으로 지급될 것이라는 기대 아래 소극적으로 연금을 지급받는 것일 뿐이다.

뿐만 아니라 심판대상 조항은 기존의 장해보상연금 수급자에게 최고보상제도가 시행되는 2000. 7. 1.부터 2002. 12. 31.까지 2년 6개월의 유예기간을 두는 배려를 하고 있다.

따라서 보호해야 할 장해보상연금 수급자의 신뢰가치는 그리 크지 않은 반면, 평균임금의 최고한도를 설정하여 보험급여의 형평성과 소득재분배 기능을 제고하고자 하는 공익적 가치는 긴급하고 또한 중요한 것이므로 심판대상 조항이 헌법상 신뢰보호의 원칙에 위배되어 청구인들의 재산권을 침해하는 것으로 볼 수 없다.

다. 또한 청구인들의 장해보상연금 청구권은 생활보장적 성격을 가진 것으로서 사회보장수급권에 해당하고 순수한 의미의 재산권은 아니므로 법 제38조 제 6 항이나 심판대상 조항은 입법을 통하여 구체적으로 형성되는 사회보장수급권의 구체적 범위를 새로이 정한 것으로서 이로 인하여 설사 전에 받아오던 장해보상연금이 심판대상 조항의 적용으로 감액되었다 하더라도 이로 인하여 장해보상일시금을 선택한 산재근로자와 비교하여 합리적 이유 없이 차별하는 것이라 할 수 없고, 산재보험기금의 재원은 거의 전적으로 사업자가 부담하는 점, 신설된 최고보상제도를 기존의 피재자에게도 적용할 경우 그 성격상 장해보상 일시금에는 적용할 수 없고, 장해보상연금에 대해서만 적용 가능한 특성을 가지고 있는 점 등을 종합하면, 심판대상 조항이 장해보상연금 수급자에 대하여만 수급권을 제한하는 것이 현저히 자의적인 것으로 헌법상 평등원칙에 위배되는 것이라고 보기도 어렵다.

라. 그렇다면 심판대상 조항은 헌법상 신뢰보호원칙과 평등원칙에 반한다고 볼 수 없고, 그 외 달리 심판대상 조항이 위헌이라고 볼 만한 사정도 없다.

9. 兩罰規定의 違憲性[1)]

[결정이유의 요지]

1) 형벌은 범죄에 대한 제재로서 그 본질은 법질서에 의해 부정적으로 평가된 행위에 대한 비난이다. 만약 법질서가 부정적으로 평가한 결과가 발생하였다고 하더라도 그러한 결과의 발생이 어느 누구의 잘못에 의한 것도 아니라면, 부정적인 결과가 발생하였다는 이유만으로 누군가에게 형벌을 가할 수는 없다. 이와 같이 "책임 없는 자에게 형벌을 부과할 수 없다"는 형벌에 관한 책임주의는 형사법의 기본원리로서, 헌법상 법치국가의 원리에 내재하는 원리인 동시에, 헌법 제10조의 취지로부터 도출되는 원리이다.

2) 오늘날 법인의 사회적 활동이 증가함에 따라 법인에 의한 반사회적 법익침해 또한 증가하고 있고, 이에 대처하기 위하여는 법인에게 직접 제재를 가할 필요가 있다. 그러나 형벌은 국가가 가지고 있는 가장 강력한 제재수단이므로 입법자가 일단 법인에 대한 제재수단으로 '형벌'을 선택한 이상, 그 적용에 있어서는 형벌에 관한 헌법상 원칙, 즉 법치주의와 죄형법정주의로부터 도출되는 책임주의 원칙이 준수되어야 한다.

3) 그런데, 이 사건 법률조항은 법인이 고용한 종업원 등이 의료법 제87조 제 1 항 제 2 호 중 제27조 제 1 항의 규정에 따른 위반행위를 저지른 사실이 인정되면, 법인이 그와 같은 종업원 등의 범죄에 대해 어떠한 잘못이 있는지를 전혀 묻지 않고 곧바로 그 종업원 등을 고용한 법인에게도 종업원 등에 대한 처벌조항에 규정된 벌금형을 과하도록 규정하고 있어, 법인이 종업원 등의 위반행위와 관련하여 선임·감독상의 주의의무를 다하여 아무런 잘못이 없는 경우까지도 법인에게 형벌을 부과될 수밖에 없게 되므로 책임주의 원칙에 반하여 헌법에 위반된다.

[재판관 이공현의 별개 위헌의견의 요지]

1) 형벌에 관한 형사법의 기본원리인 책임원칙은 두 가지 의미를 포함한다. 하나는 형벌의 부과 자체를 정당화하는 것으로, 범죄에 대한 귀책사유, 즉 책임이 인정되어야만 형벌을 부과할 수 있다는 것이고('책임 없는 형벌 없다'), 다른 하나는 책임의 정도를 초과하는 형벌을 과할 수 없다는 것이다(책임과 형벌 간의 비례의 원칙).

2) 법인의 경영방침이나 주요의사를 결정하거나 그 법인의 전체 업무를 관리·감독할 수 있는 지위에 있는 기관이나 종업원 혹은 그와 같은 지위에 있는 자로부터 전권을 위임받은 대리인이 그의 권한 범위 내에서 한 행위는 그 법인의 행위와 동일시할 수 있을 것이고, 그와 같은 지위에 있는 자가 법인의 업무에 관하여 한 범법행위에 대하여 법인에게 형사책임을 귀속시키더라도 책임주의에 반한다고 볼 수 없을 것이다. 따라서 이 사건 법률조항 소정의 대리인·사용인 기타의 종업원 중 위와 같은 자와 관련된 부분은 헌법에 위반되지 아니하고, 그 이외의 대리인·사용인 기타의 종업원 관련 부분은 '책임 없는 형벌 없다'는 책임원칙에

---

1) 헌재 2009. 7. 30 선고, 2008 헌가 16, 의료법 제91조 제 1 항 위헌제청, 헌재판례집 제21권 1집.

위반되며, 설령 이 사건 법률조항을 그 이외의 대리인·사용인 기타의 종업원에 대한 선임감독상의 과실이 있는 법인을 처벌하는 규정으로 보더라도 과실밖에 없는 법인을 고의의 본범과 동일한 법정형으로 처벌하는 것은 각자의 책임에 비례하는 형벌의 부과라고 보기 어려우므로 결국 헌법에 위반된다.

[재판관 조대현의 일부위헌의견의 요지]

1) 임원·직원의 위법행위에 관하여 그 법인도 함께 처벌하는 것은 임원·직원의 업무상 활동을 법인의 행위로 볼 수 있거나 법인에게 임원·직원을 지휘·감독할 책임이 있는 경우에만 인정될 수 있는 것이고, 법인의 임원·직원에 대한 지휘·감독 책임은 임원·직원이 법인의 업무에 종사하는 경우에만 인정되는 것이므로, 법인의 임원·직원이 법인의 업무와 무관하게 위법행위를 한 경우에도 그 위법행위에 관하여 법인을 형사처벌하는 것은 책임주의의 원칙에 위반된다.

2) 이 사건 법률조항은 의료법인의 임원·직원이 무면허 의료행위를 한 경우에 의료법인도 행위자와 함께 형사처벌하게 하면서, 임원·직원의 위법행위가 의료법인의 업무에 관하여 행해진 것이든 의료법인의 업무와 무관하게 이루어진 것이든 묻지 않고 있다. 그러나 의료법인의 임원·직원이 의료법인의 업무와 무관하게 위법행위를 한 경우에는 의료법인에게 의료법인의 임원·직원에 대한 지휘·감독의무가 있다고 볼 수 없으므로 그 경우에도 의료법인을 임원·직원과 함께 처벌하는 것은 책임주의의 원칙에 어긋난다. 따라서 이 사건 법률조항을 의료법인의 임원·직원이 의료법인의 업무와 무관하게 위법행위를 한 경우에도 적용하는 것은 헌법에 위반된다고 선언하여야 한다.

[재판관 이동흡의 반대의견의 요지]

1) 이 사건 법률조항에서 무면허 의료행위를 한 종업원 이외에 그 종업원이 속한 법인을 종업원에 대한 해당 조의 벌금형으로 처벌하도록 하는 것은 종업원의 그와 같은 위반행위가 이익의 귀속주체인 법인의 내부기관의 묵인·방치 내지 넓게는 그러한 위반행위의 방지를 감독하기에 부족한 법인의 운영체계의 하자 등으로 인하여 발생 또는 강화될 가능성이 높아 법인에 대한 비난가능성이 높음에도 법인의 조직 및 업무구조의 특성상 그 책임소재를 명백히 가려내기 어렵다는 점을 감안한 것인바, 이는 종업원의 위반행위에 대한 법인의 위와 같은 선임감독상의 주의의무위반 등에 대하여 강력한 처벌을 하려는 입법자의 의지를 반영한 것이라고 봄이 상당하다.

2) 한편 대법원은 법인 영업주에 대한 양벌규정에 관하여 법인 영업주의 종업원에 대한 선임감독상의 주의의무위반, 즉 과실책임을 근거로 법인 영업주의 책임을 묻되 다만 종업원의 위반행위에 대한 법인 영업주의 선임감독상의 과실이 추정된다고 보고 있고, 우리와 동일하게 양벌규정을 두고 있는 일본의 통설과 최고재판소도 마찬가지로 해석한다.

3) 이 사건 법률조항은 일반적인 양벌규정과 달리 '업무에 관하여'라는 구성요건을 두고 있지 아니하나, 종업원의 위반행위를 원인으로 하여 법인에게 형사책임을 인정하기 위해서는 종업원의 범죄행위에 대하여 아무런 관련이 없는 법인까지 포함되는 것이 아니라 당해 법인의 '업무'에 관하여 종업원의 '위반행위,' 즉 무면허 의료행위가 있는 경우에 한정된다고 해석하여야 할 것이다. 그러므로 이 사건 법률조항에서도 '법인의 종업원에 대한 선임감독상의 과실 기타 귀책사유'가 문언상 명시되어 있지 않더라도 그와 같은 귀책사유가 있는 경우에만 처벌하는 것으로 해석할 수 있고 이는 합헌적 법률해석에 따라 허용되므로, 이러한 해석을 전제로 할 때 이 사건 법률조항은 책임주의 원칙에 위반되지 아니한다.

Ⅱ. 職業公務員制度

1. 公務員에 관한 憲法規定

우리 헌법은 제 7 조 1 항에서 「공무원은 국민전체에 대한 봉사자이며, 국민에 대하여 책임을 진다」고 하고, 2 항에서 「공무원의 신분과 정치적 중립성은 법률이 정하는 바에 의하여 보장된다」고 하여 공무원의 헌법상 지위와 직업공무원제도를 규정하고 있다.[1)][2)] 그리고 제33조 2 항에서는 공무원의 근로3권을 제한하고, 제29조 1 항에서는 공무원의 불법행위책임을, 제65조에서는 고위공무원에 대한 탄핵소추를 규정하고 있으며,[3)] 나아가서 군공무원에 관한 규정(제 5 조 2 항)과 교육공무원에 관한 규정(제31조) 등이 있다. 공무원에 관한 일반법으로서 국가공무원법과 지방공무원법이 있고, 그 밖에 교육공무원법·경찰공무원법 등 각 단행법령이 있다.

2. 公務員의 意義와 分類

공무원이라 함은 일반적으로 「직접 또는 간접으로 국민에 의하여 선출되어 국가나 공공단체의 공무를 담당하고 있는 자」를 총칭한다.[4)] 그러나 공무원의 개념은 다의

---

1) 직업공무원제도의 보장에 대한 문헌으로는 Magiera/Siedentopf(Hrsg.), Das Recht des öffentlichen Dienstes in den Mitgliedstaaten der EG, 1994; Isensee, Öffentlicher Dienst, HdbVerfR, 2. Aufl., 1994; Rieckhoff, Die Entwicklung des Berufsbeamtentums in Europa, 1993; Leisner, Legitimation des Berufsbeamtentum aus der Aufgabenerfüllung, 1988; Schnapp, Amtsrecht und Beamtenrecht, 1977; Schlader, Rechtsbegriff und Rechtsentwicklung der Verfassungstreue im öffentlichen Dienst, 1985; Frotscher, Das Berufsbeamtentum im demokratischen Staat, 1973; Wiese(Hrsg.), Handbuch des öffentlichen Dienstes, 1988, 2. Aufl., 1993; Schmidt-Aßmann, Besonderes Verwaltungsrecht, 11. Aufl., 1999; Rottmann, Der Beamte als Staatsbürger, 1981; Finer, The Theory and Practice of modern Government (rev. ed), 1949; Finer, The British Civil Service, 1927; Waldo, The Adminisrative State, 1948; 辻淸明, 公務員制の意義と限界, 法と政治, 169～190면; 辻淸明, 日本官僚制の硏究, 1969 및 한국·일본·독일 등의 행정법교과서 참조.

2) 헌재도 직업공무원제도를 인정하고 있다. 공무원의 신분과 정치적 중립성의 보장은 「공무원이 집권세력의 논공행상의 제물이 되는 엽관제도를 지양하고, 정권교체에 따른 국가작용의 중단과 혼란을 예방하며 일관성 있는 공무수행의 독자성 및 영속성을 유지하기 위하여 헌법과 법률로써 공무원의 신분을 보장하려는 공직구조에 관한 제도, 즉 직업공무원제도인 것이다. 그러한 보장이 있음으로 해서 모든 공무원은 어떤 특정 정당이나 특정 상급자를 위하여 충성하는 것이 아니고 국민 전체에 대한 공복으로서(헌법 제 7 조 제 1 항) 법에 따라 그 소임을 다할 수 있게 되는 것으로서, 이는 당해 공무원의 권리나 이익의 보호에 그치지 않고 국가통치 차원에서의 정치적 안정의 유지에 기여할 수 있게 되는 것이다」(헌재 1992. 11. 12 선고, 91 헌가 2, 헌재판례집 제 4 권, 713면 이하(724면)).

3) 그 외에도 특히 헌법 제24조(공무원선거권)·제25조(공무담임권)·제78조(대통령의 공무원임면권) 등 참조.

4) 김도창 교수는 공무원의 개념을 광협에 따라 다음과 같이 나누고 있다. i) 최광의로는 일체의 공무담당자를 의미한다. 여기에는 사법상 계약·특허·사무위임·법률규정에 의해 한정된 공무를 담당하거나 공무원으로 간주되는 사인을 포함한다. ii) 광의로는 국가 또는 공공단체와 광의의 공법상 근무관계를 맺고 공무를 담당하는 기관구성자만을 말하며, 여기에는 국가의 최고기관구성자와 명예직공무원을 포함한다. iii) 협의로는 국가 또는 자치단체와 특별행정법관계를 맺고 공무를 담당하는 기관구성자만을 말한다(일반행정법론(하), 216～218면).

적이므로 경우에 따라 동일하지 않다.[1]

(1) 경력직공무원과 특수경력직공무원 공무원이란 국가나 공공단체와 공법상 근무관계를 맺고 있는 자를 말한다. 국가공무원법은 공무원을 경력직공무원과 특수경력직공무원으로 구분하고 있다. 경력직공무원이라 함은 실적과 자격에 의하여 임용되고 그 신분이 보장되며 평생토록 공무원으로 근무할 것이 예정되는 공무원을 말하며, 여기에는 일반직공무원과 특정직공무원, 기능직공무원이 있다. 특수경력직공무원이라 함은 경력직공무원 이외의 공무원을 말하며, 정무직공무원·별정직공무원·계약직공무원·고용직공무원을 말한다(동법 제2조).[2] 공무원의 선거운동은 금지된다.[3]

(2) 정무직공무원 정무직공무원은 고도의 정책결정업무를 담당하거나 이러한 업무를 보조하는 공무원으로서 법령에서 정무직으로 지정하는 공무원을 둘 수 있다. 이들은 선출직 공무원인 경우 일반적으로 정치적 활동이 허용된다. 그러나 대통령은 선거에서의 정치적 중립을 지켜야 한다.[4]

(3) 별정직공무원 특정한 업무를 담당하기 위하여 별도의 자격기준에 의하여 임명되는 공무원으로서 법령에서 별정직으로 지정하는 공무원을 말한다.

(4) 고위공무원단 범정부적 차원에서 효율적으로 인사관리하기 위하여 둔 고위공무원들을 말한다(국가공무원법 제2조의2). 이들은 직무의 곤란성과 책임도가 높은 공무원들을 말한다. 고위공무원단은 1급 내지 9급의 계급구분을 적용하지 않는다(법 제4조 단서).

3. 公務員의 憲法上 地位

(1) 헌법규정

1) 헌법 제7조 헌법 제7조 1항은「공무원은 국민전체에 대한 봉사자이며, 국민에 대하여 책임을 진다」라고 하여 공무원의 헌법상의 지위를 규정하고 있다. 이것은 헌법 제1조의 민주공화국과 국민주권주의에 관한 규정에서 오는 당연한 귀결이라 할 수 있다.

2) 판 례 헌법재판소는 이 규정이 직업공무원제도를 보장하기 위한 것이라고 판시하고 있다. 이러한 직업공무원제도의 제도보장을 통하여 모든 공무원으로 하여금 특정정당이

1) 공무원은 i) 국가공무원과 지방공무원, ii) 경력직공무원과 특수경력직공무원, iii) 입법공무원·사법공무원·행정공무원, iv) 정공무원과 준공무원 등으로 분류할 수 있다(김도창, 상게서, 219~225면).

2) 형식적 의의로 공무원을 정의하는 경우에는 공법상의 법인의 직무에 종사하는 자라고 보고 있다. BVerfGE 6, 257; BVerwGE 30, 81.

3) 공무원의 선거운동에 대하여 3년 이하의 징역 또는 600만원 이상의 벌금에 처하도록 한 것은 선거의 공정성을 보장하기 위한 중요한 입법목적을 달성하기 위한 것으로 헌법 제7조 제1항에 위반되는 것은 아니다(헌재 2007. 8. 30 선고, 2003 헌바 51, 2005 헌가 5(병합), 헌재판례집 제19권 2집, 215면 이하; 헌재 2008. 4. 24 선고, 2004 헌바 47, 헌재판례집 제20권 1집(상), 468면 이하).

4) 대통령의 정치적 중립의무를 부과하고 정치운동을 금지하는 것은 합헌이다. 헌재 2008. 1. 17 선고, 2007 헌마 700, 대통령의 선거중립의무 준수요청 등 조치 취소, 헌재판례집 제20권 1집(상), 139면 이하(166면, 194면)(반대의견 있음).

나 특정 상급자를 위하여 충성하는 것이 아니라 국민 전체에 대한 봉사자로서 … 국가기능의 측면에서 정치적 안정의 유지에 기여하도록 하고 있다고 한다.[1]

공무원은 국민전체에 대한 봉사자이며 그 담당직무의 성질이 공공성·공정성·성실성 및 중립성이 보장되어야 한다는 특수한 사정이 있으므로 이러한 사정을 고려하여 전체국민이 합의를 바탕으로 입법권자의 구체적인 입법에 의하여 공적이고 객관적인 질서에 이바지하는 공무원제도를 보장·보호하려는 것이다.

다른 하나는 입법권이 국가사회공동체의 역사·문화에 따라 형성된 공무원제도의 유지·발전과 공무원제도의 다른 쪽 당사자로서 주권자인 전체국민의 복리를 고려하고 헌법상 보장된 공무원제도 자체의 기본 틀을 해하지 않는 범위 내에서 그 제도에 관련된 여러 이해관계인의 권익을 서로 조화하면서 공공복리의 목적 아래 통합·조정할 수 있음을 의미하는 것이다.[2]

(2) 국민전체에 대한 봉사자

1) 봉사자의 의의　　공무원은 국민 전체에 대한 봉사자이다. 전근대국가에 있어서의 공무원은 군주나 봉건영주의 私僕으로서 그들의 이익을 위해서만 존재하였으나, 근대의 국민주권주의하에서는 국민전체의 公僕으로서의 성격을 띠지 않을 수 없다. 그러나 현대의 정당제국가에 있어서는 국민 전체에 대한 봉사자의 의미도 다소 달라졌다.

전체에 대한 봉사란 국민 전체의 이익을 위한 봉사이며, 일부의 국민이나 1정당당파의 이익을 위하여서 봉사해서는 안 된다는 것을 의미한다.[3][4] 일당독재국가와 같은 독재정치국가에 있어서는 일당의 이익이 곧 민족이익·국가 전체이익으로 간주될 수 있으나, 민주정체하에 있어서는 결국 다수결원칙에 따라 국회내의 다수파나 연립내각 등이 만든 입법이나 정책에 따라 활동하는 것이 전체의 이익을 위하는 길이 될 것이다. 공무원도 근로자이기는 하나 일반적인 근로자와는 다른 특별한 근무관계에 있다.[5]

1) 헌재 1997.4.24 선고, 95 헌바 48, 헌재판례집 제9권 1집, 435면 이하(442~443면). 同旨: 헌재 1989.12.18 선고, 89 헌마 32·33(병합), 헌재판례집 제1권, 343면 이하(352면); 헌재 1990.6.25 선고, 89 헌마 220, 헌재판례집 제2권, 200면 이하; 헌재 1998.4.30 선고, 96 헌마 7, 헌재판례집 제10권 1집, 465면 이하(473~474); 헌재 2004.11.25 선고, 2002 헌바 8, 헌재판례집 제16권 2집(하), 282면 이하(290~292면).

2) 헌재 2005.10.27 선고, 2003 헌바 50·62, 2004 헌바 96, 2005 헌바 49(병합), 헌재판례집 제17권 2집, 238면 이하.

3) 헌재 2007.8.30 선고, 2003 헌바 51, 2005 헌가 5(병합), 헌재판례집 제19권 2집, 215면 이하.「공무원이 국민전체에 대한 봉사자로서의 지위를 갖는다는 헌법 제7조와 그에 따른 공무원의 기본적인 의무인 성실의무와 직무전념의무 등과의 관계에서 볼 때, 법 제66조 제1항에서 공무원이 공무 이외의 일을 위한 집단행위를 하는 것을 금지하고, 이를 어긴 공무원을 법 제84조에서 처벌할 수 있도록 규정한 것은 입법목적이 정당하고, 그 수단도 적절하다고 판단된다」.

4) 헌재 2007.6.5 선고, 2007 헌마 590.「헌법 제7조 1항으로부터 공무원의 의무와 책임은 이끌어낼 수는 있을지언정 동 조항이 공무원인 청구인에게 어떠한 기본권을 부여한 것으로 볼 수는 없다」.

5) 공무원은 임명주체 등에 따라 국가공무원과 지방공무원으로 대별되고, 이들은 각각 다시 일반직·특정직·기능직으로 세분되는 경력직공무원과 정무직·별정직·계약직·고용직으로 세분되는 특수경력직공무원으로 구분된다(법 제2조, 지방공무원법 제2조 참조). 일반적으로 말하여 공무원이란 직접 또는 간접적으로 국민에 의하여 선출 또는 임용되어 국가나 공공단체와 공법상의 근무관계를 맺고 공공적 업무를 담당하고 있는 사람들을 가리킨다고 할 수 있고, 공무원도 각종 노무의 대가로 얻은 수입에 의존하여 생활하는 사람이라는 점에서는 통상적인 의미의 근로자적인 성격을 지니고 있으므로(근로기준법 제14조, 제16조, 노동조합법 제2조 제1호 등 참조) 헌법 제33조 제2항 역시 공무원의 근로자적 성격을 인정하는 것을 전제로 규정하고 있다. 그러나 국가공무원은 그 임용주체가 궁극에는 주권자인 국민이기 때문에 국

2) 공무원의 범위 국민 전체에 대한 봉사자로서의 공무원은 가장 넓은 의미의 공무원을 의미한다. 따라서 국가공무원·지방공무원 등의 일반직공무원은 물론 법관·검사 등의 특정직공무원과 특수경력직공무원도 포함되며, 공무원의 신분은 가지지 않지만 공무를 위탁받아 이에 종사하는 모든 사람도 여기서 말하는 공무원에 포함된다.[1)]

지방공무원의 경우에 지방주민 전체의 이익에 봉사하여야 한다는 견해도 있으나 이는 타당하지 않으며, 지방공무원도 지방의 지역사회의 독자적인 이익을 위하여만 활동하여서는 안 되고 국민 전체의 이익을 위하여 봉사하여야만 할 것이다. 그런데 여기서 주의할 점은 공무원의 국민 전체에 대한 봉사의 자세가 정치적 공무원과 비정치적 공무원에 따라 다른 점이다.

즉 정치적 공무원은 정치활동을 통해 국민에 대해 봉사함을 본래의 직무로 하므로 자기의 정치적 소신·신조 등에 따른 정치적 활동을 통해 가장 공익에 적합한 면으로 국가의 정책수립 및 집행에 참여하여야 한다. 한편 비정치적 공무원은[2)] 정치활동 또는 정치운동이 금지되고, 일단 수립된 국가의 정책을 당파적 배려나 영향에서 벗어나 법이 정한 직무범위 안에서 법의 충실한 집행자로서 자기의 전문지식과 기술을 최대한으로 발휘하여 민주적·능률적으로 수행하여야 한다는 점에서 정치적 공무원과 구별된다고 하겠다.

3) 정당과의 관계 국민 전체의 봉사자의 지위에서 문제가 되는 것은 정당과의 관계이다. 다수설은 공무원은 국민 전체에 대한 봉사자이기 때문에 한 정당·한 계급을 위하여 활동하여서는 안 된다고 한다. 이에 대해 일설은 각 정당은 각각의 정치적 주장에 따라 대립하긴 하지만, 공무원이 일정당을 위해 봉사한다고 해서 반드시 일부의 봉사자라고 볼 수 없다고 한다. 그러나 이렇게 생각하면 여당이나 야당이나 모두가 전체의 봉사자로 될 것이므로 타당하지 않으며, 다수설이 타당하다.[3)] 직업공무원은 정당에 가입할 수

민 전체에 대하여 봉사하고 책임을 져야 하는 특별한 지위에 있고, 그가 담당한 업무가 국가 또는 공공단체의 공공적인 일이어서 특히 그 직무를 수행함에 있어서 공공성·공정성·성실성 및 중립성 등이 요구되기 때문에 일반 근로자와는 달리 특별한 근무관계에 있는 사람이다. 이러한 요인으로 인하여 공무원에게 인정되는 단결권의 성질이나 형태 그리고 근무조건의 향상을 위한 활동에 대한 제한 등에서 일반 근로자와 차이가 있게 된다.

1) 同旨: 김기범, 전게서, 270면; 문홍주, 전게서, 324면; 김남진·이강혁, 전게서, 162면; 권영성, 전게서, 212면; 김현규 외, 전게서, 160면. 그러나 한태연 교수는 국가기관을 대통령이나 정부나 의회의원에 있어서와 같이 그 이상의 상급자를 가지지 않는 이른바 직접적 국가기관과 상급자의 지휘를 받는 간접적 국가기관으로 나누고, 우리 헌법 제 7 조의 공무원은 필연적으로 정당의 관계자를 의미하는 국가의 직접적 기관을 제외한 간접적 기관만을 의미한다고 한다(전게서, 165면). 구병삭 교수는 공무원의 개념을 최광의의 공무원(일체의 공무담당자), 광의의 공무원(공법상 근무관계를 맺고 공무를 담당하고 있는 기관구성자), 협의의 공무원(공무상 특별권력관계를 맺고 공무를 담당하는 자)으로 나누되, 직업공무원은 협의의 공무원을 말한다고 한다(전게서, 230면).

2) 직업공무원제도에서 말하는 공무원은 국가 또는 공공단체와 근로관계를 맺고 이른바 공법상 특별관계 아래 공무를 담당하는 것을 직업으로 하는 협의의 공무원을 말하며 정치적 공무원이라든가 임시직공무원을 포함하지 아니한다(헌재 1989. 12. 18 선고, 89 헌마 32·33(병합), 헌재판례집 제 1 권, 343면 이하).

3) 한편 국민과 공무원의 관계에 관하여 법적 대표설과 윤리적 대표설의 대립이 있다. 윤리적 대표설은(한태연, 전게서, 167면; 권영성, 전게서, 213면) 대체로 정신적·가치적 관계 또는 충실의 관계가 있다고

없으며 선거운동이 금지되고 직업공무원의 정치활동은 금지된다.[1] 공무원의 직무를 이용하지 아니한 선거기획행위는 처벌되지 아니한다.[2]

(3) 국민에 대한 책임

1) 책임의 성격　　헌법 제7조 1항 후단은 「공무원은 국민에 대하여 책임을 진다」라고 규정하여 공무원의 책임을 선언하고 있다. 이 경우 책임의 성질에 관하여 학설이 대립한다.

(a) 학　　설

a) 법적 책임설　　공무원은 주권을 가진 국민의 수임자이므로 언제든지 국민에 대하여 책임을 진다고 본다. 즉 공무원의 책임은 주권자인 국민에 대하여 지는 책임이고 공무에 대하여 지는 책임이며 그 직무의 수행에 관하여 비판과 제재를 받을 책임이므로, 따라서 공무원의 책임은 국민에 대한, 국무에 관한 법적 책임이라고 한다.[3]

b) 정치적·이념적 책임설　　공무원이 국민의 수임자라고 하지만, 국민과 공무원간에 엄격한 법상의 위임관계가 존재하지 않고 최소한 국민의 공무원파면권이 인정되지 않는 이상 공무원은 엄격한 법적 의미에서의 국민의 수임자는 아니며, 따라서 공무원의 책임이란 정치적·윤리적 책임으로서는 인정되나 엄격한 법적 의미에서의 책임은 성립할 수 없다고 본다.[4]

(b) 판　　례　　「우리 헌법은 제7조 제1항, 제2항에서 "공무원은 국민 전체에 대한 봉사자이며 국민에 대하여 책임을 진다," "공무원의 신분과 정치적 중립성은 법률이 정하는 바에 의하여 보장된다"고 규정하고 있어 공무원은 특별한 신분상의 권리를 가지는 한편 국민 전체의 봉사자로서 공공의 이익을 위하여 근무하는 특수한 신분과 지위에 따르는 의무를 부

한다. 그러나 헌법적 책임을 지고 있는 헌법적 대표자로 보아야 한다.

1) 초·중·고교의 교원에게는 정당가입이 금지되고 정치활동이 금지된다(헌재 2004. 3. 25 선고, 2001 헌마 710, 헌재판례집 제16권 1집, 422면 이하).

헌재 2008. 4. 24 선고, 2004 헌바 47, 헌재판례집 제20권 1집(상), 468면 이하(481면).

「공선법이 공무원(이 사건 조항 1에 의하여 선거운동이 금지되는 공무원을 의미한다. 이하 같다)의 선거운동을 금지하고 있는 이유는, 그들이 그 직을 그대로 유지한 채 선거운동을 할 수 있는 경우 자신들의 지위와 권한을 특정 개인을 위한 선거운동에 남용할 소지가 많게 되고, 직무를 통하여 얻은 여러 가지 정보를 선거에 활용할 수 있을 뿐 아니라 자신의 부하직원을 선거운동에 동원할 염려도 있으며, 자신의 선거운동에 유리한 방향으로 편파적으로 직무를 집행하거나 관련 법규를 적용할 가능성도 있는 등 그로 인한 부작용과 폐해가 선거결과에 지대한 영향을 미치게 될 것이기 때문으로서, 선거의 형평성과 공정성을 보장하기 위하여 공무원이나 이에 준하는 공공단체의 구성원들로 하여금 선거운동에 관여하지 못하도록 하는 것은 입법자의 불가피한 조치라고 할 것이다(헌재 1995. 3. 23. 95 헌마 53, 헌재판례집 7-1, 463, 473; 헌재 1995. 5. 25. 91 헌마 67, 헌재판례집 7-1, 722, 739; 헌재 2005. 6. 30. 2004 헌바 33, 헌재판례집 17-1, 927)」.

2) 구 판례는 공무원의 선거기획행위금지를 합헌으로 인정하였으나 헌재 2008. 5. 29 선고, 2006 헌마 1096 판결에 의하여 위헌으로 변경되었다(헌재판례집 제20권 1집(하), 270면 이하).

「공무원이 그 지위를 이용하여 한 선거운동의 기획행위를 금지하는 것은 선거의 공정성을 보장하기 위한 것인바, 이로써 공무원인 입후보자와 공무원이 아닌 다른 입후보자, 지방자치단체의 장과 국회의원과 그 보좌관, 비서관, 비서 및 지방의회의원을 차별하는 것은 합리적 이유가 있다. 그러나 이 사건 법률조항이 공무원이 그 지위를 이용하지 않고 사적인 지위에서 선거운동의 기획행위를 하는 것까지 포괄적으로 금지하는 것에서 비롯된 것이므로, 이 사건 법률조항은 공무원의 지위를 이용하지 아니한 행위에까지 적용하는 한 헌법에 위반된다」.

3) 김현규 외, 전게서, 161면.

4) 문홍주, 전게서, 326면; 박일경, 전게서, 356면; 구병삭, 전게서, 233~234면; 권영성, 전게서, 213면.

담한다. 그리하여 국가공무원에게 적용할 인사행정의 근본기준을 확립하여 그 공정을 기함과 아울러 공무원으로 하여금 국민 전체의 봉사자로서 행정의 민주적이며 능률적인 운영을 기하게 함을 목적으로 제정된 국가공무원법에는 국가공무원의 직무상 의무로서 성실의무(제56조), 친절공정의 의무(제59조) 등의 여러 가지 의무를 규정하고 있다. 법 제66조 제1항에서 공무원의 공무 이외의 일을 위한 집단행위를 금지하고 있는 것은 공무원의 집단행동이 공무원 집단의 이익을 대변함으로써 국민 전체의 이익추구에 장애가 될 소지가 있기 때문이고, 그것은 공무원이라는 특수한 신분에서 나오는 의무의 하나를 규정한 것으로 이해된다.

따라서, 공무원이 국민 전체에 대한 봉사자로서 지위를 갖는다는 헌법 제7조와 그에 따른 공무원의 기본적인 의무인 성실의무와 직무전념의무 등과의 관계에서 볼 때, 법 제66조 제1항에서 공무원이 공무 이외의 일을 위한 집단행위를 하는 것을 금지하고, 이를 어긴 공무원을 법 제84조에서 처벌할 수 있도록 규정하고 있는 것은 입법목적이 정당하고, 그 수단도 적절하다고 판단된다. 공무원이 법 제66조에 반하는 행위를 할 경우 국민생활의 전반에 영향을 미쳐서 일반의 공익을 침해할 개연성이 크므로 이에 대하여 형벌을 과하도록 한 법 제84조는 헌법에 위반한다고 볼 수 없다」.[1)]

(c) 私 見　　생각건대 국가공무원에 대한 국민소환제도가 없기 때문에 공무원의 국민에 대한 책임은 법적 책임이 아니라 정치적·윤리적 책임이라고 주장하나 이는 헌법의 규정을 무시한 것이라고 하겠다. 우리 헌법과 같이 실정헌법에서 「공무원은 국민에 대하여 책임을 진다」라고 규정하고 있는 나라에서는 공무원의 국민에 대한 책임은 헌법적 책임이며, 따라서 법적 책임이라고 보아야 할 것이다.

2) 책임의 구현　　우리 헌법상 공무원에 대한 직접적인 책임추궁제도(국민소환)는 없지만, 공무원의 위법·위헌행위에 대한 간접적인 책임추궁제도가 있다.

(a) 선거를 통한 책임　　국회의원 등과 같이 선거를 통하여 선임되는 공무원은 국민의 차기선거에 의하여 간접적으로 책임을 추궁당하게 된다.

(b) 탄핵에 의한 책임　　대통령·국무총리·국무위원·행정각부의 장·헌법재판소 재판관·법관·중앙선거관리위원회 위원·감사원장·감사위원 기타 법률이 정한 공무원이 그 직무집행에 있어서 헌법이나 법률을 위배한 때에는 국회의 탄핵소추를 받으며(제65조), 헌법재판소의 탄핵심판에 의하여 파면될 수 있다(제111조). 이와 같이 탄핵에 의하여 공무원의 책임을 물을 수 있다.

(c) 해임건의에 의한 책임　　국회는 국무총리 또는 국무위원의 해임을 대통령에게 건의할 수 있는데(제63조 1항), 이는 간접적 책임추궁방법이 된다.

(d) 기타의 책임　　그 외에도 공무원의 직무상 불법행위로 손해를 받은 국민에 대한 국가배상책임(제29조), 공무원의 파면청원(제26조), 임면권자에 의한 징계책임·해임권, 변상책임, 형사책임 등이 있다.

---

1) 헌재 2007. 8. 30 선고, 2003 헌바 51, 2005 헌가 5(병합), 헌재판례집 제19권 2집, 215면 이하.

4. 職業公務員制度의 保障

(1) 직업공무원제도의 의의와 요소 헌법 제 7 조 2항은「공무원의 신분과 정치적 중립성은 법률이 정하는 바에 의하여 보장된다」라고 규정하고 있다. 이는 공무원이 집권당의 논공행상의 제물이 되는 엽관제도(spoils system)에 빠지는 것을 막기 위한 것으로서 직업공무원제도에 관한 제도적 보장을 규정한 것이다.[1)] [2)] 직업공무원제도란 정당국가에 있어서의 정권교체에 관계 없이 행정의 독자성을 유지하기 위하여 헌법 또는 법률에 의하여 공무원의 신분이 보장된 공무원제도를 말한다.[3)] 독일기본법은 공무원에게 직업공무원제도의 보장을 선언하고 있다(제33조 5항).[4)]

직업공무원제도의 확립을 위해서는 i) 공무원의 과학적 직계제, ii) 성적주의의 확립, iii) 인사의 공정성확보 등이 필요하나, 특히 헌법상 규정하고 있는 iv) 공무원의 신분보장과 v) 정치적 중립성의 확보가 중요하며 직업공무원제도의 중요요소이다.[5)] [6)] [7)]

---

1) 同旨: Battis, Art. 33 Anm. 45, in: Sachs(Hrsg.), GG Kommentar, 1996; Lecheler, Handbuch des Staatsrechts Ⅲ, §72, Rdn. 21; Isensee, Handbuch des Verfassungsrechts, §32, Rdn. 50; Kunig, in: v. Münch/Kunig, GG Kommentar Ⅱ, Art. 33, Rdn. 39.

2) 헌재도 이를 직업공무원제도의 제도보장이라고 보고 있다.「공무원의 신분과 정치적 중립성의 보장은 공무원이 집권세력의 논공행상의 제물이 되는 엽관제도를 지양하고, 정권교체에 따른 국가작용의 중단과 혼란을 예방하며 일관성 있는 공무수행의 독자성 및 영속성을 유지하기 위하여 헌법과 법률로써 공무원의 신분을 보장하려는 공직구조에 관한 제도, 즉 직업공무원제도인 것이다」(헌재 1992. 11. 12 선고, 91 헌가 2, 헌재판례집 제 4 권, 713면 이하(724면)).

3) 헌재는 직업공무원제도의 보장의의에 대하여 일관되게 판시하고 있다. 헌재 1998. 4. 30 선고, 96 헌마 7, 헌재판례집 제10권 1집, 465면.「직업공무원제도는 바로 그러한 제도적 보장을 통하여 모든 공무원으로 하여금 어떤 특정 정당이나 특정 상급자를 위하여 충성하는 것이 아니라 국민전체에 대한 봉사자로서(헌법 제 7 조 1항) 법에 따라 그 소임을 다할 수 있게 함으로써 공무원 개인의 권리나 이익을 보호함에 그치지 아니하고 나아가 국가기능의 측면에서 정치적 안정의 유지에 기여하도록 하는 제도이다」(헌재 1997. 4. 24 선고, 95 헌바 48, 구 지방공무원법 제 2 조 제 3 항 제 2 호 나목 등 위헌소원, 합헌, 헌재판례집 제 9 권 1집, 435면 이하).

4) 독일에서의 직업공무원제도에 대해서는 Hartung, Zur Geschichte des Beamtentums in 19. und 20. Jahrhundert, 1948; Kerny, Die Institution des Berufsbeamtentums im kontinentaleuropäischen Staat, 1952; Nawiasky, Die Stellung des Berufsbeamtentums im parlamentarischen Staat, 1925; Ule, Die Institution des Berufsbeamtentums und der Gesetzgeber, 1958: Maunz, in: Maunz-Dürig, GG Kommentar, §33; Thiele, Die Entwicklung des Deutschen Berufsbeamtentums, 1981; White(ed), Civil Service Abroad, 1935; Gaus, Reflections on Public Administration, 1947 참조.

5) 행정법학자들은 i) 신분보장, ii) 정치적 중립성, iii) 성적주의, iv) 능률성 등을 직업공무원제도의 특색으로 든다(김도창, 전게서(하), 130~134면). 행정학에서는 직업공무원제도를 실적주의와 동일한 것이 아니라 보고, 따라서 정치적 중립성은 실적주의의 요소로 보는 것이 다수설이다(박동서, 한국행정론, 268면; 유종해, 현대행정학, 626~628면; 유훈, 행정학원론, 368면).

6) 직업공무원제의 특질(요소)에 관한 헌재판례:「국민주권주의와 국민의 기본권보장을 양대지주로 하고 있는 우리 나라의 헌법이념상 공무원은 과거와 같이 집권자에의 충성관계나 관료적인 공리로서가 아니라 국민의 수임자로서 국민에게 봉사하는 것을 본래의 사명으로 하고 전문적·기술적 행정을 담당함을 그 목적으로 하는 기관이라는 의미에서 공무원제도는 민주성과 중립성, 전문성, 능률성을 가진 직업공무원임을 특질로 하는 것이다」(헌재 1993. 9. 27 선고, 92 헌바 21, 헌재판례집 제 5 권 2집, 267면 이하. 同旨判例: 헌재 1989. 12. 18 선고, 89 헌마 32 등 병합, 헌재판례집 제 1 권, 343면; 헌재 1992. 11. 12 선고, 91 헌가 2, 헌재판례집 제 4 권, 713면).「직업공무원으로의 공직취임권에 관하여 규율함에 있어서는 임용희망자의

(2) 직업공무원의 신분보장　　정당정치에 따르는 엽관주의의 폐단을 없애고 공무원이 정권교체에 관계 없이 국민 전체에 대한 봉사자로서의 의무를 다할 수 있게 하려면 공무원의 신분이 보장되어야 한다. 또한 이 신분보장은 정권교체에서의 보장만이 아니고 같은 정권하에서도 정당한 이유 없이 해임당하지 않는다는 것을 보장할 것도 요구된다. 왜냐하면 공무원은 국민전체에 대한 봉사자이지 어떤 상사를 위한 봉사자가 아니므로, 상사의 의도와 국민전체의 의사가 대립될 때에는 후자가 우월해야 하기 때문이다.[1]

직업공무원은 형의 선고, 징계 또는 공무원법이 정하는 사유에 의하지 아니하고는 그 의사에 반하여 휴직, 강임 또는 면직 당하지 아니한다(국가공무원법 제68조, 지방공무원법 제60조). 지방공무원의 귀책사유를 요건으로 하지 않고, 전출지방자치단체의 장의 동의만 얻으면 지방공무원의 의사와 관계없이 지방공무원을 전출시킨다고 한다면 헌법 제 7 조에 위반된다.[2] 국가공무원법의 2008년 개정으로 직권면직제도(공무원법 제70조), 직위해제제도(공무원법 제73조의3), 정년제도(공무원법 제74조) 등이 새로이 규정되었다.

1) 형의 선고에 의한 신분상실　　국가공무원법에 의하면 공무원은 형의 선고, 징계처분 또는 동법에 정하는 사유에 의하지 아니하고는 그 의사에 반하여 휴직·강임·면직을 당하지 않으며 또 권고사직을 당하지 않음을 명백히 하였고, 또한 일정한 사유에 해당하는 경우가 아니면 징계처분을 당하지 않음을 규정하였다(동법 제68조, 제78조 참조).[3] 형사사건으로 기소된 공무원의 직위를 해제하는 것은 합헌이다.[4]

능력·전문성·적성·품성을 기준으로 하는 이른바 능력주의 또는 성과주의를 바탕으로 하여야 한다. 헌법은 이 점을 명시적으로 밝히고 있지 아니하지만, 헌법 제 7 조에서 보장하는 직업공무원제도의 기본적 요소에 능력주의가 포함되는 점에 비추어 헌법 제25조의 공무담임권 조항은 모든 국민이 그 능력과 적성에 따라 공직에 취임할 수 있는 균등한 기회를 보장함을 내용으로 한다고 할 것이다」(헌재 1999. 12. 23 선고, 98 헌마 363, 헌재판례집 제11권 2집, 770면 이하(797~798면); 헌재 2003. 9. 25 선고, 2003 헌마 30, 헌재판례집 제15권 2집(상), 501면 이하).

7) 공무원의 인권에 대해서는 中村睦男, 公務員と人權, 憲法學の基礎概念 Ⅱ, 1990, p. 149~170; 佐藤功, 公務員と基本的人權, 公法硏究 제33호, 1971.

1) 국가공무원법은 1998. 2. 28 개정에서 특별채용제의 개선, 승진심사제의 신뢰성·공정성확보, 직권면직절차의 적정화, 공무원의 정년단축, 고충처리제의 확대, 징계시효의 연장(3년) 등을 규정하였다.

2) 헌재 2002. 11. 28 선고, 98 헌마 101, 99 헌바 8(병합), 지방공무원법 제29조의3 위헌소원, 헌재판례집 제14권 2집, 600면 이하(이 조항에 대하여는 합헌의견 5인, 한정위헌의견 3인, 헌법불합치의견이 1명으로 의견이 나뉘어졌다).

3) 직권면직사유로 지방자치단체의 직개폐에 의하여 폐기된 때를 정하고 있는 부분은 헌법에 위반되지 아니한다. 헌법 제 7 조가 정하고 있는 직업공무원제도는 공무원이 집권세력의 논공행상의 제물이 되는 엽관제도를 지양하며 정권교체에 따른 국가작용의 중단과 혼란을 예방하고 일관성 있는 공무수행의 독자성을 유지하기 위하여 헌법과 법률에 의하여 공무원의 신분이 보장되도록 하는 공직구조에 관한 제도로 공무원의 정치적 중립과 신분보장을 그 중추적 요소로 하기 때문이다(헌재 2004. 11. 25 선고, 2002 헌바 8, 헌재판례집 제16권 2집(하), 282면 이하).

4) 형사사건으로 기소된 공무원이 장차 당연퇴직의 사유가 되는 형을 선고받을 개연성이 있음에도 아직 유죄판결이 확정되지 않았다는 이유로 계속 직위를 보유하고 직무를 수행하도록 한다면 공무집행 및 행정의 공정성과 그에 대한 국민의 신뢰가 손상될 것이고 이로 인하여 원활한 공무수행에 큰 지장을 초래할 것이다. 이 사건 법률조항은 이러한 위험을 제거하고 공무집행의 공정성과 그에 대한 국민의 신뢰를 유지하기 위하여 형사사건으로 기소된 공무원의 직무집행을 제한하고 있는 것이다. 비록 이 사건 법률조

금고 이상의 형을 받고 그 집행유예의 기간이 완료된 날로부터 2년을 경과하지 아니한 자를 공무원결격 및 당연퇴직사유로 하고 있는 국가공무원법 제69조 중 제33조 1항 4호 부분, 마찬가지로 이를 임용결격사유로 하고 있는 지방공무원법 제31조 4호는 합헌으로 보았다.[1)]

그리고 자격정지 이상의 선고유예판결을 받은 경우 당연퇴직을 규정한 경찰공무원법 제21조, 제7조 2항 5호 규정에 대하여도 합헌으로 보았다.[2)] 금고 이상의 형의 선고유예를 받은 경우에는 당연히 퇴직하는 것으로 규정한 지방공무원법 제61조 중 제31조 제5호는 합헌이라고 판단하였으나[3)] 2002년에 와서 이는 공무담임권 침해로 위헌으로 보았다.[4)] 군인사법 제27조가 개정되었다. 헌재는 이를 다시 확인하였다.[5)] 형사사건으로 기소된 공무원을 필요적으로 직위해제하는 것도 위헌이라고 한다.[6)] 정치자금법과 선거법위반으로 100만원 이상의 벌금형이 확정된 경우 당연퇴직케 하는 것은 합헌이다.[7)]

항에 의하여 공무원의 공무담임권이 제한을 받으나 그 제한은 잠정적이고 그 경우에도 공무원의 신분은 유지되고 있으므로, 공무원에게 가해지는 신분상 불이익과 보호하려는 공익을 비교할 때 공무집행 및 행정의 공정성과 그에 대한 국민의 신뢰를 유지하고자 하는 공익이 더욱 크다고 할 것이다. 따라서 이 사건 법률조항은 법익균형성의 원칙에 위배되지 않는다(헌재 2006.5.25 선고, 2004 헌바 12, 헌재판례집 제18권 1집(하), 66면).

1) 헌재 1997.11.27 선고, 95 헌바 14 등 병합, 헌재판례집 제9권 2집, 575면(금고 이상의 형에 대한 집행유예 판결에 내포된 사회적 비난가능성과 공무원에게는 직무의 성질상 고도의 윤리성이 요구된다는 점을 함께 고려한 판결임).

2) 헌재 1998.4.30 선고, 96 헌마 7, 경찰공무원법 제21조 등 위헌확인, 헌재판례집 제10권 1집, 465면 이하.
헌재는 법원의 판결에 의하여 자격이 정지된 자를 공무원직으로부터 당연퇴직하도록 하고 있는 지방공무원법 제61조 중 제31조 제6호는 공무담임권을 침해하거나, 자격상실형을 받은 경우와 비교하여 과도한 불이익을 과함으로써 평등원칙에 위배되지 않으므로 합헌이라고 판시하였다.
「가. 명예형 또는 자격형으로서의 자격정지는 시민으로서 일반적으로 자유롭게 누릴 수 있는 자격을 일정기간 박탈하는 것을 본질로 하는 형벌이며, 입법자가 범죄의 죄질과 보호법익 등을 종합적으로 고려하여 이러한 법익의 박탈이 형벌체계 또는 당해 범죄에 대한 형벌의 목적과 기능을 달성함에 있어 필요하다고 판단하면 이를 법정형으로 규정하게 된다. 특히 형법은 자격정지의 효력으로 '공무원이 되는 자격'이 정지된다고 명시하고 있어 자격정지 형의 판결을 선고받은 자의 공무원 지위를 박탈하는 것은 당해 형벌의 본질적인 내용이라 할 수 있고, 이 사건 법률조항은 이를 확인한 것에 불과하다. … 비록 당연퇴직으로 인하여 장기간 쌓은 지위가 박탈된다는 점에서 당해 공무원이 받는 불이익이 크다고 하더라도 이 사건 법률조항이 지나치게 공익만을 우선한 입법이라거나 절차적으로 합리성이 보장되지 않는다고 할 수는 없다.
나. 자격정지는 비록 일정한 기간 동안 잠정적인 것이라 하더라도 공무원을 비롯한 공적인 업무를 담당할 자격 자체가 박탈되는 효과가 확정적으로 발생하는 점에서 기한이 존재하지 않는 자격상실과 본질적으로 다르지 않다. … 법원의 판결에 의하여 자격이 정지된 자를 공무직으로부터 당연퇴직시킨다고 하여도 자격상실의 경우와 비교하여 과도한 불이익을 과함으로써 평등의 원칙에 반한다고 볼 수는 없다(헌재 2005.9.29 선고, 2003 헌마 127, 헌재공보 제108호, 88면 이하)」.

3) 헌재 1990.6.25 선고, 89 헌마 220, 헌재판례집 제2권, 200면 이하.

4) 헌재 2002.8.29 선고, 2001 헌마 788, 2002 헌마 173(병합), 헌재판례집 제14권 2집, 219면 이하. 同旨: 헌재 2003.10.30 선고, 2002 헌마 684 등, 헌재판례집 제15권 2집(하), 211면 이하(217~218면).

5) 헌재 2004.6.24 선고, 2003 헌바 111, 헌재판례집 제16권 1집, 752면 이하(756~758면). 헌재 2007.6.28 선고, 2007 헌가 3, 헌재판례집 제19권 1집, 802면 이하.

6) 헌재 1998.5.28 선고, 96 헌가 12, 헌재판례집 제10권 1집, 560면 이하.

7) 헌재 2008.1.17 선고, 2006 헌마 1075, 헌재판례집 제20권 1집(상), 131면 이하.

한편 특수경력직공무원 중에는 국무위원 등과 같이 신분보장을 받지 아니하는 공무원도 있으나, 헌법상 강력한 신분보장을 받고 있는 경우도 있다(감사위원, 헌법재판소재판관 등).[1)]

2) 공무원 정년제도 공무원의 정년이나 정년연령 등이 문제될 수 있다. 헌재는 정년제도의 목적을 두 가지, 즉 정년연령까지의 근무계속을 보장함으로써 안심하고 직무에 전념하게 하고 공무원의 계획적인 교체에 의해 연령구성의 고령화를 방지하고 조직을 활성화하여 공무능률을 유지·향상시킨다고 하는 목적을 들어 헌법 제 7 조에 합치된다고 판시하고 있다.[2)] 헌재는 공무원이 정년까지 근무할 수 있는 권리는 헌법의 공무원신분보장 규정에 의하여 보호되는 기득권이라고 한다. 따라서 그 단축은 신뢰박탈로서 위헌이라고 한다.[3)] 그러나 특정한 경우 정년단축은 국회의 입법형성권에 속하며 합헌이라고

---

1) 우리나라의 헌법재판소는 국가보위입법회의법 부칙 4항 후단의 「…그 소속 공무원은 이 법에 의한 후임자가 임명될 때까지 그 직을 가진다」는 규정은 이른바 처분적 법률로서 공무원에게 귀책사유의 유무를 불문하고 면직시키는 것으로서 헌법 제 7 조 2항에 위반된다고 하였으며(헌재 1989. 12. 18 선고, 89 헌마 32 등 병합, 헌재판례집 제 1 권, 343면 이하 참조), 지방공무원법 제31조(결격사유) 5호와 제61조(당연퇴직사유)는 지방공무원의 신분보장의 원칙규정인 제60조 1항과 헌법 제 7 조 2항에 위반되지 않는다고 결정하였다(헌재 1990. 6. 25 선고, 89 헌마 220, 헌재판례집 제 2 권, 200면 이하 참조).

또한 1980년 해직공무원에 대한 구제조치인 특별채용의 대상공무원의 범위확정은 입법재량사항이라는 헌재결정이 있다(헌재 1993. 9. 27 선고, 92 헌바 21, 헌재판례집 제 5 권 2집, 267면 참조).

헌법재판소는 또한 법관의 경우 재판의 공정성보장을 위하여 두터운 신분보장을 요한다고 보아 1980년 해직공무원의 보상 등에 관한 특별조치법 제 2 조가 보상대상에서 제외하고 있는 「차관급 이상의 보수를 받는 자」에 법관을 포함시켜 보상배제함은 위헌이라고 선언하였다(헌재 1992. 11. 12 선고, 91 헌가 2, 헌재판례집 제 4 권, 713면). 과거의 대법원판례는 공무원에 대한 징계처분은 자유재량행위이므로 행정소송의 대상이 될 수 없다고 하였으나(예컨대 대판 1970. 12. 22, 70 누 44, 판례집 18(3특), 104에서 대법원은 「지방공무원의 징계에 있어서 어떠한 징계의 종류를 택하는가는 지방공무원법 제69조·제70조에 의하여 자유재량에 속한다 할 것이요, 이 재량이 정당한 범위를 일탈한 경우가 아니면 이 재량처분에 대하여는 법원은 그 적부의 판단을 할 수 없다」고 하였다), 첫째로 공무원에 대한 신분보장이 법률상 권리로 인정되는 이상 그 권리 침해에 대한 구제수단을 특별권력관계에 있는 공무원이라는 이유로써 부인할 수 없으며, 둘째로 징계사유가 자유재량에 의하여 자의적으로 결정될 수 있다는 점에서 보면 징계처분도 행정소송의 목적이 될 수 있다 할 것이다(다수설, 헌재의 판례).

2) 공무원 정년제도는 한편으로 공무원의 교체를 계획적으로 수행하는 것에 의해서 연령구성의 고령화를 방지하고 조직을 활성화하여 공무능률을 유지·향상시키고, 다른 한편으로 공무원에게 정년연령까지 근무의 계속을 보장함으로써 장래에 대한 확실한 예측을 가지고 생활설계를 하는 것이 가능하게 하여 직무에 전념할 수 있게 한다(헌재 1997. 3. 27. 96 헌바 86, 헌재판례집 9-1, 325, 331). 공무원 정년제도를 어떻게 구성할 것인가, 또 그 구체적인 정년연령은 몇 세로 할 것인가는 특별한 사정이 없는 한 입법정책의 문제로서 입법부에 광범위한 입법재량 내지 형성의 자유가 인정되어야 할 사항이므로, 입법권자로서는 정년제도의 목적, 국민의 평균수명과 실업률 등 사회경제적 여건과 공무원 조직의 신진대사 등 공직 내부의 사정을 종합적으로 고려하여 합리적인 재량의 범위 내에서 이를 규정할 수 있다(헌재 1997. 3. 27. 96 헌바 86, 헌재판례집 9-1, 325, 332~333)(헌재 2007. 6. 28 선고, 2005 헌마 553, 헌재판례집 제19권 1집, 894면 이하(896면)).

3) 「국민이 공무원으로 임용된 경우에 있어서 그가 정년까지 근무할 수 있는 권리는 헌법의 공무원신분보장규정에 의하여 보호되는 기득권으로서 그 침해 내지 제한은 신뢰보호의 원칙에 위배되지 않는 범위 내에서만 가능하다고 할 것이고, 이 원칙에 위배되는 것은 입법형성권의 한계를 벗어난 위헌적인 것이라고 할 것이다(헌재 1989. 12. 18 선고, 89 헌마 32·33(병합), 헌재판례집 제 1 권, 343면 이하). 즉 공무원법상의 정년규정을 변경함에 있어서 공무원으로 임용될 때 발생한 공무원법상의 정년규정까지 근무할 수 있다는 기대 내지 신뢰를 합리적 이유 없이 박탈하는 것은 헌법상의 공무원신분보장에 위배된다 할 것이다」(헌재 1994. 4. 28 선고, 91 헌바 15·19(병합), 헌재판례집 제 6 권 1집, 317면 이하(336~337면)).

한다.[1)]

계급정년제도에 대해서도 합헌으로 보고 있다.[2)] [3)] 헌재는 대학교수를 제외한 교원의 정년을 65세에서 62세로 단축하는 것을 합헌이라고 판시하였다.[4)] 또 법관의 정년제도 합헌이라고 판시하였다.[5)] 6급 이상 지방공무원의 정년을 57세, 5급 이상 지방공무원의 정년을 60세로 한 것은 헌법에 위배되지 않는다.[6)] 국가공무원법은 2008.6. 개정에서 국가공무원의 정년은 다른 법률에 특별한 규정이 있는 경우를 제외하고는 60세로 한다(법 제74조 1항). 6급 이하 공무원의 정년연장은 2009년 1월 1일부터 시행하도록 하고 정년을 2년에 1세씩 단계적으로 연장하여 2013년에 60세로 단일화하도록 한다(부칙 제1항 및 제2항)고 개정하였다.

위법·부당한 공무원의 징계처분 기타 그 의사에 반하는 불리한 처분에 대하여 소청

1) 「이 사건 심판대상조항이 연구 및 특수기술직렬 공무원의 정년을 58세 내지 61세로 규정한 것은 구체적인 정년연령에 관하여 광범위한 입법재량을 가진 입법권자가 국민의 평균수명과 사회경제적 여건 및 공무원 조직내부의 인력수급사정 등을 종합적으로 고려하여 입법에 반영한 결과로서 그와 같은 입법에 우리 재판소가 관여하여야 할 정도로 입법재량의 한계를 벗어난 잘못이 있다고 볼 수 없으므로, 이 사건 심판대상조항이 헌법에 보장된 공무담임권, 직업선택의 자유, 행복추구권 등 기본권을 침해하는 위헌의 것이라고 볼 수도 없다」(헌재 1997.3.27 선고, 96 헌바 86, 헌재판례집 제9권 1집, 325면 이하).

2) 헌재는 계급정년규정을 소급적용하도록 한 국가안전기획부직원법 소정의 규정을 만일 계급정년규정이 그 시행일 이후에 임용되는 직원에 대하여만 적용될 수밖에 없다면 조직 내에서 다른 직원과 달리 연령정년까지 신분보장이 확보된 특수계층이 존재하게 됨에 따라 계급정년제 본래의 목적달성이 불가능하게 될 것이라는 이유를 들어 합헌이라고 선언한 바 있다(헌재 1994.4.28 선고, 91 헌바 15·19 병합, 헌재판례집 제6권 1집, 317면 이하).

同旨 판례: 헌재 2000.12.14 선고, 99 헌마 112·137(병합), 헌재판례집 제12권 2집, 399면 이하(410면).

3) 헌재는 연구 및 특수기술직렬 공무원 정년을 58세 내지 61세로 규정한 것은 합헌이라고 하고 있다. 헌재 1997.3.27 선고, 96 헌바 86, 헌재판례집 제9권 1집, 325면 이하(330~331면). 「국가공무원법상의 공무원정년제도는 공무원에게 정년까지 계속 근무를 보장함으로써 신분을 보장하는 한편 공무원에 대한 계획적인 교체를 통하여 조직의 능률을 유지·향상시킴으로써 직업공무원제를 보완하는 기능을 수행하고 있는 것이므로 국가공무원법 제74조 제1항 제2호가 연구 및 특수기술직렬 공무원의 정년을 58세 내지 61세로 규정한 것은 공무원의 신분보장과 직업공무원제도를 규정한 헌법 제7조에 위반되지 아니한다」.

4) 1999년 1월 29일 정부는 교육공무원법을 개정하여 제47조에서 「① 교육공무원의 정년은 62세로 한다. 다만 고등교육법 제14조의 규정에 의한 교원인 교육공무원의 정년은 65세로 한다」로 하여 정년을 65세에서 62세로 단축하였다. 이에 대하여 헌재는 「입법자의 이러한 교육정책의 판단과 결정은 나름대로의 합리성이 있는 것으로 인정되고 우리나라 다른 공무원들의 정년 연령에 비교하여 보거나 외국의 교원정년제도와 비교하여 보더라도 교원정년을 62세로 한 것이 입법형성권의 한계를 일탈하여 불합리할 정도로 지나치게 단축한 것이라고 보기 어렵다. … 따라서 교육공무원법 제47조 제1항은 헌법 제37조 제2항 또는 신뢰보호원칙에 위반하거나, 공무원의 신분보장 정신에 위반하여 공무담임권을 침해하는 것이라 할 수 없다」(헌재 2000.12.14 선고, 99 헌마 112·137(병합), 헌재판례집 제12권 2집, 399면 이하).

5) 헌재 2002.10.31 선고, 2001 헌마 557, 헌재판례집 제14권 2집, 541면 이하.

6) 공무원 정년제도는 공무원의 신분보장과 직업공무원제의 보완을 위한 공익목적에서 마련된 것이므로 그로 인하여 공무담임권이나 행복추구권과 같은 기본권이 제한을 받는다고 하더라도 그 제한은 목적에 있어서 정당하다(헌재 1997.3.27. 96 헌바 86, 헌재판례집 9-1, 325, 331). 6급 이하의 정년연령을 57세로 한 것은 입법자가 6급 이하 직급에서 필요한 업무능력, 신규충원제도의 필요성 등을 감안한 것인데, 이 사건에서 그것이 불합리할 정도로 짧다고 인정할 만한 사유가 없다. 그렇다면 그와 같은 입법에 헌법재판소가 관여하여야 할 정도로 입법재량의 범위를 벗어난 잘못이 있다고 할 수 없어, 이 사건 조항은 청구인들의 공무담임권이나 행복추구권, 평등권을 침해한다고 볼 수 없다(헌재 2007.6.28 선고, 2005 헌마 553, 헌재판례집 제19권 1집, 894면 이하(898면)).

심사청구는 물론 행정소송을 제기할 수 있으며, 이는 공무원의 신분보장을 실질적으로 확보하기 위한 제도적 표현이라 하겠다.[1)]

3) 직제폐지와 직권면직 국가공무원은 그 의사에 반하여 휴직·강임 또는 면직을 당하지 아니 하므로 公社職制가 폐지되었다고 하더라도 계속 공무원 신분은 유지된다. 행정조직의 개폐에 관한 문제에 있어 입법자가 광범위한 입법형성권을 가진다고 하더라도 행정조직의 개폐로 인해 행해지는 직권면직은 보다 직접적으로 해당 공무원들의 신분에 중대한 위협을 주게 되므로 직제폐지 후 실시되는 직권면직에 있어서는 보다 엄격한 요건이 필요하다.[2)] 공사의 민영화로 인한 공무원신분은 공무원으로 잔류하겠다는 의사를 표시한 사람은 계속 공무원직을 유지한다.[3)]

4) 공무집행의 공정성을 위한 직위해제 국가공무원법 제73조의3은 형사소추를 받은 공무원을 직위해제할 수 있도록 하고 있는데 이는 공무집행의 공정성과 그에 대한 국민의 신뢰를 해칠 것을 예방하기 위한 조치로 합헌이라고 하겠다.[4)] 이 밖에도 직무수행능력이 부족하거나 근무성적이 극히 나쁜 자, 파면·해임 또는 정직에 해당하는 징계의결이 요구된 자, 고위 공무원단에 속하는 일반직 공무원으로서의 적격심사를 요구받은 자는 직위해제할 수 있다(법 제73조의3).

(3) 공무원의 정치적 중립성 보장 이는 직업공무원제도의 확립을 위한 것이며,

---

1) 신분보장을 실질적으로 한층 확고히 하기 위해서는 생활보장(보수의 적정화, 연금제도의 확충)까지 하여야 할 것이다(김기범, 전게서, 273면 참조).

2) 헌재는 직제폐지에 따른 직권면직을 규정한 지방공무원법 제62조 1항 3호를 공정성이 담보되어 있다고 하여 합헌결정하였다(헌재 2004. 11. 25 선고, 2002 헌바 8, 헌재판례집 제16권 2집(하), 282면 이하(295~296면)).

3) 한국철도공사법 부칙 제 7 조 제 1 항, 제 2 항, 제 4 항의 해석상, 철도청 공무원 중 청구인들과 같이 철도공사 설립일인 2005. 1. 1.까지도 공무원 잔류 의사를 유지한 자들은 같은 조 제 2 항이 정한 '철도공사 설립 당시 공무원 신분을 계속 유지하는 자'에 해당하여 철도공사 직원으로 임용되지 않으므로, 이 사건 심판대상인 같은 조 제 4 항의 적용을 받을 여지가 없다. 따라서 청구인들은 철도청과 그 소속 기관 직제가 폐지되더라도 계속 공무원 신분을 유지한다고 볼 것이며, 같은 조 제 4 항은 청구인들의 법적 지위에 아무런 영향을 미치지 아니하는 경우에 해당되어 애당초 기본권 침해의 가능성이나 위험성이 없으므로, 위 조항을 대상으로 헌법소원을 청구하는 것은 부적법하다(헌재 2007. 7. 26 선고, 2005 헌마 350, 헌재판례집 제19권 2집, 139면 이하).

4) 이 사건 법률조항의 입법목적은 형사소추를 받은 공무원이 계속 직무를 집행함으로써 발생할 수 있는 공직 및 공무집행의 공정성과 그에 대한 국민의 신뢰를 해할 위험을 예방하기 위한 것으로 정당하고, 직위해제는 이러한 입법목적을 달성하기에 적합한 수단이다. 이 사건 법률조항이 임용권자로 하여금 구체적인 경우에 따라 개별성과 특수성을 판단하여 직위해제 여부를 결정하도록 한 것이지 직무와 전혀 관련이 없는 범죄나 지극히 경미한 범죄로 기소된 경우까지 임용권자의 자의적인 판단에 따라 직위해제를 할 수 있도록 허용하는 것은 아니고, 기소된 범죄의 법정형이나 범죄의 성질에 따라 그 요건을 보다 한정적·제한적으로 규정하는 방법을 찾기 어렵다는 점에서 이 사건 법률조항이 필요최소한도를 넘어 공무담임권을 제한하였다고 보기 어렵다.

그리고 이 사건 법률조항에 의한 공무담임권의 제한은 잠정적이고 그 경우에도 공무원의 신분은 유지되고 있다는 점에서 공무원에게 가해지는 신분상 불이익과 보호하려는 공익을 비교할 때 공무집행의 공정성과 그에 대한 국민의 신뢰를 유지하고자 하는 공익이 더욱 크다. 따라서 이 사건 법률조항은 공무담임권을 침해하지 않는다(헌재 2006. 5. 25 선고, 2004 헌바 12, 헌재판례집 제18권 1집(하), 58면 이하).

정권교체에 따른 국가행정의 중단과 혼란을 방지하자는 취지도 있다. 여기의 정치적 중립성이란 공무원의 정치적 활동의 금지를 말하며, 구체적으로는 정당에 가입하거나 어떤 정당을 위하여 활동함을 금지하는 것을 말한다.[1] 공직선거법은 공무원의 선거관여를 금지[2] 하고 있다.

일반직공무원은 기술적 사무를 행하는 자이기 때문에 상사의 직무명령을 따라야 할 의무가 있으며, 그 직무의 성질에서 오는 인권제약이 어느 정도 인정된다. 그러나 정치적 중립이라는 이유로 언론·출판 등을 전면적으로 제한하는 것은 위헌이 되며, 정치행위의 제한은 필요한 범위 내에 그쳐야 하며 합리적인 것이 아니면 안 된다.[3] 단순히 선거기획에만 참여하는 것은 합헌이다.[4] 일반적으로 경찰관·행형직원 등에 대하여서는 정치행동

1) 여기서의 정치적 중립성이란 조정이라고 하는 적극적인 의미의 것이 아니라, 불간섭·불가담이라고 하는 소극적인 의미의 것으로 본다(한태연, 전게서, 172면; 권영성, 전게서, 215면).

「공무원의 정치활동은 원칙적으로 금지되어 있다. 헌법 제 7 조 제 2 항은 "공무원의 신분과 정치적 중립성은 법률이 정하는 바에 의하여 보장된다"고 규정하고 있고, 이와 같은 공무원의 정치적 중립성을 보장하는 법률적 실현으로서 국가공무원법 제65조 및 지방공무원법 제57조는 공무원의 정치활동을 원칙적으로 금지하고 있다. 나아가 공선법 제 9 조 제 1 항은 "공무원은 선거에 대한 부당한 영향력 행사 기타 선거결과에 영향을 미치는 행위를 하여서는 아니 된다"고 규정하고 있는바, 이는 '선거에서의 공무원의 중립의무'를 구체화하고 실현하는 법규정이다.

공선법 제 9 조의 '공무원'이란 원칙적으로 국가와 지방자치단체의 모든 공무원, 즉 좁은 의미의 직업공무원은 물론이고 적극적인 정치활동을 통하여 국가에 봉사하는 정치적 공무원(예컨대 대통령, 국무총리, 국무위원, 도지사, 시장, 군수, 구청장 등 지방자치단체의 장)을 포함한다.

특히 직무의 기능이나 영향력을 이용하여 선거에서 국민의 자유로운 의사형성과정에 영향을 미치고 정당간의 경쟁관계를 왜곡할 가능성은 정부나 지방자치단체의 집행기관에 있어서 더욱 크다고 판단되므로 대통령, 지방자치단체의 장 등에게는 다른 공무원보다도 선거에서의 정치적 중립성이 특히 요구된다.

공무원은 선거운동이 금지된다(공선법 제60조 제 1 항 제 4 호). 공선법이 공무원 또는 공무원에 준하는 사람들의 선거운동을 금지하고 있는 이유는 그들이 그 직을 그대로 유지한 채 선거운동을 할 수 있는 경우 자신들의 지위와 권한을 특정 개인을 위한 선거운동에 남용할 소지가 많게 되고 직무를 통하여 얻은 여러 가지 정보를 선거에 활용할 수 있을 뿐 아니라 자신의 부하직원을 선거운동에 동원할 염려도 있으며, 자신의 선거운동에 유리한 방향으로 편파적으로 직무를 집행하거나 관련 법규를 적용할 가능성도 있는 등 그로 인한 부작용과 폐해가 선거결과에 지대한 영향을 미치게 될 것이기 때문으로서, 선거의 형평성과 공정성을 보장하기 위하여 공무원이나 이에 준하는 공공단체의 구성원들로 하여금 선거운동에 관여하지 못하도록 하는 것은 입법자의 불가피한 조치라고 할 것이다.

나아가 공무원이 그 영향력을 이용하여 선거운동을 할 경우 일반인이 선거운동을 하는 경우보다 선거의 공정과 자유를 크게 저해하게 되므로 공선법 제85조 제 1 항에서는 공무원이 그 지위를 이용하여 선거운동을 하는 것을 금지하고 있다」(헌재 2005. 6. 30 선고, 2004 헌바 33, 헌재판례집 제17권 1집, 927면 이하).

2) 헌재 2009. 3. 26 선고, 2006 헌마 526, 헌재공보 제150호, 191면 이하; 헌재 2008. 4. 24 선고, 2004 헌바 47, 헌재판례집 제20권 1집(상), 468면 이하.

3) 공무원의 선거운동금지에 관한 판례: 선거구의 각 면장·국민학교장·의용소방대장·면서기 등 법률상 선거운동을 할 수 없는 사람이 선거운동을 한 경우는 선거의 생명으로 하는 자유와 공정이 현저히 침해되었다 할 것으로 선거무효의 사유가 된다(대판 1970. 12. 24, 67 수 12).

헌재 1999. 5. 27 선고, 98 헌마 214, 헌재판례집 제11권 1집, 675면 이하(712~723면). 또 헌재는 대통령의 정치관여, 선거운동에 대하여도 헌법에 위반한다고 판시하였다. 「선거에서의 공무원의 정치적 중립의무는 공무원의 지위를 규정하는 헌법 제 7 조 1항, 자유선거원칙을 규정하는 헌법 제41조 1항 및 제67조 1항 및 정당의 기회균등을 보장하는 헌법 제116조 1항으로부터 나오는 헌법적 요청이다」(헌재 2004. 5. 14 선고, 2004 헌나 1, 헌재판례집 제16권 1집, 609면 이하).

4) 헌재 2008. 5. 29 선고, 2006 헌마 1096, 헌재판례집 제20권 1집(하), 270면 이하.

의 제한이 보다 강화될 것이다. 대학교수 등의 경우에는 그 제한은 최소한에 그쳐야 할 것인바, 현행법상에는 제한이 없다. 그러나 초·중등학교의 교사의 정치활동은 금지된다.[1)]

(4) 직업공무원의 범위　　헌법 제 7 조 2항에 의하여 신분보장과 정치적 중립성이 요구되는 공무원에는 이른바 정치적 공무원은 포함되지 아니 한다.[2)] 따라서 그 범위는 제 7 조 1항의 공무원의 범위보다 좁고 이른바 협의의 공무원과 대체로 일치한다. 정무직공무원은 국무위원·각부의 차관 등과 같이 해당되지 않는 경우도 있지만, 법관[3)]·검사 등과 같이 직무상의 필요에 의하여 신분보장이 한층 강화되어 있는 특정직공무원도 있어 일률적으로 말할 수는 없다(同旨: 헌재판례 참조).

(5) 제도보장의 하나로서의 직업공무원제에서의 입법재량문제　　헌재는 직업공무원제를 최소한의 보장원칙이 적용될 뿐인 제도적 보장의 하나로 보고 입법자는 직업공무원제도에 관하여 '최소한의 보장'의 원칙의 한계 안에서 폭넓은 입법형성의 자유를 가진다고 본다.[4)] 최근에 나타난 고위공무원단제도는 고급공무원의 신분을 보장하지 않아 직업공무원제를 위협하고 있다.

---

1) 헌재 2004. 3. 25 선고, 2001 헌마 710, 정당법 제 6 조 제 1 호 등 위헌확인(합헌), 헌재판례집 제16권 1집, 759면 이하.

2) 헌법재판소도 정치적 공무원과 임시직공무원은 직업공무원의 신분보장의 적용대상이 아니라고 한다(헌재 1989. 12. 18 선고, 89 헌마 32 등 병합, 헌재판례집 제 1 권, 343면 이하 참조).
선거에서 중립의무가 요구되는 공무원의 범위에 대해 헌재는 다음과 같이 결정하고 있다.
「공선법 제 9 조의 '공무원'이란, 위 헌법적 요청을 실현하기 위하여 선거에서의 중립의무가 부과되어야 하는 모든 공무원 즉, 구체적으로 '자유선거원칙'과 '선거에서의 정당의 기회균등'을 위협할 수 있는 모든 공무원을 의미한다. 그런데 사실상 모든 공무원이 그 직무의 행사를 통하여 선거에 부당한 영향력을 행사할 수 있는 지위에 있으므로, 여기서의 공무원이란 원칙적으로 국가와 지방자치단체의 모든 공무원 즉, 좁은 의미의 직업공무원은 물론이고, 적극적인 정치활동을 통하여 국가에 봉사하는 정치적 공무원을 포함한다. 다만, 국회의원과 지방의회의원은 정당의 대표자이자 선거운동의 주체로서의 지위로 말미암아 선거에서의 정치적 중립성이 요구될 수 없으므로, 공선법 제 9 조의 '공무원'에 해당하지 않는다. 따라서 선거에 있어서의 정치적 중립성은 행정부와 사법부의 모든 공직자에게 해당하는 공무원의 기본적 의무이다. 더욱이, 대통령은 행정부의 수반으로서 공정한 선거가 실시될 수 있도록 총괄·감독해야 할 의무가 있으므로, 당연히 선거에서의 중립의무를 지는 공직자에 해당하는 것이고, 이로써 공선법 제 9 조의 '공무원'에 포함된다」(헌재 2004. 5. 14 선고, 2004 헌나 1, 헌재판례집 제16권 1집, 609면 이하).

3) 1980년 해직공무원의 보상 등에 관한 특별조치법 제 2 조 제 1 호가 보상대상에서 제외시키고 있는 차관급 상당 이상의 보수를 받은 자에 법관을 포함시키는 것이 위헌인지의 여부에 대해서 헌재는 「위 법 제 2 조 제 2 항 제 1 호의 "차관급 상당 이상의 보수를 받은 자"에 법관을 포함시키는 것은, 법관의 신분을 직접 가중적으로 보장하고 있는 헌법 제106조 제 1 항의 법관의 신분보장규정에 위반되고, 직업공무원으로서 그 신분이 보장되고 있는 일반직 공무원과 비교하더라도 그 처우가 차별되고 있는 것이어서 헌법 제11조의 평등권의 보장규정에 위반된다」고 하였다(헌재 1992. 11. 12 선고, 91 헌가 2, 헌재판례집 제 4 권, 713면 이하).

4) 헌재는 직업공무원제도의 보장은 최소보장으로서 족하다고 한다. 「헌재는 입법자는 제도적 보장인 직업공무원제도에 관하여 '최소한의 보장'의 원칙의 한계 안에서 폭넓은 입법형성의 자유를 가지는데, 동장의 임용방법이나 직무의 특성 등을 고려하여 지방공무원법상 신분보장의 적용을 받지 아니하는 별정직공무원의 범주에 넣었다 하여 그 법률조항을 위헌이라고 할 수는 없고, 별정직공무원에 대하여는 대통령령 또는 조례로서 근무상한연령 기타 필요한 사항을 정할 수 있도록 구체적으로 위임의 내용과 범위를 정하였으므로 합헌이라고 결정하였다」(헌재 1997. 4. 24 선고, 95 헌바 48, 헌재판례집 제 9 권 1집, 435면 이하).

5. 公務員의 任免 · 基本權 制限 · 權利義務

(1) 공무원의 임면

1) 대통령의 공무원 임면권 대통령은 헌법과 법률이 정하는 바에 의하여 공무원을 임면한다(제78조). 대통령은 선거에 의하여 그 지위를 가지게 되는 공무원을 제외하고는 공무원에 대한 실질적인 임명권을 가진다. 여기의 임명에는 보직 · 전직 · 휴직 · 징계처분 등도 포함된다. 또한 「임면」한다고 규정하여 임명권뿐만 아니라 파면권도 가진다.[1] 5급 이상의 공무원과 고위공무원단에 속하는 일반직 공무원은 소속장관의 제청으로 행정안전부장관과 협의를 거쳐 국무총리를 경유하여 대통령이 임명한다(법 제32조). 소속장관은 6급 이하의 공무원에 대해서 임용권을 가진다(법 제32조 3항).

2) 고위공무원임용심사위원회 고위공무원단에 속하는 공무원의 채용과 고위공무원단 직위로의 승진임용 및 고위공무원으로서의 적격한지 여부를 심사하기 위하여 행정안전부에 고위공무원임용심사위원회를 둔다(법 제28조의6). 고위공무원의 임용이나 승진을 위해서는 임용대상자를 선정하여 고위공무원 임용심사위원회의 심사를 거쳐 임용 또는 임용제청하여야 한다. 그러나 대통령령이 정하는 공무원의 경우에는 심사를 생략할 수 있다.

3) 공무원채용시험의 연령제한 공무원채용시험에서 응시연령을 제한해 왔는데 5급임용시험령 제16조가 응시연령을 32세까지로 한 것은 위헌선언되었다.[2] 그러나 9급공무원채용시험에서 28세까지로 연령을 제한한 것은 합헌이라고 하였다. 그러나 정부는 모든 공무원응시에서 연령제한을 폐지했다.

4) 공무원의 자격 공무원을 임명함에 있어서는 일정한 자격을 요구할 수 있다. 자격요건은 법률로써 정할 수 있는데 자격제도에서 입법자에게는 그 자격요건을 정함에 있어 광범위한 입법재량권이 인정되는 만큼, 자격요건에 관한 법률조항은 합리적인 근거가 있는 경우에는 합헌이나 합리적인 근거 없이 현저히 자의적인 경우에만 헌법에 위배된다.[3]

---

1) 상세한 것은 본서 대통령의 공무원임면권 부분 참조.

2) 헌재 2008. 5. 29 선고, 2007 헌마 1105, 헌재판례집 제20권 1집(하), 329면 이하.

3) 헌재 2007. 5. 31 선고, 2003 헌마 422, 헌재판례집 제19권 1집, 629면 이하(645면).

「입법자는 일정한 전문분야에 관한 자격제도를 마련함에 있어서 그 제도를 마련한 목적을 고려하여 정책적인 판단에 따라 그 내용을 구성할 수 있고, 마련한 자격제도의 내용이 불합리하고 불공정하지 않은 한 입법자의 정책판단은 존중되어야 하며, 자격제도에서 입법자에게는 그 자격요건을 정함에 있어 광범위한 입법재량이 인정되는 만큼, 자격요건에 관한 법률조항은 합리적인 근거 없이 현저히 자의적인 경우에만 헌법에 위반된다고 할 수 있다(헌재 1997. 4. 24. 95 헌마 273, 헌재판례집 9-1, 487, 494면; 헌재 2000. 4. 27. 97 헌바 88, 헌재판례집 12-1, 495, 503면; 헌재 2006. 4. 27. 2005 헌마 997, 헌재판례집 18-1 상, 586, 595면).

이 사건 제 1 법률에서 정한 각종 위원회의 위원자격은 전문분야에 대한 정책적 판단사항이므로 이에 대하여 국회는 폭넓은 입법형성권을 갖는다고 볼 것이다」.

(2) 공무원의 기본권제한

1) 정치운동의 제한 국가공무원법 제65조는 헌법상 공무원의 정치적 중립성을 보장하기 위하여 일정한 정치활동을 금지하고 있다. 즉 공무원은 정당 기타 정치단체의 결성에 관여하거나 이에 가입할 수 없다(동법 동조 1항).[1] 그러나 정당법은 이 조항에 대하여 특례를 규정하고 있는데, 즉 국회의원선거권이 있는 자는 공무원 기타 그 신분을 이유로 정당가입 기타 정치활동을 금지하는 다른 법령의 규정에 불구하고 누구든지 정당의 발기인이 되고 정당의 당원이 될 수 있다. 다만 정무직공무원을 제외한 국가공무원법 제 2 조 및 지방공무원법 제 2 조에 규정된 공무원은 정당의 발기인이나 당원이 될 수 없다(정당법 제22조).

공무원 등은 그 지위를 이용하여 선거에 영향을 미치는 행위를 할 수 없다(공직선거법 제85조~제86조).

(a) 학 설 공무원의 정치활동제한의 근거에 관하여는 i) 공무원은 국민전체의 봉사자라는 데에서 구하는 국민 전체의 봉사자설, ii) 공무원의 직무의 성질에서 구하는 직무성설, iii) 공무원의 국가에 대한 특별권력관계에서 구하는 특별권력관계설 등이 있다. 공무원 중 직업공무원은 그 직무의 성질상 국민 전체에 대한 봉사자이기 때문에 특정적 이익을 대표하는 정당에는 가입할 수 없다. 그러나 정치적 공무원의 경우에는 국민에 의하여 피선되거나 국민에 책임을 지기 위하여 정치활동이 허용된다.

(b) 판 례 헌재는 공무원의 정치적 중립성의 목적이 국민 전체에 대한 봉사자로서 기능하여 국가통치 차원에서의 정치적 안정에의 기여에 있다고 한다.[2]

「공무원의 신분과 정치적 중립성의 보장은 공무원이 집권세력의 논공행상의 재물이 되는 엽관제도를 지양하고, 정권교체에 따른 국가작용의 중단과 혼란을 예방하며 일관성 있는 공무수행의 독자성 및 영속성을 유지하기 위하여 헌법과 법률로써 공무원의 신분을 보장하려는 공직구조에 관한 제도, 즉 직업공무원제도인 것이다. 그러한 보장이 있음으로 해서 모든 공무원은 어떤 특정정당이나 특정상급자를 위하여 충성하는 것이 아니고 국민 전체에 대한 공복으로서(헌법 제 7 조 제 1 항) 법에 따라 그 소임을 다할 수 있게 되는 것으로서, 이는 당해 공무원의 권리나 이익의 보호에 그치지 않고 국가통치 차원에서의 정치적 안정의 유지에 기여할 수 있게 되는 것이다」.

선거에서의 공무원의 정치적 중립의무는 '국민 전체에 대한 봉사자'로서의 공무원의 지위를 규정하는 헌법 제 7 조 제 1 항, 자유선거원칙을 규정하는 헌법 제41조 제 1 항 및 제67조 제 1 항 및 정당의 기회균등을 보장하는 헌법 제116조 제 1 항으로부터 나오는 헌법적 요청이다. 공선법 제 9 조는 이러한 헌법적 요청을 구체화하고 실현하는 법규정이다.[3]

---

1) 판례: 국가공무원법 등에 진정하여 공무원의 정치적 행위의 금지는 합리적이요, 필요불가결한 제한이며, 헌법 제21조에 위배되지 않는다(日最高裁判 昭 49.11.6). 기타 상세한 것은 김철수, 판례교재 헌법, 81~87면 참조.

2) 헌재 1992.11.12 선고, 91 헌가 2, 헌재판례집 제 4 권, 713면 이하(724면).

3) 헌재는 공무원의 정치관여금지규정은 합헌이라고 본다.

헌재 2004.5.14 선고, 2004 헌나 1, 헌재판례집 제16권 1집, 609면 이하(634면).

「헌법 제 7 조 1항은 "공무원은 국민전체에 대한 봉사자이며 국민에 대하여 책임을 진다"고 하여 공무원은 특정정당이나 집단의 이익이 아니라 국민전체의 복리를 위하여 직무를 행한다는 것을 규정하고 있다. 국민전체에 대한 봉사자로서의 국가기관의 지위와 책임은 선거의 영역에서도 선거에서의 국가기관의 중립의무를 통하여 구체화된다. 국가기관은 모든 국민에 대하여 봉사해야 하며 이에 따라 정당이나 정치적 세력간의 경쟁에서 중립적으로 행동해야 한다」.

2) 노동운동의 제한 공무원인 근로자는 법률이 정하는 자에 한하여 단결권·단체교섭권·단체행동권을 가진다(제33조 2항). 그러나 국가공무원법은 노동운동을 위한 집단적 행위를 금지하고, 다만 사실상 노무에 종사하는 공무원은 근로 3권을 가지지만, 이 경우에도 노동조합에 가입된 자가 조합업무에 전임하고자 하는 경우에는 소속장관의 허가를 얻도록 규정하고 있다(국가공무원법 제66조 1항·3항). 이러한 제한은 공무원의 국민 전체에 대한 봉사자로서의 지위와 직무의 적정한 수행을 보장하기 위한 것이다.[1)]

우리 헌법재판소는 공무원에 대해 노동운동 기타 공무 이외의 일을 위한 집단적 행위를 금지하는 국가공무원법 제66조 1항에 대하여는 합헌이라고 결정하였다.[2)][3)] 2005년 1월 27일「공무원의 노동조합 설립 및 운영 등에 관한 법률」이 공포되어 6급 이하 공무원도 노조에 가입할 수 있게 되었다. 교원도 노동조합에 가입할 수 있도록 하는 법률이 제정되었다. 지방공무원법 제58조 1항의 노동운동금지조항도 합헌이다.[4)]

---

1) 비현업국가공무원의 쟁의행위에 대하여서는 공무원의 지위의 특수성과 직무의 공공성을 참작해 볼 때 이것을 근거로 공무원의 노동기본권에 대하여 불가피한 한도의 제한을 가하는 것은 충분한 합리적 이유가 있다고 할 것이다(日最高裁(大)判 昭 48. 4. 25, 刑集 27-4-547).

2) 헌재 1992. 4. 28 선고, 90 헌바 27 등 병합, 헌재판례집 제 4 권, 255 면 이하.
「국공법 제66조 제 1 항이 근로 3 권의 주체인 공무원을 사실상 노무종사공무원에 한정하는 것이 공무원의 국민전체에 대한 봉사자로서의 지위 및 그 직무상의 공공성 등의 성질을 고려한 합리적인 공무원제도의 보장, 공무원제도와 관련한 주권자(국민) 등 이해관계인의 권익을 공공복리의 목적 아래 통합조정하려는 의도와 어긋나는 것이라고 할 수 없다」.

3) 헌재 2007. 8. 30 선고, 2003 헌바 51, 2005 헌가 5(병합), 헌재판례집 제19권 2집, 215면 이하.「일반적으로 근로자의 노동 3권은 우리 헌법이 추구하는 가치지표로서의 실질적인 평등이념, 재산권보장 및 계약의 자유 등을 내용적으로 조화시키기 위한 헌법적 표현이라고 말할 수 있다. 그러므로 입법자가 헌법 제33조 제 2 항의 규정에 따라 노동 3 권의 주체가 될 수 있는 공무원의 범위를 정함에 있어서는 노동 3 권을 보장하고 있는 헌법의 정신이 존중되어야 함은 물론 국제사회에 있어서의 노동관계 법규 등도 고려되어야 한다. 그러나 다른 한편, 근로자인 공무원의 직위와 직급, 직무의 성질, 그 시대의 국가·사회적 상황 등도 아울러 고려하여 합리적으로 결정하여야 한다. 이 때에 비로소 헌법상 근로자에 대한 노동 3권의 보장을 통하여 실현되어야 할 가치질서와 합리적인 직업공무원제도의 유지·발전을 통하여 달성되어야 할 주권자인 전체 국민의 공공복리의 목적이 적절히 조화될 수 있을 것이기 때문이다. 입법자가 고려하여야 할 위와 같은 여러 가지 입법상의 참작사유 등에 미루어 위 법률조항을 살펴볼 때, 위 법률조항이 노동 3 권이 보장되는 공무원의 범위를 사실상의 노무에 종사하는 공무원에 한정하였던 것은, 노동 3 권의 향유주체가 되는 공무원의 범위를 정함에 있어서 공무원이 일반적으로 담당하는 직무의 성질에 따른 공공성의 정도와 현실의 국가·사회적 사정 등을 아울러 고려하여 사실상의 노무에 종사하는 자와 그렇지 아니한 자를 기준으로 삼아 그 범위를 정한 것으로 보여진다. 즉, 그 직무의 내용에 비추어 국민에 대한 영향이 크지 아니하여 노동 3권을 보장하더라도 공역무 수행에 큰 지장이 없고, 노동조건에 비추어 우선적으로 노동 3권을 인정할 필요성이 큰 집단을 '사실상 노무에 종사하는 공무원'으로 국회가 판단하였다고 할 수 있다. 이러한 입법내용은 앞서 본 바와 같이 헌법상 근로자에 대한 노동 3권의 실질적 보장이 전제되고 있으면서도 헌법 제33조 제 2 항이 노동 3 권이 보장되는 공무원의 범위를 법률에 의하여 정하도록 유보함으로써 공무원의 국민 전체에 대한 봉사자로서의 지위 및 그 직무상의 공공성 등의 성질을 고려한 합리적인 공무원제도의 보장, 공무원제도와 관련한 주권자 등 이해관계인의 권익을 공공복리의 목적 아래 통합 조정하려는 의도와 어긋나는 것이라고는 볼 수 없다」.

4) 지방공무원에 대한 근로 3 권의 제한에 대하여 헌재는 긍정적이다.
「사실상 노무에 종사하는 공무원을 제외한 나머지 공무원의 노동운동과 공무 이외의 일을 위한 집단행위를 금지하는 지방공무원법 제58조 제 1 항의 규정 중 '노동운동,' '공무 이외의 일을 위한 집단행위,' '사실상 노무에 종사하는 공무원'의 개념이 불명확하여 명확성의 원칙에 위반되지 않는다.
위 법률조항이 근로3권을 침해하여 위헌인 것은 아니다.

3) 특수신분관계에 의한 제한　　협의의 공무원은 국가와의 사이에 공법상 특수신분관계에 있으므로 그 질서를 유지하고 특수신분관계의 목적을 달성하기 위하여 필요하고 합리적인 범위 내에서 일반국민과는 다른 특별한 제한을 받는다.[1] 예컨대 공무원에 대하여 통근가능지역에 거주할 것을 명할 수 있으며, 또한 전투경찰관·군인 등의 영내거주를 명할 수 있으며 제복을 입도록 할 수 있다.

4) 제한의 한계　　이상과 같이 공무원은 국민전체에 대한 봉사자라는 지위에서 일반국민과는 다른 특별한 제한을 받는다. 그러나 국가를 위한 공무원도 국민이란 신분을 가지므로 공무원에 대한 기본권제한은 국민 또는 근로자로서의 공무원의 인권보장과 조화되는 범위 내에서 인정되어야 할 것이며, 이에 위반할 경우 위헌이 된다.[2][3] 모든 공무원에 대하여「지위를 이용하지 아니한」경우에도 선거기획행위를 금지하는 것은 위헌이다.[4]

(3) 공무원의 권리의무

1) 공무원의 권리　　공무원에게도 사회국가적 원리에 입각하여 사회보장의 혜택을 부여하여야 한다.[5] 공무원은 국가와 공법상 근무관계를 맺고 있기 때문에 포괄적 권리와 의무를 가진다. 공무원은 봉급·연금 기타 재산권을 가진다.

위 법률조항이 언론·출판·집회·결사의 자유를 침해하여 위헌인 것은 아니다.

위 법률조항으로 인하여 근로3권이 제한되는 공무원과 그렇지 아니하는 사실상 노무에 종사하는 공무원 및 교원의노동조합설립및운영등에관한법률 소정의 교원과의 관계에서 평등권을 침해하는 것은 아니다」(헌재 2005.10.27 선고, 2003 헌바 50·62, 2004 헌바 96, 2005 헌바 49(병합), 헌재판례집 제17권 2집, 238면 이하).

1) 헌재 2007.8.30 선고, 2003 헌바 51, 2005 헌가 5(병합), 헌재판례집 제19권 2집, 215면 이하. 同旨: 헌재 2008.4.28 선고, 2004 헌마 47, 헌재판례집 제20권 1집(상), 468면 이하.

2) 특별권력관계도 일반국민 또는 주민의 지위와 절대적으로 구별되는 것이 아니라 일반권력관계와 상대적인 차이가 있는 것으로 이해함이 행정법학에서의 다수설이다. 그러나 특별권력관계에 관한 종래의 이론을 소극적으로 파악하는 견해도 유력하다(이상규, 신행정법론(상), 186면; 서원우, 현대행정법론(상), 171면). 김도창 교수는 특별권력관계론에 대한 재검토를 시도하고 그 용어도「특별행정법관계」로 바꾸어 사용하고 있다(전게서(상), 245~248면). 오늘날 특별권력관계는 부정하되 특수신분관계로 이해하는 것이 바람직하다. Hesse, Grundzüge des Verfassungsrechts, 9. Aufl., S.136ff.; 허경, 서독공무원의 헌법상의 지위, 한태연 박사 회갑기념논문집, 324~348면 참조.

3) 4급 이상 공무원들의 병역면제사유인 질병명을 관보나 인터넷을 통해 공개하도록 하는 것은 평범한 직업인과도 비슷하여 공적 관심의 정도가 약한 4급 이상의 공무원들까지 대상으로 하여 모든 질병명을 아무런 예외없이 공개토록 한 것은 입법목적에 치중한 나머지 공무원들의 기본적인 사생활의 자유를 침해한 것이다(헌법불합치결정)(헌재 2007.5.31 선고, 2005 헌마 1139, 헌재판례집 제19권 1집, 711면 이하(726~727면)).

4) 헌재 2008.5.29 선고, 2006 헌마 1096, 헌재판례집 제20권 1집(하), 270면 이하.

5) 헌재 2007.3.29 선고, 2005 헌바 33, 헌재판례집 제19권 1집, 211면.「다른 한편, 현대민주주의 국가에 이르러 사회국가원리에 입각한 공직제도의 중요성이 특히 강조됨에 따라 사회적 법치국가이념을 추구하는 자유민주국가에서 공직제도란 사회국가의 실현수단일 뿐 아니라, 그 자체가 사회국가의 대상이며 과제라는 점을 중요시하게 되었다. 이는 모든 공무원들에게 보호가치 있는 이익과 권리를 인정해 주고, 공무원에게 자유의 영역이 확대될 수 있도록 공직자의 직무의무를 가능한 선까지 완화하며, 공직자들의 직무환경을 최대한으로 개선해 주고, 공직수행에 상응하는 생활부양을 해 주고, 퇴직 후나 재난, 질병에 대처한 사회보장의 혜택을 마련하는 것 등을 그 내용으로 한다(헌재 2002.8.29. 2001 헌마 788 등, 헌재판례집 14-2, 219, 227~228 참조)」.

(a) 공무원연금 공무원연금제도는 기본적으로 사회보장적 급여로서의 성격을 가짐과 동시에 공로보상 내지 후불임금으로서의 성격을 가지고 있으므로[1] 퇴직 후의 범죄행위를 이유로 이를 박탈하는 것은 위헌이다.[2] 퇴역연금 중 본인의 기여금에 해당하는 부분은 복무중 근무의 대가로 지급하였어야 할 임금의 후불적 성격이 강하고, 국가 또는 지

1) 공무원연금제도의 성격

[사회보장적 성격]

「공무원연금법상의 각종 급여는 퇴직수당과 같이 후불임금의 성격이 강한 것도 있고 그렇지 아니한 것도 있지만, 기본적으로는 모두 사회보장적 급여로서의 성격을 가짐과 동시에 공로보상 내지 후불임금으로서의 성격도 함께 가진다고 할 것이다(헌재 1998.12.24 선고, 96 헌바 73, 헌재판례집 제10권 2집, 856면 이하(866면); 헌재 2000.3.30 선고, 99 헌바 53 등, 헌재판례집 제12권 1집, 344면 이하(352면); 헌재 2002.7.18 선고, 2000 헌바 57, 헌재판례집 제14권 2집, 1면 이하(9~10면)).

따라서, 이 사건 법률조항에 의한 급여제한의 사유가 퇴직 후에 범한 죄에도 적용되는 것으로 보는 것은, 입법목적을 달성하기 위한 방법의 적정성을 결하고, 공무원이었던 사람에게 입법목적에 비추어 과도한 피해를 주어 법익을 침해하는 것으로 헌법에 위반된다 할 것이다」(헌재 2002.7.18 선고, 2000 헌바 57, 헌재판례집 제14권 2집, 13~15면).

[재산권적 성격]

「공무원연금법상 퇴직연금수급권은 경제적 가치 있는 권리로서 헌법 제23조에 의하여 보장되는 재산권으로서의 성격을 가진다」(헌재 1994.6.30 선고, 92 헌가 9, 헌재판례집 제6권 1집, 543면 이하(550면); 헌재 1998.12.24 선고, 96 헌바 73, 헌재판례집 제10권 2집, 856면 이하(866면); 헌재 1999.4.29 선고, 97 헌마 333, 헌재판례집 제11권 1집, 503면 이하(513면); 헌재 2002.7.18 선고, 2000 헌바 57, 헌재판례집 제14권 2집, 1면 이하(13면 이하); 헌재 2005.6.30 선고, 2004 헌바 42, 헌재판례집 제17권 1집, 973면 이하(981면)).

이 사건 법률조항은 퇴역연금의 수급권자가 '국가 또는 지방자치단체가 직접 또는 간접으로 출연금·보조금 등 재정지원을 하는 기관으로서 국방부령으로 정하는 기관'으로부터 보수 기타 급여를 지급받고 있는 때에는 그 지급기간 중 퇴역연금의 전부 또는 일부의 지급을 정지할 수 있도록 규정하고 있을 뿐, 그 밖의 어느 규정도 재정지원의 방식·형태·규모 등에 관한 아무런 기준을 제시하지 아니함으로 말미암아 천태만상의 정부재정지원의 전 범위에 걸쳐 비록 아무리 적은 규모라도 어떤 형태로든지 정부의 재정지원이 있기만 하면 국방부령이 정하는 바에 따라 지급정지대상기관이 될 수 있게 됨으로써 결과적으로 연금지급제한의 대상이 되는 정부재정지원기관의 확정을 실질적으로 행정부에 일임한 결과를 초래하였다 할 것이므로 이는 헌법상의 포괄위임금지의 원칙에 위반된다.

또한 이 사건 법률조항은 퇴역연금을 받을 권리가 있는 자가 정부재정지원기관으로부터 보수 기타 급여를 지급받고 있는 때에는 그 지급기간 중 대통령령이 정하는 바에 따라 퇴역연금의 전부 또는 일부의 지급을 정지할 수 있다고 규정하고 있는데, 이 조항만으로는 일정수준 이상의 소득자만을 지급정지의 대상으로 할 것인지 여부 및 소득의 수준에 따라 지급정지율 내지 지급정지금액을 달리할 것인지 여부가 불분명하게 되었을 뿐만 아니라, 이와 관련한 일체의 규율을 행정부에 일임한 결과가 되어 아무리 적은 보수 또는 급여를 받는 경우에도 대통령령에서 연금지급을 정지할 수 있도록 정하거나 재취업 소득의 수준에 관계없이 지급정지율 내지 지급정지금액을 일률적으로 정하는 것이 가능하게 되었을 뿐만 아니라 퇴역연금 중 본인의 기여금에 해당하는 부분까지도 정지의 범위에 들어갈 수 있는 길을 열어 놓았다는 점에서 포괄위임금지원칙에 위반된 것이라 아니할 수 없다(헌재 2005.12.22 선고, 2004 헌가 24, 헌재판례집 제17권 2집, 625면 이하. 同旨: 헌재 2005.10.27 선고, 2004 헌가 20, 헌재판례집 제17권 2집, 205면 이하).

2) 공무원연금제도는 공무원이라는 특수직역을 대상으로 한 노후소득보장, 근로보상, 재해보상, 부조 및 후생복지 등을 포괄적으로 실시하는 종합적인 사회보장제도이므로 공무원연금법상의 각종 급여는 기본적으로 모두 사회보장적 급여로서의 성격을 가짐과 동시에 공로보상 내지 후불임금으로서의 성격도 함께 가지며, 특히 퇴직연금수급권은 경제적 가치 있는 권리로서 헌법 제23조에 의하여 보장되는 재산권으로서의 성격을 가지는데, 다만 그 구체적인 급여의 내용, 기여금의 액수 등을 형성하는 데에 있어서는 직업공무원제도나 사회보험원리에 입각한 사회보장적 급여로서의 성격으로 인하여 일반적인 재산권에 비하여 입법자에게 상대적으로 보다 폭넓은 재량이 헌법상 허용된다고 볼 수 있다(헌재 2005.6.30 선고, 2004 헌바 42, 헌재판례집 제17권 1집, 979면 이하).

방자치단체의 부담금에 해당하는 부분은 은혜적 급여 또는 사회보장적 급여의 성질이 강하다.[1] 퇴직연금의 2분의 1을 초과하는 연금정지를 하는 것은 헌법위반이다. 퇴직연금수급자가 퇴직 후에 사업소득이나 근로소득을 얻게 될 경우 입법자가 사회정책적 측면과 국가의 재정 및 기금의 상황에 따라 퇴직연금의 일부를 지급 정지하는 것은 합헌이다.[2] 군인연금법이 연금액을 소비자 물가변동에 따라 조정하도록 한 것은 합헌이다.[3] 공무원에 대한 명예퇴직수당의 성격은 일반기업의 명예퇴직수당의 성격과 다르다.[4] 공무원 또는 공무원이었던 자가 재직중의 사유로 금고 이상의 형을 받은 때에는 퇴직급여 및 퇴직수당의 일부를 감액하여 지급하도록 한 법률조항은 재산권을 침해하고 평등의 원칙에 위배된다.[5]

공무원의 범죄의 종류에 상관 않고 직무상 저지른 범죄인지 여부와도 관계 없이 누적되어 온 퇴직급여 등을 누적 이후의 사정을 이유로 일률적·필요적으로 감액하는 것은 위헌이다[6]고 하여 헌법불합치 결정하였다.[7]

(b) 직무상 불이익처분 직무상의 광범위한 권한과 불이익처분을 받은 경우에

---

1) 헌재 1996.10.31 선고, 93 헌바 55, 헌재판례집 제 8 권 2 집, 457면 이하(462면); 헌재 2003.9.25 선고, 2001 헌가 22, 헌재판례집 제16권 2집(상), 231면 이하(246면); 헌재 2003.9.25 선고, 2000 헌바 94, 2001 헌가 21(병합), 헌재판례집 제15권 2집(상), 254면 이하(260~261면).

2) 헌재 2008.2.28 선고, 2005 헌마 872·918(병합), 헌재판례집 제20권 1집(상), 279면 이하.
「퇴직연금 수급권은 전체적으로 재산권적 보호의 대상이기는 하지만 이 제도는 기본적으로 그 목적이 퇴직 후의 소득상실보전에 있고, 그 성격이 사회보장적인 것이다. 그러므로 퇴직연금 수급자가 퇴직 후에 사업소득이나 근로소득을 얻게 되었다면, 입법자는 사회정책적 측면과 국가의 재정 및 기금의 상황 등 여러 가지 사정을 참작하여 폭넓은 재량으로 퇴직연금 지급 정도를 위와 같은 소득과 연계하여 일부 축소할 수 있다. 따라서 이 사건 심판대상조항과 같이 소득심사제에 의하여 퇴직연금 중 일부의 지급을 정지하는 것은 포괄위임금지의 원칙에 위배되는 등 특별한 사정이 없는 한 위헌이라고 볼 수 없다(헌재 2003.9.25. 2000 헌바 94 등, 헌재판례집 15-2 상, 254, 263 참조)」.

3) 헌재 2003.9.25 선고, 2001 헌마 194, 헌재판례집 제15권 2집(상), 391면 이하(405~406면).
「물가연동제에 의한 연금액조정규정의 취지는 연금의 실질적 구매력이 점점 떨어질 것에 대비하여 그 실질구매력을 유지시켜 주어 퇴직연금수급자의 생활안정을 기하기 위한 것이지 퇴직연금수급권을 제한하거나 박탈하는 것이 아니며, 그 내용이 현저히 자의적이라고 볼 수 없고, 아울러 구 공무원연금법 제43조의2 제 3 항(2000.12.30 법률 제6328호로 개정되고 2003.3.12 법률 제6859호로 개정되기 전의 것)에 의하여 각 연도 공무원보수인상률과 물가상승률 등을 고려하여 재조정해 주는 보완장치도 마련하고 있으므로 이 사건 조정규정 자체는 퇴직연금수급권자의 재산권, 행복추구권을 침해하거나 직업공무원제도의 근간을 훼손한 것이라 볼 수는 없다」(헌재 2005.6.30 선고, 2004 헌바 42, 헌재판례집 제17권 1집, 973면 이하).

4) 공무원에 대한 명예퇴직수당은 정년이 보장된 공무원이 정년이 되기 전에 공무원신분을 종료하는 것에 대하여 엄격한 요건하에, 공무원의 특별한 책임과 의무를 성실히 수행한 데 대해 생활보장의 일환으로 지급되는 것으로 일반기업에서 지급되는 명예퇴직수당과 그 성격에 있어서 다르다(헌재 2002.12.18 선고, 2001 헌바 55, 헌재판례집 제14권 2집, 810면 이하).

5) 이 결정은 6:3으로 헌법불합치결정이 내려졌다. 헌재 2007.3.29 선고, 2005 헌바 33, 헌재판례집 제19권 1집, 211면 이하.「공무원의 신분이나 직무상의 의무와 관련이 없는 범죄의 경우에도 퇴직급여 등을 제한하는 것은 공무원 범죄를 예방하고 공무원이 재직중 성실히 근무하도록 유도하는 입법목적을 달성하는 데 적합한 수단이라고 볼 수 없다」(주선회, 김희옥, 김종대, 민형기, 목영준, 조대현). 반대의견(이강국, 이공현, 이동흡).

6) 헌재 2007.3.29 선고, 2005 헌바 33, 헌재판례집 제19권 1집, 211면 이하(223~224면).

7) 헌재 2009.7.30 선고, 2008 헌가 1, 군인연금법 제33조 제 1 항 제 1 호 위헌제청, 헌재판례집 제20권 2집.

행정소송의 제기권을 가진다.

2) 공무원의 의무 공무원의 직무상 의무[1]로는 직무전념의무·성실의무·법령준수의무·명령복종의무·비밀엄수의무·품위유지의무·친절공정의무·직장이탈금지의무·청렴의 의무·영리업무금지의무·겸직금지의무·정치활동금지의무·집단행동금지의무 등이 있다(국가공무원법 제7장, 지방공무원법 제6장 등 참조). 공무원이 공무원으로서 지는 의무를 위반했을 때에는 공무원법상의 책임을 지는데, 그 행위가 일반법익까지 침해하는 경우에는 형사책임을 지는 경우도 있다.

공무원범죄에 대한 가중처벌을 하는 것은 공무원은 국민에 대한 봉사자의 지위를 가지고 있기 때문이다. 특가법이 공무원의 수뢰죄에 대하여 수뢰액에 따라 엄하게 가중처벌하는 것은 공무원의 지위와 역할에 근거한 것으로 합리성이 있다.

3) 준공무원에 대한 가중처벌 현대사회에서는 사회생활관계가 복잡, 다변화함에 따라 국가기관 이외에도 공적인 성격을 가진 기관, 단체의 활동이 증대하고 있으며, 그 중요성도 커지고 있다. 공공의 이익이 큰 영역의 종사자들에 대해서도 그 직무에 관해 공무원에 준하는 공정성과 청렴성이 요구되고, 이러한 기관, 단체의 종사자들에 직무에 관한 뇌물수수를 금지하고 엄벌에 처하고 있다.

금융기관의 임·직원에게는 공무원의 수뢰죄와 동일하게 처벌하는 것을 규정한 특정경제범죄가중처벌등에 관한 법률 제5조 4항 1호를 2005.6.30.에는 합헌이라고 결정하였다.[2] 그러나 2006.4.27.결정에서는 위헌이라고 변경하였다.[3] 그 이유는 다른 준공무원집단에 비하여 또 공무원보다도 더 중한 처벌을 하고 있어 평등권을 침해한다는 것이었다.

[判] 職業公務員制度에 관한 重要 判例

1. 職業公務員制度의 意義[4]

(1) 직업공무원제도는 공무원이 집권세력의 논공행상의 제물이 되는 엽관제도를 지양하고 정권교체에 따른 국가작용의 중단과 혼란을 예방하며 일관성 있는 공무수행의 독자성을 유지

1) ① 대법원판례: 대법원은 공무원의 성실의무가 미치는 범위에 대하여 다음과 같이 판시하고 있다. 「국가공무원법상 공무원의 성실의무는 경우에 따라 근무시간 외에 근무지 밖에까지 미칠 수도 있다. 그리고 철도기관사에 대하여 전국기관차협의회가 주도하는 집회에 참가하지 못하도록 한 지방철도청장의 명령을 정당한 직무상의 명령이라고 본다」(대판 1997.2.11, 96 누 2125, 공보 1997 상, 776).

② 헌재판례: 「공무원은 국민전체에 대한 봉사자로서 고도의 윤리 도덕성을 갖추어야 할 뿐 아니라 그가 수행하는 직무 그 자체가 공공의 이익을 위한 것이고 원활한 직무수행을 위하여는 공무원 개개인이나 공직에 대한 국민신뢰가 기본 바탕이 되어야 하는바, 공무원이 범죄 행위로 인하여 형사처벌을 받은 경우에는 당해 공무원에 대한 국민의 신뢰가 손상되어 원활한 직무수행에 어려움이 생기고, 이는 곧바로 공직전체에 대한 신뢰를 실추시켜 공공의 이익을 해하는 결과를 초래하게 되므로 범죄행위로 인하여 형사처벌을 받은 공무원에게 그에 상응하는 형사상 불이익을 규정하는 법률은 합헌이다」(헌재 1997.11.27 선고, 95 헌바 14 등, 헌재판례집 제9권 2집, 575면 이하(585~587면)).

2) 헌재 2005.6.30 선고, 2004 헌바 4, 2005 헌바 44(병합), 헌재판례집 제17권 1집, 907면 이하.

3) 헌재 2006.4.27 선고, 2006 헌가 5, 헌재판례집 제18권 1집(상), 501면.

4) 헌재 2004.11.25 선고, 2002 헌바 8, 헌재판례집 제16권 2집(하), 282면 이하.

하기 위하여 헌법과 법률에 의하여 공무원의 신분이 보장되는 공직구조에 관한 제도이다. 이러한 직업공무원제도를 운영함에 있어서는 인사의 공정성을 유지하는 장치가 중요하지만 특히 공무원의 정치적 중립과 신분보장은 그 중추적 요소라고 할 수 있다. 그러나 보장이 있음으로 해서 공무원은 어떤 특정정당이나 특정상급자를 위하여 충성하는 것이 아니고 국민전체에 대한 공복으로서 법에 따라 그 소임을 다할 수 있게 되는 것으로 이는 당해 공무원의 권리나 이익의 보호에 그치지 않고 국가통치 차원에서의 정치적 안정의 유지와 공무원으로 하여금 상급자의 불법 부당한 지시나 정실에 속박되지 않고 오직 법과 정의에 따라 공직을 수행하게 하는 법치주의의 이념과 고도의 합리성, 전문성, 연속성이 요구되는 공무의 차질 없는 수행을 위한 것이다(헌재 1989.12.18. 89 헌마 32 등, 헌재판례집 1, 343, 352~353).

우리 헌법 제7조가 보장하고 있는 이러한 직업공무원제도는 주관적 권리가 아닌 객관적 법규범이라는 점에서 기본권과 구별되기는 하지만 일단 헌법에 의해 제도로서 보장된 이상 입법자는 그 제도를 설정하고 유지할 입법의무를 지게 될 뿐만 아니라 헌법에 규정되어 있기 때문에 법률로써 이를 폐지할 수 없고, 비록 그 내용을 제한한다고 하더라도 그 본질적 내용을 침해할 수는 없다(헌재 1997.4.24. 95 헌바 48, 헌재판례집 9-1, 435, 444~445).

헌법 제7조에 따른 공무원의 신분보장을 정하고 있는 법률로는 지방공무원법과 국가공무원법 등이 있고, 지방공무원법 제60조와 국가공무원법 제68조는 '공무원은 형의 선고·징계 또는 이 법이 정하는 사유에 의하지 아니하고는 그 의사에 반하여 휴직·강임 또는 면직을 당하지 아니한다'는 내용을 규정하고 있다. 이 사건 규정은 바로 위 지방공무원법 제60조의 '이 법이 정하는 사유에 의하지 아니하고는 그 의사에 반하여 면직을 당하지 않는다'는 규정을 구체화한 것으로서 '지방자치단체의 직제 개폐에 의하여 폐직된 때'를 직권면직의 사유로 정하고 있는바, 이 직권면직은 법률에서 정한 일정한 사유가 발생한 경우에 공무원 본인의 의사와 관계없이 임용권자가 일방적으로 해당 공무원에 대해 면직을 행할 수 있는 제도로 행정조직의 효율성을 높이기 위한 제도이다.

(2) 기본적으로 공무원은 공익실현을 위해 국가나 지방자치단체가 고용한 자들이므로 이들을 통해 실현하고자 하는 공익이 사후적인 사정의 변화로 사라지거나 축소된 경우 그 고용의 필요성도 사라지게 될 것이다. 따라서 이들이 담당할 공적 업무의 존재는 공무원 신분을 유지하고 근로를 계속 제공할 수 있는 전제조건이 되는데, 그 전제조건의 변화로 유휴 인력이 발생하게 되면 행정의 효율성 차원에서 이들에 대한 정리가 부득이하게 실행될 수 있다.

더구나 공무원의 정치적 중립과 신분보장을 통해 행정의 계속성과 안정성을 확보하여 국가기능의 효율성을 증대하고자 하는 직업공무원제도가 그 본래의 취지와 달리 공무원 개인에게 평생직업을 보장하는 장치로 변질되어 행정의 무능과 국가 기능의 비효율을 초래해서는 안 된다는 점과 국가경영의 경비부담 주체가 국민이고 공무원은 국민 전체에 대한 봉사자라는 점을 감안하면, 행정의 효율성 및 생산성 제고 차원에서는 행정수요가 소멸하거나 조직의 비대화로 효율성이 저하되는 경우 직제를 폐지하거나 인원을 축소하는 것은 불가피한 선택에 해당할 것이다.

(3) 그런데 한편, 위에서 본 것처럼 우리 헌법은 법률이 정하는 바에 의하여 공무원의 신분이 보장되도록 하는 직업공무원제도를 두고 있으므로 국가나 지방자치단체가 행정조직을 운영하기 위해 공무원을 확보, 유지, 관리함에 있어서 효율성만을 추구할 수는 없다. 지방공무원법과 국가공무원법이 행정의 민주성과 능률성 확보를 그 목적(각 제1조)으로 하면서도, 지방공무원법 제60조와 국가공무원법 제68조에 공무원 신분보장에 관한 규정을 두고 있는 것은 행

정의 효율성과 능률성을 추구할 때 공무원의 권익보호가 배제되어서는 안 된다는 행정조직의 구성원리를 나타내는 것들이라 할 수 있다. 따라서 직업공무원제도 하에서 입법자는 행정의 효율성 이념과 직업공무원제도에 따른 공무원의 권익보호가 적절히 조화되도록 입법을 하여야 한다. 만약 공무원이 공법상의 근무 및 충성관계를 바탕으로 국가와 특수한 관계를 맺고 있다는 이유로 이들의 권리를 제약하고 많은 의무를 부과하면서 그 신분을 보호할 수 있는 제도적 장치를 마련하지 않는다면, 이들의 불안정한 지위로 인해 행정의 안정성과 계속성은 담보될 수 없을 것이고, 직업공무원제도가 추구하는 공무의 원활한 수행이라는 목적은 달성될 수 없을 것이다.

(4) 더구나 오늘날은 국가 간 무한경쟁시대의 전개에 따른 국제환경의 변화로 국가경쟁력 강화를 위한 사회 각 부문의 개혁이 요구되고 있고, 이는 곧 공적 부문에 대한 효율성 향상의 요구로 이어져 행정조직의 비능률을 해소하고 행정의 간소화, 합리화를 꾀하기 위해 공무원의 감원이 필요한 경우가 많이 발생하고 있다. 이에 따라 공직사회에서는 효율성 증대를 위해 사기업의 경영기법을 도입하는 한편, 일부 사기업에서는 근로자의 복지를 위해 연금제도를 도입하는 등 공·사 부문이 서로 영향을 주고받는 가운데 양자 사이에 신분적 특성의 차이가 점점 상대화되어가고 있다. 따라서 행정을 담당할 우수한 인력의 확보나 행정의 안정성과 연속성을 보장하기 위해서는 공무원 신분의 특수성만을 강조할 수 없고, 오히려 공무원과 사기업 근로자 사이의 유사성을 인정하는 가운데 공직의 특수성을 인정해야 할 필요가 있는 경우에만 이를 달리 취급하는 유연한 접근이 필요하다. 다만 공무원은 사경제 활동에 있어서와 같이 영리추구를 목적으로 하지 않고 국민과 국가를 위한 봉사를 목적으로 하므로 이윤획득을 주목적으로 삼는 사기업 등과는 차이가 있다는 점에서 입법을 할 때 국민 전체에 대한 봉사자라는 공무원의 특수한 지위는 여전히 고려되어야 할 것이다.

(5) 이 사건 직제폐지로 인한 직권면직이 헌법위반 문제가 없는지를 판단하기 위해서는 우선 이 사건 직권면직과 같은 성질을 가지고 있는 사기업 근로자의 정리해고에 관한 현행법체계를 살펴볼 필요가 있다. 만약 헌법상 직접적 보호규정을 두고 있지 않은 사기업근로자의 정리해고는 함부로 하지 못하도록 보호장치를 두고 있으면서 공무원의 경우만 일방적으로 정부나 지방자치단체의 결정에 의해 사기업의 정리해고에 해당하는 직권면직을 당하도록 한다면 이는 공무원 신분보장을 규정하고 있는 헌법 정신에 부합되기 어려울 것이기 때문이다.

근로기준법은 사기업 근로자에 대한 정리해고와 관련하여 정리해고 과정에서 발생할 수 있는 불합리성을 제거하기 위해 그 적정성을 보장하기 위한 여러 가지 제도를 마련하고 있다. 근로기준법 제31조 제 1 항은 사용자가 경영상 이유에 의하여 근로자를 해고하고자 하는 경우 긴박한 경영상의 필요가 있어야 한다는 것을 명확히 하고 있는데, 이것은 사기업의 사용자가 경영상 필요를 이유로 하여 함부로 근로자를 해고하지 못하도록 하는 최소한의 장치라고 할 수 있다. 또한 사용자는 긴박한 경영상 필요에 의해 정리해고를 할 때도 해고를 피하기 위한 노력을 다하여야 하고, 합리적이고 공정한 해고의 기준을 정하고 그에 따라 그 대상자를 선정하여야 하며(제 2 항), 해고를 피하기 위한 방법 및 해고의 기준 등에 관하여 당해 사업 또는 사업장에 근로자의 과반수로 조직된 노동조합이 있는 경우에 그 노동조합에 대하여 해고를 하고자 하는 날의 60일 전까지 통보하고 성실하게 협의하여야 하고(제 3 항), 대통령령이 정하는 일정규모 이상의 인원을 해고하고자 할 때에는 노동부장관에게 이를 신고하여야 한다(제 4 항). 이처럼 근로기준법은 사기업 정리해고의 경우 긴박한 경영상의 필요라는 정리해고 요건 외에 근로자가 정리해고 되는 과정에서 불합리하게 불이익을 당하지 않도록 여러 가지 제도적 장치를 마련하고 있다. 이 외에도 사기업 근로자들은 헌법에서 보장하는 노동 3권을 행사하여 불합리한 정리해고안의 일부를 철회시키거나 해고예고기간을 연장하는 등 유리한 조건을 얻어내기 위한 교섭을 벌일 수 있다.

(6) 이에 비해 공무원의 경우는 행정의 안정성과 계속성의 유지를 위해 노동 3권 보장이 상대적으로 제한될 수 있도록 되어 있고(헌법 제33조 제 2 항), 그렇지 않더라도 행정조직 폐지, 기구축소, 인건비에 대한 예산삭감 등의 문제는 국가 전체의 정책방향이나 국민경제와 직결되는 문제로 성질상 해당 조직의 공무원이 적극적으로 이에 개입할 수 없다는 한계가 있다. 그러나 직제가 폐지되면 공무원의 신분을 잃게 되는 자들을 위해 적절한 방어책을 강구해 줄 필요가 있음은 물론인데, 직제폐지를 이유로 공무원을 직권면직할 때는 합리적인 근거를 요하며, 직권면직이 시행되는 과정에서 합리성과 공정성이 담보될 수 있도록 절차적 장치를 두어야 할 것이다. 행정조직의 폐지는 궁극적으로 그 배후에 있는 공무원들의 신분 상실이라는 결과를 불러오게 되므로 아무런 제약 없이 행정조직의 폐지가 이루어질 수 있도록 한다면 이는 해당 공무원들에게 불의의 타격이 될 것이고, 또한 면직 규모나 그 대상자 선정과 관련해서도 그 합리성과 적정성을 담보할 수 있는 제도가 마련되어 있지 않다면 해당 공무원의 권익을 부당히 훼손하여 직업공무원제도를 둔 헌법의 취지를 위반하게 될 것이다.

(7) 청구인들은 이 사건 규정이 행정조직의 폐지에 있어 구체적인 정당한 기준도 없이 지방자치단체 공무원을 직권면직할 수 있도록 하고 있으므로 직업공무원제도의 본질을 훼손하는 것이라고 주장한다.

그런데 국가와 공공단체의 공직에 관한 인력수급계획에 관해서 입법자는 국가와 공공단체가 해결해야 할 공적 과제의 양, 예산규모, 인력수급정책 등을 종합적으로 고려하여 폭넓은 재량권을 가지고 입법을 할 수 있다. 그러므로 이 사건의 직제폐지 기준도 이러한 폭넓은 재량권의 범위 안에서 그 범위와 규모를 조절할 수 있도록 최소한의 합리성을 담보할 수 있는 것이면 될 것이다.

이 사건 지방공무원법은 지방자치단체의 공무원에게 적용할 인사행정의 근본기준을 확립하는 것을 목적으로 하는 법률이고, 지방자치단체의 행정조직 구성에 관해서는 지방자치단체의 종류와 그 조직 및 운영에 관한 사항을 정하고 있는 지방자치법이 적용되므로 직제폐지의 기준에 대해서는 지방자치법을 함께 살펴볼 필요가 있다.

지방자치법 제102조 제 1 항은 지방자치단체의 행정사무를 분장하기 위하여 필요한 행정기구를 두되, 시·도에 있어서는 대통령령이 정하는 범위 안에서 당해 지방자치단체의 조례로 정하고, 시·군 및 자치구에 있어서는 대통령령이 정하는 기준에 따라 시·도지사의 승인을 얻어 당해 지방자치단체의 조례로 정한다고 규정하고 있고, 제103조 제 1 항은 지방자치단체에는 당해 지방자치단체의 경비로써 부담하는 지방공무원을 두되, 그 정원은 대통령령이 정한 기준에 따라 당해 지방자치단체의 조례로 정한다, 제 2 항은 지방자치단체는 제 1 항의 지방공무원의 정원관리에 있어서 그 규모의 적정화와 운영의 합리화를 도모하여야 한다고 정하고 있으며, 이 외에도 제 8 조 제 2 항에서는 지방자치단체는 조직 및 운영의 합리화에 노력하고 그 규모의 적정화를 도모하여야 한다는 조직구성과 운영의 기본원칙을 정하고 있다. 이들 규정에 의하면 행정조직의 개폐는 지방자치법에서 정하고 있는 사무범위와 사무배분기준 등에 따라 다른 지방자치단체와 균형을 해치지 않고 행정조직의 운영이 합리적으로 이루어질 수 있는 적정 정원의 규모를 보장하는 범위 내에서 이루어져야 할 것이므로 위 규정들은 원활한 국정과제 수행을 위한 근거 규정으로서 뿐만 아니라 직제폐지와 관련해서도 최소한의 합리성을 담보할 수 있는 규정들이라 할 수 있다. 물론 위 규정들이 행정조직 개폐에 관한 아주 구체적인 기준이라고는 할 수 없으나, 국가나 지방자치단체의 행정과제의 원활한 수행을 방해하지 않기 위해서는 행정조직의 개폐의 필요성과 같은 전형적인 정책결정 문제에 있어서 이들 규정 이상으로 구체적이고 경직된 기준을 법정하도록 요구해서는 안 될 것이다.

(8) 한편, 행정조직의 개폐에 관한 문제가 위에서 본 것처럼 정책판단의 문제로 입법자의 입법형성권이 존중되어야 하는 영역이기 때문에 광범위한 재량이 인정된다 하더라도 행정조직의 개폐로 인해 행해지는 직권면직은 보다 직접적으로 해당 공무원들의 신분에 중대한 위협을 주게 되므로 직제 폐지 후 실시되는 면직 절차에 있어서는 보다 엄격한 요건이 필요하다. 이와 관련하여 지방공무원법 제62조 제 2 항은 직제의 폐지로 인해 직권면직이 이루어지는 경우 임용권자는 인사위원회의 의견을 듣도록 하고 있고, 제 3 항은 면직기준으로 임용형태·업무실적·직무수행능력·징계처분사실 등을 고려하도록 하고 있으며, 제 4 항은 면직기준을 정하거나 면직대상을 결정함에 있어서 반드시 인사위원회의 의결을 거치도록 하고 있는바, 이는 합리적인 면직기준을 구체적으로 정함과 동시에 그 공정성을 담보할 수 있는 절차를 마련하고 있는 것이라 볼 수 있다. 대법원도 국가공무원법 제70조 제 1 항 제 3 호의 '직제와 정원의 개폐 또는 예산의 감소 등에 의하여 폐직 또는 과원이 되었을 때' 행해지는 직권면직 규정과 관련하여 같은 조 제 3 항의 임용형태·업무실적·직무수행능력·징계처분사실 등의 면직기준 규정은 객관적이고 공정한 기준에 의하지 아니한 자의적인 직권면직을 제한함으로써 직업공무원의 신분을 두텁게 보장하려는 데 그 취지가 있는 것(대법원 2002. 9. 27 선고, 2002두3775 판결)이라고 하였다.

그 외에도 임용권자는 공무원에 대하여 징계처분을 행할 때와 면직처분 등을 행할 때 그 공무원에게 대하여 처분의 사유를 기재한 설명서를 교부하도록 하고 있으며(지방공무원법 제67조 제 1 항), 설명서를 교부받은 공무원은 일정기간 내에 심사위원회에 당해 처분의 심사를 청구할 수 있다(같은 조 제 2 항). 위와 같은 규정들은 모두 면직대상자의 선정 과정에서 충분히 적정성을 담보하는 규정들이라 할 것이다.

그렇다면 이 사건 규정이 직제가 폐지된 경우 직권면직을 할 수 있도록 규정하고 있다고 하더라도 이것이 직업공무원제도를 위반하고 있다고는 볼 수 없다.

[결 론]

이에 관여한 재판관 전원의 일치된 의견으로 주문과 같이 결정한다.

2. 公務員年金法 第27條 第 3 項 등은 違憲이 아니다[1)]

(1) 공무원연금제도, 사립학교교직원연금제도와 연금수급권의 법적 성격

공무원연금제도는 공무원을 대상으로 퇴직 또는 사망과 공무로 인한 부상·질병·폐질에 대하여 적절한 급여를 실시함으로써 공무원 및 그 유족의 생활안정과 복리향상에 기여하는 데에 그 목적이 있는 것으로서(법 제 1 조) 위의 사유와 같은 사회적 위험이 발생한 때에 국가의 책임 아래 보험기술을 통하여 공무원의 구제를 도모하는 사회보험제도의 일종이다.

공무원연금제도는 헌법 제 7 조의 직업공무원제도와 위와 같은 보험원리에 입각한 사회보장제도의 하나로서 군인과 선거에 의하여 취임하는 공무원을 제외한 국가공무원법 및 지방공무원법에 의한 모든 공무원 등은 법률에 의하여 당연히 공무원연금에 가입되고, 그 급여의 종류와 내용, 기여금의 액수 및 징수방법이 법률로 정하여져 있어 당사자가 선택할 수 없고, 그

---

1) 헌재 2003. 9. 25 선고, 2001 헌마 93·138·143(병합), 헌재판례집 제15권 2집(상), 319면 이하(352면).

각종 급여에 소요되는 비용 중 일부를 국가 또는 지방자치단체가 부담함으로써 급부와 반대급부 균형의 원칙이 유지되지 못하며, 보험료라고 볼 수 있는 공무원의 기여금의 납부가 법률에 의하여 강제되는 특성을 가지고 있다(헌재 1996.10.4. 96 헌가 6, 헌재판례집 8-2, 308, 322; 헌재 1998.12.24. 96 헌바 73, 헌재판례집 10-2, 856, 864~865; 헌재 2000.6.29. 98 헌바 106, 헌재판례집 12-1, 833, 842~843 각 참조).

또한 공무원연금제도는 연금제도 본래의 기능인 퇴직연금 외에도 기업의 퇴직금에 해당하는 일시금 및 퇴직수당, 민간의 산재보험에 해당하는 공무상 재해보상급여 기타 일반재해에 대한 각종 부조급여를 실시하는 등의 폭넓은 보장기능이 있으며, 아울러 전·현직 공무원을 위한 다양한 후생복지 프로그램도 마련하고 있다. 즉, 공무원연금제도는 공무원이라는 특수직역을 대상으로 한 노후소득보장, 근로보상, 재해보상, 부조 및 후생복지 등을 포괄적으로 실시하는 종합적인 사회보장제도이다(헌재 2002.7.18. 2000 헌바 57, 헌재판례집 14-2, 1, 9~10).

따라서, 공무원연금법상의 각종 급여는 기본적으로 모두 사회보장적 급여로서의 성격을 가짐과 동시에 공로보상 내지 후불임금으로서의 성격도 함께 가진다고 할 것이다(헌재 1998.12.24. 96 헌바 73, 헌재판례집 10-2, 856, 866; 헌재 2000.3.30. 99 헌바 53 등, 헌재판례집 12-1, 344, 352; 헌재 2002.7.18. 2000 헌바 57, 헌재판례집 14-2, 1, 10 참조).

특히 공무원연금법상 퇴직연금수급권은 경제적 가치 있는 권리로서 헌법 제23조에 의하여 보장되는 재산권으로서의 성격을 가진다(헌재 1994.6.30. 92 헌가 9, 헌재판례집 6-1, 543, 550; 헌재 1998.12.24. 96 헌바 73, 헌재판례집 10-2, 856, 866; 헌재 1999.4.29. 97 헌마 333, 헌재판례집 11-1, 503, 513; 헌재 2002.7.18. 2000 헌바 57, 헌재판례집 14-2, 1, 13 각 참조)고 할 수 있는데, 다만, 그 구체적인 급여의 내용, 기여금의 액수 등을 형성하는 데에 있어서는 직업공무원제도나 사회보험원리에 입각한 사회보장적 급여로서의 성격으로 인하여 일반적인 재산권에 비하여 입법자에게 상대적으로 보다 폭넓은 재량이 헌법상 허용된다고 볼 수 있다.

한편, 사립학교교직원연금제도도 공무원연금과 마찬가지로 특정한 직역을 대상으로 하여 운영되는 독립적인 제도이다. 그러나 양자 모두 기본적으로 공적 연금으로서 공무원 또는 교직원 및 그 유족의 생활안정과 복리향상에 기여함을 목적으로 하고(공무원연금법 제 1 조, 사학연금법 제 1 조), 보험사고의 유형이 퇴직·폐질·사망 및 업무상의 질병·부상·재해로 동일하며(공무원연금법 제25조, 사학연금법 제33조), 재직기간계산방법(공무원연금법 제23조, 사학연금법 제31조), 급여의 종류·급여액산정방법(공무원연금법 제 4 장 제 2 절, 제 3 절, 사학연금법 제42조)이 유사하고, 급여비용의 일부를 사용자인 국가 또는 학교법인이 부담한다는 면에서 일치한다(공무연금법 제69조, 사학연금법 제47조). 또한 공무원연금법상 퇴직연금의 수급권자가 사학연금법 제 3 조의 학교기관에서 재직하는 경우 교직원으로 임용된 날로부터 2년 이내에 수급권자의 선택에 의하여 종전의 재직기간을 사립학교교직원연금계산의 기초가 되는 재직기간에 합산할 수 있고(사학연금법 제32조 제 1 항), 이를 위하여 공무원연금관리공단과 사립학교교직원연금관리공단 사이에 연금액의 이체제도를 두고 있으며(사학연금법 제52조의2 제 1 항), 합산을 받은 후 다시 퇴직하는 경우에 전의 퇴직 당시의 보수월액이 재임용 후 퇴직 당시의 보수월액보다 많은 때, 퇴직연금의 금액은 재임용되기 전에 받던 퇴직연금에다 재임용 후의 퇴직 당시의 보수연액에 재임용 후의 복무연수를 곱한 금액의 100분의 2에 상당하는 금액을 가산하도록 하여(사학연금법 제42조 제 1 항, 공무원연금법 제46조 제 7 항) 합산으로 인하여 연금수급인이 입을 수 있는 불이익을 방지하고 있다. 두 연금보험은 보험의 대상이 서로 달라 각각 독립하여 운영되고 있을 뿐, 동일한 사회적 위험에 대비하기 위한 하나의 통일적인 사회보장제도라고 할 수 있다(헌재 2000.6.29. 98 헌바 106, 헌재판례집 12-1, 833, 843~843 참조).

따라서, 사학연금법상 각종 급여도 기본적으로 모두 사회보험에 입각한 사회보장적 급여로서의 성격을 가짐과 동시에 공로보상 내지 후불임금으로서의 성격도 함께 가지고, 특히 퇴직연금수급권은 경제적 가치 있는 권리로서 헌법 제23조에 의하여 보장되는 재산권으로서의 성격을 가진다고 볼 수 있다. 다만, 사립학교교원의 경우 공무원은 아니므로 헌법 제 7 조의 직업공무원제도의 보호대상은 아니고, 헌법 제31조 제 6 항에 의하여 보장되는 교원의 지위에 상응하는 보장이 요청된다고 할 것이다.

(3) 공무원연금법 제27조 제 3 항, 사학연금법 제35조 제 3 항의 위헌 여부(연금급여액산정기초규정)

퇴직연금 등의 급여액산정의 기초를 종전에 '퇴직 당시의 보수월액'으로 하던 것을 '평균보수월액'으로 변경한 것이 소급입법에 의한 청구인들의 재산권을 침해하여 헌법 제13조 제 2 항 및 제23조 제 1 항에 위반되는지의 여부가 문제된다.

(가) 소급입법의 의미와 그 해당 여부

헌법 제13조 제 2 항에 의하면, "모든 국민은 소급입법에 의하여 참정권의 제한을 받거나 재산권을 박탈당하지 않는다"라고 규정하고 있다. 그리고 소급입법은 신법이 이미 종료된 사실관계에 작용하는지 아니면, 현재 진행중인 사실관계에 작용하는지에 따라 '진정소급입법'과 '부진정소급입법'으로 구분되고, 전자는 헌법적으로 허용되지 않는 것이 원칙이며, 특단의 사정이 있는 경우에만 예외적으로 허용될 수 있는 반면, 후자는 원칙적으로 허용되지만, 소급효를 요구하는 공익상의 사유와 신뢰보호의 요청 사이의 교량과정에서 신뢰보호의 관점이 입법자의 형성권에 제한을 가하게 된다(헌재 2001.4.26. 99 헌바 55, 헌재판례집 13-1, 869, 884; 헌재 2002.7.18. 99 헌마 574, 헌재공보 71, 633, 638 참조).

그런데 위 법률규정은 현재 공무원이나 사립학교 교직원으로 재직하고 있는 자로서 퇴직연금에 대한 기여금을 납입하고 퇴직하는 경우에 장차 받게 될 퇴직연금에 대한 급여액의 산정기초를 종전에 '퇴직 당시의 보수월액'으로 하던 것을 '최종 3년간 평균보수월액'으로 변경한 것이므로, 위 퇴직연금에 대한 기대는 재산권의 성질을 가지고 있으나 확정되지 아니한 형성 중에 있는 권리로서 이는 아직 완성되지 아니하고 진행과정에 있는 사실 또는 법률관계를 규율대상으로 하는 이른바 부진정소급입법에 해당되는 것이어서 원칙적으로 허용된다고 할 것이다.

따라서, 이는 종래의 법적 상태의 존속을 신뢰한 청구인들에 대한 신뢰보호만이 문제될 뿐, 소급입법에 의한 재산권박탈의 문제는 아니므로, 위 법률조항은 소급입법에 의한 재산권박탈금지의 원칙을 선언하고 있는 헌법 제13조 제 2 항에 위반되지 아니한다.

(나) 신뢰보호의 원칙 위배 여부

신뢰보호의 원칙은 우리 헌법상 법치국가원리로부터 파생되는 것으로서 법률의 제정이나 개정시 구법질서에 대한 당사자의 신뢰가 합리적이고도 정당하며 법률의 제정이나 개정으로 야기되는 당사자의 손해가 극심하여 새로운 입법으로 달성하고자 하는 공익적 목적이 그러한 당사자의 신뢰의 파괴를 정당화할 수 없다면, 그러한 새 입법은 신뢰보호의 원칙상 허용될 수 없다. 이러한 신뢰보호원칙의 위배 여부를 판단하기 위하여는 한편으로 침해받은 이익의 보호가치, 침해의 중한 정도, 신뢰가 손상된 정도, 신뢰침해의 방법 등과, 다른 한편으로는 새 입법을 통하여 실현하고자 하는 공익적 목적을 종합적으로 형량하여야 한다(헌재 1998.11.26. 97 헌바 58, 헌재판례집 10-2, 673, 681; 헌재 2001.2.22. 98 헌바 19, 헌재판례집 13-1, 212, 219~220; 헌재 2001.4.26. 99 헌바 55, 헌재판례집 13-1, 869, 885~886 참조).

그동안 역대 우리나라정부는 물가안정, 경제의 지속적인 성장, 국가경쟁력 제고 등 경제정책적 견지에서 공무원 등의 보수수준을 억제하여 온 대신 사기업체근로자에 비하여 보다 후한 연금급여수준을 확보하여 줌으로써 국가와 국민 전체의 봉사자로서의 공무원의 사기를 진작하고 직무에 전념·충실하도록 유도하는 정책을 견지하여 왔고, 이에 따라 공무원인 근로자는 사기업체근로자에 비하여 상대적으로 적은 급여를 받고 있음에도 불구하고 퇴직이나 노후에 높은 수준의 퇴직연금을 받을 것을 기대하면서 그것을 감내하여 왔음은 주지의 사실이다. 또한 공무원연금제도가 제정·시행된 이래 최종 개정되기 전까지 근 40여년 동안 연금급여를 지속적으로 '최종보수월액'을 기초로 산정하여 왔으므로 그에 대한 신뢰는 장기간 형성되어 온 것도 사실이다.

그러나 연금급여가 직업공무원제도의 한 내용이라는 점을 감안하더라도 위에서 본 바와 같이 연금급여의 성격상 그 급여의 구체적인 내용은 국회가 사회정책적 고려, 국가의 재정 및 연금기금의 상황 등 여러 가지 사정을 참작하여 보다 폭넓은 입법재량으로 결정할 수 있다. 연금급여의 후불임금적 성격을 고려할 때, 오히려 그 퇴직연금급여는 최종보수월액이 아니라, 공무원으로 재직한 전 기간 평균보수월액으로 하는 것이 그 성격에 부합할 것임에도 '최종 3년간 평균보수월액'으로 개정한 것으로 그 자체의 합리성과 타당성이 인정될 뿐만 아니라, 그 개정으로 인하여 감소되는 정도는 크지 아니하다.

아울러 위 급여액산정기초규정과 같이 개정한 입법배경과 입법취지에서 살펴본 바와 같이 기존의 공무원연금제도를 유지하는 경우 연금재정이 파탄에 이르러 그 제도 자체를 유지·존속하기 어렵게 된 상황에 직면하여 국회가 공무원·정부·연금수급자 3자의 책임분담을 통하여 부담률을 높이고 지급수준을 낮추어 40년간 누적되어 온 연금적자문제를 해소하고 연금재정안정을 도모하는 일련의 연금제도개선책의 일환으로 위 법률조항과 같이 개정한 것으로, 그로 인하여 달성되는 공익은 실로 중대하다고 하지 않을 수 없다.

사학연금법상 급여액산정기초규정 역시 그 입법취지나 경위 및 사정이 이와 유사하고, 그것이 비록 직업공무원제도의 한 내용은 아니라 하여도 이와 달리 볼 것은 못된다.

따라서, 위 법률조항이 신뢰보호의 원칙에 위배되는 것이라고는 할 수 없다.

(4) 공무원연금법 제43조의2 제 1 항·제 2 항, 부칙 제 9 조 제 1 항, 사학연금법 제42조 제 1 항 중 공무원연금법 제43조의2 제 1 항을 준용하고 있는 부분, 부칙 제 7 조 제 1 항 및 개정 공무원연금법 제43조의2 제 3 항, 부칙 제 9 조 제 2 항의 위헌 여부(연금액조정규정)

(가) 연금액조정규정의 구체적인 내용과 헌법상 쟁점

먼저 위 법률조항과 개정 사학연금법 부칙에 의한 퇴직연금 등의 급여액조정의 구체적인 내용을 살펴보면, 다음과 같다.

통계청장이 매년 고시하는 전전년도와 대비한 전년도 전국소비자물가변동률에 해당하는 금액을 매년 증액 또는 감액하는 방법에 의하여 연금액의 조정이 이루어진다(공무원연금법 제43조의2 제 1 항, 사학연금법 제42조 제 1 항). 당해연도의 연금액은 [전년도 연금액×(전년도 연평균전국소비자물가지수－전전년도 연평균전국소비자물가지수)/전전년도 연평균전국소비자물가지수×100]으로 계산된다. 이와 같이 조정된 연금액은 당해연도 1월부터 12월까지 변동없이 적용된다(공무원연금법 제43조의2 제 2 조).

전국소비자물가변동률에 따라 연금액을 조정하는 것만으로 변화하는 사회·경제적 여건에 충분히 적응할 수 없을 경우에 대비하여 3년마다 정책적으로 연금액을 재조정하는데, 매 연도별로 전국소비자물가변동률이 공무원보수변동률과 2% 이상 차이가 발생할 경우에는 각 연도별로 공무원보수변동률과의 차이가 2%를 초과하지 아니하도록 조정한다(개정 공무원연금법 제42조의3 제 3 항, 개정 사학연금법부칙 제 1 항). 이와 같은 연금액의 정책조정은 3년마다 실시하는 것이지만, 그 최초의 조정은 물가연동제 실시 후 2년이 경과한 때에 실시하도록 하는 내용의 경과규정을 두었고(개정 공무원연금법 부칙 제 9 조 제 2 항, 개정 사학연금법 부칙 제 7 조 제 2 항), 그에 따른 최초의 정책조정은 2003. 3. 12. 시행하되, 2003. 1. 1.부터 적용하도록 하였다(개정 공무원연금법 부칙 제 1 항, 개정사학연금법 부칙 제 1 항). 아울러 개정 공무원연금법 제43조의2 제 3 항에 따른 조정에도 불구하고 동일 재직기간의 상·하 직급간 연금인 급여액의 역전현상이 발생시에는 별도 보전을 통하여 해소되도록 하였고, 다만, 직급이 없거나 하위직급이 없는 공무원이었던 자의 경우에는 직급이 있는 공무원이었던 자에 준하여 보전하도록 하였다(개정 공무원연금법 부칙 제 2 항, 개정

(사학연금법 부칙 제 2 항).

이러한 내용의 물가연동제는 공무원연금법상의 모든 연금수급자에 대하여 적용되는 것이고 개정규정의 시행 이전부터 연금을 받아오던 사람들에 대하여도 물론 적용된다. 다만, 기존 연금수급자들에 대하여는 퇴직시점의 연금액을 기준으로 소급하여 물가연동을 적용하는 것이 아니라, 제도시행 직전인 2000. 12. 31.의 연금액을 기준으로 향후의 연금액을 위와 같이 조정해 나간다(공무원연금법 부칙 제 9 조 제 1 항, 사학연금법 부칙 제 7 조 제 1 항).

이상과 같은 내용을 요약해 보면, 현행 공무원연금법 및 사학연금법상의 연금액조정방식은 순수한 물가연동제라고 할 수는 없고 보충적으로 3년마다 다시 조정하되, 매 연도별로 전국소비자물가변동률이 공무원평균보수변동률과 2% 이상 차이가 발생하는 경우에는 각 연도별로 공무원보수변동률과의 차이가 2%를 초과하지 아니하도록 한다는 점에서 물가연동제를 기초로 하면서도 보수연동제가 어느 정도 가미된 절충형의 조정방식이라고 할 수 있겠다.

이에 대하여는 첫째, 연금액을 전국소비자물가변동률에 따라 매년 조정하도록 한 것 자체가 입법의 형성재량의 범위를 벗어나 청구인들의 재산권 또는 인간다운 생활을 할 권리의 본질적 내용을 침해하는 것인지의 여부, 둘째, 물가연동제를 적용하면, 동일직급의 퇴직자라도 퇴직시기에 따라 연금액이 달라질 수 있고, 상·하 직급 퇴직자 사이에서도 퇴직시기에 따라 연금액의 역전현상이 발생할 가능성이 있는데, 이러한 것이 헌법상 평등의 원칙에 위반되는지의 여부, 셋째, 종래 보수연동제에 의하여 연금액의 조정을 받아오던 기존 연금수급자들에게 법률의 개정을 통하여 물가연동제에 의한 연금액조정방식을 적용하도록 한 것이 소급입법에 의한 재산권의 침해에 해당하는지의 여부, 신뢰보호의 원칙에 위반되어 헌법에 위반되는지의 여부가 문제된다.

(나) 물가연동제에 의한 연금액조정 자체의 위헌 여부

위에서 살펴본 바와 같이 연금수급권은 재산권의 성질을 가지고 있지만, 한편, 사회보장적 급여로서 그 급여의 구체적인 내용은 국가의 재정능력 및 기금의 재정상태, 국민 전체의 소득 및 생활수준 기타 여러 가지 사회적·경제적 여건이나 정책적 고려사항을 종합하여 합리적인 수준에서 폭넓은 형성재량으로 결정할 수 있는 것이고, 그 결정이 현저히 자의적이거나 직업공무원제도와 헌법이 보장하는 교원의 지위의 근간을 훼손하지 않는 한, 헌법에 위반된다고 할 수 없다.

위 물가연동제에 의한 연금액조정규정은 누적적인 연금재정의 적자, 퇴직자를 포함한 연금수급자의 급증, 평균수명의 연장 등 공무원연금제도와 사학연금제도의 환경변화로 인하여 기존의 제도를 유지할 경우에는 연금재정악화로 연금제도 자체의 유지·존속이 어렵게 되어 연금재정을 안정시키기 위한 일련의 연금재정개혁의 일환으로 개정된 것으로 그 필요성이 인정된다.

물가연동제에 의한 연금액조정규정의 취지는 화폐가치의 하락 또는 일반적인 생활수준의 향상 등으로 인하여 연금의 실질적 구매력이 점점 떨어질 것에 대비하여 그 실질구매력을 유지시켜 주어 연금수급자의 생활안정을 기하기 위한 것이지, 연금수급권을 제한하거나 박탈하는 것이 아니며, 그 내용이 현저히 자의적이라고 볼 수 없다. 아울러 개정 공무원연금법 제43조의2 제 3 항에 의하여 각 연도 공무원보수인상률과 물가상승률의 차이가 2% 이상인 경우 3년마다 각 연도별 차이가 2% 이상 나지 않도록 재조정하여 보전해 주는 보완장치도 마련하고 있다.

외국의 입법례를 살펴보아도 전 공무원의 평균봉급상승률에 연동하여 조정하는 방식을 채택하고 있는 독일을 제외하고는 미국, 영국, 프랑스, 이탈리아, 일본 모두 임금상승률연동에서 물가상승률연동으로 개정하여 실시하고 있다.

따라서, 물가연동제에 의한 연금급여조정규정 자체는 연금수급권자의 재산권, 인간으로서의 존엄과 가치 또는 인간다운 생활을 할 권리를 침해하거나 직업공무원제도나 헌법이 보장하는 사립학교교원의 지위의 근간을 훼손한 것이라고 볼 수는 없다고 할 것이다.

3. 軍人年金法 第17條의2 第1項 등은 違憲이 아니다[1)]

(1) 군인연금제도와 연금수급권의 법적 성격

군인연금법은 군인을 대상으로 퇴직 또는 사망과 공무로 인한 부상·질병에 대하여 적절한 급여를 실시함으로써 군인 및 그 유족의 생활안정과 복지향상에 기여하는 데에 그 목적이 있는 것으로서(법 제1조) 위와 같은 사회적 위험이 발생한 때에 국가의 책임 아래 보험제도를 통하여 군인의 구제를 도모하는 사회보장제도의 일종이다.

군인연금제도는 위와 같이 보험원리에 입각한 사회보장제도의 하나로서 현역 또는 소집되어 군에 복무하는 군인은 법률에 의하여 당연히 군인연금에 가입되고, 그 급여의 종류와 내용, 기여금의 액수 및 징수방법이 법률로 정하여져 있어 당사자가 선택할 수 없고, 그 각종 급여에 소요되는 비용 중 일부를 국가가 부담함으로써 급부와 반대급부 균형의 원칙이 유지되지 못하며, 보험료라고 볼 수 있는 군인의 기여금의 납부가 법률에 의하여 강제되는 특성을 가지고 있다.

또한 군인연금제도는 연금제도 본래의 기능인 퇴역연금 외에도 기업의 퇴직금에 해당하는 일시금 및 퇴직수당, 민간의 산재보험에 해당하는 공무상 재해보상급여, 기타 각종 부조급여를 실시하는 등의 폭넓은 보장기능이 있으며, 아울러 전·현직 군인을 위한 다양한 후생복지 프로그램도 마련하고 있다. 즉, 군인연금제도는 군인이라는 특수직역을 대상으로 한 노후소득보장, 근로보상, 재해보상, 부조 및 후생복지 등을 포괄적으로 실시하는 종합적인 사회보장제도이다.

따라서, 군인연금법상의 각종 급여는 기본적으로 모두 사회보장적 급여로서의 성격을 가짐과 동시에 공로보상 내지 후불임금으로서의 성격도 함께 가진다고 할 것이다(헌재 1994. 6. 30. 92 헌가 9, 헌재판례집 6-1, 543 참조).

특히 군인연금법상의 퇴역연금수급권은 경제적 가치가 있는 권리로서 헌법 제23조에 의하여 보장되는 재산권으로서의 성격을 가진다고 할 수 있는데(위 92헌가9 결정 참조), 다만 그 구체적인 급여의 내용, 기여금의 액수 등을 형성하는 데 있어서는 퇴역연금의 사회보장적 급여로서의 성격으로 인하여 일반적인 재산권에 비하여 입법자에게 상대적으로 보다 폭넓은 재량이 헌법상 허용된다고 볼 수 있다.

(2) ……

(3) 법 제17조의2 제1항 및 부칙 제5조 제1항(연금액조정규정)의 위헌 여부

(가) 연금액조정규정의 구체적인 내용과 헌법상 쟁점

먼저 위 법률조항에 의한 급여액 조정의 구체적인 내용을 살펴보면 다음과 같다.

통계청장이 매년 고시하는 전전년도와 대비한 전년도 전국소비자물가변동률에 해당하는 금액을 매년 증액 또는 감액하는 방법에 의해 연금액의 조정이 이루어진다(법 제17조의2 제1항). 즉, 당해 연도의 연금액은 [전년도 연금액×(전년도 연평균전국소비자물가지수－전전년도 연평균전국소비자물가지수)/전전년도 연평균전국소비자물가지수×100]으로 계산된다. 이와 같이 조정된 금액은 당해 연도 1월부터 12월까지 변동 없이 적용된다(법 제17조의2 제2항).

전국소비자물가변동률에 따라 연금액을 조정하는 것만으로 변화하는 사회·경제적 여건

1) 헌재 2003. 9. 25 선고, 2001 헌마 194, 헌재판례집 제15권 2집(상), 402면 이하.

에 충분히 적응할 수 없을 경우에 대비하여 3년마다 정책적으로 연금액을 재조정하는데, 매 연도별로 전국소비자물가변동률이 군인보수변동률과 2퍼센트 이상 차이가 발생할 경우에는 각 연도별로 군인보수변동률과의 차이가 2퍼센트를 초과하지 아니하도록 조정한다(2002. 12. 18. 법률 제6785호로 개정된 군인연금법(이하 '개정법'이라 한다) 제17조의2 제3항). 이와 같은 연금액의 정책조정은 3년마다 실시하는 것이지만, 그 최초의 조정은 물가연동제 실시 후 2년이 경과한 때에 실시하도록 하는 내용의 경과규정을 두었다(2002. 12. 18. 개정된 부칙 제5조 제2항). 제17조의2 제3항의 개정규정에 의한 조정에도 불구하고 동일 근속연수의 상·하 계급 간 연금급여액의 역전현상이 발생시에는 별도보전을 통하여 해소되도록 하였다(개정법 부칙 제2항).

이러한 내용의 물가연동제는 군인연금법상의 모든 연금수급자에 대하여 적용되는 것이고, 개정 규정의 시행 이전부터 연금을 받아오던 사람들에 대하여도 물론 적용된다. 다만, 기존 연금수급자들에 대하여는 퇴직 직전의 연금액을 기준으로 소급하여 물가연동을 적용하는 것이 아니라, 제도시행 직전인 2000. 12. 31.의 연금액을 기준으로 향후의 연금액을 위와 같이 조정해 나간다(법 부칙 제5조 제1항).

이상의 내용을 요약해 보면, 현행 군인연금법의 연금액조정방식은 순수한 물가연동제라고 할 수는 없고, 보충적으로 3년마다 다시 조정하되, 매 연도별로 전국소비자물가변동률이 군인보수변동률과 2퍼센트 이상 차이가 발생하는 경우에는 각 연도별로 군인보수변동률과의 차이가 2퍼센트를 초과하지 아니하도록 한다는 점에서 물가연동제를 기초로 하면서도 보수연동제가 어느 정도 가미된 절충형의 조정방식이라고 할 수 있다.

이에 대하여는 첫째, 연금액을 전국소비자물가변동률에 따라 매년 조정하도록 한 것 자체가 입법의 형성재량의 범위를 벗어나 청구인들의 재산권 또는 인간다운 생활을 할 권리의 본질적 내용을 침해하는 것인지의 여부, 둘째, 종래 보수연동제에 의하여 연금액의 조정을 받아오던 기존 연금수급자들에게 법률의 개정을 통하여 물가연동제에 의한 연금액조정방식을 적용하도록 한 것이 소급입법에 의한 재산권의 침해에 해당하는지의 여부, 신뢰보호의 원칙에 위반되어 헌법에 위반되는지의 여부가 문제된다.

(나) 물가연동제에 의한 연금액 조정 자체의 위헌 여부

위에서 살펴본 바와 같이 연금수급권은 재산권의 성질을 가지고 있지만, 한편 사회보장적 급여로서 그 급여의 구체적인 내용은 국가의 재정능력 및 기금의 재정상태, 국민 전체의 소득 및 생활수준 기타 여러 가지 사회적·경제적 여건이나 정책적 고려사항을 종합하여 합리적인 수준에서 폭넓은 형성재량으로 결정할 수 있는 것이고, 그 결정이 현저히 자의적이지 않는 한 헌법에 위반된다고 할 수 없다.

위 물가연동제에 의한 연금액조정규정은 위에서 살펴본 바와 같이 누적된 연금재정의 적자로 인하여 기존의 제도를 유지할 경우에는 연금재정악화로 연금제도 자체의 유지·존속이 어렵게 되어 연금재정을 안정시키기 위한 일련의 연금재정개혁의 일환으로 개정된 것으로 그 필요성이 인정된다.

물가연동제에 의한 연금액조정규정의 취지는 화폐가치의 하락 또는 일반적인 생활수준의 향상 등으로 인하여 연금의 실질적 구매력이 점점 떨어질 것에 대비하여 그 실질 구매력을 유지시켜 주어 연금수급자의 생활안정을 기하기 위한 것이지, 연금수급권을 제한하거나 박탈하는 것이 아니며, 그 내용이 현저히 자의적이라고 볼 수 없다. 아울러 개정법 제17조의2 제3항에 의하여 각 연도 군인보수인상률과 물가상승률의 차이가 2% 이상인 경우 3년마다 각 연도별 차이가 2% 이상 나지 않도록 재조정하여 보전해 주는 보완장치도 마련하고 있다.

따라서 물가연동제에 의한 연금액조정규정 자체는 연금수급권자의 재산권, 인간으로서의 존엄과 가치 또는 인간다운 생활을 할 권리를 침해하는 것으로 볼 수는 없다고 할 것이다.

(다) 소급입법금지원칙에 위배되는지 여부

청구인들은 기존의 연금수급자들에 대하여도 물가연동제를 적용하도록 한 법 부칙 제 5 조 제 1 항이 소급입법에 의한 재산권의 침해에 해당하여 헌법에 위반된다고 주장한다.

헌법 제13조 제 2 항은 "모든 국민은 소급입법에 의하여 …… 재산권을 박탈당하지 아니한다"고 규정하고 있다. 넓은 의미의 소급입법은, 신법이 이미 종료된 사실관계에 작용하는지 아니면 현재 진행중인 사실관계에 작용하는지에 따라 진정소급입법과 부진정소급입법으로 나눌 수 있고, 전자는 헌법적으로 허용되지 않는 것이 원칙이며 특단의 사정이 있는 경우에만 예외적으로 허용될 수 있는 반면, 후자는 원칙적으로 허용되지만 소급효를 요구하는 공익과 신뢰보호의 요청 사이의 교량과정에서 신뢰보호의 관점이 입법자의 형성권에 제한을 가하게 된다(헌재 1998. 9. 30. 97 헌바 38, 헌재판례집 10-2, 530, 539; 헌재 1998. 11. 26. 97 헌바 58, 헌재판례집 10-2, 673, 680~681 등 참조).

그런데, 위 부칙조항은 신설규정인 법 제17조의2를 그 시행일인 2001. 1. 1.부터 적용함에 있어서 기존 연금수급자들의 연금액을 2000. 12. 31. 현재의 연금액을 기준으로 조정한다는 내용으로서 기존 연금수급자들에 대한 연금액의 조정을 종래의 보수연동의 방식에서 물가연동의 방식에 의하도록 변경하고 있는 것이다. 이와 같은 내용의 위 부칙조항은 법 개정 이후의 법률관계만을 규율하고 있을 뿐이므로 이미 종료된 과거의 사실관계 또는 법률관계에 새로운 법률이 소급적으로 적용되어 과거를 법적으로 새로이 평가하는 진정소급입법에는 해당하지 아니한다. 이와 같이 법률의 개정에 의하여 기존의 법적 상태를 새로운 법적 상태로 변경하는 경우에는 새로운 법률이 기존의 법적 상태에는 아무런 영향을 미치지 못하는 것이므로 법률의 소급효는 문제될 여지가 없고, 다만 그 법적 상태를 변경함에 있어서 기존의 법적 상태에 대한 신뢰를 법치국가적 관점에서 헌법적으로 보호해 주어야 할 것인지가 문제될 뿐이다(헌재 1999. 4. 29. 94 헌바 37 등, 헌재판례집 11-1, 289, 318~319 참조).

한편 청구인들은 기존 연금수급자들이 가지는 연금수급권의 내용이 이미 법률 개정 이전에 불가변적으로 확정된 재산권임을 전제로 하여 입법자가 법률의 개정을 통하여 이미 확정된 연금수급권의 내용을 사후에 변경하는 것은 소급입법에 의한 재산권의 박탈에 해당한다고 주장한다.

그러나 군인연금법상의 연금수급권은 어느 정도 재산권의 성질도 갖고 있으나 기본적으로는 사회적 기본권으로서 그 연금수급권의 내용에 관하여는 입법자가 인간의 존엄과 가치, 인간다운 생활을 할 권리 등 기본권의 본질적 내용을 침해하지 아니하는 범위 안에서 재정능력, 국민 전체의 소득 및 생활수준, 기타 여러 가지 사회적·경제적 여건 등을 종합하여 합리적인 수준에서 이를 결정할 수 있고, 또한 그와 같은 사정의 변화에 맞추어 그 내용을 변경할 수도 있는 것이다. 따라서 연금수급권의 내용이 처음부터 불가변적으로 확정된 재산권임을 전제로 한 소급입법금지의 원칙에 위배된다는 청구인들의 위 주장은 받아들일 수 없고, 다만 그 내용의 변경이 신뢰보호의 원칙에 위배되는 것인지 여부가 문제될 뿐이다.

(라) 신뢰보호의 원칙에 위배되는지 여부

신뢰보호의 원칙은 법치국가의 원칙으로부터 도출되는 것으로서 이 원칙에 의하면, 새로운 입법으로 말미암아 기존의 법질서에 대한 당사자의 합리적이고도 정당한 신뢰가 무너져 당사자가 큰 손해를 입는 경우에 새로운 입법이 목적으로 하는 공익이 당사자가 입는 손해를 정당화할 수 없다면 그러한 새 입법은 허용될 수 없는 것이지만, 과연 새로운 입법이 신뢰보호의 원칙을 위배한 것인지 여부를 판단하기 위하여는 침해받은 이익의 보호가치, 침해의 정도, 신뢰의 손상 정도, 신뢰침해의 방법 등을 새 입법이 목적으로 하는 공익과 종합적으로 비교·형량하여야 한다(헌재 2001. 2. 22. 98 헌바 19, 헌재판례집 13-1, 212, 219~220; 헌재 2001. 4. 26. 99 헌바 55, 헌재판례집 13-1, 869, 885~886).

그런데, 위 물가연동제에 의한 연금액조정규정이 신설된 것은 기존제도에 의한 수급구조의 불균형으로 인하여 연금재정이 악화되고 있으므로 연금액의 조정을 물가연동제의 방식에 의하도록 변경함으로써 연금지출의 증가폭을 줄여 재정악화를 해결하고자 하기 위한 것이다. 그리고 위 법률조항의 적용에 관한 경과규정인 법 부칙 제5조 제1항은 기존의 연금수급자들에 대하여도 물가연동제의 방식을 적용함으로써 물가연동제에 의한 연금재정의 개선효과가 즉시 나타나도록 하였다.

이와 같이 경과규정에 의하여 물가연동제의 방식에 의한 연금액의 조정을 기존의 연금수급자들에 대하여 적용하도록 함으로써 달성하려는 공익은 연금재정의 악화를 개선하여 연금제도의 유지·존속을 도모하려는 데에 있고, 그와 같은 공익적 가치는 매우 크다고 하지 않을 수 없다.

한편 종전의 연금수급자들은 보수연동제의 방식에 의한 연금액조정을 통하여 물가상승률에 비하여 상대적으로 높게 인상된 연금을 지급받아 왔고, 그러한 연금액의 조정이 상당기간 지속됨으로써 앞으로도 현역군인의 보수인상률에 맞추어 연금액도 같은 비율로 조정되리라는 기대가 형성되어 있던 것은 부인할 수 없다.

그러나 연금수급권의 성격상 그 급여의 구체적인 내용은 불변적인 것이 아니라, 국가의 재정, 다음 세대의 부담정도, 사회정책적 상황 등에 따라 변경될 수 있는 것이고, 군인연금제도에 대한 적정한 신뢰는 "퇴직 후에 연금을 받는다"는 데에 대한 것이지, "퇴직 후에 현 제도 그대로의 연금액을 받는다"는 데에 대한 것으로 볼 수는 없다. 연금수급자는 단순히 기존의 기준에 의한 연금지급이 지속될 것이라는 기대 하에 소극적인 연금수급을 하였을 뿐이지, 그 신뢰에 기한 어떤 적극적 투자행위를 한 것이라고 볼 수는 없다.

또한 개정법은 각 연도 보수변동률과 물가변동률이 2퍼센트 이상 차이가 나는 경우 3년마다 그 이상 차이가 나지 않게 조정하도록 하여 기존제도에 대한 신뢰에 어느 정도 배려를 하고 있다.

그렇다면, 보호해야 할 연금수급자의 신뢰의 가치는 크지 않고, 신뢰의 손상 또한 연금액의 상대적인 감소로서 그 정도가 심하지 않는 반면, 연금재정의 파탄을 막고 군인연금제도를 건실하게 유지하는 것은 긴급하고도 대단히 중요한 공익이므로 위 부칙조항이 헌법상 신뢰보호의 원칙에 위배된다고 볼 수 없다.

(4) 법 제18조 제 1 항 중 퇴역연금을 제외하는 부분 및 동조 제 2 항(연금급여액산정기초규정)의 위헌 여부

(가) 소급입법금지원칙에 위배되는지 여부

퇴역연금 등의 급여액산정의 기초를 종전에 '퇴직 당시의 보수월액'으로 하던 것을 '평균보수월액'으로 변경한 것이 소급입법에 의한 청구인들의 재산권을 침해하여 헌법 제13조 제 2 항 및 제23조 제 1 항에 위반되는지의 여부가 문제된다.

그런데 앞서 본 바와 같이 소급입법은 진정소급입법과 부진정소급입법으로 구분되는바, 위 법률규정은 20년 이상 군인으로 복무하면서 퇴역연금에 대한 기여금을 납입해 온 사람이 법 개정 이후 퇴직하는 경우 장차 받게 될 퇴역연금에 대한 급여액의 산정기초를 종전에 '퇴직 당시의 보수월액'으로 하던 것을 '최종 3년간 평균보수월액'으로 변경한 것이므로, 위 퇴역연금에 대한 기대는 재산권의 성질을 가지고 있으나 확정되지 아니한 형성중에 있는 권리로서 이는 아직 완성되지 아니하고 진행과정에 있는 사실 또는 법률관계를 규율대상으로 하는 이

른바 부진정소급입법에 해당되는 것이어서 원칙적으로 허용된다고 할 것이다.

따라서 이는 종래의 법적 상태의 존속을 신뢰한 청구인들에 대한 신뢰보호만이 문제될 뿐 소급입법에 의한 재산권박탈의 문제는 아니므로, 위 법률조항은 소급입법에 의한 재산권박탈 금지의 원칙을 선언하고 있는 헌법 제13조 제2항에 위반되지 아니한다.

(나) 신뢰보호의 원칙 위배 여부

앞에서 살펴본 바와 같이 새로운 입법이 신뢰보호의 원칙을 위배한 것인지 여부를 판단하기 위하여는 침해받은 이익의 보호가치, 침해의 정도, 신뢰의 손상 정도, 신뢰침해의 방법 등을 새 입법이 목적으로 하는 공익과 종합적으로 비교·형량하여야 한다.

군인연금제도가 제정·시행된 이래 2000. 12. 30. 개정되기 전까지 근 40여 년 동안 연금급여를 지속적으로 '최종보수월액'을 기초로 산정하여 왔으므로 그에 대한 신뢰는 장기간 형성되어 온 것이 사실이다.

그러나 위에서 본 바와 같이 연금급여의 성격상 그 급여의 구체적인 내용은 국회가 사회정책적 고려, 국가의 재정 및 연금기금의 상황 등 여러 가지 사정을 참작하여 보다 폭넓은 입법재량으로 결정할 수 있다. 연금급여의 후불임금적 성격을 고려할 때, 오히려 그 퇴역연금급여는 최종보수월액이 아니라 군인으로 재직한 전 기간 평균보수월액으로 하는 것이 그 성격에 부합할 것임에도 '최종 3년간 평균보수월액'으로 개정한 것은 그 자체의 합리성과 타당성이 인정될 뿐만 아니라, 법 개정 전 보수월액을 기초로 산정한 퇴역연금액에 비하여 평균보수월액을 기초로 산정한 퇴역연금액이 약 2% 남짓 밖에 차이가 나지 않아 그 개정으로 인하여 연금액이 감소되는 정도도 크지 아니하다.

아울러 위 법률조항에서 퇴역연금의 산정을 평균보수월액에 기초하도록 개정한 것은 앞에서 본 바와 같이 연금산정기준을 퇴역 당시의 최종보수로 함에 따른 고급여의 문제점을 개선하여, 종국적으로 군인연금재정의 악화를 개선하여 연금제도의 유지·존속을 도모하려는 데에 목적이 있고, 그와 같은 입법목적의 공익적 가치는 매우 크다고 하지 않을 수 없다.

따라서 위 법률조항이 신뢰보호의 원칙에 위배되는 것이라고 보기는 어렵다.

4. 刑罰을 理由로 한 軍人退職金削減은 憲法에 不合致한다[1]

[재판관 김희옥(金熙玉), 재판관 김종대(金鍾大), 재판관 민형기(閔亨基), 재판관 목영준(睦榮埈), 재판관 송두환(宋斗煥)의 헌법불합치 의견]

1) 재산권(헌법 제23조 제1항) 침해

복무중의 사유로 금고 이상의 형을 선고받아 처벌받음으로써 기본적 죗값을 받은 군인에게 다시 제적이란 군인의 신분상실의 치명적인 법익박탈을 가하고, 이로부터 더 나아가 다른 특별한 사정도 없이 범죄의 종류에 상관 않고, 직무상 저지른 범죄인지 여부와도 관계없이, 누적되어 온 퇴직급여 등을 누적 이후의 사정을 이유로 일률적·필요적으로 감액하는 것은 과도한 재산권의 제한으로서 심히 부당하며 군인의 퇴직 후 노후생활보장이라는 군인연금제도의 기본적인 입법목적에도 부합하지 않는다. 설령 이 사건 법률조항이 그 입법 목적 달성을 위하여 필요한 수단이라고 하더라도 당해 군인에게 지나치게 가혹한 불이익을 주는 것으로서 그로 인하여 달성되는 공익과 당해 군인이 입는 불이익 사이에 현저한 불균형을 초래하여 최소침해성의 요건 및 법익균형성의 요건을 충족시키지 못한다.

---

1) 헌재 2009. 7. 30 선고, 2008 헌가 1, 군인연금법 제33조 제 1 항 제 1 호 위헌제청, 헌재판례집 제21권 1집.

2) 평등권(헌법 제11조 제1항) 침해

이 사건 법률조항은 군인이 복무중의 사유로 인하여 금고 이상의 형을 받은 때에 퇴직급여 및 퇴직수당의 일부를 감액하여 지급하도록 규정하여, 퇴직급여에 있어서는 국민연금법상의 사업장가입자에 비하여, 퇴직수당에 있어서는 근로기준법상의 근로자에 비하여 각각 차별대우를 하고 있다. 이러한 차별은 군인의 성실근무의 유도라는 입법목적 및 군인연금제도의 군인의 성실한 복무에 대한 보상이라는 부수적 성격을 감안한다고 하더라도 일반국민이나 근로자에 대한 지나친 차별을 했다고 판단되고, 그 차별에는 합리적인 근거를 인정하기 어렵다.

3) 헌법불합치 결정 및 잠정적용의 필요성

이 사건 법률조항에 대하여는 단순위헌결정을 하여 바로 그 효력을 상실시키는 것이 원칙이라고 할 것이지만, 이미 군인연금과 관련된 연간 국가예산 및 기금운용계획이 확정된 상태에서 이 사건 법률조항에 대한 단순위헌선언으로 그 효력을 즉시 상실시킬 경우에는 여러 가지 혼란과 부작용이 발생할 우려가 있다. 또한 이미 복무중의 사유로 금고 이상의 형을 받아 급여를 감액 당한 다른 군인과의 형평성도 고려하여야 한다. 따라서 입법자는 죄의 종류와 내용을 묻지 않고 모든 복무중의 사유로 금고 이상의 형을 받은 때에는 퇴직급여 등을 제한한다고 해서는 안 되고 퇴직급여 등까지를 제한해야 할 합리적이고 특별한 필요가 있는 경우로 그 사유를 한정하여 그 경우에만 퇴직급여 등을 제한함으로써 합헌적인 방향으로 법률을 개선하여야 하고 그때까지 일정 기간 동안은 위헌적인 법규정을 존속케 하고 또한 잠정적으로 적용하게 할 필요가 있다.

[재판관 조대현(曺大鉉)의 일부 위헌, 일부 헌법불합치 의견]

이 사건 법률 조항이 "복무중의 사유"에 군인의 신분이나 직무와 전혀 관련 없는 사유까지 포함시킨 부분은 군인의 신분이나 공무와 전혀 관련 없는 사유로 금고 이상의 형을 받은 군인 퇴직자와 그렇지 않은 군인 퇴직자를 불합리하게 차별하는 것으로서 헌법에 위반되고 그 부분을 구분하여 특정할 수 있으므로 그 부분에 대하여는 위헌을 선언하여야 한다. 그러나 "복무중의 사유" 중 "군인의 신분이나 직무와 관련 있는 사유" 부분은 금고 이상 형벌의 유무만을 기준으로 삼아 퇴직급여와 퇴직수당을 동일한 비율로 필요적으로 삭감하도록 하여 퇴직급여 차별의 필요성·최소성의 원칙에 부합된다고 보기 어렵고 법에 위반되는 부분과 헌법에 합치되는 부분이 뒤섞여 있어 양자를 구분할 수 없으므로 그 전체에 대하여 헌법불합치를 선언하여야 한다.

[결 론]

그렇다면 이 사건 법률조항에 대한 재판관 조대현의 일부 단순위헌, 일부 헌법불합치 의견에 위 재판관 5인의 전부 헌법불합치 의견을 가산하면 위헌 정족수를 충족하게 되므로, 이 사건 법률조항에 대하여 헌법불합치 결정을 선고한다.

[재판관 이강국(李康國), 재판관 이공현(李恭炫), 재판관 이동흡(李東洽)의 반대의견(합헌 의견)]

1) 재산권의 내용과 한계를 처음으로 형성하는 입법의 경우에는 이미 형성되어 있는 기존의 재산권을 제한하는 입법의 경우와는 달리 입법자에게 광범위한 입법재량이 인정되므로, 그 입법이 합리적 이유가 있으며 입법재량의 범위를 벗어나지 않는 한, 재산권을 침해하지 않는다. 그런데 이 사건 법률조항은 군인의 퇴직급여 등 수급권이 재산권으로 처음 형성될 당시보다 오히려 그 보호범위를 더 넓히고 있을 뿐 이를 제한하는 점이 없고, 합리적 이유가 있어 입법재량의 범위를 벗어나지 않았으며, 게다가 위 수급권이 가지는 사회보장적 성격에

비추어 볼 때 입법재량을 일탈하였을 소지는 더욱 줄어든다. 가사 다수의견과 같이 기본권 '제한'에 요구되는 비례원칙을 엄격히 적용한다고 하더라도, 비직무 범죄, 과실범이라고 하여 법률적 혹은 사회적 비난가능성이 적다고 할 수 없으므로 이들 범죄로 인한 급여의 감액은 입법목적을 달성하는 데 적합한 수단이 되고, 군인 범법행위에 대한 제재방법으로서 형벌에 의한 급여의 감액이 반드시 최후의 수단이 되어야 하는 것도 아니며, 나아가 하위법령에서 비직무 범죄나 과실범의 경우 급여감액의 범위를 조절하여 차등적으로 규율할 수 있는 여지가 있을 뿐만 아니라 형사재판에서 이를 참작함으로써 다수의견이 지적하는 급여감액상의 문제점을 보완할 수도 있다는 점 등을 종합적으로 고려해 볼 때 이 사건 법률조항은 헌법상 재산권을 침해하지 아니한다.

2) 군인연금은 국민연금이나 법정퇴직금 등과 비교할 때 주된 목적과 성격, 보호의 대상과 수준 등에서 기본적인 차이가 있고, 이 사건 법률조항에 의한 급여의 감액은 군인이 지는 법령준수 및 충실의무 등의 준수를 유도하는 목적이 있는 점 등에 비추어 볼 때, 군인연금제도를 형성하면서 그 의무의 위반 여부를 급여 감액의 기준으로 삼은 것은 합리적 이유가 있는 것으로서 헌법에 반하지 아니한다.

[재판관 김종대의 보충의견]

군인의 퇴직급여는 퇴역 군인이 최소한의 인간다운 생활을 할 수 있도록 보장되어야 할 것이므로, 오직 퇴역 군인의 인간다운 생활을 제한해도 될 만큼의 큰 정책적 제한 요인이 있을 때에만, 예컨대 반역죄 등 중대한 국가적 법익에 대한 죄를 지어 사회보장의 틀에서 제외시킬 필요가 있다고 인정되는 경우에만 그 제한을 할 수 있도록 해야 한다.

5. 公務員의 選擧運動制限은 合憲이다[1)]

가. 전제논의: 선거운동기간과 예비후보자 제도

(1) 선거운동기간 제도

법은 기간의 제한 없이 선거운동을 무한정 허용할 경우 후보자 간의 지나친 경쟁과 선거부정의 발생우려 등으로 인하여 선거운동기간 제도를 두어 선거운동은 후보자등록마감일의 다음날부터 선거일 전일까지에 한하여 이를 할 수 있도록 하고 있다(법 제59조). 후보자의 배우자는 비록 공무원이라고 하여도 자유롭게 선거운동을 할 수 있으나 후보자와 마찬가지로 선거운동기간 동안이라고 하는 시적 제한을 받게 된다(법 제60조 제 1 항 단서).

(2) 예비후보자 제도의 도입

법상 예비후보자제도는 각 선거별 법에 정한 기간 동안 관할 선거구선거관리위원회에 예비후보자등록을 한 자는 선거운동기간 전에도 일정 범위 내에서 선거운동을 할 수 있도록 하는 것이다. 예비후보자 제도가 도입된 것은 2004. 3. 12. 법률 제7189호로 개정된 '공직선거 및 선거부정방지법'이다.

종전에는 누구든지 선거운동기간이 아닌 때에는 선거운동을 할 수 없도록 함으로써 소위 '사전선거운동'을 예외 없이 금지하고 있었다. 그런데 현역 국회의원의 경우 직무활동으로 인정되는 의정활동보고를 통하여 사실상 선거운동의 효과를 누리는 기회가 주어지고 있어서 정치 신인과의 선거운동기회가 불균등하다는 문제점이 끊임 없이 제기되어 왔다. 이에 선거운동기회의 형평성 차원에서 정치 신인에게도 자신을 알릴 수 있는 기회를 어느 정도 보장하고자 예비후보자제도를 도입하게 되었다(헌재 2005. 9. 29. 2004 헌바 52, 헌재판례집 17-2, 160, 169~169 참조).

---

1) 헌재 2009. 3. 26 선고, 2006 헌마 526, 헌재공보 제150호, 191면 이하.

(3) 예비후보자 및 예비후보자 배우자의 선거운동

예비후보자의 선거운동방법을 무제한으로 허용할 경우에는 선거의 조기과열·혼탁은 물론 후보자 간의 경제력 차이에 따른 기회불균등의 심화 등 그 폐해가 클 수 있기 때문에 제한된 범위 내에서 이를 허용하고 있다. 즉, 법은 예비후보자가 할 수 있는 선거운동방법으로서 선거사무소를 설치하는 행위, 일정한 규격의 명함을 직접 주면서 지지를 호소하는 행위, 전자우편을 이용하여 문자, 음성 등의 정보를 전송하는 행위, 선거구 안의 세대수 10분의 1 이내에 해당하는 수의 인쇄물을 작성하여 관할 선거관리위원회로부터 확인받은 후 발송하는 행위 등을 허용되는 선거운동방법으로 규정하고 있다(법 제60조의3 제 1 항).

법은 예비후보자의 배우자에게 제한된 범위에서 예비후보자를 위한 선거운동을 할 수 있도록 하고 있다. 2005. 8. 4. 법률 제7681호로 개정된 법 제60조의3 제 2 항은 예비후보자의 배우자는 예비후보자의 선거운동을 위하여 일정한 규격에 따른 명함을 직접 줄 수 있고, 이 경우 예비후보자의 지지를 호소할 수 있다고 규정하고 있다.

(4) 예비후보자의 등록 및 등록기간

예비후보자가 되고자 하는 자는 각 선거별로 정한 날로부터 관할 선거구선거관리위원회에 소정서류를 갖추어 예비후보자 등록을 서면으로 신청하여야 하고, 예비후보자 등록신청을 받은 선거관리위원회는 등록 피선거권에 관하여 확인이 필요하다고 인정되는 경우 등이 아닌 한 지체 없이 이를 수리하여야 한다(법 제60조의2 제 1 항, 제 4 항).

각 선거별 예비후보자 등록신청일은 대통령 선거는 선거일 전 240일, 지역구국회의원선거 및 시·도지사선거는 120일, 지역구지방의회의원선거 및 자치구·시·군의 장선거의 경우에는 선거기간개시일 전 60일이다(동조 제 1 항 각호).

나. 이 사건 법률조항의 기본권 침해 여부

(1) 제한되는 기본권

이 사건 법률조항은 청구인과 같은 공무원은 선거운동기간 전에 예비후보자인 배우자를 위한 선거운동을 할 수 없도록 금지하고 있으므로 청구인의 선거운동의 자유를 제한하고 있다.

또한 이 사건 법률조항은 예비후보자의 공무원이 아닌 배우자에게는 선거운동기간 전에도 예비후보자를 위한 선거운동을 할 수 있도록 하면서, 예비후보자의 공무원인 배우자에게는 그와 같은 선거운동을 금지하고 있는바, 이와 같은 차별취급이 과연 합리적 근거 없는 자의적 차별로서 청구인의 평등권을 침해하는지 여부가 문제된다.

청구인은 또한 이 사건 법률조항에 의한 선거운동의 금지로 인하여 행복추구권이 침해되었다고 주장하고 있는바, 보호영역으로서의 '선거운동'의 자유가 문제되는 경우 표현의 자유 및 선거권과 일반적 행동자유권으로서의 행복추구권은 서로 특별관계에 있어 기본권의 내용상 특별성을 갖는 표현의 자유 및 선거권이 우선 적용된다고 할 것이므로, 이하에서는 행복추구권 침해 여부에 관하여 따로 판단할 필요는 없다(헌재 2004. 4. 29. 2002 헌마 467, 헌재판례집 16-1, 541, 550 참조).

(2) 선거운동의 자유 침해 여부

(가) 선거운동의 자유 및 그 헌법적 보장

선거운동의 자유는 헌법상의 자유선거의 원칙에 의한 보호를 받는다. 자유선거의 원칙은 비록 우리 헌법에 명문으로 규정되지는 아니하였지만 민주국가의 선거제도에 내재하는 법원리로서, 국민주권의 원리, 의회민주주의의 원리 및 참정권에 관한 규정에서 그 근거를 찾을 수 있다. 이러한 자유선거의 원칙은 선거의 전 과정에 요구되는 선거권자의 의사형성의 자유와 의사실현의 자유를 말하고, 구체적으로는 투표의 자유, 입후보의 자유 나아가 선거운동의 자유를 뜻한다(헌재 2001. 8. 30. 99 헌바 92, 헌재판례집 13-2, 174, 193).

또한 선거운동의 자유는 널리 선거과정에서 자유로이 의사를 표현할 자유의 일환이므로 표현의 자유의 한 태양이기도 한데, 이러한 정치적 표현의 자유는 선거과정에서의 선거운동을 통하여 국민이 정치적 의견을 자유로이 발표, 교환함으로써 비로소 그 기능을 다하게 된다 할 것이므로 선거운동의 자유는 헌법이 정한 언론·출판·집회·결사의 자유의 보장규정에 의한 보호를 받는다(헌재 1995. 4. 20. 92 헌바 29, 헌재판례집 7-1, 499, 507; 헌재 2004. 4. 29. 2002 헌마 467, 헌재판례집 16-1, 541, 550 참조).

(나) 공무원의 선거운동 금지 및 예외

법상 공무원의 선거운동은 금지된다(법 제60조 제 1 항 제 4 호). 법이 공무원 또는 공무원에 준하는 사람들의 선거운동을 금지하고 있는 이유는, 그들이 그 직을 그대로 유지한 채 선거운동을 할 수 있는 경우 자신들의 지위와 권한을 특정 개인을 위한 선거운동에 남용할 소지가 많게 되고, 직무를 통하여 얻은 여러 가지 정보를 선거에 활용할 수 있을 뿐 아니라 자신의 부하직원을 선거운동에 동원할 염려도 있으며, 자신의 선거운동에 유리한 방향으로 편파적으로 직무를 집행하거나 관련 법규를 적용할 가능성도 있는 등 그로 인한 부작용과 폐해가 선거결과에 지대한 영향을 미치게 될 것이기 때문이고, 선거의 형평성과 공정성을 보장하기 위하여 공무원이나 이에 준하는 공공단체의 구성원들로 하여금 선거운동에 관여하지 못하도록 하는 것은 입법자의 불가피한 조치라고 할 것이다(헌재 1995. 3. 23. 95 헌마 53, 헌재판례집 7-1, 463, 473; 헌재 1995. 5. 25. 91 헌마 67, 헌재판례집 7-1, 722, 739 참조).

그런데 법은 비록 공무원인 경우에도 후보자의 배우자는 선거운동을 할 수 없는 자에서 제외하고 있다(법 제60조 제 1 항 단서).

공무원인 후보자의 배우자에 대하여 선거운동을 허용하는 입법은 법 이전의 공직선거및선거부정방지법 당시에 최초로 이루어졌다. 즉 1995. 12. 30. 법률 5127호로 개정된 공직선거및선거부정방지법은 제60조 제 1 항 단서에서 국회의원선거의 후보자의 배우자가 공무원인 경우에 선거운동을 허용하는 규정을 두었다. 그 후 1997. 1. 13. 법률 5262호로 개정된 공직선거및선거부정방지법은 국회의원선거의 후보자로 한정하지 않고 모든 선거의 후보자의 배우자는 공무원인 경우에도 선거운동을 할 수 있도록 하였다. 이와 같은 입법은 공직선거및선거부정방지법이 법으로 개정된 이후에도 계속하여 유지되고 있다.

(다) 이 사건 법률조항의 선거운동의 자유 침해 여부

법은 선거운동기간 이외의 선거운동 금지에 대한 예외로서 인정하는 예비후보자 제도를 형성하면서 예비후보자의 배우자에게 일정한 범위의 선거운동의 자유를 인정하였다. 그런데 이 사건 법률조항은 공무원인 예비후보자의 배우자에 대하여는 그와 같이 허용된 선거운동의 자유를 금지함으로써 공무원인 예비후보자의 배우자에 대하여 일반인보다 가중된 선거운동의 자유 제한을 규정하고 있다.

이 사건 법률조항의 입법목적은 공무원직에 있는 자가 장기간 선거운동을 수행하는 것을 금지함으로써 공직의 정치적 중립성에 관한 일반인의 신뢰 및 선거의 공정성을 보호하기 위함이다. 예비후보자의 경우 선거운동 기간이 짧게는 선거기간개시일 전 60일(지역구지방의회의원선거, 자치구·시·군의 장 선거)부터 길게는 선거일전 약 240일(대통령선거)에 이르는바, 예비후보자의 배우자인 공무원에게 이렇게 장기간 동안 선거운동을 하도록 허용한다면 공무원의 선거운동을 금지하는 법의 근본취지가 훼손될 우려가 있고, 선거의 공정성에 대한 일반인의 신뢰를 해할 우려가 있다.

법상 예비후보자의 배우자에게 허용되는 선거운동은 극히 범위가 좁아 예비후보자의 명함을 유권자에게 직접 주고 그 지지를 호소하는 정도이므로 가사 공무원인 배우자에게 같은 정도의 선거운동을 한다고 하여도 선거결과에 부당한 영향을 미친다거나, 선거의 공정성에 대한 신뢰를 저해할 우려가 있을 것인지 의문이 있을 수 있다. 그러나 공무원인 배우자가 현실적으로 수행하는 선거운동 방법과 그로부터 일반국민이 받는 인상이 언제나 일치한다고 보기 어려우며, 비교적 단순한 방법의 선거운동이라고 하여도 장기간 수행하는 경우에는 선거의 공정성에 대한 신뢰를 저해할 염려가 없다고 단정하기 어렵다.

한편 예비후보자의 배우자 등에 의한 선거운동은 원칙적으로 금지되어 있는 선거운동기간 전의 선거운동을 예외적으로 허용하는 것이므로, 예비후보자 제도에 따른 선거운동을 할 수 있는 자를 누구로 할 것인지, 어느 범위까지 선거운동을 허용할 것인지 등에 관하여 입법부의 재량에 맡겨야 하고 그것이 명백히 재량권의 한계를 벗어난 입법이 아닌 한 입법형성의 자유를 존중하여야 할 것이다(헌재 2004. 4. 29. 2002 헌마 467, 헌재판례집 16-1, 541, 553 참조).

법 제60조의3 제 2 항은 예비후보자가 그와 함께 다니는 자 중에서 지정한 1인과 예비후보자의 배우자는 법에 정한 규격의 명함을 직접 줄 수 있고, 예비후보자의 배우자는 예비후보자의 지지를 호소할 수 있다고 규정하고 있는바, 이 경우 예비후보자는 배우자 대신 그의 직계존·비속 중에서 그와 같은 선거운동을 수행할 자를 신고할 수 있다고 규정하고 있다. 따라서 배우자가 공무원인 예비후보자는 그의 배우자를 대신하여 직계 존· 비속 중에서 공무원이 아닌 자 1인을 신고하여 명함배부와 지지호소를 하도록 할 수 있다. 이와 같이 법은 예비후보자의 배우자가 공무원인 경우 배우자인 공무원의 선거운동을 금지하면서도 예비후보자가 다른 직계가족을 선거운동을 할 사람으로서 지정하여 신고한 경우에는 해당 다른 직계가족이 배우자에게 허용된 선거 등을 할 수 있도록 함으로써 그 기본권 제한의 정도를 최소화하고 있다.

살피건대, 이 사건 법률조항은 공무원인 예비후보자의 배우자의 선거운동의 자유를 금지함으로써 선거운동의 자유를 제한하고 있으나, 앞서 살펴본 바와 같은 기본권 제한을 최소화하기 위한 입법조치를 마련하고 있어 입법형성의 재량권의 한계를 벗어난 입법이라고 보기 어렵다고 할 것이다.

결국 이 사건 법률조항은 일반적인 국민에게 허용되는 선거운동 자유에 과잉금지원칙에 위반한 제한을 가하고 있는 조항이 아니므로 청구인의 선거운동의 자유를 침해하는 것이라고 보기는 어렵다.

이 사건 법률조항은 예비후보자의 공무원인 배우자의 선거운동을 금지하고 있다. 따라서 공무원인 예비후보자의 배우자와 공무원이 아닌 예비후보자의 배우자 사이에 이 사건 법률조항으로 인한 차별취급이 존재한다. 과연 이 사건 법률조항의 이와 같은 차별취급이 명백히 재량권의 한계를 벗어나 평등권을 침해하는 것인지 여부에 관하여 살펴보기로 한다.

한편 앞서 살펴본 바와 같이 법 제60조 제 1 항 단서는 후보자의 배우자인 공무원에 대하여 선거운동을 허용하고 있으므로 후보자 배우자의 경우에는 해당 배우자가 공무원인지 여부를 불문하고 선거운동을 허용하고 있다. 따라서 이 사건 법률조항에 의하여 선거운동이 금지되는 공무원인 '예비후보자의 배우자'와 공무원인 '후보자의 배우자'와 사이에 차별취급이 존재한다고 할 것인지 문제된다. 그러나 예비후보자 제도는 일반적으로 선거운동기간 내에만 선거운동을 허용하는 선거운동기간 제도에 대한 예외로서 형성된 제도이다. 예비후보자의 배우자인 공무원도 일단 예비후보자가 후보자로 되는 경우에는 후보자의 배우자로서 선거운동기간 동안 선거운동의 자유가 허용되는 것으로 양자는 동일한 평면에 놓고 비교할 수 없는 별개의 제도라고 할 것이다. 따라서 예비후보자의 배우자의 선거운동 문제는 후보자의 선거운동 문제와 전혀 별개의 문제로서 차별취급을 논의할 비교집단이 된다고 보기 어렵다.

따라서 이하에서는 공무원인 예비후보자의 배우자와 공무원이 아닌 예비후보자의 배우자 사이에 이 사건 법률조항으로 인한 차별취급이 평등권을 침해하는 것인지 여부를 중심으로 살펴보기로 한다.

(나) 평등권 침해 여부

이 사건 법률조항은 공무원인 예비후보자 배우자의 선거운동을 금지하고 있다. 그런데 선거의 형평성과 공정성을 보장하기 위하여 공무원이나 이에 준하는 공공단체의 구성원들로 하여금 선거운동에 관여하지 못하도록 하는 것이 입법자의 불가피한 조치라고 할 수 있을지언정 자의적인 조치라고 할 수 없다(헌재 1995. 3. 23. 95 헌마 53, 헌재판례집 7-1, 463, 473 등 참조).

예비후보자의 배우자에게 허용되는 선거운동 방법은 극히 제한되어 있으며, 명함의 교부와 같은 비교적 단순한 방법의 선거운동이지만 이와 같은 선거운동방법의 경우에도 공무원이 이를 수행하는 경우 선거의 공정성 내지 그에 대한 일반국민의 신뢰를 저해할 염려가 없다고 단정하기 어렵다.

한편, 법 제60조의3 제 2 항은 예비후보자가 그의 배우자를 대신하여 직계 존·비속 중에서 1인을 신고하여 명함배부와 지지호소를 할 수 있도록 하여 차별의 정도를 최소화하고 있으므로 이 사건 조항이 불합리할 정도의 차별을 발생시킨다고 할 수 없다. 청구인의 경우와 같이 자녀가 미성년자이고 부모가 사망하여 그의 배우자를 대신해 선거운동을 할 사람이 없는 경우가 있을 수 있으나, 입법자가 이와 같은 예외적인 경우까지 고려하지 않았다고 하여 그것이 명백히 재량권의 한계를 벗어난 입법이라고 보기는 어렵다.

결국 공무원인 예비후보자의 배우자를 공무원이 아닌 배우자와 달리 취급하여 이에 대하여 선거운동을 금지하고 있는 이 사건 법률조항이 공무원인 배우자를 불합리하게 차별함으로써 청구인의 평등권을 침해한다고 할 수 없다

(다) 소 결

이 사건 법률조항은 공무원인 예비후보자의 배우자를 공무원이 아닌 배우자와 차별취급하고 있으나 그 차별취급에 합리적인 이유가 있으므로 청구인의 평등권을 침해하지 않는다.

[결 론]

그렇다면, 이 사건 심판청구는 이유 없어 이를 기각하기로 하여 관여 재판관 전원의 일치된 의견으로 주문과 같이 결정한다.

6. 地方公務員의 選擧運動禁止는 合憲이다[1)]

가. 공선법 제60조 제 1 항 제 4 호, 제255조 제 1 항 제 1 호 중 '제60조 제 1 항 제 4 호' 부분(이하 이들을 '이 사건 조항 1'이라 한다)

⑴ 제한되는 기본권

이 사건 조항 1이 공무원인 청구인에 대하여 선거운동을 금지하는 것은 선거의 공정성·형평성과 중립성이라는 공공복리를 위하여 선거운동의 자유와 정치적 표현의 자유 및 선거권을 경합적으로 제한하는 것이라고 볼 수 있다(헌재 2004. 4. 29. 2002 헌마 467, 헌재판례집 16-1, 541, 550). 이하 선거운동의 자유를 중심으로 위헌 여부를 판단하기로 한다.

⑵ 위헌 여부

(가) 선거운동의 자유도 헌법 제37조 제 2 항에 의하여 국가안전보장, 질서유지, 공공복리를 위하여 필요한 경우에 한하여 법률로써 제한할 수 있는바, 그 경우에도 제한의 방법이 합

1) 헌재 2008. 4. 24 선고, 2004 헌바 47, 헌재판례집 제20권 1집(상), 468면 이하.

리적이어야 함은 물론 기본권 제한의 한계 원리인 과잉금지의 원칙에 위배되거나 권리의 본질적 내용을 침해하여서는 아니 된다.

(나) 공직선거법 제58조 제 1 항에 의하면 '선거운동'은 "당선되거나 되게 하거나 되지 못하게 하기 위한 행위"이다. 판례는 이에 관하여 다음과 같이 판시하고 있다. "선거운동은 특정 후보자의 당선 내지 이를 위한 득표에 필요한 모든 행위 또는 특정 후보자의 낙선에 필요한 모든 행위 중 당선 또는 낙선을 위한 것이라는 목적의사가 객관적으로 인정될 수 있는 능동적·계획적 행위를 말하는 것으로 풀이할 수 있다. 즉, 단순한 의견개진 등과 구별되는 가벌적 행위로서의 선거운동의 표지로 당선 내지 득표(반대후보자의 낙선)에의 목적성, 그 목적성의 객관적 인식가능성, 능동성 및 계획성이 요구된다"(헌재 1994. 7. 29. 93 헌가 4 등, 헌재판례집 6-2, 15, 33～34; 헌재 2001. 8. 30. 2000 헌마 121 등, 헌재판례집 13-2, 263, 269; 대법원 1999. 4. 9 선고, 98 도 1432).

선거에 관한 단순한 의견개진 및 의사표시, 입후보와 선거운동을 위한 준비, 정당의 후보자 추천에 관한 단순한 지지·반대의 의견개진 및 의사표시, 통상적인 정당활동은 선거운동에서 제외된다(공직선거법 제58조 제 1 항).

(다) 공선법이 공무원(이 사건 조항 1에 의하여 선거운동이 금지되는 공무원을 의미한다. 이하 같다)의 선거운동을 금지하고 있는 이유는, 그들이 그 직을 그대로 유지한 채 선거운동을 할 수 있는 경우 자신들의 지위와 권한을 특정 개인을 위한 선거운동에 남용할 소지가 많게 되고, 직무를 통하여 얻은 여러 가지 정보를 선거에 활용할 수 있을 뿐 아니라 자신의 부하직원을 선거운동에 동원할 염려도 있으며, 자신의 선거운동에 유리한 방향으로 편파적으로 직무를 집행하거나 관련 법규를 적용할 가능성도 있는 등 그로 인한 부작용과 폐해가 선거결과에 지대한 영향을 미치게 될 것이기 때문으로서, 선거의 형평성과 공정성을 보장하기 위하여 공무원이나 이에 준하는 공공단체의 구성원들로 하여금 선거운동에 관여하지 못하도록 하는 것은 입법자의 불가피한 조치라고 할 것이다(헌재 1995. 3. 23. 95 헌마 53, 헌재판례집 7-1, 463, 473; 헌재 1995. 5. 25. 91 헌마 67, 헌재판례집 7-1, 722, 739; 헌재 2005. 6. 30. 2004 헌바 33, 헌재판례집 17-1, 927).

(라) 이 사건 조항 1은 공무원에 대하여 선거운동의 기간과 방법, 태양을 불문하고 일체의 선거운동을 금지하고 있는바, 이러한 일률적 금지가 앞서 본 제한목적 달성을 위하여 필요한 최소한도의 것이라고 볼 수 있는지가 문제된다.

공무원의 선거운동을 제한하는 방법으로 이 사건 조항 1과 같이 일률적으로 금지할 것이 아니라 '선거운동의 방법이나 태양'을 제한하는 것을 생각해 볼 수 있다. 그러나 선거운동의 개념은 매우 넓으며, 이는 실제에 있어 매우 다양하고 복잡한 형태로 행하여질 것이어서 그 가운데 어느 것을 공무원이라는 신분과 관련하여 금지될 필요가 있는 방법으로 구분, 특정할 것인지는 그 범위를 정하기가 쉽지 않다.

한편 공선법은 제85조에서 공무원이 지위를 이용한 선거운동을 하는 것을 금지하며, 제86조에서 공무원이 선거에 영향을 미치는 개별적 행위들을 금지하는 방식을 규정하고 있기는 하나, 그러한 입법만으로 이 사건 조항 1이 추구하는 선거의 형평성과 공정성을 충분히 확보할 것인지는 불분명하다. 그러므로 이 사건 조항 1이 '피해의 최소성'에 위배되었다고 단정할 수 없다.

(마) 선거운동의 주체에 대하여 어느 범위에서 이를 허용하고 금지할 것인가는 각 나라가 처한 정치·사회·경제적 사정, 선거문화의 수준, 민주시민의식의 성숙 정도 등 제반 사정에 따라 달라질 수밖에 없는데, 우리나라의 경우 과거 여러 차례 실시된 각종 선거에서 관권, 금권 등의 개입에 의한 부패 및 탈법과 그에 따른 민의의 왜곡을 반복적으로 경험한 바 있다(헌재 2004. 4. 29. 2002 헌마 467, 헌재판례집 16-1, 541, 554).

이 사건 조항 1에 의하여 보호되는 공익은 선거의 공정성 확보라는 중요한 것이고, 이로 인하여 공무원의 선거운동을 금지하는 것은 보호되는 공익과 제한되는 기본권 사이에 현저한 불균형이 있다고는 볼 수 없다.

(바) 청구인은 이 사건 조항 1이 국제노동기구(ILO)의 제151호 협약(공공부문에서의 단결권 보호 및 고용조건의 결정을 위한 절차에 관한 협약) 등 국제법규에 반하므로, 국제법규는 국내법과 같은 효력을 가진다고 규정한 헌법 제6조 제1항에 위반된다고 주장하나, 아래 선례(2003 헌바 51 등)의 판시에서 보듯이 헌법 제6조 제1항에 위반된다고 볼 수 없다.

(사) 이 사건 조항 1이 공무원의 선거운동에 대하여 3년 이하의 징역 또는 600만 원 이하의 벌금에 처하도록 한 것은 선거의 공정성을 보장하기 위한 중요한 입법목적을 달성하기 위한 것으로서 이는 입법재량의 한계를 벗어난 과중한 처벌이라고 볼 수 없다. 또 공무원에 대한 징계처분과 별도로 형사처벌을 인정하였다고 하더라도 징계처분과 형사처벌은 그 권력의 기초, 목적, 내용, 대상 등을 달리하므로 그러한 사정만으로 달리 볼 것은 아니다(2007. 8. 30. 2003 헌바 51 등, 헌재공보 131, 936).

(아) 소 결 론

이 사건 조항 1은 청구인들의 선거운동의 자유 등 기본권을 침해한다고 볼 수 없으며 헌법에 위반되지 아니한다.

나. 지방공무원법 제57조 제2항 제1호, 제82조 중 '제57조 제2항 제1호' 부분(이하 이들을 '이 사건 조항2'라 한다)

(1) 이 사건 조항 2는 '공무원은 선거에 있어서 특정정당 또는 특정인의 지지나 반대를 하기 위하여 투표를 하거나 하지 아니하도록 권유하는 것'을 하지 못하며, 그 위반 시 '1년 이하의 징역 또는 300만 원 이하의 벌금'에 처하도록 하였다.

(2) 선거운동은 "당선되거나 되게 하거나 되지 못하게 하기 위한 행위"를 뜻하며 "정당의 후보자 추천에 관한 단순 지지·반대의 의견개진 및 의사표시"는 이에 해당하지 않는다(공직선거법 제58조 제1항 제3호). 그런데 단순한 지지나 반대의 의사표시를 넘어서 "투표를 하거나 하지 아니하도록 권유"하는 행위는 '당선 또는 낙선을 위한 것이라는 목적의사가 객관적으로 인정될 수 있는 능동적·계획적 행위'에 해당되므로 전형적인 선거운동의 하나라고 볼 수 있다.

(3) 공무원의 선거운동 금지와 이를 처벌하는 이 사건 조항 1은 청구인의 기본권을 침해하거나 헌법에 위반되지 않음은 앞서 본 바와 같고, 이 사건 조항 2는 그 구체적인 형태의 선거운동을 금지하고 처벌하고 있는 것이다. 또 이 사건 조항 2의 처벌조항의 내용은 이 사건 조항 1보다 완화되고 있다. 그렇다면 이 사건 조항 1이 합헌이라고 본 이유와 같은 취지에서 이 사건 조항 2 역시 위헌이라고 볼 수 없다.

다. ……

라. 공선법 제255조 제1항 제11호 중 '제87조 제1항 제8호'(선거운동을 할 수 없는 공무원이 과반수인 기관·단체에 한정한다) 부분(이하 '이 사건 조항 4'라 한다)

(1) 이 사건 조항 4는 선거운동을 할 수 없는 공무원이 구성원의 과반수인 기관·단체의 명의 또는 그 대표의 명의로 선거운동을 하거나 하게 한 자를 처벌하고 있다. 이로써 이 사건 조항 4는 공무원이 과반수인 기관·단체(이하 '단체'라고만 한다) 혹은 그러한 단체나 단체의 대표로 하여금 선거운동을 하도록 한 자의 선거운동의 자유와 표현의 자유를 제한하고 있다.

(2) 앞서 공무원의 선거운동 자체가 금지되는 것은 헌법에 위배되지 않는다고 본 이상, 그러한 공무원이 다수를 차지하는 단체의 선거운동을 금지하는 것은 공무원의 선거운동을 제한하는 데 따른 불가피한 후속조치라고 볼 수 있다. 만일 공무원이 과반수인 단체의 선거운동

을 허용한다면, 그 단체는 공무원 다수의 의사에 따라 선거운동을 하게 될 것이므로, 공무원에 의하여 선거의 불공정성이 초래될 수 있어 공무원의 선거운동을 금지하는 입법취지가 훼손될 수 있다.

만일 공무원이 과반수 구성원인 단체의 선거운동을 허용한다면, 공무원의 지위를 이용한 영향력의 행사를 용인하는 결과가 되고, 직무상 취득한 각종 정보를 부당하게 이용하는 것을 방치하게 되며, 관권선거에 의한 선거의 타락현상을 초래할 수 있어 선거의 공정성과 형평성이 저해될 수 있다. 그러므로 이 사건 조항 4는 선거의 공정성을 달성하기 위한 합리적 이유가 있는 것이며, 입법목적을 달성하기 위한 효과적 수단을 갖추고 있다.

(3) 이로 인하여 단체에 소속된 공무원 아닌 회원들의 경우 단체를 통한 선거운동이 제한되는 결과가 되나, 이러한 제한은 공무원이 과반수인 경우 단체의 선거운동이 선거의 공정성을 심각하게 해할 수 있기 때문에 불가피한 것이고, 공무원이 아닌 사인인 구성원들은 개별적으로 혹은 공선법이 선거운동을 금지하지 않은 다른 단체를 설립하여 선거운동을 하는 것이 가능하며, 선거운동이 아닌 '선거에 관한 단순한 의견개진 및 의사표시'나 '정당의 후보자 추천에 관한 단순한 지지·반대의 의견개진 및 의사표시'를 할 수 있으므로 선거에 관한 의사표현이 전적으로 제약된 것은 아니다.

이 사건 조항 4는 선거의 공정성이라는 입법목적을 위하여 공무원이 다수인 단체의 선거운동을 전면적으로 금지하고 있는데, 이러한 제도 외에 달리 덜 제약적이면서 같은 효과를 가져올만한 다른 입법수단이 명백하게 존재한다고 보기 어렵다.

(4) 한편 이 사건 조항 4가 추구하는 다수 공무원에 의한 선거의 불공정성과 편파성의 방지라는 공익은 중대한 것인 반면, 이로 인하여 제약되는 단체나 단체를 이용하여 선거운동을 한 자의 선거운동의 자유 제한은 개인으로서가 아니라 그러한 단체를 통한 선거운동만 금지되는 것이므로 심각하거나 수인 불가능한 것이라 볼 수 없어 법익 간에 균형성이 훼손된 것이 아니다.

(5) 이 사건 조항 4는 공무원이 과반수인 단체의 선거운동 금지에 위반하여 '선거운동을 하거나 하게 한 자'를 3년 이하의 징역 또는 600만 원 이하의 벌금에 처하도록 하고 있으나, 이러한 형사처벌은 공무원들에 의한 선거운동에 따른 선거의 불공정성을 방지하기 위한 것으로서 필요한 것이며, 처벌내용이 행위에 비하여 가혹한 것이라거나 입법재량의 범위를 벗어난 과도한 것이라고 볼 수 없다.

(6) 따라서 이 사건 조항 4는 선거운동의 자유나 표현의 자유 등 기본권을 침해하는 것이라고 볼 수 없고, 달리 헌법에 위배된다고 볼만한 사정이 없다.

[재판관 송두환의 위헌 의견]

다수의견의 논지 중 지방공무원법 제58조 제 1 항의 위헌 여부에 관한 부분에 대하여는 의견을 달리하므로 이를 밝혀 두고자 한다.

가. 다수의견의 이 부분 요지는 '헌법은 제33조 제 2 항에서 노동 3권의 향유주체가 되는 공무원의 범위를 법률에 의하여 정하도록 직접 위임함으로써 입법자에게 광범위한 입법형성권을 부여하였고, 따라서 이에 관하여는 헌법 제37조 제 2 항의 과잉금지원칙이 적용될 여지가 없으며, 이 사건 법률조항은 위 형성적 재량권의 범위를 벗어난 것이 아니므로 헌법에 위반되지 아니한다'는 것인바, 이는 헌법 제33조 제 2 항의 취의를 오해한 것이라고 생각한다.

나. 헌법은 상호 단절된 각 개별 조항들의 단순한 집합체가 아니라, 각 조항들이 전체적으로 유기적인 관계에서 통일적인 가치체계를 이루고 있는 것이다. 따라서, 특정 헌법 조항의

의미를 파악, 해석함에 있어 1차적으로 당해 규정의 문언적 의미에 주목해야 하는 것은 물론이나, 나아가 헌법의 기본정신과 지도원리, 다른 개별 헌법 조항의 내용과 상호관계, 당해 헌법 조항 제정 또는 개정의 연혁적 취지 등 여러 점들을 폭넓게 고려하여 그에 부합하도록 해석하여야 할 것이다.

다. 그러므로 살피건대, 헌법 제10조는 "모든 국민은 인간으로서의 존엄과 가치를 가지며, 행복을 추구할 권리를 가진다. 국가는 개인이 가지는 불가침의 기본적 인권을 확인하고 이를 보장할 의무를 진다"고 규정하여 국민에 대한 국가의 기본권 보장의무를 강조하고, 헌법 제11조 제1항은 성별·종교 또는 사회적 신분에 의하여 차별받지 아니한다는 평등권을 규정하고 있으며, 나아가 헌법 제37조 제2항은 "국민의 자유와 권리는 헌법에 열거되지 아니한 이유로 경시되지 아니한다. 국민의 모든 자유와 권리는 국가안전보장·질서유지 또는 공공복리를 위하여 필요한 경우에 한하여 법률로 제한할 수 있으며 제한하는 경우에도 자유와 권리의 본질적인 내용을 침해할 수 없다"라고 규정하여 기본권 제한의 근거와 한계에 관한 일반원칙을 정하고 있다.

한편, 헌법 제33조 제2항의 연혁적 경과를 살펴보면, 본래 우리의 제헌헌법(1948. 7. 17. 제정)은 제18조 본문에서 "근로자의 단결, 단체교섭과 단체행동의 자유는 법률의 범위 내에서 보장된다"고만 규정하여 근로자의 노동 3권을 기본권으로서 보장하고, 현행 헌법 제33조 제2항과 같은 공무원에 관한 특례 규정은 두지 아니하였는데, 제3공화국에 들어선 후 1962. 12. 26. 헌법의 전면 개정 시 헌법 제29조 제2항으로 "공무원인 근로자는 법률로 인정된 자를 제외하고는 단결권, 단체교섭권 및 단체행동권을 가질 수 없다"고 규정한 이래, 표현 방식을 조금씩 달리한 채 이어져 오고 있는 것으로서, 1987. 10. 29. 현행 헌법으로 전면 개정 시 헌법 제33조 제1항에서 근로자에 대하여 개별적 유보조항 없는 단체행동권을 보장하고, 제2항에서는 공무원의 노동 3권을 일부 긍정하는 형태의 문언으로 바꾸어 규정하고, 제3항에서는 단체행동권의 제한 대상을 주요 방위산업체 종사자로 한정하는 등 개정을 한 근본적인 취지는 노동 3권을 확대, 보장하고자 하는 데 있었던 것으로 이해되고 있다(헌법재판소 1993. 3. 11. 88헌마5).

나아가, 헌법 제6조 제1항은 "헌법에 의하여 체결, 공포된 조약은 물론 일반적으로 승인된 국제법규는 국내법과 같은 효력을 가진다"고 규정하여 국제법을 수용하고 존중함을 천명하고 있고, 현재 우리나라는 국회의 동의를 얻어 국제인권규약들의 대부분을 수락한 체약국이자 국제노동기구의 정식회원국이기도 하다. 따라서, 헌법의 개별 조항을 해석함에 있어서는 국제연합의 세계인권선언이나 국제인권규약들, 국제노동기구의 협약과 권고 등 국제법 규범과 조화되도록 해석하여야 할 것이고, 국내법이 이러한 국제적 규범에 위배된다고 하여 막바로 위헌이라고 할 수는 없다 하더라도, 그 국내법의 위헌 여부를 판단함에 있어 중요한 기준으로 삼아야 할 것이다.

또한, 헌법재판소는 1994. 12. 29. 93헌바21 국가배상법 제2조 제1항 단서에 대한 헌법소원사건의 결정문에서, "국가는 국민의 기본권을 보장할 의무가 있고, 헌법 제29조 제2항은 제1항에 의하여 보장되는 국가배상청구권을 헌법 내재적으로 제한하는 규정이므로 그 적용범위에 대하여는 엄격하고도 제한적으로 해석하여야 할 것이다"라고 판시하였는바, 이는 헌법직접적인 기본권제한규정에 대하여도 만연히 문언적 해석에 안주할 것이 아니라, 헌법의 일반원칙과 정신에 비추어 엄격하고 제한적으로 해석, 적용하여야 함을 표명한 것이다.

라. 이상의 여러 점들을 종합하고 헌법 제33조 제1항의 규정을 유념하면서 헌법 제33조 제2항의 의미를 파악해 보면, 헌법 제33조 제2항은 모든 근로자가 단결권, 단체교섭권 및

단체행동권 등 노동 3권을 향유한다는 대원칙을 선언한 헌법 제33조 제1항을 이어받아, 공무원도 근로자의 성질을 가지므로 당연히 노동 3권을 향유한다는 대전제 위에 서되, 다만 공무원이 다른 근로자에 비하여 갖는 특성에 비추어 노동 3권의 일부가 제한될 수 있으며, 구체적으로 해당 직무의 내용과 성질, 직급 등에 따라서 단결권만이 인정되거나, 또는 단결권 및 단체교섭권만이 인정되거나, 또는 단체행동권까지 포함하는 노동 3권이 인정되는 등, 노동 3권 보장의 범위 및 정도가 달라질 수 있음을 선언하고, 이와 같이 공무원에 대하여 노동 3권이 보장되는 범위와 정도를 입법자로 하여금 보다 상세하게 합리적으로 정하도록 위임한 것으로 해석하여야 한다.

그리고 이와 같이 보는 이상, 그러한 위임에 의한 입법형성권은 무제한의 재량이 아니라, 헌법 제37조 제2항에서 정하는 원칙, 즉 기본권의 최소제한원칙과 본질적 내용 침해금지 원칙에 따라야 하는 한계가 있고, 만약 법률의 내용이 노동 3권 중의 일부라도 일반적·전면적으로 박탈하거나 배제하는 것이라면 기본권의 본질적 내용을 침해하는 것으로 보아야 할 것이다.

마. 이와 같은 견지에서 법 제58조 제1항이 헌법에 위배되는지 여부를 살피건대, 법 제58조 제1항은 공무원의 노동운동을 '공무 이외의 일을 위한 집단적 행위'의 전형으로 거시하면서, 공무원 중 '사실상 노무에 종사하는 공무원'에 대하여만 예외적으로 노동 3권을 허용하고, 그 밖의 '모든 공무원'에 대하여는 노동운동을 일반적, 전면적으로 금지함으로써 노동 3권을 배제, 박탈하고 있다.

그 결과 현실적으로, 위 법조항의 하위법령인 공무원 복무규정 제28조에서 '사실상 노무에 종사하는 공무원'으로 규정한 '정보통신부 및 철도청 소속의 현업기관과 국립의료원의 작업현장에서 노무에 종사하는 기능직공무원 및 고용직공무원'을 제외한 나머지 일반 공무원의 노동 3권은 전면적으로 부인되어 오고 있는바, 이는 비교법적으로 보아 미국, 일본, 독일은 공무원의 단결권과 단체교섭권을 인정하고 있고, 영국과 프랑스는 공무원에게 원칙적으로 단체행동권까지 보장하고 있는 등 공무원에 대하여 근로 3권을 보장하는 방향으로 나아가고 있는 것이 세계적 추세이며 우리나라처럼 공무원의 단결권조차 극도로 제한하고 있는 나라는 없다는 것과 너무나 거리가 있는 실정이다.

바. 결국, 극히 예외적인 범위의 현업공무원, 즉 사실상 노무에 종사하는 공무원을 제외한 공무원 일반에 대하여 노동 3권을 부인, 박탈하고 있는 법 제58조 제1항은 다음과 같은 점에서 위헌이라 할 것이다.

첫째, 법익형량의 원칙에 반한다.

공무원에 대한 노동기본권의 제한은 국가안전보장, 질서유지 또는 공공복리를 위하여 필요한 경우에 한하여, 또 근로자 전체의 이익증진과 공공복리 등의 필요성을 비교형량하여 양자가 적정한 균형을 이루는 선에서 이루어져야 할 것인데, 위 법률조항은 단지 사실상 노무에 종사하는 공무원인지 여부 외의 다른 요소는 전혀 고려하지 아니한 채 노동기본권을 제한, 박탈하고 있는 점에서 법익형량의 원칙에 위배된다.

둘째, 위 법률조항은 기본권의 제한은 필요불가피한 경우에 최소한의 범위 내에서 예외적으로만 허용된다는 이른바 최소침해의 원칙에 반한다.

공무원의 직무의 공공성은 공무원의 직무 내용과 성질, 직급 등에 따라 매우 다양하고, 그 직무의 정지 시에 발생할 것으로 우려되는 국민생활의 피해 종류나 정도의 차이도 매우 커서, 일률적으로 논할 수 없다.

예컨대, 소방·경찰 업무와 같이 그 직무가 국민의 생명, 신체 및 재산의 보호에 관련된 경우가 있는 반면, 공원관리나 도서관 업무 등 단순한 생활의 편익 제공에 관련된 경우도 있고, 수도·전기의 공급과 같이 그 직무의 정지가 국민의 생활이익을 직접 침해하는 경우가 있는가 하면, 주민등록등본의 발급 업무와 같이 간접적, 우회적으로 침해결과를 가져오는 경우도 있으며, 군사나 기밀·정보 업무와 같이 그 직무에 대체성이 없는 경우가 있는 반면, 병원 업무와 같이 민간 부문으로부터의 대체가 어느 정도 가능한 경우도 있다.

따라서, 공무원 노동기본권의 보장 또는 입법적 제한을 함에 있어서는 이러한 다양성을 고려하여 단계화·구체화할 필요가 있다 할 것인데, 위 법률조항은 위와 같은 직무 공공성의 다양성을 일체 고려하지 아니한 채 대다수 공무원의 노동기본권 자체를 일률적으로 부인하고 있으므로, 이는 기본권 최소침해의 원칙에 어긋날 뿐만 아니라, 나아가 노동 3권의 본질적인 내용을 침해하고 있다고 볼 것이다.

셋째, 위 법률조항은 평등의 원칙에 위반된다.

공무원 중에는 교원의 노동조합 설립 및 운영 등에 관한 법률 소정의 교원 등의 직무와 같거나 유사한 정도의 공공성을 지닌 직무를 수행하는 경우도 있을 수 있고, 다른 한편, 위에서 본 바와 같이 공무원 중에서도 그 직무의 내용과 성질에 따라 공공성의 정도가 현저히 다를 수 있는데도, 위 법률조항은 이와 같은 점들을 일체 무시한 채 오직 공무원이라는 이유만으로 노동기본권 자체를 인정하지 아니하여, 결국 '같은 것을 다르게' 또는 '다른 것을 같게' 취급하고 있다고 할 수 있고, 그에 합리적인 이유가 있다고도 볼 수 없으므로, 헌법 제11조 제1 항의 평등원칙에도 위배된다 할 것이다.

사. 이상 본 바와 같이, 공무원에 대하여 단결권, 단체교섭권, 단체행동권 등 노동 3권을 원칙적·전면적으로 부인하고 있는 법 제58조 제 1 항은 위헌임을 면할 수 없고, 따라서 위 법률조항에 대하여 위헌선언을 함으로써 위헌적 상황을 해소함과 동시에 입법부로 하여금 위에서 살펴 본 헌법 제33조 제 2 항의 취의에 부합하는 입법을 하도록 함이 상당하다.

아. 이 사건 외의 정황으로, 2005. 1. 27. 법률 제7380호로 공무원의 노동조합 설립 및 운영 등에 관한 법률이 제정되어 원칙적으로 6급 이하 일반직 공무원 및 기능직·고용직 공무원 등에게 단체행동권을 제외한 단결권 및 단체교섭권이 허용되었으나, 이로써 모든 문제가 해소된 것은 아니고, 위 법의 적용대상이 아닌 공무원에 대한 노동기본권의 보장 문제는 여전히 해결되지 않고 있으므로, 이 사건에서의 위헌선언 필요성은 여전히 있다 할 것이다.

자. 한편, 공무원 중에는 그 직무의 내용이나 성질에 따라 노동 3권이 부인되어야 할 경우도 있을 것이라는 점에서 법 제58조 제 1 항에 일부 합헌적 부분이 포함되어 있다고 볼 수 있고, 그러한 점에 비추어 단순위헌 선언을 하는 것이 과연 타당한지 의문을 가져볼 수도 있을 것이나, 위 법률조항은 공무원에 대하여 단결권을 포함한 노동 3권을 원칙적·전면적으로 부인·금지하고 있다는 점에서 위헌성의 정도가 매우 크고, 그에 비하면 위와 같은 일부 합헌 부분은 미미하다 할 것일 뿐만 아니라, 기본권의 제한·금지 규정에 대하여 단순위헌 선언을 한다고 하여 그로써 특별한 법적 혼란이나 피해가 야기될 것이라고는 볼 수 없으므로 굳이 다른 변형결정을 하여야 한다고 보이지 아니한다.

이와 같은 이유로, 지방공무원법 제58조 제 1 항 및 제82조 중 '제58조 제 1 항' 부분은 헌법에 위반된다고 보아 다수의견에 반대하는 것이다.

7. 公務員의 職位를 利用하지 아니한 選擧企劃行爲禁止는 違憲이다[1)]

가. 이 사건 법률조항의 입법목적 및 적용범위

공직선거법은 공무원의 선거에서의 정치적 중립의무, 공무원의 선거운동제한, 공무원의 지위를 이용한 선거운동의 금지를 규정하는 것에서 더 나아가 제86조 제 1 항 제 2 호에서 공무원이 선거운동의 기획에 참여하거나 그 기획의 실시에 관여하는 행위를 아울러 금지하고 있다. 이는 선거의 공정성을 확보하기 위한 방안으로 공무원 등 선거에 영향을 미칠 수 있는 특수한 지위에 있는 자가 선거 결과에 불공정한 영향을 미칠 우려가 큰 행위를 하지 못하도록 하는 것이다(헌재 2005. 6. 30. 2004 헌바 33, 헌재판례집 17-1, 927, 936).

이 사건 법률조항이 규정하는 공무원은 공직선거법 제60조에 의하여 선거운동이 금지되는 공무원의 범위와 같으므로 국가공무원법 제 2 조에 의한 국가공무원과 지방공무원법 제 2 조에 의한 지방공무원이 이에 해당한다.

한편 공직선거법 제60조 제 1 항 제 4 호에서, 정당법 제22조 제 1 항 제 1 호 단서의 규정에 의하여 정당의 당원이 될 수 있는 공무원(국회의원과 지방의회의원 외의 정무직공무원을 제외)은 선거운동을 할 수 있다고 규정함에 따라 국회의원, 지방의회의원, 국회의원의 보좌관·비서관·비서 및 국회 교섭단체의 정책연구위원 등은 선거운동을 할 수 있으며, 다만 선거에 의하여 취임하는 지방자치단체장은 정무직공무원으로서 정당에는 가입할 수 있으나 선거운동을 할 수는 없다. 이처럼 선거운동이 허용되는 국회의원과 그 보좌관·비서관·비서 및 지방의회의원은 이 사건 법률조항의 적용대상에서도 제외되고 있으나, 선거운동이 금지되는 지방자치단체 장은 이 사건 법률조항의 적용제외대상에 해당하지 않으므로 이 사건 법률조항의 적용을 받는다.

나. 죄형법정주의의 명확성 원칙의 위배 여부

이 사건 법률조항이 규정하고 있는 "선거운동의 기획에 참여하거나 그 기획의 실시에 관여하는 행위"의 의미가 불명확하여 죄형법정주의의 명확성 원칙에 위배되는지에 관하여 살펴본다.

공직선거법 제58조 제 1 항은 선거운동을 "당선되거나 되게 하거나 되지 못하게 하기 위한 행위"라고 정의하며, 헌법재판소의 판례는 '선거운동'이란, 특정 후보자의 당선 내지 이를 위한 득표에 필요한 모든 행위 또는 특정 후보자의 낙선에 필요한 모든 행위 중 당선 또는 낙선을 위한 것이라는 목적의사가 객관적으로 인정될 수 있는 능동적·계획적 행위를 말하는 것(헌재 1994. 7. 29. 93 헌가 4 등, 헌재판례집 6-2, 15, 33~34; 헌재 2001. 8. 30. 2000 헌마 121 등, 헌재판례집 13-2, 263, 274)으로 본다.

그리고, "기획(企劃)"이란 일을 계획하는 것을 의미하고, "참여"란 참가하여 관계함을 뜻하며, "관여"는 관계하여 참여함이 그 사전적 의미이다.

따라서 이 사건 법률조항은 공무원이 선거운동의 효율적 수행을 위한 일체의 계획 수립에 참여하는 행위 또는 그 계획을 직접 실시하거나 실시에 관하여 지시·지도하는 행위를 함으로써 선거에 영향을 미치는 것을 금지하며, 건전한 상식과 통상적인 법감정을 가진 사람이면 그 적용대상자가 누구이며 구체적으로 어떠한 행위가 금지되고 있는지를 알 수 있다고 할 것이다. 이 사건 법률조항이 그 조문에 "선거운동," "기획," "참여," "관여"라는 약간의 불명확성을 지닌 구성요건을 사용하여 법관의 보충적인 해석이 필요하다고 하더라도 그 점만으로 헌법이 요구하는 죄형법정주의의 명확성의 원칙에 위배된다고 할 수 없다.

---

1) 헌재 2008. 5. 29 선고, 2006 헌마 1096, 헌재판례집 제20권 1 집(하), 270면 이하.

다. 정치적 표현의 자유의 침해 여부

(1) 선거운동의 자유는 널리 선거과정에서 자유로이 의사를 표현할 자유의 일환으로 정치적 표현의 자유의 한 태양인바, 이 사건 법률조항은 공무원에 대하여 '선거운동의 기획에 참여하거나 그 기획의 실시에 관여하는 행위'(이하 이를 '선거운동의 기획행위'라고 한다)를 금지함으로써 공무원의 정치적 표현의 자유를 제한하고 있다고 볼 것이다. 한편 공무원이 공직선거의 출마예정자일 경우 이 사건 법률조항은 입후보를 위한 선거운동의 기획행위를 금지한다는 측면에서 공무담임권(피선거권)을 제한하는 측면도 있다.

이 사건에서 정치적 표현의 자유와 공무담임권의 제한은 하나의 규제로 인하여 동시에 제약을 받을 수 있는 기본권경합의 성격을 지니는바, 선거운동의 기획행위는 공직출마를 곧바로 제한하는 것은 아니어서 공무담임권보다는 정치적 표현의 자유와 더 밀접한 관계에 있으므로, 이 사건 법률조항이 비례의 원칙에 위배하여 청구인의 정치적 표현의 자유를 침해하고 있는지 여부를 중심으로 살펴보기로 한다.

(2) 공직선거법은 제85조 제 1 항에서 선거의 형평성과 공정성을 보장하기 위하여 공무원의 선거운동을 금지하고 있는데, 더 나아가 이 사건 법률조항은 소위 관권선거나 공적 지위에 있는 자의 선거 개입의 여지를 철저히 불식시킴으로써 선거의 공정성을 확보하기 위하여 공무원에 대하여 선거운동의 기획행위를 전적으로 금지하고 있는바, 그 입법목적의 정당성은 인정된다.

(3) 공직선거법은 금지되는 선거운동의 개념에서 '입후보와 선거운동을 위한 준비행위'를 제외하고 있으므로 그러한 준비행위는 통상 자유롭게 행할 수 있는 것인데도, 이 사건 법률조항은 다시 공무원에게 선거운동의 기획행위를 포괄적으로 금지하고 있다.

공무원이 선거운동의 기획행위를 하게 되는 경우 그 지위에 따른 영향력으로 인하여 선거의 공정성을 해할 수 있으나, 공무원도 개인으로서 새로운 공직선거에 출마하거나 배우자, 친지 등의 선거운동의 기획행위를 도와줄 자유를 지니므로, 선거의 공정성의 보장과 그러한 개인의 자유는 서로 조화되어야 하며 불필요한 규제는 피해야 한다.

이 사건 법률조항이 공무원이 선거운동의 기획행위를 모두 금지시키는 것은 공무원의 선거개입의 여지를 철저히 불식시키고자 하는 것이나, 선거의 공정성이 침해될 수 있다는 개연성만으로 공무원의 정치적 표현의 자유 내지 선거운동의 자유를 제한하는 것은 바람직하지 않다.

선거의 공정성을 확보하기 위하여 선거에 대한 부당한 영향력의 행사 기타 선거결과에 영향을 미치는 행위를 금지하여 선거에서의 공무원의 중립의무를 실현하고자 한다면, 공무원이 '그 지위를 이용하여' 하는 선거운동의 기획행위를 막는 것으로 충분하며, 그 지위를 이용함이 없이 하는 선거운동의 그러한 준비행위를 허용한다고 해서 그것이 선거에 영향을 미친다고는 보이지 않는다. 이러한 점에서 이 사건 법률조항은 수단의 적정성과 피해의 최소성 원칙에 반한다고 할 것이다.

다만 지위를 이용한 경우에 한정하여 그러한 규제를 한다고 할 때, 어떤 것이 지위를 이용한 경우에 해당되는지 구분이 어려울 수 있지만, 이미 공직선거법이 제85조에서 '그 지위를 이용하여' 선거운동을 하는 것을 처벌하므로 그러한 개념이 법률에서 사용되고 있으며, 외국 입법례(일본 공직선거법 제136조의2)에서도 '그 지위를 이용하여' 선거운동의 기획에 관여하거나 그 기획의 실시에 대하여 지시·지도하거나 타인으로 하여금 이를 하게 하는 것만을 금지하고 있는 것을 볼 때, 입법적으로 그러한 한정적 규제가 충분히 가능하다고 볼 것이다.

여기서 '그 지위를 이용하여'라는 개념은 공무원이 개인의 자격으로서가 아니라 공무원의 지위와 결부되어 행위가 행해지는 것을 뜻하며 구체적인 내용은 사법부에 의하여 판단될 수 있을 것이나, 공무원의 지위에 있기 때문에 특히 선거운동의 기획행위를 효과적으로 할 수 있는 영향력 또는 편익을 이용하는 것이고, 구체적으로는 그 지위에 수반되는 신분상의 지휘감독권, 직무권한, 담당사무 등과 관련해서 공무원이 직무를 행하는 사무소 내부 또는 외부의 사람에게 작용하는 것을 포함한다고 볼 수 있다.

한편 이 사건 법률조항이 '그 지위를 이용하여' 한 행위에 대하여 한정적으로 규제한다면 이는 공무원의 지위와 영향력으로 인한 선거의 불공정성을 방지하기 위하여 필요한 것으로서 정치적 표현의 자유 등 기본권을 침해하는 것이라 볼 수 없다.

(4) 공무원의 편향된 영향력 행사를 배제하여 선거의 공정성을 확보한다는 공익은, 그 지위를 이용한 선거운동 내지 영향력 행사만을 금지하면 대부분 확보될 수 있으므로 공무원이 그 지위를 이용하였는지 여부에 관계없이 선거운동의 기획행위를 일체 금지하는 것은 정치적 의사표현의 자유라는 개인의 기본권을 중대하게 제한하는 것이며, 한편 그러한 금지가 선거의 공정성이라는 공익의 확보에 기여하는 바는 매우 미미하다는 점에서 이 사건 법률조항은 법익의 균형성을 충족하지 못한다.

(5) 이상의 이유에서, 이 사건 법률조항은 공무원의 정치적 표현의 자유를 침해한다. 그런데 그러한 위헌성은 공무원이 '그 지위를 이용하여' 하는 선거운동의 기획행위 외에 사적인 지위에서 하는 선거운동의 기획행위까지 포괄적으로 금지하는 것에서 비롯된 것이므로, 이 사건 법률조항은 공무원의 지위를 이용하지 아니한 행위에까지 적용되는 한 헌법에 위반된다고 할 것이다.

라. 평등권 침해 여부

청구인들은 이 사건 법률조항이 공무원인 입후보자와 공무원이 아닌 다른 입후보자, 지방자치단체장과 국회의원과 그 보좌관, 비서관, 비서 및 지방의회의원을 각 차별하는 것이라 주장한다.

공무원이 그 지위를 이용하여 한 선거운동의 기획행위를 금지하는 것은 선거의 공정성을 보장하기 위한 것인바, 이로써 공무원인 입후보자와 공무원이 아닌 다른 입후보자, 지방자치단체장과 국회의원과 그 보좌관, 비서관, 비서 및 지방의회의원을 차별하는 것은 합리적 이유가 있다고 볼 것이다. 그러나 위에서 본 바와 같이 이 사건 법률조항이 공무원이라 하더라도 그 지위를 이용하지 않고 사적인 지위에서 선거운동의 기획행위를 하는 것까지 금지하는 것은 선거의 공정성을 보장하려는 입법목적을 달성하기 위한 합리적인 차별취급이라고 볼 수 없으므로 평등권을 침해한다고 볼 것이다.

[결　론]

이상의 이유에서 이 사건 법률조항은 공무원의 지위를 이용하지 아니한 행위에까지 적용되는 한 기본권을 침해하여 헌법에 위반되므로 주문과 같이 결정한다.

종전에 헌법재판소가 이 결정과 견해를 달리해 구 '공직선거 및 선거부정방지법'(2004. 3. 12. 법률 제7189호로 개정된 것) 제86조 제1항 제2호와 제255조 제1항 제10호가 헌법에 위반되지 않는다고 판시한 2005. 6. 30 선고, 2004 헌바 33 결정은 이 결정과 저촉되는 범위 내에서 이를 변경하기로 한다.

이 결정에는 아래와 같은 재판관 조대현의 별개의 한정위헌의견과 아래와 같은 재판관 이공현, 재판관 김희옥의 반대의견(합헌의견)이 있는 외에는 나머지 관여 재판관들의 의견이 일치되었다.

[재판관 조대현의 별개의 한정위헌의견]

이 사건 법률조항은 공무원이 선거운동의 기획에 참여하거나 그 기획의 실시에 관여하는 것을 금지하고, 그 위반행위를 처벌하고 있다. 이 사건 법률조항이 사용하고 있는 "참여," "관여"라는 표현은 선거운동을 기획하거나 그 기획을 실시하는 주체가 따로 있음을 전제로 하는 개념이다. 따라서 이 사건 법률조항은 공무원이 타인의 선거에 관하여 선거운동의 기획이나 그 실시에 참여·관여하는 행위를 금지하고 처벌하는 것이라고 보아야 한다. 그렇게 해석·적용하는 한도에서는 이 사건 법률조항은 공무원의 정치적 중립과 선거의 공정성을 확보하기 위한 것으로서 헌법에 위반된다고 보기 어렵다.

그런데, 공직선거법 제53조 제 1 항은 공무원이 공직선거의 후보자로 되려면 선거일 전 60일까지 공무원직을 그만두도록 요구하면서도, 국회의원이 국회의원선거나 대통령선거의 후보자로 되거나 지방자치단체장이나 지방의회의원이 당해 지방자치단체의 장의 선거나 의회의원선거에 후보자로 되는 경우에는 그 신분을 유지한 채로 후보자로 될 수 있도록 허용하고 있다. 이러한 경우에는 공무원 신분을 유지한 채로 일정한 공직선거의 후보자로 되어 선거운동도 할 수 있고, 후보자로 되기 전에도 입후보와 선거운동을 위한 준비행위도 할 수 있다고 보아야 한다. 공무원의 신분을 유지한 채 공직선거에 입후보할 수 있도록 하면서, 공무원 신분이라는 이유로 선거운동이나 선거준비행위를 하지 못하게 하는 것은, 자기모순(自己矛盾)일 뿐만 아니라 공무담임권을 부당하게 침해하는 것이라고 할 것이다. 그런데도 이 사건 법률조항은 국회의원과 지방의회의원만 적용대상에서 제외하고 지방자치단체장은 이 사건 법률조항의 적용대상에 포함시키고 있다. 이 사건 청구인들이 심판대상으로 삼고 있는 것도 바로 이 점이다.

공직선거법 제53조 제 1 항 단서에 의하여 공무원이 공무원의 신분을 유지한 채로 공직선거의 후보자로 될 수 있는 경우에, 그러한 후보자로 되었거나 되고자 하는 공무원(이하 "후보자 공무원"이라 한다)이 자신의 선거에 관하여 선거운동을 기획하고 그 기획을 실시하는 행위는 공직선거법 제58조 제 1 항 제 2 호의 "입후보와 선거운동을 위한 준비행위"로서 당연히 허용된다고 보아야 한다.

후보자 공무원이 자신의 선거에 관하여 선거운동을 기획하거나 그 기획을 실시하는 행위는, 자신의 선거에 관하여 선거운동을 준비하는 행위로서 선거운동에 해당되지 않을 것이고, 설사 선거운동에 해당되는 경우가 있더라도 그러한 선거운동을 처벌하는 규정이 따로 있는 경우에 그 규정에 의하여 처벌할 수 있을 뿐이고 이 사건 법률조항에 의하여 처벌할 수는 없다. 후보자 공무원이 자신의 선거에 관하여 선거운동을 기획하거나 그 기획을 실시하면서 다른 공무원을 참여시키거나 관여시키는 경우에는, 그와 같이 참여·관여한 공무원(후보자가 아닌 공무원)은 이 사건 법률조항에 의하여 처벌할 수 있지만, 후보자 공무원은 자신의 선거운동을 기획하였다는 이유로 이 사건 법률조항에 의하여 처벌할 수 없다(공범의 성립 여부는 별론으로 한다).

따라서 공무원의 신분을 보유한 채 공직선거의 후보자로 되고자 하거나 후보자로 된 공무원이 자신의 선거에 관하여 선거운동을 기획하거나 그 기획을 실시하는 경우에도 이 사건 법률조항을 적용하는 것은 정당한 사유 없이 공무담임권을 침해하는 것이어서 헌법 제25조, 제37조 제 2 항에 위반된다고 보아야 한다.

[재판관 이공현, 재판관 김희옥의 반대의견(합헌의견)]

다수의견은 이 사건 법률조항과 관련하여 그 '지위를 이용하여' 하는 경우가 아닌 한, 선거운동이 금지되는 공무원의 경우에도 '선거운동의 기획에 참여하거나 그 기획의 실시에 관여하는 행위'를 허용하여야 한다고 보고 있으나, 우리는 위와 같은 다수의견에 반대하므로 아래와 같은 의견을 밝힌다.

가. 정치적 표현의 자유 침해 여부

공직선거법 제85조 제 1 항은 선거의 형평성과 공정성을 보장하기 위하여 공무원의 선거운동을 금지하고 있고, 이 사건 법률조항은 거기에서 더 나아가 관권선거나 공적 지위에 있는 자의 선거 개입의 여지를 철저히 불식시켜 선거의 공정성을 확보하고자 공무원이 선거에 영향을 미칠 수 있는 행위까지 금지하고 있다.

공무원의 '선거운동의 기획에 참여하거나 그 기획의 실시에 관여하는 행위'는 궁극적으로는 특정 후보자의 선거운동을 효율적으로 수행하기 위한 것으로서 선거에 영향을 미칠 우려가 있고, 따라서 선거의 공정성과 형평성을 확보하고 공무원의 업무전념성을 보장하기 위해서는 공무원에 대하여 선거운동의 기획에 참여하거나 그 기획의 실시에 관여하는 행위를 금지하는 것이 당연한 귀결이라 할 것이다.

다수의견은 '지위를 이용하여' 하는 경우 이외에는 이 사건 법률조항의 행위가 선거운동이 금지되는 공무원에게도 허용되어야 한다고 한다. 선거운동의 기획과 같은 준비행위를 공무원의 지위를 이용하지 않고 사적으로 하는 경우는 선거의 공정성에 영향을 미치지 않는다는 것이다. 그러나 공무원이 이 사건 법률조항의 행위를 할 경우 이를 순전한 사적 행위로 볼 수 있는지는 의문이고, 설령 이와 같이 볼 수 있는 행위가 있다고 하더라도 공무원이 그 지위를 이용하여 하였는지 여부를 판단하는 것은 쉽지 않다. 이러한 판단이 어렵다는 것은 다수의견도 인정하고 있다. 결국 '지위를 이용하여' 하는 경우 이외의 '선거운동의 기획에 참여하거나 그 기획의 실시에 관여하는 행위'를 허용하게 되면, 이것은 공무원 지위 이용 여부와 상관 없이 이 사건 법률조항의 행위를 선거운동이 금지되는 공무원에게도 모두 허용하는 결과가 될 것이고, 선거의 공정성은 담보되지 않을 것이다. 따라서 선거의 공정성을 확보하기 위해서는 공무원이 그 지위를 이용하였는지 여부에 상관 없이 선거운동의 기획에 관여하는 등의 행위를 모두 금지하는 것이 필요하다 할 것이다.

한편, 선거의 공정성을 확보하고 선거에서의 기회균등을 보장하는 것은 선거가 민주적 정당성과 주민대표성을 부여하는 기능을 이행하기 위한 근본조건이다. 따라서 선거운동 참여시 특히 폐해가 심할 것으로 명백히 예상되는 공무원에 대하여 선거운동을 금지하는 것에서 더 나아가 '선거운동의 기획에 참여하거나 그 기획의 실시에 관여'하는 것을 금지하는 것은, 이로 인해 보호되는 선거의 공정성 확보라는 공익에 비추어 청구인들의 정치적 표현의 자유를 지나치게 제한하는 것이라고 볼 수 없다.

이 사건 법률조항은 정치적 표현의 자유를 침해한다고 볼 수 없다.

나. 평등원칙 위반 여부

국회의원과 지방의회의원은 정당의 대표자이자 선거운동의 주체로서의 지위로 말미암아 선거에서의 정치적 중립성이 요구될 수 없다. 반면, 지방자치단체 장은 직무의 기능이나 영향력을 이용하여 선거에서 국민의 자유로운 의사형성과정에 영향을 미치고 정당 간의 경쟁관계를 왜곡할 가능성이 크므로 다른 공무원에 비해 선거에서의 정치적 중립성이 특히 요구된다(헌재 2004. 5. 14. 2004 헌나 1, 헌재판례집 16-1, 609, 636 참조). 이처럼 국회의원이나 지방의회의원과는 달리 지방자치단체 장은 선거에서의 정치적 중립성이 엄격히 요구됨에 따라 선거운동이 금지됨은 물론, 이 사건 법률조항의 선거운동의 기획에 참여하거나 그 기획의 실시에 관여하는 행위까지 금지되고 있는 것이다.

그렇다면 이 사건 법률조항이 국회의원 등과 지방의회의원을 그 적용대상에서 제외하면서 지방자치단체 장은 제외하고 있지 않더라도, 이는 선거에서의 정치적 중립의무가 요구되는 정도에 따른 것이므로 자의적인 차별이라고 할 수 없고, 따라서 평등원칙에 위배된다고 볼 수 없다.

이상과 같은 이유로 우리는 다수의견에 반대한다.

8. 公務員의 勞動基本權 制限은 合憲이다[1)]

우리 헌법은 공무원의 지위의 특수성과 직무의 공공성을 고려하여, 제 7 조 제 1 항, 제 2 항에서 "공무원은 국민 전체에 대한 봉사자이며 국민에 대하여 책임을 진다," "공무원의 신분과 정치적 중립성은 법률이 정하는 바에 의하여 보장된다"고 규정하고 있고, 그 밖에 제29조 제 1 항, 제 2 항에서 공무원의 불법행위책임과 그에 대한 국가의 배상의무 및 일정한 공무원에 대한 배상제한 규정을 두고 있다.

나아가 우리 헌법은 제33조 제 1 항에서 "근로자는 근로조건의 향상을 위하여 자주적인 단결권·단체교섭권 및 단체행동권을 가진다"라고 규정하여 근로자의 자주적인 노동 3권을 보장하고 있으면서도, 같은 조 제 2 항에서는 "공무원인 근로자는 법률이 정하는 자에 한하여 단결권·단체교섭권 및 단체행동권을 가진다"고 규정하여 공무원인 근로자에 대하여는 일정한 범위의 공무원에 한하여서만 노동 3권을 향유할 수 있도록 함으로써 기본권의 주체에 관한 제한을 두고 있다.

공무원인 근로자 중 법률이 정하는 자 이외의 공무원에게는 그 권리행사의 제한뿐만 아니라 금지까지도 할 수 있는 법률제정의 가능성을 헌법에서 직접 규정하고 있다는 점에서 헌법 제33조 제 2 항은 특별한 의미가 있다. 따라서 헌법 제33조 제 2 항이 규정되지 아니하였다면 공무원인 근로자도 헌법 제33조 제 1 항에 따라 노동 3권을 가진다 할 것이고, 이 경우에 공무원인 근로자의 단결권·단체교섭권·단체행동권을 제한하는 법률에 대해서는 헌법 제37조 제 2 항에 따른 기본권제한의 한계를 준수하였는가 하는 점에 대한 심사를 하는 것이 헌법원리로서 상당할 것이나, 헌법 제33조 제 2 항이 직접 '법률이 정하는 자'만이 노동 3권을 향유할 수 있다고 규정하고 있어서 '법률이 정하는 자' 이외의 공무원은 노동 3권의 주체가 되지 못하므로, 노동 3권이 인정됨을 전제로 하는 헌법 제37조 제 2 항의 과잉금지원칙은 적용이 없는 것으로 보아야 할 것이다.

공무원은 임명주체 등에 따라 국가공무원과 지방공무원으로 대별되고, 이들은 각각 다시 일반직·특정직·기능직으로 세분되는 경력직공무원과 정무직·별정직·계약직·고용직으로 세분되는 특수경력직공무원으로 구분된다(법 제 2 조, 지방공무원법 제 2 조 참조). 일반적으로 말하여 공무원이란 직접 또는 간접적으로 국민에 의하여 선출 또는 임용되어 국가나 공공단체와 공법상의 근무관계를 맺고 공공적 업무를 담당하고 있는 사람들을 가리킨다고 할 수 있고, 공무원도 각종 노무의 대가로 얻는 수입에 의존하여 생활하는 사람이라는 점에서는 통상적인 의미의 근로자적 인 성격을 지니고 있으므로(근로기준법 제14조, 제16조, 노동조합법 제 2 조 제 1 호 등 참조) 헌법 제33조 제 2 항 역시 공무원의 근로자적 성격을 인정하는 것을 전제로 규정하고 있다.

그러나 국가공무원은 그 임용주체가 궁극에는 주권자인 국민이기 때문에 국민 전체에 대하여 봉사하고 책임을 져야 하는 특별한 지위에 있고, 그가 담당한 업무가 국가 또는 공공단체의 공공적인 일이어서 특히 그 직무를 수행함에 있어서 공공성·공정성·성실성 및 중립성 등이 요구되기 때문에 일반 근로자와는 달리 특별한 근무관계에 있는 사람이다. 이러한 요인으로 인하여 공무원에게 인정되는 단결권의 성질이나 형태 그리고 근무조건의 향상을 위한 활동에 대한 제한 등에서 일반 근로자와 차이가 있게 된다.

1) 헌재 2007. 8. 30 선고, 2003 헌바 51, 2005 헌가 5(병합), 헌재판례집 제19권 2집, 232면 이하.

한편 국가공무원의 보수의 수준 등 근로조건의 향상을 위한 재정적 부담은 형식적으로는 국가가 부담하지만 궁극적으로는 조세 등을 통하여 실질적으로 국민 전체의 부담이 되는 것이다. 그러므로 공무원의 근로조건의 향상은 그것이 전체 국민의 복리의 증진을 부당히 침해하지 아니하고, 그 시대의 국가 또는 사회공동체의 경제수준 내지 담세능력과 조화될 수 있는 범위 내에서 합리적으로 정해져야 하기 때문에 그 결정은 주권자인 전체 국민을 대표하는 국회에서 민주적인 절차에 따라 입법과 예산의 심의·의결을 통하여 합목적적으로 이루어지는 것이다.

그리하여 앞에서 본 헌법 제33조 제 2 항이 공무원의 노동 3권을 제한하면서 노동 3권이 보장되는 주체의 범위를 법률에 의하여 정하도록 위임한 것은 다음과 같은 의미를 갖는다.

첫째, 입법권이 국가사회공동체의 역사·문화에 따라 형성된 공무원제도의 유지·발전과 공무원제도의 다른 쪽 당사자로서 주권자인 전체 국민의 복리를 고려하고, 헌법상 보장된 공무원제도 자체의 기본틀을 해하지 않는 범위 내에서 그 제도에 관련된 여러 이해관계인의 권익을 서로 조화하면서 공공복리의 목적 아래 통합·조정할 수 있음을 의미한다.

둘째, 공무원은 국민 전체에 대한 봉사자이며, 그 담당직무의 성질이 공공성·공정성·성실성 및 중립성이 보장되어야 한다는 특수한 사정이 있으므로 이러한 사정을 고려하여, 전체 국민의 합의를 바탕으로 입법자의 구체적인 입법에 의하여 공적이고 객관적인 질서에 이바지하는 공무원제도를 보장·보호할 수 있는 입법재량을 부여한 것이다.

그렇다면 국회는 헌법 제33조 제 2 항에 따라 공무원인 근로자에게 단결권·단체교섭권·단체행동권을 인정할 것인가의 여부, 어떤 형태의 행위를 어느 범위에서 인정할 것인가 등에 대하여 광범위한 입법형성의 자유를 가진다.

물론, 개정 전의 헌법 제33조 제 2 항은 "공무원인 근로자는 법률로 인정된 자를 제외하고는 단결권·단체교섭권 또는 단체행동권을 가질 수 없다"고 규정하고 있었음에 비하여, 현행 헌법은 "공무원인 근로자는 법률이 정하는 자에 한하여 단결권·단체교섭권 및 단체행동권을 가진다"로, 즉 부정적 표현에서 긍정적 표현으로 바뀌었으므로 위와 같은 개헌의 취지를 반영하여 국회는 공무원의 노동 3권을 좀 더 적극적으로 보장하는 방향으로 입법을 하여야 한다는 정치적 부담을 진다고 해석할 여지는 있을 것이나, 위와 같은 헌법 개정을 전후로 하여 위헌심사기준으로서의 헌법 제33조 제 2 항의 의미가 달라진다고 하기는 어렵다. 왜냐하면, 개정 전의 헌법 제33조 제 2 항은 공무원인 근로자는 법률로 인정된 자를 제외하고는 노동 3권을 가질 수 없다고 규정하고 있었으므로 해석상 '법률로 인정된 자'만이 노동 3권을 가질 수 있었고, 현행 헌법 제33조 제 2 항에 의하더라도 '법률이 정하는 자'에 한하여 노동 3권을 가지는 것이므로 위와 같은 헌법의 개정에도 불구하고 '법률로 인정된 자' 또는 '법률이 정하는 자'만이 노동 3권을 가진다는 것을 표현하고 있다는 점에 있어서는 그 내용이 같기 때문이다.

그런데, 법 제66조 제 1 항은 "공무원은 노동운동 기타 공무 이외의 일을 위한 집단적 행위를 하여서는 아니 된다. 다만, 사실상 노무에 종사하는 공무원은 예외로 한다"고 하고, 같은 조 제 2 항은 "제 1 항 단서의 사실상 노무에 종사하는 공무원의 범위는 국회규칙·대법원규칙·헌법재판소규칙·중앙선거관리위원회규칙 또는 대통령령으로 정한다"고 규정하여, 노동 3권이 보장되는 공무원의 범위를 '사실상 노무에 종사하는 공무원'으로 한정하고 있다.

그러므로 위 법률조항의 합헌성 여부를 판단함에 있어서 우선, 위 법률조항에 따라 노동 3권이 보장되는 공무원의 범위가 사실상 노무에 종사하는 자로 한정된 것이, 앞서 본 바와 같이 노동 3권의 주체를 법률로 정하도록 위임하고 있는 헌법 제33조 제 2 항의 법률유보에 내재하고 있는 목적에 어긋나는 것은 아닌가 라는 의문이 생길 수 있다.

일반적으로 근로자의 노동 3권은 우리 헌법이 추구하는 가치지표로서의 실질적인 평등이념, 재산권보장 및 계약의 자유 등을 내용적으로 조화시키기 위한 헌법적 표현이라고 말할 수 있다. 그러므로 입법자가 헌법 제33조 제 2 항의 규정에 따라 노동 3권의 주체가 될 수 있는 공무원의 범위를 정함에 있어서는 노동 3권을 보장하고 있는 헌법의 정신이 존중되어야 함은 물론 국제사회에 있어서의 노동관계 법규 등도 고려되어야 한다. 그러나 다른 한편, 근로자인 공무원의 직위와 직급, 직무의 성질, 그 시대의 국가·사회적 상황 등도 아울러 고려하여 합리적으로 결정하여야 한다. 이 때에 비로소 헌법상 근로자에 대한 노동 3권의 보장을 통하여 실현되어야 할 가치질서와 합리적인 직업공무원제도의 유지·발전을 통하여 달성되어야 할 주권자인 전체 국민의 공공복리의 목적이 적절히 조화될 수 있을 것이기 때문이다.

입법자가 고려하여야 할 위와 같은 여러 가지 입법상의 참작사유 등에 미루어 위 법률조항을 살펴볼 때, 위 법률조항이 노동 3권이 보장되는 공무원의 범위를 사실상의 노무에 종사하는 공무원에 한정하였던 것은, 노동 3권의 향유주체가 되는 공무원의 범위를 정함에 있어서 공무원이 일반적으로 담당하는 직무의 성질에 따른 공공성의 정도와 현실의 국가·사회적 사정 등을 아울러 고려하여 사실상의 노무에 종사하는 자와 그렇지 아니한 자를 기준으로 삼아 그 범위를 정한 것으로 보여진다. 즉, 그 직무의 내용에 비추어 국민에 대한 영향이 크지 아니하여 노동 3권을 보장하더라도 공역무 수행에 큰 지장이 없고, 노동조건에 비추어 우선적으로 노동 3권을 인정할 필요성이 큰 집단을 '사실상 노무에 종사하는 공무원'으로 국회가 판단하였다고 할 수 있다. 이러한 입법내용은 앞서 본 바와 같이 헌법상 근로자에 대한 노동 3권의 실질적 보장이 전제되고 있으면서도 헌법 제33조 제 2 항이 노동 3권이 보장되는 공무원의 범위를 법률에 의하여 정하도록 유보함으로써 공무원의 국민 전체에 대한 봉사자로서의 지위 및 그 직무상의 공공성 등의 성질을 고려한 합리적인 공무원제도의 보장, 공무원제도와 관련한 주권자 등 이해관계인의 권익을 공공복리의 목적 아래 통합 조정하려는 의도와 어긋나는 것이라고는 볼 수 없다.

그러므로 위 법률조항은 입법자가 노동 3권의 향유주체가 될 수 있는 공무원의 범위를 정하도록 하기 위하여 헌법 제33조 제2항이 입법자에게 부여하고 있는 형성적 재량권의 범위를 벗어난 것이 아니며, 따라서 헌법에 위반하는 것이라고 할 수 없다(헌재 1992. 4. 28. 90 헌바 27 등, 헌재판례집 4, 255, 261~266; 헌재 2005. 10. 27. 2003 헌바 50 등, 헌재판례집 17-2, 238, 249~252 참조).

9. 地方自治團體長의 地方公務員移動權은 合憲이다[1)]

가. 이 사건 법률조항은 "지방자치단체의 장은 다른 지방자치단체의 장의 동의를 얻어 그 소속 공무원을 전입할 수 있다"라고만 규정하고 있어, 이러한 전입에 있어 지방공무원 본인의 동의가 필요한지에 관하여 다툼의 여지 없이 명백한 것은 아니다. 법문상으로 보면 지방공무원의 전입에 관하여 공무원 본인의 동의가 필요하다는 것이 명기되어 있지 않으므로 지방공무원의 의사와 관계 없이 지방자치단체의 장 사이의 상호 동의만으로 지방공무원을 전출·전입시킬 수 있다는 해석의 여지가 없는 것도 아니다.

일반적으로 어떤 법률에 대한 여러 갈래의 해석이 가능할 때에는 원칙적으로 헌법에 합치되는 해석을 하여야 한다. 왜냐하면 국가의 법질서는 헌법을 최고법규로 하여 그 가치질서에 의하여 지배되는 통일체를 형성하는 것이며 그러한 통일체 내에서 상위규범은 하위규범의 효

1) 헌재 2002. 11. 28 선고, 98 헌바 101, 99 헌바 8(병합), 헌재판례집 제14권 2집, 609면 이하.

력근거가 되는 동시에 해석근거가 되기 때문이다(헌재 1989. 7. 21. 89 헌마 38, 헌재판례집 1, 131, 145).

그런데 이 사건 법률조항을, 지방공무원의 의사와 관계 없이 지방자치단체의 장 사이의 동의만으로 지방공무원을 전출·전입시킬 수 있는 것으로 풀이하는 것은 헌법에 합치되는 올바른 해석이라 할 수 없다. 그 이유를 상세히 살펴보기로 한다.

나. 헌법 제 7 조가 "공무원은 국민 전체에 대한 봉사자이며, 국민에 대하여 책임을 진다. 공무원의 신분과 정치적 중립성은 법률이 정하는 바에 의하여 보장된다"라고 명문으로 규정하고 있는 것은 바로 직업공무원제도가 국민주권원리에 바탕을 둔 민주적이고 법치주의적인 공직제도임을 천명하고 정권담당자에 따라 영향받지 않는 것은 물론 같은 정권하에서도 정당한 이유 없이 해임당하지 않는 것을 불가결의 요건으로 하는 직업공무원제도의 확립을 내용으로 하는 입법의 원리를 지시하고 있는 것이다. 그렇기 때문에 공무원에 대한 기본법인 국가공무원법이나 지방공무원법에서도 이 원리를 받들어 공무원은 형의 선고, 징계 또는 위 공무원법이 정하는 사유에 의하지 아니하고는 그 의사에 반하여 휴직, 강임 또는 면직당하지 아니하도록 하고(국가공무원법 제68조, 지방공무원법 제60조), 직권에 의한 면직사유를 제한적으로 열거하여(국가공무원법 제70조, 지방공무원법 제62조) 직제와 정원의 개폐 또는 예산의 감소 등에 의하여 폐직 또는 과원이 되었을 때를 제외하고는 공무원의 귀책사유 없이 인사상 불이익을 받는 일이 없도록 규정하고 있는 것이다. 이는 조직의 운영 및 개편상 불가피한 경우 외에는 임명권자의 자의적 판단에 의하여 직업공무원에게 면직 등의 불리한 인사조치를 함부로 할 수 없음을 의미하는 것으로서 이에 어긋나는 것일 때에는 직업공무원제도의 본질적 내용을 침해하는 것이 되기 때문이다(헌재 1989. 12. 18. 89 헌마 32등, 헌재판례집 1, 343, 353~354).

이 사건 법률조항은 지방공무원의 귀책사유를 요건으로 하지 않으며, 전출 지방자치단체의 장이 동의를 함에는 직제와 정원의 개폐 또는 예산의 감소 등에 의하여 폐직 또는 과원이 되는 등의 불가피한 사정이 있을 것을 요하지 않는다. 따라서 이 사건 법률조항을, 지방공무원의 의사와 관계 없이 지방자치단체의 장 사이의 동의만으로 지방공무원을 전출·전입시킬 수 있는 것으로 해석하면, 지방자치단체의 장의 자의적 판단에 의하여 실질적으로 면직에 버금가는 불리한 인사조치를 할 수 있다는 결론으로 귀착된다.

뿐만 아니라, 선거에 의하여 임명되는 지방자치단체의 장 사이에 전출·전입동의가 있다는 오로지 그 한 가지 요건에 의하여, 지방공무원을 소속 지방자치단체에서 전출시킬 수 있다고 할 경우 이 사건 법률조항은, 국민 전체에 대한 봉사자로서의 지방공무원의 역할을 위축시킴은 물론 그 공무수행을 지방자치단체의 장, 나아가 그 소속 정당 내지 정치적 세력의 교체에 따라 좌우되게 만들 위험이 다분하다. 이는 공무원이 정치과정에서 승리한 정당원에 의하여 충원되는 엽관제를 지양하고, 정권교체에 따른 국가작용의 중단과 혼란을 예방하며 일관성 있는 공무수행의 독자성과 영속성을 유지하기 위하여 공직구조에 관한 제도적 보장으로서 직업공무원 제도를 마련하여야 한다는 헌법 제 7 조의 공무원의 신분보장 원칙에 부합하지 않는다(헌재 1997. 4. 24. 95 헌바 48, 헌재판례집 9-1, 435, 442~443).

한편, 직업선택의 자유를 보장하고 있는 헌법 제15조를 고려하더라도 위와 같은 해석은 정당하지 않다. 지방자치단체의 장이 다른 지방자치단체의 장의 동의를 얻어 그 소속 공무원을 전입함에 있어 지방공무원 본인의 동의가 필요하지 않다고 해석한다면, 그 지방공무원의 의사에 반한 전출명령 및 전입임용으로 자신이 선택한 직업(지방공무원)을 수행해 나가기 위한 직장(지방자치단체)을 옮기도록 강요하는 것이므로, 지방공무원의 직업선택의 자유, 그 중에서도 직장선택의 자유를 침해하는 것이 된다.

지방공무원의 경우, 그 사용자인 지방자치단체에 소속되어 있는 한 그 직무의 내용과 장소를 다소 달리한다고 하여 이를 두고 그 직장선택의 자유를 침해하는 것으로는 볼 수 없을 것이다. 하지만 국가공무원과는 달리 지방공무원은 특정 지방자치단체와의 쌍방적 행위를 통하여 임용되므로 특별한 사정이 없는 한 임용된 당해 지방자치단체에 소속된 공무원으로서 그 관할구역 내에서 근무하는 것을 근무관계의 본질로 한다. 그러므로 지방공무원을 그 소속 지방자치단체로부터 분리하여 다른 지방자치단체 소속으로 옮긴다는 것은 그 지방공무원의 공무원으로서의 지위에 근본적 변동을 초래하게 된다. 각 지방자치단체는 지역적 특성, 인구, 재정자립도 등 여러 가지 면에서 대단히 큰 편차를 보이므로, 지방자치단체마다 직무의 내용, 보직관리 기준, 근무여건 등이 크게 달라질 수 있다. 소속 지방자치단체가 옮겨지면 근무지, 이에 따라 삶의 기초가 되는 주거지 또한 변경되는 것이 통상적일 것이다. 따라서 지방공무원의 의사에 반하여 그 직장(소속 지방자치단체)의 변경을 강제한다는 것은 이를 정당화할 만한 정도의 공익적 요청 없이는 그 지방공무원의 직장선택의 자유를 침해하는 것이 되므로 헌법적으로 허용되지 아니한다. 그런데 이 사건 법률조항에 의한 전출·전입으로 목적하고자 하는 공익이란 인사교류를 통한 행정의 능률성 이외에는 달리 상정하기 어려운바, 이는 공무원의 신분보장, 민주적인 공직제도라고 하는 헌법적 가치에 대하여 양보를 요구할 만한 것이라고 보기 어렵다.

다. 이상 살펴본 바와 같이 이 사건 법률조항을, 해당 지방공무원의 동의 없이도 지방자치단체의 장 사이의 동의만으로 지방공무원에 대한 전출 및 전입명령이 가능하다고 풀이하는 것은 헌법적으로 용인되지 아니한다. 헌법 제7조에 규정된 공무원의 신분보장 및 헌법 제15조에서 보장하는 직업선택의 자유의 의미와 효력에 비추어 볼 때, 이 사건 법률조항은 해당 지방공무원의 동의가 있을 것을 당연한 전제로 하여 그 공무원이 소속된 지방자치단체의 장의 동의를 얻어서만 그 공무원을 전입할 수 있음을 규정하고 있는 것으로 보는 것이 올바른 해석이다. 이렇게 본다면 인사교류를 통한 행정의 능률성이라는 입법목적도 적절히 달성할 수 있을 뿐만 아니라 지방공무원의 신분보장이라는 헌법적 요청도 충족할 수 있게 된다.

대법원은 이 사건 법률조항에 관하여, '지방자치단체의 장이 소속 공무원을 전출하는 것은 임명권자를 달리하는 지방자치단체로의 이동인 점에 비추어 반드시 당해 공무원 본인의 동의를 전제로 하는 것'이라고 해석하고 있는데(대법원 2001. 12. 11 선고, 99두1823 판결; 대법원 2001. 12. 28 선고, 98두19704 판결), 이는 지방공무원 본인의 동의라는 요건이 이 사건 법률조항에 의한 전출·전입의 당연한 전제임을 잘 보여주고 있다 하겠다.

이 사건 법률조항을 이와 같이 해석하는 것은 이 사건 법률조항의 내용을 왜곡하거나 변경하는 것이 아니라, 법률의 본래 의미를 헌법정신에 비추어 분명히 하는 것이므로 법률해석의 한계를 벗어나는 것이라 할 수 없다.

라. 결론적으로 이 사건 법률조항은, 지방자치단체의 장은 소속 지방공무원의 전출·전입에 서로 동의하였더라도 해당 지방공무원 본인의 동의를 얻어야만 그를 전출·전입할 수 있다는 것으로 해석하는 것이 타당하고, 따라서 이 사건 법률조항은 헌법에 위반되지 아니한다 할 것이다.

[결 론]

이 사건 법률조항은 헌법에 위반되지 아니하므로 주문과 같이 결정한다. 이 결정은 재판관 김효종, 재판관 김경일, 재판관 송인준의 아래와 같은 한정위헌의견 및 재판관 김영일의 아래와 같은 헌법불합치의견이 있는 외에는 나머지 관여 재판관의 일치된 의견에 의한 것이다.

[재판관 김효종, 재판관 김경일, 재판관 송인준의 한정위헌의견]

우리는 이 사건 법률조항을 합헌적으로 해석하여 당해 공무원 본인의 동의를 받는 경우에 한하여 적용할 경우 이 사건 법률조항이 갖는 위헌성이 제거될 수 있다는 점에서는 다수 의견과 뜻을 같이하나 이 사건 법률조항에 관한 대법원의 동일한 해석이 있다고 하여 이 사건 법률조항에 존재하는 위헌적 부분을 결정주문에 명시적으로 밝히지 않고 단순하게 이 사건 법률조항이 헌법에 위반되지 아니한다는 주문으로 선고하는 것에 대하여는 다음과 같은 이유로 반대한다.

가. 다수의견은 기본적으로 대법원의 위와 같은 해석으로 이 사건 법률조항이 갖는 위헌성이 종국적으로 제거되었다는 것을 전제로 한 것으로 보인다.

그러나 이러한 견해는 대법원의 판결의 기속력과 헌법재판소의 위헌결정의 기속력의 내용 내지 범위에 관한 이해의 결여에서 비롯된 것으로 생각한다. 대법원의 판결이 갖는 기속력은 당해 사건에 관하여 하급심을 기속하는 것(법원조직법 제8조)인데 반하여 헌법재판소의 결정 주문에서 표현된 위헌결정이 갖는 기속력은 "법원 기타 국가기관 및 지방자치단체"(헌법재판소법 제75조 제6항, 제47조 제1항)에게 미친다. 이렇듯 헌법재판소의 위헌결정의 기속력은 대법원의 판결에서는 통상적으로 볼 수 없는 광범위한 효력, 즉 법원을 비롯한 모든 국가기관 및 지방자치단체에 대하여 장차 헌법재판소의 결정을 준수하여야 하고 헌법재판소의 결정에 모순되는 행위를 금지하여야 하는 실체법적인 의무를 부과하는 효력인 것이다.

한편 헌법재판소는 그동안 한정위헌결정의 효력과 관련하여, 어떤 법률조항에 대하여 다의적인 해석가능성이 있을 때 합헌적인 한정축소 해석의 타당영역 밖에 있는 위헌적인 법적용영역과 그에 상응하는 해석가능성을 적극적으로 배제하는 뜻으로 한정위헌결정을 할 수 있고, 이러한 한정위헌결정의 효력은 헌법에 위반된다는 이유로 그 적용이 배제된 범위 내에서 법원을 비롯하여 모든 국가기관 및 지방자치단체를 기속한다는 확립된 견해(헌재 1997.12.24. 96헌마 172 등, 헌재판례집 9-2, 860~863)를 밝혀 왔다.

결국 우리는, 법률의 위헌선언권을 유일하게 갖고 있는 헌법재판소로서는 어떤 법률조항에 대하여 위헌적인 법적용 영역과 그에 상응하는 해석가능성이 존재할 경우 그러한 위헌적인 부분을 종국적으로 배제하는 결정을 선고함으로써 그 결정에 따른 기속력을 법원을 비롯한 모든 국가기관 및 지방자치단체에게 미치도록 하는 것을 원칙으로 삼아야 하고, 그 기속력의 수범자 중의 하나인 법원이 그 법률조항에 대하여 헌법재판소와 동일한 합헌적인 해석을 하고 있다고 하여 그 법률조항에 여전히 존재하고 있는 위헌적인 부분을 제거하지 않은 채 방치할 수는 없다고 생각한다. 다만, 어떤 법률조항에 관하여 비교적 오랜 기간동안에 걸쳐 이를 합헌적으로 해석해 온 대법원의 확립된 판례들이 있고, 위헌결정의 다른 수범자들인 법원 이외의 국가기관 및 지방자치단체 등도 그 법률조항의 규범적 의미를 위와 같은 대법원의 해석에 따른 내용으로 이해하고 있는 등 그 법률조항의 위헌적인 부분이 실질적으로 이미 배제되었다고 보여지는 예외적인 사정이 존재할 경우에는 굳이 그 위헌적인 부분을 종국적으로 배제하는 뜻의 한정위헌결정을 선고할 필요성이 적어질 뿐이라고 본다.

이 사건의 경우, 우리는 이 사건 법률조항이 갖고 있는 위헌적인 해석가능성을 결정주문을 통하여 명시적으로 배제하지 않아도 될 예외적 사정을 찾을 수 없다고 생각한다. 오히려 이 사건 법률조항에 관한 대법원의 위와 같은 해석은 이 사건 심판 계속중에 나온 최근의 것일 뿐만 아니라 나아가 이 사건 법률조항 자체에서 해당 공무원 본인의 동의를 받는 것을 전제로 이 사건 법률조항이 적용된다는 해석을 도출하는 것이 누구에게나 용이하지는 아니하므로 법원을 제외한 다른 국가기관, 특히 지방자치단체들이 이 사건 법률조항의 운용을 대법원의 판례와 같이 할 것이라고 확실히 보장할 수 없는 상황이라고 보여지는바, 그렇다면 헌법재판소로서는 위헌결정의 기속력이 미치는 수범자들, 특히 법원 이외의 다른 국가기관 및 지방자치단체에 대한 기속력을 명백히 하기 위하여 헌법재판소가 이 사건 법률조항에 대하여 갖게 된 평가, 즉 이 사건 법률조항의 위헌적인 해석 가능성 및 적용 범위를 결정 주문에 명확히 밝혀야 하고, 그럼으로써 헌법재판소가 가진 규범통제의 기능을 다하는 것이라고 생각한다.

나. 우리는, 다수의견이 이 사건과 기본적으로 동일한 쟁점에 대하여 밝힌 헌법재판소의 선례(헌재 2002. 7. 18. 2000 헌바 57)와 다소 일관되지 않은 것임을 지적하고자 한다. 위 선례에서도 이 사건과 마찬가지로 헌법재판소법 제68조 제 2 항의 헌법소원 심판 계속중에 선고된 심판대상 법률조항에 관한 대법원의 합헌적 해석이 헌법재판소의 견해와 일치할 경우에 헌법재판소가 어떤 내용의 결정을 선고할 것인가가 쟁점이 되었었다. 다만 위 선례의 경우는 당해 사건에서 헌법소원심판 청구인에 대한 패소판결이 확정되어 있었으므로 그 청구인을 재심을 통하여 구제받도록 하여야 할 필요성이 존재하였다는 점에서 이 사건과 달랐을 뿐이다. 위 선례에서는 관여 재판관 전원일치의 의견으로 심판 대상 법률조항에 관한 합헌적 해석의 타당영역 밖에 있는 위헌적인 해석가능성을 적극적으로 배제하는 한정위헌결정이 선고되었던바, 이 사건 역시 위 선례와 기본적으로 동일한 구조를 갖고 있다는 점에서 다수의견은 위 선례의 뜻과 선뜻 조화되지 않는다. 만일 다수의견이 헌법소원심판 청구인의 재심을 통한 구제가능성을 주문의 내용을 결정하는 변수로 고려한 것이라면 우리는 그 견해를 받아들일 수 없다. 왜냐하면 헌법재판소의 규범통제의 결과로서의 결정 주문은 오로지 심판대상 법률조항에 대한 위헌성 여부에만 대응하여야 하는 것이고, 당사자의 구제가능성은 심판대상 법률조항에 대한 판단을 표현한 헌법재판소의 결정주문의 내용에 따라 결정되는 것뿐이기 때문이다.

다. 이상의 이유로 우리는 "이 사건 법률조항은 지방공무원 본인의 동의를 요하지 않는다고 해석하는 한 헌법에 위반된다"는 내용의 한정위헌결정을 선고하여야 한다는 견해를 밝힌다.

[재판관 김영일의 헌법불합치의견]

다수의견과 한정위헌의견이 이 사건 법률조항의 위헌성을 조목조목 적절히 논증하면서도, 이 사건 법률조항에는 전입·전출대상 공무원의 동의가 내재 또는 전제되어 있다는 것을 근거로 하여 그 결론을 합헌 또는 한정위헌으로 귀착시키는 것은 헌법재판의 대상인 법률조항의 해석과 그 위헌 여부의 판단기준이 되는 헌법규범의 해석을 혼동하는 것으로 도저히 받아들일 수 없어, 나는 다음과 같이 헌법불합치의견을 밝히는 바이다.

무릇 입법형성권에 대한 존중은 합헌적 법률해석의 헌법적 근거이자 동시에 그 한계이다. 헌법재판소는 합헌적 법률해석을 통하여 입법자의 원래의사를 왜곡·변형하거나 대체해서는 아니 되므로, 법률을 해석함에 있어서 문의적 한계와 법 목적적 한계를 넘지 않도록 유의해야 한다. 헌법재판소가 입법권에 대한 존중이라는 이름 아래 무리한 법률해석을 통하여 문제되는 법률의 효력을 유지시킨다면, 오히려 입법자의 입법권이 제한될 위험이 있다. 이러한 경우에는 차라리 법률을 단순위헌으로 선언하여 그 규율대상을 입법자로 하여금 새로이 입법하도록 되돌려 주는 것이 오히려 헌법적으로 타당하다(헌재 1989. 7. 14. 88 헌가 5 등, 헌재판례집 1, 69, 86~87 참조).

먼저, 이 사건 법률조항의 조문형식과 내용 및 입법목적에 '전입·전출대상 공무원의 동의'라는 요건이 내재 또는 전제되어 있다고 볼 근거가 있는지의 여부에 관하여 본다.

이 사건 법률조항은 '전입'이라는 제목으로 "지방자치단체의 장은 다른 지방자치단체의 장의 동의를 얻어 그 소속 공무원을 전입할 수 있다"라고 규정하고 있는데, 이는 문언 그대로 지방자치단체장이 다른 지방자치단체 소속의 공무원을 전입할 수 있는 권한과 그러한 전입권한을 행사함에 있어 지방자치단체장이 지켜야 할 절차를 정함에 그 취지가 있다. 그리고 이러한 지방자치단체장의 다른 지방자치단체 소속의 공무원에 대한 전입권한은 지방자치단체장의 인사권의 일종으로 휴직·강임 또는 면직이 아닌 한 원칙적으로 그 권한의 행사에 있어 당사자의 동의 여부가 전제되는 것도 아니라고 할 것이고, 다만, 인사교류를 통한 행정의 능률성이라는 공익을 달성하기 위하여 지방자치단체장에게 전입권한을 부여하는 경우에 발생할 다른 지방자치단체장의 인사권에 대한 침해를 방지하기 위하여 그 동의를 요하는 것 뿐이다. 따라서, 이 사건 법률조항의 문언이나 입법목적을 아무리 넓게 파악한다고 하더라도 전입대상이 되는 공무원 본인의 동의라는 요건이 내재되어 있다거나 전제되어 있는 것으로 해석하거나 적용할 수는 없는 것이고, 또한 그와 같은 해석을 도출할 만한 어떤 다른 관련 규정도 찾아볼 수 없다.

이와 같은 헌법재판소의 결정은 입법권에 대한 조력이 아니라, 다만, 입법권에 대한 침해일 따름이다.

그러므로 이 사건 법률조항은 헌법 제 7 조 제 2 항의 공무원의 신분보장에 위배될 뿐만 아니라, 직업선택의 자유 및 거주이전의 자유를 침해하여 헌법에 위반된다고 선언하여야 할 것이나, 지방자치단체 공무원 인사관리의 혼란 등 위헌선언으로 야기될 혼란을 방지하기 위하여, 위 조항이 헌법에 합치되도록 개정될 때까지 잠정적으로 적용할 것을 명하는 헌법불합치결정을 함이 타당하다고 판단되는 것이다.

나는 이 사건 법률조항에 대하여 합헌의 다수의견이나 한정위헌의 소수의견에 반대하여 이상과 같은 헌법불합치의견을 밝히는 바이다.

10. 公務員의 勞動組合加入權의 制限은 合憲이다[1]

가. ……

기본권경합의 경우에는 기본권침해를 주장하는 청구인의 의도 및 기본권을 제한하는 입법자의 객관적 동기 등을 참작하여 사안과 가장 밀접한 관계에 있고 또 침해의 정도가 큰 주된 기본권을 중심으로 해서 그 제한의 한계를 따져 보아야 한다(헌재 1998. 4. 30. 95 헌가 16, 헌재판례집 10-1, 327, 336~337).

이 사건의 주된 쟁점은, 심판대상조항들이 헌법 제33조 제 2 항에 위반하여 청구인들의 단결권을 침해하는지 및 평등권을 침해하는지 여부이다(청구인들은 근로 3권 모두를 언급하고 있으나, 심판대상조항들이 근로 3권 중 단결권에 관한 조항일 뿐만 아니라, 공노법에 의하면 단결권의 주체는 일률적으로 단체교섭권을 가지되 단체행동권은 허용되지 아니하므로, 단결권의 침해 여부만 살펴보기로 한다).

청구인들은 결사의 자유와 행복추구권의 침해도 주장하나, 결사의 자유가 근로의 영역에서 구체화된 것이 단결권이고, 행복추구권은 개별적 기본권인 단결권과 평등권에 대한 보충적 지위에 있으므로, 이들에 대하여는 별도로 판단하지 않는다.

나. 공무원의 노동 3권에 관한 헌법 제33조 제 2 항

우리 헌법은 제33조 제 1 항에서 "근로자는 근로조건의 향상을 위하여 자주적인 단결권·단체교섭권 및 단체행동권을 가진다"라고 규정하여 근로자의 자주적인 노동 3권을 보장하고 있으면서도, 같은 조 제 2 항에서는 "공무원인 근로자는 법률이 정하는 자에 한하여 단결권·단체교섭권 및 단체행동권을 가진다"고 규정하여 공무원인 근로자에 대하여는 법률에 의한 제한을 예정하고 있는바, 이는 공무원의 국민 전체에 대한 봉사자로서의 지위 및 그 직무상

1) 헌재 2008. 12. 26 선고, 2006 헌마 518, 헌재판례집 제20권 2집(하), 768면 이하.

의 공공성을 고려하여 합리적인 공무원제도의 보장과 이와 관련된 주권자의 권익을 공공복리의 목적 아래 통합 조정하려는 것이라고 볼 것이다.

그러므로 국회는 헌법 제33조 제 2 항에 따라 공무원인 근로자에게 단결권·단체교섭권·단체행동권을 인정할 것인가의 여부, 어떤 형태의 행위를 어느 범위에서 인정할 것인가 등에 대하여 광범위한 입법형성의 자유를 가진다 할 것이다(헌재 2007. 8. 30. 2003 헌바 51 등, 헌재판례집 19-2, 215, 227~229 참조).

다. 공노법 제 5 조 부분에 대한 판단

(1) 단결권의 침해 여부

(가) 공노법 제 5 조 제 1 항은 조합활동 및 단체교섭체계의 효율화를 위하여 노동조합 설립의 최소단위를 규정한 것인바, 단체교섭의 주요대상인 공무원의 근로조건은 대부분 공무원법이나 공무원보수규정과 같은 법령에 의하여 통일적으로 규율되는 점, 단체교섭 시 혼선을 방지하기 위하여는 근로조건이 공통적으로 결정되는 단위에 맞게 노동조합이 설립되는 것이 바람직한 점, 직종별 이해관계 주장으로 인한 공직사회의 갈등 소지를 예방하기 위하여 국가공무원은 전국 단위, 지방공무원은 해당 지방자치단체 단위 등으로 조직형태를 제한하는 것이 필요한 점 등을 고려할 때, 공노법 제 5 조 부분의 입법목적에는 합리성이 인정된다.

(나) 위 조항은 공무원노동조합의 형태로서 최소단위만을 제한할 뿐이므로 각 부·처 단위의 공무원들은 행정부 공무원노동조합 또는 전국 단위 공무원노동조합에 가입할 수 있다. 다만 위 제한에 따라 위 조항에 규정된 최소단위 이하의 각 기관, 즉 행정부의 각 부·처 단위와 읍·면·동을 조직단위로 하는 공무원의 노동조합 설립이 금지되나, 각 부·처 단위의 공무원들은 필요하다면 해당 부·처의 공무원들로 구성된 지부·분회 등 노동조합 내부조직을 만들어 해당 기관 내에서 실질적으로 조합활동을 할 수 있다. 즉 정부교섭대표는 필요한 경우 다른 기관의 장이 관리하거나 결정할 권한을 가진 사항에 대하여 당해 기관의 장에게 교섭하고 단체협약을 체결하게 할 수 있으므로(공노법 제 8 조 제 4 항 참조) 행정부·처 별로 설치된 노동조합 지부 등은 각 부·처 장관이 관리하거나 결정할 권한을 가진 사항에 대하여는 해당 장관과의 교섭이 가능하다.

(다) 결국 위 조항이 헌법 제33조 제 2 항에 의하여 입법자에게 부여된 형성적 재량권의 한계를 넘어 노동부 소속 공무원인 청구인들의 단결권을 제한한다고 보기 어렵다.

(2) 평등권의 침해 여부

청구인들은 위 조항이 합리적 이유 없이 '행정부 소속 국가공무원'을 '국회·법원·헌법재판소·선거관리위원회·특별시·광역시·도·시·군·구 및 특별시·광역시·도의 교육청 소속 공무원'과 차별하고 있다고 주장한다.

앞에서 본 바와 같이, 위 조항은 공무원노동조합의 조합활동 및 단체교섭체계의 효율화를 위하여 보수 등 주요 근로조건이 공통적으로 결정되는 단위에 맞추어 노동조합의 설립 최소단위를 규정한 것이다. 따라서 동일한 기준을 적용하여 주요 근로조건이 동일한 집단별로 노동조합 설립을 허용함으로써(국가공무원법 제32조 제 2 항에 의하면, 각 부·처 내의 6급 이하 공무원에 대하여는 소속장관이 그 임용권을 가지나, 그 사실만으로 법령에 의하여 정하여지는 주요 근로조건이 부·처 별로 달라진다고 하기는 어렵다), 행정부 내 각 부·처 단위의 노동조합 설립을 허용하지 않는 결과가 발생하였다고 하더라도, 그것이 행정부 소속 공무원을 국회·법원 등 소속 공무원과 합리적 이유 없이 차별하였다고 볼 수는 없다.

따라서 청구인들의 평등권 침해 주장 역시 이유 없다.

라. 공노법 제 6 조 부분에 대한 판단

(1) 단결권의 침해 여부

(가) 위 조항은 6급 이하 공무원 중 '노동관계의 조정·감독 등 업무 종사자,' 즉 근로감독관과 노동위원회 조사관을 노동조합 가입대상에서 제외한 것이다.

(나) 근로감독관은 근로기준법이나 그 밖의 노동관계법령위반의 죄에 관하여 사법경찰관의 직무를 수행하는 자로서, 위 법령에 따른 임검, 서류의 제출, 심문 등의 수사를 수행한다(근로기준법 제102조, 제105조 참조). 그리하여 근로감독관은 재직 중에는 물론 근로감독관을 그만 둔 경우에도 직무상 알게 된 비밀을 엄수할 의무를 부담한다(근로기준법 제103조). 특히 공무원노동조합이 허용된 현재 공무원과 관련된 근로기준법이나 그 밖의 노동관계 법령에 따른 형사사건과 관련한 수사를 담당하고 있다.

(다) 노동위원회 조사관은 '노동조합 및 노동관계조정법,' '근로기준법,' '근로자참여 및 협력증진에 관한 법률,' '공무원의 노동조합 설립 및 운영 등에 관한 법률,' '기간제 및 단시간근로자 보호 등에 관한 법률' 및 '파견근로자보호 등에 관한 법률'에 따른 판정·결정·의결·승인·인정·차별시정 등에 관한 업무 및 노동쟁의 조정·중재 또는 관계 당사자의 자주적인 노동쟁의 해결지원에 관한 업무 등 노동위원회 소관 사무 수행에 필요한 조사업무와 부분별 위원회에 출석하여 의견을 진술하는 업무를 수행한다(노동위원회법 제 2 조의 2(노동위원회의 소관사무), 제14조의 3(조사관) 참조). 따라서 공무원노동조합과 관련한 노동위원회의 조정·중재·부당노동행위에 대한 구제명령, 관계당사자의 자주적인 노동쟁의 해결지원에 관한 업무등과 관련한 조사업무 역시 담당하고 있다.

(라) 근로감독관과 조사관의 위와 같은 업무의 성격, 즉 공정성·공익성·중립성에 비추어 볼 때, 입법자가 근로감독관이나 조사관 자신이 공무원노동조합의 구성원이 되는 것은 적절하지 않다는 판단 아래 그 가입을 금지하는 것이 입법자의 재량권을 현저히 일탈한 것이라고 볼 수는 없다.

(마) 결국 위 조항이 헌법에 위반하여 근로감독관 또는 조사관인 노동부 소속 공무원의 단결권을 침해한다고 할 수 없다.

(2) 평등권의 침해 여부

청구인들은 위 조항이 '근로감독관이나 조사관의 업무를 맡고 있는 노동부 소속 공무원'을 전부 노동조합 가입대상에서 배제시킴으로써, 그들을 '일반근로자' 및 '다른 일반직 공무원'에 비하여 합리적 이유 없이 차별하고 있다고 주장한다.

(가) 심사기준

헌법 제11조 제 1 항이 보장하는 평등의 원칙은 일체의 차별적 대우를 부정하는 절대적 평등을 의미하는 것이 아니며 법의 적용이나 입법에 있어서 불합리한 조건에 의한 차별을 하여서는 안 된다는 상대적·실질적 평등을 뜻한다. 따라서 합리적인 근거 없이 차별하는 경우에 한하여 평등의 원칙에 위반될 뿐이다(헌재 1989. 5. 24. 88 헌가 37 등, 헌재판례집 1, 48, 54; 헌재 1991. 2. 11. 90 헌가 27, 헌재판례집 3, 11, 24 참조).

한편 어떤 심사척도에 의할 것인지는 입법자에게 인정되는 입법형성권의 정도에 따라 달라지는바(헌재 2002. 11. 28. 2002 헌바 45, 헌재판례집 14-2, 704, 715), 이 사안은 헌법 제33조 제 2 항에 의하여 입법자에게 광범한 입법형성권이 부여되는 경우이므로, 평등의 원칙에 위반되었는지를 판단함에 있어서는 차별에 합리성이 있는지의 완화된 심사척도에 따라야 할 것이다.

(나) 차별취급의 위헌 여부

① 일반 근로자들과의 차별

위 조항이 노동부 소속 근로감독관 및 조사관의 업무를 맡고 있는 공무원들의 노동조합가입을 제한하는 것은 헌법 제33조 제 2 항에 근거를 두고 있을 뿐만 아니라, 합리적인 이유가 있다 할 것이므로, 노동조합가입에 있어서 공무원인 근로감독관 및 조사관을 일반 근로자와 다르게 취급하는 것은 헌법상 평등의 원칙에 위배되지 아니한다.

② 다른 일반직 공무원들과의 차별

공노법 및 시행령은, 노동조합에 가입할 수 있는 공무원의 범위를 원칙적으로 6급 이하의 공무원 및 기능직·고용직 공무원으로 정하면서, 그 중에서 노동부 소속 근로감독관 및 조사관을 비롯한 일부 공무원의 노동조합가입을 금지하고 있으므로(법 제6조, 시행령 제3조 제4호 가, 나 목), 노동조합가입에 있어서 근로감독관·조사관과 다른 일반 공무원 사이에 차별이 발생하였다.

그러나 근로감독관과 조사관은 업무의 성격상 공정성·공익성·중립성이 노동조합 가입이 허용되는 다른 일반직 공무원에 비하여 상대적으로 강하게 요구되는 점은 앞에서 본 바와 같으므로, 이와 같은 차별에는 이를 정당화할 합리적인 이유가 있다고 할 것이고, 따라서 청구인들의 이 부분 주장도 이유 없다.

마. 심판대상조항들의 국제법규 위반 여부

청구인들은 심판대상조항들이 '국제노동기구(ILO) 제87호 협약'(우리나라 1991. 12. 9. 가입)과 '2006. 3. 29.자 국제노동기구(ILO)의 한국정부에 대한 권고'에 반함으로써 헌법에 위반된다고 주장한다.

(1) 국제법적 기준

국제노동기구협약 중 공무원의 노동기본권과 관련된 제87호 협약(결사의 자유 및 단결권 보장에 관한 협약), 제98호 협약(단결권 및 단체교섭권에 대한 원칙의 적용에 관한 협약) 및 제151호 협약(공공부문에서의 단결권 보호 및 고용조건의 결정을 위한 절차에 관한 협약) 등은 군인, 경찰, 중요한 정책결정이나 관리를 담당하는 고위직 공무원 또는 고도의 기밀업무를 담당하는 공무원을 제외하고는 원칙적으로 모든 영역의 공무원에게 단결권과 단체교섭권을 보장하고 단체행동권의 제한도 필수사업에 종사하는 자 등으로 엄격한 한계 내에서 허용되도록 규정하고 있다. 또한 국제연합의 세계인권선언을 구체화한 국제인권규약인 '경제적·사회적 및 문화적 권리에 관한 국제규약'(조약 제1006호) 및 '시민적 및 정치적 권리에 관한 국제규약'(조약 제1007호)도 공무원의 근로 3권을 원칙적으로 보장하는 취지로 해석되고, 국제노동기구의 '결사의 자유위원회'나 '경제적·사회적 및 문화적 권리위원회'는 우리나라에 대하여 가능한 한 빨리 모든 영역의 공무원들에게 근로 3권을 보장할 것을 권고하고 있다.

(2) 세계인권선언 및 국제규약과의 관계

세계인권선언은 그 전문에 나타나 있듯이 "인권 및 기본적 자유의 보편적인 존중과 준수의 촉진을 위하여 …… 사회의 각 개인과 사회 각 기관이 국제연합 가맹국 자신의 국민 사이에 또 가맹국 관할하의 지역에 있는 시민들 사이에 기본적인 인권과 자유의 존중을 지도교육함으로써 촉진하고 또한 그러한 보편적·효과적인 승인과 준수를 국내적·국제적인 점진적 조치에 따라 확보할 것을 노력하도록, 모든 국민과 모든 나라가 달성하여야 할 공통의 기준"으로 선언하는 의미는 있으나, 그 선언내용인 각 조항이 바로 보편적인 법적 구속력을 가지거나 국제법적 효력을 갖는 것으로 볼 것은 아니다(헌재 1991. 7. 22. 89 헌가 106, 헌재판례집 3, 387, 425~426).

한편 위 선언의 실효성을 뒷받침하기 위하여 마련된 '경제적·사회적 및 문화적 권리에 관한 국제규약'은 제4조에서 "…… 국가가 이 규약에 따라 부여하는 권리를 향유함에 있어서, 그러한 권리의 본질과 양립할 수 있는 한도 내에서, 또한 오직 민주사회에서의 공공복리증진의 목적으로 반드시 법률에 의하여 정하여지는 제한에 의해서만, 그러한 권리를 제한할 수 있음을 인정한다"라고 하여 일반적 법률유보조항을 두고 있고, 제8조 제1항 (a)호에서 국가안보 또는 공공질서를 위하여 또는 타인의 권리와 자유를 보호하기 위하여 민주사회에서 필요한 범위 내에서는 법률에 의하여 노동조합을 결성하고 그가 선택한 노동조합에 가입하는 권리의 행사를 제한할 수 있다는 것을 예정하고 있다.

나아가 '시민적 및 정치적 권리에 관한 국제규약' 제22조 제1항은 "모든 사람은 자기의 이익을 보호하기 위하여 노동조합을 결성하고 이에 가입하는 권리를 포함하여 다른 사람과의 결사의 자유에 대한 권리를 갖는다"고 규정하고 있으나, 같은 조 제2항에서 그와 같은 권리의 행사에 대하여는 법률에 의하여 규정되고, 국가안보 또는 공공의 안전, 공공질서, 공중보건 또는 도덕의 보호 또는 타인의 권리 및 자유의 보호를 위하여 민주사회에서 필요한 범위 내에서는 합법적인 제한을 가하는 것을 용인한다고 하는 유보조항을 두고 있을 뿐만 아니라, 위 제22조는 우리나라의 국내법적 수정의 필요에 따라 가입 당시 유보되었기 때문에 직접적으로 국내법적 효력을 가지는 것도 아니다.

따라서 위 규약들도 권리의 본질을 침해하지 아니하는 한 국내의 민주적인 대의절차에 따라 필요한 범위 안에서 노동기본권에 대한 법률에 의한 제한은 용인하고 있는 것으로서 위에서 본 공무원의 노동기본권을 제한하는 위 법률조항과 정면으로 배치되는 것은 아니라고 할 것이다(헌재 1991. 7. 22. 89 헌가 106, 헌재판례집 3, 387, 425~429; 헌재 2005. 10. 27. 2003 헌바 50 등, 헌재판례집 17-2, 238, 257~258; 헌재 2007. 8. 30. 2003 헌바 51 등, 헌재판례집 19-2, 215, 234~235 참조).

(3) 국제노동기구의 협약들과의 관계

국제노동기구 제87호 협약(결사의 자유 및 단결권 보장에 관한 협약), 제98호 협약(단결권 및 단체교섭권에 대한 원칙의 적용에 관한 협약), 제151호 협약(공공부문에서의 단결권 보호 및 고용조건의 결정을 위한 절차에 관한 협약)에 대하여는 우리나라가 비준한 바가 없고, 헌법 제 6 조 제 1 항에서 말하는 일반적으로 승인된 국제법규로서 헌법적 효력을 갖는 것이라고 볼 만한 근거도 없으므로, 이 사건 심판대상조항들에 대한 위헌심사의 척도가 될 수 없다(헌재 1998. 7. 16. 97 헌바 23, 헌재판례집 10-2, 243, 265; 헌재 2005. 10. 27. 2003 헌바 50 등, 헌재판례집 17-2, 238, 259; 헌재 2007. 8. 30. 2003 헌바 51 등, 헌재판례집 19-2, 215, 235 참조).

(4) 국제기구의 권고들과의 관계

국제노동기구 '결사의 자유위원회,' 국제연합 '경제적·사회적 및 문화적 권리위원회,' 또는 경제협력개발기구(OECD) '노동조합자문위원회' 등이 우리나라에 대하여 가능한 한 빨리 모든 영역의 공무원들에게 근로 3권을 보장할 것을 권고하고 있다고 하더라도 이는 권고에 불과한 것으로서 이를 심판대상조항들의 위헌심사 척도로 삼을 수는 없다(헌재 2005. 10. 27. 2003 헌바 50 등, 헌재판례집 17-2, 238, 259; 헌재 2007. 8. 30. 2003 헌바 51 등, 헌재판례집 19-2, 215, 235~236 참조).

(5) 소 결

따라서 심판대상조항들이 국제법규에 위반됨을 이유로 한 청구인들의 주장도 받아들일 수 없다.

[결 론]

그렇다면 이 사건 심판대상조항들은 헌법에 위반되지 아니하므로 청구인들의 이 사건 심판청구를 모두 기각하기로 하여 관여 재판관들의 일치된 의견으로 주문과 같이 결정한다.

제 4 절 社會·經濟秩序

Ⅰ. 社會福祉主義

1. 社會福祉主義의 意義와 形態

(1) 복지국가의 개념과 연혁 복지국가(welfare state, Wohlfahrtsstaat)라고 하는 표현은 1930년대 후반에 와서 권력국가에 대응하는 용어로서 사용되었다. 복지국가는 권력국가 또는 전쟁수행을 위하여 국민을 동원하는 것을 주목표로 하는 전쟁국가와 대비되는

개념으로 국민의 복지의 유지와 향상을 국가의 목표로 하는 입장을 표현하는 것이다. 이러한 복지국가사상은 講壇社會主義者인 Stahl, Stein, Heller 등에 의해서 주장되었다. 이에 따라 독일은 사회국가화하고 있다.[1)]

영국에서는 사회정책입법으로 발전되었는데, 보다 구체적으로 표현한 것으로는 영국의 전시 거국일치내각 하에서 1942년에 발표된 Sir William Beveridge의 「사회보험 및 관련서비스」(Social Insurance and Allied Services)가 있으며, 나아가 1944년에는 완전고용에 관한 정부백서와 Beveridge의 보고서가 있다. 이것은 자본주의적 생산방식의 극복이라는 과제에 우선하여 광범한 사회보장과 완전고용의 실현을 기하는 것이 국가의 책임이라는 것을 명확히 한 것이다. Beveridge 보고서 중에는 국가가 national minimum(국가적인 최저보장수준)을 정하여 개개인의 자력 여하에 불구하고 이를 보장하고, 나아가 그 수준 이상의 생활을 사람들이 자유로이 구축하게 한다는 사상이 담겨져 있다.[2)]

이러한 복지국가의 형성에 사상적으로는 Pigou, Keynes의 경제이론의 영향이 컸다. 또한 영국의 노동당, Sweden의 사회민주당 등으로 대표되는 사회민주주의를 신봉하는 노동자정당들은 정권을 담당하거나 정책결정에 강력한 영향력을 발휘함으로써 복지국가형성에 중대한 공헌을 하였다.

(2) 복지국가의 요소 수정자본주의국가들은 모든 인간의 최저한도의 인간다운 생활을 보장하는 복지국가의 건설을 이념으로 하며, 사회정의와 사회안전의 실현을 그 목적으로 하고 있다. 이를 위하여 국가는 사회보장제도를 정비하고 완전고용에 가까운 상태에 도달하여야 한다. 그러나 사회보장제도가 정비되고 완전고용이 실현된다고 하더라도 국가가 국민의 전 경제생활을 지배하게 되면 복지국가라고는 할 수 없다. 국가가 국민의 모든 경제생활을 지배하게 되면 국가는 국민의 문화생활까지도 지배하게 될 것인데, 복지국가는 이와 같은 전체국가를 배격한다.[3)] 따라서 전체주의의 침해를 막기 위한 방어장벽

1) 독일의 사회국가(Sozialstaat)에 관해서는 Badura, Der Sozialstaat, DÖV 1989, 491 ff; Benda, Der soziale Rechtsstaat, HdbVerfR, §17; Andre, Das Sozialstaatsprinzip und seine Verankerung im Grundgesetz, 1990; Butzer, Die Sozialstaatentwicklung unter dem Grundgesetz, 2006; Forsthoff/Bachof, Begriff und Wesen des sozialen Rechtsstaats, VVDStRL 12 1954; Stern, Staatsrecht Ⅰ, §21; Zacher, Der soziale Staatsziel, HbtStR Ⅰ, §25; 김상겸, 사회국가원리에 관한 고찰-독일기본법상의 전개과정과 논의를 중심으로, 헌법학연구 7.1, 2000, 123~144면; 전지훈, 사회국가원리-독일에서의 논의를 중심으로, 서강대 석사학위논문, 2001.8; 김동규, 사회국가원리에 관한 연구, 연세대 석사학위논문, 1998.2; 정극원, 헌법상의 사회국가원리, 공법연구 26.2, 1998.6, 245~262면.

유럽공동체에 관한 것으로는 Kingreen, Das Sozialstaatsprinzip im europäischen Verfassungsverband, 2003; Ludwig Erhardt-Stiftung(Hrsg.), Soziale Marktwirtschaft im 4. Jahrzent ihrer Bewährung, 1984; AEI(Hrsg.), Wirtschafts- und gesellschaftspolitische Ordnungsprobleme der EG, 1978; Europa ringt um seine Wirtschaftsverfassung, Festschrift für Narriges, 1984.

2) 영국의 복지국가에 관해서는 Le Grand, The Strategy of Equality: Redistribution and the Social Services, 1982; Robson, The Welfare State, 1957; Robson, Welfare State and Welfare Society, 1976; Crosland, The Future of Socialism, 1957; 中村宏, 福祉國家と社會主義, 1985 참조.

3) 과거의 자유주의적 국가관에서 사회국가 내지 복지국가로 변천되었다. 사회국가에 있어서의 헌법상의 특징은 ① 생존권의 보장과 ② 경제적 자유의 제한 ③ 급부행정=행정국가화 현상을 들 수 있다. 국민의

으로서의 시민적 자유와 정치적 민주주의의 존재야말로 복지국가의 중요한 요소이다.

오늘날에는 복지국가의 한 요소로서 생존권의 보장이 중시되고 있는데, 생존권적 기본권은 Lassalle나 Anton Menger에 의하여 주장되었으며, 그 후 각국헌법에 규정되기에 이르렀다. 즉 국가는 근로자의 권익옹호를 위하여 근로 3 권을 보장해야 하며, 인간다운 노동조건을 법률로써 보장하고 근로의 권리를 확보해야 하며, 근로능력이 없는 사람에게는 생활보호를 하고 사회복지사업을 추진하여야 한다.

2. 社會福祉主義의 憲法規定

(1) 제 1 차대전 후의 헌법규정 사회복지제도에 관하여 최초로 규정한 것은 1848년의 France헌법인바, 동 憲法前文은 「공화국은 우애적 원조에 의하여 빈곤한 시민에 대하여 그 자원의 한계 내에서 노동을 획득하게 하는 것에 의하여, 또는 노동할 수 없는 사람들이 가정이 없을 때 그에 구조를 주는 것에 의하여 이들 사람들에게 생존을 확보해 주지 않으면 안 된다」(8항)고 규정하고 있었다. 이 헌법은 헌법제정시에 노동권을 보장하는 문제를 논의하였으나 성문화에는 실패하였다. 그러나 그 뒤의 생존권보장에 중요한 계기가 되었다. 생존권적 기본권이 본격적으로 成文憲法典에 규정되기 시작한 것은 제 1 차대전 후의 일이다. Weimar헌법은 「경제생활의 질서는 모든 사람에게 인간다운 생활을 보장하는 목적을 가진 정의의 원칙에 적합하지 않으면 안 된다」(제151조 1항 전단)고 규정하고 있었다. 이 규정은 제 5 장 「경제생활」의 총칙의 위치를 차지하고 있었다.

(2) 제 2 차대전 후의 헌법규정 제 2 차대전 후의 헌법은 사회국가(Sozialstaat)의 이념을 들고 있는데,[1] 1946년의 France 제 4 공화국헌법은 민주사회공화국(제1조)이라고 규정하고, 전문에서 수많은 생존권적 기본권을 보장하였으며, 독일기본법은 제20조에서 「사회적 연방국가」임을 강조하고 있다.[2] Italy헌법도 제 3 조 2항에서 「시민의 자유와 평등을 사실상 제한하

복지의 증진이라는 목적을 위하여 시민생활의 여러 분야에 행정이 관여하게 되고, 사회생활에 대한 행정기능의 역할이 증대되었다. 이에 따라 행정기구가 확대하고 행정권이 집적강화되므로 행정국가화·집권국가화의 폐단이 발생하였다. 행정권의 독주에 대한 비판이 높아져 자유시장경제와 결합되는 방향으로 사회적 법치주의가 지배하는 국가를 지향하게 되었다. 현재의 복지국가는 권력분립적 사회국가여야 한다.

독일에서는 사회국가원리란 누구에게나 자유의 사실적 전제를 제공하고 확대하는 것으로 본다. 사회국가조항은 자유주의적 법치국가에서 사회적 법치국가의 과도기로 본다. 기본법은 개인의 존엄과 자유에 근거하고 있으므로 中央管理的인 扶養國家概念으로서의 사회국가의 構想은 허용되지 않는다고 한다.

1) 상세한 입법례에 대해서는 김철수, 입법자료교재 헌법(증보판), 390~393면 참조.

2) 독일기본법의 경제질서에 대해서는 학설의 대립이 있다. Nipperdey는 제3의 길로서의 「사회적 시장경제」야말로 기본법이 인정하는 경제체제라는 입장을 취하였고, Krüger는 국가의 개입을 배제하는 자유주의적 구상에 의거한 경제적 중립성을 강조하는 입장을 취하였고 Huber는 그 중추적인 혼합경제체제라고 보았다. 이에 대하여 독일연방헌법재판소는 「기본법은 집행권이나 입법권의 경제정책적 중립성을 보장하는 것도 아니고, 시장적합적인 방책에 의해서만 조작될 수 없는 사회적 시장경제를 보장하는 것도 아니다. 기본법의 경제정책적 중립성은 단순히 헌법제정자는 특정한 경제체제를 지지하는 결단을 명시적으로는 행하지 않았다는 것에 불과하다」고 하고 있다(BVerfGE 4, 7(1954)). 나아가 共同決定法에 관한 판결에 있어서도 「기본법은 경제정책적으로는 중립적이며, 특수한 경제질서를 정하거나 경제질서형성을 위한 헌법원리를 정한 것은 아니다. 오히려 기본법은 경제질서에 관한 입법자의 형성의 자유를 광범하게 인정하고 있으며, 입법자의 형성의 자유는 자유권의 보장과 함께 민주적인 헌법의 구성요소를 이루는 것이다. 그러나 입법자의 형성의 자유도 개별적 기본권에 의하여 보장되어 있는 개인의 자유에 의하여 제한된다」고 하고 있다(BVerfGE 50, 290(1979)).

고 인간의 완전한 발전과 국가의 정치적·경제적 및 사회적 조직에 대한 모든 노동자의 실효적인 참가를 방해하는 경제적 및 사회적인 장해를 제거하는 것은 공화국의 임무이다」라고 하고 있으며, Turkey헌법은 제41조에서 「경제·사회생활은 각인에게 인간의 존엄성과 안전고용의 원칙, 그리고 정의에 적합한 생활수준을 유지케 하는 목적에 따라 규율된다. 국가는 민주주의적인 방법으로 경제적·문화적 발전을 실현하고 국민저축을 증가시키며 공공복리에 필요한 중점적인 투자를 지도하고 이러한 목적을 위하여 계획을 발전시키는 의무를 진다」라고 규정하고 있다.

이 밖에도 Portugal, Spain 등 여러 나라들이 국가의 목적을 사회정의에 입각하도록 규정하고 있다.

3. 우리 憲法上의 社會福祉主義

(1) 우리 헌법상의 사회복지주의 규정의 변천 제헌헌법은 「대한민국은 정치·경제·사회·문화의 모든 영역에 있어서 각인의 자유·평등과 창의를 존중하고 보장하며, 공공복리의 향상을 위하여 이를 보호하고 조정하는 의무를 진다」(제5조)고 하고, 「대한민국의 경제질서는 모든 국민에게 생활의 기본적 수요를 충족할 수 있게 하는 사회정의의 실현과 균형 있는 국민경제의 발전을 기함을 기본으로 삼는다. 각인의 경제상 자유는 이 한계 내에서 보장된다」고 하였다(제84조). 또 「노령·질병 기타 근로능력의 상실로 인하여 생활유지의 능력이 없는 자는 법률의 정하는 바에 의하여 국가의 보호를 받는다」(제19조)고 규정하고 있었으며, 그 밖에도 생존권적 기본권에 관하여 규정하고 있다.

제 3 공화국헌법은 「국가는 모든 국민에게 생활의 기본적 수요를 충족시키는 사회정의의 실현과 균형 있는 국민경제의 발전을 위하여 필요한 범위 안에서 경제에 관한 규제와 조정을 한다」(제111조 2항)고 하고, 「① 모든 국민은 인간다운 생활을 할 권리를 가진다. ② 국가는 사회보장의 증진에 노력하여야 한다. ③ 생활능력이 없는 국민은 법률이 정하는 바에 의하여 국가의 보호를 받는다」고 규정하고 있었으며, 이 밖에도 여러 가지 생존권적 기본권을 규정하고 있었다. 제 4 공화국헌법은 대체로 제 3 공화국헌법과 같은 규정을 두고 있었고 제 5 공화국헌법은 기존의 생존권적 기본권을 규정한 외에 새로이 환경권, 국가의 평생교육진흥의무 등의 문화적 생존권, 국가의 적정임금보장의무, 인간의 존엄성을 보장하는 근로조건기준의 법정, 군경유가족의 우선취업권, 혼인과 가족생활에서의 양성평등 등을 규정하였다. 헌법재판소도 사회국가원리를 인정하고 있다.

(2) 제 6 공화국헌법의 사회복지주의

1) 입 법 제 6 공화국헌법은 사회복지국가의 건설을 목표로 사회정의구현에 관하여 규정하고 있다.[1] 이에는 모든 국민의 인간의 존엄과 가치·행복추구권을 규정한

1) 사회국가의 선언: 「우리 헌법은 사회국가원리를 명문으로 규정하고 있지는 않지만 헌법의 전문, 사회적 기본권의 보장(헌법 제31조 내지 제36조), 경제영역에서 적극적으로 계획하고 유도하고 재분배하여야 할 국가의 의무를 규정하는 경제에 관한 조항(헌법 제119조 2항 이하) 등과 같이 사회국가원리의 구체화된

헌법 제10조와 제31조부터 제36조에 걸쳐 규정되고 있는 생존권규정을 들 수 있다. 이 밖에도 재산권의 사회적 구속성을 규정한 헌법 제23조 2항 등을 들 수 있다. 특히 헌법 제34조는「① 모든 국민은 인간다운 생활을 할 권리를 가진다. ② 국가는 사회보장·사회복지의 증진에 노력할 의무를 진다. ③ 국가는 여자의 복지와 권익의 향상을 위하여 노력하여야 한다. ④ 국가는 노인과 청소년의 복지향상을 위한 정책을 실시할 의무를 진다. ⑤ 신체장애자 및 질병·노령 기타의 사유로 생활능력이 없는 국민은 법률이 정하는 바에 의하여 국가의 보호를 받는다. ⑥ 국가는 재해를 예방하고 그 위험으로부터 국민을 보호하기 위하여 노력하여야 한다」라고 규정하여 사회보호작용을 위한 국가의 의무를 선언하고 있다.[1] [2]

헌법은 그 외에도 근로권(제32조), 근로자의 단결권·단체교섭권·단체행동권(제33조 1항), 혼인·가족·보건에 관한 권리(제36조), 건강하고 쾌적한 환경에서 살 권리(제35조), 최저임금제 실시(제32조 1항), 주택개발정책의 실시(제35조 3항), 모성보호노력의무(제36조 2항)를 추가하여 사회보호작용에 관한 구체적인 국가의 의무를 명시하고 있으며, 이 밖에도 환경권·소비자보호청구권·문화적 생존권보장에 관한 규정이 있다. 사회보호작용에 관한 법률로서는 사회보장기본법, 국민기초생활보장법, 직업안정법, 근로기준법, 재난및안전관리기본법, 산업재해보상보험법, 아동복지법 등이 있다.

2) 학 설 사회국가의 내용에 대해서는 학설이 대립되고 있다. 계희열 교수는 사회국가의 내용을 ① 생존할 만한 여건의 조성의무, ② 사회적 안전, ③ 사회적 평등, ④ 사회적 자유를 들고 있다.[3] 또한 우리 헌법에 구현된 사회국가의 원리로서는 ① 사회적 기본권과 ② 사회적 시정경제질서의 채택을 들고 있다.[4]

허영 교수는 이를 정의사회의 실현원리로서 ① 사회적 기본권의 보장, ② 사회국가원리, ③ 수정자본주의원리를 들고 있다.[5]

3) 판 례 헌재는「사회국가란 한마디로 사회정의의 이념을 헌법에 수용한 국가, 사회현상에 대하여 방관적인 국가가 아니라 경제·사회·문화의 모든 영역에서 정의로운 사회질서의 형성을 위하여 사회현상에 관여하고 간섭하고 분배하고 조정하는 국가이며 궁극적으로는 국민 각자가 실제로 자유를 행사할 수 있는 그 실질적 조건을 마련해 줄 의무가 있는

여러 표현을 통하여 사회국가원리를 수용하였다」(헌재 2002.12.18 선고, 2002 헌마 52, 헌재판례집 제14권 2집, 904면 이하(909면)).

1) 우리 헌법 제34조 제1항·2항은 모든 국민은 인간다운 생활을 할 권리를 가지며 국가는 사회보장·사회복지의 증진에 노력할 의무를 진다고 규정하고 여러 가지 "사회적 기본권"을 폭 넓게 규정함으로써 모든 국민에게 생활의 기본적 수요를 충족시켜 건강하고 문화적인 생활을 보장하는 것이 국가의 책무라고 하는 사회국가원리를 헌법적으로 수용하고 있다(헌재 2001.4.26 선고, 2000 헌마 390, 헌재판례집 제13권 1집, 977면 이하(983면)).

2) 사회국가 원리가 국가권력을 구속할 것인가 아닐 것인가에 대해서도 학설이 대립되고 있으나 모든 국가권력을 구속하는 국가목표규범으로 보아야 한다.

3) 계희열, 헌법, 332면 이하.

4) 계희열, 전게서, 339면 이하.

5) 허영, 전게서, 149면 이하.

국가이다」고[1] 하면서 「우리 헌법은 자유시장경제질서를 기본으로 하면서 사회국가원리를 수용하여 실질적인 자유와 평등을 아울러 달성하려는 것을 근본이념으로 하고 있는 것이다」고 하고 있다.[2] [3] [4] [5]

4) 私 見 헌법의 사회복지주의는 국가의 목표규정으로서 모든 국가권력을 구속하는 것이다. 그러나 계획경제나 행정권 비대에 따르는 시민적 자유의 침해를 최소화하면서 모든 국민의 복지의 최대화를 기해야 한다. 사회복지주의는 ① 사회적 약자에 대한 사회적 급부,[6] ② 자유주의적 사회국가, ③ 사회적 기회균등주의, ④ 정당한 사회질서, ⑤ 자연인으로의 주체의 한정 등을 들 수 있다.

Ⅱ. 社會的 市場經濟主義

1. 自由經濟에서 社會的 市場經濟로

(1) 자유방임 경제질서 18·19세기의 헌법은 경제조항을 따로 두지 아니하고, 다만 자유권의 하나로서 재산권을 보장하였을 뿐이었다. 이 시대에 팽배하였던 개인주의·자유주의는 그 사회적 발현으로서 정치적 영역에 있어서의 자유와 아울러 경제적 영역에 있어서의 자유도 주장하였다. 따라서 모든 경제적 활동은 개인에게 방임되었으며 국가가 개

1) 헌재 2002.12.18 선고, 2002 헌마 52, 헌재판례집 제14권 2집, 904면 이하(909면).

2) 헌재 1998.5.28 선고, 96 헌가 4 등(병합), 헌재판례집 제10권 1집, 522면 이하(533~534면); 헌재 2002.7.18 선고, 2001 헌마 605, 헌재판례집 제14권 2집, 84면 이하; 헌재 2003.2.27 선고, 2002 헌바 4, 헌재판례집 제15권 1집, 205면 이하(216면).

3) 「헌법 제119조는 제1항에서 대한민국의 경제질서는 개인과 기업의 경제상의 자유와 창의를 존중함을 근본으로 한다고 규정하여 사유재산제도, 사적자치의 원칙, 과실책임의 원칙을 기초로 하는 자유시장경제질서를 기본으로 하고 있음을 선언하면서, 한편 그 제2항에서 국가는 … 경제주체간의 조화를 통한 경제의 민주화를 위하여 경제에 관한 규제와 조정을 할 수 있다고 규정하고, 헌법 제34조는 모든 국민은 인간다운 생활을 할 권리를 가진다(제1항). 신체장애자 및 질병·노령 기타의 사유로 생활능력이 없는 국민은 법률이 정하는 바에 의하여 국가의 보호를 받는다(제5항)고 규정하여 사회국가원리를 수용하고 있다. 결국 우리 헌법은 자유시장경제질서를 기본으로 하면서 사회국가원리를 수용하여 실질적인 자유와 평등을 아울러 달성하려는 것을 근본이념으로 하고 있는 것이다」(헌재 1998.5.28 선고, 96 헌가 4, 헌재판례집 제10권 1집, 522면 이하(533~534면); 헌재 1998.8.27 선고, 96 헌가 22 등(병합), 헌재판례집 제10권 2집, 339면 이하(355면); 헌재 2002.7.18 선고, 2001 헌마 605, 헌재판례집 제14권 2집, 84면 이하(104면); 헌재 2002.11.28 선고, 2001 헌바 50, 헌재판례집 제14권 2집, 668면 이하(677면)).

4) 헌법은 헌법 제119조, 헌법 제34조에서 사회국가원리를 수용하고 있다. 결국 우리 헌법은 자유시장경제질서를 기본으로 하면서 사회국가원리를 수용하여 실질적인 자유와 평등을 아울러 달성하려는 것을 근본이념으로 하고 있는 것이다(헌재 1998.5.28 선고, 96 헌가 4, 헌재판례집 제10권 1집, 522면 이하(533~534면)).

5) 자동차 손해배상보장법 제3조 단서의 위험책임의 원리는 사회국가 원리상 인정된다고 한다. 「자유시장경제질서를 기본으로 하면서도 사회국가원리를 수용하고 있는 우리 헌법의 이념에 비추어 일반적 불법행위에 관하여는 과실책임의 원리를 기본원칙으로 하면서 이 사건 법률조항과 같은 특수한 불법책임에 관하여 위험책임의 원칙을 수용하는 것은 입법정책에 관한 사항으로서 입법자의 재량에 속한다고 할 것이다(헌재 2003.2.27 선고, 2002 헌바 4, 헌재판례집 제15권 1집, 205면 이하).

6) 「사회보험법은 헌법상의 사회국가원리로부터 요구되는 국가의 의무를 이행하기 위한 사회보장제도에 관한 법률이다」(헌재 2005.7.21 선고, 2004 헌바 2, 헌재판례집 제17권 2집, 44면 이하(56면)).

인의 경제적 활동에 간섭하는 것은 원칙적으로 금지되었다.[1] 그러므로 이 시대의 헌법이 자유권으로서의 재산권은 보장하면서 생존권적인 기본권은 보장하지 아니하고 경제조항을 두지 않은 것은 당연한 일이었다. 이러한 사회환경을 기반으로 자본주의는 급격히 발달하여 봉건사회의 경제체제가 가지고 있던 중세적인 침체성을 타파하고 생산력의 비약적인 증가와 부의 경이적인 증대를 가져와 미증유의 경제적 번영을 이룩하였을 뿐만 아니라 인류문화의 향상을 위한 물질적 기반을 제공하였다.

(2) **자본주의의 모순과 결함** 그러나 자본주의는 그 극단적인 개인주의·자유방임주의와 선진자본주의국가 간의 경쟁으로 인하여 20세기에 들어서자 여러 가지 폐단을 가져왔다.

첫째, 사회적으로는 자본가와 노동자, 유산계급과 무산계급 간의 심각한 계급대립을 초래하여 극도의 사회적 불안상태를 조성하였다.

둘째, 경제적으로는 자본주의의 발달에 따라 공황·실업·독점·빈부격차 등의 악현상을 초래하였다.

셋째, 국제적으로는 시장의 쟁탈을 위한 제국주의전쟁이 불가피하게 되어 세계평화를 위협하게 되었으며, 제 1 차세계대전은 그 좋은 예이다.

(3) **자본주의의 수정방향** 이리하여 대내적으로는 자본주의가 초래한 사회적·경제적 제모순을 극복하고 경제적 약자인 무산계층의 인간다운 생활을 보장하며, 대외적으로는 국제사회의 평화를 유지하기 위하여 국가는 적극적으로 자본주의의 결함을 시정하기 위해 노력하지 않을 수 없게 되었다. 따라서 경제적 영역에 있어서 종래와 같은 자유방임주의를 포기하고 국가가 적극적으로 모든 부문에 통제·간섭을 가하게 되었는바, 이러한 경향은 두 가지 방향으로 나타났다.

그 하나는 공산주의로서 자본주의를 전적으로 부인하고 일체의 생산수단을 국유화하여 무산계급의 독재를 실현코자 하는 것이나, 이는 인간의 자유와 권리를 존중하는 민주주의국가에서는 채택될 수 없었다. 다른 하나는 수정자본주의로서 이는 자본주의를 수정하여 국가가 개인의 경제적 영역을 통제·간섭함으로써 모든 국민의 인간다운 생활을 보장하려는 것이다. 이러한 경향을 성문헌법에 최초로 규정한 것이 Weimar헌법이다.

---

1) 경제제도에 관해서는 Jarass, Wirtschaftsverwaltungsrecht, 3. Aufl., 1997; Neuner, Privatrecht und Sozialstaat, 1999; Jarass, Kommunale Wirtschaftsunternehmen und Verfassungsrecht, DöV 2002; Huber, Wirtschaftverwaltungsrecht; Nörr, Über das Konzept der Wirtschaftverfassung(이준섭 역, 경제헌법의 관념에 대하여-독일역사상의 한 장), 법학논집(고려대) 32, 1996, 139면~182면; 김철수, 헌법질서론; 이진순·정순훈, 시장경제질서와 헌법, 자유기업센터, 1999; 자유기업센터 편, 경제헌법개정을, 1999; 정순훈, 경제적 자유보장을 위한 헌법개정방향, 인권과 정의 297, 2001. 5, 88~107면; 정순훈, 신자유주의와 우리 헌법상의 경제조항, 공법연구 27. 2, 1999, 13~32면; 김형성, 독일과 한국에 있어서의 사회적 시장경제, 법철학연구 3. 1, 2000, 189~210면.

2. 社會的 市場經濟秩序

(1) Weimar헌법의 경제질서 헌법에서 경제질서에 관하여 규정하기 시작한 것은 자본주의의 폐단이 나타나기 시작한 제 1 차 세계대전 이후였다. 1917년의 소련혁명 이후 헌법에 계획경제질서를 규정하게 되었는데, 이에 대하여 자본주의를 유지하면서 국민에게 기본적 수요를 충족시키기 위한 수정자본주의를 규정한 것이 Weimar 헌법이었다. Weimar 헌법은 제 2 편 제 5 장의 「경제생활」에서 공공복리를 위하여는 경제적 자유를 제한할 수 있다는 원칙과 종래의 자유권적 기본권 외에 경제적 약자의 인간다운 생활을 보장하기 위한 생존권적 기본권을 선언하는 「경제조항」을 두었다. 이는 그 후 각국헌법의 모범이 되었으며, 경제조항을 두는 것은 20세기 헌법의 특징이 되었다.

Weimar 헌법의 경제질서는 제 2 편(기본권)의 제 5 장 「경제생활」에서 비교적 상세히 규정되고 있는데, 그 내용은 다음과 같다.

1) 혼합경제제도 Weimar 헌법의 경제헌법규정은 타협에 의하여 이루어진 것으로 절충적인 경제질서를 채택하고 있었다. 이것은 무엇보다도 전통적인 자유경제적 체제를 유지하면서 사회적이고 국가적인 경제정책을 수행하려는 것이었다. 그러나 이러한 체제는 현실적으로 많은 모순을 초래하였고, 따라서 통일적인 경제질서를 형성하지는 못하였다.

2) 자유경제적 측면 Weimar 헌법은 한편으로는 개인의 경제적 자유권, 상공업의 자유, 소유권의 자유, 계약의 자유, 정신적 노동의 보장 및 발명가와 저작자의 권리를 보장하고 또 중산계급의 보존을 규정하고 있었다(Weimar헌법 제151조 2 항·3 항, 제152조, 제153조, 제158조).

3) 사회적 유보 그러나 이러한 자유경제의 보장은 사회적 유보와 법률의 유보에 의하여 상대화되었다. 경제생활의 질서는 모든 사람에게 인간다운 생활을 보장하게 하는 것을 목적으로 하는 정의의 원칙에 적합하여야 한다(동 헌법 제151조 1 항). 뿐만 아니라 「공공복리의 보다 큰 요청을 보호하기 위하여 국가가 강제적으로 개입할 수 있었으며」, 그 외에도 소유권은 의무를 지며, 소유권행사는 동시에 공공복리에 적합하여야」만 했다(동 헌법 제53조 3 항).

4) 사회화 규정 그 외에도 토지개혁이나 사기업의 사회화, 공공경제의 원칙 및 노동자의 단결권을 인정하고 노동조합의 권리를 보장함으로써 사회적인 국가경제·공공경제에의 길을 열어 놓았다(동 헌법 제155조, 제156조).

5) 국가경제평의회 그 외에도 국가경제평의회(Reichswirtschaftsrat)는 모든 중요한 직업집단의 그 경제적·사회적 지위에 상응하는 대표로써 구성되어 사회정책과 경제정책에 관한 법률안으로서 기본적 결정을 내리는 경우에는 의견을 제출할 수 있었으며, 또 이러한 법률안을 스스로 건의할 권한을 가지고 있었다.

(2) 사회적 시장경제의 의의와 내용 사회적 시장경제(soziale Marktwirtschaft, sozialverpflichtete Marktwirtschaft)는 경제재의 생산과 분배가 원칙적으로 자유경쟁원칙 아래서 행하여지되, 사회적 정의를 실현하고 건강한 사회질서와 사회적 약자의 보호를 위한 한도에서는 경제에 대한 국가의 통제가 정당한 권리일 뿐 아니라 국가의 의무로 되어 있는 경제헌법체제이다.[1] 사회적 시장경제에 있어서 시장경제적 자유의 원칙과 사회적 정의

---

1) 사회적 시장경제의 요소로서 Nipperdey는 다음의 것을 들고 있다.

i) 시장경제원칙, 자유경쟁의 원칙과 경제의 자율성, ii) 국가의 경제개입에 대한 한계설정, iii) 경제적 자유권에 대한 한계설정과 국가와 경제개입에의 의무규정, iv) 가격통제허용과 사회정책수행(Nipperdey,

의 요청은 완전히 결부되어 있으며, 이는 결코 통제경제적 의미에서의 사회적 간섭(soziale Intervention)은 아닌 것이다.

사회적 시장경제헌법은 자유와 평등, 직업의 자유, 계약의 자유, 집회의 자유, 소유권의 자유, 기업의 자유, 자유경쟁과 자유노동계약에 근거하고 있으면서 사회적 악습과 불공평 및 사회적 부정의와 긴급상태, 사회적 위기와 분규를 예방하고 배제하기 위하여 필요한 경우에는 그러한 자유영역에 대한 국가의 개입이 허용될 뿐만 아니라 오히려 요구되는 것이다. 따라서 정책적으로 본다면 사회정책이 경제정책에 우선하는 것이라고 말할 수 있다. Eucken은 사회정책이야말로 경제제도정책이라고 말하고, 사회정책(인간노동의 생산력 증강을 위한 노동시장제도·사회제도·가족제도·경제제도의 합리화) 등의 테두리 안에서 경제정책(통화정책의 우월, 계약자유원칙의 제한, 책임원칙의 수정, 시장의 개방)을 행하여야 한다고 역설하고 있다.[1)]

3. 우리 憲法上의 社會的 市場經濟主義

(1) 우리 헌법의 경제조항 우리 헌법도 이와 같은 취지에 따른 전문에서 「…정치·경제·사회·문화의 모든 영역에 있어서 각인의 기회를 균등히 하고, 능력을 최고도로 발휘하게 하며, 자유와 권리에 따르는 책임과 의무를 완수하게 하여 안으로는 국민생활의 균등한 향상을 기한다」고 선언하여, 경제에 있어서 각인의 기회를 균등히 한다는 것과 균등한 국민생활의 향상을 기한다는 두 가지 원칙을 선언하고 있다. 또한 헌법 제10조에서는 「모든 국민은 인간으로서의 존엄과 가치를 가지며, 행복을 추구할 권리를 가진다」는 것을 선언하고, 제34조에서는 「모든 국민은 인간다운 생활을 할 권리를 가진다」라고 규정하고 있다. 특히 현대헌법의 경향을 반영하여 「제 9 장 경제」를 두어 경제질서의 기본원칙과 그 구체적인 내용을 규정하고 있다. 그러나 이것은 독일 자유주의자가 말하는 사회적 시장경제와 완전히 일치하는 것은 아니다. 제헌헌법의 경제조항은 통제주의적이라고 하여 비판되었다.[2)]

제 6 공화국헌법은 그 동안 규정해 왔던 사회정의의 실현조항을 변경하고, 경제의 민주화 등을 규정하고 있다.[3)] [4)]

Grundrechte Ⅳ/2, S.86~91).

1) Eucken, Wirtschaftspolitik 참조.

2) 상세한 것은 김철수, 현대헌법론, 913면 이하; 김철수, 제헌헌법의 경제조항의 해석-미국 변호사의 견해, 법과 경제(하) 1996, 17~34면 참조.

3) 헌재판례: 우리나라 헌법상의 경제질서는 사유재산제를 바탕으로 하고 자유경쟁을 존중하는 자유경쟁질서를 기본으로 하면서도 이에 수반되는 갖가지 모순을 제거하고 사회복지·사회정의를 실현하기 위하여 국가적 규제와 조정을 용인하는 사회적 시장경제의 성격을 띠고 있다(헌재 1996.4.25 선고, 92 헌바 47, 헌재판례집 제 8 권 1집, 370면 이하(380면)).

4) 우리 헌법의 경제조항은 국가의 경제질서를 규정하는 목표규정이라고 할 수 있으며 모든 국가권력을 구속한다. 그러나 이 원리에서 기본권을 도출할 수는 없다. 헌법 제119조 1항에서는 그 구체적 기본권을

(2) 우리나라 경제헌법의 기본원리

1) 사회적 시장경제

(a) 기본원칙 우리나라의 경제헌법은 경제적 평등과 경제적 자유가 어떤 조화점을 발견할 것인가에 따라 많은 변천이 있었다. 제헌헌법은 사회적 정의의 요청이 국민의 경제적 자유에 우선한 경향이 있었으나, 현행헌법에서는 경제적 자유가 사회적 정의의 요청에 우선하는 것으로 보여질지도 모른다. 그러나 본질적으로는 사회적 시장경제의 원칙을 선언하고 있다고 보아야 할 것이며,[1] 따라서 국가는 경제의 민주화를 위하여 경제에 관한 규제와 조정을 할 수 있다(제119조 2항).[2]

우리나라 경제질서의 근본원칙은 憲法前文과 헌법 제10조 및 제34조, 제119조, 제23조에 명시되어 있다. 헌법전문, 헌법 제10조, 제34조, 제119조 2항에서는 「모든 국민이 인간다운 생활을 할 수 있는 경제질서」, 「균형 있는 국민경제의 성장과 안정, 적정한 소득의 분배, 시장지배와 경제력남용의 방지 및 경제의 민주화」를 다짐하고 있다. 이 점에 있어서 일응 우리나라 헌법의 원리가 사회정의주의에 입각한다고까지 말할 수 있겠다.

(b) 판 례 헌재도 우리의 경제질서는 자유시장경제질서를 기본으로 하면서 사회국가원리를 수용하고 있다고 한다. 그리하여 실질적인 자유와 평등을 아울러 달성하려는 것을 근본이념으로 하고 있다고 한다.[3] 헌재는 「헌법 제119조는 경제영역에서의 국가목표를 명시

도입할 수 없다는 것이 헌재의 결정이다(헌재 2002.10.31 선고, 99 헌바 76, 2000 헌마 505(병합), 헌재판례집 제14권 2집, 410면 이하).

1) 헌재 1998.5.28 선고, 96 헌가 4 등, 헌재판례집 제10권 1집, 522면 이하(533~534면). 유사판례: 헌재 1998.8.27 선고, 96 헌가 22 등(병합), 헌재판례집 제10권 2집, 339면 이하(355면).

2) 우리나라의 경제질서에 관해서는 김문현, 헌법상 경제질서의 성격, 고시연구 27.2, 2000.2, 101~113면; 지석재, 한국헌법의 사회적 시장경제질서-사회적 시장경제의 기능과 헌법 제119조를 중심으로, 서울대 석사학위논문, 1999.2; 이희동, 우리헌법상 경제질서, 연세대 석사학위논문, 2001.2; 김현식, 한국헌법에서의 경제질서-헌법재판소의 결정을 중심으로, 한림대 석사학위논문, 1999.2; Lee, Kwang Youn, Interventionisme et liberalisme du point de vie miracle economique de la Coree de Sud, 성균관법학 12, 2000, 201~234면; Young-Hoa Jung, The evolution of economic constitutional law in Korean Constitution from 1948 to 1998, 세계헌법연구 3, 1998, 35~394면; West, Kukje and Beyond: Constitutionalism and Market, 세계헌법연구 3, 1998, 321~352면; 이기선, 한국헌법에 있어서 사회국가이념에 관한 연구, 사회적 시장경제질서에 관한 우리 헌법재판소의 판례를 중심으로, 서울대 석사학위논문, 1996.8; 최갑선, 경제관계헌법규정들에 대한 고찰, 헌법논집 9, 1998, 727~764면 등 참조.

3) 헌법재판소는 사회적 시장경제원리를 잘 설명하고 있다.

「우리 헌법 제119조는 제 1 항에서 대한민국의 경제질서는 개인과 기업의 경제상의 자유와 창의를 존중함을 기본으로 한다고 규정하여 사유재산제도, 사적 자치의 원칙, 과실책임의 원칙을 기초로 하는 자유시장 경제질서를 기본으로 하고 있음을 선언하면서, 한편 그 제 2 항에서 국가는 균형 있는 국민경제의 성장 및 안정과 적정한 소득의 분배를 유지하고, 시장의 지배와 경제력의 남용을 방지하며, 경제주체간의 조화를 통한 경제의 민주화를 위하여 경제에 관한 규제와 조정을 할 수 있다고 규정하고, 또한 헌법 제34조 제 1 항은 모든 국민은 인간다운 생활을 할 권리를 가진다. 제 5 항은 신체장애자 및 질병·노령 기타의 사유로 생활능력이 없는 국민은 법률이 정하는 바에 의하여 국가의 보호를 받는다고 규정하여 사회국가원리를 수용하고 있어, 결국 우리 헌법은 자유시장 경제질서를 기본으로 하면서 사회국가원리를 수용하여 실질적인 자유와 평등을 아울러 달성하려는 것을 근본이념으로 하고 있다(헌재 1998.5.28 선고, 96 헌가 4 등, 헌재판례집 제10권 1집, 522면 이하(533~534면); 헌재 2001.6.28 선고, 2001 헌마 132, 헌재판례집 제13권 1집, 1441면 이하(1456면); 헌재 2002.7.18 선고, 2001 헌마 605, 헌재판례집 제14권 2집, 84면 이하(104면); 헌재 2002.11.28 선고, 2001 헌바 50, 헌재판례집 제14권 2집, 668면 이하(677면).

적으로 언급함으로써 국가가 경제정책을 통하여 달성하여야 할 '공익'을 구체화하고, 동시에 헌법 제37조 2항의 기본권제한을 위한 법률유보에서의 '공공복리'를 구체화하고 있다.[1] 따라서 헌법 제119조 제2항에 규정된 '경제주체간의 조화를 통한 경제민주화'의 이념도 경제영역에서 정의로운 사회질서를 형성하기 위하여 추구할 수 있는 국가목표로서 개인의 기본권을 제한하는 국가행위를 정당화하는 헌법규범이다」고 한다.[2]

2) 경제적 자유와 통제

(a) 기본원칙(개인과 기업의 자유) 헌법 제23조에서 사소유권을 보장하고, 법률이 정한 정당한 보상이 없으면 법률로써도 공공필요에 의한 재산권의 수용·사용 또는 제한을 할 수 없게 하고 있다는 점과, 헌법 제119조 1항이 「대한민국의 경제질서는 개인과 기업의 경제상의 자유와 창의를 존중함을 기본으로」 하고 있다는 점에서 자본주의를 그 근간으로 하고 있다.[3] 따라서 개인과 기업의 경제상의 자유가 우선이다.[4][5]

그러나 우리 헌법은 자본주의경제를 근간으로 하되, 국민의 인간다운 생활의 확보를 위하여 또 균형 있는 국민경제의 발전과 적정한 소득의 분배 및 경제의 민주화를 위하여 「경제에 관한 규제와 조정」을 할 수 있다는 점에서 수정자본주의를 그 원칙으로 하고 있다. 따라서 우리 헌법은 어떤 순수한 경제질서에 관한 근본결단을 내리고 있다고 보기보다 오히려 두 상반된 경제적 이데올로기와 경제적 이익간의 조화로서의 헌법적 양해에 근

이러한 우리 헌법의 경제질서 원칙에 비추어 보면, 사회보험방식에 의하여 재원을 조성하여 반대급부로 노후생활을 보장하는 강제저축 프로그램으로서의 국민연금제도는 상호부조의 원리에 입각한 사회연대성에 기초하여 고소득계층에서 저소득층으로, 근로 세대에서 노년 세대로, 현재 세대에서 미래 세대로 국민 간의 소득재분배 기능을 함으로써 오히려 위 사회적 시장경제질서에 부합하는 제도라 할 것이므로 국민연금제도가 헌법상의 시장경제질서에 위배된다는 위 주장은 이유없다 할 것이다」(헌재 2001.2.22 선고, 99 헌마 365, 헌재판례집 제13권 1집, 301면 이하).

1) 헌재 1996.12.26 선고, 96 헌가 18, 헌재판례집 제8권 2집, 680면 이하(692~693면).

2) 헌재 2003.11.27 선고, 2001 헌바 35, 증권거래법 제191조의7 제3항 등 위헌소원, 헌재판례집 제15권 2집(하), 222면 이하(238면); 헌재 2004.10.28 선고, 99 헌바 91, 금융산업의구조개선에관한법률, 헌재판례집 제16권 2집(하), 104면 이하.

「헌법 제119조 제2항에 규정된 '경제주체 간의 조화를 통한 경제민주화'의 이념은 경제영역에서 정의로운 사회질서를 형성하기 위하여 추구할 수 있는 국가목표로서 개인의 기본권을 제한하는 국가행위를 정당화하는 헌법규범이다」(헌재 1996.12.26 선고, 96 헌가 18, 헌재판례집 제8권 2집, 680면 이하(692~693면).

3) 「자유민주주의국가에서는 각 개인의 인격을 존중하고 그 자유와 창의를 최대한으로 존중해 주는 것을 그 이상으로 하고 있는 만큼 기본권주체의 활동은 일차적으로 그들의 자결권과 자율성에 입각하여 보장되어야 하고, 국가는 예외적으로 꼭 필요한 경우에 한하여 이를 보충하는 정도로만 개입할 수 있고, 이러한 헌법상의 보충의 원리가 국민의 경제생활영역에도 적용됨은 물론이므로 사적자치의 존중이 자유민주주의국가에서 극히 존중되어야 할 대원칙임은 부인할 수 없다」(헌재 1989.12.22 선고, 88 헌가 13, 헌재판례집 제1권 2집, 357면 이하(377면)).

4) 이덕연, 한국의 경제헌법상 기업의 자유, 공법연구 29.1, 2000, 161~180면; 신용락, 계약자유의 헌법적 한계, 재판자료 77, 1997, 761~806면.

5) 헌법 제119조 제1항은 우리 나라의 경제질서가 개인과 기업의 경제상의 자유, 사유재산제도 및 사적자치에 기초한 자유시장경제질서를 기본으로 하고 있음을 선언하고 있는바(헌재 1998.5.28. 96 헌가 4 등, 헌재판례집 10-1, 522, 533~534; 헌재 1998.8.27. 96 헌가 22 등, 헌재판례집 10-2, 339, 355), 계약의 자유는 개인의 경제상의 자유의 일종이기도 하다(헌재 1991.6.3 선고, 89 헌마 204, 헌재판례집 제3권, 268면 이하(275면); 헌재 2006.3.30 선고, 2005 헌마 349, 헌재판례집 제18권 1집(상), 435면).

거하고 있다고 보아야 할 것이다.

자본주의경제질서와 사회주의경제질서 간의 조화에도 여러 가지 길이 마련되어 있거니와, 자본주의경제는 시장경제를 그 근간으로 하고 있으며, 사회주의경제는 계획경제를 그 근간으로 하고 있는데, 위에서 밝힌 대로 우리 헌법은 자본주의적 시장경제를 기본으로 하면서 복지와 사회정의원리를 도입한 수정자본주의의 사회적 시장경제질서에 입각하고 있다고 하겠다.[1) 2)]

(b) 판 례　헌재는「우리 헌법은 사유재산제도와 경제활동에 관한 사적 자치의 원칙을 기초로 하는 자본주의 시장경제질서를 기본으로 하고 있음을 선언하고 있다」[3)]고 하여 자본주의시장경제를 기본으로 하고 있음을 인정하고 있다.[4)] 헌재는 그 근거를 헌법 제10조와 제119조 1항에서 찾고 있다. 특히 계약의 자유는 헌법 제10조의 행복추구권에 함축된 일반적 행동자유권으로부터 파생되는 것이나 헌법 제119조 1항의 경제상의 자유의 일종이기도 하다고 한다.[5)] 나아가 기업의 자유와 자율도 여기서 근거한다고 한다.[6)]

헌재는「우리 헌법에 자유시장 경제질서를 기본으로 하면서 사회국가원리를 수용하여 실질적인 자유와 평등을 아울러 달성하려는 것을 근본이념으로 하고 있음을 밝히고 있다.」[7)]

헌법이 보호하는 경제상의 자유란 어떠한 경우에도 제한을 받지 않는 자유방임을 의미하는 것이 아니다. 어떤 분야의 경제활동을 사인간의 사적 자치에 완전히 맡길 경우 심각한 사회

1)「헌법 제119조 제 1 항은 대한민국의 경제질서는 개인과 기업의 경제상의 자유와 창의를 존중함을 기본으로 한다고 하여 시장경제의 원리에 입각한 경제체제임을 천명」하고 있다(헌재 1993. 7. 29 선고, 89 헌마 31, 헌재판례집 제 5 권 2집, 87면 이하(115면)).

2) 헌법 제119조는 제 1 항에서 '대한민국의 경제질서는 개인과 기업의 경제상의 자유와 창의를 존중함을 기본으로 한다'고 규정하여 사유재산제도, 사적 자치의 원칙, 과실책임의 원칙을 기초로 하는 자유시장 경제질서를 기본으로 하고 있음을 선언하면서, 한편 그 제 2 항에서 '국가는 … 시장의 지배와 경제력의 남용을 방지하기 위하여 … 경제에 관한 규제와 조정을 할 수 있다'고 규정하여 독과점규제와 공정거래유지를 위한 입법의 헌법적 근거를 제공하고 있다. 결국 우리 헌법은 자유시장 경제질서를 기본으로 하면서 사회국가원리를 수용하여 실질적인 자유와 평등을 아울러 달성하려는 것을 근본이념으로 하고 있는 것이다(헌재 1998. 5. 28. 96 헌가 4 등, 헌재판례집 10-1, 522, 533~534)(헌재 2002. 7. 18 선고, 2001 헌마 605, 헌재판례집 제14권 2집, 84면 이하(104면)).

3) 헌재 1989. 12. 22 선고, 88 헌가 13, 헌재판례집 제 1 권, 357면 이하.

4)「우리 헌법이 사유재산제도와 경제활동에 관한 사적 자치의 원칙을 기초로 하는 자본주의 시장경제질서를 기본으로 하고 있음을 선언하고 있는 것이다. 이는 국민 개개인에게 자유스러운 경제활동을 통하여 생활의 기본적 수요를 스스로 충족시킬 수 있도록 하고 사유재산의 자유로운 이용·수익과 그 처분 및 상속을 보장해 주는 것이 인간의 자유와 창의를 보장하는 지름길이고 궁극에는 인간의 존엄과 가치를 증대시키는 최선의 방법이라는 이상을 배경으로 하고 있는 것이다」(헌재 1997. 8. 21 선고, 94 헌바 19 등 병합, 헌재판례집 제 9 권 2집, 243면 이하(257~258면), 같은 취지: 헌재 1989. 12. 22 선고, 88 헌가 13, 헌재판례집 제 1 권, 357면 이하(367~368면); 헌재 1993. 7. 29 선고, 92 헌바 20, 헌재판례집 제 5 권 2집, 36면 이하(44면); 헌재 1997. 6. 26 선고, 93 헌바 49 등 병합, 헌재판례집 제 9 권 1집, 607면 이하(622면); 헌재 1997. 11. 27 선고, 95 헌바 38, 헌재판례집 제 9 권 2집, 591면 이하(600면)).

5) 헌재 1991. 6. 3 선고, 89 헌마 204(화재로인한재해보상및보험가입에관한법률 제 5 조에 대한 헌법소원결정(전게판례)), 헌재판례집 제 3 권, 268면 이하.

6) 헌재는 기업의 자율·자유의 헌법적 근거로 헌법 제119조 1항을 들고 법적 근거 없는(무권한의) 공권력 행사에 의한 기업해체 지시의 위헌성을 확인하고 있다(헌재 1993. 7. 29 선고, 89 헌마 31, 헌재판례집 제 5 권 2집, 87면 이하).

7) 헌재 1998. 5. 28 선고, 96 헌가 4 등 병합, 헌재판례집 제10권 1집, 522면 이하(533~534면); 헌재 2002. 7. 18 선고, 2001 헌마 605, 헌재판례집 제14권 2집, 84면 이하; 헌재 2003. 2. 27 선고, 2002 헌바 4, 헌재판례집 제15권 1집, 205면 이하(216면).

적 폐해가 예상되는데도 국가가 아무런 관여를 하지 않는다면 오히려 공정한 경제질서가 깨어지고 경제주체간의 부조화가 일어나게 되어 헌법상의 경제질서에 반하는 결과가 초래될 것이다고 하고 있다.[1)]

(c) 예외(경제의 민주화를 위한 경제에 대한 규제와 조정) 이에 따라 헌법 제119조는 자본주의경제를 우리 헌법의 경제기반으로 하고, 「국가는 균형 있는 국민경제의 성장 및 안정과 적정한 소득의 분배를 유지하고, 시장의 지배와 경제력의 남용을 방지하며, 경제주체간의 조화를 통한 경제의 민주화를 위하여 경제에 관한 규제와 조정을 할 수 있다」라고 하여 국가적 개입과 경제촉진 등의 방법을 예정하고 있다.[2)] 이 때 경제에 관한 규제와 조정은 순수한 경쟁경제질서에 대해 국가적 통제를 하게 되는 것을 말하는데,[3)] 소득의 재분배를 최우선으로 해서는 안 된다.[4)] 우리 경제헌법이 사회적 시장경제의 이념하에 국가적 통제를 하고 있는 것은 독일이나 미국이 시장경제를 원칙으로 하되 국가에 의한 경제개입과 촉진을 행하고 있는 것과 마찬가지이다.[5)]

문제는 우리나라가 경제에 관한 규제와 조정의 면에서 계획경제를 도입할 수 있는가 하는 점이다. 경제의 민주화와 균형 있는 국민경제의 발전을 위하여는 자본주의의 틀 안에서의 경제계획은 가능하고 바람직한 일이라고 하겠다. 그러나 자본주의의 기본원리를 전혀 무시하는 전면적인 중앙관리경제는 우리 헌법상 인정될 수 없으며, 다만 부분적인 국영경제에 의하여 국가적 통제를 할 수는 있을 것이다.

---

1) 헌재 2003. 2. 27 선고, 2002 헌바 4, 헌재판례집 제15권 1집, 205면 이하(216면). 「유사수신행위의규제에관한법률 제3조 등은 경제주체간의 부조화를 방지하고 금융시장의 공정성을 확보하기 위하여 마련된 법률조항으로 그 정당성이 헌법 제119조 2항에 의하여 뒷받침될 수 있으며, 따라서 우리 경제질서에 반하는 것이라 할 수 없다」.

2) 우리 헌법의 경제질서는 사유재산제를 바탕으로 하고 자유경쟁을 존중하는 자유시장경제질서를 기본으로 하면서도 이에 수반되는 갖가지 모순을 제거하고 사회복지·사회정의를 실현하기 위하여 국가적 규제와 조정을 용인하는 사회적 시장경제질서로서의 성격을 띠고 있는데, 사회보험방식에 의하여 재원을 조성하여 반대급부로 노후생활을 보장하는 강제저축 프로그램으로서의 국민연금제도는 상호부조의 원리에 입각한 사회연대성에 기초하여 고소득계층에서 저소득층으로, 근로 세대에서 노년 세대로, 현재 세대에서 미래 세대로 국민간의 소득재분배 기능을 함으로써 오히려 위 사회적 시장경제질서에 부합하는 제도라 할 것이다(헌재 2001. 2. 22 선고, 99 헌마 365, 헌재판례집 제13권 1집, 301면 이하(315~316면)).

3) 경제통제법이란 경제질서를 행정적으로 조정하고 그 조화적 발전을 기하기 위한 법체계이며, 경제통제법에 의한 경제통제는 정치성·지도성·발전성·종합성·명령성·형성성·윤리성의 특성을 지니고 있다고 한다(윤세창, 전게서, 369, 371~372면).

4) 「헌법 제119조 2항은 국가가 경제영역에서 실현하여야 할 목표의 하나로서 '적정한 소득의 분배'를 들고 있지만 이로부터 반드시 소득에 대하여 누진세율에 따른 종합과세를 시행하여야 할 구체적인 헌법적 의무가 조세입법자에게 부과되는 것이라고 할 수 없다. 오히려 입법자는 사회·경제정책을 시행함에 있어서 소득의 재분배라는 관점만이 아니라 서로 경쟁하고 충돌하는 여러 목표, 예컨대 '균형 있는 국민경제의 성장 및 안정,' '고용의 안정' 등을 함께 고려하여 서로 우선순위를 정할 수도 있다. 그러므로 '적정한 소득의 분배'를 무조건적으로 실현할 것을 요구한다거나 정책적으로 항상 최우선적인 배려를 하도록 요구하는 것은 아니라 할 것이다」(헌재 1999. 11. 25 선고, 98 헌마 55, 헌재판례집 제11권 2집, 593면(610면) 이하).

5) 박우방, 사회적 시장경제질서에서의 국가간섭의 근거와 한계에 관한 연구, 배재대 석사학위논문, 2000. 2; 김병규, 경제규제의 탈규제화제도에 관한 연구, 단국대 박사학위논문, 2001. 2; 이석연, 기업활동에 대한 국가개입의 헌법적 근거와 한계, 판례연구(서울변호사회) 12, 1999, 60~70면.

(d) 판 례 헌법재판소는 이 경제적 자유도 절대적인 것은 아니라고 하면서 사회국가원리에 따른 제약을 인정하고 있다.[1)]

「헌법이 이미 많은 문제점과 모순을 노정한 자유방임적 시장경제를 지향하지 않고 아울러 전체주의국가의 계획통제경제도 지양하면서 국민 모두가 호혜공영하는 실질적인 사회정의가 보장되는 국가, 환언하면 자본주의적 생산양식이라든가 시장메커니즘의 자동조절기능이라는 골격은 유지하면서 근로대중의 최소한의 인간다운 생활을 보장하기 위하여 소득의 재분배, 투자의 유도·조정, 실업자 구제 내지 완전고용, 광범한 사회보장을 책임 있게 시행하는 국가, 즉 민주복지국가의 이상을 추구하고 있음을 의미하는 것이다」.

「헌법상의 경제질서에 관한 규정은, 국가행위에 대하여 한계를 설정함으로써 경제질서의 형성에 개인과 사회의 자율적인 참여를 보장하는 '경제적 기본권'과 경제영역에서의 국가활동에 대하여 기본방향과 과제를 제시하고 국가에게 적극적인 경제정책을 추진할 수 있는 권한을 부여하는 '경제에 대한 간섭과 조정에 관한 규정'(헌법 제119조 이하)으로 구성되어 있다. 특히 헌법 제119조는 개인의 경제적 자유를 보장하면서 사회정의를 실현하는 경제질서를 경제헌법의 지도원칙으로 표명함으로써 국가가 개인의 경제적 자유를 존중하여야 할 의무와 더불어 국민경제의 전반적인 현상에 대하여 포괄적인 책임을 지고 있다는 것을 규정하고 있다. 우리 헌법은 헌법 제119조 이하의 경제에 관한 장에서 균형 있는 국민경제의 성장과 안정, 적정한 소득의 분배, 시장의 지배와 경제력남용의 방지, 경제주체간의 조화를 통한 경제의 민주화, 균형있는 지역경제의 육성, 중소기업의 보호육성, 소비자보호 등의 경제영역에서의 국가목표를 명시적으로 언급함으로써 국가가 경제정책을 통하여 달성하여야 할 '공익'을 구체화하고, 동시에 헌법 제37조 제2항의 기본권제한을 위한 법률유보에서의 '공공복리'를 구체화하고 있다(헌재 1996.12.26. 96 헌가 18, 헌재판례집 제 8 권 2집, 680, 692~693면). 따라서 헌법 제119조 제 2 항에 규정된 '경제주체 간의 조화를 통한 경제민주화'의 이념도 경제영역에서 정의로운 사회질서를 형성하기 위하여 추구할 수 있는 국가목표로서 개인의 기본권을 제한하는 국가행위를 정당화하는 헌법규범이다」.[2) 3) 4)]

---

1) 헌재 1989.12.22 선고, 88 헌가 13, 헌재판례집 제 1 권, 357면 이하; 헌재 2002.7.18 선고, 2001 헌마 605, 헌재판례집 제14권 2집, 84면 이하.

「공정하고 자유로운 경쟁을 촉진하여 창의적인 기업활동을 조장하고 소비자를 보호함과 아울러 국민경제의 균형 있는 발전을 도모하기 위해서는 우월적 지위를 이용하여 경쟁사업자나 일반소비자의 이익을 부당하게 침해하는 행위를 규제하여야 할 것이다」.

2) 헌재 2004.10.28 선고, 99 헌바 91, 헌재판례집 제16권 2집(하), 104면 이하.

3) 인삼산업법 제19조 제 2 항이「검사를 받지 아니한 홍삼은 이를 판매하거나 판매의 목적으로 진열하여서는 아니된다」는 규정은 경제질서에 합치된다.

「헌법 제119조는 제 1 항에서 "대한민국의 경제질서는 개인과 기업의 경제상의 자유와 창의를 존중함을 기본으로 한다"고 규정하여 자유시장 경제질서를 기본으로 하고 있음을 선언하고 있으나, 한편 제 2 항에서 "국가는 균형 있는 국민경제의 성장 및 안정과 적정한 소득의 분배를 유지하고, 시장의 지배와 경제력의 남용을 방지하며 경제주체 간의 조화를 통한 경제의 민주화를 위하여 경제에 관한 규제와 조정을 할 수 있다"고 규정하여, 우리 헌법이 자유시장 경제질서를 기본으로 하면서 사회국가원리를 수용하여 실질적인 자유와 평등을 아울러 달성하려는 것을 근본이념으로 하고 있음을 밝히고 있다(헌재 1998.5.28. 96 헌가 4 등, 헌재판례집 10-1, 522, 533~534; 헌재 2002.7.18. 2001 헌마 605, 헌재공보 71, 667, 673; 헌재 2003.2.27. 2002 헌바 4, 헌재판례집 15-1, 205, 216).

이 사건 법률조항들은, 검사받지 아니한 가공인삼의 판매 등 불법유통을 방치할 경우 사적 자치라는 이름 아래 인삼 소비자를 상대로 한 기망적 거래가 성행하여 선량한 피해자를 양산하거나 건전한 인삼 유통질서를 어지럽히는 등 심각한 부작용이 나타날 우려가 있으므로 이를 방지하려는 데 그 주된 목적이 있다.

이와 같은 관점에서 볼 때, 인삼의 품질경쟁력을 제고하고 인삼시장의 공정성을 확보하기 위하여 마련

3) 사유재산제도의 보장과 한계

(a) 기본원칙 우리 경제헌법은 사유재산제도에 입각하고 있다. 사유재산제도는 자본주의경제의 근간을 이루는 것으로서, 생산수단의 국유화를 주장하는 공산주의경제에 대립하는 가장 중요한 특징이다.[1] 그러나 우리 헌법의 사유재산의 보장은 France인권선언이 규정한 것처럼 소유권의 신성불가침성을 인정한 것이라고는 할 수 없으며, 사회적 정의의 요청에 따른 재산권의 사회화·상대화의 경향을 따르고 있다. 사유재산제도의 보장은 타인과 더불어 살아가야 하는 공동체생활과의 조화와 균형을 흐트러뜨리지 않는 범위 내에서의 보장이다.[2] [3]

우리 헌법은 1919년의 Weimar헌법의 규정을 본받아 「① 모든 국민의 재산권은 보장된다. 그 내용과 한계는 법률로 정한다. ② 재산권의 행사는 공공복리에 적합하도록 하여야 한다」(제23조)라고 하고 있으며, 사유재산제도를 원칙적으로 보장하되 천연자원의 원칙적 국유화를 규정하고 있고(제120조), 농지의 경자유전원칙의 달성과 소작제도를 금지하고(제121조), 국토의 이용강제·제한 등을 할 수 있으며(제122조), 사영기업의 국공유화도 예외적으로 가능하게 하고 있다(제126조). 이 점에서 사유재산제도에 대한 상당한 수정이 행해지고 있으며,[4]

된 이 사건 법률조항들은 헌법 제119조의 경제질서조항에 위반된다고 볼 수 없다」(헌재 2008. 4. 24 선고, 2006 헌바 68, 헌재판례집 제20권 1집(상), 570면 이하(580~582면)).

4) 구 조세특례제한법 제37조 제 1 항은 경제질서의 원칙에 합치된다.

우선 청구인은 특별부가세 면제요건으로 금융기관협의회의 승인을 얻도록 한 이 사건 법률조항이 사업용 부동산의 양도시가와 양도가액 등을 제한함으로써 직업의 자유를 규정한 헌법 제15조와 기업의 자유를 규정한 헌법 제119조에 위반된다고 주장하나, 이 사건 법률조항은 재무구조개선계획 승인시 특별부가세 면제라는 우대조치를 통하여 법인의 재무구조개선 등을 유도할 뿐 법인의 재무구조개선을 강제하도록 하는 내용을 담고 있지는 않으므로, 이 사건 법률조항에 의하여 직업의 자유와 기업의 자유가 제한된다고 볼 수는 없다(헌재 2008. 4. 24 선고, 2006 헌바 52, 헌재판례집 제20권 1집(상), 536면 이하(542~545면)). 여객자동차운수사업법 제76조 1항 15호는 헌법 제119조를 위반한다고 할 수 없다(헌재 2008. 5. 29 선고, 2006 헌바 85, 2007 헌바 143(병합), 헌재판례집 제20권 1집(하), 115면 이하(134면)).

1) 1976년 獨逸共同決定法에 대한 연방헌법재판소의 결정을 보면 경제적 기본권은 「법률에 의한 제한이 가능하며… 지분권자나 회사의 권리·자유는 인격적 성격이 희박한데 대하여 그 사회적 성격·기능은 크므로 입법자의 권한은 광범한 것일 수 있다고 하고, 종업원에 의한 기업운영의 정당성의 보완, 기업 내에서 활동하는 모든 사람의 협동과 통합이라는 목적을 위하여 공동결정법은 필요한 것이며 소유권이나 결사의 자유, 직업의 자유와 같은 권리·자유의 핵심영역을 침해하는 것은 아니며, 또 공동결정법에 의하여 회사 등의 협동능력이 상실되는 것은 아니기 때문에, 공동결정법에 의한 제한은 비례원칙에도 적합하다」고 보고 있다(BVerfGE 50, 290(1979)).

2) 헌재 1989. 12. 22 선고, 88 헌가 13, 헌재판례집 제 1 권, 357면 이하.

3) 입법자가 이자를 제한할 것이냐 여부에 대하여 결정하는 것은 「입법자의 자유재량에 속하는 것이라 할 것이고 입법자가 입법 당시의 여러 가지 경제적, 사회적 여건을 고려하여 선택한 것이 입법재량권을 남용하였다거나 입법형성권의 한계를 일탈하여 명백히 불공정 또는 불합리하게 자의적으로 입법형성권을 행사한 것이라고 볼 수 없다」(헌재 2001. 1. 18 선고, 2000 헌바 7, 헌재판례집 제13권 1집, 100면 이하).

4) 헌법재판소는 국토이용관리법 제21조의3 1항, 제31조의2에 대한 합헌결정으로 토지거래허가제의 합헌성을 인정한 바 있다(헌재 1989. 12. 22 선고, 88 헌가 13, 헌재판례집 제 1 권, 357면 이하 참조). 또한 헌재는 토지거래허가제에 의한 허가를 받지 않고 체결한 토지 등의 거래계약의 사법상 효력발생을 부인하는 국토이용관리법 제21조의3 제 7 항에 대해서도 헌법 제119조 제 1 항에 위반되지 않는 합헌이라고 결정하였다(헌재 1997. 6. 26 선고, 92 헌바 5, 헌재판례집 제 9 권 1집, 595면 이하).

[결정요지] : 비록 무허가 토지거래행위에 대하여 처벌하는 처벌규정(이 법 제31조의2)을 따로 두고 있

토지공개념이 도입되었으나[1] 1998년 이래 부동산경기회복을 위하여 후퇴하는 경향이 있었다.[2] 참여정부 들어와 토지공개념이 부활하고 있다.[3]

(b) 판 례 헌재는 사유재산제도를 보장하고 있으나 그 한계를 인정하고 있다. 경제질서는 「사유재산의 자유로운 이용·수익과 그 처분 및 상속을 보장해 주는 것이 원칙」이라고 하고 있다.[4] 「헌법 제23조 제 1 항 전문은 '모든 국민의 재산권은 보장된다'라고 규정하고, 제119조 제 1 항은 '대한민국의 경제질서는 개인과 기업의 경제상의 자유와 창의를 존중함을 기본으로 한다'고 규정함으로써, 우리 헌법이 사유재산제도와 경제활동에 관한 사적 자치의 원칙을 기초로 하는 자본주의 시장경제질서를 기본으로 하고 있음을 선언하고 있는 것이다. 이는 국민 개개인에게 자유스러운 경제활동을 통하여 생활의 기본적 수요를 스스로 충족시킬 수 있도록 하고 사유재산의 자유로운 이용·수익과 그 처분 및 상속을 보장해 주는 것이 인간의 자유와 창의를 보장하는 지름길이고, 궁극에는 인간의 존엄과 가치를 증대시키는 최선의 방법이라는 이상을 배경으로 하고 있는 것이다」. 그러나 그 한계도 인정하고 있다.[5] [6]

었다고 하더라도, 무허가 토지거래행위의 사법적 효력을 인정하게 되면 처벌을 감수하더라도 투기적 토지거래를 할 자가 흔히 있고, 무허가 토지거래계약에 대하여 그 채권적 효력을 인정하게 되면 투기적 거래로, 여러 탈법적·변칙적인 거래가 성행할 가능성이 있으며, 사법적 효력을 부인함으로써 지가상승을 억제하여 경제생활을 안정시키려는 공익이 훨씬 크므로 과잉금지의 원칙에 저촉되지 않아 자유경제체제를 천명한 헌법 제119조 제 1 항에 위반된다고 할 수 없다.

한편 우리 대법원은 토지거래규제지역 내 토지에 대해 허가를 받지 않고 체결한 계약도 사후에 허가를 받으면 소급해서 유효한 계약이 된다고 본다(대판 1991. 12. 24, 90 다 12243, 공보 914, 642). 투기목적 없이 허가받을 것을 전제로 한 거래계약의 체결은 국토이용관리법위반이 안돼 처벌할 수 없다고 판시하여(대판 1994. 10. 7, 94 도 1878, 공보 1994, 980면) 토지거래허가제규정을 사실상 무효화시키고 있다.

1) 이에 관하여는 농지임대차관리법(1986. 12. 31 제정)과 1990. 1. 1부터 시행된 택지소유상한에관한법률, 개발이익환수에관한법률, 토지초과이득세법, 종합토지세법 등이 있다. 이 중 토초세법은 헌재가 헌법불합치결정을 내렸다(헌재 1994. 7. 29 선고, 92 헌바 49 등 병합, 헌재판례집 제 6 권 2집, 64면 이하).

2) 1998. 9.에는 택지소유상한에관한법률이 폐지되었고 1998. 12.에는 토지초과이득세법 등이 폐지되어 토지공개념은 후퇴하고 있었다.

3) 개발이익환수에관한법률을 개정시행하고 토지의 이용개발에 많은 규제를 하여 거래허가제 등을 도입하고 있다.

4) 헌재 1997. 8. 21 선고, 94 헌바 19 등 병합, 헌재판례집 제 9 권 2집, 243면 이하(257~258면). 같은 취지: 헌재 1989. 12. 22 선고, 88 헌가 13, 헌재판례집 제 1 권, 357면 이하(367~368면); 헌재 1993. 7. 29 선고, 92 헌바 20, 헌재판례집 제 5 권 2집, 36면 이하(44면); 헌재 1997. 6. 26 선고, 93 헌바 49 등, 헌재판례집 제 9 권 1집, 607면 이하(622면); 헌재 1997. 11. 27 선고, 95 헌바 38, 헌재판례집 제 9 권 2집, 591면 이하(600면).

5) 헌재 1998. 12. 24 선고, 97 헌마 87 등 병합, 헌재판례집 제10권 2집, 978면 이하(995면).

헌재 1997. 8. 21 선고, 94 헌바 19 등 병합, 헌재판례집 제 9 권 2집, 243면 이하(257~258면); 헌재 2002. 7. 18 선고, 2001 헌마 605, 헌재판례집 제14권 2집, 84면 이하(104면); 헌재 1989. 12. 22 선고, 88 헌가 13, 헌재판례집 제 1 권, 357면 이하(367~368면); 헌재 1993. 7. 29 선고, 92 헌바 20, 헌재판례집 제 5 권 2집, 36면 이하(44면); 헌재 1997. 6. 26 선고, 93 헌바 49, 헌재판례집 제 9 권 1집, 607면 이하(622면); 헌재 1997. 11. 27 선고, 95 헌바 38, 헌재판례집 제 9 권 2집, 591면 이하(600면).

6) 종합토지세는 토지보유에 대하여 각 필지별로 과세되고 있던 토지분 재산세와 유휴토지 및 비업무용토지를 과세대상으로 하고 있던 토지과다보유세를 통·폐합하여 전국에 있는 모든 토지를 소유자별로 합산한 다음 그 합산한 토지가액에 누진세율을 적용함으로써, 토지보유 정도에 따른 응능과세원칙(應能課稅原則)을 확립하고 세제를 통하여 과다한 토지보유를 억제하여 지가안정과 토지소유의 저변확대를 도모하기 위하여 도입된 세제이다(헌재 2001. 7. 19. 2000 헌바 40 등, 헌재판례집 13-2, 36, 43). 한편 종합토지세는 하나의 과세대상에 대하여 국고충족을 위한 수입목적과 더불어 소득재분배 또는 자원배분을 위한 작용목적을 동시에 지니고 있는 것으로서, 토지를 직접적인 과세대상으로 하는 토지 관련 세목 중 토지보유 사실을 과세대상으로 하는 지방세이다(헌재 2006. 5. 25 선고, 2005 헌바 82, 헌재판례집 제18권 1집(하), 87면).

「헌법상의 경제질서에 관한 규정은, 국가행위에 대하여 한계를 설정함으로써 경제질서의 형성에 개인과 사회의 자율적인 참여를 보장하는 '경제적 기본권'과 경제영역에서의 국가활동에 대하여 기본방향과 과제를 제시하고 국가에게 적극적인 경제정책을 추진할 수 있는 권한을 부여하는 '경제에 대한 간섭과 조정에 관한 규정'(헌법 제119조 이하)으로 구성되어 있다. 특히 헌법 제119조는 개인의 경제적 자유를 보장하면서 사회정의를 실현하는 경제질서를 경제헌법의 지도원칙으로 표명함으로써 국가가 개인의 경제적 자유를 존중하여야 할 의무와 더불어 국민경제의 전반적인 현상에 대하여 포괄적인 책임을 지고 있다는 것을 규정하고 있다. 우리 헌법은 헌법 제119조 이하의 경제에 관한 장에서 균형 있는 국민경제의 성장과 안정, 적정한 소득의 분배, 시장의 지배와 경제력남용의 방지, 경제주체 간의 조화를 통한 경제의 민주화, 균형 있는 지역경제의 육성, 중소기업의 보호육성, 소비자보호 등의 경제영역에서의 국가목표를 명시적으로 언급함으로써 국가가 경제정책을 통하여 달성하여야 할 '공익'을 구체화하고, 동시에 헌법 제37조 제 2 항의 기본권제한을 위한 법률유보에서의 '공공복리'를 구체화하고 있다(헌재 1996.12.26. 96 헌가 18, 헌재판례집 8-2, 680, 692~693). 따라서 헌법 제119조 제 2 항에 규정된 '경제주체 간의 조화를 통한 경제민주화'의 이념도 경제영역에서 정의로운 사회질서를 형성하기 위하여 추구할 수 있는 국가목표로서 개인의 기본권을 제한하는 국가행위를 정당화하는 헌법규범이다」.[1)]

(3) 경제조항의 개별규정

1) 국·공유화와 규제·조정에 관한 헌법규정

(a) 천연자원의 채취·개발·이용의 특허 광물 기타 중요한 지하자원·수산자원·수력과 경제상 이용할 수 있는 자연력은 법률이 정하는 바에 의하여 일정한 기간 그 채취·개발 또는 이용을 특허할 수 있다(제120조). 제 2 차개헌 전의 헌법은 일정한 기간 천연자원의 채취·개발·이용을 법률에 의하여 특허하는 경우에 그 조건으로서 「공공필요」를 요구하고 있었는데, 제 2 차개헌으로 경제조항의 자유화를 가져온 이후 천연자원의 원칙적인 국유화규정을 삭제하고, 「공공필요가 없는」 경우에도 법률이 정하는 바에 의해 일정한 기간 그 채취·개발 또는 이용을 특허할 수 있게 했다.

(b) 대외무역의 규제·조정 또 국가는 대외무역을 육성하며, 이를 규제·조정할 수 있다(제125조). 이는 우리나라의 경제가 아직 충분한 대외경쟁력을 갖추지 못한 상태에 있으므로 대외무역을 자유방임하면 국내경제에 타격이 클 것이므로 대외무역을 육성함과 동시에 국내산업의 보호육성을 위하여 이를 조정·규제할 것을 규정하고 있는 것이다. 여기서 규제·조정이라 함은 국가가 일정한 계획을 수립하고 그 계획의 범위 내에서 사인에게 무역활동을 허용하는 것을 말한다.

(c) 기업의 자유와 규제 헌법 제119조 1항은 제 6 공화국헌법에서 처음으로 기업의 자유를 보장하고 있다. 이는 기업에 대한 제도보장이며 국가에 의한 개입을 금지한 것이다. 헌재는 기업의 자유원리에서 사영기업의 경영권에 대한 불간섭을 강조하고 있다.[2)][3)]

---

1) 헌재 2004.10.28 선고, 99 헌바 91, 헌재판례집 제16권 2집(하), 104면 이하.

2) 「헌법 제119조 1항 … 이는 기업의 생성·발전·소멸은 어디까지나 기업의 자율에 맡긴다는 기업자유의

(d) 독과점에 대한 규제·조정　　국가는 시장의 지배와 경제력의 남용을 방지하기 위하여(제119조 2항) 기업의 독점과 과점의 폐단을 규제·조정할 수 있다. 기업의 독과점에서 오는 경쟁의 제한으로 인하여 불공정가격이 형성될 수 있기 때문에 그 폐단을 시정하기 위하여 물가안정에관한법률과 독점규제및공정거래에관한법률이 제정되어 시행되고 있다.

(e) 국·공유화의 제한　　국방상 또는 국민경제상 긴절한 필요로 인하여 법률이 정하는 경우를 제외하고는 사영기업을 국유 또는 공유로 이전하거나 그 경영을 통제 또는 관리할 수 없다(제126조).[1] 우리 헌법의 경제질서가 개인과 기업의 자유와 창의를 존중함을 기본으로 하고 국민의 재산권이 보장되는 당연한 귀결이다. 다만 법률로써 국·공유화를 인정하는 경우에도 그에 대한 보상은 법률로써 하되 정당한 보상을 지급하여야 한다(제23조 3항).

공익사업을 위한 토지 등의 취득 및 보상에 관한 법률(2007.10. 17 개정)은 현금보상을 원칙으로 하면서 토지로도 보상을 할 수 있게 하고 있다(법 제63조 2007.말 개정).

(f) 시행법률　　경제조항의 시행법률로서는 광물 기타 지하자원의 채취·특허를 규정한 광업법, 수산자원의 채취·특허를 규정한 수산업법, 수력 기타 경제상 이용할 수 있는 자연력의 이용을 특허하는 전기사업법과 공유수면관리법이 있고, 또 무역의 육성·통제를 위해서는 대외무역법이 있다. 그러나 사영기업의 국·공유화 등에 관한 일반법규는 없다. 그 외 통제에 관한 법률로서는 양곡관리법 등이 있다. 헌법상 국영기업·공영기업에 관한 규정은 없어졌으나, 행정법상 공기업법으로서 존속되고 있는데, 그 중요한 것을 들면 철도사업법·우편법·한국은행법·전기통신사업법 등이 있다.

2) 국토와 농지에 관한 규정

(a) 국토의 균형 있는 개발·이용계획의 수립

(aa) 입　　법　　제 6 공화국헌법은 제 4·5 공화국헌법을 그대로 계수하여 「국

표현이며 국가의 공권력은 특단의 사정이 없는 한 이에 대한 불개입을 원칙으로 한다는 뜻이다. 나아가 헌법 제126조는 … 사영기업의 경영권에 대한 불간섭의 원칙을 보다 구체적으로 밝히고 있다」(헌재 1993.7.29 선고, 89 헌마 31, 헌재판례집 제 5 권 2집, 87면 이하(119면)).

3) 요컨대 신문법 제16조 제 1 항 내지 제 3 항이 신문기업의 소유와 경영에 관한 자료를 신고·공개토록 하는 것은 일간신문의 기업활동의 자유를 제약하는 것이기는 하지만, 신문시장의 투명성을 제고하여 신문의 다양성을 실현하려는 입법취지와 합목적적으로 연결된 의무로서, 기존의 다른 법률에 의하여 이미 공시된 자료나 신문시장의 특성에 비추어 필요한 자료에 한정하여 신고·공개토록 하고 있고, 그 위반행위에 대해서도 과태료 부과에 그치고 있다는 점에서 신문의 자유를 지나치게 침해한다거나, 일반 사기업에 비하여 평등원칙에 반하는 차별을 가하는 위헌규정이라 할 수 없다(헌재 2006.6.29 선고, 2005 헌마 165·314·555·807, 2005 헌가 3(병합), 헌재판례집 제18권 1집(하), 337면 이하(393면)).

1) '사영기업의 국유 또는 공유로의 이전'은 일반적으로 공법적 수단에 의하여 사기업에 대한 소유권을 국가나 기타 공법인에 귀속시키고 사회정책적·국민경제적 목표를 실현할 수 있도록 그 재산권의 내용을 변형하는 것을 말하며, 또 사기업의 '경영에 대한 통제 또는 관리'라 함은 비록 기업에 대한 소유권의 보유주체에 대한 변경은 이루어지지 않지만 사기업 경영에 대한 국가의 광범위하고 강력한 감독과 통제 또는 관리의 체계를 의미한다고 한다(헌재 1998.10.29 선고, 97 헌마 345, 자동차운수사업법 제24조 등 위헌확인, 헌재판례집 제10권 2집, 621면 이하).

토와 자원은 국가의 보호를 받으며, 국가는 그 균형 있는 개발과 이용을 위하여 필요한 계획을 수립한다」라고 하고 있다(제120조 2항). 2004년에 국가균형특별법, 지방분권특별법, 행정복합도시의건설을위한특별조치법이 제정·공포되었다. 또 「국민 모두의 생산 및 생활의 기반이 되는 국토의 효율적이고 균형 있는 이용·개발과 보전을 위하여 법률이 정하는 바에 의하여 그에 관한 필요한 제한과 의무를 과할 수 있다」(제122조)라고 하여, 국가가 국토의 이용개발과 보전을 위하여 관리를 할 수 있도록 하고 있다. 국회는 2002년 2월에 국토기본법과 국토의계획및이용에관한법률을 제정하여 2003년 1월 1일부터 시행하고 있으며, 국토의계획및이용에관한법률은 2009. 1. 30에도 개정되었다. 국회는 2005년 12월 7일에 토지이용규제기본법을 제정하였고 2009. 2. 6.까지 여러번 개정하여 토지이용규제의 남용을 막고 있다.

이 규정들은 국토와 자원이 국가의 중요한 자산임을 인정하여 사유를 인정하면서도 일정한 개발의무·보전의무 등을 부과하여 종합계획을 실시할 수 있도록 하고 있는 것이다.[1] 구 도시계획법에 따른 개발제한은 원칙적으로 합헌이라고 헌재는 결정하였다.[2] 개발제한구역의지정및관리에관한특별조치법이 개발제한구역을 지정한 것도 헌재는 합헌이라고 결정하였다.[3] 그러나 개발제한으로 인한 희생에 대해서는 보상을 해 주어야 한다. 개발제한지역 내에서의 토지형질변경시에 훼손부담금을 부과하는 것은 합헌이라고 한다.[4] 토지

1) 토지는 생산이나 대체가 불가능하여 공급이 제한되어 있고 우리 나라의 가용토지면적이 인구에 비하여 절대적으로 부족한 반면에 모든 국민이 생산 및 생활의 기반으로서 토지의 합리적인 이용에 의존하고 있으므로, 토지는 국민경제의 관점에서나 그 사회적 기능에 있어서 다른 재산권과 동일하게 취급되어야 할 성질의 것이 아니고 토지에 있어서는 다른 재산권에 비해 보다 강하게 공동체의 이익을 관철할 것이 요구된다. 우리 헌법은 재산권 행사의 사회적 의무성을 강조하는 것에 더하여 "국가는 국민 모두의 생산 및 생활의 기반이 되는 국토의 효율적이고 균형 있는 이용·개발과 보전을 위하여 법률이 정하는 바에 의하여 그에 관한 필요한 제한과 의무를 과할 수 있다"(헌법 제122조)고 규정함으로써 토지재산권에 대한 한 층 더 강한 규제의 필요성과 그에 관한 입법부의 광범위한 형성권을 표현하고 있다(헌재 1999. 10. 21 선고, 97 헌바 26, 헌재판례집 제11권 2집, 383면 이하(406~407면) 참조; 헌재 2006. 1. 26 선고, 2005 헌바 18, 헌재판례집 제18권 1집, 1면 이하(16면)).

2) 구 도시계획법 제21조에 대한 위헌소원, 헌재 1998. 12. 24 선고, 98 헌마 214 등(병합), 헌재판례집 제10권 2집, 927면 이하.

「도시계획법 제21조에 의한 재산권의 제한은 개발제한구역으로 지정된 토지를 원칙적으로 지정당시의 지목과 토지현황에 의한 이용방법에 따라 사용할 수 있는 한, 재산권에 내재하는 사회적 제약을 비례의 원칙에 합치하게 합헌적으로 구체화한 것이라고 할 것이다」.

3) 헌재 2004. 2. 26 선고, 2001 헌바 80·84·102·103, 2002 헌바 26(병합), 헌재판례집 제16권 1집, 202면 이하.

「도시의 무질서한 확산을 방지하고 도시 주변의 자연환경을 보전하여 도시민의 건전한 생활환경을 확보하기 위하여 도시의 개발을 제한할 필요가 있으므로 개발제한구역지정으로 인한 토지재산권의 제한은 그 목적의 정당성이 인정되고, 개발제한구역 내에서 그 구역지정의 목적에 위배되는 건축물의 건축, 공작물의 설치 등을 원칙적으로 그리고 전면적으로 금지하는 것은 위와 같은 개발제한구역의 입법목적을 달성하는 데 기여하므로 수단의 적정성도 인정된다」.

4) 「헌법 제120조 제 2 항은 "국토와 자원은 국가의 보호를 받으며, 국가는 그 균형 있는 개발과 이용을 위하여 필요한 계획을 수립한다"라고, 제122조는 "국가는 국민 모두의 생산 및 생활의 기반이 되는 국토의 효율적이고 균형 있는 이용·개발과 보전을 위하여 법률이 정하는 바에 의하여 그에 관한 필요한 제한과 의무를 과할 수 있다"라고 각 규정하고, 훼손부담금은 개발제한구역 내에 입지하는 건축물의 건축 등

초과이득세에 관한 법률은 합헌성이 문제되었다.[1)]

또한 농지에 대한 효율적이고 균형 있는 이용·개발과 보전을 위하여 국가의 강제권을 인정하고 있으며, 제122조에 근거하여 농지법이 제정되어 농지의 전용 등의 제한을 통해 농지의 이용도를 높여 농업생산력의 증진을 도모하도록 규정하고 있다.

(bb) 판 례 토지는 생산이나 대체가 불가능하여 공급이 제한되어 있고 우리나라의 가용토지면적이 인구에 비하여 절대적으로 부족한 반면에 모든 국민이 생산 및 생활의 기반으로서 토지의 합리적인 이용에 의존하고 있는 정황을 고려하면, 토지는 국민경제의 관점에서나 그 사회적 기능에 있어서 다른 재산권에 비해 보다 강하게 공동체의 이익을 관철할 것이 요구된다. 또한 헌법 제122조는 재산권행사의 사회적 의무성을 강조하는 것에 더하여 "국가는 국민 모두의 생산 및 생활의 기반이 되는 국토의 효율적이고 균형 있는 이용·개발과 보전을 위하여 법률이 정하는 바에 의하여 그에 관한 필요한 제한과 의무를 과할 수 있다"고 규정함으로써 토지재산권에 대한 한층 더 강한 규제의 필요성과 그에 관한 입법자의 광범위한 형성권을 표현하고 있다(이상, 헌재 1989.12.22. 88 헌가 13, 헌재판례집 1, 357, 372; 헌재 2003.4.24. 99 헌바 110 등, 헌재판례집 15-1, 371, 394~395 등 참조).

즉, 헌법상의 재산권은 토지소유자가 이용 가능한 모든 용도로 토지를 자유로이 최대한 사용할 권리나 가장 경제적 또는 효율적으로 사용할 수 있는 권리를 보장하는 것을 의미하지는 않는다. 입법자는 중요한 공익상의 이유와 앞에서 본 토지가 가진 특성에 따라 토지를 일정용도로 사용하는 권리를 제한할 수 있기 때문이다. 따라서 토지의 개발이나 건축은 합헌적 법률로 정한 재산권의 내용과 한계 내에서만 가능한 것일 뿐만 아니라 토지재산권의 강한 사회성 내지는 공공성으로 말미암아 이에 대하여는 다른 재산권에 비하여 보다 강한 제한과 의무가 부과될 수 있다.[2)]

(b) 경자유전의 원칙과 농지소작금지규정 농지규정에 있어서도 농지의 농민에

에 따르는 토지형질변경에 대하여 구역 내·외의 토지가격에 상당하는 경제적 부담을 부과함으로써 구역 내 입지선호를 제거하여 개발제한구역의 훼손을 사전에 방지하고 이를 통하여 개발제한구역의 관리에 필요한 재원을 마련하는 데 그 입법목적이 있는바, 훼손부담금의 이러한 입법목적은 헌법 제120조 제2항 및 제122조에 의하여 국가에게 부여된 헌법적 과제의 수행과 관련된 것으로 그 입법목적의 정당성을 쉽게 긍정할 수 있다. 그리고 개발제한구역 내에서 토지형질변경 또는 이를 수반하는 행위허가를 받은 훼손부담금의 납부의무자는 개발제한구역의 훼손억제와 그 관리를 위한 재원 마련이라는 특수한 공적 과제에 대하여 객관적이고 밀접한 관련성을 가질 뿐 아니라, 개발제한구역의 관리를 위한 특별한 재정책임을 부담한다고 할 것이므로 목적실현을 위한 수단과 납부의무자의 선정 측면에서 적절하다고 볼 수 있다. 나아가 개발제한구역 내로의 입지선호가 주로 개발제한구역 내의 저렴한 토지가격에서 비롯되므로 구역 내·외의 지가차액을 기준으로 그 100분의 150의 범위 안에서 대통령령이 정하는 비율에 의하여(실제 부과율은 특별조치법 시행령 제35조가 정하는 최대 100분의 100이다) 부담금을 산정하도록 하는 것은, 앞에서 본 훼손부담금의 제도적 취지에 비추어 볼 때, 피해의 최소성과 법익의 균형성도 갖추었다고 할 것이다」(헌재 2007.5.31 선고, 2005 헌바 47, 헌재판례집 제19권 1집, 568면 이하).

1) 헌재 1994.7.29 선고, 92 헌바 49·52(병합), 헌재판례집 제6권 2집, 64면 이하.
「토초세법 중 일부는 헌법에 위반되고 일부는 헌법에 합치되지 아니하여 개정입법을 촉구할 대상이지만 위 각 위헌적 규정들 중 지가에 관한 제11조 2항과 세율에 관한 제11조 제2항과의 세율에 관한 제12조는 모두 토초세제도의 기본요소로서 그 중 한 조항이라도 위헌결정으로 인하여 그 효력을 상실한다면 토초세법 전부를 시행할 수 없게 될 것이므로 이 사건에서는 헌법재판소법 제45조 단서규정에 따라 토초세법 전부에 대하여 위헌결정을 선언할 수밖에 없다. 그러나 …… 토초세법에 대하여 단순위헌으로 결정하지 아니하고 헌법에 합치되지 아니한다고 결정한다」.

2) 헌재 2008.4.24 선고, 2005 헌바 43, 헌재판례집 제20권 1집(상), 510면 이하(517면). 농림지역 안의 건폐율은 20% 이하로 용적률을 80% 이하로 하는 것을 합헌이라고 판시하였다.

대한 분배를 규정하지는 아니하고, 다만 제121조에서 「① 국가는 농지에 관하여 경자유전의 원칙이 달성될 수 있도록 노력하여야 하며, 농지의 소작제도는 금지된다. ② 농업생산성의 제고와 농지의 합리적인 이용을 위하거나 불가피한 사정으로 발생하는 농지의 임대차와 위탁경영은 법률이 정하는 바에 의하여 인정된다」고 규정하고 있다.

제헌헌법이 법적·정치적 의의를 중시하여 농지개혁을 단행함으로써 봉건제도를 타파하고 민주화를 실현한 것은 큰 공헌이었다. 그러나 이것은 농지의 영세화를 가져오게 되었기 때문에 제 3 공화국헌법에서는 농지개혁을 완전히 포기하였다. 이것은 농촌의 민주화는 일단 달성된 것으로 간주하고, 농업생산의 발전을 위하여 농촌의 기업화를 가능하게 하기 위한 것이었다.[1)]

그러나 현행헌법은 농지에 관하여 경자유전의 원칙을 규정하면서 농지소작제도를 금지하고 있다. 다만 농업생산성의 제고와 농지의 합리적 이용을 위하거나 불가피한 사정으로 발생하는 농지의 임대차 및 위탁경영은 이를 인정하고 있는데, 이는 막대한 자본을 투하한 간척지 또는 개간지의 경우와 농지상속 등과 같이 불가피한 경우의 임대차와 위탁경영을 일시적으로나마 허용하여 투하자본를 회수할 수 있게 함으로써 국가적으로 요청되는 간척사업·개간사업을 촉진하려는 것이다. 농지법(2007. 4. 11 전부개정)은 농지의 소유·이용 및 보전 등에 필요한 사항을 규정하고 있다. 농지의 상속상한제(1만m^2)를 규정하고 있다(법 제 7 조).

(c) 판 례 「재산권이 법질서 내에서 인정되고 보호받기 위해서는 입법자에 의한 형성을 필요로 한다. 즉 법에 의한 보장 이전의 재산권은 재산에 대한 사실상 지배에 다름 아니므로, 다른 기본권과는 달리 그 내용이 입법자에 의하여 법률로 구체화됨으로써 비로소 권리다운 모습을 갖추게 된다. 입법자는 재산권의 내용을 구체적으로 형성함에 있어서 헌법상의 재산권보장(헌법 제23조 제 1 항 제 1 문)과 재산권의 제한을 요청하는 공익 등 재산권의 사회적 기속성(헌법 제23조 제 2 항)을 함께 고려하고 조정하여 양 법익이 조화와 균형을 이루도록 하여야 한다(헌재 1998. 12. 24. 89 헌마 214 등, 헌재판례집 10-2, 927, 944~945). 나아가, 재산권의 행사가 사회적 연관성과 사회적 기능을 가지면 가질수록 입법자는 보다 광범위한 제한을 가할 수 있고 그러한 조치가 정당화된다. 즉, 재산권의 이용과 처분이 소유자의 개인적 영역에 머무르지 아니하고 국민일반의 자유행사에 큰 영향을 미치거나 문제되는 재산권에 의존하는 경우에는, 입법자가 공동체의 이익을 위하여 개인의 재산권을 제한하는 규율권한은 더욱 넓어진다고 보아야 한다」.

농림지역 안에서 건축물의 건폐율과 용적률을 제한한 국토의 계획 및 이용에 관한 법률 제77조 1항 3호는 합헌이다.[2)] 헌재는 「자경농지의 양도소득세면제 대상자를 농지소재지에 거주하는 사람으로 제한한 구 조세특례법 제69조 제 1 항 1호는 그 입법목적이 외지인의 농지투기를 방지하고, 조세부담을 덜어주어 농업·농촌을 활성화하는 데 있음을 고려하면 경자유전의 원칙을 실현하기 위한 것으로 볼 것이지 경자유전의 원칙에 위배된다고 볼 것은 아니다」고 하고 있다.[3)]

1) 김욱, 헌법상 "경자유전"의 과도기적 소유원칙, 그 발전적 이행을 위하여, 공법연구 28. 3, 2000, 220~235면.
2) 헌재 2008. 4. 24 선고, 2005 헌바 43, 헌재판례집 제20권 1집(상), 510면 이하(516면).
3) 헌재 2003. 11. 27 선고, 2003 헌바 2, 헌재판례집 제15권 2집(하), 281면 이하(295면).

3) 농·어촌종합개발계획 수립과 지역경제 균형발전

(a) 입 법 제 4 공화국헌법은 새마을사업에 관한 규정을 신설하였고, 제 5 공화국헌법도 이를 계승하고 있었는데, 현행헌법은 이를 발전시켜 농·어업의 보호육성과 지역경제의 균형발전을 규정하고 있다. 이에 관한 법률로는 지역균형개발및지방중소기업육성에 관한 법률이 있다.

(b) 판 례 헌법 제123조는 농수산업정책, 지역적 경제촉진과 중소기업정책의 필요성을 구체적으로 강조함으로써, 지역간의 경제적 차이를 조정하고, 국민경제적 이유에서 일정 경제부문이 변화한 시장조건에 적응하는 것을 용이하게 하거나 또는 경쟁에서의 상이한 조건을 수정하기 위하여, 경제적으로 낙후한 지역이나 일정 경제부문을 지원한 국가의 과제를 규정하고 있다.[1)]

(c) 농·어촌개발과 균형 있는 지역경제육성 「국가는 농업 및 어업을 보호·육성하기 위하여 농·어촌종합개발과 그 지원 등 필요한 계획을 수립·시행하여야 한다」, 「국가는 지역간의 균형 있는 발전을 위하여 지역경제를 육성할 의무를 진다」(제123조 1 항·2 항)라고 함으로써 농·어촌종합개발과 지역경제육성의무를 강조하고 있다.[2)] 이에 관한 법률로는 농업·농촌 및 식품산업기본법[3)](2007. 12. 21 전부개정), 농어촌발전특별조치법(1990. 4. 7 제정, 2000. 1. 28 개정) 농·어촌정비법, 농어촌주택개량촉진법 등이 있다.

이는 도시와 농·어촌간의 생활의 격차와 소득의 격차는 농민의 이농현상을 부채질하였고, 도시에 집중된 영세민들은 사회불안의 一要因이 되었기 때문에 이들을 농·어촌에 정착시켜 생활을 향상시키고 소득을 균형화함으로써 지역경제의 발전을 기하려는 목적에서 규정한 것으로 이에 관한 법률로는 농촌진흥법 등이 있다.

(d) 농·어민의 이익보호 「국가는 농수산물의 수급균형과 유통구조의 개선에 노력하여 가격안정을 도모함으로써 농·어민의 이익을 보호한다」(제123조 4항)고 규정하여 농업정책의 실시로 농·어민의 이익을 보호하려고 하고 있다. 이는 일종의 농·어민의 기본권규정이라고 하겠다.

(e) 중소기업의 보호육성 「국가는 중소기업을 보호·육성하여야 한다」(제123조 3 항)고

---

1) 헌재 1996. 12. 26 선고, 96 헌가 18, 헌재판례집 제 8 권 2 집, 680 면 이하(697 면).

2) 「헌법 제123조가 규정한 지역경제육성의 목적은 일차적으로 지역 간의 경제적 불균형의 축소에 있다. 특히 농업과 수산업에 의존하는 지역이 지역적 경제구조에 있어서 심한 불균형을 나타내기 때문에 헌법 제123조 제1, 4, 5항에서 경제력이 일반적으로 전국 평균 이하인 농어촌 지역과 농·어업 경제부문에 대한 보호·육성을 강조하고 있다. 또한 '지역경제육성'의 목표는 경제적으로 낙후된 지역의 주민이 단지 경제적인 이유로 말미암아 경제력이 강한 지역으로 이주하도록 강요되어서는 아니 되고, 그의 거주지역에서 생업에 종사할 수 있는 적절한 기회가 제공되어야 한다는 일반정책적인 고려에 따른 것이기도 하다. 이로써 국가지역정책은 농·어촌의 이주현상과 대도시에로의 지나친 인구집중을 방지하고, 국토의 균형 있는 인구분산을 이루게 함으로써 궁극적으로 경제성장과 안정이라는 경제적 목표를 달성하는 데 기여할 뿐만 아니라 전국적으로 균형 있는 경제·사회·문화적 관계를 형성하는 사회정책적 목표를 촉진토록 하는 데 있다」(헌재 1996. 12. 26 선고, 96 헌가 18, 헌재판례집 제 8 권 2집, 680면 이하(697~698면)).

3) 농업·농촌기본법 제41조 등에 관해서는 합헌판례가 있다(헌재 2002. 10. 31 선고, 2001 헌바 88, 헌재판례집 제14권 2 집, 519 면 이하).

규정하여 대기업의 횡포 속에서 성장이 저해되고 있는 중소기업의 보호를 특별히 규정하고 있다. 법률로는 중소기업기본법(2007. 4. 11 전부개정, 2008. 12. 26 일부개정)이 제정되어 있다.[1)]

(f) 경제적 약자의 자조조직 육성 자본주의의 발달과 함께 농민이나 어민의 경제적 지위가 도시민에 비하여 상대적으로 저하되고, 대기업의 집중과 독점 때문에 중소기업의 도산이 초래되는 까닭에 많은 헌법들은 농민·어민·상인·중소기업자들을 특히 보호하는 경향이 있다. 우리 헌법은 이들의 自助를 기반으로 하는 협동조합의 육성으로 농민·어민·중소기업자를 보호하려고 하고 있다. 나아가 협동조합의 자율적 활동과 그 발전을 보장하고 있다(제123조 5항). 이에 따라 협동조합의 정치적 중립성을 훼손시키는 결과를 가져오는 것과 같은 따위의 입법은 헌법상 허용될 수 없지만 국가가 정당한 규제·조정권을 행사하는 것을 방해하지는 않는다는 것이 헌법재판소의 입장이다.[2)]

농민의 자주적인 협동조직을 통하여 농업생산력의 증진과 농민의 경제적·사회적 지위 향상을 도모함으로써 국민경제의 균형 있는 발전을 기하기 위하여 농업협동조합법(1999. 9. 7. 전면개정)을 제정하였고, 어민과 수산제조업자의 협동조직을 촉진하여 그 경제적·사회적 지위의 향상과 수산업의 생산력의 증강을 도모함으로써 국민경제의 균형 있는 발전을 목적하는 수산업협동조합법이 제정되었으며, 중소기업자가 상호부조의 정신에 의거한 협동사업을 행함에 필요한 조직을 규율함으로써 그들의 경제적인 기회균등과 자주적인 경제활동을 조장하여 그 경제적 지위의 향상과 국민경제의 균형 있는 발전을 도모하기 위하여 중소기업협동조합법이 제정되어 있다.

4) 소비자 보호 제 5 공화국헌법에서 처음으로 소비자보호규정을 두었는데, 현행 헌법에서도 그대로 계승되고 있다. 「국가는 건전한 소비행위를 계도하고 생산품의 품질향상을 촉구하기 위한 소비자보호운동을 법률이 정하는 바에 의하여 보장한다」(제124조). 이를 위하여 소비자기본법(2006. 9. 27 전부개정)이 제정되어 있는데, 이 법은 소비자의 권익을 증진하기 위하여 소비자의 권리와 책무, 국가·지방자치단체 및 사업자와의 책무, 소비자단체의 역할 등을 규정하여 소비생활의 향상과 국민경제의 발전에 이바지함을 목적으로 한다(소비자기본법 제 1 조).[3)]

---

1) 헌재는 조세특례제한법 제37조 제 1 항 등에 대하여 합헌이라고 결정하였다.

「우선 청구인은 특별부가세 면제요건으로 금융기관협의회의 승인을 얻도록 한 이 사건 법률조항이 사업용부동산의 양도시기와 양도가액 등을 제한함으로써 직업의 자유를 규정한 헌법 제15조와 기업의 자유를 규정한 헌법 제119조에 위반된다고 주장하나, 이 사건 법률조항은 재무구조개선계획 승인시 특별부가세 면제라는 우대조치를 통하여 법인의 재무구조개선 등을 유도할 뿐 법인의 재무구조개선을 강제하도록 하는 내용을 담고 있지는 않으므로, 이 사건 법률조항에 의하여 직업의 자유와 기업의 자유가 제한된다고 볼 수는 없다.

또한 청구인은 이 사건 법률조항이 중소기업보호의무를 규정한 헌법 제123조 등에 위배된다고 주장하나, 앞서 살펴 본 이 사건 법률조항의 목적과 내용 등에 비추어 보면 헌법 제123조 등은 이 사건 법률조항과 직접적인 관련성이 없다고 할 것이므로, 청구인의 위 주장 역시 받아들일 수 없다」(헌재 2008. 4. 24 선고, 2006 헌바 52, 헌재판례집 제20권 1집(상), 536면 이하(542~545면)).

2) 헌재 2000. 6. 1 선고, 99 헌마 553, 농업협동조합법 위헌확인, 헌재판례집 제12권 1집, 686면 이하.

3) 헌재에 따르면 자유경쟁은 소비자보호의 중요한 부분으로 인식된다.

소비자의 기본적 권리는 ① 물품 등에 인한 생명·신체 또는 재산에 대한 위해로부터 보호받을 권리, ② 물품 등을 선택함에 있어서 필요한 지식 및 정보를 제공받을 권리, ③ 물품 등을 선택함에 있어서 거래상대방·구입장소, 거래 및 거래조건 등을 자유로이 선택할 권리, ④ 지방자치단체의 정책과 사업자의 사업활동에 대하여 의견을 반영시킬 권리, ⑤ 피해에 대하여 신속·공정한 절차에 따라 적정한 보상을 받을 권리, ⑥ 소비생활을 위하여 필요한 교육을 받을 권리, ⑦ 소비자단체를 조직하고 활동할 수 있는 권리, ⑧ 안전하고 쾌적한 소비생활환경에서 소비할 권리를 말한다(법 제4조).

국가 및 지방자치단체는 소비자의 기본적 권리가 실현되도록 하기 위하여 법령의 정비·조직의 정비, 운영개선 등을 하여야 한다(법 제6조).

국가는 지방자치단체의 소비자 권익과 관련된 행정조직의 설치·운영 등에 관하여 필요한 지원을 할 수 있다(동법 제7조). 국가 및 지방자치단체는 소비자가 불만이나 피해가 신속·공정하게 처리될 수 있도록 관련 기구의 설치 등 필요한 조치를 강구하여야 한다(동법 제16조). 재정경제부장관은 소비자정책에 관한 기본계획을 3년마다 수립하여야 한다(동법 제21조). 소비자의 권익증진 및 소비생활의 향상에 관한 기본적인 정책을 심의·의결하기 위하여 소비자정책위원회를 설치한다(동법 제23조). 소비자의 권익을 증진시키기 위한 소비자 보호단체는 육성된다. 국가 또는 지방자치단체는 등록소비자단체의 건전한 육성·발전을 위하여 필요하다고 인정될 때에는 보조금을 지급할 수 있다(동법 제32조). 소비자권익증진시책의 효율적인 추진을 위하여 한국소비자원을 설립한다(동법 제33조). 소비자단체는 단체소송을 제기할 수 있다(동법 제70조).

5) 과학기술의 혁신과 정보 및 인력개발 국가는 과학기술의 혁신과 정보 및 인력의 개발을 통하여 국민경제의 발전에 노력하여야 한다(제127조 1항). 경제·과학기술의 창달과 진흥을 위하여 필요한 경우에는 대통령은 자문기구를 둘 수 있다(제127조 3항). 제3공화국헌법은 경제·과학심의회의의 설치를 필수적으로 하였으나, 제4공화국헌법에서는 이를 임의적으로 하였고, 제5공화국헌법과 현행헌법도 이를 그대로 계승하고 있다(경제과학심의회의법 참조).

또한 1991년에 국가과학기술자문회의법이 제정되어 1990년 12월 31일까지 한시적으로 운영하였던 과학기술자문회의를 상설화하여 국가교육과학기술자문회의를 발족시켰다.

6) 국가표준제도의 확립 「국가는 국가표준제도를 확립한다」(제127조 2항). 이에 따라 과학기술의 혁신과 산업구조고도화 및 정보화사회의 촉진을 도모하여 국가표준기본법(1999. 1. 제

「소비자는 물품 및 용역의 구입·사용에 있어서 거래의 상대방, 구입장소, 가격, 거래조건 등을 자유로이 선택할 권리를 가진다. 소비자가 시장기능을 통하여 생산의 종류, 양과 방향을 결정하는 소비자주권의 사고가 바탕을 이루는 자유시장경제에서는 경쟁이 강화되면 될수록 소비자는 그의 욕구를 보다 유리하게 시장에서 충족시킬 수 있고, 자신의 구매결정을 통하여 경쟁과정에 영향을 미칠 수 있기 때문에 경쟁은 또한 소비자보호의 포기할 수 없는 중요 구성부분이다」(헌재 1996.12.26 선고, 96 헌가 18, 주세법 제38조의7 등 위헌제청, 헌재판례집 제8권 2집, 680면 이하).

(정 1999. 7. 시행)이 제정되어 있다. 또 국가공업의 발전을 위하여 KS표시제도 등 표준제도를 도입하고 있다(산업표준화법 제 1 조, 제 2 조, 제10조 등 참조).

4. 經濟秩序에 관한 憲裁判例

1) 위헌결정 예

① 택지소유상한에 관한 법률: (헌재 1999. 4. 29 선고, 94 헌바 37 등, 헌재판례집 제11권 1집, 289면 이하).

② 기업의 자율·자유의 헌법적 근거 없는(무권한의) 공권력 행사에 의한 기업해체지시 (헌재 1993. 7. 29 선고, 89 헌마 31, 소위 국제그룹해체지시에 대한 헌법소원결정, 헌재판례집 제 5 권 2 집, 87 면 이하 참조).

③ 화재보험강제가입: (헌재 1991. 6. 3 선고, 89 헌마 204, 화재로인한재해보상과보험가입에관한법률 제 5 조 1항의 위헌 여부에 관한 헌법소원결정, 헌재판례집 제 3 권, 268 면 이하 참조).

④ 자도소주구입명령제: (헌재 1996. 12. 26 선고, 96 헌가 18, 주세법 제38조의7 등에 대한 위헌제청결정, 헌재판례집 제 8 권 2 집, 680 면 이하)(반대의견 있음).

⑤ 부부자산소득합산과세제도(헌재 2002. 8. 29 선고, 2001 헌바 82, 헌재판례집 제14권 2집, 170면 이하).

⑥ 종합부동산세 중 가구합산과세(헌재 2008. 11. 13 선고, 2006 헌바 112 등 병합, 헌재판례집 제20권 2집(하), 1 면 이하).

2) 한정위헌 예

① 상호신용금고법 제37조가 부실경영의 책임이 없는 임원과 '금고의 경영에 영향력을 행사하여 부실의 결과를 초래한 자 이외의 과점주주'에 대해서도 연대채무를 부담하게 하는 범위 내에서 헌법에 위배된다(반대의견 있음)(헌재 2002. 8. 29 선고, 2000 헌가 5·6 등 병합, 헌재판례집 제14권 2 집, 106 면 이하).

3) 헌법불합치 예

① 토지초과이득세법(헌재 1994. 7. 29 선고, 92 헌바 49·52(병합), 헌재판례집 제 6 권 2 집, 64 면 이하).

② 그린벨트 사건(헌재 1998. 12. 24 선고, 89 헌마 214 등, 도시계획법 제21조에 대한 헌법소원, 헌재판례집 제10권 2 집, 927면 이하).

③ 도시계획시설결정장기미집행사건(헌재 1999. 10. 21 선고, 97 헌바 26, 도시계획법 제 6 조 위헌소원, 헌재판례집 제11권 2 집, 383면 이하).

④ 부동산실권리자명의 등기의무위반에 대한 과징금부과사건(헌재 2001. 5. 31 선고, 99 헌가 18 등, 헌재판례집 제13권 1 집, 1017면 이하).

⑤ 주택분종합부동산세의 부과기준에서 보유의 동기나 조세지불능력 등을 감안하지 않는 것은 헌법불합치(헌재 2008. 11. 13 선고, 2006 헌바 112 등 병합, 헌재판례집 제20권 2집(하), 1 면 이하).

4) 합헌결정 예

① 국산영화의무상영제(헌재 1995. 7. 21 선고, 94 헌마 125, 영화법 제26조 등 위헌확인, 헌재판례집 제 7 권 2 집, 155 면 이하).

② 일반불법행위책임에 관하여는 과실책임의 원리를 기본원칙으로 하면서 자동차손해배상보장법 제 3 조에서는 위험책임의 원리를 수용한 것(헌재 1998. 5. 28 선고, 96 헌가 4 등 병합, 자동차손해배상보장법 제 3 조 단서 제 2 호 위헌제청, 헌재판례집 제10권 1 집, 522 면 이하).

③ 토초세법의 물납및매각의뢰제도(헌재 1995. 7. 27 선고, 93 헌바 1 등 병합, 헌재판례집 제 7 권 2 집, 221 면 이하).

④ 다단계 판매금지(헌재 1997. 11. 27 선고, 96 헌바 12, 헌재판례집 제 9 권 2 집, 607 면 이하).

⑤ 금융실명거래및비밀보장에관한법률 부칙 제12조의 경우(헌재 1999. 11. 25 선고, 98 헌마 55, 헌재판례집 제11권 2 집, 593 면 이하).

⑥ 셔틀버스운행금지사건(헌재 2001. 6. 28 선고, 2001 헌마 132, 헌재판례집 제13권 1 집, 1441면 이하).

⑦ 지적측량 대행독점사건(헌재 2002. 5. 30 선고, 2000 헌마 81, 헌재판례집 제14권 1집, 528면 이하).

⑧ 신문고시 제 3 조 1항이 무가지와 경품류를 합한 것이 유료신문대금의 20%를 초과하는 경우 불공정거래행위로 금지한 것은 우리 헌법의 경제질서조항에도 위배되지 않는다(헌재 2002. 7. 18 선고, 2001 헌마 605, 헌재판례집 제14권 2집, 84면 이하(104면)).

⑨ 회사정리법 제127조 3항은 경제질서에 반하지 않는다(헌재 2002. 10. 31 선고, 2001 헌바 59, 헌재판례집 제14권 2집, 486면 이하(498면)).

⑩ 구 토지초과이득세법 제26조 1항 1호의 세금부과(헌재 2006. 3. 30 선고, 2003 헌가 11, 헌재판례집 제18권 1 집(상), 356 면).

⑪ 화물자동차운수사업법 제 8 조의2 등이 적재물배상보험 등을 강제가입케 하는 것(헌재 2006. 3. 30 선고, 2005 헌마 349, 헌재판례집 제18권 1 집(상), 427 면 이하).

⑫ 금융산업의구조개선에관한법률 제 2 조 제 3 호 가목(헌재 2004. 10. 28 선고, 99 헌바 91, 헌재판례집 제16권 2집(하), 104면 이하).

⑬ 종합토지세는 토지의 과다보유억제를 위한 것으로 합헌이다(헌재 2006. 5. 25 선고, 2005 헌바 82, 헌재판례집 제19권 1집, 90면 이하).

⑭ 개발제한구역훼손부담금제도는 사회적·경제적 정책을 실현하는 수단으로 이용하는 것 자체가 곧바로 헌법에 위반되는 것은 아니다(헌재 2007. 5. 31 선고, 2005 헌바 47, 헌재판례집 제19권 1집, 568면 이하(580면)).

⑮ 인삼의 품질 경쟁력을 제고하고 인삼시장의 공정성을 확보하기 위하여 마련된 인삼산업법 제31조 제 1 항 제 3 호 등 법률조항은 제119조의 경제질서조항에 위반된다고 볼 수 없다(헌재 2008. 4. 24 선고, 2006 헌바 68, 헌재판례집 제20권 1 집(상), 570면 이하(580면)).

⑯ 부동산의 보유세인 종합부동산세(헌재 2008. 11. 13 선고, 2006 헌바 112 등 병합, 헌재판례집 제20권 2집(하), 1 면 이하).

⑰ 개발부담금을 부과하고 있는 개발이익환수에 관한 법률 제 2 조(헌재 2008. 5. 29 선고, 2007 헌바 16, 헌재판례집 제20권 1집(하), 167면 이하(174, 175면)).

[判] 社會·經濟秩序에 관한 重要 判例

1. 國際그룹解體는 憲法에 違反된다[1)]

이에 나아가 이 사건 공권력 주도하에서 행한 국제그룹해체에 의한 기업정리의 헌법적합성을 살펴본다.

(1) 이 사건 주거래은행인 제일은행은 금융업을 주목적으로 설립된 영리법인인 주식회사이다(기록에 의하면 당시 국가가 직접 출자한 주식은 없었던 것으로 보여진다). 이러한 사법인인 은행과 금융거래하는 기업이 그 은행부채가 누적되어 통상의 방법으로는 회수가 어려운 이른바 부실기업이 된 경우에 채권자인 은행의 부채회수의 방법에는, 파산절차를 제외하고도 기업재건을 위하여 은행과 대상기업 간의 계약에 의한 임의관리·직원상주 파견관리의 방법과 화의법·회사정리법 등 종래부터 있어 왔던 도산방지법 절차에 의하는 방안이 하나, 다른 하나가 부실기업에 대하여 부도처리 후 담보된 주식 등에 담보권의 실행으로 공개경매에 붙여 채무를 회수하는 방안, 그리고 또 다른 하나가 은행관계규정 등에 의하는 것으로 여기에는 경영권의 제 3 자인수 내지 기업통폐합 등의 방안과 경영주 등으로 하여금 개인주식·부동산 등 전재산을 직접 매각하게 하거나 매각을 주거래은행에 위임하게 하여 재무구조의 개선과 기업자금을 조달케 하는 이른바 자구노력 등에 의한 정상화방안이 있다(이 가운데 채무자에게 부도처리방법이 형사상 불리하고, 파산절차와 제 3 자인수식이 재산상 불리한 것으로 보여진다). 어느 방법에 의하든 사기업인 은행의 채권채무의 회수인 만큼 부실기업이 처한 실정에 맞추어 주거래은행이 법에 따라 그 책임과 권한하에 자율적으로 선택·처리하여야 할 사적자치의 영역이 될 것이다(이 사건에서 주거래은행이 자구노력식의 정상화방안을 자율적으로 선택하였던 것은 이미 본 바이다). 은행감독원 제정의 금융기관불건전채권정리업무취급지침 제12조의 규정만 보아도 주거래은행은 부실기업의 선정 및 정리기준을 각 은행의 실정에 맞추어 자율적으로 책정하고 이 기준에 따라 부실기업을 선정하여 정리계획을 수립하되, 부실기업을 처분대상과 정상화대상으로 구분한다고 되어 있으며, 동 지침 제16조 제 1 항에서는 주거래은행은 처분계획이나 정상화계획을 은행감독원장에게 보고하면 되도록 되어 있어 부실기업의 선정과 정리가 어디까지나 은행의 권한과 책임하에 처리되어야 할 고유영역이고 공권력의 타율사항이 아님을 분명히 하고 있다. 헌법 제119조 제 1 항(제 5 공화국 헌법 제120조 제 1 항)은 대한민국의 경제질서는 개인과 기업의 경제상의 자유와 창의를 존중함을 기본으로 한다고 하여 시장경제의 원리에 입각한 경제체제임을 천명하였는바, 이는 기업의 생성·발전·소멸은 어디까지나 기업의 자율에 맡긴다는 기업자유의 표현이며 국가의 공권력은 특단의 사정이 없는 한 이에 대한 불개입을 원칙으로 한다는 뜻이다. 나아가 헌법 제126조(제 5 공화국 헌법 제127조)는 국방상 또는 국민경제상 긴절한 필요로 인하여 법률이 정하는 경우를 제외하고는 사영기업을 국유 또는 공유로 이전하거나 그 경영을 통제 또는 관리할 수 없다고 규정하여 사영기업의 경영권에 대한 불간섭의 원칙을 보다 구체적으로 밝히고 있다. 따라서 국가의 공권력이 부실기업의 처분정리를 위하여 그 경영권에 개입코자 한다면 적어도 긴절한 필요 때문에 정한 법률상의 규정이 없이는 불가능한 일이고, 다만 근거법률은 없지만 부실기업의 정리에 개입하는 예외적인 길은 부실기업 때문에 국가가 중대한 재정·경제상의 위기에 처하게 된 경우 공공의 안녕질서의 유지상 부득이하다 하여 요건에 맞추어 긴급명령(제 5 공화국 헌법하에서는 비상조치)을 발

1) 헌재 1993. 7. 29 선고, 89 헌마 31, 헌재판례집 제 5 권 2집, 87면 이하.

하여 이를 근거로 할 것이고, 그렇게 하는 것만이 합헌적인 조치가 될 수 있는 것이다. 다시 말하면 기업활동의 자유에 대한 공권력의 개입은 법치국가적 절차에 따라야 할 이치이므로, 만일 공권력이 나서지 않으면 은행마저 부실화를 초래하고 대기업이 부도가 나고 완전도산이 몰고 올 수많은 종업원의 실직위기나 국가경제상 바람직하지 않은 결과가 초래되게 되어도 법률의 규정이나 부득이한 사유가 있어 발하는 긴급명령이나 비상조치에 근거하여야 할 것이지, 당시 시대상황으로 보아 불가피하였다는 사유만으로 공권력 자신이 법적 근거 없이 직접 부실기업의 처분정리방침을 세워, 그것도 평가에 관행상 인수자와 은행만이 관여하여 상황전개가 그리 투명하다 할 수도 없는 선인수 후정산(실사)식의 정리방침을 세워 그 힘으로 밀고 나가도 된다고는 할 수 없다. 채권액이 큰 액수이지만 이는 어디까지나 채권자 내지 담보권자인 은행과 채무자인 사영기업 간의 채권채무관계이므로 당사자들이 그 책임과 권한하에 알아서 자율적으로 처리할 일이며, 은행의 자율적 처리과정에서 공권력의 의견제시는 별론, 그렇지 않고 법치국가적 절차에 따르지 않는 공권력의 발동개입은 그것이 위정자의 정치적·정책적 결단이나 국가의 금융정책과 관련된다는 이유로 합헌적인 조치가 될 수 없으며, 이 경우는 이른바 관치경제이고 관치금융밖에 될 수 없는 것이다. 더 나아가 이는 관(官)의 이상비대화 내지 정경유착의 고리형성의 요인이 될 수 있다. 대저 사기업인 은행의 자율에 맡기지 않고 공권력이 가부장적·적극적으로 개입함은 기업 스스로의 문제해결능력, 즉 자생력만 마비시키는 것이며, 시장경제원리에의 적응력을 위축시킬 뿐인 것이므로 기업의 경제상의 자유와 창의의 존중을 기본으로 하는 헌법 제119조 제 1 항의 규정과는 합치될 수 없는 것이다.

(2) 위에서 공권력 개입의 헌법적 한계를 보았거니와 이 사건에 있어서 해체의 기본방침결정, 인수업체결정, 자금관리착수조치 등 해체준비지시, 그리고 제일은행 명의의 언론발표지시 등 2주 간의 단기간에 이루어진 국제그룹해체를 위한 일련의 공권력행사의 과정에서 제일은행은 단지 공권력이 이미 한 정책결정에 결과적으로 순응하였을 뿐임은 앞서 본 바이다. 이러한 일련의 공권력의 행사는 제일은행장의 주도적·자율적인 부실기업의 처분정리에 재무부장관이 권고나 바라는 방향의 의견을 제시할 뿐인 행정지도와는 그 성질이 근본적으로 다른 것이며, 대통령에 보고하여 그 지시를 받아 행하는 재무부장관 주도의 그룹해체조치에 당시 관치금융하에 구조적으로 그 자율성이 형해화된 제일은행이 그 통고를 받아 순종한 것에 지나지 않는다. 다시 말하면 주거래은행인 제일은행의 처지에서는 바꾸기 어려운 공권력 주도의 해체지침에 사후순응했다고 볼 것으로, 해체에 이르는 과정에서 위에서 본 바 기본방침의 확정, 인수업체의 내정과 그 확정교섭, 대언론발표문의 작성 등 주요 의사결정 과정에서 주거래은행이 소외되었다는 점에 비추어 주거래은행측이 공권력과 대석적(對席的)인 협의가 있었다고 보기는 어려울 것이다. 결국 이 사건은 자신의 채권회수 때문에 법에 따라 자율적으로 나서서 처리해야 하고 또 스스로 처리하고 있었던 주거래은행의 자치영역에서, 오히려 재무부장관이 주역으로 나서서 그 뜻에 순응할 수밖에 없는 은행에 지시하여 가면서 회사법의 규율도 받게 되어 있는 사영기업에 대하여 그 해체를 위한 공권력을 행사한 것이다. 공권력 자신이 청구인 기업에 대하여 사적 담보권자도 아니면서도 이에 이르렀는바, 여기에 뒷받침할 만한 합헌적인 법률은 찾을 길이 없다(마치 대통령의 긴급명령 내지 비상조치의 경우처럼 비공개리에 단기간에 성안준비되어 전격적으로 언론에 발표하게 함으로써 소기의 목적을 이룬 공권력의 행사이기도 한데, 이 또한 법적 근거를 찾기 어렵다). 법률적 근거가 없었기 때문에 실질적으로 공권력 자신에 의한 사영기업의 해체정리이면서도 이름은 주거래은행으로

언론에 발표하게 하는 편법을 쓰고 사건내막은 계속적으로 대외비로 하였는지 모른다. 공권력이 아무리 명분이 좋아도 국민의 권리를 제한하고 의무를 부과하는 일은 예측가능한 법률에 근거를 두어야 할 것이고, 이것은 기업의 경영권에 개입하고 제한할 때에도 마찬가지임은 이미 보았거니와, 이 점에서 법률상 근거 없는 이 사건 공권력의 행사는 법치국가적 절차를 어긴 것이며, 또 법률상 무권한의 자의적인 공권력의 행사였다는 점에서 헌법 제11조 소정의 평등의 원칙의 파생인 자의금지의 원칙도 위반한 것이다. 나아가 이 사건 과정에서 공권력에 의한 전격적인 전면해체 조치로 인하여 위에서 본바 주거래은행이 바로 전에 자율적으로 세워놓은 자구노력식 지원계획은 제대로 시행해 볼 겨를 없이 백지화되게 됨으로써 은행측의 경제의 자율성이 저해되게 된 것은 차치하고, 법률적 근거 없이 사영기업의 경영권에 개입하여 그 힘으로 이를 제3자에게 이전시키기 위한 공권력의 행사였다는 점에서 헌법 제119조 제 1 항·제126조 소정의 개인기업의 자유와 경영권 불간섭의 원칙을 직접적으로 위반한 것이다. 이에 청구인으로서는 법률상 무권한의 공권력의 행사로 인하여 자의적이고 차별적인 대우를 받지 않을 권리인 평등권 그리고 기업활동의 자유를 침해당하게 된 것이다.

생각건대 부실기업을 그대로 방치할 때에 국가 사회적 파급효과가 크다 하더라도 법의 테두리 안에서 문제를 해결하도록 시도하는 것이 법치행정의 원칙의 준수이며, 만일 법이 없으면 공권력 개입의 객관적 기준을 세운 법안을 발안한 다음 새 입법을 기다려 그에 의거하여야 할 것이지, 그와 같은 절차가 번거롭다 하여 이를 생략한 채 목적이 좋다는 것만 내세워 초법적 수단에 의거하여 마치 국·공영기업의 경영자를 발령하여 바꾸듯이 사영기업의 사실상의 지배주주를 갈고 경영권자를 바꾸는 식의 공권력의 행사는 시장경제적 법치질서를 파탄시키는 것밖에 되지 못한다. 인간의 정치적 예지의 산물이라 할 민주주의는 수단 내지 절차의 존중이지 목적만을 제일의(第一義)로 하는 것이 아니다. 적법절차가 무시되는 조치라면 추구하는 목적과 관계 없이 공권력의 남용이요, 자의밖에 될 수 없으며 합헌화될 수 없다. 법은 만민 앞에 평등하다. 대통령, 재무부장관 기타 어떠한 공권력도 법의 지배를 받아야 하는 것이다. 그것이 곧 법적 안정성과 예측가능성을 보장받는 사회를 이루는 길이기도 하다. 국제그룹의 전면해체과정에 있어서 대통령결단의 구체적 경위와 배경, 인수과정에 있어서의 문제점, 그리고 당시 국제그룹이 처한 정확한 재정상태 등의 쟁점에 나아가 살필 필요 없이 이 사건 피청구인의 공권력의 행사가 위헌임을 선언하는 소이(所以)는 관치금융이 아닌 법치금융, 나아가 경제적 법치주의 등 위에서 본 바와 같은 수호되어야 할 헌법적 가치질서를 보다 뚜렷이 밝히고자 함에 있는 것이다.

[결　　론]

그렇다면 이 사건 피청구인이 대통령에 건의 보고하여 그 지시를 받아 1985. 2. 7. 청구인 경영의 국제그룹을 해체키로 기본방침을 결정하고 같은 달 11. 그 인수업체를 정한 후, 이의 실행을 위하여 제일은행장 등에 지시하여 같은 달 13.부터 국제그룹계열사에 대한 은행자금관리에 착수하게 하고 제일은행 앞으로 처분위임장 등으로 계열사의 처분권을 위임받게 하는 등 해체준비를 하도록 하고, 피청구인이 만든 "국제그룹정상화대책" 표제의 보도자료에 의거하여 같은 달 21. 제일은행의 이름으로 언론에 발표하도록 하는 등 국제그룹해체를 위하여 한 일련의 공권력의 행사는 헌법상 법치국가의 원리, 헌법 제119조 제 1 항·제126조·제11조의 규정을 어겨 청구인의 기업활동의 자유와 평등권을 침해한 것이므로 헌법에 위반된 것임을 확인하며, 이에 주문과 같이 결정한다. 이 결정에는 관여 재판관 중 재판관 최광률의 반대의견이 있는 외에는 나머지 재판관의 의견일치를 보았다.

2. 金融産業構造改善에 관한 法律은 經濟秩序를 侵害하지 않는다[1)]

가. 이 사건 법률조항의 입법취지와 내용

금산법은 금융기관의 합병·전환·정리 등 금융산업의 구조개선을 지원하여 금융기관 간의 건전한 경쟁을 촉진하고 금융업무의 효율성을 높임으로써 금융산업의 균형 있는 발전에 이바지함을 목적으로 하고 있다(제1조).

특히 이 사건에서 문제되는 금산법 제 5 조는 1997년 말 외환위기를 맞아 경제적 위기를 극복하고, 시장에서의 합리적인 질서와 산업구조를 확립함으로써 위기의 재발을 억제하기 위한 조치의 일환으로서, 하나의 금융기관이 파산하게 되면 그 피해는 그 기관에 그치지 않고 다른 금융기관으로 번져 사회 전반에 크나큰 피해를 미칠 수 있는 금융제도의 특성을 고려하여 경제적 위기에 처한 당시의 상황에서 금융산업의 구조조정을 신속히 진행하기 위하여 1998. 9. 14. 도입된 법률조항이다.

이 사건 법률조항의 내용을 구체적으로 살펴보면, 상법 제363조 제 1 항이 2주간 전으로 정한 주주총회 소집 통지기간을 7일 전으로(금산법 제5조 제4항), 상법 제354조 제 4 항이 2주간 전으로 정한 주주명부폐쇄 및 기준일 공고기간을 7일 전으로(동조 제6항), 상법 제522조의3 제 1 항이 20일 이내로 정한 주식매수청구권행사기간을 10일 이내로(동조 제8항), 합병에 관련한 상법상의 각 기간을 단축하고 있고, 합병을 결의하는 주주총회에서 증권예탁원의 의결권을 제한한 증권거래법 제174조의6 제 5 항 제 3 호에 대한 특례 조항으로서 그와 같은 주주총회에서도 증권예탁원의 의결권 행사를 인정하고 있다(동조 제10항).

이러한 규정들은 금융기관의 합병을 신속하게 추진할 수 있도록 함으로써 앞서 본 금산법의 입법 목적을 구체적이고도 제도적으로 보장하기 위한 것으로 이해되는데, 금산법 제 5 조는 이 사건 법률조항 이외에도 같은 취지로, 상법 제232조 제 1 항이 1월 이상으로 정한 채권자이의 제출기간을 10일 이상으로(동조 제3항), 상법 제522조의2 제 1 항이 합병주주총회일 2주 전으로 정한 대차대조표의 공시기간을 7일 전으로(동조 제5항), 상법 제530조 제 3 항, 제440조가 1월 이상으로 정한 주식병합을 위한 구 주권 제출공고 기간을 5일 이상으로(동조 제7항), 상법 제526조, 제527조가 2주간 전으로 예정한 흡수합병의 보고총회 또는 신설합병의 창립총회 소집 통지기간을 7일 전으로(동조 제11항) 하여 그 기간을 단축하고 있다.

헌법 제119조 제 1 항은 "대한민국의 경제질서는 개인과 기업의 경제상의 자유와 창의를 존중함을 기본으로 한다"고 규정하여 사유재산제도, 사적 자치 및 과실책임의 원칙을 기초로 하는 자유시장 경제질서를 기본으로 하고 있음을 선언하고 있는데(헌재 1998. 5. 28. 96 헌가 4 등, 헌재판례집 10-1, 522, 533~534 참조), 이 사건 법률조항으로 인하여 금산법이 적용되는 합병에 있어서 회사주주를 보호하기 위한 기간이 단축되고 증권예탁원의 의결권 대리행사가 가능해 졌다고 하더라도, 그 권리가 배제되었다거나 그 행사가 현저하게 곤란해졌다고 할 수 없고, 여전히 합병의 과정에서는 회사주주들을 포함하는 시장경제의 주체들에 의한 합리적인 의사 결정권이 중심적인 역할을 수행하도록 예정되어 있으며, 그 외에 이 사건 법률조항으로 인하여 우리 헌법이 추구하고 있는 시장경제질서가 과도하게 위축될 가능성이라든가, 개인과 기업의 경제상의 자유와 창의가 존중되지 못할 우려를 발견하기 어려우므로, 이 사건 법률조항은 헌법 제119조 제 1 항에 위배되지 아니한다.

---

1) 헌재 2008. 12. 26 선고, 2005 헌바 34, 헌재판례집 제20권 2집(하), 594면 이하.

[결　　론]

이상에서 본 바와 같이 금산법 제 4 조, 제 5 조 제 1 항·제 2 항·제 3 항·제 5 항·제 7 항·제 9 항·제11항에 대한 심판청구는 부적법하므로 이를 모두 각하하고, 금산법 제 5 조 제 4 항·제 6 항·제 8 항·제10항은 헌법에 위반되지 아니하므로, 아래와 같은 재판관 조대현, 재판관 이동흡의 보충의견을 제외한 나머지 관여 재판관 전원의 일치된 의견으로 주문과 같이 결정한다.

[재판관 조대현, 재판관 이동흡의 보충의견]

우리는 이 사건 법률조항이 입법자가 재량의 범위를 넘어서 명백히 불합리하게 입법형성권을 행사한 것으로 보기 어려우므로 합헌이라는 법정의 및 그 논지에 원칙적으로 찬성한다. 그러나 다음과 같은 이유로 이 사건 법률조항에 대하여 입법적 시정조치가 필요함을 밝히고자 한다.

첫째, 이 사건 법률조항이 지난 외환위기 직후 우리 사회가 직면해야 했던 경제적 위기를 극복하고 산업 구조의 개선을 통해 위기의 재발을 억제하기 위한 개혁의 일환으로 도입되었다는 사실을 모르는 바 아니다. 당시 입법자에게는, 금융기관의 합병이 다른 기관의 경우와 달리 큰 제약 없이 시급히 이루어져야 할 당면 과제로서 인식되었다고 보인다.

그러나 왜 금융기관의 합병만 다른 기업의 합병과는 달리 특별한 취급을 받아야 하는지에 관한 입법적 근거가 다소간 미약해 보인다. 외환위기 당시 우리나라 경제가 노정하였던 고질적인 문제점 및 시장 개방에 대비하여 산업 경쟁력을 향상시킬 필요성 등은 비단 금융산업에 한정된 것이라고 단정할 수 없는바 유독 금융기관의 합병에만 특례를 두고 있는 이 사건 법률조항에는 산업 간 형평성이라는 관점에서 입법적인 문제점이 있을 수 있다. 나아가 이 사건 법률조항이 정상적인 금융기관과 부실금융기관의 구별 없이 광범위하게 적용되고 있다는 점에서, 구조조정의 시급함이 비교적 덜한 정상적인 금융기관에까지 일반적인 합병절차를 간소화시킨 특례조항을 적용하는 것은 주주의 보호를 위해 바람직하지 않다는 점을 지적해 둔다.

둘째, 입법자는 이 사건 법률조항 등 금산법상 합병에 대한 간소화조항을 통하여 3개월 내지 6개월 소요되었던 금융기관의 합병이 2개월 내외로 단축될 수 있음을 강조함으로써 합병에 있어서 효율성의 덕목을 강조하였지만, 그 반면에 합병의 과정에서 더불어 중시되어야 할 주주의 권리와 이익에 대해서는 상대적으로 미흡하게 반영하였다고 보인다. 경제적 효율만을 앞세워 절차적으로 보장된 권익을 간과하는 이른바 결과지상주의적 태도는 우리 사회가 극복해야 할 오래된 악습 중 하나인데, 이 사건 법률조항 역시 그와 같은 폐단의 산물은 아닌지 반성적인 성찰을 요구하는 부분이라 할 것이다.

셋째, 비록 이 사건 법률조항이 외환위기 당시의 경제적 난관을 극복하기 위하여 입법되었고 일정 부분에 걸쳐 위기의 극복에 기여한 바가 있다고 하더라도, 이제는 금융회사의 수가 적정히 줄어든 반면 자산규모나 건전성이 크게 개선되는 등 금융산업의 구조조정이 대체로 마무리지어졌다고도 할 수 있다. 그렇다면 현재의 관점에 서서 이 사건 법률조항과 같은 특례조항에 대한 입법적인 타당성을 다시금 검토할 이유가 충분하다고 보인다.

비록 이와 같은 문제를 지적할 수 있다고 하더라도, 이 사건 법률조항이 입법 재량을 현저히 일탈 남용하였다고 하여 위헌이라고 선언할 정도에 이르렀다고 볼 수는 없다. 다만 다른 산업기관과의 형평성, 주주의 이익에 대한 실질적인 보호 등에 대한 면밀한 검토를 통하여 위 문제를 보완하는 입법적 시정조치가 있어야 한다는 의견을 밝히는 바이다.

3. 그린벨트 指定은 憲法에 違反되지 않는다[1)]

가. 개발제한구역제도의 연혁 및 문제점

(1) 원래 도시계획법은 도시의 창설 또는 개량에 관한 사항을 규정함으로써 도시의 건전한 발전을 도모하고 공공복리의 증진에 기여하기 위하여 1962. 1. 20. 법률 제983호로 제정·공포된 법률로서, 1934. 6. 20. 제령 제18호 조선시가지계획령에 포함되어 있던 내용 중 건축분야를 제외한 나머지 사항을 규율하고 있었다.

그런데 위 법률이 시행된 뒤에 정부의 강력한 공업화정책에 따른 산업구조고도화의 과정에서 도시와 그 주변에 많은 인구가 집중하게 되었고, 이로 인하여 도시의 급격한 팽창이 이루어짐으로써 종전의 법률로써 해결할 수 없는 여러 가지 도시문제가 생기게 되었다. 그리하여 이러한 도시문제를 해결하기 위한 도시계획을 결정하게 하는 한편, 사업추진의 세부절차를 규제하고 도시의 과대화 및 과밀화 방지, 도시환경조성에 필요한 공지의 확보와 이에 따른 사권의 보호 등 법적 규제상의 미비점을 보완하기 위하여 새로운 도시계획법을 마련해야 할 필요가 생겨 1971. 1. 19. 법률 제2291호로서 도시계획법의 전문이 개정되게 되었다.

이 사건 법률조항이 정한 이른바 '개발제한구역제도'는 도시의 무질서한 확산방지, 도시주변의 자연환경 보전 및 국가안보의 목적을 위하여 위 전문개정 당시 새로이 도입되었으며, 1972. 12. 30. 법률 제2435호로 현행 규정내용과 같이 개정되어 오늘에 이르고 있다.

개발제한구역은 이 사건 법률조항에 근거하여 1971. 7. 30.부터 1977. 4. 18.까지 8차례에 걸쳐 단계적으로 확대 지정되었다. 그 지정지역은 전 국토의 5.4%에 해당하는 5,397.1㎢에 달하고, 그 후 행위제한에 대한 일부 변경만 있었을 뿐, 추가지정이나 변경 없이 그대로 유지되어 왔으며, 현재 전국의 개발제한구역 내에는 약 1백만명이 거주하고 있다.

무계획적이고 무질서한 도시의 확산에 따라 생기게 되는 여러 문제는 비단 우리 나라뿐 아니라 세계의 여러 나라가 당면한 범세계적인 문제로서 세계 각국은 쾌적한 도시환경의 유지·개선을 위하여 각자 나름대로의 도시계획 및 토지규제에 관한 입법과 정책을 실시하고 있다. 그 중에서도 특히 영국의 경우를 보면, 토지소유권에서 개발권을 분리하여 공유화한 결과 도시의 지상 또는 지하에 걸친 건설 등의 행위 또는 토지나 건물의 용도의 실질적 변경을 가하는 행위 등 모든 개발행위는 행정관청의 허가를 받아야만 시행할 수 있으며, 시가지의 팽창을 제한하고 전원의 쾌적성을 보호하기 위하여 일정한 지역을 그린벨트(Greenbelt)로 지정하여 개발을 엄격히 제한하고 있는데, 이는 우리의 개발제한구역과 매우 유사한 제도로 볼 수 있다.

(2) 이 사건 법률조항이 정한 개발제한구역제도는 고도성장기인 70, 80년대에 도시의 평면적인 확산을 방지하고, 서울을 비롯한 대도시 주변의 녹지를 이만큼이나마 보존하는 데 크게 기여하였을 뿐만 아니라, 도시주변에 미개발토지를 개발유보지로 확보하여 미래의 토지수요에 대한 장기적인 대비를 가능하게 함으로써 장래의 건전한 도시발전에 중대한 기여를 하고 있다는 점이 인정된다고 할 것이다.

이러한 개발제한구역을 아무런 대안 없이 해제하거나 규제를 대폭 완화하는 것은 부동산 투기를 유발할 뿐만 아니라, 해당 지역의 급속한 개발로 말미암아 인구의 대량유입현상을 빚게되어 도시 환경적인 측면에서 심각한 부작용을 가져오게 될 것이라는 점이 지적되고 있다.

다른 한편, 개발제한구역제도는 그 지정된 구역 안에서는 원칙적으로 그 구역지정의 목적

1) 헌재 1998. 12. 24 선고, 89 헌마 214, 90 헌바 16, 97 헌바 78(병합), 도시계획법 제21조에 대한 위헌소원, 헌재판례집 제10권 2집, 927면 이하.

에 위배되는 건축물의 건축 등이 제한됨으로써 구역 내 주민들의 생활에 불편을 초래하는 것 외에도 개발제한구역의 지정으로 인한 개발가능성의 소멸과 그에 따른 지가의 상대적인 하락이나 지가상승률의 감소를 초래하는 등 특정 토지소유자들의 재산권을 제한하는 반면, 그 지정의 원인제공자와 수익자는 최소한의 부담도 하지 아니한채 남의 희생 위에 무임승차함으로써 형평과 사회정의의 요청에 따른 공평부담의 원칙에 반한다는 문제가 제기되었다. 뿐만 아니라, 개발제한구역이 그 지정당시 철저한 사전조사와 평가가 따르지 아니한 탓으로 도시의 규모나 위치를 충분히 고려하지 아니하고 지정시점을 기준으로 기존 개발지역 주위를 에워싸는 방식으로 지정됨에 따라 일부 지방 중소도시를 비롯한 특정지역의 경우 개발제한구역이 차지하는 비중이 너무 커 정상적인 도시발전을 어렵게 하고 국토의 균형발전을 저해한다는 지적이 있어 왔다.

또한, 지정당시로부터 오랜 세월이 지나는 동안 주변여건에 많은 변화가 있었음에도 불구하고 현상유지만을 고수함에 따라 늘어난 토지수요를 충당하기 위하여 개발제한구역 내의 적은 비용으로 개발가능한 땅을 두고도 많은 비용을 들여 정작 보전되어야 할 임야나 녹지를 개발제한구역 밖에 있다는 이유로 개발하거나 심지어 갯벌을 매립하여 땅을 만드는 등의 비효율적인 개발방식을 강요당한 점도 없지 않았다.

나. 재산권의 침해 여부

(1) 재산권의 보장과 토지재산권의 사회적 의무

(가) 헌법은 "모든 국민의 재산권은 보장된다. 그 내용과 한계는 법률로 정한다," "재산권의 행사는 공공복리에 적합하도록 하여야 한다"(제23조 제1항 및 제2항)고 규정함으로써 재산권은 법률로써 규제될 수 있고, 그 행사 또한 일정한 제약을 받을 수 있다는 것을 밝히고 있다.

재산권이 법질서 내에서 인정되고 보호받기 위하여는 입법자에 의한 형성을 필요로 한다. 즉, 재산권은 이를 구체적으로 형성하는 법이 없을 경우에는 재산에 대한 사실상의 지배만 있을 뿐이므로 다른 기본권과는 달리 그 내용이 입법자에 의하여 법률로 구체화됨으로써 비로소 권리다운 모습을 갖추게 된다. 입법자는 재산권의 내용을 구체적으로 형성함에 있어서 헌법상의 재산권보장(헌법 제23조 제1항 제1문)과 재산권의 제한을 요청하는 공익 등 재산권의 사회적 기속성(헌법 제23조 제2항)을 함께 고려하고 조정하여 양 법익이 조화와 균형을 이루도록 하여야 한다.

(나) 한편, 현실적으로 재산권은 기본권의 주체로서의 국민이 각자의 인간다운 생활을 자기 책임하에 자주적으로 형성하는 데 필요한 경제적 조건을 보장해 주는 기능을 한다. 그러므로 재산권의 보장은 곧 국민 개개인의 자유실현의 물질적 바탕을 의미한다고 할 수 있고, 따라서 자유와 재산권은 상호보완관계이자 불가분의 관계에 있다고 하겠다. 재산권의 이러한 자유보장적 기능은 재산권을 어느 정도로 제한할 수 있는가 하는 사회적 의무성의 정도를 결정하는 중요한 기준이 된다.

재산권에 대한 제한의 허용정도는 재산권행사의 대상이 되는 객체가 기본권의 주체인 국민 개개인에 대하여 가지는 의미와 다른 한편으로는 그것이 사회전반에 대하여 가지는 의미가 어떠한가에 달려 있다. 즉, 재산권 행사의 대상이 되는 객체가 지닌 사회적인 연관성과 사회적 기능이 크면 클수록 입법자에 의한 보다 광범위한 제한이 정당화된다. 다시 말하면, 특정 재산권의 이용이나 처분이 그 소유자 개인의 생활영역에 머무르지 아니하고 일반국민 다수의 일상생활에 큰 영향을 미치는 경우에는 입법자가 공동체의 이익을 위하여 개인의 재산권을 규제하는 권한을 더욱 폭넓게 가진다고 하겠다.

(다) 토지에 대한 재산권은 연속된 공간의 특정부분을 소유하는 등의 권리이므로 그 대상이

되는 토지의 가치는 그 토지가 위치한 지역의 사회적 제반조건에 따라 정해지고, 이용 또한 그 이웃에 있는 다른 토지의 이용과 서로 조화되어야 하는 제약이 따를 수밖에 없는 특성이 있다.

그런데 토지는 원칙적으로 생산이나 대체가 불가능하여 공급이 제한되어 있고, 우리나라의 가용토지면적은 인구에 비하여 절대적으로 부족한 반면에, 모든 국민이 생산 및 생활의 기반으로서 토지의 합리적인 이용에 의존하고 있으므로, 그 사회적 기능에 있어서나 국민경제의 측면에서 다른 재산권과 같게 다룰 수 있는 성질의 것이 아니므로 공동체의 이익이 보다 강하게 관철되어야 한다(헌재 1989. 12. 22. 88 헌가 13, 헌재판례집 1, 357 참조).

헌법은 토지가 지닌 위와 같은 특성을 감안하여 "국가는 국민 모두의 생산 및 생활의 기반이 되는 국토의 효율적이고 균형 있는 이용·개발과 보전을 위하여 법률이 정하는 바에 의하여 그에 관한 필요한 제한과 의무를 과할 수 있다"(제122조)고 규정함으로써 토지재산권에 대한 광범위한 입법형성권을 부여하고 있다.

(2) 이 사건 법률조항에 의한 토지재산권제한의 내용

(가) 이 사건 법률조항에 의한 개발제한구역의 지정은 도시지역을 대상으로 하여 수립되는 도시계획상의 토지이용계획의 하나로서 구역의 지정에 관한 계획에 따른 토지이용제한의 한 형태이다. 이 사건 법률조항에 따라 개발제한구역으로 지정된 구역 안에서는 지정 당시 이미 관계법령의 규정에 의하여 허가를 받아 공사 또는 사업에 착수한 것을 제외하고는 그 구역지정의 목적에 위배되는 건축물의 건축, 공작물의 설치, 토지의 형질변경, 토지면적의 분할 또는 도시계획사업의 시행을 할 수 없다(법 제21조 제 2 항).

(나) 법 제17조 및 제18조에 근거한 '용도지역'이나 '용도지구'의 지정으로 인한 도시계획상의 제한은 원칙적으로 토지의 자유로운 사용을 보장하면서 개별적으로 혹은 예외적으로 각 지정목적에 어긋나는 사용을 제한하는 방식을 취하고 있는 데 반하여, 이 사건 법률조항에 의한 '개발제한구역' 지정의 경우에는 구역 내의 토지는 지정 당시의 지목에 따른 현상유지적 혹은 현상개량적 사용 외에는 일체의 사용행위가 원칙적으로 그리고 포괄적으로 제한된다는 점에서 여타의 도시계획상의 제한보다 한층 더 강한 행위제한을 받게 된다. 즉, 개발제한구역의 지정은 도시개발을 제한하기 위한 것이고(법 제21조 제 1 항), 그와 같은 지정목적에 위배되지 아니하는 건축물의 건축 등의 행위는 사실상 상정하기 어려우므로, 개발제한구역 내에 있는 토지는 그 지정과 동시에 원칙적으로 지정 당시의 상태에 따른 사용만이 가능하게 되는 엄격한 제한을 받게 되는 것이다.

그러나 개발제한구역 내에 있는 토지는 원칙적으로 지정 당시의 상태에 따른 사용이 가능하므로, 이 사건 법률조항에 따라 제한대상이 되는 것은 토지재산권의 한 내용인 토지사용권에 한하고, 사용권이 제한된다 하더라도 구역 지정 당시의 본래적인 용도에 따른 사용은 원칙적으로 보장되고 상당한 범위 내의 현상개량적인 개발행위도 예외적으로 허용되며 단지 장래에 있어서 구역의 지정목적에 반하는 사용방법만이 금지된다.

(3) 이 사건 법률조항의 위헌 여부

(가) 이 사건 법률조항은 입법자가 토지재산권에 관한 권리와 의무를 일반·추상적으로 확정하는 규정으로서 법질서 안에서 보호받을 수 있는 권리로서의 재산권의 내용과 한계를 정하는 재산권을 형성하는 규정인 동시에 공익적 요청에 따른 재산권의 사회적 제약을 구체화하는 규정이기도 하다(헌법 제23조 제 1 항 및 제 2 항).

헌법상의 재산권은 토지소유자가 이용가능한 모든 용도로 토지를 자유로이 최대한 사용할 권리나 가장 경제적 또는 효율적으로 사용할 수 있는 권리를 보장하는 것을 의미하지는 않는다. 입법자는 중요한 공익상의 이유와 앞에서 본 토지가 가진 특성에 따라 토지를 일정용도로 사용하는 권리를 제한할 수 있기 때문이다. 따라서 토지의 개발이나 건축은 합헌적 법률로 정한 재산권의 내용과 한계 내에서만 가능한 것일 뿐만 아니라 토지재산권의 강한 사회성 내지는 공공성으로 말미암아 이에 대하여는 다른 재산권에 비하여 보다 강한 제한과 의무가 부과될 수 있다. 그러나, 그렇다고 하더라도 토지재산권에 대한 제한입법 역시 다른 기본권을 제한하는 입법과 마찬가지로 과잉금지의 원칙(비례의 원칙)을 준수해야 하고, 재산권의 본질적 내용인 사용·수익권과 처분권을 부인해서는 아니 된다.

요컨대, 공익을 실현하기 위하여 적용되는 구체적인 수단은 그 목적이 정당해야 하며 법치국가적 요청인 비례의 원칙에 합치해야 한다. 즉, 입법자가 선택한 수단이 의도하는 입법목적을 달성하고 촉진하기에 적합해야 하고(방법의 적정성), 입법목적을 달성하기에 똑같이 효율적인 수단 중에서 가장 기본권을 존중하고 적게 침해하는 수단을 사용해야 하며(침해의 최소성), 법률에 의하여 기본권이 침해되는 정도와 법률에 의하여 실현되는 공익의 비중을 전반적으로 비교형량하였을 때 양자 사이의 적정한 비례관계가 성립해야 한다(법익의 균형성).

(나) 그렇다면, 이 사건 법률조항을 규정함에 있어서 토지재산권을 제한하는 경우 지켜야 할 위와 같은 원칙을 지켰는지 경우를 나누어 살펴보기로 한다.

1) 구역지정 후 토지를 종래의 목적으로 사용할 수 있는 원칙적인 경우

개발제한구역의 지정에도 불구하고 토지소유자는 원칙적으로 종래와 같이 토지를 계속 이용할 수 있다. 구역 내 토지 중 이미 개발된 토지의 경우에는 도시계획법시행령이 구역지정 당시부터 있던 기존 건축물의 증·개축을 허용하고 있으므로, 이 사건 법률조항이 개발제한구역으로 지정된 토지소유자에게 부과하는 현상태의 유지의무나 변경금지의무는, 토지소유자가 자신의 토지를 원칙적으로 종래의 용도대로 사용할 수 있는 한, 재산권의 내용과 한계를 비례의 원칙에 부합하게 합헌적으로 규율한 규정이라고 보아야 한다. 이를 구체적으로 살펴보면 다음과 같다.

가) 목적의 정당성

도시의 평면적 확산을 적절히 제한하여 도시기능의 적정화를 기하고 도시주변의 자연환경을 보존하여 도시주민의 생활의 질을 높여 나가야 한다는 것은 보편적 공익의 요청이자 국가의 의무이다. 한편 분단으로 인하여 남북이 서로 첨예하게 대치하고 있는 상황에서는 보안상의 이유로 특정 지역에 대한 개발을 제한할 필요가 있음도 부인할 수 없다.

그러므로 개발제한구역 지정으로 인한 토지재산권의 제한은 바로 이와 같은 공익상의 요청에 부응하기 위한 것으로서 그 목적의 정당성이 인정된다.

나) 수단의 적정성, 침해의 최소성, 법익의 균형성

이 사건 법률조항은 위와 같은 입법목적을 달성하기 위하여 개발제한구역으로 지정된 구역 안에서는 그 구역지정의 목적에 위배되는 건축물의 건축, 공작물의 설치, 토지의 형질변경, 토지면적의 분할 또는 도시계획사업의 시행을 원칙적으로 그리고 전면적으로 금지하고 있고(법 제21조 제2항), 이러한 수단이 입법목적을 달성하는 데 크게 기여한다는 것은 의문의 여지가 없으므로, 이 사건 법률조항은 수단의 적정성도 인정된다.

청구인들은 농지의 보전 및 이용에 관한 법률, 자연공원법, 산림법 혹은 도시계획법상의 지역·지구지정에 의한 규제만으로도 도시화 억제의 목적은 충분히 달성될 수 있음에도 불구하고 더 나아가 구역지정에 의한 개발제한까지 가하는 것은 토지이용권에 대한 과도한 제한으로서 그 수단의 적정성이 결여되어 있다고 주장한다. 그러나 개발제한구역의 지정이 궁극

적으로는 구역 내 토지의 형상과 이용방법을 지정 당시의 상태대로 보존함으로써 당해 구역의 도시화를 방지하고자 하는 데 그 목적이 있다는 점에 비추어 보면, 구역 내 토지에 대하여 선별적·부분적·예외적 이용제한의 수단만을 선택하여서는 그 목적의 효율적인 달성을 기대하기 어려울 것이므로, 이 사건 법률조항이 취한 전면적인 규제수단은 입법목적의 달성을 위하여 필요한 최소한의 조치인 것으로 인정된다.

토지는 우리들 모두의 일터이고 삶의 터전이기 때문에 토지재산권의 사회적 기능이 매우 중요할 뿐만 아니라 국민의 대다수를 점하는 도시민의 건전한 생활환경의 확보와 국가안보 등과 같은 이 사건 법률조항을 통하여 실현하려는 법익의 비중이 매우 크다는 것을 고려할 때, 지정된 구역 내의 토지소유자에게 종래 상태에 따른 토지의 이용을 보장하면서 단지 개발행위만을 금지하는 것은 토지소유자에게 과도하고 일방적인 부담을 부과하는 것이 아니라 토지소유자가 수인해야 하는 사회적 제약의 범위에 속한다고 판단된다.

따라서 이 사건 법률조항이 토지재산권의 제한을 통하여 실현하고자 하는 공익의 비중과 이 사건 법률조항에 의하여 발생하는 토지재산권의 침해의 정도를 전반적으로 비교형량할 때, 양자 사이에 적정한 비례관계가 성립한다고 보이므로 법익균형성의 요건 또한 충족되었다 하겠다.

다) 결국, 구역의 지정으로 인한 개발가능성의 소멸과 그에 따른 지가의 하락이나 지가상승률의 상대적 감소는 토지소유자가 감수해야 하는 사회적 제약의 범주에 속하는 것으로 보아야 한다. 토지거래에서 건축이나 개발의 가능성을 지니고 있는 토지가 그렇지 아니한 토지에 비하여 상대적으로 더 높은 가치를 인정받고 결과적으로 지가의 상승을 가져오는 반면, 장래에 개발을 기대할 수 없는 토지는 지가상승률의 감소나 지가의 하락을 가져 오게 된다. 그러나 자신의 토지를 장래에 건축이나 개발목적으로 사용할 수 있으리라는 기대가능성이나 신뢰 및 이에 따른 지가상승의 기회는 원칙적으로 재산권의 보호범위에 속하지 않는다. 구역지정 당시의 상태대로 토지를 사용·수익·처분할 수 있는 이상, 구역지정에 따른 단순한 토지이용의 제한은 원칙적으로 재산권에 내재하는 사회적 제약의 범주를 넘지 않기 때문이다. 따라서 토지소유자가 종래의 목적대로 토지를 이용할 수 있는 한, 구역의 지정으로 인하여 토지재산권의 내재적 제약의 한계를 넘는 가혹한 부담이 발생했다고 볼 수 없다.

라) 다만, 구역의 지정으로 인한 토지재산권의 제한이 비록 헌법적으로는 재산권에 내재하는 사회적 제약의 범위 내의 것이라 할지라도, 구역의 지정이 도시민의 건전한 생활환경을 위한 것임에도 불구하고 수익자인 도시민은 최소한의 부담도 하지 아니하고 오로지 구역 내의 주민과 토지소유자들에게만 그 부담을 전가하는 것은 형평과 사회정의의 요청에 반하므로, 구역 내의 주민이나 토지소유자들에게는, 예컨대 각종 세금의 감면 등 다양한 혜택을 부여하는 한편 수익자로부터는 개발이익을 환수하는 방법 등을 통하여 구역 내 주민의 부담을 완화하고 형평을 회복하는 조치를 취하는 것이 바람직하다 할 것이다.

2) 구역지정 후 토지를 종래의 목적으로도 사용할 수 없거나 또는 토지를 전혀 이용할 수 있는 방법이 없는 예외적인 경우

가) 그러나 구역지정으로 말미암아 예외적으로 토지를 종래의 목적으로도 사용할 수 없거나 또는 법률상으로 허용된 토지이용의 방법이 없기 때문에 실질적으로 토지의 사용·수익권이 폐지된 경우에는 다르다. 이러한 경우에는 재산권의 사회적 기속성으로도 정당화될 수 없는 가혹한 부담을 토지소유자에게 부과하는 것이므로 입법자가 그 부담을 완화하는 보상규정을 두어야만 비로소 헌법상으로 허용될 수 있기 때문이다.

따라서 이 사건 법률조항은 위에서 살펴 본 바와 같이 원칙적으로는 토지재산권의 사회적 제약을 합헌적으로 구체화한 규정이지만, 토지소유자가 수인해야 할 사회적 제약의 정도를 넘는 경우에도 아무런 보상 없이 재산권의 과도한 제한을 감수해야 하는 의무를 부과하는 점에서는 위헌이다. 이러한 경우 입법자는 비례의 원칙을 충족시키고 이로써 법률의 위헌성을 제거하기 위하여 예외적으로 발생한 특별한 부담에 대하여 보상규정을 두어야 한다.

나) 언제 이 사건 법률조항에 의한 제한이 토지재산권의 내재적 한계로서 허용되는 사회적 제약의 범위를 넘어 감수하라고 할 수 없는 특별한 재산적 손해가 발생하였는가의 문제는 일률적으로 확정할 수는 없고 당해 토지가 놓여 있는 객관적 상황(공부상 지목, 토지의 구체적 현황 등)을 종합적으로 고려하여 판단해야 할 것이나, 토지소유자가 보상 없이 수인해야 할 한계를 설정함에 있어서 일반적으로 다음의 두 가지 관점이 중요한 기준이 된다고 하겠다.

첫째, 토지를 합법적인 용도대로 계속 사용할 수 있는 가능성이 있는가 하는 것이다.

헌법상의 재산권의 보장은 무엇보다도, 토지소유자가 재산권에 관하여 종래의 법질서가 존속하리라는 신뢰 아래 합법적으로 그의 토지에 가치를 창설한 경우 새로운 법질서의 변경으로 인하여 그 토지에 이미 형성된 가치가 갑자기 박탈되거나 절하되는 것으로부터 보호한다. 따라서 법률개정으로 인하여 종래의 용도대로 토지를 더 이상 사용할 수 없게 된 경우에는 종래 합법적으로 행사된 토지사용·수익권 등 이미 형성된 상태는 '그의 종래의 기능'을 변경하려는 규정에 대하여 계속 그의 존속을 관철할 수 있어야 하므로 입법자는 보상 없이는 종래의 합법적인 사용·수익을 제거 또는 금지할 수 없다. 다시 말하면, 종래 법적으로 허용된 방법으로 토지를 사용한 경우에는 토지소유자에 의하여 실현된 합법적인 토지사용은 그 자체로서 이미 토지의 상황을 형성하기 때문에, 그의 위치와 자연과의 관계에 따른 주변상황의 구속을 받는 것이 아니라 오히려 토지소유자가 형성한 상황에 따른 재산권적 지위를 부여받게 되는 것이다. 따라서 토지를 종래 합법적으로 행사된 토지이용의 목적으로도 사용할 수 없는 경우, 토지재산권의 이러한 제한은 국민 누구나가 수인해야 하는 사회적 제약의 범위를 넘는 것으로 판단해야 한다.

둘째, 토지에 대한 이용방법의 제한으로 말미암아 토지소유자에게 법적으로 전혀 이용방법이 없기 때문에 실질적으로 토지에 대한 사용·수익을 전혀 할 수 없는 경우에도, 수인의 한계를 넘는 특별한 재산적 손해가 발생하였다고 보아야 한다. 토지소유자가 자신의 토지를 사적으로 의미 있게 사용할 방법이 더 이상 없게끔 토지재산권이 제한된다면, 자신의 토지가 단지 이름만 자신에게 귀속되었을 뿐 실질적으로는 토지와 자신과의 귀속관계가 단절된 것이므로 이러한 경우에는 국민 누구나가 수인해야 하는 사회적 제약의 범위를 넘었다고 보아야 하기 때문이다.

결국, 구역지정으로 인하여 예외적으로 토지를 종래의 목적으로도 사용할 수 없거나 또는 더 이상 법적으로 허용된 토지이용의 방법이 없기 때문에 실질적으로 토지의 사용·수익의 길이 없는 경우에는 토지의 소유권은 이름만 남았을 뿐 알맹이가 없는 것이므로 토지소유자가 수인해야 하는 사회적 제약의 한계를 넘는 것으로 보아야 한다.

다) 위와 같은 기준에 따라 토지재산권의 내재적 한계로서 허용되는 사회적 제약의 범위를 넘어 감수하라고 할 수 없는 특별한 재산적 손해가 발생하였다고 볼 수 있는 구체적 예는 다음과 같은 경우를 들 수 있다.

① 나대지의 경우

개발제한구역 내의 토지 중 지정 당시의 지목이 대지로서 나대지의 상태로 있었던 토지는 구역의 지정과 동시에 건물의 신축이 금지되는 결과 실제로는 지정 당시의 지목과 토지의 현황에 따른 용도로조차 사용할 수 없게 되었다. 토지 관련 공부에 지목이 대지로 되어 있어 개발제한구역의 지정 이전에 대지로서 토지를 사용할 수 있는 법적 권리가 발생하였고 지정 당시 이미 나대지 상태로 형성되어 있어 현실이용상태 또한 지목과 일치한다면, 그 용도에 관하여 당해 토지소유자에게는 보상 없이는 박탈할 수 없는 재산권적 지위를 인정해야 한다. 이 경우 나대지의 소유자는 개발제한구역의 지정 그 자체로서 그가 소유하는 토지의 이용이 사실상 폐지되는 것과 같은 결과를 감수하지 않으면 아니 되므로, 이는 그나마 종전의 용도대로는 계속 사용할 수 있는 다른 토지의 경우와는 달리 토지재산권에 대한 사회적 제약의 한계를 넘는 과도한 부담을 안게 되었다고 할 것이다.

② 사정변경으로 인한 용도의 폐지

토지가 종래 농지 등으로 사용되었으나 개발제한구역의 지정이 있은 후에 주변지역의 도시과밀화로 인하여 농지가 오염되거나 수로가 차단되는 등의 사유로 토지를 더 이상 종래의 목적으로 사용하는 것이 불가능하거나 현저히 곤란하게 되어버린 경우에도 당해 토지소유자에게 위 나대지의 경우에서와 유사한 가혹한 부담이 발생한다. 개발제한구역으로 지정된 토지는 토지 주변상황의 변화로 인하여 지정 당시에 행사된 용도대로의 사용이 불가능한 경우에도 원칙적으로 형질변경이 허용되지 아니하여 다른 용도로도 이용할 수 없기 때문이다.

3) 소 결 론

결국, 이 사건 법률조항에 의한 재산권의 제한은 개발제한구역으로 지정된 토지를 원칙적으로 지정 당시의 지목과 토지현황에 의한 이용방법에 따라 사용할 수 있는 한, 재산권에 내재하는 사회적 제약을 비례의 원칙에 합치하게 합헌적으로 구체화한 것이라고 할 것이나, 종래의 지목과 토지현황에 의한 이용방법에 따른 토지의 사용도 할 수 없거나 실질적으로 사용·수익을 전혀 할 수 없는 예외적인 경우에도 아무런 보상 없이 이를 감수하도록 하고 있는 한, 비례의 원칙에 위반되어 당해 토지소유자의 재산권을 과도하게 침해하는 것으로서 헌법에 위반된다 할 것이다.

따라서 입법자가 이 사건 법률조항을 통하여 국민의 재산권을 비례의 원칙에 부합하게 합헌적으로 제한하기 위해서는, 수인의 한계를 넘어 가혹한 부담이 발생하는 예외적인 경우에는 이를 완화하는 보상규정을 두어야 한다. 이러한 보상규정은 입법자가 헌법 제23조 제 1 항 및 제 2 항에 의하여 재산권의 내용을 구체적으로 형성하고 공공의 이익을 위하여 재산권을 제한하는 과정에서 이를 합헌적으로 규율하기 위하여 두어야 하는 규정이다.

재산권의 침해와 공익 간의 비례성을 다시 회복하기 위한 방법은 헌법상 반드시 금전보상만을 해야 하는 것은 아니다. 입법자는 지정의 해제 또는 토지매수청구권제도와 같이 금전보상에 갈음하거나 기타 손실을 완화할 수 있는 제도를 보완하는 등 여러 가지 다른 방법을 사용할 수 있다. 즉, 입법자에게는 헌법적으로 가혹한 부담의 조정이란 '목적'을 달성하기 위하여 이를 완화·조정할 수 있는 '방법'의 선택에 있어서는 광범위한 형성의 자유가 부여된다.

다. 평등권 등 위반 여부

(1) 개발제한구역의 지정으로 인하여 구역 내 토지소유자에게 발생하는 재산권에 대한 제한의 정도는 '토지를 종래의 지목과 그 현황에 따라 사용할 수 있는가'의 여부에 따라 현저히 상이한데도, 이를 가리지 아니하고 일률적으로 규정하여 구역 내의 모든 토지소유자에게 아무런 보상 없이 재산권의 제한을 수인해야 할 의무를 부과하는 이 사건 법률조항은, 재산권의 제한에 있어서 보상을 필요로 하는 예외적인 범위 안에서 개별 토지소유자에게 발생한 재

산적 부담의 정도를 충분히 고려하여 본질적으로 같은 부담은 같게 다른 부담은 다르게 규율할 것을 요청하는 평등원칙에도 위반된다.

(2) 한편, 이 사건 법률조항의 입법목적과 관련하여 그 개념이 지나치게 광범위하고 모호하다고 청구인들은 주장한다. 그러나 이 사건 법률조항뿐 아니라 법이 정한 다른 법률조항과의 연관관계에서 살펴 보면, 이 사건 법률조항의 입법목적이 도시의 주변 등 일정 구역에 대하여 토지이용을 제한함으로써 도시의 지역적, 평면적 확산을 억제하고 그 구역의 자연환경을 훼손하지 않은 채 그대로 보전할 수 있도록 하며 그에 따라 도시에 거주하는 시민들의 생활환경을 건전하게 유지하려는 데 있다는 것을 법률의 해석을 통하여 쉽게 알 수 있고 이로써 행정청의 자의적인 법적용을 배제하는 객관적인 기준을 얻을 수 있으므로, 법률의 명확성원칙에 반한다고 할 수 없다.

또한, 청구인들은 이 사건 법률조항이 개발제한구역의 지정을 법률로써 정하지 아니하고 이를 행정부에 의하여 할 수 있도록 위임하였으므로 헌법 제23조에 위반된다고 주장하나, 이 사건 법률조항이 위에서 본 바와 같이 행정청과 법원에 의한 법적용의 기준으로서 명확한 이상, 입법자는 개발제한구역의 지정을 통하여 국민의 기본권을 제한하도록 법률의 집행을 당연히 행정부에게 위임할 수 있다 할 것이므로 청구인들의 위 주장은 그 이유가 없다.

4. 農地地域의 建蔽率 制限은 憲法에 違反되지 않는다[1)]

가. 재산권의 보장과 토지 관련 재산권의 사회적 의무

헌법 제23조는 "모든 국민의 재산권은 보장된다. 그 내용과 한계는 법률로 정한다"(제1항), "재산권의 행사는 공공복리에 적합하도록 하여야 한다"(제2항) 라고 규정함으로써 재산권은 법률로써 규제될 수 있고, 그 행사 또한 일정한 제약을 받을 수 있다는 것을 밝히고 있다.

재산권이 법질서 내에서 인정되고 보호받기 위해서는 입법자에 의한 형성을 필요로 한다. 즉 법에 의한 보장 이전의 재산권은 재산에 대한 사실상 지배에 다름 아니므로, 다른 기본권과는 달리 그 내용이 입법자에 의하여 법률로 구체화됨으로써 비로소 권리다운 모습을 갖추게 된다. 입법자는 재산권의 내용을 구체적으로 형성함에 있어서 헌법상의 재산권보장(헌법 제23조 제1항 제1문)과 재산권의 제한을 요청하는 공익 등 재산권의 사회적 기속성(헌법 제23조 제2항)을 함께 고려하고 조정하여 양 법익이 조화와 균형을 이루도록 하여야 한다(헌재 1998. 12. 24. 89 헌마 214 등, 헌재판례집 10-2, 927, 944~945). 나아가, 재산권의 행사가 사회적 연관성과 사회적 기능을 가지면 가질수록 입법자는 보다 광범위한 제한을 가할 수 있고 그러한 조치가 정당화된다. 즉, 재산권의 이용과 처분이 소유자의 개인적 영역에 머무르지 아니하고 국민일반의 자유행사에 큰 영향을 미치거나 문제되는 재산권에 의존하는 경우에는, 입법자가 공동체의 이익을 위하여 개인의 재산권을 제한하는 규율권한은 더욱 넓어진다고 보아야 한다.

무릇 토지는 생산이나 대체가 불가능하여 공급이 제한되어 있고 우리나라의 가용토지면적이 인구에 비하여 절대적으로 부족한 반면에 모든 국민이 생산 및 생활의 기반으로서 토지의 합리적인 이용에 의존하고 있는 정황을 고려하면, 토지는 국민경제의 관점에서나 그 사회적 기능에 있어서 다른 재산권에 비해 보다 강하게 공동체의 이익을 관철할 것이 요구된다. 또한 헌법 제122조는 재산권행사의 사회적 의무성을 강조하는 것에 더하여 "국가는 국민 모두의 생산 및 생활의 기반이 되는 국토의 효율적이고 균형 있는 이용·개발과 보전을 위하여 법률이 정하는 바에 의하여 그에 관한 필요한 제한과 의무를 과할 수 있다"고 규정함으로써

1) 헌재 2008. 4. 24 선고, 2005 헌바 43, 헌재판례집 제20권 1집(상), 510면 이하.

토지재산권에 대한 한층 더 강한 규제의 필요성과 그에 관한 입법자의 광범위한 형성권을 표현하고 있다(이상, 헌재 1989. 12. 22. 88 헌가 13, 판례집 1, 357, 372; 헌재 2003. 4. 24. 99 헌바 110 등, 판례집 15-1, 371, 394~395 등 참조).

즉, 헌법상의 재산권은 토지소유자가 이용 가능한 모든 용도로 토지를 자유로이 최대한 사용할 권리나 가장 경제적 또는 효율적으로 사용할 수 있는 권리를 보장하는 것을 의미하지는 않는다. 입법자는 중요한 공익상의 이유와 앞에서 본 토지가 가진 특성에 따라 토지를 일정 용도로 사용하는 권리를 제한할 수 있기 때문이다. 따라서 토지의 개발이나 건축은 합헌적 법률로 정한 재산권의 내용과 한계 내에서만 가능한 것일 뿐만 아니라 토지재산권의 강한 사회성 내지는 공공성으로 말미암아 이에 대하여는 다른 재산권에 비하여 보다 강한 제한과 의무가 부과될 수 있다.

나. 국토계획법 제77조 제 1 항 제 3 호 및 제78조 제 1 항 제 3 호의 위헌 여부

공공복리의 증진과 국민의 삶의 질을 향상하게 하기 위해서는 국토의 이용·개발 및 보전을 위한 계획을 수립하고 이를 집행할 필요가 있는바(국토계획법 제 1 조 참조), 농림업의 진흥과 산림의 보전을 위하여 필요한 농림지역(국토계획법 제 6 조 제 3 호 참조)의 무제한적인 개발을 제한하고자 하는 이 조항들의 목적은 정당하고, 농림지역 내의 건축물의 건폐율과 용적률을 제한하는 것은 이러한 개발제한에 적절한 수단으로 충분히 수긍할 수 있다.

농림지역이 도시지역에 속하지 아니하는 농지법에 의한 농업진흥지역 또는 산지관리법에 의한 보전산지 등으로서 농림업의 진흥과 산림의 보전을 위하여 필요한 지역(국토계획법 제 6 조 제 3 호)임을 감안하여 볼 때, 입법자가 애당초 농림지역에 청구인들이 건축하고자 하는 다세대주택 등 건축물을 건축하지 못하게 함으로써 더욱 효과적이고 능률적으로 이러한 공익목적을 달성할 수 있음에도 불구하고, 건축물의 건축을 허용하면서 그 건폐율과 용적률을 적절하게 제한하는 수단을 선택한 것은 소정의 입법목적을 달성하기 위해 필요한 최소한의 조치인 것으로 보이며, 동시에 농림지역 내 토지소유자의 이익과 국토의 이용·개발 및 보전을 위한 계획의 수립 및 집행을 통한 공공복리의 증진과 국민의 삶의 질 향상이라는 공중의 이익을 적절히 조절하고 있는 것으로 보인다.

구체적으로 국토의 이용, 개발 및 보전을 위한 계획을 수립함에 있어서 입법자가 가지는 광범위한 계획형성 권한을 감안하여 볼 때, 이 사건에서 문제되는 농림지역에 대한 건폐율(20퍼센트 이하)과 용적률(80퍼센트 이하) 기준이 이러한 입법자의 권한을 벗어난 것으로 보기도 어렵다.

한편, 농림지역 내 토지에 대한 선별적·부분적·예외적 이용제한의 수단을 선택하게 되면 소정의 입법목적을 효율적으로 달성하는 것을 기대하기 어려우므로 이 조항들과 같이 법률상으로는 건폐율과 용적률의 범위를 포괄적으로 제한하고 세부적인 사항은 대통령령 및 조례로 정하도록 하는 규제수단은 입법목적을 달성하기 위해 불가피함과 동시에 적절한 조치로 이해된다.

따라서 농림지역 안에서 건축물의 건폐율과 용적률을 위와 같이 제한한 이 조항들이 청구인들의 재산권을 과도하게 침해한 것으로 보기 어렵다.

다. 부칙 제19조의 위헌 여부

시혜적 법률은 국민의 권리를 제한하거나 새로운 의무를 부과하는 법률과는 달리 입법자에게 보다 광범위한 입법형성의 자유가 인정되는 것이므로 입법자는 그 입법의 목적, 수혜자의 상황 등 제반사항을 고려하여 그에 합당하다고 스스로 판단하는 내용의 입법을 할 권한이 있다고 할 것이고, 그렇게 하여 제정된 법률의 내용이 현저하게 합리성이 결여되어 있는 것이 아닌 한 헌법에 위반된다고 할 수는 없다(헌재 1999. 7. 22. 98 헌마 14, 헌재판례집 11-2, 205, 219 참조).

살피건대, '농지의 전용'이란 농지를 농작물 경작이나 다년생식물의 재배 외의 용도로 사용하는 것을 말하는데(농지법 제2조 제7호 참조), 국민식량의 안정적 공급과 국토환경보전을 위하여서는 농지의 절대면적을 확보할 필요가 절실하므로, 법은 농지전용은 원칙적으로 허가를 받아야 하는 것으로 규정하고 있다(농지법 제34조 제1항 참조).

그런데 이러한 농지법에 의한 농지전용허가와 국토이용관리법, 도시계획법 등에 의한 건축허가(건축법 제8조 참조), 용도변경신고(건축법 제14조 참조), 사업승인 등은 그 근거법규와 신청요건, 규제 목적 및 효과 등이 달라 그 취지 및 기능 등 여러 가지 측면에서 본질적으로 상이한 제도로 봄이 상당하다. 예컨대, 농지전용허가는 그 법적 성질상 건축허가 자체나 기존 건축물의 용도변경에 준하는 것으로 보기 어렵고, 준비단계에 투입되는 비용의 규모에서 볼 때 사업승인과도 동일하게 보기 어려운 측면이 있다.

따라서 부칙 제19조가 명문상 국토이용관리법, 도시계획법 등에 의하여 건축허가, 용도변경신고, 사업승인 등을 받은 사람들과 청구인들과 같이 농지법에 의한 농지전용허가를 받은 사람들을 달리 취급한다고 하더라도 이를 헌법상 평등원칙에 반하는 불합리한 차별로 볼 수는 없다.

[결 론]

이 사건 법률조항들은 헌법에 위반되지 아니하므로 재판관 조대현의 아래와 같은 반대의견을 제외한 나머지 관여 재판관들의 일치된 의견으로 주문과 같이 결정한다.

[국토계획법 제77조 제1항 제3호와 제78조 제1항 제3호에 관한 재판관 조대현의 반대의견]

국토계획법 제77조 제1항 제3호와 제78조 제1항 제3호는 헌법 제23조 제1항과 제37조 제2항에 위반된다고 생각한다.

농림지역이란 도시지역에 속하지 아니하는 지역으로서 농지법에 의한 농업진흥지역 또는 산지관리법에 의한 보전산지 등으로서 농림업의 진흥과 산림의 보전을 위하여 필요한 지역을 말한다(국토계획법 제6조 제3호).

국토계획법 제77조 제1항 제3호는 농림지역의 건폐율을 20% 이하로 제한하고, 국토계획법 제78조 제1항 제3호는 농림지역의 용적율을 80% 이하로 제한하고 있다. 이는 농림지역 안의 건축물의 규모를 제한하는 것으로서, 농림지역에서는 대지면적이 건축면적의 5배 이상이어야 하고 건축물의 연면적이 대지면적의 80%를 넘을 수 없다는 것을 의미한다. 건축은 대지에만 허용되므로 위 법률조항들은 결국 농림지역 안의 토지 중에서 지목이 대지인 토지에 대하여 사용을 제한하는 것이다. 이는 재산권의 행사를 제한하는 것이므로, 헌법 제37조 제2항에 따라 위와 같이 제한해야 할 사유(공공복리)가 있어야 하고, 기본권을 제한해야 할 사유가 있는 경우에도 필요한 최소한도로 제한하여야 한다.

그러나 농림업의 진흥과 산림의 보전을 위하여, 농림지역 안의 토지의 지목을 대지로 변경하는 것을 제한하거나 농림지역 안의 건축물의 용도를 제한하는 것은 몰라도, 농림지역 안에서 이미 대지로 용도가 변경된 토지에 대하여 건축물의 규모를 제한할 필요가 있는지 의문이다. 농림지역에서 대지면적이 건축면적의 5배 이상이어야 하고 건축물의 연면적이 대지면적의 80%를 넘지 못하게 하는 이유를 알 수 없다.

많은 사람들이 밀집하여 거주하는 도시지역에서는 도로·상하수도·주차장·학교·공원 등의 도시기반시설과 관련하여 건축물의 규모를 제한하거나 건축물의 용적을 안배시킬 필요가 있을지도 모르지만, 농림지역에서는 그러한 필요성을 인정하기 어렵다. 농림지역에 거주하는 국민들에 대하여 공동주택의 건축을 제한할 이유가 없고, 그들이 공동주택을 건축할 경우에 건축면적의 5배 이상의 대지를 확보하도록 요구할 이유도 없다.

오히려 농림지역에서 건축면적의 5배 이상을 대지면적으로 확보하게 하는 것은 농림업의 진흥과 산림의 보전에 역행하는 조치라고 생각된다. 농림업을 진흥시키고 산림을 보전하려면 농림지역 안의 대지를 최대한도로 활용하게 하여 농림업의 용지나 삼림용지를 최대한 확보할 필요가 있다고 할 것이다.

결국 국토계획법 제77조 제1항 제3호와 제78조 제1항 제3호는 농림지역 안의 대지의 사용을 정당한 사유도 없이 제한하는 것으로서 헌법 제23조 제1항(재산권 보장)과 제37조 제2항(기본권 제한의 한계)에 위반된다고 생각한다.

5. 開發負擔金制度는 憲法에 違反되지 않는다[1]

가. 개발부담금 제도 개관

(1) 개발부담금 제도의 의의

개발부담금 제도는 사업시행자가 국가 또는 지방자치단체로부터 인가 등을 받아 개발사업을 시행한 결과 개발사업 대상토지의 지가가 상승하여 정상지가상승분을 초과하는 불로소득적인 개발이익이 생긴 경우, 이를 사업시행자에게 독점시키지 아니하고 국가가 이를 환수하여 그 토지가 속하는 지방자치단체 등에게 배분함으로써 경제정의를 실현하고 토지에 대한 투기를 방지하며 토지의 효율적인 이용의 촉진을 도모하기 위한 제도이다(헌재 1998.6.25. 95 헌바35 등, 헌재판례집 10-1, 771, 788; 헌재 2001.4.26. 99 헌바39, 헌재판례집 13-1, 847, 856).

(2) 개발부담금의 산정방식

개발부담금의 부과기준은 '부과종료시점의 지가'에서 '부과개시시점의 지가'와 '개발비용' 및 사업기간중의 '정상지가상승분'을 공제한 가액을 기준으로 산정하며(법 제8조), 이 때 '정상지가상승분'은 부과기간 중 각 연도의 정상지가상승분[당해연도 1월 1일 현재의 지가×(해당 시·군 또는 자치구의 평균지가변동률과 정기예금이자율 중 높은 율)]을 합하여 산정한다(법 제2조 제3호, 시행령 제2조 제1항, 제4항). 따라서 정상지가상승분이 클수록 개발부담금의 부과기준이 작아지므로 개발부담금을 적게 내고, 반대로 정상지가상승분이 작을수록 개발부담금을 많이 내는 결과가 된다.

나. 재산권 침해 여부

(1) 이 사건 법률조항은 개발부담금의 부과기준에서 공제되는 정상지가상승분을 산정하는 방법에 관한 것으로서, 자의적이거나 불합리한 방식에 기초하여 정상지가상승분을 산정하여 개발부담금을 부과·징수하는 것은 국민의 재산권을 침해할 가능성이 있다. 따라서 개발부담금을 부과함에 있어서 토지소유자의 재산권을 침해하지 않기 위해서는 개발부담금을 산정함에 있어서 부과대상자가 현실적으로 얻게 되는 개발이익을 '정확히' 산출해 내어 실재하지 않는 개발이익에 대하여 개발부담금을 부담시키지 않도록 하는 것이 중요하다. 개발이익을 정확히 산출해 내기 위해서는 공제하여야 할 정상지가상승분을 정확히 산정하여야 할 것인데, 정상지가상승분을 산정하는 가장 이상적이고 '정확한' 방법은 실제 당해 토지의 정상지가상승분을 기준으로 하는 것이다. 그러나 당해 토지는 이미 개발사업이 시행되어 그에 의하여 지가가 상승한 상태인데 개발사업이 시행되지 않았을 경우를 가정하여 가상의 지가상승분을 계산해 낸다는 것은 불가능하다. 또한 개발이익은 개발사업의 시행 또는 토지이용계획의 변경 기타 사회·경제적 요인에 의하여 사업시행자 또는 토지소유자에게 귀속되는 토지가액의

1) 헌재 2008.5.29 선고, 2007 헌바 16, 헌재판례집 제20권 1집(하), 167면 이하.

증가분을 널리 포함하는 개념으로서, 현금화된 개별·구체적 금액이 아니라 객관적 기준에 의해 평가되는 이익으로 해석되고 있다(헌재 2002.5.30. 99 헌바 41, 헌재판례집 14-1, 442, 451~451; 헌재1998.6.25. 95 헌바 35 등, 헌재판례집 10-1, 771, 789~793; 대법원 1997.3.20 선고, 96 누 1382 판결, 공보 1997 상, 977 각 참조).

(2) 그렇다면 '당해 토지 자체'의 가상의 정상지가상승분을 대신할 객관적인 정상지가상승분 산정 기준을 마련하여야 할 것인데, 이 때 정상지가상승분 산정 기준으로 생각할 수 있는 것은 여러 가지가 있을 수 있다. 가장 넓게는 ① 전국 평균 지가변동률을 적용하는 방법이 있고, 가장 좁게는 청구인이 주장하는 바와 같이 ② 당해 토지가 위치한 인근의 유사토지의 지가변동률을 적용하는 방법이 있으며, 이 사건 법률조항에서 기준으로 삼은 '당해 토지가 있는 시·군·자치구의 평균지가변동률을 적용하는 방법'은 ①과 ②의 중간쯤에 위치한다고 볼 수 있다.

또한 정상지가상승분 산정 기준으로 어떤 것을 선택할 것인지에 관하여 고려하여야 할 요소로서 중요한 것은 크게 당해 토지의 정상지가상승분을 얼마나 정확하게 산출해 낼 수 있는지, 또 얼마나 객관적인 기준인지 두 가지일 것인바, 입법자는 이 두 가지 요소를 모두 고려하여 가장 적합하다고 생각되는 기준을 선택할 수 있어야 할 것이므로 정상지가상승분을 산정하는 기준을 선택함에 있어서는 입법자에게 비교적 넓은 재량이 인정된다 할 것이다(헌재 1998.5.28. 95 헌바 37, 헌재판례집 10-1, 601, 608 참조; 대법원 2000.1.28 선고, 99 두 9988(공보 2000상, 605) 참조).

그렇다면 이 사건 법률조항에서 규정한 정상지가상승분의 산정 기준이 입법형성권의 한계를 일탈하는 것인지 살펴본다.

(3) 정상지가상승분의 산정을 위한 가장 객관적인 기준 마련을 위해서는 전국평균지가상승률을 기준으로 하는 것이 바람직할 것이나, 오늘날과 같이 지역적으로 지가상승률의 편차가 큰 때에는 당해 토지의 지가상승률과는 동떨어진 경우가 많게 될 것이다. 입법자도 이러한 점을 감안하여 과거 연도별 또는 분기별 전국평균지가변동률을 기준으로 정상지가상승분을 산정하던 것을 2000.1.21. 법을 개정하여 당해 개발사업 대상 토지가 속하는 해당 시·군 또는 자치구의 평균지가변동률을 기준으로 하도록 전환하였다.

반면, 당해 토지의 정상지가상승분을 가장 정확히 산정하기 위해서는 가능한 당해 토지와 인접한 주변토지 중 당해 토지와 지목이나 이용상황 등이 유사한 토지를 표본으로 하여 지가상승률을 측정하는 것이 바람직할 것이다. 이러한 인근 유사토지 가운데에서도 표본지의 범위를 좁히면 좁힐수록, 지목의 동일성, 도로에의 인접 여부, 도시계획구역 여부, 개발가능성 여부 등 지가에 영향을 미치는 여러 요소들이 유사할수록 더욱 당해 토지의 지가상승분에 근접할 수 있을 것이다.

그러나 과연 '인근'이라는 것을 어느 범위까지로 볼 것이며, 지가에 영향을 미치는 여러 요소들 중 어떤 요소가 얼마만큼 유사해야 '유사토지'라고 볼 것인지, 그 중에서도 어떤 요소가 결정적으로 작용하는 것인지에 대하여는 한마디로 가늠하기 어렵다. 또한 인근 유사 토지에 대한 지가변동률이 공시되지 아니한 상황에서 이를 정상지가 상승분 산정에 적용할 경우 신뢰성 확보가 곤란함은 물론, 동 토지를 선정함에 있어 재량의 여지가 많아 법 적용의 예측가능성이 낮아지고 투명성을 확보하는 데 어려움이 있을 수 있다.

(4) 한편 청구인은 '공익사업을 위한 토지 등의 취득 및 보상에 관한 법률(이하 '공토법'이라 한다) 시행령'의 '인근 유사토지의 지가변동률'을 예로 들면서 이 사건 법률조항이 보다 정밀하게 입법하여 정상지가상승분을 산정할 수 있었음에도 그렇게 하지 아니 하였다고 주장하고 있으므로 이에 대하여 살펴본다.

1) 공토법 및 공토법 시행령에 따르면 협의 또는 재결에 의하여 취득하는 토지의 보상에 대해서는 공시지가를 기준으로 하되, 그 공시기준일부터 가격시점까지의 '국토의 계획 및 이용에 관한 법률' 제125조의 규정에 의하여 구 건설교통부장관이 조사·발표하는 평가대상 토지가 소재하는 시·군 또는 구의 지가변동률을 참작하여 평가한 적정가격으로 보상하도록 규정되어 있는바(공토법 제70조 제 1 항, 공토법 시행령 제37조 제 1 항), 토지가액의 평가에 있어서 당해 토지가 속하는 시·군·자치구의 지가변동률을 기준으로 삼고 있는 점에 있어서는 이 사건 법률조항과 차이가 없다.

2) 다만, 청구인이 주장하는 '인근 유사토지의 지가변동률'이라는 개념은 공토법상 환매권의 행사에 있어서 법원에 환매금액의 증감을 청구할 수 있는 요건으로서 '토지의 가격이 취득일 당시에 비하여 현저히 변동되었는지 여부'를 판단하는 기준으로 사용되고 있는데(공토법 제91조 제 4 항, 공토법 시행령 제48조), 이 때 '인근 유사토지'라는 것이 구체적으로 어느 범위의 어떤 토지인지에 대하여는 관계법령상 아무런 규정이 없으며 구체적 사안에 따라 법원의 해석에 맡겨져 있다. 이와 같이 환매금액 증감을 다투는 소송에 있어서는 법원이 구체적인 사안에 따라 '인근 유사토지' 여부를 결정하고 그 지가변동률을 산출하여 사건을 해결하는 것이 가능하겠지만, 이 사건 개발부담금의 부과와 같이 대량적·획일적으로 이루어지는 부담금 부과에 있어서는 '인근 유사토지'라는 개념을 사용하여서는 부담금 부과의 객관성 내지 투명성을 확보하기 곤란할 것이다.

(5) 그렇다면 이 사건 법률조항에서 당해 토지가 속해 있는 시·군·자치구의 평균지가변동률을 기준으로 정상지가상승분을 산정하도록 한 것은 개발부담금의 정확한 산정과 법적용의 예측가능성, 객관성을 모두 고려하여 규정한 것으로서 합리적이라 할 것이며, 이를 입법형성권의 한계를 일탈한 것으로 볼 수 없다.

다. 평등권 침해 여부

청구인은 동일한 시기에 동일한 지가상승의 이익을 얻은 토지소유자 간에 있어서 개발행위를 한 토지소유자에 대하여는 개발부담금을 부과하면서 개발행위를 하지 아니한 토지소유자에 대하여는 개발부담금을 부과하지 않게 되어 양자를 합리적 이유 없이 차별하는 것으로 헌법 제11조의 평등원칙에 위반된다고 주장한다.

그러나 개발부담금은 앞서 본 바와 같이 국가 또는 지방자치단체로부터 인가 등을 받아 개발사업을 시행하여 지가상승의 이익을 얻은 개발사업 시행자에게서 정상지가 상승분을 초과하는 불로소득적인 개발이익의 일부를 환수함을 목적으로 하는 제도이므로 개발부담금의 부과 대상자와 개발부담금을 부과 받지 않는 자는 개발부담금 제도의 개념상 당연히 존재할 수밖에 없고, 개발부담금 제도의 목적상 청구인이 주장하는 개발사업 시행자와 개발행위를 하지 아니한 토지소유자 사이에는 본질적인 동일성이 존재한다고 보기는 어렵다. 따라서 이 사건의 경우 본질적으로 동일한 두 개의 비교집단이 존재한다고 보기 어렵기 때문에, 이 사건 법률조항으로 인하여 위와 같은 두 개의 비교집단에 대한 차별적 취급이 발생하였다고 볼 수 없다. 그렇다면, 이 사건 법률조항이 평등원칙을 위반하여 청구인의 기본권을 침해하였다고 볼 수 없다.

[결 론]

그러므로 이 사건 법률조항은 헌법에 위반되지 아니하므로 관여 재판관 전원의 일치된 의견으로 주문과 같이 결정한다.

6. 宅地所有上限制[1)]

가. ……

나. 택지소유 상한제도의 연혁 및 위헌성 심사의 기준

⑴ 택지소유 상한제도의 연혁

전통적으로 가족중심의 농업사회였던 우리나라의 국민은 토지소유에 대한 집착이 강하였고 이러한 경향은 고도의 산업사회가 된 현대에 와서도 크게 변하지 않은데다가, 인구에 비하여 가용토지 면적이 절대적으로 부족한 데서 오는 공급과 수요의 불균형, 급속한 산업화·도시화 현상과 이에 따른 도시인구 집중 등에 기인한 도시지역 토지가격의 지속적 상승현상으로 말미암아 기업이나 개인을 막론하고 생산과 주거에 필요한 면적 이상의 토지를 보유하여 토지를 치부(致富)의 수단으로 삼으려는 경향이 있어 왔다.

이러한 가용토지의 부족과 토지가격의 상승은 국민의 일상생활과 경제 전반에 걸쳐 여러 가지 난제를 던져 주었던 것이 법 제정 당시의 상황이었고, 택지의 경우 이러한 현상은 더욱 뚜렷하였다. 법이 제정될 당시의 통계를 살펴보면, 1980년대 후반의 서울·부산·대구·광주 등 우리나라 주요 도시에서의 주택보급율은 50~60% 정도의 낮은 수준이어서 도시 주택문제가 심각한 상황이었고, 주택의 질적 수준에 있어서도 1985년의 주택 평균규모는 약 72㎡로서 국민 1인당 주거면적이 약 11㎡에 불과한 형편이었다. 뿐만 아니라 주택건설에 필요한 대지는 일부 계층에 편중되어, 먼저 법 시행 이전에 개인이 소유하고 있는 토지의 소유상황을 보면, 5%에 해당하는 소수의 개인이 그 전체의 약 60%에 해당하는 대지와 35%에 해당하는 공장용지를 소유하고 있었다.

이와 같은 상황 아래, 계속적인 지가의 상승, 토지투기의 악순환, 그에 따른 부(富)의 왜곡된 분배 등을 시정하고자, 1989년 소위 "토지공개념(土地公槪念)"에 대한 본격적인 논의가 진행되었고, 이 과정에서 토지초과이득세법과 개발이익환수에관한법률 등 토지공개념을 실현하기 위한 일련의 법제가 마련되었는데, 입법자는 인간다운 생활의 가장 근본적인 요소라고 할 수 있는 주거문제를 해결하기 위하여 국민 각자가 생활을 영위함에 있어 반드시 필요로 하는 택지를 적정한 한도 내에서만 소유할 수 있도록, 1989. 12. 30. 법률 제4174호로 법을 제정하였다. 그러나 최근의 사회적·경제적 상황의 변화로 인하여 법은 시행한 지 채 10년도 못되어 1998. 9. 19. 법률 제5571호로 폐지되었다.

⑵ 택지소유 상한제도의 법적 성격 및 위헌성 심사의 기준

헌법 제23조에 의하여 재산권을 제한하는 형태에는, 제 1 항 및 제 2 항에 근거하여 재산권의 내용과 한계를 정하는 것과, 제 3 항에 따른 수용·사용 또는 제한을 하는 것의 두 가지 형태가 있다. 전자는 "입법자가 장래에 있어서 추상적이고 일반적인 형식으로 재산권의 내용을 형성하고 확정하는 것"을 의미하고, 후자는 "국가가 구체적인 공적 과제를 수행하기 위하여 이미 형성된 구체적인 재산적 권리를 전면적 또는 부분적으로 박탈하거나 제한하는 것"을 의미한다. 그런데 법은, 택지의 소유에 상한을 두거나 그 소유를 금지하고, 허용된 소유상한을 넘은 택지에 대하여는 처분 또는 이용·개발의무를 부과하며, 이러한 의무를 이행하지 아니하였을 때에는 부담금을 부과하는 등의 제한 및 의무부과 규정을 두고 있는바, 위와 같은 규정은 헌법 제23조 제 1 항 및 제 2 항에 의하여 토지재산권에 관한 권리와 의무를 일반·추상

1) 헌재 1999. 4. 29 선고, 94 헌바 37 등 (병합), 택지소유상한에관한법률 제 2 조 제 1 호 나목 등 위헌소원, 헌재판례집 제11권 1집, 289면 이하.

적으로 확정함으로써 재산권의 내용과 한계를 정하는 규정이라고 보아야 한다.

한편 재산권이 헌법 제23조에 의하여 보장된다고 하더라도, 입법자에 의하여 일단 형성된 구체적 권리가 그 형태로 영원히 지속될 것이 보장된다고까지 하는 의미는 아니다. 재산권의 내용과 한계를 정할 입법자의 권한은, 장래에 발생할 사실관계에 적용될 새로운 권리를 형성하고 그 내용을 규정할 권한뿐만 아니라, 더 나아가 과거의 법에 의하여 취득한 구체적인 법적 지위에 대하여까지도 그 내용을 새로이 형성할 수 있는 권한을 포함하고 있는 것이다. 그러나 이러한 입법자의 권한이 무제한적인 것은 아니다. 이 경우 입법자는 재산권을 새로이 형성하는 것이 구법에 의하여 부여된 구체적인 법적 지위에 대한 침해를 의미한다는 것을 고려하여야 한다. 따라서 재산권의 내용을 새로이 형성하는 규정은 비례의 원칙을 기준으로 판단하였을 때 공익에 의하여 정당화되는 경우에만 합헌적이다. 즉, 재산권의 내용을 새로이 형성하는 법률이 합헌적이기 위하여서는 장래에 적용될 법률이 헌법에 합치하여야 할 뿐만 아니라, 또한 과거의 법적 상태에 의하여 부여된 구체적 권리에 대한 침해를 정당화하는 이유가 존재하여야 하는 것이다.

따라서 아래에서는 위와 같은 기준에 따라, 법의 위헌 여부를 살펴보기로 한다. 법의 규정내용을 크게 보면, 첫째로 가구별 택지소유의 상한을 설정하거나 법인의 택지소유를 금하고, 둘째로 이러한 소유상한을 초과한 택지 등에 대하여 처분 또는 이용·개발의무를 부과하는 한편, 셋째로 이러한 의무를 이행하지 아니하는 택지소유자에 대하여 부담금을 부과하는 것의 세 가지로 나누어 볼 수 있으므로, 아래에서는 이에 관하여 차례로 나누어 살펴보기로 한다.

다. 택지소유의 상한을 설정하거나 택지소유를 금하는 제한규정의 위헌 여부

(1) 제한의 내용

법은 제 2 조 제 1 호에서 법의 적용대상이 되는 택지를 "주택이 건축되어 있는 토지(주택의 부속토지를 포함한다)," "지적법 제 5 조의 규정에 의한 지목이 대(垈)인 토지 중 영구적인 건축물이 건축되어 있지 아니한 토지로서 대통령령이 정하는 토지(나대지)" 및 "제15조의 규정에 의한 개발택지" 중의 하나라고 정의하고, 제 3 조에서 "이 법은 도시계획법 제 2 조에 의한 도시계획구역 안의 택지에 한하여 이를 적용한다"고 규정하여 적용대상지역을 한정한 후, 제 7 조 제 1 항에서 1가구의 구성원 전부가 소유할 수 있는 택지의 총면적의 한계(가구별 소유상한)를 특별시 및 광역시 지역의 택지는 660㎡, 그 외의 시지역(동지역에 한함)의 택지는 990㎡, 나머지 지역의 택지는 1,320㎡로 각 규정하고 있다. 그리고 법인(법인격이 없는 사단·재단 기타 단체를 포함한다)에 대하여는 제8조에서 원칙적으로 택지를 소유할 수 없도록 규정하면서, 다만 제 4 조에서는 "이 법은 국가·지방자치단체·한국토지공사·대한주택공사 기타 대통령령이 정하는 정부투자기관 및 공공단체가 소유하는 택지에 대하여는 이를 적용하지 아니한다"고 규정하고 있다.

그리고 법은 제10조 제 1 항에서 "개인이 매매·교환·증여 기타 계약을 원인으로 하여 가구별 소유상한을 초과하여 택지를 취득하거나 법인이 계약을 원인으로 하여 택지를 취득하고자 할 때에는 당해 계약(예약을 포함한다. 이하 같다) 체결 전에 관할 시장·군수 또는 자치구의 구청장(이하 '시장·군수'라 한다)의 허가를 받아야 한다"고 규정하는 한편, 제11조 제 1 항 및 제12조 제 1 항에서는 "주택 외의 건축물을 건축하기 위하여 택지를 취득하는 경우," "택지를 조성하거나 주택을 건축하여 이를 타인에게 처분 또는 임대하는 것을 업으로 하는 사업자가 당해 목적으로 택지를 취득하는 경우," "법인이 그 업무를 수행하기 위하여 필요한 주택 외의 건축물을 건축하기 위하여 택지를 취득하는 경우," "기타 대통령령이 정하는 목적을 위하여 택지를 취득하는 경

우" 등과 같이 위 조항에서 규정하고 있는 경우에 한하여 허가를 할 수 있도록 규정하고 있고, 제13조 내지 제15조에서는 그 밖의 경우의 택지취득에 관하여 규정하고 있다.

한편 부칙(1989. 12. 30. 법률 제4174호) 제 2 조 제 1 항은 "이 법 시행 당시(제 7 조 제 1 항 제 2 호 및 제 3 호의 지역의 경우에는 당해 지역의 택지에 대한 이 법의 시행 당시를 말한다. 이하 같다) 가구별 소유상한을 초과한 택지 및 법인소유의 택지는 제10조 내지 제15조의 규정에 의한 허가를 받거나 신고 또는 통보를 한 택지로 본다"고 규정하여 법 시행 이전부터 이미 소유하고 있는 택지도 법에 의한 규제대상이 됨을 분명히 하고 있다.

그리고 한편 제 9 조는 택지면적의 산정방법에 관하여 "일단의 토지 위에 주택, 주거용과 주거용 외의 복합용도로 사용되는 건축물 또는 주택과 주택 외의 건축물이 건축되어 있는 경우 등에 있어서 당해 일단의 토지 중의 택지(주택의 부속토지를 포함한다) 면적의 산정방법 등에 관하여 필요한 사항은 대통령령으로 정한다"고 규정하고, 부칙(1989. 12. 30. 법률 제4174호) 제 1 조는 "이 법은 공포 후 2월이 경과한 날부터 시행한다. 다만, 특별시·광역시 지역 외의 도시계획구역 안의 택지에 대하여는 대통령령이 정하는 날부터 시행한다"고 규정하여, 각 그 세부사항을 대통령령에 위임하고 있다(다만 특별시·광역시 지역 외의 택지에 대하여는 대통령령이 시행일을 규정하지 않았기 때문에, 위 지역 외의 지역에 있어서의 990㎡ 및 1,320㎡의 소유상한은 실제로 시행된 바 없다).

요컨대 법은, 위와 같이 정의된 택지에 관하여 그 소유시기와 상관 없이 개인은 가구별로 정한 소유상한을 초과하여 이를 소유할 수 없도록 하고, 법인에 대하여는 아예 택지의 소유를 금지하면서, 개인이 가구별 소유상한을 초과하여 택지를 취득하거나 법인이 택지를 취득하고자 하는 경우에는 시장·군수의 허가를 받도록 하는 한편, 법 시행 이전부터 가구별 소유상한을 초과하여 소유하고 있는 택지 및 법인소유의 택지에 대하여도 법에 의한 규제가 적용됨을 선언하고 있다.

(2) 택지소유 상한을 설정한 것의 위헌 여부

우선, 법이 개인에 대하여는 가구별 택지소유의 상한을 설정하고, 법인에 대하여는 택지의 소유를 금지한 것이 헌법상의 재산권 보장의 원칙에 위반되는 것인지 여부에 관하여 살펴본다. 그런데 앞에서 본 바와 같이, 재산권의 내용을 새로이 형성하는 법률에 대하여는, "법이 장래에 있어서 재산권을 제한하는 것이 헌법에 합치되는가" 하는 관점과 "법이 구법상태에서 이미 취득한 재산권을 제한하는 것이 헌법에 합치되는가" 하는 두 가지 관점에서 그 위헌성을 심사하여야 하기 때문에, 아래에서는 이에 따라 법 시행 이후 택지를 소유하려고 하는 경우와 법 시행 이전부터 택지를 소유하고 있는 경우를 나누어 살펴보기로 한다.

(가) 법 시행 이후 택지를 소유하려는 경우

입법자가 헌법 제23조 제 1 항 및 제 2 항에 의하여 재산권의 내용을 구체적으로 형성함에 있어서는, 헌법상의 재산권 보장의 원칙과 재산권의 제한을 요청하는 공익 등 재산권의 사회적 제약성을 비교형량하여, 양 법익이 조화와 균형을 이루도록 하여야 한다. 입법자가 형성의 자유의 한계를 넘었는가 하는 것은 비례의 원칙에 의하여 판단하게 된다. 공익을 실현하기 위하여 입법자가 적용한 구체적 수단이 비례의 원칙에 합치된다고 하기 위해서는, 우선 그 입법목적이 정당하여야 하고, 입법자가 선택한 수단이 의도하는 입법목적을 달성하고 촉진하기에 적정하여야 하며, 입법목적을 달성하는 데 있어서 효율적인 여러 수단 중에서 가장 기본권을 존중하고 적게 침해하는 수단을 사용하여야 하고, 법률에 의하여 기본권이 침해되는 정도와 법률에 의하여 실현되는 공익의 비중을 전반적으로 비교형량하였을 때 양자 사이의 적정한 비례관계가 성립하여야 한다(헌재 1998. 12. 24. 89 헌마 214 등, 헌재판례집 10-2, 927, 948 참조).

그러나 이미 앞에서 살펴본 바와 같이, 입법자가 소유상한을 지나치게 낮게 설정한 것은 택지의 강화된 사회적 의무성에도 불구하고 개인의 자유실현의 물질적 바탕으로서의 택지재산권의 기능을 충분히 고려하지 않았기 때문에, 재산권침해의 효과와 소유상한을 통하여 달성하려는 "적정한 택지공급"이라는 공익 사이의 합리적인 비례관계를 명백히 벗어났다고 판단된다.

(나) 법 시행 이전부터 택지를 소유하고 있는 경우

1) 소급입법에 의한 재산권 침해 여부

청구인들은 법 시행 이전부터 이미 소유하고 있는 택지에 대하여도 택지소유 상한 등의 제한을 적용하는 것은 소급입법에 의한 재산권 침해를 금지한 헌법 제13조 제 2 항에 위반된다고 주장하므로 이에 관하여 살펴본다.

과거의 사실관계 또는 법률관계를 규율하기 위한 소급입법의 태양에는 이미 과거에 완성된 사실·법률관계를 규율의 대상으로 하는 이른바 진정소급효의 입법과 이미 과거에 시작하였으나 아직 완성되지 아니하고 진행과정에 있는 사실·법률관계를 규율의 대상으로 하는 이른바 부진정소급효의 입법이 있다. 헌법 제13조 제 2 항이 금하고 있는 소급입법은 전자, 즉 진정소급효를 가지는 법률만을 의미하는 것으로서, 이에 반하여 후자, 즉 부진정소급효의 입법은 원칙적으로 허용되는 것이다. 다만 이 경우에 있어서도 소급효를 요구하는 공익상의 사유와 신뢰보호의 요청 사이의 비교형량 과정에서, 신뢰보호의 관점이 입법자의 형성권에 제한을 가하게 된다(헌재 1989. 3. 17. 88 헌마 1, 헌재판례집 1, 9, 17~18; 헌재 1996. 2. 16. 96 헌가 2 등, 헌재판례집 8-1, 51, 84~89 참조).

그런데 법은, 부칙(1989. 12. 30. 법률 제4174호) 제 2 조 제 1 항 및 제 2 항에서 법 시행 이전부터 이미 소유하고 있는 택지에 대하여는 기존의 소유권을 인정하면서도, 장래에 있어서 처분 또는 이용·개발의무를 부과하고 있다. 법의 위와 같은 규제는 법률이 이미 종결된 과거의 사실 또는 법률관계에 사후적으로 적용함으로써 과거를 법적으로 새로이 평가하는 진정소급효의 입법과는 다른 것으로서, 이는 아래에 보는 바와 같이 종래의 법적 상태의 존속을 신뢰한 기존의 택지소유자에 대한 신뢰보호의 문제일 뿐, 소급입법에 의한 재산권 침해의 문제는 아니다. 따라서 부칙 제 2 조가 그 자체로 소급입법에 의한 재산권 박탈금지의 원칙을 선언하고 있는 헌법 제13조 제 2 항에 위반된다고 하는 주장은 이유 없다고 할 것이다.

2) 신뢰보호의 원칙

일정한 법적 상태를 새로이 규율하는 규정이 장래에 발생하는 사실관계뿐만 아니라 이미 과거에 시작하였으나 아직 완성되지 아니한 채 진행과정에 있는 사실관계에도 적용되는 예는 법률개정의 경우 흔히 찾아 볼 수 있는 현상이며, 여기서 발생하는 문제는 소급효의 문제가 아니라 종래의 법적 상태에서 새로운 법적 상태로 이행하는 과정에서 불가피하게 발생하는 법치국가적 문제, 구체적으로 입법자에 대한 신뢰보호의 문제이다. 따라서 기존의 택지소유자에게도 처분 또는 이용·개발의무를 부과하는 법규정들이 헌법적으로 허용되는가 하는 문제는 법치국가적 신뢰보호 원칙을 기준으로 판단하여야 한다.

한편, 헌법상 재산권 보장의 중요한 기능은 국민에게 법적 안정성을 보장하고 합헌적인 법률에 의하여 형성된 구체적 재산권의 존속에 대한 신뢰를 보호하고자 하는 데 있다. 이러한 의미에서 재산권에 관한 법치국가적 신뢰보호 원칙은 헌법상 재산권 보장의 원칙을 통하여 고유하게 형성되고 구체적으로 표현되었다고 할 수 있다.

3) 소유상한에 대한 예외규정의 필요 여부

가) 위와 같은 차원에서 법 시행 이전부터 소유하고 있는 택지에 대하여도 일률적으로 소

유상한을 적용하는 것이 헌법에 위반되는 것은 아닌지 여부에 대하여 살펴본다.

이 사건의 경우, 법 시행 이전부터 이미 소유하고 있는 택지를 그 적용대상에서 배제한다면, 일부 국민에게 편중된 택지를 처분하게 하거나 또는 일정한 용도를 위하여 이용·개발하게 함으로써 택지의 공급을 원활하게 하고자 하는 입법목적의 측면에서 법의 실효성을 크게 기대할 수 없는 것은 물론이고, 오히려 기득권에 대한 부당한 우대 현상마저 초래될 수 있다는 점을 고려해 볼 때, 법 시행 이전부터 이미 소유하고 있는 택지까지 법의 적용대상으로 포함시킨 것은 입법목적을 실현하기 위하여 불가피한 조치였다고 판단된다. 그러나 토지투기와 지가상승을 억제하고 택지를 실수요자에게 공급하기 위하여 택지소유 상한제도의 도입이 불가피하였다고 하더라도, 택지소유의 경위나 그 목적에 관계 없이 법 시행 이전부터 택지를 소유하고 있는 개인에 대하여 일률적으로 소유상한을 적용하는 것은 입법목적을 달성하기 위하여 필요한 정도를 넘는 과도한 침해이자 신뢰보호의 원칙 및 평등원칙에 위반된다고 할 것이다.

나) 기본권을 보장하는 목적은 인간의 존엄성을 실현하기 위한 것이다. 그러므로 우리 헌법구조에서 보다 더 중요한 자유영역과 덜 중요한 자유영역을 나눌 수 있다면, 이를 판단하는 유일한 기준은 "인간의 존엄성"이다. 따라서 인간의 존엄성을 실현하는 데 있어서 불가결하고 근본적인 자유는 더욱 강하게 보호되어야 하고 이에 대한 제한은 더욱 엄격히 심사되어야 하는 반면에, 인간의 존엄성의 실현에 있어서 부차적이고 잉여적인 자유는 공익상의 이유로 보다 더 광범위한 제한이 가능하다고 할 것이다.

법은 개인의 경우 가구별로 정한 소유상한을 초과하여 택지를 소유할 수 없도록 하고 있다. 그러나 개인이 소유하는 택지라고 하더라도, 그것이 택지소유자가 스스로 주거하는 장소로서 자신의 인격과 존엄성의 실현에 있어서 불가결하고 중대한 의미를 갖는가 아니면 상거래, 부동산투기, 임대, 그 외의 영업적 용도로 이용되는 것인가에 따라 재산권의 자유보장적 기능의 관점에서 사회적 제약의 정도가 달라진다. 다시 말하면 개인이 택지를 소유하고 있는 경위와 그 목적에 따라 택지가 소유자 및 사회 전반에 대하여 가지는 의미가 다르므로, 법이 헌법상의 재산권 보장과 평등원칙에 합치하기 위하여서는 이러한 본질적인 차이를 고려하여 규율하여야 한다.

7. 土地去來許可制는 違憲이라고 宣言할 수 없다[1]

토지거래허가제는 거래목적, 거래면적, 거래가격 등을 통제하기 위한 제도이나 실제에 있어서는 토지의 거래가격을 허가기준가격의 범위 내로 억제하는 것이 주목적이라 할 수 있어 어떤 의미에서는 토지거래의 상한가격을 통제하는 제도라 할 수 있고, 이러한 의미의 물가통제는 시장경제원리를 채택하고 있는 자유민주주의국가에서도 흔히 볼 수 있는 것이며 우리나라에만 있는 것은 아닌 것이다.

자유민주주의국가에서 시장경제원리를 중시하는 것은 그것이 개인의 자유와 창의를 보장하고 재화를 효율적으로 배분하는 데 가장 알맞는 원리이기 때문인데 투기가 성행하는 경우에는 이러한 시장의 정상적인 기능이 마비되고 사회적으로 여러가지 폐단과 모순을 노정하게 되므로 이를 그대로 방치해 둘 수는 없으며 어떤 형태의 규제가 불가피한 것이다.

그런데 국토이용관리법이 규제하고자 하는 것은 모든 사유지가 아니고 투기우심지역 또는 지가폭등지역의 토지에 한정하고 있다는 점과 규제기간이 5년 이내인 점, 설사 규제되더라도 거래목적, 거래면적, 거래가격 등에 있어서 기준에 위배되지 않는 한 당연히 당국의 거래허

1) 헌재 1989. 12. 22 선고, 88 헌가 13, 헌재판례집 제 1 권, 357면 이하.

가를 받을 수 있어 처분권이 완전히 금지되는 것은 아닌 점 및 당국의 거래불허가처분에 대하여서는 불복방법이 마련되어 있는 점 등을 종합해볼 때 토지거래허가제는(토지 등의 거래계약이 허가되었을 경우에는 제한의 해제로서 별 문제될 것이 없고 토지 등의 거래계약이 불허가되었을 경우에도) 사유재산제도의 부정이라 보기는 어렵고 다만 그 제한의 한 형태라고 봐야 할 것이다. 생산이 자유롭지 않은 토지에 대하여 처분의 자유를 인정하지 않고 이를 제한할 수밖에 없음은 실로 부득이한 것이며 토지거래허가제는 헌법이 명문으로 인정하고 있는(헌법 제122조) 재산권의 제한의 한 형태로서 재산권의 본질적인 침해라고는 할 수 없는 것이다.

(2) 토지거래허가제와 사적 자치의 원칙 내지 보충의 원리위배 여부

우리 헌법 제23조 제 1 항, 제119조 제 1 항에서 추구하고 있는 경제질서는 개인과 기업의 경제상의 자유와 창의를 최대한도로 존중·보장하는 자본주의에 바탕을 둔 시장경제질서이므로 국가적인 규제와 통제를 가하는 것도 보충의 원칙에 입각하여 어디까지나 자본주의 내지 시장경제질서의 기초라고 할 수 있는 사유재산제도와 아울러 경제행위에 대한 사적 자치의 원칙이 존중되는 범위 내에서만 허용될 뿐이라 할 것인데, 토지거래허가제는 위 기본원칙, 특히 그 중에서도 사적 자치(私的自治)의 원칙에 대한 중대한 침해이므로 위헌이라는 견해에 대하여 살펴본다.

통제는 자승법칙(自乘法則)에 의하여 더 많은 통제를 요구하며 관료주의, 획일주의, 형식주의에 치우쳐 비능률, 낭비, 빈곤, 무기력, 몰인정을 배태한다는 사실을 전체주의국가의 통제경제실태에서 우리는 보고 있는 것이다. 그런데 자유민주주의국가에서는 각 개인의 인격을 존중하고 그 자유와 창의를 최대한으로 존중해 주는 것을 그 이상으로 하고 있는 만큼 기본권주체의 활동은 일차적으로 그들의 자결권과 자율성에 입각하여 보장되어야 하고 국가는 예외적으로 꼭 필요한 경우에 한하여 이를 보충하는 정도로만 개입할 수 있고, 이러한 헌법상의 보충의 원리가 국민의 경제생활영역에도 적용됨은 물론이므로 사적 자치의 존중이 자유민주주의국가에서 극히 존중되어야 할 대원칙임은 부인할 수 없다. 그러나 그것은 어디까지나 타개인이나 사회공동체와 조화와 균형을 유지하면서 공존공영하는 데 있어서 그것이 유익하거나 적어도 유해하지 않는 범위 내에서 용인된다는 것이지 무조건 무제한으로 존중된다는 뜻은 아닌 것이다. 외형상 유무해관계가 확연히 식별되지 않는 행위라 할지라도 개인의 자의(恣意)에 맡겨 두면 결과적으로 타인에게 해를 끼칠 우려가 있는 행위도 사적 자치의 원칙이 제한받는 분야라고 할 것인데 하물며 토지투기와 같이 외견상 사회공동체에 유해한 경우 사적 자치가 인정될 수 없음은 췌언(贅言)을 요치 않는다.

그래서 헌법은 제119조 제 2 항에서 "국가는 균형 있는 국민경제의 성장 및 안정과 적정한 소득의 분배를 유지하고, 시장의 지배와 경제력의 남용을 방지하며, 경제주체 간의 조화를 통한 경제의 민주화를 위하여 경제에 관한 규제와 조정을 할 수 있다"라고 명시하고 있는데 이는 헌법이 이미 많은 문제점과 모순을 노정한 자유방임적 시장경제를 지향(指向)하지 않고 아울러 전체주의국가의 계획통제경제도 지양(止揚)하면서 국민 모두가 호혜공영(互惠共榮)하는 실질적인 사회정의가 보장되는 국가, 환언하면 자본주의적 생산양식이라든가 시장메카니즘의 자동조절기능이라는 골격은 유지하면서 근로대중의 최소한의 인간다운 생활을 보장하기 위하여 소득의 재분배, 투자의 유도·조정, 실업자 구제 내지 완전고용, 광범한 사회보장을 책임 있게 시행하는 국가, 즉 민주복지국가(民主福祉國家)의 이상을 추구하고 있음을 의미하는 것이다.

그런데 국민의 건전한 양식과 양심에 따른 자율적 규제로 토지투기가 억제되기 어렵다는

것은 수많은 토지투기의 사례와 지가폭등의 현실이 이를 잘 보여 주고 있는 것이며, 그에 대한 정부의 규제는 불가피한 것이라고 아니할 수 없는 것이다.

그렇다면 토지거래허가제는 헌법이 정하고 있는 경제질서와도 아무런 충돌이 없다고 할 것이므로 이를 사적 자치의 원칙이나 헌법상의 보충의 원리에 위배된다고 할 수 없을 것이다.

(3) 토지거래허가제와 헌법상 과잉금지의 원칙의 위배 여부

토지거래허가제가 재산권의 본질적인 내용을 침해하는 것이 아니라고 하더라도 토지의 투기적 거래 및 지가상승을 억제하기 위하여서는 토지거래신고제나 조세제도 등의 개선으로 충분히 그 목적을 달성할 수 있는데도 토지거래허가제라는 과도한 방법을 선택하고 있는 것은 위 목적달성에만 급급한 과잉조치이므로 위헌이라는 견해에 대하여 살펴본다.

무릇 국가가 입법, 행정 등 국가작용을 함에 있어서는 합리적인 판단에 입각하여 추구하고자 하는 사안의 목적에 적합한 조치를 취하여야 하고, 그때 선택하는 수단은 목적을 달성함에 있어서 필요하고 효과적이며 상대방에게는 최소한의 피해를 줄 때에 한해서 그 국가작용은 정당성을 가지게 되고 상대방은 그 침해를 감수하게 되는 것이다.

그런데 국가작용에 있어서 취해진 어떠한 조치나 선택된 수단은 그것이 달성하려는 사안의 목적에 적합하여야 함은 당연하지만 그 조치나 수단이 목적달성을 위하여 유일무이한 것일 필요는 없는 것이다.

국가가 어떠한 목적을 달성함에 있어서는 어떠한 조치나 수단 하나만으로서 가능하다고 판단할 경우도 있고, 다른 여러가지의 조치나 수단을 병과하여야 가능하다고 판단하는 경우도 있을 수 있으므로 과잉금지의 원칙이라는 것이 목적달성에 필요한 유일의 수단선택을 요건으로 하는 것이라고 할 수는 없는 것이다. 물론 여러가지의 조치나 수단을 병행하는 경우에도 그 모두가 목적에 적합하고 필요한 정도 내의 것이어야 함은 말할 필요조차 없다. 그렇다면 토지의 투기적 거래 억제라는 목적달성을 위하여서도 한 가지 또는 여러 가지의 조치나 수단을 취할 수 있다고 할 것이고, 그 방법의 선택은 현실의 토지의 상태, 투기적 거래의 상황, 정도 등 여러 요인들에 의해서 결정될 성질의 것이며, 이는 입법권자의 입법재량의 범위에 속하는 문제라고 할 것이다. 토지의 투기적 거래를 억제하는 조치나 수단으로서는 등기제도, 조세제도, 행정지도, 개발이익환수제, 토지거래신고제, 토지거래실명제 등의 활용 또는 제도개선으로 충분하다는 견해도 있으나 위 제도만으로 투기억제에 미흡함은 건설부의 소상한 설명을 들을 필요도 없이 토지거래의 현실에서 국민 대다수의 체험으로 확인되고 있는 것이다. 따라서 국가가 토지거래허가제라는 보다 강한 규제수단을 선택한 것은 결국 그 당시 토지의 투기적 거래의 상황과 정도에 비추어 불가피했던 것으로 상황과 정도의 변화에 따라 새로운 정책이 입안되고 그에 따라서 새로운 조치나 수단이 취해지거나 기존제도의 내용이 변경될 수도 있는 것이다. 그렇다면 결국 토지거래허가제가 과잉금지의 원칙에 위반되느냐는 이미 살펴본 토지소유권의 상대성, 토지소유권 행사의 사회적 의무성, 우리나라의 토지문제와 그와 밀접히 결부된 산업·경제상의 애로, 주택문제의 심각성, 토지의 거래실태, 투기적 거래의 정도 등을 종합하여 판단하지 않을 수 없고, 또 현재 그것이 전혀 목적에 적합하지 아니하다거나 따로 최소침해의 요구를 충족시켜 줄 수 있는 최선의 방법이 제시되어 있다거나 아니면 쉽게 찾을 수 있다거나 함과 같은 사정이 없는 상황에서는 토지거래허가제를 비례의 원칙 내지 과잉금지의 원칙에 어긋난다고 할 수는 없다고 할 것이다.

(4) 벌칙규정과 과잉금지의 원칙 위반 여부

토지거래허가제가 합헌이라고 할지라도 그 행위의 법률적 효력을 부인하였으면 벌칙은 벌

금형 정도로 족하다고 할 것인데도 자유형까지 규정하고 있는 것은 과잉금지의 원칙에 위배되는 전형적인 사례라 할 것이라는 견해에 대하여 살펴본다.

생각건대, 우리나라처럼 물권변동에 있어서 형식주의를 취하고 있는 나라에서는 등기가 효력요건으로서 당사자 간에 어떠한 형태의 거래를 하였을지라도 등기 없이는 물권변동의 효과는 발생하지 않는 것인데, 국토이용관리법은 무허가의 토지거래계약을 무효로 하고 있고(국토이용관리법 제21조의3 제 7 항), 관할등기소에서는 무허가거래의 등기접수를 거부하고 있으므로(부동산등기법 제40조 제 1 항 제 4 호), 물권적 변동을 가져오는 무허가거래라는 것은 당초부터 있을 수가 없는 것이다.

따라서 물권변동이 뒤따르지 않는 거래행위에 대하여 자유형까지 규정하고 있는 국토이용관리법 제31조의2의 벌칙규정은 지나친 것이라는 견해가 있을 수도 있는 것이다.

토지의 투기적 거래가 국민경제에 미치는 악영향이라든가 건전한 근로의욕의 침해 등 국민의 건전한 정신과 생활을 오염시키는 면이 크다는 점은 이미 살펴본 바이다.

또 투기에서 얻어지는 이득은 막대하여 벌금형으로서는 그 범죄에의 유혹을 차단하기 어렵고 따라서 벌칙의 일반예방적 기능을 기대하기 어렵기 때문에 벌금형으로 투기적 거래를 억제하는 데는 스스로 한계가 있다고 할 것이다. 그리고 우리나라에서는 중간생략의 등기와 명의신탁제도가 오랜 판례법으로 인정되고 있는 실정이기 때문에 등기가 뒤따르지 않는 사실상의 토지거래가 얼마든지 행하여질 수 있을 것이라는 것도 쉽게 예상할 수 있다. 따라서 위와 같은 사정을 고려에 넣지 않고 단순한 법률행위의 효력부인이나 벌금형만으로 토지의 투기적 거래를 규제할 수 있다는 주장은 사태의 진상을 꿰뚫어 보지 못한 것이라고 하지 아니할 수 없다. 국가가 행정의 실효성을 보장하기 위하여 통상의 가벼운 수단으로 그 목적을 달성할 수 없는 경우에는 자유형으로 처벌할 수 있고, 이러한 법리는 행정벌의 이론과 제도에 의해 뒷받침되고 있고 실제로도 그 예가 허다한 것이다. 토지투기 억제를 위하여 벌금형으로 미흡하다고 판단될 경우 자유형으로 규제하는 것은 부득이하다고 할 것이고 따라서 벌금형과 선택적으로 징역형을 규정한 것은 입법재량의 문제이며 과잉금지의 원칙에 위반된다고 할 수 없는 것이다.

(5) 벌칙규정과 명확성의 원칙 위배 여부

국민의 기본권을 제한하려면 반드시 법률에 의하여야 하고 그 법률은 일반성과 명확성을 갖추어야 하는데 국토이용관리법의 벌칙규정은 규제대상, 행위유형이 명료하게 규정되어 있지 않아 헌법상의 법치주의원리에서 요구되는 죄형법정주의 및 명확성의 원칙에 위배된다는 견해가 있으므로 그에 대하여 살펴본다.

우선 국토이용관리법 제21조의3 제 1 항과 같은 법률 제31조의2 내용을 살펴보면 「……토지 등의 거래계약을 체결……」이라고 규정하고 있고, 위 법률의 시행령 제24조 제 1 항에 보면 허가신청서의 기재사항의 하나로 제 4 호에 「이전 또는 설정하고자 하는 권리의 종류」, 제 5 호에 「계약예정금액」이라고 규정하고 있어 위 법률과 시행령을 비교해 보면 당국의 허가를 받기 이전의 당사자 간의 거래계약을 금하거나 적어도 바람직하지 않게 여기고 있음을 알 수 있는 것이다.

국토이용관리법이 제21조의3 제 7 항에서 허가 없는 거래계약에 대하여 채권적 효력까지 부인하면서 다시 제31조의2에서 허가 없이 토지 등의 거래계약을 체결한 자에게 벌칙규정을 두고 있는 것은 농지개혁법 제19조 제 2 항의 규정에 따른 농지매매에 있어서 농지소재지 관서의 매매증명 없이도 거래계약의 채권적 효력을 인정하고 벌칙도 없었던 관계로 사실상 매매가 성행하여 경자유전(耕者有田)의 입법목적을 달성할 수 없었던 경험에 비추어 투기억제,

지가폭등의 진정 등 입법목적달성을 위하여서는 사실상 매매거래의 원천봉쇄가 불가피했던 것으로서 입법자의 이러한 조치는 수긍 못할 바 아니라 할 것이다.

그런데 규제구역 내의 토지라고 할지라도 당사자 간에 거래가 이루어지려면 당국의 허가를 받기 이전에 어떠한 형태로든지 허가를 전제로 한 당사자 간의 의사의 합치가 있어야 할 것임은 너무나 당연하며 이 점에 관하여 위 법률에서는 특별한 용어를 쓰고 있지는 않지만 계약준비행위라고 할 수 있을 것이다. 그런데 우리 민법상으로는 구두계약도 성립할 수 있으므로 거래계약과 거래계약준비행위라는 것은 이론상의 구분에도 불구하고 실제거래의 관행상으로는 쉽사리 구분되지 않는 경우가 허다하게 생겨날 수 있는 것이다. 그 결과 장차 당국의 허가를 받을 심산으로 당사자 간에 어떤 형태의 의사의 합치를 본 단계에서도 위 벌칙조문을 확대해석하면 거래당사자가 형사처벌을 받게 될 우려가 있다는 것이 위 벌칙조항의 명확성의 원칙위반론자의 논거인 것이다.

무릇 죄형법정주의는 범죄와 형벌이 법률로 정하여져야 함을 의미하는 것으로 이러한 죄형법정주의에서 파생되는 명확성의 원칙은 누구나 법률이 처벌하고자 하는 행위가 무엇이며 그에 대한 형벌이 어떠한 것인지를 예견할 수 있고 그에 따라 자신의 행위를 결정지을 수 있도록 구성요건이 명확할 것을 의미하는 것이다.

여기서 구성요건이 명확하여야 한다는 것은 그 법률을 적용하는 단계에서 가치판단을 전혀 배제한 무색투명한 서술적 개념으로 규정되어져야 한다는 것을 의미하는 것은 아니고 입법자의 입법의도가 건전한 일반상식을 가진 자에 의하여 일의적으로 파악될 수 있는 정도의 것을 의미하는 것이라고 할 것이다. 따라서 다소 광범위하고 어느 정도의 범위에서는 법관의 보충적인 해석을 필요로 하는 개념을 사용하여 규정하였다고 하더라도 그 적용단계에서 다의적(多義的)으로 해석될 우려가 없는 이상 그 점만으로 헌법이 요구하는 명확성의 요구에 배치된다고는 보기 어렵다 할 것이다. 그렇지 않으면 처벌법규의 구성요건이 지나치게 구체적이고 복잡하게 정형화되어 다양하게 변화하는 생활관계를 제대로 규율할 수 없게 될 것이기 때문이다.

국토이용관리법 제31조의2 소정의 처벌규정은 그 제정경위와 배경을 살펴보건대, 당국의 허가 없이는 토지거래의 본계약은 물론 예약도 체결할 수 없게 한 것은 당사자 간에 채권적 효력이 남는 거래행위 내지 사실상의 이행행위 조차도 이를 바람직하지 않다고 보겠다는 의지의 표현이라고 해석할 수 있는 것이다. 다시 말하면 당국의 허가 전에 당사자 간에 거의 완벽할 정도의 의사의 합치가 있으면 그것을 토대로 해서 등기 없이도 사실상 전전 매매될 우려가 있고 그렇게 되면 투기억제의 행정목적을 달성하기 어렵다고 봤기 때문에 아예 그러한 거래가 행하여질 소지를 없애기 위하여 당국의 허가 전에 거래계약이나 예약을 체결하는 것을 금하고 있는 것이라고 할 수 있는 것이다. 따라서 당국의 허가 이전의 당사자 간의 의사의 합치내용은 위 법률의 시행령에서 요구하고 있는 정도, 즉 거래계약을 예정하는 준비단계의 합의에 그쳐야 할 것이며 그 이상의 합의는 바람직하지 않는 것이다.

그러나 법이 바람직하게 보고 있지 않음에도 불구하고 당사자 간에 거래계약이라고 볼 수 있는 정도의 상세한 의사의 합치를 보고 또 명목상의 계약금 상당 금전까지 수수한 경우가 있을 수 있는데, 그러한 경우에도 그것이 거래계약의 준비행위로서 당국의 허가를 얻을 것을 전제로 한 사실이 인정되는 한 범죄의 구성요건은 충족되지 않는다고 할 것이다. 즉 당국의 허가를 받기 이전의 단계에서는 당사자 간에 아무리 소상한 합의를 봤을지라도 계약준비행위에 불과하여 이에 따라 당사자에게 허가관청에 공동으로 허가출원을 해야 한다(그 결과 상대방은 이를 촉구할 수 있다)는 사법상의 효력 이외에는 이른바 조건부권리라든가 기타 일체의 채권적 효력도 발생하지 않는 것이다.

따라서 당사자의 의사합치내용의 구체성 외에 당사자가 당국의 허가 없이 계약내용을 이행할 의사가 있었는지의 여부를 아울러 판단하여야 할 것이며, 이 조문 표현상의 약간의 의문점은 건전한 법관의 양식이나 조리에 따른 보충적인 해석에 의하여 법문의 의미가 구체화되어 해결될 수 있다고 믿어지므로 이 정도로는 명확성의 원칙에 위배된다고 할 수는 없다 할 것이다.

다음 벌칙규정 중 「사위 기타 부정한 방법으로……」라는 규정내용은 명확성을 결여하고 있다는 견해도 있으나, 형법상으로도 「……기타의 방법」으로 범행내용을 규정하고 있는 사례가 많을 뿐만 아니라 전단의 벌칙부분이 허가 없이 거래계약을 체결한 자에 대한 처벌규정인데 반하여 후단의 벌칙부분은 부정한 방법으로 허가를 받은 자를 대상으로 하고 있고 규제대상이 전단과는 전혀 달라 명확성의 점에 문제가 있다고 할 수 없다.

라. 토지거래허가제와 매수청구제와의 관계(재판의 전제성 유무)

국토이용관리법은 토지거래허가제에 따르는 피해를 최소화하기 위하여 매수청구제를 규정하고 있으나, 이는 국가 등 매수할 자가 매수를 거부할 수도 있고, 매수를 하는 경우에도 매수가격이 시가에 비해 현저히 낮게 정해질 수가 있으므로 결국 토지소유자로 하여금 토지의 처분을 포기하게 하거나 불리한 처분을 감수하게 하는 것이 되어, 토지거래허가제 자체는 하자가 없다고 할지라도 이와 불가분의 관계에 있는 매수청구제, 매수가격의 문제와 합일해서 판단할 때는 재산권의 본질적인 내용 침해로 볼 수 밖에 없다는 견해가 있으므로 이에 관하여 살펴보기로 한다.

국토이용관리법 제21조의3 제 1 항, 제 3 항 내지 제 7 항, 제21조의4에서 토지거래허가제를 규정하고 있고 그 구제방법으로 같은 법률 제21조의5에서 이의신청제를 규정하고 있는 외에 같은 법률 제21조의15에서 매수청구제를 규정하고 있는바, 불허가의 처분을 받은 토지 등의 소유자로 하여금 도지사에 대하여 당해 토지 등에 관한 권리의 매수를 청구할 수 있게 하고 있고, 이때 "매수청구를 받은 도지사는 당해 토지 등에 대하여 국가·지방자치단체·한국토지개발공사 기타 대통령령이 정하는 정부투자기관 및 공공단체 중에서 매수할 자를 지정하여 토지를 예산과 같은 법률 제21조의4 제 1 항 제 1 호에 규정된 가격의 범위 내에서 매수하게 하여야 한다"라고 규정하고 있는 것이다. 이는 토지소유자의 토지매각 욕구를 충족시키기 위한 규정인데 법규정 형식상 토지매수청구권을 형성권으로 규정하고 있지 않기 때문에 이론상 국가 등 매수기관이 협의과정에서 매수를 거부하는 경우를 예상할 수 있고, 그러한 경우 토지소유자는 그 의사에 반하여 처분권을 행사하지 못하여 당해 토지를 계속 보유할 수밖에 없기 때문에 그 점에 위헌적 요소가 있다는 의견이 있을 수 있다.

그러나 위 규정은 「……매수하게 하여야 한다」라고 도지사에게 의무를 부담시키고 있는 점에 중점이 있다고 보여지기 때문에 별로 문제될 것이 없다고 사료되지만 그보다 먼저 본건에 있어서 그 부분이 심판의 대상이 되느냐의 문제부터 따져봐야 할 것으로 생각한다. 국토이용관리법에 규정되어 있는 토지거래허가제는 토지 등 거래계약에 있어서 허가의 목적과 허가의 절차 및 허가의 기준을 그 내용으로 하고 있고, 매수청구제는 위 이의신청제와 함께 토지거래허가제에 따르는 피해를 줄이기 위한 구제의 한 방법으로 규정되어 있는 것이므로 제도의 구조논리상 매수청구제는 토지거래허가제와 상호 관련이 있는 제도이기는 하지만 그것이 심판상 불가분의 일체관계에 있는 제도는 아니라고 할 것이다.

그렇다면 양자의 위헌요소의 유무도 각각 별도로 검토되어야 하는 것이고, 어느 일방에 위헌요소가 있다고 하여 타방이 자동적으로 위헌으로 되는 것은 아닌 것이다. 따라서 토지거래허가제가 위헌이라면 매수청구제가 아무리 합리적으로 규정되어 있다고 하더라도 토지거래허가제가 합헌적인 것으로 치유될 수 없으며, 그 반대로 토지거래허가제가 합헌이라면 매수청구제에 어떤 하자가 있더라도 그로 인해서 토지거래허가제까지 위헌적인 것으로 전락하는 것은 아닌 것이다. 더구나 본건의 경우 위헌제청이 된 심판의 대상은 앞서 살펴본 "심판의 대상"에서 명시된 바와 같이 토지 등의 거래계약에 대한 허가규정과 그 벌칙규정의 위헌 여부에 관해서이고 매수청구권문제와는 직접 관련이 없으므로 장차 매수청구권과 관련하여 위헌여부심판제청이 있다면 그때 가서 위헌 여부를 가리는 것이 구체적 규범통제절차를 채택하고 있는 우리 헌법이나 헌법재판소법의 규정취지에 합당하다고 사료된다.

위와 같은 논리라면 매수청구제의 위헌 여부를 더 이상 따질 필요도 없다고 할 것이나, 위 매수청구제와 관련하여 매수자로 지정된 기관은 예산불책정을 이유로 들어 매수를 거부하거나 예산부족을 이유로 시가와는 동떨어진 위 법률 제21조의4 제 1 항 제 1 호 소정의 가격에도 미급하는 가격을 제시함으로써 사실상 토지소유자로 하여금 토지매도를 단념하게 하는 결과를 초래할 수 있어 그 점에 위헌요소가 있다는 견해도 있으므로 그 점에 대하여 살펴보기로 한다.

그런데 그 점에 관련해서 건설부에 대한 헌법재판소의 조회 결과로는 토지개발공사가 1,000억원의 예산을 확보하고 언제든지 매수할 태세를 갖추고 있는데도 전국적으로 매수청구권을 행사한 사례가 단 한 건도 없다는 것으로서 매수거부 또는 매수가격 인하의 문제는 제도상의 우려에도 불구하고 현실적으로는 발생하지 않고 있으므로 장차 그러한 사례가 헌법재판소에 위헌여부심판제청 또는 헌법소원심판청구되었을 때 판단할 성질의 것이라고 할 것이다.

[결　　론]

이 결정에 있어서 토지거래허가제규정(국토이용관리법 제21조의3 제1항)과 벌칙규정(같은 법률 제31조의2) 모두에 대하여 재판관 조규광, 재판관 이성렬, 재판관 변정수, 재판관 김양균은 합헌의견을, 재판관 이시윤은 토지거래허가제 규정에 대하여서는 합헌의견이로되 보충의견을, 벌칙규정에 대하여서는 위헌의견을, 재판관 한병채, 재판관 최광률, 재판관 김문희는 위헌의견을, 각 제시하였고, 재판관 김진우는 재판관 이시윤, 재판관 한병채, 재판관 최광률, 재판관 김문희의 위헌의견에 원칙적으로 동조하였다. 따라서 토지거래허가제 규정은 헌법에 위반되지 아니하고, 벌칙규정은 위헌의견이 과반수이나 헌법재판소법 제23조 제 2 항 제 1 호 소정의 위헌결정의 정족수(定足數)에 미달이어서 헌법에 위반된다고 선언할 수 없는 것이다.

(재판관 이시윤의 국토이용관리법 제21조의3에 대한 보충의견 및 같은 법률 제31조의2에 대한 위헌의견 있음).

8. 土地超過利得稅는 憲法에 合致되지 아니한다[1]

가. 제도 자체의 헌법적 정당성 문제

(1) 미실현이득 과세 문제

(가) 현대에 있어서의 조세의 기능은 국가재정 수요의 충당이라는 고전적이고도 소극적인 목표에서 한걸음 더 나아가, 국민이 공동의 목표로 삼고 있는 일정한 방향으로 국가사회를 유도하고 그러한 상태를 형성한다는 보다 적극적인 목적을 가지고 부과되는 것이 오히려 일반적인 경향이 되고 있다. 이러한 조세의 유도적·형성적 기능은 우리 헌법상 "국민생활의 균

1) 헌재 1994.7.29 선고, 92 헌바 49, 헌재판례집 제 6 권 2 집, 64면 이하.

등한 향상"을 기하도록 한 헌법 전문(前文), 모든 국민으로 하여금 "인간다운 생활을 할 권리"를 보장한 제34조 제 1 항, "균형 있는 국민경제의 성장 및 안정과 적정한 소득의 분배를 유지하고, 시장의 지배와 경제력의 남용을 방지하며, 경제주체간의 조화를 통한 경제의 민주화를 위하여" 국가로 하여금 경제에 관한 규제와 조정을 할 수 있도록 한 제119조 제 2 항, "국토의 효율적이고 균형 있는 이용·개발과 보전을 위하여" 국가로 하여금 필요한 제한과 의무를 과할 수 있도록 한 제122조 등에 의하여 그 헌법적 정당성이 뒷받침되고 있다.

토초세법은 "각종 개발사업 및 기타 사회경제적 요인으로 유휴토지 등의 지가가 상승함으로 인하여 그 소유자가 얻는 토지초과이득을 조세로 환수함으로써, 조세부담의 형평과 지가의 안정 및 토지의 효율적 이용을 기하고 나아가 국민경제의 건전한 발전에 이바지함을 목적으로 한다"라고 규정하고 있다(제1조).

토초세법의 위 목적규정은 첫째, 이득이 있는 모든 곳에 반드시 조세가 따라야 한다는 조세법상의 공평이념을 실현하기 위하여 토지소유자 개인의 노력과는 상관 없는 개발이익 등 불로소득을 조세로 환수하는 데 토초세법의 우선적인 목적이 있음을 천명함과 아울러 토초세가 수득세(收得稅)의 일종임을 밝히고, 둘째, 이와 같은 조세를 수단으로 하여 유휴토지 등에 대한 투기적 수요의 억제, 지가의 안정과 실수요자에의 유휴토지 등 공급의 확대, 그리고 궁극적으로는 생산구조 내에서 토지가 차지하는 경제적·사회적 제 비용의 절감을 통한 국민경제의 건전한 발전이라는 행정목적을 아울러 실현하려는 의도를 표명한 것으로 해석된다. 그렇다면 조세에 있어서 헌법적으로 승인된 유도적·형성적 기능에 비추어 토초세법의 위 목적에 대하여 헌법재판소가 곧바로 그 시비를 가릴 것은 아니라고 본다.

(나) 한편, 이득이 실현되었건 실현되지 않았건 납세자에게 소득의 증대에 따른 담세력의 증대가 있었다는 점에서는 실현이득이나 미실현이득 양자가 본질적으로 차이가 없고, 그와 같이 증대된 소득의 실현 여부 즉, 증대된 소득을 토지자본과 분리하여 현금화할 것인지의 여부는 당해 납세자가 전체 자산구성을 어떻게 하여 둘 것인가를 선택하는 자산보유형태의 문제일 뿐 소득창출의 문제는 아니며, 미실현이득에 대한 과세 역시 실현이득에 대한 과세와 마찬가지로 원본과는 구별되는 소득에 대한 과세에 지나지 아니하므로, 적어도 법리적으로는 미실현이득에 대한 과세에 있어서 원본잠식의 문제가 생길 여지는 없고, 실제에 있어서도 비록 과세목적과 과세방법이 다르기는 하나 자산재평가세, 자산평가 차익에 대한 법인세 등 미실현이득에 과세하는 기존의 예가 없지도 아니하다. 따라서 과세대상인 자본이득의 범위를 실현된 소득에 국한할 것인가 혹은 미실현이득을 포함시킬 것인가의 여부는, 과세목적, 과세소득의 특성, 과세기술상의 문제 등을 고려하여 판단할 입법정책의 문제일 뿐, 헌법상의 조세개념에 저촉되거나 그와 양립할 수 없는 모순이 있는 것으로는 보여지지 아니한다.

(다) 다만, 미실현이득에 대한 과세제도가 이론상으로는 조세의 기본원리에 배치되는 것이 아니라고 하더라도, 미실현이득은 용어 그대로 그 이득이 아직 자본과 분리되지 아니하여 현실적으로 지배·관리·처분할 수 있는 상태에 있는 것이 아니라는 특성으로 인하여, 수득세의 형태로 이를 조세로 환수함에 있어서는 과세대상이득의 공정하고도 정확한 계측 문제, 조세법상의 응능부담(應能負擔) 원칙과 모순되지 않도록 납세자의 현실 담세력을 고려하는 문제, 지가변동순환기(循環期)를 고려한 적정한 과세기간의 설정문제, 지가하락에 대비한 적절한 보충규정 설정문제 등 선결(先決)되지 아니하면 아니 될 여러 가지 과제가 있다. 실제 세계의 여러 나라에서 불로소득의 환수와 지가안정을 이유로 부동산상의 미실현이득에 대한 과세의 정당성과 필요성이 오래 전부터 주장되어 왔음에도 불구하고, 오늘날 그러한 과세제도가

성공적으로 정착되고 있는 입법례를 찾아보기가 쉽지 아니하다는 것은, 바로 미실현이득에 대한 과세제도의 이와 같은 난점을 실증적으로 반영하고 있는 것이라 할 수 있다.

특히 토초세는 토지재산, 즉 원본에 대한 과세가 아니라 원본으로부터 파생된 이득에 대하여 과세하는 수득세의 일종이므로, 만약 유휴토지 등 소유자가 가공이득에 대한 토초세를 부담하는 경우가 생긴다면, 이는 원본인 토지 자체를 무상으로 몰수당하는 셈이 되어 수득세의 본질에도 반하는 결과가 될 뿐만 아니라, 결과적으로 헌법상의 재산권 보장원칙에 배치되고 조세원리상의 실질과세, 공평과세의 이념에도 반한다고 하지 아니할 수 없다.

그러므로 미실현이득에 대한 과세제도는 이상의 제반 문제점이 합리적으로 해결되는 것을 전제로 하는 극히 제한적·예외적인 제도라 보지 아니할 수 없으며, 그렇기 때문에 미실현이득에 대한 과세제도인 토초세의 헌법적합성을 논함에 있어서는 무엇보다도 먼저 그 과세대상 이득의 공평하고도 정확한 계측 여부가 제일의 과제가 되어야 할 것이고, 나아가 앞에서 본 여러 가지 문제점에 대한 적절한 해결책이 마련되어 세제 자체가 체계적으로 모순 없이 조화를 이루고 있는가 하는 점을 특히 염두에 두지 아니할 수 없다.

(2) 이중과세 문제

(가) 종합토지세는 과다한 토지보유를 억제함으로써 지가안정과 토지소유의 저변을 확대할 목적으로 도입된 제도로서, 전국에 있는 모든 토지를 과세물건으로 하고 소유자별로 합산한 토지가액을 과세표준으로 삼는 재산세의 일종인 점에서, 토지의 보유단계에서 미실현자본이득 중 정상지가상승분을 초과하는 이득에 대하여 과세하는 토초세와는 각각 그 과세목적 또는 과세물건을 달리한다.

뿐만 아니라 종합토지세는 과세대상토지로부터의 구체적인 소득발생 유무와 관계 없이 모든 토지에 대하여 부과되는 재산세이어서 그 세율을 상향책정하는 데에는 한계가 있을 수밖에 없고, 따라서 종합토지세만으로는 토초세가 달성하려는 개발이익 또는 불로소득의 환수문제를 효과적으로 해결하기는 어렵다. 그러므로 토초세와 종합토지세 사이에 이중과세문제가 발생할 여지는 없다고 본다.

(나) 한편, 고율의 양도소득세는 그 부과시기를 이득의 실현시까지 기다려야 하는 관계로 이른바 토지공급의 동결효과와 이로 인한 지가의 역상승이라는 부작용이 발생할 수 있으므로, 양도소득세의 이와 같은 약점을 보완하여 지가의 안정과 실수요자에의 유휴토지 공급확대라는 정책목표를 실현할 수 있는 별개의 정책수단이 필요하다는 점을 부인할 도리는 없다. 바로 이러한 배경 아래 양도소득세 부과 이전의 토지보유단계에서 그 때까지 발생한 미실현이득에 대하여 과세하는 토초세를 도입하게 되었다면, 그러한 의미에서 토초세는 양도소득세가 지니지 못한 별개의 목적과 기능을 가지고 있는 것으로 보지 아니할 수 없다.

그러나 토초세는 이득의 미실현단계, 즉 토지의 보유단계에서 과세한다는 점에서 어느 정도 재산세적인 성격을 띠고 있다 하더라도, 본질적으로는 양도소득세와 마찬가지로 수득세의 일종이라고 보아야 함은 이미 밝힌 대로이고, 토초세가 그 과세대상으로 삼고 있는 이득은 양도소득세의 그것과 완전히 중복되고 있을 뿐만 아니라, 과세목적 또한 크게 다르지 아니하므로 양세의 과세대상 중 중복되는 부분은 원칙적으로 이중과세에 해당한다고 보지 아니할 수 없다.

따라서 양도소득세 부과시 양도소득세와 중복과세의 성격을 가진 기발생 토초세를 정산하는 문제가 완전히 해결되어 있지 아니하는 한 이중과세문제로 인한 토초세제도 자체의 합헌성에 의문이 없을 수 없다. 다만, 이 문제에 관하여는 뒤에서 다시 언급하기로 한다.

(3) 과세대상의 범위 문제

현행 토초세는 전국의 토지 중 토초세법 소정의 유휴토지 등만을 그 과세대상으로 하고 있는바, 이는 토지의 효율적 이용 또는 실수요자에 의한 유휴토지의 공급확대라는 토초세의 목적을 고려한 것으로 보인다.

그러나 토초세법상 목적규정(제1조)의 내용이나 일반적인 수득세 개념에서 도출되는 한계 기타 제반사정에 비추어 본다면, 토초세의 궁극적인 목적은 위와 같은 토지의 효율적인 이용이라든지 실수요자에 대한 토지의 공급확대라는 유도적인 사회·경제적 목적에 앞서, 지가의 상승으로 인한 불로소득을 조세로 환수함으로써 조세부담의 형평을 기함과 아울러 지가의 안정을 도모하는 데 큰 비중을 두고 있음을 알 수 있다. 그럼에도 불구하고 토초세법은 위와 같이 그 과세대상을 유휴토지 등으로만 한정하고 있는 관계로 아무리 많은 불로소득이 생기더라도 유휴토지 등에 해당하지 아니하는 토지는 과세대상에서 제외되기 때문에, 불로소득의 환수 및 지가안정이라는 토초세법의 본래 목적달성에 있어서는 극히 제한적으로만 기능할 수밖에 없는 불합리한 점이 있다고 할 수 있다.

따라서 토초세법이 그 부차적인 목적달성을 위하여 그 과세대상토지를 유휴토지 등으로 제한하는 것을 정책수단 선택의 문제로서 일응 수긍한다 치더라도, 위와 같은 과세대상토지 범위의 제한으로 발생하는 불합리성은 세율의 조정 기타 어떠한 방법으로든지 보완되어야 할 것이다.

나. 개별조항에 대한 구체적 검토

(1) 과세표준 조항(토초세법 제11조)

(가) 먼저, 위임입법의 한계와 관련하여 과세표준 조항의 위헌 여부를 검토한다.

헌법은 제38조에서 "모든 국민은 법률이 정하는 바에 의하여 납세의 의무를 진다"라고 규정하면서 제59조에서 "조세의 종목과 세율은 법률로 정한다"고 규정하여 조세법률주의를 선언하고 있는바, 조세법률주의의 이념은 과세요건을 법률로 규정하여 국민의 재산권을 보장하고, 과세요건을 명확하게 규정하여 국민생활의 법적 안정성과 예측가능성을 보장함에 있는 것이다(헌재 1989.7.21. 선고, 89 헌마 38 결정 참조). 한편, 헌법 제75조가 위임입법에 관하여 "대통령은 법률에서 구체적으로 범위를 정하여 위임받은 사항……에 관하여 대통령령을 발할 수 있다"라고 규정하고 있는 것은, 법률에 미리 대통령령으로 규정될 내용 및 범위의 기본사항을 구체적으로 규정하여 둠으로써 누구라도 당해 법률로부터 대통령령에 규정될 내용의 대강을 예측할 수 있도록 하여, 행정권에 의한 자의적인 법률의 해석과 집행을 방지하고 의회입법의 원칙과 법치주의를 달성하려는 데 그 의의가 있다(헌재 1991.7.8. 선고, 91 헌가 4 결정 참조). 그리고 이와 같은 위임입법의 구체성·명확성의 요구정도는 그 규제대상의 종류와 성격에 따라 달라질 것이지만, 특히 처벌법규나 조세법규 등 국민의 기본권을 직접적으로 제한하거나 침해할 소지가 있는 법규에서는 일반적인 급부행정법규에서와는 달리, 그 위임의 요건과 범위가 보다 엄격하고 제한적으로 규정되어야 한다(헌재 1991.2.11. 선고, 90 헌가 27 결정 참조).

토초세법은 과세기간 동안의 지가상승액에서 정상지가상승분 및 개량비 등을 공제한 토지초과이득을 그 과세대상 및 과세표준으로 할 것만을 직접 규정하면서(제11조 제1항, 제3조 제1항), 과세표준인 토지초과이득을 산출하는 데 근거로 삼을 기준시가에 관하여는 이를 전적으로 대통령령에 맡겨 두는 형식으로 되어 있다(제11조 제2항). 그러나 이와 같은 기준시가는 토초세의 과세대상 및 과세표준이 되는 토지초과이득의 존부와 범위를 결정하는 지표가 된다는 점에서, 국민의 납세의무의 성부 및 범위와 직접적인 관계를 가지고 있는 중요한 사항이므로, 기준시가의 산정

기준이나 방법 등을 하위법규에 백지위임하지 아니하고 그 대강이라도 토초세법 자체에서 직접 규정해 두는 것이, 국민생활의 법적 안정성과 예측가능성을 도모한다는 측면에서 보아 보다 더 합리적이고도 신중한 입법태도일 것이다. 뿐만 아니라 앞서 본 조세법률주의, 위임입법의 한계 등을 규정하고 있는 헌법에도 합치하는 것이라 할 것이다. 실제 초과택지소유부담금(택지소유상한에관한법률 제23조), 개발부담금(개발이익환수에관한법률 제10조), 농지전용부담금(농어촌발전특별조치법 제45조의2), 임야전용부담금(산림법 제20조의3) 등 토지의 가액에 따라 그 부담금의 크기가 결정되는 각종 부담금에 관하여는, 토초세법의 위 규정방식과는 달리, 각 관계법률에서 토지의 가액을 지가공시 및 토지등의평가에관한법률(1989. 4. 1. 법률 제4120호, 이하 "토지평가법"이라 한다)에 의한 공시지가를 기준으로 산정하도록 직접 규정하는 방식을 취하고 있다. 그럼에도 불구하고 토초세법 제11조 제 2 항이 지가를 산정하는 기준과 방법을 직접 규정하지 아니하고 이를 전적으로 대통령령에 위임하고 있는 것은, 헌법 제38조 및 제59조가 천명하고 있는 조세법률주의 혹은 위임입법의 범위를 구체적으로 정할 것을 지시하고 있는 헌법 제75조에 반하는 것이다.

종래 부동산의 가액 평가가 각각의 행정목적에 따라 상이한 주체에 의하여 상이한 기준과 방법으로 구구히 이루어짐으로써(예컨대, 지방세법상의 과세시가표준액, 소득세법 및 법인세법상의 기준시가, 국토이용관리법상의 기준지가 등) 야기되던 여러 가지 혼란과 부작용을 막고 국가기관의 지가산정체계에 통일성을 유지하기 위하여 1989. 4. 1. 토지평가법이 제정되기에 이르렀고(같은 법 제 1 조 참조), 지가산정에 관한 규정을 가지고 있는 대부분의 다른 법률에서와 마찬가지로 토초세법의 위 규정에 따른 시행령에서도 토지평가법을 준용하고 있다. 그러나 토초세와 같이 지가를 기준으로 조세의 존부·범위가 정하여지는 대부분의 세법규정이 법 자체에서 지가산정에 대한 구체적인 기준이나 방법 등에 관한 대강을 두지 아니한 채 단순히 이를 시행령에 위임해 두고, 그 시행령에서 토지평가법을 지가산정의 기준으로 채택하는 방식을 취하고 있다(지방세법 제234조의15, 제111조, 제80조의2, 소득세법 제60조, 같은 법시행령 제115조, 법인세법 제59조의2 제 3 항, 같은 법시행령 제124조의2 제 8 항, 상속세법 제 9 조 제 1 항, 같은 법시행령 제 5 조 참조). 이는 우리의 오래된 입법관례로까지 굳어져 왔으므로, 이러한 상황에서 성급하게 헌법상의 원칙론만을 내세워 위 조문을 무효화할 경우 세정 전반에 관한 일대 혼란이 일어날 것이고, 이는 결코 국민의 기본권보장을 기본적인 사명으로 하고 있는 우리 재판소가 기대하는 바람직한 결과라고는 볼 수 없다.

따라서 우리는 위 조항에 대하여 그 위헌적 요소에도 불구하고 막바로 위헌선언결정을 하는 것을 일시 유보하여 두는 대신, 헌법에 합치되지 아니하는 위 조항을 조속히 개정하도록 입법부에 촉구하기로 한다.

(나) 다음, 지가산정의 방법과 관련하여 과세표준 조항의 위헌 여부를 검토한다.

지가에 관한 토초세법 제11조 제 2 항의 위임에 따라 같은 법시행령 제33조는 "법 제11조 제 2 항의 규정에 의한 기준시가는 개별필지의 기준시가로 한다"고 하고, 같은 시행령 제24조에서는 개별필지의 기준시가는 시장·군수·구청장이 토지평가법 제10조의 규정에 의하여 공시지가를 기준으로 하여 산정한 개별필지에 대한 지가로 한다고 규정하고 있다. 그리고 토지평가법 제10조에 의하면, 개별토지에 대한 지가의 산정은 당해 토지와 유사한 이용가치를 지닌다고 인정되는 하나 또는 둘 이상의 표준지의 공시지가를 기준으로 하여 당해 토지의 가격과 표준지의 공시지가가 균형을 유지하도록 하여야 하고(제 1 항), 건설부장관은 필요하다고 인정하는 경우에는 표준지와 지가산정대상토지의 지가형성요인에 관한 표준적인 비교표를 작성하여 관계행정기관에 제공하여야 하며, 관계행정기관은 이를 사용하여 지가를 산정하여야 하도록 되어 있다(제 2 항).

이상의 규정들에 의하면, 토초세에서 이득계측의 적정성 여부는 결국 표준지 공시지가의 적정성, 개별토지 지가산정의 기준이 되는 표준지 선택의 적정성 및 표준지의 공시지가를 참작한 개별지가 산정방법의 적정성 여부에 달려 있다고 할 수 있다.

표준지의 공시지가는 토지이용상황이나 주변환경 기타 자연적·사회적 조건이 일반적으로 유사하다고 인정되는 일단의 토지 중에서 건설부장관이 표준지를 선정하고, 매년 둘 이상의 감정평가업자로 하여금 당해 표준지에 대하여 인근유사토지의 거래가격·임료 및 당해 토지와 유사한 이용가치를 지닌다고 인정되는 토지의 조성에 필요한 비용추정액 등을 종합적으로 참작하여, 자유로운 거래가 이루어지는 경우 성립한다고 인정되는 적정가격을 조사·평가하게 하고, 이에 대한 토지평가위원회의 심의와 주민의 열람·이의신청의 절차를 거친 다음 이를 공시하도록 되어 있다(토지평가법 제 2 조, 제 4 조, 제 5 조, 제 7 조, 제 8 조, 제12조 등).

이와 같은 표준지 공시지가제도의 도입배경과 법에 규정된 평가의 주체, 평가기준 및 방법 그리고 사후심사제도 등을 종합하여 보면, 표준지 공시지가제도 자체에는 일단 특별히 불합리한 점은 없는 것으로 볼 수 있다. 한편, 개별필지의 기준시가는 당해 토지와 이용가치가 유사하다고 인정되는 표준지의 공시지가를 산정지표로 삼고 있으므로, 개별필지의 기준시가가 구체적 타당성과 공정성을 확보할 수 있기 위하여는 표준지의 선택이 합리적이고 보편타당하여야 하고, 이를 위하여는 무엇보다도 당해 토지의 여러 가지 특성을 참작하여 선택할 수 있는 표준지의 폭이 다양하지 아니하면 아니 된다.

그런데 건설부장관의 사실조회 회답에 의하면, 1994년 현재 전국의 표준지는 약 30만 필지로서 전체 공시지가 적용대상토지 약 2500만 필지의 약 1.2%에 지나지 아니한다는 것이므로, 당해 토지와 유사한 이용가치를 지닌다고 인정되는 표준지 선택의 폭이 현실적으로 지나치게 좁다고 보지 아니할 수 없고, 이 점에서 벌써 개별필지 기준시가의 객관적인 공정성에 논란의 여지가 있을 수밖에 없다. 따라서 이와 같은 표준지 선택폭의 협소로 인하여 발생할 수 있는 개별필지 평가상의 불합리성을 보완하고, 매년 정기적으로 전국토에 걸쳐 시행하여야 할 방대한 작업인 개별필지 기준시가의 평가작업을 신속·정확히 수행할 수 있게 하기 위하여는, 전문적 지식을 가진 평가인에 의한 작업수행이 그 필수적인 전제가 된다고 하지 아니할 수 없다.

그런데 토지평가법은 당해 토지의 가격과 표준지의 공시지가가 균형을 유지하도록 하여야 한다는 추상적인 기준(제10조 제 1 항 본문)을 규정하고 있는 외에는, 개별지가 산정시 관계 행정기관이 사용할 지가형성요인에 관한 표준적인 비교표를 건설부장관이 필요에 따라 작성·제공할 수 있게 하고 있을 뿐이고(같은 조 제 2 항), 개별지가 산정시 평가인이 갖추어야 할 자격은 물론 평가의 구체적인 기준, 방법, 절차 등을 직접 규정하거나, 구체적인 범위를 정하여 이를 하위법규에 위임하는 규정을 두고 있지도 아니하다. 다만, 행정기관이 토지가격을 조사함에 있어 관계 행정기관의 합동작업체계와 가격결정절차 등에 관하여 필요한 사항을 규율하기 위하여 훈령 형식으로 제정된 "개별토지가격합동조사지침"(1990. 4. 14. 국무총리훈령 제241호, 개정 1991. 4. 2. 동 훈령 제248호)이 있기는 하나, 이 훈령 자체가 모법(母法)의 위임도 없이 임의로 제정된 것이어서 그 적법성에 논란의 여지가 있다. 뿐만 아니라 이에 의하더라도 구체적·실질적인 개별토지의 특성 및 지가의 조사·산정 업무는 토지평가업무에 관하여 이렇다 할 전문적 지식이 없는 하부행정기관의 공무원이 담당하도록 되어 있을 뿐이다(제 3 조 제 6 항).

이상 살펴본 바에 의하면, 현행법이 채택하고 있는 개별필지의 기준시가를 계측하는 수단은 객관적으로 합당한 것이라고 인정받기에는 미흡한 점이 너무 많고, 특히 토초세의 경우에는 개별필지의 기준시가가 위와 같이 불완전한 수단에 의하여 과세기간인 3년 동안 매년 1회씩 거듭 계측된 후에야 비로소 그 과세대상 이득이 확정될 수 있으므로, 계측시마다 오류가 누적되어 결과로 나타난 과세대상 이득이 전혀 허구의 이득으로 변질될 우려가 크다고 하지 아니할 수 없다.

다만, 이상과 같은 토지평가상의 불합리성은 법규정 자체에 규범적으로 어떠한 위헌적인 요소가 내재됨으로 인하여 발생하는 것이 아니라, 주로 이들 법규정을 시행함에 따른 행정작용의 미비에 기인하는 것이므로, 그와 같은 부실평가가 현실화되었을 때 일반법원이 구체적인 토지평가의 위법성을 사법적으로 심사·통제하는 것이 그에 대한 원칙적인 구제수단이 될 수 있을 뿐(대법원 1993. 6. 11. 선고, 92 누 16706 판결 등 참조), 그와 같은 행정작용으로 나타나는 현상을 이유로 그 근거규범 자체의 합헌성 여부를 문제삼을 수는 없다고 볼 수 있다.

그러나 현행의 행정실태하에서는 토지초과이득의 계측수단이 국민 일반에게 널리 그 정확성이나 공정성에 대한 의구심을 불러 일으킬 정도의 구조적인 미비점을 가지고 있고, 그 때문에 토초세가 이득에 대한 과세가 아니라 원본에 대한 과세가 되어 버릴 위험부담율이 높아져, 결국 헌법이 보장하고 있는 국민의 재산권을 부당하게 침해할 개연성이 커지지 않을 수 없으며, 이와 같은 재산권침해의 개연성은 토초세의 세율이 높으면 높을수록 더 커질 수 있는 것이고, 바로 이러한 이유로 토초세 부과에 대한 수많은 쟁송 등 강력한 조세저항이 있었음은 이미 우리가 경험한 바다.

따라서 이미 본 바와 같은 여러 가지 이유로 비록 이 사건에서 지가산정에 관한 위 토초세법 규정에 대한 위헌선언을 하는 것을 일단 보류하여 두는 것이지만, 우리는 위와 같은 지가산정수단의 미비로 인하여 많은 국민들이 현실 조세행정으로부터 그 기본권을 침해당하는 사례가 발생하고 있음을 직시하여, 입법부나 행정부가 지가산정 관련 법규의 정비와 아울러 그에 따른 행정의 개선책을 조속히 마련하도록 강력히 촉구하지 아니할 수 없다.

(다) 끝으로, 지가등락에 따르는 대책과 관련하여 과세표준 조항의 위헌 여부를 검토한다.

토초세는 3년간의 과세기간 단위로 각 기간의 개시일과 종료일의 지가를 단순 비교하여 초과이득이 있다고 인정될 때 그 이득이 아직 현실화되어 있지 않은 단계에서 현실적으로 과세하는 제도이다. 그런데 토초세법은 매매의 의사 없이 여러 과세기간에 걸쳐 장기간 토지를 보유하는 경우 전체 보유기간 동안의 지가의 변동상황에 대처함에 있어서는 아무런 보충규정도 두고 있지 아니하다(토초세법 제11조 제 1항, 제 6 조 등 참조). 그 결과 장기간에 걸쳐 지가의 앙등과 하락이 반복되는 경우에, 특정 과세기간 개시일과 종료일 사이에는 지가의 앙등이 있었으나, 당해 토지소유 이후 최초 과세기간 개시일의 지가와 특정 과세기간 종료일의 지가를 비교할 때는 아무런 토지초과이득이 없고 오히려 손해만 있는 경우에도, 그 과세기간에 대한 토초세를 부담하지 않을 수 없는 불합리한 결과가 발생할 수 있게 된다. 이와 같은 결과는 토초세의 과세로 인하여 원본 자체가 잠식되는 경우로서, 수득세인 토초세의 본질에도 반하고 헌법 제23조가 정하고 있는 사유재산권 보장취지에도 어긋나는 것이다. 따라서 토초세법 제11조 제 1 항은 위와 같은 경우에 대비한 적절한 보충규정을 두지 아니하는 한 헌법에 위반된다.

(2) 세율 조항(토초세법 제12조)

토초세법 제12조는 50%의 단일비례세율을 토초세에 적용하도록 규정하고 있는바, 물론 세율체계를 단일비례제로 할 것인지 누진제로 할 것인지의 여부 또는 세율을 어느 정도로 할 것인지의 여부는 원칙적으로 당해 조세의 과세목적에 따라 입법정책적으로 판단할 사항이기는 하다.

그러나 이미 본 바와 같이 토초세가 실현된 이득을 그 과세대상으로 삼고 있는 것이 아니라, 그 계측의 객관적 보장이 심히 어려운 미실현이득을 그 과세대상으로 삼고 있는 관계로, 토초세의 세율을 현행법과 같이 고율로 하는 경우에는 자칫 가공이득에 대한 과세가 되어 수득세로서의 토초세의 본질에 어긋나는 원본잠식의 우려가 있다. 더욱이 이미 살펴본 바와 같이 현행 토초세가 유휴토지만을 그 과세대상으로 삼고, 비유휴토지에 대하여는 과세를 하지 아니함으로써, 그것이 비록 앞서 말한 이 법의 유도적·형성적 기능에 비추어 위헌이라고까지는 할 수 없을지라도, 유휴토지 소유자와 비유휴토지 소유자 사이의 조세부담의 수평적 공평을 해쳐 바람직스럽지 못한 결과가 될 수 있다는 점을 함께 고려한다면, 현행세율은 도저히 이를 그대로 유지할 수 없다고 본다.

한편, 이자소득세나 배당소득세와 같이 개인의 이득에 대한 조세에 있어서도 단일비례세를 채택하고 있는 예가 없지는 아니하다. 그러나 적어도 토초세와 같은 이득에 대한 조세에 있어서는, 조세의 수직적 공평을 이루어 소득수준이 다른 국민들 사이의 실질적인 평등을 도모하여야 한다는 점에서, 누진세가 아닌 단일비례세를 적용하는 것은 입법정책으로 보아도 결코 바람직스러운 것이 될 수 없다. 더욱이 토초세는 토지에 관한 자본이득에 대한 과세라는 점에서 실질적으로 보아 양도소득세와 그 궤를 같이 하는 조세이고, 어느 의미에서는 양도소득세의 예납적 성격을 띠고 있다고 보아도 과히 잘못이 없다. 그럼에도 불구하고 굳이 토초세의 세율 체계를 이렇다 할 합리적인 이유도 없이 양도소득세와는 달리 단일비례세로 한 것은, 단순한 입법정책의 문제를 떠나 소득이 많은 납세자와 소득이 적은 납세자 사이의 실질적인 평등을 저해하는 결과를 낳고 있다고 볼 수 있다. 따라서 토초세법 제12조는 헌법상의 재산권 보장규정과 평등조항에 위배된다.

(3) 유휴토지 등의 범위 조항(토초세법 제 8 조)

(가) 토초세법은 우선 그 목적의 하나로 "유휴토지 등의 효율적 이용"을 내세움으로써 일단 그 과세대상 토지를 비효율적으로 이용되고 있는 토지로 한정하는 한편, 제 8 조와 제 9 조에서 과세대상토지의 구체적인 범위를 정함에 있어서 각종의 토지를 현재의 외견상 사용목적에 따라 세분하고, 대체로 그 각 구체적인 용도에 비추어 필요한 면적 이상의 토지나, 현재의 토지이용에서 나오는 수익정도가 지나치게 낮아 그 토지가 효율적으로 이용되지 아니한다고 인정되는 토지를 과세대상인 유휴토지 등으로 보기로 하면서, 그 구체적인 판정기준이 되는 용도별 면적이나 토지가격에 대한 수익비율 등의 결정은 대통령령에 위임하는 형식으로 규정하고 있다.

살피건대, 오늘날 다양하고도 복잡한 경제현상을 규율하는 조세법의 특수성 및 입법기술상의 제약을 참작함과 아울러, 헌법 제23조 제 2 항의 "재산권의 행사는 공공복리에 적합하여야 한다"는 규정과 헌법 제122조의 "국가는 국민 모두의 생산 및 생활의 기반이 되는 국토의 효율적이고 균형 있는 이용·개발과 보전을 위하여 법률 이 정하는 바에 의하여 그에 관한 필요한 제한과 의무를 과할 수 있다"는 규정에 나타난 헌법적 요청에 순응하는 여러 정책을 도입함에 있어서, 토지 관련 세제 사이의 일관성을 유지하고 행정능률을 제고할 필요성이 있다. 그러한 점 등을 고려한다면 토초세법이 위와 같이 그 과세대상토지를 비효율적으로 이용되고 있는 토지로 한정하면서 그 효율·비효율 여부에 관한 판정기준을 각 용도에 따른 면적 또는 토지의 가액에 대한 수익률 등으로 할 것을 일단 정하여 두고 있는 이상, 다시 그 구체적인 면적·수익률 따위를 하위법규인 대통령령에 위임하였다 하더라도, 위 위임규정이 그 범위·내용 등에 있어서 불명확하다거나, 그 위임의 내용이 입법권의 본질적인 부분에 관한 것이어서 위헌이라고까지 단정하기는 어렵다. 다만 아래에서 살펴볼 임대토지에 관하여는 별론으로 한다.

(나) 이 사건에서 비록 쟁점은 되지 아니하지만 유휴토지의 범위와 관련하여 한 가지 언급하여야 할 문제가 있다. 즉, 국민 각자의 경제적 능력이나 형편에 따라서는 지금 당장 완성된 주택을 소유하기보다는 장차 주택을 소유하기 위하여 우선 택지를 확보하여 둘 필요가 있는 경우도 얼마든지 있을 것이며, 이러한 개인의 계획과 장래 대비를 비난하거나 무시하여도 좋을 아무런 합리적인 이유가 없다. 오히려 토지의 효율적 이용이라는 측면만을 지나치게 강조하다 보면 당장의 토지이용에 급급한 무계획하고도 무질서한 건축행위가 남발되어 후일을 기하여 마땅히 아껴 두어야 할 토지의 여유분까지도 모두 없애는 위험한 결과가 발생할 수도 있음은 말할 것도 없다.

국민이 택지를 고르게 소유하도록 유도하고 택지의 공급을 촉진함으로써 국민의 주거생활의 안정을 도모할 목적으로 "택지소유상한에관한법률"이 토초세법과 함께 제정되었다. 그 법률은 각 가구별로 소유할 수 있는 택지의 총면적의 한계를 정하고 그 한계 이상의 택지소유자에 대하여 비교적 고율의 초과소유부담금을 매년 부과하는 것을 그 골자로 하고 있으며, 여기서 소유가 제한되어 있는 택지에는 나대지도 포함되어 있다. 다시 말하면, 적어도 택지에 관한 한, 국민으로 하여금 일정면적 내의 토지를 가구별로 고르게 소유하게 하는 것이 국민의 주거생활 안정이라는 국가적 목표에 합치함을 전제로, 이러한 목표의 달성을 위하여 가구별 택지소유의 상한을 제한함이 부득이하다는 이유에서 위 법률을 제정하기에 이른 것이다.

그런데 토초세법은 위 법률의 위와 같은 이상과 목적을 도외시하고 당해 토지가 위 법률에 따른 소유제한범위 내의 택지인지 여부에 관계 없이, 오로지 당해 토지상에 현재 건축물이 존재하고 있는지의 여부에만 관심을 두고 이에 따라서 토초세 과세 여부를 결정하도록 되어 있다. 이는 택지소유상한에관한법률과 입법체계적으로도 조화를 이루지 못하고 있을 뿐만 아니라, "모든 국민은 인간다운 생활을 할 권리를 가진다. 국가는 사회보장·사회복지의 증진에 노력할 의무를 진다"고 규정한 헌법 제34조 제 1 항, 제 2 항과 "국가는 주택개발정책 등을 통하여 모든 국민이 쾌적한 주거생활을 할 수 있도록 노력하여야 한다"고 규정한 헌법 제35조 제 1 항 등의 정신에도 배치되는 경우가 될 수 있다.

(4) 임대용 토지 조항(토초세법 제 8 조 제 1 항 제13호)

(가) 토초세법 제 8 조 제 1 항은 토지의 객관적인 용도에 따라 이를 세분하고, 그 용도별 적정면적이나 지가에 대한 수익률 등을 기준으로 그 과세대상인 유휴토지 등의 해당 여부를 가리도록 하고 있는 외에(제 1 호 내지 제12호, 제14호), 토지의 객관적인 용도와는 관계 없이 토지를 그 소유자가 직접 사용하는지의 여부 즉, 토지가 임대에 쓰이고 있는지의 여부에 따라 유휴토지 등에 해당하는 여부를 가리도록 하는 규정을 두고 있다(제13호).

위 규정에 의하면 임대에 쓰이고 있는 토지 중 건축물에 부수하여 임대하는 건축물의 부속토지로서 같은 항 제 1 호 내지 제 4 호의 규정에 해당하지 아니하는 토지와 대통령령이 정하는 토지를 제외한 나머지 일체의 토지를 유휴토지 등에 포함시키고 있다.

토지의 임대도 토지소유자의 주관적인 입장에서 보면 그 토지의 훌륭한 활용이라고 할 수 있겠으나, 객관적인 입장에서 보면 토지소유자 스스로 이를 이용하는 것이 아니므로 토지의 임대 자체를 토지의 효율적인 이용이라고 하는 데는 반론이 제기될 여지가 있다. 그 외에도 토지의 임대를 유휴토지 등으로 보지 아니 한다면, 토지소유자는 토지임대를 통하여 우선의 세부담을 회피하고 장차 지가가 상승할 경우 언제든지 손쉽게 토지를 원상으로 회복하여 이를 타에 매도하는 탈법적인 토지투기의 수단으로 이용함으로써 토초세법을 무력화시킬 우려가 있다는 주장을 일축하기 어렵다.

뿐만 아니라 임차인에 의한 토지의 이용이 한시적인 것이 되어 토지를 본래의 용도에 따라 효율적으로 이용할 수 없게 될 우려가 있음은 물론, 경우에 따라서는 임차목적을 달성하기도 전에 임대차가 종료됨으로써 임차인에 의하여 토지에 투입된 자본이 무용화되는 등 국민경제적으로도 부정적인 효과가 초래될 수도 있다는 우려도 불식할 수 없다. 아마도 그것이 임대토지를 일응 유휴토지 등의 범위에 포함시키고 있는 이유일 것이고, 그것은 나름대로 객관적인 근거에 따른 것이라고 볼 수 있다.

(나) 그러나 위 규정은 다음과 같은 몇 가지 이유에서 위헌의 소지가 있다.

첫째, 위 규정은 임대토지를 원칙적으로 유휴토지 등에 해당하는 것으로 규정하면서 아무런 기준이나 범위에 관한 제한도 없이 "대통령령이 정하는 토지"를 유휴토지 등의 범위에서 제외할 수 있도록 하고 있는바, 물론 대통령령에의 위 위임규정 부분도 추상적으로는 토초세법이 명시하고 있는 법목적에 의하여 어느 정도의 제한을 받는 것으로 보아야 할 것이지만, 그렇다고 하더라도 위 부분은 적어도 임대토지에 관한 한, 과세대상에의 해당 여부를 거의 전적으로 대통령령에 일임하는 결과가 되어 그 위임이 지나치게 추상적이고 포괄적인 것이라는 비난을 면할 수 없다.

이는 같은 조항에 들어 있는 다른 규정들이 유휴토지 등에의 해당 여부에 관하여 적정이용면적 또는 적정수익률 등 어느 정도의 기준을 직접 제시하고, 그 기준의 세부사항만을 대통령령에 위임하고 있는 것과 비교하더라도 위임에서의 추상성과 포괄성이 지나치다. 해당 규정부분의 대통령령이 불과 3년 사이에 두 번에 걸쳐 예외사유를 추가하고 있는 것을 볼 때, 국민에 대한 납세의무의 부과 여부 자체가 입법권에 의한 아무런 통제 없이 행정권에 의하여 좌우되고 있다는 비난을 면하기 어려우며, 이는 헌법상의 위임원칙과 헌법 제59조가 정하고 있는 조세법률주의와 충돌된다고 할 것이다.

둘째, 유휴토지에 해당하는 여부를 토지소유자의 주관적인 입장이 아닌 객관적 혹은 국민경제적인 시각에서 보아야 하고, 그렇기 때문에 토지가 임대에 쓰이고 있다는 이유만으로 당해 토지를 비유휴토지로 단정하여서는 아니 된다는 것은 일단 수긍한다 하더라도, 위 규정과 같이 임대에 쓰이고 있는 토지라 하여 원칙적으로 유휴토지에 해당한다고 보는 것은 유휴토지에 해당하는 여부를 객관적·국민경제적인 시각에서 보지 아니하고 오로지 토지소유자의 주관적인 입장만을 강조한 것으로서 토지의 효율적 이용 등 토초세의 목적 그 어느 것과도 부합하는 점이 있다고 보기 어렵다. 물론 토지는 이를 실제로 이용하는 사람만이 그 토지소유권을 갖도록 하여야 한다는 주장이 있을 수 있고, 위 규정의 취지도 결국 이에 따른 것이라 보여지나, 이는 우리의 토지이용실태에 비추어 앞으로 지향하여야 할 가치가 될 수 있다 함은 별론으로 하고, 농지와 같이 헌법이 특히 경자유전의 원칙을 강조하여 소작제도를 금지하고 임대차 등을 제한하고 있는 규정(헌법 제121조 참조)을 두고 있지 않은 상황에서, 농지 이외의 토지 일반에까지 널리 토지소유자가 스스로 사용하지 아니하고 있는 토지라 하여 다른 토지소유자와 비교하여 법상 불리한 처분을 받을 수 있도록 규정한 것은 헌법상 근거 없이 토지임대인을 차별하는 것이다.

현실적으로도 위 규정은 토지소유자로 하여금 그 지상건축물 소유자 등 임차인에게 토지를 자신이 구입한 것보다 싼 값에라도 강매하도록 하는 결과를 초래할 우려가 있으므로 헌법상

개인의 재산권보장 취지에 어긋날 뿐만 아니라, 토지이용능력이 미흡한 토지소유자와 토지구매력이 없는 임차인 사이의 자본의 자유로운 결합을 통하여 토지를 효율적으로 이용하는 것을 방해함으로써, 개인과 기업의 경제상의 자유와 창의를 존중함을 기본으로 하는 우리 헌법상 경제질서(제119조 제1항 참조)에도 합치하지 아니하는 것으로 보아야 한다. 따라서 토초세법 제8조 제1항 제13호는 헌법 제11조 제1항, 제23조, 제119조 제1항에 위반된다.

(5) 세액공제 조항(토초세법 제26조)

토초세법 제26조 제1항은 토초세 결정일로부터 6년 이내에 당해 토지를 양도하는 경우에는 토초세 결정일로부터 양도일까지의 경과년수에 상응하여 양도소득세 등의 납부세액에서 토초세액의 40~80%만을 공제하도록 규정하고 있고, 같은 조 제4항은 토초세가 부과된 토지를 양도하는 경우 위의 세액공제 대신 토초세액을 필요경비로서 양도차익으로부터 공제할 수 있도록 규정하고 있는바, 위의 어느 경우에나 양도소득세액에서 토초세액 전부를 곧바로 공제하지 아니하는 결과 위 두 가지 세금이 중복되는 부분이 생길 수 있다.

그러나 이미 본 바와 같이 토초세는 양도소득세와 같은 수득세의 일종으로서 그 과세대상 또한 양도소득세 과세대상의 일부와 완전히 중복되는 자본이득에 대한 과세이고, 위 두 가지 조세가 지향하는 목적과 기능의 상당부분이 겹치고 있어 어느 의미에서는 토초세가 양도소득세의 예납적 성격을 가지고 있다 봄이 상당하므로, 결국 위 중복부분은 이중과세에 해당하여 조세법률주의상의 실질과세의 원칙에 반한다.

오늘날의 법치주의는 국민의 권리·의무에 관한 사항을 법률로써 정하여야 한다는 형식적 법치주의에 그치는 것이 아니라 그 법률의 목적과 내용 또한 기본권 보장의 헌법이념에 부합되어야 한다는 실질적 법치주의를 의미하며, 헌법 제38조, 제59조가 선언하는 조세법률주의도 이러한 실질적 법치주의를 뜻한다. 그러므로 비록 과세요건이 법률로 명확히 정하여진 것일지라도 그것만으로 충분한 것은 아니고 조세법의 목적이나 내용이 기본권 보장의 헌법이념과 이를 뒷받침하는 헌법상의 제 원칙에 합치되어야 한다(헌재 1992. 2. 25. 선고, 91 헌가 5, 90 헌바 3(병합) 결정 참조).

그렇다면 위 규정 중 토초세액을 양도소득세액에서 전액 공제하지 아니하도록 한 부분은 헌법상의 조세법률주의에 위반된다.

다. 심판대상의 확대와 불합치결정의 선택

(1) 심판대상의 확대

이상 검토한 바와 같이 이 사건 심판대상 중 토초세법 제8조 제1항 제13호, 제12조, 제23조 제3항 및 제26조 제1항은 위에서 지적한 헌법조항에 위반되고, 제11조 제2항은 헌법에 합치되지 아니하여 개정입법을 촉구할 대상이므로, 원칙적으로 위 각 규정들에 대하여 각각 위헌 및 헌법불합치 혹은 입법촉구의 결정을 하여야 할 것이다. 그러나 위 각 위헌적 규정들 중 제11조 제2항은 토초세의 과세표준을 정하는 지가에 관한 규정이고, 제12조는 토초세의 세율에 관한 규정인데, 이들 두 규정은 모두 토초세제도의 기본요소로서 그 중 한 조항이라도 위헌 또는 헌법불합치결정으로 인하여 그 효력을 상실한다면 토초세법 전부를 시행할 수 없게 될 것이다.

헌법재판소법은 위헌법률심판의 대상에 관하여 원칙적으로 제청법원으로부터 제청된 법률조항에 대하여서만 결정하도록 하되, 예외적으로 제청된 법률조항의 위헌결정으로 인하여 당해법률 전부를 시행할 수 없다고 인정될 때에는 그 법률 전부에 대하여도 결정할 수 있도록 하고 있고(제45조), 이 규정은 같은 법 제68조 제2항에 의한 헌법소원심판의 대상에도 이를 준용한다고 규정하고 있다(제75조 제6항). 뿐만 아니라 우리 재판소의 확립된 판례에 의하여 인정되고 있는 "헌법불합치결정"은 성질상 위헌결정의 일종으로서 대상 법률 또는 법률조항의 효력상실만을 잠정적으로 유보하는 변형결정이므로 심판대상의 확대에 관한 헌법재판소법 제45조 및 제75조 제 6 항의 법리는 헌법불합치결정에도 그대로 적용된다고 보아야 할 것이다.

따라서 이 사건에 관하여는 나머지 심판대상조문들에 대하여 더 따져 볼 것도 없이 헌법재판소법 제45조 단서의 규정취지에 따라 토초세법 전부에 대하여 위헌 또는 헌법불합치 결정을 선고하여야 할 경우라고 본다.

(2) 불합치결정의 선택

어느 법률에 대하여 단순한 위헌결정이 선고되면 그 법률은 그 때부터 그 효력을 상실하게 되고 더 이상 유효한 법률로서 존재할 수 없게 됨이 원칙이다. 그러나 이 사건에 관하여는 다음과 같은 몇 가지 이유로 토초세법의 위헌성에도 불구하고 당장 그 효력을 소멸시킬 때 발생할 수 있는 여러 가지 불합리한 점을 고려하여야 할 사정이 있다.

첫째, 토초세법은 위에 든 개발이익환수에관한법률과 밀접한 관계를 가지고 있고(제 3 조, 제 4 조 참조) 여타 세법과의 사이에도 구조적·내용적인 연계를 지니고 있으므로, 세법질서상 당장 이것을 무효로 한다면 법제 및 재정 양면에 걸쳐 국정상 적지 않은 법적 혼란 내지는 공백을 초래할 우려가 있어 결과적으로 총체적인 국민생활에 나쁜 영향을 미칠 수 있다.

둘째, 앞에서 위헌으로 본 현행 토초세는 불확실성을 불식할 수 없는 과세표준을 고려할 때 그 세율이 지나치게 고율인 점과 수평적·수직적 평등에 반하여 누진적 구조를 채택하고 있지 아니한 점에 위헌성이 있다고 보는 것이지만, 그와 같은 위헌적인 규정을 다시 합헌적으로 조정하는 임무는 어디까지나 입법자가 이 결정의 취지에 따른 범위 내에서 행사할 수 있는 입법자의 형성의 자유에 속하는 사항일 뿐, 이는 우리 재판소가 관여할 성질의 것이 아니다.

마찬가지로 앞에서 본 임대토지 조항에 관하여도 그 규정형식이 위임입법의 한계를 넘었다는 것과 임대토지라 하여 그 전부를 원칙적으로 과세대상인 유휴토지로 인정하는 것은 위헌이라는 취지일 뿐 임대토지라 하여 무조건 유휴토지로 보아서는 아니 된다는 취지는 아니므로, 그와 같은 위헌적인 요소가 제거되는 이상 구체적으로 어떠한 범위 내의 임대토지를 유휴토지로 할 것인가의 여부 역시 합리적인 입법자의 형성재량에 속하는 문제라 아니 할 수 없다.

그리고 앞에서 위헌으로 본 지가등락에 따른 대책의 부존재 문제, 유휴토지의 범위와 관련한 일정규모 이내의 택지 문제, 양도소득세 부과시 토초세 공제 문제 등은 이 사건심판에 관한 재판의 전제성이나 자기관련성이 직접적으로 문제된 것은 아니나 우리 재판소가 직권으로 심사한 것이다. 또한 입법자는 이 결정의 취지에 따라 앞으로 위헌으로 선고된 세법구조를 합헌적인 범위 내에서 다시 조정하여 토초세법을 계속 시행할 수도 있고 폐지할 수도 있을 것이다. 헌법재판의 한계성으로 인하여 이 사건에서 특히 논점으로 부각되지는 아니하였으나 내용이 방대한 토초세법의 기타 여러 가지 점에 대하여 많은 시비논의가 일고 있는 부분도 입법자로 하여금 일괄 해결토록 함이 상당한 것으로 보여진다.

셋째, 여기서 당장 토초세법에 대한 단순위헌결정을 선고한다면 이 사건 청구인들 기타 토초세부과와 관련한 소송을 제기하고 있거나 하려는 사람들은 이른바 "당해사건" 당사자로서 이 결정의 효력이 미치게 되는 결과로 위헌결정의 이익을 받게 될 것이나, 상대적으로 현행법에 따른 기발생 토초세를 전부 납부하고도 이에 대해 아무런 이의를 제기하지 아니한 다수의 납세자에 대한 관계에 있어서 형평의 문제를 심화시키는 결과를 초래하는 것이다. 이와 같은 결과는 위헌결정의 장래효 원칙상 부득이한 것이라고 치부하면 그만이지만, 일률적·장기적으로 다수의 국민을 대상으로 하는 세법규정에 있어서 입법자로 하여금 정책적 판단을 숙고할 수 있는 여유를 줌이 옳다고 본다.

그러므로 우리 재판소로서는 국민의 기본권보장이라는 헌법재판의 기본적인 사명과 배치되지 않는 범위 내에서, 단순위헌으로 선고할 경우 발생할 수 있는 위와 같은 부정적인 결과의 발생을 최소화하지 않을 수 없다. 바로 이러한 관점에서 우리 재판소는, 이 사건에 관하여 입법자가 토초세법을 적어도 이 결정에서 밝힌 위헌 이유에 맞추어 새로이 개정 또는 폐지할 때까지는 법원, 행정청 기타 모든 국가기관은 현행 토초세법을 더 이상 적용·시행할 수 없도록 중지하되, 그 형식적 존속만을 잠정적으로 유지하게 하기 위하여 이 사건에서 토초세법에 대한 단순 위헌무효결정을 선고하지 아니하고, 헌법재판소법 제47조 제 2 항 본문의 "효력상실"을 제한적으로 적용하는 변형결정으로서의 헌법불합치결정을 선택하지 아니할 수 없다.

[결 론]

이상과 같은 이유로 우리는 토초세법은 헌법에 합치되지 아니한다고 선고한다. 헌법불합치결정의 취지에 따라 입법자는 빠른 시일 내에 이 결정에서 밝힌 위헌판단의 취지에 맞추어 토초세법을 개정 또는 폐지하여야 하고, 법원, 행정청 기타 모든 국가기관은 입법자가 토초세법을 개정 또는 폐지할 때까지 토초세법의 시행 또는 적용을 중지하여야 한다. 이 결정은 관여재판관 전원의 의견일치에 따른 것이다.

제 5 절 國際秩序

I. 國際平和主義와 平和統一主義

1. 序 論

(1) 헌법상의 평화조항 헌법상에 적극적으로 평화유지에 관한 조항을 두기 시작한 것은 제 2 차대전 후의 일이다. 이것은 제 2 차대전이 참혹한 전쟁상태에서 시달린 헌법제정권자인 국민의 평화희구의 정신에서 나왔다고 볼 것이다. 물론 몇몇의 피점령국가의 헌법이 평화조항을 둠에 있어서 타율적인 영향을 받은 것은 부인할 수 없으나, 동시에 그것은 국내의 평화적 정치세력의 노력의 산물이었음도 부인할 수는 없을 것이다.

평화조항의 핵심을 이루고 있는 경우 평화정신의 선언과 전쟁의 금지규정이라고 할 수 있는데, 평화정신의 선언을 서구적 민주주의국가 헌법에서는 대부분 前文의 형식으로 규정하고 있고 전쟁금지의 규정에 대하여는 전쟁을 침략전쟁·자위전쟁·제재전쟁의 셋으로 구분한다면 이들 중에서 공통적으로 금지되고 있는 것은 첫째의 침략전쟁이다.[1)]

1) 국제평화주의에 관해서는 국제법 교과서 참조. Vierteljahresschrift für Sicherheit und Frieden; Berber, Völkerrecht Ⅲ; Dahm, Völkerecht Ⅱ; Vogel, Die Verfassungsentscheidung des Grundgesetzes für eine internationale Zusammenarbeit, 1964; Isensee/Kirchhof, HbStR. Bd. Ⅶ, 1992.
小田滋, 樋口陽一 譯, 「憲法と國際化」; 山內敏弘, 平和と憲法, 公法硏究 43호, 42~51면; 久保田穰, 平

(2) 국제평화주의의 연혁 위와 같은 국내적인 평화보장의 노력은 국제사회에 있어서의 평화에 관한 사상과 제도의 발전 내지 전개와 관련하여 생각하여야 할 것이다. 평화의 보장에 관하여 연구한 많은 학자들 중에서 그 대표자로서 Kant를 들 수 있는데, 그는 1759년의 「영구평화를 위하여」(Zum ewigen Frieden)에서 영구평화에 대한 철학적 초안을 발표하고 있는데, 여기에서 영구평화를 위한 약간의 원리를 발견할 수 있다.[1)]

제1차대전 이전에는 전쟁을 행하는 것은 주권국의 당연한 권리라고 생각되었으며, 상대국이 국제법상의 의무를 이행하지 않을 경우에는 그 의무의 이행을 강제하기 위하여 무력에 호소할 수 있다고 생각되었다. 그러나 전쟁이나 무력행사가 폐해를 가져온 것은 물론이며, 이에 전쟁을 금지하지 않으면 안 된다는 경향이 제1차대전 후에 나타나게 되었다. 그 중에서도 계약상 의무불이행의 경우의 이행강제수단으로서의 전쟁은 1907년의 제2회 Hague평화회의에서 금지되게 되었으며, 나아가 주권의 발동으로서의 전쟁과 국제분쟁의 해결을 위한 전쟁까지도 금지해야 한다는 경향이 높아져 제1차대전 후 국제연맹의 창설과 부전조약의 성립으로써 실현되었으나, 국제연맹에 있어서는 평화파괴자에 대한 군사적 제재를 기하는 것이 가맹국의 자유였기 때문에 평화유지책으로는 별로 발달한 것이 아니었다. 1928년의 부전조약은 거의 전면적으로 전쟁을 금지한 최초의 것이었다. 이 조약은 위반에 대한 제재를 규정하지 않았기 때문에 일종의 불완전법(lex imperfecta)이었으나, 어쨌든 자구행위로서의 전쟁이 원칙적으로 금지된 것은 연맹규약에 비하여 주목할 만한 진전이었다.

제2차대전에서의 막대한 인명과 재산의 희생은 인류에게 유례 없는 전쟁의 잔혹함을 일깨워 주었고, 대전 후 전쟁의 참화에서 인류를 보호하려는 열망 속에 국제연합이 탄생하였다. UN헌장에서는 무력행사제한의 대상을 무력행사 전반으로 하여 불전조약과 달리 전쟁에 한정하지 않았으며, 안전보장이사회 등 무력행사의 위법성을 인정하는 체제도 어느 정도 정비되었다. 또한 오늘날에는 이러한 지역적 결합이나 연합관계에 만족하지 않고 국가주권을 초월한 세계국가 또는 세계정부사상의 대두와 그 의의의 재인식이 나타나게 되었다. 결국 양차의 세계대전의 참혹성과 비합리성은 세계인류로 하여금 평화를 희구하게 하였고, 각 국민의 평화희구정신은 대외적으로는 국가 간 침략전쟁방지를 위한 조약의 체결로 국내적으로는 헌법에서의 평화정신의 선언으로 나타나게 되었다.[2)] 국제형사재판소를 설치하여 국제평화파괴범죄를 처벌하고 있다.

和主義; 憲法學の基礎概念, 163～176면; 和田英夫外, 平和憲法の創造的 展開, 1987; 杉原泰雄, 平和憲法, 1987; 이경주, 한·일 헌법의 평화주의에 관한 비교연구, 세계헌법연구 4, 1999, 146～172면.

1) 상세한 것은 김철수, 법과 사회정의, 1983 참조.

2) 평화에 대해서도 학설이 대립되고 있다. ① 평화란 전쟁의 반대개념이며 인간집단간 또는 국가상호간에 전쟁이 행하여지지 않는 상태로 보는 견해와 ② 「참다운 평화란 단순히 전쟁이 없다는 상태 이상이며 극히 적극적인 정의는 평화의 본질을 잘못 파악한 것」(Sternberger)라는 견해가 대립되고 있다.

2. 國際平和의 憲法上 保障의 態樣

평화를 보장하기 위한 방법으로서 각국 헌법상 규정되고 있는 것으로는 다음과 같은 것이 있다.

(1) 평화파괴행위의 처벌 독일기본법 제26조는 국가간의 평화적 공동생활을 문란하게 할 우려가 있고 또 그 의도로써 행하여지는 행동, 특히 침략전쟁의 수행을 준비하는 행동은 위헌으로 하고, 그러한 행동은 처벌한다고 규정하고 있다.

(2) 평화주의자의 보호 평화파괴행위자의 처벌에 못지 않게 중요한 것은 평화주의자의 보호이다. 평화를 인권으로 파악하는 경향이 일본에서 나타나고 있는바, 평화적 생존권의 인정과 함께 평화운동 때문에 국외추방된 자에게 거주권을 부여하는 것도 평화주의자의 보호라고 하겠다. 그러나 그보다 더 실효성 있는 것은 양심적 반전주의자에 대한 보호이다. 독일기본법 제 4 조 3항은 집총군무거부권을 규정한 것으로서, 이는 미국에서의 양심적 반전주의자에 대한 보호보다도 더욱 강한 보호라고 할 것이다.

(3) 국제분쟁의 평화적 해결 또 평화보장을 위하여 국제분쟁을 평화적으로 해결할 것을 국가에 과하여진 의무로서 규정하고 있는 헌법들이 있다(예: Netherland 헌법, Portugal 헌법, 1931 년의 Spain 헌법). 국제분쟁의 평화적 해결의 방식으로서는 直接交涉, 周旋, 仲介, 審査, 調整, 국제기구에 의한 분쟁해결, 중재재판 및 사법적 해결 등이 있다.

(4) 군비의 방기·제한 전쟁의 수단으로서의 군비를 축소·제한·방기하는 것은 평화보장을 위한 좋은 방법이 될 것이다. 독일기본법 제26조 2항은 무기의 제조·운반·거래를 금지하여 정부에 의한 군비의 통제를 규정하였다고 볼 수 있다. 또한 일본헌법 제 9 조는 전력을 保持하지 않는다[1]고 하여 군비를 헌법이 명시적으로 폐지한 유일한 국가가 되었다.

(5) 국제기관에의 주권의 委讓·제약 오늘날 국제기구와 주권국가와의 긴장관계는 심각한 이론적 쟁점이 되고 있는데, 독일기본법은 국제기구가 평화유지를 위하여 필요한 경우에 있어서는 국가주권을 국제기구에 위양할 수 있다[2]는 규정을 두고 있다. 이같은 국제기관에 대한 주권위양의 가능성과 방식을 규정한 것으로는 1953 년의 Denmark 헌법, 1949 년의 독일기본법이 있다.

---

1) 일본최고재판소는 「일본헌법의 평화주의는 결코 무방비, 무저항을 규정한 것은 아니다. … 일본국이 자국의 평화와 안전을 유지하고 그 존립을 완전히 하기 위한 필요한 조치를 할 수 있는 것은 국가고유의 권능의 행사로서 당연한 것이라고 하지 않을 수 없다」(最高裁 昭和 34. 12. 16(砂川判決)).

2) 독일연방헌법재판소는 EU의 성격에 대하여 다음과 같이 판시하고 있다. 「EU조약이 기초지우는 것은 ——여러 국가에 의하여 조직된—— 부단히 긴밀화의 정도를 깊이하는 구주 제국민의 연합을 실현하기 위한 국가적 연합(Staatenverbund)이며, 하나의 구주 국민이 지탱하는 한 국가는 아니다」. 「EU조약은 가맹국의 독립성과 주권성을 존중하고 있다. 독일연방공화국은 EU조약발효 후에도 공동체권력이 가맹국에 유래하고, 독일의 高權領域에 있어서는 독일의 법적용명령에 기하여서만 구속력을 가질 수 있는 것 같은 국가결합의 가맹국임에 불과하다」(BVerfGE 89, 155(1993)). 독일은 EU 헌법조약의 비준에 찬성하고 화폐 주조권 등을 포기하고 있다.

또한 France 제 4 공화국 헌법 전문은 상호주의하에서 평화의 조성과 방위에 필요한 주권의 제약에 동의함을 선언하였다. 오늘날 세계 각국의 재판권의 행사, 인권보장문제에 있어서 국제기구의 감시를 받고 있다.

(6) 국제법규의 존중 오늘날의 헌법들은 국제법규의 준수를 규정하고 있는데, 심지어 국제법규가 국내법규에 우월하다는 규정을 두는 헌법이 나타나기에 이르렀다(예: 독일기본법 제25조). 그 외에도 국제법이 자동적으로 국내법의 일부가 된다는 규정도 있는데(예: 1948년의 伊 헌법), 영국헌법에서도 불문율로 여겨지고 있다.

3. 우리 憲法上의 國際平和主義

(1) 우리 헌법상의 평화조항 우리 헌법은 전문에서 「안으로는 국민생활의 균등한 향상을 기하고 밖으로는 항구적인 세계평화와 인류공영에 이바지함으로써 우리들과 우리들의 자손의 안전과 자유와 행복을 영원히 확보할 것을 다짐하면서」라고 규정하고 있으며, 나아가 헌법 제 5 조 1항에서 「대한민국은 국제평화의 유지에 노력하고 침략적 전쟁을 부인한다」라고 규정하여 평화질서의 대원칙을 규정하여 영구평화의 보장과 평화수호에의 결의를 표시하고 있다. 그러나 우리 헌법은 평화파괴행위의 처벌, 평화주의자의 보호, 국제분쟁의 평화적 해결, 군비의 방기·제한, 국제기관에의 주권의 위양 등에 대해서는 일체 규정하고 있지 않고 있으며, 다만 침략전쟁의 금지와 국제법규의 존중, 그리고 외국인의 보호에 관한 규정을 두어 간접적으로 평화유지에의 노력을 규정하고 있다.[1)][2)]

(2) 침략전쟁의 금지 헌법 제 5 조 1항은 「대한민국은 국제평화의 유지에 노력하고 침략적 전쟁을 부인한다」라고 규정하고 있다.[3)] 외국헌법에는 침략전쟁을 금지할 뿐만 아니라 교전권 자체를 부인하는 헌법(일본헌법)도 있는데, 우리 나라에서는 침략전쟁만을 금지하고 있다. 우리 헌법은 이 밖에도 제 5 조 2항에서 「국군은 국가의 안전보장과 국토방위의 신성한 의무를 수행함을 사명으로 하며, 그 정치적 중립성은 준수된다」고 하고 있고, 대통령의 국군통수권(제74조 1항), 국군의 조직과 편성의 법률주의(제74조 2항), 국민의 국방의 의

---

1) 계희열 교수는 국제평화주의에 대하여 그 구현으로서 ① 침략전쟁의 금지, ② 평화적 통일의 지향, ③ 국제법존중주의, ④ 외국인의 법적 지위보장을 들고 있다(전게서, 197면 이하). 허영 교수는 ① 평화통일의 원칙, ② 국제법존중의 원칙, ③ 외국인의 법적 지위보장을 들고 있다(전게서, 170면 이하). 성낙인 교수는 ① 국제평화주의의 일반적 선언, ② 침략전쟁의 부인, ③ 평화적 통일의 지향, ④ 국제법규의 존중을 들고 있다(전게서, 188~189면).

2) 「우리 헌법은 헌법에 의하여 체결·공포된 조약은 물론 일반적으로 승인된 국제법규를 국내법과 마찬가지로 준수하고 성실히 이행함으로써 국제질서를 존중하여 항구적 세계평화와 인류공영에 이바지함을 기본이념의 하나로 하고 있다(헌법 전문 및 제 6 조 제 1 항 참조)」(헌재 1991. 7. 22 선고, 89 헌가 106, 헌재판례집 제 3 권, 387면 이하(425면)).

3) 이라크 파병행위가 이 조항을 침해하는가가 논의되었다.

「이른바 이라크 전쟁의 국제규범에 어긋나는 침략전쟁인지 여부 등에 대한 판단은 대의기관인 대통령과 국회의 몫이고, 성질상 한정된 자료만을 가지고 있는 우리 헌법재판소가 판단하는 것은 바람직하지 않다고 할 것이다」(헌재 2004. 4. 29 선고, 2003 헌마 814, 헌재판례집 제16권 1집, 601면 이하(606~607면)).

무(제39조), 국가안전보장회의(제91조)에 관하여 규정하고 있는바, 이는 모두 자위전쟁의 경우만을 전제로 한 것이다.[1]

1) 침략전쟁의 의미 침략전쟁은 자위전쟁에 대응하는 개념인데, 자위전쟁이란 적의 직접적인 공격을 격퇴하기 위한 전쟁을 말한다. 자위전쟁은 UN헌장에 따라 개별적 자위와 집단적 자위로 나누어지는데, 이와 같은 자위전쟁이 아닌 전쟁은 모두가 침략전쟁이라고 할 수 있다.[2]

침략전쟁은 국제분쟁을 해결하는 수단으로서의 전쟁으로서 i) 영토확장을 위한 전쟁, ii) 채권확보를 위한 전쟁 등 기타 국가목적을 위한 전쟁을 말한다.

2) 무력사용의 금지 침략전쟁의 금지규정에서 문제되는 것은 전쟁에 이르지 않는 무력의 사용은 가능할 것인가이다. 무력의 행사란 형식적으로는 전쟁이 아니나 실질적으로는 전쟁이라고 볼 수 있는 대외적 군사행동으로서 단순한 경찰력의 행사는 이에 포함되지 않는다. 생각건대 자위전쟁이 아닌 한 침략전쟁은 물론 무력의 행사도 금지된다고 할 것이다. 그런데 사실상 침략전쟁이냐 자위전쟁이냐에 관한 구별은 오늘날에 있어서는 국제연합헌장이나 국제법에 의하여 결정될 수밖에 없다.

4. 平和統一主義

(1) 우리 헌법상의 평화통일조항

1) 원 리 헌법은 전문에서 「조국의 평화적 통일의 사명」에 입각해 있음을 선언하고 제 4 조에서 「대한민국은 통일을 지향하며, 자유민주적 기본질서에 입각한 평화적 통일정책을 수립하고 이를 추진한다」고 규정하여 「평화통일의 원칙」을 천명하고 있다.[3] 평화통일의 원칙과 관련하여 문제가 되는 것은 국가보안법이다. 헌재는 국가보안법에 대하여 합헌결정을 내린 바 있다.[4] 헌법이 통일조항을 두고 있는 것은 독일기본법에서도 볼 수 있는데, 우리나라도 제 2 공화국 이래 평화통일원칙을 추구해 왔다.[5] 그러나 헌

1) 「북한이 남·북한의 유엔동시가입, 소위 남북합의서의 채택·발효 및 남북교류협력에관한법률 등의 시행 후에도 적화통일의 목표를 버리지 않고 각종 도발을 자행하고 있으며, 남·북한의 정치 군사적 대결이나 긴장관계가 조금도 해소되고 있지 않음이 현실인 이상 국가의 존립·안전과 국민의 생존 및 자유를 수호하기 위하여 신·구 국가보안법의 해석·적용상 북한을 반국가단체로 보고 이에 동조하는 반국가활동을 규제하는 것 자체가 헌법이 규정하는 국제평화주의나 평화통일의 원칙에 위배된다고 할 수 없다」(헌재 1997. 1. 16 선고, 92 헌바 6·26, 93 헌바 34·35·36(병합), 헌재판례집 제 9 권 1집, 1면 이하(23면); 헌재 1997. 1. 16 선고, 89 헌마 240, 헌재판례집 제 9 권 1집, 45면 이하(75면)).

2) 대한민국과 미합중국 간의 미합중국군대의 서울지역으로부터의 이전에 관한 협정은 미군기지의 이전을 도모하기 위한 것이고, 그 내용만으로는 장차 우리나라가 침략적 전쟁에 휩싸이게 된다는 것을 인정하기 곤란하다. 그러므로 이 사건에서 평화적 생존권의 침해가능성이 있다고 할 수 없다(헌재 2006. 2. 23 선고, 2005 헌마 268, 헌재판례집 제18권 1집(상), 298면 이하(304면)).

3) 이에 관하여는 김철수, 입헌주의의 정착을 위하여, 2003; 김철수, 법과 정치, 1995 참조.

4) 국가보안법의 합헌성 여부에 대해서는 전술 본절 제 2 장 Ⅲ. 3. (2) 참조.

5) 「우리 헌법은 그 전문에서 '…우리 대한국민은 … 평화적 통일의 사명에 입각하여 정의·인도와 동포애로써 민족의 단결을 공고히 하고…'라고 규정하고 있고, 제 4 조에서는 '대한민국은 통일을 지향하며 자유

법은 평화적 통일이라 하더라도 그것은 자유민주적 기본질서에 입각한 것이어야 한다고 하여 구 소련식 전체주의에 입각한 통일을 거부하고 있다. 이는 북한헌법의 규정에 대응한 것이며, 서구적 민주주의하의 통일을 강조하고 있는 것이다.[1)]

이 밖에도 대통령은 조국의 평화적 통일을 위하여 노력할 의무를 지고 있으며, 평화통일정책의 수립에 관한 대통령의 자문에 응하기 위하여 민주평화통일자문회의를 둘 수 있으며(제92조), 평화통일을 달성하기 위하여 국군의 사명도 국가의 안전보장과 국토방위에 한정하고 있다(제5조 2항).

또한 1990년에 남북교류협력에관한법률을 제정(2005 일부개정)하였는데, 이 법률은 남한과 북한과의 왕래·교역·협력사업 및 통신업무의 제공 등 남북교류와 협력을 목적으로 하는 행위는 동법의 목적 범위 안에서 대한민국정부의 허가를 받으면 가능하도록 하고, 이러한 행위에 관해 이 법이 우선하여 적용되게 하고 있다(법 제3조). 이 부분에서는 국가보안법이 적용배제된다.[2)] 정부는 남북협력기금법, 남북관계발전법(2005. 말 제정)을 제정하여 남북교류협력을 위한 기금을 조성하고 있다.

2) 판 례 헌법재판소는 북한을 반국가단체로 보고, 이에 동조하는 반국가활동을 규제하는 것 자체가 헌법이 규정하는 국제평화주의나 평화통일의 원칙에 위반된다고 할 수 없다고 한다.[3)]

「남·북한이 유엔(UN)에 동시가입하고, 남북합의서에 채택·발효 후에도 북한이 여전히 적화 통일의 목표를 버리지 않고 각종 도발을 자행하고 있으며 남·북한의 정치, 군사적 대결이나 긴장관계가 조금도 해소되지 않고 있음이 엄연한 현실인 이상, 북한의 반국가단체성

민주적 기본질서에 입각한 평화적 통일정책을 수립하고 이를 추진한다'고 규정하고 있으며, 제66조 제3항에서는 '대통령은 조국의 평화적 통일을 위한 성실한 의무를 진다'고 규정하고 있다. 위와 같은 헌법상 통일관련 규정들은 통일의 달성이 우리의 국민적·국가적 과제요 사명임을 밝힘과 동시에 자유민주적 기본질서에 입각한 평화적 통일 원칙을 천명하고 있는 것이다. 따라서 우리 헌법에서 지향하는 통일은 대한민국의 존립과 안정을 부정하는 것이 아니고 또 자유민주적 기본질서에 위해를 주는 것이 아니라 그것에 바탕을 둔 통일인 것이다. 그러나 평화적 통일을 위하여서는 북한과 적대관계를 지속하면서 접촉·대화를 무조건 피하는 것으로 일관할 수는 없고 자유민주적 기본질서에 입각하여 상호 접촉하고 대화하면서 협력과 교류의 길로 나아가는 것이 평화적 통일을 위한 초석이 되는 것이며 순수한 동포애의 발휘로서 서로 도와주고 일정한 범위 내에서 경제적·기술적 지원과 협조를 도모하여 단일민족으로서의 공감대를 형성하는 것이야말로 헌법 전문의 평화적 통일의 사명에 입각하여 민족의 단결을 공고히 하는 방편으로서 헌법정신에 합치되는 것이다」(헌재 1990.4.2 선고, 89 헌가 113, 헌재판례집 제2권, 49면 이하(60~61면); 헌재 2000.7.20 선고, 98 헌바 63, 헌재판례집 제12권 2집, 52면 이하(62~63면)).

1) 박영호, 남북한평화공존과 남북연합추진방안, 통일연구원, 2001. 12; 백낙서, 한국통일정책의 집행에 관한 연구, 경원대 박사학위논문, 1999.2; 장명봉, 남북한헌법질서와 한반도 통일논의, 사회과학연구(동국대) 8, 2000.12, 81~100면; 정영화, 평화통일과 경제헌법, 1999; 김철수, 독일통일의 정치와 헌법, 2004; 한국법제연구원 편, 남북통일에 대비한 법적 대응 방안, 1995.12; 박정원, 남북한 통일헌법에 관한 연구, 국민대 박사학위논문, 1997; 김철수, 동북아시아의 평화와 한반도의 통일, 세계헌법연구 2, 1997, 35~49면.

2) 국가보안법과 남북교류협력에관한법률의 관계에 대해서는 전술 제2장 Ⅲ. 3. (2) 참조. 헌재 1993.7. 29 선고, 92 헌바 48, 헌재판례집 제5권 2집, 65면 이하 참조.

3) 헌재 1997.1.16 선고, 89 헌마 240, 국가보위입법회의법, 국가보안법의 위헌여부에 관한 헌법소원, 헌재판례집 제9권 1집, 45면. 同旨: 헌재 1997.1.16 선고, 92 헌바 6·26, 93 헌바 34·35·36(병합), 국가보안법 위헌소원, 헌재판례집 제9권 1집, 1면 참조.

이나 국가보안법의 필요성에 관하여는 아무런 상황변화가 있었다고 할 수 없다. 또한, 현단계에 있어서의 북한은 조국의 평화적 통일을 위한 대화와 협력의 동반자임과 동시에 대남적화노선을 고수하면서 우리 자유민주주의체제의 전복을 획책하고 있는 반국가단체라는 성격도 함께 갖고 있음이 엄연한 현실인 점에 비추어, 남북교류협력에관한법률등이 공포·시행되었다 하여 국가보안법의 필요성이 소멸되었다거나 북한의 반국가단체성이 소멸되었다고는 할 수 없다. 그러므로 국가의 존립·안전과 국민의 생존 및 자유를 수호하기 위하여 국가보안법의 해석·적용상 북한을 반국가단체로 보고 이에 동조하는 반국가활동을 규제하는 것 자체가 헌법이 규정하는 국제평화주의나 평화통일의 원칙에 위반된다고 할 수 없다」.

헌재는 자유민주적 기본질서에 입각한 통일만을 인정하고 있다.[1][2] 자유민주적 기본질서는 우리 헌법의 지도이념이고, 현재 우리가 누리고 있는 자유와 번영의 초석이다. 뿐만 아니라 우리 헌법재판소는 "헌법상 통일관련 규정들은 통일의 달성이 우리의 국민적·국가적 과제요, 사명임을 밝힘과 동시에 자유민주적 기본질서에 입각한 평화적 통일 원칙을 천명하고 있는 것이다. 따라서 우리 헌법에서 지향하는 통일은 대한민국의 존립과 안전을 부정하는 것이 아니고, 또 자유민주적 기본질서에 위해를 주는 것이 아니라 그것에 바탕을 둔 통일인 것이다"라고 설시하여 자유민주적 기본질서에 입각한 통일이 이루어져야 할 것임을 밝힌 바 있다.[3][4]

(2) 평화통일을 위한 노력 정부는 평화통일에 있어 통일교육의 중요성을 참작하여 통일교육지원법(1999.1 제정)을 제정하였다. 통일교육은 자유민주적 기본질서를 수호하고 평화적 통일을 지향하여야 하며 개인적 당파적 목적으로 이용되어서는 아니 된다(법 제3조).[5]

헌법의 평화통일요청에 따라 정부는 북한과 남북합의의정서를 교환하고 UN에 동시가입하였다. 이는 평화적 통일의 노력이다.

북한에 대한 경찰력의 행사문제에 관하여 헌법 제3조는「대한민국의 영토는 한반도와 그 부속도서로 한다」라고 하여 이북에까지 헌법의 효력이 미치는 것으로 하고 있다.

---

1) 헌재 2001.9.27 선고, 2000 헌마 238·302(병합), 헌재판례집 제13권 2집, 383면 이하.

2) 평화적 통일을 위하여서는 북한과 적대관계를 지속하면서 접촉·대화를 무조건 피하는 것으로 일관할 수는 없고, 자유민주적 기본질서에 입각하여 상호 접촉하고 대화하면서 협력과 교류의 길로 나아가는 것이 평화적 통일을 위한 초석이 되는 것이며, 순수한 동포애의 발휘로서 서로 도와주고 일정한 범위 내에서 경제적, 기술적 지원과 협조를 도모하여 단일민족으로서의 공감대를 형성하는 것이야말로 헌법 전문의 평화적 통일의 사명에 입각하여 민족의 단결을 공고히 하는 방편으로서 헌법정신에 합치되는 것이다(헌재 1990.4.2 선고, 89 헌가 113, 헌재판례집 제2권, 49면 이하(60~61면); 헌재 2000.7.20 선고, 98 헌바 63, 헌재판례집 제12권 2집, 52면 참조).

3) 허영, 남북한 간 조약체결의 헌법적 검토, 동서독기본조약에 대한 서독연방헌법재판소 판례의 교훈, 헌법판례연구 3, 2001, 105~142면.

4)「이러한 자유민주적 기본질서는 우리 헌정사상 여러 차례 도전을 받았는데, 위에서 본 것처럼 제주 4·3 사건은 자유민주적 기본질서의 수립에 필수적이었던 제헌의회선거를 조직적으로 저지하려는 시도였고, 가장 심각한 위협이었던 북한의 6·25 남침은 자유민주적 기본질서에 대한 결정적인 도전이었다고 보고 있다」(헌재 2000.7.20 선고, 98 헌바 63, 헌재판례집 제12권 2집, 52면 이하(62면)).

5) 헌법상의 여러 통일관련조항들은 국가의 통일의무를 선언한 것이기는 하지만, 그로부터 국민 개개인의 통일에 대한 기본권, 특히 국가기관에 대하여 통일과 관련된 구체적인 행위를 요구하거나 일정한 행동을 할 수 있는 권리가 도출된다고 볼 수는 없다(헌재 2000.7.20 선고, 98 헌바 63, 헌재판례집 제12권 2집, 52면 이하 참조).

경찰력이 대내적으로 행사되는 경우에는 제 5 조에 위반되지 않는다고 하겠으나,[1] 그것이 대외적으로 사용되는 경우에는 문제가 된다 하겠다. 1991년 12월에는 남북사이의화해와불가침및교류·협력에관한합의서가 채택되었다.[2][3] 통일 후 북한의 공권력 행사를 승인할지는 문제가 많다.[4]

(3) 남북교류협력법

1) 남북교류협력에 관한 법률 남북간의 교류·협력의 증진을 위하여는「남북교류협력에관한법률」이 제정되었다.

이 법률은 남·북한간의 상호교류와 협력을 촉진하기 위하여 필요한 사항을 규정함으로써 한반도의 평화와 통일에 기여할 목적으로 제정된 것인데(제1조), 남·북한간의 왕래·교역·협력사업 및 통신역무의 제공 등 남북교류와 협력을 목적으로 하는 행위에 관하여는 이 법률의 목적범위 안에서 다른 법률에 우선하여 이 법을 적용하도록 되어 있어(제3조), 이 요건을 충족하지 아니하는 경우에는 이 법률의 적용은 배제된다. 헌법의 전문과 제 4 조가 천명하는 자유민주적 기본질서에 입각한 평화적 통일정책을 수립하고 이를 추진하는 법적장치로서 남북교류협력에관한법률을 제정·시행하고 있다. 이 법은 군사분계선이남지역(이하 남한이라 한다)과 그 이북지역(이하 북한이라 한다)이라고 하여 남북을 동렬로 놓고 있어 문제가 되었다.[5]

---

1) 상세한 것은 김철수, 법과 정치, 제4장 한국통일과 독일통일, 673~732면 참조.

2) 헌재「남북합의서의 법적 성격에 대하여 한민족공동체 내부의 특수관계를 바탕으로 한 당국간의 합의로서 남북당국의 성의 있는 이행을 상호 약속하는 일종의 공동성명 또는 신사협정에 준하는 성격을 가짐에 불과」하다고 한다(헌재 1997. 1. 16 선고, 92 헌바 6 등, 헌재판례집 제 9 권 1집, 1면 이하(23면); 헌재 2000. 7. 20 선고, 98 헌바 63, 헌재판례집 제12권 2집, 52면 이하(65~66면)).

3)「1988. 7. 7 남북한간의 화해를 위한 6개항의 대북한 제의인 이른바 "7. 7 선언"이 발표된 후 그 동안 원칙적으로 금지되었던 북한주민과의 접촉, 왕래 및 교류 등을 허용·지원하고, 우리 국민들의 북한 방문 및 남북한 왕래·교류에 대한 요구를 적절히 수용하기 위한 법률적 후속조치로서 남북교류협력에관한법률(이하 '남북교류법'이라 한다)이 1990. 8. 1 법률 제4239호로 제정되었다. 남북교류법은 군사분계선 이남지역(남한)과 그 이북지역(북한)간의 상호교류와 협력을 촉진하기 위하여 필요한 사항을 규정함을 목적으로 하고 있으며(제 1 조), 남북교류와 협력을 목적으로 하는 행위에 관하여는 다른 법률에 우선하여 동법을 적용하도록 규정하고 있는(제 3 조) 점에 비추어 보면 동법은 평화적 통일과 남북교류를 위한 기본법으로서의 성격을 갖고 있다」(헌재 2005. 6. 30 선고, 2003 헌바 114, 헌재판례집 제17권 1집, 879면 이하).

4) 독일 통일 전 수용된 재산권의 보상 여부—부정적: 통일조약은 옛소련점령지역에서의 토지개혁은 이를 부인하지 않는다고 규정했다. 이에 대해서 토지개혁은 위헌이기에 원상복귀를 하거나 보상을 해 주어야 한다는 주장이 있었다. 독일연방헌법재판소는 그 내용상 ① 1945~1949년의 수용은 외국의 공권력에 기인하는 것이며, ② 그것은 독일연방공화국의 국가기관에 의하여 법률상 유효하게 받아들여져야 하며, ③ 피수용인의 원상회복청구는 배척되어야 할 것이나 동시에 입법자에게는 조정규정의 입법의무가 지워진다고 하였다.

이 판결의 결론은 이미 본판결 이전에 통일조약에 있어서의 재산권의 규율이 합헌이라고 보는 학설이 지배적이었다는 데도 기인하고 있다.「그 체결의 성공 없이는 독일통일의 실현이 불가능했던 통일조약에 관한 교섭과 2+4개국교섭시에 원상회복의 금지가 독일민주공화국과 소련에 의하여서도 전제조건으로 되어 있었다는 연방정부의 보고가 확인되었다」(BVerfGE 84, 90(1991)).

5) 남북교류협력법의 법적 성격

「1988.7.7 남북한 간의 화해를 위한 6개항의 대북한 제의인 이른바 "7. 7. 선언"이 발표된 후 그 동안 원칙적으로 금지되었던 북한주민과의 접촉, 왕래 및 교류 등을 허용·지원하고, 우리 국민들의 북한 방문 및 남북한 왕래·교류에 대한 요구를 적절히 수용하기 위한 법률적 후속조치로서 남북교류협력에관한법률(이하 "남북교류법"이라 한다)이 1990. 8. 1. 법률 제4239호로 제정되었다. 남북교류법은 군사분계선 이남지역(남한)과 그 이북지역(북한)간의 상호교류와 협력을 촉진하기 위하여 필요한 사항을 규정함을 목적

2) 남북교류협력에 관한 법률의 합헌성 여부 남북교류협력법에 대해서는 위헌설이 나올 수 있으나 헌재나[1] 대법원은 이를 합헌적인 것으로 보고 있다.

특히 이 법률에 의하면 북한주민과 접촉을 원하는 자는 통일부장관의 승인을 얻도록 되어 있어 이 규정이 위헌이라는 주장이 제기되었으나 헌법재판소는 합헌으로 보았다.[2)]

「법은 기본적으로 북한을 평화적 통일을 위한 대화와 협력의 동반자로 인정하면서 남북대결을 지양하고, 자유왕래를 위한 문호개방의 단계로 나아가기 위하여 종전에 원칙적으로 금지되었던 대북한 접촉을 허용하며, 이를 법률적으로 지원하기 위하여 제정된 것으로서, 그 입법목적은 평화적 통일을 지향하는 헌법의 제반규정에 부합하는 것이다.

법률조항은 헌법 제10조, 제14조, 제18조를 일부 제한하는 측면은 있으나, 헌법 제37조 제2항에서 규정하고 있는 국가안전보장을 위한 필요한 경우의 제한으로서, 그 입법목적의 정당성, 방법의 적절성, 피해의 최소성, 법익의 균형성 등에 비추어 볼 때 과잉금지의 원칙에도 위배되지 아니한다」.[3)]

3) 남북교류협력법과 국가보안법의 관계 국가보안법과 남북교류협력법과의 상관관계에 대해서 헌재는 다음과 같이 판시하였다.

a) 다수의견(합헌설) 헌재의 다수의견은 「헌법 제 4 조가 천명하는 자유민주적 기본질서에 입각한 평화적 통일정책을 수립하고 이를 추진하는 한편 국가의 안전을 위태롭게 하는 반국가활동을 규제하기 위한 법적 장치로서, 전자를 위하여는 남북교류협력에관한법률 등의 시행으로써 이에 대처하고 후자를 위하여는 국가보안법의 시행으로써 이에 대처하고 있는 것이다. 이와 같이 국가보안법과 남북교류협력에관한법률은 상호 그 입법목적과 규제대상을 달리하고 있다[4)]는 입장을 취하였다」.

b) 반대의견(위헌설) 이에 대하여 반대의견은 「남북교류협력에관한법률의 목적이나 규제대상에 관한 다수의견이 취하는 입장을 따를 수 없으며, 남북교류협력에관한법률과 국가보안법은 법체계상 특별법과 일반법의 관계에 있다」고 하고 있다.[5)]

4) 남북교류협력법의 우선적용 남북교류협력법은 「남한」과 「북한」과의 왕래·접촉·교역·협력사업 및 통신사무의 제공 등 남북교류와 협력을 목적으로 하는 행위에 관하여는 이 법률의 목적범위 안에서 다른 법률에 우선하여 적용한다」고 개정하여(2005. 5. 31 개정) 국가보안법과의 마찰을 회피하고 있다. 또 남한과 북한과의 투자·물품의 반출 기타 경제에 관한 협력사실 및 이에 수반되는 거래에 의하여는 경제관계법률을 준수하여 대통령령으로 이들 법률에 대한 특례를 정할 수 있게 하고 있다(법 제26조).

5) 평화통일과 남북교류협력에 관한 문제

(a) 평화통일에의 원칙 헌법은 영토의 보전을 위하여 통일을 요구하고 있다. 헌법 제

으로 하고 있으며(제 1 조), 남북교류와 협력을 목적으로 하는 행위에 관하여는 다른 법률에 우선하여 동법을 적용하도록 규정하고 있는(제 3 조) 점에 비추어 보면 동법은 평화적 통일과 남북교류를 위한 기본법으로서의 성격을 갖고 있다」(헌재 2005. 6. 30 선고, 2003 헌바 114, 헌재판례집 제17권 1집, 897면 이하).

1) 헌재 1993. 7. 29 선고, 92 헌바 48, 헌재판례집 제 5 권 2 집, 65 면 이하; 헌재 2000. 7. 20 선고, 98 헌바 63, 헌재판례집 제12권 2 집, 52 면 이하.

2) 헌재 2000. 7. 20 선고, 98 헌바 63, 남북교류협력에관한법률 제 9 조 제 3 항 위헌소원, 헌재판례집 제12권 2 집, 52 면 이하.

3) 헌재 2000. 7. 20 선고, 98 헌바 63, 헌재판례집 제12권 2 집, 52 면 이하.

4) 헌재 1993. 7. 29 선고, 92 헌바 48, 헌재판례집 제 5 권 2 집, 65 면 이하 참조.

5) 헌재 1993. 7. 29 선고, 92 헌바 48, 헌재판례집 제 5 권 2 집, 65 면 이하(77 면).

4조는「통일을 지향하며, 자유민주적 기본질서에 입각한 평화적 통일정책을 수립하고 이를 추진한다」고 규정하고 있다. 따라서 영토통일을 위하여 전쟁에 호소하거나 무력에 의한 통일은 배제된다.

(b) 판　례　　헌재는 통일의 사명에 대하여 정당히 판시하고 있다.[1)]

위와 같은 헌법상 통일 관련 규정들은 통일의 달성이 우리의 국민적·국가적 과제요, 사명임을 밝힘과 동시에 자유민주적 기본질서에 입각한 평화적 통일 원칙을 천명하고 있는 것이다. 따라서 우리 헌법에서 지향하는 통일은 대한민국의 존립과 안정을 부정하는 것이 아니고, 또 자유민주적 기본질서에 위해를 주는 것이 아니라 그것에 바탕을 둔 통일인 것이다.[2)]

(4) 통일단계의 법률

1) 남북관계발전에 관한 법률의 의의　　대한민국헌법이 정한 평화적 통일을 구현하기 위하여 남한과 북한의 기본적인 관계와 남북관계의 발전에 관하여 필요한 사항을 규정한 것이「남북관계발전에관한법률」이다(법 제1조). 이 법률은 남북한의 관계를 국가 간의 관계가 아닌 통일을 지향하는 과정에서 잠정적으로 형성되는 특수관계임을 명시하고 있다. 또 남북한 간의 거래는 국가 간의 거래가 아닌 민족내부의 거래로 본다(법 제3조).[3)]

2) 남북한관계발전의 기본원칙

① 남북관계의 발전은 자주·평화·민주의 원칙에 입각하여 남북공동번영과 한반도의 평화통일을 추구하는 방향으로 추진되어야 한다.

② 남북관계의 발전은 국민적 합의를 바탕으로 투명과 신뢰의 원칙에 따라 추진되어야 하며, 남북관계는 정치적·파당적 목적을 위한 방편으로 이용되어서는 아니 된다(법 제3조).

3) 남북관계발전을 위한 정부의 책임　　남북관계의 발전을 위하여 정부는 다음과 같은 책임을 진다.

(a) 한반도 평화증진　　① 정부는 남북화해와 한반도의 평화를 증진시키기 위하여 노력한다(법조 제6 1항). ② 정부는 한반도 긴장완화와 남한과 북한간 정치·군사적 신뢰구축을 위한 시책을 수립·시행한다(법조 제6 2항).

(b) 남북경제공동체 구현　　① 정부는 민족경제의 균형적 발전을 통하여 남북경제공동체를 건설하도록 노력한다(법조 제7 1항). ② 정부는 남북경제협력을 활성화하고 이를 위한 제도적 기반을 구축하는 등 남한과 북한 공동의 경제적 이익을 증진시키기 위한 시책을 수립·시행한다(법조 제7 2항).

---

1)「우리 헌법은 그 전문에서 ……우리 대한국민은 평화적 통일의 사명에 입각하여 정의·인도와 동포애로써 민족의 단결을 공고히 하고……"라고 규정하고 있고, 제4조에서는 "대한민국은 통일을 지향하며, 자유민주적 기본질서에 입각한 평화적 통일정책을 수립하고 이를 추진한다"고 규정하고 있다」(헌재 2000. 7. 20 선고, 98 헌바 63, 헌재판례집 제12권 2집, 52면 이하).

2) 남북교류협력법의 법적 성격에 관한 판례: 헌재 2005. 6. 30 선고, 2003 헌바 114, 헌재판례집 제17권 1집, 897면 이하.

3) 이 법률에 대해서도 위헌성이 논해질 수 있으나 북한을 국가로 승인하고 있지 않아 판례를 추정해 보면 합헌이라고 하겠다.

(c) 민족동질성 회복　① 정부는 사회문화분야의 교류협력을 활성화함으로써 민족동질성을 회복하도록 노력한다(법 제8조 1항). ② 정부는 지방자치단체 및 민간단체 등의 교류협력을 확대·발전시켜 남한과 북한간 상호이해를 도모하고 민족의 전통문화창달을 위한 시책을 수립·시행한다(법 제8조 2항).

(d) 인도적 문제 해결　① 정부는 한반도 분단으로 인한 인도적 문제해결과 인권개선을 위하여 노력한다(법 제9조 1항). ② 정부는 이산가족의 생사·주소확인, 서신교환 및 상봉을 활성화하고 장기적으로 자유로운 왕래와 접촉이 가능하도록 시책을 수립·시행한다(법 제9조 2항).

(e) 북한에 대한 지원　① 정부는 인도주의와 동포애 차원에서 필요한 경우 북한에 대한 지원을 할 수 있다(법 제10조 1항). ② 정부는 북한에 대한 지원이 효율적이고 체계적이며 투명하게 이루어질 수 있도록 종합적인 시책을 수립·시행한다(법 제10조 2항).

(f) 국제사회에서의 협력증진　정부는 국제기구나 국제회의 등을 통하여 국제사회에서 남북공동이익을 증진시킬 수 있도록 노력한다(법 제11조).

(g) 재정상의 책무　정부는 이 법에 규정된 정부의 책무를 이행하기 위하여 필요한 재원을 안정적으로 확보하기 위하여 노력한다(법 제12조).

4) 남북관계발전에 관한 법률의 효력의 범위

(a) 우선적용　남북회담대표, 대북특별사절 및 파견공무원에 관한 규정은 다른 법률에 우선하여 적용한다.

(b) 남북합의서　남북은 서로 합의서를 체결하고 이를 준수하여야 한다. 남북합의서는 정부와 북한 당국 간에 문서의 형식으로 체결된 모든 합의를 말한다(법 제4조).

① 대통령은 남북합의서를 체결·비준하며, 통일부장관은 이와 관련된 대통령의 업무를 보좌한다(법 제21조 1항). ② 대통령은 남북합의서를 비준하기에 앞서 국무회의의 심의를 거쳐야 한다(법 제21조 2항). ③ 국회는 국가나 국민에게 중대한 재정적 부담을 지우는 남북합의서 또는 입법사항에 관한 남북합의서의 체결·비준에 대한 동의권을 가진다(법 제21조 3항). ④ 대통령이 이미 체결·비준한 남북합의서의 이행에 관하여 단순한 기술적·절차적 사항만을 정하는 남북합의서는 남북회담대표 또는 대북특별사절의 서명만으로 발효시킬 수 있다(법 제21조 4항).

(c) 공　포　국회의 동의 또는 국무회의의 심의를 거친 남북합의서는 공포하여야 한다(법 제22조).

(d) 효력범위　① 남북합의서는 남한과 북한 사이에 한하여 적용한다(법 제23조 1항).

② 효력의 정지　대통령은 남북관계에 중대한 변화가 발생하거나 국가안전보장, 질서유지 또는 공공복리를 위하여 필요하다고 판단될 경우에는 기간을 정하여 남북합의서의 효력의 전부 또는 일부를 정지시킬 수 있다.

③ 국회의 동의　대통령은 국회의 체결·비준 동의를 얻은 남북합의서에 대

하여 그 효력을 정지시키고자 하는 때에는 국회의 동의를 얻어야 한다(법 제12조 3항).

(e) 구 남북합의서의 효력 이 법 시행 전에 국회의 동의를 받아 체결·비준한 남북합의서는 이 법에 의한 남북합의서로 본다(부칙 2항).

(f) 남북합의서의 법적 성격 남북합의서는 국제적인 조약은 아니나 국회의 비준 동의를 얻은 남북합의서는 국내적으로 법률과 같은 효력을 가진다고 하겠다. 조약의 협상 등은 외교통상부에서 해야 하나 남북합의서는 통일부에서 협상하며 남북회담대표나 대북특사가 서명 또는 가서명한다.

5) 남북관계 기본계획

(a) 기본계획의 수립 ① 정부는 남북관계발전에 관한 기본계획(이하 "기본계획"이라 한다)을 5년마다 수립하여야 한다(법 제13조 1항). ② 기본계획은 통일부장관이 남북관계발전위원회의 심의를 거쳐 이를 확정한다. 다만 예산이 수반되는 기본계획은 국회의 동의를 얻어야 한다(법 제13조 2항).

(b) 기본계획의 내용 ① 남북관계 발전의 기본방향, ② 한반도 평화증진에 관한 사항, ③ 남한과 북한 간 교류협력에 관한 사항, ④ 그 밖에 남북관계발전에 필요한 사항(법 제13조 3항).

(c) 시행계획 통일부장관은 관계 중앙행정기관의 장과 협의를 거쳐 기본계획에 따른 연도별 시행계획을 수립하여야 한다(법 제13조 4항).

(d) 국회에의 보고 기본 계획 및 연도별 시행계획을 수립한 경우 통일부장관은 이를 국회에 보고하여야 한다(법 제13조 5항).

6) 남북관계발전위원회

(a) 남북관계발전위원회의 설치 기본계획, 그 밖에 남북관계 발전을 위한 중요사항을 심의하기 위하여 통일부에 남북관계발전위원회를 둔다(법 제14조 1항).

(b) 구 성 위원회는 위원장 1인을 포함하여 25인 이내의 위원으로 구성하며, 제 3 항 제 2 호의 위원의 임기는 2년으로 한다(법 제14조 2항). 위원장은 통일부장관이 되고, 위원은 다음 각 호의 자가 된다. 다만, 제 2 호의 위원 중 7인은 국회의장이 추천하는 자로 한다. ① 대통령령이 정하는 관계 중앙행정기관의 차관급 공무원, ② 남북관계에 대한 전문지식 및 경험이 풍부한 자 중에서 위원장이 위촉하는 자(법 제14조 3항).

(c) 대통령령에의 위임 위원회의 구성·운영 등에 관하여 필요한 사항은 대통령령으로 정한다.

7) 남북회담대표와 대북특별사절 등

(a) 남북회담대표 특정한 목적을 위하여 정부를 대표하여 북한과의 교섭 또는 회담에 참석하거나 남북합의서에 서명 또는 가서명하는 권한을 가진 사람이다. 남북간 통상적 회담대표는 통일부장관이 되고, 중요사항에 관한 교섭 등을 하는 중요남북회담대표

는 통일부장관이 관계기관의 장과 협의한 후 제청하고 국무총리를 거쳐 대통령이 임명한다(법 제15조 1항, 2항). 하위의 남북회담대표는 통일부장관이 임명한다(법 제15조 3항). 임명에 관하여 필요한 사항은 대통령령으로 정한다(법 제15조 4항).

(b) 대북특별사절 북한에서 행하여지는 주요 의식에 참석하거나 특정한 목적을 위하여 정부의 입장과 인식을 북한에 전하거나 이러한 행위와 관련하여 남북합의서에 서명 또는 가서명하는 권한을 가진 자를 말한다(법 제4조 2호). 임명 등에 관하여 필요한 사항은 대통령령으로 정한다. 대북특별사절은 대통령이 임명한다(법 제15조 4항).

(c) 대북파견공무원 정부는 남북관계의 발전을 위하여 필요한 경우 공무원을 일정기간 북한에 파견하여 근무하도록 할 수 있다(법 제16조 1항). 공무원의 파견과 근무 등에 관하여 필요한 사항은 대통령령으로 정한다(법 제16조 2항).

(5) 남북정상회담의 합의서 6·15와 10·4의 남북정상회담의 합의서는 조약의 성격을 가진 것이 아니고 신사협정이라고 하여 국회의 체결비준동의를 받지 않고 있다.

(6) 통일 후의 법률의 효력 통일 후의 법률의 효력에 대해서는 통일헌법의 기초단계에서 규정되고 결정될 것이 바람직하나, 우리나라의 현행헌법에 따르면 통일 후에도 우리나라의 법률이 북한의 해방된 지역에서 시행될 것을 예상하고 있다.[1] 다만 통일헌법에서 기존의 남북한법률을 인정할 수 있을 것이다. 특히 사법의 영역에서는 상당한 문제가 발생될 것이 예견되며, 따라서 이의 조화를 위한 입법이 통일단계에서 제정되어야 할 것이다.[2]

[判] 平和統一條項에 관한 重要 判例

1. 南北交流協力에관한法律 第3條 違憲訴願은 裁判의 前提性이 없다[3]

먼저 남북교류협력에관한법률 제3조의 위헌 여부가 재판의 전제성이 있는지의 여부에 관하여 본다.

헌법 제107조 제1항에 의하면 "법률이 헌법에 위반되는 여부가 재판의 전제가 된 경우에는 법원은 헌법재판소에 제청하여 그 심판에 의하여 재판한다"고 규정되어 있고, 이를 따라 헌법재판소법 제41조 제1항은 "법률이 헌법에 위반되는 여부가 재판의 전제가 된 때에는 당해 사건을 담당하는 법원(군사법원을 포함한다)은 직권 또는 당사자의 신청에 의한 결정으로 헌법재판소에 위헌 여부의 심판을 제청한다"고 규정하였으며, 같은 법 제68조 제2항 전문은 "제41조 제1항의 규정에 의한 법률의 위헌여부심판의 제청신청이 기각된 때에는 그 신청을 한 당사자는 헌법재판소에 헌법소원심판을 청구할 수 있다"고 규정하였다. 따라서 헌법재판소법 제68조 제2항의 규정에 의한 헌법소원은 어떤 법률 또는 법률조항이 헌법에 위반되는 여부가 당해 사건에 대한 재판의 전제가 된 경우에만 허용되고 그렇지 아니한 경우에

1) 분단국가의 헌법과 통일에 관한 상세한 고찰은 김철수, 법과 정치, 675~800면; 김철수, 한국입헌주의의 정착을 위하여, 2003; 김철수, 독일통일의 정치와 헌법, 2004 참조.

2) 상세한 것은 독일통일조약, 김철수, 독일통일의 정치와 헌법, 2004 참조.

3) 헌재 1993.7.29 선고, 92 헌바 48, 헌재판례집 제5권 2집, 65면 이하.

는 재판의 전제성이 결여되었다 하여 부적법한 것으로 각하될 수밖에 없다. 그런데 문제된 법률 또는 법률조항(이하에서는 단순히 "법률"이라고만 한다)의 위헌 여부가 재판의 전제가 된다고 함은 우선 그 법률이 당해 본안사건에 적용될 법률이어야 하고 또 그 법률이 위헌무효일 때에는 합헌유효일 때와는 본안사건의 담당법원이 다른 내용의 판단을 하여야 할 경우, 즉 판결의 결론인 주문이 달라지거나 또는 주문 자체는 달라지지 않는다고 하더라도 그 재판의 내용과 효력에 관한 법률적 의미가 전혀 달라지는 경우이어야 한다(당재판소 1992. 12. 24 선고, 92 헌가 8 결정 등 참조).

이 사건에 있어서의 재판의 전제성에 관하여, 청구인의 위헌제청신청을 기각한 서울형사지방법원은 그 이유로서 이 사건 위헌심판제청의 대상이 된 남북교류협력에관한법률 제3조가 청구인의 주장과 같이 위헌법률조항이어서 무효라고 한다면 청구인에게 남북교류협력에관한 법률은 적용될 여지가 없게 되고 당연히 국가보안법 제 6 조 제 1 항의 잠입·탈출죄가 적용되어야 할 것이어서 청구인에 대한 당해 형사 본안사건의 판결주문에 아무런 영향을 미치지 아니하므로 재판의 전제성이 없다고 판시하였음에 반하여, 청구인은 위 법률 제3조가 위헌무효라고 한다면 그에게 적용된 구 국가보안법 제 6 조 제 1 항(잠입·탈출죄)은 1980. 12. 31. 법률 제3318호로 공포, 시행된 것이고 남북교류협력에관한법률은 그 후인 1990. 8. 1. 법률 제4239호로 공포시행된 것이므로 가사 청구인의 행위가 구 국가보안법 제 6 조 제 1 항에 해당한다고 하더라도 형법 제 1 조 제 2 항에 따라 범죄 후 법률의 변경에 의하여 그 행위가 범죄를 구성하지 아니하거나(재외공관의 장에게 신고한 경우) 형이 구법보다 경한 때(위의 신고를 하지 아니한 경우)에 해당하며 당연히 면소판결이 선고되거나 형이 가벼운 남북교류협력에관한법률 제27조 제 1 호가 적용되어야 할 것이므로 재판의 전제성이 있다고 주장한다.

그러므로 구 국가보안법 제 6 조 제 1 항과 남북교류협력에관한법률 제27조 제 2 항 제 1 호(같은 조문 제 1 항 제 1 호 전단의 경우도 같다)가 동일한 행위를 대상으로 한 것으로서 형법 제 1 조 제 2 항의 적용을 받는 구법과 신법의 관계에 있는지의 여부에 관하여 보기로 한다.

국가보안법은 국가의 안정을 위태롭게 하는 반국가활동을 규제함으로써 국가의 안전과 국민의 생존 및 자유를 확보함을 목적으로 하여(그 법률 제 1 조) 제정된 법률이고 남북교류협력에관한법률은 남한과 북한과의 상호교류와 협력을 촉진하기 위하여 필요한 사항을 규정함을 목적으로 하여(그 법률 제 1 조) 제정된 법률로서 상호 그 입법취지와 규제대상을 달리하고 있을 뿐만 아니라, 구 국가보안법 제 6 조 제 1 항의 잠입·탈출죄는 국가의 존립·안전을 위태롭게 하거나 자유민주적 기본질서에 위해를 준다는 정을 알면서 반국가단체의 지배하에 있는 지역으로부터 "잠입"하거나 그 지역으로 "탈출"하는 경우에 성립한다고 해석되고(현행 국가보안법 제 6 조 제 1 항, 당재판소 1990. 4. 2 선고, 89헌가 113 결정 각 참조) 남북교류협력에관한법률 제27조 제 2 항 제 1 호의 죄는 재외국민이 재외공관의 장에게 신고하지 아니하고 외국에서 북한을 "왕래"한 경우에 성립하며 여기서 말하는 "왕래"라 함은 남한과 북한 간의 상호교류 및 협력을 목적으로 하는 왕래에 한한다고 해석되므로(위 법률 제 3조 참조) 양자는 그 구성요건을 달리한다.

이는 현 단계에 있어서의 북한은 조국의 평화적 통일을 위한 대화와 협력의 동반자임과 동시에 대남적화노선을 고수하면서 우리 자유민주체제의 전복을 획책하고 있는 반국가단체라는 성격도 함께 갖고 있음이 엄연한 현실인 점에 비추어, 헌법 제 4 조가 천명하는 자유민주적 기본질서에 입각한 평화적 통일정책을 수립하고 이를 추진하는 한편 국가의 안전을 위태롭게 하는 반국가활동을 규제하기 위한 법적 장치로서, 전자를 위하여는 남북교류협력에관한법률 등의 시행으로써 이에 대처하고 후자를 위하여는 국가보안법의 시행으로써 이에 대처하고 있는 것이다.

이와 같이 국가보안법(1991. 5. 31. 개정의 전후를 막론하고)과 남북교류협력에관한법률은 상호 그 입법목적과 규제대상을 달리하고 있으며 따라서 구 국가보안법 제 6 조 제 1 항 소정의 잠입·탈출죄와 남북교류협력에관한법률 제27조 제 2 항 제 1 호 소정의 죄(같은 조문 제 1 항 제 1 호 전단 소정의 죄도 같다)는 각기 그 구성요건을 달리하고 있는 것이므로 위 두 법률조항에 관하여 형법 제 1 조 제 2 항이 적용 될 수 없고, 청구인에 대한 공소장기재의 공소사실을 보면 청구인의 행위에 관하여는 남북교류협력에관한법률은 적용될 여지가 없다고 할 것이므로 그 법률 제 3 조의 위헌 여부가 당해 형사사건에 관한 재판의 전제가 된 경우라고 할 수 없다.

따라서 이 사건 심판청구는 재판의 전제성을 결여한 것으로서 부적법함이 명백하므로 더 나아가 살펴볼 것도 없이 이를 각하하기로 하여 주문과 같이 결정한다.

이 결정에는 재판관 이시윤, 재판관 김양균의 반대의견과 재판관 변정수의 반대의견이 있다(반대의견 내용의 강약에 따른 순서이며 그 정도가 약한 것부터 싣는다).

[재판관 이시윤, 재판관 김양균의 반대의견]

이 사건 헌법소원에서 심판의 대상이 되는 남북교류협력에관한법률 제 3 조의 위헌 여부는 서울형사지법 90노1344 국가보안법위반사건인 당해 사건과의 관계에서 재판의 전제성이 없다는 다수의견과는 견해를 달리한다. 남북교류협력에관한법률의 목적이나 규제대상에 관한 다수의견이 취하는 입장을 따를 수 없으며, 남북교류협력에관한법률과 국가보안법은 법체계상 특별법과 일반법의 관계에 있다고 할 것으로, 만일 남북교류협력에관한법률 제3조 중의 "정당하다고 인정하는 범위 안에서"의 부분이 위헌이 되어 위 규정의 구성요건이 단순화된다면 국가보안법의 구성요건과의 사이에 공통성이 생겨 결국 당해 사건에 있어서 범죄 후 법률의 변경이 있는 경우에 해당되어 형법 제 1 조 제 2 항에 의하여 법원은 피고인에게 보다 유리한 남북교류협력에관한법률의 적용을 고려하여야 할 것이고, 더구나 법률적용의 문제는 법원의 직권사항임에 비추어 공소장의 변경과정을 거칠 필요 없이 당연히 당해사건의 판결결과에 영향이 생길 것으로 보인다. 이 점에 관한 보다 구체적인 이론구성은 재판관 변정수의 의견을 원용하기로 한다. 다만 다수의견처럼 재판의 전제성을 지나치게 좁히면 국민의 헌법재판에 접근권, 즉 악세스(access)권을 형해화시킨다는 점에서 바람직하지 않으며, 독립한 헌법재판소를 두어 법률 등 입법작용에 대한 합헌적 통제의 기능을 활성화시키려는 우리 헌법의 본의에 배치된다고 할 것이다. 따라서 우리는 이 사건 심판대상인 남북교류협력에관한법률 제 3 조의 위헌성 여부에 관하여 본안심리에 들어가 이 중요한 헌법문제를 해명하여야 한다고 보며, 이러한 의미에서 재판의 전제성의 결여를 이유로 한 심판청구각하의 다수의견에 찬성할 수 없다.

[재판관 변정수의 반대의견]

가. 다수의견은 남북교류협력에관한법률 제 3 조의 위헌 여부는 청구인이 위헌여부심판의 제청신청을 한 당해 사건(서울형사지방법원 90노1344 국가보안법위반)의 재판의 전제가 될 수 없다고 하고 그 이유로서 국가보안법과 남북교류협력에관한법률은 그 입법목적과 규제대상을 달리하고 있을뿐더러 청구인에게 적용된 국가보안법 제 6 조 제 1 항 소정의 잠입·탈출죄와 남북교류협력에관한법률 제27조 제 2 항 제 1 호 소정의 죄(같은 조문 제 1 항 제 1 호 전단 소정의 죄도 같다)는 각기 그 구성요건을 달리하고 있어 청구인의 당해 사건 범행(탈출죄)에 대하여는 남북교류협력에관한법률이 적용될 여지가 없기 때문이라고 설명하고 있다.

나. 그러나 다수의견은 남북교류협력에관한법률의 입법목적이나 규제대상을 잘못 이해하고 있다.

남북교류협력에관한법률은 그 제1조가 규정하고 있듯이 남한과 북한과의 상호교류와 협력을 촉진하기 위하여 필요한 사항을 규정함을 목적으로 하는 법률이며 거기에는 남한과 북한의 주민 및 재외국민이 남북한을 왕래하거나, 남한의 주민이 북한의 주민 등과 회합·통신 기타의 방법으로 접촉할 수 있는 규정(제9조 제1항 내지 제4항), 해외동포 등(반국가단체에 속하는 지역에 거주하는 자 포함)의 출입보장 규정(제10조), 남한과 북한 간의 물품의 반출·반입(교역)에 관한 규정(제12조 내지 제15조), 협력사업(남한과 북한의 주민이 공동으로 행하는 문화·체육·학술·경제 등에 관한 제반 활동)에 관한 규정(제16조 내지 제18조), 남한과 북한 간에 선박·항공기·철도차량 또는 자동차 등 수송장비의 운행에 관한 규정(제20조, 제21조), 우편역무 및 전기통신역무의 제공에 관한 규정(제22조) 등을 두어 그것들에 관한 여러가지 조건을 규정하고 그러한 조건을 갖춘 남북교류협력 행위를 불가벌적 행위로 하였으며, 법 제27조는 위와 같은 남북교류협력에 관한 행위를 하는 데 있어 법이 정한 조건(승인, 증명서 발급, 신고 또는 조정명령 등)을 갖추지 아니한 자에 대한 벌칙만을 규정하고 있는데 그 처벌내용은 3년 이하의 징역 또는 1,000만원 이하의 벌금에 해당되는 경우와 1년 이하의 징역 또는 500만원 이하의 벌금에 해당되는 경우로 분류하고 있다. 이러한 법률을 만들게 된 동기는 우리 민족의 염원이자 과제인 평화적 통일을 위하여서는 우선 남한과 북한이 대립·항쟁을 그만두고 상호교류와 협력을 하여야 하고 교류와 협력을 하려면 최소한 남·북한 주민의 상호왕래, 회합·통신 등에 의한 접촉이 있어야 하고 남·북한 간에 교역도 하고 문화·체육·학술·경제 등에 관하여 협력사업도 하여야 하며 남한과 북한 간에 선박·항공기·철도차량 및 자동차 등이 운행할 수 있어야 하고 우편과 전기통신에 의한 연락도 할 수 있어야 하는데 이러한 행위는 북한이 반국가단체임을 전제로 한 국가보안법상의 여러 가지 처벌규정 그 중에서도 특히 잠입·탈출죄(제6조), 자진지원·금품수수죄(제5조), 찬양·고무·동조죄(제7조), 회합·통신죄(제8조), 편의제공죄(제9조)에 해당될 수 있어 국가보안법을 그대로 두고서는 남·북한의 상호교류·협력은 도저히 불가능하고 그렇다고 해서 국가보안법을 아주 철폐하는 것은 우리의 현실여건상 불가능하다는 전제 아래(이러한 전제는 잘못된 것이다) 이를 그대로 존치시키면서 국가보안법상의 처벌규정에 해당되는 행위라도 앞에 열거된 남북교류와 협력을 위한 행위는 일정한 요건하에 처벌하지 않거나 처벌하더라도 훨씬 가볍게 처벌하도록 하여 국가보안법으로 인한 남북교류협력의 장애요인을 최소화시키자는 데서 제정된 것이 바로 남북교류협력에관한법률이다.

그러므로 남북교류협력에관한법률에 규정된 각종 교류·협력행위는 국가보안법상의 처벌규정에도 해당될 수 있는 것을 당연한 전제로 하여 규정된 행위유형이다. 그리하여 남북교류협력에관한법률에 의하여 처벌되지 않거나 또는 처벌하도록(국가보안법보다도 훨씬 가볍게) 되어 있는 남북교류 및 협력행위는 동시에 국가보안법상의 처벌규정(제5조 내지 제9조)에도 해당될 수 있는 행위이며 위헌여부심판의 제청신청이 된 당해 형사사건에서 청구인에게 적용된 국가보안법 제6조 제1항 소정의 잠입·탈출죄와 남북교류협력에관한법률 제27조 제2항 소정의 죄(재외국민이 외국에서 제외공관장에게 신고하지 아니하고 북한을 왕래하는 행위)도 다같이 북한왕래행위를 구성요건으로 삼고 있어 규제대상을 같이 하고 있다. 그러므로 국가보안법과 남북교류협력에관한법률의 규제대상이 다르다는 다수의견은 위 두 개 법률의 관계를 잘못 이해하고 있는 데 연유한다.

다. 또한 다수의견은 국가보안법 제6조 제1항에서는 "잠입·탈출"이라고 규정하고 있고, 남북교류협력에관한법률 제27조 제2항 제1호는 "왕래"라고 규정하고 있으므로 양자는 그 구성요건을 달리하고 있다고 주장한다.

그러나 이러한 견해 또는 남북교류협력에관한법률의 입법목적과 시대적 상황에 대한 오해에서 비롯된 것이라 할 수 있다. 과거 권위주의적 군사정부 하에서는 대북한관계에 대하여 경직된 냉전적 사고로 일관하여 북한을 우리의 자유민주주의체제의 전복을 획책하는 반국가단체로서만 취급했음은 주지의 사실이다. 바로 이 당시에 이러한 행위를 처벌하기 위하여 제정된 법률이 국가보안법이었으며 동법상의 "잠입·탈출"이라는 행위는 이처럼 과거 북한을 반국가단체로서만 파악하던 냉전시대에서의 행위유형으로서 그 당시의 입법자의 시각에서는 타도해야 될 반국가단체로서의 북한과의 그 어떤 "왕래"도 바로 "잠입·탈출"에 해당될 수 밖에 없었던 것이다. 그러나 북한에게 평화적 통일을 같이 완수해야 하는 동반자·협력자로서의 지위도 부여해야 하는 오늘날 남·북한을 오고 가는 행위를 모두 "잠입·탈출"이라고 할 수는 없으므로 남·북한을 오고 가는 행위 중 남북교류협력을 위한 행위는 "왕래"로 분류하여 남북교류협력에관한법률을 적용하고 그렇지 아니한 경우에는 "잠입·탈출"로 분류하여 국가보안법을 적용시키고자 하는 것이 바로 남북교류협력에관한법률이다. 그리고 북한과 통모하여 남한정부의 전복을 기도하거나 간첩활동을 위한 것이 아닌 한 남·북한을 오고 간 행위는 남북교류협력을 위한 "왕래"로 보아 남북교류협력에관한법률을 적용하여야 한다. 남·북한을 오고 간 행위를 국가보안법에서는 "잠입·탈출"이라고 표현하고 남북교류협력에관한법률에서는 "왕래"라고 표현한 것을 가지고 두 개의 법률이 규제대상을 달리한다고 해석하는 것은 법률용어의 외형상 표현에만 집착한 나머지 법의 입법취지를 도외시한 피상적 형식논리라고 아니 할 수 없다.

남북교류협력에관한법률 제 3 조는 "남한과 북한과의 왕래·교역·협력사업 및 통신역무의 제공 등 남북교류와 협력을 목적으로 하는 행위에 관하여는 정당하다고 인정되는 범위 안에서 다른 법률에 우선하여 이 법을 적용한다"라고 규정하고 있는바 여기서의 다른 법률에는 국가보안법도 그에 해당됨은 입법취지나 법의 내용으로 보아 의문의 여지가 없으므로 위 법률의 규제대상과 국가보안법의 규제대상이 같다는 것을 전제로 하고 있는 것이다. 만약 다수의견처럼 국가보안법의 처벌규정에 해당되는 행위에는 남북교류협력에관한법률이 적용될 여지가 없다고 한다면 그 법률에 구태여 제 3 조와 같은 규정을 둘 필요가 없을 것이다.

라. 다음 다수의견은 청구인의 당해 사건 범행(탈출죄)에 대하여서는 남북교류협력에관한법률이 적용될 여지가 없기 때문에 동법 제3조의 위헌 여부가 당해 사건의 재판의 전제가 될 수 없다는 것이므로 그 점에 대하여 본다.

청구인은 1990. 7.경 미국의 영주권자로서 재외국민인 문규현 신부를 북한에 파견(다녀오도록 함)한 것이 문제되어 국가보안법 제 6 조의 잠입·탈출죄 즉 "반국가단체의 지배하에 있는 지역으로 탈출한 자"의 공동정범에 해당되는 것으로 공소제기되어 항소심에 계속중, 1990. 8. 1. 남북교류협력에관한법률이 공포·시행되었는데 동 법률에는 남북교류를 촉진시키는 방안의 하나로 법 제 9 조 제 2 항에서 재외국민이 외국에서 북한을 왕래하고자 할 때에는 재외공관의 장에게 신고만 하도록 하고 법 제27조 제 2 항 제 1 호에서는 재외공관의 장에게 신고하고 북한을 왕래한 행위는 처벌대상에서 제외하고 신고하지 아니하고 북한을 왕래한 재외국민에 대하여서만 1년 이하의 징역 또는 500만원 이하의 벌금에 처하도록 하는 규정을 두고 있다.

그러므로 위 법률이 시행되기 전에는 청구인과 같이 재외국민이 남북교류의 목적으로 외국에서 북한을 다녀오더라도 국가보안법 제 6 조 제 1 항의 잠입·탈출죄로 처벌되었으나 남북교류협력에관한법률이 시행된 이후의 위와 같은 행위는 재외공관의 장에게 미리 신고하였으면 처벌되지 아니하고 재외공관의 장에게 신고하지 아니하고 북한을 다녀왔을 때만 처벌되는데 그 처벌도 국가보안법의 잠입·탈출죄보다는 훨씬 가볍게 정해진 것이므로 청구인의 행위는 결국 범죄 후 법률의 변경에 의하여 그 행위가 범죄를 구성하지 아니하거나(신고가 유효인 경우), 형이 구법보다 경한 때(신고가 무효인 경우)에 해당되어 형법 제1조 제2항에 의하여 남북교류협력에관한법률이 적용되어야 하는 것이다(청구인에 대한 공소사실을 보더라도 청구인이 북한을 왕래한 것은 남한정부를 전복하거나 간첩활동을 하기 위한 것이 아니고 남북교류와 협력을 촉진시켜 조국의 평화적 통일을 앞당기자는 순수한 동기에 의한 것으로 보인다). 그런데 위 법률은 남북한 왕래를 비롯하여 그 법에 정해진 남북교류협력행위에 대하여 모두 그 법을 적용하도록 하는 것이 아니라 제3조에 "남한과 북한과의 왕래·교역·협력사업 및 통신무역의 제공 등 남북교류와 협력을 목적으로 하는 행위에 관하여는 정당하다고 인정되는 범위 안에서 다른 법률에 우선하여 이 법을 적용한다"라는 규정을 두어 남북교류와 협력을 목적으로 하는 순수한 행위라도 정부당국이나 법원에 의하여 정당하다고 인정되어야만 위 법률을 적용을 받을 수 있고 그렇지 아니하는 한 국가보안법에 의하여 처벌받게 되어 있는 것이다. 즉 국가보안법과 남북교류협력에관한법률이라는 두개의 법률을 두고 정부당국이나 법원의 임의적 선택에 따라 그 중 하나를 적용할 수 있게 한 것인데 청구인의 행위가 형법 제1조 제2항에 의하여 남북교류협력에관한법률의 적용을 받아야 하는데도 불구하고 그렇지 못하고 만 것도 바로 위 제3조 때문이다. 그리하여 만약 위 제3조가 위헌이어서 무효라면 청구인의 행위에 대하여는 국가보안법의 적용이 배제되고 당연히 남북교류협력에관한법률이 적용되어야 할 것이므로 위 제3조의 위헌 여부는 청구인에 대한 당해 형사사건의 재판의 전제가 되는 것이 너무도 당연한 것이다. 다수의견의 각하논리(청구인에 대한 공소장기재 공소사실을 보면 청구인의 행위에 관하여는 남북교류협력에관한법률이 적용될 여지가 없다 할 것이므로 그 법률 제3조의 위헌 여부가 당해 사건의 재판의 전제가 될 수 없다는)도 필경은 위헌 여부의 심판대상이 되어야 할 위 제3조에 의하여 청구인의 행위가 남북교류협력에관한법률을 적용할 수 있는 "정당하다고 인정되는 범위 안"에 속하지 않다고 보고 있기 때문이라고 보이는데 위헌 여부의 심판청구가 되어 있는 당해 법률규정으로 인하여 재판의 전제성이 부인되어 위헌 여부의 심판청구가 각하된다는 것은 논리적 모순이라 할 것이다.

따라서 다수의견이 재판의 전제성이 없다고 하여 이 사건 심판청구를 각하한 것은 잘못이다.

마. 끝으로 남북교류협력에관한법률 제3조의 위헌성에 관하여 한 마디 아니할 수 없다. 제3조는 "남한과 북한과의 왕래·교역·협력사업 및 통신무역의 제공 등 남북교류와 협력을 목적으로 하는 행위에 관하여는 정당하다고 인정되는 범위 안에서 다른 법률에 우선하여 이 법을 적용한다"라고 규정하여 법 제9조 내지 제22조에 규정된 남·북한 왕래·교역·협력사업 등 남북교류협력을 목적으로 하는 행위라도 "정당하다고 인정되는" 행위에 한하여 처벌대상에서 제외되고 그렇지 아니하는 한 국가보안법 소정의 처벌규정(금품수수죄, 잠입·탈출죄, 회합·통신죄, 편의제공죄)에 의하여 처벌할 수 있도록 하였는바, 위 규정은 남북한왕래 등 남북교류협력을 목적으로 하는 행위에 대하여 남북교류협력에관한법률 소정의 남북교류협력행위로 보아 처벌하지 아니하거나 처벌하더라도 가볍게 처벌토록 되어 있는 동법 소정의 벌칙규정을 적용할 것이냐 아니면 국가보안법 소정의 처벌규정을 적용할 것이냐를 가려내는 준거규정이어서 결국 위 규정은 처벌법규의 구성요건적인 성질의 규정이라 할 것이므로 거기에는 죄형법정주의의 원리가 준수될 것이 요구된다.

죄형법정주의는 무엇이 처벌될 행위인가를 국민이 예측 가능한 형식으로 정하도록 하여 개인의 법적 안정성을 보호하고 성문의 형벌법규에 의한 실정법 질서를 확립하여 국가형벌권의 자의적(恣意的) 행사로부터 개인의 자유와 권리를 보장하려는 데 그 의미가 있으므로 처벌법규의 내용, 즉 범죄의 구성요건과 형벌내용은 법관이 자의적으로 확장할 수 없는 구체적 개념을 사용하여야 하고 추상적이고 불명확한 개념을 사용하여서는 아니 된다. 형벌법규의 내용이 애매모호하거나 추상적이어서 불명확하면 무엇이 금지된 행위인지를 국민이 알 수 없어 법을 지키기가 어려울 뿐더러 범죄의 성립 여부가 법관의 자의적인 해석에 맡겨져 죄형법정주의에 의하여 국민의 자유와 권리를 보장하려는 법치주의의 이념은 실현될 수 없기 때문이다.

그런데 법 제3조 소정의 "정당하다고 인정되는 범위 안에서"라는 말은 그 의미를 구체적으로 한정할 수 있는 아무런 기준도 없는 매우 애매모호하고 추상적 개념이다. 따라서 행위자는 물론 법집행자조차도 그 의미를 이해할 수 없게 되어 결국 법집행당국이 추단하는 행위자의 내심의 의사에 따라 사람을 구별하고 그 사람이 정부당국 내지는 법집행당국의 이해관계에 순응하는 사람인가 아닌가를 기준으로 적용 여부를 달리하게 하는 결과를 가져오게 되어 있어 이러한 결과는 범죄구성요건을 명확히 정해야 한다는 죄형법정주의에 반할 뿐더러 똑같은 행위일지라도 사람에 따라 차별대우할 수 있게 하는 것이어서 평등의 원칙에도 위반된다.

바. 이상과 같이 남북교류협력에관한법률 제3조의 위헌 여부는 청구인이 법원에 대하여 위헌여부심판의 제청신청을 한 당해 형사사건의 재판의 전제가 될 뿐더러 위 법률조항의 위헌성도 현저하므로 헌법재판소로서는 마땅히 청구인의 심판청구를 받아들여 위헌 선언하여야 하는 것이다. 그럼에도 불구하고 다수의견은 재판의 전제성이 없다고 하여 청구인의 심판청구를 각하하였는바, 이는 매우 부당한 처사로서 나는 거기에 찬성할 수 없어 부득이 반대의견을 개진하는 바이다.

Ⅱ. 國際法尊重主義

1. 序 論

(1) 우리 헌법의 규정 우리 헌법은 제 6 조 1항에서 「헌법에 의하여 체결·공포된 조약과 일반적으로 승인된 국제법규는 국내법과 같은 효력을 가진다」라고 규정함으로써 국제법을 국내법에 수용하고 이를 존중하는 입장을 명백히 하고 있다.

(2) 국제법과 국내법의 관계

1) 학 설 국제법과 국내법의 관계에 대해서는 학설이 나누어지고 있다. 일원론은 국제법과 국내법의 양자가 하나의 통일질서를 구성하고 있다고 주장하는 것이다. 즉 양자는 통일적인 법질서의 부분질서를 이루고 있고, 양자는 상호간에 타당한 위임관계하에 있으며, 그 하나가 타에 대하여 타당성을 부여하는 관계에 있다고 한다.[1]

---

1) 국제법과 국내법의 관계에 대해서는 국제법교과서 참조.
Tunkin/Wolfram(ed.), International Law and Municipal Law, 1988; Jessup, A modern Law of Nations, 1952; Rudolf, Völkerrecht und deutsches Recht, 1967; Geiger, Grundgesetz und Völkerrecht, 3. Aufl., 2003; Steinberger, Allgemeine Regeln des Vöhkerrechts, HbStR Ⅶ, 1992, §173; Stern, Staatsrecht Ⅰ,

一元論은 다시 국제법과 국내법 중 어느 것이 우월한가에 따라서 國際法優位論과 國內法優位論의 둘로 구별된다. 국제법우위론은 국내법을 국제법에 의하여 위임된 부분법질서라 하는데, 양자가 상호 충돌하는 경우에는 국제법이 국내법을 깨뜨린다는 명제가 타당하게 된다. 국내법우위론은 국제법이 어느 한 국가에서 타당할 수 있는 근거는 그 국가의 국내헌법에 의해 그 국제법을 승인하였다는 사실에 있으므로 국내헌법이 국제법을 구속적이라고 인정하는 경우에만 국제법은 효력을 가진다고 한다. 따라서 국제법은 국내헌법보다는 하위이다. 이 견해에 의하면 국내법이 국제법을 깨뜨린다는 명제가 타당하게 된다.

이원론은 국제법과 국내법을 상호 차원이 다른 법질서로 본다. 따라서 국제법은 국제관계에서만 효력을 미치고, 국내법은 국내에서만 효력이 미치기 때문에 양자는 서로간에 아무런 영향을 미치지 않는다고 한다.

2) 우리 헌법의 입장 그러면 우리 헌법의 태도는 어떠한가. 제 6 조 1항은 명백한 결론을 내리지 않고 있으나 우리 헌법의 해석론으로 볼 때에는 이원론의 입장에서 헌법 제 6 조 1항이 국제법을 국내법으로 편입했다고도 볼 수 있고, 일원론의 국제법우위론의 입장에서나 국내법우위론의 입장에서도 해석할 수 있는 여지를 두고 있다고 보아야 할 것이다.

3) 판 례 헌법재판소는 「헌법 제 6 조 제 1 항의 국제법 존중주의는 우리나라가 가입한 조약과 일반적으로 승인된 국제법규가 국내법과 같은 효력을 가진다는 것으로서 조약이나 국제법규가 국내법에 우선한다는 것은 아니다」[1]고 결정했다. 「우리 헌법은 헌법에 의하여 체결·공포된 조약은 물론 일반적으로 승인된 국제법규를 국내법과 마찬가지로 준수하고 성실히 이행함으로써 국제질서를 존중하여 항구적 세계평화와 인류공영에 이바지함을 기본이념의 하나로 하고 있으므로(헌법 전문 및 제 6 조 제 1 항 참조) 국제적 협력의 정신을 존중하여 될 수 있는 한 국제법규의 취지를 살릴 수 있도록 노력할 것이 요청됨은 당연하다. 그러나 현실적 적용과 관련한 우리 헌법의 해석과 운용에 있어서 우리 사회의 전통과 현실 및 국민의 법감정과 조화를 이루도록 노력을 기울여야 한다는 것 또한 당연한 요청이다」.[2]

2. 國際法의 國內法的 效力

국제관습법이나 조약 등 국제법의 국가 내의 법적 효력은 국제법을 국내법으로 수용하는 방식에 따라 다르게 나타나는데, 만약 국제법을 국내에 수용함에 있어서 반드시 국내법적 형식을 취하지 않으면 안 된다고 하면, 국제법과 국내법은 그 소관형식을 달리하기 때문에 양자간의 효력의 우열관계가 생길 여지가 없다. 그러나 이에 반하여 국제법이

1984, §14; 小林直樹, 憲法と國際法, 憲法秩序の理論, 373～419면; 高野雄一, 憲法と條約, 1968; 吉川和廣, 條約の國內法的效力, 憲法の争点, 제 3 판, 296～297면; 成島隆, 確立された國際法規, 憲法の争点, 제 3 판, 298～299면; 杉原泰雄, 憲法と條約との關係, 演習憲法, 1973; 이상철, 조약의 국내법적 효력, 법제연구 16, 1999, 175～208면; 박영태, 조약심사와 그 사례소개, 법제 473, 1997. 5, 103～120면; 이병훈, 신국제질서의 형성과 헌법적 대응, 헌법학연구 3, 1997, 253～276면.

1) 헌재 2001. 4. 26 선고, 99 헌가 13, 헌재판례집 제13권 1집, 777면 이하.

2) 헌재 2005. 10. 27 선고, 2003 헌바 50·62, 2004 헌바 96, 2005 헌바 49(병합), 헌재판례집 제17권 2집, 238면 이하.

국내법의 형식을 취하지 않고 그대로 국내법상의 효력을 가진다고 하면, 국제법과 헌법·법률·명령 등 국내법과의 사이에서 효력의 우열문제가 생긴다. 이론적으로는 국내법우위론과 국제법우위론이 대립되고 있으며, 이에 관한 각국헌법의 규정도 상이하다. 우리 헌법은 전술한 바와 같이 제 6 조 1항에서 「헌법에 의하여 체결·공포된 조약과 일반적으로 승인된 국제법규는 국내법과 같은 효력을 가진다」고 하여 국제법과 국내법의 효력관계에 있어서 동위설을 취하고 있다.

(1) 일반적으로 승인된 국제법규의 국내법적 효력

1) 일반적으로 승인된 국제법규의 의의와 내용

(a) 이 론 우리 헌법의 「일반적으로 승인된 국제법규」가 무엇을 의미하는 것인가가 문제된다. 우선 여기에서의 「승인」이란 영미의 관행과 같이 공포절차 등에 의하여 우리 나라가 별도로 승인하는 절차를 필요로 하는 것이 아니고, 보편적·일반적 규범으로서 세계 다수국가에 의하여 일반적으로 승인된 것이면 그대로 국내법적 효력을 갖게 된다고 보아야 할 것이다.

다음에 「일반적으로 승인된 국제법규」의 「내용」이 무엇인가가 문제된다. 일반적으로 승인된 국제법규란 국제관습법을 의미한다는 견해가 있으나 그 뿐만 아니라 비록 우리 나라가 체결당사국이 아닌 조약이라도 국제사회에서 일반적으로 그 규범성이 인정된 것은 이에 포함된다고 할 것이다.[1] 예를 들면 세계우편연맹규정, 제노사이드 금지, 포로에 관한 제네바협정, 부전조약 등의 조약법과 국제관습법으로서 전쟁법의 일반근본원칙, 대사나 공사 등의 법적 지위에 관한 원칙, 조약은 준수되어야 한다는 원칙 등을 들 수 있을 것이다. 또한 정치적 영역에 있어서도, 예를 들면 민족자결의 원칙, 소수민족의 권리, 국내문제불간섭의 원칙 등도 일반적으로 승인된 국제법규의 영역으로 발전하고 있다고 보겠다. 그러나 1948년의 국제연합인권선언[2]이나 Potsdam선언 등은 그 자체가 법적 구속력을 가진 것이 아니기 때문에 이에 포함되지 않는다.

(b) 판 례 헌재도 국제연합인권선언이나 A, B 국제규약의 국내법적 효력을 부인하는 입장이었다.[3][4] 헌재는 시민적 및 정치적 권리에 관한 국제규약의 효력을 인정하고 있다.

1) 同旨: 문홍주, 전게서, 148면; 권영성, 전게서, 202면.

2) 김명기, 헌법재판소의 세계인권선언의 법적효력부인결정이유에 대한 보충적 해석, 판례연구 헌재결. 1999. 6. 24 선고, 97 헌마 61, 판례월보 349, 1999. 10, 11~22면.

3) 헌재는 「국제연합의 인권에 관한 세계선언은 … 선언적인 의미를 가지고 있을 뿐 법적 구속력을 가진 것은 아니고, … 다년간 국제연합 교육과학문화기구의 회원국으로 활동하여 오고 있으며, 국회의 동의를 얻어 국제연합의 인권규약의 대부분을 수락한 체약국으로서 각 선언이나 조약 또는 권고에 나타나 있는 국제적 협력의 정신을 존중하여 되도록 그 취지를 살릴 수 있도록 노력하여야 한다」고 하고 있다(헌재 1991. 7. 22 선고, 89 헌가 106, 헌재판례집 제 3 권, 387면 이하(426~429면)).

4) 「국제연합의 「인권에 관한 세계선언」 및 「시민적 및 정치적 권리에 관한 국제규약」 그리고 국제연합교육과학문화기구와 국제노동기구가 채택한 「교원의 지위에 관한 권고」는 우리의 현실에 적합한 교육제도의 실시를 제약하면서까지 교원에게 근로권이 제한없이 보장되어야 한다든가 교원단체를 전문직으로서의 특수성을 살리는 교직단체로서 구성하는 것을 배제하고 반드시 일반노동조합으로서만 구성하여야 한다는

우리 헌법 제 6 조 1항은「헌법에 의하여 체결·공포된 조약과 일반적으로 승인된 국제법규는 국내법과 같은 효력을 가진다」고 규정하고 있다. 우리나라는 헌법상 정해진 절차에 따라 시민적 및 정치적 권리에 관한 국제규약에 가입하였고, 위 규약은 1990. 7. 10. 그 효력이 발생하여 국내법과 같은 효력을 가진다는 주장에 대하여 헌재는 응답하지 않고 있다.[1)]

「국제인권규약들은 권리의 본질을 침해하지 아니하는 한 국내의 민주적인 대의절차에 따라 필요한 범위 안에서 근로기본권에 대한 법률에 의한 제한은 용인하고 있으므로 공무원의 근로 3 권을 제한하는 법 제58조 제 1 항과 정면으로 배치되는 것은 아니고, 그 밖에 청구인들이 거론하는 근로기본권에 관한 국제법상의 선언, 협약 및 권고 등은 우리나라가 비준한 바 없거나 권고적 효력만을 가지고 있어 위 법률조항에 대한 위헌성 심사의 척도가 될 수 없다」.[2)]

헌재는 강제노동의 폐지에 관한 국제노동기구(ILO)의 제105호 조약은 우리나라가 비준한 바가 없고, 헌법 제 6 조 제 1 항에서 말하는 일반적으로 승인된 국제법규로서 헌법적 효력을 갖는 것이라고 볼 만한 근거도 없으므로 위헌성 심사의 척도가 될 수 없다고 판시한 바 있다.[3)]

또 국제노동기구의 제151호 협약의 국내법적 효력도 인정하지 않는다.「청구인은 이 사건 조항 1이 국제노동기구(ILO)의 제151호 협약(공공부문에서의 단결권 보호 및 고용조건의 결정을 위한 절차에 관한 협약) 등 국제법규에 반하므로, 국제법규는 국내법과 같은 효력을 가진다고 규정한 헌법 제 6 조 제 1 항에 위반된다고 주장하나, 선례(2003 헌바 51 등)의 판시에서 보듯이 헌법 제 6 조 제 1 항에 위반된다고 볼 수 없다」.[4)]

(c) 私 見 그런데 구체적인 경우에 어떤 국제법규범이 일반적으로 승인된 것인가를 어느 기관이 확정할 것인가에 대해서는 우리 헌법은 침묵하고 있다. 그러나 우리 헌법의 법리상 모든 법원이 이 권한을 가지며 대법원이 최종적인 해석권을 가진다고

주장의 근거로 삼을 수 없다」(헌재 1991. 7. 22 선고(사립학교법 제55조 등에 관한 결정), 89 헌가 106, 헌재판례집 제 3 권, 387면).

헌재는「강제노동폐지에 대한 국제노동기구조약은 우리나라가 비준한 바 없고, 헌법 제 6 조 1항에서 말하는 일반적으로 승인된 국제법규로서 헌법적 효력을 갖는 것이라고 볼만한 근거가 없다」고 하고 있다. 그러나 일반적으로 승인된 국제법규라고 보아야 할 것이다.

1) 헌재 2003. 6. 26 선고, 2000 헌마 509, 2001 헌마 305(병합), 헌재판례집 제15권 1집, 741면 이하(745~757면). 권성 재판관은 이 국제규약의 효력을 인정하고 있다(752면).

2) 우리 헌법재판소는 국제노동기구의 제87조 협약(결사의 자유 및 단결권 보장에 관한 협약) 제98호 협약(단결권 및 단체교섭권에 대한 원칙의 적용에 관한 협약) 제151호 협약(공공부문에서의 단결권 보호 및 고용조건의 결정을 위한 절차에 관한 협약)은 우리나라가 비준한 바가 없고, 헌법 제 6 조 제 1 항에서 말하는 일반적으로 승인된 국제법규로서 헌법적 효력을 갖는 것이라고 볼 만한 근거도 없다고 한다(헌재 2005. 10. 27 선고, 2003 헌바 50·62, 2004 헌바 96, 2005 헌바 49(병합), 지방공무원법 제58조 제 1 항 등 위헌소원, 헌재판례집 제17권 2집, 238면 이하).

同旨判例: 헌재 2007. 8. 30 선고, 2003 헌바 51, 2005 헌가 5(병합), 헌재판례집 제19권 2집, 215면 이하; 헌재 2008. 12. 26 선고, 2006 헌마 462, 헌재판례집 제20권 2집(하), 748면 이하.

3) 헌재 1998. 7. 16 선고, 97 헌바 23, 구 형법 제314조 위헌소원, 헌재판례집 제10권 2집, 243면 이하. 이 사건은 폭행·협박 등의 위법행위를 수반하지 않는 단순한 집단적 노무제공의 거부행위(파업)를 구 형법 제314조의 위력업무방해죄 규정이 정하는 위력에 해당한다고 보아 정당행위로서 위법성이 조각되지 않는 한 형사처벌할 수 있다는 대법원판례에 대해 헌재가 합헌성을 인정한 것이다.

同旨: 헌재 2005. 10. 27 선고, 2003 헌바 50·62, 2004 헌바 96, 2005 헌바 49(병합), 헌재판례집 제17권 2집, 238면 이하. 이는 사실상 노무에 종사하는 공무원을 제외한 나머지 공무원의 노동운동을 금지한 조항의 국제법위반 여부에 관한 결정이다.

4) 헌재 2008. 4. 24 선고, 2004 헌바 47, 지방공무원법 제57조 제 2 항 제 1 호 등 위헌소원, 헌재판례집 제20권 1집(상), 468면 이하(482면, 485면).

하겠다. 이것은 헌법 제101조와 제103조에 의해서 자명한 일이다. 왜냐하면 국제법규의 내용이 국민의 권리의무와 관련이 있어서 소가 제기되고, 따라서 국제법규의 해석이 재판의 전제가 된 때에는 역시 법원의 심사대상이 되기 때문이다.

다만 법률적 효력을 갖는 국제법규에 대해서는 위헌법률심사권을 헌법재판소가 가지기 때문에 법률적 효력 여부는 헌법재판소가 판단한다고 할 것이다. 그러나 국제법규가 어떠한 효력을 가지는가를 확정하는 것은 매우 어려운 문제이다. 헌재는 국제인권규약이나 권고는 법적 효력을 가지지 않는다고 한다.[1)]

2) 일반적으로 승인된 국제법규와 국내법과의 효력관계 국제법과 국내법과의 관계에 있어서 어느 학설을 취하느냐에 따라 견해가 갈리는데, 우리 헌법의 해석으로는 국제법은 국내법과 같은 효력을 가지기 때문에 일반적으로 승인된 국제법규에도 단계구조가 있으므로 이를 일률적으로 말할 수는 없다. 학설 중에는 일반적으로 승인된 국제법규도 법률과 같은 효력을 가진다고 한다.[2)] 그러나 일반적으로 승인된 국제법규 중에는 우리 나라의 헌법에는 하위이나 국내헌법률과 같은 효력을 가지며, 일반적인 법률에는 우위라고 볼 수 있는 것도 있다. 일반적으로 승인된 국제법규는 세계의 대부분의 국가가 승인하고 있는 법규범으로 우리 헌법의 전문에 따라 헌법의 한 구성원리를 형성하고 있기 때문이다. 또한 유네스코헌장 같은 것도 우리 나라의 법률에 상위하는 것이며, 이를 실시하기 위한 법률까지 마련되고 있다. 이외에도 일반적으로 승인된 국제법규 중에는 법률·명령·규칙과 같은 효력을 가진 것도 있을 수 있다.[3)] 그리하여 우리 헌법이 일반적으로 승인된 국제법규도 국내법과 같은 효력을 가진다고 규정한 것은 이는 결국 일반적으로 승인된 국제법규는 국제법규의 단계구조[4)]에 따라 이에 상응하는 국내의 헌법률·법률·명령 등과 같은 효력을 가진다는 의미라고 하겠다.[5)]

---

1) 헌재 2008. 4. 24 선고, 2004 헌바 47, 지방공무원법 제57조 제 2 항 제 1 호 등 위헌소원, 헌재판례집 제 20권 1 집(상), 468면 이하(482, 491면).

「청구인이 거론한 국제인권규약들은 권리의 본질을 침해하지 아니하는 한 국내의 민주적인 대의절차에 따라 필요한 범위 안에서 근로기본권에 대한 법률에 의한 제한은 용인하고 있으므로 공무원의 근로 3권을 제한하는 위 법률조항과 정면으로 배치되는 것은 아니고, 그 밖에 근로기본권에 관한 국제법상의 선언, 협약 및 권고 등은 우리나라가 비준한 바 없거나 권고적 효력만을 가지고 있어 위 법률조항에 대한 위헌성 심사의 척도가 될 수 없다」(헌재 2005. 10. 27. 2003 헌바 50 등, 헌재판례집 17-2, 238, 259; 대법원 1993. 12. 24 선고, 93 도 1711 판결 참조).

2) 문홍주 교수는(전게서, 149면) 국제법규는 국내법률과 동일한 효력이 있다고 하며, 구병삭(전게서, 240면)·권영성(전게서, 170면)도 같다. 그러나 일반적으로 승인된 국제법규가 법률과 동위라고 하는 설은 일반적으로 승인된 국제법규 간에도 단계구조가 있다고 하는 것을 간과한 이론이다.

3) 일반적으로 승인된 국제법규로는 전쟁법의 일반원칙, 조약준수원칙, 민족자결의 원칙 등 국제관습법을 들 수 있다. 조약법으로는 UN헌장, UNESCO헌장, 부전조약(1928), Genocide금지협정, 포로에 관한 Geneva협정, 국제인권규약 등이 있다.

4) 일반적으로 승인된 국제법규가 무엇인가에 대해서 ① 국제사회에서 일반적으로 승인되어 있는 성문·불문의 국제법규라고 넓게 보는 견해와 ② 국제사회에 일반적으로 불문의 국제관습상 승인되고 실행되고 있는 불문의 관습법으로 좁게 해석하는 견해가 대립되고 있다.

5) 同旨: 박일경, 전게서, 157면.

(2) 조약의 국내법적 효력

1) 조약의 의의 조약이란 2국 또는 그 이상의 국가간에 있어서 법률상의 권리 의무를 창설·변경·소멸시키는 법률효과를 목적으로 하는 명확히 표현된 합의라고 할 수 있을 것이다. 즉 조약은 명칭 여하를 묻지 아니하고 국가간에 서면의 형식으로 체결된 명시적 합의를 말한다.[1)]

2) 조약의 체결 조약의 체결권은 헌법 제73조에 의하여 대통령에게 있다. 대통령은 조약을 체결·비준함에 앞서 국무회의의 심의를 거쳐야 하며(제89조), 제60조 1항에 열거된 중요조약의 체결·비준에는 국회의 동의를 얻어야 한다. 이는 조약의 체결에 있어서 국회를 관여시켜서 국민주권주의사상에 따라 조약을 국민의사의 표현으로 보기 위한 것이다. 즉 조약의 체결은 그 교섭의 과정에서 보면 국가의 행정작용이며, 동시에 국가로서의 의사결정작용으로서, 그 내용상 한국국민의 권리의무에 관한 것이 많고, 또한 국가의 입법작용과 같은 성격을 가지기 때문에 중요조약의 체결에 있어서 국회에 의한 동의를 얻도록 한 것이다.

3) 조약의 비준·동의 조약의 체결·비준에 있어서의 국회의 동의는 모든 조약에 미치는 것이 아니고, 국회는 상호원조 또는 안전보장에 관한 조약, 중요한 국제조직에 관한 조약, 우호통상항해조약, 주권의 제약에 관한 조약, 강화조약, 국가나 국민에게 중대한 재정적 부담을 지우는 조약 또는 입법사항에 관한 조약의 체결·비준에 대한 동의권만을 가진다(제60조). 이에 따라 어떤 기본조약의 순수한 실시세목을 정하는 기술적·절차적·사무적인 내용의 조약은 국회의 동의를 필요로 하지 않고 대통령만에 의하여 체결되는 것이 인정된다.[2)] 국회는 비준동의절차를 거치지 않은 조약에 대하여는 대통령에게 권한쟁의를 신청할 수 있으나 국회의원은 권한쟁의의 당사자적격이 없다.[3)]

그런데 조약의 체결·비준에 대한 국회의 동의에 대해서는 첫째, 국회의 동의는 체결·비준 전에 하여야 하는데, 이 「사전」이란 무엇을 의미하는가, 둘째, 국회의 수정동의권이 인정될 것인가, 셋째, 국회의 동의를 얻지 못한 조약의 효력은 어떻게 될 것인가가 문제되

---

1) 남북한 간의 합의는 국가간의 합의가 아니고 통일을 지향하는 특수한 지위에 있는 부분과의 합의이므로 조약으로 인정하지 않고 신사협정(Gentleman's Agreement)으로 보고 있다.

2) 헌재 2008. 12. 26 선고, 2008 헌마 419·423·436(병합), 헌재판례집 제20권 2집(하), 960면 이하.
「미국산 수입쇠고기 고시가 헌법 제60조 제1항에서 말하는 조약에 해당하지 아니함이 분명하므로 국회의 동의를 받아야 하는 것은 아니고, 한편 이 사건 고시에서 "미국 연방 육류검사법에 기술된 대로" 미국산 쇠고기를 정의한다거나{제1조(1)}, 미국정부가 제1조(9)(나)의 적용과 관련하여 "미국 규정{9CFR310. 22(a)}에 정의된" 것을 제거한다(부칙 제5항)고 규정함으로써 미국의 법률 또는 규정을 원용하고 있으나, 이는 미국과의 이 사건 쇠고기 협상 내용을 반영할 수밖에 없는 이 사건 고시의 국제통상적인 성격과 전문적이고 기술적인 규율 내용 등을 고려한 표기방식에 불과한 만큼 이러한 표기에 의하여 미국의 법령이 국내법과 같은 효력을 가질 수는 없는 것이므로, 이와 다른 전제에 선 청구인들의 이 부분 주장은 위 헌법규정 위반이 기본권 보호의무 위반으로 귀결되는 것인지 여부에 대하여 더 나아가 살펴볼 필요 없이 이유 없다」.

3) 헌재 2008. 1. 17 선고, 2005 헌라 10, 헌재판례집 제20권 1집(상), 70면 이하.

는데, 이들에 대해서는 「국회의 권한」을 논하는 가운데 상술하기로 한다.[1)]

4) 조약과 헌법·법률의 효력관계 조약과 헌법의 효력관계에 있어서는 조약우위설과 헌법우위설이 대립되고 있다.

조약우위설은 국제주의 또는 국제협조주의의 규정상 국제협약이 헌법에 우월하다고 본다. 이에 대하여 헌법우위설은 첫째, 조약체결권은 헌법에 의하여 인정된 국가기관의 권능이며 헌법에 의하여 창설된 권력이기 때문에 헌법에 우월할 수 없고, 둘째, 헌법의 최고법규성에서 보아 조약의 우위를 인정할 수 없으며, 셋째, 조약이라고 하더라도 헌법의 기본원리인 국민주권주의를 배제할 수 없다고 하여 헌법의 우위를 인정하고 있다. 이 밖에도 절충설이 있는데, 조약은 헌법핵(근본규범)보다는 하위이나 헌법률보다는 상위이거나 동위로서, 즉 憲法核＞條約≧憲法律이라고 한다. 우리 헌법에서는 헌법의 수권에 의하여 성립한 조약이 헌법에 우월하다는 것은 법이론적으로 불가능할 뿐만 아니라 헌법의 최고법규성과도 모순되므로 비록 국제협조주의를 존중한다고 하더라도 조약의 국내헌법우월을 인정할 수는 없으며, 따라서 헌법우위설이 타당하다고 하겠다.

한편 조약이 일반적으로 법률과는 동일한 효력을 가지는지가 문제인데, 이를 일률적으로 말할 수는 없겠다. 즉 조약 중 국회의 승인을 얻은 조약은 법률과 같은 효력을 가지나 엄격한 의미의 행정협정과 같은 것은 명령·규칙의 효력을 가진다고 하겠다. 이것이 우리나라의 다수설이다.[2)] 미국에서도 행정협정은 법률에 위반할 수 없다고 하여 조약의 효력을 구별하고 있다.

그러나 독일기본법은 국제조약의 법률우위를 인정하고 있으며, 일본에서도 조약은 법률에 우월하는 효력을 가진다고 보는 것이 다수설이다. 우리 나라에서는 우리 나라가 체결한 국제연합헌장이나 유네스코헌장, 국제인권규약 등은 헌법률과 같은 효력을 가진다고 하겠다. 헌재는 조약인 국제인권규약의 효력을 부인하고 있는데[3)] 이는 잘못된 판결이다. 하루속히 시정되어야 할 것이다.[4)] 한국어업협정 등에 대해서는 합헌성심사를 하고

---

1) 상세한 것은 후술 제 2 편 제 3 장 제 5 절 Ⅳ. 조약비준권 참조.
국회가 동의하지 않는 조약인 경우 ① 무효설 ② 국내법적·국제법적 효력이분설 ③ 무조건무효설 등이 대립하고 있는데, Wien조약은 국내적 동의가 없는 경우라도 무효로 하는 근거로서 원용할 수 없도록 규정하고 있다.

2) 문홍주, 전게서, 148면; 박일경, 전게서, 156～157면; 구병삭, 전게서, 249면; 안용교, 전게서, 196면; 김남진·이강혁, 전게서, 146면; 권영성, 전게서 171～172면.

3) 헌재 1991.7.22 선고, 89 헌가 106, 헌재판례집 제 3 권, 387면. 사립학교법 제55조에 대한 합헌판결; 헌재 2007.8.30 선고, 2003 헌바 51, 2005 헌가 5(병합), 헌재판례집 제19권 2집, 215면 이하(상세한 것은 뒤의 조약에 관한 중요 판례 참조).

4) 「1966년 제21회 국제연합(UN) 총회에서 채택된 '시민적및정치적권리에관한국제규약'(1990.6.13 조약 제1007호 이른바 B규약) 제 8 조 제 3 항은 법원의 재판에 의한 형의 선고 등의 경우를 제외하고 어느 누구도 강제노동을 하도록 요구되지 아니한다는 취지로 규정하고 있고, 여기서 강제노동이라 함은 본인의 의사에 반하여 과해지는 노동을 의미한다고 할 수 있는데, 이는 범죄에 대한 처벌로서 노역을 정당하게 부과하는 경우와 같이 법률과 적법한 절차에 의한 경우를 제외하고는 본인의 의사에 반하는 노역은 과할 수 없다는 의미라고 할 수 있는 우리 헌법 제12조 제 1 항 후문과 같은 취지라고 할 수 있다(그렇다면 강

있다.[1)]

5) 조약의 위헌심사 조약이 위헌심사의 대상이 되는가에 대해서는 논란이 있다. 헌법 제111조에서 조약을 위헌심사의 대상으로 규정하지 않았기 때문에 할 수 없다는 견해와 조약은 통치행위라 심사할 수 없다는 견해가 있는 반면[2)] 조약도 국내법과 같은 효력을 가지기 때문에 헌재에서 위헌성을 심사할 수 있다는 견해가 대립되고 있다.[3)] 조약은 국내법률과 같은 효력을 가지므로 위헌심사의 대상이 된다. 헌재판례도 조약이 법률에 준하는 효력이 있다고 하여 위헌심사를 하고 있다.[4)]

6) 위헌조약의 국내법적 효력 헌법과 조약과의 관계는 조약의 위헌성 문제로도 많이 논란되고 있다. 조약의 합헌성 여부문제에 관해서는 다음과 같이 분류할 수 있을 것이다.

1) 진정합헌조약——절차상 합헌, 실질(내용)상 합헌

2) 진정위헌조약——절차상 위헌, 실질상 위헌

3) 준위헌조약——i) 절차상 합헌, 실질상 위헌, ii) 절차상 위헌, 실질상 합헌

첫째, 진정합헌조약으로서 이는 절차상으로 뿐만 아니라 실질상으로 합헌인 조약이며, 둘째, 진정위헌조약으로서 이는 절차상·실질상 모두 위헌인 조약이고, 셋째, 준위헌조약으로서 이는 절차상으로는 합헌이나 실질상 위헌이거나, 실질상으로는 합헌이나 절차상 위헌인 조약을 말한다. 그런데 이러한 분류의 기준이 되고 있는 절차상의 합헌성 여부의 문제는 조약체결권과 체결방식의 문제로서 조약체결에 있어서 국내의 일정한 절차가 예정되어 있는 경우에 이러한 절차를 밟지 않고 조약이 체결된 경우에는 어떻게 될 것인가 하는 것이며, 실질상의 합헌성 여부의 문제는 조약의 내용이 헌법에 합치하는가에 관한 것이다.

이 중 진정합헌조약은 합헌으로 국내법의 효력을 가지는 것이 일반적으로 인정되고 있다. 그러나 진정위헌조약은 국제법상으로는 유효론이 없지 않으나[5)] 국내법상은 위헌으로 무효라고 보아야 할 것이다. 그런데 준위헌조약은 다음과 같이 해석하여야 할 것이다. 첫째, 절차상은 합헌이나 실질상 위헌인 경우에는 절차상 합헌인 이상 국제법상으로는 조약이 유효하게 성립한 것은 의심할 수 없으나 국내법상 문제로서는 조약으로써 헌법을 개정할 수 있는가의 문제로 되며, 헌법우위설의 입장에서 보아 이를 불가능하다고 할 것이

제노역 금지에 관한 위 규약과 우리 헌법은 실질적으로 동일한 내용을 규정하고 있다 할 것이므로 구 형법 제314조(업무방해) 또는 그에 관한 대법원의 해석이 우리 헌법에 위반되지 않는다고 판단하는 이상 위 규약 위반의 소지는 없다)」(헌재 1998.7.16 선고, 97 헌바 23, 헌재판례집 제10권 2집, 243면 이하(265면)).

1) 헌재 2001.3.21 선고, 99 헌마 139·142·156·160(병합), 대한민국과 일본국 간의 어업에 관한 협정비준 등 위헌확인, 헌재판례집 제13권 1집, 676면 이하; 헌재 2009.2.26 선고, 2007 헌바 35, 헌재공보 제149호, 115면 이하.

2) 清宮四郎, 憲法, 375면.

3) 芦部信喜, 憲法, 368면; 小林直樹(下), 355면; 佐藤功ポケット憲法(下), 1049면; 佐藤幸治, 憲法, 346면; 小林直樹, 憲法と國際法秩序, 佐藤功 先生 古稀記念論文集.

4) 헌재 2001.9.27 선고, 2000 헌바 20, 기타 본서에 수록되어 있는 판례 참조.

5) 비준된 조약은 헌법에 위반되어도 국제법적 효력을 가진다는 것이 Wien 조약법의 규정이다.

다. 둘째, 절차상 위헌이나 실질상 합헌인 경우로서는 비밀조약이나 정부간협정을 들 수 있는데, 이러한 조약은 국제법상으로는 유효하다고 봄이 일반적 견해이나, 국내법상으로는 헌법상의 조약체결규정에 따르지 않고 체결된 경우에는 이를 무효로 보아야 할 것이다.

이 때 위헌조약에 대하여 이를 위헌법률심사의 대상이 될 것인가가 문제되는데, 헌법 제60조 1항에서 국회의 동의를 얻어 비준된 조약은 국내법률과 동일한 효력을 가지고 있으므로 헌법재판소의 위헌법률심사의 대상이 된다고 할 것이다.[1] 헌재는 조약도 위헌심사의 대상이 된다고 보고 심사하고 있다.[2]

헌재는 우리나라가 체결한 조약의 국내법률적인 성격을 인정하고 있다. 예를 들면 「대한민국과 일본국간의 어업에 관한 협정」은 어업에 관해 체결공포한 조약(조약 1477호)으로서 헌법 제 6 조 제 1 항에 의하여 국내법과 같은 효력을 가진다고 본다.[3] 그러나 협정의 합의의사록은 한일양국정부의 어업질서에 관한 양국의 협력과 협의 의향을 선언한 것으로서, 이러한 것들이 곧바로 구체적인 법률관계의 발생을 목적으로 한 것으로는 보기 어렵다고 하고 있다. 국제통화기금조약은 국회의 동의를 얻어 체결된 것으로서 헌법 제 6 조 제 1 항에 따라 국내법적, 법률적 효력을 가진다고 하면서… 규범 자체에 내포된 구성요건 요소라기보다는 개별사안에서 법원의 해석에 의하여 판단될 문제로 보인다고 하면서 구체적 위헌결정은 회피하고 있다.[4]

[判] 條約에 관한 重要 判例

1. 韓·美間 SOFA協定 第 2 條는 合憲이다[5]

(a) 이 사건 조약은 그 명칭이 "협정"으로 되어 있어 국회의 관여 없이 체결되는 행정협정처럼 보이기도 하나 우리나라의 입장에서 볼 때에는 외국군대의 지위에 관한 것이고, 국가에게 재정적 부담을 지우는 내용과 입법사항을 포함하고 있으므로 국회의 동의를 요하는 조약으로 취급되어야 한다.

(b) 이 사건 조약은 국회의 비준동의와 대통령의 비준 및 공포를 거친 것으로 인정되므로 이 사건 조약이 국내법적 효력을 가짐에 있어서 성립절차상의 하자로 인하여 헌법에 위반되는 점은 없다.

(c) 이 사건 조약 제 2 조 제 1 의 (나)항에 의하면 이 사건 조약 발효당시 미군이 사용중인 시설과 구역에 대하여는 사용공여의 합의가 있는 것으로 간주되나, 이 조항을 당해재산의 소

1) 위헌조약의 사법적 심사대상 여부에 관하여는 헌법우위설의 입장에 따라 긍정함이 다수설이다. 문홍주, 전게서, 603 면; 박일경, 전게서, 571 면; 구병삭, 전게서, 1103 면; 권영성, 전게서, 172 면.

2) 박영태, 조약심사와 그 사례소개, 법제 473, 1997. 5, 103～120 면; 이상철, 조약심사업무발전방안연구, 법제 477, 1997. 9, 213～221 면; 변해철, 헌법 제72조에 의한 영토조항에 대한 합헌성통제(사례연구), 고시계 509, 1999. 7, 88～95 면.

3) 헌재 2001. 3. 21 선고, 99 헌마 139·142·156·160(병합), 헌재판례집 제13권 1 집, 676 면 이하.

4) 헌재 2001. 9. 27 선고, 2000 헌바 20, 헌재판례집 제13권 2 집, 322 면 이하.

5) 헌재 1999. 4. 29 선고, 97 헌가 14, 헌재판례집 제11권 1 집, 273 면 이하.

유자에 대한 관계에서 공용수용·사용 또는 제한을 한 경우와 같이 권리의 변동을 초래하는 것으로 해석할 수는 없으므로, 이 조항에 의한 법률효과로서 사인의 재산권에 대한 침해가 발생할 여지는 없다. 국가가 미리 적법한 소유권 또는 사용권 취득을 마치지 않은 사인의 특정 재산을 사실상 공여된 시설과 구역으로 취급함으로써 국가(대한민국) 또는 미군이 그 재산을 권원 없이 사용하거나 그 밖의 방법으로 사인의 재산권을 침해하는 사태가 있다 하더라도, 그것은 위 조항 자체에 내재된 위헌성에서 비롯된 결과라고는 볼 수 없으므로 위 조항이 국민의 재산권을 침해한다고는 할 수 없다.

2. 韓日漁業協定은 大韓民國의 領土權을 侵害하지 아니한다[1)]

1998년 1월 23일 일본이 종전에 한일어업협정을 파기한다고 선언하여 1998년 11월 28일 신한일협정이 체결되었다.

협정에 의한 중간수역 중에는 우리나라의 영토인 독도도 포함되게 되었다. 이에 종전의 한일어업협정하에서 독도 부근에서 어업 등에 종사하여 왔던 청구인들은, 신한일어업협정이 독도에 대한 우리나라의 영유권을 포기하고 나아가 인근 어장을 포기함으로써 우리나라의 어민의 권리를 박탈하였다고 주장하면서, 이른바 영토권 등의 침해를 이유로 이 헌법소원심판을 청구하였다.

[결정의 주요내용]

이 사건에서는 헌법소원심판청구가 적법한지 여부에 대해 재판관들의 의견이 엇갈렸다. 재판관 2인은 이른바 영토권을 기본권으로 볼 수 없다는 이유 등으로 자기관련성을 부정하여 이 심판청구를 부적법하다고 보았다. 이에 반하여 재판관 7인의 다수의견은 영토권에 기한 헌법소원심판청구가 가능하다고 보았다. 다만 다수의견은 본안에서 이 사건 심판대상조약이 헌법에 위반되지 않는다고 판단하였다.

(a) 다수의견의 요지

a) 헌법 제3조는 "대한민국의 영토는 한반도와 그 부속도서로 한다"고 규정하여, 대한민국의 주권이 미치는 공간적 범위를 명백히 선언하고 있다. 하지만, 이러한 영토조항이 국민 개개인의 주관적 권리인 기본권을 보장하는 것으로 해석하는 견해는 거의 존재하지 않는 것으로 보인다. 이는 기본권이라는 것이 국민의 국가에 대한 주관적인 헌법상의 권리인 데 대하여, 영토조항은 국가공동체를 구성하는 본질적인 요소에 대한 규정임을 고려하여 볼 때 쉽게 납득할 수 있을 것이다. 그러나 모든 국가적 권능의 정당성 근거인 동시에 국가권력의 목적인 국민의 기본권을 가장 실질적으로 보장해 주는 대표적인 헌법재판제도로서의 헌법소원심판의 본질은 개인의 주관적 권리구제 뿐 아니라 객관적인 헌법질서의 보장도 겸하고 있다고 보아야 한다. 국민의 개별적인 주관적 기본권을 실질적으로 보장하기 위해서는 경우에 따라서는 객관적인 헌법질서의 보장이 전제되지 않으면 안 되는 상황을 상정해 볼 수 있다. 그 예로서, 헌법 제3조의 영토조항은 우리나라의 공간적인 존립기반을 선언하는 것인바, 영토변경은 우리나라의 공간적인 존립기반에 변동을 가져오고, 또한 국가의 법질서에도 변화를 가져옴으로써, 필연적으로 국민의 주관적 기본권에도 영향을 미치지 않을 수 없는 것이다. 이러한 관점에서 살펴본다면, 국민의 개별적 기본권이 아니라 할지라도 기본권보장의 실질화를 위하여서는, 영토조항만을 근거로 하여 독자적으로는 헌법소원을 청구할 수 없다 할지라도, 모든 국가권능의 정당성의 근원인 국민의 기본권 침해에 대한 권리구제를 위하여 그 전

1) 헌재 2001.3.21 선고, 99 헌마 139·142·156·160(병합), 헌재판례집 제13권 1집, 676면 이하.

제조건으로서 영토에 관한 권리를, 이를테면 영토권이라 구성하여, 이를 헌법소원의 대상인 기본권의 하나로 간주하는 것은 가능한 것으로 판단된다.

b) 이 사건 협정은 "어업에 관한" 협정으로서, 배타적 경제수역의 경계획정문제와는 직접적인 관련을 가지지 아니한다. 또한 이 사건 협정이 배타적 경제수역으로 간주되는 수역과 이른바 중간수역과의 구별을 채택하고 있기는 하나, 이러한 중간수역은 한일 양국이 배타적 경제수역에 관한 합의가 없으면 각기 채택하도록 되어 있는 각자의 중간선보다 양국이 각각 자국측 배타적 경제수역 쪽으로 서로 양보하여 설정한 것으로서, 상호간에 현저히 균형을 잃은 설정으로는 보이지 않는다.

한편, 배타적 경제수역이 설정된다 하더라도 이는 영해를 제외한 수역을 의미하며, 이러한 점은 이른바 중간수역에 대해서도 동일하다고 할 것이다. 그러므로, 독도가 중간수역에 속해 있다 할지라도, 그것이 독도의 영유권문제나 영해문제와는 직접적인 관련을 가지지 않는다. 따라서 이 사건 협정으로 인하여 독도의 영해와 배타적 경제수역에 대한 영토권이 침해되었다는 청구인들의 주장은 이유 없다.

(b) 소수의견의 요지 　이 사건 어업협정은 한·일 양국의 배타적 경제수역에서의 양국의 국민·어선이 어획하는 것에 관한 협정이고(협정 전문 참조), 어업에 관한 사항 외의 국제법상 문제에 관한 각 체약국의 입장을 해하는 것으로 간주되어서는 안 된다(협정 제15조)고 함으로써 이 사건 어업협정은 양국의 영토권과는 아무런 연관관계가 없음이 명백하다. 그리고, 영토는 국민, 주권과 더불어 국가의 구성요소로서 영토권의 주체는 다만 국가일 따름이고, 국민이 국가에 대하여 자국의 영토임을 주장하거나 자국의 영토를 튼실히 지킬 것을 주장한다고 하여, 또는 영토가 국민의 삶과 기본권 향유의 터전이라 하여, 국가에게 그 보장을 요구할 수 있는, 국민의 국가에 대한 기본권으로 이해할 수는 없는 것이다. 그러므로 이 사건 심판청구는 청구인들이 헌법상 보장된 기본권을 침해받게 되는 경우가 아님이 명백하여 부적법하다.

3. 韓日漁業協定은 基本權을 制限하지 아니한다[1)]

(1) ……

(2) 직업선택의 자유, 재산권, 평등권의 침해 여부

(가) 이 사건 협정은 우리나라와 일본과의 배타적 경제수역을 그 대상으로 하여, 배타적 경제수역의 경계획정에 앞서, 어업에 관한 사항만을 잠정적으로 규정한 조약이다. 제 3 차 UN해양법회의에서 채택된 1982년의 해양법협약 제5부에 규정된 배타적 경제수역 제도는 이미 국제법상으로 공인된 것으로서, 1996년 한일 양국이 비준하고 그에 관한 국내법을 제정·시행함에 따라 한일 양국 간에 있어서도 비로소 배타적 경제수역체제에 들어가게 되었다.

그런데, 한일 양국 간의 해역의 폭이 양국의 영해기선으로부터 400해리에 미치지 못함으로써 배타적 경제수역의 경계획정을 위한 협상이 불가피한 상황이었으며(해양법협약 제74조 참조), 이러한 협상에 임하는 양국의 입장에는 적지 않은 차이가 존재하였던 것으로 보여진다. 즉, 종래에는 일본의 어로기술의 발달이 우리의 그것에 비하여 현저히 앞서 있었던바, 일본의 어선들이 우리의 연안근처에까지 와서 조업하는 일이 빈번하였으나, 근래 들어서는 우리나라의 어로기술의 눈부신 발달로 인하여 우리 어선들이 일본근해에 가서 조업을 하여 얻는 어획량이 일본의 그것에 비하여 크게 앞섰으며, 그로 인해 일본은 배타적 경제수역체제의 시행과 더불어 65년 협정을 종료하고 새로운 어업협정의 체결을 강력히 희망하였는 데 반하여, 우리나라는 배타적 경제수역체제의 도입으로 인해 65년협정이 새로운 협정으로 대체되어야 한다는 당위성과

1) 헌재 2009. 2. 26 선고, 2007 헌바 35, 헌재공보 제149호, 115면 이하.

필요성은 인정하면서도 65년협정의 종료를 서두를 필요는 없다는 입장이었다. 이리하여, 양국의 협상이 지지부진하여 진전을 보이지 못하는 가운데에서도 양국은 해양법협약의 비준과 그에 관한 국내법의 성립으로 이미 배타적 경제수역체제를 실시하고 있었던 것이나, 다만 65년협정이 계속 유효함으로써 국내법에 대한 국제법우월의 원칙에 의해, 65년협정이 한일 양국의 배타적 경제수역에 관한 법령의 적용에 장애가 되어 한일 양국의 국내실정법상으로는 12해리 이원의 해역이 배타적 경제수역임에도 불구하고 외관상으로는 종래와 다름 없는 상황이 계속된 것이었다.

그러나, 65년협정 제10조 제 2 항은 "본 협정은 5년간 효력을 가지며, 그 후에는 어느 일방 체약국이 타방 체약국에 본 협정을 종료시킬 의사를 통고하는 날로부터 1년간 효력을 가진다"고 규정하였기 때문에, 어느 일방이라도 협정을 종료시킬 의사를 가지고 있는 한 그 효력은 유지될 수 없었다. 65년협정체제의 종료를 강력히 희망하는 일본은 1997년 말 어업협상이 결렬된 후, 65년협정 제10조 제 2 항에 기해 1998. 1. 23.에 65년협정의 종료를 일방적으로 통고하였고, 이로 인해 동 협정은 1999. 1. 22.에 최종적으로 종료되게 되었다. 따라서, 한일 양국은 65년협정의 종료일인 1999. 1. 22. 이전에 새로운 협정을 체결·성립시키느냐, 그렇지 않으면 1999. 1. 23.부터 무협정상태로 가느냐의 선택의 기로에 놓여 있었다고 할 수 있다.

(나) 이러한 상황하에서 성립·발효한 이 사건 협정에 대하여, 청구인들은 조업해역이 극히 제한되어 어획량이 감소되었으며 우리 어민들에게 엄청난 불이익을 야기함으로써 직업선택의 자유, 재산권, 평등권을 침해하였다고 주장한다. 청구인들의 이러한 주장의 당부를 판단하기 위하여는, 65년협정의 상황과 비교할 것이 아니라, 무협정의 상황과 이 사건 협정의 그것과의 비교가 정확하다고 할 것이다. 왜냐하면, 한일 양국은 해양법협약을 비준하여 그에 관한 국내실정법을 제정하여 시행함으로써 배타적 경제수역체제에 들어갔으며, 또한 일본의 65년협정의 일방적 종료선언에 의해 1999. 1. 22.에 동 협정은 종료될 상황에 있었기 때문이다.

(다) 먼저, 무협정의 상황을 가정하여 살펴보도록 한다. 무협정 상태에서는 해양법협약과 그에 기한 양국의 국내법령이 전면적으로 적용되게 된다. 즉, 우리나라는 배타적 경제수역법에 기해, "영해 및 접속수역법 제2조에 규정된 기선으로부터 그 외측 200해리의 선까지에 이르는 수역 중 대한민국의 영해를 제외한 수역"(제 2 조 제 1 항)을 배타적 경제수역으로 하여, "대한민국의 배타적 경제수역에 있어서의 권리는 대한민국과 관계국 간에 별도의 합의가 없는 경우 대한민국과 관계국의 중간선 외측의 수역에서는 이를 행사하지 아니한다"(제 5 조 제 2 항)고 규정하고 있으며, 일본은 배타적 경제수역 및 대륙붕에 관한 법률에 기해, "기선으로부터 어느 점을 취하더라도 우리나라의 기선상의 가장 가까운 점으로부터의 거리가 200해리인 선"까지의 범위에서 영해를 제외한 해역을 배타적 경제수역으로 하여, 다만 그 선이 기선으로부터 측정해서 중간선을 초과할 때에는 그 초과부분에 대해서는 중간선까지의 해역만으로 한다고 규정하고 있다(제 1 조 제 2 항 참조). 이와 같이 양국이 무협정 상태에 돌입하게 되면, 양국의 실정법에 의해서 중간선이 양국의 배타적 경제수역의 경계로 기능할 가능성이 높으며, 그러한 범위 내에서는 자국의 실정법이 적용된다는 점에서 일응 문제가 없는 것으로 보일 수도 있다. 그러나, 이에 대해서는 실제로 양국이 중간선 측정의 기준이 되는 기선을 구체적으로 어떻게 설정하느냐에 따라서 상호의 중간선이 일치하지 않고 중첩되는 경우가 존재하며, 그로 인해 양국의 실정법이 경합적으로 적용되어 충돌이 불가피한 상황이었다. 이러한 최악의 상황은 회피하여야 한다는 것이 양국 모두의 인식하는 바이었고, 그러한 인식을 기초로 하여 양국의 양보와 타협에 의해 체결된 것이 이 사건 협정이라 할 수 있다. 그런데 이 사건 협정은, 이미 한일 양국

의 국내실정법에 의하여 배타적 경제수역으로 설정되어 있는 해역으로서 일정 범위에 있어서는 연안국이 어업에 관해 주권적 권리를 행사하는 이른바 배타적 경제수역으로 간주하는 수역과 그 외측의 잔여수역으로서 배타적 경제수역의 실시를 유보하는 이른바 중간수역의 2종류로 한일 양국 간의 해역을 구별하였다.

(라) 배타적 경제수역으로 간주하는 수역에 대해서는, 이 사건 협정에서 "어업에 관한 주권적 권리를 행사"(제 7 조 제 1 항)하도록 규정하고 있지만, 이는 동 협정에 의하여 비로소 창설되는 것이 아니라, 해양법협약(제56조 제 1 항 참조)과 한일 양국의 국내실정법(우리나라의 배타적 경제수역법 제 3 조, 일본의 배타적 경제수역 및 대륙붕에 관한 법률 제 1 조 제 1 항 참조)에 이미 규정되어 있는 권리를 확인한 데 불과하다. …… 어획량의 감축에 따른 어민들의 손실은 이 사건 협정에 의하여 초래되었다기보다는 해양법협약의 성립·발효에 의한 세계해양법질서의 변화에 기인한 것으로서 그와 같은 변화에 따라서 한일 양국이 배타적 경제수역체제를 각각 국내실정법으로 규정함으로써 이 사건 협정의 성립 여부와는 관계없이 한일 양국의 연안해역에서는 배타적 경제수역 어업체제가 시행되게 되었으며, 또한 65년협정은 일본의 일방적인 종료선언으로 인해 1999. 1. 22 종료되게 되었다. 더구나 한일 양국의 마주보는 수역이 400해리에 미치지 못하여 서로 중첩되는 부분이 생겨나게 되었고, 이로 인해 양국 간의 어로활동에 있어서의 충돌은 명약관화한 것이었으므로 이러한 사태는 피하여야 한다는 양국의 공통된 인식에 입각하여 양국의 협상이 이루어진 결과 성립된 것이 이 사건 협정이라 할 것이며, 이상에서 살핀 바와 같이 이 사건 협정은 한일 양국의 이해관계를 고려함에 있어서 현저히 균형을 잃은 것으로는 보이지 않는다고 일응 평가할 수 있을 것이다.

(마) 중간수역에 대해서는, "각 체약국은 이 수역에서 타방 체약국 국민 및 어선에 대하여 어업에 관한 자국의 관계법령을 적용하지 않는다"(부속서 I 제2, 3항)고 규정하고 있는바, 이는 양국의 배타적 경제수역의 경계획정이 용이하지 않을 뿐만 아니라 그 협상이 결실을 보는 것도 단기간 내에는 예상하기 쉽지 않아 우선 잠정적으로 어업에 관한 사항에 대해서는 일종의 완충지역을 설정하여 한일 양국이 서로 상대방의 국민과 어선에 대하여는 어업에 관한 자국의 법령을 적용하지 않도록 함으로써 이른바 중간수역에서는 연안국의 어업에 관한 주권적 권리의 행사가 제한되고 양국의 어선은 연안국의 허가 없이도 자유롭게 조업을 할 수 있도록 하였던 것이다. 이로 인하여 무협정상태에서라면 한일 양국이 각각 채택하였을 양국 각자의 중간선에서보다 한일 양국이 서로 보다 광범위한 조업수역을 확보할 수 있게 되었다고 할 수 있다.

(바) 이처럼 이 사건 협정은 배타적 경제수역체제의 도입이라는 새로운 해양법질서하에서도 어업에 관한 한일 양국의 이해를 타협·절충함에 있어서 현저히 균형을 잃은 것으로는 보이지 않는다고 일응 판단되며, 청구인들이 주장하는 바와 같이 이 사건 협정으로 인해 조업수역이 극히 제한되어 어획량이 감소되고 65년협정에 비하여 우리 어민들에게 엄청난 불이익을 야기하여 헌법상 보장하는 직업선택의 자유, 재산권, 평등권 등이 침해되었다는 주장은 이유 없다 할 것이다.

(3) 기타 주장에 관한 판단

청구인 등은 이 사건 협정조항이 헌법 제10조, 제37조, 제40조, 제101조를 위반하였다고 주장하나, 제40조, 제101조는 이 사건 협정조항과 직접적인 관련이 없고, 제10조 및 제37조는 앞서 살핀 바와 같은 이유로 이 사건 협정조항이 위 헌법조항들에 위반된다고 할 수 없으므로, 위 주장도 받아들일 수 없다고 할 것이다.

[결 론]

그렇다면 이 사건 협정조항은 헌법에 위반되지 아니하므로, 아래와 같은 재판관 조대현, 재판관 김종대의 반대의견을 제외한 나머지 관여 재판관 전원의 일치된 의견으로 주문과 같이 결정한다.

[조대현, 김종대의 반대의견]

(3) 이 사건 협정이 기왕에 가입·발효된 UN해양법협약과 그에 따라 제정·시행되고 있는 국내법질서를 단지 확인한 데 불과한 것이라는 견해에 대하여

다수의견은 배타적 경제수역으로 간주하는 수역과 관련하여 이 사건 협정은 UN해양법협약과 한일 양국의 국내 실정법에 의하여 이미 시행되고 있던 배타적 경제수역어업체제를 양국이 협상에 의하여 확인한 것이어서 규범적으로 정당화될 수 있다고 주장한다.

그러나 이는 헌법의 최고규범성에 비추어 인정하기 어려운 주장이다. 우리나라의 최고규범은 바로 헌법이며, 그 이외의 모든 규범은 헌법의 가치를 존중하고 이를 실현하는 역할을 수행한다. 따라서 헌법에 위반되는 규범은 우리 헌법질서 내에서 허용될 수 없다. 정부가 체결한 조약이나 일반적으로 승인된 국제법규 또한 우리 헌법질서 내에서의 규범적 판단에 의거하여 비로소 국내법의 효력을 가질 뿐이다(헌법 제6조 제1항). 그렇다면 헌법상 영토조항에 위반될 소지가 존재하는 상황 속에서, 단순히 이 사건 협정이 UN해양법 협약에 근거를 두고 있다는 사실만으로는 위 협정에 대한 위헌성의 시비를 종식시킬 수 없다. 오직 우리 헌법에 근거한 규범적 논증만이 이 사건 협정에 대한 위헌성의 의심을 해소할 수 있는 유일한 길이다.

그렇다면 위의 주장 역시 논리적으로 수긍하기 어렵다.

(4) 이 사건 협정의 체결이 상황적으로 불가피하였으며, 우리 어민들과 국익에 부합하는 것이라는 견해에 대하여

다수의견은 한일 양국이 UN해양법협약에 가입하였고 그에 기한 양국의 국내실정법에 의하여 이미 각자의 배타적 경제수역이 설정되어 있는 상황에서 1965년 협정(구 한일어업협정)체제의 종료를 원하던 일본이 1997년 말 한일 간 어업협상이 결렬된 후 1998. 1. 23. 동 협정의 종료를 일방적으로 통보, 1999. 1. 22. 동 협정이 종료될 상황에 처하여, 새로운 협정이 체결·발효되지 않을 경우 무협정상태가 될 우려가 있고, 그럴 경우 양국의 실정법에 의한 배타적 경제수역을 주장함에 있어 양국이 중간선 측정의 기준이 되는 기선을 둘러싸고 대립하게 되면 상호의 중간선이 일치하지 않고 중첩될 수 있고 그로 인해 일정 수역에서 양국의 실정법이 경합 적용되어 충돌하는 최악의 상황도 배제할 수 없었으므로 무협정상태에 놓이는 것보다는 유리하다고 보아 이 사건 협정의 체결이 불가피했고, 한일 양국의 협상결과 양국의 이해를 타협·절충함에 있어서 현저하게 균형을 잃은 것으로 보이지 않으므로 우리나라의 어민들이나 국가의 이익에도 부합한다고 주장한다.

그러나 협정당사국들의 이해가 충돌하는 수역의 어업문제와 관련하여서는 기존의 협정을 새로운 협정으로 대체할 때까지 기존 협정을 유효하게 유지하며 협상을 계속하는 것이 신의성실에 부합하는 행동이었을 것임에도 불구하고 양국이 합의할 수 있는 분명한 대안이 마련되지 않은 상황에서 일방이 자신의 이익을 강요하기 위한 수단으로 구 협정을 일방적으로 파기(종료) 선언하는 것은 애초부터 선린관계에 있는 이웃국가로서 적절한 태도라 할 수 없을 뿐더러 양국의 이해가 균형을 이루었다고도 볼 수 없다.

또 이 사건 협정을 1965년 협정과 비교하지 아니하고 무협정상태로 되는 것과 비교하여 협정의 불가피성을 주장하는 것도 이해가 대립되는 타방 당사국에 의하여 고의로 조성된 위기상황을 아무런 성찰 없이 당연한 것으로 전제하고 있다는 점에서 받아들이기 어렵다.

어쨌든, 논리완결적인 규범의 세계와는 달리, 현실의 세계는 논리라는 단일한 척도만으로 재단하기 어려울 만큼 복합적이고 가치상충적인 측면을 모순적으로 내포하고 있다는 점을 모르는 바 아니다. 그러나 다수의견이 지적하는 바와 같은 사정들, 즉 양국 간 어로활동에 있어

서의 충돌이 명약관화한 상태에서 최악의 상황은 회피하여야 한다는 의식에서 아무런 법률적 근거도 없는 이른바 중간수역이란 것까지 설정해가면서 이 사건 협정이 체결되었다는 점, 따라서 무협정 상황과 비교할 때 오히려 우리 국민들에게 이익이 되는 측면도 있다는 점 등을 충분히 수긍한다 하더라도, 위와 같은 측면이 있었다고 해서 그것만으로 이 사건 협정의 위헌성을 탈각(脫却)시키는 논리적 근거로 삼을 수는 없다고 본다. 그것은 우리는, 위 협정이 우리 국민에게 이익이 되는지의 여부가 아니라 그 협정이 우리 헌법에 합치되는지의 여부가 이 사건 심판의 유일한 판단 기준이 되어야 한다고 생각하기 때문이다.

뿐만 아니라, 헌법의 가치와는 별개의 층위에서 국가이익의 관념을 별도로 상정할 수 있는지, 그리고 나아가 헌법을 위반하면서까지 추구하는 국가이익이 궁극적으로 국가의 진정한 이익이 될 수 있는지도 의문이 아닐 수 없다.

법치주의 국가에서는 법 속에서 국가이익을 찾아야지 법을 떠난 국가이익을 관념할 수 없다고 본다. 그러므로 국가와 국민의 이익은 주권자가 제정한 헌법 속에서 찾아야 한다. 또 옛 중국의 법가 사상가 한비자(韓非子)는 "법의 도리는 처음에는 고생스럽지만 나중에는 오래도록 이로울 것이다"라고 갈파(喝破)하였다(法之爲道前苦而長利). 당장은 충돌상황을 피하고 헌법의 가치를 비켜가는 것이 이익으로 다가올 수 있을지 모르지만, 장기적인 시각으로 헌정질서의 장래를 조망한다면 독도의 영유권을 명확하게 하여 우리 헌법의 가치를 준수하고 이를 실현하는 것이 오히려 모든 국민에게 궁극적 이익으로 귀결될 것이기 때문이다.

따라서 불가피한 상황하에서 국익을 위한 협정이었다는 논지도 수긍하기 어렵다.

다. 결 론

독도도 대한민국 영토인 이상, 독도에 대해서 영토로서의 지위와 성격을 부정해서는 안 된다. 따라서 배타적 경제수역을 설정함에 있어서도 당연히 독도를 기점으로 해야지 울릉도를 기점으로 하고 독도를 공동어업구역에 넣어서는 안 된다.

이 사건 협정은 대한민국의 영토인 독도를 기점으로 하여 배타적 경제수역을 설정하지 아니하고, 독도와 그 인근수역을 중간수역에 들어가게 함으로써, 우리의 영토권을 불안정하게 하고 독도와 인근수역을 포함한 대한민국 영토의 일부를 보전하는 데 있어서 불리한 상황을 초래했다. 따라서 이 사건 협정은 헌법 제 3 조의 영토조항에 위반된다.

4. 이라크 派兵事件의 判斷을 自制한다[1)]

헌법은 대통령에게 다른 나라와의 외교관계에 대한 권한과 함께 선전포고와 강화를 할 수 있는 권한을 부여하고 있고(제73조) 헌법과 법률이 정하는 바에 따라 국군을 통수하는 권한을 부여하면서도(제74조 제 1 항) 선전포고 및 국군의 외국에의 파견의 경우 국회의 동의를 받도록 하여(제60조 제 2 항) 대통령의 국군통수권 행사에 신중을 기하게 함으로써 자의적인 전쟁수행이나 해외파병을 방지하도록 하고 있다.

이 사건과 같은 외국에의 국군의 파견결정은 파견군인의 생명과 신체의 안전뿐만 아니라 국제사회에서의 우리나라의 지위와 역할, 동맹국과의 관계, 국가안보문제 등 궁극적으로 국민 내지 국익에 영향을 미치는 복잡하고도 중요한 문제로서 국내 및 국제정치관계 등 제반상황을 고려하여 향후 우리나라의 바람직한 위치, 앞으로 나아가야 할 방향 등 미래를 예측하고 목표를 설정하는 등 고도의 정치적 결단이 요구되는 사안이다.

따라서 그와 같은 결정은 그 문제에 대해 정치적 책임을 질 수 있는 국민의 대의기관이 관

1) 헌재 2004. 4. 29 선고, 2003 헌마 814, 헌재판례집 제16권 1집, 601면 이하.

계분야의 전문가들과 광범위하고 심도 있는 논의를 거쳐 신중히 결정하는 것이 바람직하며 우리 헌법도 그 권한을 국민으로부터 직접 선출되고 국민에게 직접 책임을 지는 대통령에게 부여하고 그 권한행사에 신중을 기하도록 하기 위해 국회로 하여금 파병에 대한 동의 여부를 결정할 수 있도록 하고 있는바, 현행 헌법이 채택하고 있는 대의민주제 통치구조하에서 대의기관인 대통령과 국회의 그와 같은 고도의 정치적 결단은 가급적 존중되어야 한다.

따라서 이 사건과 같은 파견결정이 헌법에 위반되는지의 여부, 즉 세계평화와 인류공영에 이바지하는 것인지 여부, 국가안보에 보탬이 됨으로써 궁극적으로는 국민과 국익에 이로운 것이 될 것인지 여부 및 이른바 이라크 전쟁이 국제규범에 어긋나는 침략전쟁인지 여부 등에 대한 판단은 대의기관인 대통령과 국회의 몫이고, 성질상 한정된 자료만을 가지고 있는 우리 재판소가 판단하는 것은 바람직하지 않다고 할 것이며, 우리 재판소의 판단이 대통령과 국회의 그것보다 더 옳다거나 정확하다고 단정짓기 어려움은 물론 재판결과에 대하여 국민들의 신뢰를 확보하기도 어렵다고 하지 않을 수 없다.

기록에 의하면 이 사건 파병은 대통령이 파병의 정당성뿐만 아니라 북한 핵 사태의 원만한 해결을 위한 동맹국과의 관계, 우리나라의 안보문제, 국·내외 정치관계 등 국익과 관련한 여러 가지 사정을 고려하여 파병부대의 성격과 규모, 그리고 파병기간을 국가안전보장회의의 자문을 거쳐 결정한 것으로, 그 후 국무회의 심의·의결을 거쳐 국회의 동의를 얻음으로써 헌법과 법률에 따른 절차적 정당성을 확보했음을 알 수 있다.

살피건대, 이 사건 파견결정은 그 성격상 국방 및 외교에 관련된 고도의 정치적 결단을 요하는 문제로서, 헌법과 법률이 정한 절차를 지켜 이루어진 것임이 명백하므로, 대통령과 국회의 판단은 존중되어야 하고 우리 재판소가 사법적 기준만으로 이를 심판하는 것은 자제되어야 한다. 오랜 민주주의 전통을 가진 외국에서도 외교 및 국방에 관련된 것으로서 고도의 정치적 결단을 요하는 사안에 대하여는 줄곧 사법심사를 자제하고 있는 것도 바로 이러한 취지에서 나온 것이라 할 것이다. 이에 대하여는 설혹 사법적 심사의 회피로 자의적 결정이 방치될 수도 있다는 우려가 있을 수 있으나 그러한 대통령과 국회의 판단은 궁극적으로는 선거를 통해 국민에 의한 평가와 심판을 받게 될 것이다.

그렇다면 이 사건 파견결정에 대한 사법적 판단을 자제함이 타당하므로 아래와 같은 재판관 윤영철, 재판관 김효종, 재판관 김경일, 재판관 송인준의 별개의견이 있는 외에는 나머지 재판관들의 일치된 의견으로 주문과 같이 결정한다.

[재판관 윤영철, 재판관 김효종, 재판관 김경일, 재판관 송인준의 별개의견]

우리는 다수의견의 결론에 동의하나 다음과 같이 그 이유를 달리한다.

우리 헌법은 제111조 제 1 항 제 5 호에서 국민의 권리구제수단의 하나로 헌법소원심판을 명시하고 있고 이에 따라 헌법재판소법 제68조 제 1 항은 공권력의 행사 또는 불행사로 인하여 헌법상 보장된 기본권을 침해받은 자는 헌법재판소에 헌법소원심판을 청구할 수 있다고 규정하여 그 제도를 마련하고 있다.

그러나 이 법률조항에서 기본권을 침해받은 자라 함은 공권력의 행사 또는 불행사로 인하여 자기의 기본권이 현재 그리고 직접적으로 침해받은 자를 의미하며 단순히 간접적이거나 사실적인 이해관계가 있을 뿐인 제 3 자는 이에 해당하지 않는다는 것이 입법자의 선택이요 우리 재판소의 일관된 입장이다(헌재 1993. 7. 29. 89 헌마 123, 헌재판례집 5-2, 127, 134; 헌재 1998. 9. 30. 97 헌마 404, 헌재판례집 10-2, 563, 565 등 참조).

청구인은 이 사건 파견결정으로 인해 파견될 당사자가 아님은 청구인 스스로 인정하는 바와 같고 현재 군복무중이거나 군입대 예정자도 아니다. 그렇다면, 청구인은 이 사건 파견결정에 관하여 일반 국민의 지위에서 사실상 또는 간접적인 이해관계를 가진다고 할 수는 있으나, 이 사건 파견결정으로 인하여 청구인이 주장하는 바와 같은 행복추구권 등 헌법상 보장된 청구인 자신의 기본권을 현재 그리고 직접적으로 침해받는다고는 할 수 없다.

결론적으로 이 사건 심판청구를 각하하여야 한다는 다수의견에 동의하나 청구인은 이 사건 파견결정에 대해 적법하게 헌법소원을 제기할 수 있는 자기관련성이 없다는 것을 그 이유로 하는 점에서 다수의견과 견해를 달리한다.

5. 國際通貨基金條約 第9條 第3項 등 違憲訴願[1)]

(a) 이 사건 조항(국제통화기금협정 제9조(지위, 면제 및 특권) 제3항 (사법절차의 면제) 및 제8항 (직원 및 피용자의 면제와 특권), 전문기구의특권과면제에관한협약 제4절, 제19절 (a))은 각 국회의 동의를 얻어 체결된 것으로서, 헌법 제6조 제1항에 따라 국내법적, 법률적 효력을 가지는바, 가입국의 재판권 면제에 관한 것이므로 성질상 국내에 바로 적용될 수 있는 법규범으로서 위헌법률심판의 대상이 된다.

(b) 국제통화기금 임직원의 '공적(公的) 행위'에 대한 재판권 면제 등을 규정한 이 사건 조항에 대하여, 청구인은 "국제통화기금과 그 직원의 재판권 면제는 필요한 최소한에 그쳐야 하며, 불법행위를 원인으로 손해배상을 구하는 경우까지 면제되는 것으로 해석하면 위헌"이라는 한정위헌청구를 하고 있다. 그런데 규범통제제도에서 한정위헌 청구는 법조항 자체의 위헌성 문제로 볼 여지가 있는 경우에만 적법한 바, 청구인이 이 사건 조항의 규정이 불명확하다던가 자의적으로 해석될 소지가 있다는 주장을 한다거나, 이 사건 조항이 법해석상 구체화되었다고 볼 수 있을 정도로 사례군이 집적되었다고 볼 수 없고, 달리 법규범 자체에 대한 위헌성 다툼으로 볼만한 사정이 없다.

이 사건 조항의 합헌적 적용 범위에 불법행위가 배제될 것인지, 배제된다면 어느 범위의 불법행위가 배제될 것인지는, 규범 자체에 내포된 구성요건 요소라기보다는 개별 사안에서 법원의 해석에 의하여 판단될 문제로 보인다. 즉, 개별 사안에서 국내법상의 불법행위를 구성하는 것인지, 또 그것이 위 '공적 행위'로 인하여 야기된 것인지, 나아가 우리나라 재판권의 면제대상이 될 것인지에 관한 법원의 해석에 의하여 결정될 문제라고 할 것이다.

6. 韓美 SOFA 協定 第22條 第3項은 基本權을 侵害하지 아니한다[2)]

(1) 이 사건 협정 제22조 제3항 (다) 및 이 사건 합의의사록 제22조 제3항 (나)에 관하여 1. 부분은 이 사건에 있어서 위 규정들에 해당하는 사유가 발생하였으나, 한국정부가 맥카시에 대한 형사재판권의 행사를 포기하는 조치를 하지 않아서 청구인들은 위 형사재판과정에서 자신들의 재판절차 진술권 등을 정상적으로 자유롭게 행사할 수 있었으므로 청구인들의 기본권이 침해될 가능성이 애초에 발생하지 않았고, (2) 이 사건 합의의사록 '제22조 제9항에 관하여, 상소제한' 규정 부분은 맥카시에 대한 재판에서 검사가 상소하지 못할 상황 및 청구인들이 재판절차진술권을 행사할 수 없는 상황이라는 것들은 애초에 발생하지도 아니하였으므로 위 합의의사록 규정에 의한 청구인들의 기본권침해의 가능성이 존재하지 아니하며, (3) 이 사건 협정 제22조 제5항 (다), 제22조 제7항 (나) 부분은 미군 피의자나 기결수의 구금에 관한 사항만을 규정하고 있어서 청구인들의 기본권 행사와는 원칙적으로 아무런 관련이 없는 것이고 맥카시를 미군 당국이 구금하고 있었다고 하더라고 그에 대한 수사나 공소유지, 그리고 재판에는 별다른 지장이 없었던 것으로 보이므로, 위 규정들은 청구인들의 기본

1) 헌재 2001. 9. 27 선고, 2000 헌바 20, 헌재판례집 제13권 2집, 322면 이하.

2) 헌재 2001. 11. 29 선고, 2000 헌마 462, 헌재판례집 제13권 2집, 781면 이하.

권을 침해할 가능성이 없고, (4) 이 사건 합의의사록 '제22조 제 9 항 (사)에 관하여' 부분은 미군 피의자가 가지는 합중국 정부대표와의 접견교통권을 규정할 뿐이므로 청구인들의 기본권 행사와는 전혀 관련이 없어 그들의 기본권이 침해될 가능성이 없으며, (5) 이 사건 합의의사록 '제22조 제 9 항에 관하여 (차)(카)' 부분은 형사재판에 임하는 미군 피의자의 권리를 정하고 있는 위 규정 부분은 청구인들의 기본권 행사와는 전혀 관련되지 않기 때문에 그들의 기본권이 침해될 가능성이 없고, (6) 이 사건 협정 제 3 조 제 1 항 및 제 4 조 제 1 항 부분은 합중국군대에게 그 공여받은 바의 시설과 구역을 오염시킬 수 있는 권한을 부여하거나, 환경오염을 방치한 상태로 시설과 구역을 반환할 수 있도록 규정하는 것이 아닐 뿐만 아니라, 위 규정들이 미군속의 독극물방류를 근거지우거나 정당화하는 내용이 아니다. 따라서 이 규정들은 청구인들 자신의 환경권이나 인간다운 생활을 할 권리를 침해할 가능성이 없다. (7) 결론적으로 이 사건 심판대상 규정들은 모두 이 사건에 관한 한 청구인들의 기본권을 침해할 가능성이 전혀 없어서, 청구인들에게는 기본권침해의 자기관련성이 존재하지 아니하므로, 이 사건 심판청구는 부적법하다.

7. 大韓民國政府와 中華人民共和國政府間의 마늘交易에 관한 合意書 등은 基本權을 侵害하지 아니한다[1]

(a) 대한민국정부와 중화인민공화국정부 간 합의된 중국산 마늘에 대한 수입제한조치는 당면한 구체적 경제상황에 적응하지 못한 농가를 한시적으로 보호하여 대응조치를 할 시간적 여유를 주기 위한 것일 뿐, 장기간 혹은 기한 없이 계속적으로 중국산 마늘에 대한 수입장벽을 지속하여 마늘재배농가에 유리한 경제적 법적 상황을 확보하여 주기 위한 것은 아니다. 따라서 마늘재배농가에게 위 수입제한조치가 다시 연장되는 것에 대한 어떠한 법적 신뢰도 부여될 수 없고, 마늘재배농가는 단지 기존의 수입제한조치를 활용하여 자신의 계획에 따라 경영을 조정하여야 할 뿐이므로 국가가 이러한 제한조치를 연장하지 아니한다고 하여도 마늘재배농가의 재산권이 제한되는 것으로 볼 수 없다. 또한 경영상황의 악화로 마늘재배를 중단해야 하더라도 이로써 직업선택의 자유가 어떠한 영향을 받는다고 볼 수 없다. 적법절차위반과 조약체결에 관한 헌법규정 및 권력분립원칙은 원칙들이 그 자체로 어떠한 주관적인 권리를 보장한다고 보기는 어렵다.

(b) 알 권리에서 파생되는 정부의 공개의무는 특별한 사정이 없는 한 국민의 적극적인 정보수집행위, 특히 특정의 정보에 대한 공개청구가 있는 경우에야 비로소 존재하므로, 정보공개청구가 없었던 경우 대한민국과 중화인민공화국이 2000. 7. 31. 체결한 양국 간 마늘교역에 관한 합의서 및 그 부속서 중 '2003. 1. 1.부터 한국의 민간기업이 자유롭게 마늘을 수입할 수 있다'는 부분을 사전에 마늘재배농가들에게 공개할 정부의 의무는 인정되지 아니한다. 또한 공포의무가 인정되는 일정범위의 조약의 경우에는 공개청구가 없더라도 알 권리에 상응하는 공개의무가 예외적으로 인정되는 것으로 생각해 볼 수도 있으나 위 부속서의 경우 그 내용이 이미 연도의 의미를 명확히 하고 한국이 이미 행한 3년간의 중국산 마늘에 대한 긴급수입제한 조치를 그 이후에는 다시 연장하지 않겠다는 방침을 선언한 것으로 집행적인 성격이 강하고, 특히 긴급수입제한조치의 연장은 중국과의 합의로 그 연장 여부가 최종적으로 결정된 것으로 볼 수 없는 점에 비추어 헌법적으로 정부가 반드시 공포하여 국내법과 같은 효력을 부여해야한다고 단정할 수 없다.

1) 헌재 2004. 12. 16 선고, 2002 헌마 579, 헌재판례집 제16권 2집(하), 568면 이하.

[재판관 권성의 별개의견]

대한민국과 중화인민공화국이 2000. 7. 31. 체결한 양국 간 마늘교역에 관한 위 합의서는 소위 고시류 조약에 해당하는 것으로 이러한 고시류 조약을 체결하는 행정부의 권한은 성질상 매우 폭넓은 재량을 수반하지 않을 수 없으며 행정부의 이러한 재량은 본질적으로 전술적임과 동시에 전략적인 사항인 데다가 상호주의에서 벗어날 수 없는 것이어서 결국은 상황을 종합적이고 통시적으로 파악하여 흐름을 장악하는 행정당국자의 식견의 수준에 그 품질이 좌우될 수밖에 없다. 따라서 헌법재판소는 이 문제에 관하여 일단은 경원(敬遠)의 위치에 서 있으면서 고시류 조약체결과 관련하여 헌법과 법률이 정한 절차를 현저히 일탈하거나 남용한 것이 두드러지게 들어난 경우에 한하여 기본권침해의 유무를 살피는 것이 옳으므로 헌법과 법률이 정한 절차를 현저히 일탈하거나 남용한 것이 아닌 한 이 사건의 고시류 조약체결과 관련한 정부의 권한행사 및 그 내용은 헌법소원의 대상이 되지 못한다.

8. 大韓民國과 美合衆國間의 美合衆國軍隊의 서울地域으로부터의 移轉에 관한 協定 등은 基本權을 侵害하지 아니한다[1]

(a) 미군기지의 이전은 공공정책의 결정 내지 시행에 해당하는 것으로서 인근 지역에 거주하는 사람들의 삶을 결정함에 있어서 사회적 영향을 미치게 되나, 개인의 인격이나 운명에 관한 사항은 아니며 각자의 개성에 따른 개인적 선택에 직접적인 제한을 가하는 것이 아니다. 따라서 그와 같은 사항은 헌법상 자기결정권의 보호범위에 포함된다고 볼 수 없다.

(b) 오늘날 전쟁과 테러 혹은 무력행위로부터 자유로워야 하는 것은 인간의 존엄과 가치를 실현하고 행복을 추구하기 위한 기본 전제가 되는 것이므로 헌법 제10조와 제37조 제 1 항으로부터 평화적 생존권이라는 이름으로 이를 보호하는 것이 필요하며, 그 기본 내용은 침략전쟁에 강제되지 않고 평화적 생존을 할 수 있도록 국가에 요청할 수 있는 권리라고 볼 수 있다. 그런데 이 사건 조약들은 미군기지의 이전을 위한 것이고, 그 내용만으로는 장차 우리 나라가 침략적 전쟁에 휩싸이게 된다는 것을 인정하기 곤란하므로 이 사건에서 평화적 생존권의 침해가능성이 있다고 할 수 없다.

(c) 이 사건 조약들에 의해서 청구인들의 환경권, 재판절차진술권, 행복추구권, 평등권, 재산권이 바로 침해되는 것이 아니고, 미군부대 이전 후에 청구인들이 권리침해를 받을 우려가 있다 하더라도 이는 장래에 잠재적으로 나타날 수 있는 것이므로 권리침해의 '직접성'이나 '현재성'을 인정할 수 없다.

(d) 청구인들은 이 사건 조약들이 일반 헌법규정(제 5 조, 제60조)에 위반된다는 주장을 하였으나, 기본권 침해의 가능성이 없이 단순히 일반 헌법규정이나 헌법원칙에 위반된다는 주장은 기본권 침해에 대한 구제라는 헌법소원의 적법요건을 충족시키지 못하는 것이다.

9. 中國同胞의 國籍에 관한 條約不作爲는 作爲義務違反이 아니다[2]

헌법 제 6 조 제 1 항은 "헌법에 의하여 체결·공포된 조약과 일반적으로 승인된 국제법규는 국내법과 같은 효력을 가진다"고 규정하고 있고, 제60조 제 1 항은 "국회는 상호원조 또는 안전보장에 관한 조약, 중요한 국제조직에 관한 조약, 우호통상항해조약, 주권의 제약에 관한 조약, 강화조약, 국가나 국민에게 중대한 재정적 부담을 지우는 조약 또는 입법사항에 관한 조

1) 헌재 2006. 2. 23 선고, 2005 헌마 268, 헌재판례집 제18권 1집(상), 298면 이하.

2) 헌재 2006. 3. 30 선고, 2003 헌마 806, 헌재판례집 제18권 1집(상), 392면.

약의 체결·비준에 대한 동의권을 가진다"고 규정하고 있다.

조약이란 국가 간에 법률상의 권리·의무를 창설·변경·소멸시키는 2개 국 또는 그 이상의 국가 간의 약속을 말한다. 국가 간의 합의인 조약의 체결은 대통령의 권한에 속하는 것으로서(헌법 제73조), 고도의 정치적 판단을 요하는 사항이다. 대통령은 조약을 체결·비준함에 앞서 국무회의의 심의를 거쳐야 하고(헌법 제89조 제3호), 특히 중요한 사항에 관한 조약의 체결·비준에는 사전에 국회의 동의를 얻어야 한다(제60조 제1항).

살피건대, 앞에서 본 바와 같이 청구인들이 심판청구 당시나 현재에도 대한민국과 중국의 이중국적을 보유하고 있다는 전제가 성립한다고 볼 수 없고, 설사 그렇다고 본다 하더라도 고도의 정치적 판단 및 국가 간의 합의를 요하는 조약체결의 성격에 비추어 볼 때, 우리 헌법 전문이나 제2조 제2항이 청구인들이 주장하듯 중국동포와 같이 특수한 국적상황에 처해 있는 자들의 이중국적 해소 또는 국적선택을 위한 조약을 우리 정부가 중국과 체결할 의무를 명시적으로 위임하고 있다고 볼 수 없고, 뿐만 아니라 동 규정 및 그 밖의 헌법규정으로부터 그와 같은 해석을 도출해 낼 수도 없다고 할 것이다.

10. 國際人權條約의 國內法的 效力[1)]

「우리 헌법은 헌법에 의하여 체결·공포된 조약은 물론 일반적으로 승인된 국제법규를 국내법과 마찬가지로 준수하고 성실히 이행함으로써 국제질서를 존중하여 항구적 세계평화와 인류공영에 이바지함을 기본이념의 하나로 하고 있으므로(헌법 전문 및 제6조 제1항 참조), 국제적 협력의 정신을 존중하여 될 수 있는 한 국제법규의 취지를 살릴 수 있도록 노력할 것이 요청됨은 당연하다. 그러나 그 현실적 적용과 관련한 우리 헌법의 해석과 운용에 있어서 우리 사회의 전통과 현실 및 국민의 법감정과 조화를 이루도록 노력을 기울여야 한다는 것 또한 당연한 요청이다.

먼저, "세계인권선언"에 관하여 보면, 이는 그 전문에 나타나 있듯이 "인권 및 기본적 자유의 보편적인 존중과 준수의 촉진을 위하여 …… 사회의 각 개인과 사회 각 기관이 국제연합 가맹국 자신의 국민 사이에 또 가맹국 관할하의 지역에 있는 시민들 사이에 기본적인 인권과 자유의 존중을 지도교육함으로써 촉진하고 또한 그러한 보편적, 효과적인 승인과 준수를 국내적·국제적인 점진적 조치에 따라 확보할 것을 노력하도록, 모든 국민과 모든 나라가 달성하여야할 공통의 기준"으로 선언하는 의미는 있으나 그 선언내용인 각 조항이 바로 보편적인 법적 구속력을 가지거나 국제법적 효력을 갖는 것으로 볼 것은 아니다(헌재 1991.7.22. 89 헌가 106, 헌재판례집 3, 387, 425~426면).

다만 실천적 의미를 갖는 것은 위 선언의 실효성을 뒷받침하기 위하여 마련된 '경제적·사회적 및 문화적 권리에 관한 국제규약,' '시민적 및 정치적 권리에 관한 국제규약'이다.

'경제적·사회적 및 문화적 권리에 관한 국제규약'은 제4조에서 "……국가가 이 규약에 따라 부여하는 권리를 향유함에 있어서, 그러한 권리의 본질과 양립할 수 있는 한도 내에서, 또한 오직 민주사회에서의 공공복리 증진의 목적으로 반드시 법률에 의하여 정하여지는 제한에 의해서만, 그러한 권리를 제한할 수 있음을 인정한다"하여 일반적 법률유보조항을 두고 있고, 제8조 제1항 (a)호에서 국가안보 또는 공공질서를 위하여 또는 타인의 권리와 자유를 보호하기 위하여 민주사회에서 필요한 범위 내에서는 법률에 의하여 노동조합을 결성하고 그가 선택한 노동조합에 가입하는 권리의 행사를 제한할 수 있다는 것을 예정하고 있다.

다음으로 '시민적 및 정치적 권리에 관한 국제규약'의 제22조 제1항에도 "모든 사람은 자

1) 헌재 2007.8.30 선고, 2003 헌바 51, 2005 헌가 5(병합), 헌재판례집 제19권 2집, 215면 이하.

기의 이익을 보호하기 위하여 노동조합을 결성하고 이에 가입하는 권리를 포함하여 다른 사람과의 결사의 자유에 대한 권리를 갖는다"고 규정하고 있으나 같은 조 제2항은 그와 같은 권리의 행사에 대하여는 법률에 의하여 규정되고, 국가안보 또는 공공의 안전, 공공질서, 공중보건 또는 도덕의 보호 또는 타인의 권리 및 자유의 보호를 위하여 민주사회에서 필요한 범위 내에서는 합법적인 제한을 가하는 것을 용인하는 유보조항을 두고 있을 뿐 아니라, 특히 위 제22조는 우리의 국내법적인 수정의 필요에 따라 가입 당시 유보되었기 때문에 직접적으로 국내법적 효력을 가지는 것도 아니다.

따라서 위 규약들도 권리의 본질을 침해하지 아니하는 한 국내의 민주적인 대의절차에 따라 필요한 범위 안에서 노동기본권에 대한 법률에 의한 제한은 용인하고 있는 것으로서 위에서 본 공무원의 노동기본권을 제한하는 위 법률조항과 정면으로 배치되는 것은 아니라고 할 것이다(헌재 1991. 7. 22. 89 헌가 106, 헌재판례집 3, 387, 425~429면; 헌재 2005. 10. 27. 2003 헌바 50등, 헌재판례집 제17권 2집, 238, 257~258면 참조).

청구인이 드는 국제노동기구의 제87호 협약(결사의 자유 및 단결권 보장에 관한 협약), 제98호 협약(단결권 및 단체교섭권에 대한 원칙의 적용에 관한 협약), 제151호 협약(공공부문에서의 단결권 보호 및 고용조건의 결정을 위한 절차에 관한 협약)은 우리나라가 비준한 바가 없고, 헌법 제 6 조 제 1 항에서 말하는 일반적으로 승인된 국제법규로서 헌법적 효력을 갖는 것이라고 볼 만한 근거도 없으므로, 이 사건 심판대상규정에 대한 위헌심사의 척도가 될 수 없다(헌재 1998. 7. 16. 97 헌바 23, 헌재판례집 제10권 2집, 243, 265면; 헌재 2005. 10. 27. 2003 헌바 50 등, 헌재판례집 제17권 2집, 238, 259면 참조).

한편, 국제노동기구의 '결사의 자유위원회'나 국제연합의 '경제적·사회적 및 문화적 권리위원회' 및 경제협력개발기구(OECD)의 '노동조합자문위원회' 등의 국제기구들이 우리나라에 대하여 가능한 한 빨리 모든 영역의 공무원들에게 노동3권을 보장할 것을 권고하고 있다고 하더라도 이를 위 법률조항의 위헌심사 척도로 삼을 수는 없다(헌재 2005. 10. 27. 2003 헌바 50 등, 헌재판례집 제17권 2집, 238, 259면; 대법원 1993. 12. 24 선고, 93 도 1711 판결 참조).

그렇다면, 법 제66조 제 1 항이 국제법규에 위반됨을 이유로 한 청구인의 주장은 받아들일 수 없다」.

11. 美國産 輸入 쇠고기 告示는 條約이 아니다[1]

[헌법 제 6 조 제 1 항 및 제60조 제 1 항 위반]

이 사건 고시가 헌법 제60조 제 1 항에서 말하는 조약에 해당하지 아니함이 분명하므로 국회의 동의를 받아야 하는 것은 아니고, 한편 이 사건 고시에서 "미국 연방 육류검사법에 기술된 대로" 미국산 쇠고기를 정의한다거나[제 1 조(1)], 미국정부가 제 1 조(9)(나)의 적용과 관련하여 "미국 규정[9CFR310. 22(a)]에 정의된" 것을 제거한다(부칙 제 5 항)고 규정함으로써 미국의 법률 또는 규정을 원용하고 있으나, 이는 미국과의 이 사건 쇠고기 협상 내용을 반영할 수밖에 없는 이 사건 고시의 국제통상적인 성격과 전문적이고 기술적인 규율 내용 등을 고려한 표기방식에 불과한 만큼 이러한 표기에 의하여 미국의 법령이 국내법과 같은 효력을 가질 수는 없는 것이므로, 이와 다른 전제에 선 청구인들의 이 부분 주장은 위 헌법규정 위반이 기본권 보호의무 위반으로 귀결되는 것인지 여부에 대하여 더 나아가 살펴볼 필요 없이 이유 없다.

---

1) 헌재 2008. 12. 26 선고, 2008 헌마 419 · 423 · 436(병합), 헌재판례집 제20권 2집(하), 960면 이하.

[부　　록]

韓國 重要參考文獻

[교과서]·[문제집]

姜京根, 新版憲法, 法文社, 2004.
桂禧悅, 憲法學(上), 博英社, 1995.
______, 憲法學(中), 博英社, 2000.
丘秉朔, 新憲法槪論, 博英社, 1987.
______, 新憲法槪論, 博英社, 1993.
______, 新憲法原論, 博英社, 1997.
______, 增補 憲法學 Ⅰ(總論·人權), 博英社, 1983.
______, 憲法學 Ⅱ(統治構造), 博英社, 1983.
權寧星, 憲法學演習, 法文社, 1998.
______, 憲法學原論, 法文社, 1996.
權亨俊, 憲法要論, 法元社, 2008.
金箕範, 韓國憲法, 敎文社, 1973.
金永秋, 國民憲法論, 法律行政硏究院, 1997.
金哲洙, 憲法學新論, 博英社, 2009.
______, 比較憲法論(上), 博英社, 1980.
______, 憲法槪說, 博英社, 2009.
文光三, 基本權論, 2009.
______, 統治構造論, 2008.
文鴻柱, 第6共和國 韓國憲法, 海岩社, 1987.
朴一慶, 第6共和國 新憲法, 法經出版社, 1990.
成樂寅, 憲法學, 法文社, 2009.
安溶敎, 全訂版 韓國憲法, 考試硏究社, 1989.
양　건, 憲法講義 Ⅰ, Ⅱ, 法文社, 2009.
尹世昌, 新憲法(全訂版), 一潮閣, 1983.
李寬熙, 民主主義憲法論 Ⅰ, 박영사, 2008.
張永洙, 憲法 Ⅰ, Ⅱ, Ⅲ.
전광석, 헌법
鄭宗燮, 憲法學原論, 博英社, 2006.
崔大權, 事例憲法, 博英社, 1997.
______, 憲法學, 博英社, 1997.
최우정, 한국헌법학, 진원사, 2008.
韓泰淵, 憲法學—近代憲法의 一般理論—, 法文社, 1983.
______, 憲法學(二訂版), 法文社, 1977.
許　營, 韓國憲法論, 博英社, 2006.
______, 憲法理論과 憲法, 博英社, 2004.

홍성방, 憲法, 玄岩社, 2006.
다이시(安京煥·金鍾鐵 譯), 英國憲法入門, 1998
듀베르제, 政治制度와 憲法(上)(下), 三英社, 1979/80.
뢰벤슈타인(金箕範 譯), 現代憲法論, 敎文社, 1974.
엘리네크(金孝全 譯), 一般國家學, 2005.
칼 슈미트(金箕範 譯), 憲法理論, 敎文社, 1975.
______(金孝全 譯), 합법성과 정당성, 敎育科學社, 1993.

[참고자료]
國會圖書館, 憲法制定會議錄(制憲議會) 憲政史 資料集 1, 1968.
______, 憲法改正會議錄(制憲議會) 憲政史 資料集 2, 1968.
______, 憲法改正會議錄(第2代國會) 憲政史 資料集 3, 1968.
______, 憲法改正會議錄(第3代國會) 憲政史 資料集 4, 1968.
______, 憲法改正會議錄(第4代國會) 憲政史 資料集 5, 1969.
______, 憲法改正會議錄(第5代國會) 憲政史 資料集 6, 1969.
大韓民國國會, 憲法改正審議錄 第一輯, 1967.
______, 憲法改正審議錄 第二輯, 1967.
______, 憲法改正審議錄 第三輯, 1967.
______, 國會史 全3卷, 1971.
______, 국회헌법연구자문위원회, 활동결과보고서, 2009.
______, 국회운영제도개선자문위원회, 활동결과보고서, 2008. 12.
法制處, 憲法硏究班報告書, 1980.
______, 憲政審議資料, 1980.
______, 各界憲法試案對比, 1980.
憲法學會, 大韓民國憲法註釋 Ⅰ, Ⅱ, 法制處, 2008.
選擧管理委員會, 選擧史, 全3卷, 1985.
金哲洙, 立法資料敎材 憲法(增補版), 博英社, 1986.
______, 韓國憲法史, 大學出版社, 1988.
______, 憲法改正, 過去와 未來, 진원사, 2008.
金榮秀, 韓國憲法史, 2001.
송 우, 憲法改正史, 集文堂, 1980.
禹炳奎, 各國議會의 比較硏究, 一潮閣, 1982.
李炫熙, 大韓民國臨時政府史, 集文堂, 1982.
韓泰淵 外, 韓國憲法史(上), 韓國精神文化硏究院, 1988.
______, 韓國憲法史(下), 韓國精神文化硏究院, 1990.

[법령집]
法制處, 大韓民國現行法令集, 2008.
玄岩社, 法典, 2008.
玄岩社, 小法典, 2008.
法典出版社, 大法典, 2008.
國際關係硏究所, 世界各國憲法集, 1980.
法制處, 世界各國憲法 2卷, 1985.

[판례집]
憲法裁判所, 憲法裁判所判例集, 제 1 권～제18권.
______, 헌법재판소 공보, 1988ff.
______, 헌법재판소 판례해설(年刊), 1990ff.
______, 헌법재판소 판례요지집 2권, 2000ff.
法院行政處, 大法院判決集.
______, 下級審判決集.
서울대학교 법학연구소, 주석판례집, 공법 Ⅰ, 1970.
______, 判例回顧 제 1 집～제 8 집, 1973～1981.
語文閣, 大法院行政判例集 Ⅰ, Ⅱ, Ⅲ, Ⅳ, Ⅴ, 1960ff.
志學社, 憲法·特許·選擧關係判例集, 1970.
青林閣, 判例總覽 제16권 憲法 기타.
金道昶, 行政判例 全 3 卷.
金哲洙, 判例教材 憲法(增補版), 法文社, 1977.
金哲洙(共著), 判例教材 憲法 Ⅱ, 法文社, 1992.
鄭在晃, 判例憲法, 吉安社, 1995.
______, 憲法判例와 行政實務, 法英社, 2001.
______, 憲法訴訟法槪論, 博英社, 2004.
申 平, 憲法裁判法, 法文社, 2007.
許 營, 憲法訴訟法, 博英社, 2006.
鄭宗燮, 憲法訴訟法, 博英社, 2003.
李尙圭, 行政判例集 Ⅰ, Ⅱ, 三英社.
李英俊, 大韓民國判例大典 全 2 卷, 韓國司法行政學會, 1975, 1976.

[잡 지]
憲法論叢(年刊), 憲法裁判所.
憲法硏究(年刊)(제 1～5 집), 韓國憲法學會, 1971～1980.
憲法學硏究, 韓國憲法學會, 1995ff.
公法硏究(季刊), 韓國公法學會, 1969ff.
公法學硏究, 比較公法學會, 2002ff.
考試界(月刊), 考試界社, 1956ff.
考試硏究(月刊), 考試硏究社, 1974～2006.
考試行政(月刊), 考試行政社, 1989～1993.
大韓辯護士協會誌(月刊), 大韓辯護士協會, 1970ff.
東亞法學(年刊), 東亞大學校 法學硏究所, 1981ff.
美國憲法硏究(年刊), 美國憲法硏究所, 1991ff.
法政(月刊), 司法行政學會, 1971ff.
法曹(月刊), 韓國法曹協會, 1970ff.
司法行政(月刊), 司法行政學會, 1960ff.
서울대학교 法學(季刊) 서울大學校 法學硏究所, 1961ff.
法政考試, 法律行政硏究院, 1995, 10ff.
世界憲法硏究(季刊) 國際憲法學會韓國學會, 1994ff.

亞太公法研究(年刊), 亞太公法學會, 1993ff.
月刊考試(月刊), 法志社, 1975~1994.
저스티스(年刊), 韓國法學院, 1970ff.

[논문집]
金文顯, 社會經濟秩序와 財産權, 法元社, 2001.
金尙哲, 正義로 가는 길, 考試界社, 1988.
______, 憲法秩序論, 修學社, 1963.
______, 憲法學(上)(下), 志學社, 1972.
______, 現代憲法論, 博英社, 1979.
______, 法과 社會正義, 서울大學校 出版部, 1983.
______, 違憲法律審査制度論, 學硏社, 1983.
______, 憲法이 지배하는 社會를 위하여, 考試界社, 1986.
______, 정치개혁과 사법개혁, 서울大學校 出版部, 1995.
______, 法과 政治, 教育科學社, 1995.
______, 憲法の50年, 敬文堂, 1999.
______, 憲法과 教育, 교육과학사, 2001.
______, 한국입헌정치의 정착을 위하여, 法書出版社, 2003.
______, 독일통일의 정치와 헌법, 博英社, 2004.
______, (編), 政治關係法, 博英社, 1983.
______, (編), 註釋憲法, 法元社, 1995.
金孝全, 憲法, 國家, 自由, 法文社, 1992.
______, 近代韓國의 國家思想, 철학과현실사, 2001.
______, 近代韓國의 法制와 法學, 2006
______, 憲法論集 Ⅰ, Ⅱ, Ⅲ.
______, 憲法政治 60年과 金哲洙憲法學, 博英社, 2005.
서울大學校 法學研究所 編, 法學教育과 司法制度改革, 서울大學校 出版部, 1988.
______, 憲法裁判의 活性化方案, 1988.
申 平, 사법개혁, 2009.
梁 建, 立憲主義를 위한 변론, 考試界社, 1988.
______, 憲法研究, 法文社, 1995.
兪鎭午, 憲政의 基礎理論(憲政研究 1), 一潮閣, 1956.
______, 憲政의 理論과 實際(憲政研究 2), 一潮閣, 1958.
______, 民主政治에의 길(憲政研究 3), 一潮閣, 1963.
李鍾祥, 統治機構論, 1998.
이헌환, 법과 정치, 博英社, 2007.
鄭萬熙 編, 美國의 憲法과 權力構造, 法文社, 1988.
鄭在晃, 憲法裁判概論, 博英社, 2001.
鄭宗燮, 憲法研究(1), 憲法研究(2), 憲法研究(3), 博英社, 2001.
______, 憲法裁判研究(1), 1995. 憲法裁判研究(2), 철학과현실사, 2001.
崔大權, 憲法學, 博英社, 1989.
韓國公法學會, 美國憲法이 韓國憲法에 미친 影響, 1986.
______, 未來情報化社會의 公法的 對應, 1987.

______, 情報의 蒐集·管理와 私生活保護, 1988.
韓國法學敎授會, 法學敎育과 法曹實務, 吉安社, 1993.
______, 法學敎育과 法曹改革, 吉安社, 1994.
______, 法學敎育과 法學硏究, 吉安社, 1995.
韓雄吉, 比較憲法論, 韓國司法行政學會, 1974.
憲法裁判所, 憲法裁判資料集 제 1 집～제18집.
憲政硏究會, 憲法硏究 제 1 집 · 제 2 집, 1969.
所, 憲法裁判資料集 제 1 집～제18집.
憲政硏究會, 憲法硏究 제 1 집 · 제 2 집, 1969.

[회갑기념 논문집]
蕙南 高秉國博士 還歷紀念, 法學의 諸問題, 慶熙大學校 出版部, 1969.
桂堂 崔海泰博士 華甲紀念學術論叢, 社會科學 제 1 집, 嶺南大學校附設 社會科學硏究所, 1969.
韓雄吉敎授 還歷紀念, 法과 經濟의 諸問題, 嶺南大學校, 1970.
白南檍博士 還歷紀念論文集, 法律 및 政治에 관한 諸問題, 法文社, 1975.
玄民 兪鎭午博士 古稀紀念論文集, 憲法과 現代法學의 諸問題, 一潮閣, 1975.
栗山 韓泰淵博士 回甲紀念論文集, 法文社, 1977.
海岩 文鴻柱博士 華甲紀念論文集, 公法과 諸問題, 海岩社, 1978.
尤堂 尹世昌博士 回甲紀念號, 法律行政論集 16호, 高麗大學校 法學硏究所, 1978.
金曾漢博士 回甲紀念論文集, 서울대학교 法學 20권 2호.
無碍 徐燉珏博士 回甲紀念論文集, 法과 法學의 諸問題, 法文社, 1981.
栗崗 朴一慶博士 華甲紀念論文集, 公法論叢, 1981.
牧村 金道昶博士 華甲紀念論文集, 現代公法의 理論, 學硏社, 1982.
海岩 文鴻柱總長 退職紀念論文集, 釜山大學校, 1983.
尤堂 尹世昌博士 停年紀念論文集, 現代公法學의 諸問題, 博英社, 1983.
無碍 徐燉珏博士 古稀紀念論文集, 法文社, 1991.
南河 徐元宇敎授 華甲紀念論文集, 現代行政과 公法理論, 博英社, 1991.
房山 丘秉朔敎授 停年紀念論文集, 公法理論의 現代的 課題, 博英社, 1991.
星溪 李葵錫敎授 停年紀念論文集, 1992.
和廷 徐柱實敎授 華甲紀念論文集, 1992.
琴浪 金哲洙敎授 華甲紀念論文集, 現代法의 理論과 實際, 博英社, 1993.
琴浪 金哲洙敎授 華甲紀念論文集, 憲法裁判의 理論과 實際, 博英社, 1993.
琴浪 金哲洙敎授 停年紀念論文集, 韓國憲法學의 現況과 課題, 1998.
如山 韓昌奎敎授 華甲紀念論文集, 現代公法의 諸問題, 1993.
牧村 金道昶博士 古稀紀念論文集, 1993.
日巖 卞在玉敎授 華甲紀念論文集, 1993.
均齊 梁承斗敎授 華甲紀念論文集(2卷), 1994.
心泉 桂禧悅敎授 華甲記念論文集(2卷), 博英社, 1995.
玄齊 金英勳敎授 華甲記念論文集, 法文社, 1995.
怡齊 李鍾祥敎授 華甲記念論文集, 1995.
陸鍾洙 敎授 華甲論文集, 1996.
金雲龍 敎授 華甲紀念論文集, 1997.
李鳴九 敎授 華甲記念論文集, 1998.

金哲洙 教授 停年記念論文集, 1998.
權寧星 教授 停年記念論文集, 1999.
金榮秀 教授 華甲記念論文集, 2000.
文鴻柱 教授, 八旬記念論集, 美國憲法硏究, 2000.
崔松和 教授, 華甲記念論文集, 2002.
金道昶 博士, 八旬記念論文集, 2005.
金容俊, 憲法裁判所長退任記念論文集, 2000.
金榮一, 의견집, 憲法裁判의 爭点, 2005.

獨逸語 略語表

AöR	Archiv des öffentlichen Rechts
ARSP	Archiv für Rechts- und Sozialphilosophie
Art.	Artikel
BAG	Bundesarbeitsgericht
BAGE	Entscheidungen des Bundesarbeitsgericht
Bd.	Band
Bde.	Bände
BGH	Bundesgerichtshof
BGHZ	Entscheidungen des Bundesgerichhofs in Zivilsachen
BVerfG	Bundesverfassungsgericht
BVerfGE	Entscheidungen des Bundesverfassungsgerichts
BVerwG	Bundesverwaltungsgericht
BVerwGE	Entscheidungen des Bundesverwaltungsgerichts
DÖV	Die Öffentliche Verwaltung
EuGH	Gerichtshof der Europäischen Gemeinschaft
FG	Festgabe
FS	Festschrift
GG	Grundgesetz
GR	Die Grundrechte, 4 Bde, Hrsg. von Bettermann u. a.
HbGR	Handbuch der Grundrechte Hrsg. Merten/Papier 3 Bde 2007
HbStR	Handbuch des Staatsrecht, 10 Bde. Hrsg. von Isensee und Kirchhof
HdbVerfR	Handbuch des Verfassungsrechts der Bundesrepublik Deutschland 2, Aufl. 1994 Hrsg. Benda/Maihofer/Vogel
Jarass/Pieroth	Grundgesetz für Bundesrepublik Deutschland, Kommentar
JöR	Jahrbuch des öffentlichen Rechts der Gegenwart
JuS	Juristische Schulung
JW	Juristische Wochenschrift
JZ	Juristenzeitung
v. Mangoldt/Klein/Starck	Das Bonner Grundgesetz, Kommentar 3 Bde. 5. Aufl. 2000-2003
Merten/Papier	Handbuch der Grundrechte
NJW	Neue Juristische Wochenschrift
RN	Randnummer
Sachs(Hrsg.)	Grundgesetz Kommentar³, 2003
Stern	Das Staatsrecht der Bundesrepublik Deutschland I - V 1980-2006
StR	Das Staatsrecht der Bundesrepublik Deutschland I - V 1980-2006
v.	versus; von; vom
Verf	Verfassung: Verfasser
VVDStRL	Veröffentlichungen der Vereinigung der Deutschen Staatsrechtslehrer
ZÖR	Zeitschrift für öffentliches Recht

대한민국헌법

(제 9 차 개정 1987. 10. 29. 공포)

전 문

유구한 역사와 전통에 빛나는 우리 대한국민은 3·1운동으로 건립된 대한민국임시정부의 법통과 불의에 항거한 4·19민주이념을 계승하고, 조국의 민주개혁과 평화적 통일의 사명에 입각하여 정의·인도와 동포애로서 민족의 단결을 공고히 하고, 모든 사회적 폐습과 불의를 타파하며, 자율과 조화를 바탕으로 자유민주주의적 기본질서를 더욱 확고히 하여 정치·경제·사회·문화의 모든 영역에 있어 각인의 기회를 균등히 하고, 능력을 최고도로 발휘하게 하며, 자유와 권리에 따르는 책임과 의무를 완수하게 하여, 안으로는 국민생활의 균등한 향상을 기하고 밖으로는 항구적인 세계평화와 인류공영에 이바지함으로써 우리들과 우리들의 자손의 안전과 자유와 행복을 영원히 확보할 것을 다짐하면서 1948년 7월 12일에 제정되고 8차에 걸쳐 개정된 헌법을 이제 국회의 의결을 거쳐 국민투표에 의하여 개정한다.

1987년 10월 29일

제 1 장 총 강

제 1 조 ① 대한민국은 민주공화국이다.

② 대한민국의 주권은 국민에게 있고, 모든 권력은 국민으로부터 나온다.

제 2 조 ① 대한민국의 국민이 되는 요건은 법률로 정한다.

② 국가는 법률이 정하는 바에 의하여 재외국민을 보호할 의무를 진다.

제 3 조 대한민국의 영토는 한반도와 그 부속도서로 한다.

제 4 조 대한민국은 통일을 지향하며, 자유민주주의적 기본질서에 입각한 평화적 통일정책을 수립하고 이를 추진한다.

제 5 조 ① 대한민국은 국제평화의 유지에 노력하고 침략적 전쟁을 부인한다.

② 국군은 국가의 안전보장과 국토방위의 신성한 의무를 수행함을 사명으로 하며, 그 정치적 중립성은 준수된다.

제 6 조 ① 헌법에 의하여 체결·공포된 조약과 일반적으로 승인된 국제법규는 국내법과 같은 효력을 지닌다.

② 외국인은 국제법과 조약이 정하는 바에 의하여 그 지위가 보장된다.

제 7 조 ① 공무원은 국민전체에 대한 봉사자이며, 국민에 대하여 책임을 진다.

② 공무원의 신분과 정치적 중립성은 법률이 정하는 바에 의하여 보장된다.

제 8 조 ① 정당의 설립은 자유이며, 복수정당제는 보장된다.

② 정당은 그 목적·조직과 활동이 민주적이어야 하며, 국민의 정치적 의사형성에 참여하는 데 필요한 조직을 가져야 한다.

③ 정당은 법률이 정하는 바에 의하여 국가의 보호를 받으며, 국가는 법률이 정하는 바에 의하여 정당운영에 필요한 자금을 보조할 수 있다.

④ 정당의 목적이나 활동이 민주적 기본질서에 위배될 때에는 정부는 헌법재판소에 그 해산을 제소할 수 있고, 정당은 헌법재판소의 심판에 의하여 해산된다.

제 9 조 국가는 전통문화의 계승·발전과 민족문화의 창달에 노력하여야 한다.

제 2 장 국민의 권리와 의무

제10조 모든 국민은 인간으로서의 존엄과 가치를 가지며, 행복을 추구할 권리를 가진다. 국가는 개인이 가지는 불가침의 기본적 인권을 확인하고 이를 보장할 의무를 진다.

제11조 ① 모든 국민은 법앞에 평등하다. 누구든지 성별·종교 또는 사회적 신분에 의하여 정치적·경제적·사회적·문화적 생활의 모든 영역에 있어서 차별을 받지 아니한다.

② 사회적 특수계급의 제도는 인정되지 아니하며, 어떠한 형태로도 이를 창설할 수 없다.

③ 훈장 등의 영전은 이를 받은 자에게만 효력이 있고, 어떠한 특권도 이에 따르지 아니한다.

제12조 ① 모든 국민은 신체의 자유를 가진다. 누구든지 법률에 의하지 아니하고는 체포·구속·압수·수색 또는 심문을 받지 아니하며, 법률과 적법한 절차에 의하지 아니하고는 처벌·보안처분·강제노역을 받지 아니한다.

② 모든 국민은 고문을 받지 아니하며, 형사상 자기에게 불리한 진술을 강요당하지 아니한다.

③ 체포·구속·압수 또는 수색을 할 때에는 적법한 절차에 따라 검사의 신청에 의하여 법관이 발부한 영장을 제시하여야 한다. 다만, 현행범인인 경우와 장기 3연 이상의 형에 해당하는 죄를 범하고 도피 또는 증거인멸의 염려가 있을 때에는 사후에 영장을 청구할 수 있다.

④ 누구든지 체포 또는 구속을 당한 때에는 즉시 변호인의 조력을 받을 권리를 가진다. 다만, 형사피고인이 스스로 변호인을 구할 수 없을 때에는 법률이 정하는 바에 의하여 국가가 변호인을 붙인다.

⑤ 누구든지 체포 또는 구속의 이유와 변호인의 조력을 받을 권리가 있음을 고지받지 아니하고는 체포 또는 구속을 당하지 아니한다. 체포 또는 구속을 당한 자의 가족 등 법률이 정하는 자에게는 그 이유와 일시·장소가 지체없이 통지되어야 한다.

⑥ 누구든지 체포 또는 구속을 당한 때에는 적부의 심사를 법원에 청구할 권리를 가진다.

⑦ 피고인의 자백이 고문·폭행·협박·구속의 부당한 장기화 또는 기망 기타의 방법에 의하여 자의로 진술된 것이 아니라고 인정될 때 또는 정식재판에 있어서 피고인의 자백이 그에게 불리한 유일한 증거일 때에는 이를 유죄의 증거로 삼거나 이를 이유로 처벌할 수 없다.

제13조 ① 모든 국민은 행위시의 법률에 의하여 범죄를 구성하지 아니하는 행위로 소추되지 아니하며, 동일한 범죄에 대하여 거듭 처벌받지 아니한다.

② 모든 국민은 소급입법에 의하여 참정권의 제한을 받거나 재산권을 박탈당하지 아니한다.

③ 모든 국민은 자기의 행위가 아닌 친족의 행위로 인하여 불이익한 처우를 받지 아니한다.

제14조 모든 국민은 거주·이전의 자유를 가진다.

제15조 모든 국민은 직업선택의 자유를 가진다.

제16조 모든 국민은 주거의 자유를 침해받지 아니한다. 주거에 대한 압수나 수색을 할 때 에는 검사의 신청에 의하여 법관이 발부한 영장을 제시하여야 한다.

제17조 모든 국민은 사생활의 비밀과 자유를 침해받지 아니한다.

제18조 모든 국민은 통신의 비밀을 침해받지 아니한다.

제19조 모든 국민은 양심의 자유를 가진다.

제20조 ① 모든 국민은 종교의 자유를 가진다.

② 국교는 인정되지 아니하며, 종교와 정치는 분리된다.

제21조 ① 모든 국민은 언론·출판의 자유와 집회·결사의 자유를 가진다.

② 언론·출판에 대한 허가나 검열과 집회·결사에 대한 허가는 인정되지 아니한다.

③ 통신·방송의 시설기준과 신문의 기능을 보장하기 위하여 필요한 사항은 법률로 정한다.

④ 언론·출판은 타인의 명예나 권리 또는 공중도덕이나 사회윤리를 침해하여서는 아니된다. 언론·출판이 타인의 명예나 권리를 침해한 때에는 피해자는 이에 대한 피해의 배상을 청구할 수 있다.

제22조 ① 모든 국민은 학문과 예술의 자유를 가진다.

② 저작자·발명가·과학기술자와 예술가의 권리는 법률로써 보호한다.

제23조 ① 모든 국민의 재산권은 보장된다. 그 내용과 한계는 법률로 정한다.

② 재산권의 행사는 공공복리에 적합하도록 하여야 한다.

③ 공공필요에 의한 재산권의 수용·사용 또는 제한 및 그에 대한 보상은 법률로써 하되, 정당한 보상을 지급하여야 한다.

제24조 모든 국민은 법률이 정하는 바에 의하여 선거권을 가진다.

제25조 모든 국민은 법률이 정하는 바에 의하여 공무담임권을 가진다.

제26조 ① 모든 국민은 법률이 정하는 바에 의하여 국가기관에 문서로 청원할 권리를 가진다.

② 국가는 청원에 대하여 심사할 의무를 지닌다.

제27조 ① 모든 국민은 헌법과 법률이 정한 법관에 의하여 법률에 의한 재판을 받을 권리를 가진다.

② 군인 또는 군무원이 아닌 국민은 대한민국의 영역 안에서는 중대한 군사상 기밀·초병·초소·유독음식물공급·포로·군용물에 관한 죄 중 법률이 정한 경우와 비상계엄이 선포된 경우를 제외하고는 군사법원의 재판을 받지 아니한다.

③ 모든 국민은 신속한 재판을 받을 권리를 가진다. 형사피고인은 상당한 이유가 없는 한 지체없이 공개재판을 받을 권리를 가진다.

④ 형사피고인은 유죄의 판결이 확정될 때까지는 무죄로 추정된다.

⑤ 형사피해자는 법률이 정하는 바에 의하여 당해 사건의 재판절차에서 진술할 수 있다.

제28조 형사피의자 또는 형사피고인으로서 구금되었던 자가 법률이 정하는 불기소처분을 받거나 무죄

판결을 받은 때에는 법률이 정하는 바에 의하여 국가에 정당한 보상을 청구할 수 있다.

제29조 ① 공무원의 직무상 불법행위로 손해를 받은 국민은 법률이 정하는 바에 의하여 국가 또는 공공단체에 정당한 배상을 청구할 수 있다. 이 경우 공무원 자신의 책임은 면제되지 아니한다.

② 군인·군무원·경찰공무원 기타 법률이 정하는 자가 전투·훈련 등 직무집행과 관련하여 받은 손해에 대하여는 법률이 정하는 보상 외에 국가 또는 공공단체에 공무원의 직무상 불법행위로 인한 배상은 청구할 수 없다.

제30조 타인의 범죄행위로 인하여 생명·신체에 대한 피해를 받은 국민은 법률이 정하는 바에 의하여 국가로부터 구조를 받을 수 있다.

제31조 ① 모든 국민은 능력에 따라 균등하게 교육을 받을 권리를 가진다.

② 모든 국민은 그 보호하는 자녀에게 적어도 초등교육과 법률이 정하는 교육을 받게 할 의무를 가진다.

③ 의무교육은 무상으로 한다.

④ 교육의 자주성·전문성·정치적 중립성 및 대학의 자률성은 법률이 정하는 바에 의하여 보장된다.

⑤ 국가는 평생교육을 진흥하여야 한다.

⑥ 학교교육 및 평생교육을 포함한 교육제도와 그 운영, 교육재정 및 교원의 지위에 관한 기본적인 사항은 법률로 정한다.

제32조 ① 모든 국민은 근로의 권리를 가진다. 국가는 사회적·경제적 방법으로 근로자의 고용의 증진과 적정임금의 보장에 노력하여야 하며, 법률이 정하는 바에 의하여 최저임금제를 시행하여야 한다.

② 모든 국민은 근로의 의무를 진다. 국가는 근로의 의무의 내용과 조건을 민주주의원칙에 따라 법률로 정한다.

③ 근로조건의 기준은 인간의 존엄성을 보장하도록 법률로 정한다.

④ 여자의 근로는 특별한 보호를 받으며, 고용·임금 및 근로조건에 있어서 부당한 차별을 받지 아니한다.

⑤ 연소자의 근로는 특별한 보호를 받는다.

⑥ 국가유공자·상이군경 및 전몰군경의 유가족은 법률이 정하는 바에 의하여 우선적으로 근로의 기회를 부여받는다.

제33조 ① 근로자는 근로조건의 향상을 위하여 자주적인 단결권·단체교섭권 및 단체행동권을 가진다.

② 공무원인 근로자는 법률이 정하는 자에 한하여 단결권·단체교섭권·단체행동권을 가진다.

③ 법률이 정하는 주요방위산업체에 종사하는 근로자의 단체행동권은 법률이 정하는 바에 의하여 이를 제한하거나 인정하지 아니할 수 있다.

제34조 ① 모든 국민은 인간다운 생활을 할 권리를 가진다.

② 국가는 사회보장·사회복지의 증진에 노력할 의무를 진다.

③ 국가는 여자의 복지와 권익의 향상을 위하여 노력하여야 한다.

④ 국가는 노인과 청소년의 복지향상을 위한 정책을 실시할 의무를 진다.

⑤ 신체장애자 및 질병·노령 기타의 사유로 생활능력이 없는 국민은 법률이 정하는 바에 의하여 국가의 보호를 받는다.

⑥ 국가는 재해를 예방하고 그 위험으로부터 국민을 보호하기 위하여 노력하여야 한다.

제35조 ① 모든 국민은 건강하고 쾌적한 환경에서 생활할 권리를 가지며, 국가와 국민은 환경보전을 위하여 노력하여야 한다.

② 환경권의 내용과 행사에 관하여는 법률로 정한다.

③ 국가는 주택개발정책 등을 통하여 모든 국민이 쾌적한 주거생활을 할 수 있도록 노력하여야 한다.

제36조 ① 혼인과 가족생활은 개인의 존엄과 양성의 평등을 기초로 성립되고 유지되어야 하며, 국가는 이를 보장한다.

② 국가는 모성의 보호를 위하여 노력하여야 한다.

③ 모든 국민은 보건에 관하여 국가의 보호를 받는다.

제37조 ① 국민의 자유와 권리는 헌법에 열거되지 아니한 이유로 경시되지 아니한다.

② 국민의 모든 자유와 권리는 국가안전보장·질서유지 또는 공공복리를 위하여 필요한 경우에 한하여 법률로써 제한할 수 있으며, 제한하는 경우에도 자유와 권리의 본질적인 내용을 침해할 수 없다.

제38조 모든 국민은 법률이 정하는 바에 의하여 납세의 의무를 진다.

제39조 ① 모든 국민은 법률이 정하는 바에 의하여 국방의 의무를 진다.

② 누구든지 병역의무의 이행으로 인하여 불이익한 처우를 받지 아니한다.

제 3 장 국 회

제40조 입법권은 국회에 속한다.

제41조 ① 국회는 국민의 보통·평등·직접·비밀선거에 의하여 선출된 국회의원으로 구성한다.
② 국회의원의 수는 법률로 정하되, 200인 이상으로 한다.
③ 국회의원의 선거구와 비례대표제 기타 선거에 관한 사항은 법률로 정한다.

제42조 국회의원의 임기는 4연으로 한다

제43조 국회의원은 법률이 정하는 직을 겸할 수 없다.

제44조 ① 국회의원은 현행범인인 경우를 제외하고는 회기중 국회의 동의 없이 체포 또는 구금되지 아니한다.
② 국회의원이 회기 전에 체포 또는 구금된 때에는 현행범인이 아닌 한 국회의 요구가 있으면 회기중 석방된다.

제45조 국회의원은 국회에서 직무상 행한 발언과 표결에 관하여 국회외에서 책임을 지지 아니한다.

제46조 ① 국회의원은 청렴의 의무가 있다.
② 국회의원은 국가리익을 우선하여 양심에 따라 직무를 행한다.
③ 국회의원은 그 지위를 남용하여 국가·공공단체 또는 기업체와의 계약이나 그 처분에 의하여 재산상의 권리·이익 또는 직위를 취득하거나 타인을 위하여 그 취득을 알선할 수 없다.

제47조 ① 국회의 정기회는 법률이 정하는 바에 의하여 매년 1회 집회되며, 국회의 임시회는 대통령 또는 국회재적의원의 4분의 1이상의 요구에 의하여 집회된다.
② 정기회의 회기는 100일을, 임시회의 회기는 30일을 초과할 수 없다.
③ 대통령이 임시회의 집회를 요구할 때에는 기간과 집회요구의 이유를 명시하여야 한다.

제48조 국회는 의장 1인과 부의장 2인을 선출한다.

제49조 국회는 헌법 또는 법률에 특별한 규정이 없는 한 재적의원 과반수의 출석과 출석의원 과반수의 찬성으로 의결한다. 가부동수인 때에는 부결된 것으로 본다.

제50조 ① 국회의 회의는 공개한다. 다만, 출석의원 과반수의 찬성이 있거나 의장이 국가의 안전보장을 위하여 필요하다고 인정할 때에는 공개하지 아니할 수 있다.
② 공개하지 아니한 회의내용의 공표에 관하여는 법률이 정하는 바에 의한다.

제51조 국회에 제출된 법률안 기타의 의안은 회기중에 의결되지 못한 이유로 폐기되지 아니한다. 다만, 국회의원의 임기가 만료된 때에는 그러하지 아니하다.

제52조 국회의원과 정부는 법률안을 제출할 수 있다.

제53조 ① 국회에서 의결된 법률안은 정부에 이송되어 15일 이내에 대통령이 공포한다.
② 법률안에 이의가 있을 때에는 대통령은 제1항의 기간 내에 이의서를 붙여 국회로 환부하고, 그 재의를 요구할 수 있다. 국회의 폐회중에도 또한 같다.
③ 대통령은 법률안의 일부에 대하여 또는 법률안을 수정하여 재의를 요구할 수 없다.
④ 재의의 요구가 있을 때에는 국회는 재의에 붙이고, 재적의원 과반수의 출석과 출석의원 3분의 2 이상의 찬성으로 전과 같은 의결을 하면 그 법률안은 법률로서 확정된다.
⑤ 대통령이 제1항의 기간 내에 공포나 재의의 요구를 하지 아니한 때에도 그 법률안은 법률로서 확정된다.
⑥ 대통령은 제4항과 제5항의 규정에 의하여 확정된 법률을 지체없이 공포하여야 한다. 제5항에 의하여 법률이 확정된 후 또는 제4항에 의한 확정법률이 정부에 이송된 후 5일 이내에 대통령이 공포하지 아니할 때에는 국회의장이 이를 공포한다.
⑦ 법률은 특별한 규정이 없는 한 공포한 날로부터 20일을 경과함으로써 효력을 발생한다.

제54조 ① 국회는 국가의 예산안을 심의·확정한다.
② 정부는 회계연도마다 예산안을 편성하여 회계연도 개시 90일 전까지 국회에 제출하고, 국회는 회계연도 개시 30일 전까지 이를 의결하여야 한다.
③ 새로운 회계연도가 개시될 때까지 예산안이 의결되지 못한 때에는 정부는 국회에서 예산안이 의결될 때까지 다음의 목적을 위한 경비는 전년도 예산에 준하여 집행할 수 있다.
1. 헌법이나 법률에 의하여 설치된 기관 또는 시설의 유지·운영
2. 법률상 지출의무의 이행
3. 이미 예산으로 승인된 사업의 계속

제55조 ① 한 회계연도를 넘어 계속하여 지출할 필요가 있을 때에는 정부는 연한을 정하여 계속비로서 국회의 의결을 얻어야 한다.
② 예비비는 총액으로 국회의 의결을 얻어야 한다. 예비비의 지출은 차기국회의 승인을 얻어야 한다.

제56조 정부는 예산에 변경을 가할 필요가 있을 때에는 추가경정예산안을 편성하여 국회에 제출할 수 있다.

제57조 국회는 정부의 동의 없이 정부가 제출한 지출예산 각항의 금액을 증가하거나 새 비목을 설치할 수 없다.

제58조 국채를 모집하거나 예산 외에 국가의 부담이 될 계약을 체결하려 할 때에는 정부는 미리 국회의 의결을 얻어야 한다

제59조 조세의 종목과 세율은 법률로 정한다.

제60조 ① 국회는 상호원조 또는 안전보장에 관한 조약, 중요한 국제조직에 관한 조약, 우호통상항해조약, 주권의 제약에 관한 조약, 강화조약, 국가나 국민에게 중대한 재정적 부담을 지우는 조약 또는 입법사항에 관한 조약의 체결·비준에 대한 동의권을 가진다.

② 국회는 선전포고, 국군의 외국에의 파견 또는 외국군대의 대한민국 영역 안에서의 주류에 대한 동의권을 가진다.

제61조 ① 국회는 국정을 감사하거나 특정한 국정사안에 대하여 조사할 수 있으며, 이에 필요한 서류의 제출 또는 증인의 출석과 증언이나 의견의 진술을 요구할 수 있다.

② 국정감사 및 조사에 관한 절차 기타 필요한 사항은 법률로 정한다.

제62조 ① 국무총리·국무위원 또는 정부위원은 국회나 그 위원회에 출석하여 국정처리상황을 보고하거나 의견을 진술하고 질문에 응답할 수 있다.

② 국회나 그 위원회의 요구가 있을 때에는 국무총리·국무위원 또는 정부위원은 출석·답변하여야 하며, 국무총리 또는 국무위원이 출석요구를 받은 때에는 국무위원 또는 정부위원으로 하여금 출석·답변하게 할 수 있다.

제63조 ① 국회는 국무총리 또는 국무위원의 해임을 대통령에게 건의할 수 있다.

② 제1항의 해임건의는 국회재적의원 3분의 1이상의 발의에 의하여 국회재적의원 과반수의 찬성이 있어야 한다.

제64조 ① 국회는 법률에 저촉되지 아니하는 범위안에서 의사와 내부규율에 관한 규칙을 제정할 수 있다.

② 국회는 의원의 자격을 심사하며, 의원을 징계할 수 있다.

③ 의원을 제명하려면 국회재적의원 3분의 2 이상의 찬성이 있어야 한다.

④ 제2항과 제3항의 처분에 대하여 법원에 제소할 수 없다.

제65조 ① 대통령·국무총리·국무위원·행정각부의 장·헌법재판소 재판관·법관·중앙선거관리위원회 위원·감사원장·감사위원 기타 법률이 정한 공무원이 그 직무집행에 있어서 헌법이나 법률을 위배한 때에는 국회는 탄핵의 소추를 의결할 수 있다.

② 제1항의 탄핵소추는 국회재적의원 3분의 1 이상의 발의가 있어야 하며 그 의결은 국회재적의원 과반수의 찬성이 있어야 한다. 다만, 대통령에 대한 탄핵소추는 국회재적의원 과반수의 발의와 국회재적의원 3분의 2 이상의 찬성이 있어야 한다.

③ 탄핵소추의 의결을 받은 자는 탄핵심판이 있을 때까지는 그 권한행사가 정지된다.

④ 탄핵결정은 공직으로부터 파면함에 그친다. 그러나 이에 의하여 민사상이나 형사상의 책임이 면제되지는 아니한다.

제4장 정 부

제1절 대 통 영

제66조 ① 대통령은 국가의 원수이며, 외국에 대하여 국가를 대표한다.

② 대통령은 국가의 독립·영토의 보전·국가의 계속성과 헌법을 수호할 책무를 진다.

③ 대통령은 조국의 평화적 통일을 위한 성실한 의무를 진다.

④ 행정권은 대통령을 수반으로 하는 정부에 속한다.

제67조 ① 대통령은 국민의 보통·평등·직접·비밀선거에 의하여 선출한다.

② 제1항의 선거에 있어서 최고득표자가 2인 이상인 때에는 국회의 재적의원 과반수가 출석한 공개회의에서 다수표를 얻은 자를 당선자로 한다.

③ 대통령후보자가 1인일 때에는 그 득표수가 선거권자 총수의 3분의 1이상이 아니면 대통령으로 당선될 수 없다.

④ 대통령으로 선거될 수 있는 자는 국회의원의 피선거권이 있고 선거일 현재 40세에 달하여야 한다.

⑤ 대통령의 선거에 관한 사항은 법률로 정한다.

제68조 ① 대통령의 임기가 만료되는 때에는 임기만료 70일 내지 40일 전에 후임자를 선거한다.

② 대통령이 궐위된 때 또는 대통령 당선자가 사망하거나 판결 기타의 사유로 그 자격을 상실한 때에는 60일 이내에 후임자를 선거한다.

제69조 대통령은 취임에 즈음하여 다음의 선서를 한다. "나는 헌법을 준수하고 국가를 보위하며 조국의 평화적 통일과 국민의 자유와 복리의 증진 및 민족문화의 창달에 노력하여 대통령으로서의 직책

을 성실히 수행할 것을 국민 앞에 엄숙히 선서합니다."

第70条 대통령의 임기는 5년으로 하며, 중임할 수 없다.

第71条 대통령이 궐위되거나 사고로 인하여 직무를 수행할 수 없을 때에는 국무총리, 법률이 정한 국무위원의 순서로 그 권한을 대행한다.

第72条 대통령은 필요하다고 인정할 때에는 외교·국방·통일 기타 국가안위에 관한 중요정책을 국민투표에 붙일 수 있다.

第73条 대통령은 조약을 체결·비준하고, 외교사절을 신임·접수 또는 파견하며, 선전포고와 강화를 한다.

第74条 ① 대통령은 헌법과 법률이 정하는 바에 의하여 국군을 통수한다.

② 국군의 조직과 편성은 법률로 정한다.

第75条 대통령은 법률에서 구체적으로 범위를 정하여 위임받은 사항과 법률을 집행하기 위하여 필요한 사항에 관하여 대통령령을 발할 수 있다.

第76条 ① 대통령은 내우·외환·천재·지변 또는 중대한 재정·경제상의 위기에 있어서 국가의 안전보장 또는 공공의 안녕질서를 유지하기 위하여 긴급한 조치가 필요하고 국회의 집회를 기다릴 여유가 없을 때에 한하여 최소한으로 필요한 재정·경제상의 처분을 하거나 이에 관하여 법률의 효력을 가지는 명령을 발할 수 있다.

② 대통령은 국가의 안위에 관계되는 중대한 교전상태에 있어서 국가를 보위하기 위하여 긴급한 조치가 필요하고 국회의 집회가 불가능한 때에 한하여 법률의 효력을 가지는 명령을 발할 수 있다.

③ 대통령은 제1항과 제2항의 처분 또는 명령을 한 때에는 지체없이 국회에 보고하여 그 승인을 얻어야 한다.

④ 제3항의 승인을 얻지 못한 때에는 그 처분 또는 명령은 그 때부터 효력을 상실한다. 이 경우 그 명령에 의하여 개정 또는 폐지되었던 법률은 그 명령이 승인을 얻지 못한 때부터 당연히 효력을 회복한다.

⑤ 대통령은 제3항과 제4항의 사유를 지체없이 공포하여야 한다.

第77条 ① 대통령은 전시·사변 또는 이에 준하는 국가비상사태에 있어서 병력으로써 군사상의 필요에 응하거나 공공의 안녕질서를 유지할 필요가 있을 때에는 법률이 정하는 바에 의하여 계엄을 선포할 수 있다.

② 계엄은 비상계엄과 경비계엄으로 한다.

③ 비상계엄이 선포된 때에는 법률이 정하는 바에 의하여 영장제도, 언론·출판·집회·결사의 자유, 정부나 법원의 권한에 관하여 특별한 조치를 할 수 있다.

④ 계엄을 선포한 때에는 대통령은 지체없이 국회에 통고하여야 한다.

⑤ 국회가 재적의원 과반수의 찬성으로 계엄의 해제를 요구한 때에는 대통령은 이를 해제하여야 한다.

第78条 대통령은 헌법과 법률이 정하는 바에 의하여 공무원을 임면한다.

第79条 ① 대통령은 법률이 정하는 바에 의하여 사면·감형 또는 복권을 명할 수 있다.

② 일반사면을 명하려면 국회의 동의를 얻어야 한다.

③ 사면·감형 및 복권에 관한 사항은 법률로 정한다.

第80条 대통령은 법률이 정하는 바에 의하여 훈장 기타의 영전을 수여한다.

第81条 대통령은 국회에 출석하여 발언하거나 서한으로 의견을 표시할 수 있다.

第82条 대통령의 국법상 행위는 문서로써 하며, 이 문서에는 국무총리와 관계국무위원이 부서한다. 군사에 관한 것도 또한 같다.

第83条 대통령은 국무총리·국무위원·행정각부의 장 기타 법률이 정하는 공사의 직을 겸할 수 없다.

第84条 대통령은 내란 또는 외환의 죄를 범한 경우를 제외하고는 재직중 형사상의 소추를 받지 아니한다.

第85条 전직대통령의 신분과 예우에 관하여는 법률로 정한다.

제2절 행 정 부

제1관 국무총리와 국무위원

第86条 ① 국무총리는 국회의 동의를 얻어 대통령이 임명한다.

② 국무총리는 대통령을 보좌하며, 행정에 관하여 대통령의 명을 받아 행정각부를 통할한다.

③ 군인은 현역을 면한 후가 아니면 국무총리로 임명될 수 없다.

第87条 ① 국무위원은 국무총리의 제청으로 대통령이 임명한다.

② 국무위원은 국정에 관하여 대통령을 보좌하며, 국무회의의 구성원으로서 국정을 심의한다.

③ 국무총리는 국무위원의 해임을 대통령에게 건의

할 수 있다.

④ 군인은 현역을 면한 후가 아니면 국무위원으로 임명될 수 없다.

제 2 관 국무회의

제88조 ① 국무회의는 정부의 권한에 속하는 중요한 정책을 심의한다.

② 국무회의는 대통령·국무총리와 15인 이상 30인 이하의 국무위원으로 구성한다.

③ 대통령은 국무회의의 의장이 되고, 국무총리는 부의장이 된다.

제89조 다음 사항은 국무회의의 심의를 거쳐야 한다.

1. 국정의 기본계획과 정부의 일반정책
2. 선전·강화 기타 중요한 대외정책
3. 헌법개정안·국민투표안·조약안·법률안 및 대통령령안
4. 예산안·결산·국유재산처분의 기본계획·국가의 부담이 될 계약 기타 재정에 관한 중요사항
5. 대통령의 긴급명령·긴급재정경제처분 및 명령 또는 계엄과 그 해제
6. 군사에 관한 중요사항
7. 국회의 임시회 집회의 요구
8. 영전수여
9. 사면·감형과 복권
10. 행정각부간의 권한의 획정
11. 정부 안의 권한의 위임 또는 배정에 관한 기본계획
12. 국정처리현황의 평가·분석
13. 행정각부의 중요한 정책의 수립과 조정
14. 정당해산의 제소
15. 정부에 제출 또는 회부된 정부의 정책에 관계되는 청원의 심사
16. 검찰총장·합동참모의장·각군참모총장·국립대학교총장·대사 기타 법률이 정한 공무원과 국영기업체관리자의 임명
17. 기타 대통령·국무총리 또는 국무위원이 제출한 사항

제90조 ① 국정의 중요한 사항에 관한 대통령의 자문에 응하기 위하여 국가원로로 구성되는 국가원로자문회의를 둘 수 있다.

② 국가원로자문회의의 의장은 직전대통령이 된다. 다만, 직전대통령이 없을 때에는 대통령이 지명한다.

③ 국가원로자문회의의 조직·직무범위 기타 필요한 사항은 법률로 정한다.

제91조 ① 국가안전보장에 관련되는 대외정책·군사정책과 국내정책의 수립에 관하여 국무회의의 심의에 앞서 대통령의 자문에 응하기 위하여 국가안전보장회의를 둔다.

② 국가안전보장회의는 대통령이 주재한다.

③ 국가안전보장회의의 조직·직무범위 기타 필요한 사항은 법률로 정한다.

제92조 ① 평화통일정책의 수립에 관한 대통령의 자문에 응하기 위하여 민주평화통일자문회의를 둘 수 있다.

② 민주평화통일자문회의의 조직·직무범위 기타 필요한 사항은 법률로 정한다.

제93조 ① 국민경제의 발전을 위한 중요정책의 수립에 관하여 대통령의 자문에 응하기 위하여 국민경제자문회의를 둘 수 있다.

② 국민경제자문회의의 조직·직무범위 기타 필요한 사항은 법률로 정한다.

제 3 관 행정각부

제94조 행정각부의 장은 국무위원 중에서 국무총리의 제청으로 대통령이 임명한다.

제95조 국무총리 또는 행정각부의 장은 소관사무에 관하여 법률이나 대통령령의 위임 또는 직권으로 총리령 또는 부령을 발할 수 있다.

제96조 행정각부의 설치·조직과 직무범위는 법률로 정한다.

제 4 관 감 사 원

제97조 국가의 세입·세출의 결산, 국가 및 법률이 정한 단체의 회계검사와 행정기관 및 공무원의 직무에 관한 감찰을 하기 위하여 대통령 소속하에 감사원을 둔다.

제98조 ① 감사원은 원장을 포함한 5인 이상 11인 이하의 감사위원으로 구성한다.

② 원장은 국회의 동의를 얻어 대통령이 임명하고, 그 임기는 4년으로 하며, 1차에 한하여 중임할 수 있다.

③ 감사위원은 원장의 제청으로 대통령이 임명하고, 그 임기는 4년으로 하며, 1차에 한하여 중임할 수 있다.

제99조 감사원은 세입·세출의 결산을 매년 검사하여 대통령과 차년도국회에 그 결과를 보고하여야 한다.

제100조 감사원의 조직·직무범위·감사위원의 자격·감사대상공무원의 범위 기타 필요한 사항은 법률로 정한다.

제5장 법　　원

제101조 ① 사법권은 법관으로 구성된 법원에 속한다.

② 법원은 최고법원인 대법원과 각급법원으로 조직된다.

③ 법관의 자격은 법률로 정한다.

제102조 ① 대법원에 부를 둘 수 있다.

② 대법원에 대법관을 둔다. 다만, 법률이 정하는 바에 의하여 대법관이 아닌 법관을 둘 수 있다.

③ 대법원과 각급법원의 조직은 법률로 정한다.

제103조 법관은 헌법과 법률에 의하여 그 양심에 따라 독립하여 심판한다.

제104조 ① 대법원장은 국회의 동의를 얻어 대통령이 임명한다.

② 대법관은 대법원장의 제청으로 국회의 동의를 얻어 대통령이 임명한다.

③ 대법원장과 대법관이 아닌 법관은 대법관회의의 동의를 얻어 대법원장이 임명한다.

제105조 ① 대법원장의 임기는 6연으로 하며, 중임할 수 없다.

② 대법관의 임기는 6연으로 하며, 법률이 정하는 바에 의하여 연임할 수 있다.

③ 대법원장과 대법관이 아닌 법관의 임기는 10연으로 하며, 법률이 정하는 바에 의하여 연임할 수 있다.

④ 법관의 정년은 법률로 정한다.

제106조 ① 법관은 탄핵 또는 금고 이상의 형의 선고에 의하지 아니하고는 파면되지 아니하며, 징계처분에 의하지 아니하고는 정직·감봉 기타 불리한 처분을 받지 아니한다.

② 법관이 중대한 심신상의 장해로 직무를 수행할 수 없을 때에는 법률이 정하는 바에 의하여 퇴직하게 할 수 있다.

제107조 ① 법률이 헌법에 위반되는 여부가 재판의 전제가 된 경우에는 법원은 헌법재판소에 제청하여 그 심판에 의하여 재판한다.

② 명령·규칙 또는 처분이 헌법이나 법률에 위반되는 여부가 재판의 전제가 된 경우에는 대법원은 이를 최종적으로 심사할 권한을 가진다.

③ 재판의 전심절차로서 행정심판을 할 수 있다. 행정심판의 절차는 법률로 정하되, 사법절차가 준용되어야 한다.

제108조 대법원은 법률에 저촉되지 아니하는 범위안에서 소송에 관한 절차, 법원의 내부규률과 사무처리에 관한 규칙을 제정할 수 있다.

제109조 재판의 심리와 판결은 공개한다. 다만, 심리는 국가의 안전보장 또는 안녕질서를 방해하거나 선량한 풍속을 해할 염려가 있을 때에는 법원의 결정으로 공개하지 아니할 수 있다.

제110조 ① 군사재판을 관할하기 위하여 특별법원으로서 군사법원을 둘 수 있다.

② 군사법원의 상고심은 대법원에서 관할한다.

③ 군사법원의 조직·권한 및 재판관의 자격은 법률로 정한다.

④ 비상계엄하의 군사재판은 군인·군무원의 범죄나 군사에 관한 간첩죄의 경우와 초병·초소·유독음식물공급·포로에 관한 죄 중 법률이 정한 경우에 한하여 단심으로 할 수 있다. 다만, 사형을 선고한 경우에는 그러하지 아니하다.

제6장 헌법재판소

제111조 ① 헌법재판소는 다음 사항을 관장한다.

1. 법원의 제청에 의한 법률의 위헌여부 심판
2. 탄핵의 심판
3. 정당의 해산 심판
4. 국가기관 상호간, 국가기관과 지방자치단체간 및 지방자치단체 상호간의 권한쟁의에 관한 심판
5. 법률이 정하는 헌법소원에 관한 심판

② 헌법재판소는 법관의 자격을 가진 9인의 재판관으로 구성하며, 재판관은 대통령이 임명한다.

③ 제2항의 재판관 중 3인은 국회에서 선출하는 자를, 3인은 대법원장이 지명하는 자를 임명한다.

④ 헌법재판소의 장은 국회의 동의를 얻어 재판관중에서 대통령이 임명한다.

제112조 ① 헌법재판소 재판관의 임기는 6연으로 하며, 법률이 정하는 바에 의하여 연임할 수 있다.

② 헌법재판소 재판관은 정당에 가입하거나 정치에 관여할 수 없다.

③ 헌법재판소 재판관은 탄핵 또는 금고 이상의 형의 선고에 의하지 아니하고는 파면되지 아니한다.

제113조 ① 헌법재판소에서 법률의 위헌결정, 탄핵의 결정, 정당해산의 결정 또는 헌법소원에 관한 인용결정을 할 때에는 재판관 6인 이상의 찬성이 있어야 한다.

② 헌법재판소는 법률에 저촉되지 아니하는 범위안에서 심판에 관한 절차, 내부규률과 사무처리에 관한 규칙을 제정할 수 있다.

③ 헌법재판소의 조직과 운영 기타 필요한 사항은 법률로 정한다.

제 7 장 선거관리

제114조 ① 선거와 국민투표의 공정한 관리 및 정당에 관한 사무를 처리하기 위하여 선거관리위원회를 둔다.

② 중앙선거관리위원회는 대통령이 임명하는 3인, 국회에서 선출하는 3인과 대법원장이 지명하는 3인의 위원으로 구성한다. 위원장은 위원 중에서 호선한다.

③ 위원의 임기는 6연으로 한다.

④ 위원은 정당에 가입하거나 정치에 관여할 수 없다.

⑤ 위원은 탄핵 또는 금고 이상의 형의 선고에 의하지 아니하고는 파면되지 아니한다.

⑥ 중앙선거관리위원회는 법령의 범위 안에서 선거관리·국민투표관리 또는 정당사무에 관한 규칙을 제정할 수 있으며, 법률에 저촉되지 아니하는 범위 안에서 내부규율에 관한 규칙을 제정할 수 있다.

⑦ 각급 선거관리위원회의 조직·직무범위 기타 필요한 사항은 법률로 정한다.

제115조 ① 각급 선거관리위원회는 선거인명부의 작성 등 선거사무와 국민투표사무에 관하여 관계 행정기관에 필요한 지시를 할 수 있다.

② 제1항 지시를 받은 당해 행정기관은 이에 응하여야 한다.

제116조 ① 선거운동은 각급 선거관리위원회의 관리하에 법률이 정하는 범위 안에서 하되, 균등한 기회가 보장되어야 한다.

② 선거에 관한 경비는 법률이 정하는 경우를 제외하고는 정당 또는 후보자에게 부담시킬 수 없다.

제 8 장 지방자치

제117조 ① 지방자치단체는 주민의 복리에 관한 사무를 처리하고 재산을 관리하며, 법령의 범위 안에서 자치에 관한 규정을 제정할 수 있다.

② 지방자치단체의 종류는 법률로 정한다.

제118조 ① 지방자치단체에 의회를 둔다.

② 지방의회의 조직·권한·의원선거와 지방자치단체의 장의 선임방법 기타 지방자치단체의 조직과 운영에 관한 사항은 법률로 정한다.

제 9 장 경 제

제119조 ① 대한민국의 경제질서는 개인과 기업의 경제상의 자유와 창의를 존중함을 기본으로 한다.

② 국가는 균형 있는 국민경제의 성장 및 안정과 적정한 소득의 분배를 유지하고, 시장의 지배와 경제력의 남용을 방지하며, 경제주체간의 조화를 통한 경제의 민주화를 위하여 경제에 관한 규제와 조정을 할 수 있다.

제120조 ① 광물 기타 중요한 지하자원·수산자원·수력과 경제상 이용할 수 있는 자연력은 법률이 정하는 바에 의하여 일정한 기간 그 채취·개발 또는 이용을 특허할 수 있다.

② 국토와 자원은 국가의 보호를 받으며, 국가는 그 균형 있는 개발과 이용을 위하여 필요한 계획을 수립한다.

제121조 ① 국가는 농지에 관하여 경자유전의 원칙이 달성될 수 있도록 노력하여야 하며, 농지의 소작제도는 금지된다.

② 농업생산성의 제고와 농지의 합리적인 이용을 위하거나 불가피한 사정으로 발생하는 농지의 임대차와 위탁경영은 법률이 정하는 바에 의하여 인정된다.

제122조 국가는 국민 모두의 생산 및 생활의 기반이 되는 국토의 효율적이고 균형 있는 이용·개발과 보전을 위하여 법률이 정하는 바에 의하여 그에 관한 필요한 제한과 의무를 과할 수 있다.

제123조 ① 국가는 농업 및 어업을 보호·육성하기 위하여 농·어촌종합개발과 그 지원 등 필요한 계획을 수립·시행하여야 한다.

② 국가는 지역간의 균형 있는 발전을 위하여 지역경제를 육성할 의무를 진다.

③ 국가는 중소기업을 보호·육성하여야 한다.

④ 국가는 농수산물의 수급균형과 유통구조의 개선에 노력하여 가격안정을 도모함으로써 농·어민의 이익을 보호한다.

⑤ 국가는 농·어민과 중소기업의 자조조직을 육성하여야 하며, 그 자율적 활동과 발전을 보장한다.

제124조 국가는 건전한 소비행위를 계도하고 생산품의 품질향상을 촉구하기 위한 소비자보호운동을 법률이 정하는 바에 의하여 보장한다.

제125조 국가는 대외무역을 육성하며, 이를 규제·조정할 수 있다.

제126조 국방상 또는 국민경제상 긴절한 필요로 인하여 법률이 정하는 경우를 제외하고는, 사영기업을 국유 또는 공유로 이전하거나 그 경영을 통제 또는 관리할 수 없다.

제127조 ① 국가는 과학기술의 혁신과 정보 및 인력의 개발을 통하여 국민경제의 발전에 노력하여야 한다.

② 국가는 국가표준제도를 확립한다.

③ 대통령은 제 1 항의 목적을 달성하기 위하여 필요한 자문기구를 둘 수 있다.

제 10 장 헌법개정

제128조 ① 헌법개정은 국회재적의원 과반수 또는 대통령의 발의로 제안된다.

② 대통령의 임기연장 또는 중임변경을 위한 헌법개정은 그 헌법개정 제안 당시의 대통령에 대하여는 효력이 없다.

제129조 제안된 헌법개정안은 대통령이 20일 이상의 기간 이를 공고하여야 한다.

제130조 ① 국회는 헌법개정안이 공고된 날로부터 60일 이내에 의결하여야 하며, 국회의 의결은 재적의원 3분의 2 이상의 찬성을 얻어야 한다.

② 헌법개정안은 국회가 의결한 후 30일 이내에 국민투표에 붙여 국회의원선거권자 과반수의 투표와 투표자 과반수의 찬성을 얻어야 한다.

③ 헌법개정안이 제 2 항의 찬성을 얻은 때에는 헌법개정은 확정되며, 대통령은 즉시 이를 공포하여야 한다.

부　　칙

제 1 조 이 헌법은 1988연 2월 25일부터 시행한다. 다만, 이 헌법을 시행하기 위하여 필요한 법률의 제정·개정과 이 헌법에 의한 대통령 및 국회의원의 선거 기타 이 헌법시행에 관한 준비는 이 헌법시행 전에 할 수 있다.

제 2 조 ① 이 헌법에 의한 최초의 대통령선거는 이 헌법시행일 40일 전까지 실시한다.

② 이 헌법에 의한 최초의 대통령의 임기는 이 헌법시행일로부터 개시한다.

제 3 조 ① 이 헌법에 의한 최초의 국회의원선거는 이 헌법공포일로부터 6월 이내에 실시하며, 이 헌법에 의하여 선출된 최초의 국회의원의 임기는 국회의원 선거 후 이 헌법에 의한 국회의 최초의 집회일로부터 개시한다.

② 이 헌법공포 당시의 국회의원의 임기는 제 1 항에 의한 국회의 최초의 집회일 전일까지로 한다.

제 4 조 ① 이 헌법시행 당시의 공무원과 정부가 임명한 기업체의 임원은 이 헌법에 의하여 임명된 것으로 본다. 다만, 이 헌법에 의하여 선임방법이나 임명권자가 변경된 공무원과 대법원장 및 감사원장은 이 헌법에 의하여 후임자가 선임될 때까지 그 직무를 행하며, 이 경우 전임자인 공무원의 임기는 후임자가 선임되는 전일까지로 한다.

② 이 헌법시행 당시의 대법원장과 대법원판사가 아닌 법관은 제 1 항 단서의 규정에 불구하고 이 헌법에 의하여 임명된 것으로 본다.

③ 이 헌법 중 공무원의 임기 또는 중임제한에 관한 규정은 이 헌법에 의하여 그 공무원이 최초로 선출 또는 임명된 때로부터 적용한다.

제 5 조 이 헌법시행 당시의 법령과 조약은 이 헌법에 위배되지 아니하는 한 그 효력을 지속한다.

제 6 조 이 헌법시행 당시에 이 헌법에 의하여 새로 설치될 기관의 권한에 속하는 직무를 행하고 있는 기관은 이 헌법에 의하여 새로운 기관이 설치될 때까지 존속하며 그 직무를 행한다.

정 당 법(초)

[시행 2008. 2. 29]
[법률 제8881호, 2008. 2. 29, 일부개정]
중앙선거관리위원회(법제기획관), 02-503-2190

제1장 총 칙

제1조 (목적) 이 법은 정당이 국민의 정치적 의사형성에 참여하는데 필요한 조직을 확보하고 정당의 민주적인 조직과 활동을 보장함으로써 민주정치의 건전한 발전에 기여함을 목적으로 한다.

제2조 (정의) 이 법에서 "정당"이라 함은 국민의 이익을 위하여 책임있는 정치적 주장이나 정책을 추진하고 공직선거의 후보자를 추천 또는 지지함으로써 국민의 정치적 의사형성에 참여함을 목적으로 하는 국민의 자발적 조직을 말한다.

제3조 (구성) 정당은 수도에 소재하는 중앙당과 특별시·광역시·도에 각각 소재하는 시·도당(이하 "시·도당"이라 한다)으로 구성한다.

제2장 정당의 성립

제4조 (성립) ① 정당은 중앙당이 중앙선거관리위원회에 등록함으로써 성립한다.

② 제1항의 등록에는 제17조(법정시·도당수) 및 제18조(시·도당의 법정당원수)의 요건을 구비하여야 한다.

제5조 (창당준비위원회) 정당의 창당활동은 발기인으로 구성하는 창당준비위원회가 이를 한다.

제6조 (발기인) 창당준비위원회는 중앙당의 경우에는 20인 이상의, 시·도당의 경우에는 10인 이상의 발기인으로 구성한다.

제7조 (신고) ① 중앙당창당준비위원회를 결성한 때에는 그 대표자는 중앙선거관리위원회에 다음 각 호의 사항을 신고하여야 한다.

1. 발기의 취지
2. 정당의 명칭(가칭)
3. 사무소의 소재지
4. 발기인과 그 대표자의 성명·주소
5. 회인(회인) 및 그 대표자 직인의 인영
6. 중앙선거관리위원회규칙으로 정하는 사항

② 중앙당창당준비위원회는 제1항의 신고를 함으로써 그 활동을 개시할 수 있다.

③ 제1항의 신고사항 중 제1호 내지 제5호(제4호 중 발기인의 성명·주소를 제외한다)에 규정된 사항에 변경이 생긴 때에는 중앙당창당준비위원회의 대표자는 14일 이내에 중앙선거관리위원회에 변경신고를 하여야 한다.

제8조 (창당준비위원회의 활동범위) ① 창당준비위원회는 창당의 목적범위안에서만 활동을 할 수 있다.

② 중앙당창당준비위원회는 제7조(신고) 제1항의 규정에 의한 결성신고일부터 6월 이내에 한하여 창당활동을 할 수 있다.

③ 중앙당창당준비위원회가 제2항의 기간 이내에 제11조(등록신청)의 규정에 의한 중앙당의 창당등록신청을 하지 아니한 때에는 그 기간만료일의 다음 날에 그 창당준비위원회는 소멸된 것으로 본다.

④ 중앙당창당준비위원회가 소멸된 때에는 중앙선거관리위원회는 지체 없이 그 뜻을 공고하여야 한다.

제9조 (시·도당의 창당승인) 시·도당의 창당에는 중앙당 또는 그 창당준비위원회의 승인이 있어야 한다.

제10조 (창당집회의 공개) ① 정당의 창당집회는 공개하여야 한다.

② 중앙당창당준비위원회는 창당집회의 공개를 위하여 집회개최일 전 5일까지 「신문 등의 자유와 기능보장에 관한 법률」 제2조(용어의 정의)의 규정에 의한 일간신문에 집회개최공고를 하여야 한다.

제11조 (등록신청) 창당준비위원회가 창당준비를 완료한 때에는 그 대표자는 관할 선거관리위원회에 정당의 등록을 신청하여야 한다.

제12조 (중앙당의 등록신청사항) ① 중앙당의 등록신청사항은 다음 각 호와 같다.

1. 정당의 명칭(약칭을 정한 때에는 약칭을 포함한다)
2. 사무소의 소재지
3. 강령(또는 기본정책)과 당헌
4. 대표자·간부의 성명·주소
5. 당원의 수
6. 당인(당인) 및 그 대표자 직인의 인영

7. 시·도당의 소재지와 명칭
8. 시·도당의 대표자의 성명·주소

② 제1항의 등록신청에는 대표자 및 간부의 취임동의서와 제10조(창당집회의 공개) 제2항의 규정에 의한 신문공고에 관한 증빙자료 및 창당대회 회의록 사본을 첨부하여야 한다.

제17조 (법정시·도당수) 정당은 5 이상의 시·도당을 가져야 한다.

제18조 (시·도당의 법정당원수) ① 시·도당은 1천인 이상의 당원을 가져야 한다.

② 제1항의 규정에 의한 법정당원수에 해당하는 수의 당원은 당해 시·도당의 관할구역 안에 주소를 두어야 한다.

제3장 정당의 합당

제19조 (합당) ① 정당이 새로운 당명으로 합당(이하 "신설합당"이라 한다)하거나 다른 정당에 합당(이하 "흡수합당"이라 한다)될 때에는 합당을 하는 정당들의 대의기관이나 그 수임기관의 합동회의의 결의로써 합당할 수 있다.

② 정당의 합당은 제20조(합당된 경우의 등록신청) 제1항·제2항 및 제4항의 규정에 의하여 중앙선거관리위원회에 등록 또는 신고함으로써 성립한다. 다만, 정당이 「공직선거법」 제2조(적용범위)의 규정에 의한 선거(이하 "공직선거"라 한다)의 후보자등록신청개시일부터 선거일까지의 사이에 합당된 때에는 선거일 후 20일에 그 효력이 발생한다.

③ 제1항 및 제2항의 규정에 의하여 정당의 합당이 성립한 경우에는 그 소속 시·도당도 합당한 것으로 본다. 다만, 신설합당인 경우에는 합당등록신청일부터 3월 이내에 시·도당 개편대회를 거쳐 변경등록신청을 하여야 한다.

④ 신설합당된 정당이 제3항 단서의 규정에 의한 기간 이내에 변경등록신청을 하지 아니한 경우에는 그 기간만료일의 다음 날에 당해 시·도당은 소멸된 것으로 본다.

⑤ 합당으로 신설 또는 존속하는 정당은 합당 전 정당의 권리·의무를 승계한다.

제21조 (합당된 경우의 당원) 제19조(합당)의 규정에 의한 합당의 경우 합당 전 정당의 당원은 합당된 정당의 당원이 된다. 이 경우 합당 전의 입당원서는 합당된 정당의 입당원서로 본다.

제4장 정당의 입당·탈당

제22조 (발기인 및 당원의 자격) ① 국회의원 선거권이 있는 자는 공무원 그 밖에 그 신분을 이유로 정당가입이나 정치활동을 금지하는 다른 법령의 규정에 불구하고 누구든지 정당의 발기인 및 당원이 될 수 있다. 다만, 다음 각 호의 어느 하나에 해당하는 자는 그러하지 아니하다.

1. 「국가공무원법」 제2조(공무원의 구분) 또는 「지방공무원법」 제2조(공무원의 구분)에 규정된 공무원. 다만, 대통령, 국무총리, 국무위원, 국회의원, 지방의회의원, 선거에 의하여 취임하는 지방자치단체의 장, 국회의원의 보좌관·비서관·비서, 국회 교섭단체의 정책연구위원과 「고등교육법」 제14조(교직원의 구분) 제1항·제2항의 규정에 의한 총장·학장·교수·부교수·조교수·전임강사인 교원을 제외한다.
2. 총장·학장·교수·부교수·조교수·전임강사를 제외한 사립학교의 교원
3. 법령의 규정에 의하여 공무원의 신분을 가진 자

② 대한민국 국민이 아닌 자는 당원이 될 수 없다.

제23조 (입당) ① 당원이 되고자 하는 자는 서명 또는 날인을 한 입당원서를 시·도당 또는 그 창당준비위원회에 제출하여 입당신청을 하여야 한다. 이 경우 「전자서명법」 제2조(정의) 제3호의 규정에 의한 공인전자서명이 있는 전자문서로도 입당신청을 할 수 있다.

② 시·도당 또는 그 창당준비위원회는 제1항의 규정에 의한 입당원서를 접수한 때에는 당원자격 심사기관의 심의를 거쳐 입당허가 여부를 결정하여 당원명부에 등재하고, 시·도당 또는 그 창당준비위원회의 대표자는 당원증을 발급하여야 한다. 이 경우 입당의 효력은 입당신청인이 당원명부에 등재된 때에 발생한다.

③ 입당신청인은 시·도당 또는 그 창당준비위원회가 입당원서의 접수를 거부하거나 또는 정당한 사유 없이 입당심의를 지연하거나 입당을 허가하지 아니하는 경우에는 중앙당 또는 그 창당준비위원회에 입당원서를 제출할 수 있으며, 중앙당 또는 그 창당준비위원회는 입당허가 여부를 심사하여 입당을 허가함이 상당하다고 인정하는 때에는 해당 시·도당 또는 그 창당준비위원회에 입당신청인을 당원명부에 등재하도록 명하여야 한다. 이 경우 입당의 효력은 입당원서가 중앙당 또는 그 창당준비위원회에 접수한 때에 발생한다.

④ 당원명부에 등재되지 아니한 자는 당원으로 인정하지 아니한다.

제24조 (당원명부) ① 시·도당에는 당원명부를 비

치하여야 한다.

② 제 1 항의 명부는 법원이 재판상 요구하는 경우와 관계 선거관리위원회가 당원에 관한 사항을 확인하는 경우를 제외하고는 이의 열람을 강요당하지 아니한다.

③ 범죄수사를 위한 당원명부의 조사에는 법관이 발부하는 영장이 있어야 한다. 이 경우 조사에 관여한 관계 공무원은 당원명부에 관하여 지득한 사실을 누설하지 못한다.

제25조 (탈당) ① 당원이 탈당하고자 할 때에는 탈당신고서를 소속 시·도당에 제출하여야 하며, 소속 시·도당에 제출할 수 없을 때에는 그 중앙당에 제출할 수 있다. 이 경우 「전자서명법」 제 2 조(정의) 제 3 호의 규정에 의한 공인전자서명이 있는 전자문서로도 탈당신고서를 제출할 수 있다.

② 제 1 항의 규정에 의한 탈당의 효력은 탈당신고서가 소속 시·도당 또는 중앙당에 접수된 때에 발생한다.

③ 탈당신고서를 접수한 당해 시·도당은 접수한 날부터 2일 이내에 당원명부의 기재를 말소하고, 탈당증명서를 교부하여야 한다.

④ 제 1 항의 규정에 의하여 중앙당이 탈당신고서를 접수한 때에는 즉시 탈당증명서를 교부하고, 해당 시·도당에 통보하여 당원명부의 기재를 말소하게 하여야 한다.

제26조 (탈당원명부) 시·도당에는 탈당원명부를 비치하여야 한다. 이 경우 탈당원명부는 당원명부에 탈당일자를 기재하는 것으로 갈음할 수 있다.

제27조 (당원명부 등의 인계) 정당은 대표자 등의 변경이나 합당에 따른 조직개편시 당원명부 등 중앙선거관리위원회규칙으로 정하는 관련 서류(이하 "관련 서류"라 한다)와 정당운영에 관련되는 인장 등의 인계의무자를 당헌에 정하여야 하며, 당해 인계의무자는 사유발생일부터 14일 이내에 관련 서류와 인장 등을 인계하여야 한다.

제 5 장 정당의 운영

제28조 (강령 등의 공개 및 당헌의 기재사항) ① 정당은 그 강령(또는 기본정책)과 당헌을 공개하여야 한다.

② 제 1 항의 당헌에는 다음 각 호의 사항을 규정하여야 한다.

1. 정당의 명칭
2. 정당의 일반적인 조직·구성 및 권한에 관한 사항
3. 대표자·간부의 선임방법·임기·권리 및 의무에 관한 사항
4. 당원의 입당·탈당·제명과 권리 및 의무에 관한 사항
5. 대의기관의 설치 및 소집절차
6. 간부회의의 구성·권한 및 소집절차
7. 당의 재정에 관한 사항
8. 공직선거후보자 선출에 관한 사항
9. 당헌·당규의 제정 및 개정에 관한 사항
10. 정당의 해산 및 합당에 관한 사항
11. 등록취소 또는 자진해산시의 잔여재산 처분에 관한 사항

제29조 (정당의 기구) ① 정당은 민주적인 내부질서를 유지하기 위하여 당원의 총의를 반영할 수 있는 대의기관 및 집행기관과 소속 국회의원이 있는 경우에는 의원총회를 가져야 한다.

② 중앙당은 정당의 예산과 결산 및 그 내역에 관한 회계검사 등 정당의 재정에 관한 사항을 확인·검사하기 위하여 예산결산위원회를 두어야 한다.

③ 제 1 항 및 제 2 항의 기관의 조직·권한 그 밖의 사항에 관하여는 당헌으로 이를 정하여야 한다.

제31조 (당비) ① 정당은 당원의 정예화와 정당의 재정자립을 도모하기 위하여 당비납부제도를 설정·운영하여야 한다.

② 정당의 당원은 같은 정당의 타인의 당비를 부담할 수 없으며, 타인의 당비를 부담한 자와 타인으로 하여금 자신의 당비를 부담하게 한 자는 당비를 낸 것이 확인된 날부터 1년간 당해 정당의 당원자격이 정지된다.

③ 당비납부의무를 이행하지 아니하는 당원에 대한 권리행사의 제한, 제명 및 제 2 항의 규정에 의한 당원자격의 정지 등에 관하여 필요한 사항은 당헌으로 정한다.

제32조 (서면결의의 금지) ① 대의기관의 결의와 소속 국회의원의 제명에 관한 결의는 서면이나 대리인에 의하여 의결할 수 없다.

② 대의기관의 결의는 「전자서명법」 제 2 조(정의) 제 3 호의 규정에 의한 공인전자서명을 통하여도 의결할 수 있으며, 그 구체적인 방법은 당헌으로 정한다.

제33조 (정당소속 국회의원의 제명) 정당이 그 소속 국회의원을 제명하기 위해서는 당헌이 정하는 절차를 거치는 외에 그 소속 국회의원 전원의 2분의 1 이상의 찬성이 있어야 한다.

제34조 (정당의 재정) 정당의 재산 및 수입·지출 등 재정에 관한 사항은 따로 법률로 정한다.

제 6 장 정당활동의 보장

제37조 (활동의 자유) ① 정당은 헌법과 법률에 의하여 활동의 자유를 가진다.

② 정당이 특정 정당이나 공직선거의 후보자(후보자가 되고자 하는 자를 포함한다)를 지지·추천하거나 반대함이 없이 자당의 정책이나 정치적 현안에 대한 입장을 인쇄물·시설물·광고 등을 이용하여 홍보하는 행위와 당원을 모집하기 위한 활동(호별방문을 제외한다)은 통상적인 정당활동으로 보장되어야 한다.

③ 정당은 국회의원지역구 및 자치구·시·군, 읍·면·동별로 당원협의회를 둘 수 있다. 다만, 누구든지 시·도당 하부조직의 운영을 위하여 당원협의회 등의 사무소를 둘 수 없다.

제38조 (정책연구소의 설치·운영) ① 「정치자금법」 제27조(보조금의 배분)의 규정에 의한 보조금 배분대상정당(이하 "보조금 배분대상정당"이라 한다)은 정책의 개발·연구활동을 촉진하기 위하여 중앙당에 별도 법인으로 정책연구소(이하 "정책연구소"라 한다)를 설치·운영하여야 한다.

② 국가는 정책연구소의 활동을 지원할 수 있다.

제39조 (정책토론회) ① 「공직선거법」 제 8 조의7(선거방송토론위원회)의 규정에 의한 중앙선거방송토론위원회는 보조금 배분대상정당이 방송을 통하여 정강·정책을 알릴 수 있도록 하기 위하여 임기만료에 의한 공직선거(대통령의 궐위로 인한 선거 및 재선거를 포함한다)의 선거일 전 90일(대통령의 궐위로 인한 선거 및 재선거에 있어서는 그 선거의 실시사유가 확정된 날)부터 선거일까지를 제외한 기간 중 연 2회 이상 중앙당의 대표자·정책연구소의 소장 또는 중앙당의 대표자가 지정하는 자를 초청하여 정책토론회(이하 "정책토론회"라 한다)를 개최하여야 한다.

② 공영방송사(한국방송공사와 「방송문화진흥회법」에 의한 방송문화진흥회가 최다 출자자인 방송사업자를 말한다. 이하 이 조에서 같다)는 정책토론회를 당해 텔레비전방송을 통하여 중계방송하여야 하며, 그 비용은 공영방송사가 부담한다.

③ 「공직선거법」 제82조의2(선거방송토론위원회 주관 대담·토론회) 제 7 항 내지 제 9 항·제12항 및 제13항의 규정은 정책토론회에 이를 준용한다. 이 경우 "대담·토론회"는 "정책토론회"로, "각급 선거방송토론위원회"는 "중앙선거방송토론위원회"로 본다.

④ 정책토론회의 개최·진행 및 고지 그 밖에 필요한 사항은 중앙선거관리위원회규칙으로 정한다.

제40조 (대체정당의 금지) 정당이 헌법재판소의 결정으로 해산된 때에는 해산된 정당의 강령(또는 기본정책)과 동일하거나 유사한 것으로 정당을 창당하지 못한다.

제41조 (유사명칭 등의 사용금지) ① 이 법에 의하여 등록된 정당이 아니면 그 명칭에 정당임을 표시하는 문자를 사용하지 못한다.

② 헌법재판소의 결정에 의하여 해산된 정당의 명칭과 같은 명칭은 정당의 명칭으로 다시 사용하지 못한다.

③ 창당준비위원회 및 정당의 명칭(약칭을 포함한다)은 이미 신고된 창당준비위원회 및 등록된 정당이 사용 중인 명칭과 뚜렷이 구별되어야 한다.

④ 제44조(등록의 취소) 제 1 항의 규정에 의하여 등록취소된 정당의 명칭과 같은 명칭은 등록취소된 날부터 최초로 실시하는 임기만료에 의한 국회의원선거의 선거일까지 정당의 명칭으로 사용할 수 없다.

제42조 (강제입당 등의 금지) ① 누구든지 본인의 자유의사에 의하는 승낙 없이 정당가입 또는 탈당을 강요당하지 아니한다. 다만, 당원의 제명처분은 그러하지 아니하다.

② 누구든지 2 이상의 정당의 당원이 되지 못한다.

제43조 (비밀엄수의 의무) 각급 선거관리위원회 위원과 직원은 재직 중은 물론 퇴직후라도 직무상의 비밀을 엄수하여야 한다.

제 7 장 정당의 소멸

제44조 (등록의 취소) ① 정당이 다음 각 호의 어느 하나에 해당하는 때에는 당해 선거관리위원회는 그 등록을 취소한다.

1. 제17조(법정시·도당수) 및 제18조(시·도당의 법정당원수)의 요건을 구비하지 못하게 된 때. 다만, 요건의 흠결이 공직선거의 선거일 전 3월 이내에 생긴 때에는 선거일 후 3월까지, 그 외의 경우에는 요건흠결시부터 3월까지 그 취소를 유예한다.
2. 최근 4년간 임기만료에 의한 국회의원선거 또는 임기만료에 의한 지방자치단체의 장선거나 시·도의회의원선거에 참여하지 아니한 때
3. 임기만료에 의한 국회의원선거에 참여하여 의석을 얻지 못하고 유효투표총수의 100분의 2 이상을 득표하지 못한 때

② 제 1 항의 규정에 의하여 등록을 취소한 때에는

당해 선거관리위원회는 지체 없이 그 뜻을 공고하여야 한다.

제45조 (자진해산) ① 정당은 그 대의기관의 결의로써 해산할 수 있다.

② 제1항의 규정에 의하여 정당이 해산한 때에는 그 대표자는 지체 없이 그 뜻을 관할 선거관리위원회에 신고하여야 한다.

제46조 (시·도당 창당승인의 취소) 중앙당 또는 그 창당준비위원회는 시·도당 창당승인에 대한 취소사유와 절차를 당헌 또는 창당준비위원회 규약에 정하여야 하며, 당헌 또는 규약에서 정한 외의 사유로 창당승인을 취소하는 때에는 중앙당 또는 그 창당준비위원회의 대의기관에서 투표로 결정하여야 한다.

제47조 (해산공고 등) 제45조(자진해산)의 신고가 있거나 헌법재판소의 해산결정의 통지나 중앙당 또는 그 창당준비위원회의 시·도당 창당승인의 취소통지가 있는 때에는 당해 선거관리위원회는 그 정당의 등록을 말소하고 지체 없이 그 뜻을 공고하여야 한다.

제48조 (해산된 경우 등의 잔여재산 처분) ① 정당이 제44조(등록의 취소) 제1항의 규정에 의하여 등록이 취소되거나 제45조(자진해산)의 규정에 의하여 자진해산한 때에는 그 잔여재산은 당헌이 정하는 바에 따라 처분한다.

② 제1항의 규정에 의하여 처분되지 아니한 정당의 잔여재산 및 헌법재판소의 해산결정에 의하여 해산된 정당의 잔여재산은 국고에 귀속한다.

③ 제2항에 관하여 필요한 사항은 중앙선거관리위원회규칙으로 정한다.

제7장의2 보칙 〈신설 2008. 2. 29〉

제48조의2 (당대표경선사무의 위탁) ① 「정치자금법」 제27조에 따라 보조금의 배분대상이 되는 정당의 중앙당은 그 대표자의 선출을 위한 선거(이하 이 조에서 "당대표경선"이라 한다)사무 중 투표 및 개표에 관한 사무의 관리를 중앙선거관리위원회에 위탁할 수 있다.

② 중앙선거관리위원회가 제1항에 따라 당대표경선의 투표 및 개표에 관한 사무를 수탁관리하는 경우 그 비용은 해당 정당이 부담한다.

③ 제1항에 따라 정당의 중앙당이 당대표경선사무를 위탁하는 경우 그 구체적인 절차와 필요한 사항은 중앙선거관리위원회규칙으로 정한다.

[본조신설 2008. 2. 29]

제8장 벌 칙

제49조 (당대표경선등의 자유방해죄) ① 정당의 대표자·투표로 선출하는 당직자(당직자의 선출을 위한 선거인단을 포함한다. 이하 같다)의 선출을 위한 선거(이하 "당대표경선등"이라 한다)와 관련하여 다음 각 호의 어느 하나에 해당하는 자는 5년 이하의 징역 또는 1천만원 이하의 벌금에 처한다.

1. 후보자·후보자가 되고자 하는 자 또는 당선인을 폭행·협박 또는 유인하거나 체포·감금한 자
2. 선거운동 또는 교통을 방해하거나 위계·사술 그 밖에 부정한 방법으로 당대표경선등의 자유를 방해한 자
3. 업무·고용 그 밖에 관계로 인하여 자기의 보호·지휘·감독을 받는 자에게 특정 후보자를 지지·추천하거나 반대하도록 강요한 자

② 당대표경선등과 관련하여 다수인이 선거운동을 위한 시설·장소 등에서 위험한 물건을 던지거나 후보자를 폭행한 때에는 다음 각 호의 구분에 따라 처벌한다.

1. 주모자는 3년 이상의 유기징역
2. 다른 사람을 지휘하거나 다른 사람에 앞장서서 행동한 자는 7년 이하의 징역
3. 다른 사람의 의견에 동조하여 행동한 자는 2년 이하의 징역

제50조 (당대표경선등의 매수 및 이해유도죄) ① 당대표경선등과 관련하여 다음 각 호의 어느 하나에 해당하는 자는 3년 이하의 징역 또는 600만원 이하의 벌금에 처한다.

1. 정당의 대표자 또는 당직자로 선출되거나 되게 하거나 되지 못하게 하거나 선거인(당대표경선등의 선거인명부에 등재된 자를 말한다. 이하 이 조에서 같다)으로 하여금 투표를 하게 하거나 하지 아니하게 할 목적으로 후보자(후보자가 되고자 하는 자를 포함한다)·선거운동관계자·선거인 또는 참관인에게 금품·향응 그 밖에 재산상의 이익이나 공사의 직을 제공하거나 그 제공의 의사를 표시하거나 그 제공을 약속한 자. 다만, 중앙선거관리위원회규칙이 정하는 바에 따라 의례적으로 제공할 수 있는 음식물은 그러하지 아니하다.
2. 제1호에 규정된 이익이나 직의 제공을 받거나 그 제공의 의사표시를 승낙한 자

② 제1항 제1호·제2호에 규정된 행위에 관하여 지시·권유·요구하거나 알선한 자는 5년 이하의 징

역 또는 1천만원 이하의 벌금에 처한다.

제51조 (당대표경선등의 매수 및 이해유도죄로 인한 이익의 몰수) 제50조(당대표경선 등의 매수 및 이해유도죄)의 죄를 범한 자가 받은 이익은 이를 몰수한다. 다만, 그 전부 또는 일부를 몰수할 수 없을 때에는 그 가액을 추징한다.

제52조 (당대표경선등의 허위사실공표죄) ① 당대표경선등과 관련하여 당선되거나 되게 할 목적으로 연설·방송·신문·통신·잡지·벽보·선전문서 그 밖의 방법으로 후보자에게 유리하도록 후보자, 그의 배우자 또는 직계존·비속이나 형제자매의 소속·신분·직업·재산·경력·학력·학위 또는 상벌에 관한 허위의 사실을 공표한 자와 허위의 사실을 게재한 선전문서를 배포한 자(배포할 목적으로 소지한 자를 포함한다)는 3년 이하의 징역 또는 6백만원 이하의 벌금에 처한다.

② 당대표경선등과 관련하여 당선되지 못하게 할 목적으로 연설·방송·신문·통신·잡지·벽보·선전문서 그 밖의 방법으로 후보자에게 불리하도록 후보자, 그의 배우자 또는 직계존·비속이나 형제자매에 관하여 허위의 사실을 공표한 자와 허위의 사실을 게재한 선전문서를 배포한 자(배포할 목적으로 소지한 자를 포함한다)는 5년 이하의 징역 또는 1천만원 이하의 벌금에 처한다.

제53조 (위법으로 발기인이나 당원이 된 죄) 제22조(발기인 및 당원의 자격) 제1항 단서의 규정을 위반하여 정당의 발기인이나 당원이 된 자는 1년 이하의 징역이나 100만원 이하의 벌금에 처한다.

제54조 (입당강요죄 등) 제42조(강제입당 등의 금지) 제1항의 규정을 위반하여 정당가입 또는 탈당을 강요한 자는 2년 이하의 징역 또는 200만원 이하의 벌금에 처한다.

제55조 (위법으로 정당에 가입한 죄) 제42조(강제입당 등의 금지) 제2항의 규정을 위반하여 2 이상의 정당의 당원이 된 자는 1년 이하의 징역 또는 100만원 이하의 벌금에 처한다.

제56조 (당원명부 강제열람죄) 당원명부의 열람을 강요한 자는 5년 이하의 징역에 처한다.

제57조 (보고불이행 등의 죄) 제36조(보고 또는 자료 등의 제출의 요구)의 규정에 의한 선거관리위원회의 보고 또는 자료제출의 요구에 정당한 사유 없이 응하지 아니하거나 이에 허위의 보고나 기재를 한 자 또는 제35조(정기보고) 제1항 내지 제3항의 규정에 의한 보고를 하지 아니하거나 그 보고서에 허위의 기재를 한 자는 2년 이하의 징역이나 200만원 이하의 벌금에 처한다.

제58조 (공무상 지득한 사실누설죄 등) 다음 각 호의 어느 하나에 해당하는 자는 3년 이하의 징역이나 금고에 처한다.

1. 제24조(당원명부) 제3항 후단의 규정을 위반하여 당원명부에 관하여 지득한 사실을 누설한 자
2. 제43조(비밀엄수의 의무)의 규정을 위반하여 직무상의 비밀을 엄수하지 아니한 자

제59조 (허위등록신청죄 등) ① 다음 각 호의 어느 하나에 해당하는 자는 2년 이하의 징역이나 200만원 이하의 벌금에 처한다.

1. 허위로 제12조(중앙당의 등록신청사항) 또는 제13조(시·도당의 등록신청사항)의 등록신청을 한 자
2. 허위로 제14조(변경등록)의 변경등록신청을 한 자
3. 제37조(활동의 자유) 제3항 단서의 규정을 위반하여 시·도당 하부조직의 운영을 위하여 당원협의회 등의 사무소를 둔 자

② 제41조(유사명칭 등의 사용금지) 제1항 또는 제2항의 규정을 위반한 자는 1년 이하의 징역이나 100만원 이하의 벌금에 처한다.

제60조 (각종 의무해태죄) ① 제24조(당원명부) 제1항 또는 제26조(탈당원명부)의 규정을 위반하여 당원명부나 탈당원명부를 비치하지 아니한 자는 1년 이하의 징역 또는 50만원 이상 300만원 이하의 벌금에 처한다.

② 제25조(탈당) 제3항의 규정을 위반한 자는 100만원 이하의 벌금에 처한다.

③ 제27조(당원명부 등의 인계)의 규정을 위반하여 관련 서류와 인장 등을 인계하지 아니한 자는 2년 이하의 징역 또는 200만원 이하의 벌금에 처한다.

제61조 (창당방해 등의 죄) ① 위계 또는 위력으로써 창당준비활동을 방해하여 창당준비위원회의 기능을 상실 또는 일시 정지하게 한 자는 7년 이하의 징역 또는 3천만원 이하의 벌금에 처한다.

② 위계 또는 위력으로써 정당활동을 방해하여 정당의 기능을 상실 또는 일시 정지하게 한 자도 제1항에 규정하는 형(형)에 처한다.

제62조 (과태료의 부과·징수 등) ① 다음 각 호의 어느 하나에 해당하는 행위를 한 자는 100만원 이하의 과태료에 처한다.

1. 제14조(변경등록)의 규정에 의한 변경등록신청을 해태한 자
2. 제20조(합당된 경우의 등록신청) 제1항의 규정

에 의한 등록신청 또는 같은 조 제4항의 규정에 의한 신고를 해태한 자
3. 제35조(정기보고) 제1항 내지 제3항의 규정에 의한 보고를 해태한 자

② 제1항의 규정에 의한 과태료는 중앙선거관리위원회규칙이 정하는 바에 의하여 관할 선거관리위원회(읍·면·동선거관리위원회를 제외한다)가 위반자에게 부과하며, 납부기한까지 납부하지 아니한 때에는 관할 세무서장에게 위탁하고 관할 세무서장이 국세체납처분의 예에 따라 이를 징수한다.

③ 제2항의 규정에 의한 과태료 처분에 불복이 있는 자는 그 처분의 고지를 받은 날부터 20일 이내에 관할 선거관리위원회에 이의를 제기할 수 있다.

④ 제2항의 규정에 의하여 과태료 처분을 받은 자가 제3항의 규정에 의하여 이의를 제기한 때에는 관할 선거관리위원회는 지체 없이 관할 법원에 그 사실을 통보하여야 하며, 그 통보를 받은 관할 법원은 「비송사건절차법」에 의한 과태료의 재판을 한다.

⑤ 제3항 또는 제4항의 규정에 의한 이의제기 또는 재판의 진행은 과태료 처분의 효력이나 그 집행 또는 절차의 속행에 영향을 주지 아니한다.

부칙 〈제07683호, 2005. 8. 4〉

① (시행일) 이 법은 공포한 날부터 시행한다.

② (창당집회의 공개에 관한 경과조치) 제10조(창당집회의 공개)의 개정규정에 의한 중앙당창당준비위원회의 창당집회의 공고는 「신문 등의 자유와 기능보장에 관한 법률」의 시행 전에는 종전의 규정에 의한다.

③ (정책토론회에 관한 적용례) 정책토론회는 제39조(정책토론회) 제1항의 개정규정에 불구하고 이 법이 최초로 시행되는 연도에는 연 1회 개최할 수 있다.

④ (벌칙에 관한 경과조치) 이 법 시행 전의 행위에 대한 벌칙의 적용에 있어서는 종전의 규정에 의한다.

⑤ (다른 법령과의 관계) 이 법 시행 당시 다른 법령에서 종전의 규정을 인용하고 있는 경우에 이 법 중 그에 해당하는 규정이 있는 경우에는 종전의 규정에 갈음하여 이 법의 해당 규정을 인용하고 있는 것으로 본다.

부칙 〈제8881호, 2008. 2. 29〉

이 법은 공포한 날부터 시행한다.

정치자금법(초)

[시행 2010. 2. 1]
[법률 제9785호, 2009. 7. 31, 타법개정]
중앙선거관리위원회(법제기획관), 02-503-2190

제1장 총 칙

제1조 (목적) 이 법은 정치자금의 적정한 제공을 보장하고 그 수입과 지출내역을 공개하여 투명성을 확보하며 정치자금과 관련한 부정을 방지함으로써 민주정치의 건전한 발전에 기여함을 목적으로 한다.

제2조 (기본원칙) ① 누구든지 이 법에 의하지 아니하고는 정치자금을 기부하거나 받을 수 없다.

② 정치자금은 국민의 의혹을 사는 일이 없도록 공명정대하게 운용되어야 하고, 그 회계는 공개되어야 한다.

③ 정치자금은 정치활동을 위하여 소요되는 경비로만 지출하여야 하며, 사적 경비로 지출하거나 부정한 용도로 지출하여서는 아니된다. 이 경우 "사적 경비"라 함은 다음 각 호의 어느 하나의 용도로 사용하는 경비를 말한다.

1. 가계의 지원·보조
2. 개인적인 채무의 변제 또는 대여
3. 향우회·동창회·종친회, 산악회 등 동호인회, 계모임 등 개인간의 사적 모임의 회비 그 밖의 지원경비
4. 개인적인 여가 또는 취미활동에 소요되는 비용

④ 이 법에 의하여 1회 120만원을 초과하여 정치자금을 기부하는 자와 다음 각 호에 해당하는 금액을 초과하여 정치자금을 지출하는 자는 수표나 신용카드·예금계좌입금 그 밖에 실명이 확인되는 방법으로 기부 또는 지출하여야 한다. 다만, 현금으로 연간 지출할 수 있는 정치자금은 연간 지출총액의 100분의 20(선거비용은 선거비용제한액의 100분의 10)을 초과할 수 없다.

1. 선거비용 외의 정치자금: 50만원. 다만, 공직선거의 후보자·예비후보자의 정치자금은 20만원
2. 선거비용: 20만원

⑤ 누구든지 타인의 명의나 가명으로 정치자금을 기부할 수 없다.

제3조 (정의) 이 법에서 사용하는 용어의 정의는 다음과 같다.

1. "정치자금"이라 함은 당비, 후원금, 기탁금, 보조금과 정당의 당헌·당규 등에서 정한 부대수입 그 밖에 정치활동을 위하여 정당(중앙당창당준비위원회를 포함한다), 공직선거에 의하여 당선된 자, 공직선거의 후보자 또는 후보자가 되고자 하는 자, 후원회·정당의 간부 또는 유급사무직원 그 밖에 정치활동을 하는 자에게 제공되는 금전이나 유가증권 그 밖의 물건과 그 자의 정치활동에 소요되는 비용을 말한다.
2. "기부"라 함은 정치활동을 위하여 개인 또는 후원회 그 밖의 자가 정치자금을 제공하는 일체의 행위를 말한다. 이 경우 제3자가 정치활동을 하는 자의 정치활동에 소요되는 비용을 부담하거나 지출하는 경우와 금품이나 시설의 무상대여, 채무의 면제·경감 그 밖의 이익을 제공하는 행위 등은 이를 기부로 본다.
3. "당비"라 함은 명목여하에 불구하고 정당의 당헌·당규 등에 의하여 정당의 당원이 부담하는 금전이나 유가증권 그 밖의 물건을 말한다.
4. "후원금"이라 함은 이 법의 규정에 의하여 후원회에 기부하는 금전이나 유가증권 그 밖의 물건을 말한다.
5. "기탁금"이라 함은 정치자금을 정당에 기부하고자 하는 개인이 이 법의 규정에 의하여 선거관리위원회에 기탁하는 금전이나 유가증권 그 밖의 물건을 말한다.
6. "보조금"이라 함은 정당의 보호·육성을 위하여 국가가 정당에 지급하는 금전이나 유가증권을 말한다.
7. "후원회"라 함은 이 법의 규정에 의하여 정치자금의 기부를 목적으로 설립·운영되는 단체로서 관할 선거관리위원회에 등록된 단체를 말한다.
8. 공직선거와 관련한 용어의 정의는 다음과 같다.
   가. "공직선거"라 함은 「공직선거법」 제2조(적용범위)의 규정에 의한 선거를 말한다.
   나. "공직선거의 후보자"라 함은 「공직선거법」 제49조(후보자등록 등)의 규정에 의하여 관할 선거구선거관리위원회에 등록된 자를 말한다.

다. "공직선거의 예비후보자"라 함은 「공직선거법」제60조의2(예비후보자등록)의 규정에 의하여 관할 선거구선거관리위원회에 등록된 자를 말한다.

라. "비례대표지방의회의원"이라 함은 비례대표 시·도의회의원 및 비례대표자치구·시·군의 회의원을 말한다.

마. "정당선거사무소"라 함은 「공직선거법」 제61조의2(정당선거사무소의 설치)의 규정에 의한 정당선거사무소를 말한다.

바. "선거사무소"·"선거연락소"라 함은 각각 「공직선거법」 제63조(선거운동기구 및 선거사무관계자의 신고)의 규정에 의한 선거사무소·선거연락소를 말한다.

사. "선거사무장"·"선거연락소장"이라 함은 각각 「공직선거법」제63조의 규정에 의한 선거사무장·선거연락소장을 말한다.

아. "선거비용"이라 함은 「공직선거법」 제119조(선거비용 등의 정의)의 규정에 의한 선거비용을 말한다.

자. "선거비용제한액"이라 함은 「공직선거법」 제122조(선거비용제한액의 공고)의 규정에 의하여 관할 선거구선거관리위원회가 공고한 당해 선거(선거구가 있는 때에는 그 선거구)의 선거비용제한액을 말한다.

제 2 장 당 비

제 4 조 (당비) ① 정당은 소속 당원으로부터 당비를 받을 수 있다.

② 정당의 회계책임자는 타인의 명의나 가명으로 납부된 당비는 국고에 귀속시켜야 한다.

③ 제 2 항의 규정에 의하여 국고에 귀속되는 당비는 관할 선거관리위원회가 이를 납부받아 국가에 납입하되, 납부기한까지 납부하지 아니한 때에는 관할 세무서장에게 위탁하여 관할 세무서장이 국세체납처분의 예에 따라 이를 징수한다.

④ 제 3 항의 규정에 의한 국고귀속절차 그 밖에 필요한 사항은 중앙선거관리위원회규칙으로 정한다.

제 5 조 (당비영수증) ① 정당의 회계책임자는 당비를 납부받은 때에는 당해 연도말일(정당이 등록취소되거나 해산되는 경우에는 그 등록취소일 또는 해산일을 말한다. 이하 제 2 항에서 같다)까지 당비영수증을 당원에게 교부하고, 그 원부를 보관하여야 한다. 다만, 연간 10만원 이하의 당비를 납부한 당원이 그 당비영수증의 수령을 원하지 아니하는 경우에는 그러하지 아니하다. 〈개정 2008. 2. 29〉

② 1회 1만원 이하의 당비납부에 대한 당비영수증은 당해 연도말일 현재로 연간 납부총액에 대하여 1매로 발행·교부할 수 있다.

③ 제 1 항 및 제 2 항에 따른 당비영수증은 전자적 형태로 제작하여 인터넷을 통하여 발행·교부할 수 있되, 위조·변조를 방지할 수 있는 기술적 조치를 하여야 한다. 〈신설 2008. 2. 29〉

④ 제 1 항부터 제 3 항까지의 규정에 따른 당비영수증의 서식 그 밖에 필요한 사항은 중앙선거관리위원회규칙으로 정한다. 〈개정 2008. 2. 29〉

제 3 장 후 원 회

제 6 조 (후원회지정권자) 다음 각 호에 해당하는 자(이하 "후원회지정권자"라 한다)는 각각 하나의 후원회를 지정하여 둘 수 있다. 〈개정 2008. 2. 29〉

1. 삭제 〈2008. 2. 29〉
2. 국회의원(국회의원선거의 당선인을 포함한다)

2의2. 대통령선거의 후보자 및 예비후보자(이하 "대통령후보자등"이라 한다)

3. 정당의 대통령선거후보자 선출을 위한 당내경선후보자(이하 "대통령선거경선후보자"라 한다)
4. 지역선거구(이하 "지역구"라 한다)국회의원선거의 후보자 및 예비후보자(이하 "국회의원후보자등"이라 한다). 다만, 후원회를 둔 국회의원의 경우에는 그러하지 아니하다.
5. 중앙당의 대표자 선출을 위한 당내경선후보자(이하 "당대표경선후보자"라 한다)
6. 특별시장·광역시장·도지사선거의 후보자(이하 "시·도지사후보자"라 한다)

제 7 조 (후원회의 등록신청 등) ① 후원회의 대표자는 당해 후원회지정권자의 지정을 받은 날부터 14일 이내에 그 지정서를 첨부하여 관할 선거관리위원회에 등록신청을 하여야 한다.

② 후원회의 등록신청사항은 다음 각 호와 같다.

1. 후원회의 명칭
2. 후원회의 소재지
3. 정관 또는 규약
4. 대표자의 성명·주민등록번호·주소
5. 회인(會印) 및 그 대표자 직인의 인영
6. 중앙선거관리위원회규칙으로 정하는 사항

③ 후원회를 둔 국회의원이 대통령후보자등·대통령선거경선후보자 또는 당대표경선후보자가 되는 경우 기존의 국회의원후원회를 대통령후보자등·대통령선거경선후보자 또는 당대표경선후보자의 후원

회로 지정할 수 있으며, 후원회를 둔 대통령예비후보자가 대통령선거경선후보자가 되는 경우 기존의 대통령예비후보자후원회를 대통령선거경선후보자후원회로 지정할 수 있다. 이 경우 그 대통령후보자등·대통령선거경선후보자 또는 당대표경선후보자의 후원회의 대표자는 후원회지정권자의 지정을 받은 날부터 14일 이내에 그 지정서와 회인(會印) 및 그 대표자 직인의 인영을 첨부하여 관할 선거관리위원회에 신고하여야 한다. 〈개정 2008. 2. 29〉

④ 제2항의 규정에 의한 등록신청사항 중 제1호 내지 제5호에 규정된 사항 및 제3항의 규정에 의한 회인(會印) 및 그 대표자 직인의 인영에 변경이 생긴 때에는 후원회의 대표자는 14일 이내에 관할 선거관리위원회에 변경등록신청 또는 신고를 하여야 한다.

⑤ 관할 선거관리위원회는 제1항 또는 제4항의 규정에 의한 등록신청을 접수한 날부터 7일 이내에 등록을 수리하고 등록증을 교부하여야 한다.

제8조 (후원회의 회원) ① 누구든지 자유의사로 하나 또는 둘 이상의 후원회의 회원이 될 수 있다. 다만, 제31조(기부의 제한) 제1항의 규정에 의하여 기부를 할 수 없는 자와 「정당법」 제22조(발기인 및 당원의 자격)의 규정에 의하여 정당의 당원이 될 수 없는 자는 그러하지 아니하다.

② 후원회는 회원명부를 비치하여야 한다.

③ 제2항의 회원명부는 법원이 재판상 요구하는 경우와 제52조(정치자금범죄 조사 등)의 규정에 의하여 관할 선거관리위원회가 회원의 자격과 후원금 내역 등 필요한 사항을 확인하는 경우를 제외하고는 이의 열람을 강요당하지 아니한다.

④ 범죄수사를 위한 회원명부의 조사에는 법관이 발부한 영장이 있어야 한다.

⑤ 누구든지 회원명부에 관하여 직무상 알게 된 사실을 누설하여서는 아니된다.

제10조 (후원금의 모금·기부) ① 후원회는 제7조(후원회의 등록신청 등)의 규정에 의하여 등록을 한 후 후원인(회원과 회원이 아닌 자를 말한다. 이하 같다)으로부터 후원금을 모금하여 이를 당해 후원회지정권자에게 기부한다. 이 경우 후원회가 모금한 후원금 외의 차입금 등 금품은 기부할 수 없다.

② 후원회가 후원금을 모금한 때에는 모금에 직접 소요된 경비를 공제하고 지체 없이 이를 후원회지정권자에게 기부하여야 한다.

③ 삭제 〈2008. 2. 29〉

제11조 (후원인의 기부한도 등) ① 후원인이 후원회에 기부할 수 있는 후원금은 연간 2천만원을 초과할 수 없다.

② 후원인이 하나의 후원회에 연간(대통령후보자등·대통령선거경선후보자·당대표경선후보자·국회의원후보자등 및 시·도지사후보자의 후원회의 경우에는 당해 후원회를 둘 수 있는 기간을 말한다. 이하 같다) 기부할 수 있는 한도액은 다음 각 호와 같다.

1. 대통령후보자등·대통령선거경선후보자의 후원회에는 각각 1천만원(후원회지정권자가 동일인인 대통령후보자등후원회에는 합하여 1천만원)
2. 제1호 외의 후원회에는 각각 500만원(후원회지정권자가 동일인인 국회의원후보자등후원회와 국회의원후원회는 합하여 500만원)

③ 후원인은 1회 10만원 이하, 연간 120만원 이하의 후원금은 이를 익명으로 기부할 수 있다.

④ 후원회의 회계책임자는 제3항의 규정에 의한 익명기부한도액을 초과하거나 타인의 명의 또는 가명으로 후원금을 기부받은 경우 그 초과분 또는 타인의 명의나 가명으로 기부받은 금액은 국고에 귀속시켜야 한다. 이 경우 국고귀속절차에 관하여는 제4조(당비) 제3항 및 제4항의 규정을 준용한다.

⑤ 후원회의 회원은 연간 1만원 또는 그에 상당하는 가액 이상의 후원금을 기부하여야 한다.

⑥ 후원인의 기부방법 그 밖에 필요한 사항은 중앙선거관리위원회규칙으로 정한다.

제12조 (후원회의 모금·기부한도) ① 후원회가 연간 모금할 수 있는 한도액(이하 "연간 모금한도액"이라 하고, 전년도 이월금을 포함하지 아니한다)은 다음 각 호와 같다. 다만, 신용카드·예금계좌·전화 또는 인터넷전자결제시스템 등에 의한 모금으로 부득이하게 연간 모금한도액을 초과하게 된 때에는 그러하지 아니하되, 그 이후에는 후원금을 모금할 수 없다. 〈개정 2006. 3. 2, 2008. 2. 29〉

1. 삭제 〈2008. 2. 29〉
2. 삭제 〈2008. 2. 29〉
3. 대통령후보자등후원회·대통령선거경선후보자후원회는 각각 선거비용제한액의 100분의 5에 해당하는 금액(후원회지정권자가 동일인인 대통령후보자등후원회는 합하여 선거비용제한액의 100분의 5에 해당하는 금액)
4. 국회의원·국회의원후보자등 및 당대표경선후보자의 후원회는 각각 1억5천만원(후원회지정권자가 동일인인 국회의원후보자등후원회는 합하여 1억5천만원)
5. 시·도지사후보자후원회는 선거비용제한액의 100

분의 50에 해당하는 금액

② 후원회가 당해 후원회지정권자에게 연간 기부할 수 있는 한도액(이하 "연간 기부한도액"이라 한다)은 제1항의 규정에 의한 연간 모금한도액과 같은 금액으로 한다.

③ 후원회가 모금한 후원금이 연간 기부한도액을 초과하는 때에는 다음 연도에 이월하여 기부할 수 있다.

④ 제19조(후원회의 해산 등)의 규정에 의하여 후원회가 해산된 후 후원회지정권자가 같은 종류의 새로운 후원회를 두는 경우 그 새로운 후원회가 모금·기부할 수 있는 후원금은 당해 후원회의 연간 모금·기부한도액에서 종전의 후원회가 모금·기부한 후원금을 공제한 금액으로 한다.

제13조 (연간 모금·기부한도액에 관한 특례) ① 다음 각 호에 해당하는 후원회는 공직선거가 있는 연도에는 연간 모금·기부한도액의 2배를 모금·기부할 수 있다. 〈개정 2008. 2. 29〉

1. 대통령선거
   후보자를 선출한 정당의 지역구국회의원후원회
2. 임기만료에 의한 국회의원선거
   지역구에 후보자로 등록한 국회의원후원회
3. 임기만료에 의한 동시지방선거
   해당 선거구에 후보자를 추천한 정당의 지역구국회의원후원회

② 제1항에서 "공직선거가 있는 연도"라 함은 당해 선거의 선거일이 속하는 연도를 말한다.

제14조 (후원금 모금방법) ① 후원회는 우편·통신(전화, 인터넷전자결제시스템 등을 말한다)에 의한 모금, 중앙선거관리위원회가 제작한 정치자금영수증(이하 "정치자금영수증"이라 한다)과의 교환에 의한 모금 또는 신용카드·예금계좌 등에 의한 모금 그 밖에 이 법과 「정당법」 및 「공직선거법」에 위반되지 아니하는 방법으로 후원금을 모금할 수 있다. 다만, 집회에 의한 방법으로는 후원금을 모금할 수 없다.

② 후원회는 후원금 모금이나 회원모집의 기회를 이용하여 정당 또는 공직선거의 후보자·후보자가 되고자 하는 자를 지지·추천하거나 그 밖에 선거운동에 이르는 행위를 할 수 없다.

제18조 (불법후원금의 반환) 후원회의 회계책임자는 후원인으로부터 기부받은 후원금이 이 법 또는 다른 법률에 위반되는 청탁 또는 불법의 후원금이라는 사실을 안 날부터 30일 이내에 후원인에게 반환하고, 정치자금영수증을 교부하였을 때에는 이를 회수하여야 한다. 이 경우 후원인의 주소 등 연락처를 알지 못하여 반환할 수 없거나 후원인이 수령을 거절하는 때에는 선거관리위원회를 통하여 이를 국고에 귀속시켜야 한다.

제19조 (후원회의 해산 등) ① 후원회는 당해 후원회지정권자가 후원회를 둘 수 있는 자격을 상실하거나 후원회의 지정을 철회한 때 또는 정관 등에 정한 해산사유가 발생한 때에는 해산한다. 다만, 후원회를 둔 국회의원후보자가 국회의원으로 당선된 경우에는 그 후원회는 대의기관이나 수임기관의 존속결의로써 당선된 국회의원의 후원회로 존속할 수 있으며, 국회의원당선인후원회는 국회의원후원회로, 후원회를 둔 대통령예비후보자·국회의원예비후보자가 대통령후보자·국회의원후보자로 등록된 때에는 그 대통령예비후보자후원회·국회의원예비후보자후원회는 대통령후보자후원회·국회의원후보자후원회로 본다. 〈개정 2008. 2. 29〉

② 제1항 단서의 경우에 국회의원후보자후원회의 대표자는 그 존속결의가 있은 날부터 14일 이내에 제7조(후원회의 등록신청 등) 제4항의 규정에 의한 변경등록을 신청하여야 하며, 그 후원회는 종전의 후원회의 권리·의무를 승계한다. 〈개정 2008. 2. 29〉

③ 후원회가 해산한 때에는 그 대표자는 14일 이내에 그 사실을 관할 선거관리위원회에 신고하여야 한다. 다만, 국회의원의 임기만료, 대통령후보자등·국회의원후보자등 또는 시·도지사후보자의 신분상실로 인하여 해산되는 경우에는 그러하지 아니하다. 〈개정 2008. 2. 29〉

④ 후원회가 해산일부터 14일 이내에 제3항 본문의 규정에 의한 해산신고를 하지 아니한 경우에는 관할 선거관리위원회는 그 후원회의 등록을 말소할 수 있다.

제4장 기 탁 금

제22조 (기탁금의 기탁) ① 기탁금을 기탁하고자 하는 개인(당원이 될 수 없는 공무원과 사립학교 교원을 포함한다)은 각급 선거관리위원회(읍·면·동선거관리위원회를 제외한다)에 기탁하여야 한다.

② 1인이 기탁할 수 있는 기탁금은 1회 1만원 또는 그에 상당하는 가액 이상, 연간 1억원 또는 전년도 소득의 100분의 5 중 다액 이하로 한다.

③ 누구든지 타인의 명의나 가명 또는 그 성명 등 인적 사항을 밝히지 아니하고 기탁금을 기탁할 수 없다. 이 경우 기탁자의 성명 등 인적 사항을 공개

하지 아니할 것을 조건으로 기탁할 수 있다.

④ 기탁절차 그 밖에 필요한 사항은 중앙선거관리위원회규칙으로 정한다.

제23조 (기탁금의 배분과 지급) ① 중앙선거관리위원회는 기탁금의 모금에 직접 소요된 경비를 공제하고 지급 당시 제27조(보조금의 배분)의 규정에 의한 국고보조금 배분율에 따라 기탁금을 배분·지급한다.

② 중앙선거관리위원회가 기탁금을 배분·지급하는 때에는 1회 300만원을 초과하여 기탁한 자의 성명 등 인적 사항을 공개하여야 한다. 다만, 제22조(기탁금의 기탁) 제3항 후단의 규정에 의하여 이를 공개하지 아니할 것을 조건으로 기탁한 경우에는 그러하지 아니하다. 〈개정 2008. 2. 29〉

③ 기탁금의 지급시기 및 절차 그 밖에 필요한 사항은 중앙선거관리위원회규칙으로 정한다.

제24조 (기탁금의 국고귀속 등) ① 제22조(기탁금의 기탁) 제2항 및 제3항의 규정을 위반하여 기탁된 기탁금은 국고에 귀속한다.

② 중앙선거관리위원회는 기탁금을 지급받을 정당이 수령을 거절하는 경우에는 그 기탁금은 수령을 거절한 정당을 제외한 나머지 정당에 제23조(기탁금의 배분과 지급) 제1항의 규정에 의하여 배분·지급한다.

③ 제1항의 규정에 의한 국고귀속절차에 관하여는 제4조(당비) 제3항 및 제4항의 규정을 준용한다.

제5장 국고보조금

제25조 (보조금의 계상) ① 국가는 정당에 대한 보조금으로 최근 실시한 임기만료에 의한 국회의원선거의 선거권자 총수에 보조금 계상단가를 곱한 금액을 매년 예산에 계상하여야 한다. 이 경우 임기만료에 의한 국회의원선거의 실시로 선거권자 총수에 변경이 있는 때에는 당해 선거가 종료된 이후에 지급되는 보조금은 변경된 선거권자 총수를 기준으로 계상하여야 한다. 〈개정 2008. 2. 29〉

② 대통령선거, 임기만료에 의한 국회의원선거 또는 「공직선거법」 제203조(동시선거의 범위와 선거일) 제1항의 규정에 의한 동시지방선거가 있는 연도에는 각 선거(동시지방선거는 하나의 선거로 본다)마다 보조금 계상단가를 추가한 금액을 제1항의 기준에 의하여 예산에 계상하여야 한다. 〈개정 2008. 2. 29〉

③ 제1항 및 제2항에 따른 보조금 계상단가는 전년도 보조금 계상단가에 「통계법」 제3조에 따라 통계청장이 매년 고시하는 전전년도와 대비한 전년도 전국소비자물가변동률을 적용하여 산정한 금액을 증감한 금액으로 한다. 〈신설 2008. 2. 29〉

④ 중앙선거관리위원회는 제1항의 규정에 의한 보조금(이하 "경상보조금"이라 한다)은 매년 분기별로 균등분할하여 정당에 지급하고, 제2항의 규정에 의한 보조금(이하 "선거보조금"이라 한다)은 당해 선거의 후보자등록마감일 후 2일 이내에 정당에 지급한다. 〈개정 2008. 2. 29〉

제26조 (공직후보자 여성추천보조금) ① 국가는 임기만료에 의한 지역구국회의원선거, 지역구시·도의회의원선거 및 지역구자치구·시·군의회의원선거에서 여성후보자를 추천하는 정당에 지급하기 위한 보조금(이하 "여성추천보조금"이라 한다)으로 최근 실시한 임기만료에 의한 국회의원선거의 선거권자 총수에 100원을 곱한 금액을 임기만료에 의한 국회의원선거, 시·도의회의원선거 또는 자치구·시·군의회의원선거가 있는 연도의 예산에 계상하여야 한다. 〈개정 2006. 4. 28〉

② 여성추천보조금은 제1항의 규정에 의한 선거에서 여성후보자를 추천한 정당에 대하여 다음 각 호의 기준에 따라 배분·지급한다. 이 경우 지역구시·도의회의원선거와 지역구자치구·시·군의회의원선거에서의 여성추천보조금은 제1항의 규정에 의하여 당해연도의 예산에 계상된 여성추천보조금의 100분의 50을 각 선거의 여성추천보조금 총액으로 한다. 〈개정 2006. 4. 28〉

1. 여성후보자를 전국지역구총수의 100분의 30이상 추천한 정당이 있는 경우
   여성추천보조금 총액의 100분의 50은 지급 당시 정당별 국회의석수의 비율에 따라, 그 잔여분은 최근 실시한 임기만료에 의한 국회의원선거에서의 득표수의 비율(비례대표전국선거구 및 지역구에서 당해 정당이 득표한 득표수 비율의 평균을 말한다. 이하 "국회의원선거의 득표수 비율"이라 한다)에 따라 배분·지급한다.
2. 여성후보자를 전국지역구총수의 100분의 30이상 추천한 정당이 없는 경우
   가. 여성후보자를 전국지역구총수의 100분의 15 이상 100분의 30 미만을 추천한 정당
      여성추천보조금 총액의 100분의 50을 제1호의 기준에 따라 배분·지급한다.
   나. 여성후보자를 전국지역구총수의 100분의 5 이상 100분의 15 미만을 추천한 정당
      여성추천보조금 총액의 100분의 30을 제1호

의 기준에 따라 배분·지급한다. 이 경우 하나의 정당에 배분되는 여성추천보조금은 가목에 의하여 각 정당에 배분되는 여성추천보조금 중 최소액을 초과할 수 없다.

③ 여성추천보조금은 임기만료에 의한 지역구국회의원선거, 지역구시·도의회의원선거 또는 지역구자치구·시·군의회의원선거의 후보자등록마감일 후 2일 이내에 정당에 지급한다. 〈개정 2006.4.28〉

제27조 (보조금의 배분) ① 경상보조금과 선거보조금은 지급 당시 「국회법」 제33조(교섭단체) 제1항 본문의 규정에 의하여 동일 정당의 소속의원으로 교섭단체를 구성한 정당에 대하여 그 100분의 50을 정당별로 균등하게 분할하여 배분·지급한다.

② 보조금 지급 당시 제1항의 규정에 의한 배분·지급대상이 아닌 정당으로서 5석 이상의 의석을 가진 정당에 대하여는 100분의 5씩을, 의석이 없거나 5석 미만의 의석을 가진 정당 중 다음 각 호의 어느 하나에 해당하는 정당에 대하여는 보조금의 100분의 2씩을 배분·지급한다.

1. 최근에 실시된 임기만료에 의한 국회의원선거에 참여한 정당의 경우에는 국회의원선거의 득표수 비율이 100분의 2 이상인 정당
2. 최근에 실시된 임기만료에 의한 국회의원선거에 참여한 정당 중 제1호에 해당하지 아니하는 정당으로서 의석을 가진 정당의 경우에는 최근에 전국적으로 실시된 후보추천이 허용되는 비례대표시·도의회의원선거, 지역구시·도의회의원선거, 시·도지사선거 또는 자치구·시·군의 장선거에서 당해 정당이 득표한 득표수 비율이 100분의 0.5 이상인 정당
3. 최근에 실시된 임기만료에 의한 국회의원선거에 참여하지 아니한 정당의 경우에는 최근에 전국적으로 실시된 후보추천이 허용되는 비례대표시·도의회의원선거, 지역구시·도의회의원선거, 시·도지사선거 또는 자치구·시·군의 장선거에서 당해 정당이 득표한 득표수 비율이 100분의 2 이상인 정당

③ 제1항 및 제2항의 규정에 의한 배분·지급액을 제외한 잔여분 중 100분의 50은 지급 당시 국회의석을 가진 정당에 그 의석수의 비율에 따라 배분·지급하고, 그 잔여분은 국회의원선거의 득표수 비율에 따라 배분·지급한다.

④ 선거보조금은 당해 선거의 후보자등록마감일 현재 후보자를 추천하지 아니한 정당에 대하여는 이를 배분·지급하지 아니한다.

⑤ 보조금의 지급시기 및 절차 그 밖에 필요한 사항은 중앙선거관리위원회규칙으로 정한다.

제28조 (보조금의 용도제한 등) ① 보조금은 정당의 운영에 소요되는 경비로서 다음 각 호에 해당하는 경비 외에는 사용할 수 없다.

1. 인건비
2. 사무용 비품 및 소모품비
3. 사무소 설치·운영비
4. 공공요금
5. 정책개발비
6. 당원 교육훈련비
7. 조직활동비
8. 선전비
9. 선거관계비용

② 경상보조금을 지급받은 정당은 그 경상보조금 총액의 100분의 30 이상은 정책연구소 [「정당법」 제38조(정책연구소의 설치·운영)에 의한 정책연구소를 말한다. 이하 같다]에, 100분의 10 이상은 시·도당에 배분·지급하여야 하며, 100분의 10 이상은 여성정치발전을 위하여 사용하여야 한다.

③ 정당은 소속 당원인 공직선거의 후보자·예비후보자에게 보조금을 지원할 수 있으며, 여성추천보조금은 제1항의 규정에 불구하고 여성후보자의 선거경비로 사용하여야 한다.

④ 각급 선거관리위원회(읍·면·동선거관리위원회를 제외한다) 위원·직원은 보조금을 지급받은 정당 및 이의 지출을 받은 자 그 밖에 관계인에 대하여 감독상 또는 이 법의 위반 여부를 확인하기 위하여 필요하다고 인정하는 때에는 보조금 지출에 관하여 조사할 수 있다.

제29조 (보조금의 감액) 중앙선거관리위원회는 다음 각호의 규정에 따라 당해 금액을 회수하고, 회수가 어려운 때에는 그 이후 당해 정당에 지급할 보조금에서 감액하여 지급할 수 있다. 〈개정 2006.4.28〉

1. 보조금을 지급받은 정당(정책연구소 및 정당선거사무소를 포함한다)이 보조금에 관한 회계보고를 허위·누락한 경우에는 허위·누락에 해당하는 금액의 2배에 상당하는 금액
2. 제28조(보조금의 용도제한 등) 제1항의 규정에 의한 용도 외의 용도로 사용한 경우에는 그 용도를 위반하여 사용한 보조금의 2배에 상당하는 금액
3. 제28조 제2항의 규정에 의한 용도 외의 용도로 사용한 경우에는 용도를 위반한 보조금의 2배에

상당하는 금액

4. 제28조 제3항의 규정에 의한 여성추천보조금의 용도 외의 용도로 사용한 경우에는 용도를 위반한 보조금의 2배에 상당하는 금액
5. 제40조(회계보고)의 규정을 위반하여 회계보고를 하지 아니한 경우에는 중앙당의 경우 지급한 보조금의 100분의 25에 상당하는 금액, 시·도당의 경우 중앙당으로부터 지원받은 보조금의 2배에 상당하는 금액

제30조 (보조금의 반환) ① 보조금을 지급받은 정당이 해산되거나 등록이 취소된 경우에는 지체 없이 보조금의 지출내역을 중앙선거관리위원회에 보고하고 그 잔액이 있는 때에는 이를 반환하여야 한다.

② 중앙선거관리위원회는 제1항의 규정에 의하여 정당이 반환하여야 할 보조금을 반환하지 아니한 때에는 국세체납처분의 예에 의하여 강제징수할 수 있다.

③ 제2항의 규정에 의한 보조금의 징수는 다른 공과금에 우선한다.

④ 보조금 잔액의 반환 그 밖에 필요한 사항은 중앙선거관리위원회규칙으로 정한다.

제6장 기부의 제한

제31조 (기부의 제한) ① 외국인, 국내·외의 법인 또는 단체는 정치자금을 기부할 수 없다.

② 누구든지 국내·외의 법인 또는 단체와 관련된 자금으로 정치자금을 기부할 수 없다.

제32조 (특정행위와 관련한 기부의 제한) 누구든지 다음 각 호의 어느 하나에 해당하는 행위와 관련하여 정치자금을 기부하거나 받을 수 없다.

1. 공직선거에 있어서 특정인을 후보자로 추천하는 일
2. 지방의회 의장·부의장 선거와 교육위원회 의장·부의장, 교육감·교육위원을 선출하는 일
3. 공무원이 담당·처리하는 사무에 관하여 청탁 또는 알선하는 일
4. 다음 각 목의 어느 하나에 해당하는 법인과의 계약이나 그 처분에 의하여 재산상의 권리·이익 또는 직위를 취득하거나 이를 알선하는 일
   가. 국가·공공단체 또는 특별법의 규정에 의하여 설립된 법인
   나. 국가나 지방자치단체가 주식 또는 지분의 과반수를 소유하는 법인
   다. 국가나 공공단체로부터 직접 또는 간접으로 보조금을 받는 법인
   라. 정부가 지급보증 또는 투자한 법인

제33조 (기부의 알선에 관한 제한) 누구든지 업무·고용 그 밖의 관계를 이용하여 부당하게 타인의 의사를 억압하는 방법으로 기부를 알선할 수 없다.

제38조 (정당의 회계처리) ① 중앙당은 정치자금의 지출을 공개적·민주적으로 처리하기 위하여 회계처리에 관한 절차 등을 당헌·당규로 정하여야 한다.

② 제1항의 당헌·당규에는 다음 각 호의 사항이 포함되어야 한다.

1. 예산결산위원회의 구성 및 운영에 관한 사항
2. 다음 각 목의 내용을 명시한 지출결의서에 관한 사항
   가. 지출과목, 지출의 목적·일자 및 금액
   나. 지급받거나 받을 권리가 있는 자의 성명·생년월일·주소·직업 및 전화번호
3. 중앙당(정책연구소를 포함한다) 및 시·도당이 물품·용역을 구입·계약하고자 하는 때의 구입·지급품의서에 관한 사항

③ 중앙당의 예산결산위원회(시·도당의 경우에는 그 대표자를 말한다. 이하 같다)는 매분기마다 다음 각 호의 사항을 확인·검사하여야 하며, 그 결과를 지체 없이 당원에게 공개하여야 한다.

1. 당헌·당규에 정한 회계처리절차 준수 여부
2. 예금계좌의 잔액
3. 정치자금의 수입금액 및 그 내역
4. 정치자금의 지출금액 및 그 내역

④ 정당의 회계처리 등에 관하여 필요한 사항은 중앙선거관리위원회규칙으로 정한다.

제39조 (영수증 그 밖의 증빙서류) 회계책임자가 정치자금을 수입·지출하는 경우에는 영수증 그 밖의 증빙서류를 구비하여야 한다. 다만, 중앙선거관리위원회규칙으로 정하는 경우에는 그러하지 아니하다.

제8장 벌 칙

제45조 (정치자금부정수수죄) ① 이 법에 정하지 아니한 방법으로 정치자금을 기부하거나 기부받은 자(정당·후원회·법인 그 밖에 단체에 있어서는 그 구성원으로서 당해 위반행위를 한 자를 말한다. 이하 같다)는 5년 이하의 징역 또는 1천만원 이하의 벌금에 처한다. 다만, 정치자금을 기부하거나 기부받은 자의 관계가 「민법」 제777조(친족의 범위)의 규정에 의한 친족인 경우에는 그러하지 아니하다.

② 다음 각 호의 어느 하나에 해당하는 자는 5년 이하의 징역 또는 1천만원 이하의 벌금에 처한다.

1. 제6조(후원회지정권자)의 규정에 의한 후원회 지정권자가 아닌 자로서 정치자금의 기부를 목적으로 후원회나 이와 유사한 기구를 설치·운영한 자
2. 제11조(후원인의 기부한도 등) 제1항의 규정을 위반하여 기부한 자와 제11조 제2항, 제12조(후원회의 모금·기부한도) 제1항·제2항 또는 제13조(연간 모금·기부한 도액에 관한 특례) 제1항의 규정을 위반하여 후원금을 받거나 모금 또는 기부를 한 자
3. 제14조(후원금 모금방법) 내지 제16조(정치자금 영수증과의 교환에 의한 모금) 제1항의 규정을 위반하여 고지·광고하거나 후원금을 모금한 자
4. 제22조(기탁금의 기탁) 제1항의 규정을 위반하여 선거관리위원회에 기탁하지 아니하고 정치자금을 기부하거나 받은 자
5. 제31조(기부의 제한) 또는 제32조(특정행위와 관련한 기부의 제한)의 규정을 위반하여 정치자금을 기부하거나 받은 자
6. 제33조(기부의 알선에 관한 제한)의 규정을 위반하여 정치자금의 기부를 받거나 이를 알선한 자

③ 제1항 및 제2항의 경우 그 제공된 금품 그 밖에 재산상의 이익은 몰수하며, 이를 몰수할 수 없을 때에는 그 가액을 추징한다.

제49조 (선거비용관련 위반행위에 관한 벌칙) ① 회계책임자가 정당한 사유 없이 선거비용에 대하여 제40조(회계보고) 제1항·제2항의 규정에 의한 회계보고를 하지 아니하거나 허위기재·위조·변조 또는 누락(선거비용의 수입·지출을 은닉하기 위하여 누락한 경우를 말한다)한 자는 5년 이하의 징역 또는 2천만원 이하의 벌금에 처한다.

② 선거비용과 관련하여 다음 각 호의 어느 하나에 해당하는 자는 2년 이하의 징역 또는 400만원 이하의 벌금에 처한다.

1. 제2조(기본원칙) 제4항의 규정을 위반한 자
2. 제34조(회계책임자의 선임신고 등) 제1항·제4항 제1호 또는 제35조(회계책임자의 변경신고 등) 제1항의 규정을 위반하여 회계책임자·예금계좌를 신고하지 아니한 자
3. 제36조(회계책임자에 의한 수입·지출) 제1항·제3항·제5항의 규정을 위반한 자, 동조 제2항의 규정을 위반하여 신고된 예금계좌를 통하지 아니하고 수입·지출한 자와 동조 제4항의 규정을 위반하여 예금계좌에 입금하지 아니하는 방법으로 지급한 자
4. 제36조 제6항의 규정을 위반하여 선거비용의 지출에 관한 내역을 통지하지 아니한 자
5. 제37조(회계장부의 비치 및 기재) 제1항의 규정을 위반하여 회계장부를 비치·기재하지 아니하거나 허위기재·위조·변조한 자
6. 제39조(영수증 그 밖의 증빙서류) 본문의 규정에 의한 영수증 그 밖의 증빙서류를 허위기재·위조·변조한 자
7. 제40조 제4항 제3호의 규정을 위반하여 예금통장 사본을 제출하지 아니한 자
8. 제43조(자료제출요구 등) 제2항의 규정을 위반한 자
9. 제44조(회계장부 등의 인계·보존) 제1항의 규정을 위반한 자

③ 선거비용과 관련하여 다음 각 호의 어느 하나에 해당하는 자는 200만원 이하의 과태료에 처한다.

1. 제34조 제1항·제3항 또는 제35조 제1항의 규정을 위반하여 회계책임자의 선임·변경·겸임신고를 해태한 자
2. 제34조 제4항 제2호의 규정에 의한 약정서를 제출하지 아니한 자
3. 제35조 제2항의 규정을 위반하여 인계·인수서를 작성하지 아니한 자
4. 제40조 제5항의 규정을 위반한 자

제50조 (양벌규정) 정당·후원회의 회계책임자와 그 회계사무보조자 또는 법인·단체의 임원이나 구성원이 그 업무에 관하여 제45조(정치자금부정수수죄) 내지 제48조(감독의무해태죄 등)의 위반행위를 한 때에는 행위자를 벌하는 외에 당해 정당이나 후원회 또는 법인·단체가 한 것으로 보아 그 정당이나 후원회 또는 법인·단체에 대하여도 각 해당 조의 벌금형을 과한다.

제57조 (정치자금범죄로 인한 공무담임 등의 제한) 제45조(정치자금부정수수죄)에 해당하는 범죄로 인하여 징역형의 선고를 받은 자는 그 집행을 받지 아니하기로 확정된 후 또는 그 형의 집행이 종료되거나 면제된 후 10년간, 형의 집행유예의 선고를 받은 자는 그 형이 확정된 후 10년간, 100만원 이상의 벌금형의 선고를 받은 자는 그 형이 확정된 후 5년간 「공직선거법」 제266조(선거범죄로 인한 공무담임 등의 제한) 제1항 각 호의 어느 하나에 해당하는 직에 취임하거나 임용될 수 없으며, 이미 취임 또는 임용된 자의 경우에는 그 직에서 퇴직된다.

제58조 (후보자의 반환기탁금 및 보전비용의 처리)

① 공직선거의 후보자가 후원회의 후원금 또는 정당의 지원금으로 「공직선거법」 제56조(기탁금)의 규정에 의한 기탁금을 납부하거나 선거비용을 지출하여 같은 법 제57조(기탁금의 반환 등) 또는 제122조의2(선거비용의 보전 등)의 규정에 의하여 반환·보전받은 경우 그 반환·보전비용 [자신의 재산(차입금을 포함한다)으로 지출한 비용을 모두 공제한 잔액을 말한다]은 그 비용을 반환·보전받은 날부터 20일 이내에 정당추천후보자는 소속정당에, 무소속후보자는 공익법인 또는 사회복지시설에 인계하여야 한다.

② 국회의원선거의 당선인은 제1항의 규정에 불구하고 그 반환·보전비용을 자신의 정치자금으로 사용할 수 있으며, 이 경우 제34조(회계책임자의 선임신고 등) 제4항 제1호의 규정에 의한 예금계좌(후원회를 두지 아니한 경우에는 자신의 명의로 개설한 예금계좌를 말한다)에 입금하여 정치자금으로 사용하여야 한다.

③ 후원회를 두지 아니한 국회의원이 자신 명의로 개설한 예금계좌에 입금한 제2항의 자금을 모두 지출한 때에는 중앙선거관리위원회규칙이 정하는 바에 따라 관할 선거관리위원회에 보고하여야 한다.

④ 공직선거의 후보자가 제1항의 규정에 의하여 인계하여야 하는 기탁금 및 보전비용을 반환·보전받은 날부터 20일 이내에 소속 정당 등에 인계하지 아니한 경우에는 이를 국고에 귀속시켜야 한다. 이 경우 국고귀속절차에 관하여는 제4조(당비) 제3항 및 제4항의 규정을 준용한다.

제59조 (면세) ① 이 법에 의하여 정치자금을 기부한 자 또는 기부받은 자에 대하여는 「조세특례제한법」이 정하는 바에 따라 그 정치자금에 상당하는 금액에 대한 소득세 및 증여세를 면제하되, 개인이 기부한 정치자금에 대하여 10만원까지는 세액을 공제하고 10만원을 초과하는 금액에 대하여는 당해 기부자의 소득액에서 공제한다. 다만, 제11조(후원인의 기부한도 등) 제3항의 규정에 의한 익명기부, 후원회 또는 소속 정당 등으로부터 기부받거나 지원받은 정치자금을 당비로 납부하거나 후원회에 기부하는 경우에는 그러하지 아니하다.

② 후원회의 명의로 개설된 정치자금 예금계좌에 입금하는 방법으로 1회 10만원, 연간 120만원 이하의 정치자금을 기부한 자는 그 후원회의 명의와 기부자의 성명·생년월일 등 인적 사항, 거래일자·거래금액 등 기부내역이 기재된 금융거래 입금증이나 위조·복사·변조를 방지하기 위한 장치가 된 전자결제영수증 원본을 제1항의 규정에 의한 면세영수증으로 사용할 수 있다.

공직선거법(초)

[시행 2010. 2. 1]
[법률 제9785호, 2009. 7. 31, 타법개정]
중앙선거관리위원회(법제기획관), 02-503-2190

제1장 총 칙

제1조 (목적) 이 법은 「대한민국헌법」과 「지방자치법」에 의한 선거가 국민의 자유로운 의사와 민주적인 절차에 의하여 공정히 행하여지도록 하고, 선거와 관련한 부정을 방지함으로써 민주정치의 발전에 기여함을 목적으로 한다. 〈개정 2005. 8. 4〉

제2조 (적용범위) 이 법은 대통령선거·국회의원선거·지방의회의원 및 지방자치단체의 장의 선거에 적용한다.

제3조 (선거인의 정의) 이 법에서 "선거인"이란 선거권이 있는 사람으로서 선거인명부 또는 재외선거인명부에 올라 있는 사람을 말한다.
[전문개정 2009. 2. 12]

제4조 (인구의 기준) 이 법에서 선거사무관리의 기준이 되는 인구는 「주민등록법」에 따른 주민등록표와 「재외동포의 출입국과 법적 지위에 관한 법률」에 따른 국내거소신고대장에 따라 조사한 국민의 최근 인구통계에 의한다. 이 경우 지방자치단체의 의회의원 및 장의 선거에서는 제15조 제2항 제3호에 따라 선거권이 있는 외국인의 수를 포함한다.
[전문개정 2009. 2. 12]

제5조 (선거사무협조) 관공서 기타 공공기관은 선거사무에 관하여 선거관리위원회의 협조요구를 받은 때에는 우선적으로 이에 따라야 한다. 〈개정 2000. 2. 16〉

제6조 (선거권행사의 보장) ① 국가는 선거권자가 선거권을 행사할 수 있도록 필요한 조치를 취하여야 한다.

② 각급선거관리위원회(읍·면·동선거관리위원회는 제외한다)는 선거인의 투표참여를 촉진하기 위하여 교통이 불편한 지역에 거주하는 선거인 또는 노약자·장애인 등 거동이 불편한 선거인에게 교통편의를 제공하거나, 투표를 마친 선거인에게 국공립 유료시설의 이용요금을 면제·할인하는 등의 필요한 대책을 수립·시행할 수 있다. 이 경우 공정한 실시방법 등을 정당·후보자와 미리 협의하여야 한다. 〈신설 2008. 2. 29〉

③ 공무원·학생 또는 다른 사람에게 고용된 자가 선거인명부를 열람하거나 투표하기 위하여 필요한 시간은 보장되어야 하며, 이를 휴무 또는 휴업으로 보지 아니한다. 〈개정 2008. 2. 29〉

④ 선거권자는 성실하게 선거에 참여하여 선거권을 행사하여야 한다. 〈개정 2008. 2. 29〉

제7조 (정당·후보자 등의 공정경쟁의무) ① 선거에 참여하는 정당·후보자(후보자가 되고자 하는 자를 포함한다. 이하 이 조에서 같다) 및 후보자를 위하여 선거운동을 하는 자는 선거운동을 함에 있어 이 법을 준수하고 공정하게 경쟁하여야 하며, 정당의 정강·정책이나 후보자의 정견을 지지·선전하거나 이를 비판·반대함에 있어 선량한 풍속 기타 사회질서를 해하는 행위를 하여서는 아니된다. 〈개정 2004. 3. 12, 2008. 2. 29〉

② 각급선거관리위원회(읍·면·동선거관리위원회는 제외한다)는 정책선거의 촉진을 위하여 필요한 사항을 적극적으로 홍보하여야 한다. 〈신설 2008. 2. 29〉

제8조 (언론기관의 공정보도의무) 방송·신문·통신·잡지 기타의 간행물을 경영·관리하거나 편집·취재·집필·보도하는 자와 제8조의5(인터넷선거보도심의위원회) 제1항의 규정에 따른 인터넷언론사가 정당의 정강·정책이나 후보자(후보자가 되고자 하는 자를 포함한다. 이하 이 조에서 같다)의 정견 기타사항에 관하여 보도·논평을 하는 경우와 정당의 대표자나 후보자 또는 그의 대리인을 참여하게 하여 대담을 하거나 토론을 행하고 이를 방송·보도하는 경우에는 공정하게 하여야 한다. 〈개정 1997. 11. 14, 2005. 8. 4〉

제8조의2 (선거방송심의위원회) ① 「방송통신위원회의 설치 및 운영에 관한 법률」 제18조(심의위원회의 설치 등) 제1항의 규정에 의한 방송통신심의위원회는 선거방송의 공정성을 유지하기 위하여 임기만료에 의한 선거의 선거일전 120일(대통령의 궐위로 인한 선거 또는 재선거에 있어서는 그 선거의 실시사유가 확정된 때부터 20일)까지 선거방송심의위원회를 설치하여 선거일후 30일까지 운영하여야

한다. 〈개정 2000. 2. 16, 2005. 8. 4, 2008. 2. 29〉

② 선거방송심의위원회는 방송사[제70조(방송광고) 제1항의 규정에 의한 방송시설을 경영 또는 관리하는 자를 말한다. 이하 이 조 및 제8조의4(선거보도에 대한 반론보도청구)에서 같다]·방송학계·대한변호사협회·언론인단체 및 시민단체 등이 추천하는 자와 국회에 교섭단체를 구성한 정당이 추천하는 각 1인을 포함하여 9인 이내의 위원으로 구성한다. 〈개정 2000. 2. 16, 2005. 8. 4〉

③ 선거방송심의위원회의 위원은 정당에 가입할 수 없다.

④ 선거방송심의위원회는 선거방송의 정치적 중립성·형평성·객관성 및 제작기술상의 균형유지와 권리구제 기타 선거방송의 공정을 보장하기 위하여 필요한 사항을 정하여 이를 공표하여야 한다.

⑤ 선거방송심의위원회는 선거방송의 공정여부를 조사하여야 하고, 조사결과 선거방송의 내용이 공정하지 아니하다고 인정되는 경우에는 「방송법」 제100조(제재조치 등) 제1항 각호의 규정에 의한 제재조치 등을 정하여 이를 「방송통신위원회 설치의 및 운영에 관한 법률」 제3조(위원회의 설치) 제1항의 규정에 의한 방송통신위원회에 통보하여야 하며, 방송통신위원회는 불공정한 선거방송을 한 방송사에 대하여 통보받은 제재조치 등을 지체없이 명하여야 한다. 〈개정 2000. 2. 16, 2005. 8. 4, 2008. 2. 29〉

⑥ 후보자 및 후보자가 되고자 하는 자는 선거일전 120일부터 선거방송의 내용이 불공정하다고 인정되는 경우에는 선거방송심의위원회에 그 시정을 요구할 수 있고, 선거방송심의위원회는 지체없이 이를 심의·의결하여야 한다.

⑦ 선거방송심의위원회의 구성과 운영 기타 필요한 사항은 방송위원회규칙으로 정한다.

[본조신설 1997. 11. 14]

제8조의3 (선거기사심의위원회) ① 「언론중재 및 피해구제 등에 관한 법률」 제7조(언론중재위원회의 설치)의 규정에 의한 언론중재위원회(이하 "언론중재위원회"라 한다)는 선거기사(사설·논평·광고 기타 선거에 관한 내용을 포함한다. 이하 이 조에서 같다)의 공정성을 유지하기 위하여 임기만료에 의한 선거의 선거일전 120일(대통령의 궐위로 인한 선거 또는 재선거에 있어서는 그 선거의 실시사유가 확정된 때부터 20일)까지 선거기사심의위원회를 설치하여 선거일후 30일까지 운영하여야 한다. 〈개정 2005. 8. 4〉

② 선거기사심의위원회는 언론학계, 대한변호사협회, 언론인단체 및 시민단체 등이 추천하는 자와 국회에 교섭단체를 구성한 정당이 추천하는 각 1인을 포함하여 9인 이내의 위원으로 구성한다. 〈개정 2005. 8. 4〉

③ 선거기사심의위원회는 「신문 등의 진흥에 관한 법률」 제2조에 따른 신문, 「잡지 등 정기간행물의 진흥에 관한 법률」 제2조 제1호에 따른 잡지·정보간행물·전자간행물·기타간행물 및 「뉴스통신진흥에 관한 법률」 제2조 제1호에 따른 뉴스통신(이하 이 조 및 제8조의4에서 "정기간행물등"이라 한다)에 게재된 선거기사의 공정 여부를 조사하여야 하고, 조사결과 선거기사의 내용이 공정하지 아니하다고 인정되는 경우에는 해당 기사의 내용에 관한 사과문 또는 정정보도문의 게재를 결정하여 이를 언론중재위원회에 통보하여야 하며, 언론중재위원회는 불공정한 선거기사를 게재한 정기간행물등을 발행한 자(이하 이 조 및 제8조의4에서 "언론사"라 한다)에 대하여 그 사과문 또는 정정보도문의 게재를 지체 없이 명하여야 한다. 〈개정 2008. 2. 29, 2009. 7. 31〉

④ 정기간행물등을 발행하는 자가 제1항에 규정된 선거기사심의위원회의 운영기간중에 「신문 등의 진흥에 관한 법률」 제2조 제1호 가목 또는 다목의 규정에 따른 일반일간신문 또는 일반주간신문을 발행하는 때에는 그 정기간행물등 1부를, 그 외의 정기간행물등을 발행하는 때에는 선거기사심의위원회의 요청이 있는 경우 1부를 지체없이 선거기사심의위원회에 제출하여야 한다. 〈신설 2002. 3. 7, 2005. 8. 4, 2008. 2. 29, 2009. 7. 31〉

⑤ 제4항의 규정에 의하여 정기간행물등을 제출한 자의 요구가 있는 때에는 선거기사심의위원회는 정당한 보상을 하여야 한다. 〈신설 2002. 3. 7, 2008. 2. 29〉

⑥ 제8조의2(선거방송심의위원회) 제3항·제4항 및 제6항의 규정은 선거기사심의위원회에 관하여 이를 준용한다.

⑦ 선거기사심의위원회의 구성과 운영에 관하여 필요한 사항은 언론중재위원회가 정한다.

[전문개정 2000. 2. 16]

제8조의4 (선거보도에 대한 반론보도청구) ① 임기만료에 의한 선거의 선거일전 90일(대통령의 궐위로 인한 선거 또는 재선거에 있어서는 당해 선거방송심의위원회 또는 선거기사심의위원회가 설치된 때)부터 선거일까지 방송 또는 정기간행물등에 공

표된 인신공격, 정책의 왜곡선전 등으로 피해를 받은 정당(중앙당에 한한다. 이하 이 조에서 같다) 또는 후보자(후보자가 되고자 하는 자를 포함한다. 이하 이 조에서 같다)는 그 방송 또는 기사게재가 있음을 안 날부터 10일 이내에 서면으로 당해 방송을 한 방송사에 반론보도의 방송을, 당해 기사를 게재한 언론사에 반론보도문의 게재를 각각 청구할 수 있다. 다만, 그 방송 또는 기사게재가 있은 날부터 30일이 경과한 때에는 그러하지 아니하다. 〈개정 2002. 3. 7, 2008. 2. 29〉

② 방송사 또는 언론사는 제 1 항의 청구를 받은 때에는 지체없이 당해 정당, 후보자 또는 그 대리인과 반론보도의 내용·크기·횟수 등에 관하여 협의한 후, 방송에 있어서는 이를 청구받은 때부터 48시간 이내에 무료로 반론보도의 방송을 하여야 하며, 정기간행물등에 있어서는 편집이 완료되지 아니한 같은 정기간행물등의 다음 발행호에 무료로 반론보도문의 게재를 하여야 한다. 이 경우 정기간행물등에 있어서 다음 발행호가 선거일후에 발행·배부되는 경우에는 반론보도의 청구를 받은 때부터 48시간 이내에 당해 정기간행물등이 배부된 지역에 배부되는「신문 등의 진흥에 관한 법률」제 2 조(정의) 제 1 호 가목에 따른 일반일간신문에 이를 게재하여야 하며, 그 비용은 당해 언론사의 부담으로 한다. 〈개정 2002. 3. 7, 2005. 8. 4, 2008. 2. 29, 2009. 7. 31〉

③ 제 2 항의 규정에 의한 협의가 이루어지지 아니한 때에는 당해 정당, 후보자, 방송사 또는 언론사는 선거방송심의위원회 또는 선거기사심의위원회에 지체없이 이를 회부하고, 선거방송심의위원회 또는 선거기사심의위원회는 회부받은 때부터 48시간 이내에 심의하여 각하·기각 또는 인용결정을 한 후 지체없이 이를 당해 정당 또는 후보자와 방송사 또는 언론사에 통지하여야 한다. 이 경우 반론보도의 인용결정을 하는 때에는 반론방송 또는 반론보도문의 내용·크기 ·횟수 기타 반론보도에 필요한 사항을 함께 결정하여야 한다. 〈개정 2002. 3. 7〉

④「언론중재 및 피해구제 등에 관한 법률」제15조(정정보도청구권의 행사) 제 1 항·제 4 항 내지 제 7 항의 규정은 반론보도청구에 이를 준용한다. 이 경우 "정정보도청구"는 "반론보도청구"로, "정정"은 "반론"으로, "정정보도청구권"은 "반론보도청구권"으로, "정정보도"는 "반론보도"로, "정정보도문"은 "반론보도문"으로 본다. 〈개정 2005. 8. 4〉

[전문개정 2000. 2. 16]

제 8 조의5 (인터넷선거보도심의위원회) ① 중앙선거관리위원회는 인터넷언론사[「신문 등의 진흥에 관한 법률」제 2 조(정의) 제 4 호에 따른 인터넷신문사업자 그 밖에 정치·경제·사회·문화·시사 등에 관한 보도·논평·여론 및 정보 등을 전파할 목적으로 취재·편집·집필한 기사를 인터넷을 통하여 보도·제공하거나 매개하는 인터넷홈페이지를 경영·관리하는 자와 이와 유사한 언론의 기능을 행하는 인터넷홈페이지를 경영·관리하는 자를 말한다. 이하 같다]의 인터넷홈페이지에 게재된 선거보도[사설·논평·사진·방송·동영상 기타 선거에 관한 내용을 포함한다. 이하 이 조 및 제 8 조의6(인터넷언론사의 정정보도 등)에서 같다]의 공정성을 유지하기 위하여 인터넷선거보도심의위원회를 설치·운영하여야 한다. 〈개정 2005. 8. 4, 2009. 7. 31〉

② 인터넷선거보도심의위원회는 국회에 교섭단체를 구성한 정당이 추천하는 각 1인과 방송위원회, 언론중재위원회, 학계, 법조계, 인터넷 언론단체 및 시민단체 등이 추천하는 자를 포함하여 중앙선거관리위원회가 위촉하는 11인 이내의 위원으로 구성하며, 위원의 임기는 3년으로 한다.

③ 인터넷선거보도심의위원회에 위원장 1인을 두되, 위원장은 위원중에서 호선한다.

④ 인터넷선거보도심의위원회에 상임위원 1인을 두되, 중앙선거관리위원회가 인터넷선거보도심의위원회의 위원중에서 지명한다.

⑤ 정당의 당원은 인터넷선거보도심의위원회의 위원이 될 수 없다.

⑥ 인터넷선거보도심의위원회는 인터넷 선거보도의 정치적 중립성·형평성·객관성 및 권리구제 기타 선거보도의 공정을 보장하기 위하여 필요한 사항을 정하여 이를 공표하여야 한다.

⑦ 인터넷선거보도심의위원회는 업무수행을 위하여 필요하다고 인정하는 때에는 관계 공무원 또는 전문가를 초청하여 의견을 듣거나 관련 기관·단체 등에 자료 및 의견제출 등 협조를 요청할 수 있다.

⑧ 인터넷선거보도심의위원회의 사무를 처리하기 위하여 선거관리위원회 소속 공무원으로 구성하는 사무국을 둔다.

⑨ 인터넷선거보도심의위원회의 구성·운영, 위원 및 상임위원의 대우, 사무국의 조직·직무범위 기타 필요한 사항은 중앙선거관리위원회규칙으로 정한다.

[본조신설 2004. 3. 12]

제 8 조의6 (인터넷언론사의 정정보도 등) ① 인터넷선거보도심의위원회는 인터넷언론사의 인터넷홈페이지에 게재된 선거보도의 공정 여부를 조사하여

야 하며, 조사결과 선거보도의 내용이 공정하지 아니하다고 인정되는 때에는 당해 인터넷언론사에 대하여 해당 선거보도의 내용에 관한 정정보도문의 게재 등 필요한 조치를 명하여야 한다. 〈신설 2005. 8. 4〉

② 정당 또는 후보자(후보자가 되고자 하는 자를 포함한다. 이하 이 조에서 같다)는 인터넷언론사의 선거보도가 불공정하다고 인정되는 때에는 그 보도가 있음을 안 날부터 10일 이내에 인터넷선거보도심의위원회에 서면으로 이의신청을 할 수 있다.

③ 인터넷선거보도심의위원회는 제2항의 규정에 의한 이의신청을 받은 때에는 지체없이 이의신청 대상이 된 선거보도의 공정여부를 심의하여야 하며, 심의결과 선거보도가 공정하지 아니하다고 인정되는 때에는 당해 인터넷언론사에 대하여 해당 선거보도의 내용에 관한 정정보도문의 게재 등 필요한 조치를 명하여야 한다. 〈개정 2005. 8. 4〉

④ 인터넷언론사의 왜곡된 선거보도로 인하여 피해를 받은 정당 또는 후보자는 그 보도의 공표가 있음을 안 날부터 10일 이내에 서면으로 당해 인터넷언론사에 반론보도의 방송 또는 반론보도문의 게재(이하 이 조에서 "반론보도"라 한다)를 청구할 수 있다. 이 경우 그 보도의 공표가 있은 날부터 30일이 경과한 때에는 반론보도를 청구할 수 없다.

⑤ 인터넷언론사는 제4항의 청구를 받은 때에는 지체없이 당해 정당이나 후보자 또는 그 대리인과 반론보도의 형식·내용·크기 및 횟수 등에 관하여 협의한 후, 이를 청구받은 때부터 12시간 이내에 당해 인터넷언론사의 부담으로 반론보도를 하여야 한다. 〈개정 2005. 8. 4〉

⑥ 제5항의 규정에 의한 반론보도 협의가 이루어지지 아니하는 경우에 당해 정당 또는 후보자는 인터넷선거보도심의위원회에 즉시 반론보도청구를 할 수 있으며, 인터넷선거보도심의위원회는 이를 심의하여 각하·기각 또는 인용결정을 한 후 당해 정당·후보자 및 인터넷언론사에 그 결정내용을 통지하여야 한다. 이 경우 반론보도의 인용결정을 하는 때에는 그 형식·내용·크기·횟수 기타 필요한 사항을 함께 결정하여 통지하여야 하며, 통지를 받은 인터넷언론사는 지체없이 이를 이행하여야 한다. 〈개정 2005. 8. 4〉

⑦ 「언론중재 및 피해구제 등에 관한 법률」 제15조(정정보도청구권의 행사) 제1항·제4항 내지 제7항의 규정은 그 성질에 반하지 아니하는 한 인터넷언론사의 선거보도에 관한 반론보도청구에 이를 준용한다. 이 경우 "정정보도청구"는 "반론보도청구"로, "정정"은 "반론"으로, "정정보도청구권"은 "반론보도청구권"으로, "정정보도"는 "반론보도"로, "정정보도문"은 "반론보도문"으로 본다. 〈개정 2005. 8. 4〉

[본조신설 2004. 3. 12]

제8조의7 (선거방송토론위원회) ① 각급선거관리위원회(읍·면·동선거관리위원회를 제외한다. 이하 이 조에서 같다)는 제82조의2(선거방송토론위원회 주관 대담·토론회)의 규정에 의한 대담·토론회와 제82조의3(선거방송토론위원회 주관 정책토론회)의 규정에 의한 정책토론회(이하 이 조에서 "대담·토론회등"이라 한다)를 공정하게 주관·진행하기 위하여 각각 선거방송토론위원회(이하 이 조에서 "각급선거방송토론위원회"라 한다)를 설치·운영하여야 한다. 다만, 구·시·군선거관리위원회에 설치하는 구·시·군선거방송토론위원회(이하 "구·시·군선거방송토론위원회"라 한다)는 지역구국회의원선거구단위 또는 「방송법」에 의한 종합유선방송사업자의 방송권역단위로 설치·운영할 수 있다. 〈개정 2005. 8. 4〉

② 각급선거방송토론위원회는 국회에 교섭단체를 구성한 정당 및 공영방송사(한국방송공사와 「방송문화진흥회법」에 의한 방송문화진흥회가 최다출자자인 방송사업자를 말한다. 이하 같다)가 추천하는 자 각 1인과 방송위원회·학계·법조계·시민단체가 추천하는 자 등 학식과 덕망있는 자중에서 각급선거관리위원회에서 위촉하는 자를 포함하여 9인[중앙선거관리위원회에 설치하는 중앙선거방송토론위원회(이하 "중앙선거방송토론위원회"라 한다)에 있어서는 11인] 이내의 위원으로 구성하며, 위원의 임기는 3년으로 한다. 〈개정 2005. 8. 4〉

③ 각급선거방송토론위원회에 위원장 1인을 두되, 위원장은 위원중에서 호선한다.

④ 중앙선거방송토론위원회에 상임위원 1인을 두되, 중앙선거관리위원회가 중앙선거방송토론위원회의 위원중에서 지명한다.

⑤ 정당의 당원은 선거방송토론위원회의 위원이 될 수 없다.

⑥ 중앙선거방송토론위원회는 대담·토론회등의 주관·진행 기타 공정성을 보장하기 위하여 필요한 사항을 정하여 공표하여야 한다.

⑦ 각급선거방송토론위원회는 대담·토론회등의 업무수행을 위하여 필요한 때에는 공영방송사 또는 관련 기관·단체등에 대하여 협조요구를 할 수 있으

며, 그 협조요구를 받은 공영방송사는 우선적으로 이에 응하여야 한다.

⑧ 중앙선거방송토론위원회 또는 특별시·광역시·도(이하 "시·도"라 한다)선거관리위원회에 설치하는 시·도선거방송토론위원회(이하 "시·도선거방송토론위원회"라 한다)에 그 사무를 처리하게 하기 위하여 선거관리위원회 소속 공무원으로 구성하는 사무국을 둔다. 〈개정 2005. 8. 4〉

⑨ 선거방송토론위원회는 업무수행을 위하여 필요하다고 인정하는 때에는 관계 행정기관 또는 관련기관·단체 등의 장과 협의하여 그 소속 공무원 또는 임·직원을 파견받거나 관계 행정기관 소속 공무원으로 하여금 제8항의 규정에 의한 사무국의 소속 공무원의 직을 겸임하게 할 수 있다.

⑩ 각급선거방송토론위원회의 구성·운영, 위원 및 상임위원의 대우, 사무국의 조직·직무범위 기타 필요한 사항은 중앙선거관리위원회규칙으로 정한다.

[본조신설 2004. 3. 12]

제9조 (공무원의 중립의무 등) ① 공무원 기타 정치적 중립을 지켜야 하는 자(기관·단체를 포함한다)는 선거에 대한 부당한 영향력의 행사 기타 선거결과에 영향을 미치는 행위를 하여서는 아니된다.

② 검사(군검찰관을 포함한다) 또는 국가경찰공무원(검찰수사관 및 군사법경찰관리를 포함한다)은 이 법의 규정에 위반한 행위가 있다고 인정되는 때에는 신속·공정하게 단속·수사를 하여야 한다. 〈개정 2006. 2. 21〉

제10조 (사회단체 등의 공명선거추진활동) ① 사회단체 등은 선거부정을 감시하는 등 공명선거추진활동을 할 수 있다. 다만, 다음 각 호의 어느 하나에 해당하는 단체는 그 명의 또는 그 대표의 명의로 공명선거추진활동을 할 수 없다. 〈개정 2000. 2. 16, 2002. 3. 7, 2004. 3. 12, 2005. 8. 4〉

1. 특별법에 의하여 설립된 국민운동단체로서 국가 또는 지방자치단체의 출연 또는 보조를 받는 단체(바르게살기운동협의회·새마을운동협의회·한국자유총연맹을 말한다)
2. 법령에 의하여 정치활동이나 공직선거에의 관여가 금지된 단체
3. 후보자(후보자가 되고자 하는 자를 포함한다. 이하 이 조에서 같다), 후보자의 배우자와 후보자 또는 그 배우자의 직계존·비속과 형제자매나 후보자의 직계비속 및 형제자매의 배우자(이하 "후보자의 가족"이라 한다)가 설립하거나 운영하고 있는 단체
4. 특정 정당(창당준비위원회를 포함한다. 이하 이 조에서 같다) 또는 후보자를 지원하기 위하여 설립된 단체
5. 삭제 〈2005. 8. 4〉
6. 선거운동을 하거나 할 것을 표방한 노동조합 또는 단체

② 사회단체 등이 공명선거추진활동을 함에 있어서는 항상 공정한 자세를 견지하여야 하며, 특정 정당이나 후보자의 선거운동에 이르지 아니하도록 유의하여야 한다.

③ 각급선거관리위원회(읍·면·동선거관리위원회를 제외한다)는 사회단체 등이 불공정한 활동을 하는 때에는 경고·중지 또는 시정명령을 하여야 하며, 그 행위가 선거운동에 이르거나 선거관리위원회의 중지 또는 시정명령을 이행하지 아니하는 때에는 고발 등 필요한 조치를 하여야 한다. 〈개정 2005. 8. 4〉

제10조의2 (선거부정감시단) ① 각급선거관리위원회(읍·면·동선거관리위원회는 제외한다)는 선거부정을 감시하기 위하여 선거부정감시단을 둔다. 〈개정 2008. 2. 29〉

② 선거부정감시단은 선거운동을 할 수 있는 자로서 정당의 당원이 아닌 중립적이고 공정한 자 중에서 중앙선거관리위원회규칙으로 정하는 바에 따라 5인 이상 10인 이하로 구성한다. 다만, 선거일 전 60일(선거일 전 60일 후에 실시사유가 확정된 보궐선거등의 경우 그 선거의 실시사유가 확정된 때)부터 선거일 후 10일까지는 중앙선거관리위원회 및 시·도선거관리위원회는 10인 이내의, 구·시·군선거관리위원회는 20인 이내의 인원을 추가하여 구성할 수 있다. 〈개정 2008. 2. 29〉

③ 삭제 〈2008. 2. 29〉

④ 삭제 〈2008. 2. 29〉

⑤ 삭제 〈2008. 2. 29〉

⑥ 선거부정감시단은 관할 선거관리위원회의 지휘를 받아 이 법에 위반되는 행위에 대하여 증거자료를 수집하거나 조사활동을 할 수 있다. 〈개정 2008. 2. 29〉

⑦ 선거부정감시단의 소속원에 대하여는 예산의 범위 안에서 수당 또는 실비를 지급할 수 있다.

⑧ 선거부정감시단의 구성·활동방법 및 수당·실비의 지급 기타 필요한 사항은 중앙선거관리위원회규칙으로 정한다.

[본조신설 2000. 2. 16]

제10조의3 (사이버선거부정감시단) ① 중앙선거관

리위원회는 인터넷을 이용한 선거부정을 감시하기 위하여 중앙선거관리위원회규칙으로 정하는 바에 따라 5인 이상 10인 이하로 구성된 사이버선거부정감시단을 설치·운영하여야 한다. 다만, 선거일 전 60일(선거일 전 60일 후에 실시사유가 확정된 보궐선거등의 경우 그 선거의 실시사유가 확정된 때)부터 선거일 후 10일까지는 10인 이내의 인원을 추가하여 구성할 수 있다. 〈신설 2008. 2. 29〉

② 시·도선거관리위원회는 인터넷을 이용한 선거부정을 감시하기 위하여 선거일전 120일(선거일전 120일후에 실시사유가 확정된 보궐선거등에 있어서는 그 선거의 실시사유가 확정된 후 5일)부터 선거일까지 30인 이내로 구성된 사이버선거부정감시단을 설치·운영하여야 한다. 〈개정 2008. 2. 29〉

③ 사이버선거부정감시단은 정당의 당원이 아닌 중립적이고 공정한 자로 구성한다. 〈개정 2008. 2. 29〉

④ 제10조의2 제6항부터 제8항까지의 규정은 사이버선거부정감시단에 준용한다. 이 경우 "선거부정감시단"은 "사이버선거부정감시단"으로 본다. 〈개정 2008. 2. 29〉

[본조신설 2004. 3. 12]

제11조 (후보자 등의 신분보장) ① 대통령선거의 후보자는 후보자의 등록이 끝난 때부터 개표종료시까지 사형·무기 또는 장기 7년 이상의 징역이나 금고에 해당하는 죄를 범한 경우를 제외하고는 현행범인이 아니면 체포 또는 구속되지 아니하며, 병역소집의 유예를 받는다. 〈개정 1995. 5. 10〉

② 국회의원선거, 지방의회의원 및 지방자치단체의 장의 선거의 후보자는 후보자의 등록이 끝난 때부터 개표종료시까지 사형·무기 또는 장기 5년 이상의 징역이나 금고에 해당하는 죄를 범하였거나 제16장 벌칙에 규정된 죄를 범한 경우를 제외하고는 현행범인이 아니면 체포 또는 구속되지 아니하며, 병역소집의 유예를 받는다. 〈신설 1995. 5. 10〉

③ 선거사무장, 선거연락소장, 선거사무원, 회계책임자, 연설원, 대담·토론자, 투표참관인, 부재자투표참관인과 개표참관인은 당해 신분을 취득한 때부터 개표종료시까지 사형·무기 또는 장기 3년 이상의 징역이나 금고에 해당하는 죄를 범하였거나 이 법 제230조(매수 및 이해유도죄) 내지 제235조(방송·신문 등의 불법이용을 위한 매수죄)·제237조(선거의 자유방해죄) 내지 제259조(선거범죄선동죄)의 죄를 범한 경우를 제외하고는 현행범인이 아니면 체포 또는 구속되지 아니하며, 병역소집의 유예를 받는다.

제12조 (선거관리) ① 중앙선거관리위원회는 이 법에 특별한 규정이 있는 경우를 제외하고는 선거사무를 통할·관리하며, 하급선거관리위원회(투표관리관을 포함한다. 이하 이 조에서 같다) 및 제218조에 따른 재외선거관리위원회와 제218조의2에 따른 재외투표관리관의 위법·부당한 처분에 대하여 이를 취소하거나 변경할 수 있다. 〈개정 2005. 8. 4, 2009. 2. 12〉

② 시·도선거관리위원회는 지방의회의원 및 지방자치단체의 장의 선거에 관한 하급선거관리위원회의 위법·부당한 처분에 대하여 이를 취소하거나 변경할 수 있다. 〈개정 1995. 4. 1, 2005. 8. 4〉

③ 구·시·군선거관리위원회는 당해 선거에 관한 하급선거관리위원회의 위법·부당한 처분에 대하여 이를 취소하거나 변경할 수 있다.

제13조 (선거구선거관리) ① 선거구선거사무를 행할 선거관리위원회(이하 "선거구선거관리위원회"라 한다)는 다음 각호와 같다. 〈개정 2000. 2. 16, 2005. 8. 4〉

1. 대통령선거 및 비례대표전국선거구국회의원(이하 "비례대표국회의원"이라 한다)선거의 선거구선거사무는 중앙선거관리위원회
2. 특별시장·광역시장·도지사(이하 "시·도지사"라 한다)선거와 비례대표선거구시·도의회의원(이하 "비례대표시·도의원"이라 한다)선거의 선거구선거사무는 시·도선거관리위원회
3. 지역선거구국회의원(이하 "지역구국회의원"이라 한다)선거, 지역선거구시·도의회의원(이하 "지역구시·도의원"이라 한다)선거, 지역선거구자치구·시·군의회의원(이하 "지역구자치구·시·군의원"이라 한다)선거, 비례대표선거구자치구·시·군의회의원(이하 "비례대표자치구·시·군의원"이라 한다)선거 및 자치구의 구청장·시장·군수(이하 "자치구·시·군의 장"이라 한다)선거의 선거구선거사무는 그 선거구역을 관할하는 구·시·군선거관리위원회[제29조(지방의회의원의 증원선거) 제3항 또는 「선거관리위원회법」 제2조(설치) 제6항의 규정에 의하여 선거구선거사무를 행할 구·시·군선거관리위원회가 지정된 경우에는 그 지정을 받은 구·시·군선거관리위원회를 말한다]

② 제1항에서 "선거구선거사무"라 함은 선거에 관한 사무중 후보자등록 및 당선인결정 등과 같이 당해 선거구를 단위로 행하여야 하는 선거사무를 말한다.

③ 선거구선거관리위원회 또는 직근 상급선거관리위원회는 선거관리를 위하여 특히 필요하다고 인정하는 때에는 중앙선거관리위원회가 정하는 바에 따라 당해 선거에 관하여 관할선거구안의 선거관리위원회가 행할 선거사무의 범위를 조정하거나 하급선거관리위원회 또는 그 위원으로 하여금 선거구선거관리위원회의 직무를 행하게 할 수 있다.

④ 제3항의 규정에 의하여 선거구선거사무를 행하는 하급선거관리위원회의 위원은 선거구선거관리위원회위원의 정수에 산입하지 아니하며, 선거구선거관리위원회의 의결에 참가할 수 없다.

⑤ 구·시·군선거관리위원회 또는 읍·면·동선거관리위원회가 천재·지변 기타 부득이한 사유로 그 기능을 수행할 수 없는 때에는 직근 상급선거관리위원회는 직접 또는 다른 선거관리위원회로 하여금 당해 선거관리위원회의 기능이 회복될 때까지 그 선거사무를 대행하거나 대행하게 할 수 있다. 다른 선거관리위원회로 하여금 대행하게 하는 경우에는 대행할 업무의 범위도 함께 정하여야 한다. 〈개정 2005. 8. 4〉

⑥ 제5항의 규정에 의하여 선거사무를 대행하거나 대행하게 한 때에는 대행할 선거관리위원회와 그 업무의 범위를 지체없이 공고하고, 상급선거관리위원회에 보고하여야 한다.

제14조 (임기개시) ① 대통령의 임기는 전임대통령의 임기만료일의 다음날 0시부터 개시된다. 다만, 전임자의 임기가 만료된 후에 실시하는 선거와 궐위로 인한 선거에 의한 대통령의 임기는 당선이 결정된 때부터 개시된다. 〈개정 2003. 2. 4〉

② 국회의원과 지방의회의원(이하 이 항에서 "의원"이라 한다)의 임기는 총선거에 의한 전임의원의 임기만료일의 다음 날부터 개시된다. 다만, 의원의 임기가 개시된 후에 실시하는 선거와 지방의회의원의 증원선거에 의한 의원의 임기는 당선이 결정된 때부터 개시되며 전임자 또는 같은 종류의 의원의 잔임기간으로 한다.

③ 지방자치단체의 장의 임기는 전임지방자치단체의 장의 임기만료일의 다음 날부터 개시된다. 다만, 전임지방자치단체의 장의 임기가 만료된 후에 실시하는 선거와 제30조(지방자치단체의 폐치·분합시의 선거 등) 제1항 제1호 내지 제3호에 의하여 새로 선거를 실시하는 지방자치단체의 장의 임기는 당선이 결정된 때부터 개시되며 전임자 또는 같은 종류의 지방자치단체의 장의 잔임기간으로 한다.

제2장 선거권과 피선거권

제15조 (선거권) ① 19세이상의 국민은 대통령 및 국회의원의 선거권이 있다. 〈개정 2005. 8. 4〉

② 19세 이상으로서 제37조 제1항에 따른 선거인명부작성기준일 현재 다음 각 호의 어느 하나에 해당하는 사람은 그 구역에서 선거하는 지방자치단체의 의회의원 및 장의 선거권이 있다. 〈개정 2009. 2. 12〉

1. 해당 지방자치단체의 관할 구역에 주민등록이 되어 있는 사람
2. 「재외동포의 출입국과 법적 지위에 관한 법률」 제6조 제1항에 따라 해당 지방자치단체의 국내거소신고인명부(이하 이 장에서 "국내거소신고인명부"라 한다)에 올라 있는 국민
3. 「출입국관리법」 제10조에 따른 영주의 체류자격 취득일 후 3년이 경과한 외국인으로서 같은 법 제34조에 따라 해당 지방자치단체의 외국인등록대장에 올라 있는 사람

[2009. 2. 12 법률 제9466호에 의하여 2007. 6. 28 헌법재판소에서 헌법불합치결정된 이 조 제2항 제1호를 개정함.]

제16조 (피선거권) ① 선거일 현재 5년 이상 국내에 거주하고 있는 40세 이상의 국민은 대통령의 피선거권이 있다. 이 경우 공무로 외국에 파견된 기간과 국내에 주소를 두고 일정기간 외국에 체류한 기간은 국내거주기간으로 본다. 〈개정 1997. 1. 13〉

② 25세 이상의 국민은 국회의원의 피선거권이 있다.

③ 선거일 현재 계속하여 60일 이상(공무로 외국에 파견되어 선거일전 60일후에 귀국한 자는 선거인명부작성기준일부터 계속하여 선거일까지) 당해 지방자치단체의 관할구역안에 주민등록(국내거소신고인명부에 올라 있는 경우를 포함한다. 이하 이 조에서 같다)이 되어 있는 주민으로서 25세 이상의 국민은 그 지방의회의원 및 지방자치단체의 장의 피선거권이 있다. 이 경우 60일의 기간은 그 지방자치단체의 설치·폐지·분할·합병 또는 구역변경(제28조 각 호의 어느 하나에 따른 구역변경을 포함한다)에 의하여 중단되지 아니한다. 〈개정 2009. 2. 12〉

④ 제3항 전단의 경우에 지방자치단체의 사무소 소재지가 다른 지방자치단체의 관할 구역에 있어 해당 지방자치단체의 장의 주민등록이 다른 지방자치단체의 관할 구역에 있게 된 때에는 해당 지방자치단체의 관할 구역에 주민등록이 되어 있는 것으로 본다. 〈개정 2009. 2. 12〉

[2009. 2. 12 법률 제9466호에 의하여 2007. 6. 28 헌법재판소에서 헌법불합치결정된 이 조 제3항을 개정함.]

제17조 (연령산정기준) 선거권자와 피선거권자의 연령은 선거일 현재로 산정한다.

제18조 (선거권이 없는 자) ① 선거일 현재 다음 각호의 어느 하나에 해당하는 자는 선거권이 없다. 〈개정 2004. 3. 12, 2005. 8. 4〉

1. 금치산선고를 받은 자
2. 금고 이상의 형의 선고를 받고 그 집행이 종료되지 아니하거나 그 집행을 받지 아니하기로 확정되지 아니한 자
3. 선거범, 「정치자금법」 제45조(정치자금부정수수죄) 및 제49조(선거비용관련 위반행위에 관한 벌칙)에 규정된 죄를 범한 자 또는 대통령·국회의원·지방의회의원·지방자치단체의 장으로서 그 재임중의 직무와 관련하여 「형법」(「특정범죄가중처벌 등에 관한 법률」 제2조에 의하여 가중처벌되는 경우를 포함한다) 제129조(수뢰, 사전수뢰) 내지 제132조(알선수뢰)·「특정범죄가중처벌 등에 관한 법률」 제3조(알선수재)에 규정된 죄를 범한 자로서, 100만원이상의 벌금형의 선고를 받고 그 형이 확정된 후 5년 또는 형의 집행유예의 선고를 받고 그 형이 확정된 후 10년을 경과하지 아니하거나 징역형의 선고를 받고 그 집행을 받지 아니하기로 확정된 후 또는 그 형의 집행이 종료되거나 면제된 후 10년을 경과하지 아니한 자(형이 실효된 자도 포함한다)
4. 법원의 판결 또는 다른 법률에 의하여 선거권이 정지 또는 상실된 자

② 제1항 제3호에서 "선거범"이라 함은 제16장 벌칙에 규정된 죄와 「국민투표법」 위반의 죄를 범한 자를 말한다. 〈개정 2005. 8. 4〉

③ 제1항 제3호에 규정된 죄와 다른 죄의 경합범에 대하여는 「형법」 제38조(경합범과 처벌예)의 규정에 불구하고 이를 분리 심리하여 따로 선고하여야 한다. 〈개정 1997. 11. 14, 2004. 3. 12, 2005. 8. 4〉

제19조 (피선거권이 없는 자) 선거일 현재 다음 각호의 1에 해당하는 자는 피선거권이 없다.

1. 제18조(선거권이 없는 자) 제1항 제1호·제3호 또는 제4호에 해당하는 자
2. 금고 이상의 형의 선고를 받고 그 형이 실효되지 아니한 자
3. 법원의 판결 또는 다른 법률에 의하여 피선거권이 정지되거나 상실된 자

제3장 선거구역과 의원정수

제20조 (선거구) ① 대통령 및 비례대표국회의원은 전국을 단위로 하여 선거한다. 〈개정 2000. 2. 16, 2005. 8. 4〉

② 비례대표시·도의원은 당해 시·도를 단위로 선거하며, 비례대표자치구·시·군의원은 당해 자치구·시·군을 단위로 선거한다. 〈신설 2005. 8. 4〉

③ 지역구국회의원, 지역구지방의회의원(지역구시·도의원 및 지역구자치구·시·군의원을 말한다. 이하 같다)은 당해 의원의 선거구를 단위로 하여 선거한다. 〈개정 2000. 2. 16, 2005. 8. 4〉

④ 지방자치단체의 장은 당해 지방자치단체의 관할구역을 단위로 하여 선거한다.

제21조 (국회의 의원정수) ① 국회의 의원정수는 지역구국회의원과 비례대표국회의원을 합하여 299인으로 하되, 각 시·도의 지역구 국회의원 정수는 최소 3인으로 한다. 〈개정 2000. 2. 16, 2004. 3. 12〉

② 하나의 국회의원지역선거구에서 선출할 국회의원의 정수는 1인으로 한다.

제22조 (시·도의회의 의원정수) ① 지역구시·도의원정수는 그 관할구역안의 자치구·시·군(하나의 자치구·시·군이 2 이상의 국회의원지역선거구로 된 경우에는 국회의원지역선거구를 말하며, 행정구역의 변경으로 국회의원지역선거구와 행정구역이 합치되지 아니하게 된 때에는 행정구역을 말한다)마다 2인으로 한다. 〈개정 1998. 4. 30〉

② 제1항의 규정에 불구하고 「지방자치법」 제7조 제2항의 규정에 의하여 시와 군을 통합하여 도농복합형태의 시로 한 경우에는 시·군통합후 최초로 실시하는 임기만료에 의한 시·도의회의원선거에 한하여 당해 시의 도의회의원의 정수는 통합전의 시와 군마다 2인으로 한다. 〈개정 1998. 4. 30, 2005. 8. 4〉

③ 제1항 및 제2항의 기준에 의하여 산정된 의원정수가 16인 미만이 되는 광역시 및 도는 그 정수를 16인으로 한다. 〈개정 1998. 4. 30, 2002. 3. 7〉

④ 비례대표시·도의원정수는 제1항 내지 제3항의 규정에 의하여 산정된 지역구시·도의원정수의 100분의 10으로 한다. 이 경우 단수는 1로 본다. 다만, 산정된 비례대표시·도의원정수가 3인 미만인 때에는 3인으로 한다.

{2005헌마985·1037, 2006헌마11(병합) 2007. 3. 29. 공직선거법 제22조 제1항 및 제26조 제1항에 의한

[별표 2]「시·도의회의원지역선거구구역표」(2005. 8. 4. 법률 제7681호로 개정된 것) 중 경기도의회의원 선거구들 부분(2006. 3. 2. 법률 제7850호로 개정된 것 포함)과 전라북도의회의원 선거구들 부분은 헌법에 합치되지 아니한다. 위 제22조 제1항 및 위 선거구구역표 부분은 2008. 12. 31.을 시한으로 입법자가 개정할 때까지 계속 적용된다.}

제23조 (자치구·시·군의회의 의원정수) ① 시·도별 자치구·시·군의회 의원의 총정수는 별표 3과 같이 하며, 자치구·시·군의회의 의원정수는 당해 시·도의 총정수 범위 내에서 제24조(선거구획정위원회)의 규정에 따른 당해 시·도의 자치구·시·군의원선거구획정위원회가 자치구·시·군의 인구와 지역대표성을 고려하여 중앙선거관리위원회규칙이 정하는 기준에 따라 정한다.

② 자치구·시·군의회의 최소정수는 7인으로 한다.

③ 비례대표자치구·시·군의원정수는 자치구·시·군의원 정수의 100분의 10으로 한다. 이 경우 단수는 1로 본다.

[전문개정 2005. 8. 4]

제24조 (선거구획정위원회) ① 국회의원지역선거구와 자치구·시·군의원지역선거구(이하 "자치구·시·군의원지역구"라 한다)의 공정한 획정을 위하여 국회에 국회의원선거구획정위원회를, 시·도에 자치구·시·군의원선거구획정위원회를 각각 둔다. 〈개정 2005. 8. 4〉

② 국회의원선거구획정위원회는 국회의장이 교섭단체대표의원과 협의하여 11인 이내의 위원으로 구성하되, 학계·법조계·언론계·시민단체 및 선거관리위원회가 추천하는 자중에서 위촉하여야 한다. 〈신설 2004. 3. 12, 2005. 8. 4〉

③ 자치구·시·군의원선거구획정위원회는 11인 이내의 위원으로 구성하되, 학계·법조계·언론계·시민단체와 시·도의회 및 시·도선거관리위원회가 추천하는 자 중에서 시·도지사가 위촉하여야 한다. 〈신설 2005. 8. 4〉

④ 국회의원·지방의회의원 및 정당의 당원은 국회의원선거구획정위원회 및 자치구·시·군의원선거구획정위원회(이하 "선거구획정위원회"라 한다)의 위원이 될 수 없다. 〈개정 2005. 8. 4〉

⑤ 선거구획정위원회의 위원은 명예직으로 하되, 일비·여비 기타의 실비를 받을 수 있다.

⑥ 선거구획정위원회로부터 선거구획정업무에 필요한 자료의 요청을 받은 국가기관 및 지방자치단체는 지체없이 이에 따라야 한다.

⑦ 선거구획정위원회는 제25조(국회의원지역구의 획정) 제1항 및 제26조(지방의회의원선거구의 획정) 제2항에 규정된 기준에 따라 선거구획정안을 마련하고, 그 이유 그 밖의 필요한 사항을 기재한 보고서를 당해 국회의원 또는 자치구·시·군의원의 임기만료에 의한 선거의 선거일 전 1년까지 국회의원선거구획정위원회는 국회의장에게, 자치구·시·군의원선거구획정위원회는 시·도지사에게 제출하여야 한다. 〈개정 2005. 8. 4〉

⑧ 국회의원선거구획정위원회는 선거구획정안을 마련함에 있어서 국회에 의석을 가진 정당에게 선거구획정에 대한 의견진술의 기회를 부여하여야 한다. 〈신설 2004. 3. 12, 2005. 8. 4〉

⑨ 자치구·시·군의원선거구획정위원회는 선거구획정안을 마련함에 있어서 국회에 의석을 가진 정당과 당해 자치구·시·군의 의회 및 장에 대하여 의견진술의 기회를 부여하여야 한다. 〈신설 2005. 8. 4〉

⑩ 국회가 국회의원지역선거구에 관한 규정을 개정하거나, 시·도의회가 자치구·시·군의원지역구에 관한 조례를 개정하는 때에는 선거구획정위원회의 선거구획정안을 존중하여야 한다. 〈개정 2005. 8. 4〉

⑪ 국회의원선거구획정위원회의 구성 및 운영 그 밖에 필요한 사항은 국회규칙으로 정하며, 자치구·시·군의원선거구획정위원회의 구성 및 운영 그 밖에 필요한 사항은 대통령령으로 정한다. 〈개정 2005. 8. 4〉

제25조 (국회의원지역구의 획정) ① 국회의원지역선거구(이하 "국회의원지역구"라 한다)는 시·도의 관할구역안에서 인구·행정구역·지세·교통 기타 조건을 고려하여 이를 획정하되, 구(자치구를 포함한다)·시(구가 설치되지 아니한 시를 말한다)·군(이하 "구·시·군"이라 한다)의 일부를 분할하여 다른 국회의원지역구에 속하게 하지 못한다. 다만, 제21조(국회의 의원정수) 제1항 후단의 요건을 갖추기 위하여 부득이한 경우에는 그러하지 아니하다. 〈개정 2004. 3. 12〉

② 국회의원지역구의 명칭과 그 구역은 별표 1과 같이 한다.

[95헌마224·239·285·373(병합) 1995. 12. 27(1996. 2. 6. 법률 제5149호)]

제26조 (지방의회의원선거구의 획정) ① 시·도의회의원지역선거구(이하 "시·도의원지역구"라 한다)는 인구·행정구역·지세·교통 기타 조건을 고려하여 자치구·시·군(하나의 자치구·시·군이 2 이상의 국회의원지역구로 된 경우에는 국회의원지역구

를 말하며, 행정구역의 변경으로 국회의원지역구와 행정구역이 합치되지 아니하게 된 때에는 행정구역을 말한다)을 분할하여 이를 획정하되, 하나의 시·도의원지역구에서 선출할 지역구시·도의원정수는 1인으로 하며, 그 시·도의원지역구의 명칭과 관할구역은 별표 2와 같이 한다. 〈개정 1995. 4. 1〉

② 자치구·시·군의원지역구는 인구·행정구역·지세·교통 그 밖의 조건을 고려하여 획정하되, 하나의 자치구·시·군의원지역구에서 선출할 지역구자치구·시·군의원정수는 2인 이상 4인 이하로 하며, 그 자치구·시·군의원지역구의 명칭·구역 및 의원정수는 시·도조례로 정한다. 〈개정 2005. 8. 4〉

③ 제1항 또는 제2항의 규정에 따라 시·도의원지역구 또는 자치구·시·군의원지역구를 획정하는 경우 하나의 읍·면·동의 일부를 분할하여 다른 시·도의원지역구 또는 자치구·시·군의원지역구에 속하게 하지 못한다. 〈개정 1995. 4. 1, 2005. 8. 4〉

④ 자치구·시·군의원지역구는 하나의 시·도의원지역구 내에서 획정하여야 하며, 하나의 시·도의원지역구에서 지역구자치구·시·군의원을 4인 이상 선출하는 때에는 2개 이상의 지역선거구로 분할할 수 있다. 〈신설 2005. 8. 4〉

제27조 (임기중 국회의원지역구를 변경한 때의 선거유예) 인구의 증감 또는 행정구역의 변경에 따라 별표 1의 개정에 의한 국회의원지역구의 변경이 있더라도 임기만료에 의한 총선거를 실시할 때까지는 그 증감된 국회의원지역구의 선거는 이를 실시하지 아니한다.

제4장 선거기간과 선거일

제33조 (선거기간) ① 선거별 선거기간은 다음 각호와 같다. 〈개정 2002. 3. 7, 2004. 3. 12〉

1. 대통령선거는 23일
2. 국회의원선거와 지방자치단체의 의회의원 및 장의 선거는 14일
3. 삭제 〈2002. 3. 7〉

② 삭제 〈2004. 3. 12〉

③ "선거기간"이라 함은 후보자등록마감일의 다음날부터 선거일까지를 말한다. 〈개정 2004. 3. 12〉

제34조 (선거일) ① 임기만료에 의한 선거의 선거일은 다음 각호와 같다. 〈개정 1998. 2. 6, 2004. 3. 12〉

1. 대통령선거는 그 임기만료일전 70일 이후 첫번째 수요일
2. 국회의원선거는 그 임기만료일전 50일 이후 첫번째 수요일
3. 지방의회의원 및 지방자치단체의 장의 선거는 그 임기만료일전 30일 이후 첫번째 수요일

② 제1항의 규정에 의한 선거일이 국민생활과 밀접한 관련이 있는 민속절 또는 공휴일인 때와 선거일전일이나 그 다음날이 공휴일인 때에는 그 다음주의 수요일로 한다. 〈개정 2004. 3. 12〉

제35조 (보궐선거 등의 선거일) ① 대통령의 궐위로 인한 선거 또는 재선거(제3항의 규정에 의한 재선거를 제외한다. 이하 제2항에서 같다)는 그 선거의 실시사유가 확정된 때부터 60일 이내에 실시하되, 선거일은 늦어도 선거일 전 50일까지 대통령 또는 대통령권한대행자가 공고하여야 한다. 〈개정 2009. 2. 12〉

② 보궐선거·재선거·증원선거와 지방자치단체의 설치·폐지·분할 또는 합병에 의한 지방자치단체의 장 선거는 다음 각호에 의한다. 〈개정 2000. 2. 16, 2004. 3. 12, 2005. 8. 4〉

1. 지역구국회의원·지방의회의원 및 지방자치단체의 장의 보궐선거·재선거, 지방의회의원의 증원선거는 전년도 10월 1일부터 3월 31일까지의 사이에 그 선거의 실시사유가 확정된 때에는 4월중 마지막 수요일에 실시하고, 4월 1일부터 9월 30일까지의 사이에 그 선거의 실시사유가 확정된 때에는 10월중 마지막 수요일에 실시한다. 이 경우 선거일에 관하여는 제34조(선거일) 제2항의 규정을 준용한다.

제36조 (연기된 선거 등의 선거일) 제196조(선거의 연기)의 규정에 의한 연기된 선거를 실시하는 때에는 대통령선거 및 국회의원선거에 있어서는 대통령이, 지방의회의원 및 지방자치단체의 장의 선거에 있어서는 관할선거구선거관리위원회위원장이 각각 그 선거일을 정하여 공고하여야 하며, 제198조(천재·지변 등으로 인한 재투표)의 규정에 의한 재투표를 실시하는 때에는 관할선거구선거관리위원회위원장이 재투표일을 정하여 공고하여야 한다. 〈개정 2000. 2. 16〉

제5장 선거인명부

제37조 (명부작성) ① 선거를 실시하는 때마다 구청장(자치구가 아닌 구의 구청장을 포함한다)·시장(구가 설치되지 아니한 시의 시장을 말한다)·군수(이하 "구·시·군의 장"이라 한다)는 대통령선거에서는 선거일 전 28일, 국회의원선거와 지방자치단체의 의회의원 및 장의 선거에서는 선거일 전

19일(이하 "선거인명부작성기준일"이라 한다) 현재 제15조에 따라 그 관할 구역에 주민등록 또는 국내거소신고가 되어 있는 선거권자(지방자치단체의 의회의원 및 장의 선거의 경우 제15조 제2항 제3호에 따른 외국인을 포함한다)를 투표구별로 조사하여 선거인명부작성기준일부터 5일 이내(이하 "선거인명부작성기간"이라 한다)에 선거인명부를 작성하여야 한다. 이 경우 제14장의2에 따라 재외선거를 실시하는 때에는 제218조의13에 따라 확정된 국외부재자신고인명부에 올라 있는 사람은 선거인명부의 비고란에 그 사실을 표시하여야 한다. 〈개정 2009. 2. 12〉

제38조 (부재자신고) ① 선거인명부에 오를 자격이 있는 국내거주자로서 선거일에 투표소에서 투표할 수 없는 사람(제15조 제2항 제3호에 따른 외국인은 제외한다)은 선거인명부작성기간 중 구·시·군의 장에게 서면으로 부재자신고를 할 수 있다. 이 경우 우편에 의한 부재자신고는 등기우편으로 처리하되, 그 우편요금은 국가 또는 해당 지방자치단체가 부담한다. 〈개정 2009. 2. 12〉

제6장 후 보 자

제47조 (정당의 후보자추천) ① 정당은 선거에 있어 선거구별로 선거할 정수범위안에서 그 소속당원을 후보자(이하 "정당추천후보자"라 한다)로 추천할 수 있다. 다만, 비례대표자치구·시·군의원의 경우에는 그 정수 범위를 초과하여 추천할 수 있다. 〈개정 1995. 4. 1, 2000. 2. 16, 2005. 8. 4〉

② 정당이 제1항의 규정에 따라 후보자를 추천하는 때에는 민주적인 절차에 따라야 한다. 〈개정 2005. 8. 4〉

③ 정당이 비례대표국회의원선거 및 비례대표지방의회의원선거에 후보자를 추천하는 때에는 그 후보자 중 100분의 50 이상을 여성으로 추천하되, 그 후보자명부의 순위의 매 홀수에는 여성을 추천하여야 한다. 〈개정 2005. 8. 4〉

④ 정당이 임기만료에 따른 지역구국회의원선거 및 지역구지방의회의원선거에 후보자를 추천하는 때에는 각각 전국지역구총수의 100분의 30 이상을 여성으로 추천하도록 노력하여야 한다. 〈신설 2005. 8. 4〉

제47조의2 (정당의 후보자추천 관련 금품수수금지) ① 누구든지 정당이 특정인을 후보자로 추천하는 일과 관련하여 금품이나 그 밖의 재산상의 이익 또는 공사의 직을 제공하거나 그 제공의 의사를 표시하거나 그 제공을 약속하는 행위를 하거나, 그 제공을 받거나 그 제공의 의사표시를 승낙할 수 없다.

② 누구든지 제1항에 규정된 행위에 관하여 지시·권유 또는 요구하거나 알선하여서는 아니 된다.

[본조신설 2008. 2. 29]

제48조 (선거권자의 후보자추천) ① 관할선거구 안에 주민등록이 된 선거권자는 각 선거(비례대표국회의원선거 및 비례대표지방의회의원선거를 제외한다)별로 정당의 당원이 아닌 자를 당해 선거구의 후보자(이하 "무소속후보자"라 한다)로 추천할 수 있다. 〈개정 2005. 8. 4〉

② 무소속후보자가 되고자 하는 자는 관할선거구선거관리위원회가 후보자등록신청개시일전 5일(대통령의 임기만료에 의한 선거에 있어서는 후보자등록신청개시일전 30일, 대통령의 궐위로 인한 선거 등에 있어서는 그 사유가 확정된 후 3일)부터 검인하여 교부하는 추천장을 사용하여 다음 각호에 의하여 선거권자의 추천을 받아야 한다. 〈개정 1995. 4. 1, 2000. 2. 16, 2005. 8. 4〉

1. 대통령선거
   5 이상의 시·도에 나누어 하나의 시·도에 주민등록이 되어 있는 선거권자의 수를 500인 이상으로 한 2천500인 이상 5천인이하
2. 지역구국회의원선거 및 자치구·시·군의 장 선거
   300인 이상 500인 이하
3. 지역구시·도의원선거
   100인 이상 200인 이하
4. 시·도지사선거
   당해 시·도안의 3분의 1 이상의 자치구·시·군에 나누어 하나의 자치구·시·군에 주민등록이 되어 있는 선거권자의 수를 50인 이상으로 한 1천인 이상 2천인 이하
5. 지역구자치구·시·군의원선거
   50인 이상 100인 이하. 다만, 인구 1천인 미만의 선거구에 있어서는 30인 이상 50인 이하

③ 제2항의 경우 검인되지 아니한 추천장에 의하여 추천을 받거나 추천선거권자수의 상한수를 넘어 추천을 받아서는 아니된다.

④ 선거권자의 추천장의 서식·교부신청 및 교부 기타 필요한 사항은 중앙선거관리위원회규칙으로 정한다.

제49조 (후보자등록 등 〈개정 2000. 2. 16〉) ① 후보자의 등록은 대통령선거에 있어서는 선거일전 24일, 국회의원선거와 지방자치단체의 의회의원 및 장의 선거에 있어서는 선거일전 15일(이하 "후보자등

록신청개시일"이라 한다)부터 2일간(이하 "후보자등록기간"이라 한다) 관할선거구선거관리위원회에 서면으로 신청하여야 한다. 〈개정 2002. 3. 7, 2004. 3. 12〉

② 정당추천후보자의 등록은 대통령선거와 비례대표국회의원선거 및 비례대표지방의회의원선거에 있어서는 그 추천정당이, 지역구국회의원선거와 지역구지방의회의원 및 지방자치단체의 장의 선거에 있어서는 정당추천후보자가 되고자 하는 자가 신청하되, 추천정당의 대표자가 서명·날인한 추천서와 본인승낙서(대통령선거와 비례대표국회의원선거 및 비례대표지방의회의원선거에 한한다)를 등록신청서에 첨부하여야 한다. 이 경우 비례대표국회의원후보자와 비례대표지방의회의원후보자의 등록은 추천정당이 그 순위를 정한 후보자명부를 함께 첨부하여야 한다. 〈개정 1995. 4. 1, 2000. 2. 16, 2005. 8. 4〉

③ 무소속후보자가 되고자 하는 자는 제48조(선거권자의 후보자추천)의 규정에 의하여 선거권자가 기명·날인(무인을 허용하지 아니한다)한 추천장(단기 또는 연기로 하며 간인을 요하지 아니한다)을 등록신청서에 첨부하여야 한다. 〈개정 1995. 4. 1, 2000. 2. 16, 2005. 8. 4〉

④ 제1항 내지 제3항의 규정에 의하여 후보자등록을 신청하는 자는 다음 각호의 서류를 제출하여야 하며, 제56조(기탁금) 제1항의 규정에 의한 기탁금을 납부하여야 한다. 〈개정 2000. 2. 16, 2002. 3. 7, 2004. 3. 12, 2005. 8. 4, 2006. 3. 2, 2008. 2. 29〉

1. 중앙선거관리위원회규칙이 정하는 피선거권에 관한 증명서류
2. 「공직자윤리법」 제10조의2(공직선거후보자 등의 재산공개) 제1항의 규정에 의한 등록대상재산에 관한 신고서
3. 「공직자 등의 병역사항신고 및 공개에 관한 법률」 제9조(공직선거후보자의 병역사항신고 및 공개) 제1항의 규정에 의한 병역사항에 관한 신고서
4. 최근 5년간의 후보자, 그의 배우자와 직계존·비속(출가한 딸과 외조부모 및 외손자녀를 제외한다)의 소득세[「소득세법」 제127조(원천징수의무) 제1항의 규정에 따라 원천징수하는 소득세는 제출하고자 하는 경우에 한한다]·재산세·종합부동산세의 납부 및 체납(10만원 이하 또는 3월 이내의 체납은 제외한다)에 관한 증명서. 이 경우 후보자의 직계존속은 자신의 세금납부 및 체납에 관한 증명서의 제출을 거부할 수 있다.
5. 금고 이상의 형의 범죄경력(실효된 형을 포함하며 이하 이 조에서 "전과기록"이라 한다)에 관한 증명서류
6. 「초·중등교육법」 및 「고등교육법」에서 인정하는 정규학력(이하 "정규학력"이라 한다)에 관한 최종학력 증명서와 국내 정규학력에 준하는 외국의 교육기관에서 이수한 학력에 관한 각 증명서. 이 경우 증명서의 제출이 요구되는 학력은 제60조의3 제1항 제4호의 예비후보자홍보물, 제60조의4의 예비후보자공약집, 제64조의 선전벽보, 제65조의 선거공보(같은 조 제8항의 후보자정보공개자료를 포함한다), 제66조의 선거공약서 및 후보자가 운영하는 인터넷 홈페이지에 게재하였거나 게재하고자 하는 학력에 한한다.

⑤ 관할선거구선거관리위원회는 제4항의 규정에 불구하고 같은 항 각 호의 서류를 제60조의2(예비후보자등록)의 규정에 따라 예비후보자등록을 신청하는 때에 제출하게 하고, 후보자등록을 신청하는 때까지 이를 추가하거나 보완하게 할 수 있다. 〈신설 2005. 8. 4〉

⑥ 정당의 당원인 자는 무소속후보자로 등록할 수 없으며, 후보자등록기간중(후보자등록신청시를 포함한다) 당적을 이탈·변경하거나 2 이상의 당적을 가지고 있는 때에는 당해 선거에 후보자로 등록될 수 없다. 소속정당의 해산이나 그 등록의 취소 또는 중앙당의 시·도당창당승인취소로 인하여 당원자격이 상실된 경우에도 또한 같다. 〈개정 2004. 3. 12〉

⑦ 후보자등록신청서의 접수는 공휴일에 불구하고 매일 오전 9시부터 오후 5시까지로 한다.

⑧ 관할선거구선거관리위원회는 후보자등록신청이 있는 때에는 즉시 이를 수리하여야 하되, 등록신청서·정당의 추천서와 본인승낙서·선거권자의 추천장·기탁금 및 제4항 제2호 내지 제5호의 규정에 의한 서류를 갖추지 아니하거나 제47조 제3항의 규정에 따른 여성후보자 추천의 비율과 순위(비례대표지방의회의원선거에 한한다)를 위반한 등록신청은 이를 수리할 수 없다. 다만, 후보자의 피선거권에 관한 증명서류가 첨부되지 아니한 경우에는 이를 수리하되, 당해 선거구선거관리위원회가 그 사항을 조사하여야 하며, 그 조사를 의뢰받은 기관 또는 단체는 지체없이 그 사실을 확인하여 당해 선거구선거관리위원회에 회보하여야 한다. 〈개정 2000. 2. 16, 2002. 3. 7, 2004. 3. 12, 2005. 8. 4, 2006. 10. 4〉

⑨ 관할선거구선거관리위원회는 당선인결정후 15일 이내에 당해 당선인이 제4항 제2호의 규정에 의

하여 제출한 등록대상재산에 관한 신고서의 사본을 「공직자윤리법」 제9조(공직자윤리위원회)의 규정에 의한 해당공직자윤리위원회에 송부하여야 한다. 〈신설 2000. 2. 16, 2005. 8. 4〉

⑩ 후보자가 되고자 하는 자 또는 정당은 선거기간개시일전 150일부터 본인 또는 후보자가 되고자 하는 소속 당원의 전과기록을 후보자가 되고자 하는 자의 주소지를 관할하는 국가경찰관서의 장에게 조회할 수 있으며, 당해 국가경찰관서의 장은 지체없이 그 전과기록을 회보하여야 한다. 이 경우 회보받은 전과기록은 후보자등록시 함께 제출하여야 하며 관할선거구선거관리위원회는 그 확인이 필요하다고 인정되는 후보자에 대하여는 후보자등록마감후 지체없이 당해 선거구를 관할하는 검찰청의 장에게 그 후보자의 전과기록을 조회할 수 있고, 당해 검찰청의 장은 그 전과기록의 진위여부를 지체없이 회보하여야 한다. 〈개정 2002. 3. 7, 2004. 3. 12, 2005. 8. 4, 2006. 2. 21〉

⑪ 누구든지 선거기간중 관할선거구선거관리위원회가 제10항의 규정에 의하여 회보받은 전과기록을 열람할 수 있다. 〈신설 2000. 2. 16〉

⑫ 관할선거구선거관리위원회는 제4항 제2호 내지 제6호와 제10항의 규정에 의하여 제출받거나 회보받은 서류를 선거구민이 알 수 있도록 공개하여야 한다. 다만, 선거일 후에는 이를 공개하여서는 아니된다. 〈신설 2002. 3. 7, 2004. 3. 12〉

⑬ 삭제 〈2005. 8. 4〉

⑭ 삭제 〈2005. 8. 4〉

⑮ 후보자의 등록신청서와 추천서의 서식, 제출·회보받은 서류의 공개방법 그 밖에 필요한 사항은 중앙선거관리위원회규칙으로 정한다. 〈개정 2004. 3. 12, 2005. 8. 4〉

제50조 (후보자추천의 취소와 변경의 금지) ① 정당은 후보자등록후에는 등록된 후보자에 대한 추천을 취소 또는 변경할 수 없으며, 비례대표국회의원후보자명부(비례대표지방의회의원후보자명부를 포함한다. 이하 이 항에서 같다)에 후보자를 추가하거나 그 순위를 변경할 수 없다. 다만, 후보자등록기간중 정당추천후보자가 사퇴·사망하거나, 소속정당의 제명이나 중앙당의 시·도당창당승인취소외의 사유로 인하여 등록이 무효로 된 때에는 예외로 하되, 비례대표국회의원후보자명부에 후보자를 추가할 경우에는 그 순위는 이미 등록된 자의 다음으로 한다. 〈개정 1995. 4. 1, 2000. 2. 16, 2004. 3. 12, 2005. 8. 4〉

② 선거권자는 후보자에 대한 추천을 취소 또는 변경할 수 없다. 〈개정 1995. 4. 1, 2005. 8. 4〉

제51조 (추가등록) 대통령선거에 있어서 정당추천후보자가 후보자등록기간중 또는 후보자등록기간이 지난 후에 사망한 때에는 후보자등록마감일후 5일까지 제47조(정당의 후보자추천) 및 제49조(후보자등록 등)의 규정에 의하여 후보자등록을 신청할 수 있다. 〈개정 2000. 2. 16〉

제53조 (공무원 등의 입후보) ① 다음 각 호의 어느 하나에 해당하는 자로서 후보자가 되고자 하는 자는 선거일전 60일(비례대표국회의원선거나 비례대표지방의회의원선거 및 보궐선거 등에 있어서와 국회의원이 지방자치단체의 장의 선거에 입후보하는 경우 및 지방의회의원이 다른 지방자치단체의 의회의원이나 장의 선거에 입후보하는 경우에 있어서는 후보자등록신청전)까지 그 직을 그만두어야 한다. 다만, 대통령선거와 국회의원선거에 있어서 국회의원이 그 직을 가지고 입후보하는 경우와 지방의회의원선거와 지방자치단체의 장의 선거에 있어서 당해 지방자치단체의 의회의원이나 장이 그 직을 가지고 입후보하는 경우에는 그러하지 아니하다. 〈개정 1995. 4. 1, 1995. 12. 30, 1997. 11. 14, 1998. 4. 30, 2000. 2. 16, 2002. 3. 7, 2005. 8. 4〉

1. 「국가공무원법」 제2조(공무원의 구분)에 규정된 국가공무원과 「지방공무원법」 제2조(공무원의 구분)에 규정된 지방공무원. 다만, 「정당법」 제22조(발기인 및 당원의 자격) 제1항 제1호 단서의 규정에 의하여 정당의 당원이 될 수 있는 공무원(정무직공무원을 제외한다)은 그러하지 아니하다.
2. 각급선거관리위원회위원 또는 교육위원회의 교육위원
3. 다른 법령의 규정에 의하여 공무원의 신분을 가진 자
4. 「정부투자기관 관리기본법」 제2조(적용범위)에 규정된 정부투자기관(한국은행을 포함한다)의 상근 임원
5. 「농업협동조합법」·「수산업협동조합법」·「산림조합법」·「엽연초생산협동조합법」에 의하여 설립된 조합의 상근 임원과 이들 조합의 중앙회장
6. 「지방공기업법」 제2조(적용범위)에 규정된 지방공사와 지방공단의 상근 임원
7. 「정당법」 제22조 제1항 제2호의 규정에 의하여 정당의 당원이 될 수 없는 사립학교교원
8. 대통령령으로 정하는 언론인

② 제 1 항의 적용에 있어서는 그 소속기관의 장 또는 소속위원회에 사직원이 접수된 때에 그 직을 그만 둔 것으로 본다.

③ 제 1 항의 규정에 불구하고, 지방자치단체의 장은 선거구역이 당해 지방자치단체의 관할구역과 같거나 겹치는 지역구국회의원선거에 입후보하고자 하는 때에는 당해 선거의 선거일전 120일까지 그 직을 그만두어야 한다. 〈개정 2000. 2. 16, 2003. 10. 30〉

[95헌마172 1995. 6. 12 (1995. 12. 30 법률 제5127호)]

제54조 (후보자사퇴의 신고) 후보자가 사퇴하고자 하는 때에는 자신이 직접 당해 선거구선거관리위원회에 가서 서면으로 신고하되, 정당추천후보자가 사퇴하고자 하는 때에는 추천정당의 사퇴승인서를 첨부하여야 한다.

제56조 (기탁금) ① 후보자등록을 신청하는 자는 등록신청시에 후보자 1인마다 다음 각호의 기탁금을 중앙선거관리위원회규칙이 정하는 바에 따라 관할선거구선거관리위원회에 납부하여야 한다. 〈개정 1997. 11. 14, 2000. 2. 16, 2001. 10. 8, 2002. 3. 7〉

1. 대통령선거는 5억원
2. 국회의원선거는 1천500만원
3. 시 · 도의회의원선거는 300만원
4. 시 · 도지사선거는 5천만원
5. 자치구 · 시 · 군의 장 선거는 1천만원
6. 자치구 · 시 · 군의원선거는 200만원

② 제 1 항의 기탁금은 체납처분이나 강제집행의 대상이 되지 아니한다.

③ 제261조(과태료의 부과 · 징수 등)의 규정에 의한 과태료 및 제271조(불법시설물 등에 대한 조치 및 대집행)의 규정에 의한 불법시설물 등에 대한 대집행비용은 제 1 항의 기탁금에서 부담한다.

[2007헌마1024, 2008. 11. 27, 공직선거법(1997. 11. 14. 법률 제5412호로 개정된 것) 제56조 제 1 항 제 1 호는 헌법에 합치되지 아니한다. 위 법률조항은 2009. 12. 31.을 시한으로 입법자가 개정할 때까지 계속 적용한다.]

제57조 (기탁금의 반환 등) ① 선거구선거관리위원회는 다음 각호의 구분에 따른 해당 금액중에서 제56조(기탁금) 제 3 항의 규정에 의하여 기탁금에서 부담하는 비용을 뺀 나머지 금액을 선거일후 30일 이내에 기탁자에게 반환한다. 〈개정 2004. 3. 12, 2005. 8. 4〉

1. 대통령선거, 지역구국회의원선거, 지역구지방의회의원선거 및 지방자치단체의 장선거
   가. 후보자가 당선되거나 사망한 경우와 유효투표총수의 100분의 15 이상을 득표한 경우에는 기탁금 전액
   나. 후보자가 유효투표총수의 100분의 10 이상 100분의 15 미만을 득표한 경우에는 기탁금의 100분의 50에 해당하는 금액
2. 비례대표국회의원선거 및 비례대표지방의회의원선거
   당해 후보자명부에 올라 있는 후보자중 당선인이 있는 때에는 기탁금 전액

② 제 1 항의 규정에 의하여 반환하지 아니하는 기탁금은 선거일후 30일 이내에 국가 또는 당해 지방자치단체에 귀속한다. 이 경우 제56조 제 3 항의 규정에 의하여 기탁금에서 부담하여야 할 비용이 해당 기탁자에게 반환하지 아니하는 기탁금을 넘는 때에는 당해 선거구선거관리위원회의 고지에 따라 그 넘는 금액을 당해 기탁자가 그 고지를 받은 날부터 10일 이내에 선거구선거관리위원회에 납부하여야 하며, 그 기간내에 납부하지 아니한 때에는 우선 국가 또는 당해 지방자치단체가 지출한 후 관할세무서장에게 위탁하여 관할세무서장이 국세체납처분의 예에 따라 이를 징수하여 국가 또는 당해 지방자치단체에 납입하여야 한다. 〈개정 1995. 4. 1, 1998. 4. 30, 2000. 2. 16, 2004. 3. 12〉

③ 삭제 〈2000. 2. 16〉

④ 삭제 〈2000. 2. 16〉

⑤ 기탁금의 반환 및 귀속 기타 필요한 사항은 중앙선거관리위원회규칙으로 정한다. 〈개정 2000. 2. 16〉

제 6 장의2 정당의 후보자 추천을 위한 당내경선 〈신설 2005. 8. 4〉

제57조의2 (당내경선의 실시) ① 정당은 공직선거후보자를 추천하기 위하여 경선(이하 "당내경선"이라 한다)을 실시할 수 있다.

② 정당이 당내경선[당내경선의 후보자로 등재된 자(이하 "경선후보자"라 한다)를 대상으로 정당의 당헌 · 당규 또는 경선후보자간의 서면합의에 따라 실시한 당내경선을 대체하는 여론조사를 포함한다]을 실시하는 경우 경선후보자로서 당해 정당의 후보자로 선출되지 아니한 자는 당해 선거의 같은 선거구에서는 후보자로 등록될 수 없다. 다만, 후보자로 선출된 자가 사퇴 · 사망 · 피선거권 상실 또는 당적의 이탈 · 변경 등으로 그 자격을 상실한 때에는

그러하지 아니하다.

③ 「정당법」 제22조(발기인 및 당원의 자격)의 규정에 따라 당원이 될 수 없는 자는 당내경선의 선거인이 될 수 없다.

[본조신설 2005. 8. 4]

제57조의3 (당내경선운동) ① 정당이 당원과 당원이 아닌 자에게 투표권을 부여하여 실시하는 당내경선에서는 다음 각 호의 어느 하나에 해당하는 방법 외의 방법으로 경선운동을 할 수 없다. 〈개정 2008. 2. 29〉

1. 제60조의3(예비후보자 등의 선거운동) 제1항 제1호 내지 제3호의 규정에 따른 방법
2. 정당이 경선후보자가 작성한 1종의 홍보물(이하 이 조에서 "경선홍보물"이라 한다)을 1회에 한하여 발송하는 방법
3. 정당이 합동연설회 또는 합동토론회를 옥내에서 개최하는 방법(경선후보자가 중앙선거관리위원회규칙으로 정하는 바에 따라 그 개최장소에 경선후보자의 홍보에 필요한 현수막 등 시설물을 설치·게시하는 방법을 포함한다)

② 정당이 제1항 제2호 또는 제3호의 규정에 따른 방법으로 경선홍보물을 발송하거나 합동연설회 또는 합동토론회를 개최하는 때에는 당해 선거의 관할선거구선거관리위원회에 신고하여야 한다.

③ 제1항의 규정에 위반되는 경선운동에 소요되는 비용은 제119조(선거비용등의 정의)의 규정에 따른 선거비용으로 본다.

④ 제1항 제2호의 경선홍보물의 작성 및 제2항의 신고 그 밖에 필요한 사항은 중앙선거관리위원회규칙으로 정한다.

[본조신설 2005. 8. 4]

제57조의4 (당내경선사무의 위탁) ① 「정치자금법」 제27조(보조금의 배분)의 규정에 따라 보조금의 배분대상이 되는 정당은 당내경선사무 중 경선운동, 투표 및 개표에 관한 사무의 관리를 당해 선거의 관할선거구선거관리위원회에 위탁할 수 있다.

② 관할선거구선거관리위원회가 제1항에 따라 당내경선의 투표 및 개표에 관한 사무를 수탁관리하는 경우에는 그 비용은 국가가 부담한다. 다만, 투표 및 개표참관인의 수당은 당해 정당이 부담한다. 〈개정 2008. 2. 29〉

③ 제1항의 규정에 따라 정당이 당내경선사무를 위탁하는 경우 그 구체적인 절차 및 필요한 사항은 중앙선거관리위원회규칙으로 정한다.

[본조신설 2005. 8. 4]

제57조의5 (당원 등 매수금지) ① 누구든지 당내경선에 있어 후보자로 선출되거나 되게 하거나 되지 못하게 할 목적으로 경선선거인(당내경선의 선거인명부에 등재된 자를 말한다) 또는 그의 배우자나 직계존·비속에게 명목여하를 불문하고 금품 그 밖의 재산상의 이익 또는 공사의 직을 제공하거나 그 제공의 의사를 표시하거나 그 제공을 약속하는 행위를 할 수 없다. 다만, 중앙선거관리위원회규칙이 정하는 의례적인 행위는 그러하지 아니하다.

② 누구든지 당내경선에 있어 후보자가 되지 아니하게 하거나 후보자가 된 것을 사퇴하게 할 목적으로 후보자(후보자가 되고자 하는 자를 포함한다. 이하 이 항에서 같다)에게 제1항의 규정에 따른 이익제공행위 등을 하여서는 아니되며, 후보자는 그 이익이나 직의 제공을 받거나 제공의 의사표시를 승낙하여서는 아니된다.

③ 누구든지 제1항 및 제2항에 규정된 행위에 관하여 지시·권유 또는 요구를 하여서는 아니된다.

[본조신설 2005. 8. 4]

제57조의6 (위탁하는 당내경선에 있어서의 이의제기) 정당이 제57조의4(당내경선사무의 위탁)의 규정에 따라 당내경선을 위탁하여 실시하는 경우에는 그 경선 및 선출의 효력에 대한 이의제기는 당해 정당에 하여야 한다.

[본조신설 2005. 8. 4]

제7장 선거운동

제58조 (정의 등) ① 이 법에서 "선거운동"이라 함은 당선되거나 되게 하거나 되지 못하게 하기 위한 행위를 말한다. 다만, 다음 각호의 1에 해당하는 행위는 선거운동으로 보지 아니한다. 〈개정 2000. 2. 16〉

1. 선거에 관한 단순한 의견개진 및 의사표시
2. 입후보와 선거운동을 위한 준비행위
3. 정당의 후보자 추천에 관한 단순한 지지·반대의 의견개진 및 의사표시
4. 통상적인 정당활동

② 누구든지 자유롭게 선거운동을 할 수 있다. 그러나 이 법 또는 다른 법률의 규정에 의하여 금지 또는 제한되는 경우에는 그러하지 아니하다.

제59조 (선거운동기간) 선거운동은 후보자등록마감일의 다음날부터 선거일전일까지에 한하여 이를 할 수 있다. 다만, 다음 각 호의 어느 하나에 해당하는 경우에는 그러하지 아니하다. 〈개정 2004. 3. 12, 2005. 8. 4〉

1. 제60조의3(예비후보자 등의 선거운동) 제1항 및 제2항의 규정에 따라 예비후보자 등이 선거운동을 하는 경우
2. 삭제 〈2005. 8. 4〉
3. 후보자, 후보자가 되고자 하는 자가 자신이 개설한 인터넷 홈페이지를 이용하여 선거운동을 하는 경우

제60조 (선거운동을 할 수 없는 자) ① 다음 각 호의 어느 하나에 해당하는 자는 선거운동을 할 수 없다. 다만, 제4호 내지 제8호에 해당하는 자가 후보자의 배우자인 경우에는 그러하지 아니하다. 〈개정 1995. 12. 30, 1997. 1. 13, 2000. 2. 16, 2002. 3. 7, 2004. 3. 12, 2005. 8. 4〉

1. 대한민국 국민이 아닌 자
2. 미성년자(19세 미만의 자를 말한다. 이하 같다)
3. 제18조(선거권이 없는 자) 제1항의 규정에 의하여 선거권이 없는 자
4. 「국가공무원법」 제2조(공무원의 구분)에 규정된 국가공무원과 「지방공무원법」 제2조(공무원의 구분)에 규정된 지방공무원. 다만, 「정당법」 제22조(발기인 및 당원의 자격) 제1항 제1호 단서의 규정에 의하여 정당의 당원이 될 수 있는 공무원(국회의원과 지방의회의원외의 정무직공무원을 제외한다)은 그러하지 아니하다.
5. 제53조(공무원 등의 입후보) 제1항 제2호 내지 제8호에 해당하는 자(제4호 내지 제6호의 경우에는 그 상근직원을 포함한다)
6. 향토예비군 소대장급 이상의 간부
7. 통·리·반의 장 및 읍·면·동주민자치센터(그 명칭에 관계없이 읍·면·동사무소 기능전환의 일환으로 조례에 의하여 설치된 각종 문화·복지·편익시설을 총칭한다. 이하 같다)에 설치된 주민자치위원회(주민자치센터의 운영을 위하여 조례에 의하여 읍·면·동사무소의 관할구역별로 두는 위원회를 말한다. 이하 같다)위원
8. 특별법에 의하여 설립된 국민운동단체로서 국가 또는 지방자치단체의 출연 또는 보조를 받는 단체(바르게살기운동협의회·새마을운동협의회·한국자유총연맹을 말한다)의 상근 임·직원 및 이들 단체 등(시·도조직 및 구·시·군조직을 포함한다)의 대표자
9. 삭제 〈2005. 8. 4〉

② 향토예비군 소대장급 이상의 간부·주민자치위원회위원 또는 통·리·반의 장이 선거사무장, 선거연락소장, 선거사무원, 회계책임자, 연설원, 대담·토론자 또는 투표참관인이나 부재자투표참관인이 되고자 하는 때에는 선거일전 90일(선거일 전 90일후에 실시사유가 확정된 보궐선거등에서는 그 선거의 실시사유가 확정된 때부터 5일)까지 그 직을 그만두어야 하며, 선거일후 6월 이내(주민자치위원회위원은 선거일까지)에는 종전의 직에 복직될 수 없다. 이 경우 그만둔 것으로 보는 시기에 관하여는 제53조(공무원 등의 입후보) 제2항의 규정을 준용한다. 〈개정 2002. 3. 7, 2008. 2. 29〉

제60조의2 (예비후보자등록) ① 예비후보자가 되고자 하는 자(비례대표국회의원선거 및 비례대표지방의회의원선거를 제외한다)는 다음 각 호에서 정하는 날(그 날후에 실시사유가 확정된 보궐선거등에 있어서는 그 선거의 실시사유가 확정된 때)부터 관할선거구선거관리위원회에 피선거권에 관한 증명서류를 첨부하여 예비후보자등록을 서면으로 신청하여야 한다. 〈개정 2005. 8. 4〉

1. 대통령선거
   선거일 전 240일
2. 지역구국회의원선거 및 시·도지사선거
   선거일 전 120일
3. 지역구지방의회의원선거 및 자치구·시·군의 장선거
   선거기간개시일 전 60일

② 예비후보자등록후에 다음 각 호의 어느 하나에 해당하는 사유가 있는 때에는 그 예비후보자의 등록은 무효로 한다. 〈개정 2005. 8. 4〉

1. 피선거권이 없는 것이 발견된 때
2. 제53조(공무원등의 입후보) 제1항 및 제3항의 규정에 의하여 그 직을 가지고 입후보할 수 없는 자에 해당하는 것이 발견된 때
3. 제266조(선거범죄로 인한 공무담임등의 제한) 제2항 및 제57조의2(당내경선의 실시) 제2항 본문의 규정에 의하여 후보자가 될 수 없는 자에 해당하는 것이 발견된 때

③ 예비후보자가 사퇴하고자 하는 때에는 직접 당해 선거구선거관리위원회에 서면으로 신고하여야 한다.

④ 제1항의 등록신청을 받은 선거관리위원회는 지체없이 이를 수리하되, 피선거권에 관하여 확인이 필요하다고 인정되는 예비후보자에 대하여는 관계기관의 장에게 필요한 사항을 조회할 수 있으며, 그 조회를 받은 관계기관의 장은 지체없이 해당 사항을 조사하여 회보하여야 한다.

⑤ 제52조(등록무효) 제2항의 규정은 예비후보자

등록에 준용한다. 이 경우 "후보자"는 "예비후보자"로 본다.

⑥ 제49조(후보자등록 등)의 규정에 따라 후보자로 등록한 자는 후보자등록기간 중 예비후보자를 겸하는 것으로 본다. 〈신설 2005. 8. 4〉

⑦ 예비후보자등록신청서의 서식, 피선거권에 관한 증명서류 기타 필요한 사항은 중앙선거관리위원회규칙으로 정한다.

[본조신설 2004. 3. 12]

제60조의3 (예비후보자 등의 선거운동 〈개정 2005. 8. 4〉) ① 예비후보자는 다음 각호의 어느 하나에 해당하는 방법으로 선거운동을 할 수 있다. 〈개정 2005. 8. 4, 2008. 2. 29〉

1. 제61조(선거운동기구의 설치) 제1항 및 제6항 단서의 규정에 의하여 선거사무소를 설치하거나 그 선거사무소에 간판·현판 또는 현수막을 설치·게시하는 행위
2. 자신의 성명·사진·전화번호·학력(정규학력과 이에 준하는 외국의 교육과정을 이수한 학력을 말한다. 이하 제4호에서 같다)·경력, 그 밖에 홍보에 필요한 사항을 게재한 길이 9센티미터 너비 5센티미터 이내의 명함을 직접 주면서 지지를 호소하는 행위. 다만, 지하철역구내 기타 중앙선거관리위원회규칙으로 정하는 다수인이 왕래하거나 집합하는 공개된 장소에서 주면서 지지를 호소하는 행위는 그러하지 아니하다.
3. 전자우편(컴퓨터 이용자끼리 네트워크를 통하여 문자·음성·화상 또는 동영상 등의 정보를 주고받는 통신시스템을 말한다. 이하 같다)을 이용하여 문자·음성·화상 또는 동영상 기타의 정보를 전송하는 행위
4. 선거구안에 있는 세대수의 100분의 10에 해당하는 수 이내에서 자신의 사진·성명·전화번호·학력·경력, 그 밖에 홍보에 필요한 사항을 게재한 인쇄물(이하 "예비후보자홍보물"이라 한다)을 작성하여 관할 선거관리위원회로부터 발송대상·매수 등을 확인받은 후 후보자등록기간개시일전일까지 1회에 한하여 중앙선거관리위원회규칙이 정하는 바에 따라 우편발송하는 행위. 이 경우 대통령선거 및 지방자치단체의 장선거의 예비후보자는 표지를 포함한 전체면수의 100분의 50 이상의 면수에 선거공약 및 이에 대한 추진계획으로 각 사업의 목표·우선순위·이행절차·이행기한·재원조달방안을 게재하여야 하며, 이를 게재한 면에는 다른 정당이나 후보자가 되려는 자에 관한 사항을 게재할 수 없다.

② 예비후보자가 그와 함께 다니는 자 중에서 지정한 1인과 예비후보자의 배우자(배우자 대신 예비후보자가 그의 직계존·비속 중에서 신고한 1인을 포함한다. 이하 이 항에서 같다)는 예비후보자의 선거운동을 위하여 제1항 제2호의 규정에 따른 명함을 직접 줄 수 있다. 이 경우 예비후보자의 배우자는 예비후보자의 지지를 호소할 수 있다. 〈신설 2005. 8. 4〉

③ 제1항 제4호에 따라 예비후보자홍보물을 우편발송하고자 하는 예비후보자는 그 발송통수 이내의 범위 안에서 선거권자인 세대주의 성명·주소(이하 이 조에서 "세대주명단"이라 한다)의 교부를 구·시·군의 장에게 신청할 수 있으며, 신청을 받은 구·시·군의 장은 다른 법률의 규정에 불구하고 지체없이 그 세대주명단을 작성·교부하여야 한다. 〈신설 2005. 8. 4, 2008. 2. 29〉

④ 제3항의 규정에 따른 세대주명단의 교부신청은 후보자등록기간개시일 전 5일까지 서면으로 신청하여야 하며, 그 작성비용을 함께 납부하여야 한다. 〈신설 2005. 8. 4〉

⑤ 제3항의 규정에 따라 교부된 세대주명단의 양도·대여 및 사용의 금지에 관하여는 제46조(명부사본의 교부) 제4항의 규정을 준용한다. 이 경우 "선거인명부 또는 부재자신고인명부"는 "세대주명단"으로 본다. 〈신설 2005. 8. 4〉

⑥ 예비후보자홍보물의 규격·면수와 작성근거 등의 표시, 세대주명단의 교부신청과 비용납부 그 밖에 필요한 사항은 중앙선거관리위원회규칙으로 정한다. 〈신설 2005. 8. 4, 2008. 2. 29〉

[본조신설 2004. 3. 12]

제60조의4 (예비후보자공약집) ① 대통령선거 및 지방자치단체의 장선거의 예비후보자는 선거공약 및 이에 대한 추진계획으로 각 사업의 목표·우선순위·이행절차·이행기한·재원조달방안을 게재한 공약집(도서의 형태로 발간된 것을 말하며, 이하 "예비후보자공약집"이라 한다) 1종을 발간·배부할 수 있으며, 이를 배부하려는 때에는 통상적인 방법으로 판매하여야 한다. 다만, 방문판매의 방법으로 판매할 수 없다.

② 제1항의 예비후보자가 선거공약 및 그 추진계획에 관한 사항 외에 자신의 사진·성명·학력(정규학력과 이에 준하는 외국의 교육과정을 이수한 학력을 말한다)·경력, 그 밖에 홍보에 필요한 사항을 예비후보자공약집에 게재하는 경우 그 게재면수는

표지를 포함한 전체면수의 100분의 10을 넘을 수 없으며, 다른 정당이나 후보자가 되려는 자에 관한 사항은 예비후보자공약집에 게재할 수 없다.

③ 예비후보자가 제1항에 따라 예비후보자공약집을 발간하여 판매하려는 때에는 발간 즉시 관할 선거구선거관리위원회에 2권을 제출하여야 한다.

④ 예비후보자공약집의 작성근거 등의 표시와 제출, 그 밖에 필요한 사항은 중앙선거관리위원회규칙으로 정한다.

[본조신설 2008. 2. 29]

제64조 (선전벽보) ① 선거운동에 사용하는 선전벽보에는 후보자의 사진(후보자만의 사진을 말한다)·성명·기호[제150조(투표용지의 정당·후보자의 게재순위등)의 규정에 의하여 투표용지에 인쇄할 정당 또는 후보자의 게재순위를 말한다. 이하 같다]·정당추천후보자의 소속정당명(무소속후보자는 "무소속"이라 표시한다)·경력[학력을 게재하는 경우에는 정규학력과 이에 준하는 외국의 교육과정을 이수한 학력외에는 게재할 수 없다. 이 경우 정규학력을 게재하는 경우에는 졸업 또는 수료당시의 학교명(중퇴한 경우에는 수학기간을 함께 기재하여야 한다)을 기재하고, 정규학력에 준하는 외국의 교육과정을 이수한 학력을 게재하는 때에는 그 교육과정명과 수학기간 및 학위를 취득한 때의 취득학위명을 기재하여야 하며, 정규학력의 최종학력과 외국의 교육과정을 이수한 학력은 제49조(후보자등록등) 제4항 제6호의 규정에 의하여 학력증명서를 제출한 학력에 한하여 게재할 수 있다. 이하 같다]·정견 및 소속정당의 정강·정책 기타 홍보에 필요한 사항(지역구국회의원선거에 있어서는 비례대표국회의원후보자명단을, 지역구시·도의원선거에 있어서는 비례대표시·도의원후보자 명단을, 지역구자치구·시·군의원선거에 있어서는 비례대표자치구·시·군의원후보자명단을 포함하며, 후보자외의 자의 인물사진을 제외한다)을 게재하여 동에 있어서는 인구 500인에 1매, 읍에 있어서는 인구 250인에 1매, 면에 있어서는 인구 100인에 1매의 비율을 한도로 작성·첩부한다. 다만, 인구밀집상태 및 첩부장소등을 감안하여 중앙선거관리위원회규칙이 정하는 바에 따라 인구 1천인에 1매의 비율까지 조정할 수 있다. 〈개정 1995. 4. 1, 1995. 12. 30, 1997. 1. 13, 1997. 11. 14, 1998. 4. 30, 2000. 2. 16, 2002. 3. 7, 2004. 3. 12, 2005. 8. 4〉

② 제1항의 규정에 의한 선전벽보는 후보자(비례대표국회의원후보자와 비례대표지방의회의원후보자를 제외하며, 대통령선거에 있어서 정당추천후보자의 경우에는 그 추천정당을 말한다. 이하 이 조에서 같다)가 작성하여 후보자등록마감일후 3일(대통령선거에 있어 추가등록의 경우에는 추가등록마감일후 2일이내를 말한다)까지 첩부할 지역을 관할하는 구·시·군선거관리위원회에 제출하고, 당해 구·시·군선거관리위원회가 이를 확인하여 선전벽보 제출마감일후 2일(대통령선거와 섬 및 산간오지지역의 경우는 3일)까지 첩부한다. 이 경우 선전벽보의 일부를 제출하지 아니할 때에는 선전벽보를 첩부하지 아니할 지역(투표구를 단위로 한다)을 지정하여 선전벽보의 제출시에 서면으로 신고하여야 하되, 선전벽보를 첩부하지 아니할 지역을 신고하지 아니한 때에는 당해 구·시·군선거관리위원회가 그 지역을 지정한다. 〈개정 1995. 4. 1, 2000. 2. 16, 2005. 8. 4〉

③ 관할선거구선거관리위원회는 제2항의 규정에 의하여 후보자가 작성하여 보관 또는 제출할 선전벽보의 수량을 선거기간개시일전 10일까지 공고하여야 한다. 이 경우 중앙선거관리위원회규칙이 정하는 바에 따라 일정한 수량을 가산할 수 있다. 〈개정 1995. 12. 30, 2004. 3. 12〉

④ 후보자가 제2항의 규정에 의한 제출마감일까지 선전벽보를 제출하지 아니한 때와 규격을 넘거나 미달하는 선전벽보를 제출한 때에는 그 선전벽보는 첩부하지 아니한다.

⑤ 제2항의 규정에 의하여 제출된 선전벽보는 정정 또는 철회할 수 없다. 다만, 그 내용중 경력·학력·학위 또는 상벌(이하 "경력등"이라 한다)에 관한 허위사실의 게재를 이유로 이의제기를 하는 때에는 당해 선거구선거관리위원회를 경유하여 직근 상급선거관리위원회에 서면으로 하여야 하며, 이의제기를 받은 상급선거관리위원회는 정당 또는 후보자에게 그 증명서류의 제출을 요구할 수 있으며, 그 증명서류의 제출이 없거나 허위사실임이 판명된 때에는 그 사실을 공고하여야 한다. 〈개정 2005. 8. 4〉

⑥ 관할선거구선거관리위원회는 제1항의 선전벽보에 다른 후보자, 그의 배우자 또는 직계존·비속이나 형제자매의 사생활에 대한 사실을 적시하여 비방하는 내용이 이 법에 위반된다고 인정하는 때에는 이를 고발하고 공고하여야 한다.

⑦ 선전벽보를 인쇄하는 인쇄업자는 제3항의 선전벽보의 수량외에는 이를 인쇄하여 누구에게도 제공할 수 없다.

⑧ 후보자는 관할구·시·군선거관리위원회가 첩부한 선전벽보가 오손되거나 훼손되어 보완첩부하고

자 하는 때에는 제3항의 규정에 의하여 공고된 수량의 범위안에서 관할구·시·군선거관리위원회의 검인을 받아 그 선전벽보 위에 덧붙여야 한다. 〈신설 1995. 12. 30〉

⑨ 제1항의 규정에 의하여 선전벽보를 첩부하는 경우에 첩부장소가 있는 토지·건물 기타 시설물의 소유자 또는 관리자는 특별한 사유가 없는 한 선전벽보의 첩부에 협조하여야 한다.

⑩ 삭제 〈2000. 2. 16〉

⑪ 선전벽보의 수량공고·규격·작성·제출·확인·첩부·경력 등에 관한 허위사실이나 사생활비방으로 인한 고발사실의 공고 기타 필요한 사항은 중앙선거관리위원회규칙으로 정한다. 〈개정 2000. 2. 16〉

제65조 (선거공보) ① 후보자(대통령선거에 있어서 정당추천후보자와 비례대표국회의원선거 및 비례대표지방의회의원선거의 경우에는 그 추천정당을 말한다. 이하 이 조에서 같다)는 선거운동을 위하여 책자형 선거공보(대통령선거에 있어서는 전단형선거공보를 포함한다)를 작성할 수 있다.

② 제1항의 규정에 따른 책자형 선거공보는 대통령선거에 있어서는 16면 이내로, 국회의원선거 및 지방자치단체의 장선거에 있어서는 12면 이내로, 지방의회의원선거에 있어서는 8면 이내로 작성하고, 전단형 선거공보는 1매(양면에 게재할 수 있다)로 작성한다.

③ 제1항의 규정에 따른 책자형 선거공보의 수량은 당해 선거구 안의 세대수와 부재자신고인명부에 올라 있는 선거인수를 합한 수에 상당하는 수 이내로, 전단형 선거공보의 수량은 당해 선거구 안의 세대수에 상당하는 수 이내로 한다.

④ 후보자는 제1항의 규정에 따른 선거공보 외에 시각장애선거인(선거인으로서 「장애인복지법」 제32조에 따라 등록된 시각장애인을 말한다. 이하 이 조에서 같다)을 위한 선거공보(이하 "점자형 선거공보"라 한다)를 작성할 수 있다. 이 경우 점자형 선거공보는 제1항의 규정에 따른 책자형 선거공보에 게재된 내용을 줄이거나 그 내용과 동일하게 작성하여야 한다. 〈개정 2008. 2. 29〉

⑤ 선거공보의 제출과 발송은 다음 각 호에 따른다.

1. 대통령선거

   가. 책자형 선거공보(점자형 선거공보를 포함한다. 이하 제7항에서 같다)

   후보자가 후보자등록마감일 후 6일[제51조(추가등록)의 규정에 따른 추가등록의 경우에는 추가등록마감일 후 2일]까지 배부할 지역을 관할하는 구·시·군선거관리위원회에 제출하고 당해 선거관리위원회가 이를 확인하여 관할 구역 안의 매세대에는 제출마감일 후 3일까지 우편으로 발송하고, 부재자신고인명부에 올라 있는 선거인에게는 제154조(부재자신고인에 대한 투표용지의 발송)의 규정에 따른 부재자투표용지를 발송하는 때에 이를 동봉하여 발송한다.

   나. 전단형 선거공보

   후보자가 후보자등록마감일 후 12일까지 배부할 지역을 관할하는 구·시·군선거관리위원회에 제출하고 당해 선거관리위원회가 이를 확인하여 제153조(투표안내문의 발송)의 규정에 따른 투표안내문을 발송하는 때에 이를 동봉하여 발송한다. 이 경우 선거인명부확정결과 책자형 선거공보를 발송하지 아니한 세대가 있는 때에는 그 세대에 이를 전단형 선거공보와 함께 추가로 발송하여야 한다.

2. 국회의원선거, 지방자치단체의 의회의원 및 장의 선거

   가. 부재자신고인명부에 올라 있는 선거인

   후보자가 후보자등록마감일 후 3일까지 배부할 지역을 관할하는 구·시·군선거관리위원회에 제출하고 당해 선거관리위원회가 이를 확인하여 제154조의 규정에 따라 부재자투표용지를 발송하는 때에 이를 동봉하여 발송한다.

   나. 매세대

   후보자가 후보자등록마감일 후 6일까지 배부할 지역을 관할하는 구·시·군선거관리위원회에 제출하고 당해 선거관리위원회가 이를 확인하여 제153조의 규정에 따라 투표안내문을 발송하는 때에 이를 동봉하여 발송한다.

⑥ 구·시·군의 장은 제4항의 규정에 따른 시각장애선거인과 그 세대주의 성명·주소를 조사하여 선거기간개시일 전 20일까지 관할구·시·군선거관리위원회에 통보하여야 한다.

⑦ 대통령선거, 지역구국회의원선거, 지역구지방의회의원선거 및 지방자치단체의 장선거에 있어서 책자형 선거공보를 제출하는 경우에는 중앙선거관리위원회규칙이 정하는 바에 따라 다음 각호에 따른 내용(이하 이 조에서 "후보자정보공개자료"라 한다)을 게재하여야 한다. 이 경우 후보자정보공개자료에 대하여 소명이 필요한 사항은 그 소명자료를 함께 게재할 수 있다. 〈개정 2006.

3. 2〉

1. 재산상황
   후보자, 후보자의 배우자 및 직계존·비속(출가한 딸과 외조부모 및 외손자녀를 제외한다. 이하 제3호에서 같다)의 각 재산총액
2. 병역사항
   후보자 및 후보자의 직계비속의 군별·계급·복무기간·복무분야·병역처분사항 및 병역처분사유[「공직자 등의 병역사항 신고 및 공개에 관한 법률」제8조(신고사항의 공개) 제3항의 규정에 따라 질병명 또는 심신장애내용의 비공개를 요구하는 경우에는 이를 제외한다]
3. 최근 5년간 소득세·재산세·종합부동산세 납부 및 체납실적
   후보자, 후보자의 배우자 및 직계존·비속의 연도별 납부액, 연도별 체납액(10만원 이하 또는 3월 이내의 체납은 제외한다) 및 완납시기[제49조(후보자등록 등) 제4항 제4호의 규정에 따라 제출한 원천징수소득세를 포함하되, 증명서의 제출을 거부한 후보자의 직계존속의 납부 및 체납실적은 제외한다]
4. 전과기록
   죄명과 그 형 및 확정일자
5. 직업·학력·경력 등 인적사항
   후보자등록신청서에 기재된 사항

⑧ 후보자가 책자형 선거공보의 전부 또는 일부를 제출하지 아니할 때에는 후보자정보공개자료(시각장애선거인을 위한 점자형 후보자정보공개자료를 포함한다. 이하 이 조에서 같다)를 별도로 작성하여 제5항에 따라 책자형 선거공보의 제출마감일까지 제출하여야 하며, 제출받은 후보자정보공개자료는 제5항에 따라 책자형 선거공보를 발송하는 때에 함께 발송한다. 이 경우 후보자가 후보자정보공개자료의 전부 또는 일부를 제출하지 아니한 때에는 관할 선거구선거관리위원회가 제49조 제4항 제2호부터 제5호까지의 서류와 후보자등록신청서에 기재된 직업·학력·경력 등 인적사항을 1책으로 작성하여 발송하되, 그 인쇄비용은 후보자가 부담한다. 〈신설 2008. 2. 29〉

⑨ 제1항의 규정에 불구하고 관할선거구선거관리위원회는 후보자로 하여금 책자형선거공보 원고를 제49조의 규정에 따라 후보자등록을 신청하는 때에 당해 선거관리위원회가 제공하는 서식에 따라 컴퓨터의 자기디스크 그 밖에 이와 유사한 매체에 기록하여 제출하게 하거나 당해 선거관리위원회가 지정하는 인터넷홈페이지에 입력하는 방법으로 제출하게 한 후 제150조(투표용지의 정당·후보자의 게재순위등)의 규정에 따라 투표용지에 게재할 후보자의 기호순에 따라 선거공보를 1책으로 작성하여 발송할 수 있다. 이 경우 선거공보의 인쇄비용은 후보자가 부담하여야 한다. 〈개정 2008. 2. 29〉

⑩ 제64조(선전벽보) 제2항 후단 내지 제7항의 규정은 선거공보에 이를 준용한다. 이 경우 "선전벽보"는 "선거공보"로, "첩부하지 아니할 지역"은 "발송하지 아니할 대상 및 지역"으로, "첩부"는 "발송"으로, "규격을 넘거나 미달하는"은 "규격을 넘는"으로, "경력·학력·학위 또는 상벌(이하 "경력등"이라 한다)"은 "경력등이나 후 보자정보공개자료"로 본다. 〈개정 2008. 2. 29〉

⑪ 선거공보의 규격·작성·제출·확인·발송 및 공고, 후보자정보공개자료의 게재방법과 선거공보의 원고 및 인쇄비용의 산정·납부 그 밖에 필요한 사항은 중앙선거관리위원회규칙으로 정한다. 〈개정 2008. 2. 29〉

[전문개정 2005. 8. 4]

第66条 (선거공약서) ① 대통령선거 및 지방자치단체의 장선거의 후보자(대통령선거에 있어서 정당추천후보자의 경우에는 그 추천정당을 말한다. 이하 제2항 및 제5항을 제외하고 이 조에서 같다)는 선거운동을 위하여 선거공약 및 그 추진계획을 게재한 인쇄물(이하 "선거공약서"라 한다) 1종을 작성할 수 있다. 〈개정 2008. 2. 29〉

② 선거공약서에는 선거공약 및 이에 대한 추진계획으로 각 사업의 목표·우선순위·이행절차·이행기한·재원조달방안을 게재하여야 하며, 다른 정당이나 후보자에 관한 사항을 게재할 수 없다. 이 경우 선거공약 및 그 추진계획에 관한 사항 외의 후보자의 사진·성명·기호·학력·경력, 그 밖에 홍보에 필요한 사항은 제3항에 따른 면수 중 1면 이내에서 게재할 수 있다. 〈개정 2008. 2. 29〉

③ 선거공약서는 대통령선거에 있어서는 32면 이내로, 시·도지사선거에 있어서는 16면 이내로, 자치구·시·군의 장선거에 있어서는 12면 이내로 작성한다. 〈개정 2008. 2. 29〉

④ 선거공약서의 수량은 해당 선거구 안에 있는 세대수의 100분의 10에 해당하는 수 이내로 한다.

〈개정 2008. 2. 29〉

⑤ 후보자와 그 가족, 선거사무장, 선거연락소장, 선거사무원, 회계책임자 및 연설원은 선거공약서를 배부할 수 있다. 다만, 우편발송·호별방문이나 살포(특정 장소에 비치하는 방법을 포함한다)의 방법으로 선거공약서를 배부할 수 없다. 〈개정 2008. 2. 29〉

⑥ 후보자가 선거공약서를 배부하고자 하는 때에는 배부일 전일까지 2부를 첨부하여 작성수량·작성비용 및 배부방법 등을 관할선거구선거관리위원회에 서면으로 신고하여야 하며, 배부 전까지 배부할 지역을 관할하는 구·시·군선거관리위원회에 각 2부를 제출하여야 한다. 〈개정 2008. 2. 29〉

⑦ 관할선거구선거관리위원회는 선거공약서를 선거관리위원회의 인터넷홈페이지에 게시하는 등 선거구민이 알 수 있도록 이를 공개할 수 있으며, 당선인 결정 후에는 당선인의 선거공약서를 그 임기만료일까지 선거관리위원회의 인터넷홈페이지 또는 중앙선거관리위원회가 지정하는 인터넷홈페이지에 게시할 수 있다. 이 경우 후보자로 하여금 그 전산자료 복사본을 제출하게 하거나 그 내용을 요약하여 제출하게 할 수 있다. 〈개정 2008. 2. 29〉

⑧ 제64조(선전벽보) 제3항·제7항 및 제65조(선거공보) 제4항은 선거공약서에 관하여 각각 이를 준용한다. 이 경우 "선전벽보 또는 책자형 선거공보"는 "선거공약서"로, "작성하여 보관 또는 제출할"은 "작성할"로, "점자형 선거공보"는 "점자형 선거공약서"로 보며, 점자형 선거공약서는 선거공약서와 같은 종류로 본다.

⑨ 선거공약서의 규격, 작성근거 등의 표시, 신고 및 제출 그 밖의 필요한 사항은 중앙선거관리위원회규칙으로 정한다.

[본조신설 2007. 1. 3]

제67조 (현수막) ① 후보자(비례대표국회의원후보자 및 비례대표지방의회의원후보자를 제외하며, 대통령선거에 있어서 정당추천후보자의 경우에는 그 추천정당을 말한다)는 선거운동을 위하여 당해 선거구안의 읍·면·동마다 1매의 현수막을 게시할 수 있다. 〈개정 2005. 8. 4〉

② 삭제 〈2005. 8. 4〉

③ 제1항의 현수막의 규격 및 게시방법 등에 관하여 필요한 사항은 중앙선거관리위원회규칙으로 정한다.

[본조신설 2002. 3. 7]

제68조 (어깨띠) ① 후보자와 그 배우자(배우자 대신 후보자가 그의 직계존·비속중에서 신고한 1인을 포함한다), 선거사무장, 선거연락소장, 선거사무원 또는 회계책임자는 선거운동기간 중 어깨띠를 착용하여 선거운동을 할 수 있다. 이 경우 후보자(대통령선거에 있어서 정당추천후보자와 비례대표국회의원선거 및 비례대표지방의회의원선거에 있어서는 후보자를 추천한 정당을 말한다)마다 어깨띠를 착용하여 선거운동을 할 수 있는 인원은 다음 각 호에 의한 수로 하되, 비례대표국회의원선거 및 비례대표지방의회의원선거의 후보자는 어깨띠를 착용하더라도 그 수에 산입하지 아니한다. 〈개정 2005. 8. 4, 2008. 2. 29〉

1. 대통령선거 및 시·도지사선거
   국회의원지역구(하나의 국회의원지역구에 2 이상의 구·시·군이 있는 경우에는 구·시·군을 말한다)마다 5인 이내
2. 국회의원선거
   20인 이내
3. 자치구·시·군의 장선거
   10인 이내
4. 시·도의원선거
   5인 이내
5. 자치구·시·군의원선거
   3인 이내

② 제1항의 규정에 따른 경우를 제외하고는 누구든지 선거운동을 위하여 어깨띠를 착용할 수 없다. 〈개정 2005. 8. 4〉

③ 제1항의 규정에 의한 어깨띠의 규격 기타 필요한 사항은 중앙선거관리위원회규칙으로 정한다.

[전문개정 2004. 3. 12]

제69조 (신문광고) ① 선거운동을 위한 신문광고는 후보자(대통령선거에 있어서 정당추천후보자와 비례대표국회의원선거의 경우에는 후보자를 추천한 정당을 말한다. 이하 이 조에서 같다)가 다음 각호에 의하여 선거기간개시일부터 선거일전 2일까지 소속정당의 정강·정책이나 후보자의 정견, 정치자금모금(대통령선거에 한한다) 기타 홍보에 필요한 사항을 「신문 등의 진흥에 관한 법률」 제2조(정의) 제1호 가목 및 나목에 따른 일간신문에 게재할 수 있다. 이 경우 일간신문에의 광고회수의 계산에 있어서는 하나의 일간신문에 1회 광고하는 것을 1회로 본다. 〈개정 1997. 11. 14, 2004. 3. 12, 2005. 8. 4, 2009. 7. 31〉

1. 대통령선거
   총 70회 이내

2. 비례대표국회의원선거
총 20회 이내
3. 시·도지사선거
총 5회 이내. 다만, 인구 300만을 넘는 시·도에 있어서는 300만을 넘는 매 100만까지마다 1회를 더한다.

② 제1항의 광고는 흑색으로 하고, 광고근거와 광고주명을 표시하되, 규격은 가로 37센티미터 세로 17센티미터 이내로 한다.

③ 시·도지사선거에 있어서 같은 정당의 추천을 받은 2인 이상의 후보자는 제2항의 규격범위내에서 합동으로 광고를 할 수 있다. 이 경우 광고회수는 당해 후보자가 각각 1회의 광고를 한 것으로 보며, 그 비용은 당해 후보자간의 약정에 의하여 분담하되, 그 분담내역을 광고계약서에 명시하여야 한다.

④ 제1항의 광고는 전면광고면을 이용하는 경우를 제외하고는 기사란 부분밑에 설정된 통상적인 광고란에 하여야 한다.

⑤ 후보자가 광고를 하고자 하는 때에는 광고전에 이 법에 의한 광고임을 인정하는 관할선거구선거관리위원회의 인증서를 교부받아 광고를 하여야 하며, 일간신문을 경영·관리하는 자 또는 광고업무를 담당하는 자는 인증서가 첨부되지 아니한 후보자의 광고를 게재하여서는 아니된다.

⑥ 제1항의 광고를 하고자 하는 후보자는 광고원고와 광고계약서 사본을 첨부하여 광고게재일전일까지 당해 선거구선거관리위원회에 서면으로 신고하여야 한다.

⑦ 삭제 〈2000. 2. 16〉

⑧ 제1항의 규정에 의한 신문광고를 게재하는 일간신문을 경영·관리하는 자는 그 광고비용을 산정함에 있어 선거기간중에 같은 지면에 같은 규격으로 게재하는 상업·문화 기타 각종 광고의 요금중 최저요금을 초과하여 후보자에게 청구하거나 받을 수 없다. 〈신설 1998. 4. 30〉

⑨ 인증서 및 광고신고서의 서식 기타 필요한 사항은 중앙선거관리위원회규칙으로 정한다.

제70조 (방송광고) ① 선거운동을 위한 방송광고는 후보자(대통령선거에 있어서 정당추천후보자와 비례대표국회의원선거의 경우에는 후보자를 추천한 정당을 말한다. 이하 이 조에서 같다)가 다음 각호에 의하여 선거운동기간중 소속정당의 정강·정책이나 후보자의 정견 기타 홍보에 필요한 사항을 텔레비전 및 라디오 방송시설[「방송법」에 의한 방송사업자가 관리·운영하는 무선국 및 종합유선방송국(보도전문편성의 방송채널사용사업자의 채널을 포함한다)을 말한다. 이하 이 조에서 같다]을 이용하여 실시할 수 있되, 광고시간은 1회 1분을 초과할 수 없다. 이 경우 광고회수의 계산에 있어서는 재방송을 포함하되, 하나의 텔레비전 또는 라디오 방송시설을 선정하여 당해 방송망을 동시에 이용하는 것은 1회로 본다. 〈개정 1997. 1. 13, 1997. 11. 14, 1998. 4. 30, 2000. 2. 16, 2004. 3. 12, 2005. 8. 4〉

1. 대통령선거
텔레비전 및 라디오 방송별로 각 30회 이내
2. 비례대표국회의원선거
텔레비전 및 라디오 방송별로 각 15회 이내

② 삭제 〈2000. 2. 16〉

③ 제1항의 규정에 의한 광고를 실시하는 방송시설의 경영자는 방송광고의 일시와 광고내용 등을 중앙선거관리위원회규칙이 정하는 바에 따라 관할선거구선거관리위원회에 통보하여야 한다.

④ 제1항의 방송광고는 「방송법」 제73조(방송광고 등) 제2항 및 제5항의 규정을 적용하지 아니한다. 〈개정 2000. 2. 16, 2005. 8. 4〉

⑤ 방송시설을 경영 또는 관리하는 자는 제1항의 방송광고를 함에 있어서 방송시간대와 방송권역 등을 고려하여 모든 후보자에게 공평하게 하여야 하며, 후보자가 신청한 방송시설의 이용일시가 서로 중첩되는 경우에 방송일시의 조정은 중앙선거관리위원회규칙이 정하는 바에 의한다. 〈개정 1997. 11. 14〉

⑥ 후보자는 제1항의 규정에 의한 방송광고에 있어서 청각장애선거인을 위한 수화 또는 자막을 방영할 수 있다. 〈신설 2000. 2. 16〉

⑦ 삭제 〈2000. 2. 16〉

⑧ 제1항의 규정에 의한 방송광고를 행하는 방송시설을 경영·관리하는 자는 그 광고비용을 산정함에 있어 선거기간중 같은 방송시간대에 광고하는 상업·문화 기타 각종 광고의 요금중 최저요금을 초과하여 후보자에게 청구하거나 받을 수 없다. 〈신설 1998. 4. 30〉

제71조 (후보자 등의 방송연설) ① 후보자와 후보자가 지명하는 연설원은 소속정당의 정강·정책이나 후보자의 정견 기타 홍보에 필요한 사항을 발표하기 위하여 다음 각호에 의하여 선거운동기간중 텔레비전 및 라디오 방송시설[제70조(방송광고) 제1항의 규정에 의한 방송시설을 말한다. 이하 이 조에서 같다]을 이용한 연설을 할 수 있다. 〈개정 1995. 4. 1, 1997. 1. 13, 1997. 11. 14, 1998. 4. 30,

2000. 2. 16, 2004. 3. 12〉

1. 대통령선거
   후보자와 후보자가 지명한 연설원이 각각 1회 20분 이내에서 텔레비전 및 라디오 방송별 각 11회 이내
2. 비례대표국회의원선거
   정당별로 비례대표국회의원후보자중에서 선임된 대표 2인이 각각 1회 10분 이내에서 텔레비전 및 라디오 방송별 각 1회
3. 지역구국회의원선거 및 자치구·시·군의 장 선거
   후보자가 1회 10분 이내에서 지역방송시설을 이용하여 텔레비전 및 라디오 방송별 각 2회 이내
4. 비례대표시·도의원선거
   정당별로 비례대표시·도의원선거구마다 당해 선거의 후보자중에서 선임된 대표 1인이 1회 10분 이내에서 지역방송시설을 이용하여 텔레비전 및 라디오 방송별 각 1회
5. 시·도지사선거
   후보자가 1회 10분 이내에서 지역방송시설을 이용하여 텔레비전 및 라디오 방송별 각 5회 이내

② 이 법에서 "지역방송시설"이라 함은 당해 시·도의 관할구역 안에 있는 방송시설(도의 경우 당해 도의 구역을 방송권역으로 하는 인접한 광역시 안에 있는 방송시설을 포함한다)을 말하며, 당해 시·도의 관할 구역 안에 지역방송시설이 없는 시·도로서 서울특별시에 인접한 시·도의 경우 서울특별시 안에 있는 방송시설을 말한다. 〈신설 2000. 2. 16, 2004. 3. 12, 2007. 1. 3〉

③ 제70조(방송광고) 제1항 후단·제6항 및 제8항의 규정은 후보자 등의 방송연설에 이를 준용한다. 〈개정 1998. 4. 30, 2000. 2. 16〉

④ 제1항의 규정에 의하여 텔레비전 방송시설을 이용한 방송연설을 하는 경우에는 후보자 또는 연설원이 연설하는 모습외의 다른 내용이 방영되게 하여서는 아니되며, 후보자 또는 연설원이 방송연설을 녹화하여 방송하고자 하는 때에는 당해 방송시설을 이용하여야 한다. 〈신설 1998. 4. 30, 2000. 2. 16〉

⑤ 방송시설을 경영 또는 관리하는 자는 제1항의 규정에 의한 후보자 또는 연설원의 연설을 위한 방송시설명·이용일시·시간대 등을 선거일전 30일(보궐선거 등에 있어서는 선거인명부작성기간개시일)까지 관할선거구선거관리위원회에 통보하여야 한다. 〈개정 2000. 2. 16, 2004. 3. 12〉

⑥ 선거구선거관리위원회는 후보자등록신청개시일전 3일까지 제1항의 규정에 의한 연설에 이용할 수 있는 방송시설과 일정을 선거구단위로 미리 지정·공고하고 후보자등록신청시 후보자에게 통지하여야 한다. 〈개정 2000. 2. 16, 2004. 3. 12〉

⑦ 대통령선거에 있어서 후보자가 제1항의 규정에 의하여 방송시설을 이용한 연설을 하고자 하는 때에는 이용할 방송시설명·이용일시·연설을 할 사람의 성명·소요시간·이용방법 등을 기재한 신청서를 후보자등록마감일후 3일(추가등록의 경우에는 추가등록마감일)까지 중앙선거관리위원회에 서면으로 제출하여야 한다.

⑧ 제7항의 규정에 의하여 후보자(정당추천후보자는 그 추천정당을 말한다)가 신청한 방송시설의 이용일시가 서로 중첩되는 경우에는 중앙선거관리위원회가 그 일시를 정하되, 그 일시는 모든 후보자에게 공평하여야 한다. 이 경우 후보자가 그 지정된 일시의 24시간 전까지 방송시설이용계약을 하지 아니한 때에는 당해 방송시설을 경영·관리하는 자는 그 시간대에 다른 방송을 할 수 있다. 〈개정 1998. 4. 30, 2000. 2. 16〉

⑨ 중앙선거관리위원회가 제8항의 규정에 의하여 방송일시를 결정한 때에는 이를 공고하고, 정당 또는 후보자에게 통지하여야 한다. 〈개정 1998. 4. 30, 2000. 2. 16〉

⑩ 국회의원선거, 비례대표시·도의원선거, 지방자치단체의 장 선거에 있어서 후보자가 제1항 제2호 내지 제5호의 규정에 의하여 방송시설을 이용한 연설을 하고자 하는 때에는 당해 방송시설을 경영 또는 관리하는 자와 체결한 방송시설이용계약서 사본을 첨부하여 이용할 방송시설명·이용일시·소요시간·이용방법 등을 방송일전 3일까지 당해 선거구선거관리위원회에 서면으로 신고하여야 한다. 〈개정 1995. 4. 1, 1997. 1. 13, 1998. 4. 30〉

⑪ 방송시설을 경영 또는 관리하는 자는 제1항의 방송시설을 이용한 연설에 협조하여야 하며, 방송시간대와 방송권역 등을 고려하여 모든 후보자에게 공평하게 하여야 한다. 〈개정 1997. 11. 14〉

⑫ 「방송법」에 따른 종합유선방송사업자(보도전문편성의 방송채널사용사업자를 포함한다)·중계유선방송사업자 및 인터넷언론사는 후보자 등의 방송연설을 중계방송할 수 있다. 이 경우 방송연설을 행한 모든 후보자에게 공평하게 하여야 한다. 〈개정 2000. 2. 16, 2005. 8. 4, 2008. 2. 29〉

⑬ 방송시설을 이용한 연설신청서의 서식·중첩된

방송일시의 조정방법 기타 필요한 사항은 중앙선거관리위원회규칙으로 정한다. 〈개정 2000. 2. 16〉

第72조 (방송시설주관 후보자연설의 방송) ① 텔레비전 및 라디오 방송시설[제70조(방송광고) 제1항의 규정에 의한 방송시설을 말한다. 이하 이 조에서 같다]이 그의 부담으로 제71조(후보자 등의 방송연설)의 규정에 의한 후보자 등의 방송연설외에 선거운동기간중 정당 또는 후보자를 선거인에게 알리기 위하여 후보자(비례대표국회의원선거 및 비례대표지방의회의원선거에 있어서는 그 추천정당이 당해선거의 후보자중에서 선임한 자를 말한다. 이하 제3항에서 같다)의 연설을 방송하고자 하는 때에는 내용을 편집하지 아니한 상태에서 방송하여야 하며, 선거구단위로 모든 정당 또는 후보자에게 공평하게 하여야 한다. 다만, 정당 또는 후보자가 그 연설을 포기한 때에는 그러하지 아니하다. 〈개정 1995. 4. 1, 1997. 11. 14, 2000. 2. 16, 2002. 3. 7, 2004. 3. 12, 2005. 8. 4〉

② 제1항의 규정에 의한 후보자 연설의 방송에 있어서는 청각장애선거인을 위하여 수화 또는 자막을 방영할 수 있다. 〈신설 2000. 2. 16〉

③ 방송시설을 경영 또는 관리하는 자가 제1항의 규정에 의하여 후보자의 연설을 방송하고자 하는 때에는 그 방송일전 2일까지 방송시설명·방송일시·소요시간 등을 중앙선거관리위원회규칙이 정하는 바에 따라 관할선거구선거관리위원회에 통보하여야 한다.

④ 제71조 제12항의 규정은 방송시설주관 후보자연설의 방송에 이를 준용한다. 〈개정 1998. 4. 30〉

第73조 (경력방송) ① 한국방송공사는 대통령선거·국회의원선거 및 지방자치단체의 장 선거에 있어서 선거운동기간중 텔레비전과 라디오 방송시설을 이용하여 후보자마다 매회 2분 이내의 범위안에서 관할선거구선거관리위원회가 제공하는 후보자의 사진·성명·기호·연령·소속정당명(무소속후보자는 "무소속"이라 한다) 및 직업 기타 주요한 경력을 선거인에게 알리기 위하여 방송하여야 한다. 이 경우 대통령선거가 아닌 선거에 있어서는 그 지역방송시설을 이용하여 실시할 수 있다. 〈개정 1997. 1. 13, 2000. 2. 16〉

② 제1항의 경력방송 회수는 텔레비전 및 라디오 방송별로 다음 각호의 1에 의한다. 〈개정 2000. 2. 16〉

1. 대통령선거
   각 8회 이상
2. 국회의원선거 및 자치구·시·군의 장 선거
   각 2회 이상
3. 시·도지사선거
   각 3회 이상

③ 경력방송을 하는 때에는 그 회수와 내용이 선거구 단위로 모든 후보자에게 공평하게 하여야 하며, 그 비용은 한국방송공사가 부담한다.

④ 제71조(후보자 등의 방송연설) 제12항 및 제72조(방송시설주관 후보자연설의 방송) 제2항의 규정은 경력방송에 이를 준용한다. 〈개정 2000. 2. 16〉

⑤ 경력방송 원고의 관할선거구선거관리위원회에의 제출 및 경력방송실시의 통보 기타 필요한 사항은 중앙선거관리위원회규칙으로 정한다.

第74조 (방송시설주관 경력방송) ① 한국방송공사외의 텔레비전 및 라디오 방송시설[제70조(방송광고) 제1항의 규정에 의한 방송시설을 말한다. 이하 이 조에서 같다]이 그의 부담으로 후보자의 경력을 방송하고자 하는 때에는 관할선거구선거관리위원회가 제공하는 내용에 의하되, 선거구 단위로 모든 후보자에게 공평하게 하여야 한다. 〈개정 1997. 11. 14, 2000. 2. 16〉

② 제71조(후보자 등의 방송연설) 제12항 및 제72조(방송시설주관 후보자연설의 방송) 제2항 및 제3항의 규정은 방송시설주관 경력방송에 이를 준용한다. 〈개정 1998. 4. 30, 2000. 2. 16〉

第75조 삭제 〈2004. 3. 12〉

第76조 삭제 〈2004. 3. 12〉

第77조 삭제 〈2004. 3. 12〉

第78조 삭제 〈2004. 3. 12〉

第79조 (공개장소에서의 연설·대담) ① 후보자(비례대표국회의원후보자 및 비례대표지방의회의원후보자를 제외한다. 이하 이 조에서 같다) 또는 다음 각 호에 따른 연설원(이하 이 조에서 "후보자등"이라 한다)은 선거운동기간중에 소속정당의 정강·정책이나 후보자의 정견 기타 필요한 사항을 홍보하기 위하여 공개장소에서의 연설·대담을 할 수 있다. 이 경우 후보자는 선거사무장·선거연락소장 또는 선거사무원중에서 사회자 1인을 두어 후보자의 소개 또는 지원연설·대담을 하게 할 수 있다. 〈개정 1995. 4. 1, 1995. 12. 30, 1998. 4. 30, 2000. 2. 16, 2004. 3. 12, 2005. 8. 4, 2008. 2. 29〉

1. 대통령선거
   후보자(정당추천후보자는 그 추천정당을 말한다)가 선거운동을 할 수 있는 자 중에서 지명한 10인과 선거연락소마다 지명한 2인

2. 지역구국회의원선거
후보자가 선거운동을 할 수 있는 자 중에서 지명한 2인
3. 시·도지사선거
후보자가 선거운동을 할 수 있는 자 중에서 선거연락소마다 지명한 2인
4. 지역구지방의회의원선거 및 자치구·시·군의 장선거
후보자가 선거운동을 할 수 있는 자 중에서 지명한 2인

② 제1항에서 "공개장소에서의 연설·대담"이라 함은 후보자 등이 도로변·광장·공터·주민회관·시장 또는 점포 기타 중앙선거관리위원회규칙이 정하는 다수인이 왕래하는 공개장소를 방문하여 정당이나 후보자에 대한 지지를 호소하는 연설을 하거나 청중의 질문에 대답하는 방식으로 대담하는 것을 말한다.

③ 후보자 등과 사회자는 공개장소에서의 연설·대담을 위하여 다음 각호의 구분에 따라 자동차와 이에 부착된 확성장치 및 휴대용 확성장치를 각각 사용할 수 있다. 〈개정 1995.4.1, 1995.12.30, 1997.11.14, 1998.4.30, 2000.2.16, 2005.8.4〉

1. 대통령선거
후보자와 시·도 및 구·시·군선거연락소마다 각 1대·각 1조
2. 시·도지사선거
후보자와 구·시·군선거연락소마다 각 1대·각 1조
3. 지역구국회의원선거, 지역구지방의회의원선거 및 자치구·시·군의 장선거
후보자마다 1대·1조

④ 제3항의 확성장치는 연설·대담 또는 사회를 하는 경우에만 사용할 수 있으며, 휴대용 확성장치는 연설·대담용 차량이 정차한 외의 다른 지역에서 사용할 수 없다. 이 경우 차량 부착용 확성장치와 동시에 사용할 수 없다. 〈개정 1995.12.30, 2005.8.4〉

⑤ 자동차에 부착된 확성장치를 사용함에 있어 확성나발의 수는 1개를 넘을 수 없다. 〈개정 2004.3.12〉

⑥ 자동차와 확성장치에는 중앙선거관리위원회규칙이 정하는 바에 따라 표지를 부착하여야 하고, 제64조(선전벽보)의 선전벽보, 제65조(선거공보)의 선거공보, 제66조(선거공약서)의 선거공약서 및 또는 후보자 사진을 붙일 수 있다. 〈개정 1995.12.30, 1997.11.14, 2004.3.12, 2005.8.4, 2007.1.3〉

⑦ 제1항의 후보자 등은 다른 사람이 개최한 옥내모임에 일시적으로 참석하여 연설·대담을 할 수 있으며, 이 경우 그 장소에 설치된 확성장치를 사용하거나 휴대용 확성장치를 사용할 수 있다.

⑧ 후보자가 제1항 후단의 사회자를 두고자 하는 때에는 미리 관할선거관리위원회에 서면으로 신고하여야 하며, 사회자는 당일에는 1회에 한하여 교체할 수 있다. 〈개정 2004.3.12, 2005.8.4〉

⑨ 제1항의 연설원은 당해 선거구안에서만 공개장소에서의 연설·대담을 할 수 있으며, 연설·대담을 하는 때에는 중앙선거관리위원회규칙이 정하는 바에 따라 신분증명서를 달아야 한다. 〈개정 2004.3.12〉

⑩ 후보자 등이 공개장소에서의 연설·대담을 하는 때에는 녹음기 또는 녹화기(비디오 및 오디오 기기를 포함한다. 이하 이 조에서 같다)를 사용하여 당가 등 정당 또는 후보자를 홍보하는 내용의 음락을 방송하거나 소속정당의 정강·정책이나 후보자의 경력·정견·활동상황을 방송 또는 방영할 수 있다. 〈개정 1997.11.14〉

⑪ 사회자는 제3항의 자동차에 부착된 확성장치를 사용하여서만 연설·대담을 할 수 있으며, 후보자는 연설원 또는 사회자가 공개장소에서의 연설·대담을 하는 장소외의 장소에서 선거운동을 할 수 있다. 〈개정 2004.3.12〉

⑫ 녹화기의 규격 기타 필요한 사항은 중앙선거관리위원회규칙으로 정한다. 〈개정 1997.11.14, 2004.3.12〉

第80조 (연설금지장소) 다음 각호의 1에 해당하는 시설이나 장소에서는 제79조(공개장소에서의 연설·대담)의 연설·대담을 할 수 없다. 〈개정 2004.3.12〉

1. 국가 또는 지방자치단체가 소유하거나 관리하는 건물·시설. 다만, 공원·문화원·시장·운동장·주민회관·체육관·도로변·광장 또는 학교 기타 다수인이 왕래하는 공개된 장소는 그러하지 아니하다.
2. 선박·여객자동차·열차·전동차·항공기의 안과 그 터미널구내 및 지하철역구내
3. 병원·진료소·도서관·연구소 또는 시험소 기타 의료·연구시설

第81조 (단체의 후보자 등 초청 대담·토론회 〈개정 2000.2.16〉) ① 제87조(단체의 선거운동금지) 제1항 제1호 내지 제6호의 규정에 해당하지 아

니하는 단체는 후보자 또는 대담·토론자(대통령선거 및 시·도지사선거의 경우에 한하며, 정당 또는 후보자가 선거운동을 할 수 있는 자중에서 선거사무소 또는 선거연락소마다 지명한 1인을 말한다. 이하 이 조에서 같다) 1인 또는 수인을 초청하여 소속정당의 정강·정책이나 후보자의 정견 기타사항을 알아보기 위한 대담·토론회를 이 법이 정하는 바에 따라 옥내에서 개최할 수 있다. 다만, 제10조 제1항 제6호의 노동조합과 단체는 그러하지 아니하다. 〈개정 1995. 4. 1, 1997. 11. 14, 2000. 2. 16, 2002. 3. 7, 2004. 3. 12, 2005. 8. 4〉

1. 삭제 〈2004. 3. 12〉
2. 삭제 〈2004. 3. 12〉
3. 삭제 〈2004. 3. 12〉

② 제1항에서 "대담"이라 함은 1인의 후보자 또는 대담자가 소속정당의 정강·정책이나 후보자의 정견 기타사항에 관하여 사회자 또는 질문자의 질문에 대하여 답변하는 것을 말하고, "토론"이라 함은 2인 이상의 후보자 또는 토론자가 사회자의 주관하에 소속정당의 정강 ·정책이나 후보자의 정견 기타 사항에 관한 주제에 대하여 사회자를 통하여 질문·답변하는 것을 말한다. 〈개정 1997. 11. 14〉

③ 제1항의 규정에 의하여 대담·토론회를 개최하고자 하는 단체는 중앙선거관리위원회규칙이 정하는 바에 따라 주최단체명·대표자성명·사무소 소재지·회원수·설립근거 등 단체에 관한 사항과 초청할 후보자 또는 대담·토론자의 성명, 대담 또는 토론의 주제, 사회자의 성명, 진행방법, 개최일시와 장소 및 참석예정자수 등을 개최일전 2일까지 관할 선거구선거관리위원회 또는 그 개최장소의 소재지를 관할하는 구·시·군선거관리위원회에 서면으로 신고하여야 한다. 이 경우 초청할 후보자 또는 대담·토론자의 참석승낙서를 첨부하여야 한다.

④ 제1항의 규정에 의한 대담·토론회를 개최하는 때에는 중앙선거관리위원회규칙이 정하는 바에 따라 제1항에 의한 대담·토론회임을 표시하는 표지를 게시 또는 첩부하여야 한다.

⑤ 제1항의 대담·토론은 모든 후보자에게 공평하게 실시하여야 하되, 후보자가 초청을 수락하지 아니한 경우에는 그러하지 아니하며, 대담·토론회를 개최하는 단체는 대담·토론이 공정하게 진행되도록 하여야 한다.

⑥ 정당, 후보자, 대담·토론자, 선거사무장, 선거연락소장, 선거사무원, 회계책임자 또는 제114조(정당 및 후보자의 가족 등의 기부행위제한) 제2항의 후보자 또는 그 가족과 관계있는 회사 등은 제1항의 규정에 의한 대담·토론회와 관련하여 대담·토론회를 주최하는 단체 또는 사회자에게 금품·향응 기타의 이익을 제공하거나 제공할 의사의 표시 또는 그 제공의 약속을 할 수 없다.

⑦ 제1항의 대담·토론회를 개최하는 단체는 그 비용을 후보자에게 부담시킬 수 없다.

⑧ 제71조(후보자 등의 방송연설) 제12항의 규정은 후보자 등 초청 대담·토론회에 이를 준용한다. 〈신설 1998. 4. 30〉

⑨ 대담·토론회의 개최신고서와 표지의 서식 기타 필요한 사항은 중앙선거관리위원회규칙으로 정한다. 〈개정 1997. 11. 14〉

제82조 (언론기관의 후보자 등 초청 대담·토론회 〈개정 2000. 2. 16〉) ① 텔레비전 및 라디오 방송시설[제70조(방송광고) 제1항의 규정에 의한 방송시설을 말한다. 이하 이 조에서 같다]·「신문 등의 진흥에 관한 법률」 제2조 제3호에 따른 신문사업자·「잡지 등 정기간행물의 진흥에 관한 법률」 제2조 제2호에 따른 정기간행물사업자(정보간행물·전자간행물·기타간행물을 발행하는 자를 제외한다)·「뉴스통신진흥에 관한 법률」 제2조 제3호에 따른 뉴스통신사업자 및 인터넷언론사(이하 이 조에서 "언론기관"이라 한다)는 선거운동기간중 후보자 또는 대담·토론자(후보자가 선거운동을 할 수 있는 자중에서 지정하는 자를 말한다)에 대하여 후보자의 승낙을 받아 1인 또는 수인을 초청하여 소속정당의 정강·정책이나 후보자의 정견 기타 사항을 알아보기 위한 대담·토론회를 개최하고 이를 보도할 수 있다. 다만, 제59조(선거운동기간)의 규정에 불구하고 대통령선거에 있어서는 선거일전 120일부터, 국회의원선거 또는 지방자치단체의장선거에 있어서는 선거일전 60일부터 선거기간개시일전일까지 후보자가 되고자 하는 자를 초청하여 대담·토론회를 개최하고 이를 보도할 수 있다. 이 경우 방송시설이 대담·토론회를 개최하고 이를 방송하고자 하는 때에는 내용을 편집하지 않은 상태에서 방송하여야 하며, 대담·토론회의 방송일시와 진행방법등을 중앙선거관리위원회규칙이 정하는 바에 따라 관할선거구선거관리위원회에 통보하여야 한다. 〈개정 1997. 11. 14, 1998. 4. 30, 2000. 2. 16, 2005. 8. 4, 2007. 1. 3, 2008. 2. 29, 2009. 7. 31〉

② 제1항의 대담·토론회는 언론기관이 방송시간·신문의 지면 등을 고려하여 자율적으로 개최한다.

③ 제1항의 대담·토론의 진행은 공정하여야 하며,

이에 관하여 필요한 사항은 중앙선거관리위원회규칙으로 정한다.

④ 제71조(후보자 등의 방송연설) 제12항, 제72조(방송시설주관 후보자 연설의 방송) 제2항 및 제81조(단체의 후보자 등 초청 대담·토론회) 제2항·제6항·제7항의 규정은 언론기관의 후보자 등 초청 대담·토론회에 이를 준용한다. 〈개정 2000. 2. 16〉

제82조의2 (선거방송토론위원회 주관 대담·토론회) ① 중앙선거방송토론위원회는 대통령선거 및 비례대표국회의원선거에 있어서 선거운동기간중 다음 각호에서 정하는 바에 따라 대담·토론회를 개최하여야 한다.

1. 대통령선거
   후보자 중에서 1인 또는 수인을 초청하여 3회 이상
2. 비례대표국회의원선거
   비례대표국회의원후보자중에서 당해 정당의 대표자가 지정하는 1인 또는 수인을 초청하여 2회 이상

② 시·도선거방송토론위원회는 시·도지사선거 및 비례대표시·도의원선거에 있어서 선거운동기간 중 다음 각 호에서 정하는 바에 따라 대담·토론회를 개최하여야 한다. 〈개정 2005. 8. 4〉

1. 시·도지사선거
   후보자 중에서 1인 또는 수인을 초청하여 1회 이상
2. 비례대표시·도의원선거
   비례대표시·도의원후보자 중에서 당해 정당의 대표자가 지정하는 1인 또는 수인을 초청하여 1회 이상

③ 구·시·군선거방송토론위원회는 선거운동기간 중 지역구국회의원선거 및 자치구·시·군의 장선거의 후보자를 초청하여 1회 이상의 대담·토론회 또는 합동방송연설회를 개최하여야 한다. 이 경우 합동방송연설회의 연설시간은 후보자마다 10분이내의 범위에서 균등하게 배정하여야 한다. 〈개정 2005. 8. 4〉

④ 각급선거방송토론위원회는 제1항 내지 제3항의 대담·토론회를 개최하는 때에는 다음 각 호의 어느 하나에 해당하는 후보자를 대상으로 개최한다. 이 경우 각급선거방송토론위원회로부터 초청받은 후보자는 정당한 사유가 없는 한 그 대담·토론회에 참석하여야 한다. 〈개정 2005. 8. 4〉

1. 대통령선거
   가. 국회에 5인 이상의 소속의원을 가진 정당이 추천한 후보자
   나. 직전 대통령선거, 비례대표국회의원선거, 비례대표시·도의원선거 또는 비례대표자치구·시·군의원선거에서 전국 유효투표총수의 100분의 3 이상을 득표한 정당이 추천한 후보자
   다. 중앙선거관리위원회규칙이 정하는 바에 따라 언론기관이 선거기간개시일전 30일부터 선거기간개시일전일까지의 사이에 실시하여 공표한 여론조사결과를 평균한 지지율이 100분의 5 이상인 후보자
2. 비례대표국회의원선거 및 비례대표시·도의원선거
   가. 제1호 가목 또는 나목에 해당하는 정당의 대표자가 지정한 후보자
   나. 제1호 다목에 의한 여론조사결과를 평균하여 100분의 5 이상의 지지를 얻은 정당의 대표자가 지정한 후보자
3. 지역구국회의원선거 및 지방자치단체의 장선거
   가. 제1호 가목 또는 나목에 해당하는 정당이 추천한 후보자
   나. 직전 선거에서 당해 선거구(선거구의 구역이 변경되어 변경된 구역이 직전 선거의 구역과 겹치는 경우를 포함한다)에 입후보하여 유효투표총수의 100분의 10 이상을 득표한 후보자
   다. 제1호 다목에 의한 여론조사결과를 평균한 지지율이 100분의 5 이상인 후보자

⑤ 각급선거방송토론위원회는 제4항의 초청대상에 포함되지 아니하는 후보자를 대상으로 대담·토론회를 개최할 수 있다. 이 경우 대담·토론회의 시간이나 횟수는 중앙선거관리위원회규칙이 정하는 바에 따라 제4항의 초청대상 후보자의 대담·토론회와 다르게 정할 수 있다. 〈신설 2005. 8. 4〉

⑥ 각급선거방송토론위원회는 제4항 후단의 규정을 위반하여 정당한 사유 없이 대담·토론회에 참석하지 아니한 초청 후보자가 있는 때에는 그 사실을 선거인이 알 수 있도록 당해 후보자의 소속 정당명(무소속후보자는 "무소속"이라 한다)·기호·성명과 불참사실을 제10항 또는 제11항의 중계방송을 시작하는 때에 방송하게 하여야 한다. 〈신설 2005. 8. 4〉

⑦ 각급선거방송토론위원회는 제1항 내지 제3항 및 제5항의 대담·토론회(합동방송연설회를

포함하며, 이하 이 조에서 "대담·토론회"라 한다)를 개최하는 때에는 공정하게 하여야 한다. 〈개정 2005. 8. 4〉

⑧ 각급선거방송토론위원회위원장 또는 그가 미리 지명한 위원은 대담·토론회에서 후보자가 이 법에 위반되는 내용을 발표하거나 배정된 시간을 초과하여 발언하는 때에는 이를 제지하거나 자막안내하는 등 필요한 조치를 할 수 있다.

⑨ 각급선거방송토론위원회위원장 또는 그가 미리 지명한 위원은 대담·토론회장에서 진행을 방해하거나 질서를 문란하게 하는 자가 있는 때에는 그 중지를 명하고, 그 명령에 불응하는 때에는 대담·토론회장밖으로 퇴장시킬 수 있다.

⑩ 공영방송사는 그의 부담으로 대담·토론회를 텔레비전방송을 통하여 중계방송하여야 하되, 대통령선거에 있어서 중앙선거방송토론위원회가 주관하는 대담·토론회는 오후 8시부터 당일 오후 11시까지의 사이에 중계방송하여야 한다. 다만, 지역구국회의원선거 및 자치구·시·군의 장선거에 있어서 전국을 방송권역으로 하는 등 정당한 사유가 있는 경우에는 그러하지 아니하다. 〈개정 2005. 8. 4, 2008. 2. 29〉

⑪ 구·시·군선거방송토론위원회는 지역구국회의원선거 및 자치구·시·군의 장선거에 있어서 제10항 단서의 규정에 의하여 공영방송사가 중계방송을 할 수 없는 때에는 다른 지상파방송사업자나 종합유선방송사업자의 방송시설을 이용하여 대담·토론회를 텔레비전방송을 통하여 중계방송하게 할 수 있다. 이 경우 그 방송시설이용료는 국가 또는 당해 지방자치단체가 부담한다. 〈개정 2005. 8. 4〉

⑫ 각급선거방송토론위원회는 대담·토론회를 개최하는 때에는 청각장애선거인을 위하여 자막방송 또는 수화통역을 할 수 있다. 〈개정 2005. 8. 4〉

⑬ 「방송법」 제2조(용어의 정의)의 규정에 의한 방송사업자·중계유선방송사업자 및 인터넷언론사는 그의 부담으로 대담·토론회를 중계방송할 수 있다. 이 경우 편집없이 중계방송하여야 한다. 〈개정 2005. 8. 4, 2008. 2. 29〉

⑭ 대담·토론회의 진행절차, 개최홍보, 방송시설이용료의 산정·지급 기타 필요한 사항은 중앙선거관리위원회규칙으로 정한다.

[전문개정 2004. 3. 12]

제82조의3 (선거방송토론위원회 주관 정책토론회) ① 중앙선거방송토론위원회는 정당이 방송을 통하여 정강·정책을 알릴 수 있도록 하기 위하여 임기만료에 의한 선거(대통령의 궐위로 인한 선거 및 재선거를 포함한다)의 선거일전 90일(대통령의 궐위로 인한 선거 및 재선거에 있어서는 그 선거의 실시사유가 확정된 날의 다음날)부터 후보자등록신청개시일전일까지 다음 각호에 해당하는 정당(선거에 참여하지 아니할 것을 공표한 정당을 제외한다)의 대표자 또는 그가 지정하는 자를 초청하여 정책토론회(이하 이 조에서 "정책토론회"라 한다)를 월 1회 이상 개최하여야 한다.

1. 국회에 5인 이상의 소속의원을 가진 정당
2. 직전 대통령선거, 비례대표국회의원선거 또는 비례대표시·도의원선거에서 전국 유효투표총수의 100분의 3 이상을 득표한 정당

② 제82조의2(선거방송토론위원회 주관 대담·토론회) 제7항 내지 제9항·제10항 본문·제12항 및 제13항의 규정은 정책토론회에 이를 준용한다. 이 경우 "대담·토론회"는 "정책토론회"로, "각급선거방송토론위원회"는 "중앙선거방송토론위원회"로 본다. 〈개정 2005. 8. 4〉

③ 정책토론회의 운영·진행절차·개최홍보 기타 필요한 사항은 중앙선거관리위원회규칙으로 정한다.

[본조신설 2004. 3. 12]

[종전 제82조의3은 제82조의4로 이동 〈2004. 3. 12〉]

제82조의4 (정보통신망을 이용한 선거운동) ① 선거운동을 할 수 있는 자는 선거운동기간중에 「정보통신망 이용촉진 및 정보보호 등에 관한 법률」 제2조(정의) 제1항 제1호의 규정에 의한 정보통신망(이하 "정보통신망"이라 한다)을 이용하여 인터넷 홈페이지 또는 그 게시판·대화방 등에 선거운동을 위한 내용의 정보를 게시하거나 전자우편을 전송하는 방법으로 선거운동을 할 수 있다. 〈개정 2005. 8. 4〉

② 누구든지 정보통신망을 이용하여 후보자(후보자가 되고자 하는 자를 포함한다), 그의 배우자 또는 직계존·비속이나 형제자매에 관하여 허위의 사실을 유포하여서는 아니되며, 공연히 사실을 적시하여 이들을 비방하여서는 아니된다. 다만, 진실한 사실로서 공공의 이익에 관한 때에는 그러하지 아니하다.

③ 각급선거관리위원회(읍·면·동선거관리위원회를 제외한다)는 이 법의 규정에 위반되는 정보가 인터넷 홈페이지 또는 그 게시판·대화방 등에 게시되거나, 정보통신망을 통하여 전송되는 사실을 발견한 때에는 당해 정보가 게시된 인터넷 홈페이지를 관

리·운영하는 자에게 해당 정보의 삭제를 요청하거나, 전송되는 정보를 취급하는 인터넷 홈페이지의 관리·운영자 또는 「정보통신망 이용촉진 및 정보보호 등에 관한 법률」 제2조 제1항 제3호의 규정에 의한 정보통신서비스제공자(이하 "정보통신서비스제공자"라 한다)에게 그 취급의 거부·정지·제한을 요청할 수 있다. 〈개정 2005. 8. 4〉

④ 제3항의 규정에 의한 요청을 받은 인터넷 홈페이지 관리·운영자 또는 정보통신서비스제공자는 지체없이 이에 따라야 한다.

⑤ 제3항의 규정에 의한 요청을 받은 인터넷 홈페이지 관리·운영자 또는 정보통신서비스제공자는 그 요청을 받은 날부터, 해당 정보를 게시하거나 전송한 자는 당해 정보가 삭제되거나 그 취급이 거부·정지 또는 제한된 날부터 3일 이내에 그 요청을 한 선거관리위원회에 이의신청을 할 수 있다.

⑥ 위법한 정보의 게시에 대한 삭제 등의 요청, 이의신청 기타 필요한 사항은 중앙선거관리위원회규칙으로 정한다.

[전문개정 2004. 3. 12]

[제82조의3에서 이동 〈2004. 3. 12〉]

제82조의5 (선거운동정보의 전송제한) ① 누구든지 정보수신자의 명시적인 수신거부의사에 반하여 선거운동 목적의 정보를 전송하여서는 아니된다.

② 제1항의 규정에 의한 선거운동 목적의 정보(이하 "선거운동정보"라 한다)를 전자우편으로 전송하거나 전화를 이용하여 전송(송·수화자간 직접 통화하는 경우를 제외한다. 이하 이 조에서 같다)하는 자는 다음 각호의 사항을 선거운동정보에 명시하여야 한다. 〈개정 2005. 8. 4〉

1. 선거운동정보에 해당하는 사실
2. 삭제 〈2005. 8. 4〉
3. 삭제 〈2005. 8. 4〉
4. 수신거부의 의사표시를 쉽게 할 수 있는 조치 및 방법에 관한 사항

③ 전화를 이용하여 음성으로 선거운동정보를 전송하는 자는 접속 즉시 수신자에게 수신여부에 관한 의사를 물어 동의하는 경우에 한하여 전송할 수 있다.

④ 선거운동정보를 전송하는 자는 수신자의 수신거부를 회피하거나 방해할 목적으로 기술적 조치를 하여서는 아니된다.

⑤ 선거운동정보를 전송하는 자는 수신자가 수신거부를 할 때 발생하는 전화요금 기타 금전적 비용을 수신자가 부담하지 아니하도록 필요한 조치를 하여야 한다.

⑥ 누구든지 숫자·부호 또는 문자를 조합하여 전화번호·전자우편주소 등 수신자의 연락처를 자동으로 생성하는 프로그램 그 밖의 기술적 장치를 이용하여 선거운동정보를 전송하여서는 아니된다.

[본조신설 2004. 3. 12]

제82조의6 (인터넷언론사 게시판·대화방 등의 실명확인) ① 인터넷언론사는 선거운동기간 중 당해 인터넷홈페이지의 게시판·대화방 등에 정당·후보자에 대한 지지·반대의 글을 게시할 수 있도록 하는 경우에는 행정안전부장관 또는 「신용정보의 이용 및 보호에 관한 법률」 제2조 제4호에 따른 신용정보업자(이하 이 조에서 "신용정보업자"라 한다)가 제공하는 실명인증방법으로 실명을 확인받도록 하는 기술적 조치를 하여야 한다. 다만, 인터넷언론사가 「정보통신망 이용촉진 및 정보보호 등에 관한 법률」 제44조의5에 따른 본인확인조치를 한 경우에는 그 실명을 확인받도록 하는 기술적 조치를 한 것으로 본다. 〈개정 2008. 2. 29〉

② 정당·후보자는 자신의 명의로 개설·운영하는 인터넷홈페이지의 게시판·대화방 등에 정당·후보자에 대한 지지·반대의 글을 게시할 수 있도록 하는 경우에는 제1항의 규정에 따른 기술적 조치를 할 수 있다.

③ 행정안전부장관 및 신용정보업자는 제1항 및 제2항의 규정에 따라 제공한 실명인증자료를 실명인증을 받은 자 및 인터넷홈페이지별로 관리하여야 하며, 중앙선거관리위원회가 그 실명인증자료의 제출을 요구하는 경우에는 지체 없이 이에 따라야 한다. 〈개정 2008. 2. 29〉

④ 인터넷언론사는 제1항의 규정에 따라 실명인증을 받은 자가 글을 게시한 경우 당해 인터넷홈페이지의 게시판·대화방 등에 "실명인증" 표시가 나타나도록 하는 기술적 조치를 하여야 한다.

⑤ 인터넷언론사는 당해 인터넷홈페이지의 게시판·대화방 등에서 글을 게시하고자 하는 자에게 주민등록번호를 기재할 것을 요구하여서는 아니된다.

⑥ 인터넷언론사는 당해 인터넷홈페이지의 게시판·대화방 등에 "실명인증"의 표시가 없는 정당이나 후보자에 대한 지지·반대의 글이 게시된 경우에는 지체 없이 이를 삭제하여야 한다.

⑦ 인터넷언론사는 정당·후보자 및 각급선거관리위원회가 제6항의 규정에 따른 글을 삭제하도록 요구한 경우에는 지체 없이 이에 따라야 한다.

[전문개정 2005. 8. 4]

제82조의7 (인터넷광고) ① 후보자(대통령선거의 정당추천후보자와 비례대표국회의원선거 및 비례대표지방의회의원선거에 있어서는 후보자를 추천한 정당을 말한다. 이하 이 조에서 같다)는 인터넷언론사의 인터넷홈페이지에 선거운동을 위한 광고(이하 "인터넷광고"라 한다)를 할 수 있다.

② 제1항의 인터넷광고에는 광고근거와 광고주명을 표시하여야 한다.

③ 같은 정당의 추천을 받은 2인 이상의 후보자는 합동으로 제1항의 규정에 따른 인터넷광고를 할 수 있다. 이 경우 그 비용은 당해 후보자간의 약정에 따라 분담하되, 그 분담내역을 광고계약서에 명시하여야 한다.

④ 제1항의 인터넷광고를 하고자 하는 후보자는 광고게시일 전일까지 광고원고와 광고계약서 사본을 첨부하여 인터넷언론사명·광고기간·광고비용(제3항의 경우 그 분담내역을 포함한다) 등을 관할선거구선거관리위원회에 서면으로 신고하여야 한다.

⑤ 누구든지 제1항의 경우를 제외하고는 선거운동을 위하여 인터넷광고를 할 수 없다.

⑥ 광고신고서의 서식 그 밖에 필요한 사항은 중앙선거관리위원회규칙으로 정한다.

[본조신설 2005.8.4]

제83조 (교통편의의 제공) ① 대통령선거에 있어서 철도청장은 중앙선거관리위원회규칙이 정하는 바에 따라 선거운동기간중에 선거운동용으로 계속하여 사용할 수 있는 전국용 무료승차권 50매를 각 후보자에게 발급하여야 한다.

② 제1항의 규정에 의하여 전국용 무료승차권을 발급받은 후보자가 사퇴·사망하거나 등록이 무효로 된 때에는 그 후 이를 사용할 수 없으며, 철도청장에게 지체없이 반환하여야 한다.

제84조 (무소속후보자의 정당표방금지 〈개정 2004.3.12〉) 무소속후보자는 특정 정당으로부터의 지지 또는 추천받음을 표방할 수 없다. 다만, 정당의 당원경력의 표시는 그러하지 아니하다. 〈개정 1995.4.1, 2000.2.16, 2004.3.12〉

제85조 (지위를 이용한 선거운동금지) ① 공무원은 그 지위를 이용하여 선거운동을 할 수 없다. 이 경우 공무원이 그 소속직원이나 제53조(공무원 등의 입후보) 제1항 제4호 내지 제6호에 규정된 기관 등의 임·직원 또는 「공직자윤리법」 제17조(퇴직공직자의 유관사기업체 등에의 취업제한)의 규정에 의한 유관사기업체 및 협회의 임·직원을 대상으로 한 선거운동은 그 지위를 이용하여 하는 선거운동으로 본다. 〈개정 2001.1.26, 2005.8.4〉

② 누구든지 교육적·종교적 또는 직업적인 기관·단체 등의 조직내에서의 직무상 행위를 이용하여 그 구성원에 대하여 선거운동을 하거나 하게 하거나, 계열화나 하도급 등 거래상 특수한 지위를 이용하여 기업조직·기업체 또는 그 구성원에 대하여 선거운동을 하거나 하게 할 수 없다.

③ 누구든지 교육적인 특수관계에 있는 선거권이 없는 자에 대하여 교육상의 행위를 이용하여 선거운동을 할 수 없다.

제86조 (공무원 등의 선거에 영향을 미치는 행위금지) ① 공무원(국회의원과 그 보좌관·비서관·비서 및 지방의회의원을 제외한다), 제53조(공무원 등의 입후보) 제1항 제4호 및 제6호에 규정된 기관 등의 상근 임·직원, 통·리·반의 장, 주민자치위원회위원과 향토예비군소대장급 이상의 간부, 특별법에 의하여 설립된 국민운동단체로서 국가나 지방자치단체의 출연 또는 보조를 받는 단체(바르게살기운동협의회·새마을운동협의회·한국자유총연맹을 말한다)의 상근 임·직원 및 이들 단체 등(시·도조직 및 구·시·군조직을 포함한다)의 대표자는 다음 각 호의 어느 하나에 해당하는 행위를 하여서는 아니된다. 〈개정 1997.11.14, 2000.2.16, 2002.3.7, 2004.3.12, 2005.8.4〉

1. 소속직원 또는 선거구민에게 교육 기타 명목여하를 불문하고 특정 정당이나 후보자(후보자가 되고자 하는 자를 포함한다. 이하 이 항에서 같다)의 업적을 홍보하는 행위
2. 선거운동의 기획에 참여하거나 그 기획의 실시에 관여하는 행위
3. 정당 또는 후보자에 대한 선거권자의 지지도를 조사하거나 이를 발표하는 행위
4. 선거기간중 소속직원 또는 선거구민에게 명목여하를 불문하고 법령이 정하는 외의 금품 기타 이익을 주거나 이를 약속하는 행위. 다만, 관혼상제 기타 의례적이거나 직무상의 행위로서 중앙선거관리위원회규칙이 정하는 행위를 제외한다.
5. 선거기간중 국가 또는 지방자치단체의 예산으로 시행하는 사업중 즉시 공사를 진행하지 아니할 사업의 기공식을 거행하는 행위
6. 선거기간중 정상적 업무외의 출장을 하는 행위
7. 선거기간중 휴가기간에 그 업무와 관련된 기관이나 시설을 방문하는 행위

② 지방자치단체의 장은 선거일전 60일(선거일전 60일후에 실시사유가 확정된 보궐선거등에 있어서

는 그 선거 의 실시사유가 확정된 때)부터 선거일까지 다음 각호의 1에 해당하는 행위를 하여서는 아니된다. 〈신설 1995. 12. 30, 1997. 11. 14, 1998. 4. 30, 2000. 2. 16, 2002. 3. 7, 2004. 3. 12〉

1. 삭제 〈2004. 3. 12〉
2. 정당의 정강·정책과 주의·주장을 선거구민을 대상으로 홍보·선전하는 행위. 다만, 당해 지방자치단체의 장의 선거에 예비후보자 또는 후보자가 되는 경우에는 그러하지 아니하다.
3. 창당대회·합당대회·개편대회 및 후보자선출대회를 제외하고는 정당이 개최하는 시국강연회, 정견·정책발표회, 당원연수·단합대회 등 일체의 정치행사에 참석하거나 선거대책기구, 선거사무소, 선거연락소를 방문하는 행위. 다만, 당해 지방자치단체의 장 선거에 후보자가 되는 경우와 당원으로서 소속정당이 당원만을 대상으로 개최하는 정당의 공개행사에 의례적으로 방문하는 경우에는 그러하지 아니하다.
4. 다음 각목의 1을 제외하고는 교양강좌, 사업설명회, 공청회, 직능단체모임, 체육대회, 경로행사, 민원상담 기타 각종 행사를 개최하거나 후원하는 행위
   가. 법령에 의하여 개최하거나 후원하도록 규정된 행사를 개최·후원하는 행위
   나. 특정일·특정시기에 개최하지 아니하면 그 목적을 달성할 수 없는 행사
   다. 천재·지변 기타 재해의 구호·복구를 위한 행위
   라. 직업보도교육 또는 유상으로 실시하는 교양강좌를 개최·후원하는 행위 또는 주민자치센터가 개최하는 교양강좌를 후원하는 행위. 다만, 종전의 범위를 넘는 새로운 강좌를 개설하거나 수강생을 증원하거나 장소를 이전하여 실시하는 주민자치센터의 교양강좌를 후원하는 행위를 제외한다.
   마. 집단민원 또는 긴급한 민원이 발생하였을 때 이를 해결하기 위한 행위
   바. 가목 내지 마목에 준하는 행위로서 중앙선거관리위원회규칙으로 정하는 행위
5. 통·리·반장의 회의에 참석하는 행위. 다만, 천재·지변 기타 재해가 있거나 집단민원 또는 긴급한 민원이 발생하였을 때에는 그러하지 아니하다.

③ 지방자치단체의 장은 다음 각 호의 어느 하나에 정하는 기간 동안 제112조(기부행위의 정의 등) 제2항 제4호의 직무상의 행위와 관련하여 그의 직명 또는 성명을 밝히거나 그가 하는 것으로 추정할 수 있는 방법으로 소속직원 또는 선거구민에게 명목여하를 불문하고 법령이 정하는 외의 금품 기타 이익을 주거나 이를 약속하는 행위를 하여서는 아니된다. 다만, 그 직무상의 행위와 관련하여 지방자치단체가 당해 지방자치단체의 장의 임기개시일 전부터 정기적으로 행하여 오거나 다음 각 호의 규정에 따른 기간개시일 전에 대상·방법·범위 등을 구체적으로 정한 당해 지방자치단체의 조례에 따라 정기적으로 행하여 온 금품 그 밖의 이익을 주거나 이를 약속하는 행위는 그러하지 아니하다. 〈신설 2004. 3. 12, 2005. 8. 4〉

1. 선거구역이 당해 지방자치단체의 관할구역과 같거나 겹치는 선거의 후보자가 되고자 하는 경우 선거일전 1년(보궐선거등에 있어서는 그 선거의 실시사유가 확정된 때)부터 선거일까지
2. 제1호외의 선거의 경우
   선거일전 60일(선거일전 60일후에 실시사유가 확정된 보궐선거등에 있어서는 그 선거의 실시사유가 확정된 때)부터 선거일까지

④ 제3항 단서의 규정에 불구하고 다음 각 호의 어느 하나에 해당하는 경우에는 "그가 하는 것으로 추정할 수 있는 방법"에 해당되는 것으로 한다. 〈신설 2005. 8. 4〉

⑤ 지방자치단체의 장은 다음 각 호의 어느 하나에 해당하는 경우를 제외하고는 지방자치단체의 사업계획·추진실적 기타 지방자치단체의 활동상황을 알리기 위한 홍보물(홍보지·소식지·간행물·시설물·녹음물·녹화물 기타의 홍보물 및 신문·방송을 이용하여 행하는 경우를 포함한다)을 분기별로 1종 1회를 초과하여 발행·배부 또는 방송하여서는 아니되며 당해 지방자치단체의 장의 선거의 선거일전 180일(보궐선거 등에 있어서는 그 선거의 실시사유가 확정된 때, 이하 제6항에서 같다)부터 선거일까지는 홍보물을 발행·배부 또는 방송할 수 없다. 〈신설 1998. 4. 30, 2000. 2. 16, 2004. 3. 12, 2006. 3. 2〉

⑥ 지방자치단체의 장은 당해 지방자치단체의 장의 선거의 선거일전 180일부터 선거일까지 주민자치센터가 개최하는 교양강좌에 참석할 수 없으며, 근무시간중에 공공기관이 주최하는 행사외의 행사에는 참석할 수 없다. 〈신설 1998. 4. 30, 2002. 3. 7〉

[2006헌마1096, 2008. 5. 29 헌법재판소 한정위헌결정으로 이 호는 공무원의 지위를 이용하지 아니한

행위에 대하여 적용하는 한 헌법에 위반]

제87조 (단체의 선거운동금지) ① 다음 각 호의 어느 하나에 해당하는 기관·단체는 그 명의 또는 그 대표의 명의로 선거운동을 할 수 없다. 〈개정 2005. 8. 4〉

[전문개정 2004. 3. 12]

제88조 (타후보자를 위한 선거운동금지) 후보자, 선거사무장, 선거연락소장, 선거사무원, 회계책임자, 연설원, 대담·토론자는 다른 정당이나 후보자를 위한 선거운동을 할 수 없다. 다만, 정당이나 후보자를 위한 선거운동을 함에 있어서 그 일부가 다른 정당이나 후보자의 선거운동에 이른 경우와 같은 정당이나 같은 정당의 추천후보자를 지원하는 경우 및 이 법의 규정에 의하여 공동선임된 선거사무장 등이 선거운동을 하는 경우에는 그러하지 아니하다.

제90조 (시설물설치 등의 금지) 누구든지 선거일전 180일(보궐선거 등에 있어서는 그 선거의 실시사유가 확정된 때)부터 선거일까지 선거에 영향을 미치게 하기 위하여 이 법의 규정에 의한 것을 제외하고는 화환·풍선·간판·현수막·애드벌룬·기구류 또는 선전탑 기타의 광고물이나 광고시설을 설치·진열·게시·배부하거나 하게 할 수 없으며, 표찰 기타 표시물을 착용 또는 배부하거나 하게 할 수 없고, 후보자(후보자가 되고자 하는 자를 포함한다. 이하 이 조에서 같다)를 상징하는 인형·마스코트 등 상징물을 제작·판매할 수 없다. 이 경우 의례적이거나 직무상·업무상의 행위 또는 통상적인 정당활동으로서 중앙선거관리위원회규칙으로 정하는 행위를 제외하고는 정당(창당준비위원회를 포함한다)의 명칭이나 후보자의 성명·사진 또는 그 명칭·성명을 유추할 수 있는 내용을 명시한 것은 선거에 영향을 미치게 하기 위한 것으로 본다. 〈개정 1995. 12. 30〉

제91조 (확성장치와 자동차 등의 사용제한) ① 누구든지 이 법의 규정에 의한 공개장소에서의 연설·대담장소 또는 대담·토론회장에서 연설·대담·토론용으로 사용하는 경우를 제외하고는 선거운동을 위하여 확성장치를 사용할 수 없다. 〈개정 2004. 3. 12〉

② 삭제 〈2004. 3. 12〉

③ 누구든지 자동차를 사용하여 선거운동을 할 수 없다. 다만, 제79조의 규정에 의한 연설·대담장소에서 자동차에 승차하여 선거운동을 하는 경우와 같은 조 제6항의 규정에 의한 선전벽보 등을 자동차에 부착하여 사용하는 경우에는 그러하지 아니하다. 〈개정 2004. 3. 12, 2005. 8. 4〉

④ 정당·후보자·선거사무장 또는 선거연락소장은 제3항 단서의 규정에 의한 경우외에 다음 각호에 의한 수 이내에서 관할선거관리위원회가 교부한 표지를 부착한 자동차와 선박에 제64조(선전벽보)의 선전벽보, 제65조(선거공보)의 선거공보 및 제66조(선거공약서)의 선거공약서를 부착하여 운행하거나 하게 할 수 있다. 〈개정 1995. 4. 1, 1997. 11. 14, 2000. 2. 16, 2005. 8. 4, 2007. 1. 3〉

1. 대통령선거와 시·도지사선거
   선거사무소와 선거연락소마다 각 5대·5척 이내
2. 지역구국회의원선거와 자치구·시·군의 장 선거
   후보자마다 각 5대·5척 이내
3. 지역구시·도의원선거
   후보자마다 각 2대·2척 이내
4. 지역구자치구·시·군의원선거
   후보자마다 각 1대·1척

제92조 (영화 등을 이용한 선거운동금지) 누구든지 선거기간중에는 선거운동을 위하여 저술·연예·연극·영화 또는 사진을 이 법에 규정되지 아니한 방법으로 배부·공연·상연·상영 또는 게시할 수 없다.

제93조 (탈법방법에 의한 문서·도화의 배부·게시 등 금지) ① 누구든지 선거일전 180일(보궐선거 등에 있어서는 그 선거의 실시사유가 확정된 때)부터 선거일까지 선거에 영향을 미치게 하기 위하여 이 법의 규정에 의하지 아니하고는 정당(창당준비위원회와 정당의 정강·정책을 포함한다. 이하 이 조에서 같다) 또는 후보자(후보자가 되고자 하는 자를 포함한다. 이하 이 조에서 같다)를 지지·추천하거나 반대하는 내용이 포함되어 있거나 정당의 명칭 또는 후보자의 성명을 나타내는 광고, 인사장, 벽보, 사진, 문서·도화, 인쇄물이나 녹음·녹화테이프 기타 이와 유사한 것을 배부·첩부·살포·상영 또는 게시할 수 없다. 다만, 선거운동기간 중 후보자가 제60조의3(예비후보자 등의 선거운동) 제1항 제2호의 규정에 따른 명함을 직접 주거나 후보자가 그와 함께 다니는 자 중에서 지정한 1인과 후보자의 배우자(배우자 대신 후보자가 그의 직계존·비속 중에서 신고한 1인을 포함한다)가 그 명함을 직접주는 경우에는 그러하지 아니하다. 〈개정 1997. 11. 14, 1998. 4. 30, 2002. 3. 7, 2004. 3. 12, 2005. 8. 4〉

② 누구든지 선거일전 90일부터 선거일까지는 정당 또는 후보자의 명의를 나타내는 저술·연예·연극·

영화·사진 기타 물품을 이 법에 규정되지 아니한 방법으로 광고할 수 없으며, 후보자는 방송·신문·잡지 기타의 광고에 출연할 수 없다. 다만, 선거기간이 아닌 때에 「신문 등의 자유와 기능보장에 관한 법률」 제2조(용어의 정의)의 규정에 따른 정기간행물의 판매를 위하여 통상적인 방법으로 광고하는 경우에는 그러하지 아니하다. 〈개정 1998.4.30, 2005.8.4〉

③ 누구든지 선거운동을 하도록 권유·약속하기 위하여 선거구민에 대하여 신분증명서·문서 기타 인쇄물을 발급·배부 또는 징구하거나 하게 할 수 없다. 〈신설 1995.12.30〉

제94조 (방송·신문 등에 의한 광고의 금지) 누구든지 선거기간중 선거운동을 위하여 이 법에 규정되지 아니한 방법으로 방송·신문·통신 또는 잡지 기타의 간행물 등 언론매체를 통하여 광고할 수 없다. 〈개정 2000.2.16〉

제95조 (신문·잡지 등의 통상방법외의 배부금지) ① 누구든지 이 법의 규정에 의한 경우를 제외하고는 선거에 관한 기사를 게재한 신문·통신·잡지 또는 기관·단체·시설의 기관지 기타 간행물을 통상방법외의 방법으로 배부하거나 그 기사를 복사하여 배부할 수 없다.

② 제1항에서 "선거에 관한 기사"라 함은 후보자[후보자가 되고자 하는 자를 포함한다. 이하 제96조(허위논평·보도의 금지) 및 제97조(방송·신문의 불법이용을 위한 행위 등의 제한)에서 같다]의 당락이나 특정 정당(창당준비위원회를 포함한다)에 유리 또는 불리한 기사를 말하며, "통상방법에 의한 배부"라 함은 종전의 방법과 범위안에서 발행·배부하는 것을 말한다.

제96조 (허위논평·보도의 금지) 방송·신문·통신·잡지 기타의 간행물을 경영·관리하는 자 또는 편집·취재·집필·보도하는 자는 특정 후보자를 당선되게 하거나 되지 못하게 할 목적으로 선거에 관하여 허위사실을 보도하거나 사실을 왜곡하여 보도 또는 논평을 할 수 없다.

제97조 (방송·신문의 불법이용을 위한 행위 등의 제한) ① 누구든지 선거운동을 위하여 방송·신문·통신·잡지 기타의 간행물을 경영·관리하는 자 또는 편집·취재·집필·보도하는 자에게 금품·향응 기타의 이익을 제공하거나 제공할 의사의 표시 또는 그 제공을 약속할 수 없다.

② 정당, 후보자, 선거사무장, 선거연락소장, 선거사무원, 회계책임자, 연설원, 대담·토론자 또는 제114조(정당 및 후보자의 가족 등의 기부행위제한) 제2항의 후보자 또는 그 가족과 관계있는 회사 등은 선거에 관한 보도·논평이나 대담·토론과 관련하여 당해 방송·신문·통신·잡지 기타 간행물을 경영·관리하거나 편집·취재·집필·보도하는 자 또는 그 보조자에게 금품·향응 기타 이익을 제공하거나 제공할 의사의 표시 또는 그 제공을 약속할 수 없다.

③ 방송·신문·통신·잡지 기타 간행물을 경영·관리하거나 편집·취재·집필·보도하는 자는 제1항 및 제2항의 규정에 의한 금품·향응 기타의 이익을 받거나 권유·요구 또는 약속할 수 없다.

제98조 (선거운동을 위한 방송이용의 제한) 누구든지 이 법의 규정에 의하지 아니하고는 그 방법의 여하를 불문하고 방송시설을 이용하여 선거운동을 위한 방송을 하거나 하게 할 수 없다. 〈개정 1997.11.14, 2000.2.16〉

제99조 (구내방송 등에 의한 선거운동금지) 누구든지 이 법의 규정에 의하지 아니하고는 선거기간중 교통수단·건물 또는 시설안의 방송시설을 이용하여 선거운동을 할 수 없다.

제100조 (녹음기 등의 사용금지) 누구든지 선거기간중 이 법의 규정에 의하지 아니하고는 녹음기나 녹화기(비디오 및 오디오기기를 포함한다)를 사용하여 선거운동을 할 수 없다. 〈개정 2004.3.12, 2005.8.4〉

제101조 (타연설회 등의 금지) 누구든지 선거기간중 선거에 영향을 미치게 하기 위하여 이 법의 규정에 의한 연설·대담 또는 대담·토론회를 제외하고는 다수인을 모이게 하여 개인정견발표회·시국강연회·좌담회 또는 토론회 기타의 연설회나 대담·토론회를 개최할 수 없다. 〈개정 2004.3.12〉

제102조 (야간연설 등의 제한) 이 법의 규정에 의한 연설·대담과 대담·토론회(방송시설을 이용하는 경우를 제외한다)는 오후 11시부터 다음날 오전 6시까지는 개최할 수 없으며, 공개장소에서의 연설·대담은 오후 10시부터 다음날 오전 7시까지는 이를 할 수 없다. 다만, 공개장소에서의 연설·대담에 있어서 휴대용 확성장치만을 사용하는 경우에는 오전 6시부터 오후 11시까지 할 수 있다. 〈개정 1995.12.30, 1997.1.13, 2004.3.12〉

제103조 (각종집회 등의 제한) ① 누구든지 선거기간중 선거구민을 대상으로 하거나 선거가 실시되는 지역 안에서 향우회·종친회 또는 동창회 모임을 개최할 수 없다. 다만, 대통령선거에 있어서는 그러하

지 아니하다. 〈신설 2000. 2. 16, 2002. 3. 7, 2004. 3. 12, 2005. 8. 4〉

② 특별법에 따라 설립된 국민운동단체로서 국가나 지방자치단체의 출연 또는 보조를 받는 단체(바르게살기운동협의회·새마을운동협의회·한국자유총연맹을 말한다) 및 주민자치위원회는 선거기간 중 회의 그 밖에 어떠한 명칭의 모임도 개최할 수 없다. 〈신설 2005. 8. 4〉

③ 누구든지 선거기간중 선거에 영향을 미치게 하기 위하여 단합대회 또는 야유회 기타의 집회를 개최할 수 없다. 〈개정 2000. 2. 16〉

④ 선거기간중에는 특별한 사유가 없는 한 반상회를 개최할 수 없다.

⑤ 누구든지 선거일전 90일(선거일전 90일후에 실시사유가 확정된 보궐선거등에 있어서는 그 선거의 실시사유가 확정된 때)부터 선거일까지 후보자(후보자가 되고자 하는 자를 포함한다)와 관련있는 저서의 출판기념회를 개최할 수 없다. 〈신설 2004. 3. 12〉

제104조 (연설회장에서의 소란행위 등의 금지) 누구든지 이 법의 규정에 의한 공개장소에서의 연설·대담장소, 대담·토론회장 또는 정당의 집회장소에서 폭행·협박 기타 어떠한 방법으로도 연설·대담장소 등의 질서를 문란하게 하거나 그 진행을 방해할 수 없으며, 연설·대담 등의 주관자가 연단과 그 주변의 조명을 위하여 사용하는 경우를 제외하고는 횃불을 사용할 수 없다. 〈개정 2004. 3. 12〉

제105조 (행렬 등의 금지) ① 누구든지 선거운동을 위하여 2인(후보자와 함께 있는 경우에는 후보자를 포함하여 5인)을 초과하여 무리를 지어 다음 각 호의 어느 하나에 해당하는 행위를 할 수 없다. 다만, 제2호의 행위를 하는 경우에는 후보자와 그 배우자(배우자 대신 후보자가 그의 직계존·비속 중에서 신고한 1인을 포함한다), 선거사무장, 선거연락소장, 선거사무원 및 회계책임자는 그 수에 산입하지 아니한다. 〈개정 2004. 3. 12, 2005. 8. 4〉

1. 거리를 행진하는 행위
2. 다수의 선거구민에게 인사하는 행위
3. 연달아 소리지르는 행위. 다만, 제79조(공개장소에서의 연설·대담)의 규정에 의한 공개장소에서의 연설·대담에서 당해 정당 또는 후보자에 대한 지지를 나타내기 위하여 연달아 소리지르는 경우에는 그러하지 아니하다.

② 누구든지 모양과 색상이 동일한 모자나 옷을 착용하거나 그 밖의 표지물을 휴대하여 선거운동을 할 수 없다. 다만, 제1항 각 호 외의 부분 단서에 규정된 자가 모양과 색상이 동일한 모자나 티셔츠를 착용하는 경우에는 그러하지 아니하다. 〈신설 1997. 11. 14, 2002. 3. 7, 2004. 3. 12, 2005. 8. 4〉

제106조 (호별방문의 제한) ① 누구든지 선거운동을 위하여 또는 선거기간중 입당의 권유를 위하여 호별로 방문할 수 없다.

② 선거운동을 할 수 있는 자는 제1항의 규정에 불구하고 관혼상제의 의식이 거행되는 장소와 도로·시장·점포·다방·대합실 기타 다수인이 왕래하는 공개된 장소에서 정당 또는 후보자에 대한 지지를 호소할 수 있다.

③ 누구든지 선거기간중 공개장소에서의 연설·대담의 통지를 위하여 호별로 방문할 수 없다. 〈개정 2004. 3. 12〉

제107조 (서명·날인운동의 금지) 누구든지 선거운동을 위하여 선거구민에 대하여 서명이나 날인을 받을 수 없다.

제108조 (여론조사의 결과공표금지 등) ① 누구든지 선거일 전 6일부터 선거일의 투표마감시각까지 선거에 관하여 정당에 대한 지지도나 당선인을 예상하게 하는 여론조사(모의투표나 인기투표에 의한 경우를 포함한다. 이하 이 조에서 같다)의 경위와 그 결과를 공표하거나 인용하여 보도할 수 없다. 〈개정 1997. 11. 14, 2005. 8. 4〉

② 누구든지 선거일전 60일(선거일전 60일 후에 실시사유가 확정된 보궐선거등에서는 그 선거의 실시사유가 확정된 때)부터 선거일까지 선거에 관한 여론조사를 투표용지와 유사한 모형에 의한 방법을 사용하거나 후보자(후보자가 되고자 하는 자를 포함한다. 이하 이 조에서 같다) 또는 정당(창당준비위원회를 포함한다. 이하 이 조에서 같다)의 명의로 선거에 관한 여론조사를 할 수 없다. 〈개정 1997. 11. 14, 2008. 2. 29〉

③ 누구든지 공표 또는 보도를 목적으로 선거에 관한 여론조사를 하는 경우에는 피조사자에게 여론조사기관·단체의 명칭, 주소 또는 전화번호와 조사자의 신분을 밝혀야 하고, 당해 조사대상의 전계층을 대표할 수 있도록 피조사자를 선정하여야 하며, 다음 각호의 1에 해당하는 행위를 하여서는 아니된다. 〈신설 1997. 11. 14〉

1. 특정 정당 또는 후보자에게 편향되도록 하는 어휘나 문장을 사용하여 질문하는 행위
2. 피조사자에게 응답을 강요하거나 조사자의 의도에 따라 응답을 유도하는 방법으로 질문하거나,

피조사자의 의사를 왜곡하는 행위
3. 오락 기타 사행성을 조장할 수 있는 방법으로 조사하는 행위
4. 피조사자의 성명이나 성명을 유추할 수 있는 내용을 공개하는 행위
④ 누구든지 선거에 관한 여론조사의 결과를 공표 또는 보도하는 때에는 조사의뢰자와 조사기관·단체명, 피조사자의 선정방법, 표본의 크기, 조사지역·일시·방법, 표본오차율, 응답률, 질문내용 등을 함께 공표 또는 보도하여야 하며, 선거에 관한 여론조사를 실시한 기관 ·단체는 조사설계서·피조사자선정·표본추출·질문지작성·결과분석 등 조사의 신뢰성과 객관성의 입증에 필요한 자료와 수집된 설문지 및 결과분석자료 등 당해 여론조사와 관련있는 자료일체를 당해 선거의 선거일후 6월까지 보관하여야 한다. 〈신설 1997. 11. 14〉

제108조의2 (정책·공약에 관한 비교평가결과의 공표제한 등) ① 언론기관(제82조의 언론기관을 말한다) 및 제87조 제1항 각 호의 어느 하나에 해당하지 아니하는 단체(이하 이 조에서 "언론기관등"이라 한다)는 정당·후보자(후보자가 되려는 자를 포함한다. 이하 이 조에서 "후보자등"이라 한다)의 정책이나 공약에 관하여 비교평가하고 그 결과를 공표할 수 있다.
② 언론기관등이 후보자등의 정책이나 공약에 관한 비교평가를 하거나 그 결과를 공표하는 때에는 다음 각 호의 어느 하나에 해당하는 행위를 하여서는 아니 된다.
1. 특정 후보자등에게 유리 또는 불리하게 평가단을 구성·운영하는 행위
2. 후보자등별로 점수부여 또는 순위나 등급을 정하는 등의 방법으로 서열화하는 행위
③ 언론기관등이 후보자등의 정책이나 공약에 관한 비교평가의 결과를 공표하는 때에는 평가주체, 평가단 구성·운영, 평가지표·기준·방법 등 평가의 신뢰성·객관성을 입증할 수 있는 내용을 공표하여야 하며, 비교평가와 관련있는 자료 일체를 해당 선거의 선거일 후 6개월까지 보관하여야 한다. 이 경우 선거운동을 하거나 할 것을 표방한 단체는 지지하는 후보자등을 함께 공표하여야 한다.
[본조신설 2008. 2. 29]

제109조 (서신·전보 등에 의한 선거운동의 금지) ① 누구든지 선거기간중 선거권자에게 서신·전보·모사전송 기타 전기통신의 방법을 이용하여 선거운동을 할 수 없다. 다만, 인터넷[광고의 경우에는 제82조의7(인터넷광고)의 규정에 따른 광고에 한한다]·전화(컴퓨터를 이용한 자동송신장치를 설치한 전화의 경우를 제외한다)에 의하는 경우에는 그러하지 아니하다. 〈개정 1997. 1. 13, 1997. 11. 14, 2004. 3. 12, 2005. 8. 4〉
② 제1항 단서의 규정에 의한 전화를 이용한 선거운동은 야간(오후 11시부터 다음 날 오전 6시까지를 말한다)에는 이를 할 수 없다.
③ 누구든지 선거운동을 위하여 후보자, 선거사무장, 선거연락소장, 선거사무원, 회계책임자, 연설원, 대담·토론자 또는 선거권자 등을 전화 기타의 방법으로 협박할 수 없다.

제110조 (후보자 등의 비방금지) 누구든지 선거운동을 위하여 후보자(후보자가 되고자 하는 자를 포함한다. 이하 이 조에서 같다), 후보자의 배우자와 직계존·비속이나 형제자매의 출생지·신분·직업·경력 등·재산·인격·행위·소속단체 등에 관하여 허위의 사실을 공표할 수 없으며, 공연히 사실을 적시하여 사생활을 비방할 수 없다. 다만, 진실한 사실로서 공공의 이익에 관한 때에는 그러하지 아니하다.
[전문개정 2000. 2. 16]

제111조 (의정활동 보고) ① 국회의원 또는 지방의회의원은 보고회 등 집회·보고서(인쇄물, 녹음·녹화물 및 전산자료 복사본을 포함한다)·인터넷·전화(컴퓨터를 이용한 자동송신장치를 설치한 전화의 경우를 제외한다) 또는 축사·인사말(게재하는 경우를 포함한다)을 통하여 의정활동(선거구활동 기타 업적의 홍보에 필요한 사항을 포함한다)을 선거구민(행정구역 또는 선거구역의 변경으로 새로 편입된 구역의 선거구민을 포함한다. 이하 이 조에서 같다)에게 보고할 수 있다. 다만, 대통령선거·국회의원선거·지방의회의원선거 및 지방자치단체의 장선거의 선거일전 90일부터 선거일까지 직무상의 행위 기타 명목여하를 불문하고 인터넷에 의정활동보고서를 게재하는 외의 방법으로 의정활동을 보고할 수 없다. 〈개정 2004. 3. 12, 2005. 8. 4〉
② 국회의원 또는 지방의회의원이 의정보고회를 개최하는 때에는 고지벽보와 의정보고회 장소표지를 첩부·게시할 수 있으며, 고지벽보와 표지에는 보고회명과 개최일시·장소 및 보고사항(후보자가 되고자 하는 자를 선전하는 내용을 제외한다)을 게재할 수 있다. 이 경우 의정보고회를 개최한 국회의원 또는 지방의회의원은 고지벽보와 표지를 의정보고회가 끝난 후 지체없이 철거하여야 한다.

③ 제1항의 규정에 따라 보고서를 우편으로 발송하고자 하는 국회의원 또는 지방의회의원은 그 발송수량의 범위 안에서 선거구민인 세대주의 성명·주소(이하 이 조에서 "세대주명단"이라 한다)의 교부를 연 1회에 한하여 구·시·군의 장에게 서면으로 신청할 수 있으며, 신청을 받은 구·시·군의 장은 다른 법률의 규정에도 불구하고 지체 없이 그 세대주명단을 작성·교부하여야 한다. 〈신설 2005. 8. 4〉

④ 제3항의 규정에 따른 세대주명단의 작성비용의 납부, 교부된 세대주명단의 양도·대여 및 사용의 금지에 관하여는 제46조(명부사본의 교부) 제3항 및 제4항의 규정을 준용한다. 이 경우 "선거인명부 또는 부재자신고인명부"는 "세대주명단"으로 본다. 〈신설 2005. 8. 4〉

⑤ 의정보고회의 고지벽보와 표지의 규격·수량, 세대주의 명단의 교부신청 그 밖의 의정활동보고에 관하여 필요한 사항은 중앙선거관리위원회규칙으로 정한다. 〈개정 2005. 8. 4〉

[전문개정 2000. 2. 16]

제113조 (후보자 등의 기부행위제한) ① 국회의원·지방의회의원·지방자치단체의 장·정당의 대표자·후보자(후보자가 되고자 하는 자를 포함한다)와 그 배우자는 당해 선거구안에 있는 자나 기관·단체·시설 또는 당해 선거구의 밖에 있더라도 그 선거구민과 연고가 있는 자나 기관·단체·시설에 기부행위(결혼식에서의 주례행위를 포함한다)를 할 수 없다.

② 누구든지 제1항의 행위를 약속·지시·권유·알선 또는 요구할 수 없다.

[전문개정 2004. 3. 12]

제114조 (정당 및 후보자의 가족 등의 기부행위제한) ① 정당(창당준비위원회를 포함한다. 이하 이 조에서 같다), 정당선거사무소의 소장, 후보자(후보자가 되고자 하는 자를 포함한다. 이하 이 조에서 같다)나 그 배우자의 직계존·비속과 형제자매, 후보자의 직계비속 및 형제자매의 배우자, 선거사무장, 선거연락소장, 선거사무원, 회계책임자, 연설원, 대담·토론자나 후보자 또는 그 가족(가족의 범위는 제10조 제1항 제3호에 규정된 "후보자의 가족"을 준용한다)과 관계있는 회사 기타 법인·단체(이하 "회사 등"이라 한다) 또는 그 임·직원은 선거기간 전에는 당해 선거에 관하여, 선거기간에는 당해 선거에 관한 여부를 불문하고 후보자 또는 그 소속정당을 위하여 일체의 기부행위를 할 수 없다. 이 경우 후보자 또는 그 소속정당의 명의를 밝혀 기부행위를 하거나 후보자 또는 그 소속정당이 기부하는 것으로 추정할 수 있는 방법으로 기부행위를 하는 것은 당해 선거에 관하여 후보자 또는 정당을 위한 기부행위로 본다. 〈개정 2004. 3. 12〉

② 제1항에서 "후보자 또는 그 가족과 관계있는 회사 등"이라 함은 다음 각 호의 어느 하나에 해당하는 회사 등을 말한다. 〈개정 2005. 8. 4〉

1. 후보자가 임·직원 또는 구성원으로 있거나 기금을 출연하여 설립하고 운영에 참여하고 있거나 관계법규나 규약에 의하여 의사결정에 실질적으로 영향력을 행사할 수 있는 회사 기타 법인·단체
2. 후보자의 가족이 임원 또는 구성원으로 있거나 기금을 출연하여 설립하고 운영에 참여하고 있거나 관계법규 또는 규약에 의하여 의사결정에 실질적으로 영향력을 행사할 수 있는 회사 기타 법인·단체
3. 후보자가 소속한 정당이나 후보자를 위하여 설립한 「정치자금법」에 의한 후원회

제115조 (제삼자의 기부행위제한) 제113조(후보자 등의 기부행위제한) 또는 제114조(정당 및 후보자의 가족 등의 기부행위제한)에 규정되지 아니한 자라도 누구든지 선거에 관하여 후보자(후보자가 되고자 하는 자를 포함한다. 이하 이 조에서 같다) 또는 그 소속정당(창당준비위원회를 포함한다. 이하 이 조에서 같다)을 위하여 기부행위를 하거나 하게 할 수 없다. 이 경우 후보자 또는 그 소속정당의 명의를 밝혀 기부행위를 하거나 후보자 또는 그 소속정당이 기부하는 것으로 추정할 수 있는 방법으로 기부행위를 하는 것은 당해 선거에 관하여 후보자 또는 정당을 위한 기부행위로 본다. 〈개정 2004. 3. 12〉

제116조 (기부의 권유·요구 등의 금지) 누구든지 선거에 관하여 정당(창당준비위원회를 포함한다)·정당의 대표자·정당선거사무소의 소장·국회의원·지방의회의원·지방자치단체의 장·후보자(후보자가 되고자 하는 자를 포함한다) 또는 그 가족, 선거사무장, 선거연락소장, 선거사무원, 회계책임자, 연설원, 대담·토론자, 제114조(정당 및 후보자의 가족 등의 기부행위제한) 제2항의 규정에 의한 후보자 또는 그 가족과 관계있는 회사 등이나 그 임·직원과 제115조(제삼자의 기부행위제한)의 규정에 의한 제삼자로부터 기부를 받거나 기부를 권유 또는 요구할 수 없다. 〈개정 2004. 3. 12〉

第117조 (기부받는 행위 등의 금지) 누구든지 선거에 관하여 「정치자금법」 제31조(기부의 제한)의 규정에 따라 정치자금을 기부할 수 없는 자에게 기부를 요구하거나 그로부터 기부를 받을 수 없다. 〈개정 2005. 8. 4〉

第117조의2 삭제 〈2004. 3. 12〉

第118조 (선거일후 답례금지) 후보자와 후보자의 가족 또는 정당의 당직자는 선거일후에 당선되거나 되지 아니한데 대하여 선거구민에게 축하 또는 위로 기타 답례를 하기 위하여 다음 각호의 1에 해당하는 행위를 할 수 없다.

1. 금품 또는 향응을 제공하는 행위
2. 방송·신문 또는 잡지 기타 간행물에 광고하는 행위
3. 자동차에 의한 행렬을 하거나 다수인이 무리를 지어 거리를 행진하거나 거리에서 연달아 소리지르는 행위. 다만, 제79조(공개장소에서의 연설·대담) 제3항의 규정에 의한 자동차를 이용하여 당선 또는 낙선에 대한 거리인사를 하는 경우에는 그러하지 아니하다.
4. 일반선거구민을 모이게 하여 당선축하회 또는 낙선에 대한 위로회를 개최하는 행위

第121조 (선거비용제한액의 산정) ① 선거비용제한액은 선거별로 다음 각호에 의하여 산정되는 금액으로 한다. 이 경우 100만원 미만의 단수는 100만원으로 한다. 〈개정 2005. 8. 4, 2008. 2. 29〉

1. 대통령선거
   인구수×950원
2. 지역구국회의원선거
   1억원+(인구수×200원)+(읍·면·동수×200만원)
3. 비례대표국회의원선거
   인구수× 90원
4. 지역구시·도의원선거
   4천만원+(인구수×100원)
5. 비례대표시·도의원선거
   4천만원+(인구수×50원)
6. 시·도지사선거
   가. 특별시장·광역시장 선거
      4억원(인구수 200만 미만인 때에는 2억원)+(인구수×300원)
   나. 도지사 선거
      8억원(인구수 100만 미만인 때에는 3억원)+(인구수×250원)
7. 지역구자치구·시·군의원선거
   3천500만원+(인구수×100원)
8. 비례대표자치구·시·군의원선거
   3천5백만원+(인구수×50원)
9. 자치구·시·군의 장 선거
   9천만원+(인구수×200원)+(읍·면·동수×100만원)

② 제1항의 규정에 의한 선거비용제한액을 산정하는 때에는 당해 선거의 직전 임기만료에 의한 선거의 선거일이 속하는 달의 말일부터 제122조(선거비용제한액의 공고)의 규정에 의한 공고일이 속하는 달의 전전달 말일까지의 전국소비자물가변동률(「통계법」 제3조의 규정에 의하여 통계청장이 매년 고시하는 전국소비자물가변동률을 말한다)을 감안하여 정한 비율(이하 "제한액산정비율"이라 한다)을 적용하여 증감할 수 있다. 이 경우 그 제한액산정비율은 관할선거구선거관리위원회가 해당 선거 때마다 정한다. 〈개정 2005. 8. 4〉

③ 선거비용제한액 산정을 위한 인구수의 기준일, 제한액산정비율의 결정 기타 필요한 사항은 중앙선거관리위원회규칙으로 정한다.

[본조신설 2004. 3. 12]

第122조 (선거비용제한액의 공고) 선거구선거관리위원회는 선거별로 제121조(선거비용제한액의 산정)의 규정에 의하여 산정한 선거비용제한액을 중앙선거관리위원회규칙이 정하는 바에 따라 공고하여야 한다.

[전문개정 2004. 3. 12]

第122조의2 (선거비용의 보전 등) ① 선거구선거관리위원회는 다음 각호의 규정에 따라 후보자(대통령선거의 정당추천후보자와 비례대표국회의원선거 및 비례대표지방의회의원선거에 있어서는 후보자를 추천한 정당을 말한다. 이하 이 조에서 같다)가 이 법의 규정에 의한 선거운동을 위하여 지출한 선거비용[「정치자금법」 제40조(회계보고)의 규정에 따라 제출한 회계보고서에 보고된 선거비용으로서 정당하게 지출한 것으로 인정되는 선거비용을 말한다]을 제122조(선거비용제한액의 공고)의 규정에 의하여 공고한 비용의 범위안에서 대통령선거 및 국회의원선거에 있어서는 국가의 부담으로, 지방자치단체의 의회의원 및 장의 선거에 있어서는 당해 지방자치단체의 부담으로 선거일후 보전한다. 〈개정 2004. 3. 12, 2005. 8. 4〉

1. 대통령선거, 지역구국회의원선거, 지역구지방의회의원선거 및 지방자치단체의 장선거
   가. 후보자가 당선되거나 사망한 경우 또는 후보

자의 득표수가 유효투표총수의 100분의 15 이상인 경우
후보자가 지출한 선거비용의 전액
나. 후보자의 득표수가 유효투표총수의 100분의 10 이상 100분의 15 미만인 경우
후보자가 지출한 선거비용의 100분의 50에 해당하는 금액
2. 비례대표국회의원선거 및 비례대표지방의회의원 선거
후보자명부에 올라 있는 후보자중 당선인이 있는 경우에 당해 정당이 지출한 선거비용의 전액

제135조의2 (선거비용보전의 제한) ① 선거구선거관리위원회는 이 법의 규정에 의하여 선거비용을 보전함에 있어서 선거사무소의 회계책임자가 정당한 사유없이 「정치자금법」 제40조(회계보고)의 규정에 따른 회계보고서를 그 제출마감일까지 제출하지 아니한 때에는 그 비용을 보전하지 아니한다. 〈개정 2005. 8. 4〉
② 선거구선거관리위원회는 후보자·예비후보자·선거사무장 또는 선거사무소의 회계책임자가 당해 선거와 관련하여 이 법 또는 「정치자금법」 제49조(선거비용관련위반행위에 관한 벌칙)에 규정된 죄를 범함으로 인하여 유죄의 판결이 확정되거나 선거비용제한액을 초과하여 지출한 경우에는 이 법의 규정에 의하여 보전할 비용중 그 위법행위에 소요된 비용 또는 선거비용제한액을 초과하여 지출한 비용의 2배에 해당하는 금액은 이를 보전하지 아니한다. 〈개정 2004. 3. 12, 2005. 8. 4〉
③ 선거구선거관리위원회는 제2항에도 불구하고 정당, 후보자(예비후보자를 포함한다) 및 그 가족, 선거사무장, 선거연락소장, 선거사무원, 회계책임자 또는 연설원으로부터 기부를 받은 자가 제261조 제5항에 따른 과태료를 부과받은 경우 이 법에 따라 보전할 비용 중 그 기부행위에 사용된 비용의 5배에 해당하는 금액을 보전하지 아니한다. 〈신설 2008. 2. 29〉
④ 제2항에 규정된 자가 당해 선거와 관련하여 이 법 또는 「정치자금법」 제49조에 규정된 죄를 범함으로 인하여 기소되거나 선거관리위원회에 의하여 고발된 때에는 판결이 확정될 때까지 그 위법행위에 소요된 비용의 2배에 해당하는 금액의 보전을 유예한다. 〈개정 2005. 8. 4, 2008. 2. 29〉
⑤ 선거구선거관리위원회는 정당 또는 후보자에게 선거비용을 보전한 후에 제1항부터 제3항까지의 규정에 따라 보전하지 아니할 사유가 발견된 때에는 당해 정당 또는 후보자에게 그 사실을 통지하고, 보전비용액중 제1항부터 제3항까지의 규정의 규정에 해당하는 금액의 반환을 명하여야 한다. 이 경우 정당 또는 후보자는 그 반환명령을 받은 날부터 30일 이내에 당해 선거구선거관리위원회에 이를 반환하여야 한다. 〈개정 2008. 2. 29〉
⑥ 선거구선거관리위원회는 정당 또는 후보자가 제5항 후단의 기한 안에 해당금액을 반환하지 아니한 때에는 대통령선거와 국회의원선거에 있어서는 관할세무서장에게 징수를 위탁하고 관할세무서장이 국세체납처분의 예에 따라 이를 징수하여 국가에 납입하여야 하며, 지방자치단체의 의회의원 및 장의 선거에 있어서는 당해 지방자치단체의 장에게 징수를 위탁하고 지방자치단체의 장이 지방세체납처분의 예에 따라 이를 징수하여 지방자치단체에 납입하여야 한다. 〈개정 2008. 2. 29〉
⑦ 보전하지 아니할 비용의 산정 기타 필요한 사항은 중앙선거관리위원회규칙으로 정한다. 〈개정 2008. 2. 29〉
[본조신설 2000. 2. 16]

제136조 삭제 〈2005. 8. 4〉

제9장 선거와관련있는정당활동의규제

제137조 (정강·정책의 신문광고 등의 제한) ① 선거가 임박한 시기에 있어서 정당이 행하는 「신문 등의 자유와 기능보장에 관한 법률」 제2조(용어의 정의) 제1호의 규정에 따른 정기간행물(이하 이 조에서 "일간신문 등"이라 한다)에 의한 정강·정책의 홍보, 당원·후보지망자의 모집, 당비모금, 정치자금모금(대통령선거에 한한다) 또는 선거에 있어 당해 정당이나 추천후보자가 사용할 구호·도안·정책 기타 선거에 관한 의견수집을 위한 광고는 다음 각호의 범위안에서 하여야 하며, 그 선거기간중에는 이를 할 수 없다. 〈개정 1995. 12. 30, 1997. 11. 14, 2004. 3. 12, 2005. 8. 4〉
1. 임기만료에 의한 선거
정당의 중앙당이 행하되, 선거일전 90일부터 선거기간개시일전일까지 일간신문 등에 총 70회 이내
2. 대통령의 궐위로 인한 선거·재선거 [제197조(선거의 일부무효로 인한 재선거)의 규정에 의한 재선거를 제외한다. 이하 이 항에서 같다] 및 연기된 선거정당의 중앙당이 행하되, 그 선거의 실시사유가 확정된 때부터 선거기간개시일전일까지 일간신문 등에 총 20회 이내

3. 제 2 호외의 보궐선거·재선거 및 연기된 선거
   정당의 중앙당이 행하되, 그 선거의 실시사유가 확정된 때부터 선거기간개시일전일까지 일간신문 등에 총 10회 이내

② 제 1 항의 규정에 의한 일간신문 등의 광고 1회의 규격은 가로 37센티미터 세로 17센티미터 이내로 하여야 하며, 후보자가 되고자 하는 자의 사진·성명(성명을 유추할 수 있는 내용을 포함한다) 기타 선거운동에 이르는 내용을 게재할 수 없다.

③ 제69조(신문광고) 제 1 항 후단(광고회수를 말한다)·제 2 항(광고의 색도와 규격을 제외한다)·제 4 항 내지 제 6 항·제 8 항 및 제 9 항의 규정은 제 1 항의 규정에 의한 일간신문 등의 광고에 이를 준용한다. 이 경우 "후보자"는 "정당"으로 본다. 〈개정 1997. 1. 13, 1998. 4. 30〉

제137조의2 (정강·정책의 방송연설의 제한) ① 정당이 방송연설[제70조(방송광고) 제 1 항의 규정에 의한 방송시설을 말한다. 이하 이 조에서 같다]을 이용하여 정강·정책을 알리기 위한 방송연설을 하는 때에는 다음 각호의 범위 안에서 하여야 한다. 〈개정 2004. 3. 12〉

1. 임기만료에 의한 선거
   정당의 중앙당 대표자 또는 그가 선거운동을 할 수 있는 자중에서 지명한 자가 행하되, 선거일전 90일이 속하는 달의 초일부터 선거기간개시일전일까지 1회 20분 이내에서 텔레비전 및 라디오 방송별로 월 2회(선거기간개시일전일이 해당 달의 10일이내에 해당하는 경우에는 1회) 이내
2. 대통령의 궐위로 인한 선거, 재선거[제197조(선거의 일부무효로 인한 재선거)의 규정에 의한 재선거를 제외한다] 및 연기된 선거
   정당의 중앙당 대표자 또는 그가 선거운동을 할 수 있는 자 중에서 지명한 자가 행하되, 그 선거의 실시사유가 확정된 때부터 선거기간개시일전일까지 1회 10분 이내에서 텔레비전 및 라디오 방송별 각 5회 이내

② 제 1 항의 규정에 의하여 텔레비전 방송시설을 이용한 방송연설을 하는 때에는 연설하는 모습외의 다른 내용이 방영되게 하여서는 아니되며, 방송연설을 녹화하여 방송하고자 하는 때에는 당해 방송시설을 이용하여야 한다.

③ 제 1 항의 규정에 의한 방송연설을 함에 있어서는 선거운동에 이르는 내용의 연설을 하여서는 아니된다.

④ 제 1 항의 규정에 의한 방송연설의 비용은 당해 정당이 부담하되, 국회에 교섭단체를 구성한 정당이 공영방송사를 이용하여 방송연설을 하는 때에는 각 공영방송사마다 텔레비전 및 라디오 방송별로 행하는 월 1회의 방송연설비용(제작비용을 제외한다)은 당해 공영방송사가 이를 부담하여야 한다. 〈개정 2004. 3. 12〉

⑤ 제 4 항의 규정에 의하여 공영방송사가 비용을 부담하는 방송연설을 하고자 하는 경우 그 방송연설의 일시·시간대 기타 필요한 사항은 당해 공영방송사와 당해 정당이 협의하여 정한다.

⑥ 제70조(방송광고) 제 1 항 후단·제 6 항 및 제 8 항과 제71조 제10항 및 제12항의 규정은 제 1 항의 규정에 의한 방송연설에 이를 준용한다.

⑦ 제 6 항의 규정에 의한 방송연설신고서의 서식 기타 필요한 사항은 중앙선거관리위원회규칙으로 정한다.

[본조신설 2000. 2. 16]

제138조 (정강·정책홍보물의 배부제한 등) ① 정당이 선거기간중에 후보자를 추천한 선거구의 소속당원에게 배부할 수 있는 정강·정책홍보물은 정당의 중앙당이 제작한 책자형 정강·정책홍보물 1종으로 한다. 〈개정 1997. 11. 14〉

② 제 1 항의 규정에 의한 정강·정책홍보물을 배부할 수 있는 수량은 후보자를 추천한 선거구의 소속당원에 상당하는 수를 넘지 못한다. 〈개정 1997. 11. 14〉

③ 제 1 항의 규정에 의한 정강·정책홍보물을 제작·배부하는 때에는 그 표지에 "당원용"이라 표시하여야 한다.

④ 정당이 제 1 항의 정강·정책홍보물을 배부하고자 하는 때에는 배부전까지 중앙선거관리위원회와 배부할 지역을 관할하는 구·시·군선거관리위원회에 각 2부를 제출하여야 한다.

⑤ 제 1 항의 규정에 의한 정강·정책홍보물에는 후보자의 기호·성명·사진·학력·경력 등 후보자와 관련된 사항을 게재할 수 없다. 〈신설 2000. 2. 16〉

⑥ 제 1 항의 규정에 따른 정강·정책홍보물은 길이 27센티미터 너비19센티미터 이내에서 대통령선거의 경우에는 16면 이내로, 지역구국회의원선거, 지역구지방의회의 원선거 및 지방자치단체의 장선거의 경우에는 8면 이내로 작성한다. 〈개정 2005. 8. 4〉

제138조의2 (정책공약집의 배부제한 등) ① 정당이 자당의 정책과 선거에 있어서 공약을 게재한 정책공약집(도서의 형태로 발간된 것을 말하며, 이하 "정책공약집"이라 한다)을 배부하고자 하는 때에는

통상적인 방법으로 판매하여야 한다. 다만, 방문판매의 방법으로 정책공약집을 판매할 수 없다.

② 정당은 제1항의 규정에 따른 통상적인 방법에 의한 판매 외에 해당 정당의 당사와 제79조에 따라 소속 정당추천후보자 또는 그가 지명한 연설원이 개최한 공개장소에서의 연설·대담 장소에서 정책공약집을 판매할 수 있다. 이 경우 정당의 당사에서 판매할 때에는 공개된 장소에 별도의 판매대를 설치하는 등 정책공약집의 판매사실을 공개적으로 확인할 수 있는 방법으로 판매하여야 한다. 〈개정 2008. 2. 29〉

③ 정당이 제1항 및 제2항의 규정에 따라 정책공약집을 판매하고자 하는 때에는 발간 즉시 「정당법」의 규정에 따라 해당 정당의 등록사무를 처리하는 관할선거관리위원회에 2권을 제출하여야 하며, 제2항의 규정에 따라 정책공약집을 판매하고자 하는 때에는 판매 전까지 판매할 지역을 관할하는 구·시·군선거관리위원회에 2권을 제출하여야 한다.

④ 정책공약집에는 후보자의 기호·성명·사진·학력·경력 등 후보자와 관련된 사항 및 다른 정당에 관한 사항을 게재할 수 없다.

⑤ 정책공약집의 작성근거 등의 표시, 제출 그 밖의 필요한 사항은 중앙선거관리위원회규칙으로 정한다.
[본조신설 2007. 1. 3]

제139조 (정당기관지의 발행·배부제한) ① 정당의 중앙당은 선거기간중 기관지를 통상적인 방법외의 방법으로 발행·배부할 수 없다. 다만, 선거기간중 통상적인 주기에 의한 발행회수가 2회 미만인 때에는 2회(증보·호외·임시판을 포함하며, 배부되는 지역에 따라 게재내용중 일부를 달리하더라도 동일한 것으로 본다)이내로 한다. 이 경우 정당의 중앙당외의 당부가 발행하거나 공개장소에서의 연설·대담장소 또는 대담·토론회장에서의 배부, 거리에서의 판매·배부, 첩부, 게시, 살포는 통상적인 방법에 의한 배부로 보지 아니한다. 〈개정 2004. 3. 12〉

② 제1항의 기관지에는 당해 정당이 추천한 후보자의 기호·성명·사진·학력·경력 등외에 후보자의 홍보에 관한 사항을 게재할 수 없다. 〈신설 2000. 2. 16〉

③ 제1항의 기관지를 발행·배부하고자 하는 때에는 발행 즉시 2부를 중앙선거관리위원회에 제출하여야 하며, 정당의 기관지를 배부할 당부는 배부전에 관할구·시·군선거관리위원회에 2부를 제출하여야 한다.

제140조 (창당대회 등의 개최와 고지의 제한) ① 정당이 선거일전 120일(선거일전 120일후에 실시사유가 확정된 보궐선거 등에 있어서는 그 선거의 실시사유가 확정된 때)부터 선거일까지 창당대회·합당대회·개편대회 및 후보자선출대회(이하 이 조에서 "창당대회 등"이라 한다)를 개최하는 때에는 다수인이 왕래하는 공개된 장소가 아닌 장소에서 소속당원(후보자선출대회의 경우에는 당해 정당의 공직선거후보자를 선출하기 위한 투표권이 있는 당원이 아닌 자를 포함한다)만을 대상으로 개최하여야 하되, 사회통념상 인정되는 범위안에서 당원이 아닌 자를 초청할 수 있다. 〈개정 2004. 3. 12, 2005. 8. 4〉

② 제1항의 창당대회등을 주관하는 정당은 「정당법」 제10조(창당집회의공개) 제2항의 신문공고를 하는 외에 창당대회등의 장소에 5매이내의 표지를 게시할 수 있다. 이 경우 신문공고·표지에는 후보자(후보자가 되고자 하는 자를 포함한다. 이하 이 항에서 같다)의 사진·성명(성명을 유추할 수 있는 내용을 포함한다) 또는 선전구호등 후보자를 선전하는 내용을 게재할 수 없다. 〈개정 2004. 3. 12, 2005. 8. 4〉

③ 제1항에서 "개편대회"라 함은 정당의 대표자의 변경 등 당헌·당규상의 조직개편에 관한 안건을 처리하기 위하여 개최하는 당원총회 또는 그 대의기관의 회의 등 집회를 말하고, "후보자선출대회"라 함은 정당의 각급 당부가 이 법에 의한 선거의 당해 정당추천후보자를 선출하기 위하여 제57조의2(당내경선의 실시)의 규정에 의하여 개최하는 집회를 말한다. 〈신설 2000. 2. 16, 2005. 8. 4〉

④ 제2항의 규정에 의한 표지는 당해 집회종료후 지체없이 주최자가 철거하여야 한다. 〈개정 2004. 3. 12〉

제141조 (당원집회의 제한 〈개정 2000. 2. 16〉) ① 정당은 선거일전 30일부터 선거일까지 소속당원의 단합·수련·연수·교육 기타 명목여하를 불문하고 선거가 실시중인 선거구안이나 선거구민인 당원을 대상으로 당원수련회 등(이하 이 조에서 "당원집회"라 한다)을 개최할 수 없다. 다만, 당무에 관한 연락·지시 등을 위하여 일시적으로 이루어지는 당원간의 면접은 당원집회로 보지 아니한다. 〈개정 1995. 12. 30, 2000. 2. 16, 2004. 3. 12〉

② 정당이 당원집회를 개최하는 때(중앙당이 그 연수시설에서 개최하는 경우를 제외한다)에는 개최지역을 관할하는 구·시·군선거관리위원회에 신고한 후 당해 정당의 사무소, 주민회관, 공공기관·단체의 사무소 기타 공공시설 또는 다수인이 왕래하는

장소가 아닌 공개된 장소에서 개최하여야 한다. 〈개정 2004. 3. 12〉

③ 「정치자금법」 제27조(보조금의 배분)의 규정에 의하여 보조금의 배분대상이 되는 정당은 중앙선거관리위원회규칙이 정하는 바에 따라 국가 또는 지방자치단체[제53조(공무원등의 입후보) 제1항 제4호 또는 제6호에 규정된 기관을 포함한다]가 소유하거나 관리하는 주민회관·체육관 또는 문화원 기타 다수인이 모일 수 있는 시설이나 장소를 당원집회의 장소로써 무료로 사용할 수 있다. 이 경우 시설의 손괴 또는 전력의 사용 등 재산상의 손실을 끼친 때에는 당해 정당이 보상하여야 한다. 〈신설 2004. 3. 12, 2005. 8. 4〉

④ 제2항의 당원집회 장소의 외부에는 이 법에 의한 당원집회임을 표시하는 표지를 첩부 또는 게시하여야 하되, 그 개최자는 당해 집회종료후에는 지체없이 철거하여야 한다. 이 경우 그 표지에는 후보자가 되고자 하는 자의 사진·성명 또는 선전구호 기타 후보자가 되고자 하는 자를 선전하는 내용을 게재하여서는 아니된다. 〈개정 2004. 3. 12〉

⑤ 제3항의 규정에 의한 사용신청을 받은 공공시설의 관리자는 정당한 사유가 있는 경우를 제외하고는 그 사용을 거부할 수 없다. 〈신설 2004. 3. 12〉

⑥ 당원집회의 신고, 표지의 규격 또는 매수 기타 필요한 사항은 중앙선거관리위원회규칙으로 정한다. 〈개정 2004. 3. 12〉

제142조 삭제 〈2004. 3. 12〉

제143조 삭제 〈2004. 3. 12〉

제144조 (정당의 당원모집 등의 제한) ① 정당은 선거기간중 당원을 모집하거나 입당원서를 배부할 수 없다. 다만, 시·도당의 창당 또는 개편을 위하여 창당대회·개편대회를 개최하는 경우에는 그 집회일까지는 그러하지 아니하다. 〈개정 2004. 3. 12〉

② 삭제 〈2006. 3. 2〉

제145조 (당사게시 선전물 등의 제한) ① 정당은 선거기간중이라도 구호 기타 정당의 홍보에 필요한 사항과 당해 당부명 및 그 대표자성명을 게재한 간판·현판 또는 현수막을 중앙선거관리위원회규칙이 정하는 바에 따라 당해 당사의 외벽면 또는 옥상에 설치·게시할 수 있다. 이 경우 그 수는 합하여 모두 4개 이내로 한다.

② 정당의 중앙당 및 시·도당에 설치되는 각 1개의 선거대책기구와 「정치자금법」에 의한 후원회의 사무소에는 중앙선거관리위원회규칙이 정하는 바에 따라 각 1개의 간판을 달 수 있다. 〈개정 2004. 3. 12, 2005. 8. 4〉

제10장 투 표

제146조 (선거방법) ① 선거는 기표방법에 의한 투표로 한다.

② 투표는 직접 또는 우편으로 하되, 1인 1표로 한다. 다만, 국회의원선거, 시·도의원선거 및 자치구·시·군의원선거에 있어서는 지역구의원선거 및 비례대표의원선거마다 1인 1표로 한다. 〈개정 2002. 3. 7, 2004. 3. 12, 2005. 8. 4〉

③ 투표를 함에 있어서는 선거인의 성명 기타 선거인을 추정할 수 있는 표시를 하여서는 아니된다.

[2002. 3. 7 법률 제6663호에 의하여 2001. 7. 19 헌법재판소에서 헌법불합치 결정된 제2항을 개정함.]

제146조의2 (투표관리관) ① 구·시·군선거관리위원회는 투표에 관한 사무를 관리하게 하기 위하여 투표구마다 투표관리관 1인을 둔다.

② 투표관리관은 국가 또는 지방자치단체의 소속공무원 또는 각급학교의 교직원 중에서 위촉한다.

③ 투표관리관의 위촉 및 해촉, 수당 그 밖에 필요한 사항은 중앙선거관리위원회규칙으로 정한다.

[본조신설 2005. 8. 4]

제12장 당 선 인

제187조 (대통령당선인의 결정·공고·통지) ① 대통령선거에 있어서는 중앙선거관리위원회가 유효투표의 다수를 얻은 자를 당선인으로 결정하고, 이를 국회의장에게 통지하여야 한다. 다만, 후보자가 1인인 때에는 그 득표수가 선거권자총수의 3분의 1 이상에 달하여야 당선인으로 결정한다.

② 최고득표자가 2인 이상인 때에는 중앙선거관리위원회의 통지에 의하여 국회는 재적의원 과반수가 출석한 공개회의에서 다수표를 얻은 자를 당선인으로 결정한다.

③ 제1항의 규정에 의하여 당선인이 결정된 때에는 중앙선거관리위원회위원장이, 제2항의 규정에 의하여 당선인이 결정된 때에는 국회의장이 이를 공고하고, 지체없이 당선인에게 당선증을 교부하여야 한다.

④ 천재·지변 기타 부득이한 사유로 인하여 개표를 모두 마치지 못하였다 하더라도 개표를 마치지 못한 지역의 투표가 선거의 결과에 영향을 미칠 염려가 없다고 인정되는 때에는 중앙선거관리위원회는 우선 당선인을 결정할 수 있다.

제188조 (지역구국회의원당선인의결정·공고·통지)

① 지역구국회의원선거에 있어서는 선거구선거관리위원회가 당해 국회의원지역구에서 유효투표의 다수를 얻은 자를 당선인으로 결정한다. 다만, 최고득표자가 2인 이상인 때에는 연장자를 당선인으로 결정한다.
② 후보자등록마감시각에 지역구국회의원후보자가 1인이거나 후보자등록마감후 선거일 투표개시시각전까지 지역구국회의원후보자가 사퇴·사망하거나 등록이 무효로 되어 지역구국회의원후보자수가 1인이 된 때에는 지역구국회의원후보자에 대한 투표를 실시하지 아니하고, 선거일에 그 후보자를 당선인으로 결정한다.
③ 선거일의 투표개시시각부터 투표마감시각까지 지역구국회의원후보자가 사퇴·사망하거나 등록이 무효로 되어 지역구국회의원후보자수가 1인이 된 때에는 나머지 투표는 실시하지 아니하고 그 후보자를 당선인으로 결정한다.
④ 선거일의 투표마감시각후 당선인결정전까지 지역구국회의원후보자가 사퇴·사망하거나 등록이 무효로 된 경우에는 개표결과 유효투표의 다수를 얻은 자를 당선인으로 결정하되, 사퇴·사망하거나 등록이 무효로 된 자가 유효투표의 다수를 얻은 때에는 그 국회의원지역구는 당선인이 없는 것으로 한다.
⑤ 제2항 및 제3항의 규정에 의하여 투표를 실시하지 아니하는 때에는 당해 선거구선거관리위원회는 지체없이 이를 공고하고 상급선거관리위원회에 보고하여야 하며, 하급선거관리위원회에 통지하여야 한다.
⑥ 제1항 내지 제4항의 규정에 의하여 국회의원지역구의 당선인이 결정된 때에는 당해 선거구선거관리위원회위원장은 이를 공고하고 지체없이 당선인에게 당선증을 교부하여야 하며, 상급선거관리위원회에 보고하여야 한다.
⑦ 제187조(대통령당선인의 결정·공고·통지) 제4항의 규정은 지역구국회의원당선인의 결정에 이를 준용한다.

제189조 (비례대표국회의원의석의 배분과 당선인의 결정·공고·통지) ① 중앙선거관리위원회는 비례대표국회의원선거에서 유효투표총수의 100분의 3 이상을 득표하였거나 지역구국회의원총선거에서 5석 이상의 의석을 차지한 각 정당(이하 이 조에서 "의석할당정당"이라 한다)에 대하여 당해 의석할당정당이 비례대표국회의원선거에서 얻은 득표비율에 따라 비례대표국회의원의석을 배분한다.
② 제1항의 득표비율은 각 의석할당정당의 득표수를 모든 의석할당정당의 득표수의 합계로 나누어 산출한다.
③ 비례대표국회의원의석은 각 의석할당정당의 득표비율에 비례대표국회의원 의석정수(이하 이 조에서 "의석정수"라 한다)를 곱하여 산출된 수의 정수(整數)의 의석을 당해 정당에 먼저 배분하고 잔여의석은 소수점 이하 수가 큰 순으로 각 정당에 1석씩 배분하되, 그 수가 같은 때에는 당해 정당 사이의 추첨에 의한다.
④ 중앙선거관리위원회는 제출된 정당별 비례대표국회의원후보자명부에 기재된 당선인으로 될 순위에 따라 정당에 배분된 비례대표국회의원의 당선인을 결정한다.
⑤ 정당에 배분된 비례대표국회의원의석수가 그 정당이 추천한 비례대표국회의원후보자수를 넘는 때에는 그 넘는 의석은 공석으로 한다.
⑥ 중앙선거관리위원회는 비례대표국회의원선거에 있어서 제198조(천재·지변 등으로 인한 재투표)의 규정에 의한 재투표 사유가 발생한 경우에는 그 투표구의 선거인수를 전국선거인수로 나눈 수에 의석정수를 곱하여 얻은 수의 정수(1 미만의 단수는 1로 본다)를 의석정수에서 뺀 다음 제1항 내지 제4항의 규정에 따라 비례대표국회의원의석을 배분하고 당선인을 결정한다. 다만, 재투표결과에 따라 의석할당정당이 추가될 것으로 예상되는 경우에는 추가가 예상되는 정당마다 의석정수의 100분의 3에 해당하는 정수(1 미만의 단수는 1로 본다)의 의석을 별도로 빼야 한다.
⑦ 비례대표국회의원의 당선인이 결정된 때에는 중앙선거관리위원회위원장은 그 명단을 공고하고 지체없이 각 정당에 통지하며, 당선인에게 당선증을 교부하여야 한다.
⑧ 제187조(대통령당선인의 결정·공고·통지) 제4항의 규정은 비례대표국회의원당선인의 결정에 이를 준용한다.
[전문개정 2004. 3. 12]

제190조 (지역구지방의회의원당선인의 결정·공고·통지 〈개정 2005. 8. 4〉) ① 지역구시·도의원 및 지역구자치구·시·군의원의 선거에 있어서는 선거구선거관리위원회가 당해 선거구에서 유효투표의 다수를 얻은 자(지역구자치구·시·군의원선거에 있어서는 유효투표의 다수를 얻은 자 순으로 의원정수에 이르는 자를 말한다. 이하 이 조에서 같다)를 당선인으로 결정한다. 다만, 최고득표자가 2인 이상

인 때에는 연장자순에 의하여 당선인을 결정한다. 〈개정 1995. 4. 1, 2000. 2. 16, 2005. 8. 4〉

② 후보자등록마감시각에 후보자가 당해 선거구에서 선거할 의원정수를 넘지 아니하거나 후보자등록마감후 선거일 투표개시시각까지 후보자가 사퇴·사망하거나 등록이 무효로 되어 후보자수가 당해 선거구에서 선거할 의원정수를 넘지 아니하게 된 때에는 투표를 실시하지 아니하고, 선거일에 그 후보자를 당선인으로 결정한다.

③ 제187조(대통령당선인의 결정·공고·통지) 제4항 및 제188조(지역구국회의원당선인의 결정·공고·통지) 제3항 내지 제6항의 규정은 지역구지방의회의원의 당선인의 결정·공고·통지에 이를 준용한다. 이 경우 "지역구국회의원후보자"는 "지역구지방의회의원후보자"로, "1인이 된 때"는 "의원정수를 넘지 아니하게 된 때"로, "그 국회의원지역구"는 "그 선거구"로 본다. 〈개정 1995. 4. 1, 2000. 2. 16, 2005. 8. 4〉

④ 삭제 〈2005. 8. 4〉

⑤ 삭제 〈2005. 8. 4〉

⑥ 삭제 〈2005. 8. 4〉

⑦ 삭제 〈2005. 8. 4〉

⑧ 삭제 〈2005. 8. 4〉

⑨ 삭제 〈2005. 8. 4〉

제190조의2 (비례대표지방의회의원당선인의 결정·공고·통지) ① 비례대표지방의회의원선거에 있어서는 당해 선거구선거관리위원회가 유효투표총수의 100분의 5 이상을 득표한 각 정당(이하 이 조에서 "의석할당정당"이라 한다)에 대하여 당해 선거에서 얻은 득표비율에 비례대표지방의회의원정수를 곱하여 산출된 수의 정수의 의석을 그 정당에 먼저 배분하고 잔여의석은 단수가 큰 순으로 각 의석할당정당에 1석씩 배분하되, 같은 단수가 있는 때에는 그 득표수가 많은 정당에 배분하고 그 득표수가 같은 때에는 당해 정당 사이의 추첨에 의한다. 이 경우 득표비율은 각 의석할당 정당의 득표수를 모든 의석할당정당의 득표수의 합계로 나누고 소수점 이하 제5위를 반올림하여 산출한다.

② 비례대표시·도의원선거에 있어서 하나의 정당에 의석정수의 3분의 2 이상의 의석이 배분될 때에는 그 정당에 3분의 2에 해당하는 수의 정수(整數)의 의석을 먼저 배분하고, 잔여의석은 나머지 의석할당정당간의 득표비율에 잔여의석을 곱하여 산출된 수의 정수(整數)의 의석을 각 나머지 의석할당정당에 배분한 다음 잔여의석이 있는 때에는 그 단수가 큰 순위에 따라 각 나머지 의석할당정당에 1석씩 배분한다. 다만, 의석정수의 3분의 2에 해당하는 수의 정수(整數)에 해당하는 의석을 배분받는 정당 외에 의석할당정당이 없는 경우에는 의석할당정당이 아닌 정당간의 득표비율에 잔여의석을 곱하여 산출된 수의 정수(整數)의 의석을 먼저 그 정당에 배분하고 잔여의석이 있을 경우 단수가 큰 순으로 각 정당에 1석씩 배분한다. 이 경우 득표비율의 산출 및 같은 단수가 있는 경우의 의석배분은 제1항의 규정을 준용한다.

③ 관할선거구선거관리위원회는 비례대표지방의회의원선거에 있어서 제198조(천재·지변 등으로 인한 재투표)의 규정에 의한 재투표 사유가 발생한 때에는 그 투표구의 선거인수를 당해 선거구의 선거인수로 나눈 수에 비례대표지방의회의원의석정수를 곱하여 얻은 수의 정수(1 미만의 단수는 1로 본다)를 비례대표지방의회의원의석정수에서 뺀 다음 제1항 및 제2항의 규정에 따라 비례대표지방의회의원의석을 배분하고 당선인을 결정한다. 다만, 비례대표지방의회의원의석배분이 배제된 정당 중재투표결과에 따라 의석할당정당이 추가될 것으로 예상되는 때에는 추가가 예상되는 정당마다 비례대표지방의회의원정수의 100분의 5에 해당하는 정수(1 미만의 단수는 1로 본다)의 의석을 별도로 빼야 한다.

④ 제187조(대통령당선인의 결정·공고·통지) 제4항, 제189조(비례대표국회의원의석의 배분과 당선인의 결정·공고·통지) 제4항·제5항 및 제7항의 규정은 비례대표지방의회의원 당선인의 결정에 이를 준용한다. 이 경우 "중앙선거관리위원회"는 "관할선거구선거관리위원회"로, "비례대표국회의원"은 "비례대표지방의회의원"으로 본다.

[본조신설 2005. 8. 4]

제191조 (지방자치단체의 장의 당선인의 결정·공고·통지) ① 지방자치단체의 장 선거에 있어서는 선거구선거관리위원회가 유효투표의 다수를 얻은 자를 당선인으로 결정하고, 이를 당해 지방의회의장에게 통지하여야 한다. 다만, 최고득표자가 2인 이상인 때에는 연장자를 당선인으로 결정한다.

② 후보자등록마감시각에 후보자가 1인이거나 후보자등록마감후 선거일 투표마감시각까지 후보자가 사퇴·사망하거나 등록이 무효로 되어 후보자수가 1인이 된 때에는 투표를 실시하여 그 득표수가 투표자총수의 3분의 1 이상에 달하여야 당선인으로 결정한다. 〈개정 1995. 4. 1〉

③ 제187조(대통령당선인의 결정·공고·통지) 제4항 및 제188조(지역구국회의원당선인의 결정·공고·통지) 제4항 및 제6항의 규정은 지방자치단체의 장의 당선인결정에 이를 준용한다. 〈개정 1995. 4. 1, 2000. 2. 16〉

제192조 (피선거권상실로 인한 당선무효 등) ① 선거일에 피선거권이 없는 자는 당선인이 될 수 없다.

② 당선인이 임기개시전에 피선거권이 없게 된 때에는 당선의 효력이 상실된다.

③ 당선인이 임기개시전에 다음 각 호의 어느 하나에 해당되는 때에는 그 당선을 무효로 한다. 〈개정 1995. 4. 1, 2000. 2. 16, 2005. 8. 4〉

1. 당선인이 제1항의 규정에 위반하여 당선된 것이 발견된 때
2. 당선인이 제52조(등록무효) 제1항 각호의 1 또는 같은조 제2항의 등록무효사유에 해당하는 사실이 발견된 때
3. 비례대표국회의원 또는 비례대표지방의회의원의 당선인이 소속정당의 합당·해산 또는 제명외의 사유로 당적을 이탈·변경하거나 2 이상의 당적을 가지고 있는 때(당선인결정시 2 이상의 당적을 가진 자를 포함한다)

④ 비례대표국회의원 또는 비례대표지방의회의원이 소속정당의 합당·해산 또는 제명외의 사유로 당적을 이탈·변경하거나 2 이상의 당적을 가지고 있는 때에는 「국회법」 제136조(퇴직) 또는 「지방자치법」 제78조(의원의 퇴직)의 규정에 불구하고 퇴직된다. 다만, 비례대표국회의원이 국회의장으로 당선되어 「국회법」 규정에 의하여 당적을 이탈한 경우에는 그러하지 아니하다. 〈개정 1995. 4. 1, 2000. 2. 16, 2002. 3. 7, 2005. 8. 4, 2007. 5. 11〉

⑤ 제2항 및 제3항의 경우 관할선거구선거관리위원회[제187조(대통령당선인의 결정·공고·통지) 제2항의 규정에 의하여 국회에서 대통령당선인을 결정한 경우에는 국회]는 그 사실을 공고하고 당해 당선인 및 그 당선인의 추천정당에 통지하여야 하며, 당선의 효력이 상실되거나 무효로 된 자가 대통령당선인 및 국회의원당선인인 때에는 국회의장에게, 지방자치단체의 의회의원 및 장의 당선인인 때에는 당해 지방의회의장에게 통지하여야 한다.

제193조 (당선인결정의 착오시정) ① 선거구선거관리위원회[제187조(대통령당선인의 결정·공고·통지) 제2항의 규정에 의하여 국회에서 대통령당선인을 결정하는 경우에는 국회]는 당선인결정에 명백한 착오가 있는 것을 발견한 때에는 선거일후 10일 이내에 당선인의 결정을 시정하여야 한다.

② 선거구선거관리위원회(중앙선거관리위원회를 제외한다)가 제1항의 규정에 의한 시정을 하는 때에는 지역구국회의원선거, 비례대표시·도의원선거 및 시·도지사선거에 있어서는 중앙선거관리위원회의, 지역구시·도의원선거 및 자치구·시·군의 의회의원과 장의 선거에 있어서는 시·도선거관리위원회의 심사를 받아야 한다. 〈개정 1995. 4. 1, 2002. 3. 7〉

제194조 (당선인의 재결정과 비례대표국회의원의석 및 비례대표지방의회의원의석의 재배분 〈개정 2002. 3. 7, 2005. 8. 4〉) ① 제187조(대통령당선인의 결정·공고·통지)·제188조(지역구국회의원당선인의 결정·공고·통지)·제190조 제1항 내지 제3항 또는 제191조(지방자치단체의 장의 당선인의 결정·공고·통지)의 규정에 의한 당선인결정의 위법을 이유로 당선무효의 판결이나 결정이 확정된 때에는 당해 선거구선거관리위원회(제187조 제2항의 규정에 의하여 국회에서 대통령당선인을 결정한 경우에는 국회)는 지체없이 당선인을 다시 결정하여야 한다. 〈개정 2002. 3. 7〉

② 제189조 및 제190조의2(비례대표지방의회의원당선인의 결정·공고·통지)의 규정에 따른 비례대표국회의원의석 또는 비례대표지방의회의원의석의 배분 및 그 당선인결정의 위법을 이유로 당선무효의 판결이나 결정이 있는 때 또는 제197조의 사유로 인한 재선거를 실시한 때에는 관할선거구선거관리위원회는 지체없이 의석을 재배분하고 다시 당선인을 결정하여야 한다. 〈개정 2000. 2. 16, 2002. 3. 7, 2005. 8. 4〉

③ 선거구선거관리위원회는 비례대표국회의원선거 또는 비례대표지방의회의원선거의 당선인이 그 임기개시전에 사퇴·사망하거나 제192조(피선거권상실로 인한 당선무효 등) 제2항의 규정에 의하여 당선의 효력이 상실되거나 같은조 제3항의 규정에 의하여 당선이 무효로 된 때에는 그 선거 당시의 소속정당이 추천한 후보자를 비례대표국회의원후보자명부 또는 비례대표지방의회의원후보자명부에 기재된 순위에 따라 당선인으로 결정한다. 〈개정 1995. 4. 1, 2000. 2. 16, 2005. 8. 4〉

④ 선거구선거관리위원회는 비례대표국회의원선거 또는 비례대표지방의회의원선거에 있어서 제198조의 사유로 인한 재투표를 실시한 때에는 당초 선거에서의 득표수와 재투표에서의 득표수를 합하여 득표비율을 산출하고 그 득표비율에 당해 선거구의 의석정수를 곱하여 얻은 수에서 각 정당이 이미 배

분받은 의석수를 뺀 수가 큰 순위에 따라 잔여의석을 배분하고 당선인을 결정한다. 이 경우 비례대표국회의원선거에 있어서는 제189조 제1항 내지 제5항의 규정을, 비례대표지방의회의원선거에 있어서는 제190조의2의 규정을 준용한다. 〈개정 2002. 3. 7, 2004. 3. 12, 2005. 8. 4〉

제13장 재선거와 보궐선거

제195조 (재선거) ① 다음 각호의 1에 해당하는 사유가 있는 때에는 재선거를 실시한다. 〈개정 2000. 2. 16, 2002. 3. 7, 2004. 3. 12, 2005. 8. 4〉

1. 당해 선거구의 후보자가 없는 때
2. 당선인이 없거나 지역구자치구·시·군의원선거에 있어 당선인이 당해 선거구에서 선거할 지방의회의원정수에 달하지 아니한 때
3. 선거의 전부무효의 판결 또는 결정이 있는 때
4. 당선인이 임기개시전에 사퇴하거나 사망한 때
5. 당선인이 임기개시전에 제192조(피선거권상실로 인한 당선무효 등) 제2항의 규정에 의하여 당선의 효력이 상실되거나 같은조 제3항의 규정에 의하여 당선이 무효로 된 때
6. 제263조(선거비용의 초과지출로 인한 당선무효) 내지 제265조(선거사무장 등의 선거범죄로 인한 당선무효)의 규정에 의하여 당선이 무효로 된 때

② 하나의 선거의 같은 선거구에 제200조(보궐선거)의 규정에 의한 보궐선거의 실시사유가 확정된 후 재선거 실시사유가 확정된 경우로서 그 선거일이 같은 때에는 재선거로 본다. 〈신설 2004. 3. 12〉

제196조 (선거의 연기) ① 천재·지변 기타 부득이한 사유로 인하여 선거를 실시할 수 없거나 실시하지 못한 때에는 대통령선거와 국회의원선거에 있어서는 대통령이, 지방의회의원 및 지방자치단체의 장의 선거에 있어서는 관할선거구선거관리위원회위원장이 당해 지방자치단체의 장(직무대행자를 포함한다)과 협의하여 선거를 연기하여야 한다. 〈개정 2000. 2. 16〉

② 제1항의 경우 선거를 연기한 때에는 처음부터 선거절차를 다시 진행하여야 하고, 선거일만을 다시 정한 때에는 이미 진행된 선거절차에 이어 계속하여야 한다.

③ 제1항의 규정에 의하여 선거를 연기하는 때에는 대통령 또는 관할선거구선거관리위원회위원장은 연기할 선거명과 연기사유 등을 공고하고, 지체없이 대통령은 관할선거구선거관리위원회위원장에게, 관할선거구선거관리위원회위원장은 당해 지방자치단체의 장에게 각각 통보하여야 한다. 〈개정 2000. 2. 16〉

제197조 (선거의 일부무효로 인한 재선거) ① 선거의 일부무효의 판결 또는 결정이 확정된 때에는 관할선거구선거관리위원회는 선거가 무효로 된 당해 투표구의 재선거를 실시한 후 다시 당선인을 결정하여야 한다.

② 제1항의 재선거를 실시함에 있어서 판결 또는 결정에 특별한 명시가 없는 한 제44조(명부의 확정과 효력)의 규정에 불구하고 당초 선거에 사용된 선거인명부를 사용한다.

제198조 (천재·지변 등으로 인한 재투표) ① 천재·지변 기타 부득이한 사유로 인하여 어느 투표구의 투표를 실시하지 못한 때와 투표함의 분실·멸실 등의 사유가 발생한 때에는 관할선거구선거관리위원회는 당해 투표구의 재투표를 실시한 후 당해 선거구의 당선인을 결정한다. 〈개정 1995. 4. 1, 2002. 3. 7, 2004. 3. 12〉

제199조 (연기된 선거 등의 실시) 제196조(선거의 연기) 제1항의 연기된 선거 또는 제198조(천재·지변 등으로 인한 재투표) 제1항의 재투표는 가능한 한 제35조(보궐선거 등의 선거일)의 규정에 의한 선거와 함께 실시하여야 한다. 〈개정 2004. 3. 12〉

제200조 (보궐선거) ① 지역구국회의원·지역구지방의회의원 및 지방자치단체의 장에 궐원 또는 궐위가 생긴 때에는 보궐선거를 실시한다. 〈개정 1995. 4. 1, 2000. 2. 16, 2005. 8. 4〉

② 비례대표국회의원 및 비례대표지방의회의원에 궐원이 생긴 때에는 선거구선거관리위원회는 궐원통지를 받은 후 10일이내에 그 궐원된 의원이 그 선거 당시에 소속한 정당의 비례대표국회의원후보자명부 및 비례대표지방의회의원후보자명부에 기재된 순위에 따라 궐원된 국회의원 및 지방의회의원의 의석을 승계할 자를 결정하여야 한다. 다만, 제264조(당선인의 선거범죄로 인한 당선무효)의 규정에 의하여 당선이 무효로 되거나 그 정당이 해산된 때 또는 임기만료일 전 180일 이내에 궐원이 생긴 때에는 그러하지 아니하다. 〈개정 1995. 4. 1, 2000. 2. 16, 2005. 8. 4〉

③ 대통령권한대행자는 대통령이 궐위된 때에는 지체없이 중앙선거관리위원회에 이를 통보하여야 한다.

④ 국회의장은 국회의원에 궐원이 생긴 때에는 대통령 및 중앙선거관리위원회에 이를 통보하여야 한다.

⑤ 지방의회의장은 당해 지방의회의원에 궐원이 생

긴 때에는 당해 지방자치단체의 장과 관할선거구선거관리위원회에 이를 통보하여야 하며, 지방자치단체의 장이 궐위된 때에는 궐위된 지방자치단체의 장의 직무를 대행하는 자가 당해 지방의회의장과 관할선거구선거관리위원회에 이를 통보하여야 한다.

⑥ 국회의원 또는 지방의회의원이 제53조(공무원등의 입후보)의 규정에 의하여 그 직을 그만두었으나 후보자등록신청시까지 제 4 항 또는 제 5 항의 규정에 의한 궐원통보가 없는 경우에는 후보자로 등록된 때에 그 통보를 받은 것으로 본다. 〈신설 2004. 3. 12〉

[2007헌마40, 2009. 6. 25 공직선거법(2005. 8. 4. 법률 제7681호로 개정된 것) 제200조 제 2 항 단서 중 '비례대표지방의회의원 당선인이 제264조(당선인의 선거범죄로 인한 당선무효)의 규정에 의하여 당선이 무효로 된 때' 부분은 헌법에 위반된다.]

[2008헌마413, 2009. 6. 25 1. 공직선거법(2005. 8. 4. 법률 제7681호로 개정된 것) 제200조 제 2 항 단서 중 '임기만료일 전 180일 이내에 비례대표국회의원에 궐원이 생긴 때' 부분은 헌법에 합치되지 아니한다. 2. 위 법률조항은 2010. 12. 31.을 시한으로 입법자가 개정할 때까지 계속 적용된다.]

제201조 (보궐선거 등에 관한 특례) ① 보궐선거등(대통령선거·비례대표국회의원선거 및 비례대표지방의회의원선거를 제외한다. 이하 이 항에서 같다)은 그 선거일부터 임기만료일까지의 기간이 1년 미만이거나, 지방의회의 의원정수의 4분의 1 이상이 궐원(임기만료일까지의 기간이 1년 이상인 때에 재선거·연기된 선거 또는 재투표사유로 인한 경우를 제외한다)되지 아니한 경우에는 실시하지 아니할 수 있다. 이 경우 지방의회의 의원정수의 4분의 1 이상이 궐원되어 보궐선거 등을 실시하는 때에는 그 궐원된 의원 전원에 대하여 실시하여야 한다. 〈개정 1995. 12. 30, 2000. 2. 16, 2001. 7. 24, 2005. 8. 4〉

② 제219조(선거소청) 제 2 항 또는 제223조(당선소송)의 규정에 의하여 당선의 효력에 관한 쟁송이 계속중인 때에는 보궐선거를 실시하지 아니한다.

③ 지방의회의원의 보궐선거·재선거·연기된 선거 또는 재투표를 실시하는 경우에 지방자치단체의 관할구역의 변경에 따라 그 선거구의 구역이 그 지방의회의원이 속하는 지방자치단체에 상응하는 다른 지방자치단체의 관할구역에 걸치게 된 때에는 당해 지방자치단체에 속한 구역만을 그 선거구의 구역으로 한다.

④ 보궐선거 등의 사유가 발생하였으나 제 1 항 전단의 규정에 해당되어 보궐선거 등을 실시하지 아니하고자 하는 때에는 보궐선거 등의 실시사유가 확정된 날부터 10일 이내에 그 뜻을 공고하고, 국회의원보궐선거 등에 있어서는 대통령이 관할선거구선거관리위원회에, 지방자치단체의 의회의원 및 장의 보궐선거 등에 있어서는 관할선거구선거관리위원회위원장이 당해 지방의회의장 및 지방자치단체의 장에게 통보하여야 한다. 이 경우에는 제35조 제 5 항의 규정에 불구하고 선거의 실시사유가 확정되지 아니한 것으로 본다. 〈개정 2000. 2. 16〉

⑤ 제 1 항 후단의 규정에 의하여 보궐선거등을 실시하게 된 때에는 관할선거구선거관리위원회위원장은 제35조 제 2 항 제 1 호의 규정에 불구하고 선거일 전 40일까지 선거일을 공고하여야 한다. 이 경우 같은 조 제 5 항의 "선거의 실시사유가 확정된 때"는 "선거일공고일"로 본다. 〈개정 2005. 8. 4〉

⑥ 보궐선거 등[대통령선거에 있어 궐위로 인한 선거·제195조(재선거)의 규정에 의한 재선거 및 연기된 선거와 제203조(동시선거의 범위와 선거일) 제 2 항의 규정에 의하여 임기만료에 의한 선거와 동시에 실시하는 보궐선거 등을 제외한다]에 있어 부재자투표에 관하여는 제158조(부재자투표) 제 1 항 내지 제 3 항의 규정에 불구하고 같은 조 제 4 항의 규정에 의한 거소투표자의 예에 의한다. 〈개정 1995. 12. 30, 2004. 3. 12〉

1. 삭제 〈1995. 12. 30〉
2. 삭제 〈1995. 12. 30〉
3. 삭제 〈1995. 12. 30〉
4. 삭제 〈1995. 12. 30〉

제14장 동시선거에 관한 특례

제202조 (동시선거의 정의와 선거기간) ① 이 법에서 "동시선거"라 함은 선거구의 일부 또는 전부가 서로 겹치는 구역에서 2 이상의 다른 종류의 선거를 같은 선거일에 실시하는 것을 말한다.

② 동시선거에 있어 선거기간 및 선거사무일정이 서로 다른 때에는 이 법의 다른 규정에 불구하고 선거기간이 긴 선거의 예에 의한다.

제203조 (동시선거의 범위와 선거일) ① 임기만료일이 같은 지방의회의원 및 지방자치단체의 장의 선거는 그 임기만료에 의한 선거의 선거일에 동시실시한다.

② 제35조(보궐선거 등의 선거일) 제 2 항 제 2 호의 규정에 의한 지방자치단체의 장의 보궐선거 등이

다음 각호에 해당되는 때에는 임기만료에 의한 선거의 선거일에 동시실시한다. 〈개정 1998. 4. 30, 2000. 2. 16〉

1. 임기만료에 의한 선거의 선거기간중에 그 선거를 실시할 수 있는 기간의 만료일이 있는 보궐선거 등
2. 선거를 실시할 수 있는 기간의 만료일이 임기만료에 의한 선거의 선거일후에 해당되나 그 선거의 실시사유가 임기만료에 의한 선거의 선거일 30일전까지 확정된 보궐선거 등

③ 제35조 제2항 제1호의 규정에 의한 보궐선거 등 가운데 다음 각호의 보궐선거 등은 임기만료에 의한 선거의 선거일에 동시 실시한다. 다만, 그 보궐선거 등의 선거일이 국회의원 또는 지방의회의원 및 지방자치단체의 장의 임기만료에 의한 선거의 선거기간개시일전 40일부터 선거일후 50일까지의 사이에 있는 때에는 당해 임기만료에 의한 선거의 선거일부터 50일후 첫번째 수요일에 그 보궐선거 등(이하 이 조에서 "연기된 보궐선거 등"이라 한다)을 실시하되, 그 연기된 보궐선거 등의 선거일전 30일까지 선거의 실시사유가 확정된 보궐선거 등도 동시에 실시한다. 〈개정 2000. 2. 16, 2004. 3. 12, 2005. 8. 4〉

1. 임기만료에 의한 선거의 선거기간개시일전 40일내에 선거일이 있는 보궐선거 등
2. 임기만료에 의한 선거의 선거일전 30일까지 그 실시사유가 확정된 보궐선거 등. 이 경우 당해 임기만료에 의한 선거의 선거일전 30일후에 그 선거의 실시사유가 확정된 보궐선거 등은 그 다음의 보궐선거 등의 선거일에 실시한다.

④ 삭제 〈2000. 2. 16〉

제204조 (선거인명부에 관한 특례) ① 동시선거에 있어서 선거인명부와 부재자신고인명부는 제44조(명부의 확정과 효력)의 규정에 불구하고 하나의 선거인명부와 부재자신고인명부에 의한다.

② 삭제 〈1998. 4. 30〉

③ 동시선거에 사용할 선거인명부 및 부재자신고인명부의 표지서식 기타 필요한 사항은 중앙선거관리위원회규칙으로 정한다.

제205조 (선거운동기구의 설치 및 선거사무관계자의 선임에 관한 특례) ① 동시선거에 있어서 같은 정당의 추천을 받은 2인 이상의 후보자(비례대표지방의회의원선거에 있어서는 후보자를 추천한 정당을 포함한다. 이하 이 조에서 같다)는 선거사무소와 선거연락소를 공동으로 설치할 수 있다. 〈개정 2002. 3. 7, 2005. 8. 4〉

② 동시선거에 있어서 같은 정당의 추천을 받은 2인 이상의 후보자는 선거사무장·선거연락소장 또는 선거사무원을 공동으로 선임할 수 있다.

③ 제1항 및 제2항의 경우 그 설치 또는 선임은 후보자가 각각 설치·선임한 것으로 보며, 그 설치·선임신고서에 그 사실을 명시하여야 하고 공동설치·선임에 따른 비용은 당해 후보자간의 약정에 의하여 분담할 수 있되, 그 분담내역을 설치·선임신고서에 명시하여야 한다.

④ 후보자는 다른 선거의 후보자의 선거사무장·선거연락소장·선거사무원 또는 회계책임자가 될 수 없다.

⑤ 선거사무소·선거연락소의 공동설치와 선거사무관계자의 공동선임에 따른 설치·선임신고 및 신분증명서의 서식 기타 필요한 사항은 중앙선거관리위원회규칙으로 정한다.

제206조 (선전벽보에 관한 특례) 제203조(동시선거의 범위와 선거일) 제1항의 규정에 의하여 동시선거를 실시하는 때의 선전벽보의 매수는 2개의 선거를 동시에 실시하는 때에는 제64조(선전벽보) 제1항의 규정에 의한 기준매수의 3분의 2, 3개 이상의 선거를 동시에 실시하는 때에는 기준매수의 2분의 1에 각 상당하는 수로 한다.

제207조 (책자형 선거공보에 관한 특례 〈개정 2005. 8. 4〉) ① 동시선거에 있어서 같은 정당의 추천을 받은 2인 이상의 후보자(대통령선거의 정당추천후보자와 비례대표국회의원선거 및 비례대표지방의회의원선거에 있어서는 후보자를 추천한 정당을 말한다. 이하 이 조에서 같다)는 제65조(선거공보)의 규정에 따른 책자형 선거공보를 공동으로 작성할 수 있으며, 책자형 선거공보는 공동으로 작성한 때에는 후보자마다 각각 1종을 작 성한 것으로 본다. 〈개정 2005. 8. 4〉

② 관할구역이 큰 선거구의 후보자가 책자형 선거공보의 일부 지면에 작은 선거구의 후보자에 관한 내용을 선거구에 따라 달리 게재하는 방법으로 공동작성하였을 경우 큰 선거구의 후보자에 관한 내용이 동일한 책자형 선거공보는 1종으로 본다. 〈개정 2005. 8. 4〉

③ 제1항의 규정에 의하여 책자형 선거공보를 공동으로 작성하는 경우에는 후보자간의 약정에 의하여 그 비용을 분담할 수 있다. 이 경우 그 분담내역을 관할구·시·군선거관리위원회에 책자형 선거공보를 제출하는 때에 각각 서면으로 신고하여야 한

다. 〈개정 2005. 8. 4〉

제208조 삭제 〈2004. 3. 12〉

제209조 (공개장소에서의 연설·대담에 관한 특례) 동시선거에 있어서 같은 정당의 추천을 받은 2인 이상의 후보자·연설원 또는 사회자는 한 장소에서 제79조(공개장소에서의 연설·대담)의 규정에 의한 공개장소에서의 연설·대담을 공동으로 할 수 있다. 〈개정 1995. 12. 30, 1998. 4. 30, 2004. 3. 12〉

제210조 (선거와 관련있는 정당활동의 규제에 관한 특례) 동시선거에 있어서 제9장 선거와 관련있는 정당활동의 규제의 적용에 있어서 기준이 되는 선거는 동시에 실시하는 선거의 수에 불구하고 하나의 선거를 기준으로 하되, 임기만료에 의한 선거와 제35조(보궐선거 등의 선거일) 제2항 및 제3항의 보궐선거 등이나 제36조(연기된 선거 등의 선거일)의 연기된 선거를 동시에 실시하는 경우에는 임기만료에 의한 선거를 기준으로 하고, 제35조 제2항 및 제3항의 규정에 의한 보궐선거 등을 동시에 실시하는 때의 "그 선거의 실시사유가 확정된 때"는 "동시에 실시하는 보궐선거 등 가운데 최초로 그 선거의 실시사유가 확정된 보궐선거 등의 실시사유가 확정된 때"로 본다.

제211조 (투표용지·투표안내문 등에 관한 특례) ① 동시선거에 있어서 투표용지는 색도 또는 지질 등을 달리하는 등 중앙선거관리위원회규칙이 정하는 바에 따라 선거별로 구분이 되도록 작성·교부할 수 있다.

② 삭제 〈2005. 8. 4〉

③ 동시선거에 있어서 시·도지사선거 및 비례대표 시·도의원선거의 투표용지는 제151조(투표용지와 투표함의 작성) 제1항의 규정에 불구하고 중앙선거관리위원회규칙이 정하는 바에 따라 당해 시·도선거관리위원회가 작성한다. 이 경우 투표용지에는 당해 시·도선거관리위원회의 청인을 날인하되, 인쇄날인으로 갈음할 수 있다. 〈개정 2005. 8. 4〉

④ 동시선거에 있어서 투표안내문은 제153조(투표안내문의 발송)의 규정에 불구하고 중앙선거관리위원회규칙이 정하는 바에 의하여 하나의 투표안내문으로 할 수 있다.

⑤ 동시선거에 있어서 투표소의 수·설치·설비와 투표용지의 작성·교부자와 교부방법 및 투표절차 기타 필요한 사항은 중앙선거관리위원회규칙으로 정한다.

제212조 (부재자투표용지의 발송과 회송 등에 관한 특례) 동시선거에 있어서 부재자투표용지의 발송 및 회송은 제154조(부재자신고인에 대한 투표용지의 발송) 제1항 및 제158조(부재자투표) 제1항의 규정의 범위안에서 부재자신고인명부에 올라 있는 선거인마다 하나의 회송용 봉투·발송용 봉투를 사용하여 행할 수 있다. 〈개정 1998. 4. 30, 2005. 8. 4〉

제213조 (투표참관인선정 및 지정 등에 관한 특례) ① 동시선거에 있어 투표참관인은 제161조(투표참관) 제2항의 규정에 의한 선정·신고인원수에 불구하고 후보자를 추천한 정당과 무소속후보자마다 2인을 선정·신고하여야 한다. 〈개정 1995. 4. 1, 2000. 2. 16, 2005. 8. 4〉

② 동시선거의 투표참관인의 지정에 있어 제161조 제4항의 "후보자"는 "정당 또는 후보자"로, "후보자별"은 "정당·후보자별"로 본다. 〈개정 2005. 8. 4〉

③ 동시선거에 있어서 부재자투표참관인은 제162조(부재자투표참관) 제2항의 규정에 의한 선정·신고인원수에 불구하고 당해 선거에 참여한 정당마다 2인을, 무소속후보자는 1인을 선정·신고하여야 한다. 〈개정 1995. 4. 1, 2000. 2. 16, 2005. 8. 4〉

④ 동시선거에 있어서 부재자투표참관인은 12인 이내로 하되, 제3항의 규정에 의하여 선정·신고한 인원수가 12인을 넘는 때에는 관할선거관리위원회는 정당이 선정·신고한 자를 우선 지정하고 나머지 인원은 무소속후보자가 선정·신고한 자중에서 12인에 달할 때까지 추첨에 의하여 지정한다. 이 경우 정당이 선정·신고한 인원수가 12인을 넘는 때에는 제150조(투표용지의 정당·후보자의 게재순위 등) 제3항 및 제4항의 규정에 의한 정당순위의 앞순위의 정당이 선정·신고한 자부터 12인에 달할 때까지 지정한다. 〈신설 1995. 5. 10, 1997. 11. 14, 2000. 2. 16, 2002. 3. 7, 2005. 8. 4〉

제214조 (투표함의 개함등에 관한 특례) 동시선거에 있어서 제175조(개표개시) 제2항의 규정에 의한 개표순서는 선거별 또는 그 선거구의 관할구역이 작은 선거구별로 구분하여 행한다. 〈개정 2004. 3. 12, 2006. 3. 2〉

제215조 (개표참관인 등에 관한 특례) ① 동시선거에 있어서 개표참관인은 제181조(개표참관) 제2항의 규정에 의한 선정·신고인원수에 불구하고 후보자를 추천한 정당마다 8인을, 무소속후보자는 2인을 선정·신고하여야 한다. 다만, 구·시·군선거관리위원회는 부재자투표의 개표를 하는 때에는 정당 또는 후보자가 선정·신고한 자중에서 정당은 4인씩을, 무소속후보자는 1인씩을 참관하게 한다. 〈개정 1995. 4. 1, 1995. 5. 10, 2000. 2. 16, 2005. 8. 4〉

② 동시선거에 있어서 관람증의 매수는 제182조(개표관람) 제2항의 규정에 불구하고 정당별로 균등하게 우선 배부한 후 무소속후보자로 균등하게 배부하되, 후보자마다 1매 이상 배부하여야 한다. 〈개정 1995. 5. 10, 2000. 2. 16, 2005. 8. 4〉

제216조 (4개 이상 선거의 동시실시에 관한 특례 〈개정 2002. 3. 7〉) ① 4개 이상 동시선거에 있어 지역구자치구·시·군의원선거의 후보자는 제79조(공개장소에서의 연설·대담)의 연설·대담을 위하여 자동차 1대와 휴대용 확성장치 1조를 사용할 수 있다. 〈개정 1995. 5. 10, 2000. 2. 16, 2002. 3. 7, 2005. 8. 4〉

② 임기만료에 의한 지방자치단체의 의회의원 및 장의 선거를 동시에 실시하는 경우 제157조(투표용지수령 및 기표절차) 제2항의 규정에 따라 선거인에게 투표용지를 교부하는 때에는 투표관리관은 투표사무원 중에서 지정한 1인으로 하여금 자치구·시·군의원 및 자치구·시·군의 장의 선거의 투표용지에 그 투표관리관의 사인을 각각 날인하여 함께 선거인에게 교부하게 하고, 시·도의원 및 시·도지사의 선거의 투표용지에는 투표관리관이 사인을 각각 날인하여 함께 선거인에게 교부하여야 하되, 선거인은 자치구·시·군의원 및 자치구·시·군의 장의 선거의 투표용지에 각각 1인의 후보자(비례대표자치구·시·군의원선거에 있어서는 하나의 정당을 말한다)를 선택하는 표를 하여 투표함에 투입한 후 시·도의원 및 시·도지사의 선거의 투표용지를 교부받아 각각 1인의 후보자(비례대표시·도의원선거에 있어서는 하나의 정당을 말한다)를 선택하는 표를 하여 투표함에 투입한 다음 투표소에서 퇴소하여야 한다. 〈개정 2005. 8. 4, 2006. 3. 2〉

③ 임기만료에 의한 지방자치단체의 의회의원 및 장의 선거를 동시에 실시하는 경우 개표진행 및 결과공표는 제178조 제1항·제2항 및 제214조의 규정에 불구하고 읍·면·동을 단위로 할 수 있다. 〈신설 2002. 3. 7, 2005. 8. 4〉

④ 삭제 〈2000. 2. 16〉

⑤ 4개 이상 선거를 동시에 실시하는 경우 제1항 내지 제3항 외에 투표소에 설치하는 투표함의 수, 투표와 개표의 절차·방법, 제3항의 개표절차 그 밖에 필요한 사항은 중앙선거관리위원회규칙으로 정한다. 〈개정 2006. 3. 2〉

제217조 (투표록·개표록 등 작성에 관한 특례) 동시선거에 있어 투표록 및 개표록은 선거의 구분없이 하나의 투표록 및 개표록으로 각각 작성할 수 있다. 〈개정 2005. 8. 4〉

제14장의2 재외선거에 관한 특례 〈신설 2009. 2. 12〉

제218조 (재외선거관리위원회 설치·운영) ① 중앙선거관리위원회는 대통령선거와 임기만료에 따른 국회의원선거를 실시하는 때마다 선거일 전 180일부터 선거일 후 30일까지 「대한민국재외공관 설치법」 제2조에 따른 공관(같은 법 제3조에 따른 분관 또는 출장소를 포함한다. 이하 이 장에서 "공관"이라 한다)마다 재외선거의 공정한 관리를 위하여 재외선거관리위원회를 설치·운영하여야 한다. 다만, 대통령의 궐위(闕位)로 인한 선거 또는 재선거는 그 선거의 실시사유가 확정된 날부터 10일 이내에 재외선거관리위원회를 설치하여야 한다.

② 재외선거관리위원회는 중앙선거관리위원회가 지명하는 2명 이내의 위원과 국회에 교섭단체를 구성한 정당이 추천하는 각 1명, 공관의 장 또는 공관의 장이 공관원 중에서 추천하는 1명을 중앙선거관리위원회가 위원으로 위촉하여 구성하되, 그 위원 정수는 홀수로 한다.

③ 국회의원의 선거권이 없거나 정당의 당원인 사람은 재외선거관리위원회의 위원이 될 수 없다.

④ 재외선거관리위원회에 위원장과 부위원장 각 1명을 두되, 위원 중에서 호선한다. 다만, 공관의 장과 그가 추천하는 공관원은 위원장이 될 수 없다.

⑤ 재외선거관리위원회는 재외선거의 관리를 위하여 필요한 때에는 해당 공관의 장에게 협조를 요구할 수 있으며, 그 협조를 요구받은 공관의 장은 우선적으로 이에 따라야 한다.

⑥ 재외선거관리위원회위원장은 해당 공관의 장과 협의하여 해당 공관의 소속 직원 중에서 간사·서기 및 선거사무종사원을 위촉할 수 있다.

⑦ 새로이 구성된 재외선거관리위원회의 최초의 회의소집에 관하여는 공관의 장이 해당 재외선거관리위원회위원장의 직무를 대행한다.

⑧ 재외선거관리위원회의 관할 구역은 해당 공관의 관할 구역으로 하며, 그 명칭은 해당 공관명을 붙여 표시한다.

⑨ 「선거관리위원회법」 제4조 제3항 단서, 제4조 제7항부터 제11항까지, 제4조 제12항 본문, 제5조 제3항·제5항, 제7조, 제9조 제1호부터 제4호까지, 제10조, 제11조 제1항·제3항, 제12조 제1항·제3항, 제13조 및 제14조의2는 재외선거관리위원회의 설치·운영에 준용한다. 이 경우 "관

계선거관리위원회"·"하급선거관리위원회"·"각급 선거관리위원회" 및 "구·시·군선거관리위원회"는 각각 "재외선거관리위원회"로, "선거기간개시일(위탁선거는 제외한다. 이하 같다) 또는 국민투표안공고일"·"선거기간개시일 또는 국민투표안공고일" 및 "선거인명부작성기준일 또는 국민투표안공고일"은 각각 "재외투표소 설치일"로, "당해 또는 읍·면·동선거관리위원회"는 "해당 재외선거관리위원회"로, "구·시·군선거관리위원회위원장"은 "재외선거관리위원회위원장"으로, "각 상급선거관리위원회"는 "중앙선거관리위원회"로, "상임위원 또는 부위원장"은 "부위원장"으로, "위원장·상임위원·부위원장"은 "위원장·부위원장"으로, "개표종료시"는 "재외투표 마감일"로 본다.

[본조신설 2009. 2. 12]

제218조의2 (재외투표관리관의 임명) 재외선거에 관한 사무를 처리하기 위하여 공관마다 재외투표관리관을 두되, 해당 공관의 장이 재외투표관리관이 된다.

[본조신설 2009. 2. 12]

제218조의3 (재외선거관리위원회와 재외투표관리관의 직무) ① 재외선거관리위원회는 재외선거에 관한 다음 각 호의 사무를 처리한다.

1. 재외투표소 설치장소와 운영기간 등의 결정·공고
2. 재외투표소의 투표관리
3.재외투표소 투표사무원 위촉 및 투표참관인 선정
4. 재외투표관리관이 행하는 선거관리사무 감독
5. 선거범죄 예방 및 단속에 관한 사무
6. 그 밖에 재외투표관리관이 필요하다고 인정하여 재외선거관리위원회에 부의하는 사항

② 재외투표관리관은 다음 각 호의 사무를 처리한다.

1. 재외선거인 등록신청과 국외부재자 신고의 접수 및 처리
2. 재외국민의 선거권 행사에 필요한 사항의 홍보·지원
3. 재외투표소 설비
4. 재외투표 국내 회송 등 재외선거사무(국외부재자투표사무를 포함한다. 이하 같다) 총괄 관리
5. 재외선거관리위원회 운영 지원

[본조신설 2009. 2. 12]

제218조의4 (국외부재자 신고) ① 주민등록이 되어 있거나 국내거소신고를 한 사람으로서 다음 각 호의 어느 하나에 해당하여 외국에서 투표하려는 선거권자는 대통령선거와 임기만료에 따른 국회의원선거를 실시하는 때마다 선거일 전 150일부터 선거일 전 60일까지(이하 이 장에서 "국외부재자 신고기간"이라 한다) 서면으로 관할 구·시·군의 장에게 국외부재자 신고를 하여야 한다. 이 경우 외국에 머물거나 거주하는 사람은 공관을 경유하여 신고하여야 한다.

1. 부재자투표기간 개시일 전 출국하여 선거일 후에 귀국이 예정된 사람
2. 외국에 머물거나 거주하여 선거일까지 귀국하지 아니할 사람

② 제1항에 따라 국외부재자 신고를 하려는 사람은 그 신고서에 다음 각 호의 사항을 적고 여권사본을 덧붙여야 한다. 다만, 외국에 파병되었거나 부재자투표기간 개시일 전에 파병될 군인(군무원을 포함한다. 이하 이 장에서 "파병군인"이라 한다)은 국방부장관이나 소속 부대장의 확인서로 여권사본을 갈음할 수 있다.

1. 성명
2. 주민등록번호(주민등록이 되어 있지 아니한 사람은 국내거소신고번호를 말한다)
3. 주소
4. 거소(로마자 대문자로 적되, 구체적인 방법은 중앙선거관리위원회규칙으로 정한다. 이하 제218조의5 제2항 제4호에서 같다)

[본조신설 2009. 2. 12]

제218조의5 (재외선거인 등록신청) ① 주민등록이 되어 있지 아니하고 국내거소신고도 하지 아니한 사람으로서 외국에서 투표하려는 선거권자는 대통령선거와 임기만료에 따른 비례대표국회의원선거를 실시하는 때마다 선거일 전 150일부터 선거일 전 60일까지(이하 이 장에서 "재외선거인 등록신청기간"이라 한다) 공관을 직접 방문하여 중앙선거관리위원회에 재외선거인 등록신청을 하여야 한다.

② 제1항에 따라 재외선거인 등록신청을 하려는 사람은 그 신청서에 다음 각 호의 사항을 적고 여권사본과 비자·영주권·장기체류증 사본 또는 거류국의 외국인등록부 등본 중 어느 하나에 해당하는 서류를 덧붙여야 한다.

1. 성명
2. 여권번호·생년월일 및 성별
3. 국내의 최종주소지(국내의 최종주소지가 없는 사람은「가족관계의 등록 등에 관한 법률」에 따른 등록기준지)
4. 거소

[본조신설 2009. 2. 12]

제218조의6 (공관부재자신고인명부 등 작성) ① 재

외투표관리관이 국외부재자신고서 또는 재외선거인 등록신청서를 접수하면 기재사항의 적정 여부, 덧붙여야 할 서류, 정당한 신고·신청 여부를 확인한 다음 제218조의4 제1항 각 호의 어느 하나에 해당하는 사람을 대상으로는 공관부재자신고인명부를, 제218조의5 제1항에 해당하는 사람을 대상으로는 재외선거인 등록신청자명부를 각각 작성(전산정보자료를 포함한다. 이하 이 장에서 같다)하여야 한다.

② 재외투표관리관은 제1항에 따른 확인을 위하여 필요한 경우에는 「주민등록법」 제30조에 따른 주민등록전산정보자료또는 「가족관계의 등록 등에 관한 법률」 제11조에 따른 등록전산정보자료, 그 밖에 국가가 관리하는 전산정보자료를 이용할 수 있다.

③ 재외투표관리관이 공관부재자신고인명부와 재외선거인 등록신청자명부를 작성하는 때에는 신고서 또는 신청서의 내용에 따라 정확하게 작성하여야 한다.

[본조신설 2009. 2. 12]

제218조의7 (공관부재자신고인명부 등의 송부) ① 재외투표관리관이 공관부재자신고인명부와 재외선거인 등록신청자명부를 작성하면 이를 즉시 구·시·군별로 분류하여 국외부재자신고서 및 재외선거인 등록신청서와 함께 외교통상부장관을 경유하여 중앙선거관리위원회에 보낸다.

② 중앙선거관리위원회가 제1항에 따라 공관부재자신고인명부와 국외부재자신고서를 접수하면 이를 해당 구·시·군의 장에게 보낸다.

[본조신설 2009. 2. 12]

제218조의8 (재외선거인명부의 작성) ① 중앙선거관리위원회는 선거일 전 49일부터 선거일 전 40일까지 10일간 재외투표관리관이 송부한 재외선거인 등록신청서에 따라 재외선거인명부를 작성한다.

② 거짓으로 재외선거인 등록을 신청한 사람이나 자신의 의사에 따라 신청한 것으로 인정되지 아니하는 사람은 재외선거인명부에 올릴 수 없다.

③ 다음 각 호의 어느 하나에 해당하는 정보를 관리하는 기관의 장은 중앙선거관리위원회가 재외선거인명부를 작성하기 위하여 필요한 범위에서 해당 정보에 대하여 전산조직으로 조회할 수 있도록 필요한 조치를 하여야 한다.

1. 「주민등록법」제30조에 따른 주민등록에 관한 정보
2. 「가족관계의 등록 등에 관한 법률」 제11조에 따른 가족관계 등록에 관한 정보
3. 제18조 제1항 제1호에 해당하는 금치산자에 관한 정보. 이 경우 행정안전부장관은 해당 정보를 관리하는 구·시·읍·면의 장으로부터 통보받은 자료를 데이터베이스로 구축하여 손쉽게 활용할 수 있도록 하여야 한다.
4. 제18조 제1항 제2호부터 제4호까지의 규정에 해당하는 사람에 관한 정보

④ 중앙선거관리위원회는 재외선거인 등록을 신청한 사람이 정당한 신청인인지를 확인하기 위하여 관계 행정기관에 필요한 지시를 할 수 있다.

[본조신설 2009. 2. 12]

제218조의9 (국외부재자신고인명부의 작성) ① 구·시·군의 장은 선거일 전 49일부터 선거일 전 40일까지 10일간(이하 이 장에서 "국외부재자신고인명부 작성기간"이라 한다) 중앙선거관리위원회가 송부한 국외부재자신고서와 해당 구·시·군의 장이 직접 접수한 국외부재자신고서에 따라 국외부재자신고인명부를 작성한다.

② 거짓으로 국외부재자 신고를 한 사람이나 자신의 의사에 따라 신고한 것으로 인정되지 아니하는 사람은 국외부재자신고인명부에 올릴 수 없다.

③ 국외부재자신고인명부 작성의 감독 등에 관하여는 제39조를 준용한다. 이 경우 "선거인명부"는 "국외부재자신고인명부"로, "선거인명부작성기간"은 "국외부재자신고인명부 작성기간"으로 본다.

[본조신설 2009. 2. 12]

제15장 선거에 관한 쟁송

제219조 (선거소청) ① 지방의회의원 및 지방자치단체의 장의 선거에 있어서 선거의 효력에 관하여 이의가 있는 선거인·정당(후보자를 추천한 정당에 한한다. 이하 이 조에서 같다) 또는 후보자는 선거일부터 14일 이내에 당해 선거구선거관리위원회위원장을 피소청인으로 하여 지역구시·도의원선거, 자치구·시·군의원선거 및 자치구·시·군의 장 선거에 있어서는 시·도선거관리위원회에, 비례대표시·도의원선거 및 시·도지사선거에 있어서는 중앙선거관리위원회에 소청할 수 있다. 〈개정 2002. 3. 7〉

② 지방의회의원 및 지방자치단체의 장의 선거에 있어서 당선의 효력에 관하여 이의가 있는 정당 또는 후보자는 당선인결정일부터 14일 이내에 제52조(등록무효) 제1항·제2항 또는 제192조(피선거권상실로 인한 당선무효 등) 제1항 내지 제3항의 사유에 해당함을 이유로 하는 때에는 당선인을, 제190조(지역구지방의회의원당선인의 결정·공고·통지) 내지 제191조(지방자치단체의 장의 당선인의

결정·공고·통지)의 규정에 의한 결정의 위법을 이유로 하는 때에는 당해 선거구선거관리위원회위원장을 각각 피소청인으로 하여 지역구시·도의원선거, 자치구·시·군의원선거 및 자치구 ·시·군의장 선거에 있어서는 시·도선거관리위원회에, 비례대표시·도의원선거와 시·도지사선거에 있어서는 중앙선거관리위원회에 소청할 수 있다. 〈개정 2002. 3. 7, 2005. 8. 4〉

③ 제1항 및 제2항의 규정에 의하여 피소청인으로 될 당해 선거구선거관리위원회위원장이 궐위된 때에는 당해 선거구선거관리위원회위원 전원을 피소청인으로 한다.

④ 제2항의 규정에 의하여 피소청인으로 될 당선인이 사퇴 또는 사망하거나 제192조 제2항의 규정에 의하여 당선의 효력이 상실되거나 같은조 제3항의 규정에 의하여 당선이 무효로 된 때에는 당해 선거구선거관리위원회위원장을, 당해 선거구선거관리위원회위원장이 궐위된 때에는 당해 선거구선거관리위원회위원 전원을 피소청인으로 한다.

⑤ 제1항 및 제2항의 규정에 의한 소청은 서면으로 하여야 하되, 다음 각호의 사항을 기재한 후 기명·날인하여야 한다. 이 경우 소청장에는 당사자수에 해당하는 부본을 첨부하여야 한다.

1. 소청인의 성명과 주소
2. 피소청인의 성명과 주소
3. 소청의 취지 및 이유
4. 소청의 대상이 되는 처분의 내용
5. 대리인 또는 선정대표자가 있는 경우에는 그 성명과 주소

⑥ 제5항의 규정에 의한 소청장을 접수한 중앙선거관리위원회 또는 시·도선거관리위원회는 지체없이 소청장 부본을 당사자에게 송달하여야 한다.

⑦ 제6항의 규정에 의하여 소청장 부본을 송달받은 피소청인은 중앙선거관리위원회 또는 시·도선거관리위원회가 지정한 기일까지 답변서를 제출하여야 한다. 이 경우 당사자수에 상응하는 부본을 첨부하여야 하며, 답변서를 접수한 중앙선거관리위원회 또는 시·도선거관리위원회는 그 부본을 당사자에게 송달하여야 한다.

제220조 (소청에 대한 결정) ① 제219조(선거소청) 제1항 또는 같은조 제2항의 소청을 접수한 중앙선거관리위원회 또는 시·도선거관리위원회는 소청을 접수한 날부터 60일 이내에 그 소청에 대한 결정을 하여야 한다.

② 제1항의 결정은 다음 각호의 사항을 기재한 서면으로 하여야 하며, 결정에 참여한 위원이 서명·날인하여야 한다.

1. 사건번호와 사건명
2. 당사자·참가인 및 대리인의 성명과 주소
3. 주문
4. 소청의 취지
5. 이유
6. 결정한 날짜

③ 중앙선거관리위원회 또는 시·도선거관리위원회는 지체없이 제2항의 결정서의 정본을 소청인·피소청인 및 참가인에게 송달하여야 하며, 그 결정요지를 공고하여야 한다.

④ 소청의 결정은 소청인에게 제3항의 규정에 의한 송달이 있는 때에 그 효력이 생긴다.

제221조 (「행정심판법」의 준용 〈개정 2005. 8. 4〉)

① 선거소청에 관하여는 이 법에 규정된 것을 제외하고는 「행정심판법」 제7조(위원의 제척·기피·회피)(제2항 후단을 제외한다), 제11조(선정대표자), 제13조(피청구인의 적격 및 경정) 제2항 내지 제5항, 제14조(대리인의 선임), 제15조(대표자등의 자격), 제16조(심판참가), 제20조(청구의 변경), 제21조(집행정지) 제1항, 제23조(보정), 제25조(주장의 보충), 제26조(심리의 방식), 제27조(증거서류 등의 제출), 제28조(증거조사), 제29조(절차의 병합 또는 분리), 제30조(청구 등의 취하), 제32조(재결의 구분) 제1항·제2항, 제39조(재심판청구의 금지), 제40조(증거서류 등의 반환)·제41조(서류의 송달) 및 제44조(권한의 위임)의 규정을 준용하고, 선거소청비용에 관하여는 「민사소송법」을 준용하되, 「행정심판법」을 준용하는 경우 "행정심판"은 "선거소청"으로, "청구인"은 "소청인"으로, "피청구인"은 "피소청인"으로, "심판청구 또는 심판"은 "소청"으로, "심판청구서"는 "소청장"으로, "재결"은 "결정"으로, "재결기간"은 "결정기간"으로, "위원회"는 "중앙선거관리위원회 또는 시·도선거관리위원회"로, "재결서"는 "결정서"로 본다. 〈개정 1998. 4. 30, 2005. 8. 4, 2008. 2. 29〉

② 소청에 관하여 기타 필요한 사항은 중앙선거관리위원회규칙으로 정한다.

제222조 (선거소송) ① 대통령선거 및 국회의원선거에 있어서 선거의 효력에 관하여 이의가 있는 선거인·정당(후보자를 추천한 정당에 한한다) 또는 후보자는 선거일부터 30일 이내에 당해 선거구선거관리위원회위원장을 피고로 하여 대법원에 소를 제기할 수 있다.

② 지방의회의원 및 지방자치단체의 장의 선거에 있어서 선거의 효력에 관한 제220조(소청에 대한 결정)의 결정에 불복이 있는 소청인(당선인을 포함한다)은 당해 선거구선거관리위원회위원장을 피고로 하여 그 결정서를 받은 날부터 10일 이내에, 제220조 제1항의 기간내에 결정하지 아니한 때에는 그 기간이 종료된 날부터 10일 이내에 비례대표시·도의원선거 및 시·도지사선거에 있어서는 대법원에, 지역구시·도의원선거, 자치구·시·군의원선거 및 자치구·시·군의 장 선거에 있어서는 그 선거구를 관할하는 고등법원에 소를 제기할 수 있다. 〈개정 2002. 3. 7〉

③ 제1항 및 제2항의 규정에 의하여 피고로 될 위원장이 궐위된 때에는 당해 선거구선거관리위원회위원 전원을 피고로 한다.

제223조 (당선소송) ① 대통령선거 및 국회의원선거에 있어서 당선의 효력에 이의가 있는 정당(후보자를 추천한 정당에 한한다) 또는 후보자는 당선인결정일부터 30일이내에 제52조(등록무효) 제1항·제2항 또는 제192조(피선거권상실로 인한 당선무효 등) 제1항 내지 제3항의 사유에 해당함을 이유로 하는 때에는 당선인을, 제187조(대통령당선인의 결정·공고·통지) 제1항·제2항, 제188조(지역구국회의원당선인의 결정·공고·통지) 제1항 내지 제4항, 제189조(비례대표국회의원의석의 배분과 당선인의 결정·공고·통지) 또는 제194조(당선인의 재결정과 비례대표국회의원의석 및 비례대표지방의회의원의석의 재배분) 제4항의 규정에 의한 결정의 위법을 이유로 하는 때에는 대통령선거에 있어서는 그 당선인을 결정한 중앙선거관리위원회위원장 또는 국회의장을, 국회의원선거에 있어서는 당해 선거구선거관리위원회위원장을 각각 피고로 하여 대법원에 소를 제기할 수 있다. 〈개정 2000. 2. 16, 2002. 3. 7, 2005. 8. 4〉

② 지방의회의원 및 지방자치단체의 장의 선거에 있어서 당선의 효력에 관한 제220조(소청에 대한 결정)의 결정에 불복이 있는 소청인 또는 당선인인 피소청인[제219조(선거소청) 제2항 후단의 규정에 의하여 선거구선거관리위원회위원장이 피소청인인 경우에는 당선인을 포함한다]은 당선인(제219조 제2항 후단을 이유로 하는 때에는 관할선거구선거관리위원회위원장을 말한다)을 피고로 하여 그 결정서를 받은 날부터 10일 이내에, 제220조 제1항의 기간내에 결정하지 아니한 때에는 그 기간이 종료된 날부터 10일 이내에 비례대표시·도의원선거 및 시·도지사선거에 있어서는 대법원에, 지역구시·도의원선거, 자치구·시·군의원선거 및 자치구·시·군의 장 선거에 있어서는 그 선거구를 관할하는 고등법원에 소를 제기할 수 있다. 〈개정 2002. 3. 7〉

③ 제1항 및 제2항의 규정에 의하여 피고로 될 위원장이 궐위된 때에는 당해 선거구선거관리위원회위원 전원을, 국회의장이 궐위된 때에는 부의장중 1인을 피고로 한다.

④ 제1항 및 제2항의 규정에 의하여 피고로 될 당선인이 사퇴·사망하거나 제192조 제2항의 규정에 의하여 당선의 효력이 상실되거나 같은조 제3항의 규정에 의하여 당선이 무효로 된 때에는 대통령선거에 있어서는 법무부장관을, 국회의원선거·지방의회의원 및 지방자치단체의 장의 선거에 있어서는 관할고등검찰청검사장을 피고로 한다.

제224조 (선거무효의 판결 등) 소청이나 소장을 접수한 선거관리위원회 또는 대법원이나 고등법원은 선거쟁송에 있어 선거에 관한 규정에 위반된 사실이 있는 때라도 선거의 결과에 영향을 미쳤다고 인정하는 때에 한하여 선거의 전부나 일부의 무효 또는 당선의 무효를 결정하거나 판결한다.

제225조 (소송 등의 처리) 선거에 관한 소청이나 소송은 다른 쟁송에 우선하여 신속히 결정 또는 재판하여야 하며, 소송에 있어서는 수소법원은 소가 제기된 날부터 180일 이내에 처리하여야 한다.

제226조 (소송 등에 관한 통지) ① 이 장의 규정에 의하여 소청이 제기된 때 또는 소청이 계속되지 아니하게 되거나 결정된 때에는 중앙선거관리위원회 또는 시·도선거관리위원회는 당해 지방자치단체와 지방의회 및 관할선거구선거관리위원회에 통지하여야 한다.

② 이 장의 규정에 의하여 소가 제기된 때 또는 소송이 계속되지 아니하게 되거나 판결이 확정된 때에는 대법원장 또는 고등법원장은 대통령선거 및 국회의원선거에 있어서는 국회와 중앙선거관리위원회 및 관할선거구선거관리위원회에, 지방의회의원 및 지방자치단체의 장의 선거에 있어서는 당해 지방자치단체와 지방의회 및 관할선거구선거관리위원회에 통지하여야 한다.

제227조 (「행정소송법」의 준용 등 〈개정 2005. 8. 4〉) 선거에 관한 소송에 관하여는 이 법에 규정된 것을 제외하고는 「행정소송법」 제8조(법적용례) 제2항 및 제26조(직권심리)의 규정을 준용한다. 다만, 같은 법 제8조 제2항에서 준용되는 「민사소송법」 제145조(화해의 권고), 제147조(제출기간

의 제한) 제2항, 제149조(실기한 공격·방어방법의 각하), 제150조(자백간주) 제1항, 제220조(화해, 청구의 포기·인낙조서의 효력), 제225조(결정에 의한 화해권고), 제226조(결정에 대한 이의신청), 제227조(이의신청의 방식), 제228조(이의신청의 취하), 제229조(이의신청권의 포기), 제230조(이의신청의 각하), 제231조(화해권고결정의 효력), 제232조(이의신청에 의한 소송복귀 등), 제284조(변론준비절차의 종결) 제1항, 제285조(변론준비기일을 종결한 효과) 및 제288조(불요증사실)의 규정을 제외한다. 〈개정 2002. 1. 26, 2005. 8. 4〉

제228조 (증거조사) ① 정당(후보자를 추천한 정당에 한한다) 또는 후보자는 개표완료후에 선거쟁송을 제기하는 때의 증거를 보전하기 위하여 그 구역을 관할하는 지방법원 또는 그 지원에 투표함·투표지 및 투표록 등의 보전신청을 할 수 있다.

② 법관은 제1항의 신청이 있는 때에는 현장에 출장하여 조서를 작성하고 적절한 보관방법을 취하여야 한다. 다만, 소청심사에 필요한 경우 중앙선거관리위원회 또는 시·도선거관리위원회는 증거보전신청자의 신청에 의하여 관여법관의 입회하에 증거보전물품에 대한 검증을 할 수 있다.

③ 제2항의 처분은 제219조(선거소청)의 규정에 의한 소청의 제기가 없거나 제222조(선거소송) 및 제223조(당선소송)의 규정에 의한 소의 제기가 없는 때에는 그 효력을 상실한다.

④ 선거에 관한 소송에 있어서는 대법원 및 고등법원은 고등법원·지방법원 또는 그 지원에 증거조사를 촉탁할 수 있다.

제229조 (인지첩부에 관한 특례) 선거에 관한 소송에 있어서는「민사소송 등 인지법」의 규정에 불구하고 소송서류에 첩부하여야 할 인지는「민사소송 등 인지법」에 규정된 금액의 10배로 한다. 〈개정 2005. 8. 4〉

제16장 벌 칙

제230조 (매수 및 이해유도죄) ① 다음 각호의 1에 해당하는 자는 5년 이하의 징역 또는 1천만원 이하의 벌금에 처한다. 〈개정 1997. 1. 13, 1997. 11. 14, 2000. 2. 16, 2004. 3. 12, 2009. 2. 12〉

1. 투표를 하게 하거나 하지 아니하게 하거나 당선되거나 되게 하거나 되지 못하게 할 목적으로 선거인(선거인명부 또는 재외선거인명부등을 작성하기 전에는 그 선거인명부 또는 재외선거인명부등에 오를 자격이 있는 사람을 포함한다. 이하 이 장에서 같다) 또는 다른 정당이나 후보자(예비후보자를 포함한다)의 선거사무장·선거연락소장·선거사무원·회계책임자·연설원[제79조(공개장소에서의 연설·대담) 제1항의 규정에 의하여 연설·대담을 하는 자와 제81조(단체의 후보자 등 초청 대담·토론회) 제1항 및 제82조(언론기관의 후보자등 초청 대담·토론회) 제1항의 규정에 의하여 대담·토론을 하는 자를 포함한다. 이하 이 장에서 같다] 또는 참관인(투표참관인·부재자투표참관인과 개표참관인을 말한다. 이하 이 장에서 같다)에게 금전·물품·차마·향응 기타 재산상의 이익이나 공사의 직을 제공하거나 그 제공의 의사를 표시하거나 그 제공을 약속한 자
2. 선거운동에 이용할 목적으로 학교 기타 공공기관·사회단체·종교단체·노동단체 또는 청년단체·부녀단체·노인단체·재향군인단체·씨족단체 기타의 기관·단체·시설에 금전·물품 등 재산상의 이익을 제공하거나 그 제공의 의사를 표시하거나 그 제공을 약속한 자
3. 선거운동에 이용할 목적으로 야유회·동창회·친목회·향우회·계모임 기타의 선거구민의 모임이나 행사에 금전·물품·음식물 기타 재산상의 이익을 제공하거나 그 제공의 의사를 표시하거나 그 제공을 약속한 자
4. 제135조(선거사무관계자에 대한 수당과 실비보상) 제3항의 규정에 위반하여 수당·실비 기타 자원봉사에 대한 보상 등 명목여하를 불문하고 선거운동과 관련하여 금품 기타 이익의 제공 또는 그 제공의 의사를 표시하거나 그 제공을 약속한 자
5. 제1호 내지 제4호에 규정된 이익이나 직의 제공을 받거나 그 제공의 의사 표시를 승낙한 자

② 정당·후보자(후보자가 되고자 하는 자를 포함한다) 및 그 가족·선거사무장·선거연락소장·선거사무원·회계책임자·연설원 또는 제114조(정당 및 후보자의 가족 등의 기부행위제한) 제2항의 규정에 의한 후보자 또는 그 가족과 관계 있는 회사 등이 제1항 각호의 1에 규정된 행위를 한 때에는 7년 이하의 징역 또는 1천500만원 이하의 벌금에 처한다.

③ 제1항 각호의 1 또는 제2항에 규정된 행위에 관하여 지시·권유·요구하거나 알선한 자는 7년 이하의 징역 또는 1천500만원 이하의 벌금에 처한다.

④ 당선되거나 되게하거나 되지 못하게 할 목적으

로 선거기간중 포장된 선물 또는 돈봉투 등 다수의 선거인에게 배부하도록 구분된 형태로 되어 있는 금품을 운반하는 자는 5년 이하의 징역 또는 1천만원 이하의 벌금에 처한다.

⑤ 선거관리위원회의 위원·직원(투표관리관을 포함한다. 이하 이 장에서 같다) 또는 선거사무에 관계있는 공무원이나 경찰공무원(사법경찰관리 및 군사법경찰관리를 포함한다)이 제1항 각호의 1 또는 제2항에 규정된 행위를 하거나 하게 한 때에는 7년 이하의 징역에 처한다. 〈개정 2005.8.4〉

⑥ 제47조의2 제1항 또는 제2항을 위반한 자는 5년 이하의 징역 또는 1천만원 이하의 벌금에 처한다. 〈신설 2008.2.29〉

⑦ 당내경선과 관련하여 다음 각 호의 어느 하나에 해당하는 자는 3년 이하의 징역 또는 600만원 이하의 벌금에 처한다. 〈신설 2005.8.4, 2008.2.29〉

1. 제57조의5(당원 등 매수금지) 제1항 또는 제2항의 규정을 위반한 자
2. 후보자로 선출되거나 되게 하거나 되지 못하게 하거나, 경선선거인(당내경선의 선거인명부에 등재된 자를 말한다. 이하 이 조에서 같다)으로 하여금 투표를 하게 하거나 하지 아니하게 할 목적으로 경선후보자·경선운동관계자·경선선거인 또는 참관인에게 금품·향응 그 밖의 재산상의 이익이나 공사의 직을 제공하거나 그 제공의 의사를 표시하거나 그 제공을 약속한 자
3. 제57조의5 제1항 또는 제2항에 규정된 이익이나 직의 제공을 받거나 그 제공의 의사표시를 승낙한 자

⑧ 제7항 제2호·제3호에 규정된 행위에 관하여 지시·권유·요구하거나 알선한 자 또는 제57조의5 제3항의 규정을 위반한 자는 5년 이하의 징역 또는 1천만원 이하의 벌금에 처한다. 〈신설 2005.8.4, 2008.2.29〉

제231조 (재산상의 이익목적의 매수 및 이해유도죄) ① 재산상의 이익을 얻거나 얻을 목적으로 정당 또는 후보자(후보자가 되고자 하는 자를 포함한다)를 위하여 선거인·선거사무장 ·선거연락소장·선거사무원·회계책임자·연설원 또는 참관인에 대하여 제230조(매수 및 이해유도죄) 제1항 각호의 1에 규정된 행위를 한 자는 7년 이하의 징역 또는 300만원 이상 2천만원 이하의 벌금에 처한다.

② 제1항에 규정된 행위에 관하여 지시·권유·요구하거나 알선한 자는 10년 이하의 징역 또는 500만원 이상 3천만원 이하의 벌금에 처한다.

제232조 (후보자에 대한 매수 및 이해유도죄) ① 다음 각호의 1에 해당하는 자는 7년 이하의 징역 또는 500만원 이상 3천만원 이하의 벌금에 처한다.

1. 후보자가 되지 아니하게 하거나 후보자가 된 것을 사퇴하게 할 목적으로 후보자가 되고자 하는 자나 후보자에게 제230조(매수 및 이해유도죄) 제1항 제1호에 규정된 행위를 한 자 또는 그 이익이나 직의 제공을 받거나 제공의 의사표시를 승낙한 자
2. 후보자가 되고자 하는 것을 중지하거나 후보자를 사퇴한데 대한 대가를 목적으로 후보자가 되고자 하였던 자나 후보자이었던 자에게 제230조 제1항 제1호에 규정된 행위를 한 자 또는 그 이익이나 직의 제공을 받거나 제공의 의사표시를 승낙한 자

② 제1항 각호의 1에 규정된 행위에 관하여 지시·권유·요구하거나 알선한 자는 10년 이하의 징역 또는 500만원 이상 3천만원 이하의 벌금에 처한다.

③ 선거관리위원회의 위원·직원 또는 선거사무에 관계있는 공무원이나 경찰공무원(사법경찰관리 및 군사법경찰관리를 포함한다)이 당해 선거에 관하여 제1항 각호의 1 또는 제2항에 규정된 행위를 한 때에는 10년 이하의 징역에 처한다.

제233조 (당선인에 대한 매수 및 이해유도죄) ① 다음 각호의 1에 해당하는 자는 1년 이상 10년 이하의 징역에 처한다. 〈개정 2000.2.16〉

1. 당선을 사퇴하게 할 목적으로 당선인에 대하여 금전·물품·차마·향응 기타 재산상의 이익 또는 공사의 직을 제공하거나 그 제공의 의사를 표시하거나 그 제공을 약속한 자
2. 제1호에 규정된 이익 또는 직의 제공을 받거나 그 제공의 의사표시를 승낙한 자

② 제1항 각호의 1에 규정된 행위에 관하여 지시·권유·요구하거나 알선한 자는 1년 이상 10년 이하의 징역에 처한다.

제234조 (당선무효유도죄) 제263조(선거비용의 초과지출로 인한 당선무효) 또는 제265조(선거사무장등의 선거범죄로 인한 당선무효)에 해당되어 후보자의 당선을 무효로 되게 할 목적으로 제263조 또는 제265조에 규정된 자를 유도 또는 도발하여 그 자로 하여금 제230조(매수 및 이해유도죄) 제1항 내지 제5항·제231조(재산상의 이익목적의 매수 및 이해유도죄) 내지 제233조(당선인에 대한 매수 및 이해유도죄)·제257조(기부행위의 금지제한등 위반죄) 제1항 또는 제258조(선거비용부정지출등

죄) 제1항에 규정된 행위를 하게 한 자는 1년이상 10년이하의 징역에 처한다. 〈개정 2005. 8. 4〉

제235조 (방송·신문 등의 불법이용을 위한 매수죄) ① 제97조(방송·신문의 불법이용을 위한 행위 등의 제한) 제1항·제3항의 규정에 위반한 자는 5년 이하의 징역 또는 1천만원 이하의 벌금에 처한다.

② 제97조 제2항의 규정에 위반한 자는 7년 이하의 징역 또는 2천만원 이하의 벌금에 처한다.

제236조 (매수와 이해유도죄로 인한 이익의 몰수) 제230조(매수 및 이해유도죄) 내지 제235조(방송·신문 등의 불법이용을 위한 매수죄)의 죄를 범한 자가 받은 이익은 이를 몰수한다. 다만, 그 전부 또는 일부를 몰수할 수 없는 때에는 그 가액을 추징한다.

제237조 (선거의 자유방해죄) ① 선거에 관하여 다음 각호의 1에 해당하는 자는 10년 이하의 징역 또는 500만원 이상 3천만원 이하의 벌금에 처한다.

1. 선거인·후보자·후보자가 되고자 하는 자·선거사무장·선거연락소장·선거사무원·회계책임자·연설원 또는 당선인을 폭행·협박 또는 유인하거나 불법으로 체포·감금하거나 이 법에 의한 선거운동용 물품을 탈취한 자
2. 집회·연설 또는 교통을 방해하거나 위계·사술 기타 부정한 방법으로 선거의 자유를 방해한 자
3. 업무·고용 기타의 관계로 인하여 자기의 보호·지휘·감독하에 있는 자에게 특정 정당이나 후보자를 지지·추천하거나 반대하도록 강요한 자

② 검사 또는 경찰공무원(사법경찰관리를 포함한다)이 제1항 각호의 1에 규정된 행위를 하거나 하게 한 때에는 1년 이상 10년 이하의 징역과 5년 이하의 자격정지에 처한다.

③ 이 법에 규정된 연설·대담장소 또는 대담·토론회장에서 위험한 물건을 던지거나 후보자 또는 연설원을 폭행한 자는 다음 각호의 구분에 따라 처벌한다. 〈개정 2004. 3. 12〉

1. 주모자는 5년 이상의 유기징역
2. 다른 사람을 지휘하거나 다른 사람에 앞장서서 행동한 자는 3년 이상의 유기징역
3. 부화하여 행동한 자는 7년 이하의 징역

④ 제1항 내지 제3항의 죄를 범한 경우에 그 범행에 사용하기 위하여 지닌 물건은 이를 몰수한다.

⑤ 당내경선과 관련하여 다음 각 호의 어느 하나에 해당하는 자는 5년 이하의 징역 또는 1천만원 이하의 벌금에 처한다. 〈신설 2005. 8. 4〉

1. 경선후보자(경선후보자가 되고자 하는 자를 포함한다) 또는 후보자로 선출된 자를 폭행·협박 또는 유인하거나 체포·감금한 자
2. 경선운동 또는 교통을 방해하거나 위계·사술 그 밖의 부정한 방법으로 당내경선의 자유를 방해한 자
3. 업무·고용 그 밖의 관계로 인하여 자기의 보호·지휘·감독을 받는 자에게 특정 경선후보자를 지지·추천하거나 반대하도록 강요한 자

⑥ 당내경선과 관련하여 다수인이 경선운동을 위한 시설·장소 등에서 위험한 물건을 던지거나 경선후보자를 폭행한 자는 다음 각 호의 구분에 따라 처벌한다. 〈신설 2005. 8. 4〉

1. 주모자는 3년 이상의 유기징역
2. 다른 사람을 지휘하거나 다른 사람에 앞장서서 행동한 자는 7년 이하의 징역
3. 다른 사람의 의견에 동조하여 행동한 자는 2년 이하의 징역

제238조 (군인에 의한 선거자유방해죄) 군인(군수사기관소속 군무원을 포함한다) 이 제237조(선거의 자유방해죄) 제1항 각호의 1에 규정된 행위를 하거나, 특정한 후보자를 당선되게 하거나 되지 못하게 하기 위하여 그 영향하에 있는 군인 또는 군무원의 선거권행사를 폭행·협박 또는 그밖의 방법으로 방해하거나 하게 한 때에는 1년 이상 10년 이하의 징역과 5년 이하의 자격정지에 처한다.

제239조 (직권남용에 의한 선거의 자유방해죄) 선거에 관하여 선거관리위원회의 위원·직원, 선거사무에 종사하는 공무원 또는 선거인명부(재외선거인명부등을 포함한다. 이하 이 장에서 같다)작성에 관계있는 자나 경찰공무원(사법경찰관리 및 군사법경찰관리를 포함한다)이 직권을 남용하여 다음 각호의 어느 하나에 해당하는 행위를 하거나 하게 한 때에는 7년 이하의 징역에 처한다. 〈개정 2005. 8. 4, 2009. 2. 12〉

1. 선거인명부의 열람을 방해하거나 그 열람에 관한 직무를 유기한 때
2. 정당한 사유없이 후보자를 미행하거나 그 주택·선거사무소 또는 선거연락소에 승낙없이 들어가거나 퇴거요구에 불응한 때

제240조 (벽보 기타 선전시설 등에 대한 방해죄) ① 정당한 사유없이 이 법에 의한 벽보·현수막 기타 선전시설의 작성·게시·첩부 또는 설치를 방해하거나 이를 훼손·철거한 자는 2년 이하의 징역 또는 400만원 이하의 벌금에 처한다.

② 선거관리위원회의 위원·직원 또는 선거사무에

관계있는 공무원이나 경찰공무원(사법경찰관리 및 군사법경찰관리를 포함한다)이 제1항에 규정된 행위를 하거나 하게 한 때에는 3년 이하의 징역 또는 600만원 이하의 벌금에 처한다.

③ 선거관리위원회의 위원·직원 또는 선거사무에 종사하는 자가 제64조(선전벽보)의 선전벽보·제65조의 선거공보(같은 조 제8항의 후보자정보공개자료를 포함한다) 또는 제153조(투표안내문의 발송)의 투표안내문을 부정하게 작성·첩부·발송하거나 정당한 사유없이 이에 관한 직무를 행하지 아니한 때에는 3년이하의 징역 또는 600만원이하의 벌금에 처한다. 〈개정 1997. 11. 14, 2004. 3. 12, 2005. 8. 4, 2008. 2. 29〉

제241조 (투표의 비밀침해죄) ① 제167조(제218조의17 제7항에서 준용하는 경우를 포함한다)의 규정에 위반하여 투표의 비밀을 침해하거나 선거일의 투표마감시각 종료 이전에 선거인에 대하여 그 투표하고자 하는 정당이나 후보자 또는 투표한 정당이나 후보자의 표시를 요구한 자와 투표결과를 예상하기 위하여 투표소(재외투표소를 포함한다. 이하 이 장에서 같다)로부터 100미터 이내에서 질문하거나 투표마감시각전에 그 경위와 결과를 공표한 자는 3년 이하의 징역 또는 600만원 이하의 벌금에 처한다. 〈개정 1995. 12. 30, 2000. 2. 16, 2004. 3. 12, 2009. 2. 12〉

② 선거관리위원회의 위원·직원, 선거사무에 관계있는 공무원, 검사, 경찰공무원(사법경찰관리를 포함한다) 또는 군인(군수사기관소속 군무원을 포함한다)이 제1항에 규정된 행위를 하거나 하게 한 때에는 5년 이하의 징역에 처한다.

제242조 (투표·개표의 간섭 및 방해죄) ① 투표를 방해하기 위하여 이 법에서 규정한 투표에 필요한 신분증명서를 맡기게 하거나 이를 인수한 자 또는 투표소(부재자투표소를 포함한다. 이하 이 장에서 같다)나 개표소에서 정당한 사유 없이 투표나 개표에 간섭한 자 또는 투표소에서 특정 정당이나 후보자에게 투표를 권유하거나 투표를 공개하거나 하게 하는 등 투표 또는 개표에 영향을 미치는 행위를 한 자는 3년 이하의 징역에 처한다. 〈개정 2000. 2. 16〉

② 개표소에서 제181조(개표참관)의 규정에 의하여 개표참관인이 설치한 통신설비를 파괴 또는 훼손한 자는 5년 이하의 징역에 처한다.

③ 검사·경찰공무원(사법경찰관리를 포함한다) 또는 군인(군수사기관소속 군무원을 포함한다)이 제1항에 규정된 행위를 하거나 하게 한 때에는 1년 이상 10년 이하의 징역에 처한다.

제243조 (투표함 등에 관한 죄) ① 법령에 의하지 아니하고 투표함을 열거나 투표함(빈 투표함을 포함한다)이나 투표함안의 투표지를 취거·파괴·훼손·은닉 또는 탈취한 자는 1년 이상 10년 이하의 징역에 처한다.

② 검사·경찰공무원(사법경찰관리를 포함한다) 또는 군인(군수사기관소속 군무원을 포함한다)이 제1항에 규정된 행위를 하거나 하게 한 때에는 2년 이상 10년 이하의 징역에 처한다.

제244조 (선거사무관리관계자나 시설 등에 대한 폭행·교란죄) ① 선거관리위원회의 위원·직원, 선거부정감시단원·사이버선거부정감시단원, 투표사무원·부재자투표사무원·개표사무원, 참관인 기타 선거사무에 종사하는 자를 폭행·협박·유인 또는 불법으로 체포·감금하거나, 폭행이나 협박을 가하여 투표소·개표소 또는 선거관리위원회 사무소(재외선거사무를 수행하는 공관과 그 분관 및 출장소의 사무소를 포함한다. 이하 제245조 제1항에서 같다)를 소요·교란하거나, 투표용지·투표지·투표보조용구·전산조직등 선거관리 및 단속사무와 관련한 시설·설비·장비·서류·인장 또는 선거인명부(부재자신고인명부를 포함한다)를 은닉·손괴·훼손 또는 탈취한 자는 1년이상 10년이하의 징역 또는 500만원이상 3천만원이하의 벌금에 처한다. 〈개정 2004. 3. 12, 2009. 2. 12〉

② 제57조의4(당내경선사무의 위탁)의 규정에 따라 위탁한 당내경선에 있어 제1항에 규정된 행위를 한 자는 10년 이하의 징역 또는 2천만원 이하의 벌금에 처한다. 〈신설 2005. 8. 4〉

제245조 (투표소 등에서의 무기휴대죄) ① 무기·흉기·폭발물 기타 사람을 살상할 수 있는 물건을 지니고 투표소·개표소 또는 선거관리위원회 사무소에 함부로 들어간 자는 7년 이하의 징역에 처한다.

② 정당한 사유없이 제1항에 규정된 물건을 지니고 이 법에 규정된 연설·대담장소 또는 대담·토론회장에 들어간 자는 3년이하의 징역 또는 600만원 이하의 벌금에 처한다. 〈개정 2004. 3. 12〉

③ 제1항 또는 제2항의 죄를 범한 경우에는 그 지닌 무기 등 사람을 살상할 수 있는 물건은 이를 몰수한다.

제246조 (다수인의 선거방해죄) ① 다수인이 집합하여 제243조(투표함 등에 관한 죄) 내지 제245조(투표소 등에서의 무기휴대죄)에 규정된 행위를 한

때에는 다음 각호의 구분에 따라 처벌한다.

1. 주모자는 3년 이상의 유기징역
2. 다른 사람을 지휘하거나 다른 사람에 앞장서서 행동한 자는 2년 이상 10년 이하의 징역
3. 부화하여 행동한 자는 5년 이하의 징역

② 제243조 내지 제245조에 규정된 행위를 할 목적으로 집합한 다수인이 관계공무원으로부터 3회 이상의 해산명령을 받았음에도 불구하고 해산하지 아니한 때에는 그 주도적 행위자는 5년 이하의 징역에 처하고, 기타의 자는 1년 이하의 징역 또는 200만원 이하의 벌금에 처한다.

제247조 (사위등재·허위날인죄) ① 사위의 방법으로 선거인명부(부재자신고인명부를 포함한다. 이하 이 조에서 같다)에 오르게 한 자, 거짓으로 부재자신고(국외부재자신고를 포함한다. 이하 이 조에서 같다)를 하거나 재외선거인 등록신청을 한 자, 특정한 선거구에서 투표할 목적으로 선거인명부작성 기준일전 180일부터 선거인명부작성만료일까지 주민등록에 관한 허위의 신고를 한 자 또는 제157조(투표용지수령 및 기표절차) 제1항의 경우에 있어서 허위의 서명·날인 또는 무인을 한 자는 3년 이하의 징역 또는 500만원 이하의 벌금에 처한다. 〈개정 1998. 4. 30, 2004. 3. 12, 2005. 8. 4, 2009. 2. 12〉

② 선거관리위원회의 위원·직원, 선거사무에 종사하는 공무원 또는 선거인명부작성에 관계있는 자가 선거인명부에 고의로 선거권자를 기재하지 아니하거나 허위의 사실을 기재하거나 하게 한 때에는 5년 이하의 징역 또는 1천만원 이하의 벌금에 처한다.

제248조 (사위투표죄) ① 성명을 사칭하거나 신분증명서를 위조·변조하여 사용하거나 기타 사위의 방법으로 투표하거나 하게 하거나 또는 투표를 하려고 한 자는 5년 이하의 징역 또는 1천만원 이하의 벌금에 처한다.

② 선거관리위원회의 위원·직원 또는 선거사무에 관계있는 공무원(투표사무원·부재자투표사무원 및 개표사무원을 포함한다)이 제1항에 규정된 행위를 하거나 하게 한 때에는 7년 이하의 징역에 처한다.

제249조 (투표위조 또는 증감죄) ① 투표를 위조하거나 그 수를 증감한 자는 1년 이상 7년 이하의 징역에 처한다.

② 선거관리위원회의 위원·직원 또는 선거사무에 관계있는 공무원(투표사무원·부재자투표사무원 및 개표사무원을 포함한다)이나 종사원이 제1항에 규정된 행위를 한 때에는 3년 이상 10년 이하의 징역에 처한다.

제250조 (허위사실공표죄) ① 당선되거나 되게 할 목적으로 연설·방송·신문·통신·잡지·벽보·선전문서 기타의 방법으로 후보자(후보자가 되고자 하는 자를 포함한다. 이하 이 조에서 같다)에게 유리하도록 후보자, 그의 배우자 또는 직계존·비속이나 형제자매의 출생지·신분·직업·경력등·재산·인격·행위·소속단체 등에 관하여 허위의 사실[학력을 게재하는 경우 제64조(선전벽보) 제1항의 규정에 의한 방법으로 게재하지 아니한 경우를 포함한다]을 공표하거나 공표하게 한 자와 허위의 사실을 게재한 선전문서를 배포할 목적으로 소지한 자는 5년이하의 징역 또는 3천만원이하의 벌금에 처한다. 〈개정 1995. 12. 30, 1997. 1. 13, 1997. 11. 14, 1998. 4. 30, 2000. 2. 16, 2004. 3. 12〉

② 당선되지 못하게 할 목적으로 연설·방송·신문·통신·잡지·벽보·선전문서 기타의 방법으로 후보자에게 불리하도록 후보자, 그의 배우자 또는 직계존·비속이나 형제자매에 관하여 허위의 사실을 공표하거나 공표하게 한 자와 허위의 사실을 게재한 선전문서를 배포할 목적으로 소지한 자는 7년 이하의 징역 또는 500만원 이상 3천만원 이하의 벌금에 처한다. 〈개정 1997. 1. 13〉

③ 당내경선과 관련하여 제1항(제64조 제1항의 규정에 따른 방법으로 학력을 게재하지 아니한 경우를 제외한다)에 규정된 행위를 한 자는 3년 이하의 징역 또는 6백만원 이하의 벌금에, 제2항에 규정된 행위를 한 자는 5년 이하의 징역 또는 1천만원 이하의 벌금에 처한다. 이 경우 "후보자" 또는 "후보자(후보자가 되고자 하는 자를 포함한다)"는 "경선후보자"로 본다. 〈신설 2005. 8. 4〉

제251조 (후보자비방죄) 당선되거나 되게 하거나 되지 못하게 할 목적으로 연설·방송·신문·통신·잡지·벽보·선전문서 기타의 방법으로 공연히 사실을 적시하여 후보자(후보자가 되고자 하는 자를 포함한다), 그의 배우자 또는 직계존·비속이나 형제자매를 비방한 자는 3년 이하의 징역 또는 500만원 이하의 벌금에 처한다. 다만, 진실한 사실로서 공공의 이익에 관한 때에는 처벌하지 아니한다.

제252조 (방송·신문 등 부정이용죄) ① 제82조의7(인터넷광고) 제5항·제94조(방송·신문 등에 의한 광고의 금지)·제95조(신문·잡지 등의 통상방법외의 배부금지) 제1항·제96조(허위논평·보도의 금지)·제98조(선거운동을 위한 방송이용의 제한) 또는 제99조(구내방송 등에 의한 선거운동금지)의 규정에 위반한 자는 3년 이하의 징역 또는

600만원 이하의 벌금에 처한다. 〈개정 2005. 8. 4〉

② 제71조(후보자등의 방송연설) 제12항 [제72조(방송시설주관 후보자연설의 방송) 제 4 항, 제73조(경력방송) 제 4 항, 제74조(방송시설주관경력방송) 제 2 항, 제81조(단체의 후보자등 초청 대담·토론회) 제 8 항, 제82조(언론기관의 후보자등 초청 대담·토론회) 제 4 항, 제137조의2(정강·정책의 방송연설의 제한) 제 6 항에서 준용하는 경우를 포함한다] 및 제82조의2(선거방송토론위원회 주관 대담·토론회) 제13항 후단[제82조의3(선거방송토론위원회 주관 정책토론회) 제 2 항에서 준용하는 경우를 포함한다]의 규정에 위반한 자는 2년이하의 징역 또는 400만원이하의 벌금에 처한다. 〈개정 1998. 4. 30, 2000. 2. 16, 2004. 3. 12, 2005. 8. 4〉

제253조 (성명 등의 허위표시죄) 당선되거나 되게 하거나 되지 못하게 할 목적으로 진실에 반하는 성명·명칭 또는 신분의 표시를 하여 우편이나 전보 또는 전화 기타 전기통신의 방법에 의한 통신을 한 자는 3년 이하의 징역 또는 600만원 이하의 벌금에 처한다.

제254조 (선거운동기간위반죄) ① 선거일에 투표마감시각전까지 선거운동을 한 자는 3년 이하의 징역 또는 600만원 이하의 벌금에 처한다.

② 선거운동기간전에 다음 각호의 1에 해당하는 행위를 한 자는 이 법에 다른 규정이 있는 경우를 제외하고는 2년 이하의 징역 또는 400만원 이하의 벌금에 처한다.

1. 벽보·현수막·애드벌룬·표지판·선전탑·광고판 기타 명칭의 여하를 불문하고 선전시설물이나 용구 또는 각종 인쇄물을 사용하여 선거운동을 하거나 하게 한 자
2. 방송·신문·통신 또는 잡지 기타 간행물을 이용하여 선거운동을 하거나 하게 한 자
3. 정견발표회·좌담회·토론회·향우회·동창회 또는 반상회 기타의 집회를 개최하여 선거운동을 하거나 하게 한 자
4. 선거운동을 위한 기구를 설치하거나 사조직을 만들어 선거운동을 하거나 하게 한 자
5. 호별방문하여 선거운동을 하거나 하게 한 자

③ 제 2 항에 규정된 방법외의 방법으로 선거운동기간전에 선거운동을 하거나 하게 한 자는 1년 이하의 징역 또는 200만원 이하의 벌금에 처한다.

제255조 (부정선거운동죄) ① 다음 각 호의 어느 하나에 해당하는 자는 3년 이하의 징역 또는 600만원 이하의 벌금에 처한다. 〈개정 1995. 12. 30, 1997. 11. 14, 1998. 4. 30, 2000. 2. 16, 2002. 3. 7, 2004. 3. 12, 2005. 8. 4, 2009. 2. 12〉

1. 제60조(선거운동을 할 수 없는 자) 제 1 항의 규정에 위반하여 선거운동을 하거나 하게 한 자 또는 같은조 제 2 항이나 제205조(선거운동기구의 설치 및 선거사무관계자의 선임에 관한 특례) 제 4 항의 규정에 위반하여 선거사무장 등으로 되거나 되게 한 자
2. 제61조(선거운동기구의 설치) 제 1 항의 규정에 위반하여 선거운동기구를 설치하거나 이를 설치하여 선거운동을 한 자
3. 제62조(선거사무관계자의 선임) 제 1 항 내지 제 3 항의 규정에 위반하여 선거사무장·선거연락소장이나 선거사무원을 선임한 자

3의2. 제68조(어깨띠) 제 2 항의 규정을 위반하여 어깨띠를 선거운동을 위하여 착용하거나 하게 한 자

4. 삭제 〈2004. 3. 12〉
5. 삭제 〈2004. 3. 12〉
6. 제80조(연설금지장소)의 규정에 위반하여 선거운동을 위한 연설·대담을 한 자
7. 제81조(단체의 후보자 등 초청 대담·토론회) 제 1 항의 규정에 위반하여 후보자 등 초청 대담·토론회를 개최한 자
8. 제81조 제 7 항[제82조(언론기관의 후보자등 초청 대담·토론회) 제 4 항에서 준용하는 경우를 포함한다]의 규정에 위반하여 대담·토론회를 개최한 자
9. 제85조(지위를 이용한 선거운동금지) 제 2 항 또는 제 3 항의 규정에 위반한 행위를 하거나 하게 한 자
10. 제86조(공무원등의 선거에 영향을 미치는 행위금지) 제 1 항 제 1 호 내지 제 4 호·제 2 항·제 3 항 또는 제 5 항의 규정에 위반한 행위를 하거나 하게 한 자 또는 같은 조 제 6 항의 규정에 위반한 행위를 한 자
11. 제87조(단체의 선거운동금지) 제 1 항의 규정을 위반하여 선거운동을 하거나 하게 한 자 또는 동조 제 2 항의 규정을 위반하여 사조직 기타 단체를 설립·설치하거나 하게 한 자
12. 제88조(타후보자를 위한 선거운동금지)본문의 규정에 위반하여 다른 정당이나 후보자를 위한 선거운동을 한 자
13. 제89조(유사기관의 설치금지) 제 1 항 본문의 규정에 위반하여 유사기관을 설립·설치하거나

기존의 기관·단체·조직 또는 시설을 이용한 자
14. 삭제 〈2004. 3. 12〉
15. 제92조(영화 등을 이용한 선거운동금지)의 규정에 위반하여 저술·연예·연극·영화나 사진을 배부·공연·상연·상영 또는 게시하거나 하게 한 자
16. 제105조(행렬등의 금지) 제1항의 규정에 위반하여 무리를 지어 거리행진·인사 또는 연달아 소리지르는 행위를 하거나 하게 한 자, 같은 조 제2항의 규정에 위반하여 모양과 색상이 동일한 모자나 옷을 착용하거나 기타 표지물을 휴대하여 선거운동을 하거나 하게 한 자
17. 제106조(호별방문의 제한) 제1항 또는 제3항의 규정에 위반하여 호별로 방문하거나 하게 한 자
18. 제107조(서명·날인운동의 금지)의 규정에 위반하여 서명이나 날인을 받거나 받게 한 자
19. 제109조(서신·전보 등에 의한 선거운동의 금지) 제1항 본문 또는 제2항의 규정에 위반하여 서신·전보·모사전송·전화 기타 전기통신의 방법을 이용하여 선거운동을 하거나 하게 한 자나 같은조 제3항의 규정에 위반하여 협박하거나 하게 한 자
20. 제218조의14 제1항을 위반하여 재외선거권자를 대상으로 선거운동을 한 자

② 다음 각 호의 어느 하나에 해당하는 자는 2년 이하의 징역 또는 400만원 이하의 벌금에 처한다. 〈개정 1995. 12. 30, 1997. 11. 14, 1998. 4. 30, 2000. 2. 16, 2002. 3. 7, 2004. 3. 12, 2005. 8. 4, 2007. 1. 3, 2008. 2. 29〉
1. 제60조의3 제1항 제4호 후단을 위반하여 예비후보자홍보물을 작성한 자
1의2. 대통령선거 및 지방자치단체의 장선거의 예비후보자가 아닌 자로서 제60조의4 제1항의 예비후보자공약집을 발간·배부한 자, 같은 항을 위반하여 1종을 넘어 예비후보자공약집을 발간·배부한 자, 같은 항을 위반하여 예비후보자공약집을 통상적인 방법으로 판매하지 아니하거나 방문판매의 방법으로 판매한 자, 같은 조 제2항을 위반하여 예비후보자공약집을 발간·배부한 자
1의3. 제64조(선전벽보) 제1항·제8항, 제65조(선거공보) 제1항·제2항, 제66조(선거공약서) 제1항 내지 제5항의 규정을 위반하여 선전벽보·선거공보 또는 선거공약서를 선거운동을 위하여 작성·사용하거나 하게 한 자
2. 제65조 제7항의 규정을 위반하여 선거공보에 후보자정보공개자료의 전부 또는 일부를 게재하지 아니한 자
3. 제57조의3(당내경선운동) 제1항의 규정을 위반하여 경선운동을 한 자
4. 제91조(확성장치와 자동차 등의 사용제한) 제1항·제3항 또는 제216조(4개 이상 선거의 동시실시에 관한 특례) 제1항의 규정에 위반하여 확성장치나 자동차를 사용하여 선거운동을 하거나 하게 한 자
5. 제93조(탈법방법에 의한 문서·도화의 배부·게시 등 금지) 제1항의 규정에 위반하여 문서·도화 등을 배부·첩부·살포·게시·상영하거나 하게 한 자, 같은 조 제2항의 규정에 위반하여 광고 또는 출연을 하거나 하게 한 자 또는 제3항의 규정에 위반하여 신분증명서·문서 기타 인쇄물을 발급·배부 또는 징구하거나 하게 한 자
6. 제100조(녹음기 등의 사용금지)의 규정에 위반하여 녹음기 또는 녹화기를 사용하여 선거운동을 하거나 하게 한 자
7. 삭제 〈1995. 12. 30〉
8. 제271조의2(선거에 관한 광고의 제한) 제1항의 규정에 의한 광고중지요청에 불응하여 광고를 하거나 광고게재를 의뢰한 자

③ 제85조 제1항의 규정에 위반하여 선거운동을 하거나 하게 한 자는 5년 이하의 징역에 처한다.

④ 제82조의5(선거운동정보의 전송제한) 제1항의 규정을 위반하여 선거운동정보를 전송한 자, 동조 제2항의 규정을 위반하여 선거운동정보에 해당하는 사실 등을 선거운동정보에 명시하지 아니하거나 허위로 명시한 자, 동조 제3항의 규정을 위반하여 수신자의 동의를 얻지 아니하고 선거운동정보를 전송한 자, 동조 제4항의 규정을 위반하여 기술적 조치를 한 자, 동조 제5항의 규정을 위반하여 비용을 수신자에게 부담하도록 한 자, 동조 제6항의 규정을 위반하여 선거운동정보를 전송한 자는 1년 이하의 징역 또는 100만원 이하의 벌금에 처한다. 〈신설 2004. 3. 12, 2005. 8. 4〉

[2006헌마1096, 2008. 5. 29, 공직선거법(2005. 8. 4. 법률 제7681호로 개정된 것) 제255조 제1항 제10호 중 '제86조 제1항 제2호' 부분은 공무원의 지위를 이용하지 아니한 행위에 대하여 적용하는 한 헌법에 위반된다.]

제256조 (각종제한규정위반죄) ① 제103조(각종집회 등의 제한) 제1항 또는 제2항의 규정에 위반

하여 모임을 개최하거나 하게 한 자는 3년 이하의 징역 또는 600만원 이하의 벌금에 처한다. 〈신설 2000. 2. 16, 2005. 8. 4〉

② 다음 각 호의 어느 하나에 해당하는 자는 2년 이하의 징역 또는 400만원 이하의 벌금에 처한다. 〈개정 1995. 4. 1, 1995. 12. 30, 1997. 11. 14, 1998. 4. 30, 2000. 2. 16, 2002. 3. 7, 2004. 3. 12, 2005. 8. 4, 2008. 2. 29, 2009. 2. 12〉

1. 선거운동과 관련하여 다음 각 목의 어느 하나에 해당하는 자
   가. 제67조의 규정에 위반하여 현수막을 게시한 자
   나. 삭제 〈2004. 3. 12〉
   다. 제79조(공개장소에서의 연설·대담) 제10항의 규정에 의한 정당 또는 후보자를 홍보하는 내용이외의 음악을 방송하거나 소속정당의 정강·정책, 후보자의 경력·정견·활동상황이외의 내용을 방송 또는 방영한 자
   라. 제84조(무소속후보자의 정당표방금지)의 규정에 위반하여 특정 정당으로부터의 지지 또는 추천받음을 표방한 자
   마. 제82조의4(정보통신망을 이용한 선거운동) 제4항의 규정에 위반하여 각급선거관리위원회의 요청을 이행하지 아니한 자
   바. 제86조(공무원 등의 선거에 영향을 미치는 행위금지) 제1항 제5호 내지 제7호의 규정에 위반한 행위를 하거나 하게 한 자
   사. 제89조(유사기관의 설치금지) 제2항의 규정에 위반하여 선거에 영향을 미치는 행위 또는 선전행위를 하거나 하게 한 자
   아. 제90조(시설물설치 등의 금지)의 규정에 위반하여 선전물을 설치·진열·게시·배부하거나 하게 한 자 또는 상징물을 제작·판매하거나 하게 한 자
   자. 제101조(타연설회 등의 금지)의 규정에 위반하여 타연설회등을 개최하거나 하게 한 자
   차. 제102조(야간연설등의 제한)의 규정에 위반하여 야간에 연설·대담 또는 대담·토론회를 개최한 자
   카. 제103조(각종집회등의 제한) 제3항 내지 제5항의 규정에 위반하여 각종집회등을 개최하거나 하게 한 자
   타. 제104조(연설회장에서의 소란행위등의 금지)의 규정에 위반하여 연설·대담장소등에서 질서를 문란하게 하거나 횃불을 사용하거나 하게 한 자
   파. 제108조(여론조사의 결과공표금지 등) 제1항의 규정에 위반하여 여론조사의 경위와 그 결과를 공표 또는 인용하여 보도하거나 하게 한 자 또는 같은조 제2항의 규정에 위반하여 여론조사를 하거나 하게 한 자, 같은조 제3항의 규정에 위반하여 여론조사를 하거나 하게 한 자, 같은조 제4항의 규정에 위반하여 여론조사의 결과를 공표 또는 보도하거나 하게 한 자와 여론조사와 관련있는 자료일체를 당해 선거의 선거일후 6월까지 보관하지 아니한 자
   하. 제108조의2를 위반하여 비교평가를 하거나 그 결과를 공표한 자 또는 비교평가와 관련있는 자료 일체를 해당 선거의 선거일 후 6개월까지 보관하지 아니한 자
   거. 제111조(의정활동 보고) 제1항 단서의 규정에 위반하여 선거일전 90일부터 선거일까지 의정활동을 보고한 자
2. 선거질서와 관련하여 다음 각 목의 어느 하나에 해당하는 자
   가. 제39조 제8항(제218조의9 제3항에서 준용하는 경우를 포함한다)의 규정에 위반하여 선거인명부작성사무를 방해하거나 영향을 주는 행위를 한 자
   나. 제46조(명부사본의 교부) 제4항[제60조의3(예비후보자 등의 선거운동) 제5항 및 제111조(의정활동 보고) 제4항에서 준용하는 경우를 포함한다]의 규정을 위반하여 선거인명부·부재자신고인명부(전산자료복사본을 포함한다)의 사본이나 세대주명단을 다른 사람에게 양도·대여 또는 재산상의 이익 기타 영리를 목적으로 사용하거나 하게 한 자
   다. 삭제
   라. 제161조(투표참관) 제7항[제162조(부재자투표참관) 제4항 및 제181조(개표참관) 제11항에서 준용하는 경우를 포함한다]의 규정에 위반하여 참관인이 되거나 되게 한 자
   마. 제163조(제218조의17 제7항에서 준용하는 경우를 포함한다)를 위반하여 투표소 또는 부재자투표소에 들어가거나, 표지를 하지 아니하거나, 표지 외의 표시물을 달거나 붙이거나, 표지를 양도·양여하거나 하게 한 자
   바. 제166조(제218조의17 제7항에서 준용하는 경우를 포함한다)에 따른 명령에 불응한 자

또는 같은 규정을 위반한 표지를 하거나 하게 한 자

사. 第183조(개표소의 출입제한과 질서유지) 제1항의 규정에 위반하여 개표소에 들어간 자 또는 같은조 제2항의 규정에 위반하여 표지를 하지 아니하거나 표지외의 표시물을 달거나 붙이거나 표지를 양도·양여하거나 하게 한 자

3. 다음 각 목의 어느 하나에 해당하는 통보를 받고 지체없이 이를 이행하지 아니한 자
   가. 제8조의2(선거방송심의위원회) 제5항 및 제6항 [제8조의3(선거기사심의위원회) 제6항에서 준용하는 경우를 포함한다]의 규정에 의한 제재조치 등
   나. 제8조의3 제3항의 규정에 의한 사과문 또는 정정보도문의 게재
   다. 제8조의4(선거보도에 대한 반론보도청구) 제3항의 규정에 의한 반론보도의 결정
   라. 제8조의6(인터넷언론사의 정정보도 등) 제1항 또는 제3항의 규정에 의한 조치 또는 동조 제6항의 규정에 의한 반론보도의 결정
4. 제262조의2(선거범죄신고자 등의 보호) 제2항의 규정을 위반한 자

③ 정당이 다음 각 호의 어느 하나에 해당하는 행위를 한 때에는 당해 당부에 대하여는 1천만원 이하의 벌금에 처하고, 당해 당부의 간부 또는 당원으로서 위반행위를 하거나 하게 한 자는 2년 이하의 징역 또는 400만원 이하의 벌금에 처한다. 〈개정 2000. 2. 16, 2004. 3. 12, 2006. 3. 2, 2007. 1. 3〉

1. 제137조(정강·정책의 신문광고 등의 제한)의 규정에 위반하여 일간신문 등에 광고를 한 자
2. 제137조의2(정강·정책의 방송연설의 제한) 제1항 내지 제3항의 규정에 위반하여 정강·정책의 방송연설을 한 자
3. 제138조(정강·정책홍보물의 배부제한 등)의 규정(제4항을 제외한다)에 위반하여 정강·정책홍보물을 제작·배부한 자

3의2. 제138조의2(정책공약집의 배부제한 등)의 규정(제3항을 제외한다)을 위반하여 정책공약집을 발간·배부한 자

4. 제139조(정당기관지의 발행·배부제한)의 규정(제3항을 제외한다)에 위반하여 정당기관지를 발행·배부한 자
5. 제140조(창당대회 등의 개최와 고지의 제한) 제1항 및 제2항의 규정에 위반하여 창당대회 등을 개최한 자
6. 제141조(당원집회의 제한) 제1항 및 제4항(철거하지 아니한 경우를 제외한다)의 규정에 위반하여 당원집회를 개최한 자
7. 삭제 〈2004. 3. 12〉
8. 삭제 〈2004. 3. 12〉
9. 제144조(정당의 당원모집 등의 제한) 제1항의 규정에 위반하여 당원을 모집하거나 입당원서를 배부한 자
10. 제61조의2(정당선거사무소의 설치) 제1항의 규정을 위반하여 정당선거사무소를 설치하거나, 동조 제2항의 규정을 위반하여 소장 또는 유급사무직원을 둔 자

④ 다음 각 호의 어느 하나에 해당하는 자는 1년 이하의 징역 또는 200만원 이하의 벌금에 처한다. 〈개정 1995. 12. 30, 1997. 1. 13, 1997. 11. 14, 1998. 4. 30, 2000. 2. 16, 2004. 3. 12, 2005. 8. 4, 2007. 1. 3, 2008. 2. 29〉

1. 제48조(선거권자의 후보자추천) 제3항의 규정에 위반하여 검인받지 아니한 추천장에 의하여 선거권자의 추천을 받거나 받게 한 자 또는 선거운동을 위하여 추천선거권자수의 상한수를 넘어 선거권자의 추천을 받거나 받게 한 자
2. 제61조(선거운동기구의 설치) 제5항[제61조의2(정당선거사무소의 설치) 제7항에서 준용하는 경우를 포함한다]의 규정에 위반하여 선거사무소나 선거연락소를 설치한 자

2의2. 제61조(선거운동기구의 설치) 제7항의 규정에 의하여 선거사무소의 폐쇄명령을 받고도 이를 이행하지 아니한 자

3. 제62조(선거사무관계자의 선임) 제6항의 규정에 위반하여 선거사무장·선거연락소장 또는 선거사무원을 선임한 자 또는 동조 제7항의 규정에 위반하여 선거운동을 하는 자를 모집한 자
4. 제63조(선거운동기구 및 선거사무관계자의 신고) 제1항 후단의 규정에 위반하여 선거사무원수의 2배수를 넘어 두거나 두게 한 자
5. 제64조(선전벽보) 제7항[제65조 제10항 및 제66조(선거공약서) 제8항에서 준용하는 경우를 포함한다]의 규정을 위반하여 선전벽보·선거공보 또는 선거공약서의 수량을 넘게 인쇄하여 제공한 자
6. 제69조(신문광고) 제1항과 제2항의 규격과 회수에 관한 규정을 위반하지 아니하였으나 같은조 제4항 내지 제6항의 규정에 위반하여 광고를

하거나 하게 한 자

7. 제82조의7(인터넷광고) 제4항의 규정을 위반하여 인터넷광고를 하거나 하게 한 자
8. 제79조(공개장소에서의 연설·대담) 제1항·제3항 내지 제5항, 제6항(표지를 부착하지 아니한 경우를 제외한다), 제7항 및 제9항(신분증명서를 달지 아니한 경우를 제외한다) 또는 제11항의 규정에 위반하여 공개장소에서의 연설·대담을 한 자
9. 제81조(단체의 후보자 등 초청 대담·토론회) 제3항 또는 제4항의 규정에 위반하여 대담·토론회의 개최신고를 하지 아니하거나 표지를 게시 또는 첩부하지 아니한 자
10. 삭제 〈2004. 3. 12〉
11. 제118조(선거일후 답례금지)의 규정에 위반한 자
12. 제272조의2(선거범죄의 조사 등) 제3항의 규정에 위반하여 출입을 방해하거나 자료제출요구에 응하지 아니한 자 또는 허위의 자료를 제출한 자

⑤ 삭제 〈2004. 3. 12〉

제257조 (기부행위의 금지제한 등 위반죄) ① 다음 각호의 1에 해당하는 자는 5년 이하의 징역 또는 1천만원 이하의 벌금에 처한다. 〈개정 1996. 2. 6, 1997. 1. 13, 1997. 11. 14, 2000. 2. 16, 2004. 3. 12〉

1. 제113조(후보자 등의 기부행위제한)·제114조(정당 및 후보자의 가족 등의 기부행위제한) 제1항 또는 제115조(제삼자의 기부행위제한)의 규정에 위반한 자
2. 제81조(단체의 후보자 등 초청 대담·토론회) 제6항[제82조(언론기관의 후보자 등 초청 대담·토론회) 제4항에서 준용하는 경우를 포함한다]의 규정을 위반한 자

② 제81조 제6항·제82조 제4항·제113조·제114조 제1항 또는 제115조에서 규정하고 있는 정당(창당준비위원회를 포함한다)·정당의 대표자·정당선거사무소의 소장, 국회의원·지방의회의원·지방자치단체의 장, 후보자(후보자가 되고자 하는 자를 포함한다. 이하 이 조에서 같다), 후보자의 배우자, 후보자나 그 배우자의 직계존·비속과 형제자매, 후보자의 직계비속 및 형제자매의 배우자, 선거사무장, 선거연락소장, 선거사무원, 회계책임자, 연설원, 대담·토론자, 후보자 또는 그 가족과 관계있는 회사 등이나 그 임·직원과 제삼자[제116조(기부의 권유·요구 등의 금지)에 규정된 행위의 상대방을 말한다]에게 기부를 지시·권유·알선·요구하거나 그로부터 기부를 받은 자[제261조(과태료의 부과·징수 등) 제5항의 규정에 해당하는 자를 제외한다]는 3년 이하의 징역 또는 500만원 이하의 벌금에 처한다. 〈개정 1997. 1. 13, 2000. 2. 16, 2004. 3. 12, 2008. 2. 29〉

③ 제117조(기부받는 행위 등의 금지)의 규정에 위반한 자는 3년 이하의 징역 또는 500만원 이하의 벌금에 처한다. 〈신설 1995. 5. 10〉

④ 제1항 내지 제3항의 죄를 범한 자가 받은 이익은 이를 몰수한다. 다만, 그 전부 또는 일부를 몰수할 수 없을 때에는 그 가액을 추징한다. 〈신설 1995. 5. 10〉

제258조 (선거비용부정지출 등 죄) ① 다음 각 호의 어느 하나에 해당하는 때에는 5년 이하의 징역 또는 2천만원 이하의 벌금에 처한다. 〈개정 2004. 3. 12, 2005. 8. 4〉

1. 정당·후보자·선거사무장·선거연락소장·회계책임자 또는 회계사무보조자가 제122조(선거비용제한액의 공고)의 규정에 의하여 공고한 선거비용제한액의 200분의 1이상을 초과하여 선거비용을 지출한 때
2. 삭제 〈2005. 8. 4〉

② 삭제 〈2005. 8. 4〉

제259조 (선거범죄선동죄) 연설·벽보·신문 기타 어떠한 방법으로든지 제230조(매수 및 이해유도죄) 내지 제235조(방송·신문 등의 불법이용을 위한 매수죄)·제237조(선거의 자유방해죄)의 죄(당내경선과 관련한 죄를 제외한다)를 범할 것을 선동한 자는 3년 이하의 징역 또는 600만원 이하의 벌금에 처한다. 〈개정 2005. 8. 4〉

제260조 (양벌규정) 정당·회사 기타 법인·단체(이하 이 조에서 "단체등"이라 한다)의 대표자, 그 대리인·사용인 기타 종업원과 정당의 간부인 당원이 그 단체등의 업무에 관하여 이 장에 규정된 죄(당내경선과 관련한 죄를 제외한다)를 범한 때에는 행위자를 벌하는 외에 그 단체등에 대하여도 각 해당조의 벌금형을 과한다. 〈개정 2005. 8. 4〉

[전문개정 2004. 3. 12]

제17장 보　칙

제263조 (선거비용의 초과지출로 인한 당선무효) ① 제122조(선거비용제한액의 공고)의 규정에 의하여 공고된 선거비용제한액의 200분의 1이상을 초과지출한 이유로 선거사무장, 선거사무소의 회계책임

자가 징역형 또는 300만원 이상의 벌금형의 선고를 받은 때에는 그 후보자의 당선은 무효로 한다. 다만, 다른 사람의 유도 또는 도발에 의하여 당해 후보자의 당선을 무효로 되게 하기 위하여 지출한 때에는 그러하지 아니하다. 〈개정 2004. 3. 12, 2005. 8. 4〉

② 「정치자금법」 제49조(선거비용관련 위반행위에 관한 벌칙) 제1항 또는 제2항 제6호의 죄를 범함으로 인하여 선거사무소의 회계책임자가 징역형 또는 300만원 이상의 벌금형의 선고를 받은 때에는 그 후보자(대통령후보자, 비례대표국회의원후보자 및 비례대표지방의회의원후보자를 제외한다)의 당선은 무효로 한다. 이 경우 제1항 단서의 규정을 준용한다. 〈신설 2004. 3. 12, 2005. 8. 4〉

제264조 (당선인의 선거범죄로 인한 당선무효) 당선인이 당해 선거에 있어 이 법에 규정된 죄와 「정치자금법」 제49조(선거비용관련 위반행위에 관한 벌칙)의 죄를 범함으로 인하여 징역 또는 100만원 이상의 벌금형의 선고를 받은 때에는 그 당선은 무효로 한다. 〈개정 2005. 8. 4〉

제265조 (선거사무장등의 선거범죄로 인한 당선무효) 선거사무장·선거사무소의 회계책임자(선거사무소의 회계책임자로 선임·신고되지 아니한 자로서 후보자와 통모하여 당해 후보자의 선거비용으로 지출한 금액이 선거비용제한액의 3분의 1 이상에 해당되는 자를 포함한다) 또는 후보자(후보자가 되고자 하는 자를 포함한다)의 직계존·비속 및 배우자가 당해 선거에 있어서 제230조(매수 및 이해유도죄) 내지 제234조(당선무효유도죄), 제257조(기부행위의 금지제한등 위반죄) 제1항중 기부행위를 한 죄 또는 「정치자금법」 제45조(정치자금부정수수죄) 제1항의 정치자금 부정수수죄를 범함으로 인하여 징역형 또는 300만원 이상의 벌금형의 선고를 받은 때(선거사무장, 선거사무소의 회계책임자에 대하여는 선임·신고되기 전의 행위로 인한 경우를 포함한다)에는 그 후보자(대통령후보자, 비례대표국회의원후보자 및 비례대표지방의회의원후보자를 제외한다)의 당선은 무효로 한다. 다만, 다른 사람의 유도 또는 도발에 의하여 당해 후보자의 당선을 무효로 되게 하기 위하여 죄를 범한 때에는 그러하지 아니하다. 〈개정 1995. 5. 10, 2000. 2. 16, 2004. 3. 12, 2005. 8. 4〉

제265조의2 (당선무효된 자 등의 비용반환) ① 제263조(선거비용의 초과지출로 인한 당선무효) 내지 제265조(선거사무장등의 선거범죄로 인한 당선무효)의 규정에 의하여 당선이 무효로 된 자(그 기소후 확정판결 전에 사직한 자를 포함한다)는 제57조(기탁금의 반환 등) 및 제122조의2(선거비용의 보전 등)의 규정에 의하여 반환·보전받은 금액을 반환하여야 한다. 이 경우 대통령선거에 있어서 정당추천후보자의 당선이 무효로 된 때와 비례대표국회의원선거 및 비례대표지방의회의원선거에 있어서 후보자의 당선이 모두 무효로 된 때에는 그 추천정당이 반환한다. 〈개정 2005. 8. 4〉

② 관할선거구선거관리위원회는 제1항의 규정에 의한 반환사유가 발생한 때에는 지체없이 당해 정당·후보자에게 반환하여야 할 금액을 고지하여야 하고, 당해 정당·후보자는 그 고지를 받은 날부터 30일 이내에 선거구선거관리위원회에 이를 납부하여야 한다.

③ 관할선거구선거관리위원회는 제2항의 납부기한까지 당해 정당·후보자가 납부하지 아니한 때에는 당해 후보자의 주소지(정당에 있어서는 중앙당의 사무소 소재지를 말한다)를 관할하는 세무서장에게 징수를 위탁하고 관할세무서장이 국세체납처분의 예에 따라 이를 징수한다.

④ 제2항 또는 제3항의 규정에 의하여 납부 또는 징수된 금액은 국가 또는 지방자치단체에 귀속된다.

⑤ 제2항의 규정에 따른 고지방법·절차 기타 필요한 사항은 중앙선거관리위원회규칙으로 정한다.

[본조신설 2004. 3. 12]

제266조 (선거범죄로 인한 공무담임 등의 제한) ① 다른 법률의 규정에 불구하고 제230 조(매수 및 이해유도죄) 내지 제234조(당선무효유도죄)·제237조(선거의 자유방해죄) 내지 제255조(부정선거운동죄)·제256조(각종제한규정위반죄) 제1항 및 제2항·제257조(기부행위의 금지제한등 위반죄) 내지 제259조(선거범죄선동죄)의 죄(당내 경선과 관련한 죄를 제외한다)와 「정치자금법」 제49조(선거비용관련 위반행위에 관한 벌칙)의 죄를 범함으로 인하여 징역형의 선고를 받은 자는 그 집행을 받지 아니하기로 확정된 후 또는 그 형의 집행이 종료되거나 면제된 후 10년간, 형의 집행유예의 선고를 받은 자는 그 형이 확정된 후 10년간, 100만원이상의 벌금형의 선고를 받은 자는 그 형이 확정된 후 5년간 각 다음 각 호의 어느 하나에 해당하는 직에 취임하거나 임용될 수 없다. 〈개정 2009. 2. 3〉

1. 제53조(공무원 등의 입후보) 제1항 각호의 1에 해당하는 직[같은조 같은항 제5호의 경우 각 조합의 조합장 및 상근직원을 포함한다]

2. 제60조(선거운동을 할 수 없는 자) 제1항 제6호 내지 제8호에 해당하는 직
3. 「공직자윤리법」 제3조 제1항 제12호 또는 제13호에 해당하는 기관·단체의 임·직원
4. 「사립학교법」 제53조(학교의 장의 임면) 또는 같은 법 제53조의2(학교의 장이 아닌 교원의 임면)의 규정에 의한 교원
5. 「방송법」 제21조(위원회의 구성)의 규정에 의한 방송위원회의 위원

② 제263조(선거비용의 초과지출로 인한 당선무효) 또는 제265조(선거사무장등의 선거범죄로 인한 당선무효)의 규정에 의하여 당선이 무효로 된 자(그 기소후 확정판결전에 사직한 자를 포함한다)는 당해 보궐선거등의 후보자가 될 수 없다. 〈신설 2000. 2. 16, 2004. 3. 12〉

제267조 (기소·판결에 관한 통지) ① 선거에 관한 범죄로 당선인, 후보자, 후보자의 직계존·비속 및 배우자, 선거사무장, 선거사무소의 회계책임자를 기소한 때에는 당해 선거구선거관리위원회에 이를 통지하여야 한다.

② 제230조(매수 및 이해유도죄) 내지 제235조(방송·신문 등의 불법이용을 위한 매수죄)·제237조(선거의 자유방해죄) 내지 제259조(선거범죄선동죄)의 범죄에 대한 확정판결을 행한 재판장은 그 판결서등본을 당해 선거구선거관리위원회에 송부하여야 한다.

제268조 (공소시효) ① 이 법에 규정한 죄의 공소시효는 당해 선거일후 6월(선거일후에 행하여진 범죄는 그 행위가 있는 날부터 6월)을 경과함으로써 완성한다. 다만, 범인이 도피한 때나 범인이 공범 또는 범죄의 증명에 필요한 참고인을 도피시킨 때에는 그 기간은 3년으로 한다. 〈개정 2004. 3. 12〉

② 삭제 〈2005. 8. 4〉

제269조 (재판의 관할) 선거범과 그 공범에 관한 제1심재판은 「법원조직법」 제32조(합의부의 심판권) 제1항의 규정에 의한 지방법원합의부 또는 그 지원의 합의부의 관할로 한다. 다만, 군사법원이 재판권을 갖는 선거범과 그 공범에 관한 제1심재판은 「군사법원법」 제11조(보통군사법원의 심판사항)의 규정에 의한 보통군사법원의 관할로 한다. 〈개정 2005. 8. 4〉

제270조 (선거범의 재판기간에 관한 강행규정 〈개정 2000. 2. 16〉) 선거범과 그 공범에 관한 재판은 다른 재판에 우선하여 신속히 하여야 하며, 그 판결의 선고는 제1심에서는 공소가 제기된 날부터 6월 이내에, 제2심 및 제3심에서는 전심의 판결의 선고가 있은 날부터 각각 3월 이내에 반드시 하여야 한다. 〈개정 2000. 2. 16〉

제270조의2 (피고인의 출정) ① 선거범에 관한 재판에서 피고인이 공시송달에 의하지 아니한 적법한 소환을 받고서도 공판기일에 출석하지 아니한 때에는 다시 기일을 정하여야 한다.

② 피고인이 정당한 사유없이 다시 정한 기일 또는 그 후에 열린 공판기일에 출석하지 아니한 때에는 피고인의 출석없이 공판절차를 진행할 수 있다.

③ 제2항의 규정에 의하여 공판절차를 진행할 경우에는 출석한 검사 및 변호인의 의견을 들어야 한다.

④ 법원은 제2항의 규정에 따라 판결을 선고한 때에는 피고인 또는 변호인(변호인이 있는 경우에 한한다)에게 전화 기타 신속한 방법으로 그 사실을 통지하여야 한다.

[본조신설 2004. 3. 12]

제271조의2 (선거에 관한 광고의 제한) ① 선거관리위원회는 방송·신문·잡지 기타 간행물에 방영·게재하고자 하는 광고내용이 이 법에 위반된다고 인정되는 때에는 당해 방송사 또는 일간신문사 등을 경영·관리하는 자와 광고주에게 광고중지를 요청할 수 있다.

② 제1항의 규정에 의한 중지요청을 받은 자는 이에 따라야 하며, 당해 선거관리위원회는 중지요청에 불응하고 광고를 하는 때에는 지체없이 관할수사기관에 수사의뢰 또는 고발하여야 한다.

③ 제1항의 "광고"라 함은 후보자(후보자가 되고자 하는 자를 포함한다)의 당락이나 특정정당(창당준비위원회를 포함한다)에 유리 또는 불리한 광고(이 법의 규정에 의한 광고를 제외한다)를 말한다.

[본조신설 1998. 4. 30]

제272조 (불법선전물의 우송중지) ① 각급선거관리위원회(읍·면·동선거관리위원회를 제외한다. 이하 이 조에서 같다)는 직권 또는 정당·후보자의 요청에 의하여 이 법에 규정된 죄에 해당하는 범죄의 혐의가 있는 선전물을 우송하려 하거나 우송중임을 발견한 때에는 당해 우체국장에게 그 선전물에 대한 우송의 금지 또는 중지를 요청할 수 있다. 〈개정 1998. 4. 30, 2000. 2. 16, 2005. 8. 4〉

② 우체국장이 제1항의 우송금지 또는 중지를 요청받은 때에는 그 우편물의 우송을 즉시 중지하고, 발송인에 대하여 그 사실을 통보하여야 한다. 다만, 발송인의 주소가 기재되지 아니한 때에는 발송우체

국 게시판에 우송중지의 사실을 공고하여야 한다.
③ 제1항의 규정에 의한 우송의 금지 또는 중지를 요청한 때에는 당해 선거관리위원회는 지체없이 수사기관에 조사를 의뢰하거나 고발하고, 해당 우편물의 압수를 요청하여야 한다.
④ 제3항의 경우 수사기관은 「형사소송법」 제200조의4(긴급체포와 영장청구기간)의 기간내에 해당 우편물에 대한 압수영장의 발부여부를 당해 선거관리위원회 및 우체국장에게 통보하여야 하되, 이 기간내에 압수영장을 발부받지 못한 때에는 우체국장은 즉시 그 우편물의 우송중지를 해제하여야 한다. 〈개정 1997.11.14, 2005.8.4〉
⑤ 각급선거관리위원회는 이 법에 규정된 죄에 해당하는 범죄의 혐의가 있는 선전물이 우송된 것을 발견한 때에는 그 선전물의 우송에 관련된 자의 성명·주소 등 인적사항과 발송통수·배달지역 기타 선거범죄의 조사에 필요한 자료의 제출을 관계 우체국장에게 요구할 수 있다. 이 경우 자료제출의 요구를 받은 우체국장은 이에 응하여야 한다. 〈신설 2000.2.16, 2002.3.7〉
⑥ 우체국장이 각급선거관리위원회의 요청에 의하여 우편물의 우송을 중지하거나 선전물의 우송에 관련된 자의 인적사항 등 자료를 제출한 때에는 「우편법」 제3조(우편물의 비밀보장)·제50조(우편취급거부의 죄)·제51조(신서의 비밀침해의 죄)·제51조의2(비밀누설의 죄), 「우편환법」 제19조(비밀의 보장) 및 「통신비밀보호법」 제3조(통신 및 대화비밀의 보호)의 규정을 적용하지 아니한다. 〈개정 2000.2.16, 2002.3.7, 2005.8.4〉
⑦ 각급선거관리위원회는 우편관서에서 취급중에 있는 우편물중 이 법에 규정된 죄에 해당하는 범죄의 혐의가 있는 불법선전물이 있다고 판단되는 때에는 당해 우체국장에게 제1항의 조치와 함께 「우편법」 제28조(법규위반우편물의 개피)의 규정에 의한 조치를 하여 줄 것을 요청할 수 있다. 이 경우 「우편법」 제48조(우편물개피 훼손의 죄) 및 「통신비밀보호법」 제16조(벌칙)의 규정은 적용하지 아니한다. 〈신설 2000.2.16, 2005.8.4〉

국가공무원법(초)

[시행 2009. 2. 6]
[법률 제9419호, 2009. 2. 6, 일부개정]
행정안전부(인사정책과), 02-2100-1712

제1장 총　칙 〈개정 2008. 3. 28〉

제1조 (목적) 이 법은 각급 기관에서 근무하는 모든 국가공무원에게 적용할 인사행정의 근본 기준을 확립하여 그 공정을 기함과 아울러 국가공무원에게 국민 전체의 봉사자로서 행정의 민주적이며 능률적인 운영을 기하게 하는 것을 목적으로 한다.
[전문개정 2008. 3. 28]

제2조 (공무원의 구분) ① 국가공무원(이하 "공무원"이라 한다)은 경력직공무원과 특수경력직공무원으로 구분한다.

② "경력직공무원"이란 실적과 자격에 따라 임용되고 그 신분이 보장되며 평생토록 공무원으로 근무할 것이 예정되는 공무원을 말하며, 그 종류는 다음 각 호와 같다.

1. 일반직공무원: 기술·연구 또는 행정 일반에 대한 업무를 담당하며, 직군(職群)·직렬(職列)별로 분류되는 공무원
2. 특정직공무원: 법관, 검사, 외무공무원, 경찰공무원, 소방공무원, 교육공무원, 군인, 군무원, 헌법재판소 헌법연구관, 국가정보원의 직원과 특수 분야의 업무를 담당하는 공무원으로서 다른 법률에서 특정직공무원으로 지정하는 공무원
3. 기능직공무원: 기능적인 업무를 담당하며 그 기능별로 분류되는 공무원

③ "특수경력직공무원"이란 경력직공무원 외의 공무원을 말하며, 그 종류는 다음 각 호와 같다.

1. 정무직공무원
   가. 선거로 취임하거나 임명할 때 국회의 동의가 필요한 공무원
   나. 고도의 정책결정 업무를 담당하거나 이러한 업무를 보조하는 공무원으로서 법률이나 대통령령(대통령실의 조직에 관한 대통령령만 해당한다)에서 정무직으로 지정하는 공무원
2. 별정직공무원: 특정한 업무를 담당하기 위하여 별도의 자격 기준에 따라 임용되는 공무원으로서 법령에서 별정직으로 지정하는 공무원
3. 계약직공무원: 국가와의 채용 계약에 따라 전문지식·기술이 요구되거나 임용에 신축성 등이 요구되는 업무에 일정 기간 종사하는 공무원
4. 고용직공무원: 단순한 노무에 종사하는 공무원

④ 제3항에 따른 별정직공무원·계약직공무원 및 고용직공무원의 채용조건·임용절차·근무상한연령, 그 밖에 필요한 사항은 국회규칙, 대법원규칙, 헌법재판소규칙, 중앙선거관리위원회규칙 또는 대통령령으로 정한다.
[전문개정 2008. 3. 28]

제2조의2 (고위공무원단) ① 국가의 고위공무원을 범정부적 차원에서 효율적으로 인사관리하여 정부의 경쟁력을 높이기 위하여 고위공무원단을 구성한다.

② 제1항의 "고위공무원단"이란 직무의 곤란성과 책임도가 높은 다음 각 호의 직위(이하 "고위공무원단 직위"라 한다)에 임용되어 재직 중이거나 파견·휴직 등으로 인사관리되고 있는 일반직공무원·별정직공무원·계약직공무원 및 특정직공무원(특정직공무원은 다른 법률에서 고위공무원단에 속하는 공무원으로 임용할 수 있도록 규정하고 있는 경우만 해당한다)의 군(群)을 말한다.

1. 「정부조직법」 제2조에 따른 중앙행정기관의 실장·국장 및 이에 상당하는 보좌기관
2. 행정부 각급 기관(감사원은 제외한다)의 직위 중 제1호의 직위에 상당하는 직위
3. 「지방자치법」 제110조 제2항·제112조 제5항 및 「지방교육자치에 관한 법률」 제33조 제2항에 따라 국가공무원으로 보하는 지방자치단체 및 지방교육행정기관의 직위 중 제1호의 직위에 상당하는 직위
4. 그 밖에 다른 법령에서 고위공무원단에 속하는 공무원으로 임용할 수 있도록 정한 직위

③ 행정안전부장관은 고위공무원단에 속하는 공무원이 갖추어야 할 능력과 자질을 설정하고 이를 기준으로 고위공무원단 직위에 임용되려는 자를 평가하여 신규채용·승진임용 등 인사관리에 활용할 수 있다.

④ 제2항에 따른 인사관리의 구체적인 범위, 제3

항에 따른 능력과 자질의 내용, 평가 대상자의 범위, 평가 방법 및 평가 결과의 활용 등에 필요한 사항은 대통령령으로 정한다.
[전문개정 2008. 3. 28]

제3조 (적용 범위) ① 이 법의 규정은 제33조, 제46조부터 제67조까지 및 제69조 외에는 이 법이나 그 밖의 법률에 특별한 규정이 없으면 특수경력직공무원에게 적용하지 아니한다. 다만, 제33조와 제69조는 제2조 제3항 제1호의 정무직공무원에게 적용하지 아니한다.
② 제26조의2와 제26조의3은 국회규칙, 대법원규칙, 헌법재판소규칙, 중앙선거관리위원회규칙 또는 대통령령으로 정하는 공무원에게만 적용한다.
③ 제65조와 제66조는 제1항에도 불구하고 대통령령으로 정하는 특수경력직공무원에게 적용하지 아니한다.
[전문개정 2008. 3. 28]

제4조 (일반직공무원과 기능직공무원의 계급 구분 등) ① 일반직공무원은 1급부터 9급까지의 계급으로 구분한다. 다만, 고위공무원단에 속하는 공무원은 그러하지 아니하다.
② 국회규칙, 대법원규칙, 헌법재판소규칙, 중앙선거관리위원회규칙 또는 대통령령으로 정하는 특수업무분야에 종사하는 공무원이나 연구·특수기술 직렬의 공무원은 제1항에 따른 계급 구분을 적용하지 아니할 수 있다.
③ 기능직공무원의 계급 구분은 국회규칙, 대법원규칙, 헌법재판소규칙, 중앙선거관리위원회규칙 또는 대통령령으로 정한다.
④ 제1항부터 제3항까지의 규정에 따른 각 계급의 직무의 종류별 명칭은 국회규칙, 대법원규칙, 헌법재판소규칙, 중앙선거관리위원회규칙 또는 대통령령으로 정한다.
[전문개정 2008. 3. 28]

제5조 (정의) 이 법에서 사용하는 용어의 뜻은 다음과 같다.
1. "직위(직위)"란 1명의 공무원에게 부여할 수 있는 직무와 책임을 말한다.
2. "직급(직급)"이란 직무의 종류·곤란성과 책임도가 상당히 유사한 직위의 군을 말한다.
3. "정급(정급)"이란 직위를 직급 또는 직무등급에 배정하는 것을 말한다.
4. "강임(강임)"이란 같은 직렬 내에서 하위 직급에 임명하거나 하위 직급이 없어 다른 직렬의 하위 직급으로 임명하거나 고위공무원단에 속하는 일반직공무원(제4조 제2항에 따라 같은 조 제1항의 계급 구분을 적용하지 아니하는 공무원은 제외한다)을 고위공무원단 직위가 아닌 하위 직위에 임명하는 것을 말한다.
5. "전직(전직)"이란 직렬을 달리하는 임명을 말한다.
6. "전보(전보)"란 같은 직급 내에서의 보직 변경 또는 고위공무원단 직위 간의 보직 변경(제4조 제2항에 따라 같은 조 제1항의 계급 구분을 적용하지 아니하는 공무원은 고위공무원단 직위와 대통령령으로 정하는 직위 간의 보직 변경을 포함한다)을 말한다.
7. "직군(직군)"이란 직무의 성질이 유사한 직렬의 군을 말한다.
8. "직렬(직렬)"이란 직무의 종류가 유사하고 그 책임과 곤란성의 정도가 서로 다른 직급의 군을 말한다.
9. "직류(직류)"란 같은 직렬 내에서 담당 분야가 같은 직무의 군을 말한다.
10. "직무등급"이란 직무의 곤란성과 책임도가 상당히 유사한 직위의 군을 말한다.

[전문개정 2008. 3. 28]

제2장 중앙인사관장기관 〈개정 2008. 3. 28〉

제6조 (중앙인사관장기관) ① 인사행정에 관한 기본 정책의 수립과 이 법의 시행·운영에 관한 사무는 다음 각 호의 구분에 따라 관장(管掌)한다.
1. 국회는 국회사무총장
2. 법원은 법원행정처장
3. 헌법재판소는 헌법재판소사무처장
4. 선거관리위원회는 중앙선거관리위원회사무총장
5. 행정부는 행정안전부장관

② 중앙인사관장기관의 장(행정부의 경우에는 행정안전부장관을 말한다. 이하 같다)은 각 기관의 균형적인 인사 운영을 도모하고 인력의 효율적인 활용과 능력 개발을 위하여 법령으로 정하는 바에 따라 인사관리에 관한 총괄적인 사항을 관장한다.
③ 중앙인사관장기관의 장은 다음 각 호의 어느 하나에 해당하는 경우에는 그 초과된 현원을 총괄하여 관리할 수 있다. 이 경우 결원이 있는 기관의 장은 중앙인사관장기관의 장과 협의하여 결원을 보충하여야 한다.
1. 조직의 개편 등으로 현원이 정원을 초과하는 경우
2. 행정기관별로 고위공무원단에 속하는 공무원의

현원이 정원을 초과하는 경우

④ 행정부 내 각급 기관은 공무원의 임용·교육훈련·보수 등 인사 관계 법령(특정직공무원의 인사 관계 법령을 포함하되, 총리령·부령을 제외한다)의 제정 또는 개폐 시에는 행정안전부장관과 협의하여야 한다.

[전문개정 2008. 3. 28]

제7조 삭제 〈2008. 2. 29〉

제8조 삭제 〈2008. 2. 29〉

제8조의2 삭제 〈2008. 2. 29〉

제8조의3 (관계 기관 등에 대한 협조 요청) ① 행정안전부장관은 소관 업무를 수행하기 위하여 필요하면 행정기관·공공단체, 그 밖의 관련 기관에 자료·정보의 제공이나 의견 제출 등의 협조를 요청할 수 있다.

② 제1항에 따라 협조를 요청받은 기관은 특별한 사유가 없으면 이에 따라야 한다.

[전문개정 2008. 3. 28]

제8조의4 삭제 〈2008. 2. 29〉

제9조 (소청심사위원회의 설치) ① 행정기관 소속 공무원의 징계처분, 그 밖에 그 의사에 반하는 불리한 처분이나 부작위에 대한 소청을 심사·결정하게 하기 위하여 행정안전부에 소청심사위원회를 둔다.

② 국회, 법원, 헌법재판소 및 선거관리위원회 소속 공무원의 소청에 관한 사항을 심사·결정하게 하기 위하여 국회사무처, 법원행정처, 헌법재판소사무처 및 중앙선거관리위원회사무처에 각각 해당 소청심사위원회를 둔다.

③ 국회사무처, 법원행정처, 헌법재판소사무처 및 중앙선거관리위원회사무처에 설치된 소청심사위원회는 위원장 1명을 포함한 위원 5명 이상 7명 이내의 비상임위원으로 구성하고, 행정안전부에 설치된 소청심사위원회는 위원장 1명을 포함한 5명 이상 7명 이내의 상임위원으로 구성하되, 위원장은 정무직으로 보하고, 필요하면 약간의 비상임위원을 둘 수 있다.

④ 제1항에 따라 설치된 소청심사위원회는 다른 법률로 정하는 바에 따라 특정직공무원의 소청을 심사·결정할 수 있다.

⑤ 소청심사위원회의 조직에 관하여 필요한 사항은 국회규칙, 대법원규칙, 헌법재판소규칙, 중앙선거관리위원회규칙 또는 대통령령으로 정한다.

[전문개정 2008. 3. 28]

제11조 (소청심사위원회위원의 신분 보장) 소청심사위원회의 위원은 금고 이상의 형벌이나 장기의 심신 쇠약으로 직무를 수행할 수 없게 된 경우 외에는 본인의 의사에 반하여 면직되지 아니한다.

[전문개정 2008. 3. 28]

제12조 (소청심사위원회의 심사) ① 소청심사위원회는 이 법에 따른 소청을 접수하면 지체 없이 심사하여야 한다.

② 소청심사위원회는 제1항에 따른 심사를 할 때 필요하면 검증(檢證)·감정(鑑定), 그 밖의 사실조사를 하거나 증인을 소환하여 질문하거나 관계 서류를 제출하도록 명할 수 있다.

③ 소청심사위원회가 소청 사건을 심사하기 위하여 징계 요구 기관이나 관계 기관의 소속 공무원을 증인으로 소환하면 해당 기관의 장은 이에 따라야 한다.

④ 소청심사위원회는 필요하다고 인정하면 소속 직원에게 사실조사를 하게 하거나 특별한 학식·경험이 있는 자에게 검증이나 감정을 의뢰할 수 있다.

⑤ 소청심사위원회가 증인을 소환하여 질문할 때에는 국회규칙, 대법원규칙, 헌법재판소규칙, 중앙선거관리위원회규칙 또는 대통령령으로 정하는 바에 따라 일당과 여비를 지급하여야 한다.

[전문개정 2008. 3. 28]

제13조 (소청인의 진술권) ① 소청심사위원회가 소청 사건을 심사할 때에는 국회규칙, 대법원규칙, 헌법재판소규칙, 중앙선거관리위원회규칙 또는 대통령령으로 정하는 바에 따라 소청인 또는 제76조 제1항 후단에 따른 대리인에게 진술 기회를 주어야 한다.

② 제1항에 따른 진술 기회를 주지 아니한 결정은 무효로 한다.

[전문개정 2008. 3. 28]

제14조 (소청심사위원회의 결정〈개정 2008. 3. 28〉)

① 소청 사건의 결정은 재적 위원 3분의 2 이상의 출석과 출석 위원 과반수의 합의에 따르되, 의견이 나뉠 경우에는 출석 위원 과반수에 이를 때까지 소청인에게 가장 불리한 의견에 차례로 유리한 의견을 더하여 그 중 가장 유리한 의견을 합의된 의견으로 본다. 〈개정 2008. 3. 28〉

② 소청심사위원회의 위원은 그 위원회에 계류(繫留)된 소청 사건의 증인이 될 수 없으며, 다음 각 호의 사항에 관한 소청 사건에 관여하지 못한다. 〈개정 2008. 3. 28〉

1. 위원 본인과 관계있는 사항
2. 위원 본인과 친족 관계에 있거나 친족 관계에 있었던 자와 관계있는 사항

③ 소청심사위원회의 결정은 다음과 같이 구분한다. 〈개정 2008. 3. 28〉

1. 심사 청구가 이 법이나 다른 법률에 적합하지 아니한 것이면 그 청구를 각하(却下)한다.
2. 심사 청구가 이유 없다고 인정되면 그 청구를 기각(棄却)한다.
3. 처분의 취소 또는 변경을 구하는 심사 청구가 이유 있다고 인정되면 처분을 취소 또는 변경하거나 처분 행정청에 취소 또는 변경할 것을 명한다.
4. 처분의 효력 유무 또는 존재 여부에 대한 확인을 구하는 심사 청구가 이유 있다고 인정되면 처분의 효력 유무 또는 존재 여부를 확인한다.
5. 위법 또는 부당한 거부처분이나 부작위에 대하여 의무 이행을 구하는 심사 청구가 이유 있다고 인정되면 지체 없이 청구에 따른 처분을 하거나 이를 할 것을 명한다.

④ 소청심사위원회의 취소명령 또는 변경명령 결정은 그에 따른 징계나 그 밖의 처분이 있을 때까지는 종전에 행한 징계처분에 영향을 미치지 아니한다. 〈개정 2008. 12. 31〉

⑤ 삭제 〈1991. 5. 31〉

⑥ 소청심사위원회가 징계처분을 받은 자의 청구에 따라 소청을 심사할 경우에는 원징계처분(原徵戒處分)에서 부과한 징계보다 무거운 징계를 부과하는 결정을 하지 못한다. 〈개정 2008. 3. 28〉

⑦ 소청심사위원회의 결정은 그 이유를 구체적으로 밝힌 결정서로 하여야 한다. 〈개정 2008. 3. 28〉

⑧ 소청의 제기·심리 및 결정, 그 밖에 소청 절차에 필요한 사항은 국회규칙, 대법원규칙, 헌법재판소규칙, 중앙선거관리위원회규칙 또는 대통령령으로 정한다. 〈개정 2008. 3. 28〉

제14조의2 삭제 〈2004. 3. 11〉

제15조 (결정의 효력) 제14조에 따른 소청심사위원회의 결정은 처분 행정청을 기속(羈束)한다.
[전문개정 2008. 3. 28]

제16조 (행정소송과의 관계) ① 제75조에 따른 처분, 그 밖에 본인의 의사에 반한 불리한 처분이나 부작위(불작위)에 관한 행정소송은 소청심사위원회의 심사·결정을 거치지 아니하면 제기할 수 없다.

② 제 1 항에 따른 행정소송을 제기할 때에는 대통령의 처분 또는 부작위의 경우에는 소속 장관(대통령령으로 정하는 기관의 장을 포함한다. 이하 같다)을, 중앙선거관리위원회위원장의 처분 또는 부작위의 경우에는 중앙선거관리위원회사무총장을 각각 피고로 한다.
[전문개정 2008. 3. 28]

제17조 (인사에 관한 감사) ① 행정안전부장관은 대통령령으로 정하는 바에 따라 행정기관의 인사행정 운영의 적정 여부를 정기 또는 수시로 감사할 수 있으며, 필요하면 관계 서류를 제출하도록 요구할 수 있다.

② 국회·법원·헌법재판소 및 선거관리위원회 소속 공무원의 인사 사무에 대한 감사는 국회의장, 대법원장, 헌법재판소장 또는 중앙선거관리위원회위원장의 명을 받아 국회사무총장, 법원행정처장, 헌법재판소사무처장 및 중앙선거관리위원회사무총장이 각각 실시한다.

③ 제 1 항과 제 2 항에 따른 감사 결과 위법 또는 부당한 사실이 발견되면 지체 없이 관계 기관의 장에게 그 시정(是正)과 관계 공무원의 징계를 요구하여야 하며, 관계 기관의 장은 지체 없이 시정하고 관계 공무원을 징계처분하여야 한다.
[전문개정 2008. 3. 28]

제 4 장 임용과 시험 〈개정 2008. 3. 28〉

제26조 (임용의 원칙) 공무원의 임용은 시험성적·근무성적, 그 밖의 능력의 실증에 따라 행한다. 다만, 국가기관의 장은 국회규칙, 대법원규칙, 헌법재판소규칙, 중앙선거관리위원회규칙 또는 대통령령으로 정하는 바에 따라 장애인·이공계전공자·저소득층 등에 대한 채용·승진·전보 등 인사관리상의 우대와 실질적인 양성 평등을 구현하기 위한 적극적인 정책을 실시할 수 있다. 〈개정 2008. 12. 31〉
[전문개정 2008. 3. 28]

제26조의2 (근무시간의 단축 임용) 국가기관의 장은 업무의 특성이나 기관의 사정 등을 고려하여 소속 공무원을 국회규칙, 대법원규칙, 헌법재판소규칙, 중앙선거관리위원회규칙 또는 대통령령으로 정하는 바에 따라 통상적인 근무시간보다 짧게 근무하는 공무원으로 임용할 수 있다.
[전문개정 2008. 3. 28]

제26조의3 (외국인의 임용) 국가기관의 장은 국가안보 및 보안·기밀에 관계되는 분야를 제외하고 국회규칙, 대법원규칙, 헌법재판소규칙, 중앙선거관리위원회규칙 또는 대통령령으로 정하는 바에 따라 외국인을 공무원으로 임용할 수 있다.
[전문개정 2008. 3. 28]

제26조의4 (지역 인재의 추천 채용 및 견습근무) ① 임용권자는 우수한 인재를 공직에 유치하기 위하여 학업 성적 등이 뛰어난 대학 졸업자나 졸업 예정자

를 대통령령으로 정하는 바에 따라 추천·선발하여 3년의 범위에서 견습으로 근무하게 하고, 그 근무기간 동안 근무성적과 자질이 우수하다고 인정되는 자는 6급 이하의 공무원으로 임용할 수 있다.

② 제1항에 따라 견습으로 근무하는 자를 공무원으로 임용할 때에는 행정 분야와 기술 분야별로 적정한 구성을 유지하고 지역별 균형을 이루도록 하여야 한다.

③ 제1항에 따라 견습으로 근무하는 자는 직무상 행위를 하거나 「형법」, 그 밖의 법률에 따른 벌칙을 적용할 때 공무원으로 본다.

[전문개정 2008. 3. 28]

제27조 (결원 보충 방법) 국가기관의 결원은 신규채용·승진임용·강임·전직 또는 전보의 방법으로 보충한다.

[전문개정 2008. 3. 28]

제28조 (신규채용) ① 공무원은 공개경쟁 시험으로 채용한다.

② 제1항에도 불구하고 다음 각 호의 어느 하나에 해당하는 경우에는 특별채용시험으로 공무원을 채용할 수 있다.

1. 제70조 제1항 제3호의 사유로 퇴직하거나 제71조 제1항 제1호의 휴직 기간 만료로 퇴직한 경력직공무원을 퇴직한 날부터 3년(「공무원연금법」에 따른 공무상 질병 또는 부상으로 인한 휴직의 경우에는 5년) 이내에 퇴직 시에 재직한 직급(고위공무원단에 속하는 공무원은 퇴직 시에 재직한 직위와 곤란성과 책임도가 유사한 직위를 말한다. 이하 이 호에서 같다)의 경력직공무원으로 재임용하는 경우 또는 경력직공무원으로 재직하던 중 특수경력직공무원이나 다른 종류의 경력직공무원이 되기 위하여 퇴직한 자를 퇴직 시에 재직한 직급의 경력직공무원으로 재임용하는 경우
2. 공개경쟁 시험으로 임용하는 것이 부적당한 경우에 같은 종류의 직무에 관한 자격증 소지자를 임용하는 경우
3. 임용예정 직급과 같은 직급(고위공무원단에 속하는 일반직공무원은 임용예정 직위와 곤란성과 책임도가 유사한 직위를 말한다)에서 국회규칙, 대법원규칙, 헌법재판소규칙, 중앙선거관리위원회규칙 또는 대통령령으로 정하는 기간 동안 근무한 경력이 있는 자 또는 임용예정 직급(고위공무원단에 속하는 일반직공무원은 임용예정 직위를 말한다)에 상응한 근무 또는 연구 실적이 3년 이상인 자(고위공무원단에 속하는 특정직공무원은 제외한다)를 임용하는 경우
4. 임용 예정직에 관련된 특수 목적을 위하여 설립된 학교(대학원을 포함한다) 중 대통령령으로 정하는 학교의 졸업자로서 각급 기관에서 실무수습을 마친 자를 임용하는 경우
5. 1급 공무원 또는 이에 상당하는 고위공무원단에 속하는 일반직공무원을 임용하는 경우
6. 공개경쟁 채용시험으로 결원을 보충하기 곤란한 특수한 직무분야·환경 또는 섬, 외딴 곳 등 특수한 지역에 근무할 자를 임용하는 경우
7. 일반직공무원을 기능직공무원으로, 기능직공무원을 일반직공무원으로 임용하는 경우와 지방공무원을 그 직급에 해당하는 국가공무원(고위공무원단에 속하는 일반직공무원으로 임용하는 경우에는 해당 직위와 곤란성과 책임도가 유사한 직위의 국가공무원을 말한다)으로 임용하는 경우
8. 외국어에 능통하고 국제적 소양과 전문 지식을 지닌 자를 임용하는 경우
9. 임용 예정직에 관련된 전문계·예능계 및 사학계(史學系)의 고등학교·전문대학 및 대학(대학원을 포함한다)의 학과 중 대통령령으로 정하는 학과의 졸업자로서 행정안전부장관이 정하는 바에 따라 해당 학교장의 추천을 받은 자를 연구 또는 기술 직렬의 공무원이나 기능직공무원으로 임용하는 경우
10. 국회규칙, 대법원규칙, 헌법재판소규칙, 중앙선거관리위원회규칙 또는 대통령령으로 정하는 임용 예정직에 관련된 과학기술 분야 또는 공개경쟁 채용시험으로 결원 보충이 곤란한 특수 전문 분야의 연구나 근무경력이 있는 자를 임용하는 경우
11. 제26조의4에 따라 견습근무를 마친 자와 제85조에 따라 재학 중 장학금을 받고 졸업한 자를 임용하는 경우
12. 연고지나 그 밖에 지역적 특수성을 고려하여 일정한 지역에 거주하는 자를 그 지역에 소재하는 기관에 임용하는 경우

③ 제2항에 따른 특별채용의 경우에는 같은 사유에 해당하는 다수인을 대상으로 경쟁의 방법으로 채용(이하 "제한경쟁특별채용"이라 한다)할 수 있다. 다만, 국회규칙, 대법원규칙, 헌법재판소규칙, 중앙선거관리위원회규칙 또는 대통령령으로 정하는 경우에는 제한경쟁특별채용에 따라야 한다.

④ 제 2 항에 따른 특별채용의 경우에는 제70조 제 1 항 제 3 호의 사유로 퇴직한 자를 우선하여 채용하여야 하며, 특별채용으로 임용할 수 있는 공무원의 직급 또는 직위, 직급별 또는 직위별 응시 자격 및 시험 등에 필요한 사항은 국회규칙, 대법원규칙, 헌법재판소규칙, 중앙선거관리위원회규칙 또는 대통령령으로 정한다.

⑤ 제 2 항 제 6 호·제 8 호 또는 제12호에 따라 특별채용된 자는 정원조정·직제개편 등 국회규칙, 대법원규칙, 헌법재판소규칙, 중앙선거관리위원회규칙 또는 대통령령으로 정하는 경우 외에는 5년간 전직이나 해당 기관 외의 기관으로 전보될 수 없으며, 5년 이내에 퇴직하면 그 근무경력은 제 2 항 제 3 호의 특별채용에 필요한 근무 또는 연구 실적에 넣어 계산하지 아니한다.

[전문개정 2008. 3. 28]

제28조의2 (전입) 국회, 법원, 헌법재판소, 선거관리위원회 및 행정부 상호 간에 다른 기관 소속 공무원을 전입하려는 때에는 시험을 거쳐 임용하여야 한다. 이 경우 임용 자격 요건 또는 승진소요최저연수·시험과목이 같을 때에는 국회규칙, 대법원규칙, 헌법재판소규칙, 중앙선거관리위원회규칙 또는 대통령령으로 정하는 바에 따라 그 시험의 일부나 전부를 면제할 수 있다.

[전문개정 2008. 3. 28]

제28조의3 (전직) 공무원을 전직 임용하려는 때에는 전직시험을 거쳐야 한다. 다만, 국회규칙, 대법원규칙, 헌법재판소규칙, 중앙선거관리위원회규칙 또는 대통령령으로 정하는 전직의 경우에는 시험의 일부나 전부를 면제할 수 있다.

[전문개정 2008. 3. 28]

제28조의4 (개방형 직위) ① 임용권자나 임용제청권자는 해당 기관의 직위 중 전문성이 특히 요구되거나 효율적인 정책 수립을 위하여 필요하다고 판단되어 공직 내부나 외부에서 적격자를 임용할 필요가 있는 직위에 대하여는 개방형 직위로 지정하여 운영할 수 있다. 다만, 「정부조직법」 등 조직 관계 법령에 따라 1급부터 3급까지의 공무원 또는 이에 상당하는 공무원으로 보할 수 있는 직위(고위공무원단 직위를 포함하며, 실장·국장 밑에 두는 보조기관 또는 이에 상당하는 직위는 제외한다) 중 계약직공무원으로도 보할 수 있는 직위는 개방형 직위로 지정된 것으로 본다.

② 임용권자나 임용제청권자는 제 1 항에 따른 개방형 직위에 대하여는 직위별로 직무의 내용·특성 등을 고려하여 직무수행요건을 설정하고 그 요건을 갖춘 자를 임용하거나 임용제청하여야 한다.

③ 삭제 〈2008. 12. 31〉

④ 개방형 직위의 운영 등에 필요한 사항은 국회규칙, 대법원규칙, 헌법재판소규칙, 중앙선거관리위원회규칙 또는 대통령령으로 정한다.

[전문개정 2008. 3. 28]

제28조의5 (공모 직위) ① 임용권자나 임용제청권자는 해당 기관의 직위 중 효율적인 정책 수립 또는 관리를 위하여 해당 기관 내부 또는 외부의 공무원 중에서 적격자를 임용할 필요가 있는 직위에 대하여는 공모 직위(공모 직위)로 지정하여 운영할 수 있다.

② 임용권자나 임용제청권자는 제 1 항에 따른 공모 직위에 대하여는 직위별로 직무의 내용·특성 등을 고려하여 직무수행요건을 설정하고 그 요건을 갖춘 자를 임용하거나 임용제청하여야 한다.

③ 삭제 〈2008. 12. 31〉

④ 중앙인사관장기관의 장은 공모 직위를 운영할 때 각 기관간 인력의 이동과 배치가 적절한 균형을 유지할 수 있도록 관계 기관의 장과 협의하여 이를 조정할 수 있다.

⑤ 공모 직위의 운영 등에 필요한 사항은 국회규칙, 대법원규칙, 헌법재판소규칙, 중앙선거관리위원회규칙 또는 대통령령으로 정한다.

[전문개정 2008. 3. 28]

제28조의6 (고위공무원단에 속하는 공무원으로의 임용 등) ① 고위공무원단에 속하는 공무원의 채용과 고위공무원단 직위로의 승진임용 및 고위공무원으로서 적격한지 여부를 심사하기 위하여 행정안전부에 고위공무원임용심사위원회를 둔다.

② 고위공무원임용심사위원회는 위원장을 포함하여 5인 내지 7인의 위원으로 구성하며, 위원장은 행정안전부 소속 정무직공무원이 된다.

③ 임용권자 또는 임용제청권자는 고위공무원단에 속하는 공무원의 채용 또는 고위공무원단 직위로 승진임용하고자 하는 경우 임용대상자를 선정하여 고위공무원임용심사위원회의 심사를 거쳐 임용 또는 임용제청하여야 한다. 다만, 고위공무원단에 속하는 공무원의 채용에 있어서는 임용절차 간소화, 직무의 특수성 등을 고려하여 경력직 고위공무원을 특수경력직 또는 다른 경력직 고위공무원으로 채용하는 경우 등 대통령령으로 정하는 경우에는 고위공무원임용심사위원회의 심사를 생략할 수 있다. 〈개정 2008. 12. 31〉

④ 제1항부터 제3항까지에 따른 고위공무원임용심사위원회의 구성 및 운영, 위원자격 등에 관하여 필요한 사항은 대통령령으로 정한다.
[본조신설 2008.2.29]

제29조 (시보 임용) ① 5급 공무원(제4조 제2항에 따라 같은 조 제1항의 계급 구분을 적용하지 아니하는 공무원 중 5급에 상당하는 공무원을 포함한다. 이하 같다)을 신규 채용하는 경우에는 1년, 6급 이하 공무원(제4조 제2항에 따라 같은 조 제1항의 계급 구분을 적용하지 아니하는 공무원 중 6급 이하에 상당하는 공무원을 포함한다. 이하 같다)과 기능직공무원을 신규 채용하는 경우에는 6개월간 각각 시보(試補)로 임용하고 그 기간에 근무성적이 좋으면 정규 공무원으로 임용한다. 다만, 국회규칙, 대법원규칙, 헌법재판소규칙, 중앙선거관리위원회규칙 또는 대통령령으로 정하는 경우에는 시보 임용을 면제하거나 그 기간을 단축할 수 있다.
② 휴직한 기간, 직위해제 기간 및 징계에 따른 정직이나 감봉 처분을 받은 기간은 제1항의 시보 임용 기간에 넣어 계산하지 아니한다.
③ 시보 임용 기간 중에 있는 공무원이 근무성적이나 교육훈련 성적이 나쁜 경우에는 제68조와 제70조에도 불구하고 면직시키거나 면직을 제청할 수 있다.
[전문개정 2008.3.28]

제30조 삭제 〈1981.4.20〉

제31조 (경쟁시험 합격자의 우선임용 및 결원 보충의 조정) ① 임용권자나 임용제청권자는 결원을 보충할 때 공개경쟁 채용시험 합격자와 공개경쟁 승진시험 합격자를 우선하여 임용하거나 임용제청하여야 한다.
② 중앙인사관장기관의 장은 각급 기관의 5급 이상 공무원(제4조 제2항에 따라 같은 조 제1항의 계급 구분을 적용하지 아니하는 공무원 중 5급 이상에 상당하는 공무원을 포함한다. 이하 같다)의 결원을 보충할 때 공개경쟁 채용시험 합격자, 공개경쟁 승진시험 합격자 및 일반 승진시험 합격자의 보충임용이 적절한 균형을 유지할 수 있도록 조정하고 규제하여야 한다.
[전문개정 2008.3.28]

제33조 (결격사유) 다음 각 호의 어느 하나에 해당하는 자는 공무원으로 임용될 수 없다.
1. 금치산자 또는 한정치산자
2. 파산선고를 받고 복권되지 아니한 자
3. 금고 이상의 실형을 선고받고 그 집행이 종료되거나 집행을 받지 아니하기로 확정된 후 5년이 지나지 아니한 자
4. 금고 이상의 형을 선고받고 그 집행유예 기간이 끝난 날부터 2년이 지나지 아니한 자
5. 금고 이상의 형의 선고유예를 받은 경우에 그 선고유예 기간 중에 있는 자
6. 법원의 판결 또는 다른 법률에 따라 자격이 상실되거나 정지된 자
7. 징계로 파면처분을 받은 때부터 5년이 지나지 아니한 자
8. 징계로 해임처분을 받은 때부터 3년이 지나지 아니한 자

[전문개정 2008.3.28]

제34조 (시험 실시기관) ① 행정기관 소속 공무원의 채용시험·승진시험, 그 밖의 시험은 행정안전부장관이 실시한다. 다만, 행정안전부장관이 단독으로 실시하기 곤란하면 관계 기관과 공동으로 실시할 수 있으며, 행정안전부장관은 대통령령으로 정하는 바에 따라 그 시험의 일부를 다른 행정기관의 장에게 위임하여 실시할 수 있다. 〈개정 2008.3.28〉
② 삭제 〈2004.3.11〉
③ 국회 및 법원 소속 공무원의 채용시험·승진시험, 그 밖의 시험은 국회사무처 또는 법원행정처에서 실시한다. 이 경우 국회사무총장 또는 법원행정처장은 국회규칙 또는 대법원규칙으로 정하는 바에 따라 그 시험의 일부를 소속 기관에 위임하여 실시할 수 있다. 〈개정 2008.3.28〉
④ 헌법재판소 소속 공무원의 채용시험·승진시험, 그 밖의 시험은 헌법재판소사무처에서 실시한다. 다만, 헌법재판소사무처장은 그 시험의 전부나 일부를 행정안전부장관 또는 법원행정처장에게 위탁하여 실시할 수 있다. 〈개정 2008.3.28〉
⑤ 선거관리위원회 소속 공무원의 채용시험·승진시험, 그 밖의 시험은 중앙선거관리위원회사무처에서 실시하되, 중앙선거관리위원회규칙으로 정하는 바에 따라 그 시험의 일부를 시·도선거관리위원회에 위임하여 실시할 수 있다. 다만, 중앙선거관리위원회사무총장은 시험의 전부나 일부를 행정안전부장관에게 위탁하여 실시하거나 행정안전부장관이 실시한 공개경쟁 채용시험에 합격한 자를 선거관리위원회에서 실시한 공개경쟁 채용시험에 합격한 자로 보아 임용할 수 있다. 〈개정 2008.3.28〉

제35조 (평등의 원칙) 공개경쟁에 따른 채용시험은 같은 자격을 가진 모든 국민에게 평등하게 공개하여야 하며 시험의 시기와 장소는 응시자의 편의를

고려하여 결정한다.
[전문개정 2008. 3. 28]

제36조 (응시 자격) 각종 시험에 있어서 담당할 직무 수행에 필요한 최소한도의 자격요건은 국회규칙, 대법원규칙, 헌법재판소규칙, 중앙선거관리위원회규칙 또는 대통령령으로 정한다.
[전문개정 2008. 3. 28]

제36조의2 (채용시험의 가점) 「국가기술자격법」이나 그 밖의 법령에 따른 자격을 취득한 자가 공무원 채용시험에 응시하면 국회규칙, 대법원규칙, 헌법재판소규칙, 중앙선거관리위원회규칙 또는 대통령령으로 정하는 바에 따라 일정한 점수를 가산할 수 있다.
[전문개정 2008. 3. 28]

제42조 (국가유공자 우선 임용) ① 공무원을 임용할 때에 법령으로 정하는 바에 따라 국가유공자를 우선 임용하여야 한다.
② 제 1 항에 따른 우선 임용에 관한 사항은 국회사무총장, 법원행정처장, 헌법재판소사무처장, 중앙선거관리위원회사무총장 또는 행정안전부장관이 관장한다. 다만, 그 임용에 관한 법령의 제정·개폐 또는 중요 정책에 관하여는 국가보훈처장과 협의한다.
[전문개정 2008. 3. 28]

제43조 (휴직·파견 등의 결원보충 등) ① 공무원이 제71조 제 1 항 제 1 호·제 3 호·제 5 호·제 6 호, 제71조 제 2 항 또는 제73조의2에 따라 6개월 이상 휴직하면 휴직일부터 그 휴직자의 직급 또는 상당 계급(고위공무원단에 속하는 공무원은 해당 휴직자의 직위와 곤란성과 책임도가 유사한 직위를 말한다)에 해당하는 정원이 따로 있는 것으로 보고 결원을 보충할 수 있다. 다만, 제71조 제 2 항 제 4 호에 따라 휴직하는 경우에는 국회규칙, 대법원규칙, 헌법재판소규칙, 중앙선거관리위원회규칙 또는 대통령령으로 정하는 경우에 한하여 3개월 이상 휴직하는 경우에도 결원을 보충할 수 있다. 〈개정 2008. 12. 31〉
② 공무원을 제32조의4에 따라 파견하는 경우에는 국회규칙, 대법원규칙, 헌법재판소규칙, 중앙선거관리위원회규칙 또는 대통령령으로 정하는 바에 따라 파견 기간 중 그 파견하는 직급(고위공무원단에 속하는 일반직공무원은 그 파견하는 직위와 곤란성과 책임도가 유사한 직위를 말한다. 이하 이 조에서 같다)에 해당하는 정원이 따로 있는 것으로 보고 결원을 보충할 수 있다. 다만, 남은 파견기간이 2개월 이하인 경우에는 그러하지 아니하다.
③ 파면처분·해임처분 또는 면직처분에 대하여 소청심사위원회나 법원에서 무효나 취소의 결정 또는 판결을 하면 그 파면처분·해임처분 또는 면직처분에 따라 결원을 보충하였던 때부터 파면처분·해임처분 또는 면직처분을 받은 자의 직급에 해당하는 정원이 따로 있는 것으로 본다.
④ 제 1 항부터 제 3 항까지의 규정에 따른 정원은 다음 각 호의 어느 하나에 해당하는 사유가 발생한 이후 그 직급에 최초로 결원이 발생한 때에 각각 소멸된 것으로 본다. 다만, 제 1 항에 따른 특수경력직공무원의 정원은 제 1 호의 사유가 발생한 때에 소멸된 것으로 본다.
1. 휴직자의 복직
2. 파견된 자의 복귀
3. 파면·해임 또는 면직된 자의 복귀
[전문개정 2008. 3. 28]

제44조 (시험 또는 임용의 방해행위 금지) 누구든지 시험 또는 임용에 관하여 고의로 방해하거나 부당한 영향을 주는 행위를 하여서는 아니 된다.
[전문개정 2008. 3. 28]

제45조 (인사에 관한 부정행위 금지) 누구든지 채용시험·승진·임용, 그 밖에 인사기록에 관하여 거짓이나 부정하게 진술·기재·증명·채점 또는 보고하여서는 아니 된다.
[전문개정 2008. 3. 28]

제 5 장 보　　수 〈개정 2008. 3. 28〉

제46조 (보수 결정의 원칙) ① 공무원의 보수는 직무의 곤란성과 책임의 정도에 맞도록 계급별·직위별 또는 직무등급별로 정한다. 다만, 직무의 곤란성과 책임도가 매우 특수하거나 결원을 보충하는 것이 곤란한 직무에 종사하는 공무원과 제 4 조 제 2 항에 따라 같은 조 제 1 항의 계급 구분을 적용하지 아니하는 공무원의 보수는 따로 정할 수 있다.
② 공무원의 보수는 일반의 표준 생계비, 물가 수준, 그 밖의 사정을 고려하여 정하되, 민간 부문의 임금 수준과 적절한 균형을 유지하도록 노력하여야 한다.
③ 경력직공무원 간의 보수 및 경력직공무원과 특수경력직공무원 간의 보수는 균형을 도모하여야 한다.
④ 공무원의 보수 중 봉급에 관하여는 법률로 정한 것 외에는 대통령령으로 정한다.
⑤ 이 법이나 그 밖의 법률에 따른 보수에 관한 규정에 따르지 아니하고는 어떠한 금전이나 유가물

(有價物)도 공무원의 보수로 지급할 수 없다.
[전문개정 2008. 3. 28]

제47조 (보수에 관한 규정) ① 공무원의 보수에 관한 다음 각 호의 사항은 대통령령으로 정한다.
1. 봉급·호봉 및 승급에 관한 사항
2. 수당에 관한 사항
3. 보수 지급 방법, 보수의 계산, 그 밖에 보수 지급에 관한 사항

② 제1항에도 불구하고 특수 수당과 제51조 제2항에 따른 상여금(賞與金)의 지급 또는 특별승급에 관한 사항은 국회규칙, 대법원규칙, 헌법재판소규칙, 중앙선거관리위원회규칙 또는 대통령령으로 정한다.
③ 제1항에 따른 보수를 거짓이나 그 밖의 부정한 방법으로 수령한 경우에는 수령한 금액의 2배의 범위에서 가산하여 징수할 수 있다. 〈신설 2008. 12. 31〉
④ 제3항에 따른 보수의 종류, 가산금액 등에 관한 사항은 대통령령으로 정한다. 〈신설 2008. 12. 31〉
[전문개정 2008. 3. 28]

제48조 (실비 변상 등) ① 공무원은 보수 외에 국회규칙, 대법원규칙, 헌법재판소규칙, 중앙선거관리위원회규칙 또는 대통령령으로 정하는 바에 따라 직무 수행에 필요한 실비(實費) 변상을 받을 수 있다.
② 공무원이 소속 기관장의 허가를 받아 본래의 업무 수행에 지장이 없는 범위에서 담당 직무 외의 특수한 연구과제를 위탁받아 처리하면 그 보상을 지급받을 수 있다.
[전문개정 2008. 3. 28]

제49조 (국가기관 외의 기관 등에서 파견된 자의 보수) 제32조의4 제1항에 따라 국가기관 외의 기관·단체에서 파견된 임직원의 보수는 파견한 기관이 지급하며, 파견받은 기관은 제48조를 준용하여 실비 변상 등을 할 수 있다. 다만, 특히 필요한 경우 파견받은 기관은 파견한 기관과 협의하여 보수를 지급할 수 있다.
[전문개정 2008. 3. 28]

제7장 복 무 〈개정 2008. 3. 28〉

제55조 (선서) 공무원은 취임할 때에 소속 기관장 앞에서 국회규칙, 대법원규칙, 헌법재판소규칙, 중앙선거관리위원회규칙 또는 대통령령으로 정하는 바에 따라 선서(宣誓)하여야 한다. 다만, 불가피한 사유가 있으면 취임 후에 선서하게 할 수 있다.
[전문개정 2008. 3. 28]

제56조 (성실 의무) 모든 공무원은 법령을 준수하며 성실히 직무를 수행하여야 한다.
[전문개정 2008. 3. 28]

제57조 (복종의 의무) 공무원은 직무를 수행할 때 소속 상관의 직무상 명령에 복종하여야 한다.
[전문개정 2008. 3. 28]

제58조 (직장 이탈 금지) ① 공무원은 소속 상관의 허가 또는 정당한 사유가 없으면 직장을 이탈하지 못한다.
② 수사기관이 공무원을 구속하려면 그 소속 기관의 장에게 미리 통보하여야 한다. 다만, 현행범은 그러하지 아니하다.
[전문개정 2008. 3. 28]

제59조 (친절·공정의 의무) 공무원은 국민 전체의 봉사자로서 친절하고 공정하게 직무를 수행하여야 한다.
[전문개정 2008. 3. 28]

제59조의2 (종교중립의 의무) ① 공무원은 종교에 따른 차별 없이 직무를 수행하여야 한다.
② 공무원은 소속 상관이 제1항에 위배되는 직무상 명령을 한 경우에는 이에 따르지 아니할 수 있다.
[본조신설 2009. 2. 6]

제60조 (비밀 엄수의 의무) 공무원은 재직 중은 물론 퇴직 후에도 직무상 알게 된 비밀을 엄수(嚴守)하여야 한다.
[전문개정 2008. 3. 28]

제61조 (청렴의 의무) ① 공무원은 직무와 관련하여 직접적이든 간접적이든 사례·증여 또는 향응을 주거나 받을 수 없다.
② 공무원은 직무상의 관계가 있든 없든 그 소속 상관에게 증여하거나 소속 공무원으로부터 증여를 받아서는 아니 된다.
[전문개정 2008. 3. 28]

제62조 (외국 정부의 영예 등을 받을 경우) 공무원이 외국 정부로부터 영예나 증여를 받을 경우에는 대통령의 허가를 받아야 한다.
[전문개정 2008. 3. 28]

제63조 (품위 유지의 의무) 공무원은 직무의 내외를 불문하고 그 품위가 손상되는 행위를 하여서는 아니 된다.
[전문개정 2008. 3. 28]

제64조 (영리 업무 및 겸직 금지) ① 공무원은 공무 외에 영리를 목적으로 하는 업무에 종사하지 못하며 소속 기관장의 허가 없이 다른 직무를 겸할 수

없다.

② 제 1 항에 따른 영리를 목적으로 하는 업무의 한계는 국회규칙, 대법원규칙, 헌법재판소규칙, 중앙선거관리위원회규칙 또는 대통령령으로 정한다.

[전문개정 2008. 3. 28]

제65조 (정치 운동의 금지) ① 공무원은 정당이나 그 밖의 정치단체의 결성에 관여하거나 이에 가입할 수 없다.

② 공무원은 선거에서 특정 정당 또는 특정인을 지지 또는 반대하기 위한 다음의 행위를 하여서는 아니 된다.

1. 투표를 하거나 하지 아니하도록 권유 운동을 하는 것
2. 서명 운동을 기도(企圖)·주재(主宰)하거나 권유하는 것
3. 문서나 도서를 공공시설 등에 게시하거나 게시하게 하는 것
4. 기부금을 모집 또는 모집하게 하거나, 공공자금을 이용 또는 이용하게 하는 것
5. 타인에게 정당이나 그 밖의 정치단체에 가입하게 하거나 가입하지 아니하도록 권유 운동을 하는 것

③ 공무원은 다른 공무원에게 제 1 항과 제 2 항에 위배되는 행위를 하도록 요구하거나, 정치적 행위에 대한 보상 또는 보복으로서 이익 또는 불이익을 약속하여서는 아니 된다.

④ 제 3 항 외에 정치적 행위의 금지에 관한 한계는 국회규칙, 대법원규칙, 헌법재판소규칙, 중앙선거관리위원회규칙 또는 대통령령으로 정한다.

[전문개정 2008. 3. 28]

제66조 (집단 행위의 금지) ① 공무원은 노동운동이나 그 밖에 공무 외의 일을 위한 집단 행위를 하여서는 아니 된다. 다만, 사실상 노무에 종사하는 공무원은 예외로 한다.

② 제 1 항 단서의 사실상 노무에 종사하는 공무원의 범위는 국회규칙, 대법원규칙, 헌법재판소규칙, 중앙선거관리위원회규칙 또는 대통령령으로 정한다.

③ 제 1 항 단서에 규정된 공무원으로서 노동조합에 가입된 자가 조합 업무에 전임하려면 소속 장관의 허가를 받아야 한다.

④ 제 3 항에 따른 허가에는 필요한 조건을 붙일 수 있다.

[전문개정 2008. 3. 28]

제67조 (위임 규정) 공무원의 복무에 관하여 필요한 사항은 이 법에 규정한 것 외에는 국회규칙, 대법원규칙, 헌법재판소규칙, 중앙선거관리위원회규칙 또는 대통령령으로 정한다.

[전문개정 2008. 3. 28]

제 8 장 신분 보장 〈개정 2008. 3. 28〉

제68조 (의사에 반한 신분 조치) ① 공무원은 형의 선고, 징계처분 또는 이 법으로 정하는 사유에 따르지 아니하고는 본인의 의사에 반하여 휴직·강임 또는 면직을 당하지 아니한다. 다만, 1급 공무원은 그러하지 아니하다.

[전문개정 2008. 3. 28]

제69조 (당연 퇴직) 공무원이 제33조 각 호의 어느 하나에 해당할 때에는 당연히 퇴직한다. 다만, 같은 조 제 5 호에 해당할 때에는 그러하지 아니하다.

[전문개정 2008. 3. 28]

제70조 (직권 면직) ① 임용권자는 공무원이 다음 각 호의 어느 하나에 해당하면 직권으로 면직시킬 수 있다. 〈개정 2008. 3. 28〉

1. 삭제 〈1991. 5. 31〉
2. 삭제 〈1991. 5. 31〉
3. 직제와 정원의 개폐 또는 예산의 감소 등에 따라 폐직(廢職) 또는 과원(過員)이 되었을 때
4. 휴직 기간이 끝나거나 휴직 사유가 소멸된 후에도 직무에 복귀하지 아니하거나 직무를 감당할 수 없을 때
5. 제73조의3 제 3 항에 따라 대기 명령을 받은 자가 그 기간에 능력 또는 근무성적의 향상을 기대하기 어렵다고 인정된 때
6. 전직시험에서 세 번 이상 불합격한 자로서 직무수행 능력이 부족하다고 인정된 때
7. 징병검사·입영 또는 소집의 명령을 받고 정당한 사유 없이 이를 기피하거나 군복무를 위하여 휴직 중에 있는 자가 군복무 중 군무(軍務)를 이탈하였을 때
8. 해당 직급에서 직무를 수행하는데 필요한 자격증의 효력이 없어지거나 면허가 취소되어 담당 직무를 수행할 수 없게 된 때
9. 고위공무원단에 속하는 공무원이 제70조의2에 따른 적격심사 결과 부적격 결정을 받은 때

② 임용권자는 제 1 항 제 3 호부터 제 8 호까지의 규정에 따라 면직시킬 경우에는 미리 관할 징계위원회의 의견을 들어야 한다. 다만, 제 1 항 제 5 호에 따라 면직시킬 경우에는 징계위원회의 동의를 받아야 한다. 〈개정 2008. 3. 28〉

③ 임용권자나 임용제청권자는 제 1 항 제 3 호에 따라 소속 공무원을 면직시킬 때에는 임용 형태, 업무

실적, 직무수행 능력, 징계처분 사실 등을 고려하여 면직 기준을 정하여야 한다. 〈개정 2008. 3. 28〉

④ 제 3 항에 따른 면직 기준을 정하거나 제 1 항 제 3 호에 따라 면직 대상자를 결정할 때에는 임용권자 또는 임용제청권자(임용권자나 임용제청권자가 분명하지 아니하면 중앙인사관장기관의 장을 말한다) 별로 심사위원회를 구성하여 그 심사위원회의 심의·의결을 거쳐야 한다. 〈개정 2008. 3. 28〉

⑤ 제 4 항에 따른 심사위원회의 위원장은 임용권자 또는 임용제청권자가 되며, 위원은 면직 대상자보다 상위 계급자 또는 고위공무원단에 속하는 일반직공무원 중에서 위원장이 지명하는 5명 이상 7명 이내로 구성하되, 면직 대상자의 상위 계급자 또는 고위공무원단에 속하는 일반직공무원을 우선하여 지명하여야 한다. 다만, 상위 계급자 또는 고위공무원단에 속하는 일반직공무원이 부족하면 4명 이내로 구성할 수 있다. 〈개정 2008. 3. 28〉

⑥ 제 1 항 제 4 호에 따른 직권 면직일은 휴직 기간이 끝난 날 또는 휴직 사유가 소멸한 날로 한다. 〈개정 2008. 3. 28〉

제70조의2 (적격심사) ① 고위공무원단에 속하는 일반직공무원은 다음 각 호의 어느 하나에 해당하면 고위공무원으로서 적격한지 여부에 대한 심사(이하 "적격심사"라 한다)를 받아야 한다.

1. 고위공무원단에 속하는 공무원으로 임용된 날부터 매 5년이 되는 때. 다만, 해당 기간에 제28조의4에 따른 개방형 직위 또는 제28조의5에 따른 공모 직위에 임용된 자는 그 임용일부터 5년이 되는 때를 말한다.
2. 연속하여 2년 이상 근무성적평정에서 최하위 등급의 평정을 받거나 총 3년 이상 최하위 등급의 평정을 받은 때. 이 경우 고위공무원단에 속하는 일반직공무원으로 임용되기 전에 고위공무원단에 속하는 별정직공무원 또는 계약직공무원으로 재직한 경우에는 그 재직기간 중에 받은 최하위등급의 평정을 포함한다.
3. 대통령령으로 정하는 정당한 사유 없이 직위를 부여받지 못한 기간이 총 2년에 이른 때

② 제 1 항 제 1 호에 따른 적격심사는 그 사유가 발생한 날부터 6개월 이내에 실시하여야 하며, 같은 항 제 2 호 및 제 3 호에 따른 적격심사는 그 사유가 발생한 날부터 3개월 이내에 실시하여야 한다.

③ 적격심사는 근무성적과 능력의 평정에 따르되, 다음 각 호의 어느 하나에 해당하는 자로서 대통령령으로 정하는 바에 따라 고위공무원의 직무를 계속 수행하게 하는 것이 곤란하다고 판단되는 자를 부적격자로 결정한다.

1. 제 1 항 제 1 호의 사유에 해당하는 자로서 근무성적 또는 무보직 기간 등이 같은 항 제 2 호나 제 3 호의 사유에 상당하는 정도인 자
2. 제 1 항 제 2 호나 제 3 호의 사유에 해당하는 자

④ 제 1 항부터 제3까지의 규정에 따른 적격심사는 제28조의6 제 1 항에 따른 고위공무원임용심사위원회에서 실시한다.

⑤ 소속 장관은 소속 공무원이 제 1 항 각 호의 어느 하나에 해당되면 지체 없이 행정안전부장관에게 적격심사를 요구하여야 한다.

[전문개정 2008. 3. 28]

제71조 (휴직) ① 공무원이 다음 각 호의 어느 하나에 해당하면 임용권자는 본인의 의사에도 불구하고 휴직을 명하여야 한다. 〈개정 2008. 3. 28〉

1. 신체·정신상의 장애로 장기 요양이 필요할 때
2. 삭제 〈1978. 12. 5〉
3. 「병역법」에 따른 병역 복무를 마치기 위하여 징집 또는 소집된 때
4. 천재지변이나 전시·사변, 그 밖의 사유로 생사(生死) 또는 소재(所在)가 불명확하게 된 때
5. 그 밖에 법률의 규정에 따른 의무를 수행하기 위하여 직무를 이탈하게 된 때
6. 「공무원의 노동조합 설립 및 운영 등에 관한 법률」 제 7 조에 따라 노동조합 전임자로 종사하게 된 때 〈개정 2008. 3. 28〉

② 임용권자는 공무원이 다음 각 호의 어느 하나에 해당하는 사유로 휴직을 원하면 휴직을 명할 수 있다. 다만, 제 4 호의 경우에는 대통령령으로 정하는 특별한 사정이 없으면 휴직을 명하여야 한다. 〈개정 2008. 3. 28〉

1. 국제기구, 외국 기관, 국내외의 대학·연구기관, 다른 국가기관 또는 대통령령으로 정하는 민간기업, 그 밖의 기관에 임시로 채용될 때
2. 국외 유학을 하게 된 때
3. 중앙인사관장기관의 장이 지정하는 연구기관이나 교육기관 등에서 연수하게 된 때
4. 만 6세 이하의 초등학교 취학 전 자녀를 양육하기 위하여 필요하거나 여자공무원이 임신 또는 출산하게 된 때
5. 사고나 질병 등으로 장기간 요양이 필요한 부모, 배우자, 자녀 또는 배우자의 부모를 간호하기 위하여 필요한 때
6. 외국에서 근무·유학 또는 연수하게 되는 배우자

를 동반하게 된 때

③ 제1항과 제2항의 휴직 제도 운영에 관하여 필요한 사항은 국회규칙, 대법원규칙, 헌법재판소규칙, 중앙선거관리위원회규칙 또는 대통령령으로 정한다. 〈개정 2008. 3. 28〉

④ 임용권자는 제2항 제4호에 따른 휴직을 이유로 인사에 불리한 처우를 하여서는 아니 된다. 〈개정 2008. 3. 28〉

제72조 (휴직 기간) 휴직 기간은 다음과 같다.

1. 제71조 제1항 제1호에 따른 휴직 기간은 1년(「공무원연금법」에 따른 공무상 질병 또는 부상으로 인한 휴직기간은 3년) 이내로 한다.
2. 제71조 제1항 제3호와 제5호에 따른 휴직 기간은 그 복무 기간이 끝날 때까지로 한다.
3. 제71조 제1항 제4호에 따른 휴직 기간은 3개월 이내로 한다.
4. 제71조 제2항 제1호에 따른 휴직 기간은 그 채용 기간으로 한다. 다만, 민간기업이나 그 밖의 기관에 채용되면 3년 이내로 한다.
5. 제71조 제2항 제2호와 제6호에 따른 휴직 기간은 3년 이내로 하되, 부득이한 경우에는 2년의 범위에서 연장할 수 있다.
6. 제71조 제2항 제3호에 따른 휴직 기간은 2년 이내로 한다.
7. 제71조 제2항 제4호에 따른 휴직 기간은 자녀 1명에 대하여 1년(여자공무원은 3년) 이내로 한다.
8. 제71조 제2항 제5호에 따른 휴직 기간은 1년 이내로 하되, 재직 기간 중 총 3년을 넘을 수 없다.
9. 제71조 제1항 제6호에 따른 휴직 기간은 그 전임 기간으로 한다.

[전문개정 2008. 3. 28]

제73조 (휴직의 효력) ① 휴직 중인 공무원은 신분은 보유하나 직무에 종사하지 못한다.

② 휴직 기간 중 그 사유가 없어지면 30일 이내에 임용권자 또는 임용제청권자에게 신고하여야 하며, 임용권자는 지체 없이 복직을 명하여야 한다.

③ 휴직 기간이 끝난 공무원이 30일 이내에 복귀 신고를 하면 당연히 복직된다.

[전문개정 2008. 3. 28]

제73조의2 (특수경력직공무원의 휴직) 다른 법률에 특별한 규정이 있는 경우 외에는 특수경력직공무원에 대하여도 제71조 제1항 제3호, 같은 조 제2항 제4호, 같은 조 제4항, 제72조 제2호·제7호 및 제73조를 준용한다. 다만, 계약직공무원의 경우에는 휴직을 시작하려는 날부터 남은 계약 기간이 1년이 넘는 자에게 제71조 제2항 제4호를 준용한다.

[전문개정 2008. 3. 28]

제73조의3 (직위해제) ① 임용권자는 다음 각 호의 어느 하나에 해당하는 자에게는 직위를 부여하지 아니할 수 있다. 〈개정 2008. 3. 28〉

1. 삭제 〈1973. 2. 5〉
2. 직무수행 능력이 부족하거나 근무성적이 극히 나쁜 자
3. 파면·해임 또는 정직에 해당하는 징계 의결이 요구 중인 자
4. 형사 사건으로 기소된 자(약식명령이 청구된 자는 제외한다)
5. 고위공무원단에 속하는 일반직공무원으로서 제70조의2 제1항 제2호 및 제3호의 사유로 적격심사를 요구받은 자

② 제1항에 따라 직위를 부여하지 아니한 경우에 그 사유가 소멸되면 임용권자는 지체 없이 직위를 부여하여야 한다. 〈개정 2008. 3. 28〉

③ 임용권자는 제1항 제2호에 따라 직위해제된 자에게 3개월의 범위에서 대기를 명한다. 〈개정 2008. 3. 28〉

④ 임용권자 또는 임용제청권자는 제3항에 따라 대기 명령을 받은 자에게 능력 회복이나 근무성적의 향상을 위한 교육훈련 또는 특별한 연구과제의 부여 등 필요한 조치를 하여야 한다. 〈개정 2008. 3. 28〉

⑤ 공무원에 대하여 제1항 제2호와 제3호 또는 제4호의 직위해제 사유가 경합하면 제3호 또는 제4호의 직위해제 처분을 하여야 한다. 〈개정 2008. 3. 28〉

[본조신설 1965. 10. 20]

[제73조의2에서 이동, 종전 제73조의3은 제73조의4로 이동 〈2004. 3. 11〉]

제73조의4 (강임) ① 임용권자는 직제 또는 정원의 변경이나 예산의 감소 등으로 직위가 폐직되거나 강등되어 과원이 된 경우 또는 본인이 동의한 경우에는 소속 공무원을 강임할 수 있다.

② 제1항에 따라 강임된 공무원은 상위 직급 또는 고위공무원단 직위에 결원이 생기면 제40조·제40조의2·제40조의4 및 제41조에도 불구하고 우선 임용된다. 다만, 본인이 동의하여 강임된 공무원은 본인의 경력과 해당 기관의 인력 사정 등을 고려하여

우선 임용될 수 있다.

[전문개정 2008. 3. 28]

제74조 (정년) ① 공무원의 정년은 다른 법률에 특별한 규정이 있는 경우를 제외하고는 60세로 한다. 〈개정 2008. 6. 13〉

② 삭제 〈2008. 6. 13〉

③ 삭제 〈1998. 2. 24〉

④ 공무원은 그 정년에 이른 날이 1월부터 6월 사이에 있으면 6월 30일에, 7월부터 12월 사이에 있으면 12월 31일에 각각 당연히 퇴직된다. 〈개정 2008. 3. 28〉

제74조의2 (명예퇴직 등) ① 공무원으로 20년 이상 근속(勤續)한 자가 정년 전에 스스로 퇴직하면 예산의 범위에서 명예퇴직 수당을 지급할 수 있다.

② 직제와 정원의 개폐 또는 예산의 감소 등에 따라 폐직 또는 과원이 되었을 때에 20년 미만 근속한 자가 정년 전에 스스로 퇴직하면 예산의 범위에서 수당을 지급할 수 있다.

③ 제1항에 따라 명예퇴직수당을 지급받은 자가 제1호 및 제3호에 해당하는 경우에는 명예퇴직수당을 지급한 국가기관의 장, 제2호에 해당하는 경우에는 재임용한 국가기관의 장이 그 명예퇴직 수당을 환수하여야 한다. 이 경우 환수금을 내야할 자가 기한 내에 내지 아니하면 국세 체납처분의 예에 따라 이를 징수할 수 있다. 〈개정 2008. 12. 31〉

1. 재직 중의 사유로 금고 이상의 형을 받은 경우
2. 경력직공무원, 그 밖에 국회규칙, 대법원규칙, 헌법재판소규칙, 중앙선거관리위원회규칙 또는 대통령령으로 정하는 공무원으로 재임용되는 경우
3. 명예퇴직 수당을 초과하여 지급받거나 그 밖에 명예퇴직 수당의 지급 대상이 아닌 자가 지급받은 경우

④ 제1항에 따른 명예퇴직 수당과 제2항에 따른 수당의 지급대상범위·지급액·지급절차와 제3항에 따른 명예퇴직 수당의 환수액·환수절차 등에 필요한 사항은 국회규칙, 대법원규칙, 헌법재판소규칙, 중앙선거관리위원회규칙 또는 대통령령으로 정한다.

[전문개정 2008. 3. 28]

제74조의3 (별정직공무원 등의 자진퇴직에 따른 수당) ① 다른 법률에 특별한 규정이 있는 경우 외에는 별정직공무원(비서관·비서를 제외한다) 및 고용직공무원이 직제와 정원의 개폐 또는 예산의 감소 등으로 폐직 또는 과원이 되었을 때에 스스로 퇴직하면 예산의 범위에서 수당을 지급할 수 있다.

② 제1항에 따른 수당의 지급대상범위·지급액·지급절차 등에 필요한 사항은 국회규칙, 대법원규칙, 헌법재판소규칙, 중앙선거관리위원회규칙 또는 대통령령으로 정한다.

[전문개정 2008. 3. 28]

제9장 권익의 보장 〈개정 2008. 3. 28〉

제75조 (처분사유 설명서의 교부) 공무원에 대하여 징계처분을 할 때나 강임·휴직·직위해제 또는 면직처분을 할 때에는 그 처분권자 또는 처분제청권자는 처분사유를 적은 설명서를 교부(交付)하여야 한다. 다만, 본인의 원(願)에 따른 강임·휴직 또는 면직처분은 그러하지 아니하다.

[전문개정 2008. 3. 28]

제76조 (심사청구와 후임자 보충 발령) ① 제75조에 따른 처분사유 설명서를 받은 공무원이 그 처분에 불복할 때에는 그 설명서를 받은 날부터, 공무원이 제75조에서 정한 처분 외에 본인의 의사에 반한 불리한 처분을 받았을 때에는 그 처분이 있은 것을 안 날부터 각각 30일 이내에 소청심사위원회에 이에 대한 심사를 청구할 수 있다. 이 경우 변호사를 대리인으로 선임할 수 있다.

② 본인의 의사에 반하여 파면 또는 해임이나 제70조 제1항 제5호에 따른 면직처분을 하면 그 처분을 한 날부터 40일 이내에는 후임자의 보충발령을 하지 못한다. 다만, 인력 관리상 후임자를 보충하여야 할 불가피한 사유가 있고, 제3항에 따른 소청심사위원회의 임시결정이 없는 경우에는 국회사무총장, 법원행정처장, 헌법재판소사무처장, 중앙선거관리위원회사무총장 또는 행정안전부장관과 협의를 거쳐 후임자의 보충발령을 할 수 있다.

③ 소청심사위원회는 제1항에 따른 소청심사청구가 파면 또는 해임이나 제70조 제1항 제5호에 따른 면직처분으로 인한 경우에는 그 청구를 접수한 날부터 5일 이내에 해당 사건의 최종 결정이 있을 때까지 후임자의 보충발령을 유예하게 하는 임시결정을 할 수 있다.

④ 제3항에 따라 소청심사위원회가 임시결정을 한 경우에는 임시결정을 한 날부터 20일 이내에 최종 결정을 하여야 하며 각 임용권자는 그 최종 결정이 있을 때까지 후임자를 보충발령하지 못한다.

⑤ 소청심사위원회는 제3항에 따른 임시결정을 한 경우 외에는 소청심사청구를 접수한 날부터 60일 이내에 이에 대한 결정을 하여야 한다. 다만, 불가피하다고 인정되면 소청심사위원회의 의결로 30일을 연장할 수 있다.

⑥ 공무원은 제1항의 심사청구를 이유로 불이익한 처분이나 대우를 받지 아니한다.
[전문개정 2008. 3. 28]

제76조의2 (고충 처리) ① 공무원은 누구나 인사·조직·처우 등 각종 직무 조건과 그 밖에 신상 문제에 대하여 인사 상담이나 고충 심사를 청구할 수 있으며, 이를 이유로 불이익한 처분이나 대우를 받지 아니한다.
② 제1항에 따라 청구를 받은 중앙인사관장기관의 장, 임용권자 또는 임용제청권자는 이를 제3항에 따른 고충심사위원회에 부쳐 심사하게 하거나 소속 공무원에게 상담하게 하고, 그 결과에 따라 고충의 해소 등 공정한 처리를 위하여 노력하여야 한다.
③ 공무원의 고충을 심사하기 위하여 중앙인사관장기관에 중앙고충심사위원회를, 임용권자 또는 임용제청권자 단위로 보통고충심사위원회를 두되, 중앙고충심사위원회의 기능은 소청심사위원회에서 관장한다.
④ 중앙고충심사위원회는 보통고충심사위원회의 심사를 거친 재심청구와 5급 이상 공무원 및 고위공무원단에 속하는 일반직공무원의 고충을, 보통고충심사위원회는 소속 6급 이하 공무원과 기능직공무원의 고충을 각각 심사한다. 다만, 6급 이하 공무원과 기능직공무원의 고충은 임용권자를 달리하는 둘 이상의 기관에 관련된 경우에는 중앙고충심사위원회에서, 원 소속 기관의 보통고충심사위원회에서 고충을 심사하는 것이 부적당하다고 인정될 경우에는 직근 상급기관의 보통고충심사위원회에서 각각 심사할 수 있다.
⑤ 이 법의 적용을 받는 자와 다른 법률의 적용을 받는 자가 서로 관련되는 고충의 심사청구에 대하여는 이 법의 규정에 따라 설치된 고충심사위원회가 국회규칙, 대법원규칙, 헌법재판소규칙, 중앙선거관리위원회규칙 또는 대통령령으로 정하는 바에 따라 심사할 수 있다.
⑥ 중앙인사관장기관의 장, 임용권자 또는 임용제청권자는 심사 결과 필요하다고 인정되면 처분청이나 관계 기관의 장에게 그 시정을 요청할 수 있으며, 요청받은 처분청이나 관계 기관의 장은 특별한 사유가 없으면 이를 이행하고, 그 처리 결과를 알려야 한다. 다만, 부득이한 사유로 이행하지 못하면 그 사유를 알려야 한다.
⑦ 고충심사위원회의 구성·권한·심사절차, 그 밖에 필요한 사항은 국회규칙, 대법원규칙, 헌법재판소규칙, 중앙선거관리위원회규칙 또는 대통령령으로 정한다.
[전문개정 2008. 3. 28]

제76조의3 (특수경력직공무원의 고충 처리) 다른 법률에 특별한 규정이 있는 경우 외에는 특수경력직공무원에 대하여도 국회규칙, 대법원규칙, 헌법재판소규칙, 중앙선거관리위원회규칙 또는 대통령령으로 정하는 바에 따라 제76조의2를 준용할 수 있다.
[전문개정 2008. 3. 28]

제77조 (사회보장) ① 공무원이 질병·부상·폐질(廢疾)·퇴직·사망 또는 재해를 입으면 본인이나 유족에게 법률로 정하는 바에 따라 적절한 급여를 지급한다.
② 제1항의 법률에는 다음 각 호의 사항을 규정하여야 한다.
1. 공무원이 상당한 기간 근무하여 퇴직하거나 사망한 경우에 본인이나 그 유족에게 연금 또는 일시금을 지급하는 사항
2. 공무로 인한 부상이나 질병으로 인하여 사망하거나 퇴직한 공무원 또는 그 유족에게 연금 또는 보상을 지급하는 사항
3. 공무상의 부상·질병으로 인하여 요양하는 동안 소득 능력에 장애를 받을 경우 공무원이 받는 손실 보상에 관한 사항
4. 공무로 인하지 아니한 사망·폐질·부상·질병·출산, 그 밖의 사고에 대한 급여 지급 사항

③ 정부는 제2항 외에 법률로 정하는 바에 따라 공무원의 복리와 이익의 적절하고 공정한 보호를 위하여 그 대책을 수립·실시하여야 한다.
[전문개정 2008. 3. 28]

제10장 징 계 〈개정 2008. 3. 28〉

제78조 (징계 사유) ① 공무원이 다음 각 호의 어느 하나에 해당하면 징계 의결을 요구하여야 하고 그 징계 의결의 결과에 따라 징계처분을 하여야 한다.
1. 이 법 및 이 법에 따른 명령을 위반한 경우
2. 직무상의 의무(다른 법령에서 공무원의 신분으로 인하여 부과된 의무를 포함한다)를 위반하거나 직무를 태만히 한 때
3. 직무의 내외를 불문하고 그 체면 또는 위신을 손상하는 행위를 한 때

② 징계에 관하여 다른 법률의 적용을 받는 공무원이 이 법의 징계에 관한 규정을 적용받는 공무원으로 임용된 경우에 임용 이전의 다른 법률에 따른 징계 사유는 그 사유가 발생한 날부터 이 법에 따른 징계 사유가 발생한 것으로 본다.

③ 특수경력직공무원이 경력직공무원으로 임용된 경우에 임용 전의 해당 특수경력직공무원의 징계를 규율하는 법령상의 징계 사유는 그 사유가 발생한 날부터 이 장(章)에 따른 징계 사유가 발생한 것으로 본다.

④ 제1항의 징계 의결 요구는 5급 이상 공무원 및 고위공무원단에 속하는 일반직공무원은 소속 장관이, 6급 이하 공무원 및 기능직공무원은 소속 기관의 장 또는 소속 상급기관의 장이 한다. 다만, 국무총리·행정안전부장관 및 국회규칙, 대법원규칙, 헌법재판소규칙, 중앙선거관리위원회규칙 또는 대통령령으로 정하는 각급 기관의 장은 다른 기관 소속 공무원이 징계 사유가 있다고 인정하면 관계 공무원에 대하여 관할 징계위원회에 직접 징계를 요구할 수 있다.

[전문개정 2008. 3. 28]

第78조의2 (재징계의결 요구) ① 처분권자(대통령이 처분권자인 경우에는 처분 제청권자)는 다음 각 호에 해당하는 사유로 소청심사위원회 또는 법원에서 징계처분의 무효 또는 취소(취소명령 포함)의 결정이나 판결을 받은 경우에는 다시 징계의결을 요구하여야 한다. 다만, 제3호의 사유로 무효 또는 취소(취소명령 포함)의 결정이나 판결을 받은 감봉·견책처분에 대하여는 징계의결을 요구하지 아니할 수 있다.

1. 법령의 적용, 증거 및 사실 조사에 명백한 흠이 있는 경우
2. 징계위원회의 구성 또는 징계의결, 그 밖에 절차상의 흠이 있는 경우
3. 징계양정이 과다(過多)한 경우

② 처분권자는 제1항에 따른 징계의결을 요구하는 경우에는 소청심사위원회의 결정 또는 법원의 판결이 확정된 날부터 3개월 이내에 관할 징계위원회에 징계의결을 요구하여야 하며, 관할 징계위원회에서는 다른 징계사건에 우선하여 징계에 관한 의결을 하여야 한다.

[본조신설 2008. 12. 31]

第79조 (징계의 종류) 징계는 파면·해임·강등·정직(停職)·감봉·견책(譴責)으로 구분한다. 〈개정 2008. 12. 31〉

[전문개정 2008. 3. 28]

第80조 (징계의 효력) ① 강등은 1계급 아래로 직급을 내리고(고위공무원단에 속하는 공무원은 3급으로 임용하고, 연구관 및 지도관은 연구사 및 지도사로 한다) 공무원신분은 보유하나 3개월간 직무에 종사하지 못하며 그 기간 중 보수의 3분의 2를 감한다. 〈신설 2008. 12. 31〉

② 제1항에도 불구하고 이 법의 적용을 받는 특정직공무원 중 외무공무원과 교육공무원의 강등의 효력은 다음 각 호와 같다. 〈신설 2008. 12. 31〉

1. 외무공무원의 강등은 「외무공무원법」 제20조의2에 따라 배정받은 직무등급을 1등급 아래로 내리고(14등급 외무공무원은 고위공무원단 직위로 임용하고, 고위공무원단에 속하는 외무공무원은 9등급으로 임용한다) 공무원신분은 보유하나 3개월간 직무에 종사하지 못하며 그 기간 중 보수의 3분의 2를 감한다.
2. 교육공무원의 강등은 「교육공무원법」 제2조 제10항에 따라 동종의 직무 내에서 하위의 직위에 임명하고, 공무원신분은 보유하나 3개월간 직무에 종사하지 못하며 그 기간 중 보수의 3분의 2를 감한다. 다만, 「고등교육법」 제14조에 해당하는 교원 및 조교에 대하여는 강등을 적용하지 아니한다.

③ 정직은 1개월 이상 3개월 이하의 기간으로 하고, 정직 처분을 받은 자는 그 기간 중 공무원의 신분은 보유하나 직무에 종사하지 못하며 보수의 3분의 2를 감한다. 〈개정 2008. 3. 28, 2008. 12. 31〉

④ 감봉은 1개월 이상 3개월 이하의 기간 동안 보수의 3분의 1을 감한다. 〈개정 2008. 3. 28, 2008. 12. 31〉

⑤ 견책(譴責)은 전과(前過)에 대하여 훈계하고 회개하게 한다. 〈개정 2008. 3. 28, 2008. 12. 31〉

⑥ 공무원으로서 징계처분을 받은 자에 대하여는 그 처분을 받은 날 또는 그 집행이 끝난 날부터 국회규칙, 대법원규칙, 헌법재판소규칙, 중앙선거관리위원회규칙 또는 대통령령으로 정하는 기간 동안 승진임용 또는 승급할 수 없다. 다만, 징계처분을 받은 후 직무수행의 공적으로 포상 등을 받은 공무원에 대하여는 국회규칙, 대법원규칙, 헌법재판소규칙, 중앙선거관리위원회규칙 또는 대통령령으로 정하는 바에 따라 승진임용이나 승급을 제한하는 기간을 단축하거나 면제할 수 있다. 〈개정 2008. 3. 28, 2008. 12. 31〉

⑦ 징계에 관하여 다른 법률의 적용을 받는 공무원이 이 법의 징계에 관한 규정을 적용받는 공무원이 된 경우에는 다른 법률에 따라 받은 징계처분은 그 처분일부터 이 법에 따른 징계처분을 받은 것으로 본다. 다만, 제79조에서 정한 징계의 종류 외의 징계처분의 효력에 관하여는 국회규칙, 대법원규칙,

헌법재판소규칙, 중앙선거관리위원회규칙 또는 대통령령으로 정한다. 〈개정 2008. 3. 28, 2008. 12. 31〉

⑧ 특수경력직공무원이 경력직공무원으로 임용된 경우에는 해당 특수경력직공무원의 징계를 규율하는 법령에 따라 받은 징계처분은 그 처분일부터 이 법에 따른 징계처분을 받은 것으로 본다. 다만, 제79조에서 정한 징계의 종류 외의 징계처분의 효력에 관하여는 국회규칙, 대법원규칙, 헌법재판소규칙, 중앙선거관리위원회규칙 또는 대통령령으로 정한다. 〈개정 2008. 3. 28, 2008. 12. 31〉

제81조 (징계위원회의 설치) ① 공무원의 징계처분을 의결하게 하기 위하여 국회규칙, 대법원규칙, 헌법재판소규칙, 중앙선거관리위원회규칙 또는 대통령령으로 정하는 기관에 징계위원회를 둔다.

② 징계위원회의 종류·구성·권한·심의절차 및 징계 대상자의 진술권에 필요한 사항은 국회규칙, 대법원규칙, 헌법재판소규칙, 중앙선거관리위원회규칙 또는 대통령령으로 정한다.

③ 징계 의결에 관하여는 제13조 제2항을 준용한다.

[전문개정 2008. 3. 28]

제82조 (징계 절차) ① 공무원의 징계는 징계위원회의 의결을 거쳐 징계위원회가 설치된 소속 기관의 장이 하되, 국무총리 소속으로 설치된 징계위원회(국회·법원·헌법재판소·선거관리위원회에 있어서는 해당 중앙인사관장기관에 설치된 상급 징계위원회를 말한다. 이하 같다)에서 한 징계 의결에 대하여는 중앙행정기관의 장이 한다. 다만, 파면과 해임은 징계위원회의 의결을 거쳐 각 임용권자 또는 임용권을 위임한 상급 감독기관의 장이 한다.

② 징계 의결을 요구한 기관의 장은 징계위원회의 의결이 가볍다고 인정하면 그 처분을 하기 전에 직근 상급기관에 설치된 징계위원회(국무총리 소속으로 설치된 징계위원회의 의결에 대하여는 그 징계위원회)에 심사나 재심사를 청구할 수 있다. 이 경우 소속 공무원을 대리인으로 지정할 수 있다.

[전문개정 2008. 3. 28]

제83조 (감사원의 조사와의 관계 등) ① 감사원에서 조사 중인 사건에 대하여는 제3항에 따른 조사개시 통보를 받은 날부터 징계 의결의 요구나 그 밖의 징계 절차를 진행하지 못한다.

② 검찰·경찰, 그 밖의 수사기관에서 수사 중인 사건에 대하여는 제3항에 따른 수사개시 통보를 받은 날부터 징계 의결의 요구나 그 밖의 징계 절차를 진행하지 아니할 수 있다.

③ 감사원과 검찰·경찰, 그 밖의 수사기관은 조사나 수사를 시작한 때와 이를 마친 때에는 10일 내에 소속 기관의 장에게 그 사실을 통보하여야 한다.

[전문개정 2008. 3. 28]

제83조의2 (징계 사유의 시효) ① 징계 의결의 요구는 징계 사유가 발생한 날부터 2년[금품 및 향응 수수(授受), 공금의 횡령(橫領)·유용(流用)의 경우에는 5년]이 지나면 하지 못한다. 〈개정 2008. 12. 31〉

② 제83조 제1항 및 제2항에 따라 징계 절차를 진행하지 못하여 제1항의 기간이 지나거나 그 남은 기간이 1개월 미만인 경우에는 제1항의 기간은 제83조 제3항에 따른 조사나 수사의 종료 통보를 받은 날부터 1개월이 지난 날에 끝나는 것으로 본다.

③ 징계위원회의 구성·징계 의결, 그 밖에 절차상의 흠이나 징계양정의 과다(過多)를 이유로 소청심사위원회 또는 법원에서 징계처분의 무효 또는 취소의 결정이나 판결을 한 경우에는 제1항의 기간이 지나거나 그 남은 기간이 3개월 미만인 경우에도 그 결정 또는 판결이 확정된 날부터 3개월 이내에는 다시 징계 의결을 요구할 수 있다.

[전문개정 2008. 3. 28]

제83조의3 (특수경력직공무원의 징계) 다른 법률에 특별한 규정이 있는 경우 외에는 특수경력직공무원에 대하여도 국회규칙, 대법원규칙, 헌법재판소규칙, 중앙선거관리위원회규칙 또는 대통령령으로 정하는 바에 따라 이 장을 준용할 수 있다.

[전문개정 2008. 3. 28]

제11장 벌　　칙 〈개정 2008. 3. 28〉

제84조 (벌칙) 제44조·제45조·제65조 또는 제66조를 위반한 자는 다른 법률에 특별히 규정된 경우 외에는 1년 이하의 징역 또는 300만원 이하의 벌금에 처한다.

[전문개정 2008. 3. 28]

헌법재판소 판결 색인

헌법재판소 중요 판례 색인

[법치주의에 관한 중요 판례]

[직업공무원제도에 관한 중요 판례]

[사회 · 경제질서에 관한 중요 판례]

[평화통일조항에 관한 중요 판례]

[조약에 관한 중요 판례]

대법원 판례 색인

우리말 색인

외국어 및 인명색인

著者略歷

서울大學校 法科大學 卒業
獨逸 뮌헨大學校 法科大學에서 法學硏究
美國 하버드大學校 法科大學 大學院에서 法學硏究
日本 一橋大學 講師, 明治大學 招請教授, 獨逸 훔볼트大學 訪問教授
法學博士(서울大學校 大學院)
司法試驗委員·行政高試委員·外務高試委員·法院事務官試驗委員·
軍法務官試驗委員, 韓國公法學會 會長·韓國教育法學會 會長·韓國法學教授會 會長,
耽羅大學校 總長 歷任
現 서울大學校 名譽教授
明知大學校 碩座教授
韓國憲法硏究所 理事長
大韓民國 學術院會員

著 書

憲法總覽(1964)
違憲法律審査制度의 硏究(1971)
憲法學(上)(下)(1972)
判例教材 憲法(1975)
現代憲法論(1979)
比較憲法論(上)(1980)
新韓國憲法要論(1981)
法과 社會正義(1982)
立法資料教材 憲法(增補版)(1985)
憲法이 지배하는 사회를 위하여(1986)
韓國憲法史(1988)
韓國憲法(1990)
判例教材 憲法 Ⅱ(1992)
정치개혁과 사법개혁(1995)
法과 政治(1995)
韓國憲法の50年(1998)
한국입헌주의의 정착을 위하여(2003)
독일통일의 정치와 헌법(2004)
헌법정치 60년과 김철수 헌법학(2007)
헌법개정, 과거와 미래(2008)
憲法概說(第9版)(2009)
憲法學新論(第19全訂新版)(2009)

全訂新版
學說·判例 憲法學(上)

2008年 4月 15日 改訂初版發行
2009年 9月 5日 全訂新版印刷
2009年 9月 15日 全訂新版發行

著 者 金 哲 洙
發行人 安 鍾 萬
發行處 (株) 博 英 社
서울特別市 鍾路區 平洞 13-31番地
電話 (733)6771 FAX (736)4818
登錄 1959. 3. 11. 제300-1959-1호(倫)

www.pakyoungsa.co.kr e-mail: pys@pakyoungsa.co.kr

定價: 40,000 원 ISBN 978-89-7189-187-2
978-89-7189-186-5(세트)